Langenscheidt

Power Wörterbuch Deutsch

Völlige Neuentwicklung

Herausgeber
Professor Dr. Dieter Götz
Professor Dr. Hans Wellmann

In Zusammenarbeit mit der
Langenscheidt-Redaktion

Langenscheidt

Berlin · München · Warschau · Wien · Zürich · New York

Herausgeber: Professor Dr. Dieter Götz, Professor Dr. Hans Wellmann
Konzeption: Dr. Vincent J. Docherty
Projektleitung: Eveline Ohneis-Borzacchiello

Lexikografische Arbeiten: Susanne Billes M.A., Dr. Elena Golovanova
Redaktionelle Arbeiten: Dr. Birgit Klausmann, Julia Krumme

Info-Fenster und Anhang: Susanne Billes M.A. in Zusammenarbeit mit der Langenscheidt-Redaktion
Grafik-Koordination: Kathrin Mosandl
Illustrationen: Jürgen Bartz, Kirill Chudinskiy, Andreas Fischer, Eva Gleifenstein, Andreas Piel, Dave Vaughan
Umschlagfoto: Fotosearch

Ergänzende Hinweise, für die wir jederzeit dankbar sind, bitten wir zu richten an:
Langenscheidt Verlag, Postfach 40 11 20, 80711 München
redaktion.wb@langenscheidt.de

Typografisches Konzept nach: KOCHAN & PARTNER GmbH, München
Satz: preXtension GbR, Grafrath
Druck: Graph. Betriebe Langenscheidt, Berchtesgaden/Obb.
Printed in Germany
ISBN 978-3-468-13110-3

09010

Ka·me·ra *die; -, -s* **1** ein Apparat zum Filmen ⟨die Kamera läuft⟩ || K- Kamerateam || -K Filmkamera **2** ≈ Fotoapparat: *einen Film in die Kamera einlegen*

Arabische Ziffern zur Bedeutungsdifferenzierung

Lek·tü·re *die; -, -n; meist Singular* **1** etwas zum Lesen ⟨eine spannende, unterhaltsame Lektüre⟩ || -K Urlaubslektüre **2** das Lesen von Literatur, *bes* im Unterricht

Typische Verbindungen in spitzen Klammern

merk·lich *Adjektiv;* so, dass man es deutlich sieht, fühlt, versteht: *Es ist merklich kühler geworden*

Beispiele in großer *Kursivschrift*

Plat·te[2] *der; -n, -n; meist in* **einen Platten haben** keine Luft mehr in einem Reifen am Fahrrad, Auto *o.Ä.* haben

Muster zur Satzbildung in **fetter Schrift**

Ba·de·man·tel *der; -s, -män·tel;* eine Art Mantel aus Frottee, den man *bes* nach dem Baden trägt || ↑ Illustration **Im Bad**

Verweis auf eine Illustration

Ma·ril·le *die; -, -n;* Ⓐ ≈ Aprikose || K- Marillenmarmelade

Hinweise zum Sprachgebrauch; hier: österreichischer Sprachgebrauch

▶ Guten Appetit!

Vor dem Essen wünscht man sich gegenseitig einen guten Appetit:
Guten Appetit!

Der Gastgeber sagt oft zu seinen Gästen:
(Greift zu.) Lasst es euch schmecken!

SPRECHEN UND SCHREIBEN ◀

Info-Fenster mit Zusatzinfos zu Wortschatz, Sprache lernen, Sprechen und Schreiben sowie Landeskunde

Ap·ril A1 *der; -(s), -e; meist Singular;* der vierte Monat des Jahres ⟨im April; Anfang, Mitte, Ende April; am 1., 2., 3. *usw* April⟩ || ID **jemanden in den April schicken** *umg;* einen Aprilscherz machen

Redewendungen in **fetter Schrift**

ab·seits[1] *Präposition; mit Genitiv;* seitlich von etwas entfernt ⟨abseits des Weges, der Straße⟩ || Hinweis: auch verwendet mit *von: abseits vom Trubel*

Hinweise auf sprachliche Besonderheiten

Rei·se·lei·ter *der; -s, -;* eine Person, die Reisende betreut oder herumführt || *hierzu* **Rei·se·lei·te·rin** *die; -, -nen*

Abgeleitete Wörter in Blau

Maus·klick *der; -s, -s; Informatik;* das Drücken einer Taste der Maus (2) ⟨etwas per Mausklick anwählen, auswählen⟩

Sachgebiete in *Kursivschrift;* hier: Informatik

Geld·beu·tel B1 *der; -s, -* ≈ Geldbörse

Synonyme

Geld·stück *das; -(e)s, -e* ≈ Münze ↔ Banknote

Antonyme

Vorwort

Das vorliegende **Langenscheidt Power Wörterbuch Deutsch** ist ein einsprachiges Lernerwörterbuch für alle, die Deutsch als Fremdsprache oder Deutsch als Zweitsprache lernen. Es ist für Einsteiger und fortgeschrittene Lerner, aber auch für deutsche Muttersprachler geeignet. Mit über 50.000 Stichwörtern, Wendungen und Beispielen deckt es einen breiten Teil der modernen deutschen Alltagssprache ab.

Entwickelt nach dem revolutionären Power-Konzept des Langenscheidt Verlags, das wörterbuchdidaktische Standards setzte, profitiert das **Langenscheidt Power Wörterbuch Deutsch** zudem von einer langjährigen lexikografischen Tradition des Verlagshauses im Bereich Deutsch als Fremdsprache. Dies garantiert die hohe Qualität des Werks.

Im **Langenscheidt Power Wörterbuch Deutsch** wird neben der deutschen Standardsprache auch die Umgangssprache ausführlich behandelt. Angaben zum Stil helfen dabei, je nach Situation immer den richtigen Ausdruck zu verwenden. Außerdem sind alle wichtigen österreichischen und schweizerischen Wörter sowie wesentlicher Fachwortschatz berücksichtigt. Alle Stichwörter sind auf einfache, leicht verständliche Weise erklärt.

Die Schreibung des Deutschen folgt den gültigen amtlichen Regelungen sowie den DUDEN-Empfehlungen (Stand 1.8.2006).

Der Teil des Wortschatzes, der für Sprachprüfungen der ersten vier Niveaustufen A1, A2, B1 und B2 benötigt wird, ist mit entsprechenden Symbolen gekennzeichnet.

Beispielsätze und typische Wortverbindungen sowie Muster der Satzbildung machen in diesem Wörterbuch das Lernen im sprachlichen Zusammenhang leicht. Zusätzliche Wortzusammensetzungen in den Einträgen fördern die aktive Erweiterung des Wortschatzes. Zahlreiche Synonyme und Antonyme, Grammatikangaben und weitere Hinweise helfen, das Deutsche korrekt anzuwenden.

Die übersichtliche Gestaltung der Einträge sorgt für eine schnelle Orientierung und hilft beim Lernen. 20 Seiten Farbillustrationen sowie viele Schwarz-Weiß-Abbildungen ergänzen die Worterklärungen. Zahlreiche Info-Fenster bieten Wissenswertes zu Sprachgebrauch und Landeskunde und regen zum aktiven Umgang mit der Sprache an.

Zusätzlich findet man in einem umfangreichen Extrateil wichtige Informationen zum Alltagsleben, ausführliche Grammatikkapitel, Tafeln zu verschiedenen Aspekten der Sprache sowie Übungsaufgaben zum Umgang mit dem Wörterbuch, die speziell auf das **Power Wörterbuch** abgestimmt sind.

Das **Langenscheidt Power Wörterbuch Deutsch** ist das ideale Lernerwörterbuch für alle, die ihre Kenntnisse des Deutschen erweitern wollen.

Herausgeber und Verlag

Inhalt

Farbige Illustrationen

Abkürzungen und Symbole

Für das Wörterbuch

A1	entspricht dem Prüfungsniveau A1
A2	entspricht dem Prüfungsniveau A2
B1	entspricht dem Prüfungsniveau B1
B2	entspricht dem Prüfungsniveau B2
ID	Redewendungen
K-	Kompositum (der erste Bestandteil ist das Stichwort)
-K	Kompositum (der zweite Bestandteil ist das Stichwort)
Ⓐ	Österreich, österreichischer Sprachgebrauch
(CH)	Schweiz, schweizerischer Sprachgebrauch
Ⓓ	Deutschland
bes	besonders
bzw	beziehungsweise
Kurzwort	verkürztes Wort
nordd	norddeutscher Sprachgebrauch
o.Ä.	oder Ähnliches
südd	süddeutscher Sprachgebrauch
umg	umgangssprachlich
usw	und so weiter
z.B.	zum Beispiel
®	eingetragene Marke
≈	Synonym
↔	Antonym
▶	Wortfamilie
↑	Hinweis auf das entsprechende Stichwort

Für die Tabellen im Anhang

f	feminin
m	maskulin
n	neutral
Pl	Plural
Sg	Singular

Hinweise für die Benutzer

1 Wo findet man was?

Alphabetische Ordnung

Die Stichwörter sind alphabetisch geordnet. Die sogenannten Umlaute *ä, ö, ü* werden alphabetisch nicht als *ae, oe, ue,* sondern wie die Vokale *a, o, u* behandelt. Dies gilt auch für *äu*, das wie *au* behandelt wird. Die Wörter, die z. B. mit *Mä-* beginnen, werden also wie die Wörter mit *Ma-* eingeordnet:

Mahlzeit — Mähne — mahnen
Marathon — Märchen — Marder.

Der Buchstabe *ß* wird als Variante von *ss* behandelt und genauso eingeordnet, z. B.:

muss — Muße — müssen — müßig — musste.

Zusammensetzungen: || -K und || K- :

Bei vielen Zusammensetzungen (z. B. bei *Haustür*) kann die Bedeutung des ganzen Wortes durch die Bedeutung der einzelnen Teile verstanden werden. Deshalb erscheinen viele solcher leicht verständlichen Zusammensetzungen in diesem Wörterbuch als Ergänzung bei der entsprechenden Bedeutung eines der Stichwörter, aus denen es besteht, also ohne eigenen Stichworteintrag und eigene Erklärung.

Das Symbol || -K gibt an, dass das Stichwort den letzten Teil der Zusammensetzung bildet (K steht hier für „Kompositum" = Zusammensetzung):

Le·ben *das;* ... 3 ... || -K Landleben 4 ... || -K Familienleben

Die Angabe || K- gibt an, dass das Stichwort den ersten Teil der Zusammensetzung bildet.

Achtung: In Zusammensetzungen wird das Stichwort oft leicht verändert (z. B. durch Anhängen von -*s* oder -*n*):

Le·ben *das;* ... 1 ... || K- lebensfähig; Lebensretter 2 ... || K- Lebensabschnitt, Lebensalter, Lebenserfahrung, Lebensjahr

Abgeleitete Wörter: || *hierzu*

Wenn ein Wort sich direkt von einem angegebenen Stichwort „ableitet", wird es ohne eigene Erklärung am Ende des Eintrags aufgeführt. Dieses Wort hat dann meist eine andere Wortart als das Stichwort:

an·rei·sen ... || *hierzu* **An·rei·se** *die;* -, -*n*

Bezieht sich die Ableitung nicht auf alle der vorher aufgeführten Bedeutungen (1, 2, 3 usw.), wird dies auch angegeben:

For·mel ... || *zu* 2 **for·mel·haft** *Adjektiv*

Einträge mit hochgestellten Zahlen

Wörter, die gleich geschrieben werden, aber eine andere Bedeutung haben, werden durch kleine Zahlen unterschieden:

Bank¹ *die* ... ein Sitz (*meist* aus Holz) ...
Bank² *die* ... ein Unternehmen, das mit Geld handelt ...
Bank³ *die* ... die Kasse ...

Elemente der Wortbildung

Wichtige Mittel der Wortbildung (wie *ab-*, *um-*, *-ung*, *Elektro-*) werden in diesem Wörterbuch als Stichwörter aufgeführt. In diesen Einträgen werden typische Bedeutungen und Verbindungen erläutert.

Idiomatische Wendungen, Redewendungen: || ID

Feste Wendungen, die aus mehreren Wörtern bestehen (wie z. B. *nicht auf den Mund gefallen sein*), stehen in diesem Wörterbuch nach dem Zeichen || ID. Sprichwörter werden in ihrer üblichen Form angegeben (also meist als ganze Sätze). Redewendungen werden mit dem Verb im Infinitiv angegeben bzw. in der Form, in der sie normalerweise auftreten. Für die alphabetische Reihenfolge werden, soweit es möglich ist, die darin vorkommenden Substantive verwendet.

2 Die Schreibung der Wörter

Rechtschreibung

Die Orthografie der Wörter entspricht der neuen deutschen Rechtschreibung, wie sie in *DUDEN Band 1: Die deutsche Rechtschreibung* (24. Auflage, 2006) verwendet wird.

Trennung der Wörter

Jedes Stichwort wird mit den möglichen Trennungen angegeben. Die Punkte zeigen, wo das Wort (am Zeilenende) getrennt werden kann:

fo·to·gra·fie·ren

Bei Zusammensetzungen, die aus mehr als zwei Wörtern bestehen, ersetzt ein senkrechter Strich einen der Punkte an der Trennstelle:

Fạch|hoch·schu·le

Dieser Strich gibt an, aus welchen größeren Einheiten das gesamte Wort aufgebaut ist.

Wortteile in Klammern

Damit der Wortschatz in den Definitionen möglichst leicht verständlich bleibt, werden Wortteile manchmal in Klammern angegeben:

Fịch·te *die;* ... ein (Nadel)Baum mit ...

Wenn man die Zusammensetzung *Nadelbaum* kennt, bekommt man so eine genauere Erklärung, aber die Erklärung ohne ‚Nadel' reicht auch aus.

3 Zertifikatswortschatz

In diesem Wörterbuch ist der deutsche Zertifikatswortschatz berücksichtigt. Dabei werden die ersten vier Prüfungsniveaus A1, A2, B1 und B2 unterschieden, und die betreffenden Stichwörter jeweils mit dem entsprechenden Symbol [A1], [A2], [B1] oder [B2] markiert. Diese Symbole stehen direkt nach dem jeweiligen Stichwort. Lernende, die sich auf eine Prüfung vorbereiten, erhalten somit den Hinweis, welche Wörter sie sich besonders einprägen sollen.

4 Die Aussprache der Wörter

Angaben beim Stichwort

Entsprechende Angaben beim Stichwort erleichtern die korrekte Betonung:

Ein **Punkt** unter einem Vokal zeigt an, dass es sich um einen kurzen Laut handelt:

Fẹns·ter, Tịsch, Mụ̈t·ze.

Ein **Strich** unter einem Vokal zeigt an, dass hier ein langer Laut vorliegt. Dabei ist *ie* wie [iː] auszusprechen:

Ta̲g, Ra̲h·men, Mi̲e̲·te, Be̲e̲·re

Betonte Diphthonge erhalten ebenfalls diesen Strich:

Gle̲i̲s, Ha̲u̲s, Le̲u̲·te

Bei Wörtern, die verschiedene Betonungsmöglichkeiten haben, wird in der Regel die gebräuchlichere Variante angegeben. Wenn zwei Betonungsmöglichkeiten ähnlich gebräuchlich sind, werden beide angegeben:

un·na̲h̲·bar, ụn·nah·bar

Hinweis: Länge oder Kürze werden nur für den betonten Vokal bzw. Diphthong angegeben.

Lautschrift-Symbole

Symbol	Beispiel	Beispiel in Lautschrift
a	**hat**	hat
aː	**Tag**	taːk
ɐ	**Theater**	te'aːtɐ
ɐ̯	**leer**	leːɐ̯
ã	**balancieren**	balã'siːrən
ãː	**Balance**	ba'lãːs(ə)
a͜i	**steil**	ʃta͜il
a͜u	**Laut**	la͜ut
b	**Ball**	bal
ç	**ich**	ɪç
d	**du**	duː
d͜ʒ	**Jeans**	d͜ʒɪːnz
e	**legal**	le'gaːl
eː	**sehen**	'zeːən
ɛ	**hätte**	'hɛtə
ɛː	**wählen**	'vɛːlən
ɛ̃ː	**Satin**	za'tɛ̃ː
eɪ	**Aids**	eɪdz
ə	**Affe**	'afə
f	**Fenster, Vater**	'fɛnstɐ, 'faːtɐ
g	**gern**	gɛrn
h	**Hut**	huːt
i	**Triumph**	tri'ʊmf
iː	**viel**	fiːl
i̯	**Podium**	'poːdi̯ʊm
ɪ	**bitte**	'bɪtə
j	**ja**	jaː
k	**Kunst**	kʊnst
l	**Lust**	lʊst
l̩	**Nebel**	'neːbl̩

Symbol	Beispiel	Beispiel in Lautschrift
m	**Moment**	mo'mɛnt
m̩	**großem**	'gro:sm̩
n	**nett**	nɛt
n̩	**reden**	're:dn̩
ŋ	**lang**	laŋ
o	**Poesie**	poe'zi:
o:	**rot**	ro:t
o̯	**Toilette**	to̯a'lɛtə
õ	**Fondue**	fõ'dy:
õ:	**Fonds**	fõ:
ɔ	**toll**	tɔl
ø	**ökonomisch**	øko'no:mɪʃ
ø:	**hören**	'hø:rən
œ	**spöttisch**	'ʃpœtɪʃ
oʊ	**Show**	ʃoʊ
ɔy͜	**heute**	'hɔy͜tə
ɔy	**Boykott**	bɔy'kɔt
p	**Pelz**	pɛlt͜s
r	**Ring**	rɪŋ
s	**Nest, Ruß, besser**	nɛst, ru:s, 'bɛse
ʃ	**Schaf**	'ʃa:f
t	**Tag**	ta:k
t͜s	**Zunge, Benzin**	't͜sʊŋə, bɛn't͜si:n
t͜ʃ	**Putsch**	pʊt͜ʃ
θ	**Thriller**	'θrɪlɐ
u	**kulant**	ku'lant
u:	**Schuhe**	'ʃu:ə
u̯	**aktuell**	ak'tu̯ɛl
ʊ	**null**	nʊl
v	**Wasser, Vase**	'vasə, 'va:zə
x	**achten**	'axtn̩
y	**dynamisch**	dy'na:mɪʃ
y:	**über, Mühe**	'y:bɐ, 'my:ə
ʏ	**synchron**	zʏn'kro:n
z	**sagen, Reise**	'za:gn̩, 'ra͜izə
ʒ	**Manege**	ma'ne:ʒə

Sonderzeichen

ˈ	Betonungsakzent:	steht vor der betonten Silbe.
ː	Längenzeichen:	Der davor stehende Vokal wird lang gesprochen.
~	Zeichen für durch die Nase gesprochene Vokale:	steht über dem betreffenden Laut.
‿	Bindebogen:	verbindet zusammengehörige Laute, wie z. B. Diphthonge.
̯	kleiner Halbkreis unter einem Vokal:	bezeichnet solche Vokale, die nur mitklingen, aber nicht besonders hervorgehoben werden.
̩		Zeichen für die silbischen Konsonanten l̩, m̩ und n̩, also Konsonanten, die einen ə-Laut in sich aufsaugen und dadurch eine eigene Silbe bilden.
|	„Knacklaut" vor Vokalen:	In Wörtern wie *k.o.* [kaːˈ|oː] entsteht eine Art kleiner Pause; hier z. B. wird für das *o* neu angesetzt.

5 Angabe von Wortart und Formen

Substantive

Substantive werden nach folgendem Muster angegeben:

Au·to A1 *das; -s, -s;* ...

Nach dem Stichwort erscheint also die Angabe des grammatischen Geschlechts (*der, die, das*), dann die Form des Genitivs Singular, wobei der Strich das Stichwort ersetzt: -s (also: *des Autos*), und schließlich die Pluralform: -s (also: *die Autos*). Erscheint der Strich allein als Angabe, bedeutet dies, dass das Stichwort in seiner Form unverändert bleibt:

Ar·bei·ter *der; -s, -;* ... [= Genitiv: *des Arbeiters*, Plural: *die Arbeiter*]

Wenn Teile der Form in Klammern stehen, können sie auch weggelassen werden:

Ring B1 *der; -(e)s, -e;* ... [= Genitiv: *des Rings* oder *des Ringes*, Plural: *die Ringe*]

Gibt es mehrere Pluralformen, so werden diese durch einen Schrägstrich voneinander unterschieden:

Wort *das; -(e)s, Wor·te/Wör·ter;* ...

Die jeweils zutreffende Pluralform wird bei der entsprechenden Unterbedeutung eigens angegeben:

Wort ... **1** (*Plural Wörter*) ... **2** (*Plural Worte*) ...

Wenn das Stichwort selbst im Plural verändert wird, dann wird nicht nur die Endung, sondern die ganze Pluralform angegeben:

Maus *die; -, Mäu·se; ...*
Mo·dus *der; -, Mo·di; ...*

Auch wenn sich im Plural die Betonung ändert, wird die ganze Pluralform angegeben und der betonte Vokal markiert:

Di·rek·tor *der; -s, Di·rek·to·ren*

Wenn das Substantiv nur im Singular gebraucht wird, ist dies nach der Angabe der Genitivform angegeben:

Mut *der; -(e)s; nur Singular ...*

Bei Substantiven, die nur im Plural verwendet werden, steht ebenfalls ein entsprechender Hinweis:

Fe·ri·en *die; -; Plural ...*

Verben

Verben werden nach folgendem Muster angegeben:

mi·schen *mischte, hat gemischt; ...*
ren·nen *rannte, ist gerannt; ...*

Nach dem Infinitiv erscheinen also die 3. Person Singular (*er, sie, es*) des Imperfekts (hier: *mischte, rannte*) und des Perfekts (hier: *hat gemischt, ist gerannt*).

Bei unregelmäßigen Verben wird die Form der 3. Person Singular des Präsens zusätzlich angegeben, wenn sie anders ist als der Stamm des Infinitivs:

ge·ben *gibt, gab, hat gegeben; ...*

Bei **nur reflexiv** gebrauchten Verben wird *sich* angegeben:

be·dan·ken, sich; *bedankte sich, hat sich bedankt; ...*

Einige Verben werden im Perfekt im süddeutschen, österreichischen und schweizerschen Sprachgebrauch mit *sein* konstruiert:

kau·ern; *kauerte, hat/südd Ⓐ Ⓒⓗ ist gekauert; ...*

Bei Verben, die mit einem Präfix beginnen (z. B. *an-, auf-, ein-, hinter-, unter-* usw.), wird nur das Hilfsverb genannt, das im Perfekt gebraucht wird (*hat/ist* bzw. bei Pluralsubjekt *haben/sind*):

an·klop·fen *(hat) ...*
auf·ei·nan·der·tref·fen *(sind) ...*

In Ausnahmefällen werden jedoch auch bei Präfixverben die Vergangenheitsformen angegeben, besonders wenn das Verb untrennbar ist oder wenn das Perfekt ohne *-ge-* gebildet wird:

auf·be·wah·ren; *bewahrte auf, hat aufbewahrt*; ...

Bei den Stichwörtern *ab-, an-, auf-, aus-, be-, um-, zer-* usw. werden weitere Hinweise auf die Formen der betreffenden Verben gegeben.

Adjektive und Adverbien

Adjektive erscheinen als Stichwort in ihrer Grundform ohne Endung (so wie in einem Satz nach einer Form von *sein*):

schlẹcht ...; *Adjektiv*; ...

Eine Reihe von Adjektiven wird jedoch nie ohne Endung verwendet. In solchen Fällen steht ein Strich am Ende des Stichwortes:

nächs·t- 1 ... 2 *Adjektiv*; ...

Einige andere Adjektive können überhaupt nicht in der Form verändert werden. Diese werden mit der Angabe **indeklinabel** gekennzeichnet.

Wenn sich das Adjektiv selbst auch gegenüber der Grundform verändert, wird darauf hingewiesen:

ren·ta·bel, ...; *Adjektiv*; ... || Hinweis: *rentabel* → *ein rentables Geschäft*

Wo es sinnvoll ist, werden auch die Formen des Komparativs und des Superlativs angegeben:

ạrm *ärmer, ärmst-*; *Adjektiv*; ...

Adjektive können normalerweise sowohl **attributiv** (vor einem Substantiv, z. B. *ein schlechter Film*) als auch **prädikativ** (nach dem Substantiv als Teil des Prädikats, wie in *Der Film war schlecht.*) verwendet werden. Auch eine Verwendung als Adverb ist möglich (z. B. *Er hat schlecht gearbeitet.*). Wenn sich ein bestimmtes Adjektiv anders als normal verhält, so wird dies angegeben:

nẹrv·lich *Adjektiv; nur vor dem Substantiv oder als Adverb*
sọns·ti·g- *Adjektiv; nur vor dem Substantiv, nicht als Adverb*
sprụch·reif *Adjektiv; meist nach dem Substantiv, nicht als Adverb*

Weitere Wortarten

Als weitere Wortarten sind in diesem Wörterbuch enthalten: *Artikel, Demonstrativpronomen, Interrogativpronomen, Indefinitpronomen, Interjektion, Konjunktion, Partikel, Personalpronomen, Possessivpronomen, Relativpronomen, Zahladjektiv.* Alle verwendeten Wortarten werden in der Kurzgrammatik im Anhang erklärt.

6 Stilistische Hinweise

Stilebene

In diesem Wörterbuch werden vier Stilebenen unterschieden:
umg, förmlich, salopp, vulgär

Eine Reihe von Wörtern oder Wortverbindungen wird vor allem in der gesprochenen Sprache, in eher privaten Situationen verwendet. Sie werden mit *umg* (= „umgangssprachlich") gekennzeichnet.

Im Gegensatz dazu gibt es auch Wörter, die man normalerweise eher in der geschriebenen Sprache verwendet, bei offiziellen und feierlichen Anlässen und im Umgang mit Behörden. Solche Wörter werden in diesem Wörterbuch mit *förmlich* gekennzeichnet.

Um die Sprachwirklichkeit annähernd abzudecken, werden hier auch Schimpfwörter und Flüche usw. behandelt. Benutzen sollte man diese Wörter aber nicht. Die Bezeichnungen *salopp* bzw. *vulgär* zeigen an, dass es sich um einen Sprachgebrauch handelt, bei dem Vorsicht geboten ist.

Die Einstellung des Sprechers

Um auf besondere Sprechabsichten hinzuweisen, die mit dem Gebrauch bestimmter Wörter verbunden sind, werden folgende Markierungen verwendet:
beschönigend, abwertend, humorvoll, ironisch

beschönigend	Mit Wörtern, die so gekennzeichnet sind, wird etwas Unangenehmes, Schockierendes oder Trauriges ausgedrückt, ohne dass das übliche „direkte" Wort dafür genannt wird (da dieses zu drastisch klingt).
abwertend	Mit so gekennzeichneten Wörtern ist eine negative Wertung durch den Sprecher verbunden.
humorvoll	Solche Wörter werden benutzt, wenn man Scherze macht, nicht ernst ist.
ironisch	für den ironischen Sprachgebrauch (wenn man also das Gegenteil von dem sagt, was man eigentlich meint).

Sprache und Zeit

In diesem Wörterbuch werden auch einige Wörter für Dinge oder Umstände aufgeführt, die es früher gegeben hat und die es jetzt nicht mehr gibt (die man aber auch heute noch kennen sollte). Diese Stichwörter werden mit *historisch* markiert.

Sprache und Region: Ⓐ, ⒸⒽ, Ⓓ, *nordd, südd*

In dieses Wörterbuch wurden in gewissem Umfang auch Wörter aufgenommen, die vorwiegend in bestimmten Regionen des deutschen Sprachgebietes gebraucht werden:

Ⓐ steht für den Sprachgebrauch in Österreich.

ⒸⒽ steht für den Sprachgebrauch in der deutschsprachigen Schweiz.

nordd und *südd* weisen auf den Sprachgebrauch im nördlichen bzw. südlichen Teil Deutschlands hin.

Die drei großen Staaten, in denen Deutsch gesprochen wird — Deutschland, Österreich und die Schweiz — haben zum Teil unterschiedliche politische usw. Institutionen. Auf solche Besonderheiten wird ebenfalls hingewiesen:

Ⓐ für Österreich, ⒸⒽ für die Schweiz, Ⓓ für Deutschland

Sprache und Sachgebiet: Fachwortschatz

In dieses Wörterbuch wurden auch Bezeichnungen aus Fachsprachen aufgenommen. Dabei wurden solche Fachwörter ausgewählt, die in der modernen Alltagssprache verwendet werden und die man daher kennen sollte. Sie sind mit leicht verständlichen Angaben zum jeweiligen Fachgebiet gekennzeichnet, z. B. *Chemie, Informatik, Medizin.*

7 Bedeutungsangaben

Synonyme: ≈

Ein Synonym ist ein Wort, das eine ganz ähnliche Bedeutung wie ein anderes Wort hat. Synonyme stehen nach dem Zeichen ≈ :

> **flọtt** ... **1** mit hoher Geschwindigkeit ≈ rasch, schnell ...

Die Wörter *rasch, schnell* haben hier in etwa die gleiche Bedeutung wie *flott* und können in vielen Fällen anstelle von *flott* verwendet werden.

Es darf jedoch nicht vergessen werden, dass es kaum ein Synonympaar gibt, bei dem man **immer** das eine Wort für das andere nehmen kann.

Antonyme: ↔

Ein Antonym ist ein Wort, das eine Art Gegenpol zum betreffenden Stichwort bildet. Antonyme stehen nach dem Zeichen ↔ :

> **ạlt** ... **4** ... schon lange in Gebrauch ↔ neu ... **5** schon lange da, vor langer Zeit hergestellt oder erworben ↔ frisch ...

Typische Wortverbindungen: ⟨ ⟩

Typische Wortverbindungen (sogenannte „Kollokationen") bestehen aus mehreren Wörtern, die immer wieder zusammen verwendet werden. Sie sind für das jeweilige Stichwort typisch. Um den aktiven Gebrauch der Sprache zu fördern, werden diese Wortverbindungen extra hervorgehoben. Sie erscheinen in spitzen Klammern ⟨ ⟩ :

Hịl·fe ... ⟨ärztliche, finanzielle, gegenseitige Hilfe; Hilfe holen; jemandem Hilfe leisten; jemandem zu Hilfe eilen, kommen; ...⟩

Beispiele

Beispiele bzw. Beispielsätze stehen nach dem Zeichen : und sind in *kursiver* Schrift gedruckt. Am Ende des Beispielsatzes steht in der Regel **kein** Punkt:

kri̲·tisch ... **1** ...: *sich kritisch mit etwas auseinandersetzen* ...

Sonstige Angaben

Am Ende mancher Einträge wird auf verwandte Wörter hingewiesen, und zwar nach dem Symbol || ▸ :

brẹ·chen ... || ▸ **Bruch**

8 Hilfsverben: haben bzw. sein

Wenn verschiedene Unterbedeutungen mit unterschiedlichen Hilfsverben (*haben* oder *sein*) konstruiert werden, steht der Zusatzhinweis (*hat*) bzw. (*ist*). Bezieht sich dieser Hinweis auf nur eine Unterbedeutung, dann steht er nach der entsprechenden Ziffer:

ạb·lau·fen (*ist*) **1** ... **2** ... **3** ... [Die Angabe *ist* bezieht sich auf **alle** Unterbedeutungen.]

ạb·le·gen (*hat*) **1** ... **2** ... **3** ... [Die Angabe *hat* bezieht sich auf **alle** Unterbedeutungen.]

ạb·fah·ren (*hat/ist*) **1** (*ist*) ... **2** **etwas fährt ab** (*ist*) ... **3** **einen Reifen abfahren** (*hat*) ... [Die Angabe *hat* bezieht sich auf die Bedeutung **3**, die Bedeutungen **1** und **2** werden mit *ist* konstruiert.]

9 Der Gebrauch des Stichworts: syntaktische Angaben

Einführung in die Strukturformeln

Um den grammatikalisch richtigen Gebrauch des Stichworts zu erleichtern, gibt es — wo angebracht — auch entsprechende „Strukturformeln". Diese Formeln zeigen in verkürzter Form und mit Ersatzformen wie „jemand" oder „etwas" für Subjekt und Objekt, wie das Stichwort im Satzzusammenhang verwendet wird. Die Strukturformeln erscheinen vor der jeweiligen Erklärung und stehen in schwarzer, fett gedruckter Schrift.

Diese Formeln geben an, ob ein (direktes oder indirektes) Objekt notwendig ist, mit welchen Präpositionen das Stichwort verbunden wird, in welchem Kasus die Ergänzung steht (besonders nach der Präposition) usw.:

emp·fịn·den ... **1 etwas empfinden** ...

Die anschließende Definition sowie die Kollokationen zeigen, was mit „etwas" gemeint ist:

... ein (körperliches oder seelisches) Gefühl haben ‹Durst, Schmerzen empfinden›

Das „etwas" drückt hier gleichzeitig aus, dass das Verb *empfinden* in dieser Bedeutung mit einem direkten Objekt (im Akkusativ) verbunden werden muss.

In anderen Fällen sind die Ergänzungen zum Stichwort nicht notwendig, d. h. sie können auch weggelassen werden. Diese Angaben stehen dann in runden Klammern (...):

be·schụl·di·gen ... **jemanden (etwas** *(Genitiv)*) **beschuldigen**

In diesem Fall kann man also zum Beispiel sagen: *Ich will niemanden beschuldigen!* oder aber: *Man beschuldigte ihn des Diebstahls.*

Wenn in der Formel ein Schrägstrich (/) zwischen zwei Angaben erscheint, dann heißt dies, dass beide (austauschbare) Möglichkeiten gewählt werden können:

kẹn·nen ... **3 jemanden/etwas kennen**

Man kann also sagen: *Ich kenne ihn* oder: *Ich kenne seinen Namen.*

Der Kasus in den Strukturformeln

Für die Lernenden ist es natürlich wichtig zu wissen, in welchem Kasus die Ergänzung zum Stichwort steht (besonders nach Präpositionen). In allen Zweifelsfällen wird deshalb der Kasus angegeben:

fei·len ... **2 an etwas** *(Dativ)* **feilen** ...: *Er feilt schon seit Tagen an seiner Rede*

er·ịn·nern ... **1 jemanden an etwas** *(Akkusativ)* **erinnern** ...: *jemanden an einen Termin erinnern*

Eine zweite Möglichkeit, den Kasus zu erkennen, ist die jeweilige Form von „jemand":
jemand (= Nominativ)
jemanden (= Akkusativ)
jemandem (= Dativ)
jemandes (= Genitiv)

Steht nach der Form von „jemand" auch ein Schrägstrich und „etwas", dann steht „etwas" im gleichen Kasus:
jemanden/etwas (= Akkusativ)
jemandem/etwas (= Dativ) usw.

Bei Präpositionen, die **nur einen** Kasus haben (z. B. *bei,* das immer den Dativ hat, oder *um,* das immer mit dem Akkusativ verbunden wird), wird der Kasus **nicht** eigens angegeben. Selbstverständlich ist aber die Kasusangabe unter dem entsprechenden Stichwort (*bei, um* usw.) zu finden.

Das direkte Objekt von Verben steht grundsätzlich im Akkusativ. In Formeln wie der folgenden:

> **be·tä·ti·gen** ... **1 etwas betätigen**

ist dieses „etwas" als Akkusativ zu verstehen, obwohl dies nicht eigens angegeben ist. Nur beim indirekten Objekt (im Dativ) oder bei einem Genitivobjekt erfolgt ein Hinweis:

> **nach·ge·hen** ... **2 etwas** (*Dativ*) **nachgehen**

Hier sagt man also: *seinen Geschäften nachgehen.*

In der Formel

> **brin·gen** ... **2 jemanden irgendwohin bringen**

bedeutet die Angabe *irgendwohin* etwa „an einen bestimmten Ort, in eine bestimmte Richtung". Ein Beispiel für eine solche Konstruktion wäre also:
Ich bringe dich zum Bahnhof.

Weitere unbestimmte Angaben dieser Art sind:
irgendwann (bezeichnet eine Zeitangabe)
irgendwie (bezeichnet eine Beschreibung der Art und Weise oder des Zustands)
irgendwo (bezeichnet eine Ortsangabe)
irgendwoher (bezeichnet die Richtung von einem Ort aus zu einem Ziel hin)

Strukturformeln beim Verb

Beispiele für die Strukturformeln bei den Verben:

> **schmel·zen** ... **2 etwas schmilzt**

Strukturformel mit „etwas" als Subjekt, da ein menschliches Subjekt nicht möglich ist.
Beispiel für den Gebrauch: *Der Schnee schmilzt.*

> **wei·gern, sich** ... **sich weigern** (+ **zu** + *Infinitiv*)

Anschluss mit „zu + Infinitiv" ist möglich, aber nicht unbedingt nötig.
Beispiel für den Gebrauch: *Er weigerte sich (, mir sein Auto zu leihen).*

zu·sạm·men·ge·hö·ren ... **jemand/etwas** (*meist Plural*) **gehört zusammen**
Konstruktion nur mit einem Sammelbegriff oder einem Substantiv im Plural als Subjekt möglich. Beispiele für den Gebrauch: *Diese Stühle gehören zusammen. Dieses Gepäck gehört zusammen.*

ge̲·ben ... **1 jemandem etwas geben**
Die Konstruktion verlangt ein direktes **und** ein indirektes Objekt.
Beispiel für den Gebrauch: *Sie gab mir das Geld.*

be·kọm·men ... **11 etwas** + *Partizip Perfekt* + **bekommen**
Diese Konstruktion verlangt ein Partizip Perfekt.
Beispiel für den Gebrauch: *Ich bekam Blumen geschenkt.*

re̲g·nen ... **1 es regnet**
Unpersönlich gebrauchtes Verb. Konstruktion ohne Anschluss möglich.
Beispiel für den Gebrauch: *Es regnet (in Strömen).*

re̲g·nen ... **2 es regnet etwas** (*Plural*)
Unpersönlich gebrauchtes Verb. Objekt nur im Plural möglich.
Beispiel für den Gebrauch: *Es regnete Anfragen.*

Strukturformeln beim Substantiv

Beispiele für die Strukturformeln bei den Substantiven:

Mu̲t *der; -(e)s; nur Singular* **1 der Mut (für/zu etwas)**
Anschluss mit „für/zu etwas" kann auch weggelassen werden. Das „etwas" kann auch durch einen Satzteil ersetzt werden.
Beispiele für den Gebrauch: *Sie zeigte viel Mut; Das Lob machte mir Mut für einen neuen Versuch. Er hatte nicht den Mut, ihr die Wahrheit zu sagen.*

Au̲s·wahl *die; -; nur Singular* ... **3 eine Auswahl an etwas** (*Dativ*) (*meist Plural*)
In dieser Bedeutung ist ein Anschluss mit „an etwas" nötig. Ergänzung nur mit einem Substantiv im Plural oder mit einem Sammelbegriff möglich.
Beispiel für den Gebrauch: *eine reiche Auswahl an frischem Gemüse.*

Strukturformeln beim Adjektiv und beim Adverb

Beispiele für die Strukturformeln bei den Adjektiven und Adverbien:

emp·fe̲h·lens·wert *Adjektiv* ... **2 es ist empfehlenswert + zu** + *Infinitiv*
Konstruktion verlangt eine Ergänzung mit „zu + Infinitiv".
Beispiel für den Gebrauch: *Es ist empfehlenswert, einen Tisch zu reservieren.*

ent·schi̲e̲·den *Adjektiv* ... **2** *nur als Adverb;* **entschieden + zu +** *Adjektiv*
In dieser Bedeutung wird das Adjektiv *entschieden* immer mit „zu + Adjektiv" verbunden.
Beispiel für den Gebrauch: *Das ist mir entschieden zu teuer.*

A

A, a [aː] *das; -, -/umg auch -s;* der erste Buchstabe des Alphabets || ID **von A bis Z** von Anfang bis Ende

à A1 [a] *Präposition; mit Akkusativ;* verwendet (mit einer Zahl), um den Preis, das Gewicht *o. Ä.* von etwas anzugeben: *Zwei Briefmarken à 56 Cent*

Aal *der; -(e)s, -e;* ein Fisch, der wie eine Schlange aussieht || ID **sich winden wie ein Aal** versuchen, sich aus einer unangenehmen Situation (*meist* mit Ausreden) zu befreien

ab[1] B2 *Präposition; mit Dativ* **1** verwendet, um den (Zeit)Punkt zu bezeichnen, von dem an etwas gilt ≈ von ... an ↔ bis: *Ab dem 18. Lebensjahr darf man wählen; Ab nächster Woche habe ich wieder mehr Zeit; ab nächstem/nächsten Sonntag* **2** verwendet, um einen Ort zu bezeichnen, bei dem etwas beginnt ≈ von ... an ↔ bis ⟨etwas ab Werk liefern⟩: *Ab dieser Stelle kannst du allein weitergehen* || Hinweis: *ab* kann auch mit adverbiellen Ausdrücken verbunden werden: *ab hier, ab morgen.* Bei Zeitangaben kann *ab* auch mit dem Akkusativ stehen: *Ab nächste Woche bin ich frei*

ab[2] B2 *Adverb* **1** **von irgendwann/irgendwo ab** verwendet, um einen Punkt zu bezeichnen, an dem etwas beginnt ⟨von heute, jetzt, hier, Montag *usw* ab⟩ **2** verwendet in Fahrplänen, um einen Ort oder Zeitpunkt zu nennen, von/an dem ein Zug *o.Ä.* abfährt ↔ an: *München ab 8.32 Uhr, Augsburg an 9.05 Uhr* **3** *umg;* verwendet, um jemandem den Befehl zu geben (jetzt) wegzugehen ≈ fort: *Ab (ins Bett mit dir)!* **4** **etwas ist (von etwas) ab** *umg;* etwas ist (als Teil eines Ganzen) nicht mehr da, an seinem Platz: *Der Knopf ist ab* **5** **ab und zu**/ *nordd* **ab und an** ≈ manchmal

ab- B1 *im Verb; betont und trennbar;* Die Verben mit *ab-* werden nach folgendem Muster gebildet: *abschlagen - schlug ab - abgeschlagen* **1** drückt aus, dass sich jemand/etwas von einem Ort entfernt oder weggebracht wird ≈ weg-, fort- ↔ hin-; **abfahren, abfliegen, abreisen**; **etwas abschicken, absenden, abtransportieren**; **sich von etwas abstoßen** **2** drückt aus, dass etwas von einem Ganzen getrennt wird ≈ los-, weg-; **(etwas) (von etwas) abbeißen, abbrechen, abreißen**; **etwas (von etwas) abhacken, abschneiden, abtrennen**; **etwas bröckelt ab, fällt ab** **3** drückt aus, dass etwas von einer Oberfläche oder aus einem Gefäß entfernt wird; ⟨das Wasser von den Kartoffeln/Nudeln⟩ **abgießen**; ⟨den Schmutz, den Staub⟩ **(von etwas) abklopfen, abstreifen, abwischen, abwaschen**; **(jemandem/sich) etwas abrasieren**; **etwas fließt, tropft (von etwas) ab** **4** drückt aus, dass etwas von etwas befreit, frei oder sauber wird; ⟨der Löffel⟩ **ablecken**; ⟨das Geschirr⟩ **abspülen, abwaschen**; ⟨den Tisch⟩ **abräumen, abwischen**; ⟨den Teppich⟩ **absaugen** **5** drückt aus, dass die Funktion von etwas vorübergehend beendet wird ≈ aus- ↔ an-; ⟨die Heizung, den Herd, das Radio⟩ **abdrehen, abschalten, abstellen**; ⟨(jemandem) den Strom, das Wasser⟩ **absperren** **6** drückt aus, dass man ein Vorbild oder Original imitiert oder kopiert; **etwas abmalen, abzeichnen, abschreiben, abtippen**; ⟨den Text vom Blatt⟩ **ablesen**

ab·bau·en *(hat)* **1** **etwas abbauen** wertvolle Stoffe (Kohle, Eisen *o.Ä.*) aus der Erde holen ≈ fördern: *Erz abbauen* **2** **etwas abbauen** etwas für den Transport in seine Teile zerlegen ≈ abbrechen ↔ aufbauen ⟨eine Baracke, ein Gerüst, ein Zelt abbauen⟩ || *hierzu* **Ab·bau** *der; -(e)s; nur Singular*

ab·be·kom·men; *bekam ab, hat abbekommen* **1** **etwas (von jemandem/etwas) abbekommen** auch einen Teil von etwas bekommen: *Kann ich ein Stück Kuchen abbekommen?* **2** **etwas abbekommen** einen Schaden bekommen (erleiden): *Er hat bei dem Unfall ein paar Kratzer/nichts abbekommen* **3** **etwas abbekommen** es schaffen, etwas von etwas zu entfernen (oder abzumachen): *Wie bekomme ich nur diesen Aufkleber von dem Koffer ab?*

ab·be·stel·len; *bestellte ab, hat abbestellt;* **etwas abbestellen** sagen, dass man etwas, das man bestellt hat, nicht mehr haben will: *ein gebuchtes Hotelzimmer abbestellen* || *hierzu* **Ab·be·stel·lung** *die; -, -en*

ab·be·zah·len; *bezahlte ab, hat abbezahlt;* **etwas abbezahlen** etwas nicht sofort ganz zahlen, sondern *z.B.* jeden Monat einen Teil, bis alles bezahlt ist: *seine Schulden, das Auto abbezahlen*

ab·bie·gen A2 *(ist)* **jemand/etwas biegt ab** jemand/eine Straße ändert die Richtung ⟨nach links/rechts abbiegen; vom Weg abbiegen⟩

Ab·bild *das; -(e)s, -er;* eine genaue Darstellung (Reproduktion) von jemandem/etwas: *ein Abbild der Natur*

Ab·bil·dung *die; -, -en* **1** *nur Singular;* die Darstellung durch ein Bild **2** ein Bild (*bes* in einem Buch, das einen Text ergänzt); *Abkürzung*

Abb.: *ein Schulbuch mit vielen farbigen Abbildungen* || *hierzu* **ab·bil·den** *(hat)*

ab·bla·sen *(hat)* **etwas abblasen** *umg* ≈ absagen (1) ⟨ein Fest, einen Streik, eine Veranstaltung abblasen⟩

ab·blät·tern *(ist)* **etwas blättert ab** etwas löst sich in kleinen flachen Stücken ≈ etwas löst sich ab ⟨die Farbe blättert (von der Wand) ab⟩

ab·blen·den *(hat)* bei einem Auto *o Ä.* das Fernlicht ausschalten, damit man andere nicht blendet ↔ aufblenden

Ab·blend·licht *das; -(e)s, -er;* das Licht des Autos, das man beim Fahren benutzt, um andere nicht zu blenden ↔ Fernlicht ⟨das Abblendlicht einschalten⟩

ab·blit·zen *(ist) umg* **1** **bei jemandem (mit etwas) abblitzen** bei jemandem (mit etwas) keinen Erfolg haben ⟨bei jemandem mit einem Vorschlag, einer Bitte abblitzen⟩ **2** **jemanden abblitzen lassen** nicht auf einen Flirt eingehen

ab·blo·cken; *blockte ab, hat abgeblockt;* **jemanden/etwas abblocken** etwas tun, damit etwas nicht die erwartete Wirkung hat ⟨einen Angriff, jemandes Kritik abblocken⟩

ab·brau·sen *(hat)* **jemanden/sich/etwas abbrausen** aus der Dusche Wasser über jemanden/sich/etwas laufen lassen

ab·bre·chen *(hat/ist)* **1** **etwas (von etwas) abbrechen** *(hat)* etwas von etwas (durch Brechen) entfernen: *einen dürren Ast abbrechen* **2** **etwas abbrechen** *(hat)* etwas (plötzlich) beenden, bevor das Ziel erreicht ist ⟨ein Studium, eine Verhandlung, eine Veranstaltung abbrechen⟩ **3** **etwas abbrechen** *(hat)* ein Gebäude zerstören ≈ abreißen **4** **etwas abbrechen** *(hat)* ≈ abbauen (2) **5** **etwas bricht ab** *(ist)* etwas bricht und löst sich dadurch von etwas: *Der Ast ist im Sturm abgebrochen* **6** **etwas bricht ab** *(ist)* etwas hört plötzlich auf: *Die Musik brach plötzlich ab* || *zu* 2-4 **Ab·bruch** *der; -(e)s, Ab·brü·che*

ab·brem·sen *(hat)* **(etwas) abbremsen** die Geschwindigkeit (das Tempo) reduzieren ↔ beschleunigen: *Er musste (das Auto) stark abbremsen*

ab·brin·gen *(hat)* **jemanden von etwas abbringen** jemanden dazu bringen (oder überreden), etwas nicht zu tun ⟨jemanden von einem Gedanken, einem Plan abbringen⟩: *Der Polizist konnte den Mann davon abbringen, von der Brücke zu springen*

ab·bu·chen *(hat)* **etwas (von etwas) abbuchen** Geld von einem Konto wegnehmen: *Die Miete wird vom Konto abgebucht* || *hierzu* **Ab·bu·chung** *die; -, -en*

ab·bürs·ten *(hat)* **1** **etwas (von etwas) abbürsten** etwas mit einer Bürste von etwas entfernen: *Haare von der Jacke abbürsten* **2** **jemanden/sich/etwas abbürsten** jemanden/sich/etwas mit einer Bürste reinigen: *einen Mantel abbürsten*

Abc [B2] [abe'tseː] *das; -, -; meist Singular* **1** das Alphabet **2** **das Abc** + *Genitiv* die Anfänge, die wichtigsten Kenntnisse: *Er lernt gerade das Abc des Segelns*

ab·dan·ken *(hat)* eine hohe Position aufgeben ≈ zurücktreten ⟨ein Herrscher, ein König, ein Präsident⟩ || *hierzu* **Ab·dan·kung** *die; -, -en*

ab·de·cken *(hat)* **etwas (mit etwas) abdecken** etwas (Schützendes) auf etwas legen ↔ aufdecken ⟨ein Beet, einen Brunnen, den Fußboden abdecken⟩ || [K-] Abdeckhaube, Abdeckplane

ab·dich·ten *(hat)* **etwas abdichten** etwas (für Wasser oder kalte Luft) undurchlässig machen ≈ isolieren ⟨ein Fenster, eine Tür abdichten⟩ || *hierzu* **Ab·dich·tung** *die; -, -en*

ab·drän·gen *(hat)* **jemanden (von etwas) abdrängen** jemanden auf die Seite schieben ⟨jemanden vom Weg, von der Straße abdrängen⟩

ab·dre·hen *(ist/hat)* **1** ⟨*meist* ein Flugzeug, ein Schiff⟩ **dreht ab** *(ist/hat)* ein Flugzeug, ein Schiff ändert den Kurs, die Richtung **2** **sich/etwas abdrehen** *(hat)* sich/etwas (vom Betrachter) weg, in eine andere Richtung drehen ≈ abwenden ↔ zuwenden ⟨das Gesicht, den Oberkörper abdrehen⟩ **3** **etwas abdrehen** *(hat) umg;* etwas stoppen, indem man einen Hahn schließt oder einen Schalter betätigt ≈ abstellen ↔ aufdrehen ⟨das Gas, den Strom, das Wasser abdrehen⟩

Ab·druck[1] *der; -(e)s, -e;* das nochmalige Drucken eines Textes ⟨einen Abdruck genehmigen⟩

Ab·druck[2] *der; -(e)s, Ab·drü·cke;* die Form, die etwas durch festen Druck in weiches Material macht ⟨einen Abdruck (in Gips, in Wachs) von etwas machen⟩ || [-K] Fingerabdruck, Fußabdruck, Gebissabdruck; Gipsabdruck

ab·dru·cken *(hat)* **etwas abdrucken** etwas *meist* in einer Zeitung oder Zeitschrift erscheinen lassen: *Ihr Artikel wird in der nächsten Ausgabe abgedruckt*

ab·drü·cken *(hat)* **1** bei einer Waffe einen Schuss auslösen ≈ schießen **2** **etwas drückt**

sich ab etwas wird durch Druck sichtbar: *Seine Fußspuren hatten sich im Sand abgedrückt*

Abend [A1] *der; -s, -e* **1** die (Tages)Zeit von ungefähr 18 Uhr bis 24 Uhr ↔ Morgen ⟨am frühen, späten Abend; am, gegen Abend⟩ || [K-] Abenddämmerung, Abendessen || [-K] Sommerabend, Sonntagabend *usw* **2** am Abend ↔ Morgen ⟨gestern, heute, morgen Abend⟩ || Hinweis: mit den Namen von Wochentagen zusammengeschrieben: *Sie starb Montagabend* **3** **Guten Abend!** verwendet als Gruß, wenn man jemanden am Abend trifft ⟨jemandem einen Guten/guten Abend wünschen⟩ **4** **zu Abend essen** die Mahlzeit am Abend essen || *zu* 1 **abend·lich** *Adjektiv*

Abend·brot *das; -(e)s; nur Singular; meist nordd;* das Essen am Abend, *meist* mit belegtem Brot

Abend·kas·se *die; -, -n; meist in* **an der Abendkasse** an der Kasse, die am Abend (direkt vor der Veranstaltung) geöffnet ist ↔ im Vorverkauf

Abend·kleid [B2] *das; -(e)s, -er;* ein elegantes und *meist* langes Kleid für ein Fest am Abend

Abend·land *das; -(e)s; nur Singular; förmlich;* die europäischen Völker (als kulturelle Einheit) im Gegensatz zu den Ländern des Ostens ≈ Okzident ↔ Morgenland, Orient || *hierzu* **abend·län·disch** *Adjektiv*

Abend·mahl *das; -(e)s; nur Singular;* eine religiöse Handlung in christlichen Kirchen, bei der (durch Trinken von Wein und durch Essen von etwas Brot) an den Tod von Jesus Christus erinnert wird

Abend·rot *das; -(e)s; nur Singular;* die rote Farbe, die der Himmel bei schönem Wetter am Abend hat (wenn die Sonne untergeht) ↔ Morgenrot

abends [A2] *Adverb;* am Abend ↔ morgens

Aben·teu·er *das; -s, -;* ein spannendes und aufregendes Erlebnis oder eine Aktion mit Gefahren ⟨ein gefährliches Abenteuer bestehen, erleben⟩ || [K-] Abenteuerfilm, Abenteuerroman || *hierzu* **aben·teu·er·lich** *Adjektiv;* **Aben·teu·rer** *der; -s, -;* **Aben·teu·re·rin** *die; -, -nen*

aber[1] [A1] *Konjunktion* **1** verwendet, um einen Kontrast, Gegensatz auszudrücken ≈ jedoch: *Heute habe ich keine Zeit, aber morgen* **2** verwendet, um etwas Gesagtes einzuschränken ≈ allerdings: *teuer, aber gut* **3** verwendet, um einen Einwand einzuleiten: *Aber warum denn?*

aber[2] [A1] *Partikel; unbetont* **1** verwendet, um Überraschung auszudrücken: *Ist das aber kalt!* **2** verwendet, um eine Aufforderung, Aussage oder Frage zu verstärken: *Jetzt sei aber endlich still!; Aber natürlich helfe ich dir!*

Aber·glau·be *der; -ns; nur Singular;* der Glaube an Dinge, die Glück oder Unglück bringen || *hierzu* **aber·gläu·bisch** *Adjektiv*

ab·er·ken·nen; *erkannte ab/aberkannte, hat aberkannt;* **(jemandem) etwas aberkennen** jemandem etwas (durch einen Beschluss) wieder nehmen ↔ zuerkennen ⟨jemandem ein Recht, eine Auszeichnung, einen Titel aberkennen⟩

ab·fah·ren [A2] *(hat/ist)* **1** *(ist)* (von Personen) ≈ wegfahren **2** **etwas fährt ab** *(ist)* ein Fahrzeug oder Zug verlässt einen Ort **3** **einen Reifen abfahren** *(hat)* einen Reifen so lange fahren, bis er kein Profil mehr hat **4** **voll auf jemanden/etwas abfahren** *(ist) umg;* vollkommen begeistert von jemandem/etwas sein || *zu* 1 *und* 2 **ab·fahr·be·reit** *Adjektiv*

Ab·fahrt [B2] *die; -, -en* **1** das Abfahren (1,2), der Start ↔ Ankunft: *die Abfahrt des Zuges* || [K-] Abfahrtsort, Abfahrtssignal, Abfahrtszeit **2** die Straße, auf der man die Autobahn verlässt ≈ Ausfahrt ↔ Auffahrt ⟨die Abfahrt verpassen⟩ || *zu* 1 **ab·fahrt·be·reit** *Adjektiv*

Ab·fall [A1] *der; -(e)s, Ab·fäl·le;* Reste, die man nicht mehr braucht (und deshalb wegwirft) ≈ Müll ⟨Abfall wiederverwerten⟩ || [K-] Abfalleimer, Abfalltonne || [-K] Küchenabfall

ab·fal·len *(ist)* **1** **etwas fällt ab** etwas löst sich von etwas und fällt herunter: *Im Herbst fallen die Blätter der Bäume ab* **2** **etwas fällt ab** etwas verläuft schräg nach unten ↔ etwas steigt an: *Die Straße fällt hier steil ab* **3** **etwas fällt (für jemanden) ab** *umg;* jemand bekommt auch etwas davon (als Gewinn, Vorteil oder Anteil): *Was fällt für mich ab, wenn ich euch helfe?* **4** **von jemandem/etwas abfallen** einer Person oder Sache nicht mehr folgen ≈ sich von jemandem/etwas lossagen ⟨von einer Partei, vom Glauben abfallen⟩

ab·fäl·lig *Adjektiv;* negativ und mit einem Ton der Verachtung ≈ verächtlich ⟨eine Bemerkung; sich abfällig (über jemanden) äußern⟩

ab·fan·gen *(hat)* **1** **jemanden/etwas abfangen** verhindern, dass jemand/etwas sein Ziel erreicht ⟨einen Brief, einen Spion abfangen⟩ **2** **jemanden/etwas abfangen** jemanden/etwas aufhalten, abwehren ⟨einen Angriff, den Feind abfangen⟩ **3** **jemanden abfangen** ≈ abpassen (1)

ab·fär·ben *(hat)* **1** **etwas färbt ab** etwas überträgt seine Farbe auf etwas anderes: *Vorsicht - der Stoff färbt ab!* **2** **etwas färbt**

(auf jemanden) ab etwas wirkt sich auf jemand anderen (*meist* negativ) aus: *Das schlechte Benehmen seines Freundes färbt auf ihn ab*

ab·fei·ern (*hat*) **etwas abfeiern** *umg;* sich für Arbeit, die man zusätzlich geleistet hat, Freizeit nehmen ⟨Überstunden abfeiern⟩

ab·fer·ti·gen; *fertigte ab, hat abgefertigt* **1** **jemanden/etwas abfertigen** Formalitäten erledigen, die jemand für seine Reise, den Transport braucht ⟨Fluggäste, das Gepäck abfertigen⟩ **2** **jemanden (mit etwas) abfertigen** *umg;* auf jemanden unfreundlich reagieren ⟨jemanden schroff, kurz, an der Tür abfertigen⟩

ab·fin·den (*hat*) **sich mit jemandem/etwas abfinden** sich mit jemandem zufriedengeben/ etwas akzeptieren (weil man es nicht ändern kann): *Er kann sich mit dem Tod seiner Frau nicht abfinden*

Ab·fin·dung *die; -, -en;* die (einmalige) Bezahlung an jemanden, der einen Schaden oder Verlust hat oder der eine Arbeit geleistet oder auf ein Recht verzichtet hat ‖ K- Abfindungssumme

ab·flau·en; *flaute ab, ist abgeflaut;* **etwas flaut ab** etwas wird allmählich schwächer ↔ etwas nimmt zu ⟨der Lärm, der Wind⟩

ab·flie·gen B1 (*ist*) **jemand/etwas fliegt ab** ein Flugzeug (mit jemandem darin) startet und verlässt einen Ort: *Unsere Maschine ist pünktlich abgeflogen* ‖ *hierzu* **Ab·flug** *der; -(e)s, Ab·flü·ge*

ab·flie·ßen (*ist*) **1** **etwas fließt ab** etwas fließt an eine andere Stelle (weg): *Das Wasser konnte nicht abfließen, weil das Rohr verstopft war* **2** **etwas fließt ins Ausland ab** ⟨Geld, Kapital *o.Ä.*⟩ wird im Ausland (und nicht im Inland) investiert

Ab·fluss *der; -es, Ab·flüs·se* **1** *nur Singular;* das Abfließen (des Wassers) **2** eine Stelle, an der eine Flüssigkeit abfließt: *Der Abfluss des Waschbeckens ist verstopft* ‖ K- Abflussgraben, Abflussrohr

Ab·fol·ge *die; -, -n;* eine zeitliche Reihenfolge ⟨in rascher, logischer Abfolge; die Abfolge der Ereignisse⟩

ab·fra·gen (*hat*) **jemanden abfragen/(jemandem) etwas abfragen** jemandem Fragen (über etwas) stellen, um seine Kenntnisse zu prüfen: *Der Lehrer fragte den Schüler ab; dem Schüler die Vokabeln abfragen*

ab·frie·ren (*hat/ist*) **1** **sich** (*Dativ*) **etwas abfrieren** (*hat*) *umg;* an einem Körperteil solche Erfrierungen bekommen, dass dieser abstirbt (und entfernt werden muss): *Sie hat sich im Gebirge zwei Zehen abgefroren* **2** **etwas friert ab** (*ist*) etwas stirbt durch die Einwirkung von Frost ab ⟨Pflanzen⟩ **3** **sich** (*Dativ*) **einen abfrieren** (*hat*) *umg humorvoll;* stark frieren

Ab·fuhr *die; -, -en* **1** *nur Singular;* der Transport weg von einem Ort ‖ -K Müllabfuhr **2** *umg;* eine grobe Reaktion, mit der jemand eine Bitte *o.Ä.* zurückweist ↔ Zustimmung ⟨jemandem eine Abfuhr erteilen; sich (*Dativ*) eine Abfuhr holen⟩

ab·füh·ren (*hat*) **1** **jemanden abführen** jemanden, der festgenommen wurde, wegbringen: *Der Polizist führte den Verbrecher ab* **2** **etwas (an jemanden) abführen** Geld an jemanden bezahlen ⟨Steuern, Beiträge, Gelder abführen⟩ **3** **etwas führt ab** etwas bewirkt, dass sich der Darm schnell entleert ↔ etwas stopft ‖ K- Abführmittel

ab·fül·len (*hat*) **etwas (in etwas** (*Akkusativ*)**) abfüllen** eine Flüssigkeit in kleinere Gefäße geben: *Wein in Flaschen abfüllen*

Ab·ga·be *die; -, -n* **1** *nur Singular;* das Übergeben einer Sache an jemanden ‖ K- Abgabetermin **2** *nur Singular;* **die Abgabe (an jemanden)** der Verkauf (einer Ware) (an jemanden) ↔ Ankauf ⟨Abgabe nur an Erwachsene⟩ ‖ K- Abgabepreis **3** *Sport;* das Zuspielen des Balls ‖ -K Ballabgabe **4** *nur Singular;* das Abgeben des Stimmzettels bei einer Wahl ‖ -K Stimmabgabe **5** *meist Plural;* Geld, das man an den Staat *o.Ä.* zahlen muss ≈ Steuer ⟨Abgaben erheben, entrichten, zahlen⟩ ‖ -K Sozialabgabe

Ab·gang *der; -(e)s, Ab·gän·ge* **1** *nur Singular;* das Ausscheiden aus einer Schule *o.Ä.* ‖ K- Abgangszeugnis ‖ -K Schulabgang **2** das Verlassen der Bühne ↔ Auftritt ⟨ein glänzender Abgang⟩

Ab·gas *das; -es, -e; meist Plural;* Gase, die entstehen, wenn der Motor Benzin verbrennt

ab·ge·ben (*hat*) **1** **etwas (bei jemandem) abgeben** jemandem etwas (über)geben: *die Schularbeiten beim Lehrer abgeben* **2** **(jemandem) etwas abgeben** jemandem einen Teil von dem geben, was man besitzt: *seinem Bruder ein Stück Schokolade abgeben* **3** **etwas abgeben** etwas öffentlich bekannt machen ⟨eine Erklärung, ein Urteil abgeben⟩ **4** **etwas abgeben** etwas verlieren ⟨Wärme, Energie abgeben⟩ **5** **seine Stimme abgeben** ≈ wählen² **6** **den Ball abgeben** den Ball zu jemandem spielen **7** **einen Schuss abgeben** schießen **8** **sich mit jemandem/etwas ab-**

geben sich mit jemandem/etwas beschäftigen, mit jemandem Kontakt haben

ạb·ge·grif·fen *Adjektiv; nicht als Adverb;* durch häufiges Anfassen abgenutzt ⟨ein Buch⟩

ạb·ge·hackt *Adjektiv; ohne Steigerung;* nicht fließend und harmonisch ≈ stockend ⟨eine Äußerung, eine Bewegung; abgehackt sprechen⟩

ạb·ge·hen *(ist)* **1** **von etwas abgehen** eine Schule *o.Ä.* verlassen ⟨von der Schule, Universität abgehen⟩ **2** **etwas geht (von etwas) ab** *umg;* etwas löst sich: *Mir ist ein Knopf vom Mantel abgegangen* **3** **jemandem abgehen** *umg;* jemandem fehlen || ▸ **Abgang**

ạb·ge·kämpft, *abgekämpfter, abgekämpftest-; Adjektiv;* sehr müde oder erschöpft ⟨einen abgekämpften Eindruck machen⟩

ạb·ge·le·gen *Adjektiv;* weit entfernt und isoliert ↔ nahe ⟨ein Dorf⟩

ạb·ge·macht *Adjektiv;* verwendet, um auszudrücken, dass man einen Vorschlag akzeptiert ≈ o.k., in Ordnung: *„Wir treffen uns morgen, ja?" - „Abgemacht!"*

ạb·ge·neigt *Adjektiv; meist nach dem Substantiv* **1** **jemandem/etwas abgeneigt (sein)** jemandem/etwas gegenüber negativ eingestellt (sein) ↔ zugetan **2** *meist* **nicht abgeneigt sein zu** + *Infinitiv* nichts dagegen haben, etwas zu tun

Ạb·ge·ord·ne·te *der/die; -n, -n;* ein Mitglied des Parlaments

ạb·ge·ris·sen *Adjektiv;* in schlechter Kleidung ↔ gepflegt

ạb·ge·schie·den *Adjektiv* **1** weit entfernt von anderen ⟨ein Haus, ein Dorf⟩ **2** ohne Kontakt zu anderen: *ein abgeschiedenes Leben führen* || *hierzu* **Ạb·ge·schie·den·heit** *die; -; nur Singular*

ạb·ge·schlos·sen *Adjektiv; nicht als Adverb;* für sich eine Einheit bildend ⟨eine Wohnung⟩

ạb·ge·se·hen **1** **abgesehen von/von ... abgesehen** wenn man etwas nicht berücksichtigt ≈ außer: *Abgesehen von der Fahrt/Von der Fahrt abgesehen war der Urlaub sehr schön* **2** **abgesehen davon** ≈ außerdem: *Abgesehen davon wissen wir gar nicht, wo er wohnt*

ạb·ge·spannt, *abgespannter, abgespanntest-; Adjektiv;* müde und ohne Energie ↔ erholt ⟨abgespannt aussehen, wirken⟩

ạb·ge·stan·den *Adjektiv;* nicht mehr frisch ⟨Luft, ein Geruch, Wasser⟩

ạb·ge·win·nen *(hat)* **1** **jemandem etwas abgewinnen** etwas von jemandem gewinnen: *Er hat ihm beim Pokern 200 Euro abgewonnen* **2** **etwas** *(Dativ)* **etwas/nichts abgewinnen** etwas/nichts Gutes an etwas finden: *Er kann moderner Kunst nichts abgewinnen*

ạb·ge·wöh·nen; *gewöhnte ab, hat abgewöhnt;* **sich** *(Dativ)* **etwas abgewöhnen** mit einer schlechten Gewohnheit aufhören ↔ sich etwas angewöhnen ⟨sich das Rauchen, das Trinken abgewöhnen⟩

ạb·göt·tisch *Adjektiv; meist vor dem Substantiv oder als Adverb;* sehr stark übertrieben ⟨Liebe, Verehrung; jemanden abgöttisch lieben, verehren⟩

ạb·gren·zen *(hat)* **1** **etwas abgrenzen** etwas durch eine Grenze von etwas trennen: *die Beete mit Steinen vom Rasen abgrenzen* **2** **sich von jemandem/etwas abgrenzen** deutlich ausdrücken/zeigen, dass man eine andere Meinung/Haltung hat: *Sie versuchte, sich von der Politik ihrer Partei abzugrenzen* || *hierzu* **Ạb·gren·zung** *die; -, -en*

Ạb·grund *der; -(e)s, Ab·grün·de* **1** eine sehr große, gefährliche Tiefe ⟨in einen Abgrund stürzen⟩ **2** *nur Singular;* eine Situation, die das Leben bedroht ⟨jemanden an den Rand des Abgrunds bringen⟩

ạb·grund·tief *Adjektiv;* (auf negative Weise) enorm stark, intensiv ⟨ein Hass, eine Wut; jemanden abgrundtief hassen, verachten⟩

ạb·gu·cken *(hat) umg* ≈ abschauen

ạb·ha·ken; *hakte ab, hat abgehakt* **1** **etwas abhaken** mit einem kleinen Zeichen ausdrücken, dass etwas fertig oder abgeschlossen ist: *die Namen auf einer Liste abhaken* **2** **etwas abhaken** ein *(oft* negatives) Erlebnis schnell vergessen: *Unser Streit ist bereits abgehakt* || Hinweis *zu* 2: *meist* im Perfekt

ạb·hal·ten *(hat)* **1** **jemanden von etwas abhalten** jemanden daran hindern, etwas zu tun ⟨jemanden von der Arbeit abhalten⟩ **2** **etwas abhalten** etwas organisieren ⟨eine Sitzung, einen Kurs, Wahlen abhalten⟩ **3** **etwas hält etwas ab** etwas bewirkt, dass etwas nicht an etwas kommt oder in etwas eindringt: *Laub auf den Beeten soll den Frost abhalten* || *zu* 2 **Ạb·hal·tung** *die; -, -en*

ab·hạn·den·kom·men; *kam abhanden, ist abhandengekommen; meist in* **etwas ist (jemandem) abhandengekommen** jemand hat etwas verloren

Ạb·hang *der; -(e)s, Ab·hän·ge;* eine schräge Fläche zwischen einem höher und einem tiefer gelegenen Gelände ⟨ein steiler, sanfter

Abhang⟩

ạb·hän·gen[1]; *hing ab, hat abgehangen*; **etwas hängt von etwas ab** etwas ist durch etwas bedingt oder bestimmt: *Es hängt vom Wetter ab, ob wir baden gehen können*

ạb·hän·gen[2]; *hängte ab, hat abgehängt* **1** **etwas abhängen** etwas, das irgendwo hängt, (herunter-, weg)nehmen ↔ aufhängen: *die Vorhänge zum Waschen abhängen* **2** **jemanden abhängen** *umg*; jemanden hinter sich lassen, weil man schneller oder besser ist ⟨einen Verfolger, einen Konkurrenten abhängen⟩

ạb·hän·gig *Adjektiv* **1** **(von jemandem/etwas) abhängig** nicht selbstständig, sondern auf Hilfe oder Geld von jemandem/etwas angewiesen ⟨von seinen Eltern abhängig sein⟩ **2** in seinen Entscheidungen nicht frei, sondern einem Arbeitgeber, anderen Land *o.Ä.* untergeordnet ⟨abhängig Beschäftigte, Erwerbstätige⟩ **3** **abhängig (von etwas)** so, dass man immer eine bestimmte Droge *o.Ä.* braucht ≈ süchtig (nach etwas): *Ihr Freund ist (von Alkohol) abhängig* || -K alkoholabhängig, drogenabhängig, heroinabhängig, tablettenabhängig **4** **etwas ist abhängig von etwas** etwas ist durch etwas bedingt ⟨etwas ist vom Erfolg, Wetter, Zufall abhängig⟩ || -K altersabhängig, leistungsabhängig, preisabhängig, wetterabhängig **5** **etwas von etwas abhängig machen** eine Bedingung nennen, unter der man etwas akzeptiert || *zu* 1-4 **Ạb·hän·gig·keit** *die; -, -en*

ạb·här·ten; *härtete ab, hat abgehärtet* **1** **etwas härtet ab** etwas macht den Körper oder die Seele (des Menschen) weniger empfindlich **2** **sich (gegen etwas) abhärten** seine Gesundheit durch Maßnahmen wie kalte Duschen *o.Ä.* stärken || *hierzu* **Ạb·här·tung** *die; -; nur Singular*

ạb·hau·en; *haute ab, ist abgehauen*; *umg*; von irgendwo weggehen, wo es einem nicht gefällt oder wo man nicht erwünscht ist: *Hau ab, ich kann dich nicht mehr sehen!*; *Als ihn sein Vater verprügelte, ist er von zu Hause abgehauen*

ạb·he·ben B1 *(hat)* **1** **(etwas) abheben** etwas in die Hand nehmen und bewegen (von etwas entfernen) ↔ auflegen: *den Telefonhörer abheben* **2** **etwas abheben** Geld vom Konto nehmen ↔ einzahlen: *500 Euro abheben* **3** **etwas hebt ab** etwas steigt beim Start in die Luft ↔ etwas landet ⟨ein Flugzeug, ein Hubschrauber, ein Ballon⟩ **4** **jemand/etwas hebt sich (von jemandem/etwas) ab** jemand/etwas unterscheidet sich deutlich von jemandem/etwas: *Das Rot hebt sich deutlich vom Hintergrund ab*

ạb·hef·ten *(hat)* **etwas abheften** etwas in einen Ordner (oder Hefter) legen (einordnen) ⟨Rechnungen, Briefe abheften⟩

ạb·het·zen, sich *(hat)* **sich abhetzen** *umg*; sich so beeilen, dass man müde wird

Ạb·hil·fe *die; -, -n*; das Beseitigen eines negativen Zustands ⟨Abhilfe schaffen; für Abhilfe sorgen⟩ || *hierzu* **ạb·hel·fen** *(hat)*

ạb·ho·len B1 *(hat)* **1** **etwas abholen** etwas, das schon bestellt ist oder bereit liegt, zu sich nehmen: *eine Kinokarte an der Kasse abholen* **2** **jemanden abholen** sich mit jemandem treffen, um mit ihm an einen bestimmten Ort zu gehen: *Ich hole dich vom/am Bahnhof ab*

Ạb·hol·markt *der; -(e)s, -märk·te*; ein Geschäft, in dem man bestimmte Waren (*meist* Getränke oder Möbel) zu einem günstigen Preis bekommt, wenn man sie selbst abholt (anstatt sie nach Hause liefern zu lassen) || K- Getränkeabholmarkt, Möbelabholmarkt

ạb·hol·zen; *holzte ab, hat abgeholzt*; **etwas abholzen** die Bäume eines Waldes schlagen (fällen) ↔ aufforsten ⟨einen Wald abholzen⟩ || *hierzu* **Ạb·hol·zung** *die; -, -en*

ạb·hor·chen *(hat)* **1** **jemanden/etwas abhorchen** (als Arzt) prüfen, ob die Geräusche in jemandes Körper auf eine Krankheit hinweisen ⟨das Herz, die Lunge abhorchen⟩ **2** **etwas abhorchen** ≈ abhören (3)

ạb·hö·ren B2 *(hat)* **1** **jemandem etwas abhören**; **jemanden abhören** durch Fragen prüfen, ob jemand gelernt hat ≈ abfragen: *einem Schüler die Vokabeln abhören* **2** **jemanden/etwas abhören** ≈ abhorchen (1) **3** **jemanden/etwas abhören** mithilfe von Geräten heimlich zuhören, wenn andere sprechen ⟨Telefongespräche abhören; jemand wird abgehört⟩ || K- Abhöraktion, Abhörgerät || *zu* 3 **ạb·hör·si·cher** *Adjektiv*

Ạbi *das; -s, -s*; *meist Singular*; *umg*; (*bes* von Schülern verwendet) *Kurzwort* ↑ **Abitur**

Abi·tur *das; -s, -e*; *meist Singular*; das letzte Examen an einem Gymnasium || K- Abiturprüfung, Abiturzeugnis

Abi·tu·ri·ent [abituˈri̯ɛnt] *der; -en, -en*; ein Schüler der letzten Klasse des Gymnasiums kurz vor, im oder nach dem Abitur || *hierzu* **Abi·tu·ri·ẹn·tin** *die; -, -nen*

ạb·ja·gen *(hat)* **jemandem etwas abjagen** jemandem etwas wegnehmen ⟨jemandem den Ball, die Beute abjagen⟩

ạb·kas·sie·ren; *kassierte ab, hat abkassiert*; **(je-**

manden) abkassieren sich das Geld geben lassen, das jemand zahlen muss: *Darf ich bitte abkassieren, ich habe jetzt Feierabend*

ab·kau·fen (*hat*) **1 jemandem etwas abkaufen** etwas von jemandem kaufen: *Ich kauf dir das Boot ab, wenn du es nicht mehr willst* **2 jemandem etwas abkaufen** *umg;* jemandem etwas glauben: *Diese Geschichte kauft ihm doch keiner ab!*

ab·keh·ren (*hat*) **1 etwas/sich (von jemandem/etwas) abkehren** etwas/sich in eine andere Richtung drehen, sich (von jemandem/etwas) wegdrehen ≈ abwenden: *den Blick (von etwas) abkehren* **2 sich von etwas abkehren** eine Überzeugung oder Gewohnheit aufgeben oder ändern || *zu* 2 **Ab·kehr** *die; -; nur Singular*

ab·klap·pern (*hat*) **jemanden/etwas (nach etwas) abklappern** *umg;* nacheinander zu einer Anzahl von Personen oder Orten gehen, um etwas Bestimmtes zu finden ⟨die ganze Stadt, alle Geschäfte/Straßen abklappern⟩

ab·klä·ren (*hat*) **etwas abklären** ein Problem lösen oder eine Frage entscheiden ≈ klären

ab·klem·men (*hat*) **etwas abklemmen** eine Verbindung (mit einer Zange, durch starken Druck *o.Ä.*) trennen ⟨ein Kabel, den Strom abklemmen⟩

ab·klin·gen (*ist*) **etwas klingt ab** etwas wird schwächer, weniger intensiv ≈ etwas lässt nach ⟨das Fieber, eine Krankheit, der Lärm⟩

ab·klop·fen (*hat*) **1 etwas (von etwas) abklopfen** etwas (von etwas) durch Klopfen entfernen: *den Staub von der Jacke abklopfen* **2 etwas abklopfen** etwas durch Klopfen untersuchen ⟨die Lunge, eine Mauer abklopfen⟩

ab·kni·cken (*hat*) **etwas abknicken** etwas nach unten oder zur Seite biegen oder ganz abtrennen ⟨einen Stiel, eine Blume abknicken⟩

ab·ko·chen (*hat*) **etwas abkochen** etwas durch Kochen von Bakterien befreien ⟨Wasser, Milch, medizinische Instrumente abkochen⟩

ab·kom·men (*ist*) **von etwas abkommen** sich (ohne es zu wollen) von der Richtung entfernen, in die man sich bewegt hat ⟨vom Weg, vom Thema abkommen⟩

Ab·kom·men *das; -s, -;* ein Vertrag (*bes* zwischen Staaten) ⟨ein Abkommen treffen⟩

ab·krat·zen[1] (*hat*) **1 etwas (von etwas) abkratzen** etwas von etwas (durch Kratzen) entfernen: *Erde von den Schuhen abkratzen* **2 etwas abkratzen** etwas (durch Kratzen) sauber machen: *den Spachtel abkratzen*

ab·krat·zen[2] (*ist*) *salopp* ≈ sterben

ab·krie·gen (*hat*) *umg* ≈ abbekommen

ab·küh·len (*hat*) **1 etwas abkühlen** etwas kühler machen: *Ich habe meine Füße in kaltes Wasser gestellt, um sie abzukühlen* **2 sich abkühlen** sich erfrischen **3 es kühlt (sich) ab** die Temperaturen sinken: *Heute Nacht hat es (sich) merklich abgekühlt*

ab·kür·zen (*hat*) **1 etwas abkürzen** zwischen zwei Orten einen kürzeren Weg als den normalen finden ⟨*meist* einen Weg abkürzen⟩ **2 etwas abkürzen** etwas kürzer machen ⟨ein Wort abkürzen⟩

Ab·kür·zung *die; -, -en* **1** ein kürzerer Weg (zwischen zwei Orten) als der normale ⟨eine Abkürzung nehmen⟩ **2** ein abgekürztes Wort: *„Fa." ist die Abkürzung von „Firma"* || K- Abkürzungsverzeichnis

▶ Häufig benutzte Abkürzungen

AB	Anrufbeantworter
Abo	Abonnement
AG	a) Aktiengesellschaft b) Arbeitsgemeinschaft
Dr.	Doktor (Titel)
EU	Europäische Union
GEZ	Gebühreneinzugszentrale der (öffentlich-rechtlichen) Rundfunkanstalten
Info(s)	Information(en)
k.o.	kaputt, erschöpft
Lkw	Lastwagen
NC	Numerus clausus
O-Saft	Orangensaft
o.k.	in Ordnung, gut
PC	Computer
Pkw	Auto
S-Bahn	Schnellbahn
SMS	Kurznachricht am Handy
TÜV	Technischer Überwachungsverein
U-Bahn	Untergrundbahn
Uni	Universität
usw.	und so weiter
WG	Wohngemeinschaft
z.B.	zum Beispiel

WORTSCHATZ

ab·la·den (*hat*) **1 etwas (von etwas) abladen**

etwas *meist* von einem Wagen nehmen ↔ aufladen: *Säcke mit Mehl vom Wagen abladen* **2** **etwas (bei jemandem) abladen** *umg;* jemandem von seinen Problemen oder Sorgen erzählen: *seinen Kummer bei einem Freund abladen*

Ab·la·ge *die; -, -n* **1** ein Fach *o.Ä.* (im Büro) für Briefe und Dokumente || K- Ablagekorb **2** ein Brett oder Fach, auf das man Kleider legen kann || -K Hutablage, Kleiderablage **3** (CH) ≈ Agentur, Zweigstelle

ab·la·gern *(hat)* **1** **etwas ablagern** etwas lange liegen lassen (und dadurch in der Qualität verbessern) ⟨Weine ablagern⟩ **2** **etwas lagert sich ab** etwas bleibt liegen und sammelt sich an: *In der Wasserleitung lagert sich Kalk ab* || zu 2 **Ab·la·ge·rung** *die; -, -en*

ab·las·sen *(hat)* **1** **etwas ablassen** eine Flüssigkeit oder ein Gas aus etwas fließen, strömen lassen **2** **etwas (an jemandem) ablassen** *umg;* schimpfen, aggressiv werden ⟨seinen Hass, Zorn an jemandem ablassen; Dampf (= Wut) ablassen⟩ **3** **von etwas ablassen** etwas nicht mehr tun ≈ etwas aufgeben: *von einem Plan, von einer Gewohnheit ablassen*

Ab·lauf *der; -(e)s, Ab·läu·fe;* die (*meist* chronologische) Reihenfolge ⟨der Ablauf der Ereignisse⟩ || -K Tagesablauf

ab·lau·fen *(ist)* **1** **etwas läuft irgendwie ab** etwas geschieht so, geht so vor sich: *Wie soll das Programm ablaufen?* **2** **etwas läuft ab** etwas geht zu Ende ⟨eine Frist, eine Wartezeit; ein Pass, ein Visum, ein Vertrag⟩ **3** **Wasser läuft ab** Wasser fließt weg

ab·le·gen *(hat)* **1** **(etwas) ablegen** ein Kleidungsstück vom Körper nehmen ≈ ausziehen ↔ anziehen ⟨den Mantel, die Jacke ablegen⟩: *Wollen Sie nicht (den Mantel) ablegen?* **2** **etwas ablegen** eine Prüfung machen ⟨ein Examen, das Abitur ablegen⟩ **3** **etwas ablegen** Papiere in einen Ordner tun, um sie aufzubewahren **4** **einen Eid/ein Geständnis ablegen** die Worte sprechen, mit denen man etwas schwört/gesteht **5** ⟨*meist* ein Schiff⟩ **legt ab** ein Schiff fährt vom Ufer weg ↔ ein Schiff legt an

Ab·le·ger *der; -s, -;* der Teil einer Pflanze, den man abschneidet und in Wasser oder in Erde tut, damit er Wurzeln bildet und zu einer neuen Pflanze wird

ab·leh·nen B2 *(hat)* **1** **etwas ablehnen** etwas nicht annehmen oder akzeptieren ⟨ein Amt, eine Einladung, ein Geschenk ablehnen; eine Bitte, eine Forderung ablehnen⟩ **2** **etwas ablehnen** sich weigern, etwas zu tun ≈ verweigern: *eine Diskussion über etwas ablehnen* || hierzu **Ab·leh·nung** *die; -, -en*

▶ Höflich ablehnen

Ein angebotenes Essen oder ein Getränk ablehnen:
Nein danke!

Ein Geschenk ablehnen:
Das kann ich nicht annehmen.

Hilfe ablehnen:
Danke, aber ich komme schon allein zurecht.

Eine Einladung ablehnen:
Da habe ich leider keine Zeit.
Da kann ich leider nicht.

(In einem Geschäft) zu teure Ware ablehnen:
Das muss ich mir erst noch überlegen.

SPRECHEN UND SCHREIBEN

ab·lei·ten *(hat)* **1** **etwas ableiten** Gase oder Flüssigkeiten in eine andere Richtung lenken, kanalisieren ⟨Rauch, Dampf ableiten⟩ **2** **etwas von etwas ableiten** etwas aus seinem Ursprung erklären ≈ herleiten

ab·len·ken *(hat)* **(jemanden) (von etwas) ablenken** jemandes Aufmerksamkeit auf etwas anderes lenken ⟨jemanden von seiner Arbeit, seinen Sorgen ablenken⟩ || hierzu **Ab·len·kung** *die; -, -en*

ab·le·sen *(hat)* **1** **(etwas) (von etwas) ablesen** etwas Geschriebenes laut vorlesen ↔ frei sprechen **2** **etwas ablesen** prüfen, welchen Wert ein Gerät *o.Ä.* anzeigt ≈ feststellen: *die Temperatur vom Thermometer ablesen* **3** **jemandem etwas von den Augen, vom Gesicht ablesen** schon an jemandes Augen oder Gesicht erkennen, was er denkt oder was er sich wünscht ⟨jemandem die Wünsche, die Gedanken von den Augen ablesen⟩

ab·lie·fern *(hat)* **etwas (bei jemandem) abliefern** etwas jemandem bringen, bei jemandem abgeben: *die bestellte Ware pünktlich abliefern* || hierzu **Ab·lie·fe·rung** *die; -, -en*

Ab·lö·se *die; -, -n* **1** *bes südd* (A) die Summe Geld, die man für Möbel *o.Ä.* zahlt, wenn man sie beim Einzug in eine Wohnung vom (bisherigen) Mieter übernimmt: *Der Vormieter hat eine Ablöse von 4000 Euro für die Küche verlangt* **2** *Sport;* die Summe Geld, die beim Wechsel eines Sportlers von einem Verein zum anderen bezahlt wird || K- Ablösesumme

ab·lö·sen *(hat)* **1** **etwas (von etwas) ablösen** etwas vorsichtig von etwas entfernen ≈ abmachen (1): *alte Tapeten von der Wand ab-*

lösen **2** **jemanden ablösen** jemandes Tätigkeit (für eine bestimmte Zeit) übernehmen: *einen Kollegen bei der Arbeit ablösen* **3** **etwas ablösen** etwas auf einmal bezahlen ⟨eine Hypothek, jemandes Möbel ablösen⟩ **4** **etwas löst sich (von etwas) ab** ≈ etwas löst sich (von etwas) || *hierzu* **Ạb·lö·sung** *die; -, -en*

ạb·ma·chen B1 *(hat)* **1** **etwas (von etwas) abmachen** *umg;* etwas von etwas lösen, entfernen: *ein Schild, ein Plakat abmachen* **2** **etwas (mit jemandem) abmachen** etwas mit jemandem besprechen und beschließen ≈ vereinbaren: *Wir haben abgemacht, morgen ins Kino zu gehen* || *zu 2* **Ạb·ma·chung** *die; -, -en*

ạb·ma·gern; *magerte ab, ist abgemagert;* dünn, mager werden: *Sie sieht sehr abgemagert aus*

Ạb·mah·nung *die; -, -en;* ein Schreiben, in dem der Chef einen Angestellten kritisiert || *hierzu* **ạb·mah·nen** *(hat)*

ạb·ma·len *(hat)* **etwas abmalen** etwas so malen, wie man es sieht: *eine Landschaft abmalen*

ạb·mel·den *(hat)* **1** **jemanden/sich (bei etwas/von etwas) abmelden** jemandem oder einer Institution sagen, dass jemand/man weggeht, nicht (mehr) kommen, teilnehmen oder Mitglied sein will ↔ anmelden: *seine Tochter vom Kindergarten abmelden; sich bei seinem Chef abmelden* **2** **etwas abmelden** offiziell mitteilen, dass etwas (ein Fahrzeug, Telefon *o.Ä.*) nicht mehr benutzt wird ↔ anmelden: *sein Motorrad für den Winter abmelden* || *hierzu* **Ạb·mel·dung** *die; -, -en*

ạb·mes·sen *(hat)* **etwas abmessen** ≈ messen (1) ⟨die Entfernung, einen Stoff abmessen⟩

Ạb·mes·sung *die; -, -en; meist Plural, Technik;* die Maße eines Fahrzeugs oder Gegenstands: *die Abmessungen des Autos*

ạb·mil·dern *(hat)* **etwas mildert etwas ab** etwas macht etwas schwächer, geringer ⟨etwas mildert den Lärm, den Druck ab⟩: *Der weiche Boden milderte den Sturz ab*

ạb·mon·tie·ren; *montierte ab, hat abmontiert;* **etwas (von etwas) abmontieren** etwas von etwas entfernen ↔ (an)montieren: *die Räder, den Kotflügel (von dem Auto) abmontieren*

ạb·mü·hen, sich *(hat)* **sich (mit jemandem/etwas) abmühen** sich anstrengen oder große Mühe geben *(z.B.* um jemanden etwas zu lehren)

ạb·na·beln; *nabelte ab, hat abgenabelt* **1** **jemanden abnabeln** ein Baby nach der Geburt von der Nabelschnur trennen **2** **sich (von jemandem) abnabeln** *umg;* sich aus einer sehr engen Bindung zu jemandem *(bes* zu den Eltern) lösen || *hierzu* **Ạb·na·be·lung** *die; -; nur Singular*

ạb·na·gen *(hat)* **1** **jemand/ein Tier nagt etwas (von etwas) ab** jemand/ein Tier entfernt etwas durch Nagen (von etwas): *Der Hund nagte das Fleisch vom Knochen ab* **2** **jemand/ein Tier nagt etwas ab** jemand/ein Tier nagt an etwas, bis nichts mehr daran ist ⟨einen Knochen abnagen⟩

Ạb·nä·her *der; -s, -;* eine Falte, die man in ein Kleidungsstück näht (um es enger zu machen) || *hierzu* **ạb·nä·hen** *(hat)*

Ạb·nah·me *die; -, -n* **1** das Abnehmen (3) ≈ Kauf: *Bei Abnahme großer Mengen gewähren wir Rabatt* **2** das Abnehmen (6) ≈ Gewichtsverlust ↔ Zunahme: *Eine Abnahme von 10 Pfund ist bei dieser Diät durchaus möglich* || -K Gewichtsabnahme **3** das Abnehmen (7) einer Menge, Zahl *usw* ≈ Rückgang ↔ Zunahme: *die starke Abnahme der Geburten*

ạb·neh·men B1 *(hat)* **1** **etwas abnehmen** etwas aus seiner Position nehmen, entfernen ⟨den Telefonhörer, den Hut, einen Deckel, die Wäsche, ein Bild abnehmen⟩ **2** **jemandem etwas abnehmen** jemandem etwas (weg)nehmen: *Die Polizei hat ihr den Führerschein abgenommen; Lass dir den Ball nicht vom Gegner abnehmen!* **3** **(jemandem) etwas abnehmen** etwas von jemandem kaufen: *Der Händler hat dem Bauern die ganze Ernte abgenommen* **4** **jemandem etwas abnehmen** jemandem helfen und für ihn einen schweren Gegenstand tragen oder eine schwierige Aufgabe erfüllen: *jemandem eine Last, ein großes Problem abnehmen* **5** **jemandem etwas abnehmen** *umg;* jemandem glauben, was er erzählt: *Hat dein Lehrer dir abgenommen, dass du krank warst?* **6** **(etwas) abnehmen** an Gewicht verlieren ↔ zunehmen: *Ich habe schon drei Kilo abgenommen!* **7** **etwas nimmt ab** etwas wird immer weniger, kleiner oder schwächer ↔ etwas nimmt zu: *Die Zahl der Geburten/Die Geschwindigkeit nimmt ab* || *zu 3* **Ạb·neh·mer** *der; -s, -;* **Ạb·neh·me·rin** *die; -, -nen*

Ạb·nei·gung *die; -, -en; meist Singular;* **eine Abneigung (gegen jemanden/etwas)** das (starke) Gefühl, dass man jemanden/etwas gar nicht sympathisch findet ≈ Aversion ↔ Zuneigung

ab·nọrm *Adjektiv* **1** anders als das, was allgemein als normal gilt ≈ krankhaft ⟨eine Veranlagung, jemandes Verhalten⟩ **2** über das Normale hinausgehend ↔ normal: *ein* *abnorm übergewichtiger Mann* || *hierzu* **Ab·nor·mi·tät** *die; -, -en*

ab·nor·mal *Adjektiv* ≈ abnorm

ab·nut·zen, *bes südd* Ⓐ **ab·nüt·zen** *(hat)* **1** **etwas abnutzen** etwas durch (häufigen) Gebrauch im Wert mindern oder in der Funktion schlechter machen ⟨Kleider, Geräte abnutzen⟩ **2** **etwas nutzt sich ab** etwas verliert durch den Gebrauch an Wert, wird schlechter || *hierzu* **Ab·nut·zung**, **Ab·nüt·zung** *die; -, -en*

Abon·ne·ment [abɔn(ə)'mã:] *das; -s, -s;* **ein Abonnement (für etwas)** die Bestellung von etwas, das man längere Zeit regelmäßig haben will ⟨ein Abonnement für eine Zeitung, fürs Theater (haben)⟩

abon·nie·ren; *abonnierte, hat abonniert;* **etwas abonnieren** etwas für längere Zeit regelmäßig bestellen ⟨eine Zeitung, eine Zeitschrift abonnieren⟩ || *hierzu* **Abon·nent** *der; -en, -en;* **Abon·nen·tin** *die; -, -nen*

ab·ord·nen *(hat)* **jemanden (zu/nach etwas) abordnen** jemandem offiziell den Auftrag geben, irgendwohin zu gehen

Ab·ord·nung *die; -, -en* **1** *nur Singular;* das Abordnen **2** eine Gruppe von Personen, die offiziell zu einer Veranstaltung geschickt wird ≈ Delegation ⟨eine Abordnung entsenden⟩ || -K Regierungsabordnung

ab·pa·cken *(hat)* **etwas abpacken** eine bestimmte Menge von etwas verpacken, um es zu verkaufen: *im Supermarkt fertig abgepacktes Fleisch kaufen*

ab·pas·sen *(hat)* **1** **jemanden abpassen** auf jemanden warten, um sich dann (wegen eines Wunsches oder mit einer bestimmten Absicht) an ihn zu wenden ≈ abfangen: *Die Journalisten passten den Minister am Eingang zum Bundestag ab* **2** **etwas abpassen** warten, bis der günstige Zeitpunkt für etwas gekommen ist ≈ abwarten ⟨den richtigen Augenblick, eine günstige Gelegenheit abpassen⟩

ab·pfei·fen *(hat)* **(etwas) abpfeifen** *Sport;* (als Schiedsrichter) ein Spiel durch einen Pfiff beenden ↔ anpfeifen || *hierzu* **Ab·pfiff** *der; -(e)s, -e*

ab·pla·gen, sich *(hat)* **sich (mit etwas) abplagen** hart und unter großen Mühen an etwas arbeiten

ab·pral·len; *prallte ab, ist abgeprallt;* **etwas prallt irgendwo ab** etwas springt zurück, wenn es einen Gegenstand trifft: *Der Ball prallte vom Torpfosten ab*

ab·pum·pen *(hat)* **etwas abpumpen** etwas (*bes* Wasser) mit einer Pumpe von irgendwo holen (entfernen) ≈ absaugen: *Die Feuerwehr pumpte nach der Überschwemmung das Wasser aus den Kellern ab*

ab·put·zen *(hat)* **etwas abputzen** etwas durch Wischen oder Bürsten sauber machen: *Putz dir die Schuhe ab, bevor du ins Haus gehst!*

ab·ra·ckern, sich; *rackerte sich ab, hat sich abgerackert;* **sich (mit etwas) abrackern** *umg;* sehr hart an etwas arbeiten ≈ sich abmühen

ab·ra·ten *(hat)* **(jemandem) (von etwas) abraten** jemandem empfehlen, etwas nicht zu tun ↔ jemandem zuraten: *jemandem von einer Reise, einem Plan abraten*

ab·räu·men *(hat)* **(etwas) abräumen** Gegenstände, die auf etwas stehen, von dort (weg)nehmen ⟨das Geschirr, den Tisch abräumen⟩

ab·re·a·gie·ren; *reagierte ab, hat abreagiert;* **sich/etwas (an jemandem/etwas) abreagieren** (jemandem/etwas) etwas tun, damit man seine Aggressionen *o.Ä.* loswird ⟨seinen Ärger, seine Enttäuschung, seine schlechte Laune an jemandem/etwas abreagieren⟩: *Ich kann mich beim Sport gut abreagieren*

ab·rech·nen *(hat)* **1** **(etwas) abrechnen** am Schluss eine Rechnung (Bilanz) über die Ausgaben machen ⟨seine Auslagen, Spesen, Unkosten abrechnen⟩: *Die Kassiererin muss jeden Abend genau abrechnen* **2** **etwas (von etwas) abrechnen** etwas von einer Summe/Zahl durch eine Rechnung wegnehmen ≈ abziehen: *Wenn wir die Kosten abrechnen, bleibt nicht mehr viel Gewinn übrig* **3** **mit jemandem abrechnen** jemanden für seine Schuld büßen lassen: *Wenn du mich verrätst, rechne ich mit dir ab!*

Ab·rech·nung *die; -, -en* **1** die Rechnung, die alle Kosten/Einnahmen einer bestimmten Zeit enthält ⟨die monatliche, jährliche Abrechnung machen⟩ || K- Abrechnungsbuch || -K Betriebsabrechnung, Jahresabrechnung, Lohnabrechnung **2** *nur Singular;* **die Abrechnung (mit jemandem)** das Abrechnen (3) mit jemandem: *Die Stunde der Abrechnung ist gekommen*

ab·re·gen, sich *(hat)* **sich (wieder) abregen** *umg* ≈ sich beruhigen ↔ sich aufregen: *Komm, reg dich ab!*

ab·rei·ben *(hat)* **1** **etwas (von etwas) abreiben** etwas von etwas (durch Reiben) entfernen: *den Rost von dem Blech abreiben* **2** **jemanden/sich/etwas abreiben** jemanden/sich/etwas (*meist* mit einem Tuch) trocknen oder sauber machen **3** **etwas reibt sich ab** etwas nutzt sich durch starke Reibung ab, wird beschädigt ⟨ein Reifen, ein Stoff, ein Tuch⟩

Ab·rei·bung *die; -, -en; umg;* Schläge, Prügel, die jemand als Strafe bekommt ⟨jemandem eine gehörige, anständige Abreibung verabreichen, verpassen⟩

ab·rei·sen *(ist)* am Beginn oder Ende einer Reise einen Ort verlassen ↔ anreisen: *Wann reist ihr in den Urlaub ab?; Leider mussten wir vorzeitig nach Hause abreisen* || *hierzu* **Ab·rei·se** *die; -, -n; meist Singular*

ab·rei·ßen *(hat/ist)* **1** **etwas (von etwas) abreißen** *(hat)* etwas (durch Reißen) von etwas trennen: *ein Blatt vom Kalender abreißen* || K Abreißkalender **2** **etwas abreißen** *(hat)* etwas zerstören oder auseinandernehmen ↔ (auf)bauen ⟨ein Gebäude, ein Gerüst abreißen⟩ **3** **etwas reißt ab** *(ist)* etwas hört plötzlich auf oder wird unterbrochen ⟨die Telefonverbindung, der Kontakt⟩ **4** **etwas reißt nicht ab** *(ist)* etwas hört nicht auf: *Die Kette der schlimmen Unfälle auf den Autobahnen reißt nicht ab*

ab·rie·geln; *riegelte ab, hat abgeriegelt* **1** **etwas abriegeln** etwas (mit einem Riegel) schließen, versperren ⟨die Tür, das Tor, das Fenster abriegeln⟩ **2** **etwas abriegeln** ≈ absperren (1) ⟨ein Gebiet, die Unfallstelle abriegeln⟩ || *hierzu* **Ab·rie·ge·lung** *die; -, -en*

ab·rin·gen *(hat)* **jemandem/sich etwas abringen** darum kämpfen, dass man etwas von jemandem bekommt *bzw* dass man selbst etwas sagt oder tut: *den Eltern eine Erlaubnis, sich ein Lächeln abringen*

Ab·riss *der; -es, -e; nur Singular;* das Abreißen(2) eines Gebäudes || K Abrissarbeiten, Abrissfirma, Abrissgebäude

ab·rü·cken *(hat/ist)* **1** **etwas (von etwas) abrücken** *(hat)* etwas von etwas ein Stückchen wegschieben: *den Schrank von der Wand abrücken* **2** **von jemandem/etwas abrücken** *(ist)* ein Stückchen zur Seite rücken, von jemandem/etwas weg **3** **von jemandem/etwas abrücken** *(ist)* deutlich zeigen, dass man mit jemandem/etwas nicht einverstanden ist ≈ sich von jemandem/etwas distanzieren: *von seinen Parteifreunden, von seinen Anschauungen abrücken*

Ab·ruf *der; -(e)s, -e* **1** **auf Abruf** bereit, sofort zu kommen: *sich auf Abruf bereithalten* **2** *Informatik;* die Entnahme von Informationen aus dem Computer ↔ Eingabe || *zu 2* **ab·ru·fen** *(hat)*

ab·run·den; *rundete ab, hat abgerundet* **1** **etwas abrunden** etwas rund machen ⟨eine Kante, eine Ecke abrunden⟩ **2** **etwas (auf etwas** *(Akkusativ)***) abrunden** eine Zahl auf die nächste runde oder volle Zahl bringen, indem man etwas weniger rechnet ↔ aufrunden: *€ 10,35 auf € 10 abrunden*

ab·rupt, *abrupter, abruptest-; Adjektiv;* plötzlich und überraschend (eintretend) ⟨ein Ende; etwas abrupt abbrechen, beenden⟩

Ab·rüs·tung *die; -; nur Singular;* das systematische Reduzieren der Anzahl der Waffen

ABS [aːbeːˈ|ɛs] *ohne Artikel, indeklinabel; (Abkürzung für* Antiblockiersystem) ein System, das verhindert, dass die Reifen eines Autos blockieren, wenn man stark bremst: *Der Wagen ist mit ABS ausgerüstet*

ab·sa·gen B2 *(hat)* **1** **etwas absagen** mitteilen, dass etwas nicht stattfindet ↔ ankündigen ⟨ein Konzert, eine Konferenz, seinen Besuch absagen⟩ **2** **(jemandem) absagen** jemandem mitteilen, dass man etwas *(z.B.* seine Einladung oder Bewerbung) ablehnt ↔ zusagen: *Sie wollte zu der Party kommen, aber dann hat sie abgesagt* || *hierzu* **Ab·sa·ge** *die; -, -n*

Ab·satz *der; -(e)s, Ab·sät·ze* **1** der Teil eines Textes, der mit einer neuen Zeile beginnt ≈ Abschnitt: *einen/mit einem neuen Absatz beginnen; einen Absatz lesen* **2** der hohe Teil der (Schuh)Sohle unter der Ferse ⟨flache, niedrige, hohe Absätze⟩ **3** *nur Singular; Wirtschaft;* der Verkauf von Waren || K Absatzkrise, Absatzmarkt

ab·schaf·fen *(hat)* **etwas abschaffen** dafür sorgen, dass es etwas *(meist* Gesetze oder Regelungen) nicht mehr gibt: *die Todesstrafe abschaffen* || *hierzu* **Ab·schaf·fung** *die; -; nur Singular*

ab·schal·ten B1 *(hat)* **1** **(etwas) abschalten** ≈ abstellen (3) ↔ einschalten: *den Fernseher abschalten* **2** *umg;* nicht mehr an seine Arbeit oder Sorgen denken und sich entspannen: *im Urlaub mal richtig abschalten*

ab·schät·zen *(hat)* **etwas abschätzen** überlegen, wie (groß) etwas werden könnte ≈ schätzen ⟨einen Gewinn, ein Risiko abschätzen⟩: *abschätzen, wie lange etwas noch dauern wird*

ab·schät·zig *Adjektiv;* ⟨eine Bemerkung, ein Blick⟩ so, dass sie Verachtung ausdrücken ≈ abfällig ↔ anerkennend

ab·schau·en *(hat) umg* **1** **etwas (bei jemandem) abschauen; jemandem etwas abschauen** sehen, wie ein anderer etwas macht, und daraus lernen ≈ abgucken: *Den Trick habe ich mir bei meinem Vater abgeschaut* **2** **(etwas) (bei jemandem) abschauen** ≈ abschreiben (1)

Ab·scheu *der; -s; seltener: die; -; nur Singular;* **Abscheu (vor/gegenüber jemandem/etwas)** ein sehr negatives Gefühl (des physischen oder moralischen Ekels), eine sehr starke Abneigung

ab·scheu·lich *Adjektiv* **1** aus moralischer Sicht ganz schlimm (und verdammenswert) ⟨ein Laster, ein Verbrechen, eine Lüge⟩ **2** so, dass es Abscheu erregt ≈ ekelhaft ⟨ein Gestank; abscheulich aussehen, riechen⟩ **3** *nur als Adverb; umg;* verwendet, um Adjektive oder Verben negativ zu verstärken ≈ sehr: *Es ist abscheulich kalt; Das tut abscheulich weh* || *zu* 1 und 2 **Ab·scheu·lich·keit** *die; -, -en*

ab·schi·cken *(hat)* **etwas abschicken** *meist* Post an jemanden senden ⟨einen Brief, ein Paket abschicken⟩

ab·schie·ben *(hat)* **1** **etwas auf jemanden abschieben** eine Last *o.Ä.* auf jemand anderen übertragen ≈ abwälzen ⟨eine Schuld, die Verantwortung auf jemanden abschieben⟩ **2** **jemanden abschieben** unerwünschte Personen zwingen, das Land sofort zu verlassen ⟨Asylanten, Flüchtlinge abschieben⟩ || K- Abschiebehaft || *zu* 2 **Ab·schie·bung** *die; -, -en*

Ab·schied *der; -(e)s, -e* **1** **der Abschied (von jemandem/etwas)** die Situation (die Worte und die Gesten), in der man auseinandergeht: *ein tränenreicher Abschied* || K- Abschiedsbrief, Abschiedskuss **2** **(von jemandem/etwas) Abschied nehmen** *förmlich;* sich von jemandem/etwas trennen (und verabschieden)

ab·schie·ßen *(hat)* **1** **etwas abschießen** etwas (*z.B.* einen Pfeil oder eine Rakete) in Bewegung setzen **2** **ein Tier abschießen** ein wildes Tier mit einem Schuss töten **3** **jemanden/etwas abschießen** ein Fahrzeug oder Flugzeug (im Krieg) durch Schüsse zerstören ⟨ein Flugzeug, einen Panzer abschießen⟩ **4** **jemanden abschießen** *umg;* jemanden, der eine hohe Stellung hat, von seinem Posten absetzen ⟨einen Politiker, einen Manager, einen Trainer abschießen⟩ || *hierzu* **Ab·schuss** *der; -es, Ab·schüs·se*

ab·schir·men; *schirmte ab, hat abgeschirmt* **1** **jemanden/etwas (gegen etwas) abschirmen** jemanden/etwas vor etwas schützen, etwas von jemandem/etwas fernhalten: *jemanden gegen neugierige Blicke, gegen Gefahren abschirmen* **2** **etwas abschirmen** eine (unangenehme) Wirkung durch einen Schutz schwächer machen ⟨Licht, Lärm abschirmen⟩ || *hierzu* **Ab·schir·mung** *die; -, -en*

Ab·schlag *der; -(e)s, Ab·schlä·ge* **1** der erste Teil einer (Geld)Summe, die gezahlt werden muss ≈ Anzahlung || K- Abschlagssumme, Abschlagszahlung **2** der Betrag, um den ein Preis reduziert wird ≈ Preisnachlass ↔ Aufschlag: *ein Abschlag von zehn Prozent* **3** *Sport;* der Schlag oder Schuss, mit dem der Ball ins Spiel gebracht wird

ab·schla·gen *(hat)* **1** **etwas (von etwas) abschlagen** etwas (durch Schlagen) von etwas trennen: *einen Ast abschlagen* **2** **(jemandem) etwas abschlagen** jemandem einen Wunsch nicht erfüllen ≈ ablehnen ⟨jemandem eine Bitte, einen Wunsch abschlagen⟩ **3** **(den Ball) abschlagen** *Sport;* den Ball ins Spiel bringen

ab·schlei·fen *(hat)* **1** **etwas (von etwas) abschleifen** etwas (durch Schleifen) von etwas entfernen: *die Farbe vom Schrank abschleifen* **2** **etwas abschleifen** etwas durch Schleifen sauber (und glatt) machen: *das Brett abschleifen*

ab·schlep·pen B1 *(hat)* **jemanden/etwas abschleppen** ein Auto, das nicht mehr fährt, mit einem anderen Fahrzeug irgendwohin ziehen: *Er hat mich/mein Auto abgeschleppt* || K- Abschleppseil

Ab·schlepp·wa·gen *der; -s, -;* ein kleiner

Der Abschied

Man kann sich, je nach Situation, mit folgenden Worten verabschieden:

Höflich und neutral:
Auf Wiedersehen!, Wiedersehen!
Ⓐ, *süddeutsch* **Auf Wiederschauen!**
Ⓒⓗ **Auf Wiederluege!**
Bis später!, Bis morgen!, Bis bald!, Bis zum nächsten Mal!

Am Freitag:
Schönes Wochenende!

Am Telefon:
(Auf) Wiederhören!

Unter Freunden:
Tschüs(s)!, Machs gut!, Man sieht sich!, *süddeutsch* **Servus!,** Ⓐ **Baba!,** Ⓒⓗ **Salü!**

Vor den Ferien, vor dem Urlaub:
Schöne Ferien!, Schönen Urlaub!, Gute Reise!

Vor dem Schlafengehen:
Gute Nacht!, Schlaf(t) gut!

SPRECHEN UND SCHREIBEN

Lastwagen mit einer Art Kran, mit dem man Autos transportiert

ạb·schlie·ßen B1 *(hat)* **1 etwas abschließen** etwas mit einem Schlüssel zumachen ↔ aufschließen ⟨einen Schrank, eine Tür, eine Wohnung abschließen⟩ **2 etwas abschließen** etwas wie geplant zu Ende bringen: *sein Studium erfolgreich abschließen* **3 etwas abschließen** sich mit jemandem über etwas einigen (und das in einem Dokument unterschreiben) ⟨ein Abkommen, eine Versicherung, einen Vertrag, eine Wette abschließen⟩ **4 etwas abschließen** etwas durch ein Hindernis von der Umgebung trennen: *Das Dorf wurde durch den Erdrutsch von der Umwelt abgeschlossen*

Ạb·schluss *der; -es, Ab·schlüs·se* **1** das geplante (erfolgreiche) Ende von etwas ⟨der Abschluss des Studiums, der Arbeit, der Verhandlungen; etwas zum Abschluss bringen⟩ || K- Abschlussbericht **2** die Prüfung, mit der die Schule (oder Ausbildung) endet ⟨einen Abschluss machen; keinen, einen guten Abschluss haben⟩ || K- Abschlussprüfung, Abschlusszeugnis || -K Schulabschluss **3** das Abschließen (3): *das Auto nach Abschluss der Versicherung anmelden* || -K Geschäftsabschluss, Vertragsabschluss

ạb·schme·cken *(hat)* **(etwas) abschmecken** (während der Zubereitung) den Geschmack einer Speise prüfen und sie dann entsprechend würzen ⟨die Soße abschmecken⟩

ạb·schmin·ken *(hat)* **jemanden/sich abschminken; (sich** *(Dativ)*) **etwas abschminken** jemandem/sich die Schminke aus dem Gesicht waschen: *Schmink dir das Gesicht ab* || ID *meist* **Das kannst du dir abschminken!** *umg;* das kommt absolut nicht infrage

ạb·schnal·len *(hat)* **jemanden/sich abschnallen; (jemandem/sich** *(Dativ)*) **etwas abschnallen** einen Gurt *o.Ä.* lösen (indem man eine Schnalle öffnet) ↔ anschnallen: *den Sicherheitsgurt abschnallen* || ID **Da schnallst du ab!** *umg;* das ist kaum zu glauben

ạb·schnei·den B1 *(hat)* **1 (jemandem/sich) etwas abschneiden** etwas (durch Schneiden) von etwas trennen: *Schneidest du mir/für mich ein Stück Kuchen ab?; jemandem die Haare abschneiden* **2 (bei etwas) irgendwie abschneiden** ein Ergebnis erzielen: *Sie hat bei der Prüfung hervorragend abgeschnitten*

Ạb·schnitt *der; -(e)s, -e;* ein Teil von einem Ganzen: *ein wichtiger Abschnitt in ihrem Leben* || -K Lebensabschnitt

ạb·schöp·fen; *schöpfte ab, hat abgeschöpft* **1 etwas (von etwas) abschöpfen** etwas, das sich oben auf einer Flüssigkeit befindet, (mit einem Löffel *o.Ä.*) wegnehmen: *das Fett von der Suppe abschöpfen* **2 etwas abschöpfen** *Wirtschaft;* Gewinne machen, die man nicht neu investiert ⟨Gewinne abschöpfen⟩

ạb·schot·ten, sich; *schottete sich ab, hat sich abgeschottet;* **sich (von jemandem) abschotten** dafür sorgen, dass man keinen Kontakt mehr zu anderen hat: *sich abschotten, um in Ruhe arbeiten zu können*

ạb·schrau·ben *(hat)* **1 etwas (von etwas) abschrauben** etwas durch eine drehende Bewegung entfernen: *den Deckel des Marmeladenglases abschrauben* **2 etwas (von etwas) abschrauben** Schrauben lösen, um etwas zu entfernen: *ein Regal von der Wand abschrauben*

ạb·schre·cken *(hat)* **1 jemanden (von etwas) abschrecken** jemanden dazu bringen, etwas Unerwünschtes nicht zu tun ⟨ein abschreckendes Beispiel⟩: *jemanden durch hohe Strafen vom Stehlen abschrecken* **2 etwas schreckt jemanden (von etwas) ab** etwas hindert jemanden an seiner Absicht: *Die extreme Kälte schreckt mich nicht davon ab, nach Sibirien zu fahren* **3 etwas abschrecken** einen heißen Gegenstand schnell mit kaltem Wasser kühlen ⟨gekochte Eier, Eisen abschrecken⟩ || *zu* **1 Ạb·schre·ckung** *die; -; nur Singular*

ạb·schrei·ben B2 *(hat)* **1 (etwas) (von jemandem) abschreiben** den Text eines anderen kopieren und als eigenes Werk ausgeben: *Bei dem Diktat schrieb Peter ständig von seinem Nachbarn ab* **2 etwas (von/aus etwas) abschreiben** eine (handschriftliche) Kopie von einem Text machen

Ạb·schrift *die; -, -en* ≈ Kopie ↔ Original: *eine beglaubigte Abschrift eines Zeugnisses einreichen*

ạb·schür·fen *(hat)* **(sich** *(Dativ)*) **etwas abschürfen** die Haut durch starke Reibung verletzen: *Er schürfte sich beim Sturz am Knie die Haut ab* || *hierzu* **Ạb·schür·fung** *die; -, -en*

ạb·schüt·teln *(hat)* **1 etwas (von etwas) abschütteln** etwas (durch Schütteln) von etwas entfernen: *das Mehl (von der Schürze) abschütteln* **2 etwas abschütteln** *umg;* sich von etwas Unangenehmem befreien ≈ überwinden ⟨die Angst, die Bedenken, die Müdigkeit abschütteln⟩ **3 jemanden abschütteln** *umg;* schneller sein als ein Verfolger und ihn deshalb loswerden: *Dem Dieb gelang es, die Verfolger abzuschütteln*

ab·schwä·chen (*hat*) **1** **etwas abschwächen** etwas milder, schwächer machen ⟨seine Aussagen abschwächen⟩ **2** **etwas schwächt sich ab** etwas wird milder, schwächer ≈ etwas lässt nach ↔ etwas verstärkt sich ⟨der Lärm, der Wind⟩ || *hierzu* **Ab·schwä·chung** *die; -, -en; meist Singular*

ab·schwei·fen; *schweifte ab, ist abgeschweift* **von etwas abschweifen** sich vom Thema entfernen (und eine Zeit lang von etwas anderem reden)

ab·schwel·len; *schwillt ab, schwoll ab, ist abgeschwollen* **1** **etwas schwillt ab** etwas wird allmählich leiser ↔ etwas schwillt an ⟨der Lärm, das Dröhnen eines Flugzeugs⟩ **2** **etwas schwillt ab** etwas wird wieder normal, nachdem es vorher wegen einer Entzündung *o.Ä.* dicker geworden war ⟨ein Gelenk, ein Muskel⟩

ab·seh·bar *Adjektiv;* so, dass man es früh erkennen kann ≈ vorhersehbar ⟨eine Entwicklung⟩ **2** **in absehbarer Zeit** *förmlich;* ziemlich bald

ab·se·hen (*hat*) **1** **etwas absehen** etwas schon vorher erkennen ≈ vorhersehen ⟨die Folgen, den Ausgang einer Sache absehen⟩: *Das Ende des Streiks ist noch nicht abzusehen* **2** **von etwas absehen** etwas, das man mit gutem Grund tun könnte, nicht tun ⟨von einer Strafe absehen⟩ **3** **von etwas absehen** auf etwas nicht achten: *von jemandes Fehlern absehen* || Hinweis: ↑**abgesehen von** **4** **es auf jemanden/etwas abgesehen haben** *umg;* das starke Verlangen haben, etwas zu tun oder zu erreichen: *Du hast es wohl darauf abgesehen, mich zu ärgern?*

ab·seits[1] *Präposition; mit Genitiv;* seitlich von etwas entfernt ⟨abseits des Weges, der Straße⟩ || Hinweis: auch verwendet mit *von*: *abseits vom Trubel*

ab·seits[2] *Adverb* **1** weit entfernt (vom Standpunkt des Sprechers) **2** **abseits sein** *Sport* ≈ abseitsstehen (2)

Ab·seits *das; -; nur Singular* **1** *Sport;* (beim Fußball) die Situation, in der mindestens ein Spieler abseitssteht (2) ⟨im Abseits stehen, sein⟩: *(Das war) Abseits! - Das Tor gilt nicht* || K- Abseitsposition **2** *meist* **ins Abseits geraten/im Abseits stehen** vernachlässigt, nicht mehr beachtet werden

ab·seits·lie·gen; *liegt abseits, hat/südd Ⓐ Ⓒⓗ ist abseitsgelegen;* **etwas liegt abseits** etwas liegt weit weg von anderen, weit weg von viel befahrenen Straßen: *ein abseitsgelegenes Haus*

ab·seits·ste·hen; *steht abseits, hat/südd Ⓐ Ⓒⓗ ist abseitsgestanden* **1** **jemand/etwas steht abseits** jemand/etwas steht weit entfernt (von anderen, vom Sprecher): *In den Pausen steht sie oft allein abseits* **2** *Sport;* (beim Fußball) als Angreifer in einer Position stehen, in der (bei der Ballabgabe) nur noch ein Spieler der gegnerischen Mannschaft zwischen einem selbst und dem gegnerischen Tor steht

ab·sen·den; *sendete/sandte ab, hat abgesendet/abgesandt;* **etwas absenden** ≈ abschicken

Ab·sen·der B2 *der; -s, -;* die Person, die einen Brief, ein Paket *o.Ä.* (per Post) (ab)schickt ↔ Empfänger || *hierzu* **Ab·sen·de·rin** *die; -, -nen*

ab·set·zen (*hat*) **1** **etwas absetzen** *meist* etwas vom Kopf nehmen ≈ abnehmen ↔ aufsetzen ⟨den Hut, die Mütze, die Brille absetzen⟩ **2** **etwas absetzen** etwas Schweres (vorübergehend) auf den Boden stellen ⟨den Koffer absetzen⟩ **3** **jemanden irgendwo absetzen** *umg;* jemanden mit einem Fahrzeug irgendwohin bringen und dort aussteigen lassen: *jemanden am Flughafen absetzen* **4** **etwas absetzen** *Wirtschaft;* etwas in großer Menge oder Zahl verkaufen **5** **etwas (von der Steuer) absetzen** die Kosten von etwas von der Summe des Einkommens abziehen, auf das man Steuern zahlen muss: *seine Werbekosten (von der Steuer) absetzen* **6** **jemanden absetzen** jemanden aus seinem Amt entlassen ↔ einsetzen: *den Leiter einer Behörde absetzen* **7** **etwas absetzen** ein Medikament nicht mehr einnehmen ⟨die Pille, die Tabletten absetzen⟩ **8** **sich (irgendwohin) absetzen** irgendwohin fliehen (weil man von der Polizei gesucht wird) ⟨sich ins Ausland absetzen⟩ || *zu* 5 **ab·setz·bar** *Adjektiv; zu* 5-8 **Ab·set·zung** *die; -, -en*

ab·si·chern (*hat*) **1** **etwas (mit/durch etwas) absichern** durch Maßnahmen verhindern, dass für andere eine Gefahr entsteht: *eine Baugrube mit einem Seil absichern* **2** **sich (gegen etwas) absichern** etwas Unerwünschtes verhindern ≈ sich (vor etwas) schützen ⟨sich vertraglich absichern⟩: *sich gegen unerwartete Reparaturkosten absichern* || *hierzu* **Ab·si·che·rung** *die; -, -en*

Ab·sicht B1 *die; -, -en* **1** **die Absicht** (+ **zu** + *Infinitiv*) der Wille, etwas zu tun ⟨eine Absicht haben; etwas liegt (nicht) in jemandes Absicht⟩: *Er hatte die Absicht, nach Amerika auszuwandern* **2** **etwas mit/ohne Absicht tun** etwas ganz/nicht bewusst tun

ab·sicht·lich B1 *Adjektiv; ohne Steigerung;* mit Absicht ↔ versehentlich: *jemanden absichtlich stoßen*

ab·so·lut *Adjektiv; ohne Steigerung;* ohne Einschränkung ≈ völlig: *Es herrschte absolute Ruhe; Das ist absolut unmöglich!*

ab·sol·vie·ren [-v-]; *absolvierte, hat absolviert; förmlich* **1** **etwas absolvieren** eine Schule oder einen Kurs (erfolgreich) beenden ⟨eine Fachschule, einen Lehrgang absolvieren⟩ **2** **etwas absolvieren** eine geforderte Leistung erfüllen ⟨ein Pensum, das Training absolvieren⟩ || *zu* 1 **Ab·sol·vẹnt** *der; -en, -en;* **Ab·sol·vẹn·tin** *die; -, -nen*

ạb·son·dern; *sonderte ab, hat abgesondert* **1** **jemanden/sich/etwas (von jemandem/sich/etwas) absondern** jemanden/sich/etwas von einer Gruppe trennen ≈ isolieren: *kranke Tiere von der Herde absondern; sich von den Klassenkameraden absondern* **2** **jemand/etwas sondert etwas ab** jemand/etwas gibt etwas durch die Haut oder eine Wunde nach außen ab ⟨Schweiß absondern⟩: *Die Wunde sondert Eiter ab* || *hierzu* **Ạb·son·de·rung** *die; -, -en*

ab·sor·bie·ren; *absorbierte, hat absorbiert;* **etwas absorbiert etwas** *Technik;* etwas nimmt (saugt) etwas in sich auf ⟨etwas absorbiert Dämpfe, Strahlen⟩

ạb·spal·ten; *spaltete ab, hat abgespaltet/abgespalten;* **etwas (von etwas) abspalten** etwas (durch Spalten) von etwas trennen; **jemand/etwas spaltet sich (von jemandem/etwas) ab** jemand/etwas trennt sich von jemandem/etwas (und bildet eine eigene Einheit): *Eine Gruppe hat sich von der Partei abgespalten* || *hierzu* **Ạb·spal·tung** *die; -, -en*

ạb·spei·chern *(hat)* **etwas abspeichern** *Informatik;* etwas im Computer festhalten, speichern ⟨eine Grafik, einen Text abspeichern⟩

ạb·spei·sen *(hat)* **jemanden (mit etwas) abspeisen** jemandem etwas versprechen, ihm dann aber nur wenig geben ⟨jemanden mit leeren Versprechungen, mit ein paar Euro abspeisen; sich nicht abspeisen lassen⟩

ạb·sper·ren *(hat)* **1** **etwas absperren** etwas durch Absperrungen unzugänglich machen ⟨eine Unfallstelle absperren⟩ **2** **(etwas) absperren** *südd* Ⓐ ≈ abschließen (1) ⟨eine Tür, eine Wohnung absperren⟩

Ạb·sper·rung *die; -, -en;* eine Barriere oder ein Hindernis, die den Zugang zu etwas verhindern ⟨eine Absperrung errichten, umgehen, niederreißen⟩

ạb·spie·len *(hat)* **1** **etwas abspielen** etwas von Anfang bis Ende spielen und anhören ⟨eine Schallplatte, ein Tonband abspielen⟩ **2** **(den Ball) (an jemanden) abspielen** *Sport;* den Ball an einen anderen Spieler weitergeben: *Spiel endlich ab!* **3** **etwas spielt sich ab** etwas geschieht, ereignet sich ⟨eine Aktion, ein Vorgang⟩: *Der Streit spielte sich auf offener Straße ab* || *zu* 2 **Ạb·spiel** *das; -(e)s, -e*

ạb·spre·chen *(hat)* **1** **etwas (mit jemandem) absprechen** (mit jemandem) über etwas sprechen und es dann gemeinsam planen ≈ verabreden ⟨eine Reise, einen Termin absprechen⟩: *Ist der Zeitplan mit der Chefin abgesprochen?* **2** **jemandem etwas absprechen** ein Recht, ein Privileg, das jemand genießt, für ungültig erklären ≈ jemandem etwas aberkennen || *zu* 1 **Ạb·spra·che** *die; -, -n*

ạb·sprin·gen *(ist)* **1** sich von der Unterlage (mit den Füßen) abdrücken und springen: *beim Weitsprung zu früh abspringen* **2** **etwas springt (von etwas) ab** etwas löst sich in Stücken oder plötzlich von etwas ≈ etwas platzt, splittert ab **3** **(von etwas) abspringen** *umg;* bei etwas nicht mehr mitmachen: *Vier Teilnehmer sind bereits vom Kurs abgesprungen* || *zu* 1 **Ạb·sprung** *der; -(e)s, Ab·sprün·ge*

ạb·spü·len *(hat)* **(etwas) abspülen** ≈ abwaschen ⟨das Geschirr abspülen⟩

ạb·stam·men *(hat)* **von jemandem/etwas abstammen** jemanden als Vorfahren haben oder zu einer Gruppe gehören, die es schon länger gibt ⟨vom Affen, von einer guten Familie abstammen⟩

Ạb·stand *der; -(e)s, Ab·stän·de;* **der Abstand (von/zu jemandem/etwas)** die Entfernung zwischen zwei Dingen/Personen ≈ Distanz, Zwischenraum: *beim Fahren Abstand zum vorderen Auto halten*

ạb·stat·ten; *stattete ab, hat abgestattet; förmlich* **1** **jemandem einen Besuch abstatten** jemanden besuchen **2** **jemandem seinen Dank abstatten** jemandem danken

ạb·stau·ben B2 *(hat)* **1** **etwas abstauben** den Staub von einem Gegenstand entfernen ⟨den Schrank abstauben⟩ **2** **etwas (irgendwo) abstauben** *umg;* etwas geschenkt bekommen oder stehlen

Ạb·ste·cher *der; -s, -;* ein kleiner Ausflug zu einem Ort, der abseits der geplanten Route liegt: *einen Abstecher zu einem See, nach Köln machen*

ạb·ste·hen *(hat/südd* Ⓐ Ⓒⓗ *ist)* **etwas steht (von etwas) ab** etwas liegt nicht eng an etwas an, sondern bildet einen weiten Winkel damit ⟨Haare, Zöpfe, Ohren⟩: *Er hat abstehende Ohren*

ạb·stei·gen *(ist)* **1** **(von etwas) absteigen** von etwas (herunter)steigen ⟨vom Fahrrad, vom Pferd absteigen⟩ **2** **irgendwo absteigen** ein Zimmer in einem Hotel *o.Ä.* mieten: *im Hotel „Europa" absteigen* **3** *meist* ⟨eine Mannschaft⟩ **steigt ab** *Sport;* eine Mannschaft muss (am Ende der Saison) in eine niedrigere Klasse gehen ↔ eine Mannschaft steigt auf

ạb·stel·len B1 *(hat)* **1** **etwas irgendwo abstellen** etwas, das man (zurzeit) nicht braucht, an einen anderen Platz bringen: *einen alten Schrank auf dem Speicher abstellen* || K- Abstellplatz, Abstellraum **2** **etwas (irgendwo) abstellen** etwas (Schweres) für kurze Zeit irgendwohin legen oder stellen ⟨ein Tablett, einen Koffer abstellen⟩ **3** **etwas abstellen** etwas mit einem Schalter *o.Ä.* außer Betrieb setzen ≈ abschalten ⟨das Gas, den Motor, den Strom, das Wasser *usw* abstellen⟩

ạb·stem·peln *(hat)* **1** **etwas abstempeln** einen Stempel auf etwas drücken ≈ stempeln ⟨einen Brief, eine Briefmarke, ein Dokument abstempeln⟩ **2** **jemanden/etwas als etwas abstempeln** jemanden/etwas als etwas (Negatives) bezeichnen: *jemanden als Lügner abstempeln*

ạb·ster·ben *(ist)* **1** **eine Pflanze stirbt ab** eine Pflanze hört auf zu leben **2** **etwas stirbt ab** etwas wird so kalt (oder so schlecht durchblutet), dass man dort nichts mehr fühlen kann, es nicht mehr bewegen kann ⟨Zehen, Finger, Gliedmaßen⟩

Ạb·stieg *der; -(e)s, -e; meist Singular* **1** der Weg vom Berg ins Tal ↔ Aufstieg ⟨der Abstieg vom Gipfel⟩ **2** eine Entwicklung, bei der die (Lebens)Verhältnisse schlechter werden: *ein sozialer Abstieg*

ạb·stim·men B1 *(hat)* **jemand** *(meist Plural)* **stimmt (über jemanden/etwas) ab** mehrere Personen entscheiden sich in einer Wahl für oder gegen jemanden/etwas: *über einen Antrag abstimmen* || *hierzu* **Ạb·stim·mung** *die; -, -en*

abs·ti·nẹnt *Adjektiv; ohne Steigerung;* so, dass man auf bestimmte Genüsse *(bes* Alkohol) verzichtet ≈ enthaltsam ⟨abstinent leben, sein⟩ || *hierzu* **Abs·ti·nẹnz** *die; -; nur Singular*

Ạb·stoß *der; -es, Ab·stö·ße; Sport;* ein Schuss, mit dem der Ball (vom Torraum aus) wieder ins Spiel gebracht wird

ạb·sto·ßen *(hat)* **1** **sich (von etwas) abstoßen** gegen etwas drücken, um sich davon zu wegzubewegen ⟨sich vom Boden, vom Ufer, vom Beckenrand abstoßen⟩ **2** **etwas abstoßen** etwas (billig) verkaufen, weil man es nicht mehr haben will oder weil man Geld braucht **3** **etwas stößt (jemanden) ab** etwas ruft in jemandem negative Gefühle (Ekel oder Widerwillen) hervor ↔ etwas zieht jemanden an: *Sein Benehmen stößt mich ab*

ạb·sto·ßend *Adjektiv;* so, dass bei jemandem negative Gefühle (Ekel oder Widerwillen) entstehen ⟨ein Anblick, ein Äußeres; ein Gedanke; abstoßend hässlich⟩

abs·trạkt, *abstrakter, abstraktest-; Adjektiv* **1** (nur) in der Theorie, ohne erkennbaren Bezug zur Wirklichkeit ↔ konkret ⟨eine Darstellung, ein Vortrag, Wissen⟩ **2** so, dass sich darin ein allgemeines Prinzip zeigt ⟨ein Begriff⟩ **3** keine Gegenstände darstellend ↔ gegenständlich ⟨die Kunst, die Malerei, ein Gemälde⟩

ạb·strei·ten *(hat)* **etwas abstreiten** (mit Nachdruck) sagen, dass die Behauptung eines anderen nicht wahr ist: *Er streitet ab, dass er der Schuldige ist; Sie stritt ab, die Tat begangen zu haben*

Ạb·strich *der; -(e)s, -e* **1** *nur Plural;* eine Kürzung einer (Geld)Summe ⟨Abstriche am Etat, am Haushaltsgeld hinnehmen müssen, machen⟩ **2** *Medizin;* eine Probe von kleinen Teilen (der Schleimhaut *o.Ä.*), um diese im Labor untersuchen zu können ⟨einen Abstrich machen⟩

abs·trus, *abstruser, abstrusest-; Adjektiv;* nicht klar durchdacht und gesagt ≈ verworren ⟨ein Gedanke, eine Idee⟩

ạb·stür·zen *(ist)* **1** **jemand/etwas stürzt ab** jemand/etwas fällt aus großer Höhe hinunter ⟨ein Flugzeug⟩ **2** **etwas stürzt ab** *Informatik;* ein Computer reagiert nicht mehr und muss abgeschaltet werden ⟨ein Computer, ein Programm stürzt ab⟩ || *hierzu* **Ạb·sturz** *der; -(e)s, Ab·stür·ze*

ạb·stüt·zen *(hat)* **1** **etwas abstützen** etwas so halten, dass es nicht einstürzen kann ⟨eine Brücke, ein Dach, eine Mauer abstützen⟩ **2** **sich abstützen** sich halten, indem man gegen etwas drückt: *sich vom Boden, am Tisch abstützen*

ạb·su·chen *(hat)* **etwas (nach jemandem/etwas) absuchen** suchend durch ein Gelände, eine Gegend *o.Ä.* gehen: *Die Polizei suchte den Wald nach der Vermissten ab*

ab·sụrd, *absurder, absurdest-; Adjektiv;* ohne Sinn ≈ unsinnig ⟨eine Idee, eine Vorstellung; etwas klingt absurd; etwas absurd finden⟩ || *hierzu* **Ab·sur·di·tät** *die; -, -en*

Abs·zess [aps'tsɛs] *der/ Ⓐ auch das; -es, -e; Medizin;* eine geschwollene Stelle am oder im

Körper, die voll Eiter ist

Ạbt *der; -(e)s, Äb·te; katholische Religion;* der Leiter eines Klosters || *hierzu* **Äb·tịs·sin** *die; -, -nen*

ạb·tas·ten *(hat)* **jemanden/etwas abtasten** jemanden/etwas mit den Händen vorsichtig anfassen, um zu fühlen, ob alles in Ordnung ist: *Der Arzt tastete den Bauch des Patienten ab*

ạb·tau·en **1** **etwas abtauen** *(hat)* etwas durch Wärme von Eis befreien ⟨den Kühlschrank abtauen⟩ **2** **etwas taut ab** *(ist)* etwas wird durch Wärme von Eis frei

Ab·tei *die; -, -en; katholische Religion;* ein Kloster, das von einem Abt/einer Äbtissin geleitet wird

Ab·teil B1 *das; -(e)s, -e;* ein Raum in einem Wagen des Zugs || K- Raucherabteil

Ab·tei·lung B2 *die; -, -en;* ein Teil einer Firma, einer Behörde *o.Ä.* oder eine Gruppe mit besonderen Aufgaben || K- Abteilungsleiter

ạb·tip·pen *(hat)* **etwas abtippen** *umg;* einen *(meist* handschriftlichen) Text auf dem PC oder der Schreibmaschine schreiben

ạb·tra·gen *(hat)* **1** **etwas abtragen** einen Teil oder eine Schicht von etwas entfernen: *mit dem Bagger eine Schicht Erde abtragen* **2** **etwas abtragen** ein Kleidungsstück durch häufiges Tragen abnutzen: *abgetragene Schuhe* || *zu* 1 **Ạb·tra·gung** *die; -, -en; meist Singular*

ạb·trei·ben *(hat)* **1** **etwas treibt jemanden/etwas ab** etwas bewirkt, dass sich jemand/etwas in eine andere als die gewünschte Richtung bewegt: *Der Wind hat den Ballon, das Schiff abgetrieben* **2** **(ein Kind) abtreiben** eine Schwangerschaft abbrechen (lassen) || *zu* 2 **Ạb·trei·bung** *die; -, -en*

ạb·tre·ten *(hat)* **1** **(jemandem) etwas abtreten; etwas (an jemanden) abtreten** jemandem etwas geben, das eigentlich einem selbst zusteht ≈ jemandem etwas überlassen ⟨jemandem ein Recht, sein Zimmer abtreten⟩ **2** **etwas abtreten** etwas durch häufiges Betreten abnutzen ⟨einen Teppich abtreten⟩ **3** den Bereich verlassen, in dem man gearbeitet hat ⟨von der Bühne abtreten⟩

ạb·trock·nen B2 *(hat)* **1** **jemanden/sich abtrocknen; sich** *(Dativ)* **etwas abtrocknen** einen Körperteil mit einem Tuch *o.Ä.* trocken machen ⟨sich *(Dativ)* die Hände abtrocknen⟩ **2** **(etwas) abtrocknen** Geschirr *o.Ä.* trocken machen

ạb·tun *(hat)* **etwas (als etwas) abtun** (ohne viel Überlegung) etwas als unwichtig ansehen und nicht weiter beachten ⟨einen Einwand, ein Problem als unwichtig abtun⟩

ạb·tup·fen *(hat)* **1** **etwas (von etwas) abtupfen** etwas *z.B.* mit Watte oder einem weichen Tuch (tupfend) entfernen: *das Blut vom Finger des Verletzten abtupfen* **2** **etwas abtupfen** etwas durch Tupfen sauber oder trocken machen: *die Stirn des Verletzten abtupfen*

ạb·ver·lan·gen; *verlangte ab, hat abverlangt;* **jemand/etwas verlangt jemandem etwas ab** jemand/etwas fordert *meist* etwas Schwieriges von jemandem: *Diese Aufgabe verlangt mir höchste Konzentration ab*

ạb·wä·gen; *wog/wägte ab, hat abgewogen/selten abgewägt;* **etwas abwägen** mehrere Möglichkeiten genau prüfen ⟨seine Chancen, sein Urteil, seine Worte abwägen⟩: *die Vor- und Nachteile sorgfältig gegeneinander abwägen* || *hierzu* **Ạb·wä·gung** *die; -, -en*

ạb·wäh·len *(hat)* **jemanden abwählen** so abstimmen, dass jemand seinen Posten wieder verliert || *hierzu* **Ạb·wahl** *die; -, -en*

ạb·wäl·zen *(hat)* **etwas auf jemanden abwälzen** etwas Unangenehmes einem anderen geben und ihn damit belasten ⟨die Schuld, die Verantwortung auf jemanden abwälzen⟩

ạb·wan·deln; *wandelte ab, hat abgewandelt;* **etwas abwandeln** die Form oder den Inhalt einer Sache *(meist* wenig) ändern ⟨ein Thema abwandeln⟩ || *hierzu* **Ạb·wand·lung** *die; -, -en*

Ạb·wart *der; -(e)s, -e;* (CH) ≈ Hausmeister

ạb·war·ten *(hat)* **(etwas) abwarten** warten, bis etwas geschieht oder aufhört ⟨eine günstige Gelegenheit, jemandes Ankunft, den Regen, das Unwetter abwarten⟩

ạb·wärts *Adverb;* in Richtung nach unten ≈ hinunter ↔ aufwärts: *Der Weg kam mir abwärts viel kürzer vor* || K- Abwärtstrend

ạb·wärts·ge·hen; *ging abwärts, ist abwärtsgegangen;* **es geht abwärts (mit jemandem/etwas)** jemandes Situation/etwas wird schlechter ↔ es geht aufwärts (mit jemandem/etwas): *Mit ihrer Gesundheit geht es abwärts*

Ạb·wasch *der; -(e)s; nur Singular;* das (schmutzige) Geschirr, das abgewaschen werden muss

ạb·wa·schen *(hat)* **1** **(etwas) abwaschen** *(das)* Geschirr mit Wasser reinigen ≈ spülen: *die Töpfe, Gläser abwaschen; Wenn du abwäschst, trockne ich ab* || K- Abwaschbecken **2** **etwas (von etwas) abwaschen** etwas mit Wasser entfernen: *Der Regen hat den Staub von den Blättern abgewaschen* || *zu* 1 **ạb·wasch·bar** *Adjektiv*

Ạb·was·ser *das; -s, Ab·wäs·ser;* Wasser, das schmutzig ist, weil es in Haushalten oder in technischen Anlagen benutzt wurde: *Der Betrieb darf kein Abwasser mehr in den Fluss leiten* || K- Abwasserkanal, Abwasserkläranlage, Abwasserleitung

ạb·wech·seln [-ks-] *(hat)* **1** **jemand wechselt sich mit jemandem (bei etwas) ab**; ⟨Personen⟩ **wechseln sich (bei etwas) ab** zwei oder mehrere Personen tun etwas im Wechsel: *Wir wechseln uns bei langen Autofahrten immer ab* **2** **etwas und etwas wechseln (sich) ab** etwas geschieht oder zeigt sich in regelmäßigem Wechsel: *In seinem Leben wechselten (sich) Glück und Unglück ständig ab*

Ạb·wechs·lung [-ks-] *die; -, -en;* eine *(meist schöne)* Änderung des Alltags: *Abwechslung ins Programm bringen* || *hierzu* **ạb·wechs·lungs·reich** *Adjektiv*

Ạb·we·ge *die; -; Plural; meist in* **auf Abwege geraten/kommen**; **auf Abwegen sein** ein Leben führen, das nicht den Vorstellungen von Moral und Recht entspricht

ạb·we·gig *Adjektiv;* nicht normal und daher sonderbar oder nicht erwünscht ↔ naheliegend ⟨ein Gedanke, ein Vergleich⟩

Ạb·wehr *die; -; nur Singular* **1** das Abwehren ≈ Verteidigung || K- Abwehrbereitschaft **2** ein Verhalten, mit dem man eine Person oder Sache, die man nicht mag, ablehnt ≈ Ablehnung ⟨bei jemandem auf Abwehr stoßen⟩ || K- Abwehrhaltung, Abwehrreaktion **3** *Sport;* die Gruppe der verteidigenden Spieler einer Mannschaft || K- Abwehrspieler

ạb·weh·ren *(hat)* **1** **jemanden/etwas abwehren** verhindern, dass ein Gegner Erfolg hat oder etwas Unangenehmes geschieht ⟨den Feind, einen Angriff, eine Gefahr abwehren⟩ **2** **(etwas) abwehren** etwas zurückweisen: *neugierige Fragen abwehren; Als ich mich bedanken wollte, wehrte sie ab*

Ạb·wehr·kraft *die; -, -kräf·te; meist Plural;* die Fähigkeit des Körpers, sich vor Krankheiten zu schützen

ạb·wei·chen; *wich ab, ist abgewichen;* **1** **von etwas abweichen** die Richtung verlassen ⟨vom Kurs, von der Route abweichen⟩ **2** **etwas weicht von etwas ab** etwas ist anders als etwas: *Sein Ergebnis weicht von unseren Erkenntnissen ab* || *hierzu* **Ạb·wei·chung** *die; -, -en*

ạb·wei·sen *(hat)* **1** **jemanden/etwas abweisen** jemanden/etwas (entschieden) ablehnen ⟨eine Bitte, einen Antrag abweisen⟩ **2** **jemanden abweisen** jemanden wegschicken, ohne mit ihm zu sprechen ↔ empfangen: *einen Besucher, einen Vertreter, einen Bettler (an der Haustür) abweisen* || *hierzu* **Ạb·wei·sung** *die; -, -en; meist Singular*

ạb·wei·send *Adjektiv;* unfreundlich ⟨eine Bewegung, eine Geste; sich abweisend verhalten⟩

ạb·wen·den; *wendete/wandte ab, hat abgewendet/abgewandt* **1** **etwas/sich (von jemandem/etwas) abwenden** *(wendete/wandte ab)* etwas/sich zur anderen Seite wenden, von jemandem/etwas weg ⟨den Blick, den Kopf abwenden⟩: *Enttäuscht wandte sie sich vom Fenster ab* **2** **etwas abwenden** *(wendete ab)* verhindern, dass etwas wirksam wird ⟨Schaden, eine Gefahr von jemandem abwenden⟩

ạb·wer·ben *(hat)* **(jemandem/etwas) jemanden abwerben** jemanden dazu bringen, jemanden/etwas zu verlassen und zu einem selbst zu kommen ⟨Arbeitskräfte, Kunden, Leser, Mitglieder abwerben⟩

ạb·wer·ten *(hat)* **1** **etwas (auf etwas** *(Akkusativ)***) abwerten** den Wert (einer Währung) reduzieren ↔ aufwerten **2** **etwas abwerten** schlecht über etwas sprechen: *abwertende Bemerkungen machen* || *hierzu* **Ạb·wer·tung** *die; -, -en*

ạb·we·send *Adjektiv;* nicht da, wo man sein sollte ↔ anwesend: *ohne Erlaubnis abwesend sein* || *hierzu* **Ạb·we·sen·de** *der/die; -n, -n*

Ạb·we·sen·heit *die; -; nur Singular;* die Tatsache, dass jemand nicht da ist ↔ Anwesenheit ⟨während/in jemandes Abwesenheit⟩

ạb·wi·ckeln *(hat)* **1** **etwas abwickeln** etwas von einer Spule oder Rolle (ab)rollen ⟨einen Faden abwickeln⟩ **2** **etwas abwickeln** etwas einem Plan oder der Ordnung entsprechend zu Ende führen ⟨ein Geschäft reibungslos abwickeln⟩ || *zu 2* **Ạb·wick·lung** *die; -, -en*

ạb·wie·gen; *wog ab, hat abgewogen;* **etwas abwiegen** das Gewicht einer Menge (auf der Waage) feststellen: *ein Pfund Äpfel abwiegen*

ạb·win·ken *(hat)* **(jemandem) abwinken** jemandem zu verstehen geben, dass man etwas ablehnt: *Ich wollte ihn trösten, aber er winkte ab*

ạb·wi·schen *(hat)* **1** **etwas (von etwas) abwischen** etwas (durch Wischen) von etwas entfernen: *den Staub vom Schrank abwischen* **2** **etwas abwischen** etwas mit einem *(oft feuchten)* Tuch reinigen: *den Tisch abwischen*

ạb·zah·len *(hat)* **etwas abzahlen** etwas (in Raten) bezahlen ⟨ein Darlehen, einen Kredit abzahlen; ein Auto in Raten abzahlen⟩

ạb·zäh·len (*hat*) **1** **jemanden/etwas** (*meist Plural*) **abzählen** die genaue Zahl/Menge von Personen/Dingen feststellen ⟨die Schüler, das Geld abzählen⟩ **2** **etwas** (*Plural*) **abzählen** Dinge zählen und diese von einer größeren Menge wegnehmen: *Er zählte sieben Hunderteuroscheine ab*

Ạb·zei·chen *das; -s, -;* **1** ein kleiner Gegenstand aus Metall oder Stoff, den Leute an der Kleidung tragen, die zeigen wollen, dass sie Mitglieder einer Organisation sind: *ein Abzeichen an der Jacke tragen* || [-K] Parteiabzeichen **2** ein Abzeichen, das man aufgrund seines Rangs oder besonderer Leistungen bekommt || [-K] Rangabzeichen, Sportabzeichen

ạb·zeich·nen (*hat*) **1** **etwas abzeichnen** etwas genau so zeichnen, wie man es sieht **2** **etwas abzeichnen** sein Namenszeichen unter einen Text schreiben, wenn man mit dem Inhalt einverstanden ist: *Der Chef muss den Bericht noch abzeichnen* **3** **etwas zeichnet sich ab** etwas wird allmählich deutlich, erkennbar ≈ etwas deutet sich an ⟨ein Trend, ein Umschwung, eine Wende, eine Gefahr⟩

ạb·zie·hen (*hat/ist*) **1** **etwas (von etwas) abziehen** (*hat*) etwas von etwas (durch Ziehen) entfernen: *den Ring vom Finger abziehen* **2** **etwas abziehen** (*hat*) die Hülle entfernen (um diese zu waschen) ↔ beziehen ⟨die Betten abziehen⟩ **3** **etwas (von etwas) abziehen** (*hat*) etwas von etwas subtrahieren ⟨die Unkosten vom Gewinn abziehen⟩: *Wenn man zwei von fünf abzieht, bleibt ein Rest von drei* **4** **etwas zieht ab** (*ist*) etwas bewegt sich von einem Ort weg ⟨Nebel, Rauch⟩ **5** **jemand** (*meist Plural*) **zieht ab** (*ist*) Soldaten verlassen ein Gebiet || ▸ **Abzug**

Ạb·zug *der; -(e)s, Ab·zü·ge* **1** *meist Plural;* das Geld, das vom Lohn jeden Monat abgezogen wird, um Steuern, Versicherungen *usw* zu zahlen: *hohe monatliche Abzüge haben* || [-K] Lohnabzug **2** eine Anlage, durch die Gase oder Dämpfe abgeleitet werden || [K-] Abzugsrohr, Abzugsschacht || [-K] Dampfabzug **3** *meist Singular;* das Abziehen (5), Wegziehen ⟨der Abzug des Heeres, der Soldaten⟩ **4** ein Hebel an einer Schusswaffe, durch den der Schuss ausgelöst wird: *Er hatte den Finger am Abzug* **5** ein Foto, das auf der Grundlage eines Negativs hergestellt wurde || [-K] Probeabzug || zu 1 **ạb·zugs·frei** *Adjektiv*

ạb·züg·lich *Präposition; mit Genitiv; Verwaltung;* um das Genannte reduziert ↔ zuzüglich: *die Miete abzüglich der Nebenkosten; ein Preis abzüglich 3% Skonto*

ạb·zwei·gen; *zweigte ab, ist abgezweigt;* **etwas zweigt (irgendwohin) ab** eine Straße, ein Weg *o.Ä.* geht weg von der bisherigen Richtung und in eine andere ⟨etwas zweigt nach links, rechts ab⟩

Ạb·zwei·gung *die; -, -en;* ein abzweigender Weg, eine abzweigende Straße: *die rechte Abzweigung nehmen*

Ac·ces·soire [aksɛˈsoaːɐ̯] *das; -s, -s; meist Plural;* kleine, modische Dinge, die *bes* zur Kleidung gehören (*z.B.* Schmuck, Gürtel, Sonnenbrille)

ạch! *Interjektion* **1** verwendet, um Bedauern oder Schmerz auszudrücken: *Ach, das tut mir aber leid!* **2** verwendet, um einen Wunsch oder Staunen auszudrücken: *Ach, wäre die Prüfung doch schon vorbei!* **3** **ach ja!** verwendet, wenn man sich an etwas erinnert: *Ach ja, jetzt weiß ich, wen du meinst!* **4** **ach so!** verwendet, wenn man etwas plötzlich verstanden hat: *Ach so, jetzt ist mir das klar.* **5** **ach was/wo!** verwendet, um jemandes Vermutung, Feststellung *usw* zurückzuweisen

Ạch·se [-ks-] *die; -, -n* **1** eine Stange, die als Teil eines Fahrzeugs *bzw* Wagens zwei (gegenüberliegende) Räder verbindet || [-K] Vorderachse **2** eine gedachte Linie, um die sich ein Körper dreht || [-K] Erdachse

Ạch·sel [-ks-] *die; -, -n* **1** die Stelle, an der die Arme und der Körper verbunden sind || [K-] Achselhaar, Achselhöhle **2** **mit den Achseln zucken** beide Schultern kurz höher ziehen, um jemandem zu zeigen, dass man etwas nicht weiß oder dass es einem nichts bedeutet || [K-] Achselzucken

ạcht[1] *Zahladjektiv;* (als Ziffer) 8 || Hinweis: ↑ Beispiele unter **vier**

ạcht[2] *nur in* **zu acht** mit insgesamt 8 Personen

Ạcht[1] *die; -, -en* **1** die Zahl 8 **2** jemand/etwas mit der Nummer 8 **3** etwas mit der Form einer 8: *eine Acht auf dem Eis laufen*

Ạcht[2] *nur in* **1** **etwas außer Acht lassen** nicht auf einen Umstand, eine Bedingung achten **2** **sich** (*Akkusativ*) **(vor jemandem/etwas) in Acht nehmen** aufpassen, dass etwas (Unangenehmes oder ein Unglück) nicht passiert ≈ sich (vor jemandem/etwas) hüten: *Nimm dich in Acht vor Dieben!* || Hinweis: ↑ **achtgeben**

ạch·t- *Zahladjektiv; nur vor dem Substantiv, nicht als Adverb* **1** in einer Reihenfolge an der 8. Stelle || Hinweis: Gebrauch ↑ Beispiele unter **viert-** **2** **der achte Teil (von etwas)** ≈ ⅛

Ạcht·eck *das; -(e)s, -e;* eine geometrische Figur, die acht Ecken hat || *hierzu* **ạcht·eckig** *Adjektiv*

ach·tel *Adjektiv; nur vor dem Substantiv, indeklinabel, nicht als Adverb;* den 8. Teil von etwas bildend: *ein achtel Liter Wasser* || K- Achtelliter, Achtelnote

Ach·tel *das/ CH meist der; -s, -;* der 8. Teil (⅛) von etwas: *ein Achtel (eines Liters)*

ach·ten; *achtete, hat geachtet* **1** **jemanden achten** Sympathie für jemanden haben ≈ schätzen **2** **jemanden/etwas achten** Respekt vor jemandem/etwas haben ≈ respektieren: *die Gefühle anderer Menschen achten* **3** **auf jemanden/etwas achten** auf jemanden/etwas mit wachem Interesse sehen ≈ beachten: *Während seines Vortrags achtete er kaum auf seine Zuhörer*

ach·tens *Adverb;* verwendet bei einer Aufzählung, um anzuzeigen, was an 8. Stelle kommt

Ach·ter *der; -s, -;* **1** *umg;* die Ziffer 8 **2** *umg;* etwas, das mit der Zahl 8 bezeichnet wird, *meist* ein Bus oder eine Straßenbahn **3** *Sport;* ein schmales und schnelles Boot mit acht Ruderern || -K Rennachter

Ach·ter·bahn *die; -, -en;* eine Bahn (auf einem Rummelplatz) mit kleinen Wagen, die auf Schienen steil nach oben oder unten und scharfe Kurven fährt ⟨Achterbahn fahren⟩

acht·ge·ben, **Acht ge·ben**; *gibt acht/Acht, gab acht/Acht, hat achtgegeben/Acht gegeben;* **(auf jemanden/etwas) achtgeben** jemanden/etwas genau beobachten, damit kein Schaden entsteht ⟨auf ein kleines Kind, auf den Verkehr achtgeben⟩: *Gib acht, damit du nicht stolperst!*

acht·los; *Adjektiv; meist als Adverb;* ohne die nötige Sorgfalt und ohne an die Folgen zu denken ≈ unachtsam ⟨achtlos mit etwas umgehen⟩: *achtlos eine brennende Zigarette im Wald wegwerfen*

Acht·stun·den·tag *der; -(e)s, -e; meist Singular;* ein Tag, an dem man acht Stunden arbeitet

acht·tä·gig *Adjektiv; meist vor dem Substantiv;* **1** acht Tage dauernd **2** *umg;* sieben Tage, eine Woche dauernd

Ach·tung *die; -; nur Singular* **1** Respekt für jemanden, den man sehr (hoch) schätzt ⟨allgemeine Achtung genießen⟩ **2** **die Achtung (vor jemandem/etwas)** der Respekt vor jemandem/etwas || -K Selbstachtung **3** **Achtung!** verwendet, um jemanden vor einer Gefahr zu warnen oder um jemanden auf etwas aufmerksam zu machen: *Achtung, Stufe!*

acht·zehn ['axtse:n] *Zahladjektiv;* (als Zahl) 18

acht·zig ['axtsɪç] *Zahladjektiv* **1** (als Zahl) 80 **2** **Anfang, Mitte, Ende achtzig sein** ungefähr 80 bis 83, 84 bis 86, 87 bis 89 Jahre alt sein

acht·zi·ger *Adjektiv; nur vor dem Substantiv, indeklinabel, nicht als Adverb;* die zehn Jahre (eines Jahrhunderts, eines Menschenlebens) von 80 bis 89 betreffend: *in den achtziger Jahren/den Achtzigern; Er ist in den/seinen Achtzigern* || K- Achtzigerjahre

äch·zen; *ächzte, hat geächzt* **1** vor Schmerz oder Anstrengung stöhnen und tief atmen ⟨sich ächzend bücken⟩: *unter Ächzen und Stöhnen einen schweren Koffer tragen* **2** **etwas ächzt** etwas gibt ein ächzendes Geräusch von sich ≈ etwas knarrt ⟨das Gebälk, ein Stuhl, eine Treppe⟩

Acker B2 *der; -s, Äcker;* eine große Fläche, auf der ein Bauer *z.B.* Getreide oder Kartoffeln anbaut ≈ Feld ⟨einen Acker bebauen, bestellen, pflügen⟩ || K- Ackerfläche, Ackerland || -K Getreideacker, Kartoffelacker

Ac·ryl [a'kry:l] *das; -s; nur Singular;* ein Kunststoff, aus dem man *bes* Farben und Textilien macht || K- Acrylfaser, Acryllack

ADAC [a:de:|a:'tse:] *der; -(s); nur Singular;* (*Abkürzung für* Allgemeiner Deutscher Automobil-Club) ein Verein für Autofahrer in Deutschland (der seinen Mitgliedern Pannenhilfe, Straßenkarten *usw* anbietet und ihre Interessen vertritt)

Adam *(der); -s; nur Singular;* (in der Bibel) der erste Mensch, der von Gott geschaffen wurde || ID **bei Adam und Eva anfangen** (bei einem Vortrag) sehr lange reden, bevor man zum Thema kommt, und damit die Zuhörer langweilen

Adap·ter *der; -s, -;* ein kleines Gerät, das man benutzt, wenn der Anschluss eines Apparats nicht zu einem anderen oder zur Steckdose passt

ad·die·ren; *addierte, hat addiert;* **(etwas** *(Plural)*) **addieren**; **(etwas zu etwas) addieren** die Summe berechnen ≈ zusammenzählen ↔ subtrahieren ⟨Zahlen addieren⟩ || *hierzu* **Ad·di·ti·on** *die; -, -en*

Adel *der; -s; nur Singular;* die soziale Schicht und die Familien, die (in Europa) *bes* früher Besitz und deshalb Privilegien hatten || K- Adelstitel

Ader *die; -, -n* **1** eine der Röhren im Körper durch die das Blut fließt ≈ Blutgefäß || -K Pulsader **2** eine sichtbare Linie auf einem Blatt oder dem Flügel von Insekten || -K Blattader **3** eine Art Schicht unter der Erde oder in Felsen, in der Mineralien oder Wasser zu finden sind || ⊟K Goldader, Wasserader

Ad·jek·tiv A1 [-f] *das; -s, -e; Sprachwissenschaft;* ein Wort wie „klein", „schön", „gut" *usw*, das oft bei Substantiven steht und sie näher beschreibt ≈ Eigenschaftswort || *hierzu* **ad·jek·ti·visch** [-v-] *Adjektiv*

Ad·ler *der; -s, -;* ein besonders großer (Raub)Vogel, der oft auf Münzen (oder Wappen) abgebildet ist

ad·lig *Adjektiv; nicht als Adverb;* zum Adel (1) gehörend || *hierzu* **Ad·li·ge** *der/die; -n, -n*

adop·tie·ren; *adoptierte, hat adoptiert;* **jemanden adoptieren** ein fremdes Kind (dessen Eltern tot sind *o.Ä.*) als eigenes Kind annehmen || *hierzu* **Adop·ti·on** *die; -, -en*

Adop·tiv·el·tern [-f-] *die; -; Plural;* die Eltern, die ein Kind adoptiert haben

Adop·tiv·kind [-f-] *das; -(e)s, -er;* ein Kind, das von jemandem adoptiert wurde

Ad·res·sat *der; -en, -en;* jemand, an den eine Sendung oder Botschaft gerichtet ist ≈ Empfänger ↔ Absender ⟨der Adressat eines Briefes⟩ || *hierzu* **Ad·res·sa·tin** *die; -, -nen*

Ad·res·se A1 *die; -, -n;* Name, Ort, Straße und Hausnummer ≈ Anschrift ⟨jemandem seine Adresse geben; jemandes Adresse lautet ...⟩ || K- Adressbuch || ID **bei jemandem an der falschen/verkehrten Adresse sein** *umg;* sich mit einer Bitte, einem Wunsch *o.Ä.* an die falsche Person gewandt haben

ad·res·sie·ren; *adressierte, hat adressiert* **1** **etwas adressieren** Namen und Wohnort des Empfängers auf etwas schreiben ⟨einen Brief, ein Paket *usw* adressieren⟩ **2** **etwas an jemanden adressieren** etwas an jemanden senden: *Der Brief war an mich adressiert*

Ad·vent [-v-] *der; -(e)s; nur Singular; Religion;* die Zeit vom vierten Sonntag vor Weihnachten bis Weihnachten ⟨im Advent⟩ || K- Adventssonntag, Adventszeit

Ad·vents·ka·len·der *der; -s, -;* ein Kalender für Kinder für die Zeit vom 1. bis zum 24. Dezember mit 24 geschlossenen Fenstern, von denen jeden Tag eines geöffnet werden darf (dahinter ist ein Bild, Schokolade *o.Ä.* verborgen)

Ad·vents·kranz *der; -es, -krän·ze;* ein Kranz (aus Tannenzweigen) mit vier Kerzen, die man an den Sonntagen des Advents anzündet

Ad·verb A1 [-v-] *das; -s, Ad·ver·bi·en* [-i̯ən]; *Sprachwissenschaft;* ein Wort, das in einem Satz angibt, unter welchen Umständen (Zeit, Ort, Art und Weise, Grund) etwas geschieht: *„heute" und „morgen" als Adverbien der Zeit* || *hierzu* **ad·ver·bi·al** *Adjektiv;* **ad·ver·bi·ell** *Adjektiv*

▶ Der Advent

In Deutschland ist es Brauch, den Advent — die Zeit vom vierten Sonntag vor Weihnachten bis Weihnachten — zu feiern. Man stellt einen **Adventskranz** aus Tannenzweigen auf, auf dem vier Kerzen stecken. Am ersten Adventssonntag zündet man eine Kerze an, am zweiten zwei usw. bis dann am letzten Sonntag vor Weihnachten alle vier Kerzen brennen.
Im Advent werden **Plätzchen** gebacken und **Lebkuchen** gegessen. In vielen Städten gibt es an den Adventssonntagen **Weihnachtsmärkte**. Für Kinder gibt es **Adventskalender**, in denen für jeden Tag vom 1. bis 24. Dezember kleine Überraschungen sind. Am 6. Dezember, dem **Nikolaustag**, bekommen die Kinder kleine Geschenke.

LANDESKUNDE

Af·fä·re *die; -, -n* **1** ein (unangenehmer) Vorfall, der peinlich für den Einzelnen ist, aber die Öffentlichkeit interessiert ⟨eine Affäre aus der Welt schaffen; jemanden in eine Affäre hineinziehen, verwickeln⟩ || ⊟K Bestechungsaffäre **2** eine Liebesgeschichte ≈ Verhältnis: *Er hatte eine Affäre mit seiner Nachbarin* || ⊟K Liebesaffäre || ID **sich aus der Affäre ziehen** sich (*meist* geschickt) aus einer unangenehmen Situation befreien

Af·fe *der; -n, -n;* ein (Säuge)Tier, das dem Menschen ähnlich ist und gerne (auf Bäume) klettert

Af·fekt *der; -(e)s, -e; meist in* **im Affekt** in einem so wütenden, (erregten) Zustand, dass man die Kontrolle über sich verliert ↔ vorsätzlich ⟨ein Mord, eine Tötung im Affekt; im Affekt handeln⟩: *Er hatte seine Frau im Affekt geschlagen* || ⊟K Affektausbruch, Affekthandlung

af·fig *Adjektiv; umg abwertend;* übertrieben und

Adventskranz

daher lächerlich

Af·ri·ka A2 *(das); -s; nur Singular;* ein großer Kontinent || *hierzu* **Af·ri·ka·ner** *der; -s, -;* **Af·ri·ka·ne·rin** *die; -, -nen;* **af·ri·ka·nisch** *Adjektiv*

Af·ro·ame·ri·ka·ner *der; -s, -;* ein Amerikaner (schwarz)afrikanischer Herkunft || *hierzu* **Af·ro·ame·ri·ka·ne·rin** *die; -, -nen*

Af·ter *der; -s, -;* der Ausgang des Darms

AG [a'ge:] *die; -, -s; (Abkürzung für* Aktiengesellschaft) ↑ **Aktie**

Agent *der; -en, -en* **1** jemand, der versucht (für eine Regierung) geheime Informationen zu bekommen (*z.B.* über das Militär eines anderen Landes) ≈ Spion ⟨einen Agenten entlarven, enttarnen⟩ || -K Geheimagent **2** jemand, dessen Beruf es ist, anderen (*meist* Künstlern) Arbeit zu vermitteln || *hierzu* **Agen·tin** *die; -, -nen*

Agen·tur *die; -, -en* **1** das Büro, die Geschäftsstelle eines Unternehmens ≈ Vertretung || -K Immobilienagentur, Versicherungsagentur **2** ein Unternehmen, das Nachrichten sammelt und an Zeitungen, Fernsehen *usw* weitergibt || K- Agenturbericht, Agenturmeldung || -K Nachrichtenagentur

ag·gres·siv [-f] *Adjektiv* **1** mit der Absicht, andere anzugreifen ↔ friedlich ⟨ein Mensch; ein Verhalten; aggressiv reagieren⟩ **2** ≈ rücksichtslos ↔ defensiv ⟨eine Fahrweise⟩ || *hierzu* **Ag·gres·si·vi·tät** *die; -; nur Singular;* **Ag·gres·si·on** *die; -, -en*

agie·ren; *agierte, hat agiert;* **irgendwie agieren** *förmlich;* irgendwie (*meist* überlegt) handeln ⟨behutsam, vorsichtig agieren⟩

Ag·rar·po·li·tik *die; -; nur Singular;* eine Politik, die die Organisation und Förderung der Landwirtschaft zum Ziel hat

aha! [a'ha(:)] *Interjektion;* verwendet, um auszudrücken, dass man etwas plötzlich verstanden hat: *Aha, jetzt ist mir alles klar!*

Aha-Er·leb·nis, Aha·er·leb·nis [a'ha(:)-] *das; -ses, -se; meist Singular;* das plötzliche Verstehen eines Sachverhaltes: *Als sie vor den Pyramiden standen, war es für beide ein richtiges Aha-Erlebnis*

Ahn *der; -s/-en, -en; meist Plural;* jemand, der in früheren Zeiten gelebt hat und von dem man abstammt ≈ Vorfahr: *Unsere Ahnen stammen aus Italien* || K- Ahnenforschung, Ahnengalerie; Ahnfrau, Ahnherr || *hierzu* **Ah·nin** *die; -, -nen*

äh·neln; *ähnelte, hat geähnelt;* **jemand/etwas ähnelt jemandem/etwas (in etwas** *(Dativ)*) *meist* zwei Personen/Dinge sind sich ähnlich oder sehen ähnlich aus: *Sie ähnelt ihrer Mutter*

ah·nen; *ahnte, hat geahnt;* **etwas ahnen** das Gefühl haben, dass etwas (Unangenehmes) passieren wird ⟨ein Unglück, ein Unheil ahnen; nichts Gutes, Böses ahnen⟩

ähn·lich B1 *Adjektiv* **1 ähnlich (wie jemand/etwas)** mit vielen Merkmalen, die auch ein anderer/etwas anderes hat: *Mandarinen schmecken so ähnlich wie Orangen* || -K gottähnlich, totenähnlich **2 jemandem/etwas ähnlich sein/sehen** äußere Merkmale mit jemandem/etwas anderem gemeinsam haben ⟨jemandem/etwas zum Verwechseln ähnlich sein/sehen⟩: *Sie ist/sieht ihrer Mutter sehr ähnlich* **3 und Ähnliches/oder Ähnliches** verwendet nach einer Aufzählung; *Abkürzung* u.Ä./o.Ä.: *Bücher, Zeitschriften und Ähnliches* || *zu* 1 und 2 **Ähn·lich·keit** *die; -, -en*

Ah·nung B2 *die; -, -en* **1** ein Gefühl, dass etwas (Unangenehmes) geschehen wird ⟨eine böse, düstere Ahnung; eine Ahnung befällt jemanden⟩ **2 (von etwas) eine Ahnung haben** etwas gut können oder etwas wissen oder sich etwas vorstellen können ⟨von etwas nicht die geringste, leiseste Ahnung haben⟩: *Habt ihr eine Ahnung, wie der Unfall passiert ist?* || *zu* 1 **ah·nungs·los** *Adjektiv*

ahoi! *Interjektion; meist in* **Boot, Schiff ahoi!** *Schifffahrt;* verwendet als Ruf (von Seeleuten), um andere Schiffe zu grüßen

Ahorn *der; -(e)s, -e; meist Singular* **1** ein (Laub)Baum, der *bes* in kühlen Ländern wächst und dessen Blätter meist fünf Spitzen haben || K- Ahornblatt, Ahornsirup **2** *nur Singular;* das Holz des Ahorns (1)

Äh·re *die; -, -n;* der oberste Teil eines (Getreide)Halms, an dem sich die Körner befinden || K- Ährenkranz || -K Getreideähre

Aids B2 [eɪdz] *(das); -; nur Singular;* eine gefährliche (Infektions)Krankheit, an der viele Menschen sterben || K- Aidsinfektion, Aidstest; aidsinfiziert, aidskrank

Air·bag ['ɛ:ɐ̯bɛk] *der; s, -s; Auto;* eine Art großes Kissen vorne im Auto, das sich bei einem Unfall sehr schnell mit Luft füllt, um jemanden vor Verletzungen zu schützen

Aka·de·mie *die; -, -n* [-'mi:ən] **1** eine Organisation von Gelehrten, die die Kunst, Literatur und Wissenschaften fördert: *die Akademie der Künste/Wissenschaften* || K- Akademiemitglied || -K Dichterakademie, Sprachakademie **2** eine Hochschule oder

Schule für Kunst, Musik oder eine andere Fachrichtung || -K Fachakademie, Kunstakademie, Musikakademie

Aka·de·mi·ker *der; -s, -;* jemand, der seinen Beruf an einer Universität (oder Hochschule) gelernt hat || *hierzu* **Aka·de·mi·ke·rin** *die; -, -nen;* **aka·de·misch** *Adjektiv*

Ak·kord[1] *der; -(e)s, -e; Musik;* das (gleichzeitige) Erklingen von drei oder mehr Tönen verschiedener Höhe ⟨einen Akkord (auf dem Klavier, auf der Gitarre) spielen, anschlagen⟩ || -K Durakkord, Mollakkord

Ak·kord[2] *der; -s; nur Singular;* eine Bezahlung der Arbeit nach Leistung, nicht nach Zeit ⟨im Akkord arbeiten⟩ || K- Akkordarbeit, Akkordlohn

Ak·kor·de·on *das; -s, -s;* ein Musikinstrument mit Tasten und Knöpfen, das man in beiden Händen hält und das *bes* für Volksmusik verwendet wird ≈ Ziehharmonika || K- Akkordeonspieler

Akkordeon

Ak·ku *der; -s, -s; Kurzwort* ↑ **Akkumulator**

Ak·ku·mu·la·tor *der; -s, Ak·ku·mu·la·to·ren; Elektrotechnik;* ein Gerät, mit dem man Strom speichert ⟨einen Akkumulator aufladen⟩

ak·ku·rat, *akkurater, akkuratest-; Adjektiv;* sehr sorgfältig und ordentlich

Ak·ku·sa·tiv [-f] *der; -s, -e; Sprachwissenschaft;* der Kasus, in dem das Objekt steht, nach dem man mit "wen oder was" fragt ≈ vierter Fall ⟨etwas steht im Akkusativ⟩ || K- Akkusativobjekt

Ak·ne *die; -; nur Singular;* eine Erkrankung der Haut in Form von rötlichen Pickeln *bes* im Gesicht (*meist* bei Jugendlichen)

Ak·ro·bat *der; -en, -en;* jemand, der *bes* in einem Zirkus sehr schwierige Aktionen wie die Balance auf einem Seil zeigt || *hierzu* **Ak·ro·ba·tin** *die; -, -nen*

Akt[1] B2 *der; -(e)s, -e* **1** *förmlich;* das, was man tut ≈ Tat ⟨ein Akt der Verzweiflung⟩ **2** ein Teil eines Spiels, (Theater)Stücks ⟨ein Drama in fünf Akten⟩

Akt[2] B2 *der; -(e)s, -e;* ein Bild oder eine Statue, die einen Menschen nackt zeigen || K- Aktfoto, Aktmalerei

Akt[3] *der; -(e)s, -en; südd* Ⓐ ≈ Akte

Ak·te B2 *die; -, -n; meist Plural;* eine Mappe mit Dokumenten (in einem Amt), in der alles zu einem Fall oder Thema gesammelt ist ⟨eine Akte anlegen, einsehen; Akten ablegen⟩ || K- Aktenordner || *zu* **Aktenordner** ↑ Illustration **Im Büro** || -K Gerichtsakte

Ak·ten·kof·fer *der; -s, -;* ein kleiner, schmaler Koffer, in dem man Dokumente, Bücher *usw* bei sich trägt

Ak·ten·ta·sche *die; -, -n;* eine Tasche mit Griff, in der man Dokumente, Bücher *o.Ä.* bei sich trägt || ↑ Illustration **Im Büro**

Ak·tie ['aktsi̯ə] *die; -, -n;* ein (Wert)Papier, das einen sehr (kleinen) Anteil am Kapital einer Firma (Aktiengesellschaft) darstellt ⟨die Aktien steigen, fallen; sein Vermögen in Aktien anlegen⟩ || K- Aktiengesellschaft, Aktienkurs

Ak·ti·on B2 [-'tsi̯o:n] *die; -, -en* **1** eine (gemeinschaftlich) geplante Handlung, mit der ein Ziel erreicht werden soll ⟨eine militärische, politische Aktion starten, durchführen⟩ || -K Befreiungsaktion, Rettungsaktion **2** *nur Plural; förmlich* ≈ Tätigkeiten: *Seine Aktionen beschränkten sich auf das Nötigste* || ID **in Aktion treten** aktiv, wirksam werden

ak·tiv B1 [-f] *Adjektiv* **1** immer tätig oder bereit, etwas zu tun (und sich zu engagieren) ⟨gesellschaftlich, politisch, sexuell aktiv sein; aktiv an etwas mitarbeiten; etwas aktiv unterstützen⟩ **2** voller Energie ⟨ein aktives Leben führen⟩: *Trotz seiner 70 Jahre ist mein Opa noch sehr aktiv* || *zu* 1 **Ak·ti·vi·tät** [-v-] *die; -, -en*

Ak·tiv B1 [-f] *das; -s; nur Singular; Sprachwissenschaft;* die Form, in der das Verb steht, wenn das Subjekt des Verbs auch die Handlung ausführt ↔ Passiv: *In dem Satz „Er trinkt Bier" steht das Verb im Aktiv* || K- Aktivkonstruktion, Aktivsatz

ak·ti·vie·ren [-v-]; *aktivierte, hat aktiviert;* **jemanden (zu etwas) aktivieren** jemanden dazu bringen (veranlassen), etwas zu tun, sich für etwas zu engagieren: *die Jugend zu politischer Mitarbeit aktivieren* || *hierzu* **Ak·ti·vie·rung** *die; -, -en*

ak·tu·a·li·sie·ren; *aktualisierte, hat aktualisiert;*

etwas aktualisieren etwas so ändern, dass es auf dem neuesten Stand ist ⟨ein Wörterbuch, einen Reiseführer aktualisieren⟩ ‖ *hierzu* **Ak·tu·a·li·sie·rung** *die; -, -en*

ak·tu·ell [A2] *Adjektiv* **1** im Augenblick wichtig und interessant ⟨ein Ereignis, ein Problem, ein Thema, ein Theaterstück⟩ **2** ≈ modern ⟨ein Trend⟩: *Krawatten sind wieder aktuell* ‖ *hierzu* **Ak·tu·a·li·tät** *die; -; nur Singular*

Aku·punk·tur *die; -, -en;* ein (Heil)Verfahren, bei dem der Patient durch Stiche mit feinen Nadeln in die Haut von Schmerzen befreit werden soll ‖ *hierzu* **aku·punk·tie·ren** *(hat)*

Akus·tik *die; -; nur Singular* **1** *Physik;* die Lehre vom Schall **2** die Wirkung von Schall und Klang bei Rede und Musik in einem geschlossenen Raum: *Der Saal hat eine gute Akustik* ‖ *hierzu* **akus·tisch** *Adjektiv*

akut, *akuter, akutest-; Adjektiv* **1** im Augenblick so dringend, dass etwas getan werden muss ≈ vordringlich ⟨eine Frage, ein Problem; etwas ist/wird akut⟩: *Die Umweltverschmutzung stellt eine akute Bedrohung für uns dar* **2** *Medizin;* ⟨eine Erkrankung⟩ so, dass sie plötzlich da ist und schnell (und heftig) verläuft ↔ chronisch

AKW [aka'veː] *das; -(s), -s; umg, Kurzwort* ↑ **Atomkraftwerk**

Ak·zent *der; -(e)s, -e* **1** eine (typische) Art, die Laute einer Sprache so zu sprechen, dass man hört, aus welchem Land oder Gebiet jemand stammt: *Sie sprach mit französischem Akzent* **2** *Sprachwissenschaft* ≈ Betonung: *Im Wort „Moral" liegt der Akzent auf der zweiten Silbe* ‖ *zu 1* **ak·zent·frei** *Adjektiv*

ak·zep·tie·ren; *akzeptierte, hat akzeptiert* **1** **etwas akzeptieren** etwas als richtig ansehen und annehmen (1) ↔ ablehnen ⟨ein Angebot, einen Vorschlag, eine Bedingung akzeptieren⟩ **2** **etwas akzeptieren** etwas nehmen, wie es kommt (weil man es nicht ändern kann) ≈ sich mit etwas abfinden ⟨sein Schicksal, seine Krankheit akzeptieren⟩ ‖ *zu* **3** **jemanden (als etwas) akzeptieren** mit jemandem (in einer Funktion, Rolle) einverstanden sein: *Sie wird von ihren Schülern nicht als Autorität akzeptiert* ‖ *zu 1* **ak·zep·ta·bel** *Adjektiv*

Alarm *der; -(e)s, -e* **1** ein Signal, das vor einer Gefahr warnen soll ⟨Alarm auslösen, geben, läuten⟩ ‖ [K-] Alarmanlage, Alarmsignal ‖ [-K] Bombenalarm, Feueralarm **2** **blinder Alarm** ohne guten Grund ausgelöster Alarm oder entstandene Aufregung ‖ [ID] **Alarm schlagen** laut auf ein Problem oder eine Gefahr aufmerksam machen

alar·mie·ren; *alarmierte, hat alarmiert;* **jemanden alarmieren** jemanden um Hilfe rufen ⟨die Feuerwehr, die Polizei alarmieren⟩

Alarm·stu·fe *die; -, -n;* eine von mehreren Stufen auf einer Skala (*meist* von eins bis drei), die angibt, wie groß die Gefahr ist: *Es wurde Alarmstufe drei gegeben*

al·bern *Adjektiv; abwertend;* nicht so (vernünftig), wie man es von einem erwachsenen Menschen erwartet ≈ kindisch ⟨ein Kichern; ein Benehmen, ein Getue; sich albern aufführen⟩ ‖ *hierzu* **Al·bern·heit** *die; -, -en*

Alb·traum *der; -(e)s, -träu·me;* ein Traum von schrecklichen Erlebnissen ⟨einen Albtraum haben⟩

Al·bum *das; -s, Al·ben/umg auch -s;* **1** ein Buch (mit festen Seiten), in dem man *bes* Briefmarken oder Fotos sammelt: *Fotos in ein Album kleben* ‖ [-K] Briefmarkenalbum, Fotoalbum **2** eine Sammlung von Liedern, Stücken auf einer CD oder Platte: *Die Popgruppe hat ein neues Album herausgebracht* ‖ [-K] Doppelalbum

Al·ge *die; -, -n;* eine einfache, *meist* sehr kleine Pflanze, die im Wasser schwimmt ‖ [K-] Algenteppich

Al·geb·ra *die; -; nur Singular;* ein Gebiet der Mathematik, in dem man mit Symbolen und Buchstaben rechnet (und Gleichungen löst)

ali·as *Präposition; mit Nominativ, Akkusativ;* auch ... genannt, auch bekannt als ...: *Roger Moore alias James Bond* ‖ Hinweis: *alias* steht zwischen zwei Namen

Ali·bi *das; -s, -s* **1** **ein Alibi (für etwas)** der Nachweis, dass jemand nicht der Täter sein kann, weil er zur Zeit des Verbrechens an einem anderen Ort war ⟨ein lückenloses, wasserdichtes Alibi; jemandem ein falsches Alibi geben, verschaffen⟩: *Er hat für die Tatzeit kein Alibi* **2** **ein Alibi (für etwas)** ein Grund (eine Ausrede oder Rechtfertigung) falsches Verhalten ⟨nach einem Alibi suchen⟩

Al·ko·hol [A2] ['alkohoːl] *der; -s, -e; meist Singular* **1** ein chemischer Stoff, der *z.B.* in Bier und Wein enthalten ist: *Dieser Schnaps enthält 40% Alkohol* ‖ [K-] Alkoholgehalt **2** *nur Singular;* verwendet als Bezeichnung für Getränke, die Alkohol enthalten ⟨keinen Alkohol trinken, vertragen⟩ ‖ [K-] Alkoholmissbrauch, Alkoholsucht; alkoholabhängig, alkoholkrank ‖ *hierzu* **al·ko·ho·lisch** *Adjektiv; zu 1* **al·ko·hol·frei** *Adjektiv*

Al·ko·ho·li·ker *der; -s, -;* **1** jemand, der viel und oft Alkohol trinkt und danach süchtig ist ≈

Trinker **2** **Anonyme Alkoholiker** eine Gruppe von (ehemaligen und gegenwärtigen) Alkoholikern, die sich treffen, um gemeinsam zu versuchen, ohne Alkohol zu leben; *Abkürzung* AA || *zu* 1 **Al·ko·ho·li·ke·rin** *die; -, -nen*

al·ko·ho·li·siert B2 *Adjektiv; ohne Steigerung; förmlich* ≈ betrunken: *Der Unfall wurde von einem alkoholisierten Fahrer verursacht*

all *Indefinitpronomen;* **all** + *Artikel/Pronomen;* verwendet, um die gesamte Menge zu bezeichnen: *all das viele/all dein Geld; all die Jahre über; all diese Fehler*

al·l- B2 *Indefinitpronomen* **1** verwendet, um die größte (maximale) Menge, Größe, Stärke *o.Ä.* von etwas zu bezeichnen ≈ ganz-, gesamt-: *trotz aller Bemühungen; Sind jetzt alle da?; Ist das alles, was du darüber weißt?* **2** verwendet, um die einzelnen Teile einer Menge zu betonen ≈ jede(r), jedes *usw:* *Alle fünf waren wir todmüde* **3** verwendet (mit einer Zeit- oder Maßangabe), wenn etwas regelmäßig wiederkehrt oder wiederholt wird: *Alle zehn Kilometer machten wir eine kleine Pause* || ID **alles in allem** im Ganzen (gesehen) ≈ insgesamt: *Alles in allem war ihre Leistung ganz gut;* **vor allem** ≈ besonders; *Abkürzung* v.a.: *Die Fahrt war anstrengend, vor allem für die Kinder* || Hinweis: wie ein Substantiv oder ein attributives Adjektiv verwendet

All *das; -s; nur Singular;* der weite Raum, der die Erde umgibt ≈ Kosmos, Weltraum ⟨das All erforschen, ins All vordringen⟩: *einen Satelliten ins All schicken*

al·le *Indefinitpronomen;* ↑ **all-**

Al·lee *die; -, -n* [a'le:(ə)n]; eine Straße mit Bäumen an beiden Seiten || -K Birkenallee, Pappelallee

al·lein¹ A2 *Adjektiv; nur nach dem Substantiv oder als Adverb* **1** ohne andere Personen ⟨jemanden allein lassen; allein sein wollen; allein leben, in Urlaub fahren⟩ **2** ≈ einsam ⟨sich (sehr) allein fühlen⟩ **3** **von allein** ohne dass jemand aktiv wird ≈ von selbst: *Die Flasche ist ganz von allein umgefallen* || Hinweis: **a** vor dem Substantiv wird *alleinig* verwendet: *ihr alleiniges Recht* **b** ↑ **alleinerziehend**, **alleinstehend**

al·lein² A2 *Partikel* **1** *förmlich* ≈ nur, ausschließlich: *Allein er/Er allein muss das entscheiden* **2** **(schon) allein; allein (schon)** verwendet, wenn das Folgende besonders wichtig ist: *Schon allein der Gedanke, das zu tun, ist schrecklich!*

Al·lein- *im Substantiv; betont;* verwendet, um auszudrücken, dass jemand etwas ohne andere tut oder hat; der **Alleinerbe**, die **Alleinherrschaft** ⟨ausüben⟩, der **Alleinherrscher**, der **Alleininhaber** ⟨eines Geschäfts⟩, die **Alleinschuld** ⟨an etwas haben⟩

al·lein·er·zie·hend, al·lein er·zie·hend *Adjektiv; nicht als Adverb;* ⟨ein Vater, eine Mutter⟩ ohne (Ehe)Partner

Al·lein·gang *der; -(e)s, -gän·ge; meist in* **im Alleingang** allein und ohne die Hilfe oder den Rat anderer

al·lein·ste·hend *Adjektiv; nicht als Adverb;* ohne Familie oder (Ehe)Partner: *eine alleinstehende Frau* || *hierzu* **Al·lein·ste·hen·de** *der/die; -n, -n*

al·ler- *im Adjektiv und Adverb; betont; umg;* verwendet, um Superlative zu verstärken; **allerbest-, allerhöchstens, allerletzt-, allerliebst-, allerschlimmst-, allerschönst-, allerspätestens**

al·ler·dings *Adverb* **1** *unbetont;* verwendet, um etwas Gesagtes einzuschränken ≈ jedoch: *Das Essen war gut, allerdings sehr teuer* **2** *betont;* verwendet als besonders betonte Antwort anstelle von „ja": *„Tut es sehr weh?" – „Allerdings!"*

Al·ler·gie *die; -, -n* [-'gi:ən]; *Medizin;* **eine Allergie (gegen etwas)** ein krankhafter Zustand, in dem man überempfindlich auf bestimmte Dinge reagiert (die eigentlich harmlos sind): *eine Allergie gegen Hausstaub haben* || K- Allergietest

Al·ler·gi·ker *der; -s, -;* jemand, der Allergien hat || *hierzu* **Al·ler·gi·ke·rin** *die; -, -nen*

al·ler·gisch *Adjektiv* **1** bedingt durch eine Allergie ⟨eine Krankheit, eine Reaktion⟩ **2** ⟨ein Mensch⟩ so, dass er an einer Allergie leidet: *Sie ist allergisch gegen Katzen* **3** **allergisch gegen etwas sein; allergisch auf jemanden/etwas reagieren** *umg;* durch jemanden/etwas gereizt werden und zu energisch handeln: *Auf Faulheit reagiert sie allergisch*

al·ler·hand *Indefinitpronomen; indeklinabel; umg;* ziemlich viel, einiges ≈ allerlei ⟨allerhand erleben; sich allerhand gefallen lassen⟩: *allerhand Ärger, Schwierigkeiten haben; Ich war auf allerhand vorbereitet, nur darauf nicht* || ID **Das ist (ja/doch/wirklich) allerhand!** *umg;* das geht zu weit!

Al·ler·hei·li·gen *(das); -; nur Singular; katholische Religion;* der Feiertag am 1. November (zum Gedenken an die Heiligen) ⟨an/zu Allerheiligen⟩: *Morgen ist Allerheiligen*

al·ler·lei *Indefinitpronomen; indeklinabel;* meh

rere verschiedene Dinge oder Arten von etwas: *allerlei Probleme haben; allerlei erleben* || *hierzu* **Al·ler·lei** *das; -s; nur Singular*

al·ler·meis·t- *Adjektiv; nur vor dem Substantiv; umg;* fast alle(s): *Die allermeisten Schüler haben die Prüfung bestanden*

Al·ler·see·len *(das); -; nur Singular; katholische Religion;* der 2. November als Gedenktag für die Verstorbenen ⟨an/zu Allerseelen⟩

al·les A1 *Indefinitpronomen;* ↑ **all-**

Al·les·fres·ser *der; -s, -;* ein Tier, das sowohl Fleisch als auch Pflanzen frisst: *Das Schwein ist ein Allesfresser*

all·ge·mein *Adjektiv* **1** *nur vor dem Substantiv, nicht als Adverb;* allen (oder den meisten) Leuten gemeinsam ⟨das Interesse, die Meinung⟩: *auf allgemeinen Wunsch* **2** *nur als Adverb;* bei/von allen, für alle ≈ überall ↔ nirgends ⟨allgemein bekannt, beliebt, üblich, verständlich (sein)⟩: *eine allgemein verständliche Erklärung* **3** *nur vor dem Substantiv oder als Adverb;* für alle bestimmt ⟨ eine Bestimmung, eine Verordnung; die (politische, wirtschaftliche) Lage⟩ **4** nicht auf Einzelheiten beschränkt ↔ speziell ⟨eine Aussage, ein Begriff; ein Überblick⟩ || K- Allgemeinbildung, Allgemeinwissen **5** **im Allgemeinen** in den meisten Fällen ≈ im Großen und Ganzen || *zu* 2 **all·ge·mein·gül·tig, all·ge·mein gül·tig** *Adjektiv*

All·ge·mein|arzt *der; -es, -ärz·te;* ein Arzt, der nicht spezialisiert ist || *hierzu* **All·ge·mein|ärz·tin** *die; -, -nen*

All·ge·mein|gut *das; -(e)s; nur Singular;* etwas, das (fast) alle wissen

All·ge·mein·heit *die; -; nur Singular;* alle Leute ≈ die Öffentlichkeit ⟨etwas für das Wohl der Allgemeinheit tun; etwas dient der Allgemeinheit⟩

All·ge·mein|me·di·zin *die; -; nur Singular;* der medizinische Bereich für die Behandlung *meist* leichterer Krankheiten (ohne Spezialisierung in einem Teilgebiet)

all·ge·mein·ver·ständ·lich ↑ **allgemein** (2)

All|heil·mit·tel *das; -s, -; meist abwertend oder ironisch* **1** eine Medizin gegen viele Krankheiten **2** ein Mittel zur Lösung aller Probleme: *Dieser Vorschlag ist auch kein Allheilmittel*

Al·li·anz [a'li̯ants] *die; -, -en;* **1** *Politik, historisch;* ein Bündnis zwischen Staaten oder deren Armeen || -K Militärallianz **2** ≈ NATO ⟨ein Staat tritt der Allianz bei, verlässt die Allianz⟩

Al·li·ga·tor *der; -s, Al·li·ga·to·ren;* eine Art Krokodil, das in Amerika und China lebt

Al·li·ier·te *der; -n, -n* **1** *meist Plural; Politik;* ein Staat als Mitglied eines Bündnisses ≈ Verbündeter **2** *nur Plural;* **die Alliierten** *historisch;* (im 1. und 2. Weltkrieg) die Staaten, die zusammen gegen Deutschland (und Italien) gekämpft haben *bes* die USA, Großbritannien, Frankreich und Russland

all·jähr·lich *Adjektiv; nur vor dem Substantiv oder als Adverb;* jedes Jahr (geschehend oder stattfindend)

all·mäh·lich *Adjektiv;* langsam (sich entwickelnd) ≈ nach und nach: *Es wird allmählich dunkel*

All·rad|an·trieb *der; -(e)s; nur Singular;* eine Technik, durch die alle Räder eines Autos zugleich angetrieben werden: *ein Geländewagen mit Allradantrieb*

all·seits *Adverb;* bei, von allen ≈ überall ⟨allseits beliebt, bekannt (sein)⟩: *Es wird allseits gefordert/gewünscht, dass ...*

All·tag *der; -(e)s; nur Singular* **1** der tägliche Lauf des Lebens, der wenig Abwechslung oder Freude mit sich bringt ⟨im Alltag; der graue, triste, monotone Alltag; dem Alltag entfliehen⟩ || K- Alltagsleben, Alltagstrott || -K Arbeitsalltag **2** ein (normaler) Tag, an dem gearbeitet wird (im Gegensatz zum Wochenende oder zu einem Feiertag)

all·täg·lich *Adjektiv;* ohne etwas Besonderes ≈ durchschnittlich ↔ außergewöhnlich: *Sie hatte ein alltägliches Gesicht; Das Konzert war nicht alltäglich* (= war etwas Besonderes) || *hierzu* **All·täg·lich·keit** *die; -, -en*

all·wis·send *Adjektiv; nicht als Adverb;* mit einem alles umfassenden Wissen: *Gott ist allwissend*

all·zu *Adverb;* in zu hohem Maße ≈ übertrieben: *ein allzu auffälliges Benehmen; Er ist nicht allzu intelligent*

Alm *die; -, -en;* eine Wiese im (Hoch)Gebirge, auf der im Sommer das Vieh weidet ⟨das Vieh auf die Alm treiben, von der Alm abtreiben⟩ || K- Almauftrieb, Almhütte

Al·mo·sen *das; -s, -;* **1** wenig Geld oder ein fast wertloses Geschenk, das jemandes Würde verletzt ⟨nicht auf Almosen angewiesen sein⟩ **2** früher die Bezeichnung für etwas (*z.B.* Essen, Geld), das man armen Leuten schenkte ≈ Spende ⟨einem Bettler ein Almosen geben; um (ein) Almosen bitten⟩

Al·pen *die; -; Plural;* verwendet als Bezeichnung für das höchste europäische Gebirge

Al·pha·bet B2 [-f-] *das;* -(e)s, -e; die Reihe der Buchstaben von A bis Z: *das lateinische, griechische, kyrillische Alphabet* || *hierzu* **al·pha·be·tisch** *Adjektiv*

▶ Das Alphabet

Das deutsche Alphabet besteht aus 26 Buchstaben, davon sind fünf **Vokale** oder Selbstlaute (**a**, **e**, **i**, **o**, **u**) und der Rest **Konsonanten** oder Mitlaute. Zusätzlich gibt es noch die **Umlaute ä**, **ö** und **ü** sowie den Buchstaben **ß** — das sogenannte **scharfe S**.

SPRACHE LERNEN

al·pin *Adjektiv;* **1** *nicht als Adverb;* oben im Gebirge gelegen, auf die Alpen bezogen ≈ Hochgebirgs- ⟨eine Landschaft, Skigebiete⟩ **2** *nicht als Adverb;* im (Hoch)Gebirge vorkommend ⟨die Fauna, die Flora⟩ **3** zum Skisport (Abfahrtslauf, Slalom und Riesenslalom) gehörig ⟨eine Sportart, eine Disziplin, ein Wettbewerb⟩ **4** für das Klettern in den Bergen geeignet ⟨eine Ausrüstung⟩

Alp·traum *der;* -(e)s, -träu·me; ↑ **Albtraum**

als[1] B1 *Konjunktion; zeitlich* **1** verwendet, wenn die Ereignisse (des Nebensatzes und des Hauptsatzes) zur gleichen Zeit liegen ≈ während: *Als ich gehen wollte, (da) läutete das Telefon* **2** verwendet, wenn das Ereignis des Nebensatzes nach dem des Hauptsatzes liegt: *Als er nach Hause kam, (da) war seine Frau bereits fort* **3** verwendet (mit Plusquamperfekt), wenn das Ereignis des Nebensatzes vor dem Ereignis des Hauptsatzes liegt ≈ nachdem: *Als er gegangen war, (da) fing das Fest erst richtig an* **4** mit einer Zeitangabe verwendet, um einen Zeitpunkt anzugeben: *Damals, als ich noch klein war ...*

als[2] B1 *Konjunktion; vergleichend* **1** verwendet nach einem Komparativ, um einen Vergleich zu ziehen: *Er ist größer als du; Sie ist raffinierter, als du glaubst* **2** **was/wer/wo** *usw* **sonst als** + *Substantiv/Pronomen* verwendet, um auszudrücken, dass nur eine bestimmte Person/Sache *usw* gemeint sein kann: *Wer sonst als dein Vater könnte das gesagt haben?* **3** (*oft* in Verbindung mit *ob* oder *wenn*) verwendet, um auszudrücken, wie jemand oder etwas auf jemanden wirkt ⟨(so) tun, als (ob, wenn)⟩: *Er machte (auf mich) den Eindruck, als ob er schliefe* **4** in einigen festen Verbindungen: **nichts als** (= nur), **alles andere als** (= überhaupt nicht), **anders als** (= nicht so wie), **kein anderer/niemand anders als** + *Personenbezeichnung* (= genau, gerade): *Da redet doch kein anderer als der Lehrer* || Hinweis: ↑ **sowohl**

als[3] B1 *Konjunktion; erklärend oder begründend* **1** in fester Verbindung mit einem Verb ⟨sich herausstellen als; sich erweisen als; etwas als etwas empfinden⟩: *Die Behauptung hat sich als falsch herausgestellt* **2** in der Funktion oder Eigenschaft: *einen Raum als Esszimmer benutzen; seiner Freundin etwas als Andenken schenken; ich als Vorsitzender; ihm als gutem Vater* **3** **zu** + *Adjektiv,* **als dass** ... verwendet anstelle eines Satzes mit *um ... zu*: *Meine Zeit ist zu kostbar, als dass ich sie hier vergeude; Du bist viel zu klug, als dass du das nicht wüsstest* || Hinweis: *meist* mit Konjunktiv **4** **umso** + *Komparativ,* **als** ... verwendet, um einen Grund anzugeben: *Eine Entscheidung ist umso wichtiger, als (= weil) das Problem rasch gelöst werden muss* || Hinweis: ↑ **insofern** (2…)

al·so[1] B1 *Adverb* **1** verwendet, um eine logische Folge auszudrücken ≈ folglich: *Es brannte Licht - also musste einer da sein* **2** verwendet, um das Gesagte zusammenzufassen oder zu erläutern ≈ das heißt: *Bier, Wein, Schnaps, also alkoholische Getränke, gibt es nicht für Jugendliche*

al·so[2] B1 *Partikel* **1** verwendet, um auszudrücken, dass man etwas plötzlich erkannt hat: *Aha, du hast mich also angelogen!* **2** verwendet, wenn ein Gespräch *o.Ä.* zu Ende geht, um auszudrücken, dass man mit einer positiven Reaktion rechnet: *Wir treffen uns also morgen!* **3** *umg;* verwendet, um eine Aufforderung, Aussage oder Frage einzuleiten: *Also, wenn Sie mich fragen, ...* **4** **na 'also!** *umg;* verwendet, um zu betonen, dass etwas wahr ist, funktioniert *o.Ä.*, obwohl jemand anderer daran gezweifelt hat: *Na also, das hab ich doch gleich gesagt!* **5** **also bitte!** *umg;* verwendet, um Empörung auszudrücken: *Also bitte! Du hältst mich wohl für blöd!*

alt A1 *älter, ältest-; Adjektiv* **1** *nicht als Adverb;* schon seit langer Zeit lebend ↔ jung ⟨Menschen, Tiere, Pflanzen; alt werden⟩: *Sie war schon alt, als sie starb* **2** (*meist* nach einer Zeitangabe oder nach *wie*) in/mit einem bestimmten Alter (1): *ein drei Monate altes Baby; Wie alt bist du?* **3** verwendet, um Menschen und Tiere in Bezug auf ihr Alter (1) zu vergleichen: *Sie ist erheblich älter als er; Ich bin doppelt so alt wie du; seine um vier Jahre ältere Schwester* **4** *nicht als Adverb;* schon lange in Gebrauch ↔ neu ⟨Schuhe, Kleider, Möbel⟩: *Das alte Haus wurde abgerissen* **5** schon lange da, vor langer Zeit hergestellt oder erworben ↔ frisch ⟨Lebensmittel; eine Wunde, eine Spur; Blumen⟩: *Das Brot ist aber* *ziemlich alt* **6** *nicht als Adverb;* seit ziemlich langer Zeit da, vor langer Zeit entstanden ↔ neu ⟨ein Freund, ein Kollege; eine Tradition, eine Gewohnheit, Rechte; eine Stadt⟩ **7** *nicht als Adverb;* ⟨eine Erfahrung, ein Fehler, ein Problem, ein Trick, ein Witz⟩ so, dass sie sehr oft vorkommen oder gemacht werden **8** *nur vor dem Substantiv, nicht als Adverb;* aus/von früherer Zeit ≈ ehemalig-, damalig-: *Unser alter Lehrer war besser als der, den wir jetzt haben* **9** *nur vor dem Substantiv, nicht als Adverb; umg abwertend;* verwendet, um die negative Eigenschaft einer Person oder Sache zu betonen: *Dieser alte Lügner!* || ID **alt aussehen** große Probleme haben; **Alt und Jung** ≈ alle: *Er ist beliebt bei Alt und Jung; meist* **Es bleibt alles beim Alten** nichts wird sich ändern; **immer noch der/die Alte sein** *umg;* sich nicht verändert haben || *zu* 1 **Al·te** *der/die; -n, -n*

Alt A1 *der; -(e)s; nur Singular; Musik;* **1** eine tiefe (Sing)Stimme bei Frauen oder Jungen ⟨Alt singen⟩ **2** eine bestimmte, relativ hohe Stimme bei (Blas)Instrumenten || K- Altflöte

alt- *im Adjektiv; ohne Steigerung, nicht als Adverb;* seit Langem; **altbekannt** ⟨eine Tatsache⟩, **altbewährt** ⟨ein Hausmittel, ein Prinzip⟩ **altvertraut** ⟨die Umgebung⟩

Alt- *im Substantiv* **1** verwendet für Dinge, die bereits benutzt wurden und jetzt Abfall sind, aber noch einmal für andere Zwecke bearbeitet werden können; das **Altglas**, die **Altkleider**, das **Altmetall**, das **Altpapier** **2** ≈ ehemalig-, Ex-; der **Altbundeskanzler**, der **Altbürgermeister**

Al·tar *der; -(e)s, Al·tä·re;* eine Art Tisch (aus Holz oder Stein) in christlichen Kirchen, vor dem der Priester steht und Brot und Wein für das Sakrament (des Abendmahls) vorbereitet

Alt·bau *der; -(e)s, -ten;* ein Haus, das schon relativ alt ist ↔ Neubau || K- Altbausanierung, Altbauwohnung

Al·ten·heim *das; -(e)s, -e;* ein Haus, in dem alte Menschen leben und betreut werden

Al·ter B2 *das; -s; nur Singular* **1** die Zahl der Jahre, die ein Mensch/ein Tier bereits gelebt hat ⟨jemanden nach seinem Alter fragen; jemandes Alter schätzen⟩: *Er starb im Alter von 60 Jahren* || K- Altersgruppe, Altersstufe; altersabhängig **2** ein zeitliches Stadium des Lebens ⟨ ins heiratsfähige, in ein gefährliches/schwieriges Alter kommen⟩ || -K Erwachsenenalter, Jugendalter, Kindesalter; Rentenalter, Schulalter **3** ein spätes Stadium, der letzte Abschnitt des Lebens ⟨ein hohes Alter erreichen⟩: *gesundheitliche Probleme im Alter haben* || K- Altersbeschwerden, Alterserscheinung, Altersschwäche **4** die Zeit, seit der eine Sache existiert: *das Alter einer Mumie schätzen, bestimmen*

äl·ter *Adjektiv;* **1** *Komparativ;* ↑ **alt** **2** *nicht als Adverb;* ziemlich alt ⟨ein älterer Herr, eine ältere Dame; ältere Herrschaften⟩

al·tern; *alterte, hat/ist gealtert* **1** *(ist)* (sichtlich) älter, alt werden ⟨Menschen⟩: *Sie ist in den letzten Jahren stark gealtert* **2** **etwas altert** *(ist/hat)* etwas verliert seine Qualitäten im Lauf der Zeit ⟨Stoffe, Produkte⟩: *gealterter* (= lange gelagerter) *Wein* || *hierzu* **Al·te·rung** *die; -; nur Singular*

al·ter·na·tiv [-f] *Adjektiv* **1** *förmlich;* ⟨ein Konzept, ein Plan, ein Programm⟩ so, dass sie eine ganz andere Möglichkeit darstellen: *Es stehen alternativ zwei Vorschläge zur Wahl* **2** mit dem Ziel, die Umwelt zu schonen und auf viel Konsum und Technik zu verzichten ⟨ein Leben, ein Mensch; alternativ denken, leben⟩

Al·ter·na·ti·ve [-və] *die; -, -n; förmlich;* die Entscheidung oder Wahl zwischen zwei Möglichkeiten ⟨sich vor eine Alternative gestellt sehen⟩: *Ich stehe vor der Alternative, entweder zu studieren oder eine Lehre anzufangen; Sonnen- und Windenergie als Alternativen zur Atomenergie*

Al·ters·ge·nos·se *der; -n, -n;* jemand, der das gleiche Alter hat: *Sie spielt nicht gern mit Altersgenossen, sondern lieber mit jüngeren Kindern* || *hierzu* **Al·ters·ge·nos·sin** *die; -, -nen*

Al·ters·gren·ze *die; -, -n;* das Alter, ab dem man etwas tun oder nicht mehr tun darf/kann, *bes* das Alter, ab dem man (normalerweise) eine Rente oder Pension bekommt ⟨die Altersgrenze erreichen⟩: *Die Altersgrenze für Frauen wurde auf 60 Jahre heruntergesetzt*

Al·ters·heim B2 *das; -(e)s, -e* ≈ Altenheim

al·ters·schwach *Adjektiv* **1** ⟨ein Mensch⟩ aufgrund des hohen Alters nicht mehr stark: *die altersschwache Mutter pflegen* **2** ⟨Dinge⟩ aufgrund des hohen Alters nicht mehr gut zu gebrauchen: *ein altersschwaches Auto verschrotten* || *hierzu* **Al·ters·schwä·che** *die; -; nur Singular*

Al·ters·ver·sor·gung *die; -, -en; meist Singular;* das Geld, das alte Menschen zum Leben bekommen (durch eine Versicherung, Rente *o.Ä.*)

Al·ter·tum *das; -s, -tü·mer* **1** *nur Singular;* die älteste historische Zeit (Epoche) einer Kultur oder eines Volkes, *bes* in Europa ↔ Mittelalter, Neuzeit **2** *nur Plural;* (Über)Reste aus dem Altertum ⟨Altertümer sammeln⟩

al·ter·tüm·lich *Adjektiv* **1** alt und charakteristisch für eine vergangene Zeit ↔ modern ⟨ein Bauwerk; eine Schreibweise⟩ **2** *abwertend* ≈ altmodisch ↔ modern ⟨Vorstellungen, Ansichten⟩

Alt·klei·der|samm·lung *die; -, -en;* eine (öffentliche) Sammlung von bereits getragener Kleidung (die *z.B.* an Arme und Obdachlose gegeben wird)

Alt·last *die; -, -en; meist Plural;* Flächen, die durch giftige Abfälle, die früher dort gelagert wurden, vergiftet sind, oder diese Abfälle selbst ⟨Altlasten aufbereiten, beseitigen, sanieren⟩

alt·mo·disch *Adjektiv* **1** nicht (mehr) der aktuellen Mode entsprechend ↔ modern: *altmodisch gekleidet sein* **2** konservativ (in seinen Ansichten, seinem Verhalten): *Seine Eltern sind ein wenig altmodisch*

Alt·stadt *die; -, -städ·te;* der älteste Teil einer Stadt || K- Altstadtsanierung

Alt·wei·ber|som·mer *der; -s, -;* eine Zeit im Herbst, in der das Wetter noch so schön wie im Sommer ist

Alu *das; -s; nur Singular; umg, Kurzwort* ↑ **Aluminium** || K- Alufelge, Alufolie, Alurad

Alu·mi·ni·um *das; -s; nur Singular;* ein silbern glänzendes, fast weißes (Leicht)Metall; *Chemie* Al

Alz·hei·mer *(das); -; nur Singular; umg;* eine Krankheit des Gehirns, bei der man allmählich das Gedächtnis verliert und schließlich hilflos wird ≈ Alzheimerkrankheit

am *Präposition mit Artikel* ≈ an dem || Hinweis: *am* kann nicht durch *an dem* ersetzt werden **1** in geografischen Namen und Ausdrücken: *Frankfurt am Main; am Meer* **2** in Angaben des Datums: *am Dienstag, dem/den vierten März; am 20. Mai* **3** in Wendungen wie: *am Ende, am Ziel sein, am Werk (sein), am angegebenen Ort* **4** in Superlativen: *Sie singt am schönsten*

Amal·gam *das; -s, -e;* eine Masse, die Quecksilber enthält und mit der man Zähne repariert || K- Amalgamfüllung

Ama·teur [ama'tøːɐ̯] *der; -s, -e;* **1** jemand, der eine Tätigkeit nicht als Beruf, sondern nur als Hobby betreibt || K- Amateurfilmer, Amateurfotograf, Amateurfunker **2** ein aktiver Sportler (in einem Verein), der für seine sportliche Tätigkeit nicht bezahlt wird ↔ Profi || K- Amateurboxen, Amateurfußball **3** *abwertend;* jemand, der Anfänger oder Laie auf einem Gebiet ist ≈ Dilettant ↔ Fachmann || *hierzu* **Ama·teu·rin** [-'tøːrɪn] *die; -, -nen;* zu 3 **ama·teur·haft** *Adjektiv; abwertend*

Am·bi·ti·on [-'tsjoːn] *die; -, -en; meist Plural;* **Ambitionen (auf etwas** *(Akkusativ)*) **haben** mit viel Ehrgeiz ein bestimmtes Ziel erreichen wollen ⟨künstlerische, politische Ambitionen haben⟩: *Er hat Ambitionen auf das Amt des Präsidenten*

am·bi·ti·o·niert [-tsjo-], *ambitionierter, ambitioniertest-; Adjektiv; förmlich* ≈ ehrgeizig

Am·boss *der; -es, -e;* ein eiserner Block mit einer ebenen Fläche, auf dem der Schmied das (heiße) Eisen mit dem Hammer formt

am·bu·lant *Adjektiv; Medizin;* ⟨eine Behandlung; einen Patienten ambulant behandeln⟩ so, dass der Patient dabei nicht im Krankenhaus bleiben muss ↔ stationär

Am·bu·lanz *die; -, -en; Medizin* **1** ≈ Krankenwagen, Rettungswagen **2** eine Abteilung in Krankenhaus, in der die Patienten ambulant behandelt werden

Amei·se *die; -, -n;* ein kleines Insekt, das mit sehr vielen anderen seiner Art in Bauten lebt, die die Form von Hügeln haben ⟨fleißig wie eine Ameise⟩ || K- Ameisenhaufen

Amen *das; -s; nur Singular, Religion;* das letzte Wort des Gebets, der Predigt oder des Segens || ID *meist* **Das ist so sicher wie das Amen in der Kirche** *umg;* das trifft ganz sicher zu; **zu allem Ja/ja und Amen/amen sagen** *umg;* (kritiklos) alles akzeptieren || *hierzu* **amen!** *Interjektion*

Ame·ri·ka A2 *(das); -s; nur Singular* **1** ein großer Kontinent **2** *umg* ≈ USA || *hierzu* **Ame·ri·ka·ner** *der; -s, -;* **Ame·ri·ka·ne·rin** *die; -, -nen;* **ame·ri·ka·nisch** *Adjektiv*

Am·mann *der; -(e)s, Am·män·ner;* (CH) ≈ Bürgermeister

Amok, Amok *nur in* **1** **Amok laufen** plötzlich in krankhafter Wut aggressiv werden und (wahllos) andere Menschen angreifen und töten || K- Amoklauf, Amokläufer **2** **Amok fahren** aggressiv und ohne Rücksicht mit dem Auto fahren (und dabei Unfälle verursachen) || K- Amokfahrer, Amokfahrt

Am·pel A1 *die; -, -n;* eine (Signal)Anlage, die mit rotem, gelbem und grünem Licht den Verkehr (an Kreuzungen) regelt ⟨die Ampel schaltet auf Rot, steht auf Rot⟩ || -K Fußgängerampel, Verkehrsampel

Am·phi·bie [am'fiːbi̯ə] *die; -, -n; Zoologie;* ein Tier (*z.B.* ein Frosch), das sowohl auf dem Land als auch im Wasser leben kann || *hierzu* **am·phi·bisch** *Adjektiv*

am·pu·tie·ren; *amputierte, hat amputiert*; **((jemandem) etwas) amputieren** ein Körperteil durch eine Operation vom Körper trennen: *Die Ärzte mussten ihm den Finger amputieren* || *hierzu* **Am·pu·ta·ti·on** *die; -, -en*

Am·sel *die; -, -n*; ein schwarzer, großer (Sing)Vogel

Amt *das; -(e)s, Äm·ter* **1** eine offizielle Stellung oder Stelle (*z.B.* beim Staat, in der Kirche) ⟨ein hohes, verantwortungsvolles Amt; ein Amt antreten, ausüben, übernehmen; sein Amt niederlegen; für ein Amt kandidieren; sich um ein Amt bewerben⟩ || K- Amtsantritt **2** *Verwaltung*; eine Institution der Verwaltung ≈ Behörde ⟨ein Amt einschalten⟩ || K- Amtsarzt || -K Arbeitsamt, Gesundheitsamt **3** ein Haus, in dem ein Amt (2) ist ⟨auf ein Amt gehen⟩

am·tie·ren·d- *Adjektiv*; aktuell im Amt (1): *der amtierende Direktor*

amt·lich *Adjektiv*; von einem Amt (2) oder einer Behörde ≈ behördlich ⟨ein Schreiben, eine Bekanntmachung⟩: *das Auto mit dem amtlichen Kennzeichen M-AD 500*

Amts·ge·richt *das; -(e)s, -e*; das unterste Gericht in der Hierarchie der Gerichte[1] (1)

Amts·weg *der; -(e)s, -e*; *meist in* **jemand/etwas geht/nimmt den Amtsweg** jemandes Problem oder Anliegen wird von einer Behörde (oder von mehreren Behörden nacheinander) bearbeitet

Amu·lett *das; -(e)s, -e*; ein kleiner Gegenstand, den man (*meist* an einer Kette um den Hals) trägt, weil man glaubt, dass er vor Bösem schützen oder Glück bringen kann ≈ Talisman

amü·sie·ren B2 *amüsierte, hat amüsiert* **1** **etwas amüsiert jemanden** etwas bewirkt, dass jemand heiter wird, lachen muss: *Sein komisches Gesicht amüsierte uns* **2** **sich (irgendwie) amüsieren** auf angenehme oder lustige Weise die Zeit verbringen ⟨sich großartig, königlich, köstlich amüsieren⟩: *Amüsierst du dich (gut)?* **3** **sich über jemanden/etwas amüsieren** über jemanden/etwas lachen, spotten || *zu 1* **amü·sant** *Adjektiv*

an[1] A2 *Präposition* **1** *mit Dativ*; verwendet, um räumliche Nähe oder den Kontakt mit etwas anzugeben (als Antwort auf die Frage: *wo?*): *an der Hauptstraße wohnen; Hamburg liegt an der Elbe* **2** *mit Dativ*; verwendet, um zu sagen, wann etwas ist, *bes südd* auch vor den Namen von Feiertagen (≈ zu): *an einem Sonntagmorgen; an meinem Geburtstag; an diesem Abend; an Ostern* **3** *mit Dativ* ≈ mit, mithilfe von: *jemanden an der Stimme erkennen; sich die Hände an einem Handtuch abwischen* **4** *mit Dativ*; verwendet, um zu sagen, dass jemand bei einer Institution (beruflich) tätig ist: *Lehrer an einem Gymnasium, Schauspieler an einem Theater sein* **5** *mit Dativ*; verwendet mit einem Substantiv, um auszudrücken, dass eine Arbeit noch nicht beendet ist: *an einem Buch schreiben, arbeiten* **6** *mit Dativ*; verwendet, um sich auf eine (unbestimmte) Menge zu beziehen: *Was haben Sie an Kameras da?; Was besitzt er noch an Immobilien?* **7** *mit Dativ*; verwendet zur Angabe eines Grundes, einer Ursache: *an einer Krankheit leiden, an einem Herzinfarkt sterben* **8** *mit Dativ*; verwendet mit besonderen Verben, Substantiven und Adjektiven, um eine Ergänzung anzuschließen: *an jemandem/etwas hängen, (ver)zweifeln, interessiert sein, Interesse haben; an etwas riechen; an etwas teilnehmen; an jemandem/etwas vorbeigehen, vorbeifahren* **9** *mit Akkusativ*; verwendet mit (Tätigkeits)Verben, um die Richtung anzugeben: *etwas an die Mauer lehnen, an die Wand hängen; sich an den Tisch setzen* **10** *mit Akkusativ*; in fester Verbindung mit Verben, die eine Ergänzung fordern: *an jemanden/etwas denken, glauben, appellieren; sich an jemanden/etwas erinnern; sich an jemanden wenden* **11** **bis an etwas** (*Akkusativ*) verwendet, um zu sagen, wie weit etwas reicht ≈ bis zu: *Das Wasser ging mir bis an die Knie* **12** **etwas an etwas** (zwischen zwei gleichen Substantiven ohne Artikel) verwendet, um die räumliche Nähe zu betonen: *Tür an Tür (mit jemandem) wohnen; Kopf an Kopf* (= dicht nebeneinander) *stehen* **13** **an was** *umg* ≈ woran || ID **an (und für) sich** eigentlich, im Grunde

an[2] A2 *Adverb* **1** **von irgendwann/irgendwo an** verwendet, um die Zeit oder den Ort zu bezeichnen, zu der/an dem etwas beginnt ⟨von heute, jetzt, hier, Montag an; von Kindheit, Jugend an⟩ **2** verwendet (auf Fahrplänen), um zu sagen, wann ein Zug oder Bus ankommt: *an München/München an: 12.20 Uhr* ↔ ab **3** *umg*; verwendet, um jemanden aufzufordern, etwas in Funktion zu setzen ↔ aus: *Licht an!* **4** **etwas ist an** *umg*; etwas ist angeschaltet, in Betrieb ↔ etwas ist aus: *Das Licht, das Radio ist an* **5** **an die** + *Zahl* ≈ ungefähr, fast: *Das kostet an die 50 Euro; Der Film dauert an die drei Stunden*

an- B1 *im Verb; betont und trennbar*; Die Verben mit *an-* werden nach folgendem Muster gebildet: *ansehen - sah an - angesehen* **1** drückt aus, dass man jemanden/etwas irgendwo befestigt; **jemanden/etwas** (**an etwas** (*Dativ/Akkusativ*)) **anbinden, anketten**; **etwas** (**an et-**

was *(Dativ/Akkusativ))* **ankleben, annähen, anschrauben** **2** drückt aus, dass eine Handlung nur für kurze Zeit und nicht fertig ausgeführt wird; ⟨einen Apfel, ein Brot⟩ **anbeißen, anknabbern, annagen**; ⟨Fleisch kurz⟩ **anbraten**; ⟨ein Brett⟩ **ansägen** **3** drückt die Richtung aus, auf die eine Handlung zielt; **ein Hund bellt jemanden an**; **jemanden anlächeln, anlügen, anschreien, ansehen, anspucken** **4** drückt im Partizip Perfekt zusammen mit *kommen* aus, dass sich jemand/etwas in die Richtung zum Sprecher hin bewegt, näher kommt; **angelaufen, angerannt, angeritten, angeschlichen, angesprungen kommen**

anal *Adjektiv; nur vor dem Substantiv oder als Adverb;* den After betreffend

ana·log *Adjektiv* **1** **analog (zu jemandem/etwas)**; **analog (jemandem/etwas)** *förmlich;* jemandem/einer Sache in den Eigenschaften entsprechend ≈ ähnlich: *analog (zu) diesem Fall* **2** *Technik* mit der (alten) Technik, die möglichst naturgetreu ist ↔ digital (2) ⟨eine Aufnahme⟩ **3** ⟨ein Messgerät, eine Uhr, eine Waage⟩ mit Skala oder Zifferblatt ↔ digital (1) || *zu* 1 **Ana·lo·gie** *die; -, -n* [-iːən]

An·al·pha·bet ['an|alfabeːt] *der; -en, -en;* jemand, der nicht lesen und schreiben gelernt hat || *hierzu* **An·al·pha·be·tin** *die; -, -nen*

ana·ly·sie·ren; *analysierte, hat analysiert;* **etwas analysieren** etwas genau untersuchen und seine Merkmale bestimmen ⟨einen Text, einen Traum, ein Buch analysieren; Probleme analysieren⟩ || *hierzu* **Ana·ly·se** *die; -, -n*

Ana·nas *die; -, -/-se;* eine bräunlich gelbe tropische Frucht mit sehr saftigem und süß schmeckendem Fleisch || ↑ Illustration **Obst und Gemüse** || K- Ananasscheibe, Ananasstück

Anar·chie [anar'çiː] *die; -, -n* [-iːən]; der Zustand *bes* in einem Staat, in dem es weder Herrschaft noch (politische oder gesellschaftliche) Ordnung gibt ≈ Chaos ⟨es herrscht Anarchie⟩: *einen Staat an den Rand der Anarchie bringen* || *hierzu* **anar·chisch** *Adjektiv*

An·äs·the·sie *die; -, -n* [-'ziːən]; *Medizin* ≈ Narkose ⟨lokale Anästhesie⟩

Ana·to·mie *die; -, -n* [-'miːən]; *Medizin* **1** *nur Singular;* die Wissenschaft vom (Körper)Bau des Menschen und der Tiere und vom Bau der Pflanzen **2** der Bau, die Struktur des (menschlichen) Körpers: *die unterschiedliche Anatomie von Mann und Frau* || *hierzu* **ana·to·misch** *Adjektiv*

an·bah·nen *(hat)* **1** **etwas bahnt sich an** etwas beginnt, sich zu entwickeln ⟨eine Freundschaft, eine Wende⟩ **2** **etwas anbahnen** etwas so vorbereiten, dass etwas daraus wird ⟨eine Heirat, ein Gespräch anbahnen⟩ || *hierzu* **An·bah·nung** *die; -, -en; meist Singular*

An·bau *der; -(e)s, -ten* **1** *nur Singular;* die Ergänzung eines Baus: *Nächste Woche beginnen wir mit dem Anbau einer Garage* **2** ein Gebäude (oder dessen Teil), das später dazu gebaut worden ist **3** *nur Singular;* das Pflanzen und Ernten ⟨der Anbau von Getreide, Gemüse, Wein *usw*⟩ || -K Gemüseanbau, Obstanbau, Weinanbau || *zu* 1 und 3 **an·bau·en** *(hat)*

An·bau- *im Substantiv; betont;* verwendet, um auszudrücken, dass etwas aus den passenden Teilen gebaut und ergänzt wird; die **Anbauküche**, der **Anbauschrank**, die **Anbauwand** (aus Schränken und Regalen)

an·be·hal·ten; *behält an, behielt an, hat anbehalten;* **etwas anbehalten** ein (oder mehrere) Kleidungsstück(e) am Körper behalten ↔ ausziehen ⟨die Schuhe anbehalten⟩: *Sie können Ihren Mantel ruhig anbehalten*

an·bei *Adverb; Verwaltung;* zusammen mit einem Schreiben, Brief oder Paket: *anbei die gewünschten Unterlagen*

an·bei·ßen *(hat)* **1** **etwas anbeißen** anfangen etwas zu essen, den ersten Biss in etwas machen: *einen Apfel anbeißen* **2** **ein Fisch beißt an** ein Fisch verschluckt den Köder, hängt an der Angel: *Ich glaube, es hat einer angebissen* || ID **zum Anbeißen sein/aussehen** *umg humorvoll;* sehr hübsch oder attraktiv sein

an·be·lan·gen; *belangte an, hat anbelangt; meist in* **was jemanden/etwas anbelangt** ≈ was jemanden/etwas betrifft

an·be·rau·men; *beraumte an, hat anberaumt;* **etwas anberaumen** *Verwaltung;* etwas (für einen bestimmten Zeitpunkt) festsetzen ⟨eine Sitzung anberaumen⟩

an·be·ten *(hat)* **1** **jemanden anbeten** zu einem Gott beten und ihn verehren ⟨Gott, einen Götzen anbeten⟩ **2** **jemanden/etwas anbeten** jemanden/etwas in extremem Maße verehren || *hierzu* **An·be·tung** *die; -, -en; meist Singular*

An·be·tracht *nur in* **in Anbetracht** *(+ Genitiv) förmlich;* wenn man berücksichtigt, dass … ≈ unter Berücksichtigung von, angesichts: *in Anbetracht dessen, dass …; in Anbetracht der gegenwärtigen Situation*

an·bie·dern, sich; *biederte sich an, hat sich angebiedert;* **sich (bei jemandem) anbiedern**

abwertend; sich jemandem (vertraulich) nähern und ihm schmeicheln: *Ich will mich nicht beim Chef anbiedern* || *hierzu* **An·bie·de·rung** *die; -, -en*

an·bie·ten B1 *(hat)* **1** **(jemandem) etwas anbieten** jemandem durch Worte oder Gesten zeigen, dass man ihm etwas *(z.B.* Angenehmes) geben will: *Darf ich euch etwas (zum Trinken) anbieten?* **2** **(jemandem) etwas anbieten** für etwas werben, das man verkaufen will: *Auf dem Markt werden heute frische Erdbeeren angeboten* **3** **etwas bietet sich (für etwas) an** etwas ist dafür gut geeignet: *Das Wetter bietet sich für einen Ausflug an* || ▸ **Angebot**

An·blick *der; -(e)s, -e; nur Singular;* das, was man in einer bestimmten Situation sieht: *Nach dem Ausbruch des Vulkans bot sich den Helfern ein trostloser Anblick*

an·bre·chen *(hat/ist)* **1** **etwas anbrechen** *(hat)* etwas *(meist* Essbares) zum Verbrauch öffnen: *eine Tafel Schokolade, eine Flasche Wein anbrechen; eine angebrochene Dose Mais* **2** **etwas bricht an** *(ist) förmlich;* etwas beginnt ⟨der Tag, der Morgen, eine neue Zeit⟩ || ▸ **Anbruch**

an·bren·nen *(ist)* **etwas brennt an** etwas bekommt beim Kochen zu viel Hitze und setzt sich am Boden des Topfes fest ⟨das Essen, die Milch⟩

an·brin·gen *(hat)* **1** **etwas irgendwo anbringen** etwas irgendwo aufhängen, befestigen: *eine Lampe an der Decke anbringen* **2** **etwas anbringen** etwas zeigen, erzählen ⟨sein Wissen, eine Geschichte anbringen⟩: *Er konnte seinen neuesten Witz anbringen*

An·bruch *der; -(e)s; nur Singular; förmlich* ≈ Anfang, Beginn: *bei Anbruch der Dunkelheit, der Nacht*

An·dacht *die; -, -en* **1** ein kurzer Gottesdienst mit Gebeten || K Abendandacht, Morgenandacht **2** *nur Singular;* die Konzentration, die zum Gebet nötig ist, oder die Konzentration der Gedanken auf eine bestimmte Sache: *mit Andacht der Rede lauschen* || *zu* 2 **an·däch·tig** *Adjektiv*

an·dau·ern *(hat)* **etwas dauert an** etwas besteht oder wirkt weiterhin: *Die Verhandlungen dauern noch an*

an·dau·ernd *Adjektiv; nur vor dem Substantiv oder als Adverb; oft abwertend;* oft oder lange ≈ ständig: *Sie fragt mich andauernd dasselbe; Ich hasse diese andauernden Wiederholungen*

An·den·ken *das; -s, -;* **ein Andenken (an jemanden/etwas)** **1** *nur Singular;* die Erinnerung an jemanden/etwas: *zum Andenken an den Toten einen Kranz auf das Grab legen* **2** ein kleiner Gegenstand zur Erinnerung an jemanden/etwas ≈ Souvenir: *Er gab mir die Fotos als Andenken an die Reise*

an·de·r- *Indefinitpronomen* **1** nicht gleich, verschieden: *Sie ist anderer Meinung als ihr Freund; eine andere Arbeit suchen* **2** verwendet, um die übrigen Personen oder Dinge (einer Gruppe) zu bezeichnen ≈ weiter-: *Wo sind die anderen (Mädchen) aus eurer Gruppe?* || Hinweis: *ander-* verwendet man wie ein attributives Adjektiv *(andere Kinder)* oder wie ein Substantiv *(Aber andere/Andere behaupten, dass das nicht wahr sei)* || ID **alles andere/Andere als** + *Adjektiv/Adverb* genau das Gegenteil von + *Adjektiv/Adverb*: *Er ist alles andere als dumm*

an·de·ren·falls, **an·dern·falls** *Adverb; förmlich;* verwendet, um *meist* negative Konsequenzen zu nennen, die folgen, wenn etwas nicht eintrifft ≈ sonst: *Bei dieser Operation muss man sehr vorsichtig sein, anderenfalls können Komplikationen auftreten*

an·de·rer·seits *Adverb; meist in* **einerseits ... andererseits ...** verwendet, um (bei zwei Gegensätzen) auszudrücken, dass man vom zweiten Gegensatz spricht: *Einerseits freute sie sich auf Weihnachten, andererseits langweilte sie sich während der Festtage meistens*

an·der·mal *nur in* **ein andermal** zu einem anderen Zeitpunkt: *Heute habe ich keine Zeit, das machen wir ein andermal*

än·dern; *änderte, hat geändert* **1** **etwas ändern** etwas in eine andere oder neue Form bringen ⟨das Aussehen, das Verhalten, den Plan, die Richtung ändern⟩ **2** **jemand/etwas ändert sich** jemand/etwas nimmt eine andere Eigenschaft oder Form, ein anderes Verhalten an ⟨ein Mensch, das Wetter, die Lage⟩

an·ders B2 *Adverb;* nicht auf die gleiche Art und Weise ↔ genauso: *Sie verhält sich anders, als wir erwartet haben*

an·ders·ge·ar·tet, **an·ders ge·ar·tet** *Adjektiv;* von anderer Art ⟨Probleme⟩

an·ders·he·rum *Adverb;* **1** in eine andere oder entgegengesetzte Richtung: *einen Schrank andersherum stellen* **2** **jemand ist andersherum** *umg;* jemand ist homosexuell

an·ders·lau·tend, **an·ders lau·tend** *Adjektiv;* mit anderem Wortlaut, Inhalt ⟨Meldungen⟩

an·ders·wo B2 *Adverb; umg;* an einem anderen

Ort ≈ woanders: *Du musst das Auto anderswo parken*

ạn·dert·hạlb B1 *Zahladjektiv;* ein Ganzes und ein Halbes ≈ eineinhalb; 1½ ⟨anderthalb Liter, Meter, Stunden⟩ || *hierzu* **ạn·dert·hạlb·fach** *Adjektiv;* **ạn·dert·hạlb·mal** *Adverb*

Ạ̈n·de·rung *die; -, -en;* **eine Änderung** *(+ Genitiv);* **eine Änderung (von etwas)** die Tatsache, dass man etwas anders macht: *eine Änderung der Pläne; die Änderung von Regeln*

ạ̈n·de·rungs·be·dürf·tig *Adjektiv;* ⟨ein Bauplan, ein Gesetzesentwurf⟩ so, dass sie geändert werden sollten

ạn·der·wei·tig *Adjektiv; nur vor dem Substantiv oder als Adverb;* außerdem noch da ≈ sonstig: *sich mit anderweitigen Problemen auseinandersetzen; einen Auftrag anderweitig* (= an einen anderen) *vergeben*

ạn·deu·ten *(hat)* **etwas andeuten** durch kleine Hinweise etwas (an)zeigen ⟨einen Wunsch andeuten⟩

Ạn·deu·tung *die; -, -en;* ein (indirekter) Hinweis auf etwas: *Sie sprach nur in Andeutungen von ihren Heiratsplänen* || *hierzu* **ạn·deu·tungs·wei·se** *Adjektiv*

Ạn·drang *der; -(e)s; nur Singular;* eine große (Menschen)Menge, die auf engem Raum zusammenkommt: *Am Eingang herrschte ein großer Andrang von Kindern*

ạn·dre·hen *(hat)* **1** **etwas andrehen** etwas durch Drehen (eines Hebels oder Schalters) in Betrieb setzen ⟨das Radio, das Licht, das Gas, eine Maschine andrehen⟩ **2** **etwas andrehen** etwas durch Drehen befestigen ≈ festdrehen ⟨eine Schraube andrehen⟩ **3** **jemandem etwas andrehen** *umg;* jemandem etwas *(meist* von schlechter Qualität und zu teuer) verkaufen: *Wo hast du dir denn diesen altmodischen Pullover andrehen lassen?*

ạn·dro·hen *(hat)* **(jemandem) etwas androhen** jemandem sagen, dass man ihn bestrafen wird (wenn er sein Verhalten nicht ändert) ⟨jemandem Prügel, eine Strafe androhen⟩: *Er drohte ihr an, sie zu entlassen* || *hierzu* **Ạn·dro·hung** *die; -, -en; meist Singular*

ạn·eig·nen, sich; *eignete sich an, hat sich angeeignet* **1** **sich** *(Dativ)* **etwas aneignen** etwas an sich nehmen, das einem nicht gehört: *Er eignete sich unerlaubt mehrere Bücher seines Freundes an* **2** **sich** *(Dativ)* **etwas aneignen** etwas durch Lernen, Üben erwerben ⟨sich Kenntnisse, einen besseren Stil, gutes Benehmen, Wissen aneignen⟩ || *hierzu* **Ạn·eig·nung** *die; -, -en; meist Singular*

an·ei·nạn·der *Adverb* **1** eine Person/Sache an die andere oder an der anderen: *zwei Schläuche aneinander befestigen; Sie gingen wortlos aneinander vorbei* **2** drückt eine Gegenseitigkeit aus: *Unsere Kinder hängen sehr aneinander; Wir denken oft aneinander* (= ich denke oft an sie, und sie denkt oft an mich)

an·ei·nạn·der- *im Verb; betont und trennbar;* Die Verben mit *aneinander-* werden nach folgendem Muster gebildet: *aneinanderpressen - presste aneinander - aneinandergepresst;* drückt aus, dass eine feste Verbindung zwischen mehreren Dingen, Menschen *usw* hergestellt wird; ⟨Schnüre⟩ **aneinanderbinden, aneinanderknoten**; ⟨Seiten, Blätter⟩ **aneinanderheften, aneinanderklammern**; ⟨Menschen, Tiere⟩ **sich aneinanderklammern, aneinanderschmiegen**; ⟨Bretter⟩ **aneinanderschrauben**

an·ei·nạn·der·ge·ra·ten *(ist)* **jemand gerät mit jemandem aneinander**; ⟨Personen⟩ **geraten aneinander** *meist* zwei Personen fangen an zu streiten: *Sie gerieten oft heftig aneinander*

Anek·do̲·te *die; -, -n;* eine kurze, *meist* lustige Geschichte über eine bekannte Persönlichkeit oder ein Geschehen

ạn·ekeln *(hat)* **jemand/etwas ekelt jemanden an** jemand/etwas hat eine abstoßende Wirkung auf jemanden, ruft Ekel bei jemandem hervor: *Der schlechte Geruch ekelte mich an*

ạn·er·ken·nen; *erkannte an/selten auch anerkannte, hat anerkannt* **1** **jemanden/etwas anerkennen** jemanden/etwas positiv beurteilen ⟨jemandes Leistungen anerkennen⟩ **2** **jemanden/etwas (als etwas) anerkennen** jemanden/etwas als offiziell gültig und richtig betrachten ⟨einen Staat anerkennen; eine Prüfung anerkennen⟩ || *hierzu* **ạn·er·kannt** *Adjektiv;* **Ạn·er·ken·nung** *die; -, -en*

ạn|er·ken·nens·wert *Adjektiv;* so, dass es zu positiven Reaktionen bei den Mitmenschen führt ≈ lobenswert ⟨eine Leistung, ein Verhalten⟩

ạn|er·zo·gen *Adjektiv;* durch Erziehung dazu gekommen: *Ist seine Rücksichtslosigkeit angeboren oder anerzogen?*

ạn·fah·ren *(hat/ist)* **1** **jemanden anfahren** *(hat)* mit einem Fahrzeug gegen jemanden fahren und ihn verletzen: *Sie wurde von einem Auto angefahren* **2** **jemand/etwas fährt an** *(ist)* jemand bringt sein Fahrzeug in Bewegung/es beginnt zu fahren: *Der Zug fuhr mit einem* *kräftigen Ruck an* **3** **jemanden anfahren** (*hat*) jemanden laut und scharf tadeln oder in unfreundlichem Ton ansprechen: *Fahr mich doch nicht so an!*

An·fall *der; -(e)s, An·fäl·le* **1** ein kurzer (krankhafter) Zustand, der plötzlich und sehr heftig eintritt ⟨einen Anfall bekommen, haben⟩: *einen epileptischen Anfall erleiden* || -K Herzanfall, Hustenanfall, Lachanfall **2** **ein Anfall (von etwas)** das kurze und plötzliche Auftreten eines (Gemüts)Zustands ⟨etwas tun in einem Anfall von Eifersucht, Wahnsinn⟩ **3** **einen Anfall bekommen** *umg;* sehr zornig werden

an·fal·len **1** **ein Tier fällt jemanden an** (*hat*) ein Tier greift jemanden an und verletzt ihn *meist* dabei: *Unser Hund hat den Briefträger angefallen* **2** **etwas fällt an** (*ist*) *Verwaltung;* etwas entsteht immer wieder oder ist ständig vorhanden: *Bei diesem Projekt fielen sehr hohe Kosten an*

an·fäl·lig *Adjektiv; nicht als Adverb* **1** **anfällig (für etwas)** schwach und so, dass etwas schnell schadet ↔ resistent (gegen etwas) ⟨anfällig sein für Krankheiten, Beeinflussungen⟩ || -K frostanfällig, krankheitsanfällig, stressanfällig **2** **anfällig (für etwas)** nicht gut gegen negative Einflüsse geschützt ⟨eine Maschine, die Wirtschaft⟩: *Der neue Computer ist anfällig für Störungen* || -K pannenanfällig, störungsanfällig || *hierzu* **An·fäl·lig·keit** *die; -; nur Singular*

An·fang A2 *der; -(e)s, An·fän·ge* **1** der Zeitpunkt, zu dem etwas anfängt (3) ≈ Beginn: *den Anfang des Films verpassen* **2** *nur Singular;* **(am) Anfang** + *Zeitangabe* zu Beginn des genannten Zeitraums: *Anfang Juli beginnen die Ferien; Anfang 2007, Anfang nächster Woche* **3** die Stelle, an der etwas anfängt (4): *am Anfang der Autobahn, eines neuen Kapitels in einem Roman* || K- Anfangsbuchstabe || ID **von Anfang an** gleich zu Beginn: *Ich war von Anfang an dagegen;* **Anfang** ⟨zwanzig, dreißig *usw*⟩ **sein** ca. 20 bis 23, 30 bis 33 *usw* Jahre alt sein; **Aller Anfang ist schwer** wenn man etwas Neues beginnt, hat man immer Probleme

an·fan·gen A1 (*hat*) **1** **((mit) etwas) anfangen** den ersten Teil einer Sache machen; bewirken, dass etwas entsteht ≈ beginnen ⟨eine Arbeit, ein Gespräch, ein neues Leben anfangen⟩: *Er fing an, laut zu singen; Wer hat den/mit dem Streit angefangen?* **2** **etwas anfangen** *umg;* etwas machen, tun ⟨etwas geschickt anfangen⟩: *Was fangen wir nach dem Essen an?* **3** **etwas fängt (irgendwann/irgendwie/etwas) an** etwas Neues geschieht (ab dem genannten Zeitpunkt, auf die genannte Art) ≈ etwas beginnt: *Das Konzert fängt um 8 Uhr an; Der Urlaub fing gut/mit Sonnenschein an; Plötzlich fing das Auto zu schleudern an* **4** **etwas fängt irgendwo an** etwas liegt hinter einer genannten Stelle ≈ etwas beginnt irgendwo: *Hinter diesem Wald fangen Felder an* || ID *meist* **Das fängt ja gut/heiter an!** *umg ironisch;* das ist kein guter Start; **mit jemandem nicht viel/nichts anfangen können** mit jemandem nicht gern zusammen sein; **mit etwas nicht viel/nichts anfangen können** etwas nicht verstehen oder etwas nicht gern tun

An·fän·ger *der; -s, -;* jemand, der gerade etwas zu lernen beginnt || *hierzu* **An·fän·ge·rin** *die; -, -nen*

an·fäng·lich *Adjektiv; nur vor dem Substantiv oder als Adverb;* am Anfang (noch vorhanden) ⟨Zögern, Misstrauen, Schüchternheit⟩

an·fangs *Adverb;* zuerst, am Anfang

an·fas·sen (*hat*) **1** **jemanden/etwas anfassen** jemanden/etwas mit der Hand berühren und greifen: *Er fasst mich immer an, wenn er mit mir spricht* **2** **jemanden irgendwie anfassen** jemanden so behandeln ≈ mit jemandem irgendwie umgehen ⟨jemanden hart, rau, sanft anfassen⟩

an·fech·ten; *ficht an, focht an, hat angefochten;* **etwas anfechten** die Gültigkeit oder Richtigkeit einer Sache nicht anerkennen ⟨das Testament, einen Vertrag anfechten⟩

an·fein·den; *feindete an, hat angefeindet;* **jemanden anfeinden** zu jemandem, den man nicht mag, böse sein oder ihn bekämpfen || *hierzu* **An·fein·dung** *die; -, -en*

an·fer·ti·gen; *fertigte an, hat angefertigt;* **etwas anfertigen** etwas herstellen, machen ⟨ein Gutachten anfertigen; ein Porträt anfertigen (lassen)⟩ || *hierzu* **An·fer·ti·gung** *die; -, -en*

an·feu·ern (*hat*) **jemanden anfeuern** (*bes* beim Sport) durch Zurufe *usw* jemanden zu größeren Leistungen treiben: *Die Fans feuerten ihre Mannschaft an*

an·fle·hen; *flehte an, hat angefleht;* **jemanden anflehen** jemanden dringend um etwas bitten, *meist* indem man sein Mitleid erregt: *Er flehte sie an, ihn nicht zu verlassen*

an·flie·gen **1** **jemand/etwas fliegt etwas an** (*hat*) ein Flugzeug *bzw* dessen Besatzung fliegt in Richtung auf etwas ⟨einen Flughafen, eine Stadt anfliegen⟩ **2** ⟨eine Fluggesellschaft⟩ **fliegt etwas an** (*hat*) sie hat eine Fluglinie zum genannten Ort: *Die Fluggesellschaft fliegt New York direkt an* **3** **etwas/ein**

Vogel kommt angeflogen *(ist)* etwas/ein Vogel fliegt in jemandes Richtung

Ạn·flug *der; -(e)s, An·flü·ge; meist Singular* 1 *meist* **im/beim Anflug auf etwas** *(Akkusativ)* in der letzten Phase des Flugs vor der Landung: *Das Flugzeug befindet sich im Anflug auf Paris* 2 eine (gerade noch erkennbare) Andeutung von etwas ≈ Hauch ⟨der Anflug eines Lächelns⟩

ạn·for·dern *(hat)* **jemanden/etwas anfordern** nach jemandem/etwas (dringend) verlangen oder etwas bestellen ⟨ein Gutachten, Ersatzteile anfordern; Arbeitskräfte anfordern⟩

Ạn·for·de·rung *die; -, -en* 1 *meist Plural;* die Maßstäbe, nach denen Leistungen beurteilt werden ⟨hohe Anforderungen an jemanden stellen⟩ 2 *nur Singular;* die Handlung, mit der man etwas bestellt, anfordert

ạn·fra·gen *(hat)* **(bei jemandem/etwas) anfragen** sich an jemanden/eine Institution mit einer Frage wenden ⟨höflich, bescheiden anfragen, ob …⟩ || *hierzu* **Ạn·fra·ge** *die; -, -n*

ạn·freun·den, sich; *freundete sich an, hat sich angefreundet;* **jemand freundet sich mit jemandem an**; ⟨Personen⟩ **freunden sich an** zwei oder mehrere Leute werden Freunde

ạn·frie·ren *(ist)* **etwas friert (an etwas** *(Dativ)*) **an** etwas klebt durch Einwirkung von Frost an etwas: *Die Scheibenwischer sind angefroren*

ạn·füh·len B2 *(hat)* **etwas fühlt sich irgendwie an** etwas erscheint (dem Gefühl) so: *Dieser Stoff fühlt sich rau an*

ạn·füh·ren *(hat)* 1 **etwas anführen** eine Gruppe leiten und ihr Befehle geben ⟨eine Bande anführen⟩ 2 **etwas anführen** etwas nennen, erwähnen: *Er führte zu seiner Entschuldigung an, dass der Wecker nicht geklingelt habe* || *zu* 1 **Ạn·füh·rer** *der; -s, -;* **Ạn·füh·re·rin** *die; -, -nen*

Ạn·füh·rungs·zei·chen *das; -s, -; meist Plural;* die Zeichen „ und ", die verwendet werden, um eine wörtliche Rede, Zitate oder einen (auch ironisch gemeinten) Begriff anzuzeigen ⟨etwas in Anführungszeichen setzen⟩: *Die Zeichen ‚…' sind einfache Anführungszeichen*

Ạn·ga·be *die; -, -n;* eine sprachliche Information ≈ Auskunft: *genaue Angaben über einen Unfall machen* || -K Ortsangabe, Zeitangabe

ạn·ge·ben *(hat)* 1 **(jemandem) etwas angeben** jemandem etwas sagen, mitteilen ⟨seinen Namen, seine Adresse angeben⟩: *Er gab als Grund für seine Verspätung an, dass er den Bus verpasst habe* 2 **(mit etwas) angeben** *umg abwertend* ≈ prahlen: *Gib doch nicht so an mit deinem neuen Auto!* || *zu* 2 **Ạn·ge·ber** *der; -s, -;* **Ạn·ge·be·rin** *die; -, -nen;* **ạn·ge·be·risch** *Adjektiv* || ▸ **Angabe**

ạn·geb·lich *Adjektiv; nur vor dem Substantiv oder als Adverb;* so, wie es jemand behauptet (was jedoch nicht sicher oder bewiesen ist): *ihr angeblicher Cousin; Er ist angeblich sehr reich (, aber ich glaube es nicht)*

ạn·ge·bo·ren *Adjektiv; nicht als Adverb;* von Geburt an vorhanden, nicht durch die Erziehung bedingt ↔ anerzogen ⟨ein Instinkt, eine Krankheit, eine Abneigung⟩

Ạn·ge·bot B2 *das; -(e)s, -e* 1 der Vorschlag, eine Ware zu kaufen ⟨jemandem ein günstiges Angebot machen⟩ 2 **das Angebot (an etwas** *(Dativ)*) die Menge von (angebotenen) Waren: *ein reichhaltiges Angebot (an Obst, Fleisch)*

ạn·ge·bracht, *angebrachter, angebrachtest-; Adjektiv; nicht als Adverb;* genau passend für eine bestimmte Situation ≈ angemessen ↔ unpassend ⟨etwas für angebracht halten; es ist angebracht, dass …⟩

ạn·ge·bro·chen *Adjektiv; nicht als Adverb* 1 **ein angebrochener Abend** ein Abend, der schon zum Teil vergangen ist: *Was machen wir mit dem angebrochenen Abend?* 2 (zum Essen oder Trinken) schon geöffnet ⟨eine Weinflasche, eine Packung⟩

ạn·ge·bun·den *Adjektiv;* **kurz angebunden sein** unfreundlich sein, sehr knappe Antworten geben

ạn·ge·hei·tert *Adjektiv;* durch das Trinken von Alkohol in fröhlicher Stimmung

ạn·ge·hen *(hat/ist)* 1 **etwas angehen** *(hat/süddeutsch Ⓐ Ⓒⓗ ist)* anfangen, etwas zu behandeln, etwas zu lösen versuchen ⟨ein Problem, ein Thema angehen⟩ 2 *meist* **etwas geht jemanden (et)was/nichts an** *(ist)* etwas betrifft jemanden nicht: *Das sind deine Probleme, die gehen mich nichts an* || Hinweis: *meist* im Präsens und Imperfekt 3 **was jemanden/etwas angeht, …** *umg;* in Bezug auf jemanden/etwas, was jemanden/etwas betrifft, …: *Was deine Arbeit angeht, so wollte ich dir sagen, dass sie besser sein könnte* 4 **etwas geht an** *(ist) umg;* etwas ist eingeschaltet und beginnt *z.B.* zu leuchten oder zu brennen ↔ etwas geht aus ⟨der Fernseher, das Radio *usw;* der Motor; der Ofen, das Licht⟩

ạn·ge·hen·d- *Adjektiv; nur vor dem Substantiv, nicht als Adverb;* verwendet, um auszudrücken, dass jemand bald den genannten Beruf haben wird, aber noch in der Ausbildung ist: *ein* *angehender Arzt, Schauspieler*

an·ge·hö·ren; *gehörte an, hat angehört*; **etwas** *(Dativ)* **angehören** Mitglied oder Teil *meist* einer Gruppe sein ⟨einem Verein angehören⟩

An·ge·hö·ri·ge B2 *der/die; -n, -n* **1** *meist Plural*; alle, die zu einer Familie oder der Verwandtschaft gehören || -K Familienangehörige **2** jemand, der Mitglied einer Gruppe oder Organisation ist || -K Betriebsangehörige, Firmenangehörige

An·ge·klag·te *der/die; -n, -n*; jemand, der vor Gericht steht, weil er etwas getan haben soll, für das man bestraft wird

an·ge·knackst *Adjektiv; nicht als Adverb; umg*; in nicht ganz gesundem, intaktem Zustand ⟨das Selbstbewusstsein, die Gesundheit⟩

An·gel *die; -, -n*; ein Stab, an dem eine Schnur mit einem Haken hängt, mit dem man Fische fängt ⟨die Angel auswerfen; einen Fisch an der Angel haben⟩ || K- Angelhaken, Angelrute, Angelschnur

An·ge·le·gen·heit *die; -, -en*; ein Sachverhalt oder ein Problem, mit dem sich jemand beschäftigen muss ⟨eine dringende Angelegenheit regeln⟩

an·geln B2 *angelte, hat geangelt*; **(etwas) angeln** Fische mit der Angel fangen || *hierzu* **Ang·ler** *der; -s, -*; **Ang·le·rin** *die; -, -nen*

an·ge·mes·sen *Adjektiv*; **(etwas** *(Dativ)*) **angemessen** so, dass es zu den Umständen, dem Zweck passt: *ein angemessenes Verhalten; Das Gehalt ist der Leistung angemessen*

an·ge·nehm B1 *Adjektiv*; so, dass etwas ein gutes Gefühl erzeugt oder Freude macht: *eine angenehme Nachricht* || ID **das Angenehme mit dem Nützlichen verbinden** etwas tun, das Spaß macht und zugleich nützlich ist

an·ge·regt, *angeregter, angeregtest-; Adjektiv*; interessant und lebhaft ⟨ein Gespräch, eine Diskussion⟩

an·ge·schla·gen *Adjektiv*; leicht beschädigt *o.Ä.* ⟨das Selbstbewusstsein, die Gesundheit; ein Teller, eine Tasse *o.Ä.*⟩

an·ge·se·hen *Adjektiv; nicht als Adverb*; von anderen Menschen sehr geachtet, respektiert ⟨ein Mitbürger⟩

an·ge·sichts *Präposition; mit Genitiv*; im Hinblick auf ≈ wegen ⟨angesichts der Tatsache, dass ...⟩: *Angesichts der hohen Zahl an Arbeitslosen müssen sich die Politiker geeignete Maßnahmen überlegen* || Hinweis: auch verwendet mit *von*: *angesichts von zwei Millionen Arbeitslosen*

an·ge·spannt, *angespannter, angespanntest-; Adjektiv* **1** ≈ nervös: *vor der Prüfung war sie sehr angespannt* **2** *nicht als Adverb*; in einem Zustand, der leicht zu einem Konflikt führt ⟨eine politische Situation, ein Verhältnis⟩

An·ge·stell·te B1 *der/die; -n, -n*; jemand, der für ein festes (monatliches) Gehalt bei einer Firma oder Behörde (*meist* im Büro) arbeitet || -K Bankangestellte, Büroangestellte || *hierzu* **an·ge·stellt** *Adjektiv*

an·ge·tan *Adjektiv* **1** **von jemandem/etwas angetan sein** von jemandem/etwas eine sehr positive Meinung haben ≈ begeistert sein **2** **es jemandem angetan haben** *umg*; jemandem sehr gut gefallen ≈ jemanden begeistern

an·ge·wie·sen *Adjektiv; meist in* **auf jemanden/etwas angewiesen sein** jemanden/etwas unbedingt brauchen oder nötig haben ≈ von jemandem/etwas abhängig sein: *Als Bauer ist man auf gutes Wetter angewiesen*

an·ge·wöh·nen, **sich**; *gewöhnte sich an, hat sich angewöhnt*; **sich** *(Dativ)* **etwas angewöhnen** etwas allmählich regelmäßig tun ↔ sich etwas abgewöhnen: *Er hat sich angewöhnt, jeden Abend einen Spaziergang zu machen*

An·ge·wohn·heit *die; -, -en*; ein *oft* störendes Verhalten, das jemand immer wieder zeigt ⟨eine schlechte, seltsame Angewohnheit⟩

an·ge·wur·zelt *Adjektiv; meist in* **wie angewurzelt** ⟨dastehen, stehen bleiben⟩ ohne sich zu bewegen

an·ge·zo·gen *Adjektiv; nicht als Adverb*; **irgendwie angezogen** auf eine bestimmte Art gekleidet ⟨elegant, gut, teuer, warm angezogen⟩

An·gi·na [aŋ'gi:na] *die; -, An·gi·nen; meist Singular; Medizin*; eine schmerzhafte Entzündung im Hals (an den Mandeln) ≈ Mandelentzündung

an·glei·chen *(hat)* **sich/etwas (jemandem/etwas) angleichen**; **sich/etwas (an jemanden/etwas) angleichen** sich/etwas so (ver)ändern, dass man jemandem/etwas ähnlich wird oder dass es zu jemandem/etwas passt ≈ sich/etwas (jemandem/etwas) anpassen: *sein Aussehen dem seines Idols angleichen* || *hierzu* **An·glei·chung** *die; -, -en*

An·go·ra·wol·le [aŋ'go:ra-] *die; -; nur Singular*; eine sehr feine, weiche Wolle

an·grei·fen *(hat)* **1** **(jemanden/etwas) angreifen** *meist* mit Waffen gegen jemanden/etwas zu kämpfen beginnen: *Die Indianer griffen das Dorf an* **2** **jemanden/etwas angreifen** jemanden/etwas stark kritisieren: *Der*

Redner griff die Politik der Regierung scharf an || *zu* 1 **Ạn·grei·fer** *der; -s, -;* **Ạn·grei·fe·rin** *die; -, -nen*

Ạn·griff *der; -(e)s, -e* **1** **ein Angriff (gegen/auf jemanden/etwas)** das Angreifen (1) eines Gegners, Feindes ≈ Attacke ⟨einen Angriff abwehren, zurückschlagen⟩ **2** **ein Angriff (gegen/auf jemanden/etwas)** scharfe Kritik: *Die Zeitung richtete heftige Angriffe gegen die Regierung* **3** **etwas in Angriff nehmen** eine Aufgabe oder Arbeit beginnen: *den Bau einer Garage in Angriff nehmen*

ạn·griffs·lus·tig *Adjektiv;* immer bereit, aggressiv zu werden ⟨ein Tier: ein Hund, ein Tiger *o.Ä.*; ein Mensch⟩

ạn·grin·sen *(hat)* **jemanden angrinsen** jemanden breit lächelnd ansehen ⟨jemanden dümmlich, freundlich, herausfordernd angrinsen⟩

Ạngst *die; -, Ängs·te* **1** **Angst (vor jemandem/etwas)** der psychische Zustand oder das Gefühl, in Gefahr zu sein ⟨große Angst vor jemandem/etwas haben, bekommen; jemandem Angst machen, einflößen⟩: *Der Briefträger hat Angst vor unserem Hund* || K- Angstschweiß || -K Prüfungsangst, Todesangst **2** *nur Singular;* **Angst (um jemanden/etwas)** die große Sorge, dass jemandem etwas Schlimmes passiert, dass man jemanden/etwas verliert ⟨Angst um sein Leben, seinen Arbeitsplatz haben⟩ || *hierzu* **ạngst·voll** *Adjektiv*

ặngst·lich *Adjektiv* **1** mit der Eigenschaft, leicht und oft Angst zu bekommen ≈ furchtsam ↔ mutig: *Er ist ein ängstlicher Typ* **2** *meist als Adverb;* voll Angst: *Er hörte ein Geräusch und blickte sich ängstlich um*

ạn·gur·ten; *gurtete an, hat angegurtet;* **sich angurten** sich auf dem Sitz eines Autos oder Flugzeugs (mit einem Gurt) sichern

ạn·ha·ben B1 *(hat)* **etwas anhaben** *umg;* die genannte Kleidung tragen: *ein neues Hemd anhaben* || Hinweis: bei Kopfbedeckungen sagt man *aufhaben*: *Er hatte einen Hut auf*

ạn·hal·ten *(hat)* **1** stehen bleiben, nicht mehr gehen oder fahren: *Sie hielt an und ließ mich aussteigen* **2** **jemanden/etwas anhalten** bewirken, dass jemand/etwas stehen bleibt: *ein Auto, die Uhr anhalten* **3** **die Luft/den Atem anhalten** (bewusst) längere Zeit nicht atmen

Ạn·hal·ter *der; -s, -;* **1** jemand, der am Straßenrand steht und (durch Handzeichen) die Autofahrer bittet, ihn (kostenlos) mitzunehmen ≈ Tramper **2** **per Anhalter fahren** *umg;* als Anhalter (1) in einem Auto mitfahren ≈ trampen || *zu* 1 **Ạn·hal·te·rin** *die; -, -nen*

Ạn·halts·punkt *der; -(e)s, -e;* etwas, mit dem man seine Meinung begründen kann ≈ Indiz, Hinweis: *Der Kommissar suchte nach Anhaltspunkten, die zur Aufklärung des Verbrechens führen könnten*

an·hạnd B2 *Präposition; mit Genitiv;* aufgrund von: *Das Gericht fällte anhand der Fakten ein hartes Urteil* || Hinweis: auch in Verbindung mit *von*: *Er wurde anhand von Fingerabdrücken überführt*

Ạn·hang *der; -(e)s, An·hän·ge; meist Singular;* ein Text (eine Tabelle *o.Ä.*), der am Ende eines Buches steht: *Im Anhang des Wörterbuches steht eine Liste mit unregelmäßigen Verben*

ạn·hän·gen; *hängte an, hat angehängt* **1** **etwas (an etwas** *(Akkusativ)*) **anhängen** etwas an etwas festmachen ↔ abhängen: *einen Waggon an den Zug anhängen* **2** **jemandem etwas anhängen** *umg;* sagen (behaupten), dass jemand (ein Unschuldiger) etwas (Böses oder Negatives) getan hat: *Sie wollten ihm den Mord anhängen*

Ạn·hän·ger *der; -s, -;* **1** ein Wagen, der von einem Fahrzeug gezogen wird **2** ein Schmuck(stück) an einer Kette **3** jemand, der von einer Person oder Sache begeistert ist und sich auch aktiv für sie engagiert: *ein Anhänger der Opposition* || *zu* 3 **Ạn·hän·ge·rin** *die; -, -nen*

ạn·häng·lich *Adjektiv; nicht als Adverb;* darum bemüht, engen Kontakt zu jemandem zu halten ⟨ein Kind, ein Freund⟩ || *hierzu* **Ạn·häng·lich·keit** *die; -; nur Singular*

ạn·hau·en *(hat) umg* **1** **jemanden (um etwas/wegen etwas) anhauen** jemanden sehr direkt bitten, einem etwas zu schenken, etwas zu zahlen oder Geld zu leihen: *einen Bekannten um ein Bier, um 100 Euro anhauen* **2** **sich** *(Dativ)* **etwas (an etwas** *(Dativ)*) **anhauen** gegen etwas stoßen und sich verletzen: *sich den Kopf am Regal anhauen*

ạn·häu·fen *(hat)* **1** **etwas anhäufen** eine größere Anzahl oder Menge einer Sache (als Vorrat) sammeln ⟨Vorräte, Geld, Wissen anhäufen⟩ **2** **etwas häuft sich an** etwas nimmt an Umfang oder Anzahl zu ⟨Briefe, Anträge, die Arbeit⟩ || *hierzu* **Ạn·häu·fung** *die; -, -en*

ạn·he·ben B2 *hob an, hat angehoben* **1** **etwas anheben** einen Gegenstand (für kurze Zeit) nach oben bewegen, heben ↔ absetzen (2) **2** **etwas anheben** bewirken, dass etwas mehr oder besser wird ≈ erhöhen ⟨die Löhne, den Lebensstandard anheben⟩ || *zu* 2 **Ạn·he-**

bung *die; -, -en*

ạn·hei·melnd *Adjektiv;* gemütlich und angenehm ⟨anheimelnd wirken⟩

ạn·hei·zen *(hat)* **1** **(etwas) anheizen** *(meist* in einem Ofen) Feuer machen, um zu heizen ⟨den Ofen anheizen⟩ **2** **etwas anheizen** *umg;* bewirken, dass etwas intensiver oder heftiger wird ⟨eine Diskussion, einen Streit, die Stimmung anheizen⟩

Ạn·hieb *nur in* **auf Anhieb** sofort, beim ersten Versuch ⟨etwas auf Anhieb können, schaffen⟩: *Sein Experiment klappte auf Anhieb*

ạn·hö·ren *(hat)* **(sich** *(Dativ)***) etwas anhören** (aufmerksam) zuhören: *sich eine CD anhören; bereit sein, jemandes Argumente anzuhören*

Ạn·hö·rung *die; -, -en;* eine Veranstaltung *(z.B.* im Parlament), bei der Experten oder Personen, die mit einem bestimmten Fall zu tun haben, öffentlich sagen können, was sie darüber wissen ≈ Hearing: *eine öffentliche Anhörung von Sachverständigen* ‖ K- Anhörungsverfahren

Ani·ma·teur [anima'tøːɐ̯] *der; -s, -e;* ein Angestellter (im Tourismus), der die Gäste *(bes* mit Sport und Spielen) in ihrer Freizeit unterhält ‖ *hierzu* **Ani·ma·teu·rin** [-'tøːrɪn] *die; -, -nen*

ạn·kämp·fen *(hat)* **gegen jemanden/etwas ankämpfen** versuchen, jemanden/etwas zu überwinden oder zu besiegen: *gegen die Müdigkeit ankämpfen*

Ạn·ker *der; -s, -;* eine Art schwerer Haken, den man an einem Seil ins Wasser lässt, um dort ein Schiff oder Boot festzumachen ⟨den Anker (aus)werfen, lichten⟩ ‖ *hierzu* **ạn·kern** *(hat)*

Ạn·kla·ge *die; -, -n;* die Klage (Beschuldigung), mit der vor Gericht der Prozess gegen jemanden beginnt ⟨gegen jemanden Anklage erheben; wegen etwas unter Anklage stehen⟩ ‖ *hierzu* **ạn·kla·gen** *(hat)*

Ạn·klang *der; -(e)s, An·klän·ge* **1** *nur Plural;* **Anklänge (an jemanden/etwas)** ähnliche Merkmale wie jemand/etwas, Ähnlichkeiten mit jemandem/etwas: *Das Bild zeigt deutliche Anklänge an Picasso* **2** **etwas findet Anklang (bei jemandem)** etwas bewirkt bei jemandem eine positive Reaktion ≈ etwas findet (bei jemandem) Zustimmung: *Sein Vorschlag fand bei allen Mitgliedern großen Anklang*

ạn·kle·ben *(hat)* **etwas (an etwas** *(Akkusativ)***) ankleben** etwas (mit Klebstoff) so anbringen, dass es dort bleibt (haftet) ⟨Tapeten, Plakate (an die Wände) ankleben⟩

ạn·kli·cken *(hat)* **etwas anklicken** *Informatik;* auf eine Taste der (Computer)Maus drücken, um etwas auf dem Bildschirm auszuwählen ⟨ein Symbol anklicken⟩

ạn·klop·fen *(hat)* an die Tür klopfen, weil man in einen Raum treten will: *Er klopfte an, bevor er ins Zimmer kam*

ạn·knüp·fen *(hat)* **1** **etwas (mit jemandem) anknüpfen** einen Kontakt, eine Verbindung zu jemandem herstellen: *erste Geschäftskontakte anknüpfen* **2** **an etwas** *(Akkusativ)* **anknüpfen** (nach einer längeren Pause wieder) mit etwas weitermachen: *Der Sportler konnte nicht an die Erfolge vom Vorjahr anknüpfen*

ạn·kom·men A1 *(ist)* **1** **(irgendwo) ankommen** einen Ort/Adressaten *(bes* am Ende einer Reise/eines Transports) erreichen: *Seid ihr gut in Italien angekommen?* **2** **jemand/etwas kommt (bei jemandem) an** etwas gefällt anderen Menschen, hat Erfolg: *Der Vorschlag kam bei allen (gut) an* **3** **es kommt auf jemanden/etwas an (, ob ...)** es hängt von jemandem/etwas ab (, ob ...): *Es kommt auf das Wetter an, ob wir morgen Tennis spielen* **4** **jemandem kommt es auf etwas** *(Akkusativ)* **an** etwas ist für jemanden wichtig: *Mir kommt es sehr auf deine Meinung an* ‖ ▸ **Ankunft**

ạn·kot·zen *(hat)* **jemand/etwas kotzt jemanden an** *salopp;* jemand/etwas wirkt sehr schlecht und abstoßend auf jemanden: *Diese stupide Arbeit kotzt mich an!*

ạn·krei·den; *kreidete an, hat angekreidet;* **jemandem etwas ankreiden** *umg;* jemandem etwas vorwerfen

ạn·kreu·zen; *kreuzte an, hat angekreuzt;* **etwas ankreuzen** in einem Text ein Zeichen (Kreuz) machen, um eine Frage zu beantworten oder etwas Wichtiges zu markieren: *die richtige Antwort ankreuzen*

ạn·kün·di·gen *(hat)* **etwas ankündigen** (öffentlich) bekannt geben, dass etwas geschehen wird oder geplant ist ⟨ein Konzert, seinen Besuch, Regen ankündigen⟩ ‖ *hierzu* **Ạn·kün·di·gung** *die; -, -en*

Ạn·kunft B1 *die; -, An·künf·te;* das Eintreffen an einem Ziel: *die verspätete Ankunft des Flugzeugs* ‖ K- Ankunftszeit

ạn·kur·beln *(hat)* **etwas ankurbeln** (durch spezielle Maßnahmen) die Leistung und Produktivität einer Sache erhöhen ⟨die Wirtschaft ankurbeln⟩

ạn·lä·cheln *(hat)* **jemanden anlächeln** jemanden ansehen und dabei lächeln ≈ jemandem zulächeln

ạn·la·chen *(hat)* **1** **jemanden anlachen** jemanden ansehen und dabei lachen **2** **etwas lacht jemanden an** etwas sieht so aus, dass jemand gute Laune oder Lust darauf bekommt: *Der Kuchen hat mich so angelacht, ich musste ihn einfach probieren* **3** **sich** (Dativ) **jemanden anlachen** umg; mit jemandem eine Bekanntschaft anfangen (meist jemanden, den man lieben möchte)

An·la·ge die; -, -n **1** ein Gebiet (mit einer festen Grenze), das einem besonderen Zweck dient ⟨eine militärische Anlage⟩ || -K Freizeitanlage, Parkanlage, Sportanlage **2** **eine öffentliche Anlage** ≈ Park **3** **eine Anlage (zu etwas)** eine Fähigkeit, eine Eigenschaft oder ein Talent, die man geerbt hat ≈ Veranlagung ⟨gute Anlagen haben⟩ || -K Charakteranlage **4** mehrere technische Geräte zum Musikhören, die zusammengehören || -K Stereoanlage **5** etwas, das man zusammen mit einem geschäftlichen, offiziellen Brief verschickt: *ein Lebenslauf als Anlage zum Bewerbungsschreiben*

-an·la·ge die; -, -n; im Substantiv; eine technische Einrichtung oder ein Gerät (mit Zubehör); die **Alarmanlage**, die **Bewässerungsanlage** ⟨für ein Feld⟩, die **Kühlanlage** ⟨eines Schlachthofes, eines Schiffes⟩, die **Scheibenwischanlage** ⟨eines Autos⟩

An·lass der; -es, An·läs·se **1** der Grund, die Ursache für etwas **2** **aus Anlass** (+ Genitiv) förmlich ≈ wegen: *Aus Anlass seines 80. Geburtstages gab er eine große Feier*

an·las·sen (hat) **1** **etwas anlassen** umg; ein Kleidungsstück weiter am Körper tragen ↔ ausziehen: *Lass deine Jacke an, wir gehen gleich wieder nach draußen* **2** **etwas anlassen** den Motor eines Fahrzeugs (mit dem Zündschlüssel) in Gang setzen ≈ starten ↔ abstellen ⟨den Motor, ein Auto anlassen⟩

An·las·ser der; -s, -; eine Vorrichtung, die einen Motor startet

an·läss·lich Präposition; mit Genitiv; förmlich ≈ wegen

An·lauf der; -(e)s, An·läu·fe **1** Sport; ein kurzer, schneller Lauf, um die nötige Geschwindigkeit für einen Sprung oder einen Wurf zu bekommen: *beim Weitspringen einen großen Anlauf nehmen* **2** ≈ Versuch (1) ⟨einen neuen Anlauf nehmen/machen; etwas bereits im ersten Anlauf schaffen⟩

an·lau·fen (hat/ist) **1** **etwas anlaufen** (hat) sich mit dem Schiff einem Ort nähern, um dort zu bleiben ≈ ansteuern **2** **angelaufen kommen** (ist) zu jemandem kommen: *Wir wollten gerade gehen, da kam ein Kind angelaufen und brachte eine Nachricht* **3** **etwas läuft an** (ist) etwas (meist Wichtiges) beginnt, kommt allmählich in Gang: *die Produktion von Waren, eine Kampagne läuft an* **4** **blau/rot anlaufen** (ist) aus Atemnot blau oder aus Wut rot im Gesicht werden: *Er bekam einen Erstickungsanfall und lief blau an*

An·lauf·stel·le die; -, -n; eine Stelle, eine Person oder eine Institution, an die sich jemand wenden kann, der in einer Situation Hilfe oder Rat braucht

An·lauf·zeit die; -, -en; die Zeit, die jemand/etwas braucht, um richtig in Gang zu kommen

an·le·gen (hat) **1** **etwas anlegen** etwas planen und gestalten ⟨einen Park, ein Beet, eine Kartei anlegen⟩ **2** **etwas (an etwas** (Dativ/Akkusativ)) **anlegen** etwas an etwas legen, stellen: *Er legte die Leiter an und kletterte aufs Dach* **3** **(jemandem) etwas anlegen** etwas an jemandem so festmachen, dass es hält ⟨jemandem einen Verband, Fesseln anlegen⟩ **4** **es auf etwas** (Akkusativ) **anlegen** bewusst so handeln, dass negative Konsequenzen daraus entstehen können: *Er hat es nur auf einen Streit angelegt* || ▸ **Anlage**

an·leh·nen (hat) **1** **etwas (an etwas** (Dativ/Akkusativ)) **anlehnen** etwas schräg an etwas stellen: *ein Brett an einer/an eine Wand anlehnen* **2** **etwas anlehnen** etwas teilweise jedoch nicht ganz schließen ⟨die Tür, ein Fenster anlehnen⟩

An·leh·nung die; -; nur Singular; meist in **in Anlehnung an jemanden/etwas** nach dem Vorbild einer Person/Sache

an·lei·ten (hat) **jemanden (bei etwas) anleiten** jemandem für eine Aufgabe oder Arbeit nützliche Tipps geben: *die Schüler bei ihren Hausaufgaben anleiten*

An·lei·tung die; -, -en; **eine Anleitung (für/zu etwas)** ein Text, in dem steht, wie man etwas tun soll || -K Bedienungsanleitung, Gebrauchsanleitung

an·ler·nen (hat) **jemanden anlernen** jemandem alles sagen und zeigen, was er braucht, um eine berufliche Tätigkeit auszuüben: *ein angelernter Arbeiter* || K- Anlernzeit

an·le·sen (hat) **1** **etwas anlesen** nur die ersten Seiten von etwas lesen **2** **sich** (Dativ) **etwas anlesen** durch Lesen sein Wissen (oft nur oberflächlich) vergrößern: *In kürzester Zeit hat er sich medizinische Kenntnisse angelesen*

an·lie·gen (hat) **1** **etwas liegt eng an** etwas liegt direkt am Körper ⟨Kleidungsstücke⟩ **2**

etwas liegt an etwas muss bearbeitet oder geregelt werden: *Was liegt denn heute an?*

Ạn·lie·gen *das; -s, -;* eine Frage oder Bitte, die man an jemanden stellt ⟨ein Anliegen an jemanden haben; ein Anliegen vorbringen⟩

Ạn·lie·ger *der; -s, -;* **1** jemand, der an einer Straße wohnt und dort bestimmte Rechte und Pflichten hat: *In dieser Straße dürfen nur Anlieger parken* **2** **Anlieger frei** drückt aus, dass nur diejenigen die Straße befahren dürfen, die dort wohnen oder arbeiten

ạn·lü·gen *(hat)* **jemanden anlügen** jemandem etwas sagen, was nicht wahr ist ≈ belügen

ạn·ma·chen A1 *(hat)* **1** **etwas anmachen** das Licht, ein elektrisches Gerät oder einen Motor in Funktion setzen ≈ einschalten ↔ ausmachen: *den Fernseher anmachen* **2** **etwas anmachen** Feuer machen ↔ ausmachen ⟨den Kamin, den Ofen anmachen⟩ **3** **etwas (irgendwo) anmachen** *umg;* etwas irgendwo festmachen: *ein Plakat an der Wand anmachen* **4** **den Salat anmachen** den Salat mit einer Soße würzen **5** **jemanden anmachen** *umg abwertend;* Streit oder sexuellen Kontakt mit jemandem suchen **6** **etwas macht jemanden an** *umg;* etwas wirkt attraktiv auf jemanden

ạn·ma·len *(hat)* **etwas anmalen** mit einem Pinsel oder Stift Farbe auf etwas geben

Ạn·marsch *der; -(e)s; nur Singular; meist in* **im Anmarsch sein** *umg;* bald kommen, schon nahe sein: *An die Arbeit - der Boss ist im Anmarsch!*

ạn·ma·ßen, sich; *maßte sich an, hat sich angemaßt;* **sich** *(Dativ)* **etwas anmaßen** *oft abwertend;* etwas tun, ohne dass man dazu fähig (oder berechtigt) ist ≈ sich etwas herausnehmen ⟨sich eine Kritik, ein Urteil anmaßen⟩: *Er maßt sich an, über Dinge zu urteilen, die er nicht versteht*

ạn·ma·ßend *Adjektiv; abwertend;* mit zu hohem Selbstbewusstsein ≈ arrogant ↔ bescheiden ⟨eine Bemerkung; sich anmaßend benehmen⟩

ạn·mel·den B1 *(hat)* **1** **jemanden/sich/etwas (bei jemandem) anmelden** mit jemandem einen Termin für ein Treffen oder einen Besuch besprechen: *sein Kind/sich beim Arzt anmelden; seinen Besuch anmelden* **2** **jemanden/sich (zu etwas) anmelden** jemandem oder einer Institution sagen, dass jemand/man (an etwas) teilnehmen will ↔ abmelden: *sich zu einem Kurs in Erster Hilfe anmelden; seine Tochter im Kindergarten anmelden* **3** **sich/etwas anmelden** sich/etwas bei einer (amtlichen) Stelle registrieren lassen ⟨sein Auto, das Radio anmelden⟩ || K- Anmeldegebühr

▶ anmelden — ummelden

In Deutschland gibt es eine **Meldepflicht.** Das heißt, dass jeder, der in Deutschland umzieht oder der nach Deutschland kommt, um hier zu leben (nicht um Urlaub zu machen), sich innerhalb einer Woche beim zuständigen **Einwohnermeldeamt** anmelden muss.
Bei einem Umzug im gleichen Ort muss man sich **ummelden.** Bei einem Umzug von einem Ort in einen anderen muss man sich am bisherigen Wohnort **abmelden** und am neuen Wohnort wieder **anmelden.**
Ähnliche Bestimmungen gelten in Österreich und der Schweiz.

LANDESKUNDE

Ạn·mel·dung *die; -, -en* **1** das Festlegen eines Termins (für ein Treffen oder einen Besuch) ↔ Abmeldung: *die Anmeldung beim Zahnarzt* **2** die Mitteilung an eine Institution *o.Ä.*, dass jemand/man an etwas teilnehmen will ↔ Abmeldung: *Meine Anmeldung zum Segelkurs wurde bestätigt* **3** die Bitte an eine amtliche Stelle, etwas zu registrieren ⟨die Anmeldung seines Autos, seines Radios⟩

ạn·mer·ken *(hat)* **jemandem etwas anmerken** etwas (an jemandes Aussehen oder Verhalten) erkennen ⟨jemandem seinen Kummer, seine Freude, seine Wut anmerken; sich *(Dativ)* nichts anmerken lassen⟩

Ạn·mer·kung *die; -, -en* **1** etwas, was man (als Kommentar) zu etwas sagt ⟨eine kritische Anmerkung⟩ **2** ≈ Fußnote

ạn·nä·hen *(hat)* **etwas (an etwas** *(Dativ/Akkusativ)*) **annähen** etwas (durch Nähen) an etwas festmachen: *den abgerissenen Knopf wieder am/an den Mantel annähen* || ↑ Abbildung unter **nähen**

ạn·nä·hernd *Partikel; förmlich;* so, dass es etwas (*meist* einer bestimmten Anzahl oder Größe) sehr nahe kommt ≈ ungefähr, fast ↔ genau: *annähernd 100 Zuschauer besuchten die Veranstaltung*

Ạn·nä·he·rungs·ver·such *der; -(e)s, -e;* der Versuch, mit jemandem (*meist* des anderen Geschlechts) näher in Kontakt zu kommen ⟨ein plumper Annäherungsversuch; einen Annäherungsversuch machen⟩

Ạn·nah·me *die; -, -n* **1** das Annehmen (1) ↔

Ablehnung: *die Annahme eines Pakets verweigern* **2** die Zustimmung zu etwas ↔ Ablehnung: *die Annahme eines Vorschlags* **3** eine Vermutung ⟨der Annahme sein, dass …; Grund zur Annahme haben, dass …⟩

an·nehm·bar *Adjektiv;* so, dass man damit zufrieden, einverstanden sein kann ⟨ein Vorschlag, ein Kompromiss⟩: *Das Haus sieht von außen ganz annehmbar aus*

an·neh·men B2 *(hat)* **1** **(etwas) annehmen** etwas akzeptieren ↔ ablehnen ⟨ein Angebot, einen Antrag, eine Einladung, eine Entschuldigung, ein Geschenk, einen Vorschlag annehmen⟩: *„Ich habe ihm meine Hilfe angeboten." – „Und? Hat er (sie) angenommen?"* **2** **(etwas) annehmen** etwas (aufgrund einer Information) glauben ≈ vermuten: *„Kommt er noch?" – „Ich nehme schon an."; Ich nehme an, du hast schon gegessen?* **3** **etwas annehmen** etwas als Hypothese voraussetzen: *Nehmen wir einmal an, wir hätten kein Internet - was wäre dann?* **4** **angenommen, …** verwendet, um auszudrücken, dass etwas als Basis für weitere Gedanken dient: *Angenommen, sie kommt nicht, was machen wir dann?*

annehmen, glauben, vermuten

Es gibt im Deutschen verschiedene Möglichkeiten, um auszudrücken, dass jemand eine bestimmte Meinung darüber hat, wie etwas ist oder was sein wird:

Annehmen drückt den höchsten Grad an Sicherheit aus. Ein Irrtum ist zwar möglich, aber unwahrscheinlich:

Die Polizei nimmt an, dass es sich um ein Verbrechen handelt.

Vermuten drückt aus, dass etwas als ziemlich sicher, sehr wahrscheinlich gilt:

Man vermutet menschliches Versagen als Ursache des Unglücks.

Denken, **glauben** und **meinen** betonen dagegen, dass es sich um ein persönliches Urteil handelt und dass andere Menschen darüber ganz anders urteilen können:

Meinst/Glaubst du, dass das geht?; Ich denke, er kommt bestimmt.

In der Vergangenheitsform verwendet, drücken diese drei Verben oft aus, dass sich jemand geirrt hat:

Ich habe geglaubt, sie würde vor uns da sein.

WORTSCHATZ

An·nehm·lich·keit *die; -, -en; meist Plural; förmlich;* etwas, das angenehm oder bequem ist und Vorteile bringt: *Seit ich in Berlin lebe, genieße ich die Annehmlichkeiten des Lebens in der Großstadt*

An·non·ce [a'nõ:sə] *die; -, -n;* ≈ Anzeige ⟨eine Annonce aufgeben; sich auf eine Annonce melden⟩ || K Heiratsannonce, Zeitungsannonce || *hierzu* **an·non·cie·ren** *(hat)*

an·öden; *ödete an, hat angeödet;* **jemand/etwas ödet jemanden an** *umg;* jemand/etwas langweilt jemanden sehr: *Das Leben auf dem Lande ödet mich einfach an!*

ano·nym *Adjektiv;* ohne den Namen des Verfassers, Absenders *usw* ⟨ein Brief, ein Leserbrief, ein Anruf; anonym bleiben wollen⟩ || *hierzu* **Ano·ny·mi·tät** *die; -; nur Singular*

Ano·rak *der; -s, -s;* eine sportliche Jacke (*meist* mit Kapuze), die gut gegen Wasser und Wind schützt

an·ord·nen *(hat)* **1** **etwas anordnen** (als Autorität) bestimmen oder befehlen, dass etwas so gemacht wird: *Die Regierung ordnete eine Untersuchung des Unglücks an* **2** **etwas anordnen** Dinge in eine besondere Ordnung bringen: *die Bücher im Regal anders anordnen* || *hierzu* **An·ord·nung** *die; -, -en*

an·pa·cken *(hat) umg* **1** **jemanden irgendwie anpacken** jemanden irgendwie behandeln: *Jetzt ist er beleidigt, du hast ihn wohl zu hart angepackt* **2** **etwas irgendwie anpacken** eine Aufgabe oder Arbeit in der genannten Weise durchführen: *Er versteht es, heikle Probleme richtig anzupacken* **3** **anpacken können** bei (körperlicher) Arbeit viel leisten können **4** **mit anpacken** (*bes* bei schwerer körperlicher Arbeit) helfen

an·pas·sen *(hat)* **sich (jemandem/etwas) anpassen; sich (an jemanden/etwas) anpassen** sich so verändern, wie es zu jemandem oder zu den Umständen passt: *In kürzester Zeit hat sie sich an das tropische Klima angepasst* || *hierzu* **An·pas·sung** *die; -, -en*

An·pfiff *der; -(e)s, -e* **1** *meist Singular; Sport;* der Beginn eines (Teils eines) Spiels durch einen Pfiff (vom Schiedsrichter) **2** *umg;* ein heftiger Tadel (*meist* durch einen Vorgesetzten) ⟨einen Anpfiff bekommen⟩

an·pö·beln; *pöbelte an, hat angepöbelt;* **jemanden anpöbeln** *abwertend;* jemanden mit Worten und Handlungen beleidigen oder provozieren: *Sie wurde von den Rowdys auf offener Straße angepöbelt*

an·pran·gern; *prangerte an, hat angeprangert;*

jemanden/etwas anprangern öffentlich sagen und zeigen, was schlecht ist ⟨Missstände, Unsitten anprangern⟩ || *hierzu* **An·pran·ge·rung** *die; -, -en*

an·prei·sen *(hat)* **etwas anpreisen** Waren (oder Dienste) laut oder deutlich (*z.B.* wegen ihrer Qualität) loben ≈ empfehlen

an·pro·bie·ren [B1] *(hat)* **(etwas) anprobieren** ein Kleid, eine Hose *usw* anziehen, damit man sieht, ob sie die richtige Größe haben || *hierzu* **An·pro·be** *die; -, -n*

an·pum·pen *(hat)* **jemanden (um etwas) anpumpen** *umg;* jemanden bitten, einem Geld zu leihen

an·rech·nen *(hat)* **1** **(jemandem) etwas (auf etwas** *(Akkusativ)*) **anrechnen** beim Verkauf einer Ware ihren Preis (um den Wert von etwas anderem) senken: *jemandem eine Gutschrift anrechnen* **2** **jemandem etwas hoch anrechnen** jemandes Verhalten sehr positiv bewerten: *Ich rechne (es) ihr hoch an, dass sie ihren Fehler selbst erkannt hat*

An·recht *das; -(e)s, -e; meist Singular;* **ein Anrecht (auf etwas** *(Akkusativ)*) das Recht, etwas zu fordern oder für sich zu wollen (beanspruchen) ≈ Anspruch ⟨ein Anrecht auf Wohngeld/Unterhalt haben⟩

An·re·de *die; -, -n;* die sprachliche Form, in der man sich mündlich oder am Anfang eines Briefs an jemanden wendet ⟨eine höfliche Anrede⟩

▶ Die Anrede in Brief und E-Mail

Unter Freunden:
Lieber Hans / Liebe Ilse,
Hallo ...,
Hi ...,
Ihr Lieben,

Unter Kollegen, Bekannten, Geschäftspartnern:
Liebe Frau Schulze / Lieber Herr Schulze,

Formell, unter Fremden:
Sehr geehrte Frau Huber / Sehr geehrter Herr Huber,
Sehr geehrte Damen und Herren,
Sehr geehrte Frau / Sehr geehrter Herr Direktor / Dr. / Professor Barendt

SPRECHEN UND SCHREIBEN ◀

an·re·den *(hat)* **1** **jemanden anreden** sich mit Worten an jemanden wenden ≈ ansprechen (1) **2** **jemanden irgendwie anreden** sich in dieser Form an jemanden wenden ⟨jemanden mit „du", mit „Sie", mit seinem Titel anreden⟩

▶ Die Anrede

Wann sagt man „du", wann sagt man „Sie"?

Du sagen Erwachsene zu Kindern und Jugendlichen (bis ca. 15 Jahren).

Du zueinander sagen:
- Mitglieder einer Familie und Verwandte
- Freunde
- Studenten
- Kinder und Jugendliche
- oft auch Mitglieder eines Vereins, einer Partei

Sie sagen:
- Erwachsene zueinander, außer wenn sie ausdrücklich vereinbart haben, **du** zueinander zu sagen (also auch Kollegen, Nachbarn usw.)
- Vorgesetzte zu Mitarbeitern, Professoren zu Studenten und umgekehrt
- Kinder und Jugendliche zu Erwachsenen, wenn sie nicht verwandt oder befreundet sind
- Erwachsene zu Jugendlichen ab ca. 15 Jahren

Die Anrede mit **du** setzt das Einverständnis der angeredeten Person voraus. Man kann einem anderen das **Du** auch ausdrücklich anbieten. Dabei ist zu beachten, dass meist der Ältere dem Jüngeren, der Vorgesetzte seinem Mitarbeiter usw. das **Du** anbietet.

Mehrere Leute, zu denen man einzeln **du** sagt, spricht man mit **ihr** an. Mehrere Personen, zu denen man einzeln **Sie** sagt, spricht man mit **Sie** an. Befinden sich unter den angesprochenen Personen solche, die man duzt, und solche, die man siezt, dann spricht man am besten alle zusammen mit **Sie** an.

SPRECHEN UND SCHREIBEN ◀

an·re·gen *(hat)* **1** **etwas anregen** die Idee zu etwas geben: *Sie regte an, das Haus zu verkaufen* **2** **jemanden zu etwas anregen** versuchen, durch einen Vorschlag jemanden dazu zu bringen, etwas zu tun **3** **etwas regt jemanden/etwas an** etwas hat eine stärkende Wirkung auf jemanden/etwas ⟨etwas regt die Fantasie, den Appetit an⟩: *ein sehr anregendes Gespräch* || *hierzu* **An·re·gung** *die; -, -en*

an·rei·chern; *reicherte an, hat angereichert* **1** **etwas (mit etwas) anreichern** etwas besser (oder gehaltvoller) machen, indem man *z.B.* etwas hinzugibt: *einen Fruchtsaft mit Vitaminen anreichern; angereichertes Uran* **2** **etwas reichert sich (mit etwas) an** etwas nimmt immer größere Mengen von etwas an: *Das Grundwasser reichert sich mehr und mehr mit Chemikalien an* || *hierzu* **An·rei-**

che·rung *die; -, -en*

ạn·rei·sen *(ist)* zu seinem (Reise)Ziel fahren ↔ abreisen: *Wir sind erst gestern mit dem Wohnwagen angereist* || *hierzu* **Ạn·rei·se** *die; -, -n*

ạn·rei·ßen *(hat)* **etwas anreißen** etwas kurz (oder oberflächlich) besprechen oder im Gespräch behandeln ⟨eine Frage, ein Problem, ein Thema anreißen⟩

Ạn·reiz *der; -es, -e;* **ein Anreiz (zu etwas)** etwas Interessantes (oder Attraktives), das jemanden zu etwas motivieren soll ≈ Ansporn ⟨jemandem einen materiellen Anreiz geben⟩: *Sie boten ihrem Kind mit einer Belohnung einen Anreiz, fleißig zu lernen*

ạn·rem·peln *(hat)* **jemanden anrempeln** mit der Schulter oder dem Ellbogen (absichtlich) gegen jemanden stoßen, während man an ihm vorbeigeht: *im Gedränge angerempelt werden*

ạn·ren·nen *(ist)* **1** **angerannt kommen** schnell in jemandes Richtung laufen und zu ihm kommen: *Gerade als sie das Geschäft schließen wollte, kam noch ein Kunde angerannt* **2** **gegen jemanden/etwas anrennen** aktiv werden, mit der Absicht, gegen jemanden zu kämpfen oder etwas zu zerstören *o.Ä.* ⟨gegen den Feind, die Festung, eine Mauer von Vorurteilen anrennen⟩

Ạn·rich·te *die; -, -n;* ein Schrank, in dem *bes* das Geschirr steht und der eine Fläche hat, auf der man Speisen vorbereiten kann

ạn·rich·ten [B2] *(hat)* **1** **etwas anrichten** die Speisen (*bes* auf einem großen Teller oder in einer Schüssel) auf den Tisch stellen: *Ihr könnt kommen, das Essen ist angerichtet!* **2** **etwas anrichten** (*meist* ohne Absicht) etwas tun, das negative Wirkungen hat ⟨Schaden anrichten⟩

ạn·rü·chig *Adjektiv; nicht als Adverb* **1** (aus sittlicher und moralischer Sicht) mit einem schlechten Ruf ⟨eine Bar, ein Nachtclub⟩ **2** ⟨ein Lebenswandel, ein Witz⟩ so, dass sie als unmoralisch gelten ≈ anstößig

ạn·rü·cken *(ist)* **jemand/etwas rückt an** eine (organisierte) Gruppe kommt (zu einem Einsatz) heran ⟨die Polizei, die Feuerwehr, die Truppen⟩

Ạn·ruf [B1] *der; -(e)s, -e;* ein Gespräch am Telefon ⟨einen Anruf bekommen, erhalten; auf einen (dringenden) Anruf warten⟩ || Hinweis: ↑ **Telefonat**

Ạn·ruf·be·ant·wor·ter *der; -s, -; meist* **ein automatischer Anrufbeantworter** ein Gerät am Telefon, das Nachrichten aufnehmen (speichern) kann

> **▶ Der Anrufbeantworter**
>
> Es gibt verschiedene Möglichkeiten, um den Anrufbeantworter zu besprechen. Hier sind Beispiele für Formulierungen:
>
> **Hallo, hier ist die Nummer ... Ich bin** (oder: **Wir sind**) **im Moment leider nicht erreichbar. Bitte sprechen Sie nach dem Signal aufs Band und hinterlassen Sie Ihre Telefonnummer, ich rufe** (oder: **wir rufen**) **so bald wie möglich zurück.**
>
> **Hier ist der Anrufbeantworter von ... Ich bin leider nicht zu Hause. Bitte hinterlassen Sie nach dem Signalton eine Nachricht. Vielen Dank!**
>
> SPRECHEN UND SCHREIBEN ◀

ạn·ru·fen [A2] *(hat)* **(jemanden) anrufen** mit jemandem per Telefon in Kontakt treten: *Hat jemand angerufen?; Ich rufe dich morgen Abend an* || Hinweis: ↑ **telefonieren** || *hierzu* **Ạn·ru·fer** *der; -s, -;* **Ạn·ru·fe·rin** *die; -, -nen*

ạn·rüh·ren *(hat)* **1** **jemanden/etwas anrühren** jemanden/etwas mit der Hand greifen oder anfassen: *„Wer hat diese Unordnung verursacht?" - „Ich nicht, ich habe hier überhaupt nichts angerührt."* **2** **etwas anrühren** (einen Teil von) etwas essen, trinken oder verbrauchen: *Sie rührt kein Fleisch mehr an* || Hinweis *zu* 1 und 2: *meist* verneint **3** **etwas (mit etwas) anrühren** die einzelnen Zutaten oder Bestandteile einer Masse miteinander mischen ⟨den Teig anrühren, die Soße mit Mehl anrühren⟩

ạns *Präposition mit Artikel* ≈ an das || Hinweis: *ans* kann nicht durch *an das* ersetzt werden **a** in Wendungen wie: *etwas kommt ans Licht* **b** in Verbindungen mit einem substantivierten Infinitiv: *ans Aufhören denken*

Ạn·sa·ge *die; -, -n;* (im Radio/Fernsehen oder bei einer Veranstaltung) der (kurze) Text, mit dem man etwas bekannt macht ⟨die Ansage machen⟩ || *hierzu* **ạn·sa·gen** *(hat)*

ạn·sam·meln *(hat)* **1** **etwas** (*meist Plural*) **ansammeln** Gegenstände (*meist* wahllos) aufbewahren, um eine möglichst große Menge davon zu haben ⟨Münzen, Antiquitäten, Vorräte ansammeln⟩ **2** **etwas sammelt sich an** etwas wird immer mehr ⟨Abfall, Staub, Wasser⟩: *Bei mir hat sich wieder mal eine Menge Arbeit angesammelt*

Ạn·samm·lung *die; -, -en* **1** alle Dinge, die jemand angesammelt hat oder die sich angesammelt haben **2** eine (Menschen)Menge, die an einem Ort (*z.B.* nach einem Unfall) zusammengekommen ist || ⊣K Menschenansammlung

ạn·säs·sig *Adjektiv; meist* **irgendwo ansässig sein** an dem genannten Ort leben

Ạn·satz *der; -(e)s, An·sät·ze;* die ersten sichtbaren Zeichen einer (möglichen) Entwicklung: *Schon in der Kindheit zeigten sich Ansätze seines künstlerischen Talents*

ạn·satz·wei·se *Adverb;* bisher nur in geringem Maße ⟨etwas ist (nur) ansatzweise vorhanden⟩: *Der Plan ist erst ansatzweise ausgearbeitet*

ạn·schaf·fen *(hat)* **(sich** *(Dativ)***) etwas anschaffen** ≈ kaufen: *sich eine neue Waschmaschine anschaffen* || *hierzu* **Ạn·schaf·fung** *die; -, -en*

ạn·schal·ten *(hat)* **(etwas) anschalten** ein elektrisches Gerät in Betrieb setzen ≈ einschalten (1) ↔ abschalten, ausschalten

ạn·schau·en B1 *(hat) bes südd* Ⓐ Ⓒⓗ ≈ ansehen

ạn·schau·lich *Adjektiv;* (aufgrund von Beispielen oder guten Erklärungen) klar und einfach ⟨eine Darstellung⟩: *einen komplizierten technischen Sachverhalt anschaulich erklären, darstellen*

Ạn·schau·ung *die; -, -en* **1** **eine Anschauung (über etwas** *(Akkusativ)***/zu etwas)** eine Meinung oder Ansicht über etwas ≈ Auffassung ⟨eine Anschauung vertreten; jemandes Anschauungen teilen; zu der Anschauung gelangen, dass ...⟩ **2** **eine Anschauung (von etwas)** das, was man unter einer Sache versteht ≈ Auffassung, Vorstellung: *Was ist Ihre Anschauung von der Ehe?* || ⊣K Lebensanschauung **3** *nur Singular* ≈ Erfahrung, Beobachtung ⟨etwas aus eigener Anschauung kennen⟩

Ạn·schau·ungs·ma·te·ri·al *das; -s, -ien;* Gegenstände (wie *z.B.* Bilder) und Beispiele, durch die ein konkreter Eindruck von etwas vermittelt wird

Ạn·schein *der; -(e)s; nur Singular; förmlich* **1** der äußere Eindruck (der oft nicht den Tatsachen entspricht) ⟨den Anschein erwecken, als ob ...⟩ **2** **dem/allem Anschein nach** so, wie es zu sein scheint ≈ anscheinend

ạn·schei·nend *Adverb;* dem ersten Eindruck nach ≈ offenbar: *Anscheinend ist sie schon mit dem Fahrrad weggefahren* || Hinweis: aber: ↑ **scheinbar**

ạn·schi·cken, sich *(hat)* **sich anschicken + zu** + *Infinitiv förmlich;* kurz davor sein, etwas zu tun: *Er schickte sich an, uns Vorwürfe zu machen, besann sich aber dann anders*

ạn·schie·ben *(hat)* **(jemanden/etwas) anschieben** (durch Schieben) bewirken, dass ein (stehendes) Fahrzeug ins Rollen kommt

ạn·schie·ßen *(hat/ist)* **1** **jemanden/ein Tier anschießen** *(hat)* jemanden/ein Tier mit einem Schuss so treffen, dass er/es verletzt, aber nicht tot ist **2** *meist* **angeschossen kommen** *(ist) umg;* sehr schnell kommen ⟨ein Auto⟩

Ạn·schlag[1] *der; -(e)s, An·schlä·ge;* ein Zettel oder Plakat, die so irgendwohin gehängt werden, dass sie viele Menschen lesen können: *den Anschlag am Schwarzen Brett beachten*

Ạn·schlag[2] *der; -(e)s, An·schlä·ge;* **ein Anschlag (auf jemanden/etwas)** ein Versuch, (*meist* aus politischen Gründen) jemanden zu ermorden oder etwas zu zerstören ≈ Attentat ⟨einen Anschlag auf einen Politiker, auf eine Botschaft verüben⟩ || ⊣K Bombenanschlag, Mordanschlag

ạn·schla·gen *(hat)* **1** **etwas (an etwas** *(Dativ)***) anschlagen** eine Information durch einen Anschlag[1] öffentlich bekannt machen ≈ aushängen: *Die Termine werden am Schwarzen Brett angeschlagen* **2** **(sich** *(Dativ)***) etwas (an etwas** *(Dativ)***) anschlagen** (unabsichtlich) gegen etwas stoßen und sich dabei *meist* leicht verletzen: *sich den Kopf an der Tür anschlagen* **3** **etwas anschlagen** auf einem Klavier, einer Gitarre *o.Ä.* bestimmte Töne erklingen lassen ⟨einen Akkord, einen Ton anschlagen⟩ **4** **einen** ⟨ernsten, unverschämten⟩ **Ton anschlagen** ernst, unverschämt *usw* mit jemandem sprechen **5** **etwas schlägt bei jemandem an** *umg;* etwas wirkt sich bei jemandem aus: *Ich muss sehr auf mein Gewicht achten, da bei mir jede Süßigkeit anschlägt*

ạn·schlie·ßen *(hat)* **1** **etwas (an etwas** *(Akkusativ)***) anschließen** ein (elektrisches) Gerät so installieren, dass es Strom bekommt: *den Herd, die Waschmaschine (an das Stromnetz) anschließen* **2** **etwas schließt sich (etwas** *(Dativ)***) an** etwas kommt als weiterer Teil zu etwas hinzu: *Dem Vortrag schloss sich eine lebhafte Diskussion an* **3** **sich jemandem anschließen** Kontakt zu jemandem aufnehmen und etwas gemeinsam mit ihm machen: *sich einer Gruppe engagierter Tierschützer anschließen* || ▸ **Anschluss**

ạn·schlie·ßend B2 *Adverb;* ≈ danach, hinterher: *Zuerst gingen sie ins Theater, anschließend in ein Restaurant*

Ạn·schluss B2 *der; -es, An·schlüs·se* **1** die Verbindung mit einem System von Leitungen || ⊣K Gasanschluss, Stromanschluss, Wasseranschluss **2** die telefonische Verbindung mit einem anderen ⟨keinen Anschluss bekommen⟩ **3** eine Verbindung mit dem Zug oder Bus ⟨den Anschluss verpassen⟩: *In Hamburg haben Sie um 20 Uhr Anschluss nach Kiel* **4** *nur Singular;* persönliche Kontakte zu jemandem ⟨Anschluss (zu jemandem) suchen, finden, haben⟩

ạn·schmieg·sam *Adjektiv;* mit dem starken Bedürfnis, körperliche Nähe (und Zärtlichkeit) zu suchen ⟨ein Kind⟩

ạn·schmie·ren *(hat)* **jemanden anschmieren** *umg* ≈ jemanden hereinlegen

ạn·schnal·len B1 *(hat)* **1** **(jemandem/sich) etwas anschnallen** etwas (mit einem Band oder mit Schnallen) festmachen ⟨die Skier anschnallen⟩ **2** **sich anschnallen** sich mit einem Gurt am Sitz (eines Fahrzeugs) festmachen || K- Anschnallpflicht

ạn·schnei·den *(hat)* **1** **etwas anschneiden** das erste Stück von einem Ganzen schneiden ⟨das Brot, den Kuchen, die Wurst anschneiden⟩ **2** **etwas anschneiden** im Gespräch mit einem Thema beginnen (und es *meist* nicht vollständig behandeln) ⟨eine Frage, ein Problem anschneiden⟩

ạn·schrau·ben *(hat)* **etwas (an etwas** *(Dativ/Akkusativ)*) **anschrauben** etwas an etwas (mit Schrauben) befestigen

ạn·schrei·ben *(hat)* **1** **jemanden/etwas anschreiben** sich schriftlich (mit einer Bitte oder einem Antrag) an jemanden/eine Institution wenden ⟨die Krankenkasse, die Stadtverwaltung anschreiben⟩ **2** **(etwas) anschreiben lassen** etwas nicht sofort bezahlen, sondern auf die Rechnung setzen lassen || ID **bei jemandem schlecht/gut angeschrieben sein** *umg;* jemand hat eine schlechte/gute Meinung von einem

ạn·schrei·en *(hat)* **jemanden anschreien** jemanden mit lauter Stimme kritisieren ≈ anbrüllen

Ạn·schrift *die; -, -en;* die Straße und der Ort, wo jemand wohnt ≈ Adresse

ạn·schwel·len; *schwillt an, schwoll an, ist angeschwollen* **1** **etwas schwillt an** etwas bekommt (oft durch Krankheit) einen größeren Umfang ⟨die Beine, die Adern⟩ **2** **etwas schwillt an** etwas nimmt an Intensität zu und wird deshalb lauter oder größer ⟨die Musik; das Hochwasser, der Fluss⟩

ạn·schwem·men; *schwemmte an, hat angeschwemmt;* **etwas schwemmt etwas an** das Meer, ein Fluss *o.Ä.* bringt etwas (Schwimmendes) ans Ufer

ạn·se·hen B1 *(hat)* **1** **jemanden/etwas ansehen** den Blick auf jemanden/etwas richten: *Sieh mich an, wenn ich mit dir rede!* **2** **sich** *(Dativ)* **jemanden/etwas ansehen** jemanden/etwas längere Zeit aufmerksam betrachten: *sich die Kleider im Laden ansehen* **3** **sich** *(Dativ)* **etwas ansehen** als Zuschauer bei einer Veranstaltung sein: *sich ein Theaterstück, ein Fußballspiel (im Fernsehen) ansehen* **4** **jemandem etwas ansehen** etwas an jemandes Verhalten, Gesicht erkennen: *jemandem das schlechte Gewissen ansehen* **5** **jemanden/etwas für/als etwas ansehen** glauben, dass jemand/etwas so ist ≈ jemanden/etwas für etwas halten ⟨etwas für seine Pflicht ansehen⟩: *Ich sehe ihn nicht als meinen Freund an* **6** **etwas mit ansehen (müssen)** dabei sein, wenn etwas geschieht: *Ihre Kinder mussten mit ansehen, wie sie überfahren wurde* **7** **etwas nicht mit ansehen können** einen Anblick nicht ertragen können (ohne aktiv zu werden) || ID **Sieh (mal) (einer) an!** *umg;* verwendet, um Erstaunen auszudrücken || ▸ **Ansicht**

Ạn·se·hen B1 *das; -s; nur Singular;* die gute Meinung, die andere Menschen von jemandem haben ⟨großes Ansehen (bei jemandem) genießen⟩

ạn·sehn·lich *Adjektiv; nicht als Adverb; förmlich;* ziemlich groß ≈ beträchtlich ⟨eine Summe, eine Menge, ein Vermögen⟩

ạn·set·zen *(hat)* **1** **etwas ansetzen** bestimmen, wann etwas stattfindet ⟨eine Tagung, eine Besprechung ansetzen⟩: *eine Sitzung für die nächste Woche ansetzen* **2** **etwas setzt etwas an** etwas bekommt (eine Schicht von) etwas ⟨etwas setzt Kalk, Fett, Rost an⟩: *Die Bäume setzen schon Blätter an* **3** **etwas setzt sich an** etwas bildet sich auf etwas ⟨Rost, Schimmel⟩ **4** **etwas irgendwie ansetzen** die Summe, die Höhe einer Sache schätzen ⟨die Kosten, den Gewinn relativ hoch ansetzen⟩: *den Wert des Schmucks mit 4000 Euro ansetzen* **5** **jemanden auf jemanden/etwas ansetzen** dafür sorgen, dass jemand jemanden/etwas beobachtet oder verfolgt ⟨einen Detektiv auf jemanden, auf jemandes Spur, auf einen Fall ansetzen⟩ **6** **(zu etwas) ansetzen** sich bereit machen, etwas zu tun ⟨zu einem Sprung, zu einer Frage ansetzen⟩ || ▸ **Ansatz**

Ạn·sicht B2 *die; -, -en* **1** **eine Ansicht (über jemanden/etwas, zu etwas)** eine persönliche Meinung zu einer Person oder Sache ⟨eine Ansicht über jemanden/etwas haben, äußern, vertreten; anderer Ansicht sein; meiner Ansicht nach⟩: *Er ist der Ansicht, dass Picasso der größte Maler des 20. Jahrhunderts ist* **2** ein gemaltes Bild oder ein Foto von einer Landschaft, einer Stadt, einem Haus *o.Ä.*

An·sichts·kar·te *die; -, -n;* eine Postkarte mit Bildern/dem Bild *meist* einer Landschaft (oder einer Stadt)

An·sichts·sa·che *die; nur in* **Das/etwas ist Ansichtssache** darüber kann man unterschiedlicher Meinung sein

an·sie·deln (*hat*) **1** **jemanden irgendwo ansiedeln** bestimmen, dass jemand an einem Ort leben, sich niederlassen muss: *Flüchtlinge in einem Dorf ansiedeln* **2** **sich irgendwo ansiedeln** sich an einem Ort niederlassen, um dort (auf Dauer) zu leben || *hierzu* **An·sied·lung** *die; -, -en*

an·sons·ten *Adverb; umg* **1** falls nicht ≈ sonst: *Du musst mir die Wahrheit sagen - ansonsten kann ich dir nicht helfen* **2** wenn man etwas Bestimmtes nicht berücksichtigt ≈ abgesehen davon, im Übrigen: *Ich bin ein bisschen müde, aber ansonsten fühle ich mich gut*

an·span·nen (*hat*) **1** **(etwas/ein Tier) anspannen** Tiere vor einen Wagen spannen ⟨ein Pferd, einen Ochsen, die Kutsche, den Wagen anspannen⟩ **2** **etwas anspannen** bewirken, dass etwas gespannt und straff, nicht locker ist ⟨die Nerven, die Muskeln anspannen⟩

An·span·nung *die; -, -en;* ein Zustand extremer Belastung oder Spannung ≈ Stress

an·spie·len (*hat*) **1** **jemanden anspielen** *Sport;* den Ball zu einem (Mit)Spieler werfen oder schießen: *den Mittelstürmer in aussichtsreicher Position anspielen* **2** **auf jemanden/etwas anspielen** durch eine indirekte Bemerkung auf jemanden/etwas (versteckt) hinweisen, ohne die Person/Sache selbst zu erwähnen: *Worauf willst du mit dieser Bemerkung anspielen?* || *zu 2* **An·spie·lung** *die; -, -en*

an·spor·nen; *spornte an, hat angespornt;* **jemanden (zu etwas) anspornen** jemanden mit Worten oder *z.B.* durch eine Belohnung zu einer Leistung motivieren: *einen Sportler zu größerem Kampfgeist anspornen* || *hierzu* **An·sporn** *der; -(e)s; nur Singular*

An·spra·che *die; -, -n;* eine (*meist* öffentliche) Rede, die jemand zu einem besonderen Anlass hält: *Auf der Jubiläumsfeier hielt der Chef eine kurze Ansprache* || -K Begrüßungsansprache

an·sprech·bar *Adjektiv; nicht als Adverb;* in der Lage, sich mit jemandem/etwas zu beschäftigen, auf eine Mitteilung zu reagieren: *Erst eine Woche nach dem Unfall war er wieder ansprechbar*

an·spre·chen (*hat*) **1** **jemanden ansprechen** sich mit Worten an jemanden wenden ≈ anreden: *Er hat sie einfach auf der Straße angesprochen* **2** **jemanden (auf etwas** (*Akkusativ*)**) ansprechen; etwas ansprechen** mit jemandem ein Gespräch über etwas führen ≈ etwas zur Sprache bringen ⟨(jemanden auf) ein Problem ansprechen⟩ **3** **jemand/etwas spricht jemanden an** jemand/etwas ruft eine positive Reaktion bei jemandem hervor, gefällt jemandem: *Moderne Malerei spricht mich sehr an* **4** **jemand/etwas spricht auf etwas** (*Akkusativ*) **an** jemand/etwas reagiert auf etwas positiv: *Der Patient/Das Fieber spricht auf die Behandlung an* **5** **etwas spricht bei jemandem an** etwas hat eine positive Wirkung auf jemanden: *Das Medikament spricht bei ihr an*

an·spre·chend *Adjektiv;* so, dass ein guter Eindruck entsteht ≈ attraktiv, reizvoll ⟨ein Äußeres, eine Erscheinung; ein ansprechendes Wesen haben⟩

An·sprech·part·ner *der; -s, -;* jemand, an den man sich (mit Fragen, Problemen) wenden kann || *hierzu* **An·sprech·part·ne·rin** *die; -, -nen*

an·sprin·gen (*hat/ist*) **1** **ein Tier springt jemanden an** (*hat*) ein Tier nähert sich jemandem mit einem Sprung, *meist* um ihn anzugreifen: *Der Hund sprang den Jogger an* **2** **angesprungen kommen** (*ist*) in jemandes Richtung springen und zu ihm kommen **3** **etwas springt an** (*ist*) etwas kommt in Gang ⟨der Motor, das Auto⟩: *Wenn es sehr kalt ist, springt unser Wagen oft nicht an* **4** **auf etwas** (*Akkusativ*) **anspringen** (*ist*) *umg;* auf etwas positiv, mit Zustimmung reagieren: *Er ist auf meinen Vorschlag sofort angesprungen*

An·spruch *der; -(e)s, An·sprü·che* **1** *oft Plural;* **ein Anspruch (an jemanden/etwas)** (hohe) Erwartungen oder Forderungen: *Er stellt hohe Ansprüche an seine Mitarbeiter* || K- anspruchslos, anspruchsvoll **2** **(ein) Anspruch auf etwas** (*Akkusativ*) ein Recht auf etwas ⟨Anspruch auf Urlaub, Rente, Schadenersatz haben, erheben⟩ || -K Besitzanspruch, Rentenanspruch **3** **etwas in Anspruch nehmen** etwas (das einem angeboten wird) nutzen **4** **jemand/etwas nimmt jemanden in Anspruch** jemand/etwas beschäftigt jemanden gedanklich, fordert seinen Einsatz

An·stalt *die; -, -en;* ein Gebäude, in dem psychisch Kranke behandelt und versorgt werden ⟨jemanden in eine Anstalt einweisen⟩

|| [K] Heilanstalt

Ạn·stal·ten *die; -; Plural meist in* **(keine) Anstalten machen** (+ **zu** + *Infinitiv*) *umg;* (nicht) zeigen, dass man etwas tun wird: *Als sein Vorgesetzter ins Zimmer kam, machte er (keine) Anstalten aufzustehen*

Ạn·stand *der; -(e)s; nur Singular;* ein anständiges Verhalten ⟨(keinen) Anstand haben⟩

ạn·stän·dig *Adjektiv* **1** so, wie es richtig ist und sich gehört ⟨sich anständig benehmen⟩ **2** mit einem guten Charakter ⟨ein Mensch, ein Kerl⟩

ạn·stands·hal·ber *Adverb;* um zu zeigen, dass man höflich ist

ạn·stands·los *Adverb; umg;* ohne zu zögern und ohne Probleme zu bereiten ≈ ohne Weiteres: *Sie haben die Ware anstandslos umgetauscht*

ạn·star·ren *(hat)* **jemanden/etwas anstarren** den Blick starr auf jemanden/etwas richten ⟨jemanden unverwandt anstarren; die Wände anstarren⟩

an·stạtt[1] *Konjunktion* als Ersatz, Alternative für ≈ statt: *Er hat den ganzen Nachmittag gespielt, anstatt zu lernen*

an·stạtt[2] *Präposition; mit Genitiv* als Ersatz, Alternative für ≈ anstelle, statt: *Er kam anstatt seiner Frau*

ạn·stau·en *(hat)* **1** **etwas anstauen** durch ein Hindernis bewirken, dass sich eine Flüssigkeit sammelt ⟨einen Fluss, Wasser anstauen⟩ **2** **etwas staut sich (bei jemandem) an** ein Gefühl wird immer stärker, weil jemand es nicht zeigt ⟨Wut, Ärger⟩

ạn·ste·cken *(hat)* **1** **jemanden (mit etwas) anstecken** eine Krankheit, die man selbst hat, auf jemanden übertragen ≈ jemanden infizieren: *Er hat mich mit seiner Grippe angesteckt* **2** **(jemandem) etwas anstecken** jemandem etwas auf der Kleidung, am Finger befestigen: *Er steckte ihr den Ehering an* **3** **sich (bei jemandem) (mit etwas) anstecken** eine (Infektions)Krankheit von jemandem bekommen ≈ sich infizieren || *zu* 1 und 3 **Ạn·ste·ckung** *die; -, -en*

ạn·ste·ckend *Adjektiv; nicht als Adverb;* ⟨eine Krankheit⟩ so, dass sie von einem Menschen/Tier auf den anderen/das andere übergeht

ạn·ste·hen *(hat/südd Ⓐ Ⓒⓗ ist)* **1** sich in eine Reihe mit anderen Personen stellen (*bes* vor einer Kasse *o.Ä.*) ≈ Schlange stehen: *im Kino an der Kasse anstehen* **2** **etwas steht an** etwas muss (nun) getan werden: *Heute steht eine Menge Arbeit an; Was steht jetzt noch an?*

ạn·stei·gen *(ist)* **etwas steigt an** etwas wird höher ↔ etwas fällt ⟨der Wasserstand, die Temperatur⟩ || *hierzu* **Ạn·stieg** *der; -(e)s, -e*

an·stẹl·le, an Stẹl·le *Präposition; mit Genitiv;* (stellvertretend) für ≈ statt: *Anstelle des Meisters führte der Lehrling die Reparatur aus* || Hinweis: auch in Verbindung mit *von*: *Anstelle von Bäumen wurden Büsche gepflanzt*

ạn·stel·len [B1] *(hat)* **1** **etwas anstellen** ein elektrisches Gerät mit einem Schalter in Betrieb setzen ≈ einschalten (1) ↔ abschalten: *den Fernseher, das Radio anstellen* **2** **etwas anstellen** etwas in einer Leitung (mit einem Schalter *o.Ä.*) fließen lassen ≈ anmachen ⟨das Wasser, den Strom, das Gas anstellen⟩ **3** **jemanden anstellen** jemandem gegen Bezahlung für längere Zeit Arbeit geben ≈ einstellen ↔ entlassen: *Die Firma hat dieses Jahr schon drei neue Sekretärinnen angestellt* **4** **etwas anstellen** *umg;* etwas tun, *bes* etwas, das negative Folgen hat: *Die Kinder sind verdächtig ruhig - wahrscheinlich haben sie wieder etwas angestellt* **5** **etwas irgendwie anstellen** etwas irgendwie erreichen: *Wie soll ich das nur anstellen, dass ich den Job bekomme?* **6** **sich (bei etwas) irgendwie anstellen** *umg;* (beim Lösen einer Aufgabe) irgendwie vorgehen ⟨sich geschickt, dumm anstellen⟩ **7** **sich (um etwas) anstellen** sich in eine Reihe mit anderen (wartenden) Personen stellen

Ạn·stel·lung *die; -, -en* **1** ein fester Arbeitsplatz aufgrund eines Vertrags ≈ Stelle ⟨eine Anstellung finden, haben⟩: *Ich hätte gern eine Anstellung beim Staat* **2** *nur Singular;* das Anstellen (3) von Personal ≈ Einstellung ⟨die Anstellung neuer Arbeitskräfte⟩

ạn·stif·ten *(hat)* **jemanden (zu etwas) anstiften** jemanden dazu bringen oder überreden, etwas zu tun, das dumm ist oder das gegen das Gesetz oder die Moral verstößt ≈ jemanden zu etwas verleiten: *Er hatte seinen Freund dazu angestiftet, in die Wohnung einzubrechen*

ạn·stim·men *(hat)* **etwas anstimmen** zu singen, sprechen oder schreien beginnen ⟨ein Lied, eine Melodie, ein Geschrei, ein Geheul anstimmen⟩

Ạn·stoß *der; -(e)s, An·stö·ße* **1** **der Anstoß (zu etwas)** etwas, das die Ursache für etwas ist ⟨den Anstoß zu etwas geben⟩ || [K] Denkanstoß **2** *meist Singular; Sport;* (im Fußball) der erste Schuss, mit dem ein Spiel wieder eröffnet wird ⟨Anstoß haben⟩ **3** **Anstoß (an etwas** *(Dativ)*) **nehmen** etwas für falsch halten und sich darüber ärgern: *Er nahm Anstoß daran, dass sie in Jeans ins Theater ging* **4**

(bei jemandem) Anstoß erregen durch sein Handeln jemandes Gefühle verletzen und ihn somit ärgern: *durch obszöne Bemerkungen Anstoß erregen*

an·sto·ßen *(hat)* **1** **jemanden anstoßen** jemandem durch einen Stoß (mit dem Ellbogen oder Fuß) einen Hinweis auf etwas geben: *Sie stieß ihn heimlich unter dem Tisch an* **2** **jemanden/etwas anstoßen** jemandem/etwas (ohne Absicht) einen kleinen Stoß geben ⟨seinen Nachbarn anstoßen⟩ **3** **jemand stößt mit jemandem (auf jemanden/etwas) an**; ⟨Personen⟩ **stoßen (auf jemanden/etwas) an** zwei oder mehrere Personen stoßen, bevor sie trinken, die gefüllten Gläser leicht gegeneinander, um etwas zu feiern ⟨auf jemandes Erfolg, Geburtstag anstoßen⟩

an·stö·ßig *Adjektiv*; so, dass es (den Anstand), das moralische Empfinden verletzt ≈ unanständig ⟨ein Lied, ein Witz; sich anstößig benehmen⟩

an·strah·len *(hat)* **1** **jemanden anstrahlen** jemanden mit sehr freundlicher, glücklicher Miene ansehen ≈ anlachen **2** **jemanden/etwas anstrahlen** (Licht)Strahlen auf eine Person/Sache richten, um sie hell zu beleuchten

an·strei·chen *(hat)* **1** **etwas anstreichen** (mit einem Pinsel) einen Gegenstand oder eine Fläche ganz mit Farbe bemalen ⟨den Zaun anstreichen⟩ **2** **etwas anstreichen** etwas in einem Text markieren: *die Druckfehler in einem Text (rot) anstreichen* || ▸ **Anstrich**

an·stren·gen; *strengte an, hat angestrengt* **1** **etwas strengt jemanden/etwas an** etwas macht jemanden müde: *Das Gespräch hat mich sehr angestrengt; Langes Lesen strengt die Augen an* **2** **sich anstrengen** sich große Mühe geben, um ein Ziel zu erreichen ⟨sich körperlich anstrengen⟩: *Er hat sich sehr angestrengt, um seinen Gästen einen schönen Abend zu bieten*

An·stren·gung *die; -, -en* **1** die Tatsache, dass man sich große Mühe gibt ⟨große Anstrengunen unternehmen, in seinen Anstrengungen nachlassen⟩ **2** eine starke körperliche oder geistige Belastung ≈ Strapaze

An·strich *der; -(e)s, -e* **1** Farbe, die auf etwas gemalt worden ist ⟨den Anstrich trocknen lassen; ein heller Anstrich⟩ || -K Außenanstrich, Innenanstrich, Tarnanstrich **2** *nur Singular*; das Anstreichen (1) **3** *nur Singular*; ein äußerer Eindruck ⟨einer Sache einen künstlerischen, würdigen, offiziellen Anstrich geben⟩

An·sturm *der; -(e)s, An·stür·me; meist Singular*; **ein Ansturm (auf jemanden/etwas)** das heftige Drängen *meist* vieler Personen in die Richtung, in der sich jemand/etwas befindet ≈ Andrang: *Der Star war nach dem Konzert dem Ansturm seiner Fans ausgesetzt* || -K Käuferansturm, Massenansturm

Ant·ark·tis *die; -; nur Singular*; das Gebiet, das um den Südpol der Erde liegt ⟷ Arktis || *hierzu* **ant·ark·tisch** *Adjektiv*

an·tas·ten *(hat)* **1** **etwas antasten** damit anfangen, etwas zu verbrauchen ≈ anbrechen (1) ⟨die Ersparnisse, die Vorräte nicht antasten wollen⟩ **2** **etwas antasten** etwas tun, das Werte verletzt ≈ beeinträchtigen ⟨die Rechte, die Unabhängigkeit eines Staates nicht antasten⟩ || Hinweis: *meist* verneint

An·teil *der; -(e)s, -e* **1** **ein Anteil (an etwas** *(Dativ)*) der Teil einer Sache, auf den jemand ein Recht hat: *jemandes Anteil am Gewinn* **2** **der Anteil** + *Genitiv* ein Teil einer Menge, auf den etwas zutrifft: *Der Anteil berufstätiger Mütter steigt* **3** **(an etwas** *Dativ*) **Anteil nehmen** Mitgefühl oder Interesse zeigen || *zu* 3 **An·teil·nah·me** *die; -; nur Singular*

An·ten·ne *die; -, -n*; eine Konstruktion aus Metall, mit der man (Radio- oder Fernseh)-Sendungen empfangen oder senden kann || ↑ Illustration **Das Auto** || -K Fernsehantenne, Radioantenne

an·ti-, An·ti- *im Adjektiv und Substantiv; betont und unbetont*; gegen jemanden/etwas gerichtet, genau das Gegenteil von jemandem/etwas; **antiautoritär** ⟨eine Erziehung⟩, **antidemokratisch** ⟨Tendenzen, Äußerungen⟩, **antifaschistisch** ⟨der Widerstand, eine Politik⟩; der **Antialkoholiker**, der **Antikommunist**, der **Antimilitarismus**

An·ti·ba·by|pil·le *die; -, -n; meist Singular; umg*; eine Tablette, die eine Frau regelmäßig nimmt, um nicht schwanger zu werden

An·ti·bio·ti·kum [-'bio:-] *das; -s, An·ti·bio·ti·ka; Medizin*; eine Substanz (wie *z.B.* Penizillin), die Bakterien tötet und als Medikament dient

an·tik *Adjektiv*; alt, aus einer alten Epoche (stammend) ⟨Möbel⟩

An·ti·ke *die; -; nur Singular*; der älteste historische Zeitraum der Griechen und Römer ≈ Altertum

An·ti·lo·pe *die; -, -n*; ein schlankes Tier, das *bes* in Afrika und Asien vorkommt, Hörner und Hufe hat und sehr schnell laufen kann

An·ti·qui·tät [-kv-] *die; -, -en; oft Plural*; ein Gegenstand (*z.B.* Möbel, Geschirr), der sehr alt und deshalb wertvoll ist || K- Antiquitätengeschäft || *hierzu* **an·ti·qua·risch** *Adjektiv*

an·ti·sep·tisch *Adjektiv; Medizin;* so, dass (Krankheits)Erreger abgetötet werden, *bes* um die Infektion von Wunden zu verhindern

An·trag B2 *der; -(e)s, An·trä·ge* **1** **ein Antrag (auf etwas** *(Akkusativ)***)** eine offizielle Bitte (an eine Behörde oder Institution) ⟨einen Antrag stellen, zurückziehen⟩ **2** das Formular für einen Antrag (1) **3** ein Vorschlag, der beschlossen werden soll ⟨einen Antrag stellen, annehmen, ablehnen; über einen Antrag abstimmen⟩ **4** die Frage an jemanden, ob er einen heiraten will: *seiner Freundin einen Antrag machen* || -K Heiratsantrag || *zu* 1 **An·trag·stel·ler** *der; -s, -;* **An·trag·stel·le·rin** *die; -, -nen*

an·tref·fen *(hat)* **jemanden (irgendwo) antreffen** jemanden irgendwo erreichen: *jemanden im Büro antreffen*

an·trei·ben *(hat)* **1** **jemanden (zu etwas) antreiben** jemanden *(meist* mit Worten) dazu bringen, etwas schnell oder bald zu tun ⟨jemanden zur Arbeit, zur Eile antreiben⟩ **2** **etwas treibt jemanden (zu etwas) an** etwas motiviert jemanden dazu, etwas zu tun **3** **etwas treibt etwas an** etwas setzt oder hält ein Gerät oder Fahrzeug in Funktion: *Das Boot wird von einem Elektromotor angetrieben*

an·tre·ten *(hat/ist)* **1** **etwas antreten** *(hat)* etwas beginnen ⟨eine Stelle, eine Arbeit, ein Studium, eine Reise, den Heimweg antreten⟩ **2** **zu etwas antreten** *(ist)* zusammenkommen und sich in *bes* einer Reihe aufstellen: *Die Schüler sind zum Turnen angetreten* **3** **jemandes Nachfolge antreten** die Funktion seines Vorgängers übernehmen **4** **den Beweis (für etwas) antreten** *förmlich;* etwas beweisen: *Ich werde den Beweis antreten, dass der Angeklagte unschuldig ist* **5** **(gegen jemanden) antreten** *Sport;* (im Wettkampf) gegen jemanden spielen, laufen *o.Ä.*: *gegen den Weltmeister antreten* || *zu* 5 **An·tritt** *der; -(e)s; nur Singular*

An·trieb *der; -(e)s, -e* **1** *nur Singular;* etwas, das jemandem die (psychische) Kraft gibt, etwas zu tun ≈ Motivation: *Das Lob gibt ihm neuen Antrieb* **2** die Kraft, die eine Maschine *o.Ä.* in Bewegung setzt: *eine Maschine mit elektrischem Antrieb* || K- Antriebskraft, Antriebswelle || -K Raketenantrieb **3** **etwas aus eigenem Antrieb tun** etwas tun, ohne dass es ein anderer verlangt

an·tun *(hat)* **1** **jemandem etwas antun** so handeln, dass es für andere negative Folgen hat ≈ jemandem etwas zufügen (1) ⟨jemandem ein Leid, ein Unrecht antun⟩ **2** **sich** *(Dativ)* **(et)was antun** *umg beschönigend;* sich selbst töten

an·tur·nen ['antœrnən]; *turnte an, hat angeturnt;* **jemand/etwas turnt jemanden an** *umg;* jemand/etwas versetzt jemanden in einen sehr fröhlichen Zustand: *Laute Rockmusik turnt mich unwahrscheinlich an*

Ant·wort A2 *die; -, -en;* **eine Antwort (auf etwas** *(Akkusativ)***)** **1** die Worte, mit denen jemand auf eine Bitte, Frage oder einen Brief reagiert ⟨eine höfliche, kluge, unverschämte Antwort geben⟩: *Ich habe immer noch keine Antwort auf meinen Brief erhalten* || K- Antwortbrief, Antwortschreiben **2** eine Handlung, mit der jemand auf etwas reagiert ≈ Reaktion: *Betretenes Schweigen war die Antwort auf seinen Wutanfall*

ant·wor·ten A2 *antwortete, hat geantwortet* **1** **(jemandem) (etwas) (auf etwas** *(Akkusativ)***) antworten** jemandem etwas (als Antwort auf eine Frage, Bitte oder einen Brief) sagen oder schreiben ↔ fragen ⟨mit Ja oder Nein antworten⟩: *Was hast du ihm darauf geantwortet?* **2** **auf etwas** *(Akkusativ)* **mit etwas antworten** auf jemandes Handlung reagieren ≈ etwas beantworten: *Auf ihre Frage antwortete er mit einem lauten Lachen*

an·ver·trau·en; *vertraute an, hat anvertraut* **jemandem etwas anvertrauen** jemandem, den man für ehrlich hält, etwas Wertvolles (zur Aufbewahrung) geben oder etwas Geheimes, Intimes sagen ⟨jemandem ein Geheimnis, seinen Kummer, seinen Schmuck, sein Geld anvertrauen⟩

an·wach·sen *(ist)* **1** **etwas wächst an** etwas wächst fest, verbindet sich allmählich mit dem Untergrund ⟨die transplantierte Haut, der verpflanzte Baum⟩ **2** **etwas wächst an** etwas wird (in Zahl oder Menge) dauernd mehr ≈ etwas nimmt zu ↔ etwas geht zurück ⟨die Bevölkerung, der Lärm, die Menge, die Schulden⟩

An·walt *der; -(e)s, An·wäl·te; Kurzwort* ↑ **Rechtsanwalt** || K- Anwaltsbüro, Anwaltskanzlei || *hierzu* **An·wäl·tin** *die; -, -nen*

An·wand·lung *die; -, -en; förmlich;* eine plötzliche, oft merkwürdige Änderung der Stimmung einer Person ≈ Laune: *In einer Anwandlung von Großzügigkeit schenkte er ihr ein Auto*

an·wär·men *(hat)* **etwas anwärmen** etwas ein wenig warm machen ⟨das Essen, das Bett anwärmen⟩

An·wär·ter *der; -s, -;* **ein Anwärter (auf etwas**

(*Akkusativ*)) ein Kandidat, der gute Chancen hat, die gewünschte Stelle *o.Ä.* zu bekommen ‖ -K Offiziersanwärter; Titelanwärter ‖ *hierzu* **An·wär·te·rin** *die; -, -nen*

an·wei·sen; *wies an, hat angewiesen; förmlich* **1** **jemanden anweisen + zu** + *Infinitiv* jemandem den Auftrag oder Befehl geben, etwas zu tun ≈ beauftragen: *Ich habe ihn angewiesen, die Sache sofort zu erledigen* **2** **jemanden (bei etwas) anweisen** jemandem bei einer Tätigkeit Instruktionen geben ≈ anleiten: *den neuen Mitarbeiter bei seiner Arbeit anweisen*

An·wei·sung *die; -, -en* **1** *förmlich* ≈ Auftrag, Befehl ⟨jemandes Anweisungen befolgen; strikte Anweisung haben + zu + *Infinitiv*⟩ **2** ≈ Anleitung ‖ -K Gebrauchsanweisung

an·wen·den; *wendete/wandte an, hat angewendet/angewandt;* **etwas anwenden** etwas (Unerwartetes) tun, um so etwas zu erreichen ⟨Gewalt anwenden; eine List, einen Trick anwenden⟩

An·wen·der *der; -s, -;* jemand, der *bes* ein (Computer)Programm benutzt ‖ *hierzu* **An·wen·de·rin** *die; -, -nen*

An·wen·dung *die; -, -en* **1** das Anwenden: *Unter Anwendung eines Tricks schaffte es der Betrüger, in die Wohnung zu kommen* ‖ K- Anwendungsbereich **2** ein Computerprogramm ≈ Software

an·we·send *Adjektiv; nicht als Adverb;* **anwesend sein** an einem Ort sein ↔ abwesend ⟨Personen⟩: *bei einer Veranstaltung anwesend sein* ‖ *hierzu* **An·we·sen·de** *der/die; -n, -n*

An·we·sen·heit *die; -; nur Singular;* die Tatsache, dass jemand da (anwesend) ist ↔ Abwesenheit ⟨während/in jemandes Anwesenheit⟩

An·woh·ner *der; -s, -;* jemand, der an oder neben etwas (*meist* einer Straße *o.Ä.*) wohnt ≈ Anlieger: *die Anwohner der Fußgängerzone* ‖ *hierzu* **An·woh·ne·rin** *die; -, -nen*

An·zahl *die; -; nur Singular* **1** **eine Anzahl** (+ *Genitiv*/**von** ⟨Personen/Dingen⟩) eine unbestimmte Menge: *eine Anzahl von Schülern; eine Anzahl Kinder* **2** **die Anzahl** (+ *Genitiv*/**an** ⟨Personen/Dingen⟩) ≈ Zahl: *Die Anzahl der Mitglieder im Verein ist gestiegen*

an·zah·len (*hat*) **etwas anzahlen** bei einem Kauf nur den ersten Teil des Betrages zahlen (müssen) ⟨einen Kühlschrank, einen Fernseher anzahlen⟩: *Er musste für sein Auto 3000 Euro anzahlen* ‖ *hierzu* **An·zah·lung** *die; -, -en*

an·zap·fen (*hat*) **1** **etwas anzapfen** eine Art Rohr (einen Hahn) in ein Fass mit Bier *o.Ä.* schlagen, damit man das Bier aus dem Fass nehmen kann ⟨ein Fass Bier anzapfen⟩ **2** **etwas anzapfen** *umg;* illegal etwas aus einer Leitung holen ⟨eine Pipeline, die Gasleitung anzapfen⟩ **3** **eine Telefonleitung anzapfen** *umg;* die Telefongespräche anderer abhören

An·zei·chen *das; -s, -;* **1** ein Zeichen (Signal), das etwas (Kommendes) anzeigt: *drohende Anzeichen eines Gewitters* **2** eine Reaktion, die einen bestimmten (seelischen) Zustand erkennen lässt: *keine Anzeichen von Reue zeigen*

An·zei·ge B1 *die; -, -n* **1** ein *meist* kurzer Text, den man in einer Zeitung oder Zeitschrift drucken lässt, wenn man etwas mitteilen, verkaufen will oder etwas sucht ≈ Annonce ⟨eine Anzeige aufgeben⟩ ‖ -K Geburtsanzeige, Heiratsanzeige, Todesanzeige **2** eine Meldung (*z.B.* bei der Polizei), dass jemand etwas falsch gemacht hat und dafür eine Strafe bekommen soll ⟨Anzeige gegen jemanden erstatten⟩

an·zei·gen (*hat*) **1** **jemanden anzeigen** einer Behörde (*meist* der Polizei) sagen (melden), dass jemand gegen ein Gesetz verstoßen hat **2** **etwas zeigt etwas an** etwas gibt den Wert einer Messung (oder andere Informationen) an: *Die Waage zeigt 75 Kilo an*

an·zet·teln; *zettelte an, hat angezettelt;* **etwas anzetteln** *umg;* eine (negative) Aktion vorbereiten und in Gang setzen ⟨einen Aufstand, eine Rauferei anzetteln⟩

an·zie·hen A2 (*hat*) **1** **sich anziehen**; (**sich** (*Dativ*)) **etwas anziehen** Kleidung nehmen, um sie zu tragen ↔ ausziehen: *sich ein frisches Hemd anziehen; Zieh dich warm an, es ist kalt draußen* **2** **jemanden anziehen**; **jemandem etwas anziehen** jemandem Kleidung geben, damit er sie am Körper trägt ↔ ausziehen: *dem Kind einen Schlafanzug anziehen* **3** **sich irgendwie anziehen** seine Kleidung so auswählen und tragen: *Er zieht sich immer sehr schick an* **4** **jemand/etwas zieht jemanden an** jemand/etwas weckt jemandes Interesse stark: *Dieser Markt zieht viele Käufer an* **5** **etwas zieht etwas an** etwas übt (elektro)magnetische Kräfte auf etwas aus: *Ein Magnet zieht Eisen an* **6** **etwas anziehen** an etwas ziehen oder drehen, damit es straff oder fester wird ⟨ein Seil, eine Schraube, die Handbremse anziehen⟩ ‖ ▸ **Anzug**

an·zie·hend *Adjektiv;* (reizvoll) attraktiv und sympathisch im Aussehen oder Verhalten

An·zie·hung *die; -, -en; meist Singular;* **die Anziehung (auf jemanden/etwas)** die Eigenschaft, Interesse auf sich zu ziehen ≈ Reiz ⟨eine starke Anziehung auf jemanden haben, ausüben⟩

An·zie·hungs·kraft *die; -, -kräf·te;* **1** **die Anziehungskraft (auf jemanden/etwas)** ≈ Anziehung **2** *Physik;* die natürliche Kraft, mit der *bes* eine große Masse eine kleinere Masse zu sich zieht ≈ Gravitation: *Die Anziehungskraft der Erde ist ungefähr sechsmal so groß wie die des Mondes* || -K Erdanziehungskraft

An·zug B1 *der; -(e)s, An·zü·ge;* Kleidung, die aus einer langen Hose und einer Jacke besteht, die aus dem gleichen Stoff gemacht sind || ↑ Illustration **Die Kleidung**

an·züg·lich *Adjektiv; förmlich;* so, dass etwas auf sexuelle Gefühle anspielt ⟨ein Witz, ein Gedanke, eine Bemerkung⟩ || *hierzu* **An·züg·lich·keit** *die; -, -en*

an·zün·den B1 *(hat)* **(sich** *(Dativ)***) etwas anzünden** bewirken, dass etwas brennt ⟨sich eine Zigarette anzünden; ein Feuer, einen Ofen, eine Kerze anzünden⟩

Aor·ta [a'ɔrta] *die; -, Aor·ten; Medizin;* die größte Arterie, die das frische Blut vom Herzen in den Körper bringt ≈ Hauptschlagader

apart *aparter, apartest-; Adjektiv;* reizvoll oder mit Geschmack (gestaltet) ⟨apart aussehen; ein Gesicht, ein Kleid⟩

Apart·ment B1 *das; -s, -s;* eine relativ kleine *(oft* abgeschlossene) Wohnung, in der *meist* nur eine Person lebt

Ape·ri·tif *der; -s, -s;* ein alkoholisches Getränk, das den Appetit anregen soll

Ap·fel A1 *der; -s, Äp·fel;* eine runde Frucht mit einer roten, grünen oder gelben Schale und kleinen braunen Kernen || ↑ Illustration **Obst und Gemüse** || K- Apfelbaum, Apfelkuchen, Apfelmus, Apfelsaft || ID **für einen Apfel und ein Ei** *umg;* sehr billig; **in den sauren Apfel beißen (müssen)** *umg;* etwas tun (müssen), was man nicht will

Ap·fel·schor·le *die; -, -n;* ein Getränk aus Apfelsaft und Mineralwasser

Ap·fel·si·ne *die; -, -n* ≈ Orange

Apos·tel *der; -s, -;* **1** *Religion;* einer der zwölf ersten Anhänger von Jesus Christus oder einer der frühen christlichen Missionare **2** *oft ironisch;* jemand, der sich mit oft übertriebenem Eifer für eine Lehre, Idee einsetzt: *ein Apostel der Enthaltsamkeit* || -K Gesundheitsapostel

Apo·stroph [-f] *der; -s, -e; Sprachwissenschaft;* das grafische Zeichen ', das anzeigt, dass *z.B.* ein Vokal oder eine Silbe ausgelassen wurde ≈ Auslassungszeichen ⟨einen Apostroph setzen⟩: *Der Apostroph in „Da kommt 'n Hund" ersetzt das e und i*

Apo·the·ke A2 *die; -, -n;* ein Geschäft, in dem man Medizin kaufen kann || *hierzu* **Apo·the·ker** *der; -s, -;* **Apo·the·ke·rin** *die; -, -nen*

apo·the·ken·pflich·tig *Adjektiv; nicht als Adverb;* nur in einer Apotheke zu kaufen ⟨ein Medikament⟩

Ap·pa·rat *der; -(e)s, -e* **1** ein technisches Gerät || -K Fernsehapparat, Fotoapparat **2** *meist* **am Apparat sein, bleiben** am Telefon sein (und sprechen), am Telefon sein (und warten) || *zu* **1** **Ap·pa·ra·tur** *die; -, -en*

ap·pel·lie·ren; *appellierte, hat appelliert;* **an jemanden/etwas appellieren** jemanden dringend bitten, vernünftiges oder moralisches Verhalten zu zeigen ≈ zu etwas aufrufen (4) ⟨an jemandes Vernunft, Gewissen appellieren⟩: *an die Demonstranten appellieren, keine Gewalt anzuwenden*

Ap·pe·tit, Ap·pe·tit A2 *der; -(e)s; nur Singular* **1** **Appetit (auf etwas** *(Akkusativ)***)** der Wunsch, etwas zu essen ⟨keinen, großen Appetit (auf etwas) haben, bekommen⟩: *Hast du Appetit auf Fisch?* **2** **Guten Appetit!** verwendet als höfliche Formel, bevor man anfängt zu essen ≈ Mahlzeit! || *zu* **1** **ap·pe·tit·los** *Adjektiv;* **Ap·pe·tit·lo·sig·keit** *die; -; nur Singular*

Guten Appetit!

Vor dem Essen wünscht man sich gegenseitig einen guten Appetit:
Guten Appetit!

Der Gastgeber sagt oft zu seinen Gästen:
(Greift zu.) Lasst es euch schmecken!

SPRECHEN UND SCHREIBEN

ap·pe·tit·lich *Adjektiv;* so, dass man davon Appetit bekommt ⟨eine Speise; etwas ist appetitlich zubereitet, sieht appetitlich aus⟩

ap·plau·die·ren; *applaudierte, hat applaudiert;* **(jemandem) applaudieren** ≈ jemandem Beifall klatschen/spenden: *Das Publikum applaudierte dem Opernsänger begeistert*

Ap·plaus B2 *der; -es; nur Singular;* Anerkennung vom Publikum (durch Klatschen) ≈ Beifall: *Der junge Opernsänger erhielt stürmischen Applaus*

Ap·ri·ko·se B1 *die; -, -n;* eine runde, kleine Frucht mit gelber (oder orangefarbener) samtiger Schale und einem relativ großen Kern || K- Aprikosenbaum, Aprikosenmarmelade

Ap·ril A1 *der; -(s), -e; meist Singular;* der vierte Monat des Jahres ‹im April; Anfang, Mitte, Ende April; am 1., 2., 3. *usw* April› || ID **jemanden in den April schicken** *umg;* einen Aprilscherz machen

April, April!

Am 1. April ist es Brauch, Familienangehörigen, Freunden oder Kollegen einen Streich zu spielen. Mit dem Ausruf „**April, April!**" wird die betreffende Person am Ende darauf aufmerksam gemacht, dass man sie „**in den April geschickt hat**".
Am 1. April werden oft auch in den Medien scherzhafte Meldungen veröffentlicht.

LANDESKUNDE

Ap·ril·scherz *der; -es, -e;* ein Scherz (*bes* eine erfundene Geschichte), mit dem man jemanden am 1. April neckt ‹auf einen Aprilscherz hereinfallen›

apro·pos [apro'po:] *Adverb;* verwendet im Gespräch, um auszudrücken, dass man durch ein Thema an etwas erinnert wurde: *„Ich habe mir das Buch gekauft." - „Apropos Bücher, du wolltest mir doch mal ein paar Romane empfehlen."*

Aqua·rell *das; -s, -e;* ein Bild, das mit Farben gemalt ist, die mit Wasser verdünnt wurden || K- Aquarellfarbe, Aquarellmalerei

Aqua·ri·um *das; -s, Aqua·ri·en* [-i̯ən]; ein (*meist* rechteckiger) Behälter aus Glas, in dem Fische und (Wasser)Pflanzen gehalten werden

Äqua·tor *der; -s; nur Singular;* ein gedachter Kreis um die Erde, der diese in eine nördliche und eine südliche Hälfte teilt

Ära *die; -, Ären; meist Singular; förmlich;* ein relativ langer Zeitraum, der *bes* von einer Persönlichkeit bestimmt ist oder war ≈ Epoche ‹der Anbruch einer neuen Ära›: *die Ära Kennedy*

Ar·beit A2 *die; -, -en* **1** **die Arbeit** (**an etwas** (*Dativ*)) die geistige oder/und körperliche Tätigkeit, die ein Ziel hat ‹eine leichte, schwere, interessante, geistige, körperliche Arbeit; seine Arbeit erledigen, verrichten; an die Arbeit gehen›: *die Arbeit an einem Projekt* || K- Arbeitsablauf, Arbeitseifer, Arbeitsweise || -K Büroarbeit, Gartenarbeit, Hausarbeit; Kopfarbeit, Muskelarbeit **2** *nur Singular;* die Tätigkeit, die man als Beruf ausübt ‹einer geregelten Arbeit nachgehen› || K- Arbeitskollege, Arbeitslohn, Arbeitsraum, Arbeitstag, Arbeitsvertrag, Arbeitszeit, Arbeitszimmer || -K Ganztagsarbeit, Halbtagsarbeit, Schichtarbeit **3** *nur Singular* ≈ Arbeitsstelle (1) ‹Arbeit finden, suchen; seine Arbeit verlieren; zur/in die Arbeit gehen› || K- Arbeitsmarkt, Arbeitssuche **4** *nur Singular;* **Arbeit** (**mit jemandem/etwas**) die Mühe, die man mit jemandem/etwas hat ‹viel Arbeit mit jemandem/etwas haben; keine Mühe und Arbeit scheuen› **5** das Ergebnis der Tätigkeit ‹eine wissenschaftliche Arbeit; seine Arbeit vorlegen›: *die Arbeiten eines Künstlers ausstellen* || -K Bastelarbeit, Handarbeit; Diplomarbeit, Doktorarbeit **6** eine schriftliche (oder praktische) Prüfung, ein Test: *Der Lehrer ließ heute eine Arbeit schreiben* || -K Abschlussarbeit, Prüfungsarbeit || zu 3 **Ar·beits·su·chen·de** *der/die; -n, -n*

ar·bei·ten A1 *arbeitete, hat gearbeitet* **1** etwas körperlich oder geistig tun ‹körperlich, geistig arbeiten; gewissenhaft, fleißig arbeiten› **2** eine Tätigkeit als Beruf ausüben, für die man Lohn bekommt ‹halbtags, ganztags arbeiten›: *bei der Post arbeiten; als Elektriker arbeiten* **3** **etwas arbeitet** etwas erfüllt regelmäßig seine Funktionen ‹das Herz, die Lunge›: *Der Aufzug arbeitet zuverlässig* **4** **an etwas** (*Dativ*) **arbeiten** (*z.B.* als Autor oder Handwerker) mit einer Produktion beschäftigt sein: *an einem Roman, einer Vase arbeiten* **5** **an sich** (*Dativ*) **arbeiten** versuchen, seine Fähigkeiten oder sein Verhalten zu verbessern **6** **für etwas arbeiten** sich für ein Ziel einsetzen: *für den Frieden arbeiten*

Ar·bei·ter *der; -s, -;* jemand, der für Lohn (bei einer Firma) *meist* körperliche Arbeiten macht || K- Arbeiterklasse, Arbeiterviertel || -K Bauarbeiter, Fabrikarbeiter || *hierzu* **Ar·bei·te·rin** *die; -, -nen*

Ar·beit·ge·ber *der; -s, -;* eine Person oder Firma, die andere gegen Lohn beschäftigt ↔ Arbeitnehmer || *hierzu* **Ar·beit·ge·be·rin** *die; -, -nen*

Ar·beit·neh·mer *der; -s, -;* jemand, der bei einer Firma arbeitet und dafür Geld bekommt ↔ Arbeitgeber || *hierzu* **Ar·beit·neh·me·rin** *die; -, -nen*

Ar·beits·agen·tur *die; -, -en;* Ⓓ eine (staatliche) Behörde, die Stellen (Arbeitsplätze) an Menschen ohne Arbeit vermittelt ≈ Arbeitsamt || Hinweis: Bis zum 31.12.2003 war die Bezeichnung „Arbeitsamt" üblich

Ar·beits·amt *das; -(e)s, -äm·ter* ≈ Arbeitsagentur ‹aufs/zum Arbeitsamt gehen›

ar·beits·auf·wen·dig, **ar·beits·auf·wän·dig** *Adjektiv;* mit viel Arbeit verbunden

⟨ein Verfahren⟩

Ar·beits·er·laub·nis *die; -, -se;* die Bescheinigung einer Behörde, die ein ausländischer Bürger benötigt, wenn er in dem fremden Land arbeiten will ⟨jemandem eine Arbeitserlaubnis erteilen⟩

ar·beits·fä·hig *Adjektiv; nicht als Adverb;* (gesundheitlich, physisch) in der Lage zu arbeiten ↔ arbeitsunfähig || *hierzu* **Ar·beits·fä·hig·keit** *die; -; nur Singular*

Ar·beits·gang *der; -(e)s, -gän·ge;* ein Teil einer größeren Arbeit, den man in einer bestimmten Zeit macht: *Diese Maschine schneidet und formt das Blech in einem Arbeitsgang*

Ar·beits·kli·ma *das; -s; nur Singular;* die Atmosphäre, Stimmung, die in einer Firma (*bes* zwischen Vorgesetzten, Untergebenen und Mitarbeitern) herrscht: *In unserem Betrieb herrscht ein gesundes, zwangloses Arbeitsklima*

Ar·beits·kraft *die; -, -kräf·te;* **1** *nur Singular;* die Kraft und Energie, die man zu einer geistigen oder körperlichen Arbeit hat ⟨(sich) seine Arbeitskraft erhalten⟩ **2** *Wirtschaft;* jeder Mensch, der eine Arbeit leisten kann ⟨eine vollwertige Arbeitskraft; der Bedarf/Mangel an Arbeitskräften⟩

ar·beits·los B1 *Adjektiv; nicht als Adverb;* ohne Arbeitsstelle (1), weil man entlassen wurde: *Er ist schon seit zwei Jahren arbeitslos* || *hierzu* **Ar·beits·lo·se** *der/die; -n, -n*

Ar·beits·lo·sen·geld *das; -(e)s, -er; meist Singular* **1** das Geld, das Arbeitslose eine Zeit lang vom Staat bekommen ⟨Arbeitslosengeld bekommen, beziehen⟩ **2** **Arbeitslosengeld I** Ⓓ *Verwaltung* ≈ Arbeitslosengeld (1) **3** **Arbeitslosengeld II** Ⓓ *Verwaltung;* das Geld, das in Deutschland Menschen vom Staat bekommen, die in Not sind, keine Arbeit haben und kein Arbeitslosengeld I bekommen ≈ Hartz IV

Ar·beits·lo·sig·keit B2 *die; -; nur Singular* **1** der Zustand, seine Stelle (2) verloren zu haben **2** der Mangel an Arbeitsplätzen ⟨die Arbeitslosigkeit bekämpfen⟩

Ar·beits·platz *der; -es, -plät·ze* **1** ≈ Arbeitsstelle **2** der Platz oder Raum, wo jemand arbeitet ⟨seinen Arbeitsplatz aufräumen⟩

ar·beits·scheu *Adjektiv;* ohne Lust und Willen zu arbeiten

Ar·beits·stel·le *die; -, -n;* **1** eine Stellung oder Beschäftigung, die für jemanden als Beruf zur Verfügung steht ≈ Arbeit (3), Anstellung ⟨eine neue Arbeitsstelle suchen, seine Arbeitsstelle verlieren⟩ **2** der Betrieb, in dem jemand arbeitet: *Fahrten von der Wohnung zur Arbeitsstelle*

Ar·beits·tei·lung *die; -; nur Singular; Wirtschaft;* die Verteilung einer Arbeit oder Aufgabe auf mehrere Personen

ar·beits·un·fä·hig *Adjektiv;* (gesundheitlich oder physisch) nicht in der Lage zu arbeiten ↔ arbeitsfähig || *hierzu* **Ar·beits·un·fä·hig·keit** *die; -; nur Singular*

Ar·beits·ver·hält·nis *das; -ses, -se* **1** *nur Plural;* die Bedingungen, die am Arbeitsplatz herrschen **2** das rechtliche Verhältnis zwischen dem Arbeitnehmer und dem Arbeitgeber (das *meist* durch einen Vertrag geregelt ist) **3** **in einem (festen) Arbeitsverhältnis stehen** *Verwaltung;* bei einer Firma als Arbeitnehmer (fest) angestellt sein

Ar·beits·zeit B1 *die; -, -en;* die genaue Zahl der Stunden, die man (als Arbeitnehmer) pro Tag, Woche oder Monat arbeiten muss ⟨eine feste Arbeitszeit⟩

Ar·chi·tek·tur *die; -, -en* **1** *nur Singular;* die Wissenschaft davon, wie man Häuser *o.Ä.* plant und baut ≈ Baukunst ⟨Architektur studieren⟩ **2** die Art und Weise, wie ein Gebäude (künstlerisch) gestaltet wurde: *die Architektur einer Kirche bewundern* || *zu* **1** **Ar·chi·tekt** *der; -en, -en;* **Ar·chi·tek·tin** *die; -, -nen*

Ar·chiv [-f] *das; -s, -e;* ein Ort/Gebäude, an/in dem (historisch) wichtige Dokumente liegen (und aufbewahrt werden) || *hierzu* **ar·chi·vie·ren** *(hat)*

ARD [aːǀɛrˈdeː] *die; -; nur Singular;* Ⓓ **1** (*Abkürzung für* Arbeitsgemeinschaft der öffentlich-rechtlichen Rundfunkanstalten der Bundesrepublik Deutschland) mehrere (Radio- und Fernseh)-Sender, die zusammen ein Programm gestalten **2** das (Fernseh)Programm, das von der ARD (1) gesendet wird ≈ erste(s) Programm, das Erste

Are·al *das; -s, -e; förmlich* **1** ≈ Fläche (1): *ein Areal von 20 km²* **2** ein Gebiet oder Gelände für einen bestimmten Zweck: *das Areal der Automobilausstellung*

Are·na *die; -, Are·nen* **1** ein Stadion, dessen (Sitz)Reihen in Stufen ansteigen || -K **Stierkampfarena, Zirkusarena** **2** *förmlich;* der Ort, an dem ein (politischer, wirtschaftlicher oder militärischer) Kampf stattfindet ≈ Schauplatz

arg, *ärger, ärgst-; Adjektiv* **1** sehr negativ, unangenehm (intensiv) ≈ übel ⟨eine Enttäuschung, ein Gedränge, Schmerzen; auf das Ärgste gefasst sein (= mit dem Schlimmsten rechnen)〉 **2** *nur als Adverb; umg* ≈ sehr: *arg jung sein; sich arg freuen* || ID **etwas liegt im Argen** etwas ist nicht so, wie es sein sollte

Är·ger *der; -s; nur Singular;* **Ärger (über jemanden/etwas)** ein (negatives) Gefühl innerer Aufregung und leichter Wut: *Sie konnte ihren Ärger über sein schlechtes Benehmen nicht verbergen*

är·ger·lich *Adjektiv* **1** **ärgerlich (auf, über jemanden/etwas)** mit einem Gefühl von Ärger, leichter Wut: *Der Präsident reagierte ärgerlich auf die Fragen des Reporters* **2** ziemlich unangenehm 〈ein Ereignis, ein Vorfall〉: *Es ist wirklich ärgerlich, dass du den Zug versäumt hast*

är·gern; *ärgerte, hat geärgert* **1** **jemand/etwas ärgert jemanden** jemand verhält sich (absichtlich oder unabsichtlich) so oder etwas bewirkt, dass jemand Ärger fühlt: *seinen jüngeren Bruder ärgern; Ärgert es dich, dass das Wetter so schlecht ist?* **2** **sich (über jemanden/etwas) ärgern** Ärger über jemanden/etwas fühlen ≈ sich aufregen: *Der Lehrer ärgerte sich über die freche Antwort seines Schülers*

Är·ger·nis *das; -ses, -se;* etwas, das die Ursache für (jemandes) Ärger ist 〈ein öffentliches Ärgernis〉: *Seine Unpünktlichkeit ist ein ständiges Ärgernis*

arg·los *Adjektiv* **1** ohne böse Absicht ≈ harmlos 〈ein Mensch, eine Bemerkung〉 **2** nichts Böses ahnend ≈ ahnungslos: *Ganz arglos vertraute er dem Betrüger*

Ar·gu·ment *das; -(e)s, -e;* **ein Argument (für, gegen jemanden/etwas)** etwas, womit man eine Behauptung, einen Standpunkt begründet, erklärt 〈ein stichhaltiges, überzeugendes Argument〉 || *hierzu* **ar·gu·men·tie·ren** *(hat)*

Arie ['a:ri̯ə] *die; -, -n;* ein Lied für eine Sängerin oder einen Sänger *bes* in einer Oper 〈eine Arie singen〉 || -K Opernarie

Ark·tis *die; -; nur Singular;* das Gebiet um den Nordpol ↔ Antarktis

arm B1 *ärmer, ärmst-; Adjektiv* **1** ohne Besitz und genügend Geld ↔ reich 〈ein Mensch, eine Familie, ein Land; arm sein〉 **2** **arm an etwas** *(Dativ)* **sein** von einer Sache nur sehr wenig haben (enthalten) ↔ reich an etwas sein: *Diese Speise ist arm an Vitaminen* **3** in einem Zustand, der Mitleid erregt ≈ bedauernswert: *Peter, der arme Kerl, hat sich beide Beine gebrochen!* || zu 1 und 3 **Ar·me** *der/die; -n, -n*

Arm B1 *der; -(e)s, -e* **1** eines der beiden Glieder (des Körpers), die von der Schulter bis zu den Fingern reichen 〈der rechte, linke Arm; die Arme ausbreiten, ausstrecken, verschränken; den Arm um jemanden legen; jemanden in die Arme nehmen; ein Kind auf den Arm nehmen〉 || K- Armbinde, Armlehne **2** ein schmaler, langer Teil auf der Seite (eines Gerätes *o.Ä.*): *die Arme eines Flusses, eines Leuchters* || -K Flussarm, Meeresarm || ID **den längeren Arm haben** mehr Einfluss haben; **jemanden mit offenen Armen aufnehmen/empfangen** jemanden sehr freundlich, mit großer Freude empfangen; **jemanden auf den Arm nehmen** *umg;* einen Scherz mit jemandem machen (sodass man über ihn lachen kann) ≈ sich über jemanden lustig machen

-arm *im Adjektiv; meist ohne Steigerung;* mit nur geringen Mengen von der genannten Sache ↔ -reich; **fettarm** 〈eine Kost〉, **kalorienarm** 〈eine Kost〉, **kontaktarm** 〈ein Mensch〉, **niederschlagsarm** 〈ein Monat〉, **nikotinarm** 〈eine Zigarette〉

Arm·band B2 *das; -(e)s, -bän·der;* ein Band oder eine Kette, die man am Arm (Handgelenk) trägt || -K Goldarmband, Lederarmband

Arm·band·uhr *die; -, -en;* eine Uhr, die man am Arm (Handgelenk) trägt

Ar·mee B1 *die; -, -n* [-'me:ən]; alle Soldaten eines Staates ≈ die Streitkräfte 〈zur Armee gehen〉

Är·mel B2 *der; -s, -;* der Teil der Kleidung, der den Arm teilweise oder ganz bedeckt 〈kurze, lange Ärmel; die Ärmel hochkrempeln〉 || *hierzu* **är·mel·los** *Adjektiv*

ärm·lich *Adjektiv;* ziemlich arm (1) 〈Verhältnisse; ärmlich wohnen, ärmlich gekleidet sein〉 || *hierzu* **Ärm·lich·keit** *die; -; nur Singular*

arm·se·lig *Adjektiv* **1** sehr arm (1) 〈eine Behausung, eine Hütte, ein Leben〉 **2** in Menge und Qualität schlecht ≈ dürftig 〈eine Einrichtung, eine Mahlzeit〉 **3** *meist abwertend;* nicht den Erwartungen entsprechend 〈eine Entschuldigung, eine Leistung, eine Vorstellung〉

Ar·mut *die; -; nur Singular;* der Zustand, arm (1) zu sein ↔ Reichtum 〈in Armut leben; in einem Land herrscht bittere Armut〉

Ar·muts·zeug·nis *das; -ses; nur Singular* **1** *meist in* **etwas ist ein Armutszeugnis für jemanden/etwas** etwas zeigt die Schwäche oder schlechte Leistung von jemandem/etwas **2** **sich** *(Dativ)* **(mit etwas) ein Armutszeugnis ausstellen** durch eine Leistung seine mangelnden Fähigkeiten beweisen

Aro·ma *das; -s, -s/Aro·men* **1** der gute und

intensive Geschmack oder Geruch von etwas ⟨das Aroma von Kaffee, Tee, Früchten⟩ **2** eine (chemische) Substanz mit einem besonderen Geschmack, die bei der Produktion von Lebensmitteln verwendet wird || *zu* 1 **aro·ma·tisch** *Adjektiv; zu* 2 **aro·ma·ti·siert** *Adjektiv*

ar·ran·gie·ren [arã'ʒi:rən, -'ʒi:ɐ̯n]; *arrangierte, hat arrangiert* **1** **etwas arrangieren** Vorbereitungen treffen, damit etwas durchgeführt werden kann ≈ organisieren: *ein Gespräch, ein Treffen zwischen Staatsmännern arrangieren* **2** **etwas arrangieren** etwas mit ästhetischem Sinn anordnen: *Blumen kunstvoll arrangieren* **3** **jemand arrangiert sich mit jemandem**; ⟨Personen⟩ **arrangieren sich** (*meist* zwei) Personen schließen einen Kompromiss: *Wir waren unterschiedlicher Meinung, konnten uns aber arrangieren* **4** **sich (mit etwas) arrangieren** sich mit den gegebenen Umständen abfinden || *zu* 2 **Ar·ran·ge·ment** [arãʒ(ə)'mã:] *das; -s, -s*

Ar·rest *der; -(e)s, -e;* eine Strafe, bei der man nur kurze Zeit im Gefängnis bleiben muss (*bes* in der Armee) ⟨jemanden unter Arrest stellen⟩: *verschärften Arrest bekommen*

ar·ro·gant, *arroganter, arrogantest-; Adjektiv; abwertend;* ⟨ein Mensch⟩ so (stolz auf sich selbst), dass er anderen Menschen immer zeigen will, wie klug oder gut er ist ≈ überheblich || *hierzu* **Ar·ro·ganz** *die; -; nur Singular*

Art[1] *die; -, -en* **1** *meist Singular; meist* mit einem Adjektiv verwendet, um zu sagen, wie etwas gemacht wird ⟨die Art und Weise⟩: *Er musste ihr den Unfall auf schonende Art (und Weise) beibringen* **2** *nur Singular;* die charakteristische Eigenschaft einer Person ≈ Natur ⟨eine herzliche, stille, gutmütige Art⟩: *Es ist ganz seine Art, sofort zu helfen, wenn er gebraucht wird* **3** *meist Singular;* **eine Art** + *Genitiv;* **eine Art von jemandem/etwas** (verwendet zur Einteilung von ähnlichen Gegenständen oder Personen in Gruppen) ≈ Kategorie: *Diese Art (von) Menschen kann ich nicht leiden* **4** *meist* **so eine Art (von)** *umg;* so etwas Ähnliches wie: *Ist das so eine Art Bettcouch?*

Art[2] *die; -, -en; Biologie;* eine niedrige Kategorie im System der Lebewesen: *Tiger und Löwe sind Arten der Gattung „Großkatzen"* || K- Artenreichtum, Artenschutz, Artenvielfalt || -K Pflanzenart, Tierart, Vogelart || ID **aus der Art schlagen** sich anders entwickeln als seine Familie: *Ihr jüngster Sohn ist ganz aus der Art geschlagen* || *hierzu* **ar·ten·reich** *Adjektiv*

Ar·te·rie [-i̯ə] *die; -, -n;* die Ader, die das Blut vom Herzen in den Körper führt ≈ Schlagader ↔ Vene || K- Arterienverkalkung

ar·tig *Adjektiv;* so, wie es die Erwachsenen von Kindern erwarten ≈ brav, folgsam

-ar·tig *im Adjektiv; ohne Steigerung;* so beschaffen wie, ähnlich wie das im ersten Wortteil Genannte; **blitzartig** ⟨eine Reaktion⟩, **katzenartig** ⟨eine Geschicklichkeit⟩, **krebsartig** ⟨eine Geschwulst⟩, **sintflutartig** ⟨Regen⟩, **wellenartig** ⟨eine Bewegung⟩

Ar·ti·kel, Ar·ti·kel A1 *der; -s, -;* **1** ein Text in einer Zeitung, Zeitschrift *o.Ä.* ⟨einen Artikel schreiben, verfassen⟩ || -K Zeitungsartikel **2** eine Sorte von Gegenständen, die verkauft werden ≈ Ware: *Dieser Artikel ist gerade im Sonderangebot* **3** *Sprachwissenschaft;* ein Wort, das das Genus eines Substantivs kennzeichnet: *„Der" ist der bestimmte, „ein" der unbestimmte männliche Artikel* **4** ein Abschnitt eines Gesetzes oder Vertrags

Ar·tist *der; -en, -en;* ein Künstler, der sehr geschickt und gut trainiert ist und *bes* im Zirkus sein Können zeigt || *hierzu* **Ar·tis·tin** *die; -, -nen;* **ar·tis·tisch** *Adjektiv*

Arz·nei *die; -, -en;* ein Mittel gegen Krankheiten ≈ Medikament, Medizin ⟨(jemandem) eine Arznei verordnen⟩

Arz·nei·mit·tel *das; -s, -* ≈ Arznei, Medikament || K- Arzneimittelmissbrauch

Arzt *der; -es, Ärz·te;* jemand, der an einer Universität gelernt hat, Kranke zu behandeln ≈ Mediziner ⟨einen Arzt holen, rufen, konsultieren; zum Arzt gehen⟩ || -K Augenarzt, Kinderarzt, Tierarzt, Zahnarzt || *hierzu* **Ärz·tin** *die; -, -nen;* **ärzt·lich** *Adjektiv*

Arzt·hel·fe·rin *die; -, -nen;* (als Berufsbezeichnung) verwendet für eine Angestellte, die dem Arzt in seiner Praxis hilft

Arzt·pra·xis *die; -, -pra·xen;* die Räume, in denen ein Arzt die Patienten empfängt und behandelt

Asche *die; -, -n;* die grauen Reste, die übrig bleiben, wenn etwas verbrannt (worden) ist

Aschen·be·cher B2 *der; -s, -;* ein Gefäß für die Asche und die Reste von Zigaretten *o.Ä.* ⟨den Aschenbecher ausleeren⟩

Ascher·mitt·woch *der; -s, -e; meist Singular;* der erste Tag der Fastenzeit

Asi·en A2 ['a:zi̯ən] *-s; nur Singular;* der größte Kontinent der Erde || *hierzu* **asi·a·tisch** *Adjektiv*

aso·zi·al *Adjektiv; ohne Steigerung* **1** *abwertend;* für die Gesellschaft schädlich ⟨asozial handeln, sich asozial verhalten⟩ **2** (vom Verhalten oder der Art her) so, dass jemand nicht in die

Gesellschaft integriert wird ⟨aus asozialen Verhältnissen stammen⟩: *In diesem Stadtteil leben viele asoziale Menschen* || *hierzu* **Aso·zi·a·le** *der/die; -n, -n*

As·pekt *der; -(e)s, -e;* der Standpunkt, von dem aus man ein Problem betrachtet: *etwas unter finanziellem Aspekt betrachten*

As·phalt, As·phalt [-f-] *der; -s, -e;* das (schwarzgraue) Material für den Straßenbelag || K- Asphaltbahn, Asphaltstraße || *hierzu* **as·phal·tie·ren** *(hat)*

Ass *das; -es, -e* **1** die höchste (Spiel)Karte || ↑ Abbildung unter **Spielkarten** || -K Herzass, Karoass, Kreuzass, Pikass **2** *umg;* jemand, der etwas sehr gut kann: *ein Ass in Physik*

aß *Imperfekt, 1. und 3. Person Singular;* ↑ **essen**

äße *Konjunktiv II, 1. und 3. Person Singular;* ↑ **essen**

As·sis·tent *der; -en, -en;* jemand, der jemandem *(z.B.* einem Professor oder Arzt) bei der Arbeit hilft || *hierzu* **As·sis·ten·tin** *die; -, -nen*

as·sis·tie·ren; *assistierte, hat assistiert;* **(je·mandem) (bei etwas) assistieren** jemandem *(meist* dem Vorgesetzten) bei der Arbeit helfen: *Zwei Schwestern assistierten dem Arzt bei der Operation*

As·so·zi·a·ti·on [asotsia'tsio:n] *die; -, -en; meist Plural;* die Gedanken und Gefühle, die oft durch den äußeren Eindruck hervorgerufen werden ⟨(positive, negative) Assoziationen wecken, hervorrufen⟩

Ast B2 *der; -(e)s, Äs·te;* der Teil eines Baumes, der aus dem Stamm wächst ⟨ein dicker, starker, dürrer Ast; einen Ast abbrechen⟩

As·ter *die; -, -n;* eine Blume, die *bes* im Herbst in vielen Farben blüht

Äs·the·tik *die; -, -en* **1** die Prinzipien oder Regeln, nach denen man darüber urteilt, ob etwas schön ist **2** das subjektiv Schöne: *die Ästhetik des Tanzes* || *hierzu* **äs·the·tisch** *Adjektiv*

Asth·ma *das; -s; nur Singular;* eine Krankheit, bei der man plötzlich nur noch schwer atmen kann || *hierzu* **asth·ma·tisch** *Adjektiv*

Ast·ro·lo·gie *die; -; nur Singular;* die Lehre vom Einfluss der Sterne auf die Menschen und auf ihr Schicksal ≈ Sterndeutung || *hierzu* **Ast·ro·lo·ge** *der; -n, -n;* **Ast·ro·lo·gin** *die; -, -nen;* **ast·ro·lo·gisch** *Adjektiv*

Ast·ro·naut *der; -en, -en;* jemand, der mit einer Rakete ins Weltall fliegt ≈ Raumfahrer || *hierzu* **Ast·ro·nau·tin** *die; -, -nen*

Ast·ro·no·mie *die; -; nur Singular;* die Wissenschaft von den Planeten, Sternen *usw* || *hierzu* **Ast·ro·nom** *der; -en, -en;* **Ast·ro·no·min** *die; -, -nen;* **ast·ro·no·misch** *Adjektiv*

ASU ['a:zu:] *die; -, -s;* Ⓓ *(Abkürzung für* Abgassonderuntersuchung) eine regelmäßige Kontrolle, mit der man prüft, ob ein Auto *o.Ä.* nicht zu viel Gift produziert ⟨die ASU machen⟩ || K- ASU-Plakette

Asyl B1 *das; -(e)s, -e* **1** *nur Singular;* das Recht, das es Flüchtlingen erlaubt, in einem anderen Land zu bleiben ⟨um Asyl bitten; (jemandem) politisches Asyl gewähren⟩ || K- Asylantrag, Asylbewerber, Asylrecht **2** ein Platz (Heim) für Personen ohne Wohnung

Asy·lant *der; -en, -en;* jemand, der um politisches Asyl bittet oder es (gewährt) bekommt || Hinweis: Die Bezeichnung *Asylant* wird oft als beleidigend empfunden. *Asylbewerber* oder *Asylsuchender* sind relativ neutrale Ausdrücke || *hierzu* **Asy·lan·tin** *die; -, -nen*

asym·met·risch *Adjektiv;* nicht symmetrisch || *hierzu* **Asym·met·rie** *die; -, -n*

Ate·li·er [ate'li̯e:] *das; -s, -s* **1** der oft große (Arbeits)Raum eines Künstlers || -K Maleratelier **2** ein Raum oder ein Gebäude, in dem Filme produziert werden || -K Filmatelier

Atem *der; -s; nur Singular* **1** die Luft, die sich von der Lunge zu Mund oder Nase bewegt (und umgekehrt) ⟨den Atem anhalten; Atem holen, schöpfen⟩ || K- Atembeschwerden, Atemnot **2** **außer Atem sein** (vor Erschöpfung) nicht mehr gut atmen können

atem·be·rau·bend *Adjektiv;* so erregend oder schön, dass man (unwillkürlich) den Atem anhält ⟨ein Anblick, ein Ereignis, eine Szene⟩

atem·los *Adjektiv; ohne Steigerung* **1** so, dass man nach großer Anstrengung kaum noch atmen kann **2** voller Spannung ⟨Stille; atemlos lauschen⟩ **3** sehr schnell (ablaufend): *ein atemloses Tempo*

Atem·zug *der; -(e)s, -zü·ge;* das (einmalige) Einsaugen der Luft in die Lunge ⟨ein tiefer Atemzug⟩ || ID **im gleichen/selben Atemzug** im gleichen Augenblick, zur selben Zeit; **bis zum letzten Atemzug** bis zum Tod

Athe·ist [ate'ɪst] *der; -en, -en;* jemand, der nicht an Gott glaubt || *hierzu* **Athe·is·tin** *die; -, -nen;* **athe·is·tisch** *Adjektiv*

Ath·let *der; -en, -en* **1** ein Sportler, der an einem Wettkampf teilnimmt **2** ein Mann mit starken Muskeln und einer guten Figur || *hierzu* **Ath·le·tin** *die; -, -nen;* **ath·le·tisch** *Adjektiv*

At·lan·tik *der; -s; nur Singular;* der Ozean zwischen Amerika und Europa bzw. Afrika ||

hierzu **at·lan·tisch** *Adjektiv*

At·las *der; -/-ses, At·lan·ten/-se;* ein Buch mit (Land)Karten || K Weltatlas

at·men [B2] *atmete, hat geatmet;* Luft durch Nase oder Mund in die Lunge ziehen ⟨stoßweise, schwer atmen⟩ || *hierzu* **At·mung** *die; -; nur Singular*

At·mo·sphä·re [-f-] *die; -; nur Singular* **1** die Mischung aus Gasen, die einen Planeten umgibt: *Die Atmosphäre der Erde besteht aus Luft* **2** die Stimmung innerhalb einer Gruppe ⟨eine frostige, gespannte, gelöste, heitere Atmosphäre⟩ || *hierzu* **at·mo·sphä·risch** *Adjektiv*

at·mungs·ak·tiv *Adjektiv;* ⟨Kleidung⟩ so, dass sie Luft an die Haut kommen lässt (und man nicht schwitzt)

Atom *das; -s, -e; Physik, Chemie;* der kleinste charakteristische Teil eines chemischen Elements || K- Atomkern, Atomspaltung, Atomwaffen

Atom·bom·be [B2] *die; -, -n;* eine große Bombe, deren Explosion gefährliche (radioaktive) Strahlen erzeugt

Atom·ener·gie [B2] *die; -; nur Singular;* Energie, die entsteht, wenn Atome (im Reaktor) gespalten werden

Atom·kraft·werk [B2] *das; -(e)s, -e;* ein technischer Betrieb, in dem Strom durch die Spaltung von Atomen produziert wird ≈ Kernkraftwerk

At·ta·cke *die; -, -n;* **eine Attacke (gegen jemanden/etwas)** **1** ein schneller militärischer Angriff ⟨eine Attacke reiten; zur Attacke blasen, übergehen⟩ **2** *Sport;* ein schneller Angriff, der den Gegner in Schwierigkeiten bringt: *Der Fechter hat die Attacke des Gegners abgewehrt* **3** harte Kritik: *eine öffentliche Attacke gegen ein Gesetz* **4** eine plötzlich auftretende Krankheit ≈ Anfall: *Der Patient erlag der Attacke* || K Fieberattacke, Herzattacke || *zu* 1, 2 und 3 **at·ta·ckie·ren** *(hat)*

At·ten·tat *das; -(e)s, -e;* **ein Attentat (auf/gegen jemanden)** ≈ Anschlag[2] ⟨einem Attentat zum Opfer fallen⟩ || *hierzu* **At·ten·tä·ter** *der; -s, -;* **At·ten·tä·te·rin** *die; -, -nen*

At·test *das; -(e)s, -e;* die (schriftliche) Erklärung eines Arztes, dass eine Person krank ist ⟨(jemandem) ein Attest ausstellen, ein Attest vorlegen⟩

At·trak·ti·on [-'tsio:n] *die; -, -en* **1** jemand/etwas von besonderem Interesse: *Der Löwe war die größte Attraktion des Zirkus* **2** die Faszination, die von einer sehr interessanten Person/Sache ausgeht

at·trak·tiv [B2] [-f] *Adjektiv* **1** so, dass man es sehr gerne haben, nutzen, tun möchte: *jemandem ein attraktives Angebot machen* **2** ≈ hübsch, reizvoll ⟨eine Frau, eine Erscheinung⟩

At·trap·pe *die; -, -n;* eine Nachbildung (Imitation), die täuschend echt aussieht: *Die Bombe war nur eine Attrappe*

At·tri·but *das; -(e)s, -e* **1** *förmlich;* ein besonderes Merkmal, das jemand/etwas hat: *Zuverlässigkeit ist eines seiner besten Attribute* **2** *Sprachwissenschaft;* eine nähere Bestimmung (zu einem Substantiv oder Adjektiv) || *zu* 2 **at·tri·bu·tiv** *Adjektiv*

ät·zen; *ätzte, hat geätzt;* **etwas ätzt (etwas)** etwas greift die Oberfläche *bes* von Metall und Geweben an und zerstört sie langsam: *Die Säure ätzte Löcher in das Eisen*

au! *Interjektion* **1** verwendet als Ausruf des Schmerzes **2** **au ja!** verwendet als Ausruf der Freude, Zustimmung

Au·ber·gi·ne [obɛr'ʒi:nə] *die; -, -n* **1** eine längliche, *meist* violette Frucht, die man als Gemüse isst **2** die Pflanze, die diese Früchte trägt

auch[1] [A1] *Adverb;* verwendet, um auszudrücken, dass (für jemanden/etwas) das Gleiche gilt wie für eine andere Person/Sache ≈ ebenfalls: *„Mein Radio ist kaputt!" – „Meines funktioniert auch nicht."; Auch Christian war auf dem Fest* (nicht nur Werner)

auch[2] [A1] *Partikel; unbetont* **1** verwendet, wenn die Aussage auf alle/alles zutreffen soll, auch auf die genannte Person/Sache (von der man es nicht erwartet hat) ≈ sogar: *Auch der klügste Schüler macht mal einen Fehler; Sie geht jeden Tag spazieren, auch wenn es regnet* **2** in Fragen verwendet, wenn man sicher sein will, dass etwas so ist, wie es sein sollte: *Vergisst du das auch ganz bestimmt nicht?* **3** verwendet, wenn man jemanden zu etwas ermahnt: *Sei auch schön brav bei der Oma!* **4** verwendet, um einen Grund dafür zu nennen, warum etwas zu erwarten war: *„Ganz schön kalt hier!" – „Kein Wunder, die Heizung ist ja auch kaputt."* **5** in (rhetorischen) Fragen verwendet, die einen Grund für etwas Negatives nennen, das jemand festgestellt hat: *„Mir ist so kalt!" – „Warum ziehst du dich auch nicht wärmer an?"*

auch[3] [A1] *meist in* **1** **wer/wie/was** *usw* + **auch (immer)** verwendet, um eine Aussage allgemeiner zu formulieren ≈ egal + wer/wie/was *usw: Was er auch tut, macht er gründlich; Wir müssen das Problem lösen, wie auch immer* **2**

so + *Adjektiv* **jemand/etwas auch ist**; **so** + *Adverb*/**sooft/sosehr/soviel jemand/etwas auch** + *Verb* verwendet, wenn etwas an der (im Hauptsatz genannten) Tatsache nichts ändern kann: *So groß der Hund auch ist, ich habe keine Angst vor ihm; Sooft ich den Film auch sehe, er wird mir nie langweilig* || Hinweis: ↑ **nur**[2], **sowohl**, **wenn**

au·dio·vi·su·ell [audio-] *Adjektiv*; zugleich akustisch und optisch wirksam ⟨Medien, der Unterricht⟩

auf[1] B1 *Präposition; mit Dativ/Akkusativ* **1** *mit Dativ*; verwendet, um eine Lage, einen Kontakt von oben (nach unten) zu bezeichnen ↔ unter: *Das Glas steht, der Brief liegt auf dem Tisch* **2** *mit Akkusativ*; verwendet, wenn eine Fläche oder eine Stelle von oben her berührt wird ↔ unter: *den Koffer auf den Boden stellen; den Verletzten auf eine Bahre legen* **3** *mit Dativ*; verwendet, um zu sagen, dass jemand im Gebäude einer Institution ist: *auf der Post, auf der Bank sein* **4** **auf etwas** (*Akkusativ*) **gehen** zu einer Institution gehen, um dort etwas zu tun ≈ zu: *Ich gehe jetzt auf die Bank, um Geld abzuheben* **5** *mit Dativ*; bei (einem Fest, einer Feier): *auf der Hochzeit, auf der Party sein; jemanden auf einem Ball kennenlernen* **6** **auf etwas** (*Akkusativ*) **gehen** zu etwas (*z.B.* einem Fest) gehen, um daran teilzunehmen: *auf eine Feier, auf eine Party gehen* **7** *mit Dativ*; bezeichnet einen Zustand: *auf Montage; auf Reisen; auf der Fahrt nach Berlin; auf der Flucht; auf der Suche nach jemandem/etwas* **8** *mit Akkusativ*; für die Bewegung von unten nach oben verwendet: *auf eine Leiter steigen; auf einen Berg klettern* **9** **auf etwas** (*Akkusativ*) **zu** verwendet, wenn man dem Ziel näher kommt ≈ in die Richtung: *Das Schiff steuerte auf den Hafen zu* **10** *mit Akkusativ*; verwendet bei Bezeichnungen der (weiten) Distanz: *Die Explosion war auf einige Kilometer zu hören* **11** *mit Akkusativ*; verwendet, um einen Zeitraum zu bezeichnen: *auf unbestimmte Zeit verreisen* **12** **auf etwas** (*Akkusativ*) **(genau)** sehr genau, kein ... mehr oder weniger: *auf den Tag genau vor zehn Jahren; Das stimmt auf den Cent genau!* **13** *mit Akkusativ*; verwendet zur Bezeichnung der Art und Weise: *etwas auf Englisch sagen; ein Glas auf einen Schluck austrinken* **14** *mit Akkusativ*; verwendet, um den Grund zu nennen: *auf Befehl, auf Veranlassung, auf Wunsch des Chefs; auf Anraten des Arztes* **15** *mit Akkusativ*; verwendet, um eine Relation zu bezeichnen: *Auf 30 Schüler kommt ein Lehrer* **16** verwendet in festen Verbindungen mit Verben, die ein Objekt fordern: *sich verlassen auf, warten auf, bestehen auf*

auf[2] A2 *Adverb* **1** verwendet, um jemanden aufzufordern, etwas zu öffnen ↔ zu: *Mund auf!; Tür auf!* **2** verwendet, um jemandem zu sagen, dass er sich beeilen soll: *Auf, wir gehen gleich!* **3** **etwas ist auf** *umg*; etwas ist offen, geöffnet ↔ etwas ist geschlossen, zu: *Das Fenster war die ganze Nacht auf; Die Bäckerei ist bis 19 Uhr auf* || ↑ Abbildung unter **breit** **4** **jemand ist auf** *umg*; jemand ist nicht mehr oder noch nicht im Bett: *Ich bin heute schon seit sechs Uhr auf* **5** **auf und ab** verwendet für eine Bewegung, die oft von oben nach unten oder von der einen Seite zur anderen geht: *im Zimmer auf und ab gehen* || ID **auf und davon** *umg*; auf der Flucht und fort ≈ weg: *Der Dieb war auf und davon*

auf- B1 *im Verb; betont und trennbar*; Die Verben mit *auf-* werden nach folgendem Muster gebildet: *aufschlagen - schlug auf - aufgeschlagen* **1** drückt aus, dass etwas geöffnet wird; ⟨ein Buch⟩ **aufblättern, aufklappen, aufschlagen**; ⟨eine Tür⟩ **aufdrücken**; **sich** (*Dativ*) ⟨die Haut⟩ **aufkratzen, aufschürfen** **2** drückt aus, dass eine Handlung plötzlich beginnt; **aufhorchen, auflachen, aufschreien, aufstöhnen**; ⟨ein Licht⟩ **blitzt auf, flackert auf, leuchtet auf** **3** drückt eine Bewegung nach oben, in die Luft, aus ≈ hoch-; ⟨ein Vogel⟩ **flattert auf, fliegt auf**; ⟨vom Boden⟩ **aufspringen**; ⟨aus dem Wasser⟩ **auftauchen**; ⟨Staub⟩ **aufwirbeln**; ⟨Staub⟩ **wirbelt auf** **4** drückt aus, dass etwas mit einer Oberfläche in Kontakt kommt; **etwas** (**auf etwas** (*Akkusativ*)) **aufdrucken, aufkleben, aufmalen, aufnähen, aufschrauben** **5** drückt aus, dass jemand/etwas in den genannten Zustand kommt oder gebracht wird; **aufwachen**; **jemanden aufheitern, aufmuntern**; **etwas auflockern, aufrauen, aufweichen**; ⟨der Himmel⟩ **hellt sich auf**

auf·ar·bei·ten (*hat*) **1** **etwas aufarbeiten** Möbel (durch neuen Stoff, neue Farbe *o.Ä.*) wieder schön machen: *Sie ließ das Sofa aufarbeiten* **2** **etwas aufarbeiten** an etwas geistig arbeiten (und es psychisch bewältigen), indem man noch einmal darüber nachdenkt ⟨Erlebnisse, Eindrücke aufarbeiten⟩ **3** **etwas aufarbeiten** etwas (mit dem man im Rückstand ist) zu Ende bringen, fertig machen ⟨die Akten, die Korrespondenz aufarbeiten⟩ || *hierzu* **Auf·ar·bei·tung** *die*; -, -en

auf·at·men (*hat*) **1** einmal tief atmen, weil man erleichtert ist **2** von einer Last befreit sein: *Nach dem Stress der letzten Tage konnte sie endlich aufatmen*

Auf·bau *der*; -(e)s, -ten **1** die Errichtung, das

Aufbauen (1) ↔ Abbau ⟨der Aufbau eines Gerüsts, eines Lagers⟩ **2** die Organisation eines (funktionierenden) Systems: *Die Firma befindet sich noch im Aufbau* **3** die Art, wie etwas gegliedert, zusammengesetzt ist: *den Aufbau eines Moleküls grafisch darstellen*

auf·bau·en *(hat)* **1** **etwas aufbauen** etwas aus einzelnen Teilen zusammensetzen ≈ errichten ⟨ein Gerüst, ein Zelt aufbauen⟩ **2** **(sich** *(Dativ)*) **etwas aufbauen** etwas entstehen lassen, schaffen ⟨eine Organisation, eine Partei aufbauen⟩ **3** **etwas baut auf etwas** *(Dativ)* **auf** etwas stützt sich auf etwas als Basis, Voraussetzung: *Der Unterricht an der Universität baut auf dem Schulwissen auf*

auf·be·kom·men *(hat) umg* **1** **etwas aufbekommen** etwas (Geschlossenes) öffnen können: *eine Tür, eine Konservendose aufbekommen* **2** **etwas aufbekommen** (vom Lehrer) eine Aufgabe gestellt bekommen ⟨Hausaufgaben aufbekommen⟩: *Habt ihr heute viel aufbekommen?*

auf·bes·sern *(hat)* **etwas aufbessern** etwas besser werden lassen ⟨jemandes Gehalt, jemandes Taschengeld, seine Sprachkenntnisse⟩: || *hierzu* **Auf·bes·se·rung** *die; -, -en*

auf·be·wah·ren; *bewahrte auf, hat aufbewahrt;* **etwas aufbewahren** etwas (*meist* Wertvolles) für einige Zeit sicher lagern: *Schmuck im Safe aufbewahren* || *hierzu* **Auf·be·wah·rung** *die; -; nur Singular*

auf·bie·ten *(hat)* **jemanden/etwas (für/zu etwas) aufbieten** Organisationen einsetzen oder besondere Leistungen bringen, um so ein Ziel zu erreichen: *alle Kräfte, seinen ganzen Einfluss zum Gelingen eines Projekts aufbieten; Die Regierung musste Militär und Polizei aufbieten, um für Ruhe zu sorgen* || *hierzu* **Auf·bie·tung** *die; -; nur Singular* || ▸ **Aufgebot**

auf·bin·den *(hat)* **1** **etwas aufbinden** etwas öffnen (, das zugeschnürt ist) ↔ zubinden ⟨einen Sack, eine Schürze, die Schuhe aufbinden⟩ **2** **jemandem etwas aufbinden** *umg;* jemandem (absichtlich) etwas Unwahres erzählen ⟨jemandem eine Lüge, eine Geschichte aufbinden⟩: *Wer hat dir denn dieses Märchen aufgebunden?*

auf·bla·sen *(hat)* **etwas aufblasen** etwas (mit dem Mund) mit Luft füllen ⟨einen Luftballon, eine Luftmatratze aufblasen⟩ || *hierzu* **auf·blas·bar** *Adjektiv*

auf·blei·ben *(ist)* **1** noch nicht (zum Schlafen) ins Bett gehen: *Die Kinder dürfen bis neun Uhr aufbleiben* **2** **etwas bleibt auf** etwas ist weiterhin offen: *Das Fenster soll nachts aufbleiben*

auf·bli·cken *(hat)* ↑ **aufsehen**

auf·blü·hen *(ist)* **1** **etwas blüht auf** eine Pflanze öffnet die Blüten **2** **etwas blüht auf** etwas entwickelt sich günstig ⟨der Handel, die Wissenschaft⟩ **3** **jemand blüht auf** jemandem geht es deutlich besser: *In der neuen Schule blühte sie richtig auf*

auf·brau·chen *(hat)* **etwas aufbrauchen** etwas bis auf den letzten Rest, vollständig verbrauchen ⟨Geld, Energie, seine Geduld aufbrauchen⟩

auf·bre·chen *(hat/ist)* **1** **etwas aufbrechen** *(hat)* etwas (Verschlossenes) mit Gewalt öffnen ⟨eine Tür, ein Schloss, eine Kiste aufbrechen⟩ **2** **etwas bricht auf** *(ist)* etwas öffnet sich von selbst ⟨eine Eisdecke, eine Narbe, eine Blüte⟩ **3** **(zu etwas)/(irgendwohin) aufbrechen** *(ist)* weggehen, sich auf den Weg zum Ziel machen: *zu einer Expedition, nach Rom aufbrechen* || ▸ **Aufbruch**

auf·brin·gen *(hat)* **1** **etwas (für jemanden/etwas) aufbringen** genug von etwas haben oder sammeln, um etwas zu tun oder jemandem zu helfen: *Mut, Kraft für eine Entscheidung aufbringen* **2** **etwas aufbringen** etwas Neues anderen bekannt machen ⟨eine Mode, ein Gerücht aufbringen⟩ **3** **jemanden (gegen jemanden) aufbringen** jemanden wütend machen: *Mit seinem Verhalten brachte er alle gegen sich auf* **4** **etwas aufbringen** *umg* ≈ aufbekommen (1)

Auf·bruch *der; -(e)s, -brü·che;* der Beginn einer Reise ⟨ein allgemeiner, überstürzter Aufbruch; zum Aufbruch drängen, mahnen⟩

auf·bür·den; *bürdete auf, hat aufgebürdet;* **jemandem/sich jemanden/etwas aufbürden** *umg;* jemandem/sich eine unangenehme Aufgabe geben *bzw* jemanden/sich mit jemandem belasten, um den er sich kümmern muss ⟨jemandem/sich viel Arbeit, die Kinder aufbürden⟩

auf·de·cken *(hat)* **etwas aufdecken** etwas Verborgenes (und *meist* Negatives) allen bekannt machen ⟨jemandes Schwächen, ein Verbrechen aufdecken⟩: *Die Reporter deckten den Skandal auf* || *hierzu* **Auf·de·ckung** *die; -, -en; meist Singular*

auf·drän·gen *(hat)* **1** **jemandem etwas aufdrängen** versuchen, jemandem etwas gegen seinen Willen zu geben oder zu verkaufen: *Der Vertreter wollte der alten Frau ein Abonnement für eine Zeitschrift aufdrängen* **2** **sich jemandem aufdrängen** jemandem gegen dessen Willen anbieten, sein Freund oder Begleiter zu sein: *Er drängte sich uns förmlich auf* **3** **etwas drängt sich (jemandem) auf** etwas wird jemandem (unwillkürlich) bewusst: *Bei diesem Film drängen sich mir Bilder aus meiner Schulzeit auf*

auf·dre·hen *(hat)* **1** **etwas aufdrehen** durch Öffnen eines Hahns oder Ventils eine Flüssigkeit oder ein Gas strömen lassen ↔ zudrehen ⟨den Hahn, das Gas, das Wasser aufdrehen⟩ **2** **etwas aufdrehen** *umg;* ein elektrisches Gerät lauter stellen ⟨das Radio, die Stereoanlage aufdrehen⟩

auf·dring·lich *Adjektiv;* in der Wirkung so intensiv, dass sich andere Menschen gestört fühlen: *Der aufdringliche Kerl soll mich in Ruhe lassen!* || *hierzu* **Auf·dring·lich·keit** *die; -; nur Singular*

Auf·druck *der; -(e)s, -e;* das, was auf Papier oder auf einen Stoff gedruckt ist

auf·ei·nan·der *Adverb* **1** eine Person/Sache auf die andere oder auf der anderen: *Man darf diese zerbrechlichen Gegenstände nicht aufeinander lagern* **2** drückt eine Gegenseitigkeit aus: *Die Farben waren aufeinander abgestimmt; Sie nehmen Rücksicht aufeinander* **3** eine Person/ein Tier gegen die/das andere: *Sie gingen aufeinander los*

auf·ei·nan·der- *im Verb; betont und trennbar;* Die Verben mit *aufeinander-* werden nach folgendem Muster gebildet: *aufeinanderpressen - presste aufeinander - aufeinandergepresst* **1** drückt aus, dass mehrere Dinge, Menschen *usw* so angeordnet werden oder sind, dass eines/einer direkt auf dem anderen ist; ⟨Bücher, Hefte⟩ **aufeinanderlegen, aufeinanderstapeln, aufeinandertürmen**; **sich aufeinanderlegen**; ⟨ Personen, Tiere, Bücher *usw*⟩ **liegen aufeinander** **2** drückt aus, dass mehrere Dinge, Menschen *usw* miteinander in Kontakt gebracht werden oder kommen; ⟨die Zähne⟩ **aufeinanderbeißen**; ⟨Hunde⟩ **aufeinanderhetzen**; ⟨ Ereignisse, Szenen⟩ **folgen aufeinander**

auf·ei·nan·der·tref·fen *(sind)* ⟨Personen/Mannschaften *o.Ä.*⟩ **treffen aufeinander** *meist* zwei Personen/Mannschaften *o.Ä.* treffen als Gegner in einem (Wett)Kampf zusammen: *Im Halbfinale trafen die Mannschaften aus England und Frankreich aufeinander*

Auf·ent·halt B2 *der; -(e)s, -e* **1** die Zeit, die man an einem Ort bleibt: *ein einjähriger Aufenthalt im Ausland* || K- Aufenthaltsdauer, Aufenthaltsort || -K Auslandsaufenthalt, Erholungsaufenthalt, Studienaufenthalt **2** die kurze Zeit, in der es bei einer Fahrt eine Pause gibt: *Der Zug hat in Köln 15 Minuten Aufenthalt*

Auf·ent·halts·raum *der; -(e)s, -räu·me;* ein Zimmer *(z.B.* in einer Schule oder in einer Firma), in dem man *bes* während einer Pause bleiben kann

auf·es·sen *(hat)* **(etwas) aufessen** etwas zu Ende essen: *Der Braten wurde bis auf den letzten Bissen aufgegessen*

auf·fah·ren *(ist)* **1** **auf jemanden/etwas auffahren** während der Fahrt auf jemanden/etwas stoßen ≈ aufprallen: *Das Auto/Er fuhr auf den Lastwagen auf* || K- Auffahrunfall **2** **(auf jemanden/etwas) auffahren** sich dem Fahrzeug, das vor einem fährt, nähern ⟨zu dicht auffahren⟩ **3** **(aus etwas) auffahren** aus einem ruhigen Zustand plötzlich aufschrecken ⟨aus Gedanken, aus dem Schlaf auffahren⟩

Auf·fahrt B2 *die; -, -en* **1** eine Straße, die direkt zu einer Autobahn führt ↔ Ausfahrt || -K Autobahnauffahrt **2** eine (ansteigende) Straße, die zum Eingang eines größeren Gebäudes führt: *Die Kutsche fuhr die Auffahrt zum Schloss hinauf*

auf·fal·len *(ist)* **1** **jemand/etwas fällt (jemandem) auf** jemand/etwas macht andere (durch etwas Besonderes) auf sich aufmerksam: *Sie fiel durch ihre Intelligenz auf* **2** **etwas fällt (an jemandem/etwas) auf** etwas ist deutlich zu bemerken: *Mir fällt (an ihm) auf, dass er sehr nervös ist*

auf·fäl·lig *Adjektiv;* so, dass es alle wahrnehmen ⟨Kleidung, ein Benehmen⟩ || *hierzu* **Auf·fäl·lig·keit** *die; -, -en*

auf·fan·gen *(hat)* **1** **etwas auffangen** etwas, das fällt oder fliegt, mit den Händen aus der Luft greifen ⟨einen Ball auffangen⟩ **2** **jemanden auffangen** jemanden mit den Händen greifen, damit er nicht fällt **3** **etwas auffangen** eine Flüssigkeit in einem Gefäß sammeln: *Regenwasser in einer Tonne auffangen* || K- Auffangbecken **4** **etwas auffangen** die negativen Folgen von etwas zu mildern versuchen: *den Kursverfall, die Preissteigerung auffangen*

auf·fas·sen *(hat)* **etwas als etwas auffassen**; **etwas irgendwie auffassen** von etwas eine eigene, *meist* sehr subjektive Meinung haben ≈ verstehen ⟨Worte falsch, als Beleidigung, als Vorwurf, als Schmeichelei auffassen⟩

Auf·fas·sung *die; -, -en;* **eine Auffassung (von etwas)**/ **(über etwas** *(Akkusativ)*) die Meinung, die man darüber hat, wie etwas ist oder sein sollte ≈ Vorstellung ⟨der Auffassung sein, dass ...; die Auffassung vertreten, dass ...⟩: *Wir sind unterschiedlicher Auffassung darüber, wie die Kinder erzogen werden sollen*

Auf·fas·sungs|ga·be *die; -; nur Singular;* die Fähigkeit, etwas (schnell) zu verstehen und (geistig) zu verarbeiten ⟨eine gute, schnelle Auffassungsgabe haben⟩

auf·flie·gen *(ist)* **1** ⟨ein Vogel⟩ **fliegt auf** ein Vogel fliegt nach oben **2** **etwas fliegt auf** etwas öffnet sich plötzlich ⟨eine Tür, ein Fenster⟩ **3** **etwas fliegt auf** *umg;* etwas wird entdeckt (und scheitert) ⟨ein geheimer Plan, ein Spionagering, eine Schmugglerbande⟩

auf·for·dern *(hat)* **1** **jemanden (zu etwas) auffordern** jemanden um etwas bitten ⟨jemanden zum Tanz auffordern⟩: *Er forderte sie auf, sich zu setzen* **2** **jemanden zu etwas auffordern** von jemandem (offiziell oder nachdrücklich) verlangen, dass er etwas tut: *Sie forderte ihn auf, sofort das Zimmer zu verlassen* || *hierzu* **Auf·for·de·rung** *die; -, -en*

auf·fres·sen *(hat)* **1** **ein Tier frisst (jemanden/etwas) auf** ein Tier frisst jemanden/etwas ganz, so dass kein Rest bleibt: *von wilden Tieren aufgefressen werden* **2** **etwas frisst jemanden auf** etwas macht jemanden krank, weil es ihm all seine Kraft nimmt ⟨Kummer, Trauer, Sorgen, die Arbeit⟩

auf·fri·schen; *frischte auf, hat/ist aufgefrischt;* **etwas auffrischen** etwas Vergangenes oder Vergessenes wieder ins Gedächtnis rufen: *Erinnerungen, seine Englischkenntnisse auffrischen* || *hierzu* **Auf·fri·schung** *die; -, -en*

auf·füh·ren *(hat)* **etwas aufführen** ein (künstlerisches) Werk auf einer Bühne zeigen ⟨ein Schauspiel, ein Ballett, eine Oper *usw* aufführen⟩ || *hierzu* **Auf·füh·rung** *die; -, -en*

Auf·ga·be[1] B1 *die; -, -n* **1** etwas, das man tun muss (*z.B.* weil man den Auftrag dazu hat) ≈ Verpflichtung ⟨eine interessante, unangenehme Aufgabe; eine Aufgabe bekommen, erfüllen; jemandem eine Aufgabe geben, übertragen⟩ || K- Aufgabenbereich, Aufgabengebiet **2** der Zweck oder die Funktion, die von jemandem/etwas erfüllt werden sollen: *Ampeln haben die Aufgabe, den Verkehr zu regeln* **3** ein *meist* mathematisches Problem ⟨eine Aufgabe lösen; jemandem eine Aufgabe stellen⟩ || -K Rechenaufgabe **4** *meist Plural;* eine Übung, die ein Kind für die Schule machen muss ≈ Hausaufgabe, Schulaufgabe ⟨seine Aufgaben machen⟩

Auf·ga·be[2] B1 *die; -; nur Singular;* die Tatsache, dass man mit einer Sache aufhört oder ein Vorhaben nicht ausführt ⟨die Aufgabe des Berufs, eines Hobbys, eines Plans; jemanden zur Aufgabe zwingen⟩

Auf·gang *der; -(e)s, -gän·ge* **1** eine Treppe, die nach oben führt || -K Bühnenaufgang, Treppenaufgang **2** das Erscheinen am Himmel ↔ Untergang ⟨*meist* der Aufgang der Sonne, des Mondes⟩ || -K Sonnenaufgang

auf·ge·ben[1] B1 *(hat)* **1** **etwas aufgeben** jemandem/einer Institution etwas geben, damit sie es (weiter)sendet ⟨einen Brief, ein Paket, ein Telegramm, eine Bestellung, eine Anzeige aufgeben⟩ **2** **(jemandem) etwas aufgeben** (als Lehrer) seinen Schülern Arbeiten geben, die sie zu Hause machen müssen ⟨Hausaufgaben, eine Übersetzung aufgeben⟩: *Der Lehrer gibt uns zu viel auf!* || ▸ **Aufgabe**[1]

auf·ge·ben[2] B1 *(hat)* **1** **etwas aufgeben** auf etwas verzichten (müssen), etwas nicht mehr tun (können) ⟨die Wohnung, das Geschäft, die Hoffnung, den Widerstand, einen Plan, das Rauchen, das Trinken aufgeben⟩: *Wegen ihrer Krankheit musste sie ihren Beruf aufgeben* **2** (wegen einer Verletzung oder der Situation) einen (Wett)Kampf, eine Arbeit *o.Ä.* nicht zu Ende führen: *Der Läufer war so erschöpft, dass er kurz vor dem Ziel aufgeben musste* || ▸ **Aufgabe**[2]

auf·ge·bla·sen *Adjektiv; umg abwertend* ≈ arrogant

Auf·ge·bot *das; -(e)s, -e; meist Singular* **1** die offizielle Mitteilung einer geplanten Heirat ⟨das Aufgebot bestellen, aushängen⟩ **2** **ein Aufgebot (an** ⟨Personen/Dingen⟩**)** eine (große) Zahl von Personen oder Dingen, die für einen Zweck eingesetzt werden ⟨ein (großes) Aufgebot an Polizeikräften, Stars, Material und Technik⟩

auf·ge·dreht, *aufgedrehter, aufgedrehtest-; Adjektiv; umg;* gut gelaunt, lustig und *meist* etwas nervös ≈ aufgekratzt: *An meinem Geburtstag war ich völlig aufgedreht*

auf·ge·hen *(ist)* **1** **etwas geht auf** etwas öffnet sich ↔ etwas geht zu ⟨eine Tür, ein Fenster, eine Knospe, ein Regenschirm⟩ **2** **etwas geht auf** etwas erscheint (über dem Horizont) ↔ etwas geht unter ⟨*meist* die Sonne, der Mond⟩ **3** **etwas geht auf** etwas löst sich ⟨ein Knoten, eine Naht⟩ **4** **etwas geht auf** etwas wird (beim Backen) größer, dicker ⟨der Teig, das Brot, der Kuchen⟩ **5** **jemand geht in etwas** *(Dativ)* **auf** jemand tut etwas mit großer Freude ⟨in seiner Arbeit, in einer Aufgabe völlig aufgehen⟩ **6** **etwas geht jemandem auf** jemand begreift etwas (plötzlich): *Da ging ihm auf, was sie gemeint* *hatte* || ▸ **Aufgang**

auf·ge·ho·ben *Adjektiv; meist in* **(bei jemandem/irgendwo) gut aufgehoben sein** *umg;* bei jemandem/irgendwo in Sicherheit sein (und *meist* gut betreut werden): *Die Kinder sind bei den Großeltern gut aufgehoben*

auf·ge·legt *Adjektiv* **1** **zu etwas aufgelegt** in der (guten) Stimmung, etwas zu tun: *zum Scherzen aufgelegt sein* **2** **gut/schlecht aufgelegt** in guter/schlechter Laune

auf·ge·löst *Adjektiv; ohne Steigerung;* durch Trauer oder Angst sehr verwirrt und nervös: *Nach dem Unfall war sie völlig aufgelöst*

auf·ge·schlos·sen *Adjektiv;* **etwas** (*Dativ*) **gegenüber aufgeschlossen; aufgeschlossen (für etwas)** interessiert und offen gegenüber allem Neuen: *aufgeschlossen sein für die Probleme anderer; der modernen Technik aufgeschlossen gegenüberstehen* || *hierzu* **Auf·ge·schlos·sen·heit** *die; -; nur Singular*

auf·ge·weckt, *aufgeweckter, aufgewecktest-; Adjektiv;* (für sein Alter) schnell denkend und intelligent ⟨ein Kind, ein Schüler⟩

auf·gie·ßen (*hat*) **etwas aufgießen** ein Getränk bereiten, indem man heißes Wasser über Kaffeepulver oder Teeblätter gießt ≈ aufbrühen ⟨Kaffee, Tee aufgießen⟩

auf·grei·fen (*hat*) **1** **jemanden aufgreifen** einen Gesuchten finden und festnehmen: *einen flüchtigen Verbrecher aufgreifen* **2** **etwas aufgreifen** etwas noch einmal erwähnen und diskutieren ⟨ein Thema, einen Gedanken aufgreifen⟩: *die vorherige Frage noch einmal aufgreifen*

auf·grụnd, auf Grụnd B2 *Präposition; mit Genitiv;* verwendet, um den Grund oder die Ursache zu nennen ≈ wegen: *aufgrund des schlechten Wetters* || Hinweis: auch verwendet mit *von*: *Aufgrund von Zeugenaussagen wurde er verurteilt*

Auf·guss *der; -es, -güs·se;* **1** heißes Wasser, das über besondere Kräuter *o.Ä.* gegossen und als Medizin oder Getränk (*meist* als Tee) verwendet wird || K- Aufgussbeutel **2** *abwertend;* eine fantasielose Kopie von etwas (*z.B.* eines Kunstwerks) ≈ Abklatsch

auf·ha·ben (*hat*) *umg* **1** **etwas aufhaben** etwas geöffnet haben ↔ zuhaben: *die Augen aufhaben* **2** **etwas aufhaben** einen Hut oder eine Brille auf dem Kopf haben **3** **etwas aufhaben** etwas als Aufgabe zu Hause machen müssen: *Wir haben heute einen Aufsatz auf* **4** **etwas hat auf** etwas ist geöffnet ↔ etwas hat zu ⟨ein Geschäft, ein Büro⟩

auf·hal·ten (*hat*) **1** **jemand/etwas hält jemanden/etwas auf** jemand/etwas hindert jemanden/etwas daran, etwas weiter zu tun oder irgendwohin zu gelangen, bremst jemanden/etwas: *eine Entwicklung nicht aufhalten können; Die Panne hat mich aufgehalten* **2** **(jemandem) etwas aufhalten** (für jemanden) etwas geöffnet halten: *Halt mal die Tüte auf, damit ich die Äpfel reintun kann; Er hielt ihr höflich die Tür auf* **3** **sich irgendwo aufhalten** an einem Ort sein: *sich bei Verwandten aufhalten* **4** **sich mit jemandem/etwas aufhalten** bei der Beschäftigung mit jemandem/etwas viel Zeit verlieren

auf·hän·gen B2 *hängte auf, hat aufgehängt* **1** **etwas (irgendwo) aufhängen** etwas an oder über etwas hängen ⟨einen Hut aufhängen; Wäsche zum Trocknen aufhängen⟩: *ein Bild an der Wand, an einem Nagel aufhängen* **2** **jemanden/sich aufhängen** jemanden/sich selbst mit einem Strick um den Hals töten **3** **(den (Telefon)Hörer) aufhängen** den Hörer auf das Telefon legen und dadurch die Verbindung unterbrechen ≈ einhängen: *Ich wollte weiterreden, aber sie hatte schon aufgehängt*

Auf·hän·ger *der; -s, -;* **1** ein kleines Band (*bes* an der Kleidung und an Tüchern), mit dem man sie aufhängen kann **2** **ein Aufhänger (für etwas)** eine Einzelheit (*z.B.* ein Ereignis), mit der man *bes* eine Geschichte oder ein Thema beginnt ⟨etwas als Aufhänger benutzen⟩

auf·he·ben[1] B1 (*hat*) **1** **etwas aufheben** etwas, das auf dem Boden liegt, nehmen und in die Höhe heben: *am Strand eine schöne Muschel aufheben* || ↑ Illustration **Verben der Bewegung** **2** **(sich** (*Dativ*)**) etwas aufheben** etwas nicht verbrauchen oder wegwerfen, sondern für später behalten ≈ aufbewahren: *sich ein Stück Kuchen für den nächsten Tag aufheben; etwas zur Erinnerung an jemanden aufheben*

auf·he·ben[2] B1 (*hat*) **1** **etwas aufheben** eine Regelung nicht länger gültig sein lassen ≈ abschaffen: *Das Parlament hob die Todesstrafe auf* **2** **etwas hebt etwas auf** etwas hat die entgegengesetzte Wirkung: *Das Medikament hebt die Wirkung des Gifts auf* || *hierzu* **Auf·he·bung** *die; -, -en*

Auf·he·ben(s) *nur in* **viel/wenig/kein Aufheben(s) um/von etwas machen** *förmlich;* etwas für wichtig/weniger wichtig/unwichtig halten (und deshalb viel oder wenig darüber reden)

auf·hei·tern; *heiterte auf, hat aufgeheitert* **1** **jemanden aufheitern** jemanden, der traurig ist, froh oder heiter machen (indem man ihm *z.B.* etwas Lustiges erzählt) 2 **etwas heitert sich auf** etwas wird froh, heiter ⟨jemandes Gesicht, jemandes Stimmung⟩ 3 **der Himmel/es heitert sich auf** die Wolken verschwinden

auf·hei·zen *(hat)* 1 **etwas heizt etwas auf** etwas macht etwas warm oder heiß: *Mittags heizt die Sonne die Ebene, das Wasser auf* 2 **etwas aufheizen** Gefühle *(bes* Wut, Ärger) intensiver machen ⟨die Stimmung aufheizen⟩

auf·het·zen *(hat)* 1 **jemanden (gegen jemanden/etwas) aufhetzen** jemanden dazu bringen, über jemanden/etwas wütend oder verärgert zu sein: *Sie hetzt ihren Bruder ständig gegen den Vater auf* 2 **jemanden zu etwas aufhetzen** jemanden dazu bringen, etwas *meist* Böses zu tun: *Er war zu der Tat aufgehetzt worden*

auf·ho·len *(hat)* **(etwas) aufholen** näher an andere, die besser oder schneller sind, oder an das, was man eigentlich als Ziel gehabt hat, herankommen ≈ etwas wettmachen ⟨eine Verspätung, einen Vorsprung aufholen⟩: *Der Schwimmer holte zwar auf, konnte aber nicht mehr gewinnen*

auf·hö·ren A2 *(hat)* 1 **aufhören (+ zu** + *Infinitiv)* etwas nicht länger tun ↔ anfangen, beginnen: *Ende des Monats höre ich auf zu arbeiten; Hör doch mal auf, du nervst!* 2 **(mit etwas) aufhören** etwas nicht länger tun ↔ (mit etwas) anfangen: *mit dem Rauchen aufhören* 3 **etwas hört auf** etwas ist zu Ende ↔ etwas fängt an: *Endlich hörte der Sturm auf*

auf·kau·fen *(hat)* **etwas aufkaufen** sehr große Mengen oder alles kaufen, was von einer Ware angeboten wird

auf·klap·pen *(hat)* **etwas aufklappen** einen Teil oder mehrere Teile einer Sache so bewegen, dass sich der Gegenstand öffnet ↔ zuklappen ⟨einen Koffer, einen Liegestuhl aufklappen⟩

auf·klä·ren *(hat)* 1 **etwas aufklären** herausfinden, wie etwas wirklich ist ⟨ein Verbrechen, einen Irrtum, Widersprüche aufklären⟩ 2 **jemanden aufklären** jemandem, *meist* einem Kind, sexuelle Vorgänge erklären: *Ihr Sohn wurde schon früh aufgeklärt* || *hierzu* **Auf·klä·rung** *die; -, -en; meist Singular*

Auf·kle·ber *der; -s, -;* ein kleiner Zettel oder ein kleines Bild, die man auf etwas klebt || -K Gepäckaufkleber, Paketaufkleber

auf·ko·chen *(hat)* **etwas aufkochen** etwas für kurze Zeit so heiß machen, dass es kocht ⟨die Suppe, die Milch aufkochen⟩

auf·kom·men *(ist)* 1 **etwas kommt auf** etwas entsteht und verbreitet sich ⟨ein Gerücht, (gute) Stimmung, Zweifel, Langeweile; ein Sturm, ein Gewitter⟩ 2 **für jemanden/etwas aufkommen** die Kosten für jemanden/etwas bezahlen ⟨für den Schaden, ein Projekt, ein Kind aufkommen⟩ 3 **irgendwie/irgendwo aufkommen** nach einem Sprung oder Flug wieder den Boden berühren ≈ landen: *Das Pferd kam nach dem Hindernis weich auf*

Auf·kom·men *das; -s, -; meist Singular;* **das Aufkommen (an jemandem/etwas** *(Plural)*) die gesamte Menge oder Anzahl von Personen, Dingen: *ein sinkendes/steigendes Aufkommen an Steuereinnahmen* || -K Anzeigenaufkommen, Fahrgastaufkommen, Steueraufkommen, Verkehrsaufkommen, Zinsaufkommen

auf·kreu·zen *(ist)* **(irgendwo) aufkreuzen** *umg;* überraschend irgendwo erscheinen

auf·krie·gen *(hat) umg* ↑ **aufbekommen**

auf·la·den *(hat)* 1 **etwas (auf etwas** *(Akkusativ)*) **aufladen** etwas auf etwas laden (um es zu transportieren) ↔ abladen: *die Fracht auf einen Lkw aufladen* 2 **etwas aufladen** elektrische Energie in etwas speichern ↔ entladen ⟨eine Batterie aufladen⟩

Auf·la·ge *die; -, -n;* die Zahl der gedruckten Exemplare *z.B.* eines Buches oder einer Zeitung: *eine Zeitschrift mit einer hohen Auflage* || K- Auflagenhöhe

auf·las·sen *(hat) umg* 1 **etwas auflassen** etwas offen, geöffnet lassen ↔ zulassen: *Lass die Tür auf, es ist so heiß hier!* 2 **etwas auflassen** etwas auf dem Kopf behalten ⟨den Hut, die Mütze auflassen⟩

auf·lau·ern *(hat)* **jemandem auflauern** sich irgendwo verstecken und auf jemanden warten, *meist* um ihn plötzlich anzugreifen: *Der Täter lauerte seinem Opfer in der Tiefgarage auf*

Auf·lauf[1] *der; -(e)s, -läu·fe; meist Singular;* eine spontane Ansammlung vieler Personen: *Vor der Firma war ein Auflauf empörter Arbeiter* || -K Menschenauflauf

Auf·lauf[2] *der; -(e)s, -läu·fe;* eine Speise, die im Herd überbacken wird || -K Nudelauflauf, Reisauflauf

auf·lau·fen *(ist)* 1 ⟨ein Schiff *o.Ä.*⟩ **läuft (auf etwas** *(Akkusativ)*) **auf** ein Schiff *o.Ä.* bleibt auf einem Hindernis stecken: *Das Segelschiff lief auf ein Riff auf* 2 **jemanden auflaufen lassen** *umg;* jemanden vor anderen absichtlich in eine peinliche Situation bringen

auf·le·ben *(ist)* **1** **etwas lebt auf** etwas wird (wieder) frisch, wächst und blüht: *Die Natur lebte nach dem Regen auf* **2** **jemand lebt auf** jemand wird froh und munter: *Sie lebte durch die neue Aufgabe auf* **3** **etwas lebt wieder auf** etwas (das vorbei war oder schon vergessen ist) wird wieder aktuell oder beliebt ⟨(alte) Bräuche, Traditionen, eine Diskussion⟩

auf·le·gen B1 *(hat)* **1** **etwas auflegen** etwas (zu einem bestimmten Zweck) auf etwas legen, geben: *eine Schallplatte auflegen; Make-up auflegen* **2** **etwas auflegen** brennbares Material in den Ofen tun ⟨Kohle, Briketts, (ein Scheit) Holz auflegen⟩ **3** **(den (Telefon)Hörer) auflegen** den Hörer auf das Telefon legen und dadurch das Gespräch abbrechen ↔ abheben: *In ihrer Wut hat sie einfach aufgelegt*

auf·leh·nen, sich *(hat)* **sich (gegen jemanden/etwas) auflehnen** sich weigern, einen Zustand zu akzeptieren (und Widerstand dagegen leisten): *sich gegen die Eltern auflehnen* || *hierzu* **Auf·leh·nung** *die; -; nur Singular*

auf·lö·sen *(hat)* **1** **etwas (in etwas** *(Dativ)*) **auflösen** etwas Festes in eine Flüssigkeit geben, so dass es sich ganz mit dieser Flüssigkeit vermischt: *eine Tablette in Wasser auflösen* **2** **etwas auflösen** bewirken, dass etwas nicht mehr besteht oder nicht mehr gültig ist ⟨eine Demonstration, eine Partei, das Parlament, einen Vertrag auflösen⟩ **3** **etwas löst sich (in etwas** *(Dativ)*) **auf** etwas zerfällt völlig: *Salz löst sich in Wasser auf* **4** **etwas löst sich auf** etwas hört auf, als Gruppe, Organisation *o.Ä.* zu existieren ⟨eine Partei, das Parlament⟩ || *zu* 2 **Auf·lö·sung** *die; -, -en*

auf·ma·chen A1 *(hat)* **1** **etwas aufmachen** *umg* ≈ öffnen ↔ zumachen ⟨eine Tür, eine Flasche, einen Brief, den Mund aufmachen⟩ **2** **etwas aufmachen** *umg* ein neues Geschäft, eine Firma gründen ≈ eröffnen **3** **etwas macht auf** *umg*; etwas wird für Kunden geöffnet ↔ etwas schließt: *Diese Boutique hat letzte Woche neu aufgemacht; Um wie viel Uhr macht die Bank auf?* **4** **sich aufmachen** einen Weg beginnen: *Wenn wir rechtzeitig ankommen wollen, sollten wir uns jetzt aufmachen*

Auf·ma·chung *die; -, -en;* die Art, wie etwas gestaltet ist: *eine effektvolle Aufmachung*

auf·merk·sam *Adjektiv* **1** mit voller Konzentration und großem Interesse ⟨aufmerksam zuhören, zuschauen⟩: *Sie ist eine aufmerksame Schülerin* **2** höflich und hilfsbereit: *Das ist sehr aufmerksam von Ihnen!* **3** **jemanden (auf jemanden/etwas) aufmerksam machen** jemandes Interesse auf jemanden/etwas lenken || *zu* 1 und 2 **Auf·merk·sam·keit** *die; -; nur Singular*

auf·mun·tern; *munterte auf, hat aufgemuntert;* **jemanden aufmuntern** bewirken, dass jemand, der schlecht gelaunt oder traurig ist, wieder lustiger wird || *hierzu* **Auf·mun·te·rung** *die; -, -en*

Auf·nah·me B2 *die; -, -n* **1** *nur Singular;* der Beginn ⟨die Aufnahme von Verhandlungen⟩ **2** *nur Singular;* die Erlaubnis, Mitglied zu werden: *einen Antrag auf Aufnahme in den Kindergarten stellen* || K- Aufnahmeantrag, Aufnahmegebühr, Aufnahmeprüfung **3** ein Bild, das mit einer (Foto)Kamera gemacht wurde ≈ Fotografie ⟨Aufnahmen machen⟩ || -K Filmaufnahme **4** das, was auf einer Kassette, CD *o.Ä.* gespeichert ist || K- Aufnahmestudio || -K Schallplattenaufnahme

auf·neh·men B1 *(hat)* **1** **etwas aufnehmen** mit etwas beginnen ⟨Kontakte, Verhandlungen, die Arbeit, die Verfolgung aufnehmen⟩: *seine Tätigkeit als Arzt aufnehmen* **2** **jemanden aufnehmen** jemanden als Gast in seinem Haus wohnen und schlafen lassen ≈ beherbergen: *Wir wurden von unseren Bekannten sehr freundlich aufgenommen* **3** **jemanden (in etwas** *(Akkusativ)*) **aufnehmen** jemanden Mitglied in einer Organisation werden lassen ⟨neue Mitglieder in eine Partei, in einen Verein aufnehmen⟩ **4** **etwas nimmt jemanden/etwas auf** etwas hat genügend Platz oder Raum für jemanden/etwas ≈ etwas fasst jemanden/etwas: *Das Flugzeug nimmt 300 Passagiere auf* **5** **etwas in etwas** *(Akkusativ)* **aufnehmen** etwas (zusätzlich) in etwas einfügen: *ein Theaterstück in den Spielplan aufnehmen* **6** **etwas irgendwie aufnehmen** auf etwas in besonderer Weise reagieren: *eine Nachricht enttäuscht aufnehmen; Das Publikum nahm den Film begeistert auf* **7** **etwas aufnehmen** ≈ aufschreiben ⟨ein Protokoll, einen Unfall aufnehmen⟩: *Die Polizei nahm die Anzeige auf* **8** **etwas aufnehmen** etwas fotografieren oder filmen: *Wo ist der Film aufgenommen worden?* **9** **etwas (auf etwas** *(Akkusativ)*) **aufnehmen** Töne, Geräusche oder Bilder technisch speichern ↔ löschen: *die Geburtstagsfeier auf Video aufnehmen* || ▸ **Aufnahme**

auf·op·fern *(hat)* **sich (für jemanden/etwas) aufopfern** sein Leben ganz in den Dienst einer Person/Sache stellen: *sich für sein Ziel, seine Kinder aufopfern*

auf·pas·sen B1 *(hat)* **1** seine Aufmerksamkeit auf etwas (*oft* Wichtiges) lenken, sich konzentrieren: *In der Schule musst du gut auf-*

passen; Pass auf, wenn du die Straße überquerst! 2 **auf jemanden/etwas aufpassen** auf jemanden/etwas so achten, dass nichts (Schlimmes) passiert ≈ jemanden/etwas beaufsichtigen: *auf die Kinder aufpassen*

Auf·preis *der; -es, -e;* eine Summe Geld, die zusätzlich für eine Ware gezahlt werden muss: *für Extras am Auto einen Aufpreis zahlen müssen*

auf·pum·pen *(hat)* **etwas aufpumpen** etwas (durch Pumpen) mit Luft füllen ⟨einen Reifen, einen Fußball aufpumpen⟩

auf·put·schen; *putschte auf, hat aufgeputscht* 1 **jemanden (zu etwas) aufputschen** jemanden in eine erregte Stimmung bringen (sodass er aktiv wird) 2 **sich (mit etwas) aufputschen** besondere Substanzen zu sich nehmen, um seine Müdigkeit zu überwinden oder um sich in Erregung zu versetzen ⟨sich mit Kaffee, Drogen aufputschen⟩ || K- Aufputschmittel

auf·raf·fen *(hat)* 1 **sich aufraffen** mühsam aufstehen: *sich vom Stuhl aufraffen und den Fernseher ausschalten* 2 **sich zu etwas aufraffen** sich dazu zwingen, etwas zu tun: *Ich kann mich heute zu nichts aufraffen*

auf·ra·gen *(hat)* **etwas ragt auf** etwas ragt in die Höhe

auf·räu·men B1 *(hat)* 1 **(etwas) aufräumen** Dinge an ihren Platz bringen, um Ordnung zu schaffen: *den Schreibtisch aufräumen* 2 **mit etwas aufräumen** die Existenz von alten und falschen Meinungen, schlimmen Zuständen *o.Ä.* beenden ⟨mit Vorurteilen aufräumen⟩

auf·recht, *aufrechter, aufrechtest-; Adjektiv;* in einer geraden, senkrechten Haltung ↔ krumm ⟨ein Gang; aufrecht sitzen, gehen⟩

auf·recht|er·hal·ten; *erhält aufrecht, erhielt aufrecht, hat aufrechterhalten;* **etwas aufrechterhalten** etwas so lassen, wie es ist, etwas verteidigen ⟨eine Freundschaft, eine Behauptung, ein Angebot, den Kontakt aufrechterhalten⟩ || *hierzu* **Auf·recht·er·hal·tung** *die; -; nur Singular*

auf·re·gen; *regte auf, hat aufgeregt* 1 **etwas regt jemanden auf** etwas macht jemanden unruhig, nervös (*bes* weil er mit Spannung darauf wartet): *Der Gedanke an die Prüfung hat sie so aufgeregt, dass sie nicht schlafen konnte* 2 **jemanden aufregen** *umg* ≈ ärgern: *Reg mich bloß nicht auf!* 3 **sich (über jemanden/etwas) aufregen** sehr nervös, voller Angst oder Wut sein: *sich fürchterlich über seinen Chef aufregen*

auf·re·gend *Adjektiv* 1 ⟨ein Erlebnis, ein Film⟩ spannend und so, dass sie jemanden begeistern: *Ist es nicht aufregend, beim Pferderennen zuzusehen?* 2 ⟨eine Frau, ein Mann, ein Kleid, ein Parfüm⟩ so, dass sie jemandes (sexuelles) Interesse erregen

Auf·re·gung *die; -, -en;* ein Zustand (oder ein Ereignis), bei dem jemand sehr nervös ist ⟨in der Aufregung⟩: *Vor Aufregung bekam sie feuchte Hände*

auf·rei·ben *(hat)* 1 **etwas reibt jemanden auf** etwas überfordert jemandes Kräfte und macht ihn körperlich und seelisch schwach ≈ etwas zermürbt jemanden: *Die große Verantwortung reibt ihn auf* 2 ⟨Truppen *o.Ä.*⟩ **werden völlig aufgerieben** eine Gruppe von Soldaten wird völlig vernichtet 3 **sich aufreiben** zu viel Leistung von sich verlangen und dadurch schwächen: *Er reibt sich im Beruf auf*

auf·rei·ßen *(hat/ist)* 1 **etwas aufreißen** *(hat)* etwas öffnen, indem man kräftig (in verschiedene Richtungen) zieht ⟨einen Brief, einen Beutel aufreißen⟩ 2 **etwas aufreißen** *(hat)* etwas plötzlich und schnell weit öffnen ⟨den Mund, das Fenster aufreißen⟩ 3 **eine Straße aufreißen** *(hat)* die Oberfläche einer Straße öffnen (*z.B.* um Leitungen zu verlegen) 4 **jemanden aufreißen** *(hat) salopp;* schnell und oberflächlich sexuellen Kontakt zu jemandem aufnehmen 5 **etwas reißt auf** *(ist)* etwas bekommt einen Riss: *Die Tüte riss auf und alles fiel heraus* 6 ⟨*meist* die Wolkendecke, die Bewölkung, es⟩ **reißt auf** *(hat) umg;* der Himmel wird klarer und das Wetter besser

auf·rich·ten *(hat)* **sich aufrichten** den Körper (aus einer sitzenden oder liegenden Position) in eine senkrechte Lage bringen: *sich im Bett aufrichten*

auf·rich·tig *Adjektiv* ≈ ehrlich: *Das tut mir aufrichtig leid* || *hierzu* **Auf·rich·tig·keit** *die; -; nur Singular*

auf·rol·len *(hat)* 1 **etwas aufrollen** etwas so wickeln, dass eine Rolle daraus entsteht ≈ zusammenrollen ⟨einen Teppich, ein Plakat aufrollen⟩ 2 **etwas aufrollen** eine Rolle öffnen ≈ entrollen 3 **etwas aufrollen** etwas noch einmal bearbeiten, diskutieren ≈ aufgreifen: *Das Gericht rollte den Fall noch einmal auf*

auf·rü·cken *(ist)* 1 nach vorne gehen und so die Lücken in einer Reihe schließen 2 **(in etwas** *(Akkusativ)*) **aufrücken** in eine höhere Stellung kommen: *in eine führende Position aufrücken*

auf·ru·fen *(hat)* 1 **jemanden aufrufen** den Namen von jemandem (der auf etwas wartet) nennen: *den nächsten Patienten aufrufen* 2

jemanden aufrufen *meist* einen Schüler im Unterricht etwas fragen **3** (**jemanden** (*meist Plural*)) **zu etwas aufrufen** *meist* eine große Gruppe von Personen auffordern, etwas zu tun: *Die Gewerkschaften riefen (ihre Mitglieder) zum Streik auf* || *zu* 3 **Auf·ruf** *der; -(e)s, -e*

Auf·ruhr [-ruːɐ̯] *der; -s, -e; meist Singular* **1** Widerstand und spontane Aktionen gegen eine Autorität ≈ Rebellion: *Nach der Kundgebung brach unter den Arbeitern der offene Aufruhr aus* **2** eine starke emotionale Erregung ⟨etwas versetzt jemandes Gefühle in Aufruhr⟩ || *zu* 1 **Auf·rüh·rer** *der; -s, -;* **auf·rüh·re·risch** *Adjektiv*

auf·rüh·ren *(hat)* **1** **etwas aufrühren** etwas Vergangenes (und Unangenehmes) wieder erwähnen: *alte Geschichten aufrühren* **2** **etwas rührt jemanden auf** etwas erregt jemanden stark: *Die Nachricht hatte ihn im Innersten aufgerührt*

auf·run·den; *rundete auf, hat aufgerundet;* **etwas aufrunden** eine Zahl auf die nächste runde oder volle Zahl bringen (indem man etwas hinzufügt) ↔ abrunden: *€ 4,86 auf € 5 aufrunden*

auf·rüs·ten *(hat)* **1** ⟨ein Staat *o.Ä.*⟩ **rüstet auf** ein Staat *o.Ä.* vergrößert die Anzahl der Waffen (und Soldaten) ↔ ein Staat *o.Ä.* rüstet ab **2** **etwas aufrüsten** *bes Informatik; bes* einen Computer mit einer besseren Technik ergänzen: *einen Computer mit einem schnelleren Prozessor aufrüsten* || *hierzu* **Auf·rüs·tung** *die; -, -en; meist Singular*

aufs *Präposition mit Artikel* ≈ auf das || Hinweis: *aufs* kann nicht durch *auf das* ersetzt werden in Wendungen wie: *sein Leben aufs Spiel setzen*

auf·sa·gen *(hat)* **etwas aufsagen** etwas, das man (auswendig) gelernt hat, vor anderen sprechen ⟨ein Gedicht aufsagen⟩

auf·säs·sig *Adjektiv; abwertend;* ⟨ein Mensch⟩ so, dass er sich oft (und *meist* unberechtigt) über etwas beschwert ≈ trotzig || *hierzu* **Auf·säs·sig·keit** *die; -, -en; meist Singular*

Auf·satz *der; -es, -sät·ze;* ein (kürzerer) Text, der das genannte Thema behandelt ⟨einen Aufsatz schreiben⟩ || K- Aufsatzthema

auf·schau·en *(hat)* ↑ **aufsehen**

auf·schie·ben *(hat)* **1** **etwas aufschieben** etwas *meist* Unangenehmes nicht sofort, sondern später machen ≈ verschieben: *den Besuch beim Zahnarzt immer wieder aufschieben* **2** **etwas aufschieben** etwas (durch Schieben) öffnen ⟨eine Tür aufschieben⟩ || ID **Aufgeschoben ist nicht aufgehoben!** verwendet um auszudrücken, dass man vorhat, etwas später noch zu tun, auch wenn man es nicht jetzt gleich tut || ▸ **Aufschub**

Auf·schlag *der; -(e)s, -schlä·ge* **1** eine Erhöhung des Preises || -K Preisaufschlag **2** ein Teil an der Kleidung, der nach außen gefaltet ist: *eine Hose mit Aufschlag* || -K Rockaufschlag **3** *Sport;* das Recht oder die Aktion, den Ball aufzuschlagen (6): *Wer hat (den) Aufschlag?* || K- Aufschlagfehler, Aufschlagverlust, Aufschlagwechsel

auf·schla·gen *(hat)* **1** **etwas aufschlagen** etwas durch einen oder mehrere Schläge öffnen ⟨ein Ei aufschlagen⟩ **2** **etwas aufschlagen** etwas öffnen ↔ zuschlagen ⟨ein Buch, eine Zeitung aufschlagen; die Augen aufschlagen⟩ **3** **etwas (irgendwo) aufschlagen** etwas *meist* für kurze Zeit einrichten, aufbauen ↔ abbauen ⟨ein Zelt, ein Lager, sein Quartier aufschlagen⟩: *Die Expedition schlug ihr Lager am Fuß des Berges auf* **4** **sich** (*Dativ*) **etwas aufschlagen** sich bei einem Aufprall oder Sturz etwas so verletzen, dass es blutet: *Er fiel vom Fahrrad und schlug sich das Knie auf* **5** (**(um) etwas**) **aufschlagen** den Preis um einen bestimmten Betrag erhöhen: *Die Tankstellen haben (um) 10% aufgeschlagen* **6** *Sport;* den Ball zu Beginn eines Ballwechsels (beim Tennis, Volleyball *o.Ä.*) ins gegnerische Feld bringen

auf·schlie·ßen B2 *(hat)* **1** **(etwas) (mit etwas) aufschließen** ein Schloss mit einem Schlüssel öffnen ↔ abschließen ⟨eine Tür, eine Kasse, ein Haus aufschließen⟩ **2** ≈ aufrücken (1): *zum Vordermann aufschließen*

Auf·schluss *der; -es, -schlüs·se;* **Aufschluss (über jemanden/etwas)** eine wichtige Information, die etwas erklärt ⟨(jemandem) Aufschluss über etwas geben, liefern⟩ || K- aufschlussreich

auf·schnap·pen *(hat)* **etwas aufschnappen** *umg;* etwas (durch Zufall) hören: *Wo hast du denn das aufgeschnappt?*

auf·schnei·den *(hat)* **1** **etwas aufschneiden** etwas (durch Schneiden) öffnen ⟨eine Verpackung, einen Knoten aufschneiden⟩ **2** **etwas aufschneiden** ein Ganzes in Stücke oder Scheiben teilen ⟨einen Kuchen, eine Wurst aufschneiden⟩

Auf·schnitt *der; -(e)s, -e; meist Singular;* eine Mischung von Scheiben verschiedener Sorten Wurst, Schinken oder Käse || -K Käseaufschnitt, Wurstaufschnitt

auf·schrau·ben *(hat)* **1** **etwas aufschrauben** etwas öffnen, indem man an einem

Verschluss dreht oder Schrauben löst ⟨ein Marmeladenglas, einen Füller aufschrauben; einen Deckel, das Gehäuse eines Geräts aufschrauben⟩ **2** **etwas auf etwas** (*Akkusativ*) **aufschrauben** etwas mithilfe von Schrauben auf etwas festmachen

auf·schre·cken[1]; *schreckte auf, hat aufgeschreckt* **1** **jemanden/ein Tier aufschrecken** jemanden/ein Tier so erschrecken, dass er/es eine schnelle Bewegung macht: *Das Reh wurde durch den Schuss aufgeschreckt* **2** **jemanden aus etwas aufschrecken** jemanden bei etwas stören ≈ jemanden aus etwas reißen ⟨*meist* jemanden aus seinen Gedanken, Träumen aufschrecken⟩

auf·schre·cken[2]; *schrak/schreckte auf, ist aufgeschreckt*; erschrecken und deshalb eine schnelle Bewegung machen ⟨aus dem Schlaf aufschrecken⟩: *Er schreckte auf, als es 12 Uhr schlug*

auf·schrei·ben B2 (*hat*) **(sich** (*Dativ*)**) etwas aufschreiben** etwas schreiben, damit man es nicht vergisst: *Sie hat sich seine Adresse aufgeschrieben*

Auf·schrift B2 *die; -, -en*; eine schriftliche Information über den Gegenstand, an dem sie befestigt ist: *eine Flasche mit der Aufschrift „Gift!"*

Auf·schub *der; -(e)s, -schü·be*; die Verlegung eines Termins auf einen späteren Zeitpunkt: *dem Schuldner (einen) Aufschub gewähren* || -K Strafaufschub, Zahlungsaufschub || ID **ohne Aufschub** *förmlich* ≈ sofort

auf·schür·fen (*hat*) **(sich** (*Dativ*)**) etwas aufschürfen** (sich) die Haut durch Reibung verletzen: *Bei seinem Sturz vom Rad hat er sich beide Knie aufgeschürft*

Auf·schwung *der; -(e)s, -schwün·ge*; **1** eine Verbesserung *bes* der wirtschaftlichen Lage ⟨einen Aufschwung erfahren, nehmen, erleben⟩: *ein leichter Aufschwung am Arbeitsmarkt* || -K Wirtschaftsaufschwung **2** eine Verbesserung der psychischen Situation: *Die Freundschaft gibt ihm neuen Aufschwung*

auf·se·hen (*hat*) **1** **(von etwas) aufsehen**; **(zu jemandem/etwas) aufsehen** nach oben blicken: *Sie sah kurz von ihrem Buch auf, als er vorüberging* **2** **zu jemandem aufsehen** jemanden bewundern ⟨zu seinen Eltern, Lehrern, Vorbildern aufsehen⟩

Auf·se·hen *das; -s; nur Singular*; das große (öffentliche) Interesse, das ein Ereignis findet: *Ihr Buch sorgte für großes Aufsehen* || *hierzu* **auf·se·hen·er·re·gend**, **Auf·se·hen er·re·gend** *Adjektiv*

Auf·se·her *der; -s, -*; jemand, dessen Beruf es ist, (*meist* in einem Gefängnis *o.Ä.*) die Aufsicht zu führen || -K Gefängnisaufseher, Museumsaufseher || *hierzu* **Auf·se·he·rin** *die; -, -nen*

auf·sei·ten, auf Sei·ten *Präposition; mit Genitiv*; in Bezug auf bestimmte Personen ≈ seitens: *Aufseiten des Klägers gab es keine Einwände gegen das Urteil*

auf·set·zen[1] (*hat*) **1** **(sich** (*Dativ*)**) etwas aufsetzen** etwas auf den Kopf oder die Nase setzen ↔ abnehmen ⟨einen Hut, einen Helm, eine Mütze aufsetzen; eine Brille aufsetzen⟩ **2** **etwas aufsetzen** etwas auf den Herd stellen, damit es kochen kann ⟨Wasser, die Milch, das Essen aufsetzen⟩ **3** **sich aufsetzen** vom Liegen zum Sitzen kommen: *sich im Bett aufsetzen* **4** **ein Flugzeug setzt auf** ein Flugzeug berührt bei der Landung wieder den Boden

auf·set·zen[2] (*hat*) **etwas aufsetzen** einen Text schreiben, den man später oft noch verbessert ⟨einen Brief, einen Aufsatz, einen Vertrag aufsetzen⟩

Auf·sicht *die; -; nur Singular* **1** **die Aufsicht (über jemanden/etwas)** die Beobachtung und Kontrolle, mit der man versucht, Schäden oder Verbotenes zu verhindern: *Aufsicht im Museum, im Klassenzimmer, über die Schüler führen/haben* || K- Aufsichtspersonal, Aufsichtspflicht **2** eine Person, die die Aufsicht führt, hat

auf·span·nen (*hat*) **etwas aufspannen** etwas (das zusammengefaltet oder zusammengeklappt ist) öffnen oder spannen ⟨den Regenschirm aufspannen⟩

auf·sper·ren (*hat*) **etwas (mit etwas) aufsperren** *südd* Ⓐ ≈ aufschließen (1) ⟨eine Tür aufsperren⟩

auf·spie·len (*hat*) **sich (als etwas) aufspielen** *umg abwertend*; sich für wichtiger halten, als man ist, und sich entsprechend benehmen: *sich als Anführer aufspielen; sich vor anderen groß aufspielen*

auf·sprin·gen (*ist*) **1** schnell und plötzlich aufstehen: *Als es klingelte, sprang sie auf und rannte zur Tür* **2** **(auf etwas** (*Akkusativ*)**) aufspringen** mit einem Sprung auf ein Fahrzeug oder Tier kommen, das sich bewegt ↔ abspringen: *auf den fahrenden Zug aufspringen* **3** **etwas springt auf** etwas öffnet sich plötzlich von selbst ↔ etwas fällt zu ⟨ein Koffer, ein Schloss⟩ **4** **etwas springt auf** etwas bekommt (durch Trockenheit oder Kälte) Risse ≈ etwas platzt auf: *aufgesprungene und blutende Lippen*

auf·sta·cheln; *stachelte auf, hat aufgestachelt* **1** **jemanden (gegen jemanden/etwas) aufstacheln** in jemandem eine Abneigung oder Hass gegen jemanden/etwas erzeugen ≈ aufhetzen: *Er stachelte sie ständig gegen seinen Rivalen auf* **2** **jemanden (zu etwas) aufstacheln** jemanden zu mehr Eifer, zu größerer Leistung treiben ≈ anspornen: *Sein Trainer stachelte ihn zu immer neuen Höchstleistungen auf*

Auf·stand *der; -(e)s, -stän·de;* der aktive Widerstand (und Kampf) einer Gruppe gegen eine Herrschaft ≈ Rebellion ⟨einen Aufstand blutig niederschlagen⟩: *Die Erhöhung der Brotpreise löste einen Aufstand aus* || -K Bauernaufstand, Volksaufstand

auf·stau·en *(hat)* **1** **etwas aufstauen** einen Fluss *o.Ä.* mit einem Damm daran hindern, weiterzufließen **2** **etwas staut sich auf** etwas sammelt sich an einem Hindernis in großer Menge: *Vor den Bergen hatte sich warme Luft aufgestaut* **3** **etwas staut sich (in jemandem) auf** ein Gefühl wird immer intensiver ⟨Ärger, Wut⟩

auf·ste·hen A2 *(ist)* **1** aus einer liegenden/sitzenden in eine stehende Position kommen: *Sie stand auf und bot mir ihren Sitzplatz an* **2** (nach dem Aufwachen oder nach einer Krankheit) das Bett verlassen: *Ich bin heute schon um sechs Uhr aufgestanden*

auf·stei·gen *(ist)* **1** **jemand/etwas steigt auf** jemand/etwas steigt nach oben: *zur Spitze des Berges aufsteigen; Der Ballon stieg rasch auf* **2** **(zu etwas) aufsteigen** eine höhere soziale Position bekommen: *zum Abteilungsleiter, Chef aufsteigen* **3** *meist* ⟨eine Mannschaft⟩ **steigt auf** *Sport;* eine Mannschaft kommt in die nächste, höhere Klasse ↔ eine Mannschaft steigt ab

auf·stel·len *(hat)* **1** **etwas aufstellen** ≈ aufbauen (1) ⟨ein Zelt, ein Gerüst aufstellen⟩ **2** **etwas aufstellen** etwas, das umgefallen ist, wieder in die alte Lage bringen: *Er stellte das umgestoßene Glas schnell wieder auf* **3** **sich/jemanden (irgendwo) aufstellen** sich/jemanden an einen Ort stellen ≈ postieren ⟨Posten, Wachen aufstellen⟩: *Er stellte sich an der Tür auf und hielt Wache* **4** **sich/etwas** *(meist Plural)* **aufstellen** sich/etwas so hinstellen, dass eine Ordnung entsteht: *die Schachfiguren aufstellen; Die Kinder stellten sich nebeneinander/hintereinander/in einer Reihe auf* **5** **etwas aufstellen** sich etwas ausdenken und genau darstellen oder äußern ⟨eine Behauptung, eine Theorie, einen Plan aufstellen⟩ **6** **etwas aufstellen** einzelne Teile zu einem Ganzen zusammenfügen ⟨eine Liste, eine Rechnung aufstellen⟩ **7** **einen Rekord aufstellen** *Sport;* (in einem Wettkampf) eine bessere Leistung bringen als es bis dahin gegeben hat **8** **jemanden (als etwas) (für etwas) aufstellen** jemanden bei einer Wahl als Kandidaten oder bei einem Wettkampf als Teilnehmer melden: *Er wurde als Kandidat für die Europawahlen aufgestellt* || *zu* 4-8 **Auf·stel·lung** *die; -, -en*

Auf·stieg *der; -(e)s, -e; meist Singular* **1** der Weg vom Tal zum Berg hinauf ↔ Abstieg **2** eine Verbesserung der (Lebens)Verhältnisse: *der soziale Aufstieg*

auf·stö·bern; *stöberte auf, hat aufgestöbert;* **jemanden/etwas aufstöbern** *umg;* jemanden/etwas nach langem Suchen finden ≈ aufspüren

auf·sto·ßen *(hat/ist)* **1** **etwas aufstoßen** *(hat)* etwas durch einen Stoß öffnen ⟨eine Tür aufstoßen⟩ **2** **(sich** *(Dativ)*) **etwas aufstoßen** *(hat)* sich verletzen, indem man gegen etwas stößt ⟨(sich) den Ellbogen, das Knie aufstoßen⟩ **3** *(hat)* Luft aus dem Magen durch den Mund entweichen lassen ≈ rülpsen ⟨laut, leise, unauffällig aufstoßen⟩ **4** **etwas stößt jemandem (irgendwie) auf** *(ist) umg;* jemandem fällt etwas *(meist* negativ und unangenehm) auf: *Sein freches Auftreten ist mir übel aufgestoßen*

auf·stre·bend *Adjektiv; meist vor dem Substantiv* **1** steil nach oben gerichtet: *hoch aufstrebende Mauern* **2** auf dem Weg zum Erfolg ⟨ein junger Mann, ein Unternehmen⟩

auf·stüt·zen *(hat)* **etwas (auf etwas** *(Dativ/Akkusativ)*) **aufstützen; sich (mit etwas) aufstützen** (einen Körperteil) auf etwas stellen und stützen: *die Arme auf dem Tisch aufstützen; sich mit dem Arm aufstützen*

auf·su·chen *(hat) förmlich* **1** **jemanden aufsuchen** zu jemandem gehen ⟨einen Arzt, einen Anwalt aufsuchen⟩: *Ich suche Sie nur auf, um mich zu verabschieden* **2** **etwas aufsuchen** in einen Raum gehen ⟨den Speisesaal, den Hörsaal, die Toilette aufsuchen⟩

auf·tau·chen *(ist)* **1** **jemand/etwas taucht auf** jemand/etwas kommt aus dem Wasser ⟨ein Taucher, ein U-Boot⟩ **2** **jemand/etwas taucht auf** jemand/etwas kommt irgendwohin, ist plötzlich da oder wird sichtbar: *Aus dem Nebel tauchte ein Reh vor ihm auf; Was machen wir, wenn er nicht auftaucht?*

auf·tau·en *(hat/ist)* **1** **etwas auftauen** *(hat)* etwas (Gefrorenes) zum Schmelzen bringen oder von Eis befreien: *gefrorenes Fleisch, ein Türschloss auftauen* **2** **etwas taut auf** *(ist)* (das Eis auf) etwas schmilzt: *Das Eis auf dem See* *taut allmählich wieder auf* **3** *umg;* nicht mehr so schüchtern *o.Ä.* sein, sondern anfangen, mit den anderen zu sprechen: *Im Laufe des Abends taute er auf*

auf·tei·len *(hat)* **etwas aufteilen** etwas teilen und mehreren Personen geben: *das Erbe untereinander aufteilen* || *hierzu* **Auf·tei·lung** *die; -, -en*

Auf·trag B1 *der; -(e)s, -trä·ge* **1** der Befehl oder die Bitte, etwas (Bestimmtes) zu tun oder eine Aufgabe zu erfüllen ≈ Anweisung ⟨jemandem einen Auftrag erteilen; einen Auftrag bekommen, erledigen, ausführen⟩: *Seine Mutter gab ihm den Auftrag, mit dem Hund spazieren zu gehen* **2** die Bestellung von Waren (oder Leistungen) ⟨einer Firma, einem Handwerker einen Auftrag geben; etwas in Auftrag geben⟩ **3** *meist Singular;* eine wichtige Aufgabe, Pflicht: *Die Regierung hat den Auftrag, die Arbeitslosigkeit zu bekämpfen*

auf·tra·gen B2 *(hat)* **1 jemandem etwas auftragen** jemanden bitten oder ihm die Aufgabe geben, etwas zu tun: *Mir wurde aufgetragen, dich herzlich zu grüßen* **2 etwas (auf etwas** *(Akkusativ)*) **auftragen** eine dünne Schicht auf etwas streichen und (gleichmäßig) verteilen ⟨Lack, Farbe auftragen⟩ **3 dick auftragen** *umg* ≈ übertreiben, angeben (2)

auf·trei·ben *(hat)* **jemanden/etwas auftreiben** *umg;* eine Person/Sache, die dringend gebraucht wird, finden: *das nötige Geld, einen Arzt auftreiben*

auf·tre·ten *(ist)* **1 irgendwie auftreten** sich auf eine bestimmte Weise verhalten ⟨(un)sicher, arrogant, überheblich auftreten⟩ **2 irgendwie auftreten** den Fuß/die Füße so auf den Boden setzen ⟨leise, laut, vorsichtig auftreten⟩ **3 etwas tritt auf** etwas entsteht ganz plötzlich ⟨eine Epidemie, ein Problem⟩ **4** in einem Theater oder Film eine Rolle spielen oder vor einem Publikum singen ⟨ein Schauspieler, ein Sänger, ein Tänzer⟩ || *zu 4* **Auf·tritt** *der; -(e)s, -e*

Auf·tre·ten *das; -s; nur Singular;* die Art und Weise, wie jemand auftritt (1) ≈ Benehmen: *ein selbstsicheres Auftreten haben*

Auf·trieb *der; -(e)s; nur Singular;* die innere Kraft, die jemanden zu neuen Taten fähig macht ≈ Schwung: *Erfolgserlebnisse geben neuen Auftrieb*

auf·wa·chen B2 *(ist)* aufhören zu schlafen ≈ wach werden: *Bist du geweckt worden oder bist du von selbst aufgewacht?*

auf·wach·sen *(ist)* **irgendwo/irgendwie aufwachsen** seine Kindheit und Jugend dort/irgendwie verbringen ⟨auf dem Land, in der Stadt aufwachsen⟩

Auf·wand *der; -(e)s; nur Singular;* alles, was man tut, um ein Ziel zu erreichen (oder um einen Plan zu verwirklichen) ⟨unnötigen, übertriebenen Aufwand betreiben⟩: *Mit einem Aufwand von mehreren Millionen Euro baute die Stadt ein neues Theater* || -K Arbeitsaufwand, Zeitaufwand

auf·wän·dig ↑ **aufwendig**

auf·wär·men B2 *(hat)* **1 etwas aufwärmen** etwas (Gekochtes) noch einmal warm machen: *am Abend die Reste vom Mittagessen aufwärmen* **2 etwas aufwärmen** *umg;* etwas Negatives nach einiger Zeit wieder erwähnen ⟨einen alten Streit aufwärmen⟩: *Immer wieder wärmst du die alten Geschichten auf!* **3 sich aufwärmen** sich (wieder) warm machen: *Sie wärmte sich am Feuer/mit einer Tasse Tee auf* **4 sich aufwärmen** seine Muskeln, Sehnen und Gelenke vor einer sportlichen Tätigkeit beweglich machen ⟨sich vor dem Start aufwärmen⟩ || K- Aufwärmgymnastik

auf·war·ten *(hat)* **mit etwas aufwarten** etwas Besonderes bieten ⟨mit einer Überraschung aufwarten; (nicht) mit Erfolgen aufwarten können⟩

auf·wärts *Adverb;* in Richtung nach oben ≈ hinauf ↔ abwärts: *Der Weg aufwärts war sehr steil* || K- Aufwärtstrend

auf·wärts·ge·hen; *ging aufwärts, ist aufwärtsgegangen;* **es geht aufwärts (mit jemandem/etwas)** jemandem geht es besser, etwas macht Fortschritte: *Jetzt geht es wieder aufwärts mit der Wirtschaft*

auf·we·cken *(hat)* **jemanden aufwecken** jemanden wach machen ≈ wecken

auf·wei·chen; *weichte auf, hat/ist aufgeweicht* **1 jemand/etwas weicht etwas auf** *(hat)* jemand/etwas macht etwas durch Feuchtigkeit weich: *Der Regen hat den Boden aufgeweicht* **2 etwas weicht auf** *(ist)* etwas wird durch Nässe weich

auf·wei·sen *(hat)* **1 etwas aufweisen** etwas (erreichen und) vorzeigen ⟨Erfolge aufweisen können⟩ **2 jemand/etwas weist etwas auf** jemand/etwas hat bestimmte Merkmale oder Eigenschaften: *Die Ware weist zahlreiche Mängel auf*

auf·wen·den; *wandte/wendete auf, hat aufgewandt/aufgewendet;* **etwas (für etwas) aufwenden** etwas einsetzen (um ein Ziel zu erreichen) ⟨viel Energie, Zeit, Geld für ein Vorhaben einen Plan aufwenden⟩ || ▸ **Aufwand**

auf·wen·dig *Adjektiv;* mit viel Arbeit, Zeit, Energie und Geld verbunden: *die aufwendige Inszenierung eines Dramas*

auf·wer·ten *(hat) meist in* **jemand/etwas wird (um etwas) aufgewertet** der Wert oder die Stellung einer Person/Sache wird verbessert ⟨eine Währung, jemandes Position wird aufgewertet⟩: *Der Euro wurde um 0,5 Prozent aufgewertet* || *hierzu* **Auf·wer·tung** *die; -, -en*

Auf·wind *der; -(e)s, -e* **1** Luft, die nach oben strömt ↔ Abwind ⟨Aufwind bekommen, haben⟩: *Der Drachenflieger ließ sich im Aufwind gleiten* **2** **(neuen) Aufwind bekommen; im Aufwind sein** Fortschritte machen oder Erfolge haben

auf·zäh·len *(hat)* **jemanden/etwas aufzählen** mehrere Personen oder Dinge der Reihe nach einzeln nennen: *Sie zählte auf, was sie auf der Reise brauchte* || *hierzu* **Auf·zäh·lung** *die; -, -en*

auf·zeich·nen *(hat)* **1** **etwas aufzeichnen** eine Zeichnung oder Skizze von etwas machen: *Ich zeichne dir den Weg auf* **2** **etwas aufzeichnen** etwas Wichtiges (auf)schreiben ⟨Erinnerungen, Eindrücke, Gefühle im Tagebuch aufzeichnen⟩ **3** **etwas aufzeichnen** etwas (auf Tonband oder Video) speichern ⟨ein Konzert, eine Radiosendung, einen Spielfilm aufzeichnen⟩ || *hierzu* **Auf·zeich·nung** *die; -, -en*

auf·zie·hen[1] *(hat/ist)* **1** **etwas aufziehen** *(hat)* eine Feder[3] spannen, die einen Mechanismus antreibt ⟨eine Uhr aufziehen⟩: *Die Spielpuppe muss man aufziehen, damit sie läuft* **2** **etwas aufziehen** *(hat)* etwas durch Ziehen öffnen ⟨den Vorhang aufziehen⟩ **3** **etwas aufziehen** *(hat)* etwas nach oben ziehen ⟨eine Fahne, ein Segel aufziehen⟩ **4** **jemanden (mit etwas) aufziehen** *(hat) umg;* jemanden necken und damit ärgern: *Alle ziehen ihn wegen seiner komischen Aussprache auf* **5** **etwas irgendwie aufziehen** *(hat) umg* eine Veranstaltung planen und durchführen: *eine Show groß aufziehen* **6** **etwas zieht auf** *(ist)* etwas entsteht oder kommt näher ⟨*meist* Nebel, ein Gewitter⟩ || ▸ **Aufzug**[1]

auf·zie·hen[2] *(hat)* **jemanden/ein Tier aufziehen** ein Kind oder ein junges Tier ernähren und pflegen, bis es ausgewachsen ist || ▸ **Aufzucht**

Auf·zucht *die; -, -en; meist Singular;* das Ernähren und Pflegen *meist* von jungen Tieren: *die Aufzucht von Küken, von Fohlen* || -K Geflügelaufzucht, Rinderaufzucht

Auf·zug[1] *der; -(e)s, -zü·ge;* ein technisches Gerät, mit dem jemand/etwas (in einem Gebäude) senkrecht nach oben oder unten transportiert wird ≈ Fahrstuhl, Lift: *Nehmen wir den Aufzug oder die Treppe?* || -K Personenaufzug, Speisenaufzug

Auf·zug[2] *der; -(e)s; nur Singular; abwertend;* die Art und Weise, wie sich jemand gekleidet oder frisiert hat: *In diesem Aufzug kannst du doch nicht in die Schule gehen!*

auf·zwin·gen *(hat)* **jemandem etwas aufzwingen** jemanden *(oft* mit Gewalt) zwingen, etwas *meist* Fremdes oder Unerwünschtes anzunehmen ⟨jemandem seinen Willen aufzwingen⟩: *einem Volk mit Gewalt eine andere Kultur aufzwingen*

Aug·ap·fel *der; -s, -äp·fel;* der kugelförmige Teil des Auges (, der in der Augenhöhle liegt): *Die Lider schützen die Augäpfel* || ↑ Abbildung unter **Auge** || ID **jemanden/etwas wie seinen Augapfel hüten** auf jemanden/etwas besonders gut aufpassen

Au·ge A1 *das; -s, -n* **1** das Organ, mit dem Menschen und Tiere sehen ⟨glänzende, sanfte, traurige, tränende Augen; mit den Augen zwinkern; sich *(Dativ)* die Augen reiben; jemandem in die Augen sehen⟩: *Er ist auf einem Auge blind; Ich habe es mit eigenen Augen* (= selbst) *gesehen* || K- Augenarzt, Augenbraue, Augenfarbe, Augenlid **2** *meist Plural;* die Punkte auf einer Seite eines Würfels *o.Ä.* **3** *meist Plural;* der Wert, den eine Spielkarte in einem Spiel hat: *Das Ass zählt elf Augen* **4** **ein blaues Auge** ein Auge (1), um das herum die Haut nach einem Schlag oder Stoß rot oder blau (angelaufen) ist **5** **gute/schlechte Augen haben** gut/schlecht sehen **6** **mit bloßem Auge** ohne Brille, Fernglas *o.Ä.* ⟨etwas mit bloßem Auge erkennen können⟩ || ID **keine Augen im Kopf haben** *umg;* unaufmerksam sein; **mit einem blauen Auge davonkommen** *umg;* eine (unangenehme) Situation ohne größeren Schaden überstehen; **große Augen machen** *umg* ≈ staunen; **jemandem schöne Augen machen** mit jemandem flirten; **jemandem** ⟨einen Wunsch, eine Bitte⟩ **von den Augen ablesen** jemandes Wunsch oder Bitte erkennen, ohne dass er sie ausspricht **jemanden/etwas im Auge behalten** jemanden/etwas scharf und konzentriert beobachten, jemanden/etwas nicht vergessen; **etwas fällt/springt/sticht ins Auge** etwas ist sehr auffällig; **etwas ins Auge fassen** planen, etwas zu tun; *meist* **Das kann ins Auge gehen** das kann schlimme Konsequenzen haben; **die Augen offenhalten** aufpassen, achtgeben; **jemandem die Augen (über jemanden/etwas)**

öffnen jemandem die Wahrheit über jemanden/etwas sagen; **jemanden/etwas nicht aus den Augen lassen** jemanden/etwas scharf und dauernd beobachten; **etwas mit anderen Augen sehen** etwas aus einer anderen Perspektive sehen (und anders beurteilen); **jemanden/etwas aus den Augen verlieren** den Kontakt zu jemandem/etwas verlieren; **ein Auge auf jemanden/etwas werfen** *umg;* sich für jemanden/etwas interessieren; **ein Auge/ beide Augen zudrücken** einen Fehler oder einen Mangel sehr milde behandeln; **kein Auge zutun** nicht schlafen können; ‹ein Gespräch› **unter vier Augen** zwischen nur zwei Personen

Auge

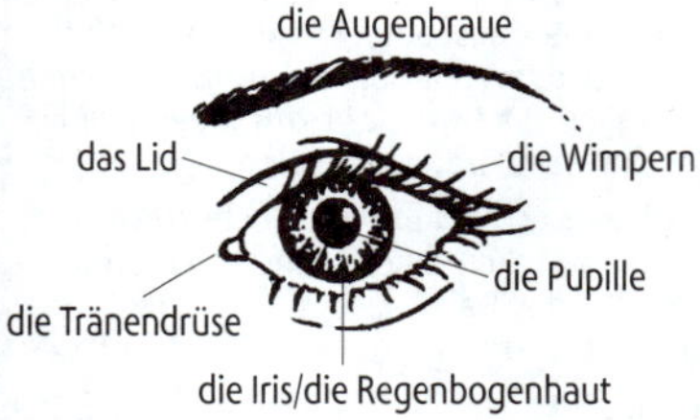

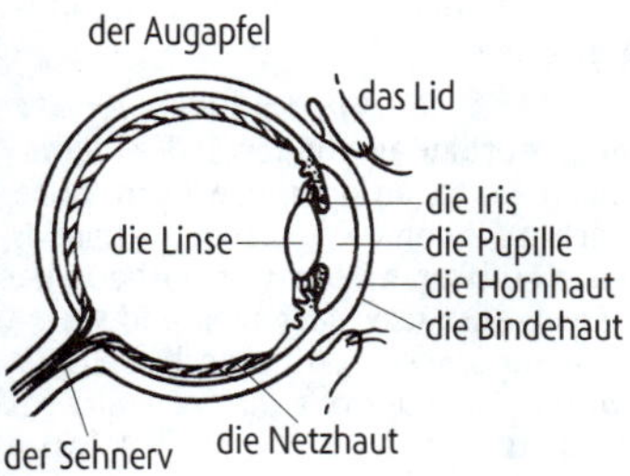

Au·gen·blick [B1] *der; -(e)s, -e;* ein ganz kurzer Zeitraum ≈ Moment ‹der richtige, entscheidende Augenblick für etwas›: *Warten Sie bitte einen Augenblick, ich komme gleich* || [ID] **im letzten Augenblick** gerade noch zur richtigen Zeit: *Der Ertrinkende wurde im letzten Augenblick gerettet;* **im Augenblick** ≈ jetzt: *Komm später vorbei, im Augenblick bin ich beschäftigt;* **(Einen) Augenblick bitte!** *umg;* bitte warten Sie ein bisschen

au·gen·blick·lich *Adjektiv* **1** *nur vor dem Substantiv oder als Adverb;* gerade in diesem Augenblick ≈ momentan: *Sein augenblicklicher Zustand ist gut; Augenblicklich ist die Lage sehr schlecht* **2** *nur als Adverb;* ohne Zeit zu verlieren ≈ sofort: *Verlassen Sie augenblicklich den Raum!*

Au·gen·maß *das; -es; nur Singular* **1** die Fähigkeit, Entfernungen oder Mengen richtig zu schätzen ‹ein gutes Augenmaß haben; etwas nach (dem) Augenmaß schätzen› **2** die Fähigkeit, eine Situation sicher einzuschätzen: *Er hat nicht das richtige Augenmaß für diese schwierige Situation*

Au·gen·merk *das; -(e)s; nur Singular* ≈ Aufmerksamkeit ‹sein Augenmerk auf jemanden/ etwas richten, konzentrieren›: *Ihr Augenmerk galt besonders den Armen*

Au·gen·zeu·ge *der; -n, -n;* jemand, der ein Geschehen selbst gesehen hat (und darüber etwas aussagen kann): *Augenzeuge eines Verbrechens werden* || [K-] Augenzeugenbericht || *hierzu* **Au·gen·zeu·gin** *die; -, -nen*

Au·gust [A1] *der; -(e)s/-, -e; meist Singular;* der achte Monat des Jahres; *Abkürzung* Aug.

Auk·ti·on [-'tsio:n] *die; -, -en;* eine Veranstaltung, bei der Waren an den verkauft werden, der das meiste Geld dafür bietet ≈ Versteigerung: *eine Auktion für alte Möbel* || [-K] Bilderauktion, Kunstauktion, Viehauktion

Au-pair-Mäd·chen [o:'pɛ:ɐ̯-, o:'pɛ:r-] *das; -s, -;* eine junge Frau, die im Ausland (*meist* in einem Haushalt) arbeitet, um Sprache und Land kennenzulernen: *Nach dem Abitur ging sie als Au-pair-Mädchen nach Paris*

aus[1] [A1] *Präposition; mit Dativ* **1** verwendet, um die Richtung von innen nach außen zu bezeichnen: *den Bleistift aus der Schublade nehmen* **2** verwendet für die (Bewegungs)-Richtung von einem Ausgangspunkt weg: *jemandem ein Buch aus der Hand reißen* **3** verwendet, um anzugeben, woher jemand/ etwas kommt oder stammt: *Er kommt aus Sizilien* **4** verwendet zur Bezeichnung des Materials, aus dem etwas gemacht wird: *Die Kette ist aus Gold; aus verschiedenen Zutaten einen Kuchen backen* **5** verwendet, um den Teil eines Ganzen zu bezeichnen: *eine Auswahl aus Dürers Gemälden; Einer aus der Klasse fehlt* **6** verwendet zur Bezeichnung eines Grundes oder einer Ursache: *aus Angst lügen; Aus welchem Grund hast du das gesagt?* **7** verwendet zur Bezeichnung des (Ausgangs)Zustandes vor einer Veränderung: *Aus der Raupe wird ein Schmetterling* **8** verwendet zur Bezeichnung einer Distanz: *etwas aus weiter Ferne hören; etwas aus einer Entfernung von 100 Metern erkennen* **9** verwendet, um anzugeben, von welcher Zeit etwas stammt ≈ von: *eine Verordnung aus dem Jahr 1990; ein Foto aus seiner Kinderzeit* **10** **aus ... heraus** mit Pronomen oder mit unbestimmtem Artikel verwendet, um die

Motive für eine Handlung zu bezeichnen ≈ aus (6): *Aus einer Laune heraus lud er alle seine Freunde in die Kneipe ein* **11** **von ... aus** verwendet, um den Punkt zu nennen, von dem eine Bewegung oder Richtung ausgeht: *Von Berlin aus flogen wir nach Hamburg* **12** **von mir/ihm/ihr aus** *umg;* jemand hat nichts dagegen: *„Kann ich hier rauchen?" - „Von mir aus."* ‖ Hinweis: statt *aus was* verwendet man *woraus*

aus² A1 *Adverb; umg* **1** verwendet, um jemanden aufzufordern, etwas außer Funktion zu setzen ↔ an: *Licht aus!* **2** **etwas ist aus** etwas ist zu Ende oder vorbei: *Um zwölf Uhr ist die Schule aus* **3** **etwas ist aus** etwas brennt nicht mehr ⟨das Feuer, die Kerze⟩ **4** **etwas ist aus** etwas ist nicht in Betrieb oder nicht eingeschaltet ↔ etwas ist an ⟨elektrische Geräte: das Radio, der Staubsauger *usw*⟩ **5** **jemand ist aus** jemand ist irgendwohin ausgegangen (1): *Gestern Abend waren wir aus. Wir waren im Theater* **6** **etwas ist aus** *Sport;* der Ball ist nicht mehr im Spiel(feld) **7** **auf etwas** (*Akkusativ*) **aus sein** etwas sehr gern haben oder erreichen wollen: *auf Abenteuer aus sein* **8** **mit jemandem/etwas ist es aus** für jemanden/etwas gibt es keine Rettung mehr, etwas ist zu Ende: *Mit meiner Gutmütigkeit ist es jetzt endgültig aus!* **9** **es ist aus (und vorbei) mit etwas** etwas ist für immer zu Ende oder gescheitert: *Nach dem Unfall war es aus und vorbei mit ihrer Gesundheit* **10** **mit jemandem** (*Singular/Plural*)**/zwischen jemandem** (*Plural*) **ist es aus** die Liebe oder Freundschaft ist beendet ‖ ID ↑ **ein³**

Aus A1 *das; -; nur Singular* **1** *Sport;* der Raum, der außerhalb des Spielfeldes liegt ⟨den Ball ins Aus schießen⟩ **2** *umg;* das Ende eines Zustands ⟨für jemanden/etwas kommt das Aus; etwas ist das Aus für jemanden/etwas⟩

aus- A2 *im Verb; betont und trennbar;* Die Verben mit *aus-* werden nach folgendem Muster gebildet: *ausgehen - ging aus - ausgegangen* **1** drückt aus, dass etwas nach außen kommt oder gebracht wird; **(etwas) ausatmen, ausspucken**; ⟨Wasser (aus einem Eimer)⟩ **ausgießen, auskippen, ausleeren, ausschütten**; ⟨das Bier⟩ **austrinken**; ⟨das Wasser⟩ **läuft aus** **2** drückt aus, dass etwas leer (gemacht) wird; ⟨einen Eimer⟩ **ausgießen, auskippen, ausleeren, ausschütten**; ⟨das Glas⟩ **austrinken**; ⟨die Wanne⟩ **läuft aus** **3** drückt aus, dass ein Gerät außer Betrieb gesetzt wird; ⟨das Licht⟩ **ausknipsen**; ⟨den Fernseher, das Radio⟩ **ausdrehen, ausmachen, ausschalten, ausstellen** **4** drückt aus, dass ein Feuer gelöscht wird; ⟨eine Kerze⟩ **ausblasen, auslöschen, auspusten**; ⟨eine Zigarette⟩ **ausdrücken**; ⟨ein Feuer⟩ **austreten** **5** drückt aus, dass etwas gründlich oder bis zum Schluss getan wird; ⟨ein Problem⟩ **ausdiskutieren**; ⟨eine These⟩ **ausformulieren**; ⟨eine Krankheit⟩ **ausheilen, auskurieren**; **sich austoben, ausweinen**

aus·ar·ten; *artete aus, ist ausgeartet;* **etwas artet (in etwas** (*Akkusativ*)**/zu etwas) aus** *abwertend;* etwas wird zu etwas, das nicht gut ist: *Die Geburtstagsfeier artete in ein Trinkgelage aus*

aus·ba·den (*hat*) **etwas ausbaden (müssen)** *umg;* die negativen Folgen von etwas tragen (müssen) ⟨die Fehler, Versäumnisse eines anderen ausbaden⟩

aus·bau·en B2 (*hat*) **1** **etwas ausbauen** ein Teil aus etwas (*meist* mit Werkzeug) entfernen ⟨einen Motor ausbauen⟩ **2** **(etwas) ausbauen** ein Haus (oder Teile davon) größer machen: *Wir wollen nächstes Jahr ausbauen* ‖ *hierzu* **Aus·bau** *der; -(e)s; nur Singular*

aus·bes·sern (*hat*) **etwas ausbessern** beschädigte Stellen einer Sache reparieren ⟨Wäsche, das Dach ausbessern⟩ ‖ *hierzu* **Aus·bes·se·rung** *die; -, -en*

Aus·beu·te *die; -, -n; meist Singular;* der Ertrag oder Gewinn aus einer Leistung oder einer Arbeit ⟨eine geringe, reiche, wissenschaftliche Ausbeute⟩

aus·beu·ten; *beutete aus, hat ausgebeutet;* **1** **jemanden ausbeuten** von jemandem hohe Leistungen verlangen oder erzwingen, ohne sie gerecht zu bezahlen ⟨jemanden schamlos, skrupellos ausbeuten⟩ **2** **etwas ausbeuten** etwas völlig ausnutzen, abbauen und verbrauchen: *natürliche Vorräte an Wasser, Erdöl ausbeuten; Rohstoffe ausbeuten* ‖ *hierzu* **Aus·beu·tung** *die; -; nur Singular; zu 1* **Aus·beu·ter** *der; -s, -;* **Aus·beu·te·rin** *die; -, -nen*

aus·bil·den (*hat*) **1** **jemanden (zu etwas/als etwas) ausbilden** jemanden auf seinen Beruf vorbereiten ⟨einen Lehrling ausbilden; sich als Schauspieler ausbilden lassen⟩ **2** **etwas bildet etwas aus** etwas bekommt oder entwickelt etwas ⟨eine Pflanze bildet Triebe, Wurzeln, Knospen aus⟩ ‖ *zu 1* **Aus·bil·der** *der; -s, -;* **Aus·bil·de·rin** *die; -, -nen*

Aus·bil·dung B1 *die; -, -en;* die Vorbereitung eines Menschen auf seinen zukünftigen Beruf ⟨sich in der Ausbildung befinden⟩ ‖ K- Ausbildungsfirma, Ausbildungsplatz ‖ -K Berufsausbildung

aus·blei·ben (*ist*) **1** nicht mehr kommen ⟨die Gäste, die Kunden⟩ **2** nicht nach Hause kommen ⟨lange, die Nacht über ausbleiben⟩ **3** **etwas bleibt aus** etwas trifft (entgegen der

Regel, der Erwartung) nicht ein: *Die erhoffte Besserung blieb aus; Es blieb nicht aus, dass der Betrug entdeckt wurde*

Aus·blick *der; -(e)s, -e* **1** **ein Ausblick (auf, über etwas** *(Akkusativ)***)** das Bild, das sich jemandem von einem *meist* erhöhten Standpunkt aus bietet ≈ Aussicht ⟨einen herrlichen Ausblick haben; ein Ausblick auf die Stadt⟩ **2** **ein Ausblick (auf etwas** *(Akkusativ)***)** ≈ Vorschau: *ein Ausblick auf die kommende Theatersaison*

aus·boo·ten; *bootete aus, hat ausgebootet;* **jemanden ausbooten** *umg;* jemanden aus seiner Position oder Stellung verdrängen: *Er hat seinen Konkurrenten ausgebootet*

aus·bor·gen *(hat)* ↑ **ausleihen**

aus·bre·chen *(ist)* **1** **(aus etwas) ausbrechen** sich *(oft* mit Gewalt) aus einem Gefängnis *o.Ä.* befreien ⟨aus dem Gefängnis, aus einem Käfig ausbrechen⟩ **2** **etwas bricht aus** etwas beginnt oder entsteht plötzlich und heftig ⟨Feuer, Jubel, ein Krieg, eine Hungersnot, (eine) Panik, eine Krankheit, eine Seuche⟩ || ▸ **Ausbruch**

aus·brei·ten *(hat)* **1** **etwas ausbreiten** etwas weit zur Seite strecken ⟨die Arme, die Flügel ausbreiten⟩ **2** **etwas ausbreiten** etwas auseinanderfalten und offen hinlegen ⟨einen Plan, eine Decke ausbreiten⟩ **3** **etwas breitet sich aus** etwas wird immer größer oder stärker ⟨das Feuer, der Nebel, eine Stadt, politische Unruhen, eine Seuche⟩ || *hierzu* **Aus·brei·tung** *die; -, -en; meist Singular*

aus·bren·nen *(ist)* **etwas brennt aus** etwas brennt so, dass der innere Teil völlig zerstört wird ⟨ein Haus, ein Auto⟩

Aus·bruch *der; -(e)s, -brü·che* **1** **der Ausbruch (aus etwas)** die (gewaltsame) Aktion, sich zu befreien und aus dem Gefängnis zu fliehen ⟨einen Ausbruch vereiteln⟩ || K- Ausbruchsversuch **2** *nur Singular;* der plötzliche, heftige Beginn von etwas ⟨der Ausbruch eines Krieges, einer Krankheit⟩ || -K Kriegsausbruch **3** der Vorgang, bei dem ein Vulkan plötzlich Lava und Asche aus seinem Inneren schleudert ≈ Eruption || -K Vulkanausbruch

aus·brü·ten *(hat)* **1** **ein Vogel brütet etwas aus** ein Vogel sitzt auf (befruchteten) Eiern, bis sich junge Vögel entwickelt haben **2** **etwas ausbrüten** *umg;* sich etwas ausdenken ⟨einen Plan, Unsinn ausbrüten⟩ **3** **etwas ausbrüten** *umg;* sich vor Ausbruch einer Krankheit schon schlecht fühlen ⟨eine Erkältung, eine Grippe ausbrüten⟩

aus·che·cken B2 *(hat)* **(aus etwas) auschecken** *bes* am Ende des Aufenthalts in einem Hotel das Zimmer räumen und den Schlüssel zurückgeben ⟨aus einem Hotel auschecken⟩

Aus·dau·er *die; -; nur Singular;* die Fähigkeit, eine Arbeit lange und konzentriert tun zu können ⟨(keine) Ausdauer haben⟩ || *hierzu* **aus·dau·ernd** *Adjektiv*

aus·deh·nen *(hat)* **1** **etwas ausdehnen** die Länge, Fläche oder das Volumen einer Sache größer machen: *ein Gummiband, ein Gebiet ausdehnen* **2** **etwas dehnt sich aus** etwas bekommt einen größeren Umfang, ein größeres Volumen: *Luft dehnt sich bei Erwärmung aus* || *hierzu* **Aus·deh·nung** *die; -, -en*

aus·den·ken *(hat)* **(sich** *(Dativ)***) etwas ausdenken** etwas durch Überlegen erfinden oder planen ⟨(sich) eine Geschichte ausdenken⟩ | ID **etwas ist nicht auszudenken** etwas ist so schlimm, dass man kaum daran zu denken wagt: *Die Folgen einer Klimaveränderung sind nicht auszudenken*

Aus·druck[1] B1 *der; -(e)s, Aus·drü·cke;* ein gesprochenes oder geschriebenes Wort oder eine feste Wendung ⟨ein umgangssprachlicher, passender Ausdruck; einen Ausdruck gebrauchen⟩

Aus·druck[2] B1 *der; -(e)s; nur Singular* **1** *meist* die Gefühle, die in jemandes Gesicht zu sehen sind ⟨ein fröhlicher, leidender, zufriedener Ausdruck⟩ || -K Gesichtsausdruck **2** die künstlerische Wirkung, die jemand erzielt, wenn er ein (Musik)Stück spielt oder ein Gedicht vorliest: *ein Lied mit viel Ausdruck vortragen* **3** *förmlich;* **ein Ausdruck** + *Genitiv* das, wodurch sich *bes* ein Gefühl oder eine Eigenschaft zeigt: *Sein Verhalten ist ein Ausdruck großer Gleichgültigkeit* **4** **etwas zum Ausdruck bringen** *förmlich;* etwas äußern, ausdrücken[2] || *zu* 1 und 2 **aus·drucks·los** *Adjektiv;* **aus·drucks·voll** *Adjektiv*

Aus·druck[3] B1 *der; -(e)s, -e;* die gedruckte Form eines Texts, der im Computer gespeichert ist oder war

aus·dru·cken *(hat)* **etwas ausdrucken** einen im PC gespeicherten Text (auf Papier) gedruckt wiedergeben: *eine Datei ausdrucken*

aus·drü·cken[1] *(hat)* **1** **etwas ausdrücken** etwas so drücken oder pressen, dass die Flüssigkeit herauskommt ⟨eine Zitrone, einen Schwamm ausdrücken; den Saft (aus der Zitrone), das Wasser (aus dem Schwamm) ausdrücken⟩ **2** **eine Zigarette ausdrücken** eine Zigarette so gegen etwas drücken, dass die Glut gelöscht wird

aus·drü·cken[2] *(hat)* **1** **etwas (irgendwie) ausdrücken** etwas so sagen oder schreiben ≈

formulieren: *einen Sachverhalt verständlich ausdrücken* **2** **sich irgendwie ausdrücken** in der genannten Weise sprechen oder schreiben ⟨sich gewählt, ungenau ausdrücken⟩ **3** **etwas drückt etwas aus** etwas zeigt, was jemand fühlt oder denkt: *Ihre Haltung/Miene drückte Zweifel aus* **4** **etwas drückt sich in etwas** *(Dativ)* **aus** etwas wird durch etwas deutlich: *In ihrem Zögern drückt sich Unsicherheit aus*

aus·drück·lich *Adjektiv; nur vor dem Substantiv oder als Adverb;* klar und deutlich (formuliert) ⟨ausdrücklich um etwas bitten, auf etwas hinweisen⟩

Aus·drucks·wei·se *die; -, -n;* der Stil oder die Art und Weise, wie jemand spricht oder sich ausdrückt ⟨eine gewählte, saloppe Ausdrucksweise⟩

aus·ei·nan·der *Adverb;* räumlich voneinander getrennt ↔ zusammen: *Die Häuser sind weit auseinander*

aus·ei·nan·der- *im Verb; betont und trennbar;* Die Verben mit *auseinander-* werden nach folgendem Muster gebildet: *auseinanderziehen - zog auseinander - auseinandergezogen* **1** drückt aus, dass zwei oder mehr Dinge, Menschen *usw* sich in verschiedene Richtungen bewegen oder bewegt werden, von dem/den anderen weg; ⟨Stäbe⟩ **auseinanderbiegen**; ⟨Vögel⟩ **fliegen auseinander**; ⟨Personen, Tiere⟩ **laufen auseinander**; ⟨Schafe, eine Herde⟩ **auseinandertreiben**; ⟨Boote⟩ **treiben auseinander** **2** drückt aus, dass dabei zwei oder mehr Teile entstehen; ⟨ein Brot, Schokolade⟩ **auseinanderbrechen**; **etwas bricht auseinander**; ⟨Papier, Stoff⟩ **auseinanderreißen, auseinanderschneiden** **3** drückt aus, dass ein relativ großer räumlicher Abstand dazwischen ist; ⟨Dörfer, Städte⟩ **liegen (weit) auseinander**; ⟨Häuser, Bäume⟩ **stehen (weit) auseinander**

aus·ei·nan·der·brin·gen *(hat)* ⟨Personen⟩ **auseinanderbringen** *umg;* die Freundschaft zwischen (zwei) Menschen lösen oder beenden: *Der Streit hat die Freunde auseinandergebracht*

aus·ei·nan·der·fal·len *(ist)* **etwas fällt auseinander** *umg;* etwas löst sich in einzelne Teile auf: *Das alte Regal fällt bald auseinander*

aus·ei·nan·der·ge·hen *(ist)* **1** **etwas geht auseinander** eine Beziehung zwischen Menschen geht zu Ende ⟨eine Ehe, eine Verlobung, eine Freundschaft⟩ **2** ⟨Personen⟩ **gehen auseinander** *meist* zwei Personen trennen sich oder beenden die Beziehung: *Nach zehn Jahren Ehe gingen Bernd und Sonja (im Zorn, im besten Einvernehmen) auseinander* **3** in verschiedene Richtungen weggehen ⟨eine Menschenmenge⟩ **4** ⟨Ansichten, Meinungen *o.Ä.*⟩ **gehen auseinander** Ansichten, Meinungen *o.Ä.* sind verschieden

aus·ei·nan·der·hal·ten *(hat)* ⟨Personen/Dinge⟩ **auseinanderhalten** den Unterschied zwischen ähnlichen Personen/Dingen erkennen: *Ich kann die Zwillinge kaum auseinanderhalten*

aus·ei·nan·der·le·ben, sich *(hat)* ⟨Personen⟩ **leben sich auseinander** zwei Personen werden sich nach einer Zeit der Liebe oder Verbundenheit seelisch fremd ⟨die Geschwister⟩: *Das Ehepaar hatte sich nach zwanzig Jahren vollkommen auseinandergelebt*

aus·ei·nan·der·set·zen *(hat)* **1** **jemandem etwas auseinandersetzen** jemandem einen komplizierten Sachverhalt genau erklären ≈ jemandem etwas darlegen: *Ich kann dir jetzt nicht diesen ganzen chemischen Prozess auseinandersetzen* **2** **sich mit etwas auseinandersetzen** sich intensiv mit etwas beschäftigen (um die eigene Meinung darüber zu überprüfen) ≈ sich mit etwas befassen: *sich kritisch mit der Philosophie Schopenhauers auseinandersetzen* **3** **sich mit jemandem auseinandersetzen** mit jemandem kritisch über ein Thema sprechen, zu dem er eine andere Einstellung hat als man selbst

Aus·ei·nan·der·set·zung *die; -, -en;* **eine Auseinandersetzung (mit jemandem)** ein Streit oder Kampf ⟨eine heftige, blutige Auseinandersetzung mit jemandem haben⟩

aus·fah·ren *(hat)* **1** **jemanden ausfahren** jemanden (im Kinderwagen, Rollstuhl) fahren ⟨ein kleines Kind, einen Behinderten ausfahren⟩ **2** **etwas** *(meist Plural)* **ausfahren** Waren mit dem Auto transportieren und an verschiedene Adressen liefern **3** *meist* **etwas wird ausgefahren** etwas wird so stark befahren, dass es beschädigt oder abgenutzt wird ⟨Straßen, Wege ausfahren⟩ **4** **etwas ausfahren** einen Teil eines Gerätes oder einer Maschine mit mechanischer oder elektronischer Hilfe nach außen gleiten lassen ↔ einfahren ⟨das Fahrwerk, die Landeklappen ausfahren⟩

Aus·fahrt B1 *die; -, -en* **1** eine Stelle, an der man aus einem Hof, einer Garage *o.Ä.* hinausfahren kann ↔ Einfahrt ⟨die Ausfahrt einer Tiefgarage; die Ausfahrt frei halten; jemandem die Ausfahrt versperren⟩ **2** eine Straße, in die man (ein)biegt, um eine andere (die Autobahn) zu verlassen ↔ Auffahrt || [-K] Autobahnausfahrt

Aus·fall *der; -(e)s, -fäl·le* **1** *nur Singular;* der (natürliche) Verlust *meist* der Haare oder Zähne || [-K] Haarausfall **2** *nur Singular;* der Umstand, dass etwas (Geplantes) nicht stattfindet: *der Ausfall des Fußballspiels wegen Regens* **3** die Situation, dass etwas nicht mehr funktioniert: *der Ausfall eines Triebwerks* || [-K] Stromausfall

aus·fal·len [B2] *(ist)* **1 etwas fällt (jemandem/einem Tier) aus** etwas löst sich aufgrund des Alters oder einer Krankheit vom Körper ⟨*meist* die Haare, die Zähne, die Federn⟩ **2 etwas fällt aus** etwas findet nicht statt ⟨ein Konzert, der Unterricht, eine Sendung *usw*⟩ **3 etwas fällt aus** etwas funktioniert nicht mehr ⟨der Strom, ein Signal, eine Maschine⟩ **4 etwas fällt irgendwie aus** etwas hat das genannte Ergebnis: *Die Ernte fiel schlecht aus; Das Urteil fiel milde aus*

aus·fal·lend *Adjektiv;* **ausfallend (gegen jemanden)** stark beleidigend, sehr unverschämt ⟨ausfallend werden; eine Bemerkung⟩

aus·fäl·lig *Adjektiv* ≈ ausfallend

Aus·fall|stra·ße *die; -, -n;* eine (mehrspurige) Straße für den Verkehr aus einer Stadt hinaus

aus·fin·dig *Adjektiv; meist in* **jemanden/etwas ausfindig machen** jemanden/etwas nach langem Suchen und Fragen finden: *einen alten Bekannten, ein Geschäft ausfindig machen*

Aus·flucht *die; -, -flüch·te; meist Plural; förmlich* **1** ≈ Ausrede, Vorwand ⟨immer neue Ausflüchte gebrauchen/erfinden⟩ **2 Ausflüchte machen** Ausreden gebrauchen

Aus·flug [B1] *der; -(e)s, -flü·ge;* eine Wanderung oder Fahrt zu einem interessanten Ort: *einen Ausflug in die Berge machen* || [K-] Ausflugsort, Ausflugsverkehr || [-K] Sonntagsausflug || *hierzu* **Aus·flüg·ler** *der; -s, -*

aus·fra·gen *(hat)* **jemanden (über jemanden/etwas) ausfragen** jemandem viele und aufdringliche Fragen stellen: *Seine Mutter fragt ihn ständig über seine neue Freundin aus*

Aus·fuhr *die; -, -en;* der Verkauf von Waren an das Ausland ≈ Export ↔ Einfuhr, Import ⟨die Ausfuhr beschränken, erleichtern, verbieten⟩ || [K-] Ausfuhrgenehmigung, Ausfuhrverbot

aus·füh·ren¹ [B1] *(hat)* **1 etwas ausführen** Waren ins Ausland verkaufen ≈ exportieren ↔ einführen, importieren ⟨Rohstoffe, Getreide, Waren ausführen⟩ **2 jemanden ausführen** jemanden zum Besuch eines Lokals, einer Veranstaltung *o.Ä.* einladen: *eine junge Frau zum Essen, zum Tanz ausführen*

aus·füh·ren² [B1] *(hat)* **1 etwas ausführen** etwas (Geplantes) tun, in die Tat umsetzen ⟨einen Befehl, eine Idee ausführen⟩ **2 etwas ausführen** etwas genau darstellen, erklären ≈ erläutern ⟨eine Idee, eine Theorie näher ausführen⟩ || *zu* 1 **aus·führ·bar** *Adjektiv*

aus·führ·lich *Adjektiv;* sehr genau, mit vielen Einzelheiten ⟨eine Beschreibung; etwas ausführlich erläutern⟩ || *hierzu* **Aus·führ·lich·keit** *die; -; nur Singular*

Aus·füh·rung *die; -, -en* **1** *nur Singular;* das Ausführen² (1) oder die Realisierung ⟨die Ausführung eines Plans, eines Auftrags⟩ **2** die Art, in der Produkte gemacht (oder ausgestattet) sind ⟨einfache, exklusive Ausführung⟩: *Küchen in verschiedenen Ausführungen* || [-K] Luxusausführung, Sonderausführung **3** *nur Plural;* ein (sehr langer) Bericht, eine Erklärung oder Rede: *jemandes Ausführungen aufmerksam zuhören* **4 etwas gelangt zur Ausführung** *förmlich;* etwas wird getan oder erledigt ⟨ein Vorhaben, ein Plan⟩

aus·fül·len [B1] *(hat)* **1 etwas ausfüllen** Fehlendes in einem Text ergänzen ⟨ein Formular, einen Fragebogen, einen Scheck ausfüllen⟩ **2 etwas füllt jemanden aus** etwas beschäftigt jemanden stark (und gibt ihm dabei Zufriedenheit): *Sein Beruf als Lehrer füllt ihn völlig aus* **3 jemand/etwas füllt etwas (mit etwas) aus** jemand/etwas macht etwas (mit etwas) voll: *Die Taschen füllten den ganzen Kofferraum aus; Sie füllte die Löcher mit Gips aus*

Aus·ga·be¹ *die; -, -n* **1** *meist Plural;* eine Summe, die man für etwas zahlen muss ↔ Einnahme ⟨die Ausgaben beschränken, kürzen⟩: *hohe laufende Ausgaben haben* **2** *nur Singular;* die Tatsache, dass man etwas zurückgibt oder verteilt: *die Ausgabe der Bücher zu Beginn des Schuljahres*

Aus·ga·be² *die; -, -n* **1** die Form, in der ein Buch veröffentlicht wird ⟨die erste, zweite *usw*, neueste Ausgabe⟩ **2** die Nummer oder Folge einer Zeitung, Zeitschrift oder einer regelmäßigen Sendung (*z.B.* im Fernsehen) || [-K] Abendausgabe, Samstagsausgabe

Aus·gang [B1] *der; -(e)s, -gän·ge* **1** die Tür, durch die man einen Raum oder ein Gebäude verlässt ↔ Eingang: *Alle Ausgänge waren versperrt* || [K-] Ausgangstür || [-K] Hinterausgang, Notausgang **2** *nur Singular;* die Art und Weise, wie etwas endet ≈ Ende ⟨ein (un)glücklicher, überraschender Ausgang⟩: *ein Unfall mit* *tödlichem Ausgang* || ⊣K Prozessausgang, Wahlausgang **3** die Stelle, an der etwas endet ⟨am Ausgang des Darms, des Dorfes⟩ || ⊣K Darmausgang, Ortsausgang **4** **Ausgang haben** das Haus, die Kaserne *o.Ä.* in seiner Freizeit verlassen dürfen

Aus·gangs·punkt *der; -(e)s, -e;* die Stelle oder der Ort, wo etwas anfängt ↔ Ziel ⟨der Ausgangspunkt einer Reise⟩

aus·ge·ben *(hat)* **1** **etwas (für etwas) ausgeben** Geld zahlen, um eine Ware oder Leistung zu bekommen ↔ einnehmen: *Er gibt viel Geld für sein Hobby aus* **2** **etwas (an jemanden** *(meist Plural)*) **ausgeben** etwas an mehrere Personen verteilen: *Essen, Getränke, Gutscheine an die Mitarbeiter ausgeben* **3** **(jemandem) etwas ausgeben** jemanden zu einem Getränk einladen: *seinen Freunden eine Runde Bier ausgeben* **4** **sich als/für etwas ausgeben** behaupten, etwas zu sein, was man nicht ist: *Um sie zu beeindrucken, gab er sich als Arzt aus* || ▸ **Ausgabe**

aus·ge·bucht *Adjektiv;* so, dass es keine Plätze mehr gibt: *Der Flug nach New York ist bereits ausgebucht*

aus·ge·dehnt, *ausgedehnter, ausgedehntest-; Adjektiv;* von relativ langer Dauer ⟨ein Frühstück, ein Spaziergang⟩

aus·ge·dient *meist in* **etwas hat ausgedient** etwas wird nach langer Zeit nicht mehr gebraucht, ist nutzlos

aus·ge·fal·len *Adjektiv;* ganz anders, als die Leute erwarten ≈ ungewöhnlich ⟨ein Kleid, eine Idee⟩

aus·ge·gli·chen *Adjektiv; nicht als Adverb;* ruhig, so dass die Gefühle nicht stark schwanken

aus·ge·hen B1 *(ist)* **1** **(mit jemandem) ausgehen** *bes* abends (mit jemandem) zu einem Fest, in ein Lokal *o.Ä.* gehen **2** **etwas geht (jemandem) aus** etwas geht zu Ende (obwohl es noch gebraucht wird) ⟨das Geld, die Kraft, die Geduld geht jemandem aus⟩: *Mir ist das Benzin ausgegangen* **3** **etwas geht aus** etwas hört auf, in Funktion zu sein, zu leuchten oder zu brennen ↔ etwas geht an ⟨der Fernseher, das Radio *usw;* der Motor; das Licht, die Kerze, das Feuer⟩ **4** **etwas geht irgendwie aus** etwas endet auf die genannte Weise ↔ etwas fängt an: *Wenn das nur gut ausgeht!* **5** **von etwas ausgehen** etwas voraussetzen, etwas als Basis betrachten: *Ich gehe davon aus, dass alle einverstanden sind* **6** **etwas geht (jemandem/einem Tier) aus** etwas löst sich aufgrund des Alters oder einer Krankheit vom Körper ≈ etwas fällt aus ⟨*meist* die Federn, die Haare, die Zähne⟩

aus·ge·las·sen *Adjektiv;* wild und fröhlich ⟨eine Stimmung; ausgelassen herumspringen, toben, tanzen⟩ || *hierzu* **Aus·ge·las·sen·heit** *die; -; nur Singular*

aus·ge·nom·men **1** *Konjunktion* ≈ außer dass, es sei denn: *Ich reise morgen ab, ausgenommen es kommt noch etwas dazwischen* **2** **ausgenommen** + *Substantiv/Substantiv* + **ausgenommen** ≈ außer: *Alle waren gekommen, ausgenommen der Präsident/der Präsident ausgenommen*

aus·ge·pow·ert [-pauɐt] *Adjektiv; umg;* sehr erschöpft ≈ ausgepumpt

aus·ge·prägt, *ausgeprägter, ausgeprägtest-; Adjektiv;* deutlich ⟨ein Kinn, ein Profil; eine Vorliebe⟩

aus·ge·rech·net *Partikel; unbetont* **1** verwendet, wenn man etwas von der genannten Person nicht erwartet hätte: *Ausgerechnet du musst sagen, dass ich zu dick bin!* **2** verwendet, um auszudrücken, dass etwas zur falschen Zeit passiert: *Ausgerechnet heute bin ich krank, wo ich doch einen wichtigen Termin habe!*

aus·ge·schlos·sen *Adjektiv; meist nach dem Substantiv, nicht als Adverb* völlig unmöglich: *Es ist ganz ausgeschlossen, dass er den Titel gewinnt; Ein Irrtum ist ausgeschlossen*

aus·ge·sorgt *nur in* **ausgesorgt haben** so viel Geld haben, dass man nie mehr arbeiten muss: *Wenn ich im Lotto eine Million Euro gewinne, dann habe ich ausgesorgt*

aus·ge·spro·chen *Adjektiv* **1** *nur vor dem Substantiv, nicht als Adverb;* sehr groß: *Das war ausgesprochenes Glück!* **2** *nur als Adverb;* verwendet, um Adjektive oder Verben zu verstärken ≈ sehr: *ausgesprochen nachlässig, hilfreich*

aus·ge·stor·ben *Adjektiv; nicht als Adverb;* ohne Leben (oder ohne Menschen): *Nachts wirkt die Stadt wie ausgestorben*

aus·ge·wach·sen [-ks-] *Adjektiv* **1** *nicht als Adverb;* ⟨Tiere⟩ so, dass sie nicht mehr weiter wachsen, größer werden **2** *nur vor dem Substantiv, nicht als Adverb; umg;* sehr groß ⟨Blödsinn, ein Idiot, ein Skandal, Unsinn⟩

aus·ge·wo·gen *Adjektiv;* in einem Zustand des Gleichgewichts ≈ ausgeglichen ⟨eine Politik, ein Charakter, ein Verhältnis⟩ || *hierzu* **Aus·ge·wo·gen·heit** *die; -; nur Singular*

aus·ge·zeich·net B2 *Adjektiv;* sehr gut ≈ hervorragend: *Das Essen schmeckt ausgezeichnet*

aus·gie·big *Adjektiv;* so, dass es mehr als genug ist ≈ reichlich: *ein ausgiebiges Frühstück; von einer Möglichkeit ausgiebig Gebrauch machen*

Aus·gleich *der; -(e)s, -e; meist Singular* **1** eine Art Gleichgewicht ⟨einen Ausgleich herbeiführen, anstreben⟩ **2** etwas, das einen Verlust oder Mangel kompensiert: *Als Ausgleich für seine Überstunden erhält er zwei Tage frei* || K- Ausgleichssport **3** *Sport;* die gleiche Zahl von Punkten: *Maier erzielte den Ausgleich zum 2:2 in der 90. Minute*

aus·glei·chen *(hat)* **1** **sich/etwas** *(Plural)* **ausgleichen** sich/verschiedene Dinge einander so nähern, dass es kaum noch Unterschiede gibt ⟨Differenzen ausgleichen⟩ **2** **etwas (durch etwas) ausgleichen** einen Mangel, etwas Fehlendes durch eine andere Qualität ersetzen: *Er gleicht seine mangelnde technische Begabung durch viel Fleiß aus*

aus·gra·ben *(hat)* **1** **etwas ausgraben** etwas durch Graben aus der Erde nehmen, freilegen ⟨eine Pflanze, einen Schatz ausgraben; alte Paläste, Gräber ausgraben⟩ **2** **etwas ausgraben** etwas unter vielen anderen Dingen versteckt finden ⟨alte Briefe, Fotos ausgraben⟩ **3** **etwas ausgraben** längst vergessene Tatsachen wieder in Erinnerung rufen: *Erinnerungen aus der Jugendzeit wieder ausgraben* || *zu* 1 **Aus·gra·bung** *die; -, -en*

Aus·guss *der; -es, -güs·se* **1** das Becken in der Küche, in dem man Geschirr spült **2** das Rohr eines Beckens, durch das Wasser (ab)fließt

aus·ha·ben *(hat) umg* **1** *bes* mit der Arbeit oder mit dem Unterricht fertig sein ≈ freihaben: *Wir haben heute schon um 11 Uhr aus* **2** **etwas aushaben** ein Kleidungsstück ausgezogen haben ⟨den Mantel, die Hose, den Rock aushaben⟩ **3** **etwas aushaben** etwas zu Ende gelesen haben ⟨ein Buch, eine Zeitschrift aushaben⟩ **4** **etwas aushaben** ein elektrisches Gerät ausgeschaltet haben: *den Fernsehapparat aushaben*

aus·hal·ten *(hat)* **etwas aushalten** schwierige Bedingungen *o.Ä.* ertragen ≈ erdulden ⟨Hunger, Kälte, Schmerzen aushalten müssen⟩

aus·han·deln *(hat)* **etwas aushandeln** etwas in (mühsamen) Verhandlungen erreichen oder vereinbaren ⟨einen Preis, einen Vertrag, einen Kompromiss *o.Ä.* aushandeln⟩ || *hierzu* **Aus·hand·lung** *die; -, -en*

Aus·hang *der; -(e)s, -hän·ge;* eine öffentliche Information, die an einem dafür bestimmten Platz gehängt wird ⟨etwas durch Aushang bekannt geben⟩: *Bitte beachten Sie den Aushang am Schwarzen Brett!*

aus·hän·gen[1]; *hängte aus, hat ausgehängt* **1** **etwas aushängen** etwas, das irgendwo hängt, heben, um es zu entfernen ⟨eine Tür, einen Fensterladen aushängen⟩ **2** **etwas (irgendwo) aushängen** eine Information an einer dafür bestimmten Stelle öffentlich machen ⟨ein Angebot im Schaufenster, am Schwarzen Brett aushängen⟩

aus·hän·gen[2]; *hing aus, hat ausgehangen;* **etwas hängt aus** etwas hängt an einer für alle sichtbaren Stelle ⟨die Speisekarte, der Fahrplan, die Ankündigung⟩

Aus·hän·ge|schild *das; -(e)s, -er;* eine Person oder Sache, die man öffentlich vorzeigt, um einen guten Eindruck zu machen ⟨als Aushängeschild dienen⟩

aus·hel·fen *(hat)* **1** **(irgendwo) aushelfen** eine fehlende Arbeitskraft (vorübergehend oder als Aushilfe) ersetzen **2** **jemandem (mit etwas) aushelfen** jemandem etwas geben oder leihen, wenn er es gerade braucht: *Können Sie mir mit einer Briefmarke aushelfen?*

Aus·hil·fe *die; -, -n* **1** *meist Singular;* die (zeitlich begrenzte) Mitarbeit ⟨jemanden zur Aushilfe suchen⟩ || K- Aushilfskellner **2** jemand, der nur vorübergehend irgendwo mitarbeitet oder jemanden vertritt || *zu* 1 **aus·hilfs·wei·se** *Adverb*

aus·ho·len *(hat)* **1** den Arm oder Fuß nach hinten bewegen, um Schwung für einen Wurf, Schlag oder Tritt zu bekommen ⟨weit ausholen; zum Wurf/Schlag ausholen⟩ **2** **weit ausholen** bei einem Bericht, einer Erzählung ganz von vorn beginnen: *Um die Verschmelzung von Atomkernen zu erklären, muss ich weiter ausholen*

aus·hor·chen *(hat)* **jemanden aushorchen** jemandem (unauffällig) viele Fragen stellen, um eine Information zu bekommen

aus·ken·nen, sich *(hat)* **sich (irgendwo) auskennen; sich (mit etwas) auskennen** etwas genau wissen, viel Erfahrung in Bezug auf etwas haben: *Kennst du dich in Paris/mit Computern aus?*

aus·klam·mern *(hat)* **etwas ausklammern** etwas nicht besprechen, berücksichtigen: *ein heikles Problem aus der Diskussion ausklammern*

Aus·klang *der; -(e)s; nur Singular;* das Ende eines (festlichen) Tags, einer Veranstaltung: *ein Lied zum Ausklang der Feier*

aus·klü·geln; *klügelte aus, hat ausgeklügelt*; **etwas ausklügeln** durch intensives Nachdenken etwas (Raffiniertes) erfinden ≈ austüfteln: *eine ausgeklügelte Methode*

aus·ko·chen *(hat)* **1** **etwas auskochen** etwas (lange) in Wasser kochen (sodass *z.B.* eine Suppe entsteht) ⟨Fleisch, Knochen auskochen⟩ **2** **etwas auskochen** *umg*; sich etwas Schlimmes oder etwas Raffiniertes ausdenken

aus·kom·men *(ist)* **1** **mit jemandem (gut/schlecht) auskommen** ein gutes/schlechtes Verhältnis zu jemandem haben: *Kommt ihr gut miteinander aus oder streitet ihr häufig?* **2** **mit jemandem/etwas (irgendwie) auskommen** auf die genannte Art und Weise mit jemandem/etwas leben: *Mit diesem Gehalt komme ich überhaupt nicht aus*

Aus·kom·men *das; -s; nur Singular* **1** Geld, das man regelmäßig bekommt und das für das Leben reicht ⟨ein gutes, ein sicheres, sein Auskommen haben⟩ **2** **mit jemandem gibt es kein Auskommen** mit jemandem kann man nicht ohne Streit leben

aus·kos·ten *(hat)* **etwas auskosten** etwas (intensiv) genießen ⟨einen Erfolg, einen Triumph auskosten⟩

aus·küh·len *(hat/ist)* **1** **etwas kühlt jemanden/etwas aus** *(hat)* jemand/etwas wird durch etwas vollkommen kalt: *von einem Spaziergang ausgekühlt sein; Der eisige Wind hatte den Raum völlig ausgekühlt* **2** **etwas kühlt aus** *(ist)* etwas wird vollkommen kalt: *Das Zimmer kühlt im Winter schnell aus* || *hierzu* **Aus·küh·lung** *die; -; nur Singular*

aus·kund·schaf·ten; *kundschaftete aus, hat ausgekundschaftet*; **etwas auskundschaften** etwas durch (unauffälliges) Fragen oder Beobachten in Erfahrung bringen ⟨jemandes Vermögen, Ersparnisse, die Gegend auskundschaften⟩

Aus·kunft B1 *die; -, -künf·te* **1** **eine Auskunft (über jemanden/etwas)** eine Information, die man auf eine Frage erhält ⟨eine falsche, genaue, telefonische Auskunft; jemanden um (eine) Auskunft bitten; jemandem (eine) Auskunft geben; Auskünfte einholen⟩ **2** *nur Singular*; die Stelle (*z.B.* am Bahnhof), wo man um Auskunft (1) bitten kann ≈ Information (2) ⟨die Auskunft anrufen⟩ || -K Telefonauskunft, Zugauskunft

aus·la·chen *(hat)* **jemanden auslachen** über jemanden lachen oder spotten: *Er wurde ausgelacht, weil er so ungeschickt war*

aus·la·den *(hat)* **1** **(etwas) ausladen** etwas, das in einem Fahrzeug transportiert wurde, herausnehmen ⟨das Gepäck ausladen⟩ **2** **etwas ausladen** ein Fahrzeug, Flugzeug *o.Ä.*, mit dem etwas transportiert wurde, leer machen: *einen Lieferwagen ausladen*

aus·la·dend *Adjektiv* **1** sehr breit, weit nach außen reichend ⟨ein Bauwerk⟩ **2** mit den Armen weit nach außen ⟨eine Geste, eine Bewegung⟩

Aus·la·ge *die; -, -n* **1** die Waren, die im Schaufenster liegen und dort ausgestellt sind **2** ein Schaufenster, in dem Waren ausgestellt sind: *sich die Schuhe in der Auslage ansehen* **3** *meist Plural*; Geld, das man bezahlt hat (und später zurückbezahlt bekommt) ≈ Unkosten: *Er bekam die bei seiner Geschäftsreise entstandenen Auslagen zurückerstattet*

Aus·land B1 *das; -(e)s; nur Singular*; jedes Land, das nicht das eigene ist ↔ Inland ⟨ins Ausland reisen⟩: *Er ist für drei Jahre ins Ausland gegangen* || K- Auslandsaufenthalt, Auslandsstudium

Aus·län·der *der; -s, -*; eine Person, die (Staats)Bürger eines fremden Landes ist || K- Ausländeranteil, Ausländerfeindlichkeit; ausländerfeindlich || *hierzu* **Aus·län·de·rin** *die; -, -nen*

aus·län·disch *Adjektiv; meist vor dem Substantiv, nicht als Adverb*; (aus Sicht des Sprechers) aus dem/im Ausland ⟨eine Firma, eine Zeitung⟩: *unsere ausländischen Mitbürger*

aus·las·sen *(hat)* **1** **jemanden/etwas auslassen** jemanden/etwas (in einer Reihenfolge) vergessen: *beim Abschreiben aus Versehen einen Satz auslassen* **2** **etwas an jemandem auslassen** jemanden (aus Ärger, Enttäuschung oder Zorn) schlecht behandeln ⟨seine Launen, Wut an jemandem auslassen⟩ **3** **etwas auslassen** *umg*; etwas nicht anschalten, anzünden: *Lass den Fernseher/das Licht/die Kerzen bitte aus!* **4** **sich über jemanden/etwas auslassen** *abwertend*; ausführlich oder oft über jemanden/etwas (*bes* auf negative Weise) sprechen: *Er ließ sich endlos über ihre Fehler aus*

aus·las·ten *(hat)* **etwas auslasten** die Leistung einer Fabrik, einer Maschine, eines Motors *o.Ä.* voll ausnutzen: *Die Kapazität des Betriebs ist nur zu 50% ausgelastet* **2** **etwas lastet jemanden aus** etwas verlangt alle Zeit und Energie von jemandem: *Ich bin mit der Vorbereitung für das Fest völlig ausgelastet* || *hierzu* **Aus·las·tung** *die; -, -en*

Aus·lauf *der; -, -läu·fe* **1** *nur Singular*; eine Möglichkeit (*bes* für Kinder und Haustiere), im Freien zu sein, zu spielen: *Ein Schäferhund hat in der Stadt zu wenig Auslauf* **2** eine Fläche, die von einem Zaun umgeben ist, innerhalb dessen sich Tiere frei bewegen können

aus·lau·fen (*ist*) **1** **etwas läuft aus** etwas fließt durch ein Loch aus einem Gefäß: *Aus dem Leck lief Öl aus* **2** **etwas läuft aus** etwas wird leer, weil die Flüssigkeit herausfließt: *Nach dem Verkehrsunfall ist der Tank ausgelaufen* **3** ⟨ein Schiff *o.Ä.*⟩ **läuft aus** ein Schiff *o.Ä.* verlässt einen Hafen

Aus·läu·fer *der; -s, -;* **1** *Meteorologie;* der äußere Teil ⟨einer atlantischen Störung, eines Tiefs⟩ || -K Tiefausläufer **2** die äußeren, niedrigen Teile ⟨eines Gebirges⟩ || -K Gebirgsausläufer

Aus·lauf|mo·dell *das; -s, -e;* ein Produkt, das noch verkauft, aber nicht mehr hergestellt wird: *ein Auslaufmodell zu reduziertem Preis*

aus·lau·gen; *laugte aus, hat ausgelaugt;* **1** *meist* **etwas wird ausgelaugt** eine Substanz verliert wichtige Bestandteile: *Durch ständiges Bepflanzen wird der Boden ausgelaugt* **2** **etwas laugt jemanden aus** schwere Arbeit oder große Anstrengung nehmen jemandem die Kraft: *Nach dem Marathonlauf war er (von der Anstrengung) völlig ausgelaugt*

aus·le·cken (*hat*) **1** **etwas auslecken** etwas durch Lecken leer oder sauber machen: *die Schüssel auslecken* **2** **etwas auslecken** etwas aus etwas lecken: *den Honig auslecken (der im Topf ist)*

aus·lee·ren (*hat*) **1** **etwas ausleeren** etwas aus einem Gefäß gießen, schütten *usw*: *das Wasser (aus der Schüssel) ausleeren* **2** **etwas ausleeren** ein Gefäß leer machen: *den Eimer, seine Taschen ausleeren*

aus·le·gen (*hat*) **1** **etwas auslegen** etwas irgendwohin legen, damit es jemand nehmen oder ansehen kann: *Baupläne zur Einsicht öffentlich auslegen; Prospekte auslegen* **2** **etwas mit etwas auslegen** etwas mit etwas (Schützendem) bedecken ⟨ein Zimmer mit Teppichen, eine Schublade mit Papier auslegen⟩ **3** **jemandem etwas auslegen; etwas für jemanden auslegen** jemandem das Geld für etwas leihen: *Kannst du mir das Geld für die Kinokarte auslegen?* **4** **etwas (irgendwie) auslegen** eine Geschichte oder Erscheinung in ihrer tieferen Bedeutung zeigen ≈ etwas interpretieren ⟨einen Text falsch auslegen⟩: *die Bibel auslegen* **5** **etwas ist für etwas ausgelegt** etwas ist so gestaltet, dass es für etwas geeignet ist: *Das Stadion ist für 40.000 Zuschauer ausgelegt* || zu 4 **Aus·le·gung** *die; -, -en*

aus·lei·ern (*hat*) **1** **etwas ausleiern** etwas so oft benutzen oder waschen, dass es weiter oder lockerer wird: *ein ausgeleierter Pullover* **2** **etwas ausleiern** etwas stark abnutzen ⟨ein Gewinde ausleiern⟩

Aus·lei·he *die; -, -n* **1** ein Schalter (in einer Bibliothek), an dem man Bücher ausleihen kann **2** *nur Singular;* das Ausleihen von Büchern, Schallplatten *usw* (für eine bestimmte Zeit) ≈ Verleih

aus·lei·hen (*hat*) **1** **(jemandem) etwas ausleihen** jemandem etwas für kurze Zeit (*meist* kostenlos) geben ≈ leihen: *Mein Rad kann ich dir leider nicht ausleihen* **2** **(sich** (*Dativ*)**) etwas (bei/von jemandem) ausleihen** sich etwas geben lassen, das man für einige Zeit (*meist* kostenlos) benutzen darf: *Kann ich (mir) einen Bleistift bei dir ausleihen?*

aus·ler·nen (*hat*) *meist* **ausgelernt haben** mit der (beruflichen) Ausbildung fertig sein || ID **Man lernt nie aus** man macht immer wieder neue Erfahrungen

Aus·le·se *die; -, -n* **1** *nur Singular;* das Auswählen des/der Besten: *eine strenge Auslese treffen* **2** eine Gruppe von speziell ausgewählten Dingen aus einer Menge: *eine Auslese aus seinen Gedichten* **3** die besten Personen aus einer Gruppe: *eine Auslese der besten Sänger* **4** ein sehr guter Wein (aus ausgesuchten Trauben)

aus·lie·fern (*hat*) **1** **etwas ausliefern** Waren (im Auftrag einer Firma) liefern **2** **jemanden (an jemanden) ausliefern** jemanden an die Organe eines anderen Staates übergeben ⟨politische Gefangene, Verbrecher ausliefern⟩: *Die Terroristen wurden an die USA ausgeliefert* **3** **jemanden etwas** (*Dativ*) **ausliefern** jemanden ohne Hilfe etwas Negativem oder einer Gefahr überlassen ⟨jemanden dem Tod, Hunger, Schicksal ausliefern⟩: *Schutzlos sind sie dem Regen und der Kälte ausgeliefert* **4** **jemandem ausgeliefert sein** in einer Situation sein, in der jemand mit einem machen kann, was er will || zu 1 und 2 **Aus·lie·fe·rung** *die; -, -en*

aus·lie·gen (*hat/südd* Ⓐ Ⓒⓗ *ist*) **1** **etwas liegt aus** etwas ist zum Verkauf (*bes* im Schaufenster) ausgestellt ⟨Waren⟩ **2** **etwas liegt aus** etwas liegt (zum Ansehen, Unterschreiben oder Mitnehmen) offen da ⟨Listen, Pläne, Zeitschriften⟩

aus·löf·feln (*hat*) **1** **etwas auslöffeln** etwas mit einem Löffel leer machen ⟨den Teller auslöffeln⟩ **2** **etwas auslöffeln** etwas mit einem Löffel essen ⟨die Suppe auslöffeln⟩

aus·log·gen, sich; *loggte sich aus, hat sich*

ausgeloggt; Informatik; sich bei einem Computersystem als Benutzer abmelden

aus·lö·schen *(hat)* **1 etwas auslöschen** etwas (löschen oder) ausmachen ⟨ein Feuer, das Licht auslöschen⟩ **2 etwas auslöschen** etwas zerstören, (etwas verschwinden lassen) ⟨Spuren, die Erinnerung an jemanden auslöschen⟩ **3 jemand/etwas löscht jemanden/etwas** *(meist Plural)* **aus** *förmlich;* jemand/etwas vernichtet *meist* viele Leute: *Der Krieg löschte ganze Familien aus*

aus·lö·sen *(hat)* **1 etwas auslösen** einen Mechanismus in Bewegung setzen ⟨einen Schuss, Alarm auslösen⟩ **2 etwas auslösen** durch eine bestimmte Aktion etwas entstehen lassen ⟨einen Krieg, eine Revolte, eine Revolution auslösen⟩ **3 etwas (bei jemandem) auslösen** bei jemandem eine Reaktion verursachen ⟨Freude, einen Streit, Gelächter, Panik *usw* auslösen⟩: *Die Nachricht löste bei allen Bestürzung aus* **4 jemanden auslösen** Geld zahlen, damit jemand freikommt ⟨Gefangene, Geiseln auslösen⟩

Aus·lö·ser *der; -s, -;* **1** ein Knopf, Schalter *o.Ä.,* mit dem man einen Mechanismus in Bewegung setzt: *auf den Auslöser drücken und ein Foto machen* **2** der Grund oder der Anlass für etwas: *Das Attentat war Auslöser einer Revolte*

aus·ma·chen A1 *(hat)* **1 etwas ausmachen** bewirken, dass etwas nicht mehr brennt ↔ anzünden ⟨das Feuer, eine Kerze, eine Zigarette ausmachen⟩ **2 etwas ausmachen** *umg;* bewirken, dass ein technisches Gerät nicht mehr in Funktion ist ≈ ausschalten ↔ anmachen ⟨den Fernseher, die Heizung, den Motor ausmachen⟩ **3 etwas macht etwas aus** etwas hat einen Wert, eine Bedeutung: *Die Differenz macht 3 Meter aus; Ruhe und Erholung machen einen wesentlichen Teil des Urlaubs aus* **4 jemand macht etwas mit jemandem aus;** ⟨Personen⟩ **machen etwas aus** *umg; meist* zwei Personen besprechen, wann man sich trifft: *Hast du mit dem Zahnarzt schon einen Termin ausgemacht?* **5** *meist* **etwas macht jemandem nichts/etwas aus** *umg;* etwas stört jemanden nicht/etwas stört jemanden: *Hitze macht mir nichts aus; Macht es Ihnen etwas aus, wenn ich rauche?*

aus·ma·len *(hat)* **1 etwas ausmalen** Zeichnungen oder vorgegebene Umrisse farbig machen ⟨Figuren in einem Malbuch ausmalen⟩ **2 jemandem/sich etwas ausmalen** jemandem etwas genau beschreiben, sich etwas genau vorstellen: *Er malt sich schon jetzt aus, was er auf der Reise erleben wird*

Aus·maß *das; -es, -e; meist Singular;* sehr viel *(meist Negatives)* ≈ Umfang ⟨das ganze Ausmaß der Zerstörung; etwas nimmt solche Ausmaße an, dass …⟩

aus·mer·zen; *merzte aus, hat ausgemerzt;* **etwas ausmerzen** etwas (Unerwünschtes oder Schädliches) ganz entfernen oder vernichten ⟨Fehler, Unkraut, Ungeziefer ausmerzen⟩

aus·mes·sen *(hat)* **etwas ausmessen** die Größe einer Sache (durch Messen) präzise bestimmen ⟨ein Grundstück, eine Wohnung ausmessen⟩

aus·mis·ten; *mistete aus, hat ausgemistet* **1 (etwas) ausmisten** *umg;* das, was man nicht mehr braucht, wegwerfen ⟨seine alten Schulhefte, die Briefmarkensammlung ausmisten⟩ **2 (etwas) ausmisten** etwas von Mist befreien ⟨den Stall ausmisten⟩

aus·mus·tern *(hat)* **1 etwas ausmustern** alte (unbrauchbar gewordene) Dinge beiseitestellen und nicht mehr verwenden **2 jemanden ausmustern** jemanden wegen seiner schlechten Gesundheit nicht zum Militärdienst einziehen

Aus·nah·me B2 *die; -, -n* **1** eine Person/Sache, die von der Regel oder Norm abweicht und etwas Besonderes darstellt ⟨eine rühmliche, seltene Ausnahme; mit einigen wenigen Ausnahmen; alle ohne Ausnahme⟩ ‖ K- Ausnahmefall **2 eine Ausnahme machen** anders handeln als sonst: *Das geht normalerweise nicht, aber heute machen wir eine Ausnahme* **3 mit Ausnahme** + *Genitiv;* **mit Ausnahme von jemandem/etwas** ohne, außer: *Er liest alles mit Ausnahme von Biografien* ‖ ID **Ausnahmen bestätigen die Regel** verwendet, um zu sagen, dass (fast) jede Regel eine Ausnahme hat ‖ *zu* 1 **aus·nahms·los** *Adjektiv*

Aus·nah·me|zu·stand *der; -(e)s, -stän·de* **1** eine politische Situation, die die Regierung dazu bringt, einige Rechte aufzuheben ⟨den Ausnahmezustand erklären, verhängen, aufheben⟩ **2** ein seltener (nicht alltäglicher) Zustand: *Diese Umleitung ist nur ein Ausnahmezustand*

aus·nahms·wei·se B2 *Adverb;* in einem besonderen, vom Normalen abweichenden Fall ⟨etwas ausnahmsweise erlauben⟩

aus·neh·men *(hat)* **1 jemanden/sich/etwas (von etwas) ausnehmen** behaupten, dass jemand/man selbst/etwas von einer Aussage, Regelung *o.Ä.* nicht betroffen ist ≈ ausschließen: *Ich kann von diesem Vorwurf niemanden ausnehmen* **2 jemanden ausnehmen** *umg;* von jemandem auf listige Art viel Geld nehmen **3 ein Tier ausnehmen** aus einem getöteten Tier die inneren Organe (Eingeweide) nehmen **4** **etwas nimmt sich irgendwie aus** *umg;* etwas erzielt einen bestimmten (optischen) Eindruck: *Vor dem Rathaus nimmt sich der Brunnen gut aus*

aus·nut·zen, *bes südd* Ⓐ **aus·nüt·zen** *(hat)* **1** **jemanden ausnutzen** von jemandes Diensten oder Arbeit profitieren und dabei nur an seinen eigenen Vorteil denken: *seine Freunde, billige Arbeitskräfte schamlos ausnutzen* **2** **etwas (zu/für etwas) ausnutzen** etwas zu dem genannten Zweck verwenden oder nutzen ⟨eine günstige Gelegenheit ausnutzen⟩: *das schöne Wetter (dazu) ausnutzen, schwimmen zu gehen* || *hierzu* **Aus·nut·zung**, **Aus·nüt·zung** *die; -; nur Singular*

aus·pa·cken A2 *(hat)* **1** **etwas auspacken** etwas aus der Verpackung nehmen: *die Weihnachtsgeschenke auspacken* **2** **(etwas) auspacken** den Inhalt herausnehmen ↔ einpacken ⟨ein Paket, eine Reisetasche auspacken⟩

aus·par·ken *(hat) umg;* mit dem Auto aus einer (Park)Lücke auf die Straße fahren ↔ einparken: *beim Ausparken einen anderen Wagen beschädigen*

aus·pfei·fen *(hat)* **jemanden/etwas auspfeifen** (bei einer Veranstaltung) durch Pfiffe zeigen, dass man jemanden/eine Darstellung nicht gut findet ⟨einen Redner, ein Theaterstück auspfeifen⟩

aus·plün·dern *(hat)* **jemanden/etwas ausplündern** ≈ ausrauben || *hierzu* **Aus·plün·de·rung** *die; -; nur Singular*

aus·pres·sen *(hat)* **etwas auspressen** aus Obst Saft machen ⟨Orangen, Zitronen auspressen⟩

aus·pro·bie·ren *(hat)* **etwas ausprobieren** etwas zum ersten Mal anwenden, um zu prüfen, ob es brauchbar ist: *ein neues Kochrezept, eine andere Route ausprobieren*

Aus·puff *der; -s, -e;* ein Rohr, durch das die Abgase aus einem Motor nach außen geleitet werden || K- Auspuffrohr

aus·ra·die·ren; *radierte aus, hat ausradiert* **1** **etwas ausradieren** etwas, das (mit Bleistift) geschrieben oder gezeichnet wurde, (mit einem Radiergummi) entfernen **2** **jemand/etwas radiert etwas aus** *umg;* jemand/etwas vernichtet, zerstört etwas vollständig ⟨*meist* eine Stadt, eine Gegend ausradieren⟩

aus·ran·gie·ren *(hat)* **etwas ausrangieren** etwas, das man nicht mehr braucht, beiseitestellen und nicht mehr benutzen ≈ ausmustern: *alte Güterwaggons, schadhafte Maschinen ausrangieren*

aus·ras·ten *(ist) umg;* die Nerven verlieren und sich plötzlich aggressiv (oder sonderbar) verhalten

aus·rau·ben *(hat)* **1** **jemanden ausrauben** jemandem mit Gewalt alles stehlen, was er bei sich hat ⟨einen Passanten ausrauben⟩ **2** **etwas ausrauben** den ganzen (wertvollen) Inhalt von etwas stehlen ⟨ein Haus, ein Auto ausrauben⟩

aus·räu·men *(hat)* **1** **etwas** *(meist Plural)* **ausräumen** Gegenstände aus einem Zimmer, einem Schrank *o.Ä.* räumen ⟨das Geschirr, die Möbel, seine Sachen ausräumen⟩ **2** **etwas ausräumen** etwas leer machen ⟨das Haus, den Schrank, die Waschmaschine ausräumen⟩ **3** **etwas ausräumen** etwas durch gute Argumente (oder durch eine überzeugende Tat) beseitigen ⟨Bedenken, Zweifel, einen Verdacht ausräumen⟩

aus·rech·nen *(hat)* **etwas ausrechnen** etwas (durch Rechnen) erfassen, ermitteln ⟨die Entfernung, die Differenz, die Geschwindigkeit, die Kosten ausrechnen⟩

Aus·re·de *die; -, -n* **1** ein (angeblicher) Grund, der als Entschuldigung dient ≈ Vorwand ⟨immer eine Ausrede haben⟩ **2** **eine faule Ausrede** *umg;* eine Entschuldigung, die niemand glaubt

aus·re·den *(hat)* **1** **jemandem etwas ausreden** jemanden dazu bringen, dass er seine Meinung oder ein Vorhaben aufgibt: *Sie hat ihm seinen Plan ausgeredet* **2** zu Ende sprechen: *Lass mich bitte ausreden!*

aus·rei·chen *(hat)* **etwas reicht aus** von etwas ist genug vorhanden ⟨Vorräte, Geldmittel⟩: *Das Heizöl muss bis März ausreichen*

aus·rei·chend *Adjektiv;* Ⓓ verwendet als Bezeichnung für die (Schul)Note „4" (auf der Skala von 1 („sehr gut") bis 6 („ungenügend")) ⟨„ausreichend" in etwas *(Dativ)* haben, bekommen⟩

aus·rei·sen *(ist)* **(aus einem Land) ausreisen** ein Land (offiziell) verlassen ↔ einreisen || *hierzu* **Aus·rei·se** *die; -, -n*

aus·rei·ßen *(hat/ist)* **1** **(jemandem) etwas ausreißen** *(hat)* etwas (durch Reißen) entfernen: *jemandem ein Haar ausreißen; Unkraut ausreißen* **2** **(aus/von irgendwo) ausreißen** *(ist)* weglaufen ⟨von zu Hause ausreißen⟩ || zu 2 **Aus·rei·ßer** *der; -s, -;* **Aus·rei·ße·rin** *die; -, -nen*

aus·ren·ken; *renkte aus, hat ausgerenkt;* **je-**

mandem/sich etwas ausrenken (durch Drehung *o.Ä.*) bewirken, dass ein Knochen nicht mehr richtig im Gelenk sitzt: *Ich habe mir die Schulter ausgerenkt*

aus·rich·ten *(hat)* **1** **(jemandem) etwas ausrichten** jemandem eine Nachricht oder einen Gruß von einem anderen bringen ≈ jemandem etwas bestellen ⟨jemandem Glückwünsche ausrichten⟩: *Ich soll dir von Helga einen schönen Gruß ausrichten* **2** **etwas ausrichten** (eine Veranstaltung) vorbereiten und durchführen ⟨Wettkämpfe, eine Olympiade ausrichten; eine Hochzeit ausrichten⟩ **3** **etwas auf jemanden/etwas ausrichten; etwas nach jemandem/etwas ausrichten** etwas jemandes Bedürfnissen oder Wünschen *bzw* einem Ziel anpassen: *das Angebot nach der Nachfrage ausrichten; Ihr Verhalten war darauf ausgerichtet, uns zu imponieren* **4** **(mit etwas) (bei jemandem) etwas ausrichten** *umg;* (mit einer Methode) erreichen, dass sich jemandes Verhalten ändert: *Mit Strafen kann ich bei meinen Kindern nicht viel/nur wenig ausrichten* || *zu* 2 und 3 **Aus·rich·tung** *die; -; nur Singular*

aus·rot·ten; *rottete aus, hat ausgerottet;* **1** **jemanden/etwas** *(meist Plural)* **ausrotten** alle Lebewesen einer Art völlig vernichten: *ausgerottete Tierarten* **2** **etwas ausrotten** etwas ganz beseitigen ⟨eine Unsitte, den Aberglauben ausrotten⟩ || *hierzu* **Aus·rot·tung** *die; -; nur Singular*

aus·rü·cken *(ist)* **1** ⟨die Polizei, die Feuerwehr *o.Ä.*⟩ **rückt aus** eine geschlossene Gruppe geht oder fährt von einem Standort aus irgendwohin (wo sie gebraucht wird) **2** *umg* ≈ ausreißen (2) ⟨ein Jugendlicher, ein Kind⟩

Aus·ruf *der; -(e)s, -e;* ein kurzer, plötzlicher Ruf als Ausdruck eines Gefühls ⟨ein Ausruf des Schreckens, der Überraschung⟩ || [K-] Ausrufesatz

aus·ru·fen *(hat)* **1** **etwas ausrufen** plötzlich und kurz etwas rufen: *„Toll!", rief sie aus, als sie von dem Vorschlag hörte* **2** **etwas ausrufen** etwas öffentlich bekannt geben und damit in Kraft setzen ⟨einen Streik ausrufen⟩ || *zu* 2 **Aus·ru·fung** *die; -, -en; meist Singular*

Aus·ru·fe·zei·chen *das; -s, -;* das Zeichen „!"

aus·ru·hen [B1] *(hat)* **(sich) (von etwas) ausruhen** nach einer Anstrengung ruhen und sich erholen ⟨sich von der Arbeit ausruhen⟩

aus·rüs·ten *(hat)* **1** **jemanden (irgendwie/mit etwas) ausrüsten** jemandem die Dinge geben, die er für ein Vorhaben braucht: *einen Bergsteiger mit Seil und Pickel ausrüsten; Das Schiff war für die lange Reise ungenügend ausgerüstet* **2** **etwas (mit etwas) ausrüsten** eine Maschine oder ein Fahrzeug mit Geräten oder Instrumenten versehen ≈ ausstatten: *ein Auto mit einem Katalysator ausrüsten* || *hierzu* **Aus·rüs·tung** *die; -, -en*

aus·rut·schen *(ist)* auf glattem Boden den Halt verlieren (und hinfallen)

Aus·rut·scher *der; -s, -; umg;* ein einmaliger Fehler

Aus·sa·ge *die; -, -n* **1** **eine Aussage (über jemanden/etwas)** das, was jemand über jemanden/etwas sagt ≈ Äußerung: *nach Aussage eines Fachmanns* || [K-] Aussagesatz **2** **eine Aussage (zu etwas)** (vor Gericht oder bei der Polizei) ein Bericht ⟨eine Aussage (zu etwas) machen⟩ || [K-] Aussageverweigerung **3** der gedankliche Inhalt eines (künstlerischen) Werkes

aus·sa·ge·kräf·tig *Adjektiv;* mit einer klar erkennbaren und wirkungsvollen Aussage ⟨ein Bild⟩ || *hierzu* **Aus·sa·ge·kraft** *die; -; nur Singular*

aus·sa·gen *(hat)* **1** **(etwas) aussagen** (vor Gericht, bei der Polizei) über ein Verbrechen oder einen Unfall berichten ⟨für, gegen jemanden aussagen; als Zeuge aussagen⟩ **2** **etwas sagt etwas (über jemanden/etwas) aus** etwas bringt etwas zum Ausdruck: *Ihr Verhalten sagt einiges über ihren Charakter aus*

aus·schal·ten [B1] *(hat)* **1** **etwas ausschalten** (mit einem Schalter) bewirken, dass ein Motor oder ein elektrisches Gerät nicht mehr in Betrieb ist ≈ abstellen ↔ einschalten **2** **jemanden/etwas ausschalten** verhindern, dass jemand handeln kann oder dass etwas wirksam wird ⟨die Konkurrenz, störende Einflüsse ausschalten⟩: *Der Diktator schaltete das Parlament aus*

Aus·schank *der; -(e)s; nur Singular* **1** der Verkauf von *meist* alkoholischen Getränken in einem Gasthaus: *Der Ausschank von Alkohol an Jugendliche unter 16 ist verboten* **2** ≈ Theke (1) || ▸ **ausschenken**

Aus·schau *(die); nur Singular; nur in* **1** **(nach jemandem/etwas) Ausschau halten** mit Blicken danach suchen, ob jemand/etwas kommt, auf den/das man (schon lange) wartet **2** **nach etwas Ausschau halten** nach etwas suchen

aus·schau·en [B2] *(hat) südd* Ⓐ ↑ **aussehen**

aus·schei·den *(hat/ist)* **1** **etwas ausscheiden** *(hat)* ⟨Kot, Harn, Urin⟩ aus dem Körper gelangen lassen **2** **(aus etwas) ausscheiden** *(ist)* nicht mehr an etwas teilnehmen, bei etwas sein ⟨aus dem Berufsleben, aus dem Wettkampf, aus einer Firma ausscheiden⟩: *Wegen einer Verletzung musste er nach der 2. Runde ausscheiden* **3** **jemand/etwas scheidet aus** *(ist)* jemand/etwas wird nicht berücksichtigt, weil er/es nicht geeignet ist ⟨ein Bewerber, ein Kandidat, eine Möglichkeit⟩

Aus·schei·dung *die; -, -en* **1** *nur Singular;* das Ausscheiden (1) von Urin und Kot **2** *meist Plural;* die Substanzen, die der Körper nicht verwerten kann und somit nach außen abgibt ≈ Exkremente || K- Ausscheidungsprodukt **3** ein Wettkampf, in dem ein Teil der Teilnehmer ausscheiden (2) muss: *sich in der Ausscheidung für den Endkampf qualifizieren* || K- Ausscheidungskampf, Ausscheidungsrunde || -K Endausscheidung

aus·schen·ken *(hat)* **(etwas) ausschenken** (alkoholische) Getränke (in einem Gasthaus) in Gläser füllen (und verkaufen) || ▸ **Ausschank**

aus·sche·ren *(ist)* **(aus etwas) ausscheren** plötzlich seitlich den (geraden) Weg verlassen ⟨aus der Kolonne, Schlange, Spur ausscheren⟩: *Gerade als ich überholen wollte, scherte ein Auto vor mir aus*

aus·schil·dern *(hat)* **etwas ausschildern** eine Strecke durch Schilder markieren: *Der Weg zum Stadion ist ausgeschildert* || *hierzu* **Aus·schil·de·rung** *die; -, -en*

aus·schla·fen *(hat)* so lange schlafen, bis man nicht mehr müde ist ⟨ausschlafen wollen, können⟩

Aus·schlag *der; -(e)s, -schlä·ge* **1** eine Erkrankung, die Flecken (und Entzündungen) auf der Haut entstehen lässt: *einen Ausschlag an den Händen haben* || -K Hautausschlag **2** die Bewegung eines Pendels oder Zeigers *bes* zur Seite **3** **etwas gibt den Ausschlag (für etwas)** etwas ist entscheidend für etwas: *Seine gute Kondition gab den Ausschlag für seinen Sieg*

aus·schla·gen *(hat)* **1** **jemandem einen Zahn ausschlagen** jemandem so ins Gesicht schlagen, dass er dabei einen Zahn verliert **2** **(jemandem) etwas ausschlagen** jemandem etwas nicht erlauben ⟨eine Bitte, eine Forderung ausschlagen⟩ **3** **etwas ausschlagen** etwas, das angeboten wird, nicht annehmen ≈ ablehnen ⟨ein Angebot, eine Einladung ausschlagen⟩ **4** **etwas schlägt aus** etwas bewegt sich (von der Ruhelage aus) zur Seite ⟨ein Pendel, ein Zeiger⟩ **5** **ein Tier schlägt aus** ein Tier stößt oder tritt *bes* mit dem Huf (nach jemandem/etwas) ⟨Pferde, Esel, Maultiere⟩: *Das Pferd scheute und schlug nach allen Seiten aus* **6** **eine Pflanze schlägt aus** ein Baum oder Strauch bekommt Blätter

aus·schlag·ge·bend *Adjektiv;* **etwas ist ausschlaggebend (für etwas)** etwas hat großen Einfluss (auf eine Entscheidung *o.Ä.*): *Seine Erfahrung war ausschlaggebend dafür, dass er den Posten bekam*

aus·schlie·ßen *(hat)* **1** **jemanden/sich ausschließen** ein Haus *o.Ä.* so verschließen dass jemand/man selbst nicht mehr hineingehen kann (weil jemand/man selbst keinen Schlüssel hat): *Ich habe mich versehentlich aus meiner Wohnung ausgeschlossen* **2** **jemanden (aus etwas) ausschließen** bestimmen, dass jemand nicht mehr Mitglied einer Gruppe oder Organisation ist: *Er wurde aus der Partei ausgeschlossen* **3** **jemanden (von etwas) ausschließen** beschließen, dass jemand irgendwo nicht (mehr) teilnehmen darf ⟨jemanden von einer Sitzung, einer Feier, einem Wettkampf ausschließen⟩ **4** **etwas ausschließen** beweisen, dass etwas nicht möglich ist ⟨einen Irrtum, jeden Zweifel, den Zufall ausschließen⟩ || *zu* 2-4 **Aus·schluss** *der; -es, -schlüs·se*

aus·schließ·lich[1] *Präposition; mit Genitiv/Dativ;* mit Ausnahme von ≈ außer ↔ einschließlich: *Versichert ist das ganze Gepäck ausschließlich (der) Wertgegenstände* || Hinweis: Gebrauch

aus·schließ·lich[2] *Adverb;* verwendet, um auszudrücken, dass etwas nur für die genannte Person/Sache gilt ≈ nur: *Der Parkplatz ist ausschließlich für Kunden reserviert*

aus·schließ·li·ch- *Adjektiv; nur vor dem Substantiv, nicht als Adverb* sich nur auf jemanden/etwas allein beziehend ≈ alleinig- ⟨der Anspruch, das Recht⟩: *Sein ausschließliches Interesse gilt der Politik*

aus·schlüp·fen *(ist)* ⟨ein Vogel, ein Reptil *usw*⟩ **schlüpft aus** ein Vogel, ein Reptil *usw* kommt aus dem Ei heraus

aus·schmü·cken *(hat)* **etwas (mit etwas) ausschmücken** etwas durch (*oft* erfundene) Details interessanter machen ⟨eine Erzählung, eine Geschichte mit vielen Anekdoten ausschmücken⟩ || *hierzu* **Aus·schmü·ckung** *die; -, -en*

aus·schnei·den *(hat)* **etwas (aus etwas) ausschneiden** (aus Papier, Stoff *usw*) Stücke schneiden: *Kinder schneiden gern Figuren aus*

Aus·schnitt *der; -(e)s, -e* **1** (an Kleidern, Blusen) die (*meist* weitere) Öffnung für Kopf und Hals ⟨ein weiter, tiefer, runder Ausschnitt⟩ **2** ein (kleinerer) Teil eines Ganzen: *Von dem* *neuen Kinofilm habe ich in der Werbung schon einen Ausschnitt gesehen*

aus·schrei·ben (hat) **1** **etwas ausschreiben** ein Wort mit allen Buchstaben, nicht abgekürzt schreiben **2** **etwas ausschreiben** etwas öffentlich bekannt machen und die Bedingungen dafür ankündigen ⟨eine Stelle, einen Wettbewerb, Meisterschaften ausschreiben⟩ **3** **(jemandem) etwas ausschreiben** etwas schreiben und es jemandem geben ≈ ausstellen ⟨(jemandem) ein Attest, ein Rezept, einen Scheck ausschreiben⟩ || zu 2 **Aus·schrei·bung** die; -, -en

Aus·schuss der; -es, -schüs·se; eine Gruppe von Personen, die (für eine besondere Aufgabe) aus einer größeren Gruppe ausgewählt worden ist ⟨einen Ausschuss einsetzen⟩ || -K Prüfungsausschuss, Wahlausschuss

aus·schüt·teln (hat) **etwas ausschütteln** etwas schütteln, damit z.B. Krümel entfernt werden: *das Tischtuch ausschütteln*

aus·schüt·ten (hat) **1** **etwas ausschütten** etwas aus einem Gefäß schütten: *das Wasser ausschütten* **2** **etwas ausschütten** etwas auszahlen oder verteilen ⟨eine Dividende, Lotteriegewinne, Zinsen ausschütten⟩ || zu 2 **Aus·schüt·tung** die; -, -en

aus·schwei·fend Adjektiv; so, dass dabei ein normales Maß stark überschritten wird ⟨eine Fantasie, eine Lebensweise, eine Schilderung⟩

aus·se·hen A2 (hat) **1** **irgendwie aussehen** (aufgrund äußerer Merkmale) einen bestimmten Eindruck machen ⟨gut, krank, freundlich, hübsch aussehen⟩ **2** **etwas sieht irgendwie aus** etwas scheint (aufgrund der Anzeichen) so zu sein ⟨etwas sieht gefährlich, schlimm aus⟩: *Die Situation der Arbeitslosen sieht ungünstig aus* **3** **wie jemand/etwas aussehen** ähnliche oder gleiche äußere Merkmale haben wie jemand/etwas ≈ jemandem/etwas ähnlich sehen: *Er sieht aus wie James Dean* **4** **etwas sieht nach etwas aus** umg; etwas ist ein Anzeichen für etwas: *Heute sieht es nach Regen aus*

Aus·se·hen A2 das; -s; nur Singular; die Art und Weise, wie jemand aussieht ≈ das Äußere: *Du solltest die Menschen nicht nach ihrem Aussehen beurteilen*

au·ßen A2 Adverb **1** auf der Seite, die am weitesten vom Zentrum entfernt ist ↔ innen: *Ihr Mantel ist außen grau und innen rot gefüttert* || K- Außenfläche, Außenseite, Außenwand **2** außerhalb eines Raumes ≈ draußen: *Kein Laut dringt nach außen* || K- Außenrand, Außentemperatur

Au·ßen·dienst der; -es; nur Singular; der Dienst außerhalb der Firma oder Behörde (z.B. als Vertreter) ↔ Innendienst ⟨im Außendienst tätig sein⟩ || K- Außendienstmitarbeiter

Au·ßen·mi·nis·ter der; -s, -; der Minister eines Landes, der für die Beziehungen zum Ausland verantwortlich ist ↔ Innenminister || hierzu **Au·ßen·mi·nis·te·rin** die; -, -nen; **Au·ßen·mi·nis·te·ri·um** das; -s, -mi·nis·te·ri·en

Au·ßen·po·li·tik die; -; nur Singular; die Politik, die sich mit den Beziehungen eines Staates zu anderen Staaten befasst ↔ Innenpolitik || hierzu **au·ßen·po·li·tisch** Adjektiv

Au·ßen·sei·ter der; -s, -; **1** jemand, der sich nicht an die Normen einer Gruppe oder Gesellschaft anpasst und so nicht in sie integriert ist: *Schon in der Schule war er ein Außenseiter* || K- Außenseiterrolle **2** Sport; ein Sportler oder eine Mannschaft mit ganz geringen Chancen auf einen Sieg (im Wettkampf): *Ganz überraschend gewann ein krasser Außenseiter das Tennisturnier* || hierzu **Au·ßen·sei·te·rin** die; -, -nen

au·ßen·ste·hen·d- Adjektiv; nur vor dem Substantiv, nicht als Adverb; ⟨Leute, Menschen⟩ so, dass sie nicht zu einer bestimmten Gruppe gehören

Au·ßen·welt die; -; nur Singular **1** die Menschen und Ereignisse außerhalb eines (geschlossenen) Bereichs (z.B. außerhalb eines Klosters, eines abgelegenen Gebirgsdorfes): *Nach den heftigen Schneefällen war das Dorf von der Außenwelt abgeschnitten* **2** die Vorgänge und Dinge, die um einen herum passieren und die man mit den Sinnen wahrnimmt ↔ Innenwelt ⟨die Außenwelt kaum wahrnehmen⟩

au·ßer[1] B1 Präposition; mit Dativ **1** mit Ausnahme von, ausgenommen: *Außer einer leichten Prellung war er unverletzt; Der Zug verkehrt täglich außer sonntags* **2** neben oder (gleichzeitig) mit: *Außer Gold wird auch Uran abgebaut* **3** **außer** mit Substantiv ohne Artikel; (räumlich oder zeitlich) nicht innerhalb von, nicht in dem genannten Bereich von ≈ außerhalb +⟨außer Haus, Sichtweite sein⟩: *Der Schwerverletzte ist außer Lebensgefahr* **4** **außer sich** (Dativ) **sein** (**vor etwas** (Dativ)) in einem emotionalen Zustand sein, in dem die Gefühle nicht unter Kontrolle sind ⟨außer sich sein vor Freude, Glück, Ärger, Zorn⟩

au·ßer[2] B1 Konjunktion; verwendet, um eine Einschränkung auszudrücken: *Wir gehen morgen schwimmen, außer es regnet* (= ..., wenn es nicht regnet); *Das Konzert war sehr gut, außer dass es zu laut war* (= ..., aber es war zu laut) || Hinweis: vor *außer* steht ein Komma

äu·ße·r- *Adjektiv; nur vor dem Substantiv, nicht als Adverb* **1** auf der Seite, die der Umgebung zugewandt ist, auf der Außenseite ↔ inner- ⟨die äußere Mauer, Schicht; eine äußere Verletzung⟩ **2** von außen oder von der Umwelt her (kommend) ⟨äußere Einflüsse, Ursachen⟩ **3** von außen (mit den Sinnesorganen) wahrnehmbar, erkennbar ⟨eine äußere Ähnlichkeit; ein äußeres Bild; ein äußerer Wandel⟩

au·ßer·dem B2 *Adverb*; verwendet, um auszudrücken, dass noch etwas (Zusätzliches) hinzukommt ≈ darüber hinaus: *Er spielt Trompete und außerdem noch Schlagzeug; Es ist viel zu spät zum Spazierengehen, außerdem regnet es*

Äu·ße·re *das; -n; nur Singular*; der (optische) Eindruck, den jemand/etwas auf seine Umgebung macht ≈ Erscheinungsbild ⟨ein jugendliches, gepflegtes Äußeres haben; großen Wert auf das Äußere legen; jemanden nach seinem Äußeren beurteilen⟩

au·ßer·ge·wöhn·lich *Adjektiv*; weit über das normale Maß hinaus(gehend) ≈ außerordentlich ↔ durchschnittlich: *eine außergewöhnliche Begabung; außergewöhnlich fleißig sein*

au·ßer·halb[1] B2 *Präposition; mit Genitiv* **1** verwendet, um auszudrücken, dass etwas nicht in dem genannten Zeitraum liegt: *Außerhalb der Hochsaison ist es hier sehr ruhig* **2** verwendet, wenn etwas nicht in dem genannten Gebiet oder Bereich liegt ⟨außerhalb des Hauses⟩: *Diese Befugnisse liegen außerhalb meines Kompetenzbereichs* || Hinweis: auch verwendet mit *von*: *außerhalb von Köln*

au·ßer·halb[2] B2 *Adverb; umg*; nicht in der Stadt selbst, nicht in ihrem Gebiet: *Er wohnt weit außerhalb*

äu·ßer·lich *Adjektiv* **1** soweit man es sehen kann ↔ innerlich: *Äußerlich wirkte er ganz ruhig, aber innerlich erregte er sich sehr* **2** das Aussehen betreffend: *Sie hat sich im letzten Jahr äußerlich nicht verändert* **3** für die Oberfläche des Körpers bestimmt: *ein Medikament zur äußerlichen Anwendung*

Äu·ßer·lich·keit *die; -, -en; meist Plural* **1** die Form oder Art, durch die man (mit Kleidung und Benehmen) auf seine Umwelt wirkt: *sich durch Äußerlichkeiten blenden lassen* **2** unwichtige Details einer Sache

äu·ßern; *äußerte, hat geäußert* **1** **etwas äußern** etwas (mündlich oder schriftlich) mitteilen ≈ sagen ⟨seine Meinung, einen Verdacht, einen Wunsch äußern⟩: *Der Minister äußerte, er wolle noch im selben Jahr seinem Kollegen einen Besuch abstatten* **2** **sich (über jemanden/etwas) äußern; sich zu etwas äußern** seine Meinung über jemanden/etwas sagen *Die Abgeordnete äußerte sich kritisch über die Umweltpolitik der Regierung; Der Minister wollte sich zu den Fragen nicht äußern* **3** **etwas äußert sich irgendwie/in etwas** (*Dativ*) etwas wird sichtbar oder erkennbar: *Wie äußert sich diese Krankheit?*

au·ßer·or·dent·lich *Adjektiv* **1** *nicht als Adverb*; über dem Durchschnitt (liegend) ≈ überdurchschnittlich ⟨eine Begabung, eine Energie, eine Leistung, ein Mensch⟩ **2** anders, als man es gewohnt ist ≈ besonder- ⟨eine Begebenheit, eine Sitzung, eine Vollmacht⟩ **3** *nur als Adverb*; verwendet, um Adjektive, Adverbien oder Verben zu verstärken ≈ sehr: *außerordentlich begabt sein; Ich bedaure das außerordentlich*

äu·ßerst *Adverb*; verwendet, um Adjektive oder Adverbien zu verstärken ≈ sehr, extrem: *Das ist äußerst kompliziert, verwirrend, wichtig*

äu·ßers·t- *Adjektiv; nur vor dem Substantiv, nicht als Adverb* **1** am weitesten entfernt ↔ innerst- ⟨am äußersten Ende, Rand⟩: *im äußersten Süden Italiens; die äußerste Schicht der Atmosphäre* **2** im stärksten, höchsten Maße ≈ höchst-, größt-: *mit äußerster Sorgfalt arbeiten*

au·ßer·stan·de, au·ßer Stan·de *Adjektiv; nur nach dem Substantiv, nicht als Adverb* nicht fähig oder in der Lage, etwas zu tun ⟨ außerstande sein + zu + *Infinitiv*; sich außerstande fühlen/sehen + zu + *Infinitiv*⟩: *Ich war außerstande, den Fehler zu finden*

Äu·ßers·te *das; -n; nur Singular* **1** das, was gerade noch möglich ist ⟨es bis zum Äußersten treiben; bis zum Äußersten gehen; das Äußerste wagen⟩ **2** das Schlimmste, das man sich vorstellen kann ⟨auf das/aufs Äußerste gefasst sein; es nicht zum Äußersten kommen lassen⟩

Äu·ße·rung *die; -, -en*; das, was jemand zu einem Thema (als persönliche Meinung) sagt oder schreibt ≈ Bemerkung: *Er bereut seine unbedachte Äußerung* || -K Meinungsäußerung

aus·set·zen (*hat*) **1** **jemanden/ein Tier aussetzen** *bes* ein Kind oder ein Haustier rgendwohin bringen und dort lassen, ohne sich weiter darum zu kümmern ⟨einen Säugling, eine Katze, einen Hund aussetzen⟩ **2** **jemanden/sich/etwas etwas** (*Dativ*) **aussetzen** jemanden/sich/etwas mit einem (negativen) Einfluss in Berührung bringen: *seine Haut der Sonne aussetzen; Wir sind ständig radioaktiver Strahlung ausgesetzt* || Hinweis: oft im Zustandspassiv! **3** **etwas (für etwas) aussetzen** eine Belohnung für etwas versprechen: *tausend Euro für Hinweise auf den Täter aussetzen* **4** **etwas aussetzen** *Rechtswesen;* etwas auf später verschieben ⟨eine Gerichtsverhandlung, ein Urteil, eine Strafe auf Bewährung aussetzen⟩ **5** *meist* **etwas (an jemandem/etwas) auszusetzen haben/finden** jemanden/etwas kritisieren: *Er ist nie zufrieden, er hat an allem etwas auszusetzen* **6** *meist* **(an jemandem/etwas) ist nichts auszusetzen; (an jemandem/etwas) gibt es nichts auszusetzen** (an jemandem/etwas) gibt es nichts zu kritisieren: *An deinen Kochkünsten gibt es nichts auszusetzen* **7** **etwas setzt aus** etwas funktioniert plötzlich nicht mehr ⟨ein Motor, jemandes Herz⟩ || *zu* 1-4 **Aus·set·zung** *die; -, -en; meist Singular*

Aus·sicht B1 *die; -, -en* **1** *nur Singular;* **Aussicht (auf etwas** (*Akkusativ*)**)** der freie Blick auf die Umgebung ≈ Ausblick ⟨eine herrliche, weite Aussicht haben; jemandem die Aussicht versperren⟩ || K- Aussichtspunkt, Aussichtsturm **2** *oft Plural;* **Aussicht (auf etwas** (*Akkusativ*)**)** eine (berechtigte) Erwartung ≈ Hoffnung, Chance ⟨(keine) Aussicht(en) auf Erfolg haben⟩: *Wie stehen deine Aussichten, eine Stelle zu bekommen?* || *zu* 2 **aus·sichts·los** *Adjektiv;* **aus·sichts·reich** *Adjektiv*

Aus·sied·ler *der; -s, -;* Ⓓ eine Person deutscher Herkunft, die *bes* aus einem osteuropäischen Land nach Deutschland gekommen ist || -K Spätaussiedler || *hierzu* **Aus·sied·le·rin** *die; -, -nen*

aus·söh·nen, sich ↑ **versöhnen**

aus·son·dern; *sonderte aus, hat ausgesondert;* **jemanden/etwas** (*meist Plural*) **aussondern** einzelne Personen oder Dinge wegen einiger Eigenschaften aus einer Menge herausnehmen: *die wertvollsten Exemplare aussondern* || *hierzu* **Aus·son·de·rung** *die; -, -en; meist Singular*

aus·sor·tie·ren; *sortierte aus, hat aussortiert;* **etwas** (*meist Plural*) **aussortieren** ≈ aussondern

aus·span·nen (*hat*) **1** **(ein Tier) ausspannen** ein Tier von dem Wagen losmachen, den es gezogen hat ↔ anspannen ⟨ein Pferd, einen Ochsen ausspannen⟩ **2** **jemandem jemanden ausspannen** *umg;* jemandem den Freund/die Freundin (weg)nehmen **3** **(sich) ausspannen** *umg;* für eine bestimmte Zeit nicht arbeiten, um sich zu erholen ≈ ausruhen

aus·spa·ren (*hat*) **1** **etwas aussparen** eine Stelle in einem Raum oder von einer Fläche für jemanden/etwas frei lassen: *im Zimmer eine Ecke für die Stereoanlage aussparen* **2** **etwas aussparen** über ein Thema nicht sprechen ≈ vermeiden: *Das Thema „Umweltschutz" blieb bei der Besprechung ausgespart* || *hierzu* **Aus·spa·rung** *die; -, -en*

aus·spie·len (*hat*) **1** **(etwas) ausspielen** eine (Spiel)Karte offen auf den Tisch legen: *den Herzkönig ausspielen* **2** *meist* ⟨eine Geldsumme⟩ **wird ausgespielt** eine Geldsumme wird bei einer Lotterie als Gewinn ausgegeben **3** **jemanden ausspielen** *Sport;* mit dem Ball am Gegner vorbeikommen: *den Verteidiger geschickt ausspielen* **4** **jemanden gegen jemanden ausspielen** *umg;* jemanden dazu benutzen, sich einen Vorteil gegenüber jemand anderem zu verschaffen: *Unsere Tochter spielt uns immer gegeneinander aus* || *zu* 2 **Aus·spie·lung** *die; -, -en*

Aus·spra·che *die; -, -n* **1** *nur Singular;* die Art, wie jemand einen Laut/mehrere Laute (im Mund) produziert, artikuliert ⟨eine korrekte, undeutliche Aussprache haben⟩ **2** *nur Singular;* die Art, wie eine Sprache gesprochen wird: *Im Englischen kann man oft nicht von der Schreibung auf die Aussprache schließen* || K- Ausspracheregel, Aussprachewörterbuch **3** ein offenes Gespräch, in dem ein Problem geklärt wird ⟨eine offene, vertrauliche Aussprache mit jemandem haben; eine Aussprache herbeiführen⟩

aus·spre·chen A2 (*hat*) **1** **etwas aussprechen** eine Folge von Lauten (mit dem Mund) produzieren ≈ artikulieren ⟨ein Wort, einen Satz richtig, laut und deutlich aussprechen⟩: *Wie spricht man dieses Wort aus?* **2** **etwas aussprechen** etwas mündlich oder schriftlich mitteilen ⟨einen Wunsch, sein Bedauern aussprechen⟩ **3** zu Ende sprechen: *Lass mich gefälligst aussprechen!* **4** **sich (mit jemandem) (über etwas** *Dativ*) **aussprechen** offen über seine Gefühle und Probleme sprechen: *Ich muss mich einfach mal mit jemand aussprechen; Habt ihr euch über eure Probleme ausgesprochen?* **5** **sich für/gegen jemanden/etwas aussprechen** *förmlich;* sagen, dass man für/gegen jemanden/etwas ist: *Die Mehrheit sprach sich für den Streik aus*

Aus·spruch *der; -(e)s, -sprü·che;* eine bemerkenswerte Äußerung (*meist* einer bekannten

Persönlichkeit⟩

aus·stat·ten; *stattete aus, hat ausgestattet* **1** **jemanden mit etwas ausstatten** jemandem etwas für einen Zweck geben ≈ jemanden mit etwas ausrüsten: *jemanden mit warmer Kleidung ausstatten* **2** **etwas mit etwas ausstatten** einen Raum oder Gegenstand mit etwas Notwendigem ausrüsten: *eine Wohnung mit Teppichböden ausstatten* || *hierzu* **Aus·stat·tung** *die; -, -en*

aus·ste·chen *(hat)* **1** **etwas ausstechen** etwas mit Formen aus einem ausgerollten Teig schneiden ⟨Plätzchen ausstechen⟩ || K- Ausstechform **2** **jemandem die Augen ausstechen** jemandes Augen (mit einem spitzen Gegenstand) so verletzen, dass er nicht mehr sehen kann **3** **jemanden (in etwas** *(Dativ)*) **ausstechen** besser sein als jemand und ihn von seinem Platz verdrängen: *Er stach im Hochsprung alle Konkurrenten aus*

aus·ste·hen *(hat)* **1** **etwas ausstehen** etwas (Unangenehmes) erdulden müssen ⟨starke Schmerzen, große Angst ausstehen⟩: *Jetzt ist es ausgestanden* **2** **jemanden/etwas nicht ausstehen können** *umg;* jemanden/etwas nicht leiden können, nicht mögen: *Ich kann es nicht ausstehen, wenn man mich wie ein Kind behandelt* **3** **etwas steht noch aus** etwas fehlt noch ⟨eine Antwort, eine Entscheidung⟩

aus·stei·gen A2 *(ist)* **1** **(aus etwas) aussteigen** ein Fahrzeug verlassen ↔ einsteigen ⟨aus dem Auto, Bus, Flugzeug, Zug aussteigen⟩ **2** **(aus etwas) aussteigen** *umg;* bei etwas nicht mehr mitmachen ⟨aus einem Geschäft, aus einem Vertrag aussteigen⟩

aus·stel·len B2 *(hat)* **1** **(etwas) ausstellen** Gegenstände in der Öffentlichkeit (*z.B.* in einer Galerie) präsentieren ⟨Handarbeiten, Kunstwerke ausstellen⟩ **2** **(jemandem) etwas ausstellen** ein Dokument für jemanden schreiben und es ihm geben ⟨jemandem einen Pass, eine Bescheinigung, ein Attest, ein Zeugnis ausstellen⟩ || *zu* 1 **Aus·stel·ler** *der; -s, -;* **Aus·stel·le·rin** *die; -, -nen*

Aus·stel·lung B1 *die; -, -en* **1** eine Veranstaltung, die dem Publikum besonders interessante oder neue Objekte zeigt: *eine Ausstellung moderner Bilder* || K- Ausstellungskatalog, Ausstellungsräume || -K Kunstausstellung **2** *nur Singular;* das Schreiben, die Herstellung ⟨die Ausstellung eines Dokuments, Gutachtens⟩ || K- Ausstellungsdatum

aus·ster·ben *(ist)* ⟨eine Tierart/eine Pflanzenart *o.Ä.*⟩ **stirbt aus** eine (Tier- oder Pflanzen)Art hört auf zu existieren: *Die Wale sind vom Aussterben bedroht*

Aus·stieg *der; -(e)s, -e* **1** **der Ausstieg (aus etwas)** das Aussteigen aus einem (geschlossenen) Fahrzeug, aus einem Projekt *o.Ä.*: *der Ausstieg eines Astronauten aus dem Spacelab; der Ausstieg aus der Kernenergie* **2** die Stelle, an der man aus einem Fahrzeug steigt ⟨den Ausstieg öffnen⟩ || ▸ **aussteigen**

aus·stop·fen *(hat)* **1** **etwas (mit etwas) ausstopfen** etwas Leeres oder Hohles mit etwas füllen: *ein Kissen mit Schaumstoff, ein Loch in der Wand mit Papier ausstopfen* **2** **ein Tier ausstopfen** das Fleisch aus einem toten Tier entfernen und das Tier mit einem besonderen Material füllen, um seine natürliche Form zu bewahren ≈ präparieren: *ein ausgestopfter Adler*

Aus·stoß *der; -es, -stö·ße; meist Singular;* die Menge Abgase, die ein Motor oder eine Fabrik an die Umwelt abgibt ≈ Emission: *den Ausstoß von Schadstoffen/Kohlendioxid verringern*

aus·sto·ßen *(hat)* **1** **jemanden (aus etwas) ausstoßen** jemandem verbieten, weiter in einer Gruppe, Gemeinschaft zu leben **2** **etwas ausstoßen** etwas plötzlich hören lassen oder von sich geben ⟨einen Fluch, einen Schrei ausstoßen⟩ **3** **etwas stößt etwas aus** etwas bläst etwas mit Druck hinaus ⟨etwas stößt Dampf, Gase aus⟩

aus·strah·len *(hat)* **1** **etwas strahlt etwas aus** eine (Rundfunk- oder Fernseh)Station sendet ein Programm: *Das Fußballspiel wird live ausgestrahlt* **2** **etwas ausstrahlen** diesen Eindruck machen oder diese Wirkung haben ⟨Freude, Ruhe, Sicherheit ausstrahlen⟩: *Birgit strahlte Heiterkeit aus; Der Ofen strahlt Hitze aus* **3** **etwas strahlt (von irgendwo) irgendwohin aus** etwas verbreitet seine Wirkung von einer Stelle aus ⟨Schmerzen⟩

Aus·strah·lung *die; -, -en* **1** die Übertragung ⟨die Ausstrahlung einer Fernsehsendung⟩ **2** *nur Singular;* die Wirkung, die jemand aufgrund seiner Persönlichkeit auf seine Mitmenschen hat ≈ Charme ⟨Ausstrahlung haben⟩

aus·stre·cken *(hat)* **etwas/sich ausstrecken** einen Teil des Körpers dehnen ⟨die Arme, die Beine ausstrecken⟩: *Die Schnecke streckte ihre Fühler aus*

aus·strö·men *(hat/ist)* **1** **etwas strömt etwas aus** *(hat) förmlich;* etwas verbreitet etwas um sich herum ⟨Hitze, Wärme, einen Geruch ausströmen; etwas strömt Behaglichkeit aus⟩: *Die Blüte strömt einen zarten Duft aus* **2** **etwas strömt (aus etwas) aus** *(ist)* Gas oder Flüssigkeit kommt aus einem Behälter, einer

Leitung *o.Ä.*

aus·su·chen (hat) ↑ **auswählen**

Aus·tausch *der; -(e)s; nur Singular* **1** das (gegenseitige) Geben und Bekommen von Waren: *technische Geräte im Austausch gegen Rohstoffe erhalten* || -K Güteraustausch, Warenaustausch **2** das Ersetzen eines *meist* kaputten Teils einer Maschine durch ein neues Teil: *der Austausch eines schadhaften Motors* **3** *Sport;* das Ersetzen eines Spielers durch einen anderen Spieler **4** das (gegenseitige) Mitteilen von Ansichten, Gedanken *o.Ä.* || -K Gedankenaustausch, Meinungsaustausch **5** das (gegenseitige) Senden von Personen in ein anderes Land ⟨der Austausch von Botschaftern, Studenten⟩: *einen Spion im Austausch gegen einen anderen freilassen* || -K Gefangenenaustausch, Schüleraustausch

aus·tau·schen (hat) **1** **etwas (gegen/für etwas) austauschen** jemandem Waren oder Produkte geben und von ihm dafür andere Dinge bekommen ≈ eintauschen ⟨Rohstoffe gegen Maschinen austauschen⟩ **2** **etwas austauschen** *bes* ein kaputtes Teil einer Maschine durch ein neues Teil ersetzen ≈ auswechseln ⟨einen Motor austauschen⟩ || K- Austauschmotor **3** **jemanden austauschen** *Sport;* einen Spieler durch einen anderen Spieler ersetzen **4** **jemand tauscht etwas mit jemandem aus**; ⟨Personen⟩ **tauschen etwas aus** Personen teilen sich (gegenseitig) ihre Gedanken, Erfahrungen, Meinungen mit: *Urlaubserinnerungen mit seinen Freunden austauschen* **5** **jemanden** (*Plural*) **austauschen** jemanden in ein anderes Land schicken und dafür eine Zahl an Personen im eigenen Land aufnehmen ⟨Diplomaten, Gefangene, Studenten austauschen⟩ || K- Austauschaktion; Austauschschüler, Austauschstudent || *zu* 2 **aus·tausch·bar** *Adjektiv*

aus·tei·len (hat) **(jemandem/an jemanden) etwas** (*meist Plural*) **austeilen** (aus einer Menge) jedem einen Teil geben: *den Kindern das Essen, ihre Hefte austeilen*

Aus·ter *die; -, -n;* ein Meerestier (eine Muschel), das von zwei flachen Schalen umgeben ist, oft roh gegessen wird und das eine Perle hervorbringen kann || ↑ Abbildung unter **Schalentiere** || K- Austernfischerei, Austernzucht

aus·to·ben (hat) **sich austoben** sich zum Vergnügen schnell und viel bewegen, bis man angenehm müde wird

aus·tra·gen (hat) **1** **etwas** (*meist Plural*) **austragen** Waren oder Sendungen liefern, an viele Personen verteilen ≈ zustellen ⟨Zeitungen, die Post austragen⟩ **2** **etwas austragen** einen Konflikt zu Ende bringen ≈ ausfechten ⟨einen Kampf, ein Duell austragen⟩: *Tragt eure Streitigkeiten unter euch aus!* **3** **etwas austragen** etwas organisieren ⟨einen Wettbewerb, einen Sportwettkampf austragen⟩ **4** **eine Frau trägt ein Kind aus** eine Frau bekommt ein Kind (und bricht die Schwangerschaft nicht ab) || *zu* 3 **Aus·tra·gung** *die; -, -en*

Aus·tra·li·en A2 [-i̯ən] *(das); -s; nur Singular;* der kleinste Kontinent der Erde || *hierzu* **Aus·tra·li·er** *der; -s, -;* **Aus·tra·li·e·rin** *die; -, -nen;* **aus·tra·lisch** *Adjektiv*

aus·trei·ben (hat) **1** **jemandem etwas austreiben** erreichen, dass jemand eine *meist* schlechte Gewohnheit oder Eigenschaft nicht mehr hat ≈ jemandem etwas abgewöhnen ⟨jemandem das Lügen, seine Überheblichkeit austreiben⟩: *Diese Unsitte werde ich dir schon noch austreiben!* **2** **(jemandem) etwas austreiben** versuchen, jemanden von einer bösen Macht zu befreien ⟨Geister, Dämonen, den Teufel austreiben⟩ || *zu* 2 **Aus·trei·bung** *die; -, -en*

aus·tre·ten (ist) **1** **etwas tritt (aus etwas) aus** etwas kommt aus der Erde oder aus einem Behälter heraus ≈ etwas strömt aus: *Aus dem Tank traten gefährliche Dämpfe aus* **2** **(aus etwas) austreten** eine Organisation verlassen ↔ (in etwas) eintreten ⟨aus der Kirche, einem Verein, einer Partei austreten⟩ || ▸ **Austritt**

aus·trick·sen (hat) **jemanden austricksen** *umg;* jemanden mit einem Trick täuschen: *Ich traue ihm nicht, er hat schon zu viele Geschäftsfreunde ausgetrickst*

aus·trin·ken (hat) **(etwas) austrinken** ein Glas *o.Ä.* durch Trinken leeren

Aus·tritt *der; -(e)s, -e* **1** *meist Singular;* die Tatsache, dass Gas oder Flüssigkeiten aus einem Behälter nach außen dringen **2** das Verlassen einer Organisation ↔ Beitritt: *Er gab seinen Austritt aus der Partei bekannt*

aus·trock·nen (ist) **etwas trocknet aus** etwas wird sehr trocken ⟨der Boden, das Feld⟩ || *hierzu* **Aus·trock·nung** *die; -; nur Singular*

aus·üben (hat) **1** **etwas ausüben** in einem Handwerk, Beruf *o.Ä.* tätig sein ⟨einen Beruf, eine Tätigkeit ausüben⟩: *den Beruf eines Schreiners ausüben* **2** *meist* **Macht ausüben** Macht besitzen und sie nutzen **3** **etwas (auf jemanden/etwas) ausüben** diese Wirkung (auf jemanden/etwas) haben ⟨Druck, einen Einfluss, eine Wirkung ausüben⟩ || *hierzu* **Aus·übung** *die; -; nur Singular*

Aus·ver·kauf *der; -(e)s, -käu·fe;* der Verkauf aller Waren zu besonders niedrigen Preisen ⟨etwas im Ausverkauf kaufen⟩ || K- Ausverkaufspreise || -K Totalausverkauf

aus·ver·kauft [B1] *Adjektiv; nicht als Adverb* **1** restlos verkauft ⟨Waren⟩ **2** so, dass es keine (Eintritts)Karten dafür mehr gibt ⟨ein Konzert, eine Kinovorstellung⟩

Aus·wahl *die; -; nur Singular* **1** die Entscheidung für etwas: *Die Auswahl fiel ihm schwer* **2** **eine Auswahl treffen** etwas aussuchen **3** **eine Auswahl an etwas** *(Dativ) (meist Plural)* die Menge oder der Vorrat, aus denen man etwas wählen kann: *eine reiche Auswahl an Pullovern*

aus·wäh·len *(hat)* **(jemanden/etwas (für jemanden/etwas)) auswählen**; **(sich** *(Dativ)***) jemanden/etwas auswählen** jemanden/etwas (nach besonderen Kriterien) aus einer Menge nehmen ≈ aussuchen: *Sie wurde für den Wettkampf ausgewählt*

aus·wan·dern [B2] *(ist)* seine Heimat verlassen, um in einem anderen Land zu leben ≈ emigrieren ↔ einwandern || *hierzu* **Aus·wan·de·rer** *der; -s, -;* **Aus·wan·de·rin** *die; -, -nen;* **Aus·wan·de·rung** *die; -, -en*

aus·wär·ti·g- *Adjektiv; nur vor dem Substantiv, nicht als Adverb* **1** aus einem anderen Ort ⟨ein Teilnehmer, eine Mannschaft⟩ **2** außerhalb des eigenen Wohnorts ⟨eine auswärtige Schule besuchen⟩ **3** die Beziehungen zum Ausland betreffend **4** **das Auswärtige Amt** Ⓐ Ⓓ das Außenministerium || *zu 1* **Aus·wär·ti·ge** *der/die; -n, -n*

aus·wärts [B2] *Adverb* **1** nicht in dem Ort, in dem man wohnt ⟨auswärts arbeiten⟩ **2** **von auswärts** von einem anderen Ort: *Er kommt von auswärts*

aus·wa·schen *(hat)* **1** **etwas auswaschen** etwas durch Waschen sauber machen ⟨einen Pullover auswaschen⟩ **2** **etwas auswaschen** etwas Schmutziges entfernen ⟨einen Fleck auswaschen⟩ **3** **etwas wäscht etwas aus** Wasser macht mit der Zeit Gestein hohl und brüchig: *ein von der Brandung ausgewaschener Felsen*

aus·wech·seln *(hat)* **etwas auswechseln** ein *meist* kaputtes oder abgenutztes Teil durch ein neues ersetzen ≈ austauschen: *eine Glühbirne auswechseln* || *hierzu* **Aus·wechs·lung** *die; -, -en*

Aus·weg *der; -(e)s, -e;* die Möglichkeit, aus einer schwierigen Situation zu kommen ⟨nach einem Ausweg suchen⟩ || *hierzu* **aus·weg·los** *Adjektiv*

aus·wei·chen; *wich aus, ist ausgewichen* **1** **(jemandem/etwas) ausweichen** sich so bewegen, dass man nicht getroffen wird: *Durch einen Sprung auf die Seite konnte er dem Auto gerade noch ausweichen* || K- Ausweichmanöver **2** **(jemandem/etwas) ausweichen** versuchen, den Kontakt mit jemandem oder eine unangenehme Situation zu vermeiden ⟨jemandes Fragen, einer Entscheidung, einem Gespräch ausweichen⟩

aus·wei·chend *Adjektiv;* absichtlich ungenau ⟨eine Antwort⟩

aus·wei·nen, sich *(hat)* **sich (bei jemandem) ausweinen** jemandem von dem eigenen Kummer und den Sorgen erzählen

Aus·weis [B1] *der; -es, -e;* ein amtliches/offizielles Dokument, das den Namen und andere persönliche Informationen über den Besitzer enthält ⟨ein (un)gültiger Ausweis; einen Ausweis beantragen, ausstellen, vorzeigen; den Ausweis verlangen, die Ausweise kontrollieren⟩ || K- Ausweiskontrolle || -K Behindertenausweis, Bibliotheksausweis, Schülerausweis, Studentenausweis || Hinweis: ↑ **Personalausweis**

aus·wei·sen [B2] *(hat)* **1** **jemanden (aus einem Land) ausweisen** (als Behörde) jemanden zwingen, das Land sofort zu verlassen ⟨Diplomaten, Reporter, Ausländer ausweisen⟩ **2** **etwas ausweisen** *Wirtschaft;* etwas durch eine Rechnung, Liste oder Statistik zeigen ⟨Gewinne, Verluste, Ausgaben ausweisen⟩ **3** **etwas (als etwas) ausweisen** *Verwaltung;* durch eine Planung einen Zweck festlegen: *Dieses Grundstück ist als Baugebiet ausgewiesen* **4** **etwas weist jemanden als etwas aus** etwas zeigt, dass jemand etwas ist oder eine Funktion hat: *Dieser Film weist ihn als begabten Regisseur aus* **5** **sich (als etwas) ausweisen** mit seinem Pass *o.Ä.* beweisen, wer oder was man ist ⟨sich als Journalist, Reporter ausweisen⟩: *Können Sie sich ausweisen?* || *zu 1-3* **Aus·wei·sung** *die; -, -en*

aus·wei·ten *(hat)* ↑ **ausdehnen**

aus·wen·dig *Adverb;* aus dem Gedächtnis ⟨ein Gedicht auswendig lernen, können, wissen⟩

aus·wer·ten *(hat)* **etwas auswerten** den Inhalt von etwas prüfen (und analysieren), um daraus Schlüsse ziehen zu können ⟨Dokumente, Berichte, Statistiken kritisch, wissenschaftlich auswerten⟩ || *hierzu* **aus·wert·bar** *Adjektiv;* **Aus·wer·tung** *die; -, -en*

aus·wir·ken, sich *(hat)* **etwas wirkt sich (irgendwie) (auf jemanden/etwas) aus** etwas führt zu der genannten Reaktion: *Das kalte Wetter wird sich negativ auf die Ernte auswirken* || *hierzu* **Aus·wir·kung** *die; -, -en*

aus·wi·schen *(hat)* **1** **etwas auswischen** etwas durch Wischen (innen) sauber machen ⟨ein Glas, einen Schrank, die Küche auswischen; sich *(Dativ)* die Augen auswischen⟩ **2** **jemandem eins auswischen** *umg;* (aus Rache oder als Strafe) etwas tun, das jemandem schaden soll: *Ihr werde ich schon noch eins auswischen*

aus·wrin·gen; *wrang aus, hat ausgewrungen;* **etwas auswringen** etwas *(z.B.* ein nasses Tuch oder nasse Wäsche) so stark drehen und pressen, dass das Wasser herauskommt: *einen nassen Lappen auswringen*

aus·zah·len *(hat)* **1** **(jemandem) etwas/jemanden auszahlen** das Geld an jemanden zahlen, auf das er Anspruch hat ⟨den Lohn, den Gewinn, das Erbe auszahlen⟩ **2** **etwas zahlt sich aus** etwas ist nützlich, lohnt sich oder bringt Gewinn ⟨der Aufwand, die Bemühungen, die Investitionen⟩ || *zu* 1 **Aus·zah·lung** *die; -, -en*

aus·zäh·len *(hat)* **etwas** *(Plural)* **auszählen** die Anzahl der Dinge einer Menge (durch Zählen) genau bestimmen: *nach der Wahl die abgegebenen Stimmen auszählen* || *hierzu* **Aus·zäh·lung** *die; -, -en*

aus·zeich·nen *(hat)* **1** **jemanden/etwas (mit etwas) auszeichnen** jemanden (mit einem Preis *o.Ä.*) ehren, eine Leistung als besonders gut anerkennen: *Der Film wurde mit drei Oscars ausgezeichnet* **2** **jemand/etwas zeichnet sich durch etwas aus; etwas zeichnet jemanden/etwas aus** etwas ist (im positiven Sinn) typisch oder charakteristisch für jemanden/etwas: *Hohe Leitfähigkeit zeichnet dieses Metall aus; Er zeichnet sich dadurch aus, dass er mehrere Sprachen spricht* **3** **etwas auszeichnen** Waren mit ihrem Preis kennzeichnen

Aus·zeich·nung *die; -, -en* **1** *nur Singular;* die Ehrung einer Leistung/Person **2** ein Preis *o.Ä.*, mit dem jemand/etwas ausgezeichnet (1) wird ⟨jemandem eine Auszeichnung verleihen⟩

aus·zie·hen [A2] *(hat/ist)* **1** **(sich** *(Dativ)***) etwas ausziehen** *(hat)* sich ein Kleidungsstück vom Körper nehmen ↔ anziehen ⟨die Hose, die Socken, die Jacke *usw* ausziehen⟩: *Zieh dir die Schuhe aus!* **2** **jemanden/sich ausziehen** *(hat)* die ganze Kleidung vom Körper nehmen ↔ anziehen ⟨sich nackt ausziehen; das Baby ausziehen⟩ **3** **(aus etwas) ausziehen** *(ist)* (mit allen Möbeln *usw*) eine Wohnung für immer verlassen ≈ wegziehen ↔ einziehen: *Familie Schmidt ist gestern ausgezogen* **4** **etwas ausziehen** *(hat)* ein Gegenstand länger, breiter oder größer machen, indem man daran zieht (sodass verborgene Teile hervorkommen) ⟨eine Antenne, den Tisch, die Couch ausziehen⟩ || [K-] Ausziehtisch || *zu* 4 **aus·zieh·bar** *Adjektiv* || ▸ **Auszug**

Aus·zu·bil·den·de *der/die; -n, -n; Verwaltung;* ein junger Mensch, der in einem Betrieb oder einer Behörde einen Beruf erlernt ≈ Azubi, Lehrling

Aus·zug *der; -(e)s, -zü·ge* **1** *nur Singular;* die Tatsache, dass man eine Wohnung verlässt ↔ Einzug: *jemandem beim Auszug helfen* **2** ein Teil von einem (schriftlichen oder mündlichen) Text ⟨ein Auszug aus einer Predigt, einer Rede, einer Schrift⟩: *einen Roman nur in Auszügen kennen*

au·then·tisch *Adjektiv;* (garantiert) nicht verändert oder gefälscht ≈ echt ⟨ein Kunstwerk, ein Bericht, ein Text⟩

Au·to [A1] *das; -s, -s;* ein Fahrzeug mit Motor und gewöhnlich vier Rädern, in dem mehrere Personen fahren können ⟨ein gebrauchtes Auto; ein Auto parken, abschleppen; (mit dem) Auto fahren⟩: *Bist du zu Fuß oder mit dem Auto da?* || ↑ Illustration **Das Auto** || [K-] Autoabgase, Autofahrer, Autofahrt, Automarke, Autopanne, Autoradio, Autoreifen, Autorennen, Autoschlüssel, Autounfall, Autoverkehr || [-K] Polizeiauto

Au·to·bahn [A1] *die; -, -en;* eine sehr breite Straße, die aus zwei getrennten (Fahr)Bahnen besteht, keine Kreuzung hat und die nur von schnellen Fahrzeugen benutzt werden darf ⟨auf der Autobahn fahren⟩ || [K-] Autobahnauffahrt, Autobahnausfahrt, Autobahngebühr

Au·to·bahn|drei·eck *das; -(e)s, -e;* eine Stelle, an der zwei Autobahnen in der Form eines „Y" zusammentreffen (d.h. eine Autobahn hört dort auf bzw. fängt dort an) und man von einer Autobahn zur anderen wechseln kann

Au·to·bahn|kreuz *das; -es, -e;* eine Stelle, an der sich zwei Autobahnen treffen und an der man von einer Autobahn zur anderen wechseln kann

Au·to·bio·gra·fie, Au·to·bio·gra·phie [-f-] *die; -, -n;* eine *(meist* literarische) Beschreibung des eigenen Lebens || *hierzu* **au·to·bio·gra·fisch, au·to·bio·gra·phisch** *Adjektiv*

au·to·gen *Adjektiv; meist in* **autogenes Trai-**

ning Übungen, mit deren Hilfe man sich völlig entspannt

Au·to·gramm *das; -s, -e;* die Unterschrift *meist* einer bekannten Persönlichkeit: *einen Fußballstar um ein Autogramm bitten*

Au·to|kenn·zei·chen *das; -s, -;* die Buchstaben und Ziffern auf dem (Nummern)Schild eines Autos ≈ amtliches Kennzeichen

Au·to·mat *der; -en, -en;* ein Apparat, in den man Geld einwirft, um Dinge (wie Zigaretten oder Briefmarken) zu kaufen: *Briefmarken aus dem Automaten holen* || [-K] Fahrkartenautomat, Getränkeautomat

Au·to·ma·tik *die; -, -en* **1** *meist Singular; Technik;* eine Vorrichtung, die einen mechanischen Vorgang regelt (und überwacht): *die Automatik einer Heizungsanlage; ein Auto mit Automatik* **2** *nur Singular;* das selbstständige Ablaufen eines einmal in Gang gesetzten Vorgangs

au·to·ma·tisch *Adjektiv* **1** ⟨eine Bremse, eine Kamera, ein Signal⟩ so, dass sie von selbst funktionieren **2** nicht mit Absicht, sondern wie von selbst ⟨eine Reaktion; etwas ganz automatisch tun⟩

Au·tor *der; -s, Au·to·ren;* jemand, der einen (literarischen oder wissenschaftlichen) Text geschrieben hat ⟨ein klassischer, zeitgenössischer, viel gelesener Autor⟩ || [K-] Autorenlesung || [-K] Kinderbuchautor, Romanautor || *hierzu* **Au·to·rin** *die; -, -nen*

au·to·ri·tär [-'tɛːɐ̯] *Adjektiv* **1** ⟨Erziehung, Eltern⟩ absoluten Gehorsam verlangend ↔ antiautoritär **2** ⟨ein Regime, ein Staat⟩ so, dass sie keinen politischen Widerstand dulden ↔ demokratisch: *autoritär regieren*

Au·to·ri·tät *die; -, -en* **1** das große Ansehen (oder die Macht), die jemand oder eine Institution hat ⟨staatliche Autorität; Autorität besitzen, genießen⟩ **2** jemand, der aufgrund seines Wissens großes Ansehen hat: *Er gilt als Autorität auf seinem Gebiet*

Aver·si·on [avɛr'zi̯oːn] *die; -, -en;* **eine Aversion (gegen jemanden/etwas)** *förmlich;* eine starke Abneigung, ein Widerwille ⟨eine Aversion gegen Gewalt haben/hegen⟩

Axt [akst] *die; -, Äx·te;* ein Werkzeug, mit dem man Bäume fällt und Holz hackt

Azu·bi *der; -s, -s; umg* (*Kurzwort für* Auszubildende) ≈ Lehrling || *hierzu* **Azu·bi** *die; -, -s*

B

B, b [beː] *das; -, -/umg auch -s;* der zweite Buchstabe des Alphabets

Ba·by [B1] ['beːbi] *das; -s, -s;* ein kleines Kind in seinem ersten (Lebens)Jahr ≈ Säugling || [K-] Babyflasche, Babynahrung

Ba·by·sit·ter *der; -s, -;* jemand, der sich (gegen Bezahlung) um ein Baby oder kleines Kind kümmert, wenn die Eltern nicht zu Hause sind || *hierzu* **ba·by·sit·ten** *nur Infinitiv;* **Ba·by·sit·te·rin** *die; -, -nen*

Bach [B1] *der; -(e)s, Bä·che;* ein kleiner Fluss (oder Wasserlauf) ⟨der Bach rauscht⟩ || [ID] **etwas geht den Bach runter** *umg;* etwas gelingt nicht ⟨ein Plan⟩

Ba·che·lor ['bɛtʃəlɐ] *der; -(s), -s;* ein Abschluss, den man an einer europäischen Hochschule machen kann || Hinweis: ↑ **Master**

Back·bord (*das*); *indeklinabel; Schifffahrt, Luftfahrt; meist in* **nach Backbord** zur linken Seite eines Schiffes (oder Flugzeuges) hin ↔ nach Steuerbord ⟨nach Backbord rudern⟩ || *hierzu* **back·bord(s)** *Adverb*

Ba·cke *die; -, -n;* einer der beiden Teile des Gesichts links und rechts von Nase und Mund ≈ Wange ⟨rote, runde, volle Backen haben; eine geschwollene Backe haben⟩ || ↑ Abbildung unter **Kopf** || [K-] Backenbart

ba·cken [B1] *bäckt/backt, backte, hat gebacken* **1** **(etwas) backen** einen Teig aus Mehl *usw* machen, formen und im Ofen heiß machen ⟨Brot, einen Kuchen backen⟩ || [K-] Backblech, Backrezept, Backzutaten **2** **etwas bäckt/backt** etwas wird im Ofen so lange erhitzt, bis es fertig ist: *Das Brot muss eine Stunde backen*

Ba·cken·zahn *der; -(e)s, -zäh·ne;* einer der hinteren Zähne, die zum Zermahlen der Nahrung dienen ↔ Schneidezahn, Eckzahn

Bä·cker [B1] *der; -s, -;* jemand, der (von Beruf) Brot, Brötchen, Kuchen herstellt und verkauft || [K-] Bäckermeister || *hierzu* **Bä·cke·rin** *die; -, -nen*

Bä·cke·rei [B2] *die; -, -en;* ein Betrieb, in dem Dinge wie Brot, Kuchen *o.Ä.* gemacht und verkauft werden

Back·form *die; -, -en;* ein *meist* runder oder eckiger Kasten (aus Blech), in dem man Kuchen *usw* backen kann

Back·ofen [B2] *der; -, -öfen* **1** ein großer Ofen, in dem der Bäcker Brot, Kuchen *o.Ä.* backt **2** der Teil des Herdes, in dem *z.B.* Kuchen gebacken wird ≈ Backröhre

Back·pul·ver *das; -s; nur Singular;* ein Pulver, das während des Backens Gas erzeugt und so den Teig locker macht

Back·stein *der; -(e)s, -e; bes nordd;* ein rechteckiger, *meist* rötlicher Stein, den man zum Bauen verwendet ≈ Ziegel || K- Backsteinbau

bäckt *Präsens, 3. Person Singular;* ↑ **backen**

Bad A2 *das; -(e)s, Bä·der* **1** das Baden (1,2): *sich durch ein Bad erfrischen* **2** das Wasser, das man in eine Wanne füllt, um (jemanden/etwas) zu baden (1) ⟨ins Bad steigen; ein heißes Bad⟩ **3** der Raum im Haus, in dem Badewanne und/oder Dusche sind ≈ Badezimmer: *eine Wohnung mit zwei Zimmern, Küche und Bad* || ↑ Illustration **Im Bad** **4** ein Gelände oder Gebäude, wo man baden (2) und schwimmen kann || -K Schwimmbad; Freibad, Hallenbad, Strandbad **5** ein Ort mit gesundem Wasser || -K Heilbad, Kurbad, Thermalbad || Hinweis: *oft* als Teil von Ortsnamen: *Bad Wörishofen* **6** **ein Bad nehmen** ≈ baden (1)

Wortschatz rund ums Bad

sich waschen
(sich) duschen
baden, ein Bad nehmen

sich abtrocknen
sich eincremen

sich (Dativ) **die Nägel schneiden**
sich (Dativ) **die Hände (mit Seife) waschen**
sich (Dativ) **die Haare (mit Shampoo) waschen**

sich (Dativ) **die Haare trocknen**
(sich (Dativ)**) die Haare föhnen**
sich kämmen, sich frisieren
sich (Dativ) **die Haare bürsten**

sich rasieren
den Bart stutzen

sich (Dativ) **die Zähne putzen**
den Mund ausspülen, gurgeln

auf die Toilette gehen, aufs Klo gehen
spülen, die Spülung betätigen

WORTSCHATZ

Ba·de·an·zug B1 *der; -(e)s, -zü·ge;* die (einteilige) Kleidung, die Mädchen und Frauen zum Schwimmen tragen

Ba·de·man·tel *der; -s, -män·tel;* eine Art Mantel aus Frottee, den man *bes* nach dem Baden trägt || ↑ Illustration **Im Bad**

Ba·de·meis·ter *der; -s, -;* jemand, dessen Beruf es ist, in einem Schwimmbad oder an einem Strand aufzupassen, dass keine Unfälle passieren || *hierzu* **Ba·de·meis·te·rin** *die; -, -nen*

ba·den A1 *badete, hat gebadet* **1** **(jemanden/etwas) baden** jemanden oder sich selbst in einer Wanne waschen ⟨ein Baby, einen Patienten, eine Wunde baden⟩: *Willst du baden oder duschen?* || K- Badewasser, Badezimmer **2** in einem Fluss, See *usw* schwimmen ⟨baden gehen⟩: *Sie badet am liebsten im Meer* || K- Badeanstalt, Badehose, Badesachen

Baden-Württemberg

Das Bundesland Baden-Württemberg liegt im Südwesten Deutschlands. Seiner Hauptstadt ist **Stuttgart.** Von der Größe und Einwohnerzahl her liegt es an dritter Stelle der deutschen Bundesländer. Die Stadt **Heidelberg**, das Mittelgebirge **Schwarzwald** und der **Bodensee** sind besonders beliebte Ziele für Touristen.

LANDESKUNDE

Ba·de·wan·ne B1 *die; -, -n;* eine Wanne, in der man baden (1) kann ⟨in der Badewanne sitzen⟩ || ↑ Illustration **Im Bad**

BAföG, Ba·fög *das; -(s); nur Singular; (Abkürzung für* Bundesausbildungsförderungsgesetz) Ⓓ **1** ein Gesetz, das die finanzielle Unterstützung von Schülern, Studenten und Lehrlingen durch den Staat regelt **2** *umg;* das Geld, das aufgrund des BAföG bezahlt wird ⟨BAföG beantragen, bekommen⟩ || K- BAföG-Antrag

BAföG

Das **Bundesausbildungsförderungsgesetz** (kurz: **BAföG**) regelt in Deutschland die finanzielle Unterstützung von Studenten und Schülern höherer Klassen, die auf finanzielle Hilfe angewiesen sind. Diese Unterstützung, die BAföG genannt wird, ist an bestimmte Bedingungen geknüpft und muss später teilweise zurückgezahlt werden.

LANDESKUNDE

Ba·ga·tel·le *die; -, -n;* etwas, das unwichtig ist und das man nicht ernst zu nehmen braucht

Bag·ger *der; -s, -;* eine große, fahrbare Maschine, mit der man große Mengen von Erde und Steinen bewegen kann || *hierzu* **bag·gern** *(hat)*

Ba·guette [ba'gɛt] *die; -, -n oder das; -s, -s;* ein

sehr langes, ganz schmales (Weiß)Brot || ↑ Abbildung unter **Brot**

Bahn[1] [A1] *die; -, -en* **1** der Weg, den ein Körper nimmt, wenn er fliegt ⟨die Bahn einer Rakete, eines Planeten bestimmen⟩ || [-K] Flugbahn **2** eine (abgegrenzte) Strecke, die für Sport bestimmt ist || [-K] Eisbahn, Rennbahn || [ID] **auf die schiefe Bahn geraten/kommen** ein kriminelles Leben beginnen; **etwas wirft jemanden aus der Bahn** etwas bewirkt, dass jemand das seelische Gleichgewicht verliert und nicht mehr seine bisherigen Ziele verfolgt

Bahn[2] [A1] *die; -, -en* **1** ein Fahrzeug auf Schienen ⟨mit der Bahn fahren, reisen⟩ || [K-] Bahnfahrt, Bahngleis, Bahnreise || [-K] Eisenbahn, Straßenbahn **2** ein Unternehmen, das Züge betreibt ⟨ bei der Bahn arbeiten, sein⟩ || [K-] Bahnarbeiter, Bahnpersonal

Wortschatz rund um die Bahn

mit der Bahn fahren
nach Zugverbindungen fragen
den Fahrplan / die Anzeigetafel studieren
eine Fahrkarte kaufen / lösen
einen Platz reservieren
eine Platzkarte kaufen

zum Bahnsteig gehen, zum Gleis gehen
(in den Zug) einsteigen
das Gepäck verstauen
(dem Zugbegleiter) die Fahrkarte zeigen

WORTSCHATZ

bah·nen; *bahnte, hat gebahnt*; **jemandem/sich einen Weg durch etwas/irgendwohin bahnen** (für jemanden/sich) die Voraussetzungen schaffen, zum Ziel zu kommen ⟨sich/jemandem einen Weg durch die Menschenmenge, zum Ausgang, ins Freie bahnen; jemandem den Weg zum Erfolg, zum Ziel bahnen⟩

Bahn·hof [A2] *der; -(e)s, -hö·fe* **1** eine Station für Züge ⟨der Zug hält nicht an jedem Bahnhof; jemanden zum Bahnhof bringen; auf dem Bahnhof⟩ || [K-] Bahnhofsviertel **2** ein großes Gebäude auf einem Bahnhof (1), in dem man auf den Zug warten, Fahrkarten kaufen *usw* kann ⟨im Bahnhof⟩ || ↑ Illustration **Am Bahnhof** || [K-] Bahnhofshalle, Bahnhofsrestaurant || [ID] **(ein) großer Bahnhof** *umg*; ein festlicher Empfang nach einer Reise (*bes* auf einem Bahnhof oder Flugplatz)

Bahn·steig [A2] *der; -(e)s, -e*; ein erhöhter Weg auf einem Bahnhof, der parallel zu den Gleisen verläuft und Reisenden zum Ein- und Aussteigen dient || [K-] Bahnsteigkante

Bahn|über·gang *der; -(e)s, -gän·ge*; die Stelle, an der eine Straße oder ein Weg über das Bahngleis führt ⟨ein (un)beschrankter Bahnübergang⟩

Bak·te·rie [-ri̯ə] *die; -, -n; meist Plural*; sehr kleine Lebewesen, die Krankheiten erregen können: *sich mit Bakterien infizieren*

Ba·lan·ce [ba'lã:s(ə)] *die; -; nur Singular* ≈ Gleichgewicht (1) ⟨die Balance halten, verlieren⟩

ba·lan·cie·ren [balã'si:rən]; *balancierte, ist balanciert*; (**über etwas** (*Akkusativ*)) **balancieren** das Gleichgewicht halten, während man über etwas sehr Schmales geht ⟨über einen Baumstamm, ein Seil balancieren⟩ || [K-] Balancierstange

bald [A1] *Adverb*; nach relativ kurzer Zeit ≈ schnell ⟨bald danach; so bald wie möglich⟩: *Ich hoffe, du besuchst mich bald wieder* || [ID] **bis (auf) bald!** *umg*; verwendet, um sich von jemandem zu verabschieden

bal·di·g- *Adjektiv; nur vor dem Substantiv, ohne Steigerung, nicht als Adverb; förmlich*; in kurzer Zeit ⟨um baldige Antwort bitten; auf baldiges Wiedersehen!⟩ || *hierzu* **bal·digst** *Adverb*

bal·gen, sich; *balgte sich, hat sich gebalgt*; **jemand/ein Tier balgt sich mit jemandem/einem Tier**; ⟨Personen, Tiere⟩ **balgen sich** zwei oder mehrere Personen oder Tiere raufen oder ringen miteinander (*meist* aus Übermut oder beim Spielen): *Die Kinder, jungen Hunde balgten sich*

Bal·ken *der; -s, -*; ein langes, schweres Stück Holz, das *bes* beim Bau von Häusern verwendet wird

Bal·kon [A2] [bal'kɔŋ, bal'ko:n, bal'kõ:] *der; -s, -s/-e* **1** eine Plattform (mit einem Geländer oder einer Mauer), die außen an die Wand eines Gebäudes gebaut ist ⟨auf den Balkon (hinaus)gehen⟩ || ↑ Illustration **Das Haus** || [K-] Balkonblume **2** die Plätze im Kino oder Theater, die sich ganz oben befinden || ↑ Abbildung unter **Theater**

Ball[1] [A1] *der; -(e)s, Bäl·le*; ein runder Gegenstand aus Leder, Gummi, Plastik o.Ä., der als Spielzeug (oder Sportgerät) verwendet wird ⟨den Ball ins Tor schießen; (mit dem) Ball spielen⟩ || [K-] Ballspiel || [-K] Tennisball

Ball[2] [A1] *der; -(e)s, Bäl·le*; ein großes Fest mit Tanz ⟨einen Ball geben; auf einen Ball gehen⟩ || [K-] Ballkleid, Ballnacht, Ballsaal || [-K] Faschingsball

Bal·last, Bal·last *der; -(e)s; nur Singular* **1** eine schwere Last (*z.B.* Sand, Wasser, Steine) auf

B

einem Schiff, die es im Gleichgewicht hält **2** eine Last (Sand oder Wasser in Säcken), die aus einem Ballon geworfen wird, wenn er höher steigen soll ⟨Ballast abwerfen⟩ **3** etwas, das wie eine Last wirkt ⟨überflüssigen Ballast abwerfen, mit sich schleppen⟩

Bal·last·stof·fe *die; -; Plural;* die Teile von Pflanzen, die der Körper nicht verwertet und die dadurch die Verdauung fördern

bal·len; *ballte, hat geballt* **1** **etwas (zu etwas) ballen** etwas so pressen, dass es eine annähernd runde Form annimmt ⟨die Hand zur Faust ballen⟩ **2** **etwas ballt sich (zu etwas)** etwas wird zu einer dichten Masse: *Der Schnee, der Lehm ballt sich zu Klumpen*

Bal·len *der; -s, -;* **1** ein großes Paket, in dem Produkte (für den Transport) fest zusammengepresst sind ⟨ein Ballen Baumwolle, Tabak, Tee; ein Ballen Heu, Stroh⟩ || -K Strohballen **2** **ein Ballen Stoff/Tuch** ein ziemlich langes Stück Stoff/Tuch, das zusammengerollt ist **3** die dicken Stellen an den Händen und Fußsohlen || ↑ Abbildung unter **Hand** || -K Daumenballen, Fußballen, Handballen

Bal·lett *das; -s, -e* **1** *nur Singular;* ein Tanz, der eine Geschichte erzählt ⟨das klassische Ballett; ein Ballett aufführen; Ballett tanzen⟩: *Tschaikowskis Ballett „Schwanensee"* **2** eine Gruppe von Tänzerinnen und Tänzern, die Ballett tanzen || K- Ballettschule, Balletttänzer(in)

Bal·lon [ba'lɔŋ, ba'lo:n, ba'lõ:] *der; -s, -s/-e* **1** eine große Hülle, die mit heißer Luft oder mit Gas gefüllt wird und fliegen kann ⟨Ballon fahren⟩ || K- Ballonfahrer || -K Heißluftballon **2** *Kurzwort* ↑ **Luftballon**

Bal·lungs·raum *der; -(e)s, -räu·me;* ein Gebiet, in dem mehrere Städte nahe beieinanderliegen (und viel Industrie ist)

Bal·sam *der; -s; nur Singular* **1** eine (ölige) Flüssigkeit, die intensiv riecht und auch als Medizin dient **2** **Balsam (für etwas)** *förmlich;* etwas, das gegen seelische oder körperliche Schmerzen hilft ⟨etwas ist Balsam für jemandes Seele, seelische Schmerzen, Wunden⟩

Bam·bus *der; -/-ses, -se* **1** *meist Singular;* eine hohe tropische Pflanze mit dicken, hohlen Stängeln, die hölzern werden **2** *nur Singular;* Stäbe aus Bambus, aus denen Möbel *o.Ä.* hergestellt werden

ba·nal *Adjektiv* **1** *abwertend;* ohne gute Ideen, trivial ≈ geistlos ⟨ein Witz, eine Frage⟩ **2** nicht kompliziert, ohne Geist ≈ simpel ⟨eine Angelegenheit, eine Geschichte⟩ || *hierzu* **Ba·na·li·tät** *die; -, -en*

Ba·na·ne B1 *die; -, -n;* eine weiche, länglich-gekrümmte, süße tropische Frucht mit gelber Schale || ↑ Illustration **Obst und Gemüse** || K- Bananenschale

band B2 *Imperfekt, 1. und 3. Person Singular;* ↑ **binden**

Band[1] B2 *das; -(e)s, Bän·der* **1** ein schmaler Streifen (aus Stoff, Leder, Kunststoff *usw*), mit dem etwas zusammengebunden oder geschmückt wird: *ein Band im Haar tragen* || -K Armband, Halsband, Schuhband **2** ein schmales Band (1), auf dem man Musik oder Filme speichern kann ⟨ein Band (mit dem Kassetten-, Videorekorder) aufnehmen, überspielen⟩ || -K Tonband || ID **am laufenden Band** *umg;* immer wieder, ohne Unterbrechung

Band[2] B2 *der; -(e)s, Bän·de;* eines von mehreren Büchern, die zusammen ein Werk oder eine Reihe bilden: *ein Werk in zehn Bänden* || ID **etwas spricht Bände** *umg;* etwas sagt über jemanden/etwas viel aus

Band[3] B2 [bɛnt] *die; -, -s;* eine Gruppe von Musikern ⟨eine Band gründen; in einer Band spielen⟩ || -K Rockband

ban·da·gie·ren [banda'ʒi:rən]; *bandagierte, hat bandagiert;* **jemanden bandagieren; (jemandem) etwas bandagieren** jemandem einen Verband anlegen ≈ verbinden: *das Knie, den Oberschenkel bandagieren*

Ban·de[1] *die; -, -n* **1** eine (*meist* organisierte) Gruppe von Personen, die Verbrechen planen und begehen ⟨eine Bande auffliegen lassen, ausheben; der Anführer einer Bande⟩ || K- Bandenchef, Bandenführer, Bandenmitglied || -K Diebesbande, Drogenbande, Gangsterbande, Räuberbande, Schmugglerbande, Verbrecherbande **2** *abwertend oder humorvoll;* eine Gruppe *bes* von Kindern oder Jugendlichen, die in ihrer Freizeit viel zusammen sind: *Die ganze Bande traf sich im Schwimmbad*

Ban·de[2] *die; -, -n; Sport* **1** der innere Rand eines Billardtisches ⟨eine Kugel an/über die Bande spielen; die Kugel prallt von der Bande ab⟩ **2** eine Art niedriger Zaun um ein Spielfeld (beim Eishockey, Fußball *usw*) herum

bän·di·gen; *bändigte, hat gebändigt* **1** **ein Tier bändigen** erreichen, dass sich ein wildes oder tobendes Tier beruhigt: *einen Löwen bändigen* **2** **jemanden bändigen** bewirken, dass jemand ruhig und gehorsam wird ≈ beruhigen ⟨Kinder, einen Betrunkenen bändigen⟩ || *hierzu* **Bän·di·gung** *die; -; nur Singular*

Band·schei·be *die; -, -n; Medizin;* einer der weichen Teile zwischen den Knochen der Wirbelsäule || [K-] Bandscheibenschaden

Band·wurm *der; -(e)s, -wür·mer;* ein langer Wurm, der im Darm von Menschen und Tieren leben kann ⟨Bandwürmer haben⟩

bang *Adjektiv;* ↑ **bange**

ban·ge, *banger/bänger, bangst-/bängst-; Adjektiv;* von Angst erfüllt ⟨bange Minuten durchleben; in banger Erwartung, Sorge; jemandem ist, wird bange (zumute, ums Herz)⟩

ban·gen; *bangte, hat gebangt* **1** **um jemanden/etwas bangen** um jemanden/etwas Angst (2) haben: *Die Geiseln bangen um ihr Leben* **2** **jemandem bangt (es) vor etwas** *(Dativ)* jemand hat Angst (1) vor etwas: *Mir bangt (es) vor der Prüfung*

Bank[1] *die; -, Bän·ke;* ein Sitz *(meist* aus Holz) für mehrere Personen ⟨sich auf eine Bank setzen⟩ || [-K] Gartenbank, Parkbank, Schulbank || [ID] **etwas auf die lange Bank schieben** *umg;* etwas, was man nicht gern tut, auf später verschieben

Bank[2] *die; -, -en;* ein Unternehmen, das mit Geld handelt ⟨zur/auf die Bank gehen; ein Konto bei der Bank haben⟩ || [K-] Bankdirektor, Bankkonto, Bankkunde, Banknote

▶ Wortschatz rund um die Bank

ein Girokonto eröffnen
ein Sparkonto eröffnen
Geld wechseln
Geld am Automaten / am Schalter abheben
Geld auf ein Konto einzahlen

Kontoauszüge ausdrucken / abholen
einen GEZ-Anmeldeschein holen

einen Sparvertrag abschließen
einen Kredit beantragen

WORTSCHATZ ◀

Bank[3] *die; -, -en;* die Kasse (des Spielleiters) bei einem Spiel um Geld, wie *z.B.* Roulette ⟨gegen die Bank setzen, spielen; die Bank gewinnt⟩ || [K-] Spielbank || [ID] **die Bank sprengen** das gesamte Geld gewinnen, das sich in der (Spiel)Bank befindet

Bank·au·to·mat *der; -en, -en* ≈ Geldautomat

Ban·ker ['bɛŋkɐ] *der; -s, -; umg;* jemand, der in einer Bank[2] arbeitet oder dem eine Bank[2] gehört || *hierzu* **Ban·ke·rin** *die; -, -nen*

Bank·ge·heim·nis *das; -ses; nur Singular;* das Recht und die Pflicht einer Bank[2], die Daten *(z.B.* finanzielle Verhältnisse) ihrer Kunden geheim zu halten ⟨das Bankgeheimnis verletzen; etwas unterliegt dem Bankgeheimnis⟩

Bank|leit·zahl *die; -, -en;* die Zahl(enreihe), mit der die einzelne Bank[2] (oder Sparkasse) gekennzeichnet wird; *Abkürzung* BLZ

Bank·no·te *die; -, -n;* ein Stück Papier, das vom Staat gedruckt wird und (als Papiergeld) einen festen Geldwert hat ≈ Geldschein ⟨Banknoten bündeln⟩

Bank·raub *der; -(e)s; nur Singular;* ein (bewaffneter) Überfall auf eine Bank[2] (um Geld zu rauben) ⟨einen Bankraub verüben⟩ || *hierzu* **Bank·räu·ber** *der; -s, -;* **Bank·räu·be·rin** *die; -, -nen*

bank·rott *Adjektiv* **1** nicht fähig, seine Schulden zu bezahlen ≈ zahlungsunfähig ⟨ein Unternehmen⟩ **2** **bankrott sein** *umg;* kein Geld mehr haben ≈ pleite sein || *zu* 1 **Bank·rott** *der; -(e)s, -e*

Bann *der; -(e)s; nur Singular;* die faszinierende Wirkung, die jemand/etwas auf jemanden ausübt ⟨jemanden in seinen Bann ziehen⟩ *Der spannende Film hielt ihn in Bann* || [ID] *meist* **der Bann ist gebrochen** nach anfänglichen Schwierigkeiten kommen die Menschen jetzt miteinander in Kontakt

ban·nen; *bannte, hat gebannt* **1** *meist* **jemand ist gebannt** jemand ist von etwas völlig fasziniert ⟨die Zuhörer waren, lauschten (wie) gebannt; jemanden/etwas (wie) gebannt anstarren⟩ || Hinweis: *meist* im Zustandspassiv! **2** **eine Gefahr bannen** eine Gefahr beseitigen

bar[1] [A2] *Adjektiv;* in Form von Münzen oder Geldscheinen ⟨bares Geld; etwas (in) bar bezahlen⟩: *200 Euro in bar* || [K-] Barzahlung

bar[2] [A2] *Adjektiv; nur vor dem Substantiv, nicht als Adverb; förmlich;* nichts anderes als ≈ rein, pur: *Das ist barer Unsinn*

Bar [A2] *die; -, -s* **1** ein (Nacht)Lokal, in dem man Alkoholisches trinkt ⟨in eine Bar gehen⟩ || [K-] Barmusik **2** eine Theke in einem Lokal, an der man auf hohen Stühlen sitzt ⟨an der Bar sitzen⟩ || [K-] Barhocker **3** ein Möbelstück oder ein Fach eines Schrankes, in dem alkoholische Getränke stehen || [-K] Getränkebar

Bär *der; -en, -en;* ein großes, schweres (Raub)Tier mit dickem Pelz, das süße Nahrung *(bes* Honig) liebt ⟨der Bär brummt⟩ || [K-] Bärenfell || [-K] Braunbär, Eisbär

-bar *im Adjektiv* **1** drückt aus, dass das, was im ersten Wortteil genannt wird, getan werden kann (verneint *meist* mit *un-*); **(un)annehmbar** ⟨Bedingungen⟩, **(un)brauchbar** ⟨ein Gerät, ein Plan⟩, **essbar** ⟨eine Frucht, ein Pilz⟩,

B

(un)heilbar ⟨eine Krankheit⟩ **(un)lösbar** ⟨eine Aufgabe, ein Problem⟩ **2** drückt aus, dass das, was im ersten Wortteil genannt wird, leicht passieren kann (verneint mit *un-*); **brennbar** ⟨ein Stoff⟩ (= er kann leicht brennen), **unsinkbar** ⟨ein Schiff⟩ (= es kann nicht sinken), **unwandelbar** ⟨jemandes Treue⟩

bar·ba·risch *Adjektiv* **1** grausam und brutal ⟨ein Verbrechen, eine Strafe; jemanden barbarisch foltern⟩ **2** unzivilisiert, rau ⟨Sitten; Methoden⟩ **3** *nicht als Adverb; umg;* sehr groß, sehr intensiv ⟨eine Hitze, eine Kälte, ein Lärm, ein Gestank⟩ **4** *nur als Adverb; umg* ≈ sehr: *Hier stinkt es barbarisch!*

bar·fuß *Adverb;* ohne Schuhe und Strümpfe ⟨barfuß gehen, sein⟩

barg *Imperfekt, 1. und 3. Person Singular;* ↑ **bergen**

Bar·geld B1 *das; -(e)s; nur Singular;* Münzen oder Geldscheine: *Ich habe kein Bargeld bei mir, nehmen Sie auch einen Scheck an?* || *hierzu* **bar·geld·los** *Adjektiv*

Ba·ri·ton, Ba·ri·ton *der; -s, -e; Musik* **1** *nur Singular;* die (Gesangs)Stimme von Männern zwischen Tenor und Bass ⟨Bariton singen; einen kräftigen Bariton haben⟩ **2** ein Sänger, der Bariton singt

Bar·kee·per [-kiːpɐ] *der; -s, -;* ein Mann, der an einer Bar (2) *bes* die Getränke mixt und serviert || *hierzu* **Bar·kee·pe·rin** *die; -, -nen*

barm·her·zig *Adjektiv;* **barmherzig (gegen jemanden/mit jemandem)** mit tiefem Mitgefühl für die Not eines anderen ⟨sich barmherzig zeigen⟩ || *hierzu* **Barm·her·zig·keit** *die; -; nur Singular*

Ba·rock *das, der; -(s); nur Singular* **1** ein Stil der (europäischen) Kunst (von 1600 bis 1750), der *bes* durch viele Ornamente und anderen Schmuck gekennzeichnet ist || K- Barockkirche, Barockkunst, Barockmalerei, Barockmusik, Barockstil, Barockzeit, Barockzeitalter **2** die Epoche des Barock ⟨im Barock; etwas stammt aus dem Barock⟩

Ba·ro·me·ter *das; -s, -;* das Gerät, mit dem der Luftdruck gemessen wird ⟨das Barometer fällt, steigt⟩ || ID **Das Barometer steht auf Sturm** es herrscht eine gespannte, gereizte Stimmung

Ba·ron *der; -s, -e* **1** *nur Singular;* ein Adelstitel **2** jemand, der diesen Titel trägt || *hierzu* **Ba·ro·nin** *die; -, -nen*

Bar·ren[1] *der; -s, -; Sport;* ein Turngerät mit zwei parallelen Stangen aus Holz, die von Stützen gehalten werden ⟨am Barren turnen⟩ || K- Barrenkür, Barrenübung

Bar·ren[2] *der; -s, -;* ein längliches Stück Gold, Silber *o.Ä.* || K- Barrengold, Barrensilber || -K Goldbarren, Silberbarren

Bar·rie·re [baˈri̯eːrə] *die; -, -n;* ein Hindernis, das Personen voneinander räumlich trennt oder daran hindert, miteinander harmonisch zu leben, zu arbeiten *o.Ä.* ⟨Barrieren errichten, durchbrechen, abbauen, beseitigen, überwinden⟩

Bar·ri·ka·de *die; -, -n;* ein Hindernis, das errichtet wurde, um eine Straße zu sperren (*z.B.* bei Straßenschlachten, gewalttätigen Demonstrationen) ⟨eine Barrikade errichten⟩ || ID **auf die Barrikaden gehen/steigen** heftig protestieren

barsch, *barscher, barsch(e)st-; Adjektiv;* auf unfreundliche Art und Weise ≈ grob ⟨eine Antwort; jemanden barsch anfahren; etwas in barschem Ton sagen⟩

Barsch *der; -es, -e;* ein (Speise)Fisch mit stacheligen Flossen, der in Süßwasser lebt

barst *Imperfekt, 1. und 3. Person Singular;* ↑ **bersten**

Bart A2 *der; -(e)s, Bär·te* **1** Haare im Gesicht des Mannes, *bes* zwischen Mund und Nase, an den Wangen und am Kinn ⟨ein gepflegter Bart; einen Bart tragen; den Bart abrasieren⟩ || K- Barthaare || -K Kinnbart, Spitzbart, Vollbart **2** Haare an der Schnauze von (Säuge)Tieren || ID **etwas in seinen Bart (hinein)murmeln/(hinein)brummen** *umg;* etwas leise und undeutlich vor sich hin sagen || *zu* 1 **bart·los** *Adjektiv*

bär·tig *Adjektiv; nicht als Adverb;* mit einem Bart

Ba·sar [-ˈzaːɐ̯] *der; -s, -e* **1** eine Veranstaltung, bei der (*meist* kleinere) Gegenstände verkauft werden und das Geld verwendet wird, um anderen zu helfen || -K Wohltätigkeitsbasar **2** eine Straße mit Geschäften in einer orientalischen Stadt

Ba·se *die; -, -n; Chemie;* eine Substanz, die in Verbindung mit Säuren Salze bildet ≈ Lauge ↔ Säure || *hierzu* **ba·sisch** *Adjektiv*

ba·sie·ren; *basierte, hat basiert;* **etwas basiert auf etwas** (*Dativ*) *förmlich;* etwas stützt sich auf etwas, hat etwas als Basis: *Der Film basiert auf einem authentischen Ereignis*

Ba·si·li·kum *das; -; nur Singular;* eine Pflanze mit aromatischen Blättern, die als Gewürz und Heilmittel verwendet werden

Ba·sis *die; -, Ba·sen* **1** *meist Singular;* **eine Basis (für etwas)** etwas (bereits Vorhandenes), auf das man etwas aufbauen kann oder aus dem man etwas entwickeln kann ≈ Grundlage ⟨eine gemeinsame, solide Basis für eine Zusammenarbeit⟩ || -K Verhandlungsbasis **2** (bei Bauwerken) ein Block aus Stein *o.Ä.*, auf dem eine Säule oder ein Pfeiler steht ≈ Sockel **3** *Militär* ≈ Stützpunkt || -K Flottenbasis, Militärbasis

Bas·ket·ball ['ba(:)skətbal] *der; -(e)s, -bäl·le* **1** *ohne Artikel, nur Singular;* ein Spiel zwischen zwei Mannschaften, bei dem versucht wird, einen großen Ball in den Korb des Gegners zu werfen || K- Basketballspieler **2** der Ball, der beim Basketball (1) verwendet wird

Bass *der; -es, Bäs·se* **1** *nur Singular;* die tiefste Stimme bei Männern ⟨Bass singen; einen vollen Bass haben⟩ || K- Basssänger **2** die tiefste Stimmlage, die nur von einigen Instrumenten *(z.B.* Orgel, Kontrabass, Bassgitarre) gespielt wird: *Im zweiten Satz der Symphonie dominiert der Bass* || K- Bassbegleitung, Bassinstrument **3** ein Sänger, der Bass (1) singt oder ein Musiker, der einen Bass (4) spielt **4** *Kurzwort für* die Musikinstrumente *(z.B.* Bassgeige, Bassgitarre), die den Bass (2) spielen: *Er spielt den Bass im Orchester* **5** *meist Plural;* die tiefen Töne (auf einer musikalischen Aufnahme) ≈ Tiefen ↔ Höhen ⟨die Bässe/den Bass aufdrehen, zurückdrehen⟩

Bast *der; -(e)s; nur Singular;* eine Art dicker Faden unter der Rinde mancher Bäume, der zum Flechten verwendet wird || K- Bastmatte, Basttasche

bas·teln B1 *bastelte, hat gebastelt;* **(etwas) basteln** (als Hobby) *meist* kleine Gegenstände aus Papier, Holz, Draht, Stoff *usw* in Handarbeit herstellen: *ein Mobile, ein Modellflugzeug basteln* || K- Bastelarbeit

bat *Imperfekt, 1. und 3. Person Singular;* ↑ **bitten**

Bat·te·rie B1 *die; -, -n* [-'ri:ən]; ein Apparat, in dem elektrischer Strom erzeugt oder gespeichert wird: *Die Batterie seines Autos ist leer* || -K Autobatterie

bat·te·rie·be·trie·ben *Adjektiv; meist vor dem Substantiv;* von einer Batterie mit Strom versorgt ⟨eine Uhr⟩

Bau[1] *der; -(e)s, -ten* **1** *nur Singular;* das Herstellen von Häusern, Straßen, Brücken *usw*: *Der Bau ihres Hauses geht nur langsam voran* || K- Bauarbeiten, Baubranche, Bauerlaubnis, Baufirma, Baugenehmigung, Baugewerbe, Bauindustrie, Bauingenieur, Baukosten, Baumaßnahme, Baumaterial || -K Brückenbau, Kirchenbau, Straßenbau, Wohnungsbau **2** *nur Singular;* die Konstruktion und Herstellung *bes* von technischen Geräten, Fahrzeugen, Motoren oder Musikinstrumenten || -K Fahrzeugbau, Flugzeugbau, Maschinenbau, Orgelbau, Schiff(s)bau **3** *nur Singular;* der Ort oder Platz, an dem ein Bau (1) durchgeführt wird ≈ Baustelle || K- Bauarbeiter, Bauaufzug, Baugerüst, Baukran, Bauleute, Bauzaun **4** ein (*meist* ziemlich großes) Bauwerk oder Gebäude: *Das Kolosseum in Rom ist ein gigantischer Bau* **5** *nur Singular;* die Art, wie jemandes Körper gewachsen ist ≈ Statur ⟨von kräftigem, schwachem Bau sein⟩ || -K Körperbau **6** **etwas befindet sich im/in Bau, etwas ist im/in Bau** etwas wird gerade gebaut (1,2): *Das neue Klinikum befindet sich noch im Bau/ist noch im Bau* **7** **auf dem Bau arbeiten** als Arbeiter oder Handwerker auf Baustellen arbeiten

Bau[2] *der; -(e)s, -e* **1** eine Höhle unter der Erde, in der manche Tiere *(z.B.* Füchse) leben ⟨einen Bau anlegen⟩ || -K Dachsbau, Fuchsbau, Kaninchenbau **2** *nur Singular; umg, Militär* ≈ Arrestzelle

Bauch A2 *der; -(e)s, Bäu·che* **1** der vordere Teil des Körpers beim Menschen, der zwischen Brust und Becken liegt: *Schläfst du auf dem Bauch oder auf dem Rücken?* || ↑ Abbildung unter **Körper** || K- Bauchmuskeln, Bauchnabel **2** der untere Teil des Rumpfes bei (Wirbel)Tieren **3** das überflüssige Fett am Bauch (1) bei Menschen, die zu viel essen und sich zu wenig bewegen: *Er hat schon mit 20 einen Bauch bekommen* **4** *umg; meist* der Magen: *Mit einem leeren Bauch kann ich nicht arbeiten* || K- Bauchschmerzen, Bauchweh **5** der dicke Teil eines Gegenstands, *bes* einer Flasche, einer Vase || ID **sich** *(Dativ)* **den Bauch vollschlagen** *umg;* sich satt essen, viel und schnell essen

bau·chig *Adjektiv; nicht als Adverb;* mit einem Bauch (5) ⟨eine Flasche, ein Krug⟩

Bauch|spei·chel·drü·se *die; -, -n; Medizin* eine Drüse in der Nähe des Magens (die Insulin produziert und Enzyme bildet, die Eiweiße, Fette und Kohlenhydrate abbauen); *Medizin* Pankreas

Bauch·tanz *der; -es, -tän·ze;* ein (orientalischer) Tanz, der von einer Tänzerin vorgeführt wird, die Bauch und Hüften rhythmisch bewegt || *hierzu* **bauch·tan·zen** *nur im Infinitiv;* **Bauch·tän·ze·rin** *die; -, -nen*

bau·en A2 *baute, hat gebaut* **1** **(etwas) bauen** ein Haus *o.Ä.* aus verschiedenen Materialien errichten (lassen): *Wollt ihr bauen oder ein Haus kaufen?* **2** **etwas bauen** Dinge (in einem Betrieb) aus verschiedenen Teilen und Materialien herstellen ⟨Autos, Geigen, Klaviere, Maschinen, Schiffe bauen⟩ **3** **auf jemanden/**

B

etwas bauen festes Vertrauen zu jemandem/etwas haben ≈ sich auf jemanden/etwas verlassen: *Auf ihn kann man immer bauen* || Hinweis: ↑ **Mist**, **Unfall**

Bau·er[1] *der; -n/selten -s, -n* **1** jemand, der einen landwirtschaftlichen Betrieb hat || K- Bauernfamilie, Bauernhaus, Bauernsohn || -K Kleinbauer; Milchbauer, Obstbauer, Weinbauer **2** eine der kleinsten Figuren im Schachspiel || ↑ Abbildung unter **Schachfiguren** || *zu 1* **Bäu·er·in** *die; -, -nen*

Bau·er[2] *der, das; -s, -;* ein Käfig für Vögel || -K Vogelbauer

-bau·er *der; -s, -; im Substantiv* jemand, der beruflich etwas baut (1); **Brückenbauer, Fahrzeugbauer, Flugzeugbauer, Geigenbauer, Klavierbauer, Maschinenbauer, Schiffsbauer** || *hierzu* **-bau·er·in** *die; -, -nen*

bäu·er·lich *Adjektiv;* zu Bauern[1] (1) oder zur Landwirtschaft gehörend ⟨ein Betrieb⟩

Bau·ern·hof *der; -(e)s, -hö·fe;* Land und Haus eines Bauern, mit Stall und Scheune ⟨auf dem Bauernhof arbeiten⟩

bau·fäl·lig *Adjektiv; nicht als Adverb;* in so schlechtem Zustand, dass es leicht einstürzen könnte ⟨ein Haus⟩ || *hierzu* **Bau·fäl·lig·keit** *die; -; nur Singular*

Bau·grund *der; -(e)s, -grün·de;* ein Stück Land, auf dem ein Gebäude errichtet wird oder werden soll

Bau|hand·werk *das; -(e)s; nur Singular;* alle (handwerklichen) Berufe, die beim Bau eines Hauses notwendig sind (*z.B.* Maurer, Zimmerer, Elektriker)

Bau·herr *der; -n, -en;* jemand, der den Auftrag erteilt, etwas zu bauen, und den Bau bezahlt || *hierzu* **Bau·her·rin** *die; -, -nen*

Bau·jahr *das; -(e)s, -e;* das Jahr, in dem ein Haus errichtet, ein Fahrzeug gebaut wurde: *Mein Auto ist Baujahr 2008*

Bau·kas·ten *der; -s, -käs·ten;* ein Kasten mit Teilen aus Holz, Metall oder Plastik und Schrauben *usw*, mit dem Kinder spielen und etwas bauen können

Bau·klotz *der; -es, -klöt·ze;* einer von vielen kleinen, eckigen Gegenständen aus Holz oder Plastik, mit denen Kinder spielen und etwas bauen können || ID **Bauklötze/Bauklötzer staunen** *umg;* sehr erstaunt sein

Baum A1 *der; -(e)s, Bäu·me;* eine große Pflanze mit einem Stamm aus Holz und mit Nadeln oder Blättern ⟨einen Baum pflanzen; ein Baum verliert seine Blätter/seine Nadeln, blüht, trägt Früchte⟩ || K- Baumfrucht, Baumkrone, Baumstamm || -K Laubbaum, Nadelbaum; Apfelbaum, Kirschbaum, Nussbaum, Obstbaum *usw*

Bau·markt *der; -(e)s, -märk·te;* ein großes Geschäft, in dem man Materialien für Bauarbeiten kaufen kann

bau·meln; *baumelte, hat gebaumelt* **1** **jemand/etwas baumelt irgendwo** jemand/etwas hängt von etwas herab, ohne den Boden zu berühren und schwingt dabei hin und her: *an einem Ast/Seil baumeln* **2** **die Beine baumeln lassen;mit den Beinen baumeln** sitzend die Beine hin und her schwingen: *Er saß auf dem Tisch und ließ die Beine baumeln*

Baum·kro·ne *die; -, -n;* alle Äste und Zweige eines Baumes

Baum·schu·le *die; -, -n;* ein Betrieb, in dem Bäume gepflanzt und verkauft werden, wenn sie groß genug sind

Baum·wol·le B1 *die; -; nur Singular* **1** eine Pflanze, die *bes* in heißen Gebieten angebaut wird. Sie hat Samen mit langen, weißen Fasern, aus denen Garn gemacht wird ⟨Baumwolle anbauen⟩ || K- Baumwollernte, Baumwollfeld, Baumwollgarn **2** Gewebe, das aus Baumwolle gemacht und zu Textilien verarbeitet wird: *ein Pullover aus 100% Baumwolle* || K- Baumwollhemd, Baumwollstoff

Bau·plan *der; -(e)s, -plä·ne;* die technischen Zeichnungen, die genau zeigen, wie ein neues Haus aussehen soll ⟨einen Bauplan genehmigen lassen⟩

bau·spa·ren; *nur Infinitiv;* bei einer Bausparkasse regelmäßig Geld sparen, um später damit ein Haus bauen/kaufen oder eine Wohnung kaufen zu können || K- Bauspardarlehen, Bausparvertrag || *hierzu* **Bau·spa·ren** *das; -s; nur Singular;* **Bau·spa·rer** *der; -s, -*

Bau|spar·kas·se *die; -, -n;* eine Bank, die aus dem gesparten Geld der Mitglieder Kredite gibt, mit denen man ein Haus oder eine Wohnung bauen, kaufen oder renovieren kann

Bau·stel·le *die; -, -n* **1** ein Platz, auf dem ein Gebäude errichtet wird ⟨auf einer Baustelle arbeiten⟩: *Betreten der Baustelle verboten!* **2** eine Stelle der Straße, an der (Reparatur)Arbeiten durchgeführt werden: *Die Autobahn ist wegen einer Baustelle halbseitig gesperrt*

Bau·teil *das; -(e)s, -e;* eines der vorgefertigten Teile, aus denen Geräte, Maschinen *usw* zusammengesetzt werden ≈ Bauelement

Bau·werk *das; -(e)s, -e;* etwas, das gebaut (1) worden ist (*z.B.* ein Turm, ein Wohnhaus, eine Schule *o.Ä.*) ⟨ein eindrucksvolles, verfallenes Bauwerk⟩

▶ Bayern

Bayern im Südosten ist das größte Bundesland Deutschlands. Die Hauptstadt ist **München**, nach Berlin und Hamburg drittgrößte Stadt Deutschlands.Mit der Zahl der Einwohner liegt Bayern nach Nordrhein-Westfalen an zweiter Stelle. Früher war das Land stark landwirtschaftlich geprägt. Heute ist es ein moderner Industrie- und Dienstleistungsstaat. Touristen werden besonders von den bayrischen **Alpen** und Mittelgebirgen, den vielen Seen und dem Münchner **Oktoberfest** angelockt.

LANDESKUNDE ◀

Ba·zil·le *die; -, -n* **1** *meist Plural;* eine Bakterie, die die Form eines Stäbchens hat und Krankheiten erregen kann **2** **eine linke Bazille** *umg, humorvoll oder abwertend;* verwendet, um jemanden zu bezeichnen, der sehr listig ist und mit vielen Tricks arbeitet

be- *im Verb; unbetont und nicht trennbar;* Die Verben mit *be-* werden nach folgendem Muster gebildet: *beschenken - beschenkte - beschenkt;* verwendet, um Verben so zu ändern, dass sie ein Objekt im Akkusativ haben oder um aus anderen Wortarten solche Verben zu bilden; ⟨eine Frage⟩ **beantworten**; **etwas berechnen**; **jemanden bedrohen, bekämpfen, bemitleiden, berauben, beruhigen, bestehlen, beurlauben**

be·ab·sich·ti·gen; *beabsichtigte, hat beabsichtigt;* **etwas beabsichtigen** die Absicht haben, etwas zu tun: *Sie beabsichtigen, nächstes Jahr zu heiraten*

be·ach·ten; *beachtete, hat beachtet* **1** **etwas beachten** das tun, was etwas vorschreibt ≈ befolgen ↔ missachten ⟨ein Gesetz, eine Regel, ein Verbot, eine Vorschrift beachten⟩ **2** **etwas beachten** jemanden/etwas bewusst wahrnehmen, zur Kenntnis nehmen ⟨Hinweise beachten⟩: *Beachten Sie bitte, dass wir unser Geschäft heute früher schließen!* **3** **jemanden/etwas beachten** jemanden/etwas mit Interesse behandeln: *Sie beachtet mich kaum*

be·acht·lich *Adjektiv* **1** von großer Bedeutung, Menge oder hoher Qualität ≈ beträchtlich: *Sein Ansehen als Politiker ist beachtlich* **2** so, dass man damit (sehr) zufrieden sein kann ≈ respektabel ⟨eine Leistung, ein Resultat⟩

Be·ach·tung *die; -; nur Singular* **1** das Beachten (1) ⟨von Regeln⟩ **2** **Beachtung verdienen** *förmlich;* es wert sein, beachtet (2,3) zu werden **3** **jemandem/etwas keine Beachtung schenken** jemanden/etwas nicht beachten (2,3) **4** **(keine) Beachtung finden** *förmlich;* (nicht) beachtet (2,3) werden

Be·am·te *der; -n, -n;* jemand (*z.B.* ein Lehrer oder Polizist), der im Dienst des Staates arbeitet und im Alter Pension erhält || K Finanzbeamte, Polizeibeamte, Verwaltungsbeamte || *hierzu* **Be·am·tin** *die; -, -nen*

be·ängs·ti·gend *Adjektiv;* so, dass es zu Angst oder Unruhe führt: *eine beängstigende Stille*

be·an·spru·chen; *beanspruchte, hat beansprucht* **1** **etwas beanspruchen** etwas verlangen, auf das man ein Recht hat ⟨seinen Erbanteil, Schadenersatz beanspruchen⟩ **2** **etwas beanspruchen** von etwas Gebrauch machen, das einem jemand anbietet oder geben will ≈ etwas in Anspruch nehmen ⟨jemandes Hilfe, Gastfreundschaft beanspruchen⟩ **3** **jemanden/etwas beanspruchen** jemandes Aufmerksamkeit und Einsatz in hohem Maße brauchen, nötig machen: *Die drei kleinen Kinder beanspruchen sie sehr* **4** **etwas beansprucht etwas** etwas benötigt Zeit oder Raum: *Das neue Sofa beansprucht zu viel Platz* || zu 3 **Be·an·spru·chung** *die; -, -en*

be·an·stan·den; *beanstandete, hat beanstandet;* **etwas (an etwas** *(Dativ)***) beanstanden** sagen, dass man einen Fehler oder Mangel festgestellt hat ⟨eine Entscheidung, eine fehlerhafte Ware beanstanden⟩: *Der Polizist beanstandete, dass der Pass abgelaufen war; Haben Sie etwas an meiner Arbeit zu beanstanden?* | *hierzu* **Be·an·stan·dung** *die; -, -en*

be·an·tra·gen B2 *beantragte, hat beantragt;* **etwas (bei jemandem/etwas) beantragen** (*meist* eine Behörde) offiziell um etwas bitten ⟨Sozialhilfe, ein Visum beantragen⟩: *Als er seinen Job verlor, beantragte er Arbeitslosengeld* || *hierzu* **Be·an·tra·gung** *die; -, -en; meist Singular*

be·ant·wor·ten; *beantwortete, hat beantwortet;* **etwas beantworten** eine Antwort auf etwas geben ⟨einen Brief, eine Frage beantworten⟩

be·ar·bei·ten; *bearbeitete, hat bearbeitet* **1** **etwas bearbeiten** an etwas arbeiten, es prüfen und *meist* darüber entscheiden ⟨einen Antrag, ein Sachgebiet bearbeiten⟩ **2** **etwas bear-**

beiten eine Arbeit über etwas schreiben ⟨ein Thema, eine Aufgabe bearbeiten⟩ **3** **etwas (mit etwas) bearbeiten** *meist* mit den Händen oder einem Werkzeug die Form *o.Ä.* von etwas ändern: *Holz mit einem Messer bearbeiten* **4** **jemanden bearbeiten** *umg;* intensiv auf jemanden einreden, um ihn von etwas zu überzeugen || *zu* 1 und 2 **Be·ar·bei·ter** *der; -s, -;* **Be·ar·bei·te·rin** *die; -, -nen*

Be·ar·bei·tung *die; -, -en* **1** das Bearbeiten (1) eines Antrags *o.Ä.* || K- Bearbeitungsgebühr **2** die Arbeit an einem Thema, einem Text **3** die neue, veränderte Fassung *meist* eines literarischen oder musikalischen Werkes: *Shakespeares „Othello" in der musikalischen Bearbeitung von Verdi* || -K Bühnenbearbeitung, Neubearbeitung **4** das Bearbeiten (3) von Holz, Metall *usw*

be·at·men; *beatmete, hat beatmet;* **jemanden (künstlich) beatmen** jemandem, der nicht mehr selbst atmen kann, Luft in die Lunge blasen (oder ihm durch eine Maschine Sauerstoff zuführen) || *hierzu* **Be·at·mung** *die; -, -en; meist Singular*

be·auf·sich·ti·gen; *beaufsichtigte, hat beaufsichtigt;* **jemanden/etwas beaufsichtigen** darauf achten, dass jemand sich so verhält oder arbeitet, wie er soll ≈ überwachen ⟨Kinder beaufsichtigen⟩ || *hierzu* **Be·auf·sich·ti·gung** *die; -; nur Singular*

be·auf·tra·gen; *beauftragte, hat beauftragt;* **jemanden (mit etwas) beauftragen** jemandem sagen, was er tun soll: *jemanden mit der Anfertigung eines Plans beauftragen*

Be·auf·trag·te *der/die; -n, -n;* jemand, der einen *meist* offiziellen Auftrag hat, etwas Bestimmtes zu tun: *der Beauftragte einer Kommission* || -K Lehrbeauftragte, Sonderbeauftragte

be·bau·en; *bebaute, hat bebaut* **1** **etwas (mit etwas) bebauen** auf einer Fläche (ein) Gebäude errichten: *ein Grundstück mit Häusern bebauen* **2** **etwas bebauen** den Boden oder Acker bearbeiten (3), um dort etwas pflanzen zu können ⟨ein Feld, einen Acker bebauen⟩ || *zu* 1 **Be·bau·ung** *die; -, -en*

be·ben; *bebte, hat gebebt* **1** **etwas bebt** etwas wird *bes* durch den Knall einer Explosion oder durch ein Erdbeben erschüttert ⟨die Häuser, die Mauern, die Erde⟩ **2** **(vor etwas** *(Dativ)*) **beben** heftig zittern ⟨jemandes Lippen⟩: *Seine Stimme bebte vor Erregung; Er bebte vor Wut*

Be·ben *das; -s, -;* **1** ≈ Erdbeben **2** *nur Singular;* die Tatsache, dass etwas bebt (1,2) ⟨das Beben eines Hauses, einer Stimme⟩

Be·cher *der; -s, -;* **1** ein (Trink)Gefäß *meist* ohne Henkel und ohne Fuß: *aus einem Becher trinken* || -K Plastikbecher, Silberbecher **2** eine Art Becher (1), der für andere Zwecke (als zum Trinken) verwendet wird || -K Eierbecher, Joghurtbecher, Messbecher, Würfelbecher

Be·cken *das; -s, -;* **1** ein Behälter für Wasser in der Küche oder im Bad, der zum Waschen dient || -K Spülbecken, Waschbecken **2** ein großer Behälter, der mit Wasser gefüllt wird, sodass man darin baden oder schwimmen kann || -K Planschbecken, Schwimmbecken **3** der Teil des menschlichen Skeletts, der den Rücken (die Wirbelsäule) mit den Beinen verbindet || ↑ Abbildung unter **Skelett**

be·dacht **1** *Partizip Perfekt;* ↑ **bedenken** **2** *Adjektiv;* **auf etwas** *(Akkusativ)* **bedacht sein** konsequent auf etwas achten ⟨auf seinen Vorteil bedacht sein⟩: *Er war stets darauf bedacht, einen guten Eindruck zu machen*

Be·dacht *nur in* **mit/voll Bedacht** ⟨handeln, sprechen⟩ ruhig und überlegt

be·däch·tig *Adjektiv* **1** langsam und ruhig (in Bezug auf Bewegungen) **2** überlegt (in Bezug auf Sprechen oder Handeln) || *hierzu* **Be·däch·tig·keit** *die; -; nur Singular*

be·dan·ken, sich; *bedankte sich, hat sich bedankt;* **sich (bei jemandem) (für etwas) bedanken** (jemandem) seinen Dank für etwas ausdrücken: *Hast du dich (bei ihr) (für das Geschenk) bedankt?*

▶ Sich bedanken

Mit einfachen Worten kann man sich bedanken:

Danke!, Danke schön!
Vielen Dank!, Herzlichen Dank!, Besten Dank!, Schönen Dank!, Tausend Dank!
Ich danke dir (*oder* **Ihnen**) **von ganzem Herzen.**

So kann man auf einen Dank antworten:
Bitte!
Gern geschehen!
Keine Ursache!
Es war mir ein Vergnügen!
Das habe ich doch gern getan!

SPRECHEN UND SCHREIBEN

Be·darf *der; -(e)s, -e* **1** **der Bedarf (an jemandem/etwas)** die Zahl oder Menge an Menschen, Dingen oder Leistungen, die man für etwas braucht ⟨Bedarf an jemandem/etwas haben; es besteht (kein) Bedarf an jemandem/

etwas; der Bedarf an jemandem/etwas ist gedeckt⟩: *An neuen Wohnungen besteht großer Bedarf* || [K-] Bedarfsermittlung || [-K] Energiebedarf, Erdölbedarf, Strombedarf **2** **bei Bedarf** wenn es nötig ist **3** **(je) nach Bedarf** wie man es gerade benötigt || [ID] *meist* **Mein Bedarf ist gedeckt!** *umg;* Ich habe genug davon!

-be·darf *der; -(e)s; nur Singular; im Substantiv;* verwendet, um die Dinge oder Personen zu bezeichnen, die jemand für einen bestimmten Zweck braucht; **Bürobedarf, Energiebedarf, Heimwerkerbedarf, Personalbedarf, Reisebedarf, Schreibbedarf**

be·dau·er·lich *Adjektiv;* ⟨ein Fehler, ein Vorfall⟩ so, dass er den Menschen leidtut

be·dau·ern; *bedauerte, hat bedauert* **1** **jemanden bedauern** für jemanden Mitleid zeigen: *einen kranken Menschen bedauern* **2** **etwas bedauern** ausdrücken, dass etwas schade, traurig ist: *Er bedauerte, dass er sie nicht persönlich kennenlernen konnte* || [ID] **jemand ist zu bedauern** mit jemandem muss man Mitleid haben || *hierzu* **be·dau·erns·wert** *Adjektiv*

Be·dau·ern *das; -s; nur Singular* **1** **Bedauern (über etwas** *(Akkusativ)*) ≈ Mitgefühl ⟨sein Bedauern über etwas ausdrücken⟩: *Worte des Bedauerns* **2** das Gefühl der Traurigkeit oder Enttäuschung: *Zu meinem Bedauern fiel das Konzert aus*

be·de·cken; *bedeckte, hat bedeckt* **1** **jemanden/etwas (mit etwas) bedecken** eine Decke über jemanden/etwas legen: *den Boden mit Matten bedecken* **2** **etwas bedeckt etwas** etwas liegt (in großer Anzahl oder in dichter Form) auf etwas: *Schnee bedeckte die Wiesen*

be·deckt, *bedeckter, bedecktest-; Adjektiv* **1** *nicht als Adverb;* voller Wolken ≈ bewölkt ⟨der Himmel⟩ **2** **sich bedeckt halten** nichts darüber sagen, was man weiß

be·den·ken; *bedachte, hat bedacht* **1** **etwas bedenken** etwas gut überlegen ≈ über etwas nachdenken: *Er fährt ohne Helm Motorrad, ohne zu bedenken, wie gefährlich das ist* **2** **(jemandem) zu bedenken geben, dass ...** *förmlich;* jemanden auf etwas hinweisen, das berücksichtigt werden muss

Be·den·ken *das; -s, -; meist Plural;* **Bedenken (gegen jemanden/etwas)** Zweifel oder Sorgen ⟨ernsthafte Bedenken haben; jemandes Bedenken beseitigen⟩

be·den·ken·los *Adjektiv* **1** ohne (Skrupel oder) Hemmungen ≈ rücksichtslos: *eine Situation bedenkenlos ausnützen* **2** ohne Überlegung: *sich jemandem bedenkenlos anvertrauen* **3** *meist als Adverb;* ohne dass man darüber nachdenken muss, ob etwas Schlimmes passiert: *Diese Pilze kann man bedenkenlos essen*

be·denk·lich *Adjektiv* **1** so, dass es gefährlich sein könnte ≈ bedrohlich ⟨jemandes Gesundheitszustand, eine Situation⟩ **2** voller Bedenken ≈ besorgt ⟨ein Gesicht⟩ **3** nicht ganz der Moral, den Gesetzen entsprechend ≈ fragwürdig, zweifelhaft: *bedenkliche Mittel anwenden, um sein Ziel zu erreichen*

Be·denk·zeit *die; -; nur Singular;* die Zeit, die jemand bekommt, um sich genau zu überlegen, wie er sich entscheiden will ⟨jemandem Bedenkzeit geben, gewähren, einräumen; um Bedenkzeit bitten⟩: *Sie haben drei Tage Bedenkzeit, dann möchte ich eine klare Antwort!*

be·deu·ten [A1] *bedeutete, hat bedeutet* **1** **etwas bedeutet etwas** etwas hat eine bestimmte (auch sprachliche) Bedeutung (1): *Rotes Licht im Verkehr bedeutet, dass man anhalten oder warten muss* **2** **etwas bedeutet etwas** etwas ist ein Zeichen für etwas: *Dunkle Wolken bedeuten Regen; Sein Gesichtsausdruck bedeutete nichts Gutes* **3** **(jemandem) etwas bedeuten** (für jemanden) wichtig, viel wert sein: *Du bedeutest mir alles* || Hinweis: kein Passiv!

be·deu·tend *Adjektiv* **1** ⟨ein Gelehrter, ein Künstler; ein Kunstwerk⟩ bekannt und wichtig **2** mit weitreichenden Folgen ⟨ein Ereignis, eine Erfindung⟩ **3** *nur als Adverb;* sehr (viel), wesentlich: *Der Kranke sieht heute schon bedeutend besser aus*

Be·deu·tung [B2] *die; -, -en* **1** das, was mit Sprache oder Zeichen ausgedrückt werden soll: *Das Wort „Hof" hat mehrere Bedeutungen* || [K-] Bedeutungslehre, Bedeutungswörterbuch **2** *nur Singular;* etwas, das eine besondere Wirkung hat ≈ Wichtigkeit, Wert: *Diese Entscheidung war von besonderer politischer Bedeutung* **3** *nur Singular* der Gedanke, der einer Sache zugrunde liegt ≈ Sinn ⟨eine tiefere Bedeutung⟩

be·deu·tungs·los *Adjektiv* ≈ unwichtig, irrelevant ⟨ein Einwand, ein Fehler⟩ || *hierzu* **Be·deu·tungs·lo·sig·keit** *die; -; nur Singular*

be·deu·tungs·voll *Adjektiv* **1** ≈ wichtig: *ein bedeutungsvoller Moment in jemandes Leben* **2** von besonderer Bedeutung (1) ≈ vielsagend ⟨ein Blick, ein Lächeln; jemanden bedeutungsvoll ansehen⟩

be·die·nen; *bediente, hat bedient* **1** **(jemanden) bedienen** (als Kellner) einem Gast Speisen und

B

Getränke bringen: *Wer bedient an diesem Tisch?* **2** **jemanden bedienen** für jemanden etwas tun, weil er selbst es nicht tun will oder kann ⟨sich gern von anderen bedienen lassen⟩ **3** **etwas bedienen** *meist* ein Gerät oder eine Maschine richtig gebrauchen und ihre Funktionen kontrollieren: *jemandem beibringen, eine Waschmaschine zu bedienen* **4** **sich bedienen** sich etwas zu essen oder trinken nehmen: *Hier sind ein paar belegte Brote - bedient euch bitte!*

Be·die·nung B1 *die; -, -en* **1** *nur Singular;* das Bedienen (1) eines Gastes ⟨ein Restaurant mit/ohne Bedienung⟩ **2** *nur Singular;* das Bedienen (3) einer Maschine *o.Ä.* ‖ K- Bedienungsfehler **3** jemand, der in einem Lokal bedient: *Bedienung, zahlen bitte!*

be·din·gen; *bedingte, hat bedingt;* **etwas bedingt etwas** etwas hat etwas zur Folge: *Höhere Löhne bedingen höhere Preise*

be·dingt *Adjektiv; meist als Adverb;* nicht in vollem Umfang ⟨bedingt geeignet, verwendungsfähig, einsetzbar⟩: *Ihr Einwand ist nur bedingt berechtigt*

-be·dingt *im Adjektiv;* verwendet, um auszudrücken, dass das, was im ersten Wortteil genannt wird, der Grund oder die Ursache für etwas anderes ist; **altersbedingt, berufsbedingt** ⟨Krankheiten⟩, **krankheitsbedingt** ⟨Ausfälle⟩, **saisonbedingt** ⟨ein Umsatzrückgang⟩, **verletzungsbedingt** ⟨eine Trainingspause⟩, **witterungsbedingt** ⟨Schäden⟩

Be·din·gung B1 *die; -, -en* **1** eine Forderung, Voraussetzung, von der viel abhängt ⟨(jemandem) eine Bedingung stellen⟩: *Ihre Bedingungen sind für uns nicht akzeptabel* ‖ -K Lieferbedingung, Zahlungsbedingung **2** *nur Plural;* Umstände, die jemanden/etwas beeinflussen ⟨gute, (un)günstige Bedingungen⟩ ‖ -K Lebensbedingung

be·din·gungs·los *Adjektiv* **1** ganz ohne Einschränkung ⟨Vertrauen⟩ **2** ohne eine Bedingung (1) ⟨bedingungslos kapitulieren⟩

be·drän·gen; *bedrängte, hat bedrängt* **1** **jemanden (mit etwas) bedrängen** jemanden intensiv bitten, etwas zu tun **2** **jemanden/etwas bedrängen** Druck ausüben oder oft angreifen und jemanden dadurch in eine schwierige Lage bringen: *Der Torwart wurde von den gegnerischen Spielern schwer bedrängt* ‖ Hinweis: *meist* im Passiv

Be·dräng·nis *die; -; nur Singular;* eine sehr unangenehme und schwierige Situation ≈ Notlage ⟨in Bedrängnis sein/geraten; jemanden in Bedrängnis bringen⟩

be·dro·hen; *bedrohte, hat bedroht* **1** **jemanden (mit etwas) bedrohen** jemandem mit Worten oder Taten drohen: *jemanden mit einer Pistole bedrohen* **2** **etwas bedroht jemanden** etwas stellt für jemanden eine Gefahr dar: *Epidemien bedrohen die Menschheit* ‖ *hierzu* **Be·dro·hung** *die; -, -en*

be·droh·lich *Adjektiv;* so, dass es zu einer Gefahr wird ≈ gefährlich ⟨eine Situation⟩: *Das Hochwasser nahm bedrohliche Ausmaße an*

be·droht, *bedrohter, bedrohtest-; Adjektiv* **1** *meist nach dem Substantiv;* in Gefahr ⟨jemandes Leben, die Umwelt⟩ **2** **eine Pflanze/ein Tier ist vom Aussterben bedroht** eine Pflanze, ein Tier ist in Gefahr auszusterben

be·drü·cken; *bedrückte, hat bedrückt;* **etwas bedrückt jemanden** etwas macht jemanden traurig, pessimistisch ≈ etwas deprimiert jemanden ⟨jemand wird von Kummer, Sorgen, Einsamkeit bedrückt⟩: *Sie sieht bedrückt aus* ‖ *hierzu* **Be·drü·ckung** *die; -; nur Singular*

Be·dürf·nis *das; -ses, -se;* **ein Bedürfnis (nach etwas)** der intensive Wunsch, etwas zu bekommen, das man braucht ⟨ein Bedürfnis nach Liebe/Schlaf haben, verspüren⟩: *die Bedürfnisse des Marktes* ‖ -K Schlafbedürfnis

be·dürf·tig *Adjektiv; nicht als Adverb;* die (materielle) Hilfe anderer brauchend ‖ *hierzu* **Be·dürf·tig·keit** *die; -; nur Singular*

-be·dürf·tig *im Adjektiv;* verwendet, um auszudrücken, dass das im ersten Wortteil Genannte gebraucht wird; **erholungsbedürftig** ⟨ein Kranker⟩, **liebebedürftig** ⟨ein Kind⟩, **pflegebedürftig** ⟨alte Menschen⟩, **reparaturbedürftig** ⟨ein Auto⟩, **verbesserungsbedürftig** ⟨ein Plan⟩

be·ei·len, sich; *beeilte sich, hat sich beeilt;* **sich (bei/mit etwas) beeilen** etwas schneller als üblich tun: *Sie musste sich beeilen, um ihr Flugzeug nicht zu verpassen*

Be·ei·lung *die; nur in* **(los,) Beeilung!**; **etwas Beeilung, bitte!** *umg;* verwendet, um jemanden aufzufordern, etwas schnell zu tun

be·ein·dru·cken; *beeindruckte, hat beeindruckt;* **jemanden beeindrucken** eine große Wirkung auf das Bewusstsein, die Erinnerung haben ⟨jemanden tief, stark beeindrucken⟩: *eine beeindruckende Leistung*

be·ein·flus·sen; *beeinflusste, hat beeinflusst;* **jemanden (bei etwas/in etwas** *(Dativ)*) **beeinflussen** auf jemanden so einwirken, dass er anders denkt oder handelt: *jemanden in seinem Urteil beeinflussen* ‖ *hierzu* **be·ein·fluss·bar** *Adjektiv;* **Be·ein·flus·sung** *die; -,*

-en

be·ein·träch·ti·gen; *beeinträchtigte, hat beeinträchtigt*; **etwas beeinträchtigt etwas** etwas hat eine negative Wirkung auf etwas: *Lärm während der Arbeit beeinträchtigt die Konzentration* || *hierzu* **Be·ein·träch·ti·gung** *die; -, -en*

be·en·den; *beendete, hat beendet*; **etwas beenden** etwas zu Ende führen ⟨einen Streit, eine Unterhaltung beenden⟩ || *hierzu* **Be·en·dung** *die; -; nur Singular*

be·en·gen; *beengte, hat beengt* **1** **etwas beengt jemanden** etwas ist zu eng für jemanden ⟨Kleidungsstücke⟩: *ein beengender Kragen* **2** **etwas beengt jemanden** etwas lässt jemandem nur wenige persönliche Freiheiten ⟨Verbote, Vorschriften⟩ || Hinweis: *meist* im Partizip Präsens!

be·engt, *beengter, beengtest-; Adjektiv*; ohne genügend Raum zur freien Bewegung ⟨beengt wohnen, sich beengt fühlen⟩

be·er·ben; *beerbte, hat beerbt*; **jemanden beerben** etwas nach dessen Tod von jemandem erben

be·er·di·gen; *beerdigte, hat beerdigt*; **jemanden beerdigen** einen Toten in einem Sarg ins Grab legen (lassen) ≈ begraben || *hierzu* **Be·er·di·gung** *die; -, -en*

Be·er·di·gungs·in·sti·tut *das; -(e)s, -e* ≈ Bestattungsinstitut

Bee·re *die; -, -n*; essbare kleine Früchte, die auf manchen Pflanzen oder Sträuchern wachsen (*z.B.* Erdbeeren, Himbeeren, Brombeeren) || K- Beerenobst, Beerenstrauch

Beet *das; -(e)s, -e*; ein (*meist* rechteckiges) Stück Boden (in einem Garten), auf dem Blumen, Gemüse oder Salat angepflanzt werden ⟨ein Beet anlegen, umgraben⟩ || -K Blumenbeet, Gemüsebeet

be·fä·hi·gen; *befähigte, hat befähigt*; **etwas befähigt jemanden für/zu etwas** *förmlich*; etwas gibt jemandem die Möglichkeit, die Fähigkeit oder das Recht, etwas zu tun: *Sein Talent befähigt ihn dazu, später ein großer Künstler zu werden* || *hierzu* **Be·fä·hi·gung** *die; -, -en; meist Singular*

be·fä·higt [-ıçt] *Adjektiv*; **(zu etwas) befähigt** *förmlich*; in der Lage oder fähig, etwas zu tun: *der zu dieser Entscheidung befähigte Vorgesetzte*

be·fahl *Imperfekt, 1. und 3. Person Singular*; ↑ **befehlen**

be·fahr·bar *Adjektiv; nicht als Adverb*; so (beschaffen), dass man darauf fahren kann: *Die Passstraße ist im Winter nur selten befahrbar*

be·fah·ren; *befährt, befuhr, hat befahren*; **etwas befahren** mit einem Fahrzeug auf einer Straße, einem Weg *usw* fahren: *Diese Straße wird nur noch wenig befahren* || Hinweis: *meist* im Passiv!

be·fal·len; *befiel, hat befallen* **1** **etwas befällt jemanden** etwas wirkt *meist* plötzlich und sehr intensiv auf jemanden ⟨Angst, Fieber, Reue, eine Krankheit⟩ **2** **etwas befällt etwas** schädliche Stoffe oder Tiere (Schädlinge) bedecken *meist* eine Pflanze: *Die Reben waren von Läusen befallen* || Hinweis: *meist* im Passiv!

be·fan·gen *Adjektiv* **1** (in seinem Verhalten) nicht frei, nicht sicher oder natürlich ≈ gehemmt: *Er wirkte sehr befangen* **2** *bes Rechtswesen*; (als Richter, Zeuge) nicht mehr in der Lage, objektiv zu sein ⟨jemanden/sich für befangen erklären; jemanden als befangen ablehnen⟩ || *hierzu* **Be·fan·gen·heit** *die; -; nur Singular*

be·fas·sen, sich; *befasste sich, hat sich befasst*; **sich mit jemandem/etwas befassen** ≈ sich mit jemandem/etwas beschäftigen (3)

Be·fehl *der; -(e)s, -e* **1** **der Befehl (zu etwas)** eine Aufforderung (*bes* beim Militär), der jemand gehorchen muss ≈ Anordnung ⟨jemandem einen Befehl geben; einen Befehl ausführen; den Befehl verweigern⟩: *Der General gab den Befehl zum Angriff/anzugreifen* || K- Befehlsempfänger **2** *nur Singular; Militär* ≈ Kommando (2) ⟨den Befehl über jemanden/etwas haben; unter jemandes Befehl stehen⟩ **3** eine Anweisung an einen Computer oder ein Computerprogramm

be·feh·len; *befiehlt, befahl, hat befohlen*; **(jemandem) etwas befehlen** jemandem eine Anordnung, einen Befehl (1) erteilen: *Der General befahl den Rückzug*

Be·fehls·form *die; -, -en* ≈ Imperativ

be·fes·ti·gen; *befestigte, hat befestigt*; **etwas an etwas** (*Dativ*) **befestigen** (mit Nägeln, Schrauben, einer Schnur *o.Ä.*) etwas mit etwas anderem in festen Kontakt bringen ≈ festmachen: *ein Regal an der Wand befestigen* || *hierzu* **Be·fes·ti·gung** *die; -, -en*

be·feuch·ten; *befeuchtete, hat befeuchtet*; **(sich** (*Dativ*)**) etwas (mit etwas) befeuchten** etwas feucht machen ⟨die Luft befeuchten; sich die Lippen befeuchten⟩

be·fiehlt *Präsens, 3. Person Singular*; ↑ **befehlen**

be·fin·den; *befand, hat befunden* **1** **sich irgendwo befinden** *förmlich*; an einem be-

B

stimmten Ort sein: *Das Büro des Chefs befindet sich im dritten Stock* **2** **sich in etwas** (*Dativ*) **befinden** in einer besonderen Situation sein ⟨sich in einer peinlichen Lage befinden⟩: *Sein altes Auto befindet sich noch in gutem Zustand* **3** **jemanden/etwas als/für etwas befinden**; **befinden, dass ...** *förmlich*; zu der Überzeugung kommen, dass jemand/etwas irgendwie ist oder etwas zutrifft: *Sie hat es nicht für nötig befunden, sich zu bedanken; Der Gutachter befand die Unterschrift als echt*

Be·fin·den *das; -s; nur Singular*; der (gesundheitliche) Zustand ⟨sich nach jemandes Befinden erkundigen⟩

be·flü·geln; *beflügelte, hat beflügelt*; **etwas beflügelt jemanden/etwas (zu etwas)** *förmlich*; etwas regt jemanden/etwas in produktiver oder kreativer Weise an ⟨etwas beflügelt jemandes Fantasie, Schöpfungskraft⟩: *Das Lob beflügelte ihn zu noch besseren Leistungen*

be·foh·len *Partizip Perfekt*; ↑ **befehlen**

be·fol·gen; *befolgte, hat befolgt*; **etwas befolgen** etwas so tun, wie es verlangt oder gewünscht wird ⟨Befehle, Gesetze befolgen; Hinweise befolgen⟩

be·för·dern B2 *beförderte, hat befördert* **1** **jemanden/etwas (mit/in etwas** (*Dativ*)**) (irgendwohin) befördern** jemanden/etwas (*bes* mit einem Auto oder Zug) von einem Ort an einen anderen bringen, schicken: *Koffer mit der Bahn, Pakete mit der Post befördern* **2** **jemanden (zu etwas) befördern** jemandem eine höhere Stellung geben: *jemanden zum Oberinspektor befördern* || *hierzu* **Be·för·de·rung** *die; -, -en*

be·fra·gen; *befragte, hat befragt*; **jemanden (zu etwas/über etwas** (*Akkusativ*)**) befragen** jemandem zu einem Thema oder über einen Vorfall Fragen stellen ⟨einen Experten, einen Zeugen, den Arzt befragen⟩: *Die Polizei hat ihn zu dem Verkehrsunfall befragt* || *hierzu* **Be·fra·gung** *die; -, -en*

be·frei·en; *befreite, hat befreit* **1** **sich/etwas (von jemandem/etwas) befreien** sich selbst/etwas von einer Last, einem äußeren Druck, einer Pflicht *o.Ä.* frei machen: *einen Schüler wegen Krankheit vom Unterricht befreien; das Auto vom Schnee befreien* **2** **jemanden/ein Tier (aus/von etwas) befreien** erreichen, dass jemand/ein Tier nicht länger gefangen ist ⟨ein Tier aus dem Käfig befreien⟩ || *hierzu* **Be·frei·ung** *die; -, -en*

be·fremd·lich *Adjektiv; förmlich* ≈ seltsam ⟨eine Reaktion, ein Verhalten⟩

be·freun·den, sich; *befreundete sich, hat sich befreundet*; **jemand befreundet sich mit jemandem**; ⟨Personen⟩ **befreunden sich** *meist* zwei Personen werden Freunde

be·freun·det B2 *Adjektiv; nicht als Adverb*; **(mit jemandem) befreundet** mit einem freundschaftlichen Verhältnis (zu jemandem): *Sie sind eng miteinander befreundet; Ich bin mit ihm schon lange befreundet*

be·frie·di·gen; *befriedigte, hat befriedigt*; **jemanden befriedigen** das tun, was die Wünsche des anderen erfüllt ⟨jemanden sexuell befriedigen⟩

be·frie·di·gend *Adjektiv* **1** so, dass es jemanden zufrieden macht: *eine befriedigende Lösung finden* **2** Ⓓ die mittlere Note 3 (auf der Skala von 1-6) in der Schule ⟨„befriedigend" in etwas (*Dativ*) haben⟩

Be·frie·di·gung *die; -; nur Singular* **1** die Erfüllung von Wünschen ⟨die Befriedigung von Ansprüchen, Bedürfnissen⟩ **2** **Befriedigung (über etwas** (*Akkusativ*)**)** ≈ Zufriedenheit ⟨Befriedigung empfinden, erlangen⟩

be·fris·ten; *befristete, hat befristet*; **etwas (auf etwas** (*Akkusativ*)**) befristen** sagen, wie lange etwas gültig ist: *Die Aufenthaltserlaubnis ist auf drei Monate befristet* || *hierzu* **Be·fris·tung** *die; -, -en*

be·fruch·ten; *befruchtete, hat befruchtet* **1** ⟨eine Samenzelle⟩ **befruchtet ein Ei/eine Eizelle** eine Samenzelle kommt so mit einer weiblichen (Ei)Zelle zusammen, dass ein neues Lebewesen entsteht **2** **ein Tier befruchtet ein Tier/Eier** ein männliches Tier bewirkt mit seinem Samen, dass weibliche Eizellen befruchtet (1) werden **3** **ein Tier/etwas befruchtet eine Pflanze** *meist* ein Insekt/der Wind bewirkt, dass aus einer Blüte eine Frucht entstehen kann (indem Blütenstaub auf sie gelangt) || *hierzu* **Be·fruch·tung** *die; -, -en*

be·fugt *Adjektiv*; **(zu etwas) befugt sein** *Verwaltung*; etwas tun dürfen (weil es das Gesetz oder ein Vorgesetzter erlaubt): *Ich bin nicht (dazu) befugt, Ihnen Auskunft zu geben*

Be·fund *der; -(e)s, -e* **1** das Ergebnis einer (*meist* medizinischen) Analyse, Untersuchung **2** **ein negativer/positiver Befund** ein Befund, bei dem keine/eine Krankheit festgestellt wird **3** **ohne Befund** *Medizin*; ohne nachweisbare Krankheit; *Abkürzung* o.B.

be·fürch·ten; *befürchtete, hat befürchtet*; **etwas befürchten** Angst davor haben: *Er befürchtet, entlassen zu werden/dass er entlassen wird* || *hierzu* **Be·fürch·tung** *die; -, -en*

be·für·wor·ten; *befürwortete, hat befürwortet*;

etwas befürworten (deutlich) sagen oder zeigen, dass man für etwas ist, etwas unterstützt ⟨einen Vorschlag, eine Idee befürworten⟩ || *hierzu* **Be·für·wor·tung** *die; -; nur Singular*

be·gabt B2 *begabter, begabtest-; Adjektiv; nicht als Adverb;* **(für etwas) begabt** ⟨ein Schüler, ein Künstler⟩ so, dass sie gute Fähigkeiten (für etwas) haben

Be·ga·bung B2 *die; -, -en;* **eine Begabung (für/zu etwas)** eine Fähigkeit, die ein Mensch von Natur aus hat ≈ Talent ⟨eine musikalische Begabung haben⟩: *Sie hat (die/eine) Begabung für die Architektur*

be·gann *Imperfekt, 1. und 3. Person Singular;* ↑ **beginnen**

be·ge·ben, sich; *begibt sich, begab sich, hat sich begeben; förmlich* **1** **sich irgendwohin begeben** irgendwohin gehen: *Sie war müde und begab sich nach Hause/ins Bett* **2** **sich in (ärztliche) Behandlung begeben** sich wegen einer Krankheit von einem Arzt behandeln lassen **3** **sich in Gefahr begeben** sich in Gefahr bringen **4** **sich zur Ruhe begeben** sich schlafen legen

be·geg·nen; *begegnete, ist begegnet;* **jemandem begegnen** jemanden zufällig irgendwo treffen: *Wir sind uns/einander gestern in der Stadt begegnet*

Be·geg·nung *die; -, -en* **1** **eine Begegnung (mit jemandem/etwas)** das (zufällige oder vereinbarte) Zusammentreffen einer Person mit einer anderen Person, auch mit einem Tier oder einem Sachverhalt: *eine Begegnung zwischen zwei Politikern; die erste Begegnung des Kindes mit wilden Tieren* **2** ein Wettkampf zwischen Sportlern: *Bei ihrer letzten Begegnung trennten sie sich unentschieden*

be·ge·hen; *beging, hat begangen* **1** **etwas begehen** etwas Negatives tun ⟨einen Fehler, eine Sünde, ein Verbrechen begehen⟩ **2** **Selbstmord begehen** sich selbst töten **3** **etwas begehen** *förmlich;* den genannten Anlass feiern: *seinen 50. Geburtstag begehen*

be·geh·ren; *begehrte, hat begehrt* **1** **jemanden begehren** das starke Verlangen haben, in sexuellen Kontakt mit jemandem zu kommen ⟨eine Frau, einen Mann begehren⟩ **2** **etwas begehren** *förmlich;* das starke Verlangen haben, etwas zu besitzen: *Schmuck und Edelsteine begehren* || *hierzu* **be·geh·rens·wert** *Adjektiv*

be·gehrt, *begehrter, begehrtest-; Adjektiv; nicht als Adverb;* ⟨ein Titel, ein Künstler⟩ so, dass sie vielen gefallen und von ihnen gewünscht werden ≈ beliebt: *Der Oscar ist für Schauspieler eine begehrte Trophäe*

be·geis·tern; *begeisterte, hat begeistert* **1** **(jemanden) begeistern** einen so starken Eindruck auf jemanden machen, dass er Freude oder großes Interesse fühlt: *Der Pianist begeisterte (die Zuhörer) durch sein virtuoses Spiel; jemanden für seine Ideen begeistern* **2** **sich für jemanden/etwas begeistern** sich voll Freude sehr für jemanden/etwas interessieren: *Er konnte sich nie für Mathematik begeistern*

be·geis·tert *Adjektiv;* **(von jemandem/etwas) begeistert** voller Begeisterung (Enthusiasmus): *Die Jugendlichen waren von dem Rockkonzert begeistert; ein begeisterter Skifahrer*

Be·geis·te·rung *die; -; nur Singular;* **Begeisterung (über etwas** *(Akkusativ)*) ein Gefühl großer Freude und großen Interesses: *Sie begrüßte uns voller Begeisterung; Die Kinder zeigten wenig Begeisterung über den Vorschlag* || *hierzu* **be·geis·te·rungs·fä·hig** *Adjektiv*

Be·ginn B1 *der; -s; nur Singular* **1** der Zeitpunkt, zu dem etwas anfängt ≈ Anfang: *bei/zu Beginn einer Veranstaltung* **2** die Stelle, an der etwas anfängt ≈ Anfang: *der Beginn eines Buches*

be·gin·nen B1 *begann, hat begonnen* **1** **((mit) etwas) beginnen** etwas Neues tun, mit einer Tätigkeit anfangen (1): *ein Gespräch beginnen; Sie begann, ein Bild zu malen; Wann wollen wir mit der Arbeit beginnen?* **2** **etwas beginnt (irgendwann/irgendwie)** etwas Neues geschieht (ab dem genannten Zeitpunkt, auf die genannte Art) ≈ etwas fängt an (3): *Das Seminar beginnt in einer Woche; Der Tag begann mit einem Streit; Das Haus begann zu brennen* **3** **etwas beginnt irgendwo** etwas liegt hinter der genannten Stelle ≈ etwas fängt an (4): *Hinter der Brücke beginnt die Autobahn*

be·glau·bi·gen; *beglaubigte, hat beglaubigt;* **etwas beglaubigen** (*meist* als Behörde) (mit Stempel und Unterschrift) bestätigen, dass etwas echt oder mit dem Original identisch ist ⟨ein Dokument (notariell) beglaubigen lassen⟩: *die beglaubigte Kopie eines Zeugnisses* || *hierzu* **Be·glau·bi·gung** *die; -, -en*

Be·gleit- *im Substantiv* **1** verwendet, um auszudrücken, dass etwas (*z.B.* ein Schriftstück) zu etwas gehört; der **Begleitbrief**, die **Begleitpapiere**, das **Begleitschreiben**, der **Begleitzettel** **2** verwendet, um auszudrücken, dass etwas in Zusammenhang mit etwas auftritt; die **Begleiterscheinung(en)** ⟨des Alters⟩, das **Begleitsymptom** ⟨einer Krankheit⟩,

B

der **Begleitumstand** ⟨einer Tat⟩ **3** verwendet, um auszudrücken, dass jemand/ein Fahrzeug andere begleitet; die **Begleitmannschaft**, die **Begleitperson**, (der) **Begleitschutz**

be·glei·ten B2 *begleitete, hat begleitet* **1** **jemanden (irgendwohin) begleiten** mit jemandem (irgendwohin) gehen oder fahren ⟨jemanden zum Bahnhof, zu einem Ball begleiten⟩: *Nach dem Film begleitete er sie nach Hause* **2** **jemanden (auf/an etwas** *(Dativ)*) **begleiten** ein Instrument zu einem Gesang spielen: *einen Sänger auf dem Klavier begleiten* || K- Begleitinstrument, Begleitmusik

be·glück·wün·schen; *beglückwünschte, hat beglückwünscht*; **jemanden (zu jemandem/etwas) beglückwünschen** ≈ jemandem gratulieren: *jemanden zu einem Erfolg beglückwünschen*

be·gnü·gen, sich; *begnügte sich, hat sich begnügt*; **sich mit etwas begnügen** mit etwas Einfachem oder mit weniger zufrieden sein, als man haben könnte ≈ zufrieden sein ⟨sich mit dem Nötigsten begnügen⟩: *sich mit einer einfachen Mahlzeit begnügen*

be·gon·nen *Partizip Perfekt*; ↑ **beginnen**

be·gra·ben; *begräbt, begrub, hat begraben* **1** **jemanden begraben** einen Toten in ein Grab legen **2** **etwas begräbt jemanden/etwas (unter sich)** Erde, Steine oder Schnee decken jemanden/etwas zu (und erdrücken ihn/es durch ihr Gewicht) ≈ etwas verschüttet jemanden/etwas: *Die Lawine begrub ein ganzes Dorf unter sich* **3** **etwas begraben** etwas aufgeben, wenn es keine Chance mehr dafür gibt ⟨seine Hoffnungen, Pläne, Träume begraben⟩

Be·gräb·nis B2 *das; -ses, -se*; der Vorgang, bei dem ein Toter (in einer Feier) begraben wird ⟨einem Begräbnis beiwohnen⟩ || K- Begräbnisfeier || ▸ **Grab**

be·grei·fen B2 *begriff, hat begriffen*; **(etwas) begreifen** geistig erfassen und verstehen, warum etwas so ist: *Ich kann diese komplizierten Formeln nicht begreifen; Er hat nicht begriffen, warum wir ihm nicht helfen* || ▸ **Begriff**

be·greif·lich *Adjektiv* **1** so (beschaffen), dass man dafür Verständnis haben kann ≈ verständlich ⟨ein Verhalten, eine Reaktion⟩ **2** **jemandem etwas begreiflich machen** mit jemandem sprechen, damit er etwas versteht ≈ klarmachen: *Ich wollte ihr begreiflich machen, wie leid mir alles tat* || *zu* 1 **be·greif·li·cher·wei·se** *Adverb*

be·gren·zen; *begrenzte, hat begrenzt* **1** **etwas begrenzen** Grenzen für ein Gebiet oder einen Zeitraum setzen: *ein mit einem Zaun begrenztes Grundstück; eine Frist auf zwei Wochen begrenzen* **2** **etwas begrenzen** verhindern, dass etwas größer wird ⟨einen Schaden, ein Risiko begrenzen⟩

be·grenzt *Adjektiv; ohne Steigerung*; nur bis zu einem bestimmten Grad (vorhanden): *begrenzte Möglichkeiten haben; eine nur begrenzt taugliche Lösung*

Be·griff B2 *der; -(e)s, -e* **1** ein Ausdruck oder Wort, das einen Gegenstand oder einen Sachverhalt bezeichnet ⟨einen Begriff definieren⟩: *„Deckweiß" ist ein Begriff aus der Malerei* || K- Begriffsbestimmung || -K Fachbegriff **2** *nur Singular*; die konkrete Vorstellung, die man von einer Sache hat ⟨sich *(Dativ)* einen falschen, keinen Begriff von etwas machen⟩ **3** **(jemandem) ein Begriff sein** jemandem bekannt sein: *Mozart ist jedem ein Begriff* **4** **im Begriff sein/stehen + zu** + *Infinitiv* kurz davor sein, etwas zu tun

be·grif·fen **1** *Partizip Perfekt*; ↑ **begreifen** **2** *Adjektiv*; **etwas ist im Entstehen oder im Werden/in der Entwicklung begriffen** etwas entsteht noch/entwickelt sich noch

be·griffs·stut·zig *Adjektiv*; ⟨ein Mensch⟩ so, dass er etwas nur schwer versteht || *hierzu* **Be·griffs·stut·zig·keit** *die; -; nur Singular*

be·grün·den B1 *begründete, hat begründet*; **etwas (mit etwas) begründen** Gründe/Argumente für etwas angeben (*bes* um sich zu rechtfertigen) ⟨sein Verhalten, seine Meinung begründen⟩

be·grün·det *Adjektiv* **1** so, dass man gute Gründe dafür hat ⟨Hoffnung, Misstrauen, ein Verdacht⟩: *begründete Zweifel an jemandes Ehrlichkeit haben; Deine Vorwürfe sind nicht begründet* **2** **etwas ist durch etwas/in etwas** *(Dativ)* **begründet**; **etwas liegt in etwas** *(Dativ)* **begründet** *förmlich*; etwas hat seinen Grund in etwas, etwas ist das Ergebnis von etwas: *Ihr Erfolg liegt in ihrem Charme begründet*

Be·grün·dung *die; -, -en*; **eine Begründung (für etwas)** etwas, das als Grund genannt wird: *Sein Chef verlangte von ihm eine Begründung für sein unhöfliches Verhalten*

be·grü·ßen; *begrüßte, hat begrüßt* **1** **jemanden begrüßen** jemanden (bei seiner Ankunft) mit einem Gruß empfangen: *Frau Mayer begrüßte ihre Gäste* **2** **etwas begrüßen** *förmlich*; etwas als sehr positiv betrachten ⟨einen Vorschlag, eine Entscheidung begrüßen⟩ || *zu* 1 **Be·grü·ßung** *die; -, -en*; *zu* 2 **be·grü·ßens·wert** *Adjektiv*

▶ Die Begrüßung

Die übliche formelle Begrüßung in Deutschland besteht darin, dass man seinem Gegenüber die Hand schüttelt.
Freunde begrüßt man eher, indem man die Hand zum Gruß hebt, ihnen auf die Schulter klopft oder zunickt. Vor allem junge Frauen, die gut befreundet sind, begrüßen sich heute meist mit einer Umarmung und (angedeuteten) Küsschen auf die Wange.

LANDESKUNDE ◀

be·güns·ti·gen; *begünstigte, hat begünstigt* 1 **etwas begünstigt jemanden/etwas** etwas hat eine positive, günstige Wirkung auf jemanden/etwas ⟨jemand ist vom Glück, Zufall begünstigt⟩: *Das gute Wetter begünstigte den Verlauf des Rennens* 2 **jemanden begünstigen** jemanden so behandeln, dass er anderen gegenüber einen Vorteil hat ≈ bevorzugen ⟨einen Bewerber begünstigen⟩ || *zu* 2 **Be·güns·ti·gung** *die; -, -en*

be·gut·ach·ten; *begutachtete, hat begutachtet* 1 **etwas begutachten** etwas kritisch prüfen 2 **etwas begutachten** zu etwas ein Gutachten schreiben || *hierzu* **Be·gut·ach·tung** *die; -, -en*

be·haart, *behaarter, behaartest-; Adjektiv; nicht als Adverb;* mit vielen, dicht gewachsenen Haaren ⟨die Beine, die Brust; stark behaart sein⟩

be·hä·big *Adjektiv;* ⟨Menschen, Bewegungen⟩ langsam und schwerfällig, *bes* weil der Betroffene dick (und müde oder faul) ist

be·hag·lich *Adjektiv* 1 ⟨eine Atmosphäre, Wärme; ein Zimmer⟩ so, dass sie ein angenehmes Gefühl der Zufriedenheit geben 2 ruhig und bequem: *behaglich im Sessel sitzen* || *hierzu* **Be·hag·lich·keit** *die; -; nur Singular*

be·hal·ten B2 *behält, behielt, hat behalten* 1 **etwas behalten** etwas nicht aufgeben, verlieren oder wieder zurückgeben (müssen), sondern weiterhin haben ⟨ein Geschenk, seinen Arbeitsplatz, seinen Humor behalten⟩: *Kann ich das Buch eine Weile behalten?* 2 **etwas behält etwas** etwas ändert sich in einer Hinsicht nicht ⟨etwas behält (seine) Gültigkeit, seinen Wert⟩ 3 **etwas behalten (können)** etwas im Gedächtnis speichern (können) ≈ sich etwas merken (können): *Sie kann mühelos viele Telefonnummern behalten* 4 **etwas irgendwo behalten** etwas an der gleichen Stelle lassen: *die Mütze auf dem Kopf behalten* 5 **jemanden irgendwo behalten** jemanden nicht weggehen lassen ⟨jemanden in Haft, im Krankenhaus behalten⟩ 6 **etwas für sich behalten** niemandem davon erzählen: *Er konnte das Geheimnis/die guten Neuigkeiten nicht für sich behalten*

Be·häl·ter *der; -s, -;* ein Gegenstand, in den man etwas legt oder gießt und damit transportiert: *Kisten, Dosen und Flaschen sind Behälter* || ↑ Illustration **Behälter und Gefäße** || K Ölbehälter, Wasserbehälter || Hinweis: ↑ **Gefäß**

be·hän·de [-h-] *Adjektiv; förmlich;* (*bes* in seinen Bewegungen) schnell und geschickt ↔ ungeschickt

be·han·deln; *behandelte, hat behandelt* 1 **jemanden/etwas irgendwie behandeln** sich zu jemandem/etwas in einer bestimmten Weise verhalten ⟨jemanden gut, ungerecht, wie ein kleines Kind behandeln⟩ 2 **jemanden/etwas (mit etwas) behandeln** versuchen, etwas mit bestimmten Mitteln zu heilen: *eine offene Wunde mit Jod behandeln; im Krankenhaus behandelt werden* 3 **etwas behandelt etwas** *bes* ein Buch, Film hat etwas zum Thema ≈ etwas beschäftigt sich mit etwas: *Seine Dissertation behandelt das Problem der Arbeitslosigkeit* 4 **etwas behandeln** ein Thema mit anderen diskutieren ≈ besprechen || *hierzu* **Be·hand·lung** *die; -, -en*

be·hän·gen; *behängte, hat behängt;* **etwas (mit etwas) behängen** viele Dinge an etwas hängen: *die Wände mit Bildern behängen*

be·har·ren; *beharrte, hat beharrt;* **auf etwas** (*Dativ*) **beharren** *bes* eine Meinung nicht ändern wollen ≈ auf etwas bestehen ⟨auf seinem Standpunkt, seinem Entschluss beharren⟩: *Er beharrte auf seiner Absicht, allein in Urlaub zu fahren*

be·harr·lich *Adjektiv;* mit festem Willen ⟨seine Meinung beharrlich verteidigen⟩: *Nach seiner Festnahme weigerte er sich beharrlich, eine Aussage zu machen* || *hierzu* **Be·harr·lich·keit** *die; -; nur Singular*

be·haup·ten; *behauptete, hat behauptet* 1 **etwas behaupten** etwas, das nicht bewiesen ist, für wahr oder richtig erklären: *Er behauptet, gestern krank gewesen zu sein* 2 **etwas (gegen jemanden) behaupten** seine Position (gegen einen Gegner) verteidigen und behalten ⟨seinen Standpunkt behaupten⟩: *den 2. Platz behaupten* 3 **sich behaupten** sich Respekt verschaffen: *Er konnte sich in der Firma nur schwer behaupten*

Be·haup·tung *die; -, -en;* eine Erklärung, in der etwas ohne gute Gründe gesagt wird ⟨eine Behauptung aufstellen, zurücknehmen⟩

be·he·ben; *behob, hat behoben;* **etwas behe-**

B

ben etwas (Unangenehmes oder Störendes) beseitigen ⟨einen Schaden, einen Fehler, eine Bildstörung beheben⟩

be·hei·ma·tet *Adjektiv; nicht als Adverb;* **irgendwo beheimatet sein** aus diesem Ort oder Land stammen: *Beethoven war in der Nähe von Bonn beheimatet; Der Koalabär ist in Australien beheimatet*

be·hei·zen; *beheizte, hat beheizt;* **etwas (mit etwas) beheizen** ein Gebäude oder einen Raum mit einer Heizung warm machen || *hierzu* **be·heiz·bar** *Adjektiv*

Be·helf *der; -(e)s, -e; meist Singular;* eine Maßnahme, die ein Problem für eine relativ kurze Zeit (aber nicht endgültig) löst ≈ Provisorium || K- Behelfsausfahrt, Behelfsbrücke, Behelfsquartier || -K Notbehelf

be·hel·fen, sich; *behilft sich, behalf sich, hat sich beholfen* **1** **sich mit etwas/irgendwie behelfen** sich mit etwas Einfachem (oder Provisorischem) helfen, weil nichts Besseres vorhanden ist: *Als der Strom ausfiel, mussten wir uns mit Kerzen behelfen* **2** **sich ohne jemanden/etwas behelfen** allein/ohne etwas in einer (*oft* schwierigen) Situation sein: *sich im Winter ohne Heizung behelfen müssen*

be·hel·li·gen; *behelligte, hat behelligt;* **jemanden (mit etwas) behelligen** *förmlich;* jemanden dadurch stören oder belästigen, dass man ihn (ständig) etwas fragt, um etwas bittet ⟨jemanden mit Fragen, seinen Sorgen behelligen⟩: *Es tut mir leid, dass ich Sie am Sonntag mit meinen Problemen behellige*

be·her·ber·gen; *beherbergte, hat beherbergt;* **jemanden beherbergen** jemanden als Gast haben und ihm Unterkunft geben

be·herr·schen; *beherrschte, hat beherrscht* **1** **etwas/sich beherrschen** seine Emotionen, Äußerungen (*oft* mit großer Anstrengung) nicht zeigen ⟨seinen Zorn, seine Leidenschaften beherrschen⟩: *Sie musste sich sehr beherrschen, um ihm keine Ohrfeige zu geben* **2** **etwas beherrschen** etwas so gut gelernt haben, dass man es leicht gebrauchen kann ⟨eine Kunst, ein Musikinstrument, ein Fach (perfekt) beherrschen⟩: *drei Fremdsprachen beherrschen* **3** **jemand/etwas beherrscht jemanden/etwas** jemand/etwas hat Macht, Kontrolle über jemanden/etwas, übt einen starken Einfluss auf jemanden/etwas aus: *ein von Rebellen beherrschtes Gebiet; Die Sehnsucht nach ihr beherrschte seine Gedanken* || *hierzu* **Be·herr·schung** *die; -; nur Singular*

be·herrscht, *beherrschter, beherrschtest-; Adjektiv;* drückt aus, dass der Betreffende seine Emotionen, Äußerungen unter Kontrolle hält: *Durch sein beherrschtes Auftreten hat er sich viele Freunde geschaffen*

be·her·zi·gen; *beherzigte, hat beherzigt;* **etwas beherzigen** sich in seinem Handeln nach etwas richten ≈ befolgen ⟨jemandes Worte, Ratschlag, Warnung beherzigen⟩

be·herzt, *beherzter, beherztest-; Adjektiv; förmlich* ≈ mutig, tapfer

be·hilf·lich *Adjektiv; nicht als Adverb; meist in* **jemandem (bei etwas) behilflich sein** jemandem helfen, etwas zu tun: *einem Freund beim Aufräumen behilflich sein*

be·hin·dern; *behinderte, hat behindert* **1** **jemand/etwas behindert jemanden (bei etwas)** jemand/etwas stört jemanden bei etwas: *Der Ring behinderte sie bei der Arbeit* **2** **jemand/etwas behindert etwas** jemand/etwas hat eine negative, störende Wirkung auf etwas ⟨die Sicht, den Verkehr behindern⟩

be·hin·dert B1 *Adjektiv; nicht als Adverb;* nicht gesund und fit (sondern geistig oder körperlich beeinträchtigt) || -K gehbehindert, geistesbehindert, körperbehindert, sehbehindert

Be·hin·der·te *der/die; -n, -n;* jemand, der eine Behinderung (2) hat ⟨ein geistig, körperlich Behinderter⟩ || K- Behindertenausweis, Behindertensport || -K Gehbehinderte, Körperbehinderte, Sehbehinderte || *hierzu* **be·hin·der·ten·ge·recht** *Adjektiv*

Be·hin·de·rung *die; -, -en* **1** das Stören: *Die falsch geparkten Autos sind eine Behinderung für den Verkehr* **2** ein ernsthafter körperlicher oder geistiger Defekt, den jemand von Geburt an oder aufgrund eines Unfalls, einer Verletzung oder einer Krankheit hat

Be·hör·de *die; -, -n;* eine *meist* staatliche Institution, die für besondere Aufgaben (des Rechts und der Verwaltung) da ist: *bei der zuständigen Behörde eine Genehmigung holen* || -K Verwaltungsbehörde || *hierzu* **be·hörd·lich** *Adjektiv*

be·hut·sam *Adjektiv;* sehr vorsichtig: *ein Kind behutsam behandeln* || *hierzu* **Be·hut·sam·keit** *die; -; nur Singular*

bei A1 *Präposition; mit Dativ* **1** verwendet zur Bezeichnung der räumlichen Nähe zu jemandem/etwas ≈ in der Nähe von: *Der Kiosk ist direkt beim* (= bei dem) *Bahnhof; Versailles liegt bei Paris* **2** **bei jemandem** in jemandes Wohnung, Familie oder Heimat: *Kann ich bei euch übernachten?; Bei uns gibts heute Pizza zum Essen* **3** verwendet, um auf denjenigen zu verweisen, mit dem man etwas tut, geschäftlich oder beruflich Kontakt hat: *bei jemandem im Auto sitzen; beim Bäcker Kuchen kaufen; bei einem Arzt in Behandlung sein* **4** verwendet, um auf den Arbeitsplatz zu verweisen: *bei der Post arbeiten* **5** verwendet zur Bezeichnung eines Zeitpunktes: *bei Beginn/Ende des Konzerts* **6** verwendet, um Bedingungen einer Handlung, eines Ereignisses anzugeben: *Bei schönem Wetter machen wir eine Radtour* **7** verwendet, um den Hintergrund eines Ereignisses, einer Handlung zu bezeichnen: *bei einem Unfall verletzt werden* **8** verwendet, um den Grund für etwas anzugeben: *Bei deinem Gehalt könntest du mich ruhig zum Essen einladen!* **9** was jemanden/etwas betrifft, in Bezug auf jemanden/etwas: *Er hat kein Glück bei den Frauen* **10** verwendet um auszudrücken, dass jemand/etwas Teil einer Menge ist: *Bei den Verletzten waren auch drei Kinder*

bei- *im Verb; betont und trennbar;* Die Verben mit *bei-* werden nach folgendem Muster gebildet: *beigeben - gab bei - beigegeben*; drückt aus, dass etwas zu etwas anderem hinzukommt; ⟨einem Brief⟩ **etwas beifügen, beigeben, beilegen**; ⟨einer Akte eine Notiz⟩ **beiheften**; ⟨einer Suppe Sahne⟩ **beimischen**

bei·be·hal·ten; *behält bei, behielt bei, hat beibehalten;* **etwas beibehalten** etwas (bewusst) nicht ändern, bei etwas bleiben ↔ ändern ⟨etwas unverändert beibehalten; eine Gewohnheit beibehalten⟩: *Die Regierung behielt ihren bisherigen politischen Kurs bei* || *hierzu* **Bei·be·hal·tung** *die; -; nur Singular*

bei·brin·gen *(hat)* **1** **jemandem etwas beibringen** ≈ jemanden etwas lehren (1): *jemandem Anstand, das Schreiben, das Tanzen, die Grundregeln der Grammatik beibringen* **2** **jemandem etwas beibringen** *umg;* jemandem eine Nachricht, die für ihn unangenehm oder traurig ist, mitteilen oder klarmachen ⟨jemandem etwas schonend beibringen⟩: *Wie sollte er ihr nur beibringen, dass er eine andere liebte?*

Beich·te *die; -, -n* **1** eine religiöse Handlung, bei der der Gläubige seine Sünden beichtet (1) ⟨zur Beichte gehen; die Beichte ablegen, hören⟩: *Der Pfarrer nahm dem Kranken die Beichte ab* (= hörte die Beichte an) || K- Beichtgeheimnis **2** *oft ironisch;* ein Geständnis, das man jemandem macht, weil man ein schlechtes Gewissen hat

beich·ten; *beichtete, hat gebeichtet* **1** **(jemandem) (etwas) beichten** (in einer religiösen Handlung) sagen, welche Sünden man begangen hat ⟨beichten gehen⟩ **2** **(jemandem) etwas beichten** jemandem mitteilen, dass man etwas Verbotenes oder Schlimmes getan hat: *Ich muss dir beichten, dass ich viel Geld beim Pokern verloren habe*

Beicht·stuhl *der; -(e)s, -stüh·le; katholische Religion;* der Platz in der Kirche (eine Art Kabine), an dem sich ein Priester die Sünden der Gläubigen anhört

Beicht·va·ter *der; -s, -vä·ter; meist Singular; katholische Religion;* ein Priester, dem jemand seine Sünden erzählt (beichtet)

bei·de B1 *Pronomen (Plural);* verwendet, um zwei Personen, Sachen oder Vorgänge zusammen zu nennen: *Meine beiden Töchter sind bereits verheiratet; Sie sind beide jung*

bei·der·sei·tig *Adjektiv;* (von zwei Personen/Sachen) sowohl die eine als auch die andere betreffend ⟨sich in beiderseitigem Einverständnis, Interesse trennen⟩: *eine Angelegenheit zur beiderseitigen Zufriedenheit regeln*

bei·des *Pronomen (Singular Neutrum)* **1** *meist betont;* verwendet, um zwei verschiedene Sachen, Vorgänge *o.Ä.* zusammen zu nennen: *Beides ist zwar sehr schön, aber leider zu teuer* **2** *betont;* verwendet, um sich auf zwei verschiedene Sachen, Vorgänge *o.Ä.* zu beziehen, wobei der Unterschied zwischen beiden Sachen betont wird: *Er kann beides - Klavier und Gitarre spielen*

bei·ei·nan·der *Adverb;* eine Person/Sache mit oder neben der anderen an einem Ort ≈ zusammen: *Zu Weihnachten ist die ganze Familie beieinander*

bei·ei·nan·der- *im Verb; betont und trennbar* Die Verben mit *beieinander-* werden nach folgendem Muster gebildet: *beieinanderliegen - lagen beieinander - beieinandergelegen*; drückt aus, dass zwei oder mehr Personen oder Dinge zusammen sind; **beieinanderbleiben, beieinanderliegen, beieinandersitzen, beieinanderstehen**

bei·ei·nan·der·ha·ben *(hat)* **1** **etwas** *(meist Plural)* **beieinanderhaben** etwas (geordnet und) gesammelt haben ⟨seine Gedanken, seine Siebensachen beieinander haben⟩: *Hast du das Geld für das Motorrad schon beieinander* (= gespart)? **2** **seine (fünf) Sinne (noch) beieinanderhaben** *umg;* vernünftig denken können

Bei·fah·rer *der; -s, -;* jemand, der in einem Auto vorn neben dem Fahrer sitzt || K- Beifahrersitz || *hierzu* **Bei·fah·re·rin** *die; -, -nen*

Bei·fall *der; -(e)s; nur Singular* ≈ Applaus ⟨lauter Beifall; Beifall klatschen⟩

Bei·ga·be *die; -, -n;* etwas, das man zusätzlich zu einer Sache (gratis) bekommt: *Beim Kauf seiner neuen Brille bekam er ein Etui als Beigabe* || -K Gratisbeigabe

beige [*nach dem Substantiv* beːʃ, *vor dem Substantiv* ˈbeːʒə] *Adjektiv;* von einer hellen, gelblich braunen Farbe (wie Sand): *ein beiges Hemd* || ↑ Illustration **Farben und Formen** || Hinweis: die attributive Verwendung gehört der Umgangssprache an; um sie zu vermeiden, verwendet man *beigefarben*: *eine beigefarbene Bluse*

bei·ge·ben *(hat)* **1** **(etwas** *(Dativ)***) etwas beigeben** etwas zu etwas anderem hinzutun: *einem Brief ein Foto beigeben* **2** **klein beigeben** *umg;* (*meist* nach einer Auseinandersetzung) nicht weiter um etwas kämpfen, sondern nachgeben

Bei·ge·schmack *der; -(e)s; nur Singular* **1** ein (zusätzlicher) Geschmack, der *meist* als störend empfunden wird: *Bier aus der Dose hat oft einen metallischen Beigeschmack* **2** ein *meist* unangenehmer Eindruck, den etwas bei jemandem hinterlässt: *Die ganze Affäre hatte einen unangenehmen Beigeschmack*

Bei·hil·fe *die; -, -n* **1** Geld, das man vom Staat bekommt (*meist* bei Krankheit oder wenn das eigene Geld nicht ausreicht) ⟨Beihilfe beantragen, bekommen⟩ || -K Arbeitslosenbeihilfe, Ausbildungsbeihilfe, Familienbeihilfe **2** **Beihilfe (zu etwas)** *Rechtswesen;* das Verhalten, jemandem zu helfen, eine kriminelle Tat zu planen oder auszuführen ⟨Beihilfe zum Mord, zur Flucht; (jemandem) Beihilfe leisten⟩

bei·kom·men *(ist)* **1** **jemandem (irgendwie/mit etwas) beikommen** (durch Reden) Einfluss auf jemanden ausüben, *meist* um zu bewirken, dass er sich so verhält, wie man es möchte ⟨jemandem nicht, nur schwer beikommen (können)⟩: *Ihm ist leider nur mit viel Härte beizukommen* **2** **etwas** *(Dativ)* **(irgendwie/mit etwas) beikommen** ein Problem lösen ≈ etwas bewältigen: *Der Umweltverschmutzung ist nur mit strengen Strafen beizukommen*

Beil *das; -(e)s, -e;* eine kleine Axt

Bei·la·ge B1 *die; -, -n* **1** *meist* ein (Werbe-)Prospekt, der in einer Zeitung oder Zeitschrift liegt **2** **eine Beilage (zu etwas)** etwas (*bes* Gemüse oder Teigwaren), das ein Hauptgericht ergänzt: *Als Beilage zum Steak gab es Reis und Bohnen*

bei·läu·fig *Adjektiv* **1** so, dass es zufällig oder nebensächlich erscheint ⟨eine Bemerkung; etwas beiläufig erwähnen⟩ **2** Ⓐ ≈ ungefähr, circa

bei·le·gen *(hat)* **1** **(etwas** *(Dativ)***) etwas beilegen** etwas zu etwas legen ≈ beifügen: *einem Brief ein Foto beilegen* **2** **etwas beilegen** etwas auf friedliche Weise zu Ende bringen ⟨einen Streit beilegen⟩

Bei·leid *das; -(e)s; nur Singular;* die Worte, die man jemandem sagt oder schreibt, wenn man mit ihm über den Tod eines Menschen trauert ⟨jemandem sein aufrichtiges Beileid aussprechen, bezeigen⟩ || K- Beileidskarte

bei·lie·gend *Adjektiv; nicht als Adverb; Verwaltung* ≈ als Anlage (5), anbei: *Beiliegend senden wir Ihnen das gewünschte Formular*

beim *Präposition mit Artikel* ≈ bei dem || Hinweis: *beim* kann nicht durch *bei dem* ersetzt werden **a** in festen Wendungen wie: *Das geht beim besten Willen nicht;* **b** mit dem Infinitiv (als Substantiv): *jemandem beim Kartenspielen zusehen*

Bein B1 *das; -(e)s, -e* **1** einer der beiden Körperteile, mit denen man geht und steht ⟨lange, schlanke Beine haben⟩: *Sie hat schöne Beine* || ↑ Abbildung unter **Körper** **2** einer der Körperteile, mit denen sich Tiere an Land fortbewegen: *Spinnen haben acht Beine* **3** einer der dünnen Teile eines Möbelstücks oder Geräts, auf denen es steht: *ein Stuhl mit drei Beinen* || -K Stuhlbein, Tischbein || ID **die Beine in die Hand nehmen** *umg;* sich beeilen; **sich** *(Dativ)* **kein Bein ausreißen** *umg;* sich nicht viel Mühe geben, nicht sehr einsetzen; **jemandem Beine machen** **a** jemanden zur Eile antreiben **b** jemanden vertreiben, wegjagen; **wieder auf den Beinen sein** *umg;* wieder gesund sein; **etwas auf die Beine stellen** *umg;* etwas zustande bringen, viel leisten; **jemandem ein Bein stellen** **a** sein Bein so stellen, dass ein anderer stolpert oder fällt **b** (durch Intrigen) bewirken, dass jemand scheitert; **sich** *(Dativ)* **die Beine vertreten** *umg;* spazieren gehen

bei·nah *Partikel; umg* ↑ **beinahe**

bei·na·he B2 *Partikel* **1** drückt aus, dass etwas erst im letzten Moment verhindert wird ≈ fast: *Ich hätte heute beinahe einen Unfall verursacht* || K- Beinahekatastrophe, Beinaheunfall **2** nicht ganz, aber fast: *Sie warteten beinahe drei Stunden*

Bei·na·me *der; -n, -n;* ein Name, den man jemandem/etwas zusätzlich gibt, um ein charakteristisches Merkmal zu betonen: *Man hatte dem König den Beinamen „der Tapfere" gegeben*

Bein·bruch *der; -(e)s, -brü·che;* der Bruch eines Knochens im Bein || ID *meist* **Das ist (doch) kein Beinbruch!** *umg;* das ist doch nicht so schlimm

be|in·hal·ten [bə'|ɪn-]; *beinhaltet, beinhaltete, hat beinhaltet;* **etwas beinhaltet etwas** *förmlich; bes* ein Text hat diesen Inhalt oder bringt dies zum Ausdruck: *Das neue Gesetz beinhaltet eine Verschärfung der Bestimmungen zum Umweltschutz*

bei·pflich·ten; *pflichtete bei, hat beigepflichtet;* **jemandem/etwas (in etwas** (*Dativ*)) **beipflichten** jemandem (offen und deutlich) sagen, dass man der gleichen Meinung ist ≈ jemandem zustimmen: *Ich kann ihm/seinem Vorschlag in allen Punkten beipflichten*

Bei·rat *der; -(e)s, -rä·te;* die Personen, die von einer Institution gewählt worden sind, damit sie diese beraten

be·ir·ren *nur in* **sich nicht beirren lassen** sich nicht verunsichern lassen

Bei·sam·men·sein *das; -s; nur Singular;* ein Treffen zwischen Bekannten und Freunden (*oft* um etwas zu feiern) ⟨ein fröhliches, gemütliches, geselliges Beisammensein⟩

bei·sei·te- *im Verb; betont und trennbar;* Die Verben mit *beiseite-* werden nach folgendem Muster gebildet: *beiseitelegen - legte beiseite - beiseitegelegt* **1** bezeichnet eine Bewegung auf die Seite, aus dem Weg; ⟨Hindernisse⟩ **beiseiteräumen**; **jemanden/etwas beiseiteschieben**; ⟨höflich⟩ **beiseitetreten** **2** drückt aus, dass man sich mit etwas nicht (mehr) beschäftigt, es nicht (mehr) benutzt oder beachtet; ⟨ein Thema⟩ **beiseitelassen**; ⟨das Buch⟩ **beiseitelegen**; ⟨Einwände⟩ **beiseitewischen**

Bei·sel *das; -s, -n;* Ⓐ ≈ Kneipe

bei·set·zen (*hat*) **jemanden beisetzen** *förmlich;* einen Verstorbenen (oder dessen Asche) feierlich ins Grab legen ≈ beerdigen || *hierzu* **Bei·set·zung** *die; -, -en*

Bei·spiel *das; -s, -e* **1** **ein Beispiel (für etwas)** ein typischer Fall, der etwas erklärt, illustriert ⟨ein anschauliches, treffendes Beispiel; ein Beispiel anführen; etwas an einem Beispiel/anhand eines Beispiels erklären, zeigen⟩ || K- Beispielsatz **2** jemand oder jemandes Verhalten, der/das ein Vorbild oder eine Warnung darstellt ⟨einem Beispiel folgen; ein abschreckendes Beispiel⟩: *Sein Mut sollte uns allen ein Beispiel sein* **3** **zum Beispiel** verwendet, um ein oder mehrere Beispiele einzuleiten; *Abkürzung* z.B. || ID **sich** (*Dativ*) **(an jemandem/etwas) ein Beispiel nehmen** sein Verhalten nach einer Person/Sache richten, die man als Vorbild nimmt; **mit gutem Beispiel vorangehen** etwas (Schwieriges) als Erster tun, um so für andere ein Vorbild zu sein

bei·spiel|haft *Adjektiv;* ⟨ein Verhalten, Benehmen⟩ so, dass sie als Vorbild oder Ideal gelten können ≈ vorbildlich

bei·spiel|los *Adjektiv;* noch nie dagewesen, einmalig

bei·spiels|wei·se *Adverb* ≈ zum Beispiel (3)

bei·ßen B1 *biss, hat gebissen* **1** **etwas beißen** etwas mit den Zähnen kleiner machen, um es essen zu können ≈ kauen: *hartes Brot nicht beißen können* **2** **jemanden/jemandem/sich (in etwas** (*Akkusativ*)) **beißen** jemanden/sich selbst mit den Zähnen verletzen: *jemanden in den Finger beißen; Aua, ich habe mir auf die Zunge gebissen!* **3** **in etwas** (*Akkusativ*) **beißen** die Zähne in etwas drücken, *z.B.* um es zu essen: *in einen Apfel beißen* **4** **nach jemandem/etwas beißen** versuchen, jemanden/etwas mit den Zähnen zu erreichen, zu beißen **5** **ein Tier beißt** *bes* ein Hund neigt dazu, Menschen zu beißen (2) **6** **ein Insekt beißt (jemanden)** ein Insekt sticht in die Haut eines Menschen oder Tiers, um Blut zu saugen ⟨ein Floh, eine Mücke, eine Zecke⟩ **7** **etwas beißt** etwas reizt die Augen oder die Nase ⟨Rauch; ein beißender Geruch⟩ || ▸ **Biss**

Beiß·zan·ge *die; -, -n;* eine Zange, mit der man *bes* Nägel aus einem Brett ziehen kann ≈ Kneifzange || ↑ Abbildung unter **Werkzeug**

Bei·stand *der; -(e)s, -stän·de* **1** *nur Singular;* Hilfe, die man jemandem in einer schwierigen Lage gibt ⟨jemanden um Beistand bitten; jemandem Beistand leisten⟩ || K- Beistandspakt, Beistandsvertrag **2** *Rechtswesen;* jemand, der *bes* einem Angeklagten hilft, indem er seine Interessen vertritt und ihn berät || -K Rechtsbeistand

bei·ste·hen (*hat/südd* Ⓐ ⒸⒽ *ist*) **jemandem (in etwas** (*Dativ*)) **beistehen** jemandem in einer schwierigen Situation helfen ↔ jemanden im Stich lassen ⟨jemandem in der Not, in einer gefährlichen Situation beistehen⟩ || ▸ **Beistand**

bei·steu·ern (*hat*) **etwas (zu etwas) beisteuern** (als Einzelner für eine Gruppe) eine Leistung erbringen, um etwas möglich zu machen oder bei einer Aktion mitzuwirken: *Geld zum Kauf eines neuen Autos beisteuern; eine Wortmeldung zu einer Diskussion beisteuern*

Bei·trag *der; -(e)s, -trä·ge* **1** **ein Beitrag (für etwas)** Geld, das jemand als Mitglied (in einem Verein *o.Ä.*) regelmäßig zahlt ⟨seinen Beitrag zahlen, entrichten〉 || ⊟K Jahresbeitrag, Versicherungsbeitrag **2** **ein Beitrag (zu etwas)** die Leistung oder Arbeit, die jemand erbringt, um einem (gemeinsamen) Ziel zu dienen 〈seinen Beitrag zum Umweltschutz leisten〉 **3** **ein Beitrag (zu etwas)**/ (**über etwas** (*Akkusativ*)) ein Bericht oder ein Aufsatz (, der in einer Zeitschrift *o.Ä.* veröffentlicht wird)

bei·tra·gen (*hat*) **(etwas) zu etwas beitragen** einen Beitrag (2) leisten: *viel, wenig, nichts zur Sicherung des Friedens, zum Gelingen eines Abends beitragen*

bei·trags·pflich·tig *Adjektiv; Verwaltung;* gezwungen, diesen Beitrag (1) zu zahlen

bei·tre·ten (*ist*) **etwas** (*Dativ*) **beitreten** Mitglied (in einer Vereinigung oder Organisation) werden ≈ in etwas eintreten ↔ aus etwas austreten 〈einer Partei, einem Verein, der Gewerkschaft beitreten〉 || *hierzu* **Bei·tritt** *der; -(e)s, -e*

be·ja·hen; *bejahte, hat bejaht* **1** **etwas bejahen** eine Frage mit „Ja" beantworten ↔ verneinen 〈eine Frage bejahen; eine bejahende Antwort, Geste〉 **2** **etwas bejahen** eine positive Einstellung zu etwas haben ↔ ablehnen 〈einen Plan, eine Entscheidung, jemandes Handeln, die Ehe, das Leben *usw* bejahen〉

be·kam *Imperfekt, 1. und 3. Person Singular;* ↑ **bekommen**

be·kä·me *Konjunktiv II, 1. und 3. Person Singular;* ↑ **bekommen**

be·kämp·fen; *bekämpfte, hat bekämpft;* **jemanden/etwas bekämpfen** gegen jemanden/etwas kämpfen: *Ungeziefer, den Missbrauch von Drogen bekämpfen* || *hierzu* **Be·kämp·fung** *die; -; nur Singular*

be·kannt B1 *bekannter, bekanntest-; Adjektiv* **1** im Gedächtnis vieler Menschen vorhanden 〈ein Lied, ein Schauspieler; allgemein bekannt sein〉 **2** **(jemandem) bekannt** (etwas ist) so, dass jemand es kennt oder davon gehört hat 〈etwas wird bekannt, kommt jemandem bekannt vor〉: *Der Name ist mir leider nicht bekannt* **3** **als jemand/etwas bekannt; für etwas bekannt** mit einer Eigenschaft, die vielen Menschen aufgefallen ist: *Sie ist als sehr zuverlässig/für ihre Zuverlässigkeit bekannt* **4** **mit jemandem bekannt sein/werden** jemanden kennengelernt haben/kennenlernen, über etwas informiert sein 〈mit jemandem gut, erst seit Kurzem bekannt sein〉 **5** **etwas bekannt geben/machen** etwas (*z.B.* durch die Presse) allen (in der Öffentlichkeit) mitteilen 〈etwas im Fernsehen bekannt geben〉 || *zu* 5 **Be·kannt·ga·be** *die; -, -n*

Be·kann·te B2 *der/die; -n, -n* **1** jemand, den man kennt ↔ Fremde(r): *zufällig zwei alte Bekannte treffen* || K⊟ Bekanntenkreis **2** **ein guter Bekannter/eine gute Bekannte** eine Person, die man zwar gut kennt und öfter trifft, die aber kein richtiger Freund/keine richtige Freundin ist

be·kannt·ge·ben (*hat*) ↑ **bekannt** (5)

be·kannt·lich *Adverb;* wie jeder weiß, wie allgemein bekannt ist: *Rauchen ist bekanntlich schädlich*

be·kannt·ma·chen (*hat*) ↑ **bekannt** (5)

Be·kannt·schaft B2 *die; -, -en* **1** *nur Singular;* der persönliche, aber lockere Kontakt mit jemandem 〈mit jemandem Bekanntschaft schließen; eine langjährige Bekanntschaft〉 || ⊟K Damenbekanntschaft, Frauenbekanntschaft, Herrenbekanntschaft, Männerbekanntschaft **2** *nur Singular;* alle Leute, die man persönlich kennt ≈ Bekanntenkreis **3** **mit etwas Bekanntschaft machen** *umg;* mit etwas (*meist* Unangenehmem) in Kontakt kommen, es kennenlernen: *mit den skrupellosen Methoden eines Diktators Bekanntschaft machen* **4** **jemandes Bekanntschaft machen** jemanden kennenlernen

be·kannt·wer·den (*ist*) ↑ **bekannt** (2,4)

be·keh·ren; *bekehrte, hat bekehrt;* **jemanden/sich (zu etwas) bekehren** jemanden/sich dazu bringen, seine Ansichten, Religion oder Weltanschauung zu ändern 〈jemanden zu einer anderen Meinung, politischen Gesinnung bekehren〉: *Ein chinesischer Priester bekehrte ihn zum Buddhismus* || *hierzu* **Be·keh·rung** *die; -, -en*

be·ken·nen; *bekannte, hat bekannt* **1** **(etwas) bekennen** *meist* voller Reue offen sagen (gestehen), dass man etwas (*meist* Schlechtes) getan hat ≈ beichten 〈seine Sünden, seine Schuld bekennen〉 **2** **seinen Glauben bekennen** offen zeigen oder sagen, dass man einem (religiösen) Glauben angehört **3** **sich zu jemandem/etwas bekennen** (öffentlich und) deutlich sagen, dass man von jemandem/von (der Notwendigkeit) einer Sache überzeugt ist 〈sich zu einem Freund, zur Demokratie, zum Christentum bekennen〉 **4** **sich schuldig bekennen** (*bes* vor Gericht) offen sagen (zugeben), dass man ein Verbrechen begangen hat

Be·ken·ner·schrei·ben *das; -s, -;* ein Brief, in dem jemand schreibt, dass er ein (*meist* terroristisches) Verbrechen begangen hat

Be·kennt·nis *das; -ses, -se* **1** die Tatsache, dass man offen eine Schuld oder eine unmoralische Tat zugibt: *ein aufrichtiges Bekenntnis seiner Sünden ablegen* **2** **ein Bekenntnis (zu etwas)** eine *meist* öffentliche Erklärung, mit der man sich zu etwas bekennt (3) **3** die Zugehörigkeit zu einer Religion ≈ Konfession || -K Glaubensbekenntnis

be·kla·gen; *beklagte, hat beklagt* **1** **jemanden/etwas beklagen** (*meist* über einen Verlust) sehr traurig sein: *den Tod eines Freundes beklagen* **2** **sich (bei jemandem) (über jemanden/etwas) beklagen** jemandem deutlich sagen, dass man mit einer Person/Sache nicht zufrieden ist ≈ sich beschweren: *sich über zu viel Arbeit/Lärm beklagen*

Be·klag·te *der/die; -n, -n; Rechtswesen*; jemand, der (in einem Zivilprozess) verklagt worden ist || Hinweis: ↑ **Angeklagte(r)**

be·kle·ben; *beklebte, hat beklebt*; **etwas (mit etwas) bekleben** etwas auf etwas anderes kleben: *die Wände mit Tapeten bekleben*

be·klei·det *Adjektiv; nicht als Adverb* **1** **(mit etwas) bekleidet sein** (eine bestimmte) Kleidung tragen: *Er war mit einer kurzen Hose und einem T-Shirt bekleidet* **2** *meist* **(nur) leicht/notdürftig bekleidet sein** (nur) wenig Kleidung am Körper haben

Be·klei·dung B2 *die; -, -en; meist Singular*; die Kleidungsstücke, die man bei einem Anlass oder zu einer bestimmten Jahreszeit trägt ≈ Kleidung: *leichte Bekleidung für den Sommer* || K- Bekleidungsartikel, Bekleidungsindustrie || -K Damenbekleidung, Herrenbekleidung, Kinderbekleidung; Sommerbekleidung, Winterbekleidung; Berufsbekleidung, Freizeitbekleidung, Sportbekleidung

be·klem·mend *Adjektiv*; ⟨ein Gefühl, Schweigen⟩ so, dass sie Angst oder Unruhe auslösen ≈ beängstigend

be·klom·men *Adjektiv*; aus Angst besorgt oder unruhig ≈ bang

be·kom·men A2 *bekam, hat bekommen*; || Hinweis: kein Passiv! **1** **etwas (von jemandem) bekommen** in den Besitz von etwas kommen, weil jemand es einem gibt: *Ich habe von ihr ein Buch zum Geburtstag bekommen* **2** **etwas (von jemandem) bekommen** das Ziel einer Mitteilung, einer aggressiven Handlung *usw* sein: *einen Schlag auf den Kopf, einen Kuss bekommen; Habt ihr schon Nachricht von ihr bekommen?* **3** **etwas bekommen** etwas durch Suchen oder eigenes Bemühen erreichen: *Konntet ihr Karten für das Konzert bekommen?* **4** **etwas bekommen** mit etwas bestraft werden ⟨eine Geldstrafe, eine Haftstrafe, Fernsehverbot, Hausarrest bekommen⟩ **5** **etwas bekommen** etwas erleiden, von etwas betroffen werden oder eine Veränderung erfahren: *Angst, Hunger, graue Haare bekommen; Hör auf, sonst bekommst du Ärger!; Morgen sollen wir Regen bekommen* **6** **etwas bekommen** *umg*; ein Verkehrsmittel (noch rechtzeitig) erreichen ↔ versäumen: *Ich muss mich beeilen, wenn ich den Bus noch bekommen will* **7** **etwas bekommen** (durch Erfahrung oder Information) erreichen, dass man etwas versteht oder weiß ⟨Einblick in etwas (*Dativ*), einen Eindruck von etwas bekommen⟩ **8** **etwas bekommen** einen (*meist* telefonischen) Kontakt herstellen ⟨einen Anschluss, eine Verbindung bekommen⟩ **9** **eine Frau bekommt ein Baby/ein Kind** eine Frau ist schwanger **10** **etwas bekommt etwas** etwas entwickelt etwas (Neues): *Die Pflanzen bekommen Blüten* **11** **etwas** + *Partizip Perfekt* + **bekommen** der Adressat einer Mitteilung, der Empfänger von etwas sein: *Ich habe (von ihm) Blumen geschenkt bekommen* (= er hat mir Blumen geschenkt) || Hinweis: nur mit transitiven Verben verwendet, die zwei Objekte (Dativ und Akkusativ) haben können (*z.B. mitteilen, leihen, genehmigen, sagen*) **12** **etwas zu** + *Infinitiv* + **bekommen** die Möglichkeit haben, etwas zu tun: *Hast du etwas zu trinken bekommen?* **13** **jemanden/etwas irgendwie/irgendwohin bekommen** *umg*; erreichen, dass jemand/etwas in einen bestimmten Zustand oder irgendwohin kommt oder von dort verschwindet: *ein Kind satt bekommen; einen Fleck aus der Hose bekommen; nicht alles Gepäck in das Auto bekommen*

be·kömm·lich *Adjektiv; nicht als Adverb*; so beschaffen, dass der Magen es gut verträgt ≈ verträglich ⟨ein Essen, eine Mahlzeit⟩

be·küm·mert *Adjektiv*; **bekümmert (über etwas** (*Akkusativ*)) von Sorge oder Kummer erfüllt ≈ traurig ⟨bekümmert schauen⟩

be·la·den; *belädt, belud, hat beladen*; **etwas (mit etwas) beladen** etwas auf eine Fläche (*meist* eines Fahrzeugs) laden: *einen Lastwagen mit Erde beladen*

Be·lag *der; -(e)s, Be·lä·ge* **1** eine Schicht aus einem bestimmten Material, mit der etwas bedeckt wird, um es *bes* vor Abnutzung oder Reibung zu schützen: *die Straße/den Fußboden mit einem neuen Belag versehen* || -K Fußbodenbelag, Straßenbelag **2** *nur Singular*; eine dünne Schicht *bes* aus Schmutz oder Bakterien, die sich auf etwas gebildet hat ⟨ein Belag auf der Zunge, auf den Zähnen, auf dem Spiegel⟩ || -K Rostbelag, Schimmelbelag, Staubbelag; Zahnbelag

B

be·la·gern; *belagerte, hat belagert* **1** ⟨Truppen *o.Ä.*⟩ **belagern etwas** Truppen *o.Ä.* umgeben etwas für längere Zeit, um es zu erobern ⟨eine Burg, eine Festung, eine Stadt belagern⟩ **2** ⟨Personen⟩ **belagern jemanden/etwas** *umg;* Personen drängen sich (in großer Zahl) um jemanden/etwas, um etwas zu bekommen: *die Kinokasse, den Auskunftsschalter belagern* || *hierzu* **Be·la·ge·rung** *die; -, -en; zu* 1 **Be·la·ge·rer** *der; -s, -*

Be·lang *der; - (e)s, -e* **1** *nur Plural;* die Dinge, die für jemanden oder innerhalb eines Bereichs wichtig sind ≈ Interessen ⟨die ökonomischen, sozialen Belange; jemandes Belange wahrnehmen⟩ **2** **(etwas ist) (für jemanden) von Belang/ohne Belang** (etwas ist) (für jemanden) wichtig/nicht wichtig

be·lang·los *Adjektiv;* **belanglos (für jemanden/etwas)** ohne Bedeutung oder Folgen ≈ unwichtig ⟨eine Bemerkung⟩: *Sein Alter ist für diese Aufgabe belanglos* || *hierzu* **Be·lang·lo·sig·keit** *die; -, -en*

be·las·sen; *belässt, beließ, hat belassen* **1** **jemanden bei/in etwas** (*Dativ*) **belassen** nicht versuchen, etwas (*bes* jemandes Meinung oder Einstellung) zu ändern ⟨jemanden bei seiner Meinung, seinem Irrtum, bei/in seinem Glauben belassen⟩ **2** **etwas in etwas** (*Dativ*) **belassen** den bisherigen Zustand einer Sache nicht ändern: *ein Theaterstück in seiner ursprünglichen Besetzung belassen* **3** **etwas irgendwo belassen** etwas nicht von seinem Platz entfernen: *Tiere in ihrer natürlichen Umgebung belassen* || ID **alles beim Alten belassen** *umg;* nichts verändern; **es dabei belassen** *umg;* etwas so lassen, wie es ist; nichts mehr ändern

be·las·ten; *belastete, hat belastet* **1** **jemanden (mit/durch etwas) belasten** stark auf jemandes psychische oder physische Kräfte wirken: *Die Scheidung von seiner Frau hat ihn sehr belastet* **2** **jemand/etwas belastet etwas (mit/durch etwas)** jemand/etwas bewirkt, dass etwas eine negative Wirkung auf etwas hat: *Die Abgase belasten die Luft* **3** **etwas (mit etwas) belasten** bewirken, dass sich etwas Schweres in oder auf etwas befindet: *Die Brücke brach zusammen, da sie zu stark belastet wurde* || *hierzu* **be·last·bar** *Adjektiv;* **Be·last·bar·keit** *die; -; nur Singular;* **Be·las·tung** *die; -, -en*

be·läs·ti·gen; *belästigte, hat belästigt* **1** **jemanden (mit etwas) belästigen** jemanden stören oder verärgern, indem man (zu unpassender Zeit) etwas von ihm möchte ≈ behelligen ⟨jemanden mit seinen Problemen, Sorgen belästigen⟩ **2** **jemanden belästigen** versuchen, jemanden zu etwas zu zwingen, was er nicht will ⟨ein Mädchen, eine Frau belästigen⟩: *Ich wurde auf der Straße von Betrunkenen belästigt* || *hierzu* **Be·läs·ti·gung** *die; -, -en*

be·lau·fen, sich; *beläuft sich, belief sich, hat sich belaufen;* **etwas beläuft sich auf etwas** (*Akkusativ*) etwas macht eine bestimmte Summe aus ≈ etwas beträgt etwas: *Der entstandene Sachschaden beläuft sich auf 3000 Euro*

be·le·ben; *belebte, hat belebt* **1** **etwas belebt jemanden/etwas** etwas hat auf jemanden/etwas eine aktivierende, stimulierende Wirkung ≈ etwas regt jemanden/etwas an: *Kaffee belebt den Kreislauf; Konkurrenz belebt das Geschäft* **2** **etwas belebt sich** etwas wird intensiver oder kommt in Schwung ⟨der Handel, die Konjunktur⟩ **3** **etwas belebt sich** etwas füllt sich ⟨ein Bahnhof, eine Straße⟩: *An warmen Sommerabenden beleben sich die Straßen des Stadtzentrums* || *hierzu* **Be·le·bung** *die; -; nur Singular*

be·lebt, *belebter, belebtest-; Adjektiv; nicht als Adverb;* voller Menschen oder Fahrzeuge ↔ leer ⟨eine Straße, eine Kreuzung⟩: *Die Fußgängerzone ist immer sehr belebt*

Be·leg *der; -(e)s, -e;* **ein Beleg (für etwas)** etwas Schriftliches, das als Beweis dient (oder bestätigt), dass man etwas bezahlt, bekommen oder getan hat || -K Buchungsbeleg, Spendenbeleg, Zahlungsbeleg || *hierzu* **be·le·gen** *(hat)*

Be·leg·schaft *die; -, -en;* alle Personen, die in einem Betrieb arbeiten ≈ Personal

be·legt *Adjektiv; ohne Steigerung, nicht als Adverb* **1** (völlig) von Personen besetzt ↔ frei ⟨ein Zimmer, ein Hotel⟩: *Alle Betten des Krankenhauses sind zurzeit belegt* **2** für jemanden reserviert ⟨ein Platz, ein Stuhl⟩ **3** **(mit etwas) belegt** mit Wurst, Käse *usw* bedeckt ⟨ein Brot⟩ **4** mit einem Belag (2) bedeckt als Zeichen für eine Krankheit *o.Ä.* ⟨die Zunge⟩ **5** nicht klar (klingend) ≈ heiser ⟨jemandes Stimme⟩ **6** **etwas ist belegt** etwas ist besetzt (4) ⟨ein Anschluss, eine Nummer (beim Telefonieren)⟩

be·lei·di·gen B1 *beleidigte, hat beleidigt;* **jemanden (durch/mit etwas) beleidigen** jemandes Gefühle oder Ehre stark verletzen ≈ kränken ⟨jemanden schwer beleidigen⟩

be·lei·digt *Adjektiv* **1** in seinen Gefühlen oder in seiner Ehre verletzt ⟨tief, zutiefst, tödlich beleidigt⟩: *Er ist wegen jeder Kleinigkeit beleidigt* **2** ⟨ein Gesicht, eine Reaktion⟩ so, dass sie zeigen, dass jemand beleidigt (2) ist

Be·lei·di·gung *die; -, -en;* Worte oder eine Handlung, die die Gefühle eines anderen verletzen ⟨eine Beleidigung zurücknehmen; sich für eine Beleidigung entschuldigen⟩

be·leuch·ten; *beleuchtete, hat beleuchtet;* **etwas (mit etwas) beleuchten** etwas durch Licht hell machen: *Die Bühne mit Scheinwerfern beleuchten* || *hierzu* **Be·leuch·tung** *die; -, -en*

be·lie·big *Adjektiv;* so, wie man es will, wie es einem gefällt: *Du kannst das Buch beliebig lange behalten*

be·liebt B2 *beliebter, beliebtest-; Adjektiv; nicht als Adverb* **1** **(bei jemandem) beliebt** (von vielen) sehr geschätzt ⟨ein Politiker, ein Spiel, ein Urlaubsland⟩: *Er war bei seinen Kollegen sehr beliebt* **2** **(bei jemandem) beliebt** sehr oft gewählt oder gewünscht ⟨ein Aufsatzthema⟩ || *hierzu* **Be·liebt·heit** *die; -; nur Singular*

bel·len; *bellte, hat gebellt;* **ein Hund bellt** ein Hund macht Laute, die für ihn typisch sind

Bel·let·ris·tik *die; -; nur Singular;* jede Art von (fiktionaler) Literatur, die der Unterhaltung dient (wie *z.B.* Romane, Erzählungen, Novellen) ↔ Sachliteratur, Fachliteratur || *hierzu* **bel·let·ris·tisch** *Adjektiv*

be·loh·nen; *belohnte, hat belohnt;* **jemanden (für etwas) (mit etwas) belohnen** jemandem etwas geben, weil er Gutes getan hat: *Sie belohnte ihn für seine Hilfe mit 100 Euro* || *hierzu* **Be·loh·nung** *die; -, -en*

be·lü·gen; *belog, hat belogen;* **jemanden belügen** ≈ anlügen

be·män·geln; *bemängelte, hat bemängelt;* **etwas (an jemandem/etwas) bemängeln** sagen, dass man etwas als Fehler oder Mangel empfindet ≈ kritisieren: *Die Chefin bemängelte seine Unpünktlichkeit; An der Arbeit ist nichts zu bemängeln*

be·mannt *Adjektiv; nicht als Adverb;* **(mit jemandem) bemannt** mit einer Mannschaft, einem Team ⟨ein Flugzeug, Schiff, Boot⟩: *ein mit fünf Astronauten bemanntes Raumschiff*

be·merk·bar *Adjektiv; ohne Steigerung, nicht als Adverb* **1** so, dass man es sehen, hören oder riechen kann ≈ wahrnehmbar: *ein kaum bemerkbarer Farbunterschied* **2** **etwas macht sich bemerkbar** etwas zeigt seine (*meist* unangenehmen) Wirkungen: *Wenn sie lange Strecken laufen muss, macht es sich bemerkbar, dass sie zu viel raucht* **3** **sich bemerkbar machen** sich so verhalten, dass andere Menschen auf einen aufmerksam werden: *Der Verletzte versuchte vergeblich, sich bemerkbar zu machen*

be·mer·ken[1] B1 *bemerkte, hat bemerkt;* **jemanden/etwas bemerken** jemanden/etwas sehen, hören ≈ erkennen: *Hast du denn nicht bemerkt, dass man dich betrügen wollte?*

be·mer·ken[2] B1 *bemerkte, hat bemerkt;* **etwas (zu etwas) bemerken** etwas zu dem genannten Thema sagen ⟨etwas nebenbei, am Rande bemerken⟩: *Dazu möchte ich bemerken, dass ...*

be·mer·kens·wert *Adjektiv* **1** gut oder auffällig und daher wert, dass man es beachtet ≈ beachtlich: *eine bemerkenswerte Arbeit* **2** *nur als Adverb;* verwendet, um Adjektive oder Adverbien zu verstärken: *Sie gab ein bemerkenswert offenes Interview*

Be·mer·kung *die; -, -en;* eine kurze, *oft* mündliche Äußerung zu etwas ⟨eine ironische, kritische Bemerkung; eine Bemerkung über jemanden/etwas machen⟩ || -K Zwischenbemerkung

be·mit·lei·den; *bemitleidete, hat bemitleidet;* **jemanden bemitleiden** mit jemandem Mitleid haben

be·mü·hen; *bemühte, hat bemüht* **1** **sich (um etwas) bemühen; sich bemühen + zu** + *Infinitiv* sich Mühe geben, um etwas zu erreichen ⟨sich umsonst, vergeblich bemühen⟩: *Sie bemüht sich, bessere Noten zu bekommen* **2** **sich um jemanden bemühen** versuchen, jemandem zu helfen ≈ sich um jemanden kümmern: *Sie bemühte sich um den Verletzten*

be·müht, *bemühter, bemühtest-; Adjektiv* **1** **bemüht sein + zu** + *Infinitiv* sich viel Mühe geben, etwas zu erreichen: *Ein Verkäufer sollte immer bemüht sein, die Kunden freundlich zu bedienen* **2** **um jemanden bemüht sein** sich um jemanden bemühen (2)

Be·mü·hung *die; -, -en; meist Plural;* alles, was man tut, um etwas zu erreichen: *Seine Bemühungen um den Verletzten waren umsonst*

be·nach·bart *Adjektiv; ohne Steigerung, nicht als Adverb;* in direkter Nähe: *das benachbarte Dorf*

be·nach·rich·ti·gen B2 *benachrichtigte, hat benachrichtigt;* **jemanden (von etwas) benachrichtigen; jemanden benachrichtigen, dass ...** jemandem eine Mitteilung von etwas machen ≈ informieren || *hierzu* **Be·nach·rich·ti·gung** *die; -, -en*

be·nach·tei·li·gen; *benachteiligte, hat benachteiligt;* **jemanden (gegenüber jemandem) benachteiligen** jemanden schlechter behandeln als andere ↔ bevorzugen ⟨sich benachteiligt fühlen⟩ || *hierzu* **Be·nach·tei·li·gung** *die; -, -en*

B

Be·ne·fiz- *im Substantiv; betont;* verwendet, um auszudrücken, dass etwas guten (wohltätigen) Zwecken dient; das **Benefizkonzert**, das **Benefizspiel**, die **Benefizveranstaltung**

be·neh·men, sich; *benimmt sich, benahm sich, hat sich benommen;* **sich irgendwie benehmen** ein besonderes Verhalten zeigen ⟨sich unhöflich, anständig (gegenüber jemandem) benehmen⟩: *Er hat sich wie ein Kind benommen* || ID **Benimm dich!** Verhalte dich anständig!

Be·neh·men *das; -s; nur Singular;* die Art und Weise, wie man sich in der Gesellschaft anderen gegenüber verhält ≈ Manieren ⟨ kein (= ein schlechtes) Benehmen haben⟩: *Sein unhöfliches Benehmen provozierte die Gäste*

be·nei·den; *beneidete, hat beneidet;* **jemanden (um etwas) beneiden** das, was andere (an Fähigkeiten, Besitz) haben, dringend selbst haben wollen ↔ jemandem etwas gönnen: *Er beneidet mich um mein neues Auto* || ID **nicht zu beneiden sein** in einer schwierigen Situation sein

be·nei·dens·wert *Adjektiv;* so, dass man neidisch werden könnte ↔ bedauernswert: *eine beneidenswerte Person; Sein Haus ist beneidenswert groß*

be·nen·nen; *benannte, hat benannt* **1** **etwas benennen** ein passendes Wort für etwas wissen, verwenden: *Ich kann diese Pflanze nicht benennen* **2** **jemanden/etwas (nach jemandem/etwas) benennen** jemandem/etwas einen Namen (den Namen von jemandem/etwas) geben: *eine Straße nach einem Wissenschaftler benennen* **3** **jemanden als etwas benennen** jemanden für eine Aufgabe oder für ein Amt vorschlagen: *Er wurde als Zeuge benannt*

be·nom·men *Adjektiv;* nicht ganz bei Bewusstsein, leicht betäubt: *Er war von dem Sturz eine Zeit lang benommen*

be·no·ten B2 *benotete, hat benotet;* **etwas benoten** eine Leistung *o.Ä.* bewerten und ihr eine Note[2] (1) geben: *eine Schularbeit benoten* || *hierzu* **Be·no·tung** *die; -, -en*

be·nö·ti·gen; *benötigte, hat benötigt;* **jemanden/etwas benötigen** jemanden/etwas (zu einem Zweck) haben müssen ≈ brauchen (1): *zur Einreise ein Visum benötigen*

be·nut·zen A2 *benutzte, hat benutzt* **1** **etwas (zu/für etwas) benutzen** etwas für einen bestimmten Zweck nehmen ≈ gebrauchen: *ein Wörterbuch zum Nachschlagen benutzen; das Auto benutzen* (= damit fahren) **2** **jemanden/etwas (als/zu etwas) benutzen** jemanden/etwas so einsetzen, dass man den gewünschten Zweck erreicht: *Er benutzte die Ferien dazu, für die Prüfung zu lernen; ein Buch als Schreibunterlage benutzen* || *hierzu* **be·nutz·bar** *Adjektiv;* **Be·nut·zer** *der; -s, -;* **Be·nut·ze·rin** *die; -, -nen;* **Be·nut·zung** *die; -, -en; meist Singular*

be·nutzt *Adjektiv; ohne Steigerung, nicht als Adverb;* nicht mehr frisch ≈ gebraucht ⟨Wäsche⟩: *Ist das Handtuch schon benutzt?*

Ben·zin A2 *das; -s; nur Singular;* eine (leicht brennbare) Flüssigkeit, mit der man Motoren antreibt ⟨Benzin tanken⟩ || K- Benzinfeuerzeug, Benzinkanister, Benzinmotor

be·ob·ach·ten B2 *beobachtete, hat beobachtet* **1** **jemanden/etwas beobachten** eine Person, Sache oder einen Vorgang lange, mit Interesse betrachten ⟨jemanden/etwas kritisch, genau beobachten; sich beobachtet fühlen⟩: *Sie beobachtete (ihn dabei), wie er Geld stahl* **2** **jemanden beobachten** ≈ überwachen: *Er wird von der Polizei beobachtet*

Be·ob·ach·tung *die; -, -en* **1** die Tatsache, dass man etwas genau verfolgt ⟨medizinische, militärische Beobachtung⟩: *Die Versuchstiere stehen unter ständiger Beobachtung* **2** das Ergebnis einer Beobachtung (1) ⟨jemandem seine Beobachtungen mitteilen⟩

be·pflan·zen; *bepflanzte, hat bepflanzt;* **etwas (mit etwas) bepflanzen** Pflanzen dorthin setzen: *den Straßenrand mit Bäumen bepflanzen* || *hierzu* **Be·pflan·zung** *die; -, -en*

be·quem B1 [-kv-] *Adjektiv* **1** so (beschaffen), dass man sich darin oder damit wohlfühlt ⟨ein Kleid, ein Sessel, Schuhe⟩: *Auf deinem Sofa sitzt man sehr bequem* **2** *abwertend;* ⟨ein Mensch⟩ so, dass er sich nicht gern bewegt oder anstrengt ≈ faul: *Er lässt die Sekretärin aufräumen, weil er zu bequem dazu ist* || ID **Machen Sie es sich/Mach es dir bequem!** verwendet als Aufforderung an einen Gast, sich zu setzen || *hierzu* **Be·quem·lich·keit** *die; -; nur Singular*

be·ra·ten B1 *berät, beriet, hat beraten* **1** **jemanden (bei/in etwas** *(Dativ)*) **beraten** jemandem durch seinen Rat helfen ⟨jemanden klug, richtig beraten⟩: *Ein Fachmann hat mich in dieser Sache beraten* **2** **jemand berät etwas (mit jemandem)** zwei oder mehrere Leute besprechen, erörtern ein Problem: *Sie berieten, was zu tun war* || *hierzu* **Be·ra·tung** *die; -, -en*

Be·ra·ter *der; -s, -;* jemand, der (beruflich) jemanden auf einem bestimmten Gebiet berät (1) ⟨ein technischer, juristischer, politischer

Berater⟩ || [K-] Beratervertrag || [-K] Berufsberater, Steuerberater; Industrieberater, Unternehmensberater || *hierzu* **Be·ra·te·rin** *die; -, -nen*

be·rat·schla·gen; *beratschlagte, hat beratschlagt;* **etwas (mit jemandem) beratschlagen** ≈ beraten (2): *Sie beratschlagten, ob sie die Reise buchen sollten*

Be·ra·tungs·stel·le *die; -, -n;* eine Institution, die bei Problemen (*z.B.* in der Kindererziehung, in der Ehe oder bei Drogenabhängigkeit) durch Gespräche und Ratschläge helfen will || [-K] Drogenberatungsstelle, Erziehungsberatungsstelle

be·rau·ben; *beraubte, hat beraubt; förmlich* **1** **jemanden (etwas** (*Genitiv*)) **berauben** jemandem etwas mit Gewalt nehmen, stehlen **2** *meist* **jemanden/ein Tier seiner Freiheit berauben** jemanden/ein Tier in Gefangenschaft nehmen

be·re·chen·bar *Adjektiv* **1** ⟨ein Mensch; jemandes Handeln⟩ so, dass man (voraus)sagen kann, was jemand in Zukunft tun wird **2** ⟨Kosten *usw*⟩ so, dass man sie gut berechnen (1) kann

be·rech·nen; *berechnete, hat berechnet* **1** **etwas berechnen** (durch Rechnen) herausfinden, wie groß, teuer *usw* etwas ist ≈ ausrechnen: *die Fläche der Wohnung, die Kosten berechnen* **2** **etwas für jemanden berechnen; etwas auf etwas** (*Akkusativ*) **berechnen** etwas im Voraus kalkulieren, planen: *den Kredit auf elf Jahre berechnen; Das Essen ist für vier Personen berechnet* **3** **(jemandem) etwas berechnen** jemanden Geld (für eine Dienstleistung oder für eine Arbeit) bezahlen lassen: *Für die Arbeit berechne ich Ihnen € 300*

be·rech·nend *Adjektiv; oft abwertend;* ⟨ein Mensch⟩ so, dass er immer einen Vorteil für sich sucht ≈ eigennützig

Be·rech·nung *die; -, -en* **1** das Berechnen (1) ⟨Berechnungen anstellen; nach meiner Berechnung⟩: *die Berechnung der Heizkosten* || [K-] Berechnungsgrundlage, Berechnungstabelle || [-K] Kostenberechnung **2** die Kalkulation, das Berechnen (2) einer Sache im Voraus: *Nach seiner Berechnung beträgt die Bauzeit zwei Jahre* **3** *nur Singular;* eine Überlegung oder Absicht, die sich am eigenen Vorteil orientiert: *Das tut er nur aus Berechnung*

be·rech·ti·gen; *berechtigte, hat berechtigt;* **etwas berechtigt (jemanden) zu etwas** etwas gibt jemandem das Recht, etwas zu tun: *Das Abitur berechtigt zum Studium an einer Universität*

be·rech·tigt *Adjektiv* **1** *nicht als Adverb;* aus vernünftigem Grund ≈ legitim ⟨Hoffnung, ein Einwand, eine Forderung, ein Vorwurf⟩ **2** **zu etwas berechtigt sein** das Recht haben, etwas zu tun: *Kinder sind nicht berechtigt, Alkohol zu kaufen* || *hierzu* **Be·rech·ti·gung** *die; -, -en*

be·redt [bəˈreːt], *beredter, beredtest-; Adjektiv* **1** fähig, wirksam zu reden ≈ redegewandt: *ein beredter Verkäufer; sich beredt verteidigen* **2** *förmlich;* so, dass viel damit ausgedrückt wird ≈ vielsagend ⟨ein Schweigen, ein Blick, eine Gestik⟩

Be·reich [B1] *der; -(e)s, -e* **1** eine bestimmte Fläche oder ein Raum: *Die Fahrkarte gilt nur im Bereich der Stadt* || [-K] Stadtbereich **2** ein Fach- oder Themengebiet, das von anderen abgegrenzt ist ⟨im Bereich der Kunst, der Technik, der Familie; im politischen Bereich⟩ || [-K] Aufgabenbereich, Fachbereich

be·rei·chern; *bereicherte, hat bereichert;* **1** **etwas (mit/um etwas) bereichern** etwas (durch den Erwerb bestimmter Dinge) größer werden lassen ≈ erweitern ⟨sein Wissen, seine Kenntnisse, seine Erfahrung, eine Sammlung bereichern⟩ **2** **etwas bereichert (jemanden/etwas)** etwas lässt jemandes Erfahrung (durch Eindrücke, Erlebnisse) größer werden: *Die Reise nach Indien wird ihn/sein Leben sehr bereichern* **3** **sich (an jemandem/etwas) bereichern** seinen materiellen Reichtum (auf unmoralische Weise) vergrößern ⟨sich auf jemandes Kosten bereichern; sich schamlos, skrupellos bereichern⟩ || *hierzu* **Be·rei·che·rung** *die; -, -en*

Be·rei·fung *die; -, -en;* die Reifen an einem Fahrzeug

be·rei·ni·gen; *bereinigte, hat bereinigt;* **etwas bereinigen** etwas, das zu Problemen geführt hat, wieder in Ordnung bringen ≈ klären ⟨ein Missverständnis, einen Streit bereinigen⟩ || *hierzu* **Be·rei·ni·gung** *die; -, -en*

be·reit *Adjektiv; meist nach dem Substantiv, ohne Steigerung, nicht als Adverb* **1** **(für/zu etwas) bereit** ≈ fertig, vorbereitet: *Wir sind bereit zur Abfahrt; Ich habe dir das Bad bereit gemacht* **2** **(zu etwas) bereit** den Willen haben, die Forderungen zu erfüllen ⟨sich (zu etwas) bereit erklären, zeigen⟩: *zu allem bereit sein; Er ist nicht bereit, unsere Ideen zu akzeptieren* **3** **sich (für etwas) bereit machen** alles Nötige tun, um gleich etwas tun zu können: *Machen Sie sich bitte (für den Auftritt) bereit*

-be·reit *im Adjektiv* **1** verwendet, um auszudrücken, dass man darauf vorbereitet ist, etwas sofort zu tun; **abfahr(t)bereit** ⟨ein Zug⟩, **aufbruchbereit** ⟨ein Reisender⟩, **kampfbereit** ⟨das Heer⟩, **sprungbereit** ⟨eine Raubkatze⟩, **startbereit** **2** verwendet, um auszudrücken, dass jemand den Willen zu etwas hat; **diskussionsbereit, friedensbereit, kompromissbereit, verhandlungsbereit, verständigungsbereit**

be·rei·ten; *bereitete, hat bereitet* **1** **jemand/etwas bereitet jemandem etwas** jemand/etwas ruft bei jemandem eine Wirkung hervor ⟨jemand/etwas bereitet jemandem Freude, Schwierigkeiten, Sorgen⟩ **2** **(jemandem) etwas bereiten** *förmlich*; etwas vorbereiten ≈ anrichten: *jemandem das Essen, einen Tee, ein Bad bereiten*

be·reit·er·klä·ren *(hat)* ↑ **bereit** (2)

be·reit·ha·ben; *hatte bereit, hat bereitgehabt*; **etwas bereithaben** etwas bei einem Anlass sofort benutzen können ≈ parat haben: *Er hat stets eine Entschuldigung bereit*

be·reit·hal·ten; *hält bereit, hielt bereit, hat bereitgehalten* **1** **etwas bereithalten** etwas bei sich haben (und so aufbewahren), dass es sofort zur Verfügung steht: *Halten Sie bitte Ihren Ausweis bereit!* **2** **sich (für jemanden/etwas) bereithalten** sofort zur Verfügung stehen

be·reit·le·gen; *legte bereit, hat bereitgelegt*; **(jemandem/für jemanden) etwas bereitlegen** etwas irgendwohin legen, wo es jemand sofort findet (und verwenden kann): *Ich habe dir das Werkzeug schon bereitgelegt, du kannst gleich anfangen*

be·reit·ma·chen *(hat)* ↑ **bereit** (1,3)

be·reits *Adverb* ↑ **schon**[1]

Be·reit·schaft *die; -, -en* **1** *nur Singular*; der (gute) Zustand, in dem etwas sofort benutzt werden kann: *Die Fahrzeuge stehen in Bereitschaft* **2** **die Bereitschaft (zu etwas)** *nur Singular*; der Wille, etwas (oft Schwieriges oder Unangenehmes) zu tun: *seine Bereitschaft zur Mitarbeit; Er erklärte seine Bereitschaft, die Aufgabe zu übernehmen* **3** ein Dienst, bei dem *bes* Polizisten, Soldaten, Sanitäter *o.Ä.* (in einem Notfall) sofort aktiv werden können ⟨Bereitschaft haben⟩ ‖ [K-] Bereitschaftsarzt, Bereitschaftsdienst

be·reit·ste·hen; *stand bereit, hat/südd Ⓐ Ⓒⓗ ist bereitgestanden*; **etwas steht (für jemanden/etwas) bereit** etwas kann sofort (von jemandem, etwas) benutzt werden ⟨das Essen, ein Zug, ein Flugzeug⟩

be·reit·stel·len; *stellte bereit, hat bereitgestellt* **1** **etwas (für jemanden/etwas) bereitstellen** etwas *meist* als Unterstützung, Hilfe geben ≈ gewähren ⟨Geld, Waren bereitstellen⟩: *Die Regierung stellte für das Projekt 15 Millionen Euro bereit* **2** **etwas bereitstellen** *bes* Fahrzeuge oder technische Geräte so irgendwohin stellen, dass sie sofort verwendet werden können: *Der Zug wird auf Gleis 5 bereitgestellt* ‖ *hierzu* **Be·reit·stel·lung** *die; -, -en*

be·reit·wil·lig *Adjektiv*; von sich aus bereit (2), etwas zu tun: *ein bereitwilliger Helfer; Obwohl sie sehr beschäftigt war, gab sie uns bereitwillig Auskunft* ‖ *hierzu* **Be·reit·wil·lig·keit** *die; -; nur Singular*

be·reu·en; *bereute, hat bereut*; **etwas bereuen** wünschen, dass man etwas nicht getan hätte ⟨einen Fehler, eine Sünde bitter, tief bereuen⟩

Berg [A1] *der; -(e)s, -e* **1** eine große (und massive) Erhebung im Gelände ↔ Tal ⟨ein hoher, schneebedeckter Berg; auf einen Berg steigen, klettern⟩: *Die Zugspitze ist der höchste Berg Deutschlands* ‖ [K-] Berggipfel, Bergschuh, Bergwanderung ‖ *zu* **Bergschuh** ↑ Abbildung unter **Schuhe** **2** *umg*; **ein Berg** + *Genitiv Plural*; **ein Berg von** + *Plural oder nicht zählbares Substantiv*; eine große Menge von etwas: *Hinter einem Berg (alter) Bücher/von (alten) Büchern sitzen* ‖ [-K] Bücherberg, Wäscheberg ‖ [ID] **(längst) über alle Berge sein** *umg*; (*meist* nach einer schlimmen Tat) schon sehr weit weg (geflohen) sein; **über den Berg sein** *umg*; *bes* eine Krankheit oder eine schwierige Situation hinter sich haben ‖ ▸ **Gebirge**

berg·ab *Adverb*; vom Berg in Richtung Tal ‖ [ID] *meist* **mit jemandem/etwas geht es bergab** *umg*; der Zustand einer Person/Sache wird schlechter ⟨mit einem Geschäft, jemandes Gesundheit geht es bergab⟩

berg·auf *Adverb*; vom Tal in Richtung Berg ‖ [ID] *meist* **mit jemandem/etwas geht es bergauf** *umg*; der Zustand einer Person/Sache wird besser ⟨mit jemandes Gesundheit, mit einem Geschäft geht es bergauf⟩

Berg·bahn *die; -, -en*; eine Art Zug (Zahnradbahn) oder eine Seilbahn, die auf einen Berg führt

Berg·bau *der; -(e)s; nur Singular*; das Abbauen (1) von Kohle, Salz und Metallen ‖ [K-] Bergbauingenieur, Bergbaukunde

ber·gen; *birgt, barg, hat geborgen* **1** **jemanden/etwas bergen** jemanden/etwas (*z.B.* nach einem Unfall oder Unglück) finden und an einen sicheren Ort bringen ⟨Verunglückte, ein Schiff bergen⟩: *Die vermissten Bergsteiger konnten* *nur noch tot geborgen werden* **2** **etwas birgt etwas (in sich)** *förmlich;* etwas trägt ein Risiko in sich: *Eine Reise durch die Wüste birgt viele Gefahren (in sich)* || Hinweis *zu* 2: kein Passiv! || *zu* 1 **Ber·gung** *die; -, -en; meist Singular*

ber·gig *Adjektiv; nicht als Adverb;* mit vielen Bergen ↔ eben, flach ⟨eine Landschaft, ein Gelände⟩

berg·stei·gen B2 *ist berggestiegen;* im Gebirge wandern und klettern || Hinweis: nur im Infinitiv und Perfekt! || *hierzu* **Berg·stei·ger** *der; -s, -;* **Berg·stei·ge·rin** *die; -, -nen*

Berg·wacht *die; -, -en; meist Singular;* eine Organisation, die Personen rettet, die in den Bergen in Gefahr geraten

Berg·werk *das; -(e)s, -e;* Gänge unter der Erde, wo man Mineralien oder Kohle gewinnt

Be·richt B1 *der; -(e)s, -e;* **ein Bericht (über jemanden/etwas)** das, was jemand über jemanden/etwas erzählt oder schreibt ⟨ein schriftlicher, wahrheitsgetreuer Bericht; nach Berichten von Augenzeugen⟩: *einen ausführlichen Bericht über den Unfall geben* || -K Reisebericht

be·rich·ten; *berichtete, hat berichtet;* **(jemandem) etwas berichten** jemandem mitteilen, was man gesehen oder gehört hat ⟨jemandem alles, viel, nichts berichten⟩: *von einer Reise ausführlich berichten*

Be·richt|er·stat·tung *die; -, -en;* die genaue Darstellung eines Reporters *o.Ä.* ⟨eine einseitige, objektive, (un)sachliche Berichterstattung⟩ || -K Kriegsberichterstattung, Sportberichterstattung

be·rich·ti·gen; *berichtigte, hat berichtigt;* **(etwas) berichtigen** einen Fehler beseitigen ≈ korrigieren: *falsche Zahlen, Angaben berichtigen* || *hierzu* **Be·rich·ti·gung** *die; -, -en*

Ber·li·ner *der; -s, -;* **1** jemand, der in der Stadt Berlin wohnt oder dort geboren ist ⟨ein gebürtiger, waschechter (= typischer) Berliner⟩ **2** ≈ Pfannkuchen (2), Krapfen || *zu* 1 **Ber·li·ne·rin** *die; -, -nen*

Bern·har·di·ner *der; -s, -;* ein sehr großer, kräftiger Hund

Bern·stein *der; -(e)s; nur Singular;* eine Art gelber oder brauner (oft durchsichtiger) Stein, der vor langer Zeit aus dem Harz von Bäumen entstanden ist || K- Bernsteinanhänger, Bernsteinkette, Bernsteinschmuck || *hierzu* **bern·stein|far·ben** *Adjektiv*

bers·ten; *birst, barst, ist geborsten; förmlich;* **etwas birst** etwas bricht plötzlich in mehrere Teile ⟨Glas, eine Eisfläche⟩: *Bei der Kollision ist das Schiff in zwei Teile geborsten* || ID *meist* **etwas ist zum Bersten voll** etwas ist überfüllt

be·rüch·tigt *Adjektiv; nicht als Adverb;* **berüchtigt (für/wegen etwas)** mit dem Ruf, in einer Hinsicht besonders schlimm zu sein: *Er ist als Lehrer wegen seiner Strenge berüchtigt; ein für Schlägereien berüchtigtes Lokal*

be·rück·sich·ti·gen; *berücksichtigte, hat berücksichtigt* **1** **etwas berücksichtigen** bei seinen Überlegungen an etwas denken, etwas beachten ⟨eine Bestellung, eine Bitte berücksichtigen⟩: *Wenn man berücksichtigt, dass sie erst seit zwei Jahren Englisch lernt, kann sie es schon gut* **2** **jemanden berücksichtigen** bei einer Auswahl jemandem eine Chance geben ⟨einen Kandidaten berücksichtigen⟩: *Bei der Verteilung der Posten wurde sie wieder nicht berücksichtigt*

Be·ruf B1 *der; -(e)s, -e;* die Tätigkeit, mit der man sein Geld verdient und für die man ausgebildet ist ⟨ein kaufmännischer, technischer Beruf; einen Beruf erlernen, ergreifen, ausüben; keinen festen Beruf haben⟩: *Was sind Sie von Beruf?; Er ist Arzt von Beruf* || K- Berufsanfänger, Berufsausbildung, Berufs-

Berlin

Berlin ist gleichzeitig Hauptstadt und Bundesland. Es hat etwa 3,5 Millionen Einwohner.
Die Stadt war seit der Gründung des Deutschen Reichs 1871 politisches, wirtschaftliches und kulturelles Zentrum Deutschlands.
Im zweiten Weltkrieg wurden große Teile der Stadt zerstört. Nach dem Krieg teilten die Siegerstaaten die Stadt in vier Sektoren auf. Ostberlin wurde sowjetischer Sektor, die anderen drei Sektoren bildeten Westberlin. 1948 verhängte die Sowjetunion eine Wirtschaftsblockade über Westberlin, das wie eine Insel von sowjetischem Gebiet eingeschlossen war. Bei der Gründung der beiden deutschen Staaten wurde Ostberlin die Hauptstadt der DDR, provisorische Hauptstadt der Bundesrepublik wurde Bonn. 1961 errichtete die DDR **die Berliner Mauer**, die Stadt blieb 28 Jahre lang geteilt.
Seit dem 3. Oktober 1990 ist Berlin wieder die Hauptstadt Deutschlands, 1999 zog auch die Regierung von Bonn nach Berlin um.

LANDESKUNDE

B

erfahrung, Berufskleidung || ID **im Beruf stehen** in seinem Beruf arbeiten

be·ru·fen; *berief, hat berufen* **1** **jemanden in/auf etwas** (*Akkusativ*) **berufen**; **jemanden zu etwas berufen** jemandem eine *meist* hohe (verantwortungsvolle) Stellung und Funktion geben ≈ jemanden zu etwas ernennen ⟨jemanden in ein Amt, auf einen Lehrstuhl, zu jemandes Nachfolger berufen⟩ **2** **sich auf jemanden/etwas berufen** jemanden als Zeugen oder etwas als Beweis oder Rechtfertigung nennen: *sich auf die Verfassung berufen; sich auf einen Zeugen berufen* || ID **sich zu etwas berufen fühlen** glauben, etwas gut tun zu können oder etwas tun wollen

be·ruf·lich B2 *Adjektiv*; in Bezug auf die Arbeit ⟨beruflich verreist⟩: *Ich habe hier beruflich zu tun*

Be·rufs- *im Substantiv*; verwendet, um auszudrücken, dass jemand eine Tätigkeit als Beruf ausübt; **Berufsboxer, Berufsfeuerwehr, Berufsmusiker, Berufssoldat**

Be·rufs·aus·sich·ten *die; -; Plural*; die Chancen, in seinem Beruf eine Stelle zu finden

Be·rufs·be·ra·ter *der; -s, -*; jemand, dessen Beruf es ist, andere darüber zu informieren, welchen Beruf sie ergreifen könnten || *hierzu* **Be·rufs·be·ra·te·rin** *die; -, -nen*

Be·rufs·be·ra·tung *die; -, -en; meist Singular* **1** eine Stelle (bei der Arbeitsagentur), bei der man beraten wird, wenn man einen Beruf wählen will **2** die Beratung, die man bei der Arbeitsagentur *o.Ä.* bekommt

Be·rufs·grup·pe *die; -, -n*; eine Gruppe von Berufen mit gemeinsamen Merkmalen: *Arzt, Krankenschwester und Pfleger zählen zur Berufsgruppe der medizinischen Berufe*

Be·rufs·krank·heit *die; -, -en*; eine Krankheit, die man von der Arbeit in seinem Beruf bekommt

Be·rufs·schu·le B2 *die; -, -n*; eine Schule, die man neben der normalen Berufsausbildung (als Lehrling) besuchen muss || K- Berufsschullehrer || *hierzu* **Be·rufs·schü·ler** *der; -s, -*; **Be·rufs·schü·le·rin** *die; -, -nen*

be·rufs·tä·tig *Adjektiv; nicht als Adverb*; **berufstätig sein** in einem Beruf arbeiten ↔ arbeitslos sein || *hierzu* **Be·rufs·tä·ti·ge** *der/die; -n, -n*; **Be·rufs·tä·tig·keit** *die; -; nur Singular*

be·rufs·un·fä·hig *Adjektiv; nicht als Adverb, Verwaltung*; aufgrund *meist* einer Krankheit nicht (mehr) arbeiten können || *hierzu* **Be·rufs·un·fä·hig·keit** *die; -; nur Singular*

Be·rufs·ver·kehr *der; -(e)s; nur Singular*; sehr dichter Verkehr auf den Straßen (vor Beginn und nach Ende der Arbeit) ≈ Stoßverkehr: *Um sieben Uhr beginnt der morgendliche Berufsverkehr*

Be·rufs·ziel *das; -(e)s, -e*; der Beruf, den jemand (er)lernen möchte: *Sein Berufsziel ist es, Arzt zu werden*

Be·ru·fung *die; -, -en* **1** *nur Singular*; **die Berufung (zu etwas)** die Fähigkeit, einen ganz besonderen Beruf auszuüben oder eine schwere Aufgabe zu erfüllen: *Er fühlt die Berufung, den Kranken zu helfen* **2** *meist Singular*; die Auswahl einer Person für eine höhere Stellung ⟨die Berufung auf einen Lehrstuhl, ins Ministerium⟩: *Man erwartet seine Berufung zum Direktor*

be·ru·hen; *beruhte, hat beruht*; **etwas beruht auf etwas** (*Dativ*) etwas stützt sich auf etwas, hat etwas als Basis: *Diese Geschichte beruht auf Tatsachen*

be·ru·hi·gen; *beruhigte, hat beruhigt* **1** **jemanden beruhigen** jemanden wieder ruhig machen **2** **sich beruhigen** nach großer Aufregung wieder in einen normalen Zustand kommen: *Als wir das Kind trösteten, beruhigte es sich und hörte auf zu weinen*

be·ru·hi·gend [bəˈruːɪgnt] *Adjektiv*; mit der Wirkung, dass man wieder ruhig wird ⟨ein Medikament, Musik, ein Vorsprung⟩: *Die Farbe Grün wirkt beruhigend auf mich*

Be·ru·hi·gung [bəˈruːɪgʊŋ] *die; -; nur Singular* **1** das Erreichen eines ruhigen seelischen Zustands: *ein Medikament zur Beruhigung* || K- Beruhigungsmittel, Beruhigungsspritze, Beruhigungstablette **2** das Erreichen eines normalen Zustands (nach einer Unruhe), ein Gefühl der Sicherheit: *Für die Eltern war es eine Beruhigung zu wissen, dass ihren Kindern nichts passiert war*

be·rühmt B1 *berühmter, berühmtest-; Adjektiv; nicht als Adverb*; (*meist* wegen besonderer Merkmale oder Leistungen) sehr vielen Leuten bekannt ≈ prominent ⟨mit einem Schlag berühmt werden⟩: *ein berühmter Schriftsteller*

Be·rühmt·heit *die; -, -en* **1** *nur Singular*; der Zustand, berühmt zu sein ≈ Ruhm ⟨Berühmtheit erlangen⟩ **2** jemand, der berühmt ist || ID **jemand/ein Ort** *o.Ä.* **gelangt zu trauriger Berühmtheit** *ironisch*; jemand wird wegen einer schlechten Tat, ein Ort wird wegen eines Unglücks *o.Ä.* bekannt

be·rüh·ren B1 *berührte, hat berührt* **1** **jemanden/etwas berühren** zu jemandem/etwas einen Kontakt herstellen: *Sie standen so eng beieinander, dass sie sich mit den Schultern* *berührten* **2** **jemanden/etwas berühren** jemanden/etwas mit der Hand anfassen: *Am Käfig stand „Bitte nicht berühren!"* **3** **etwas berührt jemanden** jemand bekommt Mitleid ≈ etwas bewegt jemanden: *Diese Geschichte hat sie so sehr berührt, dass sie fast zu weinen anfing* **4** **etwas berührt jemanden irgendwie** etwas hat eine bestimmte Wirkung auf jemanden ⟨etwas berührt jemanden peinlich, seltsam, unangenehm⟩

Be·rüh·rung *die; -, -en;* der Kontakt mit jemandem/etwas ⟨mit jemandem/etwas in Berührung kommen⟩: *jede Berührung mit Giftstoffen vermeiden; mit fremden Kulturen in Berührung kommen*

be·sa·gen; *besagte, hat besagt;* **etwas besagt etwas** *förmlich;* etwas hat etwas zum (sprachlichen) Inhalt ⟨ein Gesetz, ein Paragraf, eine Vorschrift besagt, dass ...⟩ || Hinweis: **a** das Akkusativobjekt ist nie ein Substantiv; **b** kein Passiv!

be·sagt *Adjektiv; nur vor dem Substantiv, nicht als Adverb;* verwendet, um auszudrücken, dass man sich auf eine Person/Sache bezieht, die vorher bereits erwähnt wurde: *Besagte Person ist dem Angeklagten nicht bekannt*

be·sänf·ti·gen; *besänftigte, hat besänftigt;* **jemanden besänftigen** *bes* durch Worte bewirken, dass jemand, der wütend ist, wieder in einen ruhigen Zustand kommt ≈ beruhigen

Be·sat·zung *die; -, -en* **1** alle Personen, die auf einem Schiff oder in einem Flugzeug arbeiten || K- Besatzungsmitglied **2** *nur Singular; Militär;* die Truppen, die in das Gebiet eines anderen Staates ziehen und es beherrschen || K- Besatzungszone

be·schä·di·gen; *beschädigte, hat beschädigt;* **etwas beschädigen** einer Sache Schaden zufügen ≈ kaputt machen: *Bei dem Zusammenstoß wurde sein Auto schwer beschädigt* || *hierzu* **Be·schä·di·gung** *die; -, -en*

be·schaf·fen[1]; *beschaffte, hat beschafft* **1** **etwas (für etwas) beschaffen** etwas, das man (dringend) braucht, nehmen oder bekommen: *Wie soll ich mir das Geld für den Urlaub beschaffen?* **2** **(jemandem/sich) jemanden/etwas beschaffen** bewirken oder erreichen, dass man/eine Person oder Sache, die man braucht, auch bekommt: *Wer kann ihr eine Wohnung beschaffen?* || *hierzu* **Be·schaf·fung** *die; -; nur Singular*

be·schaf·fen[2] *Adjektiv; nicht als Adverb;* **irgendwie beschaffen** ⟨eine Person, eine Sache⟩ so, wie sie ist, mit ihren (besonderen) Eigenschaften: *Das Material ist so beschaffen, dass es Druck aushält* || *hierzu* **Be·schaf·fen·heit** *die; -; nur Singular*

be·schäf·ti·gen B2 *beschäftigte, hat beschäftigt* **1** **jemanden beschäftigen** jemandem eine Arbeit(sstelle) geben: *Der Betrieb beschäftigt 150 Personen* **2** **etwas beschäftigt jemanden** etwas bringt jemanden zum Nachdenken: *Diese Frage beschäftigt mich schon lange* || Hinweis *zu* 2: kein Passiv! **3** **sich mit jemandem/etwas beschäftigen** sich um jemanden/etwas kümmern oder seine Zeit damit verbringen, etwas zu tun: *Unsere Oma beschäftigt sich viel mit ihren Enkeln/Blumen*

be·schäf·tigt B2 *Adjektiv* **1** **irgendwo beschäftigt sein** bei einer Firma *o.Ä.* arbeiten: *Sie ist in einem Reisebüro/bei der Deutschen Bahn beschäftigt* **2** **beschäftigt sein** (gerade) sehr viel tun müssen: *Er ist beruflich so beschäftigt, dass er kaum noch Zeit für seine Familie hat* **3** **(mit etwas) beschäftigt sein** gerade dabei sein, etwas zu tun: *Sie war gerade damit beschäftigt, den Rasenmäher zu reparieren* || *zu* 1 **Be·schäf·tig·te** *der/die; -n, -n*

Be·schäf·ti·gung *die; -, -en* **1** eine Tätigkeit, mit der man seine Zeit verbringt ⟨die Beschäftigung mit Fragen, Problemen⟩: *Sport zu treiben ist eine gesunde Beschäftigung* **2** die Arbeit, mit der man sein Geld verdient ≈ Job ⟨ohne Beschäftigung sein⟩

Be·schäf·ti·gungs·ver·hält·nis *das; -ses, -se;* eine geregelte Arbeit ≈ Arbeitsverhältnis

be·schä·mend *Adjektiv* **1** so schlecht oder schlimm, dass man sich dafür schämen muss ⟨eine Einstellung, eine Haltung⟩: *Sein Lohn ist beschämend niedrig* **2** so, dass man sich aus Scham schlecht fühlt: *Es ist ein beschämendes Gefühl, sie so hart arbeiten zu sehen*

be·schau·lich *Adjektiv;* ruhig und friedlich: *ein beschauliches Leben führen*

Be·scheid *ohne Artikel; nur Singular;* **Bescheid (über etwas** *(Akkusativ)*) eine wichtige, erwartete Information/Nachricht über etwas ⟨jemandem Bescheid geben; Bescheid bekommen, wissen⟩: *Sag mir bitte Bescheid, ob du kommen kannst!*

be·schei·den *Adjektiv* **1** so, dass man nur wenig für sich selbst braucht und damit zufrieden ist ↔ anspruchsvoll: *Trotz seines Reichtums ist er ein bescheidener Mensch geblieben* **2** einfach (und schlicht) ⟨ein Haus, eine Mahlzeit⟩: *Sie führen ein bescheidenes Leben* **3** nicht den Erwartungen und Bedürfnissen entsprechend ⟨Ergebnisse, ein Lohn, Leistungen⟩ || *zu* 1 **Be·schei·den·heit** *die; -; nur Singular*

B

be·schei·ni·gen; *bescheinigte, hat bescheinigt;* **(jemandem) etwas bescheinigen** durch seine Unterschrift ausdrücken (bestätigen), dass man etwas erhalten hat oder dass etwas wahr ist: *jemandem bescheinigen, dass er an einem Kurs teilgenommen hat*

Be·schei·ni·gung *die; -, -en;* **eine Bescheinigung (über etwas** *(Akkusativ)***)** ein Blatt Papier, auf dem etwas bewiesen (bestätigt) ist ⟨eine Bescheinigung ausstellen, vorlegen⟩: *Bringen Sie eine Bescheinigung über Ihre Arbeitsunfähigkeit!*

be·schen·ken; *beschenkte, hat beschenkt;* **jemanden (mit etwas) beschenken** jemandem etwas als Geschenk geben: *die Kinder zu Weihnachten reich beschenken*

Be·sche·rung *die; -, -en* **1** das Verteilen der Geschenke zu Weihnachten **2** *meist Singular; umg ironisch;* eine negative Überraschung, etwas Unangenehmes ⟨eine schöne Bescherung anrichten⟩: *Da haben wir die Bescherung!*

be·schich·tet *Adjektiv;* **(mit etwas) beschichtet** fest mit einer Schicht aus einer anderen Substanz verbunden: *eine mit Kunststoff beschichtete Karosserie* || *hierzu* **Be·schich·tung** *die; -, -en*

be·schil·dern; *beschilderte, hat beschildert;* **etwas beschildern** Schilder aufstellen (*bes* um so den Weg zu zeigen): *Die Umleitung ist beschildert* || *hierzu* **Be·schil·de·rung** *die; -, -en*

be·schimp·fen; *beschimpfte, hat beschimpft;* **jemanden (als etwas) beschimpfen** jemanden durch böse Worte kränken oder beleidigen (indem man ihn als etwas Negatives bezeichnet) ⟨jemanden als Dummkopf, Dieb, Verräter *usw* beschimpfen⟩

Be·schlag[1] *der; -(e)s; nur Singular;* eine dünne Schicht (*bes* aus Wasserdampf), die sich auf einer (Ober)Fläche gebildet hat: *An den Fensterscheiben bildete sich ein Beschlag und man konnte nicht hinaussehen*

Be·schlag[2] *ohne Artikel* **1 jemanden/etwas in Beschlag nehmen/mit Beschlag belegen** jemanden/etwas ganz für sich allein haben oder benutzen wollen: *sehr viel Platz in Beschlag nehmen* **2 etwas nimmt jemanden in Beschlag** etwas verlangt jemandes ganze Zeit und Aufmerksamkeit: *Seine Arbeit/seine Familie nimmt ihn zurzeit ganz in Beschlag*

be·schla·gen[1], **sich**; *beschlägt sich, beschlug sich, hat sich beschlagen;* **etwas beschlägt sich** etwas bekommt eine dünne Schicht aus Dampf: *Als er von draußen in das warme Zimmer kam, beschlug sich seine Brille*

be·schla·gen[2] *Adjektiv; nicht als Adverb; umg;* **beschlagen (in etwas** *(Dativ)***)** mit sehr guten Kenntnissen (auf einem Gebiet): *in Kunstgeschichte (nicht) sehr beschlagen sein*

be·schlag·nah·men; *beschlagnahmte, hat beschlagnahmt;* **etwas beschlagnahmen** *Rechtswesen;* jemandem etwas in amtlichem, offiziellem Auftrag (weg)nehmen ≈ konfiszieren ⟨die Beute, Möbel beschlagnahmen⟩: *Der Zöllner beschlagnahmte die Ware* || *hierzu* **Be·schlag·nah·me** *die; -; nur Singular*

be·schleu·ni·gen; *beschleunigte, hat beschleunigt* **1 etwas beschleunigen** etwas schneller machen ⟨die Fahrt, eine Arbeit, einen Prozess beschleunigen⟩ **2 etwas beschleunigt sich** etwas wird schneller ⟨das Tempo, die Atmung⟩ || *hierzu* **Be·schleu·ni·gung** *die; -, -en*

be·schlie·ßen[1] B1 *beschloss, hat beschlossen* **1 etwas beschließen** (nach längerer Überlegung) entscheiden, was gemacht wird: *Er beschloss, sich ein neues Auto zu kaufen* **2 (über) etwas** *(Akkusativ)* **beschließen** etwas (durch eine Abstimmung) entscheiden ⟨ein Gesetz, über einen Antrag beschließen⟩: *Die Regierung beschloss, die Renten zu erhöhen* || ▸ **Beschluss**

be·schlie·ßen[2] B1 *beschloss, hat beschlossen;* **etwas (mit etwas) beschließen** *meist* eine Veranstaltung (mit etwas) beenden: *ein Fest mit einem Feuerwerk beschließen*

Be·schluss *der; -es, Be·schlüs·se* **1 ein Beschluss (über etwas** *(Akkusativ)***); der Beschluss** *(* **+ zu** *+ Infinitiv) meist* eine offizielle Entscheidung, etwas zu tun: *auf Beschluss des Parlaments* || -K Gerichtsbeschluss, Regierungsbeschluss **2 einen Beschluss fassen** *förmlich;* etwas entscheiden

be·schmie·ren; *beschmierte, hat beschmiert* **1 etwas (mit etwas) beschmieren** Farbe, Schmutz *o.Ä.* auf etwas bringen und es damit schmutzig machen **2 etwas (mit etwas) beschmieren** *abwertend;* Parolen, Sprüche *o.Ä.* auf eine Fläche malen: *Wände mit Sprüchen beschmieren*

be·schnei·den; *beschnitt, hat beschnitten* **1 etwas beschneiden** etwas mit einer Schere *o.Ä.* kürzer machen ⟨eine Hecke, die Rosen beschneiden⟩ **2 (jemandem) etwas beschneiden; jemanden in etwas** *(Dativ)* **beschneiden** etwas, worauf jemand ein Recht hat, reduzieren ⟨jemandes Rechte, Freiheiten beschneiden⟩: *Er wurde in seiner persönlichen Freiheit beschnitten* **3 jemanden beschneiden** einem Mann die Haut am vorderen Ende des Penis entfernen || *hierzu* **Be-**

schnei·dung *die; -, -en*

be·schö·ni·gen; *beschönigte, hat beschönigt;* **etwas beschönigen** etwas Negatives *meist* mit Worten so darstellen, dass es besser erscheint, als es in Wirklichkeit ist ⟨einen Fehler beschönigen⟩: *Der Minister will die wirtschaftliche Lage nur beschönigen*

be·schrän·ken; *beschränkte, hat beschränkt* **1** **etwas (auf etwas** *(Akkusativ)*) **beschränken** einer Sache eine Grenze setzen ≈ begrenzen (2) ⟨Ausgaben, die Zahl der Teilnehmer beschränken⟩: *Die Redezeit ist auf 5 Minuten beschränkt* **2** **sich (auf etwas** *(Akkusativ)*) **beschränken** den Verbrauch von etwas oder den Anspruch auf etwas reduzieren: *sich auf das Notwendigste beschränken*

be·schränkt, *beschränkter, beschränktest-; Adjektiv; abwertend;* mit wenig Intelligenz ≈ dumm: *Er ist zu beschränkt, um sich das vorstellen zu können* || *hierzu* **Be·schränkt·heit** *die; -; nur Singular*

Be·schrän·kung *die; -, -en* **1** *meist Singular;* **die Beschränkung** (+ *Genitiv*/**von etwas**) (**auf etwas** *(Akkusativ)*) das Beschränken (1) ≈ Begrenzung ⟨die Beschränkung von Kosten, Ausgaben⟩: *eine Beschränkung der Kosten auf 1000 Euro verlangen* || -K Geschwindigkeitsbeschränkung, Handelsbeschränkung, Importbeschränkung, Preisbeschränkung, Rüstungsbeschränkung **2** die Tatache, dass einer Person einige Rechte und Freiheiten genommen werden ⟨jemandem Beschränkungen auferlegen⟩ || -K Aufenthaltsbeschränkung, Freiheitsbeschränkung, Reisebeschränkung

be·schrei·ben B1 *beschrieb, hat beschrieben;* **(jemandem) jemanden/etwas beschreiben** jemanden/etwas mit Worten genau darstellen ⟨etwas ausführlich, anschaulich beschreiben⟩: *Können Sie uns beschreiben, wie das passiert ist?* || ID **etwas ist nicht zu beschreiben** etwas ist äußerst groß oder stark

Be·schrei·bung *die; -, -en* **1** das Beschreiben **2** ein Text, der etwas genau darstellt (beschreibt) ⟨eine detaillierte Beschreibung⟩ || -K Landschaftsbeschreibung

Be·schrif·tung *die; -, -en;* die Zahlen, Namen oder Wörter, die man auf einen Gegenstand schreibt, um ihn identifizieren zu können || *hierzu* **be·schrif·ten** *(hat)*

be·schul·di·gen; *beschuldigte, hat beschuldigt;* **jemanden (etwas** *(Genitiv)*) **beschuldigen** behaupten, dass jemand an etwas schuld ist ⟨jemanden eines Mordes beschuldigen⟩ || *hierzu* **Be·schul·dig·te** *der/die; -n, -n*

Be·schul·di·gung *die; -, -en;* die Worte, mit denen man jemandem die Schuld für etwas gibt ⟨Beschuldigungen gegen jemanden erheben, vorbringen; eine Beschuldigung zurückweisen, von sich weisen⟩

be·schüt·zen; *beschützte, hat beschützt;* **jemanden (vor jemandem/etwas) beschützen** ≈ schützen (1): *seine Kinder vor einer Gefahr beschützen* || *hierzu* **Be·schüt·zer** *der; -s, -;* **Be·schüt·ze·rin** *die; -, -nen*

Be·schwer·de *die; -, -n;* **eine Beschwerde (gegen jemanden/über jemanden/etwas)** eine Klage, mit der man sich bei jemandem über jemanden/etwas beschwert: *Er hat eine Beschwerde gegen seinen Nachbarn vorgebracht*

Be·schwer·den *die; Plural;* die Probleme, die man (aufgrund des Alters oder einer Krankheit) mit einem Körperteil oder einem Organ hat ⟨etwas macht, verursacht jemandem Beschwerden⟩: *Ich darf keine fetten Speisen essen, sonst bekomme ich Beschwerden mit dem Magen* || -K Herzbeschwerden, Magenbeschwerden, Schluckbeschwerden, Verdauungsbeschwerden || *hierzu* **be·schwer·de·frei** *Adjektiv*

be·schwe·ren, **sich**; *beschwerte sich, hat sich beschwert;* **sich (bei jemandem) (über jemanden/etwas) beschweren** jemandem sagen, dass man (mit jemandem/etwas) nicht zufrieden ist ≈ sich über jemanden/etwas beklagen: *Sie beschwerte sich bei ihrem Chef darüber, dass sie viel zu viel Arbeit hatte* || ► **Beschwerde**

▶ Sich beschweren

Manchmal hat man keine andere Wahl, als sich über einen schlechten Service usw. zu beschweren. Die folgenden Beispiele zeigen, wie man dies bestimmt und trotzdem höflich tun kann:

Im Lokal:

Entschuldigen Sie bitte, wann kommt denn mein Essen, ich warte schon sehr lange.
Die Suppe ist ganz kalt.
Das Fleisch ist zäh.
Dieses Essen ist ungenießbar.
Die Rechnung stimmt nicht.

Im Geschäft:

Das Haltbarkeitsdatum ist abgelaufen.
Ich möchte dies zurückgeben.
Der Wecker *usw* **funktioniert nicht**
Das Gerät *usw* **ist beschädigt**
Das Hemd *usw* **passt nicht.**

►►

Im Hotel:
Kann ich bitte ein anderes Zimmer haben?

Eine Lieferung, einen Service fordern:
Ich hatte ... bei Ihnen bestellt. Bis heute habe ich nichts bekommen. Wann kann ich damit rechnen?

Im Kino, im Zug usw.:
Entschuldigen Sie, ich glaube, Sie sitzen auf meinem Platz.

In der (Warte)Schlange:
Entschuldigung, ich war vor Ihnen hier. Würden Sie sich bitte hinten anstellen?

Wenn Zigarettenrauch stört:
Könnten Sie bitte Ihre Zigarette ausmachen? Hier ist Rauchen verboten.

Wenn Lärm stört:
Könnten Sie bitte etwas leiser sein? Ich fühle mich gestört. / Mein Kind wacht sonst auf. Würden Sie bitte das Radio leiser stellen / ausschalten?

SPRECHEN UND SCHREIBEN

be·schwer·lich *Adjektiv;* mit großer Mühe verbunden ≈ anstrengend, mühsam ⟨eine Arbeit, eine Aufgabe, eine Reise⟩

be·schwich·ti·gen; *beschwichtigte, hat beschwichtigt;* **jemanden/etwas beschwichtigen** bewirken, dass jemandes Ärger, Zorn *o.Ä.* geringer wird ≈ beruhigen ⟨jemandes Zorn, die erhitzten Gemüter beschwichtigen; eine beschwichtigende Geste⟩: *Er versuchte, die streitenden Nachbarn zu beschwichtigen*

be·schwingt, *beschwingter, beschwingtest-; Adjektiv;* lebhaft und mit viel Schwung ⟨eine Melodie, ein Rhythmus, eine Stimmung, eine Rede⟩

be·schwipst B2 *beschwipster, beschwipstest-; Adjektiv; umg;* in leicht betrunkenem Zustand ≈ angeheitert

be·schwö·ren; *beschwor, hat beschworen;* **1** **etwas beschwören** sagen (und schwören), dass etwas wirklich so war, wie man es behauptet: *Ich kann beschwören, dass ich die Tür abgeschlossen habe* **2** **jemanden beschwören + zu** + *Infinitiv* durch intensives Bitten zu erreichen versuchen, dass jemand etwas tut ≈ jemanden anflehen + zu + Infinitiv: *Er beschwor sie, bei ihm zu bleiben* **3** **jemanden/etwas beschwören** *bes* durch Magie erreichen (wollen), dass eine höhere Macht tut, was man will ⟨die Götter, Geister, Dämonen beschwören⟩ || *hierzu* **Be·schwö·rung** *die; -, -en*

be·sei·ti·gen; *beseitigte, hat beseitigt;* **etwas beseitigen** bewirken, dass etwas nicht mehr da ist: *einen Fleck, ein Problem beseitigen* || *hierzu* **Be·sei·ti·gung** *die; -; nur Singular* || ► **Seite**

Be·sen B2 *der; -s, -;* ein Gegenstand mit langem Stiel und Borsten, mit dem man den Schmutz vom Boden entfernen (kehren, fegen) kann: *den Hof mit dem Besen fegen* || -K Handbesen || ID **Neue Besen kehren gut** wer irgendwo neu angestellt ist, erfüllt seine Aufgabe zuerst meist sehr gut

be·ses·sen **1** *Partizip Perfekt;* ↑ **besitzen** **2** *Adjektiv;* **(von etwas) besessen sein** etwas zu sehr in den Mittelpunkt seines Lebens stellen ⟨von einer Idee, einer Leidenschaft, einem Wunsch besessen sein⟩: *Er ist so sehr von seiner Arbeit besessen, dass er seine Familie völlig vernachlässigt* || -K machtbesessen **3** *Adjektiv;* **(von etwas) besessen** (wie) von Geistern beherrscht: *Er ist vom Teufel besessen; Sie rannte wie besessen davon* **4** *Adjektiv; nur als Adverb; umg;* **wie besessen** sehr oder übertrieben eifrig: *Sie arbeitet/schreibt/übt wie besessen* || *zu* 2-4 **Be·ses·sen·heit** *die; -; nur Singular*

be·set·zen; *besetzte, hat besetzt* **1** **etwas besetzen** einen Platz nehmen, reservieren ⟨einen Tisch im Restaurant besetzen; einen Liegestuhl am Strand für jemanden besetzen⟩ **2** ⟨Truppen⟩ **besetzen etwas** Truppen dringen

Im Bad

1 der Bademantel
2 die Badematte
3 die Badewanne
4 die Creme
5 die Dusche
6 die elektrische Zahnbürste
7 der Föhn
8 die Haarbürste
9 das Handtuch
10 die Hausapotheke
11 der Kamm
12 das Mundwasser
13 die Personenwaage, die Waage
14 der Rasierapparat
15 die Seife
16 die Seifenschale
17 der Spiegel
18 das Waschbecken
19 der Wasserhahn
20 die Zahnbürste
21 die Zahnpasta

Im Bad

Die Kleidung

in das Territorium eines anderen Staates ein und üben dort ihre Macht aus: *seine Truppen aus den besetzten Gebieten abziehen*

be·setzt A2 *Adjektiv; nicht als Adverb* 1 nicht frei ⟨ein Stuhl, die Toilette⟩: *Der Zug war voll besetzt* 2 ⟨das Telefon, die Leitung⟩ **ist besetzt** jemand telefoniert gerade

Be·set·zung *die; -, -en* 1 *nur Singular;* die Aktion, in der ein Platz, ein Territorium besetzt wird: *die Besetzung eines Postens mit einem Angestellten; die Besetzung eines Landes durch feindliche Truppen; die Besetzung eines Hauses durch Jugendliche* || -K Neubesetzung; Hausbesetzung 2 alle Schauspieler, die *bes* in einem Theaterstück spielen: *ein Stück in neuer Besetzung aufführen*

be·sich·ti·gen B1 *besichtigte, hat besichtigt;* **etwas besichtigen** herumgehen und etwas ansehen, um es kennenzulernen ⟨eine Stadt, eine Kirche, ein Museum besichtigen⟩ || *hierzu* **Be·sich·ti·gung** *die; -, -en*

be·sie·delt *Adjektiv; nicht als Adverb;* **(irgendwie) besiedelt** mit (einer gewissen Zahl von) Menschen, die dort leben ⟨dicht, dünn besiedelt⟩: *Japan ist ein sehr dicht besiedeltes Land* (= sehr viele Menschen leben dort)

be·sie·gen; *besiegte, hat besiegt* 1 **jemanden besiegen** in einem (Wett)Kampf (mit jemandem) gewinnen 2 **etwas besiegen** etwas überwinden ⟨seine Müdigkeit besiegen⟩ || *hierzu* **Be·sieg·te** *der/die; -n, -n*

be·sin·nen, sich; *besann sich, hat sich besonnen* 1 **sich besinnen** *förmlich;* seine Gedanken intensiv auf ein Problem konzentrieren ≈ überlegen, nachdenken ⟨sich kurz, eine Weile besinnen⟩ 2 **sich auf etwas** *(Akkusativ)* **besinnen** sich etwas in die Erinnerung rufen, sich einer Sache bewusst werden: *sich auf seine Fähigkeiten besinnen*

be·sinn·lich *Adjektiv;* ⟨eine Feier, Worte, eine Zeit⟩ so, dass sie einen zum Nachdenken bringen ≈ beschaulich

Be·sin·nung *die; -; nur Singular* 1 ≈ Bewusstsein (1) ⟨wieder zur Besinnung kommen⟩: *Der Verletzte verlor die Besinnung* 2 ein ruhiger, vernünftiger Zustand ≈ Vernunft ⟨jemanden zur Besinnung bringen; zur Besinnung kommen⟩ 3 ruhiges und intensives Nachdenken über sich und sein Tun: *vor lauter Arbeit nicht zur Besinnung kommen*

be·sin·nungs·los *Adjektiv; ohne Steigerung* 1 ≈ bewusstlos, ohnmächtig 2 **besinnungslos vor etwas** *(Dativ)* aufgrund heftiger Gefühle nicht fähig zu denken: *besinnungslos vor Wut zuschlagen*

Be·sitz *der; -es; nur Singular* 1 das, was jemand hat oder besitzt (1) ≈ Eigentum ⟨privater, staatlicher Besitz⟩: *Er verlor seinen ganzen Besitz* || -K Hausbesitz 2 das Recht, über etwas zu verfügen, das man bekommen hat: *Wie kam er in den Besitz der geheimen Dokumente?*

be·sitz·an·zei·gend *Adjektiv; nur in* **besitzanzeigendes Fürwort** ≈ Possessivpronomen

be·sit·zen B2 *besaß, hat besessen* 1 **etwas besitzen** als Eigentum haben ⟨ein Haus, ein Auto, Aktien besitzen⟩ 2 **etwas besitzen** eine Eigenschaft, Qualität haben ⟨Fantasie, Talent besitzen⟩

Be·sit·zer *der; -s, -;* jemand, der etwas in seinem Besitz, Eigentum hat: *Das Restaurant wechselte den Besitzer* || -K Fabrikbesitzer || *hierzu* **Be·sit·ze·rin** *die; -, -nen*

Be·sitz·tum *das; -s, -tü·mer; förmlich* 1 etwas, das jemand besitzt (1): *mein wertvollstes Besitztum* 2 *meist Plural;* die Grundstücke und die Gebäude, die jemand, eine Institution *o.Ä.* hat: *die Besitztümer der Kirche*

be·son·de·r- *Adjektiv; nur vor dem Substantiv, ohne Steigerung, nicht als Adverb* 1 so, dass etwas sich vom Gewöhnlichen, Normalen unterscheidet ⟨unter besonderen Umständen⟩:

Die Kleidung

1 der Anzug
2 die Bluse
3 die Handtasche
4 das Hemd
5 die Hose
6 die Jacke
7 die Jeans
8 das Kleid
9 das Kostüm, das Damenkostüm
10 der Mantel
11 der Pullover
12 der Pumps
13 der Regenschirm
14 der Rock
15 der Schuh, der Halbschuh
16 der Slip
17 die Socke
18 die Strickjacke
19 die Strumpfhose
20 das Sweatshirt
21 das T-Shirt
22 der Turnschuh
23 das Unterhemd
24 die Weste

B

keine besonderen Merkmale/Kennzeichen **2** ≈ speziell ⟨eine Ausbildung, Fähigkeiten⟩: *Für diese Tätigkeit benötigen Sie eine besondere Ausbildung* **3** besser, intensiver oder schöner als der Durchschnitt ⟨Qualität; Freude, Mühe⟩: *Die Insel ist von besonderer Schönheit*

Be·son·der·heit *die; -, -en;* ein Merkmal oder eine Eigenschaft, worin sich etwas von etwas anderem (deutlich) unterscheidet ≈ Eigenart: *die Besonderheiten der deutschen Sprache in Österreich*

be·son·ders[1] B1 *Adverb* **1** stärker als normal ≈ nachdrücklich ⟨etwas besonders betonen⟩ **2** verwendet, um Adjektive zu verstärken ≈ sehr: *Das Buch ist besonders interessant* **3** **nicht besonders** *umg;* nicht gut: *Ich fühle mich heute nicht besonders*

be·son·ders[2] B1 *Partikel* verwendet, um etwas hervorzuheben ≈ vor allem: *Sie isst gerne Obst, besonders Äpfel und Birnen*

be·son·nen **1** *Partizip Perfekt;* ↑ **besinnen** **2** *Adjektiv;* ruhig und vernünftig ⟨ein Mensch, ein Verhalten⟩ || *hierzu* **Be·son·nen·heit** *die; -; nur Singular*

be·sor·gen; *besorgte, hat besorgt;* **(jemandem) etwas besorgen** bewirken, dass man/jemand etwas erhält ≈ beschaffen ⟨eine Theaterkarte, ein Taxi besorgen⟩

be·sorg·nis·er·re·gend, Be·sorg·nis er·re·gend *Adjektiv;* so, dass man sich darüber große Sorgen macht ⟨jemandes Aussehen, Zustand ist besorgniserregend⟩

be·sorgt, *besorgter, besorgtest-; Adjektiv;* **besorgt (um jemanden)** von Sorge oder Angst erfüllt ⟨um jemandes Gesundheit, Leben, Sicherheit besorgt sein⟩

Be·sor·gung *die; -, -en* **1** **eine Besorgung/Besorgungen machen** etwas einkaufen: *Für Weihnachten muss ich noch ein paar Besorgungen machen* **2** *nur Singular;* die Ausführung einer Aufgabe

be·spre·chen; *bespricht, besprach, hat besprochen* **1** **etwas (mit jemandem) besprechen** mit anderen über etwas sprechen: *Sie besprachen, wohin die Reise gehen sollte* **2** **etwas besprechen** seine kritische Meinung zu etwas äußern ⟨einen Film, ein Buch in einer Zeitung besprechen⟩

Be·spre·chung B2 *die; -, -en* **1** die Tatsache, dass man mit anderen über etwas spricht ⟨die Besprechung eines Problems⟩ **2** **eine Besprechung (über etwas** *(Akkusativ)*) eine Sitzung, bei der man über etwas spricht ⟨in einer Besprechung sein; eine Besprechung haben⟩ **3** eine *meist* kritische Darstellung ≈ Kritik ⟨die Besprechung eines Buches, eines Films⟩

be·sprit·zen; *bespritzte, hat bespritzt;* **jemanden/etwas (mit etwas) bespritzen** jemanden/etwas nass machen: *jemanden mit Wasser bespritzen*

be·sprü·hen; *besprühte, hat besprüht;* **etwas besprühen** etwas auf etwas sprühen: *Pflanzen mit Wasser besprühen*

bes·ser A2 *Adjektiv* **1** **besser (als jemand/etwas)** verwendet als Komparativ zu *gut*: *Heute ist das Wetter besser als gestern* **2** *nur vor dem Substantiv, nicht als Adverb;* so, dass jemand zu einer hohen sozialen Schicht gerechnet wird ⟨die besseren Leute; in besseren Kreisen verkehren⟩ || ID **umso/desto besser** *umg;* verwendet, um jemandem zu sagen, dass man mit einer Nachricht zufrieden ist; *meist* **jemand hat Besseres zu tun** jemand hat keine Zeit für jemanden/etwas oder keine Lust zu etwas

bes·sern; *besserte, hat gebessert* **1** **etwas bessert jemanden** etwas bewirkt, dass jemandes Charakter oder Verhalten besser wird: *Die Erziehung im Internat hat ihn auch nicht gebessert* **2** **etwas bessert sich** etwas kommt in einen besseren Zustand oder erreicht ein höheres Niveau ↔ etwas verschlechtert sich ⟨das Wetter, die Gesundheit, eine Leistung⟩: *Seine finanzielle Lage bessert sich nur langsam* **3** **jemand bessert sich** jemandes Verhalten wird besser

Bes·se·rung *die; -; nur Singular* **1** der Übergang in einen erwünschten (besseren) Zustand ⟨eine Besserung der Lage⟩: *Der Kranke ist auf dem Wege der Besserung* **2** **Gute Besserung!** verwendet, um einem Kranken zu wünschen, dass er bald wieder gesund wird

Bes·ser·wis·ser *der; -s, -; abwertend;* jemand, der glaubt, (immer) alles besser zu wissen || *hierzu* **Bes·ser·wis·se·rin** *die; -, -nen*

bes·t- *Adjektiv* **1** verwendet als Superlativ zu *gut*: *der beste Wein, den ich je getrunken habe; Dieses Kleid gefällt mir am besten; Er ist der Beste in seiner Mannschaft* || K- bestbezahlt, bestinformiert **2** sehr gut: *Wir sind die besten Freunde* **3** **Es ist das Beste (, wenn ...)** *umg;* es ist sinnvoll und sehr richtig: *Es ist das Beste, wenn du nach Hause gehst, bevor es dunkel wird* **4** **am besten** verwendet, um auszudrücken, dass etwas die vernünftigste Lösung ist: *Du gehst jetzt am besten ins Bett* || ID **das Beste aus etwas machen** in einer ungünstigen Situation dennoch etwas Positives erreichen; **etwas zum Besten geben** etwas (Unterhaltsames) erzählen; **jemanden zum Besten haben/halten** jemanden (auf spöttische

Weise) ärgern

Be·stand *der; -(e)s, Be·stän·de* **1** *nur Singular;* die Tatsache, dass etwas zu einem gewissen Zeitpunkt und in der Zukunft existiert ≈ Fortdauer ⟨etwas hat keinen Bestand; etwas ist von (kurzem) Bestand⟩: *Der Bestand des Betriebes ist bedroht* **2** **der Bestand (an etwas** *(Dativ)* *(meist Plural)*) die Menge an Gütern, Geld oder Waren ≈ Vorrat ⟨der Bestand an Waren, Vieh⟩ || K- Bestandsliste || -K Baumbestand, Bücherbestand, Viehbestand, Waldbestand, Warenbestand

be·stan·den B1 *Partizip Perfekt;* ↑ **bestehen**

be·stän·dig *Adjektiv* **1** so, dass es sich nicht (schnell) ändert ≈ stabil ⟨ein Zustand, das Wetter⟩ **2** lange dauernd ⟨Regen, Glück⟩: *Während unseres Urlaubs regnete es beständig* **3** **beständig gegen etwas** so (beschaffen), dass es nicht zerstört oder angegriffen wird: *Platin ist beständig gegen Säure* || *hierzu* **Be·stän·dig·keit** *die; -; nur Singular*

-be·stän·dig *im Adjektiv;* drückt aus, dass etwas gegen das im ersten Wortteil Genannte geschützt ist; **feuerbeständig, hitzebeständig** ⟨ein Material, Plastik⟩, **korrosionsbeständig, wetterbeständig** ⟨eine Farbe⟩, **frostbeständig** ⟨Pflanzen⟩ || *hierzu* **-be·stän·dig·keit** *die; -; nur Singular*

Be·stand·teil *der; -(e)s, -e;* ein Teil eines Ganzen ⟨etwas in seine Bestandteile zerlegen⟩: *Eiweiße und Fette sind wichtige Bestandteile unserer Nahrung*

be·stär·ken; *bestärkte, hat bestärkt;* **jemanden (in etwas** *(Dativ)*) **bestärken/jemanden bestärken + zu** *+ Infinitiv* jemandem sagen oder zeigen, dass man sein Verhalten oder seine Pläne für richtig hält ⟨jemanden in seinem Glauben, in seiner Annahme bestärken⟩ || ► **stark**

be·stä·ti·gen B1 *bestätigte, hat bestätigt* **1** **etwas bestätigen** von einer Aussage sagen, dass sie richtig ist ↔ bestreiten ⟨eine Behauptung, eine Meldung offiziell, schriftlich bestätigen⟩ **2** **etwas bestätigt etwas** etwas zeigt, dass eine Vermutung richtig ist ⟨etwas bestätigt einen Verdacht, eine Vermutung⟩ **3** **etwas bestätigt sich** etwas erweist sich als richtig: *Der Verdacht auf Krebs hat sich (nicht) bestätigt*

Be·stä·ti·gung B2 *die; -, -en* **1** das Bestätigen: *die Bestätigung einer Nachricht, eines Urteils, eines Verdachts* **2** **eine Bestätigung (über etwas** *(Akkusativ)*) ein Dokument oder eine mündliche Erklärung, die etwas bestätigen (1) ⟨eine Bestätigung ausstellen, vorlegen⟩: *eine Bestätigung über den Erhalt der Ware* || -K Empfangsbestätigung **3** **etwas findet seine Bestätigung** etwas erweist sich als richtig

be·stat·ten; *bestattete, hat bestattet;* **jemanden bestatten** *förmlich;* einen Toten oder dessen Asche feierlich in ein Grab legen ≈ beisetzen || *hierzu* **Be·stat·tung** *die; -, -en*

Be·stat·tungs·in·sti·tut *das; -(e)s, -e;* eine Firma, die Tote bestattet (und sich auch um die notwendigen Formalitäten kümmert) ≈ Beerdigungsinstitut

be·ste·chen; *besticht, bestach, hat bestochen* **1** **jemanden (mit etwas) bestechen** jemandem Geld oder Geschenke geben, um dadurch einen unfairen, verbotenen Vorteil zu erhalten ⟨einen Richter, einen Zeugen mit Geld bestechen⟩ **2** **jemand/etwas besticht durch etwas** jemand/etwas macht (durch etwas Positives) auf andere einen sehr guten Eindruck: *Er bestach durch seinen Charme* || zu **1** **be·stech·lich** *Adjektiv;* **Be·ste·chung** *die; -, -en*

Be·steck B1 *das; -(e)s, -e; meist Singular;* die Geräte (ein Messer, eine Gabel und ein Löffel), die man zum Essen verwendet ⟨das Besteck auflegen⟩ || -K Fischbesteck, Silberbesteck

be·ste·hen B2 *bestand, hat bestanden* **1** **etwas besteht** etwas existiert oder ist vorhanden ⟨etwas bleibt bestehen⟩: *Unsere Firma besteht seit mehr als zehn Jahren; Die Gefahr bleibt bestehen* **2** **etwas besteht aus etwas** etwas hat mehrere Teile: *Die Wohnung besteht aus fünf Zimmern, Küche und Bad* **3** **etwas besteht in etwas** *(Dativ)* etwas hat etwas zum Inhalt: *Ihre Aufgabe besteht darin, den Text auf Fehler zu überprüfen* **4** **(etwas) bestehen** bei einer Prüfung, einem Test Erfolg haben ⟨eine Prüfung, die Probezeit bestehen⟩: *Er hat (das Examen mit der Note „gut") bestanden* **5** **(gegenüber jemandem) auf etwas** *(Dativ)* **bestehen** eine Meinung mit Nachdruck vertreten ⟨auf seiner Meinung, seinem Recht bestehen⟩: *Sie besteht darauf, dass in ihrem Zimmer nicht geraucht wird*

be·stei·gen; *bestieg, hat bestiegen;* **etwas besteigen** auf etwas (hinauf)steigen ⟨einen Berg, einen Turm besteigen⟩ || *hierzu* **Be·stei·gung** *die; -, -en*

be·stel·len A2 *bestellte, hat bestellt* **1** **etwas (bei jemandem/etwas) bestellen** Leistungen (wie die Lieferung/Reservierung von etwas) veranlassen ⟨Möbel, ein Buch bestellen; etwas telefonisch bestellen⟩: *einen Tisch für vier Personen im Restaurant bestellen* || K- Bestellkatalog, Bestellliste, Bestellnummer,

Bestellschein **2** **(etwas) bestellen** in einem Lokal (der Bedienung) sagen, was man essen oder trinken will ⟨ein Glas Wein bestellen⟩: *Haben Sie schon bestellt?* **3** **jemanden (irgendwohin) bestellen** jemandem sagen, dass er an den genannten Ort kommen soll ⟨ein Taxi (vor die Tür) bestellen⟩ **4** **(jemandem) etwas (von jemandem) bestellen** jemandem eine Nachricht von jemand anderem mitteilen: *Ich soll dir schöne Grüße von ihr bestellen* **5** **etwas bestellen** den Boden bearbeiten ⟨ein Feld, den Acker bestellen⟩ || ID **um jemanden/etwas ist es gut/schlecht bestellt** jemand/etwas ist einem guten/schlechten Zustand

Be·stel·lung *die; -, -en* **1** **eine Bestellung (über etwas** *(Akkusativ)*) der Auftrag, mit dem man sagt, was man bekommen möchte ⟨eine Bestellung aufgeben, entgegennehmen⟩ **2** die bestellte Ware: *Ihre Bestellung liegt zum Abholen bereit*

bes·ten·falls *Adverb;* im günstigsten Fall: *Sie wird in der Prüfung bestenfalls eine durchschnittliche Note bekommen*

be·steu·ern; *besteuerte, hat besteuert;* **1** **jemanden besteuern** von jemandem für etwas Steuern verlangen **2** ⟨der Staat⟩ **besteuert etwas** der Staat verlangt von etwas (jemandes Einkommen *o.Ä.*) Steuern ⟨der Staat besteuert jemandes Einkommen, jemandes Vermögen⟩ || *hierzu* **Be·steu·e·rung** *die; -, -en; meist Singular*

Best·form *die; -; nur Singular; meist* **in Bestform sein** in so guter Form (Verfassung) sein, dass man hervorragende sportliche Leistungen bringen kann ≈ in Höchstform sein

Bes·tie [-tiə] *die; -, -n* **1** ein großes Tier, das sehr wild und gefährlich ist **2** *abwertend;* verwendet als Schimpfwort für jemanden, der sehr grausam ist

be·stim·men; *bestimmte, hat bestimmt* **1** **etwas bestimmen** ≈ festlegen, feststellen ⟨das Ziel, einen Zeitpunkt bestimmen⟩: *das Alter eines Bauwerks bestimmen* **2** **etwas für jemanden/etwas bestimmen** etwas einer Person oder einem besonderen Zweck zukommen lassen: *Das Geld ist für dich (allein) bestimmt* || Hinweis: *meist* im Zustandspassiv! **3** **(etwas) bestimmen** etwas so entscheiden, dass es für andere gilt ≈ anordnen ⟨etwas gesetzlich bestimmen⟩: *Die Chefin bestimmt, wer die Aufgaben zu erledigen hat*

be·stimmt[1], *bestimmter, bestimmtest-; Adjektiv* **1** *nur vor dem Substantiv, ohne Steigerung, nicht als Adverb;* so, wie es angegeben (oder festgelegt) ist ↔ unbestimmt: *eine bestimmte Summe Geld bezahlen; sich zu einer bestimmten Zeit treffen* **2** so, dass es Entschlossenheit demonstriert: *Der Ton des Redners war höflich, aber bestimmt*

be·stimmt[2] *Adverb;* ganz sicher ≈ gewiss ⟨ganz bestimmt⟩: *Du wirst bestimmt mit deiner Bewerbung Erfolg haben*

Be·stimmt·heit *die; -; nur Singular;* **mit Bestimmtheit** ≈ bestimmt[2], mit Sicherheit: *Kannst du mit Bestimmtheit sagen, dass du morgen kommst?*

Be·stim·mung *die; -, -en* **1** eine Regelung, die in einem Vertrag, Gesetz steht ≈ Vorschrift ⟨Bestimmungen einhalten, verletzen⟩ **2** *nur Singular;* ein starkes Gefühl, für etwas (von Gott, vom Schicksal) für eine besondere Aufgabe ausgewählt zu sein ≈ Berufung: *Er folgte seiner Bestimmung und ging ins Kloster* **3** der Zweck, für den etwas bestimmt ist: *Die Straße wurde ihrer Bestimmung übergeben*

Be·stim·mungs- *im Substantiv;* verwendet, um das Ziel zu bezeichnen; der **Bestimmungsbahnhof**, der **Bestimmungshafen**, der **Bestimmungsort**, der **Bestimmungszweck**

be·stra·fen; *bestrafte, hat bestraft;* **jemanden (für etwas) bestrafen** jemandem eine Strafe geben ⟨jemanden hart bestrafen; für seinen Leichtsinn bestrafen⟩: *Er wurde für den Diebstahl mit drei Monaten Gefängnis bestraft* || *hierzu* **Be·stra·fung** *die; -, -en*

be·strah·len; *bestrahlte, hat bestrahlt;* **jemanden/etwas bestrahlen** jemanden/etwas mit wärmenden oder radioaktiven Strahlen medizinisch behandeln: *ein Geschwür, die Brust bestrahlen* || *hierzu* **Be·strah·lung** *die; -, -en*

be·strebt *Adjektiv; nur nach dem Substantiv, nicht als Adverb;* **bestrebt sein + zu** + *Infinitiv* sich viel Mühe geben, ein Ziel zu erreichen: *Er ist bestrebt, die Wünsche aller Leute zu berücksichtigen*

Be·stre·bung *die; -, -en; meist Plural;* Maßnahmen, mit denen man versucht, ein Ziel zu erreichen: *Bestrebungen zum Schutz der Bürger*

be·strei·chen; *bestrich, hat bestrichen;* **etwas (mit etwas) bestreichen** eine Schicht auf etwas streichen: *die Wände mit Farbe, ein Brot mit Marmelade bestreichen*

be·strei·ten; *bestritt, hat bestritten;* **etwas bestreiten** sagen, dass etwas nicht wahr ist ⟨eine Behauptung, eine Tatsache bestreiten⟩: *Er bestreitet entschieden, den Unfall verursacht zu haben*

be·streu·en; *bestreute, hat bestreut;* **etwas (mit etwas) bestreuen** etwas auf etwas streuen:

das Fleisch mit Salz und Pfeffer bestreuen

Bẹst·sel·ler *der; -s, -;* eine Ware (*bes* ein Buch), die während eines Zeitraums besonders häufig verkauft wird: *Sein erster Roman wurde sofort zum Bestseller* || K- Bestsellerautor, Bestsellerliste

be·stụ̈r·men; *bestürmte, hat bestürmt;* **jemanden (mit etwas) bestürmen** jemanden mit Fragen *o.Ä.* stark bedrängen: *Die Journalisten bestürmten den Minister mit Fragen*

be·stụ̈rzt, *bestürzter, bestürztest-; Adjektiv;* **bestürzt (über etwas** (*Akkusativ*)**)** von etwas Schlimmem erschreckt ≈ erschüttert ⟨bestürzte Gesichter, Mienen⟩: *Er war tief bestürzt über den Tod seines Kollegen* || *hierzu* **Be·stụ̈r·zung** *die; -; nur Singular*

Be·su̲ch B1 *der; -(e)s, -e* **1** die Tatsache, dass man jemanden/etwas besucht ⟨einen Besuch machen; bei jemandem zu Besuch sein⟩: *Unsere Tante kommt einmal im Jahr für zwei Wochen zu Besuch; Der Besuch des Museums lohnt sich* || -K Höflichkeitsbesuch, Krankenbesuch **2** *nur Singular;* jemand, der jemanden besucht (1) ≈ Gast/Gäste ⟨Besuch haben, erwarten⟩: *Unser Besuch bleibt bis zum Abendessen*

be·su̲·chen A2 *besuchte, hat besucht* **1** **jemanden besuchen** zu jemandem gehen oder fahren, um bei ihm zu sein ⟨einen Freund, einen Kranken im Krankenhaus besuchen⟩: *In den Ferien besuchte er seine Großmutter* **2** **etwas besuchen** auf eine Veranstaltung oder regelmäßig in eine Institution gehen ⟨eine Ausstellung, ein Konzert besuchen; eine Schule, eine Vorlesung besuchen⟩

Be·su̲·cher *der; -s, -;* **1** jemand, der (geschäftlich, dienstlich oder privat) zu jemandem kommt (um etwas mit ihm zu besprechen): *Der Präsident empfing die ausländischen Besucher* **2** jemand, der an einer Veranstaltung teilnimmt ⟨die Besucher eines Konzerts, eines Theaters, eines Museums⟩: *Der Kölner Dom beeindruckt alle Besucher* || -K Kinobesucher, Kirchenbesucher, Theaterbesucher || *hierzu* **Be·su̲·che·rin** *die; -, -nen*

Be·su̲chs·zeit B2 *die; -, -en;* die Zeit, in der man jemanden besuchen darf (der *bes* in einem Gefängnis oder in einem Krankenhaus ist)

be·tä̲·ti·gen; *betätigte, hat betätigt* **1** **etwas betätigen** *förmlich;* eine mechanische Vorrichtung benutzen ≈ bedienen ⟨die Bremse, einen Hebel betätigen⟩ **2** **sich irgendwie/als etwas betätigen** auf einem bestimmten Gebiet aktiv sein ⟨sich sportlich, politisch, künstlerisch betätigen⟩ || *hierzu* **Be·tä̲·ti·gung** *die; -, -en*

Be·tä̲·ti·gungs·feld *das; -(e)s, -er;* ein Gebiet oder Bereich, auf/in dem jemand aktiv ist: *In der Werbebranche bietet sich ein weites Betätigungsfeld*

be·täu̲·ben; *betäubte, hat betäubt* **1** **jemanden/ein Tier/etwas betäuben** (*meist* vor einer Operation) jemanden/ein Tier gegen Schmerzen unempfindlich machen: *einen Patienten mit einer Narkose betäuben* **2** **etwas betäubt jemanden** etwas bewirkt, dass jemand nicht mehr klar denken und fühlen kann ↔ etwas belebt jemanden: *Der Lärm/der Schreck/der Duft betäubte ihn* || *hierzu* **Be·täu̲·bung** *die; -, -en*

Be̲·te *die; -; nur Singular; nur in* **Rote Bete** rote, runde Rüben, die man *bes* als Salat isst

be·te̲i̲·li·gen; *beteiligte, hat beteiligt* **1** **jemanden (an etwas** (*Dativ*)**) beteiligen** jemandem die Möglichkeit geben, etwas aktiv zusammen mit anderen zu tun: *Die Bürger werden an der Straßenplanung beteiligt* **2** **jemanden (an etwas** (*Dativ*)**) beteiligen** jemandem einen Teil *bes* vom Gewinn geben ⟨jemanden am Geschäft, am Gewinn, am Umsatz beteiligen⟩ **3** **sich (an etwas** (*Dativ*)**) beteiligen** an etwas aktiv teilnehmen ⟨sich an einer Diskussion, einem Spiel beteiligen⟩: *Der Schüler beteiligt sich lebhaft am Unterricht; Der Staat beteiligt sich an den Kosten des Projekts* **4** **sich (an etwas** (*Dativ*)**) beteiligen** einen Teil von etwas zahlen ⟨sich an den Kosten beteiligen⟩ || *hierzu* **Be·te̲i̲·li·gung** *die; -, -en*

Be·te̲i̲·lig·te *der/die; -n, -n;* **der/die Beteiligte (an etwas** (*Dativ*)**)** jemand, der bei etwas mitwirkt oder von etwas betroffen ist: *Alle Beteiligten akzeptierten den Kompromiss*

be̲·ten B1 *betete, hat gebetet;* **(für jemanden/um etwas) (zu jemandem) beten** (einen) Gott loben, (ihn) um etwas bitten oder (ihm) für etwas danken: *für einen Kranken beten; um eine gute Ernte beten*

be·teu̲·ern; *beteuerte, hat beteuert;* **etwas beteuern** etwas mit Nachdruck sagen: *Der Angeklagte beteuert seine Unschuld* || *hierzu* **Be·teu̲·e·rung** *die; -, -en*

Be·ton B1 [be'tɔŋ, be'to:n, be'tõ:] *der; -s; nur Singular;* eine Mischung aus Zement, Sand, Kies und Wasser, die zum Bauen verwendet wird ⟨Beton mischen⟩ || K- Betonmauer, Betonwand || -K Mischbeton, Stahlbeton || *hierzu* **be·to·ni̲e·ren** (*hat*)

be·to̲·nen; *betonte, hat betont* **1** **etwas betonen** die Stimme bei einer Silbe im Wort oder einem Wort im Satz heben ⟨ein Wort richtig,

B

falsch betonen; eine betonte Silbe⟩ 2 **etwas betonen** auf etwas besonders hinweisen: *Der Redner betonte, dass er mit dieser Regelung nicht zufrieden sei* || *hierzu* **Be·to·nung** *die; -, -en*

be·tont *Adjektiv; ohne Steigerung; (meist* übertrieben) deutlich oder ausdrücklich ⟨mit betonter Höflichkeit; betont gleichgültig, lässig⟩

-be·tont, *-betonter, -betontest- im Adjektiv;* vorwiegend von einer Sache bestimmt; **gefühlsbetont** ⟨ein Mensch⟩, **kampfbetont** ⟨ein Spiel⟩, **körperbetont** ⟨eine Kleidung⟩, **zweckbetont** ⟨Möbel⟩

Be·tracht *förmlich; nur in* 1 **(für etwas) in Betracht kommen** für den Zweck eine (günstige) Möglichkeit sein ≈ infrage kommen: *Wegen seiner Affären kam er nicht für das Amt des Präsidenten in Betracht* 2 **jemanden/etwas in Betracht ziehen** an jemanden/etwas bei der Planung denken: *bei einer Expedition alle möglichen Gefahren in Betracht ziehen* 3 **etwas außer Betracht lassen** bei der Planung nicht auf etwas achten ≈ etwas nicht berücksichtigen

be·trach·ten; *betrachtete, hat betrachtet* 1 **jemanden/etwas betrachten** jemanden/etwas (genau) ansehen oder untersuchen: *ein Kunstwerk, jemandes Verhalten betrachten* 2 **jemanden/etwas als etwas betrachten** von einer Person/Sache diese Meinung haben ⟨jemanden als seinen Feind, Freund betrachten⟩: *Ich betrachte das als falsch/als Blödsinn* || *zu* 1 **Be·trach·ter** *der; -s, -;* **Betrach·te·rin** *die; -, -nen;* **Be·trach·tung** *die; -, -en*

be·träch·tlich *Adjektiv* 1 *nicht als Adverb;* relativ groß, wichtig oder gut ≈ beachtlich ⟨Erfolge, Kosten, Gewinne, Schaden⟩ 2 *nur als Adverb;* verwendet, um ein Adjektiv im Komparativ oder Verb zu verstärken ≈ wesentlich: *die Preise beträchtlich erhöhen; Sie ist beträchtlich reicher als ihr Bruder*

Be·trag *der; -(e)s, Be·trä·ge;* eine bestimmte Menge Geld ≈ Summe: *hohe Beträge überweisen; ein Betrag von 300 Euro* || -K Rechnungsbetrag

be·tra·gen[1]; *beträgt, betrug, hat betragen;* **etwas beträgt etwas** etwas hat einen bestimmten Wert: *Die Rechnung betrug 150 Euro* || Hinweis: kein Passiv!

be·tra·gen[2], **sich**; *beträgt sich, betrug sich, hat sich betragen;* **sich irgendwie betragen** sich (mehr oder weniger) nach den gesellschaftlichen Normen richten und verhalten ≈ sich benehmen ⟨sich anständig, schlecht betragen⟩

Be·tra·gen *das; -s; nur Singular;* die Art und Weise, wie sich jemand benimmt ≈ Benehmen

Be·treff *der; -(e)s, -e; Verwaltung;* verwendet, wenn man in einem geschäftlichen Brief (zu Beginn, noch vor der Anrede) das Thema oder den Grund nennt, wegen dem man schreibt; *Abkürzung* Betr.: *Betr.: Ihre Rechnung vom 5. Januar*

be·tref·fen; *betrifft, betraf, hat betroffen* 1 **etwas betrifft jemanden/etwas** etwas ist für jemanden/etwas wichtig: *Der Naturschutz ist eine Aufgabe, die uns alle betrifft* 2 **was jemanden/etwas betrifft** verwendet, um den Bezug zu jemandem/etwas auszudrücken: *Was mich betrifft, kannst du die Aktion vergessen* (= Ich mache bei der Aktion nicht mit)

be·tref·fend *Adjektiv; nicht als Adverb;* verwendet, um sich auf jemanden/etwas zu beziehen, der/das bereits bekannt ist oder erwähnt wurde: *Sie konnte das betreffende Wort nicht im Wörterbuch finden; Ihre Anfrage betreffend Ihre Steuernachzahlung wird in den nächsten Tagen beantwortet*

be·trei·ben; *betrieb, hat betrieben* 1 **etwas (irgendwie) betreiben** auf dem genannten Gebiet aktiv sein ⟨Politik, Sport, ein Hobby betreiben⟩: *Er betreibt sein Studium sehr ernsthaft* 2 **etwas betreiben** etwas *(meist* ein wirtschaftliches Unternehmen) leiten und organisieren ⟨ein Geschäft, ein Gewerbe, ein Hotel betreiben⟩: *Das Kraftwerk wird vom Staat betrieben* || ID **auf jemandes Betreiben (hin)** weil es jemand gefordert, veranlasst hat

be·tre·ten[1]; *betritt, betrat, hat betreten;* **etwas betreten** in einen Raum *o.Ä.* gehen, den Fuß auf eine Fläche setzen ↔ verlassen ⟨ein Haus, ein Zimmer, die Bühne betreten⟩: *Betreten der Baustelle/des Rasens verboten!*

be·tre·ten[2] *Adjektiv;* mit einem Gesicht, das zeigt, dass man sich schuldig fühlt oder etwas peinlich findet ≈ verlegen ⟨ein betretenes Gesicht machen; betreten schweigen⟩

be·treu·en; *betreute, hat betreut* 1 **jemanden betreuen** auf jemanden achten und für ihn sorgen ⟨Kinder, Kranke betreuen⟩ 2 **etwas betreuen** *(bes* mit Ratschlägen) helfen, dass etwas gut funktioniert: *ein Projekt, ein Geschäft betreuen* || *hierzu* **Be·treu·ung** *die; -; nur Singular; zu* 1 **Be·treu·er** *der; -s, -;* **Be·treue·rin** *die; -, -nen*

Be·trieb[1] *der; -(e)s, -e* ≈ Firma, Unternehmen ⟨ein privater, staatlicher Betrieb; einen Betrieb gründen, leiten⟩ || K- Betriebsarzt, Betriebskapital, Betriebsunfall || -K Industriebetrieb

Be·trieb[2] *der; -(e)s; nur Singular* **1** **etwas ist in/außer Betrieb** ein Gerät, eine Maschine ist eingeschaltet/ist nicht eingeschaltet oder funktioniert nicht: *Der Lift, das Telefon ist nicht in Betrieb/ist außer Betrieb* **2** rege Aktivität: *Zu Weihnachten herrscht auf dem Bahnhof viel Betrieb* || -K Krankenhausbetrieb, Schulbetrieb

Be·triebs·an·lei·tung *die; -, -en;* eine Broschüre oder ein Heft, die erklären, wie man eine (*meist* relativ große und komplizierte) Maschine bedient

be·triebs·be·reit *Adjektiv; meist* **etwas ist betriebsbereit** ein Gerät oder eine Maschine funktioniert und kann jetzt verwendet werden

Be·triebs·kli·ma *das; -s; nur Singular* ≈ Arbeitsklima

Be·triebs·rat *der; -(e)s, -rä·te;* die offizielle Organisation der Arbeiter und Angestellten in einem Betrieb: *Der Betriebsrat besteht in großen Unternehmen aus bis zu 31 Mitgliedern* || K- Betriebsratsmitglied, Betriebsratswahlen

Be·triebs·sys·tem *das; -s, -e; Informatik;* ein Programm, das ein Computer braucht, um arbeiten und andere Programme bearbeiten zu können

Be·triebs·wirt·schaft *die; -; nur Singular;* die Wissenschaft, die sich mit der Organisation und Führung von Betrieben[1] unter ökonomischen Aspekten beschäftigt

be·trin·ken, sich; *betrank sich, hat sich betrunken;* **sich betrinken** von einem alkoholischen Getränk so viel trinken, dass man sich nicht mehr unter Kontrolle hat ⟨sich sinnlos, aus Kummer betrinken⟩

be·trof·fen *Adjektiv;* **betroffen (über etwas** (*Akkusativ*)**)** traurig und emotional sehr bewegt ≈ erschüttert || *hierzu* **Be·trof·fen·heit** *die; -; nur Singular*

be·trübt, *betrübter, betrübtest-; Adjektiv; förmlich* ≈ traurig: *Sie war sehr betrübt über das Missverständnis*

Be·trug *der; -(e)s; nur Singular;* eine Handlung, mit der man jemanden täuscht, um Geld zu bekommen ⟨einen schweren Betrug begehen⟩ || -K Versicherungsbetrug

be·trü·gen; *betrog, hat betrogen;* **jemanden (um etwas) betrügen** jemanden bewusst täuschen und sich so einen Gewinn verschaffen: *jemanden beim Kauf eines Autos betrügen* || *hierzu* **Be·trü·ger** *der; -s, -;* **Be·trü·ge·rin** *die; -, -nen;* **be·trü·ge·risch** *Adjektiv*

be·trun·ken B1 *Adjektiv;* in dem Zustand, dass man zu viel Alkohol getrunken hat ↔ nüchtern ⟨leicht, völlig betrunken⟩ || *hierzu* **Be·trun·ke·ne** *der/die; -n, -n*

Bett A1 *das; -(e)s, -en* **1** das Möbelstück (mit Decken und Kissen), in dem man schläft ⟨ins zu Bett gehen, sich ins Bett legen; die Kinder ins Bett schicken⟩ || K- Bettdecke, Bettlaken, Bettwäsche || -K Doppelbett, Kinderbett **2** **das Bett machen** das Bett nach dem Schlafen in Ordnung bringen || ID **mit jemandem ins Bett gehen/steigen** *umg;* mit jemandem Sex haben; **das Bett hüten müssen** wegen einer Krankheit im Bett bleiben müssen

bet·teln; *bettelte, hat gebettelt* **1** **(um etwas) betteln** jemanden intensiv um etwas bitten: *Das Kind bettelte so lange, bis die Mutter ihm ein Eis kaufte* **2** **(um etwas) betteln** jemanden um Geld (oder andere Dinge) bitten, weil man arm ist ⟨um Geld, Brot betteln (gehen)⟩ || *zu* **2** **Bett·ler** *der; -s, -;* **Bett·le·rin** *die; -, -nen*

bett·lä·ge·rig *Adjektiv; nicht als Adverb;* so krank, dass man (*meist* lange Zeit) im Bett liegen muss

Bett·näs·ser *der; -s, -;* jemand (*bes* ein Kind), der sein Bett mit Urin nass macht, während er schläft || *hierzu* **Bett·näs·sen** *das; -s; nur Singular;* **Bett·näs·se·rin** *die; -, -nen*

Bett·ru·he *die; -; nur Singular;* das Liegen im Bett ⟨einem Kranken (strengste) Bettruhe verordnen⟩

Bett·tuch B1 *das; -(e)s, -tü·cher;* ein großes Tuch, das man über die Matratze des Bettes legt und auf dem man schläft ≈ (Bett)Laken

Bett·vor·le·ger *der; -s, -;* eine Art kleiner Teppich neben dem Bett

be·tu·lich *Adjektiv;* sehr langsam, aber auffällig freundlich um jemanden/etwas bemüht ⟨eine betuliche Art haben⟩

beu·gen[1]; *beugte, hat gebeugt* **1** **etwas beugen** einen Körperteil nach unten, nach hinten oder zur Seite bewegen ↔ strecken ⟨den Arm, die Knie, den Kopf beugen⟩ **2** **sich irgendwohin beugen** den Oberkörper in eine bestimmte Richtung bewegen ⟨sich nach vorn, aus dem Fenster, über ein Kind beugen⟩ **3** **sich jemandem/etwas beugen** *förmlich;* das tun, was andere wollen oder was nötig ist, obwohl man selbst es nicht will ≈ jemandem/etwas nachgeben ⟨sich dem Druck der Öffentlichkeit, der Mehrheit, jemandes Willen beugen⟩

beu·gen[2]; *beugte, hat gebeugt;* **etwas beugen** *Sprachwissenschaft;* ein Wort in diejenige Form bringen, die es wegen des Kasus, des Tempus,

B

der Anzahl *usw* braucht ≈ flektieren ⟨ein Adjektiv, ein Substantiv, ein Verb beugen⟩ || *hierzu* **Beu·gung** *die; -, -en*

Beu·le *die; -, -n* **1** eine Stelle, an der die Haut (nach einem Schlag) dick geworden ist: *Nach seinem Sturz hatte er eine dicke Beule an der Stirn* **2** eine Stelle, an der ein Gegenstand durch einen Stoß eine andere Form bekommen hat: *Das Auto hat bei dem Unfall nur eine kleine Beule bekommen*

be·un·ru·hi·gen; *beunruhigte, hat beunruhigt;* **jemanden beunruhigen** jemanden unruhig oder besorgt machen || *hierzu* **Be·un·ru·hi·gung** *die; -, -en; meist Singular*

be·ur·lau·ben; *beurlaubte, hat beurlaubt* **1 jemanden beurlauben** jemandem Urlaub geben **2 jemanden beurlauben** jemanden (wegen falschen Handelns) eine Zeit lang vom Dienst entfernen (suspendieren) || *hierzu* **Be·ur·lau·bung** *die; -, -en*

be·ur·tei·len; *beurteilte, hat beurteilt;* **jemanden/etwas (irgendwie/nach etwas) beurteilen** seine Meinung darüber äußern, wie jemand/etwas ist ≈ bewerten ⟨jemanden/etwas falsch, richtig beurteilen⟩: *Der Lehrer beurteilte ihren Aufsatz als gut* || *hierzu* **Be·ur·tei·lung** *die; -, -en*

Beu·te *die; -; nur Singular* **1** etwas, das jemand anderen raubt, wegnimmt: *Die Diebe teilten sich die Beute* || -K Kriegsbeute **2** ein Tier, das gejagt und gefangen worden ist: *Der Adler hielt seine Beute in den Krallen*

Beu·tel *der; -s, -;* ein Behälter in der Form eines Sackes (*bes* aus Stoff, Leder oder Plastik) || -K Geldbeutel, Einkaufsbeutel, Müllbeutel

be·völ·kern; *bevölkerte, hat bevölkert;* ⟨Menschen, Tiere⟩ **bevölkern etwas** Menschen/Tiere leben oder sind irgendwo: *Viele Touristen bevölkern die Straßen und Plätze von Paris*

Be·völ·ke·rung B1 *die; -, -en;* die (Zahl der) Personen, die in einem Gebiet wohnen ⟨die einheimische Bevölkerung; die Bevölkerung einer Stadt, eines Landes⟩: *Die Bevölkerung nimmt ständig* || *zu* K-: Bevölkerungsgruppe, Bevölkerungswachstum || ▸ **Volk**

be·voll·mäch·ti·gen; *bevollmächtigte, hat bevollmächtigt;* **jemanden (zu etwas) bevollmächtigen** jemandem ein Recht (eine Vollmacht) geben: *Sie bevollmächtigte ihn dazu, ihre Post entgegenzunehmen*

be·vor A2 *Konjunktion;* verwendet, um auszudrücken, dass eine Handlung früher als eine andere abläuft ↔ nachdem: *Bevor wir essen, musst du den Tisch decken*

be|vor·mun·den; *bevormundete, hat bevormundet;* **jemanden bevormunden** *abwertend;* jemanden nicht allein (selbstständig) handeln lassen: *Er ist schon 18 Jahre alt und wird immer noch bevormundet* || *hierzu* **Be·vor·mun·dung** *die; -, -en*

be·vor|ste·hen; *stand bevor, hat/südd* Ⓐ Ⓒⓗ *ist bevorgestanden;* **etwas steht (jemandem) bevor** etwas wird bald geschehen: *die bevorstehenden Wahlen*

be|vor·zu·gen; *bevorzugte, hat bevorzugt* **1 jemanden/etwas bevorzugen** jemanden/etwas lieber mögen als andere/anderes ≈ vorziehen: *Sie bevorzugt es, allein zu leben* **2 jemanden (jemandem gegenüber) bevorzugen** jemandem ungerechte Vorteile gegenüber anderen geben ↔ benachteiligen || *hierzu* **Be·vor·zu·gung** *die; -, -en*

be·wa·chen; *bewachte, hat bewacht* **1 jemanden bewachen** aufpassen, dass jemand nicht wegläuft ⟨einen Gefangenen, einen Verbrecher bewachen⟩ **2 etwas bewachen** aufpassen, dass niemand in ein Gebäude geht, der kein Recht dazu hat || *hierzu* **Be·wa·chung** *die; -, -en*

be·wach·sen *Adjektiv;* **(mit etwas) bewachsen** mit Pflanzen bedeckt ≈ zugewachsen ⟨ein Ufer, eine Böschung⟩: *eine mit Moos bewachsene Mauer* || -K efeubewachsen, schilfbewachsen

be·waff·net *Adjektiv;* **irgendwie bewaffnet; mit etwas bewaffnet** mit Waffen (oder ähnlichen Dingen) ausgerüstet: *Schwer bewaffnete Truppen stürmten das Gebäude; Mit einem Messer bewaffnet ging er auf mich los*

be·wah·ren; *bewahrte, hat bewahrt* **1 etwas bewahren** *meist* etwas Positives auch in einer schwierigen Situation behalten ⟨die Fassung, seinen Humor, Ruhe bewahren⟩ **2 etwas bewahren** etwas erhalten oder pflegen (2) ⟨Traditionen bewahren; das Andenken an jemanden bewahren⟩ **3 jemanden/etwas vor jemandem/etwas bewahren** jemanden/etwas vor einer Gefahr oder einem Fehler schützen: *Er hat mich davor bewahrt, eine große Dummheit zu machen* || *hierzu* **Be·wah·rung** *die; -; nur Singular*

be·wäh·ren, sich; *bewährte sich, hat sich bewährt;* **jemand/etwas bewährt sich** eine Person/Sache zeigt (nach längerer Arbeit/Anwendung) deutlich, dass sie für etwas gut geeignet ist: *Er hat sich als Arzt bewährt*

be·wahr·hei·ten, sich; *bewahrheitete sich, hat sich bewahrheitet;* **etwas bewahrheitet sich** es zeigt sich, dass etwas (bisher Ungewisses) wahr ist ≈ etwas bestätigt sich ⟨eine Befürchtung, eine Voraussage⟩: *Ihre Vermutungen scheinen sich zu bewahrheiten*

be·wä̲hrt *bewährter, bewährtest-; Adjektiv; nicht als Adverb* **1** seit relativ langer Zeit in Gebrauch und dafür gut geeignet ⟨ein Medikament, eine Methode⟩ **2** seit relativ langer Zeit irgendwo tätig und für seine Aufgabe gut geeignet: *ein bewährter Journalist*

Be·wä̲h·rung *die; -, -en* **1** der Beweis, dass man für etwas geeignet ist ↔ Versagen ⟨jemandes Bewährung auf einem Posten, in einem Amt⟩ || K- Bewährungsprobe **2** *Rechtswesen;* verwendet, wenn jemand zu einer Gefängnisstrafe verurteilt wird, aber nicht ins Gefängnis muss, wenn er eine bestimmte Zeit lang keine neue Straftaten begeht ⟨eine Strafe auf/zur Bewährung aussetzen; Bewährung bekommen⟩: *Das Gericht verurteilte ihn zu zwei Monaten Gefängnis auf/mit Bewährung* || K- Bewährungsfrist, Bewährungsstrafe

be·wạ̈l·ti·gen *bewältigte, hat bewältigt* **1** **etwas bewältigen** eine schwierige Aufgabe mit Erfolg ausführen ⟨eine Arbeit kaum, spielend bewältigen⟩ **2** **etwas bewältigen** ein Problem geistig so verarbeiten, dass es keinen Kummer mehr macht ≈ überwinden: *ein furchtbares Erlebnis, die Vergangenheit bewältigen* || *hierzu* **Be·wạ̈l·ti·gung** *die; -, -en*

Be·wạndt·nis *die; -, -se; meist in* **mit jemandem/etwas hat es eine besondere Bewandtnis** verwendet, um auszudrücken, dass es für jemanden/etwas besondere Gründe gibt

be·wạrb *Imperfekt, 1. und 3. Person Singular;* ↑ **bewerben**

be·wạ̈s·sern *bewässerte, hat bewässert;* **etwas bewässern** eine relativ große Fläche (, auf der Pflanzen wachsen) mit Wasser versorgen *(meist mit einem besonderen System)*: *Reisfelder bewässern*

be·we̲·gen[1] *bewegte, hat bewegt* **1** **etwas (irgendwohin) bewegen** etwas in eine andere Position, Lage bringen: *Nur zusammen konnten sie den schweren Schrank von der Stelle bewegen* **2** **etwas bewegt jemanden** etwas bringt jemanden zum Nachdenken, macht jemanden betroffen ⟨ein Gedanke, eine Frage bewegt jemanden⟩: *Der Film hat mich tief bewegt* **3** **sich bewegen** seine Lage, Haltung ändern: *sich vor Schmerzen kaum bewegen können* **4** **sich bewegen** den Körper durch Sport gesund halten ⟨sich in der frischen Luft bewegen⟩

be·we̲·gen[2] *bewog, hat bewogen;* **jemanden zu etwas bewegen** bewirken, dass jemand etwas tut ≈ jemanden zu etwas veranlassen ⟨jemanden zur Mitarbeit an etwas *(Dativ)* bewegen⟩: *Was hat ihn wohl dazu bewogen, doch noch einmal anzurufen?* || K- Beweggründe

be·we̲g·lich *Adjektiv* **1** ⟨Teile eines Gegenstands⟩ so (beschaffen), dass ihre Lage oder Richtung bei normalem Gebrauch geändert werden kann ↔ starr: *Die Puppe hat bewegliche Arme und Beine; Die Schublade ist nur schwer beweglich* **2** ⟨Menschen, Tiere⟩ so gebaut oder trainiert, dass sie ihre Körperteile ohne viel Mühe in die gewünschte Position bringen können: *Obwohl er etwas dick ist, ist er sehr beweglich* || *hierzu* **Be·we̲g·lich·keit** *die; -; nur Singular*

be·we̲gt *bewegter, bewegtest-; Adjektiv* **1** von starken Gefühlen bestimmt ≈ ergriffen ⟨mit bewegten Worten, bewegter Stimme Abschied nehmen; vor Freude, Angst bewegt sein; tief bewegt⟩ **2** voll von Ereignissen ⟨Zeiten; ein bewegtes Leben führen, hinter sich haben⟩

Be·we̲·gung[1] B2 *die; -, -en* **1** die Veränderung der Position einer Person, eines Gegenstandes oder Körperteils ⟨in Bewegung kommen, sein, bleiben; eine ungeschickte Bewegung (machen)⟩: *Endlich setzte der Zug sich in Bewegung* || ↑ Illustration **Verben der Bewegung** || -K Handbewegung **2** *nur Singular;* eine starke Reaktion auf etwas Positives oder Negatives ≈ Erregung ⟨seine Bewegung (nicht) verbergen, zeigen (können, wollen)⟩: *Der Angeklagte nahm das Urteil ohne sichtbare Bewegung auf* || ID **etwas kommt/gerät in Bewegung** etwas beginnt sich zu ändern || *zu* 1 **be·we̲·gungs·los** *Adjektiv*

Be·we̲·gung[2] B2 *die; -, -en;* die Aktionen einer Gruppe von Menschen, die ein gemeinsames Ziel verfolgen ⟨eine religiöse, patriotische Bewegung⟩ || -K Frauenbewegung, Friedensbewegung

Be·we̲·gungs·frei·heit *die; -; nur Singular* **1** das Recht oder die Möglichkeit, selbstständig zu handeln ⟨jemandes Bewegungsfreiheit einschränken; jemandem viel Bewegungsfreiheit lassen⟩ **2** der Raum, den man zur Verfügung hat, um *bes* seine Arme und Beine zu bewegen: *Unser moderner Reisebus bietet Ihnen noch mehr Bewegungsfreiheit*

Be·we̲is *der; -es, -e* **1** **ein Beweis (für etwas)** eine Begründung, die zeigt, dass eine Ansicht richtig ist ⟨den Beweis für eine Behauptung liefern; ein überzeugender Beweis⟩: *Der Angeklagte wurde aus Mangel an Beweisen freigesprochen* || K- Beweismaterial, Be-

B

weismittel **2** **der Beweis** (+ *Genitiv*/**für etwas**) ein sichtbares Zeichen für eine (innere) Haltung oder Fähigkeit: *Als Beweis seiner Liebe kaufte er ihr einen teuren Brillantring* || -K Vertrauensbeweis

be·wei·sen; *bewies, hat bewiesen* **1** **(jemandem) etwas beweisen** jemandem mit Argumenten zeigen, dass eine Behauptung, Vermutung richtig ist ≈ nachweisen: *Ich werde dir noch beweisen, dass meine These stimmt* **2** **(jemandem) etwas beweisen** (jemandem) deutlich zeigen, dass man eine Eigenschaft, eine bestimmte Einstellung hat ≈ etwas erkennen lassen ⟨seine Klugheit, seinen Mut beweisen⟩

be·wer·ben, sich; *bewirbt sich, bewarb sich, hat sich beworben* **1** **sich (irgendwo) (um etwas) bewerben** versuchen, eine (Arbeits)Stelle zu bekommen: *Sie bewirbt sich bei einer Computerfirma (um eine Anstellung als Programmiererin)* **2** **sich (um etwas) bewerben** sich um etwas bemühen ⟨sich um einen Auftrag, einen Studienplatz bewerben⟩ || *hierzu* **Be·wer·ber** *der; -s, -;* **Be·wer·be·rin** *die; -, -nen*

Be·wer·bung B1 *die; -, -en;* **eine Bewerbung (um etwas)** der Versuch, eine Position oder Arbeit zu bekommen: *die Bewerbung um eine Stelle, um einen Studienplatz* || K- Bewerbungsformular, Bewerbungsschreiben, Bewerbungsunterlagen

be·wer·fen; *bewirft, bewarf, hat beworfen;* **jemanden/etwas mit etwas bewerfen** etwas auf jemanden/etwas werfen

be·werk·stel·li·gen; *bewerkstelligte, hat bewerkstelligt;* **etwas bewerkstelligen** etwas Schwieriges mit Geschick und oft auch mit Tricks erreichen: *Wie hat sie es nur bewerkstelligt, so schnell eine Genehmigung zu bekommen?*

be·wer·ten B2 *bewertete, hat bewertet;* **jemanden/etwas bewerten** beurteilen, wie gut oder schlecht jemandes Leistung, Verhalten *usw* ist ⟨etwas gerecht, positiv, zu hoch bewerten⟩: *Die Lehrerin bewertete das Referat mit einer guten Note* || *hierzu* **Be·wer·tung** *die; -, -en*

be·wies *Imperfekt, 1. und 3. Person Singular;* ↑ **beweisen**

be·wil·li·gen; *bewilligte, hat bewilligt;* **(jemandem/etwas) etwas bewilligen** *Verwaltung;* auf jemandes Wunsch oder Antrag hin etwas erlauben oder gewähren ↔ ablehnen: *Der Stadtrat bewilligte den Bauantrag* || *hierzu* **Be·wil·li·gung** *die; -, -en*

be·wirbt *Präsens, 3. Person Singular;* ↑ **bewerben**

be·wir·ken; *bewirkte, hat bewirkt;* **etwas bewirken** etwas so tun, dass es etwas als Ergebnis hat ≈ verursachen: *Durch sein schlechtes Benehmen bewirkte er genau das Gegenteil von dem, was er wollte*

be·wirt·schaf·ten; *bewirtschaftete, hat bewirtschaftet* **1** **etwas bewirtschaften** (als Gastwirt) irgendwo Essen und Trinken gegen Bezahlung anbieten (und servieren) ⟨eine Almhütte, ein Gasthaus bewirtschaften⟩ **2** **etwas bewirtschaften** etwas landwirtschaftlich nutzen ⟨ein Feld, einen Hof bewirtschaften⟩ || *hierzu* **Be·wirt·schaf·tung** *die; -; nur Singular*

be·wog *Imperfekt, 1. und 3. Person Singular;* ↑ **bewegen**[2]

be·wo·gen *Partizip Perfekt;* ↑ **bewegen**[2]

be·woh·nen; *bewohnte, hat bewohnt;* **etwas bewohnen** in einem Zimmer, in einem Haus *usw* wohnen: *ein Reihenhaus bewohnen* || *hierzu* **Be·woh·ner** *der; -s, -;* **Be·woh·ne·rin** *die; -, -nen*

be·wöl·ken, sich; *bewölkte sich, hat sich bewölkt;* **es bewölkt sich; der Himmel bewölkt sich** der Himmel wird von Wolken bedeckt ↔ es/der Himmel heitert sich auf || *hierzu* **be·wölkt** *Adjektiv*

be·wun·dern; *bewunderte, hat bewundert* **1** **jemanden bewundern** jemanden sehr gut finden: *Ich bewundere sie wegen ihrer Geduld mit den Kindern* **2** **(an jemandem) etwas bewundern** etwas (an jemandem) sehr gut finden ⟨jemandes Ausdauer, jemandes Mut bewundern⟩ **3** **etwas bewundern** etwas anschauen, das einem sehr gut gefällt: *ein Gemälde von Rembrandt bewundern* || *hierzu* **Be·wun·de·rer** *der; -s, -;* **Be·wun·de·rin** *die; -, -nen*

be·wun·derns·wert *Adjektiv;* ⟨eine Person, eine Leistung *o.Ä.*⟩ so, dass man sie bewundern muss: *Seine Geduld ist bewundernswert*

Be·wun·de·rung *die; -; nur Singular;* ein Gefühl der großen Anerkennung für jemanden/etwas ⟨jemand/etwas erfüllt jemanden mit Bewunderung; voller Bewunderung für jemanden/etwas⟩

be·wusst *Adjektiv* **1** *nur vor dem Substantiv oder als Adverb;* gut durchdacht und mit Absicht ⟨eine Tat; etwas bewusst tun⟩: *eine bewusst falsche Anschuldigung* **2** **jemand ist sich** *(Dativ)* **etwas** *(Genitiv)* **bewusst; jemandem ist etwas bewusst** etwas ist jemandem klar ⟨sich seiner/keiner Schuld bewusst sein⟩: *Mir wurde bewusst, wie schädlich das Rauchen ist* **3**

jemandem/sich etwas bewusst machen jemandem/sich etwas deutlich machen: *jemandem bewusst machen, dass er durch seine Faulheit sich selbst schadet*

-be·wusst, *-bewusster, -bewusstest-; im Adjektiv;* drückt aus, dass das (im ersten Wortteil) Genannte als sehr wichtig angesehen wird; **gesundheitsbewusst, modebewusst, naturbewusst, umweltbewusst** ⟨denken, handeln, leben⟩

be·wụsst·los *Adjektiv; nicht als Adverb;* ohne Bewusstsein (1) ≈ ohnmächtig ⟨bewusstlos sein, werden, zusammenbrechen⟩ || *hierzu* **Be·wụsst·lo·sig·keit** *die; -; nur Singular*

be·wụsst·ma·chen *(hat)* ↑ **bewusst** (3)

Be·wụsst·sein *das; -s; nur Singular* **1** der Zustand, in dem jemand (physisch) dazu in der Lage ist, die eigene Existenz und seine Umwelt klar wahrzunehmen ↔ Bewusstlosigkeit ⟨das Bewusstsein verlieren; wieder zu Bewusstsein kommen; bei/ohne Bewusstsein sein⟩ **2** der Zustand, in dem man sich einer Sache bewusst (2) ist und entsprechend handelt: *den Menschen die Folgen der Klimaerwärmung ins Bewusstsein bringen* || -K Pflichtbewusstsein, Verantwortungsbewusstsein **3** die Ansichten und Überzeugungen eines Menschen ⟨jemandes politisches, geschichtliches Bewusstsein⟩ || -K Geschichtsbewusstsein, Standesbewusstsein || K- Bewusstseinsveränderung

be·wụsst·wer·den *(ist)* ↑ **bewusst** (2)

be·zah·len A1 *bezahlte, hat bezahlt* **1** **(etwas) bezahlen** für einen Gegenstand, den man kauft, oder für eine geleistete Arbeit das verlangte Geld geben ⟨etwas bar, mit Scheck bezahlen⟩: *Er bezahlte das neue Auto in Raten* **2** **jemanden (für etwas) bezahlen** jemandem Geld geben für die Arbeit, die er leistet: *einen Handwerker bezahlen* **3** **jemandem etwas bezahlen** etwas für jemand anderen zahlen: *Sein reicher Onkel bezahlt ihm das Studium* **4** **(für) etwas bezahlen (müssen)** die negativen Folgen eines Fehlers tragen oder jemandes Rache fühlen (müssen): *Mit dem Unfall zahlte er für seinen Leichtsinn* || *hierzu* **Be·zah·lung** *die; -, -en*

be·zahlt *Adjektiv* **1** *nicht als Adverb;* **irgendwie bezahlt** so, dass man dafür (viel oder wenig) Geld bekommt ⟨ein Job, eine Stellung, eine Arbeit ist gut, schlecht, ausgezeichnet bezahlt⟩ **2** **etwas macht sich bezahlt** etwas lohnt sich: *Es machte sich bezahlt, dass er Spanisch lernte, bevor er nach Argentinien fuhr*

be·zau·bernd *Adjektiv;* sehr schön ⟨ein Abend, ein Kleid⟩

be·zeich·nen; *bezeichnete, hat bezeichnet* **1** **etwas bezeichnet etwas** ein Wort hat diese Bedeutung: *Das Wort „Bank" bezeichnet ein Möbelstück und ein Geldinstitut* **2** **etwas (mit etwas) bezeichnen** etwas mit einem Zeichen ausdrücken ≈ kennzeichnen: *die Betonung der Silbe mit einem Akzent bezeichnen* **3** **jemanden/sich/etwas als etwas bezeichnen** jemanden oder etwas so nennen: *jemanden als seinen Freund, Feind bezeichnen; jemanden als geizig bezeichnen*

be·zeich·nend *Adjektiv;* **bezeichnend (für jemanden/etwas)** ≈ typisch ⟨ein Verhalten⟩ *Dieser Fehler ist bezeichnend für seinen Leichtsinn* || *hierzu* **be·zeich·nen·der·wei·se** *Adverb*

Be·zeich·nung *die; -, -en;* **eine Bezeichnung (für jemanden/etwas)** ein Wort, das jemanden/etwas bezeichnet (1) ≈ Name: *die lateinische Bezeichnung einer Blume* || -K Pflanzenbezeichnung, Tierbezeichnung

be·zeu·gen; *bezeugte, hat bezeugt;* **1** **etwas bezeugen** als Zeuge sagen, ob etwas *(bes* jemandes Aussage) richtig war ⟨jemandes Alibi unter Eid bezeugen; etwas vor Gericht/gerichtlich bezeugen⟩: *Ich kann bezeugen, dass sie den ganzen Abend zu Hause war* **2** **etwas bezeugt etwas** ein Text, ein Fund *o.Ä.* beweist etwas: *Der Standort des Klosters ist durch eine Urkunde aus dem 11. Jahrhundert bezeugt*

be·zie·hen[1]; *bezog, hat bezogen* **1** **etwas (mit etwas) beziehen** Bettwäsche über ein Kissen, eine Decke oder eine Matratze ziehen, legen ⟨das Bett frisch beziehen⟩ **2** **etwas beziehen** in ein Gebäude ziehen ↔ aus etwas ausziehen: *Ein Elektrounternehmen bezieht die leer stehende Schule* || ▸ **Bezug**[1]

be·zie·hen[2]; *bezog, hat bezogen;* **etwas (von jemandem/aus etwas) beziehen** (von einer Firma, einem Amt) regelmäßig Geld bekommen ⟨von einer Firma Lohn beziehen; Sozialhilfe, eine Rente beziehen⟩ || *hierzu* **Be·zie·her** *der; -s, -* || ▸ **Bezug**[2]

be·zie·hen[3]; *bezog, hat bezogen* **1** **etwas auf etwas** *(Akkusativ)* **beziehen** etwas in einem besonderen Zusammenhang betrachten: *Man muss die Preise auf die Löhne beziehen* **2** **sich auf etwas** *(Akkusativ)* **beziehen** auf etwas hinweisen: *Sie bezog sich auf das Gespräch von gestern Abend* **3** **etwas auf 'sich** *(Akkusativ)* **beziehen** glauben, dass man das Ziel von Worten *o.Ä.* ist: *Er hat die Kritik auf sich bezogen und ist beleidigt* **4** **etwas bezieht sich**

auf etwas *(Akkusativ)* etwas hängt mit etwas zusammen **5** **sich auf jemanden/etwas beziehen** jemanden/etwas als Quelle der eigenen Information nennen ≈ sich auf jemanden/etwas berufen: *sich auf einen Artikel in der Zeitung beziehen* || ▸ **Bezug**[3]

Be·zie·hung B1 *die; -, -en* **1** **eine Beziehung (zwischen etwas** *(Dativ)* **und etwas** *(Dativ)*) ein Zusammenhang, eine Relation zwischen zwei oder mehreren Phänomenen ⟨etwas steht in Beziehung zu etwas⟩: *Sein Selbstmord steht sicher in Beziehung zu seiner langen Krankheit* **2** *meist Plural;* **Beziehungen (mit/zu jemandem/etwas)** besondere Verbindungen zwischen Personen, Institutionen oder Staaten ⟨verwandtschaftliche, freundschaftliche Beziehungen; mit/zu jemandem Beziehungen knüpfen⟩: *die diplomatischen Beziehungen zu einem Staat abbrechen* || -K Wirtschaftsbeziehung **3** *nur Plural;* **Beziehungen (zu jemandem)** Kontakte zu jemandem, die von Vorteil sind: *Er bekam den Job, weil er gute Beziehungen zum Chef der Firma hat* || ID **seine Beziehungen spielen lassen** sich durch seine Beziehungen (3) einen Vorteil verschaffen

be·zie·hungs·wei·se B2 *Konjunktion* **1** drückt aus, dass zwei Aussagen auf etwas zutreffen ≈ und; *Abkürzung* bzw.: *Die Kandidaten kommen aus München beziehungsweise Köln* (= einige kommen aus München, einige aus Köln) **2** verwendet, um eine Aussage zu präzisieren ≈ genauer gesagt; *Abkürzung* bzw.: *Großbritannien beziehungsweise Schottland verfügt über große Ölreserven in der Nordsee* **3** verwendet, um eine Alternative anzugeben ≈ oder (aber); *Abkürzung* bzw.: *Ich könnte Sie heute beziehungsweise morgen besuchen*

Be·zirk *der; -(e)s, -e* **1** ein Gebiet, das für einen besonderen Zweck abgegrenzt ist ≈ Gegend ⟨ein ländlicher, städtischer Bezirk⟩ || K- Bezirkskrankenhaus || -K Stadtbezirk **2** Ⓓ ein Gebiet (mit seinen Behörden), das Teil eines Bundeslandes ist: *Bayern ist in sieben Bezirke unterteilt* || K- Bezirksregierung || -K Regierungsbezirk

-be·zo·gen *im Adjektiv;* drückt aus, dass sich etwas nach dem (im ersten Wortteil) Genannten richtet oder daran orientiert; **praxisbezogen** ⟨ein Unterricht, ein Lehrbuch⟩, **sachbezogen** ⟨eine Überlegung⟩, **textbezogen** ⟨eine Analyse, eine Betrachtungsweise⟩, **zukunftsbezogen** ⟨eine Planung⟩

Be·zug[1] *der; -(e)s, Be·zü·ge;* der Stoff, mit dem man etwas (ein Bett, ein Kissen *o.Ä.*) bezieht[1] (1) ≈ Überzug || -K Bettbezug

Be·zug[2] *der; -(e)s, Be·zü·ge* **1** *nur Singular;* der Vorgang, regelmäßig Geld zu bekommen ⟨zum Bezug von Arbeitslosengeld, Kindergeld berechtigt sein⟩ **2** *nur Plural,* Ⓐ *auch Singular;* Geld, das jemand regelmäßig bekommt (Einkommen, Rente *o.Ä.*): *Seine monatlichen Bezüge belaufen sich auf fast 3000 Euro*

Be·zug[3] *der; nur in* **1** **Bezug auf jemanden/etwas nehmen** *förmlich;* an jemanden/etwas denken und sich darauf beziehen[3] (5): *Er nahm in seiner Rede Bezug auf unsere neuen Vorschläge* || K- Bezugspunkt, Bezugswort **2** **in Bezug auf jemanden/etwas** hinsichtlich einer Person/Sache: *In Bezug auf seinen Beruf ist er sehr gewissenhaft* **3** **zu jemandem/etwas keinen Bezug (mehr) haben** jemanden/etwas nicht (mehr) verstehen oder sich nicht (mehr) für ihn/dafür interessieren

be·züg·lich *Präposition; mit Genitiv; Verwaltung* ≈ in Bezug auf, hinsichtlich: *Bezüglich Ihres Antrags möchten wir Ihnen Folgendes mitteilen …*

Be·zugs·per·son *die; -, -en; Psychologie;* die Person, an der sich jemand (bedingt durch eine seelische Bindung) stark orientiert: *Eltern und Geschwister sind die wichtigsten Bezugspersonen für ein kleines Kind*

be·zwe·cken; *bezweckte, hat bezweckt;* **etwas (mit etwas) bezwecken** etwas erreichen wollen ≈ beabsichtigen: *Weißt du, was er damit bezwecken wollte?*

be·zwei·feln; *bezweifelte, hat bezweifelt;* **etwas bezweifeln** Zweifel an etwas haben (und äußern): *Ich bezweifle, dass er recht hat*

be·zwin·gen; *bezwang, hat bezwungen* **1** **jemanden bezwingen** jemanden im Kampf oder Wettkampf besiegen ⟨einen Feind, die gegnerische Mannschaft bezwingen⟩ **2** **etwas bezwingen** mit großer Anstrengung sein Ziel erreichen ⟨einen Berg, eine Strecke bezwingen⟩ **3** **etwas bezwingen** mit etwas Schwierigem fertigwerden, etwas überwinden ≈ bewältigen ⟨Schwierigkeiten, ein Problem⟩ **4** **etwas bezwingen** etwas beherrschen ⟨seinen Hunger, seine Gefühle, seine Leidenschaft bezwingen⟩

BH [beːˈhaː] *der; -s, -s; umg* ≈ Büstenhalter

Bhf. *Abkürzung für* Bahnhof

Bi·ath·lon [-atlɔn] *der; -s, -s; meist Singular;* eine sportliche Disziplin (die aus Skilanglauf und Schießen besteht)

Bi·bel *die; -; nur Singular;* die Grundlage der christlichen Religion (Altes und Neues Testament) und der jüdischen Religion (Altes Testament) ≈ die Heilige Schrift ⟨die Bibel übersetzen⟩ || [K-] Bibelstelle, Bibelübersetzung

Bi·ber *der; -s, -;* ein (Nage)Tier mit einem platten Schwanz, das gut schwimmen, Dämme bauen und Bäume fällen kann || [K-] Biberfell, Biberpelz

Bib·lio·thek [A2] *die; -, -en* **1** eine große Sammlung von Büchern ≈ Bücherei ⟨eine städtische Bibliothek; sich in/von der Bibliothek Bücher ausleihen⟩ || [K-] Bibliotheksangestellte(r), Bibliotheksbenutzer || [-K] Fachbibliothek, Privatbibliothek, Universitätsbibliothek **2** ein Gebäude oder Raum, in dem sich eine Bibliothek (1) befindet ⟨in der Bibliothek arbeiten⟩ || [K-] Bibliotheksgebäude

bib·lisch *Adjektiv; ohne Steigerung;* ⟨eine Figur, eine Gestalt, eine Geschichte⟩ so, dass sie aus der Bibel kommen

bie·der *Adjektiv; abwertend;* (in Bezug auf Verhalten, Kleidung und Geschmack) konservativ und unauffällig ≈ brav ⟨bieder aussehen, gekleidet sein⟩: *eine biedere Wohnungseinrichtung*

bie·gen; *bog, hat/ist gebogen* **1** **etwas biegen** (*hat*) etwas in seiner Form und Lage so verändern, dass es nicht mehr gerade ist ⟨einen Draht biegen; den Kopf nach hinten/vorn biegen⟩ **2** **in/um etwas** (*Akkusativ*) **biegen** (*ist*) durch eine Änderung seiner Richtung irgendwohin gehen oder fahren: *Das Auto bog um die Ecke* **3** **etwas biegt sich** (*hat*) etwas wird krumm: *Der Baum bog sich im Wind* || ▸ **Bogen**

bieg·sam *Adjektiv; nicht als Adverb* **1** so beschaffen, dass man es leicht biegen kann: *ein biegsamer Stock* **2** sehr beweglich (2): *einen biegsamen Körper haben*

Bie·gung *die; -, -en* ≈ Kurve: *Der Weg, die Straße, das Gleis macht eine Biegung* || [-K] Straßenbiegung, Wegbiegung

Bie·ne *die; -, -n;* ein Insekt, das Honig produziert ⟨Bienen summen; jemand züchtet Bienen; von einer Biene gestochen werden⟩ || [K-] Bienenhaus, Bienenkönigin || [-K] Honigbiene || [ID] **fleißig wie eine Biene** sehr fleißig

Bie·nen·stich *der; -(e)s, -e* **1** ein Stich von einer Biene **2** ein Kuchen mit (Creme)Füllung und einem Belag aus Zucker und Mandeln

Bie·nen·stock *der; -(e)s, -stö·cke;* ein Kasten, in dem Bienen leben und gezüchtet werden || [ID] *meist* **Da wimmelt es wie in einem Bienenstock** *umg;* Da gibt es sehr viele Menschen und viel Unruhe

Bier [B1] *das; -(e)s, -e* **1** ein alkoholisches Getränk aus Hopfen und Malz ⟨helles, dunkles Bier; ein kleines, großes Bier; ein Fass, Glas Bier⟩ || Hinweis: Beim Bestellen in einem Lokal sagt man *zwei, drei Bier* || [K-] Bierflasche, Bierkasten, Bierkrug **2** **auf ein Bier (irgendwohin) gehen** *umg;* in ein Lokal gehen (um dort Bier zu trinken)

Das Bier

Es gibt viele verschiedene Arten von Bier, die häufigsten sind: **Helles** (gelb), **Pils** (besonders bitter), **Weizen** oder **Weißbier** (statt aus Gerste aus Weizen hergestellt), **Dunkles** (braun) und **Bockbier** (mit einem höheren Alkoholgehalt). Viele Regionen Deutschlands haben ihr eigenes typisches Bier, wie zum Beispiel Köln das **Kölsch** oder Düsseldorf das **Altbier**.
Bier wird auch oft mit Limonade gemischt getrunken. Dieses Getränk nennt man im Norden Deutschlands **Alsterwasser** und im Süden **Radler**.

LANDESKUNDE

Bier·gar·ten *der; -s, -gär·ten;* ein Lokal im Freien mit Bäumen, (Sitz)Bänken oder Stühlen und Tischen, an dem man Bier und andere Getränke trinken kann: *München ist für seine Biergärten bekannt* || ↑ Info Seite 160

Bier·zelt *das; -(e)s, -e;* ein großes Zelt auf einem Fest (oder Jahrmarkt), in dem man Bier trinken kann

Biest *das; -(e)s, -er; umg abwertend;* verwendet für eine Person/ein Tier, über die/das man sich ärgert ⟨ein faules, freches, ungezogenes Biest⟩: *Das Biest hat mich gebissen!*

Biene

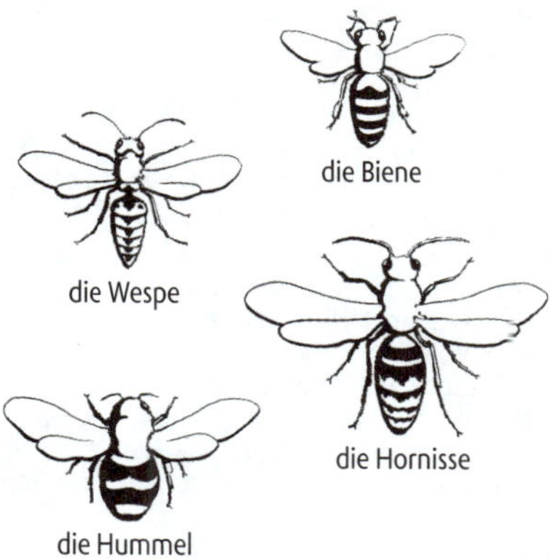

B

▶ Der Biergarten

In einem Biergarten sitzt man im Freien unter Bäumen (besonders oft Kastanienbäumen) an einfachen Holztischen. Vor allem im Süden Deutschlands und in Österreich verbringt man hier gerne die Sommerabende bei einem Bier und einem Imbiss (einer Brotzeit). Biergärten sind meist Teil von Gaststätten, besonders in Bayern manchmal auch Teil von Parks. Manchmal ist es dort erlaubt, nur die Getränke zu kaufen und wie bei einem Picknick das eigene Essen mitzubringen.

LANDESKUNDE ◀

bie·ten; *bot, hat geboten* **1** **(jemandem) etwas bieten** jemandem die Chance oder Möglichkeit zu etwas geben: *Der Urlaub bot ihm endlich die Gelegenheit, bei seiner Familie zu sein* **2** **(jemandem) etwas bieten** jemandem etwas geben, was er braucht ⟨jemandem Trost, Hilfe bieten⟩: *seinen Kindern ein angenehmes Leben bieten können* **3** **(jemandem) etwas bieten** (vor jemandem) eine besondere Leistung bringen: *Die Theatergruppe hat (den Zuschauern) eine großartige Vorstellung geboten* **4** **etwas (für etwas) bieten** die Summe Geld oder die Leistung nennen, die man für etwas zahlen/geben will: *Bei der Versteigerung wurden riesige Summen für das Gemälde geboten; Ich biete (dir) 10 Euro, wenn du mich mitnimmst* **5** **etwas bietet sich (jemandem)** Möglichkeiten, Chancen sind für jemanden vorhanden: *Eine so gute Gelegenheit bietet sich (dir) nicht oft* || ▸ **Angebot**

Bi·ki·ni B1 *der; -s, -s;* ein Badeanzug für Frauen, der aus zwei Teilen besteht

Bi·lanz *die; -, -en* **1** *nur Singular;* das, was sich als Resultat (aus einer Folge von Ereignissen) ergibt: *Zahlreiche Verletzte sind die traurige Bilanz der Straßenkämpfe* **2** *Wirtschaft;* das, was sich ergibt, wenn man (*z.B.* in einer Firma) das eingenommene und das ausgegebene Geld vergleicht **3** **Bilanz ziehen**; **die Bilanz aus etwas ziehen** das Ergebnis von mehreren Ereignissen zusammenfassen

Bild A2 *das; -(e)s, -er* **1** eine (künstlerische) Darstellung, die mit Stiften oder Farben *bes* auf Papier gemacht wird ⟨ein Bild malen, zeichnen, aufhängen⟩: *mit Wasserfarben ein Bild von dieser Landschaft malen* || K- Bildergalerie, Bilderrahmen **2** eine Fotografie ⟨ein Bild (von jemandem/etwas) machen; ein Bild vergrößern, verkleinern⟩: *Sind die Bilder von deinem Fest gut geworden?* || -K Passbild **3** ein gedrucktes Bild (1,2) in einem Buch *o.Ä.* ≈ Abbildung **4** das, was man auf einem Bildschirm oder einer Leinwand (im Kino) sieht ⟨das Bild flimmert, ist unscharf⟩ || K- Bildschärfe, Bildstörung **5** **ein Bild** + *Genitiv;* **ein** *Adjektiv* + **Bild** eine Szene, die einen tiefen Eindruck von einer Situation macht ≈ Anblick ⟨ein Bild des Schreckens⟩: *Den Sanitätern bot sich am Unfallort ein grauenvolles Bild* **6** eine Vorstellung ⟨sich ein Bild von jemandem/etwas machen⟩: *Ich hatte ein falsches Bild von ihm* || -K Zukunftsbild || ID **ein Bild des Jammers sein** so aussehen, dass die anderen Mitleid bekommen; **(über jemanden/etwas) im Bilde sein** über jemanden/etwas gut informiert sein

bil·den; *bildete, hat gebildet* **1** **etwas bilden** eine (neue) Form, eine Gruppe oder eine geometrische Figur entstehen lassen: *von einem Wort den Plural bilden; eine neue Regierung bilden; Die Wartenden bildeten eine lange Schlange vor der Kasse* **2** **etwas (aus etwas) bilden** aus einem Material ein Objekt herstellen ≈ formen: *Figuren aus Wachs bilden* **3** **etwas bildet etwas** etwas ist etwas, hat eine bestimmte Funktion oder Form ≈ etwas stellt etwas dar: *Der Fluss bildet die Grenze zwischen beiden Staaten* **4** **(jemanden) bilden** bewirken, dass jemand seine Kenntnisse vergrößert: *Reisen bildet (den Menschen)* **5** **etwas bildet sich** etwas entsteht (*meist* langsam): *Am Himmel bildeten sich Wolken; Auf der Haut bildeten sich Blasen*

Bil·der·buch *das; -(e)s, -bü·cher;* ein Buch für Kinder, das eine Geschichte in Bildern erzählt || ID **wie im Bilderbuch** sehr schön: *ein Wetter wie im Bilderbuch*

Bild·flä·che *die; -, -n; nur in* **1** **von der Bildfläche verschwinden** *umg;* von einem Ort oder aus der Öffentlichkeit verschwinden **2** **auf der Bildfläche erscheinen** *umg;* plötzlich irgendwo erscheinen ≈ auftauchen (2)

Bild·hau·er *der; -s, -;* ein Künstler, der Figuren (Statuen und Skulpturen) aus Stein *o.Ä.* herstellt: *Michelangelo ist auch ein berühmter Bildhauer* || *hierzu* **Bild·hau·e·rei** *die; -, -en;* **Bild·hau·e·rin** *die; -, -nen*

bild·lich *Adjektiv* **1** mithilfe eines Bildes oder mehrerer Bilder (1,2,3): *die bildliche Darstellung einer Entwicklung, eines Vorgangs* **2** ein Bild (6) hervorrufend ⟨ein Ausdruck, ein Vergleich⟩

Bild·schirm B1 *der; -(e)s, -e;* der Teil eines Fernsehgeräts oder eines Computers, auf dem das Bild oder der Text erscheint || ↑ Illustration **Im Büro**

Bild·schirm|ar·beit *die; -, -en; nur Singular;* das berufliche Arbeiten mit einem Computer

Bil·dung[1] *die; -, -en* **1** die Entstehung von etwas ⟨die Bildung von Blasen, Geschwüren; die Bildung einer Meinung⟩ || -K Knospenbildung, Wolkenbildung **2** die Gründung einer neuen Gruppe, Organisation ⟨die Bildung einer Regierung⟩ || -K Kabinettsbildung

Bil·dung[2] *die; -; nur Singular;* das (durch Erziehung) erworbene Wissen und Können auf verschiedenen Gebieten ⟨eine umfassende, höhere Bildung besitzen, haben; Bildung vermitteln; ein Mensch mit/von Bildung⟩ || K- Bildungschancen, Bildungspolitik || -K Allgemeinbildung, Schulbildung

Bil·dungs·lü·cke *die; -, -n; meist humorvoll;* fehlendes Wissen in einem bestimmten Gebiet

Bil·dungs·weg *der; -(e)s, -e* **1** die verschiedenen Phasen der Ausbildung (von der Grundschule bis zum Ende der Ausbildung) **2** **der zweite Bildungsweg** ein System, das Leuten, die bereits einen Beruf ausüben, erlaubt, (durch den Besuch von Kursen in der Freizeit) auch später noch eine höhere schulische Qualifikation zu erwerben ⟨die mittlere Reife, das Abitur auf dem zweiten Bildungsweg erwerben, machen, nachholen⟩

Bil·lard ['bɪljart] *das; -s; nur Singular;* ein Spiel, das man auf einer Art Tisch spielt und bei dem man mit einem Stock Kugeln in bestimmte Positionen oder Löcher stößt ⟨(eine Partie) Billard spielen⟩ || K- Billardkugel, Billardsaal, Billardstock, Billardtisch

Bil·lett [bɪl'jɛt] *das; -(e)s, -s/-e;* CH **1** ≈ Fahrkarte **2** ≈ Eintrittskarte

Bil·li·ar·de [-li̯-] *die; -, -n;* 1000 Billionen; *Mathematik* 10^{15}

bil·lig A2 *Adjektiv* **1** so, dass es relativ wenig Geld kostet ↔ teuer: *In diesem Geschäft kann man billig einkaufen* || K- Billigflug, Billigpreis **2** *abwertend;* von schlechter Qualität: *Er trug einen billigen Anzug* || K- Billigware

bil·li·gen; *billigte, hat gebilligt* **1** **etwas billigen** *förmlich;* etwas positiv beurteilen und es deshalb akzeptieren ↔ missbilligen, ablehnen ⟨einen Vorschlag, jemandes Entschluss, Pläne billigen⟩: *Als Ihr Arzt kann ich es nicht billigen, dass Sie so viel arbeiten* **2** **etwas billigen** *förmlich;* etwas amtlich oder durch Beschluss genehmigen ⟨ein Projekt, ein Gesetz billigen⟩ || *hierzu* **Bil·li·gung** *die; -, -en; meist Singular*

Bil·li·on [-li̯-] *die; -, -en;* 1000 Milliarden; *Mathematik* 10^{12}

bin *Präsens, 1. Person Singular;* ↑ **sein**[1]

Bin·de *die; -, -n* **1** ein langer Streifen Stoff, mit dem man etwas (*z.B.* eine Verletzung) schützt ≈ Verband: *den Arm in einer Binde tragen* || -K Augenbinde **2** ein Streifen aus weichem Material, den eine Frau während ihrer monatlichen Blutung (Menstruation) benutzen kann || -K Damenbinde, Monatsbinde

Bin·de·ge·we·be *das; -s, -;* ein Gewebe, das die Organe des Körpers miteinander verbindet und sie hält || K- Bindegewebsentzündung, Bindegewebsschwäche

Bin·de·glied *das; -(e)s, -er;* eine Person, eine Sache oder ein Teil, die eine Verbindung zwischen zwei Personen, Sachen, Bereichen *usw* herstellen

Bin·de·haut *die; -, -häu·te; meist Singular;* die dünne Haut (innen am Augenlid und außen am Auge || ↑ Abbildung unter **Auge** || K- Bindehautentzündung

bin·den[1] B1 *band, hat gebunden* **1** **jemanden/etwas (mit etwas) an etwas** (*Akkusativ*) **binden** eine Person/Sache *meist* mit einem Strick an etwas festmachen ≈ anbinden: *ein Boot mit einer Leine an einen Pflock binden* **2** **(jemandem/sich) etwas binden** etwas mit einem Knoten *o.Ä.* festmachen ⟨die Schuhe binden; sich (*Dativ*) die Krawatte binden⟩ **3** **etwas binden** lose Blätter (durch einen Einband) zu einem Buch zusammenfügen

bin·den[2], **sich** B1; *band sich, hat sich gebunden;* sich für einen Partner entscheiden, mit dem man zusammenleben will: *Ich will mich noch nicht binden* || ▸ **Bindung**

Bin·de·strich *der; -(e)s, -e;* ein kurzer Strich, der zeigt, dass die Wörter zusammengehören, *z.B.* in *Goethe-Gymnasium, Hin- und Rückfahrt* || Hinweis: Der Bindestrich kann auch gesetzt werden, um das Lesen einfacher zu machen: *Schifffahrt/Schiff-Fahrt*

Bin·de·wort *das; -(e)s, -wör·ter; Sprachwissenschaft* ≈ Konjunktion

Bind·fa·den *der; -s, -fä·den;* eine feste und dünne Schnur, mit der man *bes* Pakete bindet || ID **Es regnet Bindfäden** es regnet stark und ohne Unterbrechung

Bin·dung *die; -, -en* **1** **eine Bindung (an jemanden/etwas)** eine starke emotionale Beziehung zu einer Person oder Sache ⟨eine Bindung eingehen, auflösen⟩: *eine enge Bindung an seine Familie* **2** **eine Bindung (an etwas** (*Akkusativ*)) die Pflicht, sich an einen Vertrag oder ein Versprechen zu halten ⟨eine vertragliche Bindung eingehen⟩

bin·nen *Präposition; mit Genitiv/Dativ;* innerhalb

(des Zeitraums) von ≈ in: *Er hofft, seine Arbeit binnen drei Jahren erledigt zu haben; Binnen weniger Augenblicke war die Straße mit Schnee bedeckt*

Bin·nen- *im Substantiv* **1** auf dem (Fest)Land oder im Inneren des Landes; die **Binnengewässer**, der **Binnenhafen**, die **Binnenschifffahrt** **2** im Inland (im Gegensatz zum Ausland); der **Binnenhandel**, der **Binnenmarkt**

bio-, Bio- ['bi:o-] *im Adjektiv und Substantiv* **1** in Bezug auf Lebewesen; **biochemisch**, die **Biochemie**, die **Biophysik**, der **Biorhythmus** **2** *umg;* in Bezug auf Produkte, die möglichst natürlich und gesund sind (ohne Gift, künstlichen Dünger *usw*); das **Biogemüse**, der **Bioladen**, die **Biokost**

Bio·gra·fie, **Bio·gra·phie** [-'fi:] *die; -, -n* [-'fi:ən] **1** die Beschreibung des Lebens einer *meist* berühmten Person ⟨eine Biografie verfassen⟩ **2** *förmlich* ≈ Lebenslauf || *hierzu* **bio·gra·fisch**, **bio·gra·phisch** *Adjektiv*

Bio·lo·gie *die; -; nur Singular;* die Wissenschaft, die sich mit allen Formen des Lebens von Menschen, Tieren und Pflanzen beschäftigt || K- Biologielehrer, Biologieunterricht

bio·lo·gisch B1 *Adjektiv; ohne Steigerung* **1** zur Biologie gehörig: *eine biologische Untersuchung* **2** so, dass es die Natur und einzelne Organismen nicht schädigt ⟨ein Waschmittel, eine Hautcreme⟩ **3** Bakterien oder Viren enthaltend, die zu schweren Krankheiten führen: *chemische, atomare und biologische Waffen*

Bio·ton·ne *die; -, -n;* eine Mülltonne für Biomüll

birgt *Präsens, 3. Person Singular;* ↑ **bergen**

Bir·ke *die; -, -n;* ein (Laub)Baum, dessen Rinde weiße und dunkle Streifen hat, und der *bes* im nördlichen Teil der Erde vorkommt || K- Birkenallee, Birkenholz, Birkenrinde

Bir·ne[1] *die; -, -n;* eine saftige, gelbgrüne (Baum)Frucht || K- Birnbaum; Birnensaft

Bir·ne[2] *die; -, -n; Kurzwort* ↑ **Glühbirne**

birst *Präsens, 2. und 3. Person Singular;* ↑ **bersten**

bis[1] A2 **1** *Präposition; mit Akkusativ oder mit einer weiteren Präposition;* verwendet, um das Ende eines Zeitraums zu bezeichnen: *Sie bleibt bis zum Sonntag, bis nach Ostern, bis (um) fünf Uhr; Bis jetzt hat er noch nicht angerufen* **2** *Präposition; mit Akkusativ;* verwendet, wenn man sich von jemandem verabschiedet: *Bis bald/morgen/später/Montag/nächste Woche!* **3** *Präposition; mit Akkusativ oder mit einer weiteren Präposition;* verwendet, um das Ende einer Fahrt, Reise zu benennen: *Bis Stuttgart fahre ich mit dem Auto, dann nehme ich den Zug; Wie weit ist es von hier bis (nach) Rom?* **4** **bis zu** + *Zahlangabe/Substantiv* verwendet, um eine Grenze anzugeben: *Die Temperaturen erreichten bis zu 40°C im Schatten; bis zum Umfallen arbeiten* **5** **bis auf jemanden/etwas** alle mit Ausnahme der genannten Person(en)/Sache(n) ≈ außer: *Bis auf zwei haben alle Studenten die Prüfung bestanden* **6** *Zahl* + **bis** + *Zahl* verwendet, um die untere und obere Grenze eines Bereichs anzugeben: *Der Film dauert zwei bis drei Stunden*

bis[2] A2 *Konjunktion;* verwendet im Nebensatz, um anzugeben, wann eine Bedingung erfüllt oder die genannte Handlung (des Hauptsatzes) zu Ende ist: *Ich warte, bis du wiederkommst*

Bi·schof *der; -s, Bi·schö·fe; Religion;* ein Priester mit hohem Rang, der über allen Kirchen und Priestern eines großen Gebietes steht || *hierzu* **bi·schöf·lich** *Adjektiv*

bi·se·xu·ell *Adjektiv* **1** ⟨Menschen⟩ mit einer sexuellen Neigung sowohl zu Männern als auch zu Frauen **2** ⟨Tiere⟩ mit männlichen und weiblichen (Geschlechts)Merkmalen: *Schnecken sind bisexuell*

bis·her *Adverb;* bis jetzt ≈ bislang: *Bisher haben wir es immer so gemacht*

bis·he·ri·g- *Adjektiv; nur vor dem Substantiv, nicht als Adverb;* bis zu diesem Zeitpunkt (so gewesen): *Ihre bisherige Karriere ist erfolgreich verlaufen*

Bis·kuit [bɪs'kvi:t, 'bɪskvɪt] *das, der; -s, -s;* ein leichtes Gebäck, das ohne Fett hergestellt wird: *ein Tortenboden aus Biskuit* || K- Biskuitrolle, Biskuitteig

bis·lang *Adverb* ≈ bisher

biss *Imperfekt, 1. und 3. Person Singular;* ↑ **beißen**

Biss *der; -es, -e* **1** der Vorgang, bei dem jemand/ein Tier jemanden/etwas beißt oder in etwas beißt: *der giftige Biss einer Kobra* **2** die Wunde, die durch einen Biss (1) entsteht || K- Bisswunde

biss·chen *Indefinitpronomen; indeklinabel* **1** **ein bisschen** eine kleine Menge von etwas ≈ etwas, ein wenig: *Hast du ein bisschen Zeit für mich?* **2** **kein bisschen** + *Substantiv* ≈ überhaupt kein + Substantiv: *Sie hatte kein bisschen Angst*

Bis·sen *der; -s, -;* das Stück, das man von fester Nahrung abbeißt: *Kann ich einen Bissen von deinem Brot haben?* || ID **keinen Bissen herunterbringen** *umg;* (z.B. wegen Übelkeit oder aus Nervosität) nichts essen können

bis·sig *Adjektiv;* 1 ⟨ein Hund⟩ so, dass er gern Menschen beißt: *Vorsicht, bissiger Hund!* 2 scharf und kritisch ⟨jemandes Stil, jemandes Humor, Bemerkungen⟩

bist *Präsens, 2. Person Singular;* ↑ **sein**[1]

Bis·tro, Bist·ro *das;* -s, -s; ein kleines Lokal, in dem man Getränke und kleine Mahlzeiten bekommen kann || K- Bistrostuhl, Bistrotisch

Bis·tum *das;* -s, *Bis·tü·mer;* das Gebiet, das ein katholischer Bischof verwaltet ≈ Diözese

Bit *das;* -(s), -(s); *Informatik;* die kleinste (Informations)Einheit beim elektronischen Rechnen (in der Datenverarbeitung)

bit·te *Partikel* 1 verwendet, um einen Wunsch, einen Vorschlag *o.Ä.* höflich auszudrücken: *Reichst du mir die Butter, bitte?; Nehmen Sie bitte Platz!* 2 verwendet, um einen Wunsch, eine Aufforderung *o.Ä.* zu verstärken: *Würden Sie mir bitte erklären, was hier vor sich geht!* 3 *betont;* verwendet (als Antwort auf eine Frage), um Zustimmung auszudrücken: *„Darf ich das Fenster aufmachen?" – „Bitte!"* 4 *betont;* **bitte (sehr/schön)!** verwendet als höfliche Antwort, nachdem sich jemand bei einem (mündlich) bedankt hat: *„Vielen Dank!" – „Bitte (schön)!"* 5 *betont;* **bitte (sehr/schön)!** verwendet, um jemandem etwas anzubieten 6 *betont;* **(ja,) bitte!** verwendet, um etwas anzunehmen, das einem jemand anbietet ↔ (nein,) danke: *„Möchten Sie noch einen Kaffee?" – „(Ja,) bitte!"* 7 *betont;* **ja, bitte?** verwendet, *bes* wenn man den Telefonhörer abnimmt oder die Haustür aufmacht. Man fordert damit jemanden auf zu sagen, warum er angerufen hat oder gekommen ist 8 **('wie) bitte?** verwendet, um jemanden aufzufordern, das zu wiederholen, was er gerade gesagt hat, wenn man es nicht verstanden hat 9 **na bitte!** verwendet, um auszudrücken, dass man mit etwas schon lange gerechnet hat

Bit·te *die;* -, -n; **eine Bitte (an jemanden) (um etwas)** ein Wunsch, der an jemanden gerichtet ist ⟨eine dringende Bitte; eine Bitte vorbringen, erfüllen⟩

bit·ten; *bat, hat gebeten;* **(jemanden) um etwas bitten** einen Wunsch an jemanden richten, damit er erfüllt wird ↔ jemandem für etwas danken ⟨jemanden höflich, herzlich um etwas bitten⟩: *jemanden um einen Gefallen, um Auskunft bitten* || ID **Ich bitte Sie/dich!** *umg;* verwendet, um Ärger auszudrücken oder um zu erreichen, dass jemand etwas (Störendes) nicht tut

bit·ter B1 *Adjektiv* 1 von so herbem Geschmack, dass man es nicht essen oder trinken mag ↔ süß ⟨eine Medizin, eine Pille⟩ 2 sehr enttäuschend oder unangenehm ≈ schmerzlich ⟨eine bittere Enttäuschung erleben; eine bittere Erfahrung machen⟩ || *hierzu* **Bit·ter·keit** *die;* -; *nur Singular*

bi·zarr *Adjektiv;* von ungewöhnlicher und unharmonischer Form/Art ≈ seltsam ⟨Felsen, Gestalten, Einfälle⟩

Bi·zeps *der;* -, -e; der (deutlich hervortretende) Muskel des (Ober)Arms, mit dem man den Unterarm bewegt

Black·out, Black-out ['blɛk|aut; 'blɛk'|aut] *der, das;* -(s), -s; eine plötzlich auftretende, meist kurze (Bewusstseins)Störung, bei der man sich an nichts mehr erinnern kann ⟨einen Blackout haben⟩

blä·hen ['blɛːən]; *blähte, hat gebläht* 1 **etwas bläht etwas** eine (Luft)Strömung wölbt etwas oder macht es prall: *Der Wind bläht die Segel* 2 **etwas bläht** etwas erzeugt Gas (Blähungen) im Darm: *Kohl bläht* 3 **etwas bläht sich** etwas wird durch eine (Luft)Strömung gewölbt oder prall: *Der Vorhang blähte sich im Wind*

Blä·hung ['blɛːʊŋ] *die;* -, -en; *meist Plural;* Gase, die sich bei der Verdauung im Bauch bilden ⟨Blähungen haben, an Blähungen leiden⟩

Bla·ma·ge [bla'maːʒə] *die;* -, -n; ein Vorfall oder eine Angelegenheit, die für jemanden sehr peinlich ist: *Es war eine große Blamage für ihn, dass er bei der Prüfung durchgefallen war*

bla·mie·ren; *blamierte, hat blamiert* 1 **jemanden blamieren** jemanden lächerlich machen 2 **sich (vor jemandem) blamieren** sich durch sein Verhalten lächerlich machen ⟨sich vor aller Welt/vor allen Leuten blamieren⟩

blank; *blanker, blankst-; Adjektiv* 1 (sauber,) glatt und glänzend ⟨etwas blank putzen, reiben, scheuern⟩: *eine blanke Fensterscheibe* 2 ohne eine schützende Schicht ≈ unbedeckt: *sich auf den blanken Boden setzen; einen heißen Topf mit der blanken Hand anfassen* 3 *nur vor dem Substantiv, nicht als Adverb* nichts anderes als ≈ rein ⟨Hass, Hohn, Neid, Unsinn⟩ 4 **blank sein** *umg;* kein Geld mehr haben

blank·put·zen *(hat),* **blank·rei·ben** *(hat) usw* ↑ **blank** (1)

Bla·se *die;* -, -n 1 Luft oder Gas in Form von Kugeln ⟨Blasen bilden sich, platzen, steigen auf⟩ || -K Luftblase, Seifenblase 2 eine mit Flüssigkeit gefüllte schmerzhafte Stelle unter der Haut, der *z.B.* durch Reibung oder Hitze

B

entstanden ist: *Blasen an den Füßen* || -K Brandblase **2** ein kleiner Sack im Körper von Menschen oder Tieren, in dem sich der Urin sammelt ≈ Harnblase ⟨eine schwache Blase haben⟩ || K- Blasenentzündung

bla·sen B1 *bläst, blies, hat geblasen* **1** **(irgendwohin) blasen** die Luft kräftig (irgendwohin) ausstoßen: *ins Feuer blasen, damit es besser brennt* **2** **etwas bläst** etwas weht stark ⟨der Wind, der Sturm⟩ **3** **(etwas) blasen** auf einem Blasinstrument spielen ⟨ein Lied, eine Melodie blasen⟩ || K- Blasmusik

Blas·in·stru·ment *das; -(e)s, -e;* ein Musikinstrument, mit dem man Töne produziert, indem man Luft hineinbläst || -K Blechblasinstrument, Holzblasinstrument

Blasinstrumente

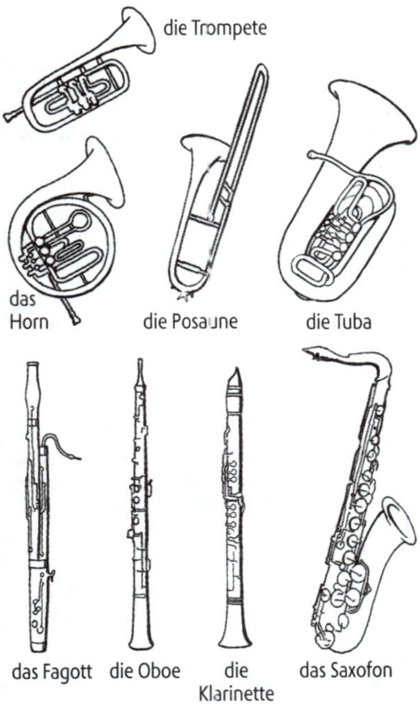

blass B2 *blasser/blässer, blassest-/blässest-; Adjektiv* **1** fast ohne natürliche Farbe, fast weiß ≈ bleich ⟨ein Gesicht; blass aussehen, werden; blass vor Schreck⟩ **2** ohne kräftigen Farbton ↔ kräftig: *ein blasses Grün* || K- blassblau || *zu* 1 **Bläs·se** *die; -; nur Singular*

bläst *Präsens, 2. und 3. Person Singular;* ↑ **blasen**

Blatt A2 *das; -(e)s, -/Blät·ter* **1** *(Plural Blätter)* Teile einer Pflanze ⟨die Blätter fallen (ab), färben sich⟩ || K- Blattpflanze || -K Ahornblatt, Lorbeerblatt, Salatblatt || Hinweis: ↑ **Laub** **2** *(Plural Blatt/Blätter)* ein Stück Papier *(meist* in einem genormten Format) ⟨ein leeres Blatt⟩: *100 Blatt Papier* || -K Kalenderblatt, Zeichenblatt **3** *(Plural Blätter)* ≈ Zeitung || -K Abendblatt, Wochenblatt || ID **Das steht auf einem anderen Blatt** das hat mit der betreffenden Sache nichts zu tun || *zu* 1 **blatt·för·mig** *Adjektiv;* **blatt·los** *Adjektiv*

blät·tern; *blätterte, hat geblättert;* **in etwas** *(Dativ)* **blättern** die Seiten eines Buches oder einer Zeitung kurz betrachten und schnell auf die nächsten schauen: *in einer Illustrierten blättern*

Blät·ter·teig *der; -(e)s, -e; meist Singular;* ein Teig, der nach dem Backen mehrere lockere, dünne Schichten bildet || K- Blätterteiggebäck, Blätterteigpastete

Blatt·laus *die; -, -läu·se;* ein kleines Insekt, das vom Saft der Blätter lebt und dadurch die Pflanzen schädigt

Blatt·sa·lat *der; -(e)s, -e;* eine Pflanze, deren Blätter man als Salat isst *(z.B.* Kopfsalat, Feldsalat, Radicchio)

blau A1 *blauer, blau(e)st-; Adjektiv* **1** die Farbe des Himmels bei sonnigem Wetter: *blaue Augen haben; ein Tuch blau färben* || ↑ Illustration **Farben und Formen** || K- blaugrün || -K hellblau, himmelblau **2** (aufgrund großer Kälte) blutleer: *vor Kälte blaue Lippen bekommen* || *hierzu* **bläu·lich** *Adjektiv*

blau·är·gern ↑ **grünärgern**

blau·äu·gig *Adjektiv* **1** *nicht als Adverb;* mit blauen Augen **2** ahnungslos und naiv wie ein Kind ≈ gutgläubig

Blau·bee·re *die; -, -n* ≈ Heidelbeere

Blaue *das; nur in* **1** **ins Blaue** zu einem Ziel, das nicht vorher bekannt ist ⟨eine Fahrt, eine Wanderung, ein Ausflug ins Blaue⟩ **2** **das Blaue vom Himmel herunterlügen** *umg;* große Lügen erzählen **3** **jemandem das Blaue vom Himmel versprechen** *umg;* jemandem etwas versprechen, das man nicht halten kann oder will

blau·fär·ben *(hat)* ↑ **blau** (1)

Blau·helm *der; -(e)s, -e; meist Plural;* ein Soldat, der für die Vereinten Nationen (UN) tätig ist und (in Krisengebieten) den Frieden sichern soll || K- Blauhelmeinsatz, Blauhelmsoldat, Blauhelmtruppe

Blau·kraut *das; -(e)s; nur Singular; südd* Ⓐ ≈ Rotkohl

Blau·licht *das; -(e)s, -er;* ein optisches Signal an den Autos der Feuerwehr, der Polizei und Krankenwagen, das ihnen überall die Vorfahrt sichert: *Der Rettungswagen brachte ihn mit Blaulicht ins Krankenhaus*

blau·ma·chen; *machte blau, hat blaugemacht; umg;* (eine bestimmte Zeit) nicht zur Arbeit gehen, weil man keine Lust dazu hat: *Er machte einfach einen Tag blau, weil er zum Baden wollte* || Hinweis: ↑ **schwänzen**

Bla·zer B2 ['ble:zɐ] *der; -s, -;* ein sportliches Jackett

Blech *das; -(e)s, -e* **1** ein Metall in Form einer dünnen Schicht: *Das Blech ist verrostet* || K- Blecheimer || -K Weißblech **2** eine Platte aus Blech, die man in den Ofen schiebt, um etwas darauf zu backen

Blech·scha·den *der; -s, -schä·den;* eine Beschädigung eines Autos, die bei einem Unfall entstanden ist: *Bei dem Zusammenstoß wurde niemand verletzt, es entstand nur Blechschaden*

Blei *das; -(e)s; nur Singular;* ein sehr schweres, grau glänzendes Metall ⟨schwer wie Blei⟩ || K- Bleikugel || ID **Blei in den Gliedern haben** *umg;* sich sehr müde fühlen || *hierzu* **blei·arm** *Adjektiv;* **blei·hal·tig** *Adjektiv*

blei·ben A1 *blieb, ist geblieben* **1** **(irgendwo) bleiben** einen Ort, einen Platz nicht verlassen: *Sie ist krank und bleibt heute im Bett; Bleib doch noch ein bisschen!* **2** **irgendwie bleiben**; **etwas** (*Nominativ*) **bleiben**; **in etwas** (*Dativ*) **bleiben** weiterhin so sein wie bisher ⟨in Bewegung bleiben; bei seinem Entschluss, seiner Meinung bleiben⟩: *Er bleibt immer höflich; Trotz aller Probleme blieben sie Freunde* **3** **am Leben bleiben** nicht sterben **4** **bei der Sache bleiben** das Thema nicht wechseln **5** **etwas bleibt (jemandem)** (+ **zu** + *Infinitiv*) etwas ist (oft als einzige Möglichkeit) noch für jemanden übrig: *Mir bleibt nur noch zu hoffen, dass sie wieder gesund sind* **6** **etwas bleiben lassen** *umg;* etwas nicht tun, das man tun wollte oder sollte: *Wenn du nicht mitkommen willst, dann lass es eben bleiben!* || ID **Wo bleibt jemand/etwas?** verwendet, um Ungeduld auszudrücken, wenn man auf jemanden oder etwas (zu lange) warten muss: *Wo bleibt er denn so lange?*; **Wo ist (denn) jemand/etwas geblieben?** *umg;* verwendet, um auszudrücken, dass man jemanden/etwas nicht finden kann: *Wo ist denn mein Schlüssel geblieben?*; **Das bleibt unter uns!** *umg;* das soll kein anderer erfahren

blei·bend *Adjektiv; nicht als Adverb;* so, dass etwas nicht verschwindet ⟨Erinnerungen, Schäden, Werte⟩

blei·ben·las·sen (*hat*) ↑ **bleiben** (6)

bleich *Adjektiv* **1** von fast weißer Hautfarbe, sehr blass: *bleich vor Angst, vor Schrecken* **2** hell und fast farblos ≈ fahl ⟨ein Lichtschimmer, das Mondlicht⟩

blei·chen; *bleichte, hat gebleicht;* **etwas bleichen** etwas so behandeln, dass es heller oder weiß wird ⟨Haare, Wäsche, Wolle bleichen⟩ || K- Bleichmittel

blei·frei B2 *Adjektiv;* ohne Blei ⟨Farben, Benzin⟩

Blei·stift A2 *der; -(e)s, -e;* ein Stift, mit dem man schreiben oder zeichnen kann ⟨ein harter, weicher, spitzer Bleistift; einen Bleistift (an)spitzen⟩ || ↑ Illustration **Im Büro** || K- Bleistiftzeichnung

blen·den; *blendete, hat geblendet* **1** **etwas blendet (jemanden)** etwas scheint jemandem so hell ins Gesicht, dass er nichts oder nicht viel sehen kann: *Die Sonne blendet (mich)* **2** **(jemanden) blenden** so stark auf jemanden wirken, dass er nicht mehr objektiv urteilen kann ≈ täuschen: *sich von jemandes Macht, Reichtum, Schönheit blenden lassen*

blen·dend *Adjektiv;* sehr gut, großartig ⟨ein Aussehen, eine Erscheinung; sich blendend amüsieren, mit jemandem verstehen⟩: *Du siehst blendend aus*

Blick *der; -(e)s, -e* **1** **ein Blick (auf jemanden/etwas)** die Bewegung der Augen zu jemandem/etwas hin ⟨etwas mit einem Blick erkennen; jemandes Blick fällt auf jemanden/etwas⟩: *Bevor er in den Zug einstieg, warf er noch einen Blick auf den Fahrplan* || K- Blickrichtung **2** *nur Singular;* der Ausdruck der Augen ⟨einen sanften, verzweifelten Blick haben⟩ **3** *nur Singular;* **ein Blick (auf etwas** (*Akkusativ*)) die Möglichkeit, etwas (von dieser Stelle aus) zu sehen ≈ Aussicht: *ein Zimmer mit Blick aufs Gebirge* || ID **auf den ersten Blick** sofort, beim ersten Mal ⟨jemanden/etwas auf den ersten Blick erkennen⟩; **jemanden keines Blickes würdigen** (aus Ärger oder als Strafe) so tun, als ob man jemanden nicht kenne; **Wenn Blicke töten könnten!** verwendet, um auszudrücken, dass jemandes Blick voller Hass oder Wut ist

bli·cken; *blickte, hat geblickt* **1** **irgendwohin blicken** in eine Richtung sehen, schauen: *aus dem Fenster blicken* **2** **irgendwie blicken** einen besonderen Gesichtsausdruck haben ⟨freundlich, streng blicken⟩ || ID **sich (bei jemandem) blicken lassen** *umg;* bei jemandem einen kurzen Besuch machen

B

bli̦·cken·las·sen, sich *(hat)* ↑ **blicken** ID

Bli̦ck·punkt *der; -(e)s, -e; meist* **im Blickpunkt** ⟨der Öffentlichkeit⟩ **stehen** große Beachtung finden, auf großes Interesse stoßen

Bli̦ck·win·kel *der; -s, -;* die Perspektive, aus der man etwas beurteilt ≈ Standpunkt: *eine Sache aus dem Blickwinkel des Verbrauchers betrachten*

blieb *Imperfekt, 1. und 3. Person Singular;* ↑ **bleiben**

blies *Imperfekt, 1. und 3. Person Singular;* ↑ **blasen**

bli̦nd B1 *Adjektiv* **1** ohne die Fähigkeit zu sehen ⟨blind sein, werden⟩: *blind geboren werden* **2** *nur vor dem Substantiv oder als Adverb;* ohne Misstrauen und Kritik ⟨Glaube, Vertrauen⟩: *Er ist so ehrlich und zuverlässig, dass du ihm blind vertrauen kannst* **3** **blind vor** ⟨Wut, Hass, Liebe, Eifersucht⟩ so stark von einem Gefühl bestimmt, dass man nicht mehr klar denken kann **4** *nur als Adverb;* ohne hinzusehen ⟨blind Schreibmaschine schreiben; blind Klavier, Schach spielen⟩

Bli̦nd·darm *der; -(e)s, -där·me; umg;* die kleine (wurmähnliche) Fortsetzung des Dickdarms; *Medizin* Appendix || K- Blinddarmentzündung

Bli̦n·de *der/die; -n, -n;* jemand, der blind (1) ist: *einen Blinden über die Straße führen* || K- Blindenführer, Blindenheim, Blindenlehrer, Blindenstock || ID *meist* **Das sieht doch ein Blinder (mit dem Krückstock)!** *umg;* das ist doch ganz einfach zu sehen, zu bemerken

Bli̦n·den·schrift *die; -; nur Singular;* eine Schrift aus (erhöhten) Punkten, die ein Blinder mit den Fingern abtasten und so lesen kann

bli̦nd·lings *Adverb* **1** spontan und ohne nachzudenken (*bes* weil man große Angst oder Wut spürt) ⟨blindlings um sich schießen, schlagen; blindlings ins Verderben rennen⟩ **2** ohne kritisches Urteil ≈ blind (2) ⟨jemandem blindlings vertrauen, gehorchen, folgen⟩

bli̦n·ken; *blinkte, hat geblinkt* **1** **etwas blinkt** etwas leuchtet in kurzen Abständen auf: *Nachts blinken die Lichter der Stadt* **2** (bei einem Fahrzeug mit dem Blinker) die Richtung anzeigen: *Er bog nach rechts ab, ohne zu blinken*

Bli̦n·ker *der; -s, -;* ein kleines gelbes (oder orangefarbenes) Licht an einem Fahrzeug, mit dem der Fahrer anzeigt, dass er die (Fahrt)-Richtung ändern will ⟨den Blinker betätigen, setzen⟩ || ↑ Illustration **Das Auto**

Bli̦nk·licht *das; -(e)s, -er;* ein (Licht)Signal im Straßenverkehr, das in regelmäßigen Abständen kurz aufleuchtet und so vor einer Gefahr warnt: *Der Bahnübergang ist durch ein Blinklicht gesichert*

bli̦n·zeln; *blinzelte, hat geblinzelt;* die Augen mehrmals hintereinander schnell auf- und zumachen ⟨listig, vor Müdigkeit blinzeln⟩

bli̦tz- *im Adjektiv; umg;* verwendet, um Adjektive positiv zu verstärken; **blitzblank, blitzsauber, blitzschnell**

Bli̦tz B1 *der; -es, -e;* ein sehr helles Licht, das man bei einem Gewitter plötzlich am Himmel sieht ⟨Blitz und Donner; jemand wird vom Blitz erschlagen⟩ || K- Blitzschlag || ID **etwas kommt wie ein Blitz aus heiterem Himmel** etwas Unangenehmes geschieht ganz überraschend

Bli̦tz·ab·lei·ter *der; -s, -;* **1** eine Anlage auf dem Dach, die verhindern soll, dass ein Blitz das Gebäude beschädigt **2** jemand, auf den ein anderer seine Wut lenkt ⟨jemandem als Blitzableiter dienen; jemanden als Blitzableiter benutzen⟩

bli̦t·zen B2 *blitzte, hat geblitzt* **1** **etwas blitzt** etwas leuchtet mehrere Male kurz (und sehr schnell) auf ≈ etwas funkelt ⟨ein Diamant⟩: *Seine Augen blitzten vor Freude* **2** *umg;* beim Fotografieren ein strahlendes Licht verwenden || K- Blitzlicht **3** **es blitzt** am Himmel sind Blitze zu sehen: *Es blitzt und donnert*

Blo̦ck B1 *der; -(e)s, -s/Blö·cke* **1** *(Plural Blöcke)* ein schweres, massives Stück (Holz, Metall oder Stein): *ein Block aus Granit* **2** *(Plural Blocks/Blöcke)* ein großes (Wohn)Gebäude mit mehreren Etagen || -K Wohnblock **3** *(Plural Blöcke)* eine Koalition aus verschiedenen Gruppen (*z.B.* politischen Parteien) ⟨einen Block bilden⟩ || -K Militärblock, Wirtschaftsblock **4** *(Plural Blocks/Blöcke)* eine große Zahl (ein Stapel) von Blättern, die an einer Seite zusammengeklebt sind || -K Quittungsblock, Zeichenblock

Blo·cka̲·de *die; -, -n;* die Absperrung aller Wege, auf denen man in ein Land, ein Gebiet, eine Stadt *o.Ä.* hinein- oder von dort herauskommt ⟨eine Blockade brechen, über ein Land verhängen⟩

Blo̦ck|buch·sta·be *der; -n, -n;* ein großer Buchstabe, der in der Form eines gedruckten lateinischen Buchstabens geschrieben wird: *seinen Namen in Blockbuchstaben schreiben*

Blo̦ck·flö·te *die; -, -n;* eine Flöte aus Holz mit acht Löchern || ↑ Abbildung unter **Flöten** || -K Altblockflöte, Sopranblockflöte

blo·cki̲e·ren; *blockierte, hat blockiert* **1** **etwas blockieren** ein Hindernis errichten, damit ein Weg nicht benutzt werden kann **2** **etwas**

blockiert etwas etwas bewirkt, dass man auf einem Weg oder einer Straße nicht mehr (weiter)fahren kann: *Ein umgestürzter Lastwagen blockiert die Autobahn* **3** **(etwas) blockieren** bewirken, dass eine konstante Bewegung aufhört ⟨den Verkehr, den Nachschub blockieren⟩ || *hierzu* **Blo·ckie·rung** *die; -, -en*

Block·schrift *die; -; nur Singular;* eine (Hand)Schrift, die aus großen (Block)Buchstaben besteht

blöd, blö·de [A1] *Adjektiv; umg abwertend* **1** ≈ dumm ⟨ein Fehler; sich blöd anstellen⟩ **2** unangenehm (und ärgerlich) ⟨ein Gefühl, eine Geschichte⟩ **3** verwendet, um Ärger über jemanden/etwas auszudrücken: *Das blöde Auto springt nicht an!* || *zu* 1 und 2 **Blöd·heit** *die; -; nur Singular; zu* 3 **blö·der·wei·se** *Adverb*

Blöd·sinn *der; -s; nur Singular; abwertend;* dummes Zeug ≈ Unsinn ⟨Blödsinn reden; nur Blödsinn im Kopf haben⟩

blond [B1] *blonder, blondest-; Adjektiv* **1** von gelblicher, heller Farbe ⟨ein Bart, jemandes Haar⟩ || [-K] dunkelblond, strohblond **2** mit blondem (1) Haar ⟨ein Mädchen, ein Junge; blond gelockt⟩

Blon·di·ne *die; -, -n;* eine (*meist* junge, attraktive) Frau mit blonden Haaren

bloß[1] [B2] *Adjektiv; ohne Steigerung* **1** ≈ nackt: *mit bloßem Oberkörper in der Sonne sitzen* **2** ohne etwas Schützendes darauf, daran *o.Ä.*: *auf dem bloßen Erdboden liegen* **3** *nur vor dem Substantiv, nicht als Adverb;* ohne eine Hilfe: *etwas mit bloßem Auge* (= ohne Brille, Fernglas *o.Ä.*) *erkennen*

bloß[2] [B2] *Adverb;* verwendet, um etwas, das man vorher gesagt hat, einzuschränken ≈ nur: *Das habe ich ja gleich gesagt, bloß hast du es mir nicht geglaubt; Ich habe bloß noch zwei Euro*

bloß[3] [B2] *Partikel; betont und unbetont* **1** in Fragen verwendet, wenn man einen Rat braucht (und hofft, dass einem der andere helfen kann): *Wo ist denn bloß mein Schlüssel?* **2** in Ausrufesätzen und rhetorischen Fragen verwendet, um Bewunderung, Kritik *o.Ä.* auszudrücken: *Was hast du da bloß wieder angestellt!; Wie konntest du bloß so etwas Schreckliches tun?* **3** verwendet, um jemanden zu beruhigen, zu trösten oder ihm Mut zu machen: *Bloß keine Angst!* **4** verwendet, um aus einer Aufforderung eine Drohung oder Warnung zu machen ≈ ja (10): *Halt bloß endlich den Mund!* **5** verwendet, um einen dringenden Wunsch auszudrücken: *Hätte ich das doch bloß nicht gesagt!; Wenn wir bloß schon da wären!* | Hinweis: meist durch *nur* ersetzbar

bloß·stel·len; *stellte bloß, hat bloßgestellt;* **jemanden bloßstellen** jemandes Schwäche oder Fehler anderen Leuten offen (auf oft beleidigende Weise) zeigen ≈ jemanden blamieren (1)

Blou·son [blu'zõ:, blu'zɔŋ] *das, der; -s, -s;* eine kurze, weite Jacke oder Bluse, die an der Taille eng anliegt

blub·bern; *blubberte, hat geblubbert;* **etwas blubbert** etwas erzeugt ein Geräusch, wie es entsteht, wenn eine dicke Suppe in einem Topf kocht

Blue·jeans ['blu:dʒi:ns] *die* ↑ **Jeans**

blü·hen [B1] *blühte, hat geblüht* **1** **etwas blüht** etwas hat Blüten bekommen ⟨etwas blüht rot, weiß, früh, spät⟩: *eine blühende Wiese; Die Mandelbäume blühen im März* **2** **etwas blüht** etwas entwickelt sich stark und günstig ≈ etwas floriert ⟨das Geschäft, der Handel⟩ **3** **jemandem blüht etwas** *umg ironisch;* jemandem steht etwas Unangenehmes bevor

Blu·me [A1] *die; -, -n* **1** eine kleine Pflanze mit auffälligen Blüten ⟨eine blühende Blume; Blumen pflanzen⟩ || [K-] Blumenerde, Blumengarten, Blumentopf || [-K] Gartenblume, Herbstblume, Wiesenblume **2** eine Blüte an einem Stiel oder Stängel ⟨frische, verwelkte, duftende Blumen; Blumen schneiden; ein Strauß Blumen⟩ || [K-] Blumenladen, Blumenstrauß **3** eine Pflanze in einem Topf, die man in der Wohnung *o.Ä.* hat ⟨ die Blumen gießen⟩ || [ID] **(jemandem) etwas durch die Blume sagen** (jemandem) etwas nicht direkt sagen, sondern es nur andeuten

Blu·men·kohl *der; -(e)s; nur Singular;* eine (Kohl)Sorte, deren große, weiße, feste Blüten gekocht als Speise gegessen werden können

Blu·men·topf *der; -(e)s, -töp·fe;* ein Gefäß aus Ton oder Plastik für Erde und Pflanzen, die man *z.B.* in der Wohnung wachsen lassen will

Blu·se [B1] *die; -, -n;* ein Kleidungsstück aus dünnem Stoff, das Mädchen und Frauen am Oberkörper) tragen ⟨eine kurzärmelige, langärmelige Bluse⟩ || ↑ Illustration **Die Kleidung**

Blut [B1] *das; -(e)s; nur Singular;* die rote Flüssigkeit in den Adern von Menschen und Tieren ⟨frisches Blut; Blut fließt aus einer Wunde; jemandem Blut abnehmen; Blut spenden⟩ || [K-] Blutfleck, Blutgerinnsel, Blutkrebs, Blutkreislauf, Bluttransfusion, Blutverlust; blutleer, blutüberströmt || [ID] **Blut und**

Wasser schwitzen *umg;* in einem Zustand großer Angst oder Aufregung sein; **jemand hat etwas im Blut** jemand hat eine Begabung für etwas; **Blut geleckt haben** *umg;* etwas kennengelernt und daran Gefallen gefunden haben; **etwas liegt jemandem im Blut** jemand hat ein Talent oder eine Fähigkeit (von Geburt an); **(Nur) ruhig Blut!** *umg;* nicht aufregen! || Hinweis: ↑ **blutstillend**

blut·arm *Adjektiv;* mit zu wenig roten Blutkörperchen im Blut; *Medizin* anämisch || *hierzu* **Blut·ar·mut** *die; -; nur Singular*

Blut·bild *das; -(e)s, -er;* das, was die Analyse des Blutes eines Patienten zeigt

Blut·druck *der; -(e)s; nur Singular;* der Druck, den das strömende Blut in den Adern erzeugt ⟨einen hohen, niedrigen Blutdruck haben; den Blutdruck messen⟩ || K- Blutdruckmessung

Blü·te B1 *die; -, -n* **1** der Teil einer Pflanze, aus dem sich die Frucht entwickelt ⟨eine duftende, zarte, rote Blüte⟩ || K- Blütenknospe **2** die Zeit, in der Pflanzen blühen || K- Blütezeit || -K Baumblüte **3** *nur Singular;* die Zeit, in der sich etwas besonders gut entwickelt hat und erfolgreich ist ≈ Höhepunkt: *die Blüte der Kunst* || ID **in der Blüte seiner Jahre** *förmlich;* in seinen besten (Lebens)Jahren

Blut·egel *der; -s, -;* ein kleines, wurmähnliches Tier, das (im Wasser lebt und) bei Menschen und Tieren Blut saugt

blu·ten B1 *blutete, hat geblutet;* Blut (aus einer Wunde) verlieren: *Meine Nase blutet; eine heftig blutende Wunde* || *hierzu* **Blu·tung** *die; -, -en*

Blut|er·guss *der; -es, -güs·se;* eine Ansammlung von Blut an einer Stelle außerhalb der Adern, die durch einen heftigen Stoß oder Schlag verursacht wird: *Bei einem Bluterguss bildet sich ein blauer Fleck unter der Haut*

Blut·ge·fäß *das; -es, -e* ≈ Ader

Blut·grup·pe *die; -, -n;* eine der vier Gruppen, in die man das Blut (nach bestimmten erblichen Merkmalen) einteilt ⟨jemandes Blutgruppe bestimmen⟩: *die vier Blutgruppen 0, A, B und AB* || K- Blutgruppenbestimmung

Blut·hoch·druck *der; -(e)s; nur Singular;* eine Krankheit, bei der man ständig zu hohen Blutdruck hat; *Medizin* Hypertonie

blu·tig *Adjektiv* **1** voll Blut ⟨ein Verband, eine Waffe⟩ **2** sehr grausam und so, dass es viele Verletzte und Tote gibt ↔ unblutig ⟨eine Auseinandersetzung, ein Krieg, eine Rache, Unruhen⟩: *eine Revolte blutig niederschlagen* **3** *nur vor dem Substantiv, nicht als Adverb; umg;* verwendet, um ein Substantiv oder Adjektiv zu verstärken ≈ total ⟨*meist* blutiger Ernst, ein blutiger Anfänger⟩ **4** ⟨ein Steak⟩ nicht ganz durchgebraten

Blut·kör·per·chen *das; -s, -; meist Plural;* die winzigen festen (Bestand)Teile des Blutes ⟨rote, weiße Blutkörperchen⟩: *zu wenig rote Blutkörperchen haben*

Blut·oran·ge *die; -, -n;* eine Orange mit dunkelrotem Saft und (Frucht)Fleisch

Blut·pro·be *die; -, -n;* die Entnahme und Untersuchung einer kleinen Menge Blut ⟨eine Blutprobe anordnen, entnehmen, vornehmen⟩

Blut·spen·de *die; -, -n;* die freiwillige Abgabe von gesundem Blut, das für Transfusionen verwendet wird: *die Bevölkerung zur Blutspende aufrufen* || *hierzu* **Blut·spen·der** *der; -s, -;* **Blut·spen·de·rin** *die; -, -nen*

blut·stil·lend *Adjektiv; nicht als Adverb;* mit der Wirkung, dass eine Wunde nicht mehr blutet ⟨ein Mittel, ein Verband⟩

bluts·ver·wandt *Adjektiv; nicht als Adverb;* durch einen gemeinsamen Vorfahren miteinander verwandt || *hierzu* **Bluts·ver·wand·te** *der/die; -n, -n*

blut|un·ter·lau·fen *Adjektiv;* durch eine Ansammlung von Blut im Gewebe rötlich gefärbt ⟨*meist* Augen⟩

Blut·ver·gif·tung *die; -, -en;* eine Erkrankung (durch eine infizierte Wunde), die schnell gefährlich wird; *Medizin* Sepsis ⟨an (einer) Blutvergiftung sterben⟩

Blut·wurst *die; -, -würs·te;* eine Wurst aus (Schweine)Fleisch, Speck und dem Blut des geschlachteten Tieres

Blut·zu·cker *der; -s; nur Singular;* der (Trauben)Zucker, der im Blut gelöst ist ⟨der Blutzucker ist zu hoch; zu viel Blutzucker haben⟩

BLZ [beːlɛlˈtsɛt] *Abkürzung für* Bankleitzahl

Bö *die; -, -en;* ein heftiger, plötzlicher Wind (-stoß) || -K Gewitterbö, Sturmbö

Boa [ˈboːa] *die; -, -s;* eine sehr große Schlange in Südamerika (die nicht giftig ist, sondern ihre Opfer umschlingt und erdrückt)

Bock[1] *der; -(e)s, Bö·cke* **1** das männliche Tier *bes* bei Ziege, Schaf, Reh und Gämse, *auch* beim Kaninchen || -K Geißbock, Rehbock, Schafbock, Ziegenbock **2** *salopp;* verwendet als Schimpfwort für einen Mann ⟨ein geiler, sturer Bock⟩ || ID **den Bock zum Gärtner machen** *umg;* jemanden etwas tun lassen, wozu er überhaupt nicht geeignet ist; **einen**

Bock schießen *umg;* einen dummen Fehler machen

Bock[2] *der; -(e)s, Bö·cke* **1** *Sport;* ein Turngerät mit vier Beinen, über das man springt || K← Bockspringen, Bocksprung **2** ein Gestell mit *meist* vier Beinen. Man benutzt *z.B.* zwei Böcke, um Lasten daraufzulegen

Bock·wurst *die; -, -würs·te;* eine Wurst aus magerem Fleisch, die im Wasser heiß gemacht (und *meist* mit einem Brötchen und Senf gegessen) wird

Bo·den[1] A2 *der; -s, Bö·den* **1** die oberste Schicht auf der Erde ⟨fruchtbarer, steiniger, sandiger Boden⟩: *Spargel gedeiht am besten in lockerem und sandigem Boden* || K← Bodenbearbeitung, Bodenqualität || →K Felsboden, Sandboden **2** *nur Singular;* die Fläche, auf der man steht und geht ⟨auf den/zu Boden fallen; etwas vom Boden aufheben; den Boden fegen, putzen⟩: *nach der Seereise wieder festen Boden unter den Füßen haben* || →K Holzboden, Parkettboden **3** die unterste, horizontale Fläche von etwas ⟨der Boden einer Kiste, eines Koffers, eines Schranks⟩: *zum Boden des Meeres hinuntertauchen* **4** *Adjektiv +* **Boden** ein bestimmtes Gebiet ≈ Territorium ⟨deutscher, englischer Boden⟩ || ID **jemandem brennt der Boden unter den Füßen** *umg;* jemand spürt, dass er in Gefahr ist; **den Boden unter den Füßen verlieren** keine sichere Grundlage haben; **auf dem Boden der Tatsachen bleiben** vernünftig und praktisch denken; **etwas fällt auf fruchtbaren Boden** etwas wird gern befolgt und übt eine sichtbare Wirkung aus; **etwas** *(Dativ)* **den Boden entziehen** einer Sache die Grundlage nehmen; **(an) Boden gewinnen/verlieren** an Bedeutung gewinnen/verlieren; **Boden gutmachen/wettmachen** *umg;* Fortschritte machen; **etwas aus dem Boden stampfen** etwas in kürzester Zeit errichten; **am Boden zerstört sein** *umg;* (psychisch und physisch) ganz erschöpft sein

Bo·den[2] A2 *der; -s; Bö·den;* der unbewohnte Raum direkt unter dem Dach eines Gebäudes ≈ Dachboden, Speicher || K← Bodenfenster, Bodenkammer, Bodentreppe

bo·den·los *Adjektiv* **1** *umg;* verwendet, um negative Substantive, Adjektive und Adverbien zu verstärken ≈ enorm ⟨eine Frechheit, (ein) Leichtsinn, eine Unverschämtheit; bodenlos frech, leichtsinnig⟩ **2** sehr tief ⟨eine Tiefe; etwas fällt ins Bodenlose⟩

Bo·den·schät·ze *die; Plural;* die wertvollen (Roh)Stoffe in der Erde ⟨der Abbau, die Gewinnung von Bodenschätzen⟩: *Sibirien ist reich an Bodenschätzen*

bo·den·stän·dig *Adjektiv* **1** typisch für das Gebiet, in dem etwas entstanden ist ⟨Bauweise, Kultur, Trachten⟩ **2** ⟨eine Bevölkerung, eine Familie, ein Mensch⟩ sehr stark mit der Gegend verbunden, in der sie geboren wurden und in der sie leben

Bo·dy ['bɔdi] *der; -s, -s; umg* **1** *bes humorvoll;* der menschliche Körper **2** Unter- oder Sportwäsche in einem Stück

Bo·dy·buil·ding ['bɔdibɪldɪŋ] *das; -s; nur Singular;* das Trainieren der Muskeln, um eine bessere Figur zu bekommen ⟨Bodybuilding machen, betreiben⟩

bog *Imperfekt, 1. und 3. Person Singular;* ↑ **biegen**

Bo·gen[1] *der; -s, -/Bö·gen* **1** ein Teil einer nicht geraden Linie ≈ Biegung, Kurve: *in großem Bogen um etwas herumfahren* **2** ein Stück Mauer in der Form eines Bogens (1) ⟨ein romanischer, spitzer Bogen⟩ || →K Rundbogen, Spitzbogen, Torbogen **3** ein (Holz)Stab mit Saiten, mit dem man (Streich)Instrumente spielt || →K Geigenbogen **4** eine Waffe ⟨mit Pfeil und Bogen schießen⟩ || K← Bogenschütze || ID **einen großen Bogen um jemanden/etwas machen** *umg;* mit jemandem/etwas nichts zu tun haben wollen; **den Bogen (he)raushaben** *umg;* wissen, mit welcher Technik etwas funktioniert; **den Bogen überspannen** mit etwas zu weit gehen, etwas übertreiben || *zu* 1 **bo·gen·för·mig** *Adjektiv*

Bogen

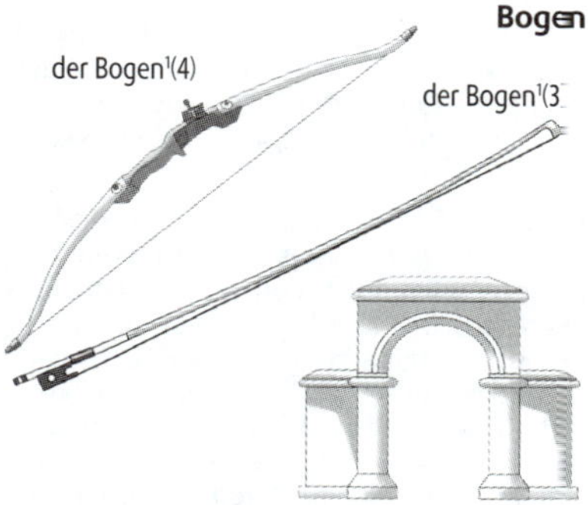

Bo·gen[2] *der; -s, -/Bö·gen;* ein Blatt Papier ⟨ein Bogen Geschenkpapier, Briefmarken⟩ || →K Briefbogen, Druckbogen

Boh·ne *die; -, -n* **1** eine (Gemüse)Pflanze und ihre Früchte ⟨Bohnen pflücken⟩ || K← Bohnensalat, Bohnensuppe **2** der Samenkern bestimmter Pflanzen (*z.B.* des Kaffeestrauchs,

B

des Kakaobaums) || -K Kaffeebohne, Kakaobohne

Boh·nen·kaf·fee *der; -s; nur Singular* **1** (gemahlene) Kaffeebohnen: *ein Pfund Bohnenkaffee* **2** das Getränk, das aus Kaffeebohnen und heißem Wasser hergestellt wird: *eine Tasse Bohnenkaffee*

boh·ren; *bohrte, hat gebohrt* **1** **(etwas) (irgendwohin) bohren** mit einem Werkzeug ein Loch, eine Öffnung in etwas machen: *(mit dem Bohrer) Löcher (in ein Brett/in die Wand) bohren; Hat der Zahnarzt bei dir gebohrt?* || K- Bohrmaschine || zu **Bohrmaschine** ↑ Abbildung unter **Werkzeug** **2** **(nach etwas) bohren** (mit Bohrmaschinen) tief in der Erde nach Bodenschätzen suchen: *in der Nordsee nach Erdöl bohren* || K- Bohrloch **3** *umg;* immer wieder fragen, um etwas zu erfahren: *Er bohrte so lange, bis ich ihm alles erzählte*

Boh·rer *der; -s, -;* ein spitzer (spiralförmig gedrehter) Stab aus Metall, mit dem man Löcher in hartes Material (wie *z.B.* Holz, Stein, Zähne) machen kann || ↑ Abbildung unter **Werkzeug** || -K Gesteinsbohrer, Holzbohrer; Pressluftbohrer

Boi·ler ['bɔylɐ] *der; -s, -;* ein Gerät (, das *meist* an der Wand hängt), mit dem man das Wasser darin heiß machen kann ⟨den Boiler aufheizen, einschalten, ausschalten⟩ || -K Elektroboiler, Gasboiler

bol·zen; *bolzte, hat gebolzt; umg;* (zum Vergnügen) Fußball spielen || K- Bolzplatz

Bol·zen *der; -s, -;* ein dicker Stift aus Eisen oder Holz, der Teile einer Konstruktion verbindet: *zwei Eisenstangen mit einem Bolzen aneinander befestigen* || ↑ Abbildung unter **Werkzeug**

bom·bar·die·ren; *bombardierte, hat bombardiert* **1** **jemanden/etwas bombardieren** jemanden/etwas mit Kanonen oder Bomben angreifen ⟨den Feind, eine Stadt, die feindlichen Stellungen bombardieren⟩ **2** **jemanden/etwas (mit etwas) bombardieren** *umg;* viele Gegenstände auf jemanden/etwas werfen ⟨jemanden mit Schneebällen, faulen Tomaten bombardieren⟩ **3** **jemanden mit etwas bombardieren** *umg;* jemanden mit sehr vielen Fragen, Briefen *o.Ä.* belästigen ⟨jemanden mit Fragen, Protesten bombardieren⟩ || zu 1 **Bom·bar·de·ment** [bɔmbardə'mã:] *das; -s, -s;* **Bom·bar·die·rung** *die; -, -en*

Bom·be *die; -, -n;* ein Gegenstand, der (mit Sprengstoff gefüllt ist und) viel zerstört, wenn er explodiert ⟨eine Bombe legen, entschärfen; eine Bombe (aus dem Flugzeug) abwerfen⟩ || K- Bombenalarm, Bombenanschlag, Bombendrohung || -K Atombombe || ID **etwas schlägt wie eine Bombe ein** etwas bringt Aufregung und Schrecken; **Die Bombe ist geplatzt** *umg;* etwas (Unangenehmes), das man schon länger erwartet hat, ist jetzt bekannt geworden

Bon [bɔŋ, bõ:] *der; -s, -s* **1** ein kleiner (Papier)Streifen, auf dem die Preise der Waren stehen, die man gekauft hat ≈ Kassenzettel **2** ein Zettel oder ein Blatt Papier, für die man Waren (mit einem festen Wert) bekommt ≈ Gutschein: *einen Bon im Wert von 20 Euro einlösen* || -K Essensbon, Getränkebon

Bon·bon B1 [bɔŋ'bɔŋ, bõ'bõ:, 'bɔŋbɔŋ] *das; -s, -s;* ein kleines Stück aus Zucker(masse), das süß schmeckt ⟨Bonbons lutschen⟩ || -K Hustenbonbon, Zitronenbonbon

Bo·nus *der; -/-ses, -se/Bo·ni;* ein Vorteil (*bes* an Geld oder Punkten), den man jemandem gibt, um ihn für etwas zu belohnen ↔ Malus ⟨jemandem einen Bonus gewähren⟩

Boom [bu:m] *der; -s, -s;* ein plötzliches, starkes Anwachsen des wirtschaftlichen Wachstums ≈ Hochkonjunktur || -K Bauboom

Boot B1 *das; -(e)s, -e;* ein kleines, offenes Schiff: *in einem Boot über den Fluss rudern* || K- Bootsfahrt || -K Motorboot, Paddelboot, Ruderboot; Rettungsboot || ID *meist* **Wir sitzen alle im selben/in 'einem Boot** *umg;* wir sind alle in der gleichen (schwierigen) Situation

Bord[1] *(der); -(e)s; nur Singular* **1** der obere, seitliche Rand eines Schiffes ⟨jemanden/etwas über Bord werfen⟩ **2** **an Bord** (+ *Genitiv*) auf einem Schiff, in einem Flugzeug: *Der Kapitän begrüßte die Passagiere an Bord der Boeing 767* || ID *meist* **Mann über Bord!** verwendet, um auszudrücken, dass jemand ins Wasser gefallen ist; **etwas über Bord werfen** *umg;* etwas ganz aufgeben: *seine Hemmungen über Bord werfen*

Bord[2] *das; -(e)s, -e;* ein Brett, das an der Wand befestigt wird || -K Bücherbord, Wandbord

Bord·stein *der; -(e)s, -e;* der Rand aus (länglichen) Steinen, der die Straße vom Bürgersteig trennt || K- Bordsteinkante

bor·gen B2 *borgte, hat geborgt* **1** **jemandem etwas borgen** jemandem etwas für kurze Zeit zur (*meist* kostenlosen) Benutzung geben ≈ jemandem etwas leihen: *jemandem seinen Schirm borgen* **2** **(sich** (*Dativ*)**) etwas (bei/von jemandem) borgen** sich etwas geben lassen, das man für eine bestimmte Zeit (*meist* kostenlos) benutzen darf ≈ (sich) etwas leihen: *Er* *muss (sich) Geld bei seinem Sohn borgen*

Bör·se¹ B2 *die; -, -n;* der Markt, auf dem man mit Geld (Wertpapieren, Aktien) handelt ⟨an der Börse spekulieren⟩: *An der New Yorker Börse fiel der Kurs des Dollars* || K- Börsenkurs, Börsenmakler, Börsennachrichten

Bör·se² B2 *die; -, -n;* eine kleine Tasche für Geld ≈ Portemonnaie || -K Geldbörse

Bors·te *die; -, -n* **1** ein steifes, dickes Haar || -K Schweinsborste **2** eine von vielen (künstlichen) Borsten (1), aus denen man Bürsten, Besen und Pinsel macht: *die Borsten der Zahnbürste*

bös·ar·tig *Adjektiv* **1** mit der Absicht, anderen zu schaden ⟨ein Mensch, eine Bemerkung⟩ **2** (lebens)gefährlich ⟨ein Geschwür, eine Krankheit, ein Tumor⟩ || *hierzu* **Bös·ar·tig·keit** *die; -; nur Singular*

Bö·schung *die; -, -en;* die schräge Seite eines (Erd)Walls oder Abhangs ⟨eine steile, sanfte Böschung⟩ || -K Straßenböschung, Uferböschung

bö·se A2 *Adjektiv* **1** moralisch schlecht, anderen absichtlich schadend ↔ gut ⟨ein Mensch, Gedanken⟩: *das Böse im Menschen; Das war nicht böse gemeint* **2** ≈ schlimm, unangenehm ⟨eine Angelegenheit, eine Enttäuschung⟩: *Er ahnte nichts Böses* **3** *nicht als Adverb;* **(jemandem) böse (wegen etwas** (*Genitiv/Dativ*)**) sein**; **(auf jemanden/mit jemandem) böse sein** voller Ärger und Wut auf jemanden sein ≈ wütend auf jemanden sein: *Ich habe unsere Verabredung vergessen. Bist du mir deswegen jetzt böse?* **4** **böse werden** in Wut geraten, wütend werden || ID **mit jemandem/etwas sieht es böse aus** *umg;* jemand/etwas befindet sich in einer schlimmen Situation

bos·haft *Adjektiv* **1** ⟨ein Mensch⟩ so, dass er mit Freude und voller Absicht anderen Böses tut **2** ⟨ein Gelächter, ein Grinsen⟩ so, dass sie Freude darüber zeigen, dass jemandem etwas Böses geschieht **3** ⟨eine Kritik, ein Kommentar⟩ voller Spott

Bos·heit *die; -, -en* **1** *nur Singular;* die Eigenschaft, sich böse (1) zu verhalten ⟨etwas aus Bosheit tun⟩ **2** eine böse Tat oder Aussage ≈ Gemeinheit: *jemandem Bosheiten an den Kopf werfen* (= jemanden beleidigen)

Boss *der; -es, -e; umg;* jemand, der eine Firma oder eine Gruppe (*meist* von Mitarbeitern) leitet ≈ Chef ⟨der Boss einer Firma, Gewerkschaft, Bande⟩ || -K Bandenboss, Gewerkschaftsboss

bös·wil·lig *Adjektiv* ≈ bösartig (1) ⟨eine Beschädigung, eine Verleumdung⟩

bot *Imperfekt, 1. und 3. Person Singular;* ↑ **bieten**

bo·ta·nisch *Adjektiv; meist vor dem Substantiv oder als Adverb* **1** für die wissenschaftliche Beschäftigung mit Pflanzen bestimmt ⟨eine Exkursion, ein Institut, ein Lehrbuch⟩ **2** in Bezug auf die Botanik: *botanische Studien*

Bo·te *der; -n, -n* **1** jemand, den man schickt, um einem anderen *bes* eine Nachricht zu bringen || -K Eilbote, Postbote **2** *meist* **die Boten** + *Genitiv; förmlich;* etwas, das etwas Neues anzeigt: *Schwalben sind die Boten des Sommers* || -K Frühlingsbote || *zu* **1** **Bo·tin** *die; -, -nen*

Bot·schaft¹ B2 *die; -, -en;* **eine Botschaft (für jemanden) (von jemandem)** eine Nachricht oder (offizielle) Mitteilung ⟨jemandem eine Botschaft (über)senden; eine geheime Botschaft⟩: *Die Botschaft des Präsidenten wird im Fernsehen ausgestrahlt* || -K Weihnachtsbotschaft

Bot·schaft² B2 *die; -, -en;* das Büro (*oft* ein großes Haus), das offiziell für einen Staat in einem fremden Staat arbeitet: *Als er in Italien seinen Pass verlor, wandte er sich an die deutsche Botschaft in Rom*

Bot·schaf·ter *der; -s, -;* der höchste diplomatische Vertreter eines Landes in einem anderen Land || K- Botschafterkonferenz || *hierzu* **Bot·schaf·te·rin** *die; -, -nen*

Bouil·lon [bʊl'jɔŋ, bu'jõː] *die; -, -s; meist Singular;* eine klare Suppe, die man durch das Kochen von Fleisch, Knochen und Gemüse herstellt ≈ Fleischbrühe ⟨Bouillon mit Ei⟩ || -K Hühnerbouillon, Rindsbouillon

Bou·tique [bu'tiːk] *die; -, -n* [-kn]; ein *meist* kleines, (*oft* teures) Geschäft für besondere Kleidung || -K Modeboutique

Bow·le ['boːlə] *die; -, -n;* ein kaltes Getränk, das man aus Früchten, Wein und Sekt mischt ⟨eine Bowle ansetzen⟩ || -K Ananasbowle, Erdbeerbowle

Box *die; -, -en;* **1** ein Behälter (Kasten) mit Deckel || -K Frischhaltebox, Gefrierbox, Kühlbox, Tiefkühlbox **2** *meist Plural; umg;* der Lautsprecher, der zu einer Stereoanlage gehört **3** der (abgeteilte) Platz für ein Pferd in einem Stall || -K Pferdebox

bo·xen; *boxte, hat geboxt* **1** **(gegen jemanden) boxen** nach festen (Wettkampf)Regeln mit den Fäusten mit jemandem kämpfen: *gegen den Titelverteidiger boxen* || K- Boxhandschuh, Boxkampf, Boxsport **2** **jemanden**

B

(irgendwohin) boxen jemanden mit der Faust stoßen: *jemanden (in die Rippen) boxen*

Bo·xer[1] *der; -s, -;* jemand, der Boxen als Sport betreibt || -K Amateurboxer, Berufsboxer || *hierzu* **Bo·xe·rin** *die; -, -nen*

Bo·xer[2] *der; -s, -;* ein großer Hund mit braunem, glattem Fell, platter Schnauze (und kurzem Schwanz) || ↑ Abbildung unter **Hunde**

Boy·kott [bɔy'kɔt] *der; -s, -s/-e;* **der Boykott** (+ *Genitiv*/**von etwas**) die offizielle Sperrung des Handels ⟨einem Land den Boykott erklären; zum Boykott aufrufen⟩ || K- Boykottdrohung, Boykotterklärung, Boykottmaßnahmen

brach *Imperfekt, 1. und 3. Person Singular;* ↑ **brechen**

brach·te *Imperfekt, 1. und 3. Person Singular;* ↑ **bringen**

bräch·te *Konjunktiv II, 1. und 3. Person Singular;* ↑ **bringen**

Bran·che ['brã:ʃə] *die; -, -n;* alle Betriebe und Geschäfte, die an der Herstellung oder dem Vertrieb von gleichen oder ähnlichen Produkten und Leistungen arbeiten ≈ Geschäftszweig ⟨in einer Branche arbeiten; aus einer Branche kommen⟩ || K- Branchenkenntnis || -K Elektrobranche, Lebensmittelbranche, Textilbranche

Bran·chen·ver·zeich·nis *das; -ses, -se;* ein Buch mit Telefonnummern und Adressen von Firmen, die nach Branchen geordnet sind ≈ die Gelben Seiten

Brand B2 *der; -(e)s, Brän·de* **1** ein Feuer, das großen Schaden anrichtet ⟨ein Brand bricht aus; einen Brand löschen, verursachen⟩: *Hamburg wurde 1842 durch einen großen Brand zerstört* || K- Brandgeruch, Brandopfer || -K Waldbrand **2** **etwas in Brand setzen/stecken** etwas anzünden

Brand·bla·se *die; -, -n;* eine Blase auf der Haut, die durch eine Verbrennung entsteht

▶ Brandenburg

Brandenburg ist das größte der „neuen" Bundesländer und liegt im Nordosten Deutschlands. Seine Hauptstadt **Potsdam** ist berühmt für ihre preußischen Schlösser und Parkanlagen. In Brandenburg gibt es besonders viele Seen.

LANDESKUNDE

Brand·stif·ter *der; -s, -;* jemand, der einen Brand legt || *hierzu* **Brand·stif·terin** *die; -, -nen;* **Brand·stif·tung** *die; -, -en*

Bran·dung *die; -, -en; meist Singular;* die starken Wellen des Meeres, wenn sie auf den Strand oder an einen Felsen schlagen: *ein von der Brandung ausgehöhlter Fels*

Brand·wun·de *die; -, -n;* eine Wunde, die durch eine Verbrennung entsteht

brann·te *Imperfekt, 1. und 3. Person Singular;* ↑ **brennen**

Brannt·wein *der; -(e)s, -e;* ein sehr starkes alkoholisches Getränk, das durch Destillation gewonnen wird ≈ Schnaps ⟨Branntwein brennen⟩

brät *Präsens, 3. Person Singular;* ↑ **braten**

bra·ten B1 *brät, briet, hat gebraten* **1** **etwas braten** etwas in heißem Fett in der Pfanne braun werden lassen ⟨Fleisch, Fisch braten⟩ || K- Brathähnchen, Bratkartoffeln, Bratwurst **2** **etwas brät** etwas wird braun und gar: *Die Gans muss zwei Stunden braten*

Bra·ten B1 *der; -s, -;* ein Stück Fleisch, das gebraten wird oder wurde ⟨ein knuspriger, saftiger Braten; den Braten in den Ofen schieben⟩ || K- Bratenduft || -K Gänsebraten, Schweinebraten

Bra·ten·saft *der; -(e)s; nur Singular;* die Flüssigkeit, die beim Braten aus dem Fleisch kommt

Brauch *der; -(e)s, Bräu·che;* etwas, das man tut, weil es Tradition ist ⟨ein alter, christlicher Brauch; einen Brauch pflegen⟩: *Es ist ein alter Brauch, zu Weihnachten Geschenke zu machen* || -K Hochzeitsbrauch

brauch·bar *Adjektiv* **1** *nicht als Adverb;* in einem Zustand, in dem die jeweilige Funktion (noch) erfüllt wird: *Mein Schirm ist zwar alt, aber noch ganz brauchbar* **2** *umg;* relativ gut ≈ akzeptabel: *Er hat brauchbare Entwürfe abgeliefert* || *hierzu* **Brauch·bar·keit** *die; -; nur Singular*

brau·chen A2 *brauchte, hat gebraucht* **1** **jemanden/etwas (für jemanden, für/zu etwas) brauchen** jemanden/etwas *meist* zu einem besonderen Zweck haben müssen ≈ benötigen ⟨Freunde, Geld, Ruhe brauchen⟩: *Diese Pflanze braucht viel Licht und Wasser; Auf dem Oktoberfest hat er ziemlich viel Geld gebraucht* **2** **etwas braucht etwas** für etwas ist etwas nötig: *Diese Arbeit braucht Zeit/Geduld* **3** **jemanden/etwas brauchen können** jemanden/etwas haben wollen, Verwendung für ihn/es haben ≈ gebrauchen können: *Danke, das Geld kann ich gut brauchen!; Stör mich nicht, ich kann dich jetzt nicht brauchen!* **4** **nicht + zu** + *Infinitiv* + **brauchen** etwas nicht tun müssen: *Ihr braucht nicht länger zu* *warten; Ihr braucht keine Angst zu haben!* 5 **nur/bloß + zu** + *Infinitiv* + **brauchen** nichts anderes als etwas tun müssen: *Du brauchst mich nur zu rufen, wenn du Hilfe brauchst* || Hinweis zu 4 und 5: Der Infinitiv ohne *zu* kommt in der gesprochenen Sprache oft vor (*Du brauchst es mir nur/nicht sagen*), aber nicht in der geschriebenen

Brauch·tum *das; -s; nur Singular;* alle Bräuche, die im Laufe der Zeit (in einem Gebiet, in einer Gemeinschaft *o.Ä.*) entstanden sind ⟨das Brauchtum pflegen⟩ || K- Brauchtumspflege

Braue *die; -, -n;* einer der beiden Bogen über dem Auge, die aus feinen Haaren bestehen ≈ Augenbraue ⟨buschige Brauen; die Brauen hochziehen, runzeln⟩ || ↑ Abbildung unter **Auge**

brau·en; *braute, hat gebraut* 1 **etwas brauen** Bier herstellen || K- Braugerste, Braukessel 2 **etwas brauen** *umg humorvoll;* mit heißem Wasser ein Getränk zubereiten ⟨einen starken Kaffee, Tee brauen⟩ || *zu* 1 **Brau·e·rei** *die; -, -en*

braun A1 *brauner, braunst-; Adjektiv* 1 von der Farbe, die Schokolade und Erde haben: *braune Augen haben* || ↑ Illustration **Farben und Formen** || -K dunkelbraun, kakaobraun 2 von dunkler Hautfarbe (weil man lange in der Sonne war) ↔ blass: *im Urlaub braun werden* 3 **braun gebrannt** sehr braun (2)

bräu·nen; *bräunte, hat gebräunt* 1 **etwas bräunt jemanden/etwas** etwas bewirkt, dass jemand/etwas braun wird: *Er kam tief gebräunt aus seinem Urlaub auf den Bahamas zurück* 2 **etwas bräunen** etwas durch Erhitzen in Fett oder im (Back)Ofen braun werden lassen ⟨Butter, Fleisch, Zucker bräunen⟩ 3 **sich bräunen** sich *meist* in die Sonne legen, um braun zu werden: *sich auf dem Balkon bräunen (lassen)* || *zu* 1 und 3 **Bräu·nung** *die; -, -en*

braun·ge·brannt ↑ **braun** (3)

brau·sen; *brauste, hat/ist gebraust* 1 **etwas braust** (*hat*) etwas macht (*meist* als Folge eigener starker Bewegung) ein gleichmäßiges, intensives Geräusch ≈ etwas rauscht ⟨das Meer, die Brandung, der Sturm⟩: *brausender Beifall* 2 **irgendwohin brausen** (*ist*) *umg;* mit hoher Geschwindigkeit irgendwohin fahren ≈ rasen

Braut *die; -, Bräu·te;* eine Frau am Tag oder kurz vor ihrer Hochzeit: *Braut und Bräutigam strahlten glücklich* || K- Brauteltern, Brautschmuck

Bräu·ti·gam *der; -s, -e;* ein Mann am Tag oder kurz vor seiner Hochzeit

Braut·jung·fer *die; -, -n;* eine (*meist* unverheiratete) Freundin oder Verwandte der Braut, die diese in die Kirche begleitet

brav [-f], *braver, bravst-; Adjektiv* 1 den Erwachsenen gehorchend ≈ artig ↔ böse ⟨ein Kind⟩: *Wenn du brav bist, bekommst du ein Eis* 2 *nur vor dem Substantiv oder als Adverb; oft abwertend;* so, dass jemand Pflichten erfüllt oder Befehlen folgt, ohne darüber nachzudenken ⟨ein Mann, ein Bürger, ein Schüler⟩

bre·chen; *bricht, brach, hat/ist gebrochen* 1 **etwas brechen** (*hat*) etwas mit Gewalt in zwei oder mehrere Stücke teilen: *einen Ast in zwei Teile brechen* 2 **sich** (*Dativ*) **etwas brechen** (*hat*) sich so verletzen, dass sich ein Knochen teilt: *Er hat sich beim Skifahren das Bein gebrochen* 3 **etwas brechen** (*hat*) sich nicht an ein Versprechen oder eine Regelung halten ⟨einen Vertrag, ein Versprechen, den Waffenstillstand brechen⟩ 4 **(etwas) brechen** (*hat*) etwas aus seinem Magen durch den Mund von sich geben ≈ sich übergeben ⟨Blut, Galle brechen⟩: *Ihm war schlecht und er musste brechen* 5 **sein Versprechen/Wort brechen** (*hat*) nicht tun, was man versprochen hat 6 **etwas bricht** (*ist*) etwas teilt sich (unter Druck oder durch Gewalt) in zwei oder mehrere Stücke: *Das Brett ist in der Mitte gebrochen* 7 **mit etwas/jemandem brechen** (*hat*) *förmlich;* etwas/den Kontakt mit jemandem beenden ⟨mit der Tradition, mit der Vergangenheit, mit einer Gewohnheit brechen⟩ || ID **etwas ist brechend/zum Brechen voll** *umg;* ein Lokal, ein Zug *o.Ä.* ist so voll mit Menschen, dass es keinen Platz mehr gibt || ▸ **Bruch**

Brech·reiz *der; -es; nur Singular;* das Gefühl, brechen (4) zu müssen ⟨einen Brechreiz haben⟩

Brei *der; -(e)s, -e; meist Singular* 1 eine dicke, flüssige Speise *meist* aus Grieß, Haferflocken, Kartoffeln, Reis || -K Grießbrei, Haferbrei 2 eine zähe, flüssige Masse ⟨etwas zu Brei zerstampfen⟩ || ID **um den (heißen) Brei herumreden** *umg;* es nicht wagen, direkt über ein Problem zu sprechen || *hierzu* **brei·ig** *Adjektiv*

breit B1 *breiter, breitest-; Adjektiv* 1 *Maßangabe* + **breit** verwendet, um (im Gegensatz zur Länge oder Höhe) die kleinere horizontale Ausdehnung einer Fläche oder eines Körpers anzugeben ↔ lang, hoch: *Die Küche ist vier Meter lang und drei Meter breit* 2 *Maßangabe* + **breit** verwendet, um (im Gegensatz zur Höhe und Tiefe) die Ausdehnung eines Gegenstandes von links nach rechts anzugeben, wenn man ihn von vorne sieht ↔ hoch, tief: *Der Schrank*

B

ist 1,50 m breit und 40 cm tief || K- Breitformat **3** so, dass die Ausdehnung von einer Seite zur anderen groß ist (im Vergleich mit anderen Objekten oder zur Norm) ↔ schmal ⟨ein Fluss, eine Straße, Schultern⟩: *Der Schreibtisch ist schön breit* **4** *nur vor dem Substantiv oder als Adverb;* sehr viele Menschen betreffend ⟨die Öffentlichkeit, ein Interesse; eine breit angelegte Untersuchung⟩ **5** langsam und mit gedehnten Vokalen ⟨eine Aussprache⟩ || Hinweis: ↑ **breitmachen**, **breitschlagen**, **weit**

breit

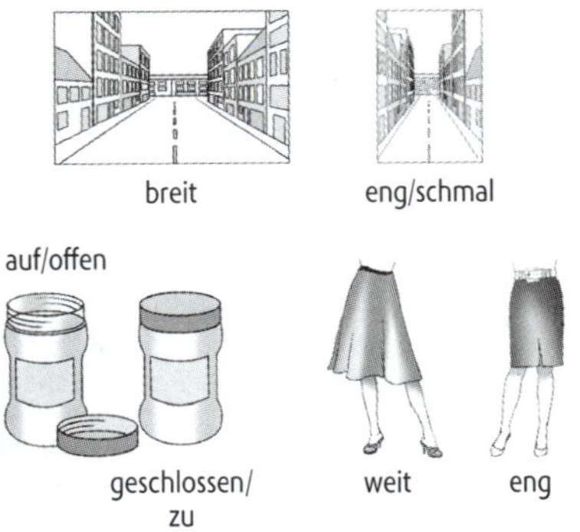

Brei·te *die; -, -n* **1** (im Vergleich zur Länge oder Höhe) die kleinere horizontale Ausdehnung einer Fläche oder eines Körpers ↔ Länge, Höhe: *ein Beet von drei Metern Länge und einem Meter Breite* **2** (im Gegensatz zur Höhe und Tiefe) die Ausdehnung eines Gegenstandes von links nach rechts, wenn man ihn von vorn sieht ↔ Höhe, Tiefe: *Das Tor hat eine Breite von nur zwei Metern* **3** die relativ große Ausdehnung in seitlicher Richtung, zwischen zwei Seiten (im Vergleich mit anderen Objekten oder zur Norm): *ein Fluss von ungeheurer Breite* **4** (in der Geografie) die Entfernung eines Ortes vom Äquator nach Süden oder Norden ⟨nördliche, südliche Breite⟩: *Der Ort liegt auf dem 30. Grad südlicher Breite* || ID **in die Breite gehen** *umg;* dick werden || Hinweis: ↑ **Weite**

brei·ten; *breitete, hat gebreitet* **1** **etwas über jemanden/etwas** *(Akkusativ)* **breiten** etwas über jemanden/einen Gegenstand legen und ihn damit bedecken: *eine Decke über das Sofa breiten* **2** **etwas breitet sich über etwas** *(Akkusativ) förmlich;* etwas legt sich langsam über etwas: *Der Nebel breitete sich über die Felder*

Brei·ten·grad *der; -(e)s, -e; Geografie;* die nördliche oder südliche Entfernung (eines imaginären Kreises um die Erde) vom Äquator ↔ Längengrad: *München liegt auf dem 48. Breitengrad*

Brei·ten·sport *der; -(e)s; nur Singular;* die Sportarten, die von sehr vielen Menschen betrieben werden

breit·ma·chen, sich; *machte sich breit, hat sich breitgemacht* **1** **sich (irgendwo) breitmachen**, *bes* auf dem Sofa, Sessel oder Bett viel Raum für sich haben wollen: *Mach dich doch nicht so breit!* **2** **etwas macht sich breit** *abwertend;* etwas (Negatives) wird immer beliebter ≈ etwas breitet sich aus: *Diese Unsitte macht sich bei der Jugend (immer mehr) breit*

breit·schla·gen *(hat) meist in* **sich** *(Akkusativ)* **(zu etwas) breitschlagen lassen** *umg;* sich zu etwas überreden lassen: *Ich habe mich wieder breitschlagen lassen, länger zu arbeiten*

Bremen

Das kleine Bundesland Bremen im Norden Deutschlands liegt mitten in **Niedersachsen.** Es besteht aus den Städten Bremen und **Bremerhaven.** Wahrzeichen der **Hansestadt** Bremen sind die „Bremer Stadtmusikanten" aus dem gleichnamigen Märchen der Brüder Grimm.

LANDESKUNDE

Brem·se[1] B1 *die; -, -n;* **1** eine Vorrichtung, mit der man ein Fahrzeug (oder eine Maschine) langsamer werden lässt oder zum Halten bringen kann ⟨eine automatische, hydraulische Bremse; die Bremsen quietschen; die Bremse betätigen⟩: *Das Unglück geschah, weil die Bremsen versagten* || K- Bremskraft, Bremspedal, Bremsprobe **2** *meist* ein Hebel oder Pedal, mit dem man auf die Bremse drückt ⟨(auf) die Bremse treten⟩ || -K Fußbremse, Handbremse; Notbremse || ↑ Illustration **Das Auto**

Brem·se[2] B1 *die; -, -n;* eine Art große dunkle Fliege, die Menschen und Tiere sticht und Blut saugt || K- Bremsenplage, Bremsenstich

brem·sen B1 *bremste, hat gebremst* **1** **(etwas) bremsen** mit einer Bremse[1] die Geschwindigkeit eines Fahrzeugs reduzieren ↔ beschleunigen ⟨einen Wagen bremsen; kurz, scharf bremsen⟩ **2** **etwas bremsen** etwas so reduzieren, dass es viel langsamer wird ⟨eine Entwicklung bremsen⟩ **3** **jemand ist nicht (mehr) zu bremsen** jemand wird sehr aktiv, lustig: *Wenn er getrunken hat, ist er nicht mehr zu bremsen*

Brems·licht *das; -(e)s, -er;* ein *meist* rotes Licht

(hinten am Fahrzeug), das beim Bremsen aufleuchtet

Brẹms·spur *die;* -, *-en;* schwarze Streifen, die Reifen eines Fahrzeugs auf der Straße hinterlassen, wenn scharf gebremst wurde

Brẹms·weg *der;* -(e)s, *-e;* die Strecke, die ein Fahrzeug braucht, um beim Bremsen zum Stehen zu kommen

brẹnn·bar *Adjektiv; ohne Steigerung, nicht als Adverb;* so, dass es (*meist* leicht und gut) brennen kann: *feuchtes Holz ist schlecht brennbar*

brẹn·nen [A2] *brannte, hat gebrannt* **1** **etwas brennt** etwas ist angezündet oder steht in Flammen ⟨ein Feuer, eine Kerze, eine Zigarette⟩: *Die Scheune brennt. Da hat ein Blitz eingeschlagen* **2** **etwas brennt** ein Gerät, das Wärme oder Licht produziert, ist in Betrieb ≈ etwas ist an ⟨die Lampe, der Ofen⟩: *Er hat in der ganzen Wohnung das Licht brennen lassen* **3** ⟨die Sonne⟩ **brennt** die Sonne scheint heiß und intensiv **4** **etwas brennt** etwas tut (auf der Haut, in den Augen) weh: *Das Desinfektionsmittel brannte in der Wunde; die Augen brennen* **5** **vor etwas** (*Dativ*) **brennen** (wegen eines intensiven Gefühls) erregt und unruhig sein ⟨vor Liebe, Ungeduld brennen⟩ **6** **darauf brennen** + **zu** + *Infinitiv* ungeduldig darauf warten, etwas tun zu können: *Er brannte darauf, ihr die Neuigkeiten zu erzählen* **7** **es brennt (irgendwo)** ein gefährliches Feuer brennt (1): *Bei ihnen/In der Fabrik hat es gestern gebrannt* **8** **etwas brennen** etwas mithilfe eines sehr heißen Feuers herstellen, hart werden lassen ⟨ Porzellan, Ton Ziegel brennen⟩ **9** **etwas brennen** starke alkoholische Getränke herstellen ⟨Schnaps, Whisky brennen⟩ || [ID] *meist* **Wo brennts denn?** *umg;* Welche dringenden Probleme gibt es?

Brẹnn·nes·sel *die;* -, *-n;* eine Pflanze, deren Blätter feine Haare haben, die (bei Berührung) unangenehm brennen (4)

Brẹnn·punkt *der;* -(e)s, *-e* **1** ≈ Zentrum ⟨im Brennpunkt des Geschehens, des öffentlichen Interesses stehen⟩ **2** *Physik;* der Punkt, in dem sich ursprünglich parallele Strahlen treffen, nachdem ihre Richtung *z.B.* durch eine Linse verändert wurde ≈ Fokus

Brẹnn·stoff *der;* -(e)s, *-e;* eine Substanz, die man in Heizungen, Kraftwerken *usw* verbrennt, um Wärme oder Energie zu erzeugen

Brẹ·sche *die;* -, *-n; meist in* **1** **(für jemanden) in die Bresche springen**; **sich** (*Akkusativ*) **für jemanden in die Bresche werfen** jemandem (*z.B.* in einer Notlage) helfen **2** **für jemanden eine Bresche schlagen** durch intensives Bemühen jemandem zum Erfolg verhelfen

Brẹtt *das;* -(e)s, *-er* **1** ein langes, flaches Stück Holz ⟨ein dickes, schmales Brett; Bretter schneiden, sägen⟩ || [K-] Bretterboden, Bretterverschlag || [-K] Sitzbrett **2** eine Platte (aus Holz oder Pappe), mit Quadraten oder Linien (für Spiele wie Schach) || [K-] Brettspiel || [-K] Schachbrett, Spielbrett **3** **das Schwarze/ schwarze Brett** eine Tafel, auf der wichtige und aktuelle Informationen stehen || [ID] **die Bretter, die die Welt bedeuten** die Bühne eines Theaters

Brettspiele

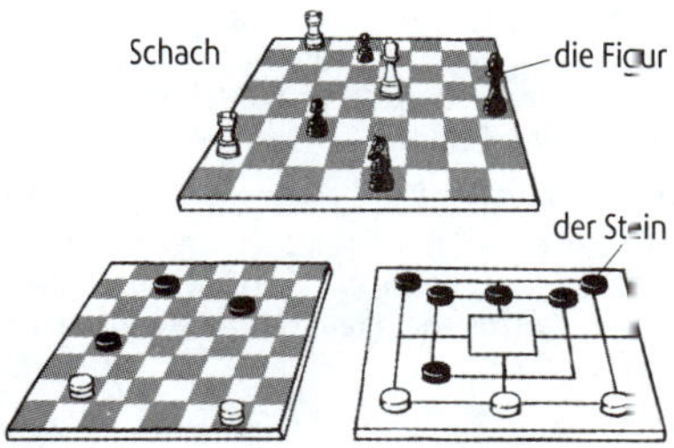

Bre·ze *die;* -, *-n; südd* ≈ Brezel

Bre·zel *die;* -, *-n;* ein salziges Gebäck, das die Form einer 8 hat || ↑ Abbildung unter **Brot**

bricht *Präsens, 3. Person Singular;* ↑ **brechen**

Brief [A1] *der;* -(e)s, *-e* **1** was man geschrieben hat und jemandem in einem Kuvert (mit der Post) schickt ⟨jemandem/an jemanden einen Brief schreiben; einen Brief bekommen, lesen, beantworten⟩ || [K-] Briefbogen, Briefpapier, Briefumschlag **2** **ein offener Brief** ein Brief, der in der Presse veröffentlicht wird und ein aktuelles (*oft* politisches) Thema behandelt

Brief·freund [B2] *der;* -(e)s, *-e;* ein (*meist* ausländischer) Freund, mit dem man schriftlichen Kontakt hat || *hierzu* **Brief·freun·din** *die;* -, *-nen*

Brief·kas·ten [B1] *der;* -, *-käs·ten* **1** ein öffentlicher Behälter, in den man Briefe und Postkarten wirft, damit sie von der Post befördert werden ⟨ein Briefkasten wird geleert⟩ **2** ein privater Behälter am Haus für die Briefe *usw*, die einem die Post bringt

Brief·kopf *der;* -(e)s, *-köp·fe;* der (obere) Teil eines Briefes, der *bes* die Adressen von Absender und Empfänger enthält

Brief·mar·ke *die;* -, *-n;* ein kleines (von der Post ausgegebenes) Stück Papier, das man auf

B

Briefe, Postkarten, Pakete (als Porto) klebt || K- Briefmarkenalbum, Briefmarkensammlung

Brief·öff·ner *der; -s, -;* eine Art Messer, mit dem man Briefe öffnet

Brief·ta·sche B2 *die; -, -n;* eine kleine Mappe, in der man den Ausweis und die Geldscheine mit sich trägt

Brief·trä·ger *der; -s, -;* jemand, der (beruflich) Briefe und Päckchen zu den Adressaten bringt ≈ Postbote || *hierzu* **Brief·trä·ge·rin** *die; -, -nen*

Brief·wech·sel *der; -s, -;* **1** der Austausch von Briefen zwischen zwei oder mehreren Personen ≈ Korrespondenz ⟨mit jemandem in Briefwechsel stehen⟩ **2** alle Briefe, die sich Personen in einem bestimmten Zeitraum geschrieben haben: *der Briefwechsel zwischen Goethe und Schiller*

briet *Imperfekt, 1. und 3. Person Singular;* ↑ **braten**

bril·lant [-lˈjant], *brillanter, brillantest-; Adjektiv;* sehr gut ≈ ausgezeichnet: *Er hat einen brillanten Vortrag gehalten* || *hierzu* **Bril·lanz** *die; -; nur Singular*

Bril·lant [-lˈjant] *der; -en, -en;* ein sehr wertvoller, geschliffener Stein (ein Diamant), der stark funkelt || K- Brillantbrosche, Brillantring, Brillantschliff, Brillantschmuck

Bril·le A2 *die; -, -n;* zwei geschliffene Gläser in einem Gestell, die man auf der Nase trägt und mit denen man besser sehen kann ⟨eine Brille tragen, aufsetzen, abnehmen; eine stärkere Brille brauchen⟩ || K- Brillenetui, Brillenfassung, Brillengestell, Brillenglas || -K Sonnenbrille

brin·gen A2 *brachte, hat gebracht* **1** **etwas irgendwohin bringen; jemandem etwas bringen** etwas an einen Ort/zu der genannten Person tragen, transportieren: *Briefe zur Post bringen; Ich habe meiner Mutter zum Geburtstag Blumen gebracht* **2** **jemanden irgendwohin bringen** mit jemandem irgendwohin gehen oder fahren: *Ich habe meinen Gast zum Bahnhof gebracht* **3** ⟨das Fernsehen, eine Zeitung *usw*⟩ **bringt etwas** *umg;* das Fernsehen, eine Zeitung *usw* informiert, unterhält die Zuschauer, Leser *usw* mit etwas: *Das Fernsehen bringt heute Abend einen tollen Film* **4** **etwas bringt etwas** *umg;* etwas hat etwas zum Ergebnis: *Das bringt nur Ärger* **5** verwendet, um auszudrücken, dass ein Zustand oder Vorgang bewirkt wird; **jemanden zum Lachen/Weinen bringen** ≈ bewirken, dass jemand lacht/weint; **jemanden zur Verzweiflung bringen** ≈ bewirken, dass jemand verzweifelt; **jemanden in Gefahr bringen** ≈ bewirken, dass jemand in Gefahr gerät; **etwas in Ordnung bringen** ≈ bewirken, dass etwas (wieder) in Ordnung kommt **6** **etwas bringt etwas mit sich** das hat etwas zur Folge: *Mein Job bringt es mit sich, dass ich oft im Ausland bin* **7** **etwas nicht über sich** *(Akkusativ)* **bringen** sich nicht entschließen, überwinden können, etwas Unangenehmes zu tun: *Sie brachte es nicht über sich, ihm die Wahrheit zu sagen* **8** **jemanden um etwas bringen** jemandem schaden, indem er etwas nicht bekommt oder etwas verliert: *Ein Betrüger brachte sie um ihre Ersparnisse* || ID **es zu etwas bringen** *umg;* beruflichen, sozialen Erfolg haben; **Das bringt nichts** *umg;* das führt zu keinem sinnvollen Ergebnis

bri·sant, *brisanter, brisantest-; Adjektiv; förmlich;* ⟨Themen, Ideen, Pläne⟩ so, dass sie sehr leicht zu Konflikten führen können || *hierzu* **Bri·sanz** *die; -; nur Singular*

Bri·se *die; -, -n;* ein leichter Wind, *bes* am Meer ⟨eine leichte, sanfte, frische, steife (= starke) Brise; eine Brise kommt auf⟩

brö·ckeln; *bröckelte, hat/ist gebröckelt* **1** **etwas (in etwas** *(Akkusativ)*) **bröckeln** *(hat)* etwas in kleine Stücke teilen (und in etwas tun): *Der alte Mann bröckelte das Brot in die Suppe* **2** **etwas bröckelt (von etwas)** *(hat)* etwas zerfällt in kleine Stücke (und fällt von irgendwo herunter) ⟨Gestein, der Putz⟩: *Der Putz bröckelt schon von der Mauer*

Bro·cken *der; -s, -;* **1** **ein Brocken** *(+ Substantiv)* ein Stück, das *meist* von einem größeren Ganzen abgebrochen wurde ⟨ein Brocken Erde, Stein, Brot⟩ **2** **ein harter Brocken** *umg;* eine komplizierte und schwer lösbare Aufgabe: *Diese Mathematikaufgabe ist ein harter Brocken* **3** *umg, meist humorvoll;* ein großer, schwerer Mensch oder Gegenstand ⟨ein dicker, großer, schwerer Brocken⟩ || ID **(nur) ein paar Brocken** ⟨einer Sprache können, verstehen⟩ *umg;* (nur) wenige Worte (einer Sprache können oder verstehen)

Brok·ko·li *der; -(s), -(s);* ein Gemüse (ein Kohl), dessen feste grüne Blüten man gekocht isst

Brom·bee·re *die; -, -n* **1** eine schwarze Beere, die (der Himbeere ähnlich sieht und) ein bisschen sauer schmeckt **2** ein Strauch mit Stacheln, an dem Brombeeren wachsen || K- Brombeergestrüpp, Brombeerstrauch

Bron·chie [ˈbrɔnçiə] *die; -, -n; meist Plural;* die beiden Äste (der Luftröhre), die sich in der Lunge in immer kleinere Äste verzweigen

Bron·chi·tis *die; -; nur Singular; Medizin;* eine Entzündung der Bronchien

Bron·ze ['brõːsə] *die; -, -n* **1** *nur Singular;* eine Mischung aus Kupfer und Zinn, die eine gelbbraune Farbe hat || K- Bronzemedaille **2** eine Statue, Plastik aus Bronze || K- Bronzeguss **3** eine Farbe, die feinen Staub von diesem Metall enthält oder so ähnlich aussieht: *Das Kleid ist in Bronze gehalten* **4** **Bronze gewinnen** *Sport;* die Medaille aus Bronze für den dritten Platz bekommen || *zu 1 und 3* **bron·zen** *Adjektiv; zu 3* **bron·ze·far·ben** *Adjektiv*

Bro·sche B2 *die; -, -n;* ein Schmuckstück für Frauen, das man mit einer Nadel *meist* am Kleid oder an der Bluse befestigt: *eine mit Perlen besetzte Brosche*

Bro·schü·re *die; -, -n;* eine Art kleines Heft oder Buch mit Informationen zu einem Thema ≈ Prospekt || -K Informationsbroschüre

Brö·sel *der/südd* Ⓐ *das; -s, -; meist Plural;* sehr kleine Stückchen von Brot, Brötchen oder Kuchen ≈ Krümel || -K Semmelbrösel || *hierzu* **brö·seln** *(hat)*

Brot A1 *das; -(e)s, -e* **1** *nur Singular;* ein wichtiges (leicht salziges) Nahrungsmittel, das aus Mehl gebacken wird ⟨ein Laib, eine Scheibe Brot⟩: *frisches Brot vom Bäcker* || K- Brotlaib, Brotteig || -K Roggenbrot, Vollkornbrot **2** ein einzelnes, ziemlich großes Stück Brot ≈ (Brot)Laib: *zwei Brote kaufen* **3** eine Scheibe, die vom Brot abgeschnitten wird ⟨Brote schmieren, streichen⟩: *ein Brot mit Wurst und Käse belegen* || -K Butterbrot, Marmeladenbrot, Wurstbrot **4** **das tägliche Brot** alles, was man jeden Tag zum Leben braucht || ID **ein hartes/schweres Brot** eine mühsame Art, Geld zu verdienen

Brot

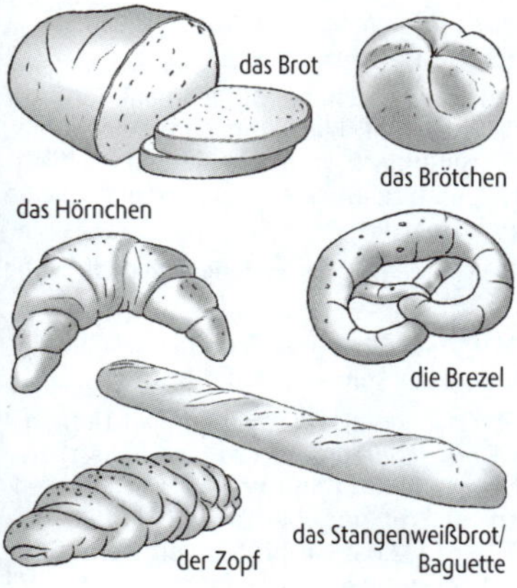

Das Brot

In Deutschland gibt es mehr als hundert verschiedene Sorten Brot.
Die meisten Brotarten werden aus **Sauerteig** hergestellt. Sauerteig ist eine Mischung aus Mehl und Wasser, die man sauer werden lässt. Man unterscheidet zum Beispiel nach dem verwendeten Getreide **Weiß-** oder **Weizenbrot**, **Roggenbrot** und **Mischbrot** (Brot aus Weizen- und Roggenmehl). Beliebte Brotsorten sind auch **Bauernbrot** oder **Sonnenblumenbrot** (Brot mit Samen der Sonnenblume). Es gibt eine große Anzahl verschiedener **Vollkornbrote** wie das traditionelle **Schwarzbrot**.

Mit Hefe hergestelltes Weißbrot gibt es als **Toastbrot**, als **Stangenweißbrot**, das hier ebenso wie in Frankreich auch **Baguette** heißt, als italienische **Ciabatta** oder als türkisches **Fladenbrot**.

Auch die **Brötchen** gibt es in vielen verschiedenen Formen und mit unterschiedlichen Zutaten. Beliebt sind zum Beispiel Brötchen mit Mohn, Sesam, Kümmel, Sonnenblumen- oder Kürbiskernen oder mit Käse.

Eine besondere Spezialität sind die **Brezeln**, ein Gebäck, das etwa die Form einer 8 hat und vor dem Backen mit Lauge bestrichen und mit grobem Salz bestreut wird.

LANDESKUNDE

Bröt·chen A2 *das; -s, -;* ein kleines (leicht salziges) Gebäck ⟨ein frisches, belegtes Brötchen⟩ || -K Käsebrötchen

Brötchen

Das typische kleine Gebäck, das man zum Frühstück oder zum Abendessen isst, hat regional verschiedene Namen, z.B.

in Berlin: **die Schrippe**
in Hamburg: **das Rundstück**
in Süddeutschland und Österreich: **die Semmel**

Das allgemeinste und am weitesten verbreitete Wort dafür ist jedoch: **das Brötchen**.

LANDESKUNDE

Brot·zeit *die; -, -en; meist Singular; südd* **1** eine kurze Pause (*bes* während der Arbeit), in der man etwas isst ⟨Brotzeit machen⟩ **2** das, was man in dieser Pause isst

Bruch *der; -(e)s, Brü·che* **1** der Vorgang, bei dem etwas in zwei oder mehrere Stücke geteilt wird ⟨etwas geht zu Bruch/in die Brüche (= etwas bricht)⟩: *der Bruch eines Wasser-*

B

rohres **2** *nur Singular*; der Verstoß gegen eine (mündliche oder schriftliche) Regelung ⟨der Bruch des Waffenstillstands⟩ || -K Vertragsbruch **3** *nur Singular*; die Beendigung eines Kontaktes ⟨der Bruch mit der Vergangenheit, mit seiner Familie⟩ **4** die Tatsache, dass ein Knochen in zwei oder mehrere Stücke gebrochen ist ⟨ein glatter, komplizierter Bruch⟩ || -K Armbruch, Beinbruch

brü·chig *Adjektiv* **1** so (beschaffen), dass es leicht (Risse bekommt und) auseinanderbrechen kann ↔ fest ⟨Leder, Mauerwerk⟩ **2** nicht kraftvoll ≈ schwach ⟨eine Stimme⟩

Bruch·stück *das; -(e)s, -e* **1** ein Teil, das beschädigt oder zerstört worden ist: *Bruchstücke von einer Mauer* **2** ein unvollständiger Teil eines Textes, einer Erinnerung *o.Ä.* ≈ Fragment: *sich nur in Bruchstücken erinnern können*

Brü·cke A2 *die; -, -n* **1** **eine Brücke** (**über etwas** (*Akkusativ*)) ein Bauwerk, das *z.B.* über ein Tal oder über einen Fluss führt ⟨über eine Brücke fahren⟩: *Die Brücke führt über den Kanal* || K- Brückenbogen || -K Eisenbahnbrücke **2** etwas, das verschiedene Menschen verbindet: *Die Musik schafft eine Brücke zwischen den Völkern*

Bru·der A2 *der; -s, Brü·der* **1** ein männlicher Verwandter, der dieselben Eltern hat ↔ Schwester ⟨mein jüngerer, älterer, leiblicher Bruder⟩: *Wie viele Geschwister hast du? - Einen Bruder und zwei Schwestern* || K- Bruderliebe || -K Halbbruder, Stiefbruder **2** jemand, mit dem man sich eng verbunden fühlt || K- Bruderkuss **3** *katholische Religion*; (verwendet als Anrede für) ein männliches Mitglied eines Ordens || -K Klosterbruder

brü·der·lich *Adjektiv* **1** typisch für einen (guten) Bruder (1) ⟨Liebe, Verbundenheit⟩ **2** wie ein Bruder (1,2) ≈ freundschaftlich ⟨jemandem brüderlich helfen; etwas mit jemandem brüderlich teilen⟩

Brü·he ['bry:ə] *die; -, -n;* die Flüssigkeit, die entsteht, wenn man Fleisch, Knochen oder Gemüse in Wasser kocht ⟨eine kräftige, heiße Brühe⟩ || -K Fleischbrühe, Gemüsebrühe, Hühnerbrühe

brü·hen ['bry:ən]; *brühte, hat gebrüht;* **etwas brühen** kochendes Wasser auf etwas gießen ⟨Kaffee, Tee brühen⟩

brül·len; *brüllte, hat gebrüllt* **1** (**etwas**) **brüllen** mit sehr lauter Stimme sprechen ≈ schreien **2** sehr laute Töne (keine Wörter) von sich geben ≈ schreien ⟨vor Lachen, Schmerzen brüllen⟩ **3** ⟨ein Löwe, ein Tiger, ein Rind⟩ **brüllt** ein Löwe, Tiger, Rind gibt die Laute von sich, die für seine Art typisch sind

brum·men; *brummte, hat gebrummt* **1** (**etwas**) (**vor sich** (*Akkusativ*) **hin**) **brummen** etwas mit tiefer Stimme (und undeutlich) singen oder sagen: *Er brummte ein Lied vor sich hin* **2** (**etwas**) **brummen** etwas unfreundlich sagen **3** **etwas brummt** etwas erzeugt tiefe, monotone Laute ⟨ein Käfer, ein Bär, ein Motor⟩

brü·nett *Adjektiv; ohne Steigerung;* mit (intensiv) braunen Haaren ⟨eine Frau⟩

Brun·nen *der; -s, -;* **1** ein sehr tiefes Loch (oder ein Schacht) in der Erde, aus dem man Wasser holt ⟨einen Brunnen bohren, graben⟩: *Der Brunnen ist versiegt* (= gibt kein Wasser mehr) || K- Brunnenschacht, Brunnenwasser **2** ein Becken, in dem Wasser sprudelt oder hochspritzt || -K Zierbrunnen

Brust B2 *die; -, Brüs·te* **1** *nur Singular*; der vordere Teil des (Ober)Körpers von Menschen und (Wirbel)Tieren, in dem auch Herz und Lunge liegen ↔ Rücken || ↑ Abbildung unter **Körper** || K- Brustumfang **2** jeder der beiden runden Teile am Oberkörper einer Frau, in denen nach der Geburt eines Kindes Milch entsteht: *Sie hat einen Knoten in der linken Brust* **3** *meist Singular*; beide Brüste einer Frau zusammen ≈ Busen: *eine Frau mit voller Brust* || ID **mit geschwellter Brust** zu/sehr stolz; **jemandem die Brust geben** ein Baby mit Muttermilch füttern

brüs·ten, sich; *brüstete sich, hat sich gebrüstet;* **sich** (**mit etwas**) **brüsten** *abwertend*; auf Erfolge und Leistungen übermäßig stolz sein und sie jedem erzählen ≈ mit etwas prahlen

Brust·korb *der; -(e)s, -kör·be; meist Singular;* der Teil des Skeletts, der über Herz und Lunge liegt: *Beim Einatmen hebt sich der Brustkorb, beim Ausatmen senkt er sich*

Brust·schwim·men *das; -s; nur Singular;* eine Art zu schwimmen, bei der man auf der Brust im Wasser liegt. Man führt dabei die Arme gleichzeitig nach vorn, um sie dann seitlich nach hinten zu drücken, und bewegt die Beine wie ein Frosch

Brust·ta·sche *die; -, -n;* eine Tasche in Höhe der Brust

Brust·war·ze *die; -, -n;* jede der beiden kleinen dunklen Spitzen auf der Brust (1)

Brut *die; -; nur Singular* **1** alle jungen Tiere, die aus Eiern schlüpfen und zu einem Nest *o.Ä.* gehören ⟨die Brut von Vögeln, Fischen, Reptilien; die Brut aufziehen⟩ || K- Brutpflege || -K Vogelbrut **2** das Ausbrüten von Eiern: *Der Vogel hat mit der Brut begonnen* || K- Brutei,

Bruthenne, Brutzeit **3** *umg abwertend*; schlechte Menschen ≈ Gesindel

bru·tal *Adjektiv*; mit roher Gewalt ≈ rücksichtslos ⟨ein Mensch, ein Verbrechen; jemanden brutal misshandeln⟩ || *hierzu* **Bru·ta·li·tät** *die*; -, -en

brü·ten; *brütete, hat gebrütet* **1** **ein Tier brütet** *bes* ein Vogel sitzt so lange auf Eiern, bis die Jungen herauskommen: *Die Henne brütet* **2** (**über etwas** (*Dativ*)) **brüten** *umg*; lange und intensiv über ein Problem nachdenken ≈ über etwas (*Akkusativ*) grübeln: *über einer Mathematikaufgabe brüten*

Brut·kas·ten *der*; -s, -käs·ten; ein Apparat im Krankenhaus, in dem Babys, die zu früh geboren wurden, in den ersten Tagen oder Wochen ernährt und gepflegt werden

brut·to B2 *Adverb* **1** zusammen mit der Verpackung ≈ netto: *Das Päckchen Kaffee wiegt ein Kilogramm brutto/brutto ein Kilogramm* **2** (von Löhnen, Gehältern) bevor Steuern oder andere Kosten abgezogen sind ↔ netto: *Sie verdient nur 1400 Euro brutto im Monat*

Brut·to|so·zi·al·pro·dukt *das*; -(e)s, -e; *Wirtschaft*; der Wert aller Waren und (Dienst)Leistungen, die die Bevölkerung eines Staates (*meist* während eines Jahres) produziert

BSE [beǀɛs'ǀeː] *Biologie*; eine Krankheit des Rindes (*Abkürzung für* bovine spongiforme Enzephalopathie) ≈ Rinderwahn

Bub *der*; -en, -en; *südd*, Ⓐ Ⓒⓗ ≈ Junge[1]

Bu·be *der*; -n, -n; eine Spielkarte mit dem Bild eines jungen Mannes || ↑ Abbildung unter **Spielkarten** || -K Herzbube, Karobube, Kreuzbube, Pikbube

Buch A1 *das*; -(e)s, Bü·cher **1** viele Blätter Papier, die von einem Umschlag zusammengehalten werden (und in das man etwas schreiben oder zeichnen kann) ⟨ein dickes, dünnes, schweres Buch⟩ || -K Malbuch, Notizbuch, Skizzenbuch, Tagebuch **2** ein Text in Form eines Buchs (1) ⟨ein spannendes, langweiliges Buch; ein Buch drucken, lesen, schreiben⟩ || K- Buchbesprechung, Buchhandel, Buchumschlag; Bücherliste, Bücherregal, Bücherschrank || -K Lesebuch, Kochbuch, Rechenbuch **3** (**über etwas** (*Akkusativ*)) **Buch führen** regelmäßig die Einnahmen und Ausgaben (*bes* eines Betriebs) aufschreiben || ID **jemand/etwas ist ein Buch mit sieben Siegeln** jemand/etwas ist sehr schwer zu verstehen; **jemand ist ein offenes Buch für jemanden** jemand zeigt, was er fühlt, und man kann daran sehen, was er denkt

Buch·bin·der *der*; -s, -; jemand, der (beruflich) Blätter zu Büchern bindet oder klebt || *hierzu* **Buch·bin·de·rei** *die*; -, -en; **Buch·bin·de·rin** *die*; -, -nen

Bu·che *die*; -, -n **1** ein großer (Laub)Baum mit glattem Stamm und kleinen braunen (dreikantigen) Früchten (den Bucheckern) || K- Buchenholz, Buchenscheit, Buchenwald **2** *nur Singular*; das Holz der Buche

bu·chen A2 *buchte, hat gebucht*; (**etwas** (**für jemanden**)) **buchen** (für jemanden) einen Platz für eine Reise, in einem Hotel reservieren lassen ⟨ein Zimmer, einen Flug buchen⟩: *Buchen Sie für uns bitte einen Flug nach Rio de Janeiro* || *hierzu* **Bu·chung** *die*; -, -en

Bü·che·rei B1 *die*; -, -en; eine *meist* öffentliche Institution, in der man Bücher ausleihen kann ≈ Bibliothek || -K Schulbücherei, Stadtbücherei

Buch·füh·rung *die*; -; *nur Singular*; Das systematische Aufschreiben der Einnahmen und Ausgaben (*bes* einer Firma) ⟨die Buchführung machen⟩

Buch·hal·ter *der*; -s, -; jemand, der (beruflich) die Buchführung einer Firma macht || *hierzu* **Buch·hal·te·rin** *die*; -, -nen

Buch·hal·tung B2 *die*; -, -en **1** *nur Singular* ≈ Buchführung **2** die Abteilung eines Betriebs, in der die Buchführung gemacht wird

Buch·hand·lung B1 *die*; -, -en; ein Geschäft, in dem man Bücher kaufen kann || *hierzu* **Buch·händ·ler** *der*; -s, -; **Buch·händ·le·rin** *die*; -, -nen

Buch·se ['bʊksə] *die*; -, -n; eine Öffnung an einem elektronischen Gerät (wie *z.B.* einem Radio), durch die (mit einem Stecker) ein weiteres Gerät angeschlossen werden kann || -K Lautsprecherbuchse

Büch·se ['bʏksə] *die*; -, -n; ein kleiner Behälter aus Metall mit Deckel (*bes* für konservierte Lebensmittel) ≈ Dose: *Kekse in einer Büchse aufbewahren; eine Büchse Erbsen öffnen* || K- Büchsenöffner || -K Sparbüchse

Buch·sta·be B2 *der*; -ns, -n; das einfachste Zeichen eines geschriebenen Wortes: *Das Wort „Rad" besteht aus drei Buchstaben* || -K Großbuchstabe, Kleinbuchstabe

buch·sta·bie·ren A2 *buchstabierte, hat buchstabiert*; (**etwas**) **buchstabieren** die Buchstaben eines Wortes nacheinander einzeln nennen: *Buchstabieren Sie bitte langsam und deutlich Ihren Namen!*

buch·stäb·lich *Adverb*; verwendet, um ein

B

Verb oder ein Adjektiv zu verstärken ≈ regelrecht: *Er war buchstäblich blau vor Kälte*

Bucht *die; -, -en;* der Teil eines Meeres oder Sees, der sich in Form eines Bogens ins Land hinein erstreckt || K Felsenbucht, Meeresbucht

Bu·ckel *der; -s, -;* **1** eine stark nach außen ragende (gewölbte) Stelle am Rücken: *Der alte Mann hat einen Buckel* **2** *umg* ≈ Rücken: *mit dem Rucksack auf dem Buckel* **3** *umg* ≈ Hügel **4** *umg;* eine leicht gewölbte Stelle auf einer ebenen Fläche ≈ Unebenheit: *die Buckel auf der Bettdecke glätten* || ID *meist* **jemand/etwas hat (schon) 80 Jahre auf dem Buckel** *umg;* jemand/etwas ist (schon) 80 Jahre alt; *meist* **Rutsch mir doch den Buckel runter!** *salopp;* Lass mich in Ruhe! || *hierzu* **bu·cke·lig, buck·lig** *Adjektiv*

bü·cken, sich; *bückte sich, hat sich gebückt;* **sich bücken** den Oberkörper nach vorn und nach unten bewegen, beugen: *Er bückte sich, um das Taschentuch aufzuheben*

Bud·dhis·mus [bʊˈdɪsmʊs] *der; -; nur Singular;* eine Religion (und Philosophie), die von Buddha begründet wurde und *bes* in (Süd)-Ostasien verbreitet ist || *hierzu* **Bud·dhist** *der; -en, -en;* || *hierzu* **Bud·dhis·tin** *die; -, -nen;* **bud·dhis·tisch** *Adjektiv*

Bu·de *die; -, -n* **1** ein kleines Haus (auf dem Markt oder Jahrmarkt), das *meist* aus Brettern gebaut ist || K Losbude, Marktbude, Würstchenbude **2** *umg;* (*meist* von jungen Leuten verwendet) das Zimmer, in dem man wohnt || K Studentenbude || ID **jemandem die Bude einrennen** *umg abwertend;* jemanden immer wieder (wegen der gleichen Sache) besuchen; *meist* **Ich habe heute sturmfreie Bude** *umg;* (von Jugendlichen verwendet) meine Eltern sind heute nicht zu Hause

Bud·get [bʏˈdʒeː] *das; -s, -s* **1** *Wirtschaft, Politik;* das Geld, das jemand, eine Institution *usw* für einen Zeitraum zu einem besonderen Zweck zur Verfügung hat ≈ Etat || K Familienbudget, Haushaltsbudget, Staatsbudget **2** *Wirtschaft, Politik;* ein Plan, in dem steht, wie viel Geld der Staat (*z.B.* durch Steuern) bekommt (einnimmt) und wie viel er ausgibt ≈ Haushaltsplan **3** *umg humorvoll;* das Geld, das jemand für einen Zweck zur Verfügung hat || K Urlaubsbudget

Buf·fet [bʏˈfeː] *das; -s, -s* **1** ein niedriger Schrank für Geschirr ≈ Anrichte **2** eine Art Tisch in einem Lokal oder Restaurant, an dem man (alkoholische) Getränke oder Speisen bekommt **3** **ein (kaltes) Buffet** (bei größeren Festen) verschiedene (kalte) Speisen, die auf einem langen Tisch stehen, von dem jeder nehmen kann, was er will

Bug *der; -(e)s, -e;* der vordere Teil eines Schiffes (oder Flugzeuges) || ↑ Abbildung unter **Flugzeug**

Bü·gel *der; -s, -;* **1** *Kurzwort* ↑ **Kleiderbügel** **2** einer der beiden seitlichen Teile der Brille, die man über die Ohren legt

Bü·gel·ei·sen B2 *das; -s, -;* ein (elektrisch) heizbares Gerät, mit dem man die Kleidung oder Stoffe glatt macht || K Dampfbügeleisen

bü·gel·frei *Adjektiv; nicht als Adverb;* so, dass man es (nach dem Waschen) nicht bügeln muss ⟨ein Hemd⟩

bü·geln B2 *bügelte, hat gebügelt;* **(etwas) bügeln** Kleider oder Stoffe (mit einem heißen Bügeleisen) glatt machen ⟨eine Bluse bügeln⟩ || K Bügelbrett

Bug·gy [ˈbagi] *der; -s, -s;* ein offener, leichter Kinderwagen, den man zusammenlegen kann || ↑ Abbildung unter **Kinderwagen**

Büh·ne B2 *die; -, -n* **1** die Fläche in einem Theater, auf der die Schauspieler spielen, agieren ⟨auf die Bühne treten⟩ || ↑ Abbildung unter **Theater** || K Bühnenbeleuchtung || K Drehbühne **2** *förmlich* ≈ Theater: *Das Stück wurde auf allen größeren Bühnen gespielt* || ID **etwas irgendwie über die Bühne bringen** *umg;* etwas auf die genannte Art durchführen; **irgendwie über die Bühne gehen** *umg;* auf die genannte Art ablaufen

Bu·let·te *die; -, -n; nordd* ≈ Frikadelle

Bull·au·ge *das; -s, -n;* ein rundes Fenster in einem Schiff

Bull·dog·ge *die; -, -n;* ein relativ kleiner, dicker Hund mit sehr flacher, kurzer Schnauze

Bu·me·rang, Bu·me·rang *der; -s, -e/-s;* ein gebogenes Stück Holz, das *bes* früher in Australien zur Jagd verwendet wurde ⟨einen Bumerang werfen, schleudern⟩ || ID **etwas erweist sich als Bumerang** *umg;* eine Aktion, die anderen schaden sollte, schadet dem Verursacher selbst

Bum·mel *der; -s; nur Singular;* ein Spaziergang (*meist* in der Stadt) ohne konkretes Ziel: *einen Bummel durch die Hauptstraße machen* || K Einkaufsbummel

bum·meln; *bummelte, hat/ist gebummelt* **1** *(ist)* ohne Eile und ohne konkretes Ziel spazieren gehen: *durch die Stadt bummeln* **2** *(hat) umg abwertend;* seine Arbeit sehr langsam (und planlos) machen ≈ trödeln: *Er bummelt heute schon den ganzen Tag* **3** (hat) nichts Produktives tun ≈ faulenzen || K- Bummelstudent

Bụnd B1 *der; -(e)s, Bün·de* **1** eine Organisation (von Partnern mit gleichen Interessen) ⟨sich zu einem Bund zusammenschließen; einem Bund beitreten, angehören⟩ || -K Bauernbund, Gewerkschaftsbund **2** (in einer Bundesrepublik) der gesamte Staat im Gegensatz zu den einzelnen (Bundes)Ländern, wie *z.B.* in Deutschland, Österreich: *Bund und Länder* || K- Bundesbehörde, Bundesbürger, Bundesrat, Bundesregierung, Bundesstaat, Bundesverfassung **3** Ⓓ *umg; Kurzwort* ↑ **Bundeswehr**: *Mit 18 muss er zum Bund* **4** *meist* zusammengebundene Kräuter ≈ Bündel ⟨ein Bund Petersilie, Radieschen⟩ || ID **den Bund der Ehe (mit jemandem) eingehen/schließen** *förmlich*; (jemanden) heiraten

Bụ̈n·del *das; -s, -*; einzelne (gleiche oder unterschiedliche) Dinge, die zu einem Ganzen gehören ⟨ein Bündel Stroh, Briefe; etwas zu einem Bündel zusammenschnüren⟩ || -K Strahlenbündel || ID *meist* **Jeder hat sein Bündel zu tragen** jeder hat in seinem Leben Probleme und Kummer

Bụn·des·bank *die; -; nur Singular;* Ⓓ **(Deutsche) Bundesbank** die Bank, die in der Bundesrepublik Deutschland neues Geld in Umlauf bringt

Bun·des|ge·rịchts·hof *der; -(e)s; nur Singular;* Ⓓ das oberste Gericht für Straf- und Zivilprozesse; *Abkürzung* BGH

Bụn·des·heer *das; -(e)s; nur Singular;* Ⓐ die Armee Österreichs

Bụn·des·kanz·ler *der; -s, -* **1** Ⓐ Ⓓ der Leiter der Regierung im Staat **2** Ⓒⓗ der Leiter des Büros des Bundesrats (2) || *hierzu* **Bụn·des·kanz·le·rin** *die; -, -nen; meist Singular*

Bụn·des·land *das; -(e)s, -län·der* **1** eines der Länder in einer Bundesrepublik **2** Ⓓ **die alten Bundesländer** die (westlichen) Bundesländer der Bundesrepublik Deutschland vor Oktober 1990 **3** Ⓓ **die neuen Bundesländer** die fünf (östlichen) Bundesländer in Deutschland (die früher das Territorium der DDR bildeten)

Bụn·des·li·ga *die; -, -li·gen; meist Singular;* Ⓓ die höchste (Spiel)Klasse in einer Sportart ⟨in die Bundesliga aufsteigen; aus der Bundesliga absteigen⟩ || -K Eishockeybundesliga, Fußballbundesliga, Handballbundesliga

Bụn·des·prä·si·dent *der; -en, -en* **1** Ⓓ Ⓐ der oberste Repräsentant Deutschlands oder Österreichs (das Staatsoberhaupt) **2** Ⓒⓗ der Regierungschef der Schweiz (= der Vorsitzende des Bundesrates) || *hierzu* **Bụn·des·prä·si·den·tin** *die; -, -nen*

Bụn·des·rat *der; -(e)s, -rä·te* **1** *nur Singular;* Ⓓ Ⓐ eine Art Parlament, das nicht direkt gewählt wird, sondern aus Vertretern der einzelnen Bundesländer besteht. Der Bundesrat wirkt bei vielen Aufgaben des Bundestags/Nationalrats mit **2** *nur Singular;* Ⓒⓗ die Regierung der Schweiz **3** Ⓐ Ⓒⓗ ein Mitglied des Bundesrats

Bụn·des·re·pub·lik *die; -, -en; meist Singular* **1** ein Staat, der aus mehreren Bundesländern besteht, wie *z.B.* Deutschland und Österreich **2** Ⓓ die Bundesrepublik Deutschland

Die Bundesrepublik Deutschland

Die Bundesrepublik Deutschland ist eine parlamentarische Demokratie, ihre Verfassung heißt das **Grundgesetz**.
Staatsoberhaupt ist der **Bundespräsident**, der vor allem repräsentative Funktionen hat. Er wird für fünf Jahre gewählt und kann nur einmal wiedergewählt werden.
Das wichtigste ausführende Organ ist die **Bundesregierung** (die Regierung von Deutschland). Sie besteht aus dem **Bundeskanzler** und den **Bundesministern** (den Mitgliedern der Bundesregierung).
Das Parlament heißt **Bundestag**. Er wird alle vier Jahre direkt vom Volk gewählt und wählt seinerseits den Bundeskanzler.
Bei der Gesetzgebung wirkt auch der **Bundesrat** mit, der aus Vertretern der einzelnen Bundesländer besteht.
Zu den obersten Gerichten in Deutschland zählen der **Bundesgerichtshof**, der für Straf- und Zivilprozesse zuständig ist, und das **Bundesverfassungsgericht**.

LANDESKUNDE

Bụn·des·stra·ße B2 *die; -, -n;* Ⓓ Ⓐ eine große (oft breitere) Straße, die viele Städte verbindet ↔ Autobahn

Bụn·des·tag *der; -(e)s; nur Singular;* Ⓓ das direkt gewählte Parlament in Deutschland || K- Bundestagsabgeordnete(r), Bundestagsfraktion, Bundestagsmitglied || Hinweis: ↑ **Bundesrat**

Bun·des|ver·fạs·sungs·ge·richt *das; -(e)s; nur Singular;* Ⓓ das höchste Gericht bei Fragen der Verfassung[1], des Grundgesetzes

Bụn·des·ver·samm·lung *die; -; nur Singular* **1** Ⓓ die Personen, die den Bundespräsidenten wählen **2** Ⓒⓗ der Schweizer Nationalrat und

Ständerat, die zusammen das Schweizer Parlament bilden

Bụn·des·wehr *die; -; nur Singular;* Ⓓ alle militärischen Einheiten der Bundesrepublik Deutschland || [K-] Bundeswehrsoldat

bụn·des·weit *Adjektiv; nur vor dem Substantiv oder als Adverb;* im gesamten Gebiet von Deutschland oder Österreich: *ein Gesetz mit bundesweiter Gültigkeit*

bụ̈n·dig *Adjektiv* **1** *Architektur;* genau auf einer Linie (abschließend) ⟨etwas liegt bündig, schließt bündig ab⟩ **2** **(kurz und) bündig** kurz und treffend ⟨etwas kurz und bündig beantworten⟩

Bụ̈nd·nis *das; -ses, -se;* **ein Bündnis (mit jemandem)** eine Organisation (ein Zusammenschluss) von Partnern (*meist* von Staaten), die auf einem Vertrag basiert und die oft den Zweck hat, dass man sich gegenseitig hilft ≈ Union ⟨ein Bündnis eingehen, schließen⟩ || [K-] Bündnispartner, Bündnistreue || [-K] Militärbündnis, Verteidigungsbündnis

Bun·ga·low ['bʊŋgalo] *der; -s, -s;* ein flaches (Wohn)Haus mit nur einer Etage || [-K] Ferienbungalow

Bun·gee·sprin·gen ['bandʒɪ-] *das; -s; nur Singular; Sport;* das Springen aus großer Höhe, bei dem man an einem starken elastischen Seil hängt, das verhindert, dass man den Boden erreicht

bunt [B1] *bunter, buntest-; Adjektiv* **1** mit mehreren Farben ≈ farbig ⟨ein Bild, ein Blumenstrauß, ein Kleid⟩ **2** *nur vor dem Substantiv;* mit gemischtem Inhalt ⟨ein Programm, ein Teller (= mit verschiedenen Speisen)⟩ || [ID] **es bunt treiben** *umg, meist abwertend;* sich nicht an (gesellschaftliche) Normen halten; *meist* **Das wird mir jetzt zu bunt!** *umg;* Das dulde ich nicht mehr! || *zu* 1 **Bụnt·heit** *die; -; nur Singular*

Bụnt·stift [B2] *der; -(e)s, -e;* ein Stift mit einer farbigen Mine zum Zeichnen und Malen ≈ Farbstift

Bụnt·wä·sche *die; -; nur Singular;* farbige Textilien, die man nicht zu heiß waschen darf ↔ Kochwäsche

Bụ̈r·de *die; -, -n; meist Singular; förmlich* **1** etwas relativ Schweres, das auf etwas liegt oder lastet ≈ Last **2** etwas, das jemandem große Probleme oder Kummer bereitet ⟨eine Bürde tragen; jemandem eine Bürde auferlegen, abnehmen⟩: *die Bürde des Alters*

Bụrg [B1] *die; -, -en;* ein großes Gebäude, das früher (im Mittelalter) als Wohnort von Herrschern und zur Verteidigung diente ⟨eine Burg belagern⟩ || [K-] Burgruine || [-K] Ritterburg

bụ̈r·gen; *bürgte, hat gebürgt* **1** **für etwas bürgen** dafür garantieren, dass die Qualität von etwas gut ist: *Das Markenzeichen bürgt für Qualität* **2** **für jemanden bürgen** (*auch Rechtswesen*) für jemanden garantieren (Bürge sein)

Bụ̈r·ger *der; -s, -;* **1** jemand, der die Nationalität eines Landes besitzt ≈ Staatsbürger || [K-] Bürgerpflicht, Bürgerrecht **2** ein Einwohner eines Ortes, ein Mitglied der Gesellschaft ⟨ein braver Bürger⟩ **3** *historisch;* jemand, der zur mittleren Schicht der Gesellschaft gehört (und nicht adelig ist) || *hierzu* **Bụ̈r·ge·rin** *die; -, -nen*

Bụ̈r·ger·be·geh·ren *das; -s, -; Politik;* die Forderung von Bürgern einer Gemeinde, dass eine wichtige Sache öffentlich entschieden werden muss. Dies geschieht, indem sie ihre Namen in eine Liste eintragen

Bụ̈r·ger·ent·scheid *der; -(e)s, -e; Politik;* eine Entscheidung (über eine wichtige politische Frage) durch die Bürger. Ein Bürgerentscheid findet auf lokaler Ebene statt

Bụ̈r·ger·ini·ti·a·ti·ve *die; -, -n;* der Versuch einer Gruppe von Bürgern, die Öffentlichkeit für Probleme zu interessieren, die bisher nicht oder nur schlecht gelöst wurden ⟨eine Bürgerinitiative gründen⟩

▶ Bürgerinitiativen

In den **Bürgerinitiativen** schließen sich Bürger zusammen, die gemeinsame Interessen oder politische Ziele verfolgen. In ihnen geht es zum Beispiel um lokale Verbesserungen wie den Bau einer Umgehungsstraße oder eines Kindergartens oder um Themen des Umweltschutzes.
In einigen Bundesländern Deutschlands gibt es die Möglichkeit, dass die Bürger über ein **Bürger-** oder **Volksbegehren** direkt einen Antrag zu einem Thema in die Politik einbringen. Wenn die erforderliche Anzahl an Unterschriften dafür gesammelt werden kann, kommt es zu einem **Bürger-** oder **Volksentscheid**, bei dem alle Wahlberechtigten einer Gemeinde oder eines Bundeslandes direkt über das betreffende Thema abstimmen können.

LANDESKUNDE ◀

Bụ̈r·ger·krieg *der; -(e)s, -e;* ein (bewaffneter) Kampf zwischen verschiedenen gesellschaftlichen oder politischen Gruppen innerhalb eines Staates || *hierzu* **bụ̈r·ger·kriegs·ähn·lich** *Adjektiv*

bür·ger·lich *Adjektiv* **1** in Bezug auf den Bürger ⟨die Rechte, die Pflichten⟩ **2** nach den (gesellschaftlichen) Normen der meisten Bürger ⟨eine Ehe, ein Leben, eine Partei⟩

Bür·ger·meis·ter *der; -s, -;* jemand, der eine Stadt oder Gemeinde leitet || [-K] Vizebürgermeister || *hierzu* **Bür·ger·meis·te·rin** *die; -, -nen*

bür·ger·nah *Adjektiv;* so, dass die Probleme und Bedürfnisse der Bürger berücksichtigt werden ⟨eine Politik⟩

Bür·ger·steig *der; -(e)s, -e;* ein besonderer, erhöhter Weg für Fußgänger an der Seite einer Straße ≈ Gehsteig

Bür·ger·tum *das; -s; nur Singular;* die Bürger (3): *das aufstrebende Bürgertum des 18. Jahrhunderts*

Bürg·schaft *die; -, -en* **1** eine Garantie, die jemand für jemanden/etwas abgibt ⟨für jemanden/etwas (eine) Bürgschaft leisten⟩ **2** eine Summe Geld, mit der jemand für jemanden bürgt (2) ⟨eine hohe Bürgschaft zahlen⟩ **3** *Rechtswesen;* ein Vertrag, mit dem sich jemand verpflichtet, für jemanden Bürge zu sein ⟨eine Bürgschaft übernehmen⟩

Bü·ro [A1] *das; -s, -s;* ein Raum oder Gebäude, in dem eine Firma oder eine Institution verwaltet, organisiert werden ⟨ins Büro gehen⟩ || ↑ Illustration **Im Büro** || [K-] Büroangestellte(r), Büroarbeit, Bürogebäude, Bürostuhl

Bü·ro|kauf·mann *der; -(e)s, -män·ner/-leu·te;* jemand, der (beruflich) in einem Büro kaufmännische Arbeiten macht || *hierzu* **Bü·ro|kauf·frau** *die; -, -en*

Bü·ro·klam·mer *die; -, -n;* eine Klammer aus Draht, mit der man Blätter (2) aneinander befestigt || ↑ Abbildung unter **Klammer**

Bü·ro·kra·tie *die; -, -n* [-'tiːən]*; meist Singular* **1** alle Institutionen und Organe der Verwaltung **2** *abwertend;* das genaue Befolgen der (oft umständlichen und lästigen) Regeln und Vorschriften der Verwaltung || *hierzu* **Bü·ro·krat** *der; -en, -en;* **bü·ro·kra·tisch** *Adjektiv*

Bur·sche *der; -n, -n* **1** ein junger Mann (im Alter zwischen ca. 14 und 20 Jahren) ≈ Jugendliche(r) ⟨ein fescher, toller Bursche⟩ **2** *abwertend* ≈ Mann ⟨ein seltsamer, gerissener Bursche⟩ || Hinweis *zu* 2: nur mit Adjektiv verwendet

Bürs·te [B1] *die; -, -n;* ein kleiner Gegenstand mit Borsten, mit dem man etwas pflegt oder sauber macht || [-K] Haarbürste, Kleiderbürste, Schuhbürste, Zahnbürste

bürs·ten; *bürstete, hat gebürstet* **1** **etwas bürsten** etwas mit einer Bürste behandeln und so pflegen oder säubern ⟨das Haar, die Zähne, die Haut bürsten⟩ **2** **etwas von etwas bürsten** etwas mit einer Bürste entfernen ⟨Staub, Schmutz von den Kleidern, Schuhen bürsten⟩

Bus [A1] *der; -ses, -se;* ein langes und großes Auto, in dem viele Personen mitfahren können ≈ Autobus, Omnibus ⟨ein städtischer Bus; (mit dem) Bus fahren, den Bus nehmen⟩ || [K-] Busfahrer, Bushaltestelle

Busch [B2] *der; -(e)s, Bü·sche;* eine Pflanze ohne Stamm mit vielen Ästen aus Holz ≈ Strauch || [-K] Holunderbusch, Rosenbusch || [ID] **(bei jemandem) auf den Busch klopfen** *umg;* vorsichtig Fragen stellen, um etwas Bestimmtes zu erfahren; **Da ist doch (et)was im Busch!** *umg;* Da wird doch etwas heimlich geplant oder vorbereitet!

Bü·schel *das; -s, -;* mehrere lange, dünne Dinge, die gebunden oder zusammengefasst werden ⟨ein Büschel Gras, Heu, Haare, Federn⟩

bu·schig *Adjektiv;* mit vielen, dicht gewachsenen Haaren ⟨Augenbrauen⟩: *der buschige Schwanz des Fuchses*

Bu·sen *der; -s, -; meist Singular;* die Brüste (2) einer Frau ⟨einen großen, üppigen, vollen Busen haben⟩

Bus·sard *der; -s, -e;* ein relativ großer (Raub)Vogel, der gern Mäuse fängt

Bu·ße *die; -, -n* **1** *nur Singular;* ein Verhalten, durch das jemand (*bes* aus religiösen Gründen) zeigt, dass es ihm leidtut, Fehler gemacht oder Sünden begangen zu haben ≈ Reue ⟨Buße tun; jemandem Buße predigen⟩ || [K-] Bußpredigt, Bußsakrament **2** *katholische Religion;* die Gebete, die jemand betet, um Buße zu tun **3** *Rechtswesen;* eine geringe Strafe, meist Geld, das man für einen Fehler (*z.B.* im Verkehr) zahlen muss || [K-] Bußgeld || [-K] Geldbuße

bü·ßen; *büßte, hat gebüßt* **1** **(für) etwas büßen**

Bürsten

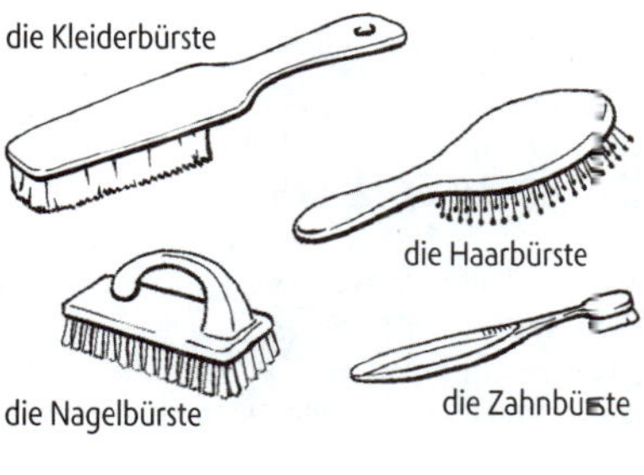

(**müssen**) die Konsequenzen eines großen Fehlers, den man gemacht hat, ertragen (müssen): *Er musste (für) seinen Leichtsinn büßen* **2** **((für) etwas) büßen** von seinen Sünden oder seiner Schuld frei werden, indem man betet (und Reue zeigt) || Hinweis: kein Passiv! || ID **Das wirst du mir büßen!** dafür werde ich mich rächen!

Buß- und Bet·tag *der; -(e)s, -e; meist Singular;* ein Feiertag (der evangelischen Kirche) an einem Mittwoch im November, an dem sich die Gläubigen (auf ihre Sünden) besinnen sollen

Büs·ten·hal·ter *der; -s, -;* ein Wäschestück für Frauen, das die Brüste stützt und formt; *Abkürzung* BH

But·ter A1 *die; -; nur Singular;* Fett, das aus Milch hergestellt wird und das man aufs Brot streicht oder beim Kochen verwendet ⟨frische Butter⟩ || K- Butterdose || ID **(es ist) alles in Butter** *umg;* (es ist) alles in Ordnung

But·ter·blu·me *die; -, -n;* eine Pflanze, die auf Wiesen wächst und leuchtend gelbe Blüten hat

But·ter·milch *die; -; nur Singular;* eine Art säuerliche Milch mit wenig Fett, die bei der Herstellung von Butter übrig bleibt

By·pass ['baipas] *der; -es), By·päs·se; Medizin;* ein kleiner Schlauch, der anstelle einer zu engen Ader (*bes* am Herzen) eingepflanzt wird, damit das Blut wieder besser fließen kann ⟨jemandem einen Bypass legen; einen Bypass bekommen⟩ || K- Bypassoperation

Byte [bait] *das; -(s), -(s) Informatik;* eine (Informations)Einheit beim elektronischen Rechnen (und bei der Datenverarbeitung): *ein Byte hat acht Bit* || -K Gigabyte, Kilobyte, Megabyte

bzw. *Abkürzung;* ↑ **beziehungsweise**

C

C, c [tse:] *das; -, - / umg auch -s;* der dritte Buchstabe des Alphabets

ca. ['tsɪrka] *Abkürzung;* ↑ **circa**

Ca·fé A2 [ka'fe:] *das; -s, -s;* eine Gaststätte, in der man Kaffee trinken und Kuchen essen kann || -K Straßencafé

Ca·fe·te·ria [-'ri:a] *die; -, -s;* ein kleines Restaurant oder Café, in dem man sich Essen und Getränke *meist* selbst holt

Cal·ci·um ['kaltsi̯um] *das; -s; nur Singular;* ↑ **Kalzium**

Ca·mem·bert ['kaməmbe:ɐ̯] *der; -s, -s;* ein weicher, weißlicher Käse mit einer dünnen Schicht von weißem Schimmel

Ca·mi·on [ka'mi̯õ:] *der; -s, -s;* (CH) ≈ Lastwagen

cam·pen B2 ['kɛmpn]; *campte, hat gecampt;* **(irgendwo) campen** *bes* während des Urlaubs in einem Zelt oder Wohnwagen wohnen

Cam·ping ['kɛmpɪŋ] *das; -s; nur Singular;* das Wohnen im Zelt (oder Wohnwagen), wenn man in Urlaub ist || K- Campingplatz

Cap·puc·ci·no [kapʊ'tʃi:no] *der; -s, -s;* ein Kaffee (mit aufgeschäumter Milch), der auf italienische Art zubereitet ist

Car·toon [kar'tu:n] *der, das; -(s), -s;* eine witzige Zeichnung oder eine (kurze) gezeichnete Geschichte || ↑ **Comic, Karikatur**

Ca·si·no [k-] *das; -s, -s;* (A) ↑ **Kasino**

Cas·ting [k-] *das; -s, -s; Film, Theater;* das Auswählen von Darstellern nach kurzen (Probe)-Auftritten

CD B1 [tse:'de:] *die; -, -s;* (*Abkürzung für* Compact Disc) eine silbern glänzende Scheibe mit elektronisch gespeicherten Daten (*bes* Musik)

CD-Bren·ner [tse:'de:-] *der; -s, -;* ein Teil eines Computers, mit dem man Programme und Daten auf CDs übertragen kann

CD-Play·er B1 [tse:'de:ple:jɐ] *der; -s, -;* ein elektronisches Gerät, mit dem man CDs abspielen kann

CD-ROM B1 [tsede'rɔm] *die; -, -(s); Informatik;* eine CD mit Daten, die ein Computer lesen, aber nicht verändern kann || ↑ Illustration **Im Büro** || K- CD-ROM-Laufwerk

CD-Spie·ler [tse:'de:-] *der; -s, -;* ≈ CD-Player

CDU [tse:de:'|u:] *die; -; nur Singular;* (*Abkürzung für* Christlich-Demokratische Union) eine politische Partei in Deutschland

Cel·lo ['tʃɛlo] *das; -s, Cel·li;* ein großes Instrument mit tiefem Klang, das wie eine große Geige aussieht und das man beim Spielen zwischen den Knien hält ⟨Cello spielen⟩ || ↑ Abbildung unter **Streichinstrumente** || K- Cellokonzert, Cellospieler

Cel·si·us ['tsɛlzi̯ʊs] verwendet als Bezeichnung für eine Skala, mit der die Temperatur gemessen wird; *Abkürzung* C: *Temperaturen zwischen 25° und 30° C* || K- Celsiusskala

Cent A1 *der; -(s), -(s)* **1** [tsɛnt] die kleinste Einheit des Geldes der Europäischen Union; *Abkürzung*

Cent, ct.: *Ein Euro hat 100 Cent* || Hinweis: der Plural lautet *Cents*, wenn man von einzelnen Münzen spricht und *Cent*, wenn man von der Summe spricht **2** [sɛnt] die kleinste Einheit einiger Währungen (*bes* in den USA): *Ein Dollar hat 100 Cent*

CH [tseː'haː] (*Abkürzung für* Confoederatio Helvetica) verwendet als Bezeichnung für die Schweiz (*meist* bei Adressen und Kraftfahrzeugen)

Cham·pag·ner [ʃam'panjɐ] *der; -s; nur Singular;* eine Art Sekt, der in Frankreich (in der Champagne) hergestellt wird

Cham·pig·non ['ʃampɪnjɔŋ] *der; -s, -s;* ein *meist* weißer essbarer Pilz || K- Wiesenchampignon, Zuchtchampignon

Chan·ce B1 ['ʃãːsə, ʃãːs] *die; -, -n;* **eine Chance (auf etwas** (*Akkusativ*)) eine günstige Gelegenheit oder die Möglichkeit, ein Ziel zu erreichen ⟨eine Chance verpassen; jemandem eine Chance bieten⟩: *Du hast gute Chancen, im Beruf weiterzukommen* || *hierzu* **chan·cen·los** *Adjektiv*

Cha·os ['kaːɔs] *das; -; nur Singular;* ein großes Durcheinander (*oft* verbunden mit Zerstörung): *Nach dem Sturm herrschte in der Stadt Chaos* || *hierzu* **cha·o·tisch** *Adjektiv*

Cha·ot [ka'oːt] *der; -en, -en; umg abwertend;* jemand, der ohne Ordnung und Plan denkt und handelt || *hierzu* **Cha·o·tin** *die; -, -nen*

Cha·rak·ter B2 [ka-] *der; -s, Cha·rak·te·re* **1** alle Eigenschaften, die das Verhalten eines Menschen bestimmen ⟨ein schwacher, starker Charakter; etwas formt den Charakter⟩ || K- Charaktereigenschaft, Charakterfehler, Charakterzug; charakterschwach, charakterstark **2** das typische Merkmal einer Sache: *Ihre Kleidung entsprach dem feierlichen Charakter des Anlasses; ein Geschenk von eher symbolischem Charakter* || ID **Charakter beweisen** auch in schwierigen Situationen seinen Prinzipien treu bleiben || *hierzu* **cha·rak·ter·lich** *Adjektiv*

cha·rak·te·ri·sie·ren [ka-]; *charakterisierte, hat charakterisiert* **1** **jemanden/etwas (irgendwie) charakterisieren** die Eigenart einer Person oder Sache beschreiben ⟨jemanden/etwas kurz, treffend charakterisieren⟩: *eine Romanfigur charakterisieren* **2** **etwas charakterisiert jemanden/etwas** etwas ist typisch für jemanden/etwas || *hierzu* **Cha·rak·te·ri·sie·rung** *die; -, -en*

cha·rak·te·ris·tisch [ka-] *Adjektiv;* **charakteristisch (für jemanden/etwas)** ≈ typisch ⟨eine Eigenschaft, ein Merkmal⟩: *Schneereiche Winter sind charakteristisch für diese Region*

Charme [ʃarm] *der; -s; nur Singular;* der reizvolle, positive Eindruck, den eine Person oder Sache auf jemanden macht ⟨der Charme einer Stadt; unwiderstehlicher Charme; Charme ausstrahlen; (viel) Charme haben⟩ || *hierzu* **charmant** *Adjektiv*

char·tern ['tʃa-]; *charterte, hat gechartert;* **etwas chartern** ein Flugzeug, Schiff für eine Reise mieten || K- Charterflug, Chartergesellschaft

Chat [tʃɛt] *der; -s, -s; Informatik;* eine Unterhaltung im Internet, bei der sich zwei oder mehr Personen abwechselnd kurze Sätze schreiben: *Sie hat ihn im Internet im Chat kennengelernt* || *hierzu* **chat·ten** (*hat*)

Chauf·feur [ʃɔ'føːɐ̯] *der; -s, -e* ein Angestellter einer Familie, Behörde *o.Ä.*, dessen Aufgabe es ist, Personen mit dem Auto irgendwohin zu bringen ≈ Fahrer || *hierzu* **Chauf·feu·rin** [ʃɔ'føːrɪn] *die; -, -nen*

che·cken ['tʃɛkn]; *checkte, hat gecheckt* **1** **jemanden/etwas checken** jemanden/etwas (über)prüfen oder kontrollieren ⟨Fahrzeuge, Listen checken⟩ **2** **etwas checken** *umg* ≈ kapieren, verstehen: *Hast du das jetzt erst gecheckt?*

Chef [ʃɛf] *der; -s, -s;* ein Mann, der die Arbeit leitet und den anderen sagt, was sie tun sollen ≈ Leiter ⟨der Chef der Firma, des Betriebs⟩: *einen großzügigen, strengen Chef haben* || -K Bürochef, Personalchef || *hierzu* **Che·fin** *die; -, -nen*

Chef- *im Substantiv;* jemand, der eine Gruppe von Menschen mit dem gleichen Beruf leitet, die Arbeit und Konzeption bestimmt; der **Chefarzt**, der **Chefingenieur**, der **Chefkoch**, der **Chefpilot**, der **Chefredakteur**

Che·mie [çe-, ke-] *die; -; nur Singular;* die Wissenschaft, die sich mit den Eigenschaften der Stoffe, ihren Reaktionen und ihren Verbindungen beschäftigt ⟨die anorganische, organische Chemie⟩: *Chemie studieren* || K- Chemiewerk || *hierzu* **che·misch** *Adjektiv*

Che·mi·ka·lie [çemi'kaːli̯ə, ke-] *die; -, -n; meist Plural;* (industriell hergestellte) chemische Stoffe ⟨mit gefährlichen, giftigen Chemikalien arbeiten⟩

Che·mo·the·ra·pie [çeː-, keː-] *die; -, -n; meist Singular;* die Behandlung *bes* von Krebs mit chemischen Mitteln

-chen B1 *das; -s, -;* verwendet, um die Verkleinerungsform eines Substantivs zu bilden (*meist* in Verbindung mit Umlaut des betonten

Vokals) ≈ -lein; **Bäumchen, Bildchen, Häuschen, Hündchen, Pferdchen, Tännchen** || Hinweis: nicht nach Substantiven auf *-ch*: *Bächlein, Büchlein*

chic [B1] [ʃɪk] *Adjektiv*; ↑ **schick** || *hierzu* **Chic** *der; -s; nur Singular*

Chi·co·rée ['ʃɪkore] *der; -s; oder die-; nur Singular*; eine weißgelbe kleine (Gemüse)Pflanze mit leicht bitterem Geschmack, die man *bes* im Winter als Salat isst

Chiff·re ['ʃɪfrə, 'ʃɪfɐ] *die; -, -n* **1** ein Zeichen einer Geheimschrift, das für einen Buchstaben oder ein Wort steht **2** eine Nummer, unter der man Anzeigen in die Zeitung setzt, in denen man seinen Namen oder seine Adresse nicht nennen will: *Das Inserat erscheint unter der Chiffre 923*

Chi·li ['tʃiːli] *der; -s, -s*; ein sehr scharfer, kleiner Paprika || [K-] Chilischote, Chilisoße

chi·ne·sisch [çi-, ki-] *Adjektiv*; in Bezug auf China, seine Bewohner oder deren Sprache || [ID] **etwas ist/klingt chinesisch für jemanden** *umg*; etwas ist so ausgedrückt, dass man es nicht verstehen kann

Chip [tʃɪp] *der; -s, -s* **1** *Informatik*; ein sehr kleines Plättchen (aus Silikon) zum Speichern von Informationen || [-K] Mikrochip **2** eine Scheibe aus Plastik als Ersatz für Münzen beim (Glücks)Spiel **3** *meist Plural*; dünne knusprige Scheiben von Kartoffeln, die (roh in Fett gebraten und) in Tüten verkauft werden || [-K] Kartoffelchip

Chi·rur·gie [çi-, ki-] *die; -; nur Singular* **1** das Gebiet der Medizin, das sich mit Operationen beschäftigt: *ein Facharzt für Chirurgie* **2** die Abteilung in einer Klinik, in der Operationen gemacht und operierte Patienten gepflegt werden || *zu* 1 **Chi·rurg** *der; -en, -en*; **Chi·rur·gin** *die; -, -nen*; **chi·rur·gisch** *Adjektiv*

Chlor [kloːɐ̯] *das; -s; nur Singular*; ein chemisches Element, das als Gas gelb und giftig ist; *Chemie* Cl || [K-] Chlorgas

Cho·le·ra ['koː-] *die; -; nur Singular*; eine schwere ansteckende Krankheit, die *bes* den Magen und den Darm angreift ⟨an Cholera erkranken, sterben⟩ || [K-] Choleraepidemie

Chor[1] [koːɐ̯] *der; -(e)s, Chö·re* **1** eine Gruppe von Personen, die gemeinsam (*oft* öffentlich) singen ⟨ein gemischter Chor; einen Chor leiten⟩ || [K-] Chorgesang, Chorknabe, Chorleiter, Chorprobe, Chorsänger || [-K] Frauenchor, Kinderchor, Knabenchor, Männerchor; Kirchenchor, Schulchor **2** das gemeinsame Sprechen von mehreren Personen ⟨etwas im Chor sprechen⟩: *„Willkommen!", riefen alle im Chor* || [-K] Sprechchor

Chor[2] [koːɐ̯] *der; -(e)s, Chö·re*; der (nach Osten gerichtete) Teil einer Kirche, in dem *meist* der Altar steht || [K-] Choraltar, Chorgestühl, Chorschranke

Christ [krɪst] *der; -en, -en*; ein Mitglied einer christlichen Religion ⟨ein überzeugter, getaufter Christ⟩ || *hierzu* **Chris·tin** *die; -, -nen*

Christ·baum *der; -s, -bäu·me; südd* Ⓐ ≈ Weihnachtsbaum

Christ·de·mo·krat *der; -en, -en*; ein Mitglied der CDU || *hierzu* **Christ·de·mo·kra·tin** *die; -, -nen*

Chris·ten·heit *die; -; nur Singular*; alle Christen

Chris·ten·tum *das; -s; nur Singular*; der christliche Glaube

Christ·kind *das; -(e)s; nur Singular* **1** Jesus Christus als (gerade erst geborenes) Kind **2** eine Art Engel, von dem Kinder (*bes* in Süddeutschland) glauben, er bringe an Weihnachten die Geschenke

christ·lich *Adjektiv* **1** *nur vor dem Substantiv oder als Adverb*; auf der Lehre von Jesus Christus begründet ⟨der Glaube, die Religion⟩ **2** christlichen (1) Prinzipien entsprechend ⟨eine Erziehung⟩

Christ·met·te *die; -, -n*; der Gottesdienst am späten Abend des 24. Dezember

Chris·tus ['krɪstʊs] *(der); Chris·ti; nur Singular* **1** (in den christlichen Religionen) der Sohn Gottes; Jesus Christus: *die Geburt, der Tod, die Auferstehung Christi* || [K-] Christusglaube, Christusstatue, Christusverehrung **2** **vor/nach Christus** vor/nach dem Beginn der (abendländischen) Zeitrechnung; *Abkürzung* v. Chr./n. Chr.

Chrom [kroːm] *das; -s; nur Singular*; ein sehr hartes, silbern glänzendes Metall, mit dem man *bes* andere Metalle bedeckt, um sie vor Rost zu schützen; *Chemie* Cr || [K-] Chromdioxid, Chromstahl

Chro·nik ['kroːnɪk] *die; -, -en*; ein Bericht, der die (geschichtlichen) Ereignisse streng nacheinander schildert: *die Chronik eines Klosters, einer Epoche*

chro·nisch ['kroː-] *Adjektiv* **1** ⟨eine Krankheit, Schmerzen⟩ so, dass sie sehr lange dauern ↔ akut: *eine chronische Erkältung haben* **2** *umg* ≈ ständig, dauernd ⟨ein Geldmangel⟩

Chro·no·lo·gie [kro-] *die; -, -n* [-lo'giːən]; die (zeitliche) Folge von Ereignissen || *hierzu* **chro·no·lo·gisch** *Adjektiv*

cir·ca ['tsɪrka] *Adverb;* **circa** + *Zahl/Maßangabe;* nicht genau, sondern vielleicht etwas mehr oder weniger ≈ ungefähr; *Abkürzung* **ca.**: *Ich bin in ca. einer Stunde zurück; Er wiegt ca. 80 Kilo*

Ci·ty ['sɪti] *die; -, -s;* das Zentrum einer Großstadt ≈ Innenstadt || K- Citynähe

cle·ver ['klɛvɐ] *Adjektiv; oft abwertend;* so, dass alle Vorteile klug und geschickt genutzt werden ≈ raffiniert ⟨ein Geschäftsmann, ein Politiker, ein Plan⟩

Cli·que ['klɪkə] *die; -, -n* **1** eine Gruppe *meist* von jungen Leuten, die oft zusammen sind und alles gemeinsam machen **2** *abwertend;* eine Gruppe von Personen, die sich rücksichtslos nur für ihre eigenen Interessen einsetzen

Clou [klu:] *der; -s, -s;* der beste, überraschende (Höhe)Punkt einer Geschichte, einer Sache: *Jetzt kommt der Clou des Abends!*

Clown [klaun] *der; -s, -s;* jemand, der (*bes* im Zirkus) Späße macht und lustig geschminkt ist

Clụb B2 *der; -s, -s;* ↑ **Klub**

Co·cker·spa·ni·el ['kɔkɐʃpa:ni̯əl] *der; -s, -s;* ein relativ kleiner Hund mit langen Haaren und langen (herabhängenden) Ohren

Cọck·pit *das; -s, -s* **1** die kleine Kabine eines Flugzeugs, von der aus der Pilot das Flugzeug steuert || ↑ Abbildung unter **Flugzeug** **2** der Platz des Fahrers im (Renn)Auto

Cock·tail ['kɔkte:l] *der; -s, -s;* eine Mischung von Getränken *meist* mit Alkohol ⟨einen Cocktail mixen⟩ || K- Cocktailparty

Code [ko:t, ko:d] *der; -s, -s;* ein System von Symbolen, Buchstaben, Wörtern *o.Ä.*, die andere Symbole *usw* ersetzen und für geheime Botschaften *o.Ä.* verwendet werden || *hierzu* **co·di̱e·ren** (*hat*); **Co·di̱e·rung** *die; -, -en*

Cog·nac® ['kɔnjak] *der; -s, -s;* ein französischer Schnaps (Weinbrand)

Coif·feur [ko̯a'føːɐ̯] *der; -s, -e;* CH ≈ Friseur || *hierzu* **Coif·feu·se** [ko̯a'føːzə] *die; -, -n*

Co·la A2 *das; -(s), -/-s; oder die; -, -/-s;* eine braune Limonade, die Koffein enthält || K- Coladose

Col·lie ['kɔli] *der; -s, -s;* ein großer Hund mit weißem und hellbraunem Fell und spitzer Schnauze || ↑ Abbildung unter **Hunde**

Co·mic ['kɔmɪk] *der; -s, -s;* eine (lustige) Geschichte, die aus Zeichnungen mit kurzen Texten besteht || K- Comicheft

Com·pu·ter A1 [kɔm'pju:tɐ] *der; -s, -;* eine elektronische (Rechen)Maschine, die Daten speichern und wiedergeben kann || ↑ Illustration **Im Büro** || K- Computerfehler, Computerprogramm; computergesteuert

Com·pu̱·ter·spiel B1 *das; -s, -e;* ein Spiel, das mithilfe eines Computerprogramms gespielt wird

Con·tai·ner [kɔn'te:nɐ] *der; -s, -;* ein sehr großer Behälter für Abfall oder zum Transport || K- Containerschiff || -K Altpapiercontainer, Glascontainer, Müllcontainer

cọnt·ra *Präposition; mit Akkusativ;* ↑ **kontra**

cool B2 [ku:l] *Adjektiv; umg, bes von Jugendlichen verwendet* **1** ruhig und gelassen ⟨cool bleiben⟩ **2** verwendet, um jemanden/etwas positiv zu bewerten: *ein cooler Typ*

Co̱·pi·lot *der* ↑ **Kopilot**

Cọrd [kɔrt] *der; -(e)s; nur Singular;* ein dicker, weicher Stoff aus Baumwolle || K- Cordhose

Corn·flakes ['kɔ:nfleɪks] *die; -; Plural;* (geröstete) Flocken aus Mais, die man mit Milch und Zucker zum Frühstück isst

Cor·ti·so̱n [kɔr-] *das; -s; nur Singular;* ↑ **Kortison**

Couch [kautʃ] *die; -, -s/auch -en* ≈ Sofa

Coup [ku:] *der; -s, -s* **1** eine *oft* illegale Handlung: *Den Bankräubern ist ein großer Coup gelungen* **2** **einen Coup landen** *umg;* eine Aktion (1) mit Erfolg zu Ende bringen

Cou·pon [ku'põ:] *der; -s, -s* **1** ein kleiner Zettel, für den man etwas (zurück)bekommt (*z.B.* Getränke, Gepäck) ≈ Gutschein **2** ein Streifen Papier, den man abtrennt, wenn man *z.B.* etwas bestellen will || -K Bestellcoupon

Cou·sin B2 [ku'zɛ̃:] *der; -s, -s;* der Sohn einer Tante oder eines Onkels ≈ Vetter

Cou·si̱·ne [ku-] *die; -, -n;* die Tochter einer Tante oder eines Onkels

Cou·vert [ku've:ɐ̯] *das; -s, -s;* CH ≈ (Brief)Umschlag

Co·ver ['kavɐ] *das; -s, -s;* **1** die erste Seite (Titelseite) einer Illustrierten || K- Covergirl **2** die Hülle (*meist* aus Karton) einer Schallplatte || -K Plattencover

Creme B1 [kre:m] *die; -, -s/* A CH *-n* [-ən] **1** eine noch etwas flüssige, (oft schaumige) süße Speise: *eine Torte mit Creme füllen* || K- Cremespeise, Cremetörtchen || -K Erdbeercreme, Schoko(laden)creme, Vanillecreme **2** eine weiche, fettige Masse (oft mit Parfüm), die man in die Haut reibt || -K Gesichtscreme, Handcreme, Hautcreme, Sonnencreme || *hierzu* **cre̱·mig** *Adjektiv*

Crois·sant [kro̯a'sã:] *das; -(s), -s;* ein süßes Gebäck in Form eines Bogens ≈ Hörnchen

CSU [tseː|ɛs'|uː] *die; -; nur Singular;* Ⓓ *(Abkürzung für* Christlich-Soziale Union) eine politische Partei in Bayern

Cur·ry ['kœri] *der; -s; nur Singular;* eine scharfe, gelbbraune Mischung aus indischen Gewürzen || K- Currypulver, Currywurst

Cur·sor ['køːɐ̯sɐ] *der; -s, -(s); Informatik;* ein Zeichen auf dem Bildschirm, das zeigt, an welcher Stelle der nächste Buchstabe *o.Ä.* erscheinen wird, den man in den Computer eingibt

D

D, d [deː] *das; -, -/umg auch -s;* der vierte Buchstabe des Alphabets

da¹ A1 *Adverb* **1** weist darauf hin, wo jemand/etwas ist ≈ dort ↔ hier: *„Wo ist er?" - „Da!"; Siehst du Gudrun da hinten/vorn/drüben?* **2** verwendet, um auf ein bestimmtes Exemplar aus einer Menge hinzuweisen: *„Welches Auto meinst du?" - „Das da!"* || Hinweis zu 1 und 2: *Da* wird oft mit einer zeigenden Geste verbunden **3** bezieht sich auf einen vorher erwähnten Ort ≈ dort: *Gehen wir ins Wohnzimmer, da können wir uns ungestört unterhalten; Da, wo ich lebe, ist das anders* **4** *umg* ≈ hier: *Da bist du ja!; Ich bin gleich wieder da* **5** in dieser Hinsicht, in diesem Fall: *Da hat er natürlich recht* **6** aus diesem Grund: *Du warst sehr fleißig, da kannst du dich jetzt ausruhen* **7** **da sein** anwesend oder zu Hause sein: *Ist Michael da?* **8** **etwas ist da** etwas ist vorhanden: *Ist noch Bier da?* **9** **da sein** am Leben sein: *Keiner ihrer alten Freunde war mehr da* **10** **für jemanden da sein** bereit sein, jemandem zu helfen: *Du weißt, ich bin immer für dich da* **11** **zu etwas da sein** einen besonderen Zweck, eine bestimmte Aufgabe erfüllen: *Geld ist dazu das, dass man es ausgibt* || ID **da und dort** an manchen Stellen/Orten; **von da an** von diesem Zeitpunkt in der Vergangenheit an ≈ seitdem: *Er hatte einmal einen Unfall. Von da an war er sehr vorsichtig; meist* **So was ist noch nie da gewesen** *umg;* das hat es noch nie gegeben

da² A1 *Konjunktion;* verwendet, um den Grund für etwas anzugeben ≈ weil: *Da es regnete, gingen wir nicht spazieren*

da-¹ *im Verb, betont und trennbar;* die Verben mit *da-* werden nach folgendem Muster gebildet: *daliegen - lag da - dagelegen;* drückt aus, dass sich jemand/etwas an einem bestimmten Ort befindet oder an einem Ort, den alle Personen kennen; **jemanden/etwas dabehalten, dalassen; dableiben, dahocken, daliegen, dasitzen, dastehen**

da-², da·r- *+ Präposition* **1** (als Adverb) verwendet, um sich auf ein Substantiv oder einen Satzteil zu beziehen, die man nicht wiederholen will; *ein Projekt planen und die* **dabei** (= bei dem Projekt) *entstehenden Kosten berechnen; Der Clown hat Späße gemacht und* **dadurch** (= durch die Späße) *die Kinder zum Lachen gebracht; Er hat sein Auto verkauft und noch 2000 Euro* **dafür** (= für das Auto) *bekommen; Du bist ja heiser -* **dagegen** (= gegen die Heiserkeit) *hilft warmer Tee; Siehst du den Busch? Die Kinder verstecken sich* **dahinter** (= hinter dem Busch); *Er nahm einen Lappen und putzte* **damit** (= mit dem Lappen) *sein Fahrrad; Jetzt macht sie Abitur und* **danach** (= nach dem Abitur) *will sie studieren; Da drüben ist mein Auto und* **daneben** (= neben meinem Auto) *das von meinem Chef; Er hat eine Gräte verschluckt und wäre fast* **daran** (= an der Gräte) *erstickt; Er kann gut mit Leuten umgehen.* **Darauf** (= auf dieser Fähigkeit) *beruht sein Erfolg; Sie nahm den Becher und trank* **daraus** (= aus dem Becher); *Siehst du das große Haus?* **Darin** (= in diesem Haus) *habe ich viele Jahre gewohnt; Preise von 200 Euro und* **darüber** (= über 200 Euro); *Ihr Finger blutete, und so machte sie einen Verband* **darum** (= um den Finger); *Ich habe Pflaumen gekauft, aber* **darunter** (= unter den Pflaumen) *waren einige schlechte Früchte; Da ist eine Bar und nicht weit* **davon** (= von der Bar) *ist eine Disco; Der Film beginnt um acht Uhr -* **davor** (= vor dem Film) *kommt nur Werbung; Ich koche Reis mit Gemüse* **dazu** (= zu dem Reis); *Am Vormittag finden zwei Vorträge statt.* **Dazwischen** (= zwischen den beiden Vorträgen) *ist eine kleine Pause* **2** (als Adverb) verwendet, um eine verbale Ergänzung anzuschließen (*meist* in Form eines dass-Satzes, eines wie-Satzes oder eines Infinitivsatzes), die eine Konstruktion mit einem Substantiv ersetzt; *jemandem* **dabei** *helfen, die Wohnung zu tapezieren* (= beim Tapezieren der Wohnung); *Ich habe das Problem* **dadurch** *gelöst, dass ich den Termin verschoben habe* (= durch eine Verschiebung des Termins); *einem Freund* **dafür** *danken, dass er geholfen hat* (= für seine Hilfe danken); *Sie protestierten* **dagegen**, *dass in ihrer Nähe ein neuer Flughafen gebaut werden sollte* (= gegen den geplanten Bau); *Er hatte nicht* **damit** *ge-*

rechnet, dass sie noch anrufen würde (= nicht mehr mit einem Anruf von ihr gerechnet); *Sie richtet sich* **danach**, *was in den Vorschriften steht* (= nach den Vorschriften); *Das Projekt wäre fast* **daran** *gescheitert, dass es nicht genug Geld gab* (= an Geldmangel); *Ich habe* **darauf** *gewartet, dass sie so reagiert* (= auf eine solche Reaktion); *Ich mache mir nicht viel* **daraus**, *ins Kino zu gehen* (= aus einem Kinobesuch); *Die Aufgabe besteht* **darin**, *die Fläche des Dreiecks zu berechnen* (= im Berechnen der Fläche des Dreiecks); *Ich habe mich* **darüber** *geärgert, dass mein Vorschlag abgelehnt wurde* (= über die Ablehnung meines Vorschlags); *Es ging ihm* **darum**, *die Produktivität zu steigern* (= um eine Steigerung der Produktivität); *Er leidet sehr* **darunter**, *dass er allein ist* (= unter dem Alleinsein); *Wir haben* **davon** *gesprochen, dass Paul befördert wird* (= von Pauls Beförderung); *Sie hat keine Angst* **davor** *zu sterben* (= keine Angst vor dem Sterben); *Hat er sich* **dazu** *geäußert, wie er das alles organisieren will?* (= zu seinen Plänen für die Organisation) **3** (als Konjunktion) verwendet, um einen Teilsatz einzuleiten, der einen Gegensatz oder eine Einschränkung enthält: *Er ist schon ein Filmstar,* **dabei** *ist er fast noch ein Kind; Mein Bruder steht gern früh auf, ich* **dagegen** *schlafe lieber bis elf Uhr* || Hinweis: das **-r-** wird hinzugefügt, wenn die Präposition mit einem Vokal anfängt: *darum*

da·bei, *betont* **da·bei** B2 **1** ↑ **da-/dar-** + *Präposition* (1,2,3) **2** *Adverb;* **(bei etwas) dabei sein** irgendwo anwesend oder an etwas beteiligt sein: *bei einer Feier dabei sein* **3** **(bei etwas) dabei sein** (zusätzlich) bei etwas vorhanden sein: *Bei dem Medikament war keine Gebrauchsanweisung dabei* || ID **Ich bleibe dabei!** ich ändere meine Meinung nicht

da·bei·blei·ben; *blieb dabei, ist dabeigeblieben;* eine Tätigkeit fortsetzen: *Die Arbeit läuft gut - jetzt müssen wir dabeibleiben*

da·bei·ha·ben; *hatte dabei, hat dabeigehabt; umg;* **jemanden/etwas dabeihaben** von jemandem begleitet werden/etwas bei sich haben: *Hast du deinen Ausweis dabei?*

Dach A2 *das; -(e)s, Dä·cher* **1** die Konstruktion, die ein Gebäude bedeckt ⟨ein flaches, schräges Dach; das Dach decken⟩ || ↑ Illustration **Das Haus** || K- Dachfenster, Dachwohnung, Dachziegel || -K Flachdach, Strohdach, Ziegeldach **2** das Teil, das ein Auto nach oben abschließt || -K Autodach || ID **etwas ist unter Dach und Fach** etwas ist (mit Erfolg) abgeschlossen ⟨ein Vertrag⟩

Dach·bo·den *der; -s, -bö·den;* der nicht bewohnte Raum direkt unter dem (schrägen) Dach eines Gebäudes ≈ Boden², Speicher: *auf dem Dachboden Wäsche trocknen*

Dach·de·cker *der; -s, -;* jemand, der beruflich Dächer mit Ziegeln *o.Ä.* deckt || *hierzu* **Dach·de·cke·rin** *die; -, -nen*

Dach·rin·ne *die; -, -n;* eine Rinne (*meist* aus Blech) am Rand eines Daches, durch die das Regenwasser abfließt

Dachs [daks] *der; -es, -e;* ein Tier mit grauem Fell und schwarzen und weißen Streifen am Kopf, das in Höhlen im Wald lebt

Dach·stuhl *der; -(e)s, -stüh·le;* eine Konstruktion (aus Balken *o.Ä.*), auf der die (Dach)Ziegel befestigt werden

dach·te *Imperfekt, 1. und 3. Person Singular;* ↑ **denken**

Dach·ver·band *der; -(e)s, -bän·de* ein Verband, zu dem sich mehrere Organisationen zusammengeschlossen haben

Da·ckel *der; -s, -;* ein kleiner Hund mit langem Körper und sehr kurzen Beinen || ↑ Abbildung unter **Hunde** || -K Kurzhaardackel, Langhaardackel

da·durch, *betont* **da·durch** *Adverb* **1** ↑ **da-/dar-** + *Präposition* (1,2) **2** **dadurch, dass ...** verwendet, um einen Nebensatz einzuleiten mit dem man das Gesagte begründet ≈ weil *Dadurch, dass sie nicht zum Arzt ging, verschlimmerte sich ihre Krankheit*

da·für, *betont* **da·für** *Adverb* ↑ **da-/dar-** + *Präposition* (1,2)

da·für·kön·nen; *kann dafür, konnte dafür, hat dafürgekonnt;* **jemand kann etwas/nichts dafür (, dass ...)** *umg;* jemand ist an etwas schuld, nicht schuld: *Sie kann nichts dafür, dass sie zu spät gekommen ist; Was kann ich dafür, wenn du morgens nicht aufstehen kannst?* || Hinweis: *meist* verneint oder in Fragen

da·ge·gen, *betont* **da·ge·gen** B2 **1** ↑ **da-/dar-** + *Präposition* (1,2,3) **2** *Adverb; umg;* im Vergleich: *Schau mal, wie dick er ist! Dagegen* (= im Vergleich zu ihm) *bin ich ja noch schlank*

da·ge·gen- *im Verb; betont und trennbar;* Die Verben mit *dagegen-* werden nach folgendem Muster gebildet: *dagegendrücken - drückte dagegen - dagegengedrückt;* gegen die vorher genannte Sache, sodass ein Kontakt entsteht; ⟨die Hand, mit der Hand⟩ **dagegendrücken, dagegenpressen**; ⟨die Leiter⟩ **dagegenlehnen**

da·ge·gen·hal·ten (*hat*) **etwas dagegen-**

halten *förmlich;* eine gegensätzliche Meinung vertreten ≈ einwenden: *Man kann dagegenhalten, dass ...*

da·ha·ben *(hat) umg* **1** **etwas dahaben** etwas (als Vorrat) zur Verfügung haben: *Haben wir noch Wein da?* **2** **jemanden dahaben** jemanden zu Besuch haben: *Wir haben gerade Austauschschüler da*

da·heim B2 *Adverb bes südd;* in der eigenen Wohnung ≈ zu Hause

da·heim·blei·ben; *blieb daheim, ist daheimgeblieben;* zu Hause bleiben, nicht weggehen

da·her B2 ['da:he:ɐ̯, da'he:ɐ̯] *Adverb* **1** aus dem genannten Grund ≈ deshalb: *Sie will abnehmen, daher isst sie so wenig* **2** **(von) daher** von dem erwähnten Ort, von dort: *„Warst du im Konzert?" – „Ja, von daher komme ich gerade"*

da·her- [da'he:ɐ̯-] *im Verb; betont und trennbar; umg;* Die Verben mit *daher-* werden nach folgendem Muster gebildet: *daherkommen - kam daher – dahergekommen* **1** *meist abwertend;* drückt in Verbindung mit Verben des Sagens aus, dass jemand spricht, ohne nachzudenken, oder viel Unsinn redet; **(etwas) daherquatschen, daherreden**; **etwas dahersagen** **2** *Partizip Perfekt +* **kommen** drückt aus, dass eine Bewegung aus einer nicht näher bezeichneten Richtung zum Sprecher oder zu einem Ziel hin verläuft ≈ herbei-; **dahergefahren kommen, dahergeflogen kommen, dahergerollt kommen**

da·her·kom·men *(ist)* sich in Richtung auf den Sprecher zu bewegen ≈ herbeikommen: *Wir warteten noch nicht lange, als schon ein Bus daherkam* || ID *meist* **Wie kommst denn du daher?** *umg;* verwendet, um jemandes Kleidung, Frisur *o.Ä.* zu kritisieren

da·hin A2 *betont* **da·hin** *Adverb* **1** an den genannten Ort, in die genannte Richtung: *Stellen Sie bitte den Stuhl dahin!* || Hinweis: Wenn man auf eine bestimmte Stelle zeigt, verwendet man die betonte Form *dahin* **2** **bis 'dahin** bis zu der genannten Zeit: *Nächste Woche sind die Prüfungen. Bis dahin muss ich noch viel lernen*

da·hin- *im Verb; betont und trennbar;* Die Verben mit *dahin-* werden nach folgendem Muster gebildet: *dahinfließen - floss dahin - dahingeflossen* **1** drückt aus, dass sich jemand/etwas gleichmäßig (und ruhig) bewegt; ⟨ein Fluss, das Wasser⟩ **fließt (ruhig) dahin**; ⟨ein Flugzeug, ein Vogel⟩ **gleitet (ruhig) dahin**; ⟨die Zeit⟩ **kriecht dahin, schleppt sich dahin** **2** *umg, meist abwertend;* drückt aus, dass jemand ohne nachzudenken etwas sagt, das er nicht so meint; **(etwas) (nur so) dahinplappern, dahinreden**; **etwas dahinsagen**

da·hin·ge·stellt *Adverb* **1** **etwas dahingestellt (sein) lassen** einen Sachverhalt nicht näher untersuchen oder diskutieren **2** *meist* **es sei dahingestellt, ob ...** verwendet, um auszudrücken, dass etwas unsicher oder fraglich ist: *Ob man das glauben kann, sei dahingestellt* **3** *meist* **etwas bleibt dahingestellt** etwas kann jetzt nicht entschieden werden: *Wer sein Nachfolger werden wird, bleibt noch dahingestellt*

da·hin·le·ben *(hat)* **irgendwie dahinleben** ein *meist* langweiliges und monotones Leben führen ≈ vor sich hinleben ⟨eintönig dahinleben⟩

da·hin·ten B2 *Adverb* ≈ dort hinten: *Hier habe ich gewohnt, und dahinten ist meine frühere Schule*

da·hin·ter, *betont* **da·hin·ter** *Adverb* ↑ **da-/ /dar-** + *Präposition* (1)

da·hin·ter·kom·men; *kam dahinter, ist dahintergekommen* **1** **dahinterkommen** (, **dass/ wie/wo ...** *usw*) *umg;* etwas, das man nicht wissen soll, herausfinden: *Er ist dahintergekommen, wo der Schlüssel versteckt war* **2** **(jemandem) dahinterkommen** *umg;* etwas Negatives über jemanden herausfinden: *Er hat sie angelogen, aber sie ist (ihm) dahintergekommen*

da·hin·ter·ste·cken; *steckte dahinter, hat dahintergesteckt* **jemand/etwas steckt dahinter** *umg;* jemand ist der Urheber von etwas/etwas ist der Grund für etwas: *Ich bekomme ständig anonyme Anrufe. Wer kann nur dahinterstecken?* || ID *meist* **Da steckt nichts/nicht viel dahinter** *umg;* etwas ist in Wirklichkeit nicht so wichtig

da·hin·ter·ste·hen; *stand dahinter, hat/südd Ⓐ Ⓒⓗ ist dahintergestanden* **1** für einen Plan oder Vorschlag sein und ihn (öffentlich) unterstützen: *Das neue Gesetz ist umstritten, aber die meisten stehen dahinter* **2** **etwas steht dahinter** etwas ist der Grund für etwas (schon Erwähntes): *Es steht doch eine bestimmte Absicht dahinter!*

Dah·lie ['da:li̯ə] *die; -, -n;* eine große Blume (im Garten), die im Herbst viele große, bunte Blüten hat

da·las·sen *(hat)* **jemanden/etwas dalassen** *umg;* jemanden/etwas an einem bestimmten Ort (vorübergehend) zurücklassen: *Lass die Kinder da, ich passe schon auf sie auf; Du kannst deine Sachen ruhig dalassen*

da·ma·li·g- *Adjektiv; nur vor dem Substantiv, nicht als Adverb;* in der Vergangenheit ≈ früher- ↔ jetzig-: *mein damaliger Freund*

da·mals B1 *Adverb;* verwendet, um sich auf ein Geschehen in der Vergangenheit zu beziehen: *Als damals die Schule brannte, hatten wir schulfrei*

Da·mast *der; -(e)s; nur Singular;* ein teurer Stoff mit einem glänzenden Muster in derselben Farbe || K- Damastdecke, Damastserviette, Damasttuch

Da·me B1 *die; -, -n* **1** verwendet als höfliche Anrede oder Bezeichnung für eine (vornehme) Frau ↔ Herr: *Eine ältere Dame wartet auf Sie* || K- Damen(fahr)rad, Damenmode **2** eine wichtige Figur im Schachspiel || ↑ Abbildung unter **Schachfiguren** **3** eine Spielkarte, auf der eine Frau abgebildet ist (und deren Wert zwischen König und Bube liegt) || ↑ Abbildung unter **Spielkarten** || -K Herzdame, Karodame, Kreuzdame, Pikdame || ID **sehr geehrte Damen und Herren** eine höfliche, neutrale Anrede in einem offiziellen Brief

Da·men·bin·de *die; -, -n* ≈ Binde (2)

da·men·haft *Adjektiv;* einer vornehmen Dame entsprechend, wie eine Dame (wirkend): *Ihr neues Kleid ist betont damenhaft*

da·mit[1], *betont* **da·mit** A2 *Adverb* **1** ↑ **da-/dar-** + *Präposition* (1,2) **2** *betont;* drückt aus, dass etwas die Folge von etwas ist ≈ darum: *Er spielt sehr gut Fußball und hat damit die Chance, Profi zu werden*

da·mit[2] A2 *Konjunktion;* verwendet, um das Ziel oder den Zweck einer Handlung anzugeben: *Lass uns rechtzeitig gehen, damit wir den Zug nicht verpassen*

▶ **damit / um zu ...**

Mit **damit** und **um zu** werden Nebensätze eingeleitet, die den Zweck oder das Ziel einer Handlung nennen:
Mach bitte das Fenster auf, damit frische Luft hereinkommt.
Sie beeilte sich, damit sie rechtzeitig fertig wurde.

Auf **um zu** folgt immer der Infinitiv, und Haupt- und Nebensatz haben das gleiche Subjekt:
Sie beeilte sich, um rechtzeitig fertig zu werden.
Er strengt sich an, um gute Noten zu bekommen.

SPRACHE LERNEN

Damm *der; -(e)s, Däm·me;* eine Art Mauer (aus Erde, Holz, Beton *o.Ä.*), mit der man Wasser staut ⟨einen Damm bauen⟩ || K- Dammbruch || -K Staudamm || ID **nicht (ganz) auf dem Damm sein** *umg;* sich (leicht) krank fühlen

däm·men; *dämmte, hat gedämmt* **1** **etwas dämmen** *förmlich;* Wasser durch einen Damm zurückhalten ≈ eindämmen ⟨die Fluten, das Wasser dämmen⟩ **2** **etwas dämmt (etwas)** etwas bildet eine schützende Schicht und verringert so die Wirkung von etwas ≈ etwas dämpft (etwas): *das Dach innen mit Schaumstoff verkleiden, um die Wärme zu dämmen* || K- Dämmmaterial

däm·mern; *dämmerte, hat gedämmert* **1** **der Morgen/der Tag/es dämmert** es wird hell **2** **der Abend/es dämmert** es wird dunkel **3** **vor sich** *(Akkusativ)* **hin dämmern** in einem Zustand zwischen Wachen und Schlafen sein ≈ dösen || K- Dämmerschlaf, Dämmerzustand **4** **etwas dämmert jemandem** *umg;* (der Grund für) etwas wird jemandem allmählich klar: *Jetzt dämmert (es) mir, warum er den Schlüssel wollte*

Däm·me·rung *die; -; nur Singular* **1** die Zeit am Abend, in der es langsam dunkel wird ⟨in der Dämmerung; bei Einbruch der Dämmerung⟩ || -K Abenddämmerung **2** die Zeit am frühen Morgen, wenn es hell wird (bevor die Sonne aufgeht) || -K Morgendämmerung

dämm·rig *Adjektiv; nicht als Adverb;* (nur) wenig hell ≈ halbdunkel: *In den Kirchen ist das Licht oft dämmrig*

Dä·mon *der; -s, Dä·mo·nen;* ein Wesen, das die Macht des Bösen verkörpert, *oft* eine Art Teufel || *hierzu* **dä·mo·nisch** *Adjektiv*

Dampf *der; -(e)s, Dämp·fe* **1** die heiße, feuchte Luft, die beim Erhitzen von Wasser entsteht: *Durch den Dampf sind die Küchenfenster beschlagen* || K- Dampfbügeleisen, Dampflokomotive, Dampfkraft, Dampfmaschine, Dampfschiff || -K Wasserdampf **2** *nur Plural;* die Gase, die bei chemischen Prozessen entstehen ⟨chemische, giftige Dämpfe⟩

damp·fen; *dampfte, hat gedampft;* **etwas dampft** etwas ist so heiß, dass Dampf entsteht: *Die heiße Suppe dampft auf dem Tisch*

dämp·fen; *dämpfte, hat gedämpft;* **etwas dämpft etwas** etwas macht etwas schwächer ≈ etwas schwächt etwas ab ⟨etwas dämpft den Schall, jemandes Optimismus⟩: *Das schlechte Wetter dämpfte ihre Freude* || *hierzu* **Dämp·fung** *die; -, -en*

Damp·fer *der; -s, -;* ein *meist* relativ großes Schiff, das mit Dampfkraft angetrieben wird || K- Dampferfahrt || -K Flussdampfer || ID **auf**

dem falschen Dampfer sein/sitzen *umg;* etwas völlig falsch verstanden oder eingeschätzt haben

Dämp·fer *der; -s, -;* ein Gegenstand, der Geräuschen oder Stößen ihre Intensität nimmt || [K] Schalldämpfer, Stoßdämpfer || [ID] **einen Dämpfer bekommen** *umg;* (*meist* in einem Gefühl der Freude oder des Stolzes) ein negatives Erlebnis haben

da·nach, *betont* **da·nach** [A2] *Adverb* ↑ **da-/dar-** + *Präposition* (1,2)

da·ne·ben, *betont* **da·ne·ben** *Adverb* ↑ **da-/ /dar-** + *Präposition* (1)

da·ne·ben- *im Verb; betont und trennbar;* Die Verben mit *daneben-* werden nach folgendem Muster gebildet: *danebenfallen - fiel daneben - danebengefallen;* drückt aus, dass ein geplantes Ziel nicht erreicht wird ≈ vorbei-; **etwas fällt daneben; danebenschießen, danebenschlagen, danebenwerfen**

da·ne·ben·ge·hen *(ist)* **1** **etwas geht daneben** etwas trifft das Ziel nicht ⟨ein Schlag, ein Schuss⟩ **2** **etwas geht daneben** *umg;* etwas verläuft nicht so, wie man es erwartet hat ≈ etwas misslingt: *Die Prüfung ist völlig danebengegangen*

da·ne·ben·lie·gen *(hat)* **1** **jemand/etwas liegt daneben** jemand/etwas liegt neben der genannten Person oder Sache **2** **(mit etwas) danebenliegen** *umg;* etwas falsch einschätzen oder beurteilen: *Mit dieser Meinung liegst du völlig daneben*

dank [B2] *Präposition; mit Genitiv/Dativ;* verwendet, um den Grund für etwas *meist* Positives anzugeben ≈ aufgrund: *Sie konnte das Problem dank ihrer Erfahrung lösen*

Dank [B2] *der; -(e)s; nur Singular;* **der Dank (für etwas)** das Gefühl, das man hat, oder die Worte, die man sagt, wenn man von jemandem Hilfe *o.Ä.* bekommt ⟨jemandem seinen Dank ausdrücken, aussprechen; Besten/Herzlichen/Schönen/Vielen Dank!⟩: *Haben Sie vielen Dank für Ihre Hilfe!* || [K] Dankschreiben; Dankesworte || [ID] **als/zum Dank** um zu zeigen, dass man dankbar ist: *Sie lud ihn zum Dank für seine Hilfe zum Abendessen ein*

dank·bar *Adjektiv* **1** **(jemandem) (für etwas) dankbar** voll Dank ⟨sich jemandem dankbar zeigen⟩: *Ich bin Ihnen für Ihre Hilfe sehr dankbar* **2** *nicht als Adverb;* ⟨eine Arbeit, eine Aufgabe⟩ so, dass man sie leicht ausführen kann ≈ lohnend || *zu* 1 **Dank·bar·keit** *die; -; nur Singular*

dan·ke *Partikel* **1** **danke (für etwas)** verwendet, um auszudrücken, dass jemand glücklich über das ist, was er bekommen hat ⟨(jemandem) Danke/danke sagen; Danke sehr/schön!⟩: *Danke für das Geschenk!; Danke (dafür), dass du mich nicht verraten hast* **2** **(nein) danke** verwendet, um eine Einladung oder ein Angebot höflich abzulehnen: *„Möchten Sie noch Tee?" – „Nein danke!"* **3** **(ja) danke** verwendet, um eine Einladung oder ein Angebot höflich anzunehmen ≈ ja bitte: *„Kann ich dir helfen?" – „Ja danke!"*

dan·ken [A2] *dankte, hat gedankt;* **jemandem (etwas) danken** jemandem zeigen, dass man ihm für etwas dankbar ist ⟨jemandem herzlich, von ganzem Herzen danken⟩: *Kein Mensch dankte (es) ihr, dass sie sich solche Mühe gemacht hatte*

dan·kens·wert *Adjektiv; nicht als Adverb; förmlich;* so, dass es Dank verdient: *der dankenswerte Einsatz des Roten Kreuzes im Katastrophengebiet* || *hierzu* **dan·kens·wer·ter·wei·se** *Adverb*

Dan·ke·schön *das; -s; nur Singular;* ein Geschenk oder die Worte, mit denen man jemandem zeigt, wie dankbar man für etwas ist: *Ich möchte Ihnen für Ihre Hilfe ein herzliches Dankeschön sagen* || Hinweis: aber: *Danke schön!* (getrennt geschrieben)

Dank·sa·gung *die; -, -en;* eine (gedruckte) Karte oder ein Inserat in der Zeitung, mit denen man sich *z.B.* für das Mitgefühl bei einem Todesfall bedankt ⟨Danksagungen verschicken⟩

dann [A2] *Adverb* **1** zeitlich nach dem Erwähnten ≈ danach, später: *Wir sind zuerst zum Essen und dann ins Kino gegangen* **2** zu dem genannten Zeitpunkt (in der Zukunft): *Er darf erst dann aufstehen, wenn er wieder gesund ist* **3** (in einer Rangfolge) hinter der erwähnten Person oder Sache: *Am liebsten sind mir Kartoffeln, dann Nudeln und dann erst Reis* **4** **dann und wann** ≈ manchmal, ab und zu

da·ran, *betont* **da·ran** *Adverb* ↑ **da-/dar-** + *Präposition* (1,2)

da·ran·ge·hen; *ging daran, ist darangegangen;* **darangehen + zu** + *Infinitiv* mit etwas anfangen: *Wir sollten allmählich darangehen, einen Arbeitsplan zu entwerfen*

da·ran·ma·chen, sich; *machte sich daran, hat sich darangemacht;* **sich daranmachen (+ zu** + *Infinitiv*) *umg;* mit etwas anfangen ≈ darangehen: *Ich habe mich endlich darangemacht, mein Zimmer aufzuräumen*

da·ran·set·zen; *setzte daran, hat darangesetzt;*

meist **alles daransetzen + zu** + *Infinitiv* mit Energie versuchen, das Ziel zu erreichen: *Er hat alles darangesetzt, den Job zu bekommen*

da·rauf, *betont* **da·rauf** *Adverb* **1** ↑ **da-/dar-** + *Präposition* (1,2) **2** **darauf folgend** zeitlich oder in einer Reihenfolge unmittelbar danach ≈ nächst- ↔ vorausgehend-: *Der darauf folgende Tag war ein Sonntag*

da·rauf·fol·gen·d- ↑ **darauf** (2)

da·rauf·hin, *betont* **da·rauf·hin** *Adverb;* als Konsequenz, Reaktion auf etwas ≈ deshalb: *Es gab einen Streit. Daraufhin verließen alle Gäste die Feier*

da·raus, *betont* **da·raus** *Adverb* ↑ **da-/dar-** + *Präposition* (1,2)

dar·bie·ten; *bietet dar, bot dar, hat dargeboten* **1** **(jemandem) etwas darbieten** etwas in der Öffentlichkeit vorführen: *Bei dem Fest wurden verschiedene Sketche dargeboten* **2** **etwas irgendwie darbieten** etwas irgendwie beschreiben, darstellen: *ein Thema interessant darbieten* **3** **(jemandem) etwas darbieten** jemandem etwas *meist* Essbares (oft in besonderer Weise) anbieten: *Den Gästen wurden verschiedene Delikatessen dargeboten* || *hierzu* **Dar·bie·tung** *die;* -, -en

darf *Präsens, 1. und 3. Person Singular;* ↑ **dürfen**

da·rin, *betont* **da·rin** *Adverb* ↑ **da-/dar-** + *Präposition* (1,2)

dar·le·gen *(hat)* **(jemandem) etwas darlegen** (jemandem) etwas genau beschreiben und erklären ≈ erläutern ⟨seine Gründe darlegen; etwas schriftlich darlegen⟩ || *hierzu* **Dar·le·gung** *die;* -, -en

Dar·le·hen [-le:(ə)n] *das;* -s, -; eine Summe, die jemand *z.B.* von einer Bank bekommt und die er (*meist* mit Zinsen) später zurückzahlen muss ≈ Kredit ⟨ein hohes Darlehen; ein Darlehen aufnehmen, zurückzahlen⟩ || K- Darlehensvertrag, Darlehenszins || -K Wohnungsbaudarlehen

Darm *der;* -(e)s, *Där·me;* ein Organ, das aussieht wie ein langer Schlauch und (im Bauch) zur Verdauung dient || -K Dickdarm, Dünndarm

Darm·flo·ra *die;* -; *nur Singular;* die Bakterien *o.Ä.*, die im Darm leben und die die Verdauung bewirken ⟨eine gesunde Darmflora⟩

dar·stel·len *(hat)* **1** **etwas stellt jemanden/etwas dar** ein Bild *o.Ä.* zeigt jemanden/etwas: *Dieses Ölbild stellt Adam und Eva dar* **2** **jemanden/etwas irgendwie darstellen** jemanden/etwas auf die genannte Weise beschreiben, erklären oder abbilden ≈ schildern: *eine These verständlich darstellen; die Ergebnisse grafisch darstellen* **3** **jemanden darstellen** (als Schauspieler) eine Rolle auf der Bühne spielen: *den Hamlet darstellen* **4** **etwas stellt etwas dar** etwas ist, bedeutet etwas ⟨etwas stellt einen Fehler, eine Katastrophe, ein Problem dar⟩ **5** **etwas stellt sich (jemandem) irgendwie dar** etwas macht den Eindruck, irgendwie zu sein: *Das Problem stellt sich (mir) komplizierter dar, als ich dachte* || *zu* 1-3 **Dar·stellung** *die;* -, -en

Dar·stel·ler *der;* -s, -; jemand, der im Theater oder Film spielt ≈ Schauspieler || -K Hauptdarsteller, Nebendarsteller || *hierzu* **Dar·stel·le·rin** *die;* -, -nen; **dar·stel·le·risch** *Adjektiv*

da·rü·ber, *betont* **da·rü·ber** *Adverb* **1** ↑ **da-/dar-** + *Präposition* (1,2) **2** ≈ dabei, währenddessen: *Ich habe ein Buch gelesen und bin darüber eingeschlafen*

da·rüber·ste·hen; *stand darüber, hat/südd* Ⓐ Ⓒⓗ *ist darübergestanden;* sich durch etwas nicht ärgern oder stören lassen: *Kritik macht ihr nichts aus. Sie steht wirklich darüber*

da·rum, *betont* **da·rum** B1 *Adverb* **1** ↑ **da-/dar-** + *Präposition* (1,2) **2** ≈ deshalb, daher: *Sie war krank. Darum konnte sie nicht kommen*

da·run·ter, *betont* **da·run·ter** *Adverb* ↑ **da-/dar-** + *Präposition* (1,2)

da·run·ter·fal·len; *fällt darunter, fiel darunter, ist daruntergefallen;* **jemand/etwas fällt darunter** jemand/etwas ist zu der genannten Gruppe oder Kategorie zu zählen: *Die Preise für verschiedene Lebensmittel sind gestiegen. Fleisch fällt auch darunter*

dar·un·ter·lie·gen; *lag darunter, hat/südd* Ⓐ Ⓒⓗ *ist daruntergelegen;* **jemand/etwas liegt darunter** jemandes Leistung/etwas ist unter dem genannten Maß, Niveau, Wert *o.Ä.*

das A1 ↑ **der**[1,2,3]

Da·sein *das;* -s; *nur Singular; förmlich;* das Leben, die Existenz des Menschen ⟨ein kümmerliches Dasein führen⟩: *Sein ganzes Dasein war bestimmt von der Musik* || K- Daseinszweck

da·sit·zen *(hat/südd* Ⓐ Ⓒⓗ *ist)* **1** (am bekannten Ort) sitzen: *Sie saß nur so da und starrte in die Luft* **2** **(mit jemandem/etwas) dasitzen** *umg* in einer (*meist* finanziell) schlechten Situation sein ⟨allein dasitzen⟩: *Ihr Mann hat sie verlassen. Nun sitzt sie mit drei kleinen Kindern da*

das·je·ni·ge ↑ **derjenige**

dass A2 *Konjunktion* **1** leitet einen Nebensatz ein, der ein Subjekt oder Objekt im Hauptsatz vertritt: *Dass ich dich beleidigt habe, tut mir* *leid* **2** leitet einen Nebensatz ein, der ein präpositionales Objekt ersetzt: *Ich erinnere mich, dass sie ganz rote Haare hatte* **3** leitet einen Nebensatz ein, der ein Attribut ist: *Er war von seiner Überzeugung, dass alles noch klappen würde, nicht abzubringen* **4** verwendet in Verbindung mit bestimmten Adverbien, Konjunktionen, Partizipien oder Präpositionen ⟨als dass; (an)statt dass; außer dass; bis dass; kaum dass; nicht dass; nur dass; ohne dass; so, dass; angenommen, dass⟩ || Hinweis: Die flektierte Verbform steht immer am Ende des Satzes

D

das·sẹl·be ↑ **derselbe**

da̱·ste·hen *(hat/südd Ⓐ Ⓒⓗ ist)* **1** (am bekannten Ort) stehen: *Er stand ruhig da und schaute aus dem Fenster* **2** **irgendwie dastehen** *umg;* sich in einer bestimmten *(meist* persönlichen) Situation befinden ⟨allein, gut dastehen⟩: *Seit der Erbschaft steht er finanziell glänzend da* || Hinweis: aber: *Die Vase soll da stehen, nämlich auf dem Klavier* (getrennt geschrieben)

Da·te̱i A1 *die; -, -en; bes Informatik;* eine Sammlung von Daten² (2), die nach verschiedenen Kriterien geordnet (und gespeichert) werden ⟨eine Datei erstellen, abspeichern⟩

Da̱·ten¹ B1 *Plural;* ↑ **Datum**

Da̱·ten² B1 *die; -; Plural* **1** die Fakten oder Informationen, die man durch Messungen, Experimente *o.Ä.* gewinnt und in Zahlen ausdrückt ≈ Angaben ⟨technische, statistische Daten⟩: *die neuesten Daten zur Arbeitslosigkeit* **2** *Informatik;* Fakten und Zahlen, die in einem Computer gespeichert werden ⟨Daten eingeben, speichern, abrufen⟩ || K- Datensicherung, Datenverarbeitung **3** **jemandes persönliche Daten** die Angaben über Alter, Beruf, Verdienst *o.Ä.* einer Person

Da̱·ten·bank *die; -, -en; Informatik;* eine große Sammlung von Daten² *(meist* in einem Computer), die nach verschiedenen Kriterien organisiert sind

Da̱·ten·miss·brauch *der; -(e)s; nur Singular;* die unerlaubte Weitergabe von jemandes persönlichen Daten²

Da̱·ten·schutz *der; -es; nur Singular;* der Schutz des Einzelnen davor, dass seine persönlichen Daten² weitergegeben werden || K- Datenschutzgesetz

Da̱·ten·trä·ger *der; -s, -;* etwas, worauf Daten² *bes* für einen Computer gespeichert werden *(z.B.* eine CD)

da·ti̱e·ren; *datierte, hat datiert* **1** **etwas datieren** (als Experte) die Zeit bestimmen, in der etwas entstanden ist ⟨ein Kunstwerk datieren⟩: *Die Archäologen datierten das Grab auf etwa 500 v. Chr.* **2** **etwas datieren** das Datum auf etwas schreiben ⟨einen Brief, eine Rechnung datieren⟩ || *hierzu* **Da·ti̱e·rung** *die; -, -en*

Da̱·tiv B1 [-f] *der; -s, -e; Sprachwissenschaft;* der Kasus, in dem das Objekt steht, nach dem man mit „wem oder was?" fragt ≈ dritter Fall ⟨etwas steht im Dativ⟩: *Die Präpositionen „seit" fordert den Dativ: seit dem letzten Jahr* || K- Dativobjekt

Dạt·tel *die; -, -n;* eine süße, braune Frucht (mit einem länglichen Kern), die an einer Palme wächst || K- Dattelpalme

Da̱·tum A2 *das; -s, Da·ten* **1** die Angabe eines Tages (und Monats und Jahres) nach dem Kalender: *„Welches Datum haben wir heute?" – „Den vierten März./Den Vierten."* || -K Geburtsdatum **2** ein Zeitpunkt, zu dem *meist* etwas Besonderes geschieht ⟨ein historisches Datum⟩

Das Datum

Anders als in vielen anderen Ländern wird beim Datum in den deutschsprachigen Ländern zuerst der Tag und dann der Monat genannt. So ist der 3.2. der dritte Februar.

LANDESKUNDE

Da̱u·er *die; -; nur Singular;* ein (längerer) Zeitraum, in dem etwas gültig ist oder geschieht: *für die Dauer von drei Jahren* || -K Aufenthaltsdauer

Da̱u·er- *im Substantiv;* so, dass etwas für lange Zeit existiert oder jemand etwas lange Zeit tut; die **Dauerarbeitslosigkeit**, die **Dauerbehandlung**, der **Dauererfolg**, der **Dauermieter**, der **Dauerregen**

Da̱u·er·auf·trag *der; -(e)s, -trä·ge;* der Auftrag eines Kunden an seine Bank, regelmäßig Geldbeträge *(z.B.* für die Miete) von seinem Konto auf ein anderes zu überweisen ⟨einen Dauerauftrag einrichten, kündigen⟩ || Hinweis: ↑ **Einzugsermächtigung**

Da̱u·er·bren·ner *der; -s, -; umg;* etwas, das sehr lange aktuell und erfolgreich ist *(z.B.* ein Film, ein Buch oder ein Musikstück)

da̱u·er·haft *Adjektiv* **1** ⟨eine Freundschaft, eine Lösung, ein Friede⟩ so (beschaffen), dass sie lange halten oder existieren ≈ beständig **2** fest und haltbar ⟨Materialien⟩

da̱u·ern A2 *dauerte, hat gedauert* **1** **etwas**

dauert + *Zeitangabe* etwas findet in der gesamten genannten Zeit statt: *Sein Auftritt dauerte eine Stunde* **2** **es dauert** + *Zeitangabe* (, **bis ...**) die genannte Zeit ist für etwas erforderlich: *Wie lange dauert es noch, bis du fertig bist?*

dau·ernd B2 *Adjektiv; nur vor dem Substantiv oder als Adverb, ohne Steigerung;* häufig ≈ ständig ↔ selten: *Ihre dauernden Klagen sind nicht mehr zu ertragen; Dauernd macht er Fehler*

Dau·er·wel·le *die; -, -n;* Wellen im Haar oder Locken, die mit chemischen Mitteln längere Zeit halten ⟨eine leichte, starke Dauerwelle; jemandem eine Dauerwelle machen⟩

Dau·er·zu·stand *der; -(e)s; nur Singular;* ein *meist* unangenehmer Zustand, dessen Ende nicht vorherzusehen ist: *Diese unerträgliche Situation darf nicht zum Dauerzustand werden*

Dau·men *der; -s, -;* der kurze, kräftigste Finger der Hand, den man gegen die anderen vier Finger drücken kann || ↑ Abbildung unter **Hand** || K- Daumennagel || ID **jemandem den/die Daumen halten/drücken** *umg;* mit jemandem hoffen, dass er Glück hat

Dau·ne *die; -, -n;* eine der weichen, kleinen Federn, die Enten und Gänse vor Kälte schützen. Mit Daunen füllt man *z.B.* Kissen || K- Daunendecke, Daunenjacke

da·von, *betont* **da·von** *Adverb* ↑ **da-/dar-** + *Präposition* (1,2)

da·von- *im Verb; betont und trennbar;* Die Verben mit *davon-* werden nach folgendem Muster gebildet: *davoneilen - eilte davon - davongeeilt;* drückt aus, dass eine Bewegung von einem Ort weg verläuft ≈ fort-, weg- ↔ heran-, herbei-; **davonfahren, davonfliegen, davonlaufen, davonrennen; jemanden/ein Tier davonjagen, davontreiben**

da·von·kom·men *(ist)* **(mit etwas) davonkommen** in einer gefährlichen Situation Glück haben und kaum Schaden erleiden ⟨mit dem Schrecken davonkommen⟩: *bei einem Unfall mit ein paar Kratzern davonkommen; Er ist noch einmal davongekommen!*

da·von·tra·gen *(hat)* **1** **jemanden/etwas davontragen** jemanden/etwas von einem Ort wegbringen und dabei tragen: *Der Fluss trug mein Papierschiffchen davon* **2** **etwas davontragen** *förmlich;* etwas Negatives als Folge von etwas erleiden ≈ sich *(Dativ)* etwas zuziehen ⟨eine Verletzung, einen Schaden davontragen⟩ **3** **den Sieg davontragen** *förmlich* ≈ siegen

da·vor, *betont* **da·vor** B1 *Adverb* ↑ **da-/dar-** + *Präposition* (1,2)

da·vor·ste·hen; *stand davor, hat/südd* (A) (CH) *ist davorgestanden* **1** vor jemandem/etwas stehen: *Als ich die Tür öffnete, stand Klaus davor* **2** kurz vor dem genannten Zeitpunkt, Ereignis sein: *„Wann macht eure Tochter Abitur?" - „Sie steht kurz davor."*

DAX® [daks] *der; -; nur Singular;* (D) *Wirtschaft; (Kurzwort für* Deutscher Aktienindex*)* eine Zahl, die den Durchschnitt des Preises der 30 wichtigsten deutschen Aktien angibt ⟨der DAX steigt, fällt⟩

da·zu, *betont* **da·zu** *Adverb* **1** ↑ **da-/dar-** + *Präposition* (1,2) **2** ≈ außerdem: *Sie isst am liebsten Rouladen und dazu Kartoffeln*

da·zu- *im Verb; betont und trennbar;* Die Verben mit *dazu-* werden nach folgendem Muster gebildet: *dazuschreiben - schrieb dazu - dazugeschrieben;* drückt aus, dass eine Gruppe, Menge, Zahl *o.Ä.* dadurch größer wird; **jemanden/etwas dazubekommen; (jemandem) etwas dazugeben; (etwas) dazulernen; etwas dazuschreiben; sich** *(Dativ)* **(etwas) dazuverdienen**

da·zu·ge·hö·ren; *(hat)* **zu jemandem/etwas dazugehören** Teil eines Ganzen, einer Gruppe sein: *Er verkauft seine Angel und alles, was dazugehört*

da·zu·kom·men *(ist)* **(gerade) dazukommen (, als ...)** (zufällig) an einem Ort erscheinen, an dem gerade etwas passiert: *Ich kam gerade dazu, als er den Unfall hatte* || Hinweis: aber: *dazu kommen* (getrennt geschrieben), *etwas zu tun* (= Zeit haben, etwas zu tun)

da·zu·mal *Adverb;* **(anno) dazumal** ≈ damals

Da·zu·tun *nur in* **ohne jemandes Dazutun** ohne jemandes Hilfe oder Einfluss: *Ohne mein Dazutun hätte er die Stelle nie bekommen*

da·zwi·schen, *betont* **da·zwi·schen** *Adverb* ↑ **da-/dar-** + *Präposition* (1)

da·zwi·schen- *im Verb; betont und trennbar;* Die Verben mit *dazwischen-* werden nach folgendem Muster gebildet: *dazwischenrufen - rief dazwischen - dazwischengerufen* **1** drückt aus, dass jemand/etwas räumlich zwischen andere Personen/Dinge gelangt; **etwas (irgendwo) dazwischenlegen, dazwischenschieben; jemand/etwas liegt, sitzt, steht (irgendwo) dazwischen** **2** drückt aus, dass eine Handlung, ein Zustand *o.Ä.* unterbrochen oder gestört wird; **(etwas) dazwischenfragen, dazwischenreden, dazwischenrufen**

D

D

da·zwi̤·schen·kom·men *(ist)* **etwas kommt (jemandem) dazwischen** etwas ereignet sich unerwartet und hindert jemanden, etwas zu tun: *Wenn (mir) nichts dazwischenkommt, bin ich um 6 Uhr zu Hause*

da·zwi̤·schen·tre·ten *(ist) bes* in einen Streit eingreifen, um ihn zu beenden: *Als sich die Diskussion zu einem Streit entwickelte, musste ich dazwischentreten*

DB [de'be:] *die; -; nur Singular* **1** *Kurzwort für* Deutsche Bundesbahn (bis 1993) **2** *Kurzwort für* Deutsche Bahn AG (ab 1994) || Hinweis: ↑ **Bahn²** (2)

DDR [de(:)de(:)'|ɛr] *die; -; nur Singular; historisch; (Abkürzung für* Deutsche Demokratische Republik) einer der beiden deutschen Staaten (von 1949 bis 1990) || K- DDR-Bürger

Deal [di:l] *der; -s, -s; umg;* eine (geschäftliche) Vereinbarung ≈ Handel ⟨mit jemandem einen Deal machen⟩

Dea·ler ['di:lɐ] *der; -s, -;* jemand, der illegal mit Rauschgift handelt || *hierzu* **dea·len** *(hat);* **Dea·le·rin** *die; -, -nen*

De·ba·kel *das; -s, -; förmlich;* ein großer Misserfolg ⟨ein Debakel erleiden⟩

De·bạt·te *die; -, -n;* **eine Debatte (über etwas** *(Akkusativ)***)** eine *(meist* öffentliche) Diskussion über Probleme ⟨eine heftige Debatte⟩: *Zwischen Regierung und Opposition kam es zu einer hitzigen Debatte über die Pläne für die Steuerreform* || -K Parlamentsdebatte || *hierzu* **de·bat·tie·ren** *(hat)*

De·büt [de'by:] *das; -s, -s;* der erste Auftritt eines Künstlers, Sportlers oder Politikers vor einem (relativ großen) Publikum ⟨sein Debüt geben⟩: *Das Debüt der jungen Opernsängerin war ein großer Erfolg*

Dẹck *das; -(e)s, -s* **1** die waagerechte Fläche, die den Innenraum eines Schiffs nach oben abschließt ⟨auf/an, unter Deck sein; an, unter Deck gehen⟩: *sich auf dem/an Deck sonnen* || -K Sonnendeck **2** eine Art Stockwerk auf einem großen Schiff: *Der Speisesaal befindet sich im mittleren Deck* || -K Oberdeck, Unterdeck; Passagierdeck

Dẹ·cke¹ *die; -, -n* **1** ein großes (rechteckiges) Stück Stoff, mit dem man den Körper schützt und wärmt ⟨jemanden/sich mit einer Decke zudecken; unter die Decke kriechen⟩ || -K Bettdecke, Wolldecke **2** eine Schicht, die über etwas *(bes* einer waagrechten Fläche) liegt: *Am Morgen lag eine weiße Decke (Schnee) über/auf der Wiese* || -K Eisdecke, Schneedecke, Straßendecke || ID **mit jemandem unter einer Decke stecken** *umg;* mit jemandem gemeinsame Pläne *(oft* zum Nachteil anderer) haben

Dẹ·cke² *die; -, -n;* die Fläche, die ein Zimmer nach oben begrenzt || ↑ Illustration **Im Wohnzimmer** || -K Betondecke, Holzdecke; Zimmerdecke

Dẹ·ckel B1 *der; -s, -;* der (obere) Teil, mit dem man etwas (ver)schließt || -K Flaschendeckel, Kofferdeckel, Topfdeckel; Schraubdeckel

Deckel

dẹ·cken; *deckte, hat gedeckt* **1** **etwas decken** die Dinge auf den Tisch legen und stellen, die man für eine Mahlzeit braucht ⟨den Tisch decken⟩: *für drei Personen decken; Deck bitte tiefe Teller, es gibt Suppe* **2** **ein Dach decken** Ziegel *o.Ä.* auf das Dach eines Hauses legen, damit es dicht wird **3** **etwas auf/über jemanden/etwas decken** etwas zum Schutz über jemanden/etwas legen: *gegen den Frost Zweige auf ein Beet decken* **4** **etwas decken** dafür sorgen, dass genug von einer Ware vorhanden ist ⟨den Bedarf (an etwas *(Dativ)*), die Nachfrage (nach etwas *(Dativ)*) decken⟩ **5** **jemanden/etwas decken** (durch Lügen *o.Ä.*) verhindern, dass etwas Verbotenes entdeckt oder jemand bestraft wird **6** **(jemanden) decken** *Sport;* in der Nähe eines Spielers der anderen Mannschaft bleiben, damit er den Ball nicht bekommt oder kein Tor, keinen Punkt erzielt **7** **ein Tier deckt ein Tier** ein männliches Tier befruchtet ein weibliches Tier: *eine Stute decken lassen* || K- Deckhengst **8** **etwas deckt sich mit etwas**; ⟨Ansichten, Aussagen, Meinungen *o.Ä.*⟩ **decken sich** die Ansichten, Aussagen *usw* verschiedener Leute sind gleich

Dẹck·man·tel *der; -s, -män·tel; meist in* **unter dem Deckmantel** + *Genitiv*/**von etwas** eine Person mit kriminellen Absichten handelt so, dass man glaubt, sie tue etwas Gutes: *Unter dem Deckmantel der Entwicklungshilfe hat er Millionen verdient*

De·ckung *die; -, -en; meist Singular* **1** der Schutz, den man sucht, um nicht gesehen oder von etwas getroffen zu werden ⟨in Deckung gehen; jemandem Deckung geben⟩: *hinter einem Felsen vor Schüssen Deckung suchen* || -K Rückendeckung **2** das Bezahlen einer Schuld, der Ausgleich für einen Schaden *o.Ä.*: *Die Versicherung übernimmt die Deckung des Unfallschadens in voller Höhe* || K- Deckungsauflage, Deckungssumme **3** das Decken (4) || -K Bedarfsdeckung **4** *Sport*; das Decken (6)

de·fẹkt B2 *Adjektiv; ohne Steigerung, nicht als Adverb;* (auf technische Geräte angewendet) nicht in Ordnung ≈ kaputt ↔ intakt: *eine defekte elektrische Leitung* || *hierzu* **De·fẹkt** *der; -(e)s, -e*

de·fen·siv [-f] *Adjektiv* **1** nicht zum Angriff, sondern zur Verteidigung bestimmt ↔ offensiv ⟨eine Strategie, Waffen⟩ **2** mit Rücksicht auf andere ≈ rücksichtsvoll ⟨ein defensiver Autofahrer⟩

De·fen·si·ve [-və] *die; -; nur Singular;* eine Position, aus der heraus man sich verteidigt (anstatt anzugreifen) ↔ Offensive ⟨sich in die Defensive begeben; sich in die Defensive gedrängt fühlen⟩

de·fi·nie·ren; *definierte, hat definiert;* **etwas (irgendwie) definieren** die Bedeutung (eines Wortes oder Begriffs) genau beschreiben: *Abstrakte Begriffe wie „Freiheit" sind schwer zu definieren* || *hierzu* **De·fi·ni·ti·on** *die; -, -en*

de·fi·ni·tiv, **de·fi·ni·tiv** [-f] *Adjektiv; ohne Steigerung; förmlich;* nicht mehr zu verändern ≈ endgültig ⟨eine Antwort, Entscheidung; sich definitiv für/gegen etwas entscheiden⟩

De·fi·zit *das; -s, -e* **1** die Summe, die bei einem Betrag fehlt, wenn man mehr Geld ausgegeben als eingenommen hat ⟨ein Defizit decken⟩ || -K Haushaltsdefizit **2** *förmlich;* **ein Defizit (an etwas** *(Dativ)*) ≈ Mangel (1) ⟨ein Defizit ausgleichen⟩ || -K Informationsdefizit

de·for·mie·ren; *deformierte, hat deformiert* **etwas deformieren** *förmlich;* etwas in seiner Form so ändern, dass es nicht mehr (richtig) zu gebrauchen ist: *Bei dem Brand wurden die Stahlträger des Gebäudes durch die Hitze völlig deformiert*

dẹf·tig *Adjektiv; umg* **1** einfach und so (nahrhaft), dass man schnell satt wird ⟨ein Essen, eine Mahlzeit⟩ **2** grob und direkt ≈ derb (1) ⟨Späße, ein Witz⟩

De·gen *der; -s, -; historisch oder Sport;* eine Waffe zum Fechten mit einer sehr langen, sehr dünnen Klinge || K- Degenfechten

de·ge·ne·riert, *degenerierter, degeneriertest-; Adjektiv; Biologie, Medizin;* so, dass (positive) Eigenschaften oder Merkmale verloren gegangen sind

dehn·bar *Adjektiv* **1** ⟨Materialien⟩ so (beschaffen), dass man sie dehnen kann: *ein dehnbares Gewebe* **2** nicht eindeutig definiert (und daher auf unterschiedliche Weise interpretierbar) ⟨ein Begriff⟩: *„Freiheit" ist ein dehnbarer Begriff*

deh·nen; *dehnte, hat gedehnt* **1** **etwas dehnen** etwas länger oder breiter machen, indem man (von beiden Seiten) daran zieht: *ein Gummi so lange dehnen, bis es reißt* **2** **etwas dehnt sich** etwas wird länger oder breiter (wenn man daran zieht) **3** **etwas/sich dehnen** Arme und Beine strecken, um beweglich zu bleiben || *hierzu* **Deh·nung** *die; -, -en*

Deich *der; -(e)s, -e;* ein Wall aus Erde, den man am Meer aufschüttet, um das Land vor Überschwemmungen zu schützen ≈ Damm || K- Deichbruch

dein A1 *Possessivpronomen der 2. Person Singular (du)*: *Sagst du mir deine Telefonnummer?;* ↑ Anhang Seite 1067: **Possessivpronomen**

dei·n- *Possessivpronomen der 2. Person Singular (du)*: *Ist das mein Schirm oder deiner?;* ↑ **mein-**

dei·ner A2 *Personalpronomen der 2. Person Singular (du), Genitiv*: *Hat sie sich deiner erbarmt?;* ↑ Anhang Seite 1066: **Personalpronomen**

dei·ner·seits *Adverb;* was dich betrifft, von dir aus: *Bestehen deinerseits noch Zweifel?*

dei·nes·glei·chen *Pronomen; indeklinabel; förmlich, oft abwertend;* Leute wie du: *Du und deinesgleichen glauben wohl, Geld verdient sich von selbst!*

dei·net·we·gen *Adverb;* aus einem Grund, der dich betrifft: *Deinetwegen mussten wir so* *lange warten!*

de·ka·dent, *dekadenter, dekadentest-; Adjektiv;* mit Merkmalen, die auf eine moralische Verschlechterung oder auf einen kulturellen Verfall hinweisen: *dekadente Züge in der Kunst* || *hierzu* **De·ka·denz** *die; -; nur Singular*

de·kla·rie·ren B2 *deklarierte, hat deklariert;* **etwas deklarieren** *Verwaltung;* (an der Grenze) die Waren angeben, für die man eine Steuer bezahlen muss

de·kli·nie·ren; *deklinierte, hat dekliniert;* **(etwas) deklinieren** *Sprachwissenschaft;* ein Substantiv, Adjektiv, Pronomen oder einen Artikel in die Form setzen, die von einer grammatischen Regel verlangt wird ≈ flektieren || *hierzu* **De·kli·na·ti·on** *die; -, -en* || Hinweis: Verben werden nicht *dekliniert*, sondern *konjugiert*

Die Deklination

Im Deutschen werden die Substantive, Artikel, Adjektive und Pronomen abhängig von ihrer grammatischen Funktion im Satz dekliniert. Es gibt vier Fälle (Kasus):

Nominativ	(1. Fall)
Genitiv	(2. Fall)
Dativ	(3. Fall)
Akkusativ	(4. Fall)

Das **Subjekt** des Satzes steht im Nominativ.
Der Genitiv wird verwendet, um Besitz oder Zugehörigkeit auszudrücken.
Die **Objekte** zum Verb stehen meist im Akkusativ oder Dativ.
Die verschiedenen Präpositionen ziehen unterschiedliche Fälle nach sich.

SPRACHE LERNEN

De·kol·le·tee, **De·kol·le·té** [dekɔl'teː] *das; -s, -s;* ein tiefer Ausschnitt (1) an einem (festlichen) Kleid ⟨ein gewagtes, tiefes Dekolletee⟩

De·kor *der, das; -s, -s;* ein (farbiges) Muster auf Gegenständen (*meist* aus Porzellan oder Glas) ⟨ein handgemaltes Dekor⟩ || -K Golddekor

de·ko·ra·tiv [-f] *Adjektiv;* (verwendet in Bezug auf Gegenstände) so, dass sie etwas (*z.B.* einen Raum) schmücken ⟨eine Vase⟩

de·ko·rie·ren; *dekorierte, hat dekoriert;* **etwas (mit etwas) dekorieren** etwas mit etwas schöner machen ⟨ein Schaufenster dekorieren⟩ || *hierzu* **De·ko·ra·ti·on** *die; -, -en*

De·le·ga·ti·on [-'tsi̯oːn] *die; -, -en; Verwaltung;* eine offizielle Gruppe von Personen, die für eine politische, wirtschaftliche Organisation auf einer Konferenz arbeitet ≈ Abordnung || K- Delegationsleiter, Delegationsmitglied || *hierzu* **De·le·gier·te** *der/die; -n, -n*

de·le·gie·ren; *delegierte, hat delegiert; förmlich;* **(etwas (an jemanden)) delegieren** (einen Teil der) Aufgaben oder Pflichten von anderen Personen tun lassen ≈ jemandem etwas übertragen: *Der Chef delegiert die Arbeit (an seine Mitarbeiter); Ein Manager muss delegieren können* || *hierzu* **De·le·gie·rung** *die; -, -en*

Del·fin *der; -s, -e;* ein (Säuge)Tier, das wie ein großer Fisch aussieht und im Meer lebt

de·li·kat, *delikater, delikatest-; Adjektiv; förmlich* **1** ⟨eine Speise⟩ so, dass sie sehr gut schmeckt ≈ exquisit **2** *nicht als Adverb;* ⟨ein Problem, ein Thema⟩ so, dass sie von jemandem viel Taktgefühl *o.Ä.* verlangen ≈ heikel

De·li·ka·tes·se *die; -, -n;* eine feine und seltene oder teure Speise

De·likt *das; -(e)s, -e; Rechtswesen;* eine illegale Handlung ≈ Straftat: *Raub ist ein schweres Delikt* || -K Eigentumsdelikt, Verkehrsdelikt

De·li·ri·um *das; -s, De·li·ri·en* [-i̯ən]; *meist Singular; förmlich;* ein Zustand (der *bes* bei Kranken mit hohem Fieber und bei Alkoholabhängigen vorkommt), in dem man verwirrt ist und Dinge sieht, die nicht da sind

Del·le *die; -, -n; umg;* eine leichte Vertiefung, die *bes* durch einen Schlag entstanden ist: *jemandem eine Delle ins Auto machen*

Del·phin [-f-] *der* ↑ **Delfin**

Del·ta *das; -(s), -s/Del·ten;* ein Gebiet, in dem sich ein großer Fluss in mehrere kleinere Flüsse teilt, die dann ins Meer münden: *das fruchtbare Delta des Nils* || K- Deltamündung || -K Nildelta, Rheindelta

dem *Dativ von* **der** *und* **das**; ↑ **der**[1,2,3]

De·men·ti *das; -s, -s; förmlich;* eine offizielle Äußerung, mit der man eine Behauptung oder Nachricht für falsch erklärt || *hierzu* **de·men·tie·ren** *(hat)*

dem·ent·spre·chend *Adjektiv;* so, wie es logisch (aus der vorher erwähnten Situation) folgt: *Er hatte zu wenig geschlafen und war dementsprechend schlecht gelaunt*

dem·ge·gen·über *Adverb;* im Vergleich zum vorher Erwähnten: *Sein neuer Roman ist sehr spannend. Die früheren sind demgegenüber fast langweilig*

dem·ge·mäß *Adverb;* als logische Folge des vorher erwähnten Umstandes ≈ dementsprechend, infolgedessen

dem·nach *Adverb* ≈ also[1] (1), folglich

dem·näch̲st *Adverb* ≈ bald: *Sie wird demnächst umziehen*

De̲·mo *die; -, -s; umg, Kurzwort* ↑ **Demonstration**

De·mo·kra̲t *der; -en, -en* **1** jemand, der nach den Prinzipien der Demokratie (1) lebt: *Das Land braucht mehr echte Demokraten unter den Politikern* **2** ein Mitglied einer Partei, die in ihrem Namen das Wort *demokratisch (o.Ä.)* hat: *die Demokraten und die Republikaner in den USA* || K- Christdemokrat, Sozialdemokrat || *hierzu* **De·mo·kra̲·tin** *die; -, -nen*

De·mo·kra·ti̲e [B1] *die; -, -n* [-'tiːən] **1** eine Staatsform, in der die Bürger die Regierung selbst wählen **2** *nur Singular;* das Prinzip, nach dem die Mehrheit einer Gruppe etwas entscheidet: *Demokratie in der Schule, am Arbeitsplatz*

de·mo·kra̲·tisch [A2] *Adjektiv* **1** den Prinzipien der Demokratie (1) entsprechend ⟨ein Staat, Wahlen⟩ **2** nach dem Prinzip, dass das gilt, was die Mehrheit will ⟨eine Entscheidung⟩: *Der Beschluss wurde demokratisch gefasst*

de·mo·li̲e·ren; *demolierte, hat demoliert;* **etwas demolieren** etwas (mit Absicht) zerstören oder beschädigen: *Die enttäuschten Fußballfans demolierten die Tribünen*

De·monst·ra·ti·o̲n [B1] [-'tsi̯oːn] *die; -, -en;* eine Versammlung von Menschen im Freien, die öffentlich ihre Meinung zeigen wollen: *eine Demonstration gegen Atomkraftwerke* || K- Demonstrationsrecht || *hierzu* **De·monst·ra̩nt** *der; -en, -en;* **De·monst·ra̩n·tin** *die; -, -nen*

de·monst·ra·ti̲v [-f] *Adjektiv; förmlich;* so deutlich, dass jeder die Absicht (oder Einstellung) sieht: *Die Opposition verließ demonstrativ den Parlamentssaal*

De·monst·ra·ti̲v·pro·no·men [-f-] *das; -s, - oder -mi·na; Sprachwissenschaft;* ein Pronomen wie *dieser* oder *jener*, das wie ein Adjektiv oder Substantiv verwendet wird und das auf ein bereits erwähntes Substantiv/auf einen bereits erwähnten Sachverhalt hinweist

de·monst·ri̲e·ren [B1] *demonstrierte, hat demonstriert* **1** **(für/gegen jemanden/etwas) demonstrieren** an einer Demonstration teilnehmen: *für den Frieden, gegen die Aufstellung von Raketen demonstrieren* **2** **etwas demonstrieren** *förmlich;* an einem Beispiel, Bild *o.Ä.* zeigen, wie etwas funktioniert ≈ vorführen: *Der Biologielehrer demonstrierte die Funktion des Herzens anhand eines Modells*

de·mo·sko̲·pisch *Adjektiv;* so, dass einzelne Gruppen befragt werden, um die Meinung der gesamten Bevölkerung abzuschätzen ⟨Daten, eine Umfrage⟩

De̲·mut *die; -; nur Singular;* die Einstellung, dass man Unglück, Leid *o.Ä.* ertragen muss, ohne zu klagen: *Schicksalsschläge in Demut ertragen* || *hierzu* **de̲·mü·tig** *Adjektiv*

de̲·mü·ti·gen; *demütigte, hat gedemütigt;* **jemanden demütigen** jemanden in seiner Würde und in seinem Stolz verletzen ≈ erniedrigen: *jemanden demütigen, indem man ihn vor den Kollegen lächerlich macht* || *hierzu* **De̲·mü·ti·gung** *die; -, -en*

de̲m·zu·fo̩l·ge *Adverb;* als (logische) Folge des vorher Erwähnten ≈ deshalb, infolgedessen

de̲n *Akkusativ von* **der**; ↑ **der**[1,2,3]

de̲·nen *Demonstrativpronomen, Relativpronomen:* *seine Schwestern, denen er viel verdankt;* ↑ **der**[2,3]

de̩nk·bar *Adjektiv; ohne Steigerung* **1** *nicht als Adverb* ≈ möglich, vorstellbar: *eine denkbare Antwort, Lösung* **2** *nur als Adverb;* verwendet, um (*meist* negative) Adjektive oder Adverbien zu verstärken ≈ sehr ⟨denkbar schlecht, denkbar ungünstig⟩

de̩n·ken [A2] *dachte, hat gedacht* **1** **(etwas) denken** mit dem Verstand arbeiten, Ideen entwickeln ≈ überlegen ⟨logisch denken; abstraktes, analytisches Denken⟩: *„Das ist aber seltsam", dachte sie* || K- Denkanstoß, Denkfehler, Denkprozess **2** **(etwas) denken** eine bestimmte Meinung oder Vermutung darüber haben, wie jemand/etwas vielleicht ist oder sein wird ≈ glauben (1): *Ich denke, dass es funktionieren wird; „Ob sie wohl kommen wird?" - „Ich denke schon/nicht."* **3** **etwas/irgendwie über jemanden/etwas denken** eine eigene Meinung von jemandem/etwas haben: *Wie/Was denkt er über mich?* **4** **schlecht von jemandem denken** eine schlechte Meinung über jemanden haben **5** **irgendwie denken** eine bestimmte allgemeine Einstellung haben ⟨ein großzügig, nüchtern, praktisch, vernünftig denkender Mensch⟩ **6** **an jemanden/etwas denken** sich an jemanden/etwas erinnern, jemanden/etwas nicht vergessen: *Wie nett, dass du an meinen Geburtstag gedacht hast* **7** **an jemanden/sich/etwas denken** sich auf jemandes/seine eigenen/bestimmte Wünsche und Bedürfnisse konzentrieren: *Er ist sehr egoistisch und denkt immer nur an sich* **8** **(daran) denken + zu** + *Infinitiv* die Absicht haben, etwas

D

zu tun, etwas tun wollen: *Sie denkt daran, ihr Geschäft zu verkaufen*

Denk·mal B1 *das; -s, Denk·mä·ler/selten -e* **1** eine Figur aus Stein oder Metall, die auf einem öffentlichen Platz an eine Persönlichkeit oder an ein wichtiges Ereignis erinnern soll ≈ Monument ⟨jemandem ein Denkmal setzen⟩ || -K Beethovendenkmal **2** ein Werk, das als Zeugnis einer alten Kultur wertvoll ist: *Das Nibelungenlied ist ein Denkmal der deutschen Literatur* || -K Kulturdenkmal, Sprachdenkmal

D

Denk·mal(s)|pfle·ge *die; -; nur Singular* die Erhaltung von wertvollen alten Gebäuden *o.Ä.*

Denk·mal(s)|schutz *der; -es; nur Singular* alle (staatlichen) Maßnahmen, die die Erhaltung *bes* von wertvollen alten Gebäuden sichern ⟨etwas steht unter Denkmal(s)schutz; etwas unter Denkmal(s)schutz stellen⟩

Denk·sport *der; -(e)s; nur Singular* das Lösen von komplizierten Aufgaben

Denk·wei·se *die; -, -n; meist Singular* **1** die Art und Weise, wie jemand denkt (1) ⟨eine komplizierte, umständliche Denkweise⟩ **2** die geistige Haltung, die man gegenüber jemandem oder einer Sache hat ≈ Gesinnung ⟨eine fortschrittliche, konservative Denkweise⟩

denk·wür·dig *Adjektiv; nicht als Adverb;* so wichtig, dass man es nicht vergessen sollte ⟨ein Datum, ein Tag⟩

Denk·zet·tel *der; -s, -; meist in* **jemandem einen Denkzettel geben/verpassen** *umg;* jemanden so bestrafen, dass er noch lange an die Strafe denkt

denn[1] B1 *Konjunktion;* leitet einen Satz ein, in dem eine Ursache oder Begründung genannt wird ≈ weil: *Fahr vorsichtig, denn die Straßen sind glatt* || Hinweis: Wortstellung wie im Hauptsatz

denn[2] B1 *Partikel; unbetont* **1** verwendet, um eine Frage natürlicher klingen zu lassen: *Wie gehts dir denn?* **2** verwendet in Frage- und Aussagesätzen, um Ungeduld oder einen Vorwurf auszudrücken: *Was macht ihr denn so lange?* **3** **denn dann/sonst** verwendet, um auf eine negative Feststellung hin nach einer Alternative zu fragen ≈ stattdessen: *„Ich mag kein Brot!" - „Was willst du denn dann?"* **4** **es sei denn, ...** außer wenn: *Ich komme auf jeden Fall, es sei denn, ich werde krank*

den·noch B2 *Adverb* ≈ trotzdem: *Die Arbeit war schwer, dennoch hatte ich Spaß daran*

de·nun·zie·ren; *denunzierte, hat denunziert;* **jemanden (bei jemandem) denunzieren** *abwertend;* (*bes* in einem totalitären Staat aus politischen Gründen) jemanden anzeigen (1) oder die Polizei auf etwas aufmerksam machen, was jemand macht (weil man ihm schaden will): *jemanden bei der Polizei denunzieren* || *hierzu* **De·nun·zi·ant** *der; -en, -en;* **De·nun·zi·an·tin** *die; -, -nen;* **De·nun·zi·a·ti·on** *die; -, -en*

Deo B2 *das; -(s), -s; umg, Kurzwort* ↑ **Deodorant** || K- Deoroller, Deospray, Deostift || -K Achseldeo, Intimdeo

De·o·do·rant *das; -s, -s;* ein kosmetisches Mittel gegen Körpergeruch

de·plat·ziert, *deplatzierter, deplatziertest-; Adjektiv;* in einer bestimmten Situation nicht passend ≈ unangebracht ⟨eine Bemerkung; etwas wirkt deplatziert⟩

De·po·nie *die; -, -n* [-'ni:ən]; ein großer Platz, an dem Müll *o.Ä.* gelagert wird ⟨eine Deponie anlegen, schließen⟩ || -K Mülldeponie, Sondermülldeponie

de·po·nie·ren; *deponierte, hat deponiert;* **etwas irgendwo deponieren** etwas (*meist* Wertvolles) an einem sicheren Ort aufbewahren (lassen): *Wertsachen im Safe deponieren*

De·por·ta·ti·on [-'tsio:n] *die; -, -en;* der Abtransport von Personen (*bes* von Gegnern eines politischen Regimes) in ein Lager oder anderes Land || *hierzu* **de·por·tie·ren** (*hat*)

De·pot [de'po:] *das; -s, -s* **1** ein Lager für große Mengen *z.B.* an Lebensmitteln oder Waffen **2** eine Sammelstelle für Züge, Busse *usw*, wenn

▶ denn

Als Konjunktion verbindet **denn** Satzteile miteinander und drückt eine Begründung aus:
Ich kann nicht mitfahren, denn ich bin krank.

Als Partikel kommt **denn** nur in Fragen vor und kann verschiedene Funktionen haben.

Unbetont lässt **denn** die Frage freundlich klingen:
Wie alt bist du denn?
oder drückt Zweifel oder Überraschung aus:
Woher weißt du das denn?
Es kann auch Ungeduld oder Ärger ausdrücken:
Muss das denn sein?

Betont drückt **denn** aus, dass man nach einer negativen Aussage um eine Klarstellung bittet:
„Wo wohnst du denn, wenn du nicht in Berlin wohnst?"

SPRACHE LERNEN

sie (z.B. in der Nacht) nicht benutzt werden || -K Straßenbahndepot **3** Bankwesen; eine Aufstellung der Wertpapiere, die eine Bank für einen aufbewahrt und verwaltet || K- Depotgebühren || -K Aktiendepot

De·pres·si·on [-'si̯o:n] *die; -, -en* **1** *meist Plural;* ein Zustand, in dem man (*oft* ohne äußeren Grund) längere Zeit traurig und unfähig ist, etwas zu tun: *Er leidet unter schweren Depressionen* **2** *Wirtschaft;* ein schlechter Zustand der Wirtschaft ≈ Wirtschaftskrise

de·pres·si̱v [-f] *Adjektiv; meist vor dem Substantiv* **1** traurig und mutlos ⟨eine Stimmung, ein Zustand⟩ **2** *Medizin;* ⟨ein Mensch⟩ so, dass er zu Depressionen neigt

de·pri·mi̱e·ren; *deprimierte, hat deprimiert;* **etwas deprimiert jemanden** etwas macht jemanden traurig, nimmt ihm die Hoffnung

de̱r[1] A1 *die, das; bestimmter Artikel* **1** verwendet vor Substantiven, die etwas Einzelnes bezeichnen: *die Erde, der Mond, das Universum* **2** verwendet vor Substantiven, die in einer Situation nur einmal vorhanden sind oder bereits (*meist* mit dem unbestimmten Artikel) erwähnt wurden: *Ein Mann und eine Frau standen vor der Tür. Der Mann war groß, ...; Gib mir bitte mal die Schere* **3** verwendet vor abstrakten Begriffen allgemeiner Bedeutung: *die Jugend, das Leben* **4** verwendet vor Namen von Meeren, Bergen, Flüssen *usw* und einigen Ländernamen: *die Alpen, der Bodensee, das Mittelmeer, der Libanon, die Schweiz, die Türkei* || Hinweis: aber: Länder wie *Deutschland, Frankreich, Spanien* bekommen nur dann den Artikel *das,* wenn sie *z.B.* durch ein Adjektiv näher bestimmt sind: *das Deutschland der achtziger Jahre, das schöne Frankreich* **5** verwendet vor Substantiven, die eine ganze Gattung bezeichnen (und damit auch jeden einzelnen Vertreter dieser Gattung): *Der Mensch* (= jeder Mensch) *ist sterblich* **6** verwendet, um aus anderen Wortarten Substantive zu bilden: *das Wandern, die Mutigen, das ewige Hin und Her* || ↑ Anhang Seite 1049: **Artikel**

de̱r[2] A1 *die, das; Relativpronomen;* verwendet, um einen Nebensatz einzuleiten und sich dabei auf ein vorher genanntes Substantiv oder Pronomen zu beziehen: *jedes Buch, das er gelesen hat; zwei Freundinnen, mit denen ich mich gestern getroffen habe; ein Fehler, dessen ich mich schäme*

de̱r[3] A1 *die, das; Demonstrativpronomen* **1** *vor dem Substantiv, betont;* verwendet, um ausdrücklich auf eine Person/Sache hinzuweisen, *meist* um sie von einer anderen Person/Sache zu unterscheiden ≈ dieser, diese, dieses: *Gerade an dem Tag habe ich keine Zeit* **2** verwendet wie ein Substantiv, wenn man ein genanntes Substantiv nicht wiederholen will: *„Was hältst du von meinem Vorschlag?" – „Den finde ich gut."*

de̱r·art *Adverb;* so sehr, in solch hohem Maße: *Er war derart aufgeregt, dass er anfing zu stottern*

de̱r·ar·ti·g- *Adjektiv; nicht als Adverb* ≈ solch- (1,2): *Derartige Beobachtungen habe ich nicht gemacht*

de̱rb *Adjektiv* **1** nicht so, wie es Takt und Anstand fordern ≈ anstößig ⟨Witze, Sprüche⟩ **2** zu kräftig, heftig ≈ grob: *jemanden derb an der Schulter packen* **3** einfach, fest und gut haltbar ↔ fein ⟨Leder, Schuhe, Kleidung⟩: *Kartoffelsäcke aus derbem Leinen*

de̱·ren *Demonstrativpronomen, Relativpronomen: die Frau(en), deren Namen ich vergessen habe;* ↑ **der[2,3]**

de̱·rent·we·gen *Adverb;* wegen derer: *Die Gäste kommen doch erst später, derentwegen brauchst du dich also nicht so zu beeilen*

de̱·rent·wil·len *Adverb; nur in* **um derentwillen** ≈ derentwegen

de̱·rer *Demonstrativpronomen, umg auch Relativpronomen: die Namen all derer, die heute nicht bei uns sind;* ↑ **der[2,3]**, **der[3]**

der·glei̱·chen *Demonstrativpronomen; indeklinabel* **1** *nur vor dem Substantiv* ≈ solch- (1): *dergleichen Dinge passieren jeden Tag* **2** etwas Ähnliches: *dergleichen habe ich auch schon erlebt*

de̱r·je·ni·ge, *diejenige, dasjenige; Demonstrativpronomen* **1** wie ein Substantiv verwendet, um (mit besonderer Betonung) auf eine Person oder Sache hinzuweisen: *Derjenige, der die Fensterscheibe eingeschlagen hat, kann was erleben!* **2** wie ein attributives Adjektiv verwendet, wenn das folgende Substantiv dann näher bestimmt wird: *Diejenigen Schüler, die an dem Kurs teilnehmen wollen, sollen sich im Sekretariat melden* || Hinweis: nur verwendet, wenn darauf ein Relativsatz folgt

de̱r·ma̱·ßen *Adverb;* in so hohem Maße, so (sehr): *Er ist dermaßen eingebildet, dass er niemals als Erster grüßt*

der·se̱l·be B1 *dieselbe, dasselbe; Demonstrativpronomen;* verwendet, um auszudrücken, dass es sich bei jemandem/etwas um die gleiche Person/Sache handelt: *Das ist doch dieselbe Person wie auf dem Foto*

de̱r·zeit *Adverb;* in der Gegenwart ≈ zurzeit,

heute

De·sas·ter *das; -s, -;* ein großes Unglück ≈ Katastrophe: *Die Expedition endete mit einem Desaster*

D

des·halb B1 *Adverb;* aus diesem Grund ≈ daher: *Sie kann sehr gut singen und will deshalb Sängerin werden*

De·sign [di'zain] *das; -s, -s;* der Entwurf und die Gestaltung eines (industriellen) Produkts: *Möbel mit modernem Design* || -K Autodesign, Textildesign

De·sig·ner [di'zainɐ] *der; -s, -;* jemand, der beruflich Designs macht || -K Autodesigner, Modedesigner || *hierzu* **De·sig·ne·rin** *die; -, -nen*

De·sig·ner- [di'zainɐ-] *im Substantiv;* verwendet, um auszudrücken, dass etwas nicht als Massenware hergestellt wurde; die **Designerbrille**, die **Designerjeans**, die **Designermöbel**

de·sig·niert *Adjektiv; nicht als Adverb; förmlich;* für ein (hohes) Amt gewählt, aber noch nicht im Amt: *der designierte Ministerpräsident*

Des·in·fek·ti·ons·mit·tel [-'tsio:ns-] *das; -s, -;* ein (chemisches) Mittel, mit dem *bes* Wunden oder medizinische Geräte desinfiziert werden: *Jod ist ein Desinfektionsmittel*

des·in·fi·zie·ren; *desinfizierte, hat desinfiziert;* **(etwas) desinfizieren** etwas von Bakterien, Schmutz *o.Ä.* (mit einem geeigneten Mittel) befreien ≈ keimfrei machen: *eine Wunde mit Jod desinfizieren; Alkohol desinfiziert* || *hierzu* **Des·in·fek·ti·on** *die; -, -en; meist Singular*

Des·in·te·res·se *das; -s; nur Singular; förmlich;* der Mangel an Interesse ≈ Gleichgültigkeit || *hierzu* **des·in·te·res·siert** *Adjektiv*

de·so·lat, *desolater, desolatest-; Adjektiv; förmlich* ≈ trostlos, traurig ⟨ein Anblick, ein Zustand⟩

des·sen *Demonstrativpronomen, Relativpronomen* **1** *der Mann, dessen Haare blond waren;* ↑ **der**[2,3] **2** **dessen ungeachtet** *förmlich;* trotz des Genannten ≈ trotzdem

Des·sert [dɛ'se:ɐ̯] *das; -s, -s* ≈ Nachspeise

Des·sous [dɛ'su:] *das; -, -* [dɛ'su:s]; *förmlich;* elegante Unterwäsche für Frauen

des·til·lie·ren; *destillierte, hat destilliert;* **etwas destillieren** eine Flüssigkeit verdampfen und wieder flüssig werden lassen, um sie von Schmutz zu trennen: *destilliertes Wasser in die Autobatterie nachgießen* || K- Destillierapparat

des·to *Konjunktion* ≈ umso || Hinweis: ↑ **je**[2]

des·truk·tiv [-f] *Adjektiv; förmlich;* ⟨*meist* eine Kritik⟩ so, dass sie nur negativ ist und keine Vorschläge zur Verbesserung *o.Ä.* enthält ↔ konstruktiv

des·we·gen B1 *Adverb;* aus diesem Grund ≈ deshalb

De·tail [de'tai] *das; -s, -s; förmlich* ≈ Einzelheit ⟨etwas bis ins kleinste Detail beschreiben⟩: *Der Zeuge konnte sich an alle Details des Unfalls erinnern* || K- Detailkenntnisse

de·tail·liert [deta'ji:ɐ̯t], *detaillierter, detailliertest-; Adjektiv; förmlich;* mit vielen Einzelheiten ≈ genau ⟨ein Bericht⟩: *Ich konnte keine detaillierten Angaben zu dem Zwischenfall machen*

De·tek·tiv [dedɛk'ti:f] *der; -s, -e;* jemand, der beruflich andere beobachtet *o.Ä.* und Informationen über sie sammelt (oft im Zusammenhang mit Verbrechen): *der berühmte Detektiv Sherlock Holmes* || K- Detektivbüro, Detektivroman || -K Privatdetektiv || *hierzu* **De·tek·ti·vin** *die; -, -nen*

deu·ten; *deutete, hat gedeutet* **1** **etwas (als etwas/irgendwie) deuten** etwas erklären ≈ interpretieren ⟨ein Gedicht, einen Traum deuten⟩: *jemandes Schweigen als Zustimmung deuten* **2** **(mit etwas) auf jemanden/etwas, irgendwohin deuten** (*meist* mit dem Finger) auf jemanden/etwas zeigen: *Ich sah den Vogel erst, als sie mit dem Finger auf ihn deutete* **3** **etwas deutet auf jemanden/etwas (als etwas)** etwas ist ein Anzeichen dafür, dass jemand etwas ist oder dass etwas zutrifft: *Die Indizien deuten auf ihn als Täter, deuten auf Brandstiftung (als Ursache)* || *zu* 1 **Deu·tung** *die; -, -en*

deut·lich B2 *Adjektiv* **1** gut zu erkennen ⟨eine Ahnung, ein Gefühl; etwas deutlich fühlen, hören, sehen (können)⟩ **2** ⟨eine Aussprache, eine Schrift⟩ so klar und genau, dass man sie gut verstehen, sehen oder hören kann: *Kannst du ein bisschen deutlicher schreiben?* **3** so, dass man es nicht falsch verstehen kann ≈ eindeutig ⟨ein Hinweis, ein Wink⟩: *Ich habe ihm dazu deutlich meine Meinung gesagt* || *hierzu* **Deut·lich·keit** *die; -; nur Singular*

deutsch A1 *Adjektiv* **1** zu Deutschland und seinen Bürgern gehörig ⟨die Geschichte, der Staat⟩: *die deutschen Dichter und Denker* **2** in der Sprache, die in Deutschland, Österreich und in Teilen der Schweiz gesprochen wird ⟨deutsch (mit jemandem) sprechen⟩: *die deutsche Übersetzung der Werke Shakespeares* || Hinweis: **a** aber: *etwas auf Deutsch sagen* (großgeschrieben) **b** ↑ Hinweis unter

Deutsch (1) || ID **mit jemandem deutsch reden** *umg;* jemandem offen und direkt seine Meinung sagen, ohne ihn dabei zu schonen || *zu* 2 **deutsch·spra·chig** *Adjektiv*

Die Deutsche Sprache

Innerhalb Deutschlands gibt es Unterschiede in der deutschen Sprache, besonders deutlich wird dieser Unterschied, wenn man den Norden und den Süden Deutschlands miteinander vergleicht.

Es gibt Unterschiede in der Aussprache:
Zum Beispiel kann das aulautende -g in **König, heilig** usw. als [-ç] oder als [-k] gesprochen werden; Das Ch- in **Chemie, China** usw. wird als [ç-] oder als [k-] gesprochen.

Unterschiede in der Grammatik sind zum Beispiel:
ich habe/bin gelegen, gesessen, gestanden; zwei Bogen/Bögen, Wagen/Wägen

Außerdem gibt es Unterschiede im Wortschatz.

SPRACHE LERNEN

Deutsch A1 *(das); -(s); nur Singular* **1** *ohne Artikel;* die deutsche Sprache ⟨Deutsch lernen, verstehen; (kein) Deutsch sprechen⟩: *Meine französische Freundin spricht fließend Deutsch; Was heißt denn das auf Deutsch?* || K- **Deutschkenntnisse, Deutschunterricht** || **Hinweis:** **a** *oft* mit unbestimmtem Artikel verwendet, wenn man die Art beschreibt, wie jemand Deutsch spricht: *(ein) akzentfreies, gutes Deutsch sprechen* **b** *Deutsch sprechen* (großgeschrieben = die Sprache beherrschen), aber *mit jemandem deutsch sprechen* (kleingeschrieben = sich auf Deutsch unterhalten) **2** *mit Artikel;* verwendet, um auf einen besonderen Gebrauch der deutschen Sprache hinzuweisen: *das Deutsch Goethes, der Juristen* || -K **Amtsdeutsch, Zeitungsdeutsch** || **Hinweis:** Die Komposita werden *meist* ohne Artikel verwendet **3** *ohne Artikel;* deutsche Sprache und Literatur als Fach in der Schule ⟨Deutsch unterrichten⟩ || K- **Deutschlehrer, Deutschstunde**

Deut·sche[1] A1 *der/die; -n, -n;* jemand, der die deutsche Staatsangehörigkeit hat

Deut·sche[2] A1 *das; -n; nur Singular;* die deutsche Sprache ⟨etwas ins Deutsche, aus dem Deutschen übersetzen⟩

Deutsch·land A1 *(das); -s; nur Singular;* der Staat mitten in Europa, in dem die Deutschen leben: *im heutigen Deutschland* || -K **Norddeutschland, Ostdeutschland, Süddeutschland, Westdeutschland**

Deutscher Wortschatz im Norden und Süden

Für einige Dinge werden im Norden und Süden Deutschlands jeweils ganz verschiedene Wörter verwendet. Hier sind einige Beispiele, die man sich merken sollte:

im Süden Deutschlands sagt man:	im Norden Deutschlands sagt man:
das **Blaukraut**	der **Rotkohl**
die **Brotzeit**, die **Vesper**	der **Imbiss**
der **Fasching**	der **Karneval**
heuer	**dieses Jahr**
heute früh	**heute Morgen**
der **Kamin**	der **Schornstein**
die **Karotte**, die **gelbe Rübe**	die **Mohrrübe**, die **Möhre**
kehren	**fegen**
der **Knödel**	der **Kloß**
der **Krapfen**	der **Pfannkuchen**, der **Berliner**
das **Kraut**	der **Kohl**
der **Metzger**	der **Fleischer**, der **Schlachter**
der **Mesner**, der **Messner**	der **Küster**
nützen	**nutzen**
der **Rahm**	die **Sahne**
schauen	**sehen, gucken**
der **Schreiner**	der **Tischler**
die **Semmel**	das **Brötchen**
die **Zwetschge**, die **Zwetschke**	die **Pflaume**

WORTSCHATZ

De·vi·se [-v-] *die; -, -n; meist Singular;* eine wichtige Lebensweisheit, nach der man sich in einer bestimmten Situation richtet ≈ Motto: *„Alles oder nichts" lautete die Devise*

De·vi·sen [-v-] *die; -; Plural;* Geld *o.Ä.* in einer anderen (ausländischen) Währung: *Touristen bringen Devisen ins Land* || K- **Devisenhandel**

De·zem·ber A1 *der; -(s), -; meist Singular;* der zwölfte Monat des Jahres; *Abkürzung* Dez. ⟨im

Deutschland

Deutschland liegt in Mitteleuropa. Es hat eine Fläche von 357.000 km² und ist mit beinahe 82 Millionen Einwohnern eines der bevölkerungsreichsten Länder Europas.
Es ist eine **Bundesrepublik** und besteht aus 16 **Bundesländern**.

LANDESKUNDE

D

Dezember; Anfang, Mitte, Ende Dezember; am 1., 2., 3. *usw* Dezember⟩

de·zent, *dezenter, dezentest-; Adjektiv* **1** unauffällig, aber mit viel Geschmack ⟨Farben, Kleidung⟩: *Sie ist dezent geschminkt* **2** zurückhaltend und taktvoll ⟨ein Auftreten, ein Hinweis⟩

De·zer·nat *das; -(e)s, -e; Verwaltung;* eine Abteilung einer Behörde (*bes* der Polizei), die ein bestimmtes Sachgebiet bearbeitet: *das Dezernat für Wirtschaftskriminalität* || -K Morddezernat, Rauschgiftdezernat

De·zi·bel *das; -s, -;* eine Maßeinheit für die Lautstärke; *Abkürzung* dB

De·zi·mal·sys·tem *das; -s; nur Singular; Mathematik;* das Zahlensystem, das auf der Zahl 10 aufbaut

de·zi·mie·ren; *dezimierte, hat dezimiert; förmlich;* **etwas dezimiert jemanden** (*meist Plural*)**/Tiere** eine Katastrophe *o.Ä.* tötet viele Menschen oder Tiere: *Im Mittelalter hat die Pest die Bevölkerung stark dezimiert*

DFB [de|ɛf'beː] *der; -; Abkürzung für* Deutscher Fußballbund

DGB [deːgeː'beː] *der; -(s); nur Singular;* (*Abkürzung für* Deutscher Gewerkschaftsbund) eine Organisation, in der viele Gewerkschaften in Deutschland Mitglied sind

d. h. *Abkürzung für* das heißt

Dia *das; -s, -s;* ein kleines, durchsichtiges Foto (in einem Rahmen), das man als großes Bild an die Wand projizieren kann ⟨Dias zeigen, vorführen⟩ || K- Diaprojektor

Di·a·be·tes *der; -; nur Singular, Medizin;* eine Krankheit, bei der jemand zu viel Zucker im Blut hat ≈ Zuckerkrankheit

Di·a·be·ti·ker *der; -s, -;* jemand, der Diabetes hat || *hierzu* **Di·a·be·ti·ke·tin** *die; -, -nen*

Di·ag·no·se *die; -, -n; Medizin;* die Feststellung eines Arztes, welche Krankheit der Patient hat ⟨eine Diagnose stellen⟩ || *hierzu* **di·ag·nos·ti·zie·ren** (*hat*)

dia·go·nal *Adjektiv* **1** *Geometrie;* ⟨eine Linie⟩ so, dass sie zwei Ecken einer geometrischen Form, die nicht nebeneinanderliegen, verbindet **2** schräg, quer verlaufend: *ein Hemd mit diagonalen Streifen*

Dia·go·na·le *die; -n, -n; Geometrie;* eine diagonale Linie: *Die Diagonale teilt ein Quadrat in zwei Dreiecke*

Dia·gramm *das; -s, -e;* eine grafische Darstellung, die zeigt, in welchem Verhältnis verschiedene Zahlen zueinander stehen: *die Entwicklung der Arbeitslosenzahlen in einem Diagramm verdeutlichen*

Di·a·kon, Di·a·kon *der; -s/-en, -e/-en* **1** *protestantische Religion;* ein Helfer für die Arbeit in einer Pfarrgemeinde **2** ein Geistlicher, der noch nicht alle Rechte und Pflichten eines Priesters hat || *hierzu* **Di·a·ko·nin** *die; -, -nen*

Di·a·lekt B1 *der; -(e)s, -e;* die Form einer Sprache, aus der man die (geografische) Herkunft des Sprechers erkennen kann ≈ Mundart ⟨der bayerische, hessische, schwäbische Dialekt; Dialekt sprechen⟩ || K- Dialektforschung || *hierzu* **di·a·lekt·frei** *Adjektiv*

▶ Dialekte

In den deutschsprachigen Ländern gibt es viele verschiedene Dialekte, z.B. **Bairisch** (z.B. in Bayern und Österreich), **Platt** (im nördlichen Deutschland), **Sächsisch** (in Sachsen) und **Schwäbisch** (in Schwaben).Dialekt wird hauptsächlich im familiären und ländlichen Bereich gesprochen. Die einzelnen Dialekte unterscheiden sich teilweise stark. So hat zum Beispiel ein Hamburger ernste Schwierigkeiten, einen Bayern, der Dialekt spricht, zu verstehen.

LANDESKUNDE

Di·a·log *der; -(e)s, -e; förmlich;* ein Gespräch zwischen zwei oder mehreren Personen ↔ Monolog ⟨einen Dialog führen⟩

Dia·ly·se [-'lyː-] *die; -, -n; Medizin;* das regelmäßige Reinigen von Blut (bei einem Menschen, der kranke Nieren hat) || K- Dialysepatient, Dialysezentrum

Di·a·mant *der; -en, -en;* ein kostbarer Edelstein, den man *bes* als Schmuck und zum Schneiden von hartem Material verwendet || K- Diamantschmuck

Di·ät B2 *die; -, -en; meist Singular;* eine spezielle Nahrung, die jemand bekommt, der krank oder zu dick ist, und die *z.B.* wenig Salz oder Fett enthält ⟨Diät halten (müssen)⟩ || K- Diätkost || -K Krankendiät

Di·ä·ten *die; -; Plural;* das Geld, das ein Abgeordneter eines Parlaments für seine Arbeit erhält: *Der Bundestag hat die Diäten erhöht*

dich[1] A2 *Personalpronomen der 2. Person Singular (du), Akkusativ: Sie hat dich gern;* ↑ Anhang Seite 1066: **Personalpronomen**

dich[2] A2 *Reflexivpronomen der 2. Person Singular (du), Akkusativ: Beeil dich bitte;* ↑ Anhang Seite 1070: **Reflexivpronomen**

dicht, *dichter, dichtest-; Adjektiv* **1** mit wenig Platz zwischen den einzelnen Teilen, Personen oder Dingen ‹Gestrüpp, Gewühl; dicht behaart›: *Morgens herrscht auf den Straßen dichter Verkehr* **2** so, dass man kaum oder überhaupt nicht hindurchsehen kann ‹Nebel, Rauch› **3** so, dass Luft oder Wasser nicht durchdringen können ≈ undurchlässig: *Ist das Boot/das Dach dicht?* || -K luftdicht, wasserdicht **4** **dicht an/bei/hinter etwas** *(Dativ)* nahe bei etwas

dịch·ten[1]; *dichtete, hat gedichtet;* **(etwas) (über jemanden/etwas) dichten** in literarischer Form, *bes* in Versen, (darüber) schreiben ‹eine Ballade dichten›

dịch·ten[2]; *dichtete, hat gedichtet;* **etwas dichten** etwas dicht (3) machen ≈ abdichten ‹Fugen, ein Leck dichten›

Dịch·ter *der; -s, -;* jemand, der literarische Werke schreibt, *bes* Dramen und Gedichte: *Goethe war ein großer Dichter* || K- Dichterlesung || Hinweis: Autoren, die Romane *o.Ä.* schreiben, nennt man in der Regel *Schriftsteller* || *hierzu* **Dịch·te·rin** *die; -, -nen*

dịch·te·risch *Adjektiv* **1** in Bezug auf das Dichten[1] ‹eine Begabung› **2** in Form eines literarischen Werks: *die dichterische Gestaltung/Verarbeitung eines Stoffes/Themas*

Dịch·tung[1] *die; -, -en* **1** ein literarisches Werk *(z.B.* ein Gedicht oder ein Theaterstück) **2** *nur Singular;* alle literarischen Werke zusammen: *die Dichtung des Barock*

Dịch·tung[2] *die; -, -en;* ein Ring aus Gummi *o.Ä.*, der *bes* Rohre oder Schläuche dicht (3) miteinander verbindet: *Der Wasserhahn tropft, weil die Dichtung kaputt ist*

dịck A2 *Adjektiv* **1** mit relativ großem Querschnitt ↔ dünn: *ein dicker Ast; ein Brot dick mit Wurst belegen* **2** verwendet nach Zahlwörtern, um die Größe des Durchmessers anzugeben: *eine zehn Zentimeter dicke Mauer* || -K fingerdick, meterdick **3** mit (zu) viel Fett am Körper ↔ schlank: *Iss nicht so viel Süßigkeiten, das macht dick!* || ID **mit jemandem durch dick und dünn gehen** in allen Situationen jemandes Freund sein und ihn nie verlassen || *zu* 2 **Dị·cke** *die; -, -n; zu* 3 **Dị·cke** *der/die; -n, -n*

Dịck·darm *der; -(e)s, -där·me; meist Singular* der relativ dicke und kurze Teil des Darms nach dem Dünndarm || K- Dickdarmkrebs

Dị·ckicht *das; -(e)s, -e; meist Singular* **1** dicht wachsende Büsche und Sträucher: *sich im Dickicht verstecken* **2** etwas, das im Ganzen unübersichtlich und verwirrend ist ≈ Dschungel (2): *das Dickicht der Paragrafen* || -K Paragrafendickicht

Dịck·kopf *der; -(e)s, -köp·fe; umg* **1** jemand, der eigensinnig ist **2** **einen Dickkopf haben** stur sein

dịck·köp·fig *Adjektiv; umg* ≈ eigensinnig, stur

dịck·ma·chen *(hat)* ↑ **dick** (3)

Di·dạk·tik *die; -, -en* die Theorie des Unterrichts, die Wissenschaft, die sich mit Lehren und Lernen beschäftigt || *hierzu* **di·dạk·tisch** *Adjektiv*

die A1 ↑ **der**[1,2,3]

Dieb *der; -(e)s, -e;* jemand, der anderen etwas stiehlt ‹einen Dieb fassen, auf frischer Tat ertappen›: *Haltet den Dieb!* || K- Diebesbande || -K Autodieb, Ladendieb || *hierzu* **Die·bin** *die; -, -nen*

Die·bes·gut *das; -(e)s; nur Singular;* das, was ein Dieb gestohlen hat ≈ Beute

die·bisch *Adjektiv* **1** *nicht als Adverb;* ‹eine Elster, Gesindel› so, dass sie oft stehlen **2** sehr stark oder intensiv ‹eine Freude, ein Vergnügen›

Dieb·stahl *der; -(e)s, -stäh·le;* das Stehlen von Dingen, die anderen gehören ‹einen Diebstahl begehen; jemanden wegen Diebstahls verurteilen› || -K Autodiebstahl, Ladendiebstahl

die·je·ni·ge ↑ **derjenige**

Die·le *die; -, -n* **1** ein *(meist* größerer) Vorraum, der direkt hinter dem Eingang in einem Haus liegt und in dem sich *meist* die Garderobe befindet **2** *meist Plural;* lange, schmale Bretter, die einen Fußboden bilden || K- Dielen(fuß)boden, Dielenbrett

die·nen; *diente, hat gedient* **1** **etwas dient etwas** *(Dativ)* etwas fördert etwas, nützt einer Sache: *Die Fortschritte in der Medizin dienen der Gesundheit der Menschen* **2** **etwas dient (jemandem) als/zu etwas** etwas wird von jemandem zu einem bestimmten Zweck benutzt: *Die Schere dient mir auch als Brieföffner* **3** **jemandem/etwas dienen** *förmlich;* für jemanden/etwas tätig sein und sich für ihn/es sehr einsetzen: *Sie haben der Firma viele Jahre (treu) gedient*

Die·ner *der; -s, -;* jemand, der in einem privaten Haushalt gegen Lohn arbeitet und andere Personen *(z.B.* beim Essen) bedient || *hierzu* **Die·ne·rin** *die; -, -nen*

dien·lich *Adjektiv; meist in* **etwas ist jemandem/etwas dienlich** etwas ist für jemanden/etwas eine Hilfe: *Die Hinweise der Zeugen waren der Polizei sehr dienlich* || -K sachdienlich

Dienst B2 *der; -(e)s, -e* **1** *nur Singular;* die Arbeit

D

im Beruf, *bes* als Beamter, Soldat, Arzt *o.Ä.* ⟨im/außer Dienst sein; Dienst haben, tun; aus dem Dienst ausscheiden, jemanden aus dem Dienst entlassen⟩: *zu spät zum Dienst kommen; Hast du morgen Dienst?* || K- Dienstgeheimnis, Dienstreise || -K Nachtdienst **2** etwas, das man für jemand anderen tut, um ihm zu helfen *o.Ä.* ⟨jemandem/etwas einen guten, großen Dienst erweisen, leisten; Dienst am Kunden; jemandem seine Dienste anbieten; jemandes Dienste in Anspruch nehmen⟩ || -K Freundschaftsdienst, Kundendienst **3** *nur Singular;* eine Tätigkeit in einem bestimmten Bereich der Verwaltung oder für die Regierung ⟨im diplomatischen, gehobenen, mittleren Dienst sein⟩ **4** **der öffentliche Dienst** eine Tätigkeit als Angestellter einer Gemeinde, einer Stadt, des Staates *usw* **5** **etwas tut seinen Dienst/seine Dienste** etwas funktioniert: *Das Fahrrad ist zwar alt, aber es tut noch seinen Dienst* **6** **etwas tut/leistet jemandem gute Dienste** etwas ist für jemanden sehr nützlich

-di̲enst *der; -(e)s, -e; im Substantiv;* eine Organisation oder Gruppe mit bestimmten Aufgaben; **(Katastrophen)Hilfsdienst, Nachrichtendienst, Rettungsdienst, Sanitätsdienst**

Di̲ens·tag A1 *der; -(e)s, -e;* der zweite Tag der Woche; *Abkürzung* Di ⟨am Dienstag; letzten, diesen, nächsten Dienstag; Dienstag früh⟩ || K- Dienstagabend, Dienstagmittag *usw*

di̲ens·tags A2 *Adverb;* am Dienstag, jeden Dienstag: *Dienstags gehe ich immer in die Sauna*

di̲enst·frei *Adjektiv; nicht als Adverb;* so, dass man nicht arbeiten muss ⟨ein Tag, ein Wochenende; dienstfrei haben⟩

Di̲enst·leis·tung *die; -, -en; meist Plural, Wirtschaft;* eine berufliche Tätigkeit, bei der man keine Waren produziert, sondern etwas für andere tut, wie *z.B.* als Arzt, Verkäufer, Beamter *usw* || K- Dienstleistungsberuf, Dienstleistungsbetrieb

di̲enst·lich *Adjektiv* **1** aus beruflichen Gründen ⟨ein Gespräch, eine Reise; dienstlich verreisen⟩ **2** ≈ unpersönlich, formell ⟨ein Ton; dienstlich werden⟩

Di̲enst·stel·le *die; -, -n;* ein Amt (2), eine Behörde ⟨eine untergeordnete Dienststelle⟩: *Ich werde mich bei der obersten Dienststelle über Sie beschweren!* || K- Dienststellenleiter

Di̲enst·wa·gen *der; -s, -;* ein Auto, das einem der Arbeitgeber für berufliche Zwecke zur Verfügung stellt

Di̲enst·weg *der; -(e)s, -e; meist Singular;* der (*bes* bei Behörden) vorgeschriebene Ablauf bei Entscheidungen ⟨den Dienstweg einhalten; auf dem Dienstweg⟩

di̲es ≈ dieses || ↑ **dieser**

di̲es·be·züg·lich *Adjektiv; nur vor dem Substantiv oder als Adverb; Verwaltung;* in Bezug auf das Erwähnte: *Diesbezüglich teilen wir Ihnen mit, dass …*

di̲e·se ↑ **dieser**

Di̲e·sel B2 *der; -s, -;* **1** *nur Singular;* ein Kraftstoff, der zum Antrieb von Dieselmotoren dient || K- Dieselöl **2** *umg;* ein Auto mit einem Dieselmotor: *Er fährt einen Diesel* || K- Dieselauto

die·sẹl·be ↑ **derselbe**

Di̲e·sel·mo·tor *der; -s, -en;* ein Motor, der Öl anstelle von Benzin verbrennt

di̲e·ser A2 *diese, dieses; Demonstrativpronomen* **1** verwendet, um deutlich zu machen, welche Person oder Sache der Sprecher meint: *Dieses Kleid gefällt mir gut* **2** verwendet, um etwas Bekanntes wieder zu erwähnen: *Dieser Fall liegt schon Jahre zurück* **3** verwendet, um die Zeit zu bezeichnen, in der man sich gerade befindet: *Dieses Jahr/diesen Monat/diese Woche wollen wir fertig sein* **4** **dies(es)** wie ein Substantiv verwendet, um sich (zusammenfassend) auf einen schon erwähnten Satz oder Text zu beziehen: *Er half uns bei der Arbeit. Dies war für uns von großem Nutzen*

di̲es·jäh·ri·g- *Adjektiv; nur vor dem Substantiv, nicht als Adverb;* in oder von diesem Jahr: *die diesjährige Ernte*

di̲es·mal *Adverb;* bei dieser Gelegenheit, in diesem Fall: *Diesmal machen wir es richtig*

di̲es·seits B2 *Präposition; mit Genitiv, förmlich;* auf der Seite, auf der sich der Sprecher befindet ↔ jenseits

Dif·fe·rẹnz *die; -, -en* **1** *Mathematik;* **die Differenz (von/zwischen etwas** (*Dativ*) **und etwas** (*Dativ*)) das Ergebnis einer Subtraktion: *Die Differenz von/zwischen 18 und 14 ist 4* **2** *meist Plural; förmlich;* **Differenzen (über etwas** (*Akkusativ*)) (**zwischen** ⟨Personen⟩) ≈ Streit(igkeiten), Meinungsverschiedenheiten: *Über das Thema „Kindererziehung" kam es zu ernsthaften Differenzen zwischen ihnen* **3** *förmlich;* ein Unterschied (zwischen Personen/Dingen): *Es bestehen erhebliche Differenzen hinsichtlich der Qualität der Arbeiten* || -K Preisdifferenz, Zeitdifferenz

dif·fe·ren·zi̲e·ren; *differenzierte, hat differenziert;* (**zwischen etwas** (*Dativ*) **und etwas** (*Dativ*)/ **zwischen** ⟨Dingen⟩) **differenzieren** *förmlich;* (bei der Beurteilung von etwas) feine und genaue Unterschiede machen: *zwischen den verschiedenen Standpunken differenzieren* || *hierzu* **Dif·fe·ren·zie·rung** *die; -, -en*

dif·fus, *diffuser, diffusest-; Adjektiv; förmlich* **1** unregelmäßig in verschiedene Richtungen zerstreut ⟨Licht⟩ **2** nicht klar und geordnet ⟨Eindrücke, Erinnerungen, Gedanken⟩

di·gi·tal *Adjektiv* **1** (verwendet in Bezug auf Uhrzeiten, Gewichtsangaben *o.Ä.*) in Form von Zahlen ausgedrückt (und nicht auf einem Zifferblatt, einer Skala *o.Ä.*) ↔ analog (3) ⟨ein Messgerät, eine Uhr⟩: *ein Radiowecker mit digitaler Leuchtanzeige* || K- Digitalanzeige, Digitaluhr **2** mit einer Technik aufgenommen, die eine sehr gute Klangqualität ermöglicht ↔ analog (2) ⟨eine Aufnahme⟩

Di·gi·tal·ka·me·ra *die; -, -s;* eine Kamera ohne Film. Die Bilder werden elektronisch gespeichert und können dann auf einen Computer übertragen, bearbeitet und ausgedruckt werden

Dik·tat *das; -(e)s, -e;* ein Text, den Schüler hören und dann aufschreiben müssen, damit sie richtig schreiben lernen ⟨ein Diktat geben, schreiben⟩: *Sie hat nur zwei Fehler im Diktat*

Dik·ta·tur *die; -, -en; Politik;* eine Form der Herrschaft, in der ein Mensch (oder eine Gruppe) die absolute Macht hat und keine Gegner duldet || -K Militärdiktatur || *hierzu* **Dik·ta·tor** *der; -s, Dik·ta·to·ren;* **Dik·ta·to·rin** *die; -, -nen;* **dik·ta·to·risch** *Adjektiv; förmlich*

dik·tie·ren; *diktierte, hat diktiert;* **(jemandem) (etwas) diktieren** einen Text langsam und deutlich sprechen, damit jemand ihn mitschreiben kann: *der Sekretärin einen Brief diktieren*

Di·lem·ma *das; -s, -s;* eine Situation, in der man sich zwischen zwei schwierigen oder unangenehmen Möglichkeiten entscheiden muss ⟨in ein Dilemma geraten; sich in einem Dilemma befinden⟩

Dill *der; -s; nur Singular;* eine Pflanze mit sehr schmalen, zarten Blättern. Die Blätter oder deren Spitzen verwendet man als Gewürz: *Dill schmeckt gut im Gurkensalat* || K- Dillspitzen

Di·men·si·on [-'zi̯o:n] *die; -, -en* **1** *nur Plural; förmlich;* die Größe eines Gegenstands ≈ Ausdehnung: *ein Gebäudekomplex von gewaltigen Dimensionen* **2** *nur Plural; förmlich* ≈ Ausmaß, Umfang: *Die Katastrophe hat ungeheure Dimensionen angenommen* **3** *Mathematik, Physik;* die Länge, Breite oder Höhe von etwas: *Eine Fläche hat zwei, ein Körper hat drei Dimensionen*

DIN® [di:n] *nur Singular; (Abkürzung für* Deutsches Institut für Normung) verwendet in Verbindung mit einer Nummer, um eine Norm zu bezeichnen (*z.B.* eine genormte Größe): *DIN A4, DIN-A4-Blatt*

Ding A2 *das; -(e)s, -e/umg -er* **1** *(Plural Dinge) meist Plural;* ein Gegenstand oder eine Sache, die nicht genauer bezeichnet werden: *Sie hat auf die Reise nur die wichtigsten Dinge mitgenommen* **2** *(Plural Dinger) umg;* ein Gegenstand, den man nicht kennt und deshalb nicht bezeichnen kann, oder ein Gegenstand, den man nicht mag: *Für diese hässlichen Dinger hast du so viel Geld bezahlt?* **3** *(Plural Dinge) nur Plural;* Themen, die jemanden betreffen ≈ Angelegenheiten ⟨private, öffentliche Dinge⟩: *Wir mussten noch einige wichtige Dinge besprechen* **4** *(Plural Dinge) nur Plural;* Vorgänge oder Ereignisse, die nicht genauer genannt werden: *Dort geschehen seltsame Dinge* **5** *(Plural Dinger)* **ein junges Ding** *umg;* ≈ Mädchen || ID **vor allen Dingen** vor allem; **guter Dinge sein** fröhlich, optimistisch sein; **ein (krummes) Ding (drehen)** *umg;* eine kriminelle Tat (begehen); **irgendwo geht es nicht mit rechten Dingen zu** *umg;* irgendwo geschehen seltsame Dinge (4)

Dings B2 *der/die/das; nur Singular; umg;* eine Person oder Sache, deren Name dem Sprecher im Augenblick nicht einfällt

Dings·da B2 *der/die/das; nur Singular; umg* ≈ Dings

Din·kel *der; -s; nur Singular;* eine Getreideart

Di·no·sau·ri·er *der; -s, -;* verwendet als Bezeichnung für jede Art der (*meist* sehr großen) Reptilien, die vor Millionen von Jahren gelebt haben

Di·ö·ze·se *die; -, -n; katholische Religion;* ein kirchliches Gebiet, das ein Bischof leitet ≈ Bistum

Diph·the·rie [-f-] *die; -; nur Singular; Medizin;* eine gefährliche Infektionskrankheit im Hals

Diph·thong [dɪf'tɔŋ] *der; -(e)s, -e; Sprachwissenschaft;* ein Laut, der aus zwei Vokalen besteht, *z.B.* „au" oder „ei"

Dip·lom B1 *das; -s, -e* **1** eine Urkunde, die ein Student oder Handwerker am Schluss nach seiner bestandenen Prüfung bekommt **2** ein akademischer Rang, den man in bestimmten Fächern an einer Universität oder Fachhochschule erreichen kann; *Abkürzung* Dipl.: *sein Diplom machen* || Hinweis: dieser Rang wird heute nicht mehr vergeben und ist durch *Bachelor* und *Master* ersetzt || K- Diplomingenieur

Dip·lo·mat *der; -en, -en* **1** jemand, der einen Staat offiziell im Ausland vertritt || K- Diplomatenpass **2** jemand, der klug und taktvoll mit anderen Menschen umgeht || *hierzu* **Dip·lo·ma·tin** *die; -, -nen*

dip·lo·ma·tisch *Adjektiv* **1** *nur vor dem Substantiv oder als Adverb;* die offiziellen Beziehungen zwischen Staaten betreffend: *diplomatische Beziehungen aufnehmen* **2** klug und (taktisch) geschickt: *Es war nicht sehr diplomatisch von dir, ihm so direkt deine Meinung zu sagen* || *hierzu* **Dip·lo·ma·tie** *die; -; nur Singular*

dir¹ [A2] *Personalpronomen der 2. Person Singular (du), Dativ: Sie gibt dir das Geld;* ↑ Anhang Seite 1066: **Personalpronomen**

dir² [A2] *Reflexivpronomen der 2. Person Singular (du), Dativ: Kannst du dir das vorstellen?;* ↑ Anhang Seite 1070: **Reflexivpronomen**

di·rekt¹ [B1] *direkter, direktest-; Adjektiv* **1** *nur vor dem Substantiv oder als Adverb;* auf dem kürzesten Weg zu einem Ort, ohne Umweg: *Diese Straße geht direkt zum Bahnhof* || K- Direktflug **2** *nur vor dem Substantiv oder als Adverb;* ohne jemand anderen/etwas anderes dazwischen: *mein direkter Nachbar/Vorgesetzer; Sie wandte sich direkt an den Chef* || K- Direktverkauf **3** **direkt** *+ Präposition + Substantiv/Pronomen* ganz nahe bei der genannten Person/dem genannten Ort: *direkt am Meer wohnen; Sie stand direkt neben ihm* **4** *nur vor dem Substantiv oder als Adverb;* **direkt** *+ Präposition + Substantiv* (zeitlich) sofort nach/vor etwas: *Ich gehe direkt nach der Arbeit nach Hause* **5** *nur vor dem Substantiv oder als Adverb;* so, dass man nicht umsteigen muss ⟨ein Zug, eine Verbindung⟩: *direkt nach Australien fliegen* || K- Direktverbindung **6** nicht sehr höflich, vorsichtig oder diskret ≈ offen (8) ⟨jemandem eine direkte Frage stellen; jemandem etwas direkt ins Gesicht sagen⟩ || *zu* 6 **Di·rekt·heit** *die; -; nur Singular*

di·rekt² [B1] *Partikel; unbetont* **1** *umg;* verwendet, wenn man etwas nicht erwartet hätte ≈ wirklich: *Diese Arbeit hat mir direkt Spaß gemacht* **2** *umg;* verwendet, um auszudrücken, dass man etwas tun sollte ≈ eigentlich: *Wir müssten ihn direkt warnen*

Di·rek·ti·on [-'tsio:n] *die; -, -en;* eine Gruppe von Personen, die ein Unternehmen, eine (öffentliche) Institution *o.Ä.* gemeinsam leiten ≈ Leitung || K- Direktionsräume, Direktionssekretärin || -K Bankdirektion, Polizeidirektion

Di·rek·tor *der; -s, Di·rek·to·ren;* der Leiter einer Schule, einer anderen Institution oder Firma ⟨ein technischer Direktor⟩ || -K Museumsdirektor, Schuldirektor || *hierzu* **Di·rek·to·rin** *die; -, -nen*

Di·rek·to·rat *das; -(e)s, -e;* die Räume, in denen der Direktor einer Schule und seine Mitarbeiter arbeiten

di·ri·gie·ren; *dirigierte, hat dirigiert;* **etwas dirigieren** einen Chor, ein Orchester (durch Zeichen, Bewegungen der Arme) führen || *hierzu* **Di·ri·gent** *der; -en, -en;* **Di·ri·gen·tin** *die; -, -nen*

Dirndl *das; -s, -;* ein Kleid mit einer Schürze (wie es im Gebiet der Alpen Tradition ist) || K- Dirndlbluse, Dirndlrock

Disc·jo·ckey *der; -s, -s;* jemand, der (*bes* in Diskotheken oder im Rundfunk) die Musik aussucht und ankündigt

Dis·co *die; -, -s; umg; Kurzwort* ↑ **Diskothek** ⟨in die Disco gehen⟩

Dis·ket·te [A2] *die; -, -n; Informatik;* eine Art elektronische Karte, auf der man Daten speichern kann

Disk·jo·ckey *der* ↑ **Discjockey**

Dis·ko [A2] *die* ↑ **Disco**

Dis·ko·thek *die; -, -en;* ein Lokal, in dem moderne Tanzmusik (*meist* von Schallplatten, CDs) gespielt wird

dis·kret; *diskreter, diskretest-; Adjektiv; förmlich;* mit Rücksicht und Takt, *bes* bei Dingen, die geheim oder unangenehm sind ↔ indiskret ⟨eine diskrete Frage stellen⟩ || *hierzu* **Dis·kre·ti·on** *die; -; nur Singular*

dis·kri·mi·nie·ren; *diskriminierte, hat diskriminiert;* **jemanden diskriminieren** jemanden wegen seiner Nationalität, Rasse, Religion *o.Ä.* schlechter behandeln als andere ≈ benachteiligen || *hierzu* **Dis·kri·mi·nie·rung** *die; -, -en*

Dis·kus *der; -(ses), -se/D'is·ken; Sport;* eine schwere Scheibe, *meist* aus Holz und Metall, die geworfen wird || *hierzu* **Dis·kus·wer·fen** *das; -s; nur Singular*

Dis·kus·si·on [B1] [-'sio:n] *die; -, -en* **1** **eine Diskussion (über etwas** *(Akkusativ)*) ein Gespräch über ein Problem oder Thema, über das es verschiedene Meinungen gibt ≈ Aussprache ⟨eine lebhafte, öffentliche Diskussion; eine Diskussion eröffnen, führen⟩ || K- Diskussionsbeitrag, Diskussionsleiter, Diskussionsteilnehmer || -K Fernsehdiskussion **2** **etwas zur Diskussion stellen** andere auffordern, offen über etwas zu reden

dis·ku·tie·ren [B1] *diskutierte, hat diskutiert;* **je-**

mand diskutiert mit jemandem (über etwas (*Akkusativ*)); ⟨Personen⟩ **diskutieren (über etwas** (*Akkusativ*)) zwei oder mehrere Personen sprechen offen und sachlich über ein Thema, ein Problem: *über Politik diskutieren*

Dis·play [dɪsˈpleɪ] *das; -s, -s* **1** das Ausstellen von Waren auf eine Art, die zum Kaufen anregen soll **2** *Elektrotechnik, Informatik;* die optische Darstellung von Daten (durch Leuchtanzeige) bei elektronischen Geräten, digitalen Uhren *o.Ä.* **3** *Informatik* ≈ Bildschirm

dis·qua·li·fi·zie·ren; [-kva-] *disqualifizierte, hat disqualifiziert;* **jemanden disqualifizieren** *Sport;* jemanden von einem Wettkampf ausschließen, weil er gegen eine Regel verstoßen hat: *Der Läufer wurde wegen Dopings disqualifiziert* || *hierzu* **Dis·qua·li·fi·ka·ti·on** *die; -, -en*

Dis·ser·ta·ti·on [-ˈtsi̯oːn] *die; -, -en;* **eine Dissertation (über etwas** (*Akkusativ*)**/zu etwas**) eine wissenschaftliche Arbeit, die man schreiben muss, um den Doktortitel zu bekommen ≈ Doktorarbeit ⟨eine Dissertation schreiben⟩

Dis·si·dent *der; -en, -en; Politik;* (*bes* in Bezug auf Regimekritiker in sozialistischen Ländern verwendet) jemand, der offen sagt, dass er gegen die offizielle Politik des Staates *o.Ä.* ist || *hierzu* **Dis·si·den·tin** *die; -, -nen*

Dis·tanz *die; -, -en; förmlich* **1** **die Distanz (zwischen jemandem/etwas und jemandem/etwas)** die räumliche Entfernung zwischen zwei Personen/Orten oder Punkten ≈ Abstand: *Aus dieser Distanz kann ich nichts erkennen* **2** *nur Singular;* **Distanz (zu jemandem)** eine Haltung, bei der man wenig Vertrauen und Kontakt zu jemandem hat ⟨Distanz (zu jemandem) halten; auf Distanz (zu jemandem) bleiben, gehen⟩

dis·tan·zie·ren; *distanzierte, hat distanziert;* **sich von etwas distanzieren** *förmlich;* (öffentlich) erklären, dass man *meist* eine Äußerung, eine Aktion *o.Ä.* nicht gut oder nicht richtig findet ⟨sich von einem Bericht, einem Parteiprogramm distanzieren⟩

dis·tan·ziert, *distanzierter, distanziertest-; Adjektiv; förmlich* ≈ zurückhaltend, kühl (2)

Dis·tel *die; -, -n;* eine Pflanze mit *meist* violetten oder weißen Blüten, die Blätter mit kleinen dünnen Stacheln hat: *Der Esel frisst Disteln*

Dis·zip·lin *die; -; nur Singular* **1** das Befolgen von Regeln, Befehlen *usw* (*bes* innerhalb einer Gemeinschaft *bzw* von Schülern, Soldaten) ⟨äußerste, strenge Disziplin, wenig Disziplin haben; gegen die Disziplin verstoßen⟩ || -K Parteidisziplin **2** die strenge Kontrolle des eigenen Tuns ⟨etwas erfordert, verlangt eiserne Disziplin⟩: *Er hat nicht genug Disziplin, um sein Studium durchzuhalten* || -K Selbstdisziplin

dis·zip·li·niert, *disziplinierter, diszipliniertest-; Adjektiv; förmlich;* durch strenge Disziplin ausgezeichnet ⟨eine Klasse; sich diszipliniert verhalten, diszipliniert arbeiten⟩

di·vers- [-v-], (*kein Komparativ*), *diversest-; Adjektiv; nur vor dem Substantiv, nicht als Adverb, nur mit Plural; förmlich* ≈ mehrere (verschiedene): *diverse Möglichkeiten ausprobieren*

Di·vi·den·de [-v-] *die; -, -n; Wirtschaft;* der Anteil am Gewinn einer Aktiengesellschaft, der jährlich an die Aktionäre ausgezahlt wird

di·vi·die·ren [-v-]; *dividierte, hat dividiert;* **(eine Zahl durch eine Zahl) dividieren** *Mathematik;* ≈ teilen (5): *Sechs dividiert durch zwei ist (gleich) drei* (*6:2=3*) || *hierzu* **Di·vi·si·on** *die; -, -en; meist Singular*

DNS [deːɛnˈɛs] *die; -; nur Singular, Biologie, Chemie;* (*Abkürzung für* Desoxyribonukleinsäure) eine Substanz (in Form von langen Ketten), die die genetische Information enthält

doch[1] B1 *Konjunktion;* leitet einen Teilsatz ein, der das Gegenteil zum vorher Gesagten ausdrückt: *Er tat alles, um rechtzeitig fertig zu sein, doch es gelang ihm nicht*

doch[2] B1 *Adverb; betont* **1** trotz des genannten Sachverhalts ≈ dennoch, trotzdem: *Er sagte, er würde es ihr nicht verraten, aber er hat es doch getan* **2** verwendet, um eine negative Aussage oder eine verneinte Frage im positiven Sinne zu beantworten: *„Stimmt das etwa nicht?" – „Doch!"*

doch[3] B1 *Partikel; unbetont* **1** verwendet zur Verstärkung der Aussagen (Wünsche, Überraschung, Empörung *o.Ä.*) in Ausrufesätzen *Wenn er doch nur endlich käme!; Das gibt's doch gar nicht!; Hör doch endlich auf!* **2** verwendet, wenn man betont, dass man etwas weiß oder sich an etwas erinnert: *Das war doch so, oder?* **3** verwendet in Fragen, wenn man die Sorge hat, dass etwas nicht gelingt: *Das schaffst du doch hoffentlich?* || ↑ Info Seite 210

Docht *der; -(e)s, -e;* eine Art Schnur in einer Kerze oder Lampe, die angezündet wird und langsam verbrennt

Dock *das; -(e)s, -s;* eine Anlage, in der Schiffe gebaut oder repariert werden || K- Dockarbeiter

Dog·ge *die; -, -n;* ein sehr großer Hund mit

▶ doch

Als Konjunktion verbindet **doch** Satzteile miteinander, die einen Gegensatz ausdrücken:
Ich würde gern mitkommen, doch ich kann nicht.

Als Adverb ist **doch** immer betont und wird verwendet, wenn man einer negativen Aussage oder Erwartung widerspricht:
„Du hast wohl keine Lust?" — „Doch!"
„Das stimmt nicht." — „Doch, das stimmt schon!"
„Er kommt also doch! Das hätte ich nicht gedacht."

Als unbetonte Partikel kann **doch** verschiedene Funktionen haben.

Man fordert damit den Gesprächspartner zur Zustimmung auf:
Es ist doch sehr schön hier, nicht wahr?
Du wirst mich doch nicht in Stich lassen?

Oder man weist mit **doch** Aufforderungen oder Vorwürfe zurück:
Das konnte ich doch nicht wissen!
„Räum bitte dein Zimmer auf." — „Das habe ich doch schon längst getan!"

Doch kann auch Aufforderungen und Ausrufe verstärken:
Sei doch mal endlich still!
Wenn er doch nur schon hier wäre!
Das darf doch nicht wahr sein!

SPRACHE LERNEN

einer flachen Schnauze und *meist* gelblich braunem Fell

Dog·ma *das; -s, Dog·men; förmlich, meist abwertend;* eine Lehre *o.Ä.*, die den Anspruch erhebt, absolut gültig zu sein ⟨eine Meinung zum Dogma erheben⟩

dog·ma·tisch *Adjektiv; förmlich, meist abwertend;* (starr und unkritisch) an Dogmen festhaltend ⟨eine Haltung, jemandes Denken⟩

Dok·tor [-to:ɐ̯, -te] *der; -s, Dok·to·ren* **1** *umg;* die Anrede oder Bezeichnung für einen Arzt ⟨einen Doktor brauchen; zum Doktor gehen⟩ **2** *nur Singular;* ein akademischer Grad und Titel; *Abkürzung* Dr.: *Er ist Doktor der Biologie* (= hat einen Doktortitel in Biologie); *Herr/Frau Dr. Baumann* || K- Doktortitel || *zu* 1 **Dok·to·rin** *die; -, -nen*

Dok·tor·ar·beit *die; -, -en* ≈ Dissertation

Do·ku·ment B1 *das; -(e)s, -e* **1** ein offizielles Papier von einer Behörde (*z.B.* der Pass, die Geburtsurkunde) ≈ Urkunde: *Wenn man heiraten will, muss man mehrere Dokumente vorlegen* **2** ein Text oder ein Gegenstand, der als (historischer) Beweis dient ≈ Zeugnis ⟨ein historisches Dokument⟩: *Die alten Namen sind für Historiker wichtige Dokumente* || -K Bilddokument, Zeitdokument

do·ku·men·ta·risch *Adjektiv* **1** ⟨eine Aufnahme, ein Film, eine Darstellung⟩ so, dass sie nur auf Tatsachen beruhen || K- Dokumentarfilm **2** *meist als Adverb;* durch Dokumente (1,2) ⟨etwas ist dokumentarisch belegt, nachweisbar⟩

Do·ku·men·ta·ti·on [-'tsi̯o:n] *die; -, -en* **1** **eine Dokumentation** (**über etwas** *(Akkusativ)*/ **zu etwas**) eine Sammlung von Dokumenten (*z.B.* Urkunden, Daten und Fakten zu einem Thema): *Im Anhang des Buches findet sich eine ausführliche Dokumentation zum Thema „Umweltverschmutzung"* **2** **eine Dokumentation** (**über etwas** *(Akkusativ)*/**zu etwas**) eine dokumentarische (1) Sendung im Fernsehen oder Radio

Dolch *der; -(e)s, -e;* eine Art spitzes Messer, dessen Klinge auf beiden Seiten schneidet und das als Stoßwaffe dient || K- Dolchstoß

dol·met·schen; *dolmetschte, hat gedolmetscht;* **(etwas) dolmetschen** das, was jemand sagt, (*meist* sofort) mündlich in eine andere Sprache übersetzen ⟨ein Gespräch, ein Interview dolmetschen⟩ || *hierzu* **Dol·met·scher** *der; -s, -;* **Dol·met·sche·rin** *die; -, -nen*

Dom *der; -(e)s, -e;* eine große Kirche, *meist* die Kirche eines Bischofs: *der Kölner Dom*

Do·mä·ne *die; -, -n; förmlich;* das (Fach)Gebiet, in dem jemand tätig ist und in dem er besonders gute Kenntnisse hat ≈ Spezialgebiet: *Seine eigentliche Domäne ist die Komödie, aber er spielt auch ernste Rollen*

do·mi·nant, *dominanter, dominantest-; Adjektiv* **1** *förmlich;* stark auffallend ≈ bestimmend ⟨ein Charakterzug; ein Motiv⟩ **2** *förmlich;* sehr stark im Durchsetzen der eigenen Wünsche: *Seine Frau ist sehr dominant* **3** *Biologie;* ⟨Merkmale, Erbfaktoren⟩ so, dass sie bei der Vererbung andere Merkmale verdrängen ↔ rezessiv || *hierzu* **Do·mi·nanz** *die; -; nur Singular*

do·mi·nie·ren; *dominierte, hat dominiert; förmlich* **1** **(jemanden/etwas) dominieren** über jemandes Handeln/den Ablauf von etwas bestimmen ≈ beherrschen: *eine dominierende Stellung haben* **2** **etwas dominiert (etwas)** etwas ist (irgendwo) besonders wichtig ≈ etwas herrscht vor: *In diesem Bild dominieren dunkle Farben*

Do·mi·no *das; -s; nur Singular;* ein Spiel, bei dem flache, rechteckige (Spiel)Steine, die Punkte haben, nach bestimmten Regeln aneinandergelegt werden müssen || K- Dominospiel, Dominostein

Do·mi·zil [-ts-] *das; -s, -e; förmlich;* der Ort, an dem jemand wohnt ≈ Wohnsitz

Domp·teur [dɔmpˈtøːɐ̯] *der; -s, -e;* jemand, der von Beruf Tiere *meist* für einen Zirkus dressiert und sie vorführt || *hierzu* **Domp·teu·se** [--ˈtøːzə] *die; -, -n*

Don·ner B1 *der; -s, -; meist Singular;* das laute Geräusch, das man nach einem Blitz hört ⟨der Donner kracht⟩ || K- Donnerschlag || ID **wie vom Donner gerührt** starr vor Schrecken

don·nern B2 *donnerte, hat gedonnert* **1** **es donnert** ein Donner ist zu hören: *Es blitzt und donnert* **2** **etwas donnert** etwas macht ein lautes Geräusch, das einem Donner ähnlich ist ⟨Kanonen, Maschinen⟩

Don·ners·tag A1 *der; -(e)s, -e;* der vierte Tag der Woche; *Abkürzung* Do ⟨am Donnerstag; letzten, diesen, nächsten Donnerstag; Donnerstag früh⟩ || K- Donnerstagabend, Donnerstagmittag

don·ners·tags A2 *Adverb;* am Donnerstag, jeden Donnerstag

Don·ner·wet·ter *das; -s, -; umg* **1** lautes und heftiges Schimpfen ⟨es gibt ein Donnerwetter⟩ **2** **zum Donnerwetter!** verwendet als Ausruf des Zorns **3** **Donnerwetter!** verwendet als Ausruf der Bewunderung

doof B2 *Adjektiv; umg abwertend* **1** besonders dumm ≈ blöd **2** verwendet, um seinen Ärger über jemanden/etwas auszudrücken: *So ein doofer Film!*

Do·ping *das; -s; nur Singular; Sport;* die verbotene Anwendung von Medikamenten, um die sportlichen Leistungen zu steigern: *Sie wurde wegen Dopings gesperrt* || K- Dopingkontrolle

Dop·pel *das; -s, -; Sport;* das Spiel von zwei Spielern gegen zwei andere (*bes* beim Tennis und Tischtennis) || K- Doppelpartner

Dop·pel·be·las·tung *die; -, -en;* so, dass jemand für zwei anstrengende Aufgaben (Bereiche) verantwortlich ist: *die Doppelbelastung von Frauen durch Beruf und Familie*

Dop·pel·bett *das; -(e)s, -en;* ein Bett für zwei Personen

dop·pel·deu·tig *Adjektiv;* so, dass zwei Bedeutungen möglich sind ⟨eine Äußerung, eine Bemerkung⟩ || *hierzu* **Dop·pel·deu·tig·keit** *die; -, -en*

Dop·pel·gän·ger *der; -s, -;* jemand, der einem anderen so ähnlich sieht, dass man beide miteinander verwechseln könnte ⟨jemandes Doppelgänger sein⟩ || *hierzu* **Dop·pel·gän·ge·rin** *die; -, -nen*

Dop·pel·haus *das; -es, -häu·ser;* ein Haus, das aus zwei Hälften besteht, wobei in jeder Hälfte eine Familie wohnt || K- Doppelhaushälfte

Dop·pel·na·me *der; -ns, -n;* ein Familien- oder Vorname, der aus zwei Namen besteht, *z.B.* Hans-Peter, Müller-Seidl

Dop·pel·punkt *der; -(e)s, -e;* das Zeichen :, das im Satz vor direkter Rede, vor Aufzählungen und Beispielen steht

dop·pel·sei·tig *Adjektiv;* auf zwei nebeneinanderliegenden Seiten eines Buches, einer Zeitschrift *usw* ⟨eine Anzeige, eine Fotografie⟩ || *hierzu* **Dop·pel·sei·te** *die; -, -n*

dop·pelt B2 *Adjektiv* **1** zweimal so viel von etwas ⟨eine Menge, Ausgaben⟩ **2** **doppelt so** + *Adjektiv/Adverb* verwendet, um auszudrücken, dass etwas zweimal mehr, stärker zutrifft als sonst ⟨doppelt so groß, viel *usw*⟩ **3** *nur vor dem Substantiv, nicht als Adverb; abwertend;* nicht ehrlich ⟨Moral; doppeltes Spiel mit jemandem treiben⟩ || ID **doppelt und dreifach** *umg;* übertrieben gründlich/oft ⟨alles doppelt und dreifach erklären, überprüfen⟩

Dop·pel·zim·mer B1 *das; -s, -;* ein Zimmer für zwei Personen in einem Hotel *o.Ä.* ≈ Zweibettzimmer ↔ Einzelzimmer, Einbettzimmer

Dorf A2 *das; -(e)s, Dör·fer;* ein kleiner Ort auf dem Land mit wenigen Häusern ↔ Stadt ⟨auf dem Dorf wohnen⟩ || K- Dorfbewohner, Dorfkirche || -K Bauerndorf, Bergdorf, Fischerdorf || *hierzu* **dörf·lich** *Adjektiv*

Dorn *der; -(e)s, -en;* ein harter, spitzer Teil (Stachel), wie *z.B.* am Stiel einer Rose ⟨sich an einem Dorn stechen⟩ || K- Dornbusch; Dornenhecke || ID **jemandem ein Dorn im Auge sein** jemanden sehr ärgern || *hierzu* **dor·rig** *Adjektiv*

dör·ren; *dörrte, hat gedörrt;* **etwas dörren** Nahrungsmittel haltbar machen, indem man sie trocknet ⟨Fisch, Fleisch, Obst dörren⟩ || K- Dörrfisch, Dörrobst

Dorsch *der; -(e)s, -e;* ein essbarer (Raub)Fisch, der im Meer lebt

dort A2 *Adverb;* verwendet, um darauf hinzuweisen, wo jemand/etwas ist ⟨dort drüben, hinten, oben *usw*⟩: *Die Brille liegt dort auf dem Tisch* || Hinweis: *Dort* wird *oft* mit einer Geste

D

verbunden

dort·blei·ben; *blieb dort, ist dortgeblieben;* am genannten Ort bleiben (der nicht hier, beim Sprecher ist): *Sie besuchte ihre Freundin und blieb gleich über Nacht dort*

D

dort·her, dort·her *Adverb; meist* **von dorther** von einem bestimmten Ort (aus in die Richtung zum Sprecher hin)

dort·hin B2 *Adverb;* zu einem Ort hin

dor·ti·g- *Adjektiv; nur vor dem Substantiv, nicht als Adverb;* an dem erwähnten Ort: *In Frankfurt können Sie sich an unseren dortigen Filialleiter wenden*

Do·se B1 *die; -, -n* **1** ein kleiner Behälter mit Deckel || -K Blechdose, Plastikdose; Butterdose, Keksdose **2** ein kleiner Behälter aus Metall mit konservierten Lebensmitteln ≈ Büchse: *Thunfisch in Dosen* || K- Dosenbier, Dosenöffner, Dosenwurst

Dosenöffner

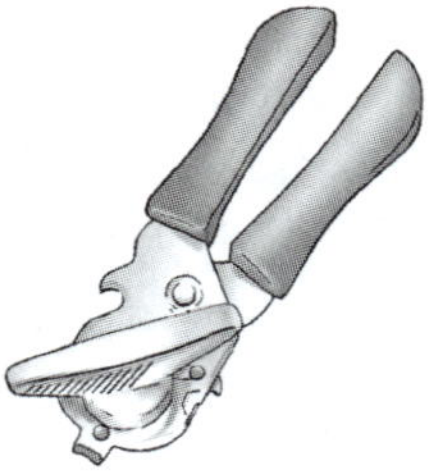

dö·sen; *döste, hat gedöst; umg;* ruhen und dabei fast schlafen: *am Strand liegen und in der Sonne dösen*

do·sie·ren; *dosierte, hat dosiert;* **etwas (irgendwie) dosieren** eine Menge (Dosis) von etwas abmessen ⟨ein Medikament (genau) dosieren⟩ || *hierzu* **Do·sie·rung** *die; -, -en*

Do·sis *die; -, Do·sen;* die Menge (*meist* eines Medikaments), die man auf einmal (ein)nimmt ⟨eine hohe, tödliche Dosis zu sich nehmen⟩ || -K Tagesdosis, Wochendosis

Dot·ter *der, das; -s, -;* der gelbe Teil vom Ei ≈ Eigelb ↔ Eiweiß || K- dottergelb || *hierzu* **dot·ter·far·ben** *Adjektiv*

Do·zent *der; -en, -en;* jemand, der an einer Universität oder Hochschule lehrt (und nicht Professor ist) || *hierzu* **Do·zen·tin** *die; -, -nen*

Dr. *Abkürzung für* Doktor; *vor Namen oder mit einem Zusatz:* **Dr. jur.** Doktor der Rechtswissenschaft; **Dr. med.** Doktor der Medizin; **Dr. phil.** Doktor der Philosophie

Dra·che *der; -n, -n; (bes* in Märchen und Sagen) ein großes Tier (mit Flügeln, Schuppen und Krallen), das Feuer spuckt

Dra·chen *der; -s, -;* ein Spielzeug, das aus einem leichten Rahmen und dünnem Papier oder Stoff besteht. Man hält den Drachen in den Wind und lässt ihn an einer Schnur hoch in die Luft steigen ⟨einen Drachen steigen lassen⟩

Dra·gee, Dra·gée [dra'ʒeː] *das; -s, -s* **1** eine kleine Kapsel mit einem Medikament darin **2** eine Süßigkeit in Form eines Dragees (1)

Draht *der; -(e)s, Dräh·te;* eine Art Schnur aus Metall, die *z.B.* elektrischen Strom leitet ⟨einen Draht ziehen⟩ || K- Drahtgitter, Drahtzaun || -K Kupferdraht

drah·tig *Adjektiv; (meist* für Männer verwendet) relativ klein, schlank und kräftig: *ein drahtiger Bursche*

Dra·ma *das; -s, Dra·men* **1** ein Stück (in Dialogen), das im Theater gespielt wird ⟨ein Drama inszenieren, spielen⟩: *„Hamlet" ist ein berühmtes Drama von Shakespeare* **2** die literarische Gattung des Dramas (1) **3** *meist Singular;* ein aufregender Vorgang: *Das Drama der Kindesentführung nahm ein glückliches Ende* || -K Geiseldrama

Dra·ma·tik *die; -; nur Singular* **1** ≈ Spannung[1] (1) ⟨die Dramatik eines Kampfes, einer Situation⟩: *ein Spiel voller Dramatik* **2** ≈ Drama (2) ↔ Epik, Lyrik || *zu* 2 **Dra·ma·ti·ker** *der; -s, -;* **Dra·ma·ti·ke·rin** *die; -, -nen*

dra·ma·tisch *Adjektiv* **1** ≈ aufregend, spannend ⟨ein Wettkampf⟩: *Die Rettungsaktion verlief dramatisch* **2** *nur vor dem Substantiv, nicht als Adverb;* ⟨*meist* die Dichtung, die Literatur⟩ zur Gattung des Dramas gehörend

dra·ma·ti·sie·ren; *dramatisierte, hat dramatisiert;* **etwas dramatisieren** etwas so behandeln, als wäre es wichtiger, gefährlicher *o.Ä.*, als es tatsächlich ist ≈ hochspielen: *Wir wollen diesen Fall nicht dramatisieren*

dran B1 *Adverb* **1** *umg* ≈ daran: *Ich glaub nicht dran* **2** **jemand/etwas ist dran** *umg;* jemand ist der Nächste, der behandelt, bedient *o.Ä.* wird/etwas ist das Nächste, das getan werden soll: *Bin ich jetzt dran mit Würfeln?; Welche Arbeit ist morgen dran?* **3** *meist* **gut, schlecht dran sein** *umg;* es gut, schlecht haben **4** *meist* **an etwas** *(Dativ)* **ist (et)was/nichts dran** *umg;* etwas ist (zum Teil) wahr/nicht wahr: *An dem Gerücht ist nichts dran*

dran- *im Verb; betont und trennbar;* Die Verben mit *dran-* werden nach folgendem Muster gebildet: *dranlassen - ließ dran - drange-*

lassen; drückt aus, dass ein (fester) Kontakt hergestellt wird; **etwas (an etwas** (*Akkusativ*)) **dranhängen, dranklebeh, dranknoten, dranschrauben**

dran·blei·ben (*ist*) *umg* **1** **(an jemandem/etwas) dranbleiben** nicht aufhören, sich um jemanden/etwas zu bemühen oder zu kümmern: *Wenn man bei ihm etwas erreichen will, muss man dranbleiben* **2** beim Telefonieren den Hörer nicht auflegen: *Bitte bleiben Sie (noch) dran!*

drang *Imperfekt, 1. und 3. Person Singular*; ↑ **dringen**

Drang *der*; *-(e)s*; *nur Singular*; **der Drang (nach etwas)**; **der Drang + zu** + *Infinitiv* ein starkes Bedürfnis (nach etwas/etwas zu tun) ≈ Verlangen ⟨einen Drang verspüren; etwas aus einem Drang heraus tun⟩: *der Drang nach Freiheit* || ▸K Bewegungsdrang

drän·ge **1** *Präsens, 1. Person Singular*; ↑ **drängen** **2** *Konjunktiv II, 1. und 3. Person Singular*; ↑ **dringen**

drän·geln [-ŋln]; *drängelte, hat gedrängelt*; *umg*; **(irgendwohin) drängeln** in einer Menge von Menschen die anderen leicht stoßen *usw*, um schneller ans Ziel zu kommen ⟨nach vorne, zum Ausgang drängeln⟩: *Drängeln Sie doch nicht so!*

drän·gen; *drängte, hat gedrängt* **1** **jemanden (irgendwohin) drängen** jemanden (*meist* indem man drückt oder schiebt) an einen Ort bewegen, ohne dass er es will: *Die Polizisten drängten die Demonstranten in eine Ecke* **2** **jemanden (zu etwas) drängen** energisch jemanden dazu bringen wollen, dass er etwas tut: *Er drängte sie zum Verkauf des Hauses* **3** **sich irgendwohin drängen** andere oder etwas drücken oder schieben, damit man irgendwohin gelangt: *sich nach vorne drängen*

dran·kom·men (*ist*) *umg* **1** **jemand kommt dran** jemand wird (jetzt) bedient oder muss etwas tun ⟨als Erster, Nächster, Letzter drankommen⟩: *Bist du beim Arzt gleich drangekommen?* **2** **etwas kommt dran** mit etwas wird etwas getan ⟨etwas kommt als Erstes, Nächstes, Letztes dran⟩: *Wenn die Küche geputzt ist, kommt das Bad dran*

dran·neh·men (*hat*) *umg* **1** **jemanden drannehmen** (als Lehrer) einen Schüler auffordern, eine Frage zu beantworten *o.Ä.* ≈ aufrufen **2** **jemanden/etwas drannehmen** jemanden/etwas (entsprechend einer festgelegten Reihenfolge) behandeln/bearbeiten *o.Ä.* ⟨jemanden als Ersten, Nächsten, Letzten drannehmen⟩: *Der Zahnarzt hat mich gleich drangenommen* (= sofort behandelt)

dra·pie·ren; *drapierte, hat drapiert*; **(sich** (*Dativ*)) **etwas irgendwohin drapieren** einen Stoff kunstvoll in Falten legen und sich/etwas damit schmücken: *sich ein Tuch um den Hals drapieren*

dras·tisch *Adjektiv*; so, dass dadurch die negativen Seiten eines Ereignisses deutlich gezeigt werden ⟨ein Beispiel; etwas drastisch darstellen, formulieren, schildern⟩: *Kinderarbeit ist ein drastischer Fall von Ausbeutung*

drauf *Adverb*; *umg* ≈ darauf: *Ich bin nicht drauf reingefallen!* || ID **gut drauf sein** in guter Laune, Stimmung sein

drauf- *im Verb*; *betont und trennbar*; Die Verben mit *drauf-* werden nach folgendem Muster gebildet: *drauflegen - legte drauf - draufgelegt*; in die Richtung zum oberen Teil von jemand/etwas oder in einer Lage oben auf jemandem/etwas; **etwas (auf etwas** (*Akkusativ*)) **draufkleben, draufschreiben**; **sich/jemanden/etwas (auf etwas** (*Akkusativ*)) **drauflegen, draufstellen**; **(auf etwas** (*Akkusativ*)) **drauftreten**

Drauf·gän·ger *der*; *-s, -*; *meist abwertend*; jemand, der versucht, seine Ziele zu erreichen, ohne dabei an die Konsequenzen seines Handelns zu denken || *hierzu* **Drauf·gän·ge·rin** *die*; *-, -nen*; **drauf·gän·ge·risch** *Adjektiv*

drauf·kom·men (*ist*) **(jemandem) draufkommen** *umg*; etwas herausfinden, entdecken (was jemand getan hat oder vorhat): *Ich komme einfach nicht drauf, wie das geht*; *Er wollte mich reinlegen, aber ich bin ihm rechtzeitig draufgekommen*

drauf·los *Adverb*; ohne lange zu überlegen: *Nur drauflos, dann schaffst du es schon!*

drauf·los- *im Verb*; *betont und trennbar*; *umg*; Die Verben mit *drauflos-* werden nach folgendem Muster gebildet: *drauflosrennen - rannte drauflos - drauflosgerannt* **1** drückt aus, dass jemand anfängt, sich zu bewegen, ohne ein festes Ziel zu haben; **drauflosfahren, draufloslaufen, drauflosrennen** **2** drückt aus, dass jemand anfängt zu reden, ohne lange zu überlegen; **drauflosquatschen, drauflosreden, drauflosschimpfen**

drauf·schla·gen (*hat*) *umg* **1** **(auf etwas** (*Akkusativ*)) **draufschlagen** auf etwas schlagen: *Sie legte die Nuss auf den Tisch und schlug mit dem Hammer drauf* **2** **etwas (auf etwas** (*Akkusativ*)) **draufschlagen** einen Preis *o.Ä.* um eine bestimmte Summe erhöhen: *zehn Prozent Provision auf den Preis draufschlagen*

drauf·zah·len (*hat*) **(bei etwas) draufzahlen**

umg; bei etwas einen finanziellen Verlust haben

drau·ßen A2 *Adverb* **1** außerhalb des Raumes, in dem man gerade ist, *meist* im Freien ↔ drinnen: *Die Kinder gehen zum Spielen nach draußen* **2** weit von bewohnten Gebieten entfernt: *draußen auf dem Meer, im All*

D

Dreck *der; -(e)s; nur Singular; umg;* eine Bezeichnung für alles was bewirkt, dass jemand/etwas nicht sauber ist ≈ Schmutz ⟨voller Dreck sein⟩: *Den Dreck vom Fußboden aufkehren* || -K Hundedreck || ID **Dreck am Stecken haben** *umg;* etwas Verbotenes, Kriminelles getan haben; **Das geht dich einen Dreck an!** *salopp;* Das geht dich gar nichts an!

dre·ckig B2 *Adjektiv; umg* **1** voller Dreck ≈ schmutzig ⟨sich bei einer Arbeit dreckig machen; dreckige Hände haben⟩ **2** *abwertend* ≈ gemein, ordinär ⟨ein Witz; dreckig lachen, grinsen⟩ || ID **jemandem geht es dreckig** *umg;* jemandem geht es sehr schlecht

Dreh·bank *die; -, -bän·ke;* eine Maschine, in der sich ein eingespanntes Werkstück (aus Holz oder Metall) dreht und dabei mit einem Werkzeug bearbeitet werden kann

dreh·bar *Adjektiv;* so (beschaffen), dass man es drehen (1) kann

Dreh·buch *das; -(e)s, -bü·cher;* ein Buch, in dem der Text für einen Film und die Anweisungen für die Regie stehen || K- Drehbuchautor

dre·hen B1 ['dre:ən]; *drehte, hat gedreht* **1** **jemanden/etwas/sich (um etwas) drehen** jemanden/etwas/sich um sein Zentrum, um sich selbst (oder in einem Kreis um etwas herum) bewegen: *Die Schraube sitzt so fest, dass man sie nicht mehr drehen kann; einen Schalter nach rechts drehen; sich im Kreis, einmal um sich selbst drehen* || K- Drehbewegung, Drehstuhl, Drehtür **2** **an etwas** *(Dativ)* **drehen** ein kleines Teil drehen (1), das zu einem größeren Gegenstand gehört: *an einem Knopf drehen, um das Radio lauter zu machen* **3** **(etwas) drehen** einen Film mit der Kamera aufnehmen || K- Dreharbeiten, Drehort, Drehpause **4** **etwas dreht sich (irgendwohin)** etwas ändert seine Richtung ⟨der Wind⟩ **5** ⟨*meist* das Gespräch *o.Ä.*⟩ **dreht sich um jemanden/etwas** man spricht über jemanden/etwas: *Ihre Unterhaltung dreht sich um das Wetter; Es dreht sich darum, dass er nicht gekommen ist*

Dreh·kreuz *das; -es, -e;* eine Vorrichtung an einem Eingang *o.Ä.*, die sich nur in eine Richtung drehen lässt und so verhindert, dass jemand in der falschen Richtung hindurchgeht

Dreh·schei·be *die; -, -n* **1** (beim Töpfern) eine Scheibe, die sich dreht und auf der man die Gefäße formt **2** ein wichtiger Knotenpunkt, *meist* für den Verkehr

Dre·hung ['dre:ʊŋ] *die; -, -en;* **eine Drehung (um etwas)** eine Bewegung, bei der sich ein Körper einmal ganz um seine eigene Achse bewegt ⟨eine halbe, ganze Drehung machen⟩

Dreh·zahl *die; -, -en;* eine Zahl, die angibt, wie oft sich etwas in einer bestimmten Zeit im Kreis dreht: *Um den Motor zu schonen, sollte man nicht ständig mit hohen Drehzahlen fahren* || K- Drehzahlmesser

drei *Zahladjektiv;* (als Ziffer) 3 || ID *meist* **Er/Sie kann nicht bis drei zählen** *umg;* er/sie ist dumm || Hinweis: ↑ Beispiele unter **vier**

Drei *die; -, -en* **1** die Zahl 3 **2** jemand/etwas mit der Nummer 3 **3** Ⓓ eine relativ gute Schulnote (auf der Skala von 1-6) ≈ befriedigend (2)

Drei·eck *das; -(e)s, -e;* eine Fläche, die von drei geraden Linien begrenzt ist ⟨ein rechtwinkliges, gleichseitiges Dreieck⟩ || ↑ Illustration **Farben und Formen** || *hierzu* **drei·eckig** *Adjektiv*

Drei·ecks|ver·hält·nis *das; -ses, -se;* eine Liebesbeziehung zwischen drei Personen

Drei·er *der; -s, -; umg;* die Ziffer, Note 3

Drei·fal·tig·keit *die; -; nur Singular;* (nach der christlichen Lehre) die Einheit von Gott Vater, Gott Sohn (Christus) und dem Heiligen Geist, die zusammen Gott sind ≈ Dreieinigkeit, Trinität

drei·hun·dert *Zahladjektiv;* (als Zahl) 300

Drei·kö·nigs|fest *das; -(e)s, -e;* ein (christliches) Fest (am 6. Januar) zur Erinnerung an die drei Könige, die Jesus Christus nach seiner Geburt besucht haben, um ihm Geschenke zu bringen

drein·re·den; *redete drein, hat dreingeredet;* **jemandem (in etwas** *(Akkusativ)***/bei etwas) dreinreden** *umg;* jemandem (in aufdringlicher Weise) sagen, was er tun soll und wie er es tun soll

Drei·rad *das; -(e)s, -rä·der;* eine Art kleines Fahrrad mit drei Rädern, *bes* für Kinder

drei·ßig *Zahladjektiv* **1** (als Zahl) 30 **2** **Anfang, Mitte, Ende dreißig sein** ungefähr 30 bis 33, 34 bis 36, 37 bis 39 Jahre alt sein

drei·ßi·ger *Adjektiv; nur vor dem Substantiv, indeklinabel, nicht als Adverb;* die zehn Jahre (eines Jahrhunderts, eines Menschenlebens) von 30 bis 39 betreffend: *in den dreißiger Jahren/den Dreißigern; Er ist in den/seinen Dreißigern* || [K-] Dreißigerjahre

dreist, *dreister, dreistest-; Adjektiv* ≈ frech, unverschämt ⟨eine Person, ein Verhalten⟩ || *hierzu* **Dreis·tig·keit** *die; -, -en*

drei·stel·lig *Adjektiv; nicht als Adverb;* aus drei Ziffern bestehend ⟨eine Nummer, eine Zahl⟩

drei·tau·send *Zahladjektiv;* (als Zahl) 3000

drei vier·tel ↑ **viertel**

drei·zehn *Zahladjektiv;* (als Zahl) 13 || [ID] **Jetzt schlägts aber dreizehn!** *umg;* verwendet als Ausdruck der Empörung ≈ Das geht zu weit!

dre·schen; *drischt, drosch, hat gedroschen;* **(etwas) dreschen** trockenes Getreide (heute *meist* mit einer Maschine) so schlagen, dass die Körner herausfallen ⟨Getreide, Korn dreschen⟩ || [K-] Dreschmaschine

dres·sie·ren; *dressierte, hat dressiert;* **ein Tier dressieren** einem Tier bestimmte Dinge (*z.B.* Kunststücke) beibringen: *Tiere für den Zirkus dressieren*

Dres·sing *das; -s, -s;* eine Soße, mit der man einen Salat würzt ≈ Salatsoße || [-K] Salatdressing

Dres·sur *die; -, -en; meist Singular;* **1** eine Disziplin im Pferdesport, bei der die Pferde bestimmte schwierige Gangarten und Figuren vorführen müssen || [K-] Dressurreiten **2** das Dressieren eines Tieres: *den Hund zur Dressur geben* || [K-] Dressurnummer

Dril·ling *der; -s, -e;* eines von drei Geschwistern, die bei derselben Geburt geboren werden ⟨Drillinge bekommen⟩

drin *Adverb; umg* **1** **in etwas/irgendwo drin** räumlich in etwas: *In der Dose/Da sind ja keine Kekse mehr drin!* **2** ≈ drinnen **3** **etwas ist drin** etwas ist möglich oder akzeptabel

drin·gen; *drang, hat/ist gedrungen* **1** **etwas dringt irgendwohin** (*ist*) etwas kommt (durch etwas hindurch) bis zu einer bestimmten Stelle: *Regen dringt durch das Dach* **2** **auf etwas** (*Akkusativ*) **dringen** (*hat*) fordern, dass etwas getan wird ≈ auf etwas drängen: *auf sofortige Antwort dringen* || ▸ **Drang**

drin·gend [B1] *Adjektiv* **1** so, dass es sofort getan werden muss ≈ eilig ⟨Arbeiten, ein Fall⟩: *Ich muss dringend den Arzt sprechen* **2** sehr wichtig für jemanden ≈ nachdrücklich ⟨eine Frage; jemanden dringend um etwas bitten⟩

drin·nen [A2] *Adverb* **1** im Haus, nicht im Freien ↔ draußen ⟨drinnen sein⟩: *Draußen ist es kalt, aber hier drinnen ist es warm* **2** innen in einem Behälter, Raum ↔ draußen

drischt *Präsens, 3. Person Singular;* ↑ **dreschen**

dritt *nur in* **zu dritt** (mit insgesamt) drei Personen

drit·t- *Zahladjektiv* **1** *nur vor dem Substantiv, nicht als Adverb;* in einer Reihenfolge an der 3. Stelle **2** *oft Plural;* **Dritte** andere Personen, Länder *usw*, die nicht dazugehören: *geheime Informationen an Dritte weitergeben* || [K-] Drittländer || [ID] **der lachende Dritte** jemand, der davon profitiert, dass zwei andere Personen sich streiten

drit·tel *Adjektiv; nur vor dem Substantiv, indeklinabel, nicht als Adverb;* den 3. Teil von etwas bildend: *ein drittel Liter Wasser*

Drit·tel *das; -s, -;* der 3. Teil von etwas: *Ein Drittel der Strecke liegt schon hinter uns*

drit·tens *Adverb;* verwendet (bei einer Aufzählung) für etwas, das an 3. Stelle kommt

Dro·ge [B2] *die; -, -n;* ein pflanzlicher oder synthetischer Stoff (wie Heroin, Kokain, Ecstasy), der Menschen abhängig macht, die ihn (ein)nehmen ⟨von Drogen abhängig sein⟩ || [K-] Drogenabhängigkeit, Drogenrausch, Drogensucht; drogensüchtig

Dro·ge·rie [B2] *die; -, -n* [-'riːən]; ein Geschäft, in dem man *bes* Mittel zur Kosmetik und Körperpflege kaufen kann

dro·hen; *drohte, hat gedroht* **1** **(jemandem (mit etwas) drohen; (jemandem) drohen + zu** + *Infinitiv* jemandem sagen, dass man vielleicht etwas tun wird, was er fürchtet: *Sie drohte (ihrem Mann) mit der Scheidung; Er drohte ihr, sie zu entlassen* || [K-] Drohbrief **2** **etwas droht (jemandem/etwas)** etwas kann (jemandem/etwas) passieren ≈ etwas steht (jemandem/etwas) bevor ⟨ein Unwetter; eine drohende Gefahr⟩: *Der Firma droht der Bankrott* **3** **jemand/etwas droht + zu** + *Infinitiv* es besteht die Gefahr, dass jemand/etwas etwas tun wird: *Er/der Baum drohte umzufallen* || zu 1 **Dro·hung** *die; -, -en*

dröh·nen; *dröhnte, hat gedröhnt;* **etwas dröhnt** etwas tönt lange laut und dumpf ⟨ein Motor, eine Stimme⟩ || [ID] *meist* **Mir dröhnt der Kopf** ich habe sehr starke Kopfschmerzen

drol·lig *Adjektiv* **1** ⟨eine Geschichte⟩ so, dass sie Spaß macht **2** ⟨ein Mädchen; ein Kätzchen⟩ so, dass sie (durch ihre äußere Erscheinung) Sympathie hervorrufen ≈ niedlich

Dro·me·dar, Dro·me·dar *das; -s, -e;* eine Art Kamel mit nur einem Höcker

drosch *Imperfekt, 1. und 3. Person Singular;* ↑ **dreschen**

Dros·sel *die; -, -n;* ein relativ großer Singvogel, der in vielen Arten vorkommt. Zu den Drosseln gehören *z.B.* die Nachtigall, die Amsel und das Rotkehlchen

dros·seln; *drosselte, hat gedrosselt;* **etwas drosseln** die Leistung einer Maschine *o.Ä.* reduzieren: *die Geschwindigkeit eines Fahrzeugs drosseln; die Heizung drosseln* || K- Drosselventil || *hierzu* **Dros·se·lung** *die; -, -en*

drü·ben *Adverb;* auf der anderen Seite ⟨da drüben; nach drüben fahren, von drüben kommen⟩: *Sie wohnt drüben auf der anderen Straßenseite*

drü·ber *Adverb; umg* ↑ **darüber**

Druck[1] B2 *der; -(e)s, Drü·cke; meist Singular* **1** die Kraft, mit der *bes* ein Gas oder eine Flüssigkeit (senkrecht) auf eine Fläche wirken ⟨etwas steht unter Druck⟩: *Je tiefer man taucht, desto größer wird der Druck* || K- Druckunterschied || -K Luftdruck **2 ein Druck (auf etwas** *(Akkusativ)***)** die Aktion, wenn man auf eine Taste, einen Hebel *usw* drückt (1): *mit einem Druck auf den Schalter das Licht anmachen* **3** ein unangenehmes Gefühl im Körper, das einem Druck (1) ähnlich ist ⟨*meist* einen Druck im Kopf, im Magen haben⟩ **4** der Vorgang, bei dem jemand gegen seinen Willen zu einem Verhalten gedrängt oder gezwungen wird ≈ Zwang ⟨jemanden unter Druck setzen; unter finanziellem, seelischem Druck stehen⟩: *Die Demonstrationen verstärkten den Druck auf die Regierung* || K- Druckmittel || -K Erfolgsdruck, Leistungsdruck, Zeitdruck || ID **in/unter Druck sein** *umg;* sehr viel zu tun und sehr wenig Zeit haben || ▸ **drücken**

Druck[2] B2 *der; -(e)s, -e* **1** eine Technik, mit der Texte, Bilder und Muster auf Papier oder Stoff übertragen werden || K- Druckgrafik, Druckmaschine, Druckvorlage || -K Buchdruck, Farbdruck **2** *nur Singular;* das Drucken (2): *der Druck von Zeitungen* || K- Druckfehler, Druckverbot **3** ein gedrucktes Bild, Buch oder Muster **4 etwas geht in Druck** etwas wird gedruckt (2)

Druck·buch·sta·be *der; -ns, -n;* ein Buchstabe, der in Druckschrift gedruckt oder geschrieben ist

dru·cken; *druckte, hat gedruckt* **1 etwas (auf etwas** *(Akkusativ)***) drucken** Buchstaben, Muster oder Bilder mit mechanischen Mitteln auf Papier, Stoff *o.Ä.* bringen **2 (etwas) drucken** Texte in großer Zahl durch Drucken (1) produzieren ⟨Bücher, Zeitungen drucken⟩

drü·cken A1 *drückte, hat gedrückt* **1 jemanden/etwas irgendwohin drücken**; **etwas/auf etwas** *(Akkusativ)* **drücken** jemanden/etwas (mit Kraft) irgendwohin bewegen (*bes* von sich weg) ↔ ziehen: *einen Hebel nach unten drücken; (auf) den Startknopf drücken* **2 etwas drücken** etwas auf ein niedrigeres Niveau bringen ⟨die Löhne, die Noten drücken⟩ **3 etwas drückt jemanden** etwas belastet jemanden psychisch: *Sein Gewissen drückt ihn* **4 etwas drückt (jemanden) (irgendwo)** etwas ist zu klein, zu eng *o.Ä.* und macht deshalb leichte Schmerzen ⟨die Schuhe, die Hose⟩ **5 sich (vor etwas** *(Dativ)***/um etwas) drücken** *umg;* eine (unangenehme) Pflicht oder Aufgabe nicht erfüllen: *sich vor dem Aufräumen drücken*

drü·ckend *Adjektiv* **1** sehr groß, stark und unangenehm ⟨*meist* eine Hitze, eine Schwüle⟩ **2** *meist vor dem Substantiv;* sehr groß ⟨*meist* Sorgen, Schulden⟩: *In vielen Ländern der Dritten Welt herrscht drückende Armut*

Dru·cker A2 *der; -s, -;* **1** jemand, der beruflich mit dem Druck von Büchern, Zeitungen *o.Ä.* zu tun hat **2** eine Maschine, die Daten und Texte aus dem Computer auf Papier druckt || ↑ Illustration **Im Büro** || -K Laserdrucker || *zu* 1 **Dru·cke·rin** *die; -, -nen*

Dru·cke·rei *die; -, -en;* eine Firma oder Werkstatt, in der man Bücher, Zeitungen *usw* produziert

Druck·knopf *der; -(e)s, -knöp·fe* **1** ein (Metall)Knopf an der Kleidung, der aus zwei Teilen besteht, die man zum Schließen fest aneinanderdrückt || ↑ Abbildung unter **Knopf** **2** eine Taste, auf die man drückt, um einen Mechanismus zu betätigen

Druck·schrift *die; -; nur Singular;* die Art der Schrift, bei der man gedruckte Buchstaben nachahmt: *ein Formular in Druckschrift ausfüllen*

Druck·stel·le *die; -, -n;* eine Stelle an der Oberfläche *z.B.* einer Frucht oder eines Körperteils, die *meist* durch einen Stoß oder starkes Drücken beschädigt oder verletzt ist

drum B2 *Adverb; umg* ≈ darum || ID **das (ganze) Drum und Dran** *umg;* alles, was dazugehört; **Seis drum!** *umg;* verwendet, um auszudrücken, dass man sich mit etwas abgefunden hat

drun·ter *Adverb; umg* ↑ **darunter**

Drü·se *die; -, -n;* ein Körperorgan, das Flüssigkeiten (und Hormone) produziert || K- Drüsenfunktion, Drüsenkrankheit || -K Schweißdrüse, Tränendrüse

Dschun·gel B2 ['dʒʊŋl] *der; -s, -;* **1** ein sehr

dichter Wald in den Tropen ≈ Urwald || K- Dschungelpfad **2** ein verwirrendes Durcheinander: *im Dschungel der Großstadt* || -K Paragrafendschungel

du A1 *Personalpronomen, 2. Person Singular;* verwendet als (vertraute) Anrede für eine Person (*bes* ein Kind, einen Verwandten oder Freund): *Hast du Lust, ins Kino zu gehen?* || ↑ Anhang Seite 1066: **Personalpronomen** || Hinweis: In Briefen gilt es als höflich, *du, dich, dein usw* großzuschreiben || ID **per Du/du sein** „du" zueinander sagen ≈ sich duzen ↔ sich siezen

Dü·bel *der; -s, -;* ein kleines Rohr aus Plastik, das man in ein (gebohrtes) Loch in einer Mauer steckt, um Schrauben hineinzudrehen

du·bi·os [du'bio:s], *dubioser, dubiosest-; Adjektiv; förmlich;* ⟨Geschäfte⟩ so, dass sie Misstrauen, Skepsis erwecken ≈ fragwürdig, verdächtig

du·cken, sich; *duckte sich, hat sich geduckt; umg* **1** **sich ducken** den Kopf senken und den Oberkörper oder die Knie so beugen, dass man einer Gefahr (oder einem Stoß) ausweichen kann: *Er muss sich ducken, damit er durch die Tür kommt* **2** **sich ducken** *meist* aus Angst vor der Macht *bes* eines Vorgesetzten alles tun, was von einem verlangt wird

Du·del·sack *der; -(e)s, -sä·cke;* ein (Blas)Instrument, das *bes* in Schottland gespielt wird. Der *Dudelsack* besteht aus einer Art Sack und mehreren Pfeifen || K- Dudelsackspieler

Du·ell *das; -s, -e* **1** *historisch;* ein Kampf zwischen zwei Personen, *meist* weil die Ehre eines von beiden verletzt wurde ⟨jemanden zum Duell (heraus)fordern⟩ || -K Degenduell, Pistolenduell **2** *förmlich;* ein (heftiges) Streitgespräch zwischen zwei Personen ≈ Wortgefecht ⟨sich (*Dativ Plural*) ein Duell liefern⟩ || *hierzu* **du·el·lie·ren, sich** *(hat)*

Duft *der; -(e)s, Düf·te;* ein angenehmer Geruch ⟨der zarte Duft einer Blume, eines Parfüms⟩

duf·ten B2 *duftete, hat geduftet* **1** **etwas duftet** etwas hat einen angenehmen Geruch ⟨Rosen, Nelken *usw*⟩ **2** **jemand/etwas duftet nach etwas** jemand/etwas hat einen besonderen, angenehmen Geruch wie etwas: *Die Seife duftet nach Lavendel*

Duft·no·te *die; -, -n;* ein Geruch, der typisch *bes* für eine bestimmte Seife oder ein bestimmtes Parfüm ist

dul·den; *duldete, hat geduldet* **1** **etwas dulden** zulassen, dass etwas (was man nicht will) geschieht ≈ tolerieren: *In dieser Sache dulde ich keinen Widerspruch* || Hinweis: *meist* verneint! **2** **jemanden (irgendwo) dulden** zulassen, dass jemand irgendwo bleibt || *hierzu* **Dul·dung** *die; -, -en*

duld·sam *Adjektiv;* voller Geduld oder Toleranz anderen Menschen gegenüber ≈ nachsichtig, tolerant

Dult *die; -, -en; südd* Ⓐ ≈ Jahrmarkt

dumm A1 *dümmer, dümmst-; Adjektiv* **1** mit wenig Intelligenz ↔ klug, intelligent: *Natürlich begreife ich das - ich bin doch nicht dumm!* **2** so, dass jemand vor einer Tat/Entscheidung nicht genug nachgedacht hat: *Es war dumm von dir, die Schlüssel im Auto stecken zu lassen* **3** ohne logischen Zusammenhang, ohne Sinn ⟨eine Frage; dummes Zeug reden⟩ **4** *umg;* unangenehm (und ärgerlich) ⟨*meist* ein Fehler, ein Zufall, eine Angewohnheit⟩ || ID **sich nicht für dumm verkaufen lassen** *umg;* sich von jemandem nicht täuschen lassen

Dumm·heit *die; -, -en* **1** *nur Singular;* mangelnde Intelligenz ≈ Unwissenheit: *Das hat nichts mehr mit Pech zu tun, das ist reine Dummheit!* **2** eine dumme (2), unüberlegte Handlung oder Äußerung ⟨*meist* eine Dummheit machen, begehen⟩: *Es war eine große Dummheit von dir, ihm das zu sagen* **3** *nur Plural;* unsinnige, übermütige Handlungen = Unsinn ⟨Dummheiten machen⟩

Dumm·kopf *der; -(e)s, -köp·fe; abwertend;* verwendet als Schimpfwort für jemanden, den man für dumm (1) hält

dumpf, *dumpfer, dumpfst-; Adjektiv* **1** tief und gedämpft ⟨Geräusche, Töne⟩: *das dumpfe Grollen des Donners* **2** so, dass es nach Feuchtigkeit und Fäulnis riecht ≈ muffig ⟨ein Geruch⟩: *In dem alten Gewölbe roch es dumpf* **3** ≈ unbestimmt, undeutlich ↔ klar, deutlich ⟨sich nur dumpf an etwas erinnern (können); einen dumpfen Schmerz spüren⟩

Dü·ne *die; -, -n;* ein Hügel aus Sand, *bes* am Meer oder in der Wüste || K- Dünensand || -K Wanderdüne

dün·gen; *düngte, hat gedüngt* **1** **(etwas) düngen** Pflanzen Nährstoffe (Dünger) geben ⟨ein Feld, eine Pflanze mit Jauche, Kalk, Mist düngen⟩ **2** **etwas düngt (irgendwie)** etwas wirkt (irgendwie) als Dünger: *Vogelmist düngt gut* || K- Düngekalk, Düngemittel || *zu* 1 **Dün·gung** *die; -; nur Singular*

Dün·ger *der; -s, -;* flüssige oder feste Nährstoffe für Pflanzen ⟨natürlicher, organischer, künstlicher Dünger⟩ || -K Blumendünger Mineraldünger

dun·kel A2 *dunkler, dunkelst-; Adjektiv* **1** ohne

D

oder mit nur wenig Licht ↔ hell (1) ⟨ein Zimmer, eine Straße; im Dunkeln sitzen⟩ **2** **es wird dunkel** es wird Abend **3** *meist* braun oder (fast) schwarz ⟨eine Hautfarbe, Augen, Haar, Brot, Bier⟩ **4** ⟨Farben⟩ mit viel Schwarz vermischt ↔ hell (3): *ein dunkles Rot* || K- dunkelblau, dunkelbraun, dunkelgrün, dunkelrot || *zu* **dunkelblau, dunkelgrün, dunkelrot** ↑ Illustration **Farben und Formen** **5** ⟨*meist* Töne, eine Stimme⟩ ≈ tief (15) ↔ hell (5) **6** ⟨*meist* eine Ahnung, ein Verdacht, eine Erinnerung⟩ so, dass man sich nicht sicher ist ≈ undeutlich ↔ klar, deutlich: *Ich erinnere mich nur dunkel an ihn* || Hinweis: *dunkel* → *dunkles Haar*

dun·kel·haa·rig *Adjektiv; nicht als Adverb;* mit dunklen Haaren

dun·kel·häu·tig *Adjektiv; nicht als Adverb;* mit dunkler Haut(farbe)

Dun·kel·heit *die; -; nur Singular;* der Zustand, bei dem Licht fehlt und man nichts sieht

Dun·kel·zif·fer *die; -, -n;* die Zahl der nicht offiziell gemeldeten Fälle von etwas: *Bei Sexualverbrechen muss man mit einer hohen Dunkelziffer rechnen*

dünn A2 *Adjektiv* **1** von geringem Umfang, geringer Dicke ↔ dick (1) ⟨ein Stoff, ein Buch *usw*⟩: *Salbe dünn auf die Wunde auftragen* **2** mit sehr wenig Fett am Körper ≈ mager ↔ dick (3)

Dünn·darm *der; -(e)s, -där·me; meist Singular;* der Teil des Darms, der direkt an den Magen anschließt (und in dem die meisten Verdauungsprozesse stattfinden) ↔ Dickdarm

Dunst *der; -(e)s, Düns·te* **1** *nur Singular;* eine Art dünner, leichter Nebel (*bes* aus Wasserdampf oder Abgasen): *Die Berge sind in dichten Dunst gehüllt; Über der Stadt liegt ein leichter Dunst* || K- Dunstschicht **2** **ein Dunst (von etwas)** Luft, die (*meist* unangenehm) nach etwas riecht: *Ein Dunst von kaltem Rauch erfüllte das Zimmer* || K- Dunstwolke || -K Küchendunst, Zigarettendunst || ID **keinen blassen Dunst (von etwas) haben** *umg;* von etwas überhaupt nichts ahnen oder wissen

Dunst·ab·zugs|hau·be *die; -, -n;* ein Gerät über dem Küchenherd, das Dünste ansaugt (und nach draußen bläst)

düns·ten; *dünstete, hat gedünstet;* **etwas dünsten** etwas (in einem geschlossenen Topf) mit wenig Wasser oder Fett bei geringer Hitze zubereiten ⟨Gemüse, Fisch dünsten⟩

duns·tig *Adjektiv* **1** mit leichtem Nebel, Dunst (1) ⟨*meist* ein Tag, ein Morgen, (das) Wetter⟩ **2** mit warmer, schlechter, *meist* rauchiger Luft erfüllt ⟨ein Zimmer, eine Kneipe⟩

Duo *das; -s, -s; Musik* **1** ein Musikstück für zwei Instrumente **2** zwei Personen, die zusammen Musik machen || -K Gitarrenduo, Klavierduo *usw*

Dup·li·kat *das; -(e)s, -e; förmlich;* eine genaue Kopie *bes* eines Dokuments ≈ Abschrift, Zweitschrift ⟨ein Duplikat anfertigen lassen⟩

Dur *das; -; nur Singular; Musik;* verwendet als Bezeichnung bestimmter Tonarten ↔ Moll || -K C-Dur, D-Dur *usw*

durch[1] A2 *Präposition; mit Akkusativ* **1** **durch etwas (hindurch)** auf der einen Seite in etwas hinein und auf der anderen Seite wieder heraus: *Sie ging durch den Park, durch die Tür* **2** **durch etwas (hindurch)** so, dass man etwas sehen, hören *usw* kann, obwohl etwas anderes dazwischen ist: *Man hörte die Musik durch die Wand* **3** in einem Gebiet herum: *Die Kinder tobten durch den Garten* **4** so, dass jemand/etwas von etwas umgeben ist ⟨durch die Luft fliegen, durchs Wasser schwimmen⟩ **5** *meist Zeitangabe (im Akkusativ)* + **durch** vom Anfang bis zum Ende ≈ hindurch: *Die ganze Nacht durch konnte sie nicht schlafen* **6** verwendet, um die Ursache für etwas anzugeben ≈ aufgrund, wegen: *Durch den Regen wurde die Straße glatt* **7** als Mittel (das etwas bewirkt) ≈ mit: *Sie zerstörten die Stadt durch Bomben* **8** (*bes* in Passivsätzen) um den Träger einer Handlung zu nennen ≈ von: *Alle Arbeiten werden bei uns durch Spezialisten ausgeführt*

durch[2] A2 *Adverb; umg* **1** **(durch etwas) durch sein** verwendet als verkürzte Form vieler Verben mit *durch-*, um auszudrücken, dass eine Tätigkeit ganz oder erfolgreich beendet ist, *z.B. durch eine Stadt* **durch sein** (= durchgefahren sein); *durch einen Roman* **durch sein** (= einen Roman durchgelesen haben) **2** *Uhrzeit* + **durch** verwendet, um auszudrücken, dass es kurz nach der genannten Uhrzeit ist: *„Wie spät ist es?" - „Vier Uhr durch."* **3** **durch und durch** in einem sehr hohen Grad ≈ total, ganz und gar: *durch und durch nass sein* || ID *meist* **Er/Sie ist bei mir unten durch** er/sie hat mich sehr enttäuscht und deshalb mag ich ihn/sie nicht mehr

durch-[1] B2 *im Verb; betont und trennbar;* Die Verben mit *durch-* werden nach folgendem Muster gebildet: *durchlaufen - lief durch - durchgelaufen* **1** drückt aus, dass eine Bewegung durch ein Gebiet, eine Öffnung hindurch verläuft, von einer Seite zur anderen; **(durch etwas) durchfahren, durchgehen, durchkriechen, durchschwimmen** || Hinweis:

↑ **durch-**[2] **2** gründlich oder vollständig, bis zum Ende; ⟨den Kuchen gut⟩ **durchbacken**; ⟨das Fleisch gut⟩ **durchbraten**; ⟨ein Buch ganz, sich *(Dativ)* einen Text genau⟩ **durchlesen** **3** drückt aus, dass dadurch zwei Stücke entstehen; **etwas durchbeißen, durchbrechen, durchsägen, durchschneiden**

durch-[2] B2 *im Verb; unbetont und nicht trennbar;* Die Verben mit *durch-* werden nach folgendem Muster gebildet: *durchlaufen - durchlief - durchlaufen*; drückt aus, dass eine Bewegung durch eine Öffnung, ein Gebiet hindurch verläuft, von einer Seite zur anderen; ⟨einen Tunnel⟩ **durchfahren**; ⟨ein Tor⟩ **durchschreiten**; ⟨einen Fluss⟩ **durchschw'immen**; ⟨ein Tal⟩ **durchw'andern** || Hinweis: die Verben mit *durch-*[2] haben immer ein Akkusativobjekt; ↑ **durch-**[1] (1)

durch·at·men *(hat)* intensiv atmen, die ganze Lunge mit neuer Luft füllen ⟨*meist* tief durchatmen⟩

durch·aus *Adverb* **1** ganz und gar: *„Habe ich dich beleidigt?" – „Aber nein, durchaus nicht!"* **2** ≈ auf jeden Fall, unbedingt: *Sie wollte durchaus allein spazieren gehen*

durch·bie·gen *(hat)* **1** **etwas durchbiegen** etwas stark biegen: *ein Lineal, einen Stab durchbiegen* **2** **etwas biegt sich durch** etwas biegt sich unter einer Last ⟨*meist* ein Brett, ein Regal, eine Stange⟩

durch·blät·tern *(hat)* **(etwas) durchblättern** etwas nur teilweise und schnell (oberflächlich) lesen ≈ überfliegen ⟨ein Buch, einen Katalog, eine Zeitschrift *o.Ä.* durchblättern⟩

Durch·blick *der; -(e)s, -e; meist Singular umg* ≈ Einsicht, Einblick ⟨*meist* den (vollen) Durchblick haben/kriegen, den Durchblick verlieren⟩

Durch·blu·tung *die; -, -en; meist Singular;* das Fließen des Blutes im Körper ⟨die Durchblutung anregen; gute, schlechte Durchblutung⟩ || K- Durchblutungsstörungen || *hierzu* **durch·blu·tet** *Adjektiv*

durch·bre·chen[1] *(hat/ist)* **1** **etwas durchbrechen** *(hat)* etwas in zwei Teile brechen: *einen Stab durchbrechen* **2** **etwas bricht durch** *(ist)* etwas bricht in seine Teile, etwas zerfällt: *Der alte Stuhl ist durchgebrochen*

durch·bre·chen[2]; *durchbrach, hat durchbrochen;* **etwas durchbrechen** durch ein Hindernis kommen, indem man sich schnell und mit Kraft bewegt: *Die Demonstranten durchbrachen die Absperrung* || ▸ **Durchbruch**

durch·brin·gen *(hat)* **1** **jemanden durchbringen** jemanden, der sehr krank und schwach ist, so pflegen, dass er nicht stirbt: *Er war schwer verletzt, aber die Ärzte konnten ihn durchbringen* **2** **jemanden/sich (mit etwas) durchbringen** für jemanden/sich in einer schweren Zeit sorgen: *Nach dem Tod ihres Mannes musste sie die Kinder allein durchbringen* **3** **etwas (irgendwo) durchbringen** erreichen, dass ein Antrag oder Vorschlag (von einer Behörde, einem Parlament *o.Ä.*) angenommen wird: *Der Minister hat sein Gesetz im Bundestag durchgebracht*

Durch·bruch *der; -(e)s, -brü·che;* **der Durchbruch (zu etwas)** ein Erfolg, auf den man lange gewartet hat und der für die Zukunft entscheidend ist ⟨jemandem/etwas zum Durchbruch verhelfen⟩: *Mit diesem Roman gelang ihm der Durchbruch zu Ruhm und Reichtum*

durch·den·ken; *durchdachte, hat durchdacht;* **etwas (irgendwie) durchdenken** etwas überlegen und dabei alle Details und Konsequenzen beachten ⟨einen Plan, ein Vorhaben gründlich/in allen Einzelheiten durchdenken⟩: *ein gut/schlecht durchdachter Plan*

durch·dre·hen *(ist)* **1** ⟨Räder, Reifen⟩ **drehen durch** Räder oder Reifen drehen sich auf der Stelle: *Auf Glatteis drehen die Räder durch* **2** *umg;* sehr nervös werden, die Nerven verlieren: *Bei dem Stress dreh ich noch durch!*

durch·drin·gen[1] *(ist)* **etwas dringt (zu jemandem) durch** jemand erfährt etwas: *Die Nachricht ist nicht bis zu uns durchgedrungen*

durch·drin·gen[2]; *durchdrang, hat durchdrungen;* **etwas durchdringt etwas** etwas kommt durch etwas Dichtes hindurch: *Radioaktive Strahlung durchdringt sogar dicke Wände*

durch·drin·gend *Adjektiv; meist vor dem Substantiv;* so intensiv, dass es unangenehm (oder schmerzhaft) ist ⟨ein Blick; ein Schrei; ein Geruch⟩

durch·drü·cken *(hat)* **1** **etwas durchdrücken** *umg;* etwas gegen starken Widerstand durchsetzen ≈ durchboxen ⟨Pläne, Gesetze, Neuerungen *o.Ä.* durchdrücken⟩ **2** **(etwas) durchdrücken** einen Körperteil so stark wie möglich strecken, gerade machen ⟨*meist* die Knie, die Arme durchdrücken⟩ **3** **(etwas) durchdrücken** einen Hebel oder Knopf so weit drücken, wie es möglich ist ⟨die Bremse, das Gaspedal durchdrücken⟩

durch·ei·nan·der *Adverb* **1** ohne Ordnung: *Ihre Sachen lagen alle durcheinander auf dem Boden herum* **2** **(ganz/völlig) durcheinander sein** verwirrt sein

D

Durch·ei·nan·der, **Durch·ei·nan·der** *das; -s; nur Singular* **1** der Zustand, in dem Dinge irgendwo ohne Ordnung (herum)liegen ≈ Unordnung, Chaos **2** eine Situation, in der Menschen nicht wissen, was sie tun sollen ≈ Wirrwarr ⟨es entsteht, herrscht allgemeines, ein heilloses Durcheinander⟩

durch·ei·nan·der- *im Verb; betont und trennbar;* Die Verben mit *durcheinander-* werden nach folgendem Muster gebildet: *durcheinanderbringen - brachte durcheinander - durcheinandergebracht* **1** drückt aus, dass daduch Unordnung entsteht; ⟨Papiere⟩ **fallen, fliegen durcheinander**; ⟨Dinge⟩ **liegen durcheinander**; ⟨Dinge⟩ **durcheinanderwerfen** **2** drückt aus, dass mehrere Personen etwas gleichzeitig, ohne Ordnung oder Reihenfolge tun; **durcheinanderlaufen, durcheinanderreden, durcheinanderrufen, durcheinanderschreien**

durch·ei·nan·der·brin·gen *(ist) umg* **1** **etwas** *(meist Plural)* **durcheinanderbringen** geordnete Dinge in Unordnung bringen: *Bring bitte meine Papiere nicht durcheinander!* **2** **jemanden/etwas** *(Plural)* **durcheinanderbringen** verschiedene Personen/Dinge miteinander verwechseln: *links und rechts durcheinanderbringen* **3** **jemanden (durch/mit etwas) durcheinanderbringen** ≈ verwirren: *Sie hat mich mit ihren Zwischenfragen ganz durcheinandergebracht*

durch·ei·nan·der·kom·men *(ist) umg* **1** **etwas kommt durcheinander** etwas gerät in Unordnung **2** **jemand kommt durcheinander** jemand wird verwirrt

durch·fah·ren *(ist)* **1** **(durch etwas) durchfahren** durch eine enge Stelle, eine Öffnung fahren: *durch ein Tor durchfahren* **2** **durchfahren (bis** *+ Zeitangabe/Ortsangabe)* bis zu einem (zeitlichen oder räumlichen) Punkt ohne Pause fahren: *bis Mitternacht durchfahren*

Durch·fahrt *die; -, -en* **1** eine enge Stelle, *z.B.* ein Tor, durch die ein Wagen fahren kann **2** *meist Singular;* das Durchfahren[1] (1) ⟨ Durchfahrt verboten!⟩

Durch·fall *der; -(e)s, -fäl·le; meist Singular;* eine Krankheit, bei der man flüssigen Kot ausscheidet; *Medizin* Diarrhöe ⟨*meist* Durchfall haben, bekommen⟩

durch·fal·len B2 *(ist)* **1** **jemand/etwas fällt (durch etwas) durch** jemand/etwas fällt durch eine Öffnung *o.Ä.* ⟨durch ein Gitter, ein Netz durchfallen⟩ **2** **(bei etwas/in etwas** *(Dativ)*) **durchfallen** *umg;* eine Prüfung nicht bestehen: *im Abitur durchgefallen sein*

durch·fro·ren *Adjektiv; meist nach dem Substantiv;* so (kalt), dass man am ganzen Körper zittert

Durch·fuhr *die; -; nur Singular; Verwaltung;* der Transport von Waren oder das Fahren von einem Land in ein anderes (durch ein drittes) ≈ Transit || K- Durchfuhrerlaubnis, Durchfuhrverbot

durch·füh·ren B2 *(hat)* **etwas durchführen** etwas nach einem Plan tun ⟨einen Auftrag, ein Experiment, eine Reparatur, eine Konferenz durchführen⟩ || *hierzu* **durch·führ·bar** *Adjektiv;* **Durch·füh·rung** *die; -, -en*

Durch·gang *der; -(e)s, -gän·ge* **1** **ein Durchgang (zu etwas/zwischen etwas** *(Dativ)* **und etwas** *(Dativ)*) ein Weg zwischen zwei Räumen, Gebäuden *o.Ä.*: *Bitte den Durchgang freihalten!* **2** *nur Singular;* das Betreten eines (privaten) Geländes/Raumes: *Durchgang verboten!* **3** eine von mehreren, sich wiederholenden Phasen: *Der Kandidat erreichte erst im dritten Durchgang die nötige Mehrheit* || K- Arbeitsdurchgang, Wahldurchgang

durch·gän·gig *Adjektiv; meist als Adverb;* immer: *Er hat durchgängig gute Leistungen gebracht*

Durch·gangs|ver·kehr *der; -(e)s; nur Singular;* der Verkehr, der durch einen Ort zu anderen Orten geht

durch·ge·hen *(ist)* **1** **(durch etwas) durchgehen** durch etwas (*z.B.* ein Tor, Zimmer) gehen **2** **etwas geht durch bis** *+ Zeitangabe/Ortsangabe* etwas dauert/führt ohne Pause bis zu einem (zeitlichen oder räumlichen) Punkt: *Die Party geht durch bis morgen früh; Der Zug geht durch bis Bonn* **3** **etwas (auf etwas** *(Akkusativ)* **(hin)) durchgehen** einen Text genau lesen, um *z.B.* Fehler oder Einzelheiten zu finden ≈ überprüfen: *einen Aufsatz auf Fehler (hin) durchgehen* **4** **(jemandem) etwas durchgehen lassen** *umg;* jemanden nicht tadeln oder bestrafen (obwohl es nötig wäre): *Ich werde dir dein schlechtes Benehmen nicht durchgehen lassen!* **5** **etwas geht durch etwas durch** *umg;* etwas ist nicht zu groß für eine Öffnung: *Geht der Schrank durch die Tür durch?*

durch·ge·hend *Adverb; meist in* **jemand/etwas hat/ist durchgehend geöffnet** ein Geschäft *o.Ä.* ist ohne (Mittags)Pause geöffnet: *Das Geschäft hat von 8 Uhr bis 18 Uhr durchgehend geöffnet*

durch·grei·fen *(hat);* **(gegen jemanden) durchgreifen** energisch dafür sorgen, dass die Gesetze oder andere Normen befolgt werden ⟨energisch, hart durchgreifen⟩: *Die Polizei greift gegen betrunkene Autofahrer streng durch*

durch·grei·fend *Adjektiv;* ⟨*meist* Änderungen, Neuerungen⟩ sehr groß, mit starken Konsequenzen ≈ gravierend

durch·hal·ten *(hat)* **(etwas) durchhalten** in einer sehr schwierigen Situation seine (körperliche oder seelische) Kraft nicht verlieren ≈ aushalten: *die Strapazen der Reise gut durchhalten; Halt durch, gleich kommt Hilfe!*

Durch·hal·te|ver·mö·gen *das; -s; nur Singular;* die Fähigkeit, eine Anstrengung längere Zeit zu ertragen ≈ Ausdauer

durch·kom·men *(ist)* **1** **(durch etwas) durchkommen** durch ein Hindernis, eine enge Stelle gelangen können: *durch eine Menschenmenge durchkommen* **2** *umg;* jemanden telefonisch erreichen können ⟨sofort, nicht durchkommen (können)⟩ **3** *umg;* eine Prüfung bestehen: *Wenn du nicht lernst, kommst du nie durch das Examen!* **4** *umg* ≈ überleben **5** **(bei jemandem) mit etwas durchkommen** mit etwas sein Ziel (bei jemandem) erreichen ≈ sich (bei jemandem) (mit etwas) durchsetzen: *Mit deinen Ideen kommst du bei unserem Chef nicht durch*

durch·kreu·zen; *durchkreuzte, hat durchkreuzt; meist* **jemandes Absichten/Pläne durchkreuzen** bewirken, dass jemandes Absichten/Pläne scheitern ≈ zunichtemachen

durch·las·sen *(hat)* **1** **etwas lässt etwas (durch etwas) durch** etwas verhindert nicht, dass etwas durch ein Hindernis, eine Öffnung (hindurch)gelangt: *Das Dach lässt Regen durch; Die Vorhänge lassen fast kein Licht durch* **2** **jemanden/etwas (durch etwas) durchlassen** jemandem erlauben, durch eine Absperrung, ein Hindernis *o.Ä.* zu gehen oder zu fahren: *Die Wachen dürfen Personen ohne Ausweis nicht durchlassen*

durch·läs·sig *Adjektiv;* **(für etwas) durchlässig** nicht dicht, etwas durchlassend (1) ⟨Schuhe, eine Schicht⟩ || -K lichtdurchlässig, luftdurchlässig, wasserdurchlässig || *hierzu* **Durch·läs·sig·keit** *die; -; nur Singular*

Durch·lauf *der; -(e)s, -läu·fe* ≈ Durchgang (3)

durch·lau·fen[1]; **1** **(durch etwas) durchlaufen** durch eine Öffnung oder ein Gebiet laufen: *durch ein Tor, einen Wald durchlaufen* **2** **(durch etwas) durchlaufen** durch etwas hindurchgehen *o.Ä.*, ohne sich länger aufzuhalten: *durch ein Kaufhaus nur durchlaufen, ohne etwas zu kaufen* **3** **etwas durchlaufen; durchlaufen bis** + *Ortsangabe/Zeitangabe* bis zu einem bestimmten Zeitpunkt oder Ort ohne Pause laufen: *o.Ä. zwei Stunden, bis zum Morgengrauen durchlaufen*

durch·lau·fen[2]; *durchlief, hat durchlaufen* **1** **jemand/etwas durchläuft etwas** jemand/etwas macht etwas von Anfang bis Ende mit (*bes* eine Entwicklung in mehreren Phasen) ⟨eine Ausbildung, ein Bewerbungsverfahren, eine Entwicklung, eine Erprobungsphase durchlaufen⟩ **2** **etwas durchlaufen** von einem Ende eines Gebietes *o.Ä.* zum anderen laufen ≈ durchqueren: *einen Wald durchlaufen*

durch·ma·chen *(hat)* **1** **etwas durchmachen** etwas Negatives längere Zeit ertragen (müssen) ⟨eine schlimme Krankheit, eine schlimme Zeit durchmachen⟩: *Sie hat in ihrem Leben schon viel durchmachen müssen* **2** **etwas durchmachen; durchmachen (bis** + *Zeitangabe) umg;* bei einer Tätigkeit bleiben und sie nicht unterbrechen: *Ich muss bis Mitternacht durchmachen*

Durch·mes·ser *der; -s, -;* eine (gedachte) Linie, die durch den Mittelpunkt eines Kreises oder einer Kugel geht

durch·neh·men *(hat)* **etwas durchnehmen** im Unterricht ein Thema genau behandeln *Heute haben wir eine neue Lektion in Latein durchgenommen*

durch·que·ren; *durchquerte, hat durchquert;* **etwas durchqueren** sich von einem Ende eines Gebiets, Raumes *o.Ä.* zum anderen bewegen: *Afrika, die Sahara durchqueren* || *hierzu* **Durch·que·rung** *die; -, -en*

Durch·rei·se *die; -, -n; meist Singular; meist in* **auf der Durchreise sein/sich auf der Durchreise befinden** während einer Reise nur kurze Zeit an einem Ort sein, bevor man weiterfährt: *„Bleiben Sie längere Zeit in Frankfurt?" – „Nein, ich bin nur auf der Durchreise."*

durch·rin·gen, sich *(hat)* **sich zu etwas durchringen** nach längerem Zögern etwas tun, was man nicht gerne tut ⟨sich zu einer Entscheidung, einer Entschuldigung durchringen⟩

Durch·sa·ge B1 *die; -, -n;* eine Information bes im Radio, Fernsehen oder über Lautsprecher ⟨eine wichtige Durchsage bringen, machen⟩

durch·schau·en; *durchschaute, hat durchschaut;* **jemanden/etwas durchschauen** jemandes wahren Charakter/eine List *o.Ä.* erkennen: *Ich habe ihn durchschaut - er ist gar nicht so nett, wie er immer tut* || *hierzu* **durch·schau·bar** *Adjektiv*

durch·schla·fen *(hat)* **etwas durchschlafen; durchschlafen (bis** + *Zeitangabe)* ohne Unterbrechung schlafen ⟨die ganze Nacht, bis zum Morgen durchschlafen⟩

durch·schla·gend *Adjektiv* **1** ⟨*meist* ein Argument, ein Beweis⟩ so, dass sie andere Leute sofort und endgültig überzeugen **2** ⟨*meist* ein Erfolg, eine Wirkung⟩ sehr groß, bedeutsam

Durch·schnitt *der; -(e)s, -e* **1** *meist Singular; Mathematik;* die Zahl, die sich ergibt, wenn man mehrere Zahlen addiert und dann durch ihre Anzahl teilt ≈ Mittelwert ⟨den Durchschnitt ermitteln, errechnen⟩: *Der Durchschnitt von 3, 5 und 7 ist 5* ‖ K- Durchschnittsalter, Durchschnittspreis, Durchschnittstemperatur **2** das normale, übliche Maß ⟨etwas liegt über, unter dem Durchschnitt⟩: *Peters Noten in der Schule liegen weit über dem Durchschnitt* **3** **im Durchschnitt** ≈ normalerweise, im Allgemeinen: *Ich schlafe im Durchschnitt sieben Stunden pro Tag*

durch·schnitt·lich B1 *Adjektiv* **1** der Norm entsprechend ≈ im Durchschnitt: *Sein durchschnittliches Jahreseinkommen liegt bei 35.000 Euro* **2** weder besonders gut noch besonders schlecht ⟨eine Begabung, eine Leistung⟩: *von durchschnittlicher Intelligenz*

Durch·schnitts- *im Substantiv;* drückt aus, dass jemand/etwas dem Mittelmaß entspricht (weder besonders positiv noch besonders negativ auffällt); das **Durchschnittsauto**, der **Durchschnittsbürger**, der **Durchschnittsdeutsche**, der **Durchschnittsleser**

durch·set·zen *(hat)* **1** **etwas (gegen jemanden) durchsetzen** erreichen, dass etwas gemacht oder realisiert wird, obwohl andere dagegen sind ⟨ein Gesetz, seine Pläne, seinen Willen durchsetzen⟩ **2** **sich durchsetzen** trotz Widerstands seine Ziele erreichen ≈ sich behaupten **3** **etwas setzt sich durch** etwas wird von den meisten Leuten akzeptiert ‖ *zu* 1 **durch·setz·bar** *Adjektiv;* **Durch·set·zung** *die; -; nur Singular*

Durch·set·zungs|ver·mö·gen *das; -s; nur Singular;* die Fähigkeit, sich durchzusetzen (2) ⟨kein Durchsetzungsvermögen haben⟩

durch·sich·tig *Adjektiv* **1** so (beschaffen), dass man (wie *z.B.* bei Glas oder Wasser) hindurchsehen kann ≈ transparent: *eine durchsichtige Folie* **2** leicht zu durchschauen ⟨eine Lüge, ein Manöver⟩

durch·si·ckern *(ist)* **etwas sickert durch** etwas wird (allmählich) bekannt, obwohl es geheim bleiben soll: *Von diesem Projekt darf nichts an die Öffentlichkeit durchsickern*

durch·ste·hen *(hat)* **etwas durchstehen** *umg;* etwas Unangenehmes längere Zeit oder bis zum Ende ertragen

durch·strei·chen *(hat)* **etwas durchstreichen** einen Strich durch etwas Geschriebenes machen *(z.B.* weil es falsch ist): *einen Satz durchstreichen und neu formulieren*

durch·su·chen; *durchsuchte, hat durchsucht* **1** **etwas (nach jemandem/etwas) durchsuchen** an einem Ort nach jemandem/etwas suchen: *alle Taschen, das Zimmer durchsuchen* **2** **jemanden (nach etwas) durchsuchen** in jemandes Kleidung nach etwas suchen: *Die Polizei durchsuchte ihn nach einer Waffe* ‖ *hierzu* **Durch·su·chung** *die; -, -en*

Durch·su·chungs·be·fehl *der; -(e)s, -e;* eine amtliche Genehmigung für die Polizei, jemandes Haus oder Wohnung nach jemandem/etwas zu durchsuchen ⟨*meist* einen Durchsuchungsbefehl haben⟩

durch·tre·ten *(hat)* **etwas durchtreten** einen Hebel oder ein Pedal mit dem Fuß so weit wie möglich (nach unten) drücken: *die Bremse, das Gaspedal (eines Autos) durchtreten*

durch·trie·ben *Adjektiv; abwertend;* auf eine negative Weise schlau ≈ gerissen, raffiniert

durch·wach·sen [-ks-] *Adjektiv; nicht als Adverb* **1** ⟨Fleisch, Speck⟩ mit Streifen von Fett oder von Fleisch **2** *nur nach dem Substantiv; umg humorvoll;* ⟨*nur* das Wetter⟩ abwechselnd gut (sonnig) und schlecht (regnerisch)

durch·weg, durch·weg *Adverb;* ohne Ausnahme, gänzlich

durch·zie·hen[1] *(hat/ist)* **1** **jemanden/etwas (durch etwas) durchziehen** *(hat)* jemanden/etwas durch eine Öffnung, einen Raum *o.Ä.* ziehen: *einen Faden durchs Nadelöhr durchziehen* **2** **etwas durchziehen** *(hat) umg;* eine Sache, die man angefangen hat, trotz Schwierigkeiten zu Ende führen ⟨eine Arbeit, sein Programm durchziehen⟩ **3** **(durch etwas) durchziehen** *(ist)* durch ein Gebiet, einen Ort *o.Ä.* gehen, fahren *usw*

durch·zie·hen[2]; *durchzog, hat durchzogen;* **etwas durchziehen** sich von einem Ende eines Gebietes *o.Ä.* zum anderen bewegen oder innerhalb eines Gebietes kreuz und quer ziehen (13): *Karawanen durchzogen die Wüste*

Durch·zug *der; -(e)s; nur Singular* **1** ein starker Luftzug in einem Gebäude oder einem Raum, der entsteht, wenn gegenüber liegende Fenster oder Türen offen sind: *Durchzug machen, um einen Raum zu lüften* **2** **der**

Durchzug (durch etwas) das Fahren oder Wandern durch ein Gebiet

dür·fen[1]; *darf, durfte, hat dürfen; Modalverb; Infinitiv +* **dürfen** 1 die Erlaubnis oder das Recht haben, etwas zu tun: *Darf ich heute Abend ins Kino gehen?; Im Urlaub darf man ruhig faul sein* 2 verwendet, um eine Bitte, eine Frage oder einen Wunsch zu betonen: *Du darfst nicht aufgeben!* (= Gib nicht auf; *meist* verneint); *Darf ich Sie kurz stören?* 3 verwendet, um eine Wahrscheinlichkeit oder Vermutung auszudrücken: *Er dürfte der Täter sein; Er dürfte mit dem Verkauf des Buches zufrieden sein* || Hinweis: nur im Konjunktiv II + Infinitiv

dür·fen[2]; *darf, durfte, hat gedurft;* **irgendwohin dürfen** die Erlaubnis haben, irgendwohin zu gehen, zu fahren *o.Ä.*: *Dürfen wir heute ins Schwimmbad?*

durf·te *Imperfekt, 1. und 3. Person Singular;* ↑ **dürfen**

dürf·te *Konjunktiv II, 1. und 3. Person Singular;* ↑ **dürfen**

dürf·tig *Adjektiv* 1 ohne Luxus und Komfort ≈ ärmlich ⟨*meist* eine Behausung, Kleidung⟩ 2 ⟨ein Ergebnis, Kenntnisse⟩ so, dass sie für ihren Zweck nicht ausreichen

dürr *Adjektiv; nicht als Adverb* 1 ≈ trocken, vertrocknet ↔ frisch, grün ⟨Holz, Äste, Gras *o.Ä.*⟩ 2 sehr dünn (2): *Du musst mehr essen, du bist zu dürr!*

Dür·re *die; -, -n;* eine lange Zeit ohne Regen, in der alle Pflanzen vertrocknen ≈ Trockenheit: *Die Gegend wurde von einer verheerenden Dürre heimgesucht* || K- Dürrejahr, Dürreschäden

Durst A1 *der; -(e)s; nur Singular;* das Gefühl, etwas trinken zu müssen ↔ Hunger ⟨Durst bekommen, haben; seinen Durst löschen⟩

durs·tig B1 *Adjektiv;* so, dass man etwas trinken will: *Nach dem Ausflug waren alle hungrig und durstig*

Durst·stre·cke *die; -, -n;* eine Zeit, in der man nur sehr wenig Geld oder mit anderen Schwierigkeiten zu kämpfen hat: *eine finanzielle Durststrecke durchmachen müssen*

Dusch·bad *das; -(e)s, -bä·der;* 1 ein Raum mit einer Dusche (1) 2 eine Art flüssige Seife zum Duschen

Du·sche A1 *die; -, -n* 1 eine Anlage (*meist* im Bad), aus der von oben Wasser in dünnen Strahlen fließt und unter der man sich wäscht ≈ Brause ⟨unter die Dusche gehen; die Dusche aufdrehen, zudrehen⟩ 2 der Raum oder die Kabine, in denen sich die Dusche (1) befindet || K- Duschvorhang 3 *nur Singular* das Duschen ⟨die tägliche Dusche; eine Dusche nehmen⟩ || K- Duschgel

du·schen A1 *duschte, hat geduscht;* **(sich) duschen** sich unter die Dusche (1) stellen, um sich zu waschen

Dü·se *die; -, -n;* das enge Ende eines Rohres, durch das Flüssigkeiten oder Gase mit hoher Geschwindigkeit hinausgepresst werden

düs·ter *Adjektiv* 1 ziemlich dunkel (und deshalb beängstigend) ↔ hell (1): *ein düsterer Gang* 2 in schlechter Laune ≈ gedrückt ⟨jemandes Blick, eine Stimmung; ein düsteres Gesicht machen⟩

Dut·zend[1] B2 *das; -s, -;* eine Menge von zwölf Stück derselben Art: *ein Dutzend Eier*

Dut·zend[2], **dut·zend** B2 *Zahlwort; indeklinabel; umg;* eine relativ große Anzahl ⟨einige, ein paar Dutzend⟩ || Hinweis: verwendet wie ein Adjektiv oder Substantiv

du·zen B1 *duzte, hat geduzt* 1 **jemanden duzen** jemanden mit „du" anreden ↔ siezen: *seine Kollegen duzen* 2 **jemand duzt sich mit jemandem**; ⟨Personen⟩ **duzen sich** zwei oder mehrere Personen reden sich gegenseitig mit „du" an ↔ sich mit jemandem siezen: *Er duzt sich mit seinem Chef*

DVD [de:vaʊ'de:] *die; -, -s;* eine kleine runde Platte, auf der *bes* Filme (elektronisch) gespeichert sind || ↑ Illustration **Im Büro** || K- DVD-Laufwerk, DVD-Rekorder, DVD-Spieler

dy·na·misch [dy-] *Adjektiv* 1 ⟨Verhältnisse, Abläufe⟩ so, dass sie sich schnell und immer wieder ändern ↔ statisch: *Wachstum ist ein dynamischer Prozess* 2 mit Tatkraft und Engagement: *Die Firma sucht einen jungen, dynamischen Mitarbeiter für den Außendienst* || *hierzu* **Dy·na·mik** *die; -; nur Singular*

Dy·na·mit *das; -s; nur Singular;* ein Sprengstoff (aus Nitroglyzerin) für starke Explosionen

E

E, e [eː] *das; -, -/umg auch -s;* der fünfte Buchstabe des Alphabets

Ẹb·be *die; -, -n; meist Singular;* der niedrige Stand des Wassers am Meer: *der Eintritt der Ebbe*

e̲ben¹ B2 *Adjektiv;* überall ziemlich gleichmäßig hoch ≈ flach ⟨Land⟩: *Die Umgebung von Hannover ist ziemlich eben*

e̲ben² B2 *Adverb* **1** einen Augenblick zuvor ≈ gerade² (2): *Ich bin eben erst nach Hause gekommen* **2** in diesem Augenblick ≈ jetzt, gerade² (1): *Er kommt eben die Treppe herunter*

e̲ben³ B2 *Partikel* **1** *unbetont;* verwendet, um ein Wort besonders zu betonen ≈ genau: *Eben dieses Buch (und kein anderes) habe ich die ganze Zeit gesucht* **2** *betont;* verwendet, um einer Aussage (ungeduldig) zuzustimmen: *„Du musst heute noch lernen." – „Eben!"* (= also habe ich keine Zeit für dich) **3** *unbetont;* verwendet, wenn man betonen will, dass dies nicht zu ändern oder die einzige Möglichkeit ist ≈ halt¹: *Er muss sich eben mit der Lähmung abfinden*

e̲ben·bür·tig *Adjektiv; nicht als Adverb;* ⟨ein Gegner, ein Konkurrent⟩ in gleichem Maß fähig, stark ↔ unterlegen, überlegen

E̲be·ne *die; -, -n* **1** ein großes, flaches Stück Land ⟨*meist* eine weite Ebene⟩: *Zwischen den beiden Bergen liegt eine fruchtbare Ebene* || -K Flussebene, Hochebene, Tiefebene **2** eine Stufe in einer Hierarchie ⟨auf oberster, privater, wissenschaftlicher Ebene⟩: *ein Problem auf internationaler Ebene diskutieren*

e̲ben·falls B2 *Partikel; betont* ≈ auch¹: *Als ich die Party verließ, ging er ebenfalls*

e̲ben·so *Partikel; betont* ≈ genauso ⟨ebenso gut, oft, wenig⟩: *Sie hat ebenso oft gewonnen wie ich*

E̲ber *der; -s, -;* ein männliches Schwein ↔ Sau

E̲ber·esche *die; -, -n;* ein Laubbaum mit kleinen, runden, gelben oder roten Früchten (, die Vögel gern fressen)

e̲b·nen; *ebnete, hat geebnet;* **etwas ebnen** etwas gerade, eben¹ machen ⟨ein Gelände, einen Weg ebnen⟩

Ẹcho *das; -s, -s* **1** die (akustische) Erscheinung, dass ein Ruf *o.Ä.* noch einmal zu hören ist, wenn er *z.B.* auf einen Berg trifft ⟨das Echo hallt vom Berg zurück⟩ **2** *nur Singular;* **das Echo (auf etwas** *(Akkusativ)*) die *meist* öffentliche Reaktion auf etwas ≈ Resonanz ⟨ein starkes, schwaches, lebhaftes, anhaltendes Echo haben, finden⟩: *Die Rede des Politikers fand kein Echo bei den Wählern*

Ech·se [ˈɛksə] *die; -, -n;* ein Reptil wie *z.B.* ein Krokodil, eine Eidechse

ẹcht¹ B1 *echter, echtest-; Adjektiv* **1** nicht nachgemacht, gefälscht oder kopiert: *ein Armband aus echtem Gold* **2** *nicht als Adverb;* nicht nur dem äußeren Anschein nach ≈ wahr, wirklich: *ein echter Freund* **3** *nur vor dem Substantiv oder als Adverb;* mit den charakteristischen Eigenschaften einer Person oder Sache ≈ typisch: *Er ist ein echter Münchner* || zu **1 Ẹcht·heit** *die; -; nur Singular*

ẹcht² B1 *Partikel; betont; umg* **1** verwendet, um einen hohen Grad auszudrücken ≈ sehr: *Der Film ist echt spannend* **2** verwendet, um noch einmal zu fragen ≈ wirklich: *„Ich habe im Lotto gewonnen!" – „Echt?"*

Ẹck- *im Substantiv;* verwendet zur Bezeichnung eines (Zahlen)Wertes, an dem man sich orientieren kann ≈ Richt-; die **Eckdaten**, die **Eckwerte** ⟨einer Planung⟩, der **Ecklohn** ⟨der Arbeiter⟩, der **Eckzins** ⟨der Sparkassen⟩

-eck *das; -(e)s, -e; im Substantiv;* bezeichnet eine geometrische Figur mit der genannten Zahl von Ecken; **Dreieck, Viereck, Fünfeck** *usw;* **Vieleck**

Ẹck·ball *der; -(e)s, -bäl·le; (bes* beim Fuß- und Handball) ein Schuss oder Wurf, mit dem der Ball von einer Ecke (1) des Feldes aus wieder ins Spiel gebracht wird

Ẹcke A2 *die; -, -n* **1** der Punkt, an dem sich zwei Linien treffen und einen Winkel bilden: *die Ecke eines Buches, Zimmers* || K- Eckbank **2** *umg;* ein Teil am Rande eines Landes, eines Ortes, Gartens ≈ Winkel: *eine entlegene Ecke der Stadt* || ID **an allen Ecken und Enden** *umg;* überall; ⟨gleich⟩ **um die Ecke** ⟨wohnen⟩ *umg;* ganz in der Nähe (wohnen)

ẹckig B1 *Adjektiv;* mit Ecken ↔ rund: *ein eckiger Tisch*

-eckig B1 *im Adjektiv;* mit der genannten Zahl von Ecken; **dreieckig, viereckig, fünfeckig** *usw;* **vieleckig**

Ẹck·zahn *der; -(e)s, -zäh·ne;* ein spitzer Zahn vorn im Mund (zwischen den Schneidezähnen und den Backenzähnen)

e̲del, *edler, edelst-; Adjektiv* **1** *förmlich;* nicht egoistisch, sondern nach hohen moralischen

Prinzipien handelnd ⟨ein Mensch, ein Spender; eine Gesinnung, eine Tat⟩ **2** *meist vor dem Substantiv;* von sehr guter Qualität (und teuer) ⟨Schmuck, Wein, Hölzer⟩ || K- **Edelmetall, Edelstahl** **3** *förmlich;* von schöner, gleichmäßiger Form ⟨ein Wuchs, eine Gestalt⟩ || **Hinweis:** *edel → eine edle Gesinnung*

Edel·stein *der; -(e)s, -e;* ein kleines Stück eines seltenen, wertvollen Minerals *(z.B.* eines Diamanten): *ein Ring mit Edelsteinen*

Eden *nur in* **der Garten Eden** *förmlich, literarisch* ≈ Paradies (1)

Edi·ti·on [edi'tsio:n] *die; -, -en; förmlich;* ein *meist* wissenschaftlich bearbeitetes Werk ≈ Ausgabe ⟨*meist* eine historische, wissenschaftliche Edition⟩

EDV [e:de'fau] *die; -; nur Singular; Abkürzung für* elektronische Datenverarbeitung || K- **EDV-Kurs, EDV-Programm, EDV-System**

Efeu *der; -s; nur Singular;* eine (Kletter)Pflanze, die *bes* an Mauern und Bäumen in die Höhe wächst und deren Blätter im Winter grün bleiben

Ef·fekt *der; -(e)s, -e* **1** das Ergebnis einer Handlung ≈ Wirkung ⟨etwas hat wenig, großen Effekt⟩: *Deine ständige Kritik hat den Effekt, dass niemand mit dir arbeiten will* **2** eine Wirkung, die Bewunderung oder Erstaunen hervorrufen soll ≈ Trick (3) ⟨ein optischer, billiger Effekt⟩ || K- **Effekthascherei** || *zu 2* **ef·fekt·voll** *Adjektiv*

ef·fek·tiv [-f] *Adjektiv;* so, dass die Möglichkeiten gut genutzt werden ≈ erfolgreich: *Er könnte effektiver arbeiten, wenn er nicht dauernd gestört würde* || *hierzu* **Ef·fek·ti·vi·tät** *die; -; nur Singular*

ef·fi·zi·ent [ɛfi'tsiɛnt], *effizienter, effizientest-; Adjektiv; förmlich;* wirkungsvoll und (ökonomisch) sinnvoll oder nützlich: *der effiziente Einsatz der EDV* || *hierzu* **Ef·fi·zi·enz** *die; -; nur Singular*

EG [e:'ge:] *die; -; nur Singular;* (*Abkürzung für* Europäische Gemeinschaft) eine zentrale Organisation europäischer Staaten || ↑ **europäisch**

egal *Adjektiv; nur nach dem Substantiv, nicht als Adverb;* **etwas ist jemandem egal** *umg;* etwas interessiert jemanden nicht: *Mir ist egal, wann du nach Hause kommst*

Eg·ge *die; -, -n;* ein Gerät, das von einem Traktor gezogen wird und mit vielen Spitzen die Erde nach dem Pflügen klein macht || *hierzu* **eg·gen** *(hat)*

Ego·ist [ego'ɪst] *der; -en, -en; abwertend;* jemand, der immer nur an sich selbst und seinen Vorteil denkt || *hierzu* **Ego·is·mus** *der; -, Ego·is·men; meist Singular;* **Ego·is·tin** *die; -, -nen;* **ego·is·tisch** *Adjektiv*

ehe B2 ['e:ə] *Konjunktion; förmlich* ≈ bevor: *Ehe ich nicht weiß, was er will, reagiere ich nicht*

Ehe B2 ['e:ə] *die; -, -n* **1** die (Lebens)Gemeinschaft von Mann und Frau nach ihrer Heirat ⟨eine harmonische Ehe führen; eine kinderlose Ehe; eine Ehe wird geschieden⟩ || K- **Eheberatung, Ehepartner, Eherecht, Ehering** **2** **eine Ehe schließen/eingehen** ≈ heiraten || K- **Eheschließung** **3** **die Ehe brechen** sexuellen Kontakt außerhalb der Ehe haben

ehe·ähn·lich *Adjektiv; meist vor dem Substantiv, nicht als Adverb;* fast so, als wären die zusammenlebenden Partner verheiratet ⟨eine Gemeinschaft, ein Verhältnis⟩

Ehe·bruch *der; -(e)s, -brüche; meist Singular;* eine sexuelle Beziehung zwischen einer verheirateten Person und einem Partner außerhalb der Ehe ⟨*meist* Ehebruch begehen⟩ || *hierzu* **Ehe·bre·cher** *der; -s, -;* **Ehe·bre·che·rin** *die; -, -nen*

Ehe·frau *die; -, -en;* die Frau, mit der ein Mann verheiratet ist

Ehe·leu·te *die; -; Plural* ≈ Ehepaar

ehe·lich *Adjektiv* **1** als Kind verheirateter Eltern geboren ↔ unehelich ⟨ein Kind⟩ **2** *nur vor dem Substantiv, nicht als Adverb;* auf die Ehe bezogen ⟨Rechte, Pflichten, die Gemeinschaft⟩

ehe·ma·li·g- *Adjektiv; nur vor dem Substantiv, nicht als Adverb;* aus der Vergangenheit und nicht mehr aktuell ≈ früher- (3): *die ehemalige DDR*

Ehe·mann *der; -(e)s, -män·ner;* der Mann, mit dem eine Frau verheiratet ist

Ehe·paar B2 *das; -(e)s, -e;* ein Mann und eine Frau, die miteinander verheiratet sind

eher ['e:ɐ] *Adverb* **1** ≈ früher: *je eher, umso besser* **2** *umg* ≈ lieber: *Eher gehe ich zu Fuß, als dass ich ein Taxi nehme* **3** *umg* ≈ mehr² (3): *Die Sonne ist heute eher rot als gelb*

Ehe·schlie·ßung *die; -, -en; Verwaltung;* der offizielle Akt (und die Zeremonie beim Standesbeamten), bei der ein Mann und eine Frau heiraten

ehes·t- *nur in* **am ehesten** *Adverb* **1** zum frühesten Zeitpunkt: *Wer ist am ehesten aufgestanden?* **2** mit größter Wahrscheinlichkeit: *Am ehesten ist möglich, dass ich ins Ausland gehe* **3** verwendet, um auszudrücken, dass eine von mehreren Möglichkeiten nicht ganz so unangenehm ist: *Ich mag Hausarbeit nicht - aber am ehesten mag ich noch das Abspülen*

Eh·re *die; -, -n* **1** *nur Singular;* die eigene Würde ⟨seine Ehre verlieren; jemandes Ehre verletzen⟩: *Durch die Bemerkung fühlte er sich in seiner Ehre gekränkt* ‖ [K-] ehrlos **2** eine Handlung oder ein Zeichen, mit denen man einer Person/Sache Respekt erweist ≈ Anerkennung ⟨jemandem Ehre, große Ehren erweisen⟩ ‖ [ID] **auf Ehre und Gewissen**; **bei meiner Ehre** verwendet, um die Wahrheit einer Aussage zu betonen; **jemandem die letzte Ehre erweisen** *förmlich;* zu jemandes Beerdigung gehen ‖ *hierzu* **eh·ren·voll** *Adjektiv*

eh·ren; *ehrte, hat geehrt* **1** **jemanden ehren** jemanden achten: *seine Eltern ehren* **2** **jemanden (mit etwas) (für etwas) ehren** jemandem eine Urkunde oder einen Orden geben: *jemanden für seine Leistungen ehren* ‖ *zu 2* **Eh·rung** *die; -, -en*

Eh·ren- *im Substantiv* **1** verwendet, um auszudrücken, dass etwas dazu dient, jemanden zu ehren (1); der **Ehrengast**, der **Ehrenplatz**, der **Ehrenpreis**, der **Ehrentitel**, die **Ehrenurkunde** **2** verwendet, um auszudrücken, dass jemandem dieser Titel geschenkt wurde (wegen besonderer Leistung *usw.*); der **Ehrenbürger**, der **Ehrendoktor**, das **Ehrenmitglied**, der **Ehrenpräsident**

eh·ren·amt·lich *Adjektiv;* so, dass die Arbeit für eine Gemeinschaft freiwillig und nicht für Geld gemacht wird ⟨eine Funktion⟩: *Sie arbeitet als ehrenamtliche Helferin für das Rote Kreuz* ‖ *hierzu* **Eh·ren·amt** *das; -(e)s, -äm·ter*

eh·ren·haft *Adjektiv;* den Idealen der persönlichen Würde und Ehre (1) entsprechend: *ein ehrenhafter Mann*

Eh·ren·sa·che *die; -; nur Singular, meist in* **Das ist doch Ehrensache!** *umg;* verwendet, um auszudrücken, dass etwas ganz natürlich und selbstverständlich ist

eh·ren·voll *Adjektiv;* ⟨ein Amt, eine Aufgabe⟩ so, dass sie Ehre (2) und Anerkennung für jemanden bringen

Eh·ren·wort *das; -(e)s, -e; meist in* **jemandem sein Ehrenwort (auf etwas** *(Akkusativ)***) geben** jemandem etwas feierlich versprechen: *Ich gebe dir mein Ehrenwort (darauf), dass ich nichts weitersage*

Ehr·furcht *die; -; nur Singular;* **Ehrfurcht (vor jemandem/etwas)** Respekt vor der Würde einer Person/der Bedeutung einer Sache ⟨jemandem Ehrfurcht einflößen⟩: *Ehrfurcht vor dem Alter haben* ‖ *hierzu* **ehr·fürch·tig** *Adjektiv;* **ehr·furchts·voll** *Adjektiv*

Ehr·geiz *der; -es; nur Singular;* ein starkes Streben nach Erfolg und Ruhm ⟨ein gesunder, krankhafter Ehrgeiz; den Ehrgeiz haben, etwas zu tun⟩ ‖ *hierzu* **ehr·gei·zig** *Adjektiv*

ehr·lich [A2] *Adjektiv* **1** so, dass jemand die Wahrheit sagt, nicht lügt ≈ aufrichtig: *Sei ehrlich: Glaubst du das wirklich?; Ehrlich gesagt, habe ich ein bisschen Angst* **2** so, dass jemand niemanden betrügt: *ehrliche Absichten haben; es ehrlich mit jemandem meinen* **3** echt und wirklich empfunden ↔ vorgetäuscht ⟨Gefühle, Freude, Trauer⟩ ‖ [ID] **Ehrlich währt am längsten** wer ehrlich ist, wird am Ende Erfolg haben; **etwas ehrlich verdient haben** etwas wirklich verdient haben

ehr·wür·dig *Adjektiv;* schon alt und sehr geachtet und geehrt ⟨eine Tradition, ein Brauch, ein Denkmal⟩

Ei *das; -(e)s, -er* **1** ein ovales Gebilde, das Hühner und andere Vögel und Tiere produzieren (legen) und aus dem sich ein junges Tier entwickelt ⟨ein Vogel/Reptil legt Eier, brütet Eier aus, schlüpft aus dem Ei⟩ ‖ [K-] Eierschale ‖ [-K] Hühnerei, Vogelei **2** ein Ei (1) (von einem Huhn), das man isst ⟨ein frisches, rohes, hart/weich gekochtes Ei⟩: *sich zwei Eier in die Pfanne schlagen* **3** die Zelle in weiblichen Körper, die befruchtet wird und aus der ein Lebewesen entsteht ≈ Eizelle **4** *nur Plural; salopp* ≈ Hoden ‖ [ID] **das Ei des Kolumbus** eine ganz einfache, aber geniale Lösung; **jemanden/etwas wie ein rohes Ei behandeln** jemanden/etwas sehr vorsichtig behandeln; ⟨Personen⟩ **gleichen sich wie ein Ei dem anderen** zwei oder mehrere Personen sehen sich sehr ähnlich ‖ *hierzu* **ei·för·mig** *Adjektiv*

-ei *die; -, -en; im Substantiv* **1** *nach Substantiven;* ein Betrieb, in dem der genannte Beruf ausgeübt wird; **Bäckerei, Druckerei, Gärtnerei, Tischlerei** **2** *nach Substantiven; meist abwertend;* eine Handlung oder ein Verhalten wie das im Substantiv Genannte; **Besserwisserei, Betrügerei, Eselei, Gaunerei, Schurkerei, Schweinerei, Tyrannei** **3** *nur Singular, nach Verb; bes umg abwertend;* verwendet, um zu kritisieren, dass die genannte Handlung geschieht oder lange dauert; **Bummelei, Drängelei, Fragerei, Fresserei, Heuchelei, Schlamperei** **4** *nach Verb;* etwas, das durch die genannte Handlung entsteht (oder entstanden ist); **Malerei, Schnitzerei, Stickerei**

Ei·be *die; -, -n;* ein Nadelbaum mit kleinen, giftigen roten Früchten

Ei·che *die; -, -n;* ein großer (Laub)Baum mit

sehr hartem Holz ⟨eine knorrige, mächtige Eiche⟩ || [K-] Eichenholz, Eichenschrank

Ei·chel *die; -, -n* **1** die Frucht der Eiche **2** der vorderste Teil des Penis

ei·chen; *eichte, hat geeicht;* **etwas eichen** Maße und (Mess)Geräte prüfen und einer Norm anpassen ⟨Gewichte, eine Waage, ein Thermometer *usw* eichen⟩ || [ID] **auf etwas** *(Akkusativ)* **geeicht sein** *umg;* etwas besonders gut können, auf etwas spezialisiert sein

Eich·hörn·chen *das; -s, -;* ein kleines (Nage)Tier mit buschigem Schwanz, das auf Bäume klettert und Nüsse und Samen frisst

Eid *der; -(e)s, -e* **1** ein *meist* feierliches Versprechen, die Wahrheit zu sagen ≈ Schwur ⟨einen Eid schwören, brechen; etwas unter Eid aussagen, bezeugen⟩ || [K-] Eidbruch; Eidesformel **2** **der hippokratische Eid** *Medizin;* das Versprechen, kranken Menschen immer zu helfen, das alle Ärzte ablegen müssen

Ei·dech·se *die; -, -n;* ein kleines (Kriech)Tier mit einem langen, spitzen Schwanz, den es bei Gefahr abwerfen kann

ei·des·statt·lich *Adjektiv; meist in* **eine eidesstattliche Erklärung abgeben** *Rechtswesen;* eine Aussage machen, die so viel gilt wie ein Eid vor Gericht

Eid·ge·nos·se *der; -n, -n;* verwendet als Bezeichnung für einen Bürger der Schweiz || *hierzu* **Eid·ge·nos·sin** *die; -, -nen;* **eid·ge·nös·sisch** *Adjektiv*

Eid·ge·nos·sen·schaft *die; -; nur Singular;* **die Schweizerische Eidgenossenschaft** der offizielle Name der Schweiz

Ei·er·be·cher *der; -s, -;* ein kleines Gefäß, in dem ein gekochtes Ei serviert wird || ↑ Illustration **Am Frühstückstisch**

Ei·er·ku·chen *der; -s, -;* ≈ Pfannkuchen (1)

Ei·er·stock *der; -(e)s, -stö·cke; meist Plural;* eines der beiden Organe im weiblichen Körper, in denen die Eier (3) gebildet werden || [K-] Eierstockentzündung

Ei·er·uhr *die; -, -en;* eine kleine Sanduhr, mit der ein kurzer Zeitraum (bis ca. 10 Minuten) gemessen wird

Ei·fer *der; -s; nur Singular* **1** das intensive Bemühen, ein Ziel zu erreichen ⟨blinder Eifer; jemandes Eifer anspornen⟩: *Er ging voller Eifer an die Arbeit* || [-K] Arbeitseifer, Lerneifer **2** *meist abwertend;* eine leidenschaftliche Aktivität ⟨in Eifer geraten⟩: *Er war in seinem Eifer zu weit gegangen*

Ei·fer·sucht *die; -; nur Singular;* **Eifersucht (auf jemanden)** die (zu große) Angst, die Liebe eines anderen Menschen zu verlieren ⟨blinde, krankhafte Eifersucht⟩ || *hierzu* **ei·fer·süch·tig** *Adjektiv*

eif·rig *Adjektiv;* voll Eifer (1) ⟨ein Schüler; eifrig lernen, arbeiten⟩

Ei·gelb *das; -(e)s, -e;* der gelbe Teil des (Hühner)Eis || Hinweis: ↑ **Eiweiß**

ei·gen *Adjektiv; ohne Steigerung, nicht als Adverb* **1** verwendet, um auszudrücken, dass etwas jemandem gehört: *Mit 18 Jahren hatte er schon ein eigenes Auto* **2** von einem selbst, persönlich: *Er hat immer eine eigene Meinung* || [K-] Eigeninitiative, Eigenkapital **3** für jemanden/etwas typisch: *Sie begrüßte uns mit dem ihr eigenen Charme; Diese Eigenschaft ist allen Modellen eigen* **4** **in etwas** *(Dativ)* **eigen sein** sehr viel Wert auf etwas legen: *Das mache ich immer so, darin bin ich eigen* **5** **eigen sein** seltsam sein

-ei·gen *im Adjektiv;* zu jemandem/etwas (*meist* einer Institution) gehörig; **betriebseigen** ⟨ein Kurheim⟩, **firmeneigen** ⟨ein Fahrzeug⟩, **staatseigen** ⟨ein Betrieb⟩, **universitätseigen** ⟨eine Druckerei⟩

Ei·gen·art *die; -, -en;* etwas (*bes* eine Verhaltensweise), das typisch für jemanden ist ≈ Charakterzug

ei·gen·ar·tig *Adjektiv;* wegen einiger Eigenschaften auffällig oder schwer erklärbar ≈ merkwürdig, seltsam: *Was ist das für ein eigenartiges Geräusch?* || *hierzu* **ei·gen·ar·ti·ger|wei·se** *Adverb*

ei·gen·hän·dig *Adjektiv; meist vor dem Substantiv oder als Adverb;* so, dass es von einem selbst gemacht wird (und nicht von jemand anderem): *Wir benötigen Ihre eigenhändige Unterschrift*

Ei·gen·heim *das; -(e)s, -e;* ein (*meist* einfaches) Haus, in dem der Eigentümer selbst wohnt

Ei·gen·heit *die; -, -en* ≈ Eigenart

Ei·gen·le·ben *das; -s; nur Singular;* ein Leben, das bestimmt ist von persönlichen Vorstellungen ⟨*meist* ein Eigenleben führen, sein Eigenleben bewahren⟩

ei·gen·mäch·tig *Adjektiv;* ⟨eine Entscheidung⟩ so, dass man dafür nicht den nötigen Auftrag oder die Erlaubnis hat ⟨eigenmächtig handeln, vorgehen; etwas eigenmächtig bestimmen, entscheiden⟩

Ei·gen·na·me *der; -ns, -n;* der Name, der eine Person, ein Land *usw* von anderen unterscheidet: *„Schiller", „Italien", „Hamburg" und „Rhein" sind Eigennamen*

E

ei·gen·nüt·zig *Adjektiv* ≈ egoistisch

ei·gens *Adverb;* für einen besonderen Zweck ≈ extra (3): *Ich habe den Kuchen eigens für dich gebacken*

Ei·gen·schaft [B2] *die; -, -en;* etwas, das für jemanden/etwas typisch ist: *Eitelkeit ist keine schöne Eigenschaft; Glas hat die Eigenschaft, leicht zu brechen* || [-K] Charaktereigenschaft

Ei·gen·schafts·wort *das; -(e)s, -wör·ter* ≈ Adjektiv

Ei·gen·sinn *der; -(e)s; nur Singular;* die Eigenschaft, immer nur das zu tun, was man selbst für richtig hält ≈ Starrsinn || *hierzu* **ei·gen·sin·nig** *Adjektiv*

ei·gen·stän·dig *Adjektiv; ohne Steigerung; förmlich* ≈ selbstständig (1)

ei·gent·lich *Partikel* **1** in Wirklichkeit: *Eigentlich heißt sie Augustine, aber jeder nennt sie Gusti* **2** wenn man konsequent wäre oder sich eine Erwartung erfüllt hätte: *Eigentlich müsste ich heute lernen* **3** ≈ ursprünglich (1): *Eigentlich wollte ich um zehn Uhr gehen, aber das hat nicht geklappt* **4** verwendet, wenn man (nach einiger Überlegung) zu einem Ergebnis kommt: *Eigentlich war der Film ganz gut* **5** verwendet, wenn man mit einer Frage ein neues Thema anschneidet: *Wie geht es dir eigentlich?* **6** verwendet, um auszudrücken, dass eine Erwartung nicht erfüllt wurde: *Wo bleibt er denn? Eigentlich hätte er jetzt schon hier sein müssen* **7** verwendet, um auszudrücken, dass man etwas für ziemlich sicher hält: *Wenn nichts passiert ist, müssten sie jetzt eigentlich schon angekommen sein*

ei·gent·li·ch- *Adjektiv; nur vor dem Substantiv, ohne Steigerung, nicht als Adverb* **1** den wichtigsten Punkt betreffend: *Das eigentliche Problem liegt woanders* **2** der Realität entsprechend ≈ wirklich (1): *Seine eigentlichen Absichten zeigte er erst später* **3** so, wie es zu Beginn war ≈ ursprünglich: *die eigentliche Bedeutung eines Wortes; Sein eigentlicher Beruf ist Maurer, jetzt arbeitet er als Busfahrer*

Ei·gen·tor *das; -(e)s, -e; Sport;* der unabsichtliche Schuss oder Wurf mit einem Ball *o.Ä.* in das Tor der eigenen Mannschaft || [ID] **ein Eigentor schießen** *umg;* so handeln, dass man sich selbst dabei schadet

Ei·gen·tum *das; -s; nur Singular* **1** das, was jemandem gehört ⟨persönliches Eigentum; sich an fremdem Eigentum vergreifen⟩: *Dieses Haus ist mein Eigentum* || [K-] Eigentumsdelikt, Eigentumswohnung **2** **jemandes geistiges Eigentum** eine Idee, die jemand als Erster gehabt hat || *hierzu* **Ei·gen·tü·mer** *der; -s, -;* **Ei·gen·tü·me·rin** *die; -, -nen*

ei·gen·tüm·lich *Adjektiv;* **1** ≈ eigenartig **2** **(jemandem/etwas) eigentümlich** charakteristisch oder typisch (für jemanden/etwas): *mit der ihm eigentümlichen Handbewegung* || *hierzu* **Ei·gen·tüm·lich·keit** *die; -, -en*

ei·gen·ver·ant·wort·lich *Adjektiv;* so, dass jemand selbst allein die Verantwortung für etwas trägt ⟨*meist* etwas eigenverantwortlich entscheiden⟩

ei·gen·wil·lig *Adjektiv* **1** mit einem starken eigenen Willen und nur selten bereit, das zu tun, was andere sagen ≈ eigensinnig **2** für eine Person typisch ⟨ein Gedanke, jemandes Geschmack⟩

eig·nen, sich; *eignete sich, hat sich geeignet;* **sich (irgendwie) für/zu etwas eignen** die Eigenschaften oder Fähigkeiten haben, die nötig sind, um die genannte Funktion zu erfüllen: *Sie eignet sich gut für diesen Beruf/zur Ärztin* || *hierzu* **Eig·nung** *die; -; nur Singular*

Ei·le *die; -; nur Singular* **1** das hohe Tempo, mit dem man etwas (sehr schnell) tut ⟨etwas in aller/großer Eile tun⟩: *Ich habe in der Eile vergessen, einen Schirm mitzunehmen* || [K-] Eilbote **2** **in Eile sein** nur wenig Zeit haben || [ID] **mit etwas hat es (keine) Eile** *umg;* etwas ist (nicht) dringend

Ei·lei·ter *der; -s, -;* ein Organ im weiblichen Körper, in dem sich ein Ei (vom Eierstock zur Gebärmutter) bewegt

ei·len; *eilte, hat/ist geeilt* **1** **irgendwohin eilen** *(ist) förmlich;* schnell irgendwohin gehen oder fahren: *Sie eilte nach Hause* **2** **etwas eilt** *(hat)* etwas ist eilig (1): *Der Brief eilt, er muss sofort zur Post* **3** **jemandem eilt es mit etwas** *(hat)* jemand will, dass etwas schnell getan wird

ei·lig *Adjektiv* **1** sehr wichtig und so, dass es schnell getan werden muss ≈ dringend ⟨ein Brief⟩ **2** schnell: *eilig zum Markt laufen* **3** **es eilig haben** keine oder nur wenig Zeit haben

Ei·mer *der; -s, -;* ein rundes Gefäß (für Flüssigkeiten oder Abfall) || [-K] Mülleimer, Plastikeimer || [ID] **etwas ist im Eimer** *umg;* etwas ist kaputt oder hatte keinen Erfolg: *Nach dem Unfall waren ihre Urlaubspläne im Eimer*

ein[1] [A1] *eine, ein; unbestimmter Artikel* **1** verwendet, um eine Person/Sache zu bezeichnen, die vorher noch nicht genannt wurde oder die in einem Nebensatz näher bestimmt wird: *Ich wohne allein in einem großen Haus; Sie lernt mit einem Eifer, der bewundernswert ist* **2** verwendet, um eine beliebige von mehreren möglichen Sachen zu bezeichnen: *Hast du* *eine Zigarette für mich?* **3** verwendet, um eine nicht näher genannte Person/Sache stellvertretend für alle dieser Art zu nehmen: *Ein Hund bleibt dir immer treu; In der Stadt ist ein Auto nicht so praktisch* **4** drückt aus, dass jemand dem Sprecher unbekannt ist: *Ein (gewisser) Herr Sommer möchte Sie sprechen* || Hinweis: **a** Der Artikel *ein* fällt im Plural weg: *Singular: ein altes Haus; Plural: alte Häuser;* **b** *Ein* wird in der gesprochenen Sprache *oft* abgekürzt: *ne/eine Tasche; sone/so'ne/so eine Katze;* **c** ↑ Anhang Seite 1049: **Artikel**

ein² A1 *eine, ein; Zahladjektiv; betont* **1** drückt bei zählbaren Begriffen die Zahl, Menge 1 aus: *Ich warte jetzt schon eine Stunde* || Hinweis: Wenn *ein* vor einem Substantiv steht, lautet seine Form wie die des unbestimmten Artikels **2** **der/die/das eine** eine von zwei Personen/Sachen: *Der eine Bruder lebt in Amerika (und der andere hier in Köln)* **3** **ein und derselbe/dieselbe/dasselbe** verwendet, um derselbe *usw* zu intensivieren: *Alles ist an ein und demselben Tag passiert*

ein³ *Adverb;* verwendet als Aufschrift bei Schaltern *usw,* mit denen etwas eingeschaltet wird ↔ aus

ei·n-¹ B2 *Indefinitpronomen* **1** ≈ jemand: *Das muss einer machen, der etwas davon versteht* **2** **einen/einem** als Akkusativ und Dativ von *man* verwendet: *Das macht einen ja ganz nervös: Das kann einem schon mal passieren* **3** in bestimmten Wendungen: **jemandem eine reinhauen** *salopp;* jemandem eine Ohrfeige geben; **einen heben** *umg;* einen Schnaps *o.Ä.* trinken

ein-² B2 *im Verb; betont und trennbar;* Die Verben mit *ein-* werden nach folgendem Muster gebildet: *einschlafen - schlief ein - eingeschlafen* **1** drückt aus, dass etwas von außen nach innen kommt oder gebracht wird; **(etwas) einatmen**; **etwas (in etwas** *(Akkusativ)*) **einbauen, einfüllen**; ⟨jemandem Kaffee, Bier⟩ **eingießen, einschenken**; ⟨das Wasser⟩ **läuft** ⟨in die Wanne⟩ **ein** **2** drückt aus, dass dadurch Vertiefungen in einer Oberfläche entstehen; **etwas (in etwas** *(Akkusativ)*) **eingravieren, einritzen**; ⟨eine Säure⟩ **frisst sich in etwas** *(Akkusativ)* **ein**; ⟨im tiefen Schnee⟩ **einsinken** **3** drückt aus, dass dadurch etwas beschädigt, zerstört wird; ⟨ein Fenster, eine Fensterscheibe⟩ **eindrücken, einschießen, einwerfen**; ⟨Mauern⟩ **einreißen** **4** drückt aus, dass man etwas mit einer Hülle umgibt; ⟨Schulbücher in Folie⟩ **einbinden**; **sich** ⟨in eine Decke⟩ **einhüllen, einrollen**; ⟨ein Päckchen in Papier⟩ **einpacken, einwickeln**

ei·nan·der B2 *Pronomen;* sich (uns, euch) gegenseitig: *Sie fielen einander um den Hals*

ein·ar·bei·ten *(hat)* **1** **jemanden/sich (in etwas** *(Akkusativ)*) **einarbeiten** jemanden/sich mit einer Arbeit oder Aufgabe, die neu ist, bekannt machen: *Der Lehrer hat sich in die neue Methode gut eingearbeitet* **2** **etwas (in etwas** *(Akkusativ)*) **einarbeiten** ein Detail in ein Ganzes einfügen: *Bevor das Buch veröffentlicht wird, soll noch ein neues Kapitel eingearbeitet werden*

ein·äschern; *äscherte ein, hat eingeäschert;* **jemanden einäschern** einen Toten verbrennen ⟨*meist* einen Leichnam, einen Toten einäschern⟩ || *hierzu* **Ein·äsche·rung** *die; -, -en*

ein·äu·gig *Adjektiv* **1** mit nur einem Auge: *ein einäugiger Pirat* **2** *abwertend;* so, dass Probleme *usw* immer nur aus einer Perspektive betrachtet werden

Ein·bahn|stra·ße *die; -, -n;* eine Straße, auf der man nur in einer Richtung fahren darf

Ein·band *der; -(e)s, -bän·de* **1** der feste Teil eines Buches, der die Seiten (ver)bindet und schützt ⟨ein lederner, kartonierter Einband⟩ **2** eine Art Hülle *(z.B.* aus Plastik) in die ein Heft oder Buch (zum Schutz) gesteckt wird

ein·bau·en *(hat)* **etwas (in etwas** *(Akkusativ)*) **einbauen** genau passende Teile in ein Ganzes einfügen ⟨Möbel (in die Küche) einbauen, Bremsen in das Auto einbauen⟩ || K- Einbauküche, Einbaumöbel, Einbauschrank || *hierzu* **Ein·bau** *der; -(e)s, -ten*

ein·be·ru·fen; *berief ein, hat einberufen* **1** **jemanden (zu etwas) einberufen** befehlen, dass jemand seinen Dienst als Soldat leistet: *Sofort nach Abschluss der Schule wurde er (zum Wehrdienst) einberufen* **2** **etwas einberufen** mehrere Personen dazu auffordern, sich zu einer bestimmten Zeit zu versammeln ⟨*meist* eine Konferenz, eine Sitzung, das Parlament einberufen⟩ || *hierzu* **Ein·be·ru·fung** *die; -, -en*

Ein·bett|zim·mer *das; -s, -;* ein Zimmer in einem Hotel oder Krankenhaus, in dem nur ein Bett steht ≈ Einzelzimmer

ein·be·zie·hen; *bezog ein, hat einbezogen;* **jemanden/etwas in etwas** *(Akkusativ)* **(mit) einbeziehen** jemanden/etwas (an etwas) teilhaben lassen: *Der Vorsitzende bezog alle Teilnehmer in die Diskussion (mit) ein* || *hierzu* **Ein·be·zie·hung** *die; -; nur Singular*

ein·bie·gen *(ist)* **irgendwohin einbiegen** die Richtung ändern und nach links oder rechts (in eine andere Straße) gehen oder fahren

⟨links, rechts, in eine Seitenstraße *usw* einbiegen⟩: *Er bog mit dem Motorrad langsam in den Feldweg ein*

ein·bil·den, sich (*hat*) **1** **sich** (*Dativ*) **etwas einbilden** von etwas überzeugt sein, das es nicht gibt: *Du bist nicht krank - das bildest du dir nur ein* **2** **sich** (*Dativ*) **etwas/viel (auf etwas** (*Akkusativ*)) **einbilden** deutlich (und arrogant) zeigen, dass man stolz auf etwas ist: *Sie bildete sich viel auf ihre Schönheit ein* || *hierzu* **Ein·bil·dung** *die; -, -en*

Ein·bil·dungs·kraft *die; -; nur Singular;* ≈ Fantasie

ein·bin·den (*hat*) **1** **etwas (in etwas** (*Akkusativ*)) **einbinden** etwas (zum Schutz) in einen Einband (2) geben ⟨ein Buch, Heft einbinden⟩: *Das Buch war in einen Umschlag aus Leinen eingebunden* **2** **jemanden/etwas einbinden** eine Wunde mit einem Verband schützen: *Er war verletzt und hatte Arme und Beine eingebunden* **3** **jemanden/etwas (in etwas** (*Akkusativ*)) **einbinden** jemanden/etwas integrieren: *versuchen, Außenseiter stärker in die Gruppe einzubinden*

ein·bläu·en; *bläute ein, hat eingebläut;* **jemandem etwas einbläuen** *umg;* jemandem etwas immer wieder (mit Nachdruck) sagen, so dass er es nicht vergisst ⟨jemandem Gehorsam einbläuen⟩: *den Kindern einbläuen, nicht auf die Straße zu laufen*

ein·blen·den (*hat*) **etwas (bei etwas/in etwas** (*Dativ/Akkusativ*)) **einblenden** Bilder, Text, Ton in einer Sendung oder in einem Film (zusätzlich) sichtbar oder hörbar werden lassen ↔ ausblenden: *Der Film lief im amerikanischen Original, es wurden aber deutsche Untertitel eingeblendet* || *hierzu* **Ein·blen·dung** *die; -, -en*

Ein·blick *der; -(e)s, -e; meist Singular* **1** **(ein) Einblick (in etwas** (*Akkusativ*)) ein erster kurzer Eindruck einer neuen Tätigkeit, eines neuen Gebiets ⟨einen Einblick bekommen, gewinnen; jemandem (einen) Einblick geben⟩: *ein umfassender Einblick in die neue Arbeit* **2** **Einblick (in etwas** (*Akkusativ*)) *bes Verwaltung;* das Lesen von Dokumenten oder Briefen ⟨Einblick in etwas nehmen⟩: *Ihm wurde Einblick in die Akten der Polizei gewährt*

ein·bre·chen (*hat/ist*) **1** **in etwas** (*Akkusativ*) **einbrechen** (*hat*); **bei jemandem/in etwas** (*Dativ*) **einbrechen** (*ist*) mit Gewalt in ein Haus, einen Raum *o.Ä.* dringen und dort etwas stehlen: *Bei unseren Nachbarn ist gestern eingebrochen worden; Die Täter sind nachts in die Bank eingebrochen/haben in der Bank eingebrochen* **2** **etwas bricht ein** (*ist*) etwas zerfällt und stürzt nach unten: *Das Dach des alten Hauses ist eingebrochen* **3** **(in etwas** (*Dativ/Akkusativ*)) **einbrechen** (*ist*) durch etwas, das an einer Stelle bricht, nach unten stürzen: *im/ins Eis einbrechen* || *zu* 1 **Ein·bre·cher** *der; -s, -* || ▸ **Einbruch**

ein·brin·gen (*hat*) **1** **etwas einbringen** etwas, das geerntet wurde, in einen (Lager)Raum (*z.B.* eine Scheune) bringen: *Das Heu muss vor dem Gewitter noch eingebracht werden* **2** **etwas einbringen** etwas sagen, über das dann diskutiert (und entschieden) wird ⟨einen Antrag einbringen⟩ **3** **etwas bringt (jemandem) etwas ein** etwas bringt Nutzen oder Gewinn: *Das neue Produkt brachte der Firma hohe Gewinne ein*

Ein·bruch *der; -(e)s, -brü·che* **1** die Handlung, wenn jemand mit Gewalt *z.B.* in ein fremdes Haus eindringt ⟨einen Einbruch begehen, verüben⟩: *Der Einbruch in das Juweliergeschäft wurde nie aufgeklärt* || K- Einbruch(s)delikt, Einbruch(s)diebstahl, Einbruch(s)versicherung, Einbruch(s)werkzeug || -K Bankeinbruch, Wohnungseinbruch **2** *nur Singular* ≈ Beginn ⟨*meist* bei, nach, vor Einbruch der Dunkelheit, der Nacht⟩ || -K Föhneinbruch, Kälteeinbruch || *zu* 1 **ein·bruch(s)·si·cher** *Adjektiv*

Ein·buch·tung *die; -, -en;* die Stelle, an der eine (Ober)Fläche nach innen gedrückt oder gebogen ist

ein·bür·gern; *bürgerte ein, hat eingebürgert* **1** **jemanden (irgendwo/irgendwohin) einbürgern** einem Fremden (Ausländer), der schon lange in einem Land lebt, einen Ausweis (die Staatsangehörigkeit) dieses Landes geben: *Sie wurde (in den/die USA) eingebürgert* **2** **etwas irgendwo einbürgern** etwas, das fremd ist oder aus einem anderen Gebiet kommt, einführen und nutzen: *Die Kartoffel wurde in Europa eingebürgert* **3** **etwas bürgert sich ein** etwas wird zur Gewohnheit, etwas gehört zum täglichen Leben: *Es hat sich in unserer Familie eingebürgert, dass am Sonntag die Männer kochen* || *zu* 1 und 2 **Ein·bür·ge·rung** *die; -, -en*

Ein·bür·ge·rungs·test *der; -(e)s, -s/-e;* ein Test, den ein Ausländer in Deutschland machen muss, wenn er eingebürgert (1) werden möchte

Ein·bu·ße *die; -, -n;* ein Verlust ⟨schwere Einbußen hinnehmen müssen, erleiden⟩ || *hierzu* **ein·bü·ßen** (*hat*)

ein·cre·men B2 *cremte ein, hat eingecremt* **1**

jemanden/sich eincremen jemandem/sich eine Salbe (Creme) in die Haut reiben **2** **(jemandem/sich) etwas eincremen** Creme auf die Haut oder auf eine Oberfläche reiben ⟨sich das Gesicht eincremen, die Schuhe eincremen⟩

ein·däm·men *(hat)* **1** **etwas eindämmen** verhindern, dass etwas größer wird ⟨einen Brand, eine Epidemie, die Kriminalität eindämmen⟩ **2** **etwas eindämmen** fließendes Wasser (durch einen Damm) aufhalten ⟨einen Fluss, das Hochwasser eindämmen⟩ || *hierzu* **Ein·däm·mung** *die; -, -en*

ein·de·cken *(hat)* **1** **jemanden (mit etwas) eindecken** *umg;* jemandem viel mehr von etwas geben, als er braucht oder haben will ⟨jemanden mit Arbeit, mit Vorwürfen, mit Geschenken eindecken⟩ **2** **sich mit etwas eindecken** Dinge, die man braucht, kaufen, *bes* um in Zukunft genug davon zu haben

ein·deu·tig *Adjektiv;* völlig klar und verständlich, ohne jeden Zweifel: *Ihre Antwort war ein eindeutiges Nein*

ein·deut·schen; *deutschte ein, hat eingedeutscht;* **etwas eindeutschen** ein Wort aus einer anderen Sprache nehmen und (in Aussprache und/oder Schreibung) der deutschen Sprache angleichen

ein·drin·gen *(ist)* **1** **etwas dringt (in etwas** *(Akkusativ)*) **ein** etwas gelangt (durch ein Hindernis) in etwas: *Der Splitter drang tief in den Finger ein* **2** **in etwas** *(Akkusativ)* **eindringen** ohne Erlaubnis (und *oft* mit Gewalt) in ein fremdes Haus, Gebiet gehen: *Er ist nachts in unsere Wohnung eingedrungen*

ein·dring·lich *Adjektiv;* intensiv und mit viel Nachdruck gesprochen ⟨eine Bitte, eine Warnung, Worte⟩ || *hierzu* **Ein·dring·lich·keit** *die; -; nur Singular*

Ein·dring·ling *der; -s, -e;* jemand, der in einen fremden Bereich ohne Erlaubnis eindringt (2) oder eingedrungen ist

Ein·druck *der; -(e)s, -drü·cke;* die Wirkung, die ein Erlebnis auf jemanden macht ⟨ein tiefer, unauslöschlicher Eindruck⟩: *Ich habe den Eindruck, dass hier etwas nicht in Ordnung ist* || *hierzu* **ein·drucks·voll** *Adjektiv*

ei·ne A1 ↑ **ein**, **ein-**[1]

ein·ei·ig *Adjektiv; nicht als Adverb;* ⟨*meist* Zwillinge⟩ aus einer einzigen befruchteten Eizelle stammend

ein·ein·halb A2 *Zahladjektiv; indeklinabel;* ein Ganzes plus die Hälfte davon: *Ich warte seit eineinhalb Wochen auf einen Brief von ihm*

ei·nem ↑ **ein**, **ein-**[1]

ei·nen[1]; *einte, hat geeint;* **jemanden/etwas einen** *förmlich;* einzelne Personen oder Gruppen von Personen zu einem Ganzen (einer Einheit) verbinden ⟨ein Volk einen⟩

ei·nen[2] ↑ **ein**, **ein-**[1]

ein·en·gen; *engte ein, hat eingeengt;* **etwas engt jemanden ein** etwas ist so eng, dass sich jemand darin nicht frei bewegen kann ⟨sich eingeengt fühlen; jemanden in sein Rechten in seiner Freiheit einengen⟩: *In dieser kleinen Wohnung fühlen wir uns richtig eingeengt*

ei·ner A2 ↑ **ein**, **ein-**[1]

Ei·ner[1] *der; -s, -; Sport;* ein (Ruder)Boot, in dem nur eine Person sitzen kann || K- Einerkajak

Ei·ner[2] A2 *der; -s, -;* (in einer Zahl mit mehreren Stellen) die erste Stelle (von rechts *bzw*) vor dem Komma: *beim Addieren alle Hunderter, alle Zehner, alle Einer untereinanderschreiben* || K- Einerstelle || Hinweis: ↑ **Hunderter**, **Zehner**

ei·ner·lei *Adjektiv;* **etwas ist (jemandem) einerlei** etwas ist (für jemanden) nicht wichtig ≈ etwas ist jemandem egal: *Es ist mir einerlei, ob er mit mir zufrieden ist oder nicht*

Ei·ner·lei *das; -s; nur Singular,; abwertend;* etwas, das immer wieder gleich und daher langweilig ist ⟨das Einerlei des Alltags⟩

ei·ner·seits *Adverb; meist in* **einerseits ... andererseits** verwendet, um zwei Argumente zu vergleichen: *Einerseits möchte ich gerne in der Großstadt wohnen, andererseits ist mir das Leben dort zu teuer*

ei·nes ↑ **ein**

ei·nes·teils *Adverb; meist in* **einesteils ... anderenteils** *förmlich* ≈ einerseits ... andererseits

ein·fach[1] A2 *Adjektiv* **1** problemlos zu verstehen, zu lösen *o.Ä.* ≈ leicht ↔ schwierig kompliziert ⟨eine Aufgabe, ein Problem; es jemandem/sich einfach machen⟩: *Ich kann nicht mal die einfachsten Reparaturen ausführen* **2** ohne jeden Luxus ≈ schlicht ⟨Kleidung, eine Mahlzeit⟩ **3** (mit dem Zug *o.Ä.*) zum Ziel hin, aber nicht wieder zurück ⟨eine Fahrkarte, eine Fahrt⟩ || *zu* 1 und 2 **Ein·fach·heit** *die; -; nur Singular*

ein·fach[2] A2 *Partikel* **1** drückt aus, dass etwas leicht möglich ist: *Komm doch einfach mal bei mir vorbei!* **2** verwendet, wenn man nicht weiter darüber diskutieren will ≈ nun mal, halt: *Ich hab einfach keine Lust!* **3** betont, dass etwas nicht geändert werden kann ≈ nun mal, halt: *Wir haben einfach keine andere*

Möglichkeit (, *als das Haus zu verkaufen*) **4** verwendet als Mittel der Verstärkung: *Dieser Vorschlag ist einfach genial!*

ein·fä·deln; *fädelte ein, hat eingefädelt* **1** **etwas (in etwas** (*Akkusativ*)) **einfädeln** etwas durch eine enge Öffnung ziehen ⟨einen Faden (ins Nadelöhr) einfädeln⟩ **2** **etwas einfädeln** *umg*; mit List oder Geschick veranlassen, dass etwas passiert ⟨etwas raffiniert, geschickt einfädeln⟩: *eine Intrige einfädeln* **3** **(sich) (in etwas** (*Akkusativ*)) **einfädeln** bei einer breiten Straße mit dem Auto auf eine andere Fahrspur wechseln, auf der schon andere in die gleiche Richtung fahren: *Einfädeln lassen!*

E

ein·fah·ren (*hat/ist*) **1** **etwas einfahren** (*hat*) ein neues Auto zuerst langsam und schonend fahren **2** **etwas einfahren** (*hat*) einen Teil eines Gerätes oder einer Maschine mit mechanischer oder elektronischer Hilfe nach innen gleiten lassen ↔ ausfahren (4) ⟨das Fahrwerk, die Antenne einfahren⟩ **3** **etwas fährt (in etwas** (*Akkusativ*)) **ein** (*ist*) ein Zug/ein Schiff *o.Ä.* gelangt in den Bahnhof/Hafen *o.Ä.*: *Der Zug aus Mannheim fährt in Kürze ein* **4** **etwas fährt sich ein** (*hat*) *umg*; etwas wird zur Gewohnheit: *Das hat sich bei uns inzwischen so eingefahren*

Ein·fahrt *die*; *-, -en*; eine Stelle, an der man in einen Hof, eine Garage fahren kann ↔ Ausfahrt: *Einfahrt frei halten!*

Ein·fall *der*; *-(e)s, -fäl·le* **1** ein plötzlicher Gedanke, eine Idee ⟨ein glänzender, verrückter Einfall; einen Einfall haben⟩: *Er kam auf den Einfall, dass ...* **2** der Angriff (*z.B.* von Truppen) auf ein fremdes Gebiet

ein·fal·len [B1] (*ist*) **1** **etwas fällt jemandem ein** jemand hat (plötzlich) eine Idee, denkt an etwas: *Ist das alles, was dir zu diesem Problem einfällt?* **2** **etwas fällt ein** etwas stürzt ein: *Das Dach der alten Scheune ist eingefallen* **3** **in etwas** (*Akkusativ*) **einfallen** mit Gewalt (in ein fremdes Gebiet) dringen ⟨Truppen⟩ || [ID] **Das fällt mir im Traum nicht ein!** Das mache ich bestimmt nicht!; *meist* **Was fällt dir (eigentlich) ein?** *umg*; Das darfst du nicht!

ein·falls·los *Adjektiv*; ohne (gute) Einfälle oder Ideen: *ein einfallsloser Schriftsteller*

ein·falls·reich *Adjektiv*; mit vielen (guten) Einfällen oder Ideen ≈ originell || *hierzu* **Ein·falls·reich·tum** *der*; *-(e)s*; *nur Singular*

Ein·falt *die*; *-*; *nur Singular*; *förmlich*; die Eigenschaft, naiv und unkritisch zu sein und alles zu glauben, was andere sagen ≈ Naivität || *hierzu* **ein·fäl·tig** *Adjektiv*

Ein·fa·mi·li·en|haus *das*; *-es, -häu·ser*; ein (Wohn)Haus für eine Familie ↔ Mehrfamilienhaus

ein·fan·gen (*hat*) **1** **jemanden/etwas einfangen** jemanden/etwas fangen und in einen Käfig (oder ein Gefängnis) sperren: *Die Polizei fing den entlaufenen Zirkuslöwen wieder ein* **2** **sich** (*Dativ*) **etwas einfangen** *umg*; sich mit einer Krankheit anstecken: *Ich habe mir einen Schnupfen eingefangen*

ein·far·big *Adjektiv*; ⟨ein Kleid, ein Stoff⟩ nur in einer Farbe ↔ bunt

ein·fas·sen (*hat*) **etwas (mit etwas) einfassen** einer Sache einen (festen) Rand, einen Rahmen geben ⟨einen Garten, einen Brunnen, einen Edelstein einfassen⟩: *ein Beet mit Steinen einfassen* || *hierzu* **Ein·fas·sung** *die*; *-, -en*

ein·fin·den (*hat*) **sich (irgendwo) einfinden** zu dem genannten Zweck an einen bestimmten Ort kommen: *Zum Empfang des Präsidenten hatten sich alle Diplomaten eingefunden*

ein·flie·ßen *nur in* **etwas (ins Gespräch) einfließen lassen** (*hat*) etwas nebenbei erwähnen

ein·flö·ßen; *flößte ein, hat eingeflößt* **1** **jemandem etwas einflößen** *bes* einem Kranken etwas langsam und vorsichtig zu trinken geben: *Sie flößte dem Patienten Kamillentee ein* **2** **jemandem etwas einflößen** in jemandem ein Gefühl erzeugen ⟨jemandem Achtung, Furcht, Respekt, Vertrauen einflößen⟩

Ein·flug|schnei·se *die*; *-, -n*; das Gebiet vor einem Flughafen, über dem die Flugzeuge niedrig fliegen (, um dann zu landen)

Ein·fluss [B2] *der*; *-es, -flüs·se* **1** **ein Einfluss (auf jemanden/etwas)** die Wirkung auf jemanden/etwas ⟨Einfluss auf jemanden haben, ausüben⟩: *Er stand unter dem Einfluss von Alkohol, als der Unfall passierte* **2** Ansehen und Macht ⟨Einfluss besitzen⟩ || [K-] Einflussbereich, Einflusssphäre || *zu* 2 **ein·fluss·reich** *Adjektiv*

ein·frie·ren [B2] (*hat/ist*) **1** **etwas einfrieren** (*hat*) Lebensmittel bei tiefen Temperaturen (ca. -18°C) konservieren ↔ auftauen ⟨Fleisch, Gemüse, Brot einfrieren⟩ **2** **etwas einfrieren** (*hat*) bestimmen, dass das Geld bei einer Bank nicht mehr vom Konto genommen werden kann ⟨Guthaben, Kredite, ein Konto einfrieren⟩ **3** **etwas einfrieren** (*hat*) etwas für eine bestimmte Zeit nicht ändern ⟨Löhne, Preise einfrieren⟩ **4** **etwas friert ein** (*ist*) das Wasser in etwas wird zu Eis ⟨ein See, ein Teich, eine Wasserleitung friert ein⟩

ein·fü·gen B2 (*hat*) **1** **etwas (in etwas** (*Akkusativ*)) **einfügen** etwas nachträglich hinzutun, in etwas Vorhandenes hinein: *Anmerkungen in einen Text einfügen* **2** **jemand/etwas fügt sich irgendwie (in etwas** (*Akkusativ*)) **ein** jemand/etwas passt zu den anderen Menschen/Dingen (in etwas): *Der neue Spieler fügt sich gut in unsere Mannschaft ein*

ein·füh·len, sich (*hat*) *meist in* **sich in jemanden/etwas einfühlen können** die Fähigkeit haben, Menschen oder Situationen gut zu verstehen

ein·fühl·sam *Adjektiv;* fähig, die Probleme und Gefühle anderer gut zu verstehen ⟨*meist* eine Person, Worte⟩

Ein·füh·lungs|ver·mö·gen *das; -s; nur Singular;* die Fähigkeit, die Probleme und Gefühle eines anderen Menschen zu verstehen, erkennen

Ein·fuhr *die; -, -en* **1** *nur Singular;* der Transport von Waren aus dem Ausland, *z.B.* von Erdöl, Weizen *o.Ä.* ≈ Import ↔ Ausfuhr: *die Einfuhr von Tierfellen beschränken* || K- Einfuhrbeschränkung, Einfuhrgenehmigung, Einfuhrverbot || -K Getreideeinfuhr, Wareneinfuhr **2** die Waren, die eingeführt (1) werden || K- Einfuhrartikel

ein·füh·ren B1 (*hat*) **1** **etwas (irgendwohin) einführen** Waren im Ausland kaufen und in das eigene Land bringen ≈ importieren ↔ exportieren **2** **etwas (irgendwohin) einführen** etwas vorsichtig in eine Öffnung schieben: *Der Arzt führte einen Schlauch in den Magen des Patienten ein* **3** **jemanden in etwas** (*Akkusativ*) **einführen** jemandem eine (neue) Sache, Theorie *usw* erklären: *die Studenten in die Grundlagen der Psychologie einführen* **4** **etwas (irgendwo) einführen** etwas, das neu ist, irgendwo bekannt machen und dafür sorgen, dass es gilt: *in einem Betrieb die 35-Stunden-Woche einführen*

Ein·füh·rung *die; -, -en* **1** *nur Singular;* das Einführen (2-4) **2** ein Buch, ein kurzer Text oder eine Art Vortrag, die das Grundwissen zu einem Thema vermitteln: *eine Einführung in die Psychologie*

Ein·füh·rungs|preis *der; -es, -e;* ein niedriger Preis für die Kunden, die eine neue Ware zuerst kaufen

ein·fül·len (*hat*) **etwas (in etwas** (*Akkusativ*)) **einfüllen** etwas in einen Behälter schütten, gießen *o.Ä.* ↔ ausleeren: *Wein aus dem Fass in eine Flasche einfüllen*

Ein·ga·be *die; -, -n* **1** *meist* ein formeller Text mit einer Bitte (einem Antrag oder einer Beschwerde) an eine Institution (*z.B.* an ein Amt oder an das Parlament) ≈ Petition ⟨eine Eingabe machen, prüfen, ablehnen, an jemanden/etwas richten⟩ **2** *nur Singular;* das Eingeben (2) von Daten in einen Computer **3** *meist Plural;* Daten und Informationen, die man einem Computer gibt ≈ Input

Ein·gang B1 *der; -(e)s, -gän·ge* **1** eine Tür, ein Tor zu einem anderen Raum ↔ Ausgang: *am Eingang des Zoos warten* || K- Eingangstür || -K Haupteingang, Hauseingang, Nebeneingang **2** **in etwas** (*Dativ/Akkusativ*) **Eingang finden** akzeptiert und verwendet werden: *Seine Theorien haben keinen Eingang in die Praxis gefunden*

ein·gän·gig *Adjektiv;* **1** leicht im Gedächtnis zu behalten ⟨*meist* eine Melodie⟩ **2** leicht zu verstehen ⟨Worte⟩

ein·gangs *Adverb; meist förmlich;* am Anfang: *Wie ich eingangs bereits erwähnte, ist dieses Problem besonders kompliziert*

ein·ge·ben (*hat*) **1** **jemandem etwas eingeben** jemandem ein Medikament geben und dafür sorgen, dass er es auch nimmt: *dem Patienten eine Arznei mit dem Löffel eingeben* **2** **etwas (in etwas** (*Akkusativ*)) **eingeben** Daten oder Informationen in einen Computer tippen

ein·ge·bil·det *Adjektiv* **1** nur in den Gedanken und nicht in Wirklichkeit vorhanden ⟨eine Krankheit⟩ **2** ≈ arrogant

Ein·ge·bo·re·ne *der/die; -n, -n;* Mitglied eines Volkes, das immer in seinem Gebiet gelebt und so seine eigene Kultur behalten hat || K- Eingeborenensiedlung || Hinweis: besonders für Naturvölker verwendet

Ein·ge·bung *die; -, -en; förmlich;* eine sehr gute Idee, die *meist* künstlerisch wertvoll ist oder mit der ein relativ schwieriges Problem gelöst wird ≈ Inspiration ⟨eine Eingebung haben; einer plötzlichen Eingebung folgen⟩

ein·ge·hen (*ist*) **1** **etwas (mit jemandem) eingehen** eine Art von Vertrag machen ⟨ein Bündnis, einen Handel, eine Wette mit jemandem eingehen⟩ **2** **auf jemanden/etwas eingehen** sich mit jemandem/etwas befassen ⟨auf jemandes Fragen, jemandes Probleme eingehen⟩ **3** **(auf) etwas** (*Akkusativ*) **eingehen** etwas akzeptieren ⟨ein Risiko, eine Verpflichtung eingehen; auf ein Angebot, einen Vorschlag eingehen⟩ **4** **etwas geht ein** (*bes* ein Kleidungsstück) wird beim Waschen kleiner oder enger **5** ⟨ein Tier, eine Pflanze⟩ **geht an etwas** (*Dativ*) **ein** ein Tier stirbt (an einer Krankheit *o.Ä.*)/eine Pflanze stirbt ab **6** **etwas geht irgendwo ein** etwas kommt beim

Empfänger an: *Ist mein Brief schon bei Ihnen eingegangen?* **7** *umg;* **etwas geht jemandem ein** jemand versteht etwas: *Es wollte ihm nicht eingehen, dass er unrecht hatte*

ein·ge·hend *Adjektiv;* sehr genau, bis ins Detail ≈ intensiv ⟨etwas eingehend behandeln, diskutieren⟩: *sich eingehend mit einem Problem auseinandersetzen*

ein·ge·nom·men *Adjektiv* **1** **von jemandem/etwas eingenommen sein** jemanden/etwas sehr gut finden ≈ angetan sein: *Er war von ihrer liebenswerten Art eingenommen* **2** **von sich eingenommen sein** *abwertend;* arrogant und überheblich sein ≈ von sich überzeugt sein

Ein·ge·ständ·nis *das; -ses, -se; förmlich;* die Aussage, dass man etwas falsch gemacht hat ≈ zugeben ⟨das Eingeständnis einer Schwäche, eines Fehlers, einer Schuld⟩

ein·ge·ste·hen *(hat)* **(jemandem/sich) etwas eingestehen** sagen (zugeben), dass man nicht richtig gehandelt hat ↔ leugnen ⟨einen Fehler, eine Schwäche, eine Tat eingestehen⟩: *Sie gestand ein, dass sie sich geirrt hatte/sich geirrt zu haben*

ein·ge·stellt *Adjektiv; meist nach dem Substantiv;* **irgendwie eingestellt** mit einer bestimmten Haltung: *Er ist sehr altmodisch eingestellt*

Ein·ge·wei·de *die; -; Plural;* alle Organe, die in der Brust und im Bauch von Menschen und Tieren sind

Ein·ge·weih·te *der/die; -n, -n;* jemand, der über etwas informiert wurde, das nicht jeder weiß

ein·ge·wöh·nen *(hat)* **jemanden/sich (irgendwo) eingewöhnen** jemanden/sich an eine neue Umgebung gewöhnen: *Er hat sich in der neuen Stadt/bei uns schnell eingewöhnt* || *hierzu* **Ein·ge·wöh·nung** *die; -; nur Singular*

ein·gie·ßen *(hat)* **((jemandem) etwas) eingießen** (jemandem) ein Getränk in eine Tasse oder ein Glas geben: *Gieß mir doch bitte noch einen Schluck Kaffee ein!; Darf ich eingießen?*

ein·glei·sig *Adjektiv* **1** mit nur einem Gleis ⟨eine Bahnlinie⟩ **2** so, als ob es keine Alternative oder andere Möglichkeiten gäbe ⟨eingleisig denken, argumentieren⟩

ein·glie·dern *(hat)* **jemanden/sich/etwas (in etwas** *(Akkusativ)***) eingliedern** jemanden/sich/etwas zu einem Mitglied einer Gruppe machen (und dieser Gruppe anpassen) ≈ integrieren: *einen Verbrecher wieder in die Gesellschaft eingliedern; sich in einen Betrieb eingliedern* || *hierzu* **Ein·glie·de·rung** *die; -, -en*

ein·gra·ben *(hat)* **sich/etwas (in etwas** *(Akkusativ)***) eingraben** ein Loch in die Erde *o.Ä.* graben und darin verschwinden *bzw* etwas hineinlegen und wieder mit Erde bedecken: *Blumenzwiebeln eingraben; Der Igel hat sich in den Laubhaufen eingegraben*

ein·grei·fen *(hat)* **(in etwas** *(Akkusativ)***) eingreifen** sich einmischen, um auf das Tun anderer zu wirken: *in eine Diskussion eingreifen* || K- Eingreiftruppe

ein·gren·zen *(hat)* **1** **etwas grenzt etwas ein** etwas dient als Grenze ≈ etwas fasst etwas ein: *Ein Zaun grenzt den Garten ein* **2** **etwas (auf etwas** *(Akkusativ)***) eingrenzen** etwas auf einen bestimmten Inhalt *o.Ä.* beschränken ↔ erweitern (um etwas) ⟨einen Begriff, ein Thema, einen Themenkreis eingrenzen⟩: *Die Diskussion wurde streng (auf ein Thema) eingegrenzt* || *hierzu* **Ein·gren·zung** *die; -, -en*

Ein·griff *der; -(e)s, -e* **1** **ein Eingriff (in etwas** *(Akkusativ)***)** die Einmischung in die Rechte anderer ⟨ein schwerwiegender Eingriff⟩: *Der Redakteur wehrte sich gegen die inhaltlichen Eingriffe in seinen Artikel* **2** *förmlich* ≈ Operation (1) ⟨ein chirurgischer Eingriff; sich einem Eingriff unterziehen⟩

-ein·halb *im Zahladjektiv; indeklinabel;* die genannte Zahl plus ½; **eineinhalb, zweieinhalb, dreieinhalb** *usw*

Ein·halt *der; nur in* **jemandem/etwas Einhalt gebieten** *förmlich;* dafür sorgen, dass jemand etwas (Negatives) nicht (mehr) tut oder dass eine negative Entwicklung aufhört

ein·hal·ten B2 *(hat)* **1** **etwas einhalten** sich an etwas halten, das vereinbart wurde oder die genannten Forderungen oder Pflichten erfüllen: *Können Sie den Terminplan/die Vorgaben einhalten?* **2** **etwas einhalten** etwas nicht ändern ≈ beibehalten: *Wenn wir dieses Tempo weiter einhalten, sind wir in zwei Stunden dort* || *hierzu* **Ein·hal·tung** *die; -; nur Singular*

ein·hän·gen; *hängte ein, hat eingehängt;* **etwas einhängen** etwas an einen Haken hängen und es dadurch befestigen ↔ aushängen ⟨ein Fenster, eine Tür einhängen⟩

ein·hei·misch *Adjektiv; meist vor dem Substantiv, nicht als Adverb* **1** aus dem Ort/dem Land, in dem man lebt ↔ fremd ⟨die Bevölkerung, Pflanzen⟩ **2** aus dem eigenen Land ⟨Produkte⟩ || *zu* 1 **Ein·hei·mi·sche** *der/die; -n, -n*

Ein·heit[1] *die; -; nur Singular;* die feste Verbindung von Teilen zu einem Ganzen ⟨eine Einheit bilden, werden, darstellen; die staatliche, politische Einheit⟩ || K- Einheitsgedanke

Ein·heit[2] *die; -, -en;* ein bekanntes Maß (wie *z.B.* ein Meter, ein Kilo oder ein Liter): *In welcher Einheit misst man in England die Temperatur?* || -K Längeneinheit, Maßeinheit, Währungseinheit

ein·heit·lich *Adjektiv* 1 ⟨Kleidung; eine Regelung⟩ so, dass sie für alle gleich ist || K- Einheitspreis 2 ⟨eine Auffassung⟩ ohne Unterschiede || *hierzu* **Ein·heit·lich·keit** *die; -; nur Singular*

ein·hel·lig *Adjektiv;* ⟨eine Auffassung, eine Meinung, ein Urteil⟩ so, dass sie bei allen gleich ist

ein·her·ge·hen; *ging einher, ist einhergegangen;* **etwas geht mit etwas einher** etwas passiert gleichzeitig mit etwas oder ist eine Folge von etwas: *Mit dieser Krankheit gehen hohes Fieber und ein juckender Ausschlag einher*

ein·ho·len *(hat)* 1 **jemanden/etwas einholen** jemandem/einem Fahrzeug folgen und ihn/es erreichen: *Wenn du dich beeilst, kannst du sie noch einholen* 2 **etwas (bei jemandem) einholen** *förmlich;* sich von jemandem etwas geben lassen ⟨eine Auskunft, eine Erlaubnis⟩ 3 **(etwas) einholen** *umg* ≈ einkaufen 4 **etwas einholen** ≈ aufholen ⟨eine Verspätung, einen Vorsprung einholen⟩

Ein·horn *das; -(e)s, -hör·ner;* (in Märchen oder Fabeln) eine Art weißes Pferd mit einem langen spitzen Horn auf der Stirn

ein·hun·dert *Zahladjektiv;* (als Zahl) 100 ≈ hundert

ein·hun·derts·t- *Zahladjektiv; nur vor dem Substantiv, nicht als Adverb;* in einer Reihenfolge an der Stelle einhundert ≈ 100.

ei·nig *Adjektiv* 1 **sich (über etwas** *(Akkusativ)*) **einig sein** die gleiche Meinung haben: *Alle Parteien sind sich/Wir sind uns (darüber) einig* 2 **sich** *(Dativ)* **mit jemandem (über etwas** *(Akkusativ)*) **einig sein/werden** zu der gleichen Meinung kommen: *Er ist sich mit ihr über das Projekt einig* || *hierzu* **Ei·nig·keit** *die*

ei·ni·g- *Indefinitpronomen* 1 *nur Plural;* verwendet für eine kleinere Anzahl (von Personen, Dingen *usw*) ≈ mehrere: *für einige Tage verreisen* 2 *nur Singular;* eine relativ kleine Menge: *mit einiger Übung* 3 *(meist betont);* ziemlich viel(e): *Es gibt noch einiges zu tun*

ei·ni·gen B1 *einigte, hat geeinigt;* **sich (mit jemandem) (auf/über etwas** *(Akkusativ)*) **einigen** einen Streit beenden und eine Lösung finden, die für alle akzeptabel ist: *Sie einigten sich auf einen Kompromiss*

ei·ni·ger·ma·ßen *Partikel* 1 ≈ ziemlich: *Die Prüfung hat einigermaßen gut geklappt* 2 drückt aus, dass etwas nicht gut, aber auch nicht besonders schlecht ist: *„Wie gehts dir?" – „Einigermaßen."*

ei·ni·ges ↑ **einig-** (2,3)

Ei·ni·gung *die; -, -en; meist Singular;* eine (gemeinsame) Lösung für ein Problem, die alle akzeptieren ⟨zu einer Einigung kommen⟩

ein·jäh·rig *Adjektiv; meist vor dem Substantiv* 1 ein Jahr alt: *Seine Schwester hat einen einjährigen Jungen* 2 ein Jahr dauernd: *ein einjähriger Aufenthalt im Ausland*

ein·kal·ku·lie·ren; *kalkulierte ein, hat einkalkuliert;* **etwas einkalkulieren** (bei einer Berechnung, einer Planung oder einer Überlegung) an etwas denken: *Sind in/bei dieser Rechnung alle Kosten mit einkalkuliert?*

Ein·kauf *der; -(e)s, -käu·fe* 1 das Einkaufen ↔ Verkauf ⟨Einkäufe machen⟩: *Achten Sie beim Einkauf auf unsere Sonderangebote!* || K- Einkaufsbummel 2 *meist Plural;* die Waren, die man eingekauft hat: *Sie holte ihre Einkäufe aus dem Korb* || K- Einkaufsnetz, Einkaufstasche, Einkaufswagen

ein·kau·fen *(hat)* **(etwas) einkaufen** Waren im Geschäft holen und bezahlen ↔ verkaufen: *Er hat vergessen, Brot einzukaufen*

Beim Einkaufen

A.: **„Guten Tag"**
B.: **„Guten Tag. Was darf's denn sein?"**
A.: **„Ein Weißbrot und zwei Stück Torte, bitte."**
B.: **„Welche Torte hätten Sie denn gern?"**
A.: **„Ich weiß nicht, was haben Sie denn da?"**
B.: **„Schwarzwälder Kirschtorte, Nusstorte und Sachertorte."**
A.: **„Gut, dann nehme ich die Sachertorte."**
B.: **„Darf es sonst noch etwas sein?"**
A.: **„Nein danke, das wär's dann."**
B: **„Das macht dann 5 Euro 30."**
A.: **„Hier, bitte schön."**
B.: **„Danke schön. Auf Wiedersehen."**
A.: **„Auf Wiedersehen."**

SPRECHEN UND SCHREIBEN

Ein·kaufs·preis *der; -es, -e;* der Preis, den ein Händler (dem Hersteller) für eine Ware zahlt, die er dann selbst wieder verkauft

Ein·kaufs·zent·rum *das; -s, -zentren;* ein großes Gebäude (oder ein Komplex von Gebäuden), in dem es viele Geschäfte gibt

ein·keh·ren *(ist)* 1 **(in etwas** *(Dativ/selten Akkusativ)*) **einkehren** auf einer Fahrt, bei einem

Spaziergang *o.Ä.* eine Pause machen und in ein Gasthaus gehen: *Wir sind auf der Wanderung (in einem gemütlichen Lokal) eingekehrt* **2** **etwas kehrt (wieder) ein** *förmlich;* etwas kommt wieder ‹Friede, Ordnung, Ruhe *o.Ä.*›: *Nach dem Aufstand ist jetzt wieder Ruhe im Land eingekehrt* ‖ *zu* 1 **Ein·kehr** *die; -; nur Singular*

ein·klam·mern *(hat)* **etwas einklammern** in einem Text etwas zwischen Klammern setzen ‹einen Buchstaben, ein Wort, eine Zahl einklammern›

Ein·klang *der; -s; nur Singular; förmlich;* **in/im Einklang (mit jemandem/etwas)** in einem Zustand, in dem zwei Dinge harmonisch zueinanderpassen: *Sie ist sehr zufrieden, weil sie ihre privaten und beruflichen Interessen miteinander in Einklang bringen konnte*

ein·klei·den *(hat)* **1** **jemanden/sich neu einkleiden** jemandem/sich viele neue Kleidungsstücke kaufen: *Unser Sohn ist so gewachsen, dass ich ihn völlig neu einkleiden muss* **2** **jemanden einkleiden** jemandem eine Uniform *o.Ä.* geben

ein·klem·men *(hat)* **sich** *(Dativ)* **etwas einklemmen** ein Körperteil durch Druck verletzen: *sich den Finger in der Tür einklemmen*

ein·ko·chen *(hat)* **etwas einkochen** etwas konservieren, indem man es kocht und so in Gläsern verschließt, dass keine Luft hineinkommt ≈ einmachen ‹Gelee, Marmelade einkochen›

Ein·kom·men B2 *das; -s, -;* das Geld, das man *bes* durch seine Arbeit oder Geschäfte (regelmäßig) verdient ‹ein festes, hohes, monatliches, regelmäßiges Einkommen haben, bekommen› ‖ K- einkommensschwach, einkommensstark

Ein·kom·men(s)·steu·er *die; -;* eine Steuer, die man für sein Einkommen zahlt ‖ Hinweis: ↑ **Lohnsteuer**

Ein·kom·men(s)·steu·er|er·klä·rung *die; -, -en* ↑ **Steuererklärung**

ein·krei·sen *(hat)* **1** **jemanden/etwas einkreisen** (von mehreren Personen) jemanden/etwas von allen Seiten umgeben: *Die feindliche Armee hat die Stadt völlig eingekreist* **2** **etwas einkreisen** in einer Diskussion oder Erörterung allmählich festlegen, was zu einer Sache gehört und was nicht ‹eine Frage, ein Problem, ein Thema einkreisen› ‖ *hierzu* **Ein·krei·sung** *die; -, -en*

Ein·künf·te *die; -; Plural;* das Geld, das jemand in einem Zeitraum verdient ‹Einkünfte beziehen›: *Neben seinem Gehalt hat er noch Einkünfte aus einem Haus, das er vermietet hat* ‖ -K Nebeneinkünfte

ein·la·den[1] A2 *(hat)* **etwas (in etwas** *(Akkusativ)*) **einladen** etwas in ein Fahrzeug bringen, legen ↔ ausladen: *Die Spediteure luden die vollen Kisten (in den Lkw) ein*

ein·la·den[2] A2 *(hat)* **jemanden (zu etwas) einladen** jemanden bitten, als Gast (1) zu kommen: *Ich habe ein paar gute Freunde zu uns eingeladen* ‖ *hierzu* **Ein·la·dung** *die; -, -en*

Die Einladung

Ist man privat bei jemandem zum Essen eingeladen, gehört es zur Höflichkeit, pünktlich oder höchstens mit einer Viertelstunde Verspätung zu kommen.
Es ist üblich, dem Gastgeber eine Kleinigkeit zu schenken, zum Beispiel eine Flasche Wein oder Frauen einen Blumenstrauß.
Zu Beginn des Essens wünscht man sich gewöhnlich „**Guten Appetit!**".
Auch wartet man normalerweise mit dem Trinken, bis der Gastgeber sein Glas erhebt und alle miteinander angestoßen haben. Hierbei sagt man gewöhnlich „**Zum Wohl!**" oder „**Prost!**".

LANDESKUNDE

Ein·la·ge *die; -, -n* **1** eine *meist* künstlerische Vorstellung, die Abwechslung in ein festes Programm bringen soll ‹eine Einlage bringen›: *Auf dem Ball gab es als Einlage einen Zauberer* ‖ -K Gesangseinlage **2** *meist Plural;* das Geld, das auf einem Konto bei einer Bank liegt: *Die Bank verfügt über Einlagen in Höhe von 50 Millionen Euro* **3** *meist Plural;* eine zusätzliche Sohle, die in einen Schuh gelegt wird (um Plattfüße *o.Ä.* zu stützen)

ein·las·sen[1] *(hat)* **1** **jemanden (irgendwohin) einlassen** *förmlich;* jemandem erlauben, in ein Gebiet, ein Gebäude, einen Raum zu kommen: *Der Pförtner ließ mich (in die Fabrik) ein* **2** **etwas (in etwas** *(Akkusativ)*) **einlassen** einen großen Behälter mit Flüssigkeit füllen ‹(Wasser in) ein Becken, einen Kanal, eine Wanne einlassen› ‖ *zu* 1 **Ein·lass** *der; -es, -läs·se*

ein·las·sen[2], **sich** *(hat)* **1** **sich mit jemandem einlassen** *meist abwertend;* in Kontakt mit jemandem treten: *Lass dich bloß nicht mit diesen Leuten ein!* **2** **sich auf etwas** *(Akkusativ)* **einlassen** bei etwas mitmachen und dabei negative Folgen riskieren: *sich auf krumme Geschäfte einlassen*

Ein·lauf *der; -(e)s, -läu·fe; Sport* **1** das Einlaufen (5,6) **2** die Reihenfolge, in der die Läufer oder die Pferde bei einem Rennen am Ziel ankommen

ein·lau·fen *(hat/ist)* **1** **etwas einlaufen** *(hat)* neue Schuhe tragen, bis sie bequem sind ⟨Stiefel einlaufen⟩ **2** **etwas läuft ein** *(ist)* etwas wird beim Waschen enger ≈ etwas schrumpft ⟨ein Kleid, ein Pullover⟩ **3** **etwas läuft ein** *(ist)* eine Flüssigkeit *(meist* eine relativ große Menge) fließt in ein Gefäß ⟨das Badewasser, die Wanne einlaufen lassen⟩ **4** **etwas läuft (irgendwo/irgendwohin) ein** *(ist)* ein Zug kommt im Bahnhof, ein Schiff im Hafen an: *Der Tanker lief in den/im Hafen ein* **5** ⟨eine Mannschaft *o.Ä.*⟩ **läuft (irgendwohin) ein** *(ist)* eine Mannschaft *o.Ä.* betritt zu Beginn eines Spiels *o.Ä.* das Spielfeld **6** *(ist)* bei einem Wettlauf das Ziel *usw* erreichen: *Sie lief als Erste in die Zielgerade ein* **7** **sich einlaufen** *(hat)* vor einem Wettkampf die Muskeln locker machen, indem man läuft ≈ sich warm laufen

ein·le·ben, sich *(hat)* **sich (irgendwo) einleben** sich an eine neue Umgebung gewöhnen: *Es wird lange dauern, bis ich mich in der neuen Stadt eingelebt habe*

ein·le·gen *(hat)* **1** **etwas (in etwas** *(Akkusativ)*) **einlegen** etwas irgendwo hineintun, damit man es benutzen kann ⟨einen Film, eine Kassette, eine CD einlegen⟩ **2** **etwas (in etwas** *(Akkusativ)*) **einlegen** Lebensmittel in einer Flüssigkeit konservieren und sie würzen ≈ einmachen: *Gurken, Bohnen (sauer, in Essig), Kirschen (in Rum) einlegen* **3** ⟨Beschwerde, Einspruch, sein Veto, Widerspruch⟩ **(gegen etwas) einlegen** gegen etwas protestieren: *Beschwerde gegen den Bau der neuen Straße einlegen* **4** **etwas einlegen** sich Zeit für Ruhe zwischen Zeiten der Arbeit, Aktivität nehmen ⟨eine Pause, eine Rast einlegen⟩ **5** **etwas einlegen** (beim Autofahren) in einen bestimmten Gang schalten ⟨den ersten, zweiten *usw* Gang einlegen, den Rückwärtsgang einlegen⟩

ein·lei·ten *(hat)* **1** **etwas mit etwas einleiten** etwas mit etwas beginnen ≈ eröffnen: *Die Feier wurde mit der Begrüßung der Ehrengäste eingeleitet* **2** **etwas einleiten** *oft Verwaltung;* (in einer Behörde) dafür sorgen, dass etwas getan wird ⟨gerichtliche Maßnahmen, Schritte einleiten; eine Untersuchung, ein Verfahren einleiten⟩ **3** **etwas in etwas** *(Akkusativ)* **einleiten** Flüssigkeiten in etwas fließen lassen ⟨Abwässer in einen Kanal, Fluss einleiten⟩

Ein·lei·tung *die; -, -en* **1** *nur Singular;* das Einleiten **2** der Teil eines Textes, der den Leser auf das Thema vorbereitet

ein·len·ken *(hat)* in einem (Streit)Gespräch oder in einem Konflikt seine Position ändern, um zu einem Kompromiss zu kommen: *Er lenkte ein, um einen Kompromiss zu ermöglichen*

ein·log·gen, sich; *loggte sich ein, hat sich eingeloggt;* **sich irgendwo einloggen** *Informatik;* sich mit seinem Benutzernamen anmelden ⟨sich im Internet, in einem Forum einloggen⟩

ein·ma·chen *(hat)* **etwas einmachen** Lebensmittel durch Einkochen oder Einlegen (2) konservieren ⟨Birnen, Kirschen, Gurken einmachen⟩ || K- Einmachglas, Einmachtopf

ein·mal A2 *Adverb* **1** nicht öfter, sondern (nur) ein einziges Mal: *Ich war nur einmal in meinem Leben dort* **2** zu irgendeiner Zeit (in der Vergangenheit oder Zukunft): *Waren Sie schon einmal in Spanien?; Was willst du einmal werden?* **3** **auf 'einmal** ≈ plötzlich: *Auf einmal brach der Ast* **4** **auf 'einmal** zur gleichen Zeit: *Iss doch nicht alles auf einmal!*

Ein·mal·eins *das; -; nur Singular* **1** **das kleine Einmaleins** das Multiplizieren der Zahlen 1-10 miteinander: *Kannst du schon das kleine Einmaleins?* **2** **das große Einmaleins** das Multiplizieren der Zahlen 1-20 mit den Zahlen 1-10 (oder 1-20) **3** das Grundwissen in einem (Sach)Gebiet: *das Einmaleins des Kochens*

ein·ma·lig *Adjektiv* **1** nur ein einziges Mal ↔ mehrmalig: *eine einmalige Zahlung* **2** *umg;* von besonders guter Qualität: *Das Essen war einmalig (gut)*

ein·mi·schen, sich *(hat)* **sich in etwas** *(Akkusativ)* **einmischen** in eine Handlung eingreifen: *sich in einen Streit einmischen* || *hierzu* **Ein·mi·schung** *die; -, -en*

ein·mü·tig *Adjektiv;* so, dass alle für einen Vorschlag stimmen ≈ einstimmig ⟨ein Beschluss; etwas einmütig beschließen⟩

Ein·nah·me *die; -, -n* **1** *oft Plural;* das Geld, das man (durch Verkauf, Vermietung *usw*) bekommt ↔ Ausgabe: *Die Einnahmen der Firma sind im letzten Jahr erheblich gestiegen* || -K Jahreseinnahmen **2** *nur Singular;* die Tatsache, dass man ein Medikament schluckt

Ein·nah·me|quel·le *die; -, -n;* eine Möglichkeit, um Geld zu verdienen: *Für viele arabische Länder ist Erdöl die wichtigste Einnahmequelle*

ein·neh·men *(hat)* **1** **etwas einnehmen** Geld für geleistete Arbeit, durch Verkaufen *o.Ä.* bekommen ↔ ausgeben: *Durch die Vermietung der Räume nimmt er im Jahr 30.000 Euro ein* **2** **etwas einnehmen** ein Medikament schlucken: *Sie müssen die Tropfen dreimal täglich einnehmen* **3** **jemand/⟨eine Armee⟩ nimmt etwas ein** jemand/eine Armee besetzt etwas mit Soldaten (*meist* nach einem Kampf): *Es war Napoleon, der 1812 Moskau einnahm* **4** **etwas nimmt etwas ein** etwas füllt einen Raum aus: *Der Schrank nimmt das halbe Zimmer ein* **5** **etwas nimmt jemanden für/gegen jemanden/etwas ein** etwas bewirkt in jemandem ein positives/negatives Gefühl jemandem/einer Sache gegenüber: *Ihr Lächeln nahm ihn für sie ein*

ein·neh·mend *Adjektiv; meist in* **ein einnehmendes Wesen besitzen/haben** so (liebenswürdig und charmant) sein, dass andere Menschen jemanden sofort sympathisch finden

ein·ord·nen (*hat*) **1** **etwas (in etwas** (*Akkusativ*)**) einordnen** etwas an den Platz tun, an dem man es suchen würde: *Namen alphabetisch in ein Verzeichnis einordnen* **2** **sich (in etwas** (*Akkusativ*)**) einordnen** seinen Platz in einer Gruppe finden: *Der Mitarbeiter konnte sich nicht in das Team einordnen* **3** **sich irgendwo einordnen** mit dem Auto die richtige Spur (einer Straße) wählen: *Du musst dich jetzt links einordnen* || *zu* 1 **Ein·ord·nung** *die; -, -en*

ein·pa·cken B1 (*hat*) **etwas (in etwas** (*Akkusativ*)**) einpacken** etwas in eine Hülle tun oder in ein besonderes Papier wickeln ↔ auspacken: *den Anzug (in den Koffer) einpacken*

ein·par·ken (*hat*) **(irgendwo) einparken** ein Fahrzeug an einer Stelle parken, wo wenig Platz ist (in einer Lücke zwischen anderen Fahrzeugen)

ein·pflan·zen (*hat*) **etwas (in etwas** (*Akkusativ*)**) einpflanzen** eine Pflanze in ein Gefäß oder in den Boden setzen: *Ich habe den Gummibaum in einen größeren Topf eingepflanzt*

ein·pla·nen (*hat*) **etwas (bei etwas) einplanen** bei einem Plan, den man macht, an etwas Wichtiges denken: *Diese Verzögerung war bei dem Projekt nicht eingeplant*

ein·prä·gen (*hat*) **1** **sich** (*Dativ*) **etwas einprägen** sich etwas ganz genau (in allen Einzelheiten) merken **2** **etwas prägt sich jemandem ein** etwas bleibt wegen einer besonderen Eigenschaft in jemandes Gedächtnis ⟨etwas prägt sich jemandem für immer, auf ewig, unauslöschlich *usw* ein⟩

ein·räu·men[1] (*hat*) **etwas (in etwas** (*Akkusativ*)**) einräumen** etwas in einer bestimmten Ordnung in einen Raum oder einen Behälter legen, stellen: *Bücher in ein Regal einräumen*

ein·räu·men[2] (*hat*) **etwas einräumen** sagen, dass etwas in einer Hinsicht anders ist, als man gedacht hat ≈ zugeben ⟨einen Fehler, einen Irrtum *usw* einräumen⟩: *Der Zeuge räumte vor Gericht ein, dass er sich getäuscht haben könnte*

ein·re·den (*hat*) **1** **jemandem/sich etwas einreden** *umg;* es immer wieder sagen, bis jemand/man es glaubt: *Wer hat dir denn diesen Unsinn eingeredet?* **2** **auf jemanden einreden** längere Zeit zu jemandem sprechen, um ihn zu überzeugen ⟨ununterbrochen auf jemanden einreden⟩

ein·rei·ben (*hat*) ↑ **eincremen**

ein·rei·chen (*hat*) **etwas einreichen** *meist Verwaltung;* etwas (*meist* ein Formular *o.Ä.*) zu einer offiziellen Stelle bringen oder senden, damit es dort geprüft wird ⟨einen Antrag, eine Beschwerde, ein Gesuch, (eine) Klage bei Gericht einreichen⟩

ein·rei·hen (*hat*) **sich (in etwas** (*Akkusativ*)**) einreihen** sich an einen Platz in einer Reihe oder Schlange stellen: *Ich reihte mich in die Schlange vor dem Postschalter ein*

ein·rei·sen (*ist*) (vom Ausland her) über die Grenze in ein Land kommen ⟨nach Italien einreisen⟩: *Die Flüchtlinge durften nicht in das Land einreisen* || *hierzu* **Ein·rei·se** *die; -, -n*

ein·rei·ßen (*hat/ist*) **1** **etwas einreißen** (*hat*) ein Gebäude *o.Ä.* zerstören ⟨ein Haus, eine Wand einreißen⟩ **2** **etwas reißt ein** (*ist*) etwas bekommt einen Riss **3** **etwas reißt (bei jemandem) ein** (*ist*) *umg;* etwas wird zu einer schlechten Gewohnheit: *Es darf nicht einreißen, dass du immer zu spät kommst*

ein·rich·ten B1 (*hat*) **1** **etwas einrichten** Möbel in einen Raum stellen: *ein Zimmer gemütlich einrichten* **2** **etwas einrichten** eine Institution neu schaffen ≈ gründen: *der neu eingerichtete Kindergarten* **3** **es einrichten, dass ...** es schaffen oder möglich machen, dass ...: *Kannst du es so einrichten, dass wir uns um drei Uhr treffen?*

Ein·rich·tung B2 *die; -, -en* **1** alle Möbel eines Raumes oder einer Wohnung ⟨eine alte, bequeme Einrichtung⟩ || K- **Einrichtungsgegenstand** **2** ≈ Institution ⟨eine öffentliche, staatliche Einrichtung⟩

ein·rü·cken **1** **(etwas) (um etwas) einrücken** (*hat*) beim Schreiben eines Textes eine neue Zeile etwas nach rechts (ver)schieben: *nach dem Absatz (um) drei Anschläge einrücken* **2** (*ist*) *Militär;* mit dem Wehrdienst beginnen ⟨einrücken müssen⟩

eins[1] A1 *Zahladjektiv;* (als Ziffer) 1: *eins plus/und* *eins ist/macht/gibt zwei* (1+1=2)

eins[2] [A1] *Indefinitpronomen; umg* **1** ≈ etwas: *Eins verstehe ich nicht - woher hat sie meine Adresse?* **2** verwendet als kürzere Form von *eines*: *Ich brauche ein neues Hemd und zwar eins, das zu meiner roten Krawatte passt*

eins[3] [A1] *Adjektiv; nur in* **(mit jemandem) eins sein** *förmlich*; dieselbe Meinung haben: *Ich bin mit ihr eins darin/darüber, dass ...*

Eins [A1] *die; -, -en* **1** die Zahl 1: *eine Eins würfeln* **2** die beste (Schul)Note (auf der Skala von 1-6): *Sie hat in Englisch eine Eins*

ein·sam *Adjektiv* **1** ohne Kontakt zu anderen Menschen ⟨einsam leben; sich einsam fühlen⟩: *Viele alte Menschen sind so einsam* **2** weit entfernt von bewohnten Gebieten ⟨ein Gebirgsdorf, Haus⟩

ein·sam·meln *(hat)* **1** **etwas** *(meist Plural)* **einsammeln** mehrere Gegenstände, die nicht weit weg voneinander liegen, wegnehmen und an eine Stelle legen: *die Spielkarten auf dem Tisch einsammeln; die Äpfel unter dem Baum einsammeln* **2** **etwas** *(meist Plural)* **einsammeln** *bes* in einer Klasse, Gruppe *o.Ä.* sich von den einzelnen Personen etwas geben lassen ⟨Geld, die Ausweise, die Hefte einsammeln⟩

Ein·satz *der; -(e)s, -sät·ze* **1** die Verwendung einer Maschine, eines Geräts: *der Einsatz eines Computers* **2** das Einsetzen (2) von jemandem (für eine Aufgabe oder Arbeit): *Wegen einer Verletzung ist sein Einsatz im nächsten Spiel gefährdet* || K- einsatzbereit, einsatzfähig **3** eine Handlung oder Tat, die Kraft oder Mut verlangt ⟨jemanden für seinen Einsatz loben⟩ **4** eine Aktion des Militärs, der Polizei || K- Einsatzbefehl, Einsatzleiter || -K Polizeieinsatz **5** der Zeitpunkt, zu dem ein Musiker zu spielen beginnen muss ⟨jemandem den Einsatz geben; seinen Einsatz verpassen⟩ **6** das Geld, das man bei einem Spiel oder einer Wette riskiert ⟨um hohe Einsätze spielen, seinen Einsatz erhöhen⟩

ein·scan·nen [-skɛn-]; *scannte ein, hat eingescannt;* **etwas einscannen** *Informatik;* mithilfe eines Scanners Informationen auf einen Computer übertragen ⟨Daten, Fotos, Grafiken, Preise, Texte einscannen⟩

ein·schal·ten [B1] *(hat)* **1** **etwas einschalten** ein Gerät so bedienen, dass es funktioniert ↔ ausschalten ⟨ein Radio, das Licht einschalten⟩ **2** **sich einschalten** in eine Aktion eingreifen **3** **jemanden/etwas einschalten** veranlassen, dass jemand aktiv wird ⟨einen Anwalt, die Polizei, die Versicherung einschalten⟩

Ein·schalt·quo·te *die; -, -n;* der Prozentsatz der Personen, die eine bestimmte Sendung hören oder sehen im Verhältnis zur Gesamtzahl der Rundfunkhörer *bzw* Fernsehteilnehmer

ein·schät·zen *(hat)* **jemanden/etwas irgendwie einschätzen** sich eine eigene Meinung von jemandem/etwas bilden ⟨jemanden/etwas richtig, falsch einschätzen⟩ || *hierzu* **Ein·schät·zung** *die; -, -en*

ein·schen·ken [B1] *(hat)* **(jemandem/sich) (etwas) einschenken** (jemandem/sich) ein Getränk in ein Glas, eine Tasse *usw* gießen: *Darf ich Ihnen noch ein Glas Wein einschenken?*

ein·schie·ben *(hat)* **jemanden/etwas (in etwas** *(Akkusativ)*) **einschieben** für jemanden/etwas später noch einen Platz in einer Reihe oder Folge suchen und finden: *Vielleicht kann ich diese Konferenz noch in meinen Terminplan einschieben*

ein·schla·fen [B1] *(ist)* **1** anfangen zu schlafen: *erst spät einschlafen* **2** **etwas schläft ein** etwas hört schließlich auf: *Unser Briefkontakt schlief allmählich ein* **3** **etwas schläft (jemandem) ein** etwas wird so, dass man damit (für kurze Zeit) nichts fühlen kann ⟨ein Arm, ein Bein schläft ein⟩

ein·schlä·fern; *schläferte ein, hat eingeschläfert* **1** **etwas schläfert jemanden ein** etwas macht jemanden müde: *Das Rauschen des Wasserfalls ist so richtig einschläfernd* (= macht sehr müde) || Hinweis: *meist* im Partizip Präsens! **2** **ein Tier einschläfern** ein Tier mit einer Spritze töten: *Unsere kranke Katze musste eingeschläfert werden*

Ein·schlag *der; -(e)s, -schlä·ge* **1** der Vorgang, bei dem etwas Schweres auf etwas fällt oder trifft: *Beim Einschlag der Bombe wurden mehrere Häuser zerstört* || -K Bombeneinschlag, Granat(en)einschlag **2** Eigenschaften, die auf eine fremde Herkunft deuten: *An ihrem Temperament merkt man den italienischen Einschlag*

ein·schla·gen *(hat/ist)* **1** **etwas einschlagen** *(hat)* kräftig auf etwas schlagen und es zerstören ⟨eine Fensterscheibe einschlagen⟩ **2** **etwas (in etwas** *(Akkusativ)*) **einschlagen** *(hat)* auf einen Gegenstand schlagen, bis er fest in etwas steckt ⟨einen Nagel in die Wand, einen Pfahl in den Boden einschlagen⟩ **3** **etwas (in etwas** *(Akkusativ)*) **einschlagen** *(hat)* etwas einwickeln: *Das Geschenk war in Seidenpapier eingeschlagen* **4** **etwas einschlagen** *(hat)* in eine Richtung gehen oder fahren ⟨einen Weg einschlagen⟩ **5** **auf jemanden/etwas einschlagen** (*hat*) jemanden/etwas längere Zeit heftig schlagen **6** **etwas schlägt (in etwas** (*Akkusativ*)**) ein** (*hat/ist*) etwas dringt mit lautem Knall irgendwo ein ⟨eine Bombe, ein Blitz⟩

ein·schlei·chen, sich (*hat*) **etwas schleicht sich (in etwas** (*Akkusativ*)**) ein** etwas entsteht, ohne dass es jemand bemerkt ⟨Fehler, Ungereimtheiten⟩

ein·schlie·ßen (*hat*) **1** **jemanden/etwas (in etwas** (*Dativ/Akkusativ*)**) einschließen** (mit einem Schlüssel *o.Ä.*) dafür sorgen, dass jemand in einem Raum, etwas in einem Behälter bleibt: *Er schloss die Diamanten im/in den Safe ein* **2** **jemand/etwas wird/ist von etwas eingeschlossen** jemand/etwas wird/ist auf allen Seiten von etwas umgeben: *Sie waren vom Schnee eingeschlossen*

ein·schließ·lich[1] *Präposition; mit Genitiv/Dativ;* drückt aus, dass das Genannte auch dazu gehört ≈ inklusive: *Der Preis beträgt 65 Euro einschließlich Porto*

ein·schließ·lich[2] *Adverb;* **bis einschließlich** drückt aus, dass etwas auch für die genannte Zeit gilt: *Das Geschäft ist bis einschließlich Dienstag geschlossen*

ein·schmei·cheln, sich (*hat*) **sich (bei jemandem) einschmeicheln** *abwertend;* sich bei jemandem beliebt machen, indem man ihm schmeichelt

ein·schmie·ren B2 (*hat*) **jemanden/sich/etwas (mit etwas) einschmieren** *umg;* jemanden/sich/etwas mit Fett, Creme, Öl *o.Ä.* einreiben

Ein·schnitt *der; -(e)s, -e;* ein (Zeit)Punkt, an dem sich etwas stark ändert ≈ Zäsur ⟨ein bedeutsamer, entscheidender, tiefer *usw* Einschnitt⟩: *Die Heirat bedeutete einen Einschnitt in ihrem Leben*

ein·schrän·ken (*hat*) **1** **etwas einschränken** etwas weniger tun als bisher: *das Rauchen einschränken* **2** **irgendwo/irgendwie eingeschränkt sein** nur wenig Möglichkeiten haben ⟨in seinen Rechten, Freiheiten eingeschränkt sein⟩ **3** **sich einschränken (müssen)** mit weniger Geld leben (müssen) als bisher

Ein·schrän·kung *die; -, -en* **1** eine Äußerung, in der man sagt, wann etwas nicht gilt ⟨etwas mit einer Einschränkung sagen; eine Einschränkung machen⟩ **2** **ohne Einschränkung** ohne Ausnahme ≈ generell ⟨etwas gilt ohne Einschränkung; etwas ohne Einschränkung behaupten, sagen⟩ **3** der Vorgang des Einschränkens: *Einschränkungen hinnehmen müssen*

Ein·schrei·ben B2 *das; -s, -;* ein Brief (oder ein Päckchen), den der Empfänger persönlich annehmen muss: *Den Brief als Einschreiben schicken*

ein·schrei·ben, sich B2 (*hat*) **sich (irgendwo) einschreiben** seinen Namen in eine Liste eintragen, um an etwas teilzunehmen: *sich für einen Kurs/bei der Volkshochschule einschreiben; sich an der Universität einschreiben* (= sich immatrikulieren)

ein·schrei·ten (*ist*) **(irgendwo) einschreiten** *förmlich* ≈ (irgendwo) eingreifen

ein·schüch·tern; *schüchterte ein, hat eingeschüchtert;* **jemanden einschüchtern** jemandem Angst machen, *meist* indem man ihm mit etwas droht: *Ich lasse mich durch seinen aggressiven Ton nicht einschüchtern*

ein·schu·len B2 (*hat*) **jemanden einschulen** ein Kind (zum ersten Mal) in eine Schule aufnehmen || Hinweis: *meist* im Passiv! || *hierzu* **Ein·schu·lung** *die; -, -en*

ein·se·hen (*hat*) **1** **etwas einsehen** etwas verstehen oder erkennen und akzeptieren ⟨seinen Fehler, sein Unrecht einsehen⟩: *Ich sehe überhaupt nicht ein, warum ich immer die ganze Arbeit machen soll; Er sah ein, dass er sich getäuscht hatte* **2** **etwas einsehen** *Verwaltung;* Akten lesen

Ein·se·hen *das; nur in* **mit jemandem (k)ein Einsehen haben** *förmlich;* (kein) Verständnis für jemanden haben und ihm (nicht) nachgeben

ein·sei·tig *Adjektiv* **1** *abwertend;* so, dass etwas nur für einen Teil zutrifft (und nicht für das Ganze) ⟨eine Begabung, ein Interesse, eine Beurteilung⟩ **2** *meist als Adverb;* nur auf der einen Seite eines Gegenstandes: *Das Papier ist einseitig bedruckt*

ein·sen·den (*hat*) **etwas (an jemanden/etwas) einsenden** etwas mit der Post an eine Institution schicken ≈ einschicken: *die Lösung des Rätsels an die Redaktion einsenden* || K- Einsendeschluss, Einsendetermin || *hierzu* **Ein·sen·der** *der; -s, -;* **Ein·sen·de·rin** *die; -, -nen;* **Ein·sen·dung** *die; -, -en*

Ein·ser *der; -s, -; umg* ≈ Eins

ein·set·zen (*hat*) **1** **etwas (in etwas** (*Akkusativ*)**) einsetzen** ein (fehlendes) Teil in ein Ganzes fügen: *Nach dem Aufstehen setzte sie ihr Gebiss wieder ein* **2** **jemanden/etwas einsetzen** jemanden/etwas für eine bestimmte Aufgabe verwenden: *Wegen der starken Schneefälle wurden Räumfahrzeuge eingesetzt* **3** **jemanden als/zu etwas einsetzen** jemandem eine neue Aufgabe, Funktion geben ⟨jemanden als Nachfolger, Stellvertreter einsetzen⟩ **4** **sich/etwas (für jemanden/etwas) einsetzen** sehr viel für jemanden/etwas tun, auch wenn es ein Risiko ist ⟨sein Leben, viel Geld einsetzen⟩: *sich dafür einsetzen, dass jemand befördert wird* **5** **etwas setzt ein** etwas fängt an ⟨Regen, Schneefall, die Musik⟩

Ein·sicht *die; -, -en* **1** **Einsicht (in etwas** *(Akkusativ)*) eine Erkenntnis neuer (komplizierter) Tatsachen: *neue Einsichten in die menschliche Psyche gewinnen* **2** *nur Singular;* die Erkenntnis, dass man Falsches getan hat ⟨zur Einsicht kommen; (späte) Einsicht zeigen⟩ **3** *nur Singular; Verwaltung;* die Möglichkeit, etwas zu sehen und zu lesen ⟨Einsicht in die Akten haben, nehmen⟩

ein·sich·tig *Adjektiv* **1** mit Verständnis, Einsicht (2) ⟨ein Mensch; sich einsichtig benehmen, verhalten⟩ **2** überzeugend ⟨ein Grund, Argumente⟩

ein·sil·big *Adjektiv* **1** ⟨ein Mensch⟩ so, dass er nur wenig und nicht gern redet **2** sehr kurz, knapp, mit wenigen Worten gesagt ⟨*meist* eine Antwort⟩ **3** *nicht als Adverb;* mit nur einer Silbe ⟨ein Wort⟩

ein·spa·ren *(hat)* **1** **etwas einsparen** etwas nicht verbrauchen oder in Anspruch nehmen ⟨Energie, Kosten einsparen⟩ **2** **jemanden einsparen** jemanden nicht länger als Arbeitskraft beschäftigen ⟨Personal, Angestellte einsparen⟩ || *hierzu* **Ein·spa·rung** *die; -, -en*

ein·sper·ren *(hat)* **sich/jemanden (in etwas** *(Dativ/Akkusativ)*) **einsperren** selbst in einen Raum gehen/jemanden gegen seinen Willen in einen Raum bringen und die Tür abschließen ≈ einschließen

ein·spra·chig B2 *Adjektiv;* in oder mit nur einer Sprache ⟨Unterricht, ein Wörterbuch; einsprachig aufwachsen⟩

ein·sprin·gen *(ist)* **(für jemanden) einspringen** für einen anderen eine Arbeit tun, weil dieser nicht da ist (sondern plötzlich krank geworden ist *o.Ä.*) ⟨für einen Kollegen einspringen⟩

Ein·spruch *der; -(e)s, -sprü·che; Rechtswesen, Verwaltung;* die schriftliche Erklärung (in einer vorgegebenen Form), dass man eine Entscheidung, ein Urteil *o.Ä.* nicht akzeptiert ≈ Protest ⟨Einspruch (gegen etwas) erheben, einlegen; einem Einspruch stattgeben⟩ || K- Einspruchsfrist

ein·spu·rig *Adjektiv* **1** mit nur einer Fahrbahn ⟨*meist* eine Straße⟩ **2** **einspurig befahrbar** so, dass nur auf einer der Spuren gefahren werden kann: *Wegen des Unfalls ist die Autobahn nur einspurig befahrbar*

einst *Adverb; förmlich;* vor langer Zeit ≈ früher

Ein·stand *der; -(e)s, -stän·de; meist in* **seinen Einstand geben** an seinem neuen Arbeitsplatz ein kleines Fest für seine neuen Kollegen geben

ein·ste·cken *(hat)* **1** **etwas einstecken** einen kleinen Gegenstand in seine Tasche nehmen ⟨einen Schlüssel, ein Taschentuch, Geld einstecken⟩ **2** **etwas (in etwas** *(Akkusativ)*) **einstecken** *umg;* ein elektrisches Gerät an die Steckdose anschließen ⟨einen Stecker (in eine Steckdose) einstecken⟩ **3** **(etwas) einstecken (müssen)** *umg;* etwas Negatives ertragen (müssen) ⟨Kritik, Schläge einstecken⟩

ein·ste·hen *(ist)* **für jemanden/etwas einstehen** für jemanden/etwas die Verantwortung übernehmen (müssen): *Der Minister muss für das Verhalten seiner Beamten einstehen*

ein·stei·gen A2 *(ist)* **1** **(in etwas** *(Akkusativ)*) **einsteigen** in ein Fahrzeug gehen, steigen ↔ aussteigen ⟨in ein Auto, einen Zug einsteigen⟩ **2** **bei jemandem/etwas, in etwas** *(Akkusativ)* **einsteigen** bei etwas mitmachen ⟨in die Politik einsteigen; in ein Geschäft einsteigen⟩: *Er ist vor zehn Jahren bei uns eingestiegen*

ein·stel·len B2 *(hat)* **1** **jemanden einstellen** jemanden zum Arbeiter, Angestellten in eine Firma machen ⟨Lehrlinge, Lehrer einstellen⟩ **2** **etwas (in etwas** *(Dativ/Akkusativ)*) **einstellen** etwas (Großes) für einige Zeit, in einen Raum legen oder stellen ⟨Möbel im Keller einstellen⟩ **3** **etwas (irgendwie/auf etwas** *(Akkusativ)*) **einstellen** ein technisches Gerät so bedienen, dass es in bestimmter Weise funktioniert: *die Heizung auf 20 Grad einstellen; am Radio einen anderen Sender einstellen* **4** **etwas einstellen** mit etwas aufhören ⟨die Produktion, die Zahlungen, das Rauchen einstellen⟩ **5** **sich auf jemanden/etwas einstellen** sich auf jemanden/etwas vorbereiten ⟨sich auf eine Änderung, eine neue Situation einstellen⟩: *Ich war nicht auf Gäste eingestellt* **6** **jemand/etwas stellt sich (irgendwo) ein** jemand/etwas erscheint irgendwo, etwas geschieht, tritt auf: *sich pünktlich am Arbeitsplatz einstellen; Nach der Operation stellten sich Komplikationen ein*

ein·stel·lig *Adjektiv; nicht als Adverb;* aus nur einer Ziffer bestehend ⟨eine Nummer, eine Zahl⟩

Ein·stel·lung *die; -, -en* **1** die Vermittlung eines Arbeitsplatzes: *die Einstellung neuer*

Mitarbeiter || K- Einstellungsgespräch **2** die Tatsache, dass etwas sein Ende findet: *die Einstellung der Feindseligkeiten* **3** **eine Einstellung (zu etwas)** die Art, wie man über etwas denkt oder urteilt ⟨eine fortschrittliche Einstellung; jemandes Einstellung zu einem Problem⟩

E

Ein·stieg *der; -(e)s, -e;* **der Einstieg (in etwas** *(Akkusativ)*) der Anfang bei einer neuen Aufgabe oder Arbeit ⟨der Einstieg in das Berufsleben; der Einstieg in eine Problematik⟩

eins·ti·g- *Adjektiv; nur vor dem Substantiv, nicht als Adverb* ≈ ehemalig-, früher-: *das einstige Kaiserreich*

ein·stim·men *(hat)* **1** **etwas einstimmen** ein (Musik)Instrument stimmen² (2) **2** **jemanden/sich (auf etwas** *(Akkusativ)*) **einstimmen** jemanden/sich vor einem Ereignis in die richtige innere Stimmung versetzen **3** **(in etwas** *(Akkusativ)*) **einstimmen** anfangen, mitzusingen oder mitzuspielen, wenn andere bereits singen oder Musikinstrumente spielen: *Alle stimmten in das Lied mit ein*

ein·stim·mig *Adjektiv;* mit den Stimmen aller, die bei der Abstimmung da sind ⟨ein Beschluss; etwas einstimmig beschließen⟩

ein·stu·die·ren; *studierte ein, hat einstudiert;* **etwas einstudieren** etwas üben, um es vor einem Publikum zu spielen ⟨eine Rolle, einen Tanz, ein Musikstück einstudieren⟩

ein·stu·fen; *stufte ein, hat eingestuft;* **jemanden/etwas (irgendwie) einstufen** *Verwaltung;* jemandem/etwas einen Platz in einem System, einer Ordnung geben: *Er wurde in die Steuerklasse I eingestuft; Sein Verhalten wird von der Polizei als gefährlich eingestuft* || *hierzu* **Ein·stu·fung** *die; -, -en*

ein·stün·di·g *Adjektiv; meist vor dem Substantiv;* ⟨eine Rede, eine Veranstaltung⟩ so, dass sie eine Stunde dauern

ein·stür·zen *(ist)* **etwas stürzt ein** etwas fällt oder stürzt in Teilen oder als Ganzes nach unten ⟨ein Gebäude, eine Mauer⟩ || *hierzu* **Ein·sturz** *der; -(e)s, -stür·ze*

ein·tei·len *(hat)* **1** **etwas (in etwas** *(Akkusativ)*) **einteilen** ein Ganzes in mehrere Teile gliedern: *Das Buch ist in drei Kapitel eingeteilt* **2** **jemanden (zu/für etwas) einteilen** jemandem eine von mehreren möglichen Aufgaben geben: *Die Krankenschwester wurde zum Nachtdienst eingeteilt* **3** **jemanden/etwas (in etwas** *(Akkusativ)*) **einteilen** bestimmen, zu welcher Gruppe, Kategorie jemand/etwas gehört: *Die Boxer werden nach ihrem Gewicht in Klassen eingeteilt* **4** **(sich** *(Dativ)*) **etwas einteilen** etwas in verschiedene Abschnitte gliedern, etwas planvoll verwenden, ausgeben *usw* ⟨sich die Vorräte/die Arbeit einteilen⟩: *sich den Tag gut einteilen* || *hierzu* **Ein·tei·lung** *die; -, -en*

ein·tei·lig *Adjektiv;* aus einem Stück bestehend ⟨*oft* ein Badeanzug⟩

ein·tö·nig *Adjektiv;* monoton, ohne Abwechslung ⟨eine Arbeit, eine Landschaft, etwas verläuft eintönig⟩

Ein·topf *der; -(e)s, -töp·fe;* ein einfaches Essen, für das verschiedene Gemüse (mit Fleisch) in einem Topf gekocht werden || K- Eintopfgericht

Ein·tracht *die; -; nur Singular; förmlich;* ein Zustand, in dem zwei oder mehr Menschen zusammenleben, die nicht miteinander streiten, sondern sich gut verstehen ⟨in (Frieden und) Eintracht miteinander leben⟩ || *hierzu* **ein·träch·tig** *Adjektiv*

ein·tra·gen *(hat)* **1** **sich/etwas (in** *(Akkusativ)*/**auf etwas** *(Dativ)*) **eintragen** den eigenen Namen/etwas in etwas schreiben: *Wer die Prüfung machen will, soll sich bitte auf dieser Liste eintragen* **2** **etwas trägt (jemandem) etwas ein** etwas hat ein (*meist* positives) Ergebnis: *Das Geschäft hat ihm viel Geld eingetragen* || *zu* 1 **Ein·trag** *der; -(e)s, -trä·ge;* **Ein·tra·gung** *die; -, -en*

Behälter und Gefäße

1 der Abfalleimer
2 der Becher, der Trinkbecher
3 die Bratpfanne, die Pfanne
4 die Dose, die Büchse
5 die Einkaufstasche
6 die Flasche
7 das Glas, das Trinkglas
8 der Karton, die Tüte
9 die Keksdose
10 der Korb
11 der Krug
12 das Paket (Zucker)
13 die Schüssel
14 das Sieb, der Durchschlag
15 der Stieltopf
16 die Streichholzschachtel
17 die Tasse
18 die Teekanne
19 die Thermosflasche®
20 der Topf, der Kochtopf
21 die Tube
22 die Vase, die Blumenvase
23 das Vorratsglas
24 der Wasserkessel
25 der Wasserkocher

Behälter und Gefäße

Am Frühstückstisch

ein·träg·lich *Adjektiv;* ⟨eine Arbeit, ein Geschäft⟩ so, dass sie jemandem relativ viel Geld bringen ≈ rentabel

ein·tref·fen (*ist*) **1** **(irgendwo) eintreffen** nach einer Reise oder einem Transport ankommen ⟨ein Brief, ein Zug, ein Reisender⟩: *Der Zug trifft in Hamburg mit Verspätung ein* **2** **etwas trifft ein** etwas wird Realität ⟨eine Befürchtung, eine Vermutung⟩

ein·trei·ben (*hat*) **etwas eintreiben** jemanden dazu zwingen, seine Schulden oder Steuern zu zahlen ⟨Geld, Schulden, Steuern eintreiben⟩

ein·tre·ten (*hat/ist*) **1** **etwas eintreten** (*hat*) etwas mit Gewalt öffnen, indem man mit dem Fuß dagegentritt ⟨eine Tür eintreten⟩ **2** **(in etwas** (*Akkusativ*)**) eintreten** (*ist*) (durch die Tür oder ein Tor) in einen Raum gehen **3** **(in etwas** (*Akkusativ*)**) eintreten** (*ist*) (bei etwas) Mitglied werden ⟨in einen Verein, einen Orden eintreten⟩ **4** **etwas tritt ein** (*ist*) etwas geschieht, beginnt zu sein: *Der Tod trat um acht Uhr ein* **5** **für jemanden/etwas eintreten** (*ist*) sich für jemanden/etwas einsetzen (4)

Ein·tritt B1 *der;* -(e)s, -e **1** das Recht, etwas zu besuchen: *Was kostete der Eintritt?* || K- **Eintrittskarte, Eintrittspreis** **2** die Aufnahme in eine Organisation ≈ Beitritt **3** der Beginn einer Veränderung: *Bei Eintritt der Dämmerung passierte der Unfall*

ein·ver·stan·den *Adjektiv;* **(mit etwas) einverstanden sein** etwas akzeptieren: *Ich bin mit deinem Vorschlag einverstanden*

Ein·ver·ständ·nis *das;* -ses, -se; *meist Singular* **1** **das Einverständnis (zu/mit etwas)** was man sagt, wenn man zustimmt, etwas erlaubt ⟨sein Einverständnis geben; jemandes Einverständnis einholen; im Einverständnis mit jemandem handeln⟩ **2** **das Einverständnis (über etwas** (*Akkusativ*)**)** ≈ Einigkeit: *Es besteht Einverständnis über die zukünftige Zusammenarbeit*

Ein·wand *der;* -(e)s, -wän·de; das, was gegen eine andere Meinung gesagt wird ⟨einen Einwand vorbringen⟩: *Gibt es irgendwelche Einwände gegen den Plan?*

ein·wan·dern B2 (*ist*) **(irgendwohin) einwandern** in ein fremdes Land gehen, um dort für immer zu bleiben ≈ immigrieren ↔ auswandern: *in die Schweiz, nach Italien einwandern* || *hierzu* **Ein·wan·de·rer** *der;* -s, -; **Ein·wan·de·rin** *die;* -, -nen; **Ein·wan·de·rung** *die;* -, -en; *meist Singular*

ein·wand·frei *Adjektiv* **1** ohne Fehler ⟨eine Arbeit, ein Benehmen; etwas funktioniert einwandfrei⟩ **2** *meist als Adverb; umg;* so dass niemand daran zweifeln kann ≈ eindeutig ⟨etwas steht einwandfrei fest⟩

ein·wech·seln (*hat*) **jemanden (für jemanden) einwechseln** *Sport;* einen neuen Spieler als Ersatz für einen anderen ins Spiel bringen

Ein·weg- *im Substantiv;* verwendet, um auszudrücken, dass etwas nur ein einziges Mal benutzt und dann weggeworfen wird; die **Einwegflasche**, die **Einwegspritze**, die **Einwegverpackung**

ein·wei·chen; *weichte ein, hat eingeweicht* **1** **etwas (in etwas** (*Akkusativ*)**) einweichen** etwas längere Zeit in Wasser oder eine andere Flüssigkeit legen, um es weich zu machen ⟨Bohnen, Erbsen, Linsen *o.Ä.* einweichen; einen Pinsel einweichen⟩ **2** **etwas einweichen** etwas vor dem eigentlichen Waschen in Wasser mit Waschpulver *o.Ä.* legen ⟨Wäsche einweichen⟩

ein·wei·hen (*hat*) **1** **etwas einweihen** *meist* ein neues Gebäude feierlich eröffnen: *Am Sonntag wurde unser neues Rathaus eingeweiht* **2** **jemanden (in etwas** (*Akkusativ*)**) einweihen** jemandem etwas (vertraulich) sagen, was nicht jeder weiß oder wissen darf ⟨jemanden in seine Absichten, Pläne einweihen⟩ || *hierzu* **Ein·wei·hung** *die;* -, -en

ein·wei·sen (*hat*) **1** **jemanden (irgendwo-**

Am Frühstückstisch

1 der Aufschnitt
2 das Brot, der Laib Brot
3 das Brötchen
4 der Brotkorb
5 die Butter
6 die Butterdose
7 die Cornflakes
8 das Ei, das Frühstücksei
9 der Eierbecher
10 die Gabel
11 der Honig
12 die Kaffekanne
13 der Käse
14 der Löffel
15 die Marmelade
16 das Messer
17 das Milchkännchen
18 der Salzstreuer
19 die Schüssel
20 die Tasse
21 die Teekanne
22 der Teller
23 der Toast
24 der Toaster
25 die Untertasse
26 die Zuckerdose

hin) einweisen veranlassen, dass jemand der krank ist, ein Verbrechen begangen hat *o.Ä.* an den für ihn bestimmten Ort kommt ‹jemanden in eine Klinik, ein Heim, in das Gefängnis einweisen› **2** **jemanden (in etwas** (*Akkusativ*)**) einweisen** jemandem eine neue Arbeit oder Aufgabe erklären, sodass er weiß, was er tun muss || *hierzu* **Ein·wei·sung** *die; -, -en*

E

ein·wen·den; *wandte/wendete ein, hat eingewandt/eingewendet* **etwas (gegen jemanden/etwas) einwenden** ein Argument oder Gründe nennen, die gegen eine Person oder einen Plan, ein Projekt *o.Ä.* sprechen ‹etwas/nichts gegen den Plan einzuwenden haben›: *Man könnte einwenden, dass der Plan recht kompliziert ist*

ein·wer·fen B1 (*hat*) **1** **etwas (in etwas** (*Akkusativ*)**) einwerfen** einen Brief *o.Ä.* in einen Briefkasten stecken: *Kannst du die Karte an meine Eltern einwerfen, wenn du zur Post gehst?* **2** **etwas (in etwas** (*Akkusativ*)**) einwerfen** Geld in einen Automaten stecken **3** **etwas einwerfen** ein Fenster *o.Ä.* durch einen Wurf zerstören **4** **etwas einwerfen** jemanden, der spricht, unterbrechen, um selbst etwas zu sagen ‹eine Bemerkung, eine Frage einwerfen› **5** *Sport;* **(den Ball) einwerfen** den Ball (wieder) ins Spielfeld werfen

ein·wi·ckeln (*hat*) **1** **etwas (in etwas** (*Akkusativ*)**) einwickeln** etwas in Papier *o.Ä.* legen, wickeln ↔ auswickeln ‹ein Geschenk, ein Paket einwickeln› **2** **jemanden einwickeln** *umg;* jemanden (durch Charme oder schmeichelnde Worte) zu einer (anderen) Meinung bringen: *Lass dich von ihm nicht einwickeln!*

ein·wil·li·gen; *willigte ein, hat eingewilligt;* **(in etwas** (*Akkusativ*)**) einwilligen** erklären, dass man mit einem Vorschlag, einer Forderung *o.Ä.* einverstanden ist ≈ etwas (*Dativ*) zustimmen ‹in die Scheidung, in einen Vorschlag einwilligen›: *Sie willigte ein, den Vertrag zu unterschreiben* || *hierzu* **Ein·wil·li·gung** *die; -, -en*

ein·wö·chig *Adjektiv; meist vor dem Substantiv;* eine Woche dauernd

Ein·woh·ner *der; -s, -;* jemand, der dort (in einer Stadt, in dem Land) lebt, wohnt: *München hat mehr als eine Million Einwohner* || K- Einwohnerzahl || *hierzu* **Ein·woh·ne·rin** *die; -, -nen;* **Ein·woh·ner·schaft** *die; -, -en; meist Singular*

Ein·woh·ner|mel·de·amt *das; -(e)s, -äm·ter;* eine Behörde, bei der man sich (bei einem Umzug) melden und seine Adresse angeben muss

Ein·wurf *der; -(e)s, -wür·fe* **1** das Einwerfen (1,2) *z.B.* eines Briefes oder eines Geldstücks **2** das, was jemand in einem Gespräch, einer Diskussion als Einwand sagt **3** die Öffnung, durch die etwas eingeworfen (1,2) werden kann ‹der Einwurf am Briefkasten, Spielautomaten› **4** *Sport;* das Einwerfen (5) des Balles in ein Feld

Ein·zahl *die; -; nur Singular* ≈ Singular

ein·zah·len B1 (*hat*) **(etwas) (auf etwas** (*Akkusativ*)**) einzahlen** Geld zu einer Bank bringen: *Ich möchte 200 Euro auf mein Konto einzahlen*

ein·zeich·nen (*hat*) **etwas (in etwas** (*Dativ/Akkusativ*)**) einzeichnen** etwas *meist* in einen (technischen) Plan oder eine Landkarte eintragen: *Ich habe unsere Route in den Plan eingezeichnet*

Ein·zel *das; -s, -;* (bei Badminton, Tischtennis und Tennis) das Spiel, bei dem ein Spieler gegen einen anderen spielt ↔ Doppel || -K Dameneinzel, Herreneinzel

Ein·zel- A2 *im Substantiv* **1** für eine einzelne Person gemacht, eine einzelne Person betreffend; die **Einzelhaft**, das **Einzelschicksal**, der **Einzelunterricht**, das **Einzelzimmer** **2** drückt aus, dass der Betroffene etwas allein tut; der **Einzelreisende**, der **Einzeltäter** **3** drückt aus, dass die genannte Sache nur einmal vorhanden ist; das **Einzelbeispiel**, das **Einzelexemplar**, der **Einzelfall**, das **Einzelstück**

Ein·zel·gän·ger *der; -s, -;* jemand, der nur wenig Kontakt zu anderen Menschen hat || *hierzu* **Ein·zel·gän·ge·rin** *die; -, -nen*

Ein·zel·han·del *der; -s; nur Singular, Wirtschaft;* alle Geschäfte, die ihre Waren nicht an Firmen, sondern direkt an den Verbraucher verkaufen ↔ Großhandel || K- Einzelhandelsgeschäft, Einzelhandelskaufmann, Einzelhandelspreis || *hierzu* **Ein·zel·händ·ler** *der; -s, -*

Ein·zel·heit *die; -, -en;* ein einzelner Teil eines größeren Ganzen ≈ Detail ‹etwas in allen Einzelheiten erzählen›

Ein·zel·kind B2 *das; -(e)s, -er;* ein Kind, das keinen Bruder und keine Schwester hat

ein·zeln *Adjektiv; meist vor dem Substantiv oder als Adverb* **1** allein und nicht mit anderen zusammen: *ein einzelnes Auto auf dem Parkplatz* **2** **jeder/jede/jedes** *usw* **einzelne/Einzelne** + *Substantiv* verwendet, um sich auf jeden (von allen) zu beziehen: *Jeder einzelne Fehler muss verbessert werden; Jeder Einzelne von uns muss mithelfen*

ein·zel·n- *Indefinitpronomen* **1** *nur Plural;* **einzelne** + *Substantiv* verwendet, um sich auf eine sehr geringe Zahl zu beziehen ≈ einige wenige + Substantiv: *Nur einzelne Zuschauer waren gekommen; Einzelne Fragen blieben noch ungeklärt* **2** *nur Singular;* **Einzelnes** verwendet um wenige, *meist* nicht sehr wichtige Einzelheiten zu bezeichnen: *Einzelnes kritisieren*

Ein·zel·teil *das; -(e)s, -e;* eines der vielen Teile, aus denen ein Gegenstand, ein Apparat oder eine Maschine besteht *o.Ä.*: *ein Radio in seine Einzelteile zerlegen*

ein·zie·hen A2 *(hat/ist)* **1** **(irgendwo) einziehen** *(ist)* in neue Räume, in ein neues Haus wechseln, um dort zu wohnen ⟨in eine Wohnung einziehen⟩ **2** **jemand zieht (in etwas** *(Akkusativ)*) **ein** *(ist)* mehrere Personen gehen oder marschieren in einer festen Ordnung ⟨Soldaten⟩: *Die Truppen zogen in die Stadt ein* **3** **etwas einziehen** *(hat)* etwas, das im Wasser oder in der Luft war, (wieder) zu sich holen ≈ einholen ⟨eine Fahne, ein Netz, ein Segel einziehen⟩ **4** **etwas einziehen** *(hat)* einen Teil des Körpers zurückziehen ⟨den Kopf, den Bauch einziehen⟩ **5** **etwas einziehen** *(hat)* Geld, auf das man Anspruch hat, (mit dessen Erlaubnis) von jemandes Konto nehmen ⟨Beiträge, Steuern einziehen⟩: *Die Gebühren werden automatisch am Monatsanfang von Ihrem Konto eingezogen* **6** **etwas zieht (in etwas** *(Akkusativ)*) **ein** *(ist)* etwas dringt in etwas ein ⟨Öl, Creme zieht ein⟩: *Das Wasser zog schnell in die trockene Erde ein*

ein·zig *Adjektiv* **1** auf die genannte(n) Person(en)/Sache(n) beschränkt: *Das war der einzige Grund; Kein Einziger war gekommen* **2** **das einzig Richtige/Wahre** *usw* das, was allein richtig/gut *usw* ist **3** **einzig und allein** ≈ nur: *Das hat sie einzig und allein aus diesem Grund getan*

ein·zig·ar·tig *Adjektiv;* von einer sehr hohen Qualität ≈ einmalig

Ein·zug *der; -(e)s, -zü·ge; meist Singular* **1** das Einziehen (1) in eine neue Wohnung, ein neues Haus: *das Haus vor dem Einzug renovieren* **2** das Einziehen (2) von Soldaten in eine Stadt *o.Ä.* **3** das Einziehen (5) von Geld || -K Bankeinzug

Ein·zugs·er·mäch·ti·gung *die; -, -en;* die Erlaubnis, die man jemandem gibt, regelmäßig Geld einzuziehen (5) ⟨jemandem eine Einzugsermächtigung erteilen⟩

Ein·zugs·ge·biet *das; -(e)s, -e;* das Gebiet um eine Stadt *o.Ä.* herum, dessen Bewohner zu einem großen Teil in dieser Stadt arbeiten, einkaufen *usw*: *Die Mieten im Einzugsgebiet von München sind sehr hoch*

Eis A2 *das; -es; nur Singular* **1** Wasser, das zu einer festen Masse gefroren ist (auch als glatte Fläche auf einem See, in einem Stadion *usw*) ⟨das Eis taut, bricht⟩ || K- Eisberg, Eisfläche, Eiskristall, Eisschicht, Eissport, Eisstadion; eisfrei **2** eine süße, kalte Speise ⟨Eis essen⟩ || K- Eisbecher, Eissorte, Eiswaffel || -K Erdbeereis, Speiseeis || ID **sich auf dünnes/aufs Eis begeben** sehr viel riskieren; *meist* **Das Eis ist gebrochen** das Verhältnis zwischen Personen ist nicht mehr gespannt; ⟨Pläne, ein Projekt⟩ **auf Eis legen** nicht mehr daran arbeiten, nicht mehr weiterverfolgen

Eis·bahn *die; -, -en;* eine Fläche (in einem Stadion), auf der man Schlittschuh laufen kann

Eis·bär *der; -en, -en;* ein Bär mit weißem Fell, der in der Arktis lebt

Eis·bein *das; -(e)s, -e;* (gepökeltes und gekochtes) Fleisch vom Bein des Schweins ⟨Eisbein mit Sauerkraut⟩

Ei·schnee *der; -s; nur Singular;* Eiweiß, das zu festem Schaum geschlagen worden ist

Eis·creme *die; -, -s; meist Singular* ≈ Speiseeis, Eis (2)

Ei·sen *das; -s; nur Singular;* ein schweres Metall, das in feuchter Luft leicht rostet; *Chemie* Fe ⟨Eisen schmieden; hart wie Eisen⟩ || K- Eisenerz, Eisenindustrie || ID **noch ein Eisen im Feuer haben** noch eine andere Möglichkeit (Chance) sehen, haben; **zum alten Eisen gehören** *umg;* nicht mehr nützlich sein/gebraucht werden; **ein heißes Eisen anfassen/anpacken** sich an ein schwieriges Thema wagen || *hierzu* **ei·sen·hal·tig** *Adjektiv*

Ei·sen·bahn *die; -, -en* **1** *nur Singular;* die Züge (insgesamt), die auf Schienen fahren, die Bahnhöfe und ihre Organisation **2** ein Zug, der aus einer Lokomotive und mehreren Wagen (Waggons) besteht || K- Eisenbahnlinie, Eisenbahnschiene, Eisenbahnverkehr, Eisenbahnwagen

ei·sern *Adjektiv* **1** *nur vor dem Substantiv, nicht als Adverb;* aus Eisen ⟨ein Nagel, ein Gitter⟩ **2** von/mit großer Stärke oder Entschlossenheit ⟨Disziplin, ein Wille, Gesundheit; mit eiserner Hand regieren, mit eiserner Faust durchgreifen; eisern schweigen, sparen⟩

Eis·ho·ckey B2 *das; -s; nur Singular;* ein Spiel auf einer Eisfläche zwischen zwei Mannschaften, die versuchen, mit Schlägern eine kleine Scheibe (den Puck) in das Tor des

Gegners zu schlagen || [K-] Eishockeyschläger, Eishockeyspieler

ei·sig *Adjektiv* **1** sehr kalt ⟨Wind, Kälte⟩ **2** sehr unfreundlich ⟨ein Blick, eine Begrüßung⟩

Eis·kunst·lauf *der; -(e)s; nur Singular;* eine (künstlerische) Form des Eislaufs, bei der besondere Sprünge und Drehungen gemacht werden

Eis·lauf *der; -(e)s; nur Singular;* das Laufen, Gleiten mit Schlittschuhen auf dem Eis || *hierzu* **eis·lau·fen** *(ist);* **Eis·läu·fer** *der; -s, -;* **Eis·läu·fe·rin** *die; -, -nen*

Eis·schnell·lauf *der; -(e)s; nur Singular;* eine Sportart, bei der man (mit Schlittschuhen) eine Strecke auf Eis möglichst schnell laufen muss

Eis·zap·fen *der; -s, -;* eine längliche Form aus Eis, die entsteht, wenn Wasser, das von einer Stelle tropft, sofort gefriert

Eis·zeit *die; -, -en;* eine relativ lange Periode in der Geschichte der Erde, in der es sehr kalt war und große Flächen von Eis bedeckt waren

ei·tel, *eitler, eitelst-; Adjektiv; abwertend;* ⟨ein Mensch⟩ so (gekleidet), dass er bewundert werden will ⟨eitel wie ein Pfau⟩ || Hinweis: *eitel → ein eitler Mann* || *hierzu* **Ei·tel·keit** *die; -, -en*

Ei·ter *der; -s; nur Singular;* eine dicke, gelbliche Flüssigkeit, die in Wunden entstehen kann: *Die Wunde sondert Eiter ab* || *hierzu* **ei·tern** *(hat);* **eit·rig** *Adjektiv*

Ei·weiß *das; -es, -/-e* **1** *(Plural Eiweiß)* das Weiße im (Hühner)Ei **2** *(Plural Eiweiße)* eine komplexe chemische Verbindung ≈ Protein: *Das Essen soll viel Eiweiß enthalten* || *zu* 2 **ei·weiß|hal·tig** *Adjektiv;* **ei·weiß|reich** *Adjektiv*

Ekel[1] *der; -s; nur Singular;* **Ekel (vor/gegenüber jemandem/etwas)** ein sehr unangenehmes Gefühl der Abneigung, das man auch körperlich spürt ⟨Ekel vor etwas haben⟩: *Ekel vor Schlangen und Spinnen* || *hierzu* **ekel·er·re·gend, Ekel er·re·gend** *Adjektiv*

Ekel[2] *das; -s, -; umg;* ein (sehr unsympathischer) Mensch, dessen Verhalten man schlimm findet

ekel·haft *Adjektiv* **1** so, dass Ekel[1] entsteht ≈ ekelerregend, widerlich ⟨ein Geruch, ein Geschmack⟩: *Ich finde Regenwürmer ekelhaft* **2** sehr unangenehm oder lästig ≈ abscheulich, widerlich: *Er ist ein ekelhafter Kerl*

ekeln; *ekelte, hat geekelt* **1** **sich (vor jemandem/etwas) ekeln** Ekel[1] (vor/gegenüber jemandem/etwas) empfinden: *Er ekelte sich vor dem Geruch* **2** **es ekelt jemanden vor etwas** jemand empfindet Ekel[1] gegenüber etwas: *Es ekelt mich vor Würmern*

EKG [eːkaːˈgeː] *Medizin;* eine Untersuchung, bei der die elektrischen Ströme des Herzens gemessen und grafisch dargestellt werden *(Abkürzung für* Elektrokardiogramm)

ek·lig *Adjektiv;* so unangenehm, dass etwas Ekel[1] erzeugt ⟨ein Geruch, ein Geschmack⟩: *Unser Chef kann ganz schön eklig werden*

Ek·zem [ɛkˈt͜seːm] *das; -s, -e;* eine entzündete Stelle der Haut, die stark juckt

Elan *der; -s; nur Singular;* eine große innere Kraft oder Begeisterung, die jemanden zum Handeln treibt ⟨jugendlicher Elan; etwas mit (großem) Elan tun⟩

elas·tisch *Adjektiv* **1** ⟨eine Binde, ein Material, ein Stoff⟩ so, dass sie sich leicht dehnen lassen **2** elegant und harmonisch ⟨Bewegungen, ein Gang⟩ || *hierzu* **Elas·ti·zi·tät** *die; -, -en; meist Singular*

Elch *der; -(e)s, -e;* ein sehr großer Hirsch mit einem breiten Geweih (in Form von Schaufeln), der in Nordeuropa, Nordasien und im Norden Amerikas lebt

Ele·fant *der; -en, -en;* ein großes graues Tier mit einer sehr langen Nase (Rüssel) und Stoßzähnen aus Elfenbein || [ID] **sich wie ein Elefant im Porzellanladen benehmen** *umg;* taktlos handeln

ele·gant [B2] *eleganter, elegantest-; Adjektiv* **1** sehr hübsch und mit viel Geschmack (geformt) ⟨eine Frisur, ein Kleid⟩ **2** mit Schwung und Harmonie ⟨ein Tanz, Sprung, eine Verbeugung⟩ **3** **eine elegante Lösung** eine Lösung, die Probleme vermeidet || *hierzu* **Ele·ganz** *die; -; nur Singular*

Elek·tri·ker *der; -s, -;* jemand, zu dessen Beruf alle Arbeiten gehören, die mit elektrischem Strom zusammenhängen || *hierzu* **Elek·tri·ke·rin** *die; -, -nen*

e·lekt·risch [A2] *Adjektiv* **1** *meist vor dem Substantiv;* durch Elektrizität wirksam ⟨Strom, Spannung⟩: *Er bekam einen elektrischen Schlag* **2** mit Elektrizität betrieben ⟨eine Heizung, eine Kaffeemaschine; elektrisch kochen⟩ || [K-] elektromagnetisch

Elekt·ri·zi·tät [B2] *die; -; nur Singular;* eine Form der Energie ≈ Strom ⟨Elektrizität erzeugen; der Verbrauch von Elektrizität⟩

Elekt·ri·zi·täts·werk *das; -(e)s, -e;* ≈ Kraftwerk

Elek·tro- [B1] *im Substantiv;* so, dass etwas durch elektrischen Strom entsteht oder dadurch funktioniert: das **Elektroauto**, die **Elektroenergie**, das **Elektrofahrzeug**, das **Elektrogerät**, der **Elektroherd**

Elekt·ro·nik *die; -; nur Singular* **1** ein Gebiet der Elektrotechnik, das sich mit der Leitung von Elektronen beschäftigt und ihre Erkenntnisse bei der Konstruktion sehr kleiner und komplizierter Bauteile anwendet, die man *z.B.* für Computer benötigt **2** alle (Elektronik)Geräte oder Bauelemente in einem größeren Gerät *o.Ä.*: *die Elektronik in einem Auto* || *hierzu* **e·lekt·ro·nisch** *Adjektiv*

Elekt·ro·tech·nik *die; -; nur Singular;* ein Gebiet der Technik, das sich mit der praktischen technischen Anwendung des physikalischen Wissens über die Elektrizität beschäftigt

Ele·ment *das; -(e)s, -e* **1** ein Teil einer Konstruktion, eines Systems || [-K] Bauelement **2** einer der chemischen (Grund)Stoffe, wie *z.B.* Uran ⟨ein radioaktives Element⟩ **3** *meist Plural; abwertend;* Menschen, die schlecht leben oder negativ wirken ⟨asoziale, kriminelle Elemente⟩

ele·men·tar *Adjektiv* **1** *meist vor dem Substantiv;* ⟨Bedürfnisse, Stoffe⟩ so, dass sie grundlegend und wichtig sind || [K-] Elementarteilchen **2** *meist vor dem Substantiv;* sehr einfach, das Grundwissen betreffend ⟨ein elementarer Fehler⟩: *die elementaren Regeln der Orthografie* || [K-] Elementarbegriff, Elementarkenntnisse, Elementarregel **3** stark und heftig ≈ wild ⟨Gewalt, Leidenschaft⟩

elend *Adjektiv* **1** in sehr schlechtem Zustand ⟨eine Behausung, eine Hütte⟩ **2** durch Armut, Not oder Krankheit geprägt ⟨ein Dasein, ein Leben⟩ **3** *nur als Adverb;* auf schreckliche Weise ≈ jämmerlich ⟨elend zugrunde gehen⟩ **4** *nur als Adverb; umg;* krank oder unglücklich ⟨sich elend fühlen; elend aussehen⟩

Elend *das; -s; nur Singular;* Armut und Not: *das Elend der Kinder* || [K-] Elendsviertel

elf *Zahladjektiv;* (als Zahl) 11

Elf *die; -, -en* **1** die Zahl 11 **2** *nur Singular* ≈ Fußballmannschaft || [-K] Nationalelf **3** jemand/etwas mit der Nummer 11 || Hinweis: ↑ Beispiele unter **vier**

El·fe *die; -, -n;* ein zartes, weibliches Wesen, von dem Märchen erzählen || *hierzu* **el·fen·haft** *Adjektiv*

El·fen·bein *das; -(e)s; nur Singular;* das Material, aus dem die großen (Stoß)Zähne des Elefanten bestehen: *geschnitzte Figuren aus Elfenbein*

Elf·me·ter *der; -s, -;* (beim Fußball) ein direkter Schuss auf das Tor des Gegners von einem Punkt aus, der elf Meter vor dem Zentrum des Tores liegt ⟨einen Elfmeter geben, verhängen, ausführen, verschießen, verwandeln (= ein Tor schießen)⟩ || [K-] Elfmeterschießen

elf·t- *Zahladjektiv; nur vor dem Substantiv, nicht als Adverb* **1** in einer Reihenfolge an der 11. Stelle || Hinweis: Gebrauch ↑ Beispiele unter **viert-** **2** **der elfte Teil (von etwas)** ≈ 1/11

elf·tel *Adjektiv; nur vor dem Substantiv, indeklinabel, nicht als Adverb;* den 11. Teil von etwas bildend ≈ 1/11

Elf·tel *das; -s, -;* der 11. Teil (1/11) von etwas, *meist* einer Menge oder Masse

elf·tens *Adverb;* verwendet bei einer Aufzählung, um das zu nennen, was an 11. Stelle kommt

eli·tär *Adjektiv; abwertend;* von dem Gefühl geprägt, dass man zu den Besten (zur Elite) gehört und deshalb oft arrogant, überheblich ⟨ein Denken, Verhalten, Benehmen⟩

Eli·te *die; -, -n; meist Singular;* eine Gruppe ausgewählter Personen ⟨die sportliche, gesellschaftliche, akademische Elite; die Elite eines Landes; zur Elite gehören⟩ || [K-] Elitetruppe

Ell·bo·gen *der; -s, -;* **1** ein Gelenk des Arms (, das den Unterarm und den Oberarm verbindet) ⟨die Ellbogen aufstützen⟩ || ↑ Abbildung unter **Körper** **2** **die Ellbogen einsetzen/gebrauchen** keine Rücksicht auf andere nehmen, wenn man sein Ziel erreichen will || [K-] Ellbogengesellschaft

Els·ter *die; -, -n;* ein relativ großer Vogel mit schwarzen und weißen Federn || [ID] **eine diebische Elster** *umg;* jemand, der oft kleinere oder nicht sehr kostbare Dinge stiehlt

El·tern [A1] *die; -; Plural;* Vater und Mutter ⟨liebevolle, strenge Eltern⟩ || [K-] Elternliebe, Elternpaar || *hierzu* **el·ter·lich** *Adjektiv;* **el·tern·los** *Adjektiv;* **El·tern·schaft** *die; -, -en; meist Singular*

El·tern·abend *der; -s, -e;* ein Treffen der Eltern mit den Lehrern ihrer Kinder (am Abend), um über schulische Dinge zu sprechen

El·tern·bei·rat *der; -(e)s, -rä·te;* eine Gruppe von Vätern und Müttern, die die Eltern aller Schüler einer Schule vertreten

El·tern·geld *das; -(e)s; nur Singular;* Geld, das Eltern eines kleinen Kindes in der Elternzeit anstelle ihres Verdienstes vom Staat bekommen

El·tern·haus *das; -(e)s, -häu·ser* **1** der soziale Hintergrund (*bes* die Familie und die Art der Erziehung), den jemand von seinen Eltern hat ⟨aus einem bürgerlichen, guten, schlechten Elternhaus kommen⟩ **2** das Haus der Eltern, in dem man seine Kindheit verbringt oder verbracht hat

E

El·tern·teil *der; -(e)s, -e;* der Vater oder die Mutter

El·tern·zeit *die; -, -en;* ein Zeitraum nach der Geburt eines Kindes, in der der Vater oder die Mutter unbezahlten Urlaub nehmen kann, um das Kind zu versorgen

E-Mail ['i:meɪl] *die; -, -s; bes südd und* Ⓐ *auch das; -s, -s; Informatik;* eine elektronische Nachricht auf dem Computer ⟨eine E-Mail senden, bekommen⟩ ‖ K- E-Mail-Adresse

Eman·zi·pa·ti·on [-'tsi̯o:n] *die; -; nur Singular;* die Befreiung aus sozialer, rechtlicher und wirtschaftlicher Abhängigkeit ⟨für die Emanzipation kämpfen⟩: *die Emanzipation der Frau* ‖ -K Frauenemanzipation ‖ *hierzu* **eman·zi·pie·ren, sich** (*hat*)

Emb·ryo ['ɛmbryo] *der,* Ⓐ *auch das; -s, -s/auch Em·bry·o·nen;* ein Lebewesen am Anfang seiner Entwicklung im Körper der Mutter (*bzw* in der Eischale)

Emig·rant *der; -en, -en;* jemand, der in ein fremdes Land geht, um dort zu leben ‖ *hierzu* **Emig·rantin** *die; -, -nen;* **Emig·ra·ti·on** *die; -, -en;* **emig·rie·ren** (*ist*)

Em·men·ta·ler *der; -s, -;* eine Sorte von hartem Schweizer Käse mit großen Löchern

Emo·ti·on [-'tsi̯o:n] *die; -, -en;* ein Gefühl seelischer Erregung wie *z.B.* Liebe, Hass ⟨durch, mit etwas in jemandem Emotionen wecken⟩ ‖ *hierzu* **emo·ti·o·nal** *Adjektiv*

emp·fahl *Imperfekt, 1. und 3. Person Singular;* ↑ **empfehlen**

emp·fand *Imperfekt, 1. und 3. Person Singular;* ↑ **empfinden**

Emp·fang *der; -(e)s, Emp·fän·ge* **1** *nur Singular; förmlich;* die Tatsache, dass etwas bei jemandem ankommt ⟨etwas in Empfang nehmen⟩: *Ich bestätige den Empfang Ihres Schecks* ‖ K- Empfangsbescheinigung **2** die Begrüßung (auch offiziell) ⟨jemandem einen freundlichen, frostigen Empfang bereiten; an einem Empfang teilnehmen⟩ ‖ K- Empfangsraum **3** *nur Singular;* die (Ton)Qualität einer Sendung ⟨einen guten, schlechten Empfang haben⟩ ‖ K- Empfangsgerät

emp·fan·gen; *empfängt, empfing, hat empfangen* **1** **etwas (von jemandem) empfangen** *förmlich;* etwas (von jemandem) bekommen ⟨ein Geschenk empfangen⟩ **2** **jemanden (irgendwie) empfangen** jemanden (irgendwie) begrüßen ⟨jemanden freundlich, herzlich, kühl empfangen⟩ **3** **etwas empfangen** hören oder sehen (können) ⟨eine Sendung empfangen⟩

Emp·fän·ger B2 *der; -s, -;* **1** jemand, der etwas bekommt **2** ein Gerät, mit dem man Sendungen hören und sehen (empfangen) kann ‖ *zu 1* **Emp·fän·ge·rin** *die; -, -nen*

emp·fäng·lich *Adjektiv;* **(für etwas) empfänglich sein** bereit, neue Eindrücke aufzunehmen oder Vorschläge von anderen zu akzeptieren ⟨empfänglich für Lob, Schmeicheleien sein⟩

Emp·fäng·nis *die; -; nur Singular; förmlich;* (bei Menschen) die Befruchtung einer weiblichen (Ei)Zelle durch männlichen Samen ‖ K- Empfängnisverhütung; empfängnisverhütend

emp·fängt *Präsens, 3. Person Singular;* ↑ **empfangen**

emp·feh·len; *empfiehlt, empfahl, hat empfohlen* **1** **(jemandem) etwas empfehlen** jemandem einen Rat geben: *Dieses Buch kann ich dir sehr empfehlen* **2** **(jemandem) jemanden empfehlen** (jemandem) zu jemandem raten: *Diesen Anwalt kann ich dir wirklich empfehlen* **3** **(jemandem) empfehlen + zu +** *Infinitiv;* **(jemandem) etwas empfehlen** jemandem raten, etwas zu tun: *Der Arzt hat mir empfohlen, viel Wasser zu trinken*

emp·feh·lens·wert *Adjektiv* **1** gut oder für einen Zweck sehr geeignet ⟨ein Buch, ein Medikament, eine Reise⟩ **2** **es ist empfehlenswert + zu** + *Infinitiv* es ist ratsam oder sinnvoll: *Es ist empfehlenswert, diese Reise früh zu buchen*

Emp·feh·lung *die; -, -en* **1** ein (guter) Rat oder Vorschlag: *Auf seine Empfehlung habe ich den Arzt gewechselt* **2** ein lobendes Urteil ⟨jemandem eine Empfehlung schreiben⟩: *Auf Empfehlung seines Chefs wurde er befördert* ‖ K- Empfehlungsschreiben

emp·fiehlt *Präsens, 3. Person Singular;* ↑ **empfehlen**

emp·fin·den; *empfand, hat empfunden* **1** **etwas empfinden** ein (körperliches oder seelisches) Gefühl haben ⟨Durst, Schmerzen empfinden; Liebe, Angst, Hass empfinden⟩ **2** **etwas als etwas empfinden** eine besondere Meinung von etwas haben: *Was du da Musik nennst, empfinde ich als (puren) Lärm* ‖ *hierzu* **Emp·fin·den** *das; -s; nur Singular*

emp·fịnd·lich *Adjektiv* 1 ⟨ein Zahn, eine Stelle am Körper⟩ so, dass sie schnell und oft wehtun 2 ⟨eine Haut, ein Stoff, ein Teppich, eine Pflanze⟩ so, dass sie geschont werden müssen 3 **empfindlich gegen etwas sein** schnell, leicht auf einen Einfluss reagieren: *empfindlich gegen Kälte, Zugluft sein* || -K kälteempfindlich, lichtempfindlich 4 sehr schnell zu beleidigen ≈ sensibel ⟨ein Mensch⟩ || *hierzu* **Emp·fịnd·lich·keit** *die; -, -en*

▶ empfindlich / empfindsam

Die Adjektive **empfindlich** und **empfindsam** sind sich sehr ähnlich, dürfen aber nicht verwechselt werden.

Empfindlich bedeutet, dass eine Person körperlich oder seelisch leicht verletzt werden kann oder dass eine Sache leicht beschädigt werden kann:
Meine Haut ist sehr empfindlich, ich muss mich immer gut eincremen.
Sei doch nicht so empfindlich, es war doch nicht böse gemeint!
Die empfindliche Seidenbluse muss ich mit der Hand waschen.

Wenn Personen **empfindsam** sind, nehmen sie Rücksicht auf die Gefühle anderer und fühlen mit ihnen:
Filme, in denen es viel Gewalt gibt, sind nichts für empfindsame Menschen.

WORTSCHATZ ◀

Emp·fịn·dung *die; -, -en;* ein besonderes (körperliches oder seelisches) Gefühl ⟨die Empfindung von Kälte, Schmerz, Freude⟩ || *hierzu* **emp·fịn·dungs·los** *Adjektiv*

emp·fịng *Imperfekt, 1. und 3. Person Singular;* ↑ **empfangen**

emp·fo̱h·len *Partizip Perfekt;* ↑ **empfehlen**

emp·fụn·den *Partizip Perfekt;* ↑ **empfinden**

em·pi̱·risch *Adjektiv;* durch objektive Tatsachen der Erfahrung gesichert ⟨nach neuesten empirischen Erkenntnissen⟩ ≈ theoretisch: *Die empirische Seite* (= die konkrete Forschungsarbeit) *meiner Diplomarbeit ist schon fertig*

em·por [ɛm'poːɐ̯] *förmlich;* (von unten) nach oben ≈ hinauf ⟨zu den Sternen empor⟩

em·por- [ɛm'poːɐ̯] *im Verb; betont und trennbar; förmlich;* Die Verben mit *empor-* werden nach folgendem Muster gebildet: *emporfliegen - flog empor - emporgeflogen;* drückt eine Bewegung von unten nach oben (in die Höhe) aus; **sich emporarbeiten**; ⟨zu jemandem, zum Himmel⟩ **emporblicken**; **jemanden/etwas emporheben**; ⟨Luftblasen⟩ **schweben, steigen** ⟨im Wasser, zur Oberfläche⟩ **empor**

em·pö̱·ren; *empörte, hat empört* 1 **etwas empört jemanden** etwas, das jemand sagt oder tut, bringt andere in Wut 2 **sich über jemanden/etwas empören** über jemanden/etwas in Wut geraten: *Ich habe mich über seine Bemerkungen empört* || *hierzu* **Em·pö̱·rung** *die; -, -en*

Ẹn·de A2 *das; -s, -n* 1 die Stelle, an der etwas aufhört ↔ Anfang ⟨am Ende der Straße, der Stadt; am Ende des Buches⟩ || K- Endergebnis, Endprodukt, Endpunkt 2 *nur Singular;* der letzte Teil von etwas ⟨am, bis, gegen Ende der Woche, des Monats⟩ || K- Endkampf, Endphase, Endrunde, Endsilbe, Endspiel, Endspurt 3 *nur Singular;* **Ende** + *Zeitangabe* am Schluss eines Zeitraums: *Er kommt Ende nächster Woche, Ende Januar* 4 *nur Singular; beschönigend* ≈ Tod ⟨ein qualvolles Ende finden; jemandes Ende naht⟩ || ID **etwas nimmt kein Ende** etwas *meist* Negatives hört nicht auf; **etwas geht zu Ende** etwas endet (1); **am Ende sein** *umg;* erschöpft sein; **etwas zu Ende bringen** eine Aufgabe oder eine Arbeit (erfolgreich) fertig machen; **am Ende der Welt** ⟨wohnen⟩ weit weg von jeder Stadt (wohnen)

Ẹnd·ef·fekt *der; -s; nur Singular* 1 das Ergebnis am Schluss 2 **im Endeffekt** wenn man es vom Ergebnis her sieht ≈ letztlich: *Im Endeffekt kommt nichts dabei heraus*

ẹn·den; *endete, hat/ist geendet* 1 **etwas endet irgendwo/irgendwann** (*hat*) etwas kommt an ein Ende: *Dort endet die Straße; Der Kurs endet im Mai* 2 **jemand endet irgendwie** (*hat/ist*) jemand stirbt (so) ⟨jemand endet tragisch, durch Selbstmord⟩

ẹnd·gül·tig *Adjektiv;* ⟨ein Entschluss, eine Fassung⟩ so, dass sie nicht mehr verändert werden (können)

En·di·vie [ɛn'diːvi̯ə] *die; -, -n;* eine Pflanze mit leicht bitter schmeckenden Blättern, aus denen man Salat macht || K- Endiviensalat

ẹnd·lich *Adverb* 1 drückt (nach langem Warten) Erleichterung aus: *Gott sei Dank, wir sind endlich da!* 2 drückt Ungeduld aus: *Kommst du jetzt endlich?* 3 nach langer Zeit ≈ schließlich: *Endlich begriff er den Sinn ihrer Worte*

ẹnd·los *Adjektiv;* so, dass es (scheinbar) kein Ende hat ⟨eine Autokolonne, die Wartezeit⟩: *Die Reise zieht sich endlos hin* || K- Endlospapier

Ẹnd·sta·ti·on B1 *die; -, -en* 1 die letzte Haltestelle einer Bus-, Straßenbahn-, U-Bahnlinie

E

o.Ä. **2** *umg;* das schlechte Ende einer Entwicklung ⟨Endstation Krankenhaus, Zuchthaus, Rollstuhl⟩

En·dung *die; -, -en; Sprachwissenschaft;* der letzte Teil eines Wortes, der angefügt wird: *Im Akkusativ hat das Wort „Pilot" die Endung „-en" (den Piloten)* || *hierzu* **en·dungs·los** *Adjektiv*

E

Ener·gie B1 *die; -, -n [-'gi:ən]* **1** *meist Singular;* körperliche, seelische Kraft, die ein Mensch hat ⟨voller Energie sein⟩: *Er hatte nicht die Energie, das Examen zu wiederholen* **2** *meist Singular;* die (*bes* elektrische) Kraft, durch die Maschinen angetrieben werden und Wärme erzeugt wird || K- Energiebedarf, Energiekrise, Energiequelle, Energieverbrauch, Energieverschwendung || -K Atomenergie, Sonnenenergie, Windenergie

ener·gisch *Adjektiv;* fähig und fest entschlossen, etwas zu tun ⟨ein Mensch; energisch handeln; etwas energisch anpacken⟩

eng A2 *Adjektiv* **1** schmal, nicht breit ⟨eine Gasse, eine Straße⟩ **2** sehr dicht nebeneinander: *eng schreiben; eine enge Umarmung* **3** ⟨Kleidung⟩ so, dass sie fest, nah am Körper liegt: *enge Jeans tragen; Die Hose ist mir zu eng geworden* **4** sehr gut ⟨Beziehungen, Kontakte; mit jemandem eng befreundet sein⟩ || ↑ Abbildung unter **breit** || ID **im engsten Familienkreis** nur mit Eltern, Kindern und Geschwistern

en·ga·gie·ren [ãga'ʒi:rən]; *engagierte, hat engagiert;* **1** **jemanden engagieren** jemanden, *meist* einen Künstler, anstellen oder ihm einen (Arbeits)Vertrag geben ⟨einen Schauspieler an ein Theater engagieren⟩ **2** **sich (für jemanden/etwas) engagieren** sich für jemanden/ etwas einsetzen ⟨sich politisch, sozial engagieren⟩: *Sie engagierte sich sehr für die Rechte verfolgter Minderheiten; Er ist politisch engagiert* || *hierzu* **En·ga·ge·ment** [ãgaʒ(ə)'mã:] *das; -s, -s*

En·ge *die; -; nur Singular;* der Mangel an Platz || ID **jemanden in die Enge treiben** jemanden in eine schwierige Situation (ohne Ausweg) bringen

En·gel *der; -s, -;* **1** ein Wesen mit Flügeln, die (nach christlicher Vorstellung) als Bote (Gottes) zu den Menschen kommt || -K Schutzengel **2** ein guter Mensch, der anderen hilft ⟨ein rettender Engel⟩ || K- Engelsgeduld

eng·lisch *Adjektiv* **1** zu England gehörig **2** in der Sprache, die in England gesprochen wird

Eng·pass *der; -es, -päs·se;* **1** eine sehr enge (1) Stelle, *z.B.* auf einer Straße **2** **ein Engpass (bei etwas)** ein Mangel an Geld, Produkten *o.Ä.* (*meist* nur für kurze Zeit) ⟨ein finanzieller Engpass⟩ || -K Versorgungsengpass

eng·stir·nig *Adjektiv; abwertend;* von Vorurteilen oder festen, traditionellen Meinungen geprägt ⟨ein Mensch, Ansichten⟩ || *hierzu* **Eng·stir·nig·keit** *die; -; nur Singular*

En·kel ['ɛŋkl] *der; -s, -;* das Kind des Sohnes oder der Tochter || K- Enkelkind || *hierzu* **En·ke·lin** *die; -, -nen*

enorm *Adjektiv* **1** sehr groß, hoch oder stark ⟨ein Erfolg, ein Preis, ein Wert; eine Begabung, eine Summe; eine Aufregung, eine Belastung⟩ **2** *nur als Adverb;* verwendet, um Adjektive oder Verben zu verstärken ≈ sehr: *enorm kalt; Er strengt sich enorm an*

ent- *im Verb; unbetont und nicht trennbar;* Die Verben mit *ent-* werden nach folgendem Muster gebildet: *entknoten - entknotete - entknotet* **1** drückt aus, dass etwas von jemandem/etwas weggenommen, jemand/etwas von etwas befreit wird; **etwas entgiften, enthüllen, entkernen, entkorken; jemanden entwaffnen** **2** drückt aus, dass eine Bewegung von jemandem/etwas weg verläuft, etwas irgendwo seinen Ursprung hat; ⟨dem Gefängnis, einer unangenehmen Situation⟩ **entfliehen**; ⟨einer vornehmen Familie⟩ **entstammen**; ⟨dem Flugzeug, der Wanne⟩ **entsteigen**; ⟨ein Fluss⟩ **entspringt irgendwo**; ⟨Gas⟩ **entströmt** ⟨einer Leitung, einem Leck⟩

ent·beh·ren; *entbehrte, hat entbehrt* **1** **etwas entbehren** *förmlich;* etwas brauchen, aber nicht haben: *Nach dem Krieg mussten die Menschen vieles entbehren* **2** **jemanden (nicht) entbehren können** jemanden brauchen und nicht auf ihn verzichten können: *Wir können keinen unserer Arbeiter entbehren* || *hierzu* **ent·behr·lich** *Adjektiv*

Ent·beh·rung *die; -, -en; förmlich;* ein Mangel an etwas, das man notwendig braucht ⟨große Entbehrungen auf sich nehmen⟩ || *hierzu* **ent·beh·rungs·reich** *Adjektiv*

ent·bin·den; *entband, hat entbunden* **1** **jemanden von etwas entbinden** *förmlich;* jemandem eine Aufgabe nehmen (oder ihn aus einem Amt entlassen) ⟨jemanden von seinem Versprechen, seinem Eid, einem Amt entbinden⟩ **2** als Frau ein Kind bekommen ≈ gebären: *Sie hat gestern entbunden* || *hierzu* **Ent·bin·dung** *die; -, -en*

ent·de·cken; *entdeckte, hat entdeckt* **1** **etwas entdecken** etwas Unbekanntes finden: *Kolumbus hat Amerika entdeckt* **2** **jemanden/ etwas (irgendwo) entdecken** jemanden/etwas plötzlich treffen oder finden: *Ich ent-*

deckte Blutspuren am Boden || *hierzu* **Ent·de·ckung** *die; -, -en; zu* 1 **Ent·de·cker** *der; -s, -;* **Ent·de·cke·rin** *die; -, -nen*

En·te¹ B1 *die; -, -n;* ein (Schwimm)Vogel mit breitem Schnabel und kurzem Hals ⟨die Ente quakt⟩ || K- **Entenbraten, Entenjagd**

En·te² B1 *die; -, -n;* eine falsche Nachricht in der Presse

ent·eig·nen; *enteignete, hat enteignet;* **jemanden enteignen** jemandem sein Eigentum (*meist* Häuser, Fabriken *o.Ä.*) nehmen und es aufgrund von Gesetzen zum Eigentum des Staates machen || *hierzu* **Ent·eig·nung** *die; -, -en*

ent·er·ben; *enterbte, hat enterbt;* **jemanden enterben** (in einem Testament) bestimmen, dass jemand, der ein Recht auf ein Erbe hat, das Erbe nicht bekommt

ent·fa·chen; *entfachte, hat entfacht;* **etwas entfachen** *förmlich;* etwas zum Brennen bringen ⟨ein Feuer entfachen⟩

ent·fal·len; *entfällt, entfiel, ist entfallen* **1** **etwas entfällt jemandem** jemand vergisst etwas: *Es tut mir leid, aber ihr Name ist mir entfallen* **2** **etwas entfällt** *Verwaltung;* etwas findet nicht statt: *Der Nachmittagsunterricht entfällt heute* **3** **etwas entfällt** *Verwaltung;* etwas gilt nicht (mehr): *Paragraf 2 Absatz 3 entfällt* **4** **etwas entfällt auf jemanden/etwas** etwas wird jemandem/etwas gegeben oder zugeteilt: *Auf jede Wohnung entfallen 50 Euro Heizkosten pro Monat*

ent·fal·ten; *entfaltete, hat entfaltet* **1** **etwas entfalten** *förmlich;* etwas, das gefaltet ist, ausbreiten ⟨eine Tischdecke, eine Zeitung entfalten⟩ **2** **etwas entfalten** ≈ entwickeln ⟨Aktivitäten entfalten⟩ **3** **sich entfalten (können)** sich persönlich entwickeln (können) ⟨sich frei entfalten⟩ || *zu* 2 und 3 **Ent·fal·tung** *die; -, -en*

ent·fer·nen; *entfernte, hat entfernt;* **1** **jemanden/etwas (aus/von etwas) entfernen** bewirken, dass jemand/etwas nicht mehr da oder in einer Position ist: *einen Fleck aus einer Hose, jemanden aus/von seinem Amt entfernen* **2** **sich entfernen** einen Ort verlassen (von ihm weggehen, wegfahren)

entfernt, *entfernter, entferntest-; Adjektiv;* **1** *nur vor dem Substantiv, nicht als Adverb;* weit weg ⟨ein Ort; ein (weit) entferntes Land⟩: *20 km von der Stadt entfernt* **2** *meist als Adverb;* nur in geringem Maße (vorhanden): *sich entfernt* (= ungenau) *an etwas erinnern*

Ent·fer·nung B1 *die; -, -en;* der Abstand zwischen zwei Punkten ≈ Distanz ⟨in respektvoller Entfernung (von jemandem) stehen⟩

ent·frem·den; *entfremdete, hat entfremdet* **1** **jemanden jemandem entfremden** bewirken, dass zwei andere Menschen sich nicht mehr gut verstehen **2** **etwas seinem Zweck entfremden** etwas so verwenden, dass es nicht mehr dem (ursprünglichen Zweck) dient || *zu* 1 **Ent·frem·dung** *die; -, -en; meist Singular*

ent·füh·ren; *entführte, hat entführt;* **jemanden (aus etwas) entführen** jemanden mit Gewalt an einen fremden Ort bringen: *ein Kind aus der Schule entführen* || *hierzu* **Ent·füh·rer** *der; -s, -;* **Ent·füh·re·rin** *die; -, -nen;* **Ent·füh·rung** *die; -, -en*

ent·ge·gen *Präposition; mit Dativ* **1** im Gegensatz zu: *entgegen unserer Abmachung* **!** Hinweis: auch nach dem Substantiv verwendet: *einem Befehl entgegen handeln* **2** in Richtung auf jemanden/etwas zu: *Sie fuhren übers Meer, der Sonne entgegen*

ent·ge·gen- *im Verb; betont und trennbar;* Die Verben mit *entgegen-* werden nach folgendem Muster gebildet: *entgegenlaufen - lief entgegen - entgegengelaufen* **1** drückt die Richtung einer Bewegung zu jemandem/etwas hin aus; **jemandem/etwas entgegenblicken, entgegeneilen, entgegenfahren, entgegengehen, entgegenlaufen**; **jemandem etwas entgegenschicken** **2** drückt aus, dass eine Handlung in Opposition oder im Widerspruch zu jemandem/etwas steht; **jemandem/etwas entgegenarbeiten**; ⟨dem Gesetz, der Vernunft⟩ **entgegenhandeln**; ⟨ein Medikament⟩ **wirkt** ⟨dem Fieber⟩ **entgegen**

ent·ge·gen·brin·gen (*hat*) **jemandem etwas entgegenbringen** für jemanden/etwas ein positives Gefühl zeigen ⟨jemandem Respekt, Vertrauen, Zuneigung entgegenbringen; einer Sache Interesse entgegenbringen⟩

ent·ge·gen·ge·setzt *Adjektiv* **1** in die Richtung, aus der man/jemand/etwas kommt: *Sie ist in die entgegengesetzte Richtung gefahren* **2** in Opposition zueinander: *Wir vertreten in dieser Frage entgegengesetzte Ansichten*

ent·ge·gen·kom·men (*ist*) **1** **jemandem entgegenkommen** näher zu jemandem kommen, und sich dabei in die Richtung bewegen, aus der er kommt: *Das Auto kam ihm entgegen* **2** **jemandem entgegenkommen** jemandem einen besseren Vorschlag machen (der eher seinen Wünschen entspricht): *Wir kommen Ihnen mit dem Preis etwas entgegen* || *zu* 2 **Ent·ge·gen·kom-**

E

men *das; -s; nur Singular;* **ent·ge·gen·kom·mend** *Adjektiv*

ent·geg·nen; *entgegnete, hat entgegnet;* **(jemandem) etwas entgegnen** *förmlich;* antworten (und dabei eine andere Meinung haben): *„Kommt nicht infrage!", entgegnete sie* || *hierzu* **Ent·geg·nung** *die; -, -en*

ent·ge·hen; *entging, ist entgangen* **1** **jemandem/etwas entgehen** (durch Glück) von einer Gefahr nicht betroffen werden ⟨einer Gefahr, Strafe, Verfolgung entgehen⟩ **2** **etwas entgeht jemandem** jemand bemerkt etwas nicht

ent·geis·tert *Adjektiv;* unangenehm überrascht ⟨jemanden entgeistert anstarren⟩

ent·glei·sen; *entgleiste, ist entgleist* **1** **etwas entgleist** etwas verlässt die Gleise und verursacht dadurch einen Unfall ⟨ein Zug, eine Straßenbahn, ein Waggon⟩ **2** sich vor anderen Menschen sehr taktlos benehmen

ent·hal·ten[1]; *enthält, enthielt, hat enthalten* **1** **etwas enthält etwas** etwas hat diesen Inhalt: *Orangen enthalten viel Vitamin C* || Hinweis: kein Passiv! **2** **etwas ist in etwas** *(Dativ)* **enthalten** etwas ist schon darin: *Im Mietpreis sind alle Nebenkosten enthalten*

ent·hal·ten[2] **sich**; *enthält sich, enthielt sich, hat sich enthalten* **1** **sich etwas** *(Genitiv)* **enthalten** *förmlich;* auf etwas, das als Genuss oder als angenehm gilt, verzichten ⟨sich des Alkohols, des Nikotins enthalten⟩ **2** **sich (sexuell) enthalten** auf Sex verzichten **3** **sich der Stimme enthalten** bei einer Abstimmung weder mit Ja noch mit Nein stimmen || *zu* 1 und 2 **ent·halt·sam** *Adjektiv;* **Ent·halt·sam·keit** *die; -; nur Singular; zu* 3 **Ent·hal·tung** *die; -, -en*

ent·hül·len; *enthüllte, hat enthüllt; förmlich* **1** **etwas enthüllen** etwas zum ersten Mal der Öffentlichkeit zeigen ⟨ein Denkmal, Kunstwerke⟩ **2** **(jemandem) etwas enthüllen** etwas, das geheim oder verborgen war, offen sagen ⟨ein Geheimnis, die Wahrheit enthüllen⟩ || *hierzu* **Ent·hül·lung** *die; -, -en*

En·thu·si·as·mus [ɛntu'zi̯asmʊs] *der; -; nur Singular* ≈ Begeisterung ⟨voll/voller Enthusiasmus an etwas herangehen⟩ || *hierzu* **en·thu·si·as·tisch** *Adjektiv*

ent·kof·fe·i·niert *Adjektiv; nicht als Adverb;* ⟨ein Kaffee⟩ so, dass er nur noch sehr wenig Koffein enthält

ent·kom·men; *entkam, ist entkommen;* **(jemandem/etwas) entkommen** vor jemandem/etwas fliehen können ⟨seinen Verfolgern entkommen; dem Feuer entkommen⟩

ent·kräf·ten; *entkräftete, hat entkräftet* **1** **etwas entkräften** einer Aussage die Wirkung nehmen ⟨eine Behauptung, einen Verdacht entkräften⟩ **2** **etwas entkräftet jemanden** etwas macht jemanden schwach: *Sie war nach ihrer Krankheit völlig entkräftet*

ent·la·den; *entlädt, entlud, hat entladen;* **1** **etwas entladen** Dinge, die transportiert worden sind, von oder aus einem Fahrzeug nehmen ⟨einen Möbelwagen, einen Waggon entladen⟩ **2** **etwas entladen** die Munition aus einer Waffe nehmen ⟨ein Gewehr, eine Pistole entladen⟩ **3** **ein Gewitter entlädt sich** es gibt ein Gewitter || *zu* 3 **Ent·la·dung** *die; -, -en*

ent·lang B1 *Präposition; mit Dativ oder Akkusativ;* in einer Richtung, parallel zu etwas: *Sie gingen den schmalen Weg entlang* || Hinweis: selten vor dem Substantiv *(mit Dativ oder Genitiv)*: *entlang dem Weg, entlang des Weges*

ent·lang- *im Verb; betont und trennbar;* Die Verben mit *entlang-* werden nach folgendem Muster gebildet: *entlangfahren - fuhr entlang - entlanggefahren*; drückt eine Bewegung an/neben der ganzen Länge von etwas aus; **(etwas** *(Akkusativ)***/an etwas** *(Dativ)***) entlangfliegen**; ⟨die Mauer/an der Mauer, den Zaun/am Zaun⟩ **entlanggehen, entlanglaufen, entlangspazieren**; ⟨am Fluss/den Fluss⟩ **entlangwandern**

ent·lar·ven [-f-]; *entlarvte, hat entlarvt;* **jemanden/etwas (als etwas) entlarven** den wahren Charakter (die Identität) von jemandem/etwas erkennen und bekannt machen ⟨jemanden als Hochstapler, Spion entlarven; etwas als Lüge entlarven⟩

ent·las·sen B2 *entlässt, entließ, hat entlassen* **1** **jemanden entlassen** jemandem die Arbeit, Stelle nehmen ≈ jemandem kündigen: *Es sollten 200 Arbeiter entlassen werden* **2** **jemanden (aus etwas) entlassen** jemandem erlauben, eine Institution zu verlassen ⟨jemanden aus dem Gefängnis, aus dem Krankenhaus, aus dem Militärdienst entlassen⟩ || *hierzu* **Ent·las·sung** *die; -, -en*

ent·las·ten; *entlastete, hat entlastet* **1** **jemanden entlasten** jemandem bei der Arbeit helfen: *Sein Sohn entlastet ihn bei der Planung* **2** **etwas entlasten** eine Belastung geringer werden lassen: *den Straßenverkehr durch den Ausbau der Eisenbahn entlasten* **3** **jemanden (mit etwas) entlasten** (bei der Polizei, vor Gericht) etwas sagen, das dem Verdächtigen/Angeklagten hilft || *hierzu* **Ent·las·tung** *die; -, -en*

ent·lau·fen; *entläuft, entlief, ist entlaufen;* ⟨ein Hund, eine Katze *o.Ä.*⟩ **entläuft** ein Hund, eine

Katze *o.Ä.* läuft weg (und kommt nicht zurück)

ent·le·gen *Adjektiv; nicht als Adverb; förmlich;* weit entfernt (von allen größeren Städten *o.Ä.*) ⟨in einem entlegenen Ort wohnen⟩

ent·mach·ten; *entmachtete, hat entmachtet;* **jemanden entmachten** jemandem Macht und Einfluss nehmen: *einen Despoten entmachten* || *hierzu* **Ent·mach·tung** *die; -; nur Singular*

ent·mu·ti·gen; *entmutigte, hat entmutigt;* **jemanden entmutigen** jemandem den Mut nehmen, weiterhin etwas zu tun ⟨sich nicht entmutigen lassen⟩: *sich durch einen Misserfolg nicht entmutigen lassen*

ent·neh·men; *entnimmt, entnahm, hat entnommen; förmlich* **1** **jemandem/(aus) etwas etwas entnehmen** etwas aus jemandem/etwas nehmen, sich etwas aus etwas holen ⟨einer Kasse Geld, einem Menschen Blut/eine Gewebeprobe entnehmen⟩ **2** **(aus) etwas** *(Dativ)* **etwas entnehmen** aus dem, was jemand sagt oder tut, seine Schlüsse ziehen: *(Aus) ihren Andeutungen konnte ich nichts entnehmen*

ent·nervt *Adjektiv; ohne Steigerung; umg;* sehr nervös

ent·rei·ßen; *entriss, hat entrissen;* **jemandem etwas entreißen** jemandem etwas mit Gewalt nehmen: *Der Dieb entriss der alten Frau die Handtasche*

ent·rich·ten; *entrichtete, hat entrichtet;* **etwas entrichten** *Verwaltung;* eine bestimmte Summe Geld zahlen ⟨eine Gebühr, Steuern entrichten⟩ || *hierzu* **Ent·rich·tung** *die; -; nur Singular*

ent·rüm·peln; *entrümpelte, hat entrümpelt;* **etwas entrümpeln** alles, was nicht mehr gebraucht wird, aus einem Raum holen (und entfernen) ⟨den Dachboden, den Keller entrümpeln⟩ || *hierzu* **Ent·rüm·pe·lung** *die; -, -en*

ent·rüs·tet *Adjektiv;* **entrüstet (über jemanden/etwas)** ≈ empört, wütend: *entrüstet protestieren*

ent·schä·di·gen; *entschädigte, hat entschädigt;* **jemanden (für etwas/irgendwie) entschädigen** jemandem *meist* Geld geben, um einen Schaden wiedergutzumachen, *bes* den man selbst verursacht hat ⟨jemanden für einen Verlust angemessen, reichlich entschädigen; Justizopfer entschädigen⟩ || *hierzu* **Ent·schä·di·gung** *die; -, -en*

ent·schär·fen; *entschärfte, hat entschärft;* **1** **etwas entschärfen** eine problematische Situation so ändern, dass es nicht zu einem Konflikt kommt ↔ verschärfen: *Mit ein paar versöhnlichen Worten entschärfte der Diskussionsleiter die Debatte* **2** **etwas entschärfen** den Zünder an einer Bombe, Mine *o.Ä.* entfernen, sodass sie nicht mehr explodieren kann

ent·schei·den; *entschied, hat entschieden* **1** **(über) etwas** *(Akkusativ)* **entscheiden** bestimmen, wie ein Problem gelöst werden soll, ein Urteil fällen: *Diesen Fall kann ich nicht allein entscheiden; Über seine Schuld oder Unschuld wird ein Gericht entscheiden* **2** **sich (für jemanden/etwas) entscheiden** eine von zwei oder mehreren Möglichkeiten wählen: *Ich kann mich nicht entscheiden, wohin ich in Urlaub fahren soll* **3** **etwas entscheidet sich** eine (von mehreren) Möglichkeiten tritt ein: *Es wird sich bald entscheiden, ob ich den neuen Job bekomme oder nicht* || *hierzu* **Ent·schei·dung** *die; -, -en*

ent·schei·dend *Adjektiv* **1** *nicht als Adverb;* ⟨die Phase, das Tor⟩ so, dass durch sie das Ergebnis, Ende bestimmt wird: *Dieser Fehler war entscheidend für das Ergebnis* **2** *nur als Adverb;* sehr stark ≈ grundlegend, massiv: *Unsere Beziehung hat sich entscheidend verändert*

ent·schie·den *Adjektiv* **1** *meist vor dem Substantiv oder als Adverb;* sehr energisch ⟨ein entschiedener Gegner von etwas; etwas entschieden ablehnen, verneinen⟩ **2** *nur als Adverb;* **entschieden + zu +** *Adjektiv* ≈ viel zu: *Das ist entschieden zu teuer* || *zu* 1 **Ent·schie·den·heit** *die; -; nur Singular*

ent·schlie·ßen, sich; *entschloss sich, hat sich entschlossen;* **sich zu etwas entschließen** etwas tun wollen ≈ sich für etwas entscheiden: *Wir haben uns entschlossen, ein Haus zu kaufen*

ent·schlos·sen *Adjektiv; meist in* **zu etwas (fest) entschlossen sein** den festen Willen zu etwas haben || *hierzu* **Ent·schlos·sen·heit** *die; -; nur Singular*

Ent·schluss *der; -es, Ent·schlüs·se;* der feste Wille, etwas zu tun (*meist* nach genauer Überlegung) ⟨ein schwerer Entschluss; einen Entschluss fassen, in die Tat umsetzen, bereuen; zu einem/keinem Entschluss kommen⟩ || K- Entschlusskraft; entschlussfreudig

ent·schul·di·gen; *entschuldigte, hat entschuldigt* **1** **etwas entschuldigen** nicht ärgerlich über etwas sein ≈ verzeihen: *Entschuldigen Sie bitte die Störung!* **2** **jemanden (irgendwo) entschuldigen** sagen (und begründen), warum jemand etwas nicht getan hat: *Die Mutter entschuldigte das kranke Kind in der Schule* **3** **sich (bei jemandem für/wegen etwas) entschuldigen** (jemanden für/wegen etwas) um Verzeihung bitten: *Sie entschuldigte sich bei ihm für ihre Unhöflichkeit*

Ent·schul·di·gung *die; -, -en* **1** der Grund und die Worte, mit denen man ein falsches Verhalten erklärt: *Ich erwarte eine Entschuldigung von dir!* **2** ≈ Verzeihung ⟨jemanden um Entschuldigung bitten⟩: *Entschuldigung, ich habe Sie nicht verstanden!* **3** eine schriftliche Nachricht (an die Schule), mit der man jemanden/etwas entschuldigt (2)

E

Entschuldigung!

Es gibt verschiedene Möglichkeiten, Bedauern über einen Fehler oder ein Versäumnis auszudrücken:

Habe ich Sie gestoßen? Entschuldigung / Verzeihung / Pardon!

Entschuldigung /Verzeihung! Ich hätte das nicht tun dürfen.

Entschuldige / Verzeih bitte, dass ich so unfreundlich war.

Ich möchte mich vielmals entschuldigen.

Ich bitte herzlich um Entschuldigung.

Es tut mir sehr leid.

Bitte verzeih mir.

Sei mir bitte nicht böse.

Habe ich dich verletzt? Das wollte ich nicht.

Verzeih, es war nicht böse gemeint.

Auf ähnliche Weise kann man auch eine höfliche Bitte oder Frage einleiten:

Entschuldigung / Verzeihung, wie spät ist es bitte?

Entschuldigen Sie, ist dieser Platz noch frei?

Entschuldige bitte, kannst du mir mal helfen?

Entschuldigen Sie bitte die Störung.

Entschuldigen Sie mich bitte für einen Augenblick, ich muss kurz telefonieren.

SPRECHEN UND SCHREIBEN

Ent·set·zen *das; -s; nur Singular;* großer Schrecken und das Gefühl großer Angst ⟨vor Entsetzen wie gelähmt sein⟩

ent·setz·lich *Adjektiv* **1** sehr schlimm, schrecklich ⟨ein Fehler, ein Verbrechen⟩ **2** verwendet, um Adjektive oder Verben zu verstärken ≈ sehr: *Es war entsetzlich kalt; Sie froren entsetzlich*

ent·setzt, *entsetzter, entsetztest-; Adjektiv;* **entsetzt (über etwas** *(Akkusativ)*) voller Entsetzen (über etwas) ≈ schockiert

ent·sor·gen; *entsorgte, hat entsorgt;* **etwas entsorgen** Müll dorthin bringen, wo er gesammelt (und verarbeitet) wird ⟨Papier, Kunststoff, radioaktive Abfälle entsorgen⟩ || *hierzu* **Ent·sor·gung** *die; -, -en*

ent·span·nen; *entspannte, hat entspannt* **1 sich (bei etwas/mit etwas) entspannen** sich ausruhen und erholen: *sich in der Badewanne entspannen* **2 etwas entspannt sich** ein Konflikt wird weniger gefährlich ⟨die Lage⟩ **3 etwas entspannt (jemanden/etwas)** etwas bewirkt, dass jemand ruhig und gelassen wird oder sich erholt, dass die Muskeln weich und locker werden: *eine entspannende Massage bekommen* || *hierzu* **Ent·span·nung** *die; -, -en; meist Singular*

ent·spre·chen; *entspricht, entsprach, hat entsprochen;* **etwas entspricht etwas** *(Dativ)* etwas ist einer anderen Sache (ungefähr) gleich: *6 Mark entsprechen ungefähr 3 Euro* || *hierzu* **Ent·spre·chung** *die; -, -en*

ent·spre·chend[1] B2 *Adjektiv;* passend oder richtig: *Zu meinem eleganten Kleid brauche ich noch entsprechende Schuhe*

ent·spre·chend[2] B2 *Präposition; mit Dativ;* in Übereinstimmung mit ≈ nach, gemäß ⟨einer Anordnung, einem Befehl entsprechend⟩: *Er wurde entsprechend seinen Fähigkeiten bezahlt* || Hinweis: steht vor oder nach dem Substantiv

ent·sprin·gen; *entsprang, ist entsprungen* **1 etwas entspringt etwas** *(Dativ)* etwas hat seinen Grund in etwas: *Die Geschichte war ihrer Fantasie entsprungen* **2** ⟨ein Fluss⟩ **entspringt irgendwo** ein Fluss hat irgendwo seine Quelle: *Der Inn entspringt in den Alpen*

ent·ste·hen; *entstand, ist entstanden* **1 etwas entsteht** etwas (Neues) wird begonnen: *Hier entsteht eine Schule* (= sie wird hier gebaut) **2 etwas entsteht** etwas wird erzeugt: *Durch das Feuer entstand ein großer Schaden* || *hierzu* **Ent·ste·hung** *die; -, -en; meist Singular*

ent·stel·len; *entstellte, hat entstellt* **1 etwas entstellt jemanden** etwas verändert das Aussehen negativ: *Sein Gesicht war durch die Narben entstellt* **2 etwas entstellen** einen Text falsch darstellen (wiedergeben): *In der Zeitung ist die Aussage des Politikers völlig entstellt worden*

ent·täu·schen B1 *enttäuschte, hat enttäuscht;* **jemand/etwas enttäuscht jemanden** jemand/etwas macht jemanden traurig (oder unzufrieden), weil man nicht tut, was er sich wünscht *bzw* weil es nicht so ist, wie er es wünscht: *Sie war von ihrem Mann, vom Urlaub enttäuscht* || *hierzu* **Ent·täu·schung** *die; -, -en*

ent·waff·nen; *entwaffnete, hat entwaffnet;* **1**

jemanden entwaffnen jemandem die Waffe(n) nehmen: *Die Polizei entwaffnete den Verbrecher* **2** **jemanden mit/durch etwas entwaffnen** durch sein freundliches oder ehrliches Verhalten *o.Ä.* jemandem jeden Grund nehmen, aggressiv oder ärgerlich zu sein ⟨ein entwaffnendes Lächeln⟩

Ent·war·nung *die; -, -en;* die Mitteilung oder das Signal *(z.B.* der Sirene), dass eine Gefahr vorüber ist || *hierzu* **ent·war·nen** *(hat)*

ent·we·der ['ɛntveːdɐ, ɛnt'weː-] *Konjunktion;* **entweder ... oder** drückt aus, dass es zwei Möglichkeiten gibt (von denen eine gewählt wird): *Nächstes Jahr fahren wir entweder nach Italien oder nach Frankreich*

ent·wer·fen; *entwirft, entwarf, hat entworfen;* **etwas entwerfen** etwas Neues (in der Art einer Skizze) darstellen ⟨ein Kleid, ein Programm entwerfen⟩ || ▸ **Entwurf**

Ent·wer·ter B1 *der; -s, -;* ein Gerät (am Bahnhof, im Bus *o.Ä.*), in das man seine Fahrkarte steckt, um sie zu benutzen || -K Fahrkartenentwerter || *hierzu* **ent·wer·ten** *(hat);* **Ent·wer·tung** *die; -, -en; meist Singular*

ent·wi·ckeln B1 *entwickelte, hat entwickelt* **1** **etwas entwickeln** etwas erfinden und dann herstellen: *neue Kunststoffe, Verfahren entwickeln* **2** **einen Film entwickeln** aus einem (belichteten) Film Fotos machen **3** **jemand/etwas entwickelt etwas** jemand bekommt oder verstärkt eine Eigenschaft oder Fähigkeit: *In ihrer Angst entwickelte sie überraschende Kraft* **4** **sich (irgendwie, zu jemandem/etwas) entwickeln** (in einem langsamen Prozess) zu etwas werden: *Die Stadt hat sich zu einem kulturellen Zentrum entwickelt*

Ent·wick·lung *die; -, -en* **1** die Phase, in der etwas Neues entsteht oder ein Ergebnis dieses Vorgangs: *Die Wissenschaftler arbeiten an der Entwicklung des neuen Medikaments; positive Entwicklungen im Friedensprozess* || K- Entwicklungsphase, Entwicklungsprozess, Entwicklungsstadium, Entwicklungsstufe **2** der Prozess, bei dem sich jemand/etwas *(meist* positiv) verändert || K- Entwicklungsphase, Entwicklungsprozess, Entwicklungsstadium, Entwicklungsstufe **3** die Behandlung eines (belichteten) Films, bei der fertige Bilder (und Negative) entstehen

Ent·wick·lungs·hil·fe *die; -; nur Singular;* die *meist* finanzielle Unterstützung von armen Ländern durch reiche Nationen || *hierzu* **Ent·wick·lungs·hel·fer** *der; -s, -;* **Ent·wick·lungs·hel·fe·rin** *die; -, -nen*

ent·wür·di·gend *Adjektiv;* ⟨ein Benehmen, eine Behandlung, Zustände⟩ so, dass sie die Würde eines Menschen verletzen

Ent·wurf *der; -(e)s, -wür·fe* **1** eine Zeichnung, nach der man etwas bauen, konstruieren *o.Ä.* kann ≈ Skizze ⟨einen Entwurf ausarbeiten⟩ **2** ein Text, der die wichtigsten Gedanken schon enthält, aber noch nicht ganz fertig ist ⟨der Entwurf eines Vertrages, einer Rede⟩ || -K Gesetzesentwurf || ▸ **entwerfen**

ent·zie·hen; *entzog, hat entzogen* **1** **jemandem etwas entziehen** jemandem etwas nicht länger geben, lassen ⟨jemandem eine Erlaubnis, den Führerschein, seine Hilfe, sein Vertrauen entziehen⟩ **2** **sich etwas** *(Dativ)* **entziehen** etwas nicht mehr tun, mitmachen ⟨sich seinen Pflichten, einer Umarmung, der Verantwortung entziehen⟩ **3** **etwas entzieht sich jemandes Kenntnis/Kontrolle** jemand weiß etwas nicht/kann etwas nicht kontrollieren || ▸ **Entzug**

Ent·zie·hungs·kur *die; -, -en* ≈ Entzug (2)

ent·zif·fern; *entzifferte, hat entziffert;* **etwas entziffern** einen Text nur mit Mühe lesen (können), weil er zu klein oder undeutlich geschrieben ist

Ent·zug *der; -(e)s, -zü·ge; meist Singular* **1** das Wegnehmen einer Erlaubnis, eines Rechts *o.Ä.* **2** *umg* eine Kur, die jemanden von einer Sucht befreien soll ⟨auf Entzug gehen, sein⟩

Ent·zugs·er·schei·nung *die; -, -en; meist Plural* (schmerzhafte) körperliche Reaktionen oder das (unangenehme) Gefühl, das man bekommt, wenn man auf etwas *(z.B.* Alkohol, Drogen) verzichtet

ent·zün·den, sich B2; *entzündete sich, hat sich entzündet;* **etwas entzündet sich** eine Stelle am/im Körper wird rot, dick und tut sehr weh: *Die kleine Wunde hat sich später entzündet* || *hierzu* **ent·zünd·lich** *Adjektiv;* **Ent·zün·dung** *die; -, -en*

En·zyk·lo·pä·die *die; -, -n* [-'diːən] ≈ Konversationslexikon || *hierzu* **en·zyk·lo·pä·disch** *Adjektiv*

Epi·de·mie *die; -, -n* [-'miːən]; eine (Infektions)Krankheit, die viele Menschen zur gleichen Zeit bekommen und die sich schnell ausbreitet || -K Choleraepidemie, Grippeepidemie

Epi·lep·sie *die; -; nur Singular, Medizin;* eine Krankheit, die plötzliche Anfälle von unkontrollierten Zuckungen, starken Krämpfen und kurzer Bewusstlosigkeit verursacht ≈ Fallsucht || *hierzu* **Epi·lep·ti·ker** *der; -s, -;* **Epi·lep·ti·ke·rin** *die; -, -nen;* **epi·lep·tisch** *Adjektiv*

Epi·so·de *die; -, -n;* ein Ereignis oder Erlebnis ohne wichtige Folgen

Epo·che *die; -, -n;* ein Abschnitt (eine Phase) in der geschichtlichen Entwicklung ⟨am Beginn einer neuen Epoche stehen⟩: *die Epoche der Renaissance*

E

er A1 *Personalpronomen der 3. Person Singular;* verwendet anstelle eines Substantivs, dessen grammatisches Geschlecht maskulin ist: *Mein Bruder ist im Moment nicht da - er kommt erst am Abend wieder; Nimm den roten Rock, er gefällt mir am besten* || ↑ Anhang Seite 1066: **Personalpronomen**

er- *im Verb; unbetont und nicht trennbar;* Die Verben mit *er-* werden nach folgendem Muster gebildet: *erträumen - erträumte - erträumt* **1** drückt aus, dass jemand/etwas die vom entsprechenden Adjektiv bezeichnete Eigenschaft bekommt; ⟨vor Neid, vor Schreck⟩ **erblassen**; ⟨durch eine Krankheit⟩ **erblinden**; ⟨verlegen, vor Scham⟩ **erröten**; ⟨jemandes Muskeln⟩ **erschlaffen**; ⟨Wasser⟩ **erstarrt** ⟨zu Eis⟩ **2** drückt aus, dass jemand durch eine Handlung, durch Nachdenken ein Ergebnis erreicht; **etwas (von jemandem) erbeuten, erbetteln**; **etwas erlernen, errechnen**; **sich** *(Dativ))* **etwas erdenken, erträumen, erschwindeln** **3** drückt aus, dass ein Vorgang beginnt; ⟨die Erde⟩ **erbebt**; ⟨ein Gong, ein Lied⟩ **erklingt, ertönt**; **etwas erstrahlt** ⟨in neuem Glanz, im Licht⟩

-er[1] *der; -s, -; im Substantiv* **1** bezeichnet den, der etwas tut oder sich damit beschäftigt; **Arbeiter, Fahrer, Leser, Spieler**; **Fußballer, Sportler** *usw* **2** bezeichnet jemanden, der an dem Ort wohnt, zu einer Gruppe gehört; **Berliner, Bremer, Österreicher** *usw*; **Gewerkschafter, Metaller** **3** bezeichnet das Instrument, mit dem die genannte Arbeit getan wird; **Bohrer, Entsafter, Öffner, Rasenmäher** **4** bezeichnet Lebewesen oder Dinge nach einem wichtigen Merkmal oder auch nur nach einer Zahl; **Paarhufer, Dickhäuter, Vierbeiner**; **Fünfakter**; **Sechser, Hunderter, Dreitausender**

-er[2] *im Adjektiv; nur vor dem Substantiv, nicht als Adverb;* in Verbindung mit Ortsnamen; der **Bremer Stadtrand**, **Lübecker Marzipan**, das **Thüringer Würstchen** || Hinweis: Diese Adjektive werden großgeschrieben

Er·ach·ten *das; -s; nur Singular; förmlich;* **meines Erachtens** meiner Ansicht/Meinung nach; *Abkürzung* m. E. || *hierzu* **er·ach·ten** *(hat)*

er·ar·bei·ten; *erarbeitete, hat erarbeitet* **1** **etwas erarbeiten** einen *meist* relativ langen Text schreiben, in dem ein Plan, eine Idee *o.Ä.* genau dargestellt wird: *Die Kommission hat einen Bericht über das Waldsterben erarbeitet* **2** **sich** *(Dativ)* **etwas erarbeiten** etwas selbst lernen, indem man sich intensiv damit beschäftigt || *hierzu* **Er·ar·bei·tung** *die; -, -en; meist Singular*

Erb·an·la·ge *die; -, -n; meist Plural;* die Eigenschaften und Merkmale, die ein Mensch (oder ein anderes Lebewesen) von den Eltern bekommen hat

er·bar·men, sich; *erbarmte sich, hat sich erbarmt;* **sich jemandes erbarmen** *förmlich;* mit jemandem Mitleid haben und ihm helfen

Er·bar·men *das; -s; nur Singular* ≈ Mitleid ⟨*meist* Erbarmen mit jemandem haben; kein Erbarmen kennen⟩ || -K erbarmenswert

er·bärm·lich *Adjektiv* **1** so schlimm, dass man Mitleid bekommt ⟨ein Anblick; in einem erbärmlichen Zustand⟩ **2** *umg;* moralisch schlecht ⟨erbärmlich reagieren⟩

er·bar·mungs·los *Adjektiv;* ohne ein Gefühl von Mitleid ≈ unmenschlich

er·bau·en; *erbaute, hat erbaut;* **etwas erbauen** etwas (*meist* ein großes Gebäude) bauen, errichten: *Diese Kirche wurde im 15. Jahrhundert erbaut* || *hierzu* **Er·bau·er** *der; -s, -*

Er·be[1] *das; -s; nur Singular* **1** das Eigentum einer Person, das jemand nach deren Tod bekommt ⟨auf sein Erbe verzichten; sein Erbe antreten⟩ || K- Erbtante, Erbvertrag; erbberechtigt **2** die Leistungen und Traditionen aus der Vergangenheit ⟨das geschichtliche, kulturelle Erbe⟩

Er·be[2] *der; -n, -n;* jemand, der etwas erbt (1) ⟨der alleinige, rechtmäßige Erbe; jemanden zum Erben machen⟩ || *hierzu* **Er·bin** *die; -, -nen*

er·ben; *erbte, hat geerbt* **1** **(etwas) (von jemandem) erben** etwas von jemandem nach dessen Tod bekommen: *Er hat ein Grundstück von seinem Onkel geerbt* **2** **etwas (von jemandem) erben** eine Eigenschaft der Eltern (oder Großeltern) haben: *Die braunen Augen hat sie von ihrem Vater geerbt* || -K Erbkrankheit, Erbmasse

Erb·gut *das; -(e)s; nur Singular; Biologie;* die Gesamtheit aller Eigenschaften, die man (durch die Gene) schon mit der Geburt bekommt

er·bit·tert *Adjektiv* **1** **(über jemanden/etwas) erbittert** zornig über jemanden/etwas **2** sehr heftig, sehr intensiv ⟨ein Kampf; erbitterten Widerstand leisten⟩

erb·lich *Adjektiv* **1** als Teil des Erbgutes (genetisch bedingt): *Die Farbe der Augen ist* *erblich* **2** **erblich belastet sein** eine negative Eigenschaft oder Krankheit geerbt haben

er·bli̱·cken; *erblickte, hat erblickt* **1** **jemanden/etwas erblicken** *förmlich*; jemanden/etwas sehen **2** **das Licht der Welt erblicken** geboren werden

er·bo̱st *Adjektiv; ohne Steigerung;* **(über jemanden/etwas) erbost** ≈ wütend, ärgerlich

er·bre̱·chen [B1] *erbrach, hat erbrochen;* **(sich/etwas) erbrechen** den Inhalt des Magens (durch den Mund) wieder von sich geben: *Er erbrach alles, was er gegessen hatte; Vor Aufregung musste sie (sich) erbrechen*

Ẹrb·schaft *die; -, -en;* das Erbe[1] (1) ⟨eine Erbschaft machen, antreten, ausschlagen⟩ || [K-] Erbschaftssteuer

Ẹrb·se *die; -, -n;* eine kleine runde, grüne Kugel in einer länglichen Schale (Schote), die man als Gemüse isst || [K-] Erbsensuppe; erbsengroß

Ẹrb·stück *das; -(e)s, -e;* ein *meist* wertvoller Gegenstand, den man geerbt (1) hat: *ein Erbstück (von) seiner Großmutter*

Ẹrb·teil *das; -(e)s, -e;* das, was jemandem als Teil eines Erbes (1) gehört ⟨jemandem sein Erbteil auszahlen⟩

E̱rd·ap·fel *der; -s, -äp·fel; südd* ≈ Kartoffel

E̱rd·be·ben *das; -s, -;* eine Erschütterung der Erde, die manchmal so stark ist, dass Häuser zerstört werden || [K-] Erdbebengebiet, Erdbebenopfer

E̱rd·bee·re [B1] *die; -, -n* **1** eine Pflanze mit weißen Blüten und roten Früchten **2** die (rote, süße, saftige) Frucht der Erdbeere || [K-] Erdbeerkuchen, Erdbeermarmelade

Erdbeere

die Erdbeere

die Himbeere

E̱rd·bo·den *der; -s; nur Singular;* die Oberfläche der Erde, auf der man geht und steht: *auf dem nackten Erdboden schlafen müssen* || [ID] ⟨eine Stadt⟩ **dem Erdboden gleichmachen** eine Stadt völlig zerstören; **wie vom Erdboden verschluckt (sein)** plötzlich verschwunden (sein)

E̱r·de [B1] *die; -; nur Singular* **1** der Planet, auf dem wir leben: *Die Erde dreht sich um die Sonne* || [K-] Erdanziehungskraft, Erdbevölkerung, Erdumfang **2** die oberste Schicht, Oberfläche der Erde (1) ≈ (Erd)Boden ⟨auf die/zur Erde fallen⟩: *Maulwürfe leben unter der Erde* || [K-] Erdloch, Erdspalte **3** der Stoff, aus dem die oberste Schicht der Erde (1) besteht und in dem die Pflanzen wachsen ≈ Erdreich ⟨fruchtbare, sandige Erde⟩: *im Garten die Erde umgraben* || [K-] Erdbrocken, Erdhaufen, Erdklumpen || [ID] **jemanden unter die Erde bringen** *umg;* jemanden so ärgern (und belasten), dass er stirbt || ▸ **irdisch**

er·dẹnk·lich *Adjektiv; nur vor dem Substantiv, nicht als Adverb; förmlich; nur nach all- oder jed- verwendet;* so, wie man es sich nur vorstellen (und wünschen) kann: *jemandem alles erdenklich Gute wünschen; Ich habe auf jede erdenkliche Weise versucht, ihr zu helfen*

E̱rd·gas *das; -es; nur Singular;* ein Gemisch aus Gasen, das es tief unter der Erde gibt und mit dem man heizen und kochen kann

E̱rd·ge·schoss, Ⓐ **E̱rd·ge·schoß** [B1] *das; -es, -e;* die erste Ebene eines Hauses über dem Keller ≈ Parterre

E̱rd·kun·de *die; -; nur Singular* **1** ≈ Geografie **2** ein Fach in der Schule, in dem Geografie unterrichtet wird || [K-] Erdkundelehrer, Erdkundenote

E̱rd·nuss *die; -, -nüs·se;* eine Nuss, die in manchen heißen Ländern an einem Strauch unter der Erde wächst und die geröstet (und gesalzen) gegessen wird || [K-] Erdnussbutter, Erdnussöl

E̱rd·öl *das; -(e)s; nur Singular;* eine schwarze Flüssigkeit in der Erde, aus der man *z.B.* Benzin, Heizöl und viele Kunststoffe macht || [K-] Erdölbohrung, Erdölfeld, Erdölvorkommen

E̱rd·reich *das; -(e)s; nur Singular;* die Erde (3) ⟨das Erdreich lockern, umgraben⟩

er·drọs·seln; *erdrosselte, hat erdrosselt;* **jemanden erdrosseln** jemanden töten, indem man ihm die Kehle zudrückt ≈ erwürgen

er·drụ̈·cken; *erdrückte, hat erdrückt* **1** **etwas erdrückt jemanden** etwas fällt so schwer gegen jemandes Brust, dass er stirbt: *Die Bergleute sind von Erde und Steinen erdrückt worden* **2** **etwas erdrückt jemanden** etwas belastet jemanden psychisch so stark, dass er es nicht ertragen kann: *Die Last der Sorgen* *erdrückte sie fast*

Erd·rutsch *der; -(e)s, -e;* die (*meist* plötzliche, schnelle) Bewegung (der Rutsch) von großen Erdmassen nach unten

Erd·teil *der; -(e)s, -e* ≈ Kontinent

er·ei·fern, sich; *ereiferte sich, hat sich ereifert;* **sich (über jemanden/etwas) ereifern** *oft abwertend;* (erregt und) mit viel Emotion über ein Thema reden: *sich unnötig ereifern* || ▸ **Eifer**

E

er·eig·nen, sich; *ereignete sich, hat sich ereignet;* **etwas ereignet sich** etwas (*meist* Ungewöhnliches) geschieht ⟨ein Unfall⟩: *Das Zugunglück ereignete sich am frühen Morgen*

Er·eig·nis *das; -ses, -se;* etwas (Ungewöhnliches), das (*oft* überraschend) geschieht: *Das Konzert war ein großes Ereignis für das kleine Dorf*

Erek·ti·on [-'tsio:n] *die; -, -en; förmlich;* die Schwellung, durch die der Penis (bei sexueller Erregung) steif wird

er·fah·ren[1] B2 *erfährt, erfuhr, hat erfahren* **1** **etwas (durch jemanden/von jemandem) (über jemanden/etwas) erfahren; etwas (von/aus etwas) erfahren** eine neue Information (über jemanden/etwas) bekommen: *Ich habe durch einen/von einem Freund, aus der Zeitung erfahren, dass sie gestorben ist* **2** **etwas erfahren** *förmlich;* etwas selbst erleben ⟨Freude, Glück, Liebe, Trauer erfahren⟩

er·fah·ren[2] B2 *Adjektiv;* (auf einem bestimmten Gebiet) geübt und sicher: *Er ist ein erfahrener Pilot* || -K lebenserfahren, welterfahren

Er·fah·rung B1 *die; -, -en* **1** ein Wissen oder Können, das man durch die Praxis bekommt ⟨mit etwas Erfahrung haben; etwas aus eigener Erfahrung wissen⟩: *Er hat viel Erfahrung als Arzt, in seinem Beruf, mit Autos* || K- Erfahrungsaustausch; erfahrungsgemäß || -K Auslandserfahrung, Lebenserfahrung **2** *meist Plural;* Erlebnisse, aus denen man etwas lernt ⟨Erfahrungen machen, sammeln⟩

Er·fah·rungs·wert *der; -(e)s, -e;* etwas, das man weiß, weil man es immer wieder erlebt hat

er·fas·sen; *erfasste, hat erfasst* **1** **etwas erfassen** das Wichtige begreifen: *Er hat sofort erfasst, worum es ging* **2** **jemanden/etwas erfassen** *Verwaltung;* in eine Liste schreiben ≈ registrieren ⟨etwas statistisch erfassen⟩ **3** **etwas erfasst jemanden/etwas** etwas reißt jemanden/etwas durch eine Bewegung mit: *Der Radfahrer wurde von einem Auto erfasst*

er·fin·den; *erfand, hat erfunden* **1** **etwas erfinden** (durch Forschung) etwas Neues entdecken, nutzen: *Rudolf Diesel hat einen neuen Motor erfunden* **2** **jemanden/etwas erfinden** etwas (von einer Person/Sache) erzählen, das es nur in der Fantasie gibt: *Die Figuren des Films sind frei erfunden* || *zu* 1 **Er·fin·der** *der; -s, -;* **Er·fin·de·rin** *die; -, -nen*

er·fin·de·risch *Adjektiv;* mit vielen Ideen, wie man in der Technik oder auch im Alltag Probleme einfach lösen kann: *ein erfinderischer Geist* (= jemand, der erfinderisch ist)

Er·fin·dung *die; -, -en* **1** *nur Singular;* das Erfinden (1,2) **2** das Neue, das jemand entdeckt hat

Er·folg B1 *der; -(e)s, -e* **1** das positive Ergebnis (oder Ziel), das man erreicht hat ↔ Misserfolg ⟨etwas ist ein großer Erfolg; mit etwas Erfolg haben; Erfolg (bei jemandem) haben⟩ || K- Erfolgsaussichten, Erfolgserlebnis, Erfolgsmeldung || -K Wahlerfolg **2** **Erfolg versprechend** ⟨eine Idee, ein Plan *o.Ä.*⟩ so, dass sie wahrscheinlich Erfolg (1) bringen werden || Hinweis: aber: *äußerst erfolgversprechend* (zusammengeschrieben) || *zu* 1 **er·folg·los** *Adjektiv;* **er·folg·reich** *Adjektiv*

er·fol·gen; *erfolgte, ist erfolgt* **1** **etwas erfolgt (auf etwas** (*Akkusativ*)**/nach etwas)** etwas geschieht als Folge, Konsequenz von etwas ≈ etwas tritt ein ↔ etwas bleibt aus: *Auf sein Klopfen erfolgte keine Antwort* **2** **etwas erfolgt (irgendwann/irgendwo)** *förmlich;* etwas wird irgendwann/irgendwo gemacht ↔ etwas unterbleibt: *Die Auszahlung des Geldes erfolgt später* (= das Geld wird später ausgezahlt)

er·folg·ver·spre·chend *Adjektiv* ↑ **Erfolg**

er·for·der·lich *Adjektiv; nicht als Adverb;* **erforderlich (für etwas)** unbedingt nötig: *Für das Studium an einer Universität ist das Abitur erforderlich*

er·for·dern; *erforderte, hat erfordert;* **etwas erfordert etwas** ⟨Geduld, Mut, viel Geld, Zeit *o.Ä.*⟩ *förmlich;* etwas verlangt etwas: *Diese Aufgabe erfordert viel Sachkenntnis* || *hierzu* **Er·for·der·nis** *das; -ses, -se*

er·for·schen; *erforschte, hat erforscht;* **etwas erforschen** etwas (*meist* wissenschaftlich) genau untersuchen: *fremde Länder, Ursachen und Zusammenhänge erforschen* || *hierzu* **Er·for·schung** *die; -, -en*

er·freu·en; *erfreute, hat erfreut* **1** **jemanden mit etwas/durch etwas erfreuen** jemandem eine Freude machen: *seine Mutter mit einem kleinen Geschenk erfreuen* **2** **sich an jemandem/etwas erfreuen** Freude über jemanden/etwas fühlen: *Sie erfreute sich an den Blumen*

3 **sich großer Beliebtheit erfreuen** *förmlich;* sehr beliebt sein

er·freu·lich *Adjektiv;* so, dass es froh oder glücklich macht: *Es ist sehr erfreulich, dass du die Prüfung bestanden hast*

er·freut, *erfreuter, erfreutest-; Adjektiv;* (**über etwas** (*Akkusativ*)) **erfreut** froh über etwas: *Ich war sehr erfreut, dass er kam*

er·frie·ren; *erfror, hat/ist erfroren;* **1** (*ist*) (von Menschen, Tieren oder Pflanzen) durch die Einwirkung von großer Kälte sterben: *Die verunglückten Bergsteiger sind im Schnee erfroren* **2** **etwas erfriert** (*ist*) Obst oder Gemüse verliert durch die Einwirkung von Frost an Qualität und Geschmack ⟨Äpfel, Kartoffeln⟩ || *hierzu* **Er·frie·rung** *die; -, -en; meist Plural*

er·fri·schen; *erfrischte, hat erfrischt;* **etwas erfrischt jemanden** etwas gibt jemandem, der müde ist, neue Kraft: *Mich hat das Bad richtig erfrischt*

er·fri·schend *Adjektiv* **1** angenehm kühl ⟨ein Getränk⟩ **2** geistig anregend: *einen erfrischenden Humor haben*

Er·fri·schung *die; -, -en* **1** ein kühles Getränk oder eine leichte Speise ⟨(kleine) Erfrischungen anbieten⟩ || K- Erfrischungsgetränk **2** *nur Singular;* das Erfrischen

er·fül·len; *erfüllte, hat erfüllt* **1** **etwas erfüllen** das tun, was man jemandem versprochen hat oder was jemand von einem erwartet oder fordert ⟨eine Aufgabe, einen Vertrag, eine Pflicht erfüllen⟩ **2** **etwas erfüllt etwas** etwas funktioniert in der gewünschten Weise ⟨etwas erfüllt eine Funktion, einen Zweck, jemandes Bedürfnisse⟩: *Die Schuhe sind zwar alt, aber sie erfüllen noch ihren Zweck* **3** **jemandem/sich etwas erfüllen** das tun, was man/jemand sich gewünscht hat ⟨jemandem eine Bitte, jemandem/sich einen Traum, einen Wunsch erfüllen⟩ **4** **etwas erfüllt sich** etwas wird Wirklichkeit ≈ etwas tritt ein ⟨eine Befürchtung, eine Hoffnung erfüllt sich⟩

Er·fül·lung *die; -, -en; meist Singular* **1** das Erfüllen[1] oder Verwirklichen **2** **etwas geht in Erfüllung** ein Wunsch, ein Traum, eine Vorstellung *o.Ä.* wird wahr, Wirklichkeit **3** **als etwas/in etwas** (*Dativ*) (**seine**) **Erfüllung finden** eine Funktion, einen Beruf *o.Ä.* haben, die/der einen zufrieden macht: *Er hat als Priester/in seinem Beruf (seine) Erfüllung gefunden*

er·gän·zen; *ergänzte, hat ergänzt* **1** **etwas** (**durch etwas**) **ergänzen** etwas Fehlendes hinzufügen ⟨eine Sammlung, seine Vorräte ergänzen⟩ **2** **sich** (*Plural*)/**einander ergänzen** eine (harmonische) Einheit bilden, gut zusammenpassen || *hierzu* **Er·gän·zung** *die; -, -en*

er·ge·ben[1]; *ergibt, ergab, hat ergeben* **1** **etwas ergibt etwas** etwas bringt ein konkretes Ergebnis (hervor): *Diese Aussage ergibt keinen Sinn; Die Zutaten ergeben einen feinen Teig; Die Untersuchung hat ergeben, dass ...* **2** **etwas ergibt sich** (**aus etwas**) etwas ist eine Folge von etwas: *Aus ihrem Unfall ergaben sich viele Komplikationen*

er·ge·ben[2], **sich**; *ergibt sich, ergab sich, hat sich ergeben;* **sich** (**jemandem**) **ergeben** (*z.B.* im Krieg) aufhören zu kämpfen und die Waffen abgeben ⟨sich dem Gegner, der Polizei ergeben⟩: *Heben Sie die Hände hoch und ergeben Sie sich!*

er·ge·ben[3] *Adjektiv;* **jemandem** (**treu**) **ergeben sein** alles tun, was der andere will

Er·geb·nis B1 *das; -ses, -se* **1** das, was als Folge eines Vorgangs entsteht, geschieht ≈ Resultat ⟨ein Ergebnis erzielen; etwas bleibt ohne Ergebnis⟩ || -K Abstimmungsergebnis, Forschungsergebnis, Prüfungsergebnis, Wahlergebnis **2** die Zahl, die bei einer Rechnung am Schluss (als Lösung) steht ≈ Resultat ⟨ein falsches, richtiges Ergebnis⟩: *Das Ergebnis der Addition von drei und zwei ist fünf* || -K Endergebnis, Zwischenergebnis || *zu* 1 **er·geb·nis·los** *Adjektiv*

er·gie·big *Adjektiv;* so, dass es viel (Nutzen) bringt ⟨ein Thema, eine Diskussion⟩

er·grei·fen; *ergriff, hat ergriffen* **1** **jemanden/etwas irgendwo ergreifen** jemanden/etwas mit der Hand fassen und halten: *jemanden am Arm, bei der Hand ergreifen; Er ergriff den Hammer* **2** **etwas ergreift jemanden** ein starkes Gefühl wirkt auf jemanden: *Er wurde von Angst/Panik/Zorn ergriffen; Die Nachricht vom Tod seines Freundes hat ihn tief ergriffen* || Hinweis: kein Passiv! **3** verwendet in Formeln wie: **einen Beruf ergreifen** einen Beruf wählen; **die Flucht ergreifen** flüchten; **die Gelegenheit** (**zu etwas**) **ergreifen** die Gelegenheit nutzen, etwas zu tun; **die Initiative ergreifen** als Erster etwas tun (damit ein Ziel erreicht wird); **für jemanden Partei ergreifen** jemanden (mit Worten) verteidigen

er·grei·fend *Adjektiv;* von starker Wirkung auf die Gefühle ⟨eine Szene, eine Geschichte, ein Film⟩

er·ha·ben *Adjektiv* **1** *förmlich;* so (schön oder groß), dass es jemanden mit (Ehrfurcht oder) einem feierlichen Gefühl erfüllt: *eine erhabene Musik; der erhabene Anblick der Berge* **2** *förmlich;* sehr schön ⟨*meist* Gedanken, Gefühle⟩ **3** **sich über jemanden/etwas erhaben fühlen**

abwertend; glauben, dass man besser oder wichtiger als ein anderer Mensch oder zu gut für etwas ist

er·hal·ten[1] B1 *erhält, erhielt, hat erhalten;* **etwas (von jemandem) erhalten** ≈ bekommen (1,2,4) ⟨ein Geschenk, eine Antwort, einen Auftrag, eine Strafe erhalten⟩ ‖ Hinweis: nicht im Passiv! ‖ *hierzu* **Er·halt** *der; -(e)s; nur Singular*

er·hal·ten[2] B1 *erhält, erhielt, hat erhalten* **1** **etwas erhalten** dafür sorgen, dass etwas weiterhin so existiert, bleibt: *ein historisches Bauwerk erhalten* **2** **sich erhalten** in derselben Form bleiben: *Die mittelalterliche Burg hat sich über Jahrhunderte erhalten*

er·hält·lich *Adjektiv; nicht als Adverb;* **irgendwo erhältlich** leicht zu kaufen: *Das Medikament ist nur in Apotheken erhältlich*

er·he·ben; *erhob, hat erhoben* **1** **sich erheben** ≈ aufstehen: *sich aus dem Sessel erheben* **2** **etwas erheben** etwas in die Höhe heben, halten ⟨das/sein Glas auf jemandes Wohl erheben; mit erhobener Hand⟩ **3** **etwas erheben** etwas offiziell (rechtmäßig) fordern ⟨Beiträge, Gebühren, eine Steuer erheben⟩ **4** **seine Stimme erheben** (lauter) sprechen **5** **etwas erhebt sich** etwas entsteht als Reaktion des Publikums, der Leser ⟨Beifall, Gelächter, Jubel, Lärm erhebt sich⟩: *Ein Sturm der Entrüstung erhob sich* **6** **Daten erheben** Daten sammeln, um sie statistisch zu untersuchen **7** verwendet in Formeln wie **Anspruch auf etwas erheben** ≈ etwas beanspruchen; **Anklage (gegen jemanden (wegen etwas)) erheben** ≈ jemanden anklagen; **Vorwürfe gegen jemanden erheben** ≈ jemandem etwas vorwerfen

er·heb·lich *Adjektiv; förmlich* **1** (in Ausmaß oder Menge) groß: *ein erheblicher Unterschied, erhebliche Kosten* **2** *nur als Adverb;* verwendet vor einem Komparativ ≈ viel: *Er ist erheblich größer als sie*

er·hei·tern; *erheiterte, hat erheitert;* **jemanden erheitern** jemanden in eine fröhliche Stimmung bringen

er·hel·len; *erhellte, hat erhellt* **1** **etwas erhellen** etwas durch (mehr) Licht hell und sichtbar machen: *Diese Lampe ist zu schwach, um das Zimmer richtig zu erhellen* **2** **etwas erhellen** eine (schwierige) Sache deutlicher machen/erklären: *Ihre Erläuterungen sollten die komplizierten Zusammenhänge erhellen*

er·hit·zen; *erhitzte, hat erhitzt* **1** **etwas erhitzen** etwas heiß machen **2** **etwas erhitzt sich** etwas wird heiß: *Der Motor hatte sich bei der Fahrt stark erhitzt*

er·hof·fen, sich; *erhoffte sich, hat sich erhofft;* **sich** (*Dativ*) **etwas (von jemandem/etwas) erhoffen** etwas Positives (von jemandem/etwas) erwarten: *Er erhoffte sich einen großen Auftrag*

er·hö·hen B2 *erhöhte, hat erhöht* **1** **etwas (um etwas) erhöhen** etwas höher, größer, intensiver machen ⟨die Preise, die Steuern, die Geschwindigkeit erhöhen⟩: *eine Mauer* (*um zwei Meter*) *erhöhen* **2** **etwas erhöht sich (um etwas)** (**auf etwas** (*Akkusativ*)) etwas wird größer oder höher: *Die Miete hat sich im letzten Jahr erhöht*

er·ho·len, sich B1; *erholte sich, hat sich erholt;* **sich (von etwas) erholen** sich ausruhen und wieder zu Kräften kommen ⟨sich gut, kaum erholen⟩: *sich von einer schweren Krankheit erholen*

er·hol·sam *Adjektiv;* so, dass es jemandem neue Kraft gibt ⟨ein Urlaub⟩

Er·ho·lung *die; -; nur Singular;* eine Phase der Ruhe, in der man wieder zu Kräften kommt ⟨*meist* Erholung brauchen, nötig haben, suchen, finden; etwas zur Erholung tun⟩: *Er fährt zur Erholung ins Gebirge* ‖ K- Erholungsaufenthalt, Erholungsgebiet, Erholungsheim, Erholungspause, Erholungsurlaub; erholungsbedürftig

Eri·ka *die; -, -s/E·ri·ken; meist Singular;* eine Pflanze mit vielen kleinen rosa bis violetten Blüten, die im Moor und auf der Heide wächst ≈ Heidekraut

er·in·nern; *erinnerte, hat erinnert* **1** **jemanden an etwas** (*Akkusativ*) **erinnern** jemanden dazu bringen, dass er an etwas denkt und es nicht vergisst: *jemanden an einen Termin erinnern* **2** **sich (an jemanden/etwas) erinnern** (jemanden/etwas im Gedächtnis haben und) wieder an ihn/daran denken: *sich noch genau an die Großmutter erinnern*

Er·in·ne·rung B1 *die; -, -en* **1** **eine Erinnerung (an jemanden/etwas)** ein Eindruck, den man nicht vergessen hat ⟨eine Erinnerung wird wach; eine Erinnerung in jemandem wecken; Erinnerungen mit jemandem austauschen⟩ ‖ K- Erinnerungsverlust **2** *nur Singular;* ein Ort im Gehirn, an dem die Informationen (gespeichert) sind, und die Fähigkeit, sie von dort zu holen (abzurufen) ≈ Gedächtnis ⟨jemanden/etwas in Erinnerung behalten; sich etwas in Erinnerung rufen⟩: *Wenn mich meine Erinnerung nicht täuscht, dann sind wir uns schon einmal begegnet*

Er·in·ne·rungs·ver·mö·gen *das; -s; nur Singular;* die Fähigkeit, sich an etwas zu erinnern ≈ Gedächtnis: *ein gutes/schlechtes Erinnerungsvermögen haben*

er·käl·ten, sich B2; *erkältete sich, hat sich erkältet;* eine Erkältung bekommen: *Wenn du dich nicht wärmer anziehst, wirst du dich noch erkälten*

Er·käl·tung B1 *die; -, -en;* eine Krankheit (mit Schnupfen, Husten), die man meistens im Winter hat ⟨eine leichte, starke Erkältung haben, bekommen⟩ || K- Erkältungskrankheit

er·kämp·fen; *erkämpfte, hat erkämpft;* (**sich** *(Dativ)*) **etwas erkämpfen** etwas erreichen oder bekommen, indem man dafür kämpft oder sehr hart arbeitet

er·ken·nen B2 *erkannte, hat erkannt* **1 jemanden/etwas erkennen** jemanden/etwas deutlich sehen: *Aus dieser Entfernung kann ich die Zahlen nicht erkennen* **2 jemanden/etwas** (**an etwas** *(Dativ)*) **erkennen** sofort wissen, um welche Person oder Sache es sich handelt: *jemanden an einer typischen Geste erkennen* || K- Erkennungszeichen **3 etwas erkennen** verstehen, dass etwas so richtig ist, was man bisher falsch oder anders gesehen hatte ⟨einen Fehler, Irrtum erkennen⟩: *den Ernst der Lage erkennen* || *hierzu* **er·kenn·bar** *Adjektiv*

er·kennt·lich *Adjektiv;* **sich jemandem (für etwas) erkenntlich erweisen/zeigen** *förmlich; meist* etwas tun als Zeichen seiner Dankbarkeit: *Ich möchte mich Ihnen gern für Ihre Hilfe erkenntlich zeigen*

Er·kennt·nis *die; -, -se* **1** *meist Plural;* ein neues Wissen, das jemand durch Lesen, (wissenschaftliche Arbeit) oder durch Nachdenken gewinnt: *Erkenntnisse über die Ursachen von Krebs gewinnen* **2** die Einsicht, dass etwas so getan werden muss ⟨zu einer Erkenntnis gelangen, kommen⟩: *zu der Erkenntnis kommen, dass etwas richtig ist*

Er·ker *der; -s, -;* ein Teil eines Raumes in einem Haus, der (nach außen) aus der Mauer hervorragt und Fenster hat || K- Erkerfenster, Erkerzimmer

er·klä·ren A2 *erklärte, hat erklärt* **1** (**jemandem**) **etwas erklären** jemandem etwas so sagen oder beschreiben, dass er es versteht ≈ erläutern **2 etwas erklärt etwas** etwas ist (wahrscheinlich) der Grund für etwas: *Der Riss im Tank erklärt den hohen Benzinverbrauch* **3 jemanden/etwas für etwas erklären** (offiziell) sagen, mitteilen, dass jemand/etwas so ist ⟨jemanden für tot, die Sitzung für geschlossen erklären⟩ **4 sich** *(Dativ)* **etwas (irgendwie) erklären** einen Grund für etwas finden: *Ich kann mir nicht erklären, wo er war* || *zu* **1** und **2** **er·klär·bar** *Adjektiv*

er·klär·lich *Adjektiv; nicht als Adverb;* ⟨ein Fehler, ein Irrtum *o.Ä.*⟩ so, dass man sich vorstellen kann, wie sie passieren konnten ≈ verständlich

er·klärt, *erklärter, erklärtest-; Adjektiv; nur vor dem Substantiv, nicht als Adverb;* bereits deutlich ausgesprochen (und allgemein bekannt) ⟨jemandes Wille, ein Ziel, ein Zweck⟩: *Sein erklärtes Ziel ist es, den Betrieb zu vergrößern*

Er·klä·rung *die; -, -en* **1** die Worte, mit denen jemand etwas sachlich darstellt und begründet ⟨jemandem eine Erklärung geben, schuldig bleiben/sein⟩ **2** ein (wahrscheinlicher) Grund für etwas ⟨eine Erklärung für etwas suchen, finden⟩ **3** eine offizielle Mitteilung ⟨eine Erklärung über etwas abgeben⟩ || -K Kriegserklärung, Rücktrittserklärung

er·kran·ken; *erkrankte, ist erkrankt;* (**an etwas** *(Dativ)*) **erkranken** krank werden ⟨schwer erkranken⟩: *Sie erkrankte an einer Lungenentzündung* || *hierzu* **Er·kran·kung** *die; -, -en*

er·kun·di·gen, sich B2; *erkundigte sich, hat sich erkundigt;* **sich nach jemandem/etwas erkundigen** ≈ nach jemandem/etwas fragen: *sich nach dem Weg erkundigen* || *hierzu* **Er·kun·di·gung** *die; -, -en*

er·lah·men; *erlahmte, ist erlahmt; förmlich* **1 jemand/etwas erlahmt** jemand/ein Teil des Körpers wird müde und schwach, wenn man sich sehr angestrengt hat ⟨jemandes Arm Beine, Kräfte⟩ **2 etwas erlahmt** etwas wird schwächer oder weniger intensiv ≈ etwas lässt nach ⟨jemandes Aufmerksamkeit, Eifer, Enthusiasmus, Interesse *o.Ä.*⟩: *Deine Begeisterung für das neue Hobby ist aber schnell erlahmt*

er·lan·gen; *erlangte, hat erlangt;* **etwas erlangen** *förmlich;* etwas (*meist* Positives) erreichen oder bekommen ⟨die Freiheit, Gewissheit erlangen⟩

er·las·sen; *erlässt, erließ, hat erlassen* **1 etwas erlassen** etwas offiziell beschließen (und der Öffentlichkeit bekannt machen) ⟨eine Amnestie, einen Aufruf, ein Gesetz, einen Haftbefehl gegen jemanden, eine Richtlinie, eine Verordnung erlassen⟩ **2 jemandem etwas erlassen** jemanden von einer (unangenehmen) Pflicht oder Strafe befreien: *Wegen guter Führung wurde ihm der Rest der Haftstrafe erlassen* || *zu* **1** **Er·lass** *der; -es, Er·läs·se*

er·lau·ben A2 *erlaubte, hat erlaubt* **1** (**jemandem**) **etwas erlauben** jemandem sagen, dass er etwas tun darf ≈ genehmigen ↔ verbieten:

Erlauben Sie, dass ich rauche? **2** **etwas erlaubt (jemandem) etwas** etwas macht (jemandem) etwas möglich ⟨die Mittel, die Umstände erlauben etwas⟩ **3** **sich** (*Dativ*) **etwas erlauben** sich das Recht nehmen, etwas zu tun ⟨sich eine Frechheit, einen Scherz mit jemandem erlauben⟩

E

Er·laub·nis B2 *die; -, -se; meist Singular;* die Worte, mit denen jemand mitteilt, dass man etwas tun darf ≈ Genehmigung ⟨(jemanden) um Erlaubnis (für etwas) bitten; die Erlaubnis zu etwas erhalten, haben; jemandem die Erlaubnis (zu etwas) geben, verweigern⟩ ‖ -K Einreiseerlaubnis, Fahrerlaubnis

er·läu·tern; *erläuterte, hat erläutert;* **(jemandem) etwas erläutern** ≈ erklären (1): *jemandem eine Theorie erläutern* ‖ *hierzu* **Er·läu·te·rung** *die; -, -en*

Er·le *die; -, -n;* ein (Laub)Baum, der der Birke ähnlich sieht und an feuchten Orten wächst

er·le·ben; *erlebte, hat erlebt* **1** **etwas erleben** etwas erfahren oder durchmachen (müssen), Erfahrungen machen: *Sie musste viele Niederlagen und Enttäuschungen erleben* **2** **jemanden/etwas erleben** bei etwas (als Zuschauer) dabei sein: *ein Konzert, einen Sänger erleben*

Er·leb·nis *das; -ses, -se* **1** etwas, das einem passiert: *Gestern hatte ich ein schreckliches Erlebnis - ich bin überfallen worden* **2** ein sehr schönes Ereignis, an das man noch lange denkt: *Das Konzert war wirklich ein Erlebnis!* ‖ -K Liebeserlebnis, Reiseerlebnis

er·le·di·gen; *erledigte, hat erledigt;* **etwas erledigen** etwas tun, das man tun soll: *Ich muss noch meine Aufgaben erledigen*

er·le·digt *Adjektiv* **1** *meist nach dem Substantiv;* zu Ende (und abgeschlossen) ⟨ein Fall, eine Sache⟩: *Entschuldige dich bei ihm, dann ist der Fall* (*für mich*) *erledigt* **2** *umg;* sehr müde ≈ erschöpft

er·leich·tern; *erleichterte, hat erleichtert* **1** **(jemandem) etwas erleichtern** für jemanden etwas einfacher und bequemer machen: *Moderne Geräte erleichtern oft die Arbeit* **2** **etwas erleichtert jemanden** etwas macht jemanden frei von Sorgen: *Diese Nachricht hat uns alle sehr erleichtert* ‖ *hierzu* **Er·leich·te·rung** *die; -, -en*

er·leich·tert *Adjektiv;* **erleichtert** (**über etwas** (*Akkusativ*)) froh, dass etwas Schlimmes nicht geschehen ist oder wird: *Sie war erleichtert* (*darüber*), *dass ihm bei dem Unfall nichts passiert war*

er·lei·den; *erlitt, hat erlitten;* **etwas erleiden** etwas erleben, das unangenehm ist, wehtut oder Angst macht ⟨Enttäuschungen, Schmerzen, eine Niederlage, Verluste erleiden⟩

er·ler·nen; *erlernte, hat erlernt;* **etwas erlernen** etwas, das viel Zeit kostet, so lernen, dass man es beherrscht ⟨einen Beruf, ein Handwerk, eine Sprache erlernen⟩

er·leuch·ten; *erleuchtete, hat erleuchtet;* **etwas erleuchten** etwas durch Licht hell machen: *Die Fenster waren hell erleuchtet* ‖ Hinweis: *meist* im Passiv oder im Zustandspassiv!

Er·leuch·tung *die; -, -en; humorvoll;* eine gute Idee, die jemandem plötzlich kommt (einfällt) ≈ Eingebung, Erkenntnis ⟨eine Erleuchtung haben, jemandem kommt eine Erleuchtung⟩

er·lie·gen; *erlag, ist erlegen* **1** **etwas** (*Dativ*) **erliegen** (*meist* nach anfänglichem Zögern) etwas tun, was man nicht wollte ⟨jemandes Charme, einer Verlockung, einer Versuchung *o.Ä.* erliegen⟩ **2** **etwas** (*Dativ*) **erliegen** an etwas sterben ⟨seinen Verletzungen, einer Krankheit erliegen⟩ **3** **einem Irrtum/einer Täuschung erliegen** sich irren/sich täuschen **4** ⟨*meist* der Verkehr⟩ **kommt zum Erliegen** die Autos *usw.* können nicht mehr weiterfahren (wegen eines Staus)

Er·lös *der; -es, -e* ≈ Gewinn: *Den Erlös aus der Auktion bekommen Flüchtlinge*

er·lö·sen; *erlöste, hat erlöst* **1** **jemanden (von etwas) erlösen** jemanden von Schmerzen oder Sorgen befreien: *Der Tod erlöste ihn von seinen Leiden* **2** **jemanden (aus etwas) erlösen** jemanden aus einer unangenehmen Situation befreien ⟨jemanden aus einer Notlage, einer peinlichen Situation erlösen⟩ ‖ *hierzu* **Er·lö·sung** *die; -; nur Singular*

Er·lö·ser *der; -s; nur Singular;* Jesus Christus (der die Menschen von ihren Sünden, ihrem Leid erlöst hat)

er·mäch·ti·gen; *ermächtigte, hat ermächtigt;* **jemanden zu etwas ermächtigen** jemandem das Recht geben, etwas zu tun: *Er ermächtigte seine Frau* (*dazu*), *von seinem Konto Geld abzuheben* ‖ *hierzu* **Er·mäch·ti·gung** *die; -, -en* ‖ ▸ **Macht**

er·mah·nen; *ermahnte, hat ermahnt;* **jemanden (zu etwas) ermahnen** jemanden dringend bitten, etwas zu tun oder sich richtig zu verhalten: *die Kinder ermahnen, nicht auf der Straße zu spielen* ‖ *hierzu* **Er·mah·nung** *die; -, -en*

Er·man·ge·lung *die; nur in* **in Ermangelung**

(+ *Genitiv*/**von jemandem/etwas**) *förmlich*; weil die genannte Person/Sache fehlt, nicht da ist: *in Ermangelung von Beweisen; in Ermangelung besserer Vorschläge*

er·mä·ßi·gen; *ermäßigte, hat ermäßigt*; **etwas ermäßigen** den Preis für etwas senken ↔ erhöhen ⟨einen Beitrag, eine Gebühr ermäßigen⟩ || *hierzu* **Er·mä·ßi·gung** *die; -, -en*

Er·mes·sen *das; -s; nur Singular* **1** die Beurteilung einer Sache, die einer Entscheidung vorausgeht: *Es liegt nicht in meinem Ermessen, darüber zu entscheiden* **2** **nach menschlichem Ermessen** mit größter Wahrscheinlichkeit

er·mit·teln; *ermittelte, hat ermittelt* **1** **etwas ermitteln** etwas suchen und auch finden ≈ feststellen: *jemandes Adresse ermitteln* **2** **gegen jemanden ermitteln** *Rechtswesen*; Beweise für jemandes Schuld sammeln, um ihn vor ein Gericht stellen zu können || *hierzu* **Er·mitt·lung** *die; -, -en*

Er·mitt·ler *der; -s,-; Verwaltung*; ein Polizist, der ein Verbrechen untersucht ⟨ein verdeckter Ermittler⟩ || *hierzu* **Er·mitt·le·rin** *die; -, -nen*

er·mög·li·chen; *ermöglichte, hat ermöglicht*; **(jemandem) etwas ermöglichen** (jemandem) etwas möglich machen: *Seine Eltern ermöglichten ihm das Studium*

er·mor·den B2 *ermordete, hat ermordet*; **jemanden ermorden** jemanden mit Absicht töten || *hierzu* **Er·mor·dung** *die; -, -en; meist Singular* || ▸ **Mord**, **Mörder**

er·mü·den; *ermüdete, hat/ist ermüdet* **1** **etwas ermüdet jemanden** (*hat*) etwas strengt jemanden an: *Das Sprechen ermüdete den Kranken schnell* **2** (*ist*) müde, schläfrig werden

er·mun·tern; *ermunterte, hat ermuntert*; **jemanden zu etwas ermuntern** jemandem Mut machen, etwas zu tun: *jemanden zum Reden ermuntern*

er·mu·ti·gen; *ermutigte, hat ermutigt*; **jemanden (zu etwas) ermutigen** (durch freundliche Worte) jemandem den Mut und das Vertrauen geben, etwas zu tun: *Er ermutigte seinen Freund zu dieser Tat* || *hierzu* **Er·mu·ti·gung** *die; -, -en*

er·näh·ren B1 *ernährte, hat ernährt* **1** **jemanden/ein Tier (mit etwas) ernähren** jemandem/einem Tier zu essen und zu trinken geben: *einen jungen Hund mit der Flasche ernähren* **2** **jemanden/sich (mit/von etwas) ernähren** (mit etwas) für jemanden/sich sorgen: *Von/mit seiner Arbeit kann er keine Familie ernähren* **3** **sich (von etwas) ernähren** von dieser Nahrung leben: *sich vegetarisch ernähren* || *hierzu* **Er·näh·rung** *die; -; nur Singular*

Er·näh·rer *der; -s, -*; derjenige, der das Geld für die Familie verdient || *hierzu* **Er·näh·re·rin** *die; -, -nen*

er·nen·nen; *ernannte, hat ernannt*; **jemanden (zu etwas) ernennen** jemandem ein Amt, eine Funktion geben: *jemanden zum Minister ernennen* || *hierzu* **Er·nen·nung** *die; -, -en*

er·neu·ern; *erneuerte, hat erneuert* **1** **etwas erneuern** etwas, das alt oder kaputt ist, ersetzen oder reparieren ⟨ein Dach erneuern⟩ **2** **etwas erneuert sich** etwas wird aus eigener Kraft wieder neu: *Haut und Haare erneuern sich ständig* || *hierzu* **Er·neu·e·rung** *die; -, -en*

er·neut *Adjektiv; nur vor dem Substantiv oder als Adverb; förmlich*; noch einmal (stattfindend): *Nach einer Pause versuchte sie es erneut*

ernst B1 *ernster, ernstest-; Adjektiv* **1** ruhig und nachdenklich ↔ fröhlich, heiter: *ein ernstes Gesicht machen* **2** mit wichtigem oder traurigem Inhalt ⟨ein Film, ein Gespräch⟩ **3** so, wie etwas gedacht und gesagt wurde ⟨etwas ernst meinen, nehmen; jemandem ist es ernst (mit etwas)⟩: *Wir nehmen die Drohung sehr ernst* **4** *nicht als Adverb*; sehr groß oder intensiv ⟨ein Verdacht, ein Zweifel⟩ **5** *nicht als Adverb*; gefährlich ⟨eine Gefahr, jemandes Zustand⟩: *ein ernster Unfall* **6** **jemanden ernst nehmen** das glauben und für sehr wichtig halten, was jemand sagt oder tut: *Ich kann ihn einfach nicht ernst nehmen*

Ernst B1 *der; -es; nur Singular* **1** eine Haltung (oder Einstellung), bei der man über alles ruhig und gründlich nachdenkt: *Sie ging mit viel Ernst an ihre neue Aufgabe heran* **2** **etwas ist jemandes Ernst** etwas ist tatsächlich so gemeint, wie es gesagt wurde: *Du willst also gehen - soll das dein Ernst sein?* **3** **allen Ernstes/im Ernst** verwendet, wenn etwas tatsächlich so (gemeint) ist: *„Ich kündige." – „Im Ernst?"*

Ernst·fall *der; -(e)s, -fäl·le*; die Situation, in der etwas (*meist* Gefährliches), das man erwartet oder befürchtet hat, tatsächlich passiert: *Auf/Für den Ernstfall sind wir bestens vorbereitet*

ernst·haft *Adjektiv* **1** so, dass er über sein Tun und dessen Folgen nachdenkt: *Er ist ein ernsthafter Mensch; Sie wirkt sehr ernsthaft* **2** ≈ ernst (1): *Sie führten ein ernsthaftes Gespräch* **3** *nur vor dem Substantiv, nicht als Adverb* ≈ ernst (2): *Das ist ein ernsthaftes Problem* **4** *nur vor dem Substantiv oder als Adverb*; (nicht vorgetäuscht, sondern) wirklich so gemeint ⟨eine

Absicht, ein Vorschlag; etwas ernsthaft bezweifeln⟩

ernst·lich *Adjektiv; nur vor dem Substantiv oder als Adverb, ohne Steigerung;* **1** tatsächlich, wirklich (so gemeint): *Er hat nie ernstlich versucht, einen Job zu finden* **2** ≈ ernst (4): *Bei ernstlichen Störungen werde ich die Sitzung schließen* **3** ≈ schwer, ernst (5) ⟨eine Erkrankung, eine Verletzung; ernstlich erkranken, verletzt werden, gefährdet sein⟩

E

Ern·te *die; -, -n* **1** *nur Singular;* das Ernten (1): *bei der Ernte helfen* **2** das, was man geerntet hat ⟨eine gute, schlechte Ernte⟩: *die Ernte einbringen* || [K-] Erntezeit || [-K] Kartoffelernte, Obsternte

Ern·te·dank|fest *das; -(e)s, -e; Religion;* ein Fest, das die Kirche *meist* am ersten Sonntag im Oktober feiert, um Gott für die Ernte (2) zu danken

ern·ten; *erntete, hat geerntet* **1** **etwas ernten** Getreide, Obst oder Gemüse (im Garten, auf dem Feld) sammeln, mähen oder pflücken **2** **etwas ernten** etwas als Reaktion bekommen ⟨Beifall, Dank, Spott ernten⟩

er·nüch·tern; *ernüchterte, hat ernüchtert* **1** **etwas ernüchtert jemanden** etwas macht einen Betrunkenen wieder nüchtern: *Die kalte Luft hat ihn ernüchtert* **2** **etwas ernüchtert jemanden** etwas versetzt jemanden, der sich vorher über etwas gefreut hat, in eine ernste Stimmung || *hierzu* **Er·nüch·te·rung** *die; -, -en*

er·o·bern; *eroberte, hat erobert* **1** **etwas erobern** ein fremdes Land (in einem Krieg) besetzen und unter die eigene Herrschaft bringen **2** **jemanden/etwas erobern** für sich gewinnen ⟨jemanden, jemandes Herz erobern⟩: *Mit seinem Charme erobert er die Herzen des Publikums* || *zu* 1 **Er·o·be·rer** *der; -s, -;* **Er·o·be·rung** *die; -, -en*

er·öff·nen; *eröffnete, hat eröffnet* **1** **etwas eröffnen** etwas, das neu gebaut oder gegründet wurde, allen (Besuchern) zeigen ↔ schließen ⟨einen Laden, ein Museum, eine Fluglinie eröffnen⟩ **2** **etwas (mit etwas) eröffnen** etwas offiziell beginnen lassen ↔ schließen ⟨eine Sitzung, eine Diskussion eröffnen⟩: *Der Richter erklärte die Verhandlung für eröffnet* **3** **jemandem etwas eröffnen** jemandem etwas (*meist* Unerwartetes) erzählen: *Er eröffnete ihnen, dass die Firma bankrott war* || *hierzu* **Er·öff·nung** *die; -, -en*

ero·gen *Adjektiv; nur in* **eine erogene Zone** eine Stelle des Körpers, die durch Streicheln (sexuell) erregt wird

er·ör·tern; *erörterte, hat erörtert;* **etwas erörtern** *förmlich;* lange und genau (detailliert) über ein Problem sprechen oder schreiben: *eine Frage wissenschaftlich erörtern* || *hierzu* **Er·ör·te·rung** *die; -, -en*

Ero·si·on [-ˈtsi̯oːn] *die; -, -en; Geologie;* der Vorgang, wenn fließendes Wasser oder Wind Erde mit sich nehmen oder Gestein kleiner werden lassen || [-K] Bodenerosion

ero·tisch *Adjektiv* **1** ⟨eine Ausstrahlung, eine Frau, ein Mann, ein Buch, eine Darstellung, ein Film⟩ so, dass sie sexuell anregend wirken **2** ≈ sexuell ⟨ein Bedürfnis, ein Erlebnis⟩ || *hierzu* **Ero·tik** *die; -; nur Singular*

er·pres·sen; *erpresste, hat erpresst;* **jemanden (mit etwas) erpressen** jemanden dazu zwingen, einem viel Geld zu geben: *Er wurde mit Fotos erpresst, die seine Drogensucht zeigten* || *hierzu* **Er·pres·ser** *der; -s, -;* **Er·pres·se·rin** *die; -, -nen;* **Er·pres·sung** *die; -, -en*

er·pro·ben; *erprobte, hat erprobt;* **etwas erproben** testen, ob etwas tatsächlich so funktioniert, wie man es erwartet ≈ ausprobieren: *eine neue Methode, ein Verfahren erproben; die Wirkung eines Medikaments erproben* || *hierzu* **Er·pro·bung** *die; -, -en*

er·ra·ten; *errät, erriet, hat erraten;* **etwas erraten** etwas richtig vermuten ⟨jemandes Absichten, Gedanken, Gefühle erraten⟩: *Du hast es erraten!*

er·rech·nen; *errechnete, hat errechnet;* **etwas errechnen** etwas durch Rechnen als Ergebnis bekommen ≈ ermitteln, ausrechnen: *eine Entfernung, den Durchschnittspreis errechnen; Er hat errechnet, wann der Komet wieder an der Erde vorbeiziehen wird*

er·reg·bar *Adjektiv; nicht als Adverb;* ⟨ein Mensch⟩ so, dass er sehr schnell wütend, ärgerlich oder nervös wird

er·re·gen; *erregte, hat erregt* **1** **etwas erregt jemanden** etwas macht jemanden sehr wütend, nervös: *Er war so erregt, dass er zitterte* || Hinweis: *meist* im Zustandspassiv **2** **jemanden erregen** jemanden sexuell anregen **3** **jemand/etwas erregt etwas** jemand/etwas weckt eine starke (Gefühls)Reaktion ⟨jemand/etwas erregt Aufsehen, Mitleid⟩ || *hierzu* **Er·re·gung** *die; -, -en*

Er·re·ger *der; -s, -;* etwas, das zur Ursache einer Krankheit wird (*z.B.* ein Virus)

er·rei·chen [B1] *erreichte, hat erreicht* **1** **jemanden/etwas erreichen** bis an jemanden/etwas herankommen: *Wenn ich mich strecke, kann ich die Zimmerdecke erreichen* **2** **etwas erreichen** an einen Ort kommen: *In wenigen*

Minuten erreichen wir Hamburg **3** **etwas erreichen** in einen guten, positiven Zustand kommen ⟨ein hohes Alter, ein Ziel erreichen⟩ **4** **jemanden erreichen** jemanden am Telefon sprechen können: *Ich bin unter der Nummer 2186 zu erreichen* **5** **etwas (bei jemandem) erreichen** zum Ziel kommen: *Mit Vorwürfen erreichst du bei mir nichts*

er·rich·ten; *errichtete, hat errichtet* **1** **etwas errichten** etwas Großes bauen ⟨eine Brücke, ein Hochhaus, einen Staudamm errichten⟩ **2** **etwas errichten** etwas aufbauen (das man später wieder zerlegen kann) ⟨Tribünen, Zelte errichten⟩

er·rin·gen; *errang, hat errungen;* **etwas erringen** *förmlich;* etwas dadurch bekommen, dass man sich sehr anstrengt ≈ erlangen ⟨einen Erfolg, einen Sieg, jemandes Vertrauen erringen⟩

Er·run·gen·schaft *die; -, -en; förmlich;* ein Fortschritt oder eine große Leistung ⟨eine soziale, technische Errungenschaft⟩

Er·satz *der; -es; nur Singular;* eine Person oder Sache, die an die Stelle einer anderen tritt ⟨ein vollwertiger, schlechter Ersatz für jemanden/etwas; als Ersatz für jemanden einspringen⟩ || K- Ersatzreifen, Ersatzspieler

Er·satz·teil *das; -(e)s, -e;* etwas, das in einer Maschine ein kaputtes Bauteil ersetzt: *Für den alten Wagen waren keine Ersatzteile mehr zu bekommen* || K- Ersatzteillager

er·satz·wei·se *Adverb;* als Ersatz

er·schaf·fen; *erschuf, hat erschaffen;* **jemanden/etwas erschaffen** *förmlich;* jemanden/etwas ganz neu entstehen lassen: *Gott erschuf den Menschen*

er·schei·nen; *erschien, ist erschienen* **1** **jemand/etwas erscheint (irgendwo)** etwas wird irgendwo sichtbar, tritt auf: *Plötzlich erschien ein Flugzeug am Horizont; Er ist nicht zum Frühstück erschienen* **2** **etwas erscheint (irgendwo)** etwas wird gedruckt (und veröffentlicht) ⟨ein Buch; monatlich, regelmäßig erscheinen⟩ **3** **jemand/etwas erscheint (jemandem) irgendwie** jemand/etwas wirkt so und macht (auf jemanden) einen besonderen Eindruck: *Es erscheint (mir) merkwürdig, dass er noch nicht da ist*

Er·schei·nung *die; -, -en* **1** etwas, das man beobachten kann ⟨eine häufige, ungewöhnliche Erscheinung⟩ || K- Erscheinungsform || -K Alterserscheinung, Ermüdungserscheinung, Modeerscheinung **2** ein Gespenst, eine Vision *o.Ä.* (die als Mensch erscheint) ⟨eine Erscheinung haben⟩ **3** ≈ Veröffentlichung || K- Erscheinungsjahr, Erscheinungsort

Er·schei·nungs·bild *das; -(e)s, -er;* das Aussehen, das äußere Bild von jemandem/etwas ⟨sein Erscheinungsbild ändern⟩: *Das Erscheinungsbild der Landschaft hat sich stark gewandelt*

er·schie·ßen; *erschoss, hat erschossen;* **jemanden/ein Tier erschießen** jemanden/ein Tier durch einen Schuss töten

er·schlaf·fen; *erschlaffte, ist erschlafft;* **jemand/etwas erschlafft** jemand/etwas wird müde und hat keine Kraft, keine Energie mehr ⟨die Muskeln, der Wille, der Körper⟩

er·schla·gen[1]; *erschlug, hat erschlagen* **1** **jemanden (mit etwas) erschlagen** jemanden durch Schläge töten ≈ jemanden totschlagen **2** **etwas erschlägt jemanden** etwas fällt auf jemanden und tötet ihn: *von einem Felsen erschlagen werden* || Hinweis: *meist* im Passiv!

er·schla·gen[2] *Adjektiv; meist nach dem Substantiv; umg;* sehr müde und ohne Kraft (erschöpft) ⟨sich wie erschlagen fühlen⟩

er·schlei·chen; *erschlich, hat erschlichen;* (**sich** *(Dativ)*) **etwas erschleichen** *abwertend;* etwas dadurch bekommen, dass man andere täuscht (*z.B.* durch Betrug oder Schmeicheleien) ⟨(sich) eine Erbschaft, jemandes Vertrauen erschleichen⟩

er·schlie·ßen; *erschloss, hat erschlossen* **1** **etwas erschließen** etwas durch Arbeiten so vorbereiten, dass es genutzt werden kann ⟨Öl(vorräte); einen neuen Markt für ein Produkt erschließen⟩ **2** **etwas aus etwas erschließen** etwas aus Beobachtungen ableiten, schließen ⟨die Bedeutung eines Wortes aus dem Zusammenhang erschließen⟩ || *hierzu* **Er·schlie·ßung** *die; -, -en*

er·schöp·fen; *erschöpfte, hat erschöpft* **1** **etwas erschöpft jemanden** etwas strengt jemanden so an, dass seine (körperlichen oder geistigen) Kräfte ganz verbraucht sind ⟨völlig erschöpft sein⟩: *Die Strapazen der Reise hatten ihn erschöpft* **2** **etwas erschöpfen** etwas vollständig verbrauchen ⟨seine finanziellen Mittel, Reserven, Vorräte erschöpfen⟩ || ID **jemandes Geduld ist erschöpft** jemand hat keine Geduld mehr, jemand ist nicht mehr bereit, geduldig zu sein || *zu 1* **Er·schöp·fung** *die; -; nur Singular*

er·schöp·fend *Adjektiv;* so, dass dabei alle Fragen beantwortet werden ≈ vollständig ⟨eine Auskunft, eine Erklärung; ein Thema erschöpfend behandeln⟩

er·schos·sen *Adjektiv; umg;* sehr müde ⟨ganz erschossen sein⟩

er·schre·cken[1]; *erschrickt, erschrak, ist erschrocken;* **(vor jemandem/etwas) erschrecken** plötzlich Angst bekommen: *Er erschrickt vor Hunden, wenn sie bellen*

E

er·schre·cken[2]; *erschreckte, hat erschreckt;* **jemanden (irgendwie) erschrecken** bewirken, dass jemand Angst bekommt ⟨jemanden sehr, zu Tode erschrecken⟩

er·schüt·tern; *erschütterte, hat erschüttert* **1** **etwas erschüttert jemanden** etwas trifft jemanden so (stark), dass er tiefe Trauer fühlt: *Die Nachricht vom Tod seines Vaters hat ihn tief erschüttert* **2** **etwas erschüttert etwas** etwas bewirkt, dass sich etwas bewegt und schwankt: *Ein Erdbeben erschütterte das Haus* || *hierzu* **Er·schüt·te·rung** *die; -, -en*

er·schwe·ren; *erschwerte, hat erschwert;* **(jemandem) (durch etwas) etwas erschweren** etwas für jemanden schwieriger machen ↔ erleichtern: *Nach dem Erdbeben erschwerten Regenfälle die Rettungsarbeiten*

er·schwing·lich *Adjektiv;* nicht sehr teuer ⟨ein Preis⟩: *Ein eigenes Haus ist für uns nicht erschwinglich*

er·se·hen; *ersieht, ersah, hat ersehen; förmlich* **1** **etwas aus etwas ersehen** durch etwas eine Information gewinnen oder einen richtigen Schluss ziehen können: *Wie Sie aus Ihren Unterlagen ersehen, ist unser Umsatz stark gestiegen*

er·seh·nen; *ersehnte, hat ersehnt;* **(sich** *(Dativ)*) **jemanden/etwas ersehnen** *förmlich;* etwas intensiv wünschen ⟨etwas heiß, heimlich ersehnen; das ersehnte Ziel erreichen; sich einen Freund, ein Kind ersehnen⟩

er·set·zen B2 *ersetzte, hat ersetzt* **1** **(jemandem) jemanden/etwas ersetzen** an die Stelle einer Person/Sache treten, die nicht (mehr) da ist: *Niemand kann einem Kind die Mutter ersetzen* **2** **jemanden/etwas (durch jemanden/etwas) ersetzen** jemand anderen/etwas anderes mit der gleichen Funktion bringen: *einen alten Fernseher durch einen neuen ersetzen* **3** **(jemandem) etwas ersetzen** jemandem Geld für einen Schaden, einen Verlust *o.Ä.* geben: *Ich ersetze dir die kaputte Vase* || *hierzu* **er·setz·bar** *Adjektiv* || ▸ **Ersatz**

er·sicht·lich *Adjektiv;* ⟨ein Grund⟩ gut zu erkennen: *ohne ersichtlichen Grund*

er·spa·ren; *ersparte, hat erspart* **1** **(sich** *(Dativ)*) **etwas ersparen** (langsam) eine Summe Geld (an)sammeln: *Er lebt von seinem Ersparten* **2** **jemandem/sich etwas ersparen** verhindern, dass jemand/man selbst etwas Unangenehmes hat, erfährt ⟨sich/jemandem Ärger, Aufregung ersparen⟩ || ID *meist* **Mir bleibt aber auch nichts erspart!** *umg;* verwendet, um auszudrücken, dass einem viele unangenehme Dinge passieren

Er·spar·nis *die; -, -se;* **1** *meist Plural;* Geld, das man erspart hat ⟨Ersparnisse besitzen; von seinen Ersparnissen leben, zehren; jemanden um seine Ersparnisse bringen⟩ **2** *meist Singular;* etwas, das man nicht gebraucht hat: *Das neue Herstellungsverfahren ermöglicht uns eine Ersparnis von Kosten und Material* || -K **Arbeitsersparnis, Kostenersparnis, Materialersparnis, Platzersparnis, Zeitersparnis**

erst[1] A2 *Adverb;* **1** **erst (einmal)** verwendet, um sich auf das zu beziehen, was zeitlich am Anfang steht ≈ zuerst: *Überlege dir das erst (einmal) in aller Ruhe, bevor du eine so wichtige Entscheidung triffst* **2** später als erwartet ↔ schon: *Ich bin erst gegen Mittag aufgewacht* **3** vor nicht sehr langer Zeit: *Ich habe ihn erst kürzlich/erst gestern gesehen* **4** *meist* **es ist erst** + *Zeitangabe* verwendet, um auszudrücken, dass es noch relativ früh ist ↔ schon: *Bleib noch ein bisschen, es ist erst halb elf* **5** weniger als erwartet ↔ schon: *Ich habe diese Woche erst zwei Anrufe bekommen*

erst[2] A2 *Partikel; unbetont* verwendet, um eine Person, Aussage besonders hervorzuheben: *„Ich bin ziemlich nervös." – „Und ich erst!"*

ers·t-[1] *Zahladjektiv* **1** in einer Reihenfolge an der Stelle eins ≈ 1.: *ihr erstes Kind* **2** in einer Reihe oder Skala am Anfang: *im ersten Stock wohnen*

ers·t-[2] *Adjektiv; nur vor dem Substantiv, nicht als Adverb* **1** so, dass damit ein Vorgang beginnt: *bei jemandem die ersten grauen Haare entdecken* **2** so, dass es in Bezug auf Rang oder Qualität an der Spitze steht: *im Zug erster Klasse fahren*

er·star·ren; *erstarrte, ist erstarrt;* **1** **etwas erstarrt (zu etwas)** etwas wird starr, hart oder fest ⟨Gelatine, Lava, Zement *o.Ä.*⟩ **2** **(vor etwas** *(Dativ)*) **erstarren** nicht mehr handeln können, weil man große Angst hat, erschrickt *o.Ä.* ⟨vor Angst, Entsetzen, Schreck, in/vor Ehrfurcht erstarren⟩

er·stat·ten; *erstattete, hat erstattet* **1** **jemandem etwas erstatten** jemandem das Geld (zurück)geben, das er für einen Zweck ausgegeben hat ⟨jemandem alle Auslagen, Spesen, Unkosten erstatten⟩: *Die Fahrkosten werden Ihnen selbstverständlich erstattet* **2**

(**jemandem über etwas** (*Akkusativ*)) **Bericht/Meldung erstatten** *Verwaltung;* jemandem über etwas in sachlicher Form berichten **3** **(gegen jemanden) Anzeige erstatten** jemanden bei der Polizei anzeigen (2,3) || *hierzu* **Er·stạt·tung** *die; -, -en*

er·stau·nen; *erstaunte, hat erstaunt;* **etwas erstaunt jemanden** etwas ist so, dass sich jemand darüber wundert (und ins Staunen kommt): *Ihr großes Wissen über dieses schwierige Fachgebiet hat mich sehr erstaunt* || *hierzu* **Er·stau·nen** *das; -s; nur Singular;* **er·staun·lich** *Adjektiv*

er·staunt, *erstaunter, erstauntest-; Adjektiv;* **erstaunt sein (über jemanden/etwas)** sich über etwas wundern ≈ staunen

erst·bes·t- *Adjektiv; nur vor dem Substantiv, ohne Steigerung, nicht als Adverb, oft abwertend;* **der/die/das erstbeste** eine Person oder Sache, auf die man (zufällig) als Nächste trifft: *Wir gingen ins erstbeste Café*

Ers·te[1] A2 *der/die; -n, -n;* jemand, der bei einem (sportlichen) Wettbewerb der/die Beste ist: *als Erster durchs Ziel gehen*

Ers·te[2] A2 *der; nur Singular; in* **am/zum Ersten (des Monats)** am/zum ersten Tag eines Monats: *zum nächsten Ersten kündigen*

er·stẹ·chen; *ersticht, erstach, hat erstochen;* **jemanden erstechen** jemanden durch einen oder mehrere Stiche mit einem Messer *o.Ä.* töten

er·ste·hen; *erstand, hat erstanden;* **etwas erstehen** etwas kaufen: *Diesen Mantel habe ich ganz billig erstanden*

er·stei·gern; *ersteigerte, hat ersteigert;* **etwas ersteigern** etwas (auf einer Versteigerung *o.Ä.*) kaufen, indem man einen höheren Preis dafür bietet als andere Personen

er·stẹl·len; *erstellte, hat erstellt* **1** **etwas erstellen** *bes* einen Text oder einen Plan fertig machen ≈ ausarbeiten ⟨ein Gutachten, einen Kostenvoranschlag erstellen⟩ **2** **etwas erstellen** *Verwaltung;* etwas bauen ≈ errichten: *Sozialwohnungen erstellen*

ers·tens B1 *Adverb;* an erster Stelle, vor allem: *Ich komme nicht mit. Erstens ist mir der Weg zu weit und zweitens habe ich keine Lust* (*dazu*)

er·stị·cken; *erstickte, hat/ist erstickt* **1** **jemanden ersticken** (*hat*) verhindern, dass jemand noch atmen kann, und ihm so das Leben nehmen **2** **etwas ersticken** (*hat*) ein Feuer löschen (nicht mit Wasser): *die Flammen mit Sand, mit einer nassen Decke ersticken* **3** (**an etwas** (*Dativ*)) **ersticken** (*ist*) sterben, weil man nicht genug Luft zum Atmen bekommt: *Er ist an einem Hühnerknochen erstickt*

erst·klas·sig *Adjektiv; ohne Steigerung;* ganz besonders gut ≈ ausgezeichnet: *erstklassige Leistungen*

Erst·kläss·ler *der; -s, -;* ein Kind, das im ersten Schuljahr ist || *hierzu* **Erst·kläss·le·rin** *die; -, -nen*

Erst·kom·mu·ni·on *die; -; nur Singular; katholische Religion;* die Feier (in der katholischen Kirche), bei der ein Kind (mit ca. neun Jahren) zum ersten Mal zur Kommunion geht

erst·mals *Adverb;* zum ersten Mal: *Die Stadt wurde erstmals im 13. Jahrhundert erwähnt*

er·strẹ·cken, sich; *erstreckte sich, hat sich erstreckt* **1** **etwas erstreckt sich (von etwas) bis zu etwas** etwas reicht von einem Punkt, Gebiet bis zu einem anderen: *Die Alpen erstrecken sich im Osten bis zur ungarischen Tiefebene* **2** **etwas erstreckt sich über/auf etwas** (*Akkusativ*) etwas dauert längere Zeit: *Die medizinischen Versuche erstreckten sich über acht Jahre* **3** **etwas erstreckt sich auf jemanden/etwas** etwas bezieht jemanden/etwas mit ein: *Das neue Gesetz erstreckt sich auf alle Angestellten*

er·tạp·pen; *ertappte, hat ertappt* **1** **jemanden (bei etwas) ertappen** bemerken, wie jemand (heimlich) etwas Verbotenes oder Unrechtes tut ≈ überraschen ⟨jemanden beim Lügen, Stehlen ertappen; jemanden auf frischer Tat ertappen⟩ **2** **sich bei etwas ertappen** plötzlich bemerken, dass man etwas denkt oder tut, das man sonst (wenn man darüber nachdenkt) ablehnt

er·tei·len; *erteilte, hat erteilt;* **(jemandem) etwas erteilen** *förmlich;* verwendet zusammen mit einem Substantiv, um ein Verb zu umschreiben ≈ jemandem etwas geben; **(jemandem) einen Auftrag erteilen** ≈ jemanden mit etwas beauftragen; **(jemandem) einen Befehl erteilen** ≈ jemandem etwas befehlen; **jemandem eine Erlaubnis erteilen** ≈ jemandem etwas erlauben; **jemandem einen Rat erteilen** ≈ jemandem etwas raten; **jemandem Unterricht erteilen** ≈ jemanden unterrichten

Er·trag *der; -(e)s, Er·trä·ge; meist Plural; förmlich* **1** die Produkte, die (*bes* in der Landwirtschaft) in einer bestimmten Zeit erzeugt wurden ⟨geringe, hohe, reiche Erträge erzielen, bringen⟩ || -K Bodenertrag, Ernteertrag **2** der finanzielle Gewinn, den jemand mit Geschäften macht ⟨Ertrag abwerfen; von den Erträgen leben können⟩: *Sein Unternehmen wirft gute*

Erträge ab || K Ertragsminderung, Ertragssteigerung || -K Nettoertrag, Reinertrag || *hierzu* **er·trag·reich** *Adjektiv*

er·tra·gen; *erträgt, ertrug, hat ertragen*; **etwas ertragen** etwas (*meist* Unangenehmes) akzeptieren ⟨sein Schicksal ertragen; Kälte, Schmerzen, eine Krankheit ertragen (müssen)⟩ || *hierzu* **er·träg·lich** *Adjektiv*

E

er·trän·ken; *ertränkte, hat ertränkt*; **jemanden/ein Tier ertränken** einen Menschen oder ein Tier so lange unter Wasser halten, bis er/es tot ist

er·träu·men; *erträumte, hat erträumt*; (**sich** (*Dativ*)) **jemanden/etwas erträumen** sich vorstellen, dass man das bekommt, was man sich schon lange gewünscht hat: *Sie war genau die Frau, die er sich erträumt hatte* || Hinweis: *meist* im Perfekt oder Plusquamperfekt

er·trin·ken; *ertrank, ist ertrunken*; sterben, weil man zu lange unter Wasser war: *jemanden vor dem Ertrinken retten*

er·üb·ri·gen; *erübrigte, hat erübrigt* **1** **etwas (für jemanden) erübrigen (können)** etwas für jemanden übrig, zur Verfügung haben: *Könntest du vielleicht fünf Minuten, ein paar Euro für mich erübrigen?* **2** **etwas erübrigt sich** etwas ist nicht (mehr) notwendig: *Es erübrigt sich, darüber noch weiter zu sprechen*

er·wa·chen; *erwachte, ist erwacht; förmlich* **1** **(aus etwas) erwachen** nach dem Schlaf wach werden: *aus der Narkose erwachen* **2** **etwas erwacht (in jemandem)** etwas entsteht in jemandem ⟨Misstrauen, Interesse⟩

er·wach·sen [-ks-] *Adjektiv*; kein Kind oder Jugendlicher mehr ≈ volljährig: *Er hat zwei erwachsene Töchter*

Er·wach·se·ne B1 *der/die*; *-n, -n*; ein Mensch, der alt genug ist, um über sich selbst zu bestimmen || K Erwachsenenbildung

Er·wä·gung *die*; *-, -en*; *förmlich* **1** eine Überlegung, bei der man die Konsequenzen einer Sache prüft: *etwas aus finanziellen, gesundheitlichen Erwägungen tun* **2** **etwas in Erwägung ziehen** über etwas als Möglichkeit nachdenken

er·wäh·nen; *erwähnte, hat erwähnt*; **jemanden/etwas erwähnen** jemanden/etwas kurz nennen ⟨jemanden/etwas lobend, namentlich erwähnen⟩: *Er erwähnte nur nebenbei, dass er sie geküsst hatte* || K erwähnenswert || *hierzu* **Er·wäh·nung** *die*; *-, -en*

er·wär·men; *erwärmte, hat erwärmt* **1** **etwas erwärmt etwas** etwas macht etwas warm ↔ etwas kühlt etwas ab: *Der Boiler erwärmt das Wasser auf 80°C* **2** **jemanden für jemanden/etwas erwärmen** erreichen, dass sich jemand für etwas interessiert: *Ich konnte ihn für meine Pläne nicht erwärmen* **3** **etwas erwärmt sich** etwas wird (allmählich) warm ↔ etwas kühlt sich ab: *Die Luft hat sich im Laufe des Tages von 5°C auf 20°C erwärmt* || *zu* 1 und 3 **Er·wär·mung** *die*; *-, -en*; *meist Singular*

er·war·ten B1 *erwartete, hat erwartet* **1** **jemanden/etwas erwarten** darauf hoffen und warten, dass sich etwas ereignet ⟨jemanden/etwas sehnsüchtig, ungeduldig erwarten⟩: *Sie erwartete ihn an der verabredeten Stelle im Park* **2** **etwas erwarten** etwas für sehr wahrscheinlich halten ≈ mit etwas rechnen: *Ich habe erwartet, dass unsere Mannschaft verliert*

Er·war·tung *die*; *-, -en* **1** *meist Plural*; das, worauf jemand hofft ⟨große Erwartungen in jemanden/etwas setzen; jemandes Erwartungen erfüllen, enttäuschen⟩: *Der neue Trainer hat die in ihn gesetzten Erwartungen voll und ganz erfüllt* **2** *meist Singular*; der Zustand, in dem man (dringend) auf etwas wartet: *voller Erwartung sein* || *zu* 1 **er·war·tungs·ge·mäß** *Adjektiv*; *zu* 2 **er·war·tungs·voll** *Adjektiv*

er·wei·chen; *erweichte, hat erweicht*; **jemanden erweichen** jemanden durch Bitten oder Weinen dazu bringen, dass er Mitleid bekommt (und einem Wunsch nachgibt) ⟨sich (nicht) erweichen lassen; jemanden nicht erweichen können⟩

er·wei·sen; *erwies, hat erwiesen*; *förmlich* **1** **jemandem einen Gefallen erweisen** etwas tun, was jemand gern möchte **2** **sich als jemand/etwas/irgendwie erweisen** seine wahre Eigenschaft zeigen: *Die Klärung des Mordfalles hat sich als schwierig erwiesen*

er·wei·tern; *erweiterte, hat erweitert* **1** **etwas erweitern** etwas größer oder weiter machen: *eine Einfahrt, einen Flughafen erweitern* **2** **etwas erweitern** sein Wissen ergänzen ⟨seine Kenntnisse, seinen Horizont erweitern⟩ **3** **etwas erweitert sich** etwas wird größer: *Die Stadt erweitert sich nach Norden* || *hierzu* **Er·wei·te·rung** *die*; *-, -en*

Er·werb *der*; *-(e)s*; *nur Singular*; das Erwerben: *der Erwerb eines Grundstücks; der Erwerb von Fähigkeiten, Wissen*

er·wer·ben; *erwirbt, erwarb, hat erworben*; *förmlich* **1** **etwas erwerben** *meist* wertvolle, teure Dinge kaufen: *ein Grundstück erwerben* **2** (**sich** (*Dativ*)) **etwas erwerben** etwas durch Arbeit und Fleiß bekommen oder erreichen ≈ etwas erlangen: *ein großes Vermögen er-*

werben || K- Erwerbszweig

er·wẹrbs·los *Adjektiv; nicht als Adverb; Verwaltung;* ohne Arbeit(sstelle) ≈ arbeitslos || *hierzu* **Er·wẹrbs·lo·se** *der/die; -n, -n;* **Er·wẹrbs·lo·sig·keit** *die; -; nur Singular*

er·wẹrbs·tä·tig *Adjektiv; Verwaltung;* im Beruf ≈ beschäftigt || *hierzu* **Er·wẹrbs·tä·ti·ge** *der/die; -n, -n;* **Er·wẹrbs·tä·tig·keit** *die; -, -en; meist Singular*

er·wẹrbs·un·fä·hig *Adjektiv; nicht als Adverb; Verwaltung;* wegen einer Krankheit oder wegen des Alters nicht fähig, einen Beruf auszuüben || *hierzu* **Er·wẹrbs·un·fä·hig·keit** *die; -; nur Singular*

er·wi̱·dern; *erwiderte, hat erwidert* **1** **(jemandem) etwas (auf etwas** (*Akkusativ*)**) erwidern** jemandem eine Antwort (auf etwas) geben ≈ antworten: *Ich wusste nicht, was ich ihm auf seinen Vorwurf erwidern sollte* **2** **etwas erwidern** als Antwort oder Reaktion auf etwas das Gleiche tun ⟨jemandes Gefühle, einen Gruß, einen Besuch, einen Blick erwidern⟩ || *hierzu* **Er·wi̱·de·rung** *die; -, -en*

er·wi̱e·sen *Adjektiv; nicht als Adverb;* durch Beispiele, Beweise als wahr, echt oder richtig bekannt: *wegen erwiesener Unschuld freigesprochen werden* || *hierzu* **er·wi̱e·se·ner·ma̱·ßen** *Adverb*

er·wịꞏschen; *erwischte, hat erwischt; umg* **1** **jemanden/etwas erwischen** jemanden/etwas im letzten Moment noch erreichen: *den Bus in letzter Sekunde noch erwischen* **2** **jemanden erwischen** jemanden, der etwas Verbotenes getan hat, fangen **3** **jemanden (bei etwas) erwischen** sehen oder beobachten, wie jemand etwas Verbotenes tut || ID **jemanden hat es erwischt** *umg;* **a** jemand hat sich verliebt; **b** jemand ist krank geworden, verletzt worden oder gestorben: *Mich hat es Gott sei Dank noch nicht erwischt*

er·wụ̈nscht, *erwünschter, erwünschtest-; Adjektiv; nicht als Adverb* **1** so, wie man es sich gewünscht hat: *Die Untersuchung brachte das erwünschte Resultat* **2** bei jemandem oder an einem Ort gern gesehen ≈ willkommen

er·wụ̈r·gen; *erwürgte, hat erwürgt;* **jemanden erwürgen** jemanden töten, indem man ihm den Hals zudrückt ≈ erdrosseln

ẹrz-, Ẹrz- *im Adjektiv und im Substantiv* **1** verwendet, um einen sehr hohen Rang (in einer Hierarchie) zu bezeichnen; der **Erzbischof**, das **Erzbistum**, die **Erzdiözese**, der **Erzengel**, der **Erzherzog** **2** *abwertend;* verwendet, um eine Person, eine Eigenschaft als sehr negativ zu charakterisieren; der **Erzfeind**, der **Erzgauner**; **erzdumm, erzfaul, erzkonservativ, erzreaktionär**

E̱rz, Ẹrz *das; -es, -e;* ein Mineral, das Metall enthält ⟨Erz abbauen, gewinnen⟩ || K- Erzader, Erzbergwerk || -K Eisenerz

erzä̱h·len A2 *erzählte, hat erzählt* **1** **(jemandem) etwas erzählen; (etwas) erzählen** zu jemandem sprechen und ihm ein Erlebnis oder eine Geschichte mitteilen ⟨(jemandem) ein Märchen erzählen; Witze erzählen⟩: *Seine Großmutter kann ganz spannend erzählen* || K- Erzählkunst, Erzählweise **2** **(jemandem) etwas (von jemandem/etwas) erzählen; (jemandem) etwas (über jemanden/etwas) erzählen** ≈ berichten ⟨eine Neuigkeit, ein Erlebnis erzählen⟩: *Sie hat uns erzählt, dass ihr Mann schwer erkrankt ist* || *zu* **1** **Er·zä̱h·ler** *der; -s, -;* **Er·zä̱h·le·rin** *die; -, -nen*

Er·zä̱h·lung *die; -, -en* **1** das Erzählen (1) ⟨jemandes Erzählung lauschen, zuhören; jemanden in seiner Erzählung unterbrechen⟩ **2** eine relativ kurze (Prosa)Geschichte ⟨eine spannende, realistische Erzählung⟩

er·zeu̱·gen; *erzeugte, hat erzeugt* **1** **etwas erzeugen** bewirken, dass etwas entsteht: *Der Autor weiß viel Spannung zu erzeugen* **2** **etwas erzeugen** ≈ produzieren (1): *landwirtschaftliche Produkte, Strom erzeugen* || *hierzu* **Er·zeu̱·gung** *die; -, -en; meist Singular*

Er·zeu̱·ger *der; -s, -;* jemand, der ein (*meist* landwirtschaftliches) Produkt erzeugt (2): *Die Eier direkt beim Erzeuger holen* || K- Erzeugerland, Erzeugerpreis

Er·zeu̱g·nis *das; -ses, -se;* etwas, das erzeugt worden ist ≈ Produkt, Ware ⟨ein landwirtschaftliches, industrielles, technisches, literarisches Erzeugnis⟩

er·zi̱e·hen; *erzog, hat erzogen;* **jemanden (zu etwas) erziehen** jemanden, *meist* ein Kind, in seiner geistigen und charakterlichen Entwicklung formen ⟨jemanden streng, zur Selbstständigkeit erziehen⟩

Er·zi̱e·her *der; -s, -;* **1** jemand, der Kinder erzieht: *Viele Eltern fühlen sich als Erzieher hilflos* **2** jemand, dessen Beruf es ist, *bes* im Kindergarten oder in einem Heim Kinder zu erziehen || *hierzu* **Er·zi̱e·he·rin** *die; -, -nen*

Er·zi̱e·hung *die; -; nur Singular* **1** alle Maßnahmen, mit denen man jemanden, *meist* ein Kind formt, erzieht ⟨eine autoritäre, liebevolle, strenge Erziehung⟩: *Bei der Großmutter hat sie eine sehr gute Erziehung bekommen* || K- Erziehungsfehler, Erziehungsmethode **2** gutes Benehmen als Folge der Erziehung (1): *Ihr fehlt jede Erziehung*

er·zie·hungs·be·rech·tigt *Adjektiv; nicht als Adverb; Verwaltung;* ⟨eine Person⟩ mit dem Recht (und der Verantwortung), ein Kind oder einen Jugendlichen zu erziehen || *hierzu* **Er·zie·hungs·be·rech·tig·te** *der/die; -n, -n*

Er·zie·hungs·geld *das; -(e)s; nur Singular;* Ⓓ *historisch;* das Geld, das eine Frau (oder ein Mann) nach der Geburt eines Kindes vom Staat bekommt, um in dieser Zeit für das Kind sorgen zu können, ohne zur Arbeit gehen zu müssen

er·zie·len; *erzielte, hat erzielt;* **etwas erzielen** etwas als Ziel erreichen ⟨einen Erfolg, einen Gewinn erzielen⟩

er·zo·gen *Adjektiv;* **irgendwie erzogen** (aufgrund der Erziehung) mit guten, schlechten Manieren und Verhaltensweisen: *ein frecher und schlecht erzogener Junge*

er·zwin·gen; *erzwang, hat erzwungen;* **etwas erzwingen** etwas durch Druck, mit Gewalt erreichen ⟨eine Entscheidung, ein Geständnis erzwingen; sich (*Dativ*) Zutritt zu etwas erzwingen⟩

es¹ [A1] *Personalpronomen der 3. Person Singular* **1** verwendet, um ein sächliches Substantiv zu ersetzen: *Das Baby weint. Nimm es doch auf den Arm!; Das Auto war schon alt, da habe ich es verkauft* || ↑ Anhang Seite 1066: **Personalpronomen** **2** verwendet als demonstratives Pronomen anstelle von *er* oder *sie*: *Da kommt jemand. Es ist Herr Meyer; Ich kenne sie alle - es sind Schüler aus meiner Klasse* **3** verwendet, um sich auf den Inhalt eines ganzen Satzes zu beziehen: *Er hat sein Versprechen nicht gehalten. - Ich habe es nicht anders erwartet.*

es² [A1] *unpersönliches Pronomen* **1** verwendet als formales (inhaltsleeres) Subjekt von manchen Verben: *Es geht ihr gut; Es kommt auf das Wetter an; Es ist schon Nacht; Es wird kalt; Es regnet/schneit/blitzt* **2** verwendet als formales, inhaltsleeres Objekt in einzelnen Wendungen: *Ich habe es eilig* (= Ich bin in Eile); *Er meint es nur gut mit dir* (= Er will nur das Beste für dich): *Ich nehme es an* **3** verwendet als Stellvertreter für ein Substantiv, ein Pronomen oder einen Nebensatz: *Es ist etwas Schlimmes passiert* (= etwas Schlimmes ist passiert); *Mir fällt es schwer, Nein zu sagen* (= Nein zu sagen, fällt mir schwer)

Esche *die; -, -n;* ein (Laub)Baum, dessen Holz *bes* zur Herstellung von Möbeln verwendet wird || [K-] Eschenholz

Esel *der; -s, -;* **1** ein Tier mit *oft* grauem Fell und langen Ohren, das einem kleinen Pferd ähnlich ist ⟨einen Esel bepacken⟩ **2** *salopp;* verwendet als Schimpfwort ≈ Dummkopf || *zu* 1 **Ese·lin** *die; -, -nen*

es·ka·lie·ren; *eskalierte, ist eskaliert;* **etwas eskaliert** *förmlich;* etwas weitet sich aus und wird immer stärker ⟨ein Konflikt, ein Streit⟩

Es·pe *die; -, -n;* ein (Laub)Baum mit relativ kleinen und zarten Blättern ≈ Zitterpappel

Es·pres·so *der; -(s), -(s)* ein starker Kaffee, der in einer Maschine gemacht wird, die heißen Dampf durch das (Kaffee)Pulver drückt: *Zwei Espresso, bitte!*

ess·bar *Adjektiv; nicht als Adverb;* ⟨Beeren, Früchte, Pilze⟩ so, dass man sie essen kann (ohne krank zu werden)

Ess·ecke *die; -, -n;* ein Teil eines Zimmers mit einem Tisch, an dem man isst

es·sen [A1] *isst, aß, hat gegessen* **1** **(etwas) essen** in den Mund nehmen (kauen) und schlucken: *Isst du gerne Kartoffeln?; Iss nicht so hastig!* || [K-] Essbesteck, Essgewohnheiten, Esstisch, Esszimmer || Hinweis: Menschen *essen*, Tiere *fressen* **2** **(etwas) essen gehen** in ein Lokal gehen, um dort zu essen **3** **zu Mittag/zu Abend essen** die Mahlzeit am Mittag oder Abend zu sich nehmen **4** **sich satt essen** so lange essen, bis man satt ist || *zu* 1 **Es·ser** *der; -s, -;* **Es·se·rin** *die; -, -nen*

Es·sen [A1] *das; -s, -;* **1** *nur Singular;* der Vorgang, bei dem man Nahrung zu sich nimmt: *Essen ist lebensnotwendig* **2** zubereitete Nahrung, die man zu einer bestimmten Tageszeit zu sich nimmt ≈ Mahlzeit ⟨ein warmes, kaltes Essen; das/ein Essen kochen, servieren; jemanden zum Essen einladen; zum Essen (aus)gehen⟩: *Das Essen steht auf dem Tisch* || [-K] Abendessen, Mittagessen **3** ein großes, festliches Essen (2), zu dem besondere Gäste eingeladen werden ⟨ein Essen geben⟩ **4** *nur Singular;* alles, was man essen kann ≈ Nahrung: *Vollkornbrot ist gesundes Essen*

Die Essenszeiten

Die Zeiten für das Mittagessen liegen normalerweise zwischen 12 Uhr und 13:30 Uhr, die für das Abendessen zwischen 18 Uhr und 20 Uhr, in Restaurants auch später.
Es ist wichtig, sich an diese Zeiten zu halten, wenn man in ein Lokal zum Essen geht, da die Küche vor allem mittags oft ab einer bestimmten Uhrzeit geschlossen wird.

LANDESKUNDE

Es·senz *die; -, -en* **1** *meist Plural;* ≈ Extrakt || [-K]

Essigessenz, Rosenessenz **2** *förmlich*; der wichtigste (zentrale) Inhalt einer Lehre, eines Textes *o.Ä.* || *zu* 2 **es·sen·zi·ell, es·sen·ti·ell** *Adjektiv*

Es·sig A2 *der; -s; nur Singular*; eine saure Flüssigkeit, mit der man *z.B.* Salate würzt ⟨etwas in Essig einlegen⟩: *einen Salat mit Essig und Öl anmachen* || K- Essiggurke || -K Apfelessig, Weinessig

Ess·löf·fel *der; -s, -*; der große Löffel, mit dem man *z.B.* Suppe isst ↔ Teelöffel

Est·rich *der; -s, -e* **1** der harte Boden (aus Zement oder Asphalt) in einem Raum, auf den dann der Teppich, das Parkett *usw* gelegt wird **2** ⒸⒽ ≈ Dachboden

etab·liert, *Adjektiv; etablierter, etablierteste-; förmlich*; mit einem guten, sicheren Platz in einer (gesellschaftlichen) Ordnung

Eta·ge [-ʒə] *die; -, -n; förmlich* ≈ Stockwerk: *in der obersten Etage wohnen* || K- Etagenheizung, Etagenwohnung

Etap·pe *die; -, -n* **1** ein Abschnitt oder Teil einer Strecke: *die dritte Etappe der Tour de France* || K- Etappensieger, Etappenziel **2** ein Abschnitt in einer Entwicklung ≈ Entwicklungsstufe ⟨mehrere Etappen durchlaufen⟩ || *hierzu* **etap·pen·wei·se** *Adverb*

Etat [e'ta:] *der; -s, -s* **1** *Politik, Wirtschaft*; ein Plan für die Ausgaben und Einnahmen eines Staates, einer Gemeinde *o.Ä.* ≈ Haushaltsplan ⟨den Etat aufstellen, beraten, kürzen⟩: *Zusätzliche Mittel für den Hochschulbau sind im Etat nicht vorgesehen* **2** *Politik, Wirtschaft*; das Geld, das ein Staat, eine Gemeinde *o.Ä.* ausgeben kann ≈ Haushalt, Budget

etc. *Abkürzung für* et cetera, und so weiter ≈ usw.

Ethik *die; -, -en; meist Singular* **1** die Regeln und Grundsätze, nach denen die Menschen handeln sollen, damit sie gut miteinander umgehen **2** die Lehre und Begründung der Ethik (1) || *hierzu* **ethisch** *Adjektiv*

eth·nisch *Adjektiv; nur vor dem Substantiv oder als Adverb*; ⟨eine Gruppe, eine Minderheit⟩ durch eine besondere Herkunft, durch eine eigene Kultur bestimmt

Eti·kett *das; -(e)s, -en/-s*; ein kleines Schild an Waren (auf dem der Name und manche Eigenschaften stehen) || -K Firmenetikett, Preisetikett; Flaschenetikett, Wäscheetikett

Eti·ket·ten·schwin·del *der; -s, -*; eine Täuschung, bei der der wahre Inhalt von etwas (*z.B.* durch falsche Darstellung) verhüllt wird

et·li·ch- *Indefinitpronomen*; bezeichnet eine nicht genau bestimmte (aber relativ große) Menge oder Anzahl ≈ einig-: *Das war schon etliche Jahre her*

Etui [ɛt'vi:, e'tyi:] *das; -s, -s*; ein kleiner Behälter aus Leder, Metall oder Kunststoff, in dem man *bes* eine Brille aufbewahren kann || -K Brillenetui, Zigarettenetui

et·wa[1] B2 *Adverb* **1** verwendet, wenn eine Größe, Menge, Zeit oder ein Ort nicht genau bestimmt ist oder werden soll ≈ ungefähr ↔ genau: *Um fünf Uhr etwa/Etwa um fünf Uhr können wir uns treffen* **2** **(so/wie) etwa** drückt aus, dass jemand/etwas als Beispiel genannt wird: *Viele amerikanische Künstler, wie etwa Hemingway, lebten lange in Paris*

et·wa[2] B2 *Partikel; unbetont*; verwendet in Fragesätzen, wenn man etwas vermutet oder erwartet (das beunruhigt, überrascht): *Du bist doch nicht etwa krank?*

et·wa·i·g- ['ɛtvaɪg-, ɛt'va:ɪg-] *Adjektiv; nur vor dem Substantiv, nicht als Adverb*; als Möglichkeit vorhanden ≈ eventuell: *Etwaige Zweifel können in einer Diskussion beseitigt werden*

et·was A1 *Indefinitpronomen* **1** verwendet für eine Sache, die nicht näher bestimmt ist: *Ich würde dir gern etwas schenken* **2** verwendet vor einem Adjektiv (das als Substantiv verwendet wird) oder vor einem Pronomen, um das zu bezeichnen, worauf es sich bezieht *Heute wollen wir etwas Neues lernen; Morgen beschäftigen wir uns mit etwas anderem* **3** ≈ ein bisschen: *Wir sind etwas früher als erwartet angekommen; Ich bin noch etwas müde; Möchtest du etwas Suppe?* || ID **etwas gegen jemanden haben** *umg*; jemanden nicht mögen: *Ich glaube, sie hat etwas gegen mich*

EU [e:'u:] *die; -; nur Singular*; (*Abkürzung für* Europäische Union) ein Bündnis von europäischen Staaten, die in allen politischen Bereichen eng zusammenarbeiten

euch[1] A2 *Personalpronomen der 2. Person Plural (ihr), Akkusativ und Dativ*: *Sie hat euch geholfen*; ↑ Anhang Seite 1066: **Personalpronomen**

euch[2] A2 *Reflexivpronomen der 2. Person Plural (ihr), Akkusativ und Dativ*: *Schämt ihr euch nicht?*; ↑ Anhang Seite 1070: **Reflexivpronomen**

euch[3] A2 *reziprokes Pronomen der 2. Person Plural (ihr), Akkusativ und Dativ*: *Ihr liebt euch doch*; ↑ Anhang Seite 1070: **Reflexivpronomen**

eu·er[1] A1 ['ɔyɐ] *Personalpronomen der 2. Person Plural (ihr), Genitiv*: *Sie erinnert sich euer*; ↑ Anhang Seite 1066: **Personalpronomen**

eu·er[2] A1 ['ɔyɐ] *Possessivpronomen der 2. Person*

Plural (ihr): *Ist das euer Hund?*; ↑ Anhang Seite 1067: **Possessivpronomen**

Eu·le *die; -, -n;* ein (Nacht)Vogel mit großen runden Augen und einem kurzen krummen Schnabel, der in Wäldern lebt, bei Nacht Mäuse und andere kleine Tiere jagt und als Symbol der Weisheit dient || ID **Eulen nach Athen tragen** etwas sagen, was schon alle wissen, oder etwas neu beginnen wollen, was schon ganz üblich ist

E

Eu·pho·rie [ɔyfo'riː] *die; -, -n* [-'riːən]; *meist Singular; förmlich;* ein Gefühl höchsten Glücks ↔ Depression ⟨etwas löst (eine) Euphorie aus; in (eine) Euphorie geraten⟩ || *hierzu* **eu·pho·risch** *Adjektiv*

eu·r- *Possessivpronomen der 2. Person Plural (ihr)*: *Hier ist unser Hotelzimmer und daneben eures* || ▸ **mein-**

eu·rer·seits *Adverb;* was euch betrifft ≈ von euch aus: *Habt ihr eurerseits etwas dagegen?*

eu·res·glei·chen *Pronomen; indeklinabel; oft abwertend;* Leute wie ihr: *Ich kenne euch und euresgleichen!*; *Hier seid ihr unter euresgleichen!*

eu·ret·we·gen *Adverb;* aus einem Grund, der euch betrifft: *Ich habe mir euretwegen Sorgen gemacht*

Eu·ro A1 *der; -(s), -(s);* die Bezeichnung für die gemeinsame Währung vieler Staaten der Europäischen Union (seit 1999): *Ein Euro hat 100 Cent*

Eu·ro·pa A2 *(das); -s; nur Singular;* der Kontinent, der von Portugal (im Westen) bis zum Ural (im Osten) und von Norwegen (im Norden) bis Italien (im Süden) reicht || K- Europacup, Europapokal, Europapolitik || -K Mitteleuropa, Nordeuropa, Osteuropa, Südeuropa, Westeuropa

Eu·ro·pä·er *der; -s, -;* jemand, der in Europa geboren ist und lebt || -K Mitteleuropäer, Nordeuropäer, Osteuropäer, Südeuropäer, Westeuropäer || *hierzu* **Eu·ro·pä·e·rin** *die; -, -nen*

eu·ro·pä·isch B1 *Adjektiv* **1** Europa betreffend ⟨europäische Interessen, Politik⟩ **2** **die Europäische Union** ↑ **EU**

Eu·ro·pa·meis·ter·schaft *die; -, -en; Sport;* ein Wettkampf, in dem die besten Sportler oder die beste Mannschaft Europas (in einer Sportart) bestimmt werden ⟨die Europameisterschaft gewinnen⟩: *Die Europameisterschaften im Schwimmen werden dieses Jahr in Köln ausgetragen* || -K Fußballeuropameisterschaft, Handballeuropameisterschaft || *hierzu* **Eu·ro·pa·meis·ter** *der; -s, -;* **Eu·ro·pa·meis·te·rin** *die; -, -nen*

Eu·ro·pa·par·la·ment *das; -(e)s; nur Singular;* das gemeinsame Parlament der Staaten in Europa (die zur Europäischen Union gehören)

Eu·ter *das; -s, -;* das Organ, in dem weibliche (Säuge)Tiere wie Kühe, Schafe und Ziegen ihre Milch haben ⟨ein pralles, volles Euter⟩

eva·ku·ie·ren [eva-]; *evakuierte, hat evakuiert* **1** **jemanden (aus etwas) evakuieren** jemanden aus einem Haus, Gebiet *o.Ä.* holen und ihn an einen Ort bringen, wo er (vor einem Krieg, einer Katastrophe *o.Ä.*) sicher ist ⟨die Bevölkerung, die Bewohner evakuieren⟩ **2** **etwas evakuieren** alle Bewohner des genannten Orts, Gebiets *o.Ä.* evakuieren (1) ⟨ein Haus, ein Gebäude, ein Gebiet, eine Stadt⟩ || *hierzu* **Eva·ku·ie·rung** *die*

evan·ge·lisch [evaŋ'geː-] *Adjektiv;* zu der (protestantischen) Kirche (Luthers) gehörig; *Abkürzung* ev. ⟨ein Pfarrer; evangelisch sein⟩

Evan·ge·li·um [evaŋ'geːli̯ʊm] *das; -s, Evan·ge·li·en* **1** *nur Singular;* die Lehre, nach der Jesus Christus die Menschen vom Tode erlöst hat ⟨das Evangelium verkünden, predigen⟩ **2** eines der vier Bücher (des Neuen Testaments) über das Leben Jesu: *das Evangelium des Lukas*

even·tu·ell [evɛn'tu̯ɛl] *Adjektiv* **1** *nur vor dem Substantiv, nicht als Adverb;* unter Umständen möglich ⟨ein Notfall; Probleme⟩ **2** *nur als Adverb* ≈ vielleicht; *Abkürzung* evtl.: *Eventuell fahre ich diesen Sommer nach Italien*

Evo·lu·ti·on [evolu'tsi̯oːn] *die; -, -en; Biologie;* die ganze Entwicklung der Tiere und Pflanzen in ihrer Geschichte: *Darwin formulierte als Erster die Theorie der Evolution*

E-Werk *das; -(e)s, -e; Abkürzung für* **Elektrizitätswerk**

ewig *Adjektiv* **1** ohne Anfang und ohne Ende in der Zeit: *der ewige Kreislauf der Natur* **2** so, dass es immer stabil bleibt ⟨jemandem ewige Liebe, Freundschaft, Treue schwören⟩ **3** *nur als Adverb; umg;* sehr lange (Zeit): *Ich habe dich schon ewig nicht mehr gesehen!*

Ewig·keit *die; -, -en* **1** *nur Singular; förmlich;* eine Zeit ohne Ende ↔ Vergänglichkeit: *die Ewigkeit Gottes* **2** *umg;* eine Zeit, die viel zu lange dauert: *Wir haben uns ja seit einer Ewigkeit nicht mehr gesehen!*

Ex- ['ɛks-] *im Substantiv;* verwendet vor Substantiven, die ein Amt, einen Titel, eine Rolle *o.Ä.* bezeichnen, wenn diese Bezeichnung nicht mehr gilt oder zutrifft; der **Exkanzler**, der **Exminister**, der **Expräsident**, der **Exweltmeister**; jemandes **Exfrau**, jemandes **Exfreund**, jemandes **Exmann**

exakt, *exakter, exaktest-; Adjektiv* **1** ganz genau ≈ präzise ↔ ungenau ⟨ein Ausdruck, eine Formulierung⟩ **2** sehr gründlich ⟨eine Arbeit, ein Arbeiter; etwas exakt ausführen⟩ || *hierzu* **Exakt·heit** *die; -; nur Singular*

Exa·men B1 *das; -s, -/Exa·mi·na;* die Prüfung am Ende eines Studiums, einer (Schul)Ausbildung ⟨ein/sein Examen machen, ablegen, bestehen, wiederholen; durch ein Examen fallen⟩ || -K Abschlussexamen; Doktorexamen, Staatsexamen

Exemp·lar [-pla:ɐ̯] *das; -s, -e;* ein einzelnes Stück oder Individuum (*z.B.* ein Tier, eine Pflanze; ein Buch) aus einer Gruppe oder Menge der gleichen Art ⟨ein einzelnes, seltenes Exemplar⟩

Exil *das; -s, -e; meist Singular;* das fremde Land, in das jemand flieht, der in seiner Heimat (aus politischen oder religiösen Gründen) nicht mehr (sicher) leben kann oder darf ⟨ins Exil gehen, im (französischen, amerikanischen *o.Ä.*) Exil leben⟩ || K- Exilliteratur

exis·tent *Adjektiv; nicht als Adverb; meist* **nicht existent** nicht vorhanden, nicht existierend

exis·ten·ti·ell [-'tsi̯ɛl] ↑ **existenziell**

Exis·tenz *die; -, -en* **1** *nur Singular;* die Tatsache, dass jemand/etwas da, vorhanden ist ≈ Dasein: *Die Existenz von Leben auf anderen Planeten ist nicht bewiesen* **2** *nur Singular;* das Leben ⟨um die nackte Existenz kämpfen⟩ || K- Existenzangst, Existenzkampf **3** der Beruf, eine Position als finanzielle Basis ⟨eine gesicherte Existenz haben; sich eine Existenz aufbauen⟩ || K- Existenzgrundlage, Existenzgründung; existenzbedrohend

exis·ten·zi·ell *Adjektiv; förmlich;* so wichtig (für das Leben eines Menschen oder eines Tieres oder für die Existenz einer Institution), dass alles davon abhängt ⟨eine Angelegenheit, eine Frage, ein Problem; von existenzieller Bedeutung sein⟩

exis·tie·ren B2 *existierte, hat existiert* **1** da sein: *in (der) Wirklichkeit, in der Einbildung existieren* **2** alles bezahlen (können), was für das Leben nötig ist ⟨mit/von etwas existieren müssen⟩: *Von 600 Euro im Monat kann man nicht existieren*

ex·klu·siv [-'zi:f] *Adjektiv* **1** *förmlich;* nur für diejenigen offen (zugänglich), die zu der gleichen Gruppe (*z.B.* von Reichen) gehören und ihre Normen erfüllen: *In England gibt es viele exklusive Klubs* **2** sehr teuer und sehr gut ⟨Restaurant, Parfum⟩ **3** *meist als Adverb;* nur für einige Kunden oder eine einzelne Zeitung bestimmt ≈ ausschließlich: *Wir liefern diesen Wein exklusiv an wenige Restaurants* || K- Exklusivbericht, Exklusivinterview

ex·klu·si·ve B2 *Präposition; mit Genitiv/Dativ* ≈ ohne ↔ inklusive

exo·tisch *Adjektiv* **1** aus einem ganz fernen Land (stammend) und deshalb fremd oder geheimnisvoll wirkend: *eine exotische Schönheit; Menschen der Südsee wirken auf uns exotisch* **2** ⟨Tiere, Pflanzen⟩ aus einem fernen (*meist* tropischen) Land ↔ heimisch: *exotische Fische; die exotische Fauna und Flora* || *zu* **1** **Exot** *der; -en, -en;* **Exo·tin** *die; -, -nen*

Ex·pan·si·on [-'zi̯o:n] *die; -, -en* **1** *Wirtschaft* das (rasche) Wachsen ⟨die Expansion eines Unternehmens, der Kosten⟩ **2** *Politik;* die Vergrößerung der Macht und die Ausdehnung des Gebietes (*meist* durch Besetzung anderer Staaten) ⟨eine Politik der Expansion betreiben⟩ || K- Expansionsbestrebungen, Expansionspolitik || *hierzu* **ex·pan·die·ren** (*hat*)

Ex·pe·di·ti·on [-'tsi̯o:n] *die; -, -en;* eine Reise in ein (*meist* unbekanntes) Gebiet, die der Forschung dient ≈ Forschungsreise ⟨eine Expedition durchführen, unternehmen⟩: *Scott starb auf einer Expedition zum Südpol* || K- Expeditionsausrüstung, Expeditionsleiter || -K Polarexpedition, Urwaldexpedition

Ex·pe·ri·ment *das; -(e)s, -e* **1** ein wissenschaftlicher Versuch ⟨ein chemisches Experiment; ein Experiment durchführen⟩: *Experimente an Tieren* **2** ein (riskanter) Versuch, ein praktisches Problem zu lösen: *Die wirtschaftlichen Experimente der Regierung scheiterten schnell* || *zu* **1** **ex·pe·ri·men·tell** *Adjektiv*

ex·pe·ri·men·tie·ren; *experimentierte, hat experimentiert;* **(mit/an einem Tier/etwas) experimentieren** Versuche machen, durch die man etwas Neues entdecken oder erkennen kann: *an Ratten experimentieren*

Ex·per·te *der; -n, -n;* **ein Experte (für etwas/in etwas** (*Dativ*)) jemand, der sehr viel über sein (Fach)Gebiet weiß ≈ Fachmann ↔ Laie ⟨den Rat eines Experten einholen⟩ || -K Finanzexperte, Kunstexperte || *hierzu* **Ex·per·tin** *die; -, -nen*

ex·plo·die·ren; *explodierte, ist explodiert* **1** **etwas explodiert** etwas kracht und wird plötzlich zerrissen ⟨ein Fass, eine Bombe⟩: *Das Flugzeug explodierte in der Luft* **2** **etwas explodiert** etwas wächst ganz schnell ⟨die

Kosten, die Preise⟩

Ex·plo·si·on [-'tsi̯oːn] *die; -, -en* **1** das Explodieren (1) *z.B.* einer Bombe ⟨eine heftige Explosion; eine Explosion auslösen⟩ || K- Explosionsgefahr || -K Bombenexplosion, Gasexplosion **2** das schnelle Ansteigen von Mengen *o.Ä.* || -K Bevölkerungsexplosion, Kostenexplosion, Preisexplosion || *hierzu* **ex·plo·siv** [-f-] *Adjektiv*

F

Ex·port B2 *der; -(e)s, -e* **1** *nur Singular*; die Lieferung von Waren in ein anderes Land ≈ Ausfuhr ↔ Import ⟨den Export erhöhen, fördern⟩ **2** *meist Plural*; Waren, die ins Ausland verkauft wurden || *hierzu* **ex·por·tie·ren** *(hat)*

Ex·press B1 *der; -es; nur Singular* ein schneller Zug ≈ Schnellzug || -K Intercityexpress, Stadtexpress

Ex·pres·si·o·nis·mus *der; -; nur Singular*; ein Stil der (europäischen) Kunst zu Beginn des 20. Jahrhunderts, in dem elementare Erlebnisse (*z.B.* des Krieges) intensiv ausgedrückt werden || *hierzu* **Ex·pres·si·o·nist** *der; -en, -en*; **Ex·pres·si·o·nis·tin** *die; -, -nen*; **ex·pres·si·o·nis·tisch** *Adjektiv*

ex·tern *Adjektiv*; ⟨Schüler eines Internats⟩ so, dass sie nicht im Internat leben, aber dessen Schule besuchen

ex·tra B2 *Adjektiv; indeklinabel; umg* **1** *nur vor dem Substantiv oder als Adverb* ≈ zusätzlich: *Das Kind bekommt heute 20 Euro extra* **2** nicht mit dem/den anderen zusammen, sondern getrennt ≈ gesondert: *jedes Glas extra verpacken* **3** *nur als Adverb*; nur für diesen besonderen Zweck ≈ speziell: *Ich habe den Kuchen extra für dich gebacken*

Ex·tra B2 *das; -s, -s; meist Plural*; Dinge, die nicht (von vornherein) zu einem Gegenstand, den man kauft, gehören, und die man deshalb *meist* zusätzlich bezahlen muss: *ein Auto mit vielen Extras*

ex·tra- B2 *im Adjektiv; umg* ≈ sehr, besonders: **extragroß** ⟨eine Portion⟩, **extrafein** ⟨Erbsen⟩; **extraflach** ⟨eine (Armband)Uhr⟩, **extralang** ⟨eine Hose⟩, **extrastark** ⟨Kaffee⟩

Ex·tra- B2 *im Substantiv*; verwendet, um die genannte Sache als etwas Besonderes oder Zusätzliches zu bezeichnen; die **Extraausgabe**, das **Extrablatt** ⟨einer Zeitung⟩, der **Extraplatz**, die **Extraportion** ⟨vom Nachtisch⟩, die **Extravorstellung** ⟨im Theater⟩

Ex·trakt *der, das; -(e)s, -e; bes* eine Flüssigkeit, die (durch Kochen, Erhitzen *o.Ä.*) aus Pflanzen oder Teilen von Tieren gewonnen wird (und *z.B.* als Medizin dient) ≈ Konzentrat: *einen Extrakt aus Kräutern gewinnen, herstellen* || -K Fleischextrakt, Pflanzenextrakt

ext·rem[1] *Adjektiv* **1** sehr groß, sehr intensiv: *In der Arktis herrscht extreme Kälte* **2** ≈ radikal (2): *extreme politische Ansichten*

ext·rem[2] *Partikel* ≈ sehr: *Er ist zurzeit extrem schlecht gelaunt*

Ext·rem *das; -s, -e*; etwas, das vom Normalen sehr stark abweicht ⟨ein Zustand, ein Maß, eine Meinung⟩: *einen Mittelweg zwischen politischen Extremen suchen* || K- Extremsituation, Extremwert || ID **von einem Extrem ins andere fallen** von einer extremen Meinung zu einer ganz anderen wechseln oder ein extremes Verhalten durch ein anderes ersetzen

Ext·re·mis·mus *der; -, Ex·tre·mis·men; meist Singular; Politik abwertend* eine radikale politische oder religiöse Position, die sich anderen Positionen gegenüber intolerant zeigt ≈ Radikalismus ⟨linker, rechter, christlicher, islamischer Extremismus⟩: *Die Weimarer Republik wurde ein Opfer des Extremismus* || -K Linksextremismus, Rechtsextremismus || *hierzu* **Ext·re·mist** *der; -en, -en*; **Ext·re·mis·tin** *die; -, -nen*; **ext·re·mis·tisch** *Adjektiv*

Ext·re·mi·tä·ten *die; -; Plural* **1** die Arme und Beine (des Menschen) **2** **die oberen Extremitäten** die Arme **3** **die unteren Extremitäten** die Beine

ex·zel·lent *exzellenter, exzellentest-; Adjektiv; förmlich;* sehr gut ≈ ausgezeichnet, vorzüglich ⟨ein Essen, ein Wein; eine Arbeit, eine Leistung⟩

ex·zent·risch *Adjektiv;* (im Verhalten) extrem anders als normal; so ungewöhnlich, dass es auffällt ≈ überspannt ⟨ein Charakter, ein Lebensstil; ein Künstler, ein Mensch⟩

F

F, f [ɛf] *das; -, -/umg auch -s;* der sechste Buchstabe des Alphabets

Fa. *Abkürzung für* Firma

fa·bel·haft *Adjektiv;* sehr gut ≈ ausgezeichnet: *ein fabelhafter Koch; Das Essen war fabelhaft*

Fa·bel·tier *das; -(e)s, -e;* ein Tier, das es nur in Sagen und Märchen gibt, wie *z.B.* ein Drache

Fab·rik B1 *die; -, -en;* ein großer industrieller

Betrieb[1], in dem Waren in großer Menge hergestellt werden ⟨eine Fabrik gründen, leiten⟩ || K- Fabrikanlage, Fabrikarbeiter || -K Möbelfabrik, Papierfabrik

Fab·ri·kat *das; -(e)s, -e* **1** ein Produkt, das in einer Fabrik hergestellt wird **2** ein bestimmtes industrielles Produkt, ein bestimmter Typ eines Erzeugnisses: *Dieser Videorekorder ist ein japanisches Fabrikat*

fab·rik·neu *Adjektiv;* noch nicht benutzt, ganz neu ↔ gebraucht ⟨ein Auto⟩

fab·ri·zie·ren; *fabrizierte, hat fabriziert; umg* **1** **etwas fabrizieren** *humorvoll;* etwas mühsam, so gut es mit einfachen Mitteln und Geschick möglich ist, herstellen: *Aus den Essensresten hat er ein köstliches Essen fabriziert* **2** **etwas fabrizieren** *abwertend;* etwas Falsches, Dummes oder Negatives machen: *Was hat er denn da schon wieder fabriziert?*

Fa·cet·te [fa'sɛtə] *die; -, -n* ↑ **Fassette**

Fach[1] *das; -(e)s, Fä·cher;* ein Teil *bes* eines Schrankes, in den man seine Sachen legt: *ein Schrank mit mehreren Fächern* || -K Schreibtischfach, Wäschefach

Fach[2] *das; -(e)s, Fä·cher;* ein spezielles Gebiet in der Schule und in der Forschung ⟨sein Fach beherrschen⟩: *die Fächer Physik und Chemie studieren* || K- Fachausdruck, Fachbegriff, Fachbereich, Fachbuch, Fachgebiet, Fachkenntnisse, Fachlehrer, Fachwissen, Fachzeitschrift || -K Studienfach, Unterrichtsfach || ID **vom Fach sein** Spezialist sein

-fach B2 *im Adjektiv; nur vor dem Substantiv oder als Adverb;* verwendet, um auszudrücken, dass etwas in der genannten Zahl/Menge von Malen vorhanden ist oder gemacht wird; **zweifach, dreifach, vierfach** *usw;* **mehrfach, vielfach**: *ein dreifacher Salto; sich mehrfach entschuldigen*

Fach·abi·tur *das; -s, -e;* Ⓓ ein spezielles Abitur, mit dem man die Fachoberschule beendet und dann eine Fachhochschule, aber keine Universität besuchen kann

Fach·ar·bei·ter *der; -s, -;* ein Arbeiter, der eine abgeschlossene Lehre in seinem Beruf hat ⟨sich zum Facharbeiter ausbilden lassen⟩ || K- Facharbeiterzeugnis || *hierzu* **Fach·ar·bei·te·rin** *die; -, -nen*

Fach·arzt *der; -es, -ärz·te;* ein Arzt, der eine zusätzliche Ausbildung in einem speziellen Gebiet gemacht hat: *ein Facharzt für Chirurgie* || *hierzu* **Fach·ärz·tin** *die; -, -nen;* **fach·ärzt·lich** *Adjektiv*

fach·ge·recht *Adjektiv;* sorgfältig und genau (wie von einem Fachmann gemacht) ≈ fachmännisch: *Die Reparatur wird fachgerecht durchgeführt*

Fach|hoch·schu·le *die; -, -n;* Ⓓ eine spezielle Art von Hochschule für technische und künstlerische Fächer

Fach·kraft *die; -, -kräf·te;* jemand, der eine Ausbildung gemacht hat und seinen Beruf gut beherrscht

fach·lich *Adjektiv;* auf ein bestimmtes Fach[2] bezogen, von diesem Fach bestimmt ⟨Kenntnisse, Probleme; sich fachlich weiterbilden⟩

Fach·mann *der; -(e)s, Fach·leu·te;* **ein Fachmann (für etwas)** jemand, der seinen Beruf oder sein Fach[2] beherrscht ≈ Experte ↔ Laie: *Er ist (ein) Fachmann für Heizungstechnik* || -K Bankfachmann, Heizungsfachmann || *hierzu* **Fach·frau** *die; -, -en*

fach·män·nisch *Adjektiv* ≈ fachgerecht

Fach|ober·schu·le *die; -, -n;* Ⓓ eine Art Gymnasium, in dem die Schüler auch praktisch ausgebildet werden

Fach·spra·che *die; -, -n;* alle besonderen Ausdrücke und Formulierungen, die man in einem bestimmten Fach[2] oder Beruf verwendet: *die juristische, medizinische Fachsprache* || *hierzu* **fach·sprach·lich** *Adjektiv*

Fach·werk *das; -(e)s; nur Singular;* eine Art zu bauen, bei der die Wände durch viele (Holz)Balken gegliedert werden, die man von außen sieht || K- Fachwerkhaus

Fachwerk

fa·de *Adjektiv; abwertend* **1** ⟨Speisen⟩ so, dass sie ohne intensiven Geschmack sind: *Die Suppe schmeckt fade* **2** *bes südd* Ⓐ *umg;* langweilig und gar nicht attraktiv ⟨Menschen, eine (Fernseh)Sendung⟩

Fa·den B1 *der; -s, Fä·den;* ein Stück Garn, das *z.B.* zum Nähen verwendet wird ⟨einen Faden einfädeln, verknoten, abschneiden; ein Faden reißt⟩ || ⊟K Nähfaden, Wollfaden || ID **die Fäden (fest) in der Hand haben/halten** Entscheidungen allein treffen und alles streng kontrollieren; **der rote Faden** ein (Grund)Gedanke oder ein Motiv, die *z.B.* in einem Buch oder einem Film immer wiederkehren; **den Faden verlieren** beim Sprechen eine Pause machen, weil man sich nicht mehr erinnert, was man noch sagen wollte

F

fa·den·schei·nig *Adjektiv; abwertend;* so, dass man gleich erkennt, dass es nicht wahr ist ≈ unglaubwürdig ⟨eine Ausrede; ein Argument, eine Entschuldigung, eine Erklärung⟩

fä·hig ['fɛːɪç] *Adjektiv* **1** **zu etwas fähig sein** etwas tun können (in der Lage sein, etwas zu tun): *Sie war nicht fähig, ein vernünftiges Wort zu sagen* **2** *meist vor dem Substantiv;* durch sein Können oder Wissen für etwas besonders geeignet: *ein fähiger Arzt* || ID **jemand ist zu allem fähig** *umg abwertend;* es ist möglich, dass jemand etwas (Schlechtes oder etwas Unerwartetes) tut

-fä·hig *im Adjektiv* **1** so, dass die genannte Person oder Sache etwas gut (tun) kann; **denkfähig, flugfähig** ⟨ein junger Vogel⟩, **lernfähig, widerstandsfähig** ⟨ein Material⟩ **2** so, dass man mit der genannten Person oder Sache etwas tun kann; **ausbaufähig** ⟨Beziehungen, Kenntnisse, Fähigkeiten⟩, **manövrierfähig** ⟨ein Fahrzeug⟩, **strapazierfähig** ⟨ein Teppich⟩, **streichfähig** ⟨Käse, Wurst⟩ **3** drückt aus, dass jemand/etwas für etwas geeignet oder zu etwas in der Lage ist; **einsatzfähig** ⟨ein Sportler⟩, **schulfähig** ⟨ein Kind⟩, **transportfähig** ⟨ein Patient⟩, **wettbewerbsfähig** ⟨ein Betrieb⟩

Fä·hig·keit *die; -, -en* **1** *meist Plural;* die positive(n) Eigenschaft(en), durch die jemand etwas Besonderes leisten kann ⟨handwerkliche, musikalische Fähigkeiten; jemandes Fähigkeiten unterschätzen⟩ **2** **die Fähigkeit (zu etwas)** *nur Singular;* die Eigenschaft oder das Talent, etwas (besonders gut) zu tun: *Er besaß die Fähigkeit, sich einfach und verständlich auszudrücken* || ⊟K Anpassungsfähigkeit, Begeisterungsfähigkeit, Konzentrationsfähigkeit

fahl *Adjektiv; förmlich;* fast ohne Farbe, blass ≈ bleich ⟨fahles Licht; fahl im Gesicht werden⟩

fahn·den; *fahndete, hat gefahndet;* **nach jemandem/etwas fahnden** intensiv nach einem Verbrecher oder *z.B.* gestohlenen Dingen suchen: *Die Polizei fahndet nach dem Dieb* || *hierzu* **Fahn·dung** *die; -, -en*

Fah·ne *die; -, -n;* ein (*meist* rechteckiges) Stück Stoff in den Farben (mit Zeichen) eines Landes oder eines Vereins ⟨eine Fahne schwenken; die deutsche, spanische Fahne⟩ || K- Fahnenmast, Fahnenstange || ID **die/seine Fahne nach dem Wind drehen/hängen** *abwertend;* seine Meinung nach denen richten, die die Macht haben; **eine Fahne haben** *umg abwertend;* aus dem Mund (nach Alkohol) riechen

Fahr·aus·weis *der; -es, -e; Verwaltung* ≈ Fahrkarte

Fahr·bahn B2 *die; -, -en;* der Teil der Straße, auf dem die Autos fahren ≈ Straße ⟨von der Fahrbahn abkommen⟩

Fäh·re A2 *die; -, -n;* ein Schiff, das regelmäßig über einen See oder Fluss fährt, um Menschen und Waren zu transportieren ⟨mit der Fähre übersetzen; die Fähre legt ab/an⟩: *die Fähre zwischen Dover und Calais*

fah·ren A1 *fährt, fuhr, hat/ist gefahren* **1** **etwas (irgendwohin) fahren** (*hat*) ein Auto, Fahrrad *o.Ä.* selbst lenken, steuern (und an das Ziel bringen): *das Auto in die Garage fahren; einen Mercedes fahren* || K- Fahrlehrer, Fahrpraxis, Fahrprüfung, Fahrschule, Fahrschüler, Fahrstil, Fahrverhalten **2** **jemanden/etwas (mit etwas) irgendwohin fahren** (*hat*) jemanden/etwas mit einem Auto, Fahrrad *o.Ä.* zum Ziel bringen (transportieren): *Fässer mit einem Lastwagen zur Fabrik fahren; die Kinder in die Schule fahren* **3** **etwas fahren; (mit etwas) (irgendwohin) fahren** (*ist*) sich mithilfe von etwas fortbewegen ⟨Auto, Boot, Karussell, Rad, Schlittschuh, Ski fahren⟩: *mit dem Bus nach Hause fahren; Wollen wir zu Fuß gehen oder (mit dem Lift) fahren?* **4** **irgendwohin fahren** (*ist*) mit einem Fahrzeug reisen: *ans Meer, ins Gebirge, nach München fahren* **5** **etwas fahren** (*ist*) eine bestimmte Strecke oder Geschwindigkeit fahren (3): *einen Umweg fahren; 160 Stundenkilometer fahren* **6** **etwas fährt** (*ist*) ein Fahrzeug bewegt sich: *Das Auto fuhr viel zu schnell; vom fahrenden Zug abspringen* || K- Fahrgeschwindigkeit, Fahrverhalten || ID **mit jemandem/etwas gut/schlecht fahren** *umg;* mit jemandem/etwas gute/schlechte Erfahrungen machen; *meist* **Was ist denn in dich gefahren?** *umg;* du verhältst dich plötzlich so komisch!; **einen fahren lassen** *umg;* (laut) Luft aus dem Darm entweichen lassen || ▸ **Fahrt, Fuhre**

fah·ren·las·sen (*hat*) ↑ **fahren** ID

Fah·rer *der; -s, -;* jemand, der ein Fahrzeug selbst steuert ⟨ein sicherer, rücksichtsloser Fahrer⟩ || ⊟K Busfahrer, Taxifahrer || *hierzu*

Fah·re·rin *die; -, -nen*

Fah·rer·flucht *die; -; nur Singular; meist in* **Fahrerflucht begehen** (nachdem man mit seinem Fahrzeug einen Unfall verursacht hat) heimlich von der Unfallstelle verschwinden, um keine Strafe zu bekommen

Fahr|er·laub·nis *die; -, -se; Verwaltung* **1** die Genehmigung zum Steuern eines Fahrzeugs ⟨jemandem die Fahrerlaubnis erteilen, entziehen⟩ **2** ≈ Führerschein

Fahr·gast [B1] *der; -(e)s, -gäs·te; Verwaltung;* jemand, der *z.B.* einen Bus oder Zug benutzt || Hinweis: Bei einem Flugzeug oder Schiff spricht man von einem *Passagier*

Fahr·ge·mein·schaft *die; -, -en;* mehrere Personen (*meist* Arbeitskollegen), von denen eine mit dem eigenen Auto die anderen zum Arbeitsplatz mitnimmt (*bes* um Benzin zu sparen) ⟨eine Fahrgemeinschaft bilden⟩

Fahr·kar·te [A1] *die; -, -n;* eine kleine Karte, die man kaufen muss, damit man mit einem Bus oder Zug fahren darf ≈ Ticket ⟨eine Fahrkarte lösen, entwerten⟩ || [K-] Fahrkartenkontrolle || [-K] Zugfahrkarte

▶ Eine Fahrkarte kaufen

A.: **„Ich hätte gern eine Fahrkarte nach Nürnberg."**
B.: **„Einfach oder hin und zurück?"**
A.: **„Eine einfache Fahrkarte, bitte."**
B.: **„Mit BahnCard®?"**
A.: **„Ohne."**
B.: **„Wann möchten Sie denn fahren?"**
A.: **„Am Dienstag, nachmittags. Welchen Zug kann ich da nehmen?"**
B.: **„Mit der Regionalbahn nach München, um vierzehn Uhr siebenundvierzig, mit Umsteigen in Mühldorf. Ab München mit dem ICE®, Ankunft in Nürnberg um achtzehn Uhr dreiundzwanzig. Sie können auch später fahren, die Züge verkehren stündlich."**
A.: **„Nein, danke. Diese Verbindung passt mir gut. Ich würde auch gern einen Platz reservieren: am Fenster, mit Tisch, wenn möglich."**
B.: **„Eine Platzreservierung ist nur im ICE® möglich."**
A.: **„Ja, bitte, das ist in Ordnung. Vielen Dank!"**

SPRECHEN UND SCHREIBEN ◀

fahr·läs·sig *Adjektiv; förmlich;* ohne die nötige Vorsicht, ohne an die Konsequenzen zu denken ⟨(grob) fahrlässig handeln⟩ || *hierzu*

Fahr·läs·sig·keit *die; -, -en; meist Singular*

Fahr·plan [B1] *der; -(e)s, -plä·ne;* ein Plan, auf dem steht, wann ein Bus, Zug *usw* (an den Haltestellen *bzw* Bahnhöfen) abfährt ⟨den Fahrplan ändern⟩ || [-K] Sommerfahrplan, Winterfahrplan || *hierzu* **fahr·plan·mä·ßig** *Adjektiv*

Fahr·rad *das; -(e)s, -rä·der;* ein Fahrzeug mit zwei Rädern, ohne Motor ⟨(mit dem) Fahrrad fahren⟩ || ↑ Illustration **Das Fahrrad** || [K-] Fahrradreifen, Fahrradtour || [-K] Kinderfahrrad || Hinweis: in der gesprochenen Sprache wird anstelle von *Fahrrad* oft kurz *Rad* gesagt

Fahr·schein *der; -(e)s, -e* ≈ Fahrkarte, Ticket

Fahr·stuhl *der; -(e)s, -stüh·le;* eine Kabine, mit der Personen in einem Gebäude nach oben und unten transportiert werden ≈ Lift, Aufzug[1] ⟨den Fahrstuhl nehmen; mit dem Fahrstuhl fahren⟩

Fahr·stun·de *die; -, -n;* eine Unterrichtsstunde bei einem Fahrlehrer, in der man praktisch übt, wie man ein Fahrzeug fährt

Fahrt [B1] *die; -, -en;* die Reise mit einem Fahrzeug (zum Ziel): *eine Fahrt nach Paris machen/unternehmen* || [-K] Busfahrt, Zugfahrt || [ID] **eine Fahrt ins Blaue** ein Ausflug mit unbekanntem Ziel; **in Fahrt** *umg;* in gute(r) Stimmung (so, dass man viel lacht, redet) ⟨in Fahrt kommen, geraten, sein⟩

fährt *Präsens, 3. Person Singular;* ↑ **fahren**

Fähr·te *die; -, -n;* die (Fuß)Spuren und der Geruch eines Tieres, das gejagt wird ⟨eine Fährte aufspüren, verfolgen⟩ || [ID] **auf der falschen Fährte sein** ≈ sich irren

fahr·tüch·tig *Adjektiv* **1** ⟨Personen⟩ in der körperlichen und geistigen Verfassung, ein Fahrzeug sicher zu lenken ≈ fahrtauglich: *Nach so viel Bier ist man nicht mehr fahrtüchtig* **2** ⟨Fahrzeuge⟩ in einem guten, sicheren technischen Zustand ≈ fahrtauglich

Fahr·was·ser *das; -s, -; meist in* **1** die Bedingungen, die auf jemanden/etwas wirken oder den Verlauf eines Vorgangs beeinflussen ⟨in gefährliches, schwieriges, unruhiges Fahrwasser geraten⟩: *Der Vorstand versucht, den Verein wieder in ruhigeres Fahrwasser zu lenken* **2** **in seinem/im richtigen Fahrwasser sein** *umg;* temperamentvoll über etwas reden oder etwas tun, weil man das gut beherrscht oder gern mag ≈ in seinem Element sein

Fahr·werk *das; -(e)s, -e;* die Räder eines Flugzeugs und das Gestell, an dem sie befestigt sind ⟨das Fahrwerk ausfahren, einziehen⟩ || ↑ Abbildung unter **Flugzeug**

Fahr·zeug *das; -(e)s, -e;* eine technische Konstruktion, *z.B.* ein Auto, Fahrrad, Zug, Boot oder Schlitten, die fährt und mit der man sich schnell und bequem fortbewegt *bzw* Lasten transportiert || -K Luftfahrzeug, Schienenfahrzeug

Fahr·zeug·brief *der; -(e)s, -e;* Ⓓ ein (amtliches) Dokument mit den Daten eines Kraftfahrzeugs und des Eigentümers

F

Fahr·zeug·hal·ter *der; -s, -; Verwaltung;* der Eigentümer eines Fahrzeugs || *hierzu* **Fahr·zeug·hal·te·rin** *die; -, -nen*

Fahr·zeug·pa·pie·re *die; -; Plural, meist Verwaltung* ≈ Fahrzeugschein

Fahr·zeug·schein *der; -(e)s, -e;* Ⓓ ein amtliches Dokument mit den Daten eines Kraftfahrzeugs, das man beim Fahren bei sich tragen muss

fair B1 [fɛːɐ̯] *Adjektiv; umg;* ohne Tricks und so (anständig), dass andere keinen Nachteil haben ≈ gerecht ⟨ein Verhalten; fair handeln, kämpfen, spielen⟩ || *hierzu* **Fair·ness** ['fɛːɐ̯nɛs] *die; -; nur Singular*

Fä·ka·li·en *die; -; Plural; förmlich;* Urin und Kot von Menschen und Tieren ≈ Exkremente

Fakt *der, das; -(e)s, -en; meist Plural; förmlich* ≈ Tatsache

Fak·tor [-toːɐ̯] *der; -s, Fak·to·ren;* ein Ereignis, Umstand *o.Ä.*, die zusammen mit anderen Ereignissen, Umständen *o.Ä.* wirken und zu einem Ergebnis führen ⟨ein bestimmender, entscheidender, wesentlicher Faktor⟩: *Verschiedene Faktoren trugen zur Katastrophe bei*

Fal·ke *der; -n, -n;* ein Raubvogel, den man früher *oft* für die Jagd dressiert hat: *einen Falken zur Jagd abrichten*

Fall[1] *der; -(e)s; nur Singular* **1** das Fallen (1): *die Geschwindigkeit im freien Fall* || K- Fallgeschwindigkeit, Fallhöhe **2** das Fallen (2) ≈ Sturz: *sich bei einem Fall schwer verletzen* || ID **jemanden/etwas zu Fall bringen** verhindern, dass jemand/etwas Erfolg hat

Fall[2] *der; -(e)s, Fäl·le* **1** **ein Fall** *+ Genitiv*/**von etwas**; **der Fall, dass ...** eine Situation, die eintreten kann oder die jemanden betrifft ⟨in diesem, keinem, jedem Fall; in manchen, vielen, den meisten Fällen; ein ungewöhnlicher Fall⟩: *Nimm den Schirm mit, für den Fall, dass es regnet; Was würdest du in meinem Fall* (= wenn du in meiner Situation wärest) *tun?* || -K Notfall, Unglücksfall; Normalfall, Sonderfall **2** eine Sache, die *bes* von der Polizei oder einem Gericht untersucht wird ⟨einen Fall bearbeiten, untersuchen, vor Gericht bringen⟩: *der Fall Alfred Meier* || -K Kriminalfall, Mordfall **3** ein Patient, der von einem Arzt behandelt wird: *Er ist ein hoffnungsloser Fall* (= man kann ihm nicht helfen) **4** *Sprachwissenschaft;* die einzelne Form der Deklination ≈ Kasus: *Die vier Fälle im Deutschen heißen Nominativ, Genitiv, Dativ und Akkusativ* || -K Wemfall, Wenfall, Werfall || ID **auf jeden Fall/auf alle Fälle** **a** ganz bestimmt, mit Sicherheit; **b** ≈ jedenfalls; **auf/für alle Fälle** um kein Risiko zu haben; **auf keinen Fall** ganz sicher nicht, unter keinen Umständen; **etwas ist (nicht) der Fall** etwas ist (nicht) so: *Es ist oft der Fall, dass übertriebener Eifer schadet*

Fal·le *die; -, -n* **1** eine Konstruktion, mit der man Tiere fängt ⟨eine Falle aufstellen; Fallen stellen, legen⟩: *Die Maus ist in die Falle gegangen* **2** **jemandem eine Falle stellen**; **jemanden in eine Falle locken** einen Trick anwenden, um jemanden zu täuschen und ihm zu schaden

fal·len B1 *fällt, fiel, ist gefallen* **1** **etwas fällt** etwas bewegt sich aufgrund seines Gewichts (durch die Luft) nach unten: *Im Herbst fällt das Laub von den Bäumen; Das Glas fiel auf den/zu Boden, fiel mir aus der Hand* **2** **jemand fällt** jemand wird unsicher und stürzt: *Er rutschte am Ufer aus und fiel in den See* || ↑ Illustration **Verben der Bewegung** **3** **etwas fällt (von irgendwoher) irgendwohin** ⟨Licht, Schatten, jemandes Blick⟩ gelangt (von irgendwoher) auf eine bestimmte Stelle: *Ihr Blick fiel zufällig auf das Foto* **4** **etwas fällt** etwas wird weniger, geringer ≈ etwas sinkt ↔ etwas steigt ⟨die Temperatur, die Preise, die Kurse⟩ **5** **jemand fällt (im Krieg)** *beschönigend;* ein Soldat stirbt im Kampf **6** **durch** ⟨eine Prüfung, ein Examen⟩ **fallen** eine Prüfung nicht bestehen: *durchs Abitur fallen* **7** **in etwas** *(Akkusativ)* **fallen** (plötzlich) in einen anderen Zustand kommen ⟨in schwere Depressionen, in tiefen Schlaf, bei jemandem in Ungnade fallen⟩ **8** **jemandem um den Hals fallen** jemanden (vor Freude oder Begeisterung) umarmen **9** **etwas fällt** etwas wird beschlossen ⟨ein Beschluss, eine Entscheidung, ein Urteil⟩ **10** **ein Schuss fällt** ein Schuss wird ausgelöst **11** **etwas fallen lassen** aufhören (2), sich mit etwas zu beschäftigen ≈ etwas aufgeben (2) ⟨einen Gedanken, einen Plan, ein Thema fallen lassen⟩ **12** **jemanden fallen lassen** *umg;* jemandem nicht mehr helfen, den Kontakt zu jemandem abbrechen: *Nach dem Skandal ließen ihn seine Freunde* *fallen* [13] **eine Andeutung/Bemerkung (über jemanden/etwas) fallen lassen** kurz sagen, was man über jemanden/etwas denkt

fäl·len; *fällte, hat gefällt* [1] **einen Baum fällen** einen Baum unten so (mit einer Säge, einer Axt) abschneiden, dass er zu Boden fällt [2] **eine Entscheidung (über etwas** *(Akkusativ)*) **fällen** *förmlich*; ≈ eine Entscheidung treffen [3] **ein Urteil (über jemanden/etwas) fällen** *förmlich*; ein Urteil finden und aussprechen: *Das Gericht hat noch kein Urteil über den Angeklagten gefällt*

fal·len·las·sen [B1] *(hat)* ↑ **fallen** (11-13)

fäl·lig *Adjektiv; nicht als Adverb* [1] *Verwaltung*; so, dass etwas zu dem genannten Zeitpunkt bezahlt werden muss: *Die Miete ist am Ersten jedes Monats fällig; eine längst fällige Rechnung bezahlen* [2] so, dass es jetzt getan werden muss: *Die Reparatur des Autos war schon längst fällig*

falls [B2] *Konjunktion*; für den Fall, dass ≈ wenn: *Falls du ihn noch triffst, gib ihm meine Adresse*

Fall·schirm *der; -(e)s, -e*; eine Art großer Schirm aus Stoff, der dazu dient, Personen (oder Dinge) langsam vom Flugzeug aus zur Erde sinken zu lassen || [K-] Fallschirmspringen

fällt *Präsens, 3. Person Singular;* ↑ **fallen**

falsch [A1] *falscher, falschest-; Adjektiv* [1] so, dass es nicht der Realität entspricht ↔ richtig ⟨etwas falsch verstehen; falsch informiert sein⟩: *einen falschen Eindruck von jemandem haben* || [K-] Falschmeldung [2] so, dass es nicht jemandes Absicht oder Wünschen, den Anforderungen oder Regeln entspricht: *versehentlich in den falschen Zug einsteigen; ein Wort falsch schreiben, falsch übersetzen; falsch parken und einen Strafzettel bekommen* [3] nicht echt, sondern imitiert (in der Absicht, jemanden damit zu betrügen) ≈ gefälscht ⟨Banknoten, ein Pass, Edelsteine⟩ || [K-] Falschgeld [4] *nur vor dem Substantiv, nicht als Adverb*; von der Situation her nicht passend, richtig ⟨Bescheidenheit, Scham, Stolz⟩ || Hinweis: ↑ **falschliegen**

fäl·schen; *fälschte, hat gefälscht*; **etwas fälschen** eine genaue Kopie von etwas machen, um damit andere zu täuschen ⟨Banknoten, jemandes Unterschrift fälschen⟩

fälsch·lich *Adjektiv; nur vor dem Substantiv oder als Adverb; förmlich*; nicht den Tatsachen entsprechend ≈ irrtümlich ↔ richtig ⟨etwas fälschlich annehmen, behaupten⟩: *In der fälschlichen Annahme, es sei ihr Mann, öffnete sie ihm die Tür* || *hierzu* **fälsch·li·cher·wei·se** *Adverb*

falsch·lie·gen; *lag falsch, hat/südd Ⓐ Ⓒⓗ ist falschgelegen*; **(mit etwas) falschliegen** *umg*; etwas Falsches glauben, sich irren: *Wenn du glaubst, dass ich auf den Trick hereinfalle, dann liegst du falsch*

Fäl·schung *die; -, -en* [1] etwas, das gefälscht ist: *Dieses Bild ist kein Original, sondern eine Fälschung* [2] *meist Singular*; das Fälschen: *Bei der Fälschung des Geldes machte er einen Fehler*

Falt·blatt *das; -(e)s, -blät·ter; meist* ein Prospekt *bes* in einer Zeitung, der für eine Firma oder ein Produkt Werbung macht

Fal·te *die; -, -n; meist Plural* [1] eine Art Linie in der Haut, die typisch ist für ältere Menschen ⟨die Stirn in Falten legen⟩ || [-K] Lachfalte, Sorgenfalte [2] eine unregelmäßige Linie in der Kleidung, die entsteht, wenn man sich *z.B.* hinsetzt ⟨Falten glatt bügeln, mit der Hand glatt streichen⟩ || [-K] Knitterfalte [3] eine gerade Linie, die entsteht, wenn man Stoff oder Papier umbiegt und fest darauf drückt || [-K] Bügelfalte || *zu* 1 und 2 **fal·tig** *Adjektiv*

fal·ten; *faltete, hat gefaltet* [1] **etwas falten** ein Stück Papier oder Stoff so legen, dass eine Falte (3) entsteht ⟨ein Handtuch, ein Blatt Papier doppelt falten⟩ [2] **die Hände falten** beide Hände mit den Handflächen aneinanderlegen, *bes* um zu beten ⟨die Hände zum Gebet falten⟩

Fal·ter *der; -s, -;* ≈ Schmetterling || [-K] Nachtfalter, Tagfalter

fa·mi·li·är [famiˈli̯ɛːɐ̯] *Adjektiv* [1] in Bezug auf die Familie ⟨Probleme, Verpflichtungen⟩ [2] freundschaftlich, natürlich und ohne Zwänge ↔ steif ⟨eine Atmosphäre⟩

Fa·mi·lie [A1] [-i̯ə] *die; -, -n* [1] die Eltern und ihr Kind/ihre Kinder ⟨eine kinderreiche Familie; eine Familie gründen⟩ || ↑ Illustration **Die Familie** || [K-] Familienfest, Familienmitglied, Familienverhältnisse; familienfeindlich, familienfreundlich || [-K] Großfamilie [2] alle Personen, die miteinander verwandt sind, auch die aus früheren Generationen, die schon tot sind: *Unsere Familie lebt schon seit 300 Jahren in dieser Stadt* || [K-] Familienbesitz, Familienchronik, Familiengruft || [ID] *meist* **So (et)was kommt in den besten Familien vor!** *umg*; Das ist nicht so schlimm!

Fa·mi·li·en·be·trieb *der; -(e)s, -e*; ein kleiner Betrieb, *z.B.* ein Restaurant, in dem viele Mitarbeiter zur Familie gehören

Fa·mi·li·en·na·me [A1] *der; -ns, -n*; der Name, den man mit seiner Familie gemeinsam hat ≈ Nachname ↔ Vorname

F

Fa·mi·li·en·pa·ckung *die; -, -en;* eine besonders große Packung einer Ware, die *meist* billiger als eine kleinere Menge derselben Ware ist

Fa·mi·li·en·pla·nung *die; -, -en;* die Pläne *bes* eines Ehepaars, wann sie Kinder bekommen möchten und wie viele Kinder sie bekommen möchten

Fa·mi·li·en·stand *der; -(e)s; nur Singular; Verwaltung;* der soziale Status einer Person im Hinblick darauf, ob sie ledig, verheiratet, geschieden oder verwitwet ist

F

Fan [fɛn] *der; -s, -s;* **ein Fan (von jemandem/ etwas)** *umg;* jemand, der von jemandem/etwas (immer wieder) begeistert ist || K- Fanklub, Fanpost || -K Fußballfan, Jazzfan, Krimifan

fa·na·tisch *Adjektiv; abwertend;* mit zu großem Eifer und ohne auf andere Meinungen Rücksicht zu nehmen (*bes* in Religion und Politik) ⟨ein Glaube, Hass⟩ || *hierzu* **Fa·na·ti·ker** *der; -s, -;* **Fa·na·ti·ke·rin** *die; -, -nen;* **Fa·na·tis·mus** *der; -; nur Singular*

fand *Imperfekt, 1. und 3. Person Singular;* ↑ **finden**

fän·de *Konjunktiv II, 1. und 3. Person Singular;* ↑ **finden**

Fang *der; -(e)s, Fän·ge* **1** das Fangen (1) von Tieren || -K Fischfang, Walfang **2** alle Tiere, die man gefangen (1) hat ≈ Beute ⟨einen guten, fetten Fang machen⟩

Fän·ge *die; -; Plural;* die Füße und Krallen eines Raubvogels *bzw* die Eckzähne eines Raubtiers || ID **jemandem in die Fänge geraten** *umg;* jemandem begegnen und nur mit Mühe von ihm wegkommen können

fan·gen B1 *fängt, fing, hat gefangen* **1** **ein Tier fangen** ein Tier jagen und festhalten: *Fische mit der Angel fangen* **2** **jemanden fangen** jemanden, der wegläuft, wieder fassen und ihn festhalten **3** **(etwas) fangen** nach einem Gegenstand, der durch die Luft fliegt, greifen und ihn halten: *einen Ball mit beiden Händen sicher fangen* **4** **sich fangen** (nachdem man unsicher geworden ist) wieder ins Gleichgewicht kommen: *Der Akrobat verlor für einen Augenblick die Balance, konnte sich aber wieder fangen*

fängt *Präsens, 3. Person Singular;* ↑ **fangen**

Fan·ta·sie B2 *die; -, -n* [-ˈziːən] **1** *nur Singular;* die Fähigkeit, sich Dinge, Ereignisse, Menschen vorzustellen, die es nicht gibt ≈ Einbildungskraft ⟨viel, keine, eine rege Fantasie haben; seiner Fantasie freien Lauf lassen⟩ || K- Fantasiewelt; fantasiearm, fantasielos, fantasievoll **2** *meist Plural;* etwas, das man sich in seiner Fantasie (1) vorstellt und das es in Wirklichkeit nicht gibt ↔ Realität ⟨etwas ist reine Fantasie; erotische Fantasien⟩ || ID **eine blühende Fantasie haben** Unwahres erzählen oder sehr stark übertreiben

fan·ta·sie·ren; *fantasierte, hat fantasiert* **1** **(von etwas) fantasieren** an etwas denken oder von etwas sprechen, das man sich in der Fantasie (1) vorstellt: *Er fantasiert in letzter Zeit immer davon, nach Amerika auszuwandern* **2** (im Fieber) Dinge erzählen, die niemand versteht

fan·tas·tisch *Adjektiv* **1** voll von Dingen, die es nur in der Fantasie (1) gibt ↔ realistisch ⟨eine Geschichte, ein Film⟩ **2** so ungewöhnlich, dass man es kaum glauben kann ⟨ein Erlebnis; etwas klingt (reichlich) fantastisch⟩ **3** *umg;* so gut, dass man davon begeistert ist ≈ großartig ⟨ein Essen, Wetter; fantastisch tanzen, singen⟩

Far·be A1 *die; -, -n* **1** die optische Erscheinung, die es möglich macht, *z.B.* die Signale einer Ampel zu unterscheiden ⟨eine grelle, kräftige, leuchtende, warme Farbe⟩: *„Welche Farbe haben ihre Haare?" - „Sie sind schwarz."* **2** die Farben rot, blau, grün, gelb *usw* im Gegensatz zu schwarz und weiß: *Ein Teil der Abbildungen im Buch sind in Farbe* || ↑ Illustration **Farben und Formen** || K- Farbfilm, Farbfoto, Farbton **3** die Farbe (1) der Haut, *bes*, wenn sie von der Sonne gebräunt ist: *im Urlaub eine gesunde Farbe bekommen* **4** eine Substanz, mit der man einen Gegenstand anmalt ⟨eine Farbe dick, dünn (auf etwas (*Akkusativ*)) auftragen⟩: *Die Farbe ist noch frisch!* || K- Farbfleck, Farbkasten, Farbschicht || -K Malfarbe, Ölfarbe

farb·echt *Adjektiv; ohne Steigerung, nicht als Adverb;* ⟨ein Stoff; eine Bluse, ein Hemd *o.Ä.*⟩ so, dass sie (*z.B.* beim Waschen) nichts von ihrer Farbe verlieren

fär·ben; *färbte, hat gefärbt* **1** **etwas färben** einer Sache mit einem Farbstoff eine besondere Farbe geben ⟨einen Stoff färben⟩: *die Ostereier (bunt) färben* || K- Färbemittel **2** **etwas färbt sich (irgendwie)** etwas nimmt eine andere Farbe an: *Im Herbst färben sich die Blätter bunt*

-far·ben *im Adjektiv;* mit der genannten Farbe oder Art von Farbe; **elfenbeinfarben, goldfarben, orangefarben, pastellfarben**

far·ben·blind *Adjektiv; nicht als Adverb;* nicht fähig, bestimmte Farben (*meist* rot und grün) zu unterscheiden || *hierzu* **Far·ben·blind·heit** *die; -; nur Singular*

far·ben·froh *Adjektiv;* mit vielen (leuchtenden) Farben ≈ bunt: *Sie bevorzugt farbenfrohe Kleidung*

far·big [B2] *Adjektiv* [1] mit verschiedenen Farben (2) ≈ bunt: *eine Zeichnung farbig ausmalen* || [K] einfarbig, vielfarbig [2] *nicht als Adverb;* mit einer braunen oder schwarzen Hautfarbe ↔ weiß: *die farbige Bevölkerung Südafrikas* [3] mit lebhaften Worten ≈ anschaulich ⟨eine Schilderung⟩ || *zu* 2 **Far·bi·ge** *der/die; -n, -n;* *zu* 1 und 3 **Far·big·keit** *die; -, -en*

-far·big *im Adjektiv* ≈ -farben

farb·lich *Adjektiv; nur vor dem Substantiv oder als Adverb;* in Bezug auf die Farbe (1) von etwas: *Die farbliche Zusammenstellung überlasse ich ganz Ihnen*

farb·los *Adjektiv* [1] ohne Farbe (1) ≈ klar, durchsichtig ⟨Glas; eine Flüssigkeit⟩ [2] nicht interessant ≈ langweilig ⟨eine Erzählung, eine Person⟩

Farb·stift [B2] *der; -(e)s, -e;* ein (Holz- oder Filz)Stift, mit dem man farbig (1) zeichnen oder malen kann ≈ Buntstift

Farb·stoff *der; -(e)s, -e;* eine Substanz, mit der man einer Sache eine besondere Farbe (1) geben kann ⟨pflanzliche Farbstoffe⟩

Fär·bung *die; -, -en* [1] eine Farbe, die (noch) nicht intensiv ist: *Die Haut nahm in der Sonne eine rötliche Färbung an* [2] *meist Singular;* das Färben (1) ⟨die Färbung eines Stoffes⟩

Farm *die; -, -en;* ein landwirtschaftlicher Betrieb *bes* in englischsprachigen Ländern || *hierzu* **Far·mer** *der; -s, -;* **Far·me·rin** *die; -, -nen*

-farm *die; -, -en; im Substantiv;* ein Betrieb, in dem die genannten Tiere in großer Zahl gehalten oder gezüchtet werden; **Geflügelfarm, Hühnerfarm, Schlangenfarm**

Farn *der; -(e)s, -e;* eine Pflanze mit Blättern ähnlich wie Federn, die an schattigen und feuchten Plätzen wächst und keine Blüten hat

Fa·san *der; -(e)s, -e(n);* ein mit dem Huhn verwandter großer (Wild)Vogel, dessen Männchen schöne, bunte Federn hat || [K] Fasanenjagd, Fasanenzucht

Fa·schier·te *das; -n; nur Singular;* Ⓐ ≈ Hackfleisch

Fa·sching *der; -s; nur Singular; bes südd* Ⓐ die Zeit (im Januar und Februar), in der (Masken)Bälle veranstaltet werden ≈ Karneval || [K] Faschingskostüm

Fa·schings·diens·tag *der; -(e)s, -e; bes südd* Ⓐ der letzte Tag des Faschings vor dem Aschermittwoch

Fa·schings·zug *der; -(e)s, -zü·ge; bes südd* Ⓐ ein Umzug (2) im Fasching, bei dem man Kostüme und Masken trägt

Fa·schis·mus *der; -; nur Singular; Politik* [1] eine totalitäre Herrschaft in einem extrem nationalistischen politischen System, in dem der Staat alles kontrolliert und die Opposition unterdrückt: *der Faschismus unter Mussolini* [2] die Ideologie, auf die sich der Faschismus (1) stützt || *hierzu* **Fa·schist** *der; -en, -en;* **Fa·schis·tin** *die; -, -nen;* **fa·schis·tisch** *Adjektiv*

Fa·ser *die; -, -n* [1] eine Art (feiner) Faden im (natürlichen) Gewebe von Pflanzen, Tieren oder Menschen || [K] Holzfaser, Muskelfaser [2] ein Faden, aus dem Gewebe für Textilien gemacht werden || [K] Baumwollfaser, Chemiefaser

Fas·nacht *die; -; bes* Ⓒⓗ ≈ Fasching

Fass *das; -es, Fäs·ser;* ein größerer Behälter (aus Holz, Metall oder Plastik), in dem *bes* Flüssigkeiten aufbewahrt werden: *ein Fass Bier, Wein* || [K] Bierfass, Holzfass || [ID] **ein Fass ohne Boden** eine Sache, für die man vergeblich immer mehr Geld oder Mühe aufwendet, ohne zu einem Erfolg zu kommen

Fas·sa·de *die; -, -n* [1] die äußere Seite eines Gebäudes, die zur Straße zeigt ⟨eine Fassade streichen⟩ || [K] Barockfassade, Glasfassade [2] *abwertend;* der äußere Eindruck, der anders als der (wahre) Charakter ist: *Seine Freundlichkeit ist nur Fassade*

fass·bar *Adjektiv; nicht als Adverb, meist in* **kaum/nicht/leicht/schwer fassbar** so, dass man es kaum/nicht/leicht/schwer verstehen kann ≈ kaum *usw* begreifbar, verständlich

fas·sen¹; *fasste, hat gefasst* [1] **jemanden/etwas fassen** eine Person/Sache (mit der Hand, den Händen) greifen und sie festhalten ↔ loslassen: *die Hand eines Kindes fassen; ein Kind bei der Hand fassen* [2] **irgendwohin fassen** jemanden/etwas mit der Hand berühren: *sich (Dativ) nachdenklich ans Kinn fassen; Das Kind hat an den Herd gefasst und sich verbrannt* [3] **jemanden fassen** *bes* einen Verbrecher finden und fangen: *Der Täter konnte noch nicht gefasst werden*

fas·sen²; *fasste, hat gefasst* [1] **etwas irgendwie/in etwas** (*Akkusativ*) **fassen** Gedanken oder Gefühle formulieren ≈ ausdrücken: *seine Gefühle in Worte fassen* [2] **etwas kaum/nicht fassen (können)** kaum/nicht verstehen, warum etwas geschehen ist: *Sie konnte (es) kaum fassen, dass sie im Lotto gewonnen hatte* [3] **einen Entschluss/Beschluss fassen** *förmlich;* sich entscheiden/etwas beschließen [4] **sich fassen** nach einem Schreck wieder ruhig werden: *sich nach einem Schock nur mühsam wieder fassen* || Hinweis: ↑ **kurzfassen**

fas·sen[3]; *fasste, hat gefasst;* **etwas fasst** + *Zahl/Menge/Volumen* + *Substantiv* etwas kann etwas als Inhalt aufnehmen: *Der Tank fasst 3000 Liter* || Hinweis: kein Passiv!

Fas·set·te *die; -, -n; meist Plural;* eine von vielen kleinen geschliffenen Flächen an einem Edelstein

Fas·sung[1] *die; -, -en;* eine Öffnung (in einer Lampe), in die man etwas so dreht, dass ein elektrischer Kontakt entsteht: *eine Glühbirne in die Fassung schrauben*

Fas·sung[2] *die; -; nur Singular;* die Fähigkeit, seine Gefühle (durch den Willen) zu beherrschen und sie nicht zu zeigen ⟨die Fassung bewahren, verlieren⟩: *Er ist durch nichts aus der Fassung zu bringen*

Fas·sung[3] *die; -, -en;* die sprachliche Form und der Inhalt eines Textes, Filmes *o.Ä.* ≈ Version: *Ich habe nur die deutsche Fassung des Films gesehen* || -K Originalfassung

fas·sungs·los *Adjektiv;* so überrascht oder geschockt, dass man nichts mehr sagen kann ⟨jemanden fassungslos anschauen⟩: *So viel Frechheit macht mich fassungslos*

Fas·sungs·ver·mö·gen *das; -s, -; nur Singular* **1** die Anzahl oder Menge von etwas (*meist* einer Flüssigkeit), die in einen Behälter oder Raum passt ≈ Kapazität: *Der Benzinkanister hat ein Fassungsvermögen von zehn Litern* **2** die Fähigkeit, etwas zu verstehen: *Diese komplizierten Rechenaufgaben übersteigen das Fassungsvermögen der Schüler*

fast A2 *Adverb* **1** verwendet vor Adjektiven und Adverbien, wenn die genannte Qualität oder Quantität nicht ganz erreicht wird ≈ beinahe: *Es war schon fast dunkel, als er nach Hause kam; Wir haben uns seit fast einem Jahr nicht mehr gesehen* **2** verwendet (mit Verben), wenn eine (mögliche oder wahrscheinliche) Handlung nicht eingetreten ist ≈ beinahe: *Ich wäre fast verzweifelt, wenn du mir nicht geholfen hättest*

fas·ten; *fastete, hat gefastet;* weniger oder (fast) nichts essen, um abzunehmen oder aus religiösen Gründen || K- Fasttag

Fas·ten·zeit *die; -, -en;* (in bestimmten Religionen) der Zeitraum, in dem man sich nach festen Regeln bewusst einschränkt (*bes* in Bezug auf Essen und Trinken): *Der Ramadan ist die Fastenzeit der Mohammedaner; Die Fastenzeit der Katholiken dauert von Aschermittwoch bis Ostern*

Fast·nacht *die; -;* die letzten Tage des Faschings/Karnevals (*bes* Rosenmontag und Faschingsdienstag)

fas·zi·nie·ren; *faszinierte, hat fasziniert;* **jemand/etwas fasziniert jemanden** jemand/etwas weckt bei jemandem großes Interesse und reizt zur Bewunderung: *Die Raumfahrt hat ihn seit Langem fasziniert* || *hierzu* **Fas·zi·na·ti·on** *die; -; nur Singular;* **fas·zi·nie·rend** *Adjektiv*

fa·tal *Adjektiv;* mit schlimmen Folgen ≈ verhängnisvoll ⟨ein Fehler, ein Irrtum; Folgen; in einer fatalen Lage sein⟩

fau·chen; *fauchte, hat gefaucht* **1** **(etwas) fauchen** etwas mit wütender Stimme und unfreundlich sagen: *„Hau endlich ab!", fauchte sie* **2** **ein Tier faucht** ein Tier macht Geräusche wie eine wütende Katze: *Der Tiger fauchte laut*

faul[1] B1 *fauler, faulst-; Adjektiv;* so (verdorben), dass man es nicht mehr essen oder brauchen kann ⟨ein Apfel, ein Ei; Fleisch, Wasser; etwas riecht faul⟩

faul[2] B1 *fauler, faulst-; Adjektiv;* ohne Lust, etwas zu tun, zu arbeiten oder aktiv zu sein ↔ fleißig: *morgens zu faul zum Aufstehen sein* || *hierzu* **Faul·heit** *die; -; nur Singular*

fau·len; *faulte, hat/ist gefault;* **etwas fault** etwas wird faul[1] ≈ etwas verfault ⟨Obst, Gemüse; die Zähne⟩

fau·len·zen; *faulenzte, hat gefaulenzt;* faul[2] sein: *Im Urlaub möchte ich nur in der Sonne liegen und faulenzen* || *hierzu* **Fau·len·zer** *der; -s, -;* **Fau·len·ze·rin** *die; -, -nen*

fau·lig *Adjektiv;* in einem faulen[1] Zustand oder mit faulem[1] Geruch ⟨Wasser; etwas riecht, schmeckt faulig, sieht faulig aus⟩

Fäul·nis *die; -; nur Singular;* der Zustand, in dem etwas faul[1] ist ⟨etwas geht in Fäulnis über⟩ || K- Fäulnisbakterien, Fäulniserreger

Faust *die; -, Fäus·te;* die geschlossene Hand ⟨eine Faust machen; mit der Faust drohen, auf den Tisch schlagen⟩ || ID **auf eigene Faust** *umg;* allein, ohne die Hilfe anderer: *Urlaub auf eigene Faust machen*

Faust|hand·schuh *der; -(e)s, -e;* ein warmer Handschuh, bei dem alle Finger außer dem Daumen in einer gemeinsamen Hülle stecken ↔ Fingerhandschuh

Fäust·ling *der; -s, -e* ≈ Fausthandschuh

Faust·re·gel *die; -, -n;* eine einfache Regel, die in vielen Fällen stimmt, jedoch nicht immer ganz präzise ist ⟨eine alte, bewährte, einfache Faustregel anwenden⟩

Fau·teuil [fo'tø:j] *der, das; -s, -s;* Ⓐ Ⓒⓗ ≈ Sessel

Fa·vo·rit [-v-] *der; -en, -en;* **Favorit (auf etwas** *(Akkusativ)*) der Teilnehmer an einem Wettkampf, der wahrscheinlich gewinnen wird ⟨klarer Favorit sein⟩ || *hierzu* **Fa·vo·ri·tin** *die; -, -nen*

Fạx [A1] *das; -, -e* **1** ein Gerät, mit dem man (durch die Leitungen des Telefons) Kopien von Briefen, Dokumenten *o.Ä.* senden und empfangen kann || [K-] Faxgerät, Faxnummer **2** eine Kopie, die per Fax (1) empfangen wird

fạ·xen [B2] *faxte, hat gefaxt;* **((jemandem) etwas) faxen** *umg;* (jemandem) eine Nachricht per Fax schicken

Fa·zit *das; -s, -s/-e; meist Singular; förmlich;* das abschließende Urteil über eine Sache ⟨ein Fazit ziehen⟩

FC [ɛf'tse:] *der; -; nur Singular; umg* ≈ Fußballklub

FDP [efde:'pe:] *die; -; nur Singular; (Abkürzung für* Freie Demokratische Partei) eine (liberale) politische Partei in Deutschland

Fe·ber *der; -s, -;* Ⓐ ≈ Februar

Feb·ru·ar [A1] ['fe:bruaːɐ̯] *der; -s, -e; meist Singular;* der zweite Monat des Jahres; *Abkürzung* Feb. ⟨im Februar; Anfang, Mitte, Ende Februar; am 1., 2., 3. Februar⟩

fẹch·ten; *ficht, focht, hat gefochten;* **(mit jemandem/gegen jemanden) fechten** mit einem Degen, Säbel *o.Ä.* gegen jemanden kämpfen || [K-] Fechtkampf || [-K] Degenfechten, Säbelfechten || *hierzu* **Fẹch·ter** *der; -s, -;* **Fẹch·te·rin** *die; -, -nen*

Fe·der[1] [B2] *die; -, -n;* eines der vielen leichten, feinen Dinge, die den Körper eines Vogels bedecken und ihn wärmen ⟨bunte Federn; ein Vogel sträubt die Federn⟩ || [K-] Federbett, Federkissen || [-K] Gänsefeder, Schwanzfeder || [ID] **sich mit fremden Federn schmücken** *abwertend;* die Leistungen von anderen als seine eigenen bezeichnen und damit prahlen

Feder

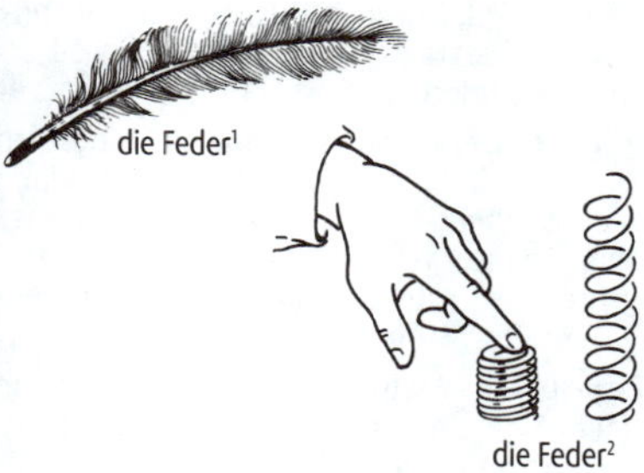

Fe·der[2] [B2] *die; -, -n;* ein Teil aus Metall *(meist in* Form einer Spirale), das sich beim Drücken oder Ziehen bewegt || [-K] Matratzenfeder, Uhrfeder

Fe·der·ball *der; -(e)s, -bäl·le;* ein kleiner, leichter Gegenstand in Form einer runden Kappe, an der Federn[1] *o.Ä.* (kreisförmig) angeordnet sind. Der Federball wird *meist* von zwei Personen mit Schlägern (über ein Netz) hin und her gespielt || [K-] Federballnetz, Federballschläger **2** *meist ohne Artikel;* ein Spiel, bei dem *meist* zwei Personen mit Schlägern einen Federball (1) (über ein Netz) hin und her spielen ⟨Federball spielen⟩ || [K-] Federballmatch, Federballspiel || Hinweis: Die Sportart heißt im Wettkampf *Badminton*

Fe·der·mäpp·chen [B2] *das; -s, -;* ein flaches, länglicher Behälter, in dem *bes* Schüler ihre Bleistifte, Füller, Kugelschreiber *o.Ä.* aufbewahren

fe·dern; *federte, hat gefedert* **1** **etwas federn** etwas mit Federn[2] versehen: *ein schlecht gefedertes Sofa* || Hinweis: *meist* im Partizip Perfekt **2** **etwas federt** etwas verändert seine Form unter Druck und geht wieder in seine ursprüngliche Stellung zurück, wenn der Druck nachlässt ⟨ein Sprungbrett⟩

Fee *die; -, -n* ['fe:ən]; *meist* eine (schöne) Frau im Märchen, die alle Wünsche erfüllen kann ⟨eine gute, böse Fee erscheint jemandem⟩ || [K-] Feenreich

Fe·ge·feu·er *das; -s; nur Singular;* ein Ort, an dem (nach katholischem Glauben) die Menschen nach ihrem Tod die kleineren Sünden büßen müssen, bevor sie in das Paradies kommen

fe·gen; *fegte, hat gefegt;* **1** **etwas fegen** etwas sauber machen, indem man (mit einem Besen *o.Ä.*) den Staub und Schmutz entfernt ≈ kehren[2] ⟨den Fußboden fegen⟩ **2** Ⓒⓗ ≈ putzen reinigen ⟨Töpfe⟩

fehl *Adjektiv; nur in* **1** **etwas ist fehl am Platz(e)** etwas passt an einem Ort, in einer Situation nicht **2** **jemand ist/fühlt sich irgendwo fehl am Platz(e)** jemand sollte irgendwo nicht sein oder fühlt sich irgendwo fremd, nicht wohl

Fehl- *im Substantiv;* verwendet, um auszudrücken, dass das Genannte nicht richtig ist; der **Fehlalarm**, die **Fehlbesetzung** ⟨einer Filmrolle, einer Stelle⟩, die **Fehldiagnose** ⟨eines Arztes⟩, die **Fehlentscheidung** ⟨eines Schiedsrichters⟩, die **Fehlinformation** ⟨der Öffentlichkeit durch die Presse⟩

Fehl·an·zei·ge *die; -, -n; meist Singular; umg;* verwendet, um eine Frage negativ zu beantworten, zu verneinen: *„Ist er in diesem Zimmer?" - „Nein, Fehlanzeige!"*

Fehl·be·trag *der; -(e)s, -trä·ge; Verwaltung;* eine Summe Geld, die in der Kasse fehlt ≈ Defizit: *In der Kasse ist ein Fehlbetrag von hundert Euro*

feh·len A2 *fehlte, hat gefehlt* **1** **etwas/jemand fehlt** etwas/jemand ist nicht (mehr) da: *Am Mantel fehlt ein Knopf; Die Kinder haben zwei Tage im Unterricht gefehlt* **2** **etwas fehlt jemandem** jemand hat etwas nicht, das er braucht: *Mir fehlt das Geld für eine Urlaubsreise* **3** **jemand fehlt jemandem** *umg;* jemand fühlt, wie sehr er den anderen braucht ≈ jemand vermisst jemanden: *„Komm bald nach Hause, du fehlst mir sehr!"* **4** **es fehlt (jemandem) an etwas** *(Dativ)* etwas ist nicht (ausreichend) vorhanden: *Mir fehlt es am nötigen Geld für ein Auto* || ID **Das hat/Du hast mir gerade noch gefehlt!** *ironisch;* das passt nicht in meine Pläne, das/dich kann ich jetzt nicht gebrauchen; **Fehlt dir was?** *umg;* bist du krank, hast du Schmerzen?

Feh·ler A2 *der; -s, -;* **1** etwas, das falsch (1,2) ist ⟨ein grober, schwerer Fehler; einen Fehler machen⟩: *Die Ursache des Unglücks war ein technischer Fehler* || K- Fehleranalyse || -K Druckfehler, Rechenfehler **2** ein falsches (2) Verhalten jemandem gegenüber ⟨einen Fehler wiedergutmachen⟩: *Es war ein Fehler (von mir), ihn so anzuschreien* **3** eine schlechte Eigenschaft oder ein körperlicher Mangel: *Jeder Mensch hat seine Fehler* || K- fehlerfrei, fehlerlos || -K Sehfehler, Sprachfehler || *zu* 1 **feh·ler·haft** *Adjektiv*

Feh·ler·quel·le *die; -, -n;* etwas, das zu einem Fehler (1) führt, die Ursache eines Fehlers ⟨eine Fehlerquelle ermitteln, ausschalten⟩

Fehl·ge·burt *die; -, -en; meist* **eine Fehlgeburt haben** (als Frau) einen Embryo gebären, der noch nicht fähig ist, außerhalb des Bauchs der Mutter zu leben

Fehl·griff *der; -(e)s, -e; meist* **(mit jemandem/etwas) einen Fehlgriff tun** eine Entscheidung treffen, die nicht richtig ist *(z.B.* beim Kauf von etwas oder der Anstellung von jemandem)

Fehl·kon·struk·ti·on *die; -, -en;* ein Gerät, ein Bauwerk mit technischen Fehlern

fehl·schla·gen; *schlägt fehl, schlug fehl, ist fehlgeschlagen;* **etwas schlägt fehl** etwas ist ein Misserfolg, gelingt nicht: *Alle seine Versuche, sich mit ihr zu versöhnen, schlagen fehl* || *hierzu* **Fehl·schlag** *der; -(e)s, -schlä·ge*

Fehl·start *der; -(e)s, -s* **1** ein zu frühes Starten eines Teilnehmers bei einem Rennen (was dazu führt, dass der Start wiederholt wird) ⟨einen Fehlstart verursachen⟩ **2** ein misslungener Start eines Flugzeugs oder einer Rakete

Fehl·tritt *der; -(e)s, -e* **1** ein ungeschickter Schritt (der *z.B.* zu einem Sturz führt) **2** eine Tat, die moralisch falsch ist

Fei·er *die; -, -n;* ≈ Fest ⟨eine öffentliche, private Feier; eine Feier im kleinen Kreis⟩ || -K Abschiedsfeier, Familienfeier, Geburtstagsfeier || ID **zur Feier des Tages** aus Anlass des heutigen besonderen Tages

Fei·er·abend B2 *der; -(e)s, -e* **1** das Ende der täglichen Arbeitszeit ≈ Dienstschluss ⟨Feierabend haben, machen⟩: *Um fünf Uhr ist in der Fabrik Feierabend* **2** die Zeit nach der täglichen beruflichen Arbeit *(meist* der Abend): *Am Feierabend liest und musiziert er immer* || K- Feierabendbeschäftigung || ID **Jetzt ist aber Feierabend!** *umg;* jetzt ist Schluss damit!, jetzt habe ich genug davon!

fei·er·lich *Adjektiv* **1** ernst und mit Würde ⟨eine Rede, eine Zeremonie, eine Stimmung⟩ **2** mit großem Ernst und starker Betonung ⟨etwas feierlich geloben, erklären⟩ || ID **Das ist (ja/schon) nicht mehr feierlich!** *umg;* das ist schlecht und nicht mehr gut zu ertragen ↔ das geht zu weit

Fei·er·lich·kei·ten *die; -; Plural;* feierliche (1) Handlungen, eine Reihe von Feiern: *Die Feierlichkeiten anlässlich der Krönung ziehen sich über mehrere Tage hin* || -K Begräbnisfeierlichkeiten, Hochzeitsfeierlichkeiten

fei·ern A2 *feierte, hat gefeiert* **1** **etwas feiern** wegen eines besonderen Ereignisses ein Fest machen ⟨(den) Geburtstag, (die) Hochzeit, Weihnachten feiern⟩ **2** **jemanden feiern** jemanden ehren, indem man ihn (öffentlich) lobt (und ein Fest für ihn macht) ⟨den Gewinner feiern⟩

Fei·er·tag B1 *der; -(e)s, -e;* ein Tag, an dem man nicht arbeiten muss (weil er an ein wichtiges religiöses oder geschichtliches Ereignis erinnert) ↔ Werktag ⟨ein kirchlicher, ein gesetzlicher Feiertag⟩ || -K Nationalfeiertag

feig, fei·ge B1 *Adjektiv* **1** ohne Mut, ängstlich ↔ tapfer: *Er ist zu feig, um seine Meinung offen zu sagen* **2** so, dass der Angegriffene keine Chance hat, zu fliehen oder sich zu wehren ⟨ein Attentat, ein Mord, ein Mörder⟩ || *hierzu* **Feig·heit** *die; -; nur Singular*

Fei·ge *die; -, -n;* eine weiche, süße Frucht von einem Baum, der in warmen Ländern wächst: *getrocknete Datteln und Feigen*

Die Feiertage in Deutschland

Die gesetzlichen Feiertage in Deutschland sind von Bundesland zu Bundesland unterschiedlich. Ob ein kirchlicher Feiertag in einer bestimmten Gemeinde oder Region auch gesetzlicher Feiertag ist, hängt von der religiösen Tradition (evangelisch oder katholisch) des betreffenden Gebietes ab. Bewegliche Feiertage sind nicht an ein festes Datum gebunden. Die wichtigsten Feiertage sind:

Neujahr*	1. Januar
Heilige Drei Könige	6. Januar (katholisch)
Karfreitag	Freitag vor Ostern
Ostersonntag	beweglicher Feiertag
Ostermontag	beweglicher Feiertag
Maifeiertag, Tag der Arbeit	1. Mai
Christi Himmelfahrt	Donnerstag 39 Tage nach Ostern (katholisch)
Pfingstsonntag	50. Tag nach Ostern
Pfingstmontag	51. Tag nach Ostern
Fronleichnam	Donnerstag 60 Tage nach Ostern (katholisch)
Mariä Himmelfahrt	15. August (katholisch)
Tag der deutschen Einheit	3. Oktober, Nationalfeiertag
Reformationstag	31. Oktober (evangelisch)
Allerheiligen	1. November
Buß- und Bettag**	Mittwoch 11 Tage vor Advent (evangelisch)
Heiligabend	24. Dezember, kein offizieller Feiertag
1. Weihnachtsfeiertag	25. Dezember
2. Weihnachtsfeiertag	26. Dezember
Silvester	31. Dezember, kein offizieller Feiertag

(*) Die Feiertage, die in blauer Schrift stehen, gelten in ganz Deutschland.
(**) Der **Buß- und Bettag** ist seit 1995 nur noch in Sachsen gesetzlicher Feiertag.

LANDESKUNDE

Feig·ling *der; -s, -e; abwertend;* jemand, der Angst hat und nicht wagt, etwas zu tun

Fei·le *die; -, -n;* ein Stab aus Metall mit vielen kleinen Zähnen (und Rillen), mit dem man die Oberfläche (von Holz, Eisen *usw*) glatt macht

fei·len; *feilte, hat gefeilt* 1 **(etwas) feilen** etwas mit einer Feile bearbeiten ⟨ein Eisenstück feilen; sich (*Dativ*) die Fingernägel feilen⟩ 2 **an etwas** (*Dativ*) **feilen** *umg;* immer wieder an einem Text arbeiten, um ihn zu verbessern: *Er feilt schon seit Tagen an seiner Rede*

feil·schen; *feilschte, hat gefeilscht;* **(mit jemandem) (um etwas) feilschen** lange über den Kaufpreis einer Sache verhandeln (in der Absicht, den Preis zu senken): *Wir wollen doch nicht um ein paar Euro feilschen!*

fein A1 *Adjektiv* 1 sehr dünn ↔ grob (1), dick ⟨Haar, eine Linie⟩ 2 aus sehr kleinen Teilchen (bestehend) ↔ grob (2) ⟨Mehl, Sand; fein gemahlener Kaffee⟩ 3 fähig, auch leise Geräusche, schwache Gerüche und Eindrücke wahrzunehmen ⟨ein Gehör, eine Nase; ein feines Gespür für etwas haben⟩ 4 ⟨Humor, Ironie⟩ so, dass man sie nur bei genauer Betrachtung bemerkt: *feine Unterschiede* 5 von sehr guter Qualität ⟨Gebäck, Seife⟩ 6 ≈ vornehm, elegant ⟨eine Dame, ein Herr⟩ 7 (*bes* als Lob verwendet) nett, anständig: *Er ist ein feiner Mensch/Kerl* 8 *umg;* verwendet, wenn etwas als positiv beschrieben wird: *Das hast du fein gemacht*

Feind B1 *der; -(e)s, -e* 1 eine Person, die man hasst und der man schaden will ↔ Freund ⟨sich (*Dativ*) Feinde/sich (*Dativ*) jemanden zum Feind machen⟩ 2 *nur Singular;* die Menschen oder Soldaten eines Staates, mit dem ein Land Krieg führt ⟨den Feind angreifen, besiegen⟩ || K- Feindesland || -K Staatsfeind || *zu* 1 **Fein·din** *die; -, -nen*

Feind·bild *das; -(e)s, -er;* bestimmte negative Vorstellungen, die man von einer Person oder Gruppe hat ⟨ein festes Feindbild haben⟩

feind·lich *Adjektiv* 1 wie ein Gegner, Feind

⟨jemandem feindlich gesinnt sein⟩ **2** so, dass man dagegen ist ≈ ablehnend ⟨eine feindliche Haltung, Einstellung (gegen jemanden/jemandem gegenüber)⟩ **3** vom Gegner (gesandt, gemacht *usw*) ⟨Truppen, ein Angriff⟩

-feind·lich *im Adjektiv* **1** mit einer negativen Einstellung, Haltung zur genannten Person/Sache ↔ -freundlich (1); **ausländerfeindlich, fortschrittsfeindlich, frauenfeindlich** **2** schlecht für die genannte Person/Sache ↔ -freundlich (2); **familienfeindlich** ⟨eine Regelung⟩, **kommunikationsfeindlich** ⟨eine Situation⟩, **lebensfeindlich** ⟨eine Umgebung⟩

Feind·schaft *die; -, -en; meist Singular;* **Feindschaft zwischen** ⟨Personen⟩ eine Beziehung zwischen zwei oder mehreren Personen, die durch Hass und Aggression gekennzeichnet ist ↔ Freundschaft ⟨mit jemandem in Feindschaft leben⟩

feind·se·lig *Adjektiv;* von einer starken Abneigung oder von Hass erfüllt ≈ feindlich (1) ⟨ein Verhalten, jemanden feindselig ansehen, behandeln⟩

Feind·se·lig·keit *die; -, -en* **1** *nur Singular;* feindseliges Verhalten ⟨jemandem mit offener Feindseligkeit gegenübertreten⟩ **2** *nur Plural; förmlich beschönigend;* Kämpfe (im Krieg) ≈ Kampfhandlungen ⟨die Feindseligkeiten eröffnen, einstellen⟩: *An der Grenze kam es zu Feindseligkeiten*

fein·füh·lig *Adjektiv;* sehr sensibel (für die Gefühle anderer Menschen): *Er ist ein feinfühliger Mensch* || *hierzu* **Fein·ge·fühl** *das; -(e)s; nur Singular*

fein·ge·mah·len ↑ **fein** (2)

Fein·heit *die; -, -en* **1** *nur Singular;* die Eigenschaft, fein zu sein: *die Feinheit des Sandes, des Schals, ihres Humors* **2** *meist Plural;* die Einzelheiten einer Sache: *die Feinheiten der französischen Aussprache*

Fein·kost *die; -; nur Singular* ≈ Delikatessen || K- Feinkostgeschäft, Feinkostladen

Fein·me·cha·nik *die; -; nur Singular;* ein Gebiet der Technik, das sich mit der Herstellung von komplizierten mechanischen, elektrischen oder optischen Geräten (*z.B.* von Mikroskopen) befasst

Fein·schme·cker *der; -s, -;* jemand, der gern sehr gute, raffiniert zubereitete Speisen isst ≈ Gourmet || K- Feinschmeckerlokal || *hierzu* **Fein·schme·cke·rin** *die; -, -nen*

fein·sin·nig *Adjektiv;* intelligent und sensibel ⟨ein Künstler⟩

Fein·staub *der; -(e)s, -stäu·be;* Staub in der Luft, der so fein ist, dass man ihn nicht sieht. Feinstaub schadet der Lunge, wenn man ihn einatmet

Fein·wä·sche *die; -; nur Singular;* Wäsche (*z.B.* aus Wolle oder Seide), die man bei niedrigen Temperaturen vorsichtig und schonend waschen muss

Feld B2 *das; -(e)s, -er* **1** eine abgegrenzte Fläche Land, die von einem Bauern bearbeitet wird ≈ Acker ⟨das Feld pflügen, abernten⟩ || K- Feldarbeit, Feldweg || -K Kartoffelfeld, Maisfeld, Tulpenfeld **2** ein Teil einer Fläche (*z.B.* eines Formulars, eines Schachbretts), der von anderen Teilen abgegrenzt ist: *die Felder eines Formulars ausfüllen; das Schachbrett hat 64 Felder* **3** eine Fläche, die für (Ball)Spiele genutzt wird ≈ Spielfeld || -K Fußballfeld, Spielfeld **4** *nur Singular;* (*bes* in der Wissenschaft oder Forschung) ein thematischer Bereich, mit dem sich jemand beschäftigt: *das Feld der Psychologie, Wirtschaft* || -K Tätigkeitsfeld || ID **Das ist ein weites Feld** verwendet, um auszudrücken, dass über das Thema noch sehr viel zu sagen wäre; **das Feld räumen** sich zurückziehen (weil man in einem Kampf oder einem Streit besiegt worden ist)

Feld·sa·lat *der; -(e)s; nur Singular;* eine Pflanze mit kleinen ovalen grünen Blättern, die man als Salat isst

Fel·ge *die; -, -n;* der Teil eines Rades, auf dem der Reifen festgemacht ist || -K Zierfelge

Fell *das; -(e)s, -e* **1** *meist Singular;* die dicht wachsenden Haare, die den Körper mancher Tiere bedecken: *Die Katze hat ein weiches, seidiges Fell* **2** die Haut eines Tieres mit den (dichten) Haaren, die darauf wachsen ⟨einem Tier das Fell abziehen⟩ || K- Felljacke || -K Bärenfell, Lammfell || ID **jemandem das Fell über die Ohren ziehen** *umg;* jemanden (um sein Geld) betrügen; **ein dickes Fell haben** *umg;* nicht auf Kritik *usw* reagieren

Fels *(der); nur Singular, indeklinabel;* eine große und sehr harte Masse aus Stein: *eine in Fels gehauene Treppe*

Fel·sen *der; -s, -;* ein großer Block aus festem Stein (*z.B.* an der Küste des Meeres): *Sie kletterte auf einen Felsen und bewunderte die Aussicht* || K- Felsenküste || -K Kreidefelsen

fel·sen·fest *Adjektiv;* ganz fest ≈ unerschütterlich ⟨ein Entschluss, ein Glauben, eine Meinung, eine Überzeugung; felsenfest an etwas glauben, von etwas überzeugt sein⟩

fel·sig *Adjektiv; nicht als Adverb* **1** mit vielen Felsen ⟨ein Gelände, ein Weg⟩ **2** aus Fels ⟨ein Gipfel⟩

fe·mi·nin *Adjektiv* **1** *förmlich;* (auf positive Art) typisch für Frauen: *Sie hat eine sehr feminine Stimme* **2** *Sprachwissenschaft* ≈ weiblich (6) ⟨ein Substantiv, der Artikel⟩

fe·mi·nis·tisch *Adjektiv;* mit dem Ziel, für gleiche Chancen der Frauen zu sorgen || *hierzu* **Fe·mi·nis·mus** *der; -; nur Singular*

Fen·chel *der; -s; nur Singular;* eine Pflanze mit dicken weißen Knollen, die intensiv riecht und die man als Gemüse oder Salat isst (und deren Samen man als Tee verwendet) || K- Fenchelgemüse, Fenchelsalat, Fencheltee

Fens·ter A1 *das; -s, -;* **1** das Glas, das *bes* in einem Haus eine Öffnung schließt, durch die das Licht kommt ⟨aus dem Fenster sehen; das Fenster öffnen, schließen; das Fenster steht offen, bleibt geschlossen⟩ || K- Fensterrahmen, Fensterscheibe || -K Autofenster, Dachfenster, Kellerfenster, Küchenfenster **2** *Informatik;* ein Feld (eine Benutzeroberfläche auf dem Monitor des Computers), in das man einen Text schreiben kann ⟨ein Fenster anklicken, öffnen, schließen⟩

Fens·ter·bank *die; -, -bän·ke* ≈ Fensterbrett

Fens·ter·brett *das; -(e)s, -er;* eine schmale Platte aus Holz, Metall oder Stein am unteren Ende des Fensters: *Blumentöpfe auf das Fensterbrett stellen*

Fens·ter·platz B2 *der; -es, -plät·ze;* ein Sitzplatz neben dem Fenster, *z.B.* im Bus oder Zug ⟨einen Fensterplatz haben, reservieren⟩

Fe·ri·en A1 [-i̯ən] *die; -; Plural* **1** der Zeitraum, in dem *bes* Schulen geschlossen sind: *Wann habt ihr in Hessen Ferien?* || K- Ferienjob, Ferienzeit || -K Sommerferien **2** ≈ Urlaub: *Wir machen diesmal Ferien am Meer* || K- Ferienhaus, Ferienreise, Ferienwohnung **3** **die großen Ferien** die langen Ferien (1) im Sommer ≈ Sommerferien

Die Ferien

Die Schulferien sind in Deutschland über das ganze Jahr verteilt und von Bundesland zu Bundesland unterschiedlich. Im Allgemeinen gibt es vier bis sechs Ferienzeiten:

1. Die **Weihnachtsferien**: etwa zwei Wochen, im Dezember und Januar
2. Die **Winterferien**: eine oder zwei Wochen, im Januar und/oder Februar, nur in einigen Bundesländern
3. Die **Osterferien**: ein bis drei Wochen, im März und/oder April
4. Die **Pfingstferien**: bis zu zwei Wochen, im Mai und/oder Juni, nur in einigen Bundesländern
5. Die **Sommerferien**: fünf bis sechs Wochen, zwischen Juni und Anfang September
6. Die **Herbstferien**: eine oder zwei Wochen, im Oktober und/oder November

LANDESKUNDE

Fe·ri·en·kurs *der; -es, -e;* ein Lehrgang, der man während der Ferien oder des Urlaubs macht: *ein Ferienkurs in Italienisch*

Fe·ri·en·la·ger *das; -s, -;* ein (Zelt)Lager, in dem Jugendliche ihre Ferien zusammen verbringen

Fer·kel *das; -s, -;* **1** ein junges Schwein: *Die Ferkel quieken* || K- Ferkelzucht **2** *salopp;* verwendet als Schimpfwort für jemanden, der schmutzig oder unordentlich ist: *„Wasch dir mal die Hände, du Ferkel!"*

fern *Adjektiv* **1** **fern (von jemandem/etwas)** räumlich weit entfernt ↔ nahe ⟨Länder; etwas von fern beobachten, hören⟩: *Von fern sah man den Zug kommen* **2** zeitlich weit entfernt ↔ nahe ⟨in ferner Vergangenheit, Zukunft⟩ || Hinweis: ↑ **fernhalten**

-fern *im Adjektiv;* verwendet, um auszudrücken, dass jemand/etwas keinen Bezug zu dem Genannten hat ≈ -fremd ↔ -nah; **gegenwartsfern** ⟨eine Utopie⟩, **lebensfern** ⟨eine Illusion⟩, **praxisfern** ⟨ein Studium⟩

Fern·be·die·nung *die; -, -en;* ein kleines technisches Gerät, mit dem man ein anderes Gerät (*z.B.* einen Fernsehapparat) von Weitem bedienen, steuern kann

fern·blei·ben; *blieb fern, ist ferngeblieben;* **etwas** (*Dativ*) **fernbleiben** *Verwaltung;* (absichtlich) nicht an etwas (*Akkusativ*) teilnehmen ⟨der Arbeit, dem Unterricht fernbleiben⟩

Fer·ne *die; -; nur Singular* **1** eine große räumliche Distanz (von einem Punkt aus gesehen) ↔ Nähe: *In der Ferne sieht man die Berge* **2** **in weiter Ferne** (von einem bestimmten Zeitpunkt aus gesehen) weit in der Vergangenheit oder Zukunft: *Das Ende der Krise liegt noch in weiter Ferne*

fer·ner *Konjunktion; förmlich* ≈ außerdem, des Weiteren: *Für das Dessert brauchen Sie Erdbeeren und Zucker, ferner Sahne und ...* || ID **unter „ferner liefen"** ⟨erscheinen, rangieren⟩ *bes* in einem Wettbewerb nur einen sehr schlechten Platz erreichen: *Unsere Mannschaft rangierte unter „ferner liefen"*

Fern·fah·rer *der; -s, -;* jemand, der beruflich mit dem Lastwagen weite Strecken fährt || *hierzu* **Fern·fah·re·rin** *die; -, -nen*

F

Fẹrn·ge·spräch [E2] *das; -(e)s, -e;* das Telefonieren mit jemandem, der in einer anderen Stadt (mit einer anderen Nummer als Vorwahl) ist

Fẹrn·glas *das; -es, -glä·ser;* ein optisches Gerät (mit zwei Rohren), durch das man Menschen und Dinge in der Ferne größer sieht als mit bloßem Auge: *ein Rennen durch ein Fernglas verfolgen*

F

fẹrn·hal·ten; *hält fern, hielt fern, hat ferngehalten; förmlich;* **1** **jemanden/etwas (von jemandem/etwas) fernhalten** verhindern, dass jemand/etwas mit jemandem/etwas in Kontakt kommt: *die Kinder von dem Kranken fernhalten* **2** **sich (von jemandem/etwas) fernhalten** bewusst nicht zu jemandem oder an einen bestimmten Ort gehen ≈ jemanden/etwas meiden

Fẹrn·licht *das; -(e)s; nur Singular;* das Licht der Scheinwerfer eines Autos, das am weitesten leuchtet ↔ Abblendlicht ⟨das Fernlicht einschalten, ausschalten⟩

Fẹrn·rohr *das; -(e)s, -e;* eine Art sehr großes Fernglas mit nur einem Rohr ≈ Teleskop: *den Mond durch ein Fernrohr betrachten*

fẹrn·se·hen [A2] *sieht fern, sah fern, hat ferngesehen;* Sendungen im Fernsehen ansehen: *Kinder sollen nicht stundenlang fernsehen*

Fẹrn·se·hen [A2] *das; -s; nur Singular* **1** eine technische Anlage, die Filme, Nachrichten *usw.* also Bild und Ton sendet ≈ Television, TV || [K-] Fernsehantenne, Fernsehapparat, Fernsehgerät || [-K] Farbfernsehen **2** das Programm, das man im Fernsehen, TV sieht: *Was gibt es heute Abend im Fernsehen?* || [K-] Fernsehfilm, Fernsehsender, Fernsehsendung, Fernsehserie

Fẹrn·se·her [A2] *der; -s, -; umg;* ein Gerät, mit dem man die Sendungen des Fernsehens empfangen kann ≈ Fernsehapparat, Fernsehgerät ⟨ein tragbarer Fernseher⟩ || [-K] Farbfernseher

Fẹrn·sicht *die; -; nur Singular;* die weite Sicht, die man (von einem Berg, Turm, Flugzeug aus) hat: *Im Spätherbst herrscht im Gebirge oft gute Fernsicht*

fẹrn·steu·ern; *steuerte fern, hat ferngesteuert;* **etwas fernsteuern** einen Apparat oder ein Fahrzeug (durch ein elektronisches) Gerät aus der Entfernung steuern ⟨einen Satelliten, eine Rakete fernsteuern⟩ || *hierzu* **Fẹrn·steu·e·rung** *die; -, -en*

Fẹrn·ver·kehr *der; -(e)s; nur Singular;* die Fahrzeuge, die Personen oder Güter über große Entfernungen transportieren || [K-] Fernverkehrsstraße

Fẹrn·weh *das; -s; nur Singular;* Sehnsucht danach, in andere Länder zu reisen ⟨Fernweh haben⟩

Fẹr·se *die; -, -n* **1** der hinterste Teil des Fußes (*bes* beim Menschen): *sich einen Dorn in die Ferse treten* || ↑ Abbildung unter **Fuß** **2** der Teil eines Strumpfes, der die Ferse (1) bedeckt || [ID] **jemandem auf den Fersen bleiben**; **sich an jemandes Fersen heften** nicht aufhören, jemandem zu folgen, jemanden zu verfolgen

fẹr·tig [A1] *Adjektiv* **1** *meist nach dem Substantiv;* ganz vorbereitet und bereit, etwas zu tun ⟨sich/etwas (für etwas) fertig machen⟩: *zur Abreise fertig sein; nicht rechtzeitig fertig werden; sich für eine Party fertig machen* || [-K] reisefertig **2** als Ganzes abgeschlossen, vollständig hergestellt ⟨mit etwas fertig sein, werden; etwas fertig machen⟩: *Den Bericht muss ich bis morgen fertig machen; Bist du mit deinen Aufgaben fertig?; „Kommt bitte zu Tisch. Das Essen ist fertig."* **3** *meist nach dem*

▶ Fernsehen und Radio

In Deutschland gibt es zwei öffentliche Fernsehsender, die landesweit senden: Die **ARD**, auch das erste Programm oder das Erste genannt, und das **ZDF** oder zweite Programm. Die sogenannten dritten Programme sind regionale Programme (z.B. **Westdeutscher Rundfunk WDR**, **Südwestfunk SWR**, **Norddeutscher Rundfunk NDR und Bayerischer Rundfunk BR**).

3sat ist ein Gemeinschaftsprogramm von ARD, ZDF, dem österreichischen **ORF** und dem Schweizer **SRG**. **ARTE** wurde von der französischen und deutschen Regierung geschaffen.
Private Sender sind zum Beispiel **SAT.1**, **RTL**, **ProSieben**, **VOX** und **kabel eins**.

Die Mitglieder der ARD bieten auch eigene Radioprogramme an. Daneben gibt es den staatlichen Sender **Deutschlandradio**, die **Deutsche Welle**, einen internationalen Sender, und eine Vielzahl privater Radiostationen.In Deutschland muss von jedem Haushalt, der ein Radio- oder Fernsehgerät besitzt, eine Rundfunk- und Fernsehgebühr an die **GEZ** (**Gebühreneinzugszentrale**) bezahlt werden, die der Finanzierung der öffentlichen Sender dient.

LANDESKUNDE ◀

Substantiv; umg; müde und erschöpft: *Nach der Rennerei war ich völlig fertig* **4** **mit jemandem fertig sein** *umg;* keinen (freundschaftlichen) Kontakt mehr mit jemandem haben wollen **5** **mit jemandem fertig werden** *umg;* (im Streit) der Stärkere bleiben; **6** **mit etwas nicht fertig werden** *umg;* etwas seelisch nicht ertragen können: *Er wird mit der Trennung von seiner Frau einfach nicht fertig* || Hinweis: ↑ **fertigbekommen**, **fertigbringen** *usw*

-fer·tig *im Adjektiv;* so, dass die genannte Tätigkeit sofort oder ohne weitere Vorbereitungen ausgeführt werden kann; **bezugsfertig** ⟨eine Wohnung⟩, **druckfertig** ⟨ein Manuskript⟩, **kochfertig** ⟨eine Speise⟩, **versandfertig** ⟨eine Ware⟩

fẹr·tig·be·kom·men *(hat)* ↑ **fertigbringen**

fẹr·tig·brin·gen; *brachte fertig, hat fertiggebracht; umg* **1** **etwas fertigbringen** etwas Schwieriges, ganz Besonderes oder Seltenes schaffen, tun können: *Er hat es fertiggebracht, 10 km zu schwimmen* **2** **es (nicht) fertigbringen + zu** *+ Infinitiv;* (nicht) fähig sein, etwas zu tun, was einen anderen verletzt: *Sie brachte es nicht fertig, ihm die Wahrheit zu sagen* || Hinweis: *meist* verneint

Fẹr·tig·ge·richt *das; -(e)s, -e;* ein fertig gekochtes Essen, das man kauft und das man nur noch warm macht

Fẹr·tig·haus *das; -es, -häu·ser;* ein Haus, das man aus großen fertigen Bauteilen in kurzer Zeit zusammensetzt

Fẹr·tig·keit *die; -, -en;* die Fähigkeit, etwas gut und rasch tun zu können ⟨eine Fertigkeit erlangen⟩

fẹr·tig·krie·gen *(hat)* ↑ **fertigbringen**

fẹr·tig·ma·chen; *machte fertig, hat fertiggemacht* **1** **jemanden/sich (fix- und) fertigmachen** *umg;* bewirken, dass jemand/man selbst verzweifelt oder körperlich erschöpft ist: *Dieser ständige Stress macht mich fix und fertig* **2** **jemanden (fix- und) fertigmachen** *umg;* jemanden scharf kritisieren: *Der Lehrer hat ihn völlig fertiggemacht* **3** **jemanden fertigmachen** *salopp;* jemanden brutal schlagen oder töten || Hinweis: aber: *die Arbeit, sich zum Ausgehen fertig machen* (= getrennt geschrieben)

fẹr·tig·stel·len, fẹr·tig stel·len; *stellte fertig, hat fertiggestellt/fertig gestellt;* **etwas fertigstellen** etwas (das gebaut, produziert wird) zu Ende bringen, abschließen: *den Neubau des Theaters fertigstellen*

fẹr·tig·wer·den *(hat)* ↑ **fertig** (2,5,6)

Fẹs·sel *die; -, -n; meist Plural;* eine Kette oder ein Strick, mit denen man jemanden fesselt ⟨jemanden in Fesseln legen; jemandem die Fesseln abnehmen⟩

fẹs·seln; *fesselte, hat gefesselt* **1** **jemanden (an etwas** *(Dativ/Akkusativ)*) **fesseln** jemandes Arme, Beine so (zusammen)binden, dass er sich nicht mehr bewegen kann ⟨jemanden an Händen und Füßen fesseln⟩: *Sie fesselten ihn an einen Baum* **2** **etwas fesselt jemanden** etwas interessiert jemanden so stark, dass er sich ganz darauf konzentriert: *Der Reisebericht fesselte ihn*

fẹst B1 *fester, festest-; Adjektiv* **1** nicht flüssig oder in Form von Gas ⟨ein Brennstoff, eine Nahrung⟩ || K- Feststoff **2** so haltbar, dass es nicht reißt oder bricht ≈ stabil ⟨Gestein, ein Material⟩: *Für die Wanderung braucht man feste Schuhe* **3** in engem Kontakt und so, dass es sich nicht löst ↔ locker, lose ⟨ein Knoten, ein Verband; etwas fest verbinden⟩: *sich fest in eine Decke wickeln* **4** sicher und energisch ⟨ein Blick; mit fester Stimme sprechen⟩ **5** so, dass es gleich bleibt und sich nicht ändert: *sich an feste Regeln, Termine halten; Sie hat einen festen Freundeskreis; Sind die Preise fest oder variabel?* || zu 2-4 **Fẹs·tig·keit** *die; -; nur Singular*

Fẹst B1 *das; -(e)s, -e;* eine Veranstaltung, bei der sich Personen treffen, um miteinander fröhlich zu sein ≈ Feier ⟨ein fröhliches, gelungenes Fest; ein Fest feiern⟩ || K- Festessen, Festmahl, Festsaal || -K Familienfest, Kinderfest; Gartenfest, Hochzeitsfest || ID **Man muss die Feste feiern, wie sie fallen** *umg;* man sollte jede Gelegenheit nutzen, um zu feiern

fẹst- B1 *im Verb; betont und trennbar;* Die Verben mit *fest-* werden nach folgendem Muster gebildet: *festbinden - band fest - festgebunden;* drückt aus, dass jemand/etwas von irgendwo nicht mehr oder nur schwer wegkommen kann; **jemanden/etwas (an etwas** *(Dativ)*) **festbinden**; **etwas hängt fest, klebt fest**; **etwas (an etwas** *(Dativ)*) **festkleben, festnageln, festschrauben**

-fẹst *im Adjektiv;* so beschaffen, dass etwas nicht beschädigt oder zerstört werden kann ≈ -beständig; **bruchfest** ⟨Glas⟩, **kochfest** ⟨Textilien⟩, **waschmaschinenfest** ⟨Wolle⟩, **wetterfest** ⟨ein Regenmantel⟩

fẹst·fah·ren, sich *(hat)* **1** **etwas fährt sich irgendwo fest** etwas bleibt mit den Rädern im weichen Boden stecken: *Das Auto hat sich im Sand festgefahren* **2** **sich festfahren** *umg;* etwas nicht mehr fortsetzen können, weil Schwierigkeiten auftreten: *Mit seiner Argu-*

F

mentation hat er sich völlig festgefahren **3** **etwas fährt sich fest** *umg;* etwas kommt nicht mehr voran ⟨Verhandlungen⟩

Fẹst·geld *das; -(e)s, -er; Bankwesen;* Geld, das man auf der Bank für eine bestimmte, festgelegte Zeit spart (und nicht sofort wieder abheben kann)

fẹst·hal·ten B1 *(hat)* **1** **jemanden/etwas** (**an etwas** *(Dativ)*) **festhalten** mit den Händen greifen und halten ↔ loslassen ⟨jemanden am Arm festhalten⟩: *Ein mutiger Mann hielt den Einbrecher fest* **2** **jemanden** (**irgendwo**) **festhalten** jemanden daran hindern, einen Ort zu verlassen ⟨jemanden an der Grenze festhalten⟩ **3** **sich** (**an jemandem/etwas**) **festhalten** nach jemandem/etwas greifen (und ihn/es halten), damit man nicht stürzt: *sich am Geländer festhalten* **4** **an etwas** *(Dativ)* **festhalten** bei etwas bleiben, es behalten ↔ etwas aufgeben ⟨an alten Gewohnheiten festhalten⟩ **5** **etwas schriftlich/mit der Kamera festhalten** aufschreiben/filmen oder fotografieren, was gerade geschieht

fẹs·ti·gen; *festigte, hat gefestigt* **1** **etwas festigen** etwas stärker, sicherer oder intensiver machen ⟨eine Freundschaft, ein Bündnis, seine Herrschaft festigen⟩ **2** **etwas festigt sich** etwas wird stärker, sicherer oder intensiver ≈ etwas konsolidiert sich: *Die Beziehungen zwischen den beiden Ländern haben sich in den letzten Jahren gefestigt* ‖ *hierzu* **Fẹs·ti·gung** *die; -; nur Singular*

Fẹs·ti·val B2 [-val, -vəl] *das; -s, -s;* eine große kulturelle Veranstaltung, die *meist* mehrere Tage dauert ≈ Festspiele: *ein Festival des modernen Theaters* ‖ -K Filmfestival, Rockfestival, Theaterfestival

Fẹst·land *das; -(e)s; nur Singular;* das Land, das sich als eine große, einheitliche Fläche vom Meer abhebt ↔ Insel: *das griechische Festland und die griechischen Inseln*

fẹst·le·gen *(hat)* **1** **etwas festlegen** *förmlich;* (offiziell) erklären, dass etwas Gesagtes gilt ≈ festsetzen: *den Preis für etwas, einen Termin festlegen* **2** **jemanden/sich** (**auf etwas** *(Akkusativ)*) **festlegen** erklären, dass etwas so gelten soll: *Er wollte sich auf keine Zusage festlegen (lassen)*

fẹst·lich *Adjektiv;* für ein großes Fest, zu ihm passend ≈ feierlich, prachtvoll ⟨Kleidung, ein Empfang; festlich geschmückt⟩

fẹst·lie·gen *(hat/südd Ⓐ Ⓒⓗ ist)* **1** **ein Schiff liegt fest** ein Schiff kann nicht mehr weiterfahren **2** **etwas liegt fest** etwas ist offiziell entschieden ≈ etwas steht fest: *Der genaue Termin für die Sitzung liegt jetzt fest*

fẹst·ma·chen *(hat)* **1** **etwas irgendwo festmachen** bewirken, dass etwas irgendwo fest ist ≈ befestigen: *ein Boot am Steg festmachen* **2** (**mit jemandem**) **etwas festmachen** *umg* ≈ vereinbaren, abmachen (2): *mit dem Zahnarzt einen Termin festmachen*

fẹst·neh·men B2 *(hat)* **jemanden festnehmen** ≈ verhaften: *Die Polizei nahm die Einbrecher fest* ‖ *hierzu* **Fẹst·nah·me** *die; -, -n*

Fẹst·plat·te *die; -, -n; Informatik;* eine Platte in einem Computer, die fest eingebaut ist und auf der man Daten speichert ‖ Hinweis: ↑ **Diskette**

fẹst·set·zen *(hat)* **1** **etwas** (**für etwas/auf etwas** *(Akkusativ)*) **festsetzen** ≈ festlegen (1), bestimmen: *einen Termin für die nächste Sitzung festsetzen* **2** **etwas setzt sich irgendwo fest** etwas bildet oder sammelt sich irgendwo und bleibt dort haften: *Am Blumentopf hat sich Kalk festgesetzt* ‖ *zu* 1 **Fẹst·set·zung** *die; -, -en*

fẹst·sit·zen *(hat/südd Ⓐ Ⓒⓗ ist)* **1** **etwas sitzt fest** etwas ist so befestigt, dass es dort bleibt: *ein festsitzender Verschluss* **2** *umg;* nicht mehr (weiter)fahren, (weiter)reisen können: *Wegen des Streiks der Fluglotsen sitzen wir hier in Rom fest*

fẹst·ste·cken *(hat)* **1** **etwas** (**an etwas** *(Dativ)*) **feststecken** etwas mit Nadeln an etwas befestigen ↔ etwas lösen: *den Ärmel am Mantel feststecken* **2** sich nicht mehr weiterbewegen können: *Wahrscheinlich steckt er im Stau fest*

fẹst·ste·hen *(hat/südd Ⓐ Ⓒⓗ ist)* **etwas steht fest** etwas ist so, dass man es nicht mehr ändern kann: *Mein Entschluss steht fest; Steht schon fest, wann sie heiraten?*

fẹst·stel·len *(hat)* **1** **etwas feststellen** Informationen über etwas gewinnen und sagen, wie es ist ≈ ermitteln ⟨jemandes Personalien feststellen⟩: *die Ursache des Unfalls feststellen* **2** **etwas** (**an jemandem/etwas**) **feststellen** etwas erkennen, was man vorher nicht gesehen hat ≈ bemerken ⟨einen Unterschied, eine Veränderung feststellen⟩ **3** **etwas feststellen** auf eine Tatsache hinweisen: *Ich möchte deutlich feststellen, dass wir unsere Planung ändern müssen* ‖ *hierzu* **Fẹst·stel·lung** *die; -, -en; zu* 2 **fẹst·stell·bar** *Adjektiv*

Fẹs·tung *die; -, -en;* ein großer historischer Bau mit starken Mauern und Türmen, wo man sich vor seinen Feinden schützen konnte ⟨eine Festung stürmen, einnehmen⟩ ‖ K- Festungsbau, Festungsgelände, Festungsgraben

Fe·te *die; -, -n; umg* ≈ Party ⟨auf eine Fete gehen⟩

fett [B1] *fetter, fettest-; Adjektiv* **1** mit/aus viel Fett ↔ mager ⟨Fleisch, Käse, Suppe⟩ **2** *umg abwertend;* mit viel Fett am Körper ↔ schlank: *Weil er zu viel Kuchen isst, ist er ziemlich fett geworden* **3** groß und breit (gedruckt): *eine fett gedruckte Überschrift* || [K-] Fettdruck

Fett [B1] *das; -(e)s, -e* **1** *nur Singular;* die weiße bis gelbe Schicht, die bei Menschen und Tieren direkt unter der Haut ist ⟨Fett ansetzen⟩ || [K-] Fettansatz, Fettgewebe **2** eine feste oder flüssige Substanz, die man aus Pflanzen oder dem Fett (1) von Tieren gewinnt ⟨pflanzliche, tierische Fette⟩: *eine Ernährung, die wenig Fett enthält* || [K-] fettarm, fettfrei, fettreich **3** *nur Singular;* festes Fett (2), das man *bes* zum Braten braucht: *Kartoffeln in Fett (an)braten* || [K-] Fettspritzer || [-K] Pflanzenfett, Schweinefett || [ID] **sein Fett abbekommen/abkriegen** *umg;* Strafe, Tadel oder Kritik bekommen

fett·ge·druckt ↑ **fett** (3)

fet·tig *Adjektiv* **1** voller Fett (3) ⟨eine Pfanne⟩ **2** ⟨Haare, Haut⟩ mit viel Fett, sodass man sie oft waschen muss

Fett·näpf·chen *das; nur in* **(bei jemandem) ins Fettnäpfchen treten** *umg humorvoll;* etwas auf eine falsche (oder ungeschickte) Art sagen oder tun und damit andere verärgern

Fet·zen *der; -s, -;* ein abgerissenes Stück Papier oder Stoff: *ein Blatt Papier in kleine Fetzen reißen*

feucht [B1] *feuchter, feuchtest-; Adjektiv* **1** nicht trocken und auch nicht ganz nass: *Wäsche lässt sich gut bügeln, wenn sie noch feucht ist* **2** mit viel (Wasser)Dampf in der Luft ↔ trocken ⟨Wetter, ein Klima⟩ || *hierzu* **Feuch·tig·keit** *die; -; nur Singular*

Feu·er [A1] *das; -s, -;* **1** *meist Singular;* das Brennen von Kohle, Holz oder Öl, bei dem Licht und Wärme entsteht ⟨ein Feuer machen, anzünden; das Feuer ausgehen lassen⟩: *Im Ofen brannte ein prasselndes Feuer* || [-K] Holzfeuer **2** die Hitze und Zerstörung, die entsteht, wenn *bes* ein Haus oder Wald brennt ≈ Brand ⟨ ein Feuer bekämpfen, löschen; im Feuer umkommen⟩: *Das Feuer brach im ersten Stock aus und griff rasch auf das ganze Haus über* || [K-] Feueralarm, Feuergefahr, Feuerversicherung **3** eine Flamme, mit der man die Zigarette anzündet ⟨jemandem Feuer geben, jemanden um Feuer bitten⟩: *Haben Sie Feuer (für mich)?* **4** *nur Singular; meist Militär;* das Schießen mit Gewehren ≈ Beschuss ⟨das Feuer (auf jemanden) eröffnen, einstellen⟩ || [K-] Feuerpause, Feuerwaffe **5** *nur Singular;* ein starkes Temperament ⟨(jugendliches) Feuer besitzen⟩ || [ID] **(für jemanden/etwas) Feuer und Flamme sein** von jemandem/etwas ganz begeistert sein; **Feuer fangen** von Begeisterung erfasst werden; **mit dem Feuer spielen** leichtsinnig sein und so sich oder andere in Gefahr bringen

Feu·er·be·stat·tung *die; -, -en* ≈ Einäscherung

feu·er·fest *Adjektiv; nicht als Adverb;* so, dass es durch Feuer nicht verändert, beschädigt oder zerstört wird ⟨Glas *o.Ä.*⟩: *ein feuerfester Anzug*

feu·er·ge·fähr·lich *Adjektiv; nicht als Adverb* so, dass es leicht brennt: *Benzin ist eine feuergefährliche Substanz*

Feu·er·lö·scher *der; -s, -;* ein Behälter aus Eisen, der Schaum enthält, mit dem man einen (kleinen) Brand löschen kann

Feu·er·mel·der *der; -s, -;* ein Gerät, mit dem man (Feueralarm geben und) die Feuerwehr rufen kann ⟨einen Feuermelder einschlagen⟩

feu·ern; *feuerte, hat gefeuert;* **jemanden feuern** *umg;* jemanden (sofort) aus dem Dienst entlassen ≈ jemandem kündigen

Feu·er·tau·fe *die; -, -n;* der erste Anlass, bei dem jemand zeigen muss, was er kann ≈ Feuerprobe ⟨die Feuertaufe bestehen, erhalten⟩

Feu·er·wa·che *die; -, -n;* das Gebäude, in dem die Geräte und Fahrzeuge der Feuerwehr (in Alarmbereitschaft) stehen

Feu·er·wehr [B1] *die; -, -en;* eine Gruppe von Personen, die Brände bekämpft ⟨die freiwillige Feuerwehr⟩: *die Feuerwehr alarmieren* || [K-] Feuerwehrauto, Feuerwehrfrau, Feuerwehrleute, Feuerwehrmann

Feu·er·werk *das; -(e)s, -e;* bunte (Licht)Effekte, die man zu besonderen Anlässen (*z.B.* Silvester) nachts am Himmel erzeugt, indem man kleine Raketen anzündet ⟨ein Feuerwerk abbrennen⟩

Feu·er·werks|kör·per *der; -s, -;* eine Art kleine Rakete, die am Himmel explodiert und buntes Licht erzeugt

Feu·er·zeug [B1] *das; -(e)s, -e;* ein kleines Gerät, mit dem man Zigaretten anzündet

Feuil·le·ton [fœjəˈtõː] *das; -s, -s;* der kulturelle oder unterhaltende Teil einer Zeitung || [K-] Feuilletonredakteur, Feuilletonredaktion, Feuilletonstil || [-K] Filmfeuilleton, Theaterfeuilleton

feu·rig *Adjektiv* **1** voll Leidenschaft und

F

Temperament ≈ temperamentvoll ⟨ein Liebhaber, Küsse⟩ **2** so hell und rot wie Feuer ⟨ein Glanz, ein Schein⟩: *Der feurige Ball der Abendsonne versinkt im Meer* **3** glänzend, funkelnd ⟨ein Edelstein⟩: *ein feuriger Rubin*

FH [ɛf'ha:] *die; -, -s; Abkürzung;* ↑ **Fachhochschule**

Fi·as·ko *das; -s, -s; meist Singular;* ein großer Misserfolg ⟨etwas endet in einem Fiasko⟩

F

ficht *Präsens, 3. Person Singular;* ↑ **fechten**

Fich·te *die; -, -n;* ein (Nadel)Baum mit kurzen Nadeln und hängenden Zapfen || K- Fichtenholz, Fichtenzapfen

fi·cken; *fickte, hat gefickt; vulgär;* **(jemanden/mit jemandem) ficken** Sex haben

Fie·ber A1 *das; -s; nur Singular* **1** zu hohe Temperatur des Körpers, die ein Anzeichen für eine Krankheit ist ⟨leichtes, hohes Fieber; Fieber haben; (bei jemandem) Fieber messen; das Fieber senken⟩ || K- Fieberthermometer; fieberfrei, fiebersenkend **2** *förmlich;* ein starkes Verlangen nach etwas ≈ Leidenschaft || -K Fußballfieber, Reisefieber

fie·ber·haft *Adjektiv;* mit großer Eile, Aufregung verbunden ⟨Eile, Spannung⟩

fie·bern; *fieberte, hat gefiebert* **1** Fieber haben **2** sehr aufgeregt und nervös sein ⟨vor Aufregung, Erregung, Spannung fiebern⟩ **3** **nach etwas fiebern** *förmlich;* etwas unbedingt haben wollen ≈ nach etwas verlangen: *Er fiebert nach Ruhm und Anerkennung*

fieb·rig *Adjektiv* **1** mit Fieber ⟨eine fiebrige Erkältung⟩: *Der Patient ist fiebrig* **2** so, dass es auf Fieber hinweist: *Ihre Augen glänzen fiebrig*

fiel *Imperfekt, 1. und 3. Person Singular;* ↑ **fallen**

fies, *fieser, fiesest-; Adjektiv; umg abwertend;* mit einem schlechten Charakter ≈ gemein ⟨ein Kerl, ein Typ⟩

Fi·gur B1 *die; -, -en* **1** *meist Singular;* die Gestalt eines Menschen und ihre Proportionen ⟨eine gute, schlanke Figur haben⟩ || -K Idealfigur **2** eine Person (auch eine fiktive), die eine besondere Bedeutung hat || -K Romanfigur, Symbolfigur **3** die (geformte oder gezeichnete) Abbildung eines Menschen oder Tieres ⟨eine Figur aus Holz, Ton⟩ || -K Gipsfigur, Porzellanfigur **4** ein kleiner Gegenstand, der zu manchen Spielen (wie *z.B.* Schach) gehört ≈ Spielstein || -K Schachfigur || ↑ Abbildung unter **Brettspiele, Schachfiguren**

Fik·ti·on [-'tsio:n] *die; -, -en; förmlich;* etwas, das nicht wirklich ist, sondern nur in der Fantasie oder als Idee existiert || *hierzu* **fik·tiv** [-f] *Adjektiv*

Fi·let [fi'le:] *das; -s, -s* **1** ein zartes Stück Fleisch ohne Knochen vom Rücken || K- Filetsteak || -K Rinderfilet, Schweinefilet **2** ein Stück Fleisch aus der Brust des Geflügels || -K Hähnchenfilet, Putenfilet **3** ein Stück Fleisch ohne Gräten vom Fisch || -K Heringsfilet, Makrelenfilet

Fi·li·a·le *die; -, -n;* eines von mehreren Büros oder Geschäften, das an einem anderen Ort als die Zentrale ist ⟨eine Filiale eröffnen, leiten⟩ || K- Filialleiter

Film[1] A2 *der; -(e)s, -e* **1** Material zum Fotografieren oder Filmen ⟨einen neuen Film (in die Kamera/den Fotoapparat) einlegen; einen Film entwickeln⟩ || K- Filmkamera || -K Schwarz-Weiß-Film **2** eine Geschichte in Bildern, die im Kino oder im Fernsehen gezeigt wird ⟨einen Film drehen, machen⟩: *Der Film läuft seit vielen Wochen im Kino* || K- Filmmusik, Filmregisseur, Filmschauspieler || -K Abenteuerfilm, Liebesfilm, Trickfilm

Film[2] A2 *der; -(e)s, -e;* eine dünne Schicht (auf einer Oberfläche), die *meist* als Schutz dient: *Das Sonnenöl bildet einen schützenden Film auf der Haut*

fil·men B2 *filmte, hat gefilmt* **1** **(jemanden/etwas) filmen** von jemandem/etwas mit einer (Film)Kamera Aufnahmen machen, einen Film (2) drehen **2** in einem Film (2) als Schauspieler mitmachen (mitwirken): *Nach dem Unfall musste er aufhören zu filmen*

Fil·ter B2 *der; -s, -;* eine Art feines Sieb, durch das man Flüssigkeit, Gas oder Rauch leitet, damit schädliche Stoffe zurückbleiben ⟨einen Filter einbauen⟩ || K- Filterkaffee, Filterpapier || -K Abgasfilter, Kaffeefilter

fil·tern; *filterte, hat gefiltert* **1** **etwas filtern** eine Flüssigkeit oder ein Gas durch einen Filter leiten, damit sie sauber werden: *verschmutzte Luft filtern; Wasser filtern, um es von Schlamm zu reinigen* **2** **etwas filtern** ein Getränk zubereiten, indem man kochendes Wasser über gemahlenen Kaffee gießt, der in einem Filter ist ⟨Kaffee filtern⟩

Filz *der; -es; nur Singular* **1** ein weiches Material, das aus vielen (Woll)Fasern gepresst wird || K- Filzhut, Filzpantoffeln **2** *abwertend;* ein System, in dem sich *bes* Politiker gegenseitig so helfen, dass es anderen schadet

Filz·schrei·ber *der; -s, -* ≈ Filzstift

Filz·stift A2 *der; -(e)s, -e;* ein Stift mit einer weichen Spitze aus Filz, mit dem man farbig schreiben (und malen) kann

Fi·na̲·le *das; -s, -/Fi·nals* **1** der letzte in einer Reihe von Wettkämpfen, in dem der Sieger dann den Titel gewinnt ⟨ins Finale kommen; im Finale stehen⟩ || K- Finalgegner, Finalspiel **2** der letzte Teil eines längeren musikalischen Werks, *z.B.* einer Oper

Fi·na̲nz·amt *das; -(e)s, -äm·ter;* das Amt, an das man seine Steuern zahlt

Fi·na̲n·zen *die; -; Plural;* das Geld (*bes* die Einnahmen und Ausgaben) eines Staates oder einer Firma ⟨die Finanzen prüfen⟩ || K- Finanzlage, Finanzministerium

fi·nan·zi·e̲ll B2 *Adjektiv; nur vor dem Substantiv oder als Adverb;* in Bezug auf das Geld ⟨Mittel, Hilfe, Unterstützung⟩: *Er kann sich ein Auto finanziell nicht leisten*

fi·nan·zi̲e̲·ren; *finanzierte, hat finanziert; förmlich;* **etwas (durch/mit etwas) finanzieren** das Geld geben oder besorgen, das für ein Projekt, einen Kauf *usw* gebraucht wird: *Er finanziert sein Studium durch Ferienarbeit*

fi·na̲nz·kräf·tig *Adjektiv; nicht als Adverb;* mit viel Kapital ↔ finanzschwach ⟨eine Firma, ein Betrieb, ein Unternehmen⟩

fi·na̲nz·schwach *Adjektiv; nicht als Adverb;* mit nur wenig Kapital ↔ finanzkräftig ⟨eine Firma, ein Betrieb⟩

fi̲n·den B1 *fand, hat gefunden* **1** **jemanden/etwas finden** (zufällig oder durch Suchen) eine Person/Sache sehen oder etwas bekommen, das man haben wollte ⟨eine neue Arbeitsstelle, Freunde, eine Wohnung finden⟩: *den richtigen Weg finden; Ich konnte den Fehler einfach nicht finden* **2** **irgendwohin finden** den Weg finden (1) und irgendwohin kommen: *Er fand nicht mehr nach Hause* **3** **jemanden/etwas irgendwie finden** sein eigenes Urteil über jemanden/etwas haben: *Ich finde unseren neuen Nachbarn sehr nett; Ich fand seine Witze nicht zum Lachen* **4** **finden** (+ *Nebensatz*) die Meinung haben, dass ... ≈ meinen: *Ich finde, er lügt; Findest du, dass sie recht hat?* **5** **etwas finden** *umg;* mit einem Substantiv so verwendet, dass die Bedeutung des einfachen Verbs ausgedrückt wird; **etwas findet Anerkennung** ≈ etwas wird anerkannt; **etwas findet Beachtung** ≈ etwas wird beachtet || ID **Das wird sich alles finden** *umg;* für all das wird es eine Lösung geben || ▸ **Fund**

Fi̲n·der *der; -s, -;* jemand, der etwas (zufällig) findet (1), was ein anderer verloren hat ⟨der ehrliche Finder⟩ || K- Finderlohn || *hierzu* **Fi̲n·de·rin** *die; -, -nen*

fi̲n·dig *Adjektiv;* klug und mit Ideen, wie man eine schwierige Situation lösen kann ≈ einfallsreich ↔ einfältig: *Sie ist ein findiger Kopf* || *hierzu* **Fi̲n·dig·keit** *die; -; nur Singular*

fi̲ng *Imperfekt, 1. und 3. Person Singular;* ↑ **fangen**

Fi̲n·ger A1 [-ŋɐ] *der; -s, -;* einer der fünf Teile der Hand, mit denen der Mensch greift ⟨geschickte Finger haben⟩: *einen goldenen Ring am Finger tragen* || ↑ Abbildung unter **Hand** || K- Fingernagel, Fingerspitze || Hinweis: Die fünf Finger heißen *Daumen, Zeigefinger, Mittelfinger, Ringfinger, kleiner Finger* || ID **(bei etwas) die Finger im Spiel haben** *umg;* heimlich an negativen oder kriminellen Taten beteiligt sein; **sich** (*Dativ*) **etwas an den fünf Fingern abzählen können** *umg;* leicht erkennen (vorhersehen) können, was aus einer Sache wird; **keinen Finger rühren/krumm machen** *umg;* sehr faul sein und nichts tun; **die Finger von etwas lassen** etwas absichtlich nicht tun (weil es zu gefährlich ist); **sich** (*Dativ*) **etwas aus den Fingern saugen** *umg;* sich etwas einfach ausdenken; **jemandem auf die Finger schauen/sehen** *umg;* jemanden kontrollieren und genau darauf achten, was er tut; **sich** (*Dativ*) **die Finger verbrennen** *umg;* etwas Unvorsichtiges tun und dadurch Schaden haben

Fi̲n·ger·ab·druck *der; -(e)s, -drü·cke;* das Muster auf der Haut der Finger(kuppen), das für jeden Menschen typisch ist ⟨Fingerabdrücke hinterlassen⟩

fi̲n·ger·fer·tig *Adjektiv;* mit den Fingern schnell und geschickt

Fi̲n·ger·hut *der; -(e)s, -hü·te;* eine kleine, feste Kappe, die beim Nähen die Spitze des Fingers schützt, der die Nadel schiebt || ↑ Abbildung unter **nähen**

Fi̲n·ger·kup·pe *die; -, -n;* der oberste Teil, die Spitze des Fingers

Fi̲n·ger·spit·zen|ge·fühl *das; -(e)s; nur Singular;* **Fingerspitzengefühl (für etwas)** das (intuitive) Wissen, wie man sich in schwierigen Situationen richtig verhält ⟨Fingerspitzengefühl für etwas haben, brauchen⟩: *Ihm fehlt das nötige Fingerspitzengefühl für den Umgang mit Schülern*

Fi̲n·ger·zeig *der; -(e)s, -e* ≈ Hinweis ⟨jemandem einen Fingerzeig geben; ein Fingerzeig des Schicksals⟩

Fi̲nk *der; -en, -en;* ein kleiner (Sing)Vogel mit kurzem dickem Schnabel und bunten Federn

fi̲ns·ter *Adjektiv* **1** ohne Licht und ganz dunkel (1) ↔ hell ⟨die Nacht, ein Keller⟩: *Er tastete im Finstern nach der Tür* **2** ziemlich dunkel und deshalb unheimlich ≈ düster ⟨ein Hof, eine

Kneipe〉 **3** *abwertend;* unfreundlich oder ablehnend 〈ein Mensch; jemanden finster ansehen〉

Fins·ter·nis *die; -; nur Singular; förmlich;* völlige Dunkelheit ↔ Helligkeit: *eine tiefe Finsternis*

Fir·ma A2 *die; -, Fir·men;* ein Unternehmen, das für andere arbeitet, Waren produziert oder mit ihnen handelt ≈ Betrieb || K- Firmenchef, Firmenkapital || -K Exportfirma, Handelsfirma

F

Fir·ma·ment *das; -(e)s; nur Singular; förmlich* ≈ Himmel

Fir·mung *die; -; nur Singular; katholische Religion;* ein Sakrament, das jemanden in seinem Glauben stärken soll. Kinder erhalten *meist* ein paar Jahre nach der Erstkommunion die Firmung || *hierzu* **fir·men** *(hat);* **Firm·ling** *der; -s, -e*

Fisch A1 *der; -(e)s, -e* **1** ein Tier, das im Wasser lebt 〈einen Fisch angeln〉: *Fische haben Schuppen und atmen durch Kiemen* || K- Fischteich || -K Meeresfisch **2** der Fisch (1) als Speise 〈gebackener, gebratener, roher Fisch〉 || K- Fischfilet || -K Bratfisch **3** *nur Plural, ohne Artikel;* das Sternzeichen für die Zeit vom 20. Februar bis 20. März || ID **weder Fisch noch Fleisch** *umg;* nichts Richtiges, weder das eine noch das andere; **(Das sind) kleine Fische** *umg;* (das ist) von geringer Bedeutung

Fische

fi·schen B2 *fischte, hat gefischt;* **(etwas) fischen** versuchen, (mit einer Angel oder mit einem Netz) Fische zu fangen

Fi·scher *der; -s, -;* jemand, der *(bes* beruflich) Fische fängt || K- Fischerboot, Fischerdorf || *hierzu* **Fi·sche·rin** *die; -, -nen*

Fi·sche·rei *die; -; nur Singular;* das Fangen von Fischen und anderen Tieren, die im Meer leben 〈von der Fischerei leben〉 || K- Fischereihafen || -K Hochseefischerei, Küstenfischerei

Fis·kus *der; -; nur Singular;* alle Institutionen des Staates *(bes* die Finanzämter), die für Finanzen und Steuern zuständig sind

Fi·so·le *die; -, -n;* Ⓐ ≈ Bohne (1)

fit B2 *Adjektiv; meist nach dem Substantiv;* bei guter Gesundheit ≈ in Form: *durch Gymnastik fit bleiben*

Fit·ness *die; -; nur Singular;* eine gute körperliche Verfassung 〈etwas für die/seine Fitness tun〉 || K- Fitnessprogramm, Fitnesstraining

Fit·ness·cen·ter [-sɛntɐ] *das; -s, -;* eine Halle, in der man bestimmte Sportarten *(z.B.* Gymnastik, Bodybuilding) betreiben kann, die der Fitness dienen ≈ Fitnessstudio

Fit·ti·che *die; -; Plural; meist in* **jemanden unter seine Fittiche nehmen** *humorvoll;* sich um jemanden kümmern, indem man ihn beschützt und ihm hilft

fix[1] *fixer, fixest-; Adjektiv; umg* **1** *nur als Adverb* ≈ rasch, schnell: *die Arbeit ganz fix erledigen* **2** fähig, etwas schnell zu verstehen oder zu tun ≈ flink, geschickt ↔ schwerfällig: *ein fixer Junge*

fix[2] *Adjektiv; meist vor dem Substantiv, nicht als Adverb;* 〈ein Gehalt, Kosten, ein Preis〉 so, dass sie sich nicht verändern ≈ fest || K- Fixkosten, Fixpreis

fix[3] *Adjektiv; nur nach dem Substantiv oder als Adverb;* **fix und fertig** *umg;* **a** vollständig bis zum Ende gemacht: *Das Kleid, das ich genäht habe, ist jetzt fix und fertig; Alles ist fix und fertig aufgeräumt;* **b** (körperlich oder seelisch) völlig erschöpft; **c** völlig ruiniert || Hinweis: ↑ **fertigmachen**

fi·xiert *Adjektiv;* **auf jemanden/etwas fixiert** *förmlich, meist abwertend;* emotional so stark an eine bestimmte Person oder Sache gebunden, dass man psychisch von ihr abhängt: *Das Kind ist stark auf seine Mutter fixiert*

flach B2 *flacher, flach(e)st-; Adjektiv* **1** ≈ eben ↔ gebirgig 〈ein Gebiet, ein Land〉 || ↑ Abbildung unter **spitz** **2** so, dass nichts nach oben steht 〈flach auf dem Boden liegen, sich flach auf den Boden legen〉 **3** von geringer Höhe/Tiefe ≈ niedrig 〈ein Bau, ein Wasser〉: *Schuhe mit flachen Absätzen* **4** *abwertend;* ohne etwas Wichtiges oder Neues 〈eine Unterhaltung, ein Vortrag〉

Flä·che B2 *die; -, -n* **1** ein ebenes (begrenztes) Gebiet: *Weite Flächen Chinas sind mit Reis bebaut* || K- Flächenstaat || -K Eisfläche, Rasenfläche, Tanzfläche, Wasserfläche **2** die flache Seite eines geometrischen Körpers: *Ein Würfel besteht aus sechs quadratischen*

Flächen || -K Seitenfläche

flạch·fal·len; *fällt flach, fiel flach, ist flachgefallen*; **etwas fällt flach** *umg*; etwas findet nicht statt ≈ etwas fällt aus ⟨ein Fest, ein Ausflug, ein Termin⟩

-flä·chig *im Adjektiv*; mit der genannten Zahl von Flächen (2); **vierflächig, fünfflächig, sechsflächig** *usw*

Flạch·land *das; -(e)s; nur Singular*; ein relativ großes, flaches Gebiet ≈ Ebene

Flachs [flaks] *der; -es; nur Singular*; eine Pflanze, aus deren Fasern man Leinen macht

flạ·ckern; *flackerte, hat geflackert*; **etwas flackert** etwas brennt so, dass sich die Flamme sehr unruhig bewegt ⟨eine Lampe, ein Licht⟩: *Im Kamin flackerte ein helles Feuer*

Fla·den *der; -s, -*; **1** ein Kuchen oder Brot mit flacher Form || K- Fladenbrot **2** eine (dickflüssige) Masse, die flach und breit auseinandergelaufen ist (*z.B.* der Kot von Kühen) || -K Kuhfladen

Flạg·ge *die; -, -n*; eine kleine Fahne *z.B.* am Mast eines Schiffes ⟨eine Flagge hissen, einholen⟩: *Die Piraten hissten die Flagge mit dem Totenkopf; Der Tanker fährt unter libanesischer Flagge* || K- Flaggenmast || -K Nationalflagge, Piratenflagge, Schiffsflagge || ID **Flagge zeigen** seine Meinung, seinen Standpunkt klar und deutlich äußern

Fla·mịn·go [-ŋg-] *der; -s, -s*; ein Vogel mit langen Beinen, langem Hals und rosa Federn (der in warmem Klima lebt)

Flạm·me *die; -, -n*; der obere (bläulich oder gelblich) brennende Teil des Feuers, der sich bewegt ⟨eine helle, schwache, starke Flamme⟩ || -K Gasflamme

Fla·nẹll *der; -s; nur Singular*; ein leichter, sehr weicher Stoff aus Wolle (oder Baumwolle), der sehr gut wärmt: *ein Pyjama aus Flanell* || K- Flanellhemd, Flanellhose

Flạn·ke *die; -, -n* **1** die weiche Seite des Körpers von Tieren zwischen Brust(korb) und Becken: *Der Reiter drückte dem Pferd die Sporen in die Flanken* **2** *Militär*; die rechte oder linke Seite einer Truppe, die marschiert oder bereits (im Gelände) eine Position zum Kämpfen eingenommen hat **3** *Sport*; (*bes* beim Fußball) ein Schuss, der den Ball von einer Seite des Spielfelds vor das Tor des Gegners bringt **4** *Sport*; ein Sprung von der Seite über ein Turngerät, Brett *o.Ä.*, bei dem man eine Hand aufstützt ⟨eine Flanke machen⟩ || *zu* 3 und 4 **flạn·ken** (*hat*)

Flạ·sche A1 *die; -, -n* **1** ein (verschließbares) Gefäß (aus Glas) für Flüssigkeiten: *eine Flasche Limonade, Bier* || -K Babyflasche, Milchflasche **2** *umg abwertend*; jemand, der nichts leistet ≈ Versager

Flạ·schen·öff·ner *der; -s, -*; ein kleiner Gegenstand (aus Metall), mit dem man Flaschen öffnen kann, die einen Deckel aus Metall haben || Hinweis: ↑ Abbildung unter **Korkenzieher**

Flạ·schen·zug *der; -(e)s, -zü·ge*; eine Konstruktion aus Seilen und Rollen, mit der man schwere Lasten mit relativ wenig Kraft hochziehen kann

Die Flatrate

Flatrates werden besonders für Telefone und Internetzugänge genutzt. Man zahlt dann jeden Monat den gleichen Betrag, egal, wie viel man telefoniert oder wie lange man das Internet genutzt hat.

LANDESKUNDE

flạt·ter·haft *Adjektiv*; schnell bereit, seine Meinung und sein Verhalten ohne wichtigen Grund zu ändern ≈ unbeständig ⟨ein Wesen, eine Person⟩

flạt·tern; *flatterte, hat/ist geflattert* **1** ⟨ein Vogel, ein Schmetterling *o.Ä.*⟩ **flattert irgendwo(hin)** (*ist*) ein Vogel, ein Schmetterling *o.Ä.* fliegt so, dass sich die Flügel schnell bewegen: *Der Schmetterling flattert über die Wiese* **2** **etwas flattert** (*hat*) etwas bewegt sich im Wind heftig hin und her: *Die Wäsche flatterte auf/an der Leine*

flau, *flauer, flau(e)st-; Adjektiv* **1** **jemandem ist flau** *umg*; jemand fühlt sich nicht wohl, ihm ist ein wenig übel: *Vor lauter Aufregung war mir ganz flau* **2** *meist nach dem Substantiv; umg* so, dass die Gschäfte nicht den Erwartungen entsprechen und wenig Geld verdient wird ⟨das Geschäft, der Umsatz ist flau⟩

Flaum *der; -(e)s; nur Singular* **1** die kleinen, sehr weichen Federn, die ein Vogel direkt auf der Haut hat ≈ Daunen || K- Flaumfeder **2** *umg, meist humorvoll*; die ersten Barthaare eines jungen Mannes || -K Bartflaum **3** eine sehr weiche Oberfläche: *der Flaum eines Pfirsichs* || *hierzu* **flau·mig** *Adjektiv*

flau·schig *Adjektiv*; ⟨Stoff, Wolle⟩ dick und weich: *eine flauschige Wolldecke*

Flau·te *die; -, -n* **1** der Zustand, in dem auf dem Meer kein Wind weht ≈ Windstille **2** die Zeit, in der eine Firma wenig Waren verkauft oder Aufträge hat: *In der Bauindustrie* *herrscht zurzeit eine Flaute*

flech·ten; *flicht, flocht, hat geflochten* **1** **etwas flechten** aus langem Haar, Wolle oder Stroh Zöpfe binden ⟨ jemandem/sich Zöpfe flechten; Haare zu Zöpfen flechten⟩ **2** **etwas flechten** durch Flechten (1) einen Gegenstand herstellen ⟨einen Korb flechten⟩

Fleck *der; -s, -e(n)* **1** eine schmutzige Stelle: *sich mit Farbe Flecke auf das neue Hemd machen* || -K Blutfleck, Rotweinfleck **2** eine Stelle mit anderer Farbe, *bes* auf dem Fell von Tieren: *die Flecken eines Leoparden* **3** die Stelle, an der jemand/etwas ist: *Blieb ja hier und rühr dich nicht vom Fleck!* **4** **ein blauer Fleck** eine dunkle Stelle auf der Haut, die durch einen Schlag oder Stoß entstanden ist ≈ Bluterguss: *nach einem Sturz blaue Flecke am Bein haben*

fle·ckig *Adjektiv* **1** mit (vielen) Flecken (1) ↔ sauber, fleckenlos ⟨ein Hemd, eine Tischdecke⟩ **2** *abwertend;* mit vielen Flecken (2) bedeckt ⟨ein Fell, ein Gesicht, eine Haut⟩

Fle·der·maus *die; -, -mäu·se;* ein kleines (Säuge)Tier mit Flügeln, das oft in Höhlen lebt, nachts fliegt und beim Schlafen mit dem Kopf nach unten hängt

Fle·gel *der; -s, -; umg abwertend;* verwendet als Schimpfwort für einen Mann oder Jungen, der sich frech und unhöflich benimmt || *hierzu* **fle·gel·haft** *Adjektiv*

fle·hen ['fle:ən]; *flehte, hat gefleht;* **(um etwas) flehen** intensiv (und hilflos) um etwas bitten ⟨um Hilfe, Vergebung flehen⟩

Fleisch A1 *das; -(e)s; nur Singular* **1** die weiche Substanz des Körpers (von Menschen und Tieren), die zwischen der Haut und den Knochen liegt: *Der Löwe riss ein großes Stück Fleisch aus der Kuh* **2** essbare Teile von Tieren ⟨fettes, mageres, gebratenes Fleisch⟩ || K- Fleischgericht || -K Hühnerfleisch, Rindfleisch, Schweinefleisch **3** die weichen (essbaren) Teile von Früchten und Gemüse: *das saftige Fleisch der Kirschen, Tomaten* || ID *meist* **etwas ist jemandem in Fleisch und Blut übergegangen** jemand beherrscht oder tut etwas automatisch; **sich** *(Dativ/Akkusativ)* **ins eigene Fleisch schneiden** (durch eine Dummheit, Unvorsichtigkeit) sich selbst schaden

Fleisch·brü·he *die; -, -n;* **1** eine klare Suppe, die durch Kochen von Fleisch und Knochen entsteht **2** ein Pulver *o.Ä.*, mit dem man Suppen würzt

Flei·scher *der; -s, -;* jemand mit dem Beruf, Tiere zu schlachten, Wurst zu machen, Fleisch zu verkaufen ≈ Metzger, Schlachter || K- Fleischerladen, Fleischermesser || *hierzu* **Flei·sche·rei** *die; -, -en;* **Flei·sche·rin** *die; -, -nen*

Fleisch·fres·ser *der; -s, -;* ein Tier, das hauptsächlich von Fleisch lebt

Fleisch·hau·e·rei *die; -, -en;* Ⓐ ≈ Metzgerei

flei·schig *Adjektiv; nicht als Adverb* **1** *(bes* von Körperteilen) mit viel Fleisch (1) ≈ dick, massig ⟨ein Gesicht, eine Nase, Lippen, Hände⟩ **2** *(bes* von Obst) mit viel (Frucht)Fleisch (3): *fleischige Kirschen*

Fleisch·pflan·zerl *das; -s, -; südd* ≈ Frikadelle

Fleisch·wa·ren *die; -; Plural;* Wurst und Fleisch in verschiedenen Sorten, die man im Geschäft kaufen kann || K- Fleischwarenabteilung

Fleiß *der; -es; nur Singular;* konzentrierte und intensive Arbeit ↔ Faulheit: *mit unermüdlichem Fleiß an etwas arbeiten* || ID **Ohne Fleiß kein Preis** nur durch harte Arbeit erreicht man sein Ziel

Fleiß·ar·beit *die; -; nur Singular;* eine Arbeit, die viel Fleiß erfordert, oft aber nicht sehr interessant ist

flei·ßig B1 *Adjektiv;* mit Fleiß und viel Arbeit ↔ faul ⟨eine Hausfrau, ein Schüler; Bienen⟩

flek·tie·ren; *flektierte, hat flektiert;* **etwas flektieren** *Sprachwissenschaft;* einem Wort *(z.B.* einem Verb oder Substantiv) die Endung geben, die grammatisch richtig ist

flet·schen; *fletschte, hat gefletscht;* ⟨ein Hund, ein Löwe *o.Ä.*⟩ **fletscht die Zähne** ein Hund, ein Löwe *o.Ä.* zeigt als Ausdruck der Drohung die Zähne

fle·xi·bel, *flexibler, flexibelst-; Adjektiv* **1** sehr elastisch ↔ starr ⟨(ein) Material⟩ **2** fähig, sich anderen Bedingungen anzupassen ⟨eine Haltung, eine Planung; flexibel reagieren⟩: *den Tagesablauf flexibel gestalten* || Hinweis: *flexibel → eine flexible Haltung* || *hierzu* **Fle·xi·bi·li·tät** *die; -, -en; meist Singular*

Fle·xi·on [-'ksio:n] *die; -, -en; Sprachwissenschaft;* das Flektieren || K- Flexionsendung

flicht *Präsens, 3. Person Singular;* ↑ **flechten**

fli·cken; *flickte, hat geflickt;* **(etwas) flicken** etwas *(meist* einen Gegenstand aus Stoff), das ein Loch hat oder zerrissen ist, ausbessern/reparieren ⟨eine Hose, ein Netz flicken⟩

Fli·cken *der; -s, -;* ein kleines Stück Stoff, mit dem man etwas flickt || -K Lederflicken, Stoffflicken

Flick·werk *das; -(e)s; nur Singular; umg abwertend;* ein Ergebnis einer handwerklichen oder geistigen Tätigkeit, das viele Fehler und Mängel hat

Flick·zeug *das; -(e)s; nur Singular;* alle Dinge, die man braucht, um etwas (*z.B.* Kleidung, einen Fahrradschlauch) zu reparieren

Flie·der *der; -s; nur Singular;* ein Strauch mit kleinen weißen oder lila Blüten, die sehr stark duften || K- Fliederbusch

Flie·ge[1] B1 *die; -, -n;* ein kleines schwarzes Insekt mit Flügeln, das oft ins Haus kommt: *eine lästige Fliege fangen* || K- Fliegenschwarm || ID **zwei Fliegen mit einer Klappe schlagen** *umg;* mit einer Handlung zwei Ziele erreichen; **keiner Fliege (et)was zuleide tun (können)** *umg;* einen sehr sanften Charakter haben

Flie·ge[2] B1 *die; -, -n;* eine kurze Krawatte, die wie eine Schleife aussieht

flie·gen A2 *flog, hat/ist geflogen* **1** **ein Tier fliegt** *(ist)* ein Vogel, ein Insekt bewegt sich durch die Luft fort: *Der Schmetterling fliegt von Blüte zu Blüte* **2** **etwas fliegt** *(ist)* etwas bewegt sich mit technischer Hilfe (oder *z.B.* durch Wind) in der Luft fort ⟨ein Flugzeug, ein Raumschiff⟩ **3** **etwas fliegt irgendwo(hin)** *(ist)* etwas wird durch die Luft bewegt: *Die Blätter flogen durch den Windstoß vom Schreibtisch* **4** **(irgendwohin) fliegen** *(ist)* (als Pilot oder als Passagier) im Flugzeug reisen: *Ich fliege im Urlaub nach Amerika* **5** *(ist) umg;* (wegen falschen Verhaltens) den Job verlieren oder die Schule vorzeitig verlassen müssen **6** **auf jemanden fliegen** *umg;* eine Person attraktiv finden: *Er fliegt auf blonde Frauen* **7** **durch etwas fliegen** *umg;* eine Prüfung nicht bestehen: *durchs Abitur fliegen* **8** **etwas fliegen** *(hat)* als Pilot etwas steuern: *ein kleines Privatflugzeug fliegen* **9** **etwas fliegen** *(hat)* einen bestimmten Weg durch die Luft zurücklegen ⟨eine Kurve, einen Umweg fliegen⟩: *die Strecke München-Paris fliegen* **10** **jemanden/etwas (irgendwohin) fliegen** *(hat)* Personen/Dinge mit dem Flugzeug *o.Ä.* transportieren: *Verletzte mit dem Hubschrauber ins Krankenhaus fliegen*

Flie·gen·pilz *der; -es, -e;* ein sehr giftiger Pilz mit flacher roter Kappe und weißen Punkten darauf

Flie·ger B1 *der; -s, -; umg* **1** ≈ Flugzeug **2** ≈ Pilot || zu 2 **Flie·ge·rin** *die; -, -nen*

flie·hen B2 ['fli:ən]; *floh, ist geflohen;* **(aus etwas, vor jemandem/etwas) (irgendwohin) fliehen** (aus Angst oder um einen sicheren Platz zu suchen) schnell und *meist* heimlich einen Ort verlassen ≈ flüchten ⟨vor den Feinden, über die Grenze fliehen⟩: *Der Verbrecher ist aus dem Gefängnis geflohen* || ▸ **Flucht**

Flie·se *die; -, -n;* eine der kleinen Platten, mit denen man eine Wand oder den Fußboden (*bes* in Küche und Bad) vor Wasser und Schmutz schützt ≈ Kachel ⟨Fliesen legen (= kleben)⟩

flie·sen; *flieste, hat gefliest;* **etwas fliesen** Fliesen auf etwas kleben ≈ kacheln: *Die Wände im Bad sind gefliest*

Fließ·band B2 *das; -(e)s, -bän·der;* ein langes, breites Band in einer Fabrik, das mechanisch bewegt wird und auf dem einzelne Teile nach und nach zu einem Ganzen (*z.B.* zu einem Auto) zusammengebaut werden ⟨am Fließband arbeiten, stehen; etwas am Fließband herstellen⟩: *Heute rollt der tausendste Traktor vom Fließband* || K- Fließbandarbeit, Fließbandproduktion

flie·ßen; *floss, ist geflossen;* **etwas fließt (irgendwohin)** etwas bewegt sich wie Wasser fort ≈ etwas strömt ⟨Blut, der Fluss; der Strom, der Verkehr⟩ || ▸ **Fluss**

flie·ßend B1 *Adjektiv* **1** ohne Mühe und ohne eine Pause ≈ flüssig: *fließend französisch/ein fließendes Französisch sprechen* **2** *nicht als Adverb;* ohne deutliche Grenzen ⟨*meist* Übergänge⟩

flim·mern; *flimmerte, hat geflimmert;* **etwas flimmert** etwas leuchtet oder bewegt sich unruhig ⟨die Sterne, der Fernseher⟩: *Heiße Luft flimmert in der Wüste*

flink, *flinker, flink(e)st-; Adjektiv;* schnell und geschickt in den Bewegungen ⟨ein Mädchen, ein Arbeiter⟩

Flin·te *die; -, -n;* ein Gewehr für die Jagd, aus dem man mit vielen kleinen Kugeln schießt || -K Jagdflinte || ID **die Flinte ins Korn werfen** *umg;* zu schnell aufgeben, weil man keine Hoffnung mehr hat

flir·ten ['flø:ɐ̯tn]; *flirtete, hat geflirtet;* **(mit jemandem) flirten** einer Person durch Blicke, Gesten oder Worte zeigen, dass man sie sympathisch und (erotisch) attraktiv findet || *hierzu* **Flirt** *der; -s, -s*

Flit·ter·wo·chen *die; -; Plural;* die ersten Wochen nach der Heirat

flocht *Imperfekt, 1. und 3. Person Singular;* ↑ **flechten**

Flo·cke *die; -, -n* **1** ein kleines Stück einer weichen Masse (wie *z.B.* Schnee, Schaum, Wolle oder Watte): *Flocken aus Schaumstoff* ||

[-K] Schneeflocke, Seifenflocke **2** *meist Plural;* ein (Getreide)Korn, das man flach presst || [-K] Haferflocke, Maisflocke

flo·ckig *Adjektiv;* locker und leicht ⟨Schaum, eine Masse⟩

flog *Imperfekt, 1. und 3. Person Singular;* ↑ **fliegen**

floh *Imperfekt, 1. und 3. Person Singular;* ↑ **fliehen**

Floh [flo:] *der; -(e)s, Flö·he;* ein sehr kleines Insekt ohne Flügel, das hoch und weit springt und (als Parasit) auf Tieren lebt: *Der Hund hat Flöhe* || [ID] **jemandem einen Floh ins Ohr setzen** *umg;* in jemandem einen Gedanken oder Wunsch wecken, der schwer zu erfüllen ist; **die Flöhe husten hören** *umg;* hinter jeder harmlosen Sache etwas Bestimmtes vermuten

Floh·markt *der; -(e)s, -märk·te;* ein Markt, auf dem man gebrauchte Gegenstände verkauft ⟨etwas auf dem Flohmarkt kaufen, verkaufen⟩

Flop *der; -s, -s; umg;* ein geschäftlicher Misserfolg ≈ Reinfall || *hierzu* **flop·pen** *(ist)*

flo·rie·ren; *florierte, hat floriert;* **etwas floriert** etwas hat Erfolg und funktioniert deshalb gut ≈ etwas blüht (2) ⟨ein Geschäft, ein Unternehmen; der Handel, die Wirtschaft; die Kunst⟩

Flo·rist *der; -en, -en;* jemand, der beruflich (in einem Blumengeschäft) Sträuße und Kränze *o.Ä.* zusammenstellt || *hierzu* **Flo·ris·tin** *die; -, -nen*

Flos·kel *die; -, -n; meist abwertend;* eine feste Redewendung, über deren Sinn man nicht mehr nachdenkt ⟨eine leere, nichtssagende, höfliche Floskel⟩ || [-K] Höflichkeitsfloskel || *hierzu* **flos·kel·haft** *Adjektiv*

floss *Imperfekt, 3. Person Singular;* ↑ **fließen**

Floß *das; -es, Flö·ße;* ein einfaches Fahrzeug, mit dem man übers Wasser fährt. Es besteht aus Holz, das man zu einer Fläche zusammengebunden hat ⟨auf, mit einem Floß fahren⟩ || [K-] Floßfahrt

Flos·se *die; -, -n* **1** der Körperteil, mit dem sich Fische durch das Wasser fortbewegen || ↑ Abbildung unter **Hecht** || [-K] Rückenflosse, Schwanzflosse **2** Schuhe aus Gummi, die wie die Füße von Enten geformt sind und mit denen man schneller schwimmen kann || [-K] Schwimmflosse, Taucherflosse

Flö·te *die; -, -n;* ein (Musik)Instrument aus Holz oder Metall in Form eines Rohrs, auf dem man bläst ⟨Flöte spielen⟩ || [K-] Flötenkonzert || [-K] Blockflöte, Querflöte

flö·ten; *flötete, hat geflötet* **1** **(etwas) flöten** ein Musikstück auf einer Flöte spielen **2** **(etwas) flöten** *umg humorvoll oder abwertend;* etwas mit sanfter Stimme sagen, *meist* um etwas Günstiges für sich zu erreichen || [ID] **flöten gehen** verloren gehen: *Mein ganzes Geld ging dabei flöten*

flott, *flotter, flottest-; Adjektiv; umg* **1** mit hoher Geschwindigkeit ≈ rasch, schnell ⟨eine Bedienung, ein Tempo⟩: *Der Bau (des Hauses) geht flott voran* **2** ≈ unterhaltsam ⟨eine Geschichte; flott geschrieben⟩ **3** attraktiv ⟨eine Frisur⟩ **4** ⟨ein Schiff⟩ fahrbereit

Flot·te *die; -, -n* **1** alle militärischen Schiffe, die einem Staat gehören: *die britische Flotte* || [K-] Flottenkommandant, Flottenstützpunkt || [-K] Kriegsflotte **2** alle Schiffe, die die gleiche Aufgabe haben || [-K] Fischereiflotte, Handelsflotte

Fluch *der; -(e)s, Flü·che* **1** **ein Fluch (über jemanden/etwas)** Worte, die man in großer Wut spontan sagt ≈ Schimpfwort ⟨einen kräftigen Fluch ausstoßen⟩ **2** *meist Singular;* **ein Fluch (gegen jemanden)** (magische) Worte, mit denen man jemandem etwas Böses wünscht ≈ Verwünschung **3** *förmlich;* **ein Fluch (für jemanden/etwas)** ≈ Unglück (2) ↔ Segen: *Wird die moderne Technologie zum Fluch für den Menschen?*

flu·chen; *fluchte, hat geflucht* **1** **(etwas) fluchen** böse Worte, Flüche aussprechen: *„Verdammt!", fluchte er* || Hinweis: Das Objekt ist immer ein Satz **2** **über jemanden/etwas, auf etwas** *(Akkusativ)* **fluchen** mit bösen Worten heftig über jemanden/etwas schimpfen: *auf/über das schlechte Wetter fluchen*

Flucht *die; -, -en* **1** **die Flucht (aus etwas, vor jemandem/etwas); die Flucht (irgendwohin)** das Fliehen ⟨auf der Flucht (vor jemandem) sein; jemandem zur Flucht verhelfen⟩: *die*

Flöten

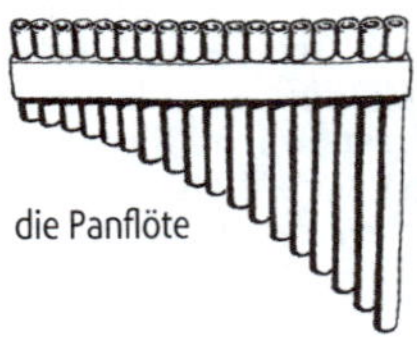

die Panflöte

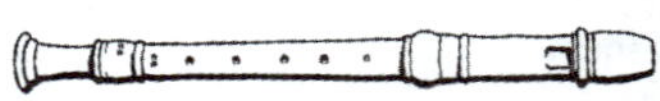

die Blockflöte

die Querflöte

Flucht aus dem Gefängnis, vor dem Feind || K- Fluchtgefahr, Fluchthelfer, Fluchtplan, Fluchtversuch **2** **die Flucht (aus/vor etwas** (*Dativ*)); **die Flucht (in etwas** (*Akkusativ*)) *förmlich;* das Ausweichen vor Problemen oder vor der Realität: *die Flucht aus/vor dem Alltag, in den Alkohol, in die Vergangenheit* || ID **die Flucht nach vorn antreten** mutig und entschlossen handeln, obwohl man in einer schlechten Situation ist; **die Flucht ergreifen** ≈ fliehen; **jemanden in die Flucht schlagen** bewirken, dass jemand (*bes* ein Angreifer) flieht

flucht·ar·tig *Adjektiv; ohne Steigerung;* sehr schnell, *bes* um aus einer unangenehmen Situation zu kommen ⟨fluchtartig den Raum, das Land verlassen⟩

flüch·ten; *flüchtete, ist geflüchtet;* **(aus etwas, vor jemandem/etwas, irgendwohin) flüchten** einen Ort schnell verlassen, *bes* weil plötzlich eine Gefahr droht: *Als das Feuer ausbrach, flüchteten die Hotelgäste auf das Dach*

flüch·tig *Adjektiv* **1** *nicht als Adverb;* auf der Flucht: *Die Verbrecher sind immer noch flüchtig* **2** von kurzer Dauer, leicht und nicht sehr intensiv ⟨eine Bekanntschaft, ein Eindruck, ein Gruß, ein Kuss; jemanden flüchtig berühren; jemanden nur flüchtig kennen⟩

Flüch·tig·keits·feh·ler *der; -s, -;* ein Fehler, den man macht, weil man zu schnell arbeitet und nicht aufmerksam ist

Flücht·ling B2 *der; -s, -e;* jemand, der (*bes* wegen eines Krieges) sein Land, seine Heimat verlässt: *einem Flüchtling Asyl gewähren; als politischer Flüchtling anerkannt werden* || K- Flüchtlingslager

Flug A2 *der; -(e)s, Flü·ge* **1** *nur Singular;* die Bewegung eines Vogels oder eines Flugzeugs durch die Luft: *den ruhigen Flug des Adlers beobachten* || K- Fluggeschwindigkeit, Flughöhe, Flugrichtung || -K Probeflug **2** eine Reise durch die Luft (im Flugzeug) ⟨einen angenehmen, (un)ruhigen Flug haben⟩ || K- Fluggast, Fluggepäck, Flugpreis, Flugreise, Flugticket || ID **etwas vergeht (wie) im Flug(e)** eine Zeit vergeht sehr schnell

Flug·be·glei·te·rin *die* ↑ **Stewardess**

Flü·gel[1] B2 *der; -s, -;* **1** einer der zwei oder vier Körperteile bei Vögeln oder Insekten, mit deren Hilfe sie fliegen ⟨ein Vogel schlägt mit den Flügeln; ein Vogel breitet die Flügel aus⟩ || K- Flügelschlag || -K Schmetterlingsflügel **2** *umg;* eine der zwei Flächen, die sich seitlich am Rumpf von Flugzeugen befinden || ↑ Abbildung unter **Flugzeug** **3** der rechte oder linke Teil eines (symmetrischen) Ganzen, das aus zwei oder mehreren Teilen besteht: *die Flügel eines Altars, eines Fensters* || K- Flügeltür || -K Altarflügel, Fensterflügel, Lungenflügel, Nasenflügel **4** der seitliche Teil eines großen Gebäudes, der sich an den zentralen Bau anschließt: *der östliche Flügel des Schlosses* || -K Seitenflügel || ID **die Flügel hängen lassen** *umg;* mutlos, traurig sein; **jemandem die Flügel stutzen** jemanden in seiner (Handlungs)Freiheit einschränken

Flü·gel[2] B2 *der; -s, -;* eine Art großes Klavier, dessen Deckel *meist* geöffnet wird, wenn man darauf spielt || -K Konzertflügel

flüg·ge *Adjektiv; ohne Steigerung, meist nach dem Substantiv* **1** (in Bezug auf einen jungen Vogel) schon so groß, dass er fliegen kann **2** *umg humorvoll;* (in Bezug auf Kinder, Jugendliche) so alt (und reif), dass sie selbstständig handeln und ihren Willen durchsetzen: *Unsere Tochter wird langsam flügge*

Flug·ge·sell·schaft *die; -, -en;* eine Firma, deren Flugzeuge (regelmäßig) auf bestimmten Routen fliegen: *Die „Lufthansa" ist die größte deutsche Fluggesellschaft* || -K Charterfluggesellschaft, Linienfluggesellschaft

Flug·ha·fen A2 *der; -s, -hä·fen;* ein großer Flugplatz || ↑ Illustration **Am Flughafen**

▶ Am Flughafen

Folgende Informationen bzw. Aufforderungen sollte man als Fluggast am Flughafen verstehen:

Beim Einchecken:
„Ihren Buchungsbeleg und Ihren Ausweis / Pass, bitte."
„Stellen Sie die Koffer bitte aufs Band."
„Hier ist Ihre Bordkarte. Boarding ist um achtzehn Uhr, Flugsteig / Gate 10."

Bei der Passkontrolle:
„Ihren Pass, bitte. Danke."

Bei der Sicherheitskontrolle:
„Bitte legen Sie Ihre Taschen und alle metallischen Gegenstände aufs Band. Haben Sie Behälter mit Flüssigkeiten dabei?"

Beim Einsteigen:
„Flug Nr. LH487 nach Kopenhagen ist nun zum Einsteigen bereit. Bitte halten Sie Ihre Ausweise und Bordkarten bereit. Passagiere der Reihen 27-38 und Passagiere mit Kindern bitte zuerst."

SPRECHEN UND SCHREIBEN

Flug·li·nie *die; -, -n;* die Route, auf der ein

Flugzeug

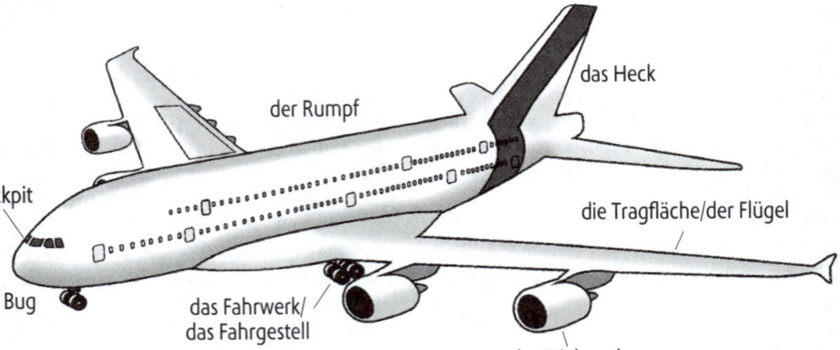

Flugzeug regelmäßig fliegt: *die Fluglinie Frankfurt - Paris*

Flug·lot·se *der; -n, -n;* jemand, der (über Funk) das Starten und Landen der Flugzeuge vom Boden aus steuert || *hierzu* **Flug·lot·sin** *die; -, -nen*

Flug·platz *der; -(e)s, -plät·ze;* ein Gelände, auf dem Flugzeuge starten und landen || -K Militärflugplatz, Zivilflugplatz

Flug·zeug A2 *das; -(e)s, -e;* ein Fahrzeug, das sich (schnell) durch die Luft bewegt ⟨ein Flugzeug startet, fliegt, landet⟩ || K- Flugzeugabsturz, Flugzeughalle, Flugzeugunglück || -K Charterflugzeug, Passagierflugzeug

Flun·der *die; -, -n;* ein bräunlicher (Speise)-Fisch mit sehr flachem Körper ⟨etwas ist platt wie eine Flunder⟩

flun·kern; *flunkerte, hat geflunkert; umg humorvoll;* (bei unwichtigen Dingen, *meist* im Scherz) nicht die Wahrheit sagen ≈ schwindeln

Flur [fluːɐ̯] *der; -(e)s, -e;* ein schmaler Raum in einer Wohnung, von dem aus man in die einzelnen Zimmer geht ≈ Korridor

Fluss A2 *der; -es, Flüs·se* **1** ein Gewässer, das sich seinen natürlichen Weg zum Meer sucht ⟨ein breiter, tiefer Fluss; ein Fluss fließt/mündet ins Meer, tritt über die Ufer⟩ || -K Gebirgsfluss **2** *nur Singular; förmlich;* verwendet, um auszudrücken, dass etwas ohne Unterbrechung gemacht wird oder stattfindet ⟨der Fluss der Arbeit, der Ereignisse⟩ || -K Gedankenfluss **3** **etwas kommt/gerät in Fluss** etwas beginnt und geht dann ohne Unterbrechung weiter ⟨eine Arbeit, eine Unterhaltung⟩

Fluss·bett *das; -(e)s, -en;* die (vertiefte) Rinne, durch die ein Fluss fließt ⟨ein ausgetrocknetes, schlammiges Flussbett⟩

flüs·sig *Adjektiv* **1** so, dass es fließen kann: *Wachs wird flüssig, wenn man es erwärmt* || -K dickflüssig, dünnflüssig **2** ohne Mühe ≈ sicher ⟨etwas flüssig vortragen; einen flüssigen Stil schreiben⟩: *Er spricht ein flüssiges Englisch* || ID **flüssig sein** *umg;* genügend Geld (bei sich) haben || Hinweis: ↑ **flüssigmachen**

Flüs·sig·keit *die; -, -en* **1** eine Substanz (wie *z.B.* Wasser), die weder fest noch gasförmig, sondern flüssig (1) ist ⟨eine farblose, klare Flüssigkeit⟩ || -K Bremsflüssigkeit, Kühlflüssigkeit **2** *nur Singular, ohne Artikel;* alle flüssigen Substanzen, die man trinkt, weil sie der Körper braucht: *Bei Fieber soll man viel Flüssigkeit zu sich nehmen* || K- Flüssigkeitsbedarf, Flüssigkeitsverlust **3** *nur Singular;* die Tatsache, dass etwas flüssig (2) (gesprochen, geschrieben) ist: *die Flüssigkeit seines Stils, seiner Rede*

flüs·sig·ma·chen; *machte flüssig, hat flüssiggemacht;* **etwas flüssigmachen** *umg;* Geld für einen bestimmten Zweck zur Verfügung stellen oder haben: *Er konnte die erforderlichen 5000 Euro nicht flüssigmachen*

Fluss·pferd *das; -(e)s, -e;* ein großes, massiges Tier, das in Afrika in und an Flüssen lebt und kleine Augen und Ohren, aber ein großes, breites Maul hat ≈ Nilpferd

flüs·tern; *flüsterte, hat geflüstert;* **(etwas) flüstern** sehr leise sprechen ⟨jemandem etwas ins Ohr flüstern⟩ || K- Flüsterton

Flut *die; -, -en* **1** *nur Singular;* das Wasser im Meer, wenn es für ein paar Stunden steigt, um danach wieder zu fallen ↔ Ebbe ⟨die Flut kommt; ein Schiff läuft mit der Flut aus⟩ || K- Flutkatastrophe, Flutwarnung **2** *meist Plural; förmlich;* große Mengen von Wasser (die in

Bewegung sind): *sich in die Fluten stürzen* (= ins Wasser springen) **3** **eine Flut von etwas** (*Plural*) eine große Menge von etwas, die plötzlich erscheint ⟨eine Flut von Beschwerden, Protesten, Glückwünschen, Tränen⟩

Flut·licht *das; -(e)s, -er; meist Singular;* helles künstliches Licht, mit dem man abends Sportplätze *o.Ä.* beleuchtet ⟨bei Flutlicht⟩ || K- Flutlichtanlage

Flut·wel·le *die; -, -n* **1** eine sehr hohe Welle, die *z.B.* durch einen Sturm verursacht wird **2** das schnelle Ansteigen des Wassers (*bes* in den Mündungen der Flüsse), wenn die Flut kommt

focht *Imperfekt, 1. und 3. Person Singular;* ↑ **fechten**

Fö·de·ra·lis·mus *der; -; nur Singular* **1** eine staatliche Ordnung, in der die einzelnen Regionen ziemlich selbstständig sind **2** das Streben nach einer solchen Ordnung || *hierzu* **fö·de·ra·lis·tisch** *Adjektiv*

Foh·len *das; -s, -;* ein junges Pferd

Föhn[1] B1 *der; -(e)s; nur Singular;* ein warmer (Süd)Wind, der *bes* auf der nördlichen Seite der Alpen auftritt || K- Föhnwetter

Föhn[2] B1 *der; -(e)s, -e;* ein elektrisches Gerät, mit dem man sich die Haare trocknet || ↑ Illustration **Im Bad**

föh·nen; *föhnte, hat geföhnt* **1** **jemanden/sich föhnen** jemandes/seine Haare mit einem Föhn trocknen **2** **(jemandem/sich) die Haare föhnen** jemandem/sich mit einem Föhn die Haare trocknen

Föh·re *die; -, -n* ≈ Kiefer[2]

Fol·ge[1] B2 *die; -, -n* **1** eine Reihe von Dingen, die schnell nacheinander kommen: *Die Autos fuhren in dichter Folge* || -K Bilderfolge, Gedankenfolge, Zahlenfolge **2** einer von mehreren Teilen *z.B.* einer Serie, die nacheinander kommen (*z.B.* eine Episode einer Fernsehserie): *die nächste Folge des dreiteiligen Kriminalfilms*

Fol·ge[2] B2 *die; -, -n;* **eine Folge** (+ *Genitiv*/**von etwas**) etwas, das sich als Ergebnis einer Handlung ereignet: *Der Fehler hatte katastrophale Folgen; Sie starb an den Folgen des Autounfalls*

fol·gen[1] B2 *folgte, ist gefolgt* **1** **jemandem/etwas folgen** hinter jemandem/etwas gehen ≈ nachgehen ⟨jemandem auf Schritt und Tritt, in großem Abstand folgen⟩ **2** **etwas** (*Dativ*) **irgendwie folgen** aufmerksam zuhören oder beobachten: *dem Vortrag mit Interesse folgen* **3** **jemandem/etwas folgen** jemanden/etwas als Vorbild nehmen und danach handeln ⟨einer Eingebung, seinen Gefühlen, jemandes Rat folgen⟩: *Er ist dem Beispiel seines Vaters gefolgt und ebenfalls Arzt geworden* **4** **etwas folgt etwas** (*Dativ*)/**auf etwas** (*Akkusativ*) etwas kommt in der Reihenfolge nach etwas **5** **etwas folgt aus etwas** etwas ist die logische Folge[2] von etwas **6** **jemandem/etwas (nicht) folgen können** jemandes Argumente und Gedankengänge (nicht) verstehen können

fol·gen[2] B2 *folgte, hat gefolgt;* **(jemandem) folgen** ≈ gehorchen: *Das Kind hat seiner Mutter nicht gefolgt*

fol·gen·d- *Adjektiv; nur vor dem Substantiv, nicht als Adverb;* verwendet, um sich auf Personen/Sachen zu beziehen, die danach (in einer Liste) genannt werden: *Folgende Schüler haben die Prüfung bestanden: ...*

fol·gen·der·ma·ßen *Adverb;* auf die (anschließend) beschriebene Art und Weise ≈ wie folgt, so: *Der Salat wird folgendermaßen zubereitet: ...*

fol·gen·schwer *Adjektiv; nicht als Adverb;* mit großen (*meist* negativen) Folgen/Konsequenzen ⟨ein Fehler, ein Irrtum, ein Unfall *o.Ä.*⟩

fol·gern; *folgerte, hat gefolgert;* **etwas (aus etwas) folgern** *förmlich;* aus bestimmten Anzeichen oder Fakten die logische Konsequenz ziehen ≈ schließen[2]: *Aus seinem Verhalten folgerte sie, dass er derselben Meinung war* || *hierzu* **Fol·ge·rung** *die; -, -en*

folg·lich B2 *Adverb;* als Konsequenz oder Ergebnis von etwas ≈ deshalb: *Die Firma machte Bankrott, folglich mussten alle Mitarbeiter entlassen werden*

folg·sam *Adjektiv;* immer bereit zu gehorchen ≈ gehorsam, brav ⟨*meist* ein Kind⟩

Fo·lie [-liə] *die; -, -n;* ein sehr dünnes Material (*meist* aus Kunststoff oder Metall), mit dem man Gegenstände (*z.B.* Lebensmittel) verpackt, abdeckt oder isoliert ⟨etwas in Folie verpacken, mit Folie abdecken⟩ || -K Aluminiumfolie, Plastikfolie; Abdeckfolie, Frischhaltefolie, Schutzfolie

Folk·lo·re *die; -; nur Singular;* alle (*meist* einfachen) Formen der Kultur (*bes* Musik, Tanz und Dichtung), die für die Leute einer bestimmten Region typisch sind || K- Folkloremusik || *hierzu* **folk·lo·ris·tisch** *Adjektiv*

Fol·ter *die; -, -n* **1** *nur Singular;* das Quälen, Foltern von Gefangenen: *Amnesty International setzt sich gegen Folter in aller Welt ein* || K- Folterkammer, Foltermethode **2** *ums;* etwas, das einem sehr unangenehm oder lästig ist ≈ Qual: *Lange Vorträge sind für mich*

eine wahre Folter ‖ ID **jemanden auf die Folter spannen** *umg;* nicht sofort erzählen, was jemand wissen will, sodass er unruhig wird ‖ *zu* 1 **fọl·tern** *(hat)*

Fonds [fõ:] *der;* - [fõ:(s)], - [fõ:s]; Geld, das für einen Zweck bestimmt ist ⟨ein öffentlicher Fonds; einen Fonds bilden⟩ ‖ -K Hilfsfonds, Studienfonds

Fon·due [fõ'dy:] *das;* -s, -s; *oder die;* -, -s; ein Gericht, das man bei Tisch zubereitet, indem man mit einer langen Gabel *z.B.* kleine Stücke Fleisch in einen Topf mit heißem Öl oder kleine Stücke Brot in einen Topf mit geschmolzenem Käse taucht ‖ K- Fonduegabel ‖ -K Fleischfondue, Käsefondue

F

Fon·tä·ne *die;* -, -n; ein starker Strahl Wasser, der *bes* aus einem Brunnen nach oben spritzt ≈ Springbrunnen

fọ̈r·der·lich *Adjektiv; meist* **etwas ist jemandem/etwas förderlich** *förmlich;* etwas ist für jemanden/etwas nützlich, von Vorteil ↔ etwas schadet jemandem/etwas: *Ein solches Verhalten ist seiner Karriere wenig förderlich*

fọr·dern B1 *forderte, hat gefordert* **1** **(von jemandem/etwas) etwas fordern** jemandem/einer Behörde mit Nachdruck sagen, dass man etwas von ihm/ihr will ≈ verlangen: *Sie forderte, freigelassen zu werden* **2** **etwas fordert jemanden** etwas verlangt viel Energie von jemandem: *Mein Beruf fordert mich nicht genug*

fọ̈r·dern[1]; *förderte, hat gefördert;* **jemanden/etwas fördern** jemanden/etwas so unterstützen (*z.B.* durch persönliches Engagement oder Geld), dass er/es sich gut entwickelt: *junge Künstler, die Wissenschaften fördern* ‖ *hierzu* **Fọ̈r·de·rer** *der;* -s, -; **Fọ̈r·de·rin** *die;* -, -nen; **Fọ̈r·de·rung** *die;* -, -en

fọ̈r·dern[2]; *förderte, hat gefördert;* **jemand/⟨eine Gesellschaft⟩ fördert etwas** eine Gruppe von Personen/eine Gesellschaft gewinnt Kohle, Öl, Erz *o.Ä.* in großer Menge aus der Erde ‖ K- Förderanlage, Fördermenge ‖ *hierzu* **Fọ̈r·de·rung** *die;* -; *nur Singular*

Fọr·de·rung B2 *die;* -, -en; **eine Forderung (an jemanden); eine Forderung (nach etwas)** das, was von jemandem verlangt wird ⟨Forderungen (an jemanden) stellen; eine Forderung erfüllen⟩: *Die Arbeitgeber lehnten die Forderung der Gewerkschaften nach mehr Lohn ab* ‖ -K Geldforderung

Fo·rẹl·le B2 *die;* -, -n; ein Fisch, der in kalten Bächen und in kleineren Gewässern lebt und den man essen kann ‖ K- Forellenteich

Fọrm[1] A2 *die;* -, -en **1** die Art, wie ein Gegenstand aussieht, ob er *z.B.* rund, eckig, länglich oder spitz ist ≈ Gestalt: *Die Erde hat die Form einer Kugel* ‖ ↑ Illustration **Farben und Formen** ‖ -K Eiform, Kugelform **2** die Art und Weise, in der etwas existiert ≈ Modus: *die Ehe als Form des Zusammenlebens von Mann und Frau* ‖ -K Lebensform, Regierungsform **3** die Art und Weise, in der ein Inhalt (künstlerisch) gestaltet ist ↔ Inhalt: *eine Liebeserklärung in Form eines Gedichtes* ‖ -K Briefform, Liedform **4** *meist Plural;* die Konventionen, nach denen man sich verhalten soll ⟨die gesellschaftlichen Formen⟩ ‖ ID **etwas nimmt (feste) Formen an** ein Plan, ein Projekt wird allmählich entwickelt und realisiert; **in aller Form** genau so, wie es den Formen (4) entspricht

Fọrm[2] A2 *die;* -, -en; ein Gegenstand, in den man eine flüssige Masse (*z.B.* Teig) gibt, die dann fest wird ‖ -K Backform, Kuchenform

Fọrm[3] A2 *die;* -; *nur Singular;* der allgemeine (körperliche und geistige) Zustand ⟨gut, schlecht in Form sein; (nicht) in Form sein⟩ ‖ -K Bestform

for·mal *Adjektiv* **1** die Form[1] (3) von etwas betreffend ↔ inhaltlich: *der formale Aufbau einer Rede* **2** die Bestimmungen des Gesetzes, die Regeln *o.Ä.* betreffend: *Der Prozess musste wegen eines formalen Fehlers unterbrochen werden*

For·ma·li·tät *die;* -, -en **1** *meist Plural;* eine (bürokratische) Vorschrift, die man erfüllen muss, damit etwas offiziell gültig wird *o.Ä.* ⟨die Formalitäten erledigen⟩ **2** eine gesellschaftliche Regel, die nur die äußere Form betrifft

For·mat *das;* -(e)s, -e **1** eine (definierte) Größe oder Form *bes* für Papier und Bücher: *Fotos mit dem Format 18 x 24* ‖ -K Großformat, Postkartenformat **2** **Format haben** in Bezug auf Charakter oder Fähigkeiten sehr bedeutend, vorbildlich sein ≈ eine Persönlichkeit sein

for·ma·tie·ren; *formatierte, hat formatiert; Informatik* **1** **(etwas) formatieren** einen Text, den man am Computer schreibt, gestalten, indem man die Art und Größe der Schrift auswählt *usw* **2** **(etwas) formatieren** eine Festplatte *o.Ä.* so vorbereiten, dass man Daten auf ihr speichern kann

For·ma·ti·on [-'tsio:n] *die;* -, -en; eine Gruppe von Personen, die in einer bestimmten Form angeordnet oder aufgestellt sind (und so regelmäßig spielen, tanzen *o.Ä.*) ⟨eine militärische Formation; eine Formation von Tänzern⟩ ‖ -K Tanzformation ‖ *hierzu* **for·mie·ren**, sich (*hat*)

for·bar *Adjektiv* **1** ⟨ein Material⟩ so, dass es (mit den Händen) geformt (1) werden kann: *Der Ton wird mit Wasser zu einer gut formbaren Masse verarbeitet* **2** ⟨ein Charakter, ein Kind⟩ so, dass man sie noch beeinflussen kann

Form·blatt *das; -(e)s, -blät·ter; Verwaltung* ≈ Formular

For·mel *die; -, -n* **1** eine Kombination von Buchstaben, Zahlen oder Zeichen (in einem mathematischen Lehrsatz, einer chemischen Verbindung oder einer physikalischen Regel): *Die chemische Formel für Wasser ist „H_2O“* **2** ein Ausdruck oder Satz, die man immer wieder in der gleichen Form sagt || [-K] Grußformel, Zauberformel || *zu* 2 **for·mel·haft** *Adjektiv*

for·mell [B2] *Adjektiv* **1** korrekt und höflich, so wie es die Regeln (Konventionen) erfordern ⟨eine Begrüßung, eine Einladung, ein Empfang⟩ **2** den Vorschriften entsprechend ≈ offiziell ⟨ein Abkommen, eine Einigung⟩

for·men; *formte, hat geformt* **etwas (aus etwas) formen** einen Gegenstand herstellen, indem man dem Material eine besondere Form gibt ≈ gestalten: *einen Krug aus Ton formen* || *hierzu* **For·mung** *die; -, -en*

Form·feh·ler *der; -s, -; förmlich;* ein Verstoß gegen eine amtliche Vorschrift, die einen Ablauf regelt: *Wegen eines Formfehlers wurde die Wahl für ungültig erklärt*

-för·mig *im Adjektiv;* mit der genannten Form; **eiförmig, herzförmig, kreisförmig, sternförmig**

förm·lich[1] *Adjektiv* **1** ≈ formell (1) ⟨eine Begrüßung, ein Umgangston⟩ **2** ≈ formell (2), offiziell ⟨eine Erklärung, ein Vertrag⟩ || *hierzu* **Förm·lich·keit** *die; -, -en*

förm·lich[2] *Partikel; unbetont* ≈ regelrecht, geradezu: *Sie kochte förmlich vor Wut*

form·los *Adjektiv* **1** ohne feste Umrisse, ohne eine erkennbare Form[1] (1) ⟨eine Masse⟩ **2** ohne eine offiziell vorgeschriebene Form[1] (4) ⟨ein Antrag⟩

Form·sa·che *die; -, -n; nur Singular* ≈ Formalität (2): *Das ist doch eine reine Formsache* (= ist völlig unproblematisch)

For·mu·lar [B1] *das; -s, -e;* ein Blatt Papier, auf dem man Fragen beantworten muss ⟨ein Formular ausfüllen, unterschreiben⟩ || [-K] Anmeldeformular

for·mu·lie·ren; *formulierte, hat formuliert;* **etwas (irgendwie) formulieren** etwas in eine entsprechende sprachliche Form[1] (3) bringen: *einen Satz, eine Frage knapp formulieren* | *hierzu* **For·mu·lie·rung** *die; -, -en*

forsch, *forscher, forschest-; Adjektiv;* (selbst)sicher und energisch ⟨ein Benehmen; forsch an etwas herangehen⟩

for·schen [B2] *forschte, hat geforscht* **1** etwas mit wissenschaftlichen Methoden untersuchen: *Er forscht auf dem Gebiet der Kernphysik* **2** **nach jemandem/etwas forschen** *förmlich;* sehr gründlich, intensiv nach jemandem/etwas suchen ⟨nach einem Vermissten, nach der Wahrheit, nach den Ursachen von etwas forschen⟩: *nach der Herkunft seiner Familie forschen* || *zu* 1 **For·scher** *der; -s, -;* **For·sche·rin** *die; -, -nen*

for·schend *Adjektiv; nur vor dem Substantiv oder als Adverb;* kritisch und prüfend ⟨*meist* ein Blick, jemanden forschend ansehen⟩

For·schung [B2] *die; -, -en* **1** wissenschaftliche Arbeit: *Kopernikus hat bei seinen Forschungen herausgefunden, dass sich die Erde um die Sonne bewegt* **2** *nur Singular;* die Wissenschaften und ihre Institutionen ⟨die naturwissenschaftliche, medizinische Forschung⟩: *Sie ist in der Forschung tätig* || [K-] Forschungsarbeit, Forschungsgegenstand, Forschungsmethode || [-K] Geschichtsforschung

Förs·ter *der; -s, -;* jemand, der beruflich für eine bestimmte Fläche Wald und für die Tiere (*bes* für das Wild) in diesem Gebiet verantwortlich ist || *hierzu* **Förs·te·rin** *die; -, -nen*

fort [B2] *Adverb;* **jemand/etwas ist fort** jemand/etwas ist nicht (mehr) da ≈ jemand/etwas ist weg: *Mein Fahrrad ist fort!; Sie ist drei Wochen fort gewesen* || [ID] **und so fort** ≈ und so weiter, und Ähnliches

fort- [B2] *im Verb; trennbar und betont;* Die Verben mit *fort-* werden nach folgendem Muster gebildet: *fortfliegen - flog fort - fortgeflogen;* drückt aus, dass jemand/etwas einen bestimmten Ort verlässt ≈ weg-; **jemanden/etwas fortbringen, fortschaffen, fortschicken; jemanden/ein Tier fortjagen, fortlocken, forttreiben; etwas fortwerfen; fortgehen, fortlaufen, fortmüssen;** ⟨ein Vogel⟩ **fliegt fort**

Fort·be·stand *der; -(e)s; nur Singular; förmlich;* die weitere Existenz, das Weiterleben in der Zukunft: *Der Fortbestand vieler Tierarten ist heute gefährdet* || *hierzu* **fort·be·ste·hen** (*hat*)

fort·be·we·gen (*hat*) **sich/etwas (irgendwie) fortbewegen** bewirken, dass man selbst/

etwas von einem Ort an einen anderen kommt: *sich mühsam, auf Händen und Knien fortbewegen*

Fort·be·we·gung *die; -; nur Singular;* der Vorgang, sich/jemanden/etwas von einem Ort zum anderen zu bewegen: *Der Gelähmte benötigt zur Fortbewegung einen Rollstuhl; Die Flügel dienen dem Vogel zur Fortbewegung* || K- Fortbewegungsmittel, Fortbewegungsorgan

F

fort·bil·den, sich B2 *(hat)* **sich (in etwas** *(Dativ)*) **fortbilden** seine (beruflichen) Kenntnisse erweitern *(meist* indem man besondere Kurse besucht): *sich in EDV fortbilden* || *hierzu* **Fort·bil·dung** *die; -, -en*

fort·blei·ben *(ist)* **(eine bestimmte Zeit) (von etwas) fortbleiben** für eine bestimmte Zeit nicht an einen bestimmten Ort (wieder)kommen ≈ wegbleiben ↔ zurückkehren ⟨lange, nur kurze Zeit fortbleiben⟩: *Er blieb zwei Tage von der Arbeit fort*

fort·fah·ren *(hat/ist)* **1** *(ist)* ≈ wegfahren: *Seid ihr über Ostern fortgefahren?* **2** **mit etwas fortfahren; fortfahren** + **zu** + *Infinitiv; (ist) förmlich;* etwas nach einer Unterbrechung wieder tun: *Er ließ sich durch den Lärm nicht stören und fuhr fort zu arbeiten* **3** **jemanden/etwas fortfahren** *(hat)* jemanden/etwas in einem Fahrzeug wegbringen

fort·fal·len *(ist)* **etwas fällt fort** etwas ist nicht mehr wirksam oder gültig, nicht mehr vorhanden ≈ etwas fällt weg: *Wenn das neue Gesetz in Kraft tritt, fällt die alte Regelung fort*

fort·füh·ren *(hat)* **etwas fortführen** *förmlich;* etwas, das ein anderer angefangen hat, (ohne Unterbrechung) fortsetzen: *Der Sohn führt das Unternehmen des Vaters fort* || *hierzu* **Fort·füh·rung** *die; -, -en; meist Singular*

Fort·gang *der; -(e)s; nur Singular; förmlich* **1** die Art und Weise, wie sich etwas entwickelt: *Der Archäologe berichtete über den Fortgang der Ausgrabungen* **2** das Verlassen eines Orts *(meist* für lange Zeit): *Seit seinem Fortgang von Berlin habe ich ihn nicht mehr gesehen*

fort·ge·schrit·ten *Adjektiv* **1** so, dass es ein späteres Stadium (der Entwicklung) erreicht hat ⟨jemand ist im fortgeschrittenen Alter⟩: *Die Krankheit ist schon weit fortgeschritten* **2** **jemand ist (in etwas** *(Dativ)*) **fortgeschritten** jemand hat in einem Fach ziemlich viel gelernt: *Kurt ist in Französisch schon ziemlich fortgeschritten* || *zu* 2 **Fort·ge·schrit·te·ne** *der/die; -n, -n*

fort·ge·setzt *Adjektiv; nur vor dem Substantiv oder als Adverb; (meist* in Bezug auf verbotene Handlungen) so, dass sie sich ständig wiederholen: *jemanden wegen fortgesetzten Betrugs bestrafen*

fort·lau·fend *Adjektiv;* in kontinuierlicher Reihenfolge: *Die Seiten des Manuskripts sind fortlaufend nummeriert*

fort·pflan·zen, sich *(hat)* **1** ⟨Menschen/Tiere⟩ **pflanzen sich fort** Menschen/Tiere zeugen Kinder, neue Lebewesen ≈ sich vermehren: *Vögel pflanzen sich fort, indem sie Eier legen* **2** **etwas pflanzt sich fort** *förmlich;* etwas breitet sich aus: *Im Wasser pflanzen sich Schallwellen besser fort als in der Luft* || *zu* 1 **Fort·pflan·zung** *die; -; nur Singular*

fort·schrei·ten *(ist)* **etwas schreitet fort** *förmlich;* etwas wird größer, intensiver, entwickelt sich weiter ↔ etwas kommt zum Stillstand ⟨eine Arbeit, eine Krankheit, der Verfall, die Zerstörung⟩

Fort·schritt B1 *der; -(e)s, -e;* eine positive Entwicklung (auch auf ein Ziel zu) ⟨der medizinische, technische, wirtschaftliche Fortschritt; Fortschritte erzielen, machen⟩

fort·schritt·lich *Adjektiv* **1** ⟨ein Mensch, eine Persönlichkeit⟩ so, dass sie (progressiv) an die Zukunft denken und danach handeln: *fortschrittlich eingestellt sein* **2** ⟨eine Technologie⟩ so, dass sie etwas für den Fortschritt bringt ≈ zukunftsweisend

fort·set·zen *(hat)* **1** **etwas fortsetzen** nach einer Pause mit etwas weitermachen: *Nach einer kurzen Rast setzten sie die Fahrt fort* **2** **etwas setzt sich fort** *förmlich;* etwas bleibt so und dauert an: *Die Debatte setzte sich bis in den Abend fort*

Fort·set·zung *die; -, -en* **1** *nur Singular;* das Fortsetzen (1) einer Tätigkeit: *die Fortsetzung der Arbeit nach der Mittagspause* **2** der Teil *z.B.* eines Romans oder einer (Fernseh)Serie, der auf einen früher erschienenen oder gesendeten Teil folgt ≈ Folge[1] (2) || K- Fortsetzungsroman

fort·wäh·rend *Adjektiv; nur vor dem Substantiv oder als Adverb;* so, dass es lange andauert (oder sich ständig wiederholt) und stört oder lästig ist ≈ dauernd: *Das Telefon stört ihn fortwährend bei der Arbeit*

Fo·rum *das; -s, Fo·ren* **1** **ein Forum (über etwas** *(Akkusativ)*) eine öffentliche Diskussion ⟨ein politisches, literarisches Forum; an einem Forum teilnehmen⟩ **2** **ein Forum (für etwas)** ein geeigneter Ort, um bestimmte Themen zu diskutieren *o.Ä.* ≈ Plattform **3** eine Gruppe von Fachleuten, die etwas diskutieren ⟨einem Forum angehören; vor einem Forum sprechen⟩ 4 *Informatik;* ein Forum (1,2) im Internet

Fos·sil *das; -s, Fos·si·li·en* [-i̯ən]; *meist Plural;* Überreste von Tieren oder Pflanzen, die vor langer Zeit existiert haben und (ganz oder teilweise) als Abdruck im Gestein erhalten sind ≈ Versteinerung

Fo·to A2 *das; -s, -s;* **ein Foto** (+ *Genitiv*/**von jemandem/etwas**) ein Bild, das man mit einer Kamera macht ≈ Fotografie ⟨ein Foto machen/schießen⟩ ‖ K- Fotoalbum, Fotoapparat, Fotolabor ‖ -K Farbfoto ‖ Hinweis: Anstelle von *Foto, Fotografie usw* schreibt man (*bes* in älteren Texten) auch *Photo, Photographie usw*

Fo·to·gra·fie *die; -, -n* [-'fiː(ə)n] 1 *nur Singular;* die Technik oder die Kunst, mithilfe eines Films und einer Kamera Fotos zu machen 2 ≈ Foto ‖ *hierzu* **fo·to·gra·fisch** *Adjektiv*

fo·to·gra·fie·ren A2 *fotografierte, hat fotografiert;* **(jemanden/etwas) fotografieren** (von jemandem/etwas) ein Foto machen: *das Brautpaar vor der Kirche fotografieren* ‖ *hierzu* **Fo·to·graf** *der; -en, -en;* **Fo·to·gra·fin** *die; -, -nen*

Fo·to·han·dy *das; -s, -s;* ein Handy, mit dem man auch (digitale) Fotos machen kann

Foul [faul] *das; -s, -s; Sport;* (*bes* bei Mannschaftsspielen) eine unsportliche und unerlaubte Behinderung des Gegners ⟨ein grobes, harmloses Foul; ein Foul (an jemandem) begehen⟩: *Der Schiedsrichter ahndete das grobe Foul des Verteidigers mit einem Platzverweis* ‖ *hierzu* **fou·len** ['faulən] (*hat*)

Fo·yer [fo̯a'jeː] *das; -s, -s;* der Vorraum (*meist* in einem Theater), in dem sich die Zuschauer während der Pause aufhalten können

Fr. *Abkürzung für* Frau

Fracht *die; -, -en;* die Behälter und deren Inhalte, die mit *meist* großen Fahrzeugen transportiert werden ≈ Ladung ⟨die Fracht verladen, löschen (= ausladen)⟩ ‖ K- Frachtschiff

Frach·ter *der; -s, -;* ein Schiff, das *bes* Frachten transportiert ≈ Frachtschiff

Fra·ge A1 *die; -, -n* 1 **eine Frage (nach jemandem/etwas)** eine Äußerung, mit der man jemanden etwas fragt (1,2,3) und die eine Antwort fordert ⟨eine dumme, kluge, dreiste, vorsichtige Frage; eine Frage an jemanden richten, stellen; jemandem eine Frage stellen; jemanden mit Fragen bombardieren; eine Frage beantworten⟩: *Sie wich meiner Frage nach ihren Zukunftsplänen aus* ‖ K- Fragepronomen, Fragesatz ‖ -K Prüfungsfrage, Scherzfrage 2 ≈ Problem ⟨eine offene, strittige, ungelöste Frage; eine Frage diskutieren, klären⟩: *Die Außenminister beschäftigten sich mit Fragen der internationalen Zusammenarbeit* ‖ ID *meist* **Das ist noch die Frage**; **Das ist die große Frage** das ist noch nicht entschieden; **Das ist keine Frage** das ist ganz sicher; **Das/Es ist nur eine Frage von** ⟨Sekunden, Minuten⟩ das dauert nur ein paar Sekunden, Minuten ‖ Hinweis: ↑ **infrage**

Fra·ge·bo·gen *der; -s, - oder -bö·gen;* ein Formular, auf dem Fragen stehen, die man beantworten soll

fra·gen A1 *fragte, hat gefragt* 1 **(jemanden) nach jemandem/etwas fragen**; **(jemanden) (etwas) fragen** zu jemandem sprechen, um eine Information über jemanden/etwas zu bekommen: *einen Fremden nach seinem Namen fragen; nach dem Weg fragen; „Gehst du mit mir ins Kino?", fragte er; Sie fragte mich, ob ich hungrig sei* 2 **(jemanden) (um Erlaubnis) fragen** jemanden darum bitten, etwas tun zu dürfen: *Er nahm das Auto, ohne zu fragen* 3 **(jemanden) um Rat fragen** jemanden um einen Rat bitten 4 **sich fragen, ob/warum/wie ...** über ein Problem nachdenken, zu dem man noch keine Antwort weiß: *Ich frage mich, wie sie es schafft, mit drei Kindern auch noch berufstätig zu sein* 5 **es fragt sich nur, wann/wie ...** verwendet, wenn etwas unsicher ist: *Er kommt bestimmt zum Fest, es fragt sich nur, wann*

Fra·ge·stel·lung *die; -, -en;* die Art und Weise, wie eine Frage formuliert wird: *Seine Fragestellung war undurchsichtig*

Fra·ge·wort *das; -(e)s, -wör·ter;* ein Wort, mit dem eine Frage (1) eingeleitet wird (*z.B.* „wer", „wann", „warum") ≈ Interrogativpronomen

Fra·ge·zei·chen *das; -s, -;* das Zeichen ?, das am Ende eines (Frage)Satzes steht ‖ ID **wie ein Fragezeichen aussehen** *umg;* eine schlechte Körperhaltung haben

frag·lich *Adjektiv* 1 noch nicht entschieden ≈ unsicher, zweifelhaft: *Ob er den Job bekommt, ist noch sehr fraglich* 2 *nur vor dem Substantiv, nicht als Adverb; Verwaltung;* bereits erwähnt ≈ betreffend: *zum fraglichen Zeitpunkt*

frag·wür·dig *Adjektiv;* ⟨Praktiken, eine Methode, ein Verfahren⟩ so, dass sie Zweifel und Misstrauen wecken ≈ zweifelhaft

Frak·ti·on [-'tsi̯oːn] *die; -, -en;* die Gruppe aller Abgeordneten einer Partei im Parlament: *die sozialdemokratische Fraktion im Bundestag* ‖ K- Fraktionsmitglied, Fraktionssprecher

Fran·ken B1 *der; -s, -;* **(Schweizer) Franken** die Währung des Geldes in der Schweiz: *Ein*

Franken hat hundert Rappen

Frank·fur·ter *die; -, -; meist Plural;* ein Würstchen aus Schweinefleisch, das man in Wasser heiß macht ≈ Wiener ⟨ein, zwei Paar Frankfurter⟩

fran·kie·ren B1 *frankierte, hat frankiert;* **etwas frankieren** auf einen Brief *o.Ä.*, den man mit der Post schickt, eine Briefmarke kleben ⟨einen Brief frankieren⟩

F

Fran·se *die; -, -n; meist Plural* einer der Fäden am Rand *bes* von Teppichen und Schals || *hierzu* **fran·sig** *Adjektiv*

fraß *Imperfekt, 3. Person Singular;* ↑ **fressen**

Frat·ze *die; -, -n;* ein fürchterliches, hässliches Gesicht ⟨eine grinsende, höhnische Fratze; Fratzen schneiden (= machen)⟩: *die Fratze eines Dämons*

Frau A1 *die; -, -en* **1** eine erwachsene, weibliche Person ↔ Mann ⟨eine alleinstehende, emanzipierte, verheiratete Frau⟩ || K- Frauenberuf, Frauenkrankheit, Frauenzeitschrift; Frauenarzt **2** *Kurzwort* ↑ **Ehefrau** ↔ Mann ⟨seine ehemalige, geschiedene, verstorbene Frau⟩ **3** *nur Singular;* verwendet *bes* in der Anrede (auch in Briefen) vor dem Familiennamen oder Titel einer Frau (1) ↔ Herr: *„Guten Tag, Frau Müller/Frau Doktor!"; Sehr geehrte Frau Meier …* || Hinweis: *Frau* (3) wird auch für unverheiratete Frauen verwendet; ↑ **Fräulein**

Frau·en·arzt *der; -es, -ärz·te;* ein Arzt, der sich auf Frauenkrankheiten (und Geburtshilfe) spezialisiert hat ≈ Gynäkologe || *hierzu* **Frau·en·ärz·tin** *die; -, -nen*

Frau·en·haus *das; -es, -häu·ser;* ein Haus, in dem Frauen, die von ihren Männern misshandelt werden, (mit ihren Kindern) wohnen können und wo sie auch juristische und finanzielle Hilfe bekommen

Fräu·lein *das; -s, -/umg auch -s* **1** früher übliche Bezeichnung für eine Frau, die nicht verheiratet war ⟨ein junges, älteres Fräulein⟩ **2** *nur Singular;* früher verwendet in der Anrede von (jungen) nicht verheirateten Frauen; *Abkürzung* Frl.: *„Wie gehts Ihnen, Fräulein Huber?"* || Hinweis: *Fräulein* ist sowohl als Bezeichnung als auch in der Anrede nicht mehr üblich. Eine unverheiratete Frau spricht man korrekt mit *Frau …* an

frau·lich *Adjektiv; bes* im Aussehen und im Verhalten einer reifen (mütterlichen) Frau entsprechend, nicht (mehr) einem jungen Mädchen ähnlich ≈ feminin, weiblich ↔ mädchenhaft: *Sie ist ein ausgesprochen fraulicher Typ*

Freak [fri:k] *der; -s, -s* **1** jemand, der nicht so lebt,wie es den Normen der Gesellschaft entspricht, der seltsame Ideen hat *o.Ä.* **2** jemand, der sich übertrieben für etwas begeistert || -K Computerfreak, Motorradfreak

frech *Adjektiv;* **frech (zu jemandem)** ohne Respekt gegenüber jemandem ≈ unverschämt ↔ brav, gehorsam ⟨ein Kind, eine Antwort, eine Lüge; frech grinsen⟩ || *hierzu* **Frech·heit** *die; -, -en*

frei A1 *freier, frei(e)st-; Adjektiv* **1** nicht abhängig von jemandem/etwas, nicht in jemandes Besitz ⟨ein Land, ein Volk⟩ **2** nicht im Gefängnis oder Käfig, sondern in der Lage, überall hingehen zu können, wohin man/es will ⟨ein Mensch; frei laufende Hühner, frei lebende Tiere⟩ **3** so, dass etw. nicht durch ein Hindernis versperrt ist ⟨die Ausfahrt/Einfahrt frei geben, halten; jemandem den Weg frei geben, machen⟩ **4** so, dass dort nichts/niemand ist: *Ist dieser Platz noch frei?; Ich habe dir einen Platz frei gehalten; eine Zeile frei lassen* **5** **frei von etwas** ohne etwas (Störendes): *frei von Fieber, Schmerzen, Sorgen sein* **6** **frei (nach jemandem/etwas)** nicht streng nach dem Original ⟨eine Übersetzung, eine Interpretation⟩: *frei nach einer Novelle von Stefan Zweig* **7** *nicht als Adverb* ≈ kostenlos: *Der Eintritt ist für Kinder frei* **8** nicht von Arbeit oder Pflichten angefüllt ⟨viel freie Zeit, keine freie Minuten haben⟩ **9** ⟨ein Journalist, ein Schriftsteller, ein Fotograf⟩ so, dass er ohne feste Zeiten arbeitet, nicht angestellt ist ≈ freischaffend: *als freier Mitarbeiter bei einer Zeitung arbeiten* **10** **etwas/sich frei machen** beim Arzt Kleidung oder einen Teil von ihr ausziehen ⟨den Oberkörper frei machen⟩ **11** **etwas steht frei** etwas steht allein, weit weg von anderen ⟨ein Baum, ein Haus⟩ **12** **etwas steht frei** etwas ist leer, nicht bewohnt ⟨ein Haus, eine Wohnung⟩ || Hinweis: ↑ **frei-**, **freibekommen** *usw*

frei- A1 *im Verb; trennbar und betont,* **frei** *mit Verb;* Die Verben mit *frei-/frei* werden nach folgendem Muster gebildet: *freikehren/frei kehren - kehrte frei - freigekehrt/frei gekehrt* **1** drückt aus, dass etwas von etwas (Störendem) befreit wird; ⟨(jemandem/sich) den Weg⟩**freikämpfen/frei kämpfen**; ⟨das Auto, den Weg (von Schnee)⟩ **freikehren/frei kehren**; ⟨die Autoscheiben⟩ **freikratzen/frei kratzen**; ⟨die Einfahrt (von Schnee)⟩ **freischaufeln/frei schaufeln** **2** drückt aus, dass jemand nicht arbeiten (oder nicht in die Schule gehen) muss; ⟨den Vormittag, den Nachmittag, einen

Tag, eine Woche⟩ **freihaben/frei haben**; **jemandem (etwas) freigeben/frei geben**; (**sich** *Dativ*) **(etwas) freinehmen/frei nehmen**

-frei *im Adjektiv* **1** verwendet, um auszudrücken, dass jemand/etwas das Genannte nicht hat; **akzentfrei** ⟨sprechen⟩; **alkoholfrei** ⟨Bier⟩; **sorgenfrei** ⟨ein Leben⟩; **schneefrei** ⟨ein Monat⟩ **2** verwendet, um auszudrücken, dass das Genannte nicht bezahlt werden muss ↔ -pflichtig; **gebührenfrei, portofrei, steuerfrei, zollfrei** **3** verwendet, um auszudrücken, dass etwas das Genannte nicht tut; **knitterfrei** ⟨ein Stoff⟩, **rostfrei** ⟨ein Messer⟩

Frei·bad *das; -(e)s, -bä·der;* ein öffentliches Schwimmbad im Freien ↔ Hallenbad

frei·be·kom·men, frei be·kom·men *(hat)* **1** **jemanden freibekommen** erreichen, dass jemand seine Freiheit wiederbekommt: *Der Industrielle zahlte das Lösegeld, um seine entführte Tochter freizubekommen* **2** **(etwas) freibekommen** für kurze Zeit nicht arbeiten oder in die Schule gehen müssen: *Für seine Hochzeit hat er drei Tage freibekommen*

frei·be·ruf·lich *Adjektiv;* nicht fest (bei einer Firma *o.Ä.*) angestellt, sondern selbstständig (3): *ein freiberuflicher Journalist* || *hierzu* **Frei·be·ruf·ler** *der; -s, -;* **Frei·be·ruf·le·rin** *die; -, -nen*

Frei·be·trag *der; -(e)s, -trä·ge;* ein Teil des Einkommens, für den man keine Steuern zahlen muss || -K Steuerfreibetrag; Kinderfreibetrag

Freie *(das); nur in* **1** **im Freien** nicht in einem Gebäude, sondern draußen (in der Natur): *im Freien übernachten* **2** **ins Freie** nach draußen (in die Natur): *Er trat ins Freie, um die Sterne zu beobachten*

frei·ge·ben, frei ge·ben *(hat)* **1** **jemanden freigeben** jemandem die Freiheit wiedergeben ≈ freilassen ↔ festhalten: *Nach langen Verhandlungen gaben die Terroristen ihre Geiseln frei* **2** **etwas freigeben** etwas nicht mehr einschränken, sondern es (öffentlich) zur Verfügung stellen: *nach einem Unfall die Straße wieder (für den Verkehr) freigeben* **3** **etwas zu etwas freigeben** erlauben, dass etwas für den genannten Zweck verwendet werden kann ≈ zulassen: *einen Artikel zur Veröffentlichung freigeben* **4** **jemandem (etwas) freigeben** jemanden für kurze Zeit von der Arbeit oder vom Unterricht befreien: *Der Chef hat ihr heute/den Nachmittag freigegeben* || Hinweis: aber: *den Weg, die Einfahrt frei geben* (= immer getrennt geschrieben) || *zu* 1-3 **Frei·ga·be** *die; -, -n*

frei·ge·big *Adjektiv;* gern bereit, anderen etwas zu schenken ≈ großzügig ↔ geizig || *hierzu* **Frei·ge·big·keit** *die; -; nur Singular*

frei·gie·big *Adjektiv* ≈ freigebig || *hierzu* **Frei·gie·big·keit** *die; -; nur Singular*

frei·hal·ten *(hat)* **jemanden freihalten** für jemanden (in einer Gaststätte) Essen und Getränke bezahlen ≈ jemanden einladen: *Weil er Geburtstag hatte, hielt er uns alle frei* || Hinweis: ↑ **frei** (3,4)

frei·hän·dig *Adjektiv; nur vor dem Substantiv oder als Adverb;* ohne sich mit den Händen aufzustützen oder festzuhalten ⟨freihändig (Rad) fahren⟩

Frei·heit A2 *die; -, -en* **1** *nur Singular;* der Zustand, frei (1) zu sein ≈ Unabhängigkeit: *für seine persönliche, für die nationale Freiheit kämpfen; die Freiheit der Wissenschaft; die Freiheit der Entscheidung* || -K Meinungsfreiheit, Pressefreiheit **2** *nur Singular;* der Zustand, frei (2) zu sein ↔ Gefangenschaft ⟨jemandem/einem Tier die Freiheit schenken; in Freiheit sein⟩ **3** *meist Plural;* ein besonderes Recht, das jemand hat ≈ Privileg, Möglichkeit: *seinen Kindern viele Freiheiten lassen*

Frei·heits·ent·zug *der; -(e)s; nur Singular; Verwaltung;* eine Strafe, bei der jemand ins Gefängnis muss ≈ Haftstrafe: *Er wurde zu fünf Jahren Freiheitsentzug verurteilt*

Frei·heits·stra·fe *die; -, -n; förmlich;* ≈ Freiheitsentzug, Haftstrafe: *Er wurde wegen Raubes zu einer Freiheitsstrafe von fünf Jahren verurteilt*

Frei·kar·te *die; -, -n;* eine Eintrittskarte, die nichts kostet

frei·kom·men, frei kom·men *(ist)* die Freiheit wiedererlangen ⟨Gefangene⟩: *Die Geiseln, die vor zwei Wochen entführt wurden, sind heute (wieder) freigekommen*

frei·las·sen, frei las·sen *(hat)* **jemanden freilassen** jemandem, der gefangen war, die Freiheit wiedergeben: *Der Verhaftete wurde wieder freigelassen* || Hinweis: aber: *beim Schreiben eine Zeile frei lassen* (= immer getrennt geschrieben) || *hierzu* **Frei·las·sung** *die; -, -en*

frei·lau·fend-, frei·le·bend- ↑ **frei** (2)

frei·le·gen, frei le·gen *(hat)* **etwas freilegen** *förmlich;* etwas (wieder) sichtbar machen, indem man darüber liegende Schichten entfernt: *Reste eines römischen Amphitheaters freilegen* || *hierzu* **Frei·le·gung** *die; -, -en*

frei·lich *Adverb* **1** verwendet, um zuzugeben, dass etwas so ist, oder es als selbstverständlich zu charakterisieren ≈ allerdings: *Dass ich krank werden könnte, damit hatte ich freilich nicht gerechnet* **2** *umg;* verwendet, um eine Frage nachdrücklich mit „ja" zu beantworten ≈ natürlich: *„Musst du morgen zur Arbeit?" – „Ja, freilich!"*

frei·ma·chen[1] *(hat)* **etwas freimachen** *Verwaltung* ≈ frankieren ⟨einen Brief, eine Postkarte freimachen⟩

frei·ma·chen[2], **frei ma·chen** *(hat)* **1** **(etwas) freimachen** nicht in die Arbeit gehen: *Morgen mache ich (den Nachmittag) frei* **2** **sich (für jemanden/etwas) freimachen** nicht arbeiten (um Zeit für jemanden/etwas zu haben): *Kannst du dich morgen ein paar Stunden für mich freimachen?*

frei·mü·tig *Adjektiv;* offen, ohne den Versuch, etwas zu verbergen ≈ ehrlich ⟨ein Geständnis; etwas freimütig bekennen, gestehen⟩

Frei·raum *der; -(e)s, -räu·me; förmlich;* die Möglichkeit oder die Zeit, die jemand hat, um seine eigene Persönlichkeit zu entwickeln ⟨sich *(Dativ)*/für sich einen Freiraum, Freiräume schaffen⟩

frei·schaf·fend *Adjektiv; meist vor dem Substantiv; (bes* in Bezug auf künstlerische Berufe) nicht angestellt, sondern selbstständig tätig ⟨ein Maler, ein Journalist; freischaffend tätig sein⟩

frei·set·zen *(hat) meist* **etwas wird freigesetzt** *förmlich;* etwas löst sich aus einer Bindung oder entsteht als Folge eines chemischen, physikalischen *usw* Vorgangs ⟨Sauerstoff, Wärme, Energie freisetzen⟩: *Bei dem Brand in der chemischen Fabrik wurde ein hochgiftiges Gas freigesetzt* ‖ Hinweis: *meist* im Passiv! ‖ *hierzu* **Frei·set·zung** *die; -, -en*

frei·spre·chen *(hat)* **jemanden (von etwas) freisprechen** (als Richter oder Gericht) in einem Urteil erklären, dass jemand als nicht schuldig gilt ↔ schuldig sprechen: *Er wurde (von der Anklage des Mordes) freigesprochen* ‖ *hierzu* **Frei·spruch** *der; -(e)s, -sprü·che*

Frei·staat *der; -(e)s, -en;* Ⓓ verwendet in der Bezeichnung für die Bundesländer Bayern, Sachsen und Thüringen

frei·ste·hen *(hat)* **etwas steht jemandem frei** jemand darf selbst entscheiden, ob er etwas tun will oder nicht: *Es steht ihm frei, seinen Urlaub im Juli oder August zu nehmen*

frei·stel·len *(hat)* **1** **jemandem etwas freistellen** jemanden zwischen mehreren Möglichkeiten entscheiden lassen ≈ überlassen: *Ich stelle Ihnen frei, wann Sie mit der Arbeit beginnen wollen* **2** **jemanden (von etwas) freistellen** jemanden für eine bestimmte Zeit (zu dem genannten Zweck) von seiner Arbeit befreien: *Sein Chef stellte ihn für den Fortbildungskurs (vom Dienst) frei*

Frei·stil *der; -(e)s; nur Singular; Sport;* eine Disziplin beim Schwimmen, bei der der Sportler die Technik frei wählen kann ↔ Brust, Rücken: *100 m Freistil der Herren* ‖ K- Freistilschwimmen

Frei·stoß *der; -es, -stö·ße; Sport;* (bei Ballspielen) ein Schuss, den eine Mannschaft (als Strafe für ein Foul des Gegners) ausführen darf ⟨einen Freistoß ausführen; ein direkter, indirekter Freistoß⟩: *Der Schiedsrichter verhängte einen/entschied auf Freistoß*

Frei·tag A1 *der; -s, -e;* der fünfte Tag der Woche; *Abkürzung* Fr ⟨am Freitag; letzten, diesen, nächsten Freitag; Freitag früh⟩ ‖ K- Freitagabend, Freitagmittag *usw*

frei·tags A2 *Adverb;* am Freitag, jeden Freitag: *Wir treffen uns freitags um halb acht*

frei·wil·lig B2 *Adjektiv;* ohne Zwang ↔ zwangsweise: *Er musste den Aufsatz nicht schreiben, er hat es freiwillig gemacht*

Frei·zei·chen *das; -s, -;* der Ton, den man hört, wenn man eine (Telefon)Nummer gewählt hat und darauf wartet, dass jemand das Gespräch annimmt ↔ Besetztzeichen

Frei·zeit B1 *die; -; nur Singular;* die Zeit, in der man weder in seinem Beruf noch im Haushalt arbeiten muss: *Er verbringt seine Freizeit mit Lesen* ‖ K- Freizeitgestaltung

Frei·zeit|wert *der; -(e)s; nur Singular; förmlich;* die Möglichkeiten, seine Freizeit zu gestalten *(z.B.* durch Sport und Kultur), die man an einem Ort hat: *eine Stadt mit einem hohen Freizeitwert*

frei·zü·gig *Adjektiv* **1** so, dass man sich nicht streng an Regeln und Vorschriften hält ⟨etwas freizügig handhaben⟩ **2** ⟨ein Film, eine Unterhaltung⟩ so, dass sie nicht auf sexuelle Tabus achten: *sich freizügig kleiden* ‖ *hierzu* **Frei·zü·gig·keit** *die; -; nur Singular*

fremd, *fremder, fremdest-; Adjektiv* **1** ⟨Menschen, Sitten, eine Sprache⟩ so, dass sie nicht zu dem eigenen, sondern zu einem anderen Land gehören **2** **(jemandem) fremd** (jemandem) von früher her nicht bekannt: *Die meisten Gäste auf der Party waren ihm fremd* **3** nicht so wie gewohnt: *Am Telefon klang ihre Stimme ganz fremd* **4** nicht zu jemandem gehörend ↔ eigen-: *„Misch dich doch nicht immer in fremde Angelegenheiten!"* ‖ *zu* 1-3

Fręmd·heit *die; -; nur Singular*

fręmd·ar·tig *Adjektiv;* fremd und ungewohnt ⟨etwas erscheint fremdartig, jemand/etwas sieht fremdartig aus⟩ || *hierzu* **Fręmd·ar·tig·keit** *die; -; nur Singular*

Fręm·de [B1] *der/die; -n, -n* **1** jemand, der einem nicht bekannt ist: *Die Mutter ermahnte das Kind, sich nicht von Fremden ansprechen zu lassen* **2** jemand, der aus einem anderen Ort oder einem anderen Land kommt ≈ Einheimische(r): *Nur selten kommt ein Fremder in das einsame Bergdorf* || [K-] Fremdenhass

fręm·den·feind·lich *Adjektiv;* feindlich gegenüber Ausländern ≈ ausländerfeindlich ⟨eine Äußerung, eine Haltung⟩ || *hierzu* **Fręm·den·feind·lich·keit** *die; -; nur Singular*

Fręm·den·füh·rer *der; -s, -;* jemand, der (beruflich) Touristen eine Stadt, eine Gegend *o.Ä.* zeigt || *hierzu* **Fręm·den·füh·re·rin** *die; -, -nen*

Fręm·den·ver·kehr *der; -(e)s; nur Singular;* das Reisen und der Aufenthalt von Touristen in einem Land, einem Ort ≈ Tourismus ⟨den Fremdenverkehr fördern; eine Gegend lebt vom Fremdenverkehr⟩ || [K-] Fremdenverkehrsbüro, Fremdenverkehrsverein

fręmd·ge·hen; *ging fremd, ist fremdgegangen; umg;* eine sexuelle Beziehung außerhalb der Ehe oder der festen Partnerschaft haben ↔ treu sein

Fręmd·kör·per *der; -s, -;* etwas (*z.B.* ein Gegenstand), der in einen Körper gelangt ist und dort nicht hingehört ⟨einen Fremdkörper verschlucken, aus dem Auge entfernen⟩

fręmd·län·disch *Adjektiv;* für ein fremdes Land typisch ≈ exotisch ↔ einheimisch ⟨ein Akzent, ein Baustil⟩

Fręmd·spra·che *die; -, -n;* eine Sprache, die man zusätzlich zu seiner eigenen Sprache erlernt ↔ Muttersprache ⟨eine Fremdsprache beherrschen, (gut, fließend) sprechen⟩ || [K-] Fremdsprachenlehrbuch, Fremdsprachenunterricht

fręmd·spra·chig *Adjektiv;* so, dass eine fremde Sprache benutzt wird ⟨eine Bevölkerungsgruppe, der Unterricht⟩

fręmd·sprach·lich *Adjektiv; meist vor dem Substantiv;* auf eine Fremdsprache bezogen ⟨ein Lehrbuch, der Unterricht⟩ || Hinweis: ↑ **fremdsprachig**

Fręmd·wort [B1] *das; -(e)s, -wör·ter;* ein Wort, das aus einer anderen Sprache in die eigene Sprache gekommen ist: *„Sauce" ist ein Fremdwort aus dem Französischen, das heute meist als „Soße" eingedeutscht wird* || [ID] **etwas ist ein Fremdwort für jemanden** verwendet, wenn jemand das Genannte nicht beachtet: *Pünktlichkeit ist für ihn ein Fremdwort, er kommt immer zu spät*

Frę·quenz *die; -, -en* **1** *Physik;* die Anzahl der Schwingungen einer Welle (3) pro Sekunde *Schallwellen haben eine relativ niedrige Frequenz* || [K-] Frequenzbereich, Frequenzmesser || [-K] Hochfrequenz, Niedrigfrequenz **2** eine bestimmte Frequenz (1), auf der ein Radiosender sein Programm sendet: *Auf welcher Frequenz liegt/sendet der Deutschlandfunk?* || [-K] Radiofrequenz, UKWfrequenz **3** *nur Singular; förmlich;* die Häufigkeit, mit der etwas geschieht

frę·ssen [B1] *frisst, fraß, hat gefressen* **1** **ein Tier frisst (etwas)** ein Tier nimmt Futter zu sich: *Affen fressen gern Bananen* **2** **(etwas) fressen** *vulgär abwertend;* (als Mensch) viel und gierig essen **3** **etwas frisst an etwas** *(Dativ)* etwas beginnt, etwas langsam zu zerstören ⟨ein Feuer, eine Säure⟩ || [ID] **jemanden zum Fressen gern haben** *umg;* jemanden sehr mögen

-fres·ser *der; -s, -;* ein Tier, das sich von der genannten Sache ernährt; **Aasfresser, Fleischfresser, Insektenfresser, Körnerfresser, Pflanzenfresser**

Fręss·napf *der; -(e)s, -näp·fe;* ein kleiner Behälter, aus dem ein Haustier sein Futter frisst ≈ Futternapf

Freu·de [B1] *die; -, -n* **1** *nur Singular;* das Gefühl von Glück oder Zufriedenheit ↔ Trauer ⟨eine große, unerwartete, echte Freude; jemandem (mit etwas) eine Freude machen⟩: *Es ist mir eine Freude, Sie heute hier zu sehen* || [K-] Freudenschrei, Freudenträne || [-K] Lebensfreude, Wiedersehensfreude **2** *nur Plural;* **die Freuden** ⟨des Lebens, des Sommers, der Liebe⟩ die Ereignisse oder Momente, die einem Freude machen || [ID] **jemand ist jemandes ganze/einzige Freude** jemand bedeutet jemandem sehr viel || *zu* 1 **freu·dig** *Adjektiv*

Freu·den·tag *der; -(e)s, -e; meist in* **jemandes Freudentag** ein Tag, an dem jemand Geburtstag oder ein Jubiläum oder einen anderen wichtigen Grund zu feiern hat

Freu·den·tanz *der; -es, -tän·ze; meist in* **einen Freudentanz aufführen/vollführen** aus Freude hüpfen und hin und her laufen

Freu·den·tau·mel *der; -s; nur Singular;* ein plötzliches, starkes Gefühl der Freude: *Nach*

dem Sieg der Mannschaft erfasste die Fans ein Freudentaumel

freu·de·strah·lend *Adjektiv; nur vor dem Substantiv oder als Adverb;* von großer Freude erfüllt ≈ freudig ⟨ein Blick, ein Lächeln⟩: *Sie begrüßte ihn freudestrahlend*

-freu·dig *im Adjektiv* **1** gern zu dem im ersten Wortteil Genannten bereit; **arbeitsfreudig, entschlussfreudig, kontaktfreudig** **2** so, dass jemand das im ersten Wortteil Genannte oft und gern tut; **reisefreudig, spendierfreudig, trinkfreudig**

freu·en A2 *freute, hat gefreut* **1** **sich (über etwas** *(Akkusativ)*) **freuen** wegen etwas ein Gefühl der Freude empfinden ⟨sich sehr, riesig freuen⟩: *Ich freue mich, Sie wiederzusehen* **2** **sich (auf jemanden/etwas) freuen** voll Freude auf jemanden/etwas warten: *sich auf den Urlaub freuen* **3** **etwas freut jemanden** etwas macht jemanden glücklich: *Dein Lob hat ihn sehr gefreut* || Hinweis: kein Passiv!

Freund *der; -(e)s, -e* **1** **ein Freund (von jemandem)** jemand, den man sehr gut kennt und zu dem man eine enge Beziehung hat ⟨ein guter, treuer, wahrer Freund; viele Freunde haben⟩ || -K Schulfreund, Studienfreund **2** **jemandes Freund** der Junge/Mann, mit dem ein Mädchen/eine Frau eine sexuelle Beziehung hat: *hat sie schon einen (festen) Freund?; Sie hat sich von ihrem Freund getrennt* || Hinweis: Spricht man von einem Freund (1), so sagt man meist: *ein Freund von mir*, spricht man von einem Freund (2), so sagt man meist: *mein Freund* **3** jemand, der in einem Konflikt, Krieg *o.Ä.* auf der eigenen Seite ist ↔ Feind, Gegner ⟨jemandes politische Freunde⟩: *Keine Angst, hier bist du unter Freunden* || -K Parteifreund **4** **ein Freund** + *Genitiv*/**von etwas** *förmlich;* jemand, der etwas gern mag, daran großes Interesse hat ↔ Gegner: *Er ist ein großer Freund der Kunst, der Wahrheit, des Weins* || -K Bücherfreund, Naturfreund **5** **kein Freund von (vielen) Worten sein** *förmlich;* lieber handeln als reden || *zu* 1 und 2 **Freun·din** *die; -, -nen*

Freun·des·kreis *der; -es, -e;* alle Freunde (1), die jemand hat: *Er hat nur einen kleinen Freundeskreis* (= wenig Freunde)

freund·lich A2 *Adjektiv* **1** **freundlich (zu jemandem)** zu anderen Menschen höflich und hilfsbereit: *jemanden freundlich begrüßen* **2** ≈ angenehm ⟨eine Atmosphäre, eine Stadt, ein Klima, Wetter⟩ || *hierzu* **Freund·lich·keit** *die; -, -en*

-freund·lich *im Adjektiv* **1** mit einer positiven Einstellung zur genannten Person/Sache ↔ -feindlich (1); **gastfreundlich** ⟨eine Familie⟩, **kinderfreundlich** ⟨eine Gesellschaft⟩ **2** gut für die genannte Person/Sache ↔ -feindlich (2); **familienfreundlich** ⟨ein Gesetz⟩, **umweltfreundlich** ⟨ein Produkt⟩

freund·li·cher·wei·se *Adverb;* aus Höflichkeit, aus Freundlichkeit: *Er hat mir freundlicherweise beim Umzug geholfen*

Freund·schaft B2 *die; -, -en; meist Singular;* die Beziehung zwischen Freunden ↔ Feindschaft, Gegnerschaft ⟨mit jemandem Freundschaft schließen (= Freunde werden), in Freundschaft leben⟩: *Ihre Freundschaft mit Martin ist in die Brüche gegangen* || K- Freundschaftsbeweis, Freundschaftsdienst || -K Völkerfreundschaft || *hierzu* **freund·schaft·lich** *Adjektiv*

Freund·schafts·spiel *das; -(e)s, -e; Sport;* ein Spiel, bei dem es nicht um eine Meisterschaft *o.Ä.* geht

Frie·den A2 *der; -s; nur Singular* **1** der Zustand, in dem Völker und Staaten in Ruhe nebeneinander leben ↔ Krieg ⟨den Frieden bewahren, sichern; in Frieden und Freiheit leben; für den Frieden kämpfen⟩ || K- Friedensbewegung, Friedensnobelpreis, Friedenssymbol, Friedensvertrag || -K Weltfrieden **2** ein Zustand der Harmonie und des friedlichen Zusammenlebens ↔ Streit ⟨der eheliche, häusliche Frieden; Frieden halten; den Frieden stören⟩: *mit seinen Nachbarn in Ruhe und Frieden leben* || -K Hausfrieden **3** **(mit jemandem) Frieden schließen** einen Krieg oder Streit mit jemandem beenden **4** **Frieden stiften** bewirken, dass Personen, die miteinander streiten, damit aufhören und sich wieder vertragen || ID **jemanden in Frieden lassen** *umg;* jemanden nicht stören oder ärgern ≈ jemanden in Ruhe lassen

fried·fer·tig *Adjektiv* ≈ friedlich (2) ↔ aggressiv ⟨ein Charakter, ein Mensch⟩

Fried·hof *der; -(e)s, -hö·fe;* ein Platz (*oft* neben einer Kirche), wo die Toten begraben werden ⟨jemand liegt auf dem Friedhof (begraben)⟩ || K- Friedhofsmauer

fried·lich *Adjektiv* **1** ohne Gewalt und Waffen ⟨eine Demonstration, eine Revolution, ein Volk⟩: *einen Konflikt mit friedlichen Mitteln lösen* **2** ⟨ein Mensch⟩ so, dass er keinen Streit will ↔ aggressiv **3** *förmlich;* ruhig, still: *ein friedlicher Abend, friedliche Zeiten* || *hierzu* **Fried·lich·keit** *die; -; nur Singular*

fried·lie·bend *Adjektiv; meist vor dem Substantiv;* ⟨ein Mensch, ein Volk⟩ so, dass sie den Frieden nicht stören wollen

fried·voll *Adjektiv; förmlich* ≈ friedlich (3)

frie·ren B1 *fror, hat/ist gefroren* **1** **(an etw** (*Dativ*)**) frieren** (*hat*) Kälte fühlen: *Mit den dünnen Schuhen wirst du im Winter (an den Füßen) frieren* **2** **etwas friert (zu etwas)** (*ist*) etwas wird zu Eis ↔ etwas taut (auf): *Das Wasser ist gefroren* **3** **es friert** (*hat*) die Temperatur ist unter 0° Celsius ≈ es herrscht Frost: *Laut Wetterbericht wird es heute Nacht frieren*

Fri·ka·del·le *die; -, -n;* ein flaches und rund geformtes Stück (Hack)Fleisch, das mit Weißbrot, Zwiebeln und Ei vermischt und dann gebraten wird

Fri·kas·see [-'se:] *das; -s, -s;* ein Gericht aus kleinen Fleischstücken mit einer hellen Soße || -K Hühnerfrikassee, Kalbsfrikassee

frisch A2 *frischer, frischest-; Adjektiv* **1** gerade erst geerntet, erzeugt *o.Ä.*, nicht gelagert oder konserviert ↔ alt ⟨Blumen, Brot, Fleisch, Gemüse; Bier frisch vom Fass⟩: *viel frisches Obst essen; Das sind frische Erbsen, keine aus der Dose* || K- Frischfleisch, Frischmilch **2** erst vor Kurzem entstanden ⟨ein Anstrich, eine Spur, eine Wunde⟩: *Die Erinnerung an das schreckliche Erlebnis ist noch ganz frisch* **3** *umg;* noch nicht benutzt ≈ sauber, neu: *ein frisches Hemd anziehen; ein Bett frisch* (= mit sauberer Wäsche) *beziehen* **4** nicht müde oder erschöpft ⟨frisch und munter sein⟩: *sich nach einem Mittagsschlaf wieder frisch fühlen* **5** *nicht als Adverb;* (von Luft, Wind und Wasser) kühl und nicht verschmutzt ↔ abgestanden: *frisches Wasser aus dem Brunnen holen; hinaus an die frische Luft gehen* || K- Frischluft, Frischwasser **6** leuchtend (bunt) ↔ blass: *ein Sommerkleid in frischen Farben* **7** **sich frisch machen** sich nach (einer Anstrengung *o.Ä.*) waschen, kämmen und die Kleidung wechseln: *sich nach einer langen Fahrt erst einmal frisch machen* **8** (*in Verbindung mit Adjektiven, die die Form des Partizip Perfekts eines Verbs haben*) gerade erst in den genannten Zustand gebracht oder gekommen; **frisch bezogen** ⟨das Bett⟩, **frisch geerntet** ⟨Früchte⟩, **frisch gekocht** ⟨ein Ei⟩, **frisch geputzt** ⟨Schuhe⟩, **frisch gestrichen** ⟨die Tür, ein Fenster, ein Zaun⟩, **frisch gewaschen** ⟨die Haare⟩, **frisch verheiratet** ⟨ein Paar⟩ || Hinweis: diese Adjektive können auch zusammengeschrieben werden

frisch- *im Adjektiv* ↑ **frisch** (8)

-frisch *im Adjektiv;* so, dass die genannte Sache gerade erst irgendwoher kommt oder dass etwas gerade erst mit der genannten Sache getan wurde; **druckfrisch** ⟨eine Zeitung⟩, **erntefrisch** ⟨Gemüse, Obst⟩, **fangfrisch** ⟨Fische⟩, **ofenfrisch** ⟨ein Brot⟩

Fri·sche *die; -; nur Singular* **1** der Zustand, in dem man frisch (4) ist und seine körperlichen und geistigen Kräfte noch nicht verbraucht hat: *Die Pause gab mir neue Frische* **2** der Zustand, in dem etwas kühl ist: *Nach der Hitze am Strand ist die Frische des Meerwassers sehr angenehm*

Frisch·kä·se *der; -s; nur Singular;* eine Art fester Quark

Frisch·ling *der; -s, -e;* ein junges Wildschwein

frisch·ma·chen, sich (*hat*) ↑ **frisch** (7)

Fri·seur [fri'zø:ɐ̯] *der; -s, -e;* jemand, dessen Beruf es ist, Haare anderer Menschen zu schneiden und zu pflegen || K- Friseursalon || -K Damenfriseur, Herrenfriseur || *hierzu* **Fri·seu·rin** [fri'zø:rɪn] *die; -, -nen;* **Fri·seu·se** [fri'zø:zə] *die; -, -n*

fri·sie·ren B1 *frisierte, hat frisiert* **1** **jemanden/sich frisieren** jemandem/sich das Haar mit einem Kamm oder mit einer Bürste ordnen ≈ kämmen: *stets gut frisiert sein* **2** **etwas frisieren** *umg;* etwas fälschen, um Tatsachen, die einem schaden können, zu verbergen ⟨eine Bilanz, eine Statistik frisieren⟩

Fri·sör *der; -s, -e;* ↑ **Friseur** || *hierzu* **Fri·sö·rin** *die; -, -nen;* **Fri·sö·se** *die; -, -n*

frisst *Präsens, 2. und 3. Person Singular;* ↑ **fressen**

Frist *die; -, -en;* **eine Frist** (**von** + *Zeitangabe*) (**für etwas**) ein Zeitraum, in dem etwas gemacht sein muss ⟨eine kurze Frist; eine Frist vereinbaren, einhalten, verlängern; jemandem eine Frist geben, setzen; eine Frist läuft ab⟩: *eine Frist von acht Tagen* || -K Kündigungsfrist, Zahlungsfrist

fris·ten; *fristete, hat gefristet; meist* **ein** ⟨ärmliches, bescheidenes *usw*⟩ **Dasein/Leben fristen** *förmlich;* ärmlich, bescheiden *usw* leben || Hinweis: nur in Verbindung mit negativen Adjektiven verwendet

frist·ge·mäß *Adjektiv;* entsprechend einer vorher festgelegten Frist ⟨jemandem fristgemäß kündigen; etwas fristgemäß zahlen⟩ ≈ fristgerecht: *Wir garantieren fristgemäße Lieferung*

frist·ge·recht *Adjektiv* ≈ fristgemäß

frist·los *Adjektiv;* ⟨eine Kündigung, eine Entlassung⟩ so, dass sie sofort gelten (und die Kündigungsfrist nicht eingehalten wird): *Er wurde fristlos entlassen*

Fri·sur *die; -, -en;* die Art und Weise, wie jemandes Haar geschnitten und frisiert ist ⟨eine neue, moderne Frisur haben; sich (*Dativ*) eine neue Frisur machen lassen⟩ || [-K] Kurzhaarfrisur

Frit·ten *die; -; Plural; bes nordd umg* ≈ Pommes frites

fri·vol [-v-] *Adjektiv;* ⟨eine Bemerkung, ein Buch, ein Lied, ein Witz⟩ so, dass sie auf (sexuelle) Tabus nicht achten ≈ schlüpfrig || *hierzu* **Fri·vo·li·tät** *die; -, -en*

froh [A2] *froher, froh(e)st-; Adjektiv* **1** voller Freude ≈ glücklich ↔ traurig ⟨froh gelaunt, gestimmt⟩: *frohe Gesichter* || [K-] frohgelaunt, frohgestimmt **2** **froh (um/über etwas** *(Akkusativ)*) **sein** *umg;* dankbar, erleichtert sein: *Ich bin froh um jede Hilfe* **3** *nur vor dem Substantiv, nicht als Adverb;* Freude bringend ⟨eine Botschaft, ein Ereignis, eine Nachricht⟩

fröh·lich [B1] *Adjektiv;* in freudiger Stimmung ≈ vergnügt ↔ traurig ⟨ein Fest, ein Lied, ein Mensch; fröhlich lachen⟩ || *hierzu* **Fröh·lich·keit** *die; -; nur Singular*

Froh·sinn *der; -(e)s; nur Singular;* eine frohe Stimmung

fromm *frommer/frömmer, frommst-/frömmst-; Adjektiv;* fest in dem Glauben an eine Religion ⟨ein Leben, ein Mensch⟩ || *hierzu* **Fröm·mig·keit** *die; -; nur Singular*

Fron·leich·nam *(der); meist ohne Artikel;* ein religiöses Fest der katholischen Kirche, das am zweiten Donnerstag nach Pfingsten mit Prozessionen gefeiert wird ⟨an Fronleichnam⟩ || [K-] Fronleichnamsfest, Fronleichnamsprozession

Front *die; -, -en* **1** die (vordere) Seite eines Gebäudes, an der sein (Haupt)Eingang liegt ≈ Vorderseite, Fassade: *An der Front des alten Hauses wuchs Efeu empor* || [K-] Frontseite || [-K] Häuserfront **2** *Meteorologie;* eine breite, kalte oder warme Luftschicht, die anderes Wetter mit sich bringt: *eine Front kalter Meeresluft* || [-K] Schlechtwetterfront **3** *nur Singular; Militär;* das Gebiet, in dem während eines Krieges gekämpft wird ≈ Kriegsschauplatz ⟨an der Front kämpfen⟩ || [K-] Fronteinsatz, Frontsoldat || [ID] **gegen jemanden/etwas Front machen** sich ganz gegen jemanden/etwas aussprechen, sich jemandem/etwas widersetzen: *Die Bürgerinitiative macht Front gegen den Bau des neuen Atomkraftwerks;* **die Fronten haben sich verhärtet** niemand ist bereit, in einem Streit *o.Ä.* nachzugeben

fron·tal *Adjektiv; nur vor dem Substantiv oder als Adverb;* von vorn (kommend) ⟨(im Auto *o.Ä.*) frontal mit jemandem zusammenstoßen⟩ || [K-] Frontalangriff, Frontalzusammenstoß

fror [froːɐ̯] *Imperfekt, 1. und 3. Person Singular;* ↑ **frieren**

Frosch *der; -es, Frö·sche;* ein kleines Tier mit glatter, *meist* grüner Haut, ohne Schwanz (das große Hinterbeine zum Springen und Schwimmen hat): *Frösche quaken nachts im Teich* || [ID] **einen Frosch im Hals haben** *umg;* (für kurze Zeit) eine raue Stimme haben; **Sei kein Frosch!** *umg;* Sei kein Feigling!

Frost [B2] *der; -(e)s, Frös·te;* ein Wetter, bei dem die Temperatur unter 0° Celsius liegt und Wasser gefriert ⟨starker, strenger Frost⟩: *Für morgen ist Frost angesagt* || [K-] Frostgefahr, Frostschaden, Frostschutzmittel; frostbeständig, frostempfindlich || [-K] Bodenfrost, Nachtfrost

Frost·beu·le *die; -, -n;* eine Beule, die jemand von großer Kälte (*bes* an den Füßen) bekommt

frös·teln; *fröstelte, hat gefröstelt* **1** vor Kälte leicht zittern **2** **es fröstelt jemanden; jemanden fröstelt** jemand zittert vor Kälte: *Ihn fröstelt/Es fröstelt ihn, weil er so dünn angezogen ist*

frost·fest *Adjektiv; nicht als Adverb;* so (beschaffen), dass Frost es nicht beschädigen oder zerstören kann ⟨ein Ventil⟩

frost·frei *Adjektiv;* ohne Frost ⟨ein Monat, ein Wintertag⟩

fros·tig *Adjektiv* **1** *nicht als Adverb;* sehr kalt ≈ eisig ⟨eine Nacht, Wetter, ein Wind⟩ **2** sehr unfreundlich und ohne Wärme ⟨eine Antwort, eine Atmosphäre, eine Begrüßung⟩

Frot·tee, Frot·tee, Ⓐ **Frot·té** *der, das; -s, -s;* ein Stoff², der eine raue Oberfläche hat, sehr warm ist und sich zum Abtrocknen eignet || [K-] Frotteebademantel, Frotteesocken, Frotteetuch

frot·tie·ren; *frottierte, hat frottiert;* **jemanden/sich/etwas frottieren** jemanden/sich/etwas mit einem Handtuch *o.Ä.* trocken reiben: *ein Kind nach dem Baden kräftig mit einem Tuch frottieren; jemandem/sich die nassen Haare frottieren*

Frucht [A1] *die; -, Früch·te* **1** etwas, das an Bäumen und Sträuchern wächst, gegessen werden kann und *meist* süß schmeckt ≈ Obst ⟨eine reife, saftige Frucht essen⟩: *Äpfel und Bananen sind Früchte* || [K-] Fruchteis, Fruchtsaft **2** *Biologie;* etwas, das aus der Blüte einer Pflanze entsteht und den Samen der Pflanze enthält: *Die Eichel ist die Frucht der Eiche* **3** *meist Plural; förmlich;* ein positives Ergebnis (einer Anstrengung *o.Ä.*) ≈ Lohn (2): *die Früchte seiner Arbeit genießen*

fruchtbar [B2] *Adjektiv* **1** so, dass die Pflanzen gut darauf wachsen ⟨ein Boden, die Erde⟩ **2** *förmlich;* produktiv und mit Erfolg ⟨ein Gespräch, eine Zusammenarbeit⟩ **3** *meist* **nicht fruchtbar** (von Menschen und Tieren) nicht fähig, Kinder *bzw* Junge zu bekommen ≈ unfruchtbar, steril || *hierzu* **Frucht·bar·keit** *die; -; nur Singular*

Frucht·bla·se *die; -, -n;* eine Hülle, die das ungeborene Kind oder Tier im Leib der Mutter umgibt

fruch·ten; *fruchtete, hat gefruchtet;* **etwas fruchtet (bei jemandem)** etwas hat (bei jemandem) eine gute Wirkung, einen Nutzen ⟨Bemühungen, eine Ermahnung⟩ || Hinweis: *meist* verneint

Frucht·fleisch *das; -(e)s; nur Singular;* der essbare, weiche Teil einer Frucht (1): *das Fruchtfleisch von Schale und Kernen befreien/trennen*

fruch·tig *Adjektiv;* ⟨ein Geschmack, ein Wein⟩ so, dass sie nach Früchten (1) schmecken

frucht·los *Adjektiv;* ohne Nutzen oder Erfolg ≈ vergeblich ⟨Bemühungen, ein Versuch⟩: *Die Verhandlungen blieben fruchtlos, es konnte keine Einigung erzielt werden*

Frucht·was·ser *das; -s; nur Singular;* eine Flüssigkeit, die das Kind oder Tier im Leib der Mutter umgibt

früh [A2] [fry:], *früher* ['fry:ɐ], *früh(e)st-* ['fry:(ə)st-]; *Adjektiv* **1** *nur vor dem Substantiv oder als Adverb;* am Anfang eines Zeitabschnitts ↔ spät (1) ⟨früh am Morgen, Tag, Abend⟩: *von frühester Jugend an; in den frühen zwanziger Jahren* || [K-] Frühbarock, Frühherbst **2** *nur vor dem Substantiv oder als Adverb;* vor der erwarteten oder üblichen Zeit ↔ spät (2) ⟨ein Winter; früh altern, sterben⟩: *Ich habe einen früheren Zug genommen; Er ist zu früh gekommen* || [K-] Frühehe, Frühkartoffel **3** *nur als Adverb* ≈ morgens ⟨von früh bis spät arbeiten⟩: *Morgen früh/Früh muss ich zum Arzt* || [K-] Frühdienst, Frühnachrichten, Frühschicht || [ID] **früher oder später** ziemlich sicher irgendwann einmal: *Früher oder später wird er bestimmt nachgeben*

Früh·auf·ste·her *der; -s, -;* jemand, der (gern) morgens früh aufsteht ↔ Langschläfer || *hierzu* **Früh·auf·ste·he·rin** *die; -, -nen*

Früh·beet *das; -(e)s, -e;* ein Beet, das mit Glasscheiben *o.Ä* vor Kälte geschützt wird

Frü·he *die; -; nur Singular; förmlich;* der Beginn des Tages: *in der kühlen Frühe des nebligen Tages* || [ID] **in aller Frühe** ganz früh am Morgen

frü·her [A2] **1** *Komparativ;* ↑ **früh** **2** *Adverb;* in der Vergangenheit: *Er lebte früher in Wien*

frü·he·r- **1** *Komparativ;* ↑ **früh** **2** *Adjektiv; nur vor dem Substantiv, nicht als Adverb* ≈ vergangen- ⟨in früheren Jahren; eine Epoche⟩ **3** *Adjektiv; nur vor dem Substantiv, nicht als Adverb* ≈ ehemalig- ↔ gegenwärtig-, heutig-: *sein früherer Freund/Kollege*

Früh·er·ken·nung *die; -; nur Singular;* die frühzeitige Entdeckung *meist* einer Krankheit (*z.B.* Krebs)

frü·hes·tens *Adverb;* nicht eher als ↔ spätestens: *Die neue Autobahn ist frühestens in drei Jahren fertig*

frü·hest·mög·lich *Adjektiv; nur vor dem Substantiv oder als Adverb;* so früh wie möglich ↔ spätestmöglich ⟨zum frühestmöglichen Zeitpunkt⟩: *Der frühestmögliche Termin, an dem wir uns treffen können, ist Samstag*

Früh·ge·burt *die; -, -en* **1** die Geburt eines Kindes, das noch nicht voll entwickelt ist, aber schon leben kann ⟨eine Frühgeburt haben⟩ || Hinweis: ↑ **Fehlgeburt** **2** ein Kind, das durch eine Frühgeburt (1) zur Welt gekommen ist

Früh·jahr *das; -s, -e; meist Singular* ≈ Frühling || [K-] Frühjahrsmode, Frühjahrsstürme

Früh·ling [A1] *der; -s, -e; meist Singular;* die (Jahres)Zeit, die auf den Winter folgt ⟨ein milder, regnerischer Frühling; es wird Frühling⟩ || [K-] Frühlingsanfang, Frühlingsblume || [ID] **(s)einen zweiten Frühling erleben** sich als reiferer *oder* älterer Mensch noch einmal verlieben || *hierzu* **früh·lings·haft** *Adjektiv*

früh·reif *Adjektiv;* körperlich oder geistig weiter entwickelt als für sein Alter normal ⟨ein Kind⟩

Früh·rent·ner *der; -s, -;* jemand, der vor dem üblichen Alter Rentner wird, *meist* weil er krank ist || *hierzu* **Früh·ren·te** *die; -, -n;* **Früh·rent·ne·rin** *die; -, -nen*

Früh·stück [A1] *das; -(e)s, -e; meist Singular;* das erste Essen am Tag ⟨das Frühstück machen;

Das Frühstück

Ein traditionelles deutsches Frühstück besteht gewöhnlich aus Brötchen, Butter, Wurst, Käse und Marmelade, einem gekochten Ei und Kaffee oder Tee.
In den meisten Hotels gibt es ein **Frühstücksbüfett**, an dem man sich sein Frühstück selbst zusammenstellen kann und das zum Beispiel auch Müsli, Obst und Joghurt anbietet.

LANDESKUNDE

etwas zum Frühstück essen⟩: *Möchtest du ein Ei zum Frühstück?* | ↑ Illustration **Am Frühstückstisch** || K- Frühstücksbrot, Frühstücksei, Frühstücksmüsli, Frühstückspause, Frühstückstisch

früh·stü·cken A2 *frühstückte, hat gefrühstückt;* **(etwas) frühstücken** etwas am Morgen essen ⟨ausgiebig frühstücken⟩: *Brot mit Marmelade frühstücken*

F

früh·zei·tig *Adjektiv;* zu einem frühen Zeitpunkt: *Er geht frühzeitig schlafen; das frühzeitige Erkennen von Krebs*

Frust *der; -(e)s; nur Singular; umg;* der Zustand, in dem jemand enttäuscht ist ⟨(einen) Frust haben⟩

frust·rie·ren; *frustrierte, hat frustriert;* **1** **etwas frustriert jemanden** etwas macht jemanden mutlos und deprimiert (*meist* weil er keinen Erfolg hat): *Ihre schlechten Noten haben sie so frustiert, dass sie nicht mehr zur Schule gehen will* **2** **jemand frustriert jemanden (mit etwas)** *umg;* jemandes Worte *o.Ä.* deprimieren jemanden || *hierzu* **frust·riert** *Adjektiv*

Fuchs [-ks] *der; -es, Füch·se* **1** ein Raubtier, das im Wald lebt und dessen Fell rotbraun ist ⟨schlau, listig wie ein Fuchs⟩ || K- Fuchsjagd, Fuchspelz, Fuchsschwanz; fuchsrot **2** jemand, der listig oder raffiniert ist ⟨ein schlauer Fuchs⟩ || *zu* 1 **Füch·sin** *die; -, -nen*

Fuch·tel *die; -, -n; umg, meist abwertend* **1** **jemanden unter der/seiner Fuchtel haben** streng über jemanden (*bes* einen Verwandten) herrschen **2** **jemand ist/steht unter jemandes Fuchtel** jemand wird von jemandem (ständig) bevormundet und wehrt sich nicht dagegen: *Obwohl sie schon lange erwachsen ist, steht sie noch ganz unter der Fuchtel ihrer Mutter*

fuch·teln; *fuchtelte, hat gefuchtelt;* **mit etwas fuchteln** *umg;* etwas schnell in der Luft hin und her bewegen ⟨mit den Armen fuchteln⟩

Fug *nur in* **mit Fug und Recht** *förmlich;* mit vollem Recht, aus gutem Grund ⟨etwas mit Fug und Recht behaupten können⟩

Fu·ge *die; -, -n;* ein ganz schmaler Raum zwischen den einzelnen Teilen, aus denen etwas gemacht ist, *z.B.* zwischen den Steinen einer Mauer ⟨Fugen abdichten, verstopfen⟩: *Der Wind pfiff durch alle Ritzen und Fugen* || ID **etwas ist/geht/gerät aus den Fugen** ein (*meist* abstraktes) System verliert seine Ordnung: *Seine Welt ist völlig aus den Fugen geraten*

fü·gen; *fügte, hat gefügt* **1** **etwas an etwas** (*Akkusativ*) **fügen** zwei Dinge so verbinden, dass daraus ein Ganzes wird: *einen Stein an den anderen fügen* **2** **etwas fügt sich in etwas** (*Akkusativ*) etwas passt zu etwas: *Dieses Bild fügt sich gut in den Hintergrund* **3** **sich (jemandem/etwas) fügen** *förmlich;* jemandem gehorchen, sich einer Sache nicht (mehr) widersetzen: *Sie fügte sich den Wünschen ihres Vaters*

füg·sam *Adjektiv;* bereit, Befehlen *o.Ä.* ohne Widerspruch zu gehorchen ≈ gehorsam ⟨ein Kind⟩

Fü·gung *die; -, -en; förmlich;* ein günstiger Zufall: *eine Fügung des Schicksals; Durch eine glückliche Fügung hat er seinen vermissten Bruder wiedergefunden*

fühl·bar *Adjektiv* **1** so, dass man es fühlen (1) kann: *einen kaum fühlbaren Puls haben; Das Wasser ist am Ufer fühlbar wärmer* **2** so, dass man es wahrnehmen kann ≈ deutlich ↔ unmerklich ⟨ein Fortschritt, eine Erleichterung, eine Verschlechterung⟩

füh·len A2 *fühlte, hat gefühlt* **1** **etwas fühlen** etwas körperlich (mithilfe der Nerven) wahrnehmen ≈ spüren: *einen Schmerz, Stich fühlen; die Wärme der Sonne auf der Haut fühlen* **2** **etwas fühlen** etwas psychisch erleben ≈ empfinden: *Mitleid mit jemandem fühlen* **3** **etwas/nach etwas fühlen** etwas mit der Hand berühren, suchen ≈ tasten: *jemandem den Puls fühlen; Er fasste an seine Jacke und fühlte nach der Brieftasche* **4** **sich irgendwie fühlen** einen besonderen Zustand des Körpers fühlen (1) ⟨sich krank, jung, alt fühlen⟩: *Hast du noch Kopfschmerzen oder fühlst du dich schon besser?* **5** **sich irgendwie fühlen** sich in einem bestimmten seelischen Zustand befinden ⟨sich glücklich, zufrieden fühlen⟩ **6** **sich irgendwie fühlen** glauben, dass man in einer besonderen Lage ist ⟨sich bedroht, schuldig fühlen⟩: *Ich fühlte mich verpflichtet, ihm zu helfen* || Hinweis: ↑ **wohlfühlen**

Füh·ler *der; -s, -;* eines von mindestens zwei länglichen Organen, *z.B.* bei Insekten und Schnecken, mit denen diese Tiere tasten, riechen und schmecken können

fuhr *Imperfekt, 1. und 3. Person Singular;* ↑ **fahren**

Fuh·re *die; -, -n;* **eine Fuhre** + *Substantiv* die Menge, die mit einem Auto oder einem Lastwagen bei einer Fahrt transportiert wird ≈ Ladung ⟨eine Fuhre Kohlen, Sand *o.Ä.*⟩

füh·re **1** *Präsens, 1. Person Singular;* ↑ **führen** **2** *Konjunktiv II, 1. und 3. Person Singular;* ↑ **fahren**

füh·ren B2 *führte, hat geführt* **1** **jemanden/etwas (irgendwohin) führen** mit jemandem/

einem Tier irgendwohin gehen, damit er/es dort ankommt: *ein Kind an/bei der Hand (über die Straße) führen* **2** **jemanden (durch etwas) führen** jemanden auf einem Weg begleiten, um ihm Informationen darüber zu geben, was er sieht: *Touristen durch die Stadt führen* **3** **etwas führt irgendwohin** etwas verläuft irgendwo, in Richtung auf ein Ziel hin: *Der Weg führt durch den Wald ins/zum Dorf* **4** **etwas führt jemanden irgendwohin** etwas ist der Grund dafür, dass jemand dahin kommt: *Ihre Reise führte sie in ferne Länder* **5** **etwas führt zu etwas** etwas hat etwas zur Folge: *Die Politik der Regierung hat zu Protesten der Bürger geführt* **6** **jemanden/etwas führen** jemanden/etwas leiten (1), als Lehrer, Vorgesetzter *o.Ä.* Einfluss auf jemanden nehmen ⟨eine Firma, den Haushalt, Regie führen⟩: *Der Lehrer verstand es, die Jugendlichen zu führen* **7** **etwas führen** ein Fahrzeug selbst steuern ≈ lenken: *Er erhielt die Erlaubnis, einen Lastwagen zu führen* **8** **etwas führen** (regelmäßig) Daten, Informationen in etwas eintragen ⟨(über etwas *(Dativ)*) Buch, eine Liste, Protokoll führen; ein Konto (für jemanden) führen⟩ **9** ⟨ein Geschäft⟩ **führt etwas** ein Geschäft bietet etwas als Ware an: *Wir führen keine Sportartikel* **10** **etwas (irgendwie/irgendwohin) führen** etwas mit der Hand bewegen, benutzen: *das Glas zum Mund führen; den Bogen geschickt über die Saiten führen* **11** **etwas führen** verwendet zusammen mit einem Substantiv, um ein Verb zu umschreiben; **etwas zu Ende führen** ≈ etwas (erfolgreich) beenden ↔ etwas abbrechen; **ein Gespräch (mit jemandem) führen** ≈ mit jemandem sprechen; **ein (Telefon)Gespräch (mit jemandem) führen** ≈ (mit jemandem) telefonieren; **Krieg (gegen jemanden) führen** ≈ in einem Krieg gegen jemanden kämpfen; **ein** ⟨aufregendes, ruhiges *usw*⟩ **Leben führen** ≈ aufregend, ruhig *usw* leben **12** **jemand/eine Mannschaft führt** jemand/eine Mannschaft ist an der ersten Stelle einer Rangordnung (*bes* im Sport): *Unsere Firma ist in dieser Branche führend*

Füh·rer *der; -s, -;* **1** jemand, der Fremden eine Stadt, ihre Gebäude *usw* zeigt und erklärt || -K Bergführer, Fremdenführer **2** jemand, der ein Geschäft, eine Organisation *o.Ä.* leitet: *der Führer der Opposition im Parlament* || -K Geschäftsführer **3** ein Heft oder Buch, in dem eine Stadt (mit ihren Gebäuden) oder ein Land beschrieben werden: *einen Führer von Rom kaufen* || -K Reiseführer, Stadtführer **4** **der Führer** *historisch;* verwendet im Nationalsozialismus als Bezeichnung für Adolf Hitler || zu 1 und 2 **Füh·re·rin** *die; -, -nen*

Füh·rer·aus·weis *der; -es, -e;* (CH) ≈ Führerschein

Füh·rer·schein A2 *der; -(e)s, -e* **1** ein Dokument, das jemandem erlaubt, Autos, Motorräder oder Lastwagen zu lenken: *Wegen Trunkenheit am Steuer wurde ihm der Führerschein entzogen* || K- Führerscheinentzug, Führerscheinkontrolle, Führerscheinprüfung **2** **den Führerschein machen** Fahrunterricht nehmen und eine Prüfung ablegen, um den Führerschein (1) zu bekommen

Fuhr·park *der; -s, -s;* alle Fahrzeuge, die *z.B.* eine Firma hat: *Der Fuhrpark der Stadt wird modernisiert*

Füh·rung B1 *die; -, -en* **1** die Besichtigung (*meist* einer Sehenswürdigkeit) mit Erklärungen: *an einer Führung durch das Museum teilnehmen* **2** *nur Singular* ≈ Leitung (1): *jemandem die Führung eines Betriebes übertragen* || K- Führungsstil || -K Betriebsführung, Staatsführung

Füh·rungs·schwä·che *die; -; nur Singular;* die Unfähigkeit einer Person in einer leitenden Position, sich durchzusetzen

Füh·rungs·spit·ze *die; -, -n;* eine Gruppe von Personen, die ein großes Unternehmen, eine Partei *o.Ä.* leitet: *Die gesamte Führungsspitze war zum Empfang erschienen*

Füh·rungs·zeug·nis *das; -ses, -se; meist in* **ein polizeiliches Führungszeugnis** *Verwaltung;* ein Dokument, auf dem geschrieben steht, ob jemand in den letzten Jahren von einem Gericht bestraft wurde: *für eine Bewerbung ein polizeiliches Führungszeugnis brauchen*

Fuhr|un·ter·neh·men *das; -s, -;* ein Betrieb, der (*meist* mit Lastwagen) Waren transportiert

Fuhr·werk *das; -(e)s, -e;* ein Wagen (zum Transportieren von Lasten), der von Ochsen oder Pferden gezogen wird

Fül·le *die; -; nur Singular* **1** **eine Fülle von etwas** *(Plural);* **eine Fülle** + *Genitiv (Plural); förmlich;* eine große Menge von etwas: *eine Fülle neuer Eindrücke gewinnen* **2** **die Fülle** + *Genitiv; förmlich;* das reiche Vorkommen (der genannten Sache): *die Fülle ihres Haars, seiner Stimme* || -K Haarfülle, Klangfülle

fül·len B1 *füllte, hat gefüllt* **1** **etwas (mit etwas) füllen; etwas in etwas** *(Akkusativ)* **füllen** etwas in einen Behälter geben, bis er voll wird: *einen Korb (mit Früchten) füllen; Wein in Fässer füllen* **2** **etwas (mit etwas) füllen** eine Füllung (2,3) in etwas geben ⟨einen Zahn, eine Ente, Rouladen füllen⟩: *Pfannkuchen mit Erdbeer-*

F

marmelade füllen **3** **etwas füllt etwas** etwas braucht durch seine Menge, Anzahl viel Raum: *Die Akten des Staatsanwalts füllen mehrere Ordner* **4** **etwas füllt sich** (**mit** ⟨Personen⟩/ **etwas**) etwas wird voll: *Das Theater füllte sich allmählich (mit Zuschauern); Sie sah zu, wie sich der Eimer mit Wasser füllte*

Fül·ler B2 *der; -s, -;* ein Stift zum Schreiben mit einem kleinen Behälter für Tinte ≈ Füllfederhalter || -K Schulfüller

F

fül·lig *Adjektiv* **1** *beschönigend;* (von Personen) dick und rundlich: *Sie hat eine ziemlich füllige Figur* **2** *meist* **fülliges Haar** (volles) Haar, das locker fällt und dicht ist

Fül·lung *die; -, -en* **1** ein Material, mit dem *z.B.* ein Kissen oder eine Matratze gefüllt ist || -K Kissenfüllung, Matratzenfüllung **2** die Masse, mit der ein Loch in einem Zahn ausgefüllt wird || -K Zahnfüllung **3** eine Masse (*meist* eine Mischung aus verschiedenen Zutaten und Gewürzen), die man in Speisen wie Gänse, Pasteten, Pralinen *o.Ä.* gibt

Fund *der; -(e)s, -e;* ein Gegenstand, den jemand gefunden hat ⟨ein einmaliger, überraschender Fund; archäologische Funde⟩ || K- Fundort, Fundsache

Fun·da·ment *das; -(e)s, -e* **1** die stabile Basis (aus Steinen oder Beton), auf der ein Gebäude errichtet wird ⟨ein Fundament errichten, legen⟩: *Die Kathedrale brannte bis auf die Fundamente ab* **2** die (geistige oder materielle) Grundlage, auf der etwas aufbaut ⟨ein Fundament legen⟩: *Diese Ausbildung ist ein gutes Fundament für deinen späteren Beruf*

fun·da·men·tal *Adjektiv; förmlich* ≈ grundlegend (1) ⟨ein Irrtum, ein Unterschied⟩: *Die Entdeckung des Penizillins war von fundamentaler Bedeutung*

Fun·da·men·ta·lis·mus *der; -; nur Singular; förmlich;* eine Bewegung, die von ihren Anhängern fordert, sich exakt an den ursprünglichen Inhalt einer religiösen oder politischen Lehre zu halten || *hierzu* **Fun·da·men·ta·list** *der; -en, -en;* **Fun·da·men·ta·lis·tin** *die; -, -nen;* **fun·da·men·ta·lis·tisch** *Adjektiv*

Fund·amt *das; -(e)s, -äm·ter; bes* Ⓐ ≈ Fundbüro

Fund·bü·ro B2 *das; -s, -s;* eine Institution, bei der man gefundene Gegenstände abgeben *bzw* verlorene Gegenstände abholen kann

Fund·gru·be *die; -, -n;* **eine Fundgrube** (**für etwas** (*meist Plural*)) etwas, das etwas Wertvolles in großer Zahl enthält: *Dieses Antiquitätengeschäft ist eine wahre Fundgrube für alte Puppen*

fun·diert *fundierter, fundiertest-; Adjektiv;* mit einer gesicherten, soliden Grundlage: *ein fundiertes Wissen*

fün·dig *Adjektiv; ohne Steigerung, nicht als Adverb;* **fündig werden** bei der Suche nach etwas erfolgreich sein: *Erst nach mehreren Bohrungen wurde die Ölgesellschaft fündig*

fünf *Zahladjektiv;* (als Ziffer) 5 || ID **fünf gerade sein lassen** *umg;* etwas nicht so genau nehmen

Fünf *die; -, -en* **1** die Zahl 5 **2** eine sehr schlechte Schulnote (auf der Skala von 1-6), mit der man eine Prüfung nicht bestanden hat ≈ mangelhaft **3** jemand/etwas mit der Nummer 5

Fün·fer *der; -s, -; umg* ≈ Fünf

fünf·hun·dert *Zahladjektiv;* (als Zahl) 500

Fünf·pro·zent|hür·de *die; -; nur Singular;* Ⓓ die Grenze von 5% der Stimmen, die eine Partei erreichen muss, um in den Bundestag oder Landtag zu kommen: *Die Partei scheiterte an der Fünfprozenthürde*

fünft *nur in* **zu fünft** (mit) insgesamt 5 Personen: *Wir sind zu fünft; zu fünft am Tisch sitzen*

fünf·t- *Zahladjektiv; nur vor dem Substantiv, nicht als Adverb* **1** in einer Reihenfolge an der Stelle fünf ≈ 5. || Hinweis: Gebrauch ↑ Beispiele unter **viert-** **2** **der fünfte Teil** (**von etwas**) ≈ 1/5

Fünf·ta·ge|wo·che *die; -, -n;* eine Arbeitszeit von fünf Tagen in der Woche

fünf·tau·send *Zahladjektiv;* (als Zahl) 5000

fünf·tel *Adjektiv; nur vor dem Substantiv, indeklinabel, nicht als Adverb;* den 5. Teil eines Ganzen bildend ≈ 1/5

Fünf·tel *das; -s, -;* der fünfte Teil eines Ganzen: *ein Fünftel des Vermögens erben*

fünf·tens *Adverb;* verwendet bei einer Aufzählung, um anzuzeigen, dass etwas an 5. Stelle kommt

fünf·zehn *Zahladjektiv;* (als Zahl) 15

fünf·zig *Zahladjektiv* **1** (als Zahl) 50 **2** **Anfang, Mitte, Ende fünfzig sein** ungefähr 50 bis 53, 54 bis 56, 57 bis 59 Jahre alt sein

fünf·zi·ger *Adjektiv; nur vor dem Substantiv, indeklinabel, nicht als Adverb;* die zehn Jahre (eines Jahrhunderts, eines Menschenlebens) von 50 bis 59 betreffend: *in den fünfziger Jahren/den Fünfzigern; Er ist in den/seinen Fünfzigern* || K- Fünfzigerjahre

Fünf·zi·ger *der; -s, -; umg* **1** jemand, der zwischen 50 und 59 Jahre alt ist **2** ein

(Geld)Schein, der fünfzig Euro, Franken *o.Ä.* wert ist || *zu* 1 **Fünf·zi·ge·rin** *die; -, -nen*

fun·gie·ren [-ŋ'gi:-]; *fungierte, hat fungiert;* **als etwas fungieren** *förmlich;* eine bestimmte Aufgabe erfüllen ⟨als Sanitäter, Schiedsrichter fungieren⟩

Funk *der; -s; nur Singular* **1** die Sendung von Informationen durch Radiowellen: *über Funk erreichbar sein, über Funk Hilfe holen* **2** ≈ Rundfunk: *Funk und Fernsehen* || [-K] Hörfunk

Fun·ke *der; -ns, -n* **1** ein glühendes Teilchen, das wegspringt, wenn etwas brennt ⟨Funken fliegen, sprühen⟩ **2** *meist* **keinen Funken** + *Substantiv* **haben** sehr wenig von etwas haben: *Er hat keinen Funken Anstand/Verstand*

fun·keln; *funkelte, hat gefunkelt* **1** **etwas funkelt** etwas wird abwechselnd sehr hell und wieder dunkler ≈ etwas glitzert ⟨ein Edelstein, ein Stern *o.Ä.*⟩ **2** ⟨*meist* jemandes Augen⟩ **funkeln** (**vor etwas** (*Dativ*)) jemandes Augen lassen erkennen, dass er etwas sehr stark empfindet ⟨jemandes Augen funkeln vor Zorn, Freude⟩

fun·ken; *funkte, hat gefunkt;* **(etwas) funken** mit elektromagnetischen Wellen Signale (und jemandem so Informationen) senden ⟨eine Nachricht, einen Notruf funken⟩ || [K-] Funkgerät, Funkstörung, Funkzeichen || *hierzu* **Fun·ker** *der; -s, -*

Fun·ken *der; -s, -;* ≈ Funke

Funk·spruch *der; -(e)s, -sprü·che;* eine Nachricht, die über Funk weitergegeben wird ⟨einen Funkspruch senden, auffangen⟩

Funk·stil·le *die; -; nur Singular* **1** die Situation, in der es keinen Kontakt über Funk gibt **2** eine Pause zwischen zwei Rundfunksendungen || [ID] **es herrscht Funkstille** *umg;* (nach einem Streit *o.Ä.*) haben *meist* zwei Personen keinen Kontakt miteinander

Funk·ti·on [B2] [-'tsjo:n] *die; -, -en* **1** der Zweck, den jemand/etwas in einem System erfüllt: *Welche Funktion hat/erfüllt dieser Schalter?* || [K-] funktionsgerecht || [-K] Schutzfunktion, Überwachungsfunktion **2** das Amt, die Stellung, die jemand in einer Organisation, *z.B.* einer Partei, hat ≈ Aufgabe ⟨eine leitende, verantwortungsvolle Funktion ausüben, übernehmen⟩ **3** *nur Singular;* das Funktionieren: *die Funktion des Herzens überprüfen* || [K-] Funktionsstörung; funktionsfähig **4** **etwas ist in/außer Funktion** eine Maschine, eine Anlage *o.Ä.* arbeitet/arbeitet nicht **5** **etwas tritt in Funktion** etwas wird wirksam, aktiv

funk·ti·o·nal *Adjektiv; nur vor dem Substantiv oder als Adverb; förmlich;* so, dass etwas eine bestimmte Funktion erfüllt: *eine funktionale Einheit; Die Architekten haben das Bürohaus funktional gestaltet*

Funk·ti·o·när *der; -s, -e;* ein Mitglied einer Partei, Organisation *o.Ä.*, das eine wichtige Aufgabe hat ⟨ein führender, hoher Funktionär⟩ || [-K] Gewerkschaftsfunktionär, Parteifunktionär || *hierzu* **Funk·ti·o·nä·rin** *die; -, -nen*

funk·ti·o·nell *Adjektiv; meist vor dem Substantiv oder als Adverb; förmlich* **1** in einer bestimmten Funktion (1) wirksam ≈ zweckbestimmt: *Der Arbeitsablauf folgt funktionellen Prinzipien* **2** in Bezug auf die Leistung eines bestimmten (Körper)Organs: *Seine Probleme mit dem Herzen sind funktioneller, nicht organischer Natur*

funk·ti·o·nie·ren [B1] *funktionierte, hat funktioniert* **1** **etwas funktioniert** etwas erfüllt seinen Zweck, seine Funktion: *Der Aufzug ist repariert, jetzt funktioniert er wieder* **2** **etwas funktioniert** etwas läuft gut, ohne Probleme: *Die Organisation des Stadtfestes funktionierte reibungslos*

Funk·turm *der; -(e)s, -tür·me;* ein sehr hoher Turm, über den Radio- und Fernsehprogramme und Funksignale übermittelt werden

für [A1] *Präposition; mit Akkusativ* **1** verwendet zur Angabe des Ziels, des Zwecks, des Nutzens: *für etwas sparen; Das Geschenk ist für dich; ein Kurs für Fortgeschrittene* **2** verwendet wenn etwas zum Vorteil einer Person oder Sache geschieht ≈ zugunsten ↔ gegen: *Die Mutter tut alles für ihren geliebten Sohn* **3** verwendet bei der Angabe eines Grundes ≈ wegen: *Der Angeklagte wurde für den Mord hart bestraft* **4** verwendet, um auszudrücken, dass jemand/etwas durch jemanden/etwas vertreten wird ≈ anstelle von, statt: *Mein Vater hat für mich unterschrieben, weil ich noch nicht volljährig bin* **5** drückt einen Vergleich zur Norm aus: *Für die Jahreszeit ist es viel zu kalt* **6** drückt den Preis oder Wert einer Sache aus: *Er hat sich ein Auto für 15000 Euro gekauft* **7** verwendet bei der Angabe einer Dauer: *Er ist für drei Wochen verreist* **8** drückt aus (*meist* in Verbindung mit Adjektiven), dass einer Person/Sache eine Eigenschaft zugeschrieben wird: *jemanden für intelligent halten; etwas für sinnvoll ansehen* **9** zwischen zwei gleichen Substantiven verwendet, um auszudrücken, dass eine Aussage auf alle vorhandenen Dinge dieser Art zutrifft ⟨etwas Wort für Wort, Zeile für Zeile, Seite für Seite lesen, überprüfen⟩ **10** bei manchen Verben,

Adjektiven und Substantiven, um Ergänzungen anzuschließen: *sich für Fußball interessieren; für jemanden sorgen*

Fur·che *die; -, -n* **1** eine Art schmaler Graben, wie ihn ein z.B. Pflug im Boden macht ⟨eine breite, tiefe Furche; Furchen ziehen⟩ || K- Ackerfurche, Bodenfurche **2** *förmlich;* eine tiefe Falte im Gesicht eines Menschen

F

Furcht *die; -; nur Singular;* **Furcht (vor jemandem/etwas)** *förmlich;* das Gefühl der Sorge oder Angst, das man vor einer Gefahr spürt ⟨vor Furcht zittern; aus Furcht vor jemandem/etwas; Furcht und Schrecken verbreiten⟩: *die Furcht vor dem Tod; Die Kinder versteckten sich aus Furcht vor Strafe* || ID **keine Furcht kennen** sehr mutig sein || *hierzu* **furcht·los** *Adjektiv*

furcht·bar B2 *Adjektiv* **1** so, dass es Schrecken erregt ≈ schrecklich, entsetzlich ⟨eine Katastrophe, eine Krankheit, ein Verbrechen⟩: *Der Sturm kam mit furchtbarer Gewalt* **2** *meist vor dem Substantiv, nicht als Adverb; umg;* sehr unangenehm ≈ schlimm: *furchtbarer Lärm, Gestank* **3** *nur als Adverb; umg* ≈ sehr: *sich furchtbar ärgern, aufregen, freuen: Sie ist furchtbar nett*

fürch·ten; *fürchtete, hat gefürchtet* **1** **sich (vor jemandem/etwas) fürchten** Angst (vor einer Person/Sache) haben: *sich vor Hunden, vor dem Wasser, vor dem Zahnarzt fürchten* **2** **fürchten, (dass) ...; fürchten zu** + *Infinitiv* Angst davor haben, dass etwas passieren könnte ≈ etwas befürchten: *Sie fürchtete zu ertrinken; Ich fürchte, dafür ist es zu spät/dass es dafür zu spät ist* **3** **für/um jemanden/etwas fürchten** wegen einer Person/Sache in großer Sorge sein ⟨um seine Gesundheit, sein Leben fürchten⟩ **4** **jemanden/etwas fürchten** Angst, Furcht vor jemandem oder etwas fühlen ⟨die Armut, den Tod, die Polizei fürchten⟩

fürch·ter·lich *Adjektiv* ↑ **furchtbar**

furcht·sam *Adjektiv* ≈ ängstlich ⟨ein Kind⟩

für·ei·nan·der *Adverb;* eine Person/Sache für die andere (drückt eine Gegenseitigkeit aus): *Sie sorgen füreinander* (= Sie sorgt für ihn und er für sie)

Fur·nier *das; -s, -e;* eine sehr dünne Schicht (*meist* aus wertvollem Holz), die oft die Oberfläche der Möbel bildet (und auf einfaches Holz oder Kunststoff geklebt ist) || K- Furnierholz || -K Buchenfurnier, Kunststofffurnier || *hierzu* **fur·niert** *Adjektiv*

fürs *Präposition und Artikel* ≈ für das: *ein Foto fürs Album* || Hinweis: *fürs* kann nicht durch *für das* ersetzt werden in der Wendung *fürs Erste*

Für·sor·ge *die; -; nur Singular* **1** die Hilfe und Pflege für jemanden, der Hilfe braucht ⟨die elterliche, eine liebevolle Fürsorge⟩: *Kranke Kinder brauchen besondere Fürsorge* || K- Fürsorgepflicht **2** die Hilfe, die der Staat für Menschen in Not organisiert: *von der öffentlichen Fürsorge eine Unterstützung bekommen* || K- Fürsorgeamt || -K Sozialfürsorge

für·sorg·lich *Adjektiv;* liebevoll darum bemüht, dass es jemand anderem gut geht: *Sie deckte das schlafende Kind fürsorglich zu* || *hierzu* **Für·sorg·lich·keit** *die; -; nur Singular*

Für·spre·cher *der; -s, -;* **1** jemand, der sich für jemanden bei einem Dritten einsetzt ⟨jemanden als Fürsprecher haben; in jemandem einen (einflussreichen) Fürsprecher finden⟩: *Er ist ein Fürsprecher der Unterdrückten* **2** jemand, der sich für eine Sache einsetzt ≈ Förderer || *hierzu* **Für·spra·che** *die; -; nur Singular;* **Für·spre·che·rin** *die; -, -nen*

Fürst *der; -en, -en;* ein Adelstitel: *Fürst Rainier von Monaco* || *hierzu* **Fürs·tin** *die; -, -nen*

Fürs·ten·tum *das; -s, -tü·mer;* ein Land, das von einem Fürsten regiert wird: *das Fürstentum Monaco*

fürst·lich *Adjektiv* **1** *nur vor dem Substantiv, ohne Steigerung, nicht als Adverb;* (zu) einem Fürsten gehörend ⟨die Familie, eine Herkunft, eine Residenz⟩ **2** in großer Menge und hoher Qualität ≈ reichlich ↔ ärmlich ⟨eine Entlohnung, ein Gehalt; fürstlich speisen⟩

Fu·run·kel *der, das; -s, -;* ein großer Pickel auf der Haut, der stark entzündet und mit Eiter gefüllt ist

Für·wort *das; -es, -wör·ter* ≈ Pronomen ⟨ein persönliches, besitzanzeigendes, rückbezügliches Fürwort⟩

Furz *der; -es, -e; vulgär;* Gase, die (laut) aus dem Darm entweichen || *hierzu* **fur·zen** *(hat)*

Fu·si·on [fu'zio:n] *die; -, -en* **1** die Vereinigung von zwei oder mehreren Firmen, Banken *o.Ä.* zu einem größeren Unternehmen || K- Fusionsvertrag **2** *Physik;* das Verschmelzen von zwei Atomkernen, um Energie zu erzeugen ↔ Spaltung || K- Fusionsreaktor || -K Kernfusion || *zu* 1 **fu·si·o·nie·ren** *(hat)*

Fuß A1 *der; -es, Fü·ße* **1** der unterste Teil des Beines, auf dem man steht ⟨jemandem auf den Fuß treten⟩: *kalte, zierliche Füße haben* || K- Fußgelenk, Fußknöchel, Fußsohle, Fußspitze; Fußabdruck, Fußspur, Fußtritt, Fußweg || Hinweis: Anstatt *Fuß* sagt man bei

Katzen, Hunden *usw Pfote*, bei Kühen, Pferden *usw Huf*, bei Bären, Löwen *usw Pranke* oder *Tatze* **2** der unterste Teil (*z.B.* eines Berges, eines Denkmals): *ein Dorf am Fuße des Berges* **3** **zu Fuß (gehen)** nicht mit einem Fahrzeug (fahren), sondern gehen: *„Soll ich dich mit dem Auto mitnehmen?" – „Nein danke, ich gehe lieber zu Fuß."* || ID **mit beiden Füßen fest auf der Erde stehen** kein Träumer sein; **auf eigenen Füßen stehen** selbstständig und unabhängig (*z.B.* von seinen Eltern) sein; **(irgendwo) (festen) Fuß fassen** einen festen Platz in einem System, einer neuen Umgebung bekommen; **auf freiem Fuß** ⟨sein⟩ nicht im Gefängnis; **auf großem Fuß(e) leben** so (verschwenderisch) leben, dass man zu viel Geld ausgibt; **mit jemandem auf gutem Fuß(e) stehen** sich gut mit jemandem vertragen; **kalte Füße bekommen/kriegen** *umg*; einen Vorsatz, ein Ziel aufgeben, weil man plötzlich Angst vor dem Risiko bekommt; **jemandem auf den Fuß/die Füße treten** jemanden kränken, beleidigen; **etwas mit Füßen treten** etwas grob missachten, verletzen

Fuß

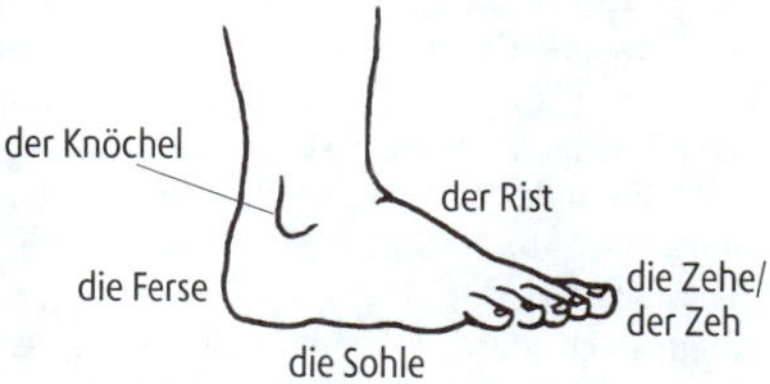

Fuß·ab·strei·fer *der; -s, -;* eine kleine Matte vor der Wohnungs- oder Haustür, auf der man den Schmutz von den Schuhsohlen entfernt

Fuß·ball A2 *der; -(e)s, -bäl·le* **1** *ohne Artikel, nur Singular;* eine Sportart, bei der zwei Mannschaften aus jeweils 11 Spielern versuchen, den Ball mit dem Fuß in das Tor des Gegners zu schießen ⟨Fußball spielen⟩ || K- Fußballklub, Fußball(national)mannschaft, Fußballplatz, Fußballschuh, Fußballstadion, Fußballverein || *zu* **Fußballschuh** ↑ Abbildung unter **Schuhe** **2** der Ball aus Leder, mit dem man Fußball (1) spielt

Fuß·bo·den *der; -s, -bö·den;* die Fläche in einem Haus, auf der man geht und auf der die Möbel stehen ⟨den Fußboden kehren⟩ || K- Fußbodenbelag, Fußbodenheizung

Fus·sel *die; -, -n;* ein kleines Stück Wollfaden oder eine (Stoff)Faser, die *bes* an der Kleidung hängen bleiben: *Bürste deine Jacke ab, sie ist voll(er) Fusseln!*

fus·seln; *fusselte, hat gefusselt;* **etwas fusselt** etwas bildet Fusseln ⟨ein Wollschal, ein Pullover⟩

fu·ßen; *fußte, hat gefußt;* **etwas fußt auf etwas** (*Dativ*) *förmlich;* etwas hat etwas zur Grundlage ≈ etwas beruht auf etwas ⟨etwas fußt auf Beobachtungen, Tatsachen⟩

Fuß·gän·ger *der; -s, -;* jemand, der zu Fuß geht ↔ Radfahrer, Autofahrer: *Die Fußgänger überquerten die Straße an einer Ampel* | K- Fußgängerampel, Fußgängerweg || hierzu **Fuß·gän·ge·rin** *die; -, -nen*

Fuß·gän·ger·über·weg *der; -(e)s, -e;* eine *meist* mit einem Zebrastreifen markierte Stelle, an der Fußgänger eine Straße überqueren können und Autos *usw* dafür halten sollen

Fuß·gän·ger·zo·ne B1 *die; -, -n;* ein Bereich im Zentrum einer Stadt, in dem man nur gehen und nicht fahren darf

Fuß·marsch *der; -(e)s, -mär·sche;* eine (längere) Wanderung ⟨einen Fußmarsch machen⟩

Fuß·mat·te *die; -, -n* **1** eine Matte (1) (vor der Tür), auf der man den Schmutz von den Schuhen entfernt **2** eine weiche Matte (1) in einem Badezimmer

Fuß·no·te *die; -, -n;* eine Anmerkung zu einem Text, die am unteren Ende einer Seite steht (und auf die man im Text mit einer höher gestellten kleinen Zahl hinweist)

Fuß·pilz *der; -es; nur Singular;* eine (Haut)-Krankheit (eine Pilzerkrankung) zwischen den Zehen, bei der die Haut stark juckt

Fuß·stap·fen *der; -s, -; meist Plural;* der Abdruck eines Fußes *bes* in weichem Boden ⟨Fußstapfen im Sand, im Schnee hinterlassen⟩ || ID **in jemandes Fußstapfen treten** jemandes (beruflichem) Vorbild folgen

Fut·ter[1] *das; -s; nur Singular;* die Nahrung, die Tiere fressen: *dem Papagei frisches Futter geben* || -K Fischfutter, Hundefutter, Katzenfutter; Dosenfutter, Frischfutter

Fut·ter[2] *das; -s; nur Singular;* der Stoff *o.Ä.* auf der Innenseite von Kleidungsstücken: *ein Mantel mit seidenem Futter* || -K Seidenfutter, Wollfutter

fut·tern; *futterte, hat gefuttert;* **(etwas) futtern** *umg;* (mit gutem Appetit) essen: *Was gibts zum Futtern?*

füt·tern[1] B1 *fütterte, hat gefüttert* **1** **jemanden (mit etwas) füttern** jemandem (mit einem Löffel) das Essen in den Mund schieben ⟨einen Kranken, ein kleines Kind füttern⟩ **2** **ein Tier**

(mit etwas) füttern einem Tier seine Nahrung, sein Futter[1] geben: *das Vieh mit Heu füttern*

füt·tern[2] [B1] *fütterte, hat gefüttert;* **etwas füttern** in die Kleider *o.Ä.* ein Futter[2] nähen ⟨gefütterte Stiefel; eine mit Pelz gefütterte Mütze⟩: *Die Sommerjacke ist nicht gefüttert* ‖ Hinweis: *meist* im Zustandspassiv

Füt·te·rung[1] *die; -, -en;* das Füttern[1] (2) von Tieren: *Die Fütterung der Seelöwen im Zoo findet um 15 Uhr statt* ‖ [-K] Raubtierfütterung

Füt·te·rung[2] *die; -; nur Singular* ≈ das Futter[2] ‖ [-K] Pelzfütterung, Seidenfütterung

Fu·tur [-'tu:ɐ̯] *das; -s, -e; meist Singular; Sprachwissenschaft;* eine grammatische Kategorie beim Verb, die mit *werden + Infinitiv (erstes Futur)* oder *werden + Perfekt (zweites Futur)* gebildet wird und mit der man die genannte Handlung *usw* als zukünftig darstellt (*z.B.* in *Ich werde dir bald schreiben; Dann werde ich ihn schon gesehen haben*)

G

G, g [ge:] *das; -, -/umg auch -s;* der siebte Buchstabe des Alphabets

gab *Imperfekt, 1. und 3. Person Singular;* ↑ **geben**

Ga·be *die; -, -n* **1** *förmlich;* eine (besonders große) geistige, künstlerische Fähigkeit oder gute charakterliche Eigenschaft ≈ Begabung, Talent: *Er besitzt die Gabe, durch sein liebenswürdiges Wesen alle Menschen fröhlich zu machen* ‖ [-K] Auffassungsgabe, Kombinationsgabe **2** *förmlich* ≈ Geschenk **3** **eine milde Gabe** das, was man einem Armen gibt, *z.B.* Geld ≈ Spende: *Der Bettler bat um eine milde Gabe*

gä·be **1** *Konjunktiv II, 1. und 3. Person Singular;* ↑ **geben** **2** ↑ **gang**

Ga·bel [A1] *die; -, -n;* ein Gerät zum Essen mit einem Griff und drei oder vier Spitzen: *mit Messer und Gabel essen*

Ga·bel·stap·ler *der; -s, -;* ein Fahrzeug mit einer (gabelförmigen) Schaufel, das schwere Waren heben und transportieren kann

Ga·be·lung *die; -, -en;* die Stelle, an der sich etwas teilt ⟨eine Gabelung des Baumes, Weges⟩ ‖ [-K] Flussgabelung, Weggabelung ‖ *hierzu* **ga·beln, sich** *(hat)*

ga·ckern; *gackerte, hat gegackert;* **ein Huhn gackert** ein Huhn gibt die Laute von sich, die für seine Art typisch sind ‖ Hinweis: Hühner *gackern,* Hähne *krähen*

Gag [gɛk] *der; -s, -s* **1** etwas, das ein Künstler (im Film, Kabarett, Zirkus *o.Ä.*) sagt oder tut, um sein Publikum zu überraschen und zum Lachen zu bringen: *Der Film war nicht so toll, aber es gab ein paar gute Gags* **2** *umg;* etwas, das jemanden sehr überrascht: *Der Gag war, dass unser Chef die Rechnung bezahlen musste!*

Ga·ge ['ga:ʒə] *die; -, -n;* das Geld, das *z.B.* ein Künstler für einen Auftritt oder ein Schauspieler für einen Film bekommt ⟨hohe Gagen einstreichen⟩

gäh·nen; *gähnte, hat gegähnt;* den Mund weit öffnen und tief atmen, weil man müde ist oder sich langweilt ⟨ansteckend, herzhaft, laut gähnen⟩

Ga·la, Ga·la *die; -, -s* **1** *nur Singular;* eine elegante Kleidung, die man bei großen Festen tragen kann ⟨in Gala erscheinen⟩ ‖ [K-] Galauniform **2** ein Fest, bei dem man Gala (1) trägt ‖ [K-] Galaabend, Galadiner, Galakonzert

Ga·la·xie *die; -, -n* [-'ksi:ən]; *Astronomie;* ein System von Sternen (wie *z.B.* die Milchstraße) ‖ *hierzu* **ga·lak·tisch** *Adjektiv*

Ga·le·rie[1] [B1] *die; -, -n* [-'ri:ən]; ein großer Raum (oder ein Geschäft), eine Halle, ein Gang *o.Ä.,* in denen Bilder *o.Ä.* gezeigt werden ‖ [-K] Ahnengalerie, Bildergalerie, Gemäldegalerie

Ga·le·rie[2] [B1] *die; -, -n* [-'ri:ən]; ein Gang mit einem Dach, der innen oder außen an eine Mauer gebaut ist und der durch Säulen *o.Ä.* vom Garten, Hof oder einem großen Raum abgetrennt ist ‖ [-K] Holzgalerie, Seitengalerie, Spiegelgalerie

Gal·gen *der; -s, -;* ein Gerüst, an dem früher Menschen an einem Seil aufgehängt wurden, die zum Tode verurteilt waren ⟨an den Galgen kommen, jemanden an den Galgen bringen⟩

Gal·gen·frist *die; -, -en; meist Singular;* die kurze (zusätzliche) Zeit, die jemandem noch bleibt (bevor er mit etwas fertig sein muss *o.Ä.*) ⟨jemandem eine Galgenfrist geben, gewähren⟩

Gal·gen·hu·mor *der; -s; nur Singular;* eine Art von Humor, den jemand in einer verzweifelten Lage hat oder zeigt ⟨Galgenhumor entwickeln⟩

Gal·le *die; -, -n* **1** *nur Singular;* eine bittere Flüssigkeit, die von der Leber produziert wird und die hilft, Fette zu verarbeiten (verdauen) ⟨etwas schmeckt/ist (bitter) wie Galle⟩ ‖ [K-]

galle(n)bitter ■2 ein (Körper)Organ, in dem sich die Galle (1) befindet ≈ Gallenblase || K- Gallenkolik, Gallenstein || ID **jemandem kommt die Galle hoch/läuft die Galle über** *umg;* jemand wird so wütend, dass er schimpft und schreit

Gạl·len·bla·se *die; -, -n* ≈ Galle (2)

Ga·lọpp *der; -s; nur Singular* ■1 die schnellste der drei Arten eines Pferdes *o.Ä.* zu gehen ↔ Schritt, Trab ⟨in vollem Galopp; in Galopp fallen; im Galopp reiten⟩ || K- Galopprennen ■2 **in gestrecktem Galopp** sehr schnell

ga·lop·pie·ren; *galoppierte, ist galoppiert;* **(irgendwohin) galoppieren** irgendwohin im Galopp laufen oder reiten

gạlt *Imperfekt, 1. und 3. Person Singular;* ↑ **gelten**

gạ̈l·te *Konjunktiv II, 1. und 3. Person Singular;* ↑ **gelten**

gạm·meln; *gammelte, hat gegammelt; umg* ■1 **etwas gammelt** *bes* Essen wird schlecht, verdirbt ■2 *abwertend;* faul leben, ohne seine Arbeit zu tun und ohne Pläne für die Zukunft zu machen: *Er hat wieder nur den ganzen Tag gegammelt* || zu 1 **gạm·me·lig**, **gạmm·lig** *Adjektiv;* || zu 2 **Gạmm·ler** *der; -s, -; -s, -*

gạng B1 *nur in* **etwas ist gang und gäbe** etwas ist üblich: *Bei uns ist es gang und gäbe, dass die Kinder im Haushalt helfen*

Gạng[1] B1 *der; -(e)s, Gän·ge* ■1 *nur Singular;* die Art und Weise, wie sich jemand beim Gehen (1) bewegt ⟨ein federnder, schleppender Gang⟩ ■2 *nur Singular;* das Gehen (1) zu einem bestimmten Zweck, Ziel: *der Gang zum Zahnarzt* || -K Erkundungsgang, Kirchgang, Spaziergang ■3 *meist Singular;* die Bewegung einer (mechanischen oder elektrischen) Maschine/Apparatur: *der Gang einer Uhr* ■4 **etwas in Gang bringen/setzen** dafür sorgen, dass etwas anfängt, sich zu bewegen oder zu funktionieren: *eine Maschine in Gang bringen* ■5 **etwas in Gang halten** bewirken, dass etwas nicht aufhört, sich zu bewegen oder zu funktionieren ■6 **etwas kommt in Gang** etwas fängt an, sich zu bewegen oder zu funktionieren || ID **etwas ist im Gange** etwas wird (heimlich) geplant, vorbereitet oder gerade gemacht ⟨eine Verschwörung ist im Gange⟩

Gạng[2] B1 *der; -(e)s, Gän·ge* ■1 ein schmaler, langer Raum in einem Haus oder einer Wohnung, von dem aus man *meist* in alle Zimmer (einer Etage) gelangen kann ≈ Flur, Korridor: *Ich traf ihn beim Hinausgehen auf dem Gang* || -K Hausgang ■2 ein schmaler, langer Weg unter der Erde ⟨ein unterirdischer Gang⟩: *Der Maulwurf gräbt Gänge unter dem Rasen* || -K Geheimgang

Gạng[3] B1 *der; -(e)s, Gän·ge;* eine von mehreren Speisen, die während eines Essens serviert werden: *Das Diner bestand aus vier Gängen*

Gạng[4] B1 *der; -(e)s, Gän·ge;* eine Stufe in einem Mechanismus (*z.B.* im Auto, Fahrrad), durch die die Kraft auf die Räder übertragen wird ⟨den ersten, zweiten *usw* Gang einlegen⟩: *vom dritten in den vierten Gang schalten* || K- Gangschaltung || -K Rückwärtsgang, Vorwärtsgang || zu **Gangschaltung** ↑ Illustration **Das Fahrrad**

gạ̈n·gig *Adjektiv; nicht als Adverb* ■1 allgemein üblich ≈ gebräuchlich ⟨ein Begriff, eine Ansicht, eine Meinung, eine Definition, eine Interpretation⟩ ■2 ⟨Artikel, Größen⟩ so, dass sie von vielen Leuten gekauft werden: *Mäntel in gängigen Größen*

Gangs·ter ['gɛŋstɐ] *der; -s, -; umg;* jemand, der von Verbrechen lebt ⟨ein berüchtigter, gefürchteter Gangster⟩ || K- Gangsterbande, Gangsterboss, Gangsterfilm, Gangstermethoden || *hierzu* **Gangs·te·rin** ['gɛŋ-] *die; -, -nen*

Ga·no·ve [-və] *der; -n, -n; umg* ≈ Gangster || *hierzu* **Ga·no·vin** *die; -, -nen*

Gạns B2 *die; -, Gän·se;* ein großer, *meist* weißer (Wasser)Vogel, dessen Fleisch man gern isst ⟨die Gans schnattert⟩ || K- Gänsebraten, Gänsefeder, Gänseleber

Gạ̈n·se·blüm·chen *das; -s, -;* eine kleine Blume (in der Wiese), deren Blüte im Zentrum gelb und außen weiß ist || Hinweis: ↑ **Margerite**

Gạ̈n·se·füß·chen *die; -; Plural; umg* ≈ Anführungszeichen ⟨etwas steht in Gänsefüßchen; etwas in Gänsefüßchen setzen⟩

Gạ̈n·se·haut *die; -; nur Singular;* verwendet für das Aussehen, das die Haut hat, wenn man friert ⟨eine Gänsehaut bekommen, haben⟩

gạnz[1] A2 *Adjektiv; nur vor dem Substantiv, nicht als Adverb* ■1 ohne dass jemand/etwas fehlt ≈ gesamt-: *Die ganze Familie war versammelt; Ich habe dir nicht die ganze Wahrheit gesagt* || Hinweis: keine Endung vor geografischen Namen ohne Artikel: *ganz Paris, ganz Amerika* ■2 **der/die/das** *usw* **ganze** + *Substantiv; umg* ≈ alle, alles: *Hast du die ganzen Bonbons aufgegessen?* ■3 *umg;* verwendet, um die Angabe einer Menge zu verstärken: *Er hat einen ganzen Haufen Bücher* ■4 *umg;* mit einer Zahl verwendet, um auszudrücken, dass man sie für gering hält ≈ nur: *Das Buch hat ganze drei Euro gekostet*

gạnz[2] A2 *Adjektiv; nur nach dem Substantiv, nicht als*

Adverb; umg **1** ohne Beschädigung ≈ heil ↔ kaputt **2** **etwas (wieder) ganz machen** ≈ reparieren: *die zerbrochene Puppe wieder ganz machen*

gạnz[3] *Adverb* **1** verwendet, um Adjektive oder Adverbien zu verstärken ≈ sehr: *vor Schreck ganz blass werden; Er wurde ganz traurig, als er das hörte; Das ist mir ganz egal* **2** ohne Rest ≈ völlig: *Er hat den Kuchen ganz aufgegessen* **3** verwendet, um eine Aussage einzuschränken und abzuschwächen ≈ relativ, ziemlich: *Der Film hat mir ganz gut gefallen; Er ist ja ganz nett, aber ziemlich langweilig* **4** **'ganz schön** *umg* ≈ ziemlich: *Hier ist es ganz schön kalt* **5** **im (Großen und) Ganzen** ≈ insgesamt **6** **ganz und gar** ≈ völlig, vollständig **7** **ganz und gar nicht** überhaupt nicht

G

Gạn·ze A2 *das; -n; nur Singular* **1** eine (in sich geschlossene) Einheit, die aus einzelnen Teilen besteht ⟨ein harmonisches, in sich gerundetes Ganzes⟩: *Die einzelnen Elemente des Kunstwerks verschmelzen zu einem ästhetischen Ganzen* **2** **das Ganze** alles (, was gerade erwähnt wurde): *Wir brauchen nicht länger darüber zu sprechen, das Ganze ist doch zwecklos* || ID **aufs (große) Ganze gesehen** wenn man alles zusammen betrachtet: *Aufs (große) Ganze gesehen war die Expedition erfolgreich*; **aufs Ganze gehen** *umg*; mutig für etwas kämpfen oder alles riskieren, um ein Ziel zu erreichen

Gặn·ze *die; nur in* **in/zur Gänze** ≈ vollständig

gạnz·jäh·rig *Adjektiv; nur vor dem Substantiv oder als Adverb*; im ganzen Jahr: *Der Campingplatz ist ganzjährig geöffnet*

gặnz·lich *Adjektiv* ≈ völlig, vollkommen: *Es mangelt ihm gänzlich an Selbstvertrauen*

gạnz·ma·chen *(hat)* ↑ **ganz**[2]

gạnz·tä·gig B2 *Adjektiv; nur vor dem Substantiv oder als Adverb*; (ohne größere Pause) von morgens bis abends oder vierundzwanzig Stunden am Tag: *Das Lokal ist ganztägig geöffnet*

gạnz·tags B2 *Adverb*; die volle (Arbeits)Zeit (von ca. 8 Stunden) ↔ halbtags: *Seit sie ein Kind hat, arbeitet sie nicht mehr ganztags, sondern nur noch halbtags* || K- Ganztagsjob, Ganztagstätigkeit

Gạnz·tags·schu·le *die; -, -n*; eine Schule, in der die Kinder vormittags und nachmittags Unterricht haben

gar[1] [gaːɐ̯] *Adjektiv; meist nach dem Substantiv*; ⟨Fleisch, Gemüse *o.Ä.*⟩ fertig gekocht oder gebraten: *Die Kartoffeln sind noch nicht gar*

gar[2] [gaːɐ̯] *Adverb* **1** verwendet, um eine Verneinung zu verstärken ≈ überhaupt ⟨gar kein, gar nicht(s)⟩: *Er war vor der Prüfung gar nicht nervös* **2** **'gar so, 'gar zu** verwendet, um *so* und *zu* zu verstärken: *Seid doch nicht gar so laut!; Er hätte gar zu gern gewusst, was sie über ihn denkt* **3** ≈ sogar: *Das Problem der Radioaktivität betrifft viele, wenn nicht gar alle Menschen*

Ga·ra·ge A2 [-ʒə] *die; -, -n*; ein Gebäude oder Teil eines Gebäudes zum Unterstellen von Autos *o.Ä.* ⟨das Auto in die Garage fahren, stellen; das Auto aus der Garage holen⟩ || K- Garageneinfahrt, Garagentor

Ga·ran·tie A2 *die; -, -n* [-'tiːən] **1** **(eine) Garantie (für etwas)** eine Erklärung, in der man sagt, dass etwas wahr oder in Ordnung ist ≈ Gewähr ⟨(keine) Garantie für etwas übernehmen⟩: *Ich kann Ihnen keine Garantie geben, dass Sie den Job bekommen* **2** **(eine) Garantie (auf etwas** *(Akkusativ)*) die Tatsache, dass eine Firma Fehler oder Schäden (eines neuen Gerätes) kostenlos repariert ⟨etwas hat noch Garantie, keine Garantie mehr; die Garantie auf/für etwas ist abgelaufen⟩

ga·ran·tie·ren; *garantierte, hat garantiert* **1** **(jemandem) etwas garantieren** jemandem etwas ganz fest versprechen ≈ zusichern: *Mein Chef hat mir ein höheres Gehalt garantiert* **2** **für etwas garantieren** die Verantwortung für etwas übernehmen: *Die Firma garantiert für die Qualität der Waren*

ga·ran·tiert *Adverb; umg;* ganz sicher, bestimmt: *Er wird garantiert wieder zu spät kommen*

Gar·de·ro·be B1 *die; -, -n* **1** *nur Singular*; die Kleidung, die jemand trägt, besitzt ⟨eine elegante, feine Garderobe haben⟩ **2** ein Gestell mit Haken, an das man *bes* Mäntel und Jacken hängt: *den Mantel an die Garderobe hängen* || K- Garderobenhaken, Garderobenschrank, Garderobenständer **3** ein Raum (*bes* in einem Theater, Museum *o.Ä.*), in dem die Besucher ihre Mäntel (zur Aufbewahrung) lassen können ⟨etwas an der Garderobe abgeben, abholen⟩

Gar·di·ne B2 *die; -, -n*; eine Art Vorhang aus sehr dünnem (durchsichtigem) Stoff ⟨die Gardine/Gardinen aufziehen, zuziehen⟩

ga·ren; *garte, hat gegart*; **etwas garen** Speisen (durch Kochen oder Braten) gar[1] werden lassen ⟨Gemüse, Fleisch garen⟩

gä·ren; *gärte/gor, hat gegärt/gegoren* **1** **etwas gärt** etwas wird sauer (weil durch chemische Prozesse Alkohol oder Säure entsteht, *z.B.* bei der Herstellung von Bier, Wein, Essig) ⟨Most, Wein, (Sauer)Teig⟩ || K- **Gärprozess** **2** **es/etwas gärt in jemandem** *(gärte, hat gegärt)* Unzufriedenheit/etwas entsteht in jemandem und wird allmählich sehr stark ⟨Hass, Unzufriedenheit, Wut⟩ || *zu* 1 **Gä·rung** *die; -, -en*

Garn *das; -(e)s/-e;* ein Faden aus mehreren Fasern (zum Nähen oder Stricken) || ↑ Abbildung unter **nähen**

gar·nie·ren; *garnierte, hat garniert;* **etwas (mit etwas) garnieren** Speisen (mit essbaren Dingen) schmücken: *eine Fleischplatte mit Salatblättern und Kräutern garnieren* || *hierzu* **Gar·nie·rung** *die; -, -en*

Gar·ni·tur [-'tu:ɐ̯] *die; -, -en* **1** mehrere Dinge, die dem gleichen Zweck dienen und die in Farbe und Stil zueinanderpassen (*z.B.* die Unterwäsche für eine Person oder die wichtigsten Möbelstücke für ein Zimmer): *eine Garnitur Unterwäsche kaufen* || -K **Couchgarnitur, Schlafzimmergarnitur, Wohnzimmergarnitur; Babygarnitur, Damengarnitur, Herrengarnitur; Wäschegarnitur; Besteckgarnitur, Schreibtischgarnitur, Toilettengarnitur** **2** **(die) erste/zweite/dritte Garnitur** *umg;* die besten/weniger guten/schlechten Vertreter einer Gruppe: *Die Mannschaft spielte mit der zweiten Garnitur*

Gar·ten A1 *der; -s, Gär·ten;* ein kleineres Stück Land (*meist* bei einem Haus) mit Gras, Blumen, Bäumen *usw* ⟨einen Garten anlegen; im Garten arbeiten; etwas im Garten anbauen⟩ || K-

▶ Wortschatz rund um den Garten

Im Garten arbeiten:
Beete anlegen
(einen) Rasen (an)säen
einen Baum / einen Strauch *usw* **pflanzen**
Gemüse (an)pflanzen / anbauen
(die Beete) umgraben
Pflänzchen (= junge Pflanzen) **setzen / versetzen**
Unkraut jäten
die Pflanzen düngen, gießen
Rasen mähen
die Hecke schneiden / scheren
Obst / Gemüse ernten
Blumen schneiden
Beeren / Äpfel *usw* **pflücken**

Sich im Garten erholen:
auf der Terrasse sitzen
sich im Liegestuhl sonnen
Federball / Fußball *usw* **spielen**
grillen
ein Gartenfest veranstalten

WORTSCHATZ ◀

Gartenarbeit, Gartenfest, Gartentor, Gartenzaun || -K **Blumengarten, Gemüsegarten**

Gar·ten·schau *die; -, -en;* eine große Ausstellung, in der Gärtner Blumen, Pflanzen *usw* zeigen

Gar·ten·zwerg *der; -(e)s, -e;* eine kleine Figur in Gestalt eines Zwerges (aus Keramik oder Kunststoff), die man in den Garten stellen kann

Gärt·ner *der; -s, -;* jemand, der (beruflich) bei Gemüse, Bäume und/oder Blumen (anbaut und) verkauft || -K **Friedhofsgärtner, Gemüsegärtner, Landschaftsgärtner; Hobbygärtner** || *hierzu* **Gärt·ne·rin** *die; -, -nen*

Gärt·ne·rei *die; -, -en;* eine Firma, die Pflanzen (anbaut und) verkauft

Gas A2 *das; -es, -e* **1** eine nicht feste, nicht flüssige Substanz, die leicht wie Luft ist ⟨ein brennbares, giftiges, hochexplosives Gas; Gase strömen aus⟩: *einen Ballon mit Gas füllen* || K- **Gasflasche, Gasleitung, Gasvergiftung** || -K **Giftgas** **2** *nur Singular;* ein Gas (1), das man zum Kochen und Heizen verwendet: *Aus der defekten Leitung im Herd strömte Gas aus* || K- **Gashahn, Gasheizung, Gasherd** || -K **Heizgas** **3** **Gas geben** die Geschwindigkeit eines Autos oder Motorrads erhöhen ≈ beschleunigen

Gas·pe·dal *das; -s, -e;* das Pedal im Auto, auf das man tritt, damit das Auto (schneller) fährt || **Hinweis:** ↑ Illustration **Das Auto**

Gas·se *die; -, -n;* eine schmale Straße zwischen Häusern ⟨eine enge, verwinkelte Gasse⟩

Gast B1 *der; -(e)s, Gäs·te* **1** jemand, den man zu Besuch in sein Haus eingeladen hat ↔ Gastgeber ⟨ein gern gesehener, willkommener, seltener Gast; Gäste bewirten, (zum Essen) einladen, erwarten; bei jemandem zu Gast sein⟩: *Wir haben heute Abend Gäste* || K- **Gästebett, Gästezimmer** **2** jemand, der in einem Hotel wohnt oder in einem Lokal isst (und dafür bezahlt) ⟨zahlende Gäste⟩ || K- **Gästehaus** || -K **Feriengast, Hotelgast, Urlaubsgast** **3** jemand, der in einer Veranstaltung (an einem fremden Ort *o.Ä.*) auftritt: *die Gäste einer Talkshow; Heute Abend Gast bei uns im Studio: ...* **4** *nur Plural, Sport;* die Mannschaft, die auf dem Platz des Gegners spielt: *zwei zu null für die Gäste*

gast·freund·lich *Adjektiv;* gern bereit, Gäste bei sich aufzunehmen und ihnen Essen *usw* zu geben ⟨eine Familie, ein Haus, ein Land⟩ || *hierzu* **Gast·freund·lich·keit** *die; -; nur Singular*

G

Gast·freund·schaft *die; -; nur Singular;* die Sitte oder Eigenschaft, Gäste gern (und großzügig) bei sich aufzunehmen ⟨jemandes Gastfreundschaft genießen⟩

Gast·ge·ber *der; -s, -;* jemand, der gerade Gäste (1) hat ⟨ein aufmerksamer Gastgeber⟩ || *hierzu* **Gast·ge·be·rin** *die; -, -nen*

Gast·haus [B1] *das; -es, -häu·ser;* eine einfache Gaststätte

Gast·hof [B2] *der; -(e)s, -hö·fe;* ein Haus, in dem man gegen Bezahlung essen, trinken (und *meist* auch übernachten) kann

gast·lich *Adjektiv;* so, dass sich ein Gast wohlfühlen kann ⟨ein Haus; jemanden gastlich aufnehmen, bewirten⟩ || *hierzu* **Gast·lich·keit** *die; -; nur Singular*

Gast·ro·no·mie *die; -; nur Singular;* die Unterbringung und Bewirtung von Gästen in Hotels oder Restaurants (als Gewerbe) ⟨in der Gastronomie tätig sein⟩

Gast·spiel *das; -(e)s, -e;* ein Auftritt, eine Vorstellung als Gast (3): *Das russische Ballett gibt mehrere Gastspiele in Deutschland* || [K-] Gastspielreise || [ID] **(irgendwo) nur ein kurzes Gastspiel geben** nur kurze Zeit irgendwo dabei sein, in einer Firma arbeiten *o.Ä.*

Gast·stät·te [B1] *die; -, -n;* ein Haus, in dem man gegen Bezahlung essen und trinken kann ≈ Lokal ⟨in einer Gaststätte einkehren, essen⟩

Gast·wirt *der; -(e), -e;* jemand, der beruflich ein Gasthaus, ein Restaurant *o.Ä.* betreibt || *hierzu* **Gast·wir·tin** *die; -, -nen*

Gat·te *der; -n, -n; förmlich* ≈ Ehemann || *hierzu* **Gat·tin** *die; -, -nen* || Hinweis: Für viele Sprecher sind *Gatte* und *Gattin* veraltende Wörter. Ehepartner verwenden die Bezeichnungen *meine Frau* bzw. *mein Mann*

Gat·tung *die; -, -en* **1** eine Gruppe von einzelnen Dingen mit denselben (wesentlichen) Eigenschaften: *Lyrik, Epik und Dramatik sind literarische Gattungen* **2** *Biologie;* eine Kategorie in den Systemen der Tiere und Pflanzen: *In der Familie „Katzen" gibt es eine Gattung „Großkatzen", zu der z.B. die Arten Löwe, Tiger und Leopard gehören*

Gaul *der; -(e)s, Gäu·le* **1** *abwertend;* ein schlechtes Pferd ⟨ein alter, kranker, lahmer Gaul⟩ **2** *bes südd umg* ≈ Pferd || [-K] Ackergaul || [ID] **Einem geschenkten Gaul schaut man nicht ins Maul** wenn man etwas geschenkt bekommt, soll man damit zufrieden sein und es nicht kritisch (auf Fehler oder Nachteile) prüfen; **jemandem geht der Gaul durch** *umg;* jemand verliert die Kontrolle über sich

Gau·men *der; -s, -;* der Teil, der das Innere des Mundes nach oben abschließt

Gau·ner *der; -s, -; umg* **1** jemand, der anderen etwas (weg)nimmt oder sie betrügt ≈ Schwindler || [K-] Gaunerbande, Gaunersprache **2** jemand, der schlau ist und viele Tricks anwendet: *Der alte Gauner hat mich schon wieder überlistet!* || *hierzu* **Gau·ne·rin** *die; -, -nen*

Ge- *im Substantiv* **1** verwendet, um aus einem Verb ein Substantiv zu machen; das **Gebell** (= das Bellen), das **Gebrüll** (= das Brüllen) ⟨des Löwen⟩, das **Geheul** ⟨der Wölfe⟩, das **Geläut**, das **Gemurmel**, das **Geschrei**, das **Geschwätz**, das **Gezwitscher** **2** *bes umg abwertend;* verwendet, um auszudrücken, dass die genannte Handlung zu oft geschieht oder zu lange dauert ≈ -ei (3); das **Gejammer**, das **Gekicher**, das **Geklimper**, das **Gemecker**, das **Gequassel**, das **Gequatsche**, das **Geschwafel** || Hinweis: auch mit zusammengesetzen Verben: das **Herumgehopse** **3** etwas, das durch die genannte Handlung entsteht; das **Gedrängel**, das **Gekritzel**, das **Gemisch**, das **Gewimmel**

geb. *Abkürzung;* ↑ **geboren** (2)

Ge·bäck [B2] *das; -(e)s, -e; meist Singular;* kleine

▶ Gaststätten

Es gibt viele verschiedene Namen für Gaststätten, in denen man essen und trinken kann. **Lokale**, in die man zum Trinken geht, nennt man **Kneipe**. Sie selbst nennen sich oft **Schänke, Bar, Bistro** oder **Pub**. Man kann dort an Tischen sitzen oder an der **Theke** sitzen oder stehen. Der **Stammtisch** ist für Leute reserviert, die sich regelmäßig in diesem Lokal treffen.

Auch **Biergärten** und **Nachtlokale** sucht man hauptsächlich zum Trinken auf.
Zum Tanzen gehen junge Leute in die **Disco** (**Diskothek**).

Kaffee, Tee und Kuchen gibt es im **Café** (in Wien: im **Kaffeehaus**). **Eisdielen** verkaufen hauptsächlich Eis.

Besonders zum Essen geht man in ein **Restaurant**, ein **Gasthaus**, ein **Wirtshaus** (meist auf dem Land) oder eine **Pizzeria**, wo man überall auch im Voraus Tische reservieren kann.

Kleinigkeiten bekommt man im **Stehcafé**, im **Schnellimbiss** (für kleine Mahlzeiten), am **Dönerstand**, am **Würstchenstand**, an der **Hähnchenbraterei** (für Brathähnchen) oder der **Frittenbude** (für Pommes frites *usw*).

WORTSCHATZ

gebackene (*meist* süße) Stücke aus Teig || [-K] Weihnachtsgebäck

ge·bạ·cken [B1] *Partizip Perfekt*; ↑ **backen**

ge·bạnnt *Adjektiv*; **wie gebannt** voller Spannung ≈ fasziniert, gefesselt ⟨(jemandem) wie gebannt zuhören, zuschauen⟩

ge·bar *Imperfekt, 1. und 3. Person Singular*; ↑ **gebären**

Ge·bär·de *die*; -, -*n*; eine Bewegung des Körpers (*bes* der Hand oder der Arme), durch die man Gefühle, Wünsche *o.Ä.* ausdrückt ≈ Geste ⟨eine abweisende, drohende, einladende Gebärde machen⟩ || [K-] Gebärdensprache

ge·bär·den, sich; *gebärdete sich, hat sich gebärdet*; **sich irgendwie gebärden** sich in der genannten Weise verhalten, benehmen ⟨sich wie toll, wie verrückt, wie ein Wahnsinniger gebärden⟩

ge·bä·ren; *gebar, hat geboren*; **(ein Kind) gebären** als Frau ein Baby bekommen ≈ zur Welt bringen: *Wann bist du geboren?* || Hinweis: *meist* im Perfekt oder Passiv

Ge·bär·mut·ter *die*; -, -*müt·ter*; *meist Singular*; das Organ der Frau, in dem sich ein Kind (der Embryo) entwickelt; *Medizin* Uterus

Ge·bäu·de [B1] *das*; -*s*, -; ein (großes) Haus: *„Was ist das für ein Gebäude?" – „Das ist das neue Theater."* || [K-] Gebäudekomplex || [-K] Bankgebäude, Hauptgebäude, Nebengebäude, Schulgebäude

ge·baut *Adjektiv*; *meist in* **gut gebaut sein** *umg*; eine gute Figur haben

ge·ben [A1] *gibt, gab, hat gegeben* [1] **jemandem etwas geben** jemandem etwas in die Hände oder in seine Nähe legen, sodass er es bekommt oder nehmen kann ≈ jemandem etwas reichen ↔ jemandem etwas (weg)nehmen: *einem Kind ein Glas Milch geben* [2] **jemandem etwas geben** jemandem etwas schenken oder dafür sorgen, dass er es bekommt: *dem Kellner (ein) Trinkgeld geben; dem Reporter ein Interview geben* [3] **(jemandem) etwas für etwas geben** ≈ bezahlen: *Wie viel gibst du mir für das Bild?* [4] **jemandem (etwas) zu** + *Infinitiv* **geben** jemandem etwas geben (1,2), damit er etwas tut: *jemandem (etwas) zu essen/trinken geben; Sie hat mir mit ihrer Antwort zu denken gegeben* [5] **etwas irgendwohin geben** etwas irgendwohin legen, stellen, tun *usw*: *zwei Eier in den Teig geben; den Kuchen in den Ofen geben* [6] **etwas zu etwas/in etwas** (*Akkusativ*) **geben** etwas irgendwohin bringen, damit dort etwas getan wird: *den Fernseher in/zur Reparatur geben; jemandem etwas zur Aufbewahrung geben* [7] **jemandem/etwas etwas geben** die Meinung haben oder äußern, dass jemand/etwas etwas hat: *Gibst du dem Projekt eine Chance?* [8] **etwas geben** ein großes Fest *o.Ä.* organisieren ≈ veranstalten: *ein Bankett geben* [9] **etwas 'von sich geben** etwas sagen, Laute produzieren: *Er gibt viel Unsinn von sich; Das Radio ist kaputt, es gibt keinen Ton von sich* [10] **(et)was/viel/wenig/nichts auf etwas** (*Akkusativ*) **geben** denken, dass eine Sache eine/eine große/wenig/keine Bedeutung hat: *Sie gibt nicht viel auf teure Kleider* [11] ⟨eine Kuh, eine Ziege⟩ **gibt Milch** ein Tier produziert Milch für Menschen [12] **etwas gibt etwas** *umg*; etwas hat etwas als Ergebnis ≈ etwas ergibt etwas: *Zwei plus zwei gibt vier; Das gibt doch keinen Sinn!* [13] **es jemandem geben** *umg*; jemandem deutlich (und grob) sagen, dass er sich falsch oder schlecht verhalten hat oder ihn schlagen: *Er hat versucht, mich zu ärgern - aber dem habe ich es ordentlich gegeben!* || Hinweis: *meist* im Perfekt [14] **etwas geben** verwendet zusammen mit einem Substantiv, um ein Verb zu umschreiben; **(jemandem) eine Antwort geben** ≈ (jemandem) antworten; **(jemandem) einen Befehl geben** ≈ (jemandem) etwas befehlen; **(jemandem) eine Erlaubnis geben** ≈ (jemandem) etwas erlauben; **jemandem einen Kuss geben** ≈ jemanden küssen; **jemandem einen Rat geben** ≈ jemandem etwas raten; **jemandem einen Stoß geben** ≈ jemanden stoßen; **(jemandem) Unterricht geben** ≈ (jemanden) unterrichten [15] **sich irgendwie geben** durch das Verhalten einen besonderen Eindruck erwecken (wollen): *Sie gab sich ganz gelassen/ruhig* [16] **etwas gibt sich (wieder)** etwas lässt nach: *Zurzeit bin ich sehr beschäftigt, aber das gibt sich wieder* [17] **es gibt jemanden/etwas** jemand/etwas existiert, ist tatsächlich vorhanden: *In Australien gibt es Kängurus; Damals gab es noch kein Telefon* [18] **es gibt etwas** etwas kommt, etwas tritt ein: *Morgen soll es Regen geben* [19] **es gibt etwas** etwas wird zu essen oder zu trinken angeboten: *Was gibts heute zum Mittagessen?* [20] **etwas gibt etwas** + *Infinitiv* es ist möglich/nötig, etwas zu tun: *In Paris gibt es viel zu sehen; Vor der Abfahrt gibt es noch einiges zu tun* || [ID] **Was gibts?** *umg*; was willst du von mir?; **Da gibts (gar) nichts!** *umg*; verwendet, um eine Aussage zu verstärken: *Auf Peter kann man sich immer verlassen, da gibts gar nichts*; *meist* **ich gäbe viel/(et)was darum, wenn/+ zu** + *Infinitiv* ich habe den starken Wunsch nach etwas: *Ich gäbe etwas darum zu wissen, warum er das getan hat*; **Wenn ... nicht ...,**

dann gibts was! *umg;* verwendet als Drohung einem Kind gegenüber (damit es tut, was es tun soll) || ▸ **Gabe**

Ge·bet [B2] *das; -(e)s, -e;* die Worte, die jemand spricht oder denkt, wenn er betet ⟨ein Gebet sprechen⟩ || [K-] Gebetbuch || [-K] Abendgebet, Dankgebet

Ge·biet [B1] *das; -(e)s, -e* **1** ein (relativ großer) Teil einer Gegend oder Landschaft ⟨ein fruchtbares, sumpfiges Gebiet⟩: *Dieses Gebiet steht unter Naturschutz* || [-K] Industriegebiet, Sumpfgebiet, Waldgebiet **2** *Politik;* die Fläche eines Staates oder ein Teil davon: *Der von Interpol gesuchte Verbrecher wurde auf französischem Gebiet gefasst* || [-K] Bundesgebiet, Staatsgebiet **3** das Fach oder das Thema, mit dem sich jemand (beruflich) beschäftigt ≈ Bereich: *auf dem Gebiet der Biochemie arbeiten* || [-K] Arbeitsgebiet, Fachgebiet, Forschungsgebiet, Wissensgebiet || *zu 1* **ge·biets·wei·se** *Adjektiv*

ge·bie·te·risch *Adjektiv; förmlich;* so, dass deutlich wird, dass andere sofort gehorchen sollen ≈ herrisch: *Mit einer gebieterischen Geste winkte sie ihn zu sich*

Ge·bil·de *das; -s, -;* ein Objekt in der genannten Form ⟨ein komplexes, kompliziertes, zerbrechliches Gebilde⟩ || [-K] Wolkengebilde

ge·bil·det *Adjektiv;* mit einer guten Erziehung und einem großem Wissen ⟨ein Mensch⟩

Ge·bir·ge [B2] *das; -s, -;* eine Gruppe von hohen Bergen: *Der Himalaya ist das höchste Gebirge der Welt* || [K-] Gebirgsbach, Gebirgskette || [-K] Hochgebirge, Mittelgebirge

ge·bir·gig *Adjektiv; nicht als Adverb;* mit vielen Bergen ⟨eine Landschaft⟩

Ge·birgs·zug *der; -(e)s, -züge;* ein Gebirge oder ein Teil eines Gebirges, die aus einer schmalen Reihe von Bergen bestehen

Ge·biss *das; -es, -e* **1** alle Zähne eines Menschen oder Tieres ⟨ein gesundes, gutes Gebiss⟩ **2** die obere und/oder untere Reihe künstlicher Zähne ≈ Zahnprothese ⟨ein Gebiss tragen⟩

ge·bis·sen *Partizip Perfekt;* ↑ **beißen**

Ge·blä·se *das; -s, -;* ein Gerät, das Luft schnell bewegt, damit man etwas wärmen, kühlen oder lüften kann || [-K] Heizgebläse, Kühlgebläse

ge·bla·sen *Partizip Perfekt;* ↑ **blasen**

ge·blie·ben *Partizip Perfekt;* ↑ **bleiben**

ge·blümt *Adjektiv; nicht als Adverb;* mit einem Muster aus Blumen ⟨ein Stoff, eine Tapete⟩: *ein blau geblümtes Kleid*

ge·bo·gen *Partizip Perfekt;* ↑ **biegen**

ge·bo·ren **1** *Partizip Perfekt;* ↑ **gebären** **2** *Adjektiv; nur vor dem Substantiv, nicht als Adverb;* verwendet, um den Familiennamen zu nennen, den jemand vor der Ehe hatte; *Abkürzung* geb.: *Frau Meier, geborene Müller; Sie ist eine geborene Winkler* **3** *Adjektiv; nur vor dem Substantiv, nicht als Adverb;* verwendet um auszudrücken, dass jemand an dem genannten Ort geboren wurde ≈ gebürtig: *Er ist ein geborener Berliner* **4** *Adjektiv; nicht als Adverb;* sehr begabt, gut geeignet für eine besondere Tätigkeit ⟨für/zu etwas geboren sein⟩: *Er ist der geborene Sänger*

ge·bor·gen **1** *Partizip Perfekt;* ↑ **bergen** **2** *Adjektiv; nur nach dem Substantiv oder als Adverb;* beschützt, sicher ⟨irgendwo, bei jemandem geborgen sein, sich irgendwo, bei jemandem geborgen fühlen⟩ || *zu 2* **Ge·bor·gen·heit** *die; -; nur Singular*

ge·bors·ten *Partizip Perfekt;* ↑ **bersten**

Ge·bot¹ *das; -(e)s, -e* **1** **ein Gebot** (+ *Genitiv*) etwas, das man tun soll, weil es ein Gesetz, ein (moralischer oder religiöser) Grundsatz oder die Vernunft verlangt: *Es ist ein Gebot der Nächstenliebe, den Armen zu helfen; In dieser Situation ist (es) oberstes Gebot/das Gebot der Stunde, (die) Ruhe zu bewahren* **2** *förmlich;* eine (amtliche) Anordnung ≈ Weisung ⟨ein Gebot beachten, befolgen, missachten, übertreten⟩ || [K-] Gebotsschild, Gebotszeichen **3** **die Zehn Gebote** die Gesetze, die Moses von Gott auf dem Berg Sinai empfangen hat: *Das fünfte Gebot lautet: „Du sollst nicht töten!"* || ▸ **gebieten**

Ge·bot² *das; -(e)s, -e;* die (Geld)Summe, die jemand bei einer Versteigerung/Auktion für etwas zahlen will ⟨ein Gebot abgeben, machen, erhöhen⟩ || ▸ **bieten**

ge·bo·ten **1** *Partizip Perfekt;* ↑ **bieten** **2** *Partizip Perfekt;* ↑ **gebieten**

ge·bracht *Partizip Perfekt;* ↑ **bringen**

ge·brannt **1** *Partizip Perfekt;* ↑ **brennen** **2** *Adjektiv; meist vor dem Substantiv;* (geröstet und dabei) mit einer braunen Schicht aus Zucker überzogen ⟨Erdnüsse, Mandeln⟩ || Hinweis: ↑ **Kind**

ge·bra·ten [B1] *Partizip Perfekt;* ↑ **braten**

Ge·brauch *der; -(e)s; nur Singular* **1** **der Gebrauch** + *Genitiv*/**von etwas** das Verwenden, die Benutzung: *der Gebrauch vieler Fremdwörter* **2** die praktische Nutzung, Anwendung: *Die Schüler müssen den Gebrauch eines Wörter-*

buches üben **3** **etwas ist in/im Gebrauch** etwas wird regelmäßig benutzt, verwendet **4** **etwas in Gebrauch nehmen** etwas, das neu ist, zum ersten Mal benutzen **5** **von etwas Gebrauch/keinen Gebrauch machen** etwas (in einer besonderen Situation) (nicht) verwenden: *Der Polizist machte von seiner Schusswaffe Gebrauch* || *zu* 3 **ge·bräuch·lich** *Adjektiv*

ge·brau·chen; *gebrauchte, hat gebraucht* **1** **etwas gebrauchen** etwas verwenden, benutzen: *Er gebraucht Fremdwörter, um die Leute zu beeindrucken* **2** **jemanden/etwas (gut)/nicht gebrauchen können** *umg;* jemanden/etwas in einer Situation nützlich/lästig finden: *Heute können wir einen Regenschirm gut gebrauchen*

ge·bräuch·lich *Adjektiv; nicht als Adverb;* häufig oder allgemein üblich ⟨ein Name, eine Redensart, eine Methode⟩ || ▸ **Brauch**

Ge·brauchs·an·lei·tung, **Ge·brauchs·an·wei·sung** B1 *die; -, -en;* ein Text, der zu einem bestimmten Gerät gehört und erklärt, wie man es verwenden soll

ge·braucht *Adjektiv;* schon verwendet und daher nicht mehr frisch oder neu: *ein gebrauchtes Handtuch in die Wäsche geben; ein gebrauchtes Auto, gebrauchte Möbel kaufen*

Ge·braucht·wa·gen *der; -s, -;* ein (zum Verkauf angebotenes) Auto, das nicht (fabrik)neu ist, sondern schon gefahren wurde || K- Gebrauchtwagenhandel, Gebrauchtwagenhändler, Gebrauchtwagenmarkt

Ge·braucht·wa·ren *die; -; Plural;* Waren, die schon gebraucht worden sind und wieder verkauft werden || K- Gebrauchtwarenladen, Gebrauchtwarenmarkt

Ge·brech·en *das; -s, -; förmlich;* eine körperliche oder geistige Behinderung, die lange anhält ⟨ein schweres Gebrechen haben⟩ || -K Altersgebrechen

ge·brech·lich *Adjektiv;* wegen hohen Alters (oder eines Gebrechens) schwach ≈ hinfällig ⟨alt und gebrechlich sein⟩: *Unser Großvater ist schon sehr gebrechlich* || *hierzu* **Ge·brech·lich·keit** *die; -; nur Singular*

ge·bro·chen B1 **1** *Partizip Perfekt;* ↑ **brechen** **2** *Adjektiv;* (durch ein Ereignis) tief deprimiert und ohne Freude am Leben: *Seit dem Tod seiner Frau ist er ein gebrochener Mann* **3** *Adjektiv;* mit vielen Fehlern und deswegen schwer verständlich ↔ fließend: *Ich spreche leider nur gebrochen Schwedisch*

Ge·bühr B2 [gəˈbyːɐ̯] *die; -, -en; oft Plural;* eine (Geld)Summe, die man für manche (öffentliche) Dienste einer Institution, eines Anwalts, eines Arztes *usw* zahlen muss ⟨Gebühren/eine Gebühr erheben, erhöhen, bezahlen, entrichten⟩ || K- Gebührenerhöhung, Gebührenermäßigung, Gebührenordnung; gebührenfrei || -K Anmeldegebühr, Prüfungsgebühr, Rundfunkgebühr

ge·büh·ren; *gebührte, hat gebührt;* **etwas gebührt jemandem/etwas** *förmlich;* etwas steht jemandem/etwas (als Recht) zu: *Für diese Tat gebührt ihm unser Dank*

ge·büh·rend *Adjektiv; nur vor dem Substantiv oder als Adverb;* so, wie es angemessen ist: *jemanden/etwas in gebührender Weise würdigen; Ihr neues Kleid wurde gebührend bewundert*

Ge·büh·ren·ein·heit *die; -, -en; Verwaltung;* das Geld, das es kostet, eine Zeit (eine Sekunde oder Minute) lang zu telefonieren

ge·büh·ren·pflich·tig *Adjektiv; Verwaltung;* so, dass man dafür eine Gebühr zahlen muss ⟨eine Bescheinigung, eine Verwarnung, ein Parkplatz⟩

ge·bun·den **1** *Partizip Perfekt;* ↑ **binden** **2** *Adjektiv; nur in* (**an etwas** (*Akkusativ*)) **gebunden sein** wegen einer Person/Sache etwas anderes nicht tun können: *Als Mutter von drei Kindern ist man meist (ans Haus) gebunden*

Ge·burt B1 *die; -, -en* **1** der Vorgang, bei dem ein Baby/ein Tier (aus dem Leib seiner Mutter) auf die Welt kommt ⟨eine leichte, schwere Geburt; vor, bei, nach jemandes Geburt; von Geburt an⟩ || K- Geburtenrate, Geburtenrückgang, Geburtenzahl; Geburtsdatum, Geburtsjahr, Geburtsort, Geburtsurkunde **2** *förmlich;* die Position (der soziale Rang oder die Nationalität), in die man (hinein)geboren wird ≈ Herkunft: *Er ist Deutscher von Geburt* || ID **etwas ist eine schwere Geburt** *umg;* etwas braucht viel Mühe und Zeit, bis es getan ist

Ge·bur·ten·kon·trol·le *die; -; nur Singular;* Maßnahmen, die dazu dienen, dass nicht zu viele Kinder geboren werden: *Empfängnisverhütung ist ein Mittel zur Geburtenkontrolle*

ge·bür·tig B2 *Adjektiv; meist vor dem Substantiv, nicht als Adverb;* verwendet, um anzugeben, wo jemand geboren ist ≈ geboren (3): *Er ist gebürtiger Schweizer*

Ge·burts·feh·ler *der; -s, -;* eine körperliche oder geistige Behinderung, die man von Geburt an hat

Ge·burts·na·me *der; -s, -n;* der (Familien)-Name der Eltern, den man nach der Geburt erhalten hat

Ge·burts·tag A2 *der; -(e)s, -e;* das Datum, an dem jemand geboren wurde und das man jedes Jahr feiert ⟨Geburtstag feiern, haben; jemandem zum Geburtstag gratulieren⟩: *Alles Gute zum Geburtstag!* || K- Geburtstagsfeier, Geburtstagsfest, Geburtstagsgeschenk, Geburtstagskarte

Ge·büsch *das; -(e)s, -e; meist Singular;* mehrere Büsche, die eng beieinanderstehen ⟨ein dichtes Gebüsch⟩

G

ge·dacht 1 *Partizip Perfekt;* ↑ **denken** 2 *Partizip Perfekt;* ↑ **gedenken** 3 *Adjektiv; nicht als Adverb;* **für jemanden/etwas (als etwas) gedacht; irgendwie/als etwas gedacht** für einen besonderen Zweck bestimmt: *Die Blumen sind als Geschenk für Mutter gedacht*

Ge·dächt·nis *das; -ses, -se* 1 *meist Singular;* die Fähigkeit, sich an etwas zu erinnern ⟨ein gutes/schlechtes Gedächtnis haben; jemandes Gedächtnis lässt nach⟩ 2 *nur Singular;* das Gedächtnis (1) als eine Art Speicher im Gehirn ⟨etwas im Gedächtnis behalten; sich *(Dativ)* etwas ins Gedächtnis (zurück)rufen⟩ || K- Gedächtnislücke

Ge·dächt·nis·schwund *der; -(e)s; nur Singular;* ein krankhafter Zustand des Gehirns, bei dem jemand (plötzlich oder allmählich) das Gedächtnis verliert

Ge·dan·ke B1 *der; -ns, -n* 1 das Ergebnis des Nachdenkens ≈ Überlegung ⟨ein kluger, vernünftiger Gedanke; einen Gedanken fassen, haben; seine Gedanken sammeln⟩ || -K *(mit Plural)* Fluchtgedanke, Heiratsgedanke 2 das, was jemandem plötzlich in den Sinn, ins Bewusstsein kommt ≈ Einfall, Idee ⟨der rettende Gedanke; jemandem kommt ein guter Gedanke⟩: *Dein Hinweis bringt mich auf einen (guten) Gedanken* 3 *nur Plural;* der Akt des Denkens ⟨(tief/ganz) in Gedanken verloren, versunken sein; aus seinen Gedanken gerissen werden⟩ || K- gedankenverloren, gedankenversunken 4 **der Gedanke (an jemanden/etwas)** der Vorgang, sich etwas vorzustellen: *Schon der Gedanke an morgen macht mich ganz nervös; Der Gedanke, dass ihr etwas passiert sein könnte, ist schrecklich* 5 die Vorstellung, die man von etwas Abstraktem hat ≈ Begriff, Idee: *der Gedanke der Freiheit, des Friedens* || -K Freiheitsgedanke, Gleichheitsgedanke 6 **sich** *(Dativ)* **über/um jemanden/etwas Gedanken machen** sich um jemanden/etwas Sorgen machen

ge·dan·ken·los *Adjektiv; ohne Steigerung; abwertend;* ohne nachzudenken ↔ überlegt ⟨gedankenlos handeln, etwas gedankenlos tun⟩: *Das war gedankenlos von dir!* || *hierzu* **Ge·dan·ken·lo·sig·keit** *die; -; nur Singular*

Ge·dan·ken·strich *der; -(e)s, -e;* das Zeichen -, das verwendet wird, um einen eingeschobenen Gedanken oder eine Pause in einem Satz zu markieren

ge·dank·lich *Adjektiv; nur vor dem Substantiv oder als Adverb;* auf Gedanken beruhend, in Gedanken ⟨ein Problem gedanklich durchdringen, erfassen, verarbeiten⟩

Ge·deck B2 *das; -(e)s, -e;* das Geschirr und das Besteck, das eine Person zum Essen braucht: *zwei zusätzliche Gedecke für die Gäste auflegen*

ge·deckt *Adjektiv; nicht als Adverb;* (von Farben) nicht hell und bunt ≈ matt: *Stoffe in gedeckten Farben*

ge·dei·hen; *gedieh, ist gediehen;* 1 **(irgendwie) gedeihen** gesund und kräftig (heran)wachsen: *Auf nassem Boden gedeihen Rosen nicht gut* 2 **etwas gedeiht (irgendwie)** etwas entwickelt sich (gut) ⟨Pläne, Vorhaben⟩

ge·den·ken; *gedachte, hat gedacht; förmlich* 1 **gedenken + zu** + *Infinitiv* die Absicht haben, etwas zu tun: *Was gedenken Sie zu tun?* || Hinweis: kein Passiv! 2 **jemandes/etwas gedenken** an einen Toten/ein vergangenes Ereignis denken und damit den Toten ehren: *Wir gedenken heute der Opfer des Zweiten Weltkriegs* || K- Gedenkfeier, Gedenkminute, Gedenkstein, Gedenkstunde, Gedenktafel, Gedenktag || *zu* 2 **Ge·den·ken** *das; -s; nur Singular*

Ge·dicht B2 *das; -(e)s, -e;* ein (kurzer) Text *meist* in Reimen, der in Verse gegliedert ist ⟨ein Gedicht auswendig lernen, aufsagen⟩

ge·die·gen *Adjektiv* 1 *nicht als Adverb;* nicht vermischt ≈ rein ⟨Gold⟩ 2 von besonders guter Qualität, (handwerklich) solide und gut verarbeitet: *In unserem Möbelgeschäft finden Sie nur gediegene Stücke*

ge·dieh *Imperfekt, 1. und 3. Person Singular;* ↑ **gedeihen**

ge·die·hen [gəˈdiːən] *Partizip Perfekt;* ↑ **gedeihen**

Ge·drän·ge *das; -s; nur Singular;* ein Durcheinander von vielen Menschen/Tieren auf engem Raum ≈ Gewühl: *Im Kaufhaus herrschte ein fürchterliches Gedränge* || ID **(mit etwas) ins Gedränge geraten/kommen** *umg;* zu wenig Zeit für etwas (eingeplant) haben und deshalb schnell handeln müssen

ge·drängt *Adjektiv;* so, dass das Wichtigste

kurz zusammengefasst wird ≈ konzentriert ↔ breit: *den Lehrstoff in gedrängter Form vortragen*

ge·dro·schen *Partizip Perfekt;* ↑ **dreschen**

ge·drückt *Adjektiv* ≈ bedrückt, deprimiert ⟨in gedrückter Stimmung sein⟩

ge·drun·gen **1** *Partizip Perfekt;* ↑ **dringen** **2** *Adjektiv;* breit und stark, aber nicht sehr groß ≈ untersetzt ⟨eine Gestalt; von gedrungenem Körperbau, Wuchs⟩

Ge·duld *die; -; nur Singular* **1** die Fähigkeit, warten zu können ⟨viel, wenig, keine Geduld haben⟩ **2** die Fähigkeit, etwas zu ertragen, das unangenehm oder ärgerlich ist ≈ Beherrschung ⟨die Geduld verlieren; mit seiner Geduld am Ende sein⟩ **3** **Geduld für/zu etwas** die Fähigkeit, etwas zu tun, das schwierig oder langweilig ist und lange dauert ≈ Ausdauer: *Mir fehlt die Geduld (dafür), das alles zu sortieren*

ge·dul·den, sich; *geduldete sich, hat sich geduldet;* **sich gedulden** *förmlich;* mit Geduld warten: *Bitte, gedulden Sie sich noch einen Augenblick!*

ge·dul·dig *Adjektiv;* mit Ruhe und Geduld

Ge·dulds·pro·be *die; -, -n;* eine (langwierige) Sache, für die man viel Geduld haben muss: *Das lange Warten beim Arzt ist für mich eine große Geduldsprobe*

ge·durft *Partizip Perfekt;* ↑ **dürfen**[2]

ge·ehrt *Adjektiv;* verwendet als Teil einer höflichen Anrede, *bes* in Briefen: *Sehr geehrter Herr ...; Sehr geehrte Frau ...*

ge·eig·net *Adjektiv;* **(als/für/zu etwas) geeignet** für den genannten Zweck oder ein Ziel passend ⟨eine Maßnahme, ein Mittel; im geeigneten Moment⟩: *Sie ist für die schwere Arbeit, als/zur Ärztin nicht geeignet*

Ge·fahr [B1] [gəˈfaːɐ̯] *die; -, -en;* die Möglichkeit oder die Wahrscheinlichkeit, dass ein Unglück geschieht ⟨in akuter, ernster, tödlicher Gefahr sein, schweben; in Gefahr geraten, kommen; jemanden in Gefahr bringen; außer Gefahr sein⟩ || [K-] Gefahrenquelle; gefahrlos, gefahrvoll || [-K] Ansteckungsgefahr, Explosionsgefahr, Feuergefahr, Kriegsgefahr, Unfallgefahr || [ID] **Gefahr laufen + zu** + *Infinitiv; förmlich;* ein Risiko eingehen: *Ein betrunkener Autofahrer läuft Gefahr, seinen Führerschein zu verlieren;* **(auch) auf die Gefahr hin, dass ...** auch wenn man damit rechnen muss, dass ...

ge·fähr·den [B2] *gefährdete, hat gefährdet;* **jemanden/etwas gefährden** jemanden/etwas in Gefahr bringen: *Rauchen gefährdet die Gesundheit* || *hierzu* **Ge·fähr·dung** *die; -, -en*

ge·fähr·det *Adjektiv; nicht als Adverb;* so, dass jemand schnell kriminell oder drogensüchtig werden kann ⟨Jugendliche⟩

ge·fähr·lich [B1] *Adjektiv;* **gefährlich (für jemanden/etwas)** so, dass eine Gefahr für jemanden/etwas besteht: *Krebs ist eine sehr gefährliche Krankheit* || *hierzu* **Ge·fähr·lich·keit** *die; -; nur Singular*

Ge·fähr·te *der; -n, -n;* jemand, mit dem man oft zusammen ist und etwas gemeinsam tut || [-K] Lebensgefährte, Reisegefährte, Spielgefährte || *hierzu* **Ge·fähr·tin** *die; -, -nen*

Ge·fäl·le *das; -s, -; meist Singular* **1** der Grad, mit dem etwas (*z.B.* ein Gelände, eine Straße, ein Fluss *usw*) schräg nach unten verläuft, sich neigt ≈ Neigung ↔ Steigung ⟨ein leichtes, starkes Gefälle⟩: *Die Straße hat ein Gefälle von 8%* || [-K] Flussgefälle, Straßengefälle **2** *förmlich;* der Unterschied (im Niveau) zwischen zwei oder mehreren Dingen, die verglichen werden: *das starke wirtschaftliche Gefälle zwischen den Industriestaaten und den Ländern der Dritten Welt* || [-K] Bildungsgefälle, Einkommensgefälle

ge·fal·len[1] [A1] *gefällt, gefiel, hat gefallen;* **(jemandem) gefallen** so sein, dass sich jemand darüber freut oder es schön findet: *Gefalle ich dir mit meiner neuen Frisur?; Was gefällt dir so gut an dem Film?*

ge·fal·len[2] [A1] *nur in* **sich** (*Dativ*) **etwas gefallen lassen** *umg;* sich gegen etwas nicht wehren, sondern es (ruhig) ertragen: *Warum lässt du dir seine Frechheit gefallen?*

ge·fal·len[3] [A1] **1** *Partizip Perfekt;* ↑ **fallen** **2** *Partizip Perfekt;* ↑ **gefallen**[1]

Ge·fal·len[1] [A1] *der; -s; nur Singular;* etwas, das man aus Freundlichkeit für jemanden tut ≈ Gefälligkeit ⟨jemandem einen (großen, kleinen) Gefallen tun/erweisen⟩: *Kannst du mir einen großen Gefallen tun und mir ein Buch aus der Stadt mitbringen?*

Ge·fal·len[2] [A1] *das; -s; nur Singular; meist in* **Gefallen an jemandem/etwas finden** jemanden sympathisch finden, etwas mögen: *an einem Mädchen Gefallen finden*

ge·fäl·lig *Adjektiv* **1** so (beschaffen), dass man es gern ansieht ≈ ansprechend ↔ abstoßend ⟨eine Aufmachung, ein Aussehen *usw*⟩: *Unsere Verkäuferinnen müssen auf ein gefälliges Äußeres achten* **2** **(jemandem) gefällig** gern bereit, jemandem zu helfen ≈ hilfsbereit ↔ ungefällig ⟨sich (jemandem) gefällig erwei-

G

sen, zeigen⟩

Ge·fäl·lig·keit *die; -, -en* **1** etwas, das man aus Freundlichkeit für jemanden tut (und das nicht sehr schwierig ist und nicht sehr viel Zeit kostet) ⟨jemandem eine Gefälligkeit erweisen⟩ **2** *nur Singular;* die Bereitschaft, jemandem eine Gefälligkeit (1) zu tun ≈ Hilfsbereitschaft ⟨etwas aus (reiner) Gefälligkeit tun⟩

ge·fäl·ligst *Partikel; betont; umg;* verwendet in Befehlen und Forderungen, wenn man ärgerlich ist: *Warte gefälligst auf mich!*

G

ge·fan·gen **1** *Partizip Perfekt;* ↑ **fangen** **2** **jemanden gefangen nehmen** *meist* im Krieg einen Soldaten fangen || Hinweis: Ein Verbrecher wird von der Polizei *festgenommen* oder *verhaftet* || *zu 2* **Ge·fan·gen·nah·me** *die; -; nur Singular*

Ge·fan·ge·ne *der/die; -n, -n* **1** jemand, der (zur Strafe für ein Verbrechen) im Gefängnis ist ≈ Häftling ⟨ein politischer Gefangener⟩ || [-K] Strafgefangene **2** jemand, *bes* ein Soldat, der im Krieg vom Feind gefangen genommen worden ist ⟨Gefangene machen, austauschen, freilassen⟩ || [K-] Gefangenenaustausch, Gefangenenlager || [-K] Kriegsgefangene

Ge·fan·gen·schaft *die; -; nur Singular* **1** der Zustand, ein Gefangener zu sein ⟨in Gefangenschaft geraten⟩ **2** (von Tieren) der Zustand, in einem Käfig, Zoo leben zu müssen ⟨Tiere in Gefangenschaft halten⟩

Ge·fäng·nis [B2] *das; -ses, -se;* ein Gebäude, in das Personen gesperrt werden, die ein Verbrechen begangen haben ⟨ins Gefängnis kommen; im Gefängnis sein, sitzen⟩ || [K-] Gefängnisinsasse, Gefängnisstrafe, Gefängniszelle

Ge·fäß *das; -es, -e* **1** ein relativ kleiner Behälter, *meist* für Flüssigkeiten ⟨etwas in ein Gefäß füllen, schütten, tun⟩ || ↑ Illustration **Behälter und Gefäße** || [-K] Trinkgefäß **2** *meist Plural;* dünne Röhren (*bes* die Adern) im Körper von Menschen und Tieren || [K-] Gefäßkrankheit, Gefäßverengung || [-K] Blutgefäß

ge·fasst *gefasster, gefasstest-; Adjektiv* **1** so, dass man seine Gefühle unter Kontrolle hat (und nicht weint und klagt) ≈ ruhig: *Sie nahm die Nachricht von seinem Tod gefasst auf* **2** **auf etwas** (*Akkusativ*) **gefasst sein** etwas Unangenehmes erwarten ⟨auf das Schlimmste gefasst sein⟩ **3** **sich auf etwas** (*Akkusativ*) **gefasst machen** *umg;* sich auf etwas Schlimmes oder Unangenehmes einstellen: *Nach dem Urlaub kannst du dich auf einiges gefasst machen!*

Ge·fecht *das; -(e)s, -e* **1** ein *meist* kurzer Kampf zwischen zwei feindlichen Gruppen in einem Krieg *o.Ä.*: *Sie lieferten sich* (= hatten) *ein (blutiges, hartes) Gefecht* || [-K] Feuergefecht, Scheingefecht **2** ein Streit mit Worten: *Gegner und Befürworter der Abtreibung lieferten sich ein hitziges Gefecht* || [-K] Wortgefecht || [ID] **jemanden außer Gefecht setzen** **a** jemanden so treffen, dass er nicht mehr kämpfen kann; **b** jemanden daran hindern, (wirksam) zu handeln *o.Ä.*: *Der Schnupfen hat ihn völlig außer Gefecht gesetzt* || *zu 1* **ge·fechts·be·reit** *Adjektiv*

Ge·fie·der *das; -s, -;* alle Federn eines Vogels ⟨ein Vogel putzt, sträubt sein Gefieder⟩

Ge·flecht *das; -(e)s, -e;* **1** etwas Geflochtenes || [-K] Bastgeflecht, Drahtgeflecht, Weidengeflecht **2** ein dichtes Gewirr aus länglichen Teilen: *Ein Vogel hat sich im Geflecht des Busches ein Nest gebaut* || [-K] Wurzelgeflecht

ge·fleckt *Adjektiv; nicht als Adverb;* mit (farbigen) Flecken ⟨ein Fell, ein Gefieder, ein Stoff⟩: *eine schwarz-weiß gefleckte Kuh*

ge·floch·ten *Partizip Perfekt;* ↑ **flechten**

ge·flo·gen *Partizip Perfekt;* ↑ **fliegen**

ge·flo·hen [gəˈfloːən] *Partizip Perfekt;* ↑ **fliehen**

ge·flos·sen *Partizip Perfekt;* ↑ **fließen**

Ge·flü·gel [B1] *das; -s; nur Singular;* alle Vögel (wie *z.B.* Hühner, Enten oder Gänse), die man isst oder wegen der Eier hält

ge·foch·ten *Partizip Perfekt;* ↑ **fechten**

Ge·fol·ge *das; -s, -; meist Singular;* alle Leute, die eine wichtige Person begleiten und für sie arbeiten: *Etwa vierzig Ritter bildeten das Gefolge des Königs* || [K-] Gefolgsherr, Gefolgsleute

ge·fragt *gefragter, gefragtest-; Adjektiv; nicht als Adverb;* so, dass viele Leute sie mögen: *ein gefragtes Fotomodell; Dieser Autotyp ist stark gefragt*

ge·frä·ßig *Adjektiv; abwertend;* (von Menschen und Tieren) so, dass sie gern sehr viel essen ≈ unersättlich: *gefräßige Ratten* || *hierzu* **Ge·frä·ßig·keit** *die; -; nur Singular*

Ge·frei·te *der; -n, -n; Militär;* ein Soldat mit niedrigem Rang

ge·fres·sen *Partizip Perfekt;* ↑ **fressen**

Ge·frier- *im Substantiv; meist* in Bezeichnungen für Geräte und Behälter verwendet, in denen man Lebensmittel (durch sehr große Kälte) konserviert; das **Gefrierfach**, der **Gefrierschrank**, die **Gefriertruhe**, der **Gefrierbeutel**

ge·frie·ren [B1] *gefror, ist gefroren;* **etwas gefriert** etwas wird durch Kälte zu Eis oder fest und hart: *Der Boden ist gefroren*

Ge·frier·punkt *der; -(e)s; nur Singular;* die Temperatur, bei der etwas (*bes* Wasser) gefriert ↔ Siedepunkt || [ID] *meist* **die Stimmung sank unter den Gefrierpunkt** *umg;* die Stimmung wurde sehr unfreundlich und kühl

ge·fro·ren [B2] **1** *Partizip Perfekt;* ↑ **frieren** **2** *Partizip Perfekt;* ↑ **gefrieren**

Ge·fü·ge *das; -s, -;* **1** etwas, das aus einzelnen Teilen (sachgerecht) zu einem Ganzen zusammengesetzt ist ≈ Konstruktion: *ein Gefüge aus Balken* **2** die Art und Weise, in der einzelne Elemente/Teile ein (harmonisches) Ganzes bilden ≈ Struktur: *das soziale Gefüge eines Staates* || [-K] Preisgefüge, Sozialgefüge, Wirtschaftsgefüge

ge·fü·gig *Adjektiv; abwertend;* ⟨ein Mensch⟩ so, dass er immer das tut, was ein anderer will: *sich jemanden (durch Drohungen) gefügig machen*

Ge·fühl [A2] *das; -s, -e* **1** **ein Gefühl** (+ *Genitiv*/**von etwas**) *nur Singular;* das, was man mit den Nerven, der Haut empfindet, spürt ≈ Empfindung ⟨ein Gefühl der/von Kälte, Wärme, Nässe *usw* haben, verspüren⟩: *Nach dem Unfall hatte sie kein Gefühl mehr in den Beinen* || [K-] gefühllos || [-K] Durstgefühl, Hungergefühl, Schwindelgefühl **2** **ein Gefühl** (+ *Genitiv*) das, was man in seinem Inneren (nicht mit dem Verstand) empfindet, spürt ≈ Emotion ⟨ein beruhigendes Gefühl; ein Gefühl der Angst, Erleichterung *usw;* ein Gefühl verbergen, zeigen⟩: *das Gefühl, geliebt zu werden* || [K-] gefühllos, gefühlvoll; Gefühlsausbruch; gefühlsarm, gefühlsbetont || [-K] Angstgefühl, Glücksgefühl, Hassgefühl, Rachegefühl, Schuldgefühl **3** *nur Singular;* ein undeutliches Wissen, das nicht auf dem Verstand beruht ≈ Ahnung: *Ich habe das dumpfe/mulmige Gefühl, dass heute noch etwas Schlimmes passiert* **4** **ein Gefühl (für etwas)** *nur Singular;* die Fähigkeit, etwas richtig zu beurteilen oder zu machen ⟨etwas im Gefühl haben⟩: *ein Gefühl für Farben und Formen, Rhythmus, Recht und Unrecht haben* || [-K] Ehrgefühl, Pflichtgefühl, Schamgefühl, Verantwortungsgefühl || [ID] **mit gemischten Gefühlen** mit positiven und negativen Gefühlen (2); **etwas ist das höchste der Gefühle** *umg;* etwas ist das Beste, was man sich wünschen kann

Ge·fühls·le·ben *das; -s, -;* alle Gefühle (2), die jemand hat: *Eintönige Arbeit wirkt sich negativ auf das Gefühlsleben aus*

ge·fühls·mä·ßig *Adjektiv; nur vor dem Substantiv oder als Adverb;* so, wie es dem Gefühl (2) entspricht ↔ verstandesmäßig ⟨eine Reaktion; etwas gefühlsmäßig entscheiden⟩

ge·fun·den *Partizip Perfekt;* ↑ **finden**

ge·gan·gen *Partizip Perfekt;* ↑ **gehen**

ge·ge·ben **1** *Partizip Perfekt;* ↑ **geben** **2** *Adjektiv; nicht als Adverb; förmlich;* als Tatsache (da) ⟨etwas als gegeben hinnehmen, voraussetzen; unter den gegebenen Umständen⟩ **3** *Adjektiv; nur vor dem Substantiv, nicht als Adverb;* für einen bestimmten Zweck passend ≈ günstig: *Wir werden zum gegebenen Zeitpunkt auf ihr Angebot zurückkommen* **4** *Adjektiv; nicht als Adverb; Mathematik;* (vor dem Rechnen) bereits bekannt ↔ gesucht ⟨eine Größe, eine Zahl⟩

ge·ge·be·nen·falls *Adverb; förmlich;* wenn ein besonderer Fall eintritt; *Abkürzung* ggf.: *gegebenenfalls wird die Regierung neue Gesetze erlassen*

ge·gen [A2] *Präposition; mit Akkusativ* **1** in Richtung auf jemanden/etwas hin: *sich mit dem Rücken gegen die Wand lehnen* **2** in die Richtung, aus der jemand/etwas kommt: *gegen die Strömung schwimmen* **3** **gegen** + *Zeitangabe;* ungefähr zu dem genannten Zeitpunkt: *Wir treffen uns dann (so) gegen acht Uhr auf dem Rathausplatz* **4** fest verbunden mit manchen Substantiven und Adjektiven, die eine Ergänzung anschließen: *der Kampf gegen die Umweltverschmutzung; misstrauisch gegen jemanden sein; allergisch gegen Pollen sein* **5** verwendet, um einen Gegensatz, einen Widerstand *o.Ä.* zu bezeichnen ≈ entgegen: *gegen alle Vernunft, gegen jemandes Willen handeln* **6** verwendet, um die Bedingung zu nennen, unter der man etwas bekommt ≈ im Austausch für: *Diese Arznei ist nur gegen Rezept erhältlich* **7** *umg* ≈ im Vergleich zu: *Gegen ihn bist du ein Riese* **8** *Sport;* verwendet, um bei einem sportlichen Wettkampf *o.Ä.* den Gegner zu nennen ⟨gegen jemanden spielen, gewinnen, verlieren⟩: *Das Pokalspiel Hamburg gegen Köln endete 3:1* **9** drückt aus, dass etwas verwendet wird, um eine Krankheit *o.Ä.* zu bekämpfen, heilen: *ein Mittel gegen Kopfschmerzen*

Ge·gen- *im Substantiv; betont* **1** drückt aus, dass jemand/etwas aus der entgegengesetzten Richtung kommt; die **Gegenfahrbahn**, das **Gegenlicht**, die **Gegenströmung**, der **Gegenwind** **2** drückt aus, dass etwas dazu dient, etwas zu bekämpfen; das **Gegenbeispiel**, die **Gegenbewegung**, der **Gegenbeweis**, die **Gegenmaßnahme**, das **Gegenmittel** **3** drückt aus, dass etwas eine Reaktion auf etwas Ähnliches oder Vergleichbares ist; das **Ge-**

genangebot, der **Gegenangriff**, der **Gegenbesuch**, die **Gegenfrage**, der **Gegenvorschlag**

Ge·gen·an·zei·ge *die; -, -n; Medizin;* ein Umstand, unter dem man ein Medikament nicht nehmen soll, *z.B.* während der Schwangerschaft ≈ Kontraindikation

Ge·gend *die; -, -en* **1** ein (relativ kleiner) Teil einer Landschaft ⟨eine einsame Gegend; durch die Gegend fahren; sich die Gegend ansehen⟩: *Unsere Reise führte uns durch die schönsten Gegenden Frankreichs* **2** ein Teil der Stadt ≈ Stadtviertel: *in einer vornehmen Gegend wohnen* || -K Bahnhofsgegend, Villengegend **3** **in der Gegend** + *Genitiv* an einem bestimmten Bereich des Körpers: *Schmerzen in der Gegend des Herzens* || -K Herzgegend, Magengegend, Nierengegend

G

Ge·gen·dar·stel·lung *die; -, -en;* die Wiedergabe einer anderen Meinung, die eine Darstellung der Presse oder des Fernsehens korrigiert. Die Medien können rechtlich gezwungen werden, eine solche Darstellung zu veröffentlichen ⟨eine Gegendarstellung veröffentlichen⟩

ge·gen·ei·nan·der *Adverb;* eine Person/Sache gegen die andere: *Die Spione wurden gegeneinander ausgetauscht*

ge·gen·ei·nan·der- *im Verb; betont und trennbar;* Die Verben mit *gegeneinander-* werden nach folgendem Muster gebildet: *gegeneinanderdrücken - drückte gegeneinander - gegeneinandergedrückt;* bezeichnet die Richtung von jemandem/etwas auf jemand anderen/etwas anderes zu und umgekehrt; ⟨die Handflächen⟩ **gegeneinanderdrücken, gegeneinanderpressen**; ⟨zwei Stöcke⟩ **gegeneinanderschlagen**; ⟨Autos, Personen⟩ **stoßen gegeneinander**

ge·gen·läu·fig *Adjektiv;* in entgegengesetzter Richtung ⟨eine Bewegung; eine Entwicklung, eine Tendenz⟩

Ge·gen·leis·tung *die; -, -en;* **eine Gegenleistung (für etwas)** etwas, das man jemandem gibt oder das man für ihn tut, weil er einem etwas gegeben oder etwas für einen getan hat: *Sie half ihm beim Lernen und als Gegenleistung reparierte er ihr Auto*

Ge·gen·rich·tung *die; -; nur Singular;* die andere (Fahrt)Richtung, die entgegengesetzt verläuft: *In der Gegenrichtung war ein kilometerlanger Stau*

Ge·gen·satz B1 *der; -es, -sät·ze;* **ein Gegensatz (zu jemandem/etwas)** ein großer Unterschied ≈ Kontrast: *Diese beiden Aussagen stehen in einem krassen Gegensatz zueinander; Im Gegensatz zu ihm ist sein Vater ziemlich klein* || *hierzu* **ge·gen·sätz·lich** *Adjektiv*

Ge·gen·schlag *der; -(e)s, -schlä·ge;* eine (militärische oder polizeiliche) Maßnahme als Reaktion auf eine Provokation oder einen Angriff: *Die Polizei holte zum Gegenschlag gegen die Drogenmafia aus*

Ge·gen·sei·te *die; -; nur Singular* **1** die andere (gegenüberliegende) Seite von etwas: *Er grüßte von der Gegenseite der Straße freundlich herüber* **2** ≈ Gegner

ge·gen·sei·tig *Adjektiv;* so, dass jeder von zweien etwas für den anderen tut ⟨sich gegenseitig helfen, beeinflussen⟩

Ge·gen·sei·tig·keit *die; -; nur Singular; meist in* **etwas beruht auf Gegenseitigkeit** etwas ist bei beiden in gleichem Maße vorhanden: *Das gute Verhältnis zu seinen Nachbarn beruht auf Gegenseitigkeit*

Ge·gen·spie·ler *der; -s, -* ≈ Gegner || *hierzu* **Ge·gen·spie·le·rin** *die; -, -nen*

Ge·gen·stand B1 *der; -(e)s, -stän·de* **1** ein *meist* relativ kleiner, fester Körper, den man nicht genauer benennen kann oder will ≈ Ding: *ein schwerer Gegenstand aus Glas* || -K Gebrauchsgegenstand, Metallgegenstand **2** *meist Singular;* **der Gegenstand** + *Genitiv* der zentrale Gedanke eines Gesprächs, einer (wissenschaftlichen) Untersuchung, Arbeit *o.Ä.* ≈ Thema: *Die Manipulation von Genen war der Gegenstand seines Vortrags* || -K Diskussionsgegenstand, Forschungsgegenstand, Gesprächsgegenstand

ge·gen·stands·los *Adjektiv;* nicht mehr begründet ⟨ein Verdacht, ein Vorwurf⟩: *Falls Sie bereits gezahlt haben sollten, betrachten Sie diese Mahnung als gegenstandslos*

Ge·gen·stim·me *die; -, -n;* eine Stimme, die (bei einer Abstimmung) gegen einen Kandidaten oder einen Antrag abgegeben wird: *Der Antrag wurde mit einer Gegenstimme angenommen*

Ge·gen·teil *das; -(e)s; nur Singular;* etwas, das die genannten Merkmale nicht hat, sondern ganz anders ist ⟨ins Gegenteil umschlagen⟩: *Das Gegenteil von „groß" ist „klein"; Rita ist ein sehr ruhiges Mädchen - ihr Bruder ist genau das Gegenteil von ihr* || *hierzu* **ge·gen·tei·lig** *Adjektiv*

Ge·gen·tor *das; -(e)s, -e; Sport;* ein Tor[2] (2), das der Gegner (die andere Mannschaft) erzielt

ge·gen·über[1] A2 *Präposition; mit Dativ* **1** genau vor dem Gesicht/der Vorderseite von jemandem/etwas (und ihm zugewandt): *Ihr Haus steht gegenüber der Kirche* **2** verwendet, um einen Vergleich herzustellen: *Gegenüber der Hochsaison ist die Nachsaison besonders billig; Sie ist dir gegenüber im Vorteil* **3** **jemandem gegenüber** im Verhalten, Umgang mit jemandem: *Mir gegenüber ist sie immer sehr nett* || Hinweis: Bei Personalpronomen wird *gegenüber* immer hinter das Pronomen gestellt: *Er wohnt ihr gegenüber*

ge·gen·über² [A2] *Adverb;* auf der anderen (entgegengesetzten) Seite von etwas ⟨genau, schräg gegenüber⟩

ge·gen·über- *im Verb betont und trennbar;* Die Verben mit *gegenüber-* werden nach folgendem Muster gebildet: *gegenübersitzen - saß gegenüber - gegenübergesessen;* drückt (in Verbindung mit *sich* oder *einander*) aus, dass ein Gesicht oder die Vorderseite von etwas genau auf das Gesicht/die Vorderseite von jemandem/etwas gerichtet ist; ⟨Häuser, Truppen⟩ **liegen sich/einander gegenüber**; ⟨Personen⟩ **setzen sich (einander) gegenüber, sitzen sich/einander gegenüber**; **jemand setzt sich jemandem/etwas gegenüber, sitzt jemandem/etwas gegenüber**

ge·gen·über·ste·hen *(hat)* **1** **jemandem/etwas gegenüberstehen** so stehen, dass jemand dem anderen in die Augen sieht oder etwas (auf der anderen Seite) direkt vor dem anderen steht: *Als sie um die Ecke bog, stand sie plötzlich einer alten Freundin gegenüber* **2** ⟨Personen⟩ **stehen sich gegenüber** zwei oder mehrere Personen stehen so, dass sie sich (gegenseitig) anblicken: *Sie standen sich lange schweigend gegenüber, bevor sie sich in die Arme fielen* **3** ⟨zwei Mannschaften, feindliche Truppen *o.Ä.*⟩ **stehen sich gegenüber** zwei Mannschaften spielen (bald) gegeneinander/feindliche Truppen kämpfen (bald) gegeneinander **4** ⟨Meinungen, Ansichten⟩ **stehen sich/einander gegenüber** zwei oder mehr verschiedene Meinungen, Ansichten widersprechen sich **5** **etwas** *(Dativ)* **gegenüberstehen** auf etwas Unangenehmes treffen ⟨Problemen, Schwierigkeiten gegenüberstehen⟩ **6** **jemandem/etwas irgendwie gegenüberstehen** eine bestimmte Haltung (oder Einstellung) gegenüber jemandem/etwas haben: *einem Plan skeptisch gegenüberstehen*

ge·gen·über·stel·len *(hat)* **1** **etwas** *(Akkusativ)* **etwas** *(Dativ)* **gegenüberstellen** etwas so stellen, dass es vor etwas anderem steht: *Den Fernseher stellen wir der Couch gegenüber* **2** **jemanden jemandem gegenüberstellen** jemandem (einem Zeugen oder dem Opfer eines Verbrechens) einen Verdächtigen zeigen, um zu sehen, ob er ihn (als den Täter) wiedererkennt || Hinweis: *meist* im Passiv! || *zu* 2 **Ge·gen·über·stel·lung** *die; -, -en*

Ge·gen·ver·kehr *der; -(e)s; nur Singular;* die Fahrzeuge, die auf der Straße aus der Richtung kommen, in die man selbst fährt ⟨Gegenverkehr haben; es herrscht starker Gegenverkehr⟩

Ge·gen·wart [A1] *die; -; nur Singular* **1** die Zeit zwischen Vergangenheit und Zukunft, also jetzt ⟨in der Gegenwart⟩ **2** *meist* **in jemandes Gegenwart** wenn jemand dabei (anwesend) ist: *In seiner Gegenwart ist sie immer sehr nervös*

ge·gen·wär·tig *Adjektiv; nur vor dem Substantiv oder als Adverb;* in dieser Zeit, in der Gegenwart (1) ≈ jetzt, zurzeit: *Er befindet sich gegenwärtig im Ausland*

Ge·gen·wehr *die; -; nur Singular* ≈ Widerstand (1) ⟨ erbitterte, keine, nur schwache Gegenwehr leisten⟩

ge·ges·sen *Partizip Perfekt;* ↑ **essen**

ge·gli·chen *Partizip Perfekt;* ↑ **gleichen**

ge·glit·ten *Partizip Perfekt;* ↑ **gleiten**

Geg·ner *der; -s, -;* **1** die Person(en), gegen die man kämpft, spielt oder mit der/denen man Streit hat ⟨ein politischer, militärischer, sportlicher, fairer, gefährlicher Gegner; einen Gegner besiegen, schlagen⟩ **2** **ein Gegner** + *Genitiv*/**von etwas** jemand, der etwas ablehnt, gegen etwas kämpft: *ein entschiedener Gegner der Todesstrafe* || *hierzu* **Geg·ne·rin** *die; -, -nen*

geg·ne·ri·sch- *Adjektiv; nur vor dem Substantiv, nicht als Adverb;* zum Gegner (1) gehörend ⟨die Seite, die Mannschaft, die Partei, die Truppe⟩

ge·gol·ten *Partizip Perfekt;* ↑ **gelten**

ge·go·ren *Partizip Perfekt;* ↑ **gären**

ge·gos·sen *Partizip Perfekt;* ↑ **gießen**

ge·grif·fen *Partizip Perfekt;* ↑ **greifen**

Ge·hack·te *das; -n; nur Singular* ≈ Hackfleisch: *ein Pfund Gehacktes kaufen*

Ge·halt¹ [B2] *das, bes* Ⓐ *der; -(e)s, Ge·häl·ter;* das Geld, das jemand (als ein Angestellter) für seine Arbeit *(meist* jeden Monat) bekommt ⟨ein hohes, niedriges, festes, anständiges, ordentliches Gehalt haben, bekommen, beziehen⟩ || K- Gehaltsabrechnung, Gehaltsanspruch, Gehaltsempfänger, Gehaltserhöhung, Gehaltskonto, Gehaltskürzung || -K Jahresgehalt, Monatsgehalt || Hinweis: ↑ **Lohn**

G

Ge·halt[2] B2 *der; -(e)s, -e; meist Singular* **1** **der Gehalt** (**an etwas** (*Dativ*)) der Anteil, den ein bestimmter Stoff in einem Gemisch hat: *Der Gehalt an Eisen in diesem Erz ist gering* **2** *förmlich;* die Gedanken und Ideen, die in einem (*meist* literarischen) Werk zu finden sind || *hierzu* **ge·halt·voll** *Adjektiv*

ge·han·gen *Partizip Perfekt;* ↑ **hängen**[1]

ge·häs·sig *Adjektiv;* negativ und böse ≈ bösartig ⟨eine Bemerkung, ein Kommentar⟩: *Er ist ein missgünstiger Mensch, der gehässig über andere Leute redet* || *hierzu* **Ge·häs·sig·keit** *die; -, -en*

G

ge·häuft *Adjektiv; ohne Steigerung* **1** *meist als Adverb* ≈ oft ⟨etwas tritt gehäuft auf, kommt gehäuft vor⟩: *In diesem Monat kam es gehäuft zu Unfällen* **2** *nicht als Adverb;* ⟨ein Löffel⟩ so gefüllt, dass ein kleiner Berg (von Zucker, Salz, Kaffeepulver *o.Ä.*) zu sehen ist ↔ gestrichen: *ein gehäufter Teelöffel Zucker*

Ge·he·ge *das; -s, -;* ein Gebiet (Gelände) mit einem Zaun, in dem Tiere gehalten werden, *z.B.* in einem Zoo || ID **jemandem ins Gehege kommen** *umg;* jemandes Absichten und Pläne stören

ge·heim *Adjektiv* **1** so, dass andere Personen nichts davon hören, erfahren (sollen) ⟨ein Auftrag, Pläne; Gedanken, Wünsche⟩ || K- Geheimnummer, Geheimpolizei, Geheimsprache **2** **etwas (vor jemandem) geheim halten** über ein Ereignis schweigen, nicht von ihm sprechen: *Die Affäre wurde von der Regierung geheim gehalten* **3** **im Geheimen** ohne dass jemand etwas erfährt oder bemerkt ⟨etwas im Geheimen planen, vorbereiten⟩

Ge·heim·nis *das; -ses, -se;* etwas, das andere Leute nicht erfahren sollen ⟨jemandem ein Geheimnis anvertrauen, verraten; (keine) Geheimnisse vor jemandem haben⟩

ge·heim·nis·voll *Adjektiv* **1** so, dass man es nicht (mit dem Verstand) erklären kann ≈ mysteriös, rätselhaft ⟨eine Kraft⟩: *seit seinem geheimnisvollen Verschwinden* **2** so, als ob man ein Geheimnis hätte ⟨geheimnisvoll lächeln, tun⟩

Ge·heim·tipp *der; -s, -s; meist humorvoll;* etwas (ein Ort, ein Lokal *o.Ä.*), das nur wenige kennen, das aber sehr zu empfehlen ist

ge·hemmt, *gehemmter, gehemmtest-; Adjektiv;* mit Angst davor, seine Gefühle zu zeigen ↔ gelöst, locker: *Fremden gegenüber ist er immer sehr gehemmt*

ge·hen A1 ['ge:ən]; *ging, ist gegangen* **1** sich aufrecht auf den Füßen in relativ langsamen Schritten bewegen ⟨barfuß, gebückt, langsam, schnell, am Stock, auf Zehenspitzen, geradeaus, auf und ab gehen⟩: *„Willst du im Auto mitfahren?" – „Nein, ich gehe lieber."* || ↑ Illustration **Verben der Bewegung** || K- gehbehindert || Hinweis: ↑ **laufen** **2** **irgendwohin gehen**; **gehen** + *Infinitiv* sich irgendwohin bewegen, um etwas zu tun ⟨ins/zu Bett gehen; nach Hause gehen⟩ **3** nicht bleiben, sondern einen Ort verlassen ≈ weggehen: *„Willst du schon wieder gehen? Du bist doch gerade erst gekommen!"* **4** **irgendwohin gehen** sich irgendwohin bewegen, um dort zu leben ⟨ins Ausland, ins Kloster gehen⟩: *nach Spanien gehen* **5** **irgendwohin gehen** regelmäßig in einer Schule *o.Ä.* sein ≈ etwas besuchen ⟨in den Kindergarten, zur/in die Schule, aufs/ins Gymnasium, auf die Universität gehen⟩ **6** **an etwas** (*Akkusativ*) **gehen** mit einer Tätigkeit beginnen ⟨an die Arbeit, ans Werk gehen⟩ **7** **in etwas gehen** eine neue Phase (des Lebens) anfangen ⟨in Pension, in Rente, in den Ruhestand gehen⟩ **8** seine Arbeit (seinen Arbeitsplatz) aufgeben, verlieren: *Zwei unserer Mitarbeiter gehen Ende des Jahres* **9** **irgendwie gehen** diese besondere Kleidung tragen: *Sie geht in Schwarz/in Trauer; Im Fasching gehe ich dieses Jahr als Indianer* **10** **mit jemandem gehen** *umg;* mit jemandem eine feste (Liebes)Beziehung haben **11** **etwas geht irgendwohin** etwas passt irgendwohin: *In den Krug gehen drei Liter* **12** **jemand/etwas geht nach jemandem/etwas** jemand/etwas richtet sich nach etwas (*z.B.* nach jemandes Wünschen): *Es kann nicht immer alles nach dir/deinem Kopf* (= deinen Wünschen) *gehen!* **13** **etwas geht irgendwohin** etwas bewegt sich oder zeigt in eine bestimmte Richtung, hat ein bestimmtes Ziel: *Das Fenster geht auf die Straße; Der Ball ging ins Aus; Der Brief geht an Tante Monika* **14** **etwas geht (irgendwie)** etwas funktioniert, läuft irgendwie ab ⟨die Alarmanlage, das Telefon, die Uhr geht; es geht leicht, schwer, gut⟩ **15** **jemand/etwas geht (noch/so)** jemand/etwas ist (noch/so) akzeptabel oder möglich: *„Kann ich mitkommen?" - „Nein, das geht leider nicht."; Geht das so oder soll ich mich umziehen?* **16** **jemand/etwas geht zu weit** jemand/etwas überschreitet ein akzeptables Maß: *Als er seinen Chef anschrie, ist er wohl zu weit gegangen; Sie will, dass wir alles noch einmal machen, aber das geht wirklich zu weit!* **17** **etwas geht über etwas** (*Akkusativ*) etwas ist mit etwas nicht zu machen, schaffen ⟨etwas geht über jemandes Kräfte, Geduld⟩: *Das Vorhaben geht über unsere finanziellen Möglichkeiten* **18** **etwas geht (irgendwo) vor sich** etwas geschieht, läuft ab: *In diesem Haus gehen seltsame Dinge vor sich* [19] **etwas geht** + *Präposition* + *Substantiv* verwendet, um ein Verb zu umschreiben; **etwas geht in Druck** ≈ etwas wird gedruckt; **etwas geht in Erfüllung** ≈ etwas erfüllt sich; **etwas geht in Produktion** ≈ etwas wird produziert [20] **jemandem geht es** ⟨gut, schlecht *o.Ä.*⟩ jemand fühlt sich so: *„Wie geht es dir?" - „Mir gehts ganz gut, danke."* [21] **es geht um etwas** etwas ist das Thema, der Inhalt, der Anlass *o.Ä.* von etwas: *Worum geht es in dem Buch?* [22] **jemandem geht es um etwas** etwas ist jemandem wichtig: *Mir geht es nur darum, die Wahrheit herauszufinden* || [ID] **sich gehen lassen** sich nicht beherrschen ↔ sich zusammennehmen: *Auf der Party ließ er sich ziemlich gehen*; **wo er/sie geht und steht** immer und überall; **Wie gehts, wie stehts?** *umg*; verwendet als formelhafte Frage nach dem seelischen, körperlichen Zustand; **in sich** (*Akkusativ*) **gehen** intensiv darüber nachdenken, ob die eigene Meinung oder das, was man getan hat, falsch ist; **nichts geht über jemanden/etwas** es gibt nichts Besseres als jemanden/etwas || ▸ **Gang**

ge·hen·las·sen, sich (*hat*) ↑ **gehen** ID

ge·heu·er [gəˈhɔyɐ] *Adjektiv*; *meist in* **etwas ist (jemandem) nicht (ganz) geheuer** etwas ruft Angst oder Zweifel (bei jemandem) hervor ≈ etwas ist (jemandem) unheimlich: *Der Weg durch den dunklen Park war mir nicht geheuer*

Ge·hil·fe *der*; *-n, -n* [1] jemand, der in einem Betrieb *o.Ä.* (in einer niederen Position) arbeitet || [-K] Bürogehilfe, Hausgehilfe, Kanzleigehilfe [2] jemand, der jemandem dabei hilft, ein Verbrechen zu begehen, ohne jedoch die Tat selbst auszuführen ≈ Komplize || *hierzu* **Ge·hil·fin** *die*; *-, -nen*

Ge·hirn *das*; *-(e)s, -e*; das Organ im Kopf von Menschen und Tieren, mit dem sie denken und fühlen ≈ Hirn || [K-] Gehirntumor, Gehirnzelle

Ge·hirn·er·schüt·te·rung *die*; *-, -en*; eine zeitweise Schädigung des Gehirns (*bes* durch einen Schlag oder Sturz), die mit Kopfweh und Übelkeit verbunden ist

Ge·hirn·haut|ent·zün·dung *die*; *-, -en*; eine Entzündung im Gehirn; *Medizin* Meningitis

Ge·hirn·schlag *der*; *-(e)s, -schlä·ge*; *Medizin* ≈ Schlaganfall

ge·ho·ben [1] *Partizip Perfekt*; ↑ **heben** [2] *Adjektiv*; *meist vor dem Substantiv*; auf einer relativ hohen (sozialen) Stufe ⟨eine Position, eine Stellung; der Mittelstand⟩ [3] *Adjektiv*; *meist vor dem Substantiv* ≈ gewählt ⟨*meist* eine Ausdrucksweise⟩

ge·hol·fen *Partizip Perfekt*; ↑ **helfen**

Ge·hör [-ˈhøːɐ̯] *das*; *-(e)s*; *nur Singular* [1] der Sinn (1), mit dem man hören kann ⟨ein gutes, feines Gehör haben; sich nach dem Gehör richten, orientieren⟩: *nach Gehör Klavier spielen* || [K-] Gehörsinn [2] **das absolute Gehör** *Musik*; die Fähigkeit, die Höhe eines Tones zu bestimmen, wenn man ihn hört (ohne ihn mit anderen zu vergleichen) [3] **sich** (*Dativ*) **Gehör verschaffen** *förmlich*; bewirken, dass andere einem zuhören [4] **(bei jemandem) Gehör finden** *förmlich*; (bei jemandem) Verständnis finden: *Er fand mit seinem Gesuch bei dem Amt kein Gehör* || *zu* 1 **ge·hör·los** *Adjektiv*

ge·hor·chen; *gehorchte, hat gehorcht*; **(jemandem/etwas) gehorchen** das tun, was jemand etwas verlangt: *Der Hund gehorchte seinem Herrn aufs Wort*

ge·hö·ren [BI] *gehörte, hat gehört* [1] **etwas gehört jemandem** jemand besitzt etwas, etwas ist jemandes Eigentum: *Weißt du, wem diese Katze gehört?* [2] **jemand/etwas gehört zu etwas** jemand/etwas ist (wichtiger) Teil eines Ganzen, einer Einheit: *Sie gehört zur Familie, zum engsten Freundeskreis* [3] **etwas gehört irgendwohin** irgendwo ist der richtige Ort, Platz für etwas: *Die Fahrräder gehören nicht in die Garage* [4] **etwas gehört zu etwas** etwas ist für etwas notwendig: *Es gehört viel Mut dazu, ihm zu widersprechen* [5] **etwas gehört sich (nicht)** etwas entspricht den gesellschaftlichen Normen (nicht): *Es gehört sich nicht, beim Essen zu schmatzen*

Ge·hör·gang *der*; *-(e)s, -gän·ge*; *Medizin*; die Verbindung zwischen dem äußeren Ohr (der Ohrmuschel) und seinem Innern (dem Trommelfell)

ge·hö·rig *Adjektiv*; *nur vor dem Substantiv oder als Adverb* [1] so, wie es richtig ist und sein soll ⟨der Respekt; sich gehörig entschuldigen⟩ [2] *umg*; viel, groß oder intensiv ⟨Angst, ein Schrecken⟩: *eine gehörige Portion Glück*

ge·hor·sam *Adjektiv*; **(jemandem gegenüber) gehorsam** bereit, alles zu tun, was die Eltern, Lehrer *usw* wünschen ≈ artig

Ge·hor·sam *der*; *-s*; *nur Singular*; ein Verhalten, das dem Willen anderer folgt ⟨(jemandem) Gehorsam leisten; von jemandem Gehorsam verlangen⟩: *einem Hund Gehorsam beibringen*

Geh·steig *der*; *-(e)s, -e*; *bes südd* ≈ Bürgersteig ⟨den Gehsteig benutzen⟩

G

Geh·weg [B1] *der; -(e)s, -e* **1** *südd* ≈ Gehsteig, Bürgersteig **2** ein Weg für Fußgänger ≈ Fußweg

Gei·er ['gaie] *der; -s, -;* **1** ein großer Vogel, der *bes* vom Fleisch toter Tiere lebt ≈ Aasgeier **2** *umg abwertend;* ein Mensch, der alles haben will || [ID] **Hol dich/Hols der Geier!** *salopp;* verwendet, um seinen Ärger über jemanden/etwas auszudrücken

Gei·ge *die; -, -n;* ein (Musik)Instrument (mit Saiten) ≈ Violine ⟨(auf einer) Geige spielen⟩ || ↑ Abbildung unter **Streichinstrumente** || [ID] **die erste Geige spielen** *umg;* in einer Gruppe derjenige sein, der möchte, dass sich alle nach ihm richten

G

geil *Adjektiv; umg* **1** verwendet, um Anerkennung auszudrücken ≈ super, toll: *Echt geil, dein neues Auto!* **2** *meist abwertend;* begierig auf Sex **3** **auf etwas** *(Akkusativ)* **geil sein** etwas sehr gern haben, tun oder errreichen wollen: *Er war ganz geil auf den Job*

Gei·sel *die; -, -n;* eine Person, die jemand gefangen genommen hat und die er erst freilässt, wenn andere seine Forderungen erfüllt haben ⟨Geiseln nehmen; jemanden als/zur Geisel nehmen⟩ || [K-] Geiselbefreiung, Geiseldrama, Geiselgangster

Gei·sel·nah·me *die; -, -n;* die Tat, Personen als Geiseln gefangen zu nehmen || *hierzu* **Gei·sel·neh·mer** *der; -s, -*

Geiß *die; -, -en; südd* Ⓐ Ⓒⓗ eine weibliche Ziege

Geist[1] *der; -(e)s; nur Singular* **1** die Fähigkeit des Menschen zu denken ≈ Verstand ⟨einen regen, wachen Geist haben⟩ || [K-] geistlos, geistreich; geistesgestört, geisteskrank; Geisteskrankheit **2** die innere Einstellung oder Haltung, die jemanden/etwas charakterisiert: *der demokratische, olympische Geist* || [K-] Geisteshaltung, Geistesströmung || [-K] Kampfgeist, Mannschaftsgeist; Zeitgeist || [ID] **etwas gibt den/seinen Geist auf** *umg;* ein Gerät oder eine Maschine hört auf zu funktionieren

Geist[2] *der; -(e)s, -er* **1** ein (Fantasie)Wesen (ohne Körper) *(z.B.* eine Fee oder ein Dämon) ⟨Geister beschwören⟩ || [-K] Waldgeist **2** die Vorstellung von einem Menschen, der gestorben ist und den andere dann wieder zu hören oder zu sehen glauben ⟨ein Geist erscheint jemandem, geht um, spukt⟩ || [K-] Geistererscheinung, Geisterschloss, Geisterstimme **3** **der Heilige Geist** eine der drei Gestalten des christlichen Gottes, die als Taube dargestellt wird || *hierzu* **geis·ter·haft** *Adjektiv*

Geis·ter·bahn *die; -, -en;* ein großes Gebäude auf Jahrmärkten, in dem man mit kleinen Wagen durch dunkle Räume fährt und dabei durch unheimliche Geräusche und Gegenstände erschreckt wird

Geis·ter·fah·rer *der; -s, -;* jemand, der auf einer Autobahn nicht in der vorgeschriebenen Richtung fährt und so andere gefährdet || *hierzu* **Geis·ter·fah·re·rin** *die; -, -nen*

geis·tes·ab·we·send *Adjektiv* ≈ unkonzentriert || *hierzu* **Geis·tes·ab·we·sen·heit** *die; -; nur Singular*

Geis·tes|ge·gen·wart *die; -; nur Singular;* die Fähigkeit, (in einer gefährlichen Situation) schnell und richtig zu handeln ⟨die Geistesgegenwart haben + zu + *Infinitiv*⟩: *Durch die Geistesgegenwart des Fahrers wurde ein Unfall vermieden* || *hierzu* **geis·tes|ge·gen·wär·tig** *Adjektiv*

geis·tes·krank *Adjektiv; nicht als Adverb;* so, dass jemand an einer psychischen Krankheit leidet || Hinweis: Dieser Begriff wird nur noch umgangssprachlich verwendet || *hierzu* **Geis·tes·kran·ke** *der/die; -n, -n;* **Geis·tes·krank·heit** *die; -, -en*

Geis·tes·wis·sen·schaft *die -, -en;* eine Wissenschaft, die sich mit Kunst, Kultur oder Sprachen beschäftigt ↔ Naturwissenschaft

geis·tig *Adjektiv; nur vor dem Substantiv oder als Adverb;* in Bezug auf den menschlichen Verstand, Geist[1] (1) ⟨eine Tätigkeit; geistig aktiv, behindert, verwirrt⟩

geist·lich *Adjektiv; nur vor dem Substantiv oder als Adverb;* in Bezug auf die Religion oder (christliche) Kirche ≈ kirchlich ↔ weltlich ⟨Musik⟩

Geist·li·che *der; -n, -n;* ein (*meist* christlicher) Priester

Geist·lich·keit *die; -; nur Singular;* alle Priester (Geistlichen) ≈ Klerus

Geiz *der; -es; nur Singular; abwertend;* der innere Zwang, überall Geld zu sparen || *hierzu* **gei·zig** *Adjektiv*

gei·zen; *geizte, hat gegeizt;* **mit etwas geizen** mit etwas so sparsam sein, dass nur wenig davon gebraucht wird oder vorkommt ⟨mit jedem Tropfen Wasser geizen; nicht mit Beifall, Lob geizen⟩: *Der Lehrer geizte nicht mit guten Noten* (= gab viele gute Noten)

Geiz·hals *der; -es, -häl·se; abwertend;* ein geiziger Mensch

ge·kannt *Partizip Perfekt;* ↑ **kennen**

ge·klun·gen *Partizip Perfekt;* ↑ **klingen**

ge·knịckt, *geknickter, geknicktest-; Adjektiv; umg* ≈ enttäuscht ⟨geknickt aussehen, sein⟩

ge·knịf·fen *Partizip Perfekt;* ↑ **kneifen**

ge·kọnnt [1] *Partizip Perfekt;* ↑ **können**² [2] *Adjektiv;* mit viel Geschick, von großem Können bestimmt ≈ meisterhaft ↔ stümperhaft ⟨eine Darbietung, eine Reparatur⟩: *Er hat alle Schwierigkeiten gekonnt gemeistert*

ge·krọ·chen *Partizip Perfekt;* ↑ **kriechen**

Ge·lạ̈ch·ter *das; -s, -; meist Singular;* das Lachen ⟨lautes, schallendes Gelächter; in Gelächter ausbrechen⟩

ge·la̱·den [1] *Partizip Perfekt;* ↑ **laden** [2] *Adjektiv; umg* ≈ wütend

Ge·lạ̈n·de *das; -s, -;* (ein Stück) Land mit seinen typischen Eigenschaften ≈ Gebiet ⟨ein bergiges, ebenes, unwegsames Gelände; ein Gelände absperren⟩ || [-K] Bahnhofsgelände, Fabrikgelände

Ge·lạ̈n·der [B2] *das; -s, -;* eine Art Zaun am Rand von Treppen, Balkonen *usw*, an dem man sich (fest)halten kann ⟨über das Geländer klettern, sich über das Geländer beugen⟩ || ↑ Abbildung unter **Treppenhaus** || [-K] Balkongeländer, Treppengeländer

Ge·lạ̈n·de·wa·gen *der; -s, -;* ein Wagen, der nicht nur für Straßen, sondern auch für unebenes Gelände geeignet ist

ge·lạng *Imperfekt, 3. Person Singular;* ↑ **gelingen**

ge·lạ̈n·ge *Konjunktiv II, 3. Person Singular;* ↑ **gelingen**

ge·lạn·gen; *gelangte, ist gelangt* [1] **irgendwohin gelangen** ein Ziel, einen Ort erreichen ⟨zu Reichtum, zu Ruhm, zum Ziel gelangen⟩: *Er konnte nicht ans andere Ufer gelangen* [2] **etwas gelangt irgendwohin** etwas kommt dorthin: *etwas gelangt an die Öffentlichkeit, in jemandes Besitz* [3] **zu der Erkenntnis/Überzeugung** *o.Ä.* **gelangen, dass ...** sich ein bestimmtes Urteil über etwas bilden

ge·lạs·sen [1] *Partizip Perfekt;* ↑ **lassen** [2] *Adjektiv;* (seelisch) ganz ruhig und nicht nervös oder ärgerlich ⟨gelassen bleiben⟩ || *zu* 2 **Ge·lạs·sen·heit** *die; -; nur Singular*

ge·la̱u·fen *Partizip Perfekt;* ↑ **laufen**

ge·lä̱u·fig *Adjektiv;* **etwas ist jemandem geläufig** etwas ist jemandem bekannt, vertraut: *Dieser Begriff ist mir nicht geläufig*

ge·la̱unt [B2] *Adjektiv;* **irgendwie gelaunt** in einer besonderen Laune, Stimmung (1) ⟨gut gelaunt sein, schlecht gelaunt sein⟩

gẹlb [A1] *Adjektiv;* von der Farbe einer Zitrone, der Sonne: *ein gelbes Kleid tragen* || ↑ Illustration **Farben und Formen** || [K-] gelbbraun, gelbgrün || [-K] goldgelb, maisgelb, zitronengelb || *hierzu* **Gẹlb** *das; -s, -s;* **gẹlb·lich** *Adjektiv*

Gẹlb·fie·ber *das; -s; nur Singular;* eine Krankheit, die in den Tropen vorkommt und bei der man Fieber (und Gelbsucht) bekommt

Gẹlb·sucht *die; -; nur Singular;* eine Krankheit bei der die Leber nicht mehr richtig funktioniert und die Haut und der weiße Teil des Auges deshalb gelb werden ⟨Gelbsucht haben⟩ || *hierzu* **gẹlb·süch·tig** *Adjektiv*

G

Gẹld [A1] *das; -es, -er* [1] *nur Singular;* Münzen oder Scheine (Banknoten), mit denen man etwas bezahlt ⟨Geld verdienen, sparen, auf dem Konto haben, anlegen, vom Konto abheben, ausgeben, umtauschen; jemandem Geld leihen, schulden⟩ || [K-] Geldbetrag, Geldspende, Geldstrafe, Geldsumme, Geldumtausch, Geldwechsel || [-K] Bargeld; Bußgeld, Falschgeld, Haushaltsgeld, Papiergeld; Schulgeld [2] *meist Plural; meist* relativ viel Geld (1), das für einen besonderen Zweck ausgegeben werden soll ⟨öffentliche, private Gelder; Gelder beantragen, veruntreuen⟩ || [-K] Steuergeld || [ID] **jemand wirft das/sein Geld zum Fenster hinaus** *umg;* jemand gibt sein Geld aus, ohne darüber nachzudenken; **jemand hat Geld wie Heu/schwimmt im Geld/stinkt vor Geld** *umg;* jemand ist sehr reich; **jemandem (das) Geld aus der Tasche ziehen** *umg;* jemanden dazu bringen, Geld (1) auszugeben, obwohl er es nicht will; **etwas geht ins Geld** *umg;* etwas ist sehr teuer; **etwas zu Geld machen** etwas verkaufen

Geld wechseln

Wenn Sie gerade nicht die passende Münze bei sich haben, könne Sie folgendermaßen um Kleingeld bitten:

Entschuldigen Sie bitte, könnten Sie mir dies (*z.B.* einen Geldschein) **vielleicht wechseln?**
Ich brauche einen Euro für den Einkaufswagen.
Ich brauche Kleingeld für den Automaten.
Ich brauche ein Zweieurostück für das Schließfach.

SPRECHEN UND SCHREIBEN

Gẹld·au·to·mat [B2] *der; -en, -en;* ein Automat bei einer Bank, aus dem man mithilfe einer (Scheck)Karte Geld holen kann

Gẹld·beu·tel [B1] *der; -s, -* ≈ Geldbörse

Geld·bör·se *die; -, -n;* eine kleine Tasche für das Geld, das man bei sich trägt

Geld·mit·tel *die; -; Plural;* das Geld, das jemand (für einen bestimmten Zweck) ausgeben kann ⟨über geringe, große Geldmittel verfügen⟩

Geld·schein *der; -(e)s, -e* ≈ Banknote ↔ Münze

Geld·stück *das; -(e)s, -e* ≈ Münze ↔ Banknote

Ge·lee [ʒe'le:] *das, der; -s, -s;* ein Produkt aus dem Saft von Früchten, der mit Zucker gekocht wurde und so dick geworden ist, dass man ihn auf Brot streichen kann ‖ K Apfelgelee, Himbeergelee, Johannisbeergelee *usw* ‖ Hinweis: ↑ **Konfitüre**, **Marmelade**

G

ge·le·gen 1 *Partizip Perfekt;* ↑ **liegen** 2 *Adjektiv; meist in* **etwas kommt jemandem gelegen** etwas ist günstig für jemanden, passend: *Dein Besuch kommt mir sehr gelegen, denn ich brauche deine Hilfe*

Ge·le·gen·heit B2 *die; -, -en* 1 eine Zeit oder eine Situation, die für einen Zweck günstig sind ⟨eine gute Gelegenheit; die Gelegenheit ergreifen, verpassen⟩ 2 die Möglichkeit, etwas zu tun ⟨jemandem (die) Gelegenheit zu etwas geben; jemandem bietet sich eine Gelegenheit⟩: *Ich hatte keine Gelegenheit, sie anzurufen* ‖ ID **die Gelegenheit beim Schopf ergreifen/fassen/packen** eine günstige Gelegenheit (1) nutzen

ge·le·gent·lich *Adjektiv;* nicht oft ≈ manchmal, hin und wieder

ge·leh·rig *Adjektiv;* mit der Fähigkeit, leicht zu lernen, etwas schnell zu verstehen ⟨ein Kind, ein Schüler, ein Tier⟩: *Papageien sind sehr gelehrige Tiere*

ge·lehrt; *gelehrter, gelehrtest-; Adjektiv* 1 mit großem Wissen und sehr gebildet ⟨eine Frau, ein Mann⟩ 2 mit wissenschaftlichem Inhalt ⟨eine Abhandlung, Ausführungen⟩ ‖ *zu* 1 **Ge·leh·r·te** *der/die; -n, -n*

Ge·lenk *das; -(e)s, -e;* ein (Körper)Teil, der Knochen (beweglich) verbindet ⟨ein geschwollenes, steifes Gelenk⟩ ‖ K Handgelenk, Hüftgelenk, Kniegelenk

ge·len·kig *Adjektiv;* sehr beweglich ≈ gewandt ↔ steif: *Trotz seines hohen Alters ist er noch sehr gelenkig*

ge·lernt *Adjektiv; nur vor dem Substantiv, nicht als Adverb;* mit einer abgeschlossenen Ausbildung: *Er ist gelernter Koch; Sie ist gelernte Verkäuferin* ‖ Hinweis: ohne Artikel verwendet

ge·le·sen *Partizip Perfekt;* ↑ **lesen**

Ge·lieb·te *der/die; -n, -n;* jemand, zu dem man eine sexuelle Beziehung hat *(z.B.* neben der Ehe) ⟨einen Geliebten/eine Geliebte haben⟩

ge·lie·fert *Adjektiv; nur in* **geliefert sein** *umg* ≈ verloren (2) sein

ge·lie·hen *Partizip Perfekt;* ↑ **leihen**

ge·lin·gen B1 *gelang, ist gelungen* 1 **etwas gelingt (jemandem)** etwas verläuft so, wie es jemand gewollt oder geplant hat ≈ etwas glückt ↔ etwas misslingt ⟨ein Plan, ein Versuch, jemandes Flucht⟩: *Der Kuchen ist dir gut gelungen* 2 **es gelingt jemandem + zu** + *Infinitiv* jemand hat den gewünschten Erfolg: *Es gelang mir, sie vom Gegenteil zu überzeugen*

ge·lit·ten *Partizip Perfekt;* ↑ **leiden**

ge·lo·ben; *gelobte, hat gelobt;* **(jemandem) etwas geloben** *förmlich;* (jemandem) etwas feierlich (in einer Zeremonie) versprechen ≈ schwören ⟨jemandem Besserung, (ewige) Treue geloben⟩: *Er gelobte, die Wahrheit zu sagen* ‖ *hierzu* **Ge·löb·nis** *das; -ses, -se*

ge·lo·gen *Partizip Perfekt;* ↑ **lügen**

ge·löst *Adjektiv;* ruhig und nicht nervös ≈ entspannt: *Er macht einen ruhigen und gelösten Eindruck*

gel·ten; *gilt, galt, hat gegolten* 1 **etwas gilt** etwas darf eine Zeit lang benutzt oder verwendet werden ≈ etwas ist gültig ⟨ein Aus-

Im Büro

1 der Aktenordner
2 die Aktentasche
3 der Bildschirm, der Monitor
4 der Bleistift
5 die Büroklammern
6 der Bürostuhl
7 der CD-/DVD-Brenner
8 das CD-/DVD-Laufwerk
9 die CD-ROM
10 der Computer
11 der Drucker
12 das Handy
13 der Hefter
14 der Kugelschreiber
15 der Lautsprecher
16 der Leuchtmarker
17 das Lineal
18 der Locher
19 die Maus
20 das Mauspad
21 der Notizblock
22 die Pinnwand
23 die Schere
24 der Schreibtisch
25 die Schreibtischlampe
26 der Taschenrechner
27 die Tastatur
28 das Telefon
29 der Tischkalender
30 der USB-Stick

Im Büro

22
25
15
3
28
11
27
26
12
29
19
20
16
6
13
9
10
4
14
18
7
21
8
30
17
23
1
2
5
24

Die Bundesrepublik Deutschland

Die Schweiz und die Republik Österreich

Verben der Bewegung und der Ruhe

weis, eine Fahrkarte, eine Regel, eine Vorschrift⟩: *Die Fahrkarte gilt eine Woche* **2** **etwas gilt für jemanden/etwas** etwas betrifft jemanden/etwas: *Die Gesetze gelten für alle* **3** **jemand/etwas gilt als etwas** jemand/etwas hat nach Meinung vieler Menschen die genannte Eigenschaft: *Diese Straße gilt als gefährlich* **4** **etwas gilt jemandem/etwas** etwas ist für jemanden/etwas bestimmt, an jemanden/etwas gerichtet: *Der Gruß galt dir* **5** **etwas gilt** etwas widerspricht den (Spiel)Regeln nicht und wird daher akzeptiert ≈ etwas zählt ⟨einen Einwand, eine Entschuldigung gelten lassen⟩: *Das Tor gilt nicht* **6** **etwas gilt etwas** etwas hat einen bestimmten Wert ≈ etwas zählt etwas: *Deine Meinung gilt mir viel/hier nichts!* **7** **es gilt zu** + *Infinitiv* das Genannte muss getan werden, ist wichtig: *Jetzt gilt es, keine Zeit zu verlieren; Diesen Fehler gilt es zu vermeiden*

Gel·tung *die; -; nur Singular; förmlich* **1** die Eigenschaft, gültig zu sein ≈ Gültigkeit ⟨etwas hat/besitzt Geltung⟩: *Dieses Gesetz hat immer noch Geltung* || K- Geltungsdauer **2** **sich/etwas** *(Dativ)* **Geltung verschaffen** dafür sorgen, dass man/etwas Respekt erhält **3** **etwas kommt (irgendwie) zur Geltung** etwas hat eine bestimmte Wirkung ⟨etwas kommt gut, voll zur Geltung⟩: *Vor dem bunten Hintergrund kommt das Bild nicht zur Geltung*

Gel·tungs·sucht *die; -; nur Singular;* das (krankhafte) Bedürfnis, beachtet und anerkannt zu werden

Ge·lüb·de *das; -s, -; förmlich;* ein feierliches Versprechen, das man *meist* aus religiösen Motiven macht ≈ Gelöbnis ⟨ein Gelübde ablegen, brechen⟩ || -K Keuschheitsgelübde, Schweigegelübde

ge·lun·gen **1** *Partizip Perfekt;* ↑ **gelingen** **2** *umg* ≈ komisch, witzig ⟨etwas sieht gelungen aus⟩: *Das ist wirklich eine gelungene Idee!*

ge·mäch·lich *Adjektiv;* ohne Eile ⟨ein Tempo; etwas gemächlich tun⟩

ge·mah·len *Partizip Perfekt;* ↑ **mahlen**

Ge·mäl·de B2 *das; -s, -;* ein Bild, das ein Künstler gemalt hat ⟨ein Gemälde anfertigen⟩ || K- Gemäldegalerie || -K Ölgemälde

ge·mäß[1] *Adjektiv;* **jemandem/etwas gemäß** so, wie es zu jemandem/etwas passt ≈ jemandem/etwas entsprechend ↔ unangemessen: *Es wird um eine dem feierlichen Anlass gemäße Kleidung gebeten*

ge·mäß[2] *Präposition; mit Dativ; förmlich* ≈ entsprechend, laut ↔ entgegen ⟨jemandes Erwartungen, Vorschlägen, Wünschen gemäß⟩ *gemäß Paragraf 19 des Gesetzbuches*

-ge·mäß *im Adjektiv; nach Substantiv, unbetont* **1** so, dass es (zu dem im ersten Wortteil Genannten) passt, ihm entspricht; **altersgemäß** ⟨ein Verhalten⟩, **auftragsgemäß** ⟨eine Lieferung⟩, **erwartungsgemäß, wahrheitsgemäß** ⟨eine Antwort⟩, **zeitgemäß** ⟨eine Familienpolitik⟩ **2** so, wie es nötig ist ≈ -gerecht **artgemäß** ⟨die Haltung, die Unterbringung eines Tieres⟩, **fachgemäß** ⟨eine Durchführung⟩, **fristgemäß** ⟨eine Lieferung⟩, **sachgemäß** ⟨eine Reparatur⟩

ge·mä·ßigt *Adjektiv* **1** normal (und nicht übertrieben) ↔ maßlos ⟨ein Alkoholkonsum, ein Optimismus⟩ **2** (politisch) nicht extrem ↔ radikal ⟨Ansichten, ein Politiker⟩

Ge·mäu·er [gəˈmɔyɐ] *das; -s, -;* die Mauern eines alten Gebäudes *(meist* einer Ruine) ⟨ein verfallenes Gemäuer⟩

ge·mein[1] *Adjektiv;* moralisch schlecht und mit der Absicht, einem anderen zu schaden ⟨eine Lüge, eine Tat, ein Mensch, ein Verbrecher gemein zu jemandem sein⟩

ge·mein[2] *Adjektiv* ≈ gemeinsam (3)

Ge·mein·de *die; -, -n* **1** das kleinste Gebiet innerhalb eines Staates, das seine eigene Verwaltung hat || K- Gemeindehaushalt, Gemeindeverwaltung **2** ein Gebiet mit einer Kirche, für das es einen eigenen Priester gibt || K- Gemeindemitglieder || -K Kirchengemeinde, Pfarrgemeinde **3** die Menschen, die in einer Gemeinde (1,2) leben, zu ihr gehören **4** die Verwaltung einer Gemeinde (1): *bei der Gemeinde arbeiten*

Ge·mein·de·rat *der; -(e)s, -rä·te* **1** eine Gruppe von Personen, die von den Einwohnern einer Gemeinde (1) in Deutschland ge-

G

Verben der Bewegung und der Ruhe

1 (etwas) aufheben
2 fallen
3 gehen
4 hocken
5 hüpfen
6 knien
7 laufen, rennen
8 schieben
9 sitzen
10 springen
11 stehen
12 stoßen
13 werfen

wählt werden. Der Gemeinderat entscheidet darüber, wie die Gemeinde verwaltet wird **2** ein Mitglied des Gemeinderats (1) || *zu* 2 **Ge·mein·de·rä·tin** *die; -, -nen*

ge·mein·ge·fähr·lich *Adjektiv;* für andere Menschen sehr gefährlich ⟨ein Verbrecher, ein Verrückter⟩

Ge·mein·heit *die; -, -en* **1** *nur Singular;* eine böse Einstellung: *Er hat seinen Bruder aus purer Gemeinheit geschlagen* **2** eine böse Tat: *Es war eine große Gemeinheit, den Hund auszusetzen*

ge·mein·nüt·zig *Adjektiv;* so, dass es der Allgemeinheit, der Gesellschaft dient (und nicht einzelnen Personen) ≈ sozial ⟨ein Verein, ein Zweck⟩: *Der Sportverein wurde als gemeinnützig anerkannt* || *hierzu* **Ge·mein·nüt·zig·keit** *die; -; nur Singular*

ge·mein·sam [B1] *Adjektiv* **1** so, dass mehrere Personen/Dinge etwas gleichzeitig tun, erleben oder haben ≈ zusammen: *Der Hund gehört den beiden Kindern gemeinsam; Wenn wir gemeinsam vorgehen, errreichen wir mehr* **2** zu mehreren Personen oder Sachen in gleicher Weise gehörend ↔ verschieden: *Sie haben gemeinsame Interessen und Ziele* **3** ⟨Personen⟩ **haben etwas gemeinsam**; **jemand/etwas hat etwas mit jemandem/etwas gemeinsam** zwei oder mehrere Personen/Dinge sind sich ähnlich: *Sie haben viel (miteinander) gemeinsam*

Ge·mein·sam·keit *die; -, -en;* eine Eigenschaft *o.Ä.*, die mehrere Personen oder Dinge teilen

Ge·mein·schaft [B2] *die; -, -en* **1** eine Gruppe von Menschen (oder Völkern), die etwas gemeinsam haben oder tun, zueinandergehören ⟨eine Gemeinschaft bilden; jemanden in eine Gemeinschaft aufnehmen; Mitglied/Teil einer Gemeinschaft sein; jemanden aus einer Gemeinschaft ausschließen/ausstoßen⟩ || [K-] Gemeinschaftsbesitz || [-K] Arbeitsgemeinschaft, Dorfgemeinschaft, Sprachgemeinschaft **2** die organisierte Form einer Gemeinschaft (1) ⟨eine kirchliche Gemeinschaft⟩: *die Europäische Gemeinschaft* || [-K] Glaubensgemeinschaft, Interessengemeinschaft **3** das Zusammensein mit anderen Menschen ≈ Gesellschaft[1] (4) ⟨jemandes Gemeinschaft suchen⟩: *sich nur in Gemeinschaft mit Gleichgesinnten wohlfühlen* || [K-] Gemeinschaftserlebnis, Gemeinschaftsraum

ge·mein·schaft·lich *Adjektiv;* in einer Gemeinschaft, Gruppe mit anderen Menschen (verbunden oder handelnd) ≈ gemeinsam ⟨Eigentum, Interessen; eine Arbeit; etwas gemeinschaftlich tun⟩

Ge·mein·schafts·ge·fühl *das; -s; nur Singular;* das Gefühl, zu einer Gruppe von Menschen zu gehören

Ge·mein·wohl *das; -(e)s; nur Singular;* das, was für eine Gemeinschaft (*z.B.* einen Staat) und die Mitglieder gut ist

ge·mes·sen **1** *Partizip Perfekt;* ↑ **messen** **2** *Adjektiv;* ruhig und mit Würde ⟨ein Auftreten, eine Haltung⟩ **3** *Adjektiv* ≈ richtig, angemessen ⟨jemandem in gemessenem Abstand folgen⟩

Ge·met·zel *das; -s, -;* das Töten von vielen (*meist* wehrlosen) Menschen oder Tieren ≈ Blutbad ⟨ein blutiges, grausames, sinnloses Gemetzel⟩

ge·mie·den *Partizip Perfekt;* ↑ **meiden**

Ge·misch *das; -(e)s, -e;* **ein Gemisch** (+ *Genitiv*/ **aus, von etwas**) etwas, das entsteht, wenn mehrere Dinge oder Stoffe durcheinander, zusammen sind ≈ Mischung: *ein Gemisch aus Wasser und Wein*

ge·mischt *Adjektiv;* drückt aus, dass Frauen und Männer oder Mädchen und Jungen (gleichzeitig) daran teilnehmen ⟨ein Doppel (beim Tennis), eine Sauna, ein Chor⟩

ge·mocht *Partizip Perfekt;* ↑ **mögen**

ge·mol·ken *Partizip Perfekt;* ↑ **melken**

Ge·mü·se [A1] *das; -s, -;* (Teile von) Pflanzen (wie Erbsen, Bohnen, Kohl *usw*), die man (*meist* gekocht) isst ⟨frisches, rohes, gedünstetes, gekochtes Gemüse; Gemüse anbauen, ernten, schneiden, kochen⟩: *Heute gibt es Fleisch, Kartoffeln und Gemüse* || ↑ Illustration **Obst und Gemüse** || [K-] Gemüseanbau, Gemüsebeet, Gemüseeintopf, Gemüsegarten, Gemüsesorte, Gemüsesuppe || Hinweis: Obst und Getreide sind kein Gemüse

ge·musst *Partizip Perfekt;* ↑ **müssen**[2]

ge·mus·tert *Adjektiv; nicht als Adverb;* mit einem Muster ↔ uni ⟨ein Stoff, eine Tapete⟩: *eine bunt gemusterte Bluse*

Ge·müt *das; -(e)s, -er* **1** *nur Singular;* die Gefühle, die typisch für eine Person sind und die ihr Verhalten bestimmen ⟨ein ängstliches, freundliches, kindliches, sanftes Gemüt (haben); jemandes Gemüt bewegen, erschüttern⟩ || [K-] Gemütsverfassung, Gemütszustand **2** *nur Plural* ≈ Menschen ⟨etwas bewegt, erhitzt, erregt die Gemüter⟩ || [ID] **sich** (*Dativ*) **etwas zu Gemüte führen** *humorvoll; meist* etwas Gutes lesen, essen oder trinken: *sich eine Flasche Wein zu Gemüte führen*

ge·müt·lich A2 *Adjektiv* **1** so (angenehm), dass man sich wohlfühlen kann ⟨eine Atmosphäre, ein Lokal, ein Sessel, eine Wohnung⟩ **2** in angenehmer Gesellschaft ⟨ein Beisammensein, ein Treffen; gemütlich beisammensitzen⟩ **3** langsam, ohne Eile ⟨ein Spaziergang, ein Tempo⟩ **4** **es sich** (*Dativ*) **irgendwo gemütlich machen** (sich hinlegen oder setzen und) sich entspannen || *hierzu* 1-3 **Ge·müt·lich·keit** *die; -; nur Singular*

Ge·müts·ru·he *die; -; nur Singular; meist in* **in aller Gemütsruhe** *umg;* ganz ruhig (und ohne Eile): *Fünf Minuten vor dem Abflug schlenderte er in aller Gemütsruhe zum Flugsteig*

Gen *das; -s, -e; meist Plural; Biologie;* das kleinste Merkmal, das vererbt wird ≈ Erbanlage || K- Genforschung, Genmanipulation

ge·nannt *Partizip Perfekt;* ↑ **nennen**

ge·nas *Imperfekt; 1. und 3. Person Singular;* ↑ **genesen**

ge·nau B1 *genauer, genau(e)st-; Adjektiv* **1** so, dass es ohne Fehler oder Unterschied, in allen Einzelheiten (zu einer Regel, zu einem Vorbild, zur Wirklichkeit) passt ≈ exakt ⟨eine Übersetzung; die Uhrzeit; sich genau an etwas (*Akkusativ*) halten; etwas ist genau das Richtige⟩: *Die Schnur ist genau zwölf Meter lang* **2** so, dass nichts Wichtiges fehlt ⟨eine Beschreibung, ein Bericht, eine Untersuchung, eine Zeichnung⟩ **3** *nur als Adverb;* sehr gut ⟨jemanden/etwas genau kennen; sich etwas genau merken; genau aufpassen⟩ **4** **es mit etwas genau nehmen** etwas sehr sorgfältig tun ⟨es mit der Arbeit, dem Geld, den Vorschriften genau nehmen⟩ **5** **genau genommen** wenn man es genau nimmt ≈ streng genommen: *Sie nennt ihn „Vater", aber genau genommen ist er ihr Stiefvater*

Ge·nau·ig·keit *die; -, -en; meist Singular* **1** das exakte Funktionieren (1) ⟨die Genauigkeit einer Uhr, einer Waage⟩ **2** eine strenge Sorgfalt ⟨etwas mit peinlicher Genauigkeit tun⟩

ge·nau·so B2 *Adverb;* **genauso (... wie ...)** in der gleichen Weise oder im gleichen Maß wie jemand anderer/etwas anderes ≈ ebenso ⟨genauso gut, lange, oft, viel, weit, wenig *usw*⟩: *Ein Würfel ist genauso hoch wie breit* || Aber: *„Habe ich es richtig gemacht?" – „Ja, genau so macht man das."* (getrennt geschrieben)

ge·neh·mi·gen; *genehmigte, hat genehmigt;* **(jemandem) etwas genehmigen** jemandem etwas (offiziell) erlauben: *Hat dein Chef dir den Urlaub genehmigt?*

Ge·neh·mi·gung *die; -, -en* **1** **eine Genehmigung (für/zu etwas)** die Erlaubnis, etwas zu tun ⟨ eine/jemandes Genehmigung einholen, erhalten; jemandem eine Genehmigung erteilen, entziehen⟩ **2** das Dokument, das etwas erlaubt ⟨eine Genehmigung vorlegen⟩

ge·neigt *Adjektiv; förmlich* **1** **zu etwas geneigt sein** bereit, willig sein, etwas zu tun: *Er war nicht geneigt, ihr zu glauben* **2** **jemandem geneigt sein** zu jemandem freundlich und gut sein ≈ jemandem wohlgesonnen sein

Ge·ne·ral *der; -s, -e/Ge·ne·rä·le; Militär;* der höchste Offizier in einer Armee

Ge·ne·ral- *im Substantiv* **1** drückt aus, dass etwas (fast) alles/alle betrifft; die **Generalamnestie**, der **Generalbevollmächtigte**, der **Generalstreik**, die **Generalversammlung** **2** drückt aus, dass jemand den höchsten Rang hat bzw. dass etwas die höchste Instanz ist; der **Generaldirektor**, der **Generalintendant**, der **Generalstaatsanwalt**, der **Generalvertreter**

Ge·ne·ral·pro·be *die; -, -n;* die letzte Probe (vor der ersten Aufführung) eines Theaterstückes, Konzerts *o.Ä.*

Ge·ne·ral·sek·re·tär *der; -s, -e;* der Leiter der Verwaltung einer großen Organisation, einer Partei *o.Ä.*: *der Generalsekretär der UNO* || *hierzu* **Ge·ne·ral·sek·re·tä·rin** *die; -, -nen*

Ge·ne·ra·ti·on [-'tsio:n] *die; -, -en;* alle Menschen, die in der gleichen Zeit geboren sind ⟨die junge, ältere, heutige Generation⟩

Ge·ne·ra·tor *der; -s, Ge·ne·ra·to·ren;* eine Maschine, die elektrischen Strom erzeugt ≈ Dynamo

ge·ne·rell *Adjektiv;* nicht auf einen einzelnen Fall beschränkt, sondern allgemein ↔ speziell ⟨eine Entscheidung, eine Lösung, ein Problem; etwas generell ablehnen, erlauben, verbieten⟩

ge·ne·sen; *genas, ist genesen;* **(von etwas) genesen** *förmlich;* wieder gesund werden || *hierzu* **Ge·ne·sung** *die; -, -en; meist Singular*

ge·ne·tisch *Adjektiv;* in Bezug auf die Merkmale, die man geerbt hat (Gene), und ihre Erforschung ⟨ein Experiment, eine Manipulation⟩: *eine Krankheit mit genetischen Ursachen; die genetische Information in den Körperzellen* || *hierzu* **Ge·ne·tik** *die; -; nur Singular*

ge·ni·al [-'nia:l] *Adjektiv* **1** *nicht als Adverb;* höchst klug und (*z.B.* künstlerisch) besonders begabt ⟨ein Erfinder, ein Künstler⟩ **2** *umg;* sehr gut ≈ toll: *Das ist eine geniale Idee!* || *hierzu* **Ge·ni·a·li·tät** *die; -; nur Singular*

Ge·nick *das; -(e)s, -e; meist Singular;* der hintere, feste Teil des Halses ⟨jemandem/sich das Genick brechen⟩

Ge·nie [ʒe'niː] *das; -s, -s;* jemand, der äußerst klug, (künstlerisch) begabt ist: *Sie ist ein mathematisches Genie*

ge·nie·ren, sich [ʒe-]; *genierte sich, hat sich geniert;* **sich genieren** sich unsicher (und scheu) fühlen und benehmen ≈ sich schämen ⟨sich vor jemandem genieren⟩: *Sie genierte sich in ihrem neuen Bikini*

G

ge·nieß·bar *Adjektiv; nicht als Adverb; meist* **etwas ist nicht mehr genießbar** eine Speise, ein Getränk *o.Ä.* schmeckt nicht mehr, ist nicht mehr gut || ID *meist* **Er/Sie ist nicht genießbar** *umg;* er/sie hat schlechte Laune und ist unfreundlich

ge·nie·ßen; *genoss, hat genossen;* **etwas genießen** Freude (bei etwas Angenehmem) empfinden ⟨gutes Essen, Musik, die Ruhe *usw* genießen⟩ || ▸ **Genuss**

Ge·ni·tal·be·reich *der; -(e)s; nur Singular;* der Teil des Körpers, an dem die primären Geschlechtsorgane sind

Ge·ni·ta·li·en [-li̯ən] *die; -; Plural; Medizin* ≈ Geschlechtsteile, Geschlechtsorgane

Ge·ni·tiv B1 [-f] *der; -s, -e* [-v-]; *Sprachwissenschaft;* der Kasus, in dem ein Wort (*meist* Substantiv) steht, das auf die Frage „wessen" antwortet ≈ zweiter Fall

gen·ma·ni·pu·liert *Adjektiv; nicht als Adverb; meist abwertend;* ⟨Pflanzen, Tiere⟩ mit neuen Eigenschaften, die (nicht durch Züchtung, sondern) durch wissenschaftliche (Gen)Technik geschaffen wurden: *die Kennzeichnung von genmanipulierten Lebensmitteln* || *hierzu* **Gen·ma·ni·pu·la·ti·on** *die; -, -en*

ge·nom·men *Partizip Perfekt;* ↑ **nehmen**

ge·noss *Imperfekt, 1. und 3. Person Singular;* ↑ **genießen**

Ge·nos·se *der; -n, -n* **1** verwendet (von Mitgliedern einer Gewerkschaft, einer sozialdemokratischen, sozialistischen oder kommunistischen Partei) als Anrede und Bezeichnung für andere Mitglieder **2** *historisch;* verwendet als Anrede für Offiziere, Funktionäre *usw* in der DDR ⟨der Genosse Direktor, Major, Staatsratsvorsitzende *usw*⟩ || *hierzu* **Ge·nos·sin** *die; -, -nen*

ge·nos·sen *Partizip Perfekt;* ↑ **genießen**

Ge·nos·sen·schaft *die; -, -en;* eine Organisation *meist* von Bauern oder Handwerkern (die *z.B.* gemeinsam Maschinen kaufen oder gemeinsam den Verkauf ihrer Produkte organisieren) || K- Genossenschaftsbank, Genossenschaftsbauer || -K Landwirtschaftsgenossenschaft, Produktionsgenossenschaft || *hierzu* **ge·nos·sen·schaft·lich** *Adjektiv*

Gen·tech·nik *die; -; nur Singular; Biologie;* die künstliche Veränderung von Genen || *hierzu* **gen·tech·nisch** *Adjektiv*

ge·nug A2 *Adverb* **1** so viel, so sehr, wie nötig ist ≈ ausreichend: *Zeit genug/genug Zeit für seine Arbeit haben; nicht genug zu essen haben; sich nicht genug anstrengen* **2** *Adjektiv* + **genug** so, dass die genannte Eigenschaft in ausreichendem Maß vorhanden ist: *Er ist schon alt genug, um das zu verstehen* **3** *Adjektiv* + **genug** verwendet, um eine negative Aussage zu verstärken: *Das ist schlimm genug!* || ID **von jemandem/etwas genug haben** *umg;* eine Person oder Sache nicht mehr mögen

Ge·nü·ge *die; nur in* **1** **zur Genüge** *meist abwertend;* mehr als ausreichend oder schon zu oft: *Hör mit diesen Vorwürfen auf. Die kenn ich schon zur Genüge!* **2** **etwas** (*Genitiv*) **Genüge tun/leisten** *förmlich;* alles tun, was nötig ist ≈ erfüllen ⟨jemandes Bitten, Forderungen Genüge tun/leisten⟩

ge·nü·gen; *genügte, hat genügt;* **etwas genügt (jemandem) (für/zu etwas)** etwas reicht (jemandem) aus, ist genug (1): *Genügt dir eine Stunde zum Einkaufen/für den Einkauf?* || *hierzu* **ge·nü·gend** *Adjektiv*

ge·nüg·sam *Adjektiv;* mit wenig zufrieden ≈ anspruchslos ⟨ein Mensch, ein Tier⟩

Ge·nug·tu·ung *die; -; nur Singular;* **Genugtuung (über etwas** (*Akkusativ*)**)** das Gefühl, zufrieden zu sein mit dem, was man bekommen oder erreicht hat ≈ Befriedigung ⟨Genugtuung empfinden⟩

Ge·nus, Ge·nus *das; -, Ge·ne·ra; Sprachwissenschaft;* eine der drei grammatischen Klassen (männlich/maskulin, weiblich/feminin, sächlich/neutrum) von Substantiven ≈ (grammatisches) Geschlecht

Ge·nuss *der; -es, Ge·nüs·se* **1** die Freude, die jemand empfindet, der etwas Angenehmes hört, sieht, schmeckt, riecht oder fühlt: *Sie aß die Torte mit Genuss* **2** *nur Singular;* **der Genuss** (+ *Genitiv*/**von etwas**) *förmlich;* das Essen oder Trinken: *Jugendlichen den Genuss von Alkohol verbieten*

ge·nüss·lich *Adjektiv;* voller Genuss (1) ≈ genießerisch

Ge·nuss·mit·tel *das; -s, -;* etwas (wie *z.B.*

Das Genus der Substantive

Bei vielen Substantiven im Deutschen muss das Genus (das grammatische Geschlecht) mit dem Substantiv mitgelernt werden, da es keine allgemeingültigen Regeln für die Zuordnung gibt. Es gibt aber einige Hinweise, die helfen können, das Genus zu bestimmen:

Gewöhnlich sind maskulin:	Gewöhnlich sind feminin:	Gewöhnlich sind sächlich:
1. Substantive auf **-er**, **-ig**, **-ling**, **-s**: **der Becher** **der Käfig** **der Liebling** **der Fuchs**	1. Substantive auf **-ei**, **-heit**, **-keit**, **-schaft** und **-ung**: **die Bücherei** **die Helligkeit** **die Sauberkeit** **die Gesellschaft** **die Anerkennung**	1. Wörter mit den Verkleinerungsformen **-chen** und **-lein**: **das Häuschen** **das Fräulein**
2. Die Namen der Jahreszeiten, Monate und Wochentage: **der Sommer** **der März** **der Samstag**	2. Die Mehrzahl der Substantive auf **-e**: **die Tomate** **die Seite** **die Buche**	2. Sammelbegriffe, die mit **Ge-** anfangen: **das Geschrei** **das Getue**
3. Die Namen der Himmelsrichtungen und Winde: **der Norden** **der Süd(wind)**	3. Die Namen der Zahlen: **die Eins** **die Million**	3. Substantivierte Infinitive: **das Wandern** **das Lernen**
		4. Die Namen von Buchstaben, chemischen Elementen, Farben und Sprachen: **das Chlor** **das A** **das Rot** **das Deutsch(e)**

SPRACHE LERNEN

Schokolade oder Kaffee), das man isst, trinkt oder raucht, weil es gut schmeckt oder anregend wirkt (und nicht, weil man Hunger oder Durst hat) ↔ Nahrungsmittel

ge·öff·net *Adjektiv; nicht als Adverb* ≈ offen (1-3) ↔ geschlossen (4) ⟨ein Fenster, eine Flasche, ein Geschäft *usw*⟩: *mit weit geöffnetem Mund; Die Museen sind im August nur vormittags geöffnet*

Ge·o·gra·fie, **Ge·o·gra·phie** *die; -; nur Singular* **1** die Wissenschaft, die die (Länder der) Erde erforscht ⟨Geografie studieren⟩ **2** das Schulfach, in dem Geografie (1) gelehrt wird ≈ Erdkunde || *zu* 1 **ge·o·gra·fisch**, **ge·o·gra·phisch** *Adjektiv*

Ge·o·met·rie *die; -; nur Singular;* das Gebiet der Mathematik, das sich mit Linien, Flächen und Körpern befasst || *hierzu* **ge·o·met·risch** *Adjektiv*

Ge·päck B1 *das; -(e)s; nur Singular;* alles (die Koffer und Taschen), was man auf Reisen mit sich nimmt ⟨mit viel, wenig Gepäck reisen⟩ || ↑ Illustration **Am Bahnhof** || K- Gepäcknetz, Gepäckstück || -K Reisegepäck

Ge·päck·auf·be·wah·rung B1 *die; -, -en;* die Stelle in einem Bahnhof, an der man sein Gepäck zur Aufbewahrung abgeben kann

Ge·päck·trä·ger B2 *der; -s, -* **1** das Gestell über dem hinteren Rad eines Fahrrades, auf dem man eine Tasche befestigen kann **2** jemand, der an einem Bahnhof den Reisenden hilft, das Gepäck zu tragen

Ge·pard *der; -s, -e;* eine schlanke, (mittel)große Raubkatze, die ein gelbliches Fell mit kleinen dunklen Flecken hat und sehr schnell laufen kann || ↑ Abbildung unter **Raubkatzen**

ge·pfif·fen *Partizip Perfekt;* ↑ **pfeifen**

ge·pflegt B2 *gepflegter, gepflegtest-; Adjektiv* **1** (durch sorgfältige Pflege) in einem guten Zustand und deshalb angenehm, schön: *Der Garten ist sehr gepflegt* **2** so, dass jemand sehr auf sein gutes Aussehen achtet: *Er macht einen sehr gepflegten Eindruck*

ge·prie·sen *Partizip Perfekt;* ↑ **preisen**

ge·punk·tet *Adjektiv; nicht als Adverb;* mit vielen Punkten ⟨ein Stoff⟩: *ein rot gepunktetes Kleid*

G

ge·quält, *gequälter, gequältest-; Adjektiv;* nicht Freude, sondern Kummer *o.Ä.* ausdrückend ⟨*meist* ein Lächeln; gequält lächeln⟩

ge·quol·len *Partizip Perfekt;* ↑ **quellen**

ge·ra·de[1] B1 *Adjektiv* **1** ohne Änderung der Richtung, ohne Kurve, Bogen *o.Ä.* ↔ krumm ⟨sich gerade halten; gerade sitzen, stehen⟩: *mit dem Lineal eine gerade Linie ziehen; Der Baum ist gerade gewachsen* ‖ ↑ Abbildung unter **spitz** **2** ohne Abweichung von einer waagerechten oder senkrechten Linie ↔ schief, schräg ⟨etwas gerade halten, (hin)legen⟩: *Hängt das Bild so gerade?* **3** fest im Charakter ⟨ein Mensch⟩: *gerade und offen seine Meinung sagen* **4** *nur vor dem Substantiv oder als Adverb* ≈ genau (1) ⟨das gerade Gegenteil; gerade umgekehrt, entgegengesetzt⟩: *Er kommt gerade im rechten Augenblick* ‖ Hinweis: ↑ **Zahl**

ge·ra·de[2] B1 *Adverb* **1** in diesem Augenblick ≈ jetzt: *Ich habe gerade keine Zeit* **2** vor sehr kurzer Zeit ≈ soeben: *Ich bin gerade erst von der Reise zurückgekommen* **3** *meist* **ich** *usw* **wollte gerade** + *Infinitiv* ich war kurz davor, etwas zu tun: *Ich wollte gerade weggehen, als er anrief*

ge·ra·de[3] B1 *Partikel* **1** *meist unbetont;* verwendet, um zu betonen, dass eine Aussage auf jemanden/etwas besonders zutrifft: *Gerade du solltest das besser wissen!* **2** *unbetont;* verwendet, wenn man sich darüber ärgert, dass etwas zur falschen Zeit passiert oder die falsche Person trifft ≈ ausgerechnet (2,3): *Musste es gerade heute regnen, wo wir einen Ausflug machen wollten?; Warum passiert so etwas gerade mir?* **3** **nicht gerade** verwendet, um auf höfliche oder ironische Art zu betonen, dass etwas überhaupt nicht zutrifft: *Das ist nicht gerade das, was ich wollte; Das war nicht gerade die allerklügste Entscheidung* **4** **gerade noch** mit Mühe, nur knapp: *Das war gerade noch rechtzeitig; Das kann ich ja gerade noch verstehen, aber ...* **5** **gerade noch** verwendet, um auf ironische Art Ärger auszudrücken: *Das hat uns jetzt gerade noch gefehlt* (= das macht alles noch schlimmer)

ge·ra·de·aus A1 *Adverb;* ohne die Richtung zu ändern, weiter nach vorn ⟨geradeaus gehen, fahren *usw*⟩

ge·ra·de·ge·wach·sen ↑ **gerade**[1] (1)

ge·ra·de·ste·hen; *stand gerade, hat/südd* Ⓐ Ⓒⓗ *ist geradegestanden;* **für etwas geradestehen** die negativen Folgen von etwas tragen: *Warum soll ich für deine Fehler geradestehen?* ‖ Hinweis: aber: *nicht krumm, sondern gerade stehen* (getrennt geschrieben)

Ge·ra·nie [-ni̯ə] *die; -, -n;* eine Blume mit großen, leuchtend roten oder rosa Blüten, mit der man *bes* das Fenster oder den Balkon schmückt

ge·rann *Imperfekt, 3. Person Singular;* ↑ **gerinnen**

ge·rannt *Partizip Perfekt;* ↑ **rennen**

ge·rät *Präsens, 3. Person Singular;* ↑ **geraten**

Ge·rät *das; -(e)s, -e* **1** ein Gegenstand (*z.B.* ein Werkzeug), den man bei der Arbeit zur Hand nimmt ‖ -K Arbeitsgerät, Gartengerät, Schreibgerät, Sportgerät **2** ein technischer Gegenstand, der mit elektrischem Strom betrieben wird ≈ Apparat ⟨ein Gerät bedienen⟩ ‖ -K Fernsehgerät, Radiogerät, Videogerät **3** *meist Plural;* eine Konstruktion, an oder auf der man turnt ⟨an den Geräten turnen⟩ ‖ K- Geräteturnen ‖ -K Turngerät

ge·ra·ten[1]; *gerät, geriet, ist geraten* **1** **irgendwohin geraten** aus Zufall, ohne Absicht an einen anderen (*oft* falschen) Ort kommen: *auf die falsche Fahrbahn geraten* **2** **in etwas** (*Akkusativ*) **geraten** aus Zufall in eine unangenehme Situation kommen ⟨in Gefahr, in Not, in Schwierigkeiten, in Verdacht geraten; in einen Stau geraten⟩ **3** **an jemanden/etwas geraten** (aus Zufall) mit einer Person/Sache in Kontakt kommen und etwas zu tun haben: *Sie ist an eine Sekte geraten* **4** **etwas gerät (jemandem) irgendwie** etwas, das jemand produziert, wird so: *Der Kuchen ist dir gut/schlecht/nicht geraten*

ge·ra·ten[2] *Partizip Perfekt;* ↑ **raten**

Ge·ra·te·wohl *das; nur in* **aufs Geratewohl** *umg;* ohne festes Ziel (und ohne das Ergebnis absehen zu können): *Wir sind im Urlaub ohne festen Plan, einfach aufs Geratewohl losgefahren*

Ge·räu·cher·te *das; -n; nur Singular;* (Schweine)Fleisch, das lange im Rauch gehangen hat

ge·räu·mig B2 *Adjektiv;* ⟨ein Haus, eine Wohnung, ein Zimmer, ein Schrank *usw*⟩ so, dass sie viel Platz bieten

Ge·räusch *das; -(e)s, -e;* etwas, das man hören kann ⟨ein lautes, leises, dumpfes, störendes, (un)angenehmes Geräusch⟩ || K- geräuscharm, geräuschlos, geräuschvoll || Hinweis: ↑ **Laut**, **Ton**

Ge·räusch·ku·lis·se *die; -, -n;* die Geräusche im Hintergrund, die man oft nicht bewusst oder nicht deutlich wahrnimmt

ge·recht B1 *gerechter, gerechtest-; Adjektiv* **1** so, dass es dem Recht oder der Moral entspricht ↔ ungerecht ⟨eine Entscheidung, eine Strafe, ein Urteil; jemanden gerecht behandeln, bestrafen, beurteilen⟩ **2** *nicht als Adverb;* gerecht (1) handelnd ↔ ungerecht ⟨ein Richter, ein Lehrer⟩ **3** *nur vor dem Substantiv, nicht als Adverb;* (angemessen und) gut begründet ⟨ein Anspruch, eine Forderung, ein Zorn⟩ **4** **etwas** *(Dativ)* **gerecht werden** so sein oder handeln, wie es für eine Sache richtig und nötig ist: *den Anforderungen nicht gerecht werden können; Der Film wird dem Thema nicht gerecht*

-ge·recht *im Adjektiv; nach Substantiv, unbetont;* so, wie es richtig und nötig ist ≈ -gemäß (2); **artgerecht** ⟨die Haltung eines Tieres⟩; **familiengerecht** ⟨eine Wohnung⟩, **maßstabsgerecht** ⟨eine technische Zeichnung⟩, **termingerecht** ⟨eine Lieferung⟩

Ge·rech·tig·keit B1 *die; -; nur Singular* **1** die Eigenschaft, gerecht (1, 2) zu sein: *Zweifel an der Gerechtigkeit eines Urteils, eines Richters haben* **2** etwas, das man für gerecht (1) hält, *bes* ein Verhalten oder eine Handlung ↔ Ungerechtigkeit ⟨Gerechtigkeit üben/walten lassen (= jemanden gerecht behandeln); Gerechtigkeit fordern; jemandem/sich/etwas Gerechtigkeit verschaffen; die Gerechtigkeit nimmt ihren Lauf⟩ || K- Gerechtigkeitsgefühl, Gerechtigkeitsliebe, Gerechtigkeitssinn || ID *meist* **Das ist ausgleichende Gerechtigkeit** das gleicht etwas aus, das man als ungerecht empfunden hat

Ge·re·de *das; -s; nur Singular; abwertend* **1** viele Worte mit wenig Inhalt (über etwas *meist* Unwichtiges) ≈ Geschwätz ⟨dummes, törichtes Gerede⟩ **2** **Gerede (über jemanden/etwas)** das (Negative oder Falsche), was über jemanden/etwas gesagt wird ≈ Klatsch ⟨es gibt böses, viel Gerede⟩ **3** **jemand/etwas kommt ins Gerede** jemand/etwas wird (in negativer Form) zum öffentlichen Thema

ge·reizt, *gereizter, gereiztest-; Adjektiv;* nervös und aggressiv ⟨eine Atmosphäre; gereizt sein, reagieren⟩

Ge·richt[1] B1 *das; -(e)s, -e* **1** *meist Singular;* eine Institution des Staates, in der Richter darüber entscheiden, wer in einem Streit recht hat (Zivilgericht) oder ob jemand gegen ein Gesetz verstoßen hat und welche Strafe er dafür bekommt (Strafgericht) ⟨eine Sache vor Gericht bringen; mit einer Sache vor Gericht gehen; sich vor (dem) Gericht verantworten müssen⟩ || K- Gerichtsakte, Gerichtsprozess, Gerichtsverfahren, Gerichtsverhandlung **2** *nur Singular;* die Richter, die das Urteil in einem Prozess sprechen ⟨das Gericht spricht jemanden frei, verurteilt jemanden⟩ || K- Gerichtsbeschluss, Gerichtsurteil **3** das Gebäude, in dem ein Gericht (1) ist ⟨aufs Gericht gehen, müssen⟩ || K- Gerichtssaal **4** **vor Gericht kommen/stehen** angeklagt werden/sein || ID **mit jemandem hart/streng ins Gericht gehen** jemanden streng kritisieren oder bestrafen || *zu* 1 und 2 **ge·richt·lich** *Adjektiv*

Ge·richt[2] B1 *das; -(e)s, -e;* ein warmes Essen ⟨ein Gericht zubereiten, auftragen/auf den Tisch bringen⟩: *ein vegetarisches Gericht* || -K Fischgericht, Fleischgericht, Pilzgericht *usw*

Ge·richts·voll·zie·her *der; -s, -;* ein Beamter (Mitarbeiter der Justiz), der Geld oder wertvolle Gegenstände beschlagnahmt (pfändet), wenn jemand seine Schulden oder eine Geldstrafe nicht zahlt || *hierzu* **Ge·richts·voll·zie·he·rin** *die; -, -nen*

ge·rie·ben *Partizip Perfekt;* ↑ **reiben**

ge·riet *Imperfekt, 1. und 3. Person Singular;* ↑ **geraten**

ge·ring *Adjektiv* **1** wenig oder klein ⟨ein Ausmaß, ein Gewicht, eine Größe, eine Entfernung, eine Dauer, eine Menge, ein Unterschied; von geringer Bedeutung⟩: *die Ausgaben gering halten; gering bemessene Portionen; Er gibt sich nicht die geringste Mühe bei seiner Arbeit* **2** **nicht im Geringsten** ≈ überhaupt nicht: *Das interessiert mich nicht im Geringsten!* **3** **jemanden/etwas gering schätzen** jemanden/etwas als unbedeutend ansehen ≈ verachten || *zu* 3 **Ge·ring·schät·zung** *die; -; nur Singular*

ge·ring·fü·gig *Adjektiv;* wenig, klein oder unwichtig ⟨eine Änderung, ein Anlass, ein Unterschied, eine Verletzung⟩: *Das Manuskript muss nur noch geringfügig geändert werden, dann kann es gedruckt werden*

ge·ring·schät·zen *(hat)* ↑ **gering** (4)

ge·rin·nen; *gerann, ist geronnen;* **etwas gerinnt** eine Flüssigkeit wird (allmählich) fest ⟨Blut, Milch⟩ || *hierzu* **Ge·rin·nung** *die; -; nur Singular*

Ge·rinn·sel *das; -s, -;* ein kleines Stück (ein Klumpen) von fest gewordenem Blut in einer

Ader *o.Ä.* || [-K] Blutgerinnsel

Ge·rịp·pe *das; -s, -;* ≈ Skelett

ge·rịs·sen [1] *Partizip Perfekt;* ↑ **reißen** [2] *Adjektiv; umg, meist abwertend;* sehr schlau ≈ raffiniert ⟨ein Betrüger, ein Geschäftsmann⟩ || *zu* 2 **Ge·rịs·sen·heit** *die; -; nur Singular*

ge·rịt·ten *Partizip Perfekt;* ↑ **reiten**

Ger·ma̲·ne *der; -n, -n;* ein Angehöriger eines der Völker, die Deutsch, Dänisch, Niederländisch, Schwedisch oder eine verwandte Sprache sprechen || *hierzu* **Ger·ma̲·nin** *die; -, -nen;* **ger·ma̲·nisch** *Adjektiv*

Ger·ma·nịs·tik *die; -; nur Singular;* die Wissenschaft, die *bes* die deutsche Sprache und Literatur erforscht ⟨Germanistik studieren, lehren⟩ || *hierzu* **Ger·ma·nịst** *der; -en, -en;* **Ger·ma·nịs·tin** *die; -, -nen;* **ger·ma·nịs·tisch** *Adjektiv*

gẹrn, gẹr·ne [A1], *lieber, am liebsten; Adverb* [1] mit Freude und Vergnügen ⟨etwas gern tun, etwas gern haben wollen, etwas gern mögen⟩: *Im Sommer gehe ich gern zum Schwimmen; Meinen alten Mantel trage ich viel lieber als den neuen; Am liebsten würde ich jetzt einen Spaziergang machen* [2] sofort und ohne Probleme ≈ ohne Weiteres: *Das glaube ich dir gern!*

gẹrn·ha·ben; *hat gern, hatte gern, hat gerngehabt;* **jemanden/etwas gernhaben** jemanden/etwas mögen, nett/gut finden: *Ich habe ihn wirklich gern, aber ich liebe ihn nicht; Ich habe es nicht gern, wenn man mich hetzt* || [ID] **Du kannst mich (mal) gernhaben!** *oder* **Der/Die kann mich (mal) gernhaben!** *umg ironisch;* verwendet, um auszudrücken, dass man sich über jemanden ärgert (und seinen Wunsch nicht erfüllen wird)

ge·rọ·chen *Partizip Perfekt;* ↑ **riechen**

Ge·rọ̈ll *das; -(e)s; nur Singular;* viele Steine, die sich an Bergen und in (Fluss)Tälern ablagern || [K-] Geröllhalde, Gerölllawine

ge·rọn·nen [1] *Partizip Perfekt;* ↑ **rinnen** [2] *Partizip Perfekt;* ↑ **gerinnen**

Gẹrs·te *die; -; nur Singular;* ein Getreide, aus dem man *z.B.* Bier macht

Gẹrs·ten·korn *das; -(e)s, -kör·ner* [1] ein (Samen)Korn der Gerste [2] eine entzündete (eitrige) Schwellung am (Augen)Lid

Ge·rụch *der; -(e)s, Ge·rü·che;* etwas, das man mit der Nase wahrnehmen kann: *ein unangenehmer Geruch nach faulem Obst* || [K-] geruchlos

Ge·rụchs·sinn *der; -(e)s; nur Singular;* die Fähigkeit, Gerüche wahrnehmen zu können ⟨einen guten Geruchssinn haben⟩

Ge·rụ̈cht *das; -(e)s, -e;* eine Nachricht, die sich (mündlich) verbreitet, die aber *oft* nicht wahr ist ⟨ein Gerücht geht um; ein Gerücht ausstreuen/in die Welt setzen⟩

ge·ru̲h·sam *Adjektiv;* ohne Eile und Aufregung ≈ ruhig ⟨ein Nachmittag, ein Abend *usw*, ein Lebensabend⟩

Ge·rụ̈m·pel *das; -s; nur Singular; abwertend;* alte Dinge, die kaputt oder nutzlos sind (und noch irgendwo liegen)

ge·rụn·gen *Partizip Perfekt;* ↑ **ringen**

Ge·rụ̈st *das; -(e)s, -e;* eine (hohe) Konstruktion aus Stangen und Brettern ⟨ein Gerüst aufbauen/errichten, abbauen⟩ || [-K] Baugerüst, Malergerüst; Holzgerüst, Stahlgerüst

ge·sạl·zen [1] *Partizip Perfekt;* ↑ **salzen** [2] *Adjektiv; nicht als Adverb; umg;* sehr hoch, zu hoch ⟨*meist* Preise⟩

ge·sạm·t- *Adjektiv; nur vor dem Substantiv, nicht als Adverb* [1] alle Mitglieder (einer Gruppe) ohne Ausnahme: *die gesamte Familie; die gesamte Bevölkerung* [2] alles von einer Menge, Einheit (ohne Einschränkung): *die gesamte Ernte; sein gesamtes Einkommen* || [K-] Gesamtbetrag, Gesamtgewicht, Gesamtsumme, Gesamtwert

Ge·sạmt·heit *die; -; nur Singular;* alle Personen, Dinge, Erscheinungen, die mit einem Begriff genannt werden: *die Gesamtheit der Lehrer einer Schule*

Ge·sạmt·schu·le *die; -, -n;* eine Schule, in der Schüler mit verschiedenen Zielen und Ausbildungen gemeinsam unterrichtet werden

ge·sạndt *Partizip Perfekt;* ↑ **senden**

Ge·sạnd·te *der/die; -n, -n;* ein Diplomat, der einen Staat in einem anderen Staat vertritt (und der im Rang unter dem Botschafter steht)

Ge·sạng *der; -(e)s; nur Singular;* das Singen ⟨der Gesang eines Vogels, eines Chores⟩ || [K-] Gesang(s)buch, Gesang(s)probe, Gesang(s)unterricht, Gesang(s)verein

Ge·sä̲ß *das; -es, -e;* der Teil des Körpers, auf dem man sitzt

ge·sạ̈t·tigt *Adjektiv* [1] *nicht als Adverb; Chemie;* ⟨eine Lösung⟩ so, dass man nicht noch mehr von einer Substanz darin (auf)lösen kann [2] *meist* **der Markt ist gesättigt** man kann dort kaum noch Produkte (einer bestimmten Art) verkaufen

ge·schạf·fen *Partizip Perfekt;* ↑ **schaffen**

Ge·schäft A2 *das; -(e)s, -e* **1** das Kaufen oder Verkaufen von Waren oder Leistungen mit dem Ziel, einen (finanziellen) Gewinn zu machen ≈ Handel ⟨(mit jemandem) Geschäfte machen, (mit jemandem) ein Geschäft abschließen, abwickeln; die Geschäfte gehen gut, schlecht⟩ || K- Geschäftsabschluss, Geschäftsbrief, Geschäftsfreund, Geschäftskosten, Geschäftspartner, Geschäftsreise **2** eine Firma oder ein Betrieb ⟨ein Geschäft gründen, führen/leiten, aufgeben⟩: *Nach dem Tode des Vaters übernahm sie die Leitung des Geschäfts* || K- Geschäftsinhaber(in) **3** ein Gebäude oder der Teil eines Gebäudes, in dem Waren verkauft werden ≈ Laden: *Dieses Geschäft ist/hat/bleibt über Mittag geöffnet* || K- Geschäftsräume, Geschäftsstraße, Geschäftszeit || -K Lebensmittelgeschäft, Schreibwarengeschäft *usw* **4** *meist Plural;* eine Aufgabe, die jemand (regelmäßig) tun muss ≈ Funktion ⟨wichtige, die laufenden Geschäfte erledigen⟩ **5** **sein Geschäft verstehen** seine (beruflichen) Aufgaben gründlich und gut machen || ID **ein großes/kleines Geschäft (machen)** *umg beschönigend;* seinen Darm, die Blase entleeren

Ge·schäf·te·ma·cher *der; -s, -; abwertend;* jemand, der immer Geschäfte (1) machen will, um möglichst viel Gewinn zu haben || *hierzu* **Ge·schäf·te·ma·che·rin** *die; -, -nen*

ge·schäf·tig *Adjektiv;* eilig und voller Eifer ⟨geschäftig hin und her eilen; es herrscht ein geschäftiges Treiben⟩

ge·schäft·lich *Adjektiv;* in Bezug auf ein Geschäft (1) ↔ privat ⟨ein Gespräch, eine Vereinbarung; geschäftlich verreisen⟩

Ge·schäfts·be·din·gun·gen *die; -; Plural;* die (in einem Vertrag festgelegten) Bedingungen, denen man zustimmen muss, wenn man mit einer Firma ein Geschäft (1) abschließen will

ge·schäfts·fä·hig *Adjektiv; nicht als Adverb; Rechtswesen;* (*z.B.* aufgrund des Alters) mit dem Recht, selbstständig gültige Geschäfte zu machen ↔ geschäftsunfähig || *hierzu* **Ge·schäfts·fä·hig·keit** *die; -; nur Singular*

Ge·schäfts·füh·rer *der; -s, -;* jemand, der (im Auftrag des Besitzers, eines Vorstandes) eine Firma, einen Verein oder eine Organisation leitet || *hierzu* **Ge·schäfts·füh·re·rin** *die; -, -nen*

Ge·schäfts·lei·tung *die; -, -en* **1** *nur Singular;* das Führen einer Fima **2** alle Personen, die eine Firma (ein Unternehmen) leiten

Ge·schäfts·mann *der; -(e)s, -leu·te;* ein Mann, der ein Geschäft (2) leitet oder besitzt || Hinweis: Wenn man von *Geschäftsleuten* spricht, sind Männer und Frauen gemeint || *hierzu* **Ge·schäfts·frau** *die; -, -en*

Ge·schäfts·ord·nung *die; -, -en;* Vorschriften, die regeln, wie die Handlungen in einem Amt, einem Parlament, einem Verein *o.Ä.* ablaufen müssen ⟨eine Geschäftsordnung aufstellen, ändern; gegen die Geschäftsordnung verstoßen⟩

Ge·schäfts·stel·le *die; -, -n; meist Singular;* das Büro (einer Organisation, einer Partei oder eines Vereins), das *z.B.* dem Kontakt mit der Öffentlichkeit dient

ge·schäfts·tüch·tig *Adjektiv;* fähig und geschickt darin, Geschäfte (1) zu machen

ge·schah *Imperfekt, 3. Person Singular;* ↑ **geschehen**

ge·schä·he *Konjunktiv II, 3. Person Singular;* ↑ **geschehen**

ge·sche·hen B2 [gəˈʃeːən]; *geschieht, geschah, ist geschehen* **1** **etwas geschieht** etwas (das nicht geplant war) ereignet sich ≈ etwas passiert ⟨ein Unfall, ein Unglück, ein Unrecht, ein Wunder *usw*⟩: *Es geschieht immer wieder, dass ...* **2** **etwas geschieht jemandem** etwas geschieht (1), das für jemanden unangenehm ist ≈ etwas widerfährt, passiert jemandem: *Keine Angst, hier kann dir nichts geschehen!* **3** **etwas geschieht (mit jemandem/etwas)** man tut etwas (Besonderes) (mit jemandem/etwas): *„Was geschieht mit den Kindern, wenn ihr in Urlaub seid?" – „Sie bleiben bei der Oma."* || ID **Gern geschehen!** verwendet, um höflich zu antworten, wenn einem jemand dankt: *„Vielen Dank für deine Hilfe" – „(Bitte,) gern geschehen!";* **etwas geschieht jemandem recht** jemand verdient nichts anderes: *Es geschieht ihr recht, wenn sie den Zug verpasst*

Ge·sche·hen B2 [gəˈʃeːən] *das; -s; nur Singular; förmlich;* etwas, das sich ereignet und abläuft ≈ Ereignisse, Vorgänge: *Interessiert verfolgten die Zuschauer das Geschehen auf der Bühne*

ge·scheit; *gescheiter, gescheitest-; Adjektiv;* mit viel Verstand ≈ klug ⟨eine Äußerung, eine Idee; Menschen⟩

Ge·schenk A2 *das; -(e)s, -e* **1** **ein Geschenk (von jemandem) (für jemanden)** etwas, das man jemandem (kostenlos) gibt, um ihm eine Freude zu machen ⟨ein kleines, großzügiges, wertvolles, (un)passendes Geschenk⟩: *Hast du schon ein Geschenk für Mutter zum Geburtstag?* || -K Abschiedsgeschenk, Geburtstagsgeschenk, Hochzeitsgeschenk, Weihnachtsgeschenk **2** **jemandem ein Ge-**

schenk machen; **jemandem etwas zum Geschenk machen** ≈ jemandem etwas schenken || ID **ein Geschenk des Himmels** etwas, das ganz unerwartet kommt und ein Problem löst

Ge·schich·te[1] B2 *die; -; nur Singular* **1** **die Geschichte** (+ *Genitiv*) die (historische) Entwicklung (eines Teils) der menschlichen Kultur oder der Natur ⟨der Gang/Lauf der Geschichte⟩: *die Geschichte Deutschlands, Amerikas usw; die Geschichte der Malerei, der Medizin, der Französischen Revolution* || K- Geschichtswissenschaft, Geschichtswissenschaftler || -K Kulturgeschichte, Kunstgeschichte, Literaturgeschichte *usw* **2** **die Geschichte** (+ *Genitiv*) (der Verlauf,) wie etwas entsteht, sich etwas (zu etwas) entwickelt || -K Entstehungsgeschichte, Krankengeschichte, Leidensgeschichte **3** das Fach und die Wissenschaft, die sich mit der Geschichte (1) beschäftigen ⟨Geschichte studieren, lehren⟩ || K- Geschichtsbuch, Geschichtslehrer, Geschichtsstunde **4** **eine Geschichte** (+ *Genitiv*) ein Buch *o.Ä.*, das sich mit (einem Teil) der Geschichte (1) beschäftigt: *eine Geschichte der modernen Kunst schreiben* || ID **jemand/etwas geht in die Geschichte ein** jemand/etwas ist so wichtig, dass sich spätere Generationen an ihn/daran erinnern werden

G

Ge·schich·te[2] B2 *die; -, -n* **1** **eine Geschichte (über jemanden/etwas)**; **eine Geschichte (von jemandem/etwas)** das, was von Ereignissen (die erfunden oder wirklich geschehen sind) erzählt oder geschrieben wird ⟨eine wahre, spannende, unterhaltsame, lustige Geschichte; (jemandem) eine Geschichte erzählen, vorlesen⟩: *Die Geschichte handelt von drei Hunden* || K- Geschichtenerzähler || -K Abenteuergeschichte, Detektivgeschichte, Liebesgeschichte, Tiergeschichte **2** *umg, meist abwertend* ≈ Angelegenheit, Sache ⟨eine dumme, unangenehme Geschichte; sich aus einer Geschichte heraushalten⟩: *Mach bloß keine große Geschichte daraus!*

ge·schicht·lich *Adjektiv* **1** *nur vor dem Substantiv oder als Adverb*; in Bezug auf die Geschichte[1] (1) ⟨ein Rückblick, ein Überblick, eine Entwicklung⟩ **2** tatsächlich geschehen ≈ historisch ⟨ein Ereignis, eine Tatsache, eine Wahrheit⟩

Ge·schick *das; -(e)s; nur Singular*; die Fähigkeit, etwas gut und schnell zu machen ⟨ein, kein Geschick für/zu etwas haben⟩

ge·schickt, *geschickter, geschicktest-; Adjektiv* **1** mit der Fähigkeit, etwas gut und schnell zu machen ⟨ein Handwerker; (handwerklich) geschickt sein; sich bei etwas geschickt anstellen⟩ **2** gut und klug ⟨geschickt fragen, agieren⟩: *Sein Anwalt hat ihn geschickt verteidigt* || *hierzu* **Ge·schick·lich·keit** *die; -; nur Singular*

ge·schie·den A2 *Partizip Perfekt*; ↑ **scheiden**

ge·schieht *Präsens, 3. Person Singular*; ↑ **geschehen**

ge·schie·nen *Partizip Perfekt*; ↑ **scheinen**

Ge·schirr A2 [gəˈʃɪr] *das; -(e)s; nur Singular*; die Dinge aus Glas, Porzellan *o.Ä.*, aus/von denen man isst oder trinkt, *bes* Teller, Schüsseln und Tassen ⟨das Geschirr abräumen, (ab)spülen, abwaschen, abtrocknen⟩ || K- Geschirrschrank, Geschirrspülmaschine, Geschirrspülmittel, Geschirrtuch

Ge·schirr·spü·ler B2 *der; -s, -; umg*; ein (elektrisches) Gerät, in dem schmutziges Geschirr gereinigt wird || Hinweis: Menschen, die in einem Restaurant *o.Ä.* Geschirr spülen, nennt man *Tellerwäscher*

ge·schis·sen *Partizip Perfekt*; ↑ **scheißen**

ge·schla·fen *Partizip Perfekt*; ↑ **schlafen**

ge·schla·gen **1** *Partizip Perfekt*; ↑ **schlagen** **2** *Adjektiv; nur vor dem Substantiv, nicht als Adverb*; **geschlagen** + *Zeitangabe* verwendet, wenn etwas zu lange gedauert hat: *Ich habe eine geschlagene Stunde vor dem Kino auf sie gewartet!*

Ge·schlecht B2 *das; -(e)s, -er* **1** *nur Singular*; die Merkmale, durch die ein Mensch oder Tier als männlich oder weiblich bestimmt wird: *Welches Geschlecht hat die Katze?* || K- Geschlechtsdrüsen, Geschlechtshormon, Geschlechtsorgane **2** alle Menschen oder Tiere mit dem gleichen Geschlecht (1) ⟨das männliche, weibliche Geschlecht⟩ **3** *Sprachwissenschaft* ≈ Genus **4** *nur Singular* ≈ Geschlechtsteil **5** *förmlich*; eine alte, bekannte Familie (2): *ein Kaiser aus dem Geschlecht der Karolinger* || -K Adelsgeschlecht, Fürstengeschlecht

ge·schlecht·lich *Adjektiv; nur vor dem Substantiv oder als Adverb* **1** in Bezug auf sexuelle Gefühle und auf sexuelles Verhalten ≈ sexuell ⟨Triebe, Lust⟩ **2** *Biologie*; ⟨die Fortpflanzung, die Vermehrung⟩ so, dass dabei beide Geschlechter (1) von Tieren/Pflanzen beteiligt sind ↔ ungeschlechtlich

Ge·schlechts·krank·heit *die; -, -en*; eine (Infektions)Krankheit, die *bes* beim Sex übertragen wird: *Syphilis ist eine Geschlechtskrankheit* || *hierzu* **ge·schlechts·krank** *Adjektiv; nicht als Adverb*

Ge·schlechts·part·ner *der; -s, -*; jemand, mit dem man sexuellen Kontakt hat ≈ Sexualpartner || *hierzu* **Ge·schlẹchts·part·ne·rin** *die; -, -nen*

Ge·schlẹchts·teil *das; -(e)s, -e;* einer der Teile des Körpers, die dem Sex dienen, *bes* Penis und Vagina

Ge·schlẹchts·ver·kehr *der; -(e)s; nur Singular* ≈ Sex ⟨(mit jemandem) Geschlechtsverkehr haben⟩

ge·schlị·chen *Partizip Perfekt;* ↑ **schleichen**

ge·schlịf·fen **1** *Partizip Perfekt;* ↑ **schleifen** **2** *Adjektiv;* perfekt in Bezug auf die äußere Form oder auf das Verhalten: *Er hat eine geschliffene Ausdrucksweise/geschliffene Manieren*

ge·schlọs·sen A1 **1** *Partizip Perfekt;* ↑ **schließen** **2** *Adjektiv; meist als Adverb;* so, dass alle Mitglieder einer Gruppe beteiligt sind ⟨ein Vorgehen; geschlossen abstimmen, auftreten, vorgehen; sich geschlossen zurückziehen⟩: *Die Abgeordneten stimmten geschlossen gegen die geplante Reform* **3** *Adjektiv; nur vor dem Substantiv, nicht als Adverb;* ⟨eine Gesellschaft, ein Kreis⟩ so, dass nur Eingeladene dazugehören **4** *Adjektiv; nicht als Adverb* nicht offen ≈ zu ↔ offen ⟨ein Buch, ein Fenster, ein Mund, ein Geschäft *usw*⟩: *mit geschlossenen Augen daliegen* || ↑ Abbildung unter **breit** **5** *Adjektiv; meist* **eine geschlossene Ortschaft** ein Dorf oder eine Stadt (im Gegensatz zu einem ländlichen Gebiet mit einzelnen Häusern): *Innerhalb geschlossener Ortschaften beträgt die Höchstgeschwindigkeit 50 km/h*

ge·schlụn·gen *Partizip Perfekt;* ↑ **schlingen**

Ge·schmạck *der; -(e)s, Ge·schmä·cke, umg hum Ge·schmä·cker* **1** das, was man mit der Zunge beim Essen oder Trinken wahrnimmt (schmeckt) ⟨ein süßer, salziger, saurer, bitterer, unangenehmer, guter, intensiver Geschmack⟩: *Die Wurst hat einen seltsamen Geschmack - Ich glaube, sie ist schlecht geworden* || K- Geschmacksnerv, Geschmackssinn **2** *nur Singular;* die Fähigkeit, Schönes von Hässlichem und Gutes von Schlechtem zu unterscheiden ⟨ein guter, sicherer, schlechter Geschmack; viel, wenig, (keinen) Geschmack haben⟩: *Sie kleidet sich immer mit viel Geschmack* || K- Geschmacksfrage **3** *meist Singular;* eine persönliche Vorliebe für etwas ⟨etwas ist nach jemandes Geschmack⟩: *Wir haben in vielen Dingen den gleichen Geschmack* **4** **der gute Geschmack** ≈ Anstand || ID **an etwas** *(Dativ)* **Geschmack finden** beginnen, etwas gern zu tun oder gern zu mögen || ▸ **schmecken**

ge·schmạck·lich *Adjektiv; nur vor dem Substantiv oder als Adverb;* in Bezug auf den Geschmack (1): *das Essen geschmacklich verfeinern*

ge·schmạck·los *Adjektiv* **1** nicht schön ↔ geschmackvoll: *eine geschmacklos eingerichtete Wohnung* **2** ohne Takt ⟨eine Bemerkung, ein Witz⟩ || *hierzu* **Ge·schmạck·lo·sig·keit** *die; -, -en*

Ge·schmạcks·rich·tung *die; -, -en;* ein bestimmter Geschmack (1) *(z.B.* nach einer Frucht, einem Aroma *o.Ä.*): *Liköre in verschiedenen Geschmacksrichtungen*

ge·schmạck·voll *Adjektiv;* so, dass es ein sicheres (ästhetisches) Urteil erkennen lässt ↔ geschmacklos (1): *eine geschmackvoll gekleidete Dame*

ge·schmei·dig *Adjektiv* **1** mit Kraft und Eleganz ⟨Bewegungen⟩: *Sie bewegt sich so geschmeidig wie eine Raubkatze* **2** weich ⟨Leder⟩ || *hierzu* **Ge·schmei·dig·keit** *die; -; nur Singular*

ge·schmịs·sen *Partizip Perfekt;* ↑ **schmeißen**

ge·schmọl·zen *Partizip Perfekt;* ↑ **schmelzen**

Ge·schnẹt·zel·te *das; -n; nur Singular; bes südd* Ⓐ Ⓒⓗ ein Gericht, das aus kleinen Stücken von Fleisch (in einer Soße) besteht

ge·schnịt·ten *Partizip Perfekt;* ↑ **schneiden**

ge·scho·ben *Partizip Perfekt;* ↑ **schieben**

ge·schọl·ten *Partizip Perfekt;* ↑ **schelten**

Ge·schö̩pf *das; -(e)s, -e* ≈ Lebewesen: *ein Geschöpf Gottes*

ge·scho·ren *Partizip Perfekt;* ↑ **scheren**

Ge·schọss[1], Ⓐ **Ge·schoß**[1] *das; -es, -e;* die Kugel, die aus einem Gewehr (einem Revolver, einer Kanone *usw*) (ab)geschossen wird

Ge·schọss[2], Ⓐ **Ge·schoß**[2] *das; -es, -e;* (Wohn)Ebene in einem Haus ≈ Etage, Stockwerk: *ein Haus mit drei Geschossen* || -K Dachgeschoss, Erdgeschoss, Obergeschoss, Untergeschoss

ge·schọs·sen *Partizip Perfekt;* ↑ **schießen**

Ge·schrei *das; -s; nur Singular; abwertend;* das (dauernde) Schreien || -K Kindergeschrei

ge·schrie·ben *Partizip Perfekt;* ↑ **schreiben**

ge·schrien *Partizip Perfekt;* ↑ **schreien**

ge·schrịt·ten *Partizip Perfekt;* ↑ **schreiten**

ge·schụn·den *Partizip Perfekt;* ↑ **schinden**

Ge·schwạ̈tz *das; -es; nur Singular; umg abwertend;* langes Reden (über Unwichtiges) ⟨dummes, leeres Geschwätz⟩: *Sie gibt nichts auf das Geschwätz der Leute*

ge·schwät·zig *Adjektiv; abwertend;* ⟨Personen⟩ so, dass sie zu viel reden

ge·schweift *Adjektiv;* leicht gebogen: *geschweifte Klammern*

ge·schwie·gen *Partizip Perfekt;* ↑ **schweigen**

Ge·schwin·dig·keit B2 *die; -, -en* **1** ein Wert, der ausdrückt, wie schnell sich jemand/etwas bewegt ≈ Tempo ⟨mit großer, hoher, niedriger Geschwindigkeit fahren; die Geschwindigkeit messen, erhöhen, reduzieren, beibehalten⟩: *mit einer Geschwindigkeit von 50 km/h fahren* || K- Geschwindigkeitsbeschränkung **2** ein Wert, der ausdrückt, wie schnell etwas getan wird ≈ Schnelligkeit: *Der Computer verarbeitet die Daten mit rasender Geschwindigkeit*

G

Ge·schwis·ter B2 *die; -; Plural;* die (männlichen und weiblichen) Kinder derselben Eltern: *„Hast du noch Geschwister?" – „Ja, ich habe einen Bruder und zwei Schwestern."* || *hierzu* **ge·schwis·ter·lich** *Adjektiv*

ge·schwol·len **1** *Partizip Perfekt;* ↑ **schwellen** **2** *Adjektiv; abwertend;* so formuliert, dass es wichtiger klingt, als es ist ≈ affektiert ⟨eine Ausdrucksweise, ein Stil; geschwollen reden⟩

ge·schwom·men *Partizip Perfekt;* ↑ **schwimmen**

ge·schwo·ren *Partizip Perfekt;* ↑ **schwören**

Ge·schwulst *die; -, Ge·schwüls·te;* eine größer werdende Stelle im Körper, die durch das schnelle Wachsen von Zellen entstanden ist ≈ Wucherung ⟨eine (bösartige, gutartige) Geschwulst entfernen⟩

ge·schwun·den *Partizip Perfekt;* ↑ **schwinden**

ge·schwun·gen *Partizip Perfekt;* ↑ **schwingen**

Ge·schwür [gəˈʃvyːɐ̯] *das; -(e)s, -e;* ein geschwollener Teil im Körper oder an der Haut, der sich entzündet hat (und eitert) ⟨ein Geschwür bildet sich, bricht auf, platzt auf, heilt ab⟩ || -K Darmgeschwür, Magengeschwür

Ge·sel·le *der; -n, -n;* ein Handwerker, der seine Lehrzeit mit einer Prüfung abgeschlossen hat ↔ Lehrling, Meister || K- Gesellenprüfung || *hierzu* **Ge·sel·lin** *die; -, -nen*

ge·sel·len, sich; *gesellte sich, hat sich gesellt;* **sich zu jemandem gesellen** zu jemandem gehen, um bei ihm zu sein und um sich mit ihm zu unterhalten ≈ sich jemandem anschließen: *Nachdem er eine Stunde allein am Tisch gesessen hatte, gesellte er sich zu uns*

ge·sel·lig *Adjektiv* **1** gern mit anderen Menschen zusammen: *Peter ist ein sehr geselliger Typ* **2** ≈ unterhaltsam ⟨ein Abend, ein Beisammensein⟩ || *hierzu* **Ge·sel·lig·keit** *die; -; nur Singular*

Ge·sell·schaft[1] B1 *die; -, -en* **1** *meist Singular;* alle Menschen, die in einem politischen, wirtschaftlichen und sozialen System zusammenleben ⟨die bürgerliche, sozialistische Gesellschaft⟩ || K- Gesellschaftsform, Gesellschaftsschicht, Gesellschaftssystem **2** *meist Singular;* die Verhältnisse, Strukturen und besonderen Merkmale, die das Leben in einer Gesellschaft (1) bestimmen: *die Rolle der Frau in der Gesellschaft untersuchen* || K- Gesellschaftskritik || -K Industriegesellschaft **3** *meist Singular;* die Menschen, die zusammen etwas tun (*z.B.* feiern) ⟨eine fröhliche, langweilige Gesellschaft⟩ || -K Hochzeitsgesellschaft **4** *nur Singular;* **jemandes Gesellschaft** das Zusammensein mit jemandem ≈ Umgang ⟨jemandes Gesellschaft suchen, meiden; in guter/schlechter Gesellschaft sein⟩: *Sie legt auf seine Gesellschaft keinen großen Wert* **5** **jemandem Gesellschaft leisten** bei jemandem bleiben, damit er nicht allein ist

Ge·sell·schaft[2] B1 *die; -, -en; Wirtschaft;* eine Gruppe von Personen, die zusammen eine Firma oder Organisation haben, führen || -K Fluggesellschaft, Handelsgesellschaft || *hierzu* **Ge·sell·schaf·ter** *der; -s, -;* **Ge·sell·schaf·te·rin** *die; -, -nen*

ge·sell·schaft·lich *Adjektiv; nur vor dem Substantiv oder als Adverb;* so, dass es die ganze Gesellschaft[1] (1) betrifft ≈ sozial (2) ⟨Entwicklungen, Zusammenhänge⟩

ge·ses·sen *Partizip Perfekt;* ↑ **sitzen**

Ge·setz B1 *das; -es, -e* **1** ein Text mit einer rechtlichen Norm (des Staates), die alle beachten müssen ⟨die geltenden Gesetze; ein Gesetz verabschieden/erlassen; ein Gesetz einhalten, brechen, übertreten, verletzen; gegen ein Gesetz verstoßen; ein Gesetz tritt in/außer Kraft⟩: *ein Gesetz zur Bekämpfung des Drogenmissbrauchs* || K- Gesetzbuch, Gesetzentwurf || -K Handelsgesetz, Strafgesetz, Wirtschaftsgesetz **2** *meist Plural;* ein Prinzip oder eine feste Regel, die allgemein beachtet werden: *die ungeschriebenen Gesetze der Höflichkeit* **3** eine feste Regel, nach der ein Vorgang in der Natur oder in der Gesellschaft verläuft ⟨ein physikalisches Gesetz⟩ || -K Naturgesetz || ID **mit dem Gesetz in Konflikt kommen/geraten** etwas tun, das gesetzlich verboten ist

Ge·setz·ge·ber *der; -s; nur Singular;* eine Institution (*z.B.* das Parlament), die Gesetze beschließt oder ändert

ge·setz·lich *Adjektiv;* durch ein Gesetz (1)

geregelt ≈ rechtlich ⟨Bestimmungen, Feiertage⟩

ge·sẹtz·mä·ßig *Adjektiv* **1** einem (Natur)Gesetz entsprechend ↔ zufällig ⟨eine Entwicklung; etwas läuft gesetzmäßig ab, kehrt gesetzmäßig wieder⟩ **2** durch ein Gesetz (1) bestimmt ≈ legal, rechtmäßig || *hierzu* **Ge·sẹtz·mä·ßig·keit** *die; -, -en*

ge·sẹtzt *Adjektiv;* durch Alter und Erfahrung ruhig und vernünftig ⟨ein Herr; im gesetzten Alter⟩

ge·sẹtz·wid·rig *Adjektiv;* im Gegensatz zu dem, was ein Gesetz (1) bestimmt ↔ gesetzmäßig ⟨eine Handlung⟩

Ge·sịcht B1 *das; -(e)s, -er* **1** der vordere Teil des (menschlichen) Kopfes vom Kinn bis zu den Haaren ⟨ein hübsches, hässliches, schmales, rundliches, markantes Gesicht⟩ || ↑ Abbildung unter **Körper** || K- Gesichtsausdruck, Gesichtshälfte || -K Kindergesicht **2** *umg;* der Ausdruck des Gesichts (1), der die Gefühle der Person zeigt ≈ Miene ⟨ein ängstliches, beleidigtes, ernstes, fröhliches, verlegenes Gesicht machen⟩ || ID **jemand zeigt sein wahres Gesicht** jemand zeigt (nach einer Zeit der Täuschung) seinen wahren (*meist* schlechten) Charakter und was er wirklich will; **jemanden/etwas zu Gesicht bekommen** jemanden/etwas sehen: *Ich habe meinen neuen Nachbarn noch nicht zu Gesicht bekommen;* **jemandem etwas ins Gesicht sagen/schleudern** jemandem etwas (Unangenehmes) direkt (und unhöflich) sagen; **jemand ist jemandem wie aus dem Gesicht geschnitten** jemand ist jemandem sehr ähnlich; **das Gesicht verlieren** (durch sein Verhalten) Ansehen und Respekt verlieren; **das Gesicht wahren** in einer schwierigen Lage so reagieren, als ob alles in Ordnung wäre

Ge·sịchts·punkt *der; -(e)s, -e;* eine Art und Weise, etwas zu beurteilen ≈ Blickwinkel: *einen Sachverhalt vom juristischen Gesichtspunkt aus betrachten*

Ge·sịchts·zug *der; -(e)s, -zü·ge; meist Plural;* die Art, wie jemandes Gesicht aussieht ⟨edle, feine, weiche, harte, strenge Gesichtszüge⟩

Ge·sịn·del *das; -s; nur Singular; abwertend;* Menschen, die wegen ihrer schlechten sozialen Stellung verachtet werden

ge·sịnnt *Adjektiv; nicht als Adverb* **1** **irgendwie gesinnt** mit einer bestimmten Art von Meinungen: *ein fortschrittlich, politisch, demokratisch gesinnter Mensch* **2** **jemandem irgendwie gesinnt sein** jemandem gegenüber eine bestimmte Haltung haben ⟨jemandem feindlich, wohlwollend *usw* gesinnt sein⟩ || Hinweis: ↑ **gesonnen**, **gutgesinnt**

Ge·sịn·nung *die; -, -en; meist Singular;* die (charakterliche) Haltung, die das Denken und Handeln bestimmt ≈ Einstellung: *seine politische Gesinnung ändern* || K- Gesinnungswandel

ge·sọf·fen *Partizip Perfekt;* ↑ **saufen**

ge·so̲·gen *Partizip Perfekt;* ↑ **saugen**

ge·sọn·dert *Adjektiv;* von anderen Personen/Dingen getrennt ≈ einzeln ↔ gemeinsam: *Für diese Waren stellen wir eine gesonderte Rechnung aus*

ge·sọn·nen *Adjektiv;* **jemandem irgendwie gesonnen sein** jemandem gegenüber eine bestimmte Einstellung haben ⟨jemandem freundlich, feindlich gesonnen sein⟩

ge·spạl·ten *Partizip Perfekt;* ↑ **spalten**

Ge·spạnn *das; -(e)s, -e;* zwei oder mehr Tiere, die einen Wagen (oder ein landwirtschaftliches Gerät) ziehen: *ein Gespann Ochsen* || -K Ochsengespann, Pferdegespann

ge·spạnnt, *gespannter, gespanntest-; Adjektiv* **1** **(auf jemanden/etwas) gespannt** voller Erwartung (darauf, wie jemand/etwas sein wird, was geschehen wird *o.Ä.*) ≈ neugierig: *Wir sind alle gespannt (darauf), wie die Wahlen ausgehen werden; Ich bin gespannt, ob er kommt* **2** so, dass es leicht zu Konflikten kommen könnte ↔ entspannt ⟨Beziehungen, Verhältnisse, eine Lage⟩: *Zwischen den beiden Staaten herrschten seit jeher gespannte Beziehungen*

Ge·spẹnst *das; -(e)s, -er;* das (scheinbare) Bild einer Person, das in der Vorstellung mancher Menschen nach ihrem Tod wieder erscheint ≈ Geist² ⟨(nicht) an Gespenster glauben⟩ || ID **Gespenster sehen** *umg;* sich Sorgen machen oder Angst haben, obwohl kein Grund dazu besteht || *hierzu* **ge·spẹns·ter·haft** *Adjektiv;* **ge·spẹns·tisch** *Adjektiv*

ge·spie̲n *Partizip Perfekt;* ↑ **speien**

ge·spọn·nen *Partizip Perfekt;* ↑ **spinnen**

Ge·spọ̈tt *das; -(e)s; nur Singular;* häufiges Spotten ≈ Hohn ⟨jemandes Gespött nicht mehr ertragen können; sein Gespött mit jemandem treiben⟩ **2** **jemanden/sich zum Gespött machen** jemanden/sich lächerlich machen **3** **zum Gespött der Leute werden** vielen Leuten lächerlich erscheinen

Ge·sprä̲ch B1 *das; -(e)s, -e* **1** **ein Gespräch (mit jemandem/zwischen jemandem** (*Plural*)) **(über etwas** (*Akkusativ*)) das, was zwei oder mehrere

Personen sich sagen, erzählen ≈ Unterhaltung ⟨ein offenes, persönliches, dienstliches, fachliches Gespräch; mit jemandem ein Gespräch anfangen; mit jemandem ins Gespräch kommen; in ein Gespräch vertieft sein⟩: *Gespräche mit seinem Geschäftspartner führen* || K- Gesprächspartner, Gesprächsstoff, Gesprächsthema; gesprächsbereit **2** *nur Singular;* das Thema, über das man sich unterhält: *Die Hochzeit der Filmschauspielerin war das Gespräch des Tages* || -K Stadtgespräch, Tagesgespräch **3** **ein Gespräch (mit jemandem) (über etwas** *(Akkusativ)*) ein Gespräch (1), das man am Telefon mit jemandem führt ≈ Telefonat ⟨auf ein Gespräch warten⟩ || K- Gesprächsteilnehmer || -K Auslandsgespräch, Ferngespräch || ID **jemand ist (als etwas) im Gespräch** jemand ist Gegenstand von (öffentlichen) Diskussionen *o.Ä.*: *Er ist als neuer Direktor im Gespräch*

G

ge·sprä·chig *Adjektiv;* ⟨ein Mensch⟩ so, dass er gern redet, viel erzählt ≈ mitteilsam ↔ schweigsam || *hierzu* **Ge·sprä·chig·keit** *die; -; nur Singular*

ge·spreizt, *gespreizter, gespreiztest-; Adjektiv; abwertend;* unnatürlich, in künstlicher Weise vornehm ≈ gestelzt ↔ natürlich ⟨ein Stil⟩: *Wenn sie nicht so gespreizt daherreden würde, wäre sie mir viel sympathischer*

ge·spren·kelt *Adjektiv; nicht als Adverb;* mit kleinen (unregelmäßigen) Flecken ⟨ein Gefieder, Federn, Vogeleier⟩

ge·spro·chen *Partizip Perfekt;* ↑ **sprechen**

ge·spros·sen *Partizip Perfekt;* ↑ **sprießen**

ge·sprun·gen *Partizip Perfekt;* ↑ **springen**

Ge·spür [gəˈʃpyːɐ̯] *das; -s; nur Singular;* **ein Gespür (für etwas)** die Fähigkeit, etwas mit dem Gefühl (instinktiv richtig) zu erfassen ⟨ein (feines, sicheres) Gespür für etwas haben; jemandem fehlt das Gespür für etwas⟩

Ge·stalt *die; -, -en* **1** *meist Singular;* die (äußere) Form des Körpers ⟨von hagerer, schmächtiger, untersetzter Gestalt sein⟩: *Die Erde hat die Gestalt einer Kugel* **2** eine Person, die man *meist* nicht deutlich erkennen kann: *In der Ferne sah man dunkle Gestalten* **3** eine (erfundene) Person in einer Geschichte, einem Film ≈ Figur (2): *Die Gestalten des Romans sind frei erfunden* || -K Fantasiegestalt, Märchengestalt, Romangestalt

ge·stal·ten; *gestaltete, hat gestaltet;* **etwas irgendwie gestalten** eine Sache in die gewünschte Form bringen, ihr die gewünschten Merkmale geben: *ein Schaufenster künstlerisch, den Abend abwechslungsreich, sein Leben angenehm gestalten* || *hierzu* **Ge·stal·tung** *die; -, -en*

ge·stan·den **1** *Partizip Perfekt;* ↑ **stehen** **2** *Partizip Perfekt;* ↑ **gestehen** **3** *Adjektiv; nur vor dem Substantiv, nicht als Adverb; südd* Ⓐ groß und stark ⟨*meist* ein Mann⟩

Ge·ständ·nis *das; -ses, -se;* die Aussage (*bes* vor Gericht oder vor der Polizei), dass man etwas Verbotenes getan hat ⟨ein Geständnis ablegen, verweigern, widerrufen⟩ || -K Schuldgeständnis || ▸ **gestehen**

Ge·stank *der; -(e)s; nur Singular;* ein schlechter, unangenehmer Geruch: *der Gestank fauler Eier* || ▸ **stinken**

ge·stat·ten; *gestattete, hat gestattet;* **(jemandem) etwas gestatten** ≈ jemandem etwas erlauben ↔ jemandem etwas verbieten: *Es ist den Schülern nicht gestattet, in der Schule Handys zu benutzen*

Ges·te, Ges·te *die; -, -n* **1** eine Bewegung (*meist* mit den Händen oder Armen), die etwas ausdrücken soll ≈ Gebärde ⟨eine abwehrende, einladende, ungeduldige Geste⟩ **2** eine Handlung mit symbolischer Bedeutung ⟨eine höfliche, nette Geste⟩: *Es war eine nette Geste, ihr Blumen ins Krankenhaus zu schicken*

Ge·steck *das; -(e)s, -e;* ein (*meist* kunstvoll zusammengebundener) Strauß aus Blumen, Zweigen *usw* || -K Blumengesteck

ge·ste·hen; *gestand, hat gestanden* **1** **((jemandem) etwas) gestehen** (nachdem man es längere Zeit geheim gehalten hat) sagen, dass man etwas Verbotenes oder Böses getan hat: *Der Angeklagte hat den Mord gestanden* **2** *meist* **jemandem seine Liebe gestehen** jemandem sagen, dass man ihn liebt || ▸ **Geständnis**

Ge·stein *das; -(e)s, -e;* der feste, harte Teil der Erde, der aus Mineralien besteht ⟨brüchiges, glattes, vulkanisches, zerklüftetes Gestein⟩ || K- Gesteinsart, Gesteinsblock, Gesteinsbrocken, Gesteinsprobe, Gesteinsschicht || Hinweis: Die Pluralform wird nur bei verschiedenen Arten von Gestein verwendet

Ge·stell *das; -(e)s, -e* **1** eine Konstruktion aus Stangen und Brettern, auf die man *z.B.* Flaschen, Gläser oder Bücher stellen kann ≈ Regal || -K Büchergestell **2** der Rahmen eines Gegenstands, der andere Teile hält, stützt || -K Bettgestell, Brillengestell, Fahrgestell

ges·tern A1 *Adverb;* am vergangenen Tag, dem Tag vor diesem ↔ heute, morgen ⟨gestern früh/Früh, Vormittag, Mittag,

Nachmittag, Abend⟩: *Gestern Abend kamen wir in Hamburg an, heute besichtigten wir die Stadt, und morgen wollen wir ans Meer fahren*

ge·stie·gen *Partizip Perfekt;* ↑ **steigen**

ges·ti·ku·lie·ren; *gestikulierte, hat gestikuliert; meist* die Arme heftig bewegen, um die Aufmerksamkeit auf sich zu ziehen ⟨heftig, lebhaft, wild gestikulieren; mit den Armen gestikulieren⟩

ge·sto·chen **1** *Partizip Perfekt;* ↑ **stechen** **2** *Adverb; meist* **gestochen scharf** sehr scharf ⟨ein Bild, ein Foto⟩

ge·stoh·len *Partizip Perfekt;* ↑ **stehlen**

ge·stor·ben *Partizip Perfekt;* ↑ **sterben**

ge·stört, *gestörter, gestörtest-; Adjektiv;* **(geistig) gestört** geistig nicht normal, psychisch krank

ge·streift *Adjektiv; nicht als Adverb;* mit Streifen: *Das Zebra hat ein gestreiftes Fell*

ge·stri·chen B2 **1** *Partizip Perfekt;* ↑ **streichen** **2** *Adjektiv; nur vor dem Substantiv oder als Adverb;* ⟨ein Löffel; gestrichen voll⟩ so gefüllt, dass der Zucker, das Salz, das Kaffeepulver *usw* genau bis zum Rand reicht ↔ gehäuft: *ein gestrichener Teelöffel Zucker*

gest·ri·g- *Adjektiv; nur vor dem Substantiv, nicht als Adverb;* vom vergangenen Tag ≈ von gestern: *Die Anzeige stand in der gestrigen Zeitung*

ge·strit·ten *Partizip Perfekt;* ↑ **streiten**

Ge·strüpp *das; -(e)s, -e; meist Singular;* viele wild wachsende Sträucher, die sehr dicht beieinanderstehen: *Als er versuchte, sich durch das Gestrüpp hindurchzukämpfen, zerriss er sich die Hose*

ge·stun·ken *Partizip Perfekt;* ↑ **stinken**

Ge·such B2 *das; -(e)s, -e;* **ein Gesuch (um etwas)** ein Schreiben, mit dem jemand ein Amt um etwas (eine Bewilligung, eine Genehmigung *o.Ä.*) bittet ≈ Eingabe ⟨ein Gesuch einreichen, befürworten, bewilligen, ablehnen; einem Gesuch entsprechen⟩ || -K Bittgesuch, Entlassungsgesuch

ge·sund A2 *gesünder/gesunder, gesündest-/gesundest-; Adjektiv* **1** frei von Krankheit ↔ krank: *nach einer Infektion wieder gesund werden* **2** ohne die Schäden, die durch eine Krankheit entstehen ↔ krank ⟨ein Herz; Zähne, Haare *usw*⟩ **3** mit einer positiven Wirkung (auf die Gesundheit) ↔ ungesund ⟨die Ernährung, eine Lebensweise; gesund leben⟩: *Rauchen ist nicht gesund* **4** (nach Meinung der meisten Menschen) natürlich, normal und vernünftig ⟨Ansichten; ein Ehrgeiz⟩: *eine gesunde Einstellung zur Sexualität haben*

ge·sun·den; *gesundete, ist gesundet; förmlich;* wieder gesund werden ↔ erkranken || *hierzu* **Ge·sun·dung** *die; -; nur Singular*

Ge·sund·heit A2 *die; -; nur Singular* **1** der gute körperliche Zustand (in dem man ganz gesund ist) ⟨etwas für seine Gesundheit tun; sich bester Gesundheit erfreuen; bei guter Gesundheit sein⟩: *Rauchen schadet der Gesundheit* || K- Gesundheitsrisiko, Gesundheitszustand; gesundheitsbewusst, gesundheitsgefährdend, gesundheitsschädlich **2** der Zustand, wenn etwas gesund (2) ist: *auf die Gesundheit der Zähne achten* || *hierzu* **ge·sund·heit·lich** *Adjektiv*

Ge·sund·heits·amt *das; -(e)s, -äm·ter;* eine Behörde, die sich in einer Stadt (oder in einem Landkreis) um Fragen der Gesundheit kümmert

Ge·sund·heits·we·sen *das; -s; nur Singular;* die Institutionen in einem Staat, die sich um die Gesundheit der Bevölkerung kümmern: *ein gut organisiertes Gesundheitswesen*

Ge·sund·heits·zeug·nis *das; -ses, -se;* ein Dokument, in dem ein Arzt oder das Gesundheitsamt bestätigt, dass jemand gesund ist und *bes* keine ansteckende Krankheit hat: *dem Arbeitgeber ein Gesundheitszeugnis vorlegen müssen*

ge·sun·gen *Partizip Perfekt;* ↑ **singen**

ge·sun·ken *Partizip Perfekt;* ↑ **sinken**

ge·tan *Partizip Perfekt;* ↑ **tun**

ge·tra·gen **1** *Partizip Perfekt;* ↑ **tragen** **2** *Adjektiv;* langsam und feierlich ↔ lebhaft ⟨eine Melodie; im getragenen Tempo⟩ **3** *Adjektiv;* bereits benutzt, nicht neu oder frisch ⟨ein Hemd, eine Hose *o.Ä.*⟩

Ge·tränk B1 *das; -(e)s, -e;* eine Flüssigkeit, die man trinkt, wenn man Durst hat ⟨ein alkoholisches, alkoholfreies, erfrischendes, kühles, heißes Getränk⟩ || K- Getränkeautomat || -K Erfrischungsgetränk

Ge·trän·ke·markt *der; -(e)s, -märk·te;* eine Art Supermarkt, in dem man Getränke kaufen kann

Ge·trei·de *das; -s; nur Singular;* alle Pflanzen (wie Weizen, Roggen, Gerste, Hafer *o.Ä.*), aus deren Körnern man Mehl macht ⟨Getreide anbauen, mähen, ernten, dreschen⟩ || K- Getreideanbau, Getreideernte, Getreidefeld, Getreidemühle, Getreidesorte

ge·tre·ten *Partizip Perfekt;* ↑ **treten**

-ge·treu *im Adjektiv;* der (im ersten Wortteil

genannten) Sache genau entsprechend; **maßstabsgetreu** ⟨eine Zeichnung⟩, **naturgetreu** ⟨eine Attrappe⟩, **originalgetreu** ⟨eine Nachbildung⟩, **wirklichkeitsgetreu** ⟨eine Darstellung⟩

Ge·trie·be *das; -s, -; Technik;* der Teil einer Maschine, der die Kraft und die Bewegungen überträgt, die der Motor erzeugt ⟨ein automatisches, hydraulisches, synchronisiertes Getriebe⟩ || K- Getriebeöl, Getriebeschaden || -K Fünfganggetriebe

ge·trie·ben *Partizip Perfekt;* ↑ **treiben**

ge·trof·fen *Partizip Perfekt;* ↑ **treffen**

ge·tro·gen *Partizip Perfekt;* ↑ **trügen**

ge·trost *Adverb;* ohne etwas befürchten zu müssen ≈ ruhig: *sich getrost auf den Weg machen; Das kannst du getrost mir überlassen!*

ge·trun·ken *Partizip Perfekt;* ↑ **trinken**

Ge·tue *das; -s; nur Singular; umg, abwertend;* ein unnatürlich wirkendes Verhalten, mit dem jemand Aufmerksamkeit auf sich ziehen will

Ge·tüm·mel *das; -s; nur Singular;* das lebhafte, oft laute Durcheinander einer relativ großen Anzahl von Menschen oder Tieren || -K Kampf(es)getümmel, Schlacht(en)getümmel

ge·übt, *geübter, geübtest-; Adjektiv* **1** **(in etwas** *(Dativ)*) **geübt** durch Übung mit etwas vertraut und gut darin ⟨ein Redner⟩: *im Klettern geübt sein; ein geübter Tennisspieler* **2** *meist vor dem Substantiv;* schnell und sicher in der Wahrnehmung ⟨*meist* ein geübtes Auge, Gehör, einen geübten Blick haben⟩

Ge·wächs [-ks] *das; -es, -e* ≈ Pflanze ⟨ein heimisches, tropisches Gewächs⟩

ge·wach·sen [-ks-] **1** *Partizip Perfekt;* ↑ **wachsen** **2** *Adjektiv;* **jemandem gewachsen** stark genug für einen Kampf oder Wettbewerb mit jemandem: *Seinen Konkurrenten war er nicht gewachsen* **3** *Adjektiv;* **etwas** *(Dativ)* **gewachsen** stark genug, um eine schwierige Aufgabe oder Situation zu bewältigen ⟨sich etwas gewachsen fühlen, zeigen⟩: *Der Doppelbelastung durch Beruf und Haushalt war sie nicht gewachsen*

ge·wagt, *gewagter, gewagtest-; Adjektiv* **1** ⟨ein Schritt, eine Tat⟩ so, dass sie ein hohes Risiko mit sich bringen ≈ riskant: *Mit so wenig Kapital ein Geschäft zu eröffnen, ist ein gewagtes Unternehmen* **2** ⟨ein Witz, eine Filmszene⟩ so, dass sie Anstoß erregen können: *ein Abendkleid mit einem gewagten Ausschnitt*

ge·wählt, *gewählter, gewähltest-; Adjektiv;* betont vornehm, um besser zu wirken als das Alltägliche, Normale ⟨eine Ausdrucksweise; sich gewählt ausdrücken⟩

Ge·währ [gəˈvɛːɐ̯] *die; -; nur Singular; förmlich;* die Garantie, dass etwas in Ordnung, richtig ist ⟨für etwas die Gewähr übernehmen⟩

ge·wäh·ren; *gewährte, hat gewährt; förmlich;* **jemandem etwas gewähren** jemandem geben oder erlauben, worum er gebeten hat ⟨jemandem Asyl, eine Bitte, einen Kredit, Schutz, einen Wunsch gewähren⟩

ge·währ·leis·ten; *gewährleistete, hat gewährleistet;* **(jemandem) etwas gewährleisten** ≈ (jemandem) etwas garantieren: *Können Sie gewährleisten, dass die Lieferung morgen ankommt?* || *hierzu* **Ge·währ·leis·tung** *die; -, -en*

Ge·wahr·sam *der; -s; nur Singular; förmlich; meist in* **1** **jemanden in (polizeilichen) Gewahrsam nehmen** ≈ jemanden verhaften **2** **in (polizeilichem) Gewahrsam sein** ≈ in Haft sein

Ge·walt B1 *die; -, -en* **1** *nur Singular;* **Gewalt (gegen jemanden/etwas)** die Anwendung von körperlicher Kraft, Macht oder von Drohungen, um jemanden zu verletzen oder zu zwingen, etwas zu tun ⟨brutale, rohe Gewalt; Gewalt anwenden; jemandem Gewalt androhen, antun⟩: *Wird im Fernsehen zu viel Gewalt gezeigt?* || K- Gewaltandrohung, Gewaltanwendung, Gewaltherrschaft; gewaltfrei, gewaltlos || -K Waffengewalt **2** *nur Singular;* die Anwendung von körperlicher Kraft, um etwas zu erreichen: *Die Kiste ließ sich nur mit Gewalt öffnen* **3** *nur Singular;* eine sehr große natürliche Kraft ≈ Heftigkeit: *die Gewalt einer Explosion, eines Sturmes, der Wellen* **4** **Gewalt (über jemanden/etwas)** die Macht, über jemanden/etwas zu herrschen oder zu bestimmen ⟨die elterliche, richterliche, staatliche Gewalt; Gewalt über jemanden gewinnen, haben; in jemandes Gewalt geraten, sein⟩: *Der Bankräuber brachte mehrere Geiseln in seine Gewalt* **5** **höhere Gewalt** etwas, an dem kein Mensch etwas ändern kann: *Das Unglück war höhere Gewalt* **6** **sich/etwas in der Gewalt haben** sich/etwas beherrschen können, unter Kontrolle haben: *Sie erschrak, hatte sich aber sofort wieder in der Gewalt*

Ge·walt·be·reit·schaft *die; -; nur Singular;* die Neigung, bei Konflikten körperliche Gewalt anzuwenden || *hierzu* **ge·walt·be·reit** *Adjektiv*

ge·wal·tig *Adjektiv* **1** sehr groß, hoch oder kräftig ⟨ein Baum, ein Bauwerk, ein Berg; ein

Irrtum, ein Unsinn; eine Leistung, ein Werk⟩ **2** *nur als Adverb; umg* ≈ sehr: *Sie hat sich gewaltig überschätzt*

ge·wạlt·sam *Adjektiv;* mit Gewalt (1,2) ↔ friedlich: *gewaltsam in ein Haus eindringen*

Ge·wạlt·tat *die; -, -en;* eine (kriminelle) Tat, die jemand mit Waffen oder körperlicher Gewalt begeht ⟨zu Gewalttaten neigen⟩ || *hierzu* **Ge·wạlt·tä·ter** *der; -s, -*

ge·wạlt·tä·tig *Adjektiv* **1** ⟨Menschen⟩ so, dass sie dazu neigen, körperliche Gewalt anzuwenden ≈ brutal **2** **gewalttätig werden** körperliche Gewalt anwenden, jemanden schlagen *o.Ä.* || *hierzu* **Ge·wạlt·tä·tig·keit** *die; -, -en*

Ge·wạnd *das; -(e)s, Ge·wän·der* **1** ein langes, weites Kleidungsstück (ohne Gürtel), das *bes* bei feierlichen Anlässen oder in verschiedenen Kulturen über der Kleidung getragen wird/wurde ⟨ein Gewand anlegen, ablegen⟩: *die Gewänder der alten Griechen; Der Opernchor schritt in wallenden Gewändern auf die Bühne* **2** *südd* Ⓐ Ⓒⓗ ≈ Kleidung

ge·wạndt, *gewandter, gewandtest-; Adjektiv;* (in seinem Verhalten) beweglich und sicher ≈ geschickt: *ein gewandter Redner, Tänzer* || *hierzu* **Ge·wạndt·heit** *die; -; nur Singular*

ge·wạnn *Imperfekt, 1. und 3. Person Singular;* ↑ **gewinnen**

ge·wặn·ne *Konjunktiv II, 1. und 3. Person Singular;* ↑ **gewinnen**

ge·wạ·schen [B1] *Partizip Perfekt;* ↑ **waschen**

Ge·wặs·ser *das; -s, -;* **1** eine relativ große Fläche (oder Strecke) von Wasser ⟨ein trübes, verschmutztes Gewässer⟩ **2** **fließende Gewässer** Bäche, Flüsse *usw* **3** **stehende Gewässer** Seen, Meere *usw*

Ge·we̲·be *das; -s, -;* **1** ein Stoff[2], der durch Weben hergestellt worden ist ⟨ein dichtes, feines Gewebe⟩ **2** *Biologie, Medizin;* die feste Substanz, aus der der Körper oder ein Organ eines Menschen oder Tieres besteht ⟨menschliches, tierisches Gewebe⟩ || [-K] Muskelgewebe, Nervengewebe

Ge·wehr [gəˈveːɐ̯] *das; -(e)s, -e;* eine lange (Schuss)Waffe, die man mit beiden Händen hält ⟨das Gewehr laden, anlegen⟩ || ↑ Abbildung unter **Schusswaffen**

Ge·we̲i̲h *das; -(e)s, -e;* ein (knochiger) Körperteil, der auf der Stirn von männlichen Hirschen *o.Ä.* wächst ⟨ein Hirsch *o.Ä.* wirft das Geweih ab⟩ || [-K] Elchgeweih, Hirschgeweih || Hinweis: ↑ **Horn**

Ge·wẹr·be *das; -s, -;* eine (selbstständige) berufliche Tätigkeit im Handel, Handwerk oder bei den Dienstleistungen ⟨ein Gewerbe ausüben, betreiben⟩ || [-K] Baugewerbe, Hotelgewerbe || *hierzu* **ge·wẹrb·lich** *Adjektiv*

Ge·wẹrk·schaft [B1] *die; -, -en;* eine Organisation, die die Interessen der Arbeiter und Angestellten (gegenüber den Arbeitgebern *bzw* dem Staat) vertritt: *die Gewerkschaft der Angestellten* || [K-] Gewerkschaftsführer, Gewerkschaftsfunktionär, Gewerkschaftsmitglied || [-K] Druckergewerkschaft, Polizeigewerkschaft || *hierzu* **Ge·wẹrk·schaft·ler** *der; -s, -;* **Ge·wẹrk·schaft·le·rin** *die; -, -nen;* **ge·wẹrk·schaft·lich** *Adjektiv*

ge·we̲·sen *Partizip Perfekt;* ↑ **sein**[1,2]

ge·wị·chen *Partizip Perfekt;* ↑ **weichen**

Ge·wịcht [B1] *das; -(e)s, -e* **1** *nur Singular;* die Schwere eines Körpers (die man *z.B.* in Gramm, Kilogramm angeben kann) ⟨ein geringes, großes, hohes Gewicht haben; an Gewicht verlieren, zunehmen⟩: *Bei der Geburt hatte das Kind ein Gewicht von dreieinhalb Kilogramm* || [K-] Gewichtskontrolle, Gewichtsverlust, Gewichtszunahme || [-K] Körpergewicht **2** *meist Plural;* Gegenstände (*bes* aus Metall), mit denen man (beim Wiegen) das Gewicht feststellt ⟨kleine, große Gewichte⟩ **3** *nur Singular;* die Bedeutung, Wichtigkeit einer Sache: *Sie maß seinen Versprechungen kein großes Gewicht bei* **4** **etwas fällt (kaum, nicht) ins Gewicht** etwas ist (nicht) von Bedeutung: *Bei einem so großen Projekt fällt diese Summe kaum ins Gewicht* || ▸ **wiegen**

Ge·wịcht·he·ben *das; -s; nur Singular;* eine Sportart, bei der man versucht, eine Stange mit Gewichten (2) (auf verschiedene Arten) in die Höhe zu drücken || *hierzu* **Ge·wịcht·he·ber** *der; -s, -;* **Ge·wịcht·he·be·rin** *die; -, -nen*

ge·wi̲e̲·sen *Partizip Perfekt;* ↑ **weisen**

ge·wịllt *Adjektiv; nicht als Adverb;* mit der Absicht, etwas zu tun ≈ bereit: *Ich bin nicht gewillt, diese Unordnung zu ertragen*

Ge·wịn·de *das; -s, -; Technik;* eine Rille, die (außen an einer Schraube oder innen in einer Mutter[2]) in Form einer Spirale verläuft ⟨ein Gewinde bohren, fräsen, schneiden⟩ || ↑ Abbildung unter **Werkzeug** || [K-] Gewindebohrer, Gewindeschneider

Ge·wịnn [B1] *der; -(e)s, -e* **1** das Geld, das jemand oder ein Unternehmen bei einem Geschäft verdient (nachdem alle Kosten wie Löhne, Miete *o.Ä.* bezahlt sind) ↔ Verlust ⟨(einen) Gewinn machen, erzielen; etwas mit Gewinn verkaufen; etwas bringt Gewinn ein, wirft Gewinn ab⟩ [2] die Summe oder der Preis, die man bei einem Spiel (oder in einer Lotterie) gewinnen (2) kann || K- Gewinnchance, Gewinnspiel, Gewinnzahl || -K Lottogewinn, Millionengewinn [3] *nur Singular;* **ein Gewinn (für jemanden/etwas)** eine Person/Sache, die sehr positiv für jemanden/etwas ist: *Das neue Mitglied/Die Satzungsänderung ist ein echter Gewinn für den Verein*

ge·wịn·nen [B1] *gewann, hat gewonnen* [1] **(etwas) gewinnen** in einem Kampf oder Wettstreit der Erste, Beste, Sieger sein ↔ verlieren[2] ⟨den Krieg, den Pokal, einen Wettkampf, eine Wette gewinnen; ein Spiel knapp, (haus)hoch gewinnen⟩: *Die italienische Mannschaft hat das Fußballspiel 3:0 gewonnen* [2] **(etwas) gewinnen** bei einem Wettkampf oder Glücksspiel einen Preis bekommen ↔ verlieren[2]: *beim Roulette tausend Euro gewinnen* [3] **etwas gewinnen** durch eigene Bemühungen etwas bekommen ⟨jemandes Achtung, Liebe, Vertrauen gewinnen; Ansehen, Einfluss gewinnen⟩ [4] **jemanden für etwas gewinnen** jemanden dazu bewegen, für etwas aktiv zu werden: *Er konnte sie für die Partei gewinnen* [5] **jemand/etwas gewinnt an etwas** *(Dativ)* jemand/etwas bekommt mehr von etwas ⟨jemand gewinnt an Einfluss, Macht; etwas gewinnt an Bedeutung, Wert⟩ || *zu* 1 *und* 2 **Ge·wịn·ner** *der; -s, -;* **Ge·wịn·ne·rin** *die; -, -nen*

Ge·wirr [gəˈvɪr] *das; -(e)s; nur Singular;* **ein Gewirr von etwas** *(Plural)* ein Durcheinander (von Fäden, Drähten, Haaren *o.Ä.*), eine große, verwirrende Menge ⟨ein Gewirr von Gassen, Stimmen⟩

ge·wịss, *gewisser, gewissest-; Adjektiv* [1] *nur nach dem Substantiv, nicht als Adverb;* **(jemandem) gewiss** so, dass es ganz sicher kommt: *Der Sieg ist uns gewiss* [2] *nur als Adverb;* mit Sicherheit ≈ zweifellos: *Wenn du dich nicht beeilst, kommst du gewiss zu spät*

ge·wịs·s- *Adjektiv; nur vor dem Substantiv, ohne Steigerung, nicht als Adverb* [1] verwendet, um auf eine bestimmte Person/Sache hinzuweisen, die man nicht näher bezeichnen kann oder will: *Eine gewisse Frau Meier, die in der Nelkenstraße wohnt, möchte dich sprechen* [2] verwendet, um auszudrücken, dass etwas nicht sehr stark oder ausgeprägt, aber vorhanden ist: *Bei den Geschwistern kann man eine gewisse Ähnlichkeit feststellen*

Ge·wịs·sen *das; -s, -; meist Singular;* ein Gefühl, das einem sagt, ob man richtig oder falsch gehandelt hat ⟨ein gutes, schlechtes Gewissen haben; sein Gewissen beruhigen, erleichtern⟩

ge·wịs·sen·haft *Adjektiv;* sich seiner Verantwortung oder Pflicht bewusst und deswegen genau: *ein gewissenhafter Mitarbeiter; etwas gewissenhaft prüfen; einen Befehl gewissenhaft ausführen* || *hierzu* **Ge·wịs·sen·haf·tig·keit** *die; -; nur Singular*

ge·wịs·sen·los *Adjektiv;* ohne ein Gefühl für Recht und Moral ≈ skrupellos ⟨ein Betrüger, ein Mörder⟩

Ge·wịs·sens·bis·se *die; -; Plural;* **(wegen etwas) Gewissensbisse haben/bekommen** sich schuldig fühlen, weil man etwas (moralisch) Falsches oder Verbotenes getan hat

ge·wis·ser·ma·ßen *Adverb* ≈ sozusagen

Ge·wịss·heit *die; -, -en* [1] *nur Singular;* das sichere Wissen ≈ Sicherheit ⟨sich Gewissheit über etwas *(Akkusativ)* verschaffen; etwas nicht mit Gewissheit sagen können⟩ [2] etwas, das man sicher zu wissen glaubt

Ge·wịt·ter [B1] *das; -s, -;* Wetter mit Blitz, Donner und starkem Regen und Wind ⟨ein Gewitter zieht auf, entlädt sich, zieht ab⟩ || K- Gewitterregen, Gewitterwolken

ge·wịtt·rig *Adjektiv; nicht als Adverb* [1] mit Blitz und Donner ⟨Regenschauer, Sturmböen⟩ [2] ⟨ein Tag⟩ so, dass man ein Gewitter kommen fühlt

ge·wo·ben *Partizip Perfekt;* ↑ **weben**

ge·wo·gen [1] *Partizip Perfekt;* ↑ **wiegen** [2] *Adjektiv; nicht als Adverb; förmlich;* **jemandem gewogen** mit viel Sympathie für jemanden ⟨sich jemandem gewogen zeigen⟩: *Ihr Chef war ihr sehr gewogen und förderte ihre berufliche Karriere*

ge·wöh·nen, sich; *gewöhnte sich, hat sich gewöhnt;* **jemanden/sich an etwas** *(Akkusativ)* **gewöhnen** jemanden/sich (durch Übung *o.Ä.*) mit etwas so vertraut machen, dass es für ihn/einen selbst normal, selbstverständlich wird: *sich an die neue Umgebung gewöhnen* || *hierzu* **Ge·wöh·nung** *die; -; nur Singular*

Ge·wohn·heit *die; -, -en;* **die Gewohnheit (+ zu +** *Infinitiv***)** ein Handeln, das durch häufige Wiederholung automatisch geworden ist ⟨eine alte, feste, liebe, schlechte Gewohnheit; etwas aus reiner Gewohnheit tun; seine Gewohnheiten ändern⟩: *Sie hat die Gewohnheit, nach dem Essen eine Zigarette zu rauchen* || -K Lebensgewohnheit || *hierzu* **ge·wohn·heits·mä·ßig** *Adjektiv*

ge·wöhn·lich [B2] *Adjektiv;* so wie immer oder alle anderen (nicht von der Regel abweichend) ≈ üblich, normal: *gewöhnlich aussehen; ein ganz gewöhnlicher Arbeitstag; Sie wachte zur* *gewöhnlichen Zeit auf*

ge·wohnt *Adjektiv* **1** vertraut, üblich geworden ⟨die Umgebung; etwas wie gewohnt tun⟩ **2** **etwas gewohnt sein** etwas tun, weil es immer so ist oder gemacht wird: *Ich bin (es) gewohnt, spät ins Bett zu gehen*

Ge·wöl·be *das; -s, -;* eine gemauerte, nach oben runde Decke, *meist* in einer Kirche, einem Saal oder einem sehr alten Keller

ge·wollt *Adjektiv;* unnatürlich oder übertrieben: *ein gewollt lockeres Benehmen*

ge·won·nen *Partizip Perfekt;* ↑ **gewinnen**

ge·wor·ben *Partizip Perfekt;* ↑ **werben**

ge·wor·den *Partizip Perfekt;* ↑ **werden**

ge·wor·fen *Partizip Perfekt;* ↑ **werfen**

Ge·wühl *das; -(e)s; nur Singular;* ein Durcheinander von vielen Menschen oder Tieren, die sich auf engem Raum hin und her bewegen

ge·wun·den *Partizip Perfekt;* ↑ **winden**

ge·wun·ken *Partizip Perfekt; umg;* ↑ **winken**

Ge·würz B1 *das; -es, -e;* eine Substanz (wie *z.B.* Salz oder Pfeffer), die man in kleinen Mengen zum Essen gibt, damit es einen besonderen Geschmack bekommt ⟨ein getrocknetes, mildes, scharfes Gewürz⟩

▶ Gewürze

Die wichtigsten Gewürze sind **Zucker, Salz** und **Pfeffer**.
Zum Würzen von Speisen benutzt man oft intensiv schmeckendes Gemüse (**Knoblauch, Lauch, Sellerie, Zwiebeln**) und frische oder getrocknete **Kräuter** (**Basilikum, Dill, Kresse, Majoran, Oregano, Petersilie, Rosmarin, Salbei, Thymian**).
Viele Gewürze werden als Pulver angeboten (**Curry, Paprika, Vanille, Zimt**).

Man kann z.B. auch die Wurzeln von **Ingwer** und **Meerrettich** reiben, die Samen vom **Kümmel**, die Blätter vom **Lorbeer**, die eingelegten Knospen von **Kapern**, die getrockneten Knospen von **Nelken** und die getrockneten Beeren vom **Wacholder** als Gewürz verwenden.

WORTSCHATZ

Ge·würz·gur·ke *die; -, -n;* eine Gurke, die in Essig mit bestimmten Gewürzen eingelegt ist

ge·wusst *Partizip Perfekt;* ↑ **wissen**

GEZ *die;* Ⓓ *Abkürzung für* Gebühreneinzugszentrale der (öffentlich-rechtlichen) Rundfunkanstalten

gez. *Abkürzung für* gezeichnet; verwendet, wenn ein Schreiben nicht persönlich unterschrieben wurde

Ge·zei·ten *die; -; Plural;* das regelmäßige Auf und Ab des Wassers (Meeresspiegels) an der Küste ≈ Ebbe und Flut || K- Gezeitenwechsel

ge·zielt, *gezielter, gezieltest-; Adjektiv;* auf ein Ziel oder einen bestimmten Zweck ausgerichtet ⟨ein Schuss; eine Frage, Maßnahmen⟩: *Sie ging bei ihrer Suche gezielt vor*

ge·zo·gen *Partizip Perfekt;* ↑ **ziehen**

ge·zwun·gen **1** *Partizip Perfekt;* ↑ **zwingen** **2** *Adjektiv;* nicht freiwillig (und deshalb unnatürlich wirkend): *Mit einem gezwungenen Lächeln begrüßte sie die Gäste*

ge·zwun·ge·ner·ma·ßen *Adverb;* einer Pflicht, einer Notwendigkeit oder einem Zwang folgend ≈ notgedrungen: *Da ich kein Auto habe, muss ich gezwungenermaßen mit dem Bus fahren*

ggf. *Abkürzung;* ↑ **gegebenenfalls**

gibt *Präsens, 3. Person Singular;* ↑ **geben**

Gicht *die; -; nur Singular;* eine Krankheit, bei der sich die Gelenke entzünden (und verformen); *Medizin* Arthritis || K- Gichtanfall, Gichtknoten; gichtkrank

Gie·bel *der; -s, -;* der obere, *meist* dreieckige Teil der Wand an der schmalen Seite eines Gebäudes: *ein Haus mit einem spitzen Giebel* || K- Giebelfenster, Giebelseite

Gier [giːɐ̯] *die; -; nur Singular;* **die Gier (nach etwas)** der heftige Wunsch, etwas zu haben oder zu bekommen ≈ Begierde: *die grenzenlose Gier nach Macht und Reichtum*

gie·rig *Adjektiv;* **gierig (auf etwas** *(Akkusativ)*/ **nach etwas)** voller Gier ⟨ein Mensch; etwas gierig verschlingen⟩ || -K geldgierig, machtgierig, profitgierig

gie·ßen B1 *goss, hat gegossen* **1** **etwas irgendwohin gießen** eine Flüssigkeit aus einem Gefäß irgendwohin fließen lassen: *Wein in ein Glas gießen; Wasser aus dem Eimer aufs Beet gießen* **2** **(etwas) gießen** Blumen oder anderen Pflanzen (mit einer Gießkanne) Wasser geben **3** **es gießt** *umg;* es regnet sehr stark

Gieß·kan·ne *die; -, -n;* eine Kanne mit einem langen Rohr und einem Aufsatz mit Löchern, mit der man die Pflanzen (im Haus und im Garten) gießt

Gift B2 *das; -(e)s, -e;* ein schädlicher Stoff, der tödlich sein kann: *Gift gegen Ratten auslegen* || K- Giftmüll, Giftschlange, Giftstoffe || -K Rattengift, Schlangengift || ID **etwas ist (das**

reinste) **Gift (für jemanden/etwas)** etwas schadet jemandem/etwas sehr: *Für ihn ist Alkohol das reinste Gift*; *meist* **Darauf kannst du Gift nehmen!** *umg*; darauf kannst du dich verlassen, das ist ganz bestimmt so

gif·tig B2 *Adjektiv* **1** *nicht als Adverb*; mit Gift und daher gefährlich ⟨eine Pflanze, ein Pilz; eine Schlange, ein Skorpion; Abwässer, Gase⟩ **2** *umg* ≈ böse ⟨giftig antworten, reagieren, werden⟩

Gi·gant *der*; *-en, -en*; *förmlich* **1** ≈ Riese **2** eine Person/Sache, die besonders groß, mächtig oder dominant ist: *die Giganten im Bereich der Elektronik*; *die Giganten des Tennissports* || zu 2 **gi·gan·tisch** *Adjektiv*

G

gilt *Präsens, 3. Person Singular*; ↑ **gelten**

ging *Imperfekt, 1. und 3. Person Singular*; ↑ **gehen**

Gip·fel *der*; *-s, -*; **1** die oberste Spitze eines Berges ⟨einen Gipfel besteigen⟩ **2** **der Gipfel** + *Genitiv* der höchste Grad, das höchste Ausmaß der genannten Sache: *Er befand sich auf dem Gipfel seines Ruhmes* **3** Verhandlungen zwischen Mitgliedern von Regierungen || K- Gipfelkonferenz, Gipfeltreffen || -K Wirtschaftsgipfel

gip·feln; *gipfelte, hat gegipfelt*; **etwas gipfelt in etwas** (*Dativ*) *förmlich*; etwas erreicht mit etwas seinen (oft negativen) Höhepunkt: *Seine Rede gipfelte in einem Aufruf an alle Mitglieder zum Streik*

Gips *der*; *-es*; *nur Singular* **1** ein weißgraues Mineral; *Chemie* Kalziumsulfat **2** ein Pulver aus Gips (1), das zusammen mit Wasser eine Masse gibt, mit der man *bes* Löcher in einer Wand schließt oder Formen herstellt ⟨Gips anrühren; der Gips bindet schnell ab⟩: *ein Loch mit Gips zuspachteln* || K- Gipsabdruck, Gipsbüste, Gipsfigur **3** ein Verband aus Stoff, der in Gips getaucht wird und dann hart wird, wenn er trocknet ⟨einen Gips haben⟩ || K- Gipsbein

Gi·raf·fe *die*; *-, -n*; ein großes (Säuge)Tier mit braunen Flecken, langen Beinen und einem sehr langen Hals, das in den Savannen Afrikas lebt und Pflanzen frisst

Gir·lan·de *die*; *-, -n*; eine Art lange Kette aus Papier, Blumen *o.Ä.*, mit der man Säle, Häuser oder Straßen (festlich) schmückt

Gi·ro·kon·to ['ʒi:-] *das*; *-s, -kon·ten*; ein (Bank)Konto mit sehr niedrigen Zinsen, von dem man sich (jederzeit) Geld holen und auf das auch Geld geschickt werden kann

Gischt *die*; *-*; *nur Singular*; der obere, weiße Teil von hohen Wellen

Gi·tar·re *die*; *-, -n*; ein (Musik)Instrument (mit sechs Saiten), das man mit den Fingern spielt (zupft) ⟨Gitarre spielen; jemanden auf der Gitarre begleiten⟩ || K- Gitarrenspieler

Gitarre

Git·ter *das*; *-s, -*; eine flache Konstruktion aus (dünnen) senkrechten und waagerechten Stäben: *ein Gitter vor dem Fenster anbringen* || K- Gitterbett, Gitterfenster, Gitterstab

Glace ['glasə] *die*; *-, -n*; (CH) ≈ Eis (2)

Glanz *der*; *-es*; *nur Singular* **1** das Licht, das sich auf einem glatten Gegenstand spiegelt ⟨der Glanz eines Diamanten, des Goldes⟩ **2** das Leuchten ⟨*meist* der Glanz der Sterne, der Sonne⟩ **3** das sehr Positive, das etwas an sich hat ⟨der Glanz des Ruhmes, des Sieges; eine Prüfung mit Glanz bestehen⟩ || K- Glanzleistung

glän·zen; *glänzte, hat geglänzt* **1** **etwas glänzt** etwas strahlt Glanz aus ⟨Gold, ein Spiegel, die Sterne, die Augen⟩ **2** **jemand glänzt** jemand ruft aufgrund einer Fähigkeit *o.Ä.* Bewunderung hervor ⟨mit seinem Wissen, vor seinen Freunden glänzen⟩

glän·zend *Adjektiv*; sehr gut ≈ hervorragend ⟨ein Tänzer, ein Redner; eine Idee⟩

Glas A1 *das*; *-es, Glä·ser* **1** *nur Singular*; ein durchsichtiges, hartes Material, das leicht zerbricht ⟨buntes, geschliffenes Glas; Glas (zer)bricht, splittert, springt⟩ || K- Glasflasche, Glasscheibe, Glasscherbe, Glassplitter, Glastür || -K Fensterglas, Flaschenglas **2** ein (Trink)Gefäß aus Glas (1) ⟨mit seinem Glas anstoßen; die Gläser klirren⟩ || -K Bierglas, Weinglas; Kristallglas **3** die Menge einer Flüssigkeit, die in ein Glas (2) passt: *Sie hat schon drei Glas/Gläser Wein getrunken* || Hinweis: als Maßangabe bleibt *Glas* im Plural *oft* unverändert **4** ein Behälter aus Glas (1): *Auf dem Regal stehen Gläser mit Kompott* || -K Marmeladenglas **5** *meist Plural*; ein geschliffenes Stück Glas (1) für eine Brille: *eine Brille* *mit dicken Gläsern* || [K] Brillenglas || [ID] **zu tief ins Glas geschaut haben** *umg humorvoll;* zu viel Alkohol getrunken haben

Gla·ser *der; -s, -;* ein Handwerker, der Glas zu Scheiben schneidet und sie in Fenster einsetzt *o.Ä.* || [K] Glasermeister || *hierzu* **Gla·se·rin** *die; -, -nen*

Gla·sur [-'zuːɐ̯] *die; -, -en* **1** ein durchsichtiger, harter Überzug auf Keramik- oder Porzellanwaren **2** ein glänzender Überzug aus Zucker oder Schokolade auf Gebäck oder Konfekt ≈ Guss || [K] Schokoladenglasur, Zuckerglasur

glatt[1] [B2] *glatter/glätter, glattest-/glättest-; Adjektiv* **1** ohne Löcher, Risse oder Erhebungen ↔ rau ⟨eine Oberfläche; etwas glatt hobeln, schleifen⟩ **2** ohne Falten, Wellen oder Locken ⟨Haar(e), ein Tuch; sein Haar glatt kämmen, die Wäsche glatt bügeln, ein Tuch glatt streichen⟩ **3** so, dass man leicht darauf ausrutschen kann: *Die Straße war sehr glatt* (= vereist) **4** (verwendet in Bezug auf Zahlen) ohne Rest: *Die Rechnung geht glatt auf* **5** *nur vor dem Substantiv oder als Adverb;* ohne Schwierigkeiten oder Probleme ⟨eine Fahrt⟩ **6** *nur vor dem Substantiv oder als Adverb; umg* ≈ offensichtlich ⟨Betrug, Blödsinn, eine Lüge⟩ **8** *nur vor dem Substantiv oder als Adverb; umg;* ohne Zögern ⟨eine Absage, ein Nein; etwas glatt ablehnen⟩ || *zu* 1 und 2 **Glät·te** *die; -; nur Singular* || Hinweis: ↑ **glattgehen**

glatt[2] [B2] *Partikel; umg* ≈ tatsächlich: *Gut, dass du mich daran erinnerst, ich hätte es glatt vergessen!*

glatt·bü·geln *(hat)* ↑ **glatt**

Glatt·eis [B2] *das; -es; nur Singular;* gefrorenes Wasser auf Straßen und Wegen || [K] Glatteisbildung, Glatteisgefahr || [ID] **jemanden aufs Glatteis führen** jemanden täuschen (überlisten)

glät·ten; *glättete, hat geglättet* **1** **etwas glätten** etwas glatt (1,2) machen: *ein zerknülltes Stück Papier glätten* **2** **etwas glättet sich** etwas wird (wieder) glatt (1,2) || [ID] ↑ **Woge**

glatt·ge·hen; *ging glatt, ist glattgegangen; umg;* **etwas geht glatt** etwas verläuft ohne Probleme: *Wenn alles glattgeht, sind wir in einer Stunde zu Hause*

glatt·ho·beln, **glatt·käm·men** *usw* ↑ **glatt**

Glat·ze *die; -, -n* **1** das (teilweise *oder* gänzliche) Fehlen von Haaren am (Hinter)Kopf **2** *umg;* eine Person mit Glatze (1)

Glau·be [A2] *der; -ns,* **Glau·ben** *der; -s; nur Singular* **1** **der Glaube** (**an etwas** *(Akkusativ)*) die feste Überzeugung, dass jemand/etwas existiert oder dass etwas wahr, richtig oder möglich ist: *der Glaube an Gott; der Glaube an das Gute im Menschen* **2** ≈ Konfession, Religion ⟨der christliche, jüdische Glaube⟩ || [K] Glaubensgemeinschaft

glau·ben [A2] *glaubte, hat geglaubt* **1** (**etwas**) **glauben** etwas für wahrscheinlich halten: *Ich glaube, dass er kommen wird; „Wird es regnen?" – „Ich glaube nicht/schon."* **2** (**jemandem**) **etwas glauben**; **jemandem** (**etwas**) **glauben** das, was jemand gesagt oder behauptet hat, für wahr halten: *Ich kann einfach nicht glauben, dass er seine Kinder schlägt; Sie glaubte ihm nicht/ kein Wort* **3** **an etwas** *(Akkusativ)* **glauben** der Meinung sein, dass etwas (Unwahrscheinliches) möglich ist, wird: *an den Sieg glauben; Ich glaube nicht an Wunder!* **4** **an jemanden glauben** Vertrauen zu jemandem haben und überzeugt sein, dass er das Richtige tut **5** **an Gott glauben** fest davon überzeugt sein, dass Gott existiert || [ID] **dran glauben müssen** *umg* **a** sterben müssen **b** *oft humorvoll;* verbraucht, zerstört, vernichtet werden: *Ich hab noch eine Flasche Wein, die muss jetzt dran glauben*

Glau·bens·be·kennt·nis *das; -ses, -se* **1** die Zugehörigkeit zu einer Religion ≈ Konfession **2** *nur Singular;* die wichtigsten religiösen Prinzipien, *meist* in der Art eines Gebets ≈ Credo ⟨das Glaubensbekenntnis sprechen, ablegen⟩

glaub·haft *Adjektiv;* so, dass man es glauben (2) kann ≈ überzeugend ⟨Argumente, ein Zeuge; etwas glaubhaft darstellen, versichern⟩: *Seine Entschuldigung klingt nicht glaubhaft*

gläu·big *Adjektiv* **1** von der Lehre einer Religion überzeugt ≈ fromm: *ein gläubiger Christ, Jude* || [K] andersgläubig, rechtgläubig, strenggläubig **2** mit vollem Vertrauen in jemanden: *Unter den Zwanzigjährigen hatte er zahlreiche gläubige Anhänger*

glaub·wür·dig *Adjektiv;* ⟨ein Zeuge; Berichte⟩ so, dass man ihnen glauben (2) kann || *hierzu* **Glaub·wür·dig·keit** *die; -; nur Singular*

gleich[1] [B1] *Adjektiv* **1** ohne Unterschied, von derselben Größe, Form, Zahl, Art *o.Ä.* ⟨gleich geartet, gesinnt sein⟩: *einen Kuchen in zwölf gleiche Teile schneiden; Christa und ich sind gleich groß* **2** sehr ähnlich, in vielen Merkmalen übereinstimmend: *Sie hat die gleiche Frisur wie du; Sie sind sich in Vielem gleich* **3** (**ist**) **gleich** *Mathematik* ≈ ist, ergibt: *Zwei plus drei (ist) gleich fünf* **4** ohne Veränderung ≈ unverändert ⟨gleich bleiben⟩: *Sie ist immer noch die Gleiche wie früher* **5** *nur vor dem*

G

Substantiv, nicht als Adverb; umg ≈ (der)selbe: *Obwohl Petra und Kerstin im gleichen Stadtteil wohnen, sehen sie sich nur selten* **6** **etwas ist jemandem gleich** etwas ist nicht interessant, nicht wichtig (für jemanden) ≈ etwas ist jemandem egal: *Wenn ich arbeiten muss, ist es mir gleich, wie das Wetter ist* || [ID] **Gleiches mit Gleichem vergelten** jemanden genauso behandeln, wie er einen behandelt hat

G

gleich² [B1] *Adverb* **1** in sehr kurzer Zeit ≈ sofort: *Sie hat den Arzt angerufen, und er ist gleich gekommen* **2** **gleich** (*+ Präposition*) + *Ortsangabe* in direkter Nähe: *Er wohnt gleich nebenan*

gleich³ [B1] *Partikel* **1** *unbetont;* verwendet in Fragen, wenn man sich im Augenblick nicht an etwas erinnern kann: *Wie war doch gleich ihre Telefonnummer?* **2** verwendet in (Aussage- und Aufforderungs)Sätzen, um Ungeduld oder leichten Ärger auszudrücken: *Ich habe dir doch gleich gesagt, dass das nicht geht!*

gleich·alt·rig *Adjektiv;* im gleichen Alter ⟨Freunde⟩

gleich·be·rech·tigt *Adjektiv;* mit den gleichen Rechten ⟨gleichberechtigte Partner⟩: *Nicht in allen Ländern der Erde sind Mann und Frau gleichberechtigt* || *hierzu* **Gleich·be·rech·ti·gung** *die; -; nur Singular*

glei·chen; *glich, hat geglichen;* **jemandem/etwas (in etwas** *(Dativ)***) gleichen** jemandem/etwas (*meist* im Aussehen) sehr ähnlich sein ≈ jemandem/etwas ähneln: *Er gleicht seinem Vater nicht nur äußerlich, sondern auch in seinem Temperament*

glei·cher·ma·ßen *Adverb;* im gleichen Maß ≈ gleicherweise: *Sie ist bei allen gleichermaßen beliebt*

gleich·falls *Adverb;* verwendet, um einen Wunsch oder einen Gruß zu erwidern: *„Schönen Tag noch!" – „Danke gleichfalls!"*

gleich·för·mig *Adjektiv;* ohne Änderung oder Abwechslungen (über längere Zeit), in gleicher Weise: *Die gleichförmige Arbeit machte sie schläfrig*

Gleich·ge·wicht *das; -(e)s; nur Singular* **1** der Zustand, in dem das Gewicht eines Körpers so verteilt ist, dass er nicht schwankt ≈ Balance ⟨im Gleichgewicht sein; das Gleichgewicht halten, verlieren⟩ **2** die seelische Ruhe: *sich nicht so leicht aus dem (seelischen) Gleichgewicht bringen lassen* **3** ein stabiler Zustand, in dem *z.B.* gegensätzliche Kräfte gleich stark sind ⟨das ökologische, militärische Gleichgewicht⟩

Gleich·ge·wichts|stö·rung *die; -, -en; meist Plural;* die Unfähigkeit, das Gleichgewicht (1) zu halten ⟨Gleichgewichtsstörungen haben⟩

gleich·gül·tig *Adjektiv* **1** ohne Interesse: *sich (jemandem gegenüber) gleichgültig verhalten* **2** *nicht als Adverb;* **jemandem gleichgültig** für jemanden völlig unwichtig || *zu* 1 **Gleich·gül·tig·keit** *die; -; nur Singular*

Gleich·heit *die; -; nur Singular* **1** die Tatsache, dass sich Eigenschaften von Personen/Sachen nicht unterscheiden **2** das Gleichsein in Bezug auf Rechte *o.Ä.*: *die Gleichheit aller Menschen vor dem Gesetz* || [K-] Gleichheitsgrundsatz, Gleichheitsprinzip

gleich·ma·chen; *machte gleich, hat gleichgemacht;* **etwas** *(Plural)* **gleichmachen**; **etwas etwas** *(Dativ)* **gleichmachen** die Unterschiede zwischen verschiedenen Sachverhalten oder Dingen beseitigen ≈ angleichen || [ID] ↑ **Erdboden**

gleich·mä·ßig *Adjektiv* **1** ohne den Rhythmus, den Druck, das Tempo *o.Ä.* dabei zu ändern: *gleichmäßig atmen; sich in gleichmäßigem Tempo bewegen* **2** zu gleichen Teilen: *die Bonbons gleichmäßig an die Kinder verteilen* || *hierzu* **Gleich·mä·ßig·keit** *die; -; nur Singular*

Gleich·nis *das; -ses, -se;* eine (*meist* religiöse) Erzählung, deren Aussage durch einen Vergleich dargestellt wird ≈ Parabel ⟨in Gleichnissen reden; etwas durch ein Gleichnis veranschaulichen⟩: *das Gleichnis vom verlorenen Sohn*

gleich·se·hen; *sieht gleich, sah gleich, hat gleichgesehen;* **1** **jemandem gleichsehen** so aussehen wie eine andere Person ≈ jemandem ähnlich sehen: *Er sieht seinem Vater gleich* **2** **etwas sieht jemandem gleich** *umg;* etwas (*meist* ein bestimmtes Verhalten) ist typisch für jemanden

gleich·set·zen; *setzte gleich, hat gleichgesetzt;* **etwas** *(Plural)* **gleichsetzen**; **etwas mit etwas gleichsetzen** zwei oder mehrere Dinge als gleich ansehen || *hierzu* **Gleich·set·zung** *die; -, -en*

Gleich·stand *der; -(e)s, -stän·de;* genau die gleiche Anzahl von Punkten oder Toren (*z.B.* bei einem Wettkampf): *Bei Gleichstand nach 90 Minuten wird das Spiel verlängert*

gleich·stel·len; *stellte gleich, hat gleichgestellt;* **jemanden/etwas** *(Plural)* **gleichstellen**; **jemanden/etwas (mit) jemandem/etwas gleichstellen** zwei oder mehr Personen oder

Sachen als gleichwertig oder gleich ansehen oder sie gleich behandeln: *die Arbeiter (mit) den Angestellten finanziell gleichstellen* || *hierzu* **Gleich·stel·lung** *die; -; nur Singular*

glei̲ch·wer·tig *Adjektiv; nicht als Adverb;* von gleichem Wert, gleicher Bedeutung oder gleichem Rang ⟨Gegner; Partner⟩: *Der neue Kollege ist kein gleichwertiger Ersatz für seinen Vorgänger* || *hierzu* **Glei̲ch·wer·tig·keit** *die; -; nur Singular*

glei̲ch·zei·tig B1 *Adjektiv; nur vor dem Substantiv oder als Adverb;* zur gleichen Zeit: *Die Kinder redeten alle gleichzeitig* || *hierzu* **Glei̲ch·zei·tig·keit** *die; -; nur Singular*

Glei̲s *das; -es, -e;* die zwei Schienen, die parallel zueinander verlaufen (und auf denen *z.B.* Züge, Straßenbahnen oder U-Bahnen fahren): *Der Zug fährt/läuft auf Gleis 2 ein* || K- Gleisanlage || -K (Eisen)Bahngleis, Straßenbahngleis

glei̲·ten; *glitt, ist geglitten* **1** **über etwas** (*Akkusativ*) **gleiten** sich leicht und (scheinbar) mühelos über eine Fläche bewegen: *Das Segelboot glitt über das Wasser* **2** **ein Vogel/etwas gleitet irgendwo(hin)** ein Vogel/etwas fliegt (schwebt), nur von der Kraft des Windes getrieben ⟨ein Adler, ein Drachenflieger, ein Segelflugzeug⟩

Glei̲t·zeit *die; -; nur Singular; umg* eine flexibel geregelte Arbeitszeit || K- Gleitzeitregelung

Glẹt·scher *der; -s, -;* eine große Masse von Eis (im hohen Gebirge oder am Nord- oder Südpol) || K- Gletschereis, Gletscherspalte

glịch *Imperfekt, 1. und 3. Person Singular;* ↑ **gleichen**

Gli̲ed[1] *das; -(e)s, -er* **1** ein beweglicher Teil des Menschen oder Tieres, *bes* ein Arm oder ein Bein: *Er hatte Rheuma und ständig Schmerzen in allen Gliedern* **2** **das (männliche) Glied** ≈ Penis

Gli̲ed[2] *das; -(e)s, -er;* eines der Teile, die eine Kette oder ein Ganzes bilden || -K Kettenglied, Satzglied

gli̲e·dern; *gliederte, hat gegliedert* **1** **etwas (in etwas** (*Akkusativ*)**) gliedern** ein Ganzes in einzelne Teile oder Abschnitte einteilen: *Der Bericht ist in fünf Kapitel gegliedert* **2** **etwas gliedert sich in etwas** (*Akkusativ*) ein Ganzes besteht aus den genannten Teilen (oder Abschnitten): *Dieser Satz gliedert sich in Haupt- und Nebensatz* || *hierzu* **Gli̲e·de·rung** *die; -, -en*

Gli̲ed·ma·ßen *die; -; Plural;* die Glieder[1] (1) von Menschen oder Tieren

glịm·men; *glimmte/förmlich glomm, hat geglimmt/förmlich geglommen;* **etwas glimmt** etwas brennt schwach und ohne Flamme: *Im Ofen glimmen noch Reste des Feuers*

glịmpf·lich *Adverb;* ohne (großen) Schaden oder Nachteil ⟨glimpflich davonkommen; etwas läuft glimpflich ab⟩

glịt·schig *Adjektiv; nicht als Adverb; umg;* feucht und glatt ≈ schlüpfrig ⟨ein Fisch, ein Frosch; die Seife⟩

glịtt *Imperfekt, 1. und 3. Person Singular;* ↑ **gleiten**

glịt·zern; *glitzerte, hat geglitzert;* **etwas glitzert** etwas leuchtet mit (Licht)Reflexen an vielen Stellen hell (auf) ⟨die Sterne, der Schnee, das Wasser, Diamanten⟩

glo·ba̲l *Adjektiv; förmlich* **1** die ganze Erde umfassend, auf alle ihre Länder, Staaten bezogen: *Für die Umweltprobleme müssen globale Lösungen gefunden werden* **2** *oft abwertend;* ohne ins Detail zu gehen ≈ allgemein, pauschal ↔ detailliert ⟨global gesehen⟩: *In der kurzen Zeit konnten wir die Themen nur global behandeln*

Glo·ba·li·si̲e·rung *die; -; nur Singular;* die Ausdehnung eines Zustands, Systems *o.Ä.* auf die ganze Erde ⟨die Globalisierung der Märkte, der Wirtschaft⟩

Glo̲·bus *der; -(ses), -se/förmlich Glo·ben* **1** eine Kugel, auf der die Landkarte der Erde, des Monds *o.Ä.* abgebildet ist und die man um ihre eigene Achse drehen kann || -K Erdglobus, Mondglobus **2** *umg humorvoll;* der Planet Erde: *Auf unserem Globus wird es immer enger*

Glọ·cke *die; -, -n* **1** ein Gegenstand (aus Metall), der unten offen ist und hell klingt, wenn man ihn bewegt ⟨eine Glocke klingt, läutet, (er)tönt, schlägt⟩ || K- Glockenläuten, Glockenschlag || -K Kirchenglocke, Turmglocke **2** Ⓐ ≈ Klingel || ID **etwas an die große Glocke hängen** *umg;* etwas Privates vielen Leuten erzählen

Glọ·cken·blu·me *die; -, -n;* eine Blume mit *meist* blauen Blüten in der Form von kleinen Glocken

Glụ̈ck A2 *das; -(e)s; nur Singular* **1** günstige Umstände oder Zufälle, auf die man keinen Einfluss hat und die einem einen persönlichen Vorteil oder Erfolg bringen ↔ Pech ⟨großes Glück; (kein, wenig, viel) Glück (in der Liebe, im Spiel) haben; etwas bringt jemandem Glück; jemandem (viel) Glück für/zu etwas wünschen; sich auf sein Glück verlassen⟩: *Er hat noch einmal Glück gehabt - der Unfall hätte schlimmer sein können!; Viel Glück im neuen Jahr!* || K- Glücksspiel **2** das Empfinden, das man *z.B.* hat, wenn man etwas bekommen hat, das man sich sehr wünscht ⟨ein kurzes, tiefes, stilles Glück; etwas fehlt jemandem noch zum/zu seinem Glück⟩ || K- Glücksgefühl || -K Eheglück, Mutterglück **3** **(es ist) ein Glück (dass ...)** es ist gut, günstig, dass ...: *Es war ein Glück, dass ich den Zug noch erwischt habe* **4** **zum Glück** ≈ glücklicherweise || ID **auf gut Glück** ohne sich sicher zu sein, dass man Erfolg haben wird; **(mit etwas) bei jemandem kein Glück haben** (mit etwas) bei jemandem nichts erreichen können, nicht zum Ziel kommen

G

Viel Glück!

Es gibt verschiedene Möglichkeiten, anderen Glück zu wünschen:

Vor einem Wettkampf, vor einer Prüfung:
Viel Glück!
Alles Gute!
Toi, toi, toi!
Ich drücke dir / euch / Ihnen die Daumen!

Wenn etwas gefährlich ist:
Hals- und Beinbruch!

Wenn jemand Angst hat:
Nur Mut!
keine Angst!, keine Bange!
Wird schon werden!
humorvoll: **Wird schon schiefgehen!**

SPRECHEN UND SCHREIBEN

glü·cken; *glückte, ist geglückt;* **etwas glückt jemandem** etwas gelingt jemandem nach Wunsch: *Ihm glückt alles, was er anfängt*

glück·lich B1 *Adjektiv* **1** *nur vor dem Substantiv oder als Adverb;* mit Glück (1): *der glückliche Gewinner des Preisausschreibens* **2** *nur vor dem Substantiv oder als Adverb;* mit günstigem Verlauf, ohne Probleme ⟨eine Heimkehr; irgendwo glücklich angekommen sein⟩ **3** **glücklich (über etwas** *(Akkusativ)*) von Glück (2) und innerer Zufriedenheit erfüllt ↔ unglücklich ⟨ein Ehepaar, eine Familie, eine Mutter, eine Zeit; wunschlos glücklich sein; jemanden glücklich machen⟩: *Sie waren 40 Jahre lang glücklich verheiratet* **4** ⟨ein Umstand, ein Zufall⟩ so, dass sie jemandem einen Vorteil bringen ≈ günstig

glück·li·cher·wei·se *Adverb;* durch einen günstigen Umstand oder Zufall ≈ zum Glück: *Glücklicherweise wurde bei dem Unfall niemand verletzt*

glück·se·lig *Adjektiv;* sehr glücklich (3) ≈ überglücklich

Glücks·pilz *der; -es, -e; umg;* jemand, der oft oder sehr großes Glück (1) hat ≈ Glückskind

Glücks·sa·che *die; -; nur Singular; meist in* **das ist (reine) Glückssache** *umg;* das kann man nicht beeinflussen, weil es von einem (günstigen) Zufall abhängt

Glück·wunsch *der; -(e)s, -wün·sche* **1** Worte, mit denen man ausdrückt, dass man sich mit ihm über einen Erfolg, ein Ereignis freut ≈ Gratulation ⟨jemandem die besten, seine Glückwünsche aussprechen, senden, übermitteln⟩ || K- Glückwunschkarte, Glückwunschtelegramm **2** **Herzlichen Glückwunsch (zu etwas)!** verwendet, um jemandem einen Glückwunsch (1) auszusprechen: *Herzlichen Glückwunsch zum Geburtstag!*

Glüh·bir·ne B1 *die; -, -n;* eine Form aus Glas, in der ein Draht glüht, wenn er elektrischen Strom bekommt. Man schraubt sie in eine Lampe, um Licht zu haben: *die Glühbirne auswechseln*

glü·hen ['gly:ən]; *glühte, hat geglüht* **1** **etwas glüht** etwas brennt (ohne Flamme und Rauch) rot (*bzw* bei sehr hohen Temperaturen weiß): *Unter der Asche glühen die Kohlen noch* **2** **etwas glüht (vor etwas** *(Dativ)*) ein Körperteil wird rot und heiß, weil jemand Fieber hat, aufgeregt ist *o.Ä.* ⟨das Gesicht, die Ohren, die Stirn⟩: *Ihr Gesicht glühte vor Eifer*

glü·hend ['gly:ənt] *Adjektiv;* sehr intensiv oder leidenschaftlich ⟨ein Verlangen, ein Wunsch, ein Bewunderer; Liebe, Hass; jemanden glühend beneiden, bewundern⟩

Glüh·lam·pe *die; -, -n* ≈ Glühbirne

Glüh·wein *der; -(e)s; nur Singular;* ein heißes Getränk aus (Rot)Wein mit Zucker und Gewürzen

Glüh·würm·chen *das; -s, -; umg;* ein kleiner Käfer, dessen Körper in der Dunkelheit leuchten kann ≈ Leuchtkäfer

Glut *die; -, -en* **1** *meist Singular;* die rote, glühende Masse, die von Holz oder Kohle übrig bleibt, wenn die helle Flamme eines Feuers verschwindet ⟨die Glut schüren, wieder anfachen, löschen⟩: *Unter der Asche glimmt noch Glut* || -K Kohlenglut, Ofenglut **2** *nur Singular;* eine sehr große Hitze: *die sengende Glut der Sonne Afrikas* || K- Gluthitze || -K Mittagsglut **3** *nur Singular;* **die Glut** + *Genitiv förmlich;* die Leidenschaftlichkeit (einer Emotion *o.Ä.*)

GmbH [ge:ɛmbe:'ha:] *die; -, -s; Wirtschaft;* eine Rechtsform für Firmen. Eine GmbH muss im Falle eines Konkurses nur so viele Schulden bezahlen, wie sie eigenes Kapital hat (*Abkürzung für* Gesellschaft mit beschränkter Haftung)

Gna·de *die; -, -n; meist Singular;* die Milderung einer Strafe, die jemand verdient hat, oder die Befreiung von ihr (aus Mitleid oder Großzügigkeit) ⟨(jemanden) um Gnade bitten; um Gnade flehen; Gnade walten lassen⟩ || [K-] gnadenlos || [ID] **Gnade vor jemandes Augen/jemandem finden** von jemandem (wieder) akzeptiert werden; **Gnade vor Recht ergehen lassen** jemandem eine Strafe, die er verdient hat, erlassen

Gna·den·frist *die; -; nur Singular; meist in* **jemandem eine Gnadenfrist einräumen/gewähren** jemandem zum letzten Mal zusätzliche Zeit für das geben, was er bereits hätte tun müssen

gnä·dig *Adjektiv* **1** ≈ nachsichtig, milde ↔ streng ⟨ein Richter⟩ **2** **gnädige Frau/gnädiger Herr** (früher) höfliche Anrede für eine Frau *bzw* einen Mann || Hinweis: Diese Anrede ist in der modernen Sprache nicht mehr üblich

Go·ckel *der; -s, -; südd* Ⓐ ≈ Hahn[1]

Gold [B1] *das; -(e)s; nur Singular;* ein gelbes, relativ weiches und teures Metall, aus dem man vor allem Schmuck und Münzen macht; *Chemie* Au ⟨echtes, massives, reines Gold⟩ || [K-] Goldbarren, Goldkette, Goldkrone, Goldmine, Goldmünze, Goldring, Goldschmied; goldfarben, goldgelb || *zu* **goldfarben** ↑ Illustration **Farben und Formen**

gol·den *Adjektiv* **1** *nur vor dem Substantiv, nicht als Adverb;* aus Gold gemacht ⟨ein Armband, ein Becher, ein Ring, eine Uhr *usw*⟩ **2** mit der Farbe und dem Glanz von Gold ⟨Haar, die Sonne, die Sterne⟩

Gold·fisch *der; -es, -e;* ein kleiner Fisch von gelblicher bis rötlicher Farbe, den man gern in Teichen und Aquarien hält || [K-] Goldfischteich

Gold·gru·be *die; -, -n; umg;* ein Geschäft *o.Ä.*, mit dem man sehr viel Geld verdient

Gold·hams·ter *der; -s, -;* ein kleiner Hamster mit (gelblich) braunem Fell, den man *bes* für Kinder im Haus hält

gold·rich·tig *Adjektiv; meist nach dem Substantiv; umg;* völlig richtig, sehr gut: *Die Entscheidung war goldrichtig*

Golf[1] *der; -(e)s, -e;* eine große (Meeres)Bucht: *der Persische Golf; der Golf von Mexiko* || Hinweis: *meist* in geografischen Eigennamen verwendet

Golf[2] *das; -s; nur Singular;* eine Sportart, bei der man versucht, mit einem Schläger einen kleinen, harten Ball mit möglichst wenigen Schlägen in bestimmte Löcher (*meist* 18) zu bringen ⟨Golf spielen⟩ || [K-] Golfball, Golfklub, Golfplatz, Golfschläger, Golfspieler, Golfturnier || *hierzu* **Gol·fer** *der; -s, -;* **Gol·fe·rin** *die; -, -nen*

Gon·del *die; -, -n* **1** ein schmales (*meist* verziertes) Boot, mit dem man auf den Kanälen von Venedig fährt || [K-] Gondelfahrt **2** eine Kabine, die an einem (Draht)Seil hängt und in der Personen (*bes* auf einen Berg) befördert werden || [K-] Gondelbahn

Gong *der; -s, -s* **1** eine *meist* frei hängende Metallscheibe, an die man schlägt, um ein Signal zu geben ⟨den Gong schlagen⟩ **2** ein elektrisches Gerät, das einen Ton wie bei einem Gong (1) erzeugt (und *z.B.* in Schulen *o.Ä.* ein Signal gibt) ⟨der Gong ertönt⟩ || [-K] Pausengong

gön·nen; *gönnte, hat gegönnt* **1** **jemandem etwas gönnen** es ohne Neid gut finden, dass jemand Glück oder Erfolg hat: *Er gönnte ihr den beruflichen Erfolg von Herzen* **2** **sich** (*Dativ*) **etwas gönnen** etwas Angenehmes in Anspruch, zu sich nehmen: *sich eine Pause, ein Glas Bier gönnen*

gor *Imperfekt, 1. und 3. Person Singular;* ↑ **gären**

Go·ril·la *der; -s, -s* **1** ein großer (Menschen)-Affe, der in den Wäldern Afrikas lebt **2** *umg abwertend* ≈ Leibwächter

goss *Imperfekt, 1. und 3. Person Singular;* ↑ **gießen**

Go·tik *die; -; nur Singular;* ein Stil der europäischen Kunst (*bes* der Architektur) von der Mitte des 12. bis Ende des 15. Jahrhunderts: *Die Kathedrale Notre-Dame in Paris ist ein Meisterwerk der Gotik* || *hierzu* **go·tisch** *Adjektiv*

Gott [A2] *der; -(e)s, Göt·ter* **1** *nur Singular;* (im Christentum, Judentum und im Islam) das (höchste) Wesen außerhalb der normalen Welt, von dem man glaubt, dass es die Welt erschaffen hat und ihr Schicksal lenkt ⟨der allmächtige, liebe Gott; an Gott glauben; zu Gott beten; auf Gott vertrauen⟩ || Hinweis: außer in Verbindung mit einem attributiven Adjektiv ohne Artikel **2** (in vielen Kulturen) eines von vielen Wesen, die eine besondere Macht haben sollen und von den Menschen verehrt werden: *die germanischen, griechischen, heidnischen Götter; Amor ist der römische Gott der Liebe* || [K-] Göttersage || [-K] Kriegsgott, Liebesgott, Sonnengott || [ID] **Gott sei 'Dank!** *umg;* verwendet, wenn man erleichtert ist; **Gott im 'Himmel!**; **Großer Gott!**; **(Ach,) du 'lieber Gott!**; **Mein 'Gott!**; **O**

'**Gott!**; **Um Gottes willen!** *umg*; verwendet, um Überraschung, Entsetzen, Bedauern *o.Ä.* auszudrücken; **in Gottes Namen** *umg*; verwendet, wenn man jemandem etwas (*meist* nach wiederholtem Bitten) gewährt; *meist* **Dein Wort in Gottes Ohr** *umg*; das wäre schön; **Gott und die Welt kennen** *umg*; viele Leute kennen; **wie ein junger Gott** ⟨singen, spielen, tanzen⟩ *umg*; sehr gut singen, spielen oder tanzen; **Grüß (dich/euch/Sie) Gott!** *südd* Ⓐ verwendet als Gruß, wenn man jemanden trifft ≈ Guten Tag! ⟨(jemandem) Grüß Gott sagen⟩; **weiß Gott** *umg*; verwendet, um eine Aussage zu betonen ≈ wirklich: *Es war weiß Gott nicht leicht*; **Gott weiß, wann/wer/wo** *usw umg*; niemand weiß, wann/wer/wo *usw*; **so Gott 'will** *umg*; wenn alles wie geplant verläuft; **leider Gottes** *umg* ≈ bedauerlicherweise || *zu* 2 **Göt·tin** *die*; -, -nen

G

Got·tes·dienst B1 *der*; -(e)s, -e; eine religiöse Feier zur Verehrung Gottes (1) (*bes* bei den christlichen Religionen) ⟨den Gottesdienst besuchen⟩

Gott·heit *die*; -, -en; ein Gott (2) oder eine Göttin

gött·lich *Adjektiv* **1** zu Gott (1) gehörend, von Gott (kommend) ⟨die Allmacht, die Gnade, die Güte, die Weisheit; eine Eingebung, eine Erleuchtung⟩ **2** *förmlich*; außerordentlich gut oder schön ≈ herrlich, wunderbar ⟨Musik, eine Stimme, ein Sänger; göttlich singen, spielen⟩

Grab *das*; -(e)s, *Grä·ber*; der Platz (auf einem Friedhof), an dem ein Toter begraben wird oder ist ⟨ein Grab ausheben, schaufeln⟩: *Blumen auf das Grab legen* || K- Grabkreuz, Grabschmuck || ID **(sich** (*Dativ*)**) sein eigenes Grab graben/schaufeln** sich (durch sein leichtsinniges Verhalten) selbst sehr schaden

gra·ben; *gräbt, grub, hat gegraben* **1** **(etwas) graben** (mit einer Schaufel *o.Ä.*) ein Loch, einen Graben *o.Ä.* in die Erde machen ⟨einen Brunnen, ein Grab graben⟩ **2** **etwas gräbt sich in etwas** (*Akkusativ*) etwas wird in etwas gedrückt, gepresst: *Ihre Fingernägel gruben sich in die Armlehne*

Gra·ben *der*; -s, *Grä·ben*; eine lange, relativ schmale Vertiefung in der Erde ⟨einen Graben ausheben⟩: *Um die Burg führt ein tiefer, mit Wasser gefüllter Graben* || -K Burggraben, Wassergraben

Grab·mal *das*; -(e)s, *Grab·mä·ler/förmlich -e*; ein großer Stein, eine Statue *o.Ä.* auf dem Grab (*oft* einer bekannten oder reichen Person)

Grab·stein *der*; -(e)s, -e; ein großer Stein auf einem Grab, auf dem der Name (und der Geburts- und Sterbetag) des Toten steht

gräbt *Präsens, 3. Person Singular*; ↑ **graben**

Gra·bung *die*; -, -en; die wissenschaftliche Suche in der Erde nach archäologischen Resten

Grad B1 *der*; -(e)s, -/-e **1** (*Plural Grad*) die Einheit, mit der man Temperaturen misst; Zeichen ° ⟨ein, zwei *usw* Grad Celsius, Fahrenheit⟩: *Das Thermometer zeigt zwölf Grad unter null/minus* (-12°); *Der Patient hatte vierzig Grad Fieber* **2** (*Plural Grad*) die Einheit, mit der man den Winkel misst; Zeichen °: *Ein rechter Winkel hat 90 Grad* **3** (*Plural Grad*) eine der gedachten Linien, die von Norden nach Süden oder von Osten nach Westen um die Erde verlaufen || -K Breitengrad, Längengrad || Hinweis: Die Pluralform der Komposita lautet *-grade* **4** (*Plural Grade*) **der Grad** + *Genitiv*/**an etwas** (*Dativ*) das Maß, die Stärke oder Intensität, in der etwas vorhanden ist ⟨ein geringer, hoher Grad⟩: *der Grad der Umweltverschmutzung* || -K Schwierigkeitsgrad, Verschmutzungsgrad **5** (*Plural Grade*) **ein (akademischer) Grad** ein Titel, den man von einer Universität bekommt || -K Doktorgrad

Graf *der*; -en, -en; ein Adeliger (mit einem Rang unter dem des Fürsten) || K- Grafenstand, Grafentitel || *hierzu* **Grä·fin** *die*; -, -nen; **gräflich** *Adjektiv*

Graf·fi·ti *die*; -; *Plural*; (heimlich angebrachte) Zeichen oder Zeichnungen an Wänden oder Mauern

Gra·fik *die*; -, -en **1** *nur Singular*; die Kunst und Technik des Zeichnens und des künstlerischen Druckens (*z.B.* als Holzschnitt, Kupferstich oder Radierung) **2** ein Blatt (Papier) mit einer (gedruckten) künstlerischen Zeichnung || -K Druckgrafik, Originalgrafik **3** eine Zeichnung, mit der ein Sachverhalt (*meist* mathematisch, prozentual *o.Ä.*) illustriert wird ≈ Diagramm || *zu* 1 **Gra·fi·ker** *der*; -s, -; **Gra·fi·ke·rin** *die*; -, -nen; **gra·fisch** *Adjektiv*

Gramm A1 *das*; -s, -; eine Einheit, mit der man das Gewicht misst; *Abkürzung* g: *Ein Pfund hat 500 Gramm* || -K Kilogramm

Gram·ma·tik B2 *die*; -, -en **1** *nur Singular*; die (Lehre von den) Regeln einer Sprache: *die deutsche Grammatik beherrschen* || K- Grammatikregel, Grammatiktheorie **2** ein Buch, in dem die Grammatik (1) einer Sprache beschrieben ist || *zu* 1 **gram·ma·ti·ka·lisch**, **gram·ma·tisch** *Adjektiv*

Gra·na·te *die*; -, -n; eine Art kleine Bombe, die mit einer schweren Waffe (einem Geschütz) geschossen oder mit der Hand geworfen wird ⟨eine Granate detoniert, schlägt ein; jemanden/etwas mit Granaten beschießen⟩ || -K Handgranate

gran·di·os [-'dio:s], *grandioser, grandiosest-; Adjektiv* ≈ großartig

Gra·nit, Gra·nit *der; -s, -e; meist Singular;* ein sehr hartes, graues Gestein (aus dem *z.B.* Pflastersteine für den Straßenbau gemacht werden) || K- Granitblock, Granitfelsen, Granitgestein, Granitplatte || ID **bei jemandem (mit etwas) auf Granit beißen** *umg;* bei jemandem (*z.B.* mit einer Bitte oder einer Forderung) auf absolute Ablehnung stoßen, nichts erreichen können

Grape·fruit ['gre:pfru:t] *die; -, -s;* eine große (Zitrus)Frucht mit gelber Schale, deren Fleisch leicht bitter schmeckt ≈ Pampelmuse || K- Grapefruitsaft

Gra·phik [-f-] *usw* ↑ **Grafik** *usw*

Gras B1 *das; -es, Grä·ser* **1** *nur Singular;* die dicht wachsenden grünen Pflanzen, die den Boden bedecken ⟨frisches, saftiges, dürres, hohes, niedriges Gras; das Gras mähen; im Gras liegen⟩: *Schafe fressen Gras* || K- Grasbüschel, Grasfläche, Grassamen **2** eine Pflanze mit einem hohen, schlanken Halm und langen, schmalen Blättern: *Weizen gehört zu den Gräsern* || K- Grasart, Grashalm || ID **das Gras wachsen hören** *umg ironisch;* aus den kleinsten (oder auch eingebildeten) (An)Zeichen zu erkennen glauben, was los ist oder sich in Zukunft ereignen wird; **über etwas** (*Akkusativ*) **Gras wachsen lassen** *umg;* warten, bis etwas (ein Skandal, ein Verbrechen *o.Ä.*) vergessen wird

Gras·hüp·fer *der; -s, -; umg;* eine kleine Heuschrecke

gras·sie·ren; *grassierte, hat grassiert;* **etwas grassiert irgendwo** etwas Unangenehmes hat sich irgendwo schnell verbreitet ⟨eine Krankheit, eine Seuche, eine Unsitte⟩

gräss·lich *Adjektiv* **1** ⟨ein Verbrechen, ein Gestank⟩ so, dass sie zu Ekel oder sehr negativen Gefühlen führen ≈ abscheulich **2** *nicht als Adverb; umg;* sehr unangenehm ⟨ein Kerl; Angst, Schmerzen, Wetter⟩ **3** *nur als Adverb; umg;* verwendet, um Negatives zu verstärken ≈ sehr: *Es war grässlich langweilig, kalt*

Grat *der; -(e)s, -e;* ein schmaler Streifen oben an den höchsten Punkten eines Berges

Grä·te *die; -, -n;* einer der feinen Teile, aus denen das Skelett eines Fisches besteht ⟨sich an einer Gräte verschlucken⟩

gra·tis B1 *Adjektiv; nur nach dem Substantiv oder als Adverb;* so, dass man nichts dafür bezahlen muss ≈ kostenlos: *Der Eintritt ist heute gratis* || K- Gratisexemplar, Gratisvorstellung

gra·tu·lie·ren; *gratulierte, hat gratuliert;* **(jemandem) (zu etwas) gratulieren** jemandem zu einem bestimmten Anlass seine Glückwünsche sagen ≈ jemanden beglückwünschen ⟨jemandem (herzlich) zur Hochzeit, zum bestandenen Examen gratulieren⟩: *seinem Onkel nachträglich zum Geburtstag gratulieren* || *hierzu* **Gra·tu·la·ti·on** *die; -, -en*

Grat·wan·de·rung *die; -, -en;* eine schwierige Situation (die viel Diplomatie erfordert) ⟨etwas ist eine Gratwanderung⟩

grau A2 *grauer, grau(e)st-; Adjektiv* **1** von der Farbe, die entsteht, wenn man schwarz und weiß mischt: *einen grauen, grau gestreiften Anzug tragen* || ↑ Illustration **Farben und Formen** || K- graublau, grauhaarig || -K blaugrau, dunkelgrau, hellgrau, mausgrau, silbergrau **2** **jemand wird grau** jemand bekommt graue Haare **3** ohne Freude, sehr langweilig ⟨der Alltag⟩ || *zu* **1** und **3** **Grau** *das; -s, -s*

Gräu·el *der; -s, -;* **1** *meist Plural; förmlich;* entsetzliche Dinge und grausame Taten, die die Menschen schockieren und abstoßen: *die Gräuel des Krieges* || K- Gräuelgeschichte, Gräuelszene, Gräueltat **2** **jemand/etwas ist jemandem ein Gräuel** jemand empfindet jemanden/etwas als sehr unangenehm: *Die Steuererklärung ist mir ein Gräuel*

grau·en; *graute, hat gegraut* **1** **sich** (**vor etwas** (*Dativ*)) **grauen** vor etwas (große) Furcht empfinden: *Er graut sich davor, allein zu sein* **2** **jemandem/jemanden graut (es) (vor jemandem/etwas)** jemand fürchtet sich (vor jemandem/etwas): *Mir/Mich graut, wenn ich an das Examen denke; Es graut ihm vor nichts*

Grau·en *das; -s, -;* **1** **Grauen (vor jemandem/etwas)** *nur Singular;* große Furcht vor einer Person/Sache, die einem Angst macht (und unheimlich ist) ≈ Entsetzen ⟨Grauen erregen; von Grauen erfüllt, erfasst, gepackt (sein)⟩ **2** ein schreckliches Ereignis: *die Grauen des Bürgerkriegs* **3** **etwas bietet ein Bild des Grauens** *förmlich;* etwas wirkt schockierend auf den Betrachter: *Die Unfallstelle bot ein Bild des Grauens*

grau·en·haft *Adjektiv* **1** ⟨eine Überschwemmung, eine Verletzung; ein Mord, ein Unfall⟩ so, dass sie Angst oder Entsetzen hervorrufen: *eine grauenhaft verstümmelte Leiche* **2** *umg;* sehr schlecht: *Das Spiel war grauenhaft!* **3** *nicht als Adverb; umg;* sehr groß, sehr intensiv ⟨eine Hitze, eine Kälte; Schmerzen⟩ **4** *nur als*

Adverb; umg; verwendet, um negative Adjektive oder Verben zu verstärken ≈ sehr: *Hier stinkt es ja grauenhaft!; Es war grauenhaft kalt*

grau·en·voll *Adjektiv* ↑ **grauenhaft**

grau·gestreift ↑ **grau**

grau·sam *Adjektiv* **1** **grausam (zu/gegenüber jemandem)** ⟨ein Mensch⟩ so, dass er ohne Mitleid handelt, Menschen oder Tiere quält **2** so, dass es (für den Betroffenen) sehr schlimm, schmerzhaft ist ⟨eine Rache, eine Strafe, eine Tat; jemanden grausam quälen⟩ || *hierzu* **Grau·sam·keit** *die; -, -en*

grau·sen; *grauste, hat gegraust;* **jemand graust sich (vor jemandem/etwas); jemandem/jemanden graust (es) (vor jemandem/etwas)** jemand empfindet Ekel und Furcht (vor jemandem/etwas): *Mir graust vor Schlangen; Es graust einem/einen bei dem Gedanken, dass ...* || *hierzu* **Grau·sen** *das; -s; nur Singular*

Grau·zo·ne *die; -, -n;* ein Bereich, in dem etwas getan wird, das nicht ganz korrekt, aber nicht ausdrücklich verboten ist

Gra·vur [-'vuːɐ̯] *die; -, -en;* eine Schrift (oder eine Verzierung), die in Metall oder Glas geschnitten ist || *hierzu* **gra·vie·ren** *(hat)*

grei·fen; *griff, hat gegriffen* **1** **irgendwohin/nach jemandem/etwas greifen** die Hand nach jemandem/etwas ausstrecken, um es zu fassen: *Sie griff in ihre Tasche und holte den Schlüssel heraus; Das Kind griff ängstlich nach der Hand der Mutter* **2** **zu etwas greifen** etwas (*meist* Negatives) anwenden: *zu einer List greifen* **3** **etwas greift um sich** etwas breitet sich schnell aus ⟨eine Epidemie, ein Feuer⟩ || ▸ **Griff**

Greif·vo·gel *der; -s, -vö·gel;* ein Vogel, der mit seinen Klauen Tiere fängt und frisst ≈ Raubvogel

Greis *der; -es, -e; förmlich;* ein sehr alter Mann || [K-] Greisenalter || *hierzu* **Grei·sin** *die; -, -nen*

grell *Adjektiv* **1** so hell, dass es blendet (und den Augen wehtut) ⟨das Licht, die Sonne, ein Blitz; grell beleuchtet⟩: *Der Sänger trat ins grelle Scheinwerferlicht* || [K-] grellbeleuchtet **2** hell und oft unangenehm intensiv ≈ schreiend ↔ gedeckt ⟨Farben: ein Orange, ein Rot⟩ || [K-] grellbunt, grellrot **3** unangenehm hoch ≈ schrill ⟨ein Ton, ein Pfiff, ein Schrei; eine Stimme⟩ || *hierzu* **Grell·heit** *die; -; nur Singular*

Gren·ze [A2] *die; -, -n* **1** **die Grenze (zu/nach etwas)** eine (gedachte) Linie, die zwei Länder *bzw* Staaten voneinander trennt ⟨die Grenzen sichern, öffnen, schließen; (irgendwo) die Grenze passieren, überschreiten⟩: *Der Rhein bildet eine natürliche Grenze zwischen Deutschland und Frankreich* || [K-] Grenzbezirk, Grenzfluss, Grenzkonflikt, Grenzkontrolle, Grenzpolizei, Grenzübergang || [-K] Landesgrenze, Staatsgrenze **2** das äußerste Maß, das nicht überschritten werden kann oder darf: *Auch meine Geduld hat Grenzen!* || [-K] Altersgrenze, Einkommensgrenze, Schmerzgrenze **3** **die Grenze zwischen etwas** *(Dativ)* **und etwas** *(Dativ)* das, was verwandte Bereiche voneinander trennt: *Die Grenze zwischen Werbung und Unterhaltung verwischt* || [ID] **etwas hält sich in Grenzen** *meist humorvoll;* etwas ist in nur geringem Maß vorhanden: *Seine Begeisterung für die Schule hält sich in Grenzen*

gren·zen; *grenzte, hat gegrenzt* **1** **etwas grenzt an etwas** *(Akkusativ)* etwas hat eine gemeinsame Grenze mit etwas: *Sein Grundstück grenzt an den Wald* **2** **etwas grenzt an etwas** *(Akkusativ)* etwas ist fast so wie etwas anderes: *Sein Mut grenzt an Tollkühnheit!; Das grenzt an Zauberei!*

gren·zen·los *Adjektiv; ohne Steigerung* **1** (scheinbar) ohne Ende, ohne (räumliche) Grenzen ⟨eine Weite, Freiheit; jemanden grenzenlos bewundern; grenzenlos glücklich sein⟩ **2** *nicht als Adverb;* sehr groß, sehr intensiv ⟨Angst, Begeisterung, Ehrgeiz, Geduld, Güte, Hass, Leid⟩

Grenz·wert *der; -(e)s, -e* **1** ein extremer Wert (3), der nicht unter-/überschritten werden darf: *Grenzwerte bei der Radioaktivität* **2** ein mathematischer Wert (3), zu dem die einzelnen Glieder einer Folge von Zahlen führen: *Die Folge der Zahlen 1, ½, ⅓, ¼ ... strebt dem Grenzwert null zu*

Grieß *der; -es; nur Singular;* eine Art grobes (körniges) Pulver aus gemahlenem Weizen oder Mais, aus dem man *meist* Suppe oder Brei macht || [K-] Grießbrei, Grießklöße, Grießpudding, Grießsuppe || [-K] Maisgrieß, Weizengrieß

griff *Imperfekt, 1. und 3. Person Singular;* ↑ **greifen**

Griff[1] *der; -(e)s, -e;* **der Griff (irgendwohin)** die Bewegung des Greifens ⟨ein geübter, falscher Griff⟩: *ein Griff in die Kasse; Bei dieser Arbeit muss jeder Griff sitzen* || [ID] **jemanden/etwas im Griff haben** ≈ jemanden/etwas beherrschen, unter Kontrolle haben: *Wir hatten den Gegner voll im Griff*

Griff[2] *der; -(e)s, -e;* der Teil eines Gegenstandes (*z.B.* einer Tasche), an dem man ihn gut festhalten kann ⟨der Griff eines Koffers, eines

Messers, eines Schirms, einer Schublade, einer Tür *usw*⟩ || [-K] Fenstergriff, Koffergriff, Türgriff *usw*

grịff·be·reit *Adjektiv;* so, dass man es rasch und bequem nehmen kann (ohne lange danach suchen zu müssen) ⟨etwas griffbereit haben; etwas liegt griffbereit⟩

Grịll *der; -s, -s;* ein Gerät, auf dem man Fleisch *usw* röstet (über glühender Kohle oder durch elektrisch erzeugte Hitze)

Grịl·le *die; -, -n;* ein Insekt, das den Heuschrecken ähnlich ist. Grillen machen in der Nacht ein monotones Geräusch ⟨die Grillen zirpen⟩

grịl·len [B1] *grillte, hat gegrillt;* **(etwas) grillen** Fleisch *o.Ä.* auf einem Grill oder über offenem Feuer braten ⟨ein Steak, ein Hähnchen, Würstchen grillen⟩ || [K-] Grillkohle

Gri·mạs·se *die; -, -n;* ein verzerrtes Gesicht, das man macht, um jemanden zum Lachen zu bringen oder um so ein bestimmtes Gefühl auszudrücken ⟨eine Grimasse/Grimassen machen, schneiden; das Gesicht zu einer Grimasse verziehen⟩

grịm·mig *Adjektiv* **1** ≈ zornig, wütend ⟨ein grimmiges Gesicht machen; grimmig aussehen, dreinschauen⟩ **2** *förmlich;* ⟨ein Löwe, ein Wächter⟩ von so bösem Aussehen, dass sie Furcht erregen **3** *förmlich;* sehr groß, sehr intensiv ⟨eine Kälte, ein Winter, Frost, Hunger⟩

▶ Grimms Märchen

Die Märchen der Brüder Grimm erschienen zu Anfang des 19. Jahrhunderts. Jedes Kind kennt die Märchen von **Aschenputtel, Dornröschen, Frau Holle, Hänsel und Gretel, Rotkäppchen** und **Schneewittchen** oder vom **Froschkönig**, vom **Wolf und den sieben Geißlein**, die die Brüder Grimm gesammelt und niedergeschrieben haben. Viele dieser Geschichten sind auch in Zeichentrickfilmen nacherzählt worden.

LANDESKUNDE ◀

grịn·sen; *grinste, hat gegrinst;* breit lächeln ⟨frech, höhnisch, spöttisch grinsen⟩

Grịp·pe [A2] *die; -; nur Singular;* eine (Infektions)Krankheit, die zu hohem Fieber (und oft zu Kopfschmerzen) führt ⟨(die/eine) Grippe haben; mit Grippe im Bett liegen; an Grippe erkranken⟩ || [K-] Grippeepidemie, Grippeimpfung, Grippemittel

grob, *gröber, gröbst-; Adjektiv* **1** rau, nicht glatt und nicht weich ↔ fein (1) ⟨ein Stoff⟩ **2** in relativ großen Teilchen ↔ fein (2) ⟨Sand; grob gemahlenes Mehl⟩ || [K-] grobgemahlen **3** *abwertend;* rücksichtslos und unhöflich ⟨ein Mensch; Späße⟩ **4** *nur vor dem Substantiv oder als Adverb;* nicht genau, sondern ungefähr und ohne Details ⟨ein Überblick; etwas in groben Zügen wiedergeben⟩ **5** *meist vor dem Substantiv;* mit (möglichen) schlimmen Folgen ⟨ein Irrtum, Unfug, ein Verstoß⟩ || *zu* 1-3 **Grob·heit** *die; -, -en*

Grọg *der; -s, -s;* ein heißes Getränk aus Rum, Zucker und Wasser ⟨ein steifer Grog (= mit viel Rum)⟩

Grọll *der; -s; nur Singular;* **(ein) Groll auf/gegen jemanden/etwas** starker Ärger, den man *meist* nicht offen zeigt ⟨ein heimlicher, tiefer, versteckter Groll; einen Groll auf jemanden/etwas haben; einen Groll gegen jemanden hegen⟩

grọl·len; *grollte, hat gegrollt;* **etwas grollt** etwas macht (in weiter Ferne) ein dumpfes Geräusch ⟨der Donner, das Gewitter, die Kanonen⟩

Grọ·schen *der; -s, -;* **1** *historisch;* die kleinste Münze in Österreich **2** Ⓓ *historisch;* zehn Pfennige (als Münze) **3** *nur Plural; umg* ≈ (wenig) Geld || [ID] **bei jemandem fällt (endlich) der Groschen** *umg;* jemand versteht endlich, was gemeint ist oder über welches Thema gesprochen wird

groß [A1] *größer, größt-; Adjektiv* **1** *Maßangabe +* **groß** verwendet, um die Maße eines Gegenstandes, eines Raumes oder einer Fläche oder die Länge des Körpers eines Menschen anzugeben: *Das Regal ist drei mal vier Meter groß; Das Grundstück ist 500 m² groß* **2** so, dass es (in Bezug auf die Länge, Höhe, das Volumen *o.Ä.*) Vergleichbares übertrifft ↔ klein (1): *Der große Zeiger der Uhr zeigt die Minuten an, der kleine die Stunden* **3** *nicht als Adverb;* mit vielen Personen, Tieren oder Dingen ↔ klein (2) ⟨eine Familie, eine Gruppe, eine Herde, ein Orchester, ein Verein *usw*⟩: *Hier finden Sie eine große Auswahl an Radios* || [K-] Großbetrieb, Großfamilie **4** *nicht als Adverb;* in der Menge oder im Wert über dem Durchschnitt ↔ klein (3) ⟨ein Betrag, ein Gewinn, eine Summe, ein Verlust, ein Vermögen *usw;* ein (Geld)Schein⟩ **5** *meist vor dem Substantiv, nicht als Adverb;* zeitlich relativ lang ↔ kurz ⟨eine Pause, ein Zeitraum⟩: *Was macht ihr in den großen Ferien?* **6** *nicht als Adverb;* besonders wichtig, mit viel Einfluss (und berühmt): *Picasso war ein großer Künstler; Kaiser Karl der Große* **7** *nicht als Adverb;* sehr gut ⟨eine Leistung⟩ **8** *nicht als Adverb;* wichtig oder mit starken Auswirkungen ⟨ein Unterschied; ein Fehler, ein Irrtum⟩ **9** *nicht als Adverb;* intensiv, stark, heftig: *Ich habe große Angst,* *großen Hunger* 10 *meist vor dem Substantiv, nicht als Adverb; umg;* älter (als andere) ↔ jünger ⟨*meist* jemandes Bruder, jemandes Schwester⟩ 11 *nicht als Adverb; umg* ≈ erwachsen: *Was willst du mal werden, wenn du groß bist?* 12 *nur vor dem Substantiv oder als Adverb;* mit viel Arbeit, Zeit, Kosten *usw* verbunden ⟨ein Fest, eine Veranstaltung; groß ausgehen⟩: *Deinen 18. Geburtstag müssen wir groß feiern* 13 in der Form, die man *z.B.* am Anfang eines Satzes oder Namens verwendet (*z.B. A, B, C* im Unterschied zu *a, b, c*) ⟨Buchstaben⟩: *„Zu Fuß" schreibt man getrennt und mit einem großen F* || K- Großbuchstabe || ID **im Großen und Ganzen** im Allgemeinen: *Im Großen und Ganzen war das Wetter im Urlaub schön;* **Groß und Klein** alte und junge Menschen ≈ alle, jeder || Hinweis: ↑ **großschreiben**

G

groß·ar·tig *Adjektiv;* von hervorragender Qualität, sehr gut

Groß·auf·nah·me *die; -, -n;* ein Foto, bei dem ein Objekt (*z.B.* ein Gesicht) das ganze Bild ausfüllt ⟨etwas in Großaufnahme zeigen⟩

Grö·ße A1 *die; -, -n* 1 **die Größe** + *Genitiv*/**von etwas** die Maße (Breite, Länge, Höhe, Tiefe, Umfang, Volumen *usw*), die eine Fläche, ein Gegenstand, eine Person oder ein Raum hat: *Die Größe des Zimmers beträgt vier mal fünf Meter/zwanzig Quadratmeter* || K- Größenangabe, Größenunterschied, Größenverhältnis || -K Körpergröße 2 eine Norm für die Größe (1) von Kleidern, Schuhen *usw*: *Hosen der Größe 50* || -K Kleidergröße, Schuhgröße 3 *meist Singular;* die Zahl der Personen, Tiere oder Dinge, die ein Ganzes bilden: *die Größe einer Familie, einer Herde, eines Angebots* 4 *meist Singular;* die Menge oder der Wert von etwas: *die Größe eines Gewinns, eines Verlustes* 5 *meist Singular;* die Bedeutung, die Wichtigkeit einer Person oder Sache: *die Größe Goethes; die Größe einer Leistung einschätzen* 6 *meist Singular;* der gute und edle Charakter einer Person ⟨menschliche, seelische Größe (zeigen)⟩ 7 *Mathematik, Physik;* ein Begriff, mit dem man rechnen, den man in Zahlen ausdrücken kann: *die unbekannte Größe x*

Groß·el·tern A2 *die; -; Plural;* die Eltern der Mutter oder des Vaters

Grö·ßen·ord·nung *die; -, -en;* ein (ungefährer) Bereich, in den eine Menge oder Zahl einzuordnen ist: *Der Verbrauch liegt in der Größenordnung zwischen 1000 und 2000 Litern*

Grö·ßen·wahn *der; -(e)s; nur Singular;* die (krankhafte) Neigung, sich selbst (seine eigenen Fähigkeiten und Möglichkeiten) maßlos zu überschätzen: *Seit er die neue Stelle hat, leidet er an Größenwahn* || *hierzu* **grö·ßen·wahn·sin·nig** *Adjektiv*

Groß·han·del *der; -s; nur Singular;* alle Betriebe oder Händler, die Waren in großen Mengen bei den Produzenten kaufen und dann an einzelne Geschäfte verkaufen ↔ Einzelhandel || K- Großhandelspreis || -K Getreidegroßhandel, Holzgroßhandel || *hierzu* **Groß·händ·ler** *der; -s, -;* **Groß·hand·lung** *die; -, -en*

Groß·hirn *das; -(e)s, -e;* der vordere Teil des Gehirns, der aus zwei Hälften besteht und der den meisten Raum im Schädel einnimmt

Groß·macht *die; -, -mäch·te;* ein (wirtschaftlich und militärisch) starker Staat, der die (Welt)Politik entscheidend beeinflusst: *die Großmacht USA*

groß·mü·tig *Adjektiv;* mit großzügiger, toleranter Gesinnung ⟨großmütig auf etwas verzichten; jemandem großmütig verzeihen⟩ || *hierzu* **Groß·mut** *die; -(e)s; nur Singular*

Groß·mut·ter A1 *die; -, -müt·ter;* die Mutter des Vaters oder der Mutter || *hierzu* **groß·müt·ter·lich** *Adjektiv*

Groß·on·kel *der; -s, -;* 1 der Bruder des Großvaters oder der Großmutter 2 der Ehemann der Großtante

Groß·raum- *im Substantiv;* sehr groß und nicht in einzelne, kleinere Räume eingeteilt; das **Großraumbüro**, das **Großraumflugzeug**, der **Großraumwagen**

groß·räu·mig *Adjektiv* 1 über ein großes Gebiet ⟨eine Absperrung, eine Brandbekämpfung, eine Fahndung; die Wetterlage⟩: *Es wird empfohlen, die Unfallstelle großräumig* (= in weitem Abstand) *zu umfahren* 2 mit viel Platz ⟨ein Park, eine Wohnung⟩

groß·schrei·ben; *schrieb groß, hat großgeschrieben* 1 **etwas großschreiben** ein Wort mit einem großen (13) Buchstaben beginnen: *Im Deutschen schreibt man Substantive groß* 2 **etwas großschreiben** etwas als besonders wichtig ansehen: *Bei uns wird Kundendienst großgeschrieben* || *zu* 1 **Groß·schrei·bung** *die; -, -en*

groß·spu·rig *Adjektiv; abwertend* ≈ arrogant, anmaßend ⟨ein Auftreten, Reden⟩ || *hierzu* **Groß·spu·rig·keit** *die; -; nur Singular*

Groß·stadt *die; -, -städ·te;* eine Stadt mit mehr als 100.000 Einwohnern ↔ Kleinstadt || K- Großstadtlärm, Großstadtverkehr || *hierzu* **Groß·städ·ter** *der; -s, -;* **groß·städ·tisch**

Adjektiv

Groß·tan·te *die; -, -n* **1** die Schwester des Großvaters oder der Großmutter **2** die Ehefrau des Großonkels

Groß·teil *der; -(e)s; nur Singular;* der größere oder ein großer Teil von etwas: *Er verbringt einen Großteil seiner Ferien im Gebirge*

größ·ten·teils *Adverb;* zum größten Teil oder meistens ≈ hauptsächlich: *Unsere Produkte werden größtenteils nach Übersee exportiert*

größt·mög·li·ch- *Adjektiv; nur vor dem Substantiv, nicht als Adverb;* so groß wie möglich: *größtmögliche Sicherheit bieten*

Groß·va·ter A1 *der; -s, -vä·ter;* der Vater der Mutter oder des Vaters || *hierzu* **groß·vä·ter·lich** *Adjektiv*

groß·zie·hen; *zog groß, hat großgezogen;* **jemanden/ein Tier großziehen** für ein Kind oder ein junges Tier so lange sorgen, bis es sich selbst ernähren kann ≈ aufziehen

groß·zü·gig *Adjektiv* **1** so, dass man von dem, was man besitzt, gern und viel gibt ⟨ein Mensch; ein Geschenk, eine Spende; jemanden großzügig beschenken, unterstützen⟩ **2** nicht kritisch oder streng ≈ tolerant ⟨ein Mensch; jemandem großzügig verzeihen; großzügig über etwas *(Akkusativ)* hinwegsehen⟩ || *hierzu* **Groß·zü·gig·keit** *die; -; nur Singular*

Grot·te *die; -, -n;* eine kleine (natürliche oder künstliche) Höhle in einem Felsen: *die Blaue Grotte auf Capri*

grub *Imperfekt, 1. und 3. Person Singular;* ↑ **graben**

Gru·be *die; -, -n* **1** ein (*meist* relativ großes rechteckiges) Loch in der Erde (das jemand gegraben hat) ⟨eine Grube graben, ausheben⟩ || -K Abfallgrube, Müllgrube; Jauche(n)grube **2** ≈ Bergwerk: *Die Bergleute fahren in die Grube ein* || K- Grubenarbeit, Grubenarbeiter, Grubenbeleuchtung, Grubenexplosion, Grubenlampe, Grubenunglück || -K Erzgrube, Kiesgrube, Kohlengrube, Sandgrube, Zinngrube

Die Großschreibung

Substantive beginnen immer mit einem Großbuchstaben:
Ein schönes Land.

Das Gleiche gilt für substantivierte Verben, Adjektive und Pronomen:
Das Gehen fällt ihr schwer.
Er sucht immer das Gute im Menschen.
Jedem das Seine.

Auch die Personal- und Possessivpronomen der Höflichkeitsform werden großgeschrieben:
Wie heißen Sie?
Ist das Ihre Brille?

SPRACHE LERNEN

grü·beln; *grübelte, hat gegrübelt;* (**über etwas** *(Akkusativ/Dativ)*) **grübeln** lange und intensiv über etwas nachdenken ⟨vor sich hin grübeln; über eine/einer Aufgabe, ein/einem Problem grübeln⟩ || *hierzu* **grüb·le·risch** *Adjektiv*

grü·e·zi! ['gry:ɛtsi] CH verwendet als Begrüßung in der Schweiz ≈ Guten Tag

grün A1 *Adjektiv* **1** von der Farbe des Grases und der Blätter: *Die Ampel zeigte grünes Licht* || K- grünblau || -K dunkelgrün, grasgrün, hellgrün; blaugrün, gelbgrün **2** noch nicht reif und deswegen *meist* sauer ⟨Äpfel, Erdbeeren, Pflaumen *usw;* Tomaten⟩ **3** *meist abwertend oder ironisch;* jung und ohne Erfahrung ≈ unreif ⟨ein Junge⟩ **4** zur Partei der Grünen gehörig ⟨ein Abgeordneter, ein Politiker⟩ **5** **ein Baum wird grün** ein Baum bekommt (im Frühling) frische Blätter || *hierzu* **Grün** *das; -s, -s;* **grün·lich** *Adjektiv*

grün·är·gern, sich *(hat) nur in* **sich grün- und 'blauärgern** *umg;* sich sehr ärgern

Grund[1] B1 *der; -(e)s; nur Singular* **1** der Erdboden (als Fläche, auf der man steht und geht) ⟨auf felsigem, festem, sandigem, schlüpfrigem, sumpfigem Grund stehen⟩ **2** **jemandes Grund und Boden** verwendet als Bezeichnung für das Land, das jemand besitzt || K- Grundfläche, Grundform **3** der feste Boden eines Gewässers: *Das Wrack liegt auf dem Grund des Meeres* || -K Meeresgrund **4** eine einheitliche (*meist* einfarbige) Fläche, die den Hintergrund *z.B.* für ein Muster bildet: *Dieser Stoff zeigt schwarze Streifen auf rotem Grund* || ID **sich in Grund und 'Boden schämen** *umg;* sich sehr schämen; **etwas** *(Dativ)* **auf den Grund gehen** versuchen, die (verborgenen) Ursachen *o.Ä.* von etwas zu finden; **im Grunde (genommen)** ≈ eigentlich (2); **von Grund auf/aus** ≈ völlig ⟨etwas von Grund auf/aus ändern, erneuern, kennen, lernen⟩ || Hinweis: ↑ **zugrunde**

Grund[2] B1 *der; -(e)s, Grün·de;* das Motiv, der Anlass oder die Ursache, warum jemand etwas tut ⟨ein stichhaltiger, zwingender Grund; aus beruflichen, privaten Gründen; den Grund für etwas angeben, nennen⟩: *Es besteht kein Grund zur Aufregung; Sie hat allen Grund, sich zu freuen* || K- grundlos || -K Entschuldigungsgrund, Krankheitsgrund, Scheidungsgrund || Hinweis: ↑ **aufgrund**

grụnd- *im Adjektiv; betont;* verwendet, um die im zweiten Wortteil genannte Eigenschaft zu verstärken ≈ sehr; **grundanständig, grundehrlich, grundfalsch, grundsolide**

Grụnd- *im Substantiv; betont;* verwendet, um auszudrücken, dass etwas die Basis von etwas bildet oder das Wichtigste ist; die **Grundausstattung** ⟨für ein Baby⟩, die **Grundbedeutung** ⟨eines Wortes⟩, der **Grundbestandteil** ⟨einer Mischung⟩, die **Grundform** ⟨eines Verbs⟩, die **Grundgebühr**, der **Grundgedanke**, die **Grundkenntnisse**, die **Grundregel**, die **Grundvoraussetzung**, das **Grundwissen**, der **Grundwortschatz**

Grụnd·be·griff *der; -es, -e* **1** *meist Plural;* die einfachsten und wichtigsten Begriffe und Regeln in einem Fach, auf einem Gebiet *o.Ä.*: *jemandem die Grundbegriffe der Mathematik, des Tennis beibringen* **2** ein sehr wichtiges, häufig gebrauchtes Wort in einer (*z.B.* wissenschaftlichen) Terminologie

Grụnd·be·sitz *der; -es; nur Singular;* die Grundstücke oder das Land, das jemand besitzt || *hierzu* **Grụnd·be·sit·zer** *der; -s, -;* **Grụnd·be·sit·ze·rin** *die; -, -nen*

grụ̈n·den; *gründete, hat gegründet* **1** **etwas gründen** etwas neu schaffen ⟨eine Firma, eine Partei, einen Staat, eine Stadt, ein Unternehmen, einen Verein gründen⟩: *Rom wurde 753 v. Chr. gegründet* **2** **eine Familie gründen** heiraten, um später Kinder zu bekommen || *zu* 1 **Grụ̈n·der** *der; -s, -;* **Grụ̈n·de·rin** *die; -, -nen*

Grụnd·far·be *die; -, -n* **1** eine der drei Farben Gelb, Rot und Blau, aus denen man alle anderen Farben mischen kann **2** die Farbe, die vor einer anderen als erste Farbe auf etwas gestrichen, gemalt *o.Ä.* wird

Grụnd·flä·che *die; -, -n;* die (untere) Fläche eines geometrischen Körpers, auf der er steht: *die Grundfläche eines Würfels berechnen*

Grụnd·ge·setz *das; -es; nur Singular;* Ⓓ verwendet als Bezeichnung für die geltende Verfassung[1] der Bundesrepublik Deutschland; *Abkürzung* GG

Grụnd·kurs *der; -es, -e;* der erste Kurs, in dem man das Wichtigste über etwas lernt

Grụnd·la·ge *die; -, -n;* etwas (bereits Vorhandenes), auf das man etwas aufbauen kann ≈ Basis ⟨eine solide Grundlage; die Grundlagen für etwas schaffen⟩: *Eine gute Ausbildung ist die Grundlage für den beruflichen Erfolg*

grụnd·le·gend *Adjektiv* **1** sehr wichtig, von entscheidender Bedeutung ⟨ein Unterschied, eine Voraussetzung⟩ **2** in allen wichtigen Bereichen ≈ radikal ⟨eine Änderung, eine Umgestaltung⟩

grụ̈nd·lich *Adjektiv;* sehr sorgfältig und genau ⟨eine Ausbildung, eine Reinigung; etwas gründlich vorbereiten; sich (*Dativ*) etwas gründlich überlegen⟩ || *hierzu* **Grụ̈nd·lich·keit** *die; -; nur Singular*

Grụnd·nah·rungs·mit·tel B2 *das; -s, -;* ein Nahrungsmittel wie *z.B.* Kartoffeln, Brot, Reis, auf das man nicht verzichten kann

Grün·dọn·ners·tag *der; -(e)s, -e; meist Singular;* der Donnerstag vor Ostern

Grụnd·recht *das; -(e)s, -e; meist Plural* **1** eines der (politischen) Rechte des Bürgers in einem demokratischen Staat (*z.B.* das Wahlrecht) **2** eines der elementaren Rechte menschlicher Würde und Unabhängigkeit (*z.B.* die Freiheit der Person) ≈ Menschenrecht

Grụnd·riss *der; -es, -e;* eine technische Zeichnung, die ein Gebäude so zeigt, wie man es von oben betrachten würde: *einen Grundriss eines Bungalows anfertigen*

Grụnd·satz *der; -es, -sät·ze* **1** eine feste Regel, nach der jemand lebt und handelt ≈ Prinzip (1) ⟨moralische, politische, religiöse Grundsätze; einen Grundsatz streng befolgen; an einem Grundsatz festhalten; nach festen Grundsätzen handeln, leben; von seinen Grundsätzen nicht abgehen⟩ **2** eine (allgemein anerkannte) Regel, auf der etwas aufgebaut ist ≈ Prinzip (2): *Seine Theorie beruht auf bestimmten wissenschaftlichen Grundsätzen*

grụnd·sätz·lich *Adjektiv* **1** eine (allgemein anerkannte) Regel oder Norm betreffend (und deshalb wichtig) ⟨Bedenken, Fragen; eine Entscheidung, ein Unterschied; sich grundsätzlich zu etwas äußern⟩ **2** wegen einer festen (*z.B.* moralischen oder religiösen) Regel, Überzeugung: *Konfessionsschulen grundsätzlich ablehnen* **3** *nur als Adverb;* verwendet, um eine Aussage einzuschränken ≈ eigentlich, im Grunde (genommen): *Er ist zwar grundsätzlich damit einverstanden, aber ...*

Grụnd·schu·le *die; -, -n;* Ⓓ die Schule, in die die Kinder die ersten vier (oder in manchen Bundesländern sechs) Jahre gehen || K- Grundschullehrer, Grundschulunterricht || *hierzu* **Grụnd·schü·ler** *der; -s, -;* **Grụnd·schü·le·rin** *die; -, -nen*

Grụnd·stein *der; -(e)s, -e;* der erste Stein, mit dem man den Bau eines öffentlichen Gebäudes beginnt (meist im Rahmen einer Feier) ⟨den Grundstein legen, setzen⟩ || K- Grundsteinlegung || ID **den Grundstein für/zu etwas legen** die Basis für die Entwicklung von etwas schaffen: *den Grundstein für ein neues/zu einem neuen Leben legen*

Grund·stock *der; -(e)s, -stö·cke;* **der Grundstock** + *Genitiv*/**für/zu etwas** die (wenigen) Dinge, die als (Ausgangs)Basis für etwas Größeres dienen, das nach und nach dazukommt: *ein paar Möbel als Grundstock für den Aufbau eines Haushalts kaufen*

Grund·stück *das; -(e)s, -e;* ein Stück Land, dessen Lage und Größe genau bestimmt ist und das jemandem gehört ⟨ein Grundstück bebauen, (ver)pachten⟩

Grün·dung *die; -, -en* **1** die Handlung, etwas zu gründen: *die Gründung einer neuen Partei* || K- Gründungsfeier, Gründungsjahr, Gründungskapital, Gründungsmitglied, Gründungstag, Gründungsversammlung || -K Parteigründung, Staatsgründung, Vereinsgründung **2** **die Gründung einer Familie** das Heiraten (in der Absicht, Kinder zu bekommen) || -K Familiengründung

Grund·was·ser *das; -s; nur Singular;* der natürliche Vorrat an Wasser, das unter der Erdoberfläche ist: *Versickerndes Heizöl gefährdet das Grundwasser* || K- Grundwasserspiegel

Grund·zug *der; -(e)s, -zü·ge; meist Plural;* das wichtigste Merkmal von etwas: *die Grundzüge der deutschen Geschichte darstellen*

Grü·nen *die; -; Plural;* eine politische Partei (in Deutschland/Österreich)

Grün·flä·che B2 *die; -, -n; meist Plural; Verwaltung;* die Gärten, Parks, Wiesen und Wälder (*bes* die zu einer Stadt gehören)

Grün·kohl *der; -(e)s; nur Singular;* dunkelgrüner Kohl mit krausen Blättern, den man erst im Winter erntet

grun·zen; *grunzte, hat gegrunzt;* **ein Schwein grunzt** ein Schwein gibt die Laute von sich, die für seine Art typisch sind

Grup·pe A2 *die; -, -n* **1** **eine Gruppe** + *Genitiv*/**von Personen/Tieren/Dingen** mehrere Personen, Tiere, Dinge *o.Ä.* zusammen (die gemeinsame Merkmale haben) ⟨Gruppen bilden; Personen/Dinge in Gruppen einteilen⟩: *Die Kinder verließen das Schulhaus einzeln und in Gruppen* || K- Gruppenbild, Gruppenreise; gruppenweise || -K Baumgruppe, Menschengruppe *usw;* Altersgruppe, Gehaltsgruppe, Lohngruppe *usw;* Bevölkerungsgruppe **2** mehrere Menschen, die sich regelmäßig treffen, um gemeinsam etwas zu tun ⟨in einer Gruppe mitarbeiten⟩: *Unsere Gruppe kämpft für die Abschaffung der Tierversuche* || K- Gruppenleiter, Gruppentherapie || -K Bastelgruppe, Sportgruppe, Theatergruppe *usw*

Grup·pie·rung *die; -, -en* **1** das Einteilen in Gruppen, die räumliche Anordnung: *Er änderte die Gruppierung der Stühle noch einmal* **2** eine Gruppe von Personen (*meist* innerhalb einer politischen Partei), die eigene Ansichten vertritt || *hierzu* **grup·pie·ren** (*hat*)

gru·se·lig *Adjektiv;* ⟨eine Geschichte, ein Erlebnis⟩ so (unheimlich), dass sie Angst machen

gru·seln; *gruselte, hat gegruselt* **1** **sich (vor jemandem/etwas) gruseln** sich vor jemandem/etwas, das einem unheimlich ist, fürchten **2** **jemanden/jemandem gruselt (es) (vor jemandem/etwas)** jemand fürchtet sich vor jemandem/etwas, das ihm unheimlich vorkommt: *Es gruselt ihn/ihm vor der Dunkelheit* || K- Gruselfilm, Gruselgeschichte

Gruß *der; -es, Grü·ße* **1** *meist Singular;* freundliche, höfliche Worte oder Gesten bei der Begegnung oder beim Abschied ⟨jemandem die Hand zum Gruß reichen; jemandes Gruß erwidern⟩ || K- Grußformel, Grußwort || -K Abschiedsgruß, Willkommensgruß **2** etwas, das man jemandem als Zeichen der Freundschaft sagt, schreibt *o.Ä.* ⟨jemandem herzliche, schöne Grüße (von jemandem) ausrichten, bestellen, überbringen; jemandem Grüße schicken, senden⟩ || -K Blumengruß, Geburtstagsgruß, Weihnachtsgruß **3** **mit freundlichen Grüßen** verwendet als Schlussformel in Briefen (an Personen, die man siezt) **4** **viele/herzliche Grüße** verwendet als Schlussformel in Briefen (an Personen, die man duzt)

grü·ßen; *grüßte, hat gegrüßt* **1** **(jemanden) grüßen** jemandem mit Worten oder Gesten sein Willkommen anzeigen *bzw* von ihm Abschied nehmen ⟨(jemanden) freundlich, höflich, flüchtig grüßen⟩: *Sie hob grüßend die Hand* **2** **jemanden (von jemandem) grüßen** jemandem einen Gruß (2) von jemand ande-

▶ grüßen

Am Morgen: **Guten Morgen!**

(Nach)mittags: **Guten Tag!**,
Ⓐ, *süddeutsch* **Grüß Gott!**, ⒸⒽ **Grüezi**, *norddeutsch* **Moin, Moin!**

Am Abend: **Guten Abend!**

Unter Freunden: **Hallo!, Hi!** [hai]

Zu Gästen: **Herzlich willkommen!**

SPRECHEN UND SCHREIBEN

rem sagen: *Grüße bitte deine Schwester von mir!* **3** **(jemanden) grüßen lassen** jemandem durch andere einen Gruß (2) zusenden: *Peter lässt dich herzlich grüßen* || ID **Grüß dich!** *umg;* als Gruß verwendet, wenn man jemanden trifft, zu dem man „du" sagt

Grụ̈t·ze *die; -, -n* **1** ein Brei, den man aus gemahlenem Hafer oder aus Gerste macht **2** **grüne/rote Grütze** eine süße Speise aus verschiedenen grünen/roten Früchten

gu·cken ['gʊkn]; *guckte, hat geguckt; umg* **1** **irgendwohin gucken** seinen Blick (bewusst) auf etwas richten ≈ sehen: *aus dem Fenster, durchs Schlüsselloch gucken* **2** **irgendwie gucken** einen bestimmten Gesichtsausdruck haben ⟨freundlich, finster, überrascht, verständnislos gucken⟩ **3** **etwas guckt aus etwas** etwas ragt aus etwas heraus, ist sichtbar

G

Gue·ril·la [ge'rɪlja] *die; -, -s;* eine Gruppe bewaffneter Kämpfer, die (*meist* im eigenen Land) einen Krieg gegen die Regierung oder eine andere Macht führen || K- Guerillakampf, Guerillakrieg, Guerillaorganisation

Gụ·lasch *das, der; -(e)s, -s/-e;* ein Gericht (*meist* aus Rind- oder Schweinefleisch in Form kleiner Würfel) mit Soße, das *oft* mit Paprika scharf gewürzt wird || K- Gulaschsuppe

gụ̈l·tig B1 *Adjektiv* **1** ⟨ein Ausweis, eine Eintrittskarte, eine Fahrkarte, ein Vertrag⟩ so, dass sie ihren Wert noch haben und verwendet werden können ↔ ungültig: *Der Reisepass ist noch bis Ende September gültig* **2** von allen anerkannt und daher verpflichtend ≈ verbindlich ⟨ein Maßstab, ein Lehrsatz⟩ || *hierzu* **Gụ̈l·tig·keit** *die; -, -en; meist Singular*

Gụm·mi A2 *der, das; -s, -s* **1** *nur Singular;* ein glattes, elastisches Material, durch das kein Wasser dringen kann || K- Gummireifen, Gummischlauch, Gummistiefel || *zu* **Gummistiefel** ↑ Abbildung unter **Schuhe** **2** ein schmales Band aus Gummi, das man *z.B.* verwendet, um Dinge zusammenzuhalten ≈ Gummiband, Gummiring || -K Haargummi

Gụm·mi·bär·chen *das; -s, -; meist Plural;* eine Süßigkeit aus einer weichen, elastischen Masse in Form von bunten, kleinen Bären

Gụnst *die; -; nur Singular; förmlich* **1** eine positive Haltung gegenüber jemandem (der sich vorher *meist* sehr bemüht hatte, einem zu gefallen) ⟨jemandes Gunst erringen, gewinnen, genießen, verlieren; jemandem seine Gunst schenken; um jemandes Gunst werben⟩: *Die politischen Parteien müssten sich mehr um die Gunst der Wähler bemühen* || K- Gunstbeweis || -K Wählergunst **2** etwas, das man für jemanden als Zeichen der Gunst (1) tut, *z.B.* ein Gefallen, den man ihm erweist ⟨eine große, kleine Gunst; jemandem eine Gunst erweisen, gewähren⟩ **3** **zu jemandes Gunsten** so, dass es für jemanden ein Vorteil oder Nutzen ist ↔ zu jemandes Ungunsten ⟨etwas zu jemandes Gunsten auslegen⟩: *Die Kassiererin hat sich zu meinen Gunsten verrechnet* || ID **die Gunst des Augenblicks/der Stunde** ⟨nutzen⟩ eine günstige Gelegenheit (ausnutzen) || Hinweis: ↑ **zugunsten**

gụ̈ns·tig B1 *Adjektiv;* **günstig (für jemanden/etwas)** für jemanden von Vorteil, für einen Zweck gut geeignet ⟨Umstände, eine Gelegenheit; etwas wirkt sich günstig aus⟩: *Die Verhandlung verlief für ihn sehr günstig*

gụr·geln; *gurgelte, hat gegurgelt;* **(mit etwas) gurgeln** (bei zurückgelegtem Kopf) den Rachen mit einer Flüssigkeit ausspülen, wobei Geräusche im Hals entstehen: *Bei Halsschmerzen gurgelt er mit Salbeitee*

Gụr·ke *die; -, -n* **1** eine längliche (Gemüse-)Frucht (mit dicker grüner Schale), die man roh als Salat isst ⟨Gurken schälen, (in Scheiben) schneiden⟩ || ↑ Illustration **Obst und Gemüse** || K- Gurkensalat, Gurkenschale **2** **eine (saure) Gurke** eine kleine Gurke (1), die mit Essig haltbar gemacht und gewürzt wurde || K- Gurkenglas || -K Essiggurke, Salzgurke, Senfgurke

Gụrt B1 *der; -(e)s, -e* **1** ein breites, stabiles Band, das etwas trägt oder hält: *die Gurte eines Fallschirms* || -K Haltegurt, Spanngurt, Tragegurt **2** *Kurzwort* ↑ **Sicherheitsgurt**

Gụ̈r·tel B2 *der; -s, -;* ein festes Band aus Leder oder Stoff, das man um die Taille trägt, um den Rock oder die Hose zu halten ⟨den Gürtel enger, weiter machen/schnallen⟩ || K- Gürtelschnalle || -K Ledergürtel, Stoffgürtel

Gụss *der; -es, G'üs·se* **1** die Menge einer Flüssigkeit, die mit einem Schwung ausgeschüttet oder ausgegossen wird **2** das Gießen eines Gegenstandes aus (flüssig gewordenem) Metall *o.Ä.*: *der Guss einer neuen Glocke* || K- Gussbeton, Gussform, Gussstahl **3** eine Schicht aus Schokolade oder Zucker (*meist* auf einem Kuchen): *den Guss für die Torte vorbereiten* || -K Tortenguss; Schokoladenguss, Zuckerguss || ID **wie aus einem Guss** ≈ homogen: *Architektur und Ausgestaltung der Kirche wirken wie aus einem Guss*

gut A1 *besser, best-; Adjektiv* **1** so, wie es sein sollte, von oder mit hoher Qualität ↔ schlecht: *eine gute Leistung; Hast du gut* *geschlafen?* **2** ⟨Augen, Ohren, eine Nase, ein Gedächtnis, ein Gehör; ein Schüler, ein Student; ein Anwalt, ein Arzt, ein Lehrer *usw*⟩ so, dass die Leistung über dem Durchschnitt, der Norm liegt ↔ schlecht **3** darum bemüht, kein Unrecht zu tun und anderen zu helfen ↔ böse, schlecht ⟨ein Mensch; gut zu jemandem sein; jemanden gut behandeln; eine Tat, ein Werk⟩: *das Gute im Menschen* **4** so, wie es *bes* in einer Gesellschaft üblich ist, ihren moralischen Prinzipien entspricht ⟨etwas verstößt gegen den guten Geschmack/die guten Sitten⟩ **5** **gut (für jemanden) sein** für jemanden, jemandes Gesundheit nützlich sein: *Es wäre gut für dich, dich einmal auszuruhen* **6** *umg;* ⟨ein Kind, ein Junge, ein Mädchen, ein Hund⟩ so, dass sie einem gehorchen ≈ brav, artig ↔ böse: *Willst du jetzt wieder gut sein?* **7** seit langer Zeit, sehr vertraut ⟨ ein Bekannter, ein Freund⟩ **8** Ⓓ verwendet als Bezeichnung für die zweitbeste (Schul)Note „2" (auf der Skala 1-6 *bzw* „sehr gut" bis „ungenügend") ⟨„gut" in etwas (*Dativ*) haben, bekommen⟩ **9** **sehr gut** Ⓓ verwendet als Bezeichnung für die beste (Schul)Note „1" **10** *nur vor dem Substantiv oder als Adverb;* ein bisschen mehr als (durch eine Zeit- oder Längenangabe) bezeichnet wird ↔ knapp: *eine gute/gut eine Stunde warten* **11** *nur vor dem Substantiv, nicht als Adverb;* verwendet als Teil eines Grußes, Wunsches ⟨Guten Abend!, Guten Morgen!, Guten Tag!, Gute Nacht!; Guten Appetit!, Gute Fahrt/Reise!, Gute Besserung!, Alles Gute!⟩ **12** verwendet, um seine Zustimmung auszudrücken ⟨also, nun gut!⟩: *Gut, einverstanden!* **13** **jemand hat es gut/ist gut dran** *umg;* jemand hat Glück, hat im Vergleich zu einem selbst einen Vorteil **14** **jemandem ist nicht gut** jemand fühlt sich nicht wohl, hat das Gefühl, erbrechen zu müssen **15** **etwas geht gut** etwas entwickelt sich, endet positiv ↔ etwas geht/läuft schief: *Das ist gerade noch einmal gut gegangen, beinahe wäre ich ausgerutscht!* **16** **jemandem geht es gut** jemand ist gesund und/oder hat keine Probleme ↔ jemandem geht es schlecht **17** *meist* **mit** ⟨ihnen, den beiden *o.Ä.*⟩ **geht es gut** die Beziehung zwischen zwei Personen entwickelt sich positiv: *Meinst du, dass es mit den beiden gut geht, oder werden sie sich trennen?* || ID *meist* **Er/Sie führt nichts Gutes im Schilde** er/sie plant etwas Böses; **gut und gern(e)** *umg* ≈ mindestens: *Das dauert gut und gern zwei Wochen;* **etwas ist gut möglich/kann gut sein** *umg;* etwas ist durchaus möglich, kann durchaus so sein; **des Guten zu viel tun** etwas (Gutes) übertreiben und dadurch Schlechtes bewirken; **etwas hat sein Gutes** etwas an sich Negatives hat auch positive Aspekte; *meist* **Er/Sie hat gut lachen/reden** er/sie kann leicht einen Rat geben, weil er/sie selbst (von etwas Unangenehmem) nicht betroffen ist; **es gut sein lassen** *umg;* in einer Sache nichts mehr tun; **jemandem wieder gut sein** nicht mehr wütend auf jemanden sein; **sich** (*Dativ*) **für etwas zu gut sein** *abwertend;* sich für zu wichtig, zu intelligent *o.Ä.* für eine Tätigkeit halten; **sich** (*Dativ*) **gut vorkommen** *abwertend;* (zu Unrecht) stolz auf etwas sein; **im Guten** ohne Streit ⟨sich im Guten einigen, trennen; im Guten auseinandergehen⟩; **so gut wie** *umg* ≈ beinahe, fast: *Bitte warte noch - ich bin schon so gut wie fertig* || Hinweis: ↑ **guttun**

Gut[1] A1 *das;* -(e)s, *Gü·ter* **1** Dinge, die jemandem gehören ≈ Besitz ⟨bewegliche (= transportable) Güter; sich an fremdem Gut vergreifen⟩: *Die Polizei fand bei dem Hehler gestohlenes Gut* || -K Beutegut, Diebesgut, Schmuggelgut **2** *förmlich;* etwas, das für jemanden einen bestimmten Wert hat ⟨geistige, irdische, materielle Güter⟩: *Freiheit ist ein kostbares Gut* || -K Bildungsgut, Ideengut, Kulturgut, Sprachgut, Wissensgut; Volksgut **3** *meist Plural;* Waren, *bes* solche, die transportiert werden (sollen) ⟨verderbliche, sperrige Güter; Güter lagern, verladen, befördern, transportieren, verzollen⟩ || K- Gütertransport, Güterverkehr, Güterversand, Güterwagen || -K Bahngut, Postgut; Stückgut; Eilgut, Expressgut; Frachtgut, Versandgut; Gebrauchsgut, Handelsgut, Konsumgut, Luxusgut, Massengut

Gut[2] A1 *das;* -(e)s, *Gü·ter;* ein großer landwirtschaftlicher Betrieb[1] ⟨ein Gut bewirtschaften, verwalten, (ver)pachten; auf einem Gut arbeiten⟩ || K- Gutsbesitzer, Gutsverwalter || -K Klostergut, Rittergut, Staatsgut; Landgut, Mustergut, Weingut

Gut·ach·ten *das;* -s, -; **ein Gutachten (über jemanden/etwas)** ein Bericht, in dem ein Experte seine Meinung zu einer Person, einem Sachverhalt gibt ⟨ein ärztliches, juristisches, psychiatrisches Gutachten⟩

gut·ar·tig *Adjektiv* **1** gehorsam und nicht aggressiv ⟨ein Hund, ein Pferd *usw*⟩ **2** ⟨eine Geschwulst, ein Tumor⟩ nicht (lebens)gefährlich (und keine Metastasen bildend)

gut·bür·ger·lich *Adjektiv* **1** *oft abwertend;* so, wie es dem (wohlhabenden) Bürgertum entspricht, solide (und manchmal etwas bieder) ⟨eine Familie; aus gutbürgerlichem Elternhaus sein⟩ **2** einfach und reichlich ⟨Essen, die Küche⟩

Gü·te *die;* -; *nur Singular;* die Einstellung, sehr

freundlich und gut, geduldig zu anderen zu sein || [ID] **(Ach) du liebe/meine Güte!** *umg;* verwendet, um Überraschung, Bedauern *o.Ä.* auszudrücken

Gü·ter·zug *der; -(e)s, -zü·ge;* ein Zug[1], der nur Lasten transportiert

gut·ge·hen [A1] *(ist)* ↑ **gut** 15-17

gut·ge·sinnt *Adjektiv;* mit einer freundlichen Haltung ⟨jemandem gutgesinnt sein⟩

gut·gläu·big *Adjektiv;* mit dem naiven Glauben, dass alle gut und ehrlich sind: *Er hat dich doch reingelegt - du bist einfach zu gutgläubig!* || *hierzu* **Gut·gläu·big·keit** *die; -; nur Singular*

Gut·ha·ben [B2] *das; -s, -;* die Summe Geld, die man auf dem (Bank)Konto hat

gut·hei·ßen; *hieß gut, hat gutgeheißen;* **etwas gutheißen** *förmlich;* etwas für gut oder richtig halten ≈ billigen: *Diese Verschwendung kann man nicht gutheißen*

gü·tig *Adjektiv;* **gütig (gegenüber jemandem/zu jemandem/gegen jemanden)** freundlich, voll Verständnis und Geduld ⟨ein Mensch; gütig lächeln⟩

gut·ma·chen; *machte gut, hat gutgemacht;* **etwas gutmachen** einen Schaden, den man verursacht hat, oder ein Unrecht, das man jemandem zugefügt hat, wieder in Ordnung bringen: *Ich habe bei dir einiges gutzumachen* || Hinweis: aber: *seine Arbeit gut machen* (getrennt geschrieben) || ▸ **Wiedergutmachung**

gut·mü·tig *Adjektiv;* sehr geduldig und immer bereit, die Wünsche und Bitten anderer zu erfüllen || *hierzu* **Gut·mü·tig·keit** *die; -; nur Singular*

Gut·schein *der; -(e)s, -e;* ein Schein[3], für den man Waren *o.Ä.* (bis zu einem bestimmten Wert) bekommt ≈ Bon ⟨einen Gutschein (für etwas) ausstellen; einen Gutschein einlösen⟩: *ein Gutschein im Wert von 100 Euro; Sie hat bei der Tombola einen Gutschein für einen Kinobesuch gewonnen* || [K-] Gutscheinheft || [-K] Essensgutschein, Getränkegutschein, Warengutschein

Gut·schrift *die; -, -en;* ein Vorgang, bei dem Geld auf das Bankkonto kommt || *hierzu* **gut·schrei·ben** *(hat)*

gut·ste·hen *(hat/südd (A) (CH) ist)* ↑ **stehen[1]** (9)

gut·tun; *tat gut, hat gutgetan* **1** **etwas tut (jemandem) gut** etwas hat eine positive Wirkung: *Bei dieser Hitze tut eine kalte Dusche gut* **2** **etwas tut (jemandem/etwas) gut** etwas ist für jemandes Gesundheit nützlich: *Süßigkeiten tun den Zähnen nicht gut*

Gym·na·si·um [gʏm'na:zi̯ʊm] *das; -s, Gym·na·si·en;* eine höhere Schule, die mit dem Abitur abschließt ⟨aufs Gymnasium gehen⟩

Gym·nas·tik [gʏ-] *die; -; nur Singular;* Übungen, mit denen man den Körper trainiert, damit er beweglich bleibt ⟨Gymnastik treiben⟩ || [K-] Gymnastikkurs, Gymnastiklehrer || *hierzu* **gym·nas·tisch** *Adjektiv*

Gy·nä·ko·lo·ge *der; -n, -n* ≈ Frauenarzt || *hierzu* **Gy·nä·ko·lo·gin** *die; -, -nen*

H

H, h [ha:] *das; -, -/umg auch -s;* der achte Buchstabe des Alphabets

Haar [A2] *das; -(e)s, -e* **1** einer der Fäden, die aus der Haut von Menschen und vielen (Säuge)-Tieren wachsen ⟨ein blondes, braunes, graues *usw* Haar; jemandem ein Haar ausreißen⟩ || [K-] Haarausfall, Haarbüschel, Haarwurzel || [-K] Barthaar, Kopfhaar **2** **das Haar/die Haare** alle Haare (1) auf dem Kopf eines Menschen ⟨glattes, lockiges Haar (haben); die Haare fallen jemandem in die Stirn, gehen jemandem aus; das Haar/die Haare lang, kurz tragen; das Haar/die Haare föhnen, kämmen, bürsten, frisieren, färben, schneiden; (sich *(Dativ)*) die Haare wachsen lassen⟩ || ↑ Abbildung unter **Kopf** || [K-] Haarbürste, Haarfarbe, Haarshampoo(n), Haarsträhne || *zu* **Haarbürste** ↑ Abbildung unter **Bürsten** **3** *nur Singular;* das Fell von Tieren: *eine Katze mit langem Haar* || [ID] **ein Haar in der Suppe finden** *umg;* einen Nachteil, Mangel, Fehler bei etwas entdecken; **kein gutes Haar an jemandem/etwas lassen** *umg;* jemanden/etwas sehr stark kritisieren; ⟨Personen⟩ **geraten/kriegen sich in die Haare** *umg;* zwei oder mehrere Personen fangen an, miteinander zu streiten; **etwas ist an den Haaren herbeigezogen** *umg;* etwas ist sehr unwahrscheinlich: *Seine Ausrede war an den Haaren herbeigezogen;* **niemandem ein Haar/ein Härchen krümmen können** *umg;* sehr sanft und geduldig sein; **um ein Haar** *umg;* beinahe, fast: *Ich hätte ihn um ein Haar überfahren*

haa·ren; *haarte, hat gehaart;* **ein Tier haart** ein Tiere verliert Haare: *Unser Hund haart stark*

haar·ge·nau *Adjektiv; umg;* sehr genau, in

allen Details ⟨eine Beschreibung; etwas stimmt haargenau⟩

haa·rig *Adjektiv* **1** *nicht als Adverb;* ⟨Arme, Beine, Schultern⟩ so, dass sie (viele) Haare haben **2** *umg;* schwierig und unangenehm ≈ heikel ⟨eine Angelegenheit, eine Sache, eine Geschichte⟩

haar·scharf *Adverb; umg* **1** ganz nahe oder knapp: *haarscharf am Ziel vorbeischießen; haarscharf einer Verhaftung entgehen* **2** sehr präzise und exakt ⟨haarscharf überlegen, kalkulieren⟩

Haar·schnitt *der; -(e)s, -e;* **1** der Stil, in dem die Kopfhaare geschnitten sind ≈ Frisur ⟨ein flotter, frecher, gewagter Haarschnitt⟩ **2** das Schneiden der Kopfhaare ⟨einen Haarschnitt brauchen; jemandem einen Haarschnitt machen⟩

Haar·spal·te·rei *die; -, -en; abwertend;* ein Streit um unwichtige Details

haar·sträu·bend *Adjektiv; umg;* so, dass es Empörung oder Entsetzen bewirkt ≈ unerhört ⟨jemandes Benehmen, eine Geschichte, ein Skandal, Unsinn⟩

Haar·wuchs *der; -es; nur Singular* **1** das Wachsen der Haare **2** die Dichte der Haare, die jemand (auf dem Kopf) hat ⟨einen dichten, starken, spärlichen Haarwuchs haben⟩

ha·ben[1] A1 *hat, hatte, hat gehabt; (kein Passiv!)* **1** **jemand hat etwas** jemand besitzt etwas (als Eigentum): *Sie hat ein Auto* **2** **jemand/ein Tier/etwas hat etwas** jemand/ein Tier/etwas besitzt etwas als Eigenschaft, Merkmal *o.Ä.*: *Peter hat Mut; Unser Hund hat lange Haare; Das Haus hat drei Stockwerke* **3** **jemand/etwas hat etwas** jemand/etwas ist einem bestimmten Zustand: *Sie hat Schnupfen, einen wunden Finger; Das Auto hat einen Motorschaden* **4** **jemand/ein Tier hat etwas** jemand/ein Tier erlebt ein besonderes körperliches oder psychisches Gefühl: *Angst, Sorgen, Hunger, Durst, Schmerzen haben; Wir hatten auf dem Fest viel Spaß* **5** **jemand/etwas hat etwas** etwas ist bei jemandem/etwas vorhanden, für jemanden/etwas da ⟨jemand hat viel Arbeit, eine Idee, jemandes Vertrauen, Zeit; jemand hat die Absicht, die Pflicht, das Recht, etwas zu tun⟩: *Er hat Beziehungen; Die Pflanze hat am Fenster viel Licht; Sie hat Glück/Pech in der Liebe* **6** **etwas haben** von einem Ereignis betroffen sein ⟨einen Unfall, ein Abenteuer, Glück, Pech haben⟩ **7** **etwas haben** seine Zeit mit etwas verbringen müssen/dürfen ⟨Dienst, Schule, Unterricht, Ferien, Urlaub haben⟩ **8** **etwas haben** verwendet zusammen mit einem Substantiv, um ein Verb zu umschreiben **etwas in Besitz haben** ≈ etwas besitzen; **mit jemandem Streit haben** ≈ mit jemandem streiten; **ein Einsehen haben** ≈ etwas einsehen **9** **etwas hat etwas** etwas besteht aus etwas: *Ein Kilometer hat 1000 Meter; Der Verein hat 100 Mitglieder* **10** **etwas nicht haben können** *umg;* eine starke Abneigung gegen etwas fühlen: *Ich kann seine blöden Bemerkungen nicht haben!* **11** **etwas an jemandem/etwas haben** die Vorteile von jemandem/etwas schätzen: *Erst als sie weg war, merkte er, was er an ihr gehabt hatte* **12** **jemand/etwas hat es 'in sich** *(Dativ) umg; meist* verwendet, um auf besondere Eigenschaften oder unerwartete Probleme hinzuweisen: *Dieser Artikel hats in sich!* (= ist sehr wichtig, schwierig) **13** **jemand hat etwas hinter sich** *(Dativ)*/**(noch) vor sich** *(Dativ)* jemand hat etwas schon/noch nicht getan oder erlebt: *Du hast noch dein ganzes Leben vor dir* **14** **jemanden/etwas zu** + *Infinitiv* + **haben** etwas (mit jemandem/etwas) tun müssen: *Sie hat noch einen weiten Weg zurückzulegen; Hast du nichts zu arbeiten/tun?* **15** **nichts zu** + *Infinitiv* + **haben** zu etwas kein Recht haben ⟨jemandem/irgendwo nichts zu befehlen, sagen, verbieten haben⟩: *Du hast hier nichts zu suchen, verschwinde!* **16** **jemand hat etwas irgendwo (liegen, sitzen, stehen)** jemand hat etwas, das ihm gehört, an den genannten Ort gebracht: *Geld auf der Bank (liegen) haben; das Telefon am Bett (stehen) haben* **17** **es irgendwie haben** verwendet, um eine besondere Situation zu beschreiben ⟨es eilig, leicht, schwer, schön *o.Ä.* haben⟩: *Sehr gemütlich habt ihr es hier* **18** **(et)was gegen jemanden/etwas haben** jemanden/etwas nicht mögen: *Er hat was gegen Raucher in seiner Wohnung* **19** **etwas ist zu haben** etwas wird zum Verkauf angeboten: *Ist das Haus noch zu haben oder ist es schon verkauft?* **20** **für etwas zu haben sein** etwas mögen oder gern tun: *Für ein Glas Wein bin ich immer zu haben* || ID **Das werden wir gleich haben** verwendet, wenn man glaubt, ein Problem leicht lösen zu können; **Haste was, biste was!** *umg;* wer reich ist, hat auch Macht und Einfluss; **Wer 'hat, der 'hat** *umg humorvoll oder ironisch;* verwendet, um auszudrücken, dass man stolz darauf ist, etwas zu besitzen, das andere nicht haben; **(Und) damit hat sichs** *umg;* das ist alles ≈ basta; **Er/Sie 'hats ja** *umg;* er/sie hat viel Geld; **Da/Jetzt hast du's/haben wir's/habt ihr's!** *umg;* verwendet, wenn etwas, vor dem man Angst hat, kommt (eintritt); **wie gehabt** *umg;* so, wie es bisher üblich war: *Es bleibt alles wie gehabt*

ha·ben² [A1] *Hilfsverb;* verwendet, um (zusammen mit dem Partizip Perfekt) das Perfekt, Plusquamperfekt und zweite Futur von allen transitiven, reflexiven und von manchen intransitiven und unpersönlichen Verben zu bilden: *Er hat geschlafen; Sie hatte geweint; Ich habe sie nicht gesehen; Falls es im Laufe des Tages geregnet haben sollte, brauchst du die Blumen morgen nicht zu gießen* || Hinweis: ↑ **sein²**

Ha·ben [A1] *das; -s; nur Singular; Wirtschaft;* das Geld, das man einnimmt, (auf der Bank) hat ↔ Soll

H

Hab·gier *die; -; nur Singular; abwertend;* das (ständige) Verlangen, immer mehr zu besitzen || *hierzu* **hab·gie·rig** *Adjektiv*

Ha·bicht *der; -s, -e;* ein mittelgroßer Raubvogel, der in Europa und Asien vorkommt und am Tag jagt

Hab·se·lig·kei·ten *die; -; Plural;* jemandes Besitz, der nur aus ein paar (*meist* wenig wertvollen) Dingen besteht: *Auf ihrer Flucht konnten sie nur ein paar Habseligkeiten mitnehmen*

Hab·sucht *die; -; nur Singular* ≈ Habgier || *hierzu* **hab·süch·tig** *Adjektiv*

Hach·se *die; -, -n* **1** der untere Teil des Beines von Kalb und Schwein || -K Schweinshachse **2** *umg humorvoll* ≈ Bein

Hack·bra·ten *der; -s, -;* ein Braten aus Hackfleisch

Ha·cke¹ *die; -, -n;* ein einfaches Werkzeug, mit dem man den Erdboden locker macht

Ha·cke² *die; -, -n; nordd* **1** ≈ Ferse **2** der Absatz eines Schuhs

ha·cken; *hackte, hat gehackt* **1** **etwas hacken** etwas mit einer Axt *o.Ä.* in (relativ große) Stücke teilen ⟨Holz hacken; ein Loch ins Eis hacken⟩ **2** **(etwas) hacken** die Erde (um etwas) lockern ⟨Kartoffeln, Rüben hacken⟩

Ha·cker *der; -s, -;* jemand, der illegal den Code von Computern manipuliert

Hack·fleisch [B1] *das; -(e)s; nur Singular;* Fleisch, das durch eine Maschine in kleinste Teile gepresst worden ist (und aus dem man *z.B.* Hamburger macht)

ha·dern; *haderte, hat gehadert;* **mit etwas hadern** *förmlich;* mit etwas (dauernd) unzufrieden sein und darüber jammern ⟨*meist* mit seinem Schicksal hadern⟩

Ha·fen [A2] *der; -s, Hä·fen;* ein Teil des Ufers, an dem Schiffe ankommen und abfahren ⟨*meist* ein Schiff läuft einen Hafen an, läuft in den/im Hafen ein, läuft aus dem Hafen aus, liegt, ankert im Hafen⟩ || K- Hafenanlagen, Hafenarbeiter, Hafenstadt || -K Fischereihafen, Jachthafen || ID **im Hafen der Ehe landen** *umg humorvoll* ≈ heiraten

Ha·fer *der; -s; nur Singular;* ein Getreide, das als Nahrung für Menschen (*bes* in Form von Flocken) und Pferde dient || K- Haferflocken

Haft *die; -; nur Singular;* der Zustand, (in einem Gefängnis) eingesperrt zu sein ≈ Arrest ⟨ die Polizei nimmt jemanden in Haft, entlässt jemanden aus der Haft⟩ || K- Haftentlassung, Haftstrafe

-haft, *-hafter, -haftest-; im Adjektiv; unbetont* **1** drückt aus, dass etwas so ist wie das im ersten Wortteil genannte Substantiv; **bildhaft** ⟨eine Darstellung⟩, **märchenhaft, traumhaft** ⟨schön⟩ **2** nach Art des im ersten Wortteil genannten Substantivs; **heldenhaft** ⟨jemandes Mut⟩, **meisterhaft** ⟨Können⟩ **3** mit einer Neigung zu etwas; **klischeehaft** ⟨eine Ausdrucksweise⟩, **sündhaft** ⟨ein Lebenswandel, ein Mensch⟩

haft·bar *Adjektiv; Rechtswesen; nur in* **1** **für etwas haftbar sein** dazu verpflichtet sein, einen entstandenen Schaden wiedergutzumachen **2** **jemanden für etwas haftbar machen** jemanden dazu verpflichten, einen entstandenen Schaden wiedergutzumachen: *Der Benutzer wird für eventuelle Schäden an der Maschine haftbar gemacht*

Haft·be·fehl *der; -(e)s, -e; Rechtswesen;* der schriftliche Beschluss (eines Richters oder Gerichts), jemanden zu verhaften ⟨der Richter erlässt (einen) Haftbefehl gegen jemanden⟩

haf·ten¹; *haftete, hat gehaftet;* **etwas haftet irgendwo** etwas bleibt auf einer Fläche und löst sich nicht von selbst: *Schmutz haftete an ihren Schuhen; Das Etikett ist auf der Flasche haften geblieben*

haf·ten²; *haftete, hat gehaftet;* **für etwas haften** dafür sorgen, dass ein entstandener Schaden ersetzt wird: *Bitte achten Sie selbst auf Ihre Garderobe, wir haften nicht für Verluste*

Häft·ling *der; -s, -e;* jemand, der im Gefängnis ist

Haft·pflicht *die; -; nur Singular; Rechtswesen;* die gesetzliche Pflicht, einen Schaden wiedergutzumachen, den man selbst (oder jemand, für den man verantwortlich ist,) einem anderen zugefügt hat || K- Haftpflichtversicherung || -K Autohaftpflicht

Haf·tung *die; -, -en; meist Singular;* die Pflicht, einen entstandenen Schaden wiedergutmachen zu müssen ⟨(keine) Haftung für etwas übernehmen⟩

Ha·ge·but·te *die; -, -n;* die rote Frucht der (Hecken)Rose, aus der man *bes* Tee macht || [K-] Hagebuttentee

Ha·gel *der; -s; nur Singular* **1** eine Art Regen, der aus Körnern von Eis besteht || [K-] Hagelkorn, Hagelschauer **2** eine Menge von bedrohlichen Dingen, die jemanden/etwas plötzlich treffen ⟨ein Hagel von Flüchen, Protesten, Vorwürfen geht auf jemanden nieder⟩ || [-K] Bombenhagel, Kugelhagel, Pfeilhagel

ha·geln; *hagelte, hat gehagelt* **1** **es hagelt** Hagel fällt **2** **es hagelt etwas** *(Plural)* es gibt viele Reaktionen: *Nach der Rede hagelte es Proteste, Vorwürfe*

ha·ger *Adjektiv;* mager und *meist* groß gewachsen ↔ rundlich ⟨ein Gesicht, eine Gestalt⟩

Hahn[1] *der; -(e)s, Häh·ne;* ein männliches Huhn (1) ↔ Henne ⟨der Hahn kräht⟩ || [ID] **(irgendwo) der Hahn im Korb sein** *umg; meist* als einziger Mann unter vielen Frauen sein

Hahn[2] *der; -(e)s, Häh·ne;* der Teil einer (Wasser- oder Gas)Leitung, der dazu dient, diese zu öffnen und zu schließen ⟨der Hahn tropft; den Hahn aufdrehen, zudrehen⟩ || [-K] Gashahn, Wasserhahn

Hähn·chen [B2] *das; -s, -;* ein Hahn zum Essen ⟨ein Hähnchen braten, grillen⟩ || [-K] Brathähnchen, Grillhähnchen

Hai *der; -(e)s, -e;* ein *meist* großer, grauer Raubfisch, der *bes* in warmen Meeren vorkommt, mehrere Reihen von scharfen Zähnen hat und manchmal Menschen angreift || [K-] Haifisch

hä·keln; *häkelte, hat gehäkelt;* **(etwas) häkeln** etwas aus Garn, Wolle herstellen, indem man (mit einer Nadel, die einen Haken hat) Maschen macht ⟨einen Topflappen häkeln⟩ || [K-] Häkelgarn, Häkelnadel

Ha·ken *der; -s, -;* **1** ein gebogenes Stück Metall, Plastik *o.Ä:* *einen Spiegel mit Haken an der Wand befestigen; den Hut vom Haken nehmen* || ↑ Abbildung unter **Knopf** || [-K] Angelhaken, Bilderhaken, Kleiderhaken **2** eine Linie, die diese Form hat: *Die Lehrerin macht unter jede richtige Rechnung einen Haken* **3** *umg;* ein Nachteil, eine Schwierigkeit: *Pass auf, die Sache hat bestimmt einen Haken!* || *zu* 1 **ha·ken·för·mig** *Adjektiv*

halb[1] [A1] *Adjektiv; nur vor dem Substantiv oder als Adverb* **1** so, dass etwas die Hälfte von etwas umfasst, beträgt ↔ ganz: *ein halbes Brot, ein halber Liter; Die Züge fahren jede halbe Stunde* || [K-] Halbjahr, Halbkreis, Halbkugel, Halbmond **2** zum Teil, nicht vollständig ↔ ganz ⟨ein Satz, ein Sieg, die Wahrheit; halb automatisch, blind, fertig, gar, offen, voll *usw*⟩: *Ihre Augen sind halb geschlossen; Die Flasche war schon halb leer* || [K-] Halbdunkel, Halbschlaf **3** *umg (ironisch oder übertrieben);* verwendet, um eine sehr große Menge, lange Dauer *o.Ä.* zu bezeichnen: *Zu seiner Geburtstagsfeier war die halbe Stadt eingeladen; Das dauert ja eine halbe Ewigkeit!* **4** nicht so stark oder intensiv wie sonst ⟨mit halber Kraft⟩ || [ID] **etwas ist nichts Halbes und nichts Ganzes** etwas ist nicht so, wie es sein soll

halb[2] [A1] *Adverb* **1** (als Zeitangabe verwendet) dreißig Minuten vor der vollen Stunde: *Wir treffen uns um halb zwölf* **2** **halb ..., halb ...** von beiden genannten Dingen, Tätigkeiten, Eigenschaften *usw* etwas ≈ sowohl ..., als auch ...; teils ..., teils ...: *halb lachen, halb weinen*

halb- *im Adjektiv* **1** nur zum Teil, nicht ganz/völlig; **halbfest, halbfett** ⟨ein Käse⟩, **halbhoch** ⟨eine Mauer⟩, **halblang** ⟨Haare⟩, **halblaut** ⟨eine Unterhaltung⟩, **halbtrocken** ⟨ein Wein⟩ || Hinweis: **a** ↑ **halb**[1] (2) **b** die hier genannten Adjektive müssen immer, die unter *halb* genannten Adjektive und Partizipien können auch zusammengeschrieben werden **2** *nur vor dem Substantiv oder als Adverb;* verwendet, um den im Adjektiv genannten Zeitraum zu halbieren; **halbjährig, halbjährlich, halbstündig, halbstündlich, halbtägig, halbtäglich**

Halb|edel·stein *der; -(e)s, -e;* ein Stein, der *bes* als Schmuck gebraucht wird, aber nicht so wertvoll wie ein Edelstein ist: *Opale und Türkise sind Halbedelsteine*

hal·be-hal·be *nur in* **(mit jemandem) halbe-halbe machen** *umg;* etwas so mit jemandem teilen, dass jeder die Hälfte bekommt

-hal·ber *im Adverb; nach Substantiv;* verwendet, um einen Grund für etwas zu nennen; **gesundheitshalber, interessehalber** ⟨etwas wissen wollen⟩, **krankheitshalber, ordnungshalber, umständehalber** ⟨ein Geschäft schließen müssen⟩, **vorsichtshalber**

Halb·fi·na·le *das; -s, -; Sport;* die Runde eines Wettkampfs, deren Sieger ins Finale kommen

Halb·hei·ten *die; -; Plural;* Dinge, die nicht fertig geworden sind oder die nicht das gewünschte Resultat gebracht haben ⟨sich nicht mit Halbheiten zufriedengeben⟩

halb·her·zig *Adjektiv;* ohne wirkliche Überzeugung und Interesse ⟨eine Antwort, ein

Lächeln⟩

hal·bie·ren; *halbierte, hat halbiert* **1** **etwas halbieren** aus etwas zwei gleiche Teile machen: *einen Apfel mit einem Messer halbieren* **2** **etwas halbieren** etwas um die Hälfte reduzieren: *die Ausgaben halbieren* ‖ *hierzu* **Hal·bie·rung** *die; -; nur Singular*

Halb·in·sel *die; -, -n;* ein Stück Land, das auf drei Seiten von Wasser umgeben ist: *Italien ist eine Halbinsel*

Halb·jah·res|zeug·nis *das; -ses, -se;* ein Zeugnis, das ein Schüler nach der ersten Hälfte des Schuljahres bekommt

halb·mast *Adverb;* **(auf) halbmast** ⟨Fahnen⟩ so, dass sie auf halber Höhe des Mastes wehen (*meist* als Zeichen der Trauer) ⟨eine Fahne steht, weht (auf) halbmast⟩

Halb·pen·si·on [B1] *die; -; nur Singular;* das Wohnen und Essen (Frühstück und eine warme Mahlzeit) in einem Hotel *o.Ä.* ⟨Halbpension haben, nehmen; ein Zimmer mit Halbpension⟩ ‖ Hinweis: ↑ **Vollpension**

Halb·schuh *der; -(e)s, -e;* ein geschlossener Schuh, der den Knöchel nicht bedeckt ‖ ↑ Abbildung unter **Schuhe**

halb·sei·tig *Adjektiv* **1** eine halbe Seite lang ⟨ein Artikel, ein Bericht⟩ **2** so, dass die linke oder die rechte Seite des menschlichen Körpers betroffen ist ⟨eine Lähmung; halbseitig gelähmt sein⟩

halb·tags [B2] *Adverb;* die halbe Zeit ↔ ganztags ⟨halbtags arbeiten, beschäftigt sein⟩ ‖ [K-] Halbtagsjob, Halbtagsstelle

halb·tot ↑ **tot** ID

halb·wegs *Adverb; umg;* so, dass man gerade noch zufrieden sein kann ≈ einigermaßen, mehr oder weniger: *Kannst du nicht einmal halbwegs höflich sein!*

halb·wüch·sig *Adjektiv; nicht als Adverb;* noch nicht ganz erwachsen: *halbwüchsige Kinder haben*

Halb·zeit *die; -, -en; Sport* **1** (*bes* beim Fußball) die Pause zwischen den beiden Hälften eines Spiels: *Zur Halbzeit steht es null zu null* **2** eine der beiden Hälften eines Fußballspiels *o.Ä.* ⟨die erste, zweite Halbzeit⟩

half *Imperfekt, 1. und 3. Person Singular;* ↑ **helfen**

häl·fe *Konjunktiv II, 1. und 3. Person Singular;* ↑ **helfen**

Hälf·te [B1] *die; -, -n;* einer von zwei gleich großen Teilen eines Ganzen ⟨die Hälfte eines Betrags, einer Fläche, einer Größe, einer Zeit *usw*⟩: *Schneide den Apfel in der Mitte durch und gib mir die Hälfte* ‖ [ID] **jemandes bessere Hälfte** *umg humorvoll;* jemandes Ehepartner

Half·ter *das, der; -s, -;* **1** die Seile oder Lederriemen (ohne Gebiss), die man *meist* einem Pferd um den Kopf legt, um es zu führen ⟨ein Tier am Halfter führen, nehmen⟩ ‖ ↑ Abbildung unter **Pferd** ‖ [-K] Pferdehalfter **2** eine Tasche für eine Pistole, die an einem Gurt befestigt ist ‖ [-K] Pistolenhalfter, Schulterhalfter

Hall *der; -(e)s; nur Singular;* ein dumpfes, schwingendes Geräusch ⟨der Hall von Schritten, Tritten, Stimmen⟩

Hal·le *die; -, -n* **1** ein großes Gebäude, das *meist* nur aus einem hohen und weiten Raum besteht: *die Hallen einer Fabrik, eines Flughafens* ‖ [K-] Hallenbad ‖ [-K] Bahnhofshalle, Fabrikhalle, Lagerhalle, Markthalle, Schwimmhalle, Sporthalle **2** ein großer Raum gleich hinter dem Eingang eines großen Hauses, eines Hotels ‖ [-K] Eingangshalle, Empfangshalle, Hotelhalle

hal·le·lu·ja! *Interjektion; Religion;* verwendet, um (im Gottesdienst) Gott zu loben und zu preisen

hal·len; *hallte, hat gehallt* **1** **etwas hallt** etwas klingt so wie in einem großen, leeren Raum ⟨etwas hallt laut, unheimlich⟩: *Ihre Schritte hallten in dem weiten Korridor* **2** **etwas hallt** *förmlich;* etwas ist laut zu hören ≈ etwas schallt: *Ein Schrei, ein Schuss hallt durch die Nacht*

hal·lo! *Interjektion* **1** verwendet, um andere auf sich aufmerksam zu machen: *Hallo! Hören Sie mich?* **2** verwendet als Form der Begrüßung

Hal·lu·zi·na·ti·on [-'tsi̯oːn] *die; -, -en;* etwas, das man zu sehen oder hören glaubt, das aber nicht da ist ≈ Sinnestäuschung ⟨Halluzinationen haben, an/unter Halluzinationen leiden⟩

Halm *der; -(e)s, -e;* der (*meist* hohle) Stängel von Gräsern (und Getreide) ‖ [-K] Getreidehalm, Grashalm

Ha·lo·gen- *im Substantiv;* verwendet für Lampen, die sehr hell sind und Edelgase enthalten; die **Halogenlampe**, der **Halogenscheinwerfer**, der **Halogenstrahler**

Hals [B2] *der; -es, Häl·se* **1** der schmale Teil des Körpers zwischen Kopf und Schultern (von außen gesehen) ⟨den Hals strecken, (ver)drehen; sich (*Dativ*) den Hals verrenken, brechen⟩: *sich ein Tuch um den Hals binden, legen* ‖ ↑ Abbildung unter **Kopf** ‖ [K-] Halskette, Halstuch, Halswirbel **2** der Hals (1) von innen gesehen ≈ Kehle, Rachen ⟨einen rauen, wunden Hals haben; jemandem tut der Hals weh; jemandem bleibt etwas im Hals stecken⟩ || K- Halsentzündung, Halsschmerzen, Halsweh **3** die (schmale) Öffnung bei einem Gefäß *o.Ä.* ⟨der Hals einer Flasche, einer Vase⟩ || -K Flaschenhals, Gebärmutterhals || ID **Hals über Kopf** *umg*; (zu) plötzlich ≈ überstürzt; **den/seinen Hals aus der Schlinge ziehen** einen (Aus)Weg aus einer gefährlichen Situation finden; **aus vollem Hals(e)** ⟨rufen, schreien, singen⟩ ≈ laut; **jemandem um den Hals fallen** jemanden plötzlich und heftig umarmen; **etwas hängt jemandem zum Hals (he)raus** *umg*; jemand hat von etwas zu viel gehabt (und findet es nur noch lästig); **bis an den/bis über den/bis zum Hals in etwas** *(Dativ)* **stecken** *umg*; zu viel von etwas Negativem haben ⟨bis zum Hals in Arbeit, in Schulden, in Schwierigkeiten stecken⟩

Hạls·band *das*; *-(e)s, -bän·der*; ein Band, das man *meist* einem Hund um den Hals bindet, um daran eine Leine zu befestigen ⟨einem Tier ein Halsband anlegen, abnehmen⟩

hạls·bre·che·risch *Adjektiv*; so gefährlich, dass man Glück hat, wenn man sich nicht verletzt ≈ lebensgefährlich ⟨ein Tempo⟩: *Sie machte eine halsbrecherische Tour durch das Hochgebirge*

Hạls-Na̲·sen-O̲h·ren-Arzt *der*; *-es, -ärz·te*; ein Arzt, der sich auf die Behandlung von Krankheiten des Halses, der Nase und der Ohren spezialisiert hat; *Abkürzung* HNO-Arzt || *hierzu* **Hạls-Na̲·sen-O̲h·ren-Ärz·tin** *die*; *-, -nen*

hạlt[1] *Partikel; unbetont; umg* **1** verwendet, um zu betonen, dass an einer Tatsache nichts geändert werden kann ≈ eben: *„Ist das kalt heute!" - „Na ja, es wird halt Winter."* **2** verwendet, um eine Aufforderung zu verstärken: *Ruh dich halt aus, wenn du müde bist!*

hạlt![2] A2 *Interjektion*; verwendet, wenn man will, dass jemand nicht weitergehen, etwas nicht tun soll: *Halt! Bleiben Sie stehen!*

hạ̈lt *Präsens, 3. Person Singular*; ↑ **halten**

Hạlt[1] *der*; *-(e)s*; *nur Singular*; etwas, das einen/etwas sicher macht, stützt ⟨irgendwo (festen) Halt suchen; (keinen) Halt finden/haben; den Halt verlieren⟩

Hạlt[2] *der*; *-(e)s, -e/-s*; *meist Singular*; das Unterbrechen einer Fahrt oder Tätigkeit ≈ Stopp: *Sie fuhren ohne Halt durch bis ans Ziel* || Hinweis: ↑ **haltmachen**

hạlt·bar *Adjektiv*; *nicht als Adverb* **1** ⟨von Lebensmitteln⟩ so, dass sie (nicht verderben und) lange Zeit gegessen werden können ↔ leicht verderblich ⟨etwas ist lange, nur begrenzt, kurz haltbar; etwas haltbar machen⟩ **2** lange Zeit stabil ≈ strapazierfähig ⟨eine Frisur, Schuhe⟩ **3** ⟨eine Theorie, eine These⟩ so (durchdacht), dass man sie nicht aufgeben oder ändern muss ↔ unhaltbar: *Seine altmodischen Ansichten über Frauen sind nicht haltbar* || Hinweis: *meist* verneint || *hierzu* **Hạlt·bar·keit** *die*; *-*; *nur Singular*

Hạlt·bar·keits·da·tum B2 *das*; *-s, -da·ten*; der Zeitpunkt, bis zu dem garantiert ist, dass ein Lebensmittel gut ist ≈ Verfallsdatum ⟨etwas hat das Haltbarkeitsdatum überschritten⟩

hạl·ten A2 *hält, hielt, hat gehalten* **1** **jemanden/etwas halten** eine Person oder Sache (mit der Hand) gefasst haben und nicht loslassen ⟨etwas in der Hand, mit beiden Händen halten; jemanden am Arm, in seinen Armen halten⟩: *Hältst du bitte mal den Koffer?* **2** **etwas irgendwohin halten** etwas (mit der Hand) in eine bestimmte Position bringen: *die Hand vor den Mund halten; sich (Dativ) einen Schirm über den Kopf halten* **3** **etwas hält jemanden/etwas (irgendwo)** etwas bewirkt, dass jemand/etwas an einem Ort, in einer Position bleibt: *das Regal wird von drei Schrauben gehalten; Was hält dich noch hier, wenn es dir hier nicht gefällt?* **4** **etwas halten** etwas nicht ändern ≈ beibehalten ⟨den Kurs, das Tempo halten⟩ **5** **etwas halten** etwas nicht beenden oder stören ≈ wahren ⟨Diät, Disziplin, Frieden, Ordnung, Ruhe halten⟩ **6** **jemanden/sich/etwas irgendwie halten** bewirken, dass jemand/man selbst/etwas in einem Zustand bleibt: *das Essen/sich warm halten; den Betrieb nicht halten können* **7** **etwas halten** *Sport*; verhindern, dass etwas ins Tor gelangt ⟨einen Elfmeter halten⟩ **8** **etwas halten** das tun, was man versprochen hat ⟨(sein) Wort, ein Versprechen halten⟩ **9** **(sich** *(Dativ)***) ein Tier halten** ein Tier besitzen: *(sich) eine Katze, Kühe, Schweine halten* **10** **jemanden/sich/etwas für etwas halten** eine Ansicht über jemanden/sich/etwas haben, die auch falsch sein kann: *Falschgeld für echt(es Geld) halten; jemanden für einen Helden halten* **11** **etwas/viel/nichts von jemandem/etwas halten** eine gute/schlechte Meinung von jemandem/etwas haben: *Was hältst du von der Idee?; Sie hielt nicht viel von seinem Vorschlag* **12** *Substantiv* + **halten** verwendet, um ein Verb zu umschreiben; **Unterricht halten** ≈ unterrichten; **eine Predigt halten** ≈ predigen; **einen Vortrag halten** ≈ etwas vortragen; **Wache halten** ≈ wachen **13** aufhören, sich fortzubewegen, zu fahren ≈ stehen bleiben, anhalten: *Der Zug hält (in fünf Minuten am Bahnhof)* **14** **etwas hält** etwas bleibt in einem guten Zustand, wird nicht zerstört ⟨eine Ehe, eine Naht; Blumen, eine Frisur, Lebensmittel⟩: *Das Wetter wird nicht halten. Es sieht nach Regen aus* **15** **zu jemandem halten** jemandem in einer schwierigen Situation helfen: *Ihr Mann hält zu ihr, was auch geschieht* **16** **jemand/etwas hält sich** jemand/etwas bleibt in seinem guten Zustand ⟨Blumen, Lebensmittel, das Wetter⟩: *Er hat sich gut gehalten. Man sieht ihm sein Alter nicht an* **17** **sich (irgendwo) halten** in einer Position, an einer Stelle bleiben: *Halt dich dicht bei/neben mir, damit wir uns im Gewühl nicht verlieren; Sie konnte sich nicht auf dem Pferd halten und fiel herunter* **18** **sich irgendwie halten** eine bestimmte Körperhaltung haben ⟨sich aufrecht, gerade, krumm, schief halten⟩ **19** **sich irgendwie halten** bei etwas gut, schlecht *usw* sein: *sich in einer Diskussion gut, in einer Prüfung schlecht halten* **20** **sich an etwas** *(Akkusativ)* **halten** nichts tun oder sagen, was einer Sache widerspricht, gegen sie verstößt ≈ sich nach etwas richten ⟨sich an eine Abmachung, ein Gesetz, die Regeln, einen Vertrag, die Wahrheit halten⟩ **21** **sich an jemanden halten** mit jemandem Kontakt pflegen, bei ihm Rat suchen, weil man ihm vertraut: *Halte dich nur an mich, wenn es Probleme gibt!* **22** **an sich** *(Akkusativ)* **halten** ≈ sich beherrschen: *Ich musste an mich halten, um nicht laut zu schreien* **23** **auf etwas** *(Akkusativ)* **halten** viel Wert auf etwas legen: *Sie hält viel auf Höflichkeit* **24** **auf sich** *(Akkusativ)* **halten** darauf achten, dass man gut gekleidet ist, einen guten Ruf hat: *Wer auf sich hält, verkehrt nicht in schlechten Lokalen*

Hal·ter[1] *der; -s, -;* eine Konstruktion, mit der man etwas stützt oder an einer bestimmten Stelle befestigt: *Der Radrennfahrer nahm die Trinkflasche aus dem Halter und trank einen Schluck* || -K Flaschenhalter, Handtuchhalter, Kerzenhalter

Hal·ter[2] *der; -s, -;* **der Halter** + *Genitiv*/**von etwas** *Verwaltung;* jemand, der ein Tier oder Fahrzeug besitzt ≈ Eigentümer, Besitzer: *den Halter des Fahrzeugs ermitteln; die Halter von Hunden* || -K Fahrzeughalter, Hundehalter, Tierhalter || *hierzu* **Hal·te·rin** *die; -, -nen*

Hal·te·rung *die; -, -en;* eine Konstruktion, die als Halter[1] für etwas dient ⟨etwas aus der Halterung nehmen, in die Halterung hängen⟩

Hal·te·stel·le A2 *die; -, -n;* die Stelle, an der Busse und Bahnen (regelmäßig) stehen bleiben, damit man ein- oder aussteigen kann ≈ Station || -K Bushaltestelle, U-Bahnhaltestelle

Hal·te·ver·bot *das; -(e)s, -e* **1** ein Bereich, in dem man mit dem Auto nicht stehen bleiben darf ⟨absolutes, eingeschränktes Halteverbot; im Halteverbot stehen⟩ **2** das Verbot, mit dem Auto stehen zu bleiben: *Tagsüber besteht hier Halteverbot* || K- Halteverbotsschild

-hal·tig *im Adjektiv; nicht als Adverb;* so, dass die genannte Substanz darin enthalten ist; goldhaltig, nikotinhaltig, zuckerhaltig

halt·los *Adjektiv; ohne Steigerung* **1** *nicht als Adverb;* ohne jeden sachlichen Grund ≈ unbegründet, gegenstandslos ⟨ein Gerücht, eine Anklage, eine Behauptung *o.Ä.*⟩ **2** ohne psychische und moralische Festigkeit ≈ labil: *Seit dem Tod ihrer Eltern ist sie völlig haltlos*

halt·ma·chen, Halt ma·chen; *machte halt/Halt, hat haltgemacht/Halt gemacht* **1** *(bes* beim Gehen, Wandern, Fahren *o.Ä.)* die Bewegung unterbrechen und eine Pause machen ≈ Rast machen: *Auf halbem Weg zum Gipfel machen wir halt, um uns auszuruhen* **2** **vor jemandem/etwas nicht haltmachen**; **vor nichts (und niemandem) haltmachen** niemanden/nichts verschonen ↔ vor jemandem/etwas zurückschrecken: *Sie machten mit ihrer Zerstörungswut nicht einmal vor Kirchen und Klöstern halt*

Hal·tung *die; -, -en* **1** *nur Singular;* die Art, in der man steht oder seinen Körper bewegt ⟨eine gute, schlechte, aufrechte Haltung haben⟩ || -K Körperhaltung **2** *meist Singular;* **die Haltung (zu/gegenüber jemandem/etwas)** die (persönliche) Art, zu denken und zu reagieren ≈ Einstellung ⟨eine konservative, liberale *usw* Haltung; eine feindliche, zögernde Haltung einnehmen⟩

Hamburg

Die Hansestadt Hamburg an der **Elbe** ist die zweitgrößte Stadt Deutschlands und gleichzeitig eines der 16 Bundesländer, zu dem auch ein paar Inseln in der **Nordsee** gehören. Hamburg ist ein wichtiges kulturelles Zentrum und der größte deutsche Hafen.

LANDESKUNDE

Ham·bur·ger *der; -s, -;* **1** jemand, der in der Stadt Hamburg wohnt oder dort geboren ist ⟨ein waschechter (= typischer) Hamburger⟩ **2** *[auch* 'hɛmbœɐ̯gɐ*]* ein weiches Brötchen, das mit gebratenem Hackfleisch belegt ist (und *meist* mit Ketchup gegessen wird) || *zu* 1

Ham·bur·ge·rin *die; -, -nen*

hä·misch *Adjektiv;* so, dass man Freude über den Schaden eines anderen zeigt ⟨Blicke, Bemerkungen; hämisch grinsen; sich hämisch über etwas *(Akkusativ)* freuen⟩

Ham·mel *der; -s, -;* [1] ein kastriertes männliches Schaf || [K] Hammelherde [2] *nur Singular;* das Fleisch des Hammels (1), das man isst || [K] Hammelbraten, Hammelfleisch [3] *umg abwertend;* verwendet als Schimpfwort für jemanden, den man für sehr dumm oder unverschämt hält

Ham·mer *der; -s, Häm·mer* [1] ein Werkzeug (mit einem Stiel), mit dem man Nägel in Bretter oder Wände schlägt || ↑ Abbildung unter **Werkzeug** [2] *umg;* ein großer Fehler ⟨sich einige grobe Hämmer leisten⟩ || [ID] **etwas kommt unter den Hammer** etwas wird versteigert

häm·mern; *hämmerte, hat gehämmert* [1] mit dem Hammer (1) mehrere Male schlagen [2] **irgendwohin hämmern** (in kurzen Abständen) mehrere Male kräftig gegen eine Fläche schlagen (und ein lautes Geräusch erzeugen) ≈ klopfen, pochen: *Er hämmerte mit den Fäusten gegen die Tür* [3] **auf etwas** *(Dativ)* **hämmern** ungeschickt und kräftig (aber *meist* langsam) die Tasten eines Klaviers oder einer Schreibmaschine anschlagen ⟨auf dem Klavier, auf einer Schreibmaschine hämmern⟩

Hams·ter *der; -s, -;* ein (Nage)Tier, das in seinen Backen Futter sammelt

hams·tern; *hamsterte, hat gehamstert;* **(etwas) hamstern** *umg; bes* Lebensmittel in viel größeren Mengen kaufen, als man gerade braucht ≈ horten ⟨Lebensmittel, Zigaretten, Brennholz hamstern⟩

Hand [A1] *die; -, Hän·de* [1] der Körperteil, mit dem man nach etwas greift, einen Gegenstand hält *usw* ⟨die rechte, die linke Hand; etwas in die/zur Hand nehmen, in der Hand halten⟩: *sich vor dem Essen die Hände waschen; Vor Schreck fiel ihr das Buch aus der Hand* || [K] Handcreme, Handgelenk [2] **jemandem die Hand geben/schütteln** die rechte Hand (1) ausstrecken und damit die Hand eines anderen drücken, um ihn zu begrüßen [3] **jemanden bei der Hand nehmen** die Hand (eines Kindes) fassen, um es zu führen [4] **jemandes rechte Hand** der engste und wichtigste Mitarbeiter *(z.B.* eines Chefs) [5] **zu Händen (von) Herrn/Frau X** verwendet auf Briefen, um so zu sagen, wer (in einer Institution oder Firma) den Brief haben soll; *Abkürzung* z.H./z. Hd.: *An das Finanzamt Wuppertal, z.H. Frau Wagner* || [ID] **für jemanden/etwas die/seine Hand ins Feuer legen** volles Vertrauen zu jemandem haben: *Manfred hat das Fahrrad nicht gestohlen. Dafür lege ich die Hand ins Feuer;* **etwas hat Hand und Fuß** etwas ist gut überlegt, vorbereitet oder geplant: *Alles, was unser Chef macht, hat Hand und Fuß;* **mit Händen und Füßen** *humorvoll;* mit vielen deutlichen Gesten ⟨mit Händen und Füßen reden⟩; **etwas geht mit etwas Hand in Hand** eine Entwicklung ist eng mit einer anderen verbunden: *Die wirtschaftliche Krise ging mit einer Zunahme der Arbeitslosigkeit Hand in Hand;* **in festen Händen sein** *umg humorvoll;* eine feste Beziehung mit einem Freund oder einer Freundin haben; **mit leeren Händen** [a] ohne ein Geschenk; [b] ohne ein positives Ergebnis: *mit leeren Händen von den Verhandlungen zurückkommen;* **zwei linke Hände haben** *umg;* mit den Händen sehr ungeschickt sein; **alle/beide Hände voll zu tun haben** *umg;* sehr viel Arbeit haben; **etwas fällt jemandem in die Hände** etwas kommt *(oft* durch Zufall) in jemandes Besitz ⟨geheime Pläne, Dokumente fallen jemandem in die Hände⟩; **etwas (nicht) aus der Hand geben** etwas, das man besitzt, (nicht) an andere weitergeben, oder eine Funktion, die man hat, (nicht) an andere geben: *Er ist nicht bereit, wichtige Aufgaben aus der Hand zu geben;* **jemandem zur Hand gehen** jemandem bei einer Arbeit helfen; **jemanden in der Hand haben** so viel Macht über jemanden haben, dass man über ihn bestimmen kann; **etwas liegt (klar) auf der Hand** etwas ist deutlich zu erkennen ≈ etwas ist offensichtlich: *Die Vorteile dieser neuen Methode liegen klar auf der Hand;* **etwas in die Hand nehmen** ein Projekt oder eine Arbeit selbst leiten (damit sie schneller fertig wird); **unter der Hand** nicht öffentlich oder offiziell ≈ heimlich ⟨etwas unter der Hand kaufen, verkaufen, erfahren, weitergeben⟩ || Hinweis: ↑ **Handbreit, Handvoll** || ▸ **anhand**

Hand

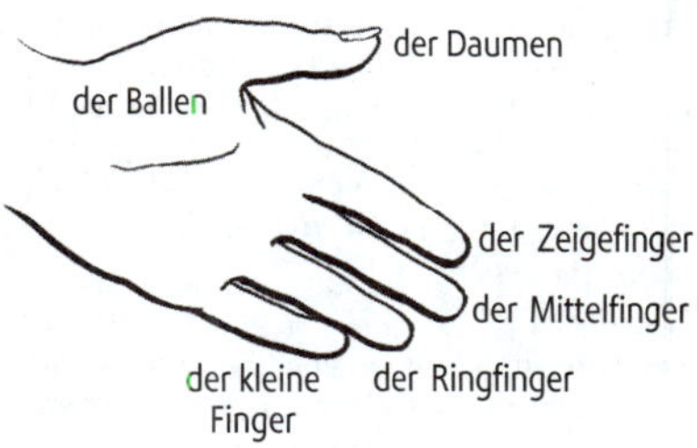

H

Hạnd·ar·beit *die; -, -en* **1** *meist Plural;* das Herstellen von Dingen (*bes* aus Wolle oder Garn) ohne Hilfe von Maschinen ⟨Handarbeiten machen⟩ || K- **Handarbeitsgeschäft, Handarbeitsunterricht** **2** ein Gegenstand, der ohne Maschinen hergestellt wird: *Diese Schuhe sind echte indianische Handarbeit*

Hạnd·ball B2 *der; -(e)s, -bäl·le* **1** *ohne Artikel, nur Singular;* eine Sportart, bei der man versucht, mit der Hand den Ball in das Tor der anderen Mannschaft zu werfen ⟨Handball spielen⟩ || K- **Handballspiel, Handballspieler** || -K **Feldhandball, Hallenhandball** **2** ein Ball, mit dem man Handball (1) spielt

Hạnd·breit, Hạnd breit *die; -, -;* eine Breite von ungefähr 10 Zentimetern: *ein Kleid eine Handbreit kürzer machen*

Hạnd·brem·se *die; -, -n;* eine Bremse an einem Fahrzeug, die man mit der Hand zieht ↔ Fußbremse ⟨die Handbremse ziehen, lösen⟩

Hạnd·buch *das; -(e)s, -bü·cher;* ein Buch, das alles Wichtige über ein Gebiet zusammenfasst: *ein Handbuch der Fotografie*

Hạ̈nd·chen *das; -s, -;* **1** eine kleine Hand **2** *umg;* **jemand hält mit jemandem Händchen;** ⟨ein Paar⟩ **hält Händchen** ein (Liebes)Paar hält sich (zärtlich) bei der Hand || *zu* 2 **Hạ̈nd·chen hal·tend, hạ̈nd·chen·hal·tend** *Adjektiv*

Hạ̈n·de·druck *der; -(e)s; nur Singular;* die Geste, bei der zwei Menschen einander die rechte Hand geben (*bes* wenn sie sich begrüßen oder verabschieden) ⟨ein leichter, kräftiger Händedruck⟩: *Sie begrüßte jeden Gast mit einem herzlichen Händedruck*

Hạn·del B2 *der; -s; nur Singular* **1** **Handel (mit etwas)** das Einkaufen und Verkaufen von Waren ⟨lebhafter, blühender Handel; (mit etwas) Handel treiben⟩: *Der Handel mit Gewürzen floriert* || K- **Handelsabkommen, Handelspartner** || -K **Drogenhandel, Teppichhandel** **2** **etwas ist im Handel** etwas kann man kaufen

hạn·deln[1] B2 *handelte, hat gehandelt* **1** **mit etwas handeln** eine Ware einkaufen und wieder verkaufen: *mit Antiquitäten, Gebrauchtwagen handeln* **2** **(mit jemandem) (um etwas) handeln** (beim Kauf einer Ware) versuchen, die Ware billiger zu bekommen: *mit einem Händler um den Preis eines Teppichs handeln*

hạn·deln[2] B2 *handelte, hat gehandelt* **1** **(irgendwie) handeln** in einer besonderen Situation aktiv werden: *eigenmächtig, unüberlegt handeln; Als er den Unfall sah, handelte er sofort und leistete dem Verletzten Erste Hilfe* **2** **etwas handelt von etwas** etwas hat etwas zum Thema ≈ etwas erzählt von etwas, behandelt etwas: *Der Film handelt vom Untergang des Römischen Reiches* **3** **(bei jemandem/etwas) handelt es sich um jemanden/etwas** jemand/etwas ist das, was über ihn/es gesagt wird: *Bei diesem Fund handelt es sich um eine Vase aus dem 3. Jahrhundert*

hạn·dels·ei·nig *Adjektiv; meist in* **jemand ist/wird (sich** *(Dativ)*) **mit jemandem handelseinig**; ⟨Personen⟩ **sind/werden (sich** *(Dativ)*) **handelseinig** zwei oder mehrere Personen haben/finden eine Basis für ein Geschäft: *Nach langem Hin und Her wurde er mit seinem Geschäftspartner handelseinig*

Hạn·dels·klas·se *die; -, -n;* eine Kategorie, der Waren je nach ihrer Qualität zugeordnet werden ≈ Güteklasse: *Die großen Eier sind Handelsklasse I*

hạn·dels·üb·lich *Adjektiv; nicht als Adverb;* so, wie im Handel üblich ⟨*meist* eine Packung, eine Größe⟩

hạ̈n·de·rin·gend *Adjektiv; meist als Adverb;* sehr dringend, verzweifelt ⟨jemanden händeringend um etwas bitten; etwas händeringend suchen, brauchen⟩

hạnd·fest *Adjektiv; meist vor dem Substantiv* **1** von großer Intensität und so, dass man es ernst nehmen muss ⟨eine Drohung, ein Streit, ein Skandal⟩ **2** ≈ kräftig, nahrhaft ⟨eine Mahlzeit; etwas Handfestes essen⟩

Hạnd·flä·che *die; -, -n;* die innere Seite der Hand ↔ Handrücken

Hạnd·ge·lenk *das; -(e)s, -e;* das Gelenk zwischen der Hand und dem unteren Teil des Arms

Hạnd·ge·men·ge *das; -s, -; meist Singular;* ein Streit zwischen mehreren Personen, bei dem sie sich auch schlagen ≈ Schlägerei: *Als die Polizei mit Tränengas gegen die Demonstranten vorging, kam es zu einem Handgemenge*

Hạnd·ge·päck *das; -(e)s; nur Singular;* eine kleine Tasche und andere Dinge, die man auf Reisen (*bes* im Flugzeug) bei sich behält: *Passagiere dürfen nur ein Handgepäck mitnehmen* || ↑ Illustration **Am Flughafen**

hạnd·ge·schrie·ben *Adjektiv; nicht als Adverb;* mit der Hand geschrieben ⟨ein Brief, ein Lebenslauf, eine Bewerbung⟩

hạnd·greif·lich *Adjektiv* **1** **(gegen jemanden) handgreiflich werden** jemanden körperlich angreifen/beginnen, sich mit jemandem zu prügeln ≈ gewalttätig werden **2** *meist vor dem Substantiv;* konkret und deutlich ≈ offenkundig ⟨ein Beweis, eine Lüge, ein Widerspruch⟩ || *zu* 1 **Hand·greif·lich·keit** *die; -, -en; meist Plural*

Hand·griff *der; -(e)s, -e* **1** eine gezielte Bewegung, ein Griff[1] mit der Hand: *Bei dieser Arbeit muss jeder Handgriff sitzen* (= richtig sein) **2** **mit ein paar Handgriffen** schnell und ohne Mühe: *etwas mit ein paar Handgriffen reparieren* **3** **etwas ist nur ein Handgriff** etwas kann ohne Mühe gemacht werden

Hand·ha·be *die; -; nur Singular;* **eine Handhabe (zu** + *Infinitiv*/**für etwas)** die Möglichkeit oder gesetzliche Grundlage, auf etwas zu reagieren: *Die Polizei hatte keine gesetzliche Handhabe zu schießen*

hand·ha·ben; *handhabte, hat gehandhabt;* **etwas irgendwie handhaben** etwas richtig benutzen ⟨einen Hammer, einen Bohrer *usw* handhaben; ein Gesetz, eine Vorschrift, eine Bestimmung großzügig, kleinlich handhaben⟩ || *hierzu* **Hand·ha·bung** *die; -, -en*

Han·di·cap, Han·di·kap ['hɛndikɛp] *das; -s, -s;* etwas, das für jemanden/etwas einen (schweren) Nachteil darstellt (, auch bei sportlichen Wettkämpfen)

Hand·lan·ger *der; -s, -;* **1** jemand, der für einen anderen sehr einfache (körperliche) Arbeiten macht ≈ Gehilfe || K- Handlangerarbeiten **2** *abwertend;* jemand, der anderen bei etwas hilft, das moralisch nicht in Ordnung ist ≈ Helfershelfer: *ein Handlanger des Regimes, des Geheimdienstes* || K- Handlangerdienste || *zu* 2 **Hand·lan·ge·rin** *die; -, -nen*

Händ·ler *der; -s, -;* jemand, der bestimmte Waren kauft und wieder verkauft || -K Autohändler, Buchhändler, Gemüsehändler *usw* || ▸ **Handel, handeln**[1] || *hierzu* **Händ·le·rin** *die; -, -nen*

hand·lich *Adjektiv;* (*meist* klein und einfach gebaut und deshalb) leicht zu verwenden: *Dieser Koffer ist recht handlich*

Hand·lung B2 *die; -, -en* **1** das, was jemand tut oder getan hat ≈ Tat ⟨eine (un)überlegte, strafbare Handlung⟩ || K- Handlungsspielraum, Handlungsweise **2** *meist Singular;* das, was sich in einer Geschichte[2] (1) ereignet: *die spannende Handlung eines Films*

-hand·lung *die; -, -en* ein Geschäft, das mit den genannten Waren handelt; **Buchhandlung, Kohlenhandlung, Schreibwarenhandlung, Weinhandlung**

Hand·out, Hand-out ['hɛndaut] *das; -s, -s;* eine oder mehrere Seiten mit kurzen Informationen (*bes* für die Teilnehmer eines Kurses, Seminars *o.Ä.*)

Hand·rü·cken *der; -s, -;* die äußere Seite einer Hand ↔ Handfläche

Hand·schel·len *die; -; Plural;* zwei Ringe aus Metall, die durch eine Kette miteinander verbunden sind und mit denen man Gefangenen die Hände fesselt ⟨jemandem Handschellen anlegen, die Handschellen abnehmen⟩

Hand·schlag *der; -(e)s; nur Singular;* ein Händedruck, der in bestimmten Situationen als Symbol dient (*z.B.* um einen Vertrag für gültig zu erklären) ⟨einen Vertrag, eine Abmachung mit/durch/per Handschlag bekräftigen⟩

Hand·schrift *die; -, -en* **1** die typische Art, in der jemand mit der Hand auf Papier schreibt ⟨eine (un)saubere, (un)leserliche Handschrift haben⟩ **2** ein Buch, das mit der Hand geschrieben ist ↔ Druck[2] (3): *Handschriften des 13. Jahrhunderts*

hand·schrift·lich *Adjektiv;* mit der Hand geschrieben ≈ handgeschrieben ↔ maschinengeschrieben ⟨ein Lebenslauf, eine Notiz⟩

Hand·schuh A2 *der; -(e)s, -e;* ein Kleidungsstück für die Hände, das sie (vor Kälte, Schmutz oder Verletzungen) schützt || -K Fausthandschuh, Fingerhandschuh; Gummihandschuh, Lederhandschuh, Wollhandschuh

Hand·schuh|fach *das; -(e)s, -fä·cher;* das Fach vorn im Auto (vor dem Beifahrer), in das man etwas (hinein)legen kann

Hand·stand *der; -(e)s; nur Singular;* eine sportliche Übung, bei der man mit den Händen am Boden (mit gestreckten Armen) und dem Kopf nach unten die Beine senkrecht in die Höhe streckt ⟨einen Handstand machen⟩

Hand·ta·sche *die; -, -n;* eine Tasche, in der man kleine Dinge (wie Geld, Schlüssel, Ausweise *usw*) bei sich trägt || ↑ Illustration **Die Kleidung**

Hand·tuch A2 *das; -(e)s, -tü·cher;* ein Tuch, mit dem man sich nach dem Waschen abtrocknet || ↑ Illustration **Im Bad** || -K Badehandtuch, Frotteehandtuch

Hand·um·dre·hen *nur in* **(etwas) im Handumdrehen (tun)** (etwas) in sehr kurzer Zeit (tun)

Hand·voll, Hand voll *die; -, -;* **eine Handvoll** + *Substantiv* eine kleine Menge oder Anzahl ≈ wenig(e): *eine Handvoll Reis; Zu der Veran-*

H

staltung war(en) nur eine Handvoll Leute gekommen

Hand·wä·sche *die; -, -n* **1** das Waschen von Wäsche mit der Hand **2** *nur Singular;* Wäsche, die man mit der Hand wäscht

Hand·werk *das; -(e)s; nur Singular* **1** eine berufliche Tätigkeit, bei der man *bes* mit den Händen arbeitet und mit Werkzeugen etwas herstellt ⟨ein Handwerk erlernen⟩: *das Handwerk des Zimmermanns, des Metzgers* || K- Handwerksberuf, Handwerksmeister || -K Schreinerhandwerk, Schusterhandwerk **2** alle Leute und Betriebe, die ein Handwerk betreiben ↔ Handel, Industrie || ID **jemandem das Handwerk legen** *umg;* dafür sorgen, dass jemand nichts Böses mehr tun kann: *einem Dieb das Handwerk legen* || *zu* 1 **hand·werk·lich** *Adjektiv*

H

Hand·wer·ker *der; -s, -;* jemand, der als Beruf ein Handwerk ausübt: *Schlosser, Schreiner und Maurer sind Handwerker* || *hierzu* **Hand·wer·ke·rin** *die; -, -nen*

Han·dy B1 ['hɛndɪ] *das; -s, -s;* ein Telefon, das man immer bei sich tragen kann (und das nicht über das Festnetz, sondern über Mobilfunk kommuniziert) || ↑ Illustration **Im Büro**

Hand·zei·chen *das; -s, -;* ein Zeichen oder ein Signal, das man mit der Hand gibt

Hanf *der; -(e)s; nur Singular;* eine Pflanze, aus der man Haschisch gewinnt und aus deren Stängeln man Schnüre, Seile *o.Ä.* macht: *eine Hängematte aus Hanf* || K- Hanfseil, Hanfstrick

Hang[1] *der; -(e)s, Hän·ge;* der schräge Teil eines Berges oder Hügels ≈ Abhang ⟨ein steiler Hang⟩

Hang[2] *der; -(e)s; nur Singular;* **der Hang zu etwas** die Neigung, etwas zu tun, was sich oft negativ auswirkt: *einen Hang zur Übertreibung haben*

Hän·ge·brü·cke *die; -, -n;* eine *meist* sehr lange Brücke, die an starken (Stahl)Seilen hängt: *Die „Golden Gate Bridge" in San Francisco ist eine berühmte Hängebrücke*

Hän·ge·mat·te *die; -, -n;* ein Netz oder Tuch, das man (*z.B.* zwischen Bäumen) aufhängt, um darin zu liegen: *eine Hängematte zwischen zwei Bäumen spannen*

hän·gen[1] A2 *hing, hat/südd* Ⓐ Ⓒⓗ *ist gehangen* **1** **etwas hängt irgendwo** etwas ist mit dem oberen Teil an einer Stelle festgemacht (sodass der untere Teil frei beweglich bleibt): *An unserem Baum hängen viele Birnen; Das Bild hängt an der Wand* **2** **etwas hängt irgendwie/irgendwohin** etwas hängt[1] (1) in der genannten Stellung oder Lage: *Der Spiegel hängt schief; Die Haare hingen ihr in die Augen* **3** **irgendwo hängen** sich *bes* mit den Händen an einer Stelle festhalten, sodass der Rest des Körpers frei in der Luft ist: *Der Junge hing an einem dicken Ast und schaukelte hin und her* **4** **etwas hängt irgendwo** etwas klebt oder haftet an der genannten Stelle oder ist daran befestigt: *An seinen Stiefeln hing Schlamm; Wie viele Waggons hängen an der Lok?* **5** **an jemandem/etwas hängen** eine Person/Sache sehr mögen und sich nicht von ihr/davon trennen wollen: *sehr an den Eltern hängen; Er hing sehr an seinem alten Auto* **6** **(irgendwo) hängen bleiben** nicht weiterkommen, da man von etwas festgehalten wird: *Als er über den Zaun klettern wollte, blieb er mit der Hose (an einem Nagel) hängen* **7** **(irgendwo) hängen bleiben** *umg;* sehr lange irgendwo oder bei jemandem/etwas bleiben: *Ich wollte schon früher zurück sein, aber dann traf ich noch ein paar Freunde und blieb hängen* **8** **etwas bleibt an jemandem hängen** *umg;* jemand muss etwas tun, was die anderen nicht tun wollen ≈ etwas fällt jemandem zu: *Die unangenehmen Arbeiten bleiben mal wieder an mir hängen!* **9** **von etwas bleibt bei jemandem viel/nichts/wenig/(et)was hängen** *umg;* jemand kann viel/nichts/wenig/einen Teil von etwas im Gedächtnis behalten: *Von seiner Rede ist bei mir kaum etwas hängen geblieben* **10** **etwas (irgendwo) hängen lassen** *meist* Kleidung, die man irgendwo aufgehängt hat, vergessen: *Er hat seine Jacke im Hotel hängen lassen* **11** **jemanden hängen lassen** *umg;* jemandem nicht helfen, obwohl man es versprochen (oder vereinbart) hat ≈ jemanden sitzen lassen, im Stich lassen: *Er hatte ihr versprochen, beim Tapezieren zu helfen, doch dann ließ er sie hängen* **12** **sich hängen lassen** *umg;* keine Lust und Energie mehr haben, etwas zu tun ≈ aufgeben: *Los, wir müssen weiterarbeiten, wir dürfen uns nicht hängen lassen!* || ID **mit Hängen und Würgen** *umg;* mit sehr großer Anstrengung ≈ gerade noch: *das Ziel mit Hängen und Würgen erreichen*

hän·gen[2] A2 *hängte, hat gehängt* **1** **etwas irgendwohin hängen** etwas so an einer Stelle befestigen, dass der untere Teil frei beweglich bleibt: *ein Bild an die Wand hängen; sich eine Tasche über die Schulter hängen* **2** **etwas irgendwohin hängen** etwas in eine bestimmte Richtung gleiten lassen: *die Füße, Hände ins Wasser, den Arm aus dem Fenster hängen* **3** **etwas irgendwohin hängen** etwas irgendwo festmachen/etwas irgendwo befestigen: *den Wagen an den Traktor hängen* **4** **jemanden hängen** jemanden töten, indem man ihm eine Schlinge um den Hals legt und ihn an einen Balken hängt[2] (1) ≈ aufhängen: *Der Mörder wurde gehängt* **5** **sich irgendwohin hängen** sich mit den Händen irgendwo festhalten: *Er hängte sich an den Ast und schaukelte hin und her; Sie hängte sich an das Auto und ließ sich mitziehen*

hạn·gen·blei·ben (*ist*) ↑ **hängen**[1] (6-9)

hạn·gen·las·sen (*hat*) ↑ **hängen**[1] (10-12)

hạn·seln; *hänselte, hat gehänselt;* **jemand hänselt jemanden** *meist* ein Kind verspottet ein anderes Kind wegen etwas, das es an ihm komisch findet: *Ich mag ihre Sommersprossen, aber ihre Brüder hänseln sie deswegen*

Hansestädte

Die **Hanse** war ein bekannter Bund von Kaufleuten und Städten im Mittelalter. Heute werden noch 16 deutsche Städte offiziell als Hansestädte bezeichnet, die bekanntesten sind **Bremen, Hamburg, Lübeck** und **Rostock.** Sie haben auch ein H im Autokennzeichen, z.B. HRO für „Hansestadt Rostock".

LANDESKUNDE

Hạn·tel *die; -, -n;* eine Konstruktion mit Gewichten an beiden Enden, die man hochdrückt, um die Muskeln zu trainieren || K- Hanteltraining

han·tie·ren; *hantierte, hat hantiert;* **(mit etwas) hantieren** etwas (*meist* ein Gerät oder Werkzeug) für eine Tätigkeit verwenden ≈ etwas handhaben, mit etwas umgehen: *An Tankstellen sollte man nicht mit offenem Feuer hantieren; Man hörte sie in der Küche hantieren*

ha·pern; *haperte, hat gehapert; umg* **1** **es hapert (jemandem/etwas) an etwas** (*Dativ*) es gibt (zurzeit) von etwas zu wenig oder nichts ≈ es mangelt, fehlt an etwas (*Dativ*): *Die Firma machte Bankrott, weil es (ihr) an Aufträgen haperte* **2** **bei jemandem hapert es mit etwas/in etwas** (*Dativ*) jemand ist bei etwas nicht sehr gut, macht bei etwas (viele) Fehler: *Er schreibt gute Aufsätze, aber mit/in der Rechtschreibung hapert es noch bei ihm*

Hạp·pen *der; -s, -; umg* eine Kleinigkeit zum Essen, ein kleiner Imbiss ≈ Bissen: *Ich habe zwar keinen großen Hunger, aber einen Happen könnte ich schon vertragen*

hap·pig *Adjektiv; umg;* sehr hoch ⟨ein Preis, eine Strafe⟩

hap·py ['hɛpi] *Adjektiv; ohne Steigerung; umg;* sehr glücklich

Hap·py End, Hap·py·end ['hɛpi'|ɛnt] *das; -(s), -s;* (in Filmen, Romanen *usw*) ein Ende, das schön und harmonisch ist ⟨etwas endet mit einem Happy End⟩

Hard·ware ['ha:dvɛ:ɐ̯] *die; -; nur Singular;* alle Geräte und Teile einer Datenverarbeitungsanlage (Bildschirm, Computer, Drucker *usw*) ↔ Software

Hạr·fe *die; -, -n;* ein großes Musikinstrument mit einem dreieckigen Rahmen und senkrechten Saiten, auf denen man mit beiden Händen spielt ⟨die Harfe zupfen; auf der Harfe spielen⟩ || K- Harfenspiel

Hạr·ke *die; -, -n; bes nordd* ≈ Rechen || *hierzu* **hạr·ken** (*hat*)

hạrm·los *Adjektiv;* nicht böse ↔ gefährlich, unangenehm ⟨ein Mensch; ein Hund; eine Bemerkung, eine Frage⟩

Har·mo·nie *die; -, -n* [-'ni:ən] **1** **die Harmonie** + *Genitiv;* **die Harmonie von etwas und etwas** der (schöne) Zustand, in dem alles gut zusammenpasst (und ein Ganzes bildet) ⟨die Harmonie der Töne, Farben; die Harmonie von Körper und Geist⟩ **2** *nur Singular;* ein Zustand ohne Konflikte ≈ Eintracht ↔ Streit ⟨in Harmonie mit jemandem/etwas leben⟩ || *hierzu* **har·mo·nie·ren** (*hat*); **har·mo·nisch** *Adjektiv*

Hạrn *der; -(e)s; nur Singular;* die gelbliche Flüssigkeit, die in den Nieren gebildet wird und mit der Stoffe aus dem Körper ausgeschieden werden ≈ Urin ⟨Harn ausscheiden, lassen⟩ || K- Harnblase, Harnröhre

Har·pu·ne *die; -, -n;* ein Speer, mit dem man Fische fängt

hạrt A2 *härter, härtest-; Adjektiv* **1** fest und nur schwer zu zerbrechen oder in seiner Form zu ändern ↔ weich ⟨hart wie Fels/Stein; hart gefrorener Boden; hart gekochte Eier⟩: *Das Brot ist trocken und hart geworden; Die Matratze ist mir zu hart* || -K eisenhart, knochenhart, steinhart || K- hartgefroren, hartgekocht **2** ohne Mitleid, Rücksicht oder andere freundliche Gefühle ≈ streng ↔ mild, freundlich ⟨ein Blick, ein Herz, eine Strafe, Worte; hart zu jemandem sein; jemanden hart bestrafen⟩: *Die vielen Enttäuschungen haben ihn hart gemacht* **3** so, dass sehr viel Kraft und Anstrengung nötig ist ≈ schwer ↔ leicht ⟨eine Arbeit, ein Kampf, ein Training; hart arbeiten, lernen⟩ **4** **hart (für jemanden)** kaum

H

zu ertragen ⟨Bedingungen, ein Leben, Strapazen, ein Winter; etwas trifft jemanden hart⟩: *Es ist hart für ihn, dass seine Eltern so früh gestorben sind* **5** mit großer Geschwindigkeit oder Kraft ↔ sanft ⟨ein Aufprall, eine Landung, ein Schlag, ein Sturz⟩ || ID **hart im Nehmen sein** *umg;* viele Niederlagen ertragen können

Här·te *die; -, -n* **1** *meist Singular;* die Eigenschaft eines Körpers oder einer Substanz, hart (1) zu sein ≈ Festigkeit ⟨etwas ist von großer, geringer Härte⟩: *Stoffe mit unterschiedlicher Härte; die Härte eines Kristalls ermitteln* || K- **Härtegrad, Härteprüfung** **2** *nur Singular;* die Eigenschaft, hart (2), streng zu sein oder zu reagieren ≈ Strenge ↔ Güte ⟨etwas mit grausamer, rücksichtsloser Härte bestrafen, verfolgen; mit äußerster Härte gegen jemanden/etwas vorgehen⟩: *Ihn traf die ganze Härte des Gesetzes* **3** *meist Singular;* der Kalkgehalt des Wassers ⟨Wasser von großer, mittlerer, geringer Härte⟩: *ein Waschmittel entsprechend der Härte des Wassers dosieren* || K- **Härtebereich** **4** etwas Unangenehmes, das kaum zu ertragen ist ⟨eine unzumutbare Härte⟩: *die Härten des Lebens tapfer ertragen*

Här·te·fall *der; -(e)s, -fäl·le* **1** eine Situation großer Not, in der sich jemand befindet: *In Härtefällen kann der Kredit verlängert werden* **2** *umg;* jemand, der sich in einer besonderen Notsituation befindet ⟨ein Härtefall sein⟩

hart·her·zig *Adjektiv;* ohne freundliche Gefühle (wie Mitleid) ≈ hart (2), unbarmherzig ⟨ein Mensch⟩

hart·nä·ckig *Adjektiv;* nicht bereit, seine Meinung zu ändern oder sein Ziel aufzugeben ≈ beharrlich ⟨ein Verfolger; sich hartnäckig weigern, etwas zu tun; hartnäckig Widerstand leisten⟩: *Wir bestürmten sie mit Fragen, aber sie schwieg hartnäckig* || *hierzu* **Hart·nä·ckig·keit** *die; -; nur Singular*

Hartz IV [harts'fiːɐ̯] *ohne Artikel, indeklinabel;* Ⓓ **1** eine Reform, nach der in Deutschland Menschen, die lange arbeitslos sind, statt Arbeitslosen- und Sozialhilfe jetzt Arbeitslosengeld II bekommen **2** *umg;* ≈ Arbeitslosengeld II || K- **Hartz-IV-Empfänger**

Harz *das; -es, -e;* eine klebrige Flüssigkeit, die (*bes* Nadel)Bäume absondern, wenn ihre Rinde beschädigt wird || -K **Fichtenharz, Kiefernharz, Tannenharz** || *hierzu* **har·zig** *Adjektiv*

Ha·schisch B2 *das, der; -(s); nur Singular;* eine Droge aus Hanf (Cannabis), die als Zigarette (mit Tabak vermischt) geraucht wird

Ha·se B2 *der; -n, -n;* ein (Säuge)Tier mit hellbraunem Fell und sehr langen Ohren, das *meist* auf Feldern lebt || K- **Hasenjagd** || -K **Feldhase** || ID **ein alter Hase sein** *umg;* (in einem Bereich) viel Erfahrung haben; ⟨erkennen, wissen⟩ **wie der Hase läuft** *umg;* erkennen, wissen, wie sich eine Sache entwickelt

Ha·sel·nuss *die; -, -nüs·se;* **1** eine kleine, runde Nuss, die eine braune, harte, glänzende Schale hat || K- **Haselnussstrauch; haselnussgroß** **2** der Strauch, an dem die Haselnuss (1) wächst

Hass *der; -es; nur Singular;* **Hass gegen/auf jemanden/etwas** das starke Gefühl der Abneigung, Feindschaft gegen jemanden/etwas ↔ Liebe ⟨(abgrund)tiefer, glühender Hass; jemand ist von Hass erfüllt, ist voller Hass⟩ || K- **hasserfüllt**

has·sen B2 *hasste, hat gehasst* **1** **(jemanden/etwas) hassen** ganz von dem Gefühl erfüllt sein, dass jemand/etwas feindlich, schlimm ist ↔ lieben ⟨jemanden zutiefst hassen⟩ **2** **etwas hassen** etwas nicht gernhaben, nicht mögen: *Sie hasst es, früh aufstehen zu müssen*

häss·lich A2 *Adjektiv* **1** so, dass es überhaupt nicht schön ist ⟨ein Gesicht⟩ **2** moralisch schlecht oder abstoßend ⟨Worte, Szenen; sich hässlich benehmen⟩ || *hierzu* **Häss·lich·keit** *die; -, -en*

hast *Präsens, 2. Person Singular;* ↑ **haben**

Hast *die; -; nur Singular;* die (hektische) Unruhe, mit der man etwas schnell tut ≈ Eile ⟨etwas in (großer), ohne, voller Hast tun⟩ || *hierzu* **has·tig** *Adjektiv*

has·ten; *hastete, ist gehastet;* **irgendwohin hasten** voller Unruhe irgendwohin laufen ≈ eilen

hat *Präsens, 3. Person Singular;* ↑ **haben**

hät·scheln; *hätschelte, hat gehätschelt* **1** **jemanden/ein Tier hätscheln** einen Menschen oder ein Tier (*meist* übertrieben zärtlich) streicheln, küssen *o.Ä.*: *Der alte Mann sitzt schon seit einer Stunde auf der Bank und hätschelt sein Hündchen* **2** **jemanden hätscheln** jemanden verwöhnen und ihn bevorzugen: *ein von der Presse gehätschelter Künstler*

hat·te *Imperfekt, 1. und 3. Person Singular;* ↑ **haben**

hät·te *Konjunktiv II, 1. und 3. Person Singular;* ↑ **haben**

Hau·be *die; -, -n* **1** ein (fester) Schutz aus Tuch, mit dem manche Frauen Haare und Ohren (fast) vollständig bedecken ⟨die Haube einer Nonne, einer Krankenschwester⟩ **2** *Kurzwort für* **Motorhaube**

Hauch *der; -(e)s; nur Singular* **1** die Luft, die jemand (hörbar oder sichtbar) ausatmet ≈ Atem **2** ein sehr leichter Wind ⟨ein kühler, kalter Hauch⟩: *Es regte sich kaum ein Hauch* || -K Lufthauch, Windhauch **3** **ein Hauch (von etwas)** eine sehr geringe, kaum spürbare Menge von etwas ≈ Anflug ⟨ein leichter, zarter Hauch; ein Hauch von Parfüm⟩: *Er zeigte nicht den leisesten Hauch von Reue*

hau·chen; *hauchte, hat gehaucht;* **(irgendwohin) hauchen** Luft durch den offenen Mund ausstoßen: *in die Hände hauchen, um sie zu wärmen*

hau·en; *haute/förmlich hieb, hat gehauen* **1** **jemanden hauen** *(haute) umg* ≈ schlagen, verprügeln **2** **etwas in etwas** *(Akkusativ)* **hauen** *(haute/hieb)* etwas herstellen oder zerstören, indem man mit einem Werkzeug Stücke wegschlägt: *eine Statue in Marmor, ein Loch ins Eis hauen; einen Stuhl in Stücke hauen* **3** **irgendwohin hauen** *(haute/hieb)* irgendwohin schlagen: *wütend mit der Faust auf den Tisch hauen* **4** **irgendwohin hauen** *(haute) umg;* irgendwohin stoßen, stürzen: *mit dem Kopf gegen die Wand hauen* **5** **sich irgendwohin hauen** *(haute) umg;* sich irgendwohin fallen lassen ⟨sich ins Bett, aufs Sofa hauen⟩

Hau·fen B2 *der; -s, -;* **1** **ein Haufen** + *Substantiv/+ Genitiv* eine Menge einzelner Dinge, die so übereinanderliegen, dass sie die Form eines kleinen Berges bilden ⟨alles auf einen Haufen legen, werfen⟩: *ein Haufen schmutziger Wäsche* || ↑ Abbildung unter **Stapel** || -K Heuhaufen, Komposthaufen, Misthaufen, Sandhaufen **2** *nur Singular; umg;* **ein Haufen** + *Substantiv/+ Genitiv;* sehr viel(e): *Das Auto hat einen Haufen Geld gekostet* || K- haufenweise

häu·fen; *häufte, hat gehäuft* **1** **etwas** *(meist Plural)* **irgendwohin häufen** einzelne Dinge so legen, dass ein Haufen (1) entsteht: *Er häufte Holz in den Ofen und zündete es an* **2** **etwas** *(meist Plural)* **häuft sich** etwas sammelt sich in großer Menge an: *Auf ihrem Schreibtisch häufen sich die Akten; Die Beschwerden häuften sich* || zu 2 **Häu·fung** *die; nur Singular*

häu·fig B2 *Adjektiv;* immer wieder da (vorhanden) ↔ selten: *ein häufiger Fehler; eine häufig gestellte Frage; Er besucht uns häufig* || *hierzu* **Häu·fig·keit** *die; -; nur Singular*

Haupt *das; -(e)s, Häup·ter; förmlich* **1** der Kopf eines Menschen ⟨mit stolz erhobenem Haupt⟩ **2** jemand, der an der Spitze einer Gruppe von Menschen steht und sie führt ≈ Oberhaupt ⟨das Haupt der Familie⟩

Haupt- B1 *im Substantiv; betont;* verwendet, um auszudrücken, dass es sich um das Zentrale oder Wichtigste handelt ↔ Neben-; der **Hauptangeklagte** ⟨in einem Prozess⟩, die **Hauptbeschäftigung**, der **Haupteingang** ⟨eines Gebäudes⟩, die **Hauptfunktion** ⟨einer Maschine⟩, das **Hauptgebäude**, das **Hauptinteresse**, die **Hauptmahlzeit** ⟨des Tages⟩, die **Hauptperson** ⟨in einem Film⟩, die **Hauptreisezeit** ⟨im Jahr⟩, die **Hauptschwierigkeit**, die **Hauptstraße**, die **Hauptverantwortung**

haupt·amt·lich *Adjektiv;* so, dass der Betreffende es als (Haupt)Beruf ausübt (und nicht als Nebentätigkeit) ↔ ehrenamtlich: *der hauptamtliche Leiter eines Vereins*

Haupt|bahn·hof *der; -(e)s, -hö·fe;* der größte Bahnhof in einer (Groß)Stadt; *Abkürzung* Hbf.

Haupt·fach *das; -(e)s, -fä·cher;* ein wichtiges Fach in der Schule oder im Studium ↔ Nebenfach: *In den Hauptfächern Deutsch, Englisch und Mathematik hat der Schüler gute Zensuren*

Haupt·gang *der; -(e)s, -gän·ge* ≈ Hauptgericht

Haupt·ge·richt *das; -(e)s, -e;* der Teil einer Mahlzeit, der nach der Vorspeise und vor dem Dessert serviert wird

Häupt·ling *der; -s, -e;* der Anführer eines Stammes (bei Naturvölkern) || -K Indianerhäuptling

Haupt·mann *der; -(e)s, -leu·te; Militär;* ein relativ hoher Offizier (mit einem Rang zwischen Oberleutnant und Major)

Haupt·rol·le *die; -, -n;* die wichtigste oder eine der wichtigsten Rollen in einem Theaterstück oder Film ⟨die Hauptrolle bekommen, spielen⟩ || ID **jemand/etwas spielt (für jemanden) die Hauptrolle** jemand/etwas ist (für jemanden) am wichtigsten: *Seine Tochter spielt die Hauptrolle in seinem Leben*

Haupt·sa·che *die; -; nur Singular;* das Wichtigste ↔ Nebensache: *Die Hauptsache ist, dass Sie hier glücklich sind/Hauptsache, Sie sind hier glücklich*

haupt·säch·lich *Adverb* ≈ vorwiegend, vor allem: *Er interessiert sich hauptsächlich für Kunst*

Haupt·sai·son *die; -; nur Singular;* die beliebteste Reisezeit ≈ Hochsaison ↔ Nebensaison

Haupt·satz *der; -es, -sät·ze; Sprachwissenschaft;*

H

ein Satz, der allein stehen kann und nicht von einem anderen Satz abhängig ist

Haupt·schlag·ader *die; -, -n;* die größte Arterie, von der alle anderen Arterien ausgehen; *Medizin* Aorta

Haupt·schu·le *die; -, -n;* Ⓓ die Schule, die alle von der fünften bis zur neunten Klasse besuchen, die nicht auf die höhere Schule (Realschule, Gymnasium) gehen || K- Hauptschulabschluss, Hauptschullehrer || *hierzu* **Haupt·schü·ler** *der; -s, -;* **Haupt·schü·le·rin** *die; -, -nen*

Haupt·stadt B1 *die; -, -städ·te;* die *(oft* größte) Stadt eines Landes, in der die Regierung ihren Sitz hat: *Paris ist die Hauptstadt von Frankreich*

H

Haupt·ver·kehrs·zeit *die; -, -en;* die Zeit des Tages, in der besonders viel Verkehr ist

Haupt·wohn·sitz *der; -(e)s, -e; Verwaltung;* der Wohnsitz, der im Ausweis eingetragen wird und an dem man seine Steuern zahlen muss: *Er hat seinen Hauptwohnsitz ins Ausland verlegt, um Steuern zu sparen*

Haus A2 *das; -es, Häu·ser* **1** ein Gebäude, das Menschen aus Steinen, Holz *usw* bauen, um darin zu wohnen ⟨ein einstöckiges, mehrstöckiges Haus; ein Haus bauen, beziehen, (ver)kaufen, (ver)mieten⟩: *Er hat um sieben Uhr das Haus verlassen, um zur Arbeit zu gehen* || ↑ Illustration **Das Haus** || K- Hauseingang, Hausnummer, Hausschlüssel, Haustür || -K Einfamilienhaus, Hochhaus **2** *förmlich;* ein großes (öffentliches) Gebäude, in dem viele Leute arbeiten oder in dem man Konzerte *o.Ä.* hören kann: *Bei dem Gastspiel der berühmten Sängerin war das Haus ganz ausverkauft* || -K Schulhaus **3** *nur Singular; umg;* alle Menschen, die in einem Haus wohnen oder sind: *Durch den Knall wachte das ganze Haus auf* **4** **jemand ist/bleibt zu Hause** jemand ist/bleibt dort, wo er wohnt || Aber: *Hier ist mein Zuhause* **5** **jemand geht/kommt nach Hause** jemand geht/kommt dorthin, wo er wohnt **6** **mit etwas Haus halten** mit etwas sparsam umgehen ↔ etwas verschwenden: *mit seinen Kräften Haus halten* || ID **das Haus hüten** zu Hause bleiben; **in etwas** *(Dativ)* **zu Hause sein** *umg;* über dieses Gebiet viel wissen; **von Haus aus** *umg;* ohne besonderen Grund, immer schon: *Er meint, er habe von Haus aus das Recht dazu*

Haus·apo·the·ke *die; -, -n;* Medikamente und andere Dinge *(z.B.* Binden), die man zu Hause (für Krankheiten und Unfälle) bereithält

Haus·ar·beit *die; -, -en* **1** *nur Singular;* Putzen, Waschen, Kochen *usw* ≈ Haushalt (1) **2** eine schriftliche und *meist* längere Arbeit, die ein Schüler oder Student zu Hause macht ⟨eine Hausarbeit schreiben⟩ ≈ Hausaufgabe

Haus·arzt *der; -es, -ärz·te;* der Arzt, zu dem man regelmäßig zuerst geht, wenn man krank ist (und der einen auch zu Hause besucht) || *hierzu* **Haus·ärz·tin** *die; -, -nen*

Haus·auf·ga·be A2 *die; -, -n;* eine Arbeit, die ein Schüler zu Hause machen soll ⟨viele, wenig Hausaufgaben aufhaben; seine Hausaufgaben machen⟩

haus·ba·cken *Adjektiv; abwertend;* sehr einfach und ohne Besonderheiten ≈ bieder, schlicht ⟨eine Kleidung, Ansichten; hausbacken aussehen, gekleidet sein⟩

Haus·be·such *der; -(e)s, -e;* ein Besuch *meist* von einem Arzt bei jemandem zu Hause

Haus·durch·su·chung *die; -, -en;* eine Aktion, bei der Polizisten jemandes Haus oder Wohnung durchsuchen, *z.B.* um gestohlene Gegenstände zu finden

hau·sen; *hauste, hat gehaust* **1** **irgendwo hausen** irgendwo unter schlechten Bedingungen wohnen: *in einer Baracke, einer Höhle hausen* **2** **jemand/etwas haust (irgendwie)** *umg;* jemand/etwas bewirkt große Unordnung (und Zerstörungen) ≈ jemand/etwas wütet: *Die Einbrecher haben in der Wohnung fürchterlich gehaust*

Häu·ser·block *der; -(e)s, -s/-blö·cke;* mehrere (große) Wohnhäuser, die aneinandergebaut sind

Haus·frau *die; -, -en;* eine *(meist* verheiratete) Frau, die für die eigene Familie die Arbeit im Haus macht und keinen anderen Beruf ausübt: *Sie ist Hausfrau und Mutter* || *hierzu* **haus·frau·lich** *Adjektiv*

Haus·frie·dens|bruch *der; -(e)s; nur Singular; Rechtswesen;* eine (strafbare) Handlung, bei der jemand illegal *z.B.* die Wohnung oder das Grundstück eines anderen betritt

Haus·gang *der; -(e)s, -gän·ge; südd* Ⓐ Ⓒⓗ ≈ Flur

Haus·ge·brauch *der; -(e)s; nur Singular; nur in* **für den Hausgebrauch** nicht professionell, aber so, dass es für private Zwecke ausreicht: *Ich bin kein großer Techniker, aber für den Hausgebrauch reicht es*

haus·ge·macht *Adjektiv;* von jemandem selbst hergestellt ↔ gekauft: *hausgemachte Marmelade*

Haus·ge·mein·schaft *die; -, -en* **1** alle Bewohner eines Hauses *(bes* eines Mehrfamiienhauses): *Die gesamte Hausgemeinschaft war bei der Versammlung anwesend* **2** die sozialen Beziehungen in einer Hausgemeinschaft (1): *Wir haben eine gute, intakte Hausgemeinschaft*

Haus·halt B1 *der; -(e)s, -e* **1** *meist Singular;* alle Arbeiten (*z.B.* das Kochen, Putzen, Waschen, Einkaufen), die in einem Haus oder einer Wohnung getan werden müssen ⟨(jemandem) den Haushalt führen/machen⟩: *Unsere Kinder helfen viel im Haushalt* || K- Haushaltsführung **2** *meist Singular;* die Wohnung, die Möbel und Gegenstände, die zur Einrichtung gehören: *Nach dem Tod unserer Großmutter mussten wir ihren Haushalt auflösen* (= mussten wir alle Gegenstände aus ihrer Wohnung entfernen) **3** eine Familie *bzw* die Mitbewohner in einer Wohnung: *Die Broschüren wurden an alle privaten Haushalte verschickt* **4** *Verwaltung* ≈ Etat ⟨(über) den Haushalt beraten, den Haushalt beschließen⟩ || K- Haushaltsdebatte, Haushaltsdefizit, Haushaltsjahr || -K Sozialhaushalt, Staatshaushalt

Haus·häl·te·rin *die; -, -nen;* eine Frau (eine Angestellte), die jemandem den Haushalt (1) führt ≈ Wirtschafterin

Haus·halts|ar·ti·kel *der; -s, -; meist Plural;* ein Gegenstand, den man im Haushalt (1) braucht: *Töpfe, Gläser und Geschirr finden Sie in unserer Abteilung für Haushaltsartikel*

Haus·halts|hil·fe *die; -, -n; meist* eine Frau, die jemandem im Haushalt (1) hilft und die dafür bezahlt wird ≈ Hausangestellte

Haus·halts|wa·ren *die; -; Plural;* Geräte und Gegenstände, die man im Haushalt braucht ≈ Haushaltsartikel || K- Haushaltswarengeschäft

Haus·herr *der; -n, -en; meist Singular* **1** der Gastgeber bei einem Fest oder einer Party ↔ Gast: *Der Hausherr führte seine Gäste ins Wohnzimmer* **2** *meist* der Vater, der in einer Familie über alles bestimmt ≈ Familienoberhaupt || *hierzu* **Haus·her·rin** *die; -, -nen*

häus·lich *Adjektiv;* gern zu Hause und bei der Familie ⟨ein Typ; sehr häuslich sein⟩

Haus·mann *der; -(e)s, -män·ner;* ein (*meist* verheirateter) Mann, der (für die eigene Familie) den Haushalt (1) macht und keinen anderen Beruf ausübt ↔ Hausfrau

Haus·manns|kost *die; -; nur Singular* ein einfaches Essen

Haus·meis·ter *der; -s, -;* jemand, der dafür bezahlt wird, in einem größeren Haus für die Sauberkeit und kleinere Reparaturen zu sorgen || *hierzu* **Haus·meis·te·rin** *die; -, -nen*

Haus·müll *der; -s; nur Singular;* die Abfälle, die in privaten Haushalten entstehen

Haus·ord·nung *die; -, -en;* Vorschriften, die das Zusammenleben in einem Haus (*bes* in einem Mietshaus) regeln ⟨die Hausordnung beachten, einhalten, gegen die Hausordnung verstoßen⟩

Haus·rat *der; -(e)s; nur Singular;* alle Dinge, die zu einem Haushalt (2) gehören ≈ Einrichtung || K- Hausratversicherung

Haus·schuh B2 *der; -(e)s, -e;* ein bequemer Schuh, den man zu Hause trägt ↔ Straßenschuh

Haus·tier A2 *das; -(e)s, -e;* ein Tier, das man sich aus Freude oder zum (wirtschaftlichen) Nutzen hält

Haus·ver·bot *das; -(e)s, -e;* das Verbot, ein bestimmtes Geschäft, Lokal oder Haus zu betreten ⟨bei jemandem/irgendwo Hausverbot haben; jemandem Hausverbot erteilen⟩

Haus·wirt·schaft *die; -; nur Singular* **1** ≈ Haushalt (1) **2** *nur Singular;* ein Fach (an bestimmten Schulen), in dem die Schüler in allen Arbeiten unterrichtet werden, die notwendig sind, um einen Haushalt (1) zu führen || K- Hauswirtschaftslehrerin, Hauswirtschaftsschule || *zu* 1 **Haus·wirt·schaf·te·rin** *die; -, -nen;* **haus·wirt·schaft·lich** *Adjektiv*

Haut B2 *die; -, Häu·te* **1** *nur Singular;* die äußerste dünne Schicht des Körpers von Menschen und Tieren, aus der die Haare wachsen ⟨eine helle, dunkle, empfindliche, unreine Haut (haben); sich (*Dativ*) die Haut abschürfen, eincremen⟩ || K- Hautarzt, Hautausschlag, Hautcreme, Hautfarbe, Hautsalbe || -K Gesichtshaut, Kopfhaut **2** eine Hülle, die etwas (*z.B.* eine Frucht) umgibt: *die sieben Häute der Zwiebel; die Haut von den Mandeln abziehen* || -K Eihaut, Pfirsichhaut, Wursthaut || ID **mit Haut und Haar(en)** *umg* ≈ völlig, ganz und gar; **nur noch Haut und Knochen sein** *umg;* sehr dünn sein, mager sein; **eine ehrliche/gute Haut** *umg;* ein ehrlicher/guter Mensch; **auf der faulen Haut liegen**; **sich auf die faule Haut legen** *umg;* nichts tun, faulenzen; **mit heiler Haut davonkommen** *umg;* etwas ohne Schaden überstehen; **aus der Haut fahren** *umg;* wütend werden; **etwas geht jemandem unter die Haut** *umg;* etwas berührt jemanden emotional sehr stark; **nicht aus seiner Haut (heraus)können** *umg;* sich nicht ändern, anders verhalten können; **nicht in jemandes Haut stecken wollen/mögen** *umg;*

nicht ein anderer sein wollen, der sich in einer schlechten Situation befindet; **jemand fühlt sich in seiner Haut nicht wohl**; **jemandem ist in seiner Haut nicht wohl** *umg*; jemandem ist eine Situation unangenehm

häu·ten; *häutete, hat gehäutet* **1** **ein Tier häuten** von einem geschlachteten Tier die Haut, das Fell (ab)ziehen ⟨einen Hasen, eine Kuh häuten⟩ **2** **ein Tier häutet sich** ein Tier streift die oberste Schicht der Haut ab: *Eidechsen und Schlangen häuten sich*

haut·eng *Adjektiv*; ganz eng am Körper (anliegend) ⟨ein Pullover, ein Kleid, Jeans⟩

H

haut·nah *Adjektiv*; *ohne Steigerung*; so, dass man es direkt und intensiv fühlen/wahrnehmen kann ⟨eine Begegnung; etwas hautnah miterleben⟩

Ha·xe *die*; -, -n; *südd* ↑ **Hachse**

Hbf *Abkürzung*; ↑ **Hauptbahnhof**

Heb·am·me *die*; -, -n; eine Frau, die (beruflich) bei Geburten hilft

He·bel *der*; -s, -; **1** eine Art Griff oder Stab, mit dem man ein Gerät oder eine Maschine bedient ⟨einen Hebel betätigen, umlegen⟩ || -K Bremshebel, Schalthebel || *zu* **Schalthebel** ↑ Illustration **Das Auto** **2** ein einfaches Werkzeug in Form einer Stange oder eines Bretts, mit dem man schwere Gegenstände heben und fortbewegen kann ⟨*meist* den Hebel (irgendwo) ansetzen⟩ || ID **alle Hebel in Bewegung setzen** alles Mögliche tun, um etwas zu erreichen; **am längeren Hebel sitzen** in einer besseren Position als der Gegner sein und so mehr Macht haben

he·ben B1 *hob, hat gehoben* **1** **jemanden/etwas heben** jemanden/etwas nach oben bewegen: *Sie hob den Kopf und lauschte aufmerksam* **2** **jemanden/etwas irgendwohin heben** jemanden/etwas (hoch)nehmen und an einen anderen Ort, in eine andere Lage bringen: *Sie hob das Baby aus der Wiege* **3** **etwas hebt etwas** etwas macht etwas besser ≈ etwas steigert etwas ↔ etwas senkt etwas ⟨etwas hebt den Lebensstandard, das Niveau⟩ **4** **etwas heben** etwas (Verborgenes) aus der Erde oder dem Wasser nach oben holen ≈ bergen (1) ⟨einen Schatz, ein Schiff heben⟩ **5** **etwas hebt sich** etwas bewegt sich nach oben: *Als sich der Vorhang hob, ging das Licht im Theater aus* || ID **einen heben** *umg*; etwas Alkoholisches trinken || *zu* 3 und 4 **He·bung** *die*; -, -en

he·cheln; *hechelte, hat gehechelt*; ⟨ein Hund⟩ **hechelt** ein Hund atmet mit offenem Maul, sodass die Zunge heraushängt

Hecht *der*; -(e)s, -e; ein (Raub)Fisch mit langem Kopf und starken Zähnen ⟨einen Hecht fangen⟩

Hecht

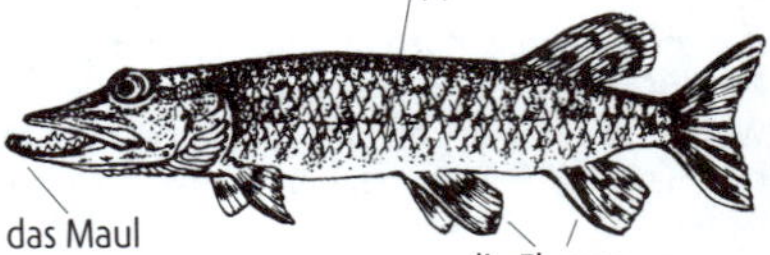

Hecht·sprung *der*; -(e)s, *-sprün·ge*; ein Sprung mit dem Kopf voraus und mit nach vorne gestreckten Armen (*meist* ins Wasser): *einen Hechtsprung ins Schwimmbecken machen*

Heck *das*; -s, -e/-s; der hinterste Teil eines Schiffes, Autos oder Flugzeugs ↔ Bug || ↑ Abbildung unter **Flugzeug** || K- Heckfenster, Heckklappe, Heckscheibe

He·cke *die*; -, -n; Büsche oder Sträucher, die in einer Reihe so eng nebeneinandergepflanzt sind, dass sie eine Art Zaun bilden ⟨die Hecke schneiden, stutzen⟩ || K- Heckenschere

Heer B2 *das*; -(e)s, -e; der Teil der Armee eines Landes, der auf dem Land kämpft

He·fe *die*; -; *nur Singular*; eine Masse (eine Art Pilz), die man zum Backen von Kuchen und Brot braucht (damit der Teig locker wird) || K- Hefekuchen, Hefeteig

Heft A2 *das*; -(e)s, -e **1** ein ganz schmales, dünnes Buch mit (leeren) Blättern, in das man etwas schreiben kann: *Der Lehrer sammelt die Hefte mit den Hausaufgaben ein* || -K Aufsatzheft, Rechenheft, Schulheft, Vokabelheft **2** ein Exemplar einer Zeitschrift, die regelmäßig erscheint: *Die Zeitschrift erscheint jährlich in zwölf Heften*

hef·ten; *heftete, hat geheftet* **1** **etwas heften** Blätter (mit Fäden oder Klammern) zusammenfügen: *eine Broschüre heften* || K- Heftklammer **2** **etwas irgendwohin heften** etwas mit einer Nadel oder Klammer an etwas festmachen: *ein Poster an die Wand heften*

hef·tig *Adjektiv* **1** sehr stark ⟨ein Gewitter, ein Schlag; Schmerzen; ein Streit, (eine) Abneigung, Liebe; sich (*Plural*) heftig streiten⟩ **2** plötzlich und schnell ⟨eine Bewegung⟩ || *hierzu* **Hef·tig·keit** *die*; -; *nur Singular*

Heft·pflas·ter *das*; -s, -; ein schmaler Streifen, den man zum Schutz über kleinere Wunden klebt ⟨ein Heftpflaster abziehen⟩

he·gen; *hegte, hat gehegt* **1** **etwas** (*meist Plural*)

hegen sich (beruflich) um Tiere oder Pflanzen kümmern: *Der Förster hegt das Wild* **2** **jemanden hegen (und pflegen)** *förmlich;* sich intensiv und mit viel Liebe um jemanden kümmern, der krank ist oder Hilfe braucht: *Die Mutter hegte und pflegte ihren Sprössling* **3** **etwas hegen** *förmlich;* verwendet zusammen mit einem Substantiv, um ein Verb zu umschreiben; **die Hoffnung hegen, dass ...** ≈ hoffen, dass ...; **Misstrauen gegen jemanden/etwas hegen** ≈ jemandem/etwas misstrauen; **einen Verdacht (gegen jemanden) hegen** ≈ jemanden verdächtigen; **den Wunsch hegen, dass ...** ≈ sich wünschen, dass ...; **Zweifel an etwas** (*Dativ*) **hegen** ≈ an etwas zweifeln

Hehl *das, der; nur in* **kein(en) Hehl aus etwas machen** *förmlich;* etwas (*bes* seine Emotionen) deutlich zeigen ≈ etwas offenbaren ↔ etwas verbergen: *Er machte kein(en) Hehl aus seiner maßlosen Enttäuschung*

Heh·ler *der; -s, -;* jemand, der Dinge kauft (und wieder verkauft), obwohl er genau weiß, dass sie gestohlen worden sind

Heh·le·rei *die; -; nur Singular; Rechtswesen;* die kriminelle Tat (Straftat), die ein Hehler begeht ⟨sich der Hehlerei schuldig machen⟩

Hei·de[1] *die; -; nur Singular;* eine *meist* sandige, trockene Landschaft, in der *bes* Heidekraut (= Erika) wächst: *die Lüneburger Heide* || K- Heideland

Hei·de[2] *der; -n, -n;* jemand, der keiner der großen Religionen angehört ⟨die Heiden bekehren⟩ || Hinweis: **a** oft abwertend aus der Sicht der Christen verwendet; **b** dieser Begriff ist nicht mehr sehr üblich || *hierzu* **Hei·din** *die; -, -nen*

Hei·de·kraut *das; -(e)s; nur Singular* ≈ Erika

Hei·del·bee·re *die; -, -n* **1** ein niedriger Strauch, an dem kleine dunkelblaue bis schwarze Beeren wachsen, aus denen man *bes* Saft oder Marmelade herstellt ≈ Blaubeere || K- Heidelbeerstrauch **2** die Frucht der Heidelbeere (1) ⟨Heidelbeeeren pflücken, einkochen⟩ || K- Heidelbeermarmelade, Heidelbeersaft

Hei·den- *im Substantiv; betont; umg;* sehr viel oder sehr intensiv; die **Heidenangst**, das **Heidengeld** ⟨ein Heidengeld verdienen⟩, der **Heidenlärm** ⟨einen Heidenlärm machen⟩ || Hinweis: **a** *meist* mit unbestimmtem Artikel; **b** Beide Teile dieser Begriffe werden betont: *Heiden'angst*

heid·nisch *Adjektiv; oft abwertend;* die Anhänger von einfachen Religionen betreffend, die keinen persönlichen Gott kennen ⟨ein Kult, ein Brauch⟩

hei·kel, *heikler, heikelst-; Adjektiv* **1** ⟨eine Person⟩ so, dass sie selten (mit dem Essen) zufrieden ist ≈ wählerisch: *Das meiste Gemüse schmeckt Peter nicht. Er ist sehr heikel* **2** so (kompliziert), dass man nur sehr vorsichtig (und taktvoll) mit jemandem darüber sprechen kann ⟨ein Thema, eine Frage, eine Angelegenheit⟩: *Der Redner schnitt das heikle Problem der Asylpolitik an* || Hinweis: *heikel* → *eine heikle Situation*

heil *Adjektiv; meist nach dem Substantiv* **1** gesund und nicht verletzt: *Sie hat den schweren Unfall heil überstanden* **2** *umg;* ganz und ohne Schaden ↔ kaputt: *Mir ist das Glas auf den Boden gefallen, aber es ist heil geblieben*

Heil *das; -(e)s; nur Singular; förmlich;* etwas, das für jemanden das höchste Glück bedeutet ⟨sein Heil in etwas (*Dativ*) suchen, finden⟩ || ID **sein Heil in der Flucht suchen** *meist ironisch* ≈ fliehen

Hei·land *der; -(e)s; nur Singular;* **der Heiland** *Religion;* Jesus Christus

Heil·an·stalt *die; -, -en;* eine Art Krankenhaus für Menschen, die an lange andauernden (chronischen) Krankheiten leiden oder psychisch krank sind ⟨jemanden in eine Heilanstalt einweisen⟩ || -K Lungenheilanstalt, Nervenheilanstalt, Trinkerheilanstalt

Heil·butt *der; -(e)s, -e;* ein flacher (platter) Fisch, der *bes* in Meeren des nördlichen Teils der Erde lebt und dessen Fleisch man esen kann

hei·len; *heilte, hat/ist geheilt* **1** **jemanden (von etwas) heilen** (*hat*) einen Kranken wieder gesund machen: *Der Arzt hat den Patienten (von seinem Leiden) geheilt* **2** **etwas heilt** (*ist*) etwas wird gesund ⟨Verletzungen⟩: *Die Wunde ist gut/schnell geheilt* || K- Heilkraft, Heilmittel, Heilquelle

heil·froh *Adjektiv; nur nach dem Substantiv, ohne Steigerung, nicht als Adverb; umg;* froh und glücklich, dass eine *meist* unangenehme Situation gut überstanden oder nicht eingetreten ist ≈ erleichtert: *Wir waren alle heilfroh, dass die Prüfungen endlich vorbei waren*

hei·lig *Adjektiv* **1** so, dass jemand oder etwas aus religiösen Gründen verehrt wird: *Der Ganges ist für die Hindus ein heiliger Fluss* **2** von der katholischen Kirche als Heilige/Heiliger verehrt; *Abkürzung* hl.: *die heilige Elisabeth; der heilige Franz von Assisi* **3** **jemandem ist nichts heilig** jemand hat vor nichts Respekt || Hinweis: ↑ **heiligsprechen**

Die Heiligen Drei Könige

Die Weihnachtszeit endet mit dem 6. Januar, dem Tag der Heiligen Drei Könige. In den katholischen Gebieten Deutschlands, vor allem auf dem Land, gibt es noch den Brauch der **Sternsinger**: Gruppen von Kindern, die als die Heiligen Drei Könige verkleidet sind, gehen von Haus zu Haus und singen Lieder. Zum Dank bekommen sie Süßigkeiten oder kleine Geldbeträge für einen guten Zweck geschenkt. Die Kinder schreiben mit Kreide die Buchstaben C + M + B — die Anfangsbuchstaben eines lateinischen Segensspruchs — und die Jahreszahl auf die Haustür, was den Bewohnern Glück für das kommende Jahr bringen soll.

LANDESKUNDE

H

Hei·lig·abend *(der); -s, -e;* der 24. Dezember || Hinweis: man sagt: *Er kommt (an) Heiligabend/am Heiligen Abend nach Hause*

Hei·li·ge *der/die; -n, -n; katholische Religion;* jemand, der im Sinne der katholischen Kirche ein sehr frommes und tugendhaftes Leben gelebt hat und der verehrt wird: *Franz von Assisi wird als Heiliger verehrt* || K- Heiligenbild, Heiligenlegende || -K Schutzheilige **2** *umg, meist ironisch;* ein sehr frommer Mensch, der nach übertrieben moralischen Prinzipien lebt

Hei·li·gen·schein *der; -(e)s, -e;* der Lichtschein, der auf Bildern den Kopf *meist* eines Heiligen umgibt

hei·lig·spre·chen; *spricht heilig, sprach heilig, hat heiliggesprochen;* ⟨der Papst⟩ **spricht jemanden heilig** der Papst erklärt, dass jemand ein Heiliger (1) ist || *hierzu* **Hei·lig·spre·chung** *die; -, -en*

Hei·lig·tum *das; -s, -tü·mer* **1** ein Ort, an dem ein Gott verehrt wird: *das Heiligtum des Apollo in Delphi* **2** ein heiliger Gegenstand

Heil·kun·de *die; -; nur Singular;* die Wissenschaft, die sich mit der Heilung von Krankheiten beschäftigt ≈ Medizin

Heil·prak·ti·ker *der; -s, -;* jemand, der (beruflich) Kranke behandelt und dabei (im Gegensatz zum Arzt) *meist* nur natürliche Medizin verwendet || Hinweis: ↑ **Arzt** || *hierzu* **Heil·prak·ti·ke·rin** *die; -, -nen*

heil·sam *Adjektiv;* so, dass es jemandem dabei hilft, sein Verhalten oder Denken zu ändern ⟨eine Erfahrung, ein Schock⟩

Hei·lung *die; -, -en;* das Gesundmachen: *die Heilung eines Kranken* || K- Heilungschance, Heilungsprozess

heim A2 *Adverb* ≈ nach Hause || K- Heimfahrt, Heimflug, Heimweg

Heim A2 *das; -(e)s, -e* **1** *nur Singular;* das Haus oder die Wohnung, in dem/der jemand lebt (und sich wohlfühlt) ≈ Zuhause ⟨ein behagliches, gemütliches Heim⟩: *Sie richtete sich ihr Heim geschmackvoll ein* **2** **ein eigenes Heim** das Haus oder die Wohnung, das/die einem selbst gehört: *Der Wunsch nach einem eigenen Heim* || -K Eigenheim **3** ein Haus, in dem Personen oder Tiere, die Hilfe brauchen, leben und versorgt werden ⟨in einem Heim untergebracht sein⟩: *Das Kind ist in einem/im Heim aufgewachsen* || K- Heimkind, Heimtier || -K Altersheim, Kinderheim, Pflegeheim, Tierheim **4** das Haus (eines Klubs oder Vereins), in dem sich alle treffen: *Alle haben geholfen, das neue Heim zu bauen* || -K Vereinsheim

heim- B1 *im Verb; betont und trennbar;* Die Verben mit *heim-* werden nach folgendem Muster gebildet: *heimgehen - ging heim - heimgegangen;* drückt aus, dass eine Bewegung in Richtung nach Hause verläuft; **heimfahren, heimfinden, heimlaufen, heimkommen, heimmüssen; jemanden heimbegleiten, heimbringen, heimfahren, heimholen, heimschicken**

Heim·ar·beit *die; -, -en;* eine *meist* einfache Arbeit, die man für eine Firma zu Hause gegen Bezahlung macht ⟨etwas in Heimarbeit anfertigen⟩

Hei·mat B1 *die; -; nur Singular* **1** das Land, die Gegend oder der Ort, wo jemand (geboren und) aufgewachsen ist oder wo jemand eine sehr lange Zeit gelebt hat und wo er sich (wie) zu Hause fühlt ⟨seine Heimat verlieren; (irgendwo) eine neue Heimat finden⟩ || K- Heimatland, Heimatliebe, Heimatstadt, Heimatvertriebene **2** das Land *o.Ä.*, wo etwas seinen Ursprung hat oder wo eine Tierart entstanden ist: *Australien, die Heimat des Kängurus* || *zu* 1 **hei·mat·los** *Adjektiv*

heim·ge·hen *(ist)* **1** nach Hause gehen **2** *förmlich beschönigend* ≈ sterben || Hinweis: *meist* im Perfekt || *zu* 2 **Heim·gang** *der; -(e)s; nur Singular*

hei·misch *Adjektiv* **1** *meist vor dem Substantiv;* aus der Heimat ≈ einheimisch: *die heimische Tier- und Pflanzenwelt* **2** **sich irgendwo heimisch fühlen** sich (dort) so wohl wie in seiner Heimat fühlen

heim·keh·ren; *kehrte heim, ist heimgekehrt;* (nachdem man längere Zeit fort war,) wieder in seine Heimat kommen: *Er kehrte verwundet* *aus dem Krieg heim* || *hierzu* **Heim·kehr** *die; -; nur Singular;* **Heim·keh·rer** *der; -s, -;* **Heim·keh·re·rin** *die; -, -nen*

heim·lich *Adjektiv;* so, dass es andere nicht sehen, hören oder bemerken: *Sie traf sich heimlich mit ihrem Freund* || *hierzu* **Heim·lich·keit** *die; -, -en*

Heim·spiel *das; -(e)s, -e; Sport;* ein Spiel auf dem eigenen Sportplatz (und nicht auf dem des Gegners) ↔ Auswärtsspiel ⟨ein Heimspiel haben⟩

heim·su·chen; *(hat); förmlich;* **etwas sucht jemanden/etwas heim** etwas Schlimmes kommt (über jemanden) ⟨Krankheiten, Epidemien, Seuchen⟩: *Sie wurden von einem Erdbeben heimgesucht* || Hinweis: *meist* im Passiv!

Heim·tü·cke *die; -; nur Singular;* eine hinterhältige Handlungsweise, mit der man jemandem schaden will ≈ Arglist, Boshaftigkeit: *unter jemandes Heimtücke zu leiden haben* || *hierzu* **heim·tü·ckisch** *Adjektiv*

heim·wärts *Adverb;* in Richtung zu seiner Wohnung, zu seinem Haus, zu seiner Heimat ⟨heimwärts ziehen, fahren⟩

Heim·weh B2 *das; -s; nur Singular;* **Heimweh (nach jemandem/etwas)** (wenn man weit weg von zu Hause ist) der starke Wunsch, nach Hause, zur Familie zurückzukehren ↔ Fernweh ⟨Heimweh haben, bekommen⟩

Heim·wer·ker *der; -s, -;* jemand, der zu Hause handwerkliche Arbeiten macht (*z.B.* tapeziert oder repariert) || *hierzu* **Heim·wer·ke·rin** *die; -, -nen*

heim·zah·len *(hat)* **jemandem etwas heimzahlen** jemandem etwas Böses tun, weil er einem auch etwas Böses getan hat ≈ sich an jemandem rächen: *Ich werde ihm seine Gemeinheiten schon noch heimzahlen!*

Hei·rat *die; -, -en;* **die Heirat (mit jemandem)** das Heiraten || K- Heiratsabsichten, Heiratsantrag

hei·ra·ten B1 *heiratete, hat geheiratet;* **(jemanden) heiraten** als Mann und Frau (gemeinsam) (amtlich) den Willen erklären, in Zukunft zusammen zu leben ⟨kirchlich, standesamtlich heiraten⟩

Hei·rats·schwind·ler *der; -s, -;* ein Mann, der so tut, als wolle er eine Frau heiraten, damit sie ihm Geld schenkt *o.Ä.* || *hierzu* **Hei·rats·schwin·del** *der; -s; nur Singular;* **Hei·rats·schwind·le·rin** *die; -, -nen*

hei·ser *Adjektiv;* so, dass jemand (*z.B.* wegen einer Erkältung) nur leise sprechen kann, eine raue Stimme hat ⟨heiser sein, klingen⟩ || *hierzu* **Hei·ser·keit** *die; -; nur Singular*

heiß A1 *heißer, heißest-; Adjektiv* **1** mit/von sehr hoher Temperatur, sehr warm ↔ kalt ⟨glühend, kochend, siedend heiß⟩: *ein heißes Bad nehmen; An heißen Tagen gehe ich gern schwimmen* **2** *nur vor dem Substantiv oder als Adverb;* mit starken Gefühlen, sehr intensiv ≈ leidenschaftlich ⟨eine Liebe, eine Sehnsucht, ein Wunsch; eine Debatte; jemanden heiß und innig lieben⟩: *Der heiß ersehnte neue Roman ist endlich erschienen; Sie hat ihren heiß geliebten Teddy verloren* || K- heißersehnt, heißgeliebt **3** **jemandem ist heiß** jemand schwitzt ↔ jemandem ist kalt **4** **etwas läuft heiß** etwas wird durch starke Reibung heiß ⟨ein Rad, eine Maschine *o.Ä.*⟩

hei·ßen A1 *hieß, hat geheißen* **1** *(Name +)* **heißen** als Namen haben: *„Wie heißen Sie?" – „Ich heiße Helga Huber."; Wie heißt er denn mit Vornamen/Nachnamen?* **2** **etwas heißt ...** etwas entspricht einem Wort, Satz *o.Ä.* einer anderen Sprache: *„Wasser" heißt im Lateinischen „aqua"* **3** **etwas heißt ...** etwas hat einen speziellen Sinn, eine bestimmte Bedeutung: *Das heißt also, du hast morgen keine Zeit für mich?* **4** **das heißt ...** verwendet, um das vorher Gesagte näher zu erklären oder einzuschränken; *Abkürzung* d.h.: *Ich lese viel, das heißt, wenn ich die Zeit dazu habe* **5** **es heißt, (dass) ...** man vermutet, behauptet, dass ...: *Es heißt, er habe geheiratet/dass er geheiratet hat* **6** *förmlich;* **es heißt zu** + *Infinitiv/Partizip Perfekt* es ist nötig oder wichtig, etwas zu tun: *Jetzt heißt es aufzupassen/aufgepasst* || ID **Was soll das heißen?** verwendet, um gegen etwas zu protestieren, Kritik zu äußern: *„Die Schnellste bist du ja nicht gerade!" – „Was soll das heißen?"*

Heiß·hun·ger *der; -s; nur Singular;* **ein Heißhunger (auf etwas** *(Akkusativ)***)** ein sehr starker Appetit auf eine bestimmte Speise || *hierzu* **heiß·hung·rig** *Adjektiv*

-heit *die; -, -en; im Substantiv* **1** *nur Singular;* verwendet, um aus einem Adjektiv oder Partizip ein Substantiv zu machen, das den entsprechenden Zustand, die entsprechende Eigenschaft bezeichnet; **Freiheit, Geborgenheit, Klarheit, Schönheit** **2** bezeichnet eine Person oder Sache, die die im ersten Wortteil genannte Eigenschaft hat oder die im genannten Zustand ist; **Neuheit, Unebenheit, Unklarheit** || Hinweis: *bes* auf Adjektive, die auf *-bar, -ig, -lich, -sam* enden, folgt *-keit*

hei·ter B2 *Adjektiv* **1** froh und gut gelaunt ≈ vergnügt ⟨ein Mensch, ein Wesen; in heiterer

Laune, Stimmung sein⟩ **2** mit blauem Himmel und Sonnenschein ↔ trüb ⟨*meist* ein Tag, Wetter⟩

Hei·ter·keit *die; -; nur Singular* **1** der Zustand, in dem jemand froh und heiter ist ⟨Heiterkeit ausstrahlen, um sich verbreiten; von Heiterkeit erfüllt sein⟩ **2** *meist* **jemand löst (mit etwas)/etwas löst Heiterkeit aus** jemand bewirkt mit einem (naiven) Vorschlag *o.Ä.*, dass die Leute lachen: *Er löste mit seinem Vorschlag/Sein Vorschlag löste allgemeine Heiterkeit aus* || K- Heiterkeitsausbruch

heiz·bar *Adjektiv; ohne Steigerung, nicht als Adverb;* mit einer Heizung ⟨ein Keller, ein Raum *o.Ä.*⟩

hei·zen A2 *heizte, hat geheizt* **1** **(etwas) heizen** einen Raum oder ein Haus *usw* (mit einem Ofen oder einer Heizung) warm machen ⟨ein Haus, eine Wohnung, ein Zimmer heizen; elektrisch, mit Gas/Kohle/Öl heizen⟩: *In unserem Schlafzimmer wird nicht geheizt* || K- Heizkosten, Heizofen **2** **etwas (mit etwas) heizen** etwas in einen Ofen *o.Ä.* geben und Feuer darin machen ⟨einen Ofen mit Holz, Gas, Öl heizen⟩ || K- Heizöl

Heiz·kis·sen *das; -s, -;* eine Art Kissen, das man elektrisch warm machen kann

Heiz·kör·per *der; -s, -;* **1** ein Gerät (als Teil einer Heizung), durch das heißes Wasser oder heißer Dampf geleitet wird, um einen Raum zu heizen **2** ein elektrisches Gerät, das man (vorübergehend) in einen Raum stellt, um ihn zu heizen ≈ Radiator

Heiz·pe·ri·o·de *die; -, -n;* die Zeit des Jahres, in der man Häuser und Wohnungen heizen muss

Hei·zung A2 *die; -, -en;* eine technische Anlage, mit der man Räume *bzw* Häuser heizt ⟨die Heizung anstellen, abstellen, bedienen⟩: *Die Heizung ist außer Betrieb* || -K Gasheizung, Ölheizung

Hek·tar *der, das; -s, -;* das Maß für eine Fläche von 10000 m²; *Abkürzung* ha

Hek·tik *die; -; nur Singular;* große Eile, die nervös macht ⟨irgendwo herrscht Hektik⟩ || *hierzu* **hek·tisch** *Adjektiv*

Hek·to·li·ter, Hek·to·li·ter *der, das;* 100 Liter; *Abkürzung* hl

Held *der; -en, -en* **1** ein sehr mutiger Mensch, der eine gefährliche Aufgabe löst (und damit anderen Menschen hilft): *Die Feuerwehrleute, die ihr Leben riskiert hatten, wurden als Helden gefeiert* || K- Heldenmut, Heldentat **2** die zentrale männliche Figur (2) in einer Geschichte oder einem Film: *der tragische Held des Dramas* || K- Heldenrolle || -K Filmheld, Märchenheld, Romanheld || *hierzu* **Hel·din** *die; -, -nen; zu* 1 **hel·den·haft** *Adjektiv*

hel·fen A1 *hilft, half, hat geholfen* **1** **(jemandem) (bei etwas) helfen** jemanden unterstützen, damit er sein Ziel (schneller und leichter) erreicht ≈ jemandem beistehen ⟨jemandem finanziell, mit Rat und Tat helfen⟩: *Die Kinder helfen ihrer Mutter im Haushalt; Er half der alten Frau beim Einsteigen ins Auto* **2** **etwas hilft (jemandem) (bei/gegen etwas)** etwas macht (jemanden) gesund oder bringt (jemandem) Besserung: *Vitamin C hilft bei Erkältungen* **3** **sich** *(Dativ)* **nicht (mehr) zu helfen wissen** in einer schwierigen Situation nicht (mehr) wissen, was man tun soll || *zu* 1 **Hel·fer** *der; -s, -;* **Hel·fe·rin** *die; -, -nen* || ▸ **Hilfe**

He·li·kop·ter *der; -s, -;* ≈ Hubschrauber

hell A1 *Adjektiv* **1** mit (viel) Licht ↔ dunkel (1) ⟨Mondschein, ein Raum; ein hell erleuchtetes Fenster⟩: *Die Kerze brennt hell* || K- hellerleuchtet **2** **es wird hell** die Sonne kommt hervor, der Morgen ist da **3** ⟨Farben⟩ mit Weiß vermischt ↔ dunkel: *ein helles Rot* || K- hellblau, hellbraun, hellgrau, hellgrün *usw* || *zu* **hellblau, hellgrün** ↑ Illustration **Farben und Formen** **4** ⟨Haut⟩ mit wenig Farbe ≈ blass **5** mit einer hohen Frequenz ≈ hoch, klar ↔ tief, dunkel ⟨ein Ton, eine Stimme, ein Lachen; etwas klingt, tönt hell⟩: *Das Glöckchen hat einen hellen Klang* **6** *nur vor dem Substantiv, nicht als Adverb;* sehr intensiv, groß ⟨in heller Aufregung, Panik, Wut; etwas ist heller Wahnsinn⟩ || *zu* 1 **Hel·lig·keit** *die; -, -en*

hell·hö·rig *Adjektiv;* misstrauisch und deswegen aufmerksam ⟨hellhörig werden; etwas macht jemanden hellhörig⟩

hell·se·hen *nur im Infinitiv;* (vorgeben zu) wissen, was in der Zukunft passieren wird bzw. was gerade an einem weit entfernten Ort passiert ⟨hellsehen können⟩ || *hierzu* **Hell·se·her** *der; -s, -;* **Hell·se·he·rin** *die; -, -nen;* **hell·se·he·risch** *Adjektiv*

hell·wach *Adjektiv;* ganz wach ⟨hellwach sein, daliegen⟩

Helm *der; -(e)s, -e;* ein Schutz für den Kopf (aus Metall, Plastik *o.Ä.* geformt) ⟨der Helm eines Bauarbeiters, eines Ritters, eines Soldaten; einen Helm aufsetzen, tragen, abnehmen⟩ || -K Schutzhelm, Sturzhelm

Hemd A1 *das; -(e)s, -en* **1** ein Teil der Kleidung (für den Oberkörper) mit einem festen Kragen, mit Ärmeln und Knöpfen ⟨ein bügelfreies, kurzärmeliges, langärmeliges Hemd; ein

Hemd anziehen, zuknöpfen, aufknöpfen, ausziehen⟩: *Er trägt Hemd und Krawatte* || ↑ Illustration **Die Kleidung** || K- Hemd(s)ärmel; Hemdkragen || -K Freizeithemd, Herrenhemd **2** *Kurzwort* ↑ **Unterhemd**

hemds·är·me·lig, hemds·ärm·lig *Adjektiv* **1** *meist als Adverb;* mit hochgekrempelten Hemdsärmeln ⟨hemdsärmelig dasitzen, herumlaufen⟩ **2** *umg;* mit saloppen Umgangsformen ↔ vornehm, zurückhaltend: *Seine Art ist mir ein bisschen zu hemdsärmelig*

He·mi·sphä·re *die; -, -n;* eine der beiden Hälften der Erdkugel ⟨die nördliche, südliche Hemisphäre⟩

hem·men; *hemmte, hat gehemmt; förmlich;* **jemand/etwas hemmt etwas** jemand/etwas hält eine Bewegung oder Entwicklung auf oder macht sie langsamer ≈ jemand/etwas bremst etwas: *Die Bäume hemmten den Lauf der Lawine; die Wirtschaft in ihrer Entwicklung hemmen*

Hemm·nis *das; -ses, -se; förmlich;* etwas, das jemanden/etwas in einer Bewegung, Entwicklung oder Tätigkeit bremst ≈ Hindernis ⟨etwas bedeutet ein (großes) Hemmnis für jemanden/etwas; alle Hemmnisse überwinden⟩

Hemm·schwel·le *die; -, -n;* moralische Bedenken, Angst *o.Ä.*, die jemanden daran hindern, etwas zu tun ⟨eine Hemmschwelle überwinden⟩

Hem·mung *die; -, -en* **1** *nur Plural; meist* ein Gefühl, das jemanden sehr schüchtern, ängstlich und unsicher macht: *Sie hat Hemmungen, einen Bikini anzuziehen, weil sie sich für zu dick hält* **2** *meist Plural;* eine Scheu davor, Dinge zu tun, die von anderen moralisch nicht akzeptiert werden ≈ Skrupel ⟨keine Hemmungen haben, kennen⟩ || K- hemmungslos

Hen·del, Hendl *das; -s, -n; südd,* Ⓐ ≈ Hähnchen

Hengst *der; -(e)s, -e;* das männliche Tier bei Pferd, Esel, Zebra, Kamel *o.Ä.*

Hen·kel *der; -s, -;* ein schmaler Griff (in Form eines Bogens) an einem Behälter ⟨der Henkel einer Tasse, eines Korbs; etwas am Henkel fassen; ein Henkel bricht ab⟩

Hen·ker *der; -s, -;* jemand, der jemanden tötet (hinrichtet), der zum Tode verurteilt worden ist ≈ Scharfrichter

Hen·ne *die; -, -n;* ein weibliches Huhn ↔ Hahn

He·pa·ti·tis *die; -; nur Singular; Medizin;* eine Entzündung der Leber ≈ Gelbsucht

her B1 *Adverb* **1** **von irgendwo her** von einem Ort in Richtung auf den Sprecher zu: *Er hat mich von der anderen Straßenseite her gerufen* **2** **von irgendwann her** nach einem Zeitpunkt, seit einer bestimmten Zeit: *Ich kenne ihn von der Schulzeit her; Sie kannte ihn noch von früher her* **3** **von etwas her** unter einer besonderen Perspektive betrachtet: *Das Kleid gefällt mir vom Stoff her sehr gut* **4** **etwas ist** + *Zeitangabe* **her** etwas war/geschah vor der genannten Zeit: *Es muss zehn Jahre her sein, dass wir uns das letzte Mal gesehen haben* **5** **hinter etwas** (*Dativ*) **her sein** *umg; oft abwertend;* etwas unbedingt haben wollen: *Ich glaube, er ist nur hinter ihrem Geld her* **6** **hinter jemandem her sein** *umg;* jemanden verfolgen: *Die Polizei ist hinter ihm her* **7** **hinter jemandem her sein** *umg; oft abwertend;* eine Liebesbeziehung zu jemandem haben wollen **8** **von irgendwo her sein** *umg;* aus einem Ort, Land kommen, stammen

her- B2 *im Verb; betont und trennbar;* Die Verben mit *her-* werden nach folgendem Muster gebildet: *herkommen - kam her - hergekommen* **1** bezeichnet die Bewegung von irgendwo zum Sprecher hin; **jemanden/etwas (zu sich/von irgendwo) herbringen, herholen, herlocken, herschaffen**; **(zu jemandem) hergehen, herkommen, hersehen** **2** **hinter, neben, vor jemandem/etwas her-** drückt eine Bewegung in die gleiche Richtung wie jemand/etwas aus; **hinter, neben, vor jemandem/etwas herfahren, hergehen, herlaufen, herschwimmen**

he·rab [hɛˈrap] *Adverb;* bezeichnet die Richtung von oben nach unten (häufig zum Sprecher hin) ≈ herunter ↔ hinauf ⟨von oben, vom Himmel herab⟩ || Hinweis: ↑ **hinab**

he·rab- [hɛˈrap-] *im Verb; betont und trennbar;* Die Verben mit *herab-* werden nach folgendem Muster gebildet: *herabfallen - fiel herab - herabgefallen*; bezeichnet die Richtung von irgendwo (oben) nach unten, häufig zum Sprecher hin ≈ herunter- ↔ hinauf-; **etwas fällt, fließt, hängt, tropft (von etwas) herab**; **(von irgendwo, zu jemandem, irgendwohin) herabkommen, herablaufen, herabsehen, herabsteigen**; **etwas herabwerfen**; **sich herabtrauen, sich herabwagen** || Hinweis: ↑ **hinab-**

he·rab·las·sen (*hat*) **1** **jemanden/sich/etwas herablassen** ein Seil *o.Ä.* dazu benutzen, um jemanden/sich/etwas nach unten zu bringen ≈ herunterlassen: *Der Bergsteiger ließ sich an einem Seil (von der Felswand) zu seinen Kameraden herab* **2** **sich zu etwas**

herablassen *ironisch*; etwas tun, obwohl man es für unter seiner Würde hält: *sich dazu herablassen, mit jemandem zu sprechen; sich zu einer schmutzigen Arbeit herablassen*

he·rab·las·send *Adjektiv*; arrogant, von oben herab ⟨jemanden herablassend behandeln⟩

he·rab·set·zen (*hat*) **1** **etwas herabsetzen** etwas auf eine niedrigere Stufe bringen ≈ senken ⟨die Geschwindigkeit, die Preise herabsetzen⟩ **2** **jemanden/etwas herabsetzen** eine Person oder Sache mit Worten schlechter machen, als sie ist ⟨jemandes Leistungen, jemandes Verdienste herabsetzen⟩ || *hierzu* **He·rab·set·zung** *die*; -, -en

H

he·ran [hɛ'ran] *Adverb*; bezeichnet die Richtung von irgendwoher zu einem Objekt hin oder auch näher zum Sprecher hin: *Etwas weiter rechts/ans Fenster heran*

he·ran- [hɛ'ran-] *im Verb; betont und trennbar*; Die Verben mit *heran-* werden nach folgendem Muster gebildet: *herankommen - kam heran - herangekommen*; bezeichnet die Richtung von irgendwoher zu einem Objekt hin oder näher zum Sprecher hin ≈ her- ↔ weg-; **(an jemanden/etwas) heranfahren, herankommen, herankönnen, herantreten**; **sich (an jemanden/etwas) herantrauen, heranwagen**

he·ran·füh·ren (*hat*) **1** **jemanden/ein Tier an etwas** (*Akkusativ*) **heranführen** jemanden/ein Tier führen (1), zu einem Objekt oder dem Sprecher hin: *ein Pferd ans Wasser heranführen* **2** **jemanden an etwas** (*Akkusativ*) **heranführen** jemandem etwas zeigen und sein Interesse dafür wecken ≈ jemanden mit etwas vertraut machen: *die Mitarbeiter an neue Technologien heranführen*

he·ran·ge·hen (*ist*) **1** **an etwas** (*Akkusativ*) **herangehen** irgendwohin gehen, näher zu etwas hin: *Geht nicht zu nah an den Abgrund heran* **2** **an etwas** (*Akkusativ*) **herangehen** ≈ etwas beginnen, in Angriff nehmen ⟨mit Eifer, Freude, Lust an eine Arbeit herangehen⟩

he·ran·kom·men (*ist*) **1** **(an jemanden/etwas) herankommen** zu jemandem/etwas oder näher zum Sprecher kommen ≈ sich (jemandem/etwas) nähern: *Auf der Safari kamen die Elefanten bis auf wenige Meter an uns heran* **2** **an etwas** (*Akkusativ*) **herankommen** es schaffen, etwas zu bekommen: *In vielen Großstädten kommen Jugendliche leicht an Rauschgift heran*

he·ran·las·sen (*hat*) **1** **jemanden an jemanden/etwas heranlassen** zulassen, dass jemand bei jemandem sein darf, etwas genau ansieht oder es in die Hand nimmt ↔ jemanden von jemandem/etwas fernhalten: *Er lässt niemanden an seine Münzsammlung heran* || Hinweis: *meist* verneint **2** **jemanden/etwas an sich** (*Akkusativ*) **heranlassen** zulassen, dass man Zuneigung, Liebe für jemanden empfindet oder dass etwas Gefühle in einem weckt: *Sie ist total verschlossen und lässt niemanden an sich heran*

he·ran·rei·chen (*hat*) **1** **(an etwas** (*Akkusativ*)**) heranreichen** nah oder groß genug sein, um etwas zu berühren: *Das Kind kann an den Schalter nicht heranreichen* **2** **jemand/etwas reicht an jemanden/etwas heran** jemand/etwas ist so gut wie jemand/etwas anderes: *Dieser Wein schmeckt auch gut, aber er reicht an den anderen nicht heran* || Hinweis: *meist* verneint

he·ran·tas·ten, sich (*hat*) **1** **sich an etwas** (*Akkusativ*) **herantasten** tastend nach etwas suchen: *sich im Dunkeln an die Tür herantasten* **2** **sich an etwas** (*Akkusativ*) **herantasten** durch intensives (vorsichtiges) Suchen etwas allmählich verstehen oder zu einer Lösung kommen: *sich an den Kern eines Problems herantasten*

he·ran·wach·sen (*ist*) **jemand/etwas wächst (zu etwas) heran** ein Mensch oder ein Tier wird allmählich groß (und erwachsen)

he·rauf [hɛ'rau̯f] *Adverb*; bezeichnet die Richtung von irgendwo (unten) nach oben, häufig zum Sprecher hin ↔ hinab, hinunter: *Vom Tal bis zu uns herauf wanderte er zwei Stunden* || Hinweis: ↑ **hinauf**

he·rauf- [hɛ'rau̯f-] *im Verb; betont und trennbar*; Die Verben mit *herauf-* werden nach folgendem Muster gebildet: *heraufkommen - kam herauf – heraufgekommen*; bezeichnet die Richtung von irgendwo (unten) nach oben, häufig zum Sprecher hin ↔ hinab-, hinunter-; **jemanden/etwas (irgendwohin) heraufbringen, heraufschicken, herauftragen, herauftransportieren**; **(irgendwohin) heraufdürfen, herauffahren, heraufkommen, heraufsteigen**; **sich (irgendwohin) herauftrauen, heraufwagen** || Hinweis: **a** Anstelle einer Richtungsangabe (*in den vierten Stock usw*) steht häufig nur eine Angabe im Akkusativ: *Er kam den Berg herauf*; *Er führte die alte Frau die Treppe herauf*; **b** ↑ **hinauf-**

he·rauf·be·schwö·ren (*hat*) **etwas heraufbeschwören** *bes* (durch unüberlegte) Handlungen eine schlimme oder gefährliche Situation entstehen lassen ≈ verursachen ↔ verhindern ⟨eine Krise, einen Krieg *o.Ä.* heraufbeschwören⟩: *durch seinen Leichtsinn eine Gefahr heraufbeschwören*

he·rauf·set·zen *(hat)* **etwas heraufsetzen** etwas auf eine höhere Stufe bringen ≈ erhöhen ⟨die Miete, den Preis heraufsetzen⟩

he·rauf·zie·hen *(hat/ist)* **1** **jemanden/etwas heraufziehen** *(hat)* jemanden/etwas (von irgendwo unten) nach oben ziehen, zum Sprecher hin: *Er hat sie an einem Seil zu sich heraufgezogen* **2** *(ist)* am Horizont erscheinen und näher kommen ⟨ein Unwetter, ein Gewitter, Regenwolken *usw*⟩

he·raus [hɛˈraus] *Adverb; umg* **1** bezeichnet die Richtung von irgendwo (drinnen) nach draußen, zum Sprecher hin ↔ hinein: *Heraus mit dir (in den Garten)!* || Hinweis: ↑ **hinaus** **2** **heraus sein** herausgekommen (1) sein **3** **etwas ist heraus** etwas ist zum Verkauf im Handel, veröffentlicht: *Ist das neue Lexikon schon heraus?* **4** **etwas ist heraus** etwas ist (allgemein) bekannt: *Inzwischen ist heraus, wer die Autos aufgebrochen hat* **5** **aus etwas heraus sein** *meist* eine bestimmte Phase seines Lebens hinter sich haben: *Unser Sohn ist aus dem Alter heraus, in dem er heimlich Zigaretten rauchte* || ID *meist* **Jetzt ist es (endlich) heraus!** verwendet, um auszudrücken, dass man selbst oder jemand anderer endlich etwas gesagt hat, was man/er lange Zeit verschwiegen hatte

he·raus- [hɛˈraus-] *im Verb; betont und trennbar;* Die Verben mit *heraus-* werden nach folgendem Muster gebildet: *herauskommen - kam heraus – herausgekommen*; bezeichnet die Richtung von innen nach außen, häufig zum Sprecher hin ↔ hinein-; **(aus etwas) herausfahren, herausfliegen, herauskommen, herauskönnen, herausrennen**; **etwas fällt (aus etwas) heraus**; **etwas (aus etwas) herausschaffen, herausziehen**; **sich (aus etwas) heraustrauen, herauswagen** || Hinweis: ↑ **hinaus-**

he·raus·ar·bei·ten *(hat)* **1** **etwas herausarbeiten** die wichtigen Teile oder Aspekte einer Sache ganz deutlich zeigen: *in einem Aufsatz die Gründe der Arbeitslosigkeit herausarbeiten* **2** **sich (aus etwas) herausarbeiten** sich unter großer Mühe aus etwas befreien: *sich aus dem Schlamm herausarbeiten*

her·aus·be·kom·men; *bekam heraus, hat herausbekommen* **1** **etwas (aus etwas) herausbekommen** es schaffen, etwas aus etwas anderem zu entfernen ↔ hineinbekommen: *den Nagel nicht aus dem Brett herausbekommen* **2** **etwas herausbekommen** (beim Bezahlen) die Summe Geld zurückbekommen, die man zu viel gegeben hat: *Sie zahlte mit einem Hunderter und bekam 2 Euro heraus* **3** **etwas (aus jemandem) herausbekommen** es schaffen, etwas Unbekanntes (von jemandem) zu erfahren, indem man sucht oder forscht oder (ihn) fragt ≈ etwas ermitteln, herausfinden: *Hast du herausbekommen, was passiert ist?*

he·raus·fin·den *(hat)* **1** **etwas herausfinden** nach etwas, das man wissen will, suchen und forschen ≈ ermitteln: *Habt ihr schon herausgefunden, wie der neue Fernseher funktioniert?* **2** **(aus etwas) herausfinden** es schaffen, den Weg nach draußen zu finden: *Er hat sich im Wald verirrt und findet nicht mehr heraus*

he·raus·for·dern *(hat)* **jemanden (zu etwas) herausfordern** jemanden (*bes* einen Sportler) dazu bringen, dass er gegen einen kämpft ⟨jemanden zu einem Wettkampf herausfordern⟩ || *hierzu* **He·raus·for·de·rer** *der; -s, -;* **He·raus·for·de·rin** *die; -, -nen*

He·raus·for·de·rung *die; -, -en* **1** die Aufforderung, Provokation zum Kampf **2** eine schwierige Aufgabe, die jemanden reizt: *Es war für ihn eine Herausforderung, den Mont Blanc zu besteigen*

he·raus·ge·ben *(hat)* **1** **etwas herausgeben** eine Zeitung, Zeitschrift oder ein Buch machen ≈ veröffentlichen: *eine Zeitung, ein Wörterbuch herausgeben* **2** **(jemandem) etwas herausgeben** jemandem das Geld (zurück)geben, das er zu viel gezahlt hat: *Die Kassiererin hat mir zu wenig herausgegeben!* || *zu* 1 **He·raus·ga·be** *die; -, -n;* **He·raus·ge·ber** *der; -s, -;* **He·raus·ge·be·rin** *die; -, -nen*

he·raus·grei·fen *(hat)* **jemanden/etwas (aus etwas** *(meist Plural)***) herausgreifen** eine Person oder Sache (aus einer Menge, Anzahl) auswählen: *aus der Klasse einen Schüler herausgreifen, um ihn zu prüfen*

he·raus·ha·ben *(hat) umg* **1** **etwas heraushaben** die Lösung gefunden haben ⟨den Trick heraushaben⟩: *Er hatte bald heraus, wie die Maschine funktioniert* **2** **etwas heraushaben** durch Suchen, Fragen und Forschen erfahren, was unbekannt war ≈ ermitteln: *Die Kripo hatte schnell heraus, wer den Mord verübt hatte*

he·raus·hal·ten *(hat)* **1** **etwas (aus etwas) heraushalten** etwas so halten, dass es draußen ist: *den Arm aus dem Autofenster heraushalten* **2** **jemanden/sich/etwas (aus etwas) heraushalten** versuchen, dass jemand/man selbst/etwas nicht in eine schwierige

Situation verwickelt wird: *Aus diesem Streit halte ich mich heraus*

he·raus·kom·men (*ist*) **1** **jemand/etwas kommt (aus etwas) heraus** jemand/etwas verlässt etwas, kommt nach draußen: *Der Zug kam wieder aus dem Tunnel heraus; Kommst du nach dem Essen heraus zum Spielen?* **2** **etwas kommt heraus** etwas wird in den Handel gebracht: *Wann kommt das neue Modell heraus?* **3** **etwas kommt heraus** *umg;* etwas wird (allgemein) bekannt: *Es ist nie herausgekommen, wer den Mord begangen hat* **4** **etwas kommt (bei etwas) heraus** *umg;* etwas ist das Ergebnis von etwas: *Ich habe schon dreimal nachgerechnet, aber es ist immer etwas anderes herausgekommen; Bei unserer Diskussion ist nichts Vernünftiges herausgekommen* **5** **groß herauskommen** *umg;* (*bes* von Künstlern) großen Erfolg haben: *Sie ist im Fernsehen groß herausgekommen* **6** **aus dem Lachen/Staunen nicht herauskommen** nicht aufhören können zu lachen/zu staunen || ID **das kommt auf dasselbe heraus** *umg;* das macht keinen Unterschied

he·raus·neh·men (*hat*) **1** **etwas (aus etwas) herausnehmen** etwas aus etwas holen, nehmen: *Wäsche aus dem Schrank herausnehmen* **2** **sich** (*Dativ*) **etwas herausnehmen** *umg;* etwas tun, das andere frech und unverschämt finden ⟨sich zu viel, einiges herausnehmen⟩

he·raus·ra·gen (*hat*) **1** **(aus etwas) herausragen** größer, länger, höher als etwas und dadurch sichtbar sein ≈ hervorragen: *Hier und da ragten Pilze aus dem Moos heraus; Ihr Arm ragte unter der Bettdecke heraus* **2** **jemand/etwas ragt (aus etwas** (*meist Plural*)**) heraus** jemand/etwas ist viel besser als andere Personen/Dinge

he·raus·ra·gend *Adjektiv;* viel besser als der Durchschnitt ≈ ausgezeichnet, exzellent: *herausragende Leistungen in der Chemie erzielen; Mozart und Bach waren herausragende Komponisten*

he·raus·re·den, sich (*hat*) **sich (aus etwas) herausreden** *umg;* etwas so darstellen, als ob man es nicht getan hätte (obwohl man schuldig ist): *Erst wollte er sich herausreden, aber dann gab er seinen Fehler doch zu*

he·raus·rü·cken (*hat/ist*) *umg* **1** **etwas herausrücken** (*hat*) etwas hergeben, nachdem man lange gezögert hat: *Nach langem Hin und Her rückte sein Vater endlich fünfzig Euro heraus* **2** **mit etwas herausrücken** (*ist*) etwas sagen, verraten *o.Ä.*, nachdem man zuerst gezögert hat ⟨mit einer Bitte, einer Kritik, einem Geheimnis herausrücken⟩

he·raus·rut·schen (*ist*) **1** **(aus etwas) herausrutschen** gleitend aus etwas kommen: *Als die Tasche umfiel, rutschten die Bücher und Hefte heraus* **2** **etwas rutscht jemandem heraus** *umg;* etwas (*meist* Negatives, Unüberlegtes) wird von jemandem ausgesprochen, ohne dass es beabsichtigt war ≈ etwas entschlüpft jemandem: *Entschuldige, ich wollte dich nicht beleidigen, das ist mir nur so herausgerutscht*

he·raus·stel·len (*hat*) **1** **etwas (aus etwas) herausstellen** etwas nach draußen stellen: *die Mülltonne herausstellen, bevor die Müllabfuhr kommt* **2** **jemanden/sich/etwas herausstellen** deutlich zeigen, wie wichtig oder gut jemand/man selbst/etwas ist: *Der Politiker stellte die Grundsätze seiner Partei deutlich heraus* **3** **etwas stellt sich heraus** etwas wird (zum Schluss) deutlich ≈ etwas erweist sich, zeigt sich: *Es wird sich noch herausstellen, wer von uns beiden recht hat*

he·raus·su·chen (*hat*) **jemanden/etwas (aus etwas** (*meist Plural*)**) heraussuchen** jemanden/etwas aus einer Menge wählen: *sein Lieblingshemd (aus dem Schrank) heraussuchen*

he·raus·wach·sen (*ist*) **aus etwas herauswachsen** *umg;* wachsen und deshalb für ein Kleidungsstück zu groß und zu dick werden: *Unser Sohn wächst alle paar Monate aus seinen Schuhen heraus*

he·raus·win·den, sich (*hat*) **sich (aus etwas) herauswinden** es schaffen, sich (mit Tricks oder Ausreden) aus einer unangenehmen Situation zu befreien: *Mit vielen Ausreden und Vorwänden gelang es ihm, sich aus der peinlichen Situation herauszuwinden*

herb *Adjektiv* **1** mit einem Geschmack oder Geruch, der leicht bitter oder sauer ist ⟨(ein) Wein, ein Parfüm⟩ **2** sehr unangenehm ⟨eine Enttäuschung, Kritik, ein Verlust⟩ || *hierzu* **Herb·heit** *die; -; nur Singular*

her·bei [hɛɐ̯ˈbai] *Adverb;* bezeichnet die Richtung (von irgendwoher) zu einem Objekt und häufig auch zum Sprecher hin ↔ weg

her·bei- *im Verb; betont und trennbar;* Die Verben mit *herbei-* werden nach folgendem Muster gebildet: *herbeikommen - kam herbei – herbeigekommen;* bezeichnet die Bewegung (von irgendwoher) zum Sprecher oder einem Objekt hin; **herbeieilen, herbeikommen, herbeilaufen; jemanden/etwas herbeibringen, herbeiholen, herbeischaffen, herbeisehnen, herbeiwünschen; jemanden herbeirufen**

her·bei·füh·ren (*hat*) **etwas herbeiführen**

bewirken, dass etwas (*meist* Wichtiges, Entscheidendes) passiert ⟨eine Entscheidung, das Ende herbeiführen; etwas führt den Tod herbei⟩: *Dem Vermittler gelang es, ein klärendes Gespräch zwischen den zerstrittenen Parteien herbeizuführen*

her·bei·re·den (*hat*) **etwas herbeireden** etwas Unangenehmes verursachen, indem man unnötig oft darüber redet ⟨Probleme, Schwierigkeiten herbeireden⟩

Her·ber·ge *die; -, -n; Kurzwort* ↑ **Jugendherberge**

Her·bi·zid *das; -(e)s, -e;* ein chemisches Mittel, mit dem man Unkraut vernichtet

Herbst [A1] *der; -(e)s, -e; meist Singular;* die Jahreszeit zwischen Sommer und Winter, in der die Blätter der Laubbäume bunt werden || [K-] Herbstanfang, Herbstnebel, Herbststurm || *hierzu* **herbst·lich** *Adjektiv*

Herd [A1] *der; -(e)s, -e;* ein großes Gerät in der Küche, auf dem man kochen kann ⟨ein elektrischer Herd; den Herd anschalten, ausschalten; einen Topf auf den Herd stellen, vom Herd nehmen⟩ || [K-] Herdplatte || [-K] Elektroherd, Gasherd

Herd

-herd *der; -(e)s, -e; im Substantiv;* der Ort, die Stelle, wo eine Krankheit oder eine unangenehme Entwicklung anfängt oder zuerst auftritt; *der* **Brandherd, Eiterherd, Entzündungsherd, Krisenherd, Seuchenherd, Unruheherd**

Her·de *die; -, -n;* **eine Herde** (+ *Genitiv*) eine Gruppe großer (pflanzenfressender) Säugetiere derselben Art, die miteinander leben: *eine Herde Elefanten; eine Herde Schafe auf die Weide treiben* || [-K] Elefantenherde, Pferdeherde, Viehherde

Her·den·trieb *der; -(e)s; nur Singular* [1] der Instinkt bestimmter Tiere, bei ihrer Herde zu bleiben [2] *abwertend;* die Neigung mancher Menschen, sich großen Gruppen anzuschließen, um nicht selbstständig denken und handeln zu müssen

he·rein [A1] [hɛˈrain] *Adverb* [1] bezeichnet die Richtung von irgendwo (draußen) nach drinnen, häufig zum Sprecher hin ↔ hinaus: *Bis ins Zimmer herein drang der Lärm* || Hinweis: ↑ **hinein** [2] **Herein!** (nach einem Klopfen an der Tür) verwendet, um jemandem zu erlauben, in das Zimmer zu kommen

he·rein- [hɛˈrain-] *im Verb; betont und trennbar;* Die Verben mit *herein-* werden nach folgendem Muster gebildet: *hereinkommen - kam herein - hereingekommen*; bezeichnet die Richtung von irgendwo draußen nach drinnen, häufig zum Sprecher hin ↔ hinaus-; **jemanden/etwas (irgendwohin) hereinbringen, hereinholen, hereinlassen, hereinziehen**; **(irgendwohin) hereindürfen, hereinfahren, hereinkommen, hereinkönnen, hereinwollen**; ⟨ein Vogel *o.Ä.*⟩ **fliegt (irgendwohin) herein**; **(sich) (irgendwohin) hereinschleichen, hereintrauen, hereinwagen** || Hinweis: ↑ **hinein-**

he·rein·bit·ten (*hat*) **jemanden (zu sich) hereinbitten** jemanden bitten, ins Zimmer zu kommen

he·rein·bre·chen (*ist*) **etwas bricht (über jemanden/etwas) herein** etwas geschieht oder beginnt plötzlich und unerwartet (und betrifft jemanden) ⟨ein Unglück, eine Katastrophe bricht über jemanden herein; die Nacht, der Winter bricht herein⟩

he·rein·fal·len (*ist*) [1] von draußen nach drinnen fallen, wo der Sprecher ist: *Durch das offene Fenster fiel Schnee herein* [2] **(auf jemanden/etwas) hereinfallen** *umg;* einen Nachteil durch etwas haben, von jemandem/durch etwas getäuscht oder betrogen werden ⟨auf einen Betrüger, auf einen Trick hereinfallen⟩: *Mit dem gebrauchten Auto bin ich ganz schön hereingefallen* [3] **mit etwas hereinfallen** einen Nachteil durch etwas haben: *Mit dem gebrauchten Auto bin ich ganz schön hereingefallen*

he·rein·le·gen (*hat*) **jemanden hereinlegen** *umg;* jemanden betrügen oder täuschen: *Der Händler hat mich hereingelegt, denn das Gerät funktioniert nicht*

her·fah·ren [1] **jemanden/etwas herfahren** (*hat*) jemanden/etwas *meist* mit dem Auto von irgendwoher zum Sprecher bringen: *Er hat die*

Möbel hergefahren **2** (ist) von irgendwoher mit dem Auto, Fahrrad, Zug, Bus o.Ä. kommen: *Bist du mit dem Auto hergefahren?* **3** **neben, hinter, vor jemandem/etwas herfahren** (ist) neben, hinter, vor jemandem/etwas in dieselbe Richtung fahren || zu 1 und 2 **Her·fahrt** die; -; nur Singular

her·fal·len (ist) **1** **über jemanden herfallen** jemanden plötzlich mit brutaler Gewalt angreifen **2** **über etwas herfallen** etwas voller Gier essen: *Völlig ausgehungert fielen sie über das Essen her* **3** **über jemanden/etwas herfallen** umg; jemanden/etwas stark kritisieren **4** **mit etwas über jemanden herfallen** jemanden mit etwas belästigen ⟨mit Fragen, Bitten über jemanden herfallen⟩

H

her·fin·den (hat) den Weg von irgendwoher finden zu einem bestimmten Ziel: *Hast du leicht hergefunden?*

Her·gang der; -(e)s; nur Singular; die Art, wie etwas geschehen ist ≈ Ablauf, Verlauf: *den Hergang des Unfalls schildern*

her·ge·ben (hat) **1** **etwas hergeben** jemandem etwas reichen: *Gib mir mal das Buch her!* **2** **etwas hergeben** jemandem etwas schenken oder verkaufen ⟨etwas freiwillig, ungern hergeben⟩

her·ge·hen (ist) **1** **neben, hinter, vor jemandem/etwas hergehen** neben, hinter, vor jemandem/etwas in dieselbe Richtung gehen: *Sie ging neben ihm her und hielt ihn bei der Hand* **2** **es geht irgendwie her** umg; etwas geschieht, verläuft in der genannten Weise: *Auf der Party ging es laut her* || ID **hergehen und etwas tun** umg; (ohne lange zu überlegen) etwas tun, wodurch man einen anderen verärgert: *Der geht einfach her und benutzt meine Sachen, ohne mich zu fragen!* || ▸ **Hergang**

her·ha·ben (hat) meist **Wo hat er/sie (nur)** ⟨das Geld, diese Begabung o.Ä.⟩ **her?** umg; verwendet, um sein Erstaunen darüber auszudrücken, dass jemand so viel Geld hat, so begabt ist o.Ä.: *Wo hat er nur die vielen Autos her?*

her·hal·ten (hat) **1** **etwas herhalten** etwas so halten, dass es in die Nähe des Sprechers kommt: *Halt deinen Teller her, du kriegst einen Nachschlag* **2** **jemand/etwas muss (als etwas, für jemanden/etwas) herhalten** umg; jemand/etwas muss (anstelle von jemand/etwas anderem) eine bestimmte Funktion übernehmen: *Eine Erkältung musste als Ausrede für sein Fehlen herhalten; Wenn sie nicht kommt, musst du eben für sie herhalten*

her·hö·ren (hat) umg; aufmerksam auf das hören, was der Sprecher sagt: *Hört mal alle her!*

He·ring B2 der; -s, -e; ein silbern glänzender Fisch, der in großen Gruppen bes in nördlichen Meeren lebt und gern gegessen wird ⟨gesalzene, geräucherte, marinierte Heringe⟩ || K- **Heringsfang, Heringsfilet** || -K **Brathering, Räucherhering, Salzhering**

her·kom·men (ist) **1** von irgendwoher zum Sprecher kommen: *Komm sofort her zu mir!* **2** **Wo kommst du/kommt er** usw **her?** verwendet, um zu fragen, wo jemand geboren ist, gewohnt hat || ▸ **Herkunft**

her·kömm·lich Adjektiv; meist vor dem Substantiv; ⟨meist Methoden, Verfahren⟩ so, wie sie seit Langem bekannt sind (und angewendet werden) ≈ traditionell ↔ modern, neu

Her·kunft die; -, -künf·te; meist Singular **1** das Land, die Familie, die soziale Schicht usw, in denen jemand geboren und aufgewachsen ist ≈ Abstammung: *seiner Herkunft nach Schotte sein* **2** der Ort oder Bereich, an bzw in dem etwas entstanden ist ≈ Ursprung: *Diese Oliven sind italienischer Herkunft* || ▸ **herkommen**

her·lei·ten (hat) **1** **etwas (aus etwas) herleiten** durch logische Schlüsse zu einem bestimmten Resultat kommen ≈ ableiten ⟨eine Formel, einen Rechtsanspruch herleiten⟩ **2** **etwas (von/aus etwas) herleiten** von etwas den Ursprung angeben oder erkennen ≈ etwas auf etwas zurückführen: *ein Wort aus dem Griechischen herleiten* **3** **etwas leitet sich von/aus etwas her** etwas hat in etwas seinen Ursprung: *Das Wort „Demokratie" leitet sich vom griechischen „demos" her*

her·ma·chen (hat) umg **1** **jemand/etwas macht (et)was/viel/(gar) nichts** usw **her** jemand/etwas ist schön/sehr schön/(überhaupt) nicht schön (und macht deshalb einen guten bzw. keinen guten Eindruck): *Mit ihrer flotten neuen Frisur macht sie ziemlich was her* **2** **sich über etwas** (Akkusativ) **hermachen** etwas mit viel Energie (zu tun) beginnen ⟨sich über die Arbeit, das Essen hermachen⟩

her·neh·men (hat) **etwas irgendwo hernehmen** etwas von irgendwoher bekommen: *Wo nimmt sie bloß die Geduld her?*

He·ro·in B2 das; -s; nur Singular; ein starkes Rauschgift, das sich Süchtige meist in den Arm spritzen || K- **Herointote(r); heroinabhängig, heroinsüchtig**

he·ro·isch Adjektiv; förmlich ≈ heldenhaft ⟨ein Entschluss, ein Kampf⟩

Her·pes *der; -; nur Singular;* eine ansteckende Krankheit, die schmerzhafte kleine Blasen auf der Haut verursacht (*z.B.* an den Lippen) || K- Herpesbläschen, Herpesvirus

Herr A1 *der; -n, -en* **1** verwendet als formelle Bezeichnung für einen Mann ↔ Dame ⟨ein junger, älterer Herr⟩: *Die Herren fordern die Damen zum Tanzen auf* || K- Herrenhemd, Herrenmode, Herrenrad, Herrenschuh, Herrentoilette **2** **Herr** (+ *Titel*) + *Name*/**Herr** + *Titel* verwendet als (formelle oder höfliche) Anrede oder Bezeichnung für einen Mann ↔ Frau: *Guten Tag, Herr (Dr.) Müller!* **3** **Herr (über jemanden/etwas)** jemand, der große Macht über Menschen, Tiere und Dinge (die er besitzt) hat ⟨ein gütiger, strenger, gerechter Herr⟩: *Der Hund gehorcht seinem Herrn aufs Wort* || -K Burgherr, Kolonialherr, Landesherr **4** *Religion* ≈ Gott ⟨der Herr im Himmel; den Herrn loben, preisen⟩ || ID **Herr der Lage/Situation sein, bleiben** eine (schwierige) Situation unter Kontrolle haben; **sein eigener Herr sein** von niemandem abhängig sein; **jemandes/etwas, über jemanden/etwas Herr werden** sich gegen jemanden durchsetzen können, eine Situation unter seine Kontrolle bringen

Herr·gott *der; -es; nur Singular* **1** *umg* ≈ Gott ⟨unser Herrgott; der liebe Herrgott (im Himmel)⟩ **2** **Herrgott (noch mal)!** *salopp;* verwendet, um seine Ungeduld oder seinen Ärger auszudrücken

her·rich·ten *(hat)* **1** **etwas herrichten** etwas für einen bestimmten Zweck fertig machen ≈ vorbereiten: *die Betten für die Gäste herrichten* **2** **etwas herrichten** etwas, das kaputt oder alt ist, wieder in Ordnung bringen ≈ renovieren, restaurieren: *die alte Kirche neu herrichten*

her·risch *Adjektiv; abwertend;* so, dass der Betreffende jemanden auf unfreundliche Art zwingt, ihm zu gehorchen ⟨eine Person, eine Frau⟩

herr·lich B2 *Adjektiv;* in hohem Maß schön, gut oder angenehm ⟨Wetter, ein Tag, Sonnenschein, ein Essen, ein Ausblick *usw;* etwas klingt, riecht, schmeckt herrlich⟩ || *hierzu* **Herr·lich·keit** *die; -, -en*

Herr·schaft *die; -; nur Singular;* **die Herrschaft (über jemanden/etwas)** die (absolute) Kontrolle (über jemanden/etwas) ⟨die Herrschaft des Volkes, des Diktators; die Herrschaft ausüben; an die Herrschaft kommen⟩: *als Spanien unter Francos Herrschaft war* || K- Herrschaftsanspruch, Herrschaftsbereich || -K Alleinherrschaft, Gewaltherrschaft, Weltherrschaft

Herr·schaf·ten *die; -; Plural;* die anwesenden oder genannten Personen: *ein Angebot für ältere Herrschaften*

herr·schen B2 *herrschte, hat geherrscht* **1** **(über jemanden/etwas) herrschen** (*bes* als Monarch) ein Land regieren: *Alexander der Große herrschte über ein riesiges Reich* **2** **etwas herrscht** etwas bestimmt (als Zustand) die Lage oder das Verhalten der Menschen ⟨es herrscht Armut, Not, Freude, (Un)Ordnung⟩ || *zu* 1 **Herr·scher** *der; -s, -;* **Herr·sche·rin** *die; -, -nen*

herrsch·süch·tig *Adjektiv; abwertend;* seinem Charakter nach so, dass man andere immer unter seiner Kontrolle haben will || *hierzu* **Herrsch·sucht** *die; -; nur Singular*

her·schau·en *(hat) südd* Ⓐ Ⓒⓗ ≈ hersehen || ID **'Da schau her!** verwendet, um sein Erstaunen auszudrücken

her·schen·ken *(hat)* **etwas herschenken** *südd* Ⓐ ≈ verschenken

her·se·hen *(hat)* seine Augen hierher, auf den Sprecher richten: *Sieh doch mal her, was ist denn das?; Ich nahm mir einen Keks, als sie gerade nicht hersah*

her·stel·len B2 *(hat)* **1** **etwas herstellen** ein Produkt machen ≈ anfertigen, produzieren ⟨etwas maschinell, von Hand herstellen⟩: *Diese Firma stellt Autos her* **2** **etwas herstellen** daran arbeiten, dass etwas entsteht ≈ schaffen ⟨eine telefonische Verbindung, einen Kontakt herstellen⟩ || *hierzu* **Her·stel·lung** *die; -, -en; meist Singular; zu* 1 **Her·stel·ler** *der; -s, -;* **Her·stel·le·rin** *die; -, -nen*

he·rü·ber [hɛ'ry:bɐ] *Adverb;* bezeichnet die Richtung von irgendwo nach der Seite hin, die gegenüber liegt (häufig zum Sprecher hin) || Hinweis: ↑ **hinüber**

he·rü·ber- [hɛ'ry:bɐ-] *im Verb; betont und trennbar;* Die Verben mit *herüber-* werden nach folgendem Muster gebildet: *herübergehen - ging herüber - herübergegangen;* bezeichnet die Richtung von irgendwo (drüben) zur Seite des Sprechers, Erzählers oder Handelnden hin; **jemanden/etwas (irgendwohin/über etwas** (*Akkusativ*)) **herüberbringen, herüberfahren, herüberlassen, herüberschicken, herüberziehen; (jemandem) etwas herübergeben, herüberreichen; etwas (über etwas** (*Akkusativ*)) **herüberwerfen; (irgendwohin/über etwas** (*Akkusativ*)) **herüberdürfen, herüberfahren, herübergehen, herüberklettern, herüberkommen, hrüberschwimmen, herüberspringen** || Hinweis: ↑ **hinüber-**

he·rum [hɛˈrʊm] *Adverb* **1** (in Bezug auf Bewegungen) in einem Bogen oder Kreis um sich selbst/jemanden/etwas ⟨nach rechts, nach links herum, im Kreis herum⟩ || K linksherum, rechtsherum **2** **um jemanden/etwas herum** (in Bezug auf eine Lage) in einem Bogen oder Kreis um jemanden/etwas: *Um das ganze Haus herum wachsen Rosen* || K ringsherum, rundherum **3** **um jemanden/etwas herum** in der Umgebung oder Nähe von jemandem/etwas: *Um München herum gibt es viele Seen* **4** **um jemanden herum sein** *umg;* in der Nähe von jemandem sein und sich um ihn kümmern: *Sie ist ständig um ihre kranke Mutter herum* **5** **etwas ist herum** *umg;* etwas ist zu Ende: *Die Pause ist gleich herum*

he·rụm- *im Verb; betont und trennbar;* Die Verben mit *herum-* werden nach folgendem Muster gebildet: *herumgehen - ging herum - herumgegangen* **1** bezeichnet eine Bewegung oder Anordnung im Kreis oder um den genannten Mittelpunkt; **um jemanden/etwas, im Kreis herumgehen, herumlaufen, herumstehen, herumtanzen; sich im Kreis herumdrehen** **2** bezeichnet eine Änderung der Richtung; **jemanden/sich/etwas (zu jemandem) herumdrehen;** ⟨das Ruder, das Steuer⟩ **herumdrücken, herumreißen, herumwerfen** **3** drückt aus, dass eine Bewegung kein bestimmtes Ziel hat ≈ umher-; ⟨in der Stadt⟩ **herumfahren, herumgehen, herumirren, herumlaufen, herumspazieren** **4** drückt aus, dass eine Handlung kein bestimmtes Ziel hat oder nicht zum Ziel führt; **(an etwas** (*Dativ*)**) herumbasteln, herumfummeln, herumrätseln, herumschrauben;** ⟨in einer Zeitschrift⟩ **herumblättern; (mit etwas) herumexperimentieren, herumprobieren;** ⟨erfolglos, wild⟩ **herumraten; sich (mit jemandem/etwas) herumplagen, herumquälen**

he·rụm·är·gern, sich *(hat)* **sich (mit jemandem/etwas) herumärgern** *umg;* mit jemandem/etwas immer wieder Probleme haben und sich ärgern

he·rụm·er·zäh·len *(hat)* **etwas herumerzählen** *meist abwertend;* etwas vielen Leuten erzählen: *überall herumerzählen, dass jemand seinen Job verloren hat*

he·rụm·fah·ren *(ist) umg* **1** ohne ein bestimmtes Ziel von einem Ort zum anderen (hin und her) fahren ≈ umherfahren: *Wir sind in der Stadt herumgefahren* **2** **um jemanden/etwas herumfahren** in einem Bogen an jemandem/etwas vorbeifahren: *um ein Hindernis herumfahren*

he·rụm·füh·ren *(hat)* **1** **jemanden (irgendwo) herumführen** jemanden von einem Platz zum anderen führen, um ihm einige Dinge zu zeigen ⟨jemanden in der Stadt, in der Bibliothek, im Museum herumführen⟩ **2** **etwas führt um etwas herum** etwas liegt wie ein geschlossener Kreis um etwas herum: *Die Straße führt um den ganzen See herum*

he·rụm·ge·hen *(ist) umg* **1** **um jemanden/etwas herumgehen** in einem Kreis um jemanden/etwas gehen (oder an jemandem/etwas vorbei): *um ein Hindernis herumgehen* **2** **(irgendwo) herumgehen** ohne Plan (hin und her) gehen ≈ umhergehen: *„Wo warst du überall? – „Ich bin einfach nur so herumgegangen."*

he·rụm·kom·man·die·ren *(hat)* **jemanden herumkommandieren** *umg;* jemandem ständig Befehle geben: *seine Angestellten herumkommandieren*

he·rụm·kom·men *(ist) umg* **um etwas herumkommen** eine (unangenehme) Sache nicht machen müssen ≈ etwas vermeiden können: *Um diese Prüfung wirst du nicht herumkommen* || Hinweis: *meist* verneint

he·rụm·lau·fen *(ist) umg* **1** **um jemanden/etwas herumlaufen** in einem Kreis um jemanden/etwas laufen (oder an jemandem/etwas vorbei) **2** **irgendwo herumlaufen** ohne ein Ziel von einem Ort zum anderen (hin und her) laufen ≈ umherlaufen: *in der Stadt herumlaufen*

he·rụm·lie·gen *(hat/südd* Ⓐ Ⓒⓗ *ist) umg* **1** **etwas** (*meist Plural*) **liegt irgendwo herum** verschiedene Sachen sind dort ohne jede Ordnung: *Überall liegen Zeitschriften herum* **2** **jemand liegt (irgendwo) herum** jemand liegt da und tut nichts Nützliches: *Sie liegt ständig im Bett herum und liest Comics*

he·rụm·re·den *(hat)* **(um etwas) herumreden** *umg;* von unwichtigen Dingen sprechen, um nicht über das eigentliche (*meist* unangenehme) Thema reden zu müssen || ID **um den heißen Brei herumreden** ein unangenehmes Thema nicht direkt ansprechen

he·rụm·rei·chen *(hat)* **1** **etwas herumreichen** etwas nacheinander mehreren Leuten geben: *die Schnapsflasche in der Runde herumreichen* **2** **etwas reicht um etwas herum** *umg;* etwas ist lang genug, um einen Kreis um etwas bilden zu können: *Die Schnur reicht nicht um das Paket herum*

he·rụm·rut·schen *(ist) umg* **1** auf einer glatten Oberfläche rutschen ⟨auf dem Eis herumrutschen⟩ **2** sich hin und her bewegen (statt ruhig zu sitzen): *auf dem Stuhl herumrutschen*

he·rum·schla·gen, sich *(hat)* **sich mit jemandem/etwas herumschlagen** *umg;* mit jemandem/etwas Schwierigkeiten und Ärger haben ⟨sich mit Problemen, Zweifeln herumschlagen; sich mit seinem Chef, seinen Nachbarn herumschlagen (müssen)⟩

he·rum·schlep·pen *(hat) umg* **1** **etwas (mit sich) herumschleppen** etwas *(meist* einen schweren Gegenstand) lange Zeit bei sich tragen ⟨einen Rucksack, Bücher mit sich herumschleppen⟩ **2** **etwas mit sich herumschleppen** ein Problem, Kummer *o.Ä.* haben

he·rum·schrei·en *(hat) umg;* laut schreien oder schimpfen: *Warum schreist du hier so herum?*

he·rum·sit·zen *(hat/südd Ⓐ Ⓒⓗ ist)* **1** ⟨Personen⟩ **sitzen um jemanden/etwas herum** mehrere Personen sitzen in einem Kreis um jemanden/etwas: *um das offene Feuer herumsitzen* **2** *umg;* (längere Zeit) irgendwo sitzen, ohne etwas Nützliches zu tun ⟨faul, untätig herumsitzen⟩

he·rum·spre·chen, sich *(hat)* **etwas spricht sich herum** etwas wird von einem zum andern weitergesagt und so allgemein bekannt

he·rum·ste·hen *(hat/südd Ⓐ ist) umg* **1** ⟨Personen⟩ **stehen um jemanden/etwas herum** mehrere Personen stehen in einem Kreis um jemanden/etwas: *Um den Verletzten standen viele Schaulustige herum* **2** irgendwo stehen, ohne etwas Nützliches zu tun: *Steh nicht so faul herum, hilf mir lieber!* **3** **etwas steht irgendwo herum** etwas steht irgendwo ohne Ordnung: *In der Küche steht viel Geschirr herum, das noch nicht gespült ist*

he·rum·strei·ten, sich *(hat)* **jemand streitet sich mit jemandem herum**; ⟨Personen⟩ **streiten sich herum** *umg;* zwei oder mehrere Personen streiten immer wieder

he·rum·tra·gen *(hat) umg* **1** **jemanden/etwas herumtragen** jemanden/etwas tragen und dabei hin und her gehen: *das Baby herumtragen, bis es einschläft* **2** **etwas mit sich herumtragen** etwas immer bei sich haben oder ständig an etwas denken ⟨einen Plan, eine Idee, ein Problem mit sich herumtragen⟩: *den Ausweis mit sich herumtragen*

he·rum·trei·ben, sich *(hat)* **sich (irgendwo) herumtreiben** *umg abwertend;* einmal hier und einmal dort sein und nichts Nützliches tun: *Hast du dich wieder herumgetrieben, statt in die Schule zu gehen?*

he·rum·trö·deln *(hat) umg* ≈ trödeln

he·rum·zie·hen *(ist) umg;* von einem Ort zum anderen ziehen und nirgends lange bleiben: *in der Welt herumziehen*

he·run·ter [hɛˈrʊntɐ] *Adverb;* bezeichnet die Richtung von irgendwo (oben) nach unten, häufig zum Sprecher hin ≈ herab ↔ hinauf: *Herunter mit dir von der Leiter!* || Hinweis: ↑ **hinunter**

he·run·ter- [hɛˈrʊntɐ-] *im Verb; betont und trennbar;* Die Verben mit *herunter-* werden nach folgendem Muster gebildet: *herunterblicken - blickte herunter - heruntergeblickt;* bezeichnet die Richtung von irgendwo (oben) nach unten, häufig zum Sprecher hin ≈ herab- ↔ hinauf-; **jemanden/etwas (irgendwohin) herunterbringen, herunterfahren, herunterholen, herunterschicken, heruntertragen, herunterwerfen, herunterziehen**; **(irgendwohin) herunterfahren, herunterfallen, heruntergehen, herunterlaufen, herunterkommen, heruntersehen, herunterspringen**; ⟨ein Vogel *o.Ä.*⟩ **fliegt (irgendwohin) herunter**; **etwas fällt, fließt, hängt (irgendwohin) herunter**; **sich (zu jemandem/etwas) herunterbeugen** || Hinweis: **1** Anstelle einer Richtungsangabe *(in den Hof usw)* steht häufig nur eine Angabe im Akkusativ: *Er kam den Berg herunter; Er führte die alte Frau die Treppe herunter;* **2** ↑ **hinunter**

he·run·ter·drü·cken *(hat)* **1** **etwas herunterdrücken** etwas nach unten drücken: *die Türklinke herunterdrücken* **2** **etwas herunterdrücken** *umg;* bewirken, dass etwas auf ein niedrigeres Niveau kommt ≈ senken ⟨*meist* die Kosten, die Preise herunterdrücken⟩

he·run·ter·ge·hen *(ist)* **1** nach unten gehen (zum Sprecher hin): *den Berg, die Treppe heruntergehen* **2** **(von etwas) heruntergehen** *umg;* sich vom genannten Ort entfernen: *Los,* förmlich *mit den Füßen vom Tisch herunter!* **3** **(mit etwas) heruntergehen** *umg;* etwas in seiner Höhe reduzieren ≈ senken ↔ hinaufgehen: *Der Händler ist letzte Woche mit den Preisen stark heruntergegangen*

he·run·ter·kom·men *(ist)* **1** **(etwas** *(Akkusativ)***/von etwas/irgendwo) herunterkommen** nach unten kommen (häufig zum Sprecher hin) ⟨die Treppe, vom Berg, von oben herunterkommen⟩ **2** **heruntergekommen sein** in einem sehr schlechten Zustand ≈ verwahrlost sein: *Das alte Schloss ist völlig heruntergekommen*

he·run·ter·la·den *(hat)* **etwas herunterladen** *Informatik;* etwas aus dem Internet in den

H

Speicher des eigenen Computers holen ⟨Informationen, ein Programm herunterladen⟩

he·ru̩n·ter·lei·ern *(hat)* **etwas herunterleiern** *umg abwertend;* einen Text ohne Betonung vortragen: *Der Schüler leierte das Gedicht herunter*

he·ru̩n·ter·ma·chen *(hat) umg* **1** **jemanden/etwas heruntermachen** jemanden/etwas sehr negativ beurteilen: *Die Kritiker haben den neuen Film total heruntergemacht* **2** **etwas (von etwas) heruntermachen** ≈ entfernen: *das Etikett vom Marmeladenglas heruntermachen*

H

he·ru̩n·ter·schlu·cken *(hat)* **1** **etwas herunterschlucken** etwas *(meist* mit einer deutlichen Bewegung im Hals) in den Magen bringen: *eine Tablette herunterschlucken* **2** **etwas herunterschlucken** *umg;* etwas nicht sagen: *eine bissige Bemerkung herunterschlucken*

he·ru̩n·ter·se·hen *(hat)* **1** **(irgendwo(hin)) heruntersehen** nach unten sehen (zum Sprecher hin): *Sie sah aus dem Fenster zu uns herunter* **2** **auf jemanden heruntersehen** ≈ jemanden verachten, gering schätzen

he·ru̩n·ter·set·zen *(hat)* **etwas heruntersetzen** ≈ herabsetzen (1): *eine Ware im Preis heruntersetzen*

he·ru̩n·ter·spie·len *(hat)* **etwas herunterspielen** *umg;* (mit Absicht) etwas als weniger wichtig oder weniger schlimm beschreiben, als es in Wirklichkeit ist ↔ etwas hochspielen: *das Ausmaß der Katastrophe herunterspielen*

he·ru̩n·ter·stu·fen; *stufte herunter, hat heruntergestuft* **1** **etwas herunterstufen** etwas auf ein niedrigeres Niveau senken ⟨die Gehälter, die Löhne herunterstufen⟩ **2** **jemanden herunterstufen** (als Arbeitgeber) jemanden in eine niedrigere Gehalts- oder Lohngruppe einordnen, sodass er weniger als vorher verdient

he·ru̩n·ter·wirt·schaf·ten; *wirtschaftete herunter, hat heruntergewirtschaftet;* **etwas herunterwirtschaften** *umg; meist* eine Firma *o.Ä.* durch schlechtes Management ruinieren

her·vor [hɛɐ̯'foːɐ̯] *Adverb;* von irgendwo (drinnen, hinten, unten oder dazwischen) nach draußen, vorn (so, dass man ihn/sie/es sehen kann)

her·vor- [hɛɐ̯'foːɐ̯-] *im Verb; betont und trennbar;* Die Verben mit *hervor-* werden nach folgendem Muster gebildet: *hervorstrecken - streckte hervor - hervorgestreckt;* bezeichnet eine Bewegung oder Handlung, bei der eine Person oder Sache, die vorher unter, hinter oder in etwas (versteckt) war, sichtbar wird oder nach vorn kommt; **hervorkommen, hervorsehen, hervorspringen**; **jemanden/etwas hervorholen, hervorziehen**; **jemanden/ein Tier hervorlocken**; ⟨den Arm, den Kopf⟩ **hervorstrecken**; **sich hervortrauen, sich hervorwagen**

her·vo̲r|brin·gen *(hat)* **etwas bringt etwas hervor** etwas bewirkt, dass etwas wächst: *Die Kakteen brachten große Blüten hervor*

her·vo̲r|ge·hen *(ist) förmlich;* **etwas geht aus etwas hervor** man kann etwas aus einer Quelle schließen, erkennen: *Aus unseren Akten geht hervor, dass Sie rechtzeitig informiert wurden*

her·vo̲r|he·ben *(hat)* **etwas hervorheben** etwas besonders betonen ⟨etwas lobend hervorheben⟩

her·vo̲r·ra·gen *(hat)* **1** **(unter jemandem** *(Plural)***/aus etwas** *(meist Plural)***) hervorragen** *förmlich;* durch etwas *meist* Positives im Vergleich mit anderen auffallen: *Er ragt aus der Klasse hervor* **2** **etwas ragt (aus etwas) hervor** etwas erstreckt sich über die seitliche Begrenzung von etwas hinaus, ist länger als die anderen Teile: *Ein Brett ragt (aus einem Stapel von Brettern) hervor*

her·vo̲r·ra·gend *Adjektiv;* (in Bezug auf Leistung, Talent, Qualität *o.Ä.*) viel besser als der Durchschnitt ≈ ausgezeichnet: *Sie ist eine hervorragende Ärztin*

her·vo̲r·ru·fen *(hat)* **etwas ruft (bei jemandem) etwas hervor** etwas führt zu einem bestimmten Effekt ≈ etwas verursacht, bewirkt etwas: *Zugluft ruft oft Erkältungen hervor; Das Konzert rief einen Sturm der Begeisterung hervor*

her·vo̲r·ste·chend *Adjektiv; meist vor dem Substantiv;* (durch seine besondere Farbe, Größe, Bedeutung *o.Ä.*) die Aufmerksamkeit auf sich ziehend ≈ auffallend ⟨eine Eigenschaft⟩

her·vo̲r·ste·hen *(hat)* **etwas steht hervor** etwas steht deutlich nach vorn oder nach außen ⟨jemandes Backenknochen, jemandes Zähne⟩ || Hinweis: oft im Partizip Präsens

her·vo̲r|tun, sich *(hat)* **sich (als etwas) hervortun** etwas sehr gut machen und dadurch stark auf andere wirken: *Er hat sich als Fachmann für barocke Malerei hervorgetan*

He̲r·weg *der; -(e)s; nur Singular;* der Weg (2) von irgendwo zu dem Ort, an dem sich der Sprecher befindet ⟨auf dem Herweg⟩ || Hinweis: ↑ **Hinweg**

Herz [A2] *das; -ens, -en* **1** das Organ im Inneren der Brust, das das Blut durch die Adern pumpt ⟨das Herz schlägt, pocht, hämmert; ein starkes, schwaches Herz haben⟩ || [K-] Herzinfarkt, Herzmuskel, Herzoperation, Herzschmerzen, Herztransplantation; herzkrank **2** das Zentrum der Gefühle ≈ Seele ⟨ein reines, fröhliches, weiches, hartes Herz haben⟩ **3** ein Gegenstand, der eine ähnliche Form wie ein Herz (1) hat: *ein Herz aus Lebkuchen* || [-K] Lebkuchenherz, Schokoladenherz **4** *nur Singular*; das geografische Zentrum von etwas ≈ Mittelpunkt: *Innsbruck liegt im Herzen Europas* **5** *ohne Artikel, nur Singular*; eine Spielfarbe im Kartenspiel: *Herz ist Trumpf; Pik, Herz, Karo und Kreuz* || ↑ Abbildung unter **Spielkarten** || [K-] Herzass, Herzbube, Herzdame, Herzkönig, Herzzwei *usw* **6** *(Plural Herz)* eine Karte der Spielfarbe Herz (5) ⟨ein kleines, ein hohes Herz ausspielen, zugeben⟩: *Wie viele Herz hast du?* || [ID] **das Herz auf dem rechten Fleck haben** *umg*; ein Mensch sein, den Liebe und Vernunft leiten; *meist* **Sie sind 'ein Herz und 'eine Seele** sie mögen sich sehr gern; **leichten/schweren Herzens** ohne/voller Zweifel und Sorge; **jemandem wird das Herz schwer** jemand wird traurig; **aus tiefstem Herzen** *förmlich*; **von (ganzem) Herzen** aus einem ehrlichen oder starken Gefühl heraus ⟨jemandem von (ganzem) Herzen alles Gute wünschen; jemanden/etwas aus tiefstem Herzen bedauern, verabscheuen⟩; **jemandem sein Herz ausschütten** jemandem alle seine Sorgen erzählen; **jemandem blutet/bricht das Herz** jemand ist voller Mitleid oder Trauer über etwas; **jemand/etwas bricht jemandem das Herz** jemand/etwas macht jemanden sehr traurig und unglücklich; **etwas nicht übers Herz bringen** etwas nicht tun können, was für einen selbst oder für andere Schmerzen oder Kummer bringt; **sich** *(Dativ)* **ein Herz fassen** seine Angst überwinden (und etwas tun); **etwas auf dem Herzen haben** eine Bitte, einen Wunsch haben und mit jemandem darüber sprechen wollen; **jemandem etwas ans Herz legen** jemanden bitten, sich intensiv um jemanden/etwas zu kümmern; **jemand/etwas liegt jemandem am Herzen** jemand/etwas ist für jemanden sehr wichtig; **sich** *(Dativ)* **etwas zu Herzen nehmen** genau über etwas nachdenken und so handeln ⟨sich jemandes Ratschläge, Ermahnungen, Vorwürfe, Kritik zu Herzen nehmen⟩ || *zu* 3 **herz·för·mig** *Adjektiv*

Herz·an·fall *der; -(e)s, -fäl·le*; starke Herzschmerzen, Atemnot und Angstzustände, die plötzlich auftreten ⟨einen Herzanfall bekommen, haben⟩

her·zei·gen *(hat)* **(etwas) herzeigen** *umg*; jemandem etwas zeigen: *Was hast du denn da? Zeig mal her!*

her·zens·gut *Adjektiv; ohne Steigerung*; sehr gütig und herzlich (in seiner Art) ⟨*meist* ein Mensch⟩ || *hierzu* **Her·zens·gü·te** *die; -; nur Singular*

Her·zens·lust *nur in* **nach Herzenslust** wie es sich jemand gerade wünscht ≈ nach Belieben: *Auf der Party konnte jeder nach Herzenslust essen, trinken und tanzen*

herz|er·grei·fend *Adjektiv*; ⟨eine (Liebes-)Geschichte⟩ so, dass sie den Zuhörer *o.Ä.* emotional sehr bewegt (und zum Weinen bringt) ≈ rührend

Herz·feh·ler *der; -s, -*; ein (angeborener) Defekt am Herzen ⟨einen Herzfehler haben; jemanden wegen eines Herzfehlers operieren⟩

herz·haft *Adjektiv* ≈ intensiv, kräftig (2) ⟨ein Händedruck, ein Kuss; herzhaft gähnen, lachen⟩

her·zie·hen *(hat/ist)* **1** **etwas (zu sich) herziehen** *(hat) umg*; etwas von irgendwo zu sich ziehen (2): *den Tisch näher herziehen* **2** **jemanden/etwas hinter sich** *(Dativ)* **herziehen** *(hat)* jemanden/etwas ziehen und so mit sich führen: *einen Schlitten hinter sich herziehen* **3** **hinter/vor/neben jemandem/etwas herziehen** *(ist)* hinter/vor/neben jemandem/etwas gehen oder laufen (und ihn/es so begleiten) **4** **über jemanden/etwas herziehen** *(hat/ist) umg*; etwas Schlechtes über jemanden, der nicht da ist, erzählen

Herz·kam·mer *die; -, -n*; einer der beiden Teile des Herzens, die das Blut zur Lunge oder in den Körper pumpen ⟨die linke, rechte Herzkammer⟩

Herz·klop·fen *das; -s; nur Singular; meist in* **Herzklopfen haben** sehr aufgeregt sein

herz·lich *Adjektiv* **1** freundlich und voll Liebe ⟨Worte, ein Blick, ein Lächeln; jemanden herzlich begrüßen, empfangen; jemandem herzlich danken⟩ **2** *meist* **Herzlichen Dank!**; **Herzlichen Glückwunsch!**; **Herzliche Grüße!**; **Herzliches Beileid!** verwendet in Formeln (Redewendungen), um das Substantiv zu verstärken || *zu* 1 **Herz·lich·keit** *die; -; nur Singular*

herz·los *Adjektiv*; ohne Gefühl und Mitleid ≈ gefühllos, hart ⟨ein Mensch; herzlos handeln⟩ || *hierzu* **Herz·lo·sig·keit** *die; -; nur Singular*

Her·zog *der; -(e)s, Her·zö·ge*; ein Adeliger mit

einem Rang, der über dem des Grafen liegt: *der Herzog von York* || *hierzu* **Her·zo·gin** *die; -, -nen*

Her·zog·tum *das; -s, -tü·mer;* das Gebiet, in dem ein Herzog herrscht

Herz·schlag *der; -(e)s, -schlä·ge* **1** ein einzelner Schlag des Herzens ≈ Pulsschlag: *56 Herzschläge pro Minute* **2** *nur Singular;* das wiederholte, rhythmische Schlagen des Herzens ≈ Pulsschlag ⟨einen schnellen, langsamen, unregelmäßigen Herzschlag haben⟩ **3** *nur Singular;* das plötzliche Ende der Tätigkeit des Herzens ≈ Herzversagen ⟨an einem Herzschlag sterben, einen Herzschlag erleiden⟩

H

Herz|schritt·ma·cher *der; -s, -;* ein Gerät, das man in den Körper einpflanzt, um die Tätigkeit eines schwachen Herzens zu unterstützen

Herz·ver·sa·gen *das; -s; nur Singular;* die Tatsache, dass das Herz aufhört zu schlagen

herz·zer·rei·ßend *Adjektiv;* so, dass es großes Mitleid erregt ⟨ein Geschrei, ein Anblick; herzzerreißend weinen⟩

Hessen

Hessen liegt in der Mitte Deutschlands. Seine Hauptstadt ist **Wiesbaden**, die größte Stadt ist jedoch **Frankfurt am Main** — Standort der deutschen Börse und des größten deutschen Flughafens.
Die Landschaft Hessens ist von zahlreichen Mittelgebirgen geprägt. Die bekanntesten sind **Rhön, Odenwald, Spessart, Taunus** und **Westerwald.**

LANDESKUNDE

he·te·ro·gen *Adjektiv;* so, dass die einzelnen Teile nicht zueinanderpassen oder (sehr) unterschiedlich sind ≈ uneinheitlich ↔ homogen, einheitlich

he·te·ro·se·xu·ell *Adjektiv;* so, dass das sexuelle Interesse des Betreffenden auf das andere Geschlecht gerichtet ist ↔ homosexuell ⟨eine Beziehung⟩

Het·ze[1] *die; -; nur Singular; umg* ≈ Hast, Eile

Het·ze[2] *die; -; nur Singular;* **eine Hetze (gegen jemanden/etwas)** *abwertend;* böse Worte und Aktionen, die Hass, Aggression, Wut erzeugen sollen ⟨rassistische Hetze; eine Hetze gegen jemanden/etwas betreiben⟩ || -K Judenhetze, Kommunistenhetze

het·zen; *hetzte, hat gehetzt* **1** **ein Tier auf jemanden/etwas hetzen** einem Tier (*bes* einem Hund) befehlen, einen Menschen oder ein anderes Tier zu jagen: *die Hunde auf einen Hirsch hetzen* **2** **sich hetzen** *umg* ≈ sich sehr beeilen **3** **(gegen jemanden/etwas) hetzen** *abwertend;* böse Dinge sagen oder tun, um bei jemandem Hass, Aggression, Wut gegen jemanden/etwas zu erzeugen || K- Hetzkampagne, Hetzpropaganda

Hetz·jagd *die; -, -en* **1** eine Art der Jagd, bei der man Tiere mit Hunden hetzt ⟨eine Hetzjagd veranstalten⟩ **2** **eine Hetzjagd (auf jemanden)** *umg;* die systematische Verfolgung von jemandem (um ihn zu fangen) oder wiederholte Äußerungen (*z.B.* in der Presse), um jemanden zu diskriminieren

Heu *das; -(e)s; nur Singular;* getrocknetes Gras, das man dem Vieh als Futter gibt ⟨Heu machen⟩ || K- Heugabel, Heuhaufen

Heu·bo·den *der; -s, -bö·den; meist* der Dachboden über den (Vieh)Ställen, auf dem das Heu aufbewahrt wird

Heu·che·lei *die; -, -en; abwertend;* eine Äußerung oder Handlung, mit der man freundliche Gefühle *o.Ä.* vortäuscht: *Ihr Mitleid ist doch nur Heuchelei!*

heu·cheln; *heuchelte, hat geheuchelt; abwertend;* **(etwas) heucheln** so tun, als ob man Gefühle oder Eigenschaften hätte, die man nicht hat ≈ etwas vortäuschen ⟨Freude, Liebe, Mitleid *usw* heucheln; Interesse heucheln⟩ || *hierzu* **Heuch·ler** *der; -s, -;* **Heuch·le·rin** *die; -, -nen;* **heuch·le·risch** *Adjektiv*

heu·er *Adverb; südd* Ⓐ Ⓒⓗ in diesem Jahr

heu·len; *heulte, hat geheult* **1** ⟨ein Wolf, ein Hund *o.Ä.*⟩ **heult** ein Wolf, ein Hund *o.Ä.* gibt lange (klagende) Laute von sich **2** **etwas heult** etwas erzeugt lange und laute Töne ⟨eine Sirene, ein Motor⟩ **3** *umg* ≈ weinen ⟨jemandem ist zum Heulen zumute⟩

heu·ri·g- *Adjektiv; nur vor dem Substantiv, nicht als Adverb; südd* Ⓐ Ⓒⓗ in/von diesem Jahr ≈ diesjährig-: *das heurige Osterfest, der heurige Wein*

Heu·schnup·fen *der; -s; nur Singular;* eine (allergische) Krankheit, die wie ein Schnupfen ist

Heu·schre·cke *die; -, -n;* ein Insekt, das fliegen und sehr weit springen kann: *Die Heuschrecken fielen in Schwärmen über die Felder her und vernichteten die Ernte* || K- Heuschreckenplage, Heuschreckenschwarm

heu·te A1 *Adverb* **1** an diesem Tag in der

Gegenwart ↔ gestern, morgen ⟨heute früh/Früh, Morgen, Mittag, Abend, Nacht; ab, bis, seit heute; von heute ab/an⟩: *Heute ist mein Geburtstag* **2** in unserer Zeit ≈ heutzutage: *Heute besitzen viele Leute einen Computer* || ID **von heute auf morgen** *umg* ≈ rasch, schnell, sofort: *Eine Fremdsprache lernt man nicht von heute auf morgen*

heu·ti·g- *Adjektiv; nur vor dem Substantiv, nicht als Adverb* **1** heute, an diesem Tag (stattfindend): *das heutige Konzert* **2** von heute, von diesem Tag: *In der heutigen Zeitung ist ein langer Bericht über den Unfall* **3** zur Gegenwart (als Epoche) gehörend ≈ derzeitig-, jetzig- ↔ früher-, zukünftig- ⟨die Generation, die Jugend, die Technik⟩: *der heutige Stand der Wissenschaft*

heut·zu·ta·ge *Adverb;* in der Gegenwart

He·xe *die; -, -n* **1** (in Märchen) eine (*meist* alte und hässliche) Frau, die zaubern kann und böse ist **2** *historisch;* eine Frau, von der man glaubte, dass sie mit dem Teufel verbündet sei || K- Hexenprozess, Hexenverbrennung

he·xen; *hexte, hat gehext* ≈ zaubern: *Ich kann doch nicht hexen!*

He·xen·schuss *der; -es; nur Singular;* ein sehr starker, plötzlicher Schmerz im Rücken

hg., hrsg. *Abkürzung für* herausgegeben

Hg., Hrsg. *Abkürzung für* Herausgeber(in)

hieb *Imperfekt, 1. und 3. Person Singular;* ↑ **hauen**

Hieb *der; -(e)s, -e;* ein starker Schlag (*bes* mit einer Waffe oder einer Axt) ⟨jemandem einen Hieb versetzen⟩: *Ein einziger Hieb mit seiner Axt genügte und der Baum fiel um* || K- Hiebwaffe || -K Peitschenhieb, Schwerthieb

hielt *Imperfekt, 1. und 3. Person Singular;* ↑ **halten**

hier A1 [hiːɐ̯] *Adverb* **1** an diesem Ort (an dem sich der Sprecher befindet) ↔ dort ⟨hier oben, unten, draußen, drinnen, vorn, hinten⟩: *Hier soll eine Schule gebaut werden* **2** **hier** + *Richtungsangabe* von dieser Stelle (1) aus (an der sich der Sprecher befindet): *Hier schräg gegenüber/über die Straße war früher eine Bäckerei* **3** **von hier sein** *umg;* in diesem Ort oder dieser Gegend wohnen *bzw* gewohnt haben **4** *Substantiv/Pronomen* + **hier** verwendet, um auf jemanden/etwas (in der Nähe) hinzuweisen: *Mein Freund hier hat uns sehr geholfen* **5** in diesem Zusammenhang (in einer Unterhaltung, Diskussion, Rede): *Darauf kann hier nicht näher eingegangen werden* **6** in diesem Fall: *Hier liegt ein Irrtum vor* **7** zu diesem Zeitpunkt ⟨von hier ab/an⟩: *Hier endet nun ein Zeitalter, und ein neues beginnt* || ID **hier und da** **a** ≈ manchmal, ab und zu, hin und wieder; **b** an manchen Stellen, da und dort || Hinweis: ↑ **hierbehalten**, **hierbleiben** *usw*

hie·ran, *betont* **hie·ran** *Adverb;* verwendet, um auf etwas hinzuweisen, das man jemandem zeigt oder das gerade (mit der Präposition *an*) erwähnt wurde: *Hieran* (an diesen Haken) *kannst du das Bild hängen; Hieran* (an dieser Tatsache) *ist kein Zweifel möglich*

Hie·rar·chie *die; -, -n* [-ˈçiːən]; eine strenge Ordnung (*meist* in einem Staat oder einer Organisation), die von oben nach unten wirkt ≈ Rangordnung ⟨eine strenge Hierarchie; die staatliche, kirchliche Hierarchie⟩ || *hierzu* **hie·rar·chisch** *Adjektiv*

hie·rauf, *betont* **hie·rauf** *Adverb;* **1** verwendet, um auf etwas hinzuweisen, das man jemandem zeigt oder das gerade (mit der Präposition *auf*) erwähnt wurde: *Hierauf* (auf diesem Bett) *schlief einst König Ludwig; Ihre Kritik bezog sich hierauf* (auf diese Aussage) **2** zeitlich kurz nach der eben erwähnten Sache oder Handlung ≈ danach: *Um acht Uhr frühstückte er, hierauf fuhr er weg* **3** zeitlich nach (und *meist* wegen) der eben erwähnten Sache oder Handlung ≈ daraufhin: *Er beleidigte den Schiedsrichter und wurde hierauf vom Platz gestellt*

hie·raus, *betont* **hie·raus** *Adverb;* aus der gezeigten oder vorher genannten Sache: *Hieraus* (aus diesem Glas) *hat sie getrunken; Hieraus* (aus dieser Tatsache) *ergaben sich große Probleme*

hier·be·hal·ten; *behält hier, behielt hier, hat hierbehalten* **1** **jemanden/etwas hierbehalten (können)** jemanden/etwas bei sich lassen (und auf ihn/darauf aufpassen): *Kannst du Thomas/meinen Gummibaum hierbehalten, während ich weg bin?* **2** **jemanden hierbehalten (müssen)** jemanden nicht weggehen lassen (können) (*z.B.* aus einem Krankenhaus, einer Polizeistation): *Wenn die Wunde nicht ausheilt, müssen wir Sie noch eine Woche hierbehalten*

hier·bei, *betont* **hier·bei** *Adverb;* bei der vorher genannten Sache: *Hierbei* (bei diesem Fall) *handelt es sich um Mord*

hier·blei·ben; *blieb hier, ist hiergeblieben;* an diesem Ort (an dem der Sprecher ist) bleiben: *Mir gefällt es in dem Garten, ich möchte noch eine Weile hierbleiben*

hier·durch, *betont* **hier·durch** *Adverb;* durch die gezeigte oder vorher genannte Sache: *Hierdurch* (durch dieses Loch) *ist der Fuchs in*

H

den Stall gekommen; Hierdurch (durch diesen Brief) *wird bestätigt, dass Frau Meier in unserer Firma ein Praktikum macht*

hier·für, *betont* **hier·für** *Adverb;* für die gezeigte oder vorher genannte Sache: *Die Vorbereitungen hierfür* (für dieses Fest) *sind abgeschlossen*

hier·ge·gen, *betont* **hier·ge·gen** *Adverb;* gegen die gezeigte oder vorher genannte Sache: *Hiergegen* (gegen diese Wand) *lehnte er die Leiter; Hiergegen* (gegen diese Maßnahme) *protestieren wir*

hier·her B2, *betont* **hier·her** *und* **hier·her** *Adverb* **1** an diesen Ort, nach hier ↔ dorthin: *Wir sind vor zwei Jahren hierher gezogen; Schau mal hierher, zu mir* **2** **bis hierher** bis zu diesem Zeitpunkt, bis zu diesem Stadium *o.Ä.*: *Bis hierher habe ich den Text verstanden, aber jetzt wirds schwierig* **3** **etwas gehört hierher** etwas passt zum Thema (und soll jetzt besprochen werden): *Dieses Thema gehört nicht hierher*

H

hier·hin B1, *betont* **hier·hin** *Adverb;* an diesen Ort hin (auf den der Sprecher hinweist) ↔ dorthin: *Stellen Sie den Schrank bitte hierhin!; (Füllen Sie das Glas) bis hierhin, bitte!* || Hinweis: ↑ **hierher**

hie·rin, *betont* **hie·rin** *Adverb;* **1** in diesem (vorher genannten) Gegenstand, Raum *o.Ä.*: *Hierin* (in diesem Gebäude) *befand sich früher die Bibliothek* **2** in dieser (vorher genannten) Tatsache, Angelegenheit: *Hierin* (in diesem Punkt) *liegt das Problem*

hier·las·sen; *lässt hier, ließ hier, hat hiergelassen;* **jemanden/etwas hierlassen** jemanden/etwas an dem Ort lassen, an dem sich der Sprecher befindet ↔ wegbringen: *Du kannst deine Tasche hierlassen und sie später wieder abholen*

hier·mit, *betont* **hier·mit** *Adverb;* mit der gezeigten oder vorher genannten Sache: *Hiermit* (mit dieser Waffe) *wurde der Mord begangen*

Hie·ro·gly·phe [hiero'gly:fə] *die; -, -n* **1** ein Zeichen der alten ägyptischen (Bilder)Schrift **2** *nur Plural; umg humorvoll;* eine (Hand)Schrift, die man kaum lesen kann: *Deine Hieroglyphen kann ich nicht entziffern*

hie·rü·ber, *betont* **hie·rü·ber** *Adverb;* über der gezeigten oder vorher genannten Sache: *Hierüber* (über diese Brücke) *können wir gehen; Hierüber* (über dieses Thema) *schrieb er ein Buch*

hie·run·ter, *betont* **hie·run·ter** *Adverb;* unter der gezeigten oder vorher genannten Sache: *Hierunter* (unter diesem Tisch) *lag der Schlüssel; Hierunter* (unter diesem Begriff) *verstehen wir Folgendes; Hierunter* (unter dieser Beleidigung) *litt er sehr*

hier·von, *betont* **hier·von** *Adverb;* von der gezeigten oder vorher genannten Sache: *Unser Haus ist nicht weit hiervon* (von diesem Ort) *entfernt; Hiervon* (von diesen Tabletten) *nahm sie zehn Stück*

hier·zu, *betont* **hier·zu** *Adverb;* zu dieser (vorher genannten) Sache, zu diesem Zweck: *Er möchte in die USA reisen - hierzu braucht er ein Visum; Hierzu sage ich nichts*

hier·zu·lan·de, **hier zu Lan·de** *Adverb;* in diesem Land oder diesem Gebiet (in dem sich der Sprecher befindet): *Hierzulande sind die Leute sehr konservativ* || Hinweis: Dieser Begriff ist nicht mehr sehr üblich

hie·si·g- *Adjektiv; nur vor dem Substantiv, nicht als Adverb;* in, aus dieser Gegend (in der der Sprecher ist) ⟨die Bevölkerung, die Gebräuche⟩

hieß *Imperfekt, 1. und 3. Person Singular;* ↑ **heißen**

hie·ven; *hievte, hat gehievt;* **etwas (irgendwohin) hieven** etwas (*meist* Schweres) nach oben ziehen ⟨den Anker hieven, etwas an Deck hieven⟩

Hi-Fi ['haifi, 'hai'fai] *Technik*(*Abkürzung für* High Fidelity) eine sehr hohe Qualität bei der Wiedergabe *bes* von Musik || K- Hi-Fi-Anlage

high [hai] *Adjektiv; nur nach dem Substantiv und als Adverb; umg;* in einem euphorischen Zustand (*z.B.* nachdem man Rauschgift genommen hat) ⟨high werden, sein⟩

High·tech ['hai'tɛk] *das; -(s) oder die; -; nur Singular;* sehr moderne technische Geräte, Verfahren *usw*, die *bes* mit Computern und Mikroelektronik zu tun haben

Hil·fe A1 *die; -, -n* **1** *nur Singular;* das Helfen ⟨ärztliche, finanzielle, gegenseitige Hilfe; Hilfe holen; jemandem Hilfe leisten; jemandem zu Hilfe eilen, kommen; jemandem (seine) Hilfe anbieten; jemanden um Hilfe bitten; um Hilfe rufen, schreien; auf jemandes Hilfe angewiesen sein⟩: *Er sah sich Hilfe suchend um* || K- Hilfeleistung, Hilferuf, Hilfeschrei; Hilfsaktion, Hilfsmittel, Hilfsorganisation **2** jemand, der jemandem (im Notfall, bei einer Tätigkeit) hilft: *eine Hilfe für den Haushalt benötigen* || -K Haushaltshilfe, Küchenhilfe, Putzhilfe **3** **Erste Hilfe** das Erste und Wichtigste, was man (an medizinischen Maßnahmen) bei einer Verletzung tun kann (bevor der

Arzt da ist) ⟨jemandem Erste Hilfe leisten⟩ || K- Erste-Hilfe-Kurs **4** **(zu) Hilfe!** verwendet, um nach Hilfe zu rufen, wenn man in Gefahr ist **5** **etwas zu Hilfe nehmen** etwas benutzen, um so das Ziel zu erreichen: *einen Stock zu Hilfe nehmen, um den Ball aus dem Bach zu fischen* || Hinweis: ↑ **mithilfe**

Hilfe!

In einer Notsituation ruft man einfach:
Hilfe!

Wenn es irgendwo brennt, ruft man:
Feuer!

Um jemanden zu warnen, ruft man:
Achtung! / Vorsicht!

SPRECHEN UND SCHREIBEN

hi̱l·fe·su·chend ↑ **Hilfe** (1)

hi̱lf·los *Adjektiv;* nicht fähig, sich selbst zu helfen: *Nach dem Unfall war sie im Auto eingeklemmt und völlig hilflos* || *hierzu* **Hi̱lf·lo·sig·keit** *die; -; nur Singular*

hi̱lf·reich *Adjektiv* **1** so, dass man anderen Menschen eine große Hilfe ist ⟨jemandem hilfreich zur Seite stehen⟩ **2** ≈ nützlich (1) ⟨ein Hinweis, Umstände⟩

Hi̱lfs- *im Substantiv; betont;* ohne Ausbildung für den ausgeübten Beruf ↔ Fach-; der **Hilfsarbeiter**, die **Hilfskraft**, das **Hilfspersonal**

hi̱lfs·be·reit *Adjektiv;* gern bereit, anderen zu helfen: *Der Junge ist alten Menschen gegenüber immer sehr hilfsbereit* || *hierzu* **Hi̱lfs·be·reit·schaft** *die; -; nur Singular*

Hi̱lfs·mit·tel *das; -s, -* **1** etwas, das eine Arbeit (oder ein Vorhaben) einfacher macht ⟨-(un)erlaubte, technische Hilfsmittel anwenden, benutzen⟩ **2** *nur Plural;* Geld oder Gegenstände, die jemandem helfen sollen, der in Not ist: *Nach dem Erdbeben trafen die Hilfsmittel von überall ein*

Hi̱lfs·verb *das; -s, -en; Sprachwissenschaft;* ein Verb, mit dem man *z.B.* die zusammengesetzten Zeiten und das Passiv eines Verbs bildet: *die deutschen Hilfsverben* haben, sein *und* werden

hi̱lft *Präsens, 3. Person Singular;* ↑ **helfen**

Hi̱m·bee·re *die; -, -n;* eine rote Beere, die man essen kann und aus der man Saft, Gelee und Marmelade machen kann || ↑ Abbildung unter **Erdbeere** || K- Himbeereis, Himbeergelee, Himbeermarmelade, Himbeerstrauch

Hi̱m·mel A2 *der; -s; nur Singular* **1** der (Luft)Raum über der Erde ⟨ein blauer, bewölkter, bedeckter, klarer, wolkenloser Himmel⟩: *Am Himmel funkeln die Sterne* || K- Himmelskörper || K- himmelblau || -K Sternenhimmel, Wolkenhimmel **2** der Ort, an dem (im Glauben mancher Religionen) Gott ist und an den die Menschen nach dem Tod kommen wollen ≈ Paradies ↔ Hölle ⟨in den Himmel kommen⟩ || K- Himmelstor **3** **unter freiem Himmel** ohne ein Dach (über dem Kopf) ⟨unter freiem Himmel schlafen⟩ **4** *umg;* verwendet in Ausrufen der Verwunderung und des Schreckens und in Flüchen: *Um Himmels willen!; (Ach) du lieber Himmel!* || ID **Himmel und Hölle in Bewegung setzen** alles tun oder veranlassen, um sein Ziel zu erreichen; **im siebten Himmel sein**; **sich (wie) im siebten Himmel fühlen** sehr glücklich sein (*meist* weil man verliebt ist); **etwas schreit zum Himmel** etwas ist sehr schlimm, empörend; **aus heiterem Himmel** plötzlich und ohne dass man damit rechnen, es erwarten konnte

Die Hilfsverben haben und sein

Um die zusammengesetzten Formen der Vergangenheit im Deutschen zu bilden, werden die Hilfsverben **haben** und **sein** verwendet.

sein

sein verwendet man bei Verben, die einen Zustand oder eine Zustandsänderung ausdrücken:
Ich bin krank gewesen.
Die Temperatur ist gestiegen.

sein verwendet man mit Verben der Fortbewegung:
Ich bin durch Spanien gereist.

haben

haben wird in allen anderen Fällen verwendet:
Ich habe eine Übung gemacht.

SPRACHE LERNEN

Hi̱m·mel·fahrt *(die); -; nur Singular;* **(Christi) Himmelfahrt** ein (christlicher) Feiertag (am 40. Tag nach Ostern), an dem die Rückkehr von Jesus Christus in den Himmel gefeiert wird

Hi̱m·mel·reich *das; -(e)s; nur Singular* ≈ Himmel (2)

Hi̱m·mels·kör·per *der; -s, -; Astronomie;* ein Stern, Mond oder Planet

Hi̱m·mels·rich·tung B2 *die; -, -en;* Norden *bzw* Süden *bzw* Osten *bzw* Westen || ↑ Abbildung Seite 416

hi̱mm·lisch *Adjektiv; umg* ≈ herrlich, wunderbar ⟨ein Tag, eine Ruhe *o.Ä.*⟩

H

Himmelsrichtung

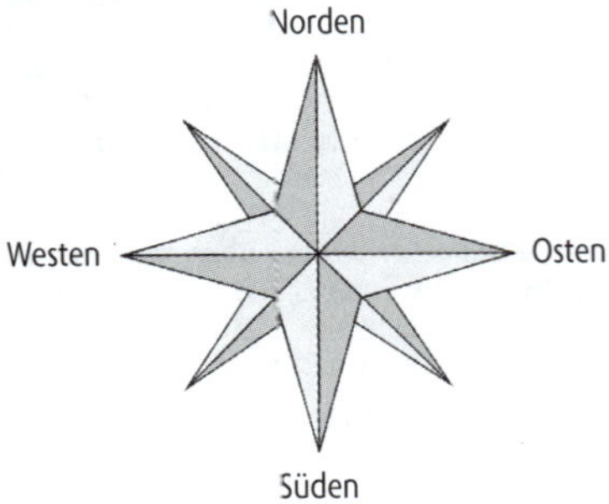

H

hịn A2 *Adverb* 1 *räumliche Angabe* + **hin** in Richtung vom Sprecher (oder von dem vorher genannten Punkt) weg auf jemanden/etwas zu: *Der Weg zum Stadion hin wird neu geteert; nach links hin* 2 *zeitliche Angabe* + **hin** in Richtung auf einen Zeitpunkt oder Zeitraum: *Gegen Abend hin wurde es kalt* 3 *räumliche Angabe* + **hin** verwendet, um auszudrücken, wie weit, groß etwas ist: *Der Kanal erstreckt sich über viele Kilometer hin* 4 *zeitliche Angabe* + **hin** verwendet, um auszudrücken, wie lange etwas dauert: *Über viele Jahre hin trafen sie sich regelmäßig* 5 **auf etwas** (*Akkusativ*) **hin** wegen, aufgrund von etwas ⟨auf einen Verdacht, eine Vermutung, einen Hinweis, jemandes Rat, Warnung hin⟩ 6 **auf etwas** (*Akkusativ*) **hin** in Bezug auf etwas: *einen Plan auf Fehler hin überprüfen* 7 **hin und zurück** für Hin- und Rückfahrt (oder Rückflug): *Bitte einmal (eine Fahrkarte nach) Frankfurt hin und zurück* 8 **hin und her** ohne eine feste Richtung *bzw* mit wechselnder Richtung ≈ kreuz und quer ⟨hin und her gehen, fahren, laufen *usw*⟩: *Er war so nervös, dass er ständig hin und her ging* || Aber: *hin- und herfahren, hin- und herfliegen, hin- und hergehen usw* (= hin- und wieder zurückfahren, -fliegen *usw* (zusammengeschrieben)) 9 **irgendwo hin sein** *umg;* (elliptisch verwendet) ≈ hingegangen, hingefahren, hingekommen *o.Ä.* sein: *Als er so traurig war, ist sie zu ihm hin* (= hingegangen) *und hat ihn getröstet* 10 **etwas ist hin** *umg;* etwas ist kaputt: *Das Radio ist hin* 11 **hin sein** *umg;* sehr erschöpft sein ≈ (fix und) fertig sein: *Nach dem Training war er völlig hin* 12 **jemand/ein Tier ist hin** *salopp;* jemand/ein Tier ist tot: *Die Katze rührt sich nicht mehr. - Die ist hin* 13 **etwas ist hin** *umg;* etwas ist verloren, ruiniert oder nicht mehr zu verwirklichen ⟨jemandes Hoffnung, jemandes Pläne, jemandes Ruf⟩ 14 **(von jemandem/etwas) (ganz) hin und weg sein** *umg;* (von jemandem/etwas) begeistert sein 15 **es ist nicht mehr lange/noch** + *Zeitangabe* **hin bis (zu) etwas** *umg;* es dauert nicht mehr lange/noch die genannte Zeit, bis etwas geschehen wird: *Es ist noch eine Woche hin bis Weihnachten* || ID **nach einigem/langem/ewigem Hin und Her** nachdem etwas lange besprochen, diskutiert wurde; **nach außen hin** nur äußerlich, dem Anschein nach: *sich nach außen hin liberal geben;* **hin oder her** *umg;* mehr oder weniger: *Zwei Tage hin oder her, darüber brauchen wir uns nicht zu streiten;* **hin und wieder** ≈ manchmal

hịn- B1 *im Verb; betont und trennbar;* Die Verben mit *hin-* werden nach folgendem Muster gebildet: *hingehen - ging hin - hingegangen;* bezeichnet die Richtung auf ein Ziel, *oft* weg vom Sprecher; **(irgendwohin) hinfliegen, hinlaufen, hinkönnen, hinmüssen, hinreisen, hinschauen, hinsehen; auf etwas hinweisen; jemanden/etwas (irgendwohin) hinbringen, hinlassen, hinschicken, hinschieben, hinwerfen, hinziehen; sich (irgendwohin) hinknien, hinlegen, hinsetzen, hintrauen**

hi·nạb *Adverb;* bezeichnet die Richtung von oben nach unten (vom Sprecher aus gesehen) || Hinweis: ↑ **herab**

hi·nạb- *im Verb; betont und trennbar; förmlich* ≈ hinunter-

hi·nauf *Adverb;* bezeichnet die Richtung von unten nach oben, *oft* weg vom Sprecher ↔ herab, herunter: *Vom Tal bis zur Skihütte hinauf braucht man eine Stunde* || Hinweis: ↑ **herauf**

hi·nauf- *im Verb; betont und trennbar;* Die Verben mit *hinauf-* werden nach folgendem Muster gebildet: *hinaufgehen - ging hinauf - hinaufgegangen;* bezeichnet die Richtung von unten nach (irgendwo) oben, häufig weg vom Sprecher ↔ herab-, herunter-; **(irgendwohin) hinaufdürfen, hinauffahren, hinaufklettern, hinaufkönnen, hinauflaufen, hinaufmüssen, hinaufschauen, hinaufsehen, hinaufsteigen; jemanden/etwas (irgendwohin) hinaufbringen, hinauffahren, hinauftragen, hinaufziehen; sich (irgendwohin) hinaufschleppen, hinauftrauen** || Hinweis: a Anstelle einer Richtungsangabe (*zur Hütte usw*) steht häufig nur eine Angabe im Akkusativ: *Er ging den Berg hinauf; Er führte die alte Frau die Treppe hinauf;* b ↑ **herauf-**

hi·nauf·ge·hen (*ist*) 1 **(etwas/irgendwohin) hinaufgehen** nach oben gehen, vom Standpunkt des Sprechers weg: *die Treppe hinaufgehen* 2 **etwas geht hinauf** *umg;* etwas wird höher ≈ etwas steigt ⟨die Miete, der Preis⟩

hi·nauf·set·zen *(hat)* **1** **jemanden/sich/etwas hinaufsetzen** jemanden/sich/etwas oben auf etwas setzen: *Er schwang sich auf den Ast und setzte sich hinauf* **2** **etwas hinaufsetzen** ≈ erhöhen ⟨die Miete, den Preis hinaufsetzen⟩

hi·nauf·trei·ben *(hat)* **1** **Tiere (etwas/irgendwohin) hinauftreiben** Tiere auf einen Berg *o.Ä.* nach oben treiben: *Die Kühe zur Alm, den Berg hinauftreiben* **2** **etwas hinauftreiben** bewirken, dass etwas höher wird, steigt ⟨die Preise hinauftreiben⟩

hi·naus *Adverb* **1** bezeichnet die Richtung von drinnen nach irgendwo draußen, *oft* weg vom Sprecher ↔ herein: *(zur Tür) hinaus ins Freie gehen* **2** **hinaus** + *räumliche Angabe;* in Richtung auf einen freien Raum: *hinaus aufs Land, aufs Meer fahren; ein Fenster zum Hof hinaus* **3** **hinaus sein** *umg;* hinausgegangen, -gefahren *o.Ä.* sein: *Er ist auf die Felder hinaus* **4** **über etwas** *(Akkusativ)* **hinaus sein** *umg;* eine bestimmte Zeit hinter sich haben ≈ aus etwas heraus sein: *Er ist über das Alter hinaus, in dem man jeden Abend in die Disco geht*

hi·naus- *im Verb; betont und trennbar;* Die Verben mit *hinaus-* werden nach folgendem Muster gebildet: *hinaustragen - trug hinaus - hinausgetragen*; bezeichnet die Richtung von drinnen nach irgendwo draußen, häufig weg vom Sprecher ↔ herein-; **jemanden/etwas (aus etwas) hinausbringen, hinausführen, hinauslassen, hinausschaffen, hinaustragen, hinausziehen**; **(aus etwas) hinausdürfen, hinausfallen, hinausfinden, hinausklettern, hinausschauen, hinaussehen, hinausspringen, hinaussteigen**; **aus etwas/über etwas** *(Akkusativ)* **hinauswachsen**; **sich (aus etwas) hinausbeugen, hinausschleichen, hinaustrauen** || Hinweis: **a** Wenn ausgedrückt werden soll, woher jemand/etwas hinauskommt *o.Ä.*, wird *meist* die Präposition *aus* verwendet: *Er lief aus dem Zimmer heraus*; Wenn ausgedrückt werden soll, wohin jemand/etwas kommt *o.Ä.*, wird *meist* die Präposition *zu* (bzw. *zur/zum*) verwendet: *Ich wollte gerade zur Tür hinaus*; **b** ↑ **heraus-**

hi·naus·ge·hen *(ist)* **1** **(aus etwas) hinausgehen** nach draußen gehen, einen Raum verlassen (häufig weg vom Sprecher) ⟨(aus einem Zimmer) ins Freie hinausgehen⟩ **2** **etwas geht über etwas** *(Akkusativ)* **hinaus** etwas überschreitet ein Maß: *Diese Arbeit geht über meine Kräfte hinaus*

hi·naus·kom·men *(ist)* **1** **(aus etwas) hinauskommen** nach draußen kommen, einen Raum verlassen (häufig weg vom Sprecher) ⟨(aus einem Haus) ins Freie hinauskommen⟩ **2** **jemand/etwas kommt über etwas** *(Akkusativ)* **hinaus** jemand/etwas überschreitet ein bestimmtes Maß, eine bestimmte Grenze *o.Ä.*: *Sein altes Auto kommt nicht mehr über 100 Stundenkilometer hinaus* **3** **etwas kommt auf etwas** *(Akkusativ)* **hinaus** ≈ etwas läuft auf etwas hinaus

hi·naus·lau·fen *(ist)* **1** **(aus etwas) hinauslaufen** nach draußen laufen (häufig weg vom Sprecher oder Erzähler): *Weinend lief sie aus dem Zimmer hinaus* **2** **etwas läuft auf etwas** *(Akkusativ)* **hinaus** etwas hat das genannte Ergebnis: *Der Plan läuft auf eine Modernisierung der Fabrik hinaus*

hi·naus·ra·gen *(hat)* **1** **(aus etwas) hinausragen** nach draußen ragen (häufig weg vom Sprecher): *Meine Füße ragten aus dem Bett hinaus* **2** **etwas ragt über etwas** *(Akkusativ)* **hinaus** etwas überschreitet ein bestimmtes Maß, eine bestimmte Grenze *o.Ä.*: *Der Baum darf nicht über die Gartenmauer hinausragen; Seine Leistungen ragen weit über den Durchschnitt hinaus*

hi·naus·schie·ben *(hat)* **1** **etwas (irgendwo) hinausschieben** etwas nach draußen schieben (häufig weg vom Sprecher): *Sie schob den Sessel zur Tür, aus dem Zimmer hinaus* **2** **etwas hinausschieben** etwas nicht sofort tun, sondern erst später ⟨den Abschied, eine Entscheidung hinausschieben⟩

hi·naus·wach·sen *(ist)* **1** **über jemanden/etwas hinauswachsen** größer, höher werden als jemand/etwas: *Er ist über seinen Vater hinausgewachsen; Der Baum ist weit über das Haus hinausgewachsen* **2** **über sich (selbst) hinauswachsen** seine bisherige Leistung sehr steigern

hi·naus·wer·fen *(hat)* **1** **etwas (irgendwo)/jemanden hinauswerfen** etwas nach draußen werfen (häufig weg vom Sprecher): *Wütend warf sie sein Geschenk zum Fenster hinaus* **2** **jemanden hinauswerfen** *umg;* jemandem sofort kündigen oder ihn zwingen, einen Raum *o.Ä.* zu verlassen: *Sie haben ihn hinausgeworfen, weil er so unzuverlässig ist*

hi·naus·wol·len *(hat)* **1** **auf etwas** *(Akkusativ)* **hinauswollen** eine bestimmte Absicht, ein Ziel haben ≈ etwas beabsichtigen: *Worauf willst du mit dieser Frage hinaus?* **2** **hoch hinauswollen** ehrgeizig sein, eine hohe Leistung, eine hohe Position im Beruf *o.Ä.* anstreben **3** *umg;* nach draußen wollen (häufig weg vom Sprecher): *Die Kinder wollten nach dem Essen zum Spielen hinaus*

Hi·naus·wurf *der; -(e)s; nur Singular; umg;* der Vorgang, bei dem jemand hinausgeworfen (2)

H

wird

hi·naus·zie·hen (*hat/ist*) **1 jemanden/etwas (aus etwas) hinausziehen** (*hat*) jemanden/etwas nach draußen ziehen (häufig weg vom Sprecher): *Er zog mich aus dem Bach hinaus, in den ich gefallen war* **2 (in etwas** (*Akkusativ*)**) hinausziehen** (*ist*) sich (in einer Gruppe) irgendwohin begeben (häufig weg vom Sprecher): *Ihre Kinder zogen in die Welt hinaus und sammelten ihre eigenen Erfahrungen* **3 etwas zieht sich hinaus** (*hat*) ≈ etwas zögert sich hinaus

hi·naus·zö·gern (*hat*) **1 etwas hinauszögern** etwas auf einen späteren Zeitpunkt verschieben ≈ etwas hinausschieben (2) ⟨den Abschied, eine Entscheidung hinauszögern⟩ **2 etwas zögert sich hinaus** etwas findet später statt als erwartet oder geplant: *Der Beginn des Konzerts zögert sich noch etwas hinaus. Haben Sie bitte Geduld!*

H

Hin·blick *der; nur in* **im/in Hinblick auf etwas** (*Akkusativ*) etwas betreffend ≈ in Bezug auf, hinsichtlich: *Im/In Hinblick auf unser gestriges Gespräch möchte ich Ihnen noch die versprochenen Dokumente geben*

hin·der·lich *Adjektiv; meist nach dem Substantiv;* **(jemandem/etwas) hinderlich, (für jemanden/etwas) hinderlich** so, dass jemand/etwas behindert, gestört wird ≈ störend ↔ förderlich: *Der Mantel war ihm beim Reifenwechseln hinderlich, deshalb zog er ihn aus*

hin·dern; *hinderte, hat gehindert* **1 jemand/etwas hindert jemanden/etwas an etwas** (*Dativ*) jemand/etwas bewirkt, dass jemand etwas nicht tut/nicht tun kann oder dass etwas nicht passiert: *Die Verletzung hindert sie am Schwimmen; Niemand hindert Sie daran zu gehen!* **2 etwas hindert (jemanden) bei etwas** etwas stört jemanden bei einer Tätigkeit ≈ etwas behindert jemanden (bei etwas): *Helles Licht hindert (mich) beim Schlafen*

Hin·der·nis *das; -ses, -se* **1** etwas, das im Weg liegt und das Weiterkommen schwer oder unmöglich macht ≈ Barriere ⟨ein Hindernis aufbauen, umgehen, überwinden⟩: *Ohne die Fähre wäre der Fluss ein unüberwindliches Hindernis* **2 ein Hindernis (für jemanden/etwas)** etwas, das es schwierig macht, etwas zu tun ≈ Schwierigkeit ⟨ein Hindernis beseitigen; jemandem Hindernisse in den Weg legen⟩

Hin·de·rungs·grund *der; -es, -grün·de;* ein Grund, der etwas schwierig oder unmöglich macht ⟨etwas ist für jemanden kein Hinderungsgrund⟩

hin·deu·ten (*hat*) **1 etwas deutet auf etwas** (*Akkusativ*) **hin** etwas bewirkt, dass man etwas vermutet ≈ etwas weist auf etwas hin: *Alle Indizien deuten darauf hin, dass er der Mörder ist;* **2 irgendwohin hindeuten** auf ein bestimmtes Ziel deuten, zeigen: *Sie deutete mit dem Finger zur Tür hin*

Hin·du·is·mus *der; -; nur Singular;* eine Religion, die *bes* in Indien verbreitet ist || *hierzu* **Hin·du** *der; -(s), -(s);* **hin·du·is·tisch** *Adjektiv*

hin·durch *Adverb* **1 durch etwas hindurch** verwendet, um die Präposition *durch* zu verstärken: *Ich höre die Musik durch die Wand hindurch* **2** *räumliche Angabe +* **hindurch** verwendet, um eine Strecke *o.Ä.* zu bezeichnen: *Die ganze Stadt/Fahrt hindurch hielt der Bus nur ein einziges Mal* **3** *Zeitangabe +* **hindurch** verwendet, um die Dauer eines Zeitraumes zu bezeichnen: *All die Jahre hindurch habe ich dich nicht vergessen*

hin·durch- *im Verb; betont und trennbar;* Die Verben mit *hindurch-* werden nach folgendem Muster gebildet: *hindurchfahren - fuhr hindurch - hindurchgefahren;* bezeichnet die Richtung in etwas hinein und (am anderen Ende) wieder heraus; **etwas dringt, fließt, führt irgendwo hindurch; (durch etwas) hindurchfahren, hindurchgehen, hindurchkriechen, hindurchschwimmen, hindurchsehen; etwas (durch etwas) hindurchlassen, hindurchstecken, hindurchziehen; sich (durch etwas) hindurchdrängen, hindurchzwängen**

hi·nein *Adverb* **1** bezeichnet die Richtung von draußen nach (irgendwo) drinnen, häufig weg vom Sprecher ↔ heraus: *Hinein (ins Bett) mit dir!* || Hinweis: ↑ **herein 2 bis in etwas** (*Akkusativ*) **hinein** verwendet, um die Präposition *in* (11) zu verstärken: *Das Fest dauerte bis in die späte Nacht hinein*

hi·nein- *im Verb; betont und trennbar;* Die Verben mit *hinein-* werden nach folgendem Muster gebildet: *hineinfahren - fuhr hinein - hineingefahren;* bezeichnet die Richtung von außen nach innen, häufig weg vom Sprecher; **(in etwas** (*Akkusativ*)**) hineinbeißen, hineinfahren, hineinfallen, hineinlaufen, hineinsehen, hineinspringen; etwas führt, fließt, gelangt (irgendwohin) hinein; etwas (in etwas** (*Akkusativ*)**) hineinfüllen, hineingießen, hineinhalten, hineinlegen, hineinschütten, hineinwerfen, hineinziehen; jemanden (in etwas** (*Akkusativ*)**) hineinbitten, hineinlassen, hineinlocken, hineinrufen**

hi·nein·den·ken, sich (*hat*) **sich in jemanden/etwas hineindenken** sich vorstellen, man wäre jemand anderer oder man wäre in einer anderen Situation, um diesen/diese besser zu verstehen: *versuchen, sich in den Gegner hineinzudenken*

hi·nein·fin·den *(hat)* **1** **(in etwas** *(Akkusativ)***) hineinfinden** den richtigen Weg in etwas, den Zugang zu etwas finden: *Er fand nicht in das Haus hinein, weil der Eingang versteckt lag* **2** **sich in etwas** *(Akkusativ)* **hineinfinden** sich mit etwas vertraut machen: *sich schnell in eine neue Arbeit hineinfinden*

hi·nein·ge·hen *(ist)* **1** **(in etwas** *(Akkusativ)***) hineingehen** nach drinnen, in einen Raum gehen (häufig weg vom Sprecher): *Sie ging wieder ins Haus hinein* **2** **etwas geht in etwas** *(Akkusativ)* **hinein** *umg* ≈ etwas passt in etwas: *In den Tank gehen 50 Liter (Benzin) hinein*

hi·nein·spie·len *(hat)* **etwas spielt (in etwas** *(Akkusativ)***) (mit) hinein** etwas gehört zu den Ursachen oder wichtigen Aspekten einer Sache: *Viele Gesichtspunkte spielen in die Entscheidung mit hinein, die Fabrik hier zu bauen*

hi·nein·stei·gern, sich *(hat)* **sich (in etwas** *(Akkusativ)***) hineinsteigern** übertrieben heftige Gefühle oder intensive Gedanken, die immer stärker werden, auf etwas richten ⟨sich in (eine) Wut, ein Problem, eine Sache hineinsteigern⟩

hi·nein|ver·set·zen, sich; *versetzte sich hinein, hat sich hineinversetzt*; **sich in jemanden/etwas hineinversetzen** sich vorstellen, man wäre eine andere Person

hi·nein·wach·sen *(ist)* **1** **in etwas** *(Akkusativ)* **hineinwachsen** so wachsen, dass einem ein Kleidungsstück *o.Ä.* passt: *Du wächst noch in den Mantel hinein* **2** **in etwas** *(Akkusativ)* **hineinwachsen** sich so entwickeln, dass man etwas nach und nach immer besser tun kann ⟨in eine Aufgabe hineinwachsen⟩: *Sie muss in ihre Rolle als Mutter erst noch hineinwachsen*

hi·nein·zie·hen *(hat/ist)* **1** **jemanden/etwas (in etwas** *(Akkusativ)***) hineinziehen** *(hat)* jemanden/etwas nach drinnen, in einen Raum ziehen (häufig weg vom Sprecher): *Sie öffnete mir die Tür und zog mich ins Haus hinein* **2** **jemanden in etwas** *(Akkusativ)* **(mit) hineinziehen** bewirken, dass jemand in eine (unangenehme) Situation kommt, in der man auch ist: *Ich möchte nicht in Ihre Angelegenheiten hineingezogen werden!* **3** **(in etwas** *(Akkusativ)***) hineinziehen** *(ist)* als Gruppe in ein Gebiet ziehen (häufig weg vom Sprecher): *Als die Stadttore geöffnet wurden, zog das Heer hinein*

hịn·fah·ren *(hat/ist)* **1** **(irgendwohin) hinfahren** *(ist)* an einen bestimmten Ort fahren: *Bist du zu der Ausstellung hingefahren?* **2** **jemanden/etwas (irgendwohin) hinfahren** *(hat)* jemanden/etwas mit einem Fahrzeug an einen Ort bringen ≈ hinbringen: *Ich muss zum Arzt. Kannst du mich bitte hinfahren?*

Hịn·fahrt *die; -; nur Singular*; die Fahrt zu einem bestimmten Ort oder Ziel hin ↔ Rückfahrt

hịn·fal·len *(ist)* zu Boden fallen ≈ stürzen: *Er stolperte über den Teppich und fiel hin*

hịn·fäl·lig *Adjektiv*; ⟨eine Entscheidung, ein Plan *usw*⟩ so, dass sie nicht mehr nötig oder gültig sind, weil sich die Umstände geändert haben ≈ gegenstandslos, ungültig: *Der neue Bauplan für das Haus macht den alten Plan hinfällig*

Hịn·flug *der; -(e)s, -flü·ge*; der Flug zu einem bestimmten Ort, Ziel hin ↔ Rückflug

hịng *Imperfekt, 1. und 3. Person Singular*; ↑ **hängen**[1]

Hịn·ga·be *die; -; nur Singular*; der (selbstlose) Eifer, mit dem man etwas tut ⟨etwas mit/voller Hingabe tun⟩

hịn·ge·ben *(hat)* **1** **(jemandem/etwas) etwas hingeben**; **etwas (für jemanden/etwas) hingeben** *förmlich* (jemandem/etwas) etwas opfern, es für ihn/dafür geben ⟨für jemanden sein Leben hingeben⟩: *Er gab sein Hab und Gut für die Armen hin* **2** **sich etwas** *(Dativ)* **hingeben** etwas mit Eifer und voller Aufmerksamkeit tun ≈ sich etwas *(Dativ)* widmen ⟨sich einer Arbeit, einer Aufgabe hingeben⟩

Hịn·ge·bung *die; -; nur Singular* ≈ Hingabe || *hierzu* **hịn·ge·bungs·voll** *Adjektiv*

hịn·ge·gen *Konjunktion*; verwendet, um einen Gegensatz auszudrücken ≈ dagegen

hịn·ge·hen *(ist)* **1** **(irgendwohin) hingehen** zu jemandem/etwas gehen, jemanden/etwas besuchen: *Gehst du (zu der Party) hin?* **2** **etwas geht hin** etwas ist gerade noch zu akzeptieren ⟨etwas geht hin, mag (gerade noch) hingehen⟩

hịn·ge·hö·ren *(hat)* meist **etwas/jemand gehört da/dort/hier hin** *umg*; etwas/jemand hat an einem bestimmten Ort seinen Platz oder passt dazu: *„Wo gehört das Messer hin?" - „Es gehört dort hin, in die Schublade."*; *Ich fühle mich hier nicht wohl. Ich gehöre hier einfach nicht hin*

hịn·ge·ris·sen *Adjektiv*; **(von jemandem/etwas) hingerissen** von jemandem/etwas fasziniert und begeistert ⟨hingerissen zuhören⟩:

Er war von der Schauspielerin/ihrem Charme hingerissen

hin·hal·ten (*hat*) **1** **jemandem etwas hinhalten** etwas so halten, dass jemand anderer es nehmen oder sehen kann: *An der Grenze hielt er dem Beamten seinen Ausweis hin* **2** **jemanden hinhalten** jemandem immer wieder sagen, dass man etwas tun will, was man aber immer wieder verschiebt || K- Hinhaltetaktik

hin·hö·ren (*hat*) konzentriert auf etwas hören ≈ zuhören ⟨genau, nicht richtig hinhören⟩

hin·ken; *hinkte, hat gehinkt* **1** so gehen, dass ein Bein langsamer (oder anders als das andere Bein) bewegt wird ⟨auf/mit dem linken/rechten Bein hinken⟩ **2** **ein Vergleich hinkt** ein Vergleich passt nicht, trifft nicht zu

H

hin·kom·men (*ist*) **1** **(irgendwohin) hinkommen** an einen bestimmten Ort kommen: *Wenn wir rechtzeitig zum Konzert hinkommen wollen, müssen wir jetzt los* **2** *meist* **Wo kommt das hin?** Wohin soll das gebracht werden?: *„Wo kommt der Koffer hin?" - „Der kommt aufs Bett."* **3** **jemand kommt (mit etwas) an etwas** (*Akkusativ*) **hin** *umg*; jemand berührt etwas versehentlich: *Komm ja nicht an die Stromleitung hin!* **4** **(mit etwas) hinkommen** *umg* ≈ mit etwas auskommen: *Kommen wir mit dem Brot hin, oder soll ich noch eins kaufen?* **5** **etwas kommt hin** *umg*; etwas (eine Rechnung, Schätzung) ist richtig ≈ etwas stimmt: *Das sind dann zusammen dreißig Euro, kommt das hin?* || ID **Wo kommen/kämen wir da hin (, wenn ...)?** *umg*; verwendet, um gegen etwas zu protestieren: *Wo kämen wir da hin, wenn jeder so faul wäre wie du?*

hin·läng·lich *Adjektiv; nur vor dem Substantiv oder als Adverb*; so, dass es genügt ≈ ausreichend, genügend ⟨etwas ist hinlänglich bekannt⟩

hin·le·gen B1 (*hat*) **1** **etwas (irgendwohin) hinlegen** etwas an die genannte Stelle legen: *Sie legte ihm eine Notiz auf den Tisch hin* **2** **sich hinlegen** sich auf ein Bett *o.Ä.* legen, um zu ruhen/schlafen: *sich für ein Stündchen hinlegen*

hin·neh·men (*hat*) **1** **etwas hinnehmen** sich gegen etwas nicht wehren ≈ sich etwas gefallen lassen ⟨etwas schweigend, geduldig hinnehmen⟩: *Seine Beleidigungen nehme ich nicht länger hin!* **2** **etwas als etwas hinnehmen** akzeptieren, dass etwas so ist ⟨etwas als gegeben, als selbstverständlich, als Tatsache hinnehmen⟩

hin·pas·sen (*hat*) **jemand/etwas passt** ⟨hier, da, dort *usw*⟩ **hin** *umg*; jemand/etwas passt an eine besondere Stelle oder in eine bestimmte Umgebung: *Das Bild passt da nicht hin*

hin·rei·chend *Adjektiv*; so, dass es genügt ≈ ausreichend ↔ mangelhaft, ungenügend ⟨hinreichend über etwas informiert sein⟩

Hin·rei·se *die; -; nur Singular*; die Reise zu einem Ziel hin ↔ Rückreise

hin·rei·ßen *meist in* **sich zu etwas hinreißen lassen** etwas Unüberlegtes tun, weil man emotional heftig reagiert ↔ sich beherrschen: *Er ließ sich dazu hinreißen, im Streit seinen Bruder zu schlagen*

hin·rei·ßend *Adjektiv*; sehr schön, sehr gut ≈ bezaubernd, zauberhaft ⟨ein Geschöpf, eine Frau; hinreißend aussehen⟩

hin·rich·ten (*hat*) **jemanden hinrichten** jemanden töten, der von einem Gericht zum Tode verurteilt wurde ⟨jemanden auf dem elektrischen Stuhl hinrichten⟩ || *hierzu* **Hin·rich·tung** *die; -, -en*

hin·schrei·ben (*hat*) **1** **etwas (irgendwohin) hinschreiben** etwas an eine bestimmte Stelle schreiben: *Schreib die Rechnung da hin, auf die Tafel!* **2** *umg*; einen Brief *o.Ä.* an eine Person, Firma oder Institution schreiben

hin·set·zen B1 (*hat*) **1** **sich/etwas (irgendwohin) hinsetzen** einen bestimmten Platz einnehmen: *Setz dich dort aufs Sofa hin!* **2** **sich hinsetzen und** ⟨lernen, lesen, rechnen, schreiben *usw*⟩ beginnen, eine geistige Arbeit konzentriert zu tun: *Setz dich hin und lern!*

Hin·sicht *die; -, -en; meist Singular* **1** **in ... Hinsicht** unter einem bestimmten Aspekt ≈ in ... Beziehung ⟨in dieser, gewisser, mancher, jeder Hinsicht⟩: *In finanzieller Hinsicht geht es ihm gut* **2** **in Hinsicht auf etwas** (*Akkusativ*) etwas betreffend ≈ in Bezug auf, hinsichtlich

hin·sicht·lich *Präposition; mit Genitiv; förmlich*; was etwas betrifft ≈ in Bezug auf, in Hinblick auf: *Hinsichtlich seiner Gesundheit brauchen Sie sich keine Sorgen zu machen*

Hin·spiel *das; -(e)s, -e; Sport*; das erste von zwei Spielen zwischen denselben Mannschaften ↔ Rückspiel

hin·stel·len (*hat*) **1** **jemanden/etwas irgendwohin hinstellen** jemanden/etwas an den genannten Ort bringen, stellen: *Stell bitte die Blumen da drüben auf den Tisch hin* **2** **jemanden/etwas als etwas hinstellen** (*oft zu Unrecht*) behaupten, dass jemand/etwas so ist, diese Eigenschaft hat ⟨jemanden als Dummkopf, Versager *usw* hinstellen; jemanden als dumm, naiv, genial *usw* hinstellen〉

hin·stre·cken *(hat)* **1** **jemandem etwas hinstrecken** etwas mit ausgestrecktem Arm so halten, dass es nahe bei jemandem ist ≈ hinhalten: *jemandem die Hand hinstrecken* **2** **sich auf etwas** *(Akkusativ)* **hinstrecken** sich gestreckt auf etwas legen ≈ sich auf etwas hinlegen: *sich auf das Bett hinstrecken* **3** **etwas streckt sich irgendwo(hin) hin** etwas hat eine große Ausdehnung in eine Richtung, etwas erstreckt sich irgendwo(hin): *Der Wald streckt sich bis zum Fluss hin; Die Straße streckt sich entlang der Grenze hin*

hin·ten A2 *Adverb* **1** an einem Ort, der relativ weit vom Ziel entfernt ist ↔ vorne: *sich in der Schlange hinten anstellen* **2** dort(hin), wo das Ende eines Gegenstandes, Raumes *usw* ist ↔ vorne: *Das Register ist hinten im Buch; Der Geldbeutel lag ganz hinten in der Schublade* **3** auf der Seite eines Hauses, die am weitesten von der Straße entfernt ist ↔ vorne: *Das Haus hat hinten einen zweiten Ausgang; Die Fenster gehen nach hinten auf den Hof* **4** **von hinten** von der Seite des Rückens her ↔ von vorne 〈jemanden von hinten packen; sich jemandem von hinten nähern〉 || ID **jemanden von hinten und vorn(e) bedienen** *umg;* sich viel zu viel um jemanden kümmern; **hinten und vorn(e) nicht** *umg;* überhaupt nicht 〈etwas klappt, reicht, stimmt hinten und vorn(e) nicht〉

hin·ter[1] A2 *Präposition* **1** *mit Dativ;* auf oder an der Rückseite von jemandem/etwas ↔ vor: *im Auto hinter dem Fahrer sitzen; ein Garten hinter dem Haus; sich hinter der Tür verstecken* **2** *mit Dativ;* in einer Reihenfolge oder Hierarchie nach jemandem/etwas ↔ vor 〈hinter jemandem zurückstehen (müssen), hinter jemandem an die Reihe kommen〉 **3** *mit Dativ;* verwendet um auszudrücken, dass eine Zeit oder eine Handlung abgeschlossen ist ↔ vor 〈etwas liegt hinter jemandem; jemand hat, bringt etwas hinter sich〉: *eine schwere Zeit hinter sich haben* **4** *mit Akkusativ;* in Richtung auf die Seite, die hinten ist ↔ vor: *sich hinter das Lenkrad setzen*

hin·ter[2] A2 *Adverb; südd* Ⓐ *umg;* nach hinten

hin·te·r- B2 *Adjektiv; nur vor dem Substantiv, nicht als Adverb, ohne Komparativ;* da, wo hinten ist ↔ vorder- 〈das Ende, die Seite, der Teil〉: *sich in die hinterste Reihe setzen; die Lösungen im hinteren Teil des Buches* || K- Hinterachse, Hinterausgang, Hinterrad, Hinterseite, Hintertreppe || ID **das Hinterste zuvorderst kehren** *umg;* sehr gründlich nach etwas suchen (und dabei alles in Unordnung bringen)

Hin·ter·bein *das; -(e)s, -e;* eines der hinteren Beine eines Tieres || ID **sich auf die Hinterbeine stellen** *umg;* sich wehren, sich etwas nicht gefallen lassen

Hin·ter·blie·be·ne *der/die; -n, -n; förmlich;* ein Mitglied der Familie eines Toten, *bes* dessen Kind oder Ehepartner || K- Hinterbliebenenrente

hin·ter·ei·nan·der *Adverb* **1** drückt aus, dass mehrere Personen oder Dinge (räumlich) in einer Reihe sind (einer/eines hinter dem anderen) *bzw* in eine Reihe kommen 〈hintereinander herfahren, hergehen; sich hintereinander aufstellen〉 **2** ohne Unterbrechung: *Es regnet nun schon drei Wochen hintereinander*

hin·ter·ei·nan·der- *im Verb; betont und trennbar;* Die Verben mit *hintereinander-* werden nach folgendem Muster gebildet: *hintereinanderlegen - legte hintereinander - hintereinandergelegt;* drückt aus, dass mehrere Personen oder Dinge (räumlich) in einer Reihe sind (einer/eines hinter dem anderen) *bzw* in eine Reihe kommen; 〈Autos〉 **fahren hintereinander**; 〈Personen〉 **gehen, sitzen, stehen hintereinander**; 〈Dinge〉 **hintereinanderlegen, hintereinanderstellen**; 〈Personen〉 **setzen, stellen sich hintereinander**

hin·ter·fra·gen; *hinterfragte, hat hinterfragt;* **etwas hinterfragen** *förmlich;* prüfen, warum etwas so ist, wie es ist, oder was es bedeutet 〈Klischees, Vorurteile hinterfragen〉

Hin·ter·ge·dan·ke *der; -ns, -n;* eine verborgene Absicht 〈einen Hintergedanken bei etwas haben〉

hin·ter·ge·hen; *hinterging, hat hintergangen;* **jemanden hintergehen** jemandes Vertrauen missbrauchen ≈ jemanden betrügen: *Sein Geschäftspartner hat ihn hintergangen*

Hin·ter·grund *der; -(e)s, -grün·de* **1** *meist Singular;* der Bereich, den man (auf einem Bild) ganz hinten sieht ↔ Vordergrund: *Das Foto zeigt im Vordergrund eine Stadt und im Hintergrund die Berge* **2** eine Position, in der jemand/etwas nicht bemerkt oder beachtet wird, oder die nicht auffällig oder wichtig ist ↔ Vordergrund 〈im Hintergrund stehen, bleiben〉: *Bei den Verhandlungen hielt er sich im Hintergrund* **3** *meist Plural* ≈ Gründe, Motive: *Vermutlich hatte der Mord politische Hintergründe*

hin·ter·grün·dig *Adjektiv;* mit einer Bedeutung, die nicht deutlich gezeigt wird ≈ schwer durchschaubar 〈eine Frage, jemandes Humor, ein Lächeln; hintergründig lächeln〉

Hin·ter·halt *der; -(e)s, -e; meist Singular;* ein Ort, an dem sich jemand versteckt, um jemanden zu überfallen ⟨im Hinterhalt liegen, in einen Hinterhalt geraten⟩: *Er wurde durch einen Schuss aus dem Hinterhalt getötet*

hịn·ter·häl·tig *Adjektiv;* nach außen hin freundlich, aber mit bösen Absichten ≈ heimtückisch

Hịn·ter·hand *die; -; nur Singular;* das hintere Bein eines großen Tieres (*z.B.* eines Pferdes): *Das Pferd lahmt auf der Hinterhand* ‖ ID **etwas in der Hinterhand haben** etwas in Reserve haben

hin·ter·her B2 *Adverb* 1 so, dass sich jemand/ etwas (hinter jemandem/etwas) in die gleiche Richtung bewegt ↔ voraus: *Beide sprangen ins Wasser: das Kind voraus und der Hund hinterher* 2 ≈ danach, nachher ↔ vorher: *Wir wollen erst ins Kino und hinterher essen gehen* 3 **jemandem hinterher sein** *umg;* versuchen, jemanden einzuholen oder zu fangen ≈ jemanden verfolgen ⟨einem Verbrecher hinterher sein⟩ 4 **jemandem/etwas hinterher sein** *umg;* aufpassen und dafür sorgen, dass jemand richtig arbeitet: *sehr hinterher sein, dass alles aufgeräumt wird* 5 **mit etwas/ in etwas** (*Dativ*) **hinterher sein** *umg;* nicht schnell genug sein und zurückbleiben ⟨in der Entwicklung, mit der Arbeit hinterher sein⟩

hin·ter·her- *im Verb; betont und trennbar;* Die Verben mit *hinterher-* werden nach folgendem Muster gebildet: *hinterherlaufen - lief hinterher - hinterhergelaufen;* drückt aus, dass sich zwei oder mehrere Personen oder Dinge hintereinander in die gleiche Richtung bewegen ≈ nach- ↔ voraus-; **(jemandem/etwas) hinterherfahren, hinterhergehen, hinterherlaufen; (jemandem) jemanden/etwas hinterherschicken; (jemandem) etwas hinterhertragen, hinterherwerfen**

hin·ter·her|lau·fen (*ist*) 1 **jemandem/etwas hinterherlaufen** sich hinter jemandem/ etwas in die gleiche Richtung bewegen: *Ich bin ihm hinterhergelaufen, konnte ihn aber nicht mehr einholen* 2 **(jemandem/etwas) hinterherlaufen** *umg;* (zu) eifrig versuchen, jemanden für sich zu gewinnen, etwas von ihm zu bekommen ⟨einem Mädchen hinterherlaufen; seinem Geld hinterherlaufen (müssen)⟩

Hịn·ter·hof *der; -(e)s, -hö·fe;* ein *meist* dunkler Hof zwischen mehreren Häusern

Hịn·ter·kopf *der; -(e)s, -köp·fe;* der hintere Teil des Kopfes ‖ ID **etwas im Hinterkopf haben/ behalten** etwas nicht vergessen, sich etwas (für später) merken

Hịn·ter·land *das; -(e)s; nur Singular;* ein Gebiet um eine große Stadt herum oder hinter einer Grenze, das von der Stadt oder der Umgebung wirtschaftlich, politisch, kulturell *usw* beeinflusst wird: *Truppen aus dem Hinterland an die Front verlegen*

hin·ter·lạs·sen; *hinterlässt, hinterließ, hat hinterlassen* 1 **etwas hinterlassen** Spuren *o.Ä.* produzieren, die noch da sind, wenn man wieder fort ist oder etwas vorbei ist ≈ zurücklassen: *Der Einbrecher hat überall Fingerabdrücke hinterlassen; Das Buch hat einen guten Eindruck bei mir hinterlassen* 2 **jemandem etwas hinterlassen** ≈ vererben: *jemandem sein Haus hinterlassen* 3 **jemanden hinterlassen** sterben und jemanden zurücklassen: *Er hinterlässt eine Frau und zwei Kinder*

Hin·ter·lạs·sen·schaft *die; -, -en* 1 das, was jemand jemandem vererbt ≈ Erbe 2 **jemandes Hinterlassenschaft antreten** nach jemandes Tod etwas von ihm erben oder übernehmen, seine Arbeit fortführen *usw*

hin·ter·le̱·gen; *hinterlegte, hat hinterlegt;* **etwas irgendwo hinterlegen** jemandem etwas geben, damit er es aufbewahrt: *den Schlüssel beim Hausmeister hinterlegen; sein Geld im Safe hinterlegen*

Hịn·ter·leib *der; -(e)s; nur Singular;* der hintere Teil des Körpers *bes* von Insekten

Hịn·ter·list *die; -; nur Singular;* die Absicht, jemanden zu täuschen und ihm dadurch zu schaden ⟨voller Hinterlist sein⟩ ‖ *hierzu* **hịn·ter·lis·tig** *Adjektiv*

Hịn·ter·mann *der; -es, -män·ner* 1 **jemandes Hintermann** jemand, der hinter jemandem ist ↔ Vordermann ⟨sich zu seinem Hintermann umdrehen, sich mit seinem Hintermann unterhalten⟩ 2 *meist Plural;* jemand, der für etwas verantwortlich ist, aber nicht bekannt wird ⟨die Hintermänner eines Putsches, eines Terroranschlags⟩

Hịn·tern *der; -s, -; umg;* der hintere Teil des Körpers, auf dem man sitzt ≈ Gesäß ⟨einem Kind den Hintern verhauen⟩

hịn·ter·rücks *Adverb;* heimtückisch von hinten ⟨jemanden hinterrücks erschießen, überfallen⟩

Hịn·ter·teil *das; -(e)s, -e; umg* ≈ Hintern, Gesäß

Hịn·ter·tref·fen *das; -s, -; meist in* **ins Hintertreffen geraten/kommen** in einem Wettbewerb, Vergleich *o.Ä.* in eine ungünstige Position kommen

hin·ter·trei·ben; *hintertrieb, hat hintertrieben;* **etwas hintertreiben** heimlich und auf unfaire

Weise versuchen, etwas zu verhindern: *jemandes Beförderung hintertreiben, indem man schlecht über ihn redet*

Hịn·ter·tür B2 *die;* -, -en; eine Tür auf der hinteren Seite eines Hauses || ID **sich** (Dativ) **eine Hintertür offenhalten** sich eine Möglichkeit offenhalten, durch die man etwas (z.B. ein Versprechen) wieder rückgängig machen kann; **durch die Hintertür** auf Umwegen: *etwas abschaffen und durch die Hintertür wieder einführen*

hin·ter·zie·hen; *hinterzog, hat hinterzogen;* **etwas hinterziehen** Geld, das einem nicht gehört, heimlich für sich behalten ≈ unterschlagen ⟨Staatsgelder, Steuern hinterziehen⟩ || *hierzu* **Hin·ter·zie·hung** *die;* -, -en

hịn·tre·ten (*ist*) **1** **irgendwohin hintreten** den Fuß an eine bestimmte Stelle setzen: *Wo man hier auch hintritt, überall ist es schmutzig* **2** **irgendwohin hintreten** mit wenigen Schritten irgendwohin gehen: *Sie trat ans/zum Fenster hin und sah hinaus* **3** **(mit etwas) vor jemanden hintreten** mit einer Bitte *o.Ä.* zu jemandem gehen: *mit einem Anliegen vor jemanden hintreten*

hịn·tun (*hat*) **etwas da/dort/hier hintun** *umg;* etwas an eine bestimmte Stelle legen, stellen: *„Wo soll ich das Buch hintun?" - „Du kannst es dort hintun."*

hi·nü·ber *Adverb* **1** bezeichnet die Richtung von irgendwo nach einer anderen, gegenüberliegenden Seite hin, häufig weg vom Sprecher: *Der Wald erstreckt sich nach rechts hinüber* || Hinweis: ↑ **herüber** **2** **jemand/etwas ist hinüber** *umg* ≈ jemand/etwas ist hin (9-13)

hi·nü·ber- *im Verb; betont und trennbar;* Die Verben mit *hinüber-* werden nach folgendem Muster gebildet: *hinüberschwimmen - schwamm hinüber - hinübergeschwommen;* bezeichnet die Richtung von irgendwo nach einer anderen, gegenüberliegenden Seite hin, häufig weg vom Sprecher; **jemanden/etwas (irgendwohin) hinüberbringen, hinüberfahren, hinüberführen, hinüberlassen, hinüberschicken, hinübertragen, hinüberziehen; (irgendwohin) hinüberfahren, hinübergehen, hinüberkommen, hinüberlaufen, hinübersehen, hinüberspringen; sich** ⟨über das Geländer, über den Tisch, zu jemandem⟩ **hinüberbeugen, hinüberlehnen** || Hinweis: **a** Wenn ausgedrückt werden soll, wohin jemand/etwas kommt *o.Ä.*, werden *meist* die Präpositionen *in* (+ Akkusativ) oder *zu* verwendet: *Ich sah ins Tal hinüber/zu ihr hinüber;* Mit *über* (+ Akkusativ) drückt man etwas aus, das zwischen einem selbst und seinem Ziel ist: *Ich muss über den Fluss hinüber;* **b** ↑ **herüber-**

hịn- und hẹr- *im Verb; betont und trennbar;* Die Verben mit *hin- und her-* werden nach folgendem Muster gebildet: *hin- und herlaufen, lief hin und her, hin- und hergelaufen;* bezeichnet eine Bewegung zu einem bestimmten Ort hin und wieder zurück; **hin- und herfahren, hin- und herfliegen, hin- und hergehen, hin- und herpendeln, hin- und herrennen**

hi·nụn·ter *Adverb;* bezeichnet die Richtung von oben nach unten, häufig weg vom Sprecher ≈ hinab ↔ herauf: *Wir sahen vom Turm hinunter zu ihr* || Hinweis: ↑ **herunter**

hi·nụn·ter- *im Verb; betont und trennbar;* Die Verben mit *hinunter-* werden nach folgendem Muster gebildet: *hinuntergehen - ging hinunter - hinuntergegangen;* bezeichnet die Richtung von oben nach (irgendwo) unten, häufig weg vom Sprecher ≈ hinab- ↔ herauf-; **jemanden/etwas (irgendwohin) hinunterbringen, hinunterfahren, hinunterführen, hinuntertragen, hinunterziehen; (irgendwohin) hinunterfahren, hinunterfallen, hinuntergehen, hinunterklettern, hinunterkommen, hinuntersehen, hinunterspringen, hinuntersteigen; etwas führt, fließt, reicht (irgendwohin) hinunter; sich (irgendwohin) hinunterstürzen, hinuntertrauen** || Hinweis: **a** Anstelle einer Richtungsangabe (*ins Wohnzimmer usw*) steht häufig nur eine Angabe im Akkusativ: *Er ging den Berg hinunter; Er führte die alte Frau die Treppe hinunter;* **b** ↑ **herunter-**

hi·nụn·ter·schlu·cken (*hat*) **1** **etwas hinunterschlucken** schlucken, damit etwas vom Mund in den Magen gelangt: *einen Bissen hinunterschlucken* **2** **etwas hinunterschlucken** *umg;* ein Gefühl nicht zeigen oder etwas nicht sagen ≈ etwas unterdrücken ⟨eine Bemerkung, einen Kommentar hinunterschlucken; die Tränen, seine Wut hinunterschlucken⟩

hin·wẹg *Adverb* **1** **über jemanden/etwas hinweg** über jemanden/etwas, der/das wie ein Hindernis wirkt: *Er blickte sie über die Zeitung hinweg böse an* **2** **über etwas** (Akkusativ) **hinweg** eine Zeit lang: *Sie hatten sich über Jahre hinweg nicht gesehen* **3** **über jemandes Kopf/jemanden hinweg** ohne jemanden zu fragen, mit dem man eigentlich hätte sprechen müssen ⟨etwas über jemanden hinweg entscheiden⟩ **4** **über etwas** (Akkusativ) **hinweg sein** *umg;* etwas (Trauriges) überwunden haben: *Er ist über die Trennung von seiner Freundin hinweg*

Hịn·weg *der; -(e)s; nur Singular;* der Weg, die Reise zu einem Ziel hin ↔ Rückweg

hin·wẹg- *im Verb; betont und trennbar;* Die Verben mit *hinweg-* werden nach folgendem Muster gebildet: *hinwegspringen - sprang hinweg - hinweggesprungen;* drückt in Verbindung mit *über + Akkusativ* eine Bewegung aus, die mehr oder weniger hoch über ein Hindernis *o.Ä.* führt ≈ hinüber-; **über etwas** (*Akkusativ*) **hinwegfahren, hinwegfliegen, hinwegsehen, hinwegspringen**

hin·wẹg·hel·fen (*hat*) **jemandem über etwas** (*Akkusativ*) **hinweghelfen** jemandem helfen, ein Problem *o.Ä.* zu überwinden ⟨jemandem über einen Verlust, jemandes Tod, eine schwere Zeit hinweghelfen⟩

hin·wẹg·kom·men (*ist*) **über etwas** (*Akkusativ*) **hinwegkommen** ≈ etwas überstehen, überwinden ⟨über eine Enttäuschung, jemandes Tod hinwegkommen⟩

hin·wẹg·se·hen (*hat*) **1** über jemanden/etwas, der/das wie ein Hindernis wirkt, sehen: *Die Hecke war so hoch, dass man nicht darüber hinwegsehen konnte* **2** **über jemanden hinwegsehen** so tun, als ob man jemanden nicht sähe ≈ jemanden ignorieren **3** **über etwas** (*Akkusativ*) **hinwegsehen** etwas nicht wichtig nehmen und tolerieren: *über kleine Mängel/die Unordnung hinwegsehen*

hin·wẹg·set·zen (*hat*) **1** **jemand/ein Tier setzt über etwas** (*Akkusativ*) **hinweg** jemand/ein Tier springt über ein Hindernis: *Das Pferd setzte über den Zaun hinweg* **2** **sich über etwas** (*Akkusativ*) **hinwegsetzen** bewusst nicht auf etwas achten (und etwas trotzdem tun) ⟨sich über ein Verbot, jemandes Bedenken hinwegsetzen⟩

hin·wẹg·täu·schen (*hat*) **jemanden über etwas** (*Akkusativ*) **hinwegtäuschen** jemanden so täuschen, dass er etwas nicht bemerkt

Hịn·weis *der; -es, -e* **1** **ein Hinweis** (**auf etwas** (*Akkusativ*)) Worte oder Zeichen, die jemanden auf etwas aufmerksam machen sollen ⟨ein deutlicher, freundlicher, nützlicher Hinweis; jemandem einen Hinweis geben; einen Hinweis beachten⟩: *Die Polizei erhielt anonyme Hinweise auf den Täter* || K- Hinweisschild, Hinweistafel **2** **ein Hinweis für/auf etwas** (*Akkusativ*) eine Tatsache, aus der man logische Schlüsse zieht ≈ Anzeichen ⟨ein Hinweis liegt vor, existiert⟩: *Wir haben keinen Hinweis dafür/darauf, dass diese Krankheit ansteckend sein könnte*

hịn·wei·sen (*hat*) **1** **(jemanden) auf etwas** (*Akkusativ*) **hinweisen** (jemanden) auf eine Tatsache aufmerksam machen: *Ich möchte (Sie) darauf hinweisen, dass das Rauchen hier verboten ist* **2** **etwas weist auf jemanden/etwas hin** etwas ist ein Hinweis (2) auf jemanden/etwas: *Die Indizien weisen auf sie als Täterin/auf Mord hin*

hịn·wen·den (*hat*) **1** **sich/etwas irgendwohin hinwenden** sich/etwas in eine bestimmte Richtung drehen: *sich/sein Gesicht zur Sonne hinweden* **2** **sich (irgendwo) hinwenden** *umg;* bei jemandem Rat, Hilfe, Trost, Auskunft suchen: *Hier sind so viele Büros. Wo muss ich mich nun hinwenden?* || Hinweis: *meist* im Fragesatz

hịn·wer·fen (*hat*) **1** **(jemandem/einem Tier) etwas hinwerfen** etwas auf den Boden *o.Ä.* werfen, in die Richtung zu jemandem/einem Tier: *Wütend warf er das Buch hin; Sie warf dem Hund einen Knochen hin* **2** **etwas hinwerfen** *umg;* sich plötzlich entscheiden, etwas nicht länger zu tun ⟨die Arbeit, den ganzen Kram hinwerfen⟩

hịn·wir·ken (*hat*) **auf etwas** (*Akkusativ*) **hinwirken** alles tun, damit etwas Bestimmtes geschieht: *auf eine Einigung der streitenden Parteien hinwirken; darauf hinwirken, dass die Umwelt besser geschützt wird*

hịn·zie·hen (*hat/ist*) **1** **jemanden/etwas irgendwohin hinziehen** (*hat*) jemanden/etwas an eine Stelle holen, ziehen: *Sie zog das Boot zum Ufer hin* **2** **irgendwohin hinziehen** (*ist*) seinen Wohnsitz an einen anderen Ort verlegen **3** **etwas zieht sich hin** (*hat*) etwas dauert länger als angenehm oder nötig: *Ihre Ausbildung zog sich über Jahre hin* **4** **sich zu jemandem hingezogen fühlen** (*hat*) jemanden gern mögen, sympathisch finden

hin·zu *Adverb;* ergänzend zu etwas

hin·zu- *im Verb; betont und trennbar, wenig produktiv;* Die Verben mit *hinzu-* werden nach folgendem Muster gebildet: *hinzugeben - gab hinzu - hinzugegeben;* drückt aus, dass jemand/etwas durch jemanden/etwas ergänzt wird ≈ dazu-; **etwas (zu etwas) hinzuaddieren, hinzubekommen, hinzugeben, hinzulernen, hinzunehmen, hinzurechnen, hinzuverdienen, hinzuzählen; sich ((zu) jemandem) hinzugesellen**

hin·zu·fü·gen (*hat*) **((zu) etwas** (*Dativ*)**) etwas hinzufügen** etwas zu etwas anderem geben, es dadurch ergänzen: *einer Geschichte eine Fortsetzung hinzufügen; zur Suppe noch Salz hinzufügen*

hin·zu·kom·men (*ist*) **1** **jemand kommt hinzu** jemand kommt dorthin, wo sich gerade etwas ereignet: *Sie kamen gerade hinzu, als der Unfall passierte* **2** **etwas kommt (zu etwas) hinzu** etwas ereignet sich auch noch, muss auch noch erwähnt werden ⟨es kommt hinzu/hinzu kommt, dass ...⟩

hin·zu·sto·ßen *(ist)* zu einer Gruppe von Menschen kommen (und sie dadurch vergrößern): *Geht schon voraus, ich stoße später (zu euch) hinzu*

hin·zu·tun *(hat)* **etwas (zu etwas) hinzutun** *umg* ≈ hinzufügen

hin·zu·zie·hen *(hat)* **jemanden (bei etwas) hinzuziehen** jemanden (zusätzlich) um Rat bitten, etwas fragen *o.Ä.* ⟨einen Arzt, einen Experten hinzuziehen⟩

Hi·obs·bot·schaft *die; -, -en;* eine sehr schlechte Nachricht ≈ Schreckensnachricht

Hirn *das; -(e)s, -e* **1** ≈ Gehirn ⟨das menschliche Hirn⟩ || [K-] Hirntumor, Hirnzelle **2** *umg* ≈ Verstand ⟨sein Hirn anstrengen⟩

Hirn·ge·spinst *das; -(e)s, -e; abwertend;* eine absurde, fixe Idee

Hirn·schlag *der; -(e)s, -schlä·ge;* ein plötzliches Auftreten von Lähmungen *usw* (wenn das Blut im Gehirn nicht mehr gut fließt)

Hirn·tod *der; -(e)s; nur Singular; Medizin;* der Zeitpunkt, zu dem das Gehirn aufhört zu funktionieren und jemand nicht mehr lebensfähig ist, auch wenn das Herz noch schlägt

Hirsch *der; -(e)s, -e* **1** ein (Säuge)Tier (größer als ein Reh) mit glattem, braunen Fell. Das männliche Tier hat ein großes Geweih || [K-] Hirschgeweih **2** ein männlicher Hirsch (1) ⟨der Hirsch röhrt⟩

Hirsch·kuh *die; -, -kü·he;* ein weiblicher Hirsch

Hir·se *die; -; nur Singular* **1** ein Getreide mit kleinen, runden gelben Körnern || [K-] Hirsekorn || [-K] Kolbenhirse **2** die Körner der Hirse (1) || [K-] Hirsebrei

Hir·te *der; -n, -n;* jemand, der eine Herde von Tieren führt und bewacht ⟨der Hirte hütet die Schafe⟩ || [K-] Hirtenhund, Hirtenstab || *hierzu* **Hir·tin** *die; -, -nen*

his·sen; *hisste, hat gehisst;* **etwas hissen** *meist* eine Fahne, eine Flagge, ein Segel (an einer Stange/an einem Mast) nach oben ziehen und festmachen

His·to·ri·ker *der; -s, -; -s, -;* ein Wissenschaftler im Fach Geschichte ≈ Geschichtswissenschaftler || *hierzu* **His·to·ri·ke·rin** *die; -, -nen*

his·to·risch *Adjektiv* **1** in Bezug auf die Geschichte[1] ≈ geschichtlich ⟨eine Entwicklung, Studien⟩ **2** mit einem Thema aus der Geschichte[1] (1) ⟨ein Roman, ein Film⟩ **3** *(meist* im kulturellen oder politischen Bereich) von ganz besonderer Bedeutung ⟨ein Moment, ein Ereignis⟩

Hit [B1] *der; -(s), -s; umg* **1** ein Lied, das sehr bekannt ist und sehr viel gesungen wird ⟨einen Hit komponieren, schreiben⟩: *Der Schlager wurde ein Hit/zu einem Hit* **2** ein Produkt, das sehr viele Leute kaufen ≈ Renner, Schlager (2): *Miniröcke sind der Hit der Saison*

Hit·ze [B1] *die; -; nur Singular* **1** eine sehr hohe Temperatur, große Wärme ↔ Kälte ⟨etwas bei mittlerer, starker Hitze kochen, braten, backen⟩: *Der Ofen strahlt große Hitze aus* **2** ein Wetter mit Temperaturen, die als (zu) hoch empfunden werden ↔ Kälte ⟨es herrscht (eine) brütende, glühende, große, schwüle, sengende, tropische Hitze⟩ || [K-] Hitzeperiode, Hitzewelle || [-K] Mittagshitze, Sommerhitze

Hit·ze·frei, hit·ze·frei *meist in* **Hitzefrei bekommen/kriegen/haben** nicht in die Schule gehen müssen, weil es draußen sehr heiß ist

hit·zig *Adjektiv;* ⟨Menschen⟩ schnell von starken Gefühlen erfüllt ≈ leidenschaftlich ⟨eine Diskussion; ein hitziges Temperament haben⟩

Hitz·kopf *der; -(e)s, -köp·fe;* jemand, der sehr schnell ärgerlich wird und zu streiten beginnt || *hierzu* **hitz·köp·fig** *Adjektiv*

Hitz·schlag *der; -(e)s, -schlä·ge;* das plötzliche Versagen des Kreislaufs, wenn man zu lange in großer Hitze war

HIV [haːǀiːˈfau̯] *das; -(s); nur Singular, Medizin;* das Virus, von dem man Aids bekommt || [K-] HIV-Infektion, HIV-Infizierte(r), HIV-Test

HIV-ne·ga·tiv *Adjektiv;* ohne eine Infektion durch HIV

HIV-po·si·tiv *Adjektiv;* durch HIV infiziert

H-Milch [ˈhaː-] *die; -; nur Singular;* Milch, die speziell behandelt wird, damit sie sich mehrere Wochen lang hält

HNO-Arzt [haːǀɛnˈǀoː-] *der; -es, -Ärz·te; Kurzwort* ↑ **Hals-Nasen-Ohrenarzt**

hob *Imperfekt, 1. und 3. Person Singular;* ↑ **heben**

Hob·by [A1] [ˈhɔbi] *das; -s, -s;* etwas, das man gern (*oft* auch regelmäßig) in seiner Freizeit tut ⟨ein Hobby haben; etwas als Hobby betreiben⟩: *Ihre Hobbys sind Reiten und Skifahren*

Hob·by- *im Substantiv; begrenzt produktiv;* verwendet, um auszudrücken, dass jemand etwas nicht beruflich, sondern als Hobby macht; der **Hobbyfotograf**, der **Hobbygärtner**, der **Hobbykoch**

Ho·bel *der; -s, -;* **1** ein Werkzeug mit einer scharfen Klinge, die dünne Stücke (Späne) von Gegenständen aus Holz wegnimmt und so die Oberfläche glatt macht || ↑ Abbildung unter **Werkzeug** **2** ein (Küchen)Gerät mit einer scharfen Klinge, mit dem man *z.B.* Gemüse in dünne Scheiben schneiden kann || -K Gurkenhobel, Krauthobel || *hierzu* **ho·beln** *(hat)*

hoch A2 *höher, höchst-; Adjektiv* **1** relativ weit nach oben ausgedehnt ↔ niedrig, flach: *ein hoher Berg, eine hohe Mauer, hohes Gras; Schuhe mit hohen Absätzen; Das Regal ist zu hoch für das Zimmer* || Hinweis: aber: Menschen und Tiere sind *groß*, nicht *hoch* || K- Hochgebirge, Hochhaus || -K haushoch, meterhoch, turmhoch **2** *Maßangabe +* **hoch** verwendet, um die Ausdehnung nach oben zu benennen ↔ tief: *ein zweitausend Meter hoher Berg; Der Tisch ist nur sechzig Zentimeter hoch* || K- Hochsprung **3** in relativ großer Entfernung über dem Boden, dem Meer *o.Ä.* ↔ niedrig, tief: *die Hände hoch über den Kopf heben; ein hoch gelegenes Gebirgsdorf; Mittags steht die Sonne hoch am Himmel* || K- Hochebene, Hochland, Hochnebel; hochalpin, hochgelegen **4** im Vergleich zu anderen/anderem groß, viel oder intensiv: *hohes Fieber; eine hohe Geschwindigkeit; ein hohes Gewicht; eine hohe Miete; ein hoher Preis* **5** weit oben in einer Hierarchie ⟨ein Gast, ein Offizier, ein Rang; etwas auf höherer Ebene entscheiden⟩ || K- Hochadel **6** ⟨eine Stimme, ein Ton⟩ so, dass sie hell klingen ↔ dunkel, tief **7** moralisch oder sittlich gut ≈ edel ↔ nieder ⟨Ideale, Ziele⟩ **8** in der Qualität auf einem guten Niveau ↔ niedrig ⟨jemandes Ansprüche, jemandes Lebensstandard⟩ || K- hochwertig **9** relativ spät: *im hohen Alter* **10** *nur als Adverb;* verwendet, um Verben und Adjektive zu verstärken ≈ sehr (stark) ⟨jemanden hoch achten, schätzen; hoch bezahlt, entwickelt, erfreut, geehrt, kompliziert, motiviert, verschuldet sein⟩ || Hinweis: ↑ **hoch-**[1] **11** *Zahl +* **hoch** *+ Zahl Mathematik;* verwendet, um auszudrücken, wie oft eine Zahl mit sich selbst multipliziert werden soll: *zehn hoch drei* (10^3) || Hinweis: vor einem Substantiv verwendet man *hoh-* statt *hoch*: *Das Haus ist hoch*; aber: *das hohe Haus* || ID *meist* **es wird höchste Zeit** verwendet, um auszudrücken, dass man sich beeilen muss: *Wenn wir den Zug noch erreichen wollen, wird es höchste Zeit!* **(jemandem) etwas hoch und heilig versprechen** jemandem etwas fest versprechen; **hoch hinauswollen** *umg;* eine wichtige (berufliche, gesellschaftliche) Position erreichen wollen; **wenn es hoch kommt** *umg* ≈ höchstens: *Das dauert fünf Minuten, wenn es hoch kommt* || Hinweis: ↑ **hochgestellt**, **hochstehend**

Hoch[1] A2 *das; -s, -s; Meteorologie;* ein Gebiet mit hohem Luftdruck ↔ Tief: *Das Hoch verlagert sich ostwärts*

Hoch[2] A2 *das; -s, -s;* verwendet als Ausruf, *bes* um jemanden zu ehren ⟨ein Hoch auf jemanden ausbringen⟩: *Ein dreifaches Hoch auf den Sieger!* || K- Hochruf

hoch-[1] B1 *im Adjektiv;* verwendet, um Adjektive zu verstärken ≈ sehr (stark); **hochaktuell** ⟨ein Thema⟩, **hochanständig** ⟨eine Frau, ein Mann⟩, **hochelegant, hocherfreut, hochexplosiv, hochgebildet, hochintelligent, hochinteressant, hochmodern, hochmodisch**, **hochoffiziell** ⟨eine Nachricht⟩, **hochverehrt, hochwillkommen** ⟨ein Gast⟩, **hochwirksam** ⟨ein Gift⟩ || Hinweis: **a** ↑ **hoch** (10) **b** die hier genannten Adjektive müssen immer, die unter *hoch* genannten Adjektive und Partizipien können auch zusammengeschrieben werden

hoch-[2] B1 *im Verb; betont und trennbar; oft umg;* Die Verben mit *hoch-* werden nach folgendem Muster gebildet: *hochsteigen - stieg hoch - hochgestiegen*; bezeichnet die Richtung von unten nach oben ≈ herauf-, hinauf- ↔ herunter-, hinunter-; **etwas hochbinden, hochklappen**; **jemanden/etwas (irgendwohin) hochbringen, hochheben, hochholen, hochlassen, hochschaffen, hochtragen, hochziehen**; **(irgendwohin) hochfliegen, hochhüpfen, hochklettern, hochschauen, hochsehen**; **etwas rankt sich, ragt, rutscht, wächst (irgendwohin) hoch** || Hinweis: Anstelle einer Richtungsangabe *(ins oberste Stockwerk usw)* steht häufig nur eine Angabe im Akkusativ: *Sie stieg die Treppe hoch; Er zog den Schlitten den Berg hoch*

Hoch- B1 *im Substantiv;* verwendet, um den Höhepunkt oder die Mitte eines Zeitraums zu bezeichnen ↔ Früh-, Spät-; der **Hochbarock**, die **Hochgotik**, die **Hochrenaissance** *usw;* das **Hochmittelalter**; der **Hochsommer**

hoch·ach·ten *(hat)* ↑ **hoch** (10)

Hoch·ach·tung *die; -; nur Singular;* **die Hochachtung (vor jemandem/etwas)** große Achtung vor jemandem/etwas ⟨Hochachtung vor jemandem/etwas haben⟩

hoch·ar·bei·ten, sich *(hat)* **sich hochar-**

beiten im Beruf von einer niederen zu einer (relativ) hohen Position kommen: *Er hat sich vom Kellner zum Direktor des Hotels hochgearbeitet*

Hoch·be·trieb *der; -(e)s; nur Singular; meist* **irgendwo herrscht Hochbetrieb** *umg;* in einem Geschäft, Gasthaus *o.Ä.* sind sehr viele Leute (die dort einkaufen, essen *usw*)

Hoch·burg *die; -, -en;* ein Ort, an dem *meist* eine politische, religiöse oder kulturelle Bewegung sehr stark vertreten ist

Hoch·deutsch *das; -(s); nur Singular;* die allgemein verbindliche deutsche Sprache (und nicht die Dialekte oder Umgangssprache) ⟨auf, in Hochdeutsch⟩ || *hierzu* **hoch·deutsch** *Adjektiv*

Hoch·druck *der; -(e)s; nur Singular* **1** ein hoher Druck in einer Flüssigkeit: *Im Behälter herrscht Hochdruck* **2** *Meteorologie;* hoher Luftdruck || K- Hochdruckgebiet, Hochdruckzone **3** *meist* **mit/unter Hochdruck** *umg;* konzentriert und mit großer Eile ⟨etwas mit Hochdruck betreiben, unter Hochdruck arbeiten⟩

hoch·fah·ren *(hat/ist)* **1** **jemanden/etwas hochfahren** *(hat)* jemanden/etwas mit einem Fahrzeug nach oben bringen **2** **etwas hochfahren** *(hat)* die Leistung einer Maschine, eines Reaktors *o.Ä.* steigern **3** **etwas hochfahren** *(hat)* einen Computer anschalten **4** *(ist)* nach oben fahren: *mit der Seilbahn auf den Berg hochfahren* **5** *(ist)* schnell (vom Stuhl oder von seinem Bett) aufstehen, weil man erschrocken ist ≈ auffahren

Hoch·form *die; -; nur Singular;* ein sehr guter *bes* körperlicher Zustand, in dem man gute Leistungen bringt ⟨in Hochform sein⟩

Hoch·ge·bir·ge *das; -s, -;* ein Gebirge mit hohen Bergen, die *meist* über 2000 Meter liegen ↔ Mittelgebirge

Hoch·ge·fühl *das; -s, -e;* ein starkes Gefühl großer Freude oder des Stolzes

hoch·ge·hen *(ist)* **1** **(etwas/irgendwohin) hochgehen** nach oben gehen: *die Treppe/in den zweiten Stock hochgehen* **2** **etwas geht hoch** etwas bewegt sich nach oben ⟨die Schranke, der Vorhang (im Theater)⟩ **3** **etwas geht hoch** *umg* ≈ etwas explodiert ⟨eine Bombe, eine Mine⟩ **4** *umg;* wütend werden ≈ aufbrausen: *Geh doch nicht immer gleich hoch, wenn ich einen Scherz mache!*

Hoch·ge·nuss *der; -es, -ge·nüs·se;* ein großer Genuss: *Dieser edle Wein ist ein Hochgenuss*

hoch·ge·stellt *Adjektiv* **1** *meist* **eine hochgestellte Zahl** *bes Mathematik;* eine Zahl in kleiner Schrift, die (im Verhältnis zur normalen Schrift) nach oben versetzt ist **2** *nicht als Adverb* ≈ hochstehend

Hoch·glanz *der; -es; nur Singular;* ein starker Glanz ⟨etwas auf Hochglanz polieren, putzen⟩ || K- Hochglanzpapier || ID **etwas auf Hochglanz bringen** *umg;* etwas sehr sauber putzen: *seine Wohnung auf Hochglanz bringen*

hoch·gra·dig *Adjektiv; ohne Steigerung;* in hohem Grad, Maß ≈ äußerst ⟨Erregung, Nervosität⟩: *Der Erdboden war durch Chemikalien hochgradig verseucht*

hoch·hal·ten *(hat)* **1** **jemanden/etwas hochhalten** jemanden/etwas hoch in die Luft halten: *ein Schild hochhalten* **2** **etwas hochhalten** etwas weiter in Erinnerung behalten oder praktizieren ⟨jemandes Bräuche, Traditionen hochhalten⟩

Hoch·haus B2 *das; -es, -häu·ser;* ein sehr hohes Haus mit vielen Etagen und Wohnungen

Hoch·kon·junk·tur *die; -; nur Singular* **1** *Wirtschaft;* eine Phase in der Konjunktur, in der es der Wirtschaft sehr gut geht ≈ Boom ↔ Rezession **2** **etwas hat (gerade) Hochkonjunktur** *umg;* etwas ist gerade sehr beliebt oder wird oft gekauft

hoch·krem·peln; *krempelte hoch, hat hochgekrempelt;* **etwas hochkrempeln** etwas mehrmals umschlagen, so dass es kürzer wird ⟨die Ärmel, die Hosenbeine hochkrempeln⟩

hoch·le·ben *meist in* **jemanden/etwas hochleben lassen** jemanden/etwas feiern, indem man ein Hoch[2] ausbringt

hoch·le·gen *(hat)* ⟨einen Körperteil⟩ **hochlegen** einen Körperteil für längere Zeit in eine erhöhte Postition bringen: *die Beine hochlegen*

Hoch·leis·tung *die; -, -en;* eine sehr hohe/große Leistung bei äußerster Anstrengung ⟨eine (geistige, sportliche) Hochleistung vollbringen⟩ || K- Hochleistungssport, Hochleistungssportler

Hoch·mut *der; -(e)s; nur Singular;* die Meinung, dass man besser, klüger oder schöner ist als andere Menschen ≈ Arroganz || *hierzu* **hoch·mü·tig** *Adjektiv*

hoch·nä·sig *Adjektiv; umg abwertend* ≈ hochmütig, eingebildet

hoch·neh·men *(hat)* **1** **jemanden/etwas hochnehmen** jemanden/etwas vom Boden, Tisch *o.Ä.* nehmen (und irgendwohin tragen) ⟨ein Kind hochnehmen (= auf den Arm nehmen)⟩: *eine schwere Kiste hochnehmen und* *wegtragen* **2** **jemanden hochnehmen** *umg;* jemanden auf freundliche, gutmütige Weise verspotten (ohne ihn zu demütigen) **3** *meist* ⟨die Polizei⟩ **nimmt jemanden hoch** *umg;* die Polizei fängt und verhaftet einen Verbrecher: *Die Polizei hat die Bande hochgenommen*

hoch·pro·zen·tig, *höherprozentig, höchstprozentig; Adjektiv;* ⟨Alkohol, eine Lösung⟩ so, dass sie einen großen Anteil (Prozentsatz) von etwas enthalten

hoch·ran·gig, *höherrangig, höchstrangig; Adjektiv; nicht als Adverb;* mit einem hohen Rang ⟨ein Offizier⟩

H

Hoch·rech·nung *die; -, -en;* eine (vorläufige) Rechnung, bei der man mit bereits vorhandenen Daten versucht, das (endgültige) Ergebnis vorherzusagen (*z.B.* bei Wahlen): *Die ersten Hochrechnungen haben ergeben, dass die Regierungspartei viele Wählerstimmen verloren hat* || *hierzu* **hoch·rech·nen** (*hat*)

Hoch·sai·son *die; -; nur Singular;* die Zeit, in der die meisten Menschen in Urlaub fahren ⟨in der Hochsaison verreisen⟩

hoch·schät·zen (*hat*) ↑ **hoch** (10)

hoch·schre·cken; *schreckt/schrickt hoch, schreckte/schrak hoch, ist hochgeschreckt;* (aus Angst *o.Ä.*) sehr schnell (aus dem Liegen oder Sitzen) aufspringen: *Er schreckte aus dem Schlaf hoch*

Hoch·schu·le B1 *die; -, -n;* eine Institution, an der man (nach dem Abitur) wissenschaftliche Fächer studieren kann || Hinweis: ↑ **Universität**, **Fachhochschule** || K- Hochschulabschluss, Hochschulstudium || *hierzu* **Hoch·schü·ler** *der; -s, -;* **Hoch·schü·le·rin** *die; -, -nen*

Hoch·schul|rei·fe *die; -; nur Singular; Verwaltung* ≈ Abitur ⟨die Hochschulreife haben⟩

hoch·schwan·ger *Adjektiv; ohne Steigerung;* im 8. oder 9. Monat der Schwangerschaft ⟨hochschwanger sein⟩

Hoch·see *die; -; nur Singular;* die Teile des Meeres, die weit von der Küste und den Küstengewässern entfernt sind || K- Hochseefischer, Hochseeflotte

Hoch·sitz *der; -es, -e;* eine Art Plattform (*z.B.* in einem Baum), von der aus der Jäger Tiere beobachtet

Hoch·span·nung *die; -, -en* **1** *nur Singular;* eine sehr große Erwartung und Spannung[1] (1): *Vor seinem Auftritt herrschte Hochspannung im Saal* **2** eine hohe elektrische Spannung[2] || K- Hochspannungsleitung, Hochspannungsmast

Hoch·spra·che *die; -, -n; Sprachwissenschaft;* die (*bes* geschriebene) Form einer Sprache, die keine regionalen oder sozialen Merkmale hat ≈ Standardsprache ↔ Dialekt || *hierzu* **hoch·sprach·lich** *Adjektiv*

Hoch·sprung *der; -(e)s; nur Singular; Sport;* eine Disziplin in der Leichtathletik, bei der man über eine Latte springen muss, die immer höher gelegt wird || *hierzu* **Hoch·sprin·ger** *der; -s, -;* **Hoch·sprin·ge·rin** *die; -, -nen*

höchst *Adverb* ≈ sehr, äußerst ⟨höchst interessant, leichtsinnig, unwahrscheinlich *usw*⟩

höchs·t- *Superlativ;* ↑ **hoch**

hoch·sta·peln (*hat*) **1** (obwohl es nicht wahr ist) so tun, als hätte man eine hohe gesellschaftliche Position und viel Geld, um so (*bes* finanzielle) Vorteile zu bekommen **2** so tun,

Das Hochschulsystem

In Deutschland nimmt etwa jeder dritte junge Mensch ein Studium an einer Hochschule auf. Außer den **Universitäten** gibt es zum Beispiel auch **Kunst-** und **Musikhochschulen** und **Fachhochschulen.** Für ein Studium an der Universität braucht man das Abitur, für die Fachhochschule reicht auch das Fachabitur.

Der Großteil der Hochschulen wird von den Bundesländern finanziert. An den staatlichen Einrichtungen war das Studium bis 2006 kostenlos. Seither haben die meisten Bundesländer Studiengebühren eingeführt. Bedürftige Studenten können eine finanzielle Unterstützung (**BAföG**) erhalten, die nach dem Studium teilweise zurückgezahlt werden muss.

Die Mitgliedsländer der EU streben an, ihre Hochschulsysteme bis 2010 zu vereinheitlichen. Als Folge davon werden die Studienabschlüsse **Diplom**, **Magister** und **Staatsexamen** allmählich durch die europäischen Abschlüsse **Bachelor** und **Master** abgelöst.

Ein Studienjahre ist in zwei **Semester** aufgeteilt. Ein Bachelorstudiengang dauert meist sechs Semester. Weitere zwei bis vier Semestern dauert ein Masterstudium. Mit einer **Promotion** kann ein Doktortitel erworben werden.

LANDESKUNDE

als hätte man ein großes Wissen oder bedeutende Dinge getan (obwohl es nicht wahr ist) || *hierzu* **Hoch·sta·pe·lei** *die; -, -en;* **Hoch·stap·ler** *der; -s, -;* **Hoch·stap·le·rin** *die; -, -nen*

hoch·ste·hend *Adjektiv; höherstehend, höchststehend; nicht als Adverb;* von einem hohen (gesellschaftlichen) Rang ⟨*meist* eine Persönlichkeit⟩

höchs·tens B1 *Adverb* **1** **höchstens** + *Zahl* auf keinen Fall mehr als die angegebene Zahl ↔ mindestens: *Sie ist höchstens 15 Jahre alt* **2** drückt aus, dass nur das Genannte infrage kommt, aber auch das nicht wahrscheinlich ist: *Höchstens ein Wunder könnte ihn jetzt noch retten*

Höchst·fall *der; nur in* **im Höchstfall** im besten Fall: *Im Höchstfall können wir 500 Stück verkaufen*

Höchst·form *die; -; nur Singular;* der Zustand, in dem jemand (*bes* sportlich) am meisten leisten kann ⟨in Höchstform sein; sich in Höchstform befinden⟩

Höchst·ge·schwin·dig·keit *die; -, -en; meist Singular;* die höchste Geschwindigkeit, die (für ein Fahrzeug, Flugzeug) möglich oder erlaubt ist

Hoch·stim·mung *die; -; nur Singular;* eine sehr gute (ausgelassene oder feierliche) Stimmung ⟨in Hochstimmung sein; es herrscht Hochstimmung⟩

Höchst·leis·tung *die; -, -en;* die beste (mögliche) Leistung: *sportliche Höchstleistungen vollbringen*

Höchst·maß *das; -es; nur Singular;* **ein Höchstmaß (an etwas** (*Dativ*)**)** ein sehr hoher Grad (von etwas) ≈ Maximum: *Diese Arbeit fordert ein Höchstmaß an Konzentration*

höchst·mög·li·ch- *Adjektiv; nur vor dem Substantiv, ohne Steigerung, nicht als Adverb* ≈ größtmöglich-

Höchst·stand *der; -(e)s; nur Singular;* der höchste Stand, das höchste Niveau ⟨etwas erreicht den Höchststand, ist auf dem (technischen, wissenschaftlichen) Höchststand⟩

höchst|wahr·schein·lich *Adverb;* sehr wahrscheinlich: *Sie werden höchstwahrscheinlich zu spät kommen*

hoch·trei·ben (*hat*) **1** **etwas hochtreiben** (bewusst) bewirken, dass *bes* Preise, Aktienkurse *o.Ä.* steigen ⟨die Preise, Aktienkurse hochtreiben⟩ **2** **ein Tier hochtreiben** ein Tier nach oben treiben: *die Kühe zur Alm/den Berg hochtreiben*

Hoch·was·ser *das; -s, -* **1** der Zustand, dass ein Fluss sehr viel Wasser hat und es zu einer Überschwemmung kommen kann **2** ≈ Überschwemmung

hoch·wer·tig *Adjektiv;* von hoher Qualität ↔ minderwertig ⟨Lebensmittel, Stahl, Textilien; sich hochwertig ernähren (= mit hochwertigen Lebensmitteln)⟩: *hochwertige Stoffe*

Hoch·zeit B1 *die; -, -en meist Singular;* die Feier (und Zeremonie), bei der Mann und Frau (offiziell) erklären, dass sie als Paar zusammen leben wollen ≈ Heirat, Eheschließung ⟨die kirchliche, standesamtliche Hochzeit; Hochzeit feiern; (jemanden) zur Hochzeit (ein)laden⟩ || K- Hochzeitsgeschenk, Hochzeitskleid, Hochzeitsnacht, Hochzeitsreise || ID *meist* **nicht auf zwei Hochzeiten tanzen können** *umg;* zwei Dinge nicht zur gleichen Zeit machen können

Hoch·zeits|tag *der; -(e)s, -e* **1** der Tag der Hochzeit (1) **2** ein Jahrestag einer Hochzeit: *den fünften Hochzeitstag feiern*

Ho·cke *die; -; nur Singular* **1** die Körperhaltung, in der man hockt (1) ⟨in der Hocke sitzen; in die Hocke gehen⟩ **2** *Sport;* ein Sprung über ein Gerät mit angewinkelten Beinen ⟨eine Hocke über den Kasten, das Pferd machen⟩

ho·cken; *hockte, hat/ist gehockt* **1** **(irgendwo) hocken** (*hat/südd* Ⓐ Ⓒⓗ *ist*) die Knie so beugen, dass man auf den Unterschenkeln sitzt ≈ kauern: *Sie hockte auf dem Boden und pflückte Erdbeeren* || ↑ Illustration **Verben der Bewegung** **2** **irgendwo hocken** (*ist*) *südd* Ⓐ sitzen, ohne etwas zu tun: *auf der Bank hocken*

Ho·cker *der; -s, -;* ein Stuhl ohne Lehne (*oft* mit drei Beinen): *auf einem Hocker am Klavier sitzen* || -K Barhocker, Klavierhocker

Hö·cker *der; -s, -;* eine Art kleiner Buckel (aus Fett) auf dem Rücken von Kamelen: *Das Kamel hat zwei Höcker*

Ho·den *der; -s, -; meist Plural;* der Teil der (Geschlechts)Organe bei Männern, in dem die Samen gebildet werden

Ho·den·sack *der; -(e)s, -sä·cke;* die Hülle aus Haut, in der sich die Hoden befinden

Hof B1 *der; -(e)s, Hö·fe* **1** ein Platz, der zu einem Haus oder mehreren Häusern gehört (und manchmal von Mauern umgeben ist) ⟨ein gepflasterter, geteerter Hof; auf dem/im Hof spielen; Fahrräder im Hof abstellen⟩: *Das Fenster geht auf den/zum Hof hinaus* || K- Hoftor || -K Schulhof **2** das Haus eines Bauern mit den Ställen, dem Garten, den Feldern *usw*

H

⟨einen Hof erben, pachten, verpachten⟩: *Nur noch wenige Höfe im Dorf werden bewirtschaftet* || K- Hofhund || -K Bauernhof **3** der Ort und die Häuser, in denen ein König oder Fürst lebt und von wo aus er sein Land regiert ⟨der königliche, kaiserliche Hof; bei Hofe/am Hof eingeführt werden⟩: *der Hof Ludwigs XIV. in Versailles* || K- Hofdame, Hofnarr || -K Fürstenhof, Kaiserhof, Königshof **4** *nur Singular;* die Menschen, die am Hof (3) eines Königs *o.Ä.* leben ≈ Hofstaat

hof·fen A2 *hoffte, hat gehofft;* **((auf) etwas** *(Akkusativ)*) **hoffen** wünschen und glauben, dass etwas geschehen wird ↔ etwas befürchten: *Ich hoffe, dass es morgen schönes Wetter gibt; Hoffen wir das Beste!; Ich hoffe auf ein baldiges Wiedersehen*

H

hof·fent·lich A1 *Adverb;* verwendet, wenn man etwas sehr stark wünscht: *Hoffentlich hatte er keinen Unfall!*

Hoff·nung B1 *die; -, -en* **1 eine Hoffnung (auf etwas** *(Akkusativ)*) der (optimistische) Wunsch oder Glaube, dass etwas geschehen wird ⟨eine falsche, schwache Hoffnung; sich/jemandem Hoffnung(en) machen; (keine, wenig) Hoffnung haben; die Hoffnung aufgeben, verlieren⟩: *Es gibt kaum noch Hoffnung, dass er gesund wird* || K- hoffnungslos, hoffnungsvoll **2** jemand/etwas, von dem man eine gute Leistung oder Hilfe erwartet: *Du bist/Das ist meine letzte Hoffnung!*

Hoff·nungs·schim·mer *der; -s; nur Singular; förmlich;* ein bisschen Hoffnung

ho·fie·ren; *hofierte, hat hofiert;* **jemanden hofieren** sehr hilfsbereit und höflich zu jemandem sein und ihm schmeicheln ⟨seinen Chef, einen Gönner hofieren⟩

höf·lich B1 *Adjektiv;* **höflich (zu jemandem)** freundlich und rücksichtsvoll, so, wie es den sozialen Normen entspricht ≈ zuvorkommend ↔ unhöflich ⟨eine Antwort, ein Benehmen, eine Geste, ein Gruß, ein Mensch; (jemanden) höflich um etwas bitten; sich höflich bedanken⟩: *Er war so höflich, mir die Tür aufzuhalten*

Höf·lich·keit *die; -, -en* **1 Höflichkeit (jemandem gegenüber)** *nur Singular;* ein höfliches Benehmen ⟨jemanden mit ausgesuchter, großer, übertriebener Höflichkeit begrüßen, behandeln; etwas aus reiner/nur aus Höflichkeit tun⟩ || K- Höflichkeitsbesuch, Höflichkeitsfloskel **2** *meist Plural;* höfliche, aber *meist* nichtssagende (unverbindliche) Worte ⟨Höflichkeiten austauschen⟩

ho·h- ↑ **hoch**

Hö·he ['hø:ə] *die; -, -n* **1** die Ausdehnung von etwas nach oben ↔ Tiefe: *eine Mauer von zwei Meter Höhe; Dieser Berg hat eine Höhe von 3000 Metern* || K- Höhenangabe, Höhenunterschied || -K Schrankhöhe, Stuhlhöhe, Tischhöhe *usw* **2** die Entfernung, in der etwas (ein Ort *o.Ä.*) über einem bestimmten Punkt liegt: *Das Flugzeug stürzte aus großer Höhe ab; Der Ort liegt in sechshundert Meter Höhe* || -K Augenhöhe, Brusthöhe, Meereshöhe **3** eine (mathematische) Größe, die man messen und in Zahlen darstellen kann ⟨die Höhe eines Lohnes, einer Steuer, einer Temperatur; die Höhe festlegen, verändern⟩: *Die Höhe der Preise richtet sich nach Angebot und Nachfrage* || -K Preishöhe, Temperaturhöhe **4** die Frequenz, die ein Geräusch hat ⟨die Höhe eines Tons⟩: *beim Singen nicht die richtige Höhe treffen* || -K Tonhöhe **5 auf der Höhe** + *Genitiv*/**von jemandem/etwas; auf gleicher Höhe (mit jemandem/etwas)** auf derselben (gedachten) Linie wie jemand/etwas: *Die beiden Pferde befinden sich kurz vor dem Ziel auf gleicher Höhe* **6 auf der Höhe** + *Genitiv;* auf der obersten Stufe einer Entwicklung ≈ Höhepunkt: *Er befindet sich auf der Höhe seines Ruhms* || ID **nicht (ganz) auf der Höhe sein** *umg;* nicht ganz gesund sein; **Das ist (ja) die Höhe!** *umg* ≈ das geht zu weit

Ho·heit *die; -, -en* **1 die Hoheit (über etwas** *(Akkusativ)*) *nur Singular;* das Recht (eines Staates), ein bestimmtes Gebiet zu regieren, und die Verpflichtung, es zu schützen ≈ Souveränität ⟨die Hoheit über ein Land, ein Meeresgebiet; die Hoheit eines Landes anerkennen; ein Land steht unter jemandes Hoheit⟩: *Die eroberten Gebiete wurden unter die Hoheit der Siegermächte gestellt* || K- Hoheitsgebiet, Hoheitsrecht || -K Finanzhoheit, Gerichtshoheit **2** *nur Singular; förmlich;* der vornehme und edle Charakter ≈ Erhabenheit, Würde ⟨die Hoheit einer Erscheinung, einer Persönlichkeit, eines Amtes⟩ **3** verwendet als Anrede für Könige, Königinnen, Fürsten *usw* || *zu* 2 **ho·heits·voll** *Adjektiv*

Hö·hen·angst *die; -; nur Singular;* die Angst davor, *z.B.* von einer Brücke oder einem Berg nach unten zu sehen

Hö·hen·luft *die; -; nur Singular;* die Luft im Hochgebirge mit relativ wenig Sauerstoff ⟨die Höhenluft nicht vertragen; sich an die Höhenluft gewöhnen (müssen)⟩

Hö·he·punkt *der; -(e)s, -e;* **der Höhepunkt** + *Genitiv*/**der Höhepunkt in etwas** *(Dativ)* der wichtigste (und schönste) Teil einer Entwicklung oder eines Vorgangs ⟨etwas erreicht einen Höhepunkt; auf dem Höhepunkt seiner Karriere sein⟩

hö·her ['hø:ɐ] *Komparativ;* ↑ **hoch**

hohl *Adjektiv;* innen leer, ohne Inhalt ⟨ein Baum, eine Nuss, ein Zahn⟩ || K- Hohlraum

Höh·le *die; -, -n;* ein Raum unter der Erde oder im Berg ⟨eine dunkle, tiefe Höhle⟩ || -K Bärenhöhle, Fuchshöhle *usw*

Hohl·kreuz *das; -es; nur Singular;* eine Wirbelsäule, die im Bereich des unteren Rückens stark nach vorn gebogen ist ⟨ein Hohlkreuz haben, machen⟩

Hohn *der; -(e)s; nur Singular;* böser Spott, der mit Verachtung gemischt ist ⟨beißender, blanker Hohn; jemand/etwas erntet nur Spott und Hohn⟩ || K- Hohngelächter || *hierzu* **höh·nisch** *Adjektiv*

ho·len A2 *holte, hat geholt* **1** **jemanden/etwas holen** an einen Ort gehen und von dort (mit)bringen ↔ (weg)bringen: *Kartoffeln aus dem Keller holen; seine Nachbarin ans Telefon holen* **2** **etwas aus etwas holen** etwas aus einem Behälter (heraus)nehmen: *Milch aus dem Kühlschrank holen* **3** **jemanden holen** jemanden bitten zu kommen ≈ kommen lassen, rufen ⟨den Arzt, die Polizei holen⟩: *Der Pfarrer wurde ans Bett des Sterbenden geholt* **4** **etwas holen** *umg* ≈ einkaufen: *Brötchen holen* **5** **Atem/Luft holen** ≈ einatmen ⟨tief Atem/Luft holen⟩ **6** **sich** *(Dativ)* **etwas holen** *umg;* sich mit etwas infizieren und krank werden ⟨sich *(Dativ)* die Grippe, einen Schnupfen *usw* holen⟩ **7** **sich** *(Dativ)* **etwas holen** sich etwas geben lassen ⟨sich *(Dativ)* Anregungen, (einen) Rat, Tipp (von jemandem) holen⟩

Höl·le *die; -; nur Singular;* der Ort, von dem man (in manchen Religionen) glaubt, dass dort nach dem Tod die Seelen der Menschen für ihre Sünden bestraft werden ↔ Himmel ⟨in die Hölle kommen⟩ || K- Höllenfeuer, Höllenqualen || ID **jemandem die Hölle heißmachen** *umg;* jemandem durch Drohungen Angst machen; *meist* **Hier ist die Hölle los** *umg;* hier ist viel Lärm und ein großes Durcheinander

Höl·len- *im Substantiv; umg;* verwendet, um Substantive (*meist* mit negativem Inhalt) zu verstärken ≈ Heiden-, Mords-; die **Höllenangst**, die **Höllenarbeit**, der **Höllenlärm**, die **Höllenschmerzen**, das **Höllentempo**

höl·lisch *Adjektiv* **1** zur Hölle gehörig ⟨das Feuer⟩ **2** *nicht als Adverb; umg;* (im negativen Sinn) sehr stark, sehr groß ⟨Angst, Schmerzen, eine Hitze, ein Lärm⟩ **3** *nur als Adverb; umg;* verwendet, um Verben und Adjektive zu verstärken ≈ sehr ⟨höllisch aufpassen, sich höllisch anstrengen; es ist höllisch heiß, kalt⟩: *Die Wunde tut höllisch weh*

Ho·lo·caust ['ho:lokaust] *der; -(s), -s* **1** *nur Singular; historisch;* der Massenmord an den Juden zur Zeit des Nationalsozialismus **2** das Töten einer sehr großen Zahl von Menschen ≈ Massenvernichtung ⟨ein atomarer Holocaust⟩

hol·pern; *holperte, ist geholpert;* ⟨ein Fahrzeug⟩ **holpert irgendwohin** ein Fahrzeug bewegt sich auf einem unebenen Weg ruckartig auf und ab ⟨ein Karren, ein Wagen⟩: *Die Kutsche holperte/Wir holperten* (= unser Wagen holperte) *über das Pflaster*

holp·rig *Adjektiv* **1** voller Löcher und Unebenheiten ≈ uneben ⟨eine Gasse, ein Weg⟩: *auf einem holprigen Pflaster fahren* **2** so, dass man viele Pausen beim Sprechen macht oder machen muss ≈ stockend ↔ flüssig ⟨holprig lesen, sprechen, vortragen⟩: *Mein Italienisch ist noch ziemlich holprig*

Ho·lun·der *der; -s; nur Singular* **1** ein Strauch oder kleiner Baum mit kleinen schwarzen Beeren || K- Holunderbeere, Holunderblüte **2** die Beeren des Holunders (1) || K- Holundergelee, Holundersaft

Holz A2 *das; -es, Höl·zer* **1** *nur Singular;* das Material, aus dem Bäume bestehen und aus dem man *z.B.* Möbel und Papier macht ⟨dunkles, helles, hartes, weiches, trockenes Holz; Holz hacken, sägen, stapeln; (etwas aus) Holz schnitzen; mit Holz heizen⟩ || K- Holzbalken, Holzbrett, Holzklotz, Holzscheit, Holzspan, Holzstab; holzgeschnitzt || -K Buchenholz, Eichenholz *usw;* Bauholz, Brennholz; Hartholz, Weichholz || Hinweis: Als Plural wird *Holzarten* oder *Holzsorten* verwendet **2** *meist Plural;* eine bestimmte Sorte Holz (1): *Mahagoni und Teak sind edle Hölzer* || -K Edelholz, Laubholz, Nadelholz || ID **jemand ist aus anderem/dem gleichen Holz geschnitzt** jemand ist (charakterlich) ganz anders als/genauso wie eine andere Person

höl·zern *Adjektiv* **1** *nur vor dem Substantiv, nicht als Adverb;* aus Holz ⟨eine Brücke, ein Spielzeug⟩ **2** steif und ungeschickt ≈ linkisch ⟨Bewegungen, eine Verbeugung⟩

Holz·fäl·ler *der; -s, -;* jemand, dessen Beruf es ist, Bäume zu fällen

hol·zig *Adjektiv* **1** so hart wie Holz ≈ verholzt ⟨ein Stängel⟩ **2** hart und trocken und deshalb schwer zu kauen ⟨Spargel⟩

Holz·koh·le *die; -, -n;* eine sehr leichte Kohle, die man *bes* beim Grillen oder zum Zeichnen

H

verwendet || [K-] Holzkohlengrill

Holz·weg *der; nur in* **auf dem Holzweg sein** *umg;* falsche Vorstellungen von jemandem/etwas haben ≈ sich irren

▶ Das Homebanking

Immer mehr Menschen benutzen ihren Computer für Bankgeschäfte. Man braucht eine **PIN**, um sich gegenüber dem Computer der Bank zu identifizieren, und für jeden Überweisungsvorgang eine **TAN**. Eine TAN ist eine Nummer, die nur einmal für einen Vorgang benutzt werden kann. Diese Nummern werden einem von der Bank zugeteilt.

LANDESKUNDE

H

Home·page [B2] ['hoʊmpeɪtʃ] *die; -, -s* [-peɪdʒɪz]; *Informatik;* die erste Seite einer Dokumentation im Internet, mit der sich *bes* eine Firma, eine Organisation darstellt

ho·mo·gen *Adjektiv; förmlich;* so, dass die einzelnen Teile gut zueinanderpassen, weil sie gleichartig sind ≈ einheitlich ↔ heterogen ⟨eine Gruppe, eine Masse, eine (Gesellschafts)Schicht⟩

Ho·mö·o·pa·thie *die; -; nur Singular;* eine Heilmethode, bei der Krankheiten durch sehr kleine Mengen einer Substanz geheilt werden, die die Krankheit verursachen kann

ho·mo·se·xu·ell [B1] *Adjektiv;* mit sexueller Neigung zu Menschen des gleichen Geschlechts ⟨Beziehungen; homosexuell veranlagt sein⟩ || Hinweis: Man bezeichnet *meist* nur Männer als *homosexuell*, Frauen dagegen als *lesbisch* || *hierzu* **Ho·mo·se·xu·a·li·tät** *die; -; nur Singular*

Ho·nig *der; -s; nur Singular;* die süße, weiche Masse, die Bienen produzieren und die man aufs Brot streicht ⟨Honig sammeln⟩: *Die Bienen füllen ihre Waben mit Honig* || [K-] Honigbiene; honiggelb, honigsüß || [-K] Bienenhonig || [ID] **jemandem Honig um den Bart/ums Maul streichen/schmieren** *umg;* jemandem schmeicheln || *hierzu* **ho·nig·far·ben** *Adjektiv*

Ho·nig·me·lo·ne *die; -, -n;* eine relativ kleine, sehr süße gelbe Melone

Ho·no·rar *das; -s, -e;* das Geld, mit dem die (einzelne) Arbeit in freien Berufen (*z.B.* bei Ärzten oder Anwälten) bezahlt wird ⟨ein Honorar vereinbaren, fordern⟩ || [-K] Arzthonorar, Autorenhonorar

ho·no·rie·ren; *honorierte, hat honoriert* **1** **jemanden (für etwas) honorieren**; **etwas honorieren** jemandem für eine Leistung ein Honorar bezahlen ⟨sich (*Dativ*) etwas honorieren lassen; jemandes Mitarbeit honorieren⟩: *einen Autor für seinen Roman angemessen honorieren; Der Artikel wurde mit hundert Euro honoriert* **2** **etwas (mit etwas) honorieren** etwas anerkennen und (mit etwas) belohnen: *Seine Bemühungen um den Naturschutz wurden nicht honoriert*

Hop·fen *der; -s; nur Singular* **1** eine Pflanze, die an langen Stangen hochwächst und deren Frucht verwendet wird, um Bier herzustellen ⟨Hopfen anbauen⟩ || [K-] Hopfenbauer, Hopfenfeld, Hopfenstange **2** die Frucht des Hopfens (1) ⟨Hopfen pflücken⟩: *Hopfen, Malz und Gerste sind wichtige Zutaten bei der Herstellung von Bier* || [K-] Hopfenernte || [ID] **bei jemandem ist Hopfen und Malz verloren** *umg;* jeder Versuch, jemanden zu ändern, ist umsonst ≈ jemand ist ein hoffnungsloser Fall

hop·peln; *hoppelte, ist gehoppelt;* **(irgendwohin) hoppeln** kleine und unregelmäßige Sprünge machen ⟨Hasen, Kaninchen⟩

hop·sen; *hopste, ist gehopst;* **(irgendwohin) hopsen** *umg;* hüpfen (und sich dadurch fortbewegen): *Die Kinder hopsten durch das Zimmer*

hör·bar *Adjektiv;* so, dass man es mit den Ohren wahrnehmen kann: *ein kaum hörbares Geräusch*

hor·chen; *horchte, hat gehorcht* **1** heimlich bei etwas zuhören ≈ lauschen ⟨an der Tür, an der Wand horchen⟩ **2** sehr aufmerksam auf Geräusche achten: *Er hielt die Uhr an sein Ohr und horchte, ob sie noch tickte*

Hor·de *die; -, -n;* **eine Horde** (+ *Genitiv*/**von** ⟨Personen⟩) *meist abwertend;* eine (wilde) Gruppe von Personen, die *oft* anderen Angst macht ⟨eine johlende, lärmende, wilde Horde; eine Horde Jugendlicher, Rocker⟩

hö·ren [A1] *hörte, hat gehört* **1** **(jemanden/etwas) hören** Laute oder Geräusche mit den Ohren wahrnehmen (und bewusst verfolgen) ⟨gut, schlecht, schwer hören; nur noch auf einem Ohr hören (können); Musik, ein Konzert, Radio hören⟩: *Bei dem Lärm konnte er das Ticken der Uhr nicht hören* || [K-] Hörtest; hörbehindert **2** **etwas (über jemanden/etwas) hören**; **von jemandem/etwas hören** Informationen über jemanden/etwas bekommen, erfahren, was geschehen ist: *Ich habe schon von den Nachbarn gehört, dass du umziehen willst; Hast du von seinem Unfall gehört?* **3** **von jemandem hören** einen Brief oder einen Anruf von jemandem bekommen

Homonyme

Homonyme sind Wörter, die gleich aussehen, aber verschiedene Bedeutungen haben und oft auch verschiedene Formen annehmen können. Sie sind leicht zu verwechseln. Hier sind ein paar Beispiele:

Ball
a) der **Ball** *(Plural: Bälle)*: ein runder Gegenstand
mit einem Ball spielen
b) der **Ball** *(Plural: Bälle)*: ein Fest mit Tanz
auf einen Ball zum Tanzen gehen

Band
a) der **Band** *(Plural: Bände)*: ein Buch
ein Lexikon in 25 Bänden
b) das **Band** *(Plural: Bänder)*: ein Streifen aus Stoff usw.
einen Wagen mit bunten Bändern schmücken

Bank
a) die **Bank** *(Plural: Banken)*: ein Institut für Geldgeschäfte
bei einer Bank ein Konto eröffnen
b) die **Bank** *(Plural: Bänke)*: eine Sitzgelegenheit
sich im Park auf eine Bank setzen

Gehalt
a) das **Gehalt** *(Plural: Gehälter)*: der Verdienst
Als Lehrerin hat sie ein gutes Gehalt.
b) der **Gehalt** *(Plural: Gehalte)*: der Anteil von etwas
Gemüse hat einen hohen Gehalt an Vitaminen.

Kiefer
a) der **Kiefer** *(Plural: Kiefer)*: Teil des Kopfes
Krokodile haben kräftige Kiefer und viele Zähne.
b) die **Kiefer** *(Plural: Kiefern)*: ein Baum
Kiefern sind immergrüne Nadelbäume.

Leiter
a) der **Leiter** *(Plural: Leiter)*: ein Chef
Er wurde zum Leiter des Projekts ernannt.
b) die **Leiter** *(Plural: Leitern)*: zum Hinaufsteigen
auf eine Leiter steigen

Mutter
a) die **Mutter** *(Plural: Mütter)*: eine Frau mit Kind(ern)
eine Mutter von vier Kindern
b) die **Mutter** *(Plural: Muttern)*: Gegenstand aus Metall
Schrauben mit Muttern befestigen

Schild
a) das **Schild** *(Plural: Schilder)*: eine Tafel
Schilder mit Warnhinweisen aufstellen
b) der **Schild** *(Plural: Schilde)*: zum Schutz
einen Schwerthieb mit dem Schild abfangen

See
a) der **See** *(Plural: Seen)*: ein Gewässer auf dem Festland
Lausanne liegt am Genfer See.
b) die **See** *(kein Plural)*: das Meer
Auf offener See stieß das Schiff gegen einen Eisberg.

Steuer
a) das **Steuer** *(Plural: Steuer)*: zum Lenken
am Steuer des Segelbootes sitzen
b) die **Steuer** *(Plural: Steuern)*: eine Abgabe
Steuern zahlen müssen

Strauß
a) der **Strauß** *(Plural: Sträuße)*: mehrere Blumen
ein bunter Strauß von Sommerblumen
b) der **Strauß** *(Plural: Strauße)*: ein Vogel
Strauße sind große, flugunfähige Vögel.

Verdienst
a) der **Verdienst** *(Plural: Verdienste)*: ein Einkommen
sein monatlicher Verdienst als Musiker
b) das **Verdienst** *(Plural: Verdienste)*: eine Leistung
Dieser Erfolg ist allein ihr Verdienst.

WORTSCHATZ

4 **auf jemanden/etwas hören** einem Rat folgen ⟨auf die Eltern, auf einen Freund hören⟩: *Er hörte nicht auf die Warnungen* 5 **etwas an etwas** (*Dativ*) **hören** Schlüsse daraus ziehen, wie jemand etwas sagt: *Ich hörte schon an ihrer Stimme, dass sie log* || ID **etwas/nichts von sich hören lassen** sich (nicht) bei jemandem melden: *Tschüs. Und lass mal wieder was von dir hören!*; **jemandem vergeht Hören und Sehen** *umg*; jemand erlebt etwas Unangenehmes sehr intensiv: *Wenn du so weitermachst, verprügelt er dich, dass dir Hören und Sehen vergeht*; **Wer nicht hören will, muss fühlen** wer Ratschläge nicht beachtet, muss die negativen Folgen tragen; **hör mal!** *umg*; verwendet, um eine Bitte, Aufforderung *o.Ä.* zu betonen: *Hör mal, du musst aber wirklich ganz vorsichtig sein, ja?*; **na, hör mal!** *umg*; verwendet, um einen Protest auszudrücken

Hö·ren·sa·gen *das*; *-s*; *nur in* **vom Hörensa-**

gen nicht aus eigener Erfahrung, sondern aus dem, was andere gesagt haben ⟨jemanden/etwas nur vom Hörensagen kennen; etwas vom Hörensagen wissen⟩

Hö·rer [B2] *der; -s, -;* **1** jemand, der Musik im Radio hört ↔ Leser, Zuschauer **2** der Teil des Telefons, den man gegen das Ohr hält ⟨den Hörer abnehmen, auflegen⟩ ‖ [-K] Telefonhörer ‖ *zu* 1 **Hö·re·rin** *die; -, -nen*

Hör·ge·rät *das; -(e)s, -e;* ein Gerät für Schwerhörige, das ihnen hilft, besser zu hören

hö·rig *Adjektiv;* **jemandem hörig (sein)** *bes* sexuell so stark an jemanden gebunden (sein), dass man völlig von ihm abhängig ist ‖ *hierzu* **Hö·rig·keit** *die; -; nur Singular*

Ho·ri·zont *der; -(e)s, -e* **1** *nur Singular;* die Linie in der Ferne, an der sich Himmel und Erde/Meer zu berühren scheinen: *Die Sonne versinkt am Horizont* **2** *meist Singular;* der Bereich, den ein Mensch mit seinem Verstand beurteilen, verstehen kann ⟨einen beschränkten, weiten Horizont haben; etwas geht über jemandes Horizont hinaus⟩

ho·ri·zon·tal *Adjektiv;* parallel zum Boden ≈ waagerecht ↔ vertikal, senkrecht: *in horizontaler Lage; etwas verläuft horizontal*

Hor·mon *das; -s, -e;* eine von mehreren Substanzen, die der Körper selbst bildet und die Prozesse wie Wachstum, Sexualität *usw* steuern ‖ [-K] Sexualhormon, Wachstumshormon ‖ *hierzu* **hor·mo·nal** *Adjektiv;* **hor·mo·nell** *Adjektiv*

Horn *das; -(e)s, Hör·ner* **1** eine von *meist* zwei harten (*oft* gebogenen) Spitzen am Kopf mancher Tiere ⟨die Hörner einer Kuh, einer Ziege⟩ ‖ Hinweis: Hirsche, Rentiere *usw* haben keine *Hörner*, sondern ein *Geweih* **2** *nur Singular;* das Material, aus dem Hörner (1), Nägel *usw* bestehen ‖ [K-] Hornbrille **3** ein gebogenes Musikinstrument aus Blech ⟨ins Horn blasen⟩ ‖ [ID] **jemandem Hörner aufsetzen** *umg;* den (Ehe)Mann mit einem anderen Mann betrügen

Hörn·chen *das; -s, -;* ein süßes Gebäck, das wie ein Horn (1) gebogen ist ‖ ↑ Abbildung unter **Brot**

Horn·haut *die; -, -häu·te; meist Singular* **1** die harte, trockene Haut, die man *meist* durch Reibung *z.B.* an der Ferse oder innen auf der Hand bekommt ⟨eine Hornhaut bekommen⟩ **2** die durchsichtige äußere Haut über dem Augapfel ‖ ↑ Abbildung unter **Auge** ‖ [K-] Hornhautentzündung, Hornhautverletzung

Hor·nis·se *die; -, -n;* ein Insekt, das wie eine große Wespe aussieht ‖ ↑ Abbildung unter **Biene** ‖ [K-] Hornissennest

Ho·ro·skop *das; -(e)s, -e;* eine Aussage über jemandes Schicksal und Zukunft, die ein Astrologe (nach der Position der Sterne) macht ⟨jemandem (s)ein Horoskop stellen⟩: *Er liest regelmäßig sein Horoskop in der Wochenzeitung; Er ließ sich von einer berühmten Astrologin sein Horoskop stellen*

Hor·ror [-roːɐ̯] *der; -s; nur Singular* ≈ Entsetzen, Grauen ‖ [K-] Horrorfilm, Horrorgeschichte, Horrorvideo ‖ [ID] **etwas ist der Horror** *umg;* etwas ist extrem unangenehm, grausam

Hör·saal *der; -(e)s, -sä·le;* ein großer Raum in der Universität (für Vorträge und Vorlesungen)

Hör·spiel *das; -(e)s, -e;* eine Art (Theater)Stück, das im Radio gesendet wird ⟨sich (*Dativ*) ein Hörspiel anhören⟩ ‖ [K-] Hörspielautor

Hort *der; -(e)s, -e* **1** eine Einrichtung, in der Kinder betreut werden, während die Eltern tagsüber arbeiten ‖ [K-] Hortkind, Hortleiter ‖ [-K] Kinderhort **2** **ein Hort** (+ *Genitiv*/**von etwas**) *förmlich;* ein Ort, wo (geistige) Werte und Ideale gepflegt und geschützt werden: *die Universität als Hort der Gelehrsamkeit*

hor·ten; *hortete, hat gehortet;* **etwas** (*meist Plural*) **horten** große Mengen von etwas sammeln, das wertvoll oder schwer zu bekommen ist: *Waren für schlechtere Zeiten horten*

Hör·wei·te *die; nur in* **jemand/etwas ist in/außer Hörweite** jemand/etwas ist nah genug/nicht nah genug, um ihn/es noch hören zu können

Ho·se [A1] *die; -, -n* **1** ein Stück der Kleidung, das jedes Bein einzeln umgibt ⟨eine lange, kurze, (haut)enge, weite Hose⟩ ‖ ↑ Illustration **Die Kleidung** ‖ [K-] Hosenbein, Hosentasche ‖ [-K] Damenhose, Herrenhose; Lederhose, Stoffhose; Anzug(s)hose, Schlafanzug(s)hose, Turnhose ‖ Hinweis: die Pluralform wird in der gesprochenen Sprache oft auch für *eine* Hose verwendet: *Er hat lange Hosen an* **2** *Kurzwort* ↑ **Unterhose**: *Das Kind hat in die Hose gemacht* ‖ [ID] **die Hose (gestrichen) voll haben**; **sich** (*Dativ*) **(vor Angst) in die Hose machen** *umg;* große Angst haben; **die Hosen anhaben** *umg;* derjenige sein, der (*meist* zu Hause) bestimmt, was geschieht

Ho·sen·an·zug *der; -(e)s, -zü·ge;* ein Kleidungsstück für Frauen, das aus einer langen Hose und einer (dazu passenden) Jacke besteht ↔ Kostüm

Ho·sen·trä·ger *der; -s, -; meist Plural;* zwei schmale Bänder (*meist* aus Gummi), die oben an der Hose befestigt werden und über beide Schultern gehen, um zu verhindern, dass die Hose nach unten rutscht || -K Gummihosenträger, Lederhosenträger

Hos·tess *die; -, -en* **1** eine *meist* junge Frau, (die *bes* bei Messen oder Reisen) Gäste und Besucher betreut und informiert **2** *beschönigend;* eine Prostituierte, die man telefonisch bestellt ≈ Callgirl

Hos·tie ['hɔstiə] *die; -, -n; Religion;* eine Art dünne Waffel, die bei der Feier des Abendmahls gegessen wird ⟨die Hostien verteilen⟩

Ho·tel A1 *das; -s, -s;* ein (großes) Haus, in dem man für Geld schlafen (und essen) kann ⟨ in einem Hotel absteigen, übernachten⟩ || K- Hotelgast, Hotelzimmer || -K Luxushotel || Hinweis: einfache Hotels heißen *Pensionen* oder *Gasthöfe*

Im Hotel

In Deutschland gibt es eine „Hotelmeldepflicht". Das bedeutet, dass die Hotels verpflichtet sind, ihre Gäste Meldeformulare ausfüllen zu lassen. Ausländer müssen zusätzlich ihren Pass / Ausweis vorlegen. Diese Meldepflicht wird in den Bundesländern unterschiedlich streng gehandhabt.

A.: **„Haben Sie noch Zimmer frei?"**
B.: **„Was soll's denn sein?"**
A.: **„Ein Doppelzimmer / Einzelzimmer mit Frühstück / Halbpension / Vollpension für drei Nächte bitte."**
B.: **„Gern. Ihr Name, bitte?"**
A.: **„Sabine Meier. Meier mit e-i-e-r."**
B.: **„Danke schön. Bitte füllen Sie dann noch diesen Meldezettel aus. Hier Ihr Zimmerschlüssel: Nr.324, im dritten Stock. Der Aufzug ist dort drüben. Frühstück gibt es von 7 bis 10 Uhr."**

SPRECHEN UND SCHREIBEN

Hot·line ['hɔtlaɪn] *die; -, -s;* eine Telefonnummer, unter der *z.B.* Computerhersteller Rat und Auskunft anbieten

Hr./Hrn. *Abkürzung für* Herr/Herrn oder Herren *(Plural)*

hübsch A2 *hübscher, hübschest-; Adjektiv* **1** so, dass der Betrachter die Person oder Sache schön findet ↔ hässlich ⟨eine Frau, ein Mädchen, ein Gesicht, ein Kleid; sich hübsch machen⟩ **2** so (angenehm), dass man es gern hört ⟨eine Melodie, eine Stimme⟩ **3** *umg, oft ironisch;* ziemlich gut, groß, viel ⟨eine hübsche Stange (= Menge) Geld, ein hübsches Stück Arbeit⟩

Hub·schrau·ber *der; -s, -;* ein Flugzeug mit einem oder mehreren Rotoren (= Propellern), das senkrecht nach oben fliegen, in der Luft stehen bleiben und auf kleinen Flächen landen kann

Huf *der; -(e)s, -e;* der harte (aus Horn gebildete) Teil des Fußes eines Pferdes oder Esels ⟨einem Pferd die Hufe beschlagen; ein Pferd scharrt mit den Hufen⟩ || ↑ Abbildung unter **Pferd** || K- Hufgeklapper || -K Pferdehuf

Huf·ei·sen *das; -s, -;* **1** ein gebogenes Stück Eisen, das man am Huf eines Pferdes mit Nägeln befestigt: *Das Pferd hat ein Hufeisen verloren* **2** etwas in der Form eines Hufeisens (1) ⟨etwas bildet, formt ein Hufeisen⟩: *die Tische im Klassenzimmer bilden ein Hufeisen* || K- Hufeisenform || *zu* **1 huf·ei·sen·för·mig** *Adjektiv*

Hüf·te *die; -, -n;* seitlicher Teil des Körpers zwischen (Ober)Schenkel und Taille ⟨breite, runde, schmale Hüften haben⟩ || ↑ Abbildung unter **Körper** || K- Hüftgelenk, Hüftumfang

Huf·tier *das; -(e)s, -e;* ein Tier mit Hufen: *Antilopen sind Huftiere*

Hü·gel B2 *der; -s, -;* eine Art kleiner Berg || -K Ameisenhügel, Sandhügel

hü·ge·lig, hüg·lig *Adjektiv;* mit (vielen) Hügeln ⟨ein Gebiet, eine Gegend, eine Landschaft⟩

Huhn A2 *das; -(e)s, Hüh·ner* **1** ein Vogel auf dem (Bauern)Hof, dessen Fleisch und Eier man isst ⟨Hühner picken Körner, scharren im Mist, sitzen auf der Stange; ein Huhn schlachten, rupfen, braten⟩ || K- Hühnerei, Hühnerfleisch, Hühnerhof, Hühnerstall, Hühnersuppe || -K Brathuhn, Suppenhuhn || Hinweis: ein *Huhn*, das gegessen wird, heißt *meist Hühnchen* oder *Hähnchen* **2** ein weibliches Huhn (1) ≈ Henne ↔ Hahn ⟨ein Huhn gackert, legt Eier, brütet⟩ || ID **Ein blindes Huhn findet auch einmal ein Korn** *oft ironisch;* jemand, dem sonst nie etwas gelingt, hat auch einmal Erfolg; **mit den Hühnern** *humorvoll;* sehr früh ⟨mit den Hühnern aufstehen, schlafen gehen⟩ || *hierzu* **Hühn·chen** *das; -s, -*

Hüh·ner·au·ge *das; -s, -n;* eine schmerzende dicke Stelle an der Haut eines Zehs, die *bes* durch zu enge Schuhe entsteht || K- Hühneraugenpflaster

Hül·le *die; -, -n;* etwas, das einen Gegenstand als Schutz bedeckt ⟨eine Hülle aus Plastik, Stoff; etwas in eine Hülle stecken; etwas aus einer Hülle nehmen⟩ || ID **in Hülle und Fülle** in großen Mengen: *Greift zu, es ist Essen in Hülle und Fülle da*

hụl·len; *hüllte, hat gehüllt* [1] **jemanden/sich/etwas in etwas** *(Akkusativ)* **hüllen** etwas um jemanden/sich/etwas legen (um ihn/sich/es zu bedecken, zu wärmen oder zu schützen) ≈ jemanden/sich/etwas in etwas *(Akkusativ)* wickeln: *sich in eine Decke hüllen* [2] **sich in Schweigen hüllen** *förmlich*; nichts sagen

Hụl·se *die; -, -n* [1] eine Art kleines Rohr, in das man etwas hineinsteckt, damit es geschützt ist ⟨die Hülse eines Bleistifts, eines Thermometers⟩ || [-K] Metallhülse, Papphülse; Patronenhülse [2] der längliche, schmale Teil verschiedener Früchte *(z.B.* Bohnen, Erbsen), in dem die Samen reif werden: *Erbsen aus den Hülsen streifen*

H

Hụl·sen·frucht *die; -, -früch·te; meist Plural*; (eine Gemüsepflanze mit) Samen, die in einer Hülse (2) wachsen: *Bohnen, Linsen und Erbsen sind Hülsenfrüchte*

hu·ma̲n *Adjektiv; förmlich* [1] ≈ freundlich ⟨jemandes Einstellung, ein Chef⟩ [2] so, dass die Würde des Menschen geachtet wird: *Gefangene human behandeln* || *hierzu* **Hu·ma·ni·tä̲t** *die; -; nur Singular*

Huma̲n- *im Substantiv; förmlich*; den Menschen betreffend; die **Humanbiologie**, die **Humangenetik**, die **Humanmedizin**

hu·ma·nịs·tisch *Adjektiv*; **ein humanistisches Gymnasium** Ⓓ ein Gymnasium, in dem die Schüler Latein und Griechisch lernen ≈ ein altsprachliches Gymnasium ↔ ein neusprachliches Gymnasium

hu·ma·ni·tä̲r *Adjektiv*; mit dem Ziel, Menschen zu helfen, die arm oder krank sind ≈ karitativ, mildtätig, wohltätig ⟨Aufgaben, Bestrebungen, Zwecke; aus humanitären Gründen⟩: *Das Rote Kreuz und die Caritas sind humanitäre Organisationen*

Hụm·mel *die; -, -n*; ein Insekt, das wie eine dicke, dicht behaarte Biene aussieht ⟨die Hummel brummt⟩ || ↑ Abbildung unter **Biene**

Hu·mor [B1] [-ˈmoːɐ̯] *der; -s; nur Singular* die Fähigkeit, Negatives heiter und (seelisch) ruhig zu ertragen ⟨ein goldener, unverwüstlicher Humor; jemand hat viel, wenig, keinen Humor; etwas mit Humor ertragen/nehmen⟩ || *hierzu* **hu·mo̲r·los** *Adjektiv*; **hu·mo̲r·voll** *Adjektiv*

hu·mo·rịs·tisch *Adjektiv*; mit Witzen und Späßen ≈ humorvoll ⟨eine Erzählung, eine Zeichnung; etwas humoristisch erzählen⟩

hụm·peln; *humpelte, hat gehumpelt*; (wegen Schmerzen *oder* einer Behinderung) mit einem Fuß nicht richtig auftreten können und deshalb nicht gleichmäßig gehen (hinken): *Nach seinem Unfall hat er eine Woche lang gehumpelt*

Hu̲·mus *der; -; nur Singular*; die oberste, fruchtbare (Erd)Schicht des Bodens ⟨den Humus abtragen⟩ || [K-] Humusboden, Humusschicht

Hụnd [A2] *der; -(e)s, -e* [1] ein Tier, das dem Menschen bei der Jagd hilft, sein Haus bewacht und sehr an ihm hängt ⟨ein reinrassiger, streunender, bissiger Hund; ein Hund bellt, jault, knurrt, winselt, hechelt, wedelt mit dem Schwanz; einen Hund halten, an die Leine nehmen, ausführen⟩ || [K-] Hundegebell, Hundehaare, Hundehalter, Hundehütte, Hundeleine, Hunderasse || [-K] Haushund, Jagdhund, Polizeihund, Wachhund [2] *salopp; meist* als Schimpfwort für einen Menschen verwendet ⟨ein dummer, fauler, feiger, gemeiner Hund⟩: *So ein blöder Hund!* [3] **ein armer Hund** *umg*; verwendet, um jemanden zu bezeichnen, den man bedauert: *Du bist wirklich ein armer Hund!* || [ID] *meist* **Die sind wie Hund und Katze** *umg*; sie vertragen sich nicht; **schlafende Hunde wecken** jemanden auf etwas aufmerksam machen und dabei das Risiko eingehen, sich selbst zu schaden; **jemand/etwas geht vor die Hunde** *umg*; jemand/etwas wird ruiniert, zerstört

Hunde

der Schäferhund

der Boxer

der Pekinese

der Pudel

der Dackel

der Collie

der Dalmatiner

Hụn·de·mar·ke *die; -, -n*; eine kleine Metallscheibe, die am Halsband des Hundes befestigt wird. Die Hundemarke dient als

Nachweis, dass man die Hundesteuer bezahlt hat

hun·de·mü·de *Adjektiv; ohne Steigerung; umg;* sehr müde

hun·dert *Zahladjektiv;* (als Zahl) 100 || ID **auf hundert sein** *umg;* sehr wütend sein

Hun·dert[1] *die; -, -e* **1** die Zahl 100 **2** *nur Singular;* jemand/etwas mit der Nummer 100

Hun·dert[2] *das; -s; nur Singular;* **1** eine Menge von 100 Personen oder Dingen ⟨das erste, zweite *usw* Hundert⟩ **2** **vom Hundert** *Wirtschaft* ≈ Prozent; *Abkürzung* v.H.: *Der Zinssatz beträgt 8 v.H.*

Hun·dert[3], **hun·dert** *Zahlwort; indeklinabel; umg* ≈ Hunderte ⟨einige, ein paar, mehrere, viele Hundert⟩ || Hinweis: wie ein Adjektiv oder Substantiv verwendet

Hun·der·te, **hun·der·te** *Zahlwort* **1** **Hunderte** (+ *Genitiv* (*Plural*)); **Hunderte** (**von jemandem/etwas** (*Plural*)) eine große Menge von Personen oder Dingen: *Das versteht nur einer von/unter Hunderten; Zu Hunderten säumten die Zuschauer die Straßen; Hunderte kleiner Kinder/von Kindern erkrankten* || Hinweis: wie ein Adjektiv oder Substantiv verwendet **2** **etwas geht in die Hunderte** etwas beträgt deutlich mehr als 100 (Personen, Dinge, Euro *usw*): *Die Kosten für die Reparatur gehen in die Hunderte; Die Zahl der Todesopfer ging in die Hunderte*

Hun·der·ter *der; -s, -;* **1** *umg;* die Zahl 100 **2** *umg;* ein (Geld)Schein im Wert von 100 Euro, Franken *usw*: *Der Fernseher kostete mich ein paar Hunderter*

hun·dert·mal *Adverb* **1** 100-mal **2** *umg* ≈ sehr oft: *Das hab ich dir schon hundertmal erklärt!*

hun·dert·pro·zen·tig *Adjektiv* **1** so, dass es 100% einer Menge umfasst; *Abkürzung* 100%ig ⟨Alkohol, ein Gewinn⟩ **2** ≈ völlig, total ⟨ein Erfolg, Sicherheit⟩ **3** *nur als Adverb; umg;* ganz gewiss, ganz sicher ⟨sich hundertprozentig auf jemanden verlassen können⟩: *Es ist hundertprozentig so, wie ich es dir erzählt habe*

hun·derts·t- *Adjektiv; nur vor dem Substantiv, nicht als Adverb* ≈ 100.: *der hundertste Teilnehmer an einem Wettbewerb* || ID **vom Hundertsten ins Tausendste kommen** (beim Erzählen oder bei einer Unterhaltung) ständig das Thema wechseln || *hierzu* **hun·derts·tel** *Adjektiv*

Hun·de·steu·er *die; -; nur Singular;* eine (kommunale) Steuer, die der Besitzer eines Hundes zahlen muss

Hün·din *die; -, -nen;* ein weiblicher Hund

Hunds·ta·ge *die; -; Plural;* die heißesten Tage des Sommers in Europa

Hü·ne *der; -n, -n;* ein sehr großer und kräftiger Mann ≈ Riese

Hun·ger A1 *der; -s; nur Singular* **1** das körperliche Gefühl, etwas essen zu müssen ↔ Durst ⟨großen, viel, keinen Hunger haben; Hunger bekommen, verspüren; seinen Hunger stillen⟩: *„Hast du noch Hunger?" – „Nein, ich bin schon satt."* || K- Hungergefühl **2** der Zustand, in dem ein Mensch nicht genug zu essen hat und an Gewicht verliert ⟨Hunger leiden; an, vor Hunger sterben⟩ || K- Hungertod || ID **Hunger ist der beste Koch** wenn man Hunger hat, schmecken einem alle Speisen

hun·gern; *hungerte, hat gehungert* **1** nur wenig oder nichts essen können, weil man nicht genug oder keine Lebensmittel hat: *In der Dritten Welt hungern viele Kinder* **2** (für kurze Zeit) absichtlich wenig oder nichts essen, um Gewicht zu verlieren **3** **sich** ⟨fit, gesund, schlank *o.Ä.*⟩ **hungern** wenig oder nichts essen, bis man (wieder) fit, gesund, schlank *o.Ä.* ist **4** **jemanden hungert (es) nach etwas** *förmlich;* jemand hat einen starken Wunsch nach etwas ≈ jemand begehrt etwas: *Das Volk hungert nach Freiheit und Gerechtigkeit*

Hun·gers·not *die; -, -nö·te;* eine Situation, in der die Menschen (in einem bestimmten Gebiet) nicht genug zu essen haben ⟨eine Hungersnot droht irgendwo, herrscht irgendwo⟩

Hun·ger·streik *der; -(e)s, -s;* die Weigerung (über lange Zeit), etwas zu essen, um dadurch ein bestimmtes (*meist* politisches) Ziel zu erreichen ⟨in den Hungerstreik treten⟩

hung·rig B1 *Adjektiv;* ⟨Menschen, Tiere⟩ in dem Zustand, dass sie etwas essen/fressen wollen ↔ durstig ⟨hungrig wie ein Wolf (sein)⟩

-hung·rig *im Adjektiv;* mit einem starken Verlangen nach der genannten Sache; **bildungshungrig, machthungrig, sensationshungrig, sonnenhungrig**

Hu·pe *die; -, -n;* eine Vorrichtung im Auto, auf die man drückt, um Töne (als Warnsignal) zu erzeugen ⟨auf die Hupe drücken; die Hupe ertönt⟩ || K- Hupsignal, Hupton || -K Autohupe

hu·pen; *hupte, hat gehupt;* mit einer Hupe einen (Signal)Ton erzeugen ⟨das Auto, der Fahrer; ärgerlich, laut, ungeduldig hupen⟩

H

hüp·fen [B2] *hüpfte, ist gehüpft;* mit einem oder beiden Füßen kleine Sprünge machen (und sich dadurch fortbewegen) ⟨in die Höhe hüpfen; auf einem Bein hüpfen⟩: *Der Vogel hüpfte von Ast zu Ast* || ↑ Illustration **Verben der Bewegung**

Hür·de *die; -, -n* **1** **eine Hürde (für etwas)** etwas, das jemanden daran hindert, sein Ziel bequem und einfach zu erreichen ≈ Hindernis ⟨bürokratische Hürden überwinden (müssen)⟩ **2** *Sport;* eine Konstruktion aus Holz, über die Läufer oder Pferde bei bestimmten Wettkämpfen springen müssen || [K-] Hürdenlauf, Hürdenläufer, Hürdenrennen

Hu·re *die; -, -n; abwertend* ≈ Prostituierte

hur·ra! *Interjektion;* verwendet als Ausruf der Begeisterung oder des Beifalls ⟨Hurra/hurra rufen⟩

hu·schen; *huschte, ist gehuscht* **1** **irgendwohin huschen** sich sehr schnell und leise irgendwohin bewegen: *Eine Eidechse huschte über den Weg* **2** *meist* **ein Lächeln huscht über jemandes Gesicht** *förmlich;* jemand lächelt ganz leicht und kurz

hus·ten [B1] *hustete, hat gehustet;* Luft wegen einer Reizung der Atemwege bei Schnupfen o.Ä. stoßweise und laut ausstoßen (müssen) ⟨heftig, laut husten⟩: *Das Kind war erkältet und hustete die ganze Nacht*

Hus·ten [B1] *der; -s; nur Singular;* eine (Erkältungs)Krankheit, bei der man oft husten muss ⟨Husten haben⟩ || [K-] Hustenbonbon, Hustensaft

Hut[1] [A2] *der; -(e)s, Hü·te* **1** ein Kleidungsstück mit einer stabilen Form, das man auf dem Kopf trägt ↔ Mütze ⟨einen Hut aufsetzen, tragen, aufhaben/auf dem Kopf haben; den Hut abnehmen; (vor jemandem) den Hut ziehen⟩ || [K-] Hutband, Hutmode || [-K] Cowboyhut, Damenhut; Stoffhut, Strohhut; Sonnenhut **2** der obere Teil eines Pilzes, der wie ein runder Deckel aussieht ↔ Stiel || ↑ Abbildung unter **Pilz** **3** **ein alter Hut** *umg;* etwas, das nicht mehr neu und interessant ist, sondern das schon jeder kennt || [ID] ⟨Personen, Dinge⟩ **unter einen Hut bringen** *umg;* bewirken, dass mehrere Personen oder verschiedene Dinge harmonisch zusammenpassen; **mit jemandem/etwas nichts am Hut haben** *umg;* jemanden/etwas nicht mögen; sich für jemanden/etwas nicht interessieren; **jemandem geht der Hut hoch** *umg;* jemand verliert die Geduld und wird wütend; **das kannst du dir an den Hut stecken!** *salopp;* verwendet, um jemandem auf unhöfliche Weise zu sagen, dass man etwas (das er einem anbietet) nicht haben will; **seinen Hut nehmen (müssen)** *umg;* eine Stellung aufgeben (müssen); **Hut ab (vor jemandem/etwas)!** verwendet, um seine Bewunderung auszudrücken: *Ich muss sagen: Hut ab vor Ihrer Zivilcourage, meine Damen!*

Hut[2] [A2] *die; nur in* **(vor jemandem/etwas) auf der Hut sein** *förmlich* ≈ sich vor jemandem/etwas hüten (3)

hü·ten; *hütete, hat gehütet* **1** **ein Tier hüten** so auf ein Tier achten, dass ihm nichts passiert und dass es nicht wegläuft ⟨Gänse, Schafe *usw* hüten⟩ **2** **das Bett hüten** im Bett bleiben (müssen), weil man krank ist **3** **sich vor jemandem/etwas hüten** sich vor jemandem/etwas in Acht nehmen: *sich vor falschen Freunden, einer Erkältung hüten* **4** **sich hüten + zu** + *Infinitiv* etwas (*meist* aus Vorsicht) nicht tun: *Er kann nicht schweigen, deshalb werde ich mich hüten, ihm ein Geheimnis zu erzählen!*

Hüt·te *die; -, -n;* ein kleines, einfaches Haus, das auch nur aus einem Zimmer bestehen kann || [-K] Blechhütte, Holzhütte, Lehmhütte; Berghütte, Jagdhütte

Hüt·ten·kä·se *der; -s; nur Singular;* eine Art von festem Quark

Hy·ä·ne *die; -, -n;* ein Raubtier in Afrika und Asien, das einem Hund ähnlich sieht

Hyd·rant *der; -en, -en;* eine Art dickes, senkrecht stehendes Rohr *meist* an Straßen, aus dem die Feuerwehr Wasser holt, um einen Brand zu löschen

hyd·rau·lisch *Adjektiv; Technik* mithilfe des Drucks einer Flüssigkeit arbeitend ⟨ein Getriebe⟩

Hyd·ro·kul·tur *die; -, -en;* ein System, bei dem die Pflanzen (anstatt in Erde) in Wasser und einem Behälter mit leichten braunen Steinen sind

Hy·gi·e·ne [hy'gi̯e:nə] *die; -; nur Singular;* alles, was dazu dient, den Körper sauber zu halten und ihn vor (Infektions)Krankheiten zu schützen ⟨sehr auf Hygiene achten⟩ || *hierzu* **hy·gi·e·nisch** *Adjektiv*

H'ym·ne *die; -, -n;* **eine Hymne (an/auf jemanden/etwas)** ein feierliches Lied oder Gedicht, in dem man jemanden (*z.B.* Gott) oder etwas (*z.B.* das Vaterland) ehrt und lobt: *eine Hymne auf die Freiheit* || [-K] Nationalh'ymne || *hierzu* **h'ym·nisch** *Adjektiv*

hy·per- [hy:pɐ-] *im Adjektiv; betont und unbetont; meist abwertend;* äußerst, in übertriebenem Maß

≈ über-[3]; **hypergenau, hyperkorrekt, hypermodern, hypersensibel**

Hyper·link ['haipɐ-] *der; -s, -s; Informatik;* eine Stelle im Internet, auf die man klicken kann, um zusätzliche Informationen zu bekommen

Hyp·no·se *die; -; nur Singular;* eine Art Schlaf, in dem ein Mensch keinen eigenen Willen mehr hat ≈ Trance ⟨jemanden in Hypnose versetzen; unter Hypnose stehen; aus der Hypnose erwachen⟩ || *hierzu* **hyp·no·ti·sie·ren** *(hat);* **hyp·no·tisch** *Adjektiv*

Hy·po·chon·der [hypo'xɔndɐ] *der; -s, -; förmlich;* jemand, der immer glaubt, dass er krank sei und deshalb klagt und traurig ist

Hy·po·thek *die; -, -en;* ein (Geld)Kredit, den *meist* eine Bank jemandem gibt, weil er als Sicherheit eine Wohnung oder ein Haus bieten kann ⟨eine Hypothek (auf sein Haus) aufnehmen, eine Hypothek abtragen, tilgen⟩ || K- **Hypothekenschuldner, Hypothekenzinsen**

Hy·po·the·se *die; -, -n; förmlich;* eine vorläufige (wissenschaftliche) Annahme, Vermutung ⟨eine Hypothese aufstellen, widerlegen⟩ || *hierzu* **hy·po·the·tisch** *Adjektiv*

Hys·te·rie *die; -, -n* [-'ri:ən]; ein Zustand der Aufregung, in dem man *z.B.* aus Angst nicht mehr vernünftig denkt und handelt ⟨in Hysterie ausbrechen⟩ || *hierzu* **hys·te·risch** *Adjektiv*

I

I, i [i:] *das; -, -/umg auch -s;* der neunte Buchstabe des Alphabets

IC® [i'tse:] *der; -s, -s; Kurzwort;* ↑ **Intercity**

ICE® [itse'|e:] *der; -s, -s; Kurzwort;* ↑ **Intercityexpress**

ich A1 *Personalpronomen, 1. Person Singular;* bezeichnet die eigene Person (die gerade spricht, schreibt): *Ich bin müde* || ↑ Anhang Seite 1066: **Personalpronomen**

ide·al B2 [ide'a:l] *Adjektiv* **1** so, dass man es sich nicht besser vorstellen kann: *Das Wetter war ideal zum Skifahren* || K- **Idealfall** **2** nur in der Vorstellung existierend: *der ideale Staat*

Ide·al B2 [ide'a:l] *das; -s, -e* **1** ein hohes Ziel, das jemand erreichen will ⟨Ideale verwirklichen⟩ **2** *nur Singular;* eine Person, die in der angegebenen Tätigkeit oder Funktion sehr gut ist: *Er ist das Ideal eines Familienvaters*

ide·a·li·sie·ren; *idealisierte, hat idealisiert;* **jemanden/etwas idealisieren** *förmlich;* jemanden/etwas besser oder schöner darstellen, als er/es wirklich ist

Ide·a·lis·mus *der; -; nur Singular* **1** die Neigung, alles so zu sehen, wie es sein sollte **2** das Bemühen, Ideale (1) zu verwirklichen || *hierzu* **Ide·a·list** *der; -en, -en;* **Ide·a·lis·tin** *die; -, -nen;* **ide·a·lis·tisch** *Adjektiv*

Idee A2 *die; -, -n* [i'de:(ə)n] **1** ein *meist* plötzlicher Einfall (*z.B.* wie man ein Problem lösen könnte) ⟨eine gute Idee⟩: *Die Situation schien hoffnungslos, aber plötzlich hatte ich eine Idee* **2** *oft Plural;* ein allgemeiner Gedanke, Vorschlag oder Plan ⟨fortschrittliche, revolutionäre Ideen; eine Idee vertreten⟩ **3** *nur Singular; umg* ≈ ein bisschen: *Hier fehlt eine Idee Salz; Die Hose könnte eine Idee länger sein*

iden·ti·fi·zie·ren; *identifizierte, hat identifiziert* **1** **jemanden/etwas (als jemanden/etwas) identifizieren** jemanden/etwas *meist* an bestimmten Merkmalen (wieder)erkennen: *Der Zeuge konnte den Täter identifizieren* **2** **sich mit jemandem/etwas identifizieren** mit jemandem/etwas völlig einverstanden sein: *Mit den Zielen dieser Partei kann ich mich wirklich nicht identifizieren* **3** **sich mit jemandem/etwas identifizieren** die eigenen Erfahrungen *o.Ä.* in jemandem/etwas wiedererkennen: *sich mit (dem Schicksal) der Hauptperson in einem Buch identifizieren* || *hierzu* **Iden·ti·fi·ka·ti·on** *die; -, -en;* **Iden·ti·fi·zie·rung** *die; -, -en*

iden·tisch *Adjektiv; förmlich* **1** ohne irgendeinen Unterschied ≈ gleich: *Die Aussagen der beiden Zeugen waren identisch* **2** ⟨Personen/Dinge⟩ **sind identisch; jemand/etwas ist mit jemandem/etwas identisch** es handelt sich nicht um zwei verschiedene Personen/Dinge, sondern nur um eine

Iden·ti·tät *die; -, -en; meist Singular; förmlich* **1** **jemandes Identität** jemandes Name, Adresse *usw* als Beweis, wer er ist ⟨jemandes Identität feststellen, überprüfen⟩: *Die Polizei stellte die Identität des Verhafteten fest* **2** die vollständige Gleichheit ↔ Verschiedenheit: *die Identität von zwei Dokumenten* **3** die innere Einheit, das Wesen von jemandem/etwas: *die österreichische Identität*

Iden·ti·täts·kri·se *die; -, -n;* eine psychische Krise, bei der eine Person keinen Sinn in ihren Aufgaben und Tätigkeiten sieht

Ideo·lo·gie *die; -, -n* [-'gi:ən] **1** die Ansichten

und Werte einer sozialen *meist* großen Gruppe **2** eine politische Theorie als Grundlage einer Staatsform ⟨die kommunistische Ideologie⟩ || *hierzu* **ideo·lo·gisch** *Adjektiv*

Idi·ot [i'dio:t] *der; -en, -en; salopp;* verwendet als Schimpfwort für jemanden, den man für dumm oder ungeschickt hält || *hierzu* **Idi·o·tin** *die; -, -nen;* **idi·o·tisch** *Adjektiv*

idi·o·ten·si·cher *Adjektiv; umg humorvoll;* ganz einfach zu verstehen oder zu verwenden ⟨ein Gerät, eine (Bedienungs)Anleitung⟩

Idol *das; -s, -e;* jemand, der sehr verehrt wird und für viele ein Vorbild ist ⟨jemanden als Idol verehren; seinem Idol nacheifern⟩: *Bob Dylan war lange ein Idol der Jugend*

Idyll [i'dʏl] *das; -s, -e;* der Zustand eines einfachen und friedlichen Lebens ⟨ein dörfliches Idyll⟩

I

idyl·lisch [i'dʏl-] *Adjektiv* **1** wie in einem Idyll **2** ruhig und landschaftlich schön

-ie·ren, -i·sie·ren *im Verb;* Die Verben auf -ieren werden nach dem folgenden Muster gebildet: *dividieren – dividiere – dividierte - dividiert;* verwendet, um (aus Adjektiven oder Substantiven) Verben zu bilden. Damit wird ausgedrückt, dass jemand/etwas in den im ersten Wortteil genannten Zustand gebracht wird; **etwas halbieren, komplettieren, relativieren, legalisieren, modernisieren**; **etwas atomisieren, bagatellisieren, ritualisieren**

-ig *im Adjektiv;* verwendet, um Adjektive zu bilden **1** mit der im ersten Wortteil genannten Sache oder Eigenschaft; **eifrig, fleißig, geizig, gierig, mutig**; **dreiseitig** ⟨ein Brief⟩, **mehrgeschossig** ⟨ein Haus⟩, **vierbändig** ⟨ein Roman⟩ **2** wie das im ersten Wortteil Genannte; **affig** ⟨ein Benehmen⟩, **bullig** ⟨eine Figur⟩, **flegelig** ⟨ein Benehmen⟩, **glasig** ⟨Augen⟩, **milchig, riesig, schwammig** **3** in der Form dessen, was im ersten Wortteil genannt ist; **bergig, bröselig, klumpig, kugelig**

Igel *der; -s, -;* ein kleines Tier mit vielen Stacheln auf dem Rücken

ig·no·rant, *ignoranter, ignorantest-; Adjektiv; förmlich abwertend;* mit wenig Wissen und Intelligenz ≈ dumm, unwissend || *hierzu* **Ig·no·rant** *der; -en, -en;* **Ig·no·ran·tin** *die; -, -nen;* **Ig·no·ranz** *die; -; nur Singular*

ig·no·rie·ren; *ignorierte, hat ignoriert;* **jemanden/etwas ignorieren** jemanden/etwas absichtlich nicht sehen oder erkennen wollen: *Auf der Feier ignorierte sie mich*

ihm *Personalpronomen der 3. Person Singular (er und es), Dativ:* *Ich habe es ihm gesagt;* ↑ Anhang Seite 1066: **Personalpronomen**

ihn *Personalpronomen der 3. Person Singular (er und es), Akkusativ:* *Ich kenne ihn gut;* ↑ Anhang Seite 1066: **Personalpronomen**

ih·nen *Personalpronomen der 3. Person Plural (sie²), Dativ:* *Meine Kinder sind dort, morgen fahre ich zu ihnen;* ↑ Anhang Seite 1066: **Personalpronomen**

Ih·nen *Personalpronomen der höflichen Form der 2. Person Singular und Plural (Sie), Dativ:* *Gehört der Hund zu Ihnen?;* ↑ Anhang Seite 1066: **Personalpronomen**

ihr¹ A1 [i:ɐ̯] *Personalpronomen der 2. Person Plural;* verwendet, um eine Gruppe von Personen anzureden, von denen man (fast) alle mit *du* anredet: *Kommt ihr mit zum Baden?* || Hinweis: In Briefen gilt es als höflich, *ihr, euch, euer usw* großzuschreiben || ↑ Anhang Seite 1066: **Personalpronomen**

ihr² A1 [i:ɐ̯] *Personalpronomen der 3. Person Singular (sie¹), Dativ:* *Pia weint. Du hast ihr wehgetan;* ↑ Anhang Seite 1066: **Personalpronomen**

ihr³ A1 [i:ɐ̯] *Possessivpronomen der 3. Person Singular und Plural (sie¹ und sie²):* *Kerstin sagt, die Katze gehört ihr;* ↑ **mein** und Anhang Seite 1067: **Possessivpronomen**

Ihr A1 [i:ɐ̯] *Possessivpronomen der höflichen Form der 2. Person Singular und Plural (Sie):* *Ich glaube, das ist Ihr Schirm;* ↑ **mein** und Anhang Seite 1067: **Possessivpronomen**

ih·r- *Possessivpronomen der 3. Person Singular und Plural (sie¹ und sie²):* *Ist der Bleistift ihrer?;* ↑ **mein-**

Ih·r- *Possessivpronomen der höflichen Form der 2. Person Singular und Plural (Sie):* *Ist das Ihre Frau?;* ↑ **mein-**

ih·rer A2 *Personalpronomen der 3. Person Singular und Plural (sie¹ und sie²), Genitiv:* *Das waren schöne Tage, ich erinnere mich ihrer gern;* ↑ Anhang Seite 1066: **Personalpronomen**

Ih·rer A2 *Personalpronomen der höflichen Form der 2. Person Singular und Plural (Sie), Genitiv:* *Kommen Sie, ich erbarme mich Ihrer;* ↑ Anhang Seite 1066: **Personalpronomen**

ih·rer·seits *Adverb;* was sie betrifft ≈ von ihr/ihnen aus: *Sie war/waren ihrerseits sehr zufrieden*

ih·res·glei·chen *Pronomen; indeklinabel; oft abwertend;* Leute wie sie: *Ich kenne sie und ihresgleichen*

ih·ret·we·gen *Adverb;* aus einem Grund, der sie betrifft ≈ wegen ihr/ihnen: *Machst du dir ihretwegen Sorgen?*

il·le·gal *Adjektiv;* so, dass es gegen das Gesetz ist: *Er wurde wegen illegalen Waffenbesitzes verhaftet* || *hierzu* **Il·le·ga·li·tät** *die; -; nur Singular*

Il·lu·si·on [-'tsi̯o:n] *die; -, -en; oft Plural;* eine falsche, *meist* zu optimistische Vorstellung von etwas ⟨jemandes Illusionen zerstören; sich *(Dativ)* (über jemanden/etwas) Illusionen machen⟩ || *hierzu* **il·lu·si·ons·los** *Adjektiv*

il·lu·so·risch *Adjektiv;* nur in der Vorstellung und nicht realisierbar ↔ realistisch: *Du willst das ganz alleine schaffen? - Das ist doch illusorisch!*

Il·lus·tra·ti·on [-'tsi̯o:n] *die; -, -en* **1** ein Bild, Foto *o.Ä.*, das zu einem Text gehört: *die Illustrationen in einem Lexikon* **2** das Illustrieren

il·lus·trie·ren; *illustrierte, hat illustriert* **1** **etwas (mit etwas) illustrieren** Bilder für etwas machen ⟨ein Buch illustrieren⟩ **2** **etwas (mit etwas) illustrieren** etwas (mit etwas) deutlich machen: *eine These mit einem Beispiel illustrieren*

Il·lus·trier·te B2 *die; -n, -n;* eine Zeitschrift, die viele Bilder enthält

Il·tis *der; -ses, -se;* ein kleiner brauner Marder

im *Präposition mit Artikel* **1** ≈ in dem: *im Garten sein* **2** **im** + *Infinitiv als Substantiv* in Bezug auf: *Im Rechnen ist sie sehr gut* **3** **im** + *Infinitiv als Substantiv* während einer Handlung: *Im Gehen drehte er sich noch einmal um und winkte*

Image ['ɪmɪtʃ, 'ɪmɪdʒ] *das; -(s), -s* ['ɪmɪdʒɪz]; das Bild von jemandem/etwas, das in der Öffentlichkeit herrscht (und oft extra zu diesem Zweck erzeugt wurde) ⟨sich ein Image aufbauen, schaffen; jemandes Image zerstören; jemandes Image ist angeschlagen⟩: *das Image der Unbestechlichkeit* || K- Imagepflege

ima·gi·när *Adjektiv; nicht als Adverb;* nur in der Vorstellung/Fantasie vorhanden ↔ wirklich, real

Im·biss B2 *der; -es, -e;* ein kleines Essen || K- Imbissbude, Imbissstand

imi·tie·ren; *imitierte, hat imitiert* **1** **jemanden/etwas imitieren** ≈ nachahmen: *jemandes Stimme, einen Sänger imitieren* **2** **etwas imitieren** etwas künstlich herstellen: *imitiertes Leder* || *hierzu* **Imi·ta·ti·on** *die; -, -en; zu 1* **Imi·ta·tor** *der; -s, -en;* **Imi·ta·to·rin** *die; -, -nen*

Im·ker *der; -s, -;* jemand, der Bienen hält, um Honig zu produzieren || *hierzu* **Im·ke·rin** *die; -, -nen*

im·mens *Adjektiv; ohne Steigerung;* sehr groß ⟨(Un)Kosten, Anstrengungen⟩

im·mer[1] A1 *Adverb* **1** zu jeder Zeit ≈ stets, jederzeit: *Sie war immer freundlich zu mir* **2** *umg;* sehr oft ≈ dauernd, ständig: *Er ruft immer an, wenn wir essen* **3** **immer wenn** jedes Mal, wenn: *Immer wenn ich ihn treffe, grüßt er freundlich* **4** **für/auf immer** von einem bestimmten Zeitpunkt an auf nicht begrenzte Zeit **5** **immer noch/noch immer** schon seit einiger Zeit und auch jetzt noch: *Er hält immer noch den Weltrekord im Hochsprung*

im·mer[2] A1 *Partikel* **1** vor einem Komparativ verwendet, um eine ständige Steigerung auszudrücken: *Das Flugzeug stieg immer höher* **2** *betont;* **wann, wo, wie, was** *usw* **(auch) immer** gleichgültig, wann/wo/wie/was *usw*: *Wo immer ich (auch) bin, ich denke nur an dich*

im·mer·hin *Partikel* **1** schränkt eine negative Aussage ein ≈ wenigstens: *Sie hat zwar nicht gewonnen, aber sie ist immerhin Zweite geworden* **2** drückt aus, dass man etwas bedenken sollte: *Das kann ich ihm nicht antun, er ist immerhin mein bester Freund*

im·mer·zu *Adverb* ≈ immer[1] (1,2)

Im·mig·rant *der; -en, -en;* jemand, der in ein Land gekommen ist, um dort zu leben und zu arbeiten ≈ Einwanderer || *hierzu* **Im·mig·ran·tin** *die; -, -nen;* **Im·mig·ra·ti·on** *die; -; nur Singular;* **im·mig·rie·ren** *(ist)*

Im·mo·bi·lie *die; -, -n; meist Plural;* eine nicht bewegliche Sache (*meist* ein Haus, eine Wohnung oder ein Grundstück), die man besitzt, kauft oder verkauft ⟨mit Immobilien handeln⟩ || K- Immobilienbesitz, Immobilienhandel, Immobilienhändler, Immobilienmakler, Immobilienmarkt

im·mun *Adjektiv;* **immun gegen etwas sein** so, dass man bestimmte Krankheiten nicht (mehr) bekommt || K- Immunschwäche

Im·mu·ni·tät *die; -; nur Singular* **1** **die Immunität (gegen etwas)** der Zustand, gegen bestimmte Krankheiten immun zu sein: *Immunität gegen einen Grippevirus besitzen* **2** *Rechtswesen;* eine Regelung, nach der Diplomaten und Abgeordnete normalerweise nicht strafrechtlich verfolgt werden dürfen. Die Immunität kann aber aufgehoben werden ⟨Immunität genießen; jemandes Immunität aufheben⟩

Im·pe·ra·tiv [-ti:f] *der; -s, -e* [-v-]; *meist Singular, Sprachwissenschaft;* eine Form des Verbs, mit der man eine Bitte, Aufforderung, Warnung, einen Befehl *o.Ä.* ausdrückt (*z.B.: Komm mal bitte her!; Seid ruhig!*) ≈ Befehlsform

Im·per·fekt *das; -s, -e; meist Singular; Sprachwissenschaft;* eine grammatische Kategorie beim Verb ≈ Präteritum. Formen des Imperfekts *z.B.* von *lachen* sind *ich lachte, du lachtest, er lachte, wir lachten.*

Im·pe·ri·a·lis·mus [-i̯a-] *der; -; nur Singular; Politik;* das Streben *bes* eines Staates, sein Gebiet oder seine Macht immer weiter auszudehnen || *hierzu* **im·pe·ri·a·lis·tisch** *Adjektiv*

imp·fen; *impfte, hat geimpft;* **(jemanden) (gegen etwas) impfen** jemandem ein Medikament geben, damit er vor einer Krankheit geschützt ist ⟨vorbeugend impfen⟩: *Kinder gegen Tuberkulose impfen* || K- **Impfschutz** || *hierzu* **Imp·fung** *die; -, -en*

Impf·pass *der; -es, -päs·se;* eine Art Ausweis, in dem alle Impfungen eingetragen werden, die jemand bekommen hat

Impf·stoff *der; -(e)s, -e;* ein Medikament, mit dem jemand geimpft wird

im·po·nie·ren; *imponierte, hat imponiert;* **(jemandem) imponieren** ≈ jemanden beeindrucken: *Diese Vorführung hat mir sehr imponiert*

Im·port B2 *der; -(e)s, -e* **1** *nur Singular;* der Einkauf von Waren aus dem Ausland: *Der Import von japanischen Autos hat abgenommen* || K- **Importhandel, Importware** **2** *meist Plural;* eine Ware, die im Ausland gekauft wurde: *Importe aus der Dritten Welt* || *zu* 1 **Im·por·teur** [-'tøːɐ̯] *der; -s, -e;* **im·por·tie·ren** *(hat)*

im·po·sant, *imposanter, imposantest-; Adjektiv;* sehr eindrucksvoll ⟨ein Auftreten, eine Erscheinung; ein Bau⟩

im·po·tent *Adjektiv; nicht als Adverb;* ⟨ein Mann⟩ nicht fähig, Geschlechtsverkehr zu haben bzw. ein Kind zu zeugen || *hierzu* **Im·po·tenz** *die; -; nur Singular*

im·präg·nie·ren; *imprägnierte, hat imprägniert* **1** **etwas imprägnieren** Textilien (chemisch) so behandeln, dass kein Wasser eindringen kann ⟨eine Jacke, einen Mantel imprägnieren⟩ **2** **etwas imprägnieren** Holz *o.Ä.* (chemisch) behandeln, um es länger haltbar zu machen || *hierzu* **Im·präg·nie·rung** *die; -, -en*

Im·pres·si·o·nis·mus [-si̯o-] *der; -; nur Singular;* ein Stil der (europäischen) Kunst am Ende des 19. Jahrhunderts ⟨die Malerei des Impressionismus⟩: *Claude Monet und Auguste Renoir sind Maler des Impressionismus* || *hierzu* **Im·pres·si·o·nist** *der; -en, -en;* **im·pres·si·o·nis·tisch** *Adjektiv*

im·pro·vi·sie·ren [-v-]; *improvisierte, hat improvisiert;* **(etwas) improvisieren** etwas ohne Vorbereitung tun: *eine Rede improvisieren* || *hierzu* **Im·pro·vi·sa·ti·on** *die; -, -en*

Im·puls *der; -es, -e* **1** *meist Plural;* ein Vorschlag, auf welche Weise man etwas machen soll ⟨Impulse geben⟩: *Von ihr gingen wertvolle Impulse für die Arbeit unserer Firma aus* **2** ein spontaner innerer Drang, etwas zu tun ⟨einem Impuls folgen⟩

im·pul·siv [-'ziːf] *Adjektiv;* so, dass (bei einer Reaktion) einem Impuls (2) gefolgt wird ⟨impulsiv reagieren; ein impulsiv handelnder Mensch⟩

im·stan·de, im Stan·de *meist in* **imstande sein + zu** + *Infinitiv* etwas können, zu etwas fähig sein: *Er ist durchaus imstande, die Arbeit allein zu machen; Vor Aufregung war sie nicht imstande zu sprechen*

in[1] A1 *Präposition* **1** *mit Dativ;* gibt an, dass sich jemand/etwas innerhalb eines Gebietes, Raumes befindet: *Sie lebt in Italien* **2** *mit Dativ;* gibt an, dass jemand zu einer Gruppe, Institution *o.Ä.* gehört oder etwas Teil von etwas ist: *in der Armee sein* **3** *mit Dativ;* gibt einen Zeitpunkt oder Zeitraum an, zu dem/innerhalb dessen etwas geschieht: *In diesem Sommer bleibe ich zu Hause* **4** *mit Dativ;* gibt eine Zeit an, nach deren Ablauf etwas geschehen wird: *In zwei Stunden ist Mittagspause* **5** *mit Dativ;* bezeichnet die Art und Weise: *In großer Eile packte sie die Koffer* **6** *mit Dativ;* bezeichnet einen Zustand: *etwas ist in Betrieb* **7** **in etwas** *(Dativ Plural)* bezeichnet eine relativ große Menge ⟨in Massen⟩ **8** **in etwas** *(Dativ Plural)* gibt eine Maßeinheit an: *Die Amerikaner messen das Benzin in Gallonen, die Deutschen in Litern* || Hinweis *zu* 7 und 8: das Substantiv nach *in* wird ohne Artikel verwendet **9** *mit Akkusativ;* gibt an, dass sich jemand/etwas in ein Gebiet, einen Raum *o.Ä.* hineinbewegt: *in die Stadt gehen* **10** *mit Akkusativ;* drückt aus, dass jemand/etwas Teil einer Gruppe, Institution *o.Ä.* wird: *in die Schule kommen* **11** **(bis) in** + *Akkusativ;* drückt aus, dass etwas bis zu einem Zeitpunkt dauert: *bis spät in die Nacht* **12** *mit Akkusativ;* schließt bei bestimmten Substantiven, Adjektiven und Verben eine Ergänzung an: *Er hat sich in Anna verliebt; Das Wasser verwandelte sich in Eis*

in[2] A1 *nur in* **etwas ist in** *umg;* etwas ist modern, aktuell ↔ etwas ist out

in- *im Adjektiv; betont; förmlich;* verwendet, um auszudrücken, dass jemand/etwas eine Eigenschaft nicht hat, nicht so ist; **inakzeptabel** ⟨ein Vorschlag⟩, **indiskret** ⟨eine Frage⟩, **ineffektiv** ⟨eine Methode⟩, **informell** ⟨ein Anlass⟩, **inhuman** ⟨eine Behandlung⟩, **inkompatibel** ⟨ein System⟩, **inkonsequent** ⟨ein Verhalten⟩, **inkorrekt** ⟨eine Aussprache⟩, **inoffiziell** ⟨eine Verlautbarung⟩, **instabil** ⟨eine Lage⟩, **intolerant** ⟨eine Haltung⟩ || Hinweis: **a** **in-** steht in Verbindung mit Fremdwörtern; **b** vor Wörtern, die mit *l* beginnen, steht **il-** (*z.B. illegal*), vor Wörtern mit *m* oder *p* steht **im-** (*z.B. impotent*), vor Wörtern mit *r* steht **ir-** (*z.B. irreal*)

-in A2 *im Substantiv;* verwendet, um aus maskulinen Personen- und Tierbezeichnungen die femininen Formen zu bilden; **Arzt - Ärztin, Koch - Köchin, Lehrer - Lehrerin, Maler - Malerin, Professor - Professorin, Sänger - Sängerin, Sportler - Sportlerin; Hase - Häsin, Hund - Hündin, Löwe - Löwin**

In·be·griff *der; -(e)s; nur Singular;* **der Inbegriff** *+ Genitiv Singular* eine Person oder Sache, die eine Eigenschaft in so großem Maße besitzt, dass sie als Symbol für diese Eigenschaft gilt: *Die Rose ist der Inbegriff der Schönheit*

in·be·grif·fen B2 *Adjektiv; nicht als Adverb;* (**in etwas** (*Dativ*)) **inbegriffen** in etwas enthalten: *In diesem Preis ist die Mehrwertsteuer inbegriffen*

in·de·fi·nit *Adjektiv; nicht als Adverb; Sprachwissenschaft;* ohne Bezug auf eine ganz bestimmte Person oder Sache ≈ unbestimmt ↔ definit ⟨der Artikel, ein Pronomen⟩: *„Jemand" ist ein indefinites Pronomen* || K- Indefinitpronomen

in·de·kli·na·bel, in·de·kli·na·bel *Adjektiv; nicht als Adverb, Sprachwissenschaft;* so, dass es seine Form im Plural *usw* nicht ändert (wie *z.B.* das Adjektiv „rosa") ⟨ein Adjektiv, ein Pronomen, ein Wort⟩ || Hinweis: *indeklinabel* → *ein indeklinables Wort*

in·dem B2 *Konjunktion;* leitet einen Nebensatz ein, der ausdrückt, wie es zur Handlung des Hauptsatzes kommt: *Er verschloss die Tür, indem er einen Riegel vorschob*

in·des(·sen) *Adverb; förmlich* **1** ≈ jedoch **2** ≈ inzwischen

In·di·a·ner [ɪnˈdi̯aːnɐ] *der; -s, -;* jemand, der zur ursprünglichen Bevölkerung (Nord)Amerikas gehört || K- Indianerstamm || *hierzu* **In·di·a·ne·rin** *die; -, -nen;* **in·di·a·nisch** *Adjektiv*

In·di·ka·ti·on [-ˈtsi̯oːn] *die; -, -en* **1** *Medizin;* eine Situation, in der es vernünftig ist, für die Heilung eine bestimmte Methode anzuwenden || -K Operationsindikation **2** *Rechtswesen;* ein (rechtlich anerkannter) Grund dafür, dass eine Frau eine Schwangerschaft abbrechen darf ⟨die medizinische, ethische, soziale Indikation⟩

In·di·ka·tiv [-f] *der; -s, -e; meist Singular; Sprachwissenschaft;* die grammatische Kategorie des Verbs, bei der die Vorgänge *o.Ä.* als tatsächlich gegeben dargestellt werden ↔ Konjunktiv || K- Indikativform

In·dio [-di̯o] *der; -s, -s;* jemand, der zu einem der Völker gehört, die ursprünglich in Süd- und Mittelamerika gelebt haben

in·di·rekt *Adjektiv;* mit Absicht so gesagt, dass es nicht ganz deutlich ist ⟨etwas indirekt sagen, zum Ausdruck bringen⟩

in·dis·ku·ta·bel, in·dis·ku·ta·bel *Adjektiv; nicht als Adverb;* so schlecht, dass es überhaupt nicht in Frage kommt ⟨ein Vorschlag; etwas ist vollkommen indiskutabel⟩ || Hinweis: *indiskutabel* → *eine indiskutable Leistung*

In·di·vi·du·a·list [-v-] *der; -en, -en;* jemand, der ganz nach seinen eigenen Vorstellungen leben möchte || *hierzu* **In·di·vi·du·a·lis·tin** *die; -, -nen;* **in·di·vi·du·a·lis·tisch** *Adjektiv*

In·di·vi·du·a·li·tät [-v-] *die; -; nur Singular;* das Besondere, das jemanden von anderen Menschen unterscheidet ⟨die Individualität bewahren⟩

in·di·vi·du·ell [-viˈdu̯ɛl] *Adjektiv;* **1** in Bezug auf eine Einzelperson ⟨Bedürfnisse, Eigenschaften, ein Geschmack, ein Stil, Wünsche⟩ **2** so, dass es deutlich auf eine Einzelperson abgestimmt ist oder von einer Einzelperson gemacht ist ⟨etwas individuell gestalten⟩

In·di·vi·du·um [-ˈviːduʊm] *das; -s, In·di·vi·du·en* [-du̯ən] **1** *förmlich;* ein Mensch als einzelne Person **2** *abwertend;* jemand, der nicht sympathisch ist: *ein verdächtiges, seltsames Individuum*

in·dust·ri·a·li·sie·ren; *industrialisierte, hat industrialisiert;* **etwas industrialisieren** irgendwo eine Industrie aufbauen: *ein Land, eine Region industrialisieren* || Hinweis: *meist* im Passiv || *hierzu* **In·dust·ri·a·li·sie·rung** *die; -; nur Singular*

In·dust·rie B1 *die; -, -n* [-ˈtriːən] **1** *meist Singular;* alle Betriebe der Wirtschaft, die mithilfe von Maschinen große Mengen an Waren oder Rohstoffen produzieren ⟨die chemische Industrie; in der Industrie tätig sein⟩ || K- Industriearbeiter, Industriegebiet, Industriezweig || -K Lebensmittelindustrie, Rüstungsindustrie **2** (CH) ≈ Fabrik || *zu* 1 **in·dust·ri·ell** *Adjektiv*

In·dust·ri·el·le *der/die; -n, -n;* jemand, der einen Industriebetrieb besitzt ≈ Unternehmer

|| K Großindustrielle

In·dust·rie- und Han·dels·kam·mer *die; -, -n;* Ⓓ eine Organisation, die die Interessen von Industrie und Handel in einer Region vertritt; *Abkürzung* IHK

in·ei·nan·der *Adverb;* eine Person/Sache in die andere oder der anderen (drückt eine Gegenseitigkeit aus): *Sie sind ineinander verliebt* (= Er liebt sie, und sie liebt ihn); *Die beiden Farben gehen ineinander über*

in·ei·nan·der- *im Verb; betont und trennbar;* Die Verben mit *ineinander-* werden nach folgendem Muster gebildet: *ineinandergreifen - griffen ineinander - ineinandergegriffen;* drückt aus, dass zwei oder mehr Dinge zusammenkommen, eines in das andere ↔ auseinander-; ⟨Flüsse⟩ **fließen ineinander**; ⟨Zahnräder, Aktionen⟩ **greifen ineinander**, ⟨Schachteln⟩ **passen ineinander**; ⟨Dinge⟩ **ineinanderschieben, ineinanderstecken**

in·fam *Adjektiv; förmlich abwertend* ≈ gemein, niederträchtig ⟨*meist* eine Lüge⟩

in·fan·til *Adjektiv; abwertend;* nicht reif und erwachsen, sondern wie ein Kind ≈ kindisch ⟨ein Verhalten⟩

In·farkt *der; -(e)s, -e; Medizin;* die Zerstörung von Gewebe (des Herzens), das nicht mehr genug Blut bekommt ⟨einen Infarkt erleiden⟩ || K Herzinfarkt

In·fekt *der; -(e)s, -e; Medizin* **1** ≈ Infektion **2** **ein grippaler Infekt** ≈ Grippe

In·fek·ti·on B1 [-'tsi̯o:n] *die; -, -en* **1** das Übertragen einer Krankheit durch Bakterien, Viren *usw* von einer Person auf eine andere oder von einem Tier auf ein anderes || K- Infektionskrankheit **2** eine Krankheit, die durch Infektion (1) übertragen wird || -K Virusinfektion

In·fer·no *das; -s, -s; meist Singular; förmlich;* **das Inferno** (+ *Genitiv*) verwendet, um etwas zu bezeichnen, das ganz schrecklich ist ⟨das Inferno der Flammen, des Krieges⟩

In·fi·ni·tiv [-ti:f] *der; -s, -e* [-və]; *Sprachwissenschaft;* die Grundform eines Verbs, *z.B. gehen, spazieren*

in·fi·zie·ren; *infizierte, hat infiziert;* **jemanden/sich (mit etwas) infizieren** jemanden/sich mit einer Krankheit anstecken: *Er hat sich mit Tuberkulose infiziert*

In·fla·ti·on [-'tsi̯o:n] *die; -, -en; meist Singular;* eine wirtschaftliche Situation, die durch sehr hohe Preise und dadurch gekennzeichnet ist, dass das Geld weniger wert wird || K- Inflationsrate

In·fo *das; -s, -s; umg* **1** ein Blatt oder Heft mit Informationen (über ein Thema) || K- Infoheft **2** ≈ Information: *zwei Seiten mit Infos über alle Spielfilme der Woche*

in·fol·ge B2 *Präposition; mit Genitiv; förmlich* ≈ aufgrund, wegen

In·for·ma·tik *die; -; nur Singular;* die Wissenschaft, die sich mit Computern und ihrer Anwendung beschäftigt

In·for·ma·ti·on A2 [-'tsi̯o:n] *die; -, -en* **1** *meist Plural;* **Informationen (über jemanden/etwas)** das, was man lernt oder erfährt, wenn man *z.B.* Bücher oder Zeitungen liest, Radio hört, nach etwas fragt ⟨vertrauliche, zuverlässige Informationen; Informationen (von jemandem) einholen; Informationen zurückhalten⟩ || K- Informationsquelle, Informationszentrum || -K Presseinformation **2** *nur Singular;* die Stelle, an der man Informationen bekommen kann ≈ Auskunft: *Herr Maier bitte zur Information!* **3** *nur Singular;* **die Information (über jemanden/etwas)** das Informieren: *Zu Ihrer Information legen wir unserem Brief einen Prospekt bei*

in·for·ma·tiv [-'ti:f] *Adjektiv; förmlich;* ⟨ein Gespräch, ein Vortrag⟩ so, dass sie (wichtige) Informationen enthalten ≈ aufschlussreich

in·for·mie·ren; *informierte, hat informiert* **1** **jemanden/sich (über jemanden/etwas) informieren** jemandem/sich Informationen zu einem bestimmten Thema/zu jemandem beschaffen: *sich über die Preise informieren* **2** **jemanden (von etwas) informieren** ≈ jemandem etwas mitteilen

in·fra·ge, in Fra·ge *Adverb* **1** **jemand/etwas kommt (für jemanden/etwas) infrage** jemand/etwas ist die mögliche Lösung für ein Problem: *Für diese Stelle kommt nur ein Bewerber mit Sprachkenntnissen infrage* **2** **etwas infrage stellen** Zweifel an etwas haben oder äußern || ID *meist* **Das kommt nicht infrage!** das erlaube ich nicht

Inf·ra·struk·tur *die; -, -en;* alle Einrichtungen, die notwendig sind, damit sich in einem Gebiet eine Wirtschaft entwickeln kann, *z.B.* Straßen, Eisenbahnen, Wohnsiedlungen, öffentliche Gebäude, Einkaufsmöglichkeiten, Energieherstellung *usw: ein Land mit gut/schwach entwickelter Infrastruktur*

In·fu·si·on [-'zi̯o:n] *die; -, -en; Medizin;* Flüssigkeit und Medikamente, die man langsam mithilfe eines Schlauches in die Adern bekommt ⟨jemandem eine Infusion geben; eine Infusion bekommen⟩ || K- Infusionsflasche, Infusionskanüle, Infusionsschlauch

In·ge·ni·eur [ɪnʒe'ni̯øːɐ̯] *der; -s, -e;* jemand, der ein technisches Fach studiert hat; *Abkürzung* Ing. || -K Bauingenieur, Diplomingenieur || *hierzu* **In·ge·ni·eu·rin** [-'øːrɪn] *die; -, -nen*

Ing·wer ['ɪŋvɐ] *der; -s; nur Singular;* ein scharfes, süßes Gewürz aus einer Wurzel

In·ha·ber *der; -s, -;* **1** der Besitzer *bes* eines Geschäfts oder Lokals || -K Firmeninhaber **2** jemand, der ein Amt, eine Funktion hat || -K Amtsinhaber || *hierzu* **In·ha·be·rin** *die; -, -nen*

in·ha·lie·ren; *inhalierte, hat inhaliert* **1** **(etwas) inhalieren** etwas tief einatmen, *bes* aus medizinischen Gründen: *Wegen seiner Bronchitis soll er täglich inhalieren* **2** **(etwas) inhalieren** den Rauch einer Zigarette *o.Ä.* in die Lunge einatmen

In·halt B1 *der; -(e)s, -e; meist Singular* **1** **der Inhalt** (+ *Genitiv*) das, was in einem Behälter ist: *Zeigen Sie mir bitte den Inhalt ihres Koffers* **2** das, was in einem Behälter/Raum Platz hat: *ein Gefäß mit drei Liter Inhalt* **3** das, was in einem Text, Film, Theaterstück erzählt wird ⟨den Inhalt wiedergeben, zusammenfassen⟩ || K- Inhaltsverzeichnis || -K Gesprächsinhalt

Ini·ti·a·ti·ve [-tsi̯a'tiːvə] *die; -, -n* **1** *nur Singular;* der Wunsch und die Bereitschaft, eigene Ideen zu entwickeln (und zu realisieren) ⟨Initiative haben, besitzen⟩ **2** eine Anregung, die jemand gibt und durch die er etwas ändert ⟨etwas geht auf eine Initiative zurück⟩ || -K Eigeninitiative **3** **auf eigene Initiative** von sich aus, selbstständig **4** **eine Initiative (für/gegen etwas)** eine Gruppe von Menschen, die sich aktiv für ein bestimmtes Ziel einsetzen ⟨eine Initiative gründen⟩: *eine Initiative für Umweltschutz* || -K Bürgerinitiative **5** (CH) ≈ Volksbegehren

Ini·ti·a·tor [-'tsi̯aːtoːɐ̯] *der; -s, Ini·ti·a·to·ren;* jemand, der eine neue, eigene Idee hat und so eine neue Entwicklung beginnt || *hierzu* **Ini·ti·a·to·rin** *die; -, -nen*

In·jek·ti·on [-'tsi̯oːn] *die; -, -en; Medizin* **1** der Vorgang, jemandem ein Medikament in eine Ader oder in einen Muskel zu spritzen ⟨eine intravenöse Injektion; eine Injektion (= eine Spritze) bekommen; jemandem eine Injektion geben⟩ || K- Injektionslösung, Injektionsnadel, Injektionsspritze **2** die Flüssigkeit, die man bei einer Injektion bekommt

in·klu·si·ve B1 [-və] *Präposition; mit Genitiv, umg auch Dativ* ≈ einschließlich; *Abkürzung* inkl., incl.: *Der Preis beträgt zwanzig Euro inklusive Mehrwertsteuer* || K- Inklusivpreis

In·kraft·tre·ten *das; -s; nur Singular; förmlich;* das Gültigwerden von etwas ⟨das Inkrafttreten eines Gesetzes⟩

In·land B2 *das; -(e)s; nur Singular;* das Gebiet, das innerhalb der Grenzen des eigenen Staates ist ↔ Ausland || K- Inlandsflug

In·line·skate ['ɪnlaɪnskeːt] *das, der; -s, -s; meist Plural;* ein Schuh, der an der Sohle vier Rollen in einer Reihe hintereinander hat ≈ Inliner

in·ne·ha·ben; *hat inne, hatte inne, hat innegehabt;* **etwas innehaben** *förmlich;* ein Amt ausüben oder eine wichtige Position haben ⟨ein Amt, einen Posten, einen Rang innehaben⟩

in·nen A2 *Adverb;* in dem Bereich, der in einem Raum, Körper *usw* liegt: *Die Tür geht nach innen auf*

In·nen·ar·chi·tekt *der; -en, -en;* ein Architekt, der Räume einrichtet und gestaltet || *hierzu* **In·nen·ar·chi·tek·tin** *die; -, -nen;* **In·nen·ar·chi·tek·tur** *die; -; nur Singular*

In·nen·mi·nis·ter *der; -s, -;* der Minister, der für die öffentliche Ordnung, die Polizei *usw* zuständig ist || *hierzu* **In·nen·mi·nis·te·rin** *die; -, -nen;* **In·nen·mi·nis·te·ri·um** *das; -s, -mi·nis·te·ri·en*

In·nen·po·li·tik *die; -; nur Singular;* die politischen Aktivitäten, die zu den Aufgaben des Innenministers gehören ↔ Außenpolitik || *hierzu* **in·nen·po·li·tisch** *Adjektiv*

In·nen·stadt *die; -, -städ·te;* das Zentrum einer Stadt

in·ne·r-[1] B2 *Adjektiv; nur vor dem Substantiv, nicht als Adverb* **1** innen oder auf der Seite, die nach innen geht: *die innere Tasche einer Jacke* **2** jemandes Gefühle und Gedanken betreffend ⟨Ruhe, Spannung⟩: *Seine innere Unruhe war ihm nicht anzusehen* **3** **die inneren Organe** die Organe (1), die sich innen im Körper befinden, *z.B.* Herz, Lunge, Magen **4** das eigene Land betreffend ⟨Angelegenheiten, Probleme⟩ **5** als notwendiger Bestandteil in einer Sache enthalten ⟨die Ordnung, der Zusammenhang⟩

in·ner-[2] B2 *im Adjektiv; betont;* drückt aus, dass etwas innerhalb eines bestimmten Systems, einer bestimmten Organisation stattfindet; **innerbetrieblich** ⟨die Mitbestimmung⟩, **innerparteilich** ⟨die Auseinandersetzung⟩, **innerstaatlich**

In·ne·re *das; -n; nur Singular;* der innere Bereich: *das Innere eines Hauses*

In·ne·rei·en *die; -; Plural;* die inneren Organe von solchen Tieren, die man essen kann

in·ner·halb B2 *Präposition; mit Genitiv* **1** in einem bestimmten Gebiet: *Der Fußballplatz liegt innerhalb der Stadt* **2** in einem bestimmten Zeitraum: *Der Schulbus fährt nur innerhalb der Schulzeit* || Hinweis: auch als Adverb verwendet mit *von*: *innerhalb von Europa, innerhalb von zwei Jahren*

in·ner·lich *Adjektiv* **1** innerhalb eines Körpers, Raumes: *ein Medikament zur innerlichen Anwendung* **2** die Seele, die Gedanken und Gefühle betreffend: *Äußerlich wirkte sie ruhig, aber innerlich war sie sehr nervös*

in·nert *Präposition; mit Dativ;* (CH) ≈ innerhalb (2)

in·nig *Adjektiv* **1** mit einem tiefen, intensiven Gefühl ⟨eine Beziehung, Umarmung; jemanden heiß und innig lieben⟩ **2** *meist* **jemandes inniger/innigster Wunsch** jemandes größter Wunsch || *hierzu* **In·nig·keit** *die; -; nur Singular*

I

ins *Präposition mit Artikel* ≈ in das

In·sas·se *der; -n, -n* **1** jemand, der in einem Fahrzeug sitzt: *Vier Insassen des Busses wurden bei dem Unfall schwer verletzt* **2** jemand, der in einem Heim lebt oder im Gefängnis ist || -K Gefängnisinsasse || *hierzu* **In·sas·sin** *die; -, -nen*

In·schrift *die; -, -en;* etwas, das auf Stein, Holz oder Metall geschrieben ist || -K Grabinschrift

In·sekt B1 *das; -(e)s, -en;* ein kleines Tier, das keine Knochen und sechs Beine hat, *z.B.* eine Fliege, Ameise || K- Insektengift, Insektenspray, Insektenstich

In·sek·ti·zid *das; -(e)s, -e; förmlich;* ein Mittel, mit dem man Insekten tötet

In·sel A2 *die; -, -n;* ein Stück Land, das ganz von Wasser umgeben ist ⟨auf einer Insel leben⟩: *Im Mittelmeer gibt es viele Inseln* || K- Inselstaat, Inselvolk || -K Felseninsel

In·se·rat B2 *das; -(e)s, -e* ≈ Anzeige (1) ⟨ein Inserat aufgeben, in die Zeitung setzen⟩ || -K Heiratsinserat, Zeitungsinserat

in·se·rie·ren; *inserierte, hat inseriert* **1** **(etwas) inserieren** etwas in einem Inserat zum Verkauf anbieten: *einen Fernseher inserieren* **2** **(etwas) inserieren** in einer Zeitung etwas bekannt geben (und dafür zahlen): *inserieren, dass man Mitarbeiter sucht* || *hierzu* **In·se·rent** *der; -en, -en;* **In·se·ren·tin** *die; -, -nen*

ins·ge·samt B1 *Adverb;* so, dass alles mitgezählt oder berechnet ist: *„Ich hatte ein Bier und ein Schnitzel, was macht das insgesamt?"*

in·so·fern *Adverb* **1** in dieser Hinsicht: *„Paul ist ein guter Schüler, insofern stimme ich Ihnen zu."* **2** **insofern ... (als)** aus dem genannten Grund: *Er hatte insofern Glück bei dem Unfall, als er sich nur die Hand gebrochen hat*

In·spek·ti·on [-'tsio:n] *die; -, -en* **1** das Prüfen, ob alles so ist, wie es sein soll oder muss: *Bei der Inspektion der Hotelküche wurden hygienische Mängel festgestellt* || K- Inspektionsfahrt, Inspektionsgang, Inspektionsreise **2** die regelmäßige Prüfung und Pflege eines Autos ⟨ein Auto zur Inspektion bringen; das Auto muss zur Inspektion⟩ **3** ein Gebäude, in dem die Polizei (die für die Umgebung zuständig ist) ihre Büros hat || *zu* 1 und 2 **in·spi·zie·ren** *(hat)*

In·spek·tor *der; -s, In·spek·to·ren* **1** jemand, der etwas prüft und kontrolliert **2** (D) ein Beamter im öffentlichen Dienst, der eine mittlere Stellung hat || -K Polizeiinspektor, Regierungsinspektor, Zollinspektor || *hierzu* **In·spek·to·rin** *die; -, -nen*

In·stal·la·teur [-'tø:ɐ̯] *der; -s, -e;* jemand, der beruflich Geräte anschließt, Leitungen und Rohre verlegt und repariert || -K Elektroinstallateur || *hierzu* **In·stal·la·teu·rin** [-'tø:rɪn] *die; -, -nen*

in·stal·lie·ren B2 *installierte, hat installiert* **1** **etwas installieren** technische Geräte, Leitungen und Rohre in ein Gebäude *o.Ä.* einbauen ⟨eine Gasleitung, eine Heizung, einen Herd, Wasserrohre installieren⟩ **2** **etwas installieren** *Informatik;* ein Programm vor der ersten Benutzung in einem Computer auf der Festplatte einrichten || *hierzu* **In·stal·la·ti·on** *die; -, -en*

in·stand, in Stand *Adverb; nur in* **1** **etwas instand setzen/bringen**/(CH) **stellen** ≈ in Ordnung bringen, reparieren: *ein baufälliges Haus wieder instand setzen* **2** **etwas instand halten** dafür sorgen, dass etwas in einem guten Zustand bleibt **3** **etwas ist** ⟨gut⟩ **instand** etwas ist in einem guten Zustand und funktioniert: *Die alten Maschinen sind gut instand* || *zu* 1 **In·stand·set·zung** *die; -, -en; zu* 2 **In·stand·hal·tung** *die; -, -en*

In·stanz *die; -, -en* **1** ein Amt oder eine Behörde, die für etwas zuständig sind ⟨eine gesetzgebende, höhere, staatliche Instanz⟩: *Ein Gesetz muss durch mehrere Instanzen gehen, bis es endgültig verabschiedet wird* || K- Instanzenweg **2** eine Stufe in der Hierarchie der Gerichte. Ein Urteil eines Gerichts kann von einem Gericht höherer Instanz geändert werden: *Er wurde in erster Instanz zu zwei Jahren Haft verurteilt und in zweiter Instanz schließlich freigesprochen*

In·stinkt *der; -(e)s, -e* **1** eine Art, sich zu verhalten, wie sie schon bei der Geburt (*bes* eines Tieres) von Natur aus vorhanden ist || K- Instinkthandlung 2 ein sicheres Gefühl für die richtige Entscheidung in einer bestimmten Situation ⟨ein feiner, untrüglicher Instinkt; Instinkt beweisen⟩

in·stink·tiv [-'ti:f] *Adjektiv;* vom Instinkt, von Gefühlen, aber nicht vom Verstand geleitet ⟨etwas instinktiv richtig machen⟩: *Tiere haben eine instinktive Angst vor Feuer*

In·sti·tut B1 *das; -(e)s, -e* 1 eine Institution (1), die sich mit der Lehre oder Erforschung eines Fachgebietes beschäftigt: *das Institut für Meeresbiologie* || K- Institutsleiter || -K Hochschulinstitut 2 die Gebäude, in denen ein Institut (1) untergebracht ist

In·sti·tu·ti·on [-'tsio:n] *die; -, -en* 1 eine Einrichtung (2) im Auftrag des Staates, der Kirche, der Gesellschaft: *Schule und Polizei sind staatliche Institutionen; Er arbeitet bei der Caritas, einer kirchlichen Institution* 2 eine Gewohnheit, Sitte, die es schon lange gibt ⟨die Institution der Ehe, der Familie, der Taufe⟩

In·struk·ti·on [-'tsio:n] *die; -, -en; förmlich* ≈ Anweisung, Befehl

In·stru·ment B1 *das; -(e)s, -e* 1 ein Gegenstand, mit dem man Musik macht ⟨ein Instrument beherrschen, spielen⟩: *Er spielt zwei Instrumente: Klavier und Gitarre* || -K Musikinstrument; Blasinstrument, Schlaginstrument, Streichinstrument || ↑ Abbildung unter **Blasinstrumente**, **Schlaginstrumente**, **Streichinstrumente** 2 ein Gegenstand, mit dem Tätigkeiten ausgeführt werden ≈ Gerät ⟨ein medizinisches, technisches Instrument⟩ || K- Instrumentenkoffer 3 **ein Instrument** (+ *Genitiv*) ≈ Mittel: *Presse und Fernsehen sind Instrumente der Information* || -K Machtinstrument

in·stru·men·tal *Adjektiv;* nur mit Musikinstrumenten, ohne Gesang ↔ vokal ⟨Musik, ein Stück⟩ || K- Instrumentalmusik, Instrumentalstück

In·su·lin *das; -s; nur Singular;* ein Hormon, das von der Bauchspeicheldrüse produziert wird: *Viele Diabetiker müssen sich Insulin® spritzen* || K- Insulinmangel, Insulinpräparat

in·sze·nie·ren; *inszenierte, hat inszeniert;* **etwas inszenieren** als Regisseur ein Schauspiel im Theater vorbereiten und aufführen || *hierzu* **In·sze·nie·rung** *die; -, -en*

in·takt, *intakter, intaktest-; Adjektiv* 1 ⟨ein technisches Gerät⟩ so, dass es funktioniert ↔ defekt, kaputt: *Der Kühlschrank ist alt, aber immer noch intakt* 2 ohne große Probleme ⟨eine Beziehung, Ehe⟩

in·teg·rie·ren; *integrierte, hat integriert* 1 **jemanden/sich (in etwas** *(Akkusativ)*) **integrieren** jemanden/sich zum Mitglied einer Gruppe machen: *ein neues Schulkind in die Klasse integrieren* 2 **etwas in etwas** *(Akkusativ)* **integrieren** etwas zu einem Teil eines Ganzen werden lassen: *eine Küchenzeile mit integriertem Kühlschrank* || *hierzu* **In·teg·ra·ti·on** *die; -, -en*

In·tel·lekt *der; -(e)s; nur Singular; förmlich* ≈ Verstand ⟨der menschliche Intellekt, ein scharfer Intellekt; jemandes Intellekt schulen⟩ || *hierzu* **in·tel·lek·tu·ell** *Adjektiv*

in·tel·li·gent A2 *intelligenter, intelligentest-; Adjektiv;* ⟨ein Kind, eine Frage⟩ so, dass sie viel Intelligenz haben oder zeigen

In·tel·li·genz *die; -; nur Singular;* die Fähigkeit *bes* eines Menschen zu denken und vernünftig zu handeln || K- Intelligenztest

In·tel·li·genz·quo·ti·ent *der; -en, -en;* eine Zahl als Ergebnis einer Messung der Intelligenz

in·ten·siv [-'zi:f] *Adjektiv* 1 mit viel Arbeit, Energie und Aufmerksamkeit verbunden: *sich intensiv auf eine Prüfung vorbereiten* 2 so, dass es sehr deutlich wahrgenommen werden kann ⟨eine Farbe, ein Schmerz⟩: *Mittags ist die Sonne am intensivsten* || *hierzu* **In·ten·si·tät** *die; -, -en*

-in·ten·siv [-zi:f] *im Adjektiv* 1 so, dass viel von dem nötig ist, was im ersten Wortteil genannt wird; **arbeitsintensiv** ⟨ein Verfahren⟩, **personalintensiv, pflegeintensiv, zeitintensiv** 2 so, dass viel von dem entsteht, was im ersten Wortteil genannt wird; **kostenintensiv, lärmintensiv** ⟨eine Arbeit⟩

In·ten·siv·kurs *der; -es, -e;* ein Kurs, bei dem man in kurzer Zeit sehr viel und intensiv (1) lernt: *ein Intensivkurs in Englisch*

In·ten·ti·on [-'tsio:n] *die; -, -en; förmlich* ≈ Absicht ⟨etwas entspricht jemandes Intentionen⟩ || *hierzu* **in·ten·ti·o·nal** *Adjektiv*

in·ter·ak·tiv *Adjektiv; Informatik;* so, dass der Anwender eines Computerprogramms immer wieder Fragen beantworten und aktiv werden muss, während das Programm läuft

In·ter·ci·ty® *der; -s, -s;* ein schneller Zug, der nur zwischen Großstädten verkehrt und teurer ist als ein normaler Zug; *Abkürzung* IC || K- Intercityexpress, Intercityzug, Intercityzuschlag

In·ter·ci·ty·ex·press® *der; -es, -e;* Ⓓ der

schnellste Zug der Deutschen Bahn, für den ein eigener Fahrpreis gilt; *Abkürzung* ICE

in·te·res·sant [A2] *interessanter, interessantest-; Adjektiv* **1** so, dass es jemandes Interesse (1) weckt ⟨etwas interessant finden⟩: *ein interessantes Buch* **2** so, dass viele Leute es haben wollen ⟨ein Angebot⟩ || *zu* 1 **in·te·res·san·ter·wei·se** *Adverb*

In·te·res·se [A2] *das; -s, -n* **1** *nur Singular;* **Interesse (an jemandem/etwas)** der Wunsch, mehr über jemanden/etwas zu wissen oder etwas zu tun ⟨großes Interesse zeigen; etwas findet, weckt jemandes Interesse⟩: *Er betrachtete die Bilder mit großem Interesse* **2** **Interesse (an etwas** *(Dativ)*) der Wunsch, etwas zu kaufen: *Bei diesem milden Wetter besteht kaum Interesse an Wintersportkleidung* **3** *nur Plural;* die Dinge, mit denen sich jemand gern beschäftigt ⟨gemeinsame Interessen haben⟩ || [K] Interessengebiet **4** *meist Plural;* die wirtschaftlichen und politischen Ziele einer Person, Gruppe oder eines Staates ⟨jemandes Interessen durchsetzen⟩: *Die Gewerkschaften vertreten die Interessen der Arbeitnehmer* || [K] Interessengegensatz, Interessenverband

In·te·res·sent *der; -en, -en* **1** **ein Interessent (für etwas)** jemand, der etwas kaufen oder mieten will: *Es haben schon viele Interessenten für die Wohnung angerufen* **2** jemand, der bei etwas mitmachen will: *Unsere Kurse haben zahlreiche Interessenten gefunden* || *hierzu* **In·te·res·sen·tin** *die; -, -nen*

in·te·res·sie·ren [A2] *interessierte, hat interessiert* **1** **jemand/etwas interessiert jemanden** jemand/etwas ist so, dass man mehr über ihn/darüber wissen möchte: *Am meisten interessiert mich Geschichte* **2** **jemanden für etwas interessieren** bewirken, dass jemand etwas haben möchte, an etwas teilnehmen möchte ⟨jemanden für ein Projekt interessieren⟩ **3** **sich für etwas interessieren** etwas gern haben wollen, mehr über etwas wissen wollen, etwas gern tun wollen ⟨sich für den Preis einer Reise interessieren⟩ **4** **sich für jemanden interessieren** mit einer anderen Person gerne bekannt oder befreundet sein wollen: *Mir scheint, du interessierst dich für Susanne*

in·te·res·siert, *interessierter, interessiertest-; Adjektiv;* **(an jemandem/etwas) interessiert** mit Interesse (1,2) ⟨jemandem interessiert zuhören, zusehen⟩: *an Musik, an einem Haus interessiert sein; ein interessierter und aufmerksamer Schüler*

In·ter·jek·ti·on [-'tsio:n] *die; -, -en; Sprachwissenschaft;* ein Wort wie „oh", „pfui", „au" *usw,* das *meist* als Ausruf gebraucht wird

in·tern *Adjektiv; förmlich;* ⟨Angelegenheiten, eine Regelung⟩ so, dass sie nur in einer bestimmten Gruppe, in einem bestimmten Betrieb *o.Ä.* vorkommen oder angewendet werden || [-K] betriebsintern

In·ter·nat [B2] *das; -(e)s, -e;* eine Schule, in der die Schüler auch wohnen || [K] Internatsschüler

in·ter·na·ti·o·nal [B1] *Adjektiv;* ⟨ein Abkommen, eine Meisterschaft⟩ so, dass mehrere Nationen beteiligt sind

In·ter·net [A2] *das; -s; nur Singular; Informatik;* eine internationale Verbindung zwischen Computern, die den Austausch von Daten möglich macht ⟨im Internet surfen⟩ || [K] Internetanschluss, Internetauktion, Internetzugang

In·ter·net·ca·fé *das; -s, -s;* eine Art Café, in dem Computer stehen, damit man (als Gast) gegen Gebühr im Internet surfen kann

In·ter·nist *der; -en, -en;* ein Arzt mit einer Spezialausbildung für innere Krankheiten *bes* des Herzens, des Magens und des Darms *usw* || *hierzu* **In·ter·nis·tin** *die; -, -nen*

In·ter·pret *der; -en, -en;* jemand, der ein Musikstückstück singt oder spielt || *hierzu* **In·ter·pre·tin** *die; -, -nen*

in·ter·pre·tie·ren; *interpretierte, hat interpretiert* **1** **etwas (als etwas) interpretieren** jemandes Verhalten, seine Worte mit einer bestimmten Absicht oder Bedeutung verbinden ≈ auslegen, deuten: *Sein Schweigen kann man als Feindseligkeit interpretieren* **2** **etwas interpretieren** versuchen, den Sinn von etwas zu erklären ≈ deuten ⟨ein Gedicht, einen Gesetzestext, einen Roman interpretieren⟩ **3** **jemanden/etwas (irgendwie) interpretieren** das Werk eines Komponisten *o.Ä.* (auf die genannte Weise) spielen oder singen: *Chopin wurde von Rubinstein sehr einfühlsam interpretiert* || *hierzu* **In·ter·pre·ta·ti·on** *die; -, -en*

In·ter·punk·ti·on [-'tsio:n] *die; -, -en; Sprachwissenschaft;* das Setzen von Kommas, Punkten *usw* in einem geschriebenen Text ⟨eine fehlerhafte, schlechte Interpunktion; die Regeln der Interpunktion⟩ || [K] Interpunktionsfehler

In·ter·ro·ga·tiv·pro·no·men *das; -s, - oder -mi·na; Sprachwissenschaft;* ein Pronomen, das einen Fragesatz einleitet, *z.B.* „wer" oder „was" ≈ Fragewort

In·ter·vall [-v-] *das; -s, -e* **1** **ein Intervall (zwischen etwas** *(Plural)* *(Dativ)*) *förmlich;* die Zeit zwischen zwei Ereignissen: *ein Intervall von drei Stunden; Die Intervalle zwischen seinen*

Fieberanfällen werden immer kürzer **2** **in Intervallen** *förmlich;* in bestimmten Abständen ⟨etwas findet in Intervallen statt, kehrt in Intervallen wieder⟩

In·ter·view B1 [-vjuː] *das; -s, -s;* **ein Interview mit jemandem (zu etwas)** ein Gespräch, das *meist* ein Journalist mit jemandem führt und dann in der Zeitung oder im Fernsehen bringt ⟨ein Interview senden⟩ || K- Interviewpartner

in·tim *Adjektiv* **1** sehr gut, sehr eng ⟨ein Freund⟩ **2** private, persönliche Dinge betreffend ⟨ein Gespräch, ein Problem⟩ || K- Intimsphäre **3** mit nur wenigen eingeladenen Gästen ⟨eine Feier⟩ **4** *nur vor dem Substantiv, nicht als Adverb;* den Bereich des Körpers betreffend, in dem die Geschlechtsorgane sind ⟨die Hygiene⟩ || K- Intimpflege, Intimspray **5** **mit jemandem intim sein/werden** *beschönigend;* mit jemandem Sex haben

in·to·le·rant B2 *Adjektiv* ≈ nicht tolerant ⟨eine Einstellung, eine Haltung⟩

in·tran·si·tiv [-tiːf] *Adjektiv; Sprachwissenschaft;* ohne Akkusativobjekt ↔ transitiv ⟨ein Verb (= ein Verb, das kein Akkusativobjekt haben kann); ein Verb intransitiv verwenden⟩

Int·ri·ge *die; -, -n; abwertend;* ein *meist* geheimer und raffinierter Plan, mit dem man jemandem schaden will ⟨Intrigen einfädeln, aufdecken; einer Intrige zum Opfer fallen⟩

In·tu·i·ti·on [-'tsi̯oːn] *die; -, -en* **1** das Ahnen oder Verstehen von Zusammenhängen aufgrund eines Gefühls oder Instinkts **2** etwas, das man durch Intuition (1) fühlt oder weiß ⟨einer Intuition folgen⟩ || *hierzu* **in·tu·i·tiv** *Adjektiv*

In·va·si·on [ɪnva'zi̯oːn] *die; -, -en* **1** das Eindringen einer Armee in ein fremdes Land *(z.B. im Krieg)* ≈ Einfall (2) **2** **eine Invasion (von** + *Dativ Plural) humorvoll oder abwertend;* die Ankunft von vielen Menschen oder Tieren in einem Gebiet, einem Ort: *eine Invasion von Schnecken im Garten*

In·ven·tar [-v-] *das; -s, -e* **1** alles, was ein Betrieb, eine Firma besitzt, oder die Gegenstände, mit denen ein Haus *o.Ä.* eingerichtet ist: *Das Vieh ist das lebende Inventar eines Bauernhofes* || K- Inventarverzeichnis **2** eine Liste, auf der das Inventar (1) steht ⟨ein Inventar aufstellen, führen; etwas steht im Inventar⟩

In·ven·tur [ɪnvɛn'tuːɐ̯] *die; -, -en;* die genaue Erfassung aller Waren, die zu einem bestimmten Zeitpunkt in einem Geschäft *o.Ä.* sind ≈ Bestandsaufnahme ⟨Inventur machen⟩

in·ves·tie·ren [-v-]; *investierte, hat investiert* **1** **(etwas) (in etwas** *(Akkusativ)*) **investieren** in einer Firma Geld für neue Maschinen oder Produkte, neue Arbeitsplätze zur Verfügung stellen: *eine Million in die Entwicklung eines neuen Motors investieren* **2** **etwas (in jemanden/etwas) investieren** etwas mit einem bestimmten Ziel für jemanden/etwas tun: *Sie hat sehr viel Mühe in diese Arbeit investiert*

In·ves·ti·ti·on [-'tsi̯oːn] *die; -, -en* **1** das Investieren (1) oder etwas, das man investiert hat || K- Investitionsanreiz **2** etwas, wofür man Geld ausgegeben oder Mühe aufgewendet hat: *Der Computer war eine gute Investition*

in·wie·fern[1] *Adverb; (in direkten und indirekten Fragen)* fragt danach, in welcher Hinsicht etwas geschieht oder bis zu welchem Grad etwas zutrifft: *Inwiefern hat er recht?*

in·wie·fern[2] *Konjunktion;* leitet einen Nebensatz ein, in dem ausgedrückt wird, in welcher Hinsicht etwas geschieht oder bis zu welchem Grad etwas zutrifft: *Wir müssen feststellen, inwiefern sich die Situation geändert hat*

in·wie·weit[1] *Adverb* ≈ inwiefern[1]

in·wie·weit[2] *Konjunktion* ≈ inwiefern[2]

in·zwi·schen B1 *Adverb* **1** während der Zeit, in der etwas geschieht: *Geht ruhig spazieren, ich arbeite inzwischen* **2** drückt aus, dass zwischen einem Zeitpunkt in der Vergangenheit und jetzt ein bestimmter Stand erreicht worden ist: *Ich habe vor zwei Jahren begonnen, Russisch zu lernen. Inzwischen kann ich russische Zeitungen lesen* **3** in der Zeit zwischen jetzt und einem Ereignis in der Zukunft: *Morgen gebe ich ein großes Fest. Inzwischen habe ich noch viel zu tun*

i-Punkt ['iː-] *der; -(e)s, -e;* der Punkt auf dem kleinen i

IQ [iː'kuː, aɪ'kjuː] *der; -(s), -(s); Kurzwort* ↑ **Intelligenzquotient**

ir·disch *Adjektiv; nicht als Adverb* **1** in Bezug auf das alltägliche Leben (im Gegensatz zum religiösen Leben oder einem Leben nach dem Tod) ⟨das Glück, Freuden⟩ **2** *förmlich;* auf der Erde (vorkommend) ⟨(die) Lebewesen, die Gesteine⟩

ir·gend[1] *nur in* **irgend so ein(e** *usw*)**/irgend so etwas** *umg, oft abwertend;* verwendet, um die Unbestimmtheit von *ein/etwas* noch zu verstärken: *Da war irgend so ein Vertreter, der nach dir gefragt hat*

ir·gend[2] *Adverb; förmlich;* unter irgendwelchen

Umständen, irgendwie: *Ich würde gerne helfen, wenn ich nur irgend könnte; Kommen Sie bitte, so rasch es irgend geht* (= so bald wie möglich)

ir·gend·ein, *irgendeine, irgendein; Indefinitpronomen* **1** verwendet, um eine Person oder Sache, die man nicht (genauer) kennt, zu bezeichnen: *Irgendeine Frau hat angerufen* **2** verwendet, um eine beliebige Person oder Sache zu bezeichnen: *Willst du irgendein Buch oder ein bestimmtes?*

ir·gend·et·was B1 *Indefinitpronomen* verwendet, um die Unbestimmtheit von *etwas* noch zu verstärken: *Jetzt würde ich gern irgendetwas tun, egal was*

ir·gend·je·mand B1 *Indefinitpronomen* **1** verwendet, um die Unbestimmtheit von *jemand* noch zu verstärken: *Irgendjemand muss das Geld doch aus der Kasse genommen haben!* **2** **nicht irgendjemand** [--'--] **sein** jemand sein, der in bestimmter Hinsicht bekannter oder wichtiger ist als andere: *Er ist nicht irgendjemand, sondern unser Bürgermeister!*

ir·gend·wann B1 *Adverb;* zu einer Zeit, die man noch nicht kennt: *Er möchte irgendwann nach Indien reisen*

ir·gend·was B1 *Indefinitpronomen; umg* ≈ irgendetwas

ir·gend·wel·ch- *Indefinitpronomen;* verwendet als Pluralform für *irgendein(e usw)*: *Gibt es irgendwelche Probleme?*

ir·gend·wer B1 *Indefinitpronomen; umg* ≈ irgendjemand: *Kennst du irgendwen, der ein Auto kaufen möchte?*

ir·gend·wie *Adverb* **1** auf irgendeine Weise: *Irgendwie werden wir es schon schaffen* **2** *umg* ≈ in gewisser Hinsicht: *Irgendwie hast du schon recht*

ir·gend·wo B1 *Adverb;* an irgendeinem Ort: *Wir werden irgendwo am Meer Urlaub machen*

ir·gend·wo·her *Adverb* **1** von irgendeinem Ort: *Irgendwoher kommt Rauch - Ich glaube, es brennt* **2** durch irgendwelche (nicht näher bekannten) Umstände: *Ich werde schon noch irgendwoher Geld bekommen; Ich kenne ihn irgendwoher*

ir·gend·wo·hin B1 *Adverb;* an irgendeinen Ort: *Ich möchte irgendwohin, wo nie Winter ist*

Iro·nie *die; -; nur Singular;* eine Art zu sprechen, bei der man bewusst das Gegenteil von dem sagt, was man meint ⟨mit feiner, bitterer Ironie⟩ || *hierzu* **iro·nisch** *Adjektiv*

irr *Adjektiv; förmlich;* geistig krank, verrückt

ir·ra·ti·o·nal, ir·ra·ti·o·nal *Adjektiv; förmlich;* nicht den Gesetzen der Vernunft folgend oder durch sie erklärbar ↔ vernünftig ⟨ein Verhalten; irrational handeln⟩

ir·re *Adjektiv* **1** ≈ irr **2** *umg;* ungewöhnlich und sehr gut ≈ toll: *Der Film war echt irre* **3** *nicht als Adverb; umg;* sehr groß, sehr intensiv: *eine irre Hitze* **4** *nur als Adverb; umg;* verwendet, um Verben, Adverbien oder Adjektive zu verstärken ≈ sehr: *sich irre freuen; irre aufgeregt sein*

Ir·re[1] *der/die; -n, -n; umg, oft abwertend;* jemand, der psychisch oder geistig krank ist ≈ Geisteskranke(r) || ID **ein armer Irrer** *umg;* jemand, der einem wegen seiner Dummheit oder Naivität leidtut; **wie ein Irrer** *umg;* sehr schnell ⟨fahren, rennen⟩

Ir·re[2] *die; -; nur Singular; nur in* **in die Irre** so, dass man einem falschen Weg folgt ⟨jemanden in die Irre führen, locken⟩

ir·re·al *Adjektiv; förmlich* **1** der Wirklichkeit nicht ähnlich ≈ unwirklich: *Der Roman spielt in einer irrealen Welt* **2** ⟨Forderungen, Vorstellungen⟩ so, dass niemand sie verwirklichen kann ≈ utopisch

ir·re·füh·ren; *führte irre, hat irregeführt;* **jemanden irreführen** (absichtlich) bewirken, dass jemand eine falsche Vorstellung von jemandem/etwas bekommt ≈ täuschen: *jemanden durch falsche Informationen irreführen* || Hinweis: oft im Partizip Präsens: *eine irreführende Behauptung* || *hierzu* **Ir·re·füh·rung** *die; -, -en; meist Singular*

ir·ren[1]; *irrte, hat geirrt* **1** **sich** (**mit/in etwas** *(Dativ)*) **irren** etwas Falsches für echt oder wahr halten: *sich in der Richtung irren* || K- Irrglaube **2** **sich in jemandem irren** einen falschen Eindruck von jemandem haben || ID **Irren ist menschlich** alle Menschen machen Fehler

ir·ren[2]; *irrte, ist geirrt;* **irgendwohin irren** in einem Gebiet herumgehen oder -fahren, ohne das Ziel oder den richtigen Weg zu finden: *durch den Wald irren* || K- Irrfahrt

ir·rig *Adjektiv; nicht als Adverb;* auf einem Irrtum beruhend ≈ falsch ⟨eine Annahme, eine Ansicht; in der irrigen Annahme, dass ...⟩ || *hierzu* **ir·ri·ger·wei·se** *Adverb*

ir·ri·tie·ren; *irritierte, hat irritiert;* **jemanden irritieren** *förmlich;* bewirken, dass jemand sich nicht konzentrieren kann oder sich ärgert

Irr·sinn *der; -s; nur Singular* **1** ein kranker Geisteszustand ≈ Wahnsinn **2** *abwertend;* eine sinnlose, oft gefährliche Handlung ≈ Wahnsinn: *der Irrsinn des Wettrüstens*

Ir·tum *der; -s, -tü·mer* **1** ein Fehler, der dadurch entsteht, dass man sich nicht richtig konzentriert oder informiert ⟨ein bedauerlicher Irrtum; einem Irrtum erliegen; ein Irrtum liegt vor⟩: *Diese Annahme beruht auf einem Irrtum* **2** **im Irrtum sein/sich im Irrtum befinden** sich irren[1]

irr·tüm·lich *Adjektiv;* so, dass es einen Irrtum enthält ⟨eine Annahme⟩ || *hierzu* **irr·tüm·li·cher·wei·se** *Adverb*

-isch *im Adjektiv;* verwendet, um Adjektive zu bilden **1** zu jemandem/etwas gehörig, in Bezug auf jemanden/etwas; **arabisch, bayrisch, griechisch, russisch, spanisch** *usw;* **atheistisch, biologisch, kaufmännisch, kommunistisch, modisch, psychisch, studentisch** **2** *oft abwertend;* so wie jemand/etwas; **anarchistisch, angeberisch, dämonisch, diktatorisch, puristisch, tyrannisch** || Hinweis: Bildungen auf *-istisch* gehören zu Substantiven, die auf *-ist(in)* enden

Ischi·as *[ˈɪʃi̯as] der, das; -; nur Singular;* Schmerzen unten am Rücken (im Bereich des Ischiasnervs) ⟨Ischias haben; an/unter Ischias leiden⟩

ISDN *[iːlɛsldeˈlɛn] das; -; nur Singular, Telekommunikation; (Abkürzung für* Integrated Services Digital Network*)* eine Form der Datenübertragung über das Telefonnetz || [K] ISDN-Anschluss, ISDN-Telefon

Is·lam *der; -(s); nur Singular;* der Glaube, der auf der Lehre Mohammeds beruht || *hierzu* **is·la·misch** *Adjektiv*

-is·mus *der; -; nur Singular; im Substantiv* **1** verwendet, um Religionen, politische oder philosophische Strömungen und Systeme, Kunststile *o.Ä.* zu bezeichnen; **Buddhismus, Katholizismus; Pazifismus; Kapitalismus, Kommunismus, Sozialismus; Expressionismus, Impressionismus** **2** verwendet, um eine persönliche Einstellung auszudrücken; **Idealismus, Optimismus, Perfektionismus** **3** verwendet, um eine Veranlagung oder Krankheit zu bezeichnen; **Autismus, Masochismus, Sadismus** || *hierzu* **-is·tisch** *im Adjektiv*

iso·lie·ren; *isolierte, hat isoliert* **1** **etwas isolieren** etwas an seiner äußeren Seite mit einer Schicht eines Materials bedecken, um es oder seine Umgebung vor Strom, Hitze, Lärm *o.Ä.* zu schützen ⟨Leitungen, Rohre, Wände isolieren⟩ || [K] Isolierglas **2** **jemanden (von jemandem/etwas) isolieren** verhindern, dass jemand Kontakt mit anderen bekommt ⟨einen Häftling, Kranke isolieren⟩ || [K] Isolierstation **3** **etwas isoliert** etwas schützt gegen Strom, Hitze, Lärm *o.Ä* || *hierzu* **Iso·la·ti·on** *die; -, -en*

isst *Präsens, 2. und 3. Person Singular;* ↑ **essen**

ist [A1] *Präsens, 3. Person Singular;* ↑ **sein**[1,2]

-i·tät *die; -, -en; im Substantiv* **1** *nur Singular;* die Eigenschaft oder Verhaltensweise, die der vorausgehende Wortteil bezeichnet; **Frigidität, Intensität, Invalidität, Legalität, Musikalität, Religiosität, Stabilität** **2** eine Person oder Sache, auf die die Aussage zutrifft; **Absurdität, Autorität, Formalität, Normalität, Rarität, Realität, Spezialität**

J

J, j *[jɔt],* Ⓐ *[jeː] das; -, -/umg auch -s;* der zehnte Buchstabe des Alphabets

ja *Partikel* **1** gibt die Antwort (auf eine Frage), mit der man sagt, dass etwas richtig oder wahr oder tatsächlich so ist ↔ nein: *„Bist du müde?“ - „Ja.“; „Ist New York Sitz der UNO?“ - „Ja.“* **2** gibt die Zustimmung zu einem Vorschlag ↔ nein: *„Hast du Lust, baden zu gehen?“ - „Ja, gern.“* **3** drückt aus, dass man zuhört: *„Ja, ... ja, ich verstehe, ...“* **4** **ja?** drückt aus, dass man darüber erstaunt ist, was der andere sagt, oder dass man es nicht ganz glaubt ≈ so?: *„Der Fisch war zwei Meter lang!“ - „Ja?“* **5** **..., ja?** verwendet am Ende des Satzes, wenn man Zustimmung erwartet: *Du hilfst mir doch, ja?* **6** **ja (sogar)** betont, dass der folgende Teil des Satzes ebenfalls richtig ist: *Mein Sohn liebt Fußball über alles, ja er ist (sogar) ganz verrückt danach* **7** verwendet im Aussagesatz, um einem Teil der Aussage zuzustimmen, aber gleichzeitig eine Einschränkung dazu zu machen: *Ich kann es ja versuchen, aber ich glaube nicht, dass es geht* **8** drückt in Aussagesätzen aus, dass etwas bekannt ist oder dass man Zustimmung erwartet ≈ doch: *Mach dir keine Sorgen, du hast ja noch genug Zeit* **9** drückt Erstaunen über etwas aus: *Du bist ja ganz nass!* **10** *betont;* verstärkt eine Aufforderung und spricht gleichzeitig eine Warnung aus ≈ bloß: *Mach das ja nicht noch mal!* || [ID] ↑ **Amen**

Ja *(das); -(s), -(s);* die Antwort „ja“ oder eine Zustimmung ⟨mit Ja stimmen; beim Ja bleiben⟩

Jacht *die; -, -en;* ein leichtes, schnelles Schiff,

das man zum Sport oder Vergnügen benutzt ‖ K- Jachthafen ‖ -K Segeljacht

Ja·cke A1 *die; -, -n;* ein Kleidungsstück für den Oberkörper, das vorne offen ist und geschlossen werden kann ‖ ↑ Illustration **Die Kleidung** ‖ K- Jackentasche ‖ -K Damenjacke, Strickjacke

Ja·ckett [ʒa-, ʃa-] *das; -s, -s;* eine Jacke, die *meist* Teil eines Anzugs oder Kostüms ist ≈ Sakko

Jagd B2 *die; -, -en* **1** **die Jagd (auf ein Tier)** das Jagen (1) ⟨Jagd auf ein Tier machen⟩ ‖ K- Jagdgewehr, Jagdhund, Jagdrevier ‖ -K Entenjagd, Fuchsjagd **2** **die Jagd auf jemanden** das Jagen oder Verfolgen von jemandem: *Jagd auf Terroristen machen* ‖ -K Verbrecherjagd **3** ein Gebiet, in dem man jagen (1) kann ‖ K- Jagdhütte, Jagdschloss **4** **auf die/zur Jagd gehen** Tiere jagen (1)

J

ja·gen B2 *jagte, hat/ist gejagt* **1** **(ein Tier) jagen** *(hat)* Tiere verfolgen, um sie zu fangen oder zu töten ⟨Enten, Hasen *usw* jagen; jagen gehen⟩ **2** **jemanden jagen** *(hat)* jemanden verfolgen, *bes* um ihn gefangen zu nehmen ⟨Verbrecher jagen⟩ **3** ⟨ein Ereignis/ein Termin⟩ **jagt das andere/den anderen** *(hat)* mehrere Ereignisse/Termine folgen schnell aufeinander **4** **irgendwohin jagen** *(ist)* schnell irgendwohin fahren oder rennen ‖ ID *meist* **Damit kannst du mich jagen** das ist etwas, das ich überhaupt nicht mag: *Mit Fisch kannst du mich jagen!*

Jä·ger *der; -s, -;* jemand, der Tiere jagt ‖ *hierzu* **Jä·ge·rin** *die; -, -nen*

Ja·gu·ar ['ja:gua:ɐ̯] *der; -s, -e;* eine große Raubkatze mit schwarzen Kreisen und Flecken auf dem Fell ‖ ↑ Abbildung unter **Raubkatzen**

jäh *Adjektiv; meist vor dem Substantiv; förmlich* **1** plötzlich und so, dass man es nicht erwartet (und *meist* heftig) ⟨eine Bewegung, ein Schmerz, ein Windstoß, ein jähes Ende nehmen⟩ **2** sehr steil ⟨ein Abgrund⟩

Jahr A1 *das; -(e)s, -e* **1** die Zeit vom 1. Januar bis 31. Dezember ⟨letztes, nächstes Jahr⟩: *im Jahr 1839* ‖ K- Jahresanfang, Jahresende, Jahresmitte, Jahreswechsel **2** ein Zeitraum von ungefähr 365 Tagen, den man von einem beliebigen Zeitpunkt an zählt: *Heute vor zwei Jahren haben wir uns kennengelernt* ‖ ID **in den besten Jahren** im Alter von ungefähr 30 bis zu 50 Jahren

jah·re·lang *Adjektiv; nur vor dem Substantiv oder als Adverb;* so, dass etwas mehrere oder viele Jahre dauert: *Wir haben jahrelang gespart, um uns dieses Auto kaufen zu können*

Jah·res·kar·te *die; -, -n;* eine Fahrkarte oder eine Eintrittskarte (*z.B.* für den Zoo, das Schwimmbad), die ein Jahr lang und für beliebig viele Fahrten, Besuche *usw* gültig ist

Jah·res·tag *der; -(e)s, -e;* ein (Kalender)Tag, an dem man sich an ein Ereignis erinnert, das genau vor einem oder mehreren Jahren stattgefunden hat: *Der 60. Jahrestag der Invasion in der Normandie*

Jah·res·zahl *die; -, -en;* die Zahl, die ein bestimmtes Jahr hat (*bes* wenn es mit einem wichtigen Ereignis verbunden wird): *Jahreszahlen der Geschichte auswendig lernen*

▶ Jahreszahlen

Jahreszahlen von 1100 bis 1999 werden anders als andere Zahlen gesprochen. So wird 1765 als Zahl „eintausend siebenhundert fünfundsechzig" und als Jahreszahl „siebzehnhundert fünfundsechzig" gelesen.

WORTSCHATZ

Jah·res·zeit B1 *die; -, -en;* einer der vier Teile des Jahres, die sich *bes* durch das Wetter voneinander unterscheiden (Frühling, Sommer, Herbst, Winter) ⟨die kalte, warme Jahreszeit⟩ ‖ ↑ Illustration **Die Zeit** ‖ *hierzu* **jah·res·zeit·lich** *Adjektiv*

Jahr·gang *der; -(e)s, -gän·ge* **1** alle Menschen, die im selben Jahr geboren sind: *Der Jahrgang 2000 kam 2006 in die Schule* **2** das Jahr, in dem jemand geboren ist: *Wir sind beide Jahrgang '80; Er ist mein Jahrgang*

Jahr·hun·dert B1 *das; -s, -e;* eine Zeit von 100 Jahren; *Abkürzung* Jh.; ⟨im nächsten, vorigen Jahrhundert⟩: *das 19. Jahrhundert* (von 1800 bis 1899) ‖ K- jahrhundertelang

Jahr·hun·dert|wen·de *die; -, -n;* der Übergang von einem Jahrhundert zum nächsten, *bes* vom 19. zum 20. Jahrhundert: *Dieses Foto stammt noch aus der Zeit um die Jahrhundertwende*

jähr·lich *Adjektiv; nur vor dem Substantiv oder als Adverb* **1** so, dass etwas jedes Jahr stattfindet, vorkommt: *eine jährliche Veranstaltung* **2** in Bezug auf ein Jahr: *ein jährliches Einkommen von 40 000 Euro*

Jahr·markt *der; -(e)s, -märk·te;* eine Art Markt (1) (mit Karussells *usw*), auf dem man Waren kaufen kann und sich auch mit Musik, Trinken und Tanz vergnügen kann

Jahr·tau·send *das; -s, -e;* eine Zeit von tausend Jahren: *Das dritte Jahrtausend nach Christus begann 2000*

Jahr·zehnt *das; -s, -e;* eine Zeit von zehn Jahren

jäh·zor·nig *Adjektiv;* ⟨Menschen⟩ so, dass sie plötzlich sehr wütend werden || *hierzu* **Jäh·zorn** *der; -(e)s; nur Singular*

Ja·lou·sie [ʒalu'ziː] *die; -, -n* [-'ziːən]; eine Art Vorhang innen oder außen vor dem Fenster aus waagerechten kleinen Brettern oder dünnen Streifen aus Plastik, den man herunterlässt, um einen Raum dunkler oder kühler zu haben || Hinweis: *Rollläden* sind stabile *Jalousien,* die immer außen vor dem Fenster angebracht und *bes* nachts geschlossen werden

Jam·mer *der; -s; nur Singular* **1** **der Jammer** (**über etwas** *(Akkusativ)*/**um jemanden/etwas**) großer Kummer, der sich *meist* in lautem Klagen äußert: *der Jammer um einen Verstorbenen; Der Jammer im Dorf war groß, als der Fluss alles überschwemmte* || K- Jammergeschrei **2** ein Zustand des Leids ≈ Elend ⟨ein Bild des Jammers bieten⟩ || K- Jammergestalt **3** *meist* **Es ist ein Jammer, dass ...** *umg* es ist sehr schade, bedauerlich, dass ... || ID **Es ist ein Jammer mit jemandem/etwas** *umg;* es ist sehr schwierig, fast hoffnungslos mit jemandem/etwas

jäm·mer·lich *Adjektiv* **1** in einem Zustand, der Mitleid oder Verachtung hervorruft ⟨jämmerlich frieren⟩: *Du bist ein jämmerlicher Feigling!* **2** ⟨Geschrei, Weinen⟩ so, dass es großen Kummer ausdrückt

jam·mern; *jammerte, hat gejammert* **1** (**über jemanden/etwas**) **jammern** (*meist* mit vielen Worten und in klagendem Ton) Sorgen oder Schmerzen äußern: *Sie jammerte (darüber), dass sie kein Geld hatte* **2** eine Aussage machen, in der man über etwas klagt: *„Ich bin so einsam!", jammerte er*

Jän·ner *der; -s, -; meist Singular;* Ⓐ ≈ Januar

Ja·nu·ar A1 *der; -s, -e; meist Singular;* der erste Monat des Jahres ⟨im Januar; Anfang, Mitte, Ende Januar⟩

Jar·gon [ʒar'gõː] *der; -s, -s;* eine Form der Sprache mit besonderen Ausdrücken, die innerhalb einer Gruppe von Menschen mit derselben sozialen Stellung, demselben Beruf oder Hobby gesprochen wird || -K Fußballjargon, Insiderjargon, Künstlerjargon, Polizeijargon, Schülerjargon, Studentenjargon, Theaterjargon, Zeitungsjargon

Ja·sa·ger *der; -s, -; abwertend;* jemand, der mit der Meinung oder den Plänen anderer Menschen immer unkritisch einverstanden ist || *hierzu* **Ja·sa·ge·rin** *die; -, -nen*

Ja·stim·me *die; -, -n;* die Entscheidung für jemanden/etwas, die jemand bei einer Wahl oder Abstimmung trifft: *Der Antrag wurde mit zwanzig Jastimmen bei zwei Neinstimmen und einer Enthaltung angenommen*

jä·ten; *jätete, hat gejätet;* (**etwas**) **jäten** Unkraut aus der Erde ziehen ⟨Unkraut jäten⟩

jauch·zen; *jauchzte, hat gejauchzt; förmlich;* mit lauter (hoher) Stimme jubeln ⟨vor Freude jauchzen⟩

jau·len; *jaulte, hat gejault;* lange, laute Töne von sich geben, die traurig klingen ⟨Hunde⟩

Jau·se *die; -, -n;* Ⓐ ≈ Imbiss, Snack || K- Jausenbrot || *hierzu* **jau·sen** *(hat)*

ja·wohl *Partikel; betont* **1** verwendet, um Zustimmung energisch auszudrücken ≈ ja (1,2) **2** verwendet, um auszudrücken, dass man einen Befehl befolgen wird

Ja·wort *das; -(e)s, -e; meist in* **jemandem das/sein Jawort geben** *förmlich;* jemanden heiraten

Jazz [dʒɛs] *der; -; nur Singular;* eine Art der modernen Musik, die aus der Musik der schwarzen Bevölkerung Nordamerikas entstanden ist || K- Jazzband, Jazzsänger

je¹ B1 *Adverb* **1** zu irgendeinem Zeitpunkt in der Vergangenheit bis jetzt oder in der Zukunft: *Das ist das Schönste, was ich je gehört habe; Wirst du dich je ändern?* **2** nennt die Zahl von Personen/Sachen, die auf jede Person/Sache kommt: *Die Prüflinge bekommen je drei Fragen gestellt* **3** **je nach etwas** *(Akkusativ)* nennt die Bedingung, von der eine Auswahl oder Entscheidung abhängt: *Je nach Saison gibt es Erdbeer- oder Apfelkuchen*

je² B1 *Konjunktion* **1** **je** + *Komparativ ...* + **desto/umso** + *Komparativ* drückt aus, dass etwas in Abhängigkeit von etwas anderem größer oder kleiner, mehr oder weniger wird: *Je mehr er aß, umso dicker wurde er; je breiter, desto besser* **2** **je nachdem + ob/wie/wie viel** *o.Ä.* nennt die Bedingung, von der eine Entscheidung abhängt: *Sie kommt um zehn oder elf Uhr, je nachdem, welchen Zug sie nimmt*

Jeans A1 [dʒiːnz] *die; -, -;* eine *meist* blaue Hose aus festem Baumwollstoff || ↑ Illustration **Die Kleidung** || Hinweis: Wenn Jeans das Subjekt des Satzes ist, steht das Verb im Singular oder Plural: *Ihre Jeans hatte/hatten ein Loch*

je·de ↑ **jeder**

je·den·falls *Partikel* **1** *unbetont;* drückt aus, dass etwas unabhängig von den Bedingungen geschieht oder getan wird: *Meinst du, es wird regnen? Ich nehme jedenfalls einen Schirm mit* **2** schränkt eine Aussage so ein, dass sie nur für die genannte Bedingung gilt: *Wir hatten tolles Wetter im Urlaub, jedenfalls am Anfang*

je·der A2 *jede, jedes; Indefinitpronomen* **1** verwendet, um alle einzelnen Mitglieder einer Gruppe zu bezeichnen (oder alle einzelnen Teile einer Menge): *Ich lese jedes Buch, das sie schreibt* || Hinweis: *jeder* verwendet man wie ein Adjektiv (*jeden Tag*) oder wie ein Substantiv (*Das kann jeder sagen!*) **2** verwendet, um sich auf alle möglichen oder denkbaren Arten zu beziehen ≈ jeglicher, jederlei: *Ihm fehlt jeder Ehrgeiz*

je·der·mann *Indefinitpronomen* **1** **etwas ist nicht jedermanns Sache/Geschmack** *umg;* nicht alle Menschen finden die genannte Sache gut oder angenehm: *Früh aufstehen ist nicht jedermanns Sache* **2** jeder, jede Person: *wie jedermann weiß* || Hinweis: **a** *jedermann* wird wie ein Substantiv verwendet **b** *zu 2:* wird nur noch selten verwendet

J

je·der·zeit *Adverb* **1** ≈ immer: *Sie können sich jederzeit an mich wenden* **2** drückt aus, dass man sehr bald mit etwas rechnen muss: *Die Lawine kann jederzeit herunterkommen*

je·des ↑ **jeder**

je·doch B2 *Adverb;* drückt aus, dass die genannte Handlung keinen oder nur wenig Erfolg hatte *bzw* dass es eine Einschränkung gibt: *Ich wollte sie anrufen, sie war jedoch nicht zu Hause; Die Polizei suchte ihn überall, fand ihn jedoch nicht*

Jeep® [dʒiːp] *der; -s, -s;* ein sehr stabiles, *meist* offenes Auto, mit dem man *z.B.* auch durch Sand und Gras fahren kann ≈ Geländewagen

jeg·li·cher, *jegliche, jegliches; Indefinitpronomen* ≈ jeder (2)

je·her [ˈjeːheːɐ̯] *nur in* **seit/von jeher** seit man sich erinnern kann, schon immer: *Wir kennen uns schon seit jeher*

je·mals *Adverb;* ≈ je[1] (1): *Hast du schon jemals so etwas Schönes gesehen?; Wird sie das jemals verstehen?*

je·mand A2 *Indefinitpronomen;* bezeichnet eine nicht näher genannte Person: *Es muss doch jemand wissen, wo Karin ist* || Hinweis: *jemand* wird wie ein Substantiv verwendet

je·ne ↑ **jener**

je·ner B2 *jene, jenes; Demonstrativpronomen* **1** weist auf eine Person oder Sache hin, die bereits erwähnt worden ist: *Es war der 6. Juli. An jenem Abend beschlossen sie zu heiraten* **2** weist auf eine Person oder Sache hin, die vom Standpunkt des Sprechers weiter entfernt ist: *Jenes Bild, das Sie dort sehen, ist von Rubens*

je·nes ↑ **jener**

jen·seits B2 *Präposition; mit Genitiv* **1** auf der Seite der genannten Sache, die vom Standpunkt des Sprechers weiter entfernt ist ⟨jenseits des Flusses, des Gebirges, der Grenze⟩ **2** so, dass etwas nicht mehr in dem Bereich des Genannten ist ≈ außerhalb: *jenseits des Gesetzes*

Jen·seits B2 *das; -; nur Singular;* (*bes* nach christlichem Glauben) der Bereich, der außerhalb dieser Welt liegt und in den man kommt, wenn man stirbt

jet·zi·g- *Adjektiv; nur vor dem Substantiv, nicht als Adverb* jetzt (1,2) existierend, gültig, aktuell *o.Ä.* ≈ momentan, gegenwärtig: *im jetzigen Zustand; ihr jetziger Freund*

jetzt A1 *Adverb* **1** genau zu dem Zeitpunkt, zu dem man spricht: *Ich habe jetzt leider keine Zeit* **2** im Zeitraum der Gegenwart: *Silberfarbene Autos sind jetzt groß in Mode* **3** bezeichnet einen Zeitpunkt der Vergangenheit: *Sie hatte jetzt alles, was sie wollte* || ID **Jetzt oder nie!** eine bessere Gelegenheit wird es nicht geben

je·wei·li·g- *Adjektiv; nur vor dem Substantiv, nicht als Adverb;* in einer bestimmten Situation gerade vorhanden: *sich den jeweiligen Umständen anpassen*

je·weils *Adverb* **1** ≈ je[1] (2): *Für die Testfragen gibt es jeweils vier Punkte* **2** jedes Mal, immer: *Die Miete ist jeweils am Monatsersten zu zahlen*

Job A2 [dʒɔp] *der; -s, -s; umg* **1** eine Arbeit, mit der man für relativ kurze Zeit Geld verdient: *Im Sommer hat er einen Job als Kellner* || K- Jobvermittlung || -K Ferienjob **2** ≈ Arbeit, Arbeitsstelle ⟨seinen Job verlieren⟩ **3** ≈ Beruf: *In meinem Job muss man hart arbeiten*

job·ben [ˈdʒɔbn]; *jobbte, hat gejobbt; umg;* durch einen Job (1) Geld verdienen ⟨jobben gehen⟩: *In den Ferien jobbt er als Briefträger*

Job·cen·ter [ˈdʒɔbsɛntɐ] *das; -s, -;* **1** Ⓓ eine staatliche Behörde, deren Aufgabe es ist, sich um Menschen zu kümmern, die schon lange arbeitslos sind: *Das Arbeitslosengeld II wird vom Jobcenter ausgezahlt* **2** ein Angebot oder Unternehmen zur Vermittlung von Arbeitsplätzen und Jobs

Jo·ckey [ˈdʒɔke, ˈdʒɔki] *der; -s, -s;* jemand, der (*meist* beruflich) bei Pferderennen reitet

Jod *das; -(e)s; nur Singular;* ein chemisches Element, mit dem man *bes* offene Wunden oder die Schilddrüse behandelt; *Chemie* J || K- Jodtinktur

jo·deln; *jodelte, hat gejodelt;* in schnellem Wechsel von sehr hohen und tiefen Tönen einzelne Silben singen (wie es *bes* in den Alpen typisch ist)

Jo·ga *das, der;* ↑ **Yoga**

jog·gen B2 ['dʒɔgn]; *joggte, hat/ist gejoggt;* (um fit zu bleiben) in einem gleichmäßigen Tempo ziemlich lange Strecken laufen || *hierzu* **Jog·ger** *der; -s, -;* **Jog·ge·rin** *die; -, -nen*

Jog·ging ['dʒɔgɪŋ] *das; -s; nur Singular;* der Sport des Joggens || K- Jogginghose

Jo·ghurt, Jo·gurt B1 ['jo:gʊrt] *der, bes* Ⓐ *das; -(s), -s;* ein Produkt aus Milch, das durch Bakterien leicht sauer und dick geworden ist || K- Joghurtbecher || -K Erdbeerjoghurt, Kirschjoghurt *usw*

Jo·han·nis·bee·re *die; -, -n* **1** ein Strauch, an dem *meist* rote oder schwarze Beeren in kleinen Trauben (2) wachsen || K- Johannisbeerstrauch **2** *meist Plural;* die Beeren dieses Strauchs || K- Johannisbeermarmelade

joh·len; *johlte, hat gejohlt; abwertend;* **(etwas) johlen** mit lauter und unangenehmer Stimme schreien: *Nach dem Sieg ihrer Mannschaft zogen die Fans johlend davon*

jong·lie·ren [ʒɔŋ'(g)li:rən]; *jonglierte, hat jongliert* **1** **(mit etwas) jonglieren** mehrere Gegenstände schnell hintereinander in die Luft werfen und wieder auffangen ⟨mit Bällen jonglieren⟩ **2** **mit etwas jonglieren** mit Worten oder Zahlen sehr geschickt umgehen || *hierzu* **Jong·leur** [-lø:ɐ̯] *der; -s, -e*

Jour·nal [ʒʊr-] *das; -s, -e* **1** eine Zeitschrift mit Bildern, die der Unterhaltung und Information dient || -K Modejournal **2** eine Sendung im Radio oder Fernsehen mit längeren Berichten zu verschiedenen Themen

Jour·na·lis·mus [ʒʊr-] *der; -; nur Singular* **1** die Tätigkeit von Journalisten **2** die Art, wie Journalisten berichten, schreiben ⟨seriöser, billiger Journalismus⟩ || -K Sensationsjournalismus

Jour·na·list [ʒʊr-] *der; -en, -en;* jemand, der Berichte *usw* für Zeitungen, Fernsehen oder Rundfunk macht || -K Fernsehjournalist, Sportjournalist || *hierzu* **Jour·na·lis·tin** *die; -, -nen*

Ju·bel *der; -s; nur Singular;* das Jubeln ⟨in Jubel ausbrechen⟩: *Die Sieger wurden mit großem Jubel empfangen* || K- Jubelruf, Jubelschrei || ID **Jubel, Trubel, Heiterkeit** eine laute und fröhliche Stimmung

ju·beln; *jubelte, hat gejubelt;* (**über etwas** *(Akkusativ)*) **jubeln** Freude über etwas laut zeigen: *Der Torschütze jubelte über seinen Treffer*

Ju·bi·lä·um B2 *das; -s, Ju·bi·lä·en;* ein Tag, an dem man ein Ereignis feiert, das vor einer bestimmten Zahl von Jahren stattgefunden hat ⟨ein Jubiläum begehen; das 100. Jubiläum⟩ || K- Jubiläumstag || -K Dienstjubiläum

ju·cken; *juckte, hat gejuckt* **1** **etwas juckt (jemanden)** von einer Stelle der Haut geht ein unangenehmes Gefühl aus, auf das man mit Kratzen oder Reiben reagiert: *Die Mückenstiche juckten ihn; Mein Fuß juckt* || K- Juckreiz **2** **etwas juckt (jemanden)** etwas verursacht bei jemandem dieses unangenehme Gefühl ⟨eine Narbe, ein Pullover, ein Schal, ein Stich⟩ **3** **etwas juckt jemanden nicht** *umg;* etwas bewirkt bei jemandem kein Interesse, keine Sorge **4** **jemanden juckt es an etwas** *(Dativ)*/**irgendwo** etwas juckt (1) jemanden an einer Stelle des Körpers: *Es juckt mich am Kopf* **5** **es juckt jemanden + zu +** *Infinitiv umg;* etwas ist so interessant, dass es jemand gern tun würde: *Es juckt mich schon lange, Surfen zu lernen*

Ju·de *der; -n, -n;* jemand, der zu der Religion gehört, die das Alte Testament der Bibel als wichtigste Grundlage hat: *Viele Juden leben heute in Israel* || *hierzu* **Jü·din** *die; -, -nen;* **jü·disch** *Adjektiv*

Ju·den·tum *das; -s; nur Singular* **1** alle Juden **2** die Religion und Kultur der Juden

Ju·den·ver·fol·gung *die; -, -en;* kriminelle Handlungen gegen die Rechte, den Besitz und das Leben der Juden (*meist* aus rassistischen Gründen), *bes* während der Zeit des Nationalsozialismus in Deutschland

Ju·do ['ju:do] *das; -(s); nur Singular;* ein Sport, bei dem man versucht, den Gegner mit besonderen Griffen abzuwehren und ihn zu Boden zu werfen || K- Judoanzug, Judogriff, Judolehrer

Ju·gend B1 *die; -; nur Singular* **1** die Zeit des Lebens, in der man kein Kind mehr ist, aber auch noch kein Erwachsener ist: *In ihrer Jugend war sie sehr sportlich* || K- Jugendtraum, Jugendzeit **2** junge Menschen dieses Alters ⟨die Jugend von heute⟩ || K- Jugendarbeitslosigkeit, Jugendbuch, Jugendgericht, Jugendkriminalität || -K Dorfjugend

ju·gend·frei *Adjektiv; nicht als Adverb;* für Jugendliche moralisch vertretbar und deshalb für sie erlaubt ⟨ein Film⟩: *Pornofilme sind nicht jugendfrei*

ju·gend·ge·fähr·dend *Adjektiv; nicht als Ad-*

J

verb; für Jugendliche moralisch gefährlich ⟨ein Buch, ein Film, Schriften⟩

Ju·gend·heim *das; -(e)s, -e* ≈ Jugendzentrum

Ju·gend·her·ber·ge B2 *die; -, -n;* eine Art einfaches Hotel, in dem *bes* Jugendliche billig übernachten können

ju·gend·lich *Adjektiv* **1** im Alter von Jugendlichen ⟨Straftäter, Ausreißer, Leser⟩ **2** von einer Art, die für junge Menschen typisch ist ⟨Leichtsinn⟩

Ju·gend·li·che B1 *der/die; -n, -n;* jemand, der kein Kind mehr ist, aber auch noch kein Erwachsener ist

Ju·gend·schutz *der; -es; nur Singular;* die Gesetze *o.Ä.*, die bestimmen, ob, wann oder wie lange Kinder und Jugendliche arbeiten dürfen, wie sie vor Alkohol, Pornografie *usw* geschützt werden || K- Jugendschutzgesetz

J

Ju·gend·stil *der; -(e)s; nur Singular;* ein Stil in der (europäischen) Kunst und im Kunsthandwerk am Ende des 19. und Anfang des 20. Jahrhunderts || K- Jugendstilbau, Jugendstilmöbel, Jugendstilvase

Ju·gend·stra·fe *die; -, -n; Rechtswesen;* eine Strafe, die ein Jugendlicher bekommt

Ju·gend·zent·rum *das; -s, -zent·ren;* ein Gebäude, in dem sich Jugendliche treffen können, um miteinander ihre Freizeit zu gestalten

Ju·li A1 *der; -(s), -s; meist Singular;* der siebte Monat des Jahres ⟨Anfang Juli; am 3. Juli⟩

jung A1 *jünger, jüngst-; Adjektiv* **1** ⟨ein Mensch, Tier, eine Pflanze⟩ so, dass sie erst seit relativ kurzer Zeit leben: *Junge Hunde nennt man Welpen* || K- Jungvogel **2** ⟨Personen⟩ so, dass sie Eigenschaften haben, die für junge (1) Menschen typisch sind: *Ich fühle mich jung und beschwingt!* **3** **in jüngster Zeit** seit kurzer Zeit || Hinweis: ↑ **jungverheiratet**

Jun·ge[1] A1 *der; -n, -n* ein Kind oder Jugendlicher männlichen Geschlechts || K- Jungenschule || *hierzu* **jun·gen·haft** *Adjektiv*

Jun·ge[2] A1 *das; -n, -n;* ein sehr junges Tier: *Unsere Katze kriegt Junge* || -K Löwenjunge

Jün·ger ['jʏŋɐ] *der; -s, -;* **1** *Religion;* einer der zwölf Männer, die Jesus Christus folgten **2** **ein Jünger** + *Genitiv förmlich;* ein Anhänger einer bestimmten Lehre oder eines Lehrers: *ein Jünger Platons*

Jung·frau *die; -, -en* **1** ein Mädchen oder eine Frau ohne sexuelle Erfahrung **2** *nur Singular;* das Sternzeichen für die Zeit vom 24. August bis 23. September

Jung·ge·sel·le *der; -n, -n;* ein Mann, der nicht verheiratet ist || K- Junggesellenwohnung || *hierzu* **Jung·ge·sel·lin** *die; -, -nen*

Jüng·ling *der; -s, -e;* ein fast erwachsener junger Mann || K- Jünglingsalter || Hinweis: Dieser Begriff wird nur noch selten verwendet

Jüngs·te *der/die; -n, -n; umg;* jemandes jüngster Sohn oder jüngste Tochter ↔ Älteste: *Unser Jüngster kommt jetzt in die Schule* || ID **(auch) nicht mehr der/die Jüngste sein** *umg;* schon relativ alt und deswegen *bes* körperlich nicht mehr sehr fit sein

jung·ver·hei·ra·tet *Adjektiv; meist vor dem Substantiv;* erst seit kurzer Zeit verheiratet ⟨ein Paar⟩

Ju·ni A1 *der; -(s), -s; meist Singular;* der sechste Monat des Jahres ⟨Anfang, Mitte, Ende Juni; am 1. Juni⟩

ju·ni·or *Adjektiv; indeklinabel; Name* + **junior** verwendet (*bes* wenn Vater und Sohn den gleichen Vornamen haben), um den Sohn zu bezeichnen ↔ senior: *Huber junior; Hermann Löns junior*

Ju·ni·or *der; -s, Ju·ni·o·ren* **1** *nur Singular;* (in einer Firma) der Sohn des Besitzers oder der jüngere Partner **2** *meist Singular; humorvoll;* verwendet als Bezeichnung für den jüngsten oder einzigen Sohn einer Familie: *Unser Junior kommt dieses Jahr in die Schule* **3** *meist Plural; Sport;* ein junger Sportler (*meist* zwischen 18 und 21 Jahren) || K- Juniorenmeister || *zu* 1 und 3 **Ju·ni·o·rin** *die; -, -nen*

Jupe [ʒy:p] *die; -, -s; auch der; -s, -s;* CH ≈ (Damen)Rock

Ju·pi·ter *der; -s; nur Singular;* der fünfte und größte Planet unseres Sonnensystems

Ju·ra *ohne Artikel;* die Wissenschaft, die sich mit Gesetz und Recht beschäftigt ⟨Jura stu-

Jungfrau

dieren⟩ || K- Jurastudent

Ju·rist *der; -en, -en;* jemand, der Jura studiert hat und auf diesem Gebiet arbeitet, *z.B.* als Rechtsanwalt oder Richter || *hierzu* **Ju·ris·tin** *die; -, -nen;* **ju·ris·tisch** *Adjektiv*

Ju·ry [ʒy'ri:, 'ʒy:ri] *die; -, -s;* eine Gruppe von Personen, die in einem Wettbewerb die Leistungen der Teilnehmer beurteilt: *Der letzte Turner bekam von der Jury die beste Note*

Jus·tiz B2 *die; -; nur Singular* **1** der Teil der staatlichen Verwaltung, der die geltenden Gesetze anwendet und durchsetzt || K- Justizminister || -K Ziviljustiz **2** eine Behörde, die für die Justiz (1) verantwortlich ist ⟨jemanden der Justiz übergeben⟩ || K- Justizbeamte(r), Justizirrtum

Jus·tiz·voll·zugs|an·stalt *die; -, -en; Verwaltung* ≈ Gefängnis

Ju·wel *das, der; -s, -en* **1** ein Stück Schmuck (aus wertvollem Material) || K- Juwelenraub **2** *umg;* eine Person, die etwas sehr gut gemacht hat

Ju·we·lier *der; -s, -e;* jemand, der beruflich Schmuck herstellt oder verkauft || K- Juweliergeschäft || *hierzu* **Ju·we·lie·rin** *die; -, -nen*

Jux *der; -es, -e; umg* ≈ Spaß, Scherz ⟨einen Jux machen; etwas aus Jux sagen, tun⟩

K

K, k [ka:] *das; -, -/umg auch -s;* der elfte Buchstabe des Alphabets

Ka·ba·rett B2 [kaba'rɛt, -'re:, 'kabarɛt, -re] *das; -s, -s;* eine Art Theater, das *bes* politische und aktuelle Ereignisse auf witzige Art kritisiert || *hierzu* **Ka·ba·ret·tist** *der; -en, -en;* **Ka·ba·ret·tis·tin** *die; -, -nen;* **ka·ba·ret·tis·tisch** *Adjektiv*

Ka·bel B1 *das; -s, -;* **1** eine Art dicke Schnur aus langen Drähten und einer Schicht aus Plastik ⟨ein elektrisches Kabel; ein Kabel verlegen⟩ || K- Kabelrolle || -K Stromkabel, Telefonkabel **2** ein dickes Seil aus starken Drähten

Ka·bel·an·schluss *der; -es, -schlüs·se;* ein Anschluss an das Netz des Kabelfernsehens

Ka·bel·fern·se·hen B2 *das; -s; nur Singular;* die Übertragung von Fernsehprogrammen mit Kabeln (1), die in der Erde liegen

Ka·bel·jau *der; -s, -e/-s;* ein relativ großer Raubfisch, der *bes* im (Nord)Atlantik gefangen wird ≈ Dorsch

Ka·bi·ne B1 *die; -, -n* **1** ein kleiner Raum, der *z.B.* durch einen Vorhang von anderen Räumen abgetrennt ist: *Sie können das Kleid in der Kabine anprobieren* || -K Umkleidekabine **2** ein Raum auf einem Schiff, in dem Passagiere schlafen || -K Luxuskabine, Schlafkabine

Ka·bi·nett *das; -s, -e;* alle Minister einer Regierung ⟨ein Kabinett bilden⟩ || K- Kabinettsmitglied

Kab·ri·o·lett ein Auto, bei dem man das Dach nach hinten klappen kann ↔ Limousine

Ka·chel *die; -, -n* ≈ Fliese

Ka·chel·ofen *der; -s, -öfen;* ein Ofen, der mit Kacheln bedeckt ist und der die Wärme gut speichert

Ka·cke *die; -; nur Singular; salopp* **1** ≈ Exkremente, Kot **2** eine schlechte oder unangenehme Sache: *So eine Kacke!* || *zu* 1 **ka·cken** *(hat)*

Ka·da·ver [-ve] *der; -s, -;* der Körper eines toten Tieres ≈ Aas

Ka·der *der/CH das; -s, -;* eine (Elite)Gruppe (einer Organisation), die für ihre Aufgabe besonders gut ausgebildet wurde: *der Kader einer Partei; Er gehört zum Kader der Nationalmannschaft*

Kä·fer *der; -s, -;* ein Insekt mit Flügeln, das in vielen Arten vorkommt ⟨ein Käfer summt/brummt, krabbelt⟩ || -K Kartoffelkäfer, Mistkäfer

Kaff *das; -s, -s/-e oder Käf·fer; umg abwertend;* ein kleiner, langweiliger Ort

Kaf·fee, Kaf·fee B1 *der; -s, -s* **1** *nur Singular;* ein dunkelbraunes, *meist* heißes Getränk aus gemahlenen Bohnen und kochendem Wasser, das etwas bitter schmeckt und anregend wirkt ⟨starker Kaffee; Kaffee kochen⟩: *„Nehmen Sie Ihren Kaffee mit Milch und Zucker?" - „Nein, schwarz."* || K- Kaffeefilter, Kaffeelöffel, Kaffeemaschine, Kaffeepulver, Kaffeetasse **2** die Bohnen, aus denen man Kaffee macht ⟨Kaffee ernten, mahlen⟩ **3** *nur Singular;* eine Pflanze, aus deren Samen man Kaffee macht ⟨Kaffee pflanzen⟩ || K- Kaffeeplantage **4** *nur Singular;* eine kleine Mahlzeit aus Kuchen und Kaffee (1) am Nachmittag ⟨jemanden zum Kaffee einladen⟩

Kaf·fee·haus *das; -es, -häu·ser; bes* Ⓐ ≈ Café

Kaf·fee·klatsch *der; -es; nur Singular;* ein

K

▶ Kaffee und Kuchen

Das traditionelle deutsche Kaffeetrinken an Wochenenden und an Feiertagen ist immer noch weit verbreitet. Man trifft sich am Nachmittag mit der Familie oder mit Freunden zu einer gemütlichen Unterhaltung bei Kaffee (oder Tee) und Kuchen.
Es gibt eine große Auswahl an Gebäck, das bei dieser Gelegenheit gegessen wird. Neben kleineren Gebäckstücken, Rührkuchen und Obstkuchen ist vor allem die Vielzahl von Cremetorten und Sahnetorten typisch. Eine der bekanntesten Torten ist die **Schwarzwälder Kirschtorte**, die aus einem dunklen Biskuitteig, Sahne und Kirschen besteht und mit Schokolade verziert ist.

LANDESKUNDE ◀

▶ Das Wiener Kaffeehaus

Die Wiener Kaffeehäuser sind weltberühmt, viele von ihnen bewahren noch den Charme vergangener Zeiten. In der Vergangenheit waren sie ein beliebter Treffpunkt für die bessere Gesellschaft, Geschäftsleute und Künstler. Auch heute noch sind sie ein angenehmer Ort, um bei einer Tasse Kaffee, zu der traditionell immer ein Glas Wasser serviert wird, die Zeitung zu lesen und einige ruhige Stunden zu verbringen.

Hier einige typische Kaffeespezialitäten:

Brauner:	schwarzer Kaffee mit Milch
Einspänner:	Espresso im Glas mit Sahne
Fiaker:	Espresso im Glas mit Rum
Kapuziner:	schwarzer Kaffee mit wenig Milch
Melange:	Milchkaffee mit viel Milchschaum
Mokka:	Espresso

LANDESKUNDE ◀

Treffen (meist von Frauen), um Kaffee zu trinken und sich zu unterhalten

Kaf·fee·kränz·chen *das; -s, -;* **1** ≈ Kaffeeklatsch **2** eine Gruppe *meist* von Frauen, die sich regelmäßig zum Kaffeekränzchen (1) treffen

Kä·fig [B2] *der; -s, -e;* ein Raum oder Kasten mit Gittern oder Draht, in dem Tiere gehalten werden: *Der Tiger ist aus seinem Käfig ausgebrochen* ‖ [-K] Hamsterkäfig, Löwenkäfig, Vogelkäfig ‖ [K-] Käfigstäbe, Käfigtür ‖ [ID] **ein goldener Käfig** ein Zustand, in dem man reich ist, aber auch sehr abhängig von anderen

kahl, *kahler, kahlst-; Adjektiv* **1** (fast) ohne Haare: *Er wird allmählich kahl* **2** ohne Blätter ⟨ein Baum⟩ **3** ohne Bäume und Sträucher ⟨ein Berg⟩ **4** ohne Bilder, Möbel ⟨eine Wand, eine Wohnung⟩ ‖ *hierzu* **Kahl·heit** *die; -; nur Singular*

Kahl·kopf *der; -(e)s, -köp·fe* **1** ein Kopf ohne Haare ≈ Glatze **2** *umg;* ein Mann mit einem Kahlkopf ‖ *zu* 1 **kahl·köp·fig** *Adjektiv*

Kahl·schlag *der; -(e)s, -schlä·ge* **1** *nur Singular;* das Fällen aller Bäume an einem Ort **2** der Ort (im Wald), an dem alle Bäume gefällt wurden **3** *abwertend;* eine radikale Maßnahme, bei der (auch) viel Positives abgeschafft, zerstört wird

Kahn *der; -(e)s, Käh·ne;* ein kleines, offenes Boot zum Rudern ‖ [K-] Kahnfahrt

Kai *der; -s, -s;* das Ufer im Hafen, an dessen Mauer die Schiffe liegen ⟨ein Schiff liegt am Kai⟩ ‖ [K-] Kaimauer

Kai·ser *der; -s, -;* **1** der oberste Herrscher in einer Monarchie (über einem König) ‖ [K-] Kaiserkrone **2** *nur Singular;* der Titel des Kaisers ⟨jemanden zum Kaiser krönen⟩ ‖ *hierzu* **Kai·se·rin** *die; -, -nen;* **Kai·ser·tum** *das; -(e)s; nur Singular;* **kai·ser·lich** *Adjektiv*

Kai·ser·schmarrn *der; -s; nur Singular; südd* Ⓐ ein süßer Pfannkuchen, der in kleine Stücke gerissen serviert wird

Kai·ser·schnitt *der; -(e)s, -e;* eine Operation, bei der der Bauch einer schwangeren Frau durch einen Schnitt geöffnet wird, um das Kind herauszuholen

Ka·jak *der, das; -s, -s;* ein schmales, geschlossenes Boot für eine Person (wie es die Eskimos auf der Jagd haben)

Ka·kao [ka'kau] *der; -s; nur Singular* **1** ein braunes Pulver, aus dem man (Trink)Schokolade macht ‖ [K-] Kakaopulver **2** ein Getränk aus Milch, Kakao (1) und Zucker ⟨eine Tasse Kakao⟩ **3** die Pflanze, aus deren Samen Kakao (1) gemacht wird ‖ [K-] Kakaoplantage

Kak·tus *der; -/-ses, Kak·te·en* [-'te:ən]; eine Pflanze mit dicken Blättern und *meist* mit vielen Stacheln, die *meist* in trockenen, warmen Regionen wächst ‖ [K-] Kakteenzucht ‖ [-K] Zimmerkaktus

Ka·lau·er *der; -s, -;* ein einfacher, nicht sehr intelligenter Witz (der oft durch ein Spiel mit Worten entsteht) ‖ *hierzu* **ka·lau·ern** *(hat)*

Kalb *das; -(e)s, Käl·ber* **1** ein junges Rind ‖ [K-] Kalbfleisch; Kalbsbraten, Kalbsgulasch, Kalbsragout **2** das Junge² einiger Säugetiere ‖ [-K] Elefantenkalb, Hirschkalb

ka·len·da·risch *Adjektiv; nur vor dem Substantiv oder als Adverb;* nach dem Datum, das der Kalender nennt: *der kalendarische Beginn des Winters am 21. Dezember*

Ka·len·der *der; -s, -; meist* ein Blatt, Heft oder Buch mit allen Tagen, Wochen und Monaten eines Jahres: *Termine in den Kalender schreiben* || -K Terminkalender

Ka·len·der·jahr *das; -(e)s, -e;* die Zeit zwischen dem 1. Januar und dem 31. Dezember eines Jahres (im Unterschied *z.B.* zu einem Schuljahr oder anderen 365 Tagen)

Ka·li·ber *das; -s, -;* der Durchmesser von Gewehr- oder Pistolenkugeln: *eine Kugel vom Kaliber 32*

Ka·li·um *das; -s; nur Singular;* ein sehr weiches, silbrig glänzendes (Leicht)Metall; *Chemie* K

Kalk *der; -(e)s; nur Singular* **1** die Substanz, die Knochen und Zähne hart macht; *Chemie* Kalziumkarbonat: *Unser Wasser enthält viel Kalk* || K- Kalkmangel **2** eine Art weißes Pulver. Es ergibt, zusammen mit Wasser und Sand, eine Mischung, mit der man Wände bedecken kann; *Chemie* Kalziumoxid || *hierzu* **kalk·hal·tig** *Adjektiv;* **kal·kig** *Adjektiv; zu* 2 **kal·ken** *(hat)*

kal·ku·lie·ren; *kalkulierte, hat kalkuliert* **1** **etwas kalkulieren** im Voraus berechnen, welche Kosten entstehen, welche Preise man verlangen muss: *die Kosten für ein Buch kalkulieren* **2** **(etwas) kalkulieren** einen Sachverhalt, eine Situation *o.Ä.* in bestimmter Weise abschätzen ⟨schnell, scharf, falsch kalkulieren⟩ || *hierzu* **Kal·ku·la·ti·on** *die; -, -en;* **kal·ku·lier·bar** *Adjektiv*

Ka·lo·rie *die; -, -n* [-ˈriːən]; *meist Plural;* eine Einheit, die angibt, wie viel Energie ein Nahrungsmittel für den Körper ergibt; *Zeichen* cal: *Schokolade hat viele Kalorien* || K- Kaloriengehalt || -K Kilokalorie

ka·lo·ri·en·be·wusst *Adjektiv;* so, dass man beim Essen darauf achtet, dass man Nahrung mit wenig Kalorien isst ⟨eine Ernährung; kalorienbewusst essen, leben⟩

kalt A1 *kälter, kältest-; Adjektiv* **1** von niedriger Temperatur ↔ heiß ⟨eisig kalt⟩: *Das Wetter: kalt mit weiteren Schneefällen* || K- Kaltluft, Kaltwasser || -K eiskalt **2** ⟨Essen⟩ so, dass es nicht (mehr) warm ist: *Abends essen wir immer kalt* **3** ohne Freundlichkeit und Gefühl ⟨ein Lächeln⟩ **4** ⟨Farben⟩ (mit hohem Anteil an Weiß oder Blau) so, dass sie unangenehm wirken **5** **jemandem ist kalt** jemand friert || Hinweis: ↑ **kaltlassen**

kalt·blü·tig *Adjektiv* **1** *abwertend;* so, dass man bei etwas Bösem kein schlechtes Gewissen hat ⟨ein kaltblütiger Mord⟩ **2** in einer gefährlichen Situation fähig, ruhig zu bleiben: *der Gefahr kaltblütig ins Auge sehen* || *hierzu* **Kalt·blü·tig·keit** *die; -; nur Singular*

Käl·te *die; -; nur Singular* **1** die niedrige Temperatur (der Luft, des Wassers), die man als unangenehm empfindet ⟨vor Kälte zittern⟩: *Bei dieser Kälte brauchst du unbedingt Schal und Mütze* || K- Kälteperiode **2** Temperaturen unter 0 Grad Celsius: *20 Grad Kälte* (= -20°) **3** das Fehlen des Mitgefühls für andere: *In seinen Worten lag eine eisige Kälte*

Kalt·front *die; -, -en; Meteorologie;* kalte Luftmassen, die in ein Gebiet mit wärmerer Luft dringen ↔ Warmfront ⟨eine Kaltfront dringt vor, zieht herauf⟩

kalt·las·sen; *lässt kalt, ließ kalt, hat kaltgelassen;* **jemand/etwas lässt jemanden kalt** jemand/etwas bewirkt bei jemandem kein Mitgefühl, keine Sympathie: *Das Elend ließ ihn kalt*

kalt·ma·chen; *machte kalt, hat kaltgemacht;* **jemanden kaltmachen** *umg;* jemanden töten, ermorden

kalt·stel·len *(hat)* **jemanden kaltstellen** *umg;* (durch bestimmte, *meist* unfaire Maßnahmen) jemandem seine Macht, seinen Einfluss nehmen: *einen lästigen, unliebsamen Konkurrenten kaltstellen*

Kal·zi·um *das; -s; nur Singular;* ein chemisches Element, das *z.B.* in Knochen, Zähnen und Kreide vorkommt; *Chemie* Ca

kam *Imperfekt, 1. und 3. Person Singular;* ↑ **kommen**

kä·me *Konjunktiv 1. und 3. Person Singular;* ↑ **kommen**

Ka·mel *das; -s, -e;* ein großes Tier (mit einem oder zwei Höckern), das in der Wüste lebt und über weite Entfernungen Lasten tragen kann || -K Lastkamel

Ka·me·ra *die; -, -s* **1** ein Apparat zum Filmen ⟨die Kamera läuft⟩ || K- Kamerateam || -K Filmkamera **2** ≈ Fotoapparat: *einen Film in die Kamera einlegen*

Ka·me·rad *der; -en, -en;* ein Freund (*oft* eines Jungen) || -K Klassenkamerad, Spielkamerad || *hierzu* **Ka·me·ra·din** *die; -, -nen;* **Ka·me·rad·schaft** *die; -; nur Singular*

Ka·me·ra·mann *der; -es, -män·ner/-leu·te;* jemand, der beim Film und Fernsehen die Kamera führt || *hierzu* **Ka·me·ra·frau** *die; -, -en*

Ka·mil·le *die; -, -n; meist Singular;* eine Pflanze mit relativ hohen Stängeln und kleinen Blüten, die in der Mitte gelb sind und weiße Blütenblätter haben. Die Blüten werden als Tee bei

K

Entzündungen und Magenproblemen verwendet || K- Kamillenblüte, Kamillentee

Ka·min B1 *der; -s, -e* **1** eine Art offener Ofen in der Wand eines Zimmers ⟨am Kamin sitzen⟩: *Im Kamin prasselt ein Feuer* || K- Kaminfeuer **2** *bes südd* Ⓐ Ⓒⓗ ≈ Schornstein

Kamm¹ A2 *der; -(e)s, Käm·me;* ein flacher Gegenstand (mit einer Reihe von Spitzen), mit dem man die Haare frisiert: *Sie fuhr sich mit dem Kamm durch die Haare*

Kamm² A2 *der; -(e)s, Käm·me* **1** der oberste Teil eines Gebirges, der wie eine Linie aussieht || -K Bergkamm **2** der höchste Punkt einer großen Welle || -K Bergkamm **3** ein Streifen roter Haut auf dem Kopf von Hähnen || -K Hahnenkamm

Kamm

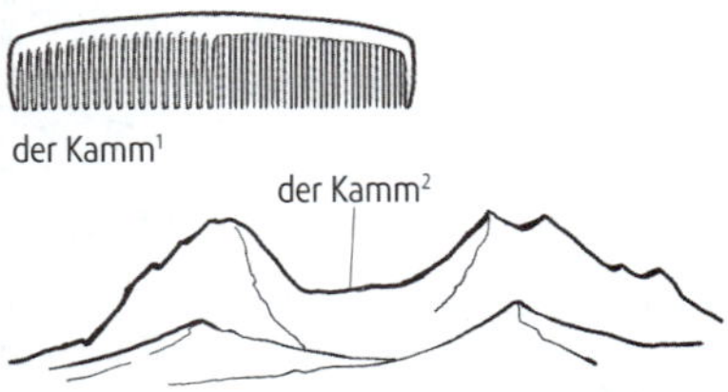

käm·men B1 *kämmte, hat gekämmt;* **jemanden/sich kämmen; jemandem/sich die Haare kämmen** jemandes/die eigenen Haare mit einem Kamm¹ glatt und ordentlich machen

Kam·mer¹ *die; -, -n;* ein kleiner Raum, *bes* zum Lagern von Sachen || -K Abstellkammer, Speisekammer, Vorratskammer

Kam·mer² *die; -, -n* **1** *Politik;* die Mitglieder oder ein Teil eines Parlaments || -K Abgeordnetenkammer **2** eine Organisation, die die Interessen einzelner Berufe vertritt || -K Ärztekammer

Kam·mer·chor *der; -(e)s, -chö·re;* eine kleine Gruppe von Sängern, die zusammen (Kammer)Musik machen

Kam·mer·mu·sik *die; -; nur Singular;* (ernste) Musik, die für eine kleine Zahl von Instrumenten oder Sängern geschrieben ist

Kam·pag·ne [-'panjə] *die; -, -n;* **eine Kampagne (für, gegen jemanden/etwas)** eine Aktion mit dem Zweck, in der Öffentlichkeit für jemanden/etwas zu werben oder (*meist* aus politischen Gründen) gegen jemanden/etwas zu kämpfen ⟨eine Kampagne starten, führen⟩: *Die Kampagne gegen das Rauchen hatte Erfolg* || -K Pressekampagne, Werbekampagne

Kampf B2 *der; -(e)s, Kämp·fe* **1 der Kampf (gegen jemanden/mit jemandem)** militärische Aktionen während eines Krieges: *Er fiel, starb im Kampf gegen den Feind* || K- Kampfflugzeug, Kampfpause || -K Luftkampf **2 der Kampf (gegen jemanden/mit jemandem)** ein Streit, bei dem man den Gegner mit körperlicher Kraft oder Waffen besiegen will ⟨jemanden zum Kampf herausfordern⟩ **3** ein Konflikt zwischen Menschen, die verschiedene Interessen oder Meinungen vertreten: *der Kampf der Geschlechter* **4 der Kampf (für, um, gegen jemanden/etwas)** die intensiven Anstrengungen, mit denen man ein Ziel zu erreichen oder etwas zu verhindern versucht: *der Kampf ums Überleben; der Kampf gegen die Umweltverschmutzung* || K- Kampfschrift **5** die Anstrengungen, mit denen man einen seelischen Konflikt lösen will ⟨einen inneren Kampf mit sich (selbst) austragen⟩

-kampf *der; -(e)s, -kämp·fe; im Substantiv; unbetont;* ein sportlicher Wettkampf (*bes* der Leichtathletik) mit der genannten Zahl von Disziplinen; **Dreikampf, Fünfkampf, Siebenkampf, Zehnkampf, Zwölfkampf**

kämp·fen A2 *kämpfte, hat gekämpft* **1 (gegen jemanden/mit jemandem) kämpfen** im Krieg mit Waffen versuchen, feindliche Soldaten zu besiegen **2 (gegen jemanden/mit jemandem) kämpfen** (körperliche) Gewalt gegen jemanden anwenden und versuchen, ihn zu besiegen **3 für/um/gegen jemanden/etwas kämpfen** sich sehr stark bemühen, etwas zu erreichen *bzw* zu verhindern: *für die Gleichberechtigung der Frau kämpfen; gegen den Krebs kämpfen; um die Macht kämpfen* **4 (mit sich) kämpfen** lange über die positiven und negativen Seiten eines Problems nachdenken, um sich richtig zu entscheiden: *Er kämpfte lange (mit sich), bevor er seiner Frau die Wahrheit sagte* || *zu* 1-3 **Kämp·fer** *der; -s, -;* **Kämp·fe·rin** *die; -, -nen*

kämp·fe·risch *Adjektiv;* bereit (und von dem Wunsch erfüllt), für ein Ziel zu kämpfen ⟨eine Haltung, ein Einsatz; sich kämpferisch zeigen⟩

Kampf·hand·lung *die; -, -en; meist Plural;* eine militärische (Einzel)Aktion im Kampf (1) ⟨die Kampfhandlungen beenden, einstellen⟩

Kampf·hund *der; -(e)s, -e;* ein besonders aggressiver Hund, der für Kämpfe mit anderen Hunden gezüchtet und dressiert wird

kampf·lus·tig *Adjektiv; auch abwertend;* so, dass man bereit ist zu kämpfen

Kampf·rich·ter *der; -s, -;* ein Experte, der bei

einem sportlichen Wettkampf darauf achtet, dass die Regeln eingehalten werden, und der die Leistungen der Sportler bewertet || *hierzu* **Kạmpf·rich·te·rin** *die; -, -nen*

Kạmpf·sport *der; -(e)s; nur Singular;* eine Sportart wie *z.B.* Boxen, Ringen oder Judo

kam·pie·ren; *kampierte, hat kampiert;* **(irgendwo) kampieren** für kurze Zeit *meist* in einem Zelt im Freien wohnen

Ka·nal B2 *der; -s, Ka·nä·le* **1** eine Art künstlicher Fluss (der Meere oder Flüsse verbindet, Felder oder Fabriken mit Wasser versorgt) **2** ein großes Rohr oder ein bedeckter Graben, durch die schmutziges Wasser aus den Häusern geleitet wird || K- Kanaldeckel || -K Abwasserkanal **3** *Rundfunk, TV* ein Frequenzbereich, in dem man einen bestimmten Sender empfangen kann

Ka·na·li·sa·ti·on [-'tsi̯o:n] *die; -, -en;* ein System von Kanälen (2), durch das das gebrauchte schmutzige Wasser geleitet wird

ka·na·li·sie·ren; *kanalisierte, hat kanalisiert* **1** ⟨eine Stadt, ein Dorf⟩ **kanalisieren** in einer Stadt, einem Dorf *usw* Kanäle (2) anlegen **2** **etwas kanalisieren** *förmlich;* eine Sache, ein Problem in eine bestimmte Richtung lenken und dadurch zu deren Lösung beitragen

Ka·na·ri·en·vo·gel [-'na:ri̯ən-] *der; -s, -vö·gel;* ein gelber oder rötlicher kleiner Singvogel, den man *meist* in einem Käfig hält

Kan·di·dat *der; -en, -en;* **ein Kandidat (für etwas)** jemand, der sich um ein Amt, eine Stelle oder öffentliche Funktion bewirbt: *jemanden als Kandidaten für die Bundestagswahl aufstellen* || K- Kandidatenliste || -K Spitzenkandidat || *hierzu* **Kan·di·da·tin** *die; -, -nen*

Kan·di·da·tur *die; -, -en;* **die Kandidatur (für etwas)** die Bewerbung als Kandidat für eine Wahl: *Wir unterstützen seine Kandidatur für den Bundestag*

kan·di·die·ren; *kandidierte, hat kandidiert;* **(für etwas) kandidieren** sich als Kandidat um eine (öffentliche) Funktion oder um ein Amt bewerben: *Er kandidierte bei den Wahlen für unsere Partei*

Kạn·dis·zu·cker *der; -s; nur Singular;* kleine harte Stücke von weißem, gelbem oder braunem Zucker

Kạ̈n·gu·ru *das; -s, -s;* ein großes Tier, das in Australien lebt, weit springen kann und seine Jungen in einer Art Beutel vor dem Bauch trägt

Ka·nin·chen *das; -s, -;* ein Tier, das ähnlich einem Hasen ist || K- Kaninchenbau, Kaninchenstall

Ka·nịs·ter *der; -s, -;* ein großer Behälter aus Blech oder Plastik, in dem man *bes* Wasser, Öl oder Benzin aufbewahrt || -K Reservekanister

kạnn *Präsens, 1. und 3. Person Singular;* ↑ **können**

Kạ̈nn·chen *das; -s, -;* **1** eine kleine Kanne || -K Milchkännchen, Sahnekännchen **2** **ein Kännchen** ⟨Kaffee, Tee, Schokolade *usw*⟩ eine Portion eines warmen Getränks (die man in einem Lokal bestellt), in der Menge von ungefähr zwei Tassen

Kạn·ne *die; -, -n;* ein relativ hohes Gefäß mit einem Henkel (und einer besonderen Öffnung zum Gießen): *eine Kanne Kaffee* || -K Gießkanne, Kaffeekanne, Milchkanne, Ölkanne, Teekanne

kạnn·te *Imperfekt, 1. und 3. Person Singular;* ↑ **kennen**

Ka·non *der; -s, -s* **1** ein Lied, bei dem zwei oder mehrere Stimmen kurz nacheinander anfangen, dieselbe Melodie zu singen **2** *meist Singular; förmlich;* ein System von Regeln *o.Ä.*, die für einen Bereich gelten || -K Gesetzeskanon, Verhaltenskanon

Ka·no·ne *die; -, -n;* eine große Waffe mit einem langen Rohr, aus der man große Kugeln schießt ⟨eine Kanone laden⟩ || K- Kanonenkugel **2** *umg* ≈ Revolver, Pistole

Kạn·te *die; -, -n;* eine gerade Linie zwischen zwei Flächen, die aufeinandertreffen ⟨eine scharfe Kante⟩: *sich an einer Kante des Tisches stoßen* || -K Bettkante

kạn·tig *Adjektiv;* mit Kanten

Kan·ti·ne B1 *die; -, -n;* eine Art Restaurant in einem Betrieb *o.Ä.*, in dem die Mitarbeiter essen || K- Kantinenessen

Kan·ton *der; -s, -e;* einer von insgesamt 23 Bezirken in der Schweiz || *hierzu* **kan·to·nal** *Adjektiv*

Ka·nu *das; -s, -s;* ein leichtes schmales, offenes Boot || K- Kanusport || -K Indianerkanu

Kạn·zel *die; -, -n* **1** der Teil der Kirche (oft seitlich des Altars oder auf einer Säule), von dem aus der Pfarrer seine Predigt hält **2** die Kabine (vorne im Flugzeug), in der der Pilot sitzt ≈ Cockpit

Kanz·lei *die; -, -en;* das Büro eines Rechtsanwalts oder die Dienststelle in einem Amt

Kạnz·ler *der; -s, -; Kurzwort* ↑ **Bundeskanzler** || K- Kanzleramt || *hierzu* **Kạnz·le·rin** *die; -, -nen*

Kạp *das; -s, -s;* ein Teil einer Küste, der weit ins

Meer hinausgeht: *das Kap der Guten Hoffnung*

Ka·pa·zi·tät[1] *die; -, -en;* die Fähigkeit (einer Firma, einer Maschine *usw*), etwas zu leisten: *ein Flughafen mit einer Kapazität von 20 Millionen Passagieren pro Jahr; die Kapazität eines Kraftwerks voll auslasten*

Ka·pa·zi·tät[2] *die; -, -en;* ein Experte, eine Expertin: *Er ist eine Kapazität auf dem Gebiet der Neurochirurgie*

Ka·pel·le[1] *die; -, -n;* eine kleine Kirche ‖ -K Wallfahrtskapelle

Ka·pel·le[2] *die; -, -n;* ein kleines Orchester ‖ -K Tanzkapelle

Ka·per *die; -, -n; meist Plural;* die kleine, grüne (Blüten)Knospe eines Strauches, die man in Essig legt und als Gewürz verwendet ‖ K- Kapernsoße, Kapernstrauch

ka·pie·ren B2 *kapierte, hat kapiert;* **(etwas) kapieren** *umg* ≈ verstehen (1): *Das kapiere ich einfach nicht!*

K

Ka·pi·tal *das; -s, -e/-ien [-i̯ən]* **1** das Geld, die Maschinen *usw*, die eine Firma *o.Ä.* besitzt ‖ K- Kapitalbesitz, Kapitalbildung **2** Geld, das Gewinn bringt ⟨das Kapital Gewinn bringend anlegen⟩ ‖ K- Kapitalvermögen ‖ ID **aus etwas Kapital schlagen/ziehen** etwas so ausnutzen, dass man einen Gewinn davon hat

Ka·pi·ta·lis·mus B2 *der; -; nur Singular; Wirtschaft;* ein gesellschaftliches System, in dem die Produktionsmittel in Privateigentum sind und der Markt durch Angebot und Nachfrage bestimmt wird ‖ *hierzu* **ka·pi·ta·lis·tisch** *Adjektiv*

Ka·pi·ta·list *der; -en, -en* **1** *oft abwertend;* ein reicher privater Unternehmer (der einen möglichst hohen Gewinn machen will) **2** ein Anhänger oder Verfechter des Kapitalismus ‖ *hierzu* **Ka·pi·ta·lis·tin** *die; -, -nen*

Ka·pi·tal·ver·bre·chen *das; -s, -;* ein sehr schweres Verbrechen (wie *z.B.* Mord oder Entführung)

Ka·pi·tän B2 *der; -s, -e* **1** der Kommandant eines Schiffes **2** der Pilot eines Verkehrsflugzeugs ‖ *hierzu* **Ka·pi·tä·nin** *die; -, -nen*

Ka·pi·tel B2 *das; -s, -;* ein Abschnitt eines (längeren) Textes, *meist* mit einer eigenen Überschrift; *Abkürzung* Kap.: *Der Roman hat 10 Kapitel* ‖ K- Kapitelüberschrift ‖ -K Schlusskapitel ‖ ID **etwas ist ein Kapitel für sich** etwas ist schwierig, problematisch

ka·pi·tu·lie·ren; *kapitulierte, hat kapituliert* **1** *meist* ⟨die Armee, das Land⟩ **kapituliert** die Armee oder das Land hören auf zu kämpfen, weil sie besiegt sind **2** **(vor etwas** *(Dativ)*) **kapitulieren** nicht mehr versuchen, sein Ziel zu erreichen ≈ aufgeben ⟨vor den Schwierigkeiten kapitulieren⟩ ‖ *hierzu* **Ka·pi·tu·la·ti·on** *die; -, -en*

Kap·lan; *der; -s, Kap·lä·ne; katholische Religion;* ein Priester, der einem katholischen Pfarrer in der Gemeinde hilft

Kap·pe B2 *die; -, -n* **1** eine relativ feste Kopfbedeckung, die eng auf dem Kopf sitzt ⟨eine Kappe tragen⟩ ‖ -K Badekappe, Baseballkappe **2** ein Stück Metall, Plastik *o.Ä.*, mit dem man etwas schützt oder verschließt ‖ ↑ Abbildung unter **Deckel** ‖ -K Radkappe, Verschlusskappe ‖ *zu* **Radkappe** ↑ Illustration **Das Auto**

kap·pen; *kappte, hat gekappt* **1** **etwas kappen** ein Stück von etwas (ab)schneiden und es dadurch kürzer machen: *Der Sturm hat die Spitzen der Bäume gekappt* **2** **etwas kappen** ≈ durchschneiden ⟨*meist* die Taue, die Leinen kappen⟩

Kap·sel *die; -, -n* **1** ein kleiner, runder oder ovaler Behälter aus dünnem, aber festem Material ‖ -K Blechkapsel **2** ein Medikament (*meist* in Form von Pulver), das von einer Hülle umgeben ist

ka·putt A1 *Adjektiv; umg* **1** so, dass es nicht mehr zu gebrauchen oder zerbrochen ist oder nicht mehr funktioniert: *Der Fernseher, meine Brille ist kaputt* **2** erschöpft und müde: *Nach der Arbeit war ich ganz kaputt* **3** so, dass die menschlichen Beziehungen schlecht sind ⟨eine Ehe⟩ **4** **etwas kaputt fahren/machen/schlagen** *usw;* etwas auf diese Weise zerstören, ruinieren: *das neue Auto kaputt fahren*

ka·putt·fah·ren *(hat)* ↑ **kaputt** (4)

ka·putt·ge·hen; *ging kaputt, ist kaputtgegangen; umg;* **etwas geht kaputt** etwas zerbricht *o.Ä*, sodass es nicht mehr zu gebrauchen ist

ka·putt·ma·chen, ka·putt·schla·gen *(hat)* ↑ **kaputt** (4)

Ka·pu·ze *die; -, -n;* eine Kopfbedeckung, die an einem Mantel, einer Jacke festgemacht ist

Ka·ra·bi·ner·ha·ken *der; -s, -;* ein geschlossener Haken (*z.B.* an der Hundeleine), der sich nicht von selbst öffnen kann

Ka·raf·fe *die; -, -n;* eine schöne (gewölbte) Flasche, in die man *z.B.* Wein gießt, um später daraus die Gläser zu füllen

Ka·ram·bo·la·ge [-'la:ʒə] *die; -, -n* ein Zusammenstoß von mehreren Fahrzeugen, *bes* von Autos ⟨es kommt zu einer Karambolage⟩

|| K- Massenkarambolage

Ka·ra·mell *der,* CH *das; -s; nur Singular;* die gelbbraune Masse, die entsteht, wenn man Zucker (mit ein wenig Fett) heiß macht (und wieder kalt werden lässt) || K- Karamellbonbon, Karamellpudding

Ka·rat *das; -(e)s, -/-e* 1 eine (Maß)Einheit, in der man das Gewicht von Edelsteinen angibt: *ein Diamant von einem Karat* 2 eine (Maß)Einheit, mit der man angibt, wie hoch der Anteil von Gold (in einer Legierung) ist: *Reines Gold hat 24 Karat* || Hinweis: nach Zahlenangaben lautet der Plural *Karat*

Ka·ra·te *(das); -(s); nur Singular;* ein Sport und eine Methode, ohne Waffen zu kämpfen, bei denen man *bes* mit den Händen (Handkanten) schlägt und mit den Füßen tritt

Ka·ra·wa·ne *die; -, -n;* eine Gruppe von Reisenden, Kaufleuten, Forschern *o.Ä.*, die durch unbewohnte Gebiete (Asiens oder Afrikas) *bes* mit Kamelen ziehen

Kar·di·nal *der; -s, Kar·di·nä·le; katholische Religion;* ein Priester, über dessen Position nur noch der Papst steht || Hinweis: ↑ **Bischof**

Kar·di·nal·zahl *die; -, -en; Mathematik;* eine Zahl wie *eins, zwei, drei usw*, die eine Menge nennt (im Gegensatz zu einer Reihenfolge) ≈ Grundzahl ↔ Ordinalzahl

Kar·frei·tag *der; -(e)s, -e;* der Freitag vor Ostern

karg, *karger/kärger, kargst-/kärgst-; Adjektiv* 1 nicht sehr viel in der Menge ⟨ein Mahl, Lohn⟩ 2 *nicht als Adverb;* wenig fruchtbar ⟨ein Boden⟩

ka·riert *Adjektiv* 1 mit einem Muster aus Karos (1): *ein kariertes Hemd* 2 mit Linien, die Quadrate oder Rechtecke bilden ⟨Papier⟩

Ka·ri·es [-i̯ɛs] *die; -; nur Singular; Medizin;* eine Krankheit der Zähne, bei der die äußere, harte Substanz (der Zahnschmelz) zerstört wird ⟨Karies haben⟩

Ka·ri·ka·tur *die; -, -en;* eine *(meist* witzige) Zeichnung, auf der Merkmale einer Person/Sache übertrieben dargestellt werden || -K Zeitungskarikatur

ka·ri·ta·tiv [-f] *Adjektiv;* ⟨eine Organisation⟩ so, dass sie armen oder kranken Menschen hilft ≈ wohltätig ⟨sich karitativ betätigen, engagieren⟩: *Das Rote Kreuz ist eine karitative Organisation*

Kar·ne·val [-val] *der; -s, -e/-s; meist Singular;* die Zeit *(bes* im Februar), in der Leute sich verkleiden, lustig sind und feiern || K- Karnevalskostüm

Kar·ni·ckel *das; -s, -; umg* ≈ Kaninchen

Ka·ro *das; -s, -s* 1 eines von vielen Vierecken *(oft* Quadraten), die als Muster auf Papier oder Stoffe gedruckt werden || K- Karostoff 2 *(Plural Karo);* eine Spielfarbe im Kartenspiel oder eine Karte dieser Farbe || ↑ Abbildung unter **Spielkarten** || Hinweis: ↑ **Herz**

Ka·ros·se·rie *die; -, -n* [-'riːən]; die Teile des Autos, die *meist* aus (Stahl)Blech sind und ihm seine charakteristische Form geben ⟨eine schnittige Karosserie⟩ || K- Karosseriebau, Karosserieschaden || -K Autokarosserie; Stahlkarosserie

Ka·rot·te B1 *die; -, -n* 1 eine Pflanze mit einer länglichen, orangen Wurzel, die man als Gemüse anbaut ≈ Möhre 2 die Wurzel dieser Pflanze, die man isst: *Hasen fressen gern Karotten* || ↑ Illustration **Obst und Gemüse** || K- Karottensaft

Karp·fen *der; -s, -;* ein großer, dicker Fisch, der in Teichen lebt || K- Karpfenzucht

Kar·re *die; -, -n* 1 ein kleiner Wagen zum Schieben oder Ziehen (mit einem, zwei oder

K

Der Karneval im Rheinland

Der **Karneval** wird in Deutschland vor allem im Rheinland besonders gefeiert. Am bekanntesten sind die Veranstaltungen in **Köln**, **Mainz** und **Düsseldorf**.
Der Karneval, der in anderen Regionen **Fasching** oder **Fastnacht** heißt, beginnt offiziell bereits am 11.11. um 11:11 Uhr und endet am letzten Dienstag vor Beginn der Fastenzeit.
In vielen Städten gibt es **Karnevalsvereine**, die Veranstaltungen durchführen wie Kostümbälle, die Wahl eines Prinzenpaares und Karnevalssitzungen, mit denen politische Veranstaltungen parodiert werden. Der Höhepunkt des Karnevals sind die letzten Tage vor dem Aschermittwoch. Sie beginnen mit der **Weiberfastnacht**, bei der es Brauch ist, dass die Frauen Männern die Krawatte abschneiden dürfen. In dieser Zeit finden auch in vielen Städten Umzüge statt, besonders am **Rosenmontag**. Hierbei ziehen geschmückte Wagen durch die Straßen, die sich mit lustigen Sprüchen und Dekorationen über Themen aus Politik und Alltag lustig machen. Sie werden von Musikkapellen begleitet und sowohl die Teilnehmer der Umzüge als auch die Zuschauer sind mit Kostümen verkleidet.

LANDESKUNDE

drei Rädern), auf dem man *z.B.* Mist, Erde oder Steine transportiert || -K Mistkarre, Schubkarre **2** *umg abwertend*; ein altes Auto, Motorrad *o.Ä.* in schlechtem Zustand || ID **die Karre (für jemanden) aus dem Dreck ziehen** *umg*; etwas (Unangenehmes) (, für das ein anderer verantwortlich ist,) wieder in Ordnung bringen

Kar·ren *der*; *-s, -*; ≈ Karre (1) || ID **jemandem an den Karren fahren** *umg*; jemanden scharf kritisieren; **jemanden vor seinen Karren spannen** *umg*; jemand anderen für sich arbeiten lassen, jemanden ausnutzen

Kar·ri·e·re B2 [-ˈri̯eːrə] *die*; *-, -n*; der Weg, der im Beruf zu Erfolg führt ⟨eine glänzende Karriere vor sich haben; Karriere machen⟩: *Sie hat als Fotomodell Karriere gemacht* || -K Beamtenkarriere

Kar·ri·e·re·ma·cher *der*; *-s, -*; *abwertend*; jemand, der Karriere gemacht hat oder machen will und dabei keine Rücksicht auf andere Menschen nimmt || *hierzu* **Kar·ri·e·re·ma·che·rin** *die*; *-, -nen*

K

Kar·sams·tag *der*; *-(e)s, -e*; der Tag vor Ostersonntag

Kar·te B1 *die*; *-, -n* **1** ein rechteckiges Stück aus festem Papier, auf das man etwas schreibt || -K Karteikarte **2** eine Karte (1) mit einem aufgedruckten Bild, mit der man anderen eine Nachricht sendet ⟨jemandem aus dem Urlaub eine Karte schicken⟩ || -K Ansichtskarte, Geburtstagskarte, Glückwunschkarte, Weihnachtskarte **3** ≈ Eintrittskarte || K- Kartenvorverkauf || -K Kinokarte, Konzertkarte **4** (in Restaurants, Bars *o.Ä.*) eine Liste, auf der Speisen, Getränke *usw* und ihre Preise stehen ⟨die Karte verlangen⟩ || -K Speisekarte, Weinkarte **5** ein *meist* großes Blatt Papier, auf dem ein Gebiet mit seinen Bergen, Straßen, Flüssen *usw* dargestellt ist ⟨etwas auf der Karte suchen⟩ || -K Deutschlandkarte, Weltkarte **6** eine Karte (1) mit Zahlen und/oder Symbolen, die beim Spiel verwendet wird ⟨die Karten mischen⟩ || K- Kartenkunststück, Kartenspieler || -K Spielkarte; Rommékarte, Skatkarte **7** ≈ Fahrkarte ⟨eine Karte lösen⟩ || -K Monatskarte **8** *Kurzwort* ↑ **Kreditkarte** ⟨mit Karte zahlen⟩ **9** **die Gelbe/Rote Karte** eine Karte, mit der der Schiedsrichter zeigt, dass er einen Spieler wegen Verletzung der Regeln warnt (gelb) oder ihm sagt, dass er das Spiel verlassen muss (rot) || ID **auf die falsche Karte setzen** etwas unterstützen, das keinen Erfolg hat; **mit offenen Karten (spielen)** ehrlich sein, nach den Regeln handeln; **alles auf eine Karte setzen** alles riskieren, um etwas zu erreichen

Kar·tei *die*; *-, -en*; eine geordnete Sammlung von Karten (1) gleicher Größe in einem Kasten, auf denen Informationen stehen ⟨eine Kartei anlegen⟩ || K- Karteikarte || -K Patientenkartei

Kar·tell *das*; *-s, -e*; *Wirtschaft*; ein Zusammenschluss von großen Firmen, die durch Absprachen über die Preise ihrer Waren Konkurrenz ausschalten können || K- Kartellamt, Kartellgesetz, Kartellrecht || -K Preiskartell, Verkaufskartell

Kar·ten·spiel *das*; *-(e)s, -e* **1** ein Spiel mit Karten (wie Skat oder Bridge) **2** alle Karten, die man für ein bestimmtes Kartenspiel (1) braucht

Kar·tof·fel A1 *die*; *-, -n* **1** eine dicke Knolle mit brauner Schale, die unter der Erde wächst. Man isst sie gekocht oder gebraten ⟨Kartoffeln schälen⟩ || ↑ Illustration **Obst und Gemüse** || K- Kartoffelchip, Kartoffelpüree, Kartoffelsuppe || -K Bratkartoffel **2** die Pflanze, an der die Kartoffeln (1) wachsen

Kar·tof·fel·kloß *der*; *-es, -klö·ße*; eine Kugel aus dem Teig von (geriebenen) rohen oder (zerquetschten) gekochten Kartoffeln

Kar·tof·fel·knö·del *der*; *-s, -*; *südd* Ⓐ ≈ Kartoffelkloß

Kar·tof·fel·puf·fer *der*; *-s, -*; eine Mischung aus rohen geriebenen Kartoffeln, Eiern und Mehl. Sie wird in Form von runden Scheiben in heißem Fett gebacken ≈ Reibekuchen

Kar·tof·fel·sa·lat *der*; *-(e)s, -e*; gekochte, in Scheiben geschnittene Kartoffeln, die man mit Zwiebeln und Essig und Öl oder Mayonnaise zubereitet und kalt als Salat isst

Kar·ton [-ˈtɔŋ, -ˈtõ, -ˈtoːn] *der*; *-s, -s* **1** ein Behälter aus Pappe, der die Form eines Kastens hat **2** *nur Singular*; das feste Papier, aus dem Kartons (1) gemacht werden

Ka·rus·sell *das*; *-s, -e/-s*; (auf Volksfesten *o.Ä.*) ein großes, rundes Gestell mit hölzernen Pferden, kleinen Autos *o.Ä.*, das sich im Kreis dreht, und auf dem man (mit)fahren kann ⟨(mit dem) Karussell fahren⟩ || -K Kettenkarussell; Kinderkarussell

Kar·wo·che *die*; *-, -n*; *meist Singular*; die Woche vor Ostern

ka·schie·ren; *kaschierte, hat kaschiert*; **etwas kaschieren** bestimmte Fehler oder Mängel (geschickt) verbergen ⟨seine Unkenntnis, seine Unsicherheit kaschieren⟩

Kä·se A1 *der*; *-s*; *nur Singular*; ein weißes oder gelbes (weiches oder hartes) Produkt aus Milch, das man *meist* zu Brot isst: *Camembert* *ist ein französischer Käse* || K- Käsebrot, Käsesorte || -K Hartkäse, Weichkäse; Schafskäse, Ziegenkäse **2** *umg abwertend* ≈ Unsinn: *Das ist doch Käse!*

Kä·se·glo·cke *die; -, -n;* ein Teller mit einer Haube (aus Glas), unter die man den Käse legt, damit er frisch bleibt

Kä·se·ku·chen *der; -s, -;* ein Kuchen, dessen Teig zu einem großen Teil aus Quark besteht

Ka·ser·ne *die; -, -n;* ein Gelände mit Häusern, in denen Soldaten untergebracht sind und ausgebildet werden || K- Kasernenhof

Ka·si·no *das; -s, -s* **1** *Kurzwort* ↑ **Spielkasino** **2** ein Speiseraum für Offiziere || -K Offizierskasino

Kas·per *der; -s, -;* **1** eine bunt gekleidete (Hand)Puppe mit einer großen Nase und (Zipfel)Mütze, die in Stücken für Kinder eine lustige, freche männliche Person darstellt || K- Kaspertheater **2** *umg;* jemand, der gern alberne Späße macht ⟨den Kasper spielen⟩

Kas·perl *der; -s, -(n); südd* Ⓐ ≈ Kasper (1,2) || K- Kasperltheater

Kas·sa *die; -, Kas·sen;* Ⓐ, ⒸⒽ ≈ Kasse

Kas·se B1 *die; -, -n* **1** ein kleiner Kasten aus Stahl, in dem Geld aufbewahrt wird **2** ein Gerät, mit dem in Geschäften die Preise der gekauften Waren zusammengerechnet werden **3** (in einem Supermarkt, Theater *usw*) die Stelle, an der man bezahlt ⟨sich an der Kasse anstellen⟩ || -K Kinokasse **4** (*bes* in einer Bank) der Ort, an dem man Geld einzahlt oder bekommt **5** *Kurzwort* ↑ **Krankenkasse** || K- Kassenmitglied, Kassenpatient

Kas·sen·er·folg *der; -(e)s, -e;* ein Film, ein (Theater)Stück, Musical *usw*, die sehr gut besucht werden und deshalb viel Geld einbringen

Kas·se·rol·le *die; -, -n;* ein (flacher) Topf mit Stiel oder mit Henkeln, in dem man *bes* Fleisch brät || Hinweis: ↑ **Pfanne**

Kas·set·te¹ *die; -, -n;* ein flacher, rechteckiger Behälter (mit einem Band als Tonträger) aus Kunststoff, mit dem man Musik, Filme *o.Ä.* aufnehmen und abspielen kann ⟨eine Kassette einlegen⟩ || -K Musikkassette, Videokassette

Kas·set·te² *die; -, -n;* ein kleiner Behälter (aus Metall), in den man wertvolle Dinge einschließen kann || -K Schmuckkassette

Kas·set·ten·re·kor·der, Kas·set·ten·re·cor·der *der; -s, -;* ein Gerät, mit dem man Musik auf Kassetten aufnehmen und abspielen kann

Kas·sier *der; -s, -e; südd* Ⓐ ⒸⒽ ≈ Kassierer

kas·sie·ren; *kassierte, hat kassiert;* **(etwas) kassieren** von jemandem Geld für eine Ware, Leistung *o.Ä.* nehmen: *Die Kellnerin hatte vergessen zu kassieren*

Kas·sie·rer *der; -s, -;* jemand, bei dem man (*z.B.* in einer Bank) Geld einzahlen oder bekommen kann: *Der Kassierer hatte seinen Schalter schon geschlossen* || *hierzu* **Kas·sie·re·rin** *die; -, -nen*

Kas·ta·nie [-ni̯ə] *die; -, -n* **1** ein Laubbaum mit braunen, harten Früchten in einer grünen, stacheligen Schale || K- Kastanienallee **2** die Frucht der Kastanie (1) || -K Esskastanie

Käst·chen *das; -s, -;* **1** ein kleiner Kasten (1) **2** eines von vielen kleinen Quadraten, die auf (Rechen)Papier gedruckt sind

Kas·te *die; -, -n;* (*bes* in Indien) eine von mehreren Guppen der Gesellschaft, die voneinander sehr streng getrennt sind

Kas·ten *der; -s, Käs·ten* **1** ein rechteckiger Behälter aus Holz, Metall (*meist* mit Deckel), in den man Sachen legen kann || -K Briefkasten, Werkzeugkasten **2** **ein Kasten** (+ *Substantiv*) ein rechteckiger Behälter ohne Deckel, mit dem man Flaschen transportiert ⟨ein Kasten Bier⟩ **3** *südd* Ⓐ ⒸⒽ ≈ (Kleider)Schrank **4** *umg abwertend;* ein Radio oder TV-Gerät

kast·rie·ren; *kastrierte, hat kastriert;* **jemanden/ein Tier kastrieren** bei einem Mann oder männlichen Tier die Hoden entfernen, damit er/es unfruchtbar ist || *hierzu* **Kast·ra·ti·on** *die; -, -en*

Ka·sus *der; -, - [-zu:s]; Sprachwissenschaft* ≈ Fall² (4)

Ka·ta·log *der; -(e)s, -e* **1** eine Art Liste oder Kartei, in der alle Gegenstände eines Museums, Lagers *o.Ä.* genannt sind: *der alphabetische Katalog einer Bibliothek* || -K Sachkatalog **2** ein Buch oder Heft, in dem alle Stücke einer Ausstellung *o.Ä.* oder alle Waren einer Firma enthalten sind ⟨etwas aus dem Katalog bestellen⟩ || K- Katalogpreis || -K Ausstellungskatalog

ka·ta·lo·gi·sie·ren; *katalogisierte, hat katalogisiert;* **etwas katalogisieren** etwas (mit einer Nummer) in einen Katalog aufnehmen

Ka·ta·ly·sa·tor *der; -s, Ka·ta·ly·sa·to·ren* **1** ein technisches Gerät in Autos, das die Abgase reinigt || K- Katalysatorauto, Katalysatortechnik **2** etwas, das eine bestimmte Entwicklung auslöst oder beschleunigt ⟨etwas wirkt als Katalysator⟩

ka·ta·pul·tie·ren; *katapultierte, hat katapultiert;*

jemanden/etwas irgendwohin katapultieren jemanden/etwas irgendwohin schleudern oder schießen: *Beim Aufprall wurde er durch die Scheibe katapultiert*

Ka·tarr(h) *der; -s, -e* eine Entzündung *bes* der Organe, mit denen man atmet. Man hat Husten, Schnupfen oder ist heiser

ka·ta·stro·phal [-'fa:l] *Adjektiv;* sehr schlimm ⟨ein Fehler, Folgen⟩: *In dem Erdbebengebiet herrschen katastrophale Zustände*

Ka·ta·stro·phe A2 [-fə] *die; -, -n;* ein großes Unglück mit schlimmen Folgen: *Der Wegfall des Exports wäre eine Katastrophe für das Unternehmen* ‖ -K Naturkatastrophe

Ka·ta·stro·phen·schutz *der; -es; nur Singular* **1** eine Organisation, die (*bes* medizinische und technische) Hilfe leistet, wenn sich eine Katastrophe ereignet hat **2** die Maßnahmen, die Katastrophen verhindern sollen

Ka·te·go·rie B2 *die; -, -n* [-'ri:ən]; eine Klasse oder Gruppe, in die man Dinge und Personen aufgrund bestimmter gemeinsamer Merkmale einordnet ⟨etwas gehört, zählt zu einer bestimmten Kategorie⟩: *jemanden in eine bestimmte Kategorie einordnen* ‖ -K Preiskategorie, Warenkategorie ‖ Hinweis: ↑ **Gattung**

K

ka·te·go·risch *Adjektiv; förmlich;* so, dass die anderen an der Art zu sprechen merken, dass man es sehr ernst meint ≈ entschieden ⟨ein Nein; etwas kategorisch ablehnen, fordern, verneinen; (jemandem) etwas kategorisch verbieten⟩

Ka·ter[1] *der; -s, -;* eine männliche Katze

Ka·ter[2] *der; -s, -; umg;* die Kopfschmerzen, die man nach dem Genuss von zu viel Alkohol hat

Ka·the·dra·le *die; -, -n;* eine große Kirche

ka·tho·lisch *Adjektiv;* zu der christlichen Konfession gehörig, deren höchster Vertreter der Papst in Rom ist; *Abkürzung* kath. ‖ *hierzu* **Ka·tho·lik** *der; -en, -en;* **Ka·tho·li·kin** *die; -, -nen*

Ka·tho·li·zis·mus *der; -; nur Singular;* die Lehre der katholischen Kirche ⟨sich zum Katholizismus bekennen⟩

Kat·ze A2 *die; -, -n* **1** ein Haustier mit einem langen Schwanz und scharfen Krallen, das Mäuse fängt ⟨die Katze miaut, schnurrt⟩ ‖ -K Hauskatze ‖ K- Katzenfell **2** eine der verschiedenen Tierarten, die mit der Katze (1) verwandt sind: *Tiger und Löwen sind Katzen* ‖ ID **die Katze im Sack kaufen** *umg;* etwas kaufen oder akzeptieren, ohne es vorher zu prüfen; **die Katze aus dem Sack lassen** *umg;* etwas Wichtiges verraten, das man bisher verschwiegen hat

kau·en; *kaute, hat gekaut* **1** **(etwas) kauen** Nahrung mit den Zähnen kleiner machen ⟨etwas gründlich kauen⟩ ‖ K- Kaumuskel **2** **an/auf etwas** (*Dativ*) **kauen** auf etwas herumbeißen ⟨an den Fingernägeln kauen⟩

kau·ern; *kauerte, hat/südd* Ⓐ Ⓒⓗ *ist gekauert;* **(irgendwo) kauern** mit gebeugten Knien so auf den Fersen sitzen, dass die Beine fest an den Körper gedrückt sind

Kauf *der; -(e)s, Käu·fe* **1** das Kaufen (1) ⟨etwas zum Kauf anbieten⟩ ‖ -K Hauskauf **2** etwas, das man gegen Bezahlung bekommen hat ⟨ein günstiger, schlechter Kauf⟩: *Stolz präsentierte sie ihren neuen Kauf* ‖ ID **etwas in Kauf nehmen** die negative Seite einer sonst guten Sache akzeptieren

kau·fen A1 *kaufte, hat gekauft* **1** **(etwas) (bei/von jemandem) kaufen** etwas dadurch bekommen, dass man jemandem Geld dafür zahlt ⟨etwas gebraucht kaufen⟩: *Sie kauft ihre Eier auf dem Markt; für 10 Euro Brot beim Bäcker kaufen* ‖ K- Kaufvertrag **2** **(sich** (*Dativ*)**) etwas kaufen** etwas für sich selbst kaufen (1) **3** **jemand ist gekauft (worden)** *umg;* jemand nimmt Geld dafür, dass er etwas Unrechtes oder Kriminelles tut ‖ ID *meist* **Dafür kann ich mir nichts kaufen** davon habe ich keinen Vorteil/Gewinn

Käu·fer *der; -s, -;* jemand, der etwas kauft: *einen Käufer für sein altes Auto suchen, finden* ‖ *hierzu* **Käu·fe·rin** *die; -, -nen*

Kauf·frau *die; -, -en;* eine Frau mit einer abgeschlossenen kaufmännischen Lehre

Kauf·haus B1 *das; -es, -häu·ser;* ein großes Geschäft, in dem man viele verschiedene Waren kaufen kann

Kauf·kraft *die; -; nur Singular; Wirtschaft* **1** **die Kaufkraft (des Geldes)** der Wert des Geldes (einer Währung) in Bezug auf die Menge der Waren, die man dafür kaufen kann ⟨die Kaufkraft des Euro, des Dollars; die Kaufkraft steigt, fällt, bleibt konstant⟩ **2** **jemandes Kaufkraft** jemandes Fähigkeit, Waren *o.Ä.* zu bezahlen ≈ Zahlungsfähigkeit ⟨eine geringe, hohe Kaufkraft haben; die Kaufkraft der Bevölkerung, der Arbeitnehmer⟩ ‖ *zu 2* **kauf·kräf·tig** *Adjektiv*

käuf·lich *Adjektiv* **1** so, dass man es für Geld bekommen kann ⟨etwas käuflich erwerben⟩ **2** ≈ bestechlich ⟨ein Zeuge⟩ **3** **käufliche Liebe** ≈ Prostitution

Kauf·mann *der; -(e)s, -leu·te;* jemand, der eine spezielle (kaufmännische) Lehre abgeschlossen hat und dessen Beruf es ist, mit Dingen zu handeln, sie zu kaufen und zu verkaufen: *Er arbeitet als Kaufmann bei einer Bank* || -K Bankkaufmann, Einzelhandelskaufmann, Exportkaufmann, Großhandelskaufmann, Industriekaufmann; Diplomkaufmann || Hinweis: ↑ **Kauffrau**

kauf·män·nisch B2 *Adjektiv; meist vor dem Substantiv oder als Adverb* **1** in Bezug auf den Beruf des Kaufmanns ⟨eine Lehre, eine Ausbildung⟩ **2** im Bereich von Einkauf und Verkauf tätig ⟨ein Angestellter, ein Direktor, ein Leiter⟩ **3** so, wie es der Kaufmann lernt ⟨das Rechnen, die Buchführung⟩ **4** in der Art eines (erfolgreichen) Kaufmanns ⟨Geschick, Instinkt; kaufmännisch denken, handeln⟩

Kau·gum·mi *der, das; -s, -s;* eine weiche Masse, die man lange kauen kann und die nach Pfefferminz, einer Frucht *o.Ä.* schmeckt ⟨Kaugummi kauen⟩

kaum B2 *Adverb* **1** nur ein bisschen, fast nicht: *Ich kenne ihn kaum* **2** nur mit Mühe oder Schwierigkeiten: *Die Musik war kaum zu hören; Ich kann das kaum glauben* **3** drückt aus, dass man etwas nicht für wahrscheinlich hält: *Es ist schon spät, jetzt wird sie kaum noch kommen* **4** drückt aus, dass zwischen zwei Ereignissen nur sehr wenig Zeit liegt: *Ich hatte kaum mit der Arbeit angefangen, da klingelte das Telefon* **5** ≈ selten: *Sie ist kaum zu Hause* **6** **kaum dass** *förmlich;* kurz nachdem: *Kaum dass sie zu Hause war, musste sie schon wieder fort*

Kau·ti·on [-ˈtsi̯oːn] *die; -, -en* **1** eine Summe Geld, die man (als Sicherheit) zahlen muss, wenn man *z.B.* eine Wohnung oder ein Fahrzeug mietet: *Die Kaution bekommt man später zurück* **2** eine Summe Geld, die jemand zahlen muss, damit er vor dem Prozess nicht im Gefängnis sein muss

Ka·va·lier [kavaˈliːɐ̯] *der; -s, -e* **1** ein Mann, der sich *bes* Frauen gegenüber sehr höflich und taktvoll benimmt: *Als echter Kavalier half er der Dame gleich aus dem Mantel* **2** **ein Kavalier am Steuer** ein Autofahrer, der Rücksicht auf andere nimmt

Ka·va·liers·de·likt *das; -(e)s, -e;* eine Handlung, die das Gesetz verbietet, die aber von der Gesellschaft toleriert wird: *Steuerhinterziehung wird oft als Kavaliersdelikt betrachtet*

Ka·vi·ar [-v-] *der; -s; nur Singular;* die kleinen runden Eier bestimmter Fische (*bes* vom Stör) ⟨echter, roter, schwarzer, russischer Kaviar⟩

Ke·gel *der; -s, -;* **1** *Geometrie;* ein Körper, der einen Kreis als Grundfläche hat und nach oben immer schmaler wird || ↑ Illustration **Farben und Formen** **2** etwas, das die Form eines Kegels (1) hat || -K Bergkegel **3** eine der 9 Figuren, die man beim Kegeln zum Fallen bringt

ke·geln; *kegelte, hat gekegelt;* (im Spiel) mit einer schweren Kugel versuchen, möglichst viele von 9 Figuren am Ende einer Bahn zum Fallen zu bringen || K- Kegelklub

Keh·le *die; -, -n* **1** der vordere (äußere) Teil des Halses: *Der Wolf biss dem Schaf die Kehle durch* **2** der hohle Raum im Hals, durch den die Luft und die Speisen in den Körper kommen ⟨eine raue Kehle haben⟩ || ID **etwas in die falsche Kehle bekommen** *umg;* etwas falsch verstehen und so (zu Unrecht) beleidigt sein

Kehl·kopf *der; -(e)s, -köp·fe;* das Organ im Hals, mit dem man *z.B.* die Töne beim Singen erzeugt || K- Kehlkopfkrebs

Keh·re *die; -, -n;* eine Stelle, an der sich eine Straße in die Gegenrichtung wendet

keh·ren[1] B2 *kehrte, hat gekehrt;* **etwas irgendwohin kehren** etwas so drehen, dass es in eine bestimmte Richtung zeigt: *Sie saß mit dem Gesicht zur Tür gekehrt da*

keh·ren[2] B2 *kehrte, hat gekehrt* **1** **etwas aus etwas/von etwas/irgendwohin kehren** etwas mit dem Besen entfernen ≈ fegen: *das Laub von der Straße, die Scherben in den Eimer kehren* || K- Kehrbesen **2** **etwas kehren** etwas mit dem Besen sauber machen ≈ fegen ⟨ den Hof, die Treppe kehren⟩

Kehr·sei·te *die; -, -n* **1** ≈ Nachteil: *Die Kehrseite seiner Gutmütigkeit ist, dass er oft ausgenutzt wird* **2** *humorvoll* ≈ Rücken, Gesäß ⟨jemandem seine Kehrseite zuwenden⟩ || ID **die Kehrseite der Medaille** der Nachteil einer Sache

Kehrt·wen·dung *die; -, -en* **1** eine Bewegung, mit der jemand beginnt, in die entgegengesetzte Richtung zu gehen: *Er machte eine Kehrtwendung und lief nach Hause* **2** die plötzliche, vollständige Änderung seiner Meinung, Haltung

kei·fen; *keifte, hat gekeift;* **(etwas) keifen** *abwertend;* mit lauter und hoher Stimme schimpfen: *ein keifendes Weib* || Hinweis: *bes* in Bezug auf Frauen verwendet

Keil *der; -(e)s, -e* **1** *meist* ein Stück Holz oder Metall, das als Werkzeug dient. Es hat von der Seite her gesehen die Form eines Dreiecks, von oben die eines Rechtecks: *Er trieb einen Keil in den Baumstamm, um ihn zu spalten* **2**

K

ein Keil (1), den man vor das Rad eines Wagens legt, damit er nicht wegrollt || ID **einen Keil zwischen jemanden und jemanden/zwischen zwei Personen/Gruppen** *o.Ä.* **treiben** die Liebe oder Freundschaft zwischen zwei Leuten, die Harmonie zwischen zwei Gruppen, Parteien *o.Ä.* zerstören ≈ Zwietracht stiften || *zu* 1 **keil·för·mig** *Adjektiv*

Keim[1] *der; -(e)s, -e* **1** das, was sich als Erstes aus dem Samen oder der Zwiebel einer Pflanze entwickelt || K- Keimblatt **2** der erste Anfang eines Gefühls, eines Gedankens, der noch schwach ist ⟨der Keim der Hoffnung; etwas ist im Keim vorhanden⟩ || ID **etwas im Keim ersticken** etwas bereits am Anfang zerstören

Keim[2] *der; -(e)s, -e; meist Plural;* eines der ganz kleinen Teilchen (*z.B.* Bakterien), die Krankheiten erzeugen || K- Keimträger || *hierzu* **keim·frei** *Adjektiv*

kei·men; *keimte, hat gekeimt* **1 etwas keimt** etwas bildet einen Keim[1] (1) ⟨die Saat⟩ **2 etwas keimt (in/bei jemandem)** etwas entsteht (bei jemandem) als Gefühl oder Gedanke

Keim·zel·le *die; -, -n* **1** eine Zelle, die eine Befruchtung möglich macht: *Die männliche Samenzelle und die weibliche Eizelle sind Keimzellen* **2** der Ausgangspunkt von etwas, aus dem sich ein größeres Ganzes entwickelt: *die Familie als Keimzelle des Staates*

kein A1 *Indefinitpronomen* **1** nicht ein, eine: *Kein Mensch, kein Laut war zu hören* **2** nichts an, nichts von: *Sie hat keine Zeit; Wir haben kein Geld* **3** (allein stehend verwendet für Personen und Sachen) niemand, nicht einer/eine/eines ↔ jeder: *Das glaubt dir keiner!; „Welches Bild gefällt dir?" - „ Keines!"* || Hinweis: *kein* wird flektiert wie ein Adjektiv

kei·ner·lei *Indefinitpronomen; nur vor dem Substantiv, indeklinabel;* wirklich, überhaupt kein(e): *Wir haben darauf keinerlei Einfluss*

kei·nes·falls B2 *Adverb;* unter keinen Umständen: *Keinesfalls wird dieses Geheimnis verraten*

kei·nes·wegs B2 *Adverb;* so, dass etwas wirklich nicht zutrifft: *Ich hatte keineswegs die Absicht, dich zu kränken*

kein·mal *Adverb;* nicht ein einziges Mal: *Er hat mir keinmal widersprochen*

keins *Indefinitpronomen* ≈ keines; ↑ **kein**

-keit *die; -, -en; im Substantiv* **1** *nur Singular;* verwendet, um aus Adjektiven, die einen Zustand oder eine Eigenschaft ausdrücken, entsprechende Substantive zu bilden; **Freundlichkeit, Fruchtbarkeit, Heiserkeit** **2** bezeichnet eine Person oder Sache, die die im ersten Wortteil genannte Eigenschaft hat, im genannten Zustand ist; **Flüssigkeit, Möglichkeit, Notwendigkeit** || Hinweis: **a** oft tritt zwischen das Adjektiv und *-keit* noch ein *-ig*: **Boshaftigkeit, Helligkeit, Müdigkeit, Schnelligkeit**; **b** ↑ **-heit**

Keks *der; -es, -e oder bes* Ⓐ *auch das; -, -(e);* ein kleines, flaches, haltbares Gebäck || K- Keksdose || -K Butterkeks || ID **jemandem auf den Keks gehen** *umg;* jemanden nervös, ungeduldig machen

Kelch *der; -(e)s, -e;* ein großes, *oft* verziertes Glas mit rundem Fuß und schlankem Stiel: *Wein in kostbaren Kelchen* || -K Trinkkelch

Kel·le *die; -, -n* **1** eine Art (tiefer) Löffel mit langem Stiel, mit dem man *meist* Suppe aus einem Topf oder einer Schüssel nimmt (schöpft) || -K Schöpfkelle; Suppenkelle **2** eine *meist* dreieckige Metallplatte mit einem Griff, mit der Maurer Zement oder Putz auftragen oder verstreichen || -K Maurerkelle **3** ein Stab mit einer runden Scheibe am Ende, mit dem *z.B.* Polizisten im Verkehr Signale geben ⟨ein Polizist hebt die Kelle, winkt mit der Kelle⟩

Kel·ler A2 *der; -s, -;* **1** der Teil eines Hauses, der unter der Erde liegt: *Kartoffeln im Keller lagern* || K- Kellerfenster **2** einer der Räume im Keller eines Hauses: *Jeder Mieter hat seinen eigenen Keller* || -K Heizungskeller || ID **etwas ist im Keller** *umg;* etwas ist im Wert sehr stark gesunken: *Die Aktien sind zurzeit im Keller*

Kel·le·rei *die; -, -en;* ein Betrieb, in dem Wein und Sekt in großen Mengen gelagert werden || -K Weinkellerei

Kell·ner *der; -s, -;* ein Mann, der den Gästen in einem Restaurant *o.Ä.* die Getränke oder das Essen bringt ⟨den Kellner rufen⟩ || *hierzu* **Kell·ne·rin** *die; -, -nen;* **kell·nern** *(hat)*

ken·nen A1 *kannte, hat gekannt* **1 jemanden/sich/etwas kennen** Informationen über jemanden/sich/etwas haben, *bes* über die charakteristischen Eigenschaften ⟨jemandes Schwächen kennen⟩: *Ich kenne ihn genau, er würde nie etwas Böses tun!* **2 jemanden (irgendwie/von irgendwo/von irgendwann) kennen** jemanden schon gesehen (und mit ihm gesprochen) haben ⟨jemanden flüchtig, persönlich, vom Sehen kennen⟩: *Wir kennen uns vom Studium* **3 jemanden/etwas kennen** wissen, wer jemand oder wie etwas ist ⟨jemanden dem Namen nach kennen⟩: *Ich kenne dieses Spiel, das haben wir früher immer gespielt* **4 etwas kennen** etwas nennen können ⟨jemandes Adresse, Alter, Name kennen⟩: *Ich kenne ein nettes Lokal in der Nähe* **4** **etwas kennen** etwas schon einmal erlebt haben und wissen, was und wie es ist: *Kennst du dieses Glücksgefühl?* **5** **jemanden/etwas irgendwie kennen** bestimmte Eigenschaften von jemandem/etwas kennen (1): *Ich kenne ihn nur als liebevollen Familienvater*

kẹn·nen·ler·nen, kẹn·nen ler·nen [B1] *lernte kennen, hat kennengelernt/kennen gelernt* **1** **jemanden kennenlernen** jemandem zum ersten Mal begegnen und mit ihm sprechen: *Die beiden haben sich im Urlaub kennengelernt* **2** **jemanden/etwas kennenlernen** Erfahrungen mit jemandem/etwas machen: *Wenn du die Arbeit erst besser kennengelernt hast, wird sie dir bestimmt gefallen*

Kẹn·ner *der; -s, -;* jemand, der von einer Sache sehr viel versteht: *Er ist ein Kenner der feinen Küche* || *hierzu* **Kẹn·ne·rin** *die; -, -nen*

kẹnnt·lich *Adjektiv; meist in* **jemanden/etwas (irgendwie) kenntlich machen** an jemandem/etwas ein Zeichen anbringen ≈ kennzeichnen (1): *Vögel durch Fußringe kenntlich machen; gefährliche Straßenabschnitte durch Warnschilder kenntlich machen*

Kẹnnt·nis *die; -, -se* **1** *meist Plural;* das (gesamte) Wissen, das man von etwas hat ⟨eingehende, gründliche Kenntnisse; seine Kenntnisse auffrischen, erweitern, vertiefen⟩: *gute Kenntnisse des Englischen/im Englischen haben; Meine Kenntnisse auf dem Gebiet der Physik sind bescheiden* || [-K] Fachkenntnis, Sachkenntnis, Sprachkenntnis **2** *meist Singular;* einzelne Informationen, die man von etwas bekommen hat ⟨Kenntnis von etwas erhalten, erlangen, haben; etwas entzieht sich jemandes Kenntnis⟩: *Ohne Kenntnis der genauen Umstände kann ich keine Entscheidung treffen* **3** **von jemandem/etwas Kenntnis nehmen** bemerken, dass jemand/etwas da ist ≈ jemanden/etwas wahrnehmen: *Er nahm von dem Unfall keine Kenntnis und fuhr weiter* **4** **etwas zur Kenntnis nehmen** etwas, das einem mitgeteilt wird, geistig verarbeiten, ohne danach etwas darüber zu sagen: *Ich habe Ihren Einwand zur Kenntnis genommen. - Darf ich nun mit meinem Vortrag fortfahren?* **5** **jemanden (nicht) zur Kenntnis nehmen** ≈ jemanden (nicht) beachten: *Wenn er in seine Arbeit vertieft ist, nimmt er niemanden zur Kenntnis* **6** **jemanden (von etwas) in Kenntnis setzen** *förmlich;* jemandem etwas Wichtiges berichten ≈ jemanden (über etwas) unterrichten, informieren || *zu 1* **kẹnnt·nis·reich** *Adjektiv; zu 4*

Kẹnnt·nis·nah·me *die; -, -n*

Kẹnn·wort *das; -(e)s, -wör·ter* **1** ein Wort, das als Erkennungszeichen für etwas dient: *Senden Sie die Lösung des Rätsels unter dem Kennwort „Ostern" an die Zeitung* **2** ein geheimes Wort, das man nennen muss, um Zugang zu etwas zu bekommen ≈ Passwort

Kẹnn·zei·chen *das; -s, -;* **1** etwas Besonderes, an dem man jemanden/etwas erkennen kann: *Im Pass gibt es einen Eintrag für besondere Kennzeichen* **2** ein Symbol, das dazu dient, dass man jemanden/etwas erkennen kann **3** ein Schild mit einer Kombination von Buchstaben und Zahlen am Auto, Motorrad *usw* ≈ Nummernschild ⟨das amtliche Kennzeichen⟩ || [-K] Fahrzeugkennzeichen

kẹnn·zeich·nen; *kennzeichnete, hat gekennzeichnet* **1** **ein Tier/etwas (irgendwie) kennzeichnen** an etwas ein Zeichen anbringen: *Vögel mit Fußringen kennzeichnen* **2** **etwas kennzeichnet jemanden/etwas (als etwas)** etwas ist ein typisches Merkmal einer Person/Sache || *zu 1* **Kẹnn·zeich·nung** *die; -, -en*

kẹn·tern; *kenterte, ist gekentert;* **etwas kentert** ein Boot, Schiff wird *z.B.* durch Sturm oder Wellen umgeworfen

Ke·ra·mik *die; -, -en* **1** *nur Singular;* eine Art Ton[3], die durch große Hitze in einem Ofen sehr hart geworden ist: *„Ist die Vase aus Porzellan?" - „Nein, aus Keramik."* || [K-] Keramikgeschirr **2** etwas, das aus Keramik (1) hergestellt ist: *eine alte Keramik*

Kẹr·be *die; -, -n;* eine kleine Vertiefung (in Form eines „V") in der Oberfläche *bes* von Holz ⟨eine Kerbe in etwas (*Akkusativ*) hauen, machen, schlagen, schneiden, schnitzen⟩ || [ID] **in dieselbe/die gleiche Kerbe hauen/schlagen** *umg;* dieselbe Kritik äußern wie ein anderer und ihn dadurch (in seiner Meinung) unterstützen || *hierzu* **kẹr·ben** *(hat)*

Kẹr·ker *der; -s, -;* **1** *historisch;* ein Gefängnis (*meist* unter der Erde), in dem die Gefangenen sehr streng behandelt wurden ⟨jemanden in den Kerker werfen; im Kerker schmachten⟩ **2** Ⓐ ≈ Gefängnisstrafe: *zu 3 Jahren Kerker verurteilt werden*

Kẹrl *der; -s, -e/nordd -s; umg;* ein Junge oder Mann: *So ein blöder/komischer Kerl!*

Kẹrn *der; -(e)s, -e* **1** der innere Teil einer Frucht, aus dem eine neue Pflanze wachsen kann und der eine Schale hat || [-K] Apfelkern, Kirschkern, Pfirsichkern **2** der innere, *meist* essbare Teil einer Nuss || [-K] Erdnusskern, Haselnusskern, Mandelkern **3** der Teil in der Mitte von etwas ⟨der Kern einer Stadt⟩: *Die Sonne* *ist in ihrem Kern noch viel heißer als an der Oberfläche* || K- Kernholz || -K Erdkern, Stadtkern, Zellkern **4** der wichtigste Teil einer Sache ⟨der Kern einer Aussage⟩ || K- Kernproblem **5** *Physik;* der innere Teil eines Atoms, der die Protonen und Neutronen enthält || K- Kernenergie, Kernkraft, Kernreaktor, Kernspaltung, Kernwaffen || -K Atomkern **6** **der harte Kern** die überzeugten, aktiven Mitglieder einer Gruppe || ID **in jemandem steckt ein guter Kern** jemand hat einen guten Charakter

kẹrn·ge·sụnd *Adjektiv; ohne Steigerung; umg;* vollkommen gesund

kẹr·nig *Adjektiv* **1** grob oder derb ↔ fein ⟨ein Fluch, jemandes Sprache, jemandes Worte⟩ **2** stark, sportlich und gesund ↔ weichlich ⟨ein Mann⟩ **3** *nicht als Adverb;* mit (vielen) Kernen (1): *kernige Orangen*

Kẹrn·sei·fe *die; -; nur Singular;* eine einfache Seife (die nicht gefärbt oder parfümiert ist)

Kẹrn·zeit *die; -, -en; meist Singular;* die Stunden eines Arbeitstages, an denen alle Mitarbeiter eines Betriebes mit gleitender Arbeitszeit anwesend sein müssen

Kẹr·ze *die; -, -n;* ein Gegenstand aus Wachs *o.Ä.* mit einer Schnur (dem Docht) in der Mitte, den man anzündet, um Licht zu haben ⟨eine Kerze anzünden, ausmachen; eine Kerze brennt⟩ || K- Kerzenschein, Kerzenständer || -K Wachskerze

kẹss, *kesser, kessest-; Adjektiv* **1** (auf lustige Weise) ein bisschen frech (und ohne Respekt) ⟨eine Antwort⟩ || Hinweis: *bes* in Bezug auf Kinder und Jugendliche verwendet **2** auf angenehme Art etwas anders als normal üblich (und deshalb auffällig) ⟨eine Frisur, ein Kleid⟩

Kẹs·sel *der; -s, -;* **1** ein Metallgefäß, in dem man Wasser heiß macht ⟨den Kessel aufsetzen⟩ || -K Teekessel; Wasserkessel **2** ein sehr großer Behälter aus Metall für Gase oder Flüssigkeiten || -K Heizkessel; Gaskessel, Ölkessel **3** ein tiefes Tal, das auf allen Seiten von Bergen umgeben ist || -K Talkessel

Ket·chup, Ket·schup ['kɛtʃap] *das, der; -s, -s;* eine dicke Soße aus Tomaten und Gewürzen ⟨Pommes frites mit Ketchup⟩ || -K Tomatenketchup

Kẹt·te B1 *die; -, -n* **1** eine Reihe von Ringen aus Metall, die aneinanderhängen ⟨einen Hund an die Kette legen⟩: *Der Parkplatz ist mit einer Kette abgesperrt* || -K Stahlkette **2** ein Schmuckstück in Form eines Bandes aus Gold, Silber, Perlen *o.Ä.*, den man *meist* um den Hals trägt ⟨eine Kette tragen⟩ || -K Perlenkette **3** eine Art Kette (1), die dazu dient, die Kraft von einem Teil einer Maschine auf einen anderen zu übertragen || ↑ Illustration **Das Fahrrad** || K- Kettensäge || -K Fahrradkette **4** mehrere Geschäfte, Betriebe, die sich an verschiedenen Orten befinden, aber zum gleichen Unternehmen gehören || -K Hotelkette, Ladenkette **5** **eine Kette** + *Genitiv*/**von etwas** *(Plural)* eine Folge von ganz ähnlichen Ereignissen, Handlungen: *Die Kette von Unfällen/der Enttäuschungen riss nicht ab*

Kẹt·ten·re·ak·ti·on *die; -, -en* **1** *Chemie, Physik;* eine Folge von (chemischen, physikalischen) Vorgängen, die von selbst nacheinander ablaufen, wenn sie einmal begonnen haben ⟨etwas löst eine Kettenreaktion aus⟩ **2** eine Folge von Ereignissen, die von einem bestimmten Geschehen ausgelöst worden sind

Kẹt·zer *der; -s, -;* **1** *historisch;* jemand, dessen Glauben nicht mit den Vorstellungen *bes* der katholischen Kirche übereinstimmte (und der deswegen verfolgt wurde) **2** *oft humorvoll;* jemand, der andere Ansichten hat als die Mehrheit || *hierzu* **Kẹt·ze·rin** *die; -, -nen;* **kẹt·ze·risch** *Adjektiv*

keu̲·chen; *keuchte, hat gekeucht;* (*bes* vor Anstrengung) laut und tief atmen: *Der Marathonläufer kam keuchend am Ziel an*

Keu̲ch·hus·ten *der; -s; nur Singular;* eine (Kinder)Krankheit, bei der man oft und lange (krampfartig) hustet

Keu̲·le *die; -, -n* **1** eine längliche Waffe aus Holz, die an einem Ende dünn und am anderen Ende dick ist || K- Keulenschlag **2** der Oberschenkel von bestimmten Tieren, den man isst || -K Hasenkeule, Hühnerkeule, Rehkeule

keu̲sch, *keuscher, keuschest-; Adjektiv;* so, dass die betreffende Person frei von sexuellen Bedürfnissen ist ⟨keusch leben⟩ || *hierzu* **Keu̲sch·heit** *die; -; nur Singular*

Kfz [ka:|ɛf'tsɛt] *das; -, -(s); umg, Kurzwort* ↑ **Kraftfahrzeug** || K- Kfz-Steuer

kị·chern; *kicherte, hat gekichert;* leise und mit hohen Tönen lachen: *Als der Lehrer stolperte, kicherten die Kinder*

kị·cken; *kickte, hat gekickt; umg* **1** **etwas irgendwohin kicken** ≈ schießen[1] (4) ⟨den Ball ins Tor, ins Aus kicken⟩ **2** Fußball spielen

Kị·cker *der; -s, -;* **1** *umg* ≈ Fußballspieler **2** ein Spielautomat für zwei Spieler mit kleinen Figuren als Fußballmannschaften, die an Stangen fest gemacht sind, und einer Kugel zum

Schießen ⟨Kicker spielen⟩

kid·nap·pen [-nɛpn]; *kidnappte, hat gekidnappt;* **jemanden kidnappen** ≈ jemanden entführen: *Der gekidnappte Fabrikant wurde gegen ein hohes Lösegeld wieder freigelassen* || *hierzu* **Kid·nap·per** *der; -s, -;* **Kid·nap·pe·rin** *die; -, -nen*

Kie·fer¹ *der; -s, -;* die beiden Knochen, aus denen die Zähne wachsen || K- Kieferbruch || -K Oberkiefer, Unterkiefer || *zu* **Unterkiefer** ↑ Abbildung unter **Kopf**

Kie·fer² *die; -, -n;* ein Baum, dessen lange Nadeln eine Art runden Büschel bilden || K- Kiefernholz

Kie·ker *der; nur in* **jemanden auf dem Kieker haben** *umg;* ständig nach Gründen suchen, um jemanden tadeln oder bestrafen zu können

Kiel *der; -(e)s, -e;* der schmale Teil eines Bootes oder Schiffes, der am tiefsten im Wasser liegt und von vorn nach hinten in der Mitte des (Schiffs)Bodens verläuft || -K Bootskiel

Kie·me *die; -, -n; meist Plural;* eine der Spalten am Kopf eines Fisches, durch die er atmet

Kies *der; -es; nur Singular;* viele kleine Steine, die *z.B.* am Fluss oder auf Fußwegen liegen ⟨grober Kies⟩ || K- Kiesweg

kif·fen; *kiffte, hat gekifft; umg;* Haschisch rauchen || *hierzu* **Kif·fer** *der; -s, -;* **Kif·fe·rin** *die; -, -nen*

ki·ke·ri·ki! *Interjektion;* verwendet als Wort für das Krähen eines Hahnes

Kil·ler *der; -s, -; umg;* jemand (ein Mörder), der andere (für Geld) tötet || *hierzu* **Kil·le·rin** *die; -, -nen*

Ki·lo A1 *das; -s, -/-s; umg; Kurzwort* ↑ **Kilogramm**

Ki·lo- *im Substantiv; betont;* verwendet, um das Tausendfache einer Maßeinheit zu bezeichnen ≈ tausend; das **Kilobyte**, das **Kilohertz**, die **Kilokalorie**, das **Kilowatt**

Ki·lo·gramm A2 *das; -s, -;* tausend Gramm; *Abkürzung* kg

Ki·lo·me·ter A1 *der; -s, -;* tausend Meter; *Abkürzung* km

Ki·lo·me·ter|geld *das; -(e)s, -er; meist Singular* das Geld pro Kilometer, das man (*z.B.* von seiner Firma) für Fahrten bekommt, die mit dem Beruf zu tun haben

ki·lo·me·ter|lang *Adjektiv* **1** mehrere Kilometer lang ⟨ein Stau⟩ **2** *umg;* sehr lang

Ki·lo·me·ter|zäh·ler *der; -s, -;* ein Gerät in einem Fahrzeug (*bes* in einem Auto), das anzeigt, wie viele Kilometer das Fahrzeug schon gefahren ist

Kind A1 *das; -(e)s, -er* **1** ein junger Mensch in der Zeit von seiner Geburt bis zu dem Zeitpunkt, an dem er körperlich reif ist ↔ Erwachsene(r): *Die großen Kinder gehen in die Schule, die kleinen in den Kindergarten* || K- Kinderarzt, Kinderhort, Kinderkrippe, Kinderzimmer; Kindesentführung, Kindesmisshandlung || -K Schulkind || Hinweis: Kinder im ersten Lebensjahr nennt man meist *Babys*, Kinder von 13 Monaten bis etwa 4 Jahren *Kleinkinder* und Kinder ab 12 Jahren *Jugendliche* **2** **(jemandes) Kind** jemandes Sohn oder Tochter: *Unsere Kinder sind schon erwachsen* || -K Waisenkind **3** **von Kind an/auf** seit der Zeit, als man noch ein Kind (1) war || ID **ein gebranntes Kind sein** durch schlechte Erfahrungen vorsichtig geworden sein

Kin·der·gar·ten A2 *der; -s, -gär·ten;* eine Einrichtung, in der Kinder von 3-6 Jahren in Gruppen zusammen spielen und lernen || *hierzu* **Kin·der·gärt·ne·rin** *die; -, -nen*

Kin·der·geld *das; -(e)s; nur Singular;* Geld, das Eltern vom Staat bekommen (als Hilfe für die Erziehung ihrer Kinder)

Kin·der·krank·heit *die; -, -en* **1** eine ansteckende Krankheit, die vor allem Kinder bekommen (*z.B.* Masern, Mumps, Scharlach und Windpocken) **2** ein Problem, das am Anfang von etwas auftritt, wenn noch die Erfahrung fehlt

Kin·der·mäd·chen *das; -s, -;* eine Frau, die von einer Familie dafür bezahlt wird, dass sie für die Kinder sorgt

Kin·der·schän·der *der; -s, -; -s, -;* jemand, der Kinder sexuell missbraucht

Kin·der·spiel *das; -(e)s, -e;* ein Spiel für Kinder oder ein Spiel, das Kinder spielen || ID **etwas ist ein Kinderspiel (für jemanden)** *umg;* etwas ist sehr einfach, kein Problem (für jemanden)

Kin·der·stu·be *die; -; nur Singular; meist in* **eine gute Kinderstube haben** zur Höflichkeit und zu gutem Benehmen erzogen sein

Kin·der·wa·gen *der; -s, -;* ein kleiner Wagen, in dem man ein Baby fährt || ↑ Abbildung Seite 472

Kin·der·zeit *die; -; nur Singular* ≈ Kindheit

Kind·heit B2 *die; -, -en; meist Singular;* die Zeit, in der jemand ein Kind ist oder war ⟨eine glückliche Kindheit⟩ || K- Kindheitstraum

kin·disch *Adjektiv; abwertend;* (als Erwachsene(r)) mit einem Benehmen wie ein Kind ≈ unreif

K

Kinderwagen

▶ kindisch / kindlich

Die Adjektive **kindisch** und **kindlich** sind sich sehr ähnlich, dürfen aber nicht verwechselt werden.

Wenn Personen **kindisch** sind, benehmen sie sich unvernünftig oder albern wie Kinder:
kindische Spielchen spielen
Es ist kindisch, sich über so etwas Unwichtiges zu streiten.

Im Gegensatz zu **kindisch** wird **kindlich** benutzt, wenn Erwachsene eher auf positive Weise Kindern ähneln:
eine kindliche Freude an einfachen Dingen haben
kindliche Begeisterung entwickeln
eine kindliche Handschrift haben

WORTSCHATZ

kind·lich *Adjektiv;* wie ein Kind || *hierzu* **Kind·lich·keit** *die; -; nur Singular*

Kinn *das; -(e)s, -e;* der Teil des Gesichts unterhalb des Mundes ⟨ein spitzes Kinn; das Kinn in/auf die Hand stützen⟩ || ↑ Abbildung unter **Kopf** || K- Kinnbart

Ki·no A1 *das; -s, -s* **1** ein Raum oder Haus, in dem Filme gezeigt werden ⟨etwas läuft im Kino; ins Kino gehen⟩ || K- Kinofilm, Kinoprogramm **2** *nur Singular;* eine Vorstellung im Kino (1): *Das Kino beginnt um halb neun*

Ki·no·gän·ger *der; -s, -;* jemand, der (oft) ins Kino geht || *hierzu* **Ki·no·gän·ge·rin** *die; -, -nen*

Ki·osk B1 ['ki:ɔsk, kiɔsk] *der; -(e)s, -e;* ein kleines Haus oder ein Stand, in dem *bes* Zigaretten, Zeitschriften und Süßigkeiten verkauft werden || -K Zeitungskiosk

Kip·ferl *das; -s, -(n); südd* Ⓐ ≈ Hörnchen

Kip·pe¹ *die; -, -n; umg;* der Rest einer Zigarette ≈ Zigarettenstummel

Kip·pe² *die; -, -n* **1** *Kurzwort* ↑ **Müllkippe** **2** *meist in* **jemand/etwas steht auf der Kippe** *umg;* jemand/etwas ist kurz vor der Entscheidung und könnte schlecht ausgehen

kip·pen; *kippte, hat/ist gekippt* **1** **etwas kippen** *(hat)* etwas in eine schräge Lage bringen: *das Fenster kippen* || K- Kippfenster, Kippschalter **2** **etwas irgendwohin kippen** *(hat)* etwas aus einem Gefäß irgendwohin schütten: *Wasser in den Ausguss kippen* **3** **jemand/etwas kippt** *(ist)* jemand/etwas bewegt sich so aus einer festen Position, dass er/es schließlich umfällt: *Plötzlich kippte das Regal nach hinten*

Kir·che A2 *die; -, -n* **1** ein großes Gebäude, in dem Christen den Gottesdienst abhalten || K- Kirchenglocke; Kirchturm || -K Dorfkirche **2** eine religiöse Gemeinschaft ⟨die evangelische Kirche; aus der Kirche austreten⟩: *Der Papst ist das Oberhaupt der katholischen Kirche* || K- Kirchenlehre **3** die Kirche (2) als Institution: *die Trennung von Kirche und Staat* **4** *nur Singular; umg* ≈ Gottesdienst: *Wann fängt die Kirche an?*

Kir·chen·staat *der; -(e)s; nur Singular;* ein kleiner Bezirk in Italien (in Rom), der unter der Herrschaft des Papstes steht ≈ Vatikan

Kir·chen·steu·er *die; -, -n;* eine Steuer, die die (katholische, evangelische) Kirche in manchen Ländern von ihren Mitgliedern fordert (und die in Deutschland der Staat einzieht)

kirch·lich *Adjektiv* **1** *nur vor dem Substantiv oder als Adverb;* in Bezug auf die Kirche ⟨ein Fest⟩ **2** nach dem Recht oder den Bräuchen der (katholischen, evangelischen) Kirche ⟨kirchlich heiraten⟩

Kirch·weih *die; -, -en;* ein Fest auf dem Land mit einem Jahrmarkt, das zur Erinnerung an die Einweihung der (Dorf)Kirche gefeiert wird ≈ Kirmes

Kir·sche *die; -, -n* **1** eine kleine, runde, rote Frucht mit einem harten Kern in der Mitte || ↑ Illustration **Obst und Gemüse** || K- Kirschkuchen, Kirschsaft **2** der Baum, an dem die Kirschen (1) wachsen || K- Kirschblüte

Kis·sen A2 *das; -s, -;* eine Hülle *(meist* aus Stoff) mit einer weichen Füllung, auf der man bequem sitzen oder liegen kann ⟨den Kopf auf ein Kissen legen⟩ || K- Kissenbezug || -K Kopfkissen, Sofakissen

Kis·te *die; -, -n* **1** ein rechteckiger Behälter aus Holz: *Kisten aufeinanderstapeln* || -K Bücherkiste **2** **eine Kiste** + *Substantiv* die Menge, die in eine Kiste (1) passt: *eine Kiste Äpfel* **3** *umg abwertend;* ein (altes) Auto

Ki·ta *die; -, -s;* eine Einrichtung, in der Kinder tagsüber betreut werden (*Abkürzung für* Kindertagesstätte)

Kitsch *der; -(e)s; nur Singular; abwertend;* etwas, das keinen künstlerischen Wert hat, geschmacklos ist: *Dieser gemalte Sonnenuntergang ist der reinste Kitsch* || *hierzu* **kit·schig** *Adjektiv*

Kit·tel *der; -s, -;* eine Art Mantel aus dünnem Stoff, den man bei der Arbeit trägt

kit·ten; *kittete, hat gekittet;* **etwas kitten** eine schwer geschädigte Beziehung wieder in Ordnung bringen ⟨jemandes Ehe lässt sich nicht mehr kitten⟩

Kit·zel *der; -s, -;* **1** das Gefühl, das man hat, wenn die Haut gekitzelt wird **2** ein angenehmes Gefühl, das jemand hat, wenn er etwas Gefährliches, Verbotenes tut ⟨einen Kitzel verspüren⟩ || -K Nervenkitzel

kit·ze·lig, **kitz·lig** *Adjektiv* **1** **jemand ist kitzelig** jemand reagiert sehr empfindlich, wenn er gekitzelt wird: *am Bauch ist er besonders kitzelig* **2** ≈ heikel (2) ⟨eine Situation⟩

kit·zeln; *kitzelte, hat gekitzelt* **1** **jemanden kitzeln** jemanden so berühren, dass er lachen muss ⟨jemanden an den Fußsohlen kitzeln⟩ **2** **etwas kitzelt (jemanden)** etwas verursacht bei jemandem einen leicht unangenehmen Reiz auf der Haut: *Das Haar kitzelte sie an der Nase*

Ki·wi *die; -, -s;* eine ovale Frucht mit weichem, grünem Fleisch || ↑ Illustration **Obst und Gemüse**

klaf·fen; *klaffte, hat geklafft;* **etwas klafft** etwas bildet eine tiefe, weite Spalte ⟨eine klaffende Wunde⟩: *Ein Riss klafft in der Wand*

kläf·fen; *kläffte, hat gekläfft;* **ein Hund kläfft** *abwertend;* ein Hund bellt laut und mit unangenehm hoher Stimme || *hierzu* **Kläf·fer** *der; -s, -*

Kla·ge *die; -, -n* **1** *förmlich;* laute Worte, mit denen man Kummer oder Schmerzen äußert: *in laute Klagen ausbrechen* **2** **Klage (über jemanden/etwas)** Worte, mit denen man Unzufriedenheit oder Angst äußert ⟨Klagen kommen jemandem zu Ohren⟩: *Das Betragen ihrer Tochter gibt keinen Grund zur Klage* **3** **Klage (auf etwas** (*Akkusativ*)**) (gegen jemanden/etwas)** die Einleitung eines Prozesses ⟨eine Klage erheben⟩: *eine Klage auf Schmerzensgeld; eine Klage gegen den Bau einer Straße* || K- Klageschrift || -K Räumungsklage

kla·gen; *klagte, hat geklagt* **1** **über jemanden/etwas klagen**; **(etwas) klagen** jemandem sagen, dass man Sorgen, Kummer oder Schmerzen (wegen jemandem/etwas) hat: *Sie klagte beim Arzt über starke Schmerzen; „Ich bin so einsam!", klagte er* **2** **jemandem sein Leid/seine Not klagen** jemandem erzählen, dass man Sorgen oder Schmerzen hat **3** **(gegen jemanden/etwas) (auf etwas** (*Akkusativ*)**) klagen** versuchen, in einem Prozess zu seinem Recht zu kommen ⟨vor Gericht klagen⟩ || *zu* 3 **Klä·ger** *der; -s, -;* **Klä·ge·rin** *die; -, -nen*

kläg·lich *Adjektiv* **1** so, dass damit Schmerz oder Angst ausgedrückt werden ≈ jammervoll ⟨ein Stöhnen; kläglich weinen; ein klägliches Gesicht machen⟩ **2** ⟨ein Anblick⟩ so, dass er Mitleid erregt **3** so klein, dass man ganz enttäuscht ist ⟨eine Ausbeute, ein Rest⟩ **4** sehr schlecht ⟨eine Leistung, ein Ergebnis⟩ **5** *meist* **kläglich scheitern, versagen** so scheitern, versagen, dass es einen sehr schlechten Eindruck macht

klamm, *klammer, klammst-; Adjektiv; nicht als Adverb* **1** ein wenig feucht und deshalb unangenehm kühl ⟨Wäsche⟩ **2** vor Kälte steif und unbeweglich ⟨Finger⟩

Klam·mer *die; -, -n* **1** ein kleiner Gegenstand, mit dem man zwei Dinge so aneinanderpresst, dass sie zusammenbleiben: *zwei Blätter mit Klammern aneinanderheften* || -K Wäscheklammer **2** eines von zwei Zeichen, mit denen man ein Wort oder einen Satz einfügt ⟨etwas in Klammern setzen⟩: *eckige Klammern* [ ]; *runde Klammern* ( ); *geschweifte Klammern* {}

Klammer (1)

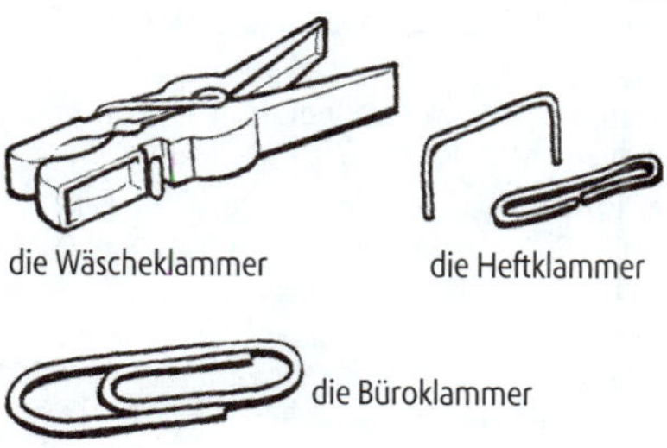

klam·mern; *klammerte, hat geklammert* **1** **etwas an etwas** (*Akkusativ*) **klammern** etwas mit Klammern (1) an etwas befestigen: *Wäsche an die Leine klammern* **2** **sich an jemanden/etwas klammern** sich an jemandem/etwas so kräftig festhalten, wie man kann: *Das Äffchen klammerte sich an seine Mutter* || K- Klammergriff **3** **sich an etwas** (*Akkusativ*) **klammern** etwas nicht aufgeben wollen ⟨sich an eine Hoffnung klammern⟩

Kla·mot·te *die; -, -n; umg* **1** *nur Plural;* ein Kleidungsstück: *sich neue Klamotten kaufen* **2** *meist abwertend;* ein lustiges Theaterstück oder ein Film mit niedrigem Niveau: *im Fernsehen eine alte Klamotte anschauen*

klang *Imperfekt, 1. und 3. Person Singular;* ↑ **klingen**

Klang *der; -(e)s, Klän·ge;* ein angenehmer Ton ⟨ein voller, warmer Klang⟩ ‖ *hierzu* **klang·lich** *Adjektiv*

klän·ge *Konjunktiv II, 1. und 3. Person Singular;* ↑ **klingen**

klang·voll *Adjektiv* **1** mit einem angenehmen, vollen Klang ≈ wohltönend **2** *meist* **einen klangvollen Namen haben** *förmlich;* berühmt sein

K

Klapp- *im Substantiv; betont;* bezeichnet Dinge, die man zusammenklappen kann, wenn man sie nicht braucht, damit sie nicht so viel Platz brauchen; das **Klappbett**, das **Klappmesser**, der **Klappstuhl**, der **Klapptisch**

Klap·pe *die; -, -n* **1** eine Art Deckel, mit dem man eine Öffnung an einem Kasten verschließt oder öffnet **2** *umg abwertend* ≈ Mund ‖ ID **Halt die Klappe!** *salopp;* Sei still!

klap·pen¹ B2 *klappte, hat/ist geklappt* **1** **etwas irgendwohin klappen** (*hat*) etwas Festes, das mit etwas auf einer Seite verbunden ist, in eine andere Richtung wenden: *den Mantelkragen nach oben klappen* **2** **etwas klappt irgendwohin** (*ist*) etwas bewegt sich (wie eine Klappe) von selbst in eine bestimmte Richtung: *Der Kinositz klappte plötzlich nach oben*

klap·pen² B2 *klappte, hat geklappt;* **etwas klappt** *umg;* etwas gelingt so, wie man es geplant hat: *Hoffentlich klappt unser Plan!*

Klap·per *die; -, -n;* ein Spielzeug für ganz kleine Kinder, das klappert, wenn man es schüttelt ≈ Rassel

klap·pern; *klapperte, hat geklappert* **1** **etwas klappert** etwas macht schnell hintereinander Geräusche, die hell und hart klingen: *Die Fensterläden klappern im Wind* **2** **jemand klappert mit etwas** jemand lässt etwas klappern (1) **3** **mit den Zähnen klappern** so stark frieren, dass die Zähne hörbar mehrmals aufeinanderstoßen

Klap·per·storch *der; -(e)s, -stör·che; meist in* **(noch) an den Klapperstorch glauben** *umg;* sehr naiv, kindlich sein

klapp·rig *Adjektiv; umg* **1** so alt und abgenutzt, dass einige Teile locker geworden sind (und klappern) ⟨ein Auto, ein Fahrrad *usw*⟩ **2** alt und schwach (oder dünn) ≈ gebrechlich ⟨ein Pferd⟩

klar A2 *klarer, klarst-; Adjektiv* **1** so sauber, dass man gut hindurchsehen kann ⟨Wasser, eine Fensterscheibe⟩ ‖ -K **kristallklar** **2** ohne Wolken, Nebel *o.Ä.* ⟨der Himmel⟩ **3** so, dass man genau versteht, was gemeint ist ⟨sich klar ausdrücken⟩: *Er hat mir klar und deutlich gesagt, was er will* **4** gut und deutlich zu hören ⟨eine Aussprache, ein Ton⟩ **5** ⟨Umrisse⟩ so deutlich, dass man sie genau sehen kann **6** so, dass der Unterschied zu anderen deutlich ist ⟨jemanden klar besiegen⟩: *Er hat das Rennen klar gewonnen* **7** **etwas wird klar** etwas wird verständlich, deutlich: *Ist klar geworden, was ich meine?* **8** **etwas wird jemandem klar** jemand versteht etwas (allmählich) oder sieht es ein: *Ihm ist klar geworden, dass er sich ändern muss* **9** **sich** (*Dativ*) **(über jemanden/etwas) klar werden** sich über jemanden/etwas eine Meinung bilden, etwas erkennen oder entscheiden: *Bist du dir darüber klar geworden, was du im Urlaub tun willst?* **10** **sich** (*Dativ*) **über etwas klar/im Klaren sein** etwas genau wissen und deshalb sicher darüber urteilen können ‖ ID **(Na) klar!** *umg* ≈ Natürlich! ‖ Hinweis: ↑ **klarsehen**

Klär·an·la·ge *die; -, -n;* ein System, mit dem man das schmutzige Wasser der Kanäle reinigt

klä·ren; *klärte, hat geklärt* **1** **etwas klären** ein Problem *o.Ä.* untersuchen und dabei zu einer Antwort kommen ⟨einen Mordfall klären⟩ **2** **etwas klären** eine Flüssigkeit von Schmutz befreien ⟨Abwässer klären⟩ **3** **etwas klärt sich** etwas wird so, dass man gut hindurchsehen kann ⟨Wasser⟩ **4** **etwas klärt sich** etwas wird so deutlich, dass man es verstehen kann ⟨ein Missverständnis⟩ ‖ *zu* 1 und 2 **Klä·rung** *die; -, -en*

Klar·heit *die; -, -en; meist Singular* **1** der Zustand oder die Eigenschaft, klar zu sein **2** **sich** (*Dativ*) **über etwas** (*Akkusativ*) **Klarheit verschaffen** sich über etwas genau informieren

Kla·ri·net·te *die; -, -n;* ein Musikinstrument aus Holz mit Klappen aus Metall ‖ ↑ Abbildung unter **Blasinstrumente**

klar·kom·men; *kam klar, ist klargekommen;* **(mit jemandem/etwas) klarmachen** *umg;* mit jemandem/etwas keine Probleme haben ≈ zurechtkommen ⟨mit einer Arbeit, einer Aufgabe, einem Problem klarkommen⟩

klar·ma·chen; *machte klar, hat klargemacht* **1** **(jemandem) etwas klarmachen** jemandem etwas genau erklären, so dass er es versteht, lernt oder einsieht: *Er machte allen klar, dass es so nicht weitergehen könne* **2** **sich** (*Dativ*) **etwas klarmachen** intensiv über etwas nachdenken, bis man es versteht, bis man Gewissheit erlangt hat

klar·se·hen; *sieht klar, sah klar, hat klargesehen; umg* ≈ etwas verstehen: *Siehst du jetzt klar, wie das ist?*

Klar·sicht- *im Substantiv; betont;* verwendet, um auszudrücken, dass etwas durchsichtig, transparent ist; die **Klarsichtfolie**, die **Klarsichthülle**, die **Klarsichtpackung**

klar·stel·len; *stellte klar, hat klargestellt;* **etwas klarstellen** etwas so deutlich sagen, dass es andere richtig verstehen: *Ich möchte ein für alle Mal klarstellen, dass ich mir das nicht gefallen lasse!* || *hierzu* **Klar·stel·lung** *die; -, -en*

Klar·text *der; -(e)s, -e; meist in* **im Klartext** *umg;* mit verständlichen Worten, ohne zu beschönigen ≈ eigentlich ⟨etwas bedeutet, heißt im Klartext, dass ...⟩

klar·wer·den (*ist*) ↑ **klar** (7-9)

klas·se A1 *Adjektiv; indeklinabel; umg;* so gut, dass es (die Leute) begeistern kann ≈ toll, super: *eine klasse Frau; ein klasse Buch; Das Essen war einfach klasse!; Er spielt klasse Tennis*

Klas·se[1] A1 *die; -, -n* **1** eine Gruppe von Kindern, die ungefähr gleich alt sind und in der Schule gemeinsam unterrichtet werden: *Er unterrichtet die Klasse in Englisch* || K- Klassenzimmer || -K Schulklasse **2** ein Zeitraum von einem Jahr innerhalb der Schulausbildung, in dem ein bestimmter Stoff gelehrt wird ⟨eine Klasse wiederholen (müssen)⟩: *Sie kommt im Herbst in die erste Klasse*

Klas·se[2] A1 *die; -, -n* **1** **die Klasse** (*+ Genitiv Plural*) eine soziale Schicht ⟨die herrschende Klasse⟩ || K- Klassenfeind, Klassengesellschaft, Klassenkampf || -K Arbeiterklasse **2** **die Klasse** (*+ Genitiv Plural*) eine Gruppe von Personen/Dingen, die gemeinsame Merkmale oder Interessen haben: *Er startet in der Klasse der Junioren* || -K Altersklasse **3** **die Klasse (von etwas)** (*Plural*) eine qualitative Stufe in einer Rangfolge ⟨ein Abteil erster, zweiter Klasse⟩ || -K Preisklasse **4** **jemand/etwas ist große/einsame Klasse** *umg;* jemand/etwas ist sehr gut

Klas·sen·ar·beit *die; -, -en;* ein schriftlicher Test für Schüler ⟨eine Klassenarbeit haben, schreiben⟩

Klas·sen·leh·rer *der; -s, -;* der Lehrer, der für eine Klasse verantwortlich ist ≈ Klassenleiter || *hierzu* **Klas·sen·leh·re·rin** *die; -, -nen*

Klas·sen·spre·cher *der; -s, -;* ein Schüler, der von den anderen Schülern der Klasse gewählt wird, damit er ihre Interessen (gegenüber den Lehrern) vertritt || *hierzu* **Klas·sen·spre·che·rin** *die; -, -nen*

Klas·sen·ziel *das; -(e)s, -e; meist in* **das Klassenziel (nicht) erreichen** *Verwaltung;* am Ende des Schuljahrs (nicht) gut genug sein, um in die nächste Klasse zu kommen (versetzt zu werden)

klas·si·fi·zie·ren; *klassifizierte, hat klassifiziert;* ⟨Personen/Dinge⟩ **(nach etwas) klassifizieren** eine Gruppe von Personen oder eine Menge von Dingen nach bestimmten Merkmalen einteilen

Klas·sik *die; -; nur Singular* **1** eine Epoche, in der die Kunst, Literatur *usw* eines Volkes ihren Höhepunkt erreicht hat: *Die bedeutendsten Vertreter der deutschen Klassik sind Goethe und Schiller* **2** die griechische und römische Antike **3** *Musik;* die Zeit, die von Haydn, Mozart und Beethoven geprägt ist **4** Musik (wie) aus der Zeit der Klassik (3) ⟨Klassik hören⟩

klas·sisch B1 *Adjektiv* **1** die griechische und römische Antike betreffend ⟨klassische Sprachen⟩ **2** zur Kunst, Literatur der Klassik (1) gehörig ⟨ein Dichter⟩ **3** zur Musik gehörig, die von bedeutenden Komponisten früherer Zeiten geschaffen wurde **4** nicht von der Mode abhängig und zeitlos schön: *ein klassisches Kostüm* **5** ≈ typisch ⟨ein Fehler⟩

Klas·si·zis·mus *der; -; nur Singular;* ein (Kunst)Stil (des 19. Jahrhunderts), der die Kunst der griechischen und römischen Antike zum Vorbild hatte || *hierzu* **klas·si·zis·tisch** *Adjektiv*

Klatsch *der; -(e)s; nur Singular; abwertend;* das (*bes* das Negative), was die Leute über andere erzählen ≈ Gerede: *In Boulevardzeitungen steht viel Klatsch über prominente Leute* || K- Klatschspalte

klat·schen B2 *klatschte, hat geklatscht* **1** **etwas klatscht (irgendwohin)** etwas trifft auf etwas mit dem Geräusch, das entsteht, wenn Wasser plötzlich auf die Erde geschüttet wird: *Die Wellen klatschten gegen den Bug des Schiffes* **2** **(in die Hände) klatschen** die Hände so gegeneinanderschlagen, dass man es weit hört: *Der Trainer klatschte (in die Hände), um seine Mannschaft anzufeuern* **3** **(Beifall) klatschen** aus Anerkennung klatschen (2) ≈ applaudieren

Klaue *die; -, -n* **1** *meist Plural;* die Füße und

K

langen Krallen der Raubvögel und Raubkatzen: *Der Adler packte die Maus mit seinen Klauen* **2** *meist Plural;* ein gespaltener Huf, wie ihn Kühe, Schafe und Ziegen haben **3** *nur Singular; umg abwertend;* eine Handschrift, die man schlecht lesen kann ⟨eine fürchterliche Klaue haben⟩

klau·en; *klaute, hat geklaut; umg;* **((jemandem) etwas) klauen** jemandem etwas (*meist* Kleineres) stehlen: *Wer hat meinen Füller geklaut?*

Klau·sel *die; -, -n;* eine (oft zusätzliche) Regel, Bestimmung in einem Vertrag, in einer Vereinbarung ⟨eine aufhebende, einschränkende Klausel; eine Klausel in einen Vertrag setzen⟩ ‖ [-K] Zusatzklausel

Klau·sur *die; -, -en* **1** eine schriftliche Prüfung *bes* an der Universität ⟨eine Klausur schreiben, ablegen⟩ **2** **in Klausur tagen** eine Sitzung *o.Ä.* haben, die nicht öffentlich ist ‖ [K-] Klausursitzung, Klausurtagung

Kla·vier [-ˈviːɐ̯] *das; -s, -e;* ein großes Musikinstrument mit weißen und schwarzen Tasten ⟨Klavier spielen⟩ ‖ [K-] Klavierkonzert

Kle·be·band *das; -(e)s, -bän·der;* ein Band aus Plastik mit einer Schicht Klebstoff

kle·ben [B1] *klebte, hat geklebt* **1** **etwas kleben** etwas, das kaputt ist, mit Klebstoff wieder verbinden: *eine zerbrochene Vase kleben* **2** **etwas (irgendwohin) kleben** etwas mit Klebstoff irgendwo befestigen: *Fotos in ein Album kleben* **3** **etwas klebt** etwas ist klebrig **4** **etwas klebt irgendwo** etwas ist fest mit etwas verbunden: *An dem Tisch klebt ein Kaugummi*

Kle·ber *der; -s, -; umg* ≈ Klebstoff

kleb·rig *Adjektiv;* ⟨Bonbons, Hände⟩ an der Oberfläche so, dass Dinge an ihnen haften bleiben

Kleb·stoff [B2] *der; -(e)s, -e;* eine weiche oder flüssige Substanz, mit der man Gegenstände fest miteinander verbinden kann

kle·ckern; *kleckerte, hat gekleckert; umg;* **(etwas irgendwohin) kleckern** eine dicke Flüssigkeit oder weiche Masse irgendwohin fallen lassen: *Sie hat Soße auf ihren Rock gekleckert* ‖ [ID] **nicht kleckern, sondern klotzen** *umg;* viel Energie, Geld *o.Ä.* für etwas aufwenden (um damit zu imponieren)

Klecks *der; -es, -e* **1** ein Fleck, der von einer farbigen Flüssigkeit (*z.B.* Tinte) kommt: *beim Malen Kleckse auf den Fußboden machen* ‖ [-K] Farbklecks, Tintenklecks **2** **ein Klecks** (+ *Substantiv*) eine kleine Menge einer dicken Flüssigkeit oder weichen Masse: *Würstchen mit einem Klecks Senf*

Klee *der; -s; nur Singular;* eine niedrige Pflanze mit drei (selten auch vier) runden Blättern an jedem Stiel ‖ [K-] Kleefeld ‖ [ID] **jemanden/etwas über den grünen Klee loben** *umg;* jemanden/etwas sehr (oder zu sehr) loben

Kleid [A2] *das; -(e)s, -er* **1** ein Kleidungsstück für Frauen, das *meist* von den Schultern bis etwa zu den Knien reicht ⟨ein kurzärmliges Kleid; ein Kleid anziehen⟩ ‖ ↑ Illustration **Die Kleidung** ‖ [-K] Abendkleid, Sommerkleid **2** *nur Plural* ≈ Kleidung ⟨die Kleider ausziehen⟩ ‖ [K-] Kleiderbürste, Kleiderschrank ‖ *zu* **2** **Kleiderbürste** ↑ Abbildung unter **Bürsten**

klei·den; *kleidete, hat gekleidet;* **jemanden/sich irgendwie kleiden** für jemanden/sich eine bestimmte Art von Kleidung wählen und sie anziehen ⟨sich elegant, nach der neuesten Mode kleiden⟩

Klei·der·bü·gel *der; -s, -;* ein Gegenstand (*meist* aus Holz oder Plastik) in Form eines Bogens, über den man Kleider, Hosen und Hemden hängt

Klei·dung *die; -; nur Singular;* alles, was man am Körper trägt, um ihn zu bedecken ‖ ↑ Illustration **Die Kleidung** ‖ [K-] Kleidungsstück ‖ [-K] Sommerkleidung, Sportkleidung

Klei·dungs·stück *das; -(e)s, -e;* ein einzelnes Teil der Kleidung, *z.B.* ein Hemd, ein Rock

klein [A1] *kleiner, kleinst-; Adjektiv* **1** so, dass die Länge, Höhe, Größe unter dem Durchschnitt liegt ↔ groß (2): *Er hat nur eine kleine Wohnung* **2** *nicht als Adverb;* mit vergleichsweise wenigen Personen, Tieren oder Dingen ↔ groß (3) ⟨eine Familie⟩: *ein kleines Angebot an Fachbüchern* **3** *nicht als Adverb;* in der Menge oder im Wert unter dem Durchschnitt ↔ groß (4) ⟨eine Summe⟩ **4** *meist vor dem Substantiv, nicht als Adverb;* zeitlich relativ kurz ⟨eine Pause⟩: *Warten Sie bitte einen kleinen Moment* **5** *nicht als Adverb;* von geringer Bedeutung ⟨ein Fehler⟩ **6** *meist vor dem Substantiv, nicht als Adverb* ≈ jünger- ⟨*meist* jemandes Bruder, Schwester⟩: *Ist das deine kleine Schwester?* **7** *nicht als Adverb; umg;* noch nicht erwachsen: *Als ich klein war, wollte ich Ärztin werden* **8** **ein kleiner Buchstabe** ein Buchstabe von der Art „a, b, c" (und nicht „A, B, C") **9** mit Verb verwendet, um auszudrücken, dass etwas kleiner (1) wird und kleine Stücke entstehen ⟨Holz klein hacken, machen; Fleisch klein schneiden⟩ ‖ [ID] **klein anfangen** *umg;* bei einem Geschäft, einer Arbeit am Anfang nur wenig Geld haben; **es klein haben** *umg;* das passende Kleingeld haben; **bis ins Kleinste** so, dass alle Details berücksichtigt werden; **von klein an/auf** seit der Kindheit || Hinweis: ↑ **kleinmachen**, **kleinschreiben**

Klein·ar·beit *die; -; nur Singular; meist in* **in mühevoller Kleinarbeit** unter großer Mühe und mit viel Arbeit im Detail

Klein·bür·ger *der; -s, -;* **1** *abwertend* ≈ Spießbürger **2** jemand, der zu der unteren Schicht des Bürgertums gehört || *hierzu* **klein·bür·ger·lich** *Adjektiv*

Klein·fa·mi·lie *die; -, -n;* eine Familie, in der nur die Eltern mit ihren Kindern zusammenleben (also ohne Großeltern, Tanten, Onkel *usw*) ↔ Großfamilie

Klein·ge·druck·te *das; -n; nur Singular;* die Bestimmungen und Bedingungen *meist* auf der Rückseite von Verträgen (die klein gedruckt, aber trotzdem wichtig sind): *auch das Kleingedruckte lesen*

Klein·geld A2 *das; -(e)s; nur Singular* ≈ Münzen

klein·ha·cken *(hat)* ↑ **klein** (9)

Klein·holz *das; -es; nur Singular;* Holz, das in kleine Stücke (Scheite) gehackt ist ⟨Kleinholz machen⟩ || ID **aus etwas Kleinholz machen; etwas zu Kleinholz machen/verarbeiten** *umg;* etwas (*bes* Möbel) in Stücke schlagen

Klei·nig·keit *die; -, -en* **1** etwas, das nicht sehr teuer ist: *der Nachbarin eine Kleinigkeit zum Geburtstag schenken* **2** unwichtige Details: *sich über jede Kleinigkeit aufregen* || ID **etwas ist (für jemanden) eine/keine Kleinigkeit** *umg;* etwas ist (für jemanden) sehr leicht/schwer

klein·ka·riert *Adjektiv; umg abwertend;* so, dass man die Meinungen anderer ohne wirklichen Grund für weniger gut hält ⟨kleinkariert denken⟩ || Hinweis: aber: *ein klein karierter/kleinkarierter Stoff* (oft getrennt geschrieben)

Klein·kind *das; -(e)s, -er;* ein Kind, das etwa zwischen 12 Monaten und 4 Jahren alt ist

Klein·kram *der; -(e)s; umg, meist abwertend* **1** kleine Dinge ohne Wert **2** Aufgaben oder Angelegenheiten, die nicht wichtig sind: *Ich kann mich doch nicht um solchen Kleinkram kümmern!*

Klein·krieg *der; -(e)s, -e; nur Singular;* **Kleinkrieg (mit jemandem)** ein Streit über unwichtige Dinge, den man lange (oder dauernd) führt ⟨einen ständigen Kleinkrieg führen⟩: *Ihre Ehe war ein dauernder Kleinkrieg*

klein·krie·gen; *kriegte klein, hat kleingekriegt; umg* **1** **jemanden kleinkriegen** jemanden dauernd kritisieren und damit bewirken, dass die Person ihren Mut und ihr Selbstvertrauen verliert ≈ fertigmachen: *Wir werden dich schon noch kleinkriegen!* **2** **etwas ist nicht kleinzukriegen** etwas ist von so guter Qualität, dass es sich nicht abnützt, nicht kaputtgeht

klein·laut *Adjektiv;* plötzlich still oder im Verhalten freundlich (nachdem man vorher sehr selbstbewusst, frech *o.Ä.* war) ⟨kleinlaut sein, werden⟩

klein·lich *Adjektiv; abwertend* **1** nicht großzügig, und davon überzeugt, dass jede Kleinigkeit wichtig ist **2** ≈ geizig

klein·ma·chen; *machte klein, hat kleingemacht;* **(jemandem) etwas kleinmachen** *umg;* jemandem einen Geldschein gegen kleinere Scheine oder Münzen tauschen ≈ wechseln: *jemandem einen Hunderteuroschein kleinmachen* || Hinweis: ↑ **klein** (9)

klein·schnei·den *(hat)* ↑ **klein** (9)

klein·schrei·ben; *schrieb klein, hat kleingeschrieben* **1** **etwas kleinschreiben** ein Wort mit einem kleinen (8) Buchstaben beginnen ↔ etwas großschreiben **2** **etwas wird kleingeschrieben** *umg;* etwas wird als unwichtig behandelt || *zu* 1 **Klein·schrei·bung** *die; -, -en*

Klein·stadt *die; -, -städ·te;* eine Stadt, die weniger als ca. 20.000 Einwohner hat || *hierzu* **klein·städ·tisch** *Adjektiv* || Hinweis: ↑ **Großstadt**

Klein·vieh *das; -s; nur Singular;* die kleinen Tiere auf einem (Bauern)Hof || ID **Kleinvieh macht 'auch Mist** *umg;* auch aus kleinen Geldsummen werden große Summen, wenn man spart

Kleis·ter *der; -s, -;* ein einfaches Mittel (aus Stärke oder Mehl und Wasser), mit dem man Papier, Holz *o.Ä.* kleben kann ⟨Kleister anrühren⟩: *die Tapeten mit Kleister einstreichen* || -K Tapetenkleister

Klem·me *die; -, -n* **1** ein kleiner Gegenstand, mit dem man kleine Dinge aneinanderpresst oder irgendwo befestigt ≈ Klammer: *Notizzettel mit einer Klemme zusammenhalten* **2** *umg;* eine schwierige Lage, Situation ⟨in der Klemme sitzen, stecken⟩

klem·men; *klemmte, hat geklemmt* **1** **etwas irgendwohin klemmen** etwas so zwischen zwei Dinge schieben, dass es dortbleibt: *die Bücher unter den Arm klemmen* **2** **sich** (*Dativ*) **etwas (in etwas** (*Dativ*)**) klemmen** mit dem Finger *o.Ä.* so zwischen zwei Dinge geraten, dass man sich dabei verletzt **3** **etwas klemmt** etwas lässt sich nicht mehr oder nur sehr schwer bewegen ⟨ein Fenster, eine Schublade⟩ **4** **sich hinter etwas** (*Akkusativ*) **klemmen** sich bemühen, eine Arbeit gut zu machen: *Du musst dich mehr hinter deine Hausaufgaben klemmen!*

Klẹmp·ner *der; -s, -;* ein Handwerker, der *bes* Rohrleitungen aus Metall herstellt und die Wasserversorgung in Häusern baut || *hierzu* **Klẹmp·ne·rin** *die; -, -nen*

Kle̲·rus *der; -; nur Singular; förmlich;* alle (katholischen) Geistlichen || *hierzu* **Kle̲·ri·ker** *der; -s, -*

Klẹt·ter·ge·rüst *das; -(e)s, -e;* eine Konstruktion *meist* aus mehreren miteinander verbundenen Stangen, an denen Kinder (*z.B.* auf dem Spielplatz) (hoch)klettern können

klẹt·tern B2 *kletterte, ist geklettert* **1** **(irgendwohin) klettern** nach oben (*bzw* unten) über ein Hindernis gelangen, indem man Füße und Hände benutzt ⟨auf einen Baum klettern⟩ **2** **etwas klettert** *umg;* etwas wird höher, mehr, teurer oder intensiver ⟨die Preise, das Thermometer⟩ || *zu* 1 **Klẹt·te·rer** *der; -s, -;* **Klẹt·te·rin** *die; -, -nen*

Klẹt·ter·pflan·ze *die; -, -n;* eine Pflanze, die *z.B.* an einer Mauer oder einer Stange in die Höhe wächst

Klẹtt·ver·schluss® *der; -es, -schlüs·se;* ein Verschluss (an Kleidern oder Schuhen) aus zwei Bändern, die aneinander haften[1]

klị·cken; *klickte, hat geklickt;* **(auf etwas** (*Akkusativ*)**) klicken** *Informatik;* eine der Tasten der Maus eines Computers drücken || -K doppelklicken

Kli·ent [kli'ɛnt] *der; -en, -en; Rechtswesen;* der Kunde eines Beraters, Rechtsanwalts *o.Ä.* || *hierzu* **Kli·ẹn·tin** *die; -, -nen*

Kli·en·tel [kliɛn'te:l] *die; -, -en; meist Singular; Rechtswesen;* alle Klienten eines Beraters, Rechtsanwalts *o.Ä.*

Kli̲·ma A2 *das; -s, -s/förmlich -ta* [-'ma:tə] **1** die Wetterbedingungen, die für eine Region typisch sind ⟨ein mildes, tropisches Klima⟩ || K- Klimaerwärmung, Klimaveränderung || -K Wüstenklima **2** *nur Singular;* die Art und Weise, wie Menschen miteinander umgehen ⟨irgendwo herrscht ein herzliches, frostiges Klima⟩

Kli̲·ma·an·la·ge *die; -, -n;* ein Apparat, der die Temperatur und die Feuchtigkeit in einem Raum regelt

kli·ma̲·tisch *Adjektiv; nur vor dem Substantiv oder als Adverb;* durch das Klima (1) bestimmt ⟨die Verhältnisse, (die) Einflüsse⟩

kli·ma·ti·sie̲rt *Adjektiv;* so, dass die Temperatur und die Feuchtigkeit der Luft durch eine Klimaanlage reguliert werden

Klịmm·zug *der; -(e)s, -zü·ge;* eine (Turn)Übung, bei der man an einer Stange hängt, sich mit den Händen hält und den Körper langsam hochzieht ⟨Klimmzüge machen⟩

klịm·pern; *klimperte, hat geklimpert* **1** ⟨Münzen, Schlüssel⟩ **klimpern** Münzen, Schlüssel stoßen aneinander und erzeugen helle Töne **2** **mit etwas klimpern** Gegenstände aus Metall so gegeneinanderschlagen, dass helle Töne erklingen ⟨mit Geldstücken, mit Schlüsseln klimpern⟩ **3** **(auf etwas** (*Dativ*)**) klimpern** *umg; meist* auf der Gitarre oder dem Klavier einige Töne spielen

Klịn·ge *die; -, -n;* der Teil eines Messers oder einer Stichwaffe, mit dem man schneidet *bzw* sticht ⟨eine scharfe, stumpfe Klinge⟩

Klịn·gel B1 *die; -, -n;* ein kleiner Apparat (*z.B.* an der Tür einer Wohnung oder an einem Fahrrad), mit dem man helle Töne erzeugen kann, um ein Signal zu geben ⟨eine elektrische Klingel⟩ || ↑ Illustration **Das Fahrrad** || -K Türklingel, Fahrradklingel || K- Klingelton

klịn·geln A2 *klingelte, hat geklingelt* **1** eine Klingel ertönen lassen ⟨bei jemandem klingeln⟩ **2** **etwas klingelt** etwas gibt helle, hohe Töne von sich ⟨der Wecker, das Telefon⟩ **3** **es klingelt** eine Klingel ist zu hören: *Kannst du bitte die Tür aufmachen, es hat geklingelt*

Klịn·gel·ton *der; -(e)s, -tö·ne;* der Ton oder die Tonfolge, mit denen ein Telefon klingelt: *sich neue Klingeltöne fürs Handy herunterladen*

klịn·gen; *klang, hat geklungen* **1** **etwas klingt** etwas gibt helle, schöne Töne von sich ⟨Glocken, Gläser⟩ **2** **etwas klingt irgendwie** etwas wirkt durch seinen Ton auf eine bestimmte Weise ⟨jemandes Stimme klingt abweisend⟩ **3** **jemand/etwas klingt irgendwie** jemandes Aussagen *o.Ä.* erwecken einen bestimmten Eindruck: *Du klingst müde*

Kli̲·nik B2 *die; -, -en;* ein Krankenhaus ⟨jemand wird in eine Klinik eingeliefert⟩ || K- Klinikaufenthalt || -K Frauenklinik, Kinderklinik; Hautklinik

Kli̲·ni·kum *das; -s, Kli·ni·ken* **1** ein großes Krankenhaus (das aus mehreren Kliniken besteht) **2** *nur Singular; Medizin;* ein Teil der praktischen Ausbildung von Medizinstudenten in einem Krankenhaus

kli̲·nisch *Adjektiv; nur vor dem Substantiv oder als Adverb* **1** in einer Klinik ⟨eine Behandlung; eine Ausbildung⟩ **2** **klinisch tot** *Medizin;* so, dass

Lunge und Herz nicht mehr funktionieren

Klin·ke *die; -, -n;* ein Griff an einer Tür, auf den man drückt, wenn man sie öffnen oder schließen will || -K Türklinke

Klip·pe *die; -, -n* **1** ein großer Felsen im oder am Meer **2** *umg;* eine Schwierigkeit: *Es gelang ihm, bei der Prüfung alle Klippen zu überwinden*

klir·ren; *klirrte, hat geklirrt;* **etwas klirrt** etwas gibt ein helles, unharmonisches Geräusch von sich ⟨Gläser⟩: *Bei dem leichten Erdbeben klirrten die Fenster*

Kli·schee *das; -s, -s; förmlich abwertend* **1** eine feste Vorstellung, die nicht (mehr) der Wirklichkeit entspricht ≈ Vorurteil ⟨in Klischees denken⟩: *das Klischee, dass Frauen schwach sind* || K- Klischeevorstellung || -K Rollenklischee **2** ein Klischee als Wort oder Ausdruck ≈ Phrase, Formel ⟨in Klischees reden⟩ || *hierzu* **kli·schee·haft** *Adjektiv*}

Klo B1 *das; -s, -s; umg* ≈ Toilette¹ || K- Klobürste, Klopapier

Klo·a·ke *die; -, -n;* ein Kanal, in dem das schmutzige Wasser (Abwasser) unter der Erde abfließt

klo·big *Adjektiv;* sehr groß, schwer und grob (gebaut) ≈ unförmig ⟨ein Tisch, ein Schrank; Hände, eine Gestalt⟩

klop·fen; *klopfte, hat geklopft* **1** **(an etwas** *(Dativ/ Akkusativ)*) **klopfen** (mit dem Fingerknöchel) mehrere Male leicht *meist* an eine Tür schlagen, wenn man ein Zimmer betreten will ⟨an der/die Tür klopfen⟩: *Ich habe dreimal geklopft, aber es hat niemand aufgemacht* **2** **an/auf etwas** *(Akkusativ)***/gegen etwas klopfen** mehrere Male leicht an/auf/gegen etwas schlagen ⟨jemandem freundschaftlich auf die Schulter klopfen⟩ **3** **das Herz klopft** das Herz schlägt spürbar *(bes* weil man Angst hat) **4** **es klopft** man hört, dass jemand klopft (1): *Es hat geklopft. Sieh bitte nach, wer da ist!*

Klopf·zei·chen *das; -s, -; meist in* **Klopfzeichen geben** klopfen und dadurch ein Signal geben

Klops *der; -es, -e; nordd;* eine Art Kloß aus Hackfleisch: *Königsberger Klopse*

Klo·sett *das; -(e)s, -e/-s* ≈ Toilette¹, WC

Kloß *der; -es, Klö·ße;* eine Speise in Form einer Kugel, die aus einem Teig (von Kartoffeln, Grieß, Semmeln oder Fleisch) gemacht ist ≈ Knödel || -K Fleischkloß, Grießkloß, Kartoffelkloß || ID **einen Kloß im Hals haben** *umg;* (vor Aufregung, Angst *o.Ä.*) kaum sprechen können

Klos·ter *das; -s, Klös·ter* **1** eine Kirche und mehrere Gebäude, in denen Mönche oder Nonnen leben || K- Klosterkirche **2** **ins Kloster gehen** Mönch *bzw* Nonne werden

Klotz *der; -es, Klöt·ze;* ein großes, dickes Stück Holz *o.Ä.* ⟨Klötze spalten⟩

klot·zen ↑ **kleckern**

Klub A2 *der; -s, -s* **1** eine Gruppe von Menschen, die gleiche Interessen haben ⟨einem Klub beitreten⟩ || K- Klubmitglied || -K Golfklub, Jugendklub **2** das Haus, der Raum, in dem sich die Mitglieder eines Klubs (1) treffen

Kluft *die; -, Klüf·te* **1** eine tiefe Spalte in einem Berg oder Felsen **2** ein tiefer Gegensatz zwischen Personen: *Eine unüberbrückbare Kluft trennte die beiden Familien*

klug, *klüger, klügst-; Adjektiv* **1** *nicht als Adverb;* mit vielen Kenntnissen und der Fähigkeit, Unterschiede sicher zu erkennen ≈ intelligent, gescheit ⟨ein kluger Kopf⟩: *In der Schule war sie die Klügste ihrer Klasse* **2** von Vernunft und Logik bestimmt ≈ vernünftig ⟨eine Entscheidung; jemandem einen klugen Rat geben⟩ || ID **Der Klügere gibt nach** verwendet, wenn man in einem unwichtigen Streit, der sonst kein Ende finden würde, nachgibt; **aus etwas nicht klug werden** etwas nicht verstehen || *hierzu* **Klug·heit** *die; -; nur Singular*

Klum·pen *der; -s, -;* **1** **ein Klumpen** + *Substantiv* eine kleine *(meist* weiche) Masse von etwas ⟨ein Klumpen Erde, Ton, Teig *o.Ä.*⟩ || -K Erdklumpen, Lehmklumpen, Schneeklumpen, Teigklumpen, Tonklumpen **2** **ein Klumpen** + *Substantiv* ein relativ großes Stück eines Metalls ⟨ein Klumpen Blei, Gold⟩ || -K Goldklumpen || *zu* **1** **klum·pig** *Adjektiv*

km/h [ka:ɛm'ha:] *Kurzwort* ↑ **Stundenkilometer**

knab·bern; *knabberte, hat geknabbert* **1** **(etwas) knabbern** kleine Stücke von etwas meist Hartem (wie Schokolade, Nüsse) essen: *Vor dem Fernseher knabbert er gern (Salzstangen)* **2** **an etwas** *(Dativ)* **knabbern** kleine Stücke von etwas Hartem (ab)beißen: *an einem Keks knabbern; Der Hase knabbert an der Mohrrübe* || ID **an etwas** *(Dativ)* **zu knabbern haben** *umg;* **a** lange brauchen, bis man mit etwas *(meist* einem Problem) seelisch fertig wird; **b** sich mit etwas (lange) abmühen müssen

Kna·be *der; -n, -n* ≈ Junge¹ || K- Knabenchor || Hinweis: *Knabe* wird in der modernen Sprache nicht mehr verwendet. Man sagt stattdessen *Junge*

Knä·cke·brot *das; -(e)s, -e;* ein (Vollkorn)Brot,

K

das in dünnen, trockenen, meist rechteckigen Scheiben gebacken ist

kna·cken; *knackte, hat geknackt* **1** **etwas knacken** eine Frucht öffnen, die mit einer harten Schale umgeben ist ⟨Nüsse knacken⟩ **2** **etwas knacken** *umg*; etwas mit Gewalt öffnen ≈ aufbrechen ⟨ein Auto, einen Safe, ein Schloss knacken⟩ **3** **etwas knackt** etwas macht ein Geräusch wie trockenes Holz, das zerbricht

kna·ckig *Adjektiv; umg;* ⟨*meist* Karotten, Salat; Äpfel⟩ so frisch und fest, dass es knackt (3), wenn man hineinbeißt

Knacks *der; -es, -e* **1** ein knackender (3) Ton: *Plötzlich gab es einen Knacks, und der Ast brach ab* **2** *umg;* ein Riss in einem Gegenstand aus Porzellan oder Glas ≈ Sprung[2]: *Das Glas hat einen Knacks* **3** *umg* ≈ Schaden ⟨ein körperlicher, seelischer Knacks; einen Knacks haben, abbekommen⟩

knack·sen; *knackste, hat geknackst;* **etwas knackst** ≈ etwas knackt (3)

K

Knack·wurst *die; -, -würs·te;* eine kleine Wurst, die man *meist* heiß isst

Knall *der; -(e)s, -e; meist Singular;* ein sehr lautes Geräusch, wie *z.B.* von einem Schuss ⟨ein ohrenbetäubender Knall⟩

knal·len; *knallte, hat/ist geknallt* **1** **etwas knallt** (*hat*) etwas gibt einen Knall von sich ⟨ein Schuss⟩ **2** **mit etwas knallen** (*hat*) mit etwas das Geräusch eines Knalls erzeugen: *mit der Peitsche knallen* **3** **irgendwohin knallen** (*ist*) *umg;* aus einer schnellen Bewegung heraus plötzlich gegen etwas stoßen oder auf etwas fallen: *Er knallte mit dem Auto gegen einen Baum*

Knall·frosch *der; -(e)s, -frö·sche;* ein kleiner Feuerwerkskörper, der knallt und in verschiedene Richtungen springt, wenn er angezündet wird

knall·hart *Adjektiv; ohne Steigerung; umg* **1** ≈ brutal: *In dem Film spielt er einen knallharten Gangster* **2** *meist als Adverb;* ohne Rücksicht auf jemandes Gefühle ≈ deutlich, schonungslos: *Ich hab ihm knallhart meine Meinung gesagt!*

knal·lig *Adjektiv; umg;* (von Farben) grell (leuchtend) ≈ schreiend ⟨ein Gelb, ein Rot *usw*⟩

Knall·kopf *der; -(e)s, -köp·fe; salopp;* verwendet als Schimpfwort für jemanden, der etwas Dummes (oder Verrücktes) tut oder sagt ≈ Dummkopf

knapp, *knapper, knappst-; Adjektiv* **1** so wenig, dass es kaum für das Nötigste ausreicht ↔ reichlich ⟨Reserven, Vorräte⟩ **2** so, dass das Ergebnis gerade noch erreicht wird ⟨knapp gewinnen⟩: *Der Vorsitzende wurde nur mit einer knappen Mehrheit gewählt* **3** ⟨Kleider⟩ so eng, dass sie nicht richtig passen: *Die Hose sitzt sehr knapp* **4** so kurz, dass nur das Wichtigste gesagt wird ⟨etwas knapp zusammenfassen⟩ **5** *nur vor dem Substantiv oder als Adverb;* **knapp** + *Mengen-/Zeitangabe* etwas weniger als die genannte Zahl: *Er ist knapp fünf Jahre alt*

knap·sen; *knapste, hat geknapst;* **(mit etwas) knapsen (müssen)** *umg;* sparen (müssen), sein Geld so einteilen (müssen), dass es ausreicht

Knar·re *die; -, -n; umg;* ein Gewehr oder eine Pistole

Knast *der; -(e)s, Knäs·te; umg* ≈ Gefängnis ⟨im Knast sitzen⟩

Knatsch *der; -es; nur Singular; umg;* Ärger oder Streit ⟨Knatsch miteinander haben; es gibt Knatsch⟩

knat·tern; *knatterte, hat geknattert;* **etwas knattert** etwas macht ein Geräusch aus vielen kurzen Tönen, die wie Knalle klingen und rasch aufeinanderfolgen ⟨ein Motorrad⟩

Knäu·el *das, der; -s, -;* **ein Knäuel** + *Substantiv* eine Art Kugel, die entsteht, wenn man einen langen Faden aufrollt ⟨ein Knäuel Garn, Wolle⟩

knau·se·rig *Adjektiv; umg* ≈ geizig

knau·sern; *knauserte, hat geknausert;* **(mit etwas) knausern** *umg;* (mit etwas) übertrieben sparsam umgehen ⟨mit Geld, Material knausern⟩

knaut·schen; *knautschte, hat geknautscht; umg* **1** **etwas knautschen** etwas so zusammendrücken, dass es Falten bildet ⟨die Zeitung, eine Tischdecke, einen Rock knautschen⟩ || Hinweis: ↑ **knüllen** **2** **etwas knautscht** etwas bekommt Falten ≈ etwas knittert: *Mein neuer Rock knautscht leicht* || K- Knautschfalte

Kne·bel *der; -s, -;* ein Stück Stoff, das einer Person fest in den Mund gesteckt wird, damit sie nicht schreien kann

kne·beln; *knebelte, hat geknebelt;* **jemanden knebeln** jemandem einen Knebel in den Mund stecken: *die Gefangenen fesseln und knebeln*

knei·fen; *kniff, hat gekniffen* **1** **jemanden (in etwas** (*Akkusativ*)**) kneifen** *nordd* ≈ zwicken ⟨jemanden in den Arm kneifen⟩ **2** **etwas kneift (jemanden)** etwas drückt sich in jemandes Haut und tut dabei weh: *Die Hose kneift (mich) am Bauch* **3** **(vor etwas** (*Dativ*)**) kneifen** *umg;* etwas aus Faulheit oder Angst nicht tun ≈ sich drücken

Knei·pe B1 *die; -, -n; umg;* ein einfaches Lokal, in das man geht, um *bes* alkoholische Getränke zu trinken ⟨in die Kneipe gehen⟩ || -K Studentenkneipe

Kne·te *die; -; nur Singular; umg* ≈ Geld

kne·ten; *knetete, hat geknetet* **1** **(etwas) kneten** etwas so lange fest mit den Händen drücken, bis die Art von Masse entsteht, die man haben will ⟨Teig kneten⟩ **2** **etwas (aus etwas) kneten** etwas aus einer weichen Masse mit den Händen formen: *Figuren aus Ton kneten*

Knick *der; -(e)s, -e* **1** eine Stelle, an der etwas, das vorher gerade verlaufen ist, stark abbiegt: *Die Straße macht hier einen scharfen Knick* **2** eine Stelle an einem Blatt Papier *o.Ä.*, an der es gefaltet ist

kni·cken; *knickte, hat/ist geknickt* **1** **etwas knicken** *(hat)* etwas an einer Stelle so biegen, dass eine Kante entsteht, der Gegenstand jedoch nicht in zwei Teile zerfällt: *Der Wind hat die Blumen geknickt; „Bitte nicht knicken!"* (Aufschrift auf Briefen) **2** **etwas knickt** *(ist)* etwas biegt sich so stark, dass eine Kante entsteht, ohne dass es dabei in zwei Teile zerfällt: *Die Blumen knickten bei dem starken Sturm* || Hinweis: ↑ **geknickt**

Knie B1 *das; -s, -* ['kniː(ə)]; das Gelenk in der Mitte des Beines, mit dem man das Bein abbiegt ⟨jemandem zittern die Knie⟩: *Ihr Rock reicht bis zum Knie* || ↑ Abbildung unter **Körper** || K- Kniegelenk || ID **in die Knie gehen** **a** aus dem Stand die Knie beugen, bis sie den Boden berühren; **b** ohne Kraft sein und daher den Widerstand aufgeben || ▸ **knien**

Knie·beu·ge *die; -, -n;* eine (Gymnastik)-Übung, bei der man den Oberkörper gerade hält, beide Arme nach vorne streckt und dann die Knie beugt

Knie·keh·le *die; -, -n;* die Rückseite des Knies

knien ['kniː(ə)n]; *kniete, hat/südd* Ⓐ Ⓒⓗ *ist gekniet;* **(irgendwo) knien** eine Haltung einnehmen, bei der der Körper aufrecht ist und *meist* beide Knie am Boden sind: *Sie kniete vor dem Altar und betete* || ↑ Illustration **Verben der Bewegung**

Knie·schei·be *die; -, -n;* der flache runde Knochen vorn am Knie || ↑ Abbildung unter **Skelett**

Knie·schüt·zer *der; -s, -;* ein kleines Polster, das *z.B.* Sportler vorne an den Knien tragen, damit sie nicht verletzt werden

Knie·strumpf *der; -(e)s, -strümp·fe;* ein Strumpf, der bis zum Knie reicht

kniff *Imperfekt, 1. und 3. Person Singular;* ↑ **kneifen**

Kniff *der; -(e)s, -e* **1** das Kneifen (1): *ein Kniff in den Arm* **2** eine Methode oder Idee, die eine Arbeit viel leichter macht ≈ Kunstgriff, Trick **3** ≈ Knick (2)

knif·fig *Adjektiv; umg;* sehr kompliziert ≈ schwierig, verzwickt ⟨eine Angelegenheit, eine Aufgabe, eine Bastelarbeit⟩

knip·sen; *knipste, hat geknipst; umg* **1** **(jemanden/etwas) knipsen** ≈ fotografieren **2** **etwas knipsen** (mit einer Zange) ein Loch in etwas machen ≈ lochen: *eine Fahrkarte knipsen*

Knirps *der; -es, -e; umg;* ein kleiner Junge

knir·schen; *knirschte, hat geknirscht* **1** **etwas knirscht** etwas macht das Geräusch, das man hört, wenn *z.B.* jemand über Kies geht **2** **mit den Zähnen knirschen** die Zähne so aufeinanderbeißen und bewegen, dass ein knirschendes Geräusch entsteht

knis·tern; *knisterte, hat geknistert;* **etwas knistert** etwas macht das Geräusch von *z.B.* brennendem Holz: *das Feuer knistert im Ofen*

kno·beln; *knobelte, hat geknobelt* **1** mit Würfeln spielen **2** **(um etwas) knobeln** mit Würfeln *o.Ä.* spielen, um so zu entscheiden, wer (als Verlierer) etwas tun muss oder (als Gewinner) etwas tun darf: *Lass uns darum knobeln, wer abspülen muss* **3** **an etwas** *(Dativ)*/ **über etwas** *(Akkusativ)* **knobeln** *umg;* lange und intensiv über die Lösung einer Aufgabe oder eines Problems nachdenken: *an einem Rätsel knobeln*

Knob·lauch B1 *der; -(e)s; nur Singular;* eine Pflanze mit einer Art Zwiebel, die intensiv riecht und als Gewürz dient || K- Knoblauchbrot

Knob·lauch·ze·he *die; -, -n;* einer der Teile, aus denen die Zwiebel des Knobluchs besteht

Knö·chel *der; -s, -;* **1** einer der zwei Knochen, die man innen und außen am Fußgelenk sieht ⟨sich *(Dativ)* den Knöchel verstauchen⟩ || ↑ Abbildung unter **Fuß** || -K Fußknöchel **2** das Gelenk in der Mitte des Fingers *bzw* das Gelenk, wo die Finger in die Hand übergehen || -K Fingerknöchel

Kno·chen *der; -s, -;* einer der festen, harten Teile des Körpers, aus denen das Skelett besteht || K- Knochenbruch

Kno·chen·ge·rüst *das; -(e)s, -e; meist Singular;* alle Knochen eines Körpers ≈ Skelett

kno·chen·hart *Adjektiv; ohne Steigerung; umg;* sehr hart: *Der Boden war knochenhart gefroren*

knö·chern *Adjektiv* **1** *nur vor dem Substantiv, nicht als Adverb;* aus Knochen (gebildet): *der knöcherne Teil des Fußgelenks* **2** ≈ knochig

kno·chig *Adjektiv;* so, dass ein Körperteil nur wenige Muskeln und wenig (Körper)Fett hat

Knö·del *der; -s, -; südd* Ⓐ ≈ Kloß ‖ -K Semmelknödel

▶ Knödel

Knödel oder **Klöße** sind ein typisch deutsches Gericht. Es handelt sich dabei um Kugeln, die etwa so groß sind wie Tennisbälle und die meist aus Kartoffeln (**Kartoffelknödel** oder **-klöße**) oder Weißbrot (**Semmelknödel**) hergestellt werden. Man isst sie als Beilage zu gebratenem Fleisch, wie zum Beispiel zum traditionellen **Schweinebraten**.

LANDESKUNDE ◀

Knol·le *die; -, -n;* ein runder, dicker Teil einer Pflanze, der an den Wurzeln wächst ‖ -K Kartoffelknolle, Wurzelknolle

K

Knopf A2 *der; -(e)s, Knöp·fe* **1** ein kleiner, *meist* runder Gegenstand an Kleidern, mit dem man diese öffnet und schließt ⟨einen Knopf annähen⟩: *An deinem Hemd ist ein Knopf offen/fehlt ein Knopf* ‖ -K Jackenknopf **2** ein kleines, *meist* rundes Teil an einem Gerät, auf das man drückt oder an dem man dreht, um es in Funktion zu setzen ‖ K- Knopfdruck

Knopf

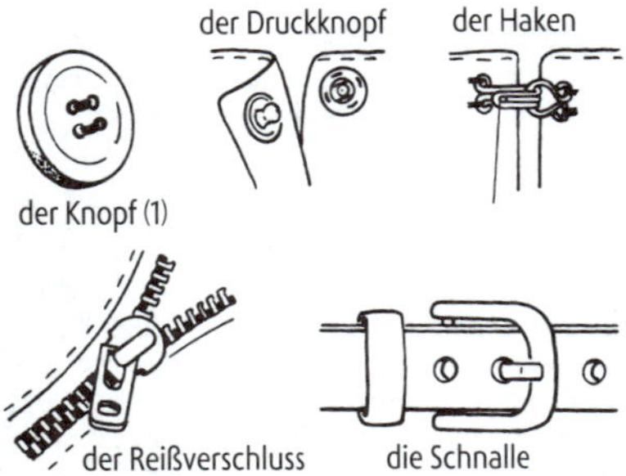

knöp·fen; *knöpfte, hat geknöpft;* **etwas knöpfen** etwas mit oder an den Knöpfen öffnen oder schließen: *eine Hose zum Knöpfen; Diese Bluse wird hinten geknöpft* ‖ Hinweis: *meist* als *zum Knöpfen* oder im Passiv verwendet

Knopf·loch B2 *das; -(e)s, -lö·cher;* ein kleines Loch (ein Schlitz) in der Kleidung *o.Ä.*, durch das man einen Knopf steckt

Knor·pel *der; -s, -;* eine feste, aber elastische Substanz, die einzelne Knochen und Gelenke miteinander verbindet ‖ *hierzu* **knor·pe·lig, knorp·lig** *Adjektiv*

Knos·pe *die; -, -n;* der Teil einer Pflanze, aus dem sich die Blüten oder Blätter entwickeln ⟨die Knospen sprießen, öffnen/entfalten sich⟩ ‖ -K Rosenknospe

kno·ten; *knotete, hat geknotet* **1** (**sich** (*Dativ*)) **etwas** (*Plural*) **knoten** Fäden, Bänder *o.Ä.* (durch einen Knoten (1)) aneinanderbinden ≈ verknüpfen: (*sich*) *die Schnürsenkel knoten* **2** (**sich** (*Dativ*)) **etwas um/an etwas** (*Akkusativ*) **knoten** etwas mit einem Knoten (1) binden und so irgendwo befestigen: *sich ein Tuch um den Hals knoten*

Kno·ten *der; -s, -;* **1** die Verbindung, die entsteht, wenn man die Enden eines Fadens oder mehrerer Fäden fest zusammenbindet **2** eine Frisur für Frauen, bei der das lange Haar hinten am Kopf zu einer Art Kugel gebunden wird **3** ein dicker (krankhafter) Teil im Gewebe: *ein Knoten in der Brust* **4** verwendet als Maßeinheit für die Geschwindigkeit von Schiffen; *Abkürzung* kn

Know-how, Knowhow [nou'hau] *das; -(s); nur Singular;* das Wissen, wie man etwas praktisch macht, damit es funktioniert ⟨das technische Know-how⟩

Knuff *der; -(e)s, Knüf·fe; umg;* ein leichter Stoß mit der Faust oder dem Arm (*bes* dem Ellbogen) ⟨jemandem einen Knuff geben⟩

knül·len; *knüllte, hat geknüllt;* **etwas knüllen** Papier oder Stoff (mit der Hand) zusammendrücken

Knül·ler *der; -s, -; umg;* etwas (Besonderes), das großes Aufsehen erregt und viele Leute anzieht oder begeistert ≈ Sensation: *Der Film ist ein echter Knüller!*

knüp·fen; *knüpfte, hat geknüpft* **1** **etwas an etwas** (*Akkusativ*) **knüpfen** etwas durch einen Knoten an etwas festmachen **2** **etwas an etwas** (*Akkusativ*) **knüpfen** etwas mit etwas verbinden ⟨Hoffnungen an etwas knüpfen⟩ **3** *meist* **Kontakte, Verbindungen (zu jemandem) knüpfen** Kontakt mit jemandem aufnehmen **4** **einen Teppich knüpfen** aus Fäden von Wolle einen Teppich machen

Knüp·pel *der; -s, -;* ein kurzer, dicker Stock ‖ -K Gummiknüppel

knur·ren; *knurrte, hat geknurrt;* **ein Hund knurrt** ein Hund gibt leise drohende Laute von sich ‖ ID **jemandem knurrt der Magen (vor Hunger)** jemand hat solchen Hunger, dass sein Magen Geräusche macht

knusp·rig *Adjektiv;* frisch gebraten oder gebacken, mit einer Kruste ⟨etwas knusprig braten⟩

knut·schen; *knutschte, hat geknutscht; umg;* **mit jemandem knutschen** jemanden intensiv küssen

k.o. [ka:ˈ|o:] *Adjektiv; nur nach dem Substantiv oder als Adverb* **1 k.o. sein** nach einem Schlag nicht mehr fähig sein aufzustehen **2 k.o. sein** *umg;* sehr müde sein || *hierzu* **K.o.** *das; -s, -s*

Ko·a·li·ti·on B2 [-ˈtsio:n] *die; -, -en;* **eine Koalition (mit** ⟨einer Partei *o.Ä.*⟩**/zwischen** ⟨einer Partei⟩ **und** ⟨einer Partei *o.Ä.*⟩) ein Bündnis *meist* zwischen Parteien, die zusammen eine Regierung bilden || K- Koalitionspartner, Koalitionsregierung

Ko·balt *das; -(e)s; nur Singular;* ein hartes, glänzendes Metall, das magnetisch ist; *Chemie* Co || K- kobaltblau

Koch *der; -(e)s, Kö·che;* jemand, der beruflich in einem Restaurant die Speisen macht || K- Kochmütze || -K Chefkoch || *hierzu* **Kö·chin** *die; -, -nen*

ko·chen A1 *kochte, hat gekocht* **1 (etwas) kochen** Nahrung zum Essen zubereiten, indem man sie heiß macht und durch Hitze gar werden lässt: *das Mittagessen kochen* || K- Kochbuch, Kochtopf **2** ⟨Tee, Kaffee⟩ **kochen** Tee oder Kaffee zubereiten **3 etwas kochen** Essen in heißem Wasser kochen (1): *Soll ich die Eier braten oder kochen?* **4 etwas kochen** Wäsche, Kleider *o.Ä.* in ungefähr 90°C heißem Wasser waschen || K- Kochwäsche, Kochwaschgang **5 etwas kocht** etwas hat die Temperatur, bei der Wasser Blasen macht und zu Dampf wird (ungefähr 100°C) ⟨etwas zum Kochen bringen; etwas ist kochend heiß⟩: *die kochende Milch vom Feuer nehmen Die Suppe fünf Minuten kochen lassen* **6 jemand kocht (vor Wut)/ in jemandem kocht es** *umg;* jemand ist sehr wütend

Ko·cher *der; -s, -;* ein kleines Gerät, auf dem man (warmes Essen) kochen kann || -K Campingkocher; Gaskocher, Spirituskocher

koch·fest *Adjektiv; nicht als Adverb;* ⟨Textilien⟩ so, dass sie beim Kochen (4) nicht ihre Farbe oder Form verlieren

Koch·löf·fel B2 *der; -s, -;* ein großer Löffel aus Holz, mit dem man das Essen beim Kochen umrührt || ID **den Kochlöffel schwingen** *humorvoll* ≈ kochen (1)

Koch·ni·sche *die; -, -n;* eine Art kleine Küche als Teil eines Zimmers in einer kleinen Wohnung

Koch·salz *das; -es; nur Singular;* Salz, das man essen kann; *Chemie* Natriumchlorid || K- Kochsalzlösung

Kode *usw* ↑ **Code** *usw*

Kö·der *der; -s, -;* ein Stück Nahrung, mit dem man ein Tier locken will, um es zu fangen ⟨einen Köder auslegen⟩ || -K Angelköder

kö·dern; *köderte, hat geködert* **1 ein Tier ködern** versuchen, ein Tier (mit einem Köder) zu locken und zu fangen **2 jemanden ködern** *umg;* versuchen, jemanden mit einem guten Angebot für sich oder für eine Sache zu gewinnen

Kof·fe·in *das; -s; nur Singular;* eine Substanz, die *bes* in Kaffee und Tee vorkommt und bewirkt, dass man sich wach und aktiv fühlt || *hierzu* **kof·fe·in·frei** *Adjektiv;* **kof·fe·in·hal·tig** *Adjektiv*

Kof·fer A1 *der; -s, -;* ein großer, fester, *meist* rechteckiger Behälter, in den man Kleidung und andere Dinge für eine Reise legt und sie darin transportiert ⟨den Koffer packen, auspacken⟩ || ↑ Illustration **Am Flughafen**

Kof·fer·raum *der; -(e)s, -räu·me;* der Raum hinten im Auto, in den man das Gepäck legt || ↑ Illustration **Das Auto**

Kog·nak [ˈkɔnjak] *der; -s, -s; umg;* ein starkes alkoholisches, gelbbraunes Getränk aus Trauben ≈ Weinbrand || K- Kognakglas

Kohl *der; -(e)s; nur Singular;* eine Pflanze mit dicken, festen Blättern, die eng aufeinanderliegen und die man gekocht als Gemüse isst || K- Kohlkopf, Kohlsuppe || -K Grünkohl, Rotkohl, Weißkohl || *zu* **Kohlkopf** ↑ Illustration **Obst und Gemüse**

Koh·le B1 *die; -, -n* **1** *nur Singular;* eine harte, braune oder schwarze Substanz aus der Erde, die man *bes* zum Heizen verwendet ⟨Kohle abbauen, fördern⟩ || K- Kohlebergwerk, Kohlekraftwerk **2** *meist Plural;* kleine Stücke aus Kohle (1) ⟨mit Kohlen heizen⟩ || K- Kohleneimer, Kohlenofen, Kohlenschaufel || ID **(wie) auf (glühenden) Kohlen sitzen** nervös und lange warten

Koh·le·hyd·rat *das* ↑ **Kohlenhydrat**

Koh·len·di·oxid *das; -(e)s; nur Singular;* ein Gas, das aus Kohlenstoff und Sauerstoff besteht. Menschen und Tiere produzieren Kohlendioxid, wenn sie ausatmen, und Pflanzen produzieren aus Kohlendioxid Sauerstoff; *Chemie* CO_2

Koh·len·hyd·rat *das; -(e)s, -e; Chemie;* eine Substanz, die aus Kohlenstoff, Sauerstoff und Wasserstoff besteht, wie *z.B.* Zucker, und die

K

den Körper mit Wärme und Energie versorgt: *Kartoffeln sind reich an Kohlenhydraten*

Koh·len·säu·re *die; -; nur Singular;* die Säure, die *z.B.* die Bläschen in der Limonade entstehen lässt; *Chemie* H_2CO_3 || *hierzu* **koh·len·säu·re·hal·tig** *Adjektiv*

Koh·len·stoff *der; -(e)s; nur Singular;* ein chemisches Element, das in der Kohle, in reiner Form auch als Diamant vorkommt; *Chemie* C

Kohl·ra·bi *der; -(s), -(s);* ein Kohl, dessen Knolle man roh oder gekocht als Gemüse isst

Ko·je *die; -, -n* **1** ein schmales Bett in einem Schiff **2** *umg* ≈ Bett: *Liegst du immer noch in der Koje?*

Ko·ka·in B2 *das; -s; nur Singular;* eine Droge (*meist* in Pulverform) ⟨Kokain schnupfen⟩

ko·kett, *koketter, kokettest-; Adjektiv;* ⟨eine Frau⟩ mit einem Verhalten, das auf spielerische Weise zum Ziel hat, auf einen Mann attraktiv zu wirken: *die Augen kokett niederschlagen*

K

Ko·kos·nuss *die; -, -nüs·se;* die Frucht einer großen Palme (der Kokospalme)

Koks *der; -es; nur Singular* **1** eine Art Kohle, die hart wie Stein ist und sehr viel Hitze erzeugt **2** *umg* ≈ Kokain

kok·sen; *kokste, hat gekokst; umg;* Kokain (als Droge) nehmen

Kol·ben *der; -s, -;* **1** ein Stab in einem Motor, der in einer engen Röhre bewegt wird und so die Energie weitergibt || K- Kolbenantrieb **2** der breite Teil eines Gewehres, den man beim Schießen fest an den Körper drückt || -K Gewehrkolben **3** eine Frucht in Form eines Stabes, die aus den Blüten mancher Pflanzen entsteht || K- Kolbenhirse || -K Maiskolben **4** *Chemie;* ein kleines Gefäß, in dem Flüssigkeiten heiß gemacht werden

Ko·lib·ri *der; -s, -s;* ein sehr kleiner, bunter tropischer Vogel, der seine Flügel so schnell bewegen kann, dass er seine Nahrung im Flug aus Blüten saugen kann

Ko·lik, **Ko·lik** *die; -, -en;* ein starker Schmerz im Bauch, der ganz plötzlich kommt (und wie ein Krampf wirkt) || -K Gallenkolik, Nierenkolik

Kol·laps *der; -es, -e; Medizin;* ein plötzlicher Anfall von Schwäche, weil nicht mehr genug Blut ins Gehirn kommt ⟨einen Kollaps erleiden⟩ || -K Kreislaufkollaps

Kol·leg *das; -s, -s;* eine Art Schule, in der Erwachsene auf dem zweiten Bildungsweg Prüfungen machen können

Kol·le·ge *der; -n, -n;* jemand, der mit einem oder mehreren anderen die gleiche Arbeit macht: *mit den Kollegen gut auskommen* || *hierzu* **Kol·le·gin** *die; -, -nen*

kol·le·gi·al *Adjektiv;* wie unter guten Kollegen, freundlich und bereit zu helfen ⟨kollegial handeln⟩

Kol·leg·stu·fe *die; -, -n;* Ⓓ die obersten Klassen des Gymnasiums, in denen die Schüler unterschiedliche Kurse wählen können

Kol·lek·te *die; -, -n* **1** das Sammeln von Geld in der Kirche (*meist* während eines Gottesdienstes) **2** das Geld, das durch eine Kollekte gesammelt wird

Kol·lek·ti·on [-'tsio:n] *die; -, -en* **1** eine Auswahl von neuen Waren, *bes von* Kleidern, die für den Verkauf angeboten werden || -K Frühjahrskollektion **2** Dinge derselben Art, die jemand gesammelt hat: *Um an Geld zu kommen, musste er die besten Stücke seiner Kollektion verkaufen*

Kol·ler *der; -s, -; umg* ≈ Wutanfall ⟨einen Koller kriegen, haben⟩

ko·lo·ni·al- *Adjektiv; nur vor dem Substantiv, nicht als Adverb;* in Bezug auf eine oder mehrere Kolonien (1) || K- Kolonialreich

Ko·lo·ni·a·lis·mus *der; -; nur Singular;* die Politik und Ideologie eines Staates, der andere Länder als Kolonien besetzt hat || *hierzu* **ko·lo·ni·a·lis·tisch** *Adjektiv*

Ko·lo·nie *die; -, -n* [-'ni:ən] **1** ein Land oder Gebiet, das von einem anderen Staat beherrscht wird: *die ehemaligen britischen Kolonien* || -K Kronkolonie **2** eine Siedlung, die von Auswanderern gegründet wird **3** eine große Gruppe von Tieren/Pflanzen, die eng zusammenleben || -K Vogelkolonie

ko·lo·ni·sie·ren; *kolonisierte, hat kolonisiert* **1** *meist* ⟨ein Land⟩ **kolonisiert** ⟨ein Land⟩ ein Land macht ein anderes Land zu einer Kolonie **2** ⟨Siedler *o.Ä.*⟩ **kolonisieren etwas** Siedler *o.Ä.* machen ein Gebiet bewohnbar und nutzen es wirtschaftlich || *hierzu* **Ko·lo·ni·sa·ti·on** *die; -, -en;* **Ko·lo·ni·sie·rung** *die; -, -en*

Ko·lon·ne; *die; -, -n* **1** eine lange Reihe von Autos oder Personen, die sich hintereinander irgendwohin bewegen **2** eine Reihe von Zahlen, die untereinanderstehen ⟨Kolonnen addieren⟩ || -K Zahlenkolonne **3** eine Gruppe von Personen, die gemeinsam eine Arbeit zu tun ≈ Trupp || -K Baukolonne, Putzkolonne

Ko·loss *der; -es, -e* **1** eine Person, die sehr groß und schwer ist ≈ Riese: *ein Koloss von einem Mann* **2** ein sehr großes Gebäude, Flugzeug, Schiff *o.Ä.* || -K Stahlkoloss

Ko·lum·ne *die; -, -n;* ein Teil einer Zeitung oder Zeitschrift, in dem derselbe Journalist regelmäßig Beiträge zu bestimmten Themen schreibt || -K Klatschkolumne; Zeitungskolumne || *hierzu* **Ko·lum·nist** *der; -en, -en;* **Ko·lum·nis·tin** *die; -, -nen*

Ko·ma *das; -s, -s/-ta; meist Singular;* der Zustand, in dem sich ein Mensch befindet, wenn er (*bes* mit schweren Verletzungen) sehr lange ohne Bewusstsein ist ⟨im Koma liegen; aus dem Koma nicht mehr erwachen⟩

Kom·bi *der; -s, -s;* ein Auto mit einem relativ hohen und langen Gepäckraum, das von hinten beladen wird || K- Kombiwagen

Kom·bi·na·ti·on [-'tsio:n] *die; -, -en* **1** eine geistige Leistung, durch die Fakten, Wissen und Beobachtungen logisch miteinander verbunden werden || K- Kombinationsgabe **2** die Zusammenstellung verschiedener Dinge zu einer Einheit: *eine geschmackvolle Kombination von Farben* || -K Farbkombination **3** eine feste Folge von Zahlen, die man auf einem Schloss einstellen muss: *die Kombination für einen Safe* || -K Zahlenkombination

kom·bi·nie·ren; *kombinierte, hat kombiniert* **1** **(etwas) kombinieren** aus bestimmten Anzeichen einen logischen Schluss ziehen: *Sherlock Holmes hatte wieder einmal richtig kombiniert* **2** **etwas mit etwas kombinieren** verschiedene Dinge zu einem Ganzen verbinden: *eine kombinierte Bahn-Schiffs-Reise* || *zu* 2 **kom·bi·nier·bar** *Adjektiv*

Ko·met *der; -en, -en;* ein Himmelskörper, der am Himmel wie ein Stern mit leuchtendem Schwanz zu sehen ist || K- Kometenschweif

Kom·fort B2 [-'fo:ɐ̯] *der; -s; nur Singular;* Geräte, Vorrichtungen, die das Leben angenehm und bequem machen: *ein Auto mit allem/jedem Komfort*

kom·for·ta·bel, *komfortabler, komfortabelst-; Adjektiv;* mit viel Komfort || Hinweis: *komfortabel → eine komfortable Wohnung*

Ko·mik *die; -; nur Singular;* das, was man an einer Situation, einem Witz lustig findet || -K Situationskomik

Ko·mi·ker *der; -s, -;* ein Künstler, der die Menschen zum Lachen bringt || *hierzu* **Ko·mi·ke·rin** *die; -, -nen*

ko·misch B1 *Adjektiv* **1** ⟨eine Geschichte, ein Film⟩ so, dass sie zum Lachen anregen ≈ witzig, spaßig ↔ ernst, traurig **2** *umg* ≈ seltsam, merkwürdig ⟨ein Mensch; ein Gefühl⟩: *Er hat so eine komische Art zu reden*

Ko·mi·tee *das; -s, -s;* eine Gruppe von Personen, die an einer gemeinsamen Aufgabe arbeiten ⟨einem Komitee angehören⟩: *das Internationale Olympische Komitee* || -K Festkomitee

Kom·ma B1 *das; -s, -s/-ta* **1** das Zeichen , in geschriebenen Texten ⟨ein Komma setzen⟩ || K- Kommafehler **2** ein Komma, das bei Zahlen wie 2,3 oder 2,31 angibt, wie viele Zehntel oder Hundertstel *usw* noch dazukommen: *Er hatte im Examen die Note 2,3 (gesprochen „zwei Komma drei")*

kom·man·die·ren; *kommandierte, hat kommandiert* **1** **etwas kommandieren** einen Befehl geben: *„Halt!", kommandierte er* **2** **(jemanden/etwas) kommandieren** das Recht haben, Soldaten *o.Ä.* Befehle zu geben ⟨eine Kompanie, Truppen kommandieren⟩ || *zu* 2 **Kom·man·dant** *der; -en, -en;* **Kom·man·dan·tin** *die; -, -nen*

Kom·man·do *das; -s, -s* **1** ein kurzer Befehl ⟨ein Kommando geben, erteilen⟩: *Auf das Kommando „Los!" beginnt das Rennen* || K- Kommandoton **2** *bes Militär;* die Macht, in einer Gruppe die Befehle geben zu dürfen ⟨das Kommando haben; unter jemandes Kommando stehen⟩ || K- Kommandogewalt **3** eine Gruppe von Polizisten, Soldaten *o.Ä.*, die eine bestimmte Aufgabe erfüllen soll || -K Sonderkommando, Überfallkommando

Kom·ma·stel·le *die; -, -n;* eine Ziffer, die rechts vom Komma (2) steht ≈ Dezimalstelle: *eine Zahl mit vier Kommastellen, z.B. 3,1416*

kom·men A1 *kam, ist gekommen* **1** **irgendwohin kommen** sich zu einem genannten Ort, zum Sprecher *o.Ä.* bewegen: *Meine Tante kommt morgen zu uns; Warte auf mich, ich komme gleich* **2** **(irgendwohin) kommen** ein (räumliches) Ziel erreichen ⟨nach Hause kommen⟩: *Ist mein Paket schon gekommen?; Wie kommt man von hier zum Bahnhof?* **3** **durch etwas kommen** auf dem Weg zu einem bestimmten Ziel durch etwas gehen, fahren *o.Ä.*: *Wir kamen durch ein wunderschönes Tal* **4** **irgendwoher kommen** aus dem genannten Land, der genannten Stadt *o.Ä.* stammen: *Ich komme aus Schottland* **5** **irgendwohin kommen** mit einer Ausbildung oder einem Aufenthalt bei einer Institution beginnen ⟨in den Kindergarten, in die Schule, ins Krankenhaus, zur Bundeswehr kommen⟩ **6** ⟨aus dem Krankenhaus⟩ **kommen** aus einem Krankenhaus *o.Ä.* entlassen werden **7** **(sich** (*Dativ*)**) jemanden/etwas kommen lassen** veranlassen, dass jemand/etwas zu einem kommt oder gebracht wird ⟨einen Arzt, sich ein Taxi/eine Pizza kommen lassen⟩ **8** **etwas**

kommt irgendwoher etwas bewegt sich von einem bestimmten Ausgangspunkt zu einem genannten Ort hin: *Der Wind kommt von den Bergen* **9** **etwas kommt irgendwann** etwas findet zum genannten Zeitpunkt statt: *Nach dem Essen kommt die große Überraschung* **10** **etwas kommt** etwas erscheint oder wird sichtbar: *Bei unserem Baby kommen jetzt die ersten Zähne* **11** **etwas kommt irgendwie** etwas geschieht auf die genannte Art und Weise: *Es kam alles so, wie ich es vorhergesagt habe; Ihre Antwort kam nur zögernd* **12** **etwas kommt irgendwohin** etwas gehört an den genannten Ort, soll dorthin getan werden: *„Was mache ich mit dem Hemd?" - „Das kommt in die Wäsche."* **13** **an etwas** (*Akkusativ*) **kommen** etwas mit den Händen greifen oder für sich bekommen können ⟨an die Macht, an die Regierung kommen⟩: *Ich bin zu klein, ich komme nicht an den Schalter; Wie bist du an die schöne Wohnung gekommen?* **14** **auf etwas** (*Akkusativ*) **kommen** die Antwort auf eine Frage, ein Problem finden ⟨auf die Lösung kommen⟩: *Ich komme einfach nicht darauf, wie sie das schafft* **15** **hinter etwas** (*Akkusativ*) **kommen** etwas entdecken ⟨hinter ein Geheimnis kommen⟩ **16** **um etwas kommen** etwas verlieren ⟨um sein Geld, ums Leben kommen⟩ **17** **zu etwas kommen** die Zeit oder Gelegenheit finden, etwas zu tun: *Bist du dazu gekommen, ihr zu schreiben?; Ich komme kaum noch zum Lesen* **18** **zu etwas kommen** ein Ziel erreichen oder etwas Positives bekommen ⟨zu einem Ergebnis, zu Geld, zu Ruhm, zum Ziel kommen⟩ **19** **zu etwas kommen** einen bestimmten Punkt (*meist* in einer Reihenfolge) erreichen: *Wir kommen nun zum nächsten Thema* **20** **zu** + *Substantiv* + **kommen** umschreibt ein Verb; **zu einer Einigung kommen** ≈ sich einigen; **zu einem Entschluss kommen** ≈ sich entschließen; **zu Fall kommen** *förmlich* ≈ fallen, stürzen; **jemandem zu Hilfe kommen** ≈ jemandem helfen **21** **(wieder) zu sich kommen** aus der Bewusstlosigkeit aufwachen oder wieder vernünftig denken können **22** **es kommt zu etwas** ein *meist* negativer Zustand tritt ein: *Es kam zu schweren Unruhen* **23** *meist* **etwas kommt von etwas/kommt daher, dass ...** etwas hat den genannten Grund, die genannte Ursache: *„Ich kann nicht mehr laufen" - „Das kommt daher, dass du so viel rauchst."; Die Schmerzen kommen von einem Magengeschwür* **24** **etwas kommt über jemanden** jemand wird von einem (*meist* negativen) Gefühl ergriffen: *Ein Gefühl der Hilflosigkeit kam über sie* **25** **jemandem kommt etwas** jemand hat eine Idee, Bedenken: *Mir kommen langsam Zweifel* **26** **jemand/etwas kommt jemandem gelegen/ungelegen** jemand erscheint, etwas passiert zu einem günstigen/ungünstigen Zeitpunkt: *Das kommt mir sehr gelegen* || ID **(wieder) zu Kräften kommen** nach einer Krankheit wieder völlig gesund werden; **an die Reihe kommen** der Nächste sein (der bedient, behandelt wird); **Wer zuerst kommt, mahlt zuerst** wer zuerst da ist, bekommt das Beste, Schönste; **Komme, was will/was (da) wolle ...** *förmlich*; nichts wird etwas daran ändern; **Jetzt kommt's mir (wieder)** *umg*; jetzt fällt es mir (wieder) ein; **Das kommt davon!** das ist die Folge einer dummen Handlung

K

Kom·men·tar *der; -s, -e* **1** **ein Kommentar (zu etwas)** ein Text, in dem ein Journalist *z.B.* in der Zeitung, im Fernsehen seine Meinung zu einem Ereignis gibt || -K Zeitungskommentar **2** die mündliche Beschreibung eines Ereignisses für ein Publikum, während es stattfindet (*z.B.* eines Fußballspiels im Radio) **3** **ein Kommentar (zu etwas)** eine schriftliche und wissenschaftlich begründete Erklärung oder Auslegung von etwas || ID **Kein Kommentar!** dazu sage ich nichts

kom·men·tie·ren; *kommentierte, hat kommentiert* **1** **(etwas) kommentieren** einen Kommentar schreiben oder sprechen: *die Wahlen, ein Gesetz kommentieren; Wer kommentiert (das Spiel)?* **2** **etwas kommentieren** die Meinung zu etwas sagen || *zu* 1 **Kom·men·ta·tor** *der; s, -en*; **Kom·men·ta·to·rin** *die; -, -nen*

kom·mer·zi·ell *Adjektiv*; auf finanziellen Gewinn gerichtet ⟨Interessen⟩

Kom·mis·sar *der; -s, -e*; ein relativ hoher Dienstgrad bei der Polizei || -K Hauptkommissar || *hierzu* **Kom·mi·sa·rin** *die; -, -nen*

kom·mis·sa·risch *Adjektiv*; *nur vor dem Substantiv oder als Adverb*; ⟨eine Leitung; etwas kommissarisch leiten⟩ nur für eine bestimmte Zeit und in Vertretung eines anderen

Kom·mis·si·on [-ˈsi̯oːn] *die; -, -en*; eine Gruppe von Personen, die beauftragt ist, gemeinsam eine Aufgabe zu lösen || -K Kontrollkommission

Kom·mo·de B2 *die; -, -n*; ein (niedriger) Schrank mit Schubladen

kom·mu·nal *Adjektiv*; in Bezug auf die Kommune (1) || K- Kommunalverwaltung, Kommunalwahlen

Kom·mu·ne *die; -, -n* **1** eine Stadt, ein Dorf *o.Ä.* als Gebiet mit eigener Verwaltung ≈ Gemeinde (1): *Bund, Länder und Kommunen; die*

finanziellen Probleme der Kommunen **2** eine Gruppe von Personen (oft Studenten), die zusammen wohnen und ihr Leben gemeinsam finanzieren, obwohl sie keine Familie sind ⟨in einer Kommune leben, wohnen⟩

Kom·mu·ni·ka·ti·on B1 [-'tsio:n] *die; -, -en; meist Singular;* **die Kommunikation** (+ *Genitiv*/ **von etwas**); **die Kommunikation** (**mit jemandem/zwischen** ⟨Personen (*Dativ*)⟩) das Sprechen mit anderen oder die Mitteilung durch Zeichen: *Während des Sturmes war keine Kommunikation zwischen Festland und Insel möglich* || K- Kommunikationsmittel || *hierzu* **kom·mu·ni·zie·ren** (*hat*)

Kom·mu·ni·on [-'nio:n] *die; -, -en* **1** ein religiöser Akt in der katholischen Messe (bei dem die Hostien ausgeteilt werden) ⟨zur Kommunion gehen⟩ **2** das erste Mal, wenn ein Kind zur Kommunion (1) geht ≈ Erstkommunion || K- Kommunionsanzug, Kommunionskerze, Kommunionskleid

Kom·mu·nis·mus B2 *der; -; nur Singular;* eine politische Ideologie nach Karl Marx und Friedrich Engels, die sich gegen den Kapitalismus richtet und *bes* von den Regierungen Osteuropas vertreten wurde || *hierzu* **Kom·mu·nist** *der; -en, -en;* **Kom·mu·nis·tin** *die; -, -nen;* **kom·mu·nis·tisch** *Adjektiv*

kom·mu·ni·zie·ren B2 *kommunizierte, hat kommuniziert;* **jemand kommuniziert mit jemandem**; ⟨Personen⟩ **kommunizieren** (**miteinander**) *förmlich;* zwei oder mehrere Personen teilen sich ihre Gefühle, Gedanken *o.Ä.* mit oder tauschen Informationen aus

Ko·mö·di·ant *der; -en, -en* **1** ein Schauspieler, der lustige Rollen in Komödien spielt **2** *abwertend;* jemand, der anderen Gefühle vortäuscht ≈ Heuchler || *hierzu* **Ko·mö·di·an·tin** *die; -, -nen;* **ko·mö·di·an·tisch** *Adjektiv*

Ko·mö·die [-diə] *die; -, -n* **1** ein lustiges Theaterstück oder ein lustiger Film || K- Komödienschreiber **2** **etwas ist (nur) Komödie** eine Reaktion, Handlung ist gar nicht echt: *Ihre Tränen sind nur Komödie*

kom·pakt, *kompakter, kompaktest-; Adjektiv* **1** fest und dicht ⟨eine Masse⟩ **2** klein, aber sehr praktisch || K- Kompaktkamera

Kom·pa·nie *die; -, -n* [-'ni:ən]; *Militär;* eine kleine (Truppen)Einheit

Kom·pa·ra·tiv A2 [-f] *der; -s, -e; Sprachwissenschaft;* eine Form des Adjektivs oder Adverbs, die eine Steigerung der Qualität oder Quantität ausdrückt: *„Leiser" ist der Komparativ zu „leise"*

Kom·pass *der; -es, -e;* ein kleines Gerät mit einer magnetischen Nadel, die immer nach Norden zeigt || K- Kompassnadel

kom·pa·ti·bel *Adjektiv; Informatik;* so, dass *meist* Computer zusammen mit anderen Geräten und anderer Software benutzt werden können || Hinweis: *kompatibel* → *kompatible Geräte* || *hierzu* **Kom·pa·ti·bi·li·tät** *die; -, -en*

kom·pen·sie·ren; *kompensierte, hat kompensiert;* **etwas (durch etwas) kompensieren** *förmlich;* eine Schwäche, einen Fehler *o.Ä.* durch etwas anderes ausgleichen: *Er versuchte, seine Aufregung durch lautes Sprechen zu kompensieren*

Kom·pe·tenz *die; -, -en* **1** das Wissen oder das (fachliche) Können auf einem bestimmten Gebiet: *Ihre hohe fachliche/soziale Kompetenz ist unbestritten* **2** das Recht, Entscheidungen oder Anordnungen zu treffen und Befehle zu erteilen ≈ Zuständigkeit ⟨seine Kompetenzen überschreiten⟩ || K- Kompetenzbereich, Kompetenzkonflikt, Kompetenzstreitigkeit || *zu* 1 **kom·pe·tent** *Adjektiv*

kom·plett *Adjektiv* **1** mit allen Teilen, die dazugehören: *Eine Münze fehlt mir noch, dann ist meine Sammlung komplett* **2** so, dass niemand fehlt: *Jetzt sind wir komplett und können abfahren* **3** *nur vor dem Substantiv oder als Adverb; umg* ≈ völlig ⟨kompletter Unsinn⟩

kom·plex, *komplexer, komplexest-; Adjektiv;* so, dass viel (an verschiedenen Faktoren, Aspekten oder Bestandteilen) darin enthalten ist ≈ kompliziert, vielschichtig ↔ einfach ⟨ein Problem, Zusammenhänge⟩: *„Demokratie" ist ein sehr komplexer Begriff*

Kom·plex *der; -es, -e* **1** eine Verbindung aus mehreren Dingen, die eng zusammenhängen ⟨ein Komplex von Maßnahmen⟩ || -K Fragenkomplex **2** eine Gruppe von Gebäuden, die zusammengehören: *Hier entsteht ein neuer Komplex von Wohnhäusern* || -K Fabrikkomplex **3** *Psychologie;* Vorstellungen, Erinnerungen oder Gefühle, die negativ auf die Persönlichkeit wirken ⟨an einem Komplex leiden⟩: *Er hat Komplexe wegen seiner vielen Pickel* || -K Minderwertigkeitskomplex

Kom·pli·ka·ti·on [-'tsio:n] *die; -, -en; meist Plural;* etwas, das einen Prozess (eine Entwicklung) stört ≈ Problem: *Beim Bau des Tunnels ergaben sich unvorhergesehene Komplikationen; Die Operation verlief ohne Komplikationen* || *hierzu* **kom·pli·ka·ti·ons·los** *Adjektiv*

Kom·pli·ment *das; -(e)s, -e* **1** **ein Kompli-**

K

ment (**zu etwas** *(Akkusativ)*) freundliche Worte, mit denen man jemandem eine Freude machen oder seine Bewunderung zeigen will ⟨jemandem ein Kompliment machen⟩: *Er machte ihr ein Kompliment zu ihrem neuen Kleid* **2** (**Mein**) **Kompliment!** verwendet, um jemanden zu loben

Kom·pli·ze *der; -n, -n;* jemand, der einem anderen bei einer Tat hilft, die gegen das Gesetz verstößt: *Der Dieb verriet die Namen seiner Komplizen* ‖ *hierzu* **Kom·pli·zin** *die; -, -nen*

kom·pli·ziert [B2] *komplizierter, kompliziertest-; Adjektiv* **1** schwer zu begreifen oder zu lösen ⟨ein Problem⟩ **2** so, dass es schwer ist vorauszusehen, was jemanden verletzen oder verärgern könnte ≈ schwierig ⟨ein Mensch, Charakter⟩ **3** mit vielen technischen Details und daher schwer zu bedienen ⟨ein Gerät, eine Maschine⟩

K

Kom·plott *das; -(e)s, -e; abwertend;* **ein Komplott** (**gegen jemanden**) ein geheimer Plan, gemeinsam etwas zu tun, das jemandem *(bes einer Regierung)* schadet ≈ Verschwörung ⟨ein Komplott anzetteln, schmieden, aufdecken⟩

kom·po·nie·ren; *komponierte, hat komponiert;* (**etwas**) **komponieren** ein Musikstück schreiben ‖ *hierzu* **Kom·po·nist** *der; -en, -en;* **Kom·po·nis·tin** *die; -, -nen*

Kom·po·si·ti·on [-'tsi̯oːn] *die; -, -en* **1** *nur Singular;* das Komponieren: *die Komposition einer Sinfonie* **2** etwas, das jemand komponiert hat ≈ Musikstück: *Die „Brandenburgischen Konzerte" gehören zu Bachs bekanntesten Kompositionen* **3** *förmlich;* die Art der Zusammenstellung: *Die Komposition des Menüs überlasse ich meiner Frau*

Kom·po·si·tum *das; -s, Kom·po·si·ta; Sprachwissenschaft;* ein Wort, das aus zwei (oder mehreren) selbstständigen Wörtern besteht: *„Milchkanne" ist ein Kompositum aus „Milch" und „Kanne"*

Kom·post [B2] *der; -(e)s, -e; meist Singular* **1** sehr fruchtbare Erde, die aus den Resten von Pflanzen entsteht, wenn man sie mehrere Monate auf einem Haufen im Freien gelagert hat ‖ K- Komposterde, Komposthaufen **2** ≈ Komposthaufen: *Eierschalen auf den Kompost tun* ‖ *hierzu* **kom·pos·tie·ren** *(hat)*

Kom·pott *das; -(e)s, -e;* Obst, das mit Zucker und Wasser gekocht wurde ‖ K- Kompottschale ‖ -K Apfelkompott, Kirschkompott

Kom·pro·miss [B1] *der; -es, -e;* **ein Kompromiss** (**mit jemandem**) (**über etwas** *(Akkusativ)*) eine Einigung bei Verhandlungen oder bei einem Streit, wobei jeder der Partner einen Teil der Forderungen des/der anderen akzeptiert ⟨einen Kompromiss eingehen; sich *(Plural)* auf einen Kompromiss einigen⟩: *Wer in der Politik Erfolg haben will, muss Kompromisse machen können* ‖ K- Kompromissvorschlag

kon·den·sie·ren; *kondensierte, hat/ist kondensiert* **1** **etwas kondensiert** (**irgendwo**) *(hat/ist) Physik;* etwas geht vom gasförmigen in den flüssigen Zustand über: *An den kalten Fensterscheiben kondensiert das Wasser aus der feuchten Luft im Badezimmer* ‖ K- Kondenswasser **2** *meist* **etwas wird kondensiert** eine Flüssigkeit wird *meist* durch Verdampfen dicker gemacht ⟨kondensierte Milch⟩ ‖ K- Kondensmilch

Kon·di·ti·on[1] [-'tsi̯oːn] *die; -; nur Singular;* die Fähigkeit des Körpers, etwas zu leisten: *Sie treibt regelmäßig Sport und hat deswegen eine gute Kondition* ‖ K- Konditionstraining

Kon·di·ti·on[2] [-'tsi̯oːn] *die; -, -en; Wirtschaft;* eine der Bedingungen für die Lieferung oder den Verkauf einer Ware bei Abschluss eines Vertrags *o.Ä.*

Kon·di·tor *der; -s, Kon·di·to·ren;* jemand, der beruflich Torten, Kuchen *usw* herstellt und verkauft ‖ *hierzu* **Kon·di·to·rei** *die; -, -en;* **Kon·di·to·rin** *die; -, -nen*

Kon·do·lenz- *im Substantiv; betont; förmlich;* so,

Das Haus

1 das Bad, das Badezimmer
2 der Balkon
3 der Briefkasten
4 das Dach
5 die Dachterrasse
6 die Diele
7 das Esszimmer
8 das Fenster
9 das Fensterbrett
10 der Flur, der Gang
11 der Gartenzaun
12 das Geländer
13 das Gitter
14 der Kamin
15 das Kinderzimmer
16 die Klingel
17 die Küche
18 die Satellitenschüssel
19 das Schlafzimmer
20 die Speisekammer
21 die Terrasse
22 das Tor
23 die Treppe
24 die Tür
25 das Wohnzimmer

Das Haus

Im Wohnzimmer

dass man damit jemandem sein Mitgefühl, Beileid bei einem Todesfall ausdrückt ≈ Beileids-; der **Kondolenzbesuch**, der **Kondolenzbrief**, die **Kondolenzkarte**

Kon·dom B1 *das; -s, -e;* eine Hülle aus Gummi für den Penis des Mannes, zum Schutz vor einer Infektion beim Sex oder zur Verhinderung einer Schwangerschaft

Kon·fekt *das; -(e)s; nur Singular;* Pralinen *o.Ä.*

Kon·fe·renz A2 *die; -, -en;* **eine Konferenz (über etwas** *(Akkusativ)***)** ein Treffen, bei dem Personen über bestimmte (berufliche) Themen diskutieren || K- Konferenzteilnehmer || *hierzu* **kon·fe·rie·ren** *(hat)*

Kon·fes·si·on B2 [-'sio:n] *die; -, -en* **1** eine religiöse Gruppe innerhalb einer Religion, *z.B.* die Katholiken oder die Protestanten **2** die Religion, der man offiziell angehört || K- Konfessionsschule

Kon·fir·mand *der; -en, -en; protestantische Religion;* ein Jugendlicher kurz vor oder nach der Konfirmation || K- Konfirmandenunterricht || *hierzu* **Kon·fir·man·din** *die; -, -nen*

Kon·fir·ma·ti·on [-'tsio:n] *die; -, -en;* eine Feier (mit dem ersten Abendmahl) in der evangelischen Kirche, durch die Jugendliche als erwachsene Mitglieder in die Gemeinde aufgenommen werden || *hierzu* **kon·fir·mie·ren** *(hat)*

Kon·fi·tü·re *die; -, -n;* eine Art Marmelade, in der manche Früchte noch ganz sind || -K Erdbeerkonfitüre

Kon·flikt B1 *der; -(e)s, -e* **1** eine schwierige Situation, in der zwei oder mehrere Personen/Gruppen verschiedene Wünsche, Absichten haben ⟨ein offener Konflikt; einen Konflikt austragen, lösen⟩ || K- Konfliktherd **2** eine (psychisch) schwierige Situation, in der sich jemand *meist* zwischen verschiedenen Möglichkeiten nicht entscheiden kann ⟨ein innerer Konflikt; etwas bringt jemanden in Konflikte⟩

kon·form *Adjektiv; ohne Steigerung* **1** *(meist* in den Meinungen oder Beurteilungen) übereinstimmend, gleich ⟨Ansichten, Auffassungen⟩: *In diesem Punkt sind unsere Standpunkte konform* **2** **mit jemandem/etwas konform gehen/sein** *förmlich;* mit jemandem/etwas übereinstimmen, gleicher Meinung sein: *Hier gehe ich mit Ihnen/mit Ihrer Auffassung konform*

kon·form·ge·hen *(ist) förmlich;* ↑ **konform** (2)

kon·fron·tie·ren; *konfrontierte, hat konfrontiert;* **jemanden mit jemandem/etwas konfrontieren** jemanden in eine Situation bringen, in der er sich mit jemandem/etwas beschäftigen muss *(meist* obwohl es ihm unangenehm ist): *Sie konfrontierte ihren Vater damit, dass sie Schauspielerin werden wollte; Ich wurde plötzlich mit einem neuen Mitarbeiter konfrontiert* || *hierzu* **Kon·fron·ta·ti·on** *die; -, -en*

kon·fus, *konfuser, konfusest-; Adjektiv* **1** ⟨Worte⟩ so, dass sie nicht klar durchdacht und deshalb schwer zu verstehen sind **2** ≈ verwirrt: *Sein Gerede macht mich ganz konfus*

Kon·gress *der; -es, -e* **1** ein Treffen von Fachleuten, bei dem Meinungen, Informationen *usw* ausgetauscht werden ⟨ein medizinischer, internationaler Kongress⟩ || K- Kongresshalle **2** eine der Kammern im Parlament der USA

Kö·nig *der; -s, -e* **1** ein Mann als Herrscher eines Landes mit einer Monarchie: *Juan Carlos, der König von Spanien* || K- Königskrone, Königsschloss, Königsthron || Hinweis: auch als Titel verwendet: *König Ludwig II.* **2** **der König** *(+ Genitiv)* eine Person oder Sache, die sehr wichtig, gut *o.Ä.* ist: *Elvis Presley, der König des Rock'n'Roll* **3** die wichtigste Figur im Schachspiel || ↑ Abbildung unter **Schachfiguren** **4** eine Spielkarte, auf der ein König (1) zu sehen ist || ↑ Abbildung unter **Spielkarten**

Kö·ni·gin *die; -, -nen* **1** eine Frau als Herrscherin eines Landes: *Elisabeth II.* (gespro-

K

Im Wohnzimmer

1 das Bild
2 der Bilderrahmen
3 die Blumenvase, die Vase
4 der Boden, der Fußboden
5 das Bücherregal, das Regal
6 die Decke
7 die Decke, die Zimmerdecke
8 die DVD
9 der DVD-Player
10 die Fernbedienung
11 der Fernseher
12 die Gardine
13 die Lampe, die Deckenlampe
14 der Lautsprecher
15 der Rollladen
16 der Sessel
17 das Sofa
18 das Sofakissen
19 die Stehlampe
20 die Stereoanlage
21 der Stuhl
22 der Teppich
23 der Tisch
24 die Tischdecke
25 die Topfpflanze
26 der Vorhang
27 die Wand, die Zimmerwand

chen: die Zweite), *Königin von Großbritannien* || Hinweis: auch als Titel verwendet **2** die Ehefrau eines Königs (1) **3** **die Königin** (+ *Genitiv*) eine Frau, ein Tier oder ein Ding, die besonders wichtig, gut *o.Ä.* sind: *die Rose, die Königin der Blumen* **4** das weibliche Tier, das in einem Insektenvolk die Eier legt || -K Ameisenkönigin, Bienenkönigin

kö·nig·lich *Adjektiv* **1** *nur vor dem Substantiv oder als Adverb;* von einem König (1), einer Königin (1) ⟨die Familie, das Schloss⟩ **2** ≈ großzügig ⟨eine Belohnung, ein Geschenk⟩ **3** **sich königlich amüsieren** *umg;* sich sehr gut amüsieren

Kö·nig·reich *das; -(e)s, -e* ein Reich, das von einem König/einer Königin regiert wird

Kö·nig·tum *das; -s; nur Singular;* die Form der Regierung mit einem König oder einer Königin an der Spitze ≈ Monarchie

kon·ju·gie·ren; *konjugierte, hat konjugiert;* **etwas konjugieren** die Formen eines Verbs bilden, die *z.B.* bei einer bestimmten Person oder einem Tempus verlangt werden ≈ beugen ⟨ein Verb konjugieren⟩ || Hinweis: ↑ **deklinieren** || *hierzu* **Kon·ju·ga·ti·on** *die; -, -en*

K

Kon·junk·ti·on [-ˈtsi̯oːn] *die; -, -en; Sprachwissenschaft;* ein Wort wie *und, oder, aber, weil,* das Teile von Sätzen (oder Nebensätze und den Hauptsatz) miteinander verbindet ≈ Bindewort

Kon·junk·tiv [-f] *der; -s, -e; Sprachwissenschaft;* eine Form eines Verbs, die besonders in der indirekten Rede und in Sätzen, die mit *wenn* beginnen, verwendet wird: *„Ich sei" und „ich wäre" sind die Formen Konjunktiv I und II der ersten Person Singular von „sein"* || K- Konjunktivsatz

Kon·junk·tur *die; -; nur Singular;* die allgemeine wirtschaftliche Situation und Entwicklung eines Landes ⟨eine stabile, steigende, fallende, rückläufige Konjunktur⟩ || K- Konjunkturaufschwung

kon·kret, *konkreter, konkretest-; Adjektiv* **1** bis ins Detail genau ⟨ein Vorschlag⟩: *Drück dich bitte etwas konkreter aus!* **2** ⟨die Welt, die Wirklichkeit⟩ so, dass man sie mit den Sinnen wahrnehmen kann

Kon·kur·rent *der; -en, -en;* jemand, der die gleichen Waren oder Leistungen anbietet oder das gleiche Ziel erreichen will wie ein anderer ⟨ein gefährlicher Konkurrent⟩ || *hierzu* **Kon·kur·ren·tin** *die; -, -nen*

Kon·kur·renz B2 *die; -, -en* **1** *nur Singular;* **die Konkurrenz (mit jemandem/um jemanden/etwas)** die Situation, die entsteht, wenn mehrere Personen das gleiche Ziel erreichen oder mehrere Hersteller *o.Ä.* die gleichen Waren verkaufen wollen ≈ Wettbewerb ⟨jemandem Konkurrenz machen; mit jemandem in Konkurrenz treten⟩ || K- Konkurrenzkampf **2** *nur Singular;* alle Hersteller *o.Ä.*, die die gleichen oder ähnliche Waren anbieten ⟨zur Konkurrenz gehen; die Konkurrenz ausschalten⟩: *Für dieses Auto zahlen Sie bei der Konkurrenz 1000 Euro mehr* || K- Konkurrenzunternehmen **3** *nur Singular;* alle anderen Personen, die (*z.B.* in einem Wettkampf, bei einer Bewerbung) das gleiche Ziel erreichen wollen ⟨gegen starke Konkurrenz antreten; die Konkurrenz aus dem Feld schlagen⟩ || ID **jemand/etwas ist ohne Konkurrenz** jemand/etwas ist viel besser als jeder/alles andere

kon·kur·rie·ren; *konkurrierte, hat konkurriert* **1** **jemand/etwas konkurriert mit jemandem/etwas (um jemanden/etwas)**; ⟨Personen/Firmen *o.Ä.*⟩ **konkurrieren (um jemanden/etwas)** verschiedene Personen, Firmen *o.Ä.* versuchen im Wettbewerb, jemanden/etwas für sich zu gewinnen: *konkurrierende Bewerber, Sportler* **2** **(mit jemandem/etwas) konkurrieren können** gegen jemanden/etwas in einem Wettbewerb oder (wirtschaftlichen) Wettstreit bestehen können: *Mit dem Supermarkt und seinen Sonderangeboten kann unser kleines Geschäft nicht mehr konkurrieren* || Hinweis: *meist* verneint

Kon·kurs *der; -es, -e;* die Situation, wenn eine Firma Waren, Leistungen oder Schulden nicht mehr bezahlen kann ⟨jemand/eine Firma geht in Konkurs, meldet den Konkurs an⟩

kön·nen[1] A1 *kann, konnte, hat können; Modalverb; Infinitiv* + **können** **1** die Fähigkeit haben, etwas zu tun: *Sie kann Gitarre spielen* **2** die Möglichkeit haben, etwas zu tun: *Ich kann nicht kommen, weil meine Tochter krank ist* **3** die Erlaubnis haben, etwas zu tun: *Kann ich noch ein Stück Kuchen haben?* **4** als Möglichkeit vorhanden, denkbar (sein): *Es kann sein, dass sie schon morgen kommt; Bei dem Wetter könnte der Zug Verspätung haben* **5** gute Gründe dafür haben, etwas zu tun: *Ich konnte ihm nur zustimmen*

kön·nen[2] A1 *kann, konnte, hat gekonnt; umg* **1** **(etwas) können** fähig sein, etwas zu tun: *Sie kann gut Englisch; „Kommst du mit?" - „Nein, ich kann leider nicht."* **2** **irgendwohin können** die Erlaubnis oder die Möglichkeit haben oder bekommen, irgendwohin zu gehen, fahren: *Kann ich heute ins Kino?* **3** noch die Energie für etwas haben: *Kannst du noch oder sollen wir eine Pause machen?* || ID **nicht(s) für etwas können** an etwas nicht schuld sein

Kön·ner *der; -s, -;* jemand, der auf einem bestimmten Gebiet sehr gute Kenntnisse oder Fähigkeiten hat ⟨ein echter, wahrer, wirklicher Könner sein⟩ || *hierzu* **Kön·ne·rin** *die; -, -nen*

konn·te *Imperfekt, 1. und 3. Person Singular;* ↑ **können**

Kon·sens *der; -es, -e; förmlich;* eine Übereinstimmung der Meinungen ↔ Dissens ⟨Personen finden einen Konsens, streben einen Konsens an; über etwas (*Dativ*) besteht (kein) Konsens⟩

kon·se·quent, *konsequenter, konsequentest-; Adjektiv* **1** so, dass es einem Plan enspricht und ohne Widersprüche ist ⟨konsequent handeln⟩ **2** *meist als Adverb;* so, dass man sich von etwas nicht abbringen lässt ⟨ein Ziel konsequent verfolgen⟩

Kon·se·quenz *die; -, -en;* eine Folge, Wirkung: *Der Unfall wird rechtliche Konsequenzen haben* || ID **(aus etwas) die Konsequenzen ziehen** als Folge einer Sache eine Entscheidung treffen: *Er zog die Konsequenzen und trat zurück*

kon·ser·va·tiv, kon·ser·va·tiv B2 [-f] *Adjektiv;* so, dass man alte oder bestehende Werte und gesellschaftliche Strukturen für gut hält ⟨Vorstellungen; ein Politiker⟩ || *hierzu* **Kon·ser·va·ti·ve, Kon·ser·va·ti·ve** *der/die; -n, -n*

Kon·ser·ve [-və] *die; -, -n* **1** eine Dose oder ein Glas mit haltbar gemachten Lebensmitteln || K- Konservendose || -K Fischkonserve **2** Lebensmittel aus der Konserve (1): *sich von Konserven ernähren*

kon·ser·vie·ren [-v-]; *konservierte, hat konserviert;* **etwas konservieren** etwas (*bes* Lebensmittel) haltbar machen || *hierzu* **Kon·ser·vie·rung** *die; -, -en*

Kon·so·nant *der; -en, -en;* einer der Laute, die nicht zu den Vokalen gehören (*z.B.* [b, k, t]) ⟨ein stimmhafter, stimmloser Konsonant⟩

kon·stant *Adjektiv* **1** ⟨Preise, Mengen, Maße⟩ so, dass sie sich nicht ändern: *mit konstanter Geschwindigkeit fahren* **2** *meist als Adverb;* ohne Unterbrechung und sehr lange ⟨eine Weigerung⟩: *Er hat sich konstant geweigert*

Kon·stan·te *die; -, -n; Mathematik;* eine Größe, die sich nicht ändert, die gleich bleibt ↔ Variable

Kons·tel·la·ti·on [-'tsio:n] *die; -, -en* **1** *förmlich;* eine Situation, in der bestimmte Faktoren zusammentreffen ⟨eine (un)günstige Konstellation⟩ **2** die Stellung der Planeten und des Mondes zur Sonne und zueinander, wie man sie von der Erde aus sieht ≈ Lage || -K Sternenkonstellation

Kon·sti·tu·ti·on [-'tsio:n] *die; -, -en* **1** *nur Singular;* der allgemeine, *bes* körperliche Zustand einer Person ⟨die körperliche Konstitution; eine kräftige, schwache Konstitution haben⟩ **2** ≈ Verfassung[1]: *die Konstitution der Vereinigten Staaten*

kon·stru·ie·ren; *konstruierte, hat konstruiert* **1** **etwas konstruieren** etwas planen und bauen ⟨ein Flugzeug, eine Brücke konstruieren⟩ **2** **etwas konstruieren** *abwertend;* einen falschen Sachverhalt als wahr darstellen ⟨ein Alibi, einen Beweis konstruieren⟩ **3** **etwas konstruieren** (nach den Regeln einer bestimmten Sprache) etwas aus Wörtern bilden ⟨einen Satz konstruieren⟩ || *zu* 1 **Kon·struk·teur** [-'tø:ɐ̯] *der; -s, -e;* **Kon·struk·teu·rin** [-'tø:rɪn] *die; -, -nen*

Kon·struk·ti·on [-'tsio:n] *die; -, -en* **1** das Konstruieren (1): *Die Konstruktion des neuen Satelliten dauerte zwei Jahre* || K- Konstruktionsskizze **2** das genaue Zeichnen von geometrischen Figuren **3** *Sprachwissenschaft;* das Konstruieren (3) || -K Passivkonstruktion

kon·struk·tiv, kon·struk·tiv [-f] *Adjektiv; förmlich;* mit dem Ziel, dass etwas entwickelt oder verbessert wird ↔ destruktiv ⟨ein Vorschlag, Kritik⟩

Kon·sul *der; -s, -n* **1** ein Vertreter eines Staates in großen Städten des Auslands. Im Unterschied zu den Diplomaten vertritt er seinen Staat nicht politisch. Er hat meist wirtschaftliche und Verwaltungsaufgaben (*z.B.* die Erteilung von Visa) **2** *historisch;* jemand, der im antiken Rom (solange es Republik war) das höchste Staatsamt hatte || *zu* 1 **Kon·su·lin** *die; -, -nen*

Kon·su·lat B2 *das; -(e)s, -e;* die Behörde eines Konsuls (1) oder das Gebäude, in dem sie untergebracht ist

Kon·sum B2 *der; -s; nur Singular; förmlich;* **der Konsum (von/an etwas** (*Dativ*)) das Verbrauchen (Konsumieren) von Waren (*bes* durch Essen und Trinken): *einen hohen Konsum an Alkohol haben; Der Konsum von exotischen Früchten ist stark gestiegen; Nach dem Reaktorunfall wurde vom Konsum frischer Milch abgeraten* || K- Konsumartikel, Konsumgewohnheiten, Konsumgüter, Konsumverhalten, Konsumverzicht || -K Alkoholkonsum, Bierkonsum, Fleischkonsum, Tabakkonsum, Tablettenkonsum, Zigarettenkonsum

kon·su·mie·ren; *konsumierte, hat konsumiert;*

K

etwas konsumieren *förmlich;* etwas essen, trinken oder verbrauchen ⟨Alkohol konsumieren⟩ || *hierzu* **Kon·su·mẹnt** *der; -en, -en;* **Kon·su·mẹn·tin** *die; -, -nen*

Kon·tạkt [A2] *der; -(e)s, -e* **1** **Kontakt (mit/zu jemandem/etwas)** die Beziehung, die man zu Freunden *o.Ä.* hat und die man durch Treffen, Gespräche *o.Ä.* pflegt ⟨enger Kontakt; den Kontakt abbrechen⟩: *Er ist sehr schüchtern und hat daher kaum Kontakt mit/zu seinen Mitschülern* || [K-] Kontaktanzeige **2** das Austauschen von Informationen *o.Ä.* ⟨telefonischer Kontakt⟩: *Die Polizei versuchte, Kontakt zu den Geiselnehmern zu bekommen* || [K-] Kontaktaufnahme **3** *förmlich* ≈ Berührung: *Vermeiden Sie jeden Kontakt mit dem giftigen Stoff!* || [-K] Körperkontakt

kon·tạkt·freu·dig *Adjektiv; nicht als Adverb;* ⟨Menschen⟩ so, dass sie viele Kontakte (1) suchen und finden und dadurch viele Freunde haben ≈ gesellig

Kon·tạkt·lin·se *die; -, -n; meist Plural;* eine kleine Schale, die direkt auf dem Auge liegt und wie eine Brille funktioniert

Kon·tạkt·per·son *die; -, -en* ≈ eine Person, über die man Kontakt (2) zu anderen Gruppen bekommt

Kọn·ten *Plural;* ↑ **Konto**

Kọn·text *der; -(e)s, -e; förmlich;* die Verbindung, die ein Ereignis zur gegebenen Situation, Umgebung hat (oder auch ein Wort oder Satz zu anderen Wörtern oder Sätzen) ≈ Zusammenhang || [K-] kontextabhängig

Kon·ti·nẹnt, Kọn·ti·nent [B1] *der; -(e)s, -e;* einer der großen Teile von Land auf der Erde, wie *z.B.* Afrika, Amerika, Asien ≈ Erdteil || *hierzu* **kon·ti·nen·tal** *Adjektiv*

kon·ti·nu·ier·lich *Adjektiv; förmlich;* ohne Unterbrechung ≈ stetig: *Der Profit der Firma steigt kontinuierlich an* || *hierzu* **Kon·ti·nu·i·tät** *die; -, -en*

Kọn·to [B1] *das; -s, -s/Kon·ten;* eine Art Vertrag zwischen einer Bank und einem Kunden. Der Kunde kann sein Geld an die Bank geben und von dort wieder nehmen ⟨bei einer Bank ein Konto eröffnen, haben; etwas von einem Konto abheben; etwas auf ein Konto einzahlen, überweisen⟩: *Ist das Gehalt schon auf mein(em) Konto eingegangen?* || [K-] Kontoeröffnung, Kontonummer, Kontostand || [-K] Girokonto

Kọn·to·aus·zug *der; -(e)s, -zü·ge;* ein Ausdruck einer Bank, auf dem steht, wie viel Geld man auf dem Konto hat

Kọn·to·füh·rung *die; -; nur Singular;* das Verwalten eines Kontos durch eine Bank || [K-] Kontoführungsgebühren

kọnt·ra *Präposition; mit Akkusativ; Rechtswesen* mit jemandem als Gegner ≈ gegen ↔ pro: *In dem Prozess geht es um Schmidt kontra Müller*

Kọn·tra *das; -s, -s* **1** **das Pro und Kontra** + *Genitiv* das, was für und gegen etwas gesagt werden kann **2** **jemandem Kontra geben** *umg;* jemandem mit scharfen Worten widersprechen

Kọn·tra·bass *der; -es, -bäs·se;* das größte Streichinstrument, mit sehr tiefen Tönen

Kont·ra·hẹnt *der; -en, -en; förmlich;* ein Gegner in einem politischen oder sportlichen Kampf || *hierzu* **Kont·ra·hẹn·tin** *die; -, -nen*

Kọnt·ra·in·di·ka·ti·on [-tsi̯o:n] *die; -, -en; Medizin* ≈ Gegenanzeige

Kon·trạkt *der; -(e)s, -e; förmlich* ≈ Vertrag ⟨einen Kontrakt schließen, unterzeichnen, brechen⟩ || [K-] Kontraktbruch

kont·rär *Adjektiv; förmlich;* im Gegensatz zueinander stehend ≈ gegensätzlich ⟨Ziele, Meinungen⟩

Kon·trạst *der; -(e)s, -e* **1** ein auffälliger Unterschied ⟨ein scharfer Kontrast⟩ || [K-] Kontrastfarbe || [-K] Farbkontrast **2** der Unterschied zwischen den hellen und dunklen Teilen eines Fotos, Bildes ⟨den Kontrast einstellen⟩

Kon·trọl·le *die; -, -n* **1** die Handlungen, mit denen man prüft, ob jemand/etwas in Ordnung ist ≈ Überprüfung ⟨Kontrollen durchführen⟩: *die Kontrolle des Gepäcks am Flughafen* || [K-] Kontrollgang, Kontrollrunde, Kontrollstempel || [-K] Führerscheinkontrolle, Passkontrolle **2** **die Kontrolle (über jemanden/etwas)** die Aufsicht oder Macht über jemanden/etwas *bzw* die Beherrschung einer Situation ⟨unter jemandes Kontrolle stehen⟩: *Wir haben die Epidemie unter Kontrolle; Er verlor die Kontrolle über sich*

kon·trol·lie·ren [B1] *kontrollierte, hat kontrolliert* **1** **(jemanden/etwas) kontrollieren** prüfen, ob alles in Ordnung ist: *An der Grenze wurden unsere Pässe kontrolliert* **2** **etwas kontrollieren** Macht über etwas oder sehr großen Einfluss auf etwas haben ≈ beherrschen: *Der Firmenkonzern kontrolliert den gesamten Markt; Dieses Gebiet wird von den Rebellen kontrolliert* || *zu* 1 **Kon·trol·leur** [-'lø:ɐ̯] *der; -s, -e;* **Kon·trol·leu·rin** [-'lø:rɪn] *die; -, -nen*

Kon·trọll·leuch·te *die; -, -n Technik;* eine kleine (*oft* grüne oder rote) Lampe, die dazu dient, die Funktion eines Gerätes *o.Ä.* zu überwachen

kont·ro·vers [-v-], *kontroverser, kontroversest-; Adjektiv; förmlich* **1** (einander) entgegengesetzt ⟨Meinungen, Standpunkte; kontrovers (= unversöhnlich) diskutieren⟩ **2** ≈ umstritten ⟨eine These⟩

Kon·tur *die; -, -en; meist Plural;* eine Linie, die die Grenzen, Formen von Personen oder Dingen zeigt: *In der Dämmerung waren die Konturen der Häuser kaum noch zu sehen*

Kon·ven·ti·on [-'tsio:n] *die; -, -en* **1** *förmlich;* eine alte, anerkannte Regel des sozialen Verhaltens ⟨gegen Konventionen verstoßen⟩ **2** *Politik* ein Vertrag zwischen mehreren Staaten ≈ Abkommen: *die Genfer Konvention zum Schutz der Menschenrechte*

kon·ven·ti·o·nell *Adjektiv; förmlich* **1** wie es den gesellschaftlichen Traditionen entspricht ⟨Ansichten⟩ **2** *Militär;* ⟨Waffen⟩ in der Art, wie sie vor der Erfindung von Atomwaffen üblich waren

Kon·ver·sa·ti·on [-'tsio:n] *die; -, -en;* **eine Konversation (mit jemandem) (über jemanden/etwas)** *förmlich;* ein höfliches (*oft* oberflächliches oder unverbindliches) Gespräch *bes* bei einem Besuch, auf einer Feier *o.Ä.* ⟨eine geistreiche, höfliche, gepflegte Konversation⟩: *Er fühlte sich verpflichtet, beim Essen mit seinen Tischnachbarn Konversation zu machen*

Kon·ver·sa·ti·ons·le·xi·kon [-'tsio:ns-] *das; -s, -le·xi·ka;* ein Lexikon, das über alles Wichtige und Interessante der verschiedenen (Wissens)Bereiche informiert ≈ Enzyklopädie

kon·ver·tie·ren; *konvertierte, hat/ist konvertiert* **1** **(zu etwas) konvertieren** (*hat/ist*) *förmlich;* die Konfession, Religion ändern ≈ übertreten: *vom Christentum zum Islam konvertieren* **2** **(etwas) konvertieren** (*hat*) *Informatik;* Daten so verändern, dass sie mit einem anderen Programm kompatibel sind

Kon·zent·rat *das; -(e)s, -e;* **ein Konzentrat (aus etwas)** *bes Chemie;* eine Flüssigkeit, der man viel Wasser entzogen hat und die deshalb viel mehr wirksame Substanzen enthält als sonst üblich: *Orangensaft aus Konzentrat, Zucker und Wasser herstellen* || -K Fruchtsaftkonzentrat

Kon·zent·ra·ti·on [-'tsio:n] *die; -, -en* **1** *nur Singular;* **die Konzentration (auf jemanden/etwas)** der Zustand, in dem man besonders aufmerksam ist: *Sein Beruf als Fluglotse erfordert enorme Konzentration* || K- Konzentrationsfähigkeit **2** *nur Singular;* die Fähigkeit, sich konzentrieren (1) zu können: *Die Konzentration der Schüler lässt vor den Ferien stark nach* **3** **die Konzentration auf etwas** (*Akkusativ*) das Sammeln von Gedanken, Kräften auf ein Ziel hin: *Jetzt ist die Konzentration aller Kräfte nötig* **4** **die Konzentration** + *Genitiv;* **die Konzentration von jemandem/etwas** (*Plural*) das Zusammenbringen von vielen Personen/Dingen an eine bestimmte Stelle || -K Truppenkonzentration **5** *Chemie;* der Anteil eines bestimmten Stoffes in einer Lösung

Kon·zent·ra·ti·ons·la·ger [-'tsio:ns-] *das; -s, -;* **1** *historisch;* ein Lager, in dem die Nationalsozialisten (in Deutschland und in Gebieten, die im Krieg erobert wurden) sehr viele Menschen (aus rassistischen und politischen Gründen) gefangen hielten, folterten und ermordeten; *Abkürzung* KZ **2** ein Lager, in dem politische Gefangene unter sehr schlechten Bedingungen leben ≈ Internierungslager

kon·zent·rie·ren, sich; *konzentrierte sich, hat sich konzentriert* **1** **sich (auf jemanden/etwas) konzentrieren** (für kurze Zeit) intensiv über jemanden/etwas nachdenken ⟨sich stark konzentrieren⟩: *Bei diesem Lärm kann ich mich nicht auf meine Arbeit konzentrieren* **2** ⟨jemandes Aufmerksamkeit *o.Ä.*⟩ **konzentriert sich auf jemanden/etwas** jemandes Aufmerksamkeit *o.Ä.* richtet sich ganz auf eine bestimmte Person oder Sache **3** **sich (auf jemanden/etwas) konzentrieren** seine ganze Energie und seine Kräfte auf eine Person oder Sache richten: *Sie hat ihren Beruf aufgegeben und konzentriert sich jetzt ganz auf ihr Baby*

kon·zent·riert, *konzentrierter, konzentriertest-; Adjektiv* **1** so, dass man seine Aufmerksamkeit sehr stark auf eine Person oder Sache lenkt ⟨konzentriert nachdenken, zuhören, arbeiten⟩: *Er wirkt/ist sehr konzentriert bei seiner Arbeit* **2** *Chemie;* mit einer hohen Konzentration (5) ⟨eine Säure⟩

Kon·zept *das; -(e)s, -e;* **ein Konzept (für etwas)** ein Programm für ein bestimmtes Ziel ⟨ein Konzept entwickeln⟩: *ein Konzept für den Abbau der Arbeitslosigkeit* || ID **jemanden aus dem Konzept bringen** jemanden vom Thema ablenken oder verwirren; **aus dem Konzept kommen** vergessen, was man sagen wollte

Kon·zern B2 *der; -s, -e;* mehrere große Firmen, die sich zu einer größeren Einheit zusammengeschlossen haben und zentral geleitet werden || -K Rüstungskonzern

Kon·zert B1 *das; -(e)s, -e* **1** eine Veranstaltung, auf der Künstler Musik machen ⟨in ein Konzert gehen; ein Konzert geben⟩ || K- Konzertsaal || -K Jazzkonzert **2** ein Musikstück für ein Or-

K

chester und *meist* ein Soloinstrument || ⊟K Klavierkonzert

Kon·zes·si·on [-'sio:n] *die; -, -en* **1** *Verwaltung;* die (schriftliche) Erlaubnis durch eine Behörde, dass jemand ein Gasthaus, ein Geschäft *o.Ä.* führen darf ⟨eine Behörde erteilt, entzieht jemandem eine Konzession⟩ || K⊟ Konzessionsinhaber || ⊟K Schankkonzession **2** *meist Plural; förmlich* ≈ Zugeständnis ⟨jemandem Konzessionen machen; zu keinen Konzessionen bereit sein⟩

kon·zi·pie·ren; *konzipierte, hat konzipiert;* **etwas konzipieren** *förmlich;* ein Konzept, einen Plan für etwas machen: *Die Schule ist für dreihundert Schüler konzipiert*

ko·ope·rie·ren [ko|o-]; *kooperierte, hat kooperiert;* **jemand/eine Firma** *o.Ä.* **kooperiert mit jemandem/einer Firma** *o.Ä.*; ⟨Personen/Firmen *o.Ä.*⟩ **kooperieren** *förmlich;* zwei oder mehrere Personen/Firmen *o.Ä.* arbeiten (*bes* auf politischem oder wirtschaftlichem Gebiet) zusammen || *hierzu* **Ko·ope·ra·ti·on** *die; -, -en;* **ko·ope·ra·tiv** *Adjektiv*

K

Ko·or·di·na·te [ko|o-] *die; -, -n; meist Plural; Mathematik, Geografie;* eine der Zahlen, mit denen man die Lage eines Punktes in einer Ebene oder in einem Raum angibt, *z.B.* die Lage eines Ortes auf der Erde

Ko·or·di·na·ten·sys·tem [ko|o-] *das; -s, -e; Mathematik;* ein System aus zwei *bzw* drei Linien, die rechte Winkel bilden und sich in einem Punkt schneiden. Mit ihrer Hilfe bestimmt man die Lage eines Punktes in einer Ebene *bzw* in einem Raum

ko·or·di·nie·ren [ko|ɔrdi'ni:rən]; *koordinierte, hat koordiniert;* **etwas (mit etwas) koordinieren** *förmlich;* verschiedene Abläufe, Termine *o.Ä.* aufeinander abstimmen, damit alles gut funktioniert: *Er koordiniert das Projekt* || *hierzu* **Ko·or·di·na·ti·on** *die; -, -en;* **Ko·or·di·nie·rung** *die; -, -en*

Kopf A1 *der; -(e)s, Köp·fe* **1** der Teil des Körpers von Menschen und Tieren, in dem Augen, Ohren, Mund und Nase sind || K⊟ Kopfschmerzen, Kopfverletzung **2** der Kopf als der Teil des Körpers, in dem das Gehirn ist und mit dem man denkt ⟨etwas im Kopf behalten, haben, rechnen⟩: *Ich habe die Telefonnummer leider nicht im Kopf; Die Kinder haben nichts als Unsinn im Kopf* **3** **der Kopf** + *Genitiv* eine Person oder Gruppe, die etwas leiten ⟨der Kopf eines Unternehmens⟩ **4** eine von mehreren Personen: *Pro Kopf* (= für jede Person) *werden 15 Euro Eintritt verlangt* || ⊟K Pro-Kopf-Einkommen, Pro-Kopf-Verbrauch **5** die eng aufeinanderliegenden Blätter von Salat oder Kohl, die eine Art Kugel bilden || K⊟ Kopfsalat || ⊟K Kohlkopf, Salatkopf **6** das dicke runde Ende von einem Nagel, einem Streichholz, einer Stecknadel *o.Ä.* **7** der Anfang, oberste Teil eines Briefes mit Adresse und Datum || K⊟ Kopfzeile || ⊟K Briefkopf **8** **den Kopf schütteln** den Kopf (1) hin und her bewegen und damit etwas verneinen, ablehnen || ID **von Kopf bis Fuß** ganz und gar, völlig ⟨sich von Kopf bis Fuß neu einkleiden; ein Gentleman von Kopf bis Fuß; nackt von Kopf bis Fuß⟩; **Es geht um Kopf und Kragen** *umg;* jemandes Leben oder Existenz ist in Gefahr; **Kopf und Kragen/seinen Kopf riskieren** *umg;* sein Leben oder seine (berufliche, finanzielle) Existenz riskieren; **den/seinen Kopf in den Sand stecken** von einem Problem, einer Gefahr nichts wissen wollen; **den/seinen Kopf aus der Schlinge ziehen** so geschickt reagieren, dass man seiner Strafe *o.Ä.* gerade noch entgehen kann; **mit dem Kopf durch die Wand wollen** *umg;* etwas tun (durchsetzen) wollen, was unmöglich ist; **Kopf hoch!** verwendet, um jemandem Mut zu machen, jemanden zu trösten; **den Kopf hoch tragen** stolz sein; **den Kopf oben behalten** den Mut nicht verlieren; **einen schweren Kopf haben** (*bes* vom Alkohol) Kopfweh haben; **jemandem brummt/raucht/schwirrt der Kopf** *umg;* jemand ist vom Lernen oder Nachdenken ganz erschöpft; **seinen Kopf durchsetzen wollen** gegen Widerstände versuchen, seine Wünsche oder Ziele zu erreichen; **sich** (*Dativ Plural*) **(gegenseitig) die Köpfe einschlagen** *umg;* sich heftig streiten (und prügeln); **den Kopf einziehen** *umg;* den Mut verlieren (und sich einschüchtern lassen); **nicht auf den Kopf gefallen sein** *umg;* ziemlich schlau, nicht dumm sein; **etwas geht/schießt jemandem durch den Kopf** etwas fällt jemandem plötzlich ein; **sich** (*Dativ*) **etwas durch den Kopf gehen lassen** längere Zeit über eine Idee, einen Vorschlag *o.Ä.* nachdenken, um sie zu prüfen; **einen Kopf für sich/seinen eigenen Kopf haben** einen eigenen starken Willen haben; **den Kopf hängen lassen** resigniert, mutlos *o.Ä.* sein; **etwas auf den Kopf hauen** *umg;* Geld schnell (und großzügig) für ein Vergnügen ausgeben: *Unseren Gewinn hauen wir heute Abend auf den Kopf - Erst gehen wir ins Kino und dann ganz groß essen;* **den/seinen Kopf für jemanden/etwas hinhalten (müssen)** *umg;* die negativen Folgen von etwas tragen (müssen), was man nicht verschuldet hat; **etwas geht über meinen** *usw* **Kopf hinweg** etwas ist so schwierig, dass ich es nicht verstehe ⟨eine Erklärung, ein Vortrag⟩; **(et-**

was) über seinen/ihren *usw* **Kopf hinweg** ⟨entscheiden⟩ etwas entscheiden, ohne einen anderen/eine andere zu fragen oder zu informieren; **etwas kostet jemandem/jemanden den Kopf** etwas führt dazu, dass jemand seine (Arbeits)Stelle (*bzw früher auch* sein Leben) verliert; **wie vor den Kopf geschlagen sein** *umg;* so überrascht oder entsetzt sein, dass man nicht reagieren kann; **sich** (*Dativ*) **etwas aus dem Kopf schlagen** einen Plan, ein Ziel aufgeben, weil man sie nicht erreichen kann; **sich** (*Dativ*) **etwas in den Kopf setzen** etwas unbedingt erreichen, durchsetzen, haben wollen; **bis über den Kopf in** ⟨Arbeit, Schulden, Schwierigkeiten⟩ **stecken** viel zu viel Arbeit, Schulden *usw* haben; **etwas steht auf dem Kopf** etwas hängt oder steht so, dass die obere Seite unten ist ⟨ein Bild⟩; **nicht wissen, wo einem der Kopf steht** so viel Arbeit haben, dass man nicht weiß, wo man anfangen soll **etwas steigt jemandem in den Kopf/zu Kopf(e)** etwas macht jemanden übermütig oder eingebildet ⟨ein Erfolg, ein Lob⟩; **etwas auf den Kopf stellen** [a] die obere Seite von etwas nach unten drehen ⟨ein Bild auf den Kopf stellen⟩; [b] *umg;* etwas gründlich durchsuchen ⟨ein Haus, Zimmer⟩: *Ich habe das ganze Haus auf den Kopf gestellt, aber die Schlüssel habe ich nicht gefunden;* [c] *umg;* alles durcheinanderbringen: *Die Kinder stellen immer die ganze Wohnung auf den Kopf;* **jemanden vor den Kopf stoßen** *umg;* jemanden kränken; **jemandem den Kopf verdrehen** *umg;* erreichen, dass sich jemand in einen verliebt; **den Kopf verlieren** in Panik geraten; **etwas wächst jemandem über den Kopf** etwas wird zu viel für jemanden ⟨die Arbeit⟩; **jemandem den Kopf waschen** *umg;* jemanden tadeln; **jemandem etwas an den Kopf werfen** *umg;* etwas Schlimmes (*bes* Beleidigendes) zu jemandem sagen ⟨jemandem Flüche, Beleidigungen, Schimpfwörter an den Kopf werfen⟩; **sich** (*Dativ*) **den Kopf (über jemanden/etwas) zerbrechen/zermartern** intensiv über jemanden/etwas nachdenken; **jemandem den Kopf zurechtrücken/zurechtsetzen** jemanden tadeln und kritisieren; **jemandem etwas auf den Kopf zusagen** jemandem etwas (Negatives, Persönliches) ganz direkt sagen: *Sie sagte ihm auf den Kopf zu, dass er ein Betrüger sei;* **auf jemandes Kopf** ⟨ist eine Belohnung ausgesetzt⟩ wer den Genannten fängt oder verrät, der bekommt eine Belohnung; **aus dem Kopf** ≈ auswendig ⟨etwas aus dem Kopf aufsagen, können, wissen⟩ || Hinweis: ↑ **kopfstehen**

Kopf

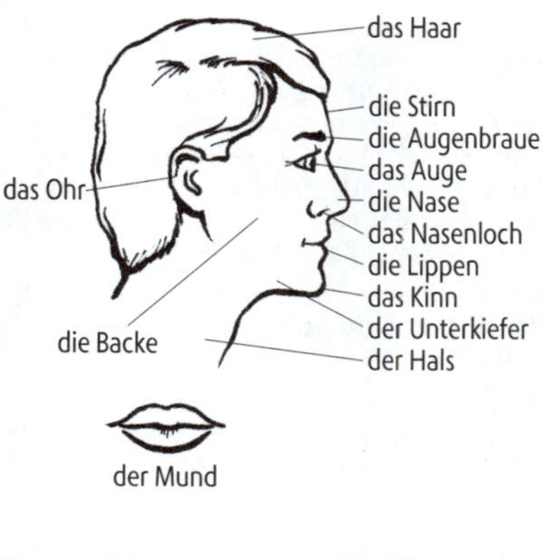

köp·fen; *köpfte, hat geköpft* [1] **jemanden köpfen** jemanden töten, indem man ihm den Kopf abschlägt [2] **etwas köpfen** den oberen Teil von etwas abschlagen, abschneiden: *ein Ei köpfen* [3] **(etwas) köpfen** einen Ball mit dem Kopf irgendwohin stoßen: *den Ball ins Tor köpfen*

Kopf·hö·rer [B2] *der; -s, -;* ein Gerät (mit zwei Hörern an einem Bügel), das man an die Ohren legt und mit dem man dann Musik hören kann, ohne andere zu stören ⟨den Kopfhörer aufsetzen, abnehmen⟩

Kopf·kis·sen *das; -s, -;* ein weiches Kissen für den Schlaf || [K-] Kopfkissenbezug, Kopfkissenhülle

kopf·los *Adjektiv* [1] *nicht als Adverb;* ohne Kopf [2] verwirrt, aufgeregt und nicht mehr fähig, klar zu denken: *kopflos hin und her laufen*

Kopf·schmerz *der; -es, -en; meist Plural;* ein Schmerz in dem Teil des Kopfes, in dem das Gehirn ist ≈ Kopfweh ⟨Kopfschmerzen haben⟩ || [K-] Kopfschmerzmittel, Kopfschmerztablette || [ID] **jemand/etwas bereitet/macht jemandem Kopfschmerzen** *umg;* jemand/etwas macht jemandem Sorgen

kopf·ste·hen; *stand kopf, hat kopfgestanden; umg;* sehr aufgeregt, überrascht *o.Ä.* sein: *Das ganze Dorf stand kopf, als die Olympiasiegerin heimkehrte*

Kopf·tuch *das; -(e)s, -tü·cher;* ein Tuch, das man um den Kopf legt und *meist* unter dem Kinn zusammenbindet

kopf·über *Adverb;* mit dem Kopf voran ⟨kopfüber ins Wasser springen, die Treppe herunterfallen⟩

Kopf·weh *das; -s; nur Singular; umg* ≈ Kopfschmerzen ⟨Kopfweh haben⟩

Kopf·zer·bre·chen *das; -s; nur Singular;* das

intensive (und angestrengte) Nachdenken, durch das man ein schwieriges Problem lösen will ⟨jemand/etwas bereitet jemandem Kopfzerbrechen; sich (*Dativ*) über etwas (*Akkusativ*) (kein) Kopfzerbrechen machen⟩

Ko·pie [A2] *die; -, -n* [-'piː(ə)n] **1** die genaue Nachahmung eines Gegenstands ⟨die Kopie eines Gemäldes, Schlüssels⟩ **2** ein Blatt Papier, auf das der Text eines anderen Blattes übertragen wurde: *Bitte machen Sie vom Vertrag drei Kopien!* || [-K] Farbkopie **3** *Informatik;* eine zweite Datei mit demselben Inhalt wie eine andere

ko·pie·ren [A1] *kopierte, hat kopiert* **1** **(etwas) kopieren** eine (Foto)Kopie von etwas machen **2** **jemanden/etwas kopieren** jemanden/etwas nachahmen

Ko·pie·rer [A2] *der; -s, -;* ≈ Kopiergerät

Ko·pier·ge·rät *das; -(e)s, -e;* ein Gerät, das (Foto)Kopien von Texten oder Bildern herstellt

Ko·pi·lot *der; -en, -en;* der zweite Pilot in einem Flugzeug || *hierzu* **Ko·pi·lo·tin** *die; -, -nen*

kọp·peln; *koppelte, hat gekoppelt* **1** **etwas an etwas** (*Akkusativ*)**/mit etwas koppeln** ein Gerät oder Fahrzeug an ein anderes hängen, mit ihm verbinden: *den Wohnwagen ans Auto koppeln; den Plattenspieler mit dem Computer koppeln* **2** **etwas an etwas** (*Akkusativ*)**/mit etwas koppeln** *förmlich;* etwas an eine Voraussetzung binden, von ihr abhängig machen: *ein Angebot an bestimmte Voraussetzungen koppeln* || *hierzu* **Kọp·pe·lung, Kọpp·lung** *die; -, -en*

Ko·ral·le *die; -, -n; meist Plural* **1** eines von vielen kleinen Tieren, die in warmen Meeren in großer Zahl zusammenleben und Wände aus einer harten weißen oder rötlichen Substanz bilden || [K-] Korallenkolonie **2** etwas, das aus der harten Substanz besteht, die von Korallen (1) gebildet wird || [K-] Korallenriff **3** ein kleines Stück Koralle (2) als Material für Schmuck || [K-] Korallenkette

Ko·ran *der; -s; nur Singular;* das heilige Buch des Islam

Kọrb *der; -(e)s, Kör·be* **1** ein leichter Behälter, der aus biegsamem Material geflochten wurde: *Unser Hund schläft in seinem Korb* || ↑ Illustration **Behälter und Gefäße** || [K-] Korbflechter || [-K] Brotkorb, Hundekorb, Papierkorb; Einkaufskorb, Nähkorb **2** **ein Korb** + *Substantiv* die Menge von etwas, die in einem Korb (1) Platz hat ⟨ein Korb Äpfel⟩ **3** *nur Singular;* ein geflochtenes Material aus Zweigen *o.Ä.*, aus dem man Körbe (1) und Möbel herstellt || [K-] Korbsessel, Korbstuhl, Korbwaren **4** *Sport;* ein Ring aus Metall mit einem Netz, der hoch oben hängt und durch den man beim Basketball den Ball wirft, um Punkte zu erzielen *bzw* ein solcher Wurf ⟨einen Korb erzielen, werfen⟩ || [ID] **jemandem einen Korb geben** ein Angebot (*oft* einen Heiratsantrag) ablehnen

Kọrd *der* ↑ **Cord**

Kọr·del *die; -, -n;* eine dicke gedrehte Schnur aus mehreren Fäden

Kọrk *der; -(e)s, -e;* ein leichtes, braunes und poröses Material, das aus Rinde (der Korkeiche) gewonnen wird und aus dem man *bes* Korken und Isoliermaterial macht || [K-] Korkeiche, Korkplatte, Korktapete

Kọr·ken *der; -s, -;* ein kleines, rundes Stück Kork oder Plastik, mit dem man Flaschen verschließt || [-K] Sektkorken

Kọr·ken·zie·her [B2] *der; -s, -;* ein Gerät mit einem Griff und einer Spirale aus Metall, mit dem man den Korken aus der Flasche zieht

Korkenzieher

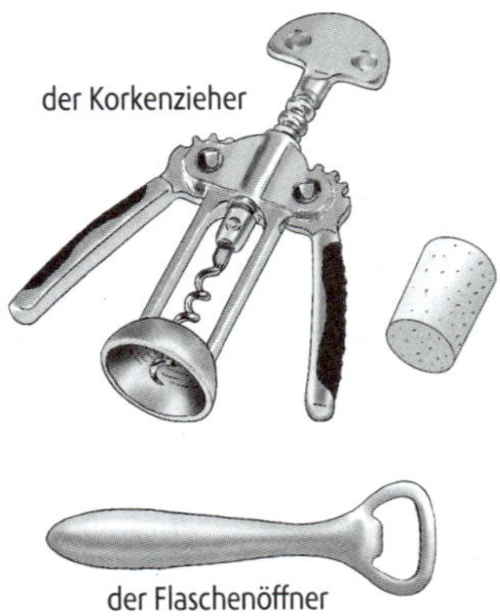

Kọrn[1] *das; -(e)s, Kör·ner* **1** der Samen, aus dem eine Pflanze wächst: *Hühner mit Körnern füttern* || [-K] Samenkorn, Weizenkorn **2** **ein Korn** + *Substantiv* etwas von der Form eines Korns (1) ⟨ein paar Körner Sand⟩ || [-K] Goldkorn, Hagelkorn, Sandkorn, Staubkorn **3** *nur Singular;* Getreide, aus dem man Brot macht ⟨Korn anbauen⟩ || [K-] Kornfeld

Kọrn[2] *der; -s; nur Singular; umg;* ein starkes alkoholisches Getränk, das aus Getreide hergestellt wird

Kọ̈r·per [B2] *der; -s, -;* **1** die Haut, Muskeln, Knochen *usw*, aus denen ein Mensch oder Tier besteht: *am ganzen Körper zittern; Ihr zarter*

Körper

Körper war den Anstrengungen nicht gewachsen || K- Körperbehinderung, Körperbehinderte, Körpergeruch, Körpergröße, Körperhaltung, Körperorgan, Körperpflege, Körperteil; körperbehindert || -K Oberkörper, Unterkörper **2** *Mathematik;* eine (dreidimensionale) Figur **3** *Physik;* ein Gegenstand || -K Himmelskörper

kör·per·lich *Adjektiv; nur vor dem Substantiv oder als Adverb;* in Bezug auf den Körper (1) ⟨Arbeit; körperlich behindert sein⟩: *in guter körperlicher Verfassung sein*

kor·rekt *korrekter, korrektest-; Adjektiv* **1** so, dass bestimmte (gesellschaftliche) Normen genau eingehalten werden ⟨sich korrekt benehmen, kleiden⟩ **2** ohne Fehler, nicht falsch ≈ richtig ⟨ein Ergebnis⟩ || *hierzu* **Kor·rekt·heit** *die; -; nur Singular*

Kor·rek·tur *die; -, -en* **1** die Verbesserung eines Textes, der Fehler hat: *Lehrer machen ihre Korrekturen meist mit roter Farbe* || K- Korrekturprogramm, Korrekturtaste **2** *förmlich;* die Änderung von etwas, das nicht (mehr) richtig ist || -K Kurskorrektur || *zu* 1 **Kor·rek·tor** *der; -s, -;* **Kor·rek·to·rin** *die; -, -nen*

Kor·res·pon·dent *der; -en, -en;* ein Journalist, der *z.B.* für eine Zeitung oder das Fernsehen von einem anderem Ort berichtet: *Wir schalten um zu unserem Korrespondenten nach Moskau* || K- Korrespondentenbericht || -K Auslandskorrespondent || *hierzu* **Kor·res·pon·den·tin** *die; -, -nen*

Kor·res·pon·denz *die; -, -en; förmlich* **1** *nur Singular;* das Schreiben von Briefen ⟨die Korrespondenz erledigen⟩ **2** die Briefe, die jemand geschrieben und bekommen hat

kor·res·pon·die·ren; *korrespondierte, hat korrespondiert;* **mit jemandem korrespondieren** *förmlich;* jemandem (regelmäßig) Briefe schreiben und von ihm welche bekommen

Kor·ri·dor *der; -s, -e;* ein Gang in einem Haus, einer Wohnung

kor·ri·gie·ren B1 *korrigierte, hat korrigiert* **1** **(etwas) korrigieren** einen Text lesen, die Fehler feststellen (und dann eine Note geben): *Die Lehrerin korrigiert die Aufsätze* **2** **jemanden/sich/etwas korrigieren** einen Fehler bemerken und ihn beseitigen **3** **etwas korrigieren** ≈ (positiv) ändern ⟨seine Meinung korrigieren⟩

kor·rupt *korrupter, korruptest-; Adjektiv; abwertend;* ⟨Politiker⟩ so, dass sie sich bestechen lassen ≈ bestechlich: *ein korrupter Beamter* || *hierzu* **Kor·rup·ti·on** *die; -, -en; meist Singular*

Kor·sett *das; -s, -s/-e* **1** *Medizin;* ein fester (Gips)Verband um den Körper (*bes* bei Verletzungen des Rückens) **2** ein sehr enges Kleidungsstück mit festen Stäben, das Frauen *bes* früher unter den Kleidern trugen, um ihrer Figur eine schlanke Form zu geben ⟨ein Korsett tragen⟩

Kor·ti·son *das; -s; nur Singular, Medizin;* ein starkes Medikament (gegen Entzündungen *o.Ä.*), das aus einem Hormon hergestellt wird ⟨Kortison spritzen⟩: *Rheuma mit Kortison behandeln*

ko·scher *Adjektiv* **1** so, wie es die Religion den Juden vorschreibt ⟨Fleisch, Speisen; koscher essen, kochen⟩ **2** *meist* **jemand/etwas ist (jemandem) nicht ganz koscher** *umg abwertend;* ein Mensch, bestimmte Geschäfte, Vorgänge *o.Ä.* sind so, dass man ihnen nicht (ganz) vertrauen kann

ko·sen; *koste, hat gekost;* **(jemanden/mit jemandem) kosen** *förmlich;* liebevoll und zärtlich zu jemandem sein, jemanden streicheln || K- Kosename, Kosewort

K

Kos·me·tik B2 *die; -; nur Singular;* die Anwendung von Cremes, Lippenstift, Puder *usw*, um den Körper, *bes* das Gesicht zu pflegen und schöner zu machen || K- Kosmetikkoffer || *hierzu* **kos·me·tisch** *Adjektiv*

Kos·mos *der; -; nur Singular; förmlich;* ≈ Universum || *hierzu* **kos·misch** *Adjektiv*

Kost *die; -; nur Singular;* das, was jemand isst ⟨einfache, vegetarische Kost⟩ || K- Kostgeld || -K Rohkost; Schonkost

kost·bar *Adjektiv* **1** sehr wertvoll und selten: *ein kostbarer Teppich* **2** sehr wichtig für jemanden, sodass man sorgfältig damit umgeht: *Meine Zeit ist mir zu kostbar, um sie mit solchem Unsinn zu verbringen* || *hierzu* **Kost·bar·keit** *die; -, -en*

kostbar / köstlich

Die Adjektive **kostbar** und **köstlich** sehen ähnlich aus, haben aber völlig unterschiedliche Bedeutungen.

Was **kostbar** ist, hat einen hohen Wert:
kostbarer Schmuck
Ihre Zuneigung ist mir sehr kostbar.

Was **köstlich** ist, schmeckt gut oder bereitet viel Vergnügen:
ein köstliches Essen
ein köstlicher Witz

WORTSCHATZ

kos·ten[1] A1 *kostete, hat gekostet* **1** **etwas kostet** + *Wertangabe;* etwas hat einen bestimmten Preis: *Die Fahrt nach Hamburg kostet 150 Euro* **2** **etwas kostet (jemanden) etwas** *(Akkusativ)* für etwas muss jemand etwas geben, tun oder ertragen: *Die Lösung dieses Problems hat uns viel Arbeit/Zeit und Geld gekostet* **3** **etwas kostet jemanden etwas** *(Akkusativ)* etwas ist der Grund, warum jemand etwas verliert: *Sein Leichtsinn kostete ihn das Leben/seine Gesundheit* || Hinweis zu 2 und 3: kein Passiv!

kos·ten[2] A1 *kostete, hat gekostet;* **(etwas)/(von etwas) kosten** eine kleine Menge von etwas essen oder trinken, um zu prüfen, wie es schmeckt: *einen Löffel Suppe kosten*

Kos·ten A1 *die; - Plural;* **die Kosten (für etwas)** das Geld, das man für etwas ausgeben muss ⟨erhöhte, sinkende, steigende Kosten; etwas spart, verursacht Kosten⟩ || K- Kostensenkung, Kostensteigerung || -K Benzinkosten || ID **etwas geht auf Kosten** + *Genitiv*/**von jemandem/etwas** ≈ etwas schadet jemandem/etwas: *Das Rauchen geht auf Kosten deiner Gesundheit*

kos·ten·los B2 *Adjektiv;* so, dass man nichts dafür zahlen muss ≈ gratis

Kos·ten|vor·an·schlag *der; -(e)s, -schlä·ge;* **ein Kostenvoranschlag (für etwas)** die (ungefähre) Angabe des Preises, den eine Arbeit oder Leistung (wahrscheinlich) kosten wird ⟨einen Kostenvoranschlag einholen, erstellen⟩

köst·lich *Adjektiv* **1** so, dass es sehr gut schmeckt: *Die Suppe ist wirklich köstlich!* **2** sehr witzig ⟨eine Idee⟩ || *zu* 1 **Köst·lich·keit** *die; -, -en*

kost·spie·lig *Adjektiv;* sehr teuer: *Eine Weltreise ist eine kostspielige Angelegenheit*

Kos·tüm B2 *das; -s, -e* **1** ein Kleidungsstück für Damen, bei dem Rock und Jacke zusammenpassend und *meist* aus demselben Material sind und die gleiche Farbe haben || ↑ Illustration **Die Kleidung** || K- Kostümjacke, Kostümrock || -K Frühjahrskostüm, Wollkostüm **2** die Kleidung, die von Schauspielern oder im Karneval getragen wird: *Die Sänger traten in Kostümen des späten Barock auf* || K- Kostümfest || -K Karnevalskostüm

Kot *der; -(e)s; nur Singular;* ein Produkt der Verdauung bei Mensch und Tier, das den Darm in fester Form verlässt || -K Hundekot

Ko·te·lett [kɔˈtlɛt, ˈkɔtlɛt] *das; -s, -s;* ein Stück Fleisch mit einem Knochen, vom Schwein, Kalb oder Lamm, das man brät oder grillt || -K Lammkotelett

Kot·flü·gel *der; -s, -;* das Teil der Karosserie

eines Autos *o.Ä.*, das über den Rädern liegt || ↑ Illustration **Das Auto**

kọt·zen; *kotzte, hat gekotzt; salopp* ≈ erbrechen, sich übergeben || K- kotzelend, kotzübel || ID **zum Kotzen** *salopp;* sehr unangenehm, abscheulich: *jemanden zum Kotzen finden; Das Wetter ist zum Kotzen!;* **das (große) Kotzen kriegen/bekommen** *salopp;* jemanden/etwas sehr unangenehm, abscheulich finden

Krạb·be *die; -, -n;* eine Art kleiner Krebs, der im (Meer)Wasser lebt || ↑ Abbildung unter **Schalentiere** || K- Krabbenfischer

krạb·beln; *krabbelte, ist gekrabbelt* **1** (*bes* als kleines Kind) sich auf Händen und Knien vorwärtsbewegen: *Das Baby krabbelte zum Tisch und zog sich an ihm hoch* || K- Krabbelkind **2** ⟨ein Insekt, eine Spinne⟩ **krabbelt (irgendwo)** ein Insekt *o.Ä.* bewegt sich auf den Beinen fort

Krạch B2 *der; -(e)s, Krä·che* **1** *nur Singular; abwertend;* unangenehm laute Geräusche ⟨ein ohrenbetäubender Krach⟩ **2** *meist Singular;* das Geräusch, das entsteht, wenn zwei harte Dinge zusammenstoßen: *Es gab einen lauten Krach, als die Tür zuschlug* **3** **Krach (mit jemandem)** *umg* ≈ Streit (mit jemandem) || -K Ehekrach

krạ·chen; *krachte, hat/ist gekracht* **1** **etwas/es kracht** *(hat)* etwas macht/es gibt ein kurzes lautes Geräusch wie zwei harte Gegenstände, die zusammenstoßen ⟨ein Donner, ein Gewehr, ein Schuss⟩ **2** **etwas kracht** *(hat)* etwas bricht oder reißt mit einem lauten Geräusch ⟨der Balken, das Eis⟩ **3** **irgendwohin krachen** *(ist)* mit einem lauten Geräusch gegen etwas stoßen, irgendwohin fallen ⟨zu Boden krachen⟩ **4** **es kracht** *umg; (hat)* es gibt Streit, Ärger

krạ̈ch·zen; *krächzte, hat gekrächzt* **1** **ein Vogel krächzt** ein Vogel produziert raue Laute ⟨ein Papagei, ein Rabe⟩ **2** **(etwas) krächzen** etwas mit leiser und rauer Stimme sagen

krạft B1 *Präposition; mit Genitiv, Verwaltung* ≈ aufgrund, durch: *etwas kraft Amtes entscheiden*

Krạft B1 *die; -, Kräf·te* **1** die Fähigkeit, etwas Schweres zu heben oder tragen *bzw* etwas Anstrengendes zu leisten ⟨seine ganze Kraft (für etwas) aufbieten; etwas kostet jemanden Kraft⟩: *Mit letzter Kraft schleppte er sich durchs Ziel und brach dann zusammen* || K- Kraftanstrengung, Kraftaufwand, Kraftverschwendung || -K Muskelkraft **2** die Fähigkeit, etwas mithilfe seines Verstandes zu tun: *jemanden nach besten Kräften beraten* || -K Überzeugungskraft, Vorstellungskraft **3** die seelische Fähigkeit, eine schwierige Situation zu bewältigen: *Ihm fehlte die Kraft, ihr die Wahrheit zu sagen* || -K Willenskraft **4** die Fähigkeit von etwas, etwas zu bewirken: *Im Winter hat die Sonne nur wenig Kraft* || -K Heilkraft, Zauberkraft **5** *Physik;* die Ursache für die Änderung der Bewegung oder Form eines Körpers || -K Bremskraft, Schwerkraft **6** **in/außer Kraft** gültig und wirksam/nicht mehr gültig ⟨ein Gesetz tritt in Kraft; etwas außer Kraft setzen⟩ || *zu* **1** und **4** **krạft·los** *Adjektiv;* **krạft·voll** *Adjektiv*

Krạft·fah·rer *der; -s, -;* jemand, der (beruflich) ein Auto lenkt || Hinweis: ↑ **Chauffeur** || *hierzu* **Krạft·fah·re·rin** *die; -, -nen*

Krạft|fahr·zeug *das; -(e)s, -e; Verwaltung;* ein Fahrzeug mit einem Motor, das auf Straßen fährt (ein Auto oder Motorrad); *Abkürzung* Kfz || K- Kraftfahrzeugmechaniker, Kraftfahrzeugsteuer

krạ̈f·tig B2 *Adjektiv* **1** gesund und stark ↔ schwach, schwächlich: *Fühlst du dich wieder kräftig genug, aufzustehen?* **2** mit relativ viel körperlicher Kraft (1) ⟨ein Händedruck⟩: *die Flasche vor Gebrauch kräftig schütteln* **3** von intensiver Wirkung ⟨eine Farbe, ein Wind⟩

Krạft·pro·be *die; -, -n;* eine Handlung, mit der zwei oder mehrere Personen prüfen (und entscheiden) wollen, wer der Stärkere ist ⟨es auf eine Kraftprobe ankommen lassen; jemanden zu einer Kraftprobe herausfordern⟩

Krạft·sport *der; -(e)s; nur Singular* ≈ Schwerathletik

Krạft·stoff *der; -(e)s, -e* ≈ Treibstoff || K- Kraftstoffpumpe, Kraftstoffverbrauch

Krạft·werk *das; -(e)s, -e;* ein technischer Betrieb, in dem Elektrizität erzeugt wird || -K Atomkraftwerk, Wasserkraftwerk

Kra̲·gen B2 *der; -s, - / südd* Ⓐ Ⓒⓗ *Krä·gen* der (feste) Teil eines Hemds, einer Jacke *o.Ä.*, der um den Hals liegt: *Als Schutz gegen den kalten Wind schlug er den Kragen seines Mantels hoch* || K- Kragenknopf || -K Jackenkragen, Pelzkragen || ID **jemandem geht es an den Kragen** jemand kommt in eine sehr gefährliche Situation

Kra̲·gen·wei·te *die; -, -n;* eine Zahl, die angibt, wie weit ein Kragen ist (und die bei Hemden für Männer dazu dient, die Größe zu nennen): *Ein Hemd mit Kragenweite 44* || ID **jemand/etwas ist (nicht) jemandes Kragenweite** *umg;* jemand/etwas ist (nicht) so, wie es jemand mag

Krä·he ['krɛːə] *die; -, -n;* ein relativ großer, schwarzer Vogel

krä·hen ['krɛːən]; *krähte, hat gekräht;* **ein Hahn kräht** ein Hahn gibt die für ihn typischen Laute von sich

Kra̱l·le *die; -, -n;* der scharfe, spitze Nagel an den Füßen bestimmter Tiere, *z.B.* bei Katzen und Vögeln

kra̱l·len; *krallte, hat gekrallt* **1** **etwas/sich an/in etwas** *(Akkusativ)* **krallen** (mit den Fingern oder Zehen wie) mit Krallen nach etwas greifen und sich irgendwo festhalten: *seine Finger in die Erde krallen; Als er die Katze aus dem Korb nehmen wollte, krallte sie sich ängstlich an das Kissen* **2** **sich** *(Dativ)* **etwas krallen** *umg abwertend;* etwas schnell nehmen

Kra̲m *der; -s; nur Singular; umg abwertend* **1** (alte) Sachen ohne Wert, die man nicht mehr braucht ≈ Krempel, Plunder: *Der ganze Dachboden ist voll von altem Kram* **2** etwas (*bes* eine Arbeit), für das man kein Interesse hat: *Ich muss den Kram da noch schnell fertig machen, dann können wir gehen* || [ID] **den (ganzen) Kram hinschmeißen** *umg;* etwas nicht mehr (weiter)machen (weil man keine Lust mehr hat); **etwas passt jemandem (nicht) in den Kram/(nicht) in seinen Kram** *umg;* etwas ist (nicht) so, wie jemand es erwartet oder sich vorstellt

K

Kra̦mpf *der; -(e)s, Krämp·fe;* der Zustand, in dem sich Muskeln schmerzhaft zusammenziehen und starr werden: *einen Krampf im Bein haben* || [-K] Muskelkrampf

Kra̦mpf·ader *die; -, -n;* eine kranke, dicke Ader (Vene), die *bes* an den Beinen sichtbar ist und wie eine dicke blaue Schnur aussieht ⟨Krampfadern bekommen, haben⟩

kra̦mpf·haft *Adjektiv* **1** so starr oder mit (unkontrollierten) Bewegungen wie im Krampf ⟨Zuckungen; ein Schluchzen, ein Weinen⟩ **2** *umg;* sehr angestrengt ≈ verbissen ↔ mühelos: *krampfhaft (über etwas) nachdenken; sich krampfhaft an etwas festhalten; krampfhaft versuchen, sich an etwas zu erinnern* **3** unnatürlich und nicht echt ⟨ein Lachen, eine Heiterkeit⟩

Kra̲n *der; -(e)s, Krä·ne;* eine Maschine mit einem langen, beweglichen Querbalken, der (*bes* auf Baustellen) große und schwere Dinge heben und bewegen kann || [K-] Kranführer

Kra̲·nich *der; -s, -e;* ein großer grauer Vogel mit langen Beinen und langem Hals, der *meist* in Sümpfen seine Nahrung sucht

kra̦nk [A1] *kränker, kränkst-; Adjektiv* **1** in dem Zustand, in dem sich ein Lebewesen nicht wohlfühlt, schwach ist oder Schmerzen, Fieber hat ↔ gesund ⟨geistig, schwer, unheilbar krank⟩: *Geh doch zum Arzt, wenn du krank bist!* || [-K] herzkrank, todkrank **2** ⟨Pflanzen⟩ so, dass sie nicht gut wachsen, die Blätter verlieren **3** psychisch schwach und leidend ⟨krank vor Eifersucht, Liebe *usw*⟩ || Hinweis: ↑ **krankmelden**, **krankschreiben**

Kra̦n·ke *der/die; -n, -n;* jemand, der krank (1) ist: *einen Kranken pflegen* || [K-] Krankenbesuch, Krankenwagen

kra̦n·ken; *krankte, hat gekrankt;* **etwas krankt an etwas** *(Dativ)* etwas ist der Grund dafür, dass etwas nicht oder nicht richtig funktioniert: *Die Sache krankt daran, dass sich niemand verantwortlich fühlt*

krä̦n·ken; *kränkte, hat gekränkt;* **jemanden kränken** etwas tun oder sagen, was die Gefühle eines anderen verletzt ⟨sich (in seinem Stolz) gekränkt fühlen⟩: *Ihre böse Bemerkung hat mich sehr gekränkt* || *hierzu* **Krä̦n·kung** *die; -, -en*

Kra̦n·ken·geld *das; -(e)s; nur Singular;* Geld, das man (von der Krankenversicherung) bekommt, wenn man krank ist und nicht arbeiten kann, und der Arbeitgeber nicht mehr bezahlt (*meist* nach 6 Wochen Krankheit)

Kra̦n·ken·haus [A2] *das; -es, -häu·ser;* ein Gebäude, in dem Kranke liegen und von Ärzten behandelt werden ⟨im Krankenhaus liegen⟩ || [K-] Krankenhausaufenthalt

Kra̦n·ken·kas·se [B2] *die; -, -n;* die (gesetzliche) Krankenversicherung

Kra̦n·ken·pfle·ger *der; -s, -;* ein Mann, dessen Beruf es ist, kranke Menschen zu pflegen

Kra̦n·ken·schein [B2] *der; -(e)s, -e; historisch;* (vor Einführung der Versichertenkarte) ein Formular, das man dem Arzt gab, damit er einen auf Kosten der Krankenkasse behandelte

Kra̦n·ken·schwes·ter *die; -, -n;* eine Frau, deren Beruf es ist, kranke Menschen zu pflegen

Kra̦n·ken·ver·si·che·rung *die; -, -en;* eine Institution, an die man jeden Monat eine Summe zahlt und die dafür die Kosten einer ärztlichen Behandlung bezahlt ⟨die gesetzliche, eine private Krankenversicherung⟩

kra̦nk·haft *Adjektiv* **1** zu einer Krankheit gehörig oder durch sie bewirkt: *eine krankhafte Vergrößerung der Prostata* **2** so stark ausgeprägt, dass der Betreffende nicht mehr normal handelt ⟨Eifersucht, Ehrgeiz⟩: *Er ist*

Die Krankenversicherung

In Deutschland gibt es zwei Arten der Krankenversicherung. Die meisten Arbeitnehmer und ihre Familienangehörigen sind bei einer **gesetzlichen Krankenkasse** versichert. Die Beiträge werden in der Regel je zur Hälfte vom Versicherten und von seinem Arbeitgeber bezahlt. Personen, deren Einkommen eine bestimmte Grenze überschreitet, Selbstständige und Beamte können sich bei einer **privaten Krankenkasse** versichern.

Die Krankenversicherung übernimmt die Kosten für die Behandlung beim Arzt oder Zahnarzt und im Krankenhaus, für Medikamente (ein Anteil muss aber selbst bezahlt werden), für die medizinische Vorsorge und für Hilfsmittel für Behinderte oder alte Menschen.

Wenn man ärztliche Hilfe braucht, geht man zu einem Arzt, den man frei wählen kann. Meist macht man vorher einen Termin aus. Beim ersten Arztbesuch im Quartal (Kalendervierteljahr) muss man eine **Praxisgebühr** bezahlen. Außerdem ist bei jedem Besuch die **Versichertenkarte** vorzulegen.

Medikamente bekommt man ausschließlich in Apotheken. Manche sind verschreibungspflichtig, man erhält sie nur gegen Vorlage eines ärztlichen Rezepts.

Viele Patienten suchen auch Hilfe bei alternativen Methoden der Medizin, wie zum Beispiel bei verschiedenen Formen der **Naturheilkunde** (bei der die Patienten mit natürlichen Methoden behandelt werden) wie **Akupunktur** oder **Homöopathie**. Viele dieser Behandlungen werden auch von den Krankenkassen bezahlt.

LANDESKUNDE

K

krankhaft eifersüchtig

Krank·heit B2 *die; -, -en* **1** der (*oft* schmerzhafte) Zustand, bei dem die Körper, Organe oder Teile von Menschen, Tieren oder Pflanzen nicht richtig funktionieren ⟨eine schwere, akute, chronische Krankheit; eine Krankheit verhüten, heilen, kurieren⟩: *Es kann sein, dass ich mich mit Röteln angesteckt habe, aber die Krankheit ist noch nicht ausgebrochen* || K- Krankheitserreger, Krankheitsverlauf || -K Geschlechtskrankheit, Hautkrankheit, Lungenkrankheit; Infektionskrankheit; Kinderkrankheit **2** die Zeit, in der jemand an einer Krankheit (1) leidet ≈ Erkrankung: *Während seiner zweiwöchigen Krankheit konnte er nicht arbeiten* || K- Krankheitsdauer, Krankheitsfall

Krank·heits·bild *das; -(e)s, -er;* die (körperlichen, geistigen, seelischen) Folgen, die für eine bestimmte Krankheit typisch sind

krank·mel·den; *meldete krank, hat krankgemeldet;* **jemanden/sich krankmelden** der Schule, dem Arbeitgeber *o.Ä.* mitteilen, dass jemand/man krank ist und zu Hause bleiben muss

krank·schrei·ben; *schrieb krank, hat krankgeschrieben;* **jemanden krankschreiben** (als Arzt) schriftlich bestätigen, dass jemand krank ist und deshalb nicht arbeiten oder zur Schule gehen kann ⟨sich krankschreiben lassen⟩: *für eine Woche krankgeschrieben sein*

Kranz *der; -es, Krän·ze;* ein *meist* Blumen, Zweige *o.Ä.*, die zu einem Ring gebunden sind ⟨einen Kranz binden, am Grab niederlegen⟩: *Im Advent haben wir einen Kranz aus Tannenzweigen mit vier Kerzen* || -K Adventskranz, Blumenkranz, Lorbeerkranz **2** etwas in der Form eines Ringes, *z.B.* ein Kuchen

Krap·fen *der; -s, -; südd* Ⓐ ein dickes rundes Gebäck aus (Hefe)Teig, das in heißem Fett gebacken wird ≈ Berliner, Pfannkuchen

krass, *krasser, krassest-; Adjektiv; abwertend;* sehr stark, groß ≈ extrem ⟨ein Gegensatz, ein Unterschied, ein Beispiel; etwas steht in krassem Widerspruch zu etwas; sich/etwas krass ausdrücken⟩: *In vielen Ländern gibt es krasse Gegensätze zwischen Arm und Reich*

Kra·ter *der; -s, -;* ein tiefes Loch in der Erde, das *oft* wie ein Kegel (1) aussieht und *meist* durch eine Explosion oder einen Vulkan entstanden ist || K- Kratersee

krat·zen; *kratzte, hat gekratzt* **1 jemanden/sich (irgendwo) kratzen**; **jemandem/sich etwas kratzen** die Fingernägel, Krallen *o.Ä.* mit leichtem Druck auf der Haut an den Stellen hin und her bewegen, wo sie juckt ⟨jemanden am/jemandem den Rücken kratzen⟩ **2 jemanden/sich kratzen** die Haut mit Fingernägeln, Krallen oder einem spitzen, scharfen Gegenstand verletzen: *Die Katze hat mich gekratzt* || K- Kratzwunde **3 etwas aus/von etwas kratzen** einen spitzen, scharfen oder harten Gegenstand so hin und her bewegen, dass etwas entfernt wird oder die Oberfläche verändert wird: *einen Topf leer kratzen; Farbe von der Wand kratzen* **4 etwas kratzt** (je-

manden) etwas reizt die Haut: *Der neue Pullover kratzt (mich)* **5** **ein Tier kratzt an etwas** (*Dativ*) ein Tier bewegt seine Krallen mit Druck über eine Oberfläche: *Der Hunde kratzte an der Tür und wollte hinaus*

Kra·tzer *der; -s, -;* **1** eine kleine, oberflächliche Wunde || -K Hautkratzer **2** ein kleiner Schaden an einem Gegenstand, entstanden durch Kratzen: *ein Kratzer im Lack*

krau·len¹; *kraulte, hat gekrault;* **jemanden/ein Tier (irgendwo) kraulen**; **jemandem/einem Tier etwas kraulen** einen Menschen oder ein Tier streicheln, indem man die Finger hin und her bewegt ⟨den Hund zwischen den Ohren kraulen⟩

krau·len²; *kraulte, hat/ist gekrault;* schwimmen, indem man die Arme in einem großen Bogen von vorn nach hinten durch das Wasser zieht und die gestreckten Beine auf und ab bewegt

kräu·seln; *kräuselte, hat gekräuselt* **1** **etwas kräuseln** kleine Falten, Locken, Wellen in etwas machen ⟨die Lippen kräuseln⟩: *Der Wind kräuselte die Oberfläche des Sees* **2** **etwas kräuselt sich** etwas bildet kleine Falten, Wellen, Locken

K

Kraut *das; -(e)s, Kräu·ter* **1** *meist Plural;* kleine Pflanzen, die hauptsächlich aus Blättern bestehen und die man als Medizin oder Gewürz verwendet ⟨Kräuter trocknen⟩: *Für diese Soße braucht man Petersilie, Dill und andere Kräuter* || K- Kräuterbad, Kräutertee || -K Heilkraut, Küchenkraut **2** *nur Singular;* die Blätter und Stiele einer Pflanze, die nicht gegessen werden: *das Kraut von Kartoffeln* **3** *nur Singular; bes südd* Ⓐ eine Bezeichnung für bestimmte Arten von Kohl: *Würstchen mit Kraut* || K- Krautsalat || -K Blaukraut, Weißkraut; Sauerkraut || ID **wie Kraut und Rüben** *umg;* ohne Ordnung

Kra·wall *der; -s, -e* **1** *meist Plural;* laute (politisch motivierte) Aktivitäten, bei denen auch Gewalt angewendet wird ≈ Aufruhr: *Bei der Demonstration kam es zu blutigen Krawallen* **2** *nur Singular; umg;* großer Lärm ≈ Krach ⟨Krawall machen⟩

Kra·wat·te B2 *die; -, -n;* ein Kleidungsstück für Männer aus einem langen, schmalen Streifen Stoff, den man unter dem Kragen um den Hals legt und vorne zu einem Knoten bindet ⟨die Krawatte binden⟩ || K- Krawattenknoten

kre·a·tiv [-f] *Adjektiv;* mit neuen und originellen Ideen ⟨kreativ tätig sein⟩ || *hierzu* **Kre·a·ti·vi·tät** [-v-] *die; -; nur Singular*

Krebs¹ *der; -es, -e* **1** ein Tier mit acht Beinen und einer harten Schale, das im Wasser lebt. Die zwei vorderen Beine sehen wie Zangen aus || K- krebsrot **2** *nur Singular;* das Sternzeichen für die Zeit vom 22. Juni bis 22. Juli

Krebs

Krebs² *der; -es; nur Singular;* eine gefährliche Krankheit, bei der bestimmte Zellen im Körper unnatürlich stark wachsen ⟨Krebs im Frühstadium, Endstadium⟩ || K- Krebserkrankung, Krebsforschung, Krebsoperation, Krebsvorsorge || -K Brustkrebs, Hautkrebs, Lungenkrebs *usw*

Kre·dit, Kre·dit *der; -(e)s, -e* **1** eine Geldsumme, die *bes* eine Bank jemandem für eine Zeit *meist* gegen Zinsen leiht ⟨einen Kredit aufnehmen⟩ || K- Kreditantrag, Kreditgeber, Kreditnehmer **2** *nur Singular;* die Möglichkeit, eine Ware oder Leistung später zu bezahlen ⟨etwas auf Kredit kaufen⟩

Kre·dit·kar·te, Kre·dit·kar·te *die; -, -n;* eine kleine Karte aus Plastik, mit der man statt mit barem Geld zahlen kann

kre·dit·wür·dig, kre·dit·wür·dig *Adjektiv; nicht als Adverb;* in einer so guten (finanziellen) Situation, dass man (*bes* von den Banken) Kredite bekommt || *hierzu* **Kre·dit·wür·dig·keit, Kre·dit·wür·dig·keit** *die; -; nur Singular*

Krei·de B2 *die; -, -n* **1** *nur Singular;* eine Substanz aus weichem, weißem Stein || K- Kreidefelsen **2** ein Stück Kreide (1), das man zum Schreiben oder Zeichnen verwendet: *etwas mit Kreide an die Tafel schreiben* || K- Kreidezeichnung

kre·ie·ren [kre'i:rən]; *kreierte, hat kreiert;* **etwas kreieren** (*bes* in der Mode) ein neues Muster oder Modell erfinden: *Dieses Modell wurde von Dior kreiert*

Kreis *der; -es, -e* **1** eine geschlossene Linie, die so um den Mittelpunkt herum verläuft, dass sie an jeder Stelle gleich weit von ihm entfernt ist: *Kreise malen* || ↑ Illustration **Farben und Formen** || K- Kreislinie; kreisrund **2** die

Fläche, die von dieser Linie umschlossen wird: *Kreise ausschneiden* || K- Kreisdurchmesser, Kreisfläche, Kreisumfang **3** etwas, das ungefähr die Form eines Kreises hat ⟨sich im Kreis aufstellen, bewegen, drehen⟩: *Der Adler zog seine Kreise am Himmel* **4** mehrere Personen, die (oft) zusammen sind, um gemeinsam etwas zu tun ⟨ein geselliger Kreis; in familiärem Kreis⟩: *Er verbrachte Weihnachten im Kreis seiner Freunde* || -K Arbeitskreis **5** *Kurzwort* ↑ **Landkreis** || K- Kreiskrankenhaus, Kreismeisterschaft, Kreisverwaltung || ID **sich im Kreis bewegen/drehen** immer wieder dasselbe denken, sagen oder tun und dabei zu keinem Ergebnis kommen; **etwas zieht (weite) Kreise** etwas hat (starke) Auswirkungen

krei·schen; *kreischte, hat gekreischt;* **(etwas) kreischen** (etwas) mit lauter und hoher Stimme schreien ⟨schrill kreischen⟩: *„Achtung!", kreischte sie*

Krei·sel *der; -s, -;* ein kleines Spielzeug für Kinder, das sich auf einer Spitze im Kreis dreht, wenn man ihm Schwung gibt ⟨den Kreisel aufziehen, tanzen lassen; etwas dreht sich wie ein Kreisel⟩

krei·sen; *kreiste, hat/ist gekreist* **1** *(hat/ist)* sich so bewegen, dass ein Kreis (3) entsteht: *Der Adler kreiste am Himmel* **2** **etwas kreisen lassen** etwas (in einer Runde) von einer Person zur anderen gehen lassen ⟨eine Flasche kreisen lassen⟩ **3** **mit etwas kreisen** *(hat)* etwas so bewegen, dass ein Kreis (2) entsteht ⟨mit den Armen kreisen⟩ **4** **etwas kreist um etwas** *(hat/ist)* etwas kommt immer wieder auf dasselbe Thema zurück ⟨Gedanken⟩

Kreis·lauf *der; -(e)s, -läu·fe* **1** die Art der Bewegung, bei der etwas immer wieder zum Ausgangspunkt zurückkehrt || -K Stromkreislauf, Wasserkreislauf **2** *meist Singular;* die Bewegung des Blutes im Körper ⟨einen schwachen Kreislauf haben; etwas regt den Kreislauf an, belastet den Kreislauf⟩ || K- Kreislaufkollaps, Kreislaufschwäche || -K Blutkreislauf **3** *nur Singular;* ein Ablauf, bei dem in regelmäßigen Abständen immer wieder dasselbe geschieht: *der Kreislauf der Natur*

Kreiß·saal *der; -(e)s, -sä·le;* der Raum in einem Krankenhaus, in dem Frauen Kinder bekommen (gebären): *die Entbindung im Kreißsaal*

Kreis·stadt *die; -, -städ·te;* die Stadt, in der sich die Behörden eines Landkreises befinden

Krem *die* ↑ **Creme**

Kre·ma·to·ri·um *das; -s, Kre·ma·to·ri·en* [-iən]; ein Gebäude zur Verbrennung von Toten

kre·mig *Adjektiv* ↑ **cremig**

Kreml, Kreml *der; -(s); nur Singular* **1** die Regierung von Russland **2** *historisch;* die Regierung der Sowjetunion **3** die Gebäude der Regierung in Moskau

Kren *der; -(e)s; nur Singular; südd* Ⓐ ≈ Meerrettich

kre·pie·ren; *krepierte, ist krepiert;* **jemand/ein Tier krepiert** *salopp;* ein Mensch oder ein Tier stirbt

Kres·se *die; -, -n; meist Singular;* eine kleine Pflanze, deren Blätter ziemlich scharf schmecken und als Salat gegessen werden oder als Gewürz dienen

kreuz *nur in* **kreuz und quer** ohne Plan oder Ordnung: *mit dem Auto kreuz und quer durch die Stadt fahren*

Kreuz *das; -es, -e* **1** Zeichen wie x oder +, die man *z.B.* schreibt, um eine bestimmte Stelle auf einer Karte zu markieren oder um eine von mehreren Möglichkeiten auf einem Formular zu wählen ⟨etwas mit einem Kreuz versehen⟩ **2** etwas mit der Form eines Kreuzes (1) || -K Fensterkreuz **3** *historisch;* ein Gerüst mit einem langen senkrechten und einem kurzen waagrechten Balken, an dem früher Menschen getötet wurden: *Jesus Christus starb am Kreuz* || K- Kreuzestod **4** das Symbol eines Kreuzes (3), das *bes* in der christlichen Religion verwendet wird || -K Altarkreuz, Grabkreuz, Holzkreuz **5** der untere Teil des Rückens ⟨jemandem tut das Kreuz weh⟩ || K- Kreuzschmerzen || -K Hohlkreuz **6** *(Plural Kreuz)* eine Spielfarbe im internationalen Kartenspiel oder eine Karte dieser Farbe || ↑ Abbildung unter **Spielkarten** || Hinweis: ↑ **Herz** **7** *Musik;* das Zeichen ♯, durch das eine Note einen halben Ton höher gesetzt wird **8** **das Rote Kreuz** eine Organisation, die Menschen hilft, die in Not sind **9** **über Kreuz** so, dass dabei ein Kreuz (1) entsteht: *Sie legte Messer und Gabel über Kreuz auf ihren Teller* || ID **mit jemandem/etwas sein Kreuz haben** *umg;* durch jemanden/etwas viel Mühe oder Ärger haben

kreu·zen; *kreuzte, hat gekreuzt* **1** **etwas kreuzt etwas** zwei Wege *o.Ä.* überschneiden sich **2** *meist* ⟨die Arme, Beine⟩ **kreuzen** die Arme oder die Beine so übereinanderlegen, dass eine Art Kreuz entsteht **3** ⟨Dinge⟩ **kreuzen** Dinge so zusammenlegen, dass eine Art Kreuz entsteht ⟨die Schwerter kreuzen⟩ **4** ⟨ein Tier und ein Tier/eine Pflanze und eine Pflanze⟩ **kreuzen**; ⟨ein Tier, eine Pflanze⟩ **mit** ⟨einem Tier, einer Pflanze⟩ **kreuzen** männliche und

K

weibliche Tiere oder Pflanzen verschiedener Arten so zusammenbringen, dass aus ihnen Nachkommen einer neuen Art hervorgehen

Kreu·zer *der; -s, -;* **1** *Militär;* ein großes, schnelles Kriegsschiff **2** ein (Segel- oder Motor)Schiff, mit dem man relativ lange Reisen machen kann

Kreuz·fah·rer *der; -s, -; historisch;* ein Soldat oder Pilger, der auf einem Kreuzzug war

Kreuz·fahrt *die; -, -en;* eine (Urlaubs)Reise auf einem großen, schönen Schiff, bei der man in verschiedenen Häfen an Land geht und kleine Ausflüge macht

Kreuz·feu·er *das; nur in* **im Kreuzfeuer (der Kritik) stehen**; **ins Kreuzfeuer (der Kritik) geraten** von verschiedenen Seiten öffentlich scharf kritisiert werden

kreu·zi·gen; *kreuzigte, hat gekreuzigt;* **jemanden kreuzigen** *historisch;* jemanden an ein Kreuz (3) hängen und ihn dort sterben lassen || *hierzu* **Kreu·zi·gung** *die; -; -en*

K

Kreuz·ot·ter *die; -, -n;* eine giftige Schlange, die auch in kalten Ländern vorkommt

Kreuz·spin·ne *die; -, -n;* eine große Spinne, die auf dem Rücken ein Muster in Form eines Kreuzes hat

Kreu·zung A1 *die; -, -en* **1** eine Stelle, an der sich zwei oder mehrere Straßen schneiden ⟨an der Kreuzung abbiegen⟩ **2** *Biologie;* das Kreuzen (4) von Tieren oder Pflanzen verschiedener Arten *bzw* das Ergebnis davon

Kreuz·ver·hör *das; -(e)s, -e; Rechtswesen;* eine Form des Verhörs, bei der *bes* Zeugen vor Gericht durch den Staatsanwalt und den Verteidiger intensiv befragt werden, um möglichst viele Informationen zu bekommen ⟨jemanden ins Kreuzverhör nehmen, einem Kreuzverhör unterziehen⟩

Kreuz·wort|rät·sel *das; -s, -;* ein gedrucktes Rätsel, bei dem man Wörter erraten muss, die man in ein Muster von Kästchen einträgt ⟨ein Kreuzworträtsel lösen⟩

Kreuz·zug *der; -(e)s, -zü·ge* **1** *historisch;* eine Reise von christlichen Soldaten und Pilgern im Mittelalter als Teil eines Krieges gegen islamische Völker **2** **ein Kreuzzug (gegen jemanden/etwas)** eine leidenschaftliche Kampagne gegen jemanden/etwas: *einen Kreuzzug gegen Drogen führen*

krib·beln; *kribbelte, hat gekribbelt; umg* **1** **etwas kribbelt** etwas juckt oder kitzelt: *Meine Haut kribbelt am Rücken* **2** **es kribbelt jemanden irgendwo** es juckt jemanden irgendwo

krie·chen; *kroch, ist gekrochen* **1** sich auf Händen und Knien fortbewegen **2** sich so fortbewegen, dass der Bauch den Boden berührt: *Das Krokodil kroch an Land* **3** **irgendwohin kriechen** sich an einen Ort begeben, wo wenig Platz ist oder der Körper von etwas (Schützendem) bedeckt wird ⟨unter die Decke, hinter den Ofen kriechen⟩

Kriech·tier *das; -(e)s, -e* ≈ Reptil

Krieg B1 *der; -(e)s, -e* **1** **ein Krieg (gegen jemanden/mit jemandem)**; **ein Krieg (zwischen** ⟨Ländern, Völkern *o.Ä.*⟩**)** eine (militärische) Auseinandersetzung, bei der verschiedene Länder oder Teile eines Landes/Volkes mit Waffen gegeneinander kämpfen ⟨in den Krieg ziehen; irgendwo herrscht/ist Krieg; ein Land rüstet zum Krieg, erklärt einem Land den Krieg, befindet sich mit einem Land im Krieg, führt gegen ein Land Krieg⟩ || K- Kriegsgefangene(r), Kriegsopfer, Kriegsschauplatz, Kriegsteilnehmer, Kriegsverbrecher || -K Weltkrieg **2** ein politischer oder persönlicher Kampf mit harten Worten und bösen Taten: *mit den Nachbarn im Krieg liegen* || -K Nervenkrieg

krie·gen B1 *kriegte, hat gekriegt;* **etwas kriegen** *umg* ≈ bekommen: *Ich kriege noch zwei Euro von dir* || Hinweis: kein Passiv!

krie·ge·risch *Adjektiv* **1** ⟨ein Volk⟩ so, dass es oft und gern Krieg führt **2** in der Form eines Krieges ⟨Auseinandersetzungen⟩

Kriegs·dienst *der; -es; nur Singular* **1** die Aufgaben, die der Soldat im Krieg erfüllt **2** die Zeit, in der ein junger Mann beim Militär ist, um eine Ausbildung als Soldat zu machen ≈ Wehrdienst || K- Kriegsdienstverweigerer

Kriegs·recht *das; -(e)s; nur Singular* **1** allgemein anerkannte Normen (wie *z.B.* bei der Behandlung von Gefangenen), die im Krieg gelten ⟨ein Verstoß gegen das Kriegsrecht⟩ **2** eine Änderung der Gesetze innerhalb eines Staates, die bei Krieg (oder einer anderen Gefahr) beschlossen wird ⟨die Regierung verhängt das Kriegsrecht (über ein Land)⟩

Kri·mi B1 *der; -s, -s; umg;* ein Roman oder Film, der von Verbrechen (und *meist* der Entdeckung des Täters) handelt

Kri·mi·nal·be·am·te *der; -n, -n;* ein Beamter der Kriminalpolizei || *hierzu* **Kri·mi·nal·be·am·tin** *die; -, -nen*

Kri·mi·na·li·tät B2 *die; -; nur Singular* **1** kriminelle (2) Aktivitäten ⟨zur Kriminalität neigen, in die Kriminalität absinken⟩ **2** alle Verbrechen, die (*z.B.* in einem Land pro Jahr) passieren ⟨eine Stadt *o.Ä.* hat eine hohe, steigende Kriminalität; die Kriminalität bekämpfen⟩

Kri·mi·nal·po·li·zei *die; -; nur Singular;* der Teil der Polizei, der Verbrechen untersucht

kri·mi·nell *Adjektiv* **1** bereit, Verbrechen zu begehen ⟨Menschen, Organisationen⟩ **2** ⟨Handlungen⟩ so, dass sie ein Verbrechen darstellen **3** *umg;* ⟨ein Leichtsinn, eine Rücksichtslosigkeit⟩ so, dass sie zu einem Unglück führen könnten || *zu 1* **Kri·mi·nel·le** *der/die; -n, -n*

Krims·krams *der; -(es); nur Singular; umg;* eine Menge von verschiedensten (kleinen) Dingen, die wenig Wert haben

Krin·gel *der; -s, -;* **1** ein kleiner, nicht exakt gezeichneter Kreis: *aus Langeweile Kringel an den Heftrand malen* **2** eine Art Keks mit der Form eines Kringels || -K Schokoladenkringel, Zuckerkringel

Kri·po *die; -; nur Singular; umg, Kurzwort* ↑ **Kriminalpolizei**

Krip·pe *die; -, -n* **1** ein Gestell, in das man das Futter für Hirsche, Rehe, Pferde *usw* legt: *eine Krippe mit Heu* || -K Futterkrippe **2** ein Modell mit Figuren, einem Stall und einer Krippe, mit dem die Heilige Familie nach der Geburt von Jesus Christus dargestellt wird: *unter dem Christbaum eine Krippe aufstellen* || K- Krippenfigur || -K Weihnachtskrippe **3** eine Institution, in der Babys und kleine Kinder (unter drei Jahren) betreut werden, während die Eltern arbeiten || -K Kinderkrippe || Hinweis: ↑ **Kindergarten**

Kri·se A2 *die; -, -n;* eine schwierige oder gefährliche Situation oder Zeit ⟨eine wirtschaftliche Krise; eine Krise durchmachen⟩: *Die Firma befindet sich in einer finanziellen Krise* || -K Ehekrise, Energiekrise, Regierungskrise

Kri·sen·ge·biet *das; -(e)s, -e;* eine Region, in der es politische Konflikte gibt und in der es zu Kämpfen kommen kann

Kri·sen·herd *der; -(e)s, -e* ≈ Krisengebiet

Kris·tall[1] *der; -s, -e;* eine feste Form einer Substanz mit vielen kleinen Flächen, die oft wie helles Glas schimmern: *kleine durchsichtige Kristalle aus Eis* || -K Eiskristall, Schneekristall, Salzkristall, Zuckerkristall

Kris·tall[2] *das; -s; nur Singular* **1** farbloses, *meist* geschliffenes Glas von hoher Qualität || K- Kristallglas, Kristallkugel, Kristalllüster, Kristallschale, Kristallvase **2**; Gefäße, Leuchter *usw* aus Kristall || *zu 1* **kris·tal·le·n-** *Adjektiv*

Kris·tall·nacht *die; -; nur Singular; historisch beschönigend;* die Nacht vom 9. zum 10. November 1938, in der in Deutschland viele Synagogen und Geschäfte der Juden zerstört wurden und Juden getötet wurden

Kri·te·ri·um *das; -s, Kri·te·ri·en* [-ri̯ən]; **ein Kriterium (für etwas)** ein Merkmal, nach dem man eine Frage entscheidet oder etwas beurteilt ⟨Kriterien aufstellen⟩

Kri·tik, Kri·tik A2 *die; -, -en* **1** *nur Singular;* **Kritik (an jemandem/etwas)** die (*meist* negative) Beurteilung einer Person/Sache nach bestimmten Maßstäben *bzw* die Worte, die diese Beurteilung ausdrücken ⟨sachliche, schonungslose Kritik üben⟩: *Der Reporter äußerte Kritik an dem Einsatz der Polizei* || -K Gesellschaftskritik **2** **eine Kritik (von jemandem/etwas) (über jemanden/etwas)** ein Bericht, in dem ein Buch, Film *o.Ä.* beurteilt wird ≈ Rezension, Besprechung ⟨eine vernichtende Kritik⟩: *Über ihren neuen Film konnte man nur gute Kritiken lesen* || -K Theaterkritik || *hierzu* **Kri·ti·ker** *der; -s, -;* **Kri·ti·ke·rin** *die; -, -nen;* **kri·ti·sie·ren** (*hat*)

kri·tisch B1 *Adjektiv* **1** ⟨ein Kommentar, Leser⟩ so, dass sie jemanden/etwas genau prüfen und beurteilen: *sich kritisch mit etwas auseinandersetzen* **2** negativ in der Beurteilung von jemandem/etwas: *Sie äußerte sich kritisch zu den neuen Beschlüssen der Regierung* **3** *nicht als Adverb;* in Gefahr, schlecht zu enden ⟨eine Lage⟩: *Der Kranke befindet sich in einem äußerst kritischen Zustand*

krit·zeln; *kritzelte, hat gekritzelt* **1** **(etwas) (irgendwohin) kritzeln** etwas so hastig oder schlecht schreiben, dass es schwer zu lesen ist: *Schnell kritzelte sie noch eine Nachricht für ihn auf einen Zettel* **2** **(etwas) irgendwohin kritzeln** etwas *z.B.* aus Langeweile oder Nervosität auf einen Zettel *o.Ä.* zeichnen: *beim Telefonieren Schnörkel und Männchen auf ein Papier kritzeln* || *zu 1* **krit·ze·lig**, **kritz·lig** *Adjektiv*

kroch *Imperfekt, 1. und 3. Person Singular;* ↑ **kriechen**

Kro·kant *der; -(e)s; nur Singular;* eine harte braune Substanz aus Zucker und Stückchen von Mandeln oder Nüssen || K- Krokantpraline, Krokantschokolade

Kro·ket·te *die; -, -n; meist Plural;* eine kleine Rolle aus paniertem Kartoffelbrei, die in Fett gebacken wurde

Kro·ko·dil *das; -s, -e;* ein großes Tier (Reptil), das in manchen warmen Ländern im und am Wasser lebt. Krokodile haben scharfe Zähne

K

und eine harte Haut || [K-] Krokodilleder

Kro·kus *der; -, -se;* eine kleine, *meist* weiße, gelbe oder violette Blume, die im Frühling blüht

Kro·ne *die; -, -n* **1** ein Schmuck aus Gold und Edelsteinen, den ein König, eine Königin *usw* zu besonderen Anlässen auf dem Kopf tragen || [-K] Königskrone **2** *nur Singular;* das Amt und die Macht, die ein König, eine Königin hat ⟨die Krone niederlegen (= abdanken)⟩ **3** die Familie eines Königs oder Kaisers: *Die englische Krone besitzt große Reichtümer* || [K-] Kronjuwelen **4** *Kurzwort* ↑ **Baumkrone** **5** eine feste Schicht, die vom Zahnarzt auf den gesunden Teil eines Zahnes gesetzt wird || [-K] Goldkrone **6** *nur Singular;* eine Person oder Sache, die perfekt ist: *Der Mensch wird oft die Krone der Schöpfung genannt* **7** die Währung mancher skandinavischen Länder

krö·nen; *krönte, hat gekrönt* **1** **jemanden (zu etwas) krönen** jemanden zum König *o.Ä.* machen und ihm dabei die Krone (1) aufsetzen: *zum Kaiser gekrönt werden* **2** **etwas krönt etwas** etwas ist der Höhepunkt einer Sache ⟨der krönende Abschluss eines Festes⟩ || [ID] **etwas ist von Erfolg gekrönt** etwas hat großen Erfolg || *hierzu* **Krö·nung** *die; -, -en*

Kron·zeu·ge *der; -n, -n;* jemand, der für ein Verbrechen, an dem er selbst beteiligt war, nicht oder nur wenig bestraft wird, weil durch seine Aussage in einem Prozess andere Verbrecher verurteilt werden können || [K-] Kronzeugenregelung

Kropf *der; -(e)s, Kröp·fe* **1** eine dicke Stelle am Hals, die jemand bekommt, wenn seine Schilddrüse zu groß wird ⟨einen Kropf bekommen, haben, operieren lassen⟩ **2** eine Art Beutel in der Speiseröhre, in den viele Vögel das Futter aufnehmen und für die Verdauung aufbereiten, bis sie *z.B.* ihre Jungen damit füttern können || [ID] **überflüssig/unnötig wie ein Kropf** *umg;* vollkommen überflüssig

kross, *krosser, krossest-; Adjektiv; nordd* ≈ knusprig

Krö·te *die; -, -n;* ein Tier, ähnlich einem Frosch, das *meist* an Land lebt

Krü·cke *die; -, -n;* ein Stock mit einem Griff und einer Armstütze (für jemanden, der nur schlecht laufen kann) ⟨an Krücken gehen⟩

Krug *der; -(e)s, Krü·ge* **1** ein Gefäß aus Glas, Porzellan *o.Ä.* mit einem oder zwei Henkeln, für Flüssigkeiten || ↑ Illustration **Behälter und Gefäße** || [-K] Bierkrug; Tonkrug **2** **ein Krug** + *Substantiv* die Menge Flüssigkeit, die in einen Krug (1) passt: *einen Krug Wein bestellen*

Krü·mel *der; -s, -;* ein sehr kleines Stück (*bes* von Brot, Kuchen, Tabak) || [-K] Brotkrümel

krumm, *krummer/krümmer, krummst-/krümmst-; Adjektiv;* so, dass etwas nicht gerade ist und die Form eines Bogens (oder von Bögen) hat ⟨krumm und bucklig⟩: *Die Katze macht einen krummen Rücken* || ↑ Abbildung unter **spitz** || [K-] Krummschwert

krüm·men; *krümmte, hat gekrümmt* **1** **etwas krümmen** etwas Gerades krumm machen: *den Rücken krümmen* **2** **etwas krümmt sich** etwas ist/wird krumm ⟨eine Linie, Fläche⟩ **3** **sich (vor etwas** (*Dativ*)**) krümmen** den Rücken krumm machen ⟨sich vor Schmerzen krümmen⟩

krumm·neh·men; *nimmt krumm, nahm krumm, hat krummgenommen;* **(jemandem) etwas krummnehmen** *umg;* sich über jemandes Verhalten ärgern ≈ jemandem etwas übel nehmen

Krüm·mung *die; -, -en;* eine bogenförmige Abweichung von einem geraden Verlauf: *die Krümmung der Erdoberfläche*

Krus·te *die; -, -n;* eine harte Schicht auf etwas Weichem ⟨eine knusprige Kruste⟩: *Auf der Wunde hat sich eine Kruste aus Blut gebildet* || [-K] Brotkruste

Kru·zi·fix, Kru·zi·fix *das; -es, -e* **1** eine Darstellung oder Nachbildung des Kreuzes, an dem Jesus Christus gestorben ist **2** **Kruzifix!** *salopp;* verwendet als Fluch

Kü·bel *der; -s, -;* **1** ein rundes, weites Gefäß || [K-] Kübelpflanze || [-K] Sektkübel **2** *südd* Ⓐ ≈ Eimer

Ku·bik, Ku·bik *ohne Artikel, Plural; umg;* (*Abkürzung für* Kubikzentimeter) verwendet, um die Größe des Hubraums eines Fahrzeugs anzugeben: *ein Motorrad mit 500 Kubik*

Ku·bik·me·ter, Ku·bik·me·ter [B2] *der; -s, -;* eine Einheit, mit der das Volumen von etwas gemessen wird. Ein Kubikmeter ist 1 Meter hoch, 1 Meter lang und 1 Meter breit; *Mathematik* m^3

Ku·bik·zahl, Ku·bik·zahl *die; -, -en; Mathematik;* eine Zahl mit einer hochgestellten 3: *Die Zahl 8 lässt sich als Kubikzahl von 2 darstellen* ($8 = 2^3$)

Kü·che [A1] *die; -, -n* **1** ein Raum, in dem man *bes* kocht, bäckt oder Speisen zubereitet: *Die Küche ist groß genug, um darin zu essen* || [K-] Küchengerät, Küchenschrank || [-K] Wohnküche **2** die Möbel, mit denen eine Küche (1) eingerichtet ist: *eine neue Küche kaufen* **3** eine bestimmte Art, das Essen zu kochen ⟨die

Die deutsche Küche

Ein normales deutsches Gericht besteht meist aus Fleisch oder Fisch, einer Beilage wie Kartoffeln, Reis oder Nudeln und Gemüse. Dazu gibt es manchmal noch einen Salat. Nur zu besonderen Gelegenheiten beinhaltet das Essen mehrere Gänge.

Typische Gerichte sind **Schweinebraten, Rinderbraten, Hähnchen, Schnitzel** und **Rouladen**. Ein anderer wichtiger Bestandteil der deutschen Kost sind die **Würstchen** in ihren verschiedenen Varianten. In den Küstenregionen Deutschlands an der Nord- und Ostsee spielt Fisch eine wichtige Rolle. Im übrigen Deutschland werden Süßwasserfische wie Forelle oder Karpfen bevorzugt.

Traditionelle Beilage in Deutschland sind Kartoffeln. Sie werden als Salzkartoffeln, Pellkartoffeln, Bratkartoffeln, Kartoffelbrei oder **Knödeln** (auch **Klöße** genannt) zubereitet.

Typisch deutsche Gemüse sind die verschiedenen Kohlarten, wie Blumenkohl, Rotkohl (auch Blaukraut genannt) oder **Sauerkraut** (in Streifen geschnittener Weißkohl, der mit Salz haltbar gemacht wurde), Erbsen, Karotten und grüne Bohnen.

Eine Besonderheit sind auch die verschiedenen Süßspeisen, die als vollständige Mahlzeit gelten, wie zum Beispiel Dampfnudeln, Pfannkuchen oder süße Aufläufe.

LANDESKUNDE

französische, italienische *usw* Küche⟩ **4** **kalte/warme Küche** kalte/warme Speisen

Ku·chen A2 *der; -s, -;* ein relativ großes, süßes Gebäck ⟨einen Kuchen backen; jemanden zu Kaffee und Kuchen einladen⟩: *Zum Geburtstag gibt es einen Kuchen mit Kerzen* || K- Kuchenblech, Kuchenform, Kuchengabel, Kuchenteig, Kuchenteller || -K Apfelkuchen, Geburtstagskuchen, Schokoladenkuchen

Kü·chen·chef *der; -s, -s;* (in einem Restaurant) der Koch, der die Arbeit in der Küche leitet || *hierzu* **Kü·chen·che·fin** *die; -, -nen*

Kü·chen·ma·schi·ne *die; -, -n;* ein elektrisches Gerät (mit einem Behälter), das Teig rühren, Gemüse *o.Ä.* zerkleinern, Sahne (steif) schlagen *usw* kann

Ku·ckuck *der; -s, -e;* ein Vogel, der seine Eier in fremde Nester legt und von anderen Vögeln ausbrüten lässt || K- Kuckucksruf

Ku·ckucks·uhr *die; -, -en;* eine (Wand)Uhr, bei der ein kleiner Vogel (aus Holz) jede halbe und/oder volle Stunde erscheint und wie ein Kuckuck so oft ruft, wie Stunden gezählt werden

Kud·del·mud·del *der, das; -s; nur Singular; umg* ≈ Durcheinander

Ku·fe *die; -, -n;* der schmale, lange Teil, auf dem Schlitten oder Schlittschuhe über Schnee oder Eis gleiten

Ku·gel *die; -, -n* **1** ein runder, fester, *meist* relativ kleiner Körper, der leicht rollt: *Murmeln sind kleine bunte Kugeln aus Glas, mit denen Kinder spielen* || ↑ Illustration **Farben und Formen** || K- kugelrund || -K Eisenkugel, Glaskugel **2** eine schwere Kugel (1) aus Metall, die man *z.B.* im Sport durch die Luft wirft oder beim Kegeln rollt **3** ein kleiner, *meist* runder Gegenstand aus Metall, den man mit einem Gewehr *o.Ä.* abschießt ⟨von einer Kugel getroffen, gestreift werden⟩ || K- Kugelhagel || -K Schrotkugel

Ku·gel·la·ger *das; -s, -;* der Teil in einer Maschine, einem Fahrzeug *o.Ä.*, in dem kleine (Stahl)Kugeln die Reibung verringern

Ku·gel·schrei·ber A2 *der; -s, -;* ein Stift zum Schreiben mit einer Mine, die Farbe enthält || ↑ Illustration **Im Büro**

Küchenmaschine

K

ku·gel·si·cher *Adjektiv;* so, dass ein Schuss aus einem Gewehr oder einer Pistole nicht hindurchgehen kann ‹Panzerglas, eine Weste› ≈ kugelfest

Ku·gel·sto·ßen *das; -s; nur Singular;* eine Sportart (der Leichtathletik), bei der man eine schwere Kugel möglichst weit wirft (stößt)

Kuh B1 *die; -, Kü·he* **1** ein weibliches Rind ↔ Ochse, Stier ‹eine Kuh melken› || K- Kuheuter || -K Milchkuh **2** *umg;* ein (Haus)Rind allgemein || K- Kuhmist, Kuhstall **3** das weibliche Tier bei manchen Tierarten || -K Elefantenkuh, Hirschkuh

Kuh·haut *die; -, -häu·te; meist in* **Das geht auf keine Kuhhaut!** *umg;* Das geht zu weit, Das ist unerträglich!

kühl B1 *Adjektiv* **1** von relativ niedriger Temperatur, aber nicht richtig kalt ≈ frisch ↔ warm: *Im September sind die Nächte oft schon kühl* **2** höflich, aber nicht freundlich ↔ herzlich ‹jemanden kühl ansehen› **3** so, dass der Betreffende ohne Gefühle und nur mit dem Verstand urteilt ‹kühl und sachlich› || *hierzu* **Küh·le** *die; -; nur Singular*

K

Kühl·box *die; -, -en;* ein Behälter, in dem Getränke und Speisen (auf einer Reise *o.Ä.*) kühl bleiben

küh·len B2 *kühlte, hat gekühlt* **1** **etwas kühlt etwas** etwas senkt die Temperatur von etwas, macht etwas kühl ‹Getränke, einen Motor (mit Luft, mit Wasser) kühlen› || K- Kühlflüssigkeit, Kühlwasser **2** **etwas kühlt (etwas)** etwas macht etwas kühl: *Die Salbe kühlt* **3** **((jemandem) etwas) kühlen** die Wunde, die Stirn *o.Ä.* kühl machen: *Bei Fieber regelmäßig kühlen!*

Küh·ler *der; -s, -;* der Teil eines Motors, der dazu dient, die Temperatur des Motors niedrig zu halten

Kühl·schrank A1 *der; -(e)s, -schrän·ke;* ein Gerät, in dem man Lebensmittel kühlt und sie frisch hält

Kühl·ta·sche *die; -, -n;* ein Behälter, in dem Lebensmittel (auf einer Reise *o.Ä.*) kühl bleiben

Küh·lung *die; -, -en* **1** *nur Singular;* das Kühlen (1): *die Kühlung von Getränken* **2** *nur Singular;* die angenehme Frische, die etwas Kühlendes (2) bringt: *Der Regen brachte kaum Kühlung* **3** ein Gerät, mit dem man etwas kühlt ‹die Kühlung versagt, fällt aus›

kühn *Adjektiv* **1** so, dass jemand trotz einer Gefahr keine Furcht zeigt ‹ein Held› **2** ganz neu, ungewöhnlich oder alles andere übertreffend ‹eine Idee; jemandes kühnste Träume› || *hierzu* **Kühn·heit** *die; -; nur Singular*

Kü·ken *das; -s, -;* **1** ein junges Huhn **2** ein junger Vogel || -K Entenküken, Gänseküken

ku·lant, *kulanter, kulantest-; Adjektiv* großzügig und so, dass man auf die Wünsche der anderen Rücksicht nimmt ‹ein Kaufmann›: *Der Händler war kulant und hat die Reparatur umsonst ausgeführt*

Ku·li, Ku·li *der; -s, -s; umg* ≈ Kugelschreiber

ku·li·na·risch *Adjektiv; meist vor dem Substantiv;* in Bezug auf gutes Essen ‹Genüsse›

Ku·lis·se *die; -, -n* **1** die Gegenstände auf einer Bühne, die darstellen sollen, an welchem Ort die Handlung spielt **2** die Umgebung: *Die Alpen bildeten eine malerische Kulisse für den Film* || ID **hinter den Kulissen** der Öffentlichkeit nicht bekannt

Kult *der; -(e)s, -e* **1** eine Art einfache Religion ‹ein heidnischer Kult› || K- Kulthandlung, Kultstätte **2** das Verehren von bestimmten Dingen oder Personen wie etwas Heiliges ‹aus etwas einen Kult machen› || K- Kultbuch, Kultfilm || -K Schönheitskult, Starkult || *hierzu* **kul·tisch** *Adjektiv*

kul·ti·vie·ren; *kultivierte, hat kultiviert; förmlich* **1** **etwas kultivieren** einen Boden so bearbeiten, dass man darauf Getreide, Gemüse *o.Ä.* anbauen kann ‹den Boden, das Moor kultivieren› **2** ‹Pflanzen› **kultivieren** Pflanzen züchten und anbauen **3** **etwas kultivieren** etwas sorgfältig pflegen und so behandeln, dass es auf ein hohes Niveau kommt: *eine Freundschaft, den persönlichen Stil kultivieren; jemandes Benehmen, Geschmack, Umgebung ist kultiviert* (= vornehm und gebildet)

Kul·tur A2 *die; -, -en* **1** *nur Singular;* die Dinge und Werte der menschlichen Gesellschaft, wie Kunst, Wissenschaft, Religion, Sprache *usw* || K- Kulturerbe, Kulturgeschichte, Kulturwissenschaft **2** die Stufe oder die Art der Kultur (1), die ein Volk erreicht hat ‹eine hoch entwickelte Kultur›: *die Kultur der Inkas* || K- Kulturvolk **3** die künstlerischen und wissenschaftlichen Aufgaben, Aktivitäten und Produkte, die zu einer Kultur (2) gehören ‹die Kultur fördern› || K- Kulturpolitik **4** *nur Singular;* die Bildung und das gute Benehmen eines Menschen ‹ein Mensch von Kultur› **5** *nur Singular;* die Maßnahmen, die den Boden für den Anbau von Pflanzen geeignet machen || K- Kulturlandschaft **6** *nur Singular;* das Züchten und Anbauen von Pflanzen || K- Kulturpflanze

Kul·tur·beu·tel B2 *der; -s, -;* eine kleine Tasche, in die man Seife, Zahnbürste und ähnliche Dinge tut, wenn man verreist

kul·tu·rẹll *Adjektiv; nur vor dem Substantiv oder als Adverb;* in Bezug auf die Kultur (1-3) ⟨die Entwicklung, eine Veranstaltung⟩

Kụm·mel *der; -s; nur Singular* **1** eine Pflanze mit braunen, länglichen Samen, die als Gewürz verwendet werden **2** der Samen des Kümmels als Gewürz || K- Kümmelbrot

Kụm·mer *der; -s; nur Singular* **1** **Kummer (über jemanden/etwas)** große Sorgen ⟨jemand/etwas bereitet jemandem Kummer⟩ **2** **Kummer (mit jemandem/etwas)** ein Problem, das einem Schwierigkeiten oder Enttäuschungen bereitet ⟨Kummer gewöhnt sein⟩: *Mit seiner Tochter hat er nur Kummer*

kụ̈m·mer·lich *Adjektiv* **1** ⟨Tiere, Pflanzen⟩ so, dass sie nicht so groß und kräftig sind wie andere ihrer Art: *Auf dem schlechten Boden gedeihen nur wenige kümmerliche Bäume* **2** ⟨ein Lohn, Rest⟩ so, dass sie weit hinter den Erwartungen und Wünschen zurückliegen

kụ̈m·mern; *kümmerte, hat gekümmert* **1** **sich um jemanden kümmern** auf jemanden aufpassen oder jemanden pflegen ⟨sich um einen Kranken kümmern⟩ **2** **sich um etwas kümmern** bestimmte Arbeiten ausführen, die notwendig sind: *Wer kümmert sich um Ihre Blumen, wenn Sie im Urlaub sind?* **3** **sich um etwas kümmern** sich mit etwas in Gedanken beschäftigen ⟨sich um seine eigenen Angelegenheiten kümmern⟩: *Sie kümmert sich nicht darum, was die Leute über sie sagen* **4** **etwas kümmert jemanden** etwas macht jemandem Sorgen oder interessiert ihn: *Es kümmert ihn nicht, dass er so unbeliebt ist* **5** **etwas kümmert** etwas wächst schlecht: *Die Pflanzen kümmern in dem dunklen Raum*

kụ̈nd·bar *Adjektiv* **1** ⟨ein Darlehen, eine Hypothek, ein Vertrag⟩ so, dass man sie kündigen kann ↔ unkündbar: *Die Versicherung ist frühestens nach Ablauf eines Jahres kündbar* **2** *meist nach dem Substantiv;* so, dass der Betreffende entlassen (1) werden kann: *Als Beamter ist er nicht kündbar*

Kụn·de *der; -n, -n;* jemand, der in einem Geschäft einkauft oder Dienste in Anspruch nimmt ⟨ein guter Kunde⟩ || K- Kundenberatung || -K Stammkunde || *hierzu* **Kụn·din** *die; -, -nen*

-kun·de *die; -; nur Singular; im Substantiv;* verwendet, um eine Wissenschaft oder ein Schulfach zu bezeichnen; **Erdkunde, Heilkunde, Sozialkunde, Sternkunde, Vogelkunde** || *hierzu* **-kund·lich** *Adjektiv*

Kụn·den·dienst *der; -(e)s, -e* **1** *nur Singular;* die Leistungen, die eine Firma ihren Kunden anbietet: *Die kostenlose Lieferung gehört bei uns zum Kundendienst* **2** die Stelle, die die Maschinen einer bestimmten Firma pflegt und repariert ⟨den Kundendienst kommen lassen⟩: *Autos sollten regelmäßig zum Kundendienst*

Kụn·den·kar·te *die; -, -n;* eine kleine Karte (aus Plastik) für Kunden eines Geschäfts *o.Ä.* Mit der Kundenkarte kann man Rabatte oder Prämien bekommen

kụnd·ge·ben; *gab kund, hat kundgegeben;* **etwas kundgeben** *förmlich* ≈ bekannt geben

Kụnd·ge·bung *die; -, -en;* eine Veranstaltung, bei der eine (politische) Meinung öffentlich ausgesprochen wird: *Der Demonstrationszug endete mit einer Kundgebung am Rathausplatz*

kụn·dig *Adjektiv;* so, dass der Betreffende über etwas viel weiß ≈ sachverständig ↔ dilettantisch ⟨eine Beratung, ein Führer⟩

kụ̈n·di·gen B1 *kündigte, hat gekündigt* **1** **(etwas) kündigen** eine vertragliche Vereinbarung zu einem bestimmten Termin beenden ⟨eine Wohnung kündigen; (etwas) fristgerecht kündigen⟩: *Er hat (seine Stelle) gekündigt und sucht einen neuen Job* **2** **jemandem kündigen** als Arbeitgeber einen Arbeitsvertrag lösen oder als Vermieter den Vertrag mit dem Mieter lösen: *Die Firma kündigte ihm fristlos*

Kụ̈n·di·gung B2 *die; -, -en* **1** die Lösung eines Vertrags ⟨eine fristgerechte, fristlose Kündigung; jemandem die Kündigung aussprechen⟩ || K- Kündigungsfrist **2** ein Schreiben, das die Kündigung enthält **3** die Frist, bis zu der eine Kündigung wirksam wird ⟨ein Vertrag mit monatlicher, jährlicher Kündigung⟩

Kụnd·schaft *die; -, -en* **1** *meist Singular;* die Kunden eines Geschäfts, Betriebs **2** jemand, der in einem Laden einkauft: *Es ist Kundschaft da!*

kụnd·tun; *tat kund, hat kundgetan;* **etwas kundtun** *förmlich* ≈ bekannt geben, mitteilen ⟨seine Meinung, einen Entschluss, Missfallen kundtun⟩

kụ̈nf·tig *Adjektiv; nur vor dem Substantiv oder als Adverb;* in der Zukunft: *Ich will das künftig anders machen*

Kụnst B1 *die; -, Küns·te* **1** eine Tätigkeit des Menschen, durch die er (ästhetische) Werke schafft oder Dinge tut, für die er eine besondere Begabung braucht (*z.B.* Malerei, Musik, Literatur) ⟨die bildende Kunst⟩ || K- Kunstwerk || -K Baukunst, Dichtkunst **2** die

Produkte der Architektur, Bildhauerei, Malerei *o.Ä.* || K- Kunstgeschichte, Kunstschätze **3** ein (Schul-und Studien)Fach, in dem man *bes* das Malen und Zeichnen lernt **4** die Fähigkeit, etwas *bes* gut oder etwas Schwieriges zu können: *die Kunst, mit wenig Worten viel zu sagen* **5** *ohne Artikel, nur Singular;* etwas, das nicht natürlich entstanden ist, sondern vom Menschen gemacht wurde || K- Kunstleder

Kunst|er·zie·hung *die; -; nur Singular;* Ⓓ ein (Schul)Fach, in dem man *bes* das Malen und Zeichnen lernt ≈ Kunst, Zeichnen || *hierzu* **Kunst·er·zie·her** *der; -s, -;* **Kunst·er·zie·he·rin** *die; -, -nen*

Kunst·feh·ler *der; -s, -;* ein Behandlungsfehler, den ein Arzt *z.B.* bei einer Operation *o.Ä.* macht ⟨ein ärztlicher Kunstfehler⟩: *aufgrund eines Kunstfehlers behindert sein*

Künst·ler *der; -s, -;* **1** jemand, der Tätigkeiten im Bereich der Kunst (1) ausübt ⟨ein darstellender Künstler⟩: *Picasso war ein großer Künstler* **2** jemand, der einen bestimmten Bereich sehr gut beherrscht || -K Lebenskünstler || *hierzu* **Künst·le·rin** *die; -, -nen*

künst·le·risch *Adjektiv; nur vor dem Substantiv oder als Adverb* **1** in Bezug auf die Kunst (1): *ein Bild mit künstlerischem Wert* **2** in Bezug auf den Künstler (1)

Künst·ler·na·me *der; -ns, -n;* der Name, den ein Künstler (als Pseudonym) annimmt: *Bob Dylan ist der Künstlername von Robert Zimmermann*

künst·lich B1 *Adjektiv* **1** von Menschen als Ersatz hergestellt ⟨Licht, Zähne⟩ **2** mithilfe von Geräten, Maschinen ⟨Beatmung, Befruchtung⟩ **3** nicht echt, nicht wirklich ⟨Fröhlichkeit⟩ || *hierzu* **Künst·lich·keit** *die; -; nur Singular*

Kunst·stoff B1 *der; -(e)s, -e;* ein Kunstmaterial, das chemisch hergestellt wird ⟨Folien, Spielzeug aus Kunststoff⟩: *Teller aus Kunststoff zerbrechen nicht so leicht wie Teller aus Porzellan*

Kunst·stück *das; -(e)s, -stü·cke* **1** eine geschickte artistische Leistung, die ein Zauberer, ein dressiertes Tier *usw* vorführt ⟨ein Kunststück vorführen⟩ **2** eine schwierige Handlung: *Es war kein Kunststück, sie zu überzeugen*

Kup·fer *das; -s; nur Singular;* ein rötliches Metall, *Chemie* Cu ⟨ein Kessel, eine Münze aus Kupfer⟩ || K- Kupferdach

kup·fern *Adjektiv* **1** *nur vor dem Substantiv, nicht als Adverb;* aus Kupfer (gemacht) ⟨ein Dach, eine Münze⟩ **2** mit der Farbe von Kupfer ≈ kupferrot

Ku·pon [ku'põː] *der; -s, -s;* ↑ **Coupon**

Kup·pe *die; -, -n* **1** ein relativ flacher, runder Berggipfel: *Auf der Kuppe des Berges steht eine Kirche* **2** das runde Ende eines Fingers

Kup·pel *die; -, -n;* ein Dach *o.Ä.*, das wie eine Halbkugel gewölbt ist: *die Kuppel des Petersdomes in Rom* || K- Kuppeldach

Kupp·lung *die; -, -en* **1** eine technische Vorrichtung in einem Auto *o.Ä.* (zum Schalten), mit der die Verbindung zwischen Motor und dem Teil des Fahrzeugs, das er bewegt, unterbrochen werden kann || K- Kupplungspedal **2** ein Pedal, mit dem man die Kupplung (1) eines Autos betätigt ⟨die Kupplung treten⟩ || ↑ Illustration **Das Auto** **3** eine Art Hebel, mit dem man zwei Fahrzeuge aneinanderhängt || -K Anhängerkupplung

Kur *die; -, -en* **1** eine Behandlung über eine Zeit von einigen Wochen, die der Gesundheit dient ⟨eine Kur machen⟩ || K- Kurmittel || -K Entziehungskur, Saftkur **2** ein Aufenthalt in einem Ort mit besonderem Klima, Heilquellen *o.Ä.*, bei dem man eine Kur (1) macht ⟨(irgendwo) zur/auf Kur sein⟩ || K- Kurgäste, Kurklinik, Kurort, Kurpark

Kür *die; -, -en; Sport;* ein Programm mit mehreren Übungen, das ein Sportler frei wählt, *z.B.* beim Bodenturnen, Eiskunstlauf *o.Ä.* ↔ Pflicht

Kur·bel *die; -, -n;* eine kurze Stange mit einem Griff, die man dreht, um einen Mechanismus in Bewegung zu setzen: *Früher wurde der Automotor mit einer Kurbel angeworfen*

kur·beln; *kurbelte, hat gekurbelt* **1** **etwas irgendwohin kurbeln** etwas mit einer Kurbel bewegen: *das Fenster nach oben kurbeln* **2** eine Kurbel drehen: *Früher musste man beim Auto lange kurbeln, bis der Motor ansprang*

Kür·bis *der; -ses, -se* **1** eine niedrige Pflanze mit sehr großen runden, *meist* gelben Früchten, die man als Gemüse isst **2** die Frucht des Kürbisses (1) || K- Kürbiskern, Kürbissuppe

kü·ren; *kürte, hat gekürt;* **jemanden zu etwas küren** jemanden (aus)wählen, der einen (Ehren)Titel *o.Ä.* bekommen soll: *Sie wurde zur Miss World gekürt*

Ku·rier [ku'riːɐ̯] *der; -s, -e* **1** jemand, der *bes* für einen Staat, das Militär *o.Ä.* (*meist* geheime) Nachrichten überbringt ≈ Bote ⟨eine Nachricht durch einen Kurier überbringen lassen⟩ || K- Kurierdienst **2** jemand, der mit dem Auto, Fahrrad *o.Ä.* Briefe, Papiere *usw* (*meist* in größeren Städten) liefert

ku·rie·ren; *kurierte, hat kuriert* **1** **jemand/etwas kuriert jemanden (von etwas)** ein Arzt *o.Ä.* behandelt jemanden erfolgreich/eine Behandlung ist erfolgreich: *Die Massagen haben ihn von seinen Rückenschmerzen kuriert* **2** **jemand/etwas kuriert etwas** jemand/etwas heilt eine Krankheit, Schmerzen *o.Ä.*: *ein Magengeschwür durch strenge Diät kurieren* **3** **etwas kuriert jemanden (von etwas)** *umg*; etwas bewirkt, dass jemand sein Verhalten ändert und bestimmte Fehler nicht mehr macht: *Seit er einmal tausend Euro verloren hat, ist er von seiner Wettleidenschaft kuriert* || ▸ **auskurieren**

ku·ri·os [-'ri̯oːs], *kurioser, kuriosest-; Adjektiv; förmlich* ≈ seltsam ⟨eine Idee, ein Vorfall⟩ || *hierzu* **Ku·ri·o·si·tät** *die; -, -en*

Kurs[1] A1 *der; -es, -e* **1** die Richtung, in die sich *bes* ein Schiff oder Flugzeug bewegt ⟨auf Kurs gehen⟩: *Das Schiff nahm Kurs auf den Hafen* || K- Kursabweichung, Kursänderung, Kurswechsel || -K Heimatkurs **2** der Preis, den Aktien an der Börse haben, oder der Preis einer Währung: ⟨der Kurs fällt, steigt⟩: *Wenn du das Geld erst im Urlaubsort umtauschst, bekommst du einen besseren Kurs* || K- Kursrückgang, Kurssturz, Kurswert || -K Börsenkurs; Aktienkurs, Dollarkurs **3** die politischen Ziele, die jemand, eine Partei *o.Ä.* verfolgt: *Die Regierung steuert einen neuen Kurs* || ID **jemand/etwas steht (bei jemandem) hoch im Kurs** jemand/etwas ist beliebt

Kurs[2] A1 *der; -es, -e*; Unterricht in Form von einer Folge von Lektionen und Stunden, in denen man bestimmte Kenntnisse erwerben kann ⟨einen Kurs belegen, geben⟩: *Er macht zurzeit einen Kurs in Spanisch* || K- Kursleiter, Kursteilnehmer || -K Sprachkurs, Skikurs, Tanzkurs

Kurs·buch *das; -(e)s, -bü·cher*; ein Buch, in dem die Fahrpläne aller Strecken der Eisenbahn eines Landes enthalten sind

kur·sie·ren; *kursierte, hat kursiert* **1** **etwas kursiert** etwas ist in Umlauf ⟨das Geld, ein Schreiben⟩ **2** **es kursiert das Gerücht, dass** ... man erzählt sich, dass ...

kur·siv [-'ziːf] *Adjektiv*; so, dass die Buchstaben schräg nach rechts geneigt sind ↔ normal ⟨eine Schrift; etwas kursiv schreiben, setzen⟩ || K- Kursivdruck, Kursivschrift

Kur·ve A2 [-və] *die; -, -n* **1** eine Linie ohne Ecken, in der Form eines Bogens: *Das Flugzeug flog eine weite Kurve* **2** eine Stelle, an der eine Straße eine Kurve (1) hat ⟨eine scharfe Kurve; eine Kurve schneiden⟩: *Das Auto fuhr zu schnell in die Kurve* || -K Linkskurve, Rechtskurve **3** eine Linie, mit der eine Entwicklung grafisch dargestellt wird || -K Fieberkurve, Temperaturkurve

kur·ven; *kurvte, ist gekurvt; umg* **1** **jemand/etwas kurvt irgendwohin** jemand/etwas fährt oder fliegt in Kurven an einen Ort: *durch die Luft kurven* **2** **irgendwohin kurven** (ohne bestimmtes Ziel) umherfahren ⟨durch eine Stadt, durch ein Land kurven⟩

kur·vig [-v-] *Adjektiv*; mit vielen Kurven (2) ≈ kurvenreich ↔ gerade ⟨eine Straße, eine Strecke⟩

kurz A2 *kürzer, kürzest-; Adjektiv* **1** von einer relativ geringen Länge ↔ lang (1): *der kürzeste Weg ans Ziel; Er hat ganz kurze Haare* || ↑ Abbildung unter **lang** || K- Kurzstrecke **2** so, dass es sich nur über einen kleinen Zeitraum erstreckt ↔ lange: *Ich kann leider nur kurz bleiben* || K- Kurzurlaub **3** so, dass es nur wenige Seiten, Zeilen oder Worte umfasst ⟨eine Ansprache, ein Brief, ein Buch⟩ || K- Kurznachricht **4** **kurz vor, kurz hinter/nach** + *Substantiv* (räumlich) nicht weit vor, hinter etwas: *Das Gasthaus kommt kurz hinter/nach der Kirche* **5** *meist als Adverb*; so, dass der Betreffende ohne zu zögern handelt ⟨etwas kurz entschlossen tun; etwas kurz abtun⟩ **6** **seit/vor Kurzem/kurzem** seit/vor kurzer Zeit: *Sie sind seit Kurzem verheiratet* || ID **kurz angebunden sein** unfreundlich sein; **jemand/etwas kommt zu kurz** jemand/etwas wird zu wenig beachtet || Hinweis: ↑ **kürzertreten**, **kurzfassen** *usw*

Kurz·ar·beit *die; -; nur Singular*; eine Arbeitszeit, die kürzer ist als normal, weil es im Betrieb gerade nur wenig Arbeit gibt

kurz·är·me·lig, kurz·ärm·lig *Adjektiv; nicht als Adverb*; mit kurzen Ärmeln ↔ langärm(e)lig ⟨ein Hemd, ein Pullover⟩

kurz·at·mig *Adjektiv*; so, dass der Betreffende nur mit Mühe atmen kann

Kür·ze *die; -, -n; meist Singular* **1** die geringe Länge von etwas: *die Kürze des Briefes* **2** die geringe Dauer von etwas: *die Kürze der Feier* **3** die geringe Entfernung oder räumliche Ausdehnung von etwas: *die Kürze des Abstands* **4** **in Kürze** ≈ bald: *Sie werden in Kürze von uns hören* **5** **in aller Kürze** sehr kurz (4) und knapp: *jemandem in aller Kürze das Nötigste erklären*

kür·zen B2 *kürzte, hat gekürzt* **1** **etwas kürzen** etwas kürzer (1) machen ⟨einen Rock kürzen lassen⟩ **2** **(jemandem) etwas kürzen** jemandem von etwas, das er regelmäßig bekommt,

K

weniger geben ⟨(jemandem) das Gehalt kürzen⟩ **3** **(etwas) kürzen** etwas durch Streichungen kürzer (3) machen ⟨einen Aufsatz, einen Roman kürzen⟩ || *hierzu* **Kür·zung** *die; -, -en*

kur·zer·hand *Adverb;* schnell und ohne zu zögern (oder zu überlegen) ≈ kurz entschlossen: *Als es ihm langweilig wurde, verließ er kurzerhand den Saal*

kür·zer·tre·ten; *tritt kürzer, trat kürzer, hat/ist kürzergetreten; umg* **1** weniger Geld ausgeben ≈ sich einschränken **2** sich wegen der Gesundheit weniger anstrengen als vorher: *Nach seinem Herzinfarkt muss er kürzertreten*

kurz·fas·sen, sich; *fasste sich kurz, hat sich kurzgefasst;* **sich kurzfassen** sich auf das Wesentliche konzentrieren und nicht lange sprechen

kurz·fris·tig *Adjektiv* **1** so, dass es nicht länger vorher angekündigt wurde ⟨eine Änderung⟩: *ein Rennen wegen schlechten Wetters kurzfristig verschieben* **2** relativ kurze Zeit gültig ⟨ein Vertrag⟩ **3** in kurzer Zeit ⟨eine Lösung⟩: *kurzfristig eine Entscheidung treffen*

K

Kurz·ge·schich·te B2 *die; -, -n; Literaturwissenschaft;* eine kurze Erzählung mit einer *meist* alltäglichen Handlung und einem überraschenden Schluss

kurz·hal·ten; *hält kurz, hielt kurz, hat kurzgehalten;* **jemanden kurzhalten** *umg;* jemandem nur wenig Geld oder Freiheit geben, *bes* aus erzieherischen Gründen ⟨die Kinder kurzhalten⟩

kurz·le·big *Adjektiv; nicht als Adverb;* so, dass es nur kurze Zeit existiert oder funktioniert ⟨eine Mode⟩

kürz·lich B2 *Adverb;* vor wenigen Tagen

Kurz·schluss *der; -es, -schlüs·se* **1** eine (unabsichtliche) Verbindung zwischen zwei elektrischen Leitungen, die eine Störung bewirkt ⟨ein Gerät hat einen Kurzschluss⟩: *Als das Kind mit der Steckdose spielte, verursachte es einen Kurzschluss und wurde schwer verletzt* **2** eine unüberlegte Handlung *o.Ä.*, bei der man aus Wut, Angst *o.Ä.* etwas Falsches tut: *Die Fahrerflucht nach dem Unfall war ein Kurzschluss* || K- Kurzschlusshandlung, Kurzschlussreaktion

kurz·sich·tig B2 *Adjektiv* **1** so, dass jemand nur die Dinge gut sehen kann, die nahe bei ihm sind **2** so, dass wichtige Konsequenzen oder Aspekte nicht beachtet werden ⟨kurzsichtig handeln⟩ || *hierzu* **Kurz·sich·tig·keit** *die; -; nur Singular*

kurz·wei·lig *Adjektiv;* so, dass dabei die Zeit schnell vergeht ≈ unterhaltsam, interessant ↔ langweilig ⟨ein Abend, eine Beschäftigung, eine Geschichte⟩

Kurz·wort *das; -(e)s, -wör·ter;* ein Wort, das aus Teilen eines oder mehrerer Wörter gebildet ist: *Uni ist ein Kurzwort für Universität*

kurz·zei·tig *Adjektiv; meist vor dem Substantiv* ≈ kurz (2): *Milch wird durch kurzzeitiges Erhitzen pasteurisiert*

ku·scheln; *kuschelte, hat gekuschelt;* **sich an jemanden kuscheln**; **sich in etwas** *(Akkusativ)* **kuscheln** jemanden/etwas so mit dem Körper berühren, dass man sich geborgen fühlt und nicht friert: *Das Kind kuschelte sich eng an seine Mutter und schlief ein*

Ku·schel·tier *das; -(e)s, -e;* ein weiches Stoff- oder Plüschtier: *ein Kuscheltier mit ins Bett nehmen*

Ku·si·ne *die; -, -n;* ↑ **Cousine**

Kuss B1 *der; -es, Küs·se;* eine Berührung mit den Lippen, mit der man Freundschaft, Liebe oder Zärtlichkeit ausdrückt oder jemanden begrüßt ⟨ein leidenschaftlicher Kuss; jemandem einen Kuss (auf die Wange/den Mund/die Stirn) geben⟩ || -K Abschiedskuss, Handkuss

küs·sen A2 *küsste, hat geküsst;* **jemanden (irgendwohin) küssen** jemandem einen oder mehrere Küsse geben: *Zum Abschied küsste sie ihn flüchtig auf die Wange*

Küs·te B2 *die; -, -n;* der Bereich, an dem Meer und Land sich berühren ⟨eine flache, felsige Küste⟩: *Wir verbrachten den Urlaub an der Küste* || K- Küstengewässer

Küs·ter *der; -s, -* ≈ Messner || *hierzu* **Küs·te·rin** *die; -, -nen*

Kut·sche *die; -, -n; bes historisch;* ein Wagen, der von Pferden gezogen wird und *bes* Fahrgäste transportiert ⟨in eine Kutsche steigen⟩ || -K Pferdekutsche || *hierzu* **Kut·scher** *der; -s, -;* **Kut·sche·rin** *die; -, -nen*

kut·schie·ren; *kutschierte, hat/ist kutschiert; umg* **1** **jemanden/etwas irgendwohin kutschieren** *(hat)* jemanden/etwas mit einem Wagen *o.Ä.* irgendwohin bringen: *Er kutschierte uns alle in seinem alten Auto in die Stadt* **2** **irgendwohin kutschieren** *(ist)* ohne festes Ziel mit dem Auto herumfahren: *durch das Land kutschieren*

Kut·te *die; -, -n* ein langes, weites Gewand mit Kapuze, das *bes* Mönche tragen || -K Mönchskutte

Ku·vert [kuˈveːɐ̯] *das; -s, -s* ≈ Briefumschlag ||

[-K] Briefkuvert

KZ [kaˈtsɛt] *das; -s, -s; Kurzwort* ↑ **Konzentrationslager** || [K-] KZ-Häftling

L

L, l [ɛl] *das; -, -/umg auch -s;* der zwölfte Buchstabe des Alphabets

la·bil *Adjektiv* 1 ⟨eine Lage, Situation⟩ so, dass sie sich oft verändern 2 ⟨Gesundheit⟩ so, dass die betroffene Person oft krank wird || *hierzu* **La·bi·li·tät** *die; -; nur Singular*

La·bor [laˈboːɐ̯] *das; -s, -s/-e;* ein Raum, in dem man technische und medizinische Untersuchungen macht || [-K] Zahnlabor

La·bo·ra·to·ri·um *das; -s, La·bo·ra·to·ri·en* [-i̯ən]; *förmlich* ≈ Labor

La·by·rinth *das; -(e)s, -e;* ein kompliziertes System von Wegen, in dem man leicht die Orientierung verliert

La·che[1] *die; -, -n* ≈ Pfütze || [-K] Blutlache, Öllache

La·che[2] *die; -; nur Singular; umg, oft abwertend;* die Art, wie jemand lacht ⟨eine unangenehme, dreckige Lache haben⟩

lä·cheln [B2] *lächelte, hat gelächelt;* **(über etwas** *(Akkusativ)*) **lächeln** den Mund breit machen, um zu zeigen, dass man sich freut oder etwas lustig oder nett findet: *Sie lächelte über seine Schüchternheit*

Lä·cheln [B2] *das; -s; nur Singular;* der Vorgang, bei dem jemand lächelt: *Ihr freundliches Lächeln wirkt sehr sympathisch* || [ID] **für etwas nur ein müdes Lächeln (übrig)haben** kein Interesse an etwas zeigen, da man es für schlecht hält

la·chen [A1] *lachte, hat gelacht* 1 **(über etwas** *(Akkusativ)*) **lachen** den Mund öffnen und Laute erzeugen, um zu zeigen, dass man sich freut oder etwas lustig findet ⟨laut, schallend lachen; jemanden zum Lachen bringen⟩: *Alle lachten über den Witz* 2 **über jemanden/etwas lachen** beleidigende Bemerkungen über jemanden/etwas machen ≈ sich über jemanden/etwas lustig machen: *Alle lachen über seinen Sprachfehler* 3 **die Sonne/der Himmel lacht** die Sonne scheint || [ID] **Lachen ist die beste Medizin** eine Person, die oft fröhlich ist und viel lacht, wird nur selten krank; **sich biegen/kugeln/ausschütten vor Lachen** *umg;* sehr stark lachen; **Du hast/kannst gut/leicht lachen** *umg;* du bist in einer besseren Situation als ich; **Wer zuletzt lacht, lacht am besten** es ist wichtig, wer am Ende Erfolg hat

Lach|er·folg *der; -(e)s, -e; meist in* **einen Lacherfolg haben** andere Menschen zum Lachen bringen

lä·cher·lich *Adjektiv* 1 so unpassend, dass es stört oder nicht ernst genommen werden kann ⟨ein Verhalten, Vorhaben⟩: *Es ist lächerlich (von ihm), sich über diese Kleinigkeit aufzuregen* 2 sehr wenig oder klein ⟨ein Betrag⟩: *Sie verdient lächerlich wenig* || *hierzu* **Lä·cher·lich·keit** *die; -, -en*

lach·haft *Adjektiv; meist nach dem Substantiv; abwertend;* so, dass man etwas nicht ernst nehmen kann, sich aber trotzdem darüber ärgert ⟨ein Verhalten, Pläne⟩

Lachs [laks] *der; -es, -e* 1 ein großer Fisch, der in den nördlichen Meeren lebt 2 das rosafarbene Fleisch dieses Fisches ⟨geräucherter Lachs⟩

Lack *der; -(e)s, -e;* eine Flüssigkeit, die man über Holz, Metall oder eine Farbe streicht, damit diese farbig werden oder geschützt sind ⟨Lack auftragen⟩ || [K-] Lackschaden || *hierzu* **la·ckie·ren** *(hat)*

la·den[1] [B2] *lädt, lud, hat geladen* 1 **etwas (irgendwohin) laden** etwas, das man transportieren will, in ein Fahrzeug bringen: *Säcke auf einen Lastwagen laden* 2 **etwas laden** *Informatik;* eine Datei oder ein Programm öffnen 3 **etwas aus/von etwas laden** etwas, das transportiert wurde, aus einem Fahrzeug nehmen: *die Kisten aus dem Waggon laden* 4 ⟨Schuld, Verantwortung⟩ **auf sich** *(Akkusativ)* **laden** *förmlich;* schuldig, für etwas verantwortlich werden 5 **etwas lädt etwas** etwas nimmt etwas auf, um es zu transportieren: *Das Schiff hat Bananen geladen* || [K-] Laderaum || ▸ **Ladung**[1]

la·den[2] [B2] *lädt, lud, hat geladen* 1 **(etwas) laden** Munition in eine Waffe tun 2 **etwas laden** elektrischen Strom in eine Batterie schicken, damit diese wieder funktioniert ≈ aufladen || ▸ **Ladung**[2]

la·den[3] [B2] *lädt, lud, hat geladen;* **jemanden laden** jemanden auffordern, vor Gericht zu erscheinen ⟨jemanden als Zeugen (vor Gericht) laden⟩ || ▸ **Ladung**[3]

La·den [B2] *der; -s, Lä·den;* ein Raum oder Haus, in dem man Dinge kaufen kann ≈ Geschäft ⟨ein teurer Laden⟩ || [-K] Buchladen, Lebensmittelladen, Schreibwarenladen || [ID]

der Laden läuft *umg;* ein Geschäft macht guten Umsatz, etwas funktioniert gut; **den Laden schmeißen** *umg;* tüchtig sein und dafür sorgen, dass alles gut funktioniert

La·den·dieb *der; -(e)s, -e;* jemand, der etwas aus einem Geschäft stiehlt, während es geöffnet ist: *Jeder Ladendieb wird angezeigt!* || *hierzu* **La·den·die·bin** *die; -, -nen;* **La·den|dieb·stahl** *der; -(e)s, -stäh·le*

La·den·schluss *der; -es; nur Singular;* der Zeitpunkt, ab dem in Geschäften nichts mehr verkauft werden darf

La·den·tisch *der; -es, -e* **1** eine Art Tisch oder Theke (in einem Geschäft), hinter dem/der der Verkäufer steht **2** **etwas unter dem Ladentisch verkaufen** Waren verkaufen, die verboten oder knapp sind **3** **etwas geht über den Ladentisch** eine Ware wird verkauft

lä·diert, *lädierter, lädiertest-; Adjektiv; umg;* mit einer Beschädigung oder Verletzung ≈ beschädigt, verletzt: *eine lädierte Briefmarke; Mein Knie ist leicht lädiert*

lädt *Präsens, 3. Person Singular;* ↑ **laden**

L

La·dung[1] *die; -, -en;* die Dinge, die mit einem Fahrzeug transportiert werden: *eine Ladung Holz*

La·dung[2] *die; -, -en;* eine Menge Munition oder Sprengstoff: *eine Ladung Dynamit*

La·dung[3] *die; -, -en;* eine Aufforderung, vor Gericht oder zu einer Behörde zu kommen

lag *Imperfekt, 1. und 3. Person Singular;* ↑ **liegen**

La·ge B1 *die; -, -n* **1** die Position, in der sich jemand/etwas im Raum befindet ⟨in horizontaler, waagerechter, schiefer, schräger Lage⟩ **2** *meist Singular;* der Ort, an dem etwas in der Umgebung liegt: *ein Haus in ruhiger, verkehrsgünstiger Lage* || K- Lageplan || -K Hanglage **3** die äußeren Umstände, in denen sich jemand/etwas befindet ≈ Situation ⟨in einer schlechten Lage sein⟩: *Um sie zu verstehen, musst du dich in ihre Lage versetzen; Ich war in der glücklichen Lage, ihm helfen zu können* || K- Lagebericht, Lagebesprechung || -K Finanzlage, Rechtslage || ID **in der Lage sein, etwas zu tun** fähig sein, etwas zu tun

lä·ge *Konjunktiv II, 1. und 3. Person Singular;* ↑ **liegen**

La·ger *das; -s, -;* **1** ein Raum oder ein Gebäude, wo man Waren abstellt, die man gerade nicht braucht ⟨etwas auf (=im) Lager haben⟩ || K- Lagerhalle **2** Zelte oder kleine Häuser, die man aufbaut, um dort zu übernachten oder für kurze Zeit wohnen können ⟨ein Lager aufschlagen⟩: *Nach dem Erdbeben wurden Lager errichtet, um die Menschen zu versorgen* || -K Ferienlager **3** die Gruppe der Personen, die die gleiche Meinung haben: *Beim Thema „Gentechnik" ist das Parlament in zwei Lager gespalten* || -K Feindeslager

La·ge·rist *der; -en, -en;* jemand, der beruflich in einem Lager (1) arbeitet || *hierzu* **La·ge·ris·tin** *die; -, -nen*

la·gern; *lagerte, hat gelagert* **1** **etwas lagern** etwas, das man gerade nicht braucht, an eine Stelle tun, an der es bleiben kann: *Holz muss trocken gelagert werden* **2** **jemanden/etwas irgendwie lagern** jemanden/etwas in eine bestimmte Lage (1) bringen: *einen Ohnmächtigen richtig lagern* **3** **etwas lagert irgendwo** etwas ist an der genannten Stelle, an der es bleiben kann: *Der Weinbrand lagert in Holzfässern* **4** **irgendwo lagern** *förmlich;* an der genannten Stelle im Freien übernachten oder ein Lager (2) aufbauen || *zu* 1-3 **La·ge·rung** *die; -, -en*

La·gu·ne *die; -, -n;* ein Teil des Meeres, der durch Felsen oder ein Stück Land vom übrigen Meer getrennt ist: *Venedig ist auf Pfählen in einer Lagune gebaut*

lahm *Adjektiv* **1** ⟨Körperteile⟩ so beschädigt oder müde, dass man sie nicht normal bewegen kann: *Er hat ein lahmes Bein* **2** *umg abwertend;* ohne Lust und Schwung ⟨lahm sein, arbeiten⟩ || Hinweis: ↑ **lahmlegen**

Lah·me *der/die; -n, -n;* eine Person mit einem lahmen Bein *o.Ä.*

lah·men; *lahmte, hat gelahmt;* **ein Pferd lahmt** ein Pferd hat ein lahmes Bein

läh·men; *lähmte, hat gelähmt* **1** **etwas lähmt jemanden/etwas** etwas bewirkt, dass man einen Körperteil nicht mehr bewegen kann: *ein Gift, das Arme und Beine lähmt* **2** **etwas lähmt jemanden/etwas** etwas bewirkt, dass jemand seine Energie verliert oder etwas nicht mehr funktioniert: *Der Bürgerkrieg lähmte die Wirtschaft des Landes*

lahm·le·gen; *legte lahm, hat lahmgelegt;* **jemand/etwas legt etwas lahm** jemand/etwas bewirkt, dass etwas stoppt oder nicht mehr funktioniert ≈ jemand/etwas bringt etwas zum Erliegen ⟨den Verkehr, die Wirtschaft, den Handel, die Verhandlungen lahmlegen⟩: *Durch einen Unfall war der Verkehr auf der Autobahn stundenlang lahmgelegt*

Läh·mung *die; -, -en* **1** der Zustand, in dem man einen Körperteil nicht mehr bewegen kann || K- Lähmungserscheinung **2** der Zustand, in dem ein System nicht mehr funktioniert ≈ Stillstand, Erliegen: *Der sin-*

kende Dollarkurs führte zu einer Lähmung des internationalen Handels

Laib *der; -(e)s, -e;* die runde oder längliche Form von Brot oder Käse || -K Brotlaib

Laie *der; -n, -n;* jemand, der auf einem Gebiet keine besonderen Kenntnisse hat || *hierzu* **lai·en·haft** *Adjektiv*

La·ken *das; -s, -;* ≈ Betttuch || -K Bettlaken

Lak·rit·ze *die; -, -n;* eine süße, schwarze Masse zum Kauen || K- Lakritzschnecke, Lakritzstange

lal·len; *lallte, hat gelallt;* **(etwas) lallen** Laute sehr undeutlich und ohne Pause dazwischen aussprechen ⟨ein Baby; ein Betrunkener⟩

La·ma *das; -s, -s;* eine Art Kamel ohne Höcker, das in Südamerika (*bes* in den Anden) lebt

La·mel·le *die; -, -n* **1** eine von vielen dünnen, aneinandergereihten Platten, *z.B.* an einem Heizkörper **2** eine der dünnen Häute an der Unterseite eines Pilzes || ↑ Abbildung unter **Pilz**

la·men·tie·ren; *lamentierte, hat lamentiert;* **(über etwas** (*Akkusativ*)) **lamentieren** *umg abwertend* ≈ jammern

La·met·ta *das; -s; nur Singular;* sehr dünne, schmale und lange, *meist* silbrige Streifen, mit denen man den Weihnachtsbaum schmückt ⟨den Weihnachtsbaum mit Lametta behängen⟩

Lamm *das; -(e)s, Läm·mer* **1** das Junge des Schafs **2** *nur Singular;* das Fleisch des Lamms (1) || K- Lammbraten

Lam·pe *die; -, -n* **1** ein (*meist* elektrisches) Gerät, das Licht erzeugt || -K Tischlampe **2** das Teil eines Geräts, das künstliches Licht erzeugt, wie Glühbirnen oder Scheinwerfer || K- Lampenschein || -K Glühlampe

Lam·pen·fie·ber *das; -s;* die starke Nervosität kurz vor einem öffentlichen Auftritt (*z.B.* als Schauspieler, Sänger, Redner) ⟨Lampenfieber haben⟩

Lam·pi·on ['lampi̯ɔŋ] *der; -s, -s;* eine Laterne aus Papier oder dünnem Stoff mit einem Licht in der Mitte: *Für das Sommerfest schmückten sie den Garten mit Lampions*

Land[1] A2 *das; -(e)s; nur Singular* **1** der Teil der Erde, der nicht vom Wasser bedeckt ist: *Ein Frosch kann im Wasser, aber auch an Land leben* **2** ein bestimmtes Gebiet, wo man *bes* Pflanzen anbaut ⟨das Land bebauen⟩ || -K Ackerland, Weideland **3** **das Land** das Gebiet außerhalb der Stadt ⟨auf dem Land leben⟩ || K- Landleben, Landluft **4** **an Land gehen** ein Schiff verlassen und Land (1) betreten || ID **kein Land (mehr) sehen** *umg;* mit einem Problem, einer schwierigen Situation überfordert sein; ⟨einen Auftrag⟩ **an Land ziehen** *umg;* erfolgreich sein und etwas bekommen

Land[2] A2 *das; -(e)s, Län·der* **1** ein Gebiet, das eine Regierung hat und politisch selbstständig ist ≈ Staat ⟨ein neutrales Land⟩: *Spanien, Schweden und Frankreich sind europäische Länder* || K- Ländername; Landesgrenze, Landeshauptstadt, Landessprache, Landeswährung || -K Urlaubsland **2** Ⓓ Ⓐ ein Teil eines Landes[2] (1), der eine eigene Regierung und Verfassung hat, über dem aber eine zentrale Regierung steht ≈ Bundesland

Das Land der Dichter und Denker

Deutschland wird oft **„das Land der Dichter und Denker"** genannt. Schriftsteller, Wissenschaftler und Philosophen, deren Einfluss weit über Deutschlands Grenzen hinaus wirkte, trugen zu diesem Ruf bei.
Zu den bekanntesten Namen gehören die Dichter **Friedrich Schiller** und **Johann Wolfgang von Goethe**, die Philosophen **Immanuel Kant** und **Karl Marx**, der Reformator **Martin Luther** und die Wissenschaftler **Albert Einstein** und **Robert Koch**.

LANDESKUNDE

Lan·de·an·flug *der; -(e)s, -flü·ge;* die Phase (eines Fluges), bei der ein Flugzeug so tief fliegt, dass es auf einem Flughafen landen kann: *ein Unfall beim Landeanflug auf dem Flughafen von Athen*

Lan·de·bahn *die; -, -en;* die Fläche, ähnlich einer sehr breiten Straße, auf der Flugzeuge landen

lan·den A2 *landete, hat/ist gelandet* **1** **etwas landet** (*ist*) etwas kommt aus der Luft oder aus dem Wasser an Land ⟨ein Schiff, ein Flugzeug⟩: *Die Maschine landete pünktlich in Amsterdam* || K- Landeplatz **2** **jemanden/etwas landen** (*hat*) jemanden/etwas aus der Luft oder aus dem Wasser an Land bringen ⟨ein Flugzeug landen⟩

Län·der·spiel *das; -(e)s, -e;* ein Spiel zwischen den Nationalmannschaften von zwei verschiedenen Ländern[2](1) || -K Eishockeyländerspiel, Fußballländerspiel, Handballländerspiel

Lan·des|haupt·mann *der; -män·ner oder -leu·te;* Ⓐ der Chef der Regierung eines Bundeslandes: *der Landeshauptmann von Tirol* || *hierzu* **Lan·des|haupt·frau** *die; -, -en*

L

Lạn·des·kun·de *die; -; nur Singular;* das Wissen / die Wissenschaft von der Geschichte, der Geografie, der Politik und Kultur eines Landes oder eines Gebiets

Lạn·des·rat *der; -(e)s, -rä·te;* Ⓐ ein Mitglied der Regierung eines Bundeslandes || *hierzu* **Lạn·des·rä·tin** *die; -, -nen*

Lạnd·flucht *die; -; nur Singular;* die Tatsache, dass viele Menschen das Land[1] (3) verlassen, um in den Städten Arbeit zu finden

Lạnd·ge·richt *das; -(e)s, -e;* ein Gericht, das über dem Amtsgericht steht

Lạnd·kar·te *die; -, -n;* eine Karte, die eine Gegend, ein Land oder die Welt darstellt: *Dieser Fluss ist nicht auf der Landkarte eingezeichnet*

Lạnd·kreis *der; -es, -e;* Ⓓ ein Bezirk, der mehrere Dörfer oder/und kleine Städte umfasst, die zusammen verwaltet werden

lạ̈nd·lich B2 *Adjektiv* **1** zum Land[1] (3) gehörig **2** typisch für das Land[1] (3) 〈Sitten, Bräuche〉

Lạnd·rat *der; -(e)s, -rä·te* **1** Ⓓ der Beamte, der die Verwaltung eines Landkreises leitet. Der Landrat wird von der Bevölkerung gewählt. || K- Landratswahl **2** CH das Parlament eines Kantons ≈ Großer Rat **3** CH ein Mitglied des Landrats (2) || *zu* 1 und 3 **Lạnd·rä·tin** *die; -, -nen*

Lạnd·rats|amt *das; -(e)s, -äm·ter;* Ⓓ **1** die Behörde, die einen Landkreis verwaltet **2** das Gebäude, in dem sich diese Behörde befindet

Lạnd·schaft B1 *die; -, -en* **1** das besondere Aussehen einer bestimmten Gegend 〈eine hügelige Landschaft〉 || -K Berglandschaft, Winterlandschaft **2** das gemalte Bild einer Landschaft (1) || K- Landschaftsmalerei

Lạnd·stra·ße *die; -, -n;* eine relativ kleine Straße zwischen zwei Orten: *Sie können die Autobahn bis Würzburg nehmen, aber die Landstraße ist schöner*

Lạnd·tag *der; -(e)s, -e;* Ⓓ **1** das Parlament eines Bundeslandes: *der Bayerische Landtag* || K- Landtagsabgeordnete(r), Landtagsmandat, Landtagswahl **2** das Gebäude, in dem der Landtag zusammenkommt || K- Landtagsgebäude

Lạn·dung B2 *die; -, -en;* der Vorgang, bei dem ein Flugzeug landet ↔ Start 〈eine sanfte, harte, geglückte, missglückte Landung; zur Landung ansetzen〉 || -K Bauchlandung, Bruchlandung, Notlandung

Lạnd·weg *der; -(e)s, -e;* eine Strecke, die man auf dem Land (und nicht in der Luft oder auf dem Wasser) zurücklegt ↔ Luftweg, Seeweg: *auf dem Landweg von Hamburg in die Türkei fahren*

Lạnd·wirt *der; -(e)s, -e;* jemand, der selbstständig auf einem Bauernhof arbeitet und ihn leitet ≈ Bauer: *Ein Landwirt kann sich auf Ackerbau oder auf Viehzucht spezialisieren* || *hierzu* **Lạnd·wir·tin** *die; -, -nen*

Lạnd·wirt·schaft B2 *die; -, -en;* der Anbau von Pflanzen und die Zucht von Tieren || K- Landwirtschaftsbetrieb, Landwirtschaftsministerium || *hierzu* **lạnd·wirt·schaft·lich** *Adjektiv*

lạng[1] A2 *länger, längst-; Adjektiv* **1** mit einer relativ großen Ausdehnung von einem Ende bis zum anderen ↔ kurz: *Ein endlos langer Weg führt hinauf zur Burg; Die Donau ist viel länger als der Rhein; die Ärmel eines Pullovers kürzer machen, weil sie zu lang sind* **2** so, dass es sich über einen relativ großen Zeitraum erstreckt ↔ kurz 〈unendlich, endlos, ewig lang〉: *ein langes Gespräch mit jemandem führen; Im Frühjahr werden die Tage wieder länger und die Nächte kürzer; Wir haben uns seit langer Zeit nicht mehr gesehen* || -K jahrelang, nächtelang, stundenlang, tagelang **3** so, dass es relativ viele Wörter, Seiten oder Details umfasst ≈ ausführlich ↔ kurz, knapp 〈ein Aufsatz, ein Brief, ein Buch, eine Erzählung〉 **4** *Maßangabe +* **lang** mit der genannten Ausdehnung (an der größeren Seite), Dauer oder Seiten-, Zeilenzahl: *Das Zimmer ist fünf Meter lang und vier Meter breit; ein 18 cm langer Reißverschluss; ein eineinhalb Stunden langer Vortrag; Wir haben zwei Stunden lang auf dich gewartet!; Sein Brief war nur ein paar Zeilen lang* **5** *umg;* von großer Körpergröße ≈ groß ↔ klein: *Beim Basketball braucht man lange Spieler* **6** **lang und breit** mit vielen Details ≈ ausführlich, detailliert 〈etwas lang und breit erzählen〉 **7**

lang

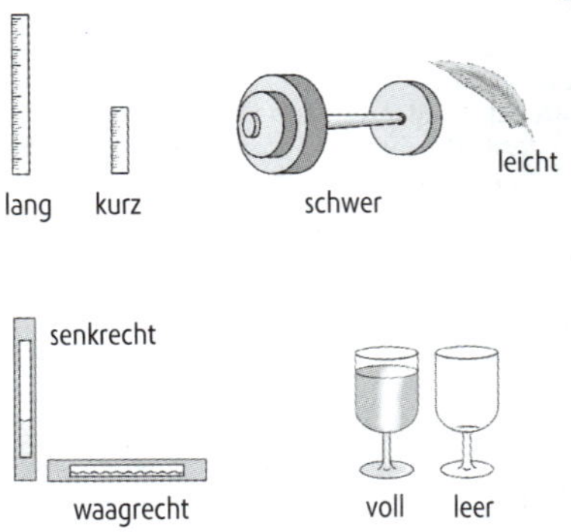

L

seit Langem/langem seit einem großen Zeitraum: *Wir haben uns seit Langem nicht mehr gesehen*

lang[2] A2 *Adverb; umg* ≈ entlang: *Ich glaube, wir müssen diese Straße lang, um zum Bahnhof zu kommen*

lang·är·me·lig, lang·ärm·lig *Adjektiv; nicht als Adverb;* ⟨ein Kleid, ein Pullover⟩ mit langen Ärmeln

lang·at·mig *Adjektiv;* mit zu vielen unwichtigen Details ≈ weitschweifig ⟨langatmig reden; jemandes Ausführungen⟩

lan·ge A1; *umg auch* **lang**, *länger, längst-; Adverb* **1** seit einer langen Zeit: *Das weiß ich schon lange!* **2** lange Zeit (dauernd): *Ihr wart aber lange weg!*

Län·ge *die; -, -n* **1** (bei Flächen) die Ausdehnung von einem Ende bis zum anderen (die *meist* größer ist als die der anderen Seiten) ↔ Breite: *ein Rechteck mit 5 cm Länge und 3 cm Breite* **2** die Ausdehnung von einem Ende bis zum anderen: *Die Länge des Rheins beträgt 1320 km* **3** *meist Singular;* die zeitliche Dauer: *Der Film hat eine Länge von zweieinhalb Stunden* **4** *meist Singular;* die Anzahl der Seiten oder Zeilen eines Schreibens ⟨die Länge eines Briefes⟩ **5** **etwas zieht sich in die Länge** etwas dauert lange

lan·gen[1]; *langte, hat gelangt;* **irgendwohin langen** *umg;* mit der Hand irgendwohin fassen, um etwas zu greifen: *Sie langte in die Dose und nahm einen Keks heraus*

lan·gen[2]; *langte, hat gelangt; umg* **1** **jemand/etwas langt irgendwohin** jemand/etwas reicht bis zu einem bestimmten Punkt: *Ihre Haare langen bis zur Schulter* **2** **etwas langt** etwas ist in genügendem Maß vorhanden ≈ ausreichen ⟨Vorräte⟩: *Das Brot dürfte noch bis Ende der Woche langen*

Län·gen·grad *der; -(e)s, -e; Geografie;* die östliche oder westliche Entfernung eines Ortes auf der Erde von einer gedachten Linie, die von einem Pol zum anderen geht

län·ger ['lɛŋɐ] **1** *Komparativ;* ↑ **lang**, **lange** **2** *Adjektiv; nur vor dem Substantiv oder als Adverb;* relativ lang/lange: *Ich habe schon längere Zeit nichts von ihr gehört*

län·ger·fris·tig *Adjektiv; meist vor dem Substantiv oder als Adverb* **1** gültig oder vorgesehen für einen relativ langen Zeitraum ⟨Maßnahmen, Abkommen, eine Regelung⟩ **2** **längerfristig gesehen** wenn man die Entwicklung über eine ziemlich lange Zeit betrachtet

Lan·ge·wei·le *die; -; nur Singular;* das unangenehme Gefühl, wenn man nichts oder nichts Interessantes zu tun hat

Lang·fin·ger *der; -s, -; umg humorvoll* ≈ Dieb

lang·fris·tig *Adjektiv;* ⟨Vereinbarungen⟩ so, dass sie lange Zeit dauern oder gültig sind

lang·ge·hen; *ging lang, ist langgegangen;* **irgendwo langgehen** *umg;* an einer Strecke entlanggehen: *die Straße langgehen* || ID **wissen, wo's langgeht** *umg;* wissen, wie man sich in einer Situation verhalten muss: *Du brauchst mir keine Ratschläge zu geben, ich weiß schon, wo's langgeht;* **jemandem zeigen, wo's langgeht** *umg;* jemanden deutlich kritisieren

lang·haa·rig *Adjektiv; nicht als Adverb;* mit langen Haaren

lang·jäh·rig *Adjektiv; meist vor dem Substantiv;* seit vielen Jahren dauernd oder vorhanden ⟨ein Mitarbeiter, eine Bekanntschaft, eine Rivalität⟩

Lang·lauf *der; -(e)s; nur Singular;* eine Sportart, bei der man auf schmalen Skiern relativ lange Strecken läuft || K- Langlaufloipe, Langlaufski || -K Skilanglauf || *hierzu* **lang·lau·fen** *nur im Infinitiv;* **Lang·läu·fer** *der; -s, -;* **Lang·läu·fe·rin** *die; -, -nen*

lang·le·big *Adjektiv; nicht als Adverb;* ⟨Geräte, Motoren, Apparate⟩ fähig, lange Zeit voll zu funktionieren ↔ kurzlebig || *hierzu* **Lang·le·big·keit** *die; -; nur Singular*

läng·lich *Adjektiv;* relativ lang und nicht sehr breit

längs[1] *Präposition; mit Genitiv; förmlich* ≈ entlang: *die Bäume längs des Flusses*

längs[2] *Adverb;* der längeren Seite nach: *Soll ich das Papier längs oder quer durchschneiden?* || K- Längsachse

lang·sam A2 *Adjektiv* **1** mit geringer Geschwindigkeit ↔ schnell: *langsam und vorsichtig fahren; ein langsames Arbeitstempo* **2** ⟨ein Mensch⟩ so, dass er alles mit geringer Geschwindigkeit macht oder nicht schnell denken kann ≈ schwerfällig ↔ flink **3** *meist vor dem Substantiv oder als Adverb* ≈ allmählich: *Es wird langsam Zeit, dass du zur Schule gehst!* || *zu* 1 *und* 2 **Lang·sam·keit** *die; -; nur Singular*

Lang·schlä·fer *der; -s, -;* jemand, der morgens (oft) spät aufsteht || *hierzu* **Lang·schlä·fe·rin** *die; -, -nen*

längst *Adverb* **1** schon seit langer Zeit: *Das war für ihn nichts Neues - er wusste es längst* **2** **längst nicht** verwendet, um eine Verneinung zu verstärken: *Hier liegt längst nicht so*

L

viel Schnee, wie ich dachte

längs·tens *Adverb;* nicht längere Zeit als ≈ höchstens: *Unsere Besprechung wird längstens eine Stunde dauern*

lang·wei·len; *langweilte, hat gelangweilt* **1** **jemand/etwas langweilt jemanden** jemand/etwas bewirkt bei jemandem Langeweile: *Mit seinen alten Geschichten langweilte er die anderen Gäste* **2** **sich langweilen** Langeweile haben

lang·wei·lig [A2] *Adjektiv;* so uninteressant, dass man dabei Langeweile hat: *ein langweiliger Roman*

lang·wie·rig *Adjektiv;* mit so viel Mühe und Schwierigkeiten verbunden, dass es lange Zeit dauert ⟨Verhandlungen⟩

Lap·pa·lie [la'pa:li̯ə] *die; -, -n;* etwas, das völlig unwichtig ist ≈ Kleinigkeit

Lap·pen *der; -s, -;* ein Stück Stoff oder Leder, mit dem man *bes* putzt || [-K] Wischlappen

läp·pisch *Adjektiv; umg abwertend* **1** so einfach oder dumm, dass es einen ärgert ≈ albern, trivial ⟨ein Witz, eine Geschichte; ein Spiel⟩ **2** sehr gering ≈ lächerlich ⟨eine Summe, ein Geldbetrag⟩

Lap·top ['lɛp-] *der; -s, -s;* ein kleiner Computer mit aufklappbarem Monitor

Lär·che *die; -, -n* **1** ein Nadelbaum, der seine Nadeln im Herbst verliert **2** *nur Singular;* das Holz der Lärche

Lärm [B1] *der; -s; nur Singular;* laute und unangenehme Geräusche ↔ Ruhe ⟨ein ohrenbetäubender, unerträglicher Lärm⟩: *der Lärm eines startenden Flugzeuges* || [K-] Lärmbelästigung || [-K] Motorenlärm || [ID] **Viel Lärm um nichts** *förmlich;* viel Aufregung wegen einer unwichtigen Sache

lär·men; *lärmte, hat gelärmt;* Lärm machen ↔ still sein ⟨Kinder; ein Radio; ein Motorrad⟩

Lar·ve [-fə] *die; -, -n; Zoologie;* ein Tier, das wie ein Wurm aussieht und aus dem später ein Käfer, Schmetterling *o.Ä.* wird: *Aus dem Ei entsteht eine Larve, aus der Larve eine Puppe und aus der Puppe ein Schmetterling* || [-K] Insektenlarve, Käferlarve

las ↑ *Imperfekt, 1. und 3. Person Singular;* ↑ **lesen**

lasch *Adjektiv;* ohne Energie und ohne den Willen, etwas zu leisten

La·ser ['le:zɐ] *der; -s, -;* ein Gerät, das einen sehr schmalen Lichtstrahl erzeugt, mit dem man *z.B.* Metalle schneidet oder Menschen operiert || [K-] Laserchirurgie, Laserdrucker, Laserstrahl, Lasertechnik

las·sen[1] [B1] *lässt, ließ, hat lassen; Modalverb* **1** **jemanden** + *Infinitiv* + **lassen** jemandem erlauben oder ermöglichen, etwas zu tun ↔ verbieten: *Die Eltern ließen die Kinder nicht ins Kino gehen* **2** **etwas (irgendwohin)** + *Infinitiv* + **lassen** bewirken, dass etwas irgendwohin gelangt: *ein Glas fallen lassen; Wasser in die Wanne laufen lassen* **3** **etwas bleiben/sein lassen** *umg;* mit etwas aufhören oder etwas, das man tun wollte, doch nicht tun: *Komm, lass deine Arbeit sein - wir gehen ins Kino* **4** **lass/lasst uns** + *Infinitiv!* verwendet, um eine Gruppe von Personen (zu der der Sprecher gehört) freundlich aufzufordern, etwas zu tun: *Lasst uns doch morgen eine Radtour machen!* **5** **etwas lässt sich irgendwie** + *Infinitiv* etwas gibt jemandem die Möglichkeit, die genannte Handlung auf die genannte Weise auszuführen: *Das Fenster lässt sich nur schwer öffnen*

las·sen[2] [B1] *lässt, ließ, hat lassen; Modalverb* **1** **jemanden (etwas)** + *Infinitiv* + **lassen** jemanden beauftragen oder zwingen, etwas zu tun: *Er lässt seine Angestellten auch am Samstag arbeiten* **2** **etwas** + *Infinitiv* + **lassen** veranlassen, dass etwas getan wird: *Ich habe das Kleid reinigen lassen* **3** **jemandem/sich etwas** + *Infinitiv* + **lassen** jemandem den Auftrag geben, *meist* gegen Bezahlung etwas zu tun: *sich beim Friseur die Haare schneiden lassen*

las·sen[3]; *lässt, ließ, hat gelassen* **1** **jemanden irgendwohin lassen** jemandem erlauben, irgendwohin zu gehen: *Die Besucher werden erst eine Stunde vor dem Spiel ins Stadion gelassen* **2** **etwas irgendwohin lassen** bewirken, dass etwas irgendwohin gelangt: *Wasser in die Wanne lassen* **3** **jemanden/etwas irgendwie/irgendwo lassen** jemanden/etwas nicht verändern, entfernen *o.Ä.*: *Lass die Koffer einfach im Flur!; Lass mich in Ruhe!* **4** **jemandem etwas lassen** jemandem erlauben, etwas, was man ihm gegeben hat, eine Zeit lang zu behalten: *Ich lasse dir mein Fahrrad noch bis morgen Abend* **5** **etwas lassen** *umg;* mit etwas aufhören oder etwas, das man tun wollte, doch nicht tun: *Lass das jetzt, machen wir lieber etwas anderes*

läs·sig *Adjektiv;* sehr natürlich und locker ⟨Verhalten, Kleidung⟩

Las·so *das; -s, -s;* ein langes Seil mit einer Schlinge am Ende, mit dem man *bes* Rinder und Pferde einfängt ⟨ein Lasso werfen; das Lasso schwingen⟩

lässt *Präsens, 2. und 3. Person Singular;* ↑ **lassen**

Last *die; -, -en* **1** etwas Schweres, das jemand oder ein Tier tragen muss: *Der Esel hatte eine* *schwere Last zu tragen* **2** *meist Singular;* etwas, das jemandem viel Arbeit und Schwierigkeiten macht ⟨die Last des Alltags⟩ **3** *förmlich;* das Geld, das man jemandem schuldet oder an den Staat zahlen muss || -K Steuerlast **4** **jemandem zur Last fallen** jemandem viel Arbeit und Mühe machen

Last·au·to *das; -s, -s* ≈ Lastwagen

las·ten; *lastete, hat gelastet* **1** **etwas lastet auf jemandem/etwas** etwas liegt als Last (1) auf jemandem oder einem Tier: *Der Schnee lastete schwer auf dem Dach* **2** **etwas lastet auf etwas** (*Dativ*) etwas ist noch nicht bezahlt ≈ etwas ist mit etwas belastet: *Auf dem Grundstück lasten große Schulden* **3** **etwas lastet auf etwas** (*Dativ*) etwas macht Probleme und Schwierigkeiten ≈ etwas belastet etwas: *Hohe Ölpreise und Arbeitslosigkeit lasten auf der Wirtschaft des Landes* **4** **etwas lastet auf jemandem** etwas (*z.B.* ein früheres Erlebnis) macht jemandem große Probleme ≈ etwas zermürbt jemanden ⟨ein Verdacht; eine Schuld, ein Verbrechen, ein Fluch⟩

Las·ter[1] *der; -s, -;* ≈ Lastwagen

Las·ter[2] *das; -s, -;* eine Verhaltensweise oder Gewohnheit, die man als schlecht empfindet: *Er hat zwei Laster: Er raucht und trinkt zu viel* || *hierzu* **las·ter·haft** *Adjektiv*

läs·tern; *lästerte, hat gelästert;* **(über jemanden/ etwas) lästern** *abwertend;* böse Bemerkungen über jemanden/etwas machen ≈ über jemanden/etwas spotten: *Sie lästerte darüber, dass er schwer wie ein Elefant sei*

läs·tig *Adjektiv;* **(jemandem) lästig** ⟨eine Person, Sache⟩ so, dass sie jemanden stören und ärgern: *Diese Mücken sind sehr lästig!*

Last|kraft·wa·gen *der; -s, -; Verwaltung* ≈ Lastwagen; *Abkürzung* Lkw

Last·schrift *die; -, -en; Bankwesen;* die (Ab)Buchung eines Betrags von jemandes Bankkonto. Den Auftrag für eine Lastschrift gibt derjenige, der das Geld bekommt: *Gebühren durch/ per Lastschrift einziehen* || K- Lastschriftverfahren

Last·wa·gen A2 *der; -s, -;* ein großes Kraftfahrzeug, das schwere Gegenstände transportiert ↔ Personenauto: *ein Lastwagen mit Anhänger; Ziegel mit dem Lastwagen zur Baustelle fahren* || K- Lastwagenfahrer(in)

La·tein *das; -s; nur Singular* **1** die Sprache der alten Römer **2** das Schulfach, in dem Latein gelehrt wird || K- Lateinlehrer || ID **mit seinem Latein am Ende sein** keine Einfälle mehr haben, wie eine schwierige Situation gelöst werden könnte

La·tein·ame·ri·ka *das; -s; nur Singular;* die Staaten südlich der USA (in denen Spanisch und Portugiesisch gesprochen wird)

la·tei·nisch *Adjektiv* **1** ⟨die Grammatik, ein Text⟩ in Bezug auf die Sprache des alten Rom **2** ⟨die Schrift, Buchstaben⟩ in Bezug auf die Schrift, die im antiken Rom verwendet wurde und die Grundlage der Druckschrift im Deutschen, Französischen *usw* ist

la·tent *Adjektiv; förmlich;* ⟨eine Erkrankung, eine Gefahr, eine Krise⟩ vorhanden, aber noch nicht wirksam oder sichtbar

La·ter·ne *die; -, -n* **1** eine Lampe, die nachts die Straße beleuchtet || -K Straßenlaterne **2** ein Behälter aus Metall und Glas oder Papier oder Stoff, der die Flamme einer Kerze *o.Ä.* schützt

Lat·te *die; -, -n* **1** ein schmales und relativ langes Stück Holz mit vier Kanten: *die Latten eines Holzzaunes* || K- Lattenzaun || -K Dachlatte **2** *Sport;* eine Stange aus Holz oder Metall, über die man springt **3** *Sport;* die Stange zwischen den Pfosten eines Tores

Latz *der; -es, Lät·ze* ein Tuch, das man *bes* Kindern beim Essen um den Hals bindet, damit sie sich nicht schmutzig machen

lau *Adjektiv;* (in Bezug auf die Temperatur) weder warm noch kalt (aber angenehm) ≈ mild ⟨die Wassertemperatur, die Luft, der Abend⟩

Laub *das; -(e)s; nur Singular;* die Blätter von Bäumen oder Sträuchern, *bes* wenn sie abgefallen sind || K- Laubbaum

Laub·baum *der; -(e)s, -bäu·me;* ein Baum, der Blätter hat (die im Herbst abfallen) ↔ Nadelbaum: *Buche, Birke und Eiche sind Laubbäume*

Laub·frosch *der; -(e)s, -frö·sche;* ein kleiner, hellgrüner Frosch, der meistens auf Schilf oder Sträuchern lebt

Laub·wald *der; -(e)s, -wäl·der;* ein Wald aus Laubbäumen ↔ Nadelwald, Mischwald

Lauch *der; -(e)s; nur Singular;* ein Gemüse, das einen langen, weißen Stängel und grüne Blätter hat und ähnlich wie eine Zwiebel schmeckt

lau·ern; *lauerte, hat gelauert* **1** **(auf jemanden/ etwas) lauern** sich verstecken und warten, bis eine Person/Sache kommt, um sie zu fangen oder anzugreifen: *Die Katze lauert vor dem Mauseloch* **2** **auf etwas** (*Akkusativ*) **lauern** *umg;* ungeduldig darauf warten, dass etwas passiert, das zum eigenen Vorteil ist: *Der Mit-*

L

telstürmer lauerte auf eine gute Torchance

Lauf *der; -(e)s, Läu·fe* **1** *nur Singular;* das Laufen (1): *Er übersprang den Zaun in vollem Lauf* **2** ein Wettbewerb, bei dem man eine bestimmte Strecke laufen muss || -K Geländelauf, Hürdenlauf, Langstreckenlauf, Marathonlauf **3** *nur Singular;* die Art und Weise, wie etwas verläuft, stattfindet: *der Lauf der Geschichte* **4** *nur Singular;* die Bahn oder Strecke, die ein Fluss, Stern oder die Erde nimmt: *den Lauf der Erde beobachten* **5** (bei Schusswaffen) das Rohr, durch das die Kugel nach außen schießt **6** **im Laufe** + *Genitiv* innerhalb des genannten Zeitraumes ⟨im Laufe des Tages⟩ || ID **einen Lauf haben** eine Zeit lang erfolgreich sein, *bes* im Sport; **etwas nimmt seinen Lauf** etwas passiert, ohne dass man es beeinflussen kann ⟨das Schicksal⟩

Lauf·bahn *die; -, -en* **1** *meist Singular;* die Entwicklung, die jemand *bes* im Beruf macht ≈ Karriere: *Welche berufliche Laufbahn will sie einschlagen?* **2** eine (*meist* 400 m lange, ovale) Bahn, auf der Wettbewerbe im Laufen stattfinden

L

lau·fen A2 *läuft, lief, ist gelaufen* **1** sich so (schnell) fortbewegen, dass für kurze Zeit keiner der beiden Füße auf dem Boden ist ⟨um die Wette laufen⟩: *Mit erhobenen Armen lief sie durchs Ziel* || ↑ Illustration **Verben der Bewegung** || K- Lauftraining **2** *umg;* sich auf den Füßen fortbewegen ≈ gehen (1) ⟨auf und ab, am Stock laufen⟩: *Unser Kind hat schon sehr früh laufen gelernt; Willst du lieber fahren oder laufen?* **3** **irgendwohin laufen** *umg;* beim Gehen gegen jemanden/etwas stoßen: *Er ist mit dem Kopf gegen die Tür/in den Schrank gelaufen* **4** **Schlittschuh, Ski laufen** sich auf Schlittschuhen, Skiern bewegen **5** **etwas läuft (irgendwie)** etwas ist in Betrieb (und funktioniert in genannter Weise): *Seit der Reparatur läuft das Auto einwandfrei; Bei ihnen läuft der Fernseher den ganzen Tag* **6** **etwas läuft irgendwo(hin)** etwas bewegt sich irgendwo(hin): *Der Wagen läuft auf Schienen* **7** **etwas läuft irgendwohin** eine Flüssigkeit bewegt sich irgendwohin: *Er ließ Wasser in den Eimer laufen* **8** **etwas läuft (irgendwann) (irgendwo)** etwas steht auf dem Programm und wird gezeigt: *Was läuft gerade im Kino?* **9** **etwas läuft** etwas wird gerade entschieden, ist noch nicht abgeschlossen ⟨ein Antrag, eine Bewerbung, die Verhandlungen⟩: *Gegen ihn läuft eine Anzeige wegen Trunkenheit am Steuer* **10** **etwas läuft irgendwie** etwas entwickelt sich oder geschieht auf eine bestimmte Weise: *Die Verhandlungen sind günstig gelaufen* **11** **jemandem läuft die Nase** jemandes Nase tropft **12** **etwas läuft irgendwie** *umg;* der Verkauf von etwas entwickelt sich auf die genannte Weise: *Das neue Modell läuft sehr gut; Die Zeitschrift läuft nicht so wie erwartet* || ID **etwas läuft wie geschmiert** *umg;* ein Plan, ein Geschäft *o.Ä.* entwickelt sich sehr gut; **jemanden laufen lassen** *umg;* jemandem seine Freiheit wiedergeben, nachdem man ihn festgenommen hatte ≈ freilassen: *Die Polizei ließ die vorläufig festgenommenen Fußballrowdys wieder laufen; meist* **Da läuft bei mir nichts!** *umg;* dazu bin ich nicht bereit; *meist* **Na, wie läufts?** *umg;* wie geht es dir?; **etwas ist gelaufen** *umg;* etwas ist nicht mehr zu ändern

lau·fend *Adjektiv* **1** *nur vor dem Substantiv, nicht als Adverb;* zurzeit stattfindend oder erscheinend ⟨der Monat; eine Zeitschrift⟩ **2** *nur vor dem Substantiv oder als Adverb;* so, dass es in regelmäßigen Abständen auftritt ⟨Kosten⟩ || ID **auf dem Laufenden sein/bleiben** über das aktuelle Geschehen gut informiert sein/bleiben

lau·fen·las·sen (*hat*); ↑ **laufen** ID

Läu·fer *der; -s, -;* **1** ein Sportler, der an einem Wettbewerb im Laufen teilnimmt || -K Marathonläufer **2** eine Figur beim Schach || ↑ Abbildung unter **Schachfiguren** **3** ein schmaler Teppich || *zu* 1 **Läu·fe·rin** *die; -, -nen*

läu·fig *Adjektiv;* bereit, sich mit einem männlichen Hund zu paaren ⟨eine Hündin⟩

Lauf·ma·sche *die; -, -n;* ein Loch *bes* in einem Strumpf oder in einer Strumpfhose, das entsteht, wenn sich mehrere Maschen gelöst haben ⟨eine Laufmasche haben⟩

Lauf·schritt *der; -(e)s; nur in* **im Laufschritt** mit schnellen Schritten

Lauf·steg *der; -(e)s, -e;* ein schmaler, erhöhter Weg aus Brettern *o.Ä.*, auf dem Modelle (5) auf und ab gehen, um neue Kleidung vorzuführen

läuft *Präsens, 3. Person Singular;* ↑ **laufen**

Lauf·werk B1 *das; -(e)s, -e; Technik;* ein Gerät als Teil eines Computers. Das Laufwerk kann eine Festplatte sein oder ein Gerät zum Abspielen und Speichern von CD-ROMs, DVDs *usw: Dateien auf einem externen Laufwerk sichern* || -K Diskettenlaufwerk, DVD-Laufwerk

Lau·ge *die; -, -n;* Wasser, in dem Salz, Seife, Waschmittel oder eine ähnliche chemische Substanz gelöst ist

Lau·ne *die; -, -n* **1** die Stimmung, in der jemand zu einem bestimmten Zeitpunkt ist ⟨gute, schlechte Laune haben⟩ **2** *nur Plural;* die schnell wechselnden Stimmungen, die jemand hat: *Ich habe unter den Launen meiner Kollegen zu leiden*

lau·nen·haft *Adjektiv;* mit vielen verschiedenen Launen (2) ≈ launisch, unbeständig, wankelmütig: *ein launenhafter Mensch*

lau·nisch *Adjektiv* ≈ launenhaft

Laus *die; -, Läu·se;* ein kleines Insekt, das vom Blut von Menschen und Tieren oder vom Saft von Pflanzen lebt || -K Blattlaus

Laus·bub *der; -en, -en; südd umg;* ein kleiner Junge, der frech ist und oft Streiche spielt ≈ Schlingel || K- Lausbubenstreich || *hierzu* **laus·bu·ben·haft** *Adjektiv*

Lausch·an·griff *der; -(e)s, -e;* das geheime Abhören von Telefongesprächen verdächtiger Personen

lau·schen; *lauschte, hat gelauscht* **1** sich konzentrieren, damit man etwas hört: *an der Tür lauschen* **2** **jemandem/etwas lauschen** jemandem/etwas konzentriert zuhören || *zu 1* **Lau·scher** *der; -s, -;* **Lau·sche·rin** *die; -, -nen*

lau·sig *Adjektiv; umg abwertend* **1** sehr schlecht oder sehr unangenehm ⟨das Wetter; ein Vortrag, eine Rede; lausig kalt⟩ **2** von geringer Bedeutung ≈ läppisch: *Du wirst dich doch nicht wegen der paar lausigen Cent aufregen!*

laut[1] A1 *lauter, lautest-; Adjektiv* **1** ⟨eine Maschine, Schreie⟩ so, dass ihre Klänge oder Geräusche auch von Weitem gehört werden können: *Stell bitte das Radio leiser, die Musik ist zu laut!* **2** ⟨eine Straße, die Nachbarn⟩ so, dass es viel Lärm gibt ≈ ruhig **3** **laut denken** nachdenken und dabei sprechen, was man denkt: *„Hast du was gesagt?" - „Nein, ich habe nur laut gedacht."* **4** **laut und deutlich** so, dass man es deutlich hört **5** **(jemandem) laut und deutlich seine Meinung sagen** (jemandem) seine negative Meinung über etwas klar sagen **6** **etwas wird laut** etwas wird der Öffentlichkeit bekannt ≈ etwas verlautet ⟨Klagen, Beschwerden; Wünsche⟩

laut[2] A1 *Präposition; mit Dativ/Genitiv;* wie es gesagt oder angegeben wird: *Laut Fahrplan müsste der Bus schon da sein*

Laut A1 *der; -(e)s, -e* **1** ein Klang oder Geräusch, wie sie in der Sprache verwendet werden **2** ein Geräusch, das ein Mensch oder Tier mit der Stimme macht ⟨ein klagender Laut; unverständliche Laute⟩: *Die Katze gab wimmernde Laute von sich*

Lau·te *die; -, -n;* ein Musikinstrument mit 6 oder 11 Saiten, das *bes* in der Renaissance verwendet wurde || K- Lautenspieler

lau·ten; *lautete, hat gelautet;* **etwas lautet** .../**etwas lautet irgendwie** etwas besteht aus den genannten Worten, Zahlen oder hat den beschriebenen Inhalt: *Früher lautete der Text dieses Liedes anders als heute*

Laute von sich geben

ächzen	Sie schleppte ächzend die schweren Taschen ins Haus.
brüllen	Er brüllte vor Wut / vor Schmerzen.
brummen	Als Antwort brummte er nur unwillig.
flüstern	jemandem etwas ins Ohr flüstern
husten	Sie verschluckte sich und musste husten.
kichern	Die Mädchen kicherten albern.
krächzen	Er hatte einen wunden Hals und konnte nur noch krächzen.
kreischen / quietschen	Die Kinder kreischten / quietschten vor Vergnügen
johlen	Die Fußballfans johlten begeistert.
lachen	Es sah so lustig aus, dass ich laut lachen musste.
lallen	Der Betrunkene lallte unverständliche Worte.
murmeln	Sie murmelten leise ein Gebet.
niesen	Er war erkältet und musste ständig niesen.
nuscheln	Wenn du so nuschelst, kann ich nichts verstehen. Sprich bitte laut und deutlich.
pfeifen	Sie spitzte die Lippen und pfiff eine Melodie.
schluchzen	„Ich will aber jetzt ein Eis haben!", schluchzte das Kind.
schnarchen	Ich kann nicht schlafen, wenn er so schnarcht.
schreien	Schrei nicht so laut, ich bin doch nicht taub!
seufzen	„Ach ja!", seufzte er resigniert.
stottern	Sie stotterte vor Aufregung.
weinen	Er weinte vor Kummer.

WORTSCHATZ

läu·ten; *läutete, hat geläutet* **1** **etwas läuten** bewirken, dass eine Glocke Töne erzeugt ⟨die Glocken läuten⟩ **2** **etwas läutet** eine Glocke erzeugt Töne **3** **irgendwo läuten** *bes südd* Ⓐ an einer Tür klingeln ⟨bei jemandem läuten⟩

L

4 **es läutet (an der Tür)** ≈ jemand läutet (3)

lau·ter *Indefinitpronomen; indeklinabel; umg* ≈ nichts als, nur: *Auf der Party waren lauter nette Leute; Er hat lauter Unsinn im Kopf*

laut·lich *Adjektiv; nur vor dem Substantiv oder als Adverb;* in Bezug auf die Laute der Sprache ⟨Veränderungen, Gemeinsamkeiten⟩

laut·los *Adjektiv;* ohne dass ein Geräusch zu hören ist

Laut·schrift *die; -, -en; Sprachwissenschaft;* ein System von Zeichen, mit denen man die Laute einer Sprache schreibt ⟨die internationale Lautschrift⟩

Laut·spre·cher B1 *der; -s, -;* ein Gerät, das Geräusche, Stimmen oder Musik wiedergibt und deren Stärke regelt: *die Lautsprecher der Stereoanlage* ‖ ↑ Illustration **Im Büro**

laut·stark *Adjektiv;* sehr laut und heftig ≈ stürmisch ⟨Beifall, Proteste; ein Streit; etwas lautstark verkünden, lautstark protestieren⟩

Laut·stär·ke B2 *die; -, -n;* die Stärke des Schalls ⟨die Lautstärke messen⟩

L

laut·wer·den *(ist)* ↑ **laut**[1] (6)

lau·warm B1 *Adjektiv;* nicht richtig warm, aber auch nicht kalt ⟨Wasser⟩

La·va [-v-] *die; -; nur Singular;* die flüssige Masse, die an die Erdoberfläche kommt, wenn ein Vulkan ausbricht ⟨glühende, erkaltete Lava⟩ ‖ K- Lavagestein, Lavamasse, Lavastrom

La·ven·del [-v-] *der; -s; nur Singular;* eine Pflanze (die *bes* im Gebiet des Mittelmeers wächst) mit schmalen Blättern, aus deren Blüten man ein gut riechendes Öl gewinnt ‖ K- Lavendelöl

La·wi·ne *die; -, -n;* eine große Masse *meist* aus Schnee und Eis, die von einem Berg ins Tal rutscht und dabei immer größer wird ‖ K- Lawinenunglück

lax, *laxer, laxest-; Adjektiv;* nicht streng in den Prinzipien ≈ lasch ↔ streng ⟨eine Auffassung, eine Einstellung; eine Haltung⟩

La·za·rett [-ts-] *das; -s, -e;* ein Krankenhaus für (verwundete) Soldaten ‖ -K Feldlazarett

lea·sen ['li:zn]; *leaste, hat geleast;* **etwas leasen** *meist* ein Auto über eine ziemlich lange Zeit mieten, wobei das Geld, das man bezahlt, vom Kaufpreis abgezogen wird, wenn man das Auto am Ende dieser Zeit kauft ⟨ein Auto leasen⟩ ‖ *hierzu* **Lea·sing** *das; -s; nur Singular*

le·ben A2 *lebte, hat gelebt* **1** auf der Welt sein und einen funktionierenden Organismus haben ↔ tot sein: *Leben deine Großeltern noch?* **2** **irgendwie leben** sein Dasein auf der Welt in der genannten Weise gestalten ⟨gut, in Armut leben⟩ **3** **irgendwo leben** an einem Ort oder bei jemandem die meiste Zeit sein ⟨auf dem Land, in der Stadt leben⟩ **4** **von etwas leben** etwas als Nahrung zu sich nehmen: *Während des Krieges lebten viele Leute hauptsächlich von Kartoffeln* **5** **von etwas leben** irgendwoher Geld bekommen, um sich Essen, Kleidung *usw* kaufen zu können ⟨von Ersparnissen leben⟩: *Von seinem Gehalt kann er sehr gut leben* **6** **für jemanden/etwas leben** sich ausschließlich auf ein bestimmtes Ziel/jemanden konzentrieren: *Sie lebt nur für ihre Kinder* ‖ ID **leben und leben lassen** Verständnis haben für die Art anderer Leute zu leben; *meist* **es lebe ...!** verwendet, um den Wunsch auszudrücken, dass die genannte Person/Sache (lange) so bleiben möchte: *Es lebe die Freiheit!*

Le·ben A2 *das; -s, -; meist Singular* **1** der Zustand, als Mensch, Tier oder Pflanze zu existieren ↔ Tod ⟨am Leben sein (=nicht tot sein)⟩: *Der Feuerwehrmann rettete dem Kind das Leben* ‖ K- lebensfähig; Lebensretter **2** der Zeitraum, während dessen jemand lebt (1) ⟨ein langes Leben⟩: *Mit 80 Jahren stieg er zum ersten Mal in seinem Leben in ein Flugzeug* ‖ K- Lebensabschnitt, Lebensalter, Lebenserfahrung, Lebensjahr **3** die Art und Weise, wie man sein Leben gestaltet ⟨ein einfaches Leben führen⟩ ‖ K- Lebensqualität, Lebensstandard, Lebensweise ‖ -K Landleben **4** das, was in der Zeit des Lebens einer Person geschieht ⟨das Leben meistern⟩ ‖ -K Familienleben **5** **das ewige Leben** *Religion;* das Leben nach dem Tod ‖ ID **Leben in die Bude bringen** *umg;* bewirken, dass irgendwo viel geschieht und gute Stimmung ist; **einem Kind das Leben schenken** *förmlich;* ein Kind zur Welt bringen ≈ gebären; ⟨ein Kampf⟩ **auf Leben und Tod** **a** ein Kampf, bei dem einer der Gegner sterben kann oder wird; **b** eine Angelegenheit, bei der es um alles oder nichts geht; **wie das blühende Leben aussehen** *umg;* sehr gesund und kräftig aussehen; **seines Lebens nicht mehr froh werden** (immer wieder) große Probleme haben, sodass man nie glücklich sein kann; **für mein/sein** *usw* **Leben gern** sehr gern: *Schokolade esse ich für mein Leben gern*; **etwas ist aus dem Leben gegriffen** eine Geschichte, ein Film *o.Ä.* ist sehr realistisch; **ums Leben kommen** sterben; **in jemanden kommt Leben** jemand wird aktiv: *Er saß gelangweilt in der Ecke, aber als er sie sah, kam auf einmal Leben in ihn*; **sich** (*Dativ*) **das Leben nehmen** sich selbst töten ≈ sich umbringen, Selbstmord begehen; **etwas**

ins Leben rufen ⟨eine Organisation, eine Vereinigung⟩ gründen; **sich durchs Leben schlagen** *umg;* nur mit Mühe so viel Geld verdienen, dass man sich ernähren kann; **seines Lebens nicht mehr sicher sein** in Gefahr sein, getötet zu werden *o.Ä.;* **Wie das Leben so spielt!** verwendet, um (oft resignierend) ein Ereignis zu kommentieren, das typisch für das Leben ist; **jemandem nach dem Leben trachten** das Ziel haben, jemanden zu töten; **nie im Leben!**; **im Leben nicht!** *umg;* verwendet, um auszudrücken, dass man eine Behauptung oder einen Vorschlag völlig ablehnt

le·bend *Adjektiv; meist vor dem Substantiv;* noch heute gesprochen oder verwendet ↔ tot ⟨*meist* eine Sprache⟩: *Französisch und Spanisch sind lebende Sprachen, Latein ist eine tote Sprache*

le·ben·dig *Adjektiv* **1** voller Energie und Temperament ⟨ein Kind⟩ **2** interessant und lebhaft gesprochen oder geschrieben ⟨eine Erzählung⟩ **3** am Leben ↔ tot || *hierzu* **Le·ben·dig·keit** *die; -; nur Singular*

Le·bens·er·war·tung *die; -; nur Singular;* die Zahl der Jahre, die die Menschen im Durchschnitt leben ⟨eine geringe, hohe Lebenserwartung haben; die Lebenserwartung steigt, sinkt⟩: *Die Lebenserwartung der Bevölkerung ist in den letzten 100 Jahren beträchtich gestiegen*

le·bens·feind·lich *Adjektiv;* ⟨eine Kälte, eine Umgebung⟩ so, dass kaum ein Tier oder eine Pflanze darin leben kann

Le·bens·ge·fahr *die; -; nur Singular;* eine große Gefahr für jemandes Leben ⟨in Lebensgefahr schweben⟩: *Der Patient ist außer Lebensgefahr* || *hierzu* **le·bens·ge·fähr·lich** *Adjektiv*

Le·bens·ge·fähr·te *der; -n, -n;* ein Mann, mit dem eine Frau zusammenlebt, ohne dass sie verheiratet sind || *hierzu* **Le·bens·ge·fähr·tin** *die; -, -nen*

Le·bens·hal·tungs|kos·ten *die; -; Plural;* das Geld, das man für Kleidung, Nahrung, Wohnung *usw* ausgeben muss ⟨die Lebenshaltungskosten steigen, sinken; die Lebenshaltungskosten sind hoch, niedrig⟩

Le·bens·jahr *das; -(e)s, -e;* ein Jahr in jemandes Leben ⟨ein Lebensjahr vollenden⟩: *Kinder ab dem vollendeten vierten Lebensjahr zahlen den halben Preis*

le·bens·läng·lich *Adjektiv;* für den Rest des Lebens ⟨eine Haftstrafe⟩

Le·bens·lauf B2 *der; -(e)s, -läu·fe;* ein Text, in dem man die wichtigsten Ereignisse seines Lebens (*bes* Schulabschlüsse und berufliche Qualifikationen) angibt und den man *bes* für eine Bewerbung schreibt

Le·bens·mit·tel B1 *das; -s, -; meist Plural;* die Dinge, die man isst und trinkt || K- Lebensmittelvergiftung

le·bens·mü·de *Adjektiv;* ohne den Willen weiterzuleben

Le·bens·un·ter·halt *der; -(e)s; nur Singular;* das Geld, das man braucht, um Nahrung, Kleidung und Wohnung zu bezahlen: *seinen Lebensunterhalt als Taxifahrer verdienen*

Le·bens·ver·si·che·rung *die; -, -en;* eine Versicherung, bei der eine bestimmte Geldsumme bezahlt wird, wenn die Versicherungszeit zu Ende ist oder wenn der Versicherte stirbt ⟨eine Lebensversicherung abschließen, ausbezahlt bekommen⟩

le·bens·wert *Adjektiv; meist in* **das Leben ist lebenswert** das Leben ist so schön, dass man gerne lebt

le·bens·wich·tig *Adjektiv;* absolut notwendig, damit jemand leben kann

Le·bens·zei·chen *das -s, -;* eine Nachricht von jemandem, den man lange nicht gesehen hat: *Sie ist umgezogen und wir warten schon lange auf ein Lebenszeichen von ihr*

Le·ber B1 *die; -, -n;* ein großes, rotbraunes inneres Organ, das das Blut reinigt: *Alkohol schadet der Leber* || K- Leberschaden

Le·ber·kä·se *der; -s, -; nur Singular;* eine Art gebackener Teig aus Fleisch, den man in Scheiben kalt oder warm isst

Le·ber·wurst *die; -, -würs·te;* eine Wurst aus der Leber vom Kalb und vom Schwein ⟨eine grobe, feine Leberwurst⟩ || ID **die beleidigte Leberwurst spielen** *umg humorvoll;* wegen einer Kleinigkeit beleidigt sein

Le·be·we·sen *das; -s, -;* ein lebender Organismus ⟨ein pflanzliches, tierisches Lebewesen⟩

Le·be·wohl *das; -(e)s, -s/-e; förmlich* **1** ≈ Abschied **2** **jemandem Lebewohl sagen** sich von jemandem verabschieden

leb·haft *Adjektiv* **1** voller Schwung und Temperament ⟨ein Kind, eine Diskussion⟩ **2** klar und deutlich: *Ich kann mir lebhaft vorstellen, wie sie reagiert hat* **3** sehr groß und stark ⟨Beifall⟩ || *zu* 1 **Leb·haf·tig·keit** *die; -; nur Singular*

Leb·ku·chen *der; -s, -;* ein Gebäck in runder

oder viereckiger Form, das süß und würzig schmeckt und *bes* zu Weihnachten gegessen wird ⟨Lebkuchen backen⟩ || Hinweis: ↑ **Plätzchen**

leb·los *Adjektiv;* tot oder wie tot ↔ lebendig ⟨ein Mensch, ein Körperteil⟩: *Der Motorradfahrer stürzte und blieb leblos liegen*

Leb·zei·ten *die; nur in* **zu jemandes Lebzeiten** während jemand lebt(e)

lech·zen; *lechzte, hat gelechzt;* **nach etwas lechzen** *förmlich;* ein starkes Verlangen nach etwas haben ⟨nach Macht, Vergeltung lechzen⟩

Leck *das; -(e)s, -e/-s;* ein Loch oder ein Riss in einem Behälter oder Schiff

le·cken[1]; *leckte, hat geleckt* **1** **an etwas** *(Dativ)* **lecken** die Zunge über eine Stelle bewegen ≈ an etwas schlecken: *Als er die Hand ausstreckte, leckte die Kuh daran* **2** **etwas lecken** etwas durch die Bewegung der Zunge in den Mund bringen ≈ schlecken: *Die Katze leckte ihre Milch* **3** **ein Tier leckt etwas/sich** ein Tier bewegt die Zunge über etwas/sich, um es/sich sauber zu machen: *Der Fuchs leckte seine Wunde* **4** **(jemandem/sich) etwas von etwas lecken** etwas mit der Zunge von einer Stelle entfernen ≈ ablecken: *sich das Blut vom Finger lecken* || ID *meist* **etwas sieht wie geleckt aus/ist wie geleckt** *umg humorvoll;* etwas ist sehr sauber und ordentlich

L

le·cken[2]; *leckte, hat geleckt;* **etwas leckt** etwas hat ein Leck ⟨ein Schiff, ein Behälter⟩

le·cker B1 *Adjektiv;* so, dass es sehr gut aussieht oder schmeckt ⟨etwas riecht, schmeckt lecker⟩

Le·cke·rei *die; -, -en;* etwas *(meist* Süßes), das gut schmeckt

Le·der A2 *das; -s; nur Singular;* die Haut von Tieren, die so bearbeitet wurde, dass sie haltbar ist ⟨weiches, glattes Leder⟩: *eine Jacke aus echtem Leder* || K- Ledergürtel, Lederhose, Ledersessel, Ledertasche || -K Kunstleder, Schlangenleder || *hierzu* **led·rig** *Adjektiv*

le·dern *Adjektiv* **1** *nur vor dem Substantiv, nicht als Adverb;* aus Leder **2** *nicht als Adverb;* so fest, dass es dem Leder ähnlich ist ⟨*meist* Haut, Gesichtshaut⟩ **3** *nicht als Adverb;* sehr zäh ⟨Fleisch⟩

le·dig A2 *Adjektiv* **1** nicht verheiratet: *Ist er ledig, verheiratet oder geschieden?* **2** **etwas** *(Genitiv)* **ledig sein** *förmlich;* von etwas *(meist* Unangenehmem) befreit sein ⟨seiner Pflichten ledig sein⟩

le·dig·lich *Adverb* ≈ nur: *Lediglich Renate war gekommen*

leer A2 [leːɐ̯] *Adjektiv* **1** ohne Inhalt ↔ voll: *Ich muss einkaufen, der Kühlschrank ist praktisch leer* || ↑ Abbildung unter **lang** **2** so, dass niemand darin wohnt ≈ unbewohnt ⟨ein Haus, eine Wohnung, ein Zimmer⟩ **3** nur mit sehr wenigen oder keinen Menschen (darin) ↔ voll ⟨ein Bus, ein Kino, Straßen⟩ || -K menschenleer **4** so, dass nichts daraufgeschrieben oder -gedruckt ist ⟨ein Blatt Papier⟩ **5** *meist vor dem Substantiv;* ohne den Willen ausgesprochen, auch entsprechend zu handeln ⟨Drohungen, Gerede, Versprechungen⟩ **6** ohne Ausdruck oder Gefühl ⟨ein Blick; jemanden mit leeren Augen anstarren⟩ **7** mit Verben verwendet, um auszudrücken, dass etwas leer (1-3) wird: *seinen Teller leer essen; den Koffer leer räumen; das Glas leer trinken* **8** **etwas steht leer** etwas ist nicht bewohnt oder wird nicht genutzt ⟨eine Garage, Geschäftsräume, ein Haus, eine Wohnung⟩: *eine leer stehende Fabrik abreißen* || ID **leer gefegt** *umg* **a** ohne Menschen, weil alle weggegangen sind ⟨die Straßen⟩ **b** ohne Inhalt, weil alles verkauft, verbraucht, entfernt wurde ⟨die Regale, der Kühlschrank⟩

Lee·re *die; -; nur Singular* **1** der Zustand, in dem etwas leer ist **2** **gähnende Leere** vollkommene Leere: *Im Kühlschrank herrschte gähnende Leere*

lee·ren; *leerte, hat geleert* **1** **etwas leeren** ein Gefäß oder einen Behälter leer (1) machen: *Der Briefkasten wird jeden Tag geleert* **2** **etwas leert sich** etwas wird leer (3): *Nach dem Konzert leerte sich der Saal nur langsam* || *zu* 1 **Lee·rung** *die; -, -en*

leer·es·sen *(hat)* ↑ **leer** (7)

leer·ge·fegt ↑ **leer** ID

Leer·lauf *der; -(e)s, -läu·fe* **1** das Laufen eines Motors oder einer Maschine, ohne dass ein Gang eingelegt ist ⟨in den Leerlauf schalten⟩: *Das Auto rollte im Leerlauf langsam an die Ampel heran* **2** eine Zeit oder Phase, in der wenig gearbeitet oder produziert wird: *In der Druckerei herrscht mangels Aufträgen gerade Leerlauf*

leer·räu·men *(hat)* ↑ **leer** (7)

leer·ste·hend ↑ **leer** (8)

Leer·tas·te *die; -, -n;* die breite Taste bei einer Schreibmaschine oder einer Computertastatur, mit der man den Zwischenraum zwischen den Wörtern macht

leer·trin·ken *(hat)* ↑ **leer** (7)

Leer·zei·le *die; -, -n;* eine Zeile in einem Text,

die nicht beschrieben wird

le·gal *Adjektiv;* im Rahmen der Gesetze erlaubt || *hierzu* **Le·ga·li·tät** *die; -; nur Singular*

le·ga·li·sie·ren; *legalisierte, hat legalisiert;* **etwas legalisieren** etwas für legal erklären || *hierzu* **Le·ga·li·sie·rung** *die; -; nur Singular*

le·gen A2 *legte, hat gelegt* **1** **jemanden/sich/etwas irgendwohin legen** eine Person/sich/eine Sache so irgendwohin bringen, dass sie/man dort liegt ⟨jemanden/sich ins Bett, auf den Bauch legen⟩: *Er legte Messer und Gabel neben den Teller* **2** **etwas legen** etwas an einer bestimmten Stelle oder auf einer Fläche befestigen ⟨Fliesen, Kabel, Rohre, Schienen legen⟩ **3** **sich/jemanden schlafen legen** ins Bett gehen, um zu schlafen/ein Kind zu Bett bringen **4** **ein Tier legt ein Ei** *bes* ein Vogel produziert ein Ei || K- Legehenne **5** **etwas legt sich** etwas wird schwächer, weniger intensiv ≈ etwas lässt nach, flaut ab, hört auf ⟨der Wind, der Sturm; der Zorn, die Wut⟩: *Wir warteten, bis sich der Sturm gelegt hatte*

le·gen·där *Adjektiv* **1** durch eine Legende (1) bekannt, aber nicht unbedingt wahr **2** so unwahrscheinlich oder erstaunlich wie in einer Legende (1): *Sie erreichte ein legendäres Alter von 118 Jahren* **3** so, dass man noch lange Zeit später davon spricht: *der legendäre Auftritt der Beatles in Hamburg*

Le·gen·de *die; -, -n* **1** eine Geschichte aus früherer Zeit, *oft* mit religiösem Inhalt **2** die Erklärung der Zeichen und Symbole *bes* einer Landkarte

le·ger [leˈʒɛːɐ̯] *Adjektiv* **1** so, wie man sich unter Freunden und in der Familie benimmt ⟨ein Verhalten⟩ **2** nicht sehr vornehm, aber trotzdem passend ⟨Kleidung⟩

Le·gie·rung *die; -, -en;* ein Mischung aus zwei oder drei Metallen ⟨eine nicht rostende Legierung⟩: *Bronze ist eine Legierung aus Kupfer und Zinn*

Le·gis·la·tur·pe·ri·o·de *die; -, -n;* die Dauer, für die Mitglieder eines Parlaments gewählt sind

le·gi·tim *Adjektiv* **1** vom Gesetz erlaubt, dem Recht entsprechend ↔ illegitim ⟨die Regierung, jemandes Nachfolger⟩ **2** *förmlich* ≈ berechtigt, begründet ⟨Forderungen, Ziele⟩ || *hierzu* **le·gi·ti·mie·ren** *(hat)*

Lehm *der; -(e)s; nur Singular;* schwere gelbbraune Erde, durch die kein Wasser dringt || *hierzu* **leh·mig** *Adjektiv*

Leh·ne B2 *die; -, -n;* der Teil eines Stuhls, Sessels oder einer Bank, auf den man die Arme oder den Rücken stützen kann || K- Lehnstuhl || -K Armlehne

leh·nen; *lehnte, hat gelehnt* **1** **etwas/sich an/gegen etwas** *(Akkusativ)* **lehnen** etwas oder den Körper schräg an etwas Stabiles stellen, damit es/man eine Stütze hat: *das Fahrrad an/gegen die Mauer lehnen* **2** **an etwas** *(Dativ)* **lehnen** in schräger Lage an etwas Stabilem stehen, damit man/es eine Stütze hat: *Die Leiter lehnt an der Wand* **3** **sich irgendwohin lehnen** sich auf etwas stützen und den Oberkörper darüber beugen: *sich aus dem Fenster lehnen*

Lehr·amt *das; -(e)s, -äm·ter; meist Singular;* die Arbeit als Lehrer *bes* an einer staatlichen Schule ⟨das Lehramt anstreben⟩: *Er studiert Deutsch und Englisch für das Lehramt an Gymnasien* || K- Lehramtsanwärter, Lehramtskandidat

Leh·re B2 *die; -, -n* **1** die Ausbildung zu einem Beruf als Handwerker oder Angestellter ⟨in die Lehre gehen⟩: *Sie macht eine Lehre als/zur Schreinerin* || K- Lehrjahr, Lehrvertrag, Lehrzeit || -K Bäckerlehre **2** eine Erfahrung, die man macht und aus der man etwas lernt ⟨eine heilsame, bittere Lehre;eine Lehre aus etwas ziehen⟩: *Der Unfall wird ihm eine Lehre sein, vorsichtiger zu fahren* **3** die Prinzipien von Wissenschaften oder Religionen ⟨die christliche Lehre⟩ || -K Glaubenslehre **4** der Unterricht an einer Hochschule || K- Lehrveranstaltung

leh·ren B2 *lehrte, hat gelehrt* **1** **(jemanden) etwas lehren; jemanden** + *Infinitiv* + **lehren** jemandem Informationen geben und mit ihm üben, damit er Wissen und spezielle Fähigkeiten bekommt ⟨jemanden lesen/schreiben/rechnen lehren⟩: *Der Deutschlehrer lehrt die Kinder Rechtschreibung und Grammatik* || K- Lehrbuch **2** **etwas lehrt (jemanden), dass ...** *förmlich;* etwas zeigt (jemandem) deutlich, dass etwas so ist: *Die Erfahrung hat gelehrt, dass wir in Zukunft Rohstoffe sparen müssen*

Leh·rer *der; -s, -;* jemand, der *bes* an einer Schule Unterricht gibt: *Er ist Lehrer für Physik und Sport an einem Gymnasium* || -K Deutschlehrer, Grundschullehrer || *hierzu* **Leh·re·rin** *die; -, -nen*

Lehr·kraft *die; -, -kräf·te; Verwaltung;* ein Lehrer oder eine Lehrerin: *Wir brauchen mehr Lehrkräfte*

Lehr·ling B2 *der; -s, -e;* jemand, der gerade eine Lehre (1) macht

Lehr·plan *der; -(e)s, -plä·ne;* eine Liste der einzelnen Wissensgebiete und Themen, die die Schüler in einer bestimmten Zeit durcharbeiten sollen ⟨einen Lehrplan erstellen; sich (streng) an den Lehrplan halten⟩

lehr·reich *Adjektiv;* so, dass man daraus viel lernen kann ≈ informativ ⟨eine Erfahrung, ein Beispiel; etwas ist sehr lehrreich für jemanden⟩

Lehr·stel·le *die; -, -n;* eine Arbeitsstelle für einen Lehrling ≈ Ausbildungsplatz ⟨sich um/für eine Lehrstelle bewerben⟩

Leib *der; -(e)s, -er;* der Körper eines Menschen oder Tiers ‖ [ID] **etwas am eigenen Leib erfahren** eine Erfahrung selbst machen; **mit Leib und Seele** *umg;* sehr gern und mit viel Energie ‖ Hinweis: *Leib* wird meist nur noch in festen Wendungen verwendet. Man sagt stattdessen *Körper*

leib·haf·tig *Adjektiv; nur vor dem Substantiv oder als Adverb;* ⟨eine Person, eine Sache⟩ so, dass sie vor einem stehen oder dass man sie sich genau vorstellen kann: *Sie war völlig überrascht, als der berühmte Star plötzlich leibhaftig vor ihr stand; Er sah aus wie der leibhaftige Tod*

leib·lich *Adjektiv; meist vor dem Substantiv* **1** verwendet, um auszudrücken, dass die genannte Person der richtige Vater oder die richtige Mutter eines Kindes ist ⟨*meist* der Vater, die Mutter, die Eltern⟩ **2** *meist in* **für das leibliche Wohl sorgen** *förmlich;* dafür sorgen, dass jemand gutes Essen und Trinken bekommt

Leib·wäch·ter *der; -s, -;* jemand, der eine Person (vor Attentaten) schützt ‖ *hierzu* **Leib·wäch·te·rin** *die; -, -nen*

Lei·che *die; -, -n;* der Körper eines toten Menschen ⟨eine Leiche identifizieren⟩ ‖ [K-] Leichenwagen

Lei·chen·hal·le *die; -, -n;* ein Gebäude auf dem Friedhof, in dem die Särge mit den Toten bis zur Beerdigung stehen

Leich·nam *der; -(e)s, -e; förmlich* ≈ Leiche

leicht[1] [A1] *leichter, leichtest-; Adjektiv* **1** mit wenig Gewicht ↔ schwer ⟨leichtes Gepäck⟩ ‖ ↑ Abbildung unter **lang** ‖ [K-] Leichtgewicht, Leichtmetall ‖ [-K] federleicht **2** aus dünnem Stoff ⟨ein Hemd; leicht bekleidet sein⟩ ‖ [K-] leichtbekleidet **3** nur wenig intensiv ≈ schwach ↔ stark ⟨Frost, Regen, Wind; eine Erkältung; Kopfweh, Schmerzen⟩: *Es schneite leicht* **4** in geringem Ausmaß ≈ geringfügig ↔ schwer ⟨eine Verletzung; leicht verletzt/verwundet sein, werden⟩ ‖ [K-] leichtverletzt, leichtverwundet **5** so, dass es den Organismus wenig belastet ⟨ein Wein⟩: *Nach meiner Operation durfte ich nur leichte Kost essen* ‖ *hierzu* **Leicht·heit** *die; -; nur Singular; zu* 4 **Leicht·ver·letz·te** *der, die; -n, -n*

leicht[2] [A1] *leichter, leichtest-; Adjektiv* **1** so, dass es wenig Arbeit oder Mühe macht ≈ einfach ↔ schwierig: *eine leichte Aufgabe, Rechnung* **2** so, dass man nur wenig Kraft dazu braucht ↔ schwer: *leichte körperliche Arbeit* **3** **jemand/etwas ist leicht + zu** + *Infinitiv* es macht wenig Mühe, etwas zu tun: *Diese Aufgabe ist leicht zu bewältigen* ‖ [ID] *meist* **Das ist leichter gesagt als getan** *umg;* das ist schwieriger zu tun, als man denkt ‖ Hinweis: ↑ **leichtfallen**, **leichtnehmen** *usw* ‖ *hierzu* **Leich·tig·keit** *die; -; nur Singular*

leicht[3] [A1] *leichter, leichtest-; Adverb* **1** ohne besonderen Anlass: *Sie wird sehr leicht wütend* **2** verwendet, um auszudrücken, dass etwas geschehen kann: *Bei Eis und Schnee passiert leicht ein Unfall*

Leicht·ath·le·tik *die; -; nur Singular;* die Sportarten Laufen, Gehen, Springen, Stoßen und Werfen

leicht·fal·len; *fällt leicht, fiel leicht, ist leichtgefallen;* **etwas fällt jemandem leicht** etwas macht jemandem keine Mühe oder Schwierigkeiten ↔ etwas fällt jemandem schwer: *Es fiel ihm nicht leicht, von zu Hause auszuziehen*

leicht·gläu·big *Adjektiv;* bereit, etwas schnell und unkritisch zu glauben: *Er ist sehr leichtgläubig: Er glaubt alles, was man ihm erzählt* ‖ *hierzu* **Leicht·gläu·big·keit** *die; -; nur Singular*

leicht·neh·men; *nimmt leicht, nahm leicht, hat leichtgenommen;* **etwas leichtnehmen** sich nicht viele Sorgen machen, wenn man etwas tut ↔ ernst nehmen ⟨das Leben leichtnehmen⟩ ‖ [ID] **Nimms leicht!** *umg;* ärgere dich nicht darüber!

Leicht·sinn *der; -(e)s; nur Singular;* die Eigenschaft, zu wenig über die Konsequenzen einer Handlung nachzudenken ⟨sträflicher Leichtsinn⟩: *Es ist gefährlicher Leichtsinn, ohne Helm Motorrad zu fahren* ‖ *hierzu* **leicht·sin·nig** *Adjektiv*

Leicht·sinns|feh·ler *der; -s, -;* ein Fehler, den man nur macht, weil man nicht genau aufpasst: *Ihr Diktat steckt voller Leichtsinnsfehler*

leicht·tun, sich; *tat sich leicht, hat sich leichtgetan;* **sich** (*Akkusativ/Dativ*) **(bei etwas) leichttun** *umg;* keine Schwierigkeiten bei etwas haben ↔ sich schwertun

leid *Adjektiv;* **es leid sein** + *Infinitiv*/**, dass/wenn ...; jemanden/etwas leid sein**/ *umg:* **haben** jemanden/etwas nicht mehr mögen oder ertragen können: *Ich bin es leid, dass sie immer zu spät kommen; Sie war es leid zu warten*

Leid *das; -(e)s; nur Singular;* große seelische Schmerzen ⟨schweres Leid; Leid erfahren⟩: *Der Tod ihres Sohnes hat den Eltern großes Leid zugefügt* || Hinweis: ↑ **leidtun, zuleide**

lei·den; *litt, hat gelitten* **1** **(etwas) leiden** Schmerzen oder unangenehme Verhältnisse ertragen müssen ⟨Hunger, Not leiden⟩ **2** **jemanden/etwas gut/nicht leiden können** jemanden/etwas gernhaben/nicht mögen: *Ich kann ihn nicht leiden, er ist so ein Angeber* **3** **an etwas** *(Dativ)* **leiden** eine Krankheit haben ⟨an Schlaflosigkeit, Depressionen, Krebs leiden⟩ **4** **unter etwas** *(Dativ)* **leiden** große Probleme oder Kummer wegen etwas haben: *Als er im Ausland studierte, litt er sehr unter seiner Einsamkeit* **5** **etwas leidet unter etwas** *(Dativ)*/**durch etwas** etwas nimmt durch den Einfluss einer Sache Schaden: *Die Bilder haben unter der Feuchtigkeit sehr gelitten*

Lei·den *das; -s, -;* **1** eine lange und *meist* schlimme Krankheit ⟨ein chronisches Leiden⟩ || [K] Herzleiden, Rückenleiden **2** *nur Plural;* das Gefühl von Schmerzen und Kummer: *die Freuden und Leiden des Alltags*

Lei·den·schaft *die; -, -en* **1** ein seelischer Zustand, in dem jemand starke Gefühle (wie Liebe, Hass oder Zorn) empfindet ⟨eine heftige, wilde, ungezügelte Leidenschaft⟩: *Sie arbeiten voller Leidenschaft an der Verwirklichung ihrer Idee* **2** **jemandes Leidenschaft (für jemanden/zu jemandem)** *nur Singular;* die starke Liebe, die man für jemanden empfindet ≈ Verlangen ⟨eine große, stürmische Leidenschaft⟩: *In Filmen geht es oft um Liebe und Leidenschaft* **3** **jemandes Leidenschaft (für etwas)** *nur Singular;* die Liebe zu Dingen oder Tätigkeiten, die man sehr interessant findet ≈ Begeisterung: *eine Leidenschaft für schnelle Autos haben* || [K] Spielleidenschaft, Wettleidenschaft || *hierzu* **lei·den·schaft·lich** *Adjektiv;* **lei·den·schafts·los** *Adjektiv*

Lei·dens·ge·nos·se *der; -n, -n;* jemand, der die gleichen Probleme oder das gleiche Leid hat wie ein anderer || *hierzu* **Lei·dens·ge·nos·sin** *die; -,-nen*

Lei·dens·weg *der; -(e)s, -e;* eine *meist* lange Zeit des Leidens

lei·der *Adverb* **1** verwendet, um Bedauern auszudrücken: *Ich kann leider nicht ins Kino gehen, ich bin krank* **2** **leider (ja/nein)** verwendet als Antwort auf eine Frage, wenn man etwas bedauert: *„Hast du den Job bekommen?" – „Leider nein."*

Leid·tra·gen·de *der/die; -n, -n;* jemand, der die unangenehmen Folgen von etwas ertragen muss: *Bei einer Scheidung sind die Leidtragenden meistens die Kinder*

leid·tun; *tut leid, tat leid, hat leidgetan;* **jemand/etwas tut jemandem leid** jemand/etwas wird von jemandem bedauert: *(Es) tut mir leid, ich wollte nicht stören*

lei·ern; *leierte, hat geleiert;* **(etwas) leiern** etwas schnell und ohne Betonung sagen oder singen ⟨ein Gedicht, ein Lied leiern⟩

lei·hen [B1] *lieh, hat geliehen* **1** **jemandem etwas leihen** jemandem etwas für eine Zeit geben, damit er es verwenden kann: *Kannst du mir bis morgen zehn Euro leihen?* || [K] Leihbücherei, Leihgebühr **2** **(sich** *(Dativ)***) etwas (von jemandem) leihen** von jemandem etwas für eine bestimmte Zeit bekommen, um es zu benutzen: *Er hat sich das Motorrad von einem Freund geliehen* || ↑ Info Seite 530

leihen

Leihen funktioniert in beide Richtungen:

Wenn ich mir etwas von jemandem leihe, bekomme ich es:

Ich musste mir von ihr Geld leihen, weil ich nicht genug dabeihatte.
Wir haben uns am Urlaubsort ein Auto geliehen.
Die Bücher sind aus der Bücherei geliehen.

Wenn mir jemand etwas leiht, gibt er es mir:
Leihst du mir mal deinen Stift?
Du kannst das Geld von mir haben, aber nur geliehen, nicht geschenkt.

WORTSCHATZ

Leih·haus *das; -es, -häu·ser* ≈ Pfandhaus

Leih·wa·gen *der; -s, -;* ein Auto, das man für eine bestimmte Zeit von einer Firma gegen Geld leiht (2) ≈ Mietwagen

leih·wei·se *Adverb; meist in* **jemandem etwas leihweise überlassen** ≈ jemandem etwas leihen (1)

Leim *der; -(e)s, -e;* ein Klebstoff, mit dem man *bes* Holz und Papier klebt ⟨Leim anrühren, auftragen⟩ || [K] Holzleim || [ID] **jemandem auf den Leim gehen** *umg;* sich von jemandes Tricks täuschen lassen ≈ auf jemanden hereinfallen; **etwas geht aus dem Leim** *umg;* etwas fällt oder bricht auseinander: *Dieser*

▶ leihen / mieten / pachten

Wenn man etwas nicht kaufen kann, kann man es **leihen**, **mieten** oder **pachten**.

Besonders Wohnungen oder Häuser **mietet** man:

Wir haben das Haus nur gemietet, nicht gekauft.

Als Bauer kann man Land **pachten**, als Gastwirt ein Lokal:

Die Kneipe hat er von einer Brauerei gepachtet.

Wenn man etwas nur kurze Zeit benutzt, **mietet** oder **leiht** man es:

im Urlaub ein Auto mieten / leihen

Wenn man (sich) etwas **leiht**, muss man nicht unbedingt Geld dafür zahlen:

Das Boot habe ich mir von einem Freund geliehen.

WORTSCHATZ

L

Stuhl geht schon aus dem Leim

lei·men; *leimte, hat geleimt* **1** **etwas leimen** Teile eines Gegenstandes aus Holz (oder Stücke aus Papier) mit Leim zusammenkleben: *einen kaputten Stuhl leimen* **2** **jemanden leimen** *umg*; durch Tricks bewirken, dass jemand eine Wette, ein Spiel oder Geld verliert

-lein B1 *das; -s, -; bes literarisch oder humorvoll;* verwendet, um die Verkleinerungsform eines Substantivs zu bilden (*meist* in Verbindung mit Umlaut des betonten Vokals) ≈ -chen; **Bäumlein, Blümlein, Häuslein, Hündlein, Kätzlein, Kindlein, Vöglein** ‖ Hinweis: nicht nach einsilbigen Substantiven auf *-l* (*Ball, Stuhl*) oder nach mehrsilbigen Substantiven auf *-le(n)* (*Bulle, Stollen*)

Lei·ne *die; -, -n* **1** ein dünnes Seil, an das man *bes* Wäsche zum Trocknen hängt ‖ -K Wäscheleine **2** ein dünnes Band *meist* aus Leder, an dem man *bes* einen Hund führt

Lei·nen *das; -s; nur Singular;* ein sehr fester und glatter Stoff: *eine Tischdecke aus Leinen*

Lein·tuch *das; -(e)s, Lein·tü·cher;* ein relativ großes Stück Tuch, auf dem man im Bett liegt ≈ Betttuch, Laken

Lein·wand *die; -, -wän·de* **1** eine große weiße Fläche, auf der man Filme und Dias zeigt ⟨die Leinwand aufstellen, abbauen⟩ ‖ -K Dialeinwand, Filmleinwand, Kinoleinwand **2** ≈ (Kino)Film: *die Stars der Leinwand* ‖ K- Leinwandstar **3** eine Fläche aus Leinen, auf die ein Maler malt: *die Ölfarben auf eine Leinwand auftragen*

lei·se A1 *Adjektiv* **1** so, dass man es kaum hört ⟨Musik⟩: *Er öffnete leise die Tür* **2** *meist vor dem Substantiv;* kaum vorhanden, nicht stark ⟨ein Verdacht⟩: *Er hatte nicht die leiseste Ahnung von unserem Plan*

Leis·te *die; -, -n* **1** ein sehr schmales, dünnes und *meist* langes Stück aus Holz, Metall oder Kunststoff, mit dem man *bes* Ränder bedeckt ‖ -K Fußbodenleiste **2** eine der beiden Stellen am Körper des Menschen, an denen der Rumpf in den Oberschenkel übergeht ⟨sich die Leiste zerren; an der Leiste operiert werden⟩

leis·ten[1] B2 *leistete, hat geleistet* **1** **etwas leisten** etwas tun oder fertig machen, das *oft* viel Mühe kostet ⟨gute Arbeit leisten⟩: *Er hat in seinem Leben schon viel geleistet* **2** **etwas leisten** eine Zeit lang als Soldat *o.Ä.* aktiv sein ⟨Kriegsdienst, Wehrdienst, Zivildienst leisten⟩ ‖ Hinweis: ↑ **Dienst**, **Widerstand**

leis·ten[2]**, sich** B2 *leistete sich, hat sich geleistet* **1** **sich** (*Dativ*) **etwas leisten** sich erlauben, etwas zu tun, was andere stört ⟨sich einen Fehler leisten⟩: *Er kann (es) sich nicht leisten, zu spät zur Arbeit zu kommen* **2** **sich** (*Dativ*) **etwas leisten** etwas kaufen oder tun, um sich eine Freude zu machen: *Diesen Pullover habe ich mir gestern geleistet* **3** **sich** (*Dativ*) **etwas leisten können** genug Geld haben, um sich etwas zu kaufen: *Wir können uns keinen Urlaub mehr leisten*

Leis·tung *die; -, -en* **1** der Prozess, bei dem jemand etwas leistet[1] (1) oder das Ergebnis dieser Arbeit ⟨eine gute Leistung zeigen⟩: *Gauß vollbrachte großartige Leistungen im Bereich der Mathematik* ‖ K- Leistungsdruck; leistungsstark **2** *meist Plural;* Geld, das eine Firma oder eine Versicherung zahlt: *die Leistungen einer Krankenkasse* ‖ -K Sozialleistung **3** *Physik;* die Arbeit, die ein Gerät *o.Ä.* in einer bestimmten Zeit bringt: *Das Auto bringt eine Leistung von 76 Kilowatt* ‖ -K Motorenleistung

Leis·tungs·ge·sell·schaft *die; -; nur Singular;* eine Gesellschaft, in der der Einzelne oder Gruppen besonders an ihren Leistungen (1) gemessen werden

Leis·tungs·sport *der; -(e)s; nur Singular;* professioneller Sport, bei dem gute Leistungen (1) das Wichtigste sind ↔ Breitensport ‖ -K Hochleistungssport

Leit·ar·ti·kel *der; -s, -;* der Artikel *meist* in einer Zeitung, der die Meinung der Redaktion *o.Ä.* zu einem wichtigen aktuellen Thema oder Ereignis wiedergibt

lei·ten B1 *leitete, hat geleitet* **1** **jemanden/etwas leiten** die Tätigkeit einer Gruppe von Menschen planen und für den Gang der Arbeit verantwortlich sein ⟨eine Firma, einen Chor leiten⟩ **2** **etwas irgendwohin leiten** bewirken, dass etwas an einen Ort kommt: *den Verkehr in eine andere Richtung leiten* **3** **jemanden irgendwohin leiten** mit jemandem irgendwohin gehen, um den Weg zu zeigen ≈ führen: *einen Gast in sein Zimmer leiten* **4** **sich von etwas leiten lassen** sich bei einer Entscheidung von etwas beeinflussen lassen: *Er ließ sich von finanziellen Erwägungen leiten* **5** **etwas leitet (etwas)** etwas transportiert Wärme, Strom oder Schall

lei·ten·d- *Adjektiv; nur vor dem Substantiv, nicht als Adverb;* (in einem Betrieb) verantwortlich für die Tätigkeit einer Gruppe von Menschen ⟨ein Angestellter, ein Ingenieur; eine leitende Stellung haben⟩

Lei·ter[1] *der; -s, -;* **1** jemand, der eine Gruppe von Menschen leitet (1) ⟨der Leiter eines Unternehmens⟩ || -K Abteilungsleiter, Betriebsleiter, Chorleiter **2** *bes* ein Metall, das elektrischen Strom leitet (5) || *zu* 1 **Lei·te·rin** *die; -, -nen*

Lei·ter[2] *die; -, -n;* zwei lange parallele Stangen aus Holz oder Metall, die durch mehrere kurze Stücke miteinander so verbunden sind, dass man irgendwo hinaufsteigen kann ⟨auf die Leiter steigen⟩

Leit·fa·den der; ein Buch *o.Ä.*, das ein Wissensgebiet für Laien beschreibt

Leit·li·nie *die; -, -n;* ein Gedanke oder ein Prinzip, die das Handeln bestimmen ≈ Konzept: *die Leitlinien einer Werbekampagne festlegen*

Leit·plan·ke *die; -, -n;* ein langer Streifen aus Metall oder Beton entlang einer Straße, der Fahrzeuge aufhalten soll, die von der Fahrbahn abkommen ⟨gegen die Leitplanke prallen⟩

Lei·tung B2 *die; -, -en* **1** *nur Singular;* die Funktion oder die Aufgabe, etwas zu leiten (1) ⟨jemanden mit der Leitung beauftragen⟩: *Das Orchester spielt unter der Leitung von Sir Colin Davis* **2** *nur Singular;* die Personen, die etwas leiten (1) || -K Firmenleitung **3** ein Rohr oder Röhren, die Flüssigkeiten oder Gase irgendwohin leiten (2) ⟨eine Leitung legen⟩ || K- Leitungsrohr, Leitungswasser || -K Gasleitung, Wasserleitung **4** Drähte oder Kabel, die Strom leiten (5) || -K Stromleitung **5** das Kabel, das eine telefonische Verbindung herstellt ⟨die Leitung ist besetzt, frei⟩

Lek·ti·on [lɛkˈtsi̯oːn] *die; -, -en* **1** eine Einheit in einem Lehrbuch ⟨eine Lektion durchnehmen, behandeln⟩: *Lektion 14* **2** etwas, durch das man lernt, sich in Zukunft anders zu verhalten, *bes* eine unangenehme Erfahrung ⟨eine bittere Lektion; eine Lektion begreifen; jemandem eine Lektion erteilen⟩

Lek·tü·re *die; -, -n; meist Singular* **1** etwas zum Lesen ⟨eine spannende, unterhaltsame Lektüre⟩ || -K Urlaubslektüre **2** das Lesen von Literatur, *bes* im Unterricht

Len·de *die; -, -n* **1** der Teil des Körpers zwischen der Wirbelsäule und der Hüfte || K- Lendenwirbel **2** (bei Schwein und Rind) das Fleisch aus der hinteren Gegend der Wirbelsäule || K- Lendenstück || -K Rinderlende, Schweinelende

len·ken; *lenkte, hat gelenkt* **1** **(etwas) lenken** die Richtung eines Fahrzeugs bestimmen: *nach rechts lenken* **2** **etwas auf jemanden/etwas lenken** bewirken, dass sich ein Gespräch oder jemandes Aufmerksamkeit auf etwas konzentriert: *das Gespräch auf ein anderes Thema lenken* **3** **etwas lenken** die Entwicklung einer Sache bestimmen ⟨die Wirtschaft, den Staat lenken⟩ || *zu* 1 und 3 **lenk·bar** *Adjektiv*

Len·ker *der; -s, -;* **1** die Person, die etwas lenkt (1,3) || -K Fahrzeuglenker, Staatslenker **2** die Stange vorne oben am Fahrrad, auf die man die Hände legt, um das Rad zu lenken (1) || *zu* 1 **Len·ke·rin** *die; -, -nen*

Lenk·rad *das; -(e)s, -rä·der;* eine Art Rad, mit dem man ein Auto, einen Bus oder einen Lastwagen lenkt (1) ≈ Steuerrad, Steuer

Lenk·stan·ge *die; -, -n* ≈ Lenker (2)

Len·kung *die; -, -en* **1** *nur Singular;* das Bestimmen einer Entwicklung: *die staatliche Lenkung der Wirtschaft* **2** alle Teile, die zum Lenken eines Fahrzeugs nötig sind: *Die Lenkung war defekt*

Le·o·pard [leo-] *der; -en, -en;* ein großes Tier (eine Raubkatze) mit einem gelblichen Fell mit runden schwarzen Flecken || ↑ Abbildung unter **Raubkatzen** || K- Leopardenfell

-ler *der; -s, -;* **1** bezeichnet jemanden, der etwas Bestimmtes tut oder sich damit beschäftigt; **Altsprachler, Arbeitsrechtler, Künstler, Sportler** **2** bezeichnet jemanden, der zu einer Gruppe, einer Kategorie oder einem Gebiet gehört; **CDUler, Nordstaatler, SPDler, Viertklässler** || *hierzu* **-le·rin** *die; -, -nen*

L

Lẹr·che *die; -, -n;* ein kleiner brauner (Sing)-Vogel, der steil in die Höhe fliegen kann ⟨die Lerche trillert⟩

lẹr·nen B1 *lernte, hat gelernt* **1** **(von jemandem/aus etwas) etwas lernen** durch Erfahrung sein Verhalten ändern ⟨aus Fehlern lernen⟩: *Er hat nie gelernt, pünktlich zu sein* ‖ K- Lernfähigkeit, Lernprozess **2** **etwas lernen** eine Ausbildung für einen Beruf machen ⟨Bäcker, Maler, Schreiner lernen⟩ **3** **(etwas) lernen** ein besonderes Wissen erwerben ⟨eine Fremdsprache lernen; kochen lernen⟩: *Sie lernt Spanisch in der Schule* ‖ K- Lerneifer **4** **(etwas) auswendig lernen** etwas so lernen, dass man es aus dem Gedächtnis wiederholen kann: *Wir müssen das Gedicht bis morgen auswendig lernen* ‖ *zu 3* **Lẹr·ner** *der; -s, -;* **Lẹr·ne·rin** *die; -, -nen; zu 1 und 3* **lẹrn·bar** *Adjektiv*

les·bar *Adjektiv* **1** so, dass man es (gut) lesen kann ↔ unleserlich ⟨jemandes Handschrift, eine Inschrift⟩ **2** in (leicht) verständlicher Sprache geschrieben ≈ verständlich ↔ unlesbar: *ein gut lesbarer Aufsatz* ‖ *hierzu* **Les·bar·keit** *die; -; nur Singular*

L

lẹs·bisch B2 *Adjektiv;* mit homosexuellen Neigungen ⟨eine Frau⟩ ‖ *hierzu* **Lẹs·be** *die; -, -n* ‖ Hinweis: ↑ **schwul**

Le·se·buch *das; -(e)s, -bü·cher;* ein Buch für Schüler mit Gedichten, Geschichten und Ausschnitten aus längeren Texten

le·sen¹ A1 *liest, las, hat gelesen* **1** **(etwas) lesen** etwas Geschriebenes ansehen und den Inhalt erfassen ⟨ein Buch, Noten lesen⟩: *Er liest jeden Tag die Zeitung; Ich habe in einer Zeitschrift gelesen, dass ...* ‖ K- Lesebrille **2** **(etwas) lesen** etwas lesen (1) und es dabei laut sprechen: *ein Drama mit verteilten Rollen lesen* **3** **etwas liest sich irgendwie** etwas ist in der genannten Weise geschrieben: *Sein neuer Krimi liest sich sehr gut*

le·sen² A1 *liest, las, hat gelesen;* **etwas lesen** Früchte einzeln von der Pflanze abnehmen und sammeln ⟨Trauben lesen⟩

Le·ser B2 *der; -s, -;* jemand, der etwas liest¹ ⟨ein kritischer, aufmerksamer Leser⟩ ‖ -K Zeitungsleser ‖ K- Leserbrief ‖ *hierzu* **Le·se·rin** *die; -, -nen*

le·ser·lich *Adjektiv;* so deutlich, dass man es gut lesen kann ⟨eine Handschrift⟩

Le·sung B2 *die; -, -en;* eine Veranstaltung, bei der *meist* ein Autor einen Teil seines Werkes vorliest ‖ -K Dichterlesung

lẹtz·t- *Adjektiv; nur vor dem Substantiv, nicht als Adverb* **1** so, dass etwas ganz am Ende einer Reihenfolge kommt ↔ erst-: *Silvester ist der letzte Tag des Jahres* **2** direkt vor dem jetzigen Zeitpunkt ↔ nächst-: *Letzte Woche war es sehr warm; Sie hat sich in letzter Zeit sehr verändert* **3** am Ende als Rest übrig geblieben: *Das ist der letzte Rest vom Kuchen*

Lẹtz·te A2 *meist in* **1** **jemandem das Letzte abverlangen; das Letzte aus jemandem herausholen** die beste Leistung von jemandem verlangen **2** **sein Letztes geben** seine ganze Kraft und Energie in etwas stecken **3** *meist* **Das ist doch das Letzte!** *umg abwertend;* verwendet, um ein sehr negatives Urteil abzugeben: *Diese Fernsehsendung war doch wirklich das Letzte!* **4** **bis ins Letzte** sehr gründlich ↔ oberflächlich: *jemandem einen Unfall bis ins Letzte schildern*

Lẹtz·te·re *der/die; -n, -n;* von zwei Personen oder Sachen diejenige, die man zuletzt genannt hat ↔ Erstere: *Verona und Florenz sind sehr schöne Städte. Letztere bietet dem Touristen viel an Kultur*

lẹtzt·jäh·ri·g- *Adjektiv; nur vor dem Substantiv, nicht als Adverb;* aus dem oder vom letzten (2) Jahr ≈ vorjährig ⟨ein Modell⟩: *die letztjährige Tour de France*

lẹtzt·lich *Adverb;* wenn man darüber genau nachdenkt: *Der Plan wirkt auf den ersten Blick ganz interessant, aber letztlich halte ich ihn für undurchführbar*

lẹtzt·mög·li·ch- *Adjektiv; nur vor dem Substantiv, nicht als Adverb;* ⟨ein Termin, ein Zeitpunkt⟩ ganz am Ende des möglichen Zeitraums ↔ frühestmöglich

Leuch·te *die; -, -n* ≈ Lampe ‖ -K Deckenleuchte

leuch·ten; *leuchtete, hat geleuchtet* **1** **etwas leuchtet** etwas verbreitet Licht ⟨eine Lampe, der Mond⟩ ‖ K- Leuchtschrift **2** **irgendwohin leuchten** den Lichtstrahl einer Lampe irgendwohin richten: *jemandem mit einer Lampe ins Gesicht leuchten*

Leuch·ter *der; -s, -;* **1** eine Lampe mit mehreren (Glüh)Birnen **2** ein Gerät, auf das man mehrere Kerzen stecken kann ‖ -K Kerzenleuchter

Leucht·stift *der; -(e)s, -e;* ein Stift mit leuchtender Farbe, mit dem man Teile eines Textes, die man für wichtig hält, markieren kann

Leucht·turm *der; -(e)s, -tür·me;* ein Turm an der Küste, an dessen Licht sich Schiffe orientieren können

leug·nen; *leugnete, hat geleugnet;* **(etwas)**

leugnen sagen, dass etwas nicht wahr ist/dass man etwas nicht getan hat ⟨ein Verbrechen leugnen⟩: *Er leugnete, das Geld gestohlen zu haben; Ich kann nicht leugnen, dass mir das Bild gut gefällt*

Leu·kä·mie *die; -, -n* [-'miːən]; *meist Singular; Medizin;* eine gefährliche Krankheit, bei der sich die weißen Blutkörperchen zu stark vermehren ≈ Blutkrebs

Leu·te [A2] *die; -; Plural* **1** ≈ Menschen: *Auf dem Bahnsteig standen viele Leute* **2** **die Leute** die Menschen in jemandes Nachbarschaft oder Umgebung: *Schrei nicht so – was sollen denn die Leute denken?* **3** die Menschen, die für jemanden (in einem Team) arbeiten: *Der Trainer stellt eine neue Mannschaft aus vielen neuen Leuten zusammen* **4** *umg;* verwendet als Anrede unter Freunden: *Guten Appetit, Leute!* || [ID] *meist* **Von jetzt an sind wir geschiedene Leute!** *umg;* ich will nichts mehr mit dir gemeinsam tun; **unter (die) Leute kommen** *umg;* viele Kontakte zu anderen Menschen haben; **vor allen Leuten** in der Öffentlichkeit ⟨jemanden vor allen Leuten blamieren, bloßstellen, beschimpfen, demütigen⟩ || Hinweis: *Menschen* verwendet man, wenn man betonen will, dass es nicht um Tiere, Pflanzen oder Sachen geht: *Die Menschen rannten um ihr Leben*; mit *Leute* bezeichnet man eine Gruppe, die man als Einheit (und oft sich selbst gegenübergestellt) sieht: *Mir ist egal, was die Leute zu meiner Frisur sagen*; *Personen* ist die neutralste Bezeichnung, die *bes* dann verwendet wird, wenn es sich um eine bestimmte Anzahl von Individuen handelt: *Hier ist Platz für 20 Personen*

Leut·nant *der; -s, -s; Militär;* der Offizier mit dem niedrigsten Rang

Le·xi·kon *das; -s, Le·xi·ka* **1** ein Buch mit Wörtern (in alphabetischer Reihenfolge), über die man sachliche Informationen findet || [-K] Filmlexikon, Literaturlexikon, Tierlexikon **2** *umg* ≈ Wörterbuch

Li·a·ne *die; -, -n;* eine Pflanze, die *bes* in den Tropen wächst und sich um Bäume wickelt

Li·bel·le *die; -, -n;* ein Insekt mit einem langen, schlanken Körper mit bunten Farben und vier Flügeln, das *bes* am Wasser lebt

li·be·ral [B2] *Adjektiv* **1** ⟨ein Mensch, eine Einstellung⟩ so, dass sie persönliche Freiheiten anderer Menschen kaum einschränken **2** mit den Prinzipien des Liberalismus ⟨eine Partei⟩

li·be·ra·li·sie·ren, *liberalisierte, hat liberalisiert;* **etwas liberalisieren** einen Bereich neu regeln und organisieren, sodass es danach weniger und nicht so strenge Regeln gibt als vorher ⟨Bestimmungen, Märkte, den Handel, den Ladenschluss liberalisieren⟩

Li·be·ra·lis·mus *der; -; nur Singular;* eine politische Anschauung, die es für gut hält, wenn sich der Mensch in der Politik und Gesellschaft frei entwickeln kann

-lich *im Adjektiv* **1** *nach Verbstamm;* drückt aus, dass das, was im ersten Wortteil genannt wird, gemacht werden kann; **begreiflich** ⟨ein Irrtum⟩ (= so, dass man ihn begreifen/verstehen kann); **bestechlich** ⟨ein Polizist⟩, **erträglich** ⟨Schmerzen⟩ **2** *nach un- + Verbstamm;* drückt aus, dass das, was im ersten Wortteil genannt wird, nicht gemacht werden kann; **unbeschreiblich** ⟨Freude⟩, **unerklärlich** ⟨ein Fehler⟩ **3** *nach Verbstamm oder Substantiv;* drückt aus, dass etwas die im ersten Wortteil genannte Wirkung hat oder verursacht; **abscheulich** ⟨ein Anblick⟩ (= so, dass er Abscheu hervorruft); **ärgerlich** ⟨ein Missverständnis⟩, **bedrohlich** ⟨eine Situation⟩ **4** *nach Substantiv;* in Bezug auf jemanden/etwas, zu jemandem/etwas gehörig; **beruflich** ⟨Erfahrung⟩, **kirchlich** ⟨Besitz⟩ **5** *nach Substantiv;* in der Art wie jemand/etwas; **freundlich** ⟨ein Gruß⟩, **herbstlich** ⟨Wetter⟩ **6** *nach Substantiv;* mit/voll etwas; **ängstlich** ⟨ein Blick⟩, **glücklich** ⟨eine Zeit⟩, **leidenschaftlich** ⟨Liebe⟩ **7** *nach Adjektiv;* verwendet, um ein Adjektiv abzuschwächen ≈ fast, etwas; **ältlich** ⟨eine Frau⟩, **gelblich** ⟨Haut⟩, **länglich** ⟨ein Gesicht⟩ **8** *nach Zeitangabe;* verwendet, um auszudrücken, dass sich etwas im genannten Abstand wiederholt; **halbjährlich, stündlich, täglich**

licht [A1] *lichter, lichtest-; Adjektiv; meist vor dem Substantiv;* mit relativ großen Zwischenräumen ↔ dicht ⟨ein Wald, jemandes Haare⟩

Licht [A1] *das; -(e)s, -er* **1** *nur Singular;* das, was die Umgebung oder einen Gegenstand hell macht ⟨helles Licht; etwas gegen das Licht halten⟩: *Kannst du bitte aus dem Licht gehen, ich sehe nichts* || [K-] Lichtgeschwindigkeit, Lichtstrahl || [-K] Kerzenlicht, Mondlicht, Sonnenlicht **2** *nur Singular;* elektrisches Licht (1) ⟨das Licht anmachen, ausschalten⟩: *In ihrem Zimmer brannte noch spät Licht* || [K-] Lichtschalter **3** *nur Plural;* die Lampen und Glühbirnen, die leuchten ⟨die Lichter der Großstadt⟩ || [ID] **jemandem geht ein Licht auf** *umg;* jemand versteht etwas plötzlich; **etwas ans Licht bringen** etwas öffentlich bekannt machen; **jemanden hinters Licht führen** jemanden täuschen

Licht·bild *das; -(e)s, -er; Verwaltung* ≈ Passbild

Licht·blick *der; -(e)s, -e;* etwas, das jemanden (*bes* in einer schlechten Zeit) freut und ihm Hoffnung macht: *Eine Eins in Sport war der einzige Lichtblick in seinem Zeugnis*

Licht·hu·pe *die; -, -n;* ein Hebel, durch den man an einem Auto die Scheinwerfer kurz aufleuchten lassen kann, *bes* um jemanden zu warnen ⟨die Lichthupe betätigen⟩

licht·scheu *Adjektiv; meist vor dem Substantiv, nicht als Adverb; abwertend;* ⟨Gesindel, Elemente⟩ so, dass sie sich verstecken, weil sie bestraft werden würden, wenn man sie finden würde ≈ verbrecherisch

Licht·schutz|fak·tor *der; -s, -en;* (oft mit einer Zahl) verwendet, um anzugeben, wie sehr eine Creme *o.Ä.* die Haut vor der Sonne schützt ⟨ein hoher, niedriger Lichtschutzfaktor⟩: *Sonnencreme mit Lichtschutzfaktor 6*

Lid *das; -(e)s, -er;* die Haut, mit der man das Auge schließen kann || ↑ Abbildung unter **Auge** || -K Augenlid

L

lieb A2 *Adjektiv* 1 **lieb (zu jemandem)** freundlich und angenehm im Verhalten: *Unser Nachbar ist sehr lieb zu unseren Kindern* || -K kinderlieb 2 *nur vor dem Substantiv, nicht als Adverb;* gern gesehen ⟨Gäste⟩ 3 *nur vor dem Substantiv, nicht als Adverb;* ⟨Worte⟩ so, dass sie Freundlichkeit oder Liebe zeigen: *liebe Grüße an jemanden senden* 4 *nur vor dem Substantiv, nicht als Adverb;* verwendet, um Personen oder Dinge zu beschreiben, die man schätzt oder liebt ⟨meine lieben Eltern, ein lieber Freund⟩ 5 *nur vor dem Substantiv, nicht als Adverb;* verwendet, um jemanden, den man gut kennt, (in einem Brief) anzureden: *Liebe Oma!* 6 **jemanden/etwas lieb gewinnen** allmählich Zuneigung zu jemandem/etwas entwickeln 7 **jemand hat jemanden lieb**; ⟨Personen⟩ **haben sich lieb** jemand liebt (1) jemanden/Personen lieben (1) sich: *Hast du mich denn gar nicht mehr lieb?*

Lie·be A2 *die; -; nur Singular* 1 **die Liebe (zu jemandem)** die starken Gefühle der Zuneigung zu jemandem, der zur Familie gehört oder den man sehr schätzt ⟨mütterliche Liebe⟩ || -K Geschwisterliebe 2 **die Liebe (zu jemandem)** die intensiven Gefühle für jemanden, von dem man sich sexuell angezogen fühlt ⟨leidenschaftliche Liebe; jemandem seine Liebe gestehen⟩ || K- Liebeserklärung, Liebesfilm, Liebeskummer, Liebespaar 3 **die Liebe (zu etwas)** das starke Interesse für etwas, das man mag oder gerne tut: *Im Alter hat er seine Liebe zur Malerei entdeckt* || -K Heimatliebe 4 jemand, für den man Liebe (2) empfindet: *Sie ist seine große Liebe* || ID **Liebe auf den ersten Blick** Liebe (2), die man spürt, wenn man jemanden zum ersten Mal sieht; **Liebe geht durch den Magen** *umg humorvoll;* die Liebe (2) eines Mannes zu seiner Frau (oder umgekehrt) ist um so größer, je besser sie (*bzw* er) kochen kann; **bei aller Liebe** *umg;* trotz des Verständnisses, das man für jemanden/etwas hat

lie·ben A1 *liebte, hat geliebt* 1 **jemand liebt jemanden**; ⟨Personen⟩ **lieben sich** jemand empfindet Liebe (1, 2) für jemanden/Personen empfinden Liebe füreinander ⟨den Vater, seine Frau lieben⟩ 2 **etwas lieben** ein sehr intensives Verhältnis zu etwas haben, das man gern mag ⟨die Heimat lieben⟩ 3 **etwas lieben** etwas sehr mögen: *Sie liebt Sonne, Sand und Meer* 4 **jemand liebt jemanden**; ⟨zwei Personen⟩ **lieben sich** zwei Personen haben Sex miteinander

lie·bens·wert *Adjektiv* ≈ sympathisch: *Ich finde seine Naivität liebenswert*

lie·bens·wür·dig *Adjektiv;* freundlich, höflich (und hilfsbereit): *ein liebenswürdiger Mensch* || *hierzu* **Lie·bens·wür·dig·keit** *die; -; nur Singular*

lie·ber A2 1 *Komparativ;* ↑ **lieb** 2 *Komparativ;* ↑ **gern** 3 *Adjektiv;* **jemand/etwas ist jemandem lieber (als jemand/etwas)** jemand zieht jemanden/etwas einer anderen Person/Sache vor: *In der Stadt ist mir ein Fahrrad lieber als ein Auto* 4 *Adverb;* (mit einem Verb im Konjunktiv) verwendet, um auszudrücken, dass etwas sinnvoller wäre: *Das hättest du lieber nicht sagen sollen*

lie·be·voll *Adjektiv* 1 so, dass dabei jemand jemandem hilft und sich um ihn kümmert ≈ fürsorglich ⟨eine Betreuung, eine Pflege⟩ 2 voller Liebe (2) ⟨ein Lächeln, eine Umarmung, ein Blick⟩

lieb·ge·win·nen (*hat*) || Hinweis: ↑ **lieb** (6)

lieb·ha·ben (*hat*) || Hinweis: ↑ **lieb** (7)

Lieb·ha·ber *der; -s, -;* 1 jemand, der sich sehr für etwas interessiert und davon begeistert ist: *ein Liebhaber klassischer Musik* || -K Kunstliebhaber, Musikliebhaber, Literaturliebhaber, Theaterliebhaber; Pferdeliebhaber 2 ein Mann, der *bes* mit einer verheirateten Frau eine Liebesbeziehung hat 3 ein Mann als Sexualpartner ⟨ein guter, schlechter Liebhaber sein⟩ || *zu* 1 **Lieb·ha·be·rin** *die; -, -nen*

lieb·lich *Adjektiv* 1 ⟨ein Gesicht, ein Mädchen, ein Anblick⟩ so, dass sie sanft und schön wirken ≈ anmutig, bezaubernd 2 ⟨ein Duft; ein Gesang, Töne⟩ so, dass sie angenehm sind

Lieb·ling *der; -s, -e* **1** verwendet als Anrede für jemanden, den man liebt: *Bist du bald fertig, Liebling? Wir müssen los* **2** **Liebling** + *Genitiv* jemand, den andere gerne mögen: *Karl ist der Liebling unserer Lehrerin* || -K: Publikumsliebling

Lieb·lings- *im Substantiv;* drückt aus, dass man jemanden/etwas lieber mag als alle anderen/alles andere; die **Lieblingsbeschäftigung**, das **Lieblingsessen**, der **Lieblingsschüler**, das **Lieblingsthema**

lieb·los *Adjektiv* **1** ohne Liebe (1,2) ↔ liebevoll ⟨ein Mensch; ein Blick, eine Umarmung, ein Kuss⟩ **2** so, dass man sich nicht um jemanden kümmert und sehr unfreundlich zu ihm ist ↔ liebevoll (1), fürsorglich ⟨jemanden lieblos behandeln⟩ **3** *nur als Adverb;* ohne dass man sich Mühe gegeben hat ≈ schlampig: *ein lieblos zubereitetes Essen* || *hierzu* **Lieb·lo·sig·keit** *die; -; nur Singular*

liebs·t- **1** *Superlativ;* ↑ **lieb** **2** *Superlativ;* ↑ **gern**

Liechtenstein

Das **Fürstentum Liechtenstein** ist einer der kleinsten Staaten der Welt, mit einer Fläche von 160 km². Es liegt in den Alpen, die Hauptstadt heißt Vaduz. Offizielle Sprache ist Deutsch. Das Land hat etwa 32.000 Einwohner, mehr als ein Drittel davon sind Ausländer, hauptsächlich Schweizer, Italiener, Deutsche und Österreicher. Eine besondere Anziehungskraft üben der Reichtum des Landes und seine Steuervorteile aus.

LANDESKUNDE

Lied B1 *das; -(e)s, -er;* eine Melodie, die man zu einem Text singt ⟨ein Lied singen⟩ || K-: Liederbuch || -K: Kinderlied

lie·der·lich *Adjektiv* **1** nicht fähig, etwas in Ordnung zu halten ≈ unordentlich ↔ gewissenhaft ⟨ein Mensch⟩ **2** mit wenig Mühe gemacht ≈ schlampig ↔ sorgfältig ⟨eine Arbeit⟩

lief *Imperfekt, 1. und 3. Person Singular;* ↑ **laufen**

lie·fern; *lieferte, hat geliefert* **1** **((jemandem) etwas) liefern** jemandem eine bestellte oder gekaufte Ware bringen ⟨etwas per Post, frei Haus liefern⟩: *Wir können Ihnen die Möbel in sechs Wochen liefern* || K-: Lieferzeit **2** **ein Tier/etwas liefert (jemandem) etwas** ein Tier/etwas bringt etwas Nützliches hervor, bietet jemandem etwas: *Bienen liefern Honig; Der Skandal lieferte uns viel Gesprächsstoff* || zu 1 **Lie·fe·rant** *der; -en, -en;* **Lie·fe·ran·tin** *die; -, -nen;* **Lie·fe·rung** *die; -, -en*

Lie·fer·wa·gen *der; -s, -;* ein kleiner Lastwagen, mit dem man Waren liefert (1)

Lie·ge *die; -, -n;* eine Art Bett ohne Rahmen (und ohne Matratze), das man *meist* zusammenklappen kann

lie·gen A1 *lag, hat/südd* Ⓐ Ⓒⓗ *ist gelegen* **1** **irgendwo/irgendwie liegen** in waagrechter Lage an der genannten Stelle oder in der genannten Art und Weise sein ⟨bequem, auf dem Bauch liegen⟩: *Die Kinder liegen in der Sonne; Er lag noch im Bett* **2** **etwas liegt irgendwo/irgendwie** etwas ist an dem genannten Ort oder in der genannten geografischen Lage: *Weißt du, wo meine Schlüssel liegen?; Ihre Wohnung liegt sehr zentral; Köln liegt am Rhein* **3** **jemand/etwas liegt irgendwo** jemand/etwas ist an der genannten Stelle ⟨in Führung liegen⟩: *Nach der zehnten Runde lag die Favoritin erst an siebter Stelle* **4** **etwas liegt jemandem** jemand hat Begabung, Fähigkeit für etwas: *Singen liegt ihm mehr als Klavier spielen* **5** **etwas liegt an jemandem/etwas** etwas wird von jemandem/etwas verursacht: *Ich glaube, das schlechte Bild des Fernsehers liegt an der Antenne* **6** **etwas liegt bei jemandem** etwas wird von jemandem übernommen, hängt von jemandem ab: *Die Entscheidung liegt bei dir* **7** **jemandem liegt viel/wenig an etwas** *(Dativ)* etwas ist für jemanden sehr/nicht wichtig ≈ jemand legt großen/geringen Wert auf etwas: *Den Eltern liegt viel daran, dass ihre Kinder eine gute Ausbildung bekommen* **8** **etwas bleibt liegen** etwas wird von jemandem irgendwo vergessen: *Mehrere Schirme sind im Zug liegen geblieben* **9** **etwas bleibt liegen** etwas wird nicht erledigt, nicht fertig gemacht: *Wegen ihrer Krankheit ist viel Arbeit liegen geblieben* **10** **etwas liegen lassen** vergessen, etwas (wieder) mitzunehmen: *den Schirm im Zug liegen lassen* **11** **etwas liegen lassen** eine Arbeit nicht tun, obwohl man sie tun sollte ↔ erledigen: *Das Wetter war so schön, dass ich die Arbeit liegen ließ und zum See fuhr* **12** **etwas rechts/links liegen lassen** links/rechts an einem Gebäude vorbeigehen oder -fahren: *Du lässt den Bahnhof rechts liegen und fährst immer geradeaus bis zum Theater*

lie·gen blei·ben *(ist)* ↑ **liegen** (8,9)

lie·gen las·sen B1 *(hat)* ↑ **liegen** (10-12)

Lie·gen·schaft *die; -, -en; Rechtswesen* ≈ Grundstück

Lie·ge·stuhl *der; -(e)s, -stüh·le;* eine Art Stuhl aus einem Rahmen aus Holz und einem festen

L

Stoff, den man zusammenklappen kann und in dem man sitzen oder liegen kann || ↑ Abbildung unter **Stühle**

Lie·ge·wa·gen B1 *der; -s, -;* der Wagen eines Zuges, dessen Sitze man auseinanderklappen kann, um darauf zu liegen

lieh *Imperfekt, 1. und 3. Person Singular;* ↑ **leihen**

ließ *Imperfekt, 1. und 3. Person Singular;* ↑ **lassen**

liest *Präsens, 2. und 3. Person Singular;* ↑ **lesen**

Lift A2 *der; -(e)s, -e* **1** ≈ Aufzug[1] ⟨den Lift nehmen⟩ **2** eine Vorrichtung, die Skifahrer den Berg hinauf transportiert || -K Schlepplift, Sessellift, Skilift

lif·ten; *liftete, hat geliftet;* **jemanden/etwas liften** dieHaut (*meist* des Gesichts) durch eine Operation straffer und glatter machen

Li·ga *die; -, Li·gen; Sport;* eine Anzahl von Mannschaften, die während einer Saison gegeneinander spielen, um zu sehen, wer der Beste ist || -K Bundesliga

li·iert [li'iːɐ̯t] *Adjektiv; nur in* **mit jemandem liiert sein** *förmlich;* mit jemandem eine (*meist* sexuelle) Beziehung haben

L

Li·kör B1 [li'køːɐ̯] *der; -s, -e;* ein süßes, relativ starkes alkoholisches Getränk

li·la *Adjektiv; indeklinabel;* von violetter Farbe: *ein lila Kleid* || ↑ Illustration **Farben und Formen**

Li·lie ['liːli̯ə] *die; -, -n;* eine Blume mit Blüten, die meist gut riechen. Die Blätter sind lang und spitz

Li·mit *das; -s, -s;* **das Limit (für etwas)** die obere oder untere Grenze für eine Größe, eine Menge oder eine Leistung ≈ Beschränkung ⟨(jemandem) ein Limit setzen⟩: *Das untere Limit für den Verkauf des Bildes beträgt € 3000* || -K Preislimit, Tempolimit

Li·mo *die; -, -(s); umg* ≈ Limonade

Li·mo·na·de *die; -, -n;* ein alkoholfreies Getränk aus Saft, Zucker und Wasser || -K Orangenlimonade, Zitronenlimonade

Li·mou·si·ne [-mu-] *die; -, -n* **1** ein sehr großes und luxuriöses Auto ⟨in einer Limousine vorfahren⟩: *die Limousine des Staatspräsidenten* **2** ein Auto mit festem Dach ↔ Kabriolett

Lin·de *die; -, -n* **1** ein Baum mit hellgrünen, herzförmigen Blättern, dessen gelbliche Blüten gut riechen || K- Lindenbaum, Lindenblüte **2** das Holz der Linde (1) || K- Lindenholz

lin·dern; *linderte, hat gelindert;* **etwas lindern** eine schlechte Situation oder Krankheit ein bisschen besser machen ⟨das Elend, die Not, die Schmerzen lindern⟩ || *hierzu* **Lin·de·rung** *die; -; nur Singular*

Li·ne·al B2 *das; -s, -e;* ein gerades Stück Holz oder Plastik, mit dem man gerade Striche ziehen und kurze Abstände messen kann || ↑ Illustration **Im Büro**

Li·nie A2 ['liːni̯ə] *die; -, -n* **1** ein langer und *meist* gerader Strich ⟨eine Linie ziehen⟩ **2** Personen oder Dinge, die eine Art Linie (1) bilden ≈ Reihe: *Die Soldaten stehen in einer Linie* **3** der Weg, den ein Bus, Zug, Schiff oder Flugzeug regelmäßig fährt oder fliegt (oder der Bus *usw* selbst, der diesen Weg fährt): *Die Linie 3 fährt zum Olympiastadion* || K- Linienbus, Linienflug || -K Fluglinie **4** die Prinzipien, nach denen man handelt: *Die Regierung muss eine klare Linie im Kampf gegen die Arbeitslosigkeit verfolgen* **5** eine der großen langen Falten auf der inneren Fläche der Hand || -K Handlinie **6** *Sport;* jede Linie (1), die das Spielfeld selbst oder im Spielfeld einen Raum begrenzt: *Der Ball landete knapp hinter der Linie* || -K Auslinie, Grundlinie, Mittellinie, Seitenlinie **7** *Militär;* die Soldaten, die beim Kämpfen in einer Reihe nebeneinanderstehen ≈ Front ⟨die feindlichen Linien⟩ **8** die Folge der Generationen (*bes* in einer Familie) ⟨die männliche, weibliche Linie⟩ || ID **in erster Linie** ≈ vor allem; **auf die (schlanke) Linie achten** aufpassen, dass man nicht dick wird

Li·ni·en·rich·ter *der; -s, -; Sport;* jemand, der an der seitlichen Linie des Spielfeldes bleibt und dem Schiedsrichter bei Entscheidungen hilft || Hinweis: ↑ **Schiedsrichter** || *hierzu* **Li·ni·en·rich·te·rin** *die; -, -nen*

li·niert *Adjektiv; nicht als Adverb;* mit Linien (1) zum Schreiben ⟨Papier⟩

link B2 *Adjektiv; nicht als Adverb; umg abwertend;* so, dass andere dabei betrogen werden ⟨linke Geschäfte machen⟩ ↔ ehrlich

lin·k- *Adjektiv; nur vor dem Substantiv, nicht als Adverb* **1** auf der Seite, auf der das Herz ist ↔ recht-: *sich den linken Arm brechen* **2** mit den Prinzipien des Kommunismus, des Sozialismus oder einer sozialdemokratischen Partei ⟨eine Zeitung⟩ **3** ⟨eine Methode, ein Trick⟩ unfair und in der Absicht, jemanden zu betrügen || *zu* 2 **Lin·ke** *der/die; -n, -n*

Link *der; -s, -s; Kurzwort* ↑ **Hyperlink**

Lin·ke A2 *die; -n, -n* **1** *nur Singular;* die linke Hand ↔ Rechte **2** ein Schlag mit der linken Hand ↔ Rechte ⟨jemandem eine Linke verpassen⟩ **3** *nur Singular;* alle Parteien und politischen Gruppen, die für Kommunismus und

Sozialismus sind oder die sozialdemokratische Prinzipien haben ↔ Rechte **4** **zu jemandes Linken** auf der linken[1] (1) Seite ↔ zu jemandes Rechten: *Zu Ihrer Linken sehen Sie das Stadttheater*

links[1] A1 *Adverb* **1** **links (von jemandem/etwas)** auf der Seite, auf der das Herz ist ↔ rechts ⟨nach links abbiegen⟩: *Links von der Post ist ein Parkplatz* **2** so, dass die Prinzipien des Sozialismus, des Kommunismus oder der Sozialdemokratie vertreten werden ⟨eine Partei, ein Politiker; links wählen⟩

links[2] A1 *Präposition; mit Genitiv;* auf der linken Seite von: *links des Rheins*

Links·hän·der *der; -s, -;* jemand, der mit der linken Hand leichter und lieber arbeitet als mit der rechten ↔ Rechtshänder || *hierzu* **Links·hän·de·rin** *die; -, -nen*

Lin·se[1] *die; -, -n* **1** eine runde, leicht gebogene Scheibe aus Glas oder Plastik, die Lichtstrahlen in eine Richtung konzentriert: *die Linse einer Kamera* **2** der Teil des Auges, der die Form und Funktion einer Linse[1] (1) hat || ↑ Abbildung unter **Auge**

Lin·se[2] *die; -, -n* **1** eine Pflanze, deren essbare Samen die Form einer kleinen Linse[1] (1) haben **2** die Samen dieser Pflanze || K- Linseneintopf

Lip·pe *die; -, -n;* der obere oder der untere Rand des Mundes ⟨schmale, volle Lippen haben⟩: *Sie setzte das Glas an die Lippen* || ↑ Abbildung unter **Kopf** || -K Oberlippe, Unterlippe

Lip·pen·stift *der; -(e)s, -e;* eine Art Stift, den *bes* Frauen verwenden, um die Lippen *meist* rot zu färben

lis·peln; *lispelte, hat gelispelt;* beim Sprechen eines „s" mit der Zunge die Zähne so berühren, dass man eine Art englisches „th" spricht

List *die; -, -en* **1** eine Handlung, durch die man jemanden täuscht, um so ein Ziel zu erreichen **2** *nur Singular;* ein Verhalten, bei dem man oft eine List (1) anwendet: *die Pläne mit List anpacken*

Lis·te *die; -, -n;* eine schriftliche Zusammenstellung von Personen oder Dingen ⟨eine Liste erstellen; jemanden/etwas auf eine Liste setzen⟩ || -K Einkaufsliste

lis·tig *Adjektiv;* ⟨ein Fuchs; ein Plan, ein Vorgehen⟩ so, dass in ihnen ein Trick oder eine List steckt ≈ trickreich, raffiniert

Li·ter A1 *der, das; -s, -;* die Einheit, mit der man das Volumen von Flüssigkeiten (1000 Kubikzentimeter) und Gasen angibt; *Abkürzung* l: *einen Liter Milch kaufen*

li·te·ra·risch *Adjektiv;* zur Literatur (1) gehörig oder die Literatur (1) betreffend ⟨Werke, Gattungen⟩

Li·te·ra·tur B1 *die; -, -en* **1** Gedichte, Dramen, Geschichten und Romane (von relativ hoher Qualität) ⟨moderne Literatur⟩ || K- Literaturepoche, Literaturgeschichte **2** *nur Singular;* **die Literatur (zu/über etwas)** alles, was über ein bestimmtes Thema oder Fachgebiet geschrieben wurde ⟨medizinische Literatur⟩ || K- Literaturverzeichnis || -K Fachliteratur

litt *Imperfekt, 1. und 3. Person Singular;* ↑ **leiden**

live B2 [laif] *Adjektiv; nur nach dem Substantiv oder als Adverb; meist in* **etwas live übertragen/senden** ein Ereignis im Radio oder im Fernsehen genau zu der Zeit übertragen, zu der es stattfindet ≈ direkt übertragen/senden: *Das Fußballspiel wird live übertragen* || K- Livesendung, Liveübertragung **2** *meist in* **(etwas) live singen/spielen** etwas wirklich singen/spielen, ohne Hilfe von Tonbandaufnahmen

Li·zenz *die; -, -en;* **die Lizenz (für etwas)** die offizielle Erlaubnis (vom Staat oder einer Institution), bestimmte Dinge herzustellen, zu verkaufen oder bestimmte Berufe auszuüben || -K Verkaufslizenz, Trainerlizenz

Lkw, LKW ['ɛlka:ve:] *der; -(s), -s; (Abkürzung für* Lastkraftwagen) ≈ Lastwagen || K- Lkw-Fahrer

Lob *das; -(e)s; nur Singular;* Worte, mit denen man sagt, dass man eine Leistung sehr gut findet ⟨ein hohes, unverdientes Lob; voll des Lobes für jemanden sein⟩: *Sie bekam viel Lob für ihren guten Aufsatz*

lo·ben B1 *lobte, hat gelobt;* **jemanden/etwas (für etwas) loben** sagen, dass jemand etwas gut gemacht hat oder etwas gut ist ⟨jemanden überschwänglich loben⟩: *Der Firmenchef lobte den Mitarbeiter für seinen Fleiß*

Loch B1 *das; -(e)s, Lö·cher;* eine Stelle, an der vorher etwas war und jetzt nichts mehr ist ⟨ein Loch graben, bohren⟩: *Er hat ein großes Loch im Strumpf*

lo·chen; *lochte, hat gelocht;* **etwas lochen** mit einem Gerät ein Loch oder Löcher in etwas machen ⟨eine Fahrkarte, ein Blatt Papier lochen⟩ || *hierzu* **Lo·chung** *die; -, -en*

lö·che·rig *Adjektiv; nicht als Adverb;* mit mehreren Löchern ⟨Socken, Strümpfe; löcherig wie ein Schweizer Käse⟩

Lo·cke *die; -, -n;* mehrere Haare, die zusammen eine runde Form haben: *Unsere Tochter hat glattes Haar, aber unser Sohn hat Locken*

lọ·cken; *lockte, hat gelockt* **1** **jemanden/ein Tier (irgendwohin) locken** versuchen, jemanden/ein Tier durch Rufe oder etwas Angenehmes an einen bestimmten Ort zu bringen: *mit Käse eine Maus in die Falle locken* **2** **etwas lockt jemanden irgendwohin** etwas Angenehmes bringt jemanden dazu, irgendwohin zu gehen: *Das warme Wetter lockte viele Menschen an die Seen*

Lọ·cken·wick·ler *der; -s, -;* eine kleine Rolle aus Plastik oder Metall, um die man Haare wickelt, damit Locken entstehen

lọ·cker B2 *Adjektiv* **1** nicht gut befestigt ≈ lose, wackelig ↔ fest ⟨ein Zahn, eine Schraube, ein Nagel, ein Knopf⟩: *Seit seinem Unfall sind bei ihm zwei Zähne locker* **2** so, dass viele kleine Löcher (Zwischenräume) darin sind ↔ fest ⟨eine Masse, ein Material; Schnee, Teig⟩ **3** nicht kräftig gespannt oder gezogen ↔ straff, stramm ⟨ein Seil, ein Strick, eine Schnur; ein Knoten⟩ **4** *meist nach dem Substantiv;* weich und entspannt ↔ verkrampft ⟨die Muskeln; die Beine, die Arme⟩ **5** so, dass man dabei viele Freiheiten hat ↔ streng ⟨eine Beziehung; eine Vorschrift, die Disziplin⟩: *die Vorschriften locker handhaben* **6** *umg;* im Verhalten unkompliziert ≈ lässig, leger ↔ steif: *Man kann sich gut mit ihm unterhalten, weil er ein ziemlich lockerer Typ ist*

lọ·cker·las·sen; *lässt locker, ließ locker, hat lockergelassen;* **nicht lockerlassen** *umg;* etwas so lange versuchen, bis man sein Ziel erreicht hat ↔ aufgeben: *Nur nicht lockerlassen, bald hast du es geschafft!*

lọ·ckig *Adjektiv;* mit vielen Locken ↔ glatt ⟨jemandes Haar⟩

lo·dern; *loderte, hat gelodert;* **etwas lodert** etwas brennt mit großen und hohen Flammen ⟨Flammen, ein Feuer⟩

Lọ̈f·fel A1 *der; -s, -* **1** der Gegenstand, mit dem man *z.B.* die Suppe isst ⟨ein silberner Löffel⟩ || -K Esslöffel, Teelöffel **2** **ein Löffel** + *Substanz* die Menge der Substanz, die auf einen Löffel passt ⟨ein gehäufter Löffel Zucker⟩

lọ̈f·feln; *löffelte, hat gelöffelt;* **etwas löffeln** etwas mit einem Löffel essen

log *Imperfekt, 1. und 3. Person Singular;* ↑ **lügen**

Lo·ge ['lo:ʒə] *die; -, -n;* der Teil eines Theaters, Kinos *o.Ä.*, der die teuersten Plätze hat und der von den anderen Plätzen abgeteilt ist || ↑ Abbildung unter **Theater** || K- Logenplatz

Lo·gik *die; -; nur Singular* **1** eine Denkweise, bei der ein Gedanke sinnvoll oder notwendigerweise zum nächsten führt **2** die Wissenschaft, die sich mit den Prinzipien und Gesetzen des Denkens beschäftigt

Lo·gis [lo'ʒi:]; *meist in* **(bei jemandem) Kost und Logis haben** bei jemandem essen und wohnen können: *Sie verbrachte vier Wochen bei ihrer Tante in Frankreich – da hatte sie Kost und Logis frei*

lo·gisch *Adjektiv* **1** so, dass es den Prinzipien der Logik (1, 2) entspricht **2** *umg;* so, dass man keinen weiteren Grund dafür nennen muss: *Das ist doch logisch!*

lo·go *Adjektiv; nur nach dem Substantiv, nicht als Adverb; umg;* (*bes* von Jugendlichen verwendet) ≈ logisch (2): *Das ist doch logo!*

Lo·go *das; -s, -s;* ein Symbol, das als Zeichen für eine Firma verwendet wird

Lohn A2 *der; -(e)s, Löh·ne* **1** das Geld, das Arbeiter für ihre Arbeit bekommen ⟨die Löhne erhöhen, kürzen⟩ || K- Lohnempfänger, Lohnverhandlungen || -K Bruttolohn, Wochenlohn **2** *nur Singular;* **der Lohn (für etwas)** das, was man für seine Mühe, Leistung oder Tat bekommt ⟨ein angemessener Lohn⟩: *Als Lohn für sein gutes Zeugnis bekam er ein Fahrrad* **3** Ⓐ Ⓒⓗ ≈ Gehalt

loh·nen; *lohnte, hat gelohnt;* **etwas lohnt sich** etwas bringt einen Vorteil oder Gewinn: *eine lohnende Aufgabe; Es lohnt sich nicht mehr, den alten Fernseher reparieren zu lassen*

Lohn·ne·ben·kos·ten *die; -; Plural;* die Kosten, die einem Arbeitgeber neben dem eigentlichen Lohn/Gehalt aus einer Arbeitsstelle entstehen, *bes* sein Anteil an der Kranken-, Renten- und Arbeitslosenversicherung

Lohn·steu·er *die; -, -n;* die Steuer, die ein Arbeiter, Angestellter oder Beamter für das Geld, das er verdient, an den Staat zahlen muss || Hinweis: ↑ **Einkommenssteuer**

Lohn·steu·er|jah·res·aus·gleich *der; -(e)s, -e;* ein Antrag ans Finanzamt, den man ausfüllt, wenn man meint, dass man in einem Jahr zu viel Lohnsteuer gezahlt hat (weil man hohe Ausgaben für den Beruf hatte, eine Zeit lang arbeitslos war *o.Ä.*) ⟨den Lohnsteuerjahresausgleich abgeben, machen⟩ || Hinweis: Viele Leute (Selbstständige, Personen mit hohem Einkommen *usw*) sind verpflichtet, dieses Formular auszufüllen. Man nennt es dann Einkommensteuererklärung.

Lohn·steu·er|kar·te *die; -, -n;* ein Formular, das man von der Gemeinde bekommt und beim Arbeitgeber abgeben muss, damit er darauf einträgt, wie viel Lohn man in einem Jahr bekommen und wie viel Steuern man dafür bereits bezahlt hat

Loi·pe ['lɔypə] *die; -, -n; Sport;* die Spur, in der man beim Skilanglauf läuft ⟨eine gespurte Loipe⟩

Lok *die; -, -s; Kurzwort* ↑ **Lokomotive** || K- Lokführer

lo·kal B1 *Adjektiv; meist vor dem Substantiv; förmlich;* nur einen bestimmten Ort, eine bestimmte Stelle betreffend ≈ örtlich ⟨die Nachrichten; eine Betäubung; jemanden lokal betäuben⟩ || K- Lokalnachrichten, Lokalpatriotismus, Lokalzeitung

Lo·kal B1 *das; -(e)s, -e;* ein Raum oder Räume, in denen man für Geld etwas essen und trinken kann: *Nach der Wanderung gingen wir in ein Lokal*

Im Lokal

Man kann im Restaurant nach einem Kellner rufen („Herr Ober!") oder nach einer Kellnerin (veraltend: „Hallo, Fräulein!" oder nicht sehr höflich: „Bedienung!"). Meist ist es besser, mit der Hand ein Zeichen zu geben (und direkt seinen Wunsch zu äußern).

Im Café:

A.: **„Kann ich etwas bestellen?"**
B.: **„Ja, gern. Brauchen Sie die Karte oder wissen Sie es schon?"**
A.: **„Ich hätte gern einen Kaffee."**
B.: **„Eine Tasse oder eine Portion?"**
A.: **„Eine Portion, bitte."**

Im Restaurant:

A.: **„Kann ich bitte die Speisekarte haben?"**
B.: **„Hier bitte. Ich kann heute besonders den Schweinebraten empfehlen."**
A.: **„Gut, den nehme ich. Was ist denn die Tagessuppe?"**
B.: **„Das ist heute Kartoffelsuppe."**
A.: **„Nein danke. Dann nehme ich nur den Braten."**
B.: **„Und zu trinken?"**
A.: **„Ein Bier, bitte."**

Beim Bezahlen:

A.: **„Ich würde dann gerne zahlen." / „Die Rechnung, bitte." / „Zahlen, bitte!"**
B.: **„Das macht dann 12 Euro 30."**
A.: **„Hier, bitte, der Rest ist für Sie." / „Hier. Machen Sie 13 Euro. / Geben Sie mir bitte auf 13 Euro heraus."**

SPRECHEN UND SCHREIBEN

Lo·kal·teil *der; -(e)s, -e;* der Teil einer Zeitung mit den Nachrichten über den Ort, in dem die Zeitung erscheint

Lo·ko·mo·ti·ve [-v-] *die; -, -n;* eine Maschine, die auf einem Eisenbahngleis die Wagen zieht || -K Dampflokomotive, Elektrolokomotive

Lor·beer *der; -s, -en* 1 die kräftigen grünen Blätter eines Baumes, der im Bereich des Mittelmeeres wächst || K- Lorbeerblatt 2 *nur Singular;* ein Blatt des Lorbeers (1), das man als Gewürz verwendet || ID **sich auf seinen Lorbeeren ausruhen** *umg;* nachdem man Erfolg gehabt hat, sich keine große Mühe mehr geben; **(bei/mit etwas) keine Lorbeeren ernten können** *umg, oft ironisch;* mit einer Leistung keine Erfolge haben oder keinen Eindruck machen

los[1] *Adjektiv; nur nach dem Substantiv, nicht als Adverb* 1 **jemanden/etwas los sein** *umg;* von einer (unangenehmen) Person/Sache befreit sein ⟨den Schnupfen los sein⟩ 2 **etwas los sein** *umg;* etwas nicht mehr haben, weil man es verloren oder ausgegeben hat: *Er ist seinen Job los* 3 **irgendwo/irgendwann ist viel/wenig/nichts/(et)was los** *umg;* irgendwo/irgendwann geschieht viel/wenig/nichts Interessantes: *In diesem Dorf ist nichts los* 4 **Was ist (denn) los?** a was ist passiert?; b verwendet, um Verärgerung auszudrücken, *bes* wenn man gestört wird

los[2] *Adverb;* verwendet, um jemanden aufzufordern, sich zu beeilen: *Los, wir gehen jetzt!*

Los *das; -es, -e* 1 ein Stück Papier mit einer Nummer, das man kauft, um etwas in einer Lotterie zu gewinnen ⟨ein Los ziehen⟩ || K- Losnummer 2 eine Methode, bei der man den Zufall bestimmen lässt, welche Entscheidung fällt ⟨das Los entscheidet⟩: *Die Teilnehmer des Finales werden durch Los ermittelt* || K- Losentscheid 3 *förmlich* ≈ Schicksal ⟨ein schweres Los haben⟩ || ID **mit jemandem/etwas das große Los gezogen haben** gut gewählt haben

los- B1 *im Verb; betont und trennbar;* Die Verben mit *los-* werden nach folgendem Muster gebildet: *losfahren - fuhr los - losgefahren* 1 drückt aus, dass eine Handlung beginnt; **losfahren, losfliegen, losheulen, loslachen, loslaufen, losrennen, losschreien** 2 drückt aus, dass jemand/etwas von etwas getrennt wird; ⟨einen Hund, einen Gefangenen, ein Boot⟩ **losbinden, losmachen**; ⟨eine Schraube⟩ **losdrehen**; ⟨die Tapete von der Wand⟩ **loslösen**; **sich von jemandes Hand/von jemandem losreißen**; ⟨ein Schild von der Tür⟩ **losschrauben**; ⟨eine Lawine⟩ **lostreten**

-los, *-loser, -losest-; im Adjektiv;* ohne die im

L

ersten Wortteil genannte Sache; **arbeitslos, chancenlos, gewissenlos, hoffnungslos, sinnlos, verantwortungslos, zwecklos**

lö·schen[1] [B2] *löschte, hat gelöscht* **1** **etwas löschen** bewirken, dass etwas nicht mehr brennt ↔ anzünden ⟨ein Feuer, einen Brand; eine Kerze löschen⟩: *Die Feuerwehr löschte den Brand* ‖ K- Löscharbeiten, Löschtrupp, Löschwasser **2** **das Licht löschen** ≈ ausschalten ⟨das Licht löschen⟩ **3** **etwas löschen** bewirken, dass das Genannte oder dessen Inhalt nicht mehr vorhanden sind ↔ aufnehmen ⟨eine Eintragung, Daten, eine Aufnahme löschen; ein Konto löschen⟩ ‖ K- Löschtaste **4** **etwas löscht den Durst** ein Getränk bewirkt, dass man keinen Durst mehr hat: *Mineralwasser löscht den Durst* **5** **den Durst (mit etwas) löschen** etwas trinken: *Er löschte seinen Durst mit Limonade* ‖ *zu* 3 **Lö·schung** *die; -, -en*

lö·schen[2] [B2] *löschte, hat gelöscht;* **etwas löschen** *Schifffahrt;* die Waren, die ein Schiff transportiert, an Land bringen ≈ entladen ⟨die Fracht, die Ladung löschen⟩ ‖ *hierzu* **Lö·schung** *die; -, -en*

lo·se *Adjektiv* **1** nicht mehr an etwas befestigt ⟨eine Schraube, ein Knopf⟩ **2** nicht aneinander befestigt ⟨Blätter⟩: *Seine Hefte bestehen nur noch aus losen Blättern* **3** leicht provozierend ⟨ein loses Mundwerk haben⟩

Lö·se·geld *das; -(e)s, -er;* die Summe Geld, die man bezahlen muss, damit ein Gefangener freigelassen wird ⟨ein Lösegeld fordern, zahlen, hinterlegen⟩: *Die Entführer des Kindes verlangten eine halbe Million Euro Lösegeld*

lo·sen; *loste, hat gelost;* **(um etwas) losen** etwas durch ein Los (2) entscheiden: *Meine Söhne losten (darum), wer mit meinem Auto fahren durfte*

lö·sen[1] [B1] *löste, hat gelöst* **1** **etwas (von/aus etwas) lösen** etwas von der Sache/Stelle trennen, an der es befestigt ist: *die Tapete von der Wand lösen* **2** **etwas lösen** etwas, das fest ist, locker(er) machen ⟨einen Knoten lösen⟩ **3** **etwas (in etwas** *(Dativ)***) lösen** eine Substanz in eine Flüssigkeit geben, damit sich eine Mischung bildet ⟨Salz in Wasser lösen⟩ **4** **etwas lösen** eine Fahrkarte kaufen: *ein Ticket am Automaten lösen* **5** **etwas löst etwas** etwas beseitigt etwas teilweise oder ganz ⟨etwas löst Krämpfe⟩ **6** **etwas löst sich** etwas geht ab oder auf ⟨ein Knoten, eine Schleife; ein Pflaster, ein Schild⟩: *Die Tapete hat sich von der Wand gelöst* **7** **der Husten löst sich** der Husten wird besser **8** **etwas löst sich (in etwas** *(Dativ)***)** eine Substanz bildet mit einer Flüssigkeit eine Mischung: *den Tee umrühren, bis sich der Zucker gelöst hat*

lö·sen[2] [B1] *löste, hat gelöst;* **etwas lösen** durch Nachdenken und Handeln zu einem Ergebnis kommen ⟨eine Aufgabe lösen⟩

los·ge·hen [B1] *(ist) umg* **1** von einem Ort weggehen ≈ aufbrechen: *Wenn wir um zwei dort sein wollen, müssen wir jetzt losgehen* **2** **etwas geht los** etwas beginnt ⟨Kino, Theater⟩: *Das Fest geht um 3 Uhr los* **3** **(mit etwas) auf jemanden losgehen** jemanden angreifen: *Plötzlich gingen zwei Männer mit Messern aufeinander los*

los·kom·men *(ist)* **1** **von jemandem/etwas loskommen** *umg;* sich von jemandem/etwas trennen können ⟨vom Alkohol nicht loskommen⟩: *Obwohl sie ständig Streit mit ihrem Freund hat, kommt sie nicht von ihm los* ‖ Hinweis: *meist* verneint! **2** **(von etwas) loskommen** *umg* sich von etwas befreien: *Der Hund versuchte, von der Leine loszukommen*

los·las·sen *(hat)* **1** **jemanden/etwas loslassen** eine Person/Sache, die man mit der Hand hält, nicht länger halten ↔ festhalten: *Du darfst die Zügel nicht loslassen!* **2** **ein Tier (auf jemanden) loslassen** ein Tier loslassen (1), damit es jemanden angreift: *Er ließ seinen Hund auf den Dieb los*

los·le·gen *(hat) umg;* **(mit etwas) loslegen** *umg;* etwas (mit viel Energie) beginnen ≈ etwas anpacken: *Ich komme gleich, dann können wir mit der Arbeit loslegen*

lös·lich *Adjektiv* **1** *nur nach dem Substantiv, nicht als Adverb;* so, dass es mit einer Flüssigkeit eine richtige Mischung bildet: *Fett ist in Wasser nicht löslich, Zucker ist löslich* **2** *meist vor dem Substantiv, nicht als Adverb;* fein gemahlen und in Wasser löslich (1) ⟨*meist* Pulverkaffee⟩

Lö·sung[1] [B1] *die; -, -en* **1** das Lösen[2] ⟨eines Problems, einer Aufgabe⟩ ‖ K- Lösungsvorschlag ‖ -K Problemlösung **2** das, womit ein Problem gelöst[2] wird oder werden kann ⟨eine elegante Lösung⟩: *versuchen, die Lösung einer mathematischen Aufgabe zu finden* ‖ K- Lösungswort

Lö·sung[2] [B1] *die; -, -en;* eine Flüssigkeit, die mit einer anderen Substanz eine Mischung bildet: *eine Lösung aus Wasser und Säure* ‖ -K Salzlösung

los·wer·den *(ist) umg* **1** **jemanden/etwas loswerden** sich von einer Person/Sache trennen, die einem unangenehm ist ⟨einen Besucher, einen Eindringling loswerden⟩ **2** **etwas loswerden** etwas verkaufen können: *schlecht gewordene Ware nicht mehr los-*

werden **3** **jemand wird etwas los** jemand verliert etwas, jemandem wird etwas gestohlen: *Er ist beim Einkaufen seine Brieftasche losgeworden* || ID *meist* **Ich werde das Gefühl nicht los, dass …** ich habe den starken Verdacht, dass …

Lot *das; -(e)s, -e* **1** ein Stück Metall, das an einer Schnur hängt und mit dessen Hilfe man feststellen kann, ob etwas senkrecht ist oder wie tief es ist **2** *Mathematik;* eine Gerade, die mit einer anderen Geraden oder mit einer Ebene einen Winkel von 90° bildet ⟨das Lot fällen⟩ || ID **etwas (wieder) ins (rechte) Lot bringen** wieder Ordnung in etwas bringen; **etwas kommt (wieder) ins Lot** etwas kommt wieder in Ordnung; **etwas ist im Lot** etwas ist in Ordnung

lö·ten; *lötete, hat gelötet;* **(etwas) löten** zwei Teile aus Metall durch ein anderes, flüssig gemachtes Metall verbinden ⟨einen Draht, eine elektrische Leitung löten⟩ || Hinweis: ↑ **schweißen**

Lo·ti·on [lo'tsio:n] *die; -, -en;* eine Flüssigkeit (ähnlich wie Milch), mit der man die Haut pflegt

Lot·se *der; -n, -n;* jemand, der Schiffe durch einen gefährlichen Teil eines Meeres, Hafens, Flusses *o.Ä.* leitet oder Flugzeuge dirigiert || -K Fluglotse || *hierzu* **Lot·sin** *die; -, -nen*

Lot·te·rie *die; -, -n* [-'ri:ən]; ein System oder eine Veranstaltung, bei denen man Lose (1) kauft und etwas gewinnen kann ⟨in der Lotterie spielen⟩ || K- Lotteriegewinn

Lot·to *das; -s; nur Singular;* eine Art Lotterie, bei der Zahlen gezogen werden und bei der man Geld gewinnen kann, wenn man auf einem Blatt Papier (einem Schein) einige oder alle der gezogenen Zahlen gewählt hat ⟨Lotto spielen⟩ || K- Lottogewinn, Lottoschein || -K Zahlenlotto

Lö·we *der; -n, -n* **1** ein großes, gelbbraunes Tier (eine Raubkatze), das *bes* in Afrika lebt; die Männchen haben lange Haare auf dem Kopf ⟨der Löwe brüllt⟩ || ↑ Abbildung unter **Raubkatzen** || K- Löwenkäfig **2** *nur Singular;* das Sternzeichen für die Zeit vom 23. Juli bis 22. August || ID **kämpfen wie ein Löwe** mit viel Mut und Energie kämpfen || *zu 1* **Lö·win** *die; -, -nen*

Lö·wen·zahn *der; -(e)s; nur Singular;* eine Pflanze, die *bes* auf Wiesen wächst, eine runde Blüte aus vielen gelben, spitzen Blütenblättern hat und deren Stängel einen weißen Saft enthält

lo·yal [loa'ja:l] *Adjektiv; förmlich;* **loyal (gegenüber jemandem/etwas)** **1** ⟨Staatsbürger, Truppen⟩ so, dass sie die Prinzipien einer Institution (*bes* des Staates) respektieren ≈ treu **2** ⟨ein Kollege, ein Geschäftspartner⟩ so, dass sie aufrichtig und fair sind (und sich daran halten, was vereinbart wurde): *Verträge loyal erfüllen* || *hierzu* **Lo·ya·li·tät** *die; -, -en*

lt. *Abkürzung für* laut²

Luchs [lʊks] *der; -es, -e;* ein Tier (eine Raubkatze) mit gelbem Fell und schwarzen Flecken, das in Europa vorkommt || ID **aufpassen wie ein Luchs** sehr aufmerksam sein und alles genau beobachten

Lü·cke B2 *die; -, -n* **1** eine Stelle, an der etwas fehlt, das dort sein sollte ⟨eine Lücke füllen⟩: *Die Kinder krochen durch eine Lücke im Zaun* || -K Zahnlücke **2** das Fehlen von etwas, das nützlich wäre: *In der Grammatik hat er große Lücken* || -K Wissenslücke || *hierzu* **lü·cken·haft** *Adjektiv;* **lü·cken·los** *Adjektiv*

lud *Imperfekt, 1. und 3. Person Singular;* ↑ **laden**

Luft A2 *die; -, Lüf·te* **1** *nur Singular;* die Mischung aus Gasen, die die Erde umgibt und die die Menschen und Tiere zum Atmen brauchen: *nach draußen an die frische Luft gehen; Hoch oben in den Bergen wird die Luft dünn* || K- Luftmassen, Luftschicht, Luftverschmutzung || -K Frischluft **2** *nur Singular;* der Raum direkt über der Oberfläche der Erde: *einen Ball in die Luft werfen* **3** **Luft holen** ≈ einatmen ⟨tief Luft holen⟩ **4** **die Luft anhalten** absichtlich nicht atmen || ID **Es herrscht dicke Luft** *umg;* es herrscht eine gespannte Atmosphäre, es könnte bald Streit geben; **jemanden an die frische Luft setzen** *umg;* jemanden hinauswerfen; *meist* **Die Luft ist rein!** es ist niemand da, der einen beobachten könnte; **jemand/etwas löst sich in Luft auf** jemand/

Löwe

etwas verschwindet plötzlich; **jemanden wie Luft behandeln** *umg;* jemanden ignorieren; **etwas fliegt in die Luft** etwas explodiert: *Die Brücke flog in die Luft;* **jemand geht in die Luft** *umg;* jemand wird sehr wütend; **etwas ist aus der Luft gegriffen** für etwas gibt es keinen guten Grund ⟨eine Behauptung, ein Vorwurf⟩; **etwas hängt (noch) in der Luft** etwas ist noch nicht entschieden; **etwas in die Luft jagen** *umg;* etwas sprengen: *eine Brücke in die Luft jagen;* **etwas liegt in der Luft** etwas steht (als Gefahr, Drohung) direkt bevor: *Da lag ein Streit in der Luft;* **sich/etwas** (*Dativ*) **Luft machen** laut sagen, was einem Probleme und Ärger macht ⟨seinem Ärger Luft machen⟩; **Luft für jemanden sein** *umg;* von jemandem ignoriert, nicht beachtet werden; **aus etwas ist die Luft raus** *umg;* etwas hat nicht mehr dieselbe Wirkung oder den Schwung wie am Anfang; **jemandem bleibt die Luft weg** a jemand kann nicht mehr atmen; b jemand ist sehr erschrocken oder erstaunt; **jemanden in der Luft zerreißen** *umg;* jemanden sehr scharf kritisieren

L

Luft·auf·nah·me *die; -, -n;* ein Foto (eines Teils der Oberfläche der Erde), das von einem Flugzeug *o.Ä.* aus gemacht wurde

Luft·bal·lon *der; -s, -s;* eine Hülle aus Gummi, die man mit Luft oder Gas füllt, *bes* als Spielzeug für Kinder

Luft·druck *der; -(e)s; nur Singular;* der Druck, den die Luft (1) *bes* auf die Erde ausübt ⟨der Luftdruck steigt, fällt⟩

lüf·ten; *lüftete, hat gelüftet* 1 **(etwas) lüften** die Fenster öffnen, damit frische Luft in das Zimmer kommt: *das/im Wohnzimmer lüften* 2 **ein Geheimnis lüften** ein Geheimnis verraten

luf·tig *Adjektiv* 1 aus leichtem Stoff, der die Luft gut durchlässt ⟨Kleidung; luftig angezogen sein⟩ 2 so, dass genügend frische Luft hineinkommt ⟨ein Raum, eine Wohnung⟩ 3 **in luftiger Höhe** so weit oben (*z.B.* auf einem Berg), dass man nur noch von Luft umgeben ist

Luft·li·nie *die; -, -n; nur Singular;* die kürzeste Distanz zwischen zwei Orten auf der Oberfläche der Erde: *500 Kilometer Luftlinie*

Luft·mat·rat·ze *die; -, -n;* eine Art Kissen aus Plastik oder Stoff, das man mit Luft füllt (aufbläst), damit man sich darauflegen kann ⟨eine Luftmatratze aufblasen, aufpumpen⟩

Luft·pum·pe *die; -, -n;* ein Gerät, mit dem man Luft in einen Reifen *o.Ä.* pumpen kann || ↑ Illustration **Das Fahrrad**

Luft·röh·re *die; -, -n;* (im Körper) eine Art Röhre, durch die die Luft vom Mund und von der Nase in die Lunge kommt

Luft·sprung *der; -(e)s, -sprün·ge;* ein kleiner Sprung nach oben (*meist* aus Freude) ⟨vor Freude einen Luftsprung machen⟩

Lüf·tung *die; -, -en* 1 *nur Singular;* das Lüften (1) eines Raumes 2 ein System aus Rohren, durch die frische Luft in die Räume eines Gebäudes geleitet wird

Luft·waf·fe *die; -; nur Singular;* der Teil einer Armee, der in der Luft kämpft ↔ Heer, Marine

Luft·zug *der; -(e)s, -zü·ge; meist Singular;* eine Bewegung der Luft, *bes* in einem Haus, einer Höhle *o.Ä.*: *ein Luftzug ließ die Kerze flackern*

Lü·ge *die; -, -n;* eine absichtlich falsche oder unwahre Aussage ⟨eine Lüge verbreiten⟩: *Was du da sagst, ist eine glatte Lüge!* || ID **etwas straft jemanden Lügen** etwas beweist, dass jemand gelogen hat; **Lügen haben kurze Beine** Lügen werden meist schnell erkannt

lü·gen B1 *log, hat gelogen;* absichtlich etwas sagen, das nicht wahr oder richtig ist || *hierzu* **Lüg·ner** *der; -s, -;* **Lüg·ne·rin** *die; -, -nen*

Lu·ke *die; -, -n;* ein kleines Fenster oder eine kleine (verschließbare) Öffnung im Keller oder auf dem Dachboden || -K Dachluke

luk·ra·tiv [-f] *Adjektiv; förmlich;* ⟨ein Angebot, ein Geschäft⟩ so, dass sie viel Geld einbringen ≈ einträglich

Lüm·mel *der; -s, -; umg abwertend;* ein Junge oder junger Mann, der sich schlecht benimmt ≈ Flegel || *hierzu* **lüm·mel·haft** *Adjektiv*

Lump *der; -en, -en; abwertend;* jemand mit schlechtem Charakter, der *bes* andere betrügt ⟨ein elender, niederträchtiger Lump⟩

Lum·pen *der; -s, -;* 1 ein altes Stück Stoff, das *meist* Löcher hat (und schmutzig ist) 2 *meist Plural; abwertend;* ein altes Kleidungsstück

lum·pi·g- *Adjektiv; umg, nur vor dem Substantiv, nicht als Adverb;* in kleiner Menge und von geringem Wert ≈ lausig: *Du wirst mit ihm doch nicht wegen der paar lumpigen Cent streiten!*

Lun·ge B1 *die; -, -n;* das Organ, das beim Atmen die Luft aufnimmt und die verbrauchte Luft dann wieder abgibt || K- Lungenentzündung

Lun·gen·flü·gel *der; -s, -;* eine der Hälften der Lunge

Lu·pe *die; -, -n;* ein rundes und gebogenes Stück Glas, durch das man kleine Dinge größer sieht: *einen Käfer unter der Lupe betrachten* || -K Leselupe || ID **jemanden/etwas unter die**

Lupe nehmen jemanden/etwas genau beobachten und prüfen

Lurch [lʊrç] *der; -(e)s, -e* ≈ Amphibie

Lụst *die; -, Lüs·te* **1** **Lust (auf etwas** (*Akkusativ*)**)** *nur Singular;* der (momentane) Wunsch, etwas zu haben ⟨keine Lust auf etwas haben⟩: *Ich hätte jetzt große Lust auf ein Stück Kuchen* **2** *nur Singular;* **Lust (zu etwas/auf etwas** (*Akkusativ*)**)** der (*meist* momentane) Wunsch, etwas zu tun: *Ich habe heute keine Lust zum Wandern; Ich habe wenig Lust darauf, ihm beim Jammern zuzuhören* **3** *nur Singular;* **die Lust (an etwas** (*Dativ*)**)** die Freude und Zufriedenheit, die man *bes* bei einer Tätigkeit fühlt ⟨die Lust an etwas verlieren⟩: *Bei diesem schlechten Wetter kann einem die Lust am Reisen vergehen!* || K- Lustgewinn **4** **die Lust (auf jemanden/etwas)** der starke Wunsch nach Sex || K- Lustgefühl || ID **nach Lust und Laune** so, wie es einem gefällt || *zu* 2 **lụst·los** *Adjektiv*

lụ̈s·tern *Adjektiv;* voller Verlangen nach Sex ⟨ein Kerl, ein Mann, ein Weib, eine Frau; Blicke, Gedanken⟩ || *hierzu* **Lụ̈s·tern·heit** *die; -; nur Singular*

lụs·tig B1 *Adjektiv* **1** so, dass es jemanden fröhlich macht oder zum Lachen bringt ⟨eine Geschichte⟩: *Seine Witze waren sehr lustig* **2** ⟨eine Person⟩ so, dass sie guter Laune ist und Freude verbreitet: *Auf dem Fest waren alle recht lustig* **3** **sich** (*Akkusativ*) **über jemanden/etwas lustig machen** über jemanden/etwas Späße machen: *In der Schule machten sich die Kinder über seine Haare lustig*

Lụst·spiel *das* ≈ Komödie ↔ Trauerspiel, Tragödie || K- Lustspieldichter

lụt·schen; *lutschte, hat gelutscht* **1** **etwas lutschen** etwas *meist* Süßes im Mund zergehen lassen ⟨ein Eis, ein Bonbon lutschen⟩ **2** **an etwas** (*Dativ*) **lutschen** etwas in den Mund nehmen und daran saugen ⟨am Daumen lutschen⟩

lu·xu·ri·ö̲s, *luxuriöser, luxuriösest-; Adjektiv;* mit viel Luxus ↔ bescheiden ⟨ein Auto, eine Wohnung, ein Hotel, ein Lebensstil; ein luxuriöses Leben führen⟩

Lụ·xus B2 *der; -; nur Singular;* alle Dinge von sehr guter Qualität, die man nicht unbedingt zum Leben braucht und die *meist* sehr teuer sind ⟨im Luxus leben⟩ || K- Luxusartikel

Ly̲·rik *die; -; nur Singular;* eine Form der Dichtung in Versen, *meist* mit einem bestimmten Reim oder Rhythmus ↔ Epik, Dramatik: *die romantische Lyrik; die Lyrik des Expressionismus* || -K Liebeslyrik

M

M, m [ɛm] *das; -, -/umg auch -s;* der dreizehnte Buchstabe des Alphabets

Mạch·art *die; -, -en;* die Art, wie etwas gemacht ist: *Das Kleid wirkt elegant, obwohl es von einfacher Machart ist*

mạch·bar *Adjektiv; meist in* **etwas ist (nicht) machbar** etwas kann (nicht) erreicht, durchgeführt werden

mạ·chen A1 *machte, hat gemacht* **1** **etwas machen** durch Arbeit und aus verschiedenen Materialien etwas produzieren ⟨Kaffee, Tee, das Essen machen⟩: *Soll ich euch was zu trinken machen?* **2** **etwas machen** bewirken, dass etwas entsteht ⟨Feuer, Lärm, Musik machen⟩: *In seinem Diktat machte er zehn Fehler* **3** **etwas (irgendwie) machen** eine Tätigkeit (in der genannten Weise) ausüben, etwas tun ⟨seine Arbeit machen⟩: *Was machst du morgen Nachmittag?; Das hast du gut/richtig gemacht* **4** **etwas machen** an einer Prüfung teilnehmen ≈ etwas ablegen ⟨das Abitur, mittlere Reife, sein Examen machen⟩ **5** **jemandem etwas machen** (durch eine Handlung) bewirken, dass jemand in den genannten Zustand kommt ⟨jemandem Mut, Sorgen machen⟩: *Die Kinder machen ihr viel Freude* **6** **jemanden/etwas** + *Adjektiv* + **machen** bewirken, dass jemand/etwas in den genannten Zustand kommt: *jemanden krank/nass machen; ein Brett kürzer machen; jemandem das Leben schwer machen* **7** **jemanden/etwas zu jemandem/etwas machen** bewirken, dass jemand/etwas sich irgendwie verändert: *Der Kummer machte ihn zu einem kranken Mann* **8** **jemanden zu etwas machen** jemandem eine bestimmte Funktion geben: *jemanden zum Direktor machen* **9** **etwas machen** zusammen mit einem Substantiv verwendet, um ein Verb zu umschreiben; **eine Bemerkung machen** ≈ etwas bemerken (= sagen); **ein Foto (von jemandem/etwas) machen** ≈ jemanden/etwas fotografieren; **eine Reise machen** ≈ verreisen; **(jemandem) einen Vorschlag machen** ≈ (jemandem) etwas vorschlagen **10** **etwas macht etwas** *umg;* etwas ist eine bestimmte Zahl oder Summe: *Die Reparatur macht 250 Euro* **11** **das Bett machen** Kissen und Bettdecke schütteln und das Bett wieder in einen ordentlichen Zustand bringen **12** **(eine) Pause machen** die Arbeit für kurze Zeit unterbrechen **13** **etwas macht**

(jemandem) Spaß etwas gibt jemandem Freude und Vergnügen **14** **sich** (*Dativ*) **Sorgen machen** voll Angst und Sorge sein **15** **sich an etwas** (*Akkusativ*) **machen** mit einer Tätigkeit beginnen: *Er machte sich gleich an den Abwasch* **16** **sich auf die Reise/den Weg machen** abreisen, losgehen oder losfahren || ID **Mach's gut!** *umg;* verwendet, um sich von jemandem zu verabschieden; *meist* **(Das) macht nichts!** das ist nicht schlimm!; **sich** (*Dativ*) **nichts/nicht viel aus jemandem/etwas machen** sich nicht (sehr) für jemanden/etwas interessieren: *Sie macht sich nichts aus eleganten Kleidern*

Ma·cher *der; -s, -; umg;* jemand, der sehr aktiv ist, plant und dabei selbst viel arbeitet || *hierzu* **Ma·che·rin** *die; -, -nen*

-ma·cher *der; -s, -; im Substantiv* **1** verwendet, um jemanden danach zu bezeichnen, was er (in seinem Beruf) produziert; **Korbmacher, Filmemacher, Uhrmacher** **2** verwendet, um jemanden nach der Wirkung zu bezeichnen, die sein Verhalten (bei jemandem) hat; **Angstmacher, Meinungsmacher, Panikmacher** **3** verwendet, um jemanden nach etwas zu bezeichnen, das er (gern und) oft tut; **Radaumacher, Spaßmacher, Witzemacher** **4** verwendet, um jemanden nach dem Ziel zu bezeichnen, das er anstrebt (oder erreicht hat); **Geschäftemacher, Karrieremacher** **5** verwendet, um etwas nach der Wirkung zu bezeichnen, die es bei jemandem/etwas hat; **Dickmacher, Muntermacher, Weißmacher** || *zu 1-4* **-ma·che·rin** *die; -, -nen*

M

Ma·cho ['matʃo] *der; -s, -s; meist abwertend;* ein Mann, der glaubt, dass Männer stark und hart sein müssen, keine Gefühle zeigen dürfen und besser als Frauen sind ≈ Chauvi

Macht B1 *die; -, Mäch·te* **1** *nur Singular;* **Macht (über jemanden/etwas)** die Möglichkeit oder Fähigkeit, über Personen oder Dinge zu bestimmen oder sie zu beeinflussen ⟨(große) Macht über jemanden/etwas haben, ausüben; seine Macht missbrauchen; alles tun, was in seiner Macht steht/liegt⟩: *Es steht nicht in ihrer Macht, diese Frage zu entscheiden* **2** *nur Singular;* die Kontrolle über ein Land, *bes* als Regierung ⟨an der Macht sein; an die/zur Macht gelangen⟩ || K- Machtergreifung, Machtstreben **3** *nur Singular;* eine große physische oder psychische Kraft, mit der etwas auf jemanden/etwas wirkt ⟨sich mit (aller) Macht gegen etwas wehren; die Macht der Gewohnheit, der Liebe⟩ **4** ein Staat, der *meist* politisch oder wirtschaftlich besonders stark ist || -K Großmacht, Seemacht **5** *meist Plural;* Wesen, von denen man glaubt, dass sie besondere Kräfte haben ⟨die Mächte der Finsternis; überirdische Mächte⟩

Macht·ha·ber *der; -s, -; meist abwertend;* einer der Menschen, die in einem Staat viel Macht haben

mäch·tig *Adjektiv* **1** *nicht als Adverb;* mit viel Einfluss und Macht (1) ⟨ein Herrscher, Land⟩ **2** *nicht als Adverb;* sehr groß oder stark ⟨ein Baum, Berg⟩ **3** **etwas** (*Genitiv*) **mächtig sein** *förmlich;* etwas beherrschen oder es unter Kontrolle haben: *Vor Angst war er seiner Stimme nicht mehr mächtig*

Macht·kampf *der; -(e)s, -kämp·fe;* ein Streit, bei dem man versucht, einem Gegner die eigene Stärke zu zeigen (und über ihn zu siegen): *ein Machtkampf zwischen dem Arbeitgeber und der Gewerkschaft*

macht·los *Adjektiv;* nicht mehr fähig, etwas zu tun ⟨jemandem/etwas völlig machtlos gegenüberstehen⟩ || *hierzu* **Macht·lo·sig·keit** *die; -; nur Singular*

Ma·cke *die; -, -n; umg* **1** eine Besonderheit im Verhalten eines Menschen, die ein bisschen verrückt erscheint ⟨eine Macke haben⟩ **2** etwas, das nicht ganz in Ordnung ist ≈ Fehler, Schaden

Mäd·chen A1 *das; -s, -;* **1** ein Kind weiblichen Geschlechts oder eine Jugendliche || K- Mädchenstimme || -K Schulmädchen **2** *umg;* eine junge Frau ⟨ein Mädchen kennenlernen⟩ **3** ≈ Hausangestellte || -K Kindermädchen, Zimmermädchen || Hinweis zu 3: *Mädchen* in dieser Bedeutung wird nur noch in den Wortzusammensetzungen *Kindermädchen usw* verwendet || *zu 1* **mäd·chen·haft** *Adjektiv*

Mäd·chen·na·me B2 *der; -ns, -n* **1** ein Vorname, den man einem Mädchen gibt, *z.B. Susanne* **2** der Familienname der Frau vor der Ehe

Ma·de *die; -, -n;* eine Larve, die wie ein Wurm aussieht

Mä·del *das; -s, -/nordd -s; umg* ≈ Mädchen

ma·dig *Adjektiv; nicht als Adverb;* mit Maden darin und nicht essbar ⟨Früchte, Käse, Fleisch⟩

ma·dig·ma·chen; *machte madig, hat madiggemacht;* **jemandem etwas madigmachen** *umg;* jemandem den Spaß an etwas nehmen

Ma·fia *die; -, -s; meist Singular;* eine kriminelle Organisation, die seit langer Zeit *bes* in Italien und in den USA Verbrechen begeht

mag *Präsens, 1. und 3. Person Singular;* ↑ **mögen**

Ma·ga·zin *das; -s, -e* **1** eine Zeitschrift, die mit aktuellen Berichten und Fotos *bes* der Information dient ≈ Journal (1) || -K Automagazin, Filmmagazin, Modemagazin, Nachrichtenmagazin **2** eine Sendung im Radio oder Fernsehen, die über aktuelle Ereignisse und Probleme berichtet ≈ Journal (2)

Ma·gen B1 *der; -s, Mä·gen;* das Organ, in dem die Nahrung nach dem Essen bleibt, bis sie in den Darm kommt ⟨sich *(Dativ)* den Magen verderben⟩ || K- Magenkrebs, Magenschmerzen || ID **jemandem knurrt der Magen** jemand hat Hunger; **etwas liegt jemandem (schwer) im Magen** *umg;* etwas macht jemandem Sorgen, bedrückt ihn; **etwas schlägt jemandem auf den Magen** *umg;* etwas macht jemandem solche Sorgen *o.Ä*, dass er ein unangenehmes Gefühl hat; **jemandem dreht sich der Magen um** etwas ist so unangenehm, dass jemandem fast schlecht wird

ma·ger B2 *Adjektiv* **1** *nicht als Adverb;* mit wenig Muskeln und Fett ⟨ein Tier, ein Mensch⟩: *Durch die lange Krankheit ist sie sehr mager geworden* **2** mit wenig Fett ⟨Fleisch, Käse⟩ || K- Magermilch **3** nicht so gut, wie man es erwartet oder gehofft hat ⟨die Ernte, der Lohn⟩ || *zu* 1 **Ma·ger·keit** *die; -; nur Singular*

Ma·gie *die; -; nur Singular;* eine Kunst, die versucht, mit geheimen und übernatürlichen Kräften die Menschen und Ereignisse zu beeinflussen

Ma·gier [-gie] *der; -s, -;* **1** ein Mann, der die Fähigkeit hat, Magie zu betreiben ≈ Zauberer **2** jemand, der *bes* im Zirkus und im Varietee bestimmte Tricks macht ≈ Zauberkünstler || *hierzu* **Ma·gie·rin** *die; -, -nen*

ma·gisch *Adjektiv* **1** in der Magie verwendet **2** mit einer starken Wirkung, die man kaum erklären kann ⟨von etwas magisch angezogen werden⟩

Mag·ne·si·um *das; -s; nur Singular;* ein silberweißes Metall, das mit sehr hellem weißem Licht verbrennt; *Chemie* Mg

Mag·net *der; -s/-en, -e(n);* ein Stück Eisen, das andere Eisenstücke anzieht oder von sich wegstößt

mag·ne·tisch *Adjektiv* **1** mit der Wirkung eines Magneten **2** von besonderer persönlicher Wirkung: *Sie zog alle Blicke magnetisch auf sich*

mä·hen; *mähte, hat gemäht;* **etwas mähen** Gras, *meist* in größeren Flächen, schneiden ⟨Gras mit der Sense mähen; den Rasen mähen⟩

Mahl *das; -(e)s, -e/Mäh·ler; meist Singular; förmlich* **1** ≈ Mahlzeit (1) || -K Mittagsmahl, Nachtmahl || **Hinweis:** als Plural wird eher *Mahlzeiten* verwendet **2** eine *meist* festliche Gelegenheit, bei der sich Leute treffen und miteinander essen || -K Festmahl, Hochzeitsmahl

mah·len; *mahlte, hat gemahlen* **1** **etwas mahlen** Körner zu Pulver machen ⟨Getreide zu Mehl mahlen; Pfeffer mahlen⟩ **2** **etwas mahlen** etwas durch Mahlen (1) herstellen ⟨Mehl mahlen⟩

Mahl·zeit B1 *die; -, -en* **1** die Nahrung, die man zu einer bestimmten Tageszeit isst ⟨eine warme Mahlzeit⟩ || -K Hauptmahlzeit, Zwischenmahlzeit **2** **Mahlzeit!** *umg;* verwendet, um einen guten Appetit zu wünschen

▶ Die Mahlzeiten

morgens:
das **Frühstück**
(CH) das **Morgenessen**

mittags:
das **Mittagessen**

abends:
das **Abendessen**
norddeutsch das **Abendbrot**
(A) *süddeutsch* das **Nachtmahl**
(CH) das **Nachtessen**

die **Zwischenmahlzeit**:
der **Imbiss**, der **Snack**
süddeutsch die **Brotzeit**, die **Vesper**
(A) die **Jause**
(CH) vormittags: das **Znüni**
(CH) nachmittags: das **Zvieri**

Vormittags kann man noch ein **zweites Frühstück** essen. Kinder nehmen in die Schule ein **Pausenbrot** mit (das muss kein Brot sein). Nachmittags trifft man sich besonders am Sonntag gern zum **Kaffeetrinken**.

WORTSCHATZ ◀

Mäh·ne *die; -, -n* **1** die langen und dichten Haare am Kopf oder Hals mancher Tiere, *bes* bei Löwen und Pferden || ↑ Abbildung unter **Pferd** || -K Löwenmähne, Pferdemähne **2** *umg;* lange und dichte Haare am Kopf eines Menschen || -K Künstlermähne

mah·nen; *mahnte, hat gemahnt* **1** **jemanden (wegen etwas) mahnen** jemanden daran erinnern, dass er noch Geld zahlen oder etwas tun muss || K- Mahngebühr, Mahnschreiben **2** **(jemanden) zu etwas mahnen** jemanden auffordern, sich in einer bestimmten Weise zu verhalten ⟨(jemanden) zur Ruhe, Geduld

M

mahnen⟩

Mah·nung *die; -, -en* **1** **die Mahnung (zu etwas)** eine Äußerung, die jemanden auffordert, etwas zu tun, oder jemanden daran erinnert, seine Pflicht zu erfüllen ⟨eine Mahnung befolgen, überhören⟩ **2** ein Brief, der einen auffordert, *bes* eine Rechnung zu zahlen

Mai A1 *der; -s, -e; meist Singular* **1** der fünfte Monat des Jahres ⟨Anfang, Mitte, Ende Mai; am 1., 2., 3. Mai⟩: *Sie hat im Mai Geburtstag* **2** **der Erste Mai** ein Feiertag, an dem sich die Arbeiter in vielen Ländern versammeln, um gemeinsam zu demonstrieren ≈ Maifeiertag

Mai·baum *der; -(e)s, -bäu·me;* der Stamm eines Baumes, der bunt bemalt und mit Bändern geschmückt ist. Der Maibaum wird im Mai *bes* in Dörfern aufgestellt

Mai·kä·fer *der; -s, -;* ein großer Käfer mit braunen Flügeln, der Blätter von Bäumen frisst und *bes* im Mai fliegt

Mail [meɪl] *die; -, -s; Informatik umg* ≈ E-Mail ⟨eine Mail senden, bekommen⟩ || *hierzu* **mai·len** *(hat)*

Mail·box ['meɪl-] *die; -, -en;* **1** *Informatik;* ein Speicherplatz im Internet, in dem wie in einem Briefkasten Nachrichten für jemanden hinterlegt werden **2** *Telekommunikation;* ein Anrufbeantworter eines Handys

M

Mais *der; -es; nur Singular* **1** eine Art von Getreide, das sehr hoch wächst und große, gelbe Körner hat || K- Maisfeld, Maiskolben **2** die Körner dieser Pflanze

Ma·jes·tät *die; -, -en; bes historisch;* der Titel und die Anrede für Kaiser und Könige

Ma·jo·nä·se B1 *die; -, -n;* ↑ **Mayonnaise**

Ma·jor [ma'jo:ɐ̯] *der; -s, -e;* ein Offizier, dessen Position über der eines Hauptmanns ist

Ma·jo·ran *der; -s, -e; meist Singular;* eine Pflanze, die als Gewürz für Fleisch und Gemüse verwendet wird

ma·ka·ber *Adjektiv; nicht als Adverb;* so, dass man vor etwas Angst bekommt, *bes* weil ein Zusammenhang mit dem Tod besteht ⟨ein Anblick, ein Gedanke, ein Humor, ein Lied, ein Scherz, eine Szene; etwas wirkt makaber⟩: *Ein Aschenbecher in Form eines Totenkopfes ist makaber* || Hinweis: *makaber → ein makabrer Scherz*

Ma·kel *der; -s, -; förmlich;* ein Fehler, den eine Person/Sache hat, durch den sie weniger wert ist

mä·keln; *mäkelte, hat gemäkelt;* **(an jemandem/etwas) mäkeln** (mit jemandem/etwas) unzufrieden sein und es deutlich sagen: *Sie mäkelt ständig am Essen*

Make-up B2 [me:k'|ap] *das; -s, -s;* kosmetische Produkte, die *bes* Frauen verwenden, um das Gesicht schöner zu machen ≈ Schminke ⟨ein dezentes Make-up (tragen)⟩

Mak·ler *der; -s, -;* jemand, der für andere Leute Geschäfte macht, *bes* Häuser oder Wohnungen an Käufer oder Mieter vermittelt || K- Maklergebühren || -K Börsenmakler, Immobilienmakler || *hierzu* **Mak·le·rin** *die; -, -nen*

mal[1] A2 *Adverb; umg;* zu irgendeiner Zeit in der Vergangenheit oder Zukunft ≈ einmal: *Er war mal ein guter Sportler; Willst du später mal heiraten?*

mal[2] A2 *Partikel; unbetont; umg;* verwendet, um jemanden freundlich zu etwas aufzufordern: *Gibst du mir bitte mal das Salz?; Komm doch bitte mal her* || Hinweis: **nun**[2]

mal[3] A2 *Präposition;* multipliziert mit: *vier mal vier ist sechzehn* (4 × 4 = 16)

Mal[1] A2 *das; -(e)s, -e* **1** die Gelegenheit, bei der man etwas tut oder etwas geschieht ⟨das erste, nächste Mal; beim, zum letzten Mal⟩: *Sie fliegt zum dritten Mal nach Amerika* **2** **von Mal zu Mal** **a** jedes Mal (1) aufs Neue ⟨etwas von Mal zu Mal entscheiden⟩; **b** bei jedem Mal (1) ⟨etwas ändert sich von Mal zu Mal⟩ **3** **von Mal zu Mal** + *Komparativ* bei jedem Mal (1) mehr *bzw* weniger als zuvor: *Die Stadt wird von Mal zu Mal lauter* **4** **ein für alle Mal** *umg;* drückt aus, dass etwas ab jetzt für immer gültig ist **5** **mit 'einem Mal** ≈ plötzlich: *Beim Essen sprang sie mit einem Mal auf und rannte hinaus* **6** **ein ums/übers andere Mal** ≈ immer wieder **7** **das eine oder andere Mal** ≈ gelegentlich, hin und wieder: *„Ist er oft zu spät gekommen?" – „Nein, nur das eine oder andere Mal"* **8** **ein für alle Mal** *umg;* verwendet, um auszudrücken, dass etwas ab jetzt für immer so gemacht wird

Mal[2] A2 *das; -(e)s, Ma·le/Mä·ler;* ein Fleck in der Haut || -K Brandmal

-mal *im Adverb;* die genannte Zahl von Malen[1] (1); **einmal, zweimal, dreimal, zehnmal, hundertmal**; **keinmal, manchmal, zigmal**

Ma·la·ria *die; -; nur Singular;* eine tropische Krankheit, die durch Moskitos übertragen wird und hohes Fieber macht || K- Malariaerreger; malariakrank

ma·len A2 *malte, hat gemalt* **1** **(etwas) malen** mit Farbe ein Bild herstellen ⟨ein Bild, ein

Porträt malen; in Öl, mit Wasserfarben malen〉 || K- Malkreide, Malkurs **2** **jemanden/etwas malen** mit Farbe von jemandem/etwas ein Bild malen (1): *die Mona Lisa, den Eiffelturm malen* **3** **(etwas) malen** *bes südd;* etwas mit Farbe streichen 〈die Wohnung, den Zaun malen (lassen)〉

Ma·ler *der; -s, -;* **1** jemand, der als Künstler Bilder malt: *Picasso ist ein berühmter Maler* || -K Landschaftsmaler, Straßenmaler **2** jemand, der als Handwerker Wände, Fenster *usw* streicht 〈den Maler kommen lassen〉 || *hierzu* **Ma·le·rin** *die; -, -nen*

Ma·le·rei *die; -, -en* **1** *nur Singular;* die Kunst, Bilder zu malen 〈die abstrakte Malerei〉 **2** ein gemaltes Bild || -K Höhlenmalerei, Landschaftsmalerei

Mal·heur [ma'lø:ɐ̯] *das; -s, -e/-s; umg;* ein *meist* kleiner unangenehmer Vorfall

mal·neh·men; *nahm mal, hat malgenommen;* **((etwas) mit etwas) malnehmen** ≈ multiplizieren

malt·rä·tie·ren; *malträtierte, hat malträtiert;* **jemanden/etwas malträtieren** jemanden/etwas schlecht behandeln: *das Klavier malträtieren*

Malz *das; -es; nur Singular;* Getreide (*meist* Gerste), nachdem es im Wasser gelegen hat und anschließend getrocknet und geröstet worden ist

Mal·zei·chen *das; -s, -;* die Zeichen · oder x, die man in Multiplikationen verwendet

Ma·ma *die; -, -s; umg;* (von und gegenüber Kindern) verwendet als Anrede oder Bezeichnung für die Mutter

Mam·mut *das; -s, -s/-e;* eine Art Elefant mit langen Haaren, der vor langer Zeit gelebt hat

mamp·fen; *mampfte, hat gemampft;* **(etwas) mampfen** *umg;* etwas essen (und dabei mit vollen Backen kauen)

man[1] A2 *Indefinitpronomen* **1** bezeichnet irgendeine Person oder eine Gruppe von Personen, die man nicht genauer bestimmen kann oder will: *Weiß man schon, wie die Wahlen ausgegangen sind?* **2** verwendet, um sich selbst zu bezeichnen und um auszudrücken, dass eine Aussage auch für andere Menschen gilt: *Von meinem Platz aus konnte man nichts sehen* **3** verwendet, um *bes* die Öffentlichkeit oder die Gesellschaft zu bezeichnen, in der es eine bestimmte Norm gibt: *In diesem Sommer trägt man Miniröcke* **4** (*z.B.* in Rezepten) verwendet, um jemandem zu sagen, was er tun muss: *Man nehme vier Eier und vermenge sie mit 300 g Mehl* || Hinweis: *man* wird nur im Nominativ verwendet. Im Akkusativ wird *man* durch *einen* ersetzt und im Dativ durch *einem*. Es gibt keinen Genitiv; ↑ **ein-**[1]

man[2] A2 *Partikel; unbetont; bes nordd umg* ≈ mal[2]: *Lass man gut sein, ist nicht so schlimm!*

ma·na·gen B2 ['mɛnɛdʒn]; *managte, hat gemanagt* **1** **jemanden managen** dafür sorgen, dass *meist* ein Künstler oder Sportler immer wieder neue Verträge bekommt und gut bezahlt wird **2** **etwas managen** *umg;* (durch geschicktes Handeln) bewirken, dass etwas zustande kommt ≈ organisieren, arrangieren: *„Ich kann jetzt doch auf das Fest gehen" – „Wie hast du denn das gemanagt?"*

Ma·na·ger ['mɛnɛdʒɐ] *der; -s, -;* **1** eine von *meist* mehreren Personen, die ein großes Unternehmen leiten **2** jemand, der dafür sorgt, dass ein Künstler oder Sportler neue Verträge bekommt und gut bezahlt wird || *hierzu* **Ma·na·ge·rin** *die; -, -nen*

manch *Indefinitpronomen;* verwendet, um eine oder mehrere einzelne Personen oder Sachen einer unbestimmten Anzahl zu bezeichnen, die man nicht genauer bestimmen kann oder will ≈ einige, mehrere: *mancher Mann; mancher junge Mann; Sie hat dem Kind so manches Märchen erzählt; Er hat auf seiner Reise manches erlebt* || Hinweis: **a** Steht *manch* vor einem unbestimmten Artikel oder vor einem schwach flektierten Adjektiv, bleibt es unverändert (*manch einen Tag*), **b** *manch* verwendet man auch wie ein attributives Adjektiv (*an manchen Tagen*) oder wie ein Substantiv (*Manche mögen keinen Kaffee*)

manch·mal A2 *Adverb;* nicht oft: *Manchmal fahre ich mit dem Fahrrad zur Arbeit*

Man·dant *der; -en, -en;* jemand, der einen Rechtsanwalt damit beauftragt hat, ihn (vor Gericht) zu vertreten ≈ Klient: *Der Verteidiger beantragt Freispruch für seinen Mandanten* || *hierzu* **Man·dan·tin** *die; -, -nen*

Man·da·ri·ne *die; -, -n;* eine Frucht, die der Orange ähnlich, aber kleiner und süßer ist || K- Mandarinenschale

Man·dat *das; -(e)s, -e* **1** *förmlich;* der Auftrag an einen Rechtsanwalt, jemanden juristisch zu beraten oder (vor Gericht) zu vertreten 〈jemandem ein Mandat erteilen〉: *Der Anwalt übernahm das Mandat* **2** das Amt eines Abgeordneten im Parlament || K- Mandatsverteilung

Man·del[1] *die; -, -n;* ein ziemlich langer, flacher und essbarer Kern, aus dem man *z.B.* Marzipan

M

herstellt

Man·del² *die; -, -n; meist Plural;* eines von zwei kleinen Organen im oberen hinteren Teil des Halses ⟨eitrige Mandeln⟩ || K- Mandelentzündung, Mandeloperation

Ma·ne·ge [-ʒə] *die; -, -n;* der *meist* runde, große Platz im Zirkus

Man·gel¹ *der; -s, Män·gel* 1 *nur Singular;* **ein Mangel (an jemandem/etwas)** der Zustand, in dem von etwas Wichtigem nicht genug vorhanden ist: *Sein Mangel an Selbstvertrauen macht ihn schüchtern* || -K Geldmangel, Lehrermangel, Platzmangel 2 *meist Plural; meist* ein Fehler an einer Ware ⟨leichte, schwere Mängel⟩: *Ein gebrauchtes Auto weist oft Mängel auf* || K- Mängelhaftung

Man·gel² *die; -, -n;* ein Gerät, bei dem Wäsche zwischen zwei Rollen gepresst und glatt gemacht wird || -K Heißmangel, Wäschemangel || ID **jemanden in die Mangel nehmen** *umg;* jemanden hart, streng behandeln oder quälen und verletzen

Man·gel·be·ruf *der; -(e)s, -e;* ein Beruf, in dem es nicht genug Arbeitskräfte gibt

man·gel·haft *Adjektiv* 1 nicht gut, mit vielen Mängeln (2) ⟨eine Ware⟩ 2 Ⓓ verwendet als Bezeichnung für die schlechte Schulnote 5 (auf der Skala von 1 - 6 *bzw* „sehr gut" bis „ungenügend")

man·geln; *mangelte, hat gemangelt* 1 **etwas mangelt jemandem** *förmlich;* etwas ist bei jemandem nicht vorhanden: *Ihm mangelt der Mut zum Risiko* 2 **es mangelt jemandem an jemandem/etwas** jemand hat nicht die Personen oder die Dinge, die er braucht: *Es mangelt ihr am nötigen Geld*

man·gels *Präposition; mit Genitiv; förmlich;* weil etwas nicht vorhanden ist: *Mangels finanzieller Unterstützung konnte das Projekt nicht durchgeführt werden*

Man·gel·wa·re *die; -; nur Singular;* **etwas ist Mangelware** *umg;* von etwas gibt es sehr wenig: *Im letzten Winter war Schnee Mangelware*

Ma·nie *die; -, -n* [-'niːən]; *meist Singular; förmlich* 1 der psychische Zwang, immer wieder bestimmte Dinge tun zu müssen (auch wenn man es gar nicht will) ⟨eine Manie entwickeln; etwas wird zur Manie⟩ 2 *Psychologie;* eine Phase einer psychischen Krankheit, in der der Kranke sehr selbstbewusst und sehr aktiv ist ↔ Depression || *hierzu* **ma·nisch** *Adjektiv*

Ma·nie·ren *die; -; Plural;* die Art und Weise, wie man sich benimmt ⟨keine, gute Manieren haben; jemandem Manieren beibringen⟩ || -K Tischmanieren

Ma·ni·fest *das; -(e)s, -e;* eine schriftliche Erklärung, die die Prinzipien und Ziele einer Gruppe enthält

Ma·ni·kü·re *die; -, -n; meist Singular;* die Pflege der Hände und Fingernägel

ma·ni·pu·lie·ren; *manipulierte, hat manipuliert* 1 **jemanden manipulieren** jemanden absichtlich beeinflussen, ohne dass er es merkt, um zu erreichen, dass er in bestimmter Weise denkt und handelt: *Durch die Werbung wird der Käufer oft manipuliert* 2 **etwas manipulieren** etwas in betrügerischer Weise (leicht) verändern, um sich dadurch einen Vorteil zu verschaffen || *hierzu* **Ma·ni·pu·la·ti·on** *die; -, -en;* **ma·ni·pu·lier·bar** *Adjektiv*

Man·ko *das; -s, -s;* ein Nachteil (der verhindert, dass etwas völlig positiv ist): *Das neue Auto hat nur ein Manko – es ist ein bisschen teuer*

Mann A1 *der; -(e)s, Män·ner/Mann* 1 *(Plural Männer)* eine erwachsene männliche Person || K- Männerchor 2 *(Plural Männer) Kurzwort* ↑ **Ehemann**: *Kann ich mal Ihren Mann sprechen?* 3 *(Plural Mann)* alle *meist* männlichen Mitglieder einer Gruppe oder auf einem Schiff: *ein Schiff mit hundert Mann Besatzung* || ID **der Mann auf der Straße/der kleine Mann** der einfache (Durchschnitts)Bürger; **ein Mann von Welt** ein Mann, der elegant und (selbst)sicher (*bes* im gesellschaftlichen Umgang) ist; **ein gemachter Mann sein** *umg;* (als Mann) reich sein und gut leben können; **(Mein lieber) Mann!** *umg;* verwendet als Ausdruck der Überraschung oder des Ärgers; **den starken Mann markieren** *umg;* so tun, als ob einem nichts und niemand schaden könnte; **den wilden Mann spielen** *umg;* vor Wut schreien und schimpfen; **etwas an den Mann bringen** *umg;* etwas endlich verkaufen/erzählen können: *Na, hast du den Klatsch endlich an den Mann gebracht?*; **'Selbst ist der Mann!** man muss sich selbst helfen können

Männ·chen *das; -s, -;* ein männliches Tier ↔ Weibchen || Hinweis: *bes* dann verwendet, wenn es keine eigene Bezeichnung für das männliche Tier gibt

männ·lich B2 *Adjektiv* 1 *nicht als Adverb;* zu dem Geschlecht gehörig, das durch Samen Leben erzeugen kann ↔ weiblich ⟨ein Mensch, ein Tier⟩ 2 *nicht als Adverb;* von einer männlichen (1) Person ⟨ein Vorname⟩ 3 ⟨ein Mann⟩ mit Eigenschaften, die als typisch für Männer gelten ≈ maskulin: *Sie findet Männer mit Bart* *sehr männlich* **4** *nicht als Adverb;* in der Grammatik mit dem Artikel *der* verbunden ≈ maskulin ⟨ein Substantiv⟩ || *hierzu* **Männ·lich·keit** *die; -; nur Singular*

Mann·schaft [B1] *die; -, -en* **1** die Sportler, die (in einem Wettkampf) zusammengehören ⟨eine Mannschaft aufstellen⟩ || [K-] Mannschaftssportart, Mannschaftswettbewerb || [-K] Damenmannschaft, Fußballmannschaft, Herrenmannschaft, Nationalmannschaft **2** alle Menschen, die während der Fahrt auf einem Schiff oder während des Fluges in einem Flugzeug arbeiten ≈ Besatzung || [-K] Schiffsmannschaft **3** alle Soldaten einer militärischen Einheit

Ma·no·me·ter *das; -s, -;* **1** ein technisches Gerät, mit dem man den Druck von Flüssigkeiten oder Gasen messen kann **2** **Manometer!** *umg;* verwendet, um Erstaunen auszudrücken

Ma·nö·ver [-v-] *das; -s, -;* **1** eine militärische Übung *meist* in der Landschaft **2** eine geschickte und schnelle Bewegung *meist* mit einem Fahrzeug || [-K] Ausweichmanöver

ma·növ·rier·fä·hig *Adjektiv; nicht als Adverb;* ⟨ein Auto, ein Fahrzeug⟩ so, dass man es noch lenken kann

Man·sar·de *die; -, -n;* ein Zimmer oder eine Wohnung unter dem Dach mit *meist* schrägen Wänden || [K-] Mansardenwohnung

Man·schet·te *die; -, -n* das steife Stück Stoff am Ärmel *meist* eines Hemdes oder einer Bluse || [K-] Manschettenknopf

Man·tel[1] [A1] *der; -s, Män·tel;* ein Kleidungsstück mit langen Ärmeln, das *meist* bis über die Knie reicht und das man über dem Kleid oder Anzug trägt ⟨jemandem aus dem, in den Mantel helfen⟩ || ↑ Illustration **Die Kleidung** || [K-] Manteltasche || [-K] Ledermantel, Regenmantel, Wintermantel

Man·tel[2] *der; -s, Män·tel;* die äußere Hülle aus dickem Gummi, die den Schlauch eines Reifens umgibt

ma·nu·ell *Adjektiv; förmlich* **1** mit den Händen (gemacht) ↔ maschinell ⟨Arbeit; etwas manuell herstellen⟩ **2** in Bezug auf die Hände ⟨Geschick⟩

Ma·nu·skript *das; -(e)s, -e;* ein Text, der mit der Hand, Schreibmaschine *bzw* dem Computer geschrieben ist und gedruckt werden soll ⟨ein druckfertiges Manuskript⟩

Map·pe [B1] *die; -, -n* **1** ein gefaltetes Stück Karton oder Plastik, in das man *z.B.* Dokumente, Briefe oder Zeichnungen hineinlegen oder dort aufbewahren kann || [-K] Zeichenmappe **2** eine flache Tasche, in der *meist* Dokumente, Bücher oder Hefte getragen werden || [-K] Aktenmappe, Schulmappe

Ma·ra·thon *der; -s, -s;* ein Wettlauf über 42 Kilometer || [K-] Marathonläufer

Mär·chen [B2] *das; -s, -;* eine Erzählung, in der Personen wie Hexen, Riesen oder Zwerge und unwirkliche Ereignisse vorkommen ⟨(jemandem) ein Märchen vorlesen⟩: *das Märchen von Rotkäppchen und dem bösen Wolf; die Märchen der Brüder Grimm* || [K-] Märchenbuch, Märchenprinz || [-K] Volksmärchen, Weihnachtsmärchen **2** *umg;* eine Geschichte, die sich jemand ausgedacht hat, *meist* um einen anderen zu täuschen: *Erzähl mir doch keine Märchen!* || [ID] **jemandem ein Märchen auftischen** *umg abwertend;* jemandem ein Märchen (2) erzählen, um ihn zu täuschen

Mar·der *der; -s, -;* ein kleines Raubtier, das gut klettern kann

Mar·ga·ri·ne [B1] *die; -; nur Singular;* ein Fett (ähnlich wie Butter), das aus dem Öl von Pflanzen gemacht wird

Mar·ge·ri·te *die; -, -n;* eine hohe (Wiesen)-Blume mit einer Blüte, die aus einem gelben Zentrum und länglichen weißen Blütenblättern besteht

Ma·ri·en·kä·fer [maˈriːən-] *der; -s, -;* ein kleiner, rundlicher Käfer mit roten Flügeln und schwarzen Punkten

Ma·ri·hu·a·na [-hu-] *das; -s; nur Singular* ≈ Haschisch

Ma·ril·le *die; -, -n;* Ⓐ ≈ Aprikose || [K-] Marillenmarmelade

Ma·ri·na·de *die; -, -n;* eine Soße *bes* aus Essig, Öl und Gewürzen, mit der man *meist* Fleisch oder Fisch würzt oder haltbar macht oder Salat anmacht: *Heringe in (eine) Marinade einlegen* || *hierzu* **ma·ri·nie·ren** *(hat)*

Ma·ri·ne *die; -, -n; meist Singular* **1** der Teil der Armee, der auf dem Meer kämpft ⟨zur Marine gehen⟩ || [K-] Marineoffizier **2** alle militärischen Schiffe eines Staates || [-K] Kriegsmarine

Ma·ri·o·net·te *die; -, -n* **1** eine Puppe, deren Körperteile man an Fäden bewegen kann || [K-] Marionettentheater **2** *abwertend;* jemand, der alles tut, was andere fordern || ↑ Abbildung Seite 550

ma·ri·tim *Adjektiv; nicht als Adverb; förmlich* **1** in Bezug auf das Meer ⟨Forschungen, Untersuchungen⟩ **2** vom Meer beeinflusst ↔ kontinental ⟨ein Klima⟩

Marionette

die Marionette

die Puppe

Mark¹ [B1] *die; -, -; historisch;* die Währung Deutschlands vor der Einführung des Euro; *Abkürzung* DM

Mark² [B1] *das; -s; nur Singular* **1** die weiche Masse in den Knochen und in der Wirbelsäule || [-K] Knochenmark **2** ein Brei aus weichen Früchten oder Gemüse || [-K] Erdbeermark, Tomatenmark || [ID] **etwas geht jemandem durch Mark und Bein** ⟨ein Schrei⟩ ist so intensiv, dass es sehr unangenehm für jemanden ist; **jemanden bis ins Mark erschüttern, treffen** jemanden sehr erschrecken oder kränken

mar·kant, *markanter, markantest-; Adjektiv; nicht als Adverb;* (im positiven Sinn) auffallend, gut zu erkennen ⟨Gesichtszüge, eine Persönlichkeit⟩

M

Mar·ke *die; -, -n* **1**; ein Stück Papier oder Blech, das etwas bestätigt oder durch das man das Recht auf etwas hat || [-K] Briefmarke, Essensmarke, Steuermarke **2** eine Warensorte mit einem bestimmten Namen ⟨eine führende Marke⟩ || [K-] Markenartikel, Markenname || [-K] Automarke **3** ein Zeichen, das einen bestimmten Wert angibt oder eine bestimmte Stelle kennzeichnet: *Das Hochwasser stieg über die Marke des Vorjahres* || [-K] Bestmarke

mar·kie·ren [A2] *markierte, hat markiert* **1** **etwas (mit/durch etwas) markieren** ein Zeichen auf etwas machen, damit man es schnell erkennen kann: *eine Textstelle mit einem roten Stift markieren* **2** **etwas markiert etwas** etwas macht durch Zeichen etwas deutlich: *Weiße Linien markieren das Spielfeld* || *hierzu* **Mar·kie·rung** *die; -, -en*

Mar·ki·se *die; -, -n;* ein Tuch, das (über ein Gestell gespannt) dazu dient, Fenster oder Balkons vor der Sonne zu schützen || Hinweis: ↑ **Jalousie**

Markt [B1] *der; -(e)s, Märk·te* **1** ein regelmäßiges Zusammentreffen von Händlern, die ihre Waren an einem bestimmten Ort und zu bestimmten Zeiten verkaufen ⟨auf den Markt gehen⟩: *Freitags ist Markt* || [K-] Marktstand, Markttag || [-K] Weihnachtsmarkt, Wochenmarkt **2** der Platz, auf dem der Markt (1) stattfindet || [K-] Markthalle, Marktplatz **3** ein Gebiet oder Land, in dem Leute etwas kaufen wollen ⟨der internationale Markt⟩ || [-K] Weltmarkt **4** **der Markt (für etwas)** das Interesse an einer Ware: *Der Markt für Computer ist im Moment sehr groß* **5** *Wirtschaft;* die Bedingungen, die für den Kauf, den Verkauf und den Preis von Waren wichtig sind || [K-] Marktforschung **6** **der schwarze Markt** der illegale Handel *bes* mit Waren, die (gesetzlich) verboten oder rationiert sind: *der schwarze Markt für raubkopierte DVDs* **7** **etwas auf den Markt bringen/werfen** etwas (*bes* in großer Zahl) herstellen und zum Kauf anbieten

Markt·lü·cke *die; -, -n;* ein Bereich, in dem es bisher noch keine geeigneten Waren gab ⟨eine Marktlücke suchen, finden, entdecken; in eine Marktlücke stoßen⟩

Markt·wert *der; -(e)s; nur Singular;* die Summe Geld, die für eine Leistung oder eine Ware zurzeit normalerweise bezahlt wird: *der Marktwert eines Spitzensportlers, eines Rennpferdes*

Mar·me·la·de *die; -, -n;* eine süße Masse aus gekochtem Obst, die man auf das Brot streicht ⟨Marmelade kochen⟩ || [K-] Marmeladenglas || [-K] Erdbeermarmelade

Mar·mor *der; -s, -e; meist Singular;* ein harter, wertvoller Stein, aus dem man *bes* Treppen und Statuen macht || [K-] Marmorsäule

Mar·mor·ku·chen *der; -s, -;* ein Kuchen, bei dem ein dunkler Teig so in einen hellen Teig gerührt wird, dass ein Muster entsteht

Ma·ro·ne *die; -, -n/Ma·ro·ni* **1** eine essbare Kastanie: *geröstete Maronen* **2** (*Plural Maronen*) ein essbarer Pilz mit einer braunen Kappe

Mars *der; -; nur Singular;* der vierte Planet des Sonnensystems, zwischen Erde und Jupiter

Marsch¹ *der; -es, Mär·sche* **1** *Militär;* das Gehen mit kurzen und schnellen Schritten in einer Gruppe und so, dass alle zur selben Zeit die gleiche Bewegung machen: *Nach einem anstrengenden Marsch erreichten die Soldaten wieder die Kaserne* || [K-] Marschgepäck, Marschordnung; marschbereit || [-K] Nachtmarsch **2** eine Wanderung, bei der man ziemlich lange geht: *Nach dem kilometerlangen Marsch waren wir ziemlich kaputt* || [-K] **Fuß-** **3** ein Musikstück im Rhythmus eines Marsches (1) ⟨einen Marsch spielen, blasen⟩ || [K-] Marschrhythmus, Marschtakt || [ID] **jemandem den Marsch blasen** *umg;* jemandem sehr deutlich sagen, was er falsch gemacht hat

Marsch² *die; -, -en;* ein sehr fruchtbares Gebiet an der Küste (der Nordsee)

mar·schie·ren; *marschierte, ist marschiert* **1** *umg;* eine lange Strecke ziemlich schnell zu Fuß gehen **2** in einer geordneten Gruppe in regelmäßigen Schritten gehen: *Die Soldaten marschierten auf dem Kasernengelände*

Mar·ter *die; -, -n; förmlich;* eine körperliche oder seelische Qual ≈ Folter ⟨Martern erdulden, erleiden, ertragen⟩ || K- Marterinstrument || *hierzu* **mar·tern** *(hat)*

Mar·tins·horn *das; -(e)s, -hör·ner;* ein lautes Signal, das Polizei und Feuerwehr *o.Ä.* benutzen, wenn sie schnell fahren müssen

Mär·ty·rer *der; -s, -;* jemand, der wegen seiner (*meist* politischen oder religiösen) Überzeugungen verfolgt und getötet wird || K- Märtyrertod || *hierzu* **Mär·ty·re·rin** *die; -, -nen*

Mar·xis·mus *der; -; nur Singular;* eine von Karl Marx und Friedrich Engels begründete Lehre, die durch Revolution eine klassenlose Gesellschaft schaffen will || *hierzu* **mar·xis·tisch** *Adjektiv*

März A1 *der; -(es), -e; meist Singular;* der dritte Monat des Jahres ⟨Anfang, Mitte, Ende März; am 1., 2., 3. März⟩: *Ostern ist dieses Jahr im März*

Mar·zi·pan *das, der; -s, -e; meist Singular;* eine weiche Masse aus Mandeln und Puderzucker, aus der man Süßigkeiten macht

Ma·sche¹ *die; -, -n* **1** eine der Schlingen, aus denen ein gestricktes Kleidungsstück besteht ⟨eine Masche stricken⟩ || -K Randmasche **2** *nur Plural;* die Schlingen eines Netzes: *Als sie die Netze einholten, zappelten viele Fische in den Maschen* **3** **eine rechte/linke Masche** eine Masche, bei der der Faden beim Stricken hinter/vor der Nadel liegt || ID **durch die Maschen des Gesetzes schlüpfen** wegen einer Lücke im Gesetz nicht bestraft werden können; **jemandem durch die Maschen gehen** ≈ entkommen: *Der Bankräuber war der Polizei durch die Maschen gegangen*

Ma·sche² *die; -, -n; meist Singular; umg;* eine besondere Methode, mit der man etwas erreichen will ≈ Tour ⟨eine raffinierte Masche⟩: *Versuch es mal mit einer neuen Masche – darauf fällt keiner mehr rein!*

Ma·schi·ne A2 *die; -, -n* **1** ein Gerät, das die Arbeit für den Menschen leichter macht und dabei Energie verbraucht ⟨eine Maschine anschalten, in Betrieb nehmen, bedienen⟩ || K- Maschinenöl || -K Kaffeemaschine, Nähmaschine, Schreibmaschine, Spülmaschine, Waschmaschine **2** ≈ Flugzeug: *Die Maschine aus New York hat heute Verspätung* **3** *umg* ≈ Motorrad

ma·schi·nell *Adjektiv;* mithilfe von Maschinen (1) ↔ manuell ⟨etwas maschinell herstellen, produzieren⟩

Ma·sern *die; -; Plural;* eine ansteckende Krankheit (*bes* bei Kindern), bei der man hohes Fieber hat und sich rote Flecken auf der Haut bilden ⟨Masern haben⟩

Mas·ke *die; -, -n* **1** etwas, mit dem man *bes* in Theaterstücken oder bei bestimmten Festen das Gesicht bedeckt ⟨eine Maske aufsetzen, tragen⟩ **2** etwas, das man zum Schutz vor dem Gesicht trägt || -K Gasmaske, Schutzmaske || ID **die Maske fallen lassen** den anderen zeigen, wer man wirklich ist und was man wirklich denkt

mas·kie·ren; *maskierte, hat maskiert* **1** **jemanden/sich maskieren** jemandem/sich selbst eine Maske (1) aufsetzen oder ein Kostüm anziehen **2** **sich maskieren** das Gesicht so verdecken oder verändern, dass man nicht erkannt werden kann: *Die Bankräuber hatten sich gut maskiert* || *hierzu* **Mas·kie·rung** *die; -, -en*

Mas·kott·chen *das; -s, -;* etwas, das jemandem Glück bringen soll (und das er deshalb oft bei sich hat) ≈ Talisman

mas·ku·lin *Adjektiv* **1** mit Eigenschaften, die als typisch für Männer gelten **2** *nicht als Adverb; Sprachwissenschaft;* in der Grammatik mit dem Artikel *der* verbunden: *Das Substantiv „Baum" ist im Deutschen maskulin*

Ma·so·chist *der; -en, -en* **1** jemand, der (zur sexuellen Befriedigung) gern Schmerzen und Strafen erleidet **2** *meist ironisch;* jemand, der (scheinbar) gern leidet || *hierzu* **Ma·so·chis·mus** *der; -; nur Singular;* **Ma·so·chis·tin** *die; -, -nen;* **ma·so·chis·tisch** *Adjektiv*

maß *Imperfekt, 1. und 3. Person Singular;* ↑ **messen**

Maß¹ *das; -es, -e* **1** eine Einheit, mit der man Größen, Gewichte und Mengen messen kann: *Das Maß für die Bestimmung der Länge ist der Meter* || K- Maßeinheit || -K Flächenmaß, Längenmaß, Raummaß **2** ein Gegenstand, mit dem man die Länge, das Volumen oder Gewicht von Dingen bestimmen kann || -K Litermaß, Metermaß **3** eine Zahl, die man durch Messen erhält: *die Maße einer Wohnung ermitteln; einen Anzug nach Maß machen lassen* || K- Maßangabe **4** *Adjektiv* + **Maß** eine bestimmte Menge oder Intensität ⟨in geringem, hohem Maße⟩: *die Belastung auf* *ein erträgliches Maß reduzieren* **5 in/mit Maßen** ≈ mäßig (1) **6 über alle Maßen** viel mehr oder besser/schlechter als normal || ID **ohne Maß und Ziel** ohne vernünftige Grenzen; **mit zweierlei Maß messen** zwei Personen oder Dinge mit verschiedenen Kriterien (und deshalb ungerecht) beurteilen; *meist* **Jetzt ist das Maß aber voll!** *umg;* meine Geduld ist jetzt zu Ende! || Hinweis: ↑ **maßhalten**

Maß² Ⓐ, **Mass** *südd die; -, -;* ein Liter Bier || K- Maßkrug

Mas·sa·ge B2 [ma'sa:ʒə] *die; -, -n;* eine Behandlung, bei der die Muskeln mit den Händen gedrückt und geklopft werden || K- Massagepraxis || -K Rückenmassage

Mas·sa·ker *das; -s, -;* **ein Massaker (an jemandem)** das Töten vieler (*meist* wehrloser) Menschen ⟨ein Massaker anrichten, verüben⟩: *ein Massaker unter der Bevölkerung anrichten* || *hierzu* **mas·sak·rie·ren** *(hat)*

Maß·ar·beit *die; -; nur Singular;* eine sehr genau gemachte Arbeit

Mas·se *die; -, -n* **1** eine (*meist* zähe oder breiige) Menge eines Stoffes oder Materials ohne feste Form ⟨eine weiche Masse⟩ || -K Knetmasse, Teigmasse **2** *oft abwertend;* eine große Zahl von Menschen, die man als Gesamtheit betrachtet ⟨die breite Masse⟩: *Die Rufe des Verletzten gingen in der Masse unter* || K- Massenabfertigung, Massenarbeitslosigkeit, Massenentlassungen, Massenvernichtungswaffen || -K Menschenmasse **3** *oft abwertend;* eine große Anzahl oder Menge von etwas: *Dieses Jahr treten die Mücken in Massen auf* || K- Massenproduktion, Massentierhaltung **4** *Physik;* das Maß (1) für die Eigenschaft der Materie, ein Gewicht zu haben und andere Körper anzuziehen

mas·sen·haft *Adjektiv; nur vor dem Substantiv oder als Adverb, ohne Steigerung;umg;* in großer Menge oder Zahl ≈ massenweise: *das massenhafte Auftreten von Mücken; Jedes Jahr kommen massenhaft Touristen nach Pompeji*

Mas·sen·me·di·um *das; -s, -medien; meist Plural;* ein Kommunikationsmittel, das Information und Unterhaltung an viele vermittelt: *die Massenmedien Fernsehen, Rundfunk und Presse*

Mas·sen·mord *der; -(e)s, -e;* der (gleichzeitige) Mord an mehreren oder vielen Menschen || *hierzu* **Mas·sen·mör·der** *der; -s, -*

mas·sen·wei·se *Adverb; umg;* in großer Menge oder Zahl ≈ massenhaft: *massenweise Kuchen essen*

Mas·seur [ma'sø:ɐ̯] *der; -s, -e;* jemand, der beruflich Massagen gibt || *hierzu* **Mas·seu·rin** [-'sø:rɪn] *die; -, -nen*

maß·ge·bend *Adjektiv;* wichtig und mit großem Einfluss ⟨ein Politiker, eine Entscheidung⟩

maß·geb·lich *Adjektiv* ≈ maßgebend ⟨maßgeblich an etwas (*Dativ*) beteiligt sein⟩

maß·hal·ten, Maß hal·ten; *hält maß/Maß, hielt maß/Maß, hat maßgehalten/Maß gehalten* **1** **(bei etwas) maßhalten** etwas nur so oft oder so lange tun, wie es noch vernünftig ist ↔ maßlos sein ⟨beim Trinken, Essen, Fernsehen maßhalten⟩: *Wenn er nicht anfängt, beim Whisky maßzuhalten, wird er noch zum Alkoholiker* **2** **(mit etwas) maßhalten** sich etwas so einteilen, dass man es lange hat ↔ verschwenden ⟨mit seinen Kräften maßhalten⟩

mas·sie·ren; *massierte, hat massiert;* **(jemanden) massieren** jemandem eine Massage geben

mä·ßig *Adjektiv* **1** so, dass eine bestimmte, vernünftige Menge bewusst eingehalten wird ⟨mäßig trinken, rauchen⟩ **2** von relativ geringer Menge: *Die Weinernte war dieses Jahr nur mäßig* **3** nicht so gut, eher schlecht: *Die Vorspeise war gut, die Hauptspeise mäßig*

-mä·ßig *im Adjektiv* **1** der Sache entsprechend, die im ersten Wortteil genannt wird; **planmäßig, rechtmäßig, vorschriftsmäßig** **2** in Bezug auf die genannte Sache; **größenmäßig, mengenmäßig** **3** *umg;* was die im ersten Wortteil genannte Sache betrifft; **kinomäßig, partymäßig**

mä·ßi·gen; *mäßigte, hat gemäßigt* **1** **etwas mäßigen** bewirken, dass etwas weniger intensiv ist als vorher ⟨seinen Zorn, sein Temperament, seine Worte mäßigen⟩ **2** **sich (bei/in etwas** (*Dativ*)**) mäßigen** etwas weniger oft und weniger intensiv tun ≈ sich beherrschen ⟨sich beim Essen, Trinken, Rauchen mäßigen⟩ || *hierzu* **Mä·ßi·gung** *die; -; nur Singular*

mas·siv [ma'si:f] *Adjektiv* **1** stabil und stark ⟨ein Gebäude, ein Baumstamm⟩ **2** nur aus einem einzigen Material: *eine Statue aus massivem Gold* **3** nicht hohl ⟨eine Figur, eine Statue⟩ **4** sehr stark und heftig ⟨Vorwürfe, Drohungen; jemanden massiv unter Druck setzen⟩ || *zu* 1 und 4 **Mas·si·vi·tät** *die; -; nur Singular*

maß·los *Adjektiv; ohne Steigerung;* über das normale Maß weit hinausgehend ⟨Zorn; maßlos übertrieben, enttäuscht⟩

Maß·nah·me *die; -, -n;* **eine Maßnahme (zu/**

gegen etwas) eine Handlung, die man ausführt, um ein bestimmtes Ziel zu erreichen ⟨Maßnahmen ergreifen, treffen⟩: *Die Regierung leitete gezielte Maßnahmen zum Abbau der Arbeitslosigkeit ein* || -K Gegenmaßnahme, Vorsichtsmaßnahme

Maß·re·gel *die; -, -n;* eine Vorschrift, mit der das Handeln bestimmt werden soll ⟨Maßregeln treffen, ergreifen⟩

maß·re·geln; *maßregelte, hat gemaßregelt;* **jemanden maßregeln** jemanden (*bes* wegen einer dienstlichen Sache) streng kritisieren (und bestrafen)

Maß·stab *der; (e)s, -stä·be* **1** das Verhältnis der Größen auf einer Landkarte oder bei einem Modell zu den Größen in der Realität ⟨etwas in vergrößertem Maßstab zeichnen⟩: *Das Modell hat den Maßstab eins zu hundert (1:100)* || K- maßstab(s)gerecht, maßstab(s)getreu **2** eine Norm, nach der jemand/etwas beurteilt wird ⟨strenge Maßstäbe setzen⟩: *Selbst wenn man hohe Maßstäbe anlegt, war das eine sehr gute Leistung*

maß·voll *Adjektiv;* so, dass dabei ein vernünftiges Maß eingehalten wird ≈ mäßig ↔ maßlos

Mast[1] *der; -(e)s, -e/-en* **1** eine hohe senkrechte Stange auf einem Schiff, an der die Segel festgemacht werden || ↑ Abbildung unter **Segelboot** **2** eine hohe Stange, die *bes* Fahnen, Antennen oder elektrische Leitungen trägt || -K Funkmast

Mast[2] *die; -, -en; meist Singular;* das Füttern von Schlachttieren, die fett werden sollen ⟨die Mast von Schweinen, Gänsen⟩ || K- Mastfutter, Mastschwein, Mastvieh || -K Gänsemast, Hühnermast, Schweinemast

mäs·ten; *mästete, hat gemästet* **1** **ein Tier mästen** einem Tier viel Futter geben, damit es fett wird, bevor es getötet wird ⟨Schweine, Hühner, Gänse mästen; gemästete Hühner⟩ **2** **jemanden mästen** *umg;* jemandem zu viel zu essen geben

Mas·ter *der; -s, -;* ein höherer Abschluss, den man an einer europäischen Hochschule machen kann || Hinweis: ↑ **Bachelor**

mas·tur·bie·ren; *masturbierte, hat masturbiert; förmlich;* sich selbst sexuell befriedigen, indem man mit der Hand die Genitalien reizt || *hierzu* **Mas·tur·ba·ti·on** *die; -; nur Singular*

Match [mɛtʃ] *das; -(e)s, -s/-e* [mɛtʃs/ˈmɛtʃə]; ein (sportliches) Spiel zwischen zwei Personen oder Mannschaften ⟨ein Match machen, austragen; das Match gewinnen, verlieren⟩: *Das Match endete unentschieden* || -K Fußballmatch, Tennismatch

Ma·te·ri·al B1 *das; -s, -ien* [-i̯ən] **1** die Substanz, aus der etwas hergestellt ist oder wird ⟨teure, billige Materialien⟩: *Bei uns werden nur hochwertige Materialien verarbeitet* || K- Materialfehler || -K Baumaterial **2** *meist Singular;* etwas Schriftliches, das zu einem bestimmten Zweck gesammelt wird ⟨wissenschaftliches Material zusammentragen⟩: *dem Staatsanwalt entlastendes Material übergeben* || K- Materialsammlung || -K Belastungsmaterial

Ma·te·ri·a·lis·mus *der; -; nur Singular;* eine Einstellung zum Leben, die sich an materiellen Werten orientiert || *hierzu* **Ma·te·ri·a·list** *der; -en, -en;* **Ma·te·ri·a·lis·tin** *die; -, -nen;* **ma·te·ri·a·lis·tisch** *Adjektiv*

Ma·te·rie [-i̯ə] *die; -, -n* **1** *nur Singular;* etwas, das als Substanz vorhanden ist **2** *meist Singular;* ein Thema, *meist* mit Problemen ⟨eine schwierige Materie⟩

ma·te·ri·ell *Adjektiv* **1** *nicht als Adverb;* die Dinge betreffend, die jemand zum Leben braucht oder haben möchte ⟨materielle Bedürfnisse, Werte⟩ **2** *nicht als Adverb;* in Bezug auf den (Geld)Wert einer Sache ⟨ein Schaden⟩ **3** ≈ finanziell ⟨in materiellen Schwierigkeiten sein⟩ **4** *nicht als Adverb;* in Bezug auf die Materie (1) ⟨die Welt⟩

Ma·the *(die); -; nur Singular; umg; bes* von Schülern verwendet für das Schulfach Mathematik || K- Mathearbeit, Mathebuch, Mathelehrer, Mathenote, Mathestunde

Ma·the·ma·tik B1 *die; -; nur Singular;* die Wissenschaft, die sich mit Zahlen, Mengen und dem Berechnen von Formeln beschäftigt ⟨Mathematik studieren⟩ || K- Mathematiklehrer || *hierzu* **ma·the·ma·tisch** *Adjektiv*

Mat·rat·ze *die; -, -n;* der Teil eines Bettes, der mit weichem Material gefüllt ist und auf dem man liegt

Mat·ro·se B2 *der; -n, -n;* jemand, der beruflich (als Seemann) auf einem Schiff ist ⟨als Matrose anheuern⟩ || K- Matrosenuniform || *hierzu* **Mat·ro·sin** *die; -, -nen*

Matsch *der; -es, -e; meist Singular; umg* **1** eine Mischung aus Wasser, Schmutz und Schnee oder Erde ⟨in den Matsch fallen, treten⟩ || -K Schneematsch **2** eine feuchte Masse: *Die Äpfel sind nur noch Matsch* || *hierzu* **mat·schig** *Adjektiv*

matt, *matter, mattest-; Adjektiv* **1** (körperlich) erschöpft und schwach: *Nach dem Marathon*

M

fühlte er sich matt und ausgelaugt **2** von geringer Intensität ⟨eine Stimme, ein Lächeln⟩ **3** ohne Glanz ⟨eine Oberfläche, Gold⟩: *Möchten Sie Ihre Fotos matt oder glänzend?* || [K-] Mattgold **4** so, dass es nur schwach leuchtet ⟨Licht, Farben⟩ || *zu* 1 **Mạt·tig·keit** *die; -; nur Singular*

Mạt·te *die; -, -n* **1** ein rechteckiges Stück, das man zum Schutz vor Schmutz oder Kälte auf den Fußboden legt: *eine Matte aus Bast* || [-K] Bademattе, Fußmatte **2** eine dicke, weiche Matte (1) für den Sport, die bei Stürzen vor Verletzungen schützt

Mạtt·schei·be *die; -, -n; meist in* **vor der Mattscheibe sitzen** *umg abwertend* ≈ fernsehen || [ID] **(eine) Mattscheibe haben** *umg;* etwas nicht verstehen, obwohl es oft erklärt wird

Ma·tu·ra *die; -; nur Singular;* Ⓐ Ⓒⓗ ≈ Abitur || *hierzu* **Ma·tu·rạnt** *der; -en, -en;* **Ma·tu·rạn·tin** *die; -, -nen*

Mạ̈tz·chen *die; -s, -; meist Plural;* eine (ungeschickte) Handlung oder Äußerung, durch die jemand *meist* ohne Erfolg versucht, etwas zu erreichen ⟨Mätzchen machen⟩: *Mach bloß keine Mätzchen!*

M

Mau·er [B1] *die; -, -n* **1** *meist* eine Reihe von Steinen nebeneinander und übereinander. Mauern baut man als Grenze oder zum Schutz ⟨eine Mauer bauen, einreißen⟩: *Er hat um sein Grundstück eine zwei Meter hohe Mauer ziehen lassen* || [-K] Steinmauer **2** ≈ Wand: *die Mauern eines Hauses*

mau·ern; *mauerte, hat gemauert;* **(etwas) mauern** Steine aufeinanderbauen und sie mit einer speziellen feuchten Masse verbinden

Maul *das; -(e)s, Mäu·ler* **1** (bei Tieren) der Teil des Kopfes, mit dem sie die Nahrung aufnehmen **2** *salopp abwertend* ≈ Mund || [ID] **ein großes Maul haben** *salopp abwertend;* viel reden und planen, aber nur wenig tun; **das Maul halten** *salopp;* nicht reden: *Halts Maul!;* **sich** (*Dativ*) **über jemanden/etwas das Maul zerreißen** *umg;* Schlechtes über jemanden/etwas erzählen

Maul·korb *der; -(e)s, -kör·be* **1** eine Art kleiner Korb (aus Riemen), den man Hunden vor das Maul bindet, damit sie nicht beißen können **2** *meist in* **jemandem einen Maulkorb anlegen, verpassen** jemandem verbieten, bestimmte Dinge zu sagen

Maul·tier *das; -(e)s, -e;* ein Tier, das aus einem männlichen Esel und einem weiblichen Pferd entstanden ist

Maul·wurf *der; -(e)s, Maul·wür·fe;* ein Tier mit einem schwarzen Fell und kräftigen vorderen Beinen, das Gänge unter der Erde gräbt || [K-] Maulwurfshügel || [ID] **blind wie ein Maulwurf sein** sehr schlechte Augen haben

Mau·rer *der; -s, -;* jemand, der beruflich auf einer Baustelle *bes* die Mauern macht || [K-] Maurermeister || *hierzu* **Mau·re·rin** *die; -, -nen*

Maus [B1] *die; -, Mäu·se* **1** ein kleines, *meist* braunes (Nage)Tier mit dünnem Schwanz: *Die Katze fängt, jagt Mäuse* || [K-] Mausefalle, Mauseloch || [-K] Feldmaus **2** ein kleines technisches Gerät, mit dem man einen Pfeil auf dem Bildschirm eines Computers steuern kann || ↑ Illustration **Im Büro** || [ID] **Da beißt die Maus keinen Faden ab** *umg;* da kann man nichts ändern; **Da möchte man Mäuschen sein/spielen** da würde man gern zuhören und zusehen (ohne dass die andern es merken)

Maus·klick *der; -s, -s; Informatik;* das Drücken einer Taste der Maus (2) ⟨etwas per Mausklick anwählen, auswählen⟩

Maus·pad [-pɛt] *das; -s, -s; Informatik;* eine relativ weiche Unterlage, auf der man die (Computer)Maus hin und her bewegt || ↑ Illustration **Im Büro**

Maut *die; -, -en; meist südd* Ⓐ *oder historisch;* das Geld, das man bezahlen muss, wenn man auf einer bestimmten Straße, durch einen Tunnel oder über einen Pass fährt

ma·xi·mal [B2] *Adjektiv* **1** *meist vor dem Substantiv, nicht als Adverb;* höchst-, größt-, längst-, stärkst- *usw: die maximale Belastung, Geschwindigkeit* || [K-] Maximalgewicht, Maximalpreis **2** *nur als Adverb;* verwendet, um die oberste Grenze anzugeben: *Im Lift haben maximal 5 Personen Platz*

Mạ·xi·mum *das; -s, Ma·xi·ma;* die größte Anzahl oder Menge von etwas ≈ Höchstmaß: *ein Maximum an Komfort, Sicherheit bieten*

Ma·yon·nai·se [majɔˈneːzə] *die; -, -n;* eine dicke gelbliche Soße aus Eiern, Öl und Gewürzen

Me·cha·nik *die; -, -en* **1** *meist Singular; Physik;* die Wissenschaft davon, wie äußere Kräfte auf Körper und Systeme wirken **2** *nur Singular;* die Art und Weise, wie die verschiedenen Teile einer Maschine zusammen funktionieren

Me·cha·ni·ker *der; -s, -;* jemand, der beruflich Maschinen zusammenbaut und repariert || [-K] Automechaniker || *hierzu* **Me·cha·ni·ke·rin** *die; -, -nen*

me·cha·nisch *Adjektiv* **1** *meist vor dem Substantiv;* in Bezug auf die Mechanik (1) ⟨Energie, Kräfte⟩ **2** mit einem Mechanismus ⟨ein Verfahren⟩ **3** so, dass man dabei nicht denken muss ⟨eine Bewegung; etwas läuft mechanisch ab⟩

Me·cha·nis·mus *der; -, Me·cha·nis·men* **1** die verschiedenen Teile einer technischen Konstruktion, die so zusammenwirken, dass die Maschine funktioniert: *Der Mechanismus der Uhr muss repariert werden* **2** die Art und Weise, wie die Teile eines Ganzen zusammen funktionieren ⟨ein biologischer Mechanismus⟩ || -K Bewegungsmechanismus

me·ckern; *meckerte, hat gemeckert* **1 (über jemanden/etwas) meckern** *umg abwertend* ≈ nörgeln **2 ein Tier meckert** *bes* eine Ziege macht die Laute, die für ihre Art typisch sind || zu 1 **Me·cke·rer** *der; -s, -*

Mecklenburg-Vorpommern

Mecklenburg-Vorpommern (oft zu **Meck-Pomm** abgekürzt) ist ein Bundesland im Nordosten Deutschlands. Es liegt an der **Ostsee** und ist relativ dünn besiedelt. Die Hauptstadt heißt **Schwerin**, größte Stadt ist aber die **Hansestadt Rostock**. Berühmt ist die Insel **Rügen** mit ihren weißen Kreidefelsen.

LANDESKUNDE

Me·dail·le [me'daljə] *die; -, -n;* ein rundes Stück Metall, das jemand für besondere Leistungen (*meist* im Sport) bekommt || K- Medaillengewinner || -K Goldmedaille

Me·di·en *die; Plural von* **Medium**

Me·di·ka·ment A2 *das; -(e)s, -e;* ein Mittel zum Einnehmen, Einatmen *usw*, das ein Arzt einem kranken Patienten gibt ⟨jemandem ein Medikament verschreiben⟩ || K- Medikamentenmissbrauch

me·di·ka·men·tös *Adjektiv;* mit Medikamenten ⟨eine Behandlung; jemanden medikamentös behandeln⟩

me·di·ter·ran *Adjektiv; förmlich;* typisch für das Gebiet des Mittelmeers ⟨das Klima, die Vegetation⟩

me·di·tie·ren; *meditierte, hat meditiert* **1 (über etwas** (*Akkusativ*)**) meditieren** intensiv über etwas nachdenken **2 (über etwas** (*Akkusativ*)**) meditieren** (*meist* aus religiösen Gründen) sich stark konzentrieren, um Ruhe zu finden || *hierzu* **Me·di·ta·ti·on** *die; -, -en;* **me·di·ta·tiv** *Adjektiv*

Me·di·um B2 *das; -s, Me·di·en* [-diən] **1** ein Mittel, mit dem man Informationen weitergeben kann: *Fernsehen und Rundfunk sind die wichtigsten Medien der heutigen Gesellschaft* || K- Medienforschung || -K Massenmedium **2** jemand, von dem man glaubt, er könne Kontakte zu toten Personen herstellen *o.Ä.*

me·di·um B2 ['miːdiəm] *Adjektiv; nur nach dem Substantiv oder als Adverb; ohne Steigerung* ⟨ein Filet, ein Steak⟩ so, dass es nicht gar gebraten, sondern innen noch rosa ist

Me·di·zin *die; -, -en* **1** *nur Singular;* die Wissenschaft, die sich damit beschäftigt, wie der Körper des Menschen (und der Tiere) funktioniert, wie man Krankheiten erkennt und behandelt ⟨Medizin studieren⟩ || -K Tiermedizin, Zahnmedizin **2** ≈ Medikament ⟨eine Medizin einnehmen; jemandem eine Medizin verschreiben⟩ || *hierzu* **me·di·zi·nisch** *Adjektiv*

Meer A1 *das; -(e)s, -e* **1** die große Menge von salzigem Wasser, die einen Teil der Erde bedeckt ⟨das weite, offene Meer; auf das Meer hinausfahren; ans Meer fahren⟩: *das Schwarze Meer* || K- Meersalz, Meerwasser; Meeresboden, Meeresgrund, Meerestiere || -K Binnenmeer, Weltmeer **2 ein Meer von etwas** eine sehr große Menge der genannten Sache: *ein Meer von Blumen* || -K Lichtermeer

Mee·res·früch·te *die; -; Plural;* kleine Meerestiere, *z.B.* Muscheln, Tintenfische, Krebse, die man isst

Mee·res·spie·gel *der; -s; nur Singular;* die durchschnittliche Höhe des Meeres, die man als Grundlage für die Messung von Höhen auf dem Land benutzt: *München liegt 518 Meter über dem Meeresspiegel*

Meer·ret·tich *der; -s, -e; meist Singular;* eine Pflanze, deren Wurzeln man als scharfes Gewürz verwendet: *gekochtes Rindfleisch mit geriebenem Meerrettich* || K- Meerrettichsoße

Meer·schwein·chen *das; -s, -;* ein kleines (Nage)Tier mit kurzen Beinen und ohne Schwanz, das ein sehr beliebtes Haustier ist

Me·ga·fon, **Me·ga·phon** [-f-] *das; -s, -e;* eine Art Röhre, die an einem Ende weiter wird und die die Stimme lauter macht, wenn man hineinspricht

Mehl B1 *das; -(e)s; nur Singular* **1** gemahlenes Getreide, aus dem man Brot, Kuchen *usw* herstellt ⟨weißes, feines, grobes Mehl⟩ || K- Mehlsack || -K Roggenmehl, Vollkornmehl || Hinweis: als Plural wird *Mehlsorten* verwendet **2** ein Pulver, das entsteht, wenn man Holz sägt oder Knochen mahlt || -K Knochenmehl, Sägemehl

meh·lig *Adjektiv* **1** mit Mehl (1) bedeckt: *Er hatte mehlige Hände vom Backen* **2** *nicht als*

M

Adverb; ⟨Sand, Staub⟩ so fein wie Mehl **3** ⟨Kartoffeln⟩ so, dass sie beim Kochen schnell sehr weich werden

mehr[1] A2 *Indefinitpronomen* **1** verwendet, um eine Menge zu bezeichnen, die größer ist als eine andere Menge ↔ weniger: *Möchtest du mehr Milch in den Kaffee?; Ich brauche noch mehr Zeit; Die Reise hat mehr (Geld) gekostet als geplant* || K- Mehrkosten **2** verwendet als Komparativ zu *viel*: *Anna verdient als Ärztin mehr als ich*

mehr[2] A2 *Adverb* **1** verwendet mit Verben, um einen höheren Grad auszudrücken: *Du solltest dich mehr schonen!; Sie leistet heute mehr als je zuvor* **2** **mehr als** + *Adjektiv* ≈ sehr: *Es war mehr als dumm von ihm, so viele Schulden zu machen* **3** **mehr** + *Substantiv* + **als** + *Substantiv*; **mehr** + *Adjektiv* + **als** + *Adjektiv* verwendet, um auszudrücken, dass die eine Bezeichnung oder Beschreibung besser zu jemandem/etwas passt als die andere ≈ eher ... als: *Er ist mehr Künstler als Architekt* **4** *verneinter Ausdruck* + **mehr** drückt aus, dass etwas, das bisher vorhanden war, nun nicht da ist: *Wir haben nichts mehr zu trinken; Wir haben kein Brot mehr; Als ich ankam, war keiner/niemand mehr da* **5** **mehr oder minder/weniger** wenn man das Ganze betrachtet: *Die Expedition war mehr oder weniger sinnlos* **6** **umso mehr, als ...** *bes* aus dem genannten Grund: *Er freute sich umso mehr über das Geschenk, als er davon nichts gewusst hatte*

mehr- *im Adjektiv* **1** aus oder mit mehr als zwei der Dinge, von denen das Adjektiv abgeleitet ist; **mehrspurig** ⟨eine Straße⟩; **mehrstellig** ⟨eine Zahl⟩; **mehrteilig** **2** länger als zwei der genanten Einheiten dauernd; **mehrjährig, mehrstündig, mehrtägig**

mehr·deu·tig *Adjektiv;* so, dass man es auf mehr als eine Art und Weise verstehen kann ⟨eine Bemerkung⟩

meh·re·r- *Indefinitpronomen;* mehr als zwei: *Ich musste mehrere Stunden warten; Mehrere mussten wieder umkehren*

mehr·fach *Adjektiv; nur vor dem Substantiv oder als Adverb;* mehrere Male: *Er ist mehrfach vorbestraft*

Mehr·heit B1 *die; -, -en* **1** der größere Teil einer Gruppe ⟨in der Mehrheit sein⟩: *Die Mehrheit der Deutschen fährt einmal im Jahr in Urlaub; Sie besitzt die Mehrheit der Aktien* || K- Mehrheitsbeteiligung || -K Aktienmehrheit **2** *meist Singular;* **eine Mehrheit (von etwas)** *meist Politik;* der Unterschied in der Zahl zwischen einer größeren und einer kleineren Gruppe ⟨die Mehrheit haben⟩: *Sie wurde mit einer knappen Mehrheit von nur zwei Stimmen gewählt* || K- Mehrheitsbeschluss || -K Dreiviertelmehrheit **3** **die absolute Mehrheit** mehr als 50% der Stimmen oder Mandate **4** **die einfache/relative Mehrheit** weniger als 50% der Stimmen oder Mandate, aber mehr als jede andere Partei oder Gruppe || *hierzu* **mehr·heit·lich** *Adjektiv*

mehr·mals B2 *Adverb;* mehr als zweimal: *Ich habe mehrmals bei euch angerufen*

mehr·spra·chig B2 *Adjektiv; nicht als Adverb; ohne Steigerung;* in zwei oder mehr als zwei Sprachen ⟨ein Text⟩

Mehr·weg|fla·sche *die; -, -n;* eine Flasche, die mehrmals gereinigt und wieder benutzt wird(*z.B.* für Bier, Limonade)

Mehr·wert|steu·er *die; -, -n; nur Singular;* das Geld, das der Käufer zusätzlich zum Preis für bestimmte Produkte zahlen muss und das der Verkäufer als Steuer abgeben muss; *Abkürzung* MwSt, MWSt: *Die Preise sind inklusive Mehrwertsteuer*

Mehr·zahl *die; -, -en* **1** *meist Singular* ≈ Plural ↔ Einzahl **2** *nur Singular* ≈ Mehrheit (1): *Die Mehrzahl der Demonstranten war friedlich*

mei·den; *mied, hat gemieden* **1** **jemanden/etwas meiden** mit jemandem/etwas keinen Kontakt haben wollen: *Seit ihrem Streit meiden sich Peter und Jörg* **2** **etwas meiden** absichtlich etwas nicht essen oder trinken ⟨Alkohol meiden⟩

Mei·le *die; -, -n;* die Einheit, mit der in vielen englischsprachigen Ländern große Entfernungen gemessen werden: *Eine Meile entspricht ungefähr 1,6 km*

mein A1 *Possessivpronomen der 1. Person Singular (ich);* wie ein Adjektiv verwendet, um auszudrücken, dass dem Sprecher etwas gehört oder dass er ein besonderes Verhältnis zu jemandem/etwas hat: *mein Bruder und meine Schwester; Ich finde meinen Schlüssel nicht mehr; Ich gehe jetzt in mein Hotel* || ↑ Anhang Seite 1067: **Possessivpronomen**

mei·n- *Possessivpronomen der 1. Person Singular (ich);* wie ein Substantiv verwendet, um sich auf eine (bereits erwähnte) Sache/Person zu beziehen, die zu dem Sprecher gehört: *Ist das dein Bleistift oder meiner?*

Mein·eid *der; -(e)s, -e;* eine Lüge, die man (*meist* in einer Gerichtsverhandlung) verwendet, obwohl man geschworen hat, die Wahrheit zu sagen ⟨einen Meineid leisten⟩

mei·nen B1 *meinte, hat gemeint* **1** **(etwas) (zu**

etwas) meinen eine bestimmte Meinung zu etwas haben: *Was meinen Sie dazu?; Ich meine, wir sollten jetzt gehen; Meinst du, dass das gut ist?* **2** **etwas meinen** ≈ glauben (1): *Sie meint wohl, recht zu haben* **3** **etwas (mit etwas) meinen** etwas ausdrücken wollen: *Was meinst du mit deiner Anspielung?* **4** **jemanden/etwas meinen** sich auf jemand Bestimmten/etwas Bestimmtes beziehen: *Er meinte nicht Markus, sondern Bernd* **5** **(zu jemandem) etwas meinen** zu jemandem etwas sagen: *„Besuch mich doch mal wieder!", meinte sie freundlich zu mir* || ID **etwas gut/böse meinen** eine gute/böse Absicht bei etwas haben; **Es 'gut mit jemandem meinen** wollen, dass es jemandem gut geht (und ihm deshalb helfen); *meist* **Das war nicht so gemeint** es war keine böse Absicht dabei; **Ich meine ja nur (so)** verwendet, um auszudrücken, dass etwas nur ein Vorschlag ist, den der andere nicht akzeptieren muss; **Wenn Sie 'meinen** wenn Sie das unbedingt wollen; **Das will ich 'meinen!** verwendet, um zu betonen, dass man von etwas überzeugt ist

mei·ner A2 *Personalpronomen der 1. Person Singular (ich), Genitiv*: *Sie haben sich meiner erbarmt*; ↑ Anhang Seite 1066: **Personalpronomen**

mei·ner·seits *Adverb* **1** was mich betrifft ≈ von mir aus: *Ich meinerseits habe nichts dagegen* **2** **ganz meinerseits** verwendet als Antwort *z.B.* auf die Sätze „Ich freue mich, Sie kennenzulernen!" oder „War nett/Hat mich gefreut, Sie kennengelernt zu haben"

mei·nes·glei·chen *Pronomen; indeklinabel;* Leute wie ich: *Ich verkehre nur mit meinesgleichen*

mei·net·we·gen *Adverb* **1** aus einem Grund, der mich betrifft: *Sie ist nur meinetwegen hiergeblieben* **2** mit meiner Erlaubnis oder Zustimmung ≈ von mir aus: *Meinetwegen könnt ihr tun, was ihr wollt; „Kann ich morgen dein Auto haben?" – „Meinetwegen!"*

Mei·nung B1 *die; -, -en* **1** **jemandes Meinung (zu etwas); jemandes Meinung (über jemanden/etwas)** das, was jemand über jemanden/etwas denkt ⟨jemanden nach seiner Meinung fragen; sich eine Meinung bilden⟩: *Ich bin der Meinung, dass zu wenig Geld für Umweltschutz ausgegeben wird* || K- Meinungsäußerung, Meinungsbildung, Meinungsfreiheit **2** **meiner** *usw* **Meinung nach** so, wie ich *usw* die Situation beurteile: *Meiner Meinung nach war seine Entscheidung gerecht* **3** **eine schlechte, gute/hohe Meinung von jemandem haben** glauben, dass jemand schlecht *bzw* gut ist **4** **'einer Meinung sein** dieselbe Meinung (1) wie andere haben || ID **jemandem (gehörig) die Meinung sagen** jemandem deutlich sagen, dass man ihn oder seine Taten nicht für gut hält

Mei·nungs·ver·schie·den·heit *die; -, -en;* **eine Meinungsverschiedenheit (über etwas** *(Akkusativ)***)** ein kleiner Streit, der entsteht, wenn es zu einer Sache verschiedene Meinungen gibt

Mei·se *die; -, -n;* ein kleiner, bunter Singvogel

Mei·ßel *der; -s, -;* eine kurze Stange aus Metall mit einem scharfen Ende, mit der man (mit einem Hammer) *bes* Steine spalten oder ihnen eine Form geben kann || *hierzu* **mei·ßeln** *(hat)*

meist *Adverb* ≈ meistens

meis·t- *Adjektiv* **1** *Superlativ;* ↑ **viel**; die größte Anzahl, Menge von etwas: *Sie hat immer das meiste Glück von allen* || K- meistverkauft **2** *nur vor dem Substantiv, nicht als Adverb;* drückt aus, dass etwas der größte Teil von etwas ist: *Die meisten Artikel in diesem Geschäft sind sehr teuer*

meis·tens A2 *Adverb;* fast immer: *Er steht meistens um 7 Uhr auf*

Meis·ter *der; -s, -;* **1** jemand, der in einem Handwerk die Qualifikation hat, andere Menschen auszubilden || K- Meisterprüfung || -K Bäckermeister, Friseurmeister, Schreinermeister **2** jemand, der etwas sehr gut kann: *Louis Armstrong war ein Meister des Jazz* || K- Meisterwerk **3** *Sport;* ein Sportler oder eine Mannschaft, die einen offiziellen Wettkampf gewonnen haben: *Er wurde deutscher Meister im Marathonlauf* || K- Meistertitel || -K Europameister, Weltmeister || ID **jemand hat (in jemandem) seinen Meister gefunden** jemand ist auf jemanden getroffen, der besser ist || *hierzu* **Meis·te·rin** *die; -, -nen;* zu 2 **meis·ter·haft** *Adjektiv*

meis·tern; *meisterte, hat gemeistert;* **etwas meistern** ein *meist* schwieriges Problem lösen: *Er hat die schwierige Situation sehr gut gemeistert*

Meis·ter·schaft *die; -, -en* **1** *Sport;* ein Wettkampf, bei dem die Sportler einen Titel gewinnen können || -K Fußballmeisterschaft, Weltmeisterschaft **2** eine Fähigkeit, die weit über dem Durchschnitt liegt ⟨es in einer Kunst zur Meisterschaft bringen⟩

Me·lan·cho·lie [-ko-] *die; -, -n; meist Singular;* ein Zustand, in dem jemand sehr traurig ist ≈ Schwermut ↔ Euphorie ⟨in Melancholie versinken⟩ || *hierzu* **me·lan·cho·lisch** *Adjektiv*

M

Mẹl·de·amt *das; -(e)s, -äm·ter; Kurzwort;* ↑ **Einwohnermeldeamt**

Mẹl·de·frist *die; -, -en;* eine Zeit, vor deren Ende man sich bei jemandem (oder irgendwo) melden muss

mẹl·den [B2] *meldete, hat gemeldet* **1** **etwas melden** eine Nachricht (im Fernsehen, Radio oder in der Zeitung) mitteilen: *Die Korrespondentin meldet neue Unruhen aus Südamerika* **2** **jemanden/etwas (jemandem/bei jemandem) melden** einer zuständigen Person oder Institution Informationen über jemanden/etwas geben ⟨einen Unfall bei der Polizei melden⟩ **3** **sich (bei jemandem) melden** (wieder) Kontakt mit jemandem aufnehmen: *Ich melde mich nach dem Urlaub bei dir* **4** **sich melden** in der Schule dem Lehrer zeigen, dass man etwas sagen möchte (indem man die Hand hebt) **5** **sich zu/für etwas melden** sagen, dass man bei etwas mitarbeiten oder mitmachen will: *Wer meldet sich freiwillig zum Geschirrspülen?* **6** **sich (am Telefon) melden** am Telefon den (eigenen) Namen sagen **7** **(bei jemandem) nichts zu melden haben** *umg;* keinen Einfluss mehr haben, wenn eine bestimmte Person da ist

Mẹl·de·pflicht *die; -; nur Singular;* die Pflicht, etwas offiziell bei einer Behörde zu melden (2): *Für manche Krankheiten besteht Meldepflicht* || *hierzu* **mẹl·de·pflich·tig** *Adjektiv*

Mẹl·dung *die; -, -en* **1** etwas, das man im Fernsehen, im Radio oder in der Zeitung mitteilt ⟨eine amtliche Meldung⟩ || -K Suchmeldung **2** **eine Meldung von/über etwas** die Informationen, die man einer Institution über jemanden/etwas gibt ⟨eine Meldung übermitteln, erhalten; (jemandem) Meldung erstatten⟩: *Der Polizei liegt noch keine Meldung über den Unfall vor* || -K Krankmeldung **3** **eine Meldung (für/zu etwas)** die (schriftliche) Erklärung, dass man bei etwas mitmachen will: *seine Meldung für einen Wettkampf zurückziehen*

mẹl·ken; *melkt, melkte, hat gemelkt;* **(ein Tier) melken** Milch von einem weiblichen Tier nehmen ⟨Kühe, Schafe, Ziegen melken⟩ || K- Melkmaschine

Me·lo·die [B2] *die; -, -n* [-ˈdiːən]; eine Folge von musikalischen Tönen, die ein Ganzes bilden ⟨eine Melodie spielen⟩: *Wer hat den Text zu dieser Melodie geschrieben?*

Me·lo·ne *die; -, -n;* eine große runde Frucht mit sehr saftigem Fleisch || -K Wassermelone

Me·moi·ren [meˈmo̯aːrən] *die; -; Plural;* ein Bericht einer Person über die Erlebnisse und Ereignisse des eigenen Lebens

Mẹn·ge [B2] *die; -, -n* **1** ein bestimmter Teil einer Sache, die man nicht zählen kann oder eine bestimmte Anzahl von Personen/Dingen, die als Einheit angesehen werden: *Eine kleine Menge dieses Medikaments genügt* **2** eine große Zahl von Menschen an einem Ort ⟨durch die Menge gehen⟩ || -K Menschenmenge, Zuschauermenge **3** **eine Menge** (+ *Substantiv*) eine große Menge (1) ≈ viel(e): *eine Menge alte/alter Bücher besitzen; Wo hast du denn diese Menge Geld her?; Du musst noch eine Menge lernen* **4** **eine ganze/jede Menge** *umg;* sehr viel(e) ≈ eine Masse, ein Haufen: *jede Menge Arbeit haben; noch eine ganze Menge zu tun haben* **5** **in rauen Mengen** *umg;* sehr viel: *Er hat Zeit in rauen Mengen*

Mẹn·gen·ra·batt *der; -(e)s, -e;* ein Rabatt, den man bekommt, wenn man eine große Menge einer Ware kauft

Me·nịs·kus *der; -, Me·nis·ken; Medizin;* eine Scheibe (aus Knorpel) im Knie ⟨sich den Meniskus verletzen⟩

Mẹn·sa [B2] *die; -, Men·sen;* eine Art Restaurant an einer Universität, in dem Studenten billig essen können

Mẹnsch [A2] *der; -en, -en* **1** *nur Singular;* das Lebewesen, das sprechen und denken kann und sich dadurch vom Tier unterscheidet: *Biologisch gesehen ist der Mensch ein Säugetier* || -K Steinzeitmensch **2** ein Mann, eine Frau oder ein Kind als Individuum: *Auf der Erde leben ungefähr 6 Milliarden Menschen* || K- Menschengewühl, Menschenmassen, Menschenmenge **3** **kein Mensch** ≈ niemand: *Ich habe keinem Menschen davon erzählt* || ID **sich wie der erste Mensch benehmen** *umg humorvoll;* sehr ungeschickt sein; **sich wie der letzte Mensch benehmen** *umg;* ein schlechtes Benehmen haben; **('auch) nur ein Mensch sein** ebenso wie alle anderen Menschen Fehler haben oder Fehler machen; **von Mensch zu Mensch** privat und voller Vertrauen || Hinweis: ↑ **menschenverachtend**

Mẹn·schen·ge·den·ken *das; nur in* **seit Menschengedenken** schon seit sehr langer Zeit

Mẹn·schen·hand *die; nur in* **durch/von Menschenhand** *förmlich;* von Menschen gemacht

mẹn·schen·leer *Adjektiv; nicht als Adverb;* ohne Menschen ≈ verlassen ⟨ein Haus, ein Ort, ein Platz⟩

Mẹn·schen·rech·te *die; -; Plural;* die grundsätzlichen Rechte eines Menschen *(z.B.*

auf freie Äußerung der Meinung), wie sie in vielen Staaten in der Verfassung enthalten sind || K- Menschenrechtsverletzung

Men·schen·see·le *die;* **keine Menschenseele** ≈ niemand

Men·schens·kind!, Men·schens·kin·der! *Interjektion; umg;* verwendet, um Erstaunen, Freude oder Ärger auszudrücken: *Menschenskind, was ist denn das?*

men·schen·ver·ach·tend, Men·schen ver·ach·tend *Adjektiv;* ohne die Würde, die Rechte oder die Bedürfnisse von Menschen zu achten ⟨eine Einstellung, eine Politik, ein Regime⟩

Men·schen·ver·stand *der; -(e)s; meist in* **der gesunde Menschenverstand** die natürliche Fähigkeit, Dinge vernünftig zu beurteilen (die man nicht in der Schule lernt und die die Menschen in unterschiedlichem Maße besitzen)

Men·schen·wür·de *die; -; nur Singular;* das Recht, das jeder Mensch hat, als Person respektiert und behandelt zu werden ⟨die Menschenwürde achten, verletzen⟩

Mensch·heit *die; -; nur Singular;* alle Menschen zusammen || K- Menschheitstraum

mensch·lich *Adjektiv* **1** in Bezug auf den Menschen **2** ⟨eine Person⟩ so, dass sie auf andere Menschen Rücksicht nimmt ⟨menschlich handeln, denken⟩ **3** so, dass man dafür Verständnis haben kann ⟨eine menschliche Schwäche; Irren ist menschlich⟩ || *hierzu* **Mensch·lich·keit** *die; -; nur Singular*

Menst·ru·a·ti·on [-'tsi̯oːn] *die; -, -en;* die Blutung aus der Gebärmutter, die eine Frau ungefähr alle vier Wochen hat, wenn sie nicht schwanger ist

men·tal *Adjektiv; förmlich;* in Bezug auf den Verstand, das Denken ≈ geistig ⟨Fähigkeiten⟩

Men·ta·li·tät *die; -, -en;* die Art zu denken, wie sie für eine Person oder Gruppe typisch ist

Me·nü B2 *das; -s, -s* **1** ein Essen aus mehreren Gängen: *Das Menü bestand aus drei Gängen: Suppe, Hauptspeise und Nachspeise* **2** *Informatik;* eine Liste mit den Funktionen eines Programms, unter denen der Benutzer eines Computers wählen kann

Merk·blatt *das; -(e)s, -blät·ter;* ein Blatt Papier mit einem kurzen Text, mit Hinweisen

mer·ken B1 *merkte, hat gemerkt* **1** **etwas merken** etwas sehen oder bewusst wahrnehmen: *Ich habe nicht gemerkt, dass sie gekommen ist* **2** **sich** *(Dativ)* **etwas merken** etwas nicht vergessen ⟨sich *(Dativ)* Zahlen, Namen merken⟩: *Deine Telefonnummer kann ich mir gut merken*

merk·lich *Adjektiv;* so, dass man es deutlich sieht, fühlt, versteht: *Es ist merklich kühler geworden*

Merk·mal B2 *das; -(e)s, -e;* eine besondere Eigenschaft einer Person/Sache, mit der man sie leicht von anderen unterscheiden kann ⟨ein charakteristisches, typisches Merkmal⟩ || -K Hauptmerkmal, Unterscheidungsmerkmal

Mer·kur *der; -; nur Singular;* der Planet, welcher der Sonne am nächsten ist

merk·wür·dig B2 *Adjektiv;* anders als das Normale und so, dass es Aufmerksamkeit oder Misstrauen weckt: *Ihr Verhalten ist in letzter Zeit sehr merkwürdig* || *hierzu* **merk·wür·di·ger·wei·se** *Adverb;* **Merk·wür·dig·keit** *die; -, -en*

Mes·ner, Mes·ner *der; -s, -;* ↑ **Messner** || *hierzu* **Mes·ne·rin, Mes·ne·rin** *die; -, -nen*

Mess·be·cher *der; -s, -;* ein Becher, in den eine bestimmte Menge von etwas passt: *einen halben Messbecher Waschpulver in die Waschmaschine geben*

Mes·se[1] *die; -, -n;* (in der katholischen Religion) ein Gottesdienst mit Gebeten, Gesang und Abendmahl || K- Messwein || -K Frühmesse

Mes·se[2] *die; -, -n;* eine Ausstellung, auf der neue Produkte und Leistungen vorgestellt werden || K- Messegelände, Messestadt || -K Buchmesse

mes·sen B2 *misst, maß, hat gemessen* **1** **etwas messen** die Größe oder Menge von etwas feststellen: *Ich muss erst messen, wie breit das Fenster ist* || K- Messgerät, Messstab, Messwert **2** **etwas misst** + *Zahl* etwas hat eine bestimmte Größe, Länge, Höhe *o.Ä.*: *Das Zimmer misst 15* m^2 **3** **jemanden/etwas an jemandem/etwas messen** eine Person/Sache beurteilen, indem man sie mit jemand/etwas anderem vergleicht: *Du solltest seine Leistungen nicht immer an deinen messen* **4** **sich mit jemandem messen** durch einen Wettkampf oder Vergleich feststellen, wer besser ist: *sich mit jemandem im Kopfrechnen messen* || *zu* **1** **Mes·sung** *die; -, -en*

Mes·ser A1 *das; -s, -;* ein scharfer, flacher Gegenstand *meist* aus Metall (mit einem Griff), den man zum Schneiden oder als Waffe benutzt ⟨ein scharfes, stumpfes Messer; mit Messer und Gabel essen⟩ || K- Messerschnitt,

Messerstich || -K Brotmesser, Küchenmesser || ID **etwas steht auf (des) Messers Schneide** etwas ist in einem Zustand, in dem man (noch) nicht weiß, ob das Ergebnis positiv oder negativ sein wird

mes·ser·scharf *Adjektiv; ohne Steigerung* **1** so scharf wie ein Messer **2** sehr schnell und präzise ⟨jemandes Verstand; messerscharf kombinieren⟩

Mes·sing *das; -s; nur Singular;* eine Mischung der Metalle Zink und Kupfer von gelblicher Farbe || K- Messingschild

Mess·ner *der; -s, -; südd* Ⓐ jemand, der in einer Kirche die einfachen Arbeiten macht und alles für den Gottesdienst vorbereitet || *hierzu* **Mess·ne·rin** *die; -, -nen*

Me·tall A2 *das; -s, -e;* eine *meist* harte, glänzende Substanz (wie Eisen, Gold und Silber), die Wärme und Elektrizität gut leitet ⟨ein Metall gießen, schmieden, schweißen⟩ || K- Metallindustrie || -K Edelmetall, Leichtmetall, Schwermetall

me·tal·len *Adjektiv* ≈ metallisch

Me·tal·ler *der; -s, -; umg* ≈ Metallarbeiter: *Die Metaller streiken*

M

me·tal·lisch *Adjektiv* **1** aus Metall ⟨Rohstoffe, ein Stromleiter⟩ **2** in irgendeiner Eigenschaft einem Metall ähnlich ⟨ein Glanz, eine Stimme⟩

Me·ta·pher [meˈtafɐ] *die; -, -n; Sprachwissenschaft;* ein bildlicher Ausdruck, mit dem man einen Vergleich herstellt: *„Die zarte Knospe ihrer jungen Liebe" ist eine Metapher* || *hierzu* **me·ta·pho·risch** *Adjektiv*

Me·tas·ta·se *die; -, -n; Medizin;* ein Tumor, der sich aus einem anderen Tumor gebildet hat und an einer anderen Körperstelle erscheint

Me·te·or [meteˈoːɐ̯] *der; -s, -e; Astronomie;* ein Körper, der aus dem Weltraum in die Atmosphäre der Erde kommt und dabei verbrennt

Me·te·o·ro·lo·gie *die; -; nur Singular;* die Wissenschaft, die sich mit dem Wetter und dem Klima beschäftigt || *hierzu* **Me·te·o·ro·lo·ge** *der; -n, -n;* **Me·te·o·ro·lo·gin** *die; -, -nen;* **me·te·o·ro·lo·gisch** *Adjektiv*

Me·ter A1 *der/auch das; -s, -;* eine Einheit, mit der man messen kann, wie lang, breit, hoch etwas ist; *Abkürzung* m: *Ein Meter hat hundert Zentimeter, ein Kilometer hat tausend Meter* || K- Meterstab; meterlang

Me·tho·de B1 *die; -, -n;* die Art und Weise, wie man etwas tut, um ein Ziel zu erreichen ⟨eine wissenschaftliche Methode; nach einer Methode verfahren⟩ || -K Erziehungsmethode

me·tho·disch *Adjektiv* **1** *nur vor dem Substantiv oder als Adverb;* in Bezug auf die angewandte Methode ⟨ein Fehler⟩ **2** exakt und nach logischen Prinzipien ≈ planmäßig ⟨ein Vorgehen, Untersuchungen⟩

Met·ro·po·le *die; -, -n; förmlich* ≈ Hauptstadt

Metz·ger B1 *der; -s, -; bes südd* Ⓐ Ⓒⓗ ein Mann, der beruflich Tiere schlachtet und Fleisch und Wurst verkauft || *hierzu* **Metz·ge·rin** *die; -, -nen*

Metz·ge·rei B2 *die; -, -en; bes südd* Ⓐ Ⓒⓗ ein Geschäft, in dem man Fleisch und Wurst kaufen kann

Meu·te *die; -, -n* **1** *abwertend;* eine aggressive Gruppe von Menschen, die sich spontan bildet **2** eine Gruppe von Hunden, die man mit auf die Jagd nimmt

Meu·te·rei *die; -, -en;* eine Aktion *bes* von Matrosen oder Gefangenen, die sich weigern zu gehorchen, und die selbst die Befehle geben wollen

meu·tern; *meuterte, hat gemeutert* **1** **(gegen jemanden) meutern** an einer Meuterei teilnehmen ≈ rebellieren **2** *umg; meist* in lauten Worten sagen, dass man mit jemandem/etwas sehr unzufrieden ist ≈ schimpfen: *Die Gäste meuterten, als sie nach einer Stunde immer noch kein Essen bekommen hatten* || *zu* 1 **Meu·te·rer** *der; -s, -*

mi·au·en; *miaute, hat miaut;* ⟨eine Katze⟩ **miaut** eine Katze gibt die Laute von sich, die für ihre Art typisch sind || *hierzu* **mi·au** *Interjektion*

mich[1] A2 *Personalpronomen der 1. Person Singular (ich), Akkusativ:* *Kennst du mich noch?*; ↑ Anhang Seite 1066: **Personalpronomen**

mich[2] A2 *Reflexivpronomen der 1. Person Singular (ich), Akkusativ:* *Ich habe mich geirrt*; ↑ Anhang Seite 1070: **Reflexivpronomen**

mi·cke·rig, mick·rig *Adjektiv; umg abwertend;* (im Vergleich mit jemandem/etwas) sehr klein, schwach oder unwichtig ↔ riesig: *ein mickriger Kerl; eine mickrige Summe Geld*

mied *Imperfekt, 1. und 3. Person Singular;* ↑ **meiden**

Mief *der; -(e)s; nur Singular; umg abwertend;* der schlechte Geruch alter und *meist* warmer Luft || *hierzu* **mie·fen** *(hat)*

Mie·ne *die; -, -n;* ein Ausdruck im Gesicht, der anderen zeigt, wie man sich gerade fühlt ⟨eine feierliche, geheimnisvolle Miene aufsetzen⟩ || -K Leidensmiene, Unschuldsmiene || ID **gute Miene zum bösen Spiel machen**

obwohl man gegen etwas ist, nichts dagegen tun; **keine Miene verziehen** nicht zeigen, was man gerade fühlt oder denkt

mies, *mieser, miesest-; Adjektiv; umg* **1** *abwertend;* so schlecht, dass es einen ärgert ≈ miserabel: *ein mieser Film, mieses Wetter; sich mies gegenüber jemandem verhalten* **2** in einem schlechten Zustand ≈ krank ↔ fit ⟨sich mies fühlen⟩ || Hinweis: ↑ **miesmachen**

Mie·se *die; -n; Plural; umg* **1** die Schulden, die jemand auf seinem Bankkonto hat ⟨in die Miesen kommen, in den Miesen sein⟩ **2** die Minuspunkte bei einem Spiel

mies·ma·chen; *machte mies, hat miesgemacht; abwertend* **1** **jemanden/etwas miesmachen** über eine Person/Sache nur negativ sprechen, weil man will, dass andere auch so denken: *Er muss immer alles miesmachen* **2** **jemandem etwas miesmachen** etwas so sehr kritisieren, dass jemand keine Freude mehr daran hat: *Von dir lass ich mir das Auto nicht miesmachen!* || *hierzu* **Mies·ma·cher** *der; -s, -*

Mie·te A2 *die; -, -n* **1** das Geld, das man jeden Monat zahlt, um in einer Wohnung oder in einem Haus wohnen zu können: *Sie bezahlen monatlich 650 Euro Miete für ihre Wohnung* || K- Mietvertrag, Mietwohnung || -K Monatsmiete, Wohnungsmiete **2** das Geld, das man zahlt, wenn man ein Auto, Boot *usw* eines anderen für eine bestimmte Zeit fährt || K- Mietauto, Mietwagen

mie·ten A2 *mietete, hat gemietet;* **etwas mieten** gegen Bezahlung einer bestimmten Summe eine Wohnung, ein Haus, ein Büro *o.Ä.* bewohnen und benutzen dürfen || *hierzu* **Mie·ter** *der; -s, -;* **Mie·te·rin** *die; -, -nen* || ▸ **vermieten**

Miets·haus B2 *das; -es, -häu·ser;* ein relativ großes Haus mit vielen Wohnungen, die man mieten kann

Miet·zins *der; -es, -e; südd* Ⓐ Ⓒⓗ *oder Rechtswesen* ≈ Miete (1)

Mig·rä·ne *die; -, -n;* sehr starke Kopfschmerzen, die oft sehr lange dauern

Mig·rant *der; -en, -en;* jemand, der (aus seiner Heimat) in ein anderes Land auswandert || *hierzu* **Mig·ran·tin** *die; -, -nen*

Mik·ro- *im Substantiv;* sehr klein (oder kleiner als normal) ↔ Makro-; der **Mikrocomputer**, der **Mikrokosmos**, der **Mikroprozessor**, die **Mikrowellen**

Mik·ro·fon, Mik·ro·phon B2 [-f-] *das; -s, -e;* ein Gerät, in das man spricht oder singt, um die Stimme lauter zu machen, sie aufzunehmen oder sie zu übertragen ⟨ins Mikrofon sprechen, singen⟩

Mik·ro·skop *das; -s, -e;* ein Gerät, mit dem man sehr kleine Dinge größer sehen und untersuchen kann

Mik·ro·wel·len|herd *der; -(e)s, -e;* ein Gerät, mit dem man das Essen sehr schnell heiß machen kann

Mil·be *die; -, -n;* ein sehr kleines Tier, das (mit den Spinnen verwandt ist und als Parasit) auf Pflanzen, Tieren und Menschen lebt || -K Hausstaubmilbe

Milch A1 *die; -; nur Singular* **1** die weiße Flüssigkeit, die Babys und junge Tiere bei ihrer Mutter trinken || -K Muttermilch **2** die Milch (1) von Kühen, Ziegen und Schafen, die man trinkt und aus der man *z.B.* Butter und Käse macht ⟨frische, fettarme Milch⟩ || K- Milchflasche, Milchreis || -K Frischmilch, Kuhmilch, Vollmilch **3** eine (weiße) Flüssigkeit von bestimmten Pflanzen || -K Kokosmilch **4** eine weiße, flüssige Creme für die Haut || -K Sonnenmilch

Milch·pro·duk·te *die; -; Plural;* alles, was aus Milch gemacht ist, *z.B.* Butter, Käse, Joghurt

Milch·stra·ße *die; -; nur Singular;* ein breiter heller Streifen aus Sternen, den man in der Nacht am Himmel sieht ≈ Galaxis

mild, mil·de B1 *Adjektiv* **1** voller Verständnis für den anderen ↔ streng ⟨ein Richter, eine Strafe, ein Urteil; mild urteilen⟩ **2** weder sehr kalt noch sehr heiß ↔ rau ⟨das Klima, das Wetter⟩ **3** nicht sehr intensiv und deshalb angenehm ↔ grell ⟨ein Licht⟩ **4** nicht sehr intensiv im Geschmack ↔ scharf ⟨ein Käse⟩ || *hierzu* **Mil·de** *die; -; nur Singular*

mil·dern; *milderte, hat gemildert* **1** **etwas mildern** etwas so verändern, dass es weniger schlimm ist ⟨jemandes Leid, jemandes Not, eine Strafe mildern⟩ **2** **etwas mildert sich** etwas wird schwächer || *hierzu* **Mil·de·rung** *die; -; nur Singular*

Mi·li·eu [miˈli̯øː] *das; -s, -s* **1** alles, was von außen die Entwicklung eines Menschen beeinflusst, *bes* seine Familie, Freunde und Kollegen, der gesellschaftliche Hintergrund ≈ Umwelt ⟨das soziale Milieu; ein ärmliches, bürgerliches, kriminelles Milieu⟩ || K- Milieuwechsel; milieugeschädigt || -K Arbeitermilieu, Hafenmilieu **2** die Umgebung, in der ein Tier oder eine Pflanze lebt ⟨ein saures, alkalisches Milieu⟩ **3** *bes* Ⓒⓗ das Milieu (1) und die Gegend, in der Prostituierte und Zuhälter leben

mi·li·tant, *militanter, militantest-; Adjektiv;* ent-

M

schlossen und bereit, für ein (*meist* politisches) Ziel zu kämpfen (indem man *z.B.* demonstriert und dabei auch Gewalt anwendet) ⟨eine Organisation; Anhänger, Gegner⟩

Mi·li·tär[1] B2 *das; -s; nur Singular;* alle Soldaten eines Landes ⟨beim Militär sein⟩ || K- Militärbündnis, Militärputsch

Mi·li·tär[2] B2 *der; -s, -s;* ein Mann, der beim Militär[1] einen hohen Rang hat

mi·li·tä·risch B1 *Adjektiv* **1** in Bezug auf das Militär ⟨Einrichtungen, Stützpunkte, eine Intervention⟩ **2** ⟨die Disziplin, die Ordnung⟩ so, dass sie den Prinzipien folgen, die im Militär üblich sind

Mil·le *die; -, -; umg;* tausend (Euro): *Gib mir 5 Mille, dann gehört das Boot dir*

Mil·li- *im Substantiv; vor Maßeinheiten;* der tausendste Teil der genannten Einheit (1/1000); das **Millibar**, das **Milligramm**, der **Milliliter**, der **Millimeter**

Mil·li·ar·de *die; -, -n;* tausend Millionen (1.000.000.000); *Abkürzung* Md., Mrd.

Mil·li·on [-ˈli̯oːn] *die; -, -en;* tausend mal tausend (1.000.000); *Abkürzung* Mill, Mio: *Österreich hat über 7 Millionen Einwohner*

M

Mil·li·o·när *der; -s, -e;* jemand, der Dinge und Geld im Wert von mindestens einer Million hat || *hierzu* **Mil·li·o·nä·rin** *die; -, -nen*

Mil·li·o·nen·hö·he *die; nur in* **in Millionenhöhe** von (mehr als) einer Million Euro, Franken *o.Ä.*: *Das Feuer verursachte Schäden in Millionenhöhe*

Mil·li·ons·tel *das; -s, -;* 1/1000000

Milz *die; -, -en;* ein Organ in der Nähe des Magens (das weiße Blutkörperchen produziert)

mi·men; *mimte, hat gemimt* **1** **etwas mimen** *umg abwertend;* so tun, als ob man ein bestimmtes Gefühl oder eine Eigenschaft hätte **2** **jemanden/etwas mimen** als Schauspieler eine bestimmte Rolle spielen

Mi·mik *die; -; nur Singular;* die Bewegungen im Gesicht einer Person, wenn sie spricht, lacht, traurig ist *usw* ⟨eine lebhafte Mimik haben⟩ || *hierzu* **mi·misch** *Adjektiv*

Min·der·heit B1 *die; -, -en* **1** *nur Singular;* der kleinere Teil einer Gruppe ⟨in der Minderheit sein⟩ **2** eine kleine Gruppe von Menschen in einem Staat, die sich von den anderen (*z.B.* in ihrer Kultur, Religion) unterscheidet

min·der·jäh·rig *Adjektiv; nicht als Adverb;* ⟨eine Person⟩ noch nicht so alt, dass sie vor dem Gesetz für ihre Taten verantwortlich ist || *hierzu* **Min·der·jäh·ri·ge** *der/die; -n, -n*

min·der·wer·tig *Adjektiv* **1** von schlechter Qualität ⟨Fleisch, Papier⟩ **2** **sich minderwertig fühlen** das Gefühl haben, nicht so gut zu sein wie die anderen || *hierzu* **Min·der·wer·tig·keit** *die; -; nur Singular*

Min·der·zahl *die; -; nur Singular; meist in* **in der Minderzahl sein** in kleinerer Zahl sein als eine andere Gruppe von Personen ↔ in der Überzahl sein

min·des·t- *Adjektiv; ohne Steigerung, nicht als Adverb* **1** *nur vor dem Substantiv; meist* verneint verwendet, um auszudrücken, dass etwas nicht da ist ≈ geringst-: *Er war wütend ohne den mindesten Grund; Ich habe nicht die mindeste* (= keine) *Ahnung von Mathematik* **2** **das Mindeste/mindeste** ≈ das wenigste: *Das ist doch das Mindeste, was man von dir erwarten kann* **3** **nicht das Mindeste/mindeste** überhaupt nichts: *Davon verstehe ich nicht das Mindeste* **4** **nicht im Mindesten/mindesten** überhaupt nicht: *Ich habe nicht im Mindesten daran gedacht, ihn einzuladen* **5** **zum Mindesten/mindesten** ≈ mindestens (2), wenigstens || ▸ **zumindest**

min·des·tens B2 **1** *vor einer Zahl;* nicht weniger, sondern eher mehr, als die Zahl angibt: *Mindestens 80.000 Zuschauer sahen das Fußballspiel* **2** drückt aus, dass etwas das Minimum ist, was man erwarten kann: *Du hättest mindestens anrufen müssen, wenn du schon nicht kommen konntest*

Mi·ne[1] *die; -, -n;* eine Anlage unter der Erde, in der man Stoffe wie *z.B.* Kohle, Gold oder Kupfer gewinnt ⟨eine Mine stilllegen⟩ || K- Minenarbeiter || -K Silbermine

Mi·ne[2] *die; -, -n;* eine Art dünner Stab in einem Bleistift oder Kugelschreiber, aus dem die Farbe kommt || -K Bleistiftmine

Mi·ne[3] *die; -, -n;* eine Art Bombe, die in den Boden oder unter Wasser gelegt wurde, wo sie bei Berührung explodiert || K- Minenfeld || -K Landmine

Mi·ne·ral *das; -s, -e/Mi·ne·ra·li·en* [-ˈraːli̯ən] **1** ein fester Stoff (wie *z.B.* Salz oder Diamanten), der in der Erde gebildet wurde **2** *nur Plural;* Salze, die ein Mineral (wie *z.B.* Natrium oder Kalium) haben: *Dieses Getränk enthält sieben wichtige Mineralien*

Mi·ne·ral·öl *das; -(e)s, -e;* Öl, das aus der Erde gewonnen wird ≈ Erdöl

Mi·ne·ral·was·ser *das; -s, -;* Wasser aus einer Quelle, das viele Mineralien enthält

Mi·ni- *im Substantiv* **1** im Vergleich zu etwas

anderem (von derselben Art) sehr klein ≈ Klein-; die **Minieisenbahn**, das **Miniformat**, die **Minikamera**, der **Minipreis**, der **Ministaat** **2** so kurz, dass die Oberschenkel nicht ganz bedeckt sind ↔ Maxi-; das **Minikleid**, die **Minimode**, der **Minirock**

Mi·ni·job *der; -s, -s;* eine Arbeit, die man nur wenige Stunden im Monat ausübt

mi·ni·mal B2 *Adjektiv* **1** sehr klein; so klein, dass man es kaum erkennen kann ⟨ein Vorsprung, Unterschiede⟩ **2** so, dass es nicht mehr kleiner sein könnte ⟨Kosten⟩ || K- Minimalforderung

Mi·ni·mum *das; -s, Mi·ni·ma;* **ein Minimum (an etwas** *(Dativ)*) die kleinste Anzahl oder Menge von etwas, die möglich, notwendig oder akzeptabel ist ⟨etwas auf ein Minimum reduzieren; ein Minimum an Aufwand⟩

Mi·nis·ter *der; -s, -;* jemand, der als Mitglied der Regierung ein Ministerium leitet ⟨jemanden zum Minister ernennen; einen Minister entlassen⟩ || -K Außenminister, Finanzminister, Premierminister || *hierzu* **Mi·nis·te·rin** *die; -, -nen*

Mi·nis·te·ri·um *das; -s, Mi·nis·te·ri·en* [-i̯ən]; eine der höchsten Behörden in einem Staat, die für einen bestimmten Bereich der Verwaltung verantwortlich ist ⟨das Ministerium für Wissenschaft und Forschung⟩ || -K Außenministerium, Justizministerium

Mi·nis·ter·prä·si·dent *der; -en, -en;* der Chef der Regierung in vielen Bundesländern Deutschlands || *hierzu* **Mi·nis·ter·prä·si·den·tin** *die; -, -nen*

Mi·nist·rant *der; -en, -en; katholische Religion;* ein Kind, das dem Priester bei der Messe hilft || *hierzu* **Mi·nist·ran·tin** *die; -, -nen*

mi·nus¹ A2 *Konjunktion; Mathematik;* das Zeichen -, das eine Subtraktion anzeigt: *drei minus zwei ist (gleich) eins (3-2=1)* || K- Minuszeichen

mi·nus² A2 *Adverb* **1** verwendet, um auszudrücken, dass eine Zahl unter null liegt, negativ ist: *Es sind fünf Grad minus* **2** etwas schlechter als die angegebene (Schul)Note: *Er hat im Aufsatz die Note „Zwei minus" bekommen*

Mi·nus·pol *der; -s, -e; Physik;* der Pol *(bes* einer Batterie) mit negativer elektrischer Ladung ↔ Pluspol

Mi·nu·te A1 *die; -, -n* **1** einer der 60 Teile einer Stunde; *Abkürzung* Min., min ⟨eine knappe, volle, gute Minute⟩: *zehn Minuten zu spät kommen* || K- minutenlang || -K Schweigeminute **2** ein kurzer Zeitraum ⟨keine ruhige Minute haben⟩: *Hätten Sie eine Minute Zeit für mich?* **3** **in letzter Minute**; **in der letzten Minute** so kurz vor einem bestimmten Zeitpunkt, dass es fast schon zu spät ist || ID *meist* **Es ist fünf (Minuten) vor zwölf** wenn man jetzt nichts tut, wird es zu spät sein

mi·nu·ti·ös, *minutiöser, minutiösest-; Adjektiv; förmlich;* so genau, dass jedes Detail beachtet wird ⟨eine Arbeit; etwas minutiös analysieren⟩

mi·nüt·lich *Adjektiv; nur vor dem Substantiv oder als Adverb;* so, dass es jede Minute einmal passiert

mi·nu·zi·ös ↑ **minutiös**

Min·ze *die; -, -n* ≈ Pfefferminze

Mio *Abkürzung für* Million, Millionen

mir¹ A2 *Personalpronomen der 1. Person Singular (ich), Dativ: Sie hat mir nicht geglaubt;* ↑ Anhang Seite 1066: **Personalpronomen**

mir² A2 *Reflexivpronomen der 1. Person Singular (ich), Dativ: Ich muss mir die Hände waschen;* ↑ Anhang Seite 1070: **Reflexivpronomen**

Misch·brot *das; -(e)s, -e;* ein Brot, das aus einer Mischung von Roggen- und Weizenmehl gebacken wird

mi·schen B1 *mischte, hat gemischt* **1** **etwas (mit etwas) mischen** etwas so in etwas anderes tun, dass man die einzelnen Teile nicht mehr voneinander trennen kann ⟨Wasser mit Wein, Farben mischen⟩ || K- Mischkost **2** **etwas mischen** etwas herstellen, indem man Dinge mischt (1) ⟨einen Cocktail, Gift mischen⟩ || K- Mischgetränk **3** **(etwas) mischen** eine Reihenfolge so verändern, dass keine Ordnung besteht ⟨Karten mischen⟩ **4** **sich unter** ⟨die Menge, das Volk, die Zuschauer⟩ **mischen** in eine (Menschen)Menge gehen **5** **sich in etwas** *(Akkusativ)* **mischen** etwas sagen oder tun, das einen selbst nicht betrifft ⟨sich in einen Streit, in fremde Angelegenheiten mischen⟩

Misch·masch *der; -(e)s, -e; meist Singular; umg, oft abwertend;* etwas, das aus verschiedenen Dingen besteht, die nicht zueinanderpassen: *einen Mischmasch aus Deutsch und Englisch sprechen*

Mi·schung *die; -, -en;* **eine Mischung (aus/von etwas)** etwas, in dem verschiedene Dinge vorkommen ⟨eine gelungene, bunte Mischung⟩: *eine Mischung aus Wut und Trauer* || -K Gewürzmischung

Misch·wald *der; -(e)s, -wäl·der;* ein Wald mit Nadel- und Laubbäumen

mi·se·ra·bel, *miserabler, miserabelst-; Adjektiv* **1**

M

abwertend; so schlecht, dass man sich darüber ärgert ⟨ein Film, Wetter⟩ **2** *umg;* sehr schlecht oder krank ⟨sich miserabel fühlen⟩ || Hinweis: *miserabel → ein miserabler Film*

Mi·se·re *die; -, -n;* eine sehr schwierige Situation ≈ Notlage ⟨eine wirtschaftliche, finanzielle Misere; eine Misere überwinden⟩

miss·ach·ten; *missachtete, hat missachtet* **1** **etwas missachten** (mit Absicht) anders handeln, als es durch Regeln bestimmt ist ≈ gegen etwas verstoßen ↔ beachten ⟨ein Gesetz, eine Verkehrsregel missachten; die Vorfahrt missachten⟩ **2** **jemanden/etwas missachten** jemanden/etwas nicht achten, jemandem/etwas nicht genügend Aufmerksamkeit geben || *hierzu* **Miss·ach·tung** *die; -; nur Singular*

Miss·bil·dung *die; -, -en;* ein Lebewesen oder ein Teil davon (*z.B.* ein Organ), das nicht die normale Form hat, sondern *meist* durch eine Krankheit verändert ist ≈ Deformation

miss·brau·chen; *missbrauchte, hat missbraucht* **1** **etwas missbrauchen** etwas so verwenden, dass das Ergebnis schlecht oder schädlich ist ⟨Rechte, Alkohol missbrauchen⟩: *Er hat sein Amt missbraucht, um sich zu bereichern* **2** **jemanden (sexuell) missbrauchen** jemanden zu sexuellen Kontakten zwingen || *hierzu* **Miss·brauch** *der; -(e)s, -bräu·che*

M

mis·sen *nur in* **jemanden/etwas nicht missen mögen** nicht ohne jemanden/etwas sein wollen: *Ich möchte die Erinnerungen an diese Zeit nicht missen*

Miss·er·folg *der; -(e)s, -e;* ein sehr schlechtes Ergebnis für jemanden

miss·fal·len; *missfällt, missfiel, hat missfallen;* **jemandem missfallen** *förmlich;* jemandem nicht gefallen || *hierzu* **Miss·fal·len** *das; -s; nur Singular*

Miss·ge·schick *das; -(e)s, -e;* ein Ereignis, das peinlich oder ärgerlich ist und an dem man selbst schuld ist ≈ Malheur ⟨jemandem passiert, widerfährt ein Missgeschick⟩

miss·glü·cken; *missglückte, ist missglückt;* **etwas missglückt (jemandem)** jemand hat bei etwas keinen Erfolg ≈ etwas misslingt (jemandem) ↔ etwas glückt (jemandem) ⟨ein Plan, eine Arbeit⟩

Miss·griff *der; -(e)s, -e;* eine Handlung oder Entscheidung, die falsch war ≈ Fehler ⟨einen Missgriff tun, machen⟩: *Es war ein Missgriff, diesen guten Mann zu entlassen*

miss·han·deln; *misshandelte, hat misshandelt;* **jemanden/ein Tier misshandeln** einen Menschen oder ein Tier grausam und brutal behandeln || *hierzu* **Miss·hand·lung** *die; -, -en*

Mis·si·on [-ˈsi̯oːn] *die; -, -en* **1** *förmlich;* ein sehr wichtiger und ernster Auftrag ⟨eine politische Mission; in geheimer Mission⟩ || -K Militärmission **2** *nur Singular;* die Verbreitung eines religiösen Glaubens || K- Missionsschwester

Mis·si·o·nar *der; -s, -e;* jemand (*bes* ein Pfarrer oder Priester), der seinen Glauben in einem Land, in dem ein anderer Glaube herrscht, verbreitet || *hierzu* **Mis·si·o·na·rin** *die; -, -nen*

miss·lich *Adjektiv; nicht als Adverb;* nicht sehr angenehm oder erfreulich ⟨eine Lage, eine Situation, Verhältnisse⟩

miss·mu·tig *Adjektiv;* so, dass man dabei merkt, dass sich jemand ärgert ≈ schlecht gelaunt ↔ fröhlich ⟨ein missmutiges Gesicht machen; missmutig aussehen⟩

Miss·stand *der; -(e)s, Miss·stän·de; meist Plural;* ein Zustand, in dem vieles falsch, schlecht und oft auch illegal ist ⟨auf soziale Missstände hinweisen; Missstände (in der Wirtschaft) aufdecken, beseitigen⟩

misst Präsens, 3. Person Singular; ↑ **messen**

miss·trau·en; *misstraute, hat misstraut;* **jemandem/etwas misstrauen** kein Vertrauen zu jemandem/in etwas haben ↔ jemandem/etwas trauen ⟨Fremden misstrauen⟩

Miss·trau·en *das; -s; nur Singular;* **Misstrauen (gegen jemanden/etwas)** der Zweifel daran, ob man jemandem/etwas vertrauen kann ⟨jemandem Misstrauen entgegenbringen; Misstrauen hegen⟩ || *hierzu* **miss·trau·isch** *Adjektiv*

Miss·ver·hält·nis *das; -ses, -se;* ein Verhältnis (1), das falsch ist oder als falsch angesehen wird ≈ Diskrepanz ⟨ein krasses Missverhältnis⟩: *das Missverhältnis zwischen der Zahl der männlichen und der weiblichen Politiker*

Miss·ver·ständ·nis *das; -ses, -se;* das Missverstehen ⟨ein Missverständnis aufklären; etwas führt zu einem Missverständnis⟩: *Hier liegt wohl ein Missverständnis vor*

miss·ver·ste·hen; *missverstand, hat missverstanden* **1** **jemanden/etwas missverstehen** eine Äußerung oder eine Handlung von jemandem anders verstehen, als dieser es wollte **2** **jemanden/etwas missverstehen** nicht richtig hören, was jemand gesagt hat

Miss·wirt·schaft *die; -, -en; meist Singular;* Handlungen im Bereich der Wirtschaft, durch die Verluste entstehen: *Die Misswirtschaft des Staates hat zu Schulden geführt*

Mist *der; -(e)s; nur Singular* **1** eine Mischung aus

Kot und Urin von Tieren und Stroh, die man verwendet, damit Pflanzen besser wachsen || [K-] Misthaufen **2** *umg abwertend*; etwas, das sehr schlecht, dumm oder wertlos ist || [ID] **verdammter Mist!** *salopp*; verwendet, um Wut auszudrücken; **Mist bauen** *umg*; (einen) Fehler machen; *meist* **Das ist nicht auf seinem Mist gewachsen** *umg*; das ist nicht seine Idee gewesen

Mịst·kü·bel *der*; *-s, -*; Ⓐ ein Eimer für Abfälle ≈ Abfalleimer

mịt[1] [A1] *Präposition*; *mit Dativ* **1** verwendet, um das Mittel oder Instrument zu nennen, das benutzt wird ≈ mithilfe: *einen Nagel mit dem Hammer in die Wand schlagen* **2** drückt aus, dass zwei oder mehrere Personen zusammen sind und dasselbe tun ↔ ohne: *Sie fuhr mit ein paar Freundinnen nach Rom* **3** drückt aus, dass zwei Personen oder Sachen zusammen sind oder zusammengehören ↔ ohne: *eine Dose mit Bonbons* **4** verwendet, um eine Bestimmung der Art und Weise einzuleiten ↔ ohne: *Ich hoffe, du hast das nicht mit Absicht getan!* **5** verwendet, um eine gemeinsame Richtung auszudrücken ↔ gegen: *mit dem Strom schwimmen* **6** im genannten Alter, zum genannten Zeitpunkt: *Mit 19 Jahren machte sie das Abitur* **7** verwendet nach bestimmten Verben, Substantiven und Adjektiven, um deren Ergänzungen anzuschließen: *mit dem Gegner kämpfen*; *sich mit etwas beschäftigen*; *mit etwas zufrieden sein*

mịt[2] [A1] *Adverb*; *umg*; zusammen mit einer oder mehreren Personen oder Sachen: *Warst du mit dabei, als der Unfall passierte?*

mịt- [A2] *im Verb*; *betont und trennbar*; Die Verben mit *mit-* werden nach folgendem Muster gebildet: *mitgehen - ging mit - mitgegangen* **1** drückt aus, dass jemand etwas (gleichzeitig) mit einer oder mehreren Personen zusammen tut; **(mit jemandem) mitessen, mitfliegen, mitlachen, mitregieren, mitreisen, mitspielen, mitweinen** **2** drückt aus, dass jemand eine Person oder Sache bei sich hat, wenn er irgendwohin geht; **jemanden/etwas mithaben, mitschleifen, mitschleppen, mittragen**

mịt·ar·bei·ten *(hat)* **(irgendwo) mitarbeiten** einen Teil einer Arbeit machen, an der auch andere arbeiten ⟨an/bei einem Projekt mitarbeiten⟩ || *hierzu* **Mịt·ar·beit** *die*; *-*; *nur Singular*

Mịt·ar·bei·ter *der*; *-s, -*; **1** jemand, der in einem Betrieb angestellt ist ⟨ein Unternehmen mit 50 Mitarbeitern⟩ **2** jemand, der an etwas arbeitet, ohne fest angestellt zu sein ⟨ein freier, ständiger Mitarbeiter beim Rundfunk⟩ || *hierzu* **Mịt·ar·bei·te·rin** *die*; *-, -nen*

mịt·be·kom·men; *bekam mit, hat mitbekommen* **1** **etwas (von etwas) mitbekommen** *umg*; etwas hören, sehen, verstehen *o.Ä.*: *Sie war so müde, dass sie von dem Film kaum etwas mitbekommen hat*; *Hast du überhaupt mitbekommen, was ich gesagt habe?* **2** **etwas (von jemandem) mitbekommen** etwas von jemandem bekommen, das man auch mitnimmt: *Er hat von seiner Mutter ein bisschen Geld für den Ausflug mitbekommen*

mịt·be·stim·men; *bestimmte mit, hat mitbestimmt*; **(über etwas** *(Akkusativ)*) **mitbestimmen** etwas zusammen mit anderen entscheiden

Mịt·be·stim·mung *die*; *-*; *nur Singular*; **die Mitbestimmung** (**über etwas** *(Akkusativ)*) das Recht der Mitarbeiter in einem Betrieb, zusammen mit der Leitung des Unternehmens über Dinge zu entscheiden, die den Betrieb betreffen || [K-] Mitbestimmungsrecht

mịt·brin·gen *(hat)* **1** **jemanden/etwas mitbringen** jemanden/etwas bei sich haben, wenn man irgendwohin kommt: *Sie brachte ihren Bruder auf die Party mit* **2** **(jemandem) etwas mitbringen** etwas als Geschenk bei sich haben, wenn man jemanden besucht: *Ich hab dir ein paar Blumen mitgebracht* **3** **etwas (für etwas) mitbringen** eine bestimmte Fähigkeit haben, die für etwas nützlich ist: *das nötige Fachwissen für einen Job mitbringen*

Mịt·bring·sel *das*; *-s, -*; *umg*; ein kleines Geschenk, das man jemandem *bes* von einer Reise mitbringt

mịt·den·ken *(hat)* **1** konzentriert zuhören und versuchen, die einzelnen Gedanken des Sprechers zu verstehen **2** so arbeiten, dass man sich genau überlegt, was zu tun ist: *Für diese Arbeit brauchen wir jemanden, der mitdenken kann*

mịt·ei·nan·der *Adverb*; eine Person/Sache mit der anderen: *miteinander leben, spielen, streiten*; *Die Probleme sind miteinander verbunden*

mịt·er·le·ben; *erlebte mit, hat miterlebt*; **etwas miterleben** dabei sein, wenn etwas geschieht: *Er hat den Krieg noch miterlebt*; *Hast du schon einmal miterlebt, wie ein Unfall passiert ist?*

Mịt·es·ser *der*; *-s, -*; eine Art kleiner schwarzer Punkt auf der Haut

mịt·fah·ren *(ist)* dabei sein, wenn jemand/etwas irgendwohin fährt: *Kann ich bei dir mitfahren? Mein Auto ist kaputt* || *hierzu* **Mịt·fah·rer** *der*; *-s, -*; **Mịt·fah·re·rin** *die*; *-,*

-nen

mit·ge·ben *(hat)* **1** **jemandem etwas mitgeben** jemandem, der weggeht, etwas geben, das er dann mit sich nimmt: *den Kindern Brot (in die Schule) mitgeben* **2** **jemandem jemanden mitgeben** jemandem einen Begleiter geben: *den Touristen einen Bergführer mitgeben*

Mit·ge·fühl *das; -s, -e;* das traurige Gefühl, das man spürt, wenn andere Schmerzen, Trauer, Sorgen haben ⟨Mitgefühl äußern⟩

mit·ge·hen *(ist)* **1** mit jemandem irgendwohin gehen ≈ jemanden irgendwohin begleiten: *Willst du nicht zur Party mitgehen?* **2** seine Stimmung von etwas anregen lassen ⟨bei einem Konzert, mit der Musik mitgehen⟩ **3** **etwas mitgehen lassen** *umg;* etwas stehlen ‖ [ID] **mitgegangen, (mitgefangen,) mitgehangen** man ist auch dann für etwas verantwortlich, wenn man nur passiv daran beteiligt war

Mit·gift *die; -, -en; meist Singular;* Geld (und anderes), das Eltern ihrer Tochter geben, wenn sie heiratet ‖ [K-] Mitgiftjäger

Mit·glied [B1] *das; -(e)s, -er;* jemand, der zu einer (organisierten) Gruppe *(z.B.* zu einem Verein oder zu einer Partei) gehört ⟨ein aktives, langjähriges Mitglied; irgendwo Mitglied sein⟩ ‖ [K-] Mitgliedsbeitrag ‖ [-K] Familienmitglied, Parteimitglied

mit·hel·fen *(hat)* jemandem helfen, etwas zu tun: *Ihre Kinder müssen zu Hause viel mithelfen* ‖ *hierzu* **Mit·hil·fe** *die; -; nur Singular*

mit·hil·fe, mit Hil·fe *Präposition; mit Genitiv;* mit der Hilfe einer Person oder unter Verwendung von etwas: *den Text mithilfe eines Wörterbuches übersetzen* ‖ Hinweis: auch verwendet mit *von*: *mithilfe von Werkzeugen*

mit·hö·ren *(hat)* **1** **(etwas) mithören** zufällig *meist* ein Gespräch hören, das andere gerade haben: *Die Wände sind so dünn, dass die Nachbarn jeden Streit mithören* **2** **(etwas) mithören** jemanden überwachen, indem man heimlich seinen Gesprächen zuhört

mit·kom·men *(ist)* **1** **(mit jemandem) mitkommen** mit jemandem zusammen irgendwohin gehen oder kommen: *Will er mit uns auf die Party mitkommen?* **2** **(mit jemandem) mitkommen** *umg;* das machen können, was verlangt wird ⟨in der Schule, im Unterricht gut, schlecht, nicht mitkommen⟩ **3** **(mit jemandem) mitkommen** *umg;* genauso schnell etwas machen können wie jemand anderer: *Geh nicht so schnell, ich komme nicht mehr mit* **4** **nicht (mehr) mitkommen** *umg;* etwas nicht (mehr) verstehen können: *Ist das kompliziert! Ich komme da einfach nicht mit*

Mit·laut *der; -(e)s, -e* ≈ Konsonant

Mit·leid *das; -s; nur Singular;* das Gefühl, dass man einem Menschen helfen oder ihn trösten möchte ⟨Mitleid mit jemandem haben; (jemandes) Mitleid erregen⟩ ‖ *hierzu* **mit·lei·dig** *Adjektiv*

mit·ma·chen *(hat) umg* **1** **etwas** *(Akkusativ)*/ **bei etwas/an etwas** *(Dativ)* **mitmachen** ≈ an etwas teilnehmen: *einen Wettbewerb mitmachen* **2** **etwas mitmachen** eine Arbeit *o.Ä.* zusätzlich zur eigenen machen: *Als sie krank war, machten die Kollegen ihre Arbeit mit* **3** **etwas mitmachen** schwierige oder harte Zeiten haben: *Seit ihr Mann trinkt, macht sie eine Menge mit*

Mit·mensch *der; -en, -en; meist Plural;* die Menschen, mit denen man zusammen in der Gesellschaft lebt

mit·neh·men [B1] *(hat)* **1** **jemanden/etwas (irgendwohin) mitnehmen** jemanden/etwas bei sich haben, wenn man irgendwohin geht, fährt *o.Ä.*: *Nimm bitte den Brief mit, wenn du in die Stadt gehst* **2** **etwas nimmt jemanden/ etwas mit** etwas belastet jemanden/etwas so stark, dass es negative Folgen hat: *Die Ereignisse der letzten Woche haben sie arg mitgenommen* **3** **etwas mitnehmen** *umg;* eine Gelegenheit nutzen, um etwas Angenehmes zu erleben: *alles mitnehmen, was einem im Urlaub angeboten wird* **4** **etwas mitnehmen** *umg;* etwas so berühren, dass sich ein Teil davon löst: *Er fuhr so scharf in die Kurve, dass er einen Teil der Mauer mitnahm*

mit·re·den *(hat)* **1** **(mit jemandem) (bei etwas) mitreden** in einem Gespräch etwas Sinnvolles sagen können, weil man vom Thema etwas weiß: *Bei diesem Thema kann ich leider nicht mitreden, ich verstehe nichts davon* **2** **(bei etwas) mitreden** ≈ (etwas) mitbestimmen

mit·samt *Präposition; mit Dativ;* zusammen mit: *Er kam mitsamt der ganzen Familie*

mit·schrei·ben [B1] *(hat)* **1** **(etwas) mitschreiben** etwas schreiben, während es jemand spricht **2** **(etwas) mitschreiben** an einer schriftlichen Prüfung teilnehmen ⟨die Klausur mitschreiben⟩

mit·schul·dig *Adjektiv; ohne Steigerung;* **(an etwas** *(Dativ)*) **mitschuldig** ⟨eine Person⟩ so, dass sie einen Teil der Schuld hat: *Er war an dem Unfall mitschuldig* ‖ *hierzu* **Mit·schuld** *die; -; nur Singular*

Mit·schü·ler *der; -s, -; bes* ein Kind, das zusammen mit anderen in eine bestimmte Klasse oder Schule geht || *hierzu* **Mit·schü·le·rin** *die; -, nen*

mit·spie·len *(hat)* **1** mit anderen zusammen spielen: *Die anderen Kinder wollten sie nicht mitspielen lassen; in einer Band mitspielen* **2** **etwas spielt (bei jemandem/etwas) mit** etwas beeinflusst etwas || *zu* 1 **Mit·spie·ler** *der; -s, -;* **Mit·spie·le·rin** *die; -, nen*

Mit·spra·che·recht *das; -(e)s; nur Singular;* das Recht, bei einer Entscheidung mitbestimmen zu dürfen ⟨ein Mitspracherecht haben⟩

Mit·tag A1 *der; -s, -e* **1** (um) zwölf Uhr am Tag ⟨gestern, heute, morgen, gegen Mittag; es ist Mittag⟩ **2** die Tageszeit zwischen ungefähr 11 und 14 Uhr: *Manche Geschäfte schließen über Mittag* || K- Mittagessen; Mittagspause, Mittagsschlaf, Mittagszeit || -K Sonntagmittag, Montagmittag *usw* **3** *nur Singular; umg;* eine Pause am Mittag (2) ≈ Mittagspause ⟨Mittag haben, machen⟩ **4** **(zu) Mittag essen** zwischen 12 und 14 Uhr etwas *meist* Warmes essen || *zu* 1 und 2 **mit·täg·lich** *Adjektiv*

Die Mittagspause

Die Mittagspause in der Arbeit ist in Deutschland normalerweise zwischen einer halben und einer Stunde lang.
Viele Firmen und Behörden haben eine **Kantine**, in der die Mitarbeiter ein günstiges Mittagessen bekommen. An Universitäten und vielen Schulen gibt es eine **Mensa** für Studenten/Schüler und Mitarbeiter/Lehrer.

LANDESKUNDE

mit·tags A2 *Adverb;* am Mittag (1,2)

Mit·te A2 *die; -, -n; meist Singular* **1** der Teil, der *z.B.* bei einem Kreis von allen Teilen des Randes gleich weit entfernt ist ⟨in der Mitte sein, stehen; in die Mitte gehen⟩: *In der Mitte des Saales hing eine große Lampe* || K- Stadtmitte **2** **Mitte** + *Zeitangabe* in der Mitte (1) des genannten Zeitraumes: *Der Vertrag gilt bis Mitte April; Ich komme Mitte nächster Woche zurück* || -K Monatsmitte **3** **Mitte** + *Zahl* ungefähr so alt wie die genannte Zahl plus etwa 4 bis 6 Jahre ⟨Mitte zwanzig, dreißig, vierzig sein⟩ **4** eine Gruppe von Leuten, die keine extremen politischen Meinungen haben **5** **die goldene Mitte** ein Kompromiss, ein Standpunkt *o.Ä.* zwischen zwei Extremen **6** **in/aus jemandes Mitte** in/aus einer Gruppe von Personen, die zusammen sind: *In unserer Mitte befindet sich ein Verräter; Der Vorschlag stammt aus eurer Mitte* **7** **jemanden in die Mitte nehmen** so gehen, sitzen, stehen *o.Ä.*, dass jemand zwischen anderen Personen ist || ID *meist* **Er/Sie wurde aus unserer Mitte gerissen** *förmlich;* er/sie ist tot; **Ab durch die Mitte!** *umg;* verwendet, um jemanden aufzufordern, (schnell) wegzugehen

mit·tei·len B2 *(hat)* **1** **jemandem etwas mitteilen** etwas sagen, schreiben *o.Ä.*, damit jemand es erfährt ⟨jemandem etwas brieflich, mündlich, telefonisch mitteilen⟩: *Sie hat uns ihre neue Adresse noch nicht mitgeteilt* **2** **sich jemandem mitteilen** mit jemandem über die eigenen Gefühle, Gedanken sprechen

Mit·tei·lung *die; -, -en;* etwas, das man jemandem mitteilt (1) ⟨eine vertrauliche Mitteilung⟩ || K- Mitteilungsbedürfnis

Mit·tel *das; -s, -;* **1** **ein Mittel (zu etwas)** etwas, mit dessen Hilfe man etwas tun oder erreichen kann ⟨ein sicheres Mittel; rechtliche Mittel; zu einem Mittel greifen⟩: *Sie versuchte mit allen Mitteln, ihn zu überzeugen* || -K Arbeitsmittel, Beweismittel, Nahrungsmittel, Verkehrsmittel; Hilfsmittel **2** **ein Mittel (für/zu etwas)** eine (chemische) Substanz als Mittel (1): *Wo ist denn das Mittel zum Reinigen von Pinseln?* || -K Spülmittel, Waschmittel **3** **ein Mittel (für/gegen etwas); ein Mittel (zu etwas)** ≈ Medikament ⟨ein Mittel für/gegen Kopfschmerzen (ein)nehmen⟩: *Der Arzt verschrieb ihr ein Mittel zum Einreiben* || -K Hustenmittel, Schlafmittel **4** *nur Plural;* das Geld, das jemand für einen bestimmten Zweck hat: *Der Kindergarten wird aus/mit öffentlichen Mitteln finanziert* **5** **das (arithmetrische) Mittel** eine Zahl, die entsteht, wenn man einzelne Zahlen addiert und dann die Summe durch die Anzahl der addierten Zahlen teilt, *z.B.* (3 + 6 + 7): 3 = 5,33 || ID **Mittel und Wege finden** Möglichkeiten finden, etwas zu tun; **ein (bloßes) Mittel zum Zweck** eine Person/Sache, die nur für einen bestimmten Zweck wichtig ist

mit·tel- B2 *im Adjektiv;* so, dass die Größe oder die Qualität durchschnittlich ist; **mitteldick** ⟨ein Brett⟩, **mittelfein** ⟨Papier⟩, **mittelgroß** ⟨ein Mann, eine Frucht⟩

Mit·tel- B2 *im Substantiv* **1** in der Mitte; **Mittelamerika**, **Mitteleuropa**, der **Mittelfinger** ⟨der Hand⟩ **2** von mittlerer, durchschnittlicher Größe, Höhe *o.Ä.*; das **Mittelgebirge**

Mit·tel·al·ter *das; -s; nur Singular;* (in der europäischen Geschichte) der Zeitraum zwischen Antike und Renaissance, den man *meist* vom 4./5. bis zum 15. Jahrhundert rechnet;

M

Abkürzung MA ⟨das frühe, hohe, späte Mittelalter⟩ || hierzu **mit·tel·al·ter·lich** Adjektiv

mit·tel·fris·tig Adjektiv; gültig oder vorgesehen für einen Zeitraum, der weder kurz noch lang ist ↔ langfristig, kurzfristig ⟨eine Lösung, eine Maßnahme, eine Regelung⟩

mit·tel·los Adjektiv; ohne Geld, Vermögen und Besitz ≈ arm || hierzu **Mit·tel·lo·sig·keit** die; -; nur Singular

Mit·tel·maß das; -es, -e; oft abwertend; eine durchschnittliche Qualität ⟨nur Mittelmaß sein⟩ || hierzu **mit·tel·mä·ßig** Adjektiv

Mit·tel·meer das; -(e)s; nur Singular; das Meer, das zwischen Europa und Afrika liegt || K- Mittelmeerländer

Mit·tel·punkt der; -(e)s, -e; **1** (in einem Kreis oder einer Kugel) der Punkt, der von allen Punkten des Kreises oder von der Oberfläche der Kugel gleich weit entfernt ist **2** eine Person oder Sache, die von allen beachtet wird ⟨im Mittelpunkt der Aufmerksamkeit stehen⟩

Mit·tel·schicht die; -, -en; der Teil der Bevölkerung, der relativ gebildet ist und dem es finanziell gut geht

M

Mit·tel·stand der; -(e)s; nur Singular **1** ≈ Mittelschicht **2** alle jene Firmen, bei denen weder sehr viele noch sehr wenige Leute beschäftigt sind

Mit·tel·weg der; -(e)s, -e; meist Singular **1** ≈ Kompromiss ⟨einen Mittelweg suchen, finden, gehen⟩ **2** **der goldene Mittelweg** eine Lösung, die alle Leute akzeptieren können

Mit·tel·wel·le die; -, -n; meist Singular; der Bereich der mittellangen Wellen, über die eine (Rundfunk)Station ihr Programm sendet ⟨Mittelwelle hören; einen Sender auf Mittelwelle empfangen⟩ || K- Mittelwellensender

Mit·tel·wert der; -(e)s, -e ≈ Mittel (5), Durchschnitt

mit·ten Adverb **1** in der oder in die Mitte (1) ⟨mitten darin, hindurch, hinein; mitten auf⟩: *Der Schuss traf ihn mitten ins Herz* **2** **mitten in etwas** (Dativ) ≈ während: *Sie schlief mitten im Film ein*

mit·ten·drin Adverb; umg **1** (in der Mitte) zwischen anderen/anderem: *In dem Fach lag allerlei Zeug und der gesuchte Schlüssel mittendrin* **2** mitten in einer Tätigkeit: *Er sagte ein Gedicht auf und blieb mittendrin stecken*

Mit·ter·nacht (die); -; nur Singular; 12 Uhr in der Nacht ⟨vor, um, nach Mitternacht⟩: *(Um) Mitternacht fährt die letzte U-Bahn* || K- Mitternachtsmesse || hierzu **mit·ter·nächt·lich** Adjektiv

mitt·le·r- Adjektiv; nur vor dem Substantiv, nicht als Adverb **1** in der Mitte (1) befindlich: *Der mittlere Teil des Bratens ist noch nicht ganz gar* **2** **mittleren Alters/von mittlerem Alter** weder alt noch jung ⟨ein Mann, eine Frau⟩ **3** ≈ normal: *ein mittleres Einkommen haben* **4** ≈ durchschnittlich, im Mittel (5): *Die mittlere Jahrestemperatur ist in den letzten Jahren gestiegen*

mitt·ler·wei·le Adverb; in der Zwischenzeit ≈ inzwischen, unterdessen

Mitt·woch A1 der; -s, -e; der dritte Tag der Woche; Abkürzung Mi ⟨letzten, diesen, nächsten Mittwoch; Mittwoch früh⟩ || K- Mittwochabend, Mittwochmittag usw

mitt·wochs A2 Adverb; am Mittwoch, jeden Mittwoch: *Sie gehen mittwochs immer kegeln*

mit·un·ter Adverb; förmlich ≈ manchmal: *Mitunter raucht er nach dem Essen eine Zigarre*

Mit·ver·ant·wor·tung die; -; nur Singular; die Verantwortung, die man zusammen mit anderen hat ⟨Mitverantwortung tragen für etwas⟩ || hierzu **mit·ver·ant·wort·lich** Adjektiv

mit·ver·die·nen; verdiente mit, hat mitverdient; zusätzlich (zum Hauptverdiener) auch Geld verdienen

Mit·wis·ser der; -s, -; jemand, der etwas über ein Verbrechen oder ein Geheimnis weiß, es aber nicht sagt || hierzu **Mit·wis·se·rin** die; -, -nen

Mi·xer der; -s, -; ein elektrisches Gerät, mit dem man Nahrungsmittel kleiner machen oder mischen kann || ↑ Abbildung unter **Küchenmaschine** || -K Handmixer || hierzu **mi·xen** (hat)

Mob der; -s; nur Singular; abwertend; eine wütende (Menschen)Menge, die meist Gewalt ausübt

Mob·bing das; -s; nur Singular; die Handlungen, bei denen Mitarbeiter eines Unternehmens o.Ä. einen Kollegen so ungerecht behandeln, dass er vor Ärger krank wird oder die Stelle aufgibt || hierzu **mob·ben** (hat)

Mö·bel A2 das; -s, -; meist Plural; meist ziemlich große Gegenstände (wie z.B. ein Tisch, Bett, Schrank), die man in einer Wohnung, einem Büro benutzt ⟨gebrauchte, moderne Möbel⟩ || K- Möbelgeschäft, Möbelstück || -K Gartenmöbel, Küchenmöbel || Hinweis: anstelle des Singulars wird oft Möbelstück verwendet

mo·bil *Adjektiv* **1** gut zu transportieren und daher so, dass es an verschiedenen Orten verwendet werden kann ⟨eine Bücherei, ein Krankenhaus⟩ **2** bereit, den Wohnort zu wechseln || *hierzu* **Mo·bi·li·tät** *die; -; nur Singular*

Mo·bil·funk *der; -s; nur Singular;* ein Telefonnetz, das über Funksignale funktioniert, und über das man mit drahtlosen Telefonen telefonieren kann

mo·bi·li·sie·ren; *mobilisierte, hat mobilisiert* **1** **jemanden mobilisieren** jemanden dazu bringen, für einen bestimmten Zweck aktiv zu werden: *Um den Brand zu löschen, wurden alle Feuerwehrleute aus der Umgebung mobilisiert* **2** **etwas mobilisieren** bewirken, dass etwas zur Verfügung steht ⟨alle Kräfte mobilisieren⟩ **3** **(etwas) mobilisieren** in der Armee solche Vorbereitungen machen, dass bald ein Krieg geführt werden kann || *hierzu* **Mo·bi·li·sie·rung** *die; -, -en*

Mo·bil·te·le·fon B1 *das; -s, -s* ≈ Handy

möb·lie·ren; *möblierte, hat möbliert;* **etwas möblieren** Möbel in einen Raum stellen, damit man darin wohnen kann

möb·liert B1 *Adjektiv; meist in* **ein möbliertes Zimmer** ein Zimmer, das der Besitzer mit den Möbeln darin vermietet

moch·te *Imperfekt, 1. und 3. Person Singular;* ↑ **mögen**

möch·te *Konjunktiv II, 1. und 3. Person Singular;* ↑ **mögen**

Mo·dal·verb *das; -s, -en; Sprachwissenschaft;* ein Verb, das man mit einem anderen Verb (im Infinitiv; ohne *zu*) verbindet, *meist* um einen Willen, eine Erlaubnis, eine Fähigkeit oder eine Wahrscheinlichkeit auszudrücken. Modalverben sind *mögen, müssen, können, dürfen, sollen* und *wollen*

Die Modalverben

Modalverben werden mit anderen Verben im Infinitiv verbunden. Sie drücken aus, ob die Handlung oder der Vorgang des Verbs im Infinitiv zum Beispiel möglich, wahrscheinlich, nötig, erwünscht oder erlaubt ist.

Im Deutschen gibt es die folgenden Modalverben:

1. dürfen

– Erlaubnis:	**Die Tiere dürfen nicht gefüttert werden.** **Darf ich Sie kurz stören?**
– Vermutung:	**Sie dürfte bereits angekommen sein.**

2. können

– Fähigkeit:	**Martina kann sehr gut Klavier spielen.** **Ich kann ihm das nicht antun!**
– Möglichkeit:	**Ich konnte dich gestern nicht mehr anrufen.**
– Erlaubnis:	**Du kannst jetzt für heute Schluss machen.**

3. mögen

– Wunsch, Lust:	**Ich möchte diesen Pulli anprobieren.**
– Vermutung:	**Der Film mag ja gut sein, aber ich sehe ihn mir nicht an.**

4. müssen

– Notwendigkeit:	**Ich muss morgen unbedingt meine Mutter anrufen!**
– Aufforderung:	**Das musst du einfach probieren!**
– sichere Vermutung:	**Er muss wohl krank sein.**

5. sollen

– Auftrag, Pflicht:	**Er soll Gisela anrufen, wenn er heimkommt.**
– Behauptung, Gerücht:	**Sie soll sehr reich sein.**
– Empfehlung:	**Du solltest mehr Sport machen.**
– Konditionalsatz:	**Solltest du ihn treffen, frage ihn bitte nach dem Buch.**

6. wollen

– Wille, Absicht:	**Susanne und Martin wollen im Herbst nach Irland reisen.**

SPRACHE LERNEN

Mo·de A2 *die; -, -n* **1** *bes* Kleidung, Frisuren und Schmuck, wie sie in einer bestimmten Zeit üblich und beliebt sind ⟨die neueste Pariser Mode⟩ || K- Modeschöpfer, Modezeitschrift; Modenschau || -K Damenmode, Herrenmode, Sommermode **2** *oft abwertend;* ein Verhalten, das viele Leute zu einer bestimmten Zeit zeigen ⟨etwas kommt, ist in Mode/aus der Mode⟩: *Fitnesstraining ist jetzt groß in Mode* || K- Modetanz, Modewort

mo·de·be·wusst *Adjektiv;* ⟨Menschen⟩ so, dass sie sich nach der Mode (1) von heute richten: *Sie kleidet sich modebewusst*

Mo·del *das; -s, -s* ≈ (Foto)Modell (5)

Mo·dell *das; -s, -e* **1** ein kleiner Gegenstand, der einen großen Gegenstand genau darstellt: *ein Modell des Kölner Domes im Maßstab eins zu tausend* || K- Modellflugzeug || -K Schiffsmodell **2** eine Person/Sache, die so gut ist, dass sie ein Vorbild ist || K- Modellfall, Modellprojekt **3** eine bestimmte Art eines *meist* technischen Gerätes: *Sein Auto ist das neueste Modell* || -K Automodell, Kühlschrankmodell, Staubsaugermodell *usw* **4** eine Person/Sache, die von einem Künstler fotografiert, gemalt *usw* wird: *Wer diente Leonardo da Vinci als Modell für die Mona Lisa?* **5** jemand, dessen Beruf es ist, sich fotografieren, malen, zeichnen zu lassen ⟨als Modell arbeiten⟩ || -K Fotomodell **6** eine Darstellung, mit der ein komplizierter Vorgang oder Zusammenhang erklärt werden soll: *ein Modell des Atomkerns* || -K Denkmodell

M

mo·del·lie·ren; *modellierte, hat modelliert;* **(etwas) modellieren** aus einer *meist* weichen Substanz mit der Hand Gegenstände formen ⟨eine Figur, ein Gesicht, eine Vase (in/aus Ton, Wachs) modellieren⟩

Mo·dem B1 *das; -s, -s; Informatik;* ein Gerät, mit dessen Hilfe ein Computer an das Telefonnetz angeschlossen wird

mo·de·rie·ren; *moderierte, hat moderiert;* **(etwas) moderieren** im Rundfunk oder Fernsehen Texte sprechen, die Diskussionen leiten, Personen vorstellen ⟨eine Sendung moderieren⟩ || *hierzu* **Mo·de·ra·tor** *der; -s, -en;* **Mo·de·ra·to·rin** *die; -, -nen*

mo·dern[1] A2 *Adjektiv* **1** so, wie es im Augenblick zur Kultur und Technik passt: *nach modernen Methoden arbeiten* **2** zur jetzigen Zeit gehörig ⟨Kunst⟩: *Die moderne Staatsform ist die Demokratie* **3** so, wie es gerade Mode (1,2) ist ⟨eine Frisur, ein Kleid⟩ || *hierzu* **Mo·der·ni·tät** *die; -; nur Singular*

mo·dern[2] A2 *moderte, hat/ist gemodert;* **etwas modert** ≈ etwas fault ⟨Holz, Laub⟩

mo·der·ni·sie·ren; *modernisierte, hat modernisiert* **1** **(etwas) modernisieren** etwas auf den neuesten Stand der Technik bringen ⟨einen Betrieb modernisieren⟩ **2** **etwas modernisieren** etwas *bes* in Musik und Literatur so verändern, dass es dem Geschmack und dem Stil von heute entspricht || *hierzu* **Mo·der·ni·sie·rung** *die; -, -en*

mo·disch B2 *Adjektiv;* so, wie es gerade Mode (1,2) ist ⟨eine Frisur; sich modisch kleiden⟩

mod·rig *Adjektiv;* mit dem Geruch von faulendem Holz ⟨ein Keller, die Luft⟩

Mo·dus *der; -, Mo·di* **1** *förmlich;* die Art und Weise, wie man handelt und wie man etwas durchführt ⟨ ein komplizierter, umstrittener Modus; einen Modus finden, suchen⟩ **2** *Sprachwissenschaft;* die grammatische Kategorie des Verbs, mit der man *z.B.* den Willen, die Wahrscheinlichkeit, die Tatsächlichkeit ausdrücken kann: *Indikativ, Konjunktiv und Imperativ sind die Modi des Deutschen*

Mo·fa *das; -s, -s;* eine Art Fahrrad mit einem Motor, das höchstens 25 Kilometer pro Stunde fahren darf

Mofa

mo·geln; *mogelte, hat gemogelt;* **(bei etwas) mogeln** *umg;* kleine Tricks anwenden, die gegen die Regeln verstoßen (um so zu gewinnen)

mö·gen[1] A1 *mag, mochte, hat mögen; Modalverb* **1** *Infinitiv* + **mögen** verwendet, um auszudrücken, dass etwas möglich oder wahrscheinlich ist: *Er mag mit seiner Behauptung durchaus recht haben* **2** **jemand möchte** + *Infinitiv* jemand hat den Wunsch, etwas zu tun: *Sie* *möchte nach dem Abitur studieren; Heute möchte ich lieber zu Hause bleiben* **3** *Fragewort* + **mag jemand/etwas ...** (+ *Partizip Perfekt*) + **sein/haben** verwendet, wenn man sich Gedanken über etwas macht: *Warum mag er so unvernünftig gewesen sein?* **4** **jemand möge/möchte** + *Infinitiv* in der indirekten Rede verwendet, um einen Wunsch auszudrücken: *Sie bat ihn, er möge/möchte in ihrer Wohnung nicht rauchen*

mö·gen² A1 *mag, mochte, hat gemocht* **1** **jemanden mögen** jemanden sehr nett und angenehm finden ≈ gernhaben ⟨jemanden gern, sehr mögen⟩ **2** **etwas mögen** etwas gut finden: *Magst du Erdbeeren?; Ich mag Jazz* **3** **etwas mögen** im Indikativ oder Konjunktiv II verwendet, um auszudrücken, dass jemand etwas haben will: *Magst/Möchtest du ein Stück Kuchen?* **4** **irgendwohin mögen** den Wunsch haben, irgendwohin zu gehen, zu fahren *usw*: *Magst du in den Zoo?* **5** Lust haben, etwas zu tun: *Möchten Sie tanzen?*

mög·lich A2 *Adjektiv* **1** so, dass es getan werden, geschehen oder existieren kann ⟨so bald, schnell *usw* wie/als möglich; jemandem etwas möglich machen; alles Mögliche versuchen⟩: *Wäre es möglich, dass du mir dein Auto leihst?; Es war mir nicht möglich, ihr zu helfen* **2** so, dass es vielleicht getan wird, geschieht oder existiert ⟨etwas liegt im Bereich des Möglichen⟩: *„Ob sie wohl schon zu Hause ist?" - „Schon möglich!"* **3** ≈ richtig ⟨eine Antwort, Lösung⟩: *Auf diese Frage gibt es mehrere mögliche Antworten* **4** **sein Möglichstes tun** alles tun, was man tun kann **5** **alle möglichen** + *Plural*; **alles Mögliche** *umg* ≈ viele Arten von etwas: *Sie waren auf alle möglichen Schwierigkeiten/alles Mögliche vorbereitet* || ID **Man sollte es nicht für möglich halten!** verwendet, um zu sagen, dass man sehr überrascht ist oder sich sehr ärgert

mög·li·cher·wei·se *Adverb* ≈ vielleicht

Mög·lich·keit A2 *die; -, -en* **1** drückt aus, dass etwas sein oder geschehen kann ⟨mit einer Möglichkeit rechnen; an einer Möglichkeit zweifeln⟩: *Es besteht die Möglichkeit, dass es auch auf anderen Planeten Lebewesen gibt* **2** **die Möglichkeit** (+ **zu** + *Infinitiv*) eine (günstige) Situation, in der etwas möglich ist ⟨von einer Möglichkeit Gebrauch machen⟩: *Ich hatte leider keine Möglichkeit, dich anzurufen* **3** eine Art, wie man etwas tun kann: *Sie probierte verschiedene Möglichkeiten, bevor sie die richtige Lösung fand* **4** *nur Plural*; die Fähigkeit, etwas zu tun ⟨die finanziellen, intellektuellen Möglichkeiten⟩ **5** **nach Möglichkeit** wenn es möglich ist: *Könntest du heute nach Möglichkeit länger bleiben?* || ID **Ist es die Möglichkeit!** Wie konnte das passieren?

mög·lichst *Adverb* **1** **möglichst** + *Adjektiv/Adverb* so + Adjektiv/Adverb wie möglich: *Ich versuche, möglichst schnell zu kommen* **2** wenn es möglich (1) ist: *Versuche doch möglichst, heute pünktlich zu sein*

Mohn *der; -(e)s; nur Singular* **1** eine Pflanze mit großen roten Blüten. Aus manchen Arten von Mohn kann man eine Droge (Opium) gewinnen **2** die Samenkörner dieser Pflanze || K- Mohnkuchen

Möh·re *die; -, -n* ≈ Karotte

Molch *der; -(e)s, -e*; ein Tier (eine Amphibie), das im Wasser lebt und das wie eine Eidechse aussieht

Mo·le *die; -, -n; meist* eine Art Mauer, die den Hafen vor den Wellen schützt || -K Hafenmole

Mo·le·kül *das; -s, -e*; eines der Teilchen, in die man eine Substanz zerlegen kann, ohne dass sie ihre chemischen Eigenschaften verliert, und das aus zwei oder mehr Atomen besteht: *Ein Molekül des Wassers besteht aus zwei Wasserstoffatomen und einem Sauerstoffatom* || K- Molekularbiologie, Molekulargewicht || -K Wassermolekül, Zuckermolekül

Mol·ke·rei *die; -, -en*; ein Betrieb, der Butter, Käse, Joghurt *usw* aus Milch herstellt || K- Molkereiprodukt

Moll *das; -; nur Singular; Musik*; verwendet als Bezeichnung für Tonarten, die vom zweiten zum dritten Ton Halbtöne haben ↔ Dur || K- Molltonart || -K a-Moll

mol·lig *Adjektiv; umg* **1** ein bisschen dick, aber nicht so, dass es negativ wirkt **2** weich und warm ⟨ein Pullover⟩

Mo·ment¹ A1 *der; -(e)s, -e* **1** ≈ Augenblick ⟨der entscheidende Moment; einen Moment warten⟩ **2** **im Moment** jetzt || ID **Moment (mal)!** *umg* **a** verwendet, um eine plötzliche Idee einzuleiten: *Moment (mal), da fällt mir was ein!*; **b** verwendet, um zu protestieren: *He! Moment mal, wo wollen Sie denn hin?*

Mo·ment² *das; -(e)s, -e*; etwas, das für ein Geschehen sehr wichtig ist ⟨das auslösende, entscheidende Moment⟩: *Seine Entschuldigung brachte ein versöhnliches Moment in die Diskussion* || -K Überraschungsmoment

mo·men·tan *Adjektiv; nur vor dem Substantiv oder als Adverb* zur jetzigen Zeit ≈ augenblicklich: *Die momentane Lage ist beunruhigend*

M

Mo·nar·chie *die; -, -n* [-iːən]; eine Staatsform, in der ein König oder Kaiser herrscht || *hierzu* **Mo·narch** *der; -en, -en;* **Mo·nar·chin** *die; -, -nen*

Mo·nat A1 *der; -s, -e* **1** einer der zwölf Teile eines Jahres, wie *z.B.* Januar, Februar ⟨jeden Monat; im vergangenen, laufenden, kommenden Monat⟩: *Die Miete muss bis zu Beginn des Monats gezahlt werden* || K- Monatsanfang, Monatseinkommen, Monatsgehalt, Monatslohn; monatelang || -K Kalendermonat, Sommermonat, Wintermonat **2** ein Zeitraum von (ungefähr) vier Wochen ⟨in, vor einem Monat⟩: *Seine Tochter ist jetzt drei Monate alt*

-mo·na·tig *im Adjektiv; meist vor dem Substantiv, nicht als Adverb;* die genannte Zahl von Monaten dauernd; **einmonatig, zweimonatig, dreimonatig** ⟨ein Aufenthalt⟩

mo·nat·lich B1 *Adjektiv; meist vor dem Substantiv oder als Adverb* **1** jeden Monat stattfindend, pro Monat: *Ihr monatliches Einkommen beträgt dreitausend Euro* **2** so, dass es einen Monat dauert: *eine monatliche Kündigungsfrist*

Mönch *der; -s, -e;* ein Mann, der einer Religion in besonderer Weise sein Leben lang dient (*z.B.* nicht heiratet und *meist* in einem Kloster lebt): *ein buddhistischer Mönch* || K- Mönchskloster || -K Benediktinermönch, Bettelmönch

M

Mond A2 *der; -(e)s, -e* **1** *nur Singular;* der große, runde Körper, der sich um die Erde dreht und in der Nacht am Himmel zu sehen ist || K- Mondlandung **2** der Mond (1), wie man ihn zu bestimmten Zeiten sehen kann ⟨abnehmender, zunehmender Mond; der Mond geht auf/unter⟩ || K- Mondnacht, Mondsichel || -K Vollmond || ID **auf/hinter dem Mond leben** *umg;* hinter der Zeit zurück sein; **jemand könnte/möchte jemanden auf den/zum Mond schießen** *umg;* jemand ärgert sich sehr über den anderen und will ihn loswerden

Mond·schein *der; -(e)s; nur Singular;* das Licht des Mondes

mo·nie·ren; *monierte, hat moniert;* **etwas monieren** *förmlich;* Fehler bemerken und tadeln ⟨eine Rechnung, Mängel monieren⟩

Mo·ni·tor *der; -s, -e/auch Mo·ni·to·ren* **1** ein Bildschirm, auf dem man beobachten kann, was eine Kamera filmt || K- Monitorüberwachung **2** der Bildschirm eines Computers || -K Farbmonitor

Mo·no·kul·tur, Mo·no·kul·tur *die; -, -en* **1** *nur Singular;* der (ständige) Anbau einer einzigen Pflanzenart auf einer Fläche ↔ Mischkultur **2** eine (Acker)Fläche, auf der etwas in Monokultur wächst

Mo·no·log *der; -s, -e;* eine (lange) Rede einer einzelnen Person (*bes* in Theaterstücken oder Filmen) ⟨einen Monolog halten⟩

Mo·no·pol *das; -s, -e;* **das Monopol (auf etwas** *(Akkusativ)*) das absolute Recht, die absolute Kontrolle über die Produktion einer Ware oder das Leisten einer Arbeit ⟨ein Monopol ausüben⟩ || K- Monopolstellung || -K Handelsmonopol, Informationsmonopol || *hierzu* **mo·no·po·lis·tisch** *Adjektiv*

mo·no·ton *Adjektiv;* so, dass dasselbe ständig wiederholt wird und somit langweilig ist || *hierzu* **Mo·no·to·nie** *die; -, -n*

Mons·ter *das; -s, -;* ein (großes) Wesen, das einem Angst macht || K- Monsterfilm

Mons·ter- *im Substantiv; umg abwertend;* viel zu groß ≈ Mammut-, Riesen- ↔ Mini-; eine **Monsteranlage**, ein **Monsterbau** ⟨der Industrie⟩, das **Monsterprogramm** ⟨einer Tagung⟩, der **Monsterprozess** ⟨gegen die Terroristen⟩

monst·rös, *monströser, monströsest-; Adjektiv* **1** *förmlich;* mit Eigenschaften eines Monsters **2** viel zu groß und *meist* auch hässlich: *ein monströses Bauwerk* || *hierzu* **Monst·ro·si·tät** *die; -, -en*

Mon·tag A1 *der; -s, -e;* der erste Tag der Woche; *Abkürzung* Mo ⟨am Montag; letzten, diesen, nächsten Montag⟩ || K- Montagnacht; montagmittags || -K Ostermontag, Pfingstmontag

Mon·ta·ge [-'taːʒə] *die; -, -n;* das Montieren (1,2)

mon·tags A2 *Adverb;* am Montag, jeden Montag: *Das Restaurant hat montags Ruhetag*

Mon·teur [-'tøːɐ̯] *der; -s, -e;* jemand, der beruflich etwas montiert (1) || *hierzu* **Mon·teu·rin** [-'tøːrɪn] *die; -, -nen*

mon·tie·ren; *montierte, hat montiert* **1** **etwas montieren** mehrere Teile fest miteinander verbinden, sodass ein fertiges Gerät entsteht **2** **etwas montieren** etwas *meist* mit Schrauben an einem Ort befestigen

Mo·nu·ment *das; -s, -e;* **ein Monument (für jemanden/etwas)** ≈ Denkmal, Mahnmal: *ein Monument für die Opfer des Krieges*

Moor *das; -(e)s, -e;* ein Gebiet mit einem sehr nassen und weichen Boden, auf dem *bes* Gras und Moos wachsen || K- Moorpflanze || *hierzu* **moo·rig** *Adjektiv*

Moos *das; -es, -e;* eine Pflanze, die auf

feuchtem Boden oder auf Bäumen wächst und dort kleine, grüne Stellen bildet || K- moosgrün

Mo·ped B1 *das; -s, -s;* ein Fahrzeug mit zwei Rädern und einem Motor, das höchstens 40 Kilometer pro Stunde fahren darf

mop·sen; *mopste, hat gemopst;* **(jemandem) etwas mopsen** *umg* ≈ jemandem etwas stehlen: *Wer hat mir meinen Bleistift gemopst?*

Mo·ral¹ *die; -; nur Singular* **1** die (ungeschriebenen) Regeln, die in einer Gesellschaft bestimmen, welches Verhalten als gut oder als schlecht gilt ⟨die bürgerliche Moral; die Moral verletzen⟩ || K- Moralvorstellungen **2** die Art, wie sich jemand nach den Regeln der Moral richtet ⟨eine lockere, strenge Moral haben⟩

Mo·ral² *die; -; nur Singular;* das Vertrauen in die eigenen Fähigkeiten: *Nach der Niederlage sank die Moral der Mannschaft*

Mo·ral³ *die; -; nur Singular;* etwas, das man aus einer Geschichte lernen kann

mo·ra·lisch *Adjektiv;* in Bezug auf die Moral¹ ≈ sittlich ⟨Druck, Zwang, Bedenken, Skrupel⟩: *Er fühlte sich moralisch dazu verpflichtet, ihr zu helfen* || ID **einen/den Moralischen haben** *umg* **a** ein schlechtes Gewissen haben; **b** traurig sein

Mo·rast *der; -(e)s, -e/Mo·räs·te; meist Singular* **1** ein Boden, der (*meist* nach einem starken Regen) sehr nass und weich ist ≈ Schlamm ⟨im Morast stecken bleiben⟩ **2** **ein Morast an etwas** (*Dativ*) ein Bereich mit kriminellen oder unmoralischen Handlungen: *ein Morast an Korruption* || *zu* 1 **mo·ras·tig** *Adjektiv*

Mord B1 *der; -es, -e;* **der Mord (an jemandem)** eine kriminelle Tat, bei der jemand einen Menschen mit Absicht tötet ⟨einen Mord begehen; jemanden des Mordes verdächtigen; Mord aus Eifersucht⟩ || K- Mordanklage, Morddrohung, Mordplan, Mordversuch, Mordwaffe || -K Raubmord, Völkermord || ID **Mord und Totschlag** *umg;* ein schlimmer, gefährlicher Streit; **das ist (der reine, reinste, glatte) Mord!** *umg;* das ist sehr anstrengend oder gefährlich || *hierzu* **Mör·der** *der; -s, -;* **Mör·de·rin** *die; -, -nen*

mör·de·risch *Adjektiv* **1** so, dass jemand dabei getötet wird/werden soll ⟨ein Kampf, ein Treiben; in mörderischer Absicht⟩ **2** *umg;* unangenehm groß, stark oder intensiv ⟨Gedränge, Geschrei, Hitze, Kälte, Tempo⟩ **3** *nur als Adverb; umg;* verwendet, um Adjektive oder Verben negativ zu verstärken ≈ sehr: *mörderisch heiß; Das tut mörderisch weh*

Mord·kom·mis·si·on *die; -, -en;* eine Abteilung der (Kriminal)Polizei, die sich *bes* mit der Aufklärung von Morden beschäftigt

Mords- *im Substantiv; umg;* verwendet, um auszudrücken, dass etwas sehr groß, sehr stark oder sehr intensiv ist ≈ Riesen-; ein **Mordsdurst**, ein **Mordsgeschrei** ein **Mordsspaß**, eine **Mordswut**

mords·mä·ßig *Adjektiv; ohne Steigerung; umg* **1** *meist vor dem Substantiv, nicht als Adverb;* sehr stark, groß oder intensiv: *eine mordsmäßige Wut haben* **2** *nur als Adverb;* verwendet, um Adjektive oder Verben zu verstärken ≈ sehr: *Ich habe ihn mordsmäßig gern*

mor·gen A1 *Adverb* **1** an dem Tag, der auf heute folgt ⟨morgen Abend, früh, Mittag; bis morgen⟩: *Ich habe morgen Geburtstag* **2** in der Zukunft: *die Technik von morgen*

Mor·gen A1 *der; -s, -;* **1** die Tageszeit vom Aufgehen der Sonne bis ungefähr 11 Uhr ⟨der Morgen graut; am (frühen/späten) Morgen⟩ || K- Morgendämmerung, Morgenfrühe, Morgensonne, Morgenstunde || -K Sonntagmorgen **2** am Morgen (1) ⟨gestern, heute Morgen⟩ **3** **Guten Morgen!** verwendet als Gruß am Morgen || *zu* 1 **mor·gend·lich** *Adjektiv*

Mor·gen·es·sen *das; -s, -;* CH ≈ Frühstück

Mor·gen·grau·en *das; -s; nur Singular;* die Zeit kurz vor dem Aufgang der Sonne ≈ Morgendämmerung ⟨im Morgengrauen aufstehen⟩

Mor·gen·muf·fel *der; -s, -; umg, oft humorvoll;* jemand, der morgens nach dem Aufstehen oft schlechte Laune hat und wenig spricht

mor·gens B1 *Adverb;* am Morgen, an jedem Morgen

mor·gi·g- *Adjektiv; nur vor dem Substantiv, nicht als Adverb;* den Tag betreffend, der auf heute folgt: *Er hat Angst vor dem morgigen Tag*

Mor·phi·um *das; -s; nur Singular;* ein starkes Schmerzmittel, das süchtig machen kann; *Medizin, Chemie* Morphin || K- morphiumsüchtig

morsch, *morscher, morschest-; Adjektiv;* durch Feuchtigkeit oder hohes Alter weich und schwach geworden ⟨Holz⟩

Mör·tel *der; -s; nur Singular;* eine Mischung aus Sand, Zement und Wasser, die beim Bauen die Steine zusammenhält ⟨den Mörtel anrühren⟩

Mo·sa·ik *das; -s, -e/-en;* ein Bild oder ein Muster aus bunten Glasstücken oder Steinchen || K- Mosaikfußboden || -K Steinmosaik

Mo·schee *die; -, -n* [-ˈʃeːən]; ein Gebäude, in

dem Moslems Gott verehren

mo·sern; *moserte, hat gemosert*; **(über jemanden/etwas) mosern** *umg* ≈ nörgeln

Mos·lem *der; -s, -s;* jemand, der zur Religion des Islam gehört ‖ *hierzu* **Mos·le·min** *die; -, -nen;* **mos·le·misch** *Adjektiv*

Most *der; -(e)s, -e; meist Singular* **1** ein Saft aus Obst, *bes* aus Trauben ‖ -K Apfelmost, Birnenmost **2** *südd* Ⓐ Ⓒⓗ ein gärender Most (mit etwas Alkohol)

Mo·tel B2 *das; -s, -s;* ein Hotel direkt an der Autobahn oder an einer wichtigen Straße

Mo·tiv[1] [-f] *das; -(e)s, -e;* **ein Motiv (für etwas)** ein Grund oder eine Ursache dafür, dass jemand etwas tut ⟨ein politisches, religiöses Motiv⟩: *Das Motiv für den Mord war Eifersucht* ‖ -K Mordmotiv, Tatmotiv

Mo·tiv[2] [-f] *das; -(e)s, -e* **1** etwas, das ein Maler, Fotograf, Bildhauer *usw* künstlerisch darstellt: *Stillleben sind ein beliebtes Motiv der Malerei* **2** ein Thema, das in der Literatur oder in der Musik oft vorkommt ⟨ein Motiv aufgreifen⟩: *Das Motiv der bösen Stiefmutter kommt im Märchen häufig vor*

mo·ti·vie·ren; *motivierte, hat motiviert*; **(jemanden/sich) (zu etwas) motivieren** jemanden/sich zu etwas anregen oder jemandem/sich Motive[1] geben, etwas zu tun: *einem Kind eine Belohnung versprechen, um es zum Lernen zu motivieren* ‖ *hierzu* **Mo·ti·va·ti·on** *die; -, -en*

Mo·tor A2 *der; -s, Mo·to·ren;* eine Maschine, die ein Fahrzeug oder Gerät antreibt ⟨der Motor springt an, läuft, setzt aus, stirbt ab; einen Motor anlassen/starten, ausschalten⟩: *Das Taxi wartete mit laufendem Motor vor der Tür* ‖ K- Motorboot, Motoröl, Motorsäge, Motorschlitten; Motorenlärm ‖ -K Automotor, Bootsmotor, Flugzeugmotor; Dieselmotor, Elektromotor

Mo·to·rik *die; -; nur Singular;* die Bewegung eines Menschen oder Tieres, die vom Gehirn gesteuert wird: *Die Motorik eines Säuglings ist noch ziemlich unkoordiniert*

mo·to·ri·siert *Adjektiv;* mit einem Auto, Motorrad *o.Ä.*, das man benutzt ⟨ein Verkehrsteilnehmer⟩: *Sind Sie motorisiert* (= haben Sie Ihr Auto da) *oder soll ich Sie mitnehmen?*

Mo·tor·rad A1 *das; -(e)s, -rä·der;* ein Fahrzeug mit zwei Rädern und einem Motor, das hohe Geschwindigkeiten erreicht ⟨Motorrad fahren⟩ ‖ K- Motorradhelm, Motorradrennen

Mo·tor·rol·ler *der; -s, -;* ein Fahrzeug mit zwei (relativ kleinen) Rädern und einem Motor ⟨(einen) Motorroller fahren⟩

Mot·te *die; -, -n;* ein kleiner Schmetterling, dessen Raupen oft Stoffe, Wolle *usw* fressen

Mot·to *das; -s, -s;* ein Gedanke, der *meist* in einem kurzen Satz formuliert ist, an den man sich hält: *Sie handelt nach dem Motto „leben und leben lassen"*

mot·zen; *motzte, hat gemotzt*; **(über etwas** *(Akkusativ)***) motzen** *umg, meist abwertend* ≈ nörgeln

Moun·tain·bike ['mauntnbaik] *das; -s, -s;* ein stabiles Fahrrad mit breiten Reifen und vielen Gängen

Mouse·pad ['mausp̩ɛt] *das; -s, -s;* ↑ **Mauspad**

Mö·we *die; -, -n;* ein Vogel mit *meist* heller Farbe, der *bes* am Meer lebt, *meist* Fische, aber auch oft Abfälle frisst ⟨eine Möwe kreischt, umkreist ein Schiff⟩

Mü·cke B1 *die; -, -n;* ein kleines Insekt mit Flügeln, das *bes* am Wassser lebt. Manche Mücken stechen und saugen Blut ⟨von einer Mücke gebissen, gestochen werden⟩: *In der Dämmerung tanzen die Mücken* ‖ K- Mückenplage, Mückenschwarm, Mückenstich ‖ -K Malariamücke, Stechmücke ‖ ID **aus einer Mücke einen Elefanten machen** stark übertreiben oder etwas viel zu wichtig nehmen

Mucks *der; -es, -e; meist Singular; meist in* **keinen Mucks sagen/machen** *umg;* kein Wort sagen und kein Geräusch, keine Bewegung machen

mü·de A2 *Adjektiv* **1** **müde (von etwas)** ⟨ein Mensch, Tier⟩ so, dass sie schlafen wollen: *Sie war so müde von der Arbeit, dass sie früh ins Bett ging* **2** ⟨ein Mensch, Tier⟩ so, dass sie nach einer langen Anstrengung keine Kraft mehr haben ≈ erschöpft: *Nach der langen Sitzung klang seine Stimme sehr müde* **3** **nicht müde werden + zu** + *Infinitiv* etwas immer wieder tun: *Er wurde es nicht müde, die Vorzüge des neuen Modells anzupreisen* **4**

Motorrad

jemandes/etwas müde werden *förmlich;* jemanden/etwas (allmählich) nicht mehr mögen

Mü·dig·keit B2 *die; -; nur Singular;* der Zustand, in dem man am liebsten schlafen möchte ⟨Müdigkeit spüren; gegen die Müdigkeit ankämpfen⟩ || ID **(nur) keine Müdigkeit vorschützen/vortäuschen!** verwendet, um jemanden aufzufordern, sich weiter anzustrengen

-muf·fel *der; -s, -; im Substantiv;* jemand, der das, was im Substantiv erwähnt wird, nicht (tun) mag oder ablehnt; **Fußballmuffel, Gurtmuffel, Modemuffel, Tanzmuffel**

muf·fig *Adjektiv* **1** ⟨Luft, Kleidung⟩ so, dass sie schlecht riechen, weil sie *z.B.* lange nicht gewaschen worden sind **2** *umg abwertend;* unfreundlich

Mü·he B2 ['myːə] *die; -, -n; meist Singular;* eine große geistige oder körperliche Anstrengung ⟨etwas kostet viel, wenig Mühe; Mühe haben, etwas zu tun; keine Mühe scheuen⟩: *Es bereitete ihr große Mühe, ihn von ihrer Ansicht zu überzeugen* || K- mühelos, mühevoll || ID **Mach dir/Machen Sie sich keine Mühe** verwendet, um jemandem höflich zu sagen, dass er etwas nicht tun muss

mu·hen ['muːən]; *muhte, hat gemuht;* ⟨eine Kuh *usw*⟩ **muht** eine Kuh *usw* gibt die Laute von sich, die für ihre Art typisch sind || *hierzu* **muh** *Interjektion*

Müh·le *die; -, -n* **1** ein Gerät, mit dem man *bes* Körner sehr klein machen kann: *Kaffee mit der Mühle mahlen* || -K Pfeffermühle **2** ein Gebäude, in dem man Mehl macht || ID **in die Mühlen der Justiz/Verwaltung geraten** in ein sehr langes rechtliches Verfahren kommen

Müh·sal *die; -, -e; förmlich;* ein Zustand lang dauernder großer Mühe: *Das Leben hielt für ihn nichts als Mühsal und Verdruss bereit*

müh·sam *Adjektiv;* mit viel Mühe oder großer Anstrengung verbunden ⟨eineArbeit; sich mühsam beherrschen⟩

müh·se·lig *Adjektiv; förmlich* ≈ mühsam ⟨eine Arbeit, ein Leben⟩

Mul·de *die; -, -n;* eine Stelle, an der eine Fläche etwas nach unten und dann wieder nach oben geht ⟨eine flache Mulde⟩

Mull *der; -s; nur Singular* **1** ein dünner, leichter und weicher Stoff aus Baumwolle, der wie ein Netz aussieht || K- Mullgardine, Mullvorhang, Mullwindel **2** ein Stück Stoff, das man zwischen eine Wunde und den Verband legt || K- Mullbinde || -K Verbandsmull

Müll B1 *der; -s; nur Singular* **1** alle Dinge, die ein Haushalt, ein Betrieb *usw* nicht mehr braucht und wegwirft ⟨der Müll wird abgeholt⟩: *Kannst du bitte den Müll rausbringen?* || K- Müllbeutel, Mülleimer, Mülltonne, Müllvermeidung || -K Atommüll, Hausmüll, Industriemüll **2** **etwas in den Müll tun/werfen** etwas in einen Mülleimer oder eine Mülltonne tun

Müll·ab·fuhr *die; -; nur Singular* **1** das Abholen von Müll **2** die Einrichtung, die den Müll abholt

Mül·ler *der; -s, -;* jemand, der beruflich in einer Mühle Getreide mahlt || *hierzu* **Mül·le·rin** *die; -, -nen*

Müll·kip·pe *die; -, -n;* ein Gelände, auf dem große Mengen von Müll gelagert werden

Müll·tren·nung *die; -; nur Singular;* das Sortieren von Müll nach bestimmten Stoffen (*z.B.* Glas, Plastik), um so diese Stoffe wieder neu verwerten zu können

mul·mig *Adjektiv; umg* **1** von (leichter) Angst erfüllt ⟨jemandem ist/wird mulmig (zumute); ein Gefühl⟩: *Als er weiter in die finstere Höhle ging, wurde ihm mulmig* **2** ⟨eine Situation⟩ so, dass sie Angst macht ≈ bedrohlich

Mul·ti *der; -s, -s; umg;* ein Konzern, der Betriebe in mehreren Ländern hat ≈ multinationaler Konzern || -K Medienmulti, Musikmulti, Ölmulti

mul·ti·kul·tu·rell *Adjektiv;* ⟨eine Gesellschaft⟩ mit Angehörigen mehrerer Kulturen

Mul·ti·me·dia *(das); -(s); nur Singular;* das gleichzeitige Verwenden und Zusammenwirken mehrerer Medien (1) in einer Veranstaltung oder in einem Computer (*z.B.* Musik, Grafiken, Filme) || K- Multimediaprodukt, Multimediashow, Multimediaveranstaltung, Multimediazeitalter

mul·ti·na·ti·o·nal *Adjektiv; Wirtschaft;* mit Betrieben in mehreren Ländern ⟨ein Konzern⟩

mul·ti·pli·zie·ren; *multiplizierte, hat multipliziert;* **(etwas mit etwas) multiplizieren** verwendet, um eine Rechnung wie 5 x 8 = 40 zu beschreiben: *Fünf multipliziert mit acht ist (gleich)/macht vierzig* || *hierzu* **Mul·ti·pli·ka·ti·on** *die; -, -en*

Mu·mie [-i̯ə] *die; -, -n;* der Körper eines Toten, der durch besondere Methoden vor dem Verfall geschützt worden ist ⟨eine ägyptische Mumie⟩ || *hierzu* **mu·mi·en·haft** *Adjektiv*

Mumm *der; -s; nur Singular; umg* ≈ Mut ⟨Mumm (in den Knochen) haben; jemandem fehlt der Mumm zu etwas⟩

M

Mumps *der; -; nur Singular;* eine ansteckende (Kinder)Krankheit, bei der die Drüsen am Hals sehr dick werden ≈ Ziegenpeter ⟨Mumps haben⟩

Mund A1 *der; -(e)s, Mün·der;* der Teil des Kopfes, mit dem man spricht und isst ⟨ sich den Mund verbrennen; etwas in den Mund nehmen, stecken⟩: *Sie küsste ihn auf den Mund* || ↑ Abbildung unter **Kopf** || K- Mundgeruch || Hinweis: Tiere haben ein *Maul*, Vögel einen *Schnabel* || ID **Mund und Augen aufsperren/ aufreißen** *umg;* sehr erstaunt sein; **sich** *(Dativ)* **den Mund fransig/fusselig reden** *umg;* sehr viel reden, *meist* um jemanden von etwas zu überzeugen; **jemand macht jemandem den Mund wässrig** jemand redet so über etwas, dass jemand anderer Lust oder Appetit darauf bekommt; **sich** *(Dativ)* **etwas vom Mund absparen** von dem wenigen Geld oder Essen, das man hat, jemandem etwas geben oder für einen bestimmten Zweck sparen; **den Mund nicht aufmachen/auftun** *meist abwertend;* nichts sagen; **jemandem über den Mund fahren** jemanden ärgerlich beim Reden unterbrechen; **nicht auf den Mund gefallen sein** in jeder Situation eine passende Antwort haben; **den Mund halten** (über ein Geheimnis) nicht reden; **jemandem etwas in den Mund legen** a zu Unrecht behaupten, dass jemand etwas gesagt hat; b jemanden dazu bringen, das zu sagen, was man selbst denkt; **jemandem nach dem Mund reden** solche Dinge sagen, die jemand gern hören will; **jemand/ etwas ist in aller Munde** jemand/etwas ist so bekannt, dass man oft über ihn/darüber spricht; **sich** *(Dativ)* **den Mund nicht verbieten lassen** seine Meinung sagen und dafür Nachteile haben; **sich** *(Dativ)* **den Mund verbrennen** etwas sagen, das einem Nachteile bringt; **den Mund vollnehmen** *abwertend;* viel reden, aber nur wenig tun || Hinweis: ↑ **Mundvoll**

Mund·art *die; -, -en* ≈ Dialekt ↔ Hochsprache ⟨Mundart sprechen⟩ || K- Mundartsprecher(in) || *hierzu* **mund·art·lich** *Adjektiv*

mün·den; *mündete, hat/ist gemündet;* **etwas mündet in etwas** *(Akkusativ)* ein Fluss fließt in einen anderen Fluss, in einen See oder ein Meer: *Der Rhein mündet in die Nordsee*

Mund·har·mo·ni·ka *die; -, -s oder -harmoniken;* ein kleines Musikinstrument, in das man bläst und das man dabei vor dem Mund hin- und herbewegt ⟨Mundharmonika spielen⟩

mün·dig *Adjektiv* 1 *meist nach dem Substantiv, nicht als Adverb;* ⟨ein junger Mann, eine junge Frau⟩ so alt, dass sie vor dem Gesetz als Erwachsene gelten: *In der Bundesrepublik Deutschland wird man mit achtzehn Jahren mündig* 2 fähig, selbstständig vernünftige Entscheidungen zu treffen ⟨ein Bürger⟩ || *hierzu* **Mün·dig·keit** *die; -; nur Singular*

münd·lich B1 *Adjektiv;* gesprochen und nicht geschrieben ⟨eine Prüfung⟩

Mün·dung *die; -, -en* 1 die Stelle, an der ein Fluss *o.Ä.* in ein anderes Gewässer fließt: *An der Mündung teilt sich der Fluss in ein Delta* || -K Flussmündung; Donaumündung, Rheinmündung 2 die vordere Öffnung an einer Schusswaffe

Mund·voll, Mund voll *der; -, -;* die Menge, die in den Mund passt ≈ Bissen: *Komm, iss doch auf - es sind nur noch ein paar Mundvoll!*

Mu·ni·ti·on [-'tsjo:n] *die; -, -en; meist Singular;* Gegenstände wie Bomben, Kugeln, mit denen im Kampf oder Krieg getötet oder zerstört wird

mun·keln; *munkelte, hat gemunkelt;* **(etwas) (über jemanden) munkeln** *umg;* Dinge über andere Leute erzählen, die man oft nicht sicher weiß: *Im Dorf wird schon lange über seine Freundin gemunkelt; Man munkelt/Die Leute munkeln, dass ...*

mun·ter B2 *Adjektiv* 1 lebhaft und voll Energie ↔ träge ⟨ein Kind⟩ 2 fröhlich, heiter ⟨ein Lied⟩ 3 *meist nach dem Substantiv* ≈ wach ⟨jemanden munter machen⟩ || K- Muntermacher 4 **gesund und munter** in guter körperlicher Verfassung || *hierzu* **Mun·ter·keit** *die; -; nur Singular*

mun·ter·ma·chen *(hat)* ↑ **munter** (3)

Mün·ze B1 *die; -, -n;* ein kleines, flaches, *meist* rundes Stück aus Metall, das *meist* als Geld benutzt wird ⟨eine antike Münze; Münzen prägen⟩ || K- Münztelefon || -K Silbermünze || ID **etwas für bare Münze nehmen** etwas glauben, was nicht wahr ist; **jemandem etwas in/mit gleicher Münze heimzahlen/zurückzahlen** auf etwas Böses, das einem jemand getan hat, mit gleichen Mitteln reagieren

mürb *bes südd* Ⓐ ↑ **mürbe**

mür·be *Adjektiv; nicht als Adverb* 1 so, dass es leicht in mehrere Teile zerfällt, weil es sehr alt ist ⟨Holz, Leder, ein Stoff⟩ 2 leicht zu kauen ≈ zart ↔ zäh ⟨Fleisch: ein Braten, ein Steak⟩ 3 *meist nach dem Substantiv, nicht als Adverb;* nach ziemlich langem Widerstand bereit nachzugeben ⟨mürbe werden⟩ || *zu* 1 und 2 **Mürb·heit** *die; -; nur Singular*

mür·be·ma·chen; *machte mürbe, hat mürbe-*

gemacht; jemandes inneren Widerstand schwächen (sodass er nachgibt): *Das Weinen des Kindes machte ihn schließlich so mürbe, dass er das Spielzeug kaufte*

Mür·be·teig, **Mürb·teig** *der; -(e)s, -e; meist Singular*; ein (Kuchen)Teig, der nach dem Backen relativ hart und krümelig wird ⟨Kekse, ein Tortenboden aus Mürbeteig⟩

Murks *der; -es; nur Singular; umg abwertend*; etwas, bei dem jemand Fehler gemacht hat ≈ Pfusch ⟨etwas ist Murks; Murks machen⟩ || *hierzu* **murk·sen** *(hat)*

Mur·mel *die; -, -n*; eine kleine, bunte Kugel *meist* aus Glas, mit der Kinder spielen

mur·meln; *murmelte, hat gemurmelt*; **(etwas) murmeln** etwas sehr leise und undeutlich sagen: *ein Gebet murmeln*

mur·ren; *murrte, hat gemurrt*; **(über etwas** *(Akkusativ)*) **murren** über etwas schimpfen oder mit etwas nicht einverstanden sein: *über eine Strafe, eine Ungerechtigkeit murren; etwas ohne Murren akzeptieren/ertragen*

mür·risch *Adjektiv*; mit schlechter Laune, unfreundlich und abweisend ≈ griesgrämig ⟨ein Mensch, jemandes Wesen; ein mürrisches Gesicht machen⟩

Mus *das; -es, -e; meist Singular*; eine weiche Masse, *meist* aus gekochtem oder zerdrücktem Obst || -K Apfelmus

Mu·schel *die; -, -n* [1] ein Tier, das im Wasser lebt und durch eine harte Schale geschützt ist: *Die Auster ist eine Muschel, in der man manchmal Perlen findet* || ↑ Abbildung unter **Schalentiere** || K- Muschelschale || -K Flussmuschel, Meeresmuschel [2] die Schale einer Muschel (1) ⟨Muscheln sammeln, suchen⟩ || K- Muschelsammlung

Mu·se·um A2 *das; -s, Mu·se·en* [-'ze:(ə)n]; ein Gebäude, in dem interessante Objekte aufbewahrt und gezeigt werden ⟨ein naturkundliches, technisches Museum; ins Museum gehen⟩: *Im Museum für moderne Kunst ist zurzeit eine Picasso-Ausstellung zu sehen* || K- Museumsbesuch, Museumsführer, Museumskatalog, Museumswärter || -K Heimatmuseum

Mu·sik *die; -, -en* [1] *meist Singular*; Töne, die harmonisch und rhythmisch angeordnet sind ⟨instrumentale, klassische, moderne Musik; Musik machen, spielen, hören⟩: *die Musik Mozarts* || K- Musikinstrument || -K Klaviermusik, Popmusik, Volksmusik [2] *nur Singular*; die Kunst, Töne zu Musik anzuordnen: *Er studiert Musik* || K- Musikgeschichte, Musikhochschule, Musiktheorie [3] *ohne Artikel; indeklinabel*; ein Fach in der Schule, in dem Musik (2) unterrichtet wird || K- Musiklehrer || ID *meist* **Das ist Musik in meinen/für meine Ohren** das höre ich gern

mu·si·ka·lisch *Adjektiv* [1] mit einer Begabung für Musik ⟨ein Kind⟩ [2] mit angenehmem Klang ⟨eine Sprache, eine Stimme⟩ [3] *nur vor dem Substantiv, nicht als Adverb*; in Bezug auf Musik ⟨ein Genie, ein Genuss⟩ || *zu* 1 und 2 **Mu·si·ka·li·tät** *die; -; nur Singular*

Mu·si·kant *der; -en, -en*; ein Musiker, der *bes* Tanz- oder Volksmusik spielt || -K Dorfmusikant, Straßenmusikant || *hierzu* **Mu·si·kan·tin** *die; -, -nen*

Mu·si·ker *der; -s, -*; jemand, der (beruflich) ein Instrument spielt || -K Berufsmusiker || *hierzu* **Mu·si·ke·rin** *die; -, -nen*

mu·sisch *Adjektiv; nur vor dem Substantiv oder als Adverb* [1] in Bezug auf die Kunst ≈ künstlerisch ⟨eine Begabung, die Erziehung⟩ [2] mit einer Begabung für Kunst ⟨ein Mensch⟩

mu·si·zie·ren B2 *musizierte, hat musiziert*; mit einem Instrument Musik machen, spielen

Mus·kel *der; -s, -n; meist Plural*; einer der elastischen Teile des Körpers bei Mensch und Tier, der sich zusammenziehen kann, um einen Teil des Körpers oder ein Organ zu bewegen ⟨kräftige/starke Muskeln; einen Muskel anspannen⟩ || K- Muskelkraft, Muskelkrampf, Muskelzerrung || -K Beinmuskel, Herzmuskel, Rückenmuskel || ID **seine Muskeln spielen lassen/spielenlassen** zeigen, dass man Macht und Einfluss hat

Mus·kel·ka·ter *der; -s; nur Singular*; der Schmerz, den man spürt, wenn man Muskeln bewegt, die man am Tag zuvor stark belastet hat ⟨(einen) Muskelkater haben⟩

Mus·ku·la·tur *die; -, -en*; die Muskeln eines Körpers oder eines Körperteils ⟨eine kräftige Muskulatur haben⟩ || -K Bauchmuskulatur, Beinmuskulatur, Nackenmuskulatur, Rückenmuskulatur

mus·ku·lös, *muskulöser, muskulösest-; Adjektiv*; mit kräftigen Muskeln ⟨Arme, ein Oberkörper⟩

Müs·li *das; -s, -s*; eine Mischung aus Haferflocken, Rosinen, Nüssen *usw*, die man mit Milch zum Frühstück isst

Mus·lim *der; -s, -s* ≈ Moslem || *hierzu* **Mus·li·min** *die; -, -nen*

muss *Präsens, 1. und 3. Person Singular*; ↑ **müssen**

Mu·ße *die; -; nur Singular*; **Muße (für/zu etwas)**

die Ruhe und Zeit, die nötig sind, um etwas (ohne Eile) tun zu können: *Mir fehlt die Muße, lange Bücher zu lesen*

müs·sen¹ [A1] *musste, hat müssen; Modalverb* **1** drückt aus, dass etwas notwendig ist *bzw* der Sprecher es für notwendig hält: *Wir müssen um 11 Uhr gehen, sonst verpassen wir den Zug; Ich muss wirklich abnehmen!* **2** drückt aus, dass der/die Betroffene gezwungen ist, etwas zu tun oder den Auftrag, Befehl *o.Ä.* hat, etwas zu tun: *Sie musste eine Haftstrafe von 5 Jahren verbüßen; Ich muss um 10 Uhr zu Hause sein, sonst bekomme ich Ärger mit meinen Eltern* **3** drückt aus, dass der Betroffene nicht anders handeln kann: *Ich muss immer husten, wenn die anderen rauchen* **4** drückt aus, dass der Sprecher etwas für wichtig oder wünschenswert hält: *Paris bei Nacht muss man einfach erlebt haben* **5** drückt aus, dass der Sprecher etwas annimmt, glaubt: *Sie müssen sehr stolz auf ihre Tochter sein; Ich rufe ihn jetzt an, er muss/müsste eigentlich schon im Büro sein* **6** drückt aus, dass sich der Sprecher über etwas ärgert: *Muss es denn ausgerechnet jetzt regnen?* **7** verwendet in verneinter Form, um jemanden aufzufordern, etwas nicht zu tun ≈ dürfen: *Das musst du ihm nicht glauben* **8** *Infinitiv* + **müsste(n)** *usw* verwendet, um einen Wunsch auszudrücken: *Ist das schön heute - so müsste es immer sein!; Man müsste einfach mehr Geld haben, dann wäre vieles leichter* ‖ [ID] **'Muss das sein?** *umg;* verwendet, um auszudrücken, dass jemand etwas nicht tun soll oder mit etwas aufhören soll

müs·sen² [A1] *musste, hat gemusst* **1** **irgendwohin müssen** irgendwohin gehen oder fahren müssen¹ (1,2): *Sie muss ins Büro* **2** **etwas muss irgendwohin** etwas muss¹ (1,2) an einen Ort gebracht werden: *Der Brief muss zur Post* **3** **aufs Klo/mal müssen** *umg;* das Bedürfnis haben, den Darm oder die Blase zu leeren

mü·ßig *Adjektiv; förmlich* **1** ohne (sinnvolle) Tätigkeit ≈ untätig ⟨müßig dastehen, herumsitzen⟩: *anderen müßig bei der Arbeit zusehen* **2** ⟨Stunden, Tage⟩ so, dass sie innere Ruhe und Entspannung bringen **3** *nicht als Adverb;* ohne Nutzen und Sinn ≈ überflüssig, zwecklos ⟨eine Frage, ein Gedanke⟩: *Da sie ja doch tut, was sie will, ist es müßig, ihr Ratschläge zu geben*

muss·te *Imperfekt, 1. und 3. Person Singular;* ↑ **müssen**

Mus·ter *das; -s, -;* **1** eine bestimmte Reihenfolge von Farben, Zeichen *usw*, die sich wiederholt ⟨ein buntes Muster; ein Muster entwerfen⟩: *Der Teppich hat ein Muster aus orientalischen Ornamenten* ‖ [-K] Blumenmuster, Karomuster, Streifenmuster; Stoffmuster, Tapetenmuster **2** **ein Muster** (+ *Genitiv*/**von etwas**) ein einzelnes Exemplar von etwas oder eine kleine Menge eines Materials, die dazu dienen zu zeigen, wie etwas/das Material ist: *In diesem Katalog finden Sie Muster unserer Vorhangstoffe* ‖ [K-] Musterstück ‖ [-K] Stoffmuster, Warenmuster **3** die Art, wie etwas (immer wieder) geschieht ⟨etwas läuft nach einem bestimmten, festen Muster ab⟩ ‖ [-K] Handlungsmuster, Verhaltensmuster **4** **ein Muster (für etwas)** etwas, das so gestaltet ist, dass es nachgeahmt werden kann ≈ Vorlage: *Das Urteil in diesem Prozess diente vielen Richtern als Muster* ‖ [K-] Musterbrief ‖ [-K] Strickmuster **5** **ein Muster (an etwas** (*Dativ*)**)** eine Person oder Sache, die als Vorbild dienen kann: *Er ist ein Muster an Pünktlichkeit* ‖ [K-] Musterbeispiel, Musterehe, Musterexemplar, Mustergatte, Musterschüler

mus·ter·gül·tig *Adjektiv;* ⟨ein Schüler; ein Benehmen, eine Ordnung⟩ so korrekt und ohne Fehler, dass sie ein Vorbild sind ≈ vorbildlich

mus·tern; *musterte, hat gemustert* **1** **jemanden/etwas mustern** jemanden/etwas aufmerksam, genau oder kritisch betrachten: *Sie musterte die Vase mit nachdenklichem Blick* **2** **jemanden mustern** *Militär;* untersuchen, ob jemand für den Deinst in der Armee geeignet ist ‖ *zu* 2 **Mus·te·rung** *die; -, -en*

Mut *der; -(e)s; nur Singular* **1** **der Mut (für/zu etwas)** die Eigenschaft oder Bereitschaft, etwas zu tun, das gefährlich ist ⟨all seinen Mut zusammennehmen; viel Mut zeigen⟩: *Er hatte nicht den Mut, ihr die Wahrheit zu sagen* ‖ [-K] Heldenmut **2** das Vertrauen darauf, dass etwas gut oder wieder besser wird ⟨den Mut sinken lassen; jemandem Mut geben, machen⟩: *Sie ging mit frischem Mut an die Arbeit* ‖ [K-] mutlos ‖ [-K] Lebensmut **3** **der Mut der Verzweiflung** der Mut (1), den man in einer schlimmen Situation bekommt **4** **frohen/guten Mutes sein** *förmlich;* in guter, optimistischer Stimmung sein ‖ Hinweis: ↑ **zumute**

mu·tig [B1] *Adjektiv;* mit viel Mut (1) ⟨ein Mensch, eine Tat; mutig für jemanden/etwas eintreten⟩

Mut·pro·be *die; -, -n;* eine Handlung, mit der jemand beweisen soll, dass er Mut (1) hat ⟨eine Mutprobe ablegen, bestehen, machen⟩

Mut·ter¹ [A1] *die; -, Müt·ter* **1** eine Frau, die ein

Kind geboren hat ⟨eine alleinerziehende, gute, strenge Mutter⟩: *Sie ist Mutter von zwei Kindern* || K- Muttergefühle, Mutterrolle **2** eine Frau, die Kinder so versorgt, als wäre sie ihre Mutter: *Er bekam eine neue Mutter, als sein Vater wieder heiratete* || -K Pflegemutter, Stiefmutter **3** ein webliches Tier, das Junge hat || K- Muttersau, Mutterschaf, Muttertier || -K Hundemutter, Katzenmutter, Vogelmutter **4** **die Mutter Gottes** *Religion;* Maria, die Mutter von Jesus || *zu* 1 **müt·ter·lich** *Adjektiv*

Mut·ter² *die; -, -n;* ein Stück Metall mit sechs Ecken und einem runden Loch, das auf eine Schraube gedreht wird, um diese zu befestigen || ↑ Abbildung unter **Werkzeug** || -K Schraubenmutter

Mut·ter·leib *der; -(e)s, -er; meist in* **im Mutterleib** (als Embryo) im Körper der Mutter ⟨die Entwicklung, die Zeit im Mutterleib⟩

Mut·ter·mal *das; -(e)s, -e;* ein brauner Fleck auf der Haut, den man *meist* von Geburt an hat

Mut·ter·milch *die; -; nur Singular;* die Milch, die nach der Geburt eines Kindes in der Brust einer Frau entsteht

Mut·ter·schaft *die; -, -en; meist Singular;* der Zustand, Mutter zu sein

Mut·ter·schutz *der; -es; nur Singular* **1** alle Gesetze, mit denen Frauen, die im Beruf sind, vor und nach der Geburt ihres Babys vor Nachteilen geschützt werden sollen **2** eine Zeit, in der eine Frau wegen der Geburt ihres Babys ihren Beruf nicht ausübt

Mut·ter·söhn·chen *das; -s, -; umg abwertend* **1** ein Junge oder Mann, der von seiner Mutter sehr verwöhnt worden ist oder wird **2** ein Mann, der zu weich ist

Mut·ter·spra·che *die; -, -n;* die Sprache, die ein Kind lernt, wenn es zu sprechen beginnt ↔ Fremdsprache: *Die meisten Österreicher haben Deutsch als Muttersprache* || *hierzu* **mut·ter·sprach·lich** *Adjektiv*

Mut·ti *die; -, -s; umg* ≈ Mama

mut·wil·lig *Adjektiv;* bewusst und mit (böser) Absicht ≈ böswillig ⟨eine Beschädigung; jemandem mutwillig schaden, wehtun⟩

Müt·ze B2 *die; -, -n;* eine Kopfbedeckung aus weichem Material (*meist* Wolle), die man *bes* bei kaltem Wetter trägt ⟨eine Mütze aufsetzen⟩ || -K Pelzmütze, Wollmütze

MwSt, **MWSt** *Abkürzung für* Mehrwertsteuer

mys·te·ri·ös, *mysteriöser, mysteriösest-; Adjektiv;* so, dass man es sich nicht erklären kann

mys·tisch, **m'ys·tisch** *Adjektiv* **1** sehr geheimnisvoll und rätselhaft ⟨ein Ort, eine Zahl⟩ **2** so tief religiös, dass man meint, dass es keine Trennung zwischen Gott und den Menschen gibt ⟨eine Erfahrung, eine Verzückung⟩

My·tho·lo·gie *die; -, -n* [-'giːən]; *förmlich;* alle Mythen (1) (eines Volkes) ⟨die antike, griechische Mythologie⟩ || *hierzu* **my·tho·lo·gisch** *Adjektiv*

My·thos *der; -, My·then* **1** eine sehr alte Geschichte, die *meist* religiöse oder magische Vorstellungen enthält: *ein Mythos von der Erschaffung der Welt* **2** eine *meist* positive Meinung, die bei vielen mit einer Sache oder Person, Gruppe verbunden ist: *der Mythos von der Tüchtigkeit der Deutschen* || *hierzu* **my·thisch** *Adjektiv*

N

N, **n** [ɛn] *das; -, -/umg auch -s;* der vierzehnte Buchstabe des Alphabets

na *Interjektion; umg* **1** verwendet, um eine Frage auszudrücken oder einzuleiten: *Na, wie hat dir der Film gefallen?* **2** verwendet, um auszudrücken, dass man schon zu lange auf etwas warten musste: *Na also/endlich!* **3** **na 'ja** *umg;* verwendet am Anfang des Satzes, drückt Zögern oder Skepsis aus: *Na ja, ich weiß nicht so recht …* **4** **na 'gut/na 'ja/na 'schön** verwendet, um auszudrücken, dass man etwas akzeptiert, obwohl man lieber etwas anderes möchte: *Na gut, dann bleibe ich eben hier* **5** **na, na (na)** verwendet, um jemanden (scherzhaft) zu kritisieren (oft verbunden mit einer Geste mit dem erhobenen Zeigefinger): *Na, na, na, so was tut man aber nicht!* **6** **na 'so was!** verwendet, um Erstaunen auszudrücken **7** **na 'und?** verwendet, um unhöflich auszudrücken, dass man nicht interessiert ist

Na·bel *der; -s; nur Singular;* die kleine, runde und etwas tiefere Stelle am Bauch des Menschen || ID **der Nabel der Welt** *oft humorvoll;* das Zentrum des Geschehens, das Wichtigste

Na·bel·schnur *die; -, -schnü·re;* eine Art dünner Schlauch aus Gewebe, durch den der Embryo seine Nahrung (im Bauch der Mutter) bekommt ⟨die Nabelschnur durchtrennen⟩

nach A1 *Präposition; mit Dativ* **1** später als zum

genannten Zeitpunkt oder Vorgang: *Schon wenige Minuten nach dem Unfall war die Polizei da* **2** *umg;* (bei der Uhrzeit) verwendet, um die Minuten anzugeben, die nach der genannten Stunde vergangen sind: *(Um) zehn nach vier geht mein Zug* **3** in die genannte Richtung: *von Osten nach Westen; den Kopf nach links drehen* **4** zu dem genannten Ort oder Land: *nach Marokko fliegen; von Köln über Stuttgart nach München fahren* || Aber: *zum Arzt gehen; in die Toskana fahren; ans Meer fahren* **5** verwendet, um auszudrücken, dass jemand/etwas in einer Reihenfolge (direkt) der Nächste ist: *Nach dem fünften Haus kommt eine große Eiche – dort biegen Sie rechts ab!* **6** *in Verbindung mit einem Superlativ;* in der Reihenfolge direkt unter dem Genannten: *Nach dem Mont Blanc ist der Monte Rosa der höchste Berg Europas* **7** so, wie es das genannte Vorbild sagt oder angibt: *Nach Ptolemäus ist die Erde eine Scheibe; Fischfilet nach Marseiller Art* **8** **nach etwas** *(Dativ)* innerhalb der genannten Ordnung, des genannten Systems ≈ gemäß, zufolge: *86° Fahrenheit sind nach der Celsiusskala 30°* **9** **nach etwas/etwas nach** einer Sache entsprechend, folgend: *Meiner Meinung nach müssen wir das Problem anders lösen; Nach Ansicht führender amerikanischer Krebsforscher ...* **10** **etwas** *(Dativ)* **nach** wenn man die genannte Person/Sache betrachtet, beurteilt: *Ihrem Akzent nach stammt sie wohl aus Österreich* **11** mit bestimmten Substantiven, Adjektiven und Verben verwendet: *ganz gierig nach Süßem sein; das Streben nach Macht; die Suche nach Erdöl; sich nach jemandem sehnen* || ID **nach und nach** im Lauf der Zeit ≈ allmählich: *die Schulden nach und nach bezahlen;* **nach wie vor** noch immer

nach- *im Verb; betont und trennbar;* Die Verben mit *nach-* werden nach folgendem Muster gebildet: *nachbauen – baute nach – nachgebaut* **1** drückt aus, dass eine Bewegung in die Richtung verläuft, in die sich jemand/etwas schon entfernt hat ≈ hinterher-; **jemandem/etwas nacheilen, nachfahren, nachrennen**; ⟨später⟩ **nachkommen**; **jemandem etwas nachschicken, nachtragen, nachwerfen** **2** drückt aus, dass etwas zum zweiten Mal geschieht, *bes* um ein Ergebnis zu prüfen oder zu verbessern; **jemanden/etwas nachbehandeln, nachuntersuchen**; **nachfragen** ⟨weil man die Antwort nicht verstanden hat⟩; **(etwas) nachrechnen, nachsalzen, nachspülen** **3** so, dass es einem Original, Vorbild möglichst ähnlich wird; **etwas nachbauen, nachbilden, nachformen, nachsingen** **4** drückt aus, dass etwas später als üblich oder erwartet geschieht; ⟨seinen Geburtstag⟩ **nachfeiern**; ⟨Versäumtes⟩ **nachlernen**; ⟨fehlende Waren⟩ **nachliefern**; ⟨eine Fahrkarte⟩ **nachlösen**

nach·ah·men; *ahmte nach, hat nachgeahmt;* **jemanden/etwas nachahmen** sich mit Absicht so verhalten, dass es einer Person oder einer Sache sehr ähnlich ist: *die Lässigkeit Humphrey Bogarts nachahmen* || *hierzu* **Nach·ah·mer** *der; -s, -;* **Nach·ah·mung** *die; -, -en*

Nach·bar *der; -n/-s, -n* **1** eine Person, die direkt neben einer anderen oder in deren Nähe wohnt: *Habt ihr eure neuen Nachbarn schon kennengelernt?* **2** jemand, der *z.B.* im Kino, Restaurant, in der Schule neben einer anderen Person sitzt || -K Tischnachbar || *hierzu* **Nach·ba·rin** *die; -, -nen*

Nach·bar·schaft B2 *die; -; nur Singular* **1** alle Nachbarn (1): *Die ganze Nachbarschaft spricht schon von seinem Unfall* **2** das Gebiet in der (näheren) Umgebung von jemandem/etwas ≈ Nähe: *In unserer Nachbarschaft gibt es keine Schule* **3** die Beziehungen zwischen den Nachbarn (1) ⟨gute Nachbarschaft halten⟩ || K- Nachbarschaftshilfe

nach·bes·sern *(hat)* **etwas nachbessern** etwas (noch einmal) bearbeiten, um es besser zu machen || *hierzu* **Nach·bes·se·rung** *die; -, -en*

nach·dem B1 *Konjunktion; meist* mit Plusquamperfekt verwendet, um auszudrücken, dass die Handlung des Nebensatzes schon beendet ist, wenn die Handlung des Hauptsatzes beginnt: *Nachdem er gegessen hatte, schaute er noch ein wenig fern; Nachdem der Zahn gezogen war, gingen die Schmerzen zurück*

nach·den·ken B1 *(hat)* **(über jemanden/etwas) nachdenken** sich eine Situation vorstellen und dabei *bes* an wichtige Einzelheiten oder Probleme denken: *darüber nachdenken, was man tun will; Er dachte lange nach, bevor er sich entschied* || *hierzu* **nach·denk·lich** *Adjektiv*

Nach·druck *der; -(e)s; nur Singular;* die Art, mit der man sagt, dass etwas sehr wichtig ist ⟨etwas mit Nachdruck sagen⟩ || *hierzu* **nach·drück·lich** *Adjektiv*

nach·ei·fern; *eiferte nach, hat nachgeeifert;* **jemandem (in etwas** *(Dativ)***) nacheifern** versuchen, etwas genauso zu machen oder so zu werden wie jemand, den man als Vorbild hat: *dem großen Bruder nacheifern*

nach·ei·nan·der *Adverb*; eine Person/Sache nach der anderen: *nacheinander drankommen; Kurz nacheinander landeten vier Flugzeuge*

Nach|er·zäh·lung *die; -, -en*; ein Text, in dem der Inhalt einer Geschichte noch einmal (ziemlich genau) erzählt wird (*meist* als sprachliche Übung in der Schule) ⟨eine Nacherzählung machen, schreiben⟩ || *hierzu* **nach·er·zäh·len** (*hat*)

Nach·fol·ge *die; -; nur Singular*; das Übernehmen der Arbeit oder der Funktion eines anderen ⟨die Nachfolge regeln; jemandes Nachfolge antreten⟩ || *hierzu* **Nach·fol·ger** *der; -s, -*; **Nach·fol·ge·rin** *die; -, -nen*

nach·fol·gen (*ist*) **1** **jemandem nachfolgen** jemandem folgen, um ihn einzuholen oder (später) an denselben Ort zu kommen: *Er fliegt schon morgen, und die Familie folgt ihm dann später nach* **2** **jemandem nachfolgen** die Arbeit und Funktion eines anderen übernehmen ≈ jemandes Nachfolge antreten ⟨jemandem im Amt nachfolgen⟩

nach·for·dern (*hat*) **etwas nachfordern** etwas zusätzlich oder später fordern, verlangen oder bestellen, weil man (nicht genug bekommen hat und) mehr davon haben will: *Geld nachfordern* || *hierzu* **Nach·for·de·rung** *die; -, -en*

nach·for·schen (*hat*) intensiv versuchen, zu Informationen oder Kenntnissen über jemanden/etwas zu kommen || *hierzu* **Nach·for·schung** *die; -, -en*

Nach·fra·ge *die; -, -n*; **die Nachfrage (nach etwas)** *nur Singular*; die Absicht, bestimmte Produkte zu kaufen ⟨es herrscht große Nachfrage nach etwas; Angebot und Nachfrage⟩

nach·fra·gen (*hat*) **1** **(bei jemandem) (wegen etwas) nachfragen** eine Person (*meist* bei einer Institution) fragen, die die gewünschte Information geben kann: *beim Finanzamt wegen der Steuer nachfragen* **2** noch eine oder mehrere Fragen stellen, bis man eine Antwort bekommt **3** **(etwas) nachfragen** als Käufer etwas haben wollen: *Stiefel werden zurzeit sehr nachgefragt*

nach·fül·len B2 (*hat*) **1** **(etwas) nachfüllen** etwas in einen Behälter füllen, der (teilweise) leer geworden ist **2** **(jemandem) (etwas) nachfüllen** jemandes Glas, das (teilweise) leer geworden ist, wieder füllen

nach·ge·ben (*hat*) **1** **(jemandem/etwas) nachgeben** auf Bitten oder Drängen anderer etwas erlauben oder tun, zu dem man vorher nicht bereit war: *Ich gab meiner Tochter schließlich nach und ließ sie nach Kanada fliegen* **2** **etwas gibt nach** etwas biegt sich bei starker Belastung (und geht dann kaputt): *Das Dach gab unter der Last des Schnees nach und stürzte ein*

nach·ge·hen B2 (*ist*) **1** **jemandem nachgehen** jemandem folgen, um ihn einzuholen oder um in dieselbe Richtung zu gehen **2** **etwas** (*Dativ*) **nachgehen** etwas prüfen, untersuchen ⟨einem Hinweis, einem Verdacht nachgehen⟩ **3** **etwas** (*Dativ*) **nachgehen** eine Arbeit, Tätigkeit regelmäßig machen ⟨einer geregelten Arbeit nachgehen⟩ **4** ⟨eine Uhr⟩ **geht nach** eine Uhr zeigt weniger an, als es tatsächlich ist: *Meine Uhr geht schon wieder zehn Minuten nach* **5** **etwas geht jemandem nach** etwas ist so, dass jemand immer wieder daran denkt: *Der Unfall geht mir immer noch nach*

nach·gie·big *Adjektiv; nicht als Adverb*; so, dass man bereit ist nachzugeben

nach·ha·ken; *hakte nach, hat nachgehakt; umg*; mehrmals Fragen zu einem Problem stellen, weil der andere nicht alles sagen will ≈ nachfragen: *Der Richter musste bei der Vernehmung des Zeugen immer wieder nachhaken*

nach·hal·tig *Adjektiv*; von starker und langer Wirkung ⟨ein Erfolg, ein Erlebnis, ein Eindruck⟩

nach·hau·se *Adverb* ≈ nach Hause || Hinweis: ↑ **Haus** (5)

nach·her B1 *Adverb*; etwas später, danach: *Ich rufe ihn nachher noch an*

Nach·hil·fe *die; -, -n*; **Nachhilfe (in etwas** (*Dativ*)**)** *nur Singular*; zusätzlicher Unterricht, den ein Schüler außerhalb der Schule bekommt ⟨Nachhilfe bekommen⟩

Nach·hi·nein *nur in* **im Nachhinein** nach einer bestimmten Zeit oder nachdem eine Handlung schon vorbei ist oder war: *Im Nachhinein hat sich dann doch gezeigt, dass er gelogen hatte*

nach·ho·len (*hat*) **etwas nachholen** etwas, das man nicht getan hat oder das nicht stattgefunden hat, später tun oder durchführen ⟨eine Prüfung, Versäumtes nachholen⟩ || K- Nachholspiel

Nach·kom·me *der; -n, -n*; jedes der Kinder, Enkel, Urenkel *usw* einer bestimmten Person ↔ Vorfahr ⟨keine Nachkommen haben; ohne Nachkommen sterben⟩

Nach·lass *der; -es, -läs·se*; das Eigentum einer

N

Person, das (nach ihrem Tod) an die Erben geht

nach·las·sen (hat) **1** **etwas lässt nach** etwas wird weniger intensiv ⟨Schmerzen, eine Spannung, der Regen⟩: *Wenn der Regen nicht bald nachlässt, müssen wir uns unterstellen* **2** in der Leistung oder Qualität schlechter werden ⟨das Gehör, das Gedächtnis⟩: *Du lässt nach - früher hast du viel schneller reagiert* **3** **(jemandem) etwas nachlassen** den Preis einer Ware reduzieren: *Wegen des Kratzers im Lack lasse ich Ihnen 5 % vom Preis nach* || zu 3 **Nach·lass** der; -es, -läs·se

nach·läs·sig Adjektiv; so, dass etwas nicht ordentlich gemacht wird ⟨die Aufgaben nachlässig machen⟩

nach·lau·fen (ist) **1** **jemandem nachlaufen** jemandem schnell zu Fuß folgen, um ihn zu fassen oder einzuholen **2** **jemandem/etwas nachlaufen** umg; sich sehr bemühen müssen, um das Ziel zu erreichen: *einer Genehmigung nachlaufen müssen* **3** **jemandem/etwas nachlaufen** abwertend; sich ständig bemühen, jemanden/etwas für sich zu gewinnen ⟨einer Frau, dem Geld nachlaufen⟩

nach·ma·chen (hat) **1** **(jemandem) etwas nachmachen** genau das tun oder machen, was ein anderer tut oder macht: *Kinder machen den Eltern alles nach* **2** **etwas nachmachen** etwas so herstellen, dass es wie das Original aussieht: *nachgemachte Barockmöbel* **3** **etwas nachmachen** umg; einen Teil der Arbeit, den man versäumt hat, später noch machen: *die vergessenen Hausaufgaben am nächsten Tag nachmachen*

N

Nach·mit·tag A1 der; -(e)s, -e; die Zeit zwischen Mittag und Abend (von ungefähr 13-17 Uhr) ⟨am frühen, späten Nachmittag; gestern, heute, morgen Nachmittag⟩ || K- Nachmittagsvorstellung, Nachmittagszeit || -K Sonntagnachmittag

nach·mit·tags A2 Adverb; am Nachmittag oder jeden Nachmittag ↔ vormittags

Nach·nah·me die; -, -n **1** nur Singular; **per/gegen Nachnahme** gegen Bezahlung (der Ware) bei der Lieferung: *ein Buch per Nachnahme schicken* || K- Nachnahmegebühr, Nachnahmesendung **2** die Ware selbst, die per Nachnahme geliefert wird

Nach·na·me A2 der; -ns, -n ≈ Familienname

nach·prü·fen (hat) **etwas nachprüfen** (noch einmal) kontrollieren, um zu sehen, ob etwas vorhanden, richtig oder wahr ist: *vor jeder längeren Fahrt solltest du nachprüfen, ob der Wagen noch genug Öl hat; die Aussagen eines Zeugen nachprüfen*

Nach·richt B1 die; -, -en **1** **eine Nachricht (von jemandem/etwas)/(über jemanden/etwas); eine Nachricht (von jemandem) (an/für jemanden)** eine meist kurze Information über ein aktuelles Ereignis ⟨eine Nachricht überbringen, übermitteln⟩: *eine Nachricht von Klaus an Renate; Als Erstes kam eine Nachricht über ein Erdbeben; Die Nachricht, dass er einen Unfall hatte, hat uns sehr erschüttert* || -K Todesnachricht, Unglücksnachricht **2** nur Plural; eine Sendung im Radio oder Fernsehen, die über die wichtigsten Ereignisse informiert ⟨etwas kommt in den Nachrichten⟩ || K- Nachrichtensendung, Nachrichtensprecher

nach·rü·cken (ist) **(irgendwohin) nachrücken** jemandes Platz o.Ä. übernehmen: *in den Bundestag nachrücken; Weil ein Mitglied des Stadtrats ausschied, rückte sie nach*

Nach·ruf der; -(e)s, -e; **ein Nachruf (auf jemanden)** ein Text, mit dem man bes die persönlichen Qualitäten und Verdienste einer Person beschreibt, die vor Kurzem gestorben ist

nach·rüs·ten (hat) **etwas (mit etwas) nachrüsten** ein Gerät, eine Maschine usw technisch zu einem bestimmten Zweck ändern oder verbessern: *den Computer mit einer größeren Festplatte nachrüsten* || hierzu **Nach·rüs·tung** die; -, -en

nach·schen·ken B2 (hat) **(jemandem) (etwas) nachschenken** jemandem wieder etwas zu trinken geben, wenn seine Tasse oder sein Glas (fast) leer ist: *Darf ich dir noch (einen Schluck) nachschenken?*

nach·schla·gen (hat) **(etwas) nachschlagen** ein Wort oder einen Abschnitt in einem Buch suchen, um sich zu informieren ⟨etwas im Lexikon nachschlagen⟩

Nach·schub der; -(e)s; nur Singular **1** **der Nachschub (an etwas** (Dativ)**)** das Essen, die Kleidung und die Munition, mit denen die Truppen im Krieg versorgt werden ⟨Nachschub (an Material) anfordern⟩ **2** umg humorvoll; zusätzliches Essen oder Getränke

nach·se·hen (hat) **1** **jemandem/etwas nachsehen** den Blick auf eine Person oder Sache richten, die sich entfernt: *einem Zug nachsehen, der aus dem Bahnhof fährt* **2** **(etwas) nachsehen** etwas betrachten, um es zu prüfen, um Fehler zu finden oder um bestimmte Informationen zu bekommen: *die Hausaufgaben der Kinder nachsehen; im Wörterbuch nachsehen, wie man „Chanson"* *ausspricht* **3** **jemandem etwas nachsehen** jemandes Fehler oder Schwäche(n) akzeptieren: *Sie sieht ihm alle seine Fehler nach*

Nach·se·hen *das; -s; nur Singular; nur in* **1** **das Nachsehen haben** nicht das bekommen oder erreichen, was man will: *Am Ende des Rennens hatte der Favorit das Nachsehen und musste sich mit dem fünften Platz begnügen* **2** **jemandem bleibt das Nachsehen** jemand bekommt oder erreicht nicht das, was er wollte

nach·sen·den; *sandte/sendete nach, hat nachgesandt/nachgesendet;* **(jemandem) etwas nachsenden** etwas an jemanden senden, der inzwischen woanders ist || *hierzu* **Nach·sen·dung** *die; -, -en*

Nach·sicht *die; -; nur Singular;* Verständnis oder Geduld beim Beurteilen einer Person oder Sache ≈ Toleranz ⟨mit jemandem Nachsicht haben; Nachsicht üben⟩: *Mit Drogenhändlern kennt das Gesetz keine Nachsicht* || *hierzu* **nach·sich·tig** *Adjektiv*

nach·sit·zen *(hat)* (zur Strafe) länger als die anderen Schüler in der Schule bleiben (müssen): *Die Lehrerin ließ ihn nachsitzen, weil er seine Hausaufgaben nicht gemacht hatte*

Nach·spei·se B1 *die; -, -n;* eine *meist* süße Speise am Ende des Essens ≈ Nachtisch

Nach·spiel *das; -(e)s, -e; meist Singular;* die *(meist* unangenehmen) Folgen einer Handlung oder eines Vorfalls ≈ Konsequenzen, Folgen ⟨etwas hat ein gerichtliches Nachspiel⟩: *Das wird noch ein Nachspiel haben!*

nach·spre·chen *(hat)* **(jemandem) (etwas) nachsprechen** die Worte, die jemand gesagt hat, genau wiederholen ⟨eine Eidesformel nachsprechen⟩

nächs·t- B1 **1** *Superlativ;* ↑ **nahe** **2** *Adjektiv; nur vor dem Substantiv, nicht als Adverb;* so, dass etwas in einer Reihe als Erstes folgt: *In der nächsten Lektion wird das Passiv behandelt; Biegen Sie nach der nächsten Ampel rechts ab!; Wer kommt als Nächster dran?; Nächsten Samstag/Am nächsten Samstag beginnt das Oktoberfest* || ID **Der Nächste bitte!** verwendet, um jemandem zu sagen, dass er jetzt an die Reihe kommt

Nächs·ten·lie·be *die; -; nur Singular;* die Liebe, Rücksicht und Achtung, mit der man sich (nach der christlichen Lehre) um seine Mitmenschen kümmern soll ⟨etwas aus reiner, christlicher Nächstenliebe tun⟩

nächs·tens *Adverb;* in naher Zukunft ≈ bald, demnächst

nächst·mög·li·ch- *Adjektiv; nur vor dem Substantiv, nicht als Adverb;* von einem bestimmten Zeitpunkt an als Nächstes möglich: *einen Mitarbeiter zum nächstmöglichen Termin einstellen*

nach·su·chen *(hat)* **1** **(irgendwo) nachsuchen** intensiv (noch einmal) nach jemandem/etwas suchen: *Ich habe überall nachgesucht, aber ich kann den Schlüssel nicht finden* **2** **(bei jemandem) um etwas nachsuchen** *förmlich;* offiziell und förmlich um etwas bitten ⟨um Entlassung, Versetzung nachsuchen⟩

Nacht A1 *die; -, Näch·te* **1** der Teil des Tages, an dem es dunkel ist ⟨ bei Nacht; in der Nacht; es wird Nacht⟩: *die Nacht vom Montag auf Dienstag; Kann ich über Nacht* (= die ganze Nacht) *hierbleiben?* || K- Nachtarbeit, Nachtdienst, Nachtschicht, Nachtzeit || -K Sommernacht; Sonntagnacht **2** in der Nacht (1) ⟨gestern, heute Nacht⟩ **3** **die Heilige Nacht** die Nacht vor dem 25. Dezember **4** **Gute Nacht!** als Wunsch oder Verabschiedung verwendet, wenn jemand zum Schlafen geht || ID **bei Nacht und Nebel** *umg* ≈ heimlich; **sich** *(Dativ)* **die Nacht um die Ohren schlagen**; **die Nacht zum Tag machen** *umg;* die ganze Nacht wach bleiben und nicht ins Bett gehen; **(Na) dann, gute Nacht!** *umg;* ich befürchte das Schlimmste; **über Nacht** ⟨berühmt werden⟩ innerhalb kurzer Zeit; ⟨hässlich, dumm *usw*⟩ **wie die Nacht** *umg;* sehr hässlich, dumm *usw*

Nach·teil B1 *der; -s, -e* **1** die ungünstigen negativen Auswirkungen, die eine Sache hat oder haben könnte ⟨etwas ist für jemanden/etwas von Nachteil⟩: *Der Nachteil dieses Gerätes ist, dass es viel Energie verbraucht* **2** **(jemandem gegenüber) im Nachteil sein** in einer ungünstigeren Situation sein als ein anderer

Nacht·hemd B2 *das; -(e)s, -en;* ein Kleidungsstück, das wie ein sehr langes Hemd aussieht und das man nachts im Bett trägt

Nach·ti·gall *die; -, -en;* ein kleiner Vogel, der nachts sehr schön singt ⟨die Nachtigall schlägt (= singt)⟩

Nach·tisch *der; -(e)s, -e; nur Singular* ≈ Nachspeise

Nacht·klub B2 *der; -s, -s;* ein Lokal, das nachts sehr lange geöffnet hat

Nach·trag *der; -(e)s; Nach·trä·ge;* **ein Nachtrag (zu etwas)** ein Text, den man später zu einem schon vorhandenen Text hinzufügt ≈ Zusatz, Ergänzung

nach·tra·gend *Adjektiv;* mit der Neigung, sich lange über jemanden/etwas zu ärgern: *Seine Mutter ist sehr nachtragend - sie ver-*

N

zeiht ihm nicht den kleinsten Fehler || *hierzu* **nach·tra·gen** *(hat)*

nach·träg·lich *Adjektiv;* nach dem (eigentlichen) Zeitpunkt (stattfindend) ≈ im Nachhinein ⟨Glückwünsche, eine Bemerkung⟩: *Dein Geburtstag war zwar schon gestern, aber ich wünsche dir nachträglich noch alles Gute*

Nacht·ru·he *die; -; nur Singular* **1** *förmlich;* der Schlaf während der Nacht: *Der Flugzeuglärm störte ihn in seiner Nachtruhe* **2** die Zeit zwischen 22 und 6 Uhr, während der man leise sein soll, damit die anderen schlafen können ⟨die Nachtruhe einhalten, stören⟩

nachts [A2] *Adverb;* während der Nacht, in der Nacht

Nacht·tisch *der; -(e)s, -e;* eine Art kleiner Tisch oder Schrank neben dem Bett, auf den man *z.B.* den Wecker stellt ≈ Nachtschränkchen

nach|voll·zie·hen; *vollzog nach, hat nachvollzogen;* **etwas nachvollziehen** sich denken oder vorstellen (können), wie etwas gewesen ist ⟨jemandes Gedanken, Handlungsweise nachvollziehen⟩ || *hierzu* **nach|voll·zieh·bar** *Adjektiv*

nach·wei·nen *(hat) meist in* **jemandem/etwas keine Träne nachweinen** eher froh als traurig sein, wenn jemand/etwas nicht mehr da ist

N

Nach·weis *der; -es, -e* **1** eine Handlung, ein Argument oder eine Tatsache, die zeigen, dass etwas richtig war/ist: *den Nachweis für eine Theorie führen* **2** die Dokumente, mit denen man etwas nachweisen kann: *den Nachweis der Arbeitsunfähigkeit erbringen*

nach·wei·sen *(hat)* **1** **etwas nachweisen** (mit Dokumenten) zeigen, dass man etwas hat ⟨einen festen Wohnsitz nachweisen⟩ **2** **etwas nachweisen** mit Argumenten oder Dokumenten zeigen, dass das, was man behauptet, wahr ist: *Zusammenhänge nachweisen* **3** **(jemandem) etwas nachweisen** beweisen, dass jemand etwas getan hat: *jemandem einen Diebstahl nachweisen: Die Polizei konnte nachweisen, dass er gelogen hatte* || *hierzu* **nach·weis·bar** *Adjektiv*

nach·wir·ken *(hat)* **etwas wirkt nach** etwas hat auch später noch eine Wirkung: *Die Krankheit wirkt immer noch nach* || *hierzu* **Nach·wir·kung** *die; -, -en*

Nach·wuchs *der; -es; nur Singular* **1** das Kind oder die Kinder (in einer Familie) ⟨keinen Nachwuchs bekommen⟩ **2** die jüngere Generation (beim Sport, in der Kunst *o.Ä.*) || K- Nachwuchsförderung, Nachwuchskünstler

nach·zie·hen *(hat)* **1** **ein Bein nachziehen** ein Bein langsamer als das andere bewegen und deshalb hinken **2** **etwas nachziehen** mit einem Stift eine Linie (noch einmal) zeichnen und so kräftiger machen ⟨eine Linie, die Lippen (beim Schminken) nachziehen⟩ **3** **etwas nachziehen** an etwas (mit einem Schraubenzieher) noch einmal drehen, um es fester zu machen ⟨eine Schraube nachziehen⟩ **4** dem Beispiel eines anderen folgen: *Wenn ein Laden die Preise erhöht, ziehen die anderen bald nach*

Na·cke·dei *der; -s, -s; umg humorvoll;* jemand, der nackt ist, *bes* ein Kind

Na·cken [B2] *der; -s, -;* der hintere Teil des Halses ≈ Genick ⟨den Kopf in den Nacken legen, den Hut in den Nacken schieben⟩ || ID **jemandem im Nacken sitzen** jemandem Angst oder Sorgen machen

nackt *Adjektiv* **1** ohne Kleidung ⟨nackt baden, daliegen;sich nackt ausziehen⟩: *Er arbeitete mit nacktem Oberkörper* || K- Nacktfoto **2** ohne schützende Hülle, Decke oder Schmuck: *auf dem nackten Boden sitzen; ein nackter Baum* (= ohne Blätter); *eine nackte Wand* (= ohne Bilder) || K- Nacktschnecke **3** *nur vor dem Substantiv, nicht als Adverb;* sehr groß, sehr schlimm ⟨die Angst, das Elend, die Verzweiflung⟩ **4** *meist* **nur das nackte Leben retten können** nur das Leben retten (können), aber nicht den Besitz *o.Ä.* **5** **die nackten Tatsachen** nur die reinen Fakten || *zu* 1 und 2 **Nackt·heit** *die; -; nur Singular*

Na·del [B1] *die; -, -n* **1** ein dünner, spitzer Gegenstand, mit dem man näht, strickt *o.Ä.* ⟨eine Nadel einfädeln⟩ || K- Nadelöhr, Nadelspitze, Nadelstich || -K Nähnadel, Stecknadel, Stricknadel **2** ein kleiner Gegenstand mit einer Nadel (1), den man irgendwo (*bes* als Schmuck) befestigt || -K Haarnadel **3** der Teil einer Spritze, mit dem man jemandem in die Haut sticht ⟨die Nadel sterilisieren⟩ **4** ein

Nadel (1)

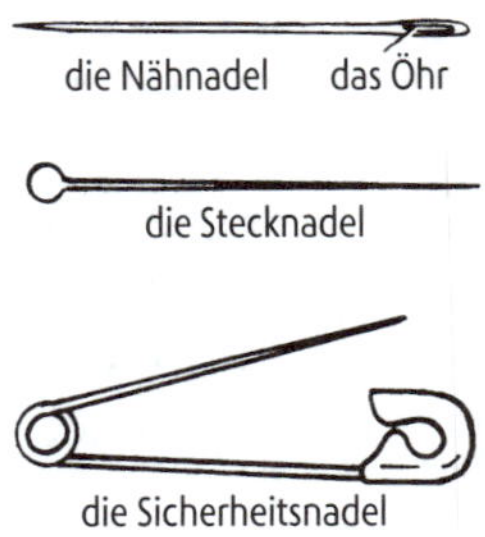

kleiner, dünner Zeiger bei einem Gerät ⟨die Nadel schlägt aus⟩: *Die Nadel des Kompasses zeigt nach Norden* || [-K] Kompassnadel **5** die feine Spitze am Arm eines Plattenspielers **6** *meist Plural;* die schmalen grünen Teile etwa in der Form einer Nadel (1) an manchen Arten von Bäumen ↔ Blatt || [-K] Fichtennadel, Kiefernnadel, Tannennadel || [ID] **(wie) auf Nadeln sitzen** *umg;* nervös sein

Na·del·baum *der; -(e)s, -bäu·me;* ein Baum, dessen Blätter wie Nadeln (1) aussehen und der *meist* auch im Winter grün ist: *Fichten, Tannen, Kiefern und Pinien sind Nadelbäume*

Na·gel¹ [B1] *der; -s, Nä·gel;* ein langer, dünner und spitzer Gegenstand *meist* aus Metall mit einem flachen Kopf, den man irgendwo hineinschlägt, um etwas zu befestigen ⟨einen Nagel (mit dem Hammer) einschlagen⟩ || [ID] **Nägel mit Köpfen machen** eine Aufgabe konsequent durchführen; **den Nagel auf den Kopf treffen** *umg;* das Wesentliche einer Sache erkennen und sagen; **etwas an den Nagel hängen** *umg;* etwas nicht mehr weitermachen

Na·gel² [B1] *der; -s, Nä·gel;* der harte, flache Teil am Ende von Fingern und Zehen ⟨(jemandem/sich) die Nägel schneiden⟩ || [K-] Nagelbürste, Nagellack || [-K] Fingernagel, Zehennagel || [ID] **etwas brennt jemandem auf/unter den Nägeln** *umg;* jemand ist nervös und will unbedingt, dass etwas bald getan wird; **sich** *(Dativ)* **etwas unter den Nagel reißen** *umg;* etwas nehmen, das anderen gehört oder zusteht

Nagel¹

Nagel²

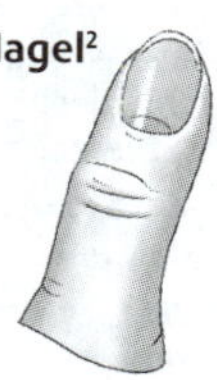

na·geln; *nagelte, hat genagelt* **1** **etwas irgendwohin nageln** etwas mit Nägeln irgendwo befestigen: *ein Brett vor ein Fenster nageln* **2** **etwas nageln** etwas mit Nägeln schließen oder (wieder) zu einem Ganzen machen: *eine Kiste aus Brettern nageln*

na·gel·neu *Adjektiv; ohne Steigerung; umg;* ganz neu: *ein nagelneuer Anzug*

na·gen; *nagte, hat genagt* **1** **an etwas** *(Dativ)* **nagen** mit den Zähnen kleine Stücke von etwas Hartem entfernen: *Der Hund nagt an einem Knochen* **2** **etwas nagt an jemandem** etwas quält jemanden ⟨Zweifel, Kummer; ein nagendes Hungergefühl⟩ **3** **ein Tier nagt ein Loch (in etwas** *(Akkusativ)***)** ein Tier macht durch Nagen (1) ein Loch in etwas: *Mäuse haben Löcher in die Säcke genagt*

Na·ge·tier *das; -(e)s, -e;* ein kleines (Säuge-)Tier, das Pflanzen frisst und sehr scharfe, lange Vorderzähne hat: *Mäuse, Biber und Hasen sind Nagetiere*

nah ↑ **nahe¹**

na·he¹ ['na:ə]; *näher, nächst-; Adjektiv* **1** **nahe (bei/an jemandem/etwas)** räumlich nicht weit entfernt: *in die nahe Stadt gehen; Der nächste Friseur ist gleich um die Ecke; nahe beim Bahnhof wohnen* **2** *umg* ≈ kurz (1) ↔ weit ⟨der nächste Weg⟩: *Wenn wir die Abkürzung nehmen, haben wir es näher* **3** nicht weit in der Zukunft ⟨der Abschied, die Abreise; in naher Zukunft⟩: *Ostern rückt näher/steht nahe bevor* **4** *nur vor dem Substantiv oder als Adverb;* in enger Beziehung (verwandt) ⟨Angehörige, Verwandte⟩ **5** *meist* **aus/von nah und fern** von überall her **6** **von Nahem/nahem** aus geringer Entfernung: *Die Details sind von Nahem gut erkennbar* **7** **nahe d(a)ran sein + zu +** *Infinitiv* etwas fast schon tun: *Er war nahe daran, aus dem Verein auszutreten* **8** **etwas** *(Dativ)* **nahe sein** kurz davor sein, etwas zu erleben, das gefährlich oder unangenehm ist ⟨dem Ruin, dem Tod, den Tränen nahe sein⟩ || [ID] **jemandem zu nahe treten** etwas sagen oder tun, das jemandes Gefühle verletzt || Hinweis: ↑ **nahebringen**, **nahegehen** *usw*

na·he² ['na:ə] *Präposition; mit Dativ; förmlich;* nicht weit entfernt von: *nahe der Universität*

Nä·he ['nɛ:ə] *die; -; nur Singular* **1** eine kleine räumliche Entfernung, von einem bestimmten Punkt aus gesehen ↔ Ferne ⟨etwas aus der Nähe betrachten; in der Nähe von jemandem/etwas wohnen; in nächster, unmittelbarer Nähe⟩: *Ganz in unserer Nähe gibt es einen See* || [-K] Erdnähe, Grenznähe, Stadtnähe **2** enger Kontakt, enge Beziehungen zu anderen Menschen ⟨jemandes Nähe suchen; Angst vor Nähe haben⟩ || [ID] **etwas rückt in greifbare Nähe, liegt in greifbarer Nähe** etwas kann oder wird schon bald erreicht werden, geschehen

na·he·brin·gen; *brachte nahe, hat nahegebracht* **1** **jemandem etwas nahebringen** bewirken, dass sich jemand für etwas interessiert und es versteht: *Die Ausstellung versucht, den Besuchern die Kunst des Fernen Ostens nahezubringen* **2** **etwas bringt jemanden jemandem nahe** etwas bewirkt, dass zwischen (zwei) Menschen eine Beziehung entsteht oder intensiver wird

na·he·ge·hen; *ging nahe, ist nahegegangen;* **etwas geht jemandem nahe** etwas bewirkt bei jemandem Trauer oder Mitleid ≈ etwas erschüttert jemanden: *Ihr tragisches Schicksal ging ihm sehr nahe*

na·he·le·gen; *legte nahe, hat nahegelegt* **1** **jemandem etwas nahelegen** jemanden höflich, aber bestimmt auffordern, etwas zu tun: *jemandem den Rücktritt nahelegen; jemandem nahelegen, sich zu entschuldigen* **2** **etwas legt etwas nahe** etwas lässt etwas als wahrscheinlich erscheinen: *Sein Verhalten legt den Verdacht nahe, dass er lügt*

na·he·lie·gend, *näherliegend, nächstliegend/ umg meist naheliegender, naheliegendst-; Adjektiv; nicht als Adverb;* sehr gut verständlich ≈ einleuchtend: *Aus naheliegenden Gründen schweigt er zu den Vorwürfen; Sie tat das Nächstliegende und ging*

nä·hen B2 ['nɛːən]; *nähte, hat genäht* **1** **(etwas) nähen** etwas herstellen, indem man Stoffteile mit Nadel und Faden verbindet ⟨ein Kleid nähen⟩ ‖ K- Nähmaschine, Nähnadel **2** **etwas nähen** etwas reparieren, indem man die Teile mit Nadel und Faden verbindet ⟨ein Loch in der Jacke nähen⟩ **3** **etwas irgendwohin nähen** etwas mit Nadel und Faden irgendwo befestigen ⟨einen Knopf an den Mantel, einen Flicken auf die Hose nähen⟩ **4** **etwas**/*umg auch* **jemanden nähen** eine Wunde mit einem Faden schließen ‖ ▸ **Naht**

nähen

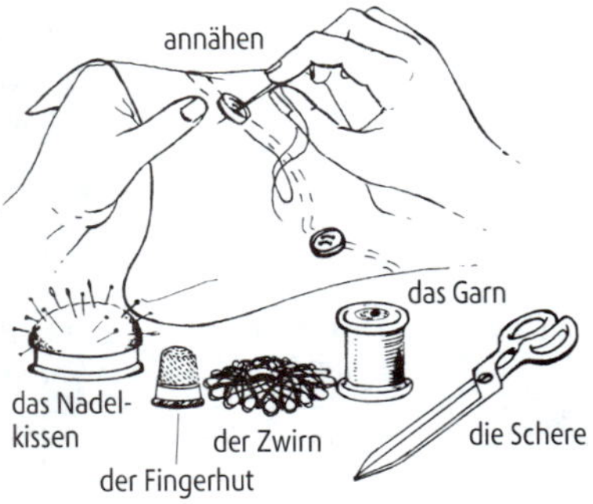

Nah|·er·ho·lung *die; -; nur Singular;* die Möglichkeit, sich in der Nähe (einer Stadt in einem Park, Wald *o.Ä.*) auszuruhen und zu erholen ‖ K- Naherholungsgebiet, Naherholungszentrum

nä·her·kom·men; *kam näher, ist nähergekommen* **1** **jemandem näherkommen** eine engere Beziehung zu jemandem bekommen: *Auf dem Ausflug kamen sich die beiden näher* **2** **etwas kommt etwas** (*Dativ*) **näher** etwas entspricht einer Sache mehr als etwas anderes, ist wahrscheinlicher, besser: *Das kommt der Sache, den Tatsachen, der Wahrheit schon näher*

Nähmaschine

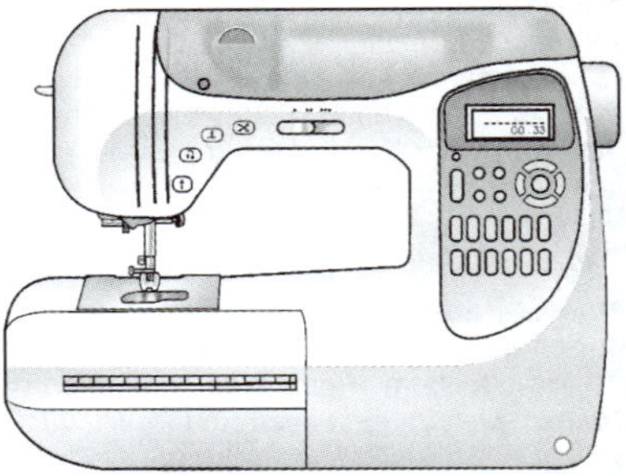

nä·hern, sich; *näherte sich, hat sich genähert* **1** **sich (jemandem/etwas) nähern** räumlich näher zu jemandem/etwas kommen: *Der Hund näherte sich, blieb aber kurz vor uns stehen* **2** **etwas nähert sich** etwas kommt zeitlich näher: *Der Sommer nähert sich* **3** **jemand/etwas nähert sich etwas** (*Dativ*) jemand/etwas hat etwas bald erreicht: *Der Sommer nähert sich seinem Ende*

na·he·ste·hen; *stand nahe, hat/südd* Ⓐ Ⓒⓗ *ist nahegestanden* **1** **jemandem nahestehen** eine tiefe persönliche Beziehung zu jemandem haben ≈ jemanden gernhaben: *Sie steht ihrem Bruder immer noch nahe, obwohl sie sich selten sehen* **2** **jemandem/etwas nahestehen** ähnliche Ideen und Ziele haben wie jemand/etwas: *Diese Zeitung steht der CDU nahe*

na·he·zu *Adverb* ≈ fast, beinahe: *Der Film dauerte nahezu vier Stunden*

nahm *Imperfekt, 1. und 3. Person Singular;* ↑ **nehmen**

Nah·ost *ohne Artikel, indeklinabel* ≈ der Nahe Osten ‖ Hinweis: ↑ **Osten** (4)

nahr·haft *Adjektiv; nicht als Adverb;* mit vielen Nährstoffen, die man braucht, um gesund und kräftig zu sein

Nähr·stoff *der; -(e)s, -e; meist Plural;* die wichtigen Substanzen, die Lebewesen in ihrer Nahrung brauchen

Nah·rung *die; -; nur Singular;* alles, was Menschen und Tiere essen/fressen und trinken, um zu leben ⟨Nahrung suchen; etwas dient jemandem/einem Tier als Nahrung⟩

Nah·rungs·mit·tel B2 *das; -s, -;* etwas, das Menschen als Nahrung dient ≈ Lebensmittel

N

Nähr·wert *der; -(e)s; nur Singular;* der Wert (in Bezug auf Vitamine, Mineralien, Kalorien *usw*) eines Nahrungsmittels für den Körper ⟨ein hoher, niedriger Nährwert⟩: *Milch hat einen hohen Nährwert*

Naht *die; -, Näh·te* **1** die Linie, die entsteht, wenn man etwas näht ⟨eine Naht auftrennen⟩: *Die Naht am Rocksaum geht auf* **2** die Stelle, an der eine Wunde genäht worden ist: *Die Naht ist gut verheilt* || [ID] **jemand platzt aus allen Nähten** *umg humorvoll;* jemand ist sehr dick; **etwas platzt aus allen Nähten** *umg;* etwas ist so voll, dass der vorhandene Raum zu eng wird: *Die Bibliothek platzt aus allen Nähten*

Näh·zeug *das; -s; nur Singular;* alles, was man zum Nähen (1) braucht (*z.B.* Nadel, Schere und Faden)

na·iv [na'i:f] *Adjektiv* **1** voller Vertrauen und ohne Gedanken an etwas Böses ⟨ein Mensch; naiv wie ein Kind⟩ **2** *meist abwertend;* nicht fähig, Situationen richtig zu erkennen und sich entsprechend zu verhalten: *Es war ziemlich naiv von ihm zu glauben, er würde auf diese Weise zu viel Geld kommen* || *hierzu* **Na·i·vi·tät** [-v-] *die; -; nur Singular*

Na·me [A1] *der; -ns, -n* **1** das Wort (oder die Wörter), unter dem man eine Person oder Sache kennt ⟨jemandem einen Namen geben; seinen Namen nennen, sagen, verschweigen⟩: *Jeder nennt sie Nini, aber ihr wirklicher Name ist Martina; Sein Name ist Konrad Meier* || [K-] Namen(s)verzeichnis || [-K] Familienname, Frauenname, Ländername, Ortsname **2** das Wort (oder die Wörter), unter dem man eine Gruppe von gleichen Dingen kennt ≈ Begriff: *Tannen, Fichten und Föhren fasst man unter dem Namen „Nadelbäume" zusammen* || [-K] Gattungsname **3** die gute Meinung, die andere von jemandem haben ≈ Ruf ⟨einen guten Namen haben; sich einen Namen machen⟩ || [ID] **mein Name ist Hase** *umg;* von dieser Sache weiß ich nichts (und will nichts damit zu tun haben); **jemanden nur dem Namen nach kennen** jemanden nicht persönlich kennen, aber schon von ihm gehört haben; **etwas beim Namen nennen** offen über ein Problem sprechen

Na·mens·tag *der; -(e)s, -e;* der Tag im Jahr, der dem Heiligen (der katholischen Kirche) gewidmet ist, dessen (Vor)Name man hat

nam·haft *Adjektiv* **1** *nur vor dem Substantiv, nicht als Adverb;* berühmt oder bekannt, bedeutend ⟨ein Wissenschaftler, ein Gelehrter, ein Künstler⟩ **2** *nur vor dem Substantiv, nicht als Adverb;* ziemlich groß ≈ beträchtlich ⟨eine Summe, eine Spende, ein Betrag⟩ **3** **jemanden namhaft machen** *förmlich;* feststellen, wer die Person ist (die etwas Bestimmtes getan hat) ⟨den Täter namhaft machen⟩

näm·lich [B1] *Adverb* **1** verwendet, um eine Aussage noch genauer zu formulieren: *Nächstes Jahr, nämlich im Mai, fliegen wir in die USA* **2** verwendet, um etwas zu begründen: *Er ist gut gelaunt - er hat nämlich seine Prüfung bestanden*

nann·te *Imperfekt, 1. und 3. Person Singular;* ↑ **nennen**

na·nu *Interjektion;* verwendet, um Überraschung oder Verwunderung auszudrücken: *Nanu, wer kommt denn da? - Dich habe ich ja noch gar nicht erwartet*

Nar·be *die; -, -n;* eine Stelle auf der Haut, an der man sieht, dass dort eine Wunde war ⟨eine Narbe bleibt zurück⟩ || [-K] Brandnarbe, Operationsnarbe

Nar·ko·se *die; -, -n; meist Singular;* der Zustand der Schmerzlosigkeit, in den man Patienten bringt, um sie zu operieren; *Medizin* Anästhesie ⟨jemandem eine Narkose geben⟩ || [K-] Narkosemittel || [-K] Teilnarkose || *hierzu* **nar·ko·ti·sie·ren** *(hat)*

Narr *der; -en, -en* **1** ein dummer Mensch, der sich sehr oft falsch verhält **2** jemand, der sich ein buntes, lustiges Kleid anzieht und so Karneval feiert || [ID] **an jemandem/etwas einen Narren gefressen haben** *umg;* jemanden/etwas sehr gern mögen; **jemanden zum Narren halten** versuchen, jemanden zu täuschen, einen Spaß mit ihm zu machen || *hierzu* **När·rin** *die; -, -nen;* **när·risch** *Adjektiv*

-narr *der; im Substantiv;* jemand, der das, was genannt wird, so gern mag, dass er sich fast die ganze Zeit damit beschäftigt ≈ -liebhaber; **Büchernarr, Computernarr, Hundenarr, Pferdenarr** || *hierzu* **-när·rin** *die; -, -nen*

Nar·zis·se *die; -, -n;* eine Blume mit langen, schmalen Blättern und weißen oder gelben Blüten, die im Frühling blüht

na·schen; *naschte, hat genascht;* **(etwas) naschen** von etwas, das man sehr gern mag (*bes* Süßigkeiten), ein bisschen essen ⟨Schokolade, Kekse naschen⟩

Na·se [A1] *die; -, -n;* der Teil des Gesichts, mit dem man riecht (und atmet) ⟨durch die Nase atmen; sich (*Dativ*) die Nase putzen⟩ || ↑ Abbildung unter **Kopf** || [K-] Nasenbluten || [ID] **die/seine Nase zu tief ins Glas stecken** *umg;* zu viel Alkohol trinken; *meist* **Fass dich doch an die eigene Nase!** *umg;* prüfe dein eigenes

Verhalten, bevor du andere kritisierst!; **von jemandem/etwas die Nase (gestrichen) voll haben** *umg;* keine Lust mehr haben, jemanden zu sehen oder etwas zu tun, *bes* weil man zu viel mit ihm/damit zu tun gehabt hat; **sich** *(Dativ)* **eine goldene Nase verdienen** *umg;* (bei einem Geschäft) sehr viel Geld verdienen; **die Nase hoch tragen** arrogant oder eingebildet sein; **jemandem eine (lange) Nase drehen/ machen** *umg;* jemanden verspotten oder über jemanden triumphieren; **die richtige/eine Nase für etwas haben** *umg;* wissen, was man tun muss, um etwas zu erreichen; **die Nase vorn haben** *umg;* gegenüber anderen (Konkurrenten) erfolgreich sein: *Was immer er tut, er hat die Nase vorn; meist* **Das werde ich ihm/ ihr nicht auf die Nase binden!** *umg;* das werde ich ihm/ihr nicht sagen; **auf die Nase fallen** *umg;* keinen Erfolg haben; **jemandem gefällt/ passt jemandes Nase nicht** *umg;* jemand mag einen anderen nicht, ohne dass es einen besonderen Grund dafür gibt; **jemanden an der Nase herumführen** *umg;* jemanden mit Absicht täuschen; **jemandem auf der Nase herumtanzen** *umg;* mit jemandem tun, was man will; **jemandem etwas unter die Nase reiben** *umg;* jemanden *meist* auf unangenehme Weise auf Fehler *o.Ä.* aufmerksam machen; **jemandem jemanden vor die Nase setzen** *umg, oft abwertend;* jemanden zum Chef von einem anderem machen, der selbst diesen Posten haben wollte; **seine Nase in etwas** *(Akkusativ)* **stecken** *umg;* in einer Sache, die einen nicht betrifft, aktiv werden oder etwas dazu sagen; **jemanden mit der Nase auf etwas** *(Akkusativ)* **stoßen** *umg;* jemanden auf sehr direkte Art auf etwas aufmerksam machen; **etwas fährt jemandem vor der Nase weg/ davon** *umg;* ⟨der Zug, der Bus, die Straßenbahn⟩ fährt weg, kurz bevor jemand hinkommt (und einsteigen möchte); **jemandem etwas aus der Nase ziehen** *umg;* jemandem so lange Fragen stellen, bis er etwas sagt (was er vorher nicht sagen wollte); **immer der Nase nach** *umg* ≈ geradeaus

N

nä·seln; *näselte, hat genäselt;* durch die Nase sprechen ⟨eine näselnde Stimme⟩: *Er näselt, weil er starken Schnupfen hat*

Na·sen·loch *das; -s, Na·sen·lö·cher; meist Plural;* eine der zwei Öffnungen der Nase || ↑ Abbildung unter **Kopf**

Na·sen·spit·ze *die; -, -n; meist Singular;* der weiche Teil am vorderen Ende der Nase || ID **jemandem etwas an der Nasenspitze ansehen** *umg;* jemandes Stimmung *o.Ä.* an seinem Gesicht(sausdruck) erkennen

Nas·horn *das; -(e)s, -hör·ner;* ein großes, schweres Tier, das eine dicke graue Haut und ein oder zwei Hörner auf der Nase hat ≈ Rhinozeros

nass A2 *nasser/nässer, nassest-/nässest-; Adjektiv* **1** voll oder auf der Oberfläche mit Wasser (oder einer ähnlichen Flüssigkeit) ↔ trocken: *die nassen Haare mit einem Föhn trocknen; Die Straßen sind nass vom Regen* **2** mit viel Regen ⟨das Wetter, ein Sommer⟩ **3** noch nicht ganz trocken ≈ frisch ⟨die Farbe, die Tinte⟩

Näs·se *die; -; nur Singular;* der Zustand oder die Eigenschaft, nass (1) zu sein ⟨vor Nässe triefen; etwas vor Nässe schützen⟩: *Es regnet in Strömen - willst du bei der Nässe wirklich spazieren gehen?* || -K Straßennässe

Na·ti·on B1 [-'tsio:n] *die; -, -en* **1** alle Menschen, die *meist* dieselbe Sprache und Kultur haben und innerhalb gemeinsamer politischer Grenzen leben ≈ Volk ⟨die deutsche, französische Nation⟩ **2** ≈ Staat: *Sportler verschiedenster Nationen* || -K Industrienation **3** **die Vereinten Nationen** eine internationale Organisation, die für den Frieden auf der Welt arbeitet; *Abkürzung* UNO, UN

na·ti·o·nal B1 [-tsio-] *Adjektiv* **1** in Bezug auf eine Nation || K- Nationalfeiertag, Nationalhymne, Nationalmannschaft, Nationalmuseum **2** die Angelegenheiten innerhalb eines Staates betreffend ↔ international ⟨auf nationaler Ebene⟩

na·ti·o·na·lis·tisch *Adjektiv; meist abwertend;* so, dass man (sehr) stolz auf die eigene Nation ist || *hierzu* **Na·ti·o·na·lis·mus** *der; -; nur Singular*

Na·ti·o·na·li·tät *die; -, -en* **1** die Tatsache, dass man Bürger eines bestimmten Staats ist ≈ Staatsangehörigkeit, Staatsbürgerschaft **2** eine Gruppe von Menschen, die dieselbe Sprache und Kultur haben und mit Menschen anderer Sprache oder Kultur zusammen in einem Staat leben: *Im alten Österreich gab es viele verschiedene Nationalitäten*

Na·ti·o·nal·rat *der; -(e)s, -rä·te* **1** *nur Singular;* das Parlament in Österreich und der Schweiz **2** ein Mitglied des Nationalrates (1) || *zu 2* **Na·ti·o·nal·rä·tin** *die; -, -nen*

Na·ti·o·nal·so·zi·a·lis·mus B2 *der; -; nur Singular* **1** die (faschistische) politische Bewegung, die nach dem 1. Weltkrieg in Deutschland entstand und mit der Hitler an die Macht kam **2** die Diktatur Hitlers in Deutschland von 1933-1945 || *zu 1* **Na·ti·o·nal·so·zi·a·list** *der; -en, -en* **na·ti·o·nal·so·zi·a·lis·tisch** *Adjektiv*

NATO [B1] ['na:to], **Na·to** *die; -; nur Singular;* (*Abkürzung für* North Atlantic Treaty Organization) ein militärisches Bündnis zwischen den USA, Kanada und einigen Staaten in Westeuropa

Nat·ri·um *das; -s; nur Singular;* ein sehr weiches Metall, das fast nur in Verbindung mit anderen Substanzen vorkommt; *Chemie* Na: *Speisesalz ist eine Verbindung aus Natrium und Chlor* || [K-] Natriumchlorid

Na·tur [A1] *die; -, -en* **1** *nur Singular;* alles, was es gibt, das der Mensch nicht geschaffen hat (*z.B.* die Erde, die Tiere, das Wetter *usw*) ⟨die belebte, unbelebte Natur; die Gesetze der Natur⟩ || [K-] Naturgesetz, Naturkatastrophe **2** *nur Singular;* Wälder, Wiesen *o.Ä.*, die nur wenig oder nicht vom Menschen verändert wurden (*oft* im Gegensatz zur Stadt) ⟨die freie Natur⟩ || [K-] Naturfreund **3** *nur Singular;* ein Material, das in seinem natürlichen Zustand geblieben ist: *Ihre Haare sind nicht gefärbt, das ist Natur* || [K-] Naturfarbe, Naturzustand **4** die Eigenschaften, die jemandes Charakter bestimmen ≈ Wesen: *Sie ist von Natur (aus) sehr freundlich* **5** *nur Singular;* die Art, wie etwas ist ⟨Fragen allgemeiner, grundsätzlicher Natur; ein Fehler, eine Verletzung leichter/schwerer Natur⟩ || [ID] **Das liegt in der Natur der Sache/der Dinge** das ist eben so; *meist* **Das ist gegen/wider die Natur** das ist moralisch nicht gut oder richtig

na·tur·be·las·sen *Adjektiv;* nicht vom Menschen verändert ⟨eine Landschaft, Milch⟩

Na·tur·denk·mal *das; -(e)s, -mä·ler;* etwas in der Natur (ein Baum, ein Felsen, ein Wasserfall *o.Ä.*), das nicht verändert oder zerstört werden soll

Na·tur·ge·wal·ten *die;; -; Plural;* die starken Kräfte wie Wind, Gewitter, Sturm *usw*, die in der Natur (1) wirken: *Bei Sturm und eisiger Kälte kämpften sie gegen die Naturgewalten*

Na·tur·kost *die; -; nur Singular;* Lebensmittel, die ohne Dünger, Gifte, Hormone *o.Ä.* hergestellt und möglichst wenig bearbeitet worden sind, und die deshalb gesund sind || [K-] Naturkostladen

Na·tur·kun·de *die; -; nur Singular;* ein Fach in der (Grund)Schule, das sich mit der Kenntnis der Natur (1) beschäftigt || *hierzu* **na·tur·kund·lich** *Adjektiv*

na·tür·lich[1] [A2] *Adjektiv* **1** so, wie es in der Natur (1) vorkommt ↔ künstlich: *Die Stadt hat einen natürlichen Hafen; Mäuse haben viele natürliche Feinde* **2** so, wie es von der Erfahrung her erwartet wird ≈ normal: *Es ist doch nur natürlich, dass das Kind vor dem großen Hund Angst hat* **3** so, dass es von Geburt an da ist ⟨eine Begabung⟩: *Tiere haben eine natürliche Scheu vor Feuer* **4** nach den Gesetzen der Physik, Chemie: *Es muss eine natürliche Erklärung für dieses Ereignis geben* **5** ⟨eine Person⟩ entspannt und nicht unter Stress oder Zwang: *eine natürliche junge Frau* **6** so, wie es der Natur (2) entspricht und der Gesundheit nicht schadet ⟨eine Ernährung, eine Lebensweise⟩ **7** **ein natürlicher Tod** ein Tod, den kein Mensch oder Unglück bewirkt hat || *zu* 1, 3 und 5 **Na·tür·lich·keit** *die; -; nur Singular*

na·tür·lich[2] [A2] *Adverb* **1** verwendet, um auszudrücken, dass der Sprecher etwas für ganz klar und logisch hält: *Natürlich habe ich ihm vertraut, sonst hätte ich den Vertrag ja nicht unterschrieben* **2** so, wie man es erwartet (oder befürchtet) hat: *Wir hatten uns sehr auf den Ausflug gefreut. Natürlich hat es dann geregnet* **3** (*meist* mit *aber*) verwendet, um etwas, das klar und selbstverständlich ist, einzuschränken: *Natürlich hast du recht, aber man muss auch seine Position verstehen* || *zu* 1 **na·tür·li·cher·wei·se** *Adverb*

Na·tur·park *der; -s, -s;* ein (Landschafts)Gebiet, das zum Schutz bestimmter Tiere und Pflanzen in seinem natürlichen Zustand bleiben soll ≈ Naturschutzgebiet

Na·tur·schutz *der; -es; nur Singular;* die Maßnahmen und Gesetze, durch die man bestimmte Landschaften und seltene Tiere und Pflanzen erhalten will: *Orchideen stehen unter Naturschutz* || [K-] Naturschutzgebiet || *hierzu* **Na·tur·schüt·zer** *der; -s, -;* **Na·tur·schüt·ze·rin** *die; -, -nen*

Na·tur·wis·sen·schaft *die;; -, -en;* die Wissenschaften (wie *z.B.* Physik, Chemie, Biologie), die sich mit den Erscheinungen in der Natur (1) befassen || *hierzu* **Na·tur·wis·sen·schaft·ler** *der; -s, -;* **Na·tur·wis·sen·schaft·le·rin** *die; -, -nen;* **na·tur·wis·sen·schaft·lich** *Adjektiv*

Na·vi·ga·ti·on [naviga'tsio:n] *die; -; nur Singular;* das Berechnen und Bestimmen des Kurses (von Schiffen, Flugzeugen) *o.Ä.* || *hierzu* **na·vi·gie·ren** (*hat*)

Na·zi [B2] *der; -s, -s; umg abwertend* ≈ Nationalsozialist

Ne·bel [B1] *der; -s, -;* **1** die Art von Wolken, die sich über dem Boden bilden und durch die man nicht weit sieht ⟨dichter, undurchdringlicher Nebel⟩: *Nebel mit Sichtweiten um/unter fünfzig Meter* || [K-] Nebelscheinwerfer ||

-K Bodennebel, Frühnebel, Herbstnebel **2** eine Gruppe von (sehr weit entfernten) Sternen || -K Andromedanebel

ne·be·lig *Adjektiv;* ↑ **neblig**

ne·ben B1 *Präposition* **1** *mit Dativ;* an einer Seite und ganz nahe von jemandem/etwas: *Monika steht neben ihrem Freund; Die Kinder gingen neben ihr* **2** *mit Dativ;* zusätzlich zu jemandem/etwas: *Neben Getränken gibt es hier auch Zeitungen* **3** *mit Akkusativ;* zur Seite von jemandem/etwas hin: *Der Bräutigam stellte sich neben die Braut*

Ne·ben- B2 *im Substantiv;* drückt aus, dass das, was im Substantiv erwähnt wird, zusätzlich zu etwas anderem existiert, das wichtiger ist ↔ Haupt-; die **Nebeneinkünfte**, der **Nebeneffekt**, der **Nebeneingang** ⟨eines Gebäudes⟩, das **Nebenfach** ⟨in der Schule, im Studium⟩, die **Nebenfigur** ⟨im Film⟩

ne·ben·an B2 *Adverb;* im Haus, Zimmer oder in der Wohnung eines Nachbarn: *nach nebenan gehen; Er wohnt im Haus nebenan*

ne·ben·bei *Adverb* **1** zusätzlich zu einer anderen, wichtigeren Tätigkeit: *Er ist Lehrer und verdient nebenbei ein paar Euro mit Nachhilfestunden* **2** verwendet, um auszudrücken, dass das, was man sagt, eine Ergänzung oder eine Einschränkung zu etwas anderem ist ⟨etwas nebenbei bemerken⟩: *Sie haben geheiratet - nebenbei gesagt, hat mich das aber nicht überrascht*

Ne·ben·be·ruf *der; -(e)s, -e;* ein Beruf, den man zusätzlich zu einem anderen (Beruf) ausübt ↔ Hauptberuf: *Er ist im Nebenberuf Schauspieler* || *hierzu* **ne·ben·be·ruf·lich** *Adjektiv*

ne·ben·ei·nan·der *Adverb* **1** eine Person/Sache neben die andere oder neben der anderen ⟨Personen stellen sich nebeneinander auf⟩ **2** gleichzeitig oder zusammen mit jemand/etwas anderem ⟨friedlich nebeneinander herleben⟩

ne·ben·ei·nan·der- *im Verb; betont und trennbar;* Die Verben mit *nebeneinander-* werden nach folgendem Muster gebildet: *nebeneinanderstellen - stellte nebeneinander - nebeneinandergestellt;* drückt aus, dass eine Person/Sache räumlich neben der anderen ist oder in diese Lage kommt/gebracht wird; ⟨Personen, Dinge⟩ **fahren, liegen, stehen nebeneinander**; ⟨Personen⟩ **leben, wohnen nebeneinander**; ⟨Dinge⟩ **nebeneinanderhalten, nebeneinanderlegen, nebeneinanderstellen**; **sich nebeneinanderlegen, nebeneinandersetzen, nebeneinanderstellen**

N

Ne·ben·er·werb *der; nur Singular;* eine bezahlte Tätigkeit, die man zusätzlich zum eigentlichen Beruf ausübt

ne·ben·her- *im Verb; betont und trennbar;* Die Verben mit *nebenher-* werden nach folgendem Muster gebildet: *nebenhergehen - ging nebenher - nebenhergegangen* **1** drückt aus, dass sich zwei oder mehr Personen/Dinge nebeneinander gleichzeitig in die gleiche Richtung bewegen; (**neben jemandem/etwas**) **nebenherfahren, nebenhergehen, nebenherlaufen, nebenherrennen, nebenherspringen** **2** drückt aus, dass etwas gleichzeitig mit etwas anderem, das wichtiger ist, getan wird;**etwas geht, läuft nebenher**; **etwas nebenhermachen**

Ne·ben·höh·len *die; Plural;* die zwei Räume (Höhlen) unter den Augen auf beiden Seiten der Nase ⟨verstopfte Nebenhöhlen haben⟩ || K- Nebenhöhlenentzündung || -K Nasennebenhöhlen

Ne·ben·kos·ten B2 *die; Plural;* die Kosten, die zusätzlich zu etwas entstehen: *Zur Miete kommen noch die Nebenkosten für Heizung und Wasser hinzu*

Ne·ben·rol·le *die; -, -n;* eine kleine Rolle in einem Theaterstück, Film *o.Ä.* ↔ Hauptrolle

Ne·ben·sa·che *die; -, -n;* etwas, das nicht sehr wichtig ist ↔ Hauptsache ⟨etwas ist Nebensache⟩ || *hierzu* **ne·ben·säch·lich** *Adjektiv;* **Ne·ben·säch·lich·keit** *die; -, -en*

Ne·ben·satz *der; -es, -sät·ze;* ein Satz, der *meist* von einer Konjunktion eingeleitet wird und von einem anderen Satz abhängt ↔ Hauptsatz: *In dem Satz „Ich ging zu Bett, weil ich müde war" ist „weil ich müde war" der Nebensatz*

Ne·ben·stra·ße B1 *die; -, -n;* eine kleine, nicht sehr wichtige Straße (mit wenig Verkehr) ≈ Seitenstraße ↔ Hauptstraße

Ne·ben·wir·kung *die; -, -en;* eine (*meist* schwächere) Wirkung, die zusammen mit einer anderen auftritt (und oft unerwartet oder unerwünscht ist): *Diese Tabletten können auch unangenehme Nebenwirkungen haben*

neb·lig *Adjektiv; nicht als Adverb;* mit Nebel ⟨das Wetter⟩

ne·cken; *neckte, hat geneckt;* **jemanden/ein Tier necken** jemanden/ein Tier aus Spaß ein bisschen ärgern, ohne ihn/es wirklich wütend zu machen

Nef·fe B2 *der; -n, -n;* der Sohn des Bruders oder der Schwester (oder des Bruders oder der Schwester des Ehepartners)

ne·ga·tiv [A2] [-f] *Adjektiv* **1** ⟨eine Antwort, ein Bescheid⟩ so, dass sie „nein" ausdrücken ↔ positiv **2** ⟨eine Haltung, eine Einstellung⟩ so, dass sie Ablehnung ausdrücken ≈ ablehnend **3** nicht so, wie es sein sollte ≈ ungünstig ⟨ein Einfluss, ein Ergebnis⟩ || [K] Negativnegativ **4** *Chemie, Physik;* mit mehr Elektronen als Protonen ↔ positiv ⟨eine elektrische Ladung, ein Pol⟩ **5** *Medizin* ⟨ein Befund⟩ so, dass dabei eine (vermutete) Krankheit oder ein vermuteter Zustand nicht bestätigt wird ↔ positiv **6** **eine negative Zahl** *Mathematik;* eine Zahl, die kleiner als null ist und ein Minuszeichen hat, *z.B.* -5

Ne·ger *der; -s, -;* ≈ Schwarze (1) || *hierzu* **Ne·ge·rin** *die; -, -nen* || Hinweis: Das Wort *Neger* sollte man nicht verwenden, da es als beleidigend empfunden wird. Für Menschen mit dunkler Hautfarbe verwendet man korrekt die Bezeichnungen *Afroamerikaner, Schwarzafrikaner o.Ä.*

neh·men [A1] *nimmt, nahm, hat genommen* **1** **etwas nehmen** etwas mit der Hand greifen und (fest)halten, von irgendwo entfernen oder zu sich (heran)holen: *eine Tasse aus dem Schrank nehmen; eine Katze auf den Schoß nehmen; ein Glas in die Hand nehmen* **2** **etwas nehmen** etwas unter mehreren Möglichkeiten wählen (und für eine bestimmte Tätigkeit, zu einem Zweck benutzen): *Weil das Auto kaputt war, nahm er den Zug; Der grüne Pullover gefällt mir am besten, den nehme ich* **3** **jemanden/etwas nehmen** ≈ annehmen, akzeptieren: *Er nahm die Wohnung, obwohl sie teuer war* **4** **(für etwas) etwas nehmen** etwas (als Zahlung) fordern und bekommen: *Er nimmt zwei Euro für die Tomaten* **5** **etwas nehmen** eine Medizin *o.Ä.* schlucken ⟨Drogen, Gift, Tabletten nehmen⟩ **6** **(sich** *(Dativ)***) etwas nehmen** etwas greifen, um es zu haben: *Er nahm (sich) ein Stück Kuchen* **7** **(sich** *(Dativ)***) etwas nehmen** von etwas, *bes* worauf man ein Recht hat, Gebrauch machen ⟨ sich eine Freiheit, ein Recht, Urlaub nehmen⟩ **8** **(sich** *(Dativ)***) jemanden nehmen** jemandem eine Aufgabe geben und ihn dafür bezahlen ⟨(sich einen Anwalt, einen Privatdetektiv nehmen⟩ **9** **jemand/etwas nimmt jemandem etwas** *förmlich;* jemand/etwas bewirkt, dass jemand etwas nicht mehr hat ≈ wegnehmen: *einem Kind das Spielzeug nehmen* **10** **jemand/etwas nimmt jemandem etwas** jemand/etwas verhindert, dass jemand etwas hat: *Der Regen nahm uns die Freude am Fest* **11** **jemand/etwas nimmt etwas von jemandem/nimmt jemandem etwas** jemand/etwas befreit jemanden von etwas Unangenehmem ⟨jemandem die Angst, die Sorgen nehmen⟩ **12** **etwas an sich** *(Akkusativ)* **nehmen** etwas bei sich aufbewahren: *Ich habe die Dokumente an mich genommen* **13** **etwas auf sich** *(Akkusativ)* **nehmen** etwas Unangenehmes freiwillig ertragen ⟨Verantwortung auf sich nehmen⟩ **14** **etwas zu sich nehmen** *förmlich;* etwas essen oder trinken: *einen kleinen Imbiss zu sich nehmen* **15** **etwas irgendwie nehmen** etwas in der beschriebenen Weise verstehen, behandeln: *Du solltest dieses Problem ernster nehmen; ich nehme das als gutes Zeichen* **16** **jemanden zur Frau/zum Mann nehmen** jemanden heiraten **17** verwendet, um zusammen mit einem Substantiv eine Handlung zu beschreiben; **Abschied (von jemandem) nehmen** ≈ sich (von jemandem) verabschieden; ⟨ein Recht⟩ **in Anspruch nehmen** ≈ es beanspruchen; **ein Bad nehmen** ≈ baden || [ID] **sich** *(Dativ)* **das Leben nehmen** Selbstmord begehen; **es mit etwas (nicht so) genau nehmen** etwas (nicht) richtig, ordentlich, pünktlich *o.Ä.* machen: *Mit der Arbeitszeit nimmt sie es nicht so genau;* **hart im Nehmen sein** viel ertragen können; **sich** *(Dativ)* **etwas nicht nehmen lassen** darauf bestehen, etwas zu tun: *Er ließ (es) sich nicht nehmen, die Gäste selbst zu begrüßen;* **Woher nehmen und nicht stehlen?** *umg;* man hat etwas nicht (und weiß auch nicht, wie man es bekommen soll); **wie mans nimmt** *umg;* verwendet, um auszudrücken, dass man eine Sache auch anders beurteilen kann: *„Er ist wohl sehr fleißig?" – „Wie mans nimmt"*

Neid *der; -(e)s; nur Singular;* **Neid (auf jemanden/etwas)** das Gefühl der Unzufriedenheit, dass andere Leute etwas haben, das man selbst nicht hat, aber gern hätte ⟨Neid empfinden⟩ || [ID] *meist* **das muss ihm/ihr der Neid lassen** *umg;* das muss man anerkennen, auch wenn man sonst Zweifel hat || [K] neiderfüllt || *hierzu* **nei·disch** *Adjektiv*

nei·gen; *neigte, hat geneigt* **1** **jemand/etwas neigt zu etwas** jemand/etwas ist so, dass ein bestimmter Zustand leicht eintreten kann oder dass man etwas oft tut ⟨zu Depressionen, Übergewicht neigen⟩: *Eisen neigt dazu, schnell zu rosten* **2** **etwas neigen** etwas aus einer senkrechten Lage in eine schräge (Lage) bringen ⟨den Kopf zur Seite neigen⟩ **3** **sich irgendwohin neigen** den Oberkörper aus der senkrechten Lage in eine schräge Lage bringen: *Er neigte sich über sein Buch; Sie neigte sich aus dem Fenster* **4** **etwas neigt sich (irgendwohin)** etwas ändert seine senkrechte oder waagrechte Lage oder Richtung nach unten: *Unter der Last des Schnees neigten sich* *die Bäume* **5** **zu etwas neigen** eine bestimmte Möglichkeit anderen vorziehen: *Ich neige zu der Ansicht, dass ...; „Wollen Sie mitkommen?" – „Ich weiß nicht, ich neige eher dazu, früh schlafen zu gehen"*

Nei·gung *die; -, -en* **1** *meist Singular;* der Winkel, den eine Linie oder Fläche zu einer anderen hat ⟨etwas hat eine leichte, starke Neigung⟩: *die sanfte Neigung eines Hügels; Die Neigung der Straße beträgt zehn Grad* **2** **eine Neigung (für etwas)** ein starkes Interesse (für etwas) ≈ Vorliebe: *Er hat eine Neigung für moderne Kunst* **3** **die Neigung (zu etwas)** verwendet, um auszudrücken, dass jemand/etwas zu einem bestimmten Zustand, Verhalten neigt (1) ≈ Veranlagung, Tendenz ⟨eine krankhafte Neigung⟩

nein *Partikel* **1** *meist betont;* als Antwort verwendet, um auszudrücken, dass man eine Bitte, Aufforderung ablehnt oder dass man einer Aussage nicht zustimmt ↔ ja: *„Willst du noch ein Stück Kuchen?" – „Nein danke!"; „Bist du fertig?" – „Nein (, noch nicht)."; „Ich glaube, wir kommen zu spät." - „Nein, wir haben noch genug Zeit."* **2** verwendet, um Erstaunen oder Erschrecken auszudrücken: *Nein, dass es so etwas gibt!; Nein, wie schön!; Oh/O nein, wie schrecklich!* **3** verwendet, um eine Aussage zu korrigieren, genauer zu formulieren: *Das Wasser war angenehm warm, nein, fast heiß* **4** *betont;* **nein?** verwendet am Ende von verneinten Fragesätzen, wenn man Zustimmung erwartet: *Du bist mir doch nicht mehr böse, nein?*

Nein·stim·me *die; -, -n;* die Entscheidung gegen jemanden/etwas, die jemand bei einer Wahl oder Abstimmung trifft: *Der Antrag wurde mit zwanzig Neinstimmen bei drei Jastimmen und einer Enthaltung abgelehnt*

Nel·ke *die; -, -n* **1** eine (Garten)Blume, die *meist* sehr stark riecht und *meist* weiße, rosa oder rote Blüten hat || K- Nelkenstrauß **2** die getrocknete Blüte eines tropischen Baumes, die man als Gewürz verwendet: *den Schweinebraten mit Nelken spicken* || -K Gewürznelke

nen·nen B1 *nannte, hat genannt* **1** **jemanden/etwas** + *Name* + **nennen** jemandem/etwas einen bestimmten Namen geben: *Sie nannten ihre Tochter Christa* **2** **jemanden** + *Name* + **nennen** jemanden mit einem bestimmten Namen ansprechen ⟨jemanden mit seinem Vornamen nennen⟩: *Du kannst mich ruhig Robbi nennen, wie alle meine Freunde* **3** **jemanden/etwas** + *Adjektiv/Substantiv* + **nennen** sagen, dass jemand/etwas eine bestimmte Eigenschaft hat oder dass er etwas ist: *Sie nannte ihn einen Dummkopf; Das nenne ich ein schönes Fest; Fleißig kann man ihn nicht gerade nennen* (= er ist ein bisschen faul) **4**

N

Nein!

Es gibt verschiedene Möglichkeiten, einen Vorschlag abzulehnen. Dabei kann man sehr höflich sein, aber auch sehr energisch, wenn es die Situation erfordert:

Auch die Art und Weise, wie man eine (falsche) Behauptung zurückweist, hängt davon ab, wie wichtig die Situation für einen selbst ist:

Höfliche Ablehnung:

Ich weiß nicht recht. Ich glaube, eher nicht.
Das scheint mir ein wenig übertrieben zu sein.
Ehrlich gesagt, sehe ich daran nicht viel Positives.

Höfliche Zurückweisung:

Meinen Sie / Meinst du wirklich?
Das halte ich für sehr unwahrscheinlich.
Das kann ich mir nicht vorstellen.
Das habe ich ja noch nie gehört.

Entschiedene Ablehnung:

Das lohnt sich nicht.
Davon kann gar keine Rede sein.
Ich bin dagegen.

Entschiedene Zurückweisung:

Nein, ganz im Gegenteil.
Sie irren sich mit Sicherheit / Du musst dich irren.
Ich stehe auf einem ganz anderen Standpunkt.

Sehr energische Ablehnung:

Auf gar keinen Fall!
Das ist unannehmbar!
Das kommt überhaupt nicht infrage!

Sehr energische Zurückweisung:

Das ist doch völliger Quatsch / Unsinn!
Das kann auf gar keinen Fall wahr sein!
Das stimmt doch gar / überhaupt nicht!

SPRECHEN UND SCHREIBEN

(jemandem) etwas nennen (jemandem) etwas sagen: *Er wollte die Gründe für seine Tat nicht nennen* **5** **jemand/etwas nennt sich etwas** (Akkusativ) *oft ironisch*; jemand/etwas ist mit dem gebrauchten Wort nicht richtig bezeichnet: *Jeden Tag Regen - das nennt sich nun Sommer!*

nẹn·nens·wert *Adjektiv*; so interessant, groß, viel, wichtig *o.Ä.*, dass es sich lohnt, darüber zu sprechen: *Es gab keine nennenswerten Probleme*

Nẹn·ner *der*; *-s, -*; *Mathematik*; die Zahl, die bei einem Bruch unter dem Strich steht ↔ Zähler: *Der Nenner von ⅕ ist 5* || ID **einen gemeinsamen Nenner finden** in einer Diskussion eine Meinung finden, die von allen geteilt wird

Ne̱·on *das*; *-s*; *nur Singular*; ein Gas, mit dem man Leuchtröhren füllt und Licht erzeugt; *Chemie* Ne || K- Neonlampe, Neonlicht, Neonreklame, Neonröhre

Ne̱o·na·zi *der*; *-s, -s*; jemand, der nach dem 2. Weltkrieg die Ideen des Nationalsozialismus vertritt

Nẹpp *der*; *-s*; *nur Singular*; *umg abwertend*; der Umstand, dass jemand einen zu hohen Preis für etwas verlangt

Nẹrv [-f] *der*; *-s, -en* **1** eine Art natürlicher Faden im Körper, der die Informationen zwischen den Teilen des Körpers und dem Gehirn leitet ⟨den Nerv eines Zahnes abtöten, betäuben⟩ || K- Nervenarzt, Nervensystem || -K Hörnerv, Sehnerv **2** *nur Plural*; die seelische Verfassung ⟨gute, schlechte, schwache Nerven haben; mit seinen Nerven am Ende sein⟩ || K- Nervenzusammenbruch; nervenaufreibend, nervenstark || ID **einen empfindlichen Nerv treffen** etwas tun oder sagen, was der andere als schlimm empfindet; **die Nerven behalten** in einer schwierigen Situation ruhig bleiben; **jemandem gehen die Nerven durch** jemand tut oder sagt etwas, das unvernünftig oder aggressiv ist; **jemandem auf die Nerven gehen/fallen**; **jemandem den (letzten) Nerv töten** *umg*; jemanden sehr stören; **den Nerv haben + zu** + *Infinitiv umg*; so mutig/frech sein, etwas zu tun; *meist* **Du hast (vielleicht) Nerven!** *umg*; Du bist ziemlich frech, unverschämt!; **die Nerven verlieren** in einer schwierigen Situation nicht ruhig bleiben können

nẹr·ven [-f-]; *nervte, hat genervt*; *umg* **1** **jemand/etwas nervt jemanden** jemand/etwas stört jemanden sehr **2** **jemanden (mit etwas) nerven** nicht aufhören, jemanden mit Fragen, Bitten *o.Ä.* zu belästigen

Du nervst!

Es gibt viele umgangssprachliche Möglichkeiten, um einem anderen negative Gefühle deutlich zu zeigen, ohne gleich beleidigend zu werden.

Wenn man ausdrücken möchte, dass man jemanden lästig findet:

Du gehst / fällst mir auf die Nerven!
Du raubst mir den letzten Nerv!
Du nervst!
Fall / Geh mir nicht auf den Wecker!
Du treibst mich in den Wahnsinn!

Wenn man ausdrücken möchte, dass man sich sehr über jemanden ärgert:

Du bringst mich auf die Palme!
Du machst mich rasend!
Reg mich bloß nicht auf!

SPRECHEN UND SCHREIBEN

Nẹr·ven·krieg *der*; *-(e)s, -e*; eine Situation, in der beide Gegner psychologische Mittel (*z.B.* Propaganda) benutzen, um den anderen zu verunsichern: *Die Scheidung war der reinste Nervenkrieg*

Nẹr·ven|zu·sam·men·bruch *der*; *-(e)s, -brü·che*; eine starke Reaktion auf (psychisch) sehr belastende Ereignisse, die man nicht (mehr) ertragen kann ⟨einen Nervenzusammenbruch bekommen, haben, erleiden⟩

nẹrv·lich *Adjektiv*; *nur vor dem Substantiv oder als Adverb*; in Bezug auf die Nerven (2) ⟨eine Anstrengung, eine Belastung; etwas ist nervlich bedingt⟩

ner·vö̱s A2 [-v-], *nervöser, nervösest-*; *Adjektiv* **1** (wegen eines starken psychischen Drucks) voller innerer Unruhe oder Anspannung ↔ ruhig ⟨etwas macht jemanden nervös⟩: *In der Prüfung machte er einen nervösen Eindruck* **2** in Bezug auf die Nerven (1) ⟨eine Störung, Zuckungen⟩ || zu 1 **Ner·vo·si·tä̱t** *die*; *-*; *nur Singular*

Nẹst B2 *das*; *-(e)s, -er* **1** der Platz, an dem ein Vogel seine Eier legt, sie ausbrütet und die jungen Vögel ernährt || -K Vogelnest **2** eine Art kleine Höhle, in der kleine Tiere leben || -K Mäusenest, Wespennest **3** *umg abwertend*; ein kleiner Ort, in dem es langweilig ist || ID **sich ins warme/gemachte Nest setzen** *meist* ohne große Anstrengung (*z.B.* durch Heirat) in eine günstige Situation kommen

nẹtt[1] A1 *netter, nettest-*; *Adjektiv* **1** im Verhalten freundlich und angenehm ⟨nett zu jemandem

N

sein; etwas Nettes sagen⟩: *Es war nett von dir, mich zu besuchen/dass du mich besucht hast; Würden Sie so nett sein und das Fenster schließen?* **2** so, dass es angenehm wirkt ⟨nett aussehen; sich nett anziehen⟩: *Durch die hellen Möbel ist das Zimmer sehr nett geworden*

nett² A1 *Adverb; umg; meist in* **ganz nett** ≈ ziemlich: *Wir haben ganz nett gefroren*

net·ter·wei·se *Adverb;* aus Freundlichkeit: *Er hat mir netterweise sein Auto geliehen*

net·to B2 *Adverb* **1** ohne die Verpackung ↔ brutto: *Der Inhalt dieser Dose wiegt 250 g netto/netto 250 g* || K- Nettogewicht **2** ⟨Löhne, Gehälter⟩ nachdem Steuern oder andere Kosten abgezogen sind ↔ brutto: *Er verdient 1600 Euro netto im Monat/Er verdient netto 1600 Euro* || K- Nettoeinkommen

Netz¹ B1 *das; -es, -e* **1** Fäden oder Schnüre, die miteinander so verbunden sind, dass sie Gegenstände einer bestimmten Größe halten können ⟨ein feines Netz; ein Netz knüpfen⟩ **2** ein Netz, mit dem man *bes* Fische fängt ⟨die Fische gehen ins Netz⟩ **3** *Sport;* ein Netz, das (im Tennis) das Spielfeld in zwei Teile trennt oder (beim Fußball) einen Teil des Tors bildet || -K (Tisch)Tennisnetz, Tornetz **4** ein Netz, in dem man Dinge transportiert oder etwas (*z.B.* Gepäck) aufbewahrt: *die Waren ins Netz packen* || -K Einkaufsnetz **5** eine Art Netz, wie es eine Spinne macht || ID **jemandem ins Netz/in jemandes Netz gehen** *umg;* von jemandem gefangen werden

Netz² B1 *das; -es, -e* **1** ein System *bes* von Straßen, Schienen, Kanälen *o.Ä.* || -K Autobahnnetz, Bahnnetz, Kanalnetz **2** ein System (von Leitungen), mit dem man Gas, elektrischen Strom, Nachrichten *o.Ä.* verteilt || -K Computernetz, Kabelnetz, Stromnetz **3** Personen oder Institutionen, die an verschiedenen Orten arbeiten, aber durch eine Organisation verbunden sind || -K Handelsnetz, Spionagenetz **4** **das soziale Netz** ein System von sozialen Hilfen, das der Bevölkerung einen bestimmten Lebensstandard bieten soll

neu A1 *neuer, neu(e)st-; Adjektiv* **1** erst seit kurzer Zeit vorhanden oder vor kurzer Zeit hergestellt ↔ alt ⟨neu erbaut, eröffnet⟩: *eine neue Methode ausprobieren* || K- Neuanfertigung, Neuanschaffung, Neueröffnung; neuerbaut, neueröffnet **2** von niemandem vorher benutzt oder besessen ↔ gebraucht: *ein neues Auto* || K- Neuwagen **3** ≈ sauber, frisch: *nach dem Duschen ein neues Hemd anziehen* **4** aktuell oder vorher nicht bekannt ⟨eine Entdeckung, eine Erfindung, Erkenntnisse⟩: *einen neuen Stern entdecken* || K- Neuentdeckung **5** **etwas ist jemandem neu** jemand hat etwas noch nicht gewusst **6** nicht lange zurückliegend, in letzter Zeit geschehen und noch aktuell ⟨in neuerer, neuester Zeit; etwas ist neueren Datums; die neuesten Nachrichten; was gibt es Neues?⟩ **7** *nicht als Adverb;* aus der Ernte dieses Jahres ↔ alt ⟨Kartoffeln⟩ **8** erst seit kurzer Zeit bekannt *bzw* an einem bestimmten Ort oder in einer bestimmten Position ⟨neu in einem Betrieb, in einer Stadt sein; eine Freundin, Bekannte⟩ **9** *nur als Adverb;* noch einmal und dabei anders als vorher ⟨etwas neu formulieren, herausgeben, schreiben⟩ || K- Neubearbeitung, Neugestaltung **10** **seit Neuestem/neuestem** erst seit kurzer Zeit **11** **von Neuem/neuem** ≈ wieder, noch einmal

Neu·bau *der; -s, -ten* **1** *nur Singular;* das Bauen eines Hauses, *bes* wenn es ein altes ersetzt: *der Neubau des Krankenhauses* **2** ein Haus, das erst vor Kurzem gebaut worden ist (oder gerade gebaut wird) || K- Neubaugebiet, Neubauwohnung

neu·er·dings *Adverb;* seit kurzer Zeit

Neu·e·rung *die; -, -en;* eine Veränderung, die etwas Neues an die Stelle von etwas bringt, das es vorher gegeben hat: *In diesem Jahr wurden in unserem Betrieb verschiedene Neuerungen eingeführt*

neu·ge·bo·ren *Adjektiv; meist vor dem Substantiv, ohne Steigerung, nicht als Adverb* **1** vor Kurzem auf die Welt gekommen ⟨ein Kind⟩ **2** **wie neugeboren** frisch und voller Energie: *Nach der Sauna fühle ich mich immer wie neugeboren*

Neu·gier, Neu·gier·de *die; -; nur Singular;* **die Neugier (auf jemanden/etwas)** der Wunsch, etwas Bestimmtes zu wissen, kennenzulernen oder zu erfahren ⟨etwas erregt jemandes Neugier, befriedigt die Neugier⟩

neu·gie·rig B1 *Adjektiv;* **neugierig (auf jemanden/etwas)** so, dass man etwas gerne wissen oder erleben möchte: *ein neugieriges Kind; Ich bin neugierig, ob du das schaffst; Jetzt bin ich aber neugierig, wie du das Problem lösen willst; Ich bin neugierig darauf, was er sagen wird*

Neu·heit *die; -, -en;* etwas, *bes* ein Produkt, das neu (und erst seit Kurzem auf dem Markt) ist ≈ Novum || -K Weltneuheit || Hinweis: ↑ **Neuigkeit**

Neu·ig·keit B1 *die; -, -en;* eine Information oder Nachricht, die aktuell, neu ist ⟨Neuigkeiten haben, erzählen⟩

Neu·jahr B1 *das; -(e)s, -e; nur Singular* **1** der erste Tag des neuen Jahres (der in vielen Ländern ein Feiertag ist) ⟨Neujahr feiern⟩ || K- Neujahrsfest, Neujahrsgrüße, Neujahrstag **2** **Prosit Neujahr!** verwendet, um zu Beginn des neuen Jahres alles Gute zu wünschen

neu·lich B2 *Adverb;* zu einem Zeitpunkt, der noch nicht weit in der Vergangenheit liegt: *Ich habe ihn erst neulich gesehen*

Neu·ling *der; -s, -e* ≈ Anfänger

neu·mo·disch *Adjektiv; umg abwertend;* modern, aber nicht nach dem Geschmack des Sprechers ↔ altmodisch: *Dieses neumodische Plastikzeug taugt nichts*

Neu·mond *der; -(e)s, -e; nur Singular;* die Zeit, in der man den Mond nicht sehen kann, weil er zwischen Sonne und Erde steht || Hinweis: ↑ **Vollmond**

neun *Zahladjektiv;* (als Ziffer) 9

Neun *die; -, -en* **1** die Zahl 9 **2** jemand/etwas mit der Nummer 9

Neu·ner *der; -s, -; umg* ≈ Neun

neun·hun·dert *Zahladjektiv;* (als Zahl) 900

neunt *nur in* **zu neunt** (mit) insgesamt 9 Personen: *Wir sind zu neunt; zu neunt am Tisch sitzen*

neun·t- *Zahladjektiv; nur vor dem Substantiv, nicht als Adverb* **1** in einer Reihenfolge an der Stelle neun ≈ 9. || Hinweis: Gebrauch ↑ Beispiele unter **viert-** **2** **der neunte Teil (von etwas)** ≈ 1/9

neun·tau·send *Zahladjektiv;* (als Zahl) 9000

neun·tel *Adjektiv; nur vor dem Substantiv, indeklinabel, nicht als Adverb;* den 9. Teil eines Ganzen bildend ≈ 1/9

Neun·tel *das; -s, -;* der 9. Teil (1/9) von etwas

neun·tens *Adverb;* verwendet bei einer Aufzählung, um anzuzeigen, dass etwas an 9. Stelle kommt

neun·zehn *Zahladjektiv;* (als Zahl) 19

neun·zig *Zahladjektiv* **1** (als Zahl) 90 **2** **Anfang, Mitte, Ende neunzig sein** ungefähr 90 bis 93, 94 bis 96, 97 bis 99 Jahre alt sein

neun·zi·ger *Adjektiv; nur vor dem Substantiv, indeklinabel, nicht als Adverb;* die zehn Jahre (eines Jahrhunderts, eines Menschenlebens) von 90 bis 99 betreffend: *in den neunziger Jahren/den Neunzigern; Er ist in den/seinen Neunzigern* || K- Neunzigerjahre

neu·sprach·lich *Adjektiv;* ⟨ein Gymnasium⟩ mit einem besonderen Gewicht auf dem Unterricht in modernen Fremdsprachen

neut·ral *Adjektiv* **1** weder für noch gegen einen der Gegner in einem Streit ⟨ein Beobachter; neutral bleiben⟩ **2** ⟨ein Land, ein Staat⟩ so, dass sie in einem Krieg keiner Seite helfen: *die neutrale Schweiz* **3** so, dass dabei keine starken Emotionen entstehen ⟨ein neutrales Thema⟩ || *hierzu* **Neut·ra·li·tät** *die; -; nur Singular*

-neut·ral *im Adjektiv* **1** von der genannten Sache nicht abhängig oder daran orientiert ↔ -orientiert, -spezifisch; **geschlechtsneutral** ⟨eine Erziehung⟩, **leistungsneutral** ⟨ein Einkommen⟩ **2** ohne die genannte Sache (in hohem Maße) zu haben ↔ -intensiv; **geruchsneutral** ⟨eine Seife⟩, **geschmacksneutral** ⟨ein Salatöl, ein Speiseöl⟩, **kostenneutral** ⟨eine Neuerung⟩

Neu·wert *der; ; -(e)s; nur Singular;* der Wert, den ein Gegenstand hat, bevor er das erste Mal gebraucht wird ⟨der Neuwert eines Autos⟩

neu·wer·tig *Adjektiv; nicht als Adverb;* gebraucht, aber noch fast neu ⟨ein Auto, ein Fahrrad⟩

Neu·zeit *die; -; nur Singular;* die Epoche in der Geschichte, die im 16. Jahrhundert beginnt und in der wir jetzt leben ↔ Mittelalter, Altertum || *hierzu* **neu·zeit·lich** *Adjektiv*

nicht[1] A1 *Partikel* **1** verwendet, um eine verneinte Aussage zu machen: *Schnee ist nicht schwarz, sondern weiß; Er kommt nicht mit, er bleibt lieber zu Hause* **2** verwendet zur Verneinung anstelle eines ganzen Ausdrucks: *„Meinst du, dass sie noch kommen werden?" - „Ich glaube nicht"; Fährst du jetzt mit oder nicht?; „Wer mag ein Stück Kuchen?" – „Ich nicht"* **3** **nicht ein** ≈ kein: *Nicht einer hatte den Mut, Nein zu sagen* **4** **nicht** + *Adjektiv;* verwendet, um die genannte Eigenschaft zu verneinen; **nicht amtlich** ⟨eine Stellungnahme⟩, **nicht berufstätig** ⟨eine Person⟩, **nicht ehelich** ⟨ein Kind⟩, **nicht leitend** ⟨ein Material⟩, **nicht rostend** ⟨Stahl⟩ || Hinweis: **a** während *un-* oft eine negative Wertung ausdrückt, bezeichnet *nicht* einfach das Fehlen der genannten Eigenschaft; *z.B. nicht selbstständig ≠ unselbstständig; nicht organisiert ≠ unorganisiert* **b** die hier genannten Adjektive können auch zusammengeschrieben werden

nicht[2] A1 *Partikel* **1** *unbetont;* in Fragen verwendet, wenn man vom anderen eine positive Antwort erwartet: *Ist diese Aussicht nicht wunderbar?; Hast du nicht auch Lust, baden zu gehen?* **2** ..., **nicht (wahr)?** verwendet am Ende des Satzes, um den anderen zur Zustimmung aufzufordern: *Diese Aussicht ist wunderbar, nicht wahr?* **3** *unbetont;* in Ausrufen verwendet, um (auch ironisch) zu betonen, dass man überrascht ist: *Was du nicht sagst!*

nicht³ A1 *Konjunktion;* **nicht, dass ...** *meist ironisch;* kurz für „es ist nicht so, dass ...": *Nicht, dass ich neugierig bin, aber ich würde gern wissen, was er macht*

Nicht- *im Substantiv* **1** drückt aus, dass die genannte Handlung nicht geschieht; die **Nichtachtung** ⟨der Würde eines Menschen⟩, die **Nichtbeachtung** ⟨einer Regel⟩, die **Nichteinmischung** ⟨in eine Auseinandersetzung⟩ **2** drückt aus, dass jemand/etwas nicht das ist, was der zweite Teil des Wortes bezeichnet; der **Nichtchrist**, der **Nichtfachmann**, das **Nichtmetall**

Nich·te B2 *die; -, -n;* die Tochter des Bruders oder der Schwester (oder des Bruders oder der Schwester des Ehepartners)

Nicht·rau·cher *der; -s, -;* **1** jemand, der nicht die Gewohnheit hat, zu rauchen **2** *umg;* ein Raum, in dem man nicht rauchen darf || *zu 1* **Nicht·rau·che·rin** *die; -, -nen*

nichts A1 *Indefinitpronomen* **1** verwendet, um auszudrücken, dass etwas nicht vorhanden, nicht da ist: *Wir müssen Wasser trinken, es gibt nichts anders/sonst nichts; Er ist mit nichts zufrieden; Sie hat nichts (Vernünftiges) zu tun* **2** **nichts als/wie ...** *umg;* nichts anderes als ≈ immer nur: *Den ganzen Sommer nichts als Regen!; Mit ihm hat man nichts wie Ärger* **3** **für nichts (und wieder nichts)** *umg;* völlig ohne Erfolg ≈ umsonst: *Ich bin durchgefallen - die ganze Arbeit war für nichts* **4** **nichts ahnend** ohne daran zu denken, dass etwas Schlimmes passieren könnte ≈ ahnungslos: *Die Passagiere saßen nichts ahnend da, als die Bombe explodierte* || Hinweis: ↑ **nichtssagend**

N

nichts·ah·nend ↑ **nichts** (4)

nichts|des·to·we·ni·ger *Adverb* ≈ dennoch, trotzdem

nichts·sa·gend, nichts sa·gend *Adjektiv;* ohne besonderen Inhalt und daher langweilig ⟨eine Antwort, ein Gesicht⟩

Ni·ckel *das; -s; nur Singular;* ein schweres Metall, das weiß wie Silber glänzt; *Chemie* Ni

ni·cken; *nickte, hat genickt;* den Kopf (mehrere Male) kurz nach vorn beugen, *bes* um „ja" oder Zustimmung auszudrücken ⟨beifällig nicken⟩: *Ich fragte sie, ob sie gehen wolle, und sie nickte*

nie A1 *Adverb* **1** zu keiner Zeit ↔ immer: *Ich werde nie vergessen, wie schön der Urlaub war* **2** kein einziges Mal: *Er war noch nie in London* **3** auf keinen Fall; unter keinen Umständen: *Sie wird dir das nie glauben* **4** **nie wieder/nie mehr** (in Zukunft) nicht noch einmal: *Dieser Fehler wird mir nie mehr passieren!* **5** **nie und nimmer** *umg* ≈ nie (1,3)

nie·der *Adverb;* **nieder (mit jemandem/etwas)!** *meist* bei Demonstrationen *o.Ä.* verwendet als Ausdruck der Opposition gegen die genannte Person/Sache: *Nieder mit dem Terror!*

nie·de·r-¹ *Adjektiv; nur vor dem Substantiv, nicht als Adverb* **1** auf einer der unteren Stufen einer Hierarchie ↔ hoch ⟨der Adel, ein Beamter⟩ **2** moralisch schlecht ↔ edel ⟨Motive, Triebe⟩ **3** *südd* Ⓐ Ⓒⓗ, *umg* ≈ niedrig ↔ hoch ⟨ein Raum, eine Tür⟩

nie·der-² *im Verb; betont und trennbar;* Die Verben mit *nieder-* werden nach folgendem Muster gebildet: *niederschreiben - schrieb nieder - niedergeschrieben* **1** bezeichnet eine Richtung von oben nach unten zum Boden ≈ herunter-, hinunter-; ⟨die Türklinke⟩ **niederdrücken**; **jemand/etwas fällt, sinkt nieder**; **(sich) niederknien**; ⟨Hagelkörner, Steine⟩ **prasseln (auf jemanden/etwas) nieder**; **sich niedersetzen**; ⟨das Glas⟩ **niederstellen** **2** drückt aus, dass jemand/etwas (durch die im Verb genannte Tätigkeit) so getroffen, zerstört *o.Ä.* wird, dass er/es zum Schluss am Boden liegt; ⟨eine Stadt, einen Wald⟩ **niederbrennen**; **jemanden niederknüppeln, niederprügeln**; ⟨das Gras⟩ **niederstampfen, niedertrampeln**

Nie·der- *im Substantiv;* in geografischen Namen verwendet, um den flacheren Teil der Region oder des Landes zu bezeichnen ↔ Ober-; **Niederbayern, Niederösterreich, Niedersachsen**, der **Niederrhein**

nie·der·deutsch *Adjektiv;* die Dialekte betreffend, die man im Norden Deutschlands spricht und die dem Holländischen relativ ähnlich sind: *die niederdeutschen Mundarten* || *hierzu* **Nie·der·deut·sche** *das; -n; nur Singular*

Nie·der·gang *der; -(e)s; nur Singular;* der Vorgang, bei dem etwas seine Bedeutung verliert (und aufhört zu existieren) ⟨der Niedergang einer Kultur, eines Reiches⟩

nie·der·ge·schla·gen *Adjektiv;* sehr traurig und ohne Energie ≈ deprimiert, bedrückt ⟨einen niedergeschlagenen Eindruck machen⟩: *Sie ist so niedergeschlagen, weil ihre Katze gestorben ist* || *hierzu* **Nie·der·ge-**

schla·gen·heit *die; -; nur Singular*

Nie·der·kunft *die; -; nur Singular* ≈ Geburt || Hinweis: *Niederkunft* wird kaum noch verwendet. Man sagt stattdessen *Geburt*

Nie·der·la·ge *die; -, -n;* das Verlieren eines Wettkampfs, Streits ↔ Sieg ⟨eine schwere, knappe, klare Niederlage⟩

nie·der·las·sen, sich *(hat)* **1** **sich irgendwo(hin)** *(Dativ/Akkusativ)* **niederlassen** sich auf etwas setzen, *bes* wenn man es sich bequem machen möchte: *sich auf dem/das Sofa niederlassen; sich im/ins Gras niederlassen* **2** **sich irgendwo niederlassen** an einen Ort ziehen, um dort zu wohnen oder zu arbeiten: *sich auf dem Land niederlassen* **3** **sich als etwas niederlassen** als Arzt, Anwalt *o.Ä.* eine Praxis eröffnen: *sich als Tierarzt niederlassen*

Nie·der·las·sung *die; -, -en* **1** der Teil einer Firma, der an einem anderen Ort ist als die Zentrale: *Unsere Firma hat Niederlassungen im ganzen Land* **2** (CH) das Recht (von Ausländern, die dort schon lange sind), im Lande bleiben zu dürfen

nie·der·le·gen B2 *(hat)* **1** **jemanden/etwas (irgendwohin) niederlegen** jemanden/etwas (hinunter) auf etwas legen: *den Verletzten ins Gras niederlegen; das Buch auf den Tisch niederlegen* **2** **etwas niederlegen** etwas nicht mehr tun oder ausüben ⟨ein Amt, ein Mandat niederlegen⟩ **3** **die Arbeit niederlegen** ≈ streiken **4** **die Waffen niederlegen** nicht mehr kämpfen **5** **etwas (schriftlich) niederlegen** *förmlich* ≈aufschreiben: *Sie hat ihre Eindrücke in den Briefen an ihren Mann niedergelegt*

nie·der·ma·chen *(hat) umg* **1** **jemanden** *(meist Plural)* **niedermachen** *meist* mehrere Personen mit brutaler Gewalt töten **2** **jemanden niedermachen** jemanden scharf kritisieren

▶ Niedersachsen

Niedersachsen im Nordwesten ist das zweitgrößte Bundesland Deutschlands. Die Hauptstadt **Hannover** ist eine wichtige Messestadt. Zu Niedersachsen gehören die **Ostfriesischen Inseln** in der **Nordsee**. Sehr bekannt ist auch das Naturschutzgebiet **Lüneburger Heide**.

LANDESKUNDE

Nie·der·schlag *der; -(e)s, -schlä·ge* **1** *meist Plural;* (die Menge an) Regen, Schnee *usw*, die auf die Erde fällt: *Am späten Nachmittag kann es zu Niederschlägen kommen* || K- Niederschlagsmenge **2** *meist in* **etwas findet seinen Niederschlag in etwas** *(Dativ)* etwas kommt in etwas zum Ausdruck: *Die Politik der Regierung fand ihren Niederschlag in zahlreichen neuen Gesetzen*

nie·der·schla·gen *(hat)* **1** **jemanden niederschlagen** jemanden zu Boden schlagen: *jemanden mit einem Stock niederschlagen* **2** **etwas niederschlagen** Gewalt anwenden, um so einen Aufstand, eine Revolution zu beenden: *Die Revolte wurde blutig niedergeschlagen* **3** **etwas schlägt sich irgendwo nieder** eine dünne Schicht (von Dampf) bildet sich (*z.B.* auf einem Fenster): *Als sie duschte, schlug sich Wasserdampf am Spiegel nieder* || *zu 2* **Nie·der·schla·gung** *die; -, -en*

nie·der·schrei·ben *(hat)* **etwas niederschreiben** ≈ etwas zu Papier bringen, aufschreiben ⟨Gedanken, Erinnerungen niederschreiben⟩ || *hierzu* **Nie·der·schrift** *die; -, -en*

nie·der·set·zen, sich B2 *(hat)* **sich (irgendwo(hin)** *(Dativ/Akkusativ)*) **niedersetzen** ≈ sich (hin)setzen

Nie·der·tracht *die; -; nur Singular; förmlich* ≈ Gemeinheit || *hierzu* **nie·der·träch·tig** *Adjektiv*

Nie·de·rung *die; -, -en;* ein flaches Stück Land (*bes* an Flüssen, Seen), das tiefer als die Umgebung liegt ⟨eine sumpfige Niederung⟩: *In den Niederungen ist es sehr oft neblig* || -K Flussniederung, Sumpfniederung

nied·lich *Adjektiv;* so hübsch und lieb, dass man es sofort gernhat ⟨ein kleines Mädchen; ein Baby; niedlich aussehen⟩

nied·rig B2 *Adjektiv* **1** nicht sehr hoch ⟨eine Mauer, ein Berg, ein Haus⟩: *Dieser Tisch ist zu niedrig für mich* **2** nicht weit über dem Boden ⟨niedrig fliegen, hängen⟩: *Die Zweige sind so niedrig, dass man die Äpfel mit der Hand pflücken kann* **3** im Ausmaß, Umfang, Wert oder Grad relativ gering: *niedrige Preise, Temperaturen; die Ausgaben niedrig halten; Ihr Blutdruck ist zu niedrig* **4** moralisch schlecht ⟨eine Gesinnung, Instinkte⟩

nie·mals *Adverb* ≈ nie (1,2,3): *Ich hatte noch niemals solche Angst; Ich werde das niemals vergessen*

nie·mand A2 *Indefinitpronomen;* (wie ein Substantiv verwendet) kein einziger Mensch ≈ keiner: *„Hat heute jemand angerufen?" – „Nein, niemand"; Ich habe geläutet, aber es hat niemand geöffnet*

Nie·re *die; -, -n* **1** das Organ (das aus zwei

Teilen bestehet), das das Blut von Giftstoffen sauber macht und den Urin produziert || [K-] Nierenentzündung; nierenkrank [2] *meist Plural;* dieses Organ bestimmter Tiere, das man essen kann ⟨saure Nieren⟩ || [ID] **etwas geht jemandem an die Nieren** *umg;* etwas belastet jemanden psychisch

nie·seln; *nieselte, hat genieselt;* **es nieselt** es regnet (*oft* lange) leicht und mit feinen Tropfen || [K-] Nieselregen

nie·sen [B2] *nieste, hat geniest;* die Luft plötzlich und laut (nach einer Reizung) aus der Nase stoßen (*bes* wenn man Schnupfen hat): *Wenn jemand niest, sagt man meist „Gesundheit"*

Nie·te[1] *die; -, -n* [1] ein Los, mit dem man nichts gewinnt ⟨eine Niete ziehen⟩ [2] *umg abwertend;* jemand, von dem man glaubt, dass er zu nichts fähig ist

Nie·te[2] *die; -, -n;* eine Art Nagel, mit dem man zwei Teile verbindet. Wenn sie befestigt ist, hat die Niete zwei flache Enden

Der Nikolaus

Am 6. Dezember ist **Nikolaustag**. Dieser Brauch geht auf den heiligen Nikolaus von Myra zurück, einen Schutzpatron der Kinder.
Die Kinder stellen am Abend vorher Stiefel vor die Tür und warten darauf, dass der Nikolaus kleine Geschenke hineinsteckt. Manchmal kommt auch eine als Nikolaus verkleidete Person zu den Familien oder in den Kindergarten und bringt einen Sack voller Süßigkeiten, Nüsse und Mandarinen. Oft wird der Nikolaus von einem grimmig aussehenden Diener (**Knecht Ruprecht**) begleitet, der scherzhaft damit droht, ungezogene Kinder zu bestrafen, dies aber nie tut.

LANDESKUNDE

Ni·ko·laus·tag *der; -(e)s, -e; nur Singular;* der 6. Dezember. An diesem Tag erhalten Kinder kleine Geschenke

Ni·ko·tin *das; -s; nur Singular;* eine schädliche Substanz im Tabak, die eine stimulierende Wirkung auf die Nerven hat: *Nikotin macht süchtig* || [K-] Nikotingehalt; nikotinarm, nikotinfrei, nikotinhaltig

Nil·pferd *das* ≈ Flusspferd

nim·mer *Adverb* [1] *südd* Ⓐ ≈ nicht mehr, nie mehr [2] **nie und nimmer** ↑ **nie** (5)

nimmt *Präsens, 3. Person Singular;* ↑ **nehmen**

nip·pen, *nippte, hat genippt;* (**an etwas** (*Dativ*)) **nippen** eine sehr kleine Menge von etwas trinken (*meist* um den Geschmack zu prüfen): *an einem Glas Wein nippen*

nir·gends [B1] *Adverb;* an keiner Stelle: *Ich kann den Schlüssel nirgends finden*

nir·gend·wo [B1] *Adverb* ≈ nirgends

nir·gend|wo·her *Adverb;* von keinem Ort, von keiner Stelle, von keiner Person, von keiner Ursache *o.Ä.*: *„Woher hast du das?" - „Nirgendwoher, das habe ich selbst gemacht."*

nir·gend|wo·hin *Adverb;* an keinen Ort, an keine Stelle: *„Wo soll ich das hinstellen?" - „Nirgendwohin, das kommt in den Müll."*

-nis *im Substantiv;* drückt den Vorgang, Zustand oder das Resultat aus, die vom Verb oder Adjektiv beschrieben werden; das **Begräbnis**, das **Ereignis**, die **Erlaubnis**, die **Ersparnisse**, die **Fäulnis**, die **Finsternis**, das **Hindernis**

Ni·sche *die; -, -n* [1] ein kleiner freier Raum oder eine freie Ecke in der Mauer oder Wand: *eine Vase, einen Schrank in eine Nische stellen* [2] ein *meist* kleines Gebiet, in dem seltene Tiere oder Pflanzen leben können ⟨eine ökologische Nische⟩

nis·ten; *nistete, hat genistet;* **ein Tier nistet (irgendwo)** ein Tier hat irgendwo ein Nest: *Die Möwen nisten auf dem Felsen* || [K-] Nistplatz

Nit·rat *das; -s, -e; Chemie;* eine Substanz, die Stickstoff enthält und *bes* im Dünger vorkommt

Ni·veau [ni'vo:] *das; -s, -s; meist Singular* [1] eine bestimmte Stufe auf einer Skala, mit der etwas bewertet oder gemessen wird ⟨das geistige, künstlerische Niveau⟩: *Dieser Roman hat ein niedriges Niveau; Die Preise haben ihr höchstes Niveau erreicht* [2] eine gedachte Linie oder Fläche parallel zur Oberfläche der Erde ≈ Höhe: *Die Brücke hat ein höheres Niveau als die Straße*

nix *Indefinitpronomen; umg* ≈ nichts

no·bel *Adjektiv* [1] *förmlich* ≈ großzügig, edel ⟨ein Charakter, eine Geste, eine Haltung⟩ [2] *meist humorvoll;* sehr vornehm und für die meisten zu teuer ≈ luxuriös ⟨ein Hotel⟩ || Hinweis: no<u>bel</u> → *ein no<u>bles</u> Hotel*

No·bel·preis *der; -es, -e;* ein Preis, der jedes Jahr in Schweden/Norwegen für die besten wissenschaftlichen und kulturellen Leistungen vergeben wird ⟨den Nobelpreis bekommen⟩: *der Nobelpreis für Literatur, für Physik* || [K-] Nobelpreisträger || [-K] Friedensnobelpreis

noch[1] [A2] *Partikel* [1] verwendet, um auszudrücken, dass ein Zustand zu einem bestimmten Zeitpunkt andauert (aber vielleicht bald zu Ende ist): *Hast du dein altes Fahrrad noch?; Ich habe heute noch gar nichts gegessen; Ich war noch nie in Paris* **4** *unbetont;* bevor etwas geschieht, vor einem Zeitpunkt: *Können Sie das noch vor Montag erledigen?; Ich muss erst noch abwaschen* **5** *unbetont;* verwendet, um eine Warnung oder Mahnung auszudrücken: *Wenn du so weitermachst, wirst du noch krank!* **4** *unbetont;* verwendet, um auszudrücken, dass etwas in nächster Zeit wahrscheinlich geschehen wird: *Sie kommt bestimmt noch; Ich komme noch darauf zu sprechen* **5** verwendet, um auszudrücken, dass etwas sehr schnell eingetreten ist: *Sie haben noch am selben Tag geheiratet; Sie starb noch am Unfallort* **6** *unbetont;* verwendet, um auszudrücken, dass etwas von etwas übrig geblieben ist oder bald zu Ende sein wird: *Ich habe nur noch zehn Euro; Hast du noch fünf Minuten Zeit?* **7** verwendet, um auszudrücken, dass jemand/etwas zu jemand/etwas anderem hinzukommt: *Noch ein Bier, bitte!; Und was hat sie noch gesagt?* **8** *unbetont;* verwendet, um auszudrücken, dass etwas im Vergleich mit etwas anderem relativ positiv ist: *Da hast du noch Glück gehabt – das hätte schlimmer ausgehen können* **9** *unbetont;* verwendet, um Ärger auszudrücken und dass man etwas unbedingt erwartet: *Diesen kleinen Gefallen wirst du mir ja wohl noch tun können!* **10** **noch (viel)** + *Komparativ;* verwendet, um eine Steigerung zu verstärken: *Die alte Wohnung war schon sehr schön, aber diese ist noch schöner* **11** **noch (ein)mal** ein weiteres Mal: *Kannst du das noch mal sagen?* **12** **noch (gleich/mal)** in Fragen verwendet, wenn man sich im Moment nicht erinnern kann: *Wie hieß sie doch noch gleich?; Was war das noch mal?* **13** *betont;* **noch so** verwendet, um auszudrücken, dass etwas auf keinen Fall Erfolg haben wird: *Und wenn du noch so viel trainierst - du hast keine Chance gegen sie*

nọch² A2 *Konjunktion* ↑ **weder**

nọch·mal *Adverb* ↑ **noch¹** (11, 12)

nọch·ma·li·g- *Adjektiv; nur vor dem Substantiv, nicht als Adverb;* ⟨eine Aufforderung, eine Überprüfung⟩ so, dass sie noch einmal geschehen: *Eine nochmalige Wiederholung ist unnötig*

nọch·mals B2 *Adverb;* noch einmal, wieder: *Er versuchte nochmals, sie anzurufen*

No·ma̲·de *der; -n, -n;* jemand, der mit seinem Volk von Ort zu Ort zieht, um dort Gras für seine Tiere zu finden: *In Nordafrika gibt es viele Nomaden* || K- Nomadenleben, Nomadenvolk || -K Wüstennomade || *hierzu*

No·ma̲·din *die; -, -nen;* **no·ma̲·disch** *Adjektiv*

No̲·men *das; -s, -/No·mi·na; Sprachwissenschaft* **1** ≈ Substantiv **2** ein Substantiv oder Adjektiv

Nọ·mi·na·tiv [-f] *der; -s, -e; Sprachwissenschaft;* der Kasus, in dem das Subjekt des Satzes steht ≈ erster Fall ⟨ein Substantiv im Nominativ⟩

no·mi·ni̲e·ren; *nominierte, hat nominiert* **jemanden (für etwas) nominieren** jemanden zum Kandidaten für eine Wahl bestimmen oder (als Teilnehmer) für einen sportlichen Wettbewerb melden ≈ aufstellen || *hierzu* **No·mi·ni̲e·rung** *die; -, -en*

Nọn·ne *die; -, -n;* eine Frau, die zu einem religiösen Orden gehört und *meist* in einem Kloster lebt

Nọrd B2 *ohne Artikel, indeklinabel; Schifffahrt, Meteorologie* ≈ Norden (1)

Nọrd·at·lạn·tik|pakt *der;; -(e)s; nur Singular; förmlich* ≈ NATO

nọrd·deutsch *Adjektiv* **1** in Bezug auf den nördlichen Teil Deutschlands ↔ süddeutsch **2** in Bezug auf die Sprache dieses Gebietes ↔ süddeutsch ⟨ein Ausdruck, ein Wort⟩ || *zu* 1 **Nọrd·deut·sche** *der/die;* **Nọrd·deutsch·land** *(das); zu* 2 **Nọrd·deut·sche** *das; -n; nur Singular*

Nọr·den *der; -s; nur Singular* **1** die Richtung, die auf der Landkarte oben ist ↔ Süden ⟨der Wind weht aus/von Norden; aus, in Richtung Norden⟩: *Die Nadel im Kompass zeigt nach Norden* || K- Nordküste, Nordseite, Nordosten, Nordwesten **2** der Teil eines Gebietes, der im Norden (1) ist: *Er wohnt im Norden des Landes, der Stadt* || K- Nordafrika, Nordamerika, Nordeuropa **3** **der (hohe) Norden** der Teil der Erde, der sehr weit im Norden (1), in der Nähe des Nordpols ist

N

nọ̈rd·lich¹ *Adjektiv; meist vor dem Substantiv* **1** (in die Richtung) nach Norden ⟨ein Kurs; in nördliche Richtung fahren⟩ **2** von Norden nach Süden ⟨ein Wind; aus nördlicher Richtung⟩ **3** im Norden (1, 2) ⟨ein Land, die Seite, der Teil⟩

nọ̈rd·lich² *Präposition;* **nördlich etwas** *(Genitiv)* weiter im Norden als etwas: *fünf Kilometer nördlich der Grenze* || Hinweis: folgt ein Wort ohne Artikel, verwendet man *nördlich von*: *nördlich von Italien*

Nord·ọst *ohne Artikel, indeklinabel; Schifffahrt, Meteorologie* ≈ Nordosten (1); *Abkürzung* NO

Nord·ọs·ten *der; -s; nur Singular* **1** die Richtung zwischen Norden und Osten; *Abkürzung* NO ⟨der Wind weht aus/von Nordosten⟩ **2** **der Nordosten** der Teil eines Gebietes, der im

Nordosten (1) ist ≈ Nordostteil: *der Nordosten eines Landes*

nord·ọ̈st·lich *Adjektiv; meist vor dem Substantiv* **1** nach Nordosten (gerichtet) oder von Nordosten (kommend) ⟨in nordöstliche Richtung, aus nordöstlicher Richtung⟩ **2** im Nordosten (befindlich) ⟨die Seite, der Teil⟩

Nọrd·pol *der; -s; nur Singular;* der nördlichste Punkt auf der Erde ↔ Südpol

▶ Nordrhein-Westfalen

Nordrhein-Westfalen im Westen Deutschlands ist das Bundesland mit der höchsten Einwohnerzahl. Besonders dicht besiedelt ist das **Ruhrgebiet**. In Nordrhein-Westfalen gibt es 30 Großstädte, am bekanntesten sind **Köln, Dortmund, Essen**, die Hauptstadt **Düsseldorf**, die ehemalige Bundeshauptstadt **Bonn** und **Aachen**, in dessen Dom viele deutsche Könige gekrönt wurden.

LANDESKUNDE

Nọrd·see *die; -; nur Singular;* der Teil des Atlantischen Ozeans zwischen Großbritannien, Norwegen, Dänemark und Deutschland

nọrd·wärts *Adverb;* in Richtung nach Norden

Nord·wẹst *ohne Artikel, indeklinabel; Schifffahrt, Meteorologie* ≈ Nordwesten (1); *Abkürzung* NW

N

Nord·wẹs·ten *der; -s; nur Singular* **1** die Richtung zwischen Norden und Westen; *Abkürzung* NW ⟨der Wind weht aus/von Nordwesten⟩ **2** der Teil eines Gebietes, der in dieser Richtung oder Gegend liegt ≈ Nordwestteil: *der Nordwesten eines Landes*

nord·wẹst·lich *Adjektiv; meist vor dem Substantiv* **1** nach Nordwesten (gerichtet) oder von Nordwesten (kommend) ⟨in nordwestlicher Richtung, aus nordwestlicher Richtung⟩ **2** im Nordwesten (befindlich) ⟨die Seite, der Teil⟩

Nọrd·wind *der; -(e)s, -e;* ein Wind, der von Norden kommt

nọ̈r·geln; *nörgelte, hat genörgelt;* **(über jemanden/etwas) nörgeln** *abwertend;* jemanden/etwas wegen kleiner Dinge immer wieder kritisieren ≈ meckern || *hierzu* **Nọ̈rg·ler** *der; -s, -;* **nọ̈rg·le·risch** *Adjektiv*

Nọrm *die; -, -en* **1** *meist Plural;* eine allgemein anerkannte Regel, nach der sich die Menschen verhalten sollen ⟨ethische Normen; sich an Normen halten⟩ **2** das, was als normal oder üblich empfunden wird ⟨jemand/etwas entspricht der Norm⟩ **3** eine bestimmte Leistung, die jemand in einer bestimmten Zeit schaffen soll ⟨die Norm erfüllen, erhöhen⟩ || -K Arbeitsnorm **4** eine Regel, wie etwas hergestellt, getan werden soll, aussehen soll ⟨technische Normen⟩ || -K Industrienorm || *zu* 4 **nọr·men, nor·mie·ren** *(hat)*

nor·mal A1 *Adjektiv* **1** so, wie es die allgemeine Meinung für üblich oder gewöhnlich hält: *Dort ist es normal, dass auch Kinder schon arbeiten; Unter normalen Umständen wäre sie jetzt schon hier* || K- Normalfall, Normalgewicht, Normalzustand **2** geistig und körperlich gesund: *Ihre Angst vor Fremden ist doch nicht mehr normal!*

Nor·mal·ben·zin *das; -s; nur Singular;* das (einfache) Benzin, mit dem die meisten Autos fahren || Hinweis: ↑ **Superbenzin**, **Diesel**

nor·ma·ler·wei·se B1 *Adverb;* so wie es sonst (üblich) ist oder sein sollte: *Normalerweise müsste ich jetzt zur Arbeit gehen, aber heute habe ich frei*

nor·ma·li·sie·ren; *normalisierte, hat normalisiert* **1** **etwas normalisieren** bewirken, dass etwas normal wird: *Das Gespräch hat ihr gespanntes Verhältnis zueinander normalisiert* **2** **etwas normalisiert sich** etwas wird normal: *Sie war sehr krank, aber inzwischen hat sich ihr Zustand wieder normalisiert* || *hierzu* **Nor·ma·li·sie·rung** *die; -; nur Singular*

Nos·tal·gie *die; -; nur Singular;* eine Stimmung, in der man sich nach früheren Zeiten und deren Kultur, Kunst oder Lebensart sehnt || K- Nostalgiegefühl || *hierzu* **nos·tạl·gisch** *Adjektiv*

Not A2 *die; -, Nö·te* **1** *nur Singular;* der Zustand, in dem jemand sehr arm ist und nicht genug Geld und Essen zum Leben hat ≈ Armut ⟨große, schlimme Not; Not leiden; in Not geraten⟩ || -K Hungersnot **2** *meist Singular;* eine schlimme Situation, in der man Hilfe braucht ⟨Rettung aus/in höchster Not⟩ || K- Notsignal, Notsituation **3** der Zustand, in dem jemand leidet oder verzweifelt ist ⟨Rettung aus höchster Not; jemandem in der Stunde der Not beistehen⟩ **4** **ohne Not** ohne wichtigen Grund: *jemandem ohne Not wehtun* **5** **zur Not** wenn es nicht anders geht: *Wenn wir den Zug verpassen, können wir zur Not auch ein Taxi nehmen* **6** **mit knapper Not** gerade noch: *den Zug mit knapper Not erreichen* || ID **in der Not frisst der Teufel Fliegen** *umg;* wenn nichts anderes möglich ist, ist man auch mit etwas zufrieden, das man sonst nicht nähme; **helfen, wenn/wo Not am Mann ist** helfen, wenn/wo jemand/etwas gebraucht wird; **aus der Not eine Tugend machen** aus einer unangenehmen Situation noch einen Vorteil gewinnen; **Not macht**

erfinderisch wenn einem etwas Notwendiges fehlt, lernt man oft, sich auch so zu helfen; **seine (liebe) Not mit jemandem/etwas haben** (große) Schwierigkeiten mit jemandem/etwas haben

No·tar *der; -s, -e;* ein Jurist, der beruflich bestätigt (beglaubigt), dass Dokumente echt sind, der Testamente ausarbeitet *usw || hierzu* **No·ta·rin** *die; -, -nen*

No·ta·ri·at *das; -(e)s, -e;* das Büro eines Notars

Not·arzt *der; -es, -ärz·te* **1** ein Arzt, der in einem Notfall (1) mit dem Krankenwagen kommt **2** ein Arzt, den man rufen kann, wenn andere Ärzte keinen Dienst haben || *hierzu* **Not·ärz·tin** *die; -, -nen*

Not·auf·nah·me *die; -, -n;* eine Abteilung eines Krankenhauses, in der Patienten behandelt werden, die einen Unfall hatten oder plötzlich Hilfe brauchen

Not·aus·gang *der; -(e)s, -gän·ge;* ein Ausgang, durch den man schnell nach draußen kommt, wenn *z.B.* ein Feuer ausbricht

Not·dienst *der; -es, -e;* der Dienst (als Arzt, Apotheker *o.Ä.*) außerhalb der normalen Arbeitszeit (*bes* für Notfälle) ≈ Bereitschaft (-sdienst)

Not·durft *die; -; nur Singular; meist in* **die/seine Notdurft verrichten** *förmlich;* Blase und/oder Darm entleeren ≈ austreten

not·dürf·tig *Adjektiv;* nicht richtig, sondern nur so, dass es gerade noch hält oder funktioniert ≈ provisorisch, behelfsmäßig ⟨etwas notdürftig flicken, reparieren⟩

No·te[1] *die; -, -n* **1** ein geschriebenes Zeichen, das einen Ton in einem Musikstück darstellt || ↑ Abbildung unter **Tonleiter** || K: Achtelnote, Viertelnote **2** *nur Plural;* ein Blatt oder Heft mit Noten, das ein Musikstück darstellt

No·te[2] *die; -, -n* **1** eine Zahl oder ein Ausdruck, mit dem die Leistung eines Schülers, Studenten *usw* bewertet wird ≈ Zensur ⟨eine gute, schlechte Note in etwas (*Dativ*)⟩: *Der Aufsatz wurde mit der Note 3/„befriedigend" bewertet* || K: Prüfungsnote, Schulnote; Aufsatznote, Deutschnote *usw* **2** eine Zahl, mit der die Leistung eines Sportlers, (*z.B.* beim Turnen oder Tanzen) bewertet wird ⟨eine hohe, niedrige Note⟩

Note·book ['noʊtbʊk] *das; -s, -s; Informatik;* ein kleiner, tragbarer PC ≈ Laptop

No·ten·schlüs·sel *der; -s, -;* ein Zeichen, das am Beginn einer Zeile mit Notenlinien steht und den (Ton)Bereich bezeichnet, in dem die Noten[1] (1) stehen

Not·fall *der; -(e)s, -fäl·le* **1** eine gefährliche Situation, in der man schnell Hilfe braucht, *oft von einem Arzt oder von der Polizei* ⟨jemandem in einem Notfall Hilfe leisten⟩ **2** **im Notfall** ≈ notfalls

not·falls *Adverb;* wenn es wirklich nötig sein sollte: *Ich kann notfalls auch mit dem Taxi fahren*

not·ge·drun·gen *Adverb;* weil die Situation es notwendig macht(e) ≈ gezwungenermaßen ↔ freiwillig: *Da das Hotel geschlossen hatte, mussten wir notgedrungen im Auto übernachten*

no·tie·ren B1 *notierte, hat notiert* **1** **(sich** (*Dativ*)**) etwas notieren** etwas auf einen Zettel schreiben, damit man es nicht vergisst ≈ aufschreiben ⟨eine Adresse, eine Telefonnummer⟩ **2** **etwas (mit etwas) notieren** *Wirtschaft;* einen bestimmten Kurs/Preis für etwas an der Börse ermitteln und festsetzen: *eine Aktie mit zweihundert Euro notieren* **3** **etwas notiert irgendwie** *Wirtschaft;* etwas hat einen bestimmten Preis/Kurs an der Börse: *Der Dollar notiert heute höher als gestern, über dem Kurs des Vortages* || *zu* 2 *und* 3 **No·tie·rung** *die; -, -en;* || ▸ **Notiz**

nö·tig A2 *Adjektiv;* **nötig für jemanden/etw; nötig zu etwas** so, dass es gebraucht wird oder getan werden muss ⟨etwas ist nötig; etwas für nötig halten; alles Nötige tun⟩: *mit der nötigen Vorsicht vorgehen; Bei diesem Wetter ist es nötig, sich warm anzuziehen; Falls/Wenn nötig, helfe ich dir* || ID **etwas nicht nötig haben** etwas nicht tun müssen (und stolz darauf sein, es nicht tun zu müssen): *Ich habe es nicht nötig, ihn um Verzeihung zu bitten; meist* **Das ist doch nicht nötig/Das wäre doch nicht nötig gewesen!** verwendet, um sich höflich zu bedanken

No·tiz A2 *die; -, -en* **1** etwas, das man aufgeschrieben hat ⟨sich (*Dativ*) Notizen machen⟩ ||

▶ Die Noten

In vielen Kantonen der Schweiz ist 6 die beste Schulnote und 1 die schlechteste, in Deutschland und Österreich ist es gerade umgekehrt:

1 = sehr gut
2 = gut
3 = befriedigend
4 = Ⓓ ausreichend / Ⓐ genügend
5 = Ⓓ mangelhaft / Ⓐ nicht genügend
6 = Ⓓ ungenügend

LANDESKUNDE

[K-] Notizbuch || [-K] Aktennotiz, Tagebuchnotiz **2** eine kurze Meldung in der Zeitung || [ID] **(keine) Notiz von jemandem/etwas nehmen** jemanden/etwas (nicht) beachten

Not·la·ge *die; -, -n;* eine schlimme Situation ⟨eine wirtschaftliche, finanzielle Notlage⟩

Not·lö·sung *die; -, -en;* eine Lösung, die man in einer schlechten Situation nur deshalb wählt, weil man keine bessere (Lösung) findet

Not·ruf *der; -(e)s, -e;* ein Telefonanruf *o.Ä.*, mit dem man die Polizei, die Feuerwehr oder einen Arzt um Hilfe in einem Notfall bittet

Der Notruf

In den meisten europäischen Ländern gibt es eine einheitliche Telefonnummer für Notrufe bei Polizei, Feuerwehr und Rettungsdienst: **112.** Diese Nummer kann man von jedem Telefon aus kostenlos anrufen, man braucht dazu keine Münzen, Telefonkarten oder PIN. An Autobahnen, an Bundesstraßen und in Bahnhöfen gibt es für diesen Zweck auch eigene (orange) Notrufsäulen.

Sagen Sie:
- wo Sie sind
- was passiert ist
- wie viele Personen betroffen sind
- welche Art von Verletzung / Erkrankung vorliegt

Warten Sie auf Rückfragen.

LANDESKUNDE

Not·wehr *die; -; nur Singular;* die Anwendung von Gewalt, die erlaubt ist, wenn man damit einen Angriff gegen sich selbst bekämpft ⟨in/aus Notwehr handeln⟩

not·wen·dig [B2] *Adjektiv* **1** ≈ nötig: *eine notwendige Reparatur vornehmen; Er hielt es für notwendig, sie über die neue Entwicklung zu informieren; Es ist nicht notwendig, dass du hierbleibst* **2** *meist vor dem Substantiv;* ⟨eine Konsequenz, eine Reaktion⟩ so, dass sie nicht verhindert werden kann || *hierzu* **Not·wen·dig·keit** *die; -, -en*

not·wen·di·ger|wei·se *Adverb;* so, dass es nicht verhindert werden kann ⟨etwas führt notwendigerweise zu etwas⟩

Nou·gat ['nu:-] *der, das* ↑ **Nugat**

No·vem·ber [A1] [-v-] *der; -s, -; meist Singular;* der elfte Monat des Jahres; *Abkürzung* Nov. ⟨im November; Anfang, Mitte, Ende November; am 1., 2., 3. November⟩ || [K-] Novembertag

Nr. *Abkürzung für* Nummer

NSDAP [ɛnɛsde:a:'pe:] *die; -; nur Singular, historisch; (Abkürzung für* Nationalsozialistische Deutsche Arbeiterpartei) die Partei Adolf Hitlers

Nu *nur in* **im Nu** *umg;* in sehr kurzer Zeit: *Ich bin im Nu wieder da*

Nu·an·ce ['nyã:sə] *die; -, -n* **1** ein feiner Unterschied in Farbe, Helligkeit, Bedeutung *o.Ä.* ≈ Abstufung ⟨stilistische, sprachliche, farbliche Nuancen⟩: *Rot gibt es in vielen Nuancen* || [-K] Bedeutungsnuance, Farbnuance **2** **eine Nuance (von etwas)** ein kleines bisschen ≈ Spur, Hauch: *Sie sprach um eine Nuance zu laut; Dieses Blau ist eine Nuance heller als das andere*

nüch·tern *Adjektiv* **1** so, dass die betroffene Person längere Zeit nichts gegessen hat und der Magen leer ist: *Für die Blutuntersuchung muss man nüchtern sein; Auf nüchternen Magen verträgt sie keinen Alkohol* **2** so, dass man kein alkoholisches Getränk getrunken hat oder nicht von der Wirkung des Alkohols beeinträchtigt ist ⟨vollkommen nüchtern sein⟩: *Durch den Schreck wurde er schlagartig wieder nüchtern* **3** von sachlichen Überlegungen und nicht vom Gefühl geleitet ⟨ein Mensch, eine Überlegung; die Sache nüchtern betrachten, beurteilen⟩ **4** nur an Zweck und Funktion orientiert ≈ funktional ⟨ein Raum, ein Stil⟩ || *hierzu* **Nüch·tern·heit** *die; -; nur Singular*

Nu·del [A1] *die; -, -n; meist Plural;* ein Nahrungsmittel aus Mehl, Wasser und Eiern, das man in Wasser kocht und mit einer Soße, in Suppen oder mit Fleisch isst, *z.B.* Spaghetti: *Hühnersuppe mit Nudeln* || [K-] Nudelsuppe, Nudelteig

Nu·gat *der, das; -s; nur Singular;* eine Mischung aus gemahlenen Nüssen, Fett, Zucker und Kakao || [K-] Nugatpraline, Nugatschokolade

nuk·le·ar [nukle'a:ɐ̯] *Adjektiv; meist vor dem Substantiv, ohne Steigerung* **1** so, dass dabei Atomenergie verwendet wird ⟨Energie, Waffen, ein Krieg; eine Explosion⟩ || [K-] Nuklearmacht, Nuklearwaffen **2** mit Atomwaffen ⟨Kräfte, Streitkräfte⟩ **3** Atomwaffen betreffend ⟨die Abrüstung, die Aufrüstung⟩

null [A1] *Zahladjektiv; indeklinabel* **1** (als Ziffer) 0 **2** *Sport;* verwendet, um auszudrücken, dass keine Punkte oder Tore erzielt wurden: *Es steht null zu null* **3** **null (Grad (Celsius))** die Temperatur, bei der Wasser beginnt, zu Eis zu werden ≈ 0°C ⟨Temperaturen über, unter null⟩ **4** *nur Singular;* die Stellung eines Schalters oder Zeigers, die zeigt, dass ein Gerät nicht eingeschaltet ist

⟨etwas steht, zeigt auf null⟩ **5** **null Uhr** *Verwaltung;* zwölf Uhr nachts ≈ 24 Uhr: *Der Zug kommt um null Uhr zweiundzwanzig* (*0:22 Uhr*) *an* || ID **in null Komma nichts** *umg humorvoll;* in sehr kurzer Zeit; **null und nichtig** ≈ ungültig ⟨einen Vertrag für null und nichtig erklären⟩; **etwas ist gleich null** *umg;* das Ergebnis, der Erfolg ist ohne Bedeutung und Wert

Null A1 *die; -, -en* **1** die Ziffer 0: *Die Zahl 100 hat zwei Nullen* **2** *meist Singular; umg abwertend;* jemand, der nichts kann und in seinem Leben nichts erreicht ≈ Versager, Niete

Null·punkt *der; -(e)s, -e* **1** der Punkt auf einer Skala, an dem auf der einen Seite die negativen und auf der anderen Seite die positiven Werte beginnen **2** (auf der Celsius-Skala) die Temperatur, bei der Wasser zu Eis wird **3** *umg;* ein Punkt, wo alles sehr schwierig und hoffnungslos ist oder aussieht ≈ Tiefpunkt ↔ Höhepunkt ⟨auf dem Nullpunkt (angelangt) sein; etwas sinkt auf den Nullpunkt⟩: *Meine Konzentration hat heute ihren völligen Nullpunkt erreicht, ich kann keinen klaren Gedanken fassen* **4** **der absolute Nullpunkt** *Physik;* die tiefste Temperatur, die es gibt: *Der absolute Nullpunkt liegt bei -273° Celsius*

Null·run·de *die; -, -n; Wirtschaft;* eine Zeit, während der es (als Ergebnis von Verhandlungen) keine Lohnerhöhungen gibt ⟨eine Nullrunde vereinbaren⟩

Null·ta·rif *der; nur in* **zum Nulltarif** ohne, dass man etwas bezahlen muss ≈ gratis, kostenlos: *Die erste Fahrt mit der neuen U-Bahn war zum Nulltarif*

Nu·me·rus clau·sus A1 *der; -; nur Singular;* eine Regelung, die nur einer begrenzten Anzahl von Personen erlaubt, ein bestimmtes Fach an einer Universität *o.Ä.* zu studieren; *Abkürzung* NC

Num·mer A1 *die; -, -n* **1** eine Zahl, die den Platz einer Person/Sache in einer Reihe oder Liste angibt; *Abkürzung* Nr. ⟨eine hohe, niedrige Nummer⟩: *Karten für die Sitze Nummer 11 und 12; das Los mit der Nummer 13; Ich wohne in der Goethestraße Nummer 41* (geschrieben: *Goethestr. 41*) || -K Bestellnummer, Hausnummer, Kontonummer, Losnummer, Schecknummer, Zimmernummer **2** die Reihe von Ziffern, die man zum Telefonieren wählt: *unter der Nummer 2859 erreichbar sein* || -K Handynummer, Privatnummer, Telefonnummer **3** die Ziffern und Buchstaben auf dem Schild, das Autos, Motorräder *usw* haben || K- Nummernschild || -K Autonummer **4** die Zahl, die die Größe von Kleidern, Schuhen *usw* angibt: *Damenschuhe Nummer 38; Haben Sie dieses Kleid eine (halbe) Nummer größer?* || -K Kleidernummer, Schuhnummer **5** eines von den Heften einer Zeitschrift oder Zeitung: *ein Artikel in der Nummer 2 vom Januar* **6** ein Stück in einem Programm ⟨eine Nummer vorführen⟩: *Wir spielen jetzt eine Nummer aus unserer letzten CD* || ID **jemand ist die Nummer eins** jemand ist auf einem bestimmten Gebiet der Beste; **etwas ist eine Nummer zu groß, ein paar Nummern zu groß (für jemanden)** *umg;* etwas ist zu schwierig für jemanden; **auf Nummer sicher gehen** *umg;* kein Risiko eingehen *meist* **Dort ist man (nur, bloß) eine Nummer** dort ist man nur einer von vielen und wird deshalb nicht beachtet

num·me·rie·ren; *nummerierte, hat nummeriert;* **etwas** (*Plural*) **nummerieren** einer Reihe von Dingen jeweils eine Nummer geben und sie so in eine Reihenfolge bringen ⟨Seiten, Sitzplätze nummerieren⟩

nun[1] B2 *Adverb* **1** in dem Moment, in dem der Sprecher etwas sagt ≈ jetzt ⟨von nun ab, von nun an⟩: *Nun bist du an der Reihe; Kommen wir nun zum Programm der nächsten Woche* **2** in der Gegenwart: *Früher war an dieser Stelle eine Wiese, nun stehen hier Hotels* **3** in der Zwischenzeit ≈ inzwischen, mittlerweile: *Die wirtschaftliche Lage hat sich nun wieder etwas gebessert* **4** **was nun?** verwendet, um Ratlosigkeit auszudrücken

nun[2] B2 *Partikel; unbetont* **1** in Fragen verwendet, um (Ungeduld darüber) auszudrü-

Der Numerus clausus

Der **Numerus clausus** (kurz: **NC**) ist eine Zulassungsbeschränkung für besonders beliebte Studiengänge. Eine Zahl drückt aus, bis zu welcher Abiturnote Studenten zum Studium zugelassen werden.

Die Plätze in den sogenannten „harten NC-Fächern" (z.B. Medizin, Psychologie) werden in Deutschland bundesweit von der **ZVS** (Zentrale Vergabestelle für Studienplätze) vergeben. Die Plätze der „weichen NC-Fächer" werden von den einzelnen Hochschulen selbst vergeben.

Ein Teil der Studienplätze wird jedoch auch immer aufgrund besonderer Kriterien der einzelnen Hochschulen vergeben (z.B. fachbezogener Test, Auswahlgespräch) und an Kandidaten mit schlechteren Noten, die auf einer Warteliste stehen.

LANDESKUNDE

cken, dass man die gewünschte Information noch nicht erhalten hat: *Hat sie den Job nun bekommen oder nicht?*; *Glaubst du mir nun endlich?* **2** **nun (ein)mal** *umg*; verwendet, um auszudrücken, dass etwas so ist, wie es ist, und dass man daran nichts ändern kann: *Das ist nun mal so - da kann man nichts machen*

nur[1] A2 *Adverb*; verwendet, um etwas, das man gesagt hat, einzuschränken ≈ bloß: *Das Konzert war toll, nur war die Musik zu laut*

nur[2] A2 *nur in* **nicht nur ..., sondern auch** verwendet, um auszudrücken, dass zu etwas noch etwas anderes hinzukommt: *Er ist nicht nur ein guter Schauspieler, sondern auch ein guter Sänger*

nur[3] A2 *Partikel* **1** verwendet, um auszudrücken, dass eine Aussage genau auf die genannte Sache/Person zutrifft. *Nur* bezieht sich auf den Teil des Satzes, der direkt folgt: *Nur Hans hat den Kuchen gekauft* (und sonst niemand); *Hans hat nur den Kuchen gekauft* (und nichts anderes); *Hans hat den Kuchen nur gekauft* (und nichts anderes damit gemacht) **2** *unbetont*; verwendet, um eine Aussage zu verstärken: *Komm, wann immer du nur willst*; *Ich tue alles, was du nur willst* || ID **nur so** *umg*; ohne bestimmten Grund: *„Warum hast du das denn getan?" – „Ach, nur so, ich weiß nicht"*

N

nur[4] A2 *Partikel* **1** in Fragen verwendet, um auszudrücken, dass man nicht weiß, was jetzt zu tun ist ≈ bloß: *Wo ist denn nur mein Schlüssel?* **2** in Ausrufesätzen und rhetorischen Fragen verwendet, um Bewunderung, Kritik auszudrücken ≈ bloß: *Was hast du da nur wieder angestellt!* **3** verwendet, um jemanden zu beruhigen, zu trösten oder ihm Mut zu machen ≈ bloß: *Nur keine Angst!* **4** verwendet, um aus einer Aufforderung eine Drohung oder Warnung zu machen ≈ bloß: *Sei nur nicht so frech!* **5** verwendet, um einen dringenden Wunsch auszudrücken ≈ bloß: *Wenn es doch nur schon Abend wäre!*

nu·scheln; *nuschelte, hat genuschelt*; relativ leise und undeutlich sprechen

Nuss B1 *die*; -, *Nüs·se* **1** eine trockene Frucht mit einem Kern, der in einer harten Schale ist ⟨Nüsse knacken⟩ || K- **Nussbaum, Nussschale** **2** der Kern einer solchen Frucht, den man *meist* essen kann || K- **Nusseis, Nusskuchen, Nussschokolade** || ID **eine dumme/blöde Nuss** *umg abwertend*; verwendet als Schimpfwort für einen dummen Menschen, *bes* für eine Frau; **eine harte Nuss** ein schwieriges Problem; **eine taube Nuss** etwas, das nicht den Wert hat, den man erwartet

Nuss·kna·cker *der*; -s, -; ein Gerät, mit dem man die Schale einer Nuss aufmacht

Nut·te *die*; -, -n; *umg abwertend* ≈ Prostituierte || *hierzu* **nut·ten·haft** *Adjektiv*

nutz·bar *Adjektiv* **1** so, dass man es für einen bestimmten Zweck verwenden kann ≈ verwendbar ↔ nutzlos ⟨eine Energie, Rohstoffe, eine Idee⟩ **2** **etwas (für jemanden) nutzbar machen** etwas so machen, dass es genutzt werden kann ⟨die Wasserkraft, eine Erfindung nutzbar machen⟩ || *zu* 1 **Nutz·bar·keit** *die*; -; *nur Singular*; *zu* 2 **Nutz·bar·ma·chung** *die*; -; *nur Singular*

Nut·ze *nur in* **zu Nutze** ↑ **zunutze**

nüt·ze *meist in* **jemand/etwas ist zu nichts nütze** jemand ist keine Hilfe, etwas ist so, dass man nichts Sinnvolles damit tun kann: *Viele Produkte sind doch zu gar nichts nütze!*

nut·zen; *nutzte, hat genutzt* **1** **etwas (zu etwas) nutzen** etwas für einen bestimmten Zweck sinnvoll verwenden ⟨eine Gelegenheit, eine Chance nutzen⟩: *die Wasserkraft zur Erzeugung von Strom nutzen*; *landwirtschaftlich genutzte Gebiete* **2** **etwas nutzt (jemandem/etwas) (etwas/viel)** etwas bringt jemandem/etwas einen Vorteil, hilft ihm irgendwie: *Ein günstiger Kredit würde der Firma viel nutzen* **3** **etwas nutzt (jemandem/etwas) wenig/nichts** etwas bringt jemandem/etwas keinen großen/keinen Vorteil || *zu* 1 **Nut·zung** *die*; -; *nur Singular*

Nut·zen *der*; -s; *nur Singular* **1** ein Vorteil oder Gewinn, den jemand von einer bestimmten Sache oder Tätigkeit hat ↔ Schaden ⟨der praktische, unmittelbare, gesellschaftliche, wirtschaftliche Nutzen; einen (großen) Nutzen aus etwas ziehen; etwas bringt (jemandem/etwas) (einen) Nutzen⟩: *Der praktische Nutzen dieser Erfindung wird enorm sein* **2** **etwas ist (jemandem/etwas) von Nutzen** etwas ist für jemanden/etwas ein Vorteil: *Bei der Bewerbung werden dir deine Erfahrungen im Ausland von Nutzen sein*; *Es wird dir von Nutzen sein, dass damit schon Übung hast*

nüt·zen B2 *nützte, hat genützt*; *bes südd* Ⓐ ↑ **nutzen**

nütz·lich B2 *Adjektiv* **1** *nicht als Adverb*; so, dass jemand/etwas davon einen Nutzen hat ⟨ein Hinweis⟩ **2** **jemandem (bei etwas) nützlich sein**; **sich (bei jemandem/etwas) nützlich machen** jemandem helfen || *zu* 1 **Nütz·lich·keit** *die*; -; *nur Singular*

nutz·los *Adjektiv*; ohne sinnvollen Zweck ⟨Bemühungen⟩: *Es ist völlig nutzlos, ihr Ratschläge zu geben* || *hierzu* **Nutz·lo·sig-**

keit *die; -; nur Singular*

Nụtz·nie·ßer *der; -s, -;* jemand, der einen Vorteil oder Gewinn von etwas hat, ohne dass er viel dafür getan hat || *hierzu* **Nụtz·nie·ße·rin** *die; -, -nen*

Nụtz·pflan·ze *die; -, -n;* eine Pflanze, die man anbaut, *bes* um sie zu essen

Nụtz·tier *das; -(e)s, -e;* ein Tier, das man wirtschaftlich nutzt. Man hält Nutztiere, damit sie arbeiten oder weil sie Fleisch, Milch, Eier *o.Ä.* liefern

O

o! *Interjektion;* verwendet als Ausruf des Erstaunens oder des Erschreckens: *O nein!; O Gott!* || Hinweis: ↑ **oh**

O, o *das; -, -/umg auch -s;* der fünfzehnte Buchstabe des Alphabets

Oa·se *die; -, -n* **1** eine Stelle in der Wüste, an der es Wasser und deshalb auch Pflanzen gibt **2** **eine Oase** + *Genitiv* ein Ort, der angenehm ist oder große Vorteile hat ⟨eine Oase des Friedens, der Ruhe⟩

ọb *Konjunktion* **1** verwendet (nach bestimmten Verben und Substantiven und Adjektiven), um einen Nebensatz einzuleiten, der eine Frage, Zweifel oder Ungewissheit ausdrückt: *Wissen Sie, ob heute noch ein Zug nach Berlin fährt?; Sie konnte sich nicht entscheiden, ob sie ihn anrufen sollte oder nicht* **2** **(egal) ob ... oder nicht** drückt aus, dass etwas auf jeden Fall geschieht oder geschehen muss: *Ob er will oder nicht, er muss den Schaden ersetzen* **3** **ob ..., ob (, ... ob)** drückt aus, dass etwas für alle Personen oder Sachen gilt, die genannt werden: *Ob Frau, ob Mann, ob Kind, alle sind eingeladen*

Ob·acht *die; -; nur Singular; südd* Ⓐ **1** **Obacht!** ≈ Vorsicht! **2** **(auf jemanden/etwas) Obacht geben** (auf jemanden/etwas) achtgeben, aufpassen: *Gib Obacht!; Er muss Obacht geben, dass er keinen Fehler macht*

ÖBB [ø|be'|be:] *die; -; nur Singular; Abkürzung für* Österreichische Bundesbahnen

Ọb·dach·lo·se *der/die; -n, -n;* eine Person, die (aus Not oder nach einer Katastrophe) ohne Wohnung ist || *hierzu* **ọb·dach·los** *Adjektiv;* **Ọb·dach·lo·sig·keit** *die; -; nur Singular*

O-Bei·ne *die; -, -; Plural; umg;* krumme, nach außen gebogene Beine || *hierzu* **o-bei·nig** *Adjektiv*

oben [A2] *Adverb* **1** an einer Stelle, die höher ist als anderes ↔ unten ⟨hoch, weit oben⟩: *Das Haus hat oben vier Zimmer und unten drei; Das Buch steht im Regal rechts oben* **2** auf der höher gelegenen Seite eines Gegenstandes ↔ unten: *das Hemd oben zumachen, offen lassen* **3** in die/der Luft ⟨nach oben blicken; etwas fliegt, schwebt oben⟩ **4** auf der Oberfläche: *Öl schwimmt oben* **5** in den ersten Zeilen eines Blatts Papier: *der erste Absatz auf Seite fünf oben* **6** weiter vorn im Text ↔ unten ⟨wie oben erwähnt⟩ **7** *umg;* weiter im Norden: *hoch oben im Norden* **8** *umg;* von höherem Status oder von höherer dienstlicher Stellung: *die (Leute) da oben* || [ID] **von oben herab** so, als ob man viel besser als andere sei; **oben ohne** *umg humorvoll; (bes* als Frau) mit nacktem Oberkörper; **von oben bis unten** ≈ völlig: *Das Haus muss von oben bis unten renoviert werden*

oben·auf *Adverb; förmlich* **1** auf allen anderen Dingen ≈ zuoberst ⟨etwas liegt, sitzt, steht obenauf⟩ **2** **wieder obenauf sein** wieder gesund sein oder Selbstvertrauen haben: *Er hat das berufliche Tief überwunden und ist wieder obenauf*

oben·drein *Adverb* ≈ zusätzlich, außerdem: *Sie war laut und obendrein auch noch frech*

Ober *der; -s, -;* **1** *umg* ≈ Kellner **2** **(Herr) Ober!** verwendet als höfliche Anrede für den Kellner

obe·r-[1] *Adjektiv; nur vor dem Substantiv, nicht als Adverb, kein Komparativ* **1** über etwas anderem gelegen oder höher als etwas anderes ↔ unter-: *die obere Stufe; das obere Stockwerk; Das Buch steht im obersten Fach des Regals* **2** in einer Hierarchie höher als die anderen: *die Schüler der oberen Klassen; der oberste Gerichtshof* **3** *nur Superlativ* ≈ wichtigst- ⟨der oberste Grundsatz⟩

ober-[2] *im Adjektiv; umg;* verwendet, um *(bes* negative) Adjektive zu verstärken; **oberblöd, oberfad, oberfaul** ⟨eine Sache⟩

Ober- *im Substantiv* **1** verwendet, um die Hälfte eines Körperteils zu bezeichnen, die über der anderen Hälfte ist ↔ Unter-; der **Oberarm**, der **Oberkiefer**, der **Oberkörper**, die **Oberlippe** **2** verwendet, um etwas zu bezeichnen, das sich auf oder über ähnlichen Dingen befindet ↔ Unter-; die **Ober(be)kleidung**, das **Oberdeck**, das **Obergeschoss**, das **Oberhemd** **3** verwendet, um auszudrücken, dass eine Person oder Institution einen höheren Rang hat als der, der vom Grundwort ausgedrückt wird; der **Oberbürgermeister**, der **Oberförster**, das **Oberlandesgericht** der **Oberstaatsanwalt**, der **Oberstudienrat** **4** verwendet, um ein Amt, eine Position *o.Ä.* zu bezeichnen, die höher als alle anderen sind; die **Oberaufsicht**, die **Oberherrschaft**, die **Oberhoheit**, das **Oberkommando** ⟨des Heeres⟩ **5** verwendet, um den Teil eines Landes zu bezeichnen, der höher liegt als der andere ↔ Unter-, Nieder-; **Oberbayern, Oberfranken**, die **Oberpfalz, Oberösterreich** **6** *umg abwertend;* verwendet, um Substantive, die etwas Negatives ausdrücken, zu verstärken; der **Oberangeber**, der **Obergauner**, der **Oberspinner**

Ober·be·griff *der; -(e)s, -e;* ein Begriff, unter dem man viele andere zusammenfassen kann ↔ Unterbegriff: *„Gehölze" ist der Oberbegriff für Bäume und Sträucher*

Ober·flä·che *die; -, -n* **1** die Seite eines Materials oder eines Körpers, die man von außen sieht ⟨eine glänzende, raue Oberfläche⟩ **2** die oberste Schicht einer Flüssigkeit oder Masse: *die Oberfläche des Sees*

ober·fläch·lich *Adjektiv* **1** nicht gründlich und ohne Einzelheiten ⟨Kenntnisse; etwas nur oberflächlich behandeln⟩ **2** nicht gut, nicht intensiv ⟨eine Bekanntschaft; jemanden/etwas nur oberflächlich kennen⟩ || *hierzu* **Ober·fläch·lich·keit** *die; -, -en*

O

ober·halb *Präposition; mit Genitiv;* weiter oben als etwas ≈ über: *oberhalb 2000 Meter* || Hinweis: auch verwendet mit *von*: *oberhalb von dieser Stelle*

Ober·hand *die; -; nur Singular; förmlich* **1** **die Oberhand haben/behalten** mehr Macht oder Einfluss als andere haben: *Die konservativen Parteien behielten viele Jahre die Oberhand* **2** **die Oberhand gewinnen/bekommen** stärker (als andere) werden, sich (gegen andere) durchsetzen ≈ siegen

Ober·haupt *das; -(e)s, -häup·ter; förmlich;* jemand, der in einer Gruppe die höchste Position hat ⟨ein geistliches, weltliches Oberhaupt; das Oberhaupt der Familie⟩: *Der Papst ist das Oberhaupt der katholischen Kirche*

Ober·schen·kel *der; -s, -;* der Teil des Beins zwischen Knie und Hüfte ≈ Schenkel ↔ Unterschenkel, Wade || ↑ Abbildung unter **Körper** || K Oberschenkelknochen

Ober·schicht *die; -, -en;* der Teil der Bevölkerung mit der höchsten sozialen Stellung ↔ Unterschicht: *Das Land wurde von einer dünnen Oberschicht beherrscht*

Ober·sei·te *die; -, -n;* die obere Seite, die man sieht ↔ Unterseite

Ober·stu·fe *die; -, -n;* die höchsten Klassen *bes* eines Gymnasiums (ab der 11. Klasse) ↔ Unterstufe, Mittelstufe

Ober·teil *das, der;* das/der obere Teil von etwas || Hinweis: *das* Oberteil sagt man vor allem dann, wenn es sich um ein einzelnes, getrenntes Stück handelt: *das Oberteil eines Bikinis*

Ober·wei·te *die; -, -n;* (bei Frauen) der Umfang des Körpers, wie er um Brust und Rücken gemessen wird

ob·gleich *Konjunktion* ≈ obwohl

obi·g- *Adjektiv; nur vor dem Substantiv, nicht als Adverb; förmlich;* weiter vorn schon genannt (*z.B.* in einem Brief) ≈ oben erwähnt: *Bitte senden Sie Ihre Antwort an obige Adresse*

Ob·jekt *das; -(e)s, -e* **1** etwas, das interessant ist und mit dem man sich beschäftigt ≈ Gegenstand ⟨ein lohnendes Objekt; ein Objekt der Forschung⟩ || -K Versuchsobjekt **2** ein Gebäude, Grundstück *o.Ä., bes* ein solches, das man kauft oder verkauft ≈ Immobilie **3** *Sprachwissenschaft;* ein Satzteil *meist* mit einem Substantiv, der ein Verb ergänzt, aber nicht das Subjekt ist. Objekte stehen *meist* im Dativ oder im Akkusativ ⟨das direkte, indirekte Objekt⟩ || -K Akkusativobjekt, Dativobjekt **4** ein Kunstgegenstand, der *meist* aus verschiedenen gewöhnlichen Gegenständen und Materialien besteht

ob·jek·tiv [-f] *Adjektiv;* von Fakten und nicht von persönlichen Gefühlen bestimmt ↔ subjektiv ⟨ein Grund; objektiv über etwas (*Akkusativ*) berichten⟩ || *hierzu* **Ob·jek·ti·vi·tät** *die; -; nur Singular*

Ob·mann *der; -(e)s, Ob·män·ner/Ob·leu·te;* jemand, der eine Gruppe von Personen vertritt, *z.B.* die Angestellten gegenüber der Leitung einer Firma: *der Obmann der Gewerkschaft* || -K Betriebsobmann || *hierzu* **Ob·frau** *die; -, -en;* **Ob·män·nin** *die; -, -nen*

Oboe *die; -, -n;* ein Blasinstrument aus Holz mit hohem Klang, in das man durch ein dünnes Rohr hineinbläst ⟨(die) Oboe spielen⟩ || ↑ Abbildung unter **Blasinstrumente**

ob·schon B2 *Konjunktion; förmlich* ≈ obwohl

Ob·ser·va·to·ri·um [-v-] *das; -s, Ob·ser·va·to·ri·en* [-ri̯ən]; ein Gebäude, von dem aus Wissenschaftler *bes* die Sterne oder das Wetter beobachten

obs·kur *Adjektiv* **1** *förmlich abwertend;* unbekannt und daher verdächtig: *obskure Ge-*

schäfte machen **2** unlogisch und nicht richtig: *eine obskure Verschwörungstheorie aufstellen*

Obst B2 *das; -(e)s; nur Singular;* die *meist* süßen und saftigen Früchte (von Bäumen und Sträuchern), die man roh essen kann, wie *z.B.* Äpfel oder Pfirsiche || ↑ Illustration **Obst und Gemüse** || K- Obstbaum, Obstkuchen, Obstsaft || -K Kernobst, Steinobst

Obst·ler *der; -s, -; südd* Ⓐ ein Schnaps aus Obst

obs·zön *Adjektiv;* ⟨eine Anspielung, ein Bild, ein Witz; Verhalten⟩ so, dass sie *bes* im sexuellen Bereich die guten Sitten verletzen ≈ unanständig

ob·wohl B1 *Konjunktion;* verwendet, um in dem Nebensatz mit *obwohl* etwas zu sagen, das normalerweise nicht zu den Umständen passt, die im Hauptsatz genannt werden: *Er ist überhaupt nicht müde, obwohl er die ganze Nacht nicht geschlafen hat; Obwohl es schon Herbst ist, kann man noch im Freien sitzen*

Och·se ['ɔksə] *der; -n, -n;* ein männliches Rind (Stier), das keine Hoden hat || K- Ochsenzunge

Ocker *der, das; -s; nur Singular* **1** ein natürlicher Farbstoff aus gelblich braunen Mineralien **2** ein Farbton zwischen gelb und braun || ↑ Illustration **Farben und Formen** || K- ockerfarbig, ockergelb || *hierzu* **ocker** *Adjektiv;* **ocker·far·ben** *Adjektiv*

öde *Adjektiv* **1** ⟨eine Landschaft⟩ so, dass nichts oder nur wenig wächst ≈ kahl **2** ≈ langweilig ⟨ein Dasein, ein Tag⟩ || *hierzu* **Öde** *die; -, -n*

oder A1 *Konjunktion* **1** verwendet, um auszudrücken, dass es mehrere Möglichkeiten gibt; *Abkürzung* od.: *In diesem See kann man schwimmen, surfen oder segeln* **2** verwendet, wenn es nur eine von zwei Möglichkeiten gibt: *Er kommt heute oder morgen; Ja oder nein?* **3** verwendet, um auszudrücken, dass jemand/etwas auch anders genannt wird: *elektronische Datenverarbeitung oder kurz EDV* **4** verwendet, um eine unangenehme Folge zu nennen oder um zu drohen: *Ihr benehmt euch sofort anständig, oder ihr fliegt raus!* **5** **..., oder?** verwendet am Ende eines Satzes, wenn der Sprecher Zustimmung erwartet: *Wir machen jetzt eine Pause, oder?* **6** **oder so (was/ähnlich)** *umg;* verwendet, um zu sagen, dass man etwas nicht genau weiß: *Er studiert Sinologie oder so was* || Hinweis: Nach *oder* ist die Wortstellung wie in einem normalen Aussagesatz

Ofen B1 *der; -s, Öfen* **1** ein Gerät, in dem man Feuer macht, um ein Zimmer zu heizen || -K Kohleofen **2** der Teil des Herdes, in dem man Kuchen backt oder einen Braten macht || ID **ein Schuss in den Ofen** *umg;* eine Handlung, die nicht zum Erfolg führt; **hinter dem Ofen hocken**; **sich hinter dem Ofen verkriechen** *umg;* immer im Haus bleiben und nicht nach draußen gehen; *meist* **Jetzt ist der Ofen aus!** *umg;* da kann man nichts mehr ändern

of·fen A1 *Adjektiv* **1** so, dass man hinein-, hinaus- oder hindurchgehen, -greifen, -sehen *o.Ä.* kann ≈ geöffnet, auf ↔ geschlossen, zu: *bei offenem Fenster schlafen; Sie konnte ihre Augen kaum noch offen halten; Lass das Fenster bitte offen; Als ich heimkam, war/stand die Tür offen* || ↑ Abbildung unter **breit** **2** so, dass man ohne Hindernis weiterfahren kann ≈ frei ⟨die Straße, der Pass, die Grenze⟩: *Die Zufahrt zum Gletscher ist nur im Sommer offen* **3** so, dass Kunden, Gäste, Besucher hineingehen können ↔ geschlossen, zu ⟨Banken, Behörden, Geschäfte, Parks⟩: *Die Läden sind bis 18 Uhr offen* **4** nicht bereits vom Hersteller in Tüten, Flaschen *o.Ä.* verpackt ⟨Mehl, Milch, Wein; etwas offen kaufen, verkaufen⟩ **5** *nur vor dem Substantiv, nicht als Adverb;* so, dass viel Raum ist und man weit sehen kann ≈ frei ⟨ein Feld; auf offenem Meer⟩ **6** *nicht als Adverb;* noch nicht erledigt, bezahlt oder entschieden ⟨eine Entscheidung, eine Frage, eine Rechnung⟩: *Es ist noch offen, wohin wir in Urlaub fahren* **7** *nicht als Adverb;* noch zu haben ≈ frei ⟨ein Arbeitsplatz, eine Stellung⟩ **8** so, dass man seine Gefühle zeigt, ehrlich ist ⟨etwas offen gestehen, zeigen, zugeben⟩: *Sie sagte ihm offen ihre Meinung* **9** für jeden deutlich erkennbar ⟨Feindschaft, Hass⟩: *offen Widerstand leisten* **10** **offen für jemanden/etwas**; **gegenüber jemandem/etwas offen** bereit, etwas Neues zu akzeptieren: *offen für alles Neue sein* **11** *nicht als Adverb;* noch nicht geheilt ⟨eine Wunde⟩ **12** so, dass jeder teilnehmen oder mitmachen kann ⟨eine Meisterschaft⟩ **13** nicht zusammengebunden ⟨die Haare offen tragen⟩ || Hinweis: ↑ **offenbleiben**, **offenhalten** *usw* || *zu* 8-10 **Of·fen·heit** *die; -; nur Singular*

of·fen·bar[1] *Adjektiv; förmlich;* ⟨ein Fehler, eine Absicht⟩ so, dass sie jeder deutlich sehen und leicht verstehen kann

of·fen·bar[2] *Adverb;* wie es den Eindruck macht, wie es scheint: *Er geht viel spazieren - offenbar hat er nichts zu tun*

of·fen·ba·ren; *offenbarte, hat offenbart* **1** **(jemandem) etwas offenbaren** *förmlich;* (jemandem) etwas sagen, das vorher geheim war ≈ enthüllen, gestehen ⟨ein Geheimnis, die

O

Wahrheit offenbaren〉: *Er hat ihr seine Liebe offenbart* **2** **sich (jemandem) offenbaren** *förmlich;* (mit jemandem) offen über etwas Persönliches sprechen **3** **sich (jemandem) (als etwas** *(Nominativ)*) **offenbaren** zeigen, was oder wie man/es wirklich ist: *Seine Freundlichkeit offenbarte sich als purer Schwindel*

of·fen·blei·ben; *blieb offen, ist offengeblieben;* **etwas bleibt offen** etwas kann nicht entschieden oder gelöst werden: *Da man sich nicht einigen konnte, musste die Frage offenbleiben* || Hinweis: aber: *Die Tür soll offen bleiben* (= getrennt geschrieben)

of·fen·hal·ten; *hält offen, hielt offen, hat offengehalten* **1** **jemandem/sich etwas offenhalten** etwas so regeln, dass etwas später noch möglich ist 〈sich einen Ausweg, eine Möglichkeit offenhalten〉 **2** **die Augen offenhalten** **a** ≈ achtgeben, aufpassen **b** versuchen, etwas zu finden: *die Augen nach einer neuen Wohnung offenhalten* **3** **die Ohren offenhalten** versuchen, bestimmte Informationen aus Geprächen zu bekommen: *Halt doch mal die Ohren offen, ob jemand einen Job zu vergeben hat* || Hinweis: aber: *die Tür offen halten* (= getrennt geschrieben)

of·fen·kun·dig, of·fen·kun·dig *Adjektiv* **1** so, dass es jeder deutlich erkennen kann ≈ offenbar, offensichtlich: *ein offenkundiger Fall von Korruption* **2** so, dass es jeder weiß ≈ bekannt 〈etwas wird offenkundig; etwas offenkundig machen〉: *Seit es in der Zeitung stand, ist es offenkundig, dass die Firma in Schwierigkeiten ist*

of·fen·las·sen; *lässt offen, ließ offen, hat offengelassen* **1** **etwas offenlassen** etwas ohne Antwort oder Lösung lassen 〈eine Frage offenlassen〉: *Er hat (es) noch offengelassen, ob er morgen mitfährt* **2** **Wünsche offenlassen** *förmlich;* Wünsche nicht erfüllen || Hinweis: aber: *ein Fenster, ein Geschäft offen lassen* (= getrennt geschrieben)

of·fen·sicht·lich, of·fen·sicht·lich *Adjektiv;* so, dass es jeder sehen und erkennen kann ≈ offenkundig: *Seine Angst war offensichtlich, er zitterte am ganzen Körper; Sie hat offensichtlich geträumt*

of·fen·siv [-f] *Adjektiv* **1** mit der Absicht anzugreifen 〈eine Strategie〉 || K- Offensivkrieg **2** so, dass man dabei aktiv ein Ziel verfolgt 〈offensiv spielen, diskutieren〉 || K- Offensivspiel || *hierzu* **Of·fen·si·ve** [-və] *die; -, -n*

of·fen·ste·hen; *stand offen, hat/südd Ⓐ Ⓒⓗ ist offengestanden;* **etwas steht jemandem offen** jemand hat die Möglichkeit, etwas zu tun: *Ihm stehen noch alle Möglichkeiten offen; Es steht dir offen, hierzubleiben* || Hinweis: aber: *eine Tür offen stehen lassen* (= getrennt geschrieben)

öf·fent·lich B1 *Adjektiv* **1** so, dass alle daran teilnehmen, ihre Meinung sagen können 〈Wahlen; öffentlich abstimmen〉 **2** so, dass es alle benutzen dürfen ↔ privat 〈ein Park, ein Verkehrsmittel〉 **3** *nur vor dem Substantiv oder als Adverb;* von allen oder für alle 〈ein Ärgernis, die Meinung, die Sicherheit; etwas liegt im öffentlichen Interesse〉 **4** so, dass es alle wissen ≈ bekannt: *Missstände öffentlich machen* **5** *nur vor dem Substantiv, nicht als Adverb* ≈ staatlich 〈ein Gebäude, eine Schule〉

Öf·fent·lich·keit *die; -; nur Singular* **1** alle Personen, die in einer Stadt, einem Land *o.Ä.* wohnen 〈die Öffentlichkeit informieren; etwas dringt an die Öffentlichkeit〉 **2** **in aller Öffentlichkeit** so, dass viele dabei sind, wenn etwas geschieht

of·fi·zi·ell B1 *Adjektiv* **1** im Auftrag der Regierung oder eines Amtes: *eine offizielle Stellungnahme der Regierung* **2** öffentlich und feierlich: *ein offizieller Anlass*

Of·fi·zier *der; -s, -e;* jemand, der beim Militär eine höhere Position hat und Befehle erteilen kann || *hierzu* **Of·fi·zie·rin** *die; -, -nen*

öff·nen A2 *öffnete, hat geöffnet* **1** **etwas (mit etwas) öffnen** bewirken, dass etwas offen (1) ist ↔ schließen: *eine Dose, den Mund, die Tür öffnen; einen Brief mit einem Messer öffnen* **2** **etwas öffnen** (ein Hindernis entfernen und) erlauben, dass die Menschen etwas wieder benutzen 〈den Pass, die Grenze öffnen〉 **3** **etwas öffnen** bewirken, dass etwas, das gefaltet ist, aufgeht 〈den Regenschirm öffnen〉 **4** **jemand/etwas öffnet (etwas)** jemand lässt Besucher, Kunden, Gäste herein: *Die Bank öffnet (ihre Schalter) um 8 Uhr* **5** **etwas öffnet sich** etwas wird offen (1): *Das Tor öffnete sich*

Öff·ner *der; -s, -;* ein kleines Gerät, mit dem man *z.B.* Dosen oder Flaschen öffnen kann: *ein Öffner für Bierflaschen* || -K Dosenöffner, Flaschenöffner

Öff·nung *die; -, -en* **1** eine Stelle, an der etwas offen (1) ist oder die in das Innere von etwas führt || -K Fensteröffnung, Maueröffnung **2** *nur Singular;* der Vorgang, bei dem etwas (*bes* offiziell) geöffnet (2) wird oder sich öffnet: *die Öffnung der Grenzen*

Öff·nungs·zeit B1 *die; -, -en; meist Plural;* die Zeit, in der ein Geschäft, eine Institution offen hat

oft A1 *öfter, öftest-; Adverb* **1** viele Male, immer

wieder ≈ häufig ↔ selten: *Das ist mir schon oft passiert; Ich bin oft nicht zu Hause* **2** in vielen Fällen ↔ selten: *Schweden sind oft blond* **3** verwendet, um zu fragen oder zu sagen, in welchen Abständen oder wie viele Male etwas geschieht: *„Wie oft hast du schon angerufen?" – „Zweimal"*

öf·ter(s) *Adverb;* mehrere oder einige Male: *Ich habe diesen Film schon öfter gesehen*

oft·mals *Adverb; förmlich* ≈ oft (1,2), häufig

oh! *Interjektion;* verwendet, um Freude, Überraschung, Entsetzen *o.Ä.* auszudrücken: *Oh, das ist aber lieb von dir!; Oh, so spät ist es schon!* || Hinweis: mit einzelnen Wörtern oft ohne *h*: *o/oh Gott, o/oh ja, o/oh weh*

oh·ne¹ A1 *Präposition; mit Akkusativ* **1** verwendet, um auszudrücken, dass die genannte Person/Sache nicht vorhanden oder nicht dabei ist, nicht benutzt wird ↔ mit: *ein Zimmer ohne Fenster; Bier ohne Alkohol; Er ist ohne seine Frau in Urlaub gefahren; der Mietpreis ohne Strom und Heizung* **2** **ohne Weiteres/weiteres** **3** ohne Probleme oder Mühe **4** ohne darüber nachzudenken oder jemanden um Erlaubnis zu fragen: *Du kannst doch da nicht einfach ohne Weiteres hineingehen!* **3** **ohne viel ...** *umg* ≈ mit wenig: *Sie hat ihr Studium ohne viel Mühe beendet* || ID *meist* **Ohne mich!** *umg;* verwendet, um auszudrücken, dass man bei etwas nicht dabei sein will: *„Bei dem Wetter wollt ihr schwimmen gehen? - Ohne mich!"*

oh·ne² A1 *Konjunktion;* **ohne zu** + *Infinitiv;* **ohne dass** verwendet, um auszudrücken, dass etwas nicht der Fall ist, nicht geschieht oder getan wird: *Sie ging, ohne sich zu verabschieden; Es passierte, ohne dass ich etwas davon merkte*

oh·ne·hin *Partikel;* völlig unabhängig von allem ≈ auf jeden Fall: *Sie haben mich nicht eingeladen, aber ich hätte ohnehin keine Zeit gehabt*

Ohn·macht *die; -, -en* **1** ein Zustand, in dem jemand (*meist* für kurze Zeit) ohne Bewusstsein ist ⟨in Ohnmacht fallen; aus einer Ohnmacht erwachen⟩ || K- Ohnmachtsanfall **2** *nur Singular;* **Ohnmacht (gegenüber jemandem/etwas)** ein Zustand, in dem man etwas nicht tun oder etwas nicht ändern kann || *hierzu* **ohn·mäch·tig** *Adjektiv*

oho! *Interjektion; umg;* verwendet, um auszudrücken, dass man erstaunt ist (und sich *oft* ein bisschen ärgert): *Oho! Sag das noch mal und du kannst was erleben!* **2** *Adjektiv* + **aber 'oho!** klein, alt, jung *o.Ä.*, aber trotzdem gut: *Klein, aber oho!*

Ohr A1 *das; -(e)s, -en* **1** jedes der beiden Organe, mit denen Menschen und Tiere hören ⟨das linke, das rechte Ohr; auf einem Ohr taub sein; jemandem etwas ins Ohr flüstern, sagen; jemandem/sich die Ohren zuhalten⟩ || ↑ Abbildung unter **Kopf** || K- Ohrring; Ohrenarzt, Ohrenschmerzen || -K Elefantenohr, Hasenohr **2** *Adjektiv* + **Ohr(en)** verwendet, um auszudrücken, dass eine Person diese Fähigkeit zu hören hat ≈ Gehör ⟨gute, feine, scharfe Ohren haben⟩ || ID **bis über beide Ohren in Arbeit, Schulden** *usw* **stecken** *umg;* sehr viel Arbeit, Schulden *usw* haben; **bis über beide Ohren verliebt sein** *umg;* sehr verliebt sein; **es faustdick/knüppeldick hinter den Ohren haben** *umg;* schlau und raffiniert sein; **noch feucht/nicht trocken hinter den Ohren sein** *umg;* jung sein und noch keine Erfahrung haben; **etwas ist nicht für fremde Ohren bestimmt** was jemand sagt, soll kein anderer hören oder erfahren; **nur mit halbem/'einem Ohr hinhören/zuhören** nicht genau zuhören; **ein offenes Ohr bei jemandem (für etwas) finden** bei jemandem Verständnis (für etwas) finden; **ein offenes Ohr für jemanden/etwas haben** Verständnis und Interesse für jemandes Bitten, Wünsche oder Vorschläge haben; **auf 'dem/'diesem Ohr taub sein/schlecht hören/nicht (gut) hören** *umg;* von einer bestimmten Sache nichts hören wollen; **etwas ist nichts für zarte Ohren** *umg;* was jemand sagt, ist *meist* vulgär, könnte für empfindliche Leute unangenehm sein; **ein paar/eins/eine hinter die Ohren bekommen** *umg;* eine oder mehrere Ohrfeigen bekommen; **jemandem ein paar/eins/eine hinter die Ohren geben** *umg* ≈ jemanden ohrfeigen; **etwas geht (leicht) ins Ohr** etwas ist angenehm anzuhören ⟨eine Melodie, ein Lied⟩; **viel um die Ohren haben** *umg;* viele verschiedene Dinge zu tun haben; **jemanden übers Ohr hauen** *umg;* jemanden betrügen; **etwas geht bei jemandem zum/beim 'einen Ohr hinein und zum/beim 'anderen hinaus** *umg;* etwas macht auf jemanden keinen Eindruck, etwas wird schnell wieder vergessen ⟨Ermahnungen, Vorwürfe⟩; **jemandem klingen die Ohren** *umg (humorvoll);* jemand spürt, dass andere über ihn sprechen oder an ihn denken; **jemandem kommt etwas zu Ohren** jemand erfährt etwas (*meist* das er nicht wissen sollte); **jemandem (s)ein Ohr leihen** *förmlich;* jemandem, der einem etwas sagen will, zuhören; **jemandem mit etwas in den Ohren liegen** *umg;* jemanden immer wieder um dasselbe bitten: *Meine Tochter liegt mir damit in den Ohren, dass ich ihr eine Katze kaufen soll;* **sich** (*Dativ*) **etwas hinter die Ohren schreiben** *umg;* (oft im Imperativ verwendet) die Lehre aus einer *meist* schlechten Erfahrung ziehen, um diese in Zukunft zu vermeiden; **ganz Ohr sein** sehr aufmerksam zuhören; **die Ohren spitzen** aufmerksam oder neugierig zuhören; *meist* **Halt die Ohren steif!** *umg;* verwendet, um jemandem Mut zu machen; **die/seine Ohren vor etwas verschließen** auf jemandes Wünsche, Bitten *o.Ä.* nicht reagieren

Öhr *das; -(e)s, -e;* das schmale Loch am Ende einer Nadel, durch das man den Faden zieht || ↑ Abbildung unter **Nadel** || [K] Nadelöhr

Ohr·fei·ge *die; -, -n;* ein Schlag, den man jemandem mit der offenen Hand ins Gesicht gibt ⟨jemandem eine Ohrfeige geben⟩ || *hierzu* **ohr·fei·gen** *(hat)*

Ohr·läpp·chen *das; -s, -;* der untere, weiche Teil des menschlichen Ohrs ⟨jemanden am Ohrläppchen zupfen; sich *(Dativ)* die Ohrläppchen (durch)stechen lassen⟩

Ohr·mu·schel *die; -, -n;* der Teil des (menschlichen) Ohrs, den man sieht

Ohr·ring [B2] *der; -s, -e;* ein Schmuckstück, das man in einem kleinen Loch im Ohr(läppchen) befestigt

oje! *Interjektion;* verwendet, um Bedauern auszudrücken: *Oje, jetzt hab ich den Kaffee verschüttet!*

o.k., O.K. [A2] [o'ke:] ↑ **okay**

okay[1] [o'ke:] *Adjektiv; nur nach dem Substantiv, ohne Steigerung, nicht als Adverb; umg* **1** so, wie man es sich wünscht ≈ in Ordnung: *Gestern war ich krank, aber heute bin ich wieder völlig okay* **2** so, dass man zufrieden sein kann, aber nicht begeistert ist ≈ in Ordnung: *„Wie ist denn ihr neuer Freund?" - „Er ist so weit okay."*

okay[2] [o'ke:] *Partikel; betont; umg* **1** verwendet als Antwort auf einen Vorschlag *o.Ä.*, um Zustimmung auszudrücken ≈ ist gut, ist recht: *„Geht das so?" - „Ja, okay."* **2** **..., okay?** verwendet am Ende des Satzes, wenn der Sprecher Zustimmung erwartet oder sich erhofft ≈ ja?: *Wir treffen uns morgen um sieben, okay?* **3** verwendet, um eine Aufforderung, Feststellung, Frage *o.Ä.* einzuleiten ≈ also: *Okay, wir können jetzt gehen; Okay, seid ihr fertig?*

Okay [o'ke:] *das; -(s), -s; umg* ≈ Zustimmung ⟨sein Okay (zu etwas) geben⟩

Öko- *im Substantiv;* verwendet, um auszudrücken, dass die genannte Person/Sache bestimmte ökologische Prinzipien hat oder erfüllt ≈ Bio-; der **Ökobauer**; die **Ökobewegung**, das **Ökohaus**, der **Ökoladen**, das **Ökoprodukt**

Öko·lo·gie *die; -; nur Singular;* das (funktionierende) System der Beziehungen von Lebewesen zueinander und zu ihrer Umwelt

öko·lo·gisch *Adjektiv* **1** *nur vor dem Substantiv oder als Adverb;* in Bezug auf die Ökologie ⟨eine Katastrophe, der Kreislauf; das ökologische Gleichgewicht stören⟩ **2** ⟨Landwirtschaft, Methoden⟩ so, dass sie die Ökologie nicht schädigen ≈ biologisch

Öko·no·mie *die; -, -n* **1** das wirtschaftliche System (eines Landes) ≈ Wirtschaft: *die Ökonomie der Schweiz* || [K] Handelsökonomie, Industrieökonomie, Nationalökonomie, Sozialökonomie **2** der sorgfältige und sparsame Verbrauch von Geld, Kraft, Energie *usw* || *hierzu* **öko·no·misch** *Adjektiv*

Öko·sys·tem *das; -s, -e;* ein natürlicher Lebensraum und die Lebewesen darin: *Durch den Bau von Straßen wird das Ökosystem des Waldes gestört*

Ok·ta·ve [-və] *die; -, -n* **1** der Abstand (Intervall) von acht Tönen der Tonleiter ⟨eine Oktave höher, tiefer singen, greifen⟩ **2** die acht Töne, die zu einer Tonleiter gehören

Ok·to·ber [A1] *der; -s, -; meist Singular;* der zehnte Monat des Jahres; *Abkürzung* Okt. ⟨im Oktober; Anfang, Mitte, Ende Oktober; am 1., 2., 3. Oktober⟩

Ok·to·ber·fest *das; -(e)s, -e;* ein großes Fest mit Bierzelten, Achterbahnen, Karussells *usw*, das jedes Jahr im September in München stattfindet

Das Oktoberfest

Das **Oktoberfest** ist das größte Volksfest der Welt. Es findet in München, der Hauptstadt von Bayern, auf der Theresienwiese statt. Daher wird das Oktoberfest auch oft einfach **die Wies'n** genannt. Es dauert 16 Tage und endet am ersten Sonntag im Oktober.

Das Fest beginnt mit einem Trachtenumzug und dem offiziellen Anstich des ersten Fasses Bier durch den Oberbürgermeister. Die Münchner Brauereien stellen riesige Bierzelte auf. Dort trinkt man die traditionelle **Mass Bier** (einen Liter Bier aus einem Krug) und isst bayrische Spezialitäten (zum Beispiel gegrillte Hähnchen, Schweinshaxen, Brezeln). Dazu wird von einer Musikkapelle Volksmusik gespielt.

Daneben gibt es viele andere Attraktionen wie zum Beispiel Achterbahnen, Geisterbahnen, Karussells und Los- und Schießbuden.

LANDESKUNDE

Öl A2 *das; -(e)s, -e* **1** eine Substanz (ähnlich einem flüssigen Fett), die in Wasser oben schwimmt. Öle verwendet man zum Kochen, als Brennstoff oder damit Maschinen leichter laufen ⟨tierische, pflanzliche Öle⟩: *eine Salatsoße aus Essig und Öl* || -K Hautöl, Motoröl, Salatöl **2** *nur Singular;* die schwarze Flüssigkeit, die aus dem Inneren der Erde kommt und aus der man Benzin und Plastik macht ≈ Erdöl ⟨Öl fördern⟩ || K- Ölbohrung, Ölpreis, Ölquelle || -K Heizöl, Rohöl **3** eine Farbe in Form einer weichen Masse, mit der Künstler Bilder malen || K- Ölbild, Ölfarbe, Ölgemälde || ID **Öl ins Feuer gießen** einen Streit, eine Aufregung noch schlimmer machen; **Öl auf die Wogen gießen** etwas sagen oder tun, was aufgeregte oder streitende Menschen beruhigt

ölen; *ölte, hat geölt* **1** **etwas ölen** Öl in oder auf Teile von einem Gerät oder einer Maschine tun, damit sie sich leichter bewegen ⟨ein Fahrrad, ein Schloss, eine Tür ölen⟩ **2** **etwas ölen** Öl auf etwas streichen, um es so zu pflegen oder zu schützen ⟨Bretter, einen Fußboden ölen⟩

ölig *Adjektiv* **1** wie Öl ⟨eine Flüssigkeit; etwas glänzt ölig⟩ **2** mit Öl bedeckt oder beschmutzt: *Er wischte seine öligen Hände an der Hose ab*

oliv [-f] *Adjektiv; nur nach dem Substantiv oder als Adverb, indeklinabel;* graugrün: *Die Jacke ist oliv* || K- olivgrün

Oli·ve [-və] *die; -, -n* **1** die Frucht eines Baumes, die man essen kann und aus der man auch Öl macht ⟨grüne, schwarze Oliven⟩ || K- Olivenbaum, Olivenernte, Olivenöl **2** ein Baum mit kleinen Blättern, der in warmen Ländern wächst und der Oliven produziert ≈ Olivenbaum || K- Olivenhain, Olivenholz

Öl·wech·sel *der; -s, -;* das Entfernen von altem Öl aus einem Motor und das Nachfüllen von neuem Öl

Olym·pi·a·de *die; -, -n* **1** ein internationaler Wettkampf zwischen den besten Sportlern, der alle vier Jahre (in einem anderen Land) stattfindet ≈ Olympische Spiele **2** ein Zeitraum von vier Jahren, nach dem sich die Olympischen Spiele wiederholen

ol'ym·pi·sch- *Adjektiv; nur vor dem Substantiv, nicht als Adverb;* zur Olympiade gehörig ⟨das Feuer, ein Rekord; die Olympischen Spiele⟩

Oma *die; -, -s; umg* **1** *bes* von und gegenüber Kindern verwendet als Anrede oder Bezeichnung für die Großmutter **2** *oft abwertend;* eine alte Frau

Ome·lett [ɔm(ə)ˈlɛt] *das; -(e)s, -s/-e;* Eier, die man mit Milch zu Schaum rührt und in der Pfanne brät. Omeletts füllt man *z.B.* mit Pilzen oder Marmelade || -K Champignonomelett, Schinkenomelett, Spargelomelett

Omen *das; -s, -;* ein Ereignis, das man für einen Hinweis auf etwas hält, das die Zukunft bringt ≈ Vorzeichen ⟨ein gutes, schlechtes Omen⟩: *Die neuen Arbeitslosenzahlen sind kein gutes Omen für die Wirtschaft*

Om·ni·bus B2 *der; -, -se* ≈ Bus

ona·nie·ren; *onanierte, hat onaniert;* sich selbst sexuell befriedigen ≈ masturbieren || *hierzu* **Ona·nie** *die; -; nur Singular*

On·kel B1 *der; -s, -/umg auch -s;* der Bruder der Mutter oder des Vaters, oder der Ehemann der Tante

on·line [ˈɔnlaɪn] *Adjektiv; nur nach dem Substantiv oder als Adverb;* mit anderen Computern, dem Internet verbunden ⟨online gehen, sein⟩

OP [oˈpeː] *der; -s, -s; Kurzwort* ↑ **Operationssaal** || K- OP-Schwester

Opa *der; -s, -s; umg* **1** *bes* von und gegenüber Kindern verwendet als Anrede oder Bezeichnung für den Großvater **2** *oft abwertend;* ein alter Mann

OPEC [ˈoːpɛk] *die; -; nur Singular; (Abkürzung für* Organization of Petroleum Exporting Countries) die Organisation der Staaten, die Erdöl exportieren || K- OPEC-Länder, OPEC-Staaten

Oper B2 *die; -, -n* **1** eine Art Theaterstück mit Musik, bei dem ein großes Orchester spielt und die Darsteller ihren Text singen ⟨eine Oper aufführen⟩: *Verdis Oper „Aida"* || K- Opernarie, Opernkomponist **2** *nur Singular;* eine Veranstaltung, bei der eine Oper aufgeführt wird: *Heute gehen wir in die Oper* || K- Opernbesucher **3** eine Einrichtung für die Aufführung von Opern: *als Sänger an die Oper gehen* || -K Staatsoper **4** das Gebäude, in dem Opern aufgeführt werden

Ope·ra·ti·on B1 [-ˈtsjoːn] *die; -, -en* **1** das Operieren (1) ≈ Eingriff ⟨eine harmlose, komplizierte Operation; eine Operation ausführen⟩ || K- Operationsnarbe, Operationstisch || -K Augenoperation, Herzoperation, Krebsoperation **2** relativ große militärische Kampfhandlungen || K- Operationsplan **3** *förmlich;* eine komplizierte, *meist* technische Handlung

Ope·ra·ti·ons·saal *der; -(e)s, -sä·le;* der Raum (mit den notwendigen Geräten und Einrichtungen), in dem Operationen gemacht werden

Ope·ret·te *die; -, -n;* eine Art lustige Oper; *z.B.* „Die Fledermaus" von Johann Strauß || ⓚ Operettenmelodie

ope·rie·ren B1 *operierte, hat operiert* **1** **(jemanden/etwas) operieren** als Arzt den Körper eines Menschen durch Schneiden öffnen, um eine Krankheit oder Verletzung zu behandeln ⟨einen Tumor operieren⟩: *Er muss operiert werden* **2** **jemanden an etwas** (Dativ) **operieren** jemanden an einem bestimmten Teil des Körpers operieren (1): *jemanden am Magen operieren* **3** **irgendwie operieren** *förmlich* ≈ irgendwie handeln, vorgehen ⟨vorsichtig operieren⟩

Op·fer B2 *das; -s, -;* **1** eine Handlung, mit der man einen anderen unterstützt. Dabei hat man selbst Nachteile oder verzichtet auf etwas ⟨ein schweres Opfer; ein Opfer für jemanden/etwas bringen⟩: *Nur unter großen finanziellen Opfern konnte sie ihre Kinder studieren lassen* || ⓚ Opferbereitschaft; opferbereit **2** ein Tier oder Ding, das man in religiösen Handlungen als Gabe bringt ⟨einem Gott ein Opfer (dar)bringen⟩ || ⓚ Opfergabe || -ⓚ Dankopfer **3** Geld, das man in der Kirche spendet ≈ Spende **4** jemand, der (durch einen Unfall, eine Katastrophe, ein Verbrechen) Schaden leidet oder stirbt || -ⓚ Todesopfer, Verkehrsopfer **5** **jemandem/etwas zum Opfer fallen** von jemandem/etwas verletzt, getötet, beschädigt oder zerstört werden: *Ich bin einem Betrüger zum Opfer gefallen* **6** **ein Opfer der Flammen werden** bei einem Brand zerstört werden

O

op·fern; *opferte, hat geopfert* **1** **etwas (für jemanden/etwas) opfern**; **(jemandem/etwas) etwas opfern** für einen Menschen oder eine Sache etwas tun oder geben, auf etwas Wertvolles verzichten ⟨seine Gesundheit, seine Karriere opfern; viel Zeit und Geld opfern⟩: *Für sein/Seinem Hobby opfert er sein ganzes Taschengeld* **2** **(jemandem) (etwas) opfern** einem Gott ein Opfer (2) bringen: *den Göttern ein junges Tier opfern* **3** **sich opfern** *ironisch;* etwas, das andere nicht selbst tun können/wollen, für sie tun: *Wer opfert sich und spült das Geschirr?* **4** **sich (für jemanden) opfern** etwas für jemanden tun, obwohl man dabei Schaden nimmt oder das Leben verliert: *Er opferte sich, um seine Kinder zu retten*

Op·po·si·ti·on B2 [-'tsio:n] *die; -, -en; meist Singular* **1** die Parteien in einem Parlament, die nicht an der Regierung sind ⟨die parlamentarische Opposition; ein Mitglied der Opposition⟩ || ⓚ Oppositionsführer, Oppositionspartei **2** die Menschen, die gemeinsam eine andere als die offizielle Meinung, Lehre oder Politik haben **3** *förmlich* ≈ Widerstand: *Opposition gegen die Atomenergie* || *hierzu* **op·po·si·ti·o·nell** *Adjektiv*

Op·tik *die; -; nur Singular* **1** *Physik;* das Gebiet der Physik, das sich mit dem Licht und seiner Wahrnehmung beschäftigt **2** der visuelle Eindruck, den etwas macht: *Das Sofa ist bequem und hat eine tolle Optik*

Op·ti·ker *der; -s, -;* jemand, der beruflich Brillen, Mikroskope, Ferngläser *usw* macht, repariert und verkauft || -ⓚ Augenoptiker || *hierzu* **Op·ti·ke·rin** *die; -, -nen*

op·ti·mal *Adjektiv;* so gut, wie es in einer Situation überhaupt möglich ist ⟨eine Lösung; etwas optimal nutzen⟩ || *hierzu* **op·ti·mie·ren** *(hat)*

Op·ti·mis·mus *der; -; nur Singular;* eine Art zu denken, bei der man (immer) das Beste erwartet oder Gutes sieht ↔ Pessimismus ⟨gedämpfter, unerschütterlicher Optimismus; sich (Dativ) den Optimismus bewahren; voller Optimismus sein⟩ || -ⓚ Fortschrittsoptimismus, Zweckoptimismus || *hierzu* **Op·ti·mist** *der; -en, -en;* **Op·ti·mis·tin** *die; -, -nen;* **op·ti·mis·tisch** *Adjektiv*

Op·ti·on [-'tsio:n] *die; -, -en* **1** *bes Informatik;* eine von mehreren Möglichkeiten, unter denen man wählen kann **2** **eine Option auf etwas** (Akkusativ) **haben** *Wirtschaft, Rechtswesen;* für den Kauf *o.Ä.* einer Ware vorgemerkt sein, aber noch nicht fest zugesagt haben. Der Geschäftspartner hat sich verpflichtet, bis zu einem bestimmten Termin auf die Entscheidung zu warten

op·tisch *Adjektiv* **1** mit den Augen gesehen ≈ visuell ⟨ein Eindruck⟩ **2** *nur vor dem Substantiv, nicht als Adverb;* mit Linsen, Spiegeln *o.Ä.* ausgestattet ⟨Instrumente⟩

Ora·kel *das; -s, -;* ein geheimnisvoller Spruch, mit dem jemand etwas darüber sagt, was in der Zukunft geschehen wird

oral *Adjektiv* **1** *Medizin;* so, dass es durch den Mund in den Körper gelangt ⟨ein Medikament; etwas oral einnehmen, verabreichen⟩ **2** (in Bezug auf sexuelle Handlungen) mit dem Mund ⟨Verkehr⟩

Oran·ge[1] A2 [o'rã:ʒə, o'raŋʒə] *die; -, -n;* eine süße, runde Frucht mit dicker, rotgelber Schale, die in warmen Ländern wächst und die innen in Spalten unterteilt ist || ↑ Illustration **Obst und Gemüse** || ⓚ Orangenlimonade, Orangenmarmelade, Orangensaft

Oran·ge[2] A2 [o'rã:ʒ(ə), o'raŋʒ(ə)] *das; -; nur*

Singular; die Farbe, die entsteht, wenn man Gelb mit Rot mischt ⟨ein helles, kräftiges, leuchtendes Orange⟩ || ↑ Illustration **Farben und Formen** || *hierzu* **oran·ge** *Adjektiv*

Orang-Utan [oraŋ'u:tan] *der; -s, -s;* ein großer (Menschen)Affe mit langem, bräunlichem Fell und sehr langen Armen (in Südostasien)

Or·ches·ter B1 [ɔr'kɛste] *das; -s, -;* eine ziemlich große Gruppe von Musikern, die gemeinsam mit einem Dirigenten Musik machen und Konzerte geben ⟨ein sinfonisches Orchester; ein Orchester dirigieren⟩ || -K Sinfonieorchester, Symphonieorchester

Or·chi·dee [-'de:(ə)] *die; -, -n;* eine Pflanze (mit den meisten Arten in den Tropen), *meist* mit relativ dicken Blättern und schönen Blüten

Or·den[1] *der; -s, -; meist* ein kleines Stück Metall an einem farbigen Band, das jemand (als Auszeichnung) für eine besondere Leistung bekommt ⟨jemandem einen Orden verleihen⟩

Or·den[2] *der; -s, -;* eine Gruppe von Menschen, die gemeinsam nach festen Regeln ihrer Religion *bes* in einem Kloster leben

or·dent·lich *Adjektiv* **1** so, dass alle Dinge gepflegt, sauber und an ihrem Platz sind: *das Zimmer ordentlich aufräumen; die Wäsche ordentlich in den Schrank legen* **2** ⟨Menschen⟩ so, dass sie dafür sorgen, dass ihre Sachen ordentlich (1) sind **3** so, wie es den Normen der Gesellschaft entspricht ⟨ ein Beruf; sich ordentlich benehmen; ein ordentliches Leben führen⟩ **4** *umg;* so, wie es dem Zweck entspricht (und wie man es sich daher wünscht): *Wir brauchen einen ordentlichen Plan* **5** *nur vor dem Substantiv oder als Adverb; umg;* sehr stark, sehr intensiv: *Gestern hat es ordentlich geregnet; ordentlichen Hunger haben* || *zu* 1 und 2 **Or·dent·lich·keit** *die; -; nur Singular*

Or·der *die; -, -s; Wirtschaft;* ein Auftrag, mit dem ein Kunde eine Ware bestellt || K- Orderbuch, Ordereingang || *hierzu* **or·dern** *(hat)*

Or·di·nal·zahl *die; -, -en;* eine Zahl, mit der man eine Stelle in einer Reihenfolge bezeichnet ≈ Ordnungszahl ↔ Grundzahl, Kardinalzahl: *Die Ordinalzahlen „erster", „zweiter" kann man auch als 1., 2. schreiben*

or·di·när *Adjektiv* **1** *abwertend;* (*bes* in Bezug auf Sexualität) nicht so zurückhaltend und höflich, wie es den Normen entspricht ⟨Menschen, Witze, Wörter⟩ **2** *nur vor dem Substantiv, nicht als Adverb;* nicht von besonderer Art: *Das ist kein teurer Stoff, sondern ganz ordinäre Baumwolle*

ord·nen; *ordnete, hat geordnet* **1** **etwas (irgendwie) ordnen** Dinge in eine bestimmte Reihenfolge oder an ihre Plätze bringen, sodass sie leicht zu finden sind: *die Briefmarkensammlung ordnen; seine Gedanken ordnen* **2** **etwas ordnen** dafür sorgen, dass etwas so wird, wie es sein soll ⟨die privaten Angelegenheiten, einen Nachlass ordnen⟩

Ord·ner[1] B1 *der; -s, -;* jemand, der bei einer großen Veranstaltung den Teilnehmern ihre Plätze zeigt und Auskunft gibt: *den Anweisungen der Ordner folgen* || -K Festordner, Saalordner

Ord·ner[2] B1 *der; -s, -;* **1** eine Art Mappe aus dicker Pappe oder Plastik, in der man Papiere aufbewahrt oder ordnet ⟨einen Ordner anlegen; Rechnungen in einem Ordner abheften⟩ || -K Aktenordner **2** *Informatik;* ein Teil der Festplatte oder Diskette, dem man einen Namen gibt und in dem man Dateien ablegen kann ⟨einen Ordner anlegen; eine Datei in einem Ordner abspeichern, ablegen⟩

Ord·nung *die; -; nur Singular* **1** der Zustand, in dem alle Dinge an ihrem Platz sind ⟨Ordnung halten, machen, schaffen; etwas in Ordnung bringen; für Ordnung sorgen⟩ || K- Ordnungssinn; ordnungsliebend **2** der Zustand, in dem jemand gesund ist, etwas funktioniert oder alles so ist, wie es sein soll ⟨etwas kommt, ist in Ordnung⟩: *Mit dem Staubsauger ist etwas nicht in Ordnung* **3** *umg;* der Zustand, in dem jemand mit etwas zufrieden oder einverstanden ist: *„Wir treffen uns im Schwimmbad" – „(Ist/Geht) In Ordnung!"* **4** die Gesetze und Regeln, nach denen sich die Menschen richten ⟨die demokratische, öffentliche, verfassungsmäßige Ordnung⟩ || -K Gesellschaftsordnung, Studienordnung **5** ≈ Reihenfolge **6** **jemanden zur Ordnung rufen** jemandem sagen, dass er aufhören soll, gegen die Regeln zu handeln: *Der Richter rief die Zuschauer zur Ordnung, als sie zu laut wurden*

ord·nungs·ge·mäß *Adjektiv;* so, wie es sein muss und den Regeln entspricht ≈ vorschriftsmäßig ⟨ein Verhalten⟩: *ein ordnungsgemäß geparktes Auto*

Ord·nungs·stra·fe *die; -, -n; Rechtswesen;* eine Strafe für eine Ordnungswidrigkeit

Ord·nungs·wid·rig·keit *die; -, -en;* eine Handlung, die bestraft wird (aber kein Verbrechen ist), *z.B.* das Falschparken

Ord·nungs·zahl *die; -, -en* ≈ Ordinalzahl

Ore·ga·no *der; -; nur Singular;* eine Pflanze, deren Blätter als Gewürz *bes* für italienische

Speisen (*z.B.* Pizza) verwendet werden

ORF [oːǀɛrˈǀɛf] *der; -; nur Singular* **1** (*Abkürzung für* Österreichischer Rundfunk) die staatlichen österreichischen Radio- und Fernsehsender **2** die österreichischen Fernsehprogramme: *Was kommt heute im ORF?*

Or·gan *das; -s, -e* **1** ein Teil des Körpers, der eine spezielle Funktion hat, wie Herz, Leber, Lunge, Augen ⟨die inneren Organe; ein Organ spenden, verpflanzen⟩ || [K-] Organfunktion, Organspende || [-K] Atmungsorgan **2** eine Zeitung oder Zeitschrift, die von einer Organisation herausgegeben wird || [-K] Parteiorgan, Verbandsorgan **3** eine Abteilung (*z.B.* einer Regierung oder Verwaltung) für bestimmte Aufgaben || [-K] Kontrollorgan **4** *umg* ≈ Stimme (1) ⟨ein lautes, durchdringendes Organ haben⟩

Or·ga·ni·sa·ti·on [B1] [-ˈtsi̯oːn] *die; -, -en* **1** eine Gruppe von Menschen mit einem gemeinsamen Ziel oder einer gemeinsamen Aufgabe (*z.B.* ein Verein, eine Partei) ⟨eine kirchliche, politische Organisation; einer Organisation angehören; Mitglied einer Organisation sein⟩ || [-K] Arbeiterorganisation, Hilfsorganisation **2** *nur Singular;* das Organisieren (1): *für die Organisation eines Festes verantwortlich sein* || [K-] Organisationsfehler **3** *nur Singular;* der Aufbau und der Ablauf nach einem festen Plan ⟨die Organisation eines Betriebes, der Verwaltung⟩ || [-K] Betriebsorganisation

or·ga·nisch *Adjektiv* **1** in Bezug auf jemandes Organe (1) ↔ psychisch ⟨ein Defekt, ein Leiden; organisch gesund, krank sein⟩ **2** *förmlich;* ⟨ein Bestandteil, eine Entwicklung; etwas ist organisch gewachsen⟩ so, dass sie eine harmonische Einheit (mit etwas) bilden ↔ unorganisch: *eine alte, organisch gewachsene Stadt* **3** *Chemie;* ⟨eine Säure, eine Substanz, eine Verbindung⟩ so, dass sie aus Verbindungen des Kohlenstoffs bestehen und im Körper von Tieren oder Pflanzen vorkommen ↔ anorganisch **4** **die organische Chemie** die Chemie, die sich mit organischen (3) Substanzen beschäftigt

or·ga·ni·sie·ren [B1] *organisierte, hat organisiert* **1** **(etwas) organisieren** etwas, an dem *meist* viele Personen beteiligt sind, planen, vorbereiten und durchführen ⟨eine Veranstaltung organisieren⟩ **2** ⟨Personen⟩ **organisieren sich** mehrere Personen bilden eine Gruppe oder Organisation ⟨sich gewerkschaftlich organisieren⟩ || *zu* 1 **Or·ga·ni·sa·tor** *der; -s, Or·ga·ni·sa·to·ren;* **Or·ga·ni·sa·to·rin** *die; -, -nen*

or·ga·ni·siert *Adjektiv* **1** *nur vor dem Substantiv, nicht als Adverb;* von einer Verbrecherorganisation (wie *z.B.* der Mafia) systematisch geplant und durchgeführt ⟨die Kriminalität, das Verbrechen⟩ **2** *meist vor dem Substantiv;* in Form von Gruppen oder Organisationen ⟨Verbrecherbanden, der Widerstand⟩

Or·ga·nis·mus *der; -, Or·ga·nis·men; förmlich* **1** der Körper eines Menschen oder Tieres (als ein System von Organen) ⟨der menschliche, tierische Organismus; ein lebender Organismus⟩: *Sein Organismus ist durch die Operation geschwächt* **2** ein (sehr kleines) Lebewesen ⟨mikroskopische, winzige Organismen⟩ **3** ein System von vielen einzelnen Teilen, von denen jeder eine wichtige Aufgabe erfüllt: *Der Staat ist ein komplizierter Organismus*

Or·gas·mus *der; -, Or·gas·men;* der (kurze) Zustand des höchsten sexuellen Genusses ≈ Höhepunkt ⟨einen Orgasmus bekommen, haben⟩

Or·gel *die; -, -n;* ein sehr großes Musikinstrument mit vielen unterschiedlich hohen und dicken Pfeifen, das *meist* in Kirchen steht || [K-] Orgelmusik, Orgelpfeife

Or·gie [-gi̯ə] *die; -, -n* **1** ein wildes Fest, bei dem viel gegessen und viel Alkohol getrunken wird, oft mit sexuellen Aktivitäten ⟨nächtliche, wilde Orgien feiern⟩ || [-K] Rauschgiftorgie **2** *umg;* etwas, das man in übertriebenem Maße tut: *Am Sonntag haben wir ganz viel Kuchen gegessen. Das war eine Orgie!* || [-K] Fressorgie, Sauforgie

Ori·ent [ˈoːri̯ɛnt, oˈri̯ɛnt] *der; -s; nur Singular* **1** **der (Vordere) Orient** das Gebiet von Ägypten, dem Iran und den Ländern dazwischen ≈ der Nahe Osten **2** der Orient (1) und das Gebiet der Länder im Osten vom Iran bis einschließlich Bangladesch

ori·en·ta·lisch [ori̯ɛn-] *Adjektiv;* im Orient oder in Bezug auf den Orient ⟨Sitten, Kunst⟩ || *hierzu* **Ori·en·ta·le** *der;* **Ori·en·ta·lin** *die; -, -nen*

ori·en·tie·ren [ori̯ɛn-]; *orientierte, hat orientiert* **1** **sich (nach/an etwas** (*Dativ*)) **orientieren** herausfinden, wo man ist und in welche Richtung man gehen will ⟨sich nach dem Kompass orientieren⟩ **2** **jemand/etwas orientiert sich an jemandem/etwas** *förmlich;* jemand/etwas richtet sich nach jemandem/etwas ⟨sich an einem Ideal orientieren⟩ **3** **jemanden/sich (über etwas** (*Akkusativ*)) **orientieren** *förmlich;* jemanden/sich über etwas informieren: *Der Minister wird seinen Gast über die innenpolitische Lage orientieren* || *hierzu* **Ori·en·tie·rung** *die; -, -en*

ori·gi·nal *Adjektiv; indeklinabel, meist als Adverb;* nicht verändert oder nachgemacht ≈ echt ↔ imitiert: *original Südtiroler Wein; eine original antike Figur*

Ori·gi·nal *das; -(e)s, -e* **1** ein literarisches oder künstlerisches Werk in der (ursprünglichen) Form, die der Künstler selbst geschaffen hat: *Dürers Aquarelle im Original* || K- Originalfassung; originalgetreu **2** das erste Exemplar eines geschriebenen Textes ↔ Kopie ⟨ein Original kopieren, verkleinern; eine Urkunde im Original vorlegen⟩ **3** *umg;* jemand, dessen Kleidung, Benehmen, Ansichten ungewöhnlich und interessant sind

Ori·gi·nal- *im Substantiv;* so, wie es zuerst war, ohne Veränderung ↔ Neu-; die **Originalausgabe** ⟨eines Buches⟩, der **Originaleinband**, die **Originalpackung**, der **Originalton** ⟨eines Films⟩

ori·gi·nell *Adjektiv* **1** neu, ungewöhnlich und *meist* witzig ⟨ein Gedanke, ein Gedicht⟩ **2** mit guten, neuen Ideen ⟨Menschen⟩ || *hierzu* **Ori·gi·na·li·tät** *die; -; nur Singular*

Or·kan *der; -s, -e;* ein sehr starker Sturm ⟨ein Orkan bricht los⟩ || K- Orkanstärke; orkanartig

Or·na·ment *das; -(e)s, -e;* ein Muster, mit dem man *bes* Stoffe und Bauwerke schmückt ⟨mit Ornamenten geschmückt, verziert⟩: *ein Teppich mit verschlungenen Ornamenten* || -K Pflanzenornament, Tierornament || *hierzu* **or·na·men·tal** *Adjektiv*

Ort A2 *der; -(e)s, -e* **1** eine Stelle, an der etwas ist oder geschieht ⟨an einem Ort⟩: *Ort und Zeit eines Unfalls melden* || -K Aufenthaltsort, Unglücksort **2** *nur Singular;* der Ort (1), an dem etwas normalerweise ist: *Ich habe das Buch nicht gefunden, es steht nicht an seinem Ort* **3** ein Dorf oder eine Stadt ⟨in einem Ort⟩: *Orte mit mehr als 50.000 Einwohnern* || K- Ortsmitte, Ortsname, Ortsteil || -K Geburtsort, Wohnort; Ferienort **4** **am Ort** (hier) in diesem Ort (3): *Er ist der einzige Arzt am Ort* **5** **an Ort und Stelle** an dem Ort (1), an dem etwas geschieht/geschehen ist: *Der Minister informierte sich an Ort und Stelle über das Ausmaß der Katastrophe* **6** **vor Ort** *Verwaltung;* an dem Ort (1), wo etwas geschieht/geschehen ist

Ört·chen *das; -s, -;* **das (stille) Örtchen** *umg humorvoll beschönigend* ≈ Toilette, WC

or·tho·dox *Adjektiv* **1** zu einer Gruppe von Menschen gehörig, die sich sehr streng an die Vorschriften ihrer Religion halten ≈ strenggläubig ⟨ein Jude, ein Moslem⟩ **2** *meist vor dem Substantiv; Religion;* zu der Form der christlichen Religion gehörig, die in Osteuropa verbreitet ist ⟨die Kirchen, ein Priester⟩ || -K griechisch-orthodox, russisch-orthodox **3** *förmlich, oft abwertend;* ⟨eine Haltung, ein Wissenschaftler⟩ so, dass die betreffende Person an alten Meinungen und Lehren festhält und nichts Neues zulässt ↔ unorthodox

Or·tho·gra·fie, **Or·tho·gra·phie** [-'fiː] *die; -, -n* [-'fiːən]; *meist Singular* ≈ Rechtschreibung ⟨die Regeln der Orthografie; Fehler in der Orthografie machen⟩: *die Orthografie des Deutschen; die deutsche Orthografie* || K- Orthografiefehler || *hierzu* **or·tho·gra·fisch**, **or·tho·gra·phisch** *Adjektiv*

Or·tho·pä·die *die; -; nur Singular;* das Gebiet der Medizin, das sich mit den Knochen und mit der Haltung und der Bewegung des Körpers beschäftigt || *hierzu* **Or·tho·pä·de** *der; -n, -n;* **Or·tho·pä·din** *die; -, -nen;* **or·tho·pä·disch** *Adjektiv*

ört·lich *Adjektiv* **1** nur einen kleinen Teil eines Gebiets betreffend ≈ regional ⟨eine Besonderheit, ein Gewitter, Schauer⟩ **2** *nur vor dem Substantiv, nicht als Adverb;* in Bezug auf einen Ort (3) ≈ lokal ⟨die Behörden, die Feuerwehr⟩ **3** auf eine Körperstelle beschränkt ≈ lokal ⟨eine Betäubung⟩

Ort·schaft *die; -, -en;* ein *meist* kleiner Ort (3)

Orts·ge·spräch B2 *das; -s, -e;* ein Telefongespräch innerhalb einer Stadt, eines Ortes (3) ↔ Ferngespräch

orts·kun·dig *Adjektiv;* ⟨ein Führer⟩ so, dass er sich in dem Gebiet oder Ort gut auskennt, in dem er gerade ist

Öse *die; -, -n;* ein kleiner Ring aus Metall, in den man einen Haken einhängen oder durch den man eine Schnur ziehen kann ⟨Haken und Ösen⟩ || ↑ Abbildung unter **Knopf**

Os·si *der; -s, -s; umg;* verwendet als Bezeichnung für eine Person, die aus dem Osten Deutschlands (der früheren DDR) kommt

Ost B2 *ohne Artikel, indeklinabel; Schifffahrt, Meteorologie* ≈ Osten (1) ⟨Wind aus/von Ost⟩ || -K Nordost, Südost

Ost·block *der; -(e)s; nur Singular; historisch* ≈ Osten (3)

Ost·deutsch·land *(das); -s; nur Singular* **1** der östliche Teil Deutschlands (*bes* vor 1949 oder nach 1990) **2** *umg, historisch;* die ehemalige DDR || *hierzu* **ost·deutsch** *Adjektiv*

Os·ten *der; -s; nur Singular* **1** die Richtung, die auf der Landkarte nach rechts zeigt ↔ Westen ⟨der Wind weht aus/von Osten; aus, in Rich-

O

tung Osten>: *Die Sonne geht im Osten auf* ‖ K- Ostküste, Ostseite **2** der Teil eines Gebietes, der im Osten (1) liegt: *Er wohnt im Osten der Stadt* ‖ K- Ostafrika, Ostamerika, Osteuropa **3** *historisch;* die frühere Sowjetunion und deren Verbündete ≈ Ostblock **4** **der Nahe Osten** das Gebiet von Ägypten, dem Iran und den Ländern dazwischen **5** **der Mittlere Osten** das Gebiet der Länder im Osten (1) des Iran bis einschließlich Bangladesch **6** **der Ferne Osten** das Gebiet von China, Japan, Indonesien und den Ländern dazwischen

Os·ter·ei *das; -(e)s, -er* **1** ein (hart) gekochtes Ei, das bunt bemalt ist und oft zu Ostern für Kinder versteckt wird <Ostereier bemalen, färben, verstecken, suchen> **2** ein Ei aus Schokolade *o.Ä.*, das man zu Ostern kaufen kann

Os·ter·ha·se *der; -n, -n* **1** ein Hase, von dem kleine Kinder glauben, dass er ihnen zu Ostern Eier und Süßigkeiten bringt **2** eine Figur aus Schokolade *o.Ä.* in der Form eines Hasen, die man zu Ostern kaufen kann

Os·tern A2 *(das); -, -;* das Fest im Frühling, mit dem die Christen feiern, dass Christus wieder lebt <an/zu Ostern> ‖ K- Ostermontag, Ostersonntag ‖ *hierzu* **ös·ter·lich**

▶ Ostern

Nach der **Karwoche** mit ihren kirchlichen Feiertagen (**Palmsonntag**, **Gründonnerstag**, **Karfreitag**) beginnt das eigentliche Osterfest, an dem die Christen die Auferstehung (das Leben nach dem Tod) von Jesus Christus feiern.
In der Nacht zum **Ostersonntag** gehen viele Leute in die Kirche. In manchen Gemeinden wird ein großes Feuer (das **Osterfeuer**) angezündet. Auch der **Ostermontag** ist in Deutschland Feiertag.

Zum Frühstück an den Feiertagen isst man traditionell **Ostereier**, das sind hart gekochte Eier, die bunt gefärbt oder bemalt wurden. Es gibt auch besonderes Gebäck, wie zum Beispiel einen **Osterzopf** (Gebäck in der Form eines Zopfes) aus Hefeteig oder ein **Osterlamm** (Gebäck in der Form eines Lammes) aus Rührteig. In der Wohnung stellt man oft einen Strauß aus Zweigen auf, an dem bunt bemalte Eier hängen oder man schmückt einen Strauch im Garten. Die Kinder freuen sich darauf, Ostereier, Schokoladeneier oder Nester zu suchen, die der **Osterhase** für sie im Haus oder im Garten versteckt hat.

LANDESKUNDE

Ös·ter·reich *(das); -s; nur Singular;* der Staat in Mitteleuropa mit der Hauptstadt Wien ‖ *hierzu* **Ös·ter·rei·cher** *der; -s, -;* **Ös·ter·rei·che·rin** *die; -, -nen;* **ös·ter·rei·chisch** *Adjektiv*

▶ Österreich

Die Republik Österreich ist eine parlamentarische Demokratie und besteht aus neun **Bundesländern**. Auf dem 83.860 km² großen Gebiet leben etwa 8.150.000 Einwohner. Wichtige Wirtschaftsbereiche sind Landwirtschaft und Fremdenverkehr.
Die Hauptstadt ist **Wien**, mit mehr als 1,5 Millionen Einwohnern. Andere wichtige Städte sind **Graz**, **Linz**, **Salzburg** und **Innsbruck**.

LANDESKUNDE

▶ Österreichisches Deutsch (1)

Wörter, die in Österreich (auch) eine andere Bedeutung haben:

Österreichisches Deutsch	Hochdeutsch
angreifen *(hat)*	anfassen
aufzeigen *(hat)*	*in der Schule:* sich melden
sich ausrasten *(hat)*	ausruhen
der **Kasten**	der Schrank
der **Kittel**	der Rock
der **Mist**	der Müll
picken *(hat)*	kleben
das/der **Polster**	das Kissen
der **Sessel**	der Stuhl
taugen *(hat)*	(jemandem) gefallen
das **Wetter**	das Gewitter

WORTSCHATZ

Os·ter·wo·che *die; -, -n* **1** die Woche, die mit dem Ostersonntag anfängt **2** ≈ Karwoche

öst·lich[1] *Adjektiv; meist vor dem Substantiv* **1** (in die Richtung) nach Osten <ein Kurs; in östliche Richtung fahren> **2** von Osten nach Westen <ein Wind; aus östlicher Richtung> **3** im Osten (1,2) <ein Land, die Seite, der Teil>: *Wir befinden uns auf zehn Grad östlicher Länge* **4** in Bezug auf die Länder Asiens und die Menschen, die dort leben ≈ asiatisch ↔ westlich **5** *meist vor dem Substantiv, nicht als Adverb;* zu den früher kommunistischen Ländern im Osten Europas, zum Osten (3) gehörig

öst·lich[2] *Präposition;* **östlich etwas** *(Genitiv)*

▶ Österreichisches Deutsch (2)

Wörter, denen man (fast) nur in Österreich begegnet:

Österreichisches Deutsch	Hochdeutsch
die **Bedienerin**	die Putzfrau
der **Beistrich**	das Komma
das **Deka**	zehn Gramm
sich fadisieren *(hat)*	sich langweilen
das **Faschierte**	das Hackfleisch
der **Feber**	der Februar
die **Fisolen** *Pl*	die grüne Bohnen *Pl*
fladern *(hat)*	stehlen
die **Gelse**	die Stechmücke
die **Kassa**	die Kasse
der **Jänner**	der Januar
die **Jause**	die Brotzeit
das **Kracherl**	die Limonade
der **Kukuruz**	der Mais
das **Leiberl**	das T-Shirt, das Unterhemd
leiwand *Adj*	angenehm, schön
die **Marille**	die Aprikose
die **Matura**	das Abitur
das **Obers**	die Sahne
der **Palatschinken**	der Pfannkuchen
der **Paradeiser**	die Tomate
der **Pensionist**	der Rentner
der **Plafond**	die Zimmerdecke
der **Rauchfang**	der Schornstein
die **Trafik**	der Kiosk
der **Zipp**®	der Reißverschluss
das **Zuckerl**	das Bonbon
der **Zuseher**	der Zuschauer

WORTSCHATZ ◀

weiter im Osten als etwas: *fünf Kilometer östlich der Grenze* || Hinweis: folgt ein Wort ohne Artikel, verwendet man *östlich von*: *östlich von München*

Ost·po·li·tik *die; - nur Singular;* Ⓓ die Politik einer westlichen Regierung gegenüber den (ehemals) kommunistischen Ländern in Osteuropa und Asien, *bes* dem (früheren) Ostblock

Ost·see *die; -; nur Singular;* das Meer zwischen Dänemark, Schweden, Finnland und den Ländern südlich davon

ost·wärts *Adverb;* in Richtung Osten, nach Osten

Ost·wind *der; -(e)s, -e;* ein Wind aus Osten (1) ⟨ein eisiger Ostwind⟩

Ost·zo·ne *die; -; nur Singular;* Ⓓ *historisch* **1** der Teil Deutschlands, der nach 1945 von den Sowjets besetzt wurde und dem Gebiet der ehemaligen DDR entspricht **2** *umg* ≈ DDR || K- Ostzonenflüchtling

Ot·ter[1] *der; -s, -;* ein kleines Säugetier mit glänzendem Fell, das am und im Wasser lebt und Fische frisst || -K Fischotter

Ot·ter[2] *die; -, -n;* eine giftige Schlange ≈ Viper || -K Kreuzotter

out [aut] *Adjektiv; umg; nur in* **etwas ist out** etwas ist nicht mehr beliebt, nicht mehr in Mode ↔ etwas ist in

ou·ten ['autn]; *outete, hat geoutet; umg* **1** **jemanden/sich outen** öffentlich sagen, dass jemand/man selbst homosexuell ist **2** **sich als etwas outen** *oft humorvoll;* offen eine peinliche Tatsache über sich selbst aussprechen: *sich als Alkoholiker, als Partymuffel outen*

Out·put ['autpʊt] *der; -s, -s* **1** *Informatik;* die Daten und Informationen, die ein Computer als Ergebnis liefert ↔ Input **2** *Wirtschaft;* die gesamte Menge der Waren, die ein Betrieb produziert: *der industrielle Output* **3** *Elektrotechnik;* die Leistung eines technischen Gerätes

Ou·ver·tü·re [uver-] *die; -, -n;* ein Musikstück, das am Anfang *z.B.* einer Oper oder Operette gespielt wird: *die Ouvertüre zu „Figaros Hochzeit"*

oval [-v-] *Adjektiv;* mit einer Form wie ein Ei, wenn man es sich flach vorstellt || ↑ Illustration **Farben und Formen** || *hierzu* **Oval** *das; -(e)s, -e*

Ova·ti·on [ova'tsio:n] *die; -, -en; meist Plural; förmlich* **1** sehr starker Beifall, Applaus: *Das Publikum empfing die Sängerin mit Ovationen* **2** **stehende Ovationen** Ovationen, bei denen das Publikum aufsteht

Over·all ['o:vərɔ:l] *der; -s, -s;* ein (Arbeits)Anzug aus einem Stück: *ein Mechaniker im blauen Overall*

ÖVP [ø:fau'pe:] *die; -; nur Singular;* (*Abkürzung für* Österreichische Volkspartei) eine der politischen Parteien in Österreich

Oxid, Oxyd *das; -s, -e; Chemie;* eine Verbindung eines chemischen Elements mit Sauerstoff || K: Eisenoxid, Kupferoxid || *hierzu* **oxi·die·ren, oxy·die·ren** *(ist/hat)*

Oze·an *der; -s, -e;* ein großes Meer zwischen Kontinenten ⟨der Atlantische, der Pazifische

O

Ozean〉 || Ⓚ Ozeandampfer

Ozon *das, umg auch der; -s; nur Singular;* ein giftiges blaues Gas, das eine Form von Sauerstoff ist; *Chemie* O_3 || Ⓚ Ozonschicht; ozonhaltig

Ozon·loch *das; -(e)s, -lö·cher;* Gebiete in den hohen Regionen der Erdatmosphäre (*bes* über der Antarktis), in denen die Ozonschicht zerstört ist

Ozon·wert *der; -(e)s, -e; meist Plural;* der Anteil an Ozon in der Atemluft im Freien

P

P, p [peː] *das; -, -/umg auch -s;* der sechzehnte Buchstabe des Alphabets

paar B1 *Indefinitpronomen; indeklinabel* **1** *meist* **ein paar** eine geringe Anzahl ≈ wenige ↔ viele: *Es sind nur noch ein paar (Stücke) übrig* **2** *meist* **ein paar** + *Zahl* ≈ mehrere 〈ein paar Hundert, Tausend〉

Paar B1 *das; -(e)s, -/-e* **1** *(Plural Paar)* zwei gleiche Dinge, die zusammengehören 〈ein Paar Handschuhe, Ohrringe, Schuhe, Socken, Strümpfe, Würstchen〉 **2** *(Plural Paare)* zwei Menschen, die einander lieben, miteinander verwandt sind oder zusammen arbeiten || -K Ehepaar, Tanzpaar, Zwillingspaar || ID *meist* **Das sind zwei Paar Stiefel** *umg;* das sind zwei ganz unterschiedliche Sachen

Paa·rung B2 *die; -, -en* **1** der Vorgang, bei dem zwei Tiere so zusammenkommen, dass dadurch junge Tiere entstehen können || Ⓚ Paarungsbereitschaft, Paarungsverhalten, Paarungszeit **2** *Sport;* die Kombination zweier Mannschaften zu einem Spiel innerhalb eines größeren Wettbewerbs: *Bei den Fußballspielen gab es diesmal interessante Paarungen* || *zu* 1 **paa·ren, sich** *(hat)*

pach·ten; *pachtete, hat gepachtet;* **etwas pachten** jemandem Geld dafür geben, dass man ein Stück Land, einen Raum *o.Ä.* nutzen darf 〈ein Lokal pachten〉 || *hierzu* **Pacht** *die; -, -en;* **Päch·ter** *der; -s, -;* **Päch·te·rin** *die; -, -nen*

Päck·chen B1 *das; -s, -;* eine kleine Packung oder ein kleines Paket: *ein Päckchen Backpulver; jemandem ein Päckchen schicken*

pa·cken A2 *packte, hat gepackt* **1** **etwas (in etwas** *(Akkusativ)*) **packen** Dinge in Schachteln, Kisten *usw* legen, um sie zu transportieren oder aufzubewahren ≈ einpacken: *Kleider in den Koffer packen* **2** **(etwas) packen** etwas mit Sachen füllen, weil man verreisen will: *den Koffer packen* **3** **jemanden/etwas (an etwas** *(Dativ)*) **packen** jemanden/etwas greifen und sehr fest halten: *Er packte mich am Arm* **4** **etwas packt jemanden** jemand hat plötzlich ein starkes Gefühl 〈jemanden packt die Wut〉 **5** **etwas packen** *umg;* etwas gerade noch schaffen oder erreichen: *Meinst du, er hat die Prüfung noch gepackt?*

pa·ckend *Adjektiv;* aufregend und spannend 〈ein Roman, ein Film〉

Pa·ckerl *das; -s, -(n);* Ⓐ ≈ Päckchen

Pack·pa·pier *das; -s, -e;* dickes braunes Papier, das man benutzt, um Pakete und Päckchen zu verpacken

Pa·ckung *die; -, -en* **1** eine bestimmte Menge von Dingen gleicher Art, die zusammen (in einer Hülle) verkauft werden: *eine Packung Kaffee, Kekse, Zigaretten* || -K Familienpackung, Haushaltspackung; Doppelpackung, Zehnerpackung **2** die Hülle oder der Behälter, in denen diese Dinge sind: *Nimm die Milch in der blauen Packung* || -K Frischhaltepackung, Klarsichtpackung

Pä·da·go·gik *die; -; nur Singular;* die Wissenschaft vom Unterrichten und Erziehen || *hierzu* **Pä·da·go·ge** *der; -n, -n;* **Pä·da·go·gin** *die; -, -nen;* **pä·da·go·gisch** *Adjektiv*

Pad·del *das; -s, -;* ein Stock (mit einem breiten, flachen Teil an einem oder beiden Enden), den man ins Wasser taucht, um so ein Boot zu bewegen || Ⓚ Paddelboot

paf·fen; *paffte, hat gepafft;* **(etwas) paffen** *umg* eine Zigarette, Pfeife *usw* rauchen

Pa·ket A2 *das; -(e)s, -e* **1** eine Art Behälter aus Pappe und sein Inhalt (*bes* den man mit der Post an jemanden schickt) **2** ein relativ großer Behälter aus Pappe, in dem eine Ware verkauft wird: *ein Paket Waschpulver*

Pakt *der; -(e)s, -e;* ein Vertrag, *meist* zwischen Staaten, der eine enge Zusammenarbeit zum Inhalt hat 〈einen Pakt mit jemandem, einem Staat schließen; einem Pakt beitreten, angehören〉: *der Warschauer Pakt* || -K Nichtangriffspakt, Nordatlantikpakt

Pa·last *der; -(e)s, Pa·läs·te;* ein großes Gebäude, in dem ein König, Fürst *o.Ä.* lebt oder lebte: *der Buckingham-Palast in London*

Pa·lat·schin·ke *die; -, -n; meist Plural;* Ⓐ ein dünner Pfannkuchen

Pa·let·te *die; -, -n* **1** eine Platte, die ein Maler in der Hand hält und auf der er die Farben mischt **2** **eine Palette (an etwas** (*Dativ Plural*)) viele verschiedene Dinge der gleichen Art ≈ Vielfalt ⟨eine bunte, reiche, breite Palette⟩: *Der Verkäufer führte die ganze Palette an Möglichkeiten vor, die der neue Computer bietet* **3** ein Gestell aus mehreren Brettern, auf das man in einem Lager Waren legt, um sie leichter transportieren zu können: *eine Palette mit dem Gabelstapler anheben*

Pal·me *die; -, -n;* ein tropischer Baum ohne Äste, der nur ganz oben große Blätter hat || K- Palmenstrand || -K Kokospalme || ID **jemanden auf die Palme bringen** *umg;* jemanden wütend machen

Palm·sonn·tag *der; -(e)s, -e;* der Sonntag vor Ostern

Pam·pe *die; -, -n; bes nordd umg, oft abwertend;* ein dicker Brei

Pamph·let [pam'fle:t] *das; -(e)s, -e; förmlich abwertend;* **ein Pamphlet (gegen jemanden/etwas)** ein Text mit oft politischem Inhalt, in dem etwas sehr stark und aggressiv gefordert oder kritisiert wird ≈ Streitschrift

pa·nie·ren; *panierte, hat paniert;* **etwas panieren** etwas vor dem Braten in Ei und Mehl tauchen ⟨ein Schnitzel panieren⟩

Pa·nik *die; -, -en; meist Singular;* eine sehr große Angst ⟨jemand gerät in Panik; in Panik wegrennen⟩ || K- Panikstimmung

pa·nisch *Adjektiv;* durch Panik bewirkt oder gekennzeichnet ⟨eine Angst, eine Reaktion, ein Schrecken⟩

Pan·ne B1 *die; -, -n* **1** ein plötzlicher Schaden an einem Fahrzeug, wegen dem man dann halten muss: *Mein Auto hatte eine Panne* || K- Pannenhilfe || -K Autopanne **2** ein Fehler oder ein technisches Problem: *Trotz einiger kleinen Pannen war das Fest ein voller Erfolg*

Pan·nen·hil·fe *die; -, -n* **1** Hilfe, die jemand bei einer Panne (1) bekommt ⟨Pannenhilfe leisten⟩ **2** eine Firma, die Autofahrern bei einer Panne (1) hilft ⟨die Pannenhilfe rufen⟩

Pa·no·ra·ma *das; -s, Pa·no·ra·men;* der weite Blick, den man von einem *meist* hoch gelegenen Punkt hat

pan·schen; *panschte, hat gepanscht;* **(Wein) panschen** Wein so herstellen, dass man Stoffe verwendet, die nicht erlaubt sind (wie *z.B.* chemische Stoffe, Wasser)

Pan·ter *der* ↑ **Panther**

Pan·ther *der; -s, -;* ein Raubtier, ähnlich einer sehr großen schwarzen Katze

Pan·tof·fel *der; -s, -n;* eine Art weicher Schuh, den man im Haus trägt || ↑ Abbildung unter **Schuhe** || ID **unter dem Pantoffel stehen** als Ehemann zu Hause nichts ohne die Frau entscheiden dürfen

Pan·to·mi·me *die; -, -n;* eine Art Theaterstück mit vielen Bewegungen, aber ohne Worte || *hierzu* **pan·to·mi·misch** *Adjektiv*

Pan·zer *der; -s, -;* **1** eine harte Schale, die den Körper mancher Tiere bedeckt und schützt ⟨der Panzer einer Schildkröte⟩ **2** ein schweres militärisches Fahrzeug, das sich auf zwei breiten Ketten bewegt

Pan·zer·glas *das; -es, -glä·ser;* sehr hartes, dickes Glas, das nicht bricht, wenn man darauf schießt

Pa·pa *der; -s, -s; umg;* von und gegenüber Kindern als Anrede für den Vater verwendet

Pa·pa·gei *der; -en/-s, -en;* ein *meist* bunter Vogel mit gebogenem Schnabel, der in tropischen Ländern lebt und lernen kann, Wörter zu sprechen

Pa·pier A2 *das; -(e)s, -e* **1** *nur Singular;* das dünne, *meist* weiße Material, auf das man schreibt, zeichnet und druckt ⟨ein Blatt, Stück Papier; auf Papier zeichnen⟩ || K- Papierblock, Papierschnipsel || -K Briefpapier, Schreibpapier, Zeitungspapier **2** ein Material, ähnlich wie Papier, das zu verschiedenen Zwecken benutzt wird || K- Papiergeld, Papierhandtuch, Papierserviette, Papiertaschentuch, Papiertüte || -K Filterpapier, Geschenkpapier, Klopapier, Packpapier **3** ein Text mit wichtigen Informationen ⟨ein geheimes offizielles, vertrauliches Papier⟩: *die Papiere auf seinem Schreibtisch ordnen* **4** *nur Plural;* amtliche Dokumente wie Pass, Führerschein: *gültige, alle erforderlichen Papiere bei sich haben* || ID **Papier ist geduldig** verwendet, um Zweifel am Wert von etwas, das geschrieben wurde, auszudrücken; ⟨ein Recht, ein Vertrag *o.Ä.* besteht⟩ **nur auf dem Papier** ein Recht, ein Vertrag *o.Ä.* steht irgendwo geschrieben, wird aber nicht beachtet

Pa·pier·korb *der; -(e)s, -kör·be;* ein Behälter für Abfälle aus Papier

Pa·pier·krieg *der; -(e)s, -e; umg abwertend;* ein langer (und oft lästiger) Briefwechsel mit einer Behörde *o.Ä.*

Pap·pe *die; -, -n; meist Singular;* eine Art dickes, stabiles Papier (2): *eine Schachtel aus Pappe* || K- Pappbecher, Pappkarton || ID **jemand/etwas ist nicht von Pappe** *umg;* jemand/etwas ist stark

Pap·pel *die; -, -n;* ein hoher, schmaler

P

(Laub)Baum, den man *bes* neben Straßen pflanzt

pap·per·la·papp! *Interjektion;* verwendet, um auszudrücken, dass man etwas Gesagtes für Unsinn hält ≈ Quatsch!

Pap·ri·ka *der; -s, -(s) oder die; -, -(s)* **1** *(der Paprika)* eine Pflanze mit großen, hohlen Früchten von grüner, gelber oder roter Farbe, die als Gemüse gegessen werden || K- Paprikaschote **2** *(der oder die Paprika);* die Frucht des Paprikas (1) **3** *(der Paprika); nur Singular;* ein rotes Pulver, das man als (scharfes) Gewürz verwendet || K- Paprikagulasch **4** CH ≈ Peperoni

Papst *der; -es, Päps·te;* der höchste Bischof der römisch-katholischen Kirche || K- Papstwahl || *hierzu* **päpst·lich** *Adjektiv*

Pa·ra·de *die; -, -n;* eine Art Feier, bei der Soldaten sich in Reihen aufstellen oder durch die Straßen ziehen ⟨eine Parade abhalten⟩ || -K Militärparade, Truppenparade || ID **jemandem in die Parade fahren** *umg;* jemanden plötzlich stören und ihn dadurch an einer Handlung hindern

Pa·ra·de·bei·spiel *das; -(e)s, -e;* ein sehr gutes Beispiel ≈ Musterbeispiel

Pa·ra·dei·ser *der; -s, -;* A ≈ Tomate

Pa·ra·dies *das; -es, -e* **1** (in der Bibel) der schöne Ort, an dem Adam und Eva gelebt haben **2** ein besonders schöner und angenehmer Ort: *Diese Insel ist ein wahres Paradies* || -K Ferienparadies, Urlaubsparadies || *hierzu* **pa·ra·die·sisch** *Adjektiv*

P

pa·ra·dox *Adjektiv;* so, dass es einen Gegensatz enthält oder dass darin zwei Dinge nicht zusammenpassen: *Es ist paradox, dass es in diesem reichen Land so viel Armut gibt*

Pa·ra·graf, Pa·ra·graph [-f] *der; -en, -en;* ein Teil eines Gesetzes, Vertrages, der eine Nummer hat; Zeichen §

pa·ral·lel *Adjektiv;* ⟨Linien⟩ so, dass sie an jeder Stelle gleich weit voneinander entfernt sind || K- Parallelstraße

Pa·ral·le·le *die; -, -n* **1** **eine Parallele (zu etwas)** eine Linie, die zu einer anderen parallel ist **2** *meist Plural;* etwas Ähnliches, ein ähnlicher Fall oder eine Ähnlichkeit ⟨Parallelen aufweisen, feststellen⟩: *Die Polizei sieht Parallelen zwischen den beiden Verbrechen*

Pa·ra·sit *der; -en, -en;*ein Tier oder eine Pflanze, die auf oder in anderen Tieren oder Pflanzen leben und von ihnen die Nahrung nehmen: *Wanzen und Misteln sind Parasiten* || *hierzu* **pa·ra·si·tär** *Adjektiv*

pa·rat *Adjektiv; nur nach dem Substantiv, nicht als Adverb;* so, dass man etwas (zur Hand) hat, wenn man es braucht ≈ bereit ⟨eine Antwort, eine Ausrede parat haben⟩

Pär·chen *das; -s, -;* **1** zwei junge Leute, die verliebt sind ≈ Liebespaar **2** ein männliches und ein weibliches (Klein)Tier: *Sind die beiden Vögel ein Pärchen?*

Par·don [par'dõ:] *das; -s; nur Singular* **1** **Pardon!** verwendet, um sich bei jemandem zu entschuldigen ≈ Entschuldigung! **2** **kein Pardon kennen** *förmlich;* keine Rücksicht nehmen und aggressiv handeln

Par·füm B2 *das; -s, -s/-e;* eine Flüssigkeit, die man in kleinen Mengen auf die Haut gibt, um gut zu riechen ⟨ein Parfüm auftragen⟩ || *hierzu* **par·fü·mie·ren** *(hat)*

Par·fü·me·rie *die; -, -n* [-'riːən] **1** ein Geschäft, das Parfüm verkauft **2** ein Betrieb, der Parfüm herstellt

pa·rie·ren; *parierte, hat pariert* **1** **(etwas) parieren** auf einen Angriff (*meist* einen Schlag oder Stich) sehr schnell reagieren, sodass man nicht verletzt wird ⟨einen Hieb, einen Stich parieren⟩ **2** **ein Pferd parieren** als Reiter ein Pferd dazu bringen, stehen zu bleiben oder langsamer zu werden **3** **(jemandem) parieren** *umg* ≈ gehorchen ⟨jemand muss parieren lernen⟩

Pa·ri·ser *der; -s, -;* **1** jemand, der in der Stadt Paris wohnt oder dort geboren ist **2** *salopp* ≈ Kondom || *zu* 1 **Pa·ri·se·rin** *die; -, -nen*

Park A1 *der; -(e)s, -s;* eine ziemlich große und gepflegte Fläche mit Gras, Blumen und Bäumen (*meist* in einer Stadt) || K- Parkbank || -K Schlosspark, Stadtpark

par·ken A2 *parkte, hat geparkt* **1** **(etwas) (irgendwo) parken** ein Fahrzeug dorthin stellen, wo man aussteigen will: *das Auto direkt vor dem Haus parken* || K- Parkautomat, Parkgebühr, Parkverbot **2** **jemand/etwas parkt irgendwo** jemandes Auto ist irgendwo geparkt: *Ich parke hier um die Ecke*

Par·kett *das; -(e)s, -e* **1** ein Fußboden aus glattem Holz **2** *nur Singular;* die Plätze in der Höhe der Bühne (in einem Theater oder Kino) || ↑ Abbildung unter **Theater**

Park·haus *das; -es, -häu·ser;* ein Gebäude, in dem viele Autos parken können

par·kie·ren; *parkierte, hat parkiert;* CH ≈ parken

Park·lü·cke *die; -, -n;* ein Platz zwischen anderen parkenden Autos ≈ Parkplatz (2)

Park·platz *der; -es, -plät·ze* **1** ein großer Platz,

auf dem viele Autos parken können **2** die Fläche, auf der ein Auto parkt: *Vor dem Haus war noch ein Parkplatz frei*

Pạrk·schei·be *die; -, -n;* eine Scheibe mit einer Art Uhr, auf der man den Zeitpunkt einstellt, zu dem man sein Auto dort parkt, wo man nur kurze Zeit parken darf

Parkscheibe

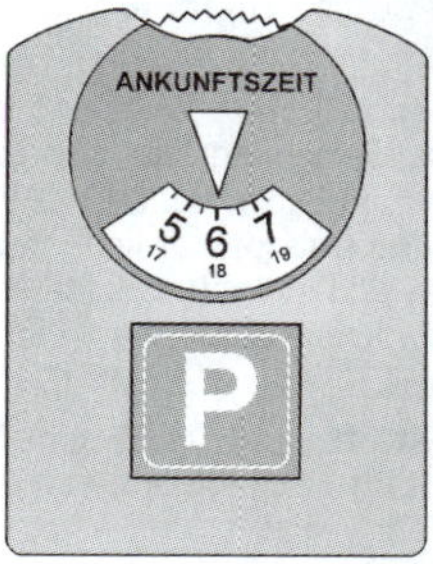

Pạrk·schein *der; -(e)s, -e;* ein Schein, den man an einem Automaten kauft, wenn man einen braucht, um irgendwo parken zu dürfen. Den Parkschein legt man so ins Auto, dass er gut sichtbar ist

Par·la·mẹnt [B1] *das; -(e)s, -e* **1** eine demokratische Institution, die Gesetze beschließt. Die Mitglieder des Parlaments werden (in demokratischen Ländern) vom Volk gewählt ⟨ein Parlament auflösen, wählen; ein Parlament tritt zusammen, tagt⟩ || [K-] Parlamentsabgeordnete, Parlamentswahlen **2** das Gebäude für das Parlament

Par·la·men·ta̲·ri·er [-ri̯ɐ] *der; -s, -;* ein Mitglied des Parlaments ≈ Abgeordnete(r) || *hierzu* **Par·la·men·ta̲·ri·e·rin** *die; -, -nen*

par·la·men·ta̲·risch *Adjektiv; meist vor dem Substantiv* **1** mit einem Parlament ⟨eine Demokratie, eine Monarchie⟩ **2** in Bezug auf das Parlament ⟨eine Aufgabe, eine Tätigkeit⟩ **3** im Parlament (1) ↔ außerparlamentarisch ⟨die Mehrheit, die Opposition⟩

Pa·ro·di̲e *die; -, -n* [-'diːən]; **eine Parodie (auf jemanden/etwas)/(von jemandem/etwas)** eine *meist* lustige Nachahmung einer Person oder eines Textes || *hierzu* **pa·ro·di̲e·ren** *(hat);* **pa·ro·dịs·tisch** *Adjektiv*

Pạrt *der; -s, -s;* der Teil, den eine Person in einem Musik- oder Theaterstück spielt, singt oder tanzt ⟨jemandes Part übernehmen⟩

Par·te̲i [B1] *die; -, -en* **1** eine Organisation mit einem politischen Programm ⟨eine demokratische Partei; ein Anhänger, ein Mitglied, ein Funktionär einer Partei; eine Partei stellt die Regierung⟩ || [K-] Parteibeschluss, Parteifunktionär, Parteimitglied, Parteiprogramm || [-K] Oppositionspartei, Regierungspartei **2** eine Gruppe von Menschen, die in einem Streit die gleiche Meinung haben || [-K] Gegenpartei **3** einer der Gegner in einem Streit vor Gericht ⟨die beklagte, klagende Partei⟩ || [ID] **für jemanden/etwas Partei ergreifen/nehmen** jemanden/etwas in einem Streit *o.Ä.* unterstützen; **über den Parteien stehen** neutral, unparteiisch sein

Die politischen Parteien in Deutschland

Das politische Leben in Deutschland wird von zwei großen Volksparteien bestimmt: von der **CDU** (**Christlich-Demokratische Union**), einer konservativen Partei, mit ihrer bayrischen Schwesterpartei, der **CSU** (**Christlich-Soziale Union**), auf der einen Seite und von der **SPD** (**Sozialdemokratische Partei Deutschlands**), einer eher links gerichteten Partei, auf der anderen Seite.

Außerdem spielen die folgenden Parteien eine Rolle: **Bündnis 90/Die Grünen**, die aus der Umweltschutz-, Friedens- und Bürgerrechtsbewegung hervorgingen, die **FDP** (**Freie Demokratische Partei**), auch als **die Liberalen** bekannt, und **DIE LINKE**, eine links gerichtete Partei, die 2007 aus der **PDS** (Partei des Demokratischen Sozialismus) hervorgegangen ist.

LANDESKUNDE

par·te̲i·isch *Adjektiv; abwertend;* nicht objektiv und neutral, sondern für oder gegen einen der Gegner in einem Streit ⟨eine Haltung, ein Richter, ein Zeuge; etwas parteiisch darstellen⟩

Par·te̲i·tag *der; -(e)s, -e* **1** ein Treffen, auf dem eine Partei über ihr Programm diskutiert ⟨einen Parteitag abhalten⟩ **2** die Mitglieder einer Partei auf einem Parteitag || [-K] Bundesparteitag, Landesparteitag

Par·te̲i·ver·kehr *der; nur Singular, südd* Ⓐ ≈ Publikumsverkehr

Par·ter·re [-'tɛr(ə)] *das; -s, -s;* ≈ Erdgeschoss || [K-] Parterrewohnung

Par·ti̲e *die; -, -n* [-'tiːən] **1** ein Teil von etwas (*bes* von Körperteilen): *Die untere Partie ihres Gesichtes war verletzt* || [-K] Nackenpartie **2** ein einzelnes Spiel (*bes* bei Brett- und Kartenspielen): *eine Partie Billard spielen* || [-K] Schachpartie || [ID] **eine gute/glänzende Partie machen** jemanden heiraten, der reich

P

ist; **(bei etwas) mit von der Partie sein** bei etwas mitmachen

Par·ti̲·kel¹ *das; -s, -;* ein sehr kleiner Teil einer Substanz ⟨ein radioaktives Partikel⟩

Par·ti̲·kel² *die; -, -n; Sprachwissenschaft;* ein Wort, dessen Form sich nicht ändert und das *meist* ein Gefühl oder eine persönliche Einstellung ausdrückt, *z.B. ja, schon*

Par·ti·tu̲r *die; -, -en; Musik;* die schriftliche Form eines Musikstücks mit allen Noten

Par·ti·zi̲p *das; -s, -ien* [-'tsi:pi̯ən]; *Sprachwissenschaft* **1** eine Wortform, die von einem Verb abgeleitet wird und aus der man die Person, die Zahl und das Tempus nicht erkennen kann **2** **das Partizip Perfekt** eine Form wie *geholt, gewonnen,* die im Perfekt, im Passiv, *oft* auch als Adjektiv verwendet wird **3** **das Partizip Präsens** die Form des Verbs, die auf *-(e)nd* endet und *oft* wie ein Adjektiv verwendet wird, *z.B. schlafend, laufend*

Pa̱rt·ner *der; -s, -;* **1** einer von zwei Menschen oder eine von zwei Gruppen, die etwas gemeinsam tun || -K **Briefpartner, Gesprächspartner, Verhandlungspartner, Vertragspartner** **2** jemand, der mit einer anderen Person ein enges (sexuelles) Verhältnis hat, mit ihm zusammenlebt || K- **Partnerwahl** || -K **Ehepartner, Sexualpartner** **3** einer von mehreren Besitzern eines Geschäfts oder einer Firma || -K **Geschäftspartner** || *hierzu* **Pa̱rt·ne·rin** *die; -, -nen*

Pa̱rt·ner·schaft *die; -, -en* **1** eine (oft gute oder intime) Beziehung, die man zu einem Partner hat ⟨in Partnerschaft mit jemandem leben⟩ **2** eine freundschaftliche Beziehung zwischen zwei Städten, Universitäten *o.Ä. meist* aus verschiedenen Ländern || -K **Städtepartnerschaft**

Pa̱rt·ner·stadt *die; -, -städ·te;* eine Stadt, die mit einer Stadt in einem anderen Land eine Partnerschaft (2) hat

Die Partikeln

Partikeln sind Wörter, die keine syntaktische Funktion und kaum eigene Bedeutung haben. Sie ändern die Bedeutung eines Satzes ab und drücken die Einstellung oder Gefühle des Sprechers aus. Besonders mündliche Äußerungen würden im Deutschen ganz ohne Partikeln unnatürlich und farblos klingen.

Partikeln können verschiedene Wirkungen erzeugen:

Sie wirken abschwächend oder einschränkend:

Ich fand den Film etwas / ein bisschen / ein wenig langweilig.
Die Halle war nahezu / fast / beinahe leer.
Ich bin recht / ziemlich müde.
„Glaubt ihr mir denn nicht?" — Ich schon (aber sonst keiner)!
Eigentlich wollte ich ausgehen (aber ich war zu müde).

Sie wirken verstärkend:

Das musst du unbedingt auch probieren!
Das ist ganz und gar / überhaupt nicht wahr!
Ich finde ihn geradezu genial.

Sie betonen ein Bezugswort:

Ich wollte eben / genau / gerade dieses Bild und kein anderes.
Muss es denn ausgerechnet / gerade heute regnen?
Nicht nur ich bin dieser Meinung; selbst / sogar / auch Beate musste das zugeben.

Oder man drückt durch die Verwendung von Partikeln seine Gefühle aus, zum Beispiel:

Überraschung:

Das ist aber interessant!
Du bist ja ganz nass!

Zweifel:

Hast du das auch verstanden?
Du glaubst mir doch?

Ärger, Ungeduld:

Sei doch mal still!
Was soll das eigentlich heißen?
Vielleicht gibst du jetzt endlich Ruhe?

Eine Drohung oder Warnung:

Tu das ja / bloß nie wieder!
Pass aber gut auf!

Man zeigt, dass man Zustimmung erwartet oder erhofft:

Ist das nicht schön?
Du hilfst mir doch, ja?

Man zeigt, dass man eine negative Antwort erwartet:

Findest du das etwa / vielleicht richtig?

SPRACHE LERNEN

par·tout [-'tu:] *Adverb; umg* **1** ≈ um jeden Preis, unbedingt ⟨etwas partout tun, haben wollen⟩ **2** **partout nicht** überhaupt nicht (obwohl sich jemand sehr anstrengt) ⟨etwas will jemandem partout nicht gelingen, einfallen; sich partout nicht erinnern können⟩

Par·ty A2 [-ti] *die; -, -s;* ein *meist* privates Fest mit Essen, Trinken, Musik *usw* ⟨eine Party geben⟩ || K- Partyservice || -K Geburtstagsparty

Pass¹ *der; -es, Päs·se;* ein Dokument (Ausweis) für Reisen ins Ausland, das man als Bürger eines Landes bekommt ⟨einen Pass beantragen, ausstellen, einziehen⟩ || K- Passkontrolle || -K Reisepass

Pass² *der; -es, Päs·se* **1** eine Straße oder ein Weg hoch oben in den Bergen: *ein Pass über die Alpen; Die Pässe mussten wegen Lawinengefahr gesperrt werden* || K- Passstraße || -K Alpenpass **2** *Sport;* ein Schuss oder Wurf, mit dem man den Ball an einen Spieler der eigenen Mannschaft weitergibt

Pas·sa·ge [-ʒə] *die; -, -n* **1** eine kurze Straße mit Geschäften und einem Dach für Fußgänger || -K Einkaufspassage, Ladenpassage **2** eine *meist* enge Stelle, durch die jemand geht oder fährt ≈ Durchgang, Durchfahrt **3** das Durchfahren, Passieren²: *Der Kanal ist für die Passage großer Schiffe nicht tief genug*

Pas·sa·gier [-'ʒi:ɐ̯] *der; -s, -e;* jemand, der mit einem Flugzeug oder Schiff reist **2** **ein blinder Passagier** jemand, der sich auf einem Flugzeug oder Schiff versteckt (um zu reisen ohne zu zahlen) || *hierzu* **Pas·sa·gie·rin** *die; -, -nen*

Pas·sant *der; -en, -en* ≈ Fußgänger || *hierzu* **Pas·san·tin** *die; -, -nen*

Pass·bild *das; -(e)s, -er;* ein Foto, das nur den Kopf einer Person zeigt und das in einem Pass oder Ausweis ist

pas·sé, pas·see *Adjektiv; nur nach dem Substantiv, ohne Steigerung, nicht als Adverb; umg;* nicht mehr aktuell, nicht mehr modern

pas·sen¹ B1 *passte, hat gepasst* **1** **etwas passt (jemandem)** ein Kleidungsstück *o.Ä.* hat die richtige Größe oder Form für jemanden: *Passt (dir) die Hose?* **2** **etwas passt (irgendwohin)** etwas kann von der Form, Größe oder Menge her irgendwo untergebracht oder irgendwohin gestellt werden: *Passen alle Koffer ins Auto?* **3** **zu jemandem passen** ähnliche Eigenschaften und Interessen haben wie ein anderer: *Mit seiner Vorliebe für französische Filme passt er gut zu ihr* **4** **etwas passt jemandem** *umg;* etwas ist so, wie es jemand will: *Passt es dir, wenn ich dich morgen besuche?* **5** **etwas passt** etwas ist für einen Zweck gut geeignet, richtig: *sich eine passende Antwort überlegen*

pas·sen²; *passte, hat gepasst; meist in* **jemand muss passen** jemand kann eine Arbeit, Aufgabe nicht zu Ende machen, weil sie zu schwer ist

Pass·fo·to *das; -s, -s* ≈ Passbild

pas·sie·ren¹ A2 *passierte, ist passiert* **1** **etwas passiert** etwas ist in einer Situation plötzlich da und bewirkt eine *oft* unangenehme Veränderung: *Da kommt die Feuerwehr – es muss etwas passiert sein; Wie konnte das nur passieren?* **2** **etwas passiert jemandem** jemand erlebt etwas ⟨jemandem passiert etwas Komisches, Schreckliches, Seltsames⟩: *Weißt du, was mir vorhin passiert ist? Ich habe meine eigene Telefonnummer vergessen!* **3** **etwas passiert jemandem** jemand hat einen Unfall, wird verletzt *o.Ä.* ≈ etwas stößt jemandem zu: *Wo sie nur bleibt? Ihr wird doch hoffentlich nichts passiert sein?; Ist dir bei dem Unfall was passiert?* **4** **etwas passiert mit jemandem/etwas** *umg;* etwas geschieht oder wird getan, so dass es jemanden/etwas betrifft: *„Was passiert mit den Abfällen?" - „Die kommen hier in den Eimer"; Was ist nur mit ihm passiert? Er sieht jetzt immer so traurig aus* **Das kann jedem (mal) passieren** das ist nicht so schlimm; *meist* **Das kann auch nur 'dir passieren!** *umg;* es ist typisch, dass gerade du etwas falsch gemacht hast; **... oder es passiert was/sonst passiert was!** *umg;* wenn du nicht bald tust, was ich will, werde ich wütend!; **Nichts passiert!** verwendet als höfliche Antwort, wenn man *z. B.* gestoßen wurde und der andere sich dann entschuldigt hat

pas·sie·ren² A2 *passierte, hat passiert; förmlich* **1** **etwas passieren** der Länge nach von einem Ende bis zum anderen gehen oder fahren ≈ durchfahren: *Das Schiff passierte den Panamakanal* **2** **etwas passieren** auf die andere Seite gehen oder fahren ⟨die Grenze passieren⟩ **3** **jemanden passieren** an jemandem vorbeigehen oder -fahren **4** **etwas passiert etwas** etwas wird bei einem Verfahren angenommen, genehmigt *o.Ä.*: *Das Gesetz hat den Bundesrat passiert*

pas·si·o·nier·t- *Adjektiv; nur vor dem Substantiv, nicht als Adverb* voller Leidenschaft (3) für diese Tätigkeit ≈ leidenschaftlich, beigeistert ⟨ein Angler, ein Jäger⟩ || *hierzu* **Pas·si·on** *die; -, -en*

pas·siv B1 [-f] *Adjektiv; oft abwertend;* so, dass jemand akzeptiert, was geschieht, ohne zu reagieren oder ohne Interesse daran ↔ aktiv

⟨sich passiv verhalten⟩ || *hierzu* **Pas·si·vi·tät** *die; -; nur Singular*

Pas·siv B1 [-f] *das; -s; nur Singular; Sprachwissenschaft;* die Form des (transitiven) Verbs, die mit *werden* oder *sein* und mit dem Partizip Perfekt gebildet wird ↔ Aktiv: *In dem Satz „Das Fenster wird geschlossen" steht das Verb im Passiv* || K- Passivsatz || *hierzu* **pas·si·visch** [-v-] *Adjektiv*

▶ Das Passiv

Beim Passiv unterscheidet man zwischen dem Vorgangspassiv und dem Zustandspassiv.

Das **Vorgangspassiv** wird aus den konjugierten Formen des Hilfsverbs **werden** und dem Partizip Perfekt des Vollverbs gebildet:
Das Fenster wird geöffnet / wurde geöffnet / ist geöffnet worden / war geöffnet worden.

Im Passivsatz wird das Objekt des Aktivsatzes zum Subjekt, das ursprüngliche Subjekt wird mit den Präpositionen **von** oder **durch** angeschlossen:
Der Lehrer öffnete das Fenster. → Das Fenster wurde vom Lehrer geöffnet.

Das Zustandspassiv wird aus den konjugierten Formen des Hilfsverbs **sein** und dem Partizip Perfekt des Vollverbs gebildet:
Das Fenster ist geöffnet / war geöffnet.

SPRACHE LERNEN

P

Pass·wort *das; -(e)s, -wör·ter; Informatik;* ein Wort, das *meist* geheim ist und das man in den Computer eingeben muss, um ein Programm zu starten, Daten abzurufen *o.Ä.* ⟨ein Passwort eingeben⟩

Pas·te *die; -, -n* **1** eine weiche Masse, die aus Puder und einer Flüssigkeit oder aus Fett besteht ⟨eine Paste auf die Haut, eine Wunde auftragen⟩ **2** eine weiche Masse, die *z.B.* aus klein gemachtem Fleisch oder Fisch besteht und aufs Brot gestrichen wird

Pas·te·te *die; -, -n* **1** ein rundes Gebäck (aus lockerem Teig), das mit Fleisch, Gemüse *o.Ä.* gefüllt wird || -K Gemüsepastete **2** eine weiche Masse aus feinem Fleisch oder Leber, die man *meist* aufs Brot streicht

pas·teu·ri·sie·ren [pastøri'zi:rən]; *pasteurisierte, hat pasteurisiert;* **etwas pasteurisieren** Lebensmittel kurz erhitzen und dadurch haltbar machen ⟨pasteurisierte Milch⟩

Pas·tor *der; -s, -en* [-'to:rən]; *bes nordd;* ein evangelischer Pfarrer || *hierzu* **Pas·to·rin** *die; -, -nen*

Pa·te *der; -n, -n;* eine Person, die bei der Taufe eines Kindes verspricht, bei der (religiösen) Erziehung zu helfen || -K Taufpate || ID **bei etwas Pate stehen** dazu beitragen, dass etwas entsteht || *hierzu* **Pa·tin** *die; -, -nen*

Pa·ten·kind *das; -(e)s, -er;* ein Kind, zu dem jemand Pate ist

pa·tent, *patenter, patentest-; Adjektiv; umg* **1** gut und praktisch ⟨eine Idee, eine Lösung⟩ **2** tüchtig und sympathisch ⟨eine Person⟩

Pa·tent *das; -(e)s, -e;* **ein Patent (für etwas)** das Recht, eine Erfindung wirtschaftlich zu nutzen

pa·ten·tie·ren; *patentierte, hat patentiert;* **etwas patentieren** etwas rechtlich (durch ein Patent) schützen ⟨sich eine Erfindung patentieren lassen⟩

Pa·tent·lö·sung *die; -, -en; meist in* **da gibt es keine Patentlösung** es gibt keine einfache und übliche Lösung für ein vorhandenes Problem

Pa·tent·re·zept *das; -(e)s, -e* ≈ Patentlösung

pa·the·tisch *Adjektiv; oft abwertend;* übertrieben leidenschaftlich und feierlich ↔ nüchtern ⟨eine Geste, ein Stil; etwas klingt pathetisch⟩

Pa·tho·lo·gie *die; -; nur Singular* **1** das Gebiet der Medizin, das sich damit beschäftigt, wie Krankheiten entstehen und welche Wirkungen sie haben **2** eine Abteilung für Pathologie (1) (in einer Klinik), in der *bes* Leichen und Gewebe untersucht werden ⟨in der Pathologie arbeiten⟩ || *hierzu* **Pa·tho·lo·ge** *der;* **Pa·tho·lo·gin** *die; -, -nen*

Pa·ti·ent [pa'tsi̯ɛnt] *der; -en, -en;* jemand, der von einem Arzt behandelt wird ⟨einen Patienten pflegen, heilen⟩ || *hierzu* **Pa·ti·en·tin** *die; -, -nen*

Pat·ri·ot *der; -en, -en; auch abwertend;* jemand, der sein (Heimat)Land liebt || *hierzu* **Pat·ri·o·tin** *die; -, -nen;* **pat·ri·o·tisch** *Adjektiv;* **Pat·ri·o·tis·mus** *der; -; nur Singular*

Pat·ro·ne *die; -, -n* **1** ein rundes, längliches Stück Metall, das man mit einem Gewehr oder einer Pistole schießt **2** eine kleine Röhre aus Plastik, die mit Tinte gefüllt ist ⟨eine neue Patrone in den Füller einlegen⟩

pat·rouil·lie·ren [patrʊ'li:rən]; *patrouillierte, hat/ist patrouilliert* **1** **etwas patrouillieren** (*hat*) (als Soldat, Polizist *o.Ä.*) ein Gebiet kontrollieren oder bewachen, indem man zu bestimmten Zeiten in ihm herumgeht oder -fährt ⟨ein Gebäude, den Hafen, eine Stadt patrouillieren⟩ **2** **(irgendwo) patrouillieren** (*ist*) ≈ patrouillieren (1) || *hierzu* **Pat·rouil·le** [pa'trʊljə] *die; -, -n*

Pat·sche *die; -, -n; meist Singular; umg;* eine unangenehme Situation ⟨in der Patsche sitzen; jemandem aus der Patsche helfen⟩

Patt *das; -s, -s* **1** eine Situation, in der keiner der Gegner gewinnen kann, *bes* beim Schach **2** eine Situation, in der Verhandlungen zu keinem Erfolg führen || K- Pattsituation

pat·zen; *patzte, hat gepatzt; umg;* einen kleinen Fehler machen

pat·zig *Adjektiv; umg;* unhöflich und frech, *bes* weil man wütend ist ⟨eine Antwort; patzig sein, werden⟩

Pau·ke *die; -, -n;* eine große Trommel, die wie eine halbe Kugel aussieht ⟨Pauke spielen⟩ || ↑ Abbildung unter **Schlaginstrumente** || K- Paukenschlag || ID **mit Pauken und Trompeten durchfallen** *umg;* (*z.B.* in einer Prüfung oder einer Theaterpremiere) ein sehr schlechtes Ergebnis erreichen; **auf die Pauke hauen** *umg* **a** laut und lustig feiern **b** etwas klar, deutlich und laut kritisieren **c** *abwertend;* sich mit vielen Worten selbst loben

pau·ken; *paukte, hat gepaukt;* **(etwas) pauken** *umg;* intensiv und lange lernen ≈ büffeln ⟨für eine Prüfung pauken; Deutsch, Mathe *usw,* Vokabeln pauken⟩

pau·schal A2 *Adjektiv* **1** *nur vor dem Substantiv oder als Adverb;* in Bezug auf das Ganze und nicht auf einzelne Teile ≈ insgesamt ⟨etwas pauschal zahlen⟩ || K- Pauschalangebot **2** so, dass man sich dabei sehr allgemein ausdrückt, ohne Details ⟨etwas pauschal verurteilen⟩ || K- Pauschalurteil || *zu* 2 **pau·scha·li·sie·ren** *(hat)*

Pau·scha·le *die; -, -n;* eine Summe Geld, die man als Ganzes für eine Leistung oder Ware bekommt oder zahlt ↔ Einzelabrechnung ⟨eine monatliche Pauschale⟩ || -K Fahrkostenpauschale, Heizkostenpauschale, Monatspauschale

Pau·schal·rei·se *die; -, -n;* eine Reise, bei der man vorher einen festen Preis für Fahrt, Hotel und Essen bezahlt ⟨eine Pauschalreise buchen, machen⟩

Pau·se A2 *die; -, -n;* eine *meist* kurze Zeit der Ruhe, in der man nicht lernt oder arbeitet ⟨eine Pause einlegen, machen⟩: *In der Pause gehen die Kinder hinaus auf den Schulhof* || -K Arbeitspause, Schulpause, Theaterpause; Frühstückspause, Mittagspause || *hierzu* **pau·sie·ren** *(hat)*

pau·sen·los *Adjektiv* **1** ohne Pause ≈ ununterbrochen: *pausenlos im Einsatz sein; pausenlos reden* **2** *meist als Adverb; umg, meist abwertend;* sehr oft, in kurzen Abständen: *Er kommt mich pausenlos besuchen; Sie lügt pausenlos*

Pa·vil·lon ['pavɪljɔŋ] *der; -s, -s* **1** ein kleines, *meist* rundes und *oft* offenes Haus *bes* in Parks und Gärten || -K Konzertpavillon **2** ein Haus mit *meist* nur einem großen Raum, in dem man *bes* Waren oder Bilder ausstellt || -K Messepavillon

Pa·zi·fik *der; -s; nur Singular;* der Ozean zwischen dem amerikanischen Kontinent und Asien, Australien

Pa·zi·fis·mus *der; -; nur Singular;* die Überzeugung, dass Gewalt und Kriege nicht sein dürfen || *hierzu* **Pa·zi·fist** *der; -en, -en;* **Pa·zi·fis·tin** *die; -, -nen;* **pa·zi·fis·tisch** *Adjektiv*

PC B2 [pe:'tse:] *der; -s, -s;* (*Abkürzung für* Personal Computer) ein einzelner Computer, mit dem jemand (in der Firma oder zu Hause) arbeitet

Pech[1] B2 *das; -s; nur Singular;* etwas Unangenehmes oder Schlechtes, das jemandem passiert und an dem niemand Schuld hat ↔ Glück ⟨Pech haben⟩: *Sie hatte das Pech, den Zug zu verpassen*

Pech[2] *das; -s; nur Singular;* eine schwarze Masse, die gut klebt und mit der man *z.B.* Dächer oder Schiffe vor Wasser schützen kann ⟨etwas mit Pech abdichten⟩ || K- pechfinster, pechschwarz || ID *meist* **sie halten zusammen wie Pech und Schwefel** *umg;* sie sind gute Freunde und lassen sich durch nichts trennen

Pech·vo·gel *der; -s, -vö·gel; umg;* jemand, der viel Pech[1] hat ≈ Unglücksrabe

Pe·dal *das; -s, -e;* eine Art Hebel, den man bewegt, indem man mit dem Fuß daraufdrückt || ↑ Illustration **Das Fahrrad** || -K Bremspedal, Gaspedal, Kupplungspedal; Fahrradpedal

pe·dan·tisch *Adjektiv; abwertend;* zu genau und ordentlich ⟨ein Mensch, eine Ordnung⟩ || *hierzu* **Pe·dant** *der; -en, -en;* **Pe·dan·tin** *die; -, -nen*

Pe·gel *der; -s, -;* die Höhe, bis zu der (in einem Fluss oder See) das Wasser steht || K- Pegelstand

pein·lich *Adjektiv* **1** unangenehm und so, dass man sich dabei schämt ⟨eine Situation; etwas ist jemandem/für jemanden peinlich⟩ **2** sehr genau, sorgfältig und mit größter Aufmerksamkeit gemacht ⟨Ordnung; peinlich genau, sauber⟩ || *zu* 1 **Pein·lich·keit** *die; -, -en*

Peit·sche *die; -, -n;* eine lange Schnur an einem Stock, mit der man *bes* Tiere schlägt, um sie anzutreiben || *hierzu* **peit·schen** *(hat)*

P

pe·jo·ra·tiv [-f] *Adjektiv; förmlich;* ⟨ein Wort, ein Ausdruck⟩ so, dass sie eine negative Wertung ausdrücken ≈ abwertend

Pel·le *die; -, -n; nordd;* die dünne Haut von Kartoffeln, Obst, Wurst *o.Ä.* ≈ Schale || ID **jemandem auf die Pelle rücken** *umg* **1** sich sehr nah zu jemandem setzen; **2** immer wieder mit einer Bitte, einer Forderung *o.Ä.* zu jemandem kommen

pel·len; *pellte, hat gepellt; nordd* ↑ **schälen**

Pell·kar·tof·feln *die; Plural;* Kartoffeln, die nicht schon vor dem Kochen geschält werden || Hinweis: ↑ **Salzkartoffeln**

Pelz *der; -es, -e* **1** die Haut mit den vielen und dicht wachsenden, relativ langen Haaren bei bestimmten Tieren (wie bei Bären, Füchsen) **2** *nur Singular;* ein Kleidungsstück aus Pelz || K- Pelzmantel || -K Schafspelz || ID **jemandem (mit etwas) auf den Pelz rücken** *umg;* immer wieder mit einer Bitte zu jemandem kommen

Pen·del *das; -s, -;* ein Gewicht, das an einem Punkt hängt, frei schwingt und dazu dient, etwas zu messen ⟨ein Pendel schwingt, schlägt aus⟩ || K- Pendeluhr

pen·deln; *pendelte, hat/ist gependelt* **1 etwas pendelt** *(ist)* etwas hängt an etwas und schwingt langsam hin und her **2 jemand pendelt** *(hat/ist)* jemand fährt regelmäßig von einem Ort zum anderen, *bes* von der Wohnung zum Arbeitsplatz: *zwischen Hamburg und Berlin pendeln* || K- Pendelverkehr, Pendelzug || *zu* 2 **Pend·ler** *der; -s, -;* **Pend·le·rin** *die; -, -nen*

P

pe·net·rant, *penetranter, penetrantest-; Adjektiv; abwertend* **1** so intensiv, dass man es unangenehm findet ⟨ein Geruch, ein Geschmack; es riecht, schmeckt penetrant nach etwas⟩ **2** immer wieder lästig und störend ≈ aufdringlich: *Seine Art, bei jeder Gelegenheit zu zeigen, wie reich er ist, ist wirklich penetrant* || *hierzu* **Pe·net·ranz** *die; -; nur Singular*

pe·ni·bel, *penibler, penibelst-; Adjektiv;* übertrieben genau und ordentlich ≈ pedantisch ⟨ein Mensch, eine Ordnung⟩ || Hinweis: *penibel* → *ein penibler Mensch*

Pe·nis *der; -, -se;* das Organ beim Mann und bei verschiedenen männlichen Tieren, aus dem der Samen und der Urin kommen

Pe·ni·zil·lin *das; -s; nur Singular; Medizin;* ein Medikament, das Bakterien tötet

pen·nen; *pennte, hat gepennt; umg* ≈ schlafen

Pen·ner *der; -s, -; umg abwertend* **1** ≈ Obdachlose(r) **2** jemand, der wenig leistet

Pen·si·on[1] B2 [-'zi̯o:n] *die; -; nur Singular* **1** das Geld, das ein Beamter vom Staat bekommt, wenn er *(meist* aus Gründen des Alters) nicht mehr arbeitet **2** die Zeit, in der ein Beamter eine Pension bekommt ⟨in Pension gehen⟩ **3** Ⓐ ≈ Rente || *zu* 2 **Pen·si·o·när** *der; -s, -e;* **Pen·si·o·nä·rin** *die; -, -nen;* **Pen·si·o·nist** *der; -en, -en;* **Pen·si·o·nis·tin** *die; -, -nen*

Pen·si·on[2] B2 [-'zi̯o:n] *die; -, -en;* ein Haus, in dem man *bes* im Urlaub schlafen und essen kann. Eine Pension ist *meist* billiger als ein Hotel

pen·si·o·nie·ren [pɛnzi̯o'ni:rən]; *pensionierte, hat pensioniert; meist* **jemand wird pensioniert** jemand arbeitet ab jetzt nicht mehr und bekommt eine Pension[1] oder Rente || *hierzu* **Pen·si·o·nie·rung** *die; -, -en*

Pen·sum *das; -s, Pen·sen; meist Singular;* die Arbeit, die man in einer bestimmten Zeit machen muss ⟨das Pensum erfüllen, schaffen, erledigen; das tägliche, übliche Pensum (an Arbeit)⟩ || -K Arbeitspensum, Pflichtpensum, Unterrichtspensum; Durchschnittspensum, Jahrespensum, Tagespensum, Wochenpensum

per B1 *Präposition; mit Akkusativ* **1 per** + *Substantiv* verwendet, um das Mittel zu nennen, mit dem jemand/etwas von einem Ort zu einem anderen gelangt ⟨per Bahn, per Schiff, per Luftpost⟩ **2** *förmlich;* **per** + *Substantiv* verwendet, um das Mittel zu nennen, das man zu einem bestimmten Zweck gebraucht: *etwas per Vertrag regeln* **3** *förmlich;* **per** + *Substantiv* verwendet, um anzugeben, wie etwas gemessen oder gezählt wird ≈ pro: *ein Preis von fünf Euro per Stück, per Kilo; hundert Umdrehungen per Sekunde* || Hinweis zu 1-3: Das folgende Substantiv wird ohne Artikel verwendet **4 (mit jemandem) per du, per Sie sein** zu jemandem „du", „Sie" sagen ≈ jemanden duzen, siezen: *Sie ist mit dem Chef per du*

per·fekt A2 *perfekter, perfektest-; Adjektiv* **1 perfekt (in etwas** *(Dativ)*) so, dass niemand/nichts besser sein kann: *ein perfekter Ehemann; perfekt Französisch sprechen* **2 etwas ist perfekt** etwas ist so, dass man nichts mehr daran ändern kann oder muss ⟨ein Vertrag⟩ || *zu* **Per·fek·ti·on** *die; -; nur Singular;* **per·fek·ti·o·nie·ren** *(hat)*

Per·fekt A2 *das; -s; nur Singular; Sprachwissenschaft;* die Form des Verbs im Aktiv, die mit *sein* oder *haben* gebildet wird, wie in *Ich habe gewonnen; Sie ist gegangen*

Per·ga·ment *das; -(e)s, -e* **1** *nur Singular;* ein

Material (eine präparierte Tierhaut), das man *bes* früher statt Papier verwendete: *eine mittelalterliche Urkunde aus Pergament* **2** ein Stück Pergament (1) mit einer alten Schrift darauf **3** eine Art festes Papier, um fettige oder ölige Dinge einzuwickeln

Pe·ri·o̲de *die; -, -n* **1** **eine Periode** + *Genitiv* ein Zeitraum, der durch irgendetwas charakterisiert wird: *eine Periode des wirtschaftlichen Aufschwungs* || -K Dürreperiode, Kälteperiode, Regenperiode, Schönwetterperiode **2** **jemandes Periode** ≈ Menstruation: *Sie hat gerade ihre Periode*

pe·ri·o̲·disch *Adjektiv; meist als Adverb;* so, dass es nach der gleichen Zeit immer wieder vorkommt ⟨etwas tritt periodisch auf, erscheint periodisch⟩

Pe̲r·le B2 *die; -, -n;* eine kleine Kugel aus Glas, Holz *o.Ä.*, die *meist* mit anderen eine Kette bildet. Perlen von Muscheln sind „echte Perlen" || -K Glasperle || ID *meist* **Da fällt dir keine Perle aus der Krone!** *umg;* verwendet, um jemanden zu kritisieren, weil er zu stolz ist, etwas *meist* Unangenehmes zu tun; **Perlen vor die Säue werfen** etwas für eine Person tun oder ihr etwas geben, das diese nicht schätzt

per·ma·ne̲nt *Adjektiv; förmlich* ≈ ständig, dauernd ⟨ein Zustand, eine Bedrohung⟩

per·ple̲x, *perplexer, perplexest-; Adjektiv; meist nach dem Substantiv; umg;* so überrascht von etwas, dass man nicht mehr reagieren kann ≈ verblüfft ⟨völlig perplex sein; perplex dastehen, schauen⟩

Per·ron [pɛ'rõ:] *das, der; -s, -s;* (CH) ≈ Bahnsteig

Per·so̲n A2 *die; -, -en* **1** ein einzelner Mensch: *ein Auto mit Platz für fünf Personen* **2** ein Mensch mit einer besonderen Eigenschaft ⟨eine intelligente, interessante *usw* Person⟩: *Sie ist eine ganz reizende Person* || K- Personenbeschreibung **3** *nur Singular; Sprachwissenschaft;* eine grammatische Form des Verbs oder des Pronomens, die zeigt, wer spricht (die erste Person), wen man anspricht (die zweite Person) oder über wen man spricht (die dritte Person) ⟨die erste, zweite, dritte Person Singular/Plural⟩

Per·so·na̲l *das; -s; nur Singular;* die Personen, die bei einer Firma oder einer Organisation beschäftigt sind || -K Hotelpersonal

Per·so·na̲l·aus·weis *der; -es, -e;* (D), (A) ein Dokument (Ausweis) mit Angaben zu der Person. Dieser Ausweis gilt nur im eigenen Land (und in den Ländern der Europäischen Union)

Per·so·na̲l·pro·no·men *das; -s, - oder -mina; Sprachwissenschaft;* ein Pronomen, das für eine bestimmte Person oder Sache steht: *„Ich", „du", „ihm" sind Personalpronomina*

per·sö̲n·lich B1 *Adjektiv* **1** in Bezug auf die eigene Person ≈ privat (1) ⟨meine persönlichen Angelegenheiten⟩ **2** jemandes Privatleben, Charakter oder Gefühle betreffend ⟨jemanden persönlich angreifen, beleidigen⟩: *Darf ich Ihnen eine ganz persönliche Frage stellen?*: *Die Kritik war nicht persönlich gemeint* **3** so, dass eine Beziehung oder ein Kontakt zwischen Personen besteht ⟨ein Gespräch; persönliche Beziehungen zu jemandem haben; jemanden persönlich kennen⟩ **4** *nur vor dem Substantiv oder als Adverb;* so, dass jemand etwas selbst tut: *Der Minister kam persönlich* || ID **etwas persönlich nehmen** etwas als Beleidigung verstehen; **persönlich werden** in einem Gespräch oder Streit persönliche (2), *oft* beleidigende Dinge sagen

Per·sö̲n·lich·keit B2 *die; -, -en* **1** *nur Singular;* alle charakteristischen Eigenschaften eines Menschen: *Die Krankheit hat ihre Persönlichkeit verändert* **2** jemand, der einen besonderen, festen Charakter hat: *Schon als Kind war sie eine richtige Persönlichkeit* **3** jemand, der in der Öffentlichkeit bekannt ist ≈ Prominente(r)

Per·spek·ti̲·ve [-v-] *die; -, -n* **1** das Verhältnis der Linien in einem Bild, das den Eindruck des Raumes macht ⟨die Perspektive eines Gemäldes⟩ **2** der Punkt, von dem aus man etwas sieht oder beurteilt **3** die Möglichkeiten, die sich in der Zukunft bieten ⟨keine Perspektive haben⟩

Pe·rü̲·cke *die; -, -n;* eine künstliche Frisur, die man statt eigener Haare oder über den eigenen Haaren trägt

per·ve̲rs [-v-], *perverser, perversest-; Adjektiv; abwertend* **1** (*bes* im sexuellen Bereich) so weit von der Norm entfernt, dass es als nicht natürlich bewertet wird **2** *umg* ≈ widerlich, abscheulich || *hierzu* **Per·ver·si·o̲n** *die; -, -en;* **Per·ver·si·tä̲t** *die; -, -en*

Pes·si·mi̲s·mus *der; -; nur Singular;* eine Art zu denken, bei der man (immer) Schlechtes erwartet oder Negatives sieht ↔ Optimismus || *hierzu* **Pes·si·mi̲st** *der; -en, -en;* **Pes·si·mi̲s·tin** *die; -, -nen;* **pes·si·mi̲s·tisch** *Adjektiv*

Pe̲st *die; -; nur Singular* **1** eine Krankheit mit hohem Fieber und gefährlichen Entzündungen, an der früher sehr viele Menschen starben **2** **wie die Pest** *umg abwertend* ≈ sehr ⟨stinken, jemanden/etwas hassen wie die

P

Pest⟩

Pe·ter·si·lie [-liə] *die; -, -n; meist Singular;* eine kleine (Garten)Pflanze, deren grüne Blätter und Wurzeln man als Gewürz verwendet ⟨ein Bund Petersilie⟩

Pe·ti·ti·on [-'tsio:n] *die; -, -en;* ein Schreiben an eine Regierung oder Behörde, mit dem man um etwas bittet ≈ Bittschrift ⟨eine Petition abfassen, einreichen; jemandem eine Petition überreichen⟩ || K- Petitionsausschuss

Pfad *der; -(e)s, -e;* ein schmaler Weg

Pfad·fin·der *der; -s, -;* **1** *nur Plural;* eine Organisation von jungen Menschen, die durch die Gemeinschaft lernen sollen, wie man sich in einer Gruppe verhält und wie man anderen Menschen hilft ⟨bei den Pfadfindern sein; zu den Pfadfindern gehen⟩ **2** ein Mitglied der Pfadfinder (1) ⟨Pfadfinder sein⟩ || K- Pfadfinderlager, Pfadfinderuniform || *zu* 2 **Pfad·fin·de·rin** *die; -, -nen*

Pfahl *der; -(e)s, Pfäh·le;* ein (dicker) Stab aus Holz, den man mit einem Ende in die Erde schlägt ≈ Pfosten ⟨einen Pfahl einschlagen, in den Boden rammen⟩

Pfand *das; -(e)s, Pfän·der* **1** ein Gegenstand, den man jemandem als Garantie für ein Versprechen gibt ⟨etwas als Pfand behalten⟩ **2** eine Summe Geld, die man für einen Gegenstand bezahlt und die man wiederbekommt, wenn man den Gegenstand (*z.B.* eine Flasche) zurückgibt: *Auf dieser Bierflasche ist Pfand* || K- Pfandflasche || -K Flaschenpfand

Pfand·brief *der; -(e)s, -e;* ein Dokument, das man bekommt, wenn man einer Bank Geld leiht

pfän·den; *pfändete, hat gepfändet* **1** **etwas pfänden** jemandem etwas wegnehmen, um damit dessen Schulden zu bezahlen **2** **jemanden pfänden** bestimmte Dinge bei jemandem pfänden ⟨jemanden pfänden lassen⟩ || *hierzu* **pfänd·bar** *Adjektiv;* **Pfän·dung** *die; -, -en*

Pfand·haus *das; -es, -häu·ser;* ein Geschäft, in dem man für ein Pfand (1) Geld leihen kann ⟨etwas ins Pfandhaus tragen⟩

Pfan·ne B1 *die; -, -n* **1** ein *meist* rundes und flaches Gefäß mit einem langen Stiel, in dem man *z.B.* Fleisch und Kartoffeln braten kann: *ein Schnitzel in der Pfanne braten* || ↑ Illustration **Behälter und Gefäße** || -K Bratpfanne **2** CH ein Kochtopf (mit Stiel) || ID **jemanden in die Pfanne hauen** *umg;* jemandem absichtlich schaden oder ihn stark kritisieren

Pfann·ku·chen *der; -s, -* **1** *südd;* eine Art dünner, weicher, flacher Kuchen, den man in der Pfanne bäckt ≈ Eierkuchen **2** *nordd;* ein kleiner, runder, weicher Kuchen, in heißem Fett gebacken ≈ Berliner, Krapfen

Pfar·rei *die; -, -en* ≈ Gemeinde (2)

Pfar·rer *der; -s, -;* ein Mann, der in einer christlichen Kirche Priester ist ⟨ein evangelischer, katholischer Pfarrer⟩ || *hierzu* **Pfar·re·rin** *die; -, -nen*

Pfau *der; -(e)s/*Ⓐ *auch -en, -e;* ein Vogel, dessen Schwanz sehr lange und bunte Federn hat, die er (wie einen Fächer) ausbreiten kann ⟨der Pfau schlägt ein Rad⟩ || K- Pfauenfeder || Hinweis: ↑ **eitel**

Pfef·fer A1 *der; -s; nur Singular;* kleine Körner, die man (*meist* gemahlen) als scharfes Gewürz verwendet ⟨eine Prise Pfeffer; Salz und Pfeffer⟩ || ID *meist* **Der kann bleiben, wo der Pfeffer wächst** *umg;* er interessiert mich nicht, und ich will ihn nicht sehen

Pfef·fer·min·ze *die; -; nur Singular;* eine Pflanze, deren Blätter intensiv schmecken und aus denen man *z.B.* Tee macht || K- Pfefferminzbonbon, Pfefferminzgeschmack, Pfefferminzöl, Pfefferminztee

pfef·fern; *pfefferte, hat gepfeffert* **1** **etwas pfeffern** etwas mit Pfeffer würzen ⟨das Fleisch, den Salat pfeffern⟩ **2** **etwas irgendwohin pfeffern** *umg;* etwas mit Schwung irgendwohin werfen: *Aus Wut pfefferte er sein Buch in die Ecke*

Pfef·fer·streu·er *der; -s, -;* ein kleiner Behälter mit Löchern im Deckel, mit dem man Pfeffer ins Essen streut

Pfei·fe B1 *die; -, -n* **1** ein einfaches Musikinstrument zum Blasen || -K Orgelpfeife **2** ein kleines Instrument, das einen lauten, hohen Ton erzeugt, wenn man hineinbläst ⟨die Pfeife des Schiedsrichters, des Trainers⟩ || -K Trillerpfeife **3** ein schmales Rohr mit einem dicken runden Ende, mit dem man Tabak raucht || K- Pfeifenraucher, Pfeifentabak **4** *umg abwertend* ≈ Versager || ID **jemanden/etwas kann man in der Pfeife rauchen** *umg;* jemand/etwas ist nutzlos; **nach jemandes Pfeife tanzen** alles tun, was ein anderer will

pfei·fen; *pfiff, hat gepfiffen* **1** **(etwas) pfeifen** einen Ton oder mehrere Töne produzieren, indem man die Lippen rund und spitz macht und Luft hindurchpresst ⟨ein Lied pfeifen⟩ **2** **(etwas) pfeifen** mit einer Pfeife (2) ein Signal geben ⟨Abseits, ein Foul pfeifen⟩ **3** **auf jemanden/etwas pfeifen** *umg;* jemanden/etwas nicht (mehr) wichtig finden und auf ihn/darauf verzichten können || ID *meist* **'Dem/Der werde**

ich was pfeifen! *umg;* ich denke gar nicht daran, das zu tun, was er/sie von mir will

Pfeif·ton *der; -(e)s, -tö·ne;* ein hoher Ton, wie er *z.B.* aus einer Pfeife (2) kommt

Pfeil B2 *der; -(e)s, -e* **1** ein dünner gerader Stab, der vorne eine Spitze hat und den man *meist* mit einem Bogen abschießt || -K Indianerpfeil **2** ein Zeichen, ähnlich wie ein Pfeil, das in eine bestimmte Richtung zeigt: *den Pfeilen zum Ausgang folgen*

Pfei·ler *der; -s,-;* eine Art dicke, senkrechte Säule aus Holz, Stein oder Metall, die ein Haus oder eine Brücke stützt ≈ Träger: *Die Brücke wird von mächtigen Pfeilern getragen* || -K Brückenpfeiler, Eckpfeiler, Stützpfeiler

Pfen·nig *der; -s, -/-e; historisch;* die kleinste Einheit des Geldes in Deutschland vor dem Euro; *Abkürzung* Pf: *Eine Mark hatte 100 Pfennig* || ID **etwas ist keinen Pfennig wert** *umg;* etwas hat keinen Wert

Pferd B1 *das; -(e)s, -e* **1** ein großes Tier mit einem Schwanz aus langen Haaren. Man reitet auf einem Pferd und lässt es auch *z.B.* einen Wagen ziehen || K- Pferderennen, Pferdeschlitten, Pferdestall, Pferdezucht || -K Reitpferd, Rennpferd **2** *umg;* eine Figur im Schachspiel ≈ Springer || ↑ Abbildung unter **Schachfiguren** || ID **das beste Pferd im Stall** *umg humorvoll;* der oder die Beste in einer Gruppe (*z.B.* in einem Betrieb); **auf das richtige/falsche Pferd setzen** *umg;* mit etwas Erfolg haben/keinen Erfolg haben; **keine zehn Pferde bringen jemanden zu etwas/irgendwohin** *umg;* absolut nichts kann jemanden dazu bringen, etwas zu tun oder irgendwohin zu gehen/fahren; **wie ein Pferd arbeiten/schuften** *umg;* sehr viel und schwer arbeiten; *meist* **mit dem/der kann man Pferde stehlen** *umg;* dieser Person kann man vertrauen und alles mit ihr zusammen machen

Pfer·de·schwanz *der; -es, -schwän·ze* **1** der Schwanz des Pferdes **2** eine Frisur, bei der man lange Haare hinten am Kopf zusammenbindet und nach unten fallen lässt

pfiff *Imperfekt, 1. und 3. Person Singular;* ↑ **pfeifen**

Pfiff *der; -(e)s, -e;* ein hoher kurzer Ton, den man durch Pfeifen (1,2) erzeugt

Pfif·fer·ling *der; -s, -e;* ein kleiner essbarer, gelber Pilz || ID **keinen/nicht einen Pfifferling**

Pferd

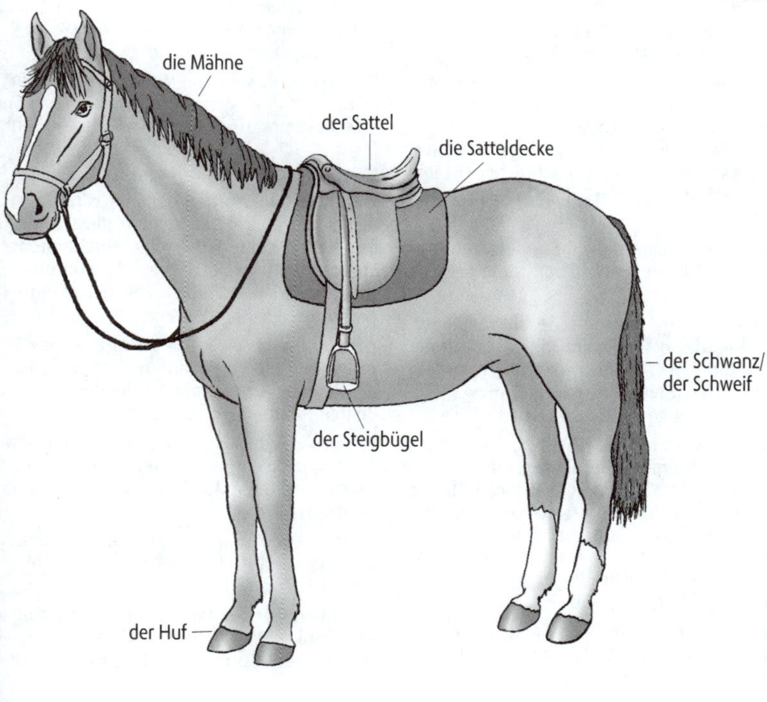

⟨wert sein, für jemanden/etwas geben⟩ *umg;* überhaupt nichts

Pfings·ten B1 *(das);* -; *nur Singular;* das christliche Fest, das 50 Tage nach Ostern stattfindet ⟨zu/an Pfingsten⟩ || K- **Pfingstfeiertage, Pfingstferien, Pfingstmontag, Pfingstsonntag** || **Hinweis:** *meist* ohne Artikel verwendet

Pfir·sich *der;* -s, -e; eine süße, runde Frucht mit saftigem, gelbem Fleisch, einer rotgelben, rauen Haut und einem großen Kern in der Mitte

Pflan·ze A1 *die;* -, -n; ein Lebewesen (wie *z.B.* ein Baum oder eine Blume), das *meist* in der Erde wächst und Wurzeln, Blätter und Blüten hat ⟨eine Pflanze wächst, blüht, stirbt ab, geht ein; die Pflanzen düngen, gießen⟩ || K- **Pflanzenfett, Pflanzengift** || -K **Gartenpflanze, Topfpflanze, Zimmerpflanze; Bohnenpflanze, Salatpflanze** || *hierzu* **pflanz·lich** *Adjektiv*

pflan·zen B2 *pflanzte, hat gepflanzt;* **etwas (irgendwohin) pflanzen** kleine Pflanzen mit Wurzeln in die Erde stecken, damit sie dort wachsen ⟨Salat pflanzen⟩

Pflan·zen·fres·ser *der;* ein Tier, dass sich von Pflanzen ernährt ↔ Fleischfresser

Pflan·zung *die;* -, -en **1** die Handlung, bei der man etwas pflanzt **2** eine (kleine) Plantage

Pflas·ter[1] B1 *das;* -s, -; die Oberfläche einer Straße oder eines Platzes, wenn sie aus einzelnen Steinen gemacht ist || K- **Pflasterstein** || -K **Straßenpflaster** || ID *meist* **ein gefährliches/heißes Pflaster** *umg;* ein gefährlicher Ort; **ein teures Pflaster** *umg;* ein Ort, an dem das Leben teuer ist

Pflas·ter[2] B1 *das;* -s, -; ein Streifen, den man über eine Wunde klebt, damit diese besser heilt

Pflau·me *die;* -, -n; eine süße, dunkelblaue, rötliche oder gelbe Frucht mit einer glatten Haut und einem relativ großen Kern in der Mitte || ↑ Illustration **Obst und Gemüse** || K- **Pflaumenkuchen, Pflaumenmus**

Pfle·ge *die;* -; *nur Singular* **1** alles, was jemand tut, der sich um die Gesundheit einer Person oder eines Tiers kümmert ⟨liebevolle Pflege; die Pflege der Kranken⟩ || K- **pflegebedürftig** || -K **Altenpflege, Krankenpflege** **2** das, was man tut, damit etwas in einem guten Zustand bleibt ⟨etwas braucht Pflege⟩ || K- **Pflegemittel** || -K **Körperpflege, Zahnpflege**

Pfle·ge·fall *der;* -(e)s, *-fäl·le;* jemand, der so krank oder schwach ist, dass er ohne intensive Pflege (1) nicht leben kann ⟨ein Pflegefall sein; zum Pflegefall werden⟩

pfle·ge·leicht *Adjektiv; nicht als Adverb;* so, dass es wenig Pflege (2) braucht ⟨ein Stoff, eine Bluse, ein Hemd *o.Ä.*⟩

pfle·gen B1 *pflegte, hat gepflegt* **1** **jemanden pflegen** für einen kranken oder alten Menschen sorgen **2** **etwas pflegen** alles tun, was nötig ist, damit etwas in einem guten Zustand bleibt: *den Garten pflegen* **3** **etwas/sich pflegen** sich um sein Aussehen kümmern (indem man sich schön anzieht, frisiert *usw*) ⟨das Gesicht pflegen⟩

Pfle·ger *der;* -s, -; *Kurzwort* ↑ **Krankenpfleger**

Pfle·ge·ver·si·che·rung *die;* -, -en; eine Versicherung[1] (1), die Geld zahlt, wenn jemand (im Alter) gepflegt werden muss

Pflicht *die;* -, -en; das, was man tun muss, weil es die Gesellschaft, die Moral, das Gesetz, der Beruf *o.Ä.* verlangt ⟨seine Pflicht erfüllen, tun, vernachlässigen; jemandes Rechte und Pflichten⟩: *Er hält es für seine Pflicht, sie zu informieren* || K- **Pflichtgefühl** || ID **jemanden in die Pflicht nehmen** dafür sorgen, dass jemand seine Pflicht tut

pflicht·be·wusst *Adjektiv;* ⟨eine Person⟩ so, dass sie genau weiß, was ihre Pflicht ist, und entsprechend handelt || *hierzu* **Pflicht·be·wusst·sein** *das;* -s; *nur Singular*

Pflicht·fach *das;* -(e)s, *-fä·cher;* ein Fach im Unterricht, das man nehmen muss, wenn man eine bestimmte Ausbildung macht ↔ Wahlfach

-pflich·tig *im Adjektiv;* drückt aus, dass das, was im ersten Wortteil genannt wird, notwendig ist oder getan werden muss; **anzeigepflichtig** ⟨eine Krankheit⟩, **einkommenssteuerpflichtig** ⟨Einnahmen⟩, **gebührenpflichtig** ⟨eine Mahnung⟩, **versicherungspflichtig** ⟨ein Arbeitnehmer⟩

pflü·cken B2 *pflückte, hat gepflückt;* **etwas pflücken** Teile von Pflanzen abreißen oder abschneiden und sammeln ⟨Baumwolle, Beeren, Blumen, Tee pflücken⟩

Pflug *der;* -(e)s, *Pflü·ge;* ein Gerät, mit dem man auf einem Acker den Boden locker macht, indem man ihn aufreißt und umdreht || *hierzu* **pflü·gen** *(hat)*

Pfört·ner *der;* -s, -; jemand, der beruflich den Eingang eines großen Gebäudes bewacht || *hierzu* **Pfört·ne·rin** *die;* -, -nen

Pfos·ten *der;* -s, -; eine Stange aus Holz oder Metall, die etwas anderes stützt oder hält || -K **Bettpfosten, Torpfosten, Türpfosten,**

Zaunpfosten

Pfo·te *die; -, -n* **1** ein Fuß (mit Zehen), wie ihn viele Säugetiere haben || K- Hasenpfote, Hundepfote, Katzenpfote **2** *salopp, meist abwertend* ≈ Hand

pfui *Interjektion;* verwendet, um auszudrücken, dass man etwas schmutzig oder unangenehm findet: *Pfui! Was für ein Wetter!*

Pfund B1 *das; -(e)s, -/-e* **1** eine Einheit, mit der man das Gewicht misst; *Abkürzung* Pfd: *Ein Pfund hat 500 g* **2** die Einheit des Geldes in bestimmten Ländern ⟨das englische Pfund⟩ || Hinweis: nach einer Zahl lautet der Plural *Pfund: zehn Pfund*

Pfusch *der; -(e)s; nur Singular* **1** *umg abwertend;* eine schlecht gemachte Arbeit: *So ein Pfusch!* || K- Pfuscharbeit **2** Ⓐ ≈ Schwarzarbeit || *hierzu* **pfu·schen** *(hat);* **Pfu·scher** *der; -s, -;* **Pfu·sche·rin** *die; -, -nen*

Pfüt·ze *die; -, -n;* Wasser, das sich bei Regen an einer Stelle am Boden sammelt

Phä·no·men [f-] *das; -s, -e; förmlich* **1** etwas, das irgendwo *(z.B.* in der Natur) vorkommt und von Menschen beobachtet wird ≈ Erscheinung ⟨ein physikalisches, psychologisches, gesellschaftliches Phänomen; ein Phänomen beobachten, beschreiben, untersuchen, erklären⟩ || K- Naturphänomen **2** etwas, das sehr selten ist und das man nicht versteht ≈ Rätsel ⟨ein merkwürdiges, ungewöhnliches Phänomen; etwas ist für jemanden ein Phänomen⟩: *Es ist ein Phänomen für mich, wie jemand so hoch springen kann* **3** jemand, der auf einem Gebiet viel besser als alle anderen ist ≈ Ass

phä·no·me·nal [f-] *Adjektiv;* so gut, dass jeder darüber erstaunt ist ≈ erstaunlich ⟨eine Leistung⟩

Phan·ta·sie, phan·tas·tisch *usw* ↑ **Fantasie, fantastisch** *usw*

Phan·tom [f-] *das; -s, -e;* etwas, das es nur in jemandes Fantasie gibt ≈ Trugbild ⟨einem Phantom nachjagen⟩

Phar·ma- [f-] *im Substantiv*Medikamente herstellend ≈ pharmazeutisch; die **Pharmaindustrie**, der **Pharmakonzern**

Phar·ma·zie [f-] *die; -; nur Singular;* die Wissenschaft, die sich mit Medikamenten und ihren Wirkungen beschäftigt ≈ Arzneimittelkunde ⟨Pharmazie studieren⟩ || *hierzu* **phar·ma·zeu·tisch** *Adjektiv*

Pha·se [f-] *die; -, -n;* eine Zeit während einer Entwicklung oder eines Ablaufs ⟨in einer kritischen Phase sein⟩: *Der Wahlkampf geht jetzt in die entscheidende Phase* || K- Anfangsphase, Erholungsphase, Mondphase, Übergangsphase

Phi·lo·so·phie [filozo'fiː] *die; -, -n* [-'fiːən] **1** *nur Singular;* die Wissenschaft, die den Sinn und Zweck des Lebens untersucht: *die Philosophie Platons* || K- Moralphilosophie **2** die Art und Weise, wie jemand das Leben sieht: *Ihre Philosophie ist: Zu viel arbeiten ist ungesund* || K- Lebensphilosophie || *zu* **1** **Phi·lo·soph** *der; -en, -en;* **Phi·lo·so·phin** *die; -, -nen*

phi·lo·so·phie·ren [filozo'fiːrən]; *philosophierte, hat philosophiert* (**über etwas** *(Akkusativ)*) **philosophieren** über philosophische Probleme nachdenken und reden ⟨über Gott und die Welt, über den Sinn des Lebens philosophieren⟩

phi·lo·so·phisch [filo'zoːfɪʃ] *Adjektiv* **1** in Bezug auf die Philosophie (1) ⟨Probleme, Fragestellungen, Schriften⟩ **2** so, dass jemand offensichtlich lange und intensiv nachgedacht hat ⟨eine Betrachtung, eine Frage; etwas philosophisch betrachten, nehmen⟩

Pho·bie *die; -, -n; Psychologie;* eine krankhafte Angst *meist* vor bestimmten Gegenständen, Tieren oder Situationen

Phos·phor ['fɔsfoːɐ̯] *der; -s; nur Singular;* ein chemisches Element, das im Dunkeln leuchtet und das verbrennt, wenn es mit Luft zusammenkommt; *Chemie* P || K- Phosphorbombe, Phosphordünger, Phosphorsäure

Pho·to·gra·phie, pho·to·gra·phie·ren *usw* ↑ **Fotografie, fotografieren** *usw*

Phra·se [f-] *die; -, -n* **1** *abwertend;* ein Ausdruck oder Satz, der so oft benutzt worden ist, dass er nur schwache Wirkung hat ≈ Klischee ⟨eine dumme, hohle, leere Phrase⟩ **2** *Sprachwissenschaft;* ein Teil eines Satzes **3** **Phrasen dreschen** *abwertend;* viele Phrasen (1) benutzen

Phy·sik [f-] *die; -; nur Singular* **1** die Wissenschaft, die sich mit den Zuständen von Materie, ihrer Bewegung und mit den Kräften, die auf sie wirken, beschäftigt: *Optik, Mechanik und Akustik sind Gebiete der Physik* || K- Atomphysik **2** ein Fach in der Schule, in dem die Schüler etwas über Physik lernen || K- Physiklehrer || *zu* **1** **phy·si·ka·lisch** *Adjektiv;* **Phy·si·ker** *der; -s, -;* **Phy·si·ke·rin** *die; -, -nen*

phy·sisch [f-] *Adjektiv; förmlich;* so, dass es den Körper betrifft ⟨eine Krankheit, ein Schmerz⟩

Pi·a·nist *der; -en, -en;* jemand, der beruflich Klavier spielt || K- Konzertpianist || *hierzu* **Pi·a·nis·tin** *die; -, -nen*

Pi·a·no *das; -s, -s* ≈ Klavier

Pi·ckel[1] *der; -s, -;* eine kleine, runde Stelle auf

der Haut, die *meist* rot (und entzündet) ist

Pi·ckel² *der; -s, -;* ein relativ schweres Gerät zum Hacken, mit dem man Löcher in Eis, Fels oder harten Boden schlägt

pi·cken; *pickte, hat gepickt;* **ein Vogel pickt etwas** ein Vogel stößt mit dem Schnabel nach etwas, um es zu fressen ⟨ein Huhn pickt Körner⟩

Pi·ckerl *das; -, -;* Ⓐ ein kleines Schild, das man auf etwas klebt

Pick·nick *das; -s, -s;* ein Essen im Freien, während eines Ausflugs ⟨(ein) Picknick machen⟩ || K- Picknickkorb

pi·co·bel·lo [-k-] *Adjektiv; nur nach dem Substantiv oder als Adverb; umg;* sehr sauber und ordentlich: *ein Zimmer picobello aufräumen*

pie·pen; *piepte, hat gepiept* ≈ piepsen

Pie·per *der; -s, -;* ein kleines Gerät, das piepst, wenn es ein Funksignal empfängt, und das *z.B.* Ärzte tragen, wenn sie ständig erreichbar sein sollen

piep·sen; *piepste, hat gepiepst* **1** **(etwas) piepsen** etwas mit schwacher, hoher Stimme sagen oder singen ⟨ein Lied piepsen⟩: *„Guck mal, Mami!", piepste das Kind* **2** **ein Tier/etwas piepst** ein Tier/ein Apparat *o.Ä.* produziert einen leisen, hohen Ton ⟨ein Vogel, eine Maus; eine Armbanduhr; ein elektronisches Gerät⟩

Piep·ser *der; -s, -;* ≈ Pieper

Pier *der; -s, -e/-s;* eine Art Brücke, die ins Meer oder in einen See geht und an der Schiffe halten

Pier·cing [-s-] *das; -s, -s;* das Durchbohren der Haut, der Lippen *o.Ä.*, um Schmuck zu befestigen

Pi·e·tät [pie'tɛ:t] *die; -; nur Singular; förmlich;* die Rücksicht auf religiöse Gefühle anderer oder auf ihre Trauer um Tote ⟨die Pietät wahren, etwas aus Pietät tun⟩ || K- pietätlos, pietätvoll

Pik *das; -s, -;* eine Spielfarbe im internationalen Kartenspiel oder eine Karte dieser Farbe || ↑ Abbildung unter **Spielkarten** || Hinweis: ↑ **Herz**

pi·kant, *pikanter, pikantest-; Adjektiv* **1** mit angenehm intensivem Geschmack ⟨etwas pikant würzen⟩ **2** mit erotischem Inhalt ⟨ein Witz⟩

pil·gern; *pilgerte, ist gepilgert* **1** **irgendwohin pilgern** zu einer religiösen Stätte reisen, um dort zu beten ≈ wallfahren: *nach Jerusalem, nach Mekka pilgern* **2** **irgendwohin pilgern** *humorvoll;* (*meist* in einer Gruppe) irgendwohin gehen oder wandern || zu 1 **Pil·ger** *der; -s, -;* **Pil·ge·rin** *die; -, -nen*

Pil·le B1 *die; -, -n* **1** ein kleines, rundes Medikament, das man schluckt ⟨eine Pille (ein)nehmen, schlucken⟩ || -K Beruhigungspille **2** **die Pille** eine Pille, die eine Frau regelmäßig nimmt, um nicht schwanger zu werden ≈ Antibabypille ⟨die Pille absetzen⟩ || ID **eine bittere Pille** *umg;* etwas Unangenehmes, das jemand ertragen muss

Pi·lot *der; -en, -en;* eine Person, die ein Flugzeug, einen Hubschrauber *o.Ä.* steuert || *hierzu* **Pi·lo·tin** *die; -, -nen*

Pi·lot- *im Substantiv;* verwendet, um auszudrücken, dass etwas ein erster Versuch oder das erste (Probe)Exemplar von etwas ist ≈ Test-; der **Pilotfilm** ⟨einer Fernsehserie⟩, das **Pilotprojekt**, der **Pilotversuch**

Pils *das; -, -;* ein (helles) Bier, das relativ bitter ist

Pilz B1 *der; -es, -e* **1** eine niedrige Pflanze mit einem Stiel und einer Art Hut, ohne Blüten und Blätter, *z.B.* ein Champignon ⟨ein essbarer, giftiger Pilz;Pilze suchen gehen, sammeln⟩ || K- Pilzgericht, Pilzvergiftung || -K Giftpilz, Speisepilz **2** sehr kleine Organismen, die wie Puder oder Pulver aussehen und auf Pflanzen, Lebensmitteln *usw* wachsen || K- Pilzerkrankung || -K Schimmelpilz || ID ⟨Fabriken, neue Häuser *o.Ä.*⟩ **schießen wie Pilze aus dem Boden** sie entstehen sehr schnell in großer Zahl

Pilz

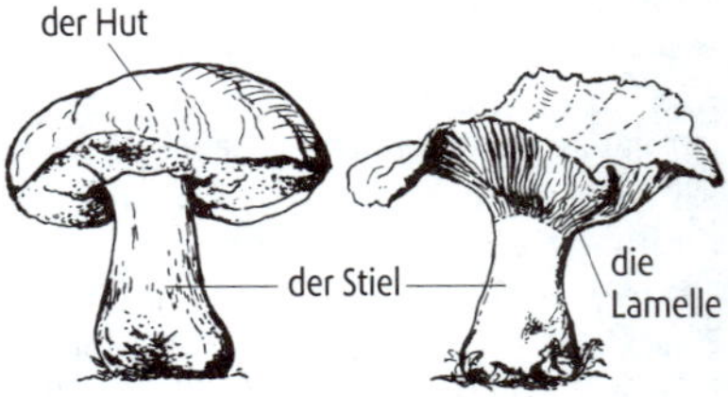

Die PIN

Eine PIN ist eine persönliche Geheimzahl, die man z.B. braucht, um am Bankautomaten Geld abzuheben oder ein Handy zu benutzen.

LANDESKUNDE

pin·ge·lig, ping·lig *Adjektiv; umg, meist abwertend* ≈ pedantisch

Ping·pong *das; -s; nur Singular; umg* ≈ Tischtennis || K- Pingpongball, Pingpongmatch, Pingpongspiel

P

Pin·gu·in ['pɪŋguiːn] *der; -s, -e;* ein großer Vogel in der Antarktis, der nicht fliegen, aber gut schwimmen kann

pink *Adjektiv; nur nach dem Substantiv oder als Adverb;* leuchtend rosa || ↑ Illustration **Farben und Formen**

Pinn·wand *die; -, -wän·de;* eine rechteckige Fläche aus ziemlich weichem Material, die an der Wand hängt und an die man Notizen, Fotos *usw* hängt || ↑ Illustration **Im Büro**

Pin·sel *der; -s, -;* ein Gerät, mit dem man Farbe auf Papier, Stoff *o.Ä.* malt || *hierzu* **pin·seln** *(hat) umg*

Pin·zet·te *die; -, -n;* ein Instrument, mit dem man sehr kleine Dinge greifen kann: *Haare mit der Pinzette auszupfen*

Pi·o·nier [-'niːɐ̯] *der; -s, -e* **1** jemand, der zu den ersten gehört, die ein Land besiedeln oder kolonisieren: *die amerikanischen Pioniere* || K- Pionierzeit **2** jemand, der etwas als Erster tut und damit ein Vorbild gibt ≈ Wegbereiter || K- Pionierarbeit, Pionierleistung, Pioniertat **3** *Militär;* ein Soldat einer Truppe, die *z.B.* Wege oder Brücken für eine Armee macht || *hierzu* **Pi·o·nie·rin** *die; -, -nen*

Pi·pa·po *das; -s; nur in* **mit allem Pipapo** *umg, meist abwertend;* mit allem, was nach Meinung einiger dazugehört, aber für andere überflüssig ist ≈ mit allem Drum und Dran: *Er hat sich ein Haus am Meer gekauft, mit Jacht und allem Pipapo*

Pi·pi·fax *der; -; nur Singular; umg;* dummes oder unwichtiges Zeug

Pi·rat *der; -en, -en;* ein Mann, der auf dem Meer fremde Schiffe (kapert und) ausraubt ≈ Seeräuber ⟨von Piraten überfallen, gekapert werden⟩ || -K Flusspirat || K- Piratenflagge, Piratenschiff || *hierzu* **Pi·ra·tin** *die; -, -nen*

Pis·se *die; -; nur Singular; vulgär* ≈ Urin

Pis·soir [pi'so̯aːɐ̯] *das; -s, -e/-s;* eine (öffentliche) Toilette für Männer

Pis·te *die; -, -n* **1** der Hang eines Berges, auf dem man Ski fährt ≈ Abfahrt ⟨abseits, außerhalb der Pisten fahren, die Piste verlassen⟩ || -K Skipiste **2** eine Art Straße, auf der Flugzeuge starten und landen ≈ Rollbahn ⟨ein Flugzeug setzt auf der Piste auf⟩ || -K Flugpiste, Landepiste, Startpiste **3** ein Weg für Autos in der Wüste, Steppe oder im Urwald ⟨eine holprige, staubige Piste⟩ || -K Graspiste, Sandpiste **4** *Sport;* eine Strecke *bes* für Motorrad- und Autorennen ⟨von der Piste abkommen⟩ || -K Rennpiste

Pis·to·le *die; -, -n;* eine kurze Waffe, die Kugeln schießt ⟨eine Pistole laden⟩ || ↑ Abbildung unter **Schusswaffen** || ID **jemandem die Pistole auf die Brust setzen** *umg;* jemanden durch Drohungen zwingen, etwas zu tun; **wie aus der Pistole geschossen** ⟨antworten⟩ *umg;* sehr schnell antworten

Piz·za B1 [-ts-] *die; -, -s/Piz·zen;* eine flache, runde Speise aus (Hefe)Teig, auf den man Käse, Tomaten *o.Ä.* legt und den man im Ofen bäckt ⟨eine Pizza backen⟩ || K- Pizzabäcker, Pizzarestaurant

Piz·ze·ri·a [-ts-] *die; -, -s/Piz·ze·ri·en* [-'riːən]; ein *(meist* italienisches) Restaurant, in dem man *bes* Pizzas essen kann

Pkw, PKW ['peːkaːveː, peːkaː'veː] *der; -(s), -s; (Abkürzung für* Personenkraftwagen) ein Auto für Personen ≈ Personenwagen || K- Pkw-Fahrer

plä·die·ren; *plädierte, hat plädiert* **1** **für/gegen etwas plädieren** Argumente für oder gegen etwas bringen ≈ sich für/gegen etwas aussprechen: *Der Redner plädierte dafür, härter gegen Terroristen vorzugehen* **2** *Rechtswesen;* **auf Freispruch plädieren** (als Rechtsanwalt) beantragen, dass der Angeklagte keine Strafe bekommt **3** *Rechtswesen;* (vor Gericht) ein Plädoyer halten

Plä·do·yer [plɛdo̯a'jeː] *das; -s, -s* **1** *Rechtswesen;* die Rede, die der Staatsanwalt oder der Verteidiger vor Gericht hält, bevor das Urteil gesprochen wird ⟨ein (glänzendes) Plädoyer halten⟩ **2** **ein Plädoyer für/gegen etwas** *förmlich;* eine Rede, in der jemand Argumente und Beweise für oder gegen etwas bringt: *ein Plädoyer für mehr Gleichberechtigung; ein Plädoyer gegen die Todesstrafe*

Pla·ge *die; -, -n* **1** etwas, das für jemanden (lange) unangenehm und anstrengend ist ≈ Qual || -K Insektenplage **2** *umg;* eine Arbeit, die schwer und anstrengend ist

pla·gen; *plagte, hat geplagt* **1** **etwas plagt jemanden** etwas ist für jemanden *(meist* lange Zeit) unangenehm und macht Arbeit, Probleme oder Schmerzen: *Die Hitze plagte uns sehr* **2** **jemanden (mit etwas) plagen** immer wieder etwas tun, sagen, das für jemanden lästig oder unangenehm ist: *Er plagte uns mit seinen Fragen* **3** **sich (mit etwas) plagen** viel Mühe mit etwas haben ⟨sich mit Problemen plagen müssen⟩

Pla·kat B1 *das; -(e)s, -e;* ein großes Blatt mit Bildern, Fotos und Informationen oder Werbung ⟨etwas auf Plakaten ankündigen⟩ || K- Plakatwerbung || -K Filmplakat, Wahlplakat

Pla·ket·te *die; -, -n;* eine kleine, flache, *meist*

runde Scheibe aus Plastik, Metall *o.Ä.*, die man irgendwo aufklebt oder ansteckt und auf der Zeichen oder Worte stehen ⟨eine Plakette anstecken, tragen⟩

Plan B1 *der; -(e)s, Plä·ne* **1** eine Art Programm, das genau beschreibt, was man bis zu einem bestimmten Zeitpunkt tun muss ⟨einen Plan verwirklichen; einen Plan, Pläne machen⟩: *Er hatte einen genauen Plan, wie alles gemacht werden sollte* || -K Arbeitsplan, Fahrplan, Terminplan **2** ≈ Absicht, Wille ⟨einen Plan, Pläne haben; einen Plan fassen (= etwas beschließen)⟩: *Sie fassten den Plan, sich ein Haus zu kaufen* || -K Fluchtplan **3** eine Zeichnung, die zeigt, wie etwas gebaut ist oder gebaut werden soll ⟨einen Plan zeichnen⟩: *Pläne für den Umbau* || -K Bauplan **4** eine Zeichnung, die *meist* eine Stadt in einem kleinen Maßstab darstellt: *ein Plan von Salzburg* || -K Stadtplan **5** **Pläne schmieden** Pläne (1,2) machen **6** **etwas steht auf dem Plan** etwas ist geplant, steht bevor **7** **nach Plan** so, wie man es sich vorgestellt hat || *zu* 1 **plan·los** *Adjektiv;* **plan·mä·ßig** *Adjektiv*

Pla·ne *die; -, -n;* eine große Decke aus Stoff oder Plastik, die man (zum Schutz) über etwas legt ⟨etwas mit einer Plane abdecken, zudecken⟩ || -K Plastikplane; Regenplane, Wagenplane, Zeltplane

pla·nen B1 *plante, hat geplant* **1** **etwas planen** sich gut überlegen, wie man etwas machen will ⟨den Urlaub planen⟩: *Wir müssen genau planen, was wir tun wollen* **2** **etwas planen** die Absicht haben, etwas zu tun: *Wir planen, nächstes Jahr nach Japan zu fliegen* **3** **etwas planen** eine Zeichnung, ein Modell *o.Ä.* von etwas machen, damit man weiß, wie man es bauen muss ⟨ein Haus planen⟩

P

Pla·net *der; -en, -en;* ein Himmelskörper, der sich um eine Sonne dreht, *z.B.* Mars, Venus, Erde || K- Planetensystem

Pla·ne·ta·ri·um *das; -s, Pla·ne·ta·ri·en* [-i̯ən] **1** eine Anlage zur Beobachtung der Sterne und Planeten **2** ein Gebäude mit einer Kuppel, in dem ein Planetarium (1) steht

pla·nie·ren; *planierte, hat planiert;* **(etwas) planieren** etwas mit Maschinen flach machen ≈ einebnen ⟨den Boden, ein Gelände planieren⟩

Plan·ke *die; -, -n;* ein dickes und breites Brett || -K Schiffsplanke

plan·schen; *planschte, hat geplanscht;* im Wasser spielen und dabei die Hände und Füße so bewegen, dass das Wasser spritzt: *Die Kinder planschten mit größtem Vergnügen im Wasser* || K- Planschbecken

Plan·ta·ge [plan'ta:ʒə] *die; -, -n;* ein großes Stück Land (oft in tropischen Ländern), auf dem man Pflanzen anbaut || K- Plantagenarbeiter, Plantagenbesitzer || -K Bananenplantage, Baumwollplantage, Erdbeerplantage, Kaffeeplantage, Tabakplantage

plant·schen ↑ **planschen**

Pla·nung *die; -, -en;* die Handlungen, durch die ein Plan entsteht ⟨eine gründliche, kurzfristige, langfristige, rechtzeitige Planung⟩ || K- Planungsstadium || -K Fehlplanung; Städteplanung, Wirtschaftsplanung

plap·pern; *plapperte, hat geplappert; umg, oft abwertend;* **(etwas) plappern** (schnell und viel) reden, ohne etwas Wichtiges zu sagen oder nachzudenken

plär·ren; *plärrte, hat geplärrt; umg, meist abwertend* **1** **(etwas) plärren** (etwas) mit lauter und unangenehmer Stimme singen oder rufen **2** laut und lange weinen ⟨kleine Kinder, Säuglinge⟩

Plas·tik[1] A2 *das; -s; nur Singular;* ein künstliches Material. Man kann es so herstellen, dass es weich und dünn ist (wie *z.B.* für Folien) oder biegsam oder hart || K- Plastikbeutel, Plastikeimer, Plastikflasche, Plastikfolie, Plastikplane, Plastiktüte

Plas·tik[2] A2 *die; -, -en;* eine Figur, die von einem Künstler gemacht worden ist: *Plastiken von Rodin* || -K Bronzeplastik

plas·tisch *Adjektiv* **1** so (gestaltet), dass es nicht wie eine Fläche, sondern als Raum wirkt ⟨die plastische Wirkung eines Bildes, eines Reliefs⟩ **2** so, dass man es sich genau vorstellen kann ≈ anschaulich ⟨eine Erzählung; etwas plastisch darstellen⟩ **3** **plastische Chi-**

Obst und Gemüse

1 Ananas
2 Äpfel
3 Bananen
4 Gurken
5 Karotten
6 Kartoffeln
7 Kirschen
8 Kiwis
9 Orangen
10 Pflaumen
11 (Stauden)Sellerie
12 Tomaten
13 Trauben, Weintrauben
14 Weißkohl
15 Zucchini

Obst und Gemüse

Die Familie

Susanne ist die **Schwiegertochter** von Erika und Josef.
Susanne ist Evas **Schwägerin**.
Susanne ist Tims **Mutter**.
Thomas ist der **Sohn** von Erika und Josef.
Thomas ist Evas **Bruder**.
Thomas ist Tims **Vater**.
Erika ist Josefs (**Ehe**)**Frau**.
Erika ist die **Schwiegermutter** von Susanne und Martin.
Erika ist die **Großmutter** von Tim und Nina.
Josef ist Erikas (**Ehe**)**Mann**.
Josef ist der **Schwiegervater** von Susanne und Martin.
Josef ist der **Großvater** von Tim und Nina.
Eva ist die **Tochter** von Erika und Josef.
Eva ist Thomas' **Schwester**.
Eva ist Tims **Tante**.
Martin ist der **Schwiegersohn** von Erika und Josef.
Martin ist Thomas' **Schwager**.
Martin ist Tims **Onkel**.
Tim ist der **Enkel** von Erika und Josef.
Tim ist der **Neffe** von Eva und Martin.
Tim ist Ninas **Cousin**.
Nina ist die **Enkelin** von Erika und Josef.
Nina ist Susannes und Thomas' **Nichte**.
Nina ist Tims **Cousine**.

rurgie Chirurgie, bei der jemandes Aussehen verbessert oder verändert wird

Pla·ta·ne *die; -, -n;* ein Baum mit großen Blättern und einem hellen Stamm || K- Platanenallee

Pla·tin *das; -s; nur Singular;* ein sehr hartes grauweißes Metall, das sehr wertvoll ist; *Chemie* Pt || K- Platinelektrode, Platinring, Platinschmuck

pla·to·nisch *Adjektiv;* nur freundschaftlich und nicht sexuell ⟨Liebe, eine Beziehung⟩

platt, *platter, plattest-; Adjektiv* **1** flach und breit ⟨etwas platt drücken⟩ **2** ohne Luft ⟨ein Reifen⟩ **3** *abwertend;* allgemein bekannt, also weder wichtig noch interessant ≈ banal, trivial **4** **platt sein** *umg;* sehr erstaunt sein: *Ich war einfach platt über ihr ungewöhnliches Geschenk*

platt·drü·cken *(hat)* ↑ **platt** (1)

Plat·te[1] *die; -, -n* **1** ein flaches, dünnes *meist* rechteckiges Stück aus einem harten Material || -K Kunststoffplatte, Marmorplatte; Tischplatte **2** *Kurzwort* ↑ **Schallplatte** ⟨eine Platte hören, spielen⟩ || K-Plattensammlung || -KJazzplatte; Langspielplatte **3** ein großer und flacher Teller für Speisen || -K Fleischplatte, Tortenplatte **4** gemischte Speisen auf einer Platte (3) || -K Grillplatte, Käseplatte, Salatplatte **5** *umg* ≈ Glatze || *zu* 1 **Plätt·chen** *das; -s, -*

Plat·te[2] *der; -n, -n; meist in* **einen Platten haben** keine Luft mehr in einem Reifen am Fahrrad, Auto *o.Ä.* haben

Plat·ten·spie·ler *der; -s, -;* ein Gerät, mit dem man Schallplatten spielt

Platt·form *die; -, -en* **1** eine Fläche (*z.B.* auf einem Turm), von der man nach unten sehen kann ⟨eine Plattform errichten, auf die Plattform (hinauf)steigen⟩ || -K Aussichtsplattform **2** *förmlich;* eine Art Programm, auf das sich eine Gruppe von Personen einigt (um damit in der Öffentlichkeit aktiv zu werden) ≈ Basis (1) ⟨eine gemeinsame Plattform finden, suchen, schaffen⟩

Platz A2 *der; -es, Plät·ze* **1** eine große Fläche, die vor einem Gebäude oder zwischen mehreren Häusern liegt: *Auf dem Platz vor dem Rathaus steht ein großer Brunnen* || -K Bahnhofsplatz, Domplatz, Dorfplatz **2** eine große Fläche im Freien, die einen bestimmten Zweck hat || -K Campingplatz, Fußballplatz, Golfplatz, Parkplatz, Sportplatz **3** **Platz (für jemanden/etwas)** *nur Singular;* ein Raum oder Bereich, in dem man sein kann oder den man mit etwas füllen kann ⟨keinen, viel, wenig Platz haben⟩: *Haben wir in diesem kleinen Auto zu fünft Platz?* || K- Platzmangel **4** ein Sitz (oder eine Stelle, an der man stehen kann) ⟨einen Platz suchen; Plätze reservieren lassen⟩: *Sind hier noch Plätze frei?* || K- Platzkarte, Platzreservierung || -K Sitzplatz, Stehplatz **5** die Position, die jemand in einem Wettkampf erreicht ⟨der erste, zweite Platz; den ersten Platz belegen, machen⟩ || -K Tabellenplatz **6** die Position oder die Stelle, wo man/etwas hingehört: *ein Buch an seinen Platz im Regal zurückstellen; seinen Platz in der Gesellschaft finden* || Hinweis: *meist* mit Possessivpronomen **7** die Möglichkeit für jemanden, regelmäßig zu einer Institution zu gehen oder an etws teilzunehmen: *Der Kindergarten hat noch ein paar Plätze frei; Hast du noch einen Platz im Segelkurs bekommen?* || -K Arbeitsplatz, Studienplatz **8** **Platz nehmen** ≈ sich setzen: *Bitte nehmen Sie Platz!* **9** **Platz behalten** ≈ sitzen bleiben: *Bitte behalten Sie Platz!* **10** **fehl am Platz(e) sein** zu etwas nicht passen ≈ deplatziert sein **11** **Platz!** verwendet, um einem Hund zu befehlen, dass er sich setzen oder legen soll || ID **ein Platz an der Sonne** **a** eine angenehme Situation oder Position; **b** Glück und Erfolg im Leben; **jemanden vom Platz fegen** *umg;* jemanden in einem Wettkampf sehr deutlich schlagen; **jemanden auf die Plätze verweisen** jemanden in einem Wettkampf besiegen

▶ Einen Platz anbieten

Möchte man jemandem einen Platz anbieten, so sagt man:

Der Platz ist frei. Bitte setzen Sie doch!
Nehmen Sie doch Platz!
Wollen Sie sich nicht setzen?
Darf ich Ihnen meinen Platz anbieten?

SPRECHEN UND SCHREIBEN

Platz·angst *die; -; nur Singular;* die Angst, die manche Menschen bekommen, wenn sie in einem (engen) geschlossenen Raum sind ≈ Klaustrophobie ⟨Platzangst haben, bekommen⟩

Plätz·chen *das; -s, -;* **1** ein kleiner Platz (1,3): *sich ein gemütliches/schattiges Plätzchen suchen* **2** ein kleines, flaches, süßes Gebäck ⟨Plätzchen backen⟩ || -K Weihnachtsplätzchen || Hinweis: *Plätzchen* bäckt man (normalerweise) selbst, *Kekse* kauft man

plat·zen; *platzte, ist geplatzt* **1** **etwas platzt** etwas geht plötzlich (*oft* mit einem Knall) kaputt, *meist* weil der Druck im Inneren zu stark ist ⟨der Reifen, der Luftballon, die Naht⟩ **2** **etwas platzt** *umg;* etwas hat keinen Erfolg und wird deshalb beendet ⟨eine Konferenz, die Verhandlungen⟩ **3** **etwas platzt** *umg;* etwas, das geplant ist, findet nicht statt ⟨jemand lässt eine Verabredung platzen⟩ **4** **vor etwas (fast/schier) platzen** *umg;* von einem starken, *meist* negativen Gefühl erfüllt sein ⟨vor Eifersucht, Neid, Neugier, Wut platzen⟩

plat·zie·ren; *platzierte, hat platziert* **1** **etwas irgendwohin platzieren** etwas an einen bestimmten Platz setzen, stellen oder legen **2** **etwas irgendwohin platzieren** *Sport;* den Ball so schießen oder werfen, dass er an eine ganz bestimmte Stelle kommt **3** **sich platzieren** *Sport;* in einem Wettkampf auf eine bestimmte Position kommen: *sich unter den ersten fünf Läufern platzieren* || *hierzu* **Plat·zie·rung** *die; -, -en*

Plạtz·re·gen *der; -s, -;* ein sehr starker Regen, der nicht lange dauert ⟨ein Platzregen geht nieder⟩

Plạtz·ver·weis *der; -es, -e;* die Entscheidung des Schiedsrichters, dass ein Spieler das Spielfeld verlassen muss ⟨einen Platzverweis bekommen, aussprechen/verhängen⟩

plau·dern B2 *plauderte, hat geplaudert;* **(mit jemandem) (über jemanden/etwas)/(von jemandem/etwas) plaudern** mit jemandem auf angenehme und freundliche Art sprechen, ohne etwas Wichtiges, Ernstes zu sagen ⟨gemütlich mit der Nachbarin plaudern⟩

Plausch *der; -(e)s, -e; meist Singular* **1** *bes südd* Ⓐ ≈ Gespräch ⟨einen Plausch mit jemandem halten⟩ **2** Ⓒⓗ ≈ Vergnügen, Spaß

plau·si·bel, *plausibler, plausibelst-; Adjektiv;* klar und verständlich ⟨ein Grund, eine Antwort; etwas plausibel erklären, begründen; etwas klingt plausibel⟩ || Hinweis: *plausibel → eine plausible Antwort* || *hierzu* **Plau·si·bi·li·tät** *die; -, -en*

Play-back, **Play·back** ['pleɪbɛk] *das; -; nur Singular;* eine Technik im Fernsehen, Radio *o.Ä.*, bei der der Ton nicht vom Sänger produziert wird, sondern vom Tonband kommt

plei·te *Adjektiv; nur nach dem Substantiv, ohne Steigerung, nicht als Adverb; umg* **1** ohne Geld, sodass die Rechnungen nicht mehr bezahlt werden können ≈ bankrott ⟨ein Unternehmen, eine Firma, ein Geschäftsmann⟩ **2** so, dass man im Moment kein Geld hat: *Kannst du mir 100 Euro borgen? - Ich bin nämlich total pleite*

Plei·te *die; -, -n; umg* **1** der Zustand, in dem ein Geschäft kein Geld mehr hat ≈ Bankrott ⟨(kurz) vor der Pleite stehen⟩ **2** etwas, das ohne Erfolg geblieben ist ≈ Fehlschlag, Reinfall: *Das Konzert war eine totale Pleite - Es kamen nur 200 Zuschauer* **3** **Pleite machen** ≈ Bankrott machen

Plẹ·xi·glas® *das; -es; nur Singular;* ein harter, durchsichtiger Kunststoff

Plọm·be *die; -, -n;* ein Material, mit dem man ein Loch im Zahn füllt || -K Goldplombe || *hierzu* **plom·bie·ren** *(hat)*

plötz·lich A2 *Adjektiv;* sehr schnell und überraschend: *Auf die plötzliche Änderung waren wir nicht vorbereitet* || *hierzu* **Plötz·lich·keit** *die; -; nur Singular*

plụmp, *plumper, plump(e)st-; Adjektiv* **1** so dick und schwer, dass man sich nicht leicht und geschickt bewegen kann **2** nicht höflich und ohne Rücksicht auf die spezielle Situation ⟨jemand benimmt sich plump⟩ **3** wenig intelligent ⟨eine Lüge⟩ || *hierzu* **Plụmp·heit** *die; -; nur Singular*

plụmp·sen; *plumpste, ist geplumpst;* **irgendwohin plumpsen** schwer (und laut) zu Boden oder ins Wasser fallen || *hierzu* **plụmps!** *Interjektion*

plụ̈n·dern; *plünderte, hat geplündert* **1** **(etwas) plündern** aus Geschäften und Häusern Dinge stehlen *(bes* im Krieg oder während einer Katastrophe) **2** **etwas plündern** *humorvoll;* (fast) alles wegnehmen, essen *o.Ä.*, was da ist ⟨den Kühlschrank plündern⟩ || *zu* 1 **Plụ̈n·de·rer** *der; -s, -;* **Plụ̈n·de·rung** *die; -, -en*

Plu·ral *der; -s, -e; meist Singular; Sprachwissenschaft;* die Form eines Wortes, die zeigt, dass von zwei oder mehr Personen oder Dingen gesprochen wird ≈ Mehrzahl ↔ Singular; *Abkürzung* Pl., Plur. ⟨den Plural eines Wortes bilden⟩: *„Männer" ist der Plural von „Mann"* || K- Pluralbildung, Pluralendung, Pluralform || Hinweis: Als Mehrzahl wird statt *Plurale oft Pluralformen* verwendet

plụs¹ B1 *Konjunktion; Mathematik;* das Zeichen +, das eine Addition anzeigt ≈ und ↔ minus: *Drei plus zwei ist (gleich) fünf* || K- Pluszeichen

plụs² B1 *Präposition; mit Nominativ oder Genitiv;* zusätzlich zur genannten Summe oder Menge ↔ minus: *Die Wohnung kostet 550 Euro plus Nebenkosten* || Hinweis: *meist* ohne Artikel verwendet: *plus Trinkgeld*

plụs³ B1 *Adverb* **1** verwendet, um auszudrücken, dass ein Wert größer als null ist ↔ minus: *Am Morgen waren es fünf Grad plus* (-+5°) **2** etwas besser als die angegebene (Schul)Note: *Er hat im Aufsatz die Note „Zwei* *plus" bekommen*

Plüsch·tier *das; -(e)s, -e;* ein weiches Spielzeug in Form eines Tieres ≈ Kuscheltier

Plus·pol *der; -s, -e; Physik;* der Pol (*bes* einer Batterie) mit positiver elektrischer Ladung ↔ Minuspol

Plus·quam·per·fekt B1 *das; -(e)s, -e; meist Singular;* die Form des Verbs, die mit dem Imperfekt von *sein* oder *haben* und dem Partizip Perfekt gebildet wird ≈ Vorvergangenheit ⟨ein Verb ins Plusquamperfekt setzen⟩: *„Er hatte gegessen" ist das Plusquamperfekt zu „er isst"*

Plu·to·ni·um *das; -s; nur Singular;* ein (radioaktives) chemisches Element, das man für Atombomben und in Atomkraftwerken verwendet; *Chemie* Pu

PLZ *Abkürzung für* Postleitzahl

Pneu *der; -s, -s;* (CH) ≈ Reifen

Po *der; -s, -s; umg* ≈ Gesäß || ↑ Abbildung unter **Körper**

Pö·bel *der; -s; nur Singular; abwertend;* verwendet als Bezeichnung für eine Gruppe von Menschen, die man als ungebildet, gemein, aggressiv *o.Ä.* betrachtet ≈ Mob

po·chen; *pochte, hat gepocht* **1** **etwas pocht** etwas ist in (regelmäßigen und kurzen) Abständen deutlich zu spüren ⟨ein pochender Schmerz; jemandem pocht das Blut in den Schläfen, das Herz im Hals⟩ **2** **(an etwas** *(Akkusativ)*) **pochen** *förmlich* ≈ klopfen (1) ⟨an die Tür pochen⟩ **3** **auf etwas** *(Akkusativ)* **pochen** energisch darauf hinweisen, dass man etwas hat und auch in Zukunft haben will ⟨auf ein Recht pochen⟩

Po·dest *das; -(e)s, -e* ≈ Podium || -K Siegerpodest

Po·di·um *das; -s, Po·di·en [-i̯ən];* eine Fläche, die höher ist als die Umgebung, damit man die Leute, die darauf sind, besser sehen und hören kann || K- Podiumsdiskussion; || -K Dirigentenpodium, Rednerpodium

Po·e·sie [poe'ziː] *die; -; nur Singular; förmlich* **1** die Kunst, Gedichte zu schreiben ≈ Lyrik, Dichtkunst ↔ Prosa **2** Gedichte, besonders solche, die angenehm zu lesen sind || *hierzu* **Po·et** *der; -en, -en;* **Po·e·tin** *die; -, -nen;* **po·e·tisch** *Adjektiv*

Poin·te ['po̯ɛ̃ːtə] *die; -, -n;* ein überraschender Schluss bei einer Geschichte oder einem Witz

Po·kal *der; -s, -e* **1** eine Art Becher (*meist* aus Metall), den ein Sportler oder eine Mannschaft nach dem Sieg bekommt || K- Pokalsieger, Pokalspiel **2** ein wertvoller Becher ≈ Kelch || -K Goldpokal

Pol *der; -s, -e* **1** der Punkt auf einem Planeten (*bes* der Erde), der am weitesten im Süden oder Norden ist, und das Gebiet um ihn herum || -K Nordpol, Südpol **2** eine der Stellen an einer Batterie, an der der Strom heraus- oder hineinfließt || -K Minuspol, Pluspol

po·lar *Adjektiv; ohne Steigerung, nicht als Adverb* **1** in Bezug auf einen der Pole (1) der Erde: *der Zustrom polarer Luftmassen* || K- Polarexpedition, Polargebiet, Polarforscher, Polarhimmel **2** *förmlich* ≈ gegensätzlich ⟨Meinungen, Kräfte⟩

Po·lar·kreis *der; -es, -e;* der (Breiten)Kreis, der im Norden und im Süden der Erde die gemäßigte von der polaren Klimazone trennt

po·le·misch *Adjektiv; förmlich;* (in einer Diskussion) unsachlich, jemanden persönlich angreifend

Po·lier *der; -s, -e;* ein Handwerker, der auf einer großen Baustelle die Arbeiten der Bauarbeiter organisiert und überwacht

po·lie·ren; *polierte, hat poliert;* **etwas polieren** etwas reiben, damit es sauber wird und glänzt ⟨einen Spiegel, einen Tisch, das Auto polieren⟩ || K- Poliermittel, Poliertuch

Po·li·kli·nik *die; -, -en;* eine Abteilung im Krankenhaus, in der die Patienten behandelt werden und sofort wieder nach Hause dürfen ≈ Ambulanz

Po·lio *die; -; nur Singular; Medizin;* eine gefährliche Kinderkrankheit, bei der Lähmungen auftreten ≈ Kinderlähmung || K- Polioimpfung

Po·li·tes·se *die; -, -n;* eine Angestellte einer Gemeinde (1), die (für die Polizei) *bes* kontrolliert, ob die Autos richtig parken

Po·li·tik, Po·li·tik A2 *die; -; nur Singular* **1** der Teil des öffentlichen Lebens, der das Zusammenleben der Menschen in einem Staat und die Beziehungen der Staaten bestimmt ⟨sich für Politik interessieren; sich mit Politik befassen; in die Politik gehen; die internationale Politik⟩ || -K Außenpolitik, Innenpolitik, Sozialpolitik, Wirtschaftspolitik **2** eine Form der Politik, die ein bestimmtes Programm zeigt ⟨eine konservative, eine liberale Politik⟩ **3** die Absichten, die jemand hat ≈ Taktik

Po·li·ti·ker, Po·li·ti·ker *der; -s, -;* jemand, der ein politisches Amt hat || *hierzu* **Po·li·ti·ke·rin** *die; -, -nen*

po·li·tisch, po·li·tisch B1 *Adjektiv* **1** in Bezug auf die Politik (1) ⟨der Gegner, jemandes

P

Gesinnung, die Lage, eine Partei, jemandes Überzeugung⟩: *jemanden aus politischen Gründen verfolgen* || -K außenpolitisch, innenpolitisch **2** mit politischem (1) Inhalt ⟨Dichtung, Kabarett, Lyrik⟩ **3** aus politischen (1) Gründen ⟨ein Verfolgter⟩

Po·li·tur [-'tuːɐ̯] *die; -, -en;* ein Mittel (*meist* eine Flüssigkeit), mit dem man *z.B.* Möbel poliert || -K Autopolitur, Möbelpolitur

Po·li·zei A1 *die; -; nur Singular* **1** eine staatliche Institution, die die Menschen vor Verbrechen schützt und Verbrechen aufklärt || K- Polizeiauto, Polizeibeamte(r), Polizeihund, Polizeirevier, Polizeiuniform || -K Kriminalpolizei, Verkehrspolizei **2** ein einzelner Polizist oder mehrere Polizisten ⟨die Polizei holen, rufen, verständigen⟩ **3** das Gebäude der Polizei || ID **jemandem die Polizei auf den Hals hetzen** *umg;* jemanden bei der Polizei anzeigen; **dümmer sein, als die Polizei erlaubt** *umg;* sehr dumm sein

Po·li·zei·stun·de *die; -, -n; meist Singular;* die Zeit, zu der Lokale nachts schließen müssen: *Um ein Uhr ist bei uns Polizeistunde*

Po·li·zist *der; -en, -en;* ein Mitglied der Polizei || -K Kriminalpolizist, Verkehrspolizist || *hierzu* **Po·li·zis·tin** *die; -, -nen*

Pols·ter *das,* (CH) (A) *der; -s, -;* **1** ein kleiner, weicher Gegenstand, auf dem man bequem sitzen oder liegen kann || K- Polstersessel **2** *umg;* das Geld, das man gespart hat ⟨ein finanzielles Polster⟩

Pol·ter·abend *der; -s, -e;* der Abend vor der Hochzeit, den man *meist* mit Freunden feiert

pol·tern; *polterte, hat gepoltert;* **etwas poltert** (*hat*) etwas macht beim Fallen laute und dumpfe Geräusche

Po·lyp *der; -en, -en;* **1** *meist Plural;* ein kleiner Zapfen, der an den Schleimhäuten *bes* der Nase wächst und beim Atmen stört ⟨Polypen haben; jemandem die Polypen herausnehmen⟩ **2** *umg abwertend* ≈ Polizist

Pom·mes ['pɔməs] *die; -; Plural; umg* ≈ Pommes frites

Pommes frites [pɔm'frɪt(s)] *die; -; Plural;* Kartoffeln, die in kurze, dünne Stücke geschnitten sind und in Fett gebacken werden ⟨eine Portion Pommes frites⟩

Pomp *der; -(e)s; nur Singular; abwertend* ≈ Prunk ⟨etwas mit großem Pomp tun⟩ || *hierzu* **pom·pös** *Adjektiv*

Po·ny[1] ['pɔni] *das; -s, -s;* ein Tier, das zu einer Rasse von Pferden gehört, die ziemlich klein sind

Po·ny[2] ['pɔni] *der; -s, -s;* eine Frisur, bei der die glatten Haare vom Kopf her auf die Stirn fallen ⟨einen Pony haben⟩

Po·pel *der; -s, -; umg;* ein kleines Stück der weichen Masse (= Schleim), die sich in der Nase bildet

po·pe·lig *Adjektiv; umg abwertend* ≈ geizig, knauserig ⟨ein Geschenk⟩

Po·po *der; -s, -s; umg* ≈ Po, Gesäß

po·pu·lär *Adjektiv* **1** bekannt und beliebt ⟨eine Auffassung, ein Politiker; durch etwas populär werden⟩ **2** so, dass viele Menschen es verstehen können ⟨eine Darstellung⟩ || *hierzu* **Po·pu·la·ri·tät** *die; -; nur Singular*

Po·re *die; -, -n; meist Plural;* eine sehr kleine Öffnung, *bes* in der Haut oder in einem Schwamm ⟨große, verstopfte Poren; jemandem bricht der Schweiß aus allen Poren⟩

Por·no *der; -s, -s; umg;* ein Buch, ein Film *o.Ä.*, die Pornografie (1) enthalten || K- Pornoheft, Pornofilm, Pornokino

Por·no·gra·fie, **Por·no·gra·phie** [-gra'fiː] *die; -; nur Singular* **1** eine Darstellung der Sexualität, die die moralischen Vorstellungen der Gesellschaft verletzt **2** ein Buch, Film *o.Ä.*, die Pornografie (1) enthalten || *hierzu* **por·no·gra·fisch**, **por·no·gra·phisch** *Adjektiv*

po·rös, *poröser, porösest-; Adjektiv; nicht als Adverb;* mit sehr kleinen Löchern, sodass Wasser oder Luft durchkommt ⟨eine Dichtung, ein Gestein⟩

Por·tal *das; -s, -e;* ein großer Eingang zu einem wichtigen Gebäude ⟨das Portal einer Kirche⟩ || -K Domportal, Kirchenportal, Schlossportal

Porte·mon·naie A2 [pɔrtmɔ'neː] *das; -s, -s;* eine kleine Tasche für das Geld, das man bei sich hat

Por·ti·er [pɔr'ti̯eː] *der; -s, -s;* jemand, dessen Aufgabe es ist, in großen Hotels die Gäste zu empfangen || -K Hotelportier

Por·ti·on B1 [-'tsi̯oːn] *die; -, -en* **1** die Menge Essen, die für eine Person bestimmt ist ⟨eine Portion Eis, Kartoffelsalat⟩ **2** **eine Portion Kaffee/Tee** zwei Tassen (ein Kännchen) Kaffee/Tee || ID **eine halbe Portion** *umg humorvoll;* jemand, der klein und dünn ist; **Dazu gehört eine gehörige Portion** ⟨Frechheit, Glück, Mut⟩ dazu braucht man viel (Frechheit, Glück, Mut) || *zu* 1 **por·ti·o·nie·ren** (*hat*)

Port·mo·nee *das; -s, -s;* ↑ **Portemonnaie**

Por·to A2 *das; -s, -s;* das Geld, das man zahlt, wenn man jemandem einen Brief, ein Paket schicken will || -K Briefporto, Paketporto

Por·trät [-'trɛː] *das; -s, -s* **1** ein Bild oder Foto, auf dem man Kopf und Brust eines Menschen sieht ⟨von jemandem ein Porträt machen, malen⟩ || K- Porträtbild, Porträtfoto, Porträtkunst, Porträtmaler || -K Familienporträt, Kinderporträt, Selbstporträt **2** ein kurzer Text, in dem jemandes Charakter oder Leben dargestellt wird || *hierzu* **por·trä·tie·ren** *(hat)*

Por·zel·lan B2 *das; -s, -e;* eine harte weiße Substanz, aus der *bes* Teller und Tassen gemacht sind ⟨Porzellan brennen⟩ || K- Porzellanfigur, Porzellangeschirr || ID **viel Porzellan zerschlagen** *umg;* unfreundlich und unhöflich sein (und daher die Beziehungen zu anderen schlechter werden lassen, oder keinen Erfolg haben)

Po·sau·ne *die; -, -n;* ein großes Blasinstrument aus Metall mit einem langen Rohr, das man beim Spielen verschieben kann, um so den Ton zu ändern || ↑ Abbildung unter **Blasinstrumente**

Po·se *die; -, -n;* die Haltung, in der jemand sitzt, steht oder liegt, *bes* wenn er fotografiert oder gemalt wird ⟨eine Pose einnehmen, annehmen⟩ || *hierzu* **po·sie·ren** *(hat)*

Po·si·ti·on B2 [-'tsioːn] *die; -, -en* **1** die Aufgabe oder die Funktion, die jemand in einem Betrieb oder einer Organisation hat ⟨eine leitende, wichtige Position haben⟩ || -K Führungsposition, Machtposition **2** ein bestimmter Platz in einer Reihenfolge || -K Spitzenposition **3** *meist Singular;* der Ort oder die Stelle, an denen etwas (zu einer bestimmten Zeit) ist ⟨die Position eines Schiffes berechnen⟩ **4** die Situation, in der jemand ist ≈ Lage ⟨sich in einer günstigen Position befinden⟩ **5** die Meinung, die man zu einem Thema hat ≈ Standpunkt ⟨eine Position beziehen⟩ **6** ein einzelner Punkt, Gegenstand auf einer Liste

po·si·tiv, po·si·tiv A2 [-f] *Adjektiv* **1** so, dass der Betreffende etwas akzeptiert ↔ ablehnend ⟨eine Antwort, ein Bescheid, eine Haltung⟩ **2** angenehm oder so, wie es sein sollte ≈ günstig ⟨ein Einfluss, ein Ergebnis; etwas wirkt sich positiv aus⟩ **3** *Medizin;* mit einem Ergebnis, das einen Verdacht bestätigt ↔ negativ ⟨ein Befund⟩ **4** *Mathematik;* größer als null ↔ negativ ⟨eine Zahl⟩

Pos·se *die; -, -n;* ein einfaches Theaterstück oder eine Situation, die durch Verwechslungen, lächerliches Benehmen oder unwahrscheinliche Zufälle lustig sind || ID **Possen reißen** dumme Witze machen || Hinweis: ↑ **Lustspiel** || *hierzu* **pos·sen·haft** *Adjektiv*

Pos·ses·siv·pro·no·men [-f-] *das; -s, - oder -mina; Sprachwissenschaft;* ein Pronomen, mit dem man eine Zugehörigkeit ausdrückt: *„Mein", „dein" und „sein" sind Possessivpronomina*

Post®[1] *die; -; nur Singular* **1** ein Unternehmen, das *bes* Briefe und Pakete befördert ⟨etwas mit der Post schicken⟩ **2** ein Gebäude, in dem die Post (1) ist ≈ Postamt ⟨zur Post gehen⟩: *Wann macht die Post auf?* || ID **'ab (geht) die Post** *umg;* verwendet, wenn jemand sofort losfährt oder losfahren soll oder wenn etwas sofort beginnt oder beginnen soll

Post[2] *die; -; nur Singular;* die Briefe, Pakete *usw*, die die Post[1] (1) befördert, liefert ⟨die heutige Post; Post bekommen⟩: *Ist Post für mich da?* || K- Postbote, Postsendung, Poststempel || -K Eilpost, Geschäftspost, Luftpost

Post·amt B2 *das; -(e)s, -äm·ter* ≈ Post[1] (2) || Hinweis: Statt *Postamt* sagt man üblicherweise einfach *Post*

Post·bo·te *der; -n, -n* ≈ Briefträger || *hierzu* **Post·bo·tin** *die; -, -nen*

Pos·ten[1] *der; -s, -;* ein Arbeitsplatz in einer Firma oder Institution || -K Direktorposten

Pos·ten[2] *der; -s, -;* eine Person, die etwas bewacht oder schützt || -K Grenzposten || ID **auf verlorenem Posten sein/stehen/kämpfen** *umg;* ohne Erfolg für etwas kämpfen; **wieder auf dem Posten sein** *umg;* wieder gesund sein

Pos·ten[3] *der; -s, -;* eine bestimmte Menge einer Ware: *einen größeren Posten Hosen auf Lager haben*

Post·fach B1 *das; -(e)s, -fä·cher* **1** ein Fach[1] in einem Postamt, in dem die Briefe, die jemand bekommt, liegen bleiben, bis er sie holt **2** (in einem Büro, Hotel) ein Fach[1] für Briefe und Nachrichten

pos·tie·ren; *postierte, hat postiert;* **jemanden/sich irgendwo postieren** jemanden/sich an einen Ort stellen, *meist* um dort etwas zu bewachen: *einen Polizisten am Eingang postieren*

Post·kar·te B1 *die; -, -n* **1** eine Karte mit einem Bild, die man jemandem *bes* aus dem Urlaub schickt ≈ Ansichtskarte **2** eine Karte mit einer kurzen Nachricht, die man (ohne Umschlag) mit der Post schickt ↔ Brief

post·la·gernd B2 *Adjektiv;* ⟨ein Brief, ein Paket⟩ so, dass sie so lange auf dem Postamt bleiben, bis der Empfänger sie holt

Post·leit·zahl B2 *die; -, -en;* die Zahl, mit der man auf Briefen, Paketen *o.Ä.* einen Ort (oder

Teil eines Ortes) kennzeichnet

Pöst·ler *der; -s, -;* (CH) ≈ Briefträger

post·wen·dend *Adjektiv; meist als Adverb* **1** mit der nächsten (Post)Sendung ⟨etwas postwendend zurückschicken; jemandem postwendend antworten⟩ **2** *umg* ≈ sofort

po·tent, *potenter, potentest-; Adjektiv* **1** fähig zum Sex (und dazu, Kinder zu zeugen) ↔ impotent ⟨ein Mann⟩ **2** mit viel Geld ≈ finanzstark, zahlungskräftig ⟨ein Geldgeber, ein Geschäftspartner⟩

po·ten·ti·ell [-'tsi̯ɛl] ↑ **potenziell**

Po·tenz *die; -, -en* **1** *nur Singular;* die Eigenschaft, potent zu sein **2** *Mathematik;* die Zahl, die man erhält, wenn man eine Zahl (mehrere Male) mit sich selbst multipliziert ⟨die zweite, dritte *usw* Potenz; mit Potenzen rechnen⟩: *Die fünfte Potenz von zehn wird als* 10^5 *(„zehn hoch fünf") geschrieben*

po·ten·zi·ell *Adjektiv; förmlich* ≈ möglich ⟨eine Bedrohung, eine Gefahr⟩

po·ten·zie·ren; *potenzierte, hat potenziert* **1** **etwas potenzieren** *Mathematik;* eine Zahl (mehrere Male) mit sich selbst multiplizieren **2** **etwas potenzieren** *förmlich;* etwas intensiver machen ⟨die Bemühungen, die Leistungen, die Wirkung potenzieren⟩ || *hierzu* **Po·ten·zie·rung** *die; -; nur Singular*

Pot·pour·ri ['pɔtpʊri] *das; -s, -s;* ein Musikstück, das aus mehreren, *meist* bekannten Liedern *usw* besteht || -K Schlagerpotpourri

Pou·let [pu'le:] *das; -s, -s;* (CH) ≈ Hühnchen, Hähnchen

P

PR [pe:'|ɛr] *ohne Artikel; (Abkürzung für* Public Relations) alles, womit man über ein Produkt oder über eine Institution informiert, um dafür zu werben ⟨PR machen⟩ || K- PR-Abteilung, PR-Manager

Pracht *die; -; nur Singular;* große Schönheit oder Luxus, großer Aufwand ⟨verschwenderische, üppige Pracht⟩ || -K Blütenpracht

Pracht·ex·emp·lar *das; -s, -e; umg, oft humorvoll;* eine Person oder Sache, die alle Eigenschaften hat, die man sich wünscht: *ein Prachtexemplar von einem Schäferhund*

präch·tig *Adjektiv* **1** mit großer Pracht ≈ prachtvoll ⟨eine Kirche, ein Schloss⟩ **2** sehr gut ⟨das Wetter, ein Buch; sich prächtig mit jemandem unterhalten, verstehen⟩

Prä·di·kat *das; -(e)s, -e* **1** eine Bezeichnung, die aussagt, von welch guter Qualität etwas ist: *Qualitätswein mit Prädikat* **2** *Sprachwissenschaft;* der Teil des Satzes, der etwas über das Subjekt aussagt (*meist* das Verb oder das Verb plus Objekt) ≈ Satzaussage

prä·di·ka·tiv [-f] *Adjektiv;* ⟨ein Adjektiv⟩ so, dass es einer Form von *sein* oder *werden* folgt, wie in *Er ist glücklich*

Prä·fix *das; -es, -e; Sprachwissenschaft;* ein Wortteil, der vor ein anderes Wort gesetzt wird ↔ Suffix: *das Präfix „un-" in dem Wort „unfreundlich"* || K- Präfixverb

prä·gen; *prägte, hat geprägt* **1** **etwas (auf/in etwas** *(Akkusativ)***) prägen** ein Bild oder eine Schrift in festes Material pressen **2** **Münzen prägen** Münzen herstellen **3** **etwas prägt jemanden/etwas** etwas hat für lange Zeit einen starken Einfluss auf jemanden/etwas **4** **etwas prägen** etwas in der Sprache neu bilden ⟨ein Schlagwort prägen⟩ || *hierzu* **Prä·gung** *die; -, -en*

prag·ma·tisch *Adjektiv;* so, dass sich eine Person an die gegebenen Tatsachen und an die konkrete Situation denkt und entsprechend handelt ⟨pragmatisch denken, handeln⟩

präg·nant, *prägnanter, prägnantest-; Adjektiv;* so formuliert, dass das Wichtigste mit wenigen Worten genau gesagt wird ↔ umständlich ⟨ein Stil, ein Beispiel; etwas kurz und prägnant formulieren⟩

prah·len; *prahlte, hat geprahlt;* **(mit etwas) prahlen** mit großem Stolz erzählen, was man alles hat oder geleistet hat: *mit Erfolgen prahlen* || *hierzu* **prah·le·risch** *Adjektiv*

prak·ti·ka·bel, *praktikabler, praktikabelst-; Adjektiv;* ⟨eine Lösung, ein Vorschlag, Methoden⟩ so, dass sie auch in die Praxis umgesetzt werden können ≈ brauchbar, zweckmäßig || Hinweis: *praktikabel* → *praktikable Vorschläge*

Prak·ti·kant *der; -en, -en;* jemand, der ein Praktikum macht || *hierzu* **Prak·ti·kan·tin** *die; -, -nen*

Prak·ti·ker *der; -s, -;* **1** jemand mit praktischer Erfahrung auf einem bestimmten Gebiet oder jemand, der sehr praktisch (3) veranlagt ist ↔ Theoretiker ⟨ein reiner Praktiker sein⟩ **2** *umg* ≈ praktischer Arzt || *hierzu* **Prak·ti·ke·rin** *die; -, -nen*

Prak·ti·kum B1 *das; -s, Prak·ti·ka;* ein Teil einer Ausbildung in einem Betrieb, der dazu dient, dort Erfahrungen zu sammeln ⟨ein Praktikum machen⟩ || -K Betriebspraktikum

prak·tisch B2 *Adjektiv* **1** in Bezug auf die konkrete Praxis[1] (1) ↔ theoretisch ⟨Erfahrungen; etwas praktisch erproben⟩: *ein Pro-*

blem durch ein praktisches Beispiel erklären **2** für einen bestimmten Zweck gut geeignet ⟨Hinweise; Kleidung⟩: *Diese Schuhe sind nicht modisch, aber sehr praktisch* **3** fähig, die Probleme des täglichen Lebens gut zu lösen ≈ geschickt ⟨ein Mensch; praktisch denken⟩ **4** **ein praktischer Arzt** ein Arzt, der sich (anders als *z.B.* ein Augenarzt) nicht spezialisiert hat

prak·ti·zie·ren; *praktizierte, hat praktiziert* **1** **etwas praktizieren** etwas im Alltag, in der Praxis[1] (1) anwenden ⟨eine Methode praktizieren⟩ **2** **(etwas) praktizieren** so leben, dass man die Regeln einer Religion beachtet ⟨ein praktizierender Katholik, Jude⟩ **3** **(als Arzt) praktizieren** als Arzt (in der eigenen Praxis) tätig sein ⟨als Frauenarzt, Zahnarzt praktizieren⟩

Pra·li·ne *die; -, -n;* ein kleines Stück Schokolade, das mit einer Masse gefüllt ist

prall *Adjektiv* **1** sehr voll und deshalb so, dass die Oberfläche fest gespannt ist ⟨ein Ball, ein Kissen, ein Segel⟩ **2** **in der prallen Sonne** ⟨liegen, sitzen⟩ ohne Schutz vor der Sonne, nicht im Schatten

Prä·mie B2 *[-i̯ə] die; -, -n* **1** eine Summe Geld, die jemand einmal (als Preis) für eine besondere Leistung bekommt: *eine Prämie für das Werben eines neuen Abonnenten* || -K Fangprämie, Kopfprämie, Risikoprämie, Treueprämie **2** das Geld, das jemand (regelmäßig) für seine Versicherung zahlt ≈ Beitrag ⟨die Prämie ist fällig; die Prämien erhöhen⟩ || -K Versicherungsprämie **3** Ⓓ das Geld, das eine Bank oder der Staat demjenigen zahlt, der regelmäßig Geld auf ein besonderes Konto zahlt (um *z.B.* für den Bau eines eigenen Hauses zu sparen) || K- prämienbegünstigt || -K Bausparprämie, Sparprämie

prä·mie·ren; *prämierte, hat prämiert;* **jemanden/etwas (für etwas) prämieren** jemandem/etwas für eine besondere Leistung einen Preis geben ≈ auszeichnen || *hierzu* **Prä·mie·rung** *die; -, -en*

Pran·ke *die; -, -n* **1** einer der (Vorder)Füße eines Löwen, Bären *o.Ä.* ≈ Tatze || K- Prankenhieb || -K Löwenpranke **2** *umg abwertend oder humorvoll;* eine große, kräftige Hand

Prä·pa·rat *das; -(e)s, -e;* ein (Heil)Mittel, *bes* eines, das chemisch hergestellt ist ⟨ein wirksames Präparat⟩

Prä·po·si·ti·on *[-'tsi̯o:n] die; -, -en; Sprachwissenschaft;* ein Wort, das *meist* vor einem Substantiv (*oft* mit Artikel) oder Pronomen steht und Adverbiale oder Ergänzungen bildet: *Im Satz „Das Buch lag auf dem Tisch" ist „auf" eine Präposition* || ↑ Illustration **Präpositionen**

Prä·sens A1 *das; -; nur Singular; Sprachwissenschaft;* eine grammatische Kategorie beim Verb. Die Formen des Präsens von *gehen* sind *ich gehe, du gehst, er geht, wir gehen usw.* Mit dem Präsens wird *z.B.* ausgedrückt, dass etwas gerade geschieht oder dass etwas immer der Fall ist ⟨das Verb steht im Präsens⟩

prä·sent *Adjektiv* **1** *nicht als Adverb; förmlich* ≈ anwesend ↔ abwesend ⟨stets präsent sein⟩ **2** **etwas präsent haben** fähig sein, sich an etwas Bestimmtes zu erinnern ≈ etwas im Kopf haben

Prä·sent *das; -(e)s, -e; förmlich* ≈ Geschenk ⟨jemandem ein Präsent machen, überreichen; jemandem etwas zum Präsent machen⟩ || K- Präsentkorb

Prä·sen·ta·ti·on *[-'tsi̯o:n] die; -, -en;* eine Veranstaltung, bei der etwas Neues vorgestellt wird || -K Buchpräsentation

prä·sen·tie·ren; *präsentierte, hat präsentiert* **1** **(jemandem) etwas präsentieren** *förmlich oder ironisch;* jemandem etwas anbieten oder geben ⟨jemandem ein Geschenk, die Rechnung präsentieren⟩ **2** **(jemandem) jemanden/sich/etwas präsentieren** jemanden/sich/etwas einer anderen Person bewusst und stolz zeigen: *den Eltern die neue Freundin präsentieren* **3** **das Gewehr präsentieren** *Militär;* gerade stehen und das Gewehr senkrecht vor dem Körper halten

Prä·senz *die; -; nur Singular; förmlich* ≈ Anwesenheit ↔ Abwesenheit ⟨sich jemandes Präsenz bewusst sein, werden⟩

Prä·si·dent *der; -en, -en;* ein Mann, der an der Spitze eines Staates oder einer großen Organisation steht ⟨einen Präsidenten wählen⟩: *der Präsident der Vereinigten Staaten* || K- Präsidentenwahl || -K Bundespräsident, Regierungspräsident || Hinweis: vor Namen steht *Präsident* ohne Endung: *Er empfing Präsident Sarkozy* || *hierzu* **Prä·si·den·tin** *die; -, -nen;* **Prä·si·dent·schaft** *die; -, -en; meist Singular*

pras·seln; *prasselte, hat geprasselt* **1** **etwas prasselt (irgendwohin)** etwas fällt mit vielen lauten, kurzen Geräuschen irgendwohin: *Der Regen prasselte aufs Dach* **2** **etwas prasselt** etwas brennt stark und macht dabei laute Geräusche ⟨das Feuer, die Flammen⟩

pras·sen; *prasste, hat geprasst;* gut leben und dafür sehr viel Geld ausgeben ↔ sparen

Prä·te·ri·tum B1 *das; -s, Prä·te·ri·ta; Sprachwissenschaft* ≈ Imperfekt

P

prä·ven·tiv [-f] *Adjektiv;* dazu bestimmt, etwas Unangenehmes (*bes* eine Krankheit oder Krieg) zu verhindern ≈ vorbeugend, prophylaktisch ⟨Maßnahmen⟩ || K Präventivmaßnahme || *hierzu* **Prä·ven·ti·on** *die; -, -en*

Pra·xis[1] *die; -; nur Singular* **1** das konkrete Tun und Handeln ⟨etwas durch die Praxis bestätigen; Beispiele aus der Praxis⟩ || K Praxisbezug; praxisorientiert **2** die Erfahrung, die jemand in einem bestimmten Bereich (*bes* im Beruf) hat ⟨(viel, wenig, keine) Praxis haben⟩: *Dafür brauchen wir eine Person mit langjähriger Praxis* || -K Berufspraxis, Fahrpraxis

Pra·xis[2] *die; -, Pra·xen;* die Räume, in denen ein Arzt oder Rechtsanwalt arbeitet || -K Anwaltspraxis

Pra·xis·ge·bühr *die; -, -en;* eine Gebühr, die ein Patient in jedem Vierteljahr neu bezahlen muss, wenn er zu einem Arzt geht || Hinweis: Dies gilt nur für Patienten, die in einer gesetzlichen Krankenkasse versichert sind

Prä·ze·denz·fall *der; -(e)s, -fälle; förmlich;* ein Fall, dessen Ausgang (*z.B.* vor Gericht) als Beispiel für zukünftige, ähnliche Fälle dient ⟨einen Präzedenzfall schaffen⟩

prä·zis, prä·zi·se *Adjektiv;* genau und korrekt und mit den notwendigen Details ↔ vage ⟨eine Beschreibung, eine Formulierung; etwas präzis berechnen⟩ || *hierzu* **Prä·zi·si·on** *die; -; nur Singular*

pre·di·gen; *predigte, hat gepredigt* **1** **(etwas) predigen** als Pfarrer in der Kirche über religiöse Themen sprechen **2** **(jemandem) etwas predigen** *umg;* jemandem immer wieder sagen, wie er sich verhalten soll ⟨Sparsamkeit, Moral predigen⟩ || *hierzu* **Pre·di·ger** *der; -s, -;* **Pre·digt** *die; -, -en*

P

Preis[1] A2 *der; -es, -e;* **der Preis (für etwas)** die Summe Geld, für die jemand etwas kauft, verkauft ⟨ein hoher, niedriger, günstiger, angemessener Preis; die Preise steigen, sinken, schwanken, sind stabil; die Preise erhöhen, reduzieren, senken; einen Preis verlangen⟩ || K Preiserhöhung, Preisermäßigung, Preisliste, Preissteigerung || -K Benzinpreis, Fahrpreis || ID **etwas hat seinen Preis** etwas Positives kann nur erreicht werden, wenn man dafür auch etwas Negatives in Kauf nimmt; **um jeden Preis** ≈ unbedingt: *Er will um jeden Preis gewinnen;* **um keinen Preis** überhaupt nicht

> **▶ Nach dem Preis fragen**
>
> Wenn man nach dem Preis einer Ware fragen möchte, so sagt man beispielsweise:
>
> **Was kosten bitte die Äpfel?**
> **Was kostet denn diese Waschmaschine?**
> **Wie teuer ist das denn?**
> **Können Sie mir sagen, was / wie viel das kostet?**
> **Entschuldigung, was kostet diese Armbanduhr, bitte?**
>
> SPRECHEN UND SCHREIBEN

Preis[2] A2 *der; -es, -e* **1** eine Auszeichnung (oder Belohnung) für eine sehr gute Leistung ⟨jemandem einen Preis verleihen⟩ || K Preisverleihung || -K Literaturpreis, Nobelpreis **2** etwas, das man bei einem Spiel, einer Verlosung *o.Ä.* gewinnt ⟨der erste, zweite *usw* Preis; einen Preis gewinnen⟩ || K Preisrätsel

Preis|aus·schrei·ben *das; -s, -;* ein Wettbewerb, bei dem derjenige einen Preis[2] gewinnen kann, der die gestellten Aufgaben gelöst hat ⟨an einem Preisausschreiben teilnehmen; bei einem Preisausschreiben mitmachen⟩

preis·be·wusst *Adjektiv;* ⟨ein Kunde⟩ so, dass er beim Einkaufen die Preise vergleicht, um günstig zu kaufen

prei·sen; *pries, hat gepriesen; förmlich* **1** **jemanden/etwas preisen** ≈ loben: *Der Kritiker pries die Inszenierung in den höchsten Tönen* **2** **sich glücklich preisen (können)** glücklich über etwas sein (können)

Preis·fra·ge *die; -, -n* **1** eine Frage, die man in einem Preisausschreiben *o.Ä.* beantworten muss **2** *umg;* ein Problem, das nur sehr schwierig zu lösen ist: *Wie es jetzt weitergeht, das ist die Preisfrage* **3** eine Entscheidung, die davon abhängt, wie hoch der Preis[1] ist: *Ob wir diese Wohnung kaufen, ist eine Preisfrage*

preis·ge·krönt *Adjektiv; nicht als Adverb;* ⟨ein Dichter, ein Film, ein Roman⟩ so gut, dass sie einen oder mehrere Preise[2] bekommen haben

Preis·la·ge *die; -, -n;* die Höhe des Preises[1] für eine Ware oder Leistung: *ein Hotel mittlerer Preislage*

preis·lich *Adjektiv; nur vor dem Substantiv oder als Adverb;* in Bezug auf den Preis[1] ⟨ein preislich günstiges Angebot⟩

Preis·trä·ger *der; -s, -;* jemand, der einen Preis[2] bekommen hat || *hierzu* **Preis·trä·ge·rin** *die; -, -nen*

preis·wert B1 *Adjektiv;* billig im Verhältnis zur Qualität ⟨preiswert einkaufen⟩

prel·len; *prellte, hat geprellt;* **sich** (*Dativ*) **etwas prellen** so stark gegen etwas stoßen, dass man starke Schmerzen hat und ein blauer

Fleck auf der Haut entsteht || *hierzu* **Prel·lung** *die; -, -en*

Pre·mi·er [prə'mie:] *der; -s, -s; Kurzwort* ↑ **Premierminister**

Pre·mi·e·re [pre'mie:rə] *die; -, -n* **1** die erste öffentliche Vorführung eines Theaterstücks, Films *o.Ä.* ⟨etwas hat Premiere⟩ || K Theaterpremiere **2** *umg humorvoll;* das erste Mal, dass man etwas tut

Pre·mi·er·mi·nis·ter [prə'mie:-] *der; -s, -;* (in manchen Ländern) der Chef der Regierung ⟨der britische, französische Premierminister⟩ || *hierzu* **Pre·mi·er·mi·nis·te·rin** *die; -, nen*

pre·schen; *preschte, ist geprescht;* **(irgendwohin) preschen** *umg;* sehr schnell irgendwohin laufen oder fahren

Pres·se *die; -; nur Singular* **1** alle Zeitungen und Zeitschriften in einem Land ⟨die deutsche Presse⟩ || K Pressebericht || K Auslandspresse **2** die Redakteure, Journalisten *usw* bei Fernsehen, Rundfunk und Zeitungen **3** **eine gute/schlechte Presse haben** von den Zeitungen *o.Ä.* gut/schlecht beurteilt werden

▶ Die Presse in Deutschland

Wichtige Tageszeitungen in Deutschland sind die **Süddeutsche Zeitung** (München), die **Frankfurter Allgemeine** (Frankfurt am Main) und **Die Welt** (Hamburg). Die Tageszeitung mit der größten Auflage ist **Bild**, eine Zeitung, die sensationelle Nachrichten aus aller Welt mit Klatsch über Stars und Prominente kombiniert. **Die Zeit** (Hamburg) ist eine Wochenzeitung von hohem Niveau, die ausführliche Berichte über alle möglichen Themen enthält.
Der Spiegel (Hamburg) und **Focus** (München) sind wöchentlich erscheinende Zeitschriften, die sehr ausführliche Informationen über aktuelle Themen der Politik, Wirtschaft und Kultur bieten. Immer wieder werden in ihnen auch Skandale aufgedeckt. Andere Zeitschriften, die solche Informationen mit Unterhaltung mischen, sind die Illustrierten **Bunte** und **Stern**.

LANDESKUNDE

Pres·se·er·klä·rung *die; -, -en;* ein gedruckter Text (zu einem aktuellen Ereignis), den jemand der Presse übergibt ⟨eine Presseerklärung abgeben⟩

Pres·se·kon·fe·renz *die; -, -en;* ein Treffen, bei dem jemand (*meist* ein Pressesprecher) den Journalisten Informationen zu einem aktuellen Ereignis gibt ⟨auf einer Pressekonferenz⟩

pres·sen; *presste, hat gepresst* **1** **etwas pressen** etwas mit starkem Druck herstellen oder in eine bestimmte Form bringen ⟨Briketts, Stroh pressen⟩ **2** **etwas pressen** etwas durch starken Druck glatt oder flach machen: *in einem Buch Blumen pressen* **3** **etwas pressen** *bes* Obst kräftig drücken, damit man daraus eine Flüssigkeit bekommt ⟨Trauben, Zitronen, Oliven pressen⟩ **4** **jemanden/etwas irgendwohin pressen** jemanden/etwas mit großer Kraft irgendwohin drücken: *den Gegner an die Wand pressen; die Luft durch die Nase pressen*

Pres·se·spre·cher *der; -s, -;* ein Vertreter einer Behörde, Firma, Partei *o.Ä.*, dessen Aufgabe es ist, Informationen an die Presse weiterzugeben || *hierzu* **Pres·se·spre·che·rin** *die; -, -nen*

pres·sie·ren B2 *pressierte, hat pressiert* **1** **es pressiert (jemandem) (mit etwas)** *umg;* etwas ist (für jemanden) sehr eilig: *Mit dieser Entscheidung pressiert es dir aber sehr* **2** (CH) ≈ sich beeilen

Pres·ti·ge [prɛs'ti:ʒ(ə)] *das; -s; nur Singular;* der Respekt, den man vor einer Person hat, die gute Leistungen und gute Arbeit bringt || K Prestigeverlust

pri·ckeln; *prickelte, hat geprickelt;* **etwas prickelt** etwas verursacht ein Gefühl, als ob viele feine Nadeln leicht in die Haut stechen würden: *Meine Finger prickeln vor Kälte*

pries *Imperfekt, 1. und 3. Person Singular;* ↑ **preisen**

Pries·ter *der; -s, -;* **1** ein Mann, der (*bes* in der katholischen Kirche) die Messe hält **2** jemand, der ein religiöses Amt hat: *die Priester im Tempel des Zeus* || K Priesteramt || *hierzu* **pries·ter·lich** *Adjektiv;* **Pries·ter·schaft** *die; -; nur Singular;* **Pries·ter·tum** *das; -s; nur Singular;* zu 2 **Pries·te·rin** *die; -, -nen*

pri·ma B1 *Adjektiv; indeklinabel; umg* ≈ sehr gut: *ein prima Sportler; Das Wetter ist prima*

pri·mi·tiv [-f] *Adjektiv* **1** in der Entwicklung auf einem niedrigen Niveau ⟨ein Lebewesen⟩ **2** sehr einfach ↔ kompliziert ⟨eine Waffe, Werkzeuge, eine Methode⟩ **3** nur mit solchen Dingen, die man unbedingt zum Leben braucht ⟨eine Unterkunft, Verhältnisse; primitiv leben⟩ **4** *abwertend;* geistig auf niedrigem Niveau ⟨ein Witz⟩ || *hierzu* **Pri·mi·ti·vi·tät** [-v-] *die; -; nur Singular*

Prim·zahl *die; -, -en; Mathematik;* eine ganze Zahl, die man nur durch 1 und sich selbst teilen kann, *z.B.* 11, 19, 37

Print·me·di·en *die; nur Plural;* Zeitungen, Zeitschriften und Bücher im Gegensatz zu Radio, Fernsehen *usw*

P

Prinz *der; -en, -en;* der Sohn oder ein anderer naher Verwandter eines Königs oder eines Fürsten || *hierzu* **Prin·zes·sin** *die; -, -nen*

Prin·zip *das; -s, Prin·zi·pi·en* [-pi̯ən] **1** eine Regel *o.Ä.*, nach der eine Person oder eine Gruppe lebt ≈ Grundsatz ⟨demokratische, sittliche Prinzipien; Prinzipien haben; seinen Prinzipien treu bleiben, untreu werden⟩: *nach dem Prinzip der Gleichberechtigung handeln* || K- prinzipientreu || -K Gleichheitsprinzip, Grundprinzip, Lebensprinzip **2** die Idee *bzw* die Gesetze, auf die etwas aufgebaut ist: *Er erklärte uns, nach welchem Prinzip die Maschine funktioniert* || -K Ordnungsprinzip **3** **aus Prinzip** weil man bestimmte Prinzipien (1) hat ⟨etwas aus Prinzip (nicht) tun⟩ **4** **im Prinzip** im Grunde, eigentlich: *Im Prinzip hast du recht, aber es geht trotzdem nicht* **5** **es geht (jemandem) ums Prinzip** für jemanden ist eine Idee wichtiger als ein konkreter Fall **6** ⟨ein Mann, eine Frau⟩ **mit Prinzipien** eine Person, die ihren moralischen Regeln immer folgt || *zu 1-3* **prin·zi·pi·ell** *Adjektiv*

Pri·o·ri·tät *die; -, -en; förmlich* **1** **etwas hat Priorität (vor etwas)** eine bestimmte Sache ist wichtiger als eine andere: *Der Umweltschutz hat Priorität vor wirtschaftlichen Interessen* **2** **Prioritäten setzen** entscheiden, was wichtig ist und was nicht, und dann entsprechend handeln

Pri·se *die; -, -n;* eine kleine Menge von etwas (die zwischen zwei Fingern Platz hat) ⟨eine Prise Salz, Zucker⟩

Prit·sche *die; -, -n* **1** ein einfaches Bett, das aus Brettern gemacht ist ⟨auf einer Pritsche liegen, schlafen⟩ || -K Holzpritsche **2** (bei einem Lastwagen) die Fläche, auf der man die Waren transportiert || K- Pritschenwagen || -K Ladepritsche

pri·vat B1 [-v-] *Adjektiv* **1** nur für sich selbst und nicht für andere ≈ persönlich ⟨die Angelegenheiten, die Interessen⟩: *Ich möchte nicht darüber sprechen, das ist eine rein private Sache* || K- Privatangelegenheit, Privatbesitz, Privatlehrer, Privatvergnügen **2** außerhalb des beruflichen oder dienstlichen Bereiches ⟨ein Brief, Mitteilungen, ein Gespräch, jemandes Meinung⟩ || K- Privatadresse, Privatbrief, Privatleben **3** nicht vom Staat oder einer öffentlichen Institution finanziert oder geführt ⟨ein Unternehmen, eine Schule⟩ || K- Privatbank, Privatfernsehen, Privatsender **4** nur für eine bestimmte Gruppe von Personen ⟨eine Party, eine Veranstaltung; im privaten Rahmen⟩

Pri·vat·de·tek·tiv *der; s, -e;* ein Detektiv, der nicht für die Polizei, sondern für eine einzelne Person arbeitet: *Sherlock Holmes ist ein berühmter Privatdetektiv* || *hierzu* **Pri·vat·de·tek·ti·vin** *die; -, -nen*

pri·va·ti·sie·ren [-v-]; *privatisierte, hat privatisiert;* **etwas privatisieren** *Wirtschaft;* ein (staatliches) Unternehmen zu einem privaten (3) machen ↔ verstaatlichen ⟨eine Firma privatisieren⟩ || *hierzu* **Pri·va·ti·sie·rung** *die; -, -en*

Pri·vat·pa·ti·ent *der; -en, -en;* ein Patient, der die Rechnung des Arztes selbst zahlt ↔ Kassenpatient || *hierzu* **Pri·vat·pa·ti·en·tin** *die; -, -nen*

Pri·vi·leg [-v-] *das; -s, Pri·vi·le·gi·en* [-'leːgi̯ən]; ein besonderer Vorteil, den aber nur eine bestimmte Person oder Gruppe hat || *hierzu* **pri·vi·le·giert** *Adjektiv*

pro B1 *Präposition; mit Akkusativ* **1** **pro** + *Substantiv* für jede einzelne Person oder Sache: *Der Eintritt kostet 20 Euro pro Person* **2** **pro** + *Zeitangabe* drückt aus, dass etwas für den genannten Zeitraum gilt: *Er verdient pro Stunde 25 Euro* || Hinweis: Das folgende Substantiv wird ohne Artikel verwendet

Pro B1 *das; -; nur Singular; meist in* **das Pro und Kontra** + *Genitiv* alle Argumente, die für und gegen etwas aufgeführt werden können: *das Pro und Kontra des Tourismus diskutieren*

pro- *im Adjektiv;* mit einer positiven Einstellung zu der im zweiten Wortteil genannten Sache, Ideologie *o.Ä.* ↔ anti-; **proarabisch, proamerikanisch, prowestlich**

Pro·be *die; -, -n* **1** die Handlung, durch die man feststellt, ob etwas eine bestimmte Eigenschaft hat oder ob es funktioniert ≈ Test, Prüfung ⟨eine Probe machen, bestehen⟩ || K- Probealarm, Probebohrung, Probefahrt, Probejahr, Probezeit **2** eine kleine Menge von etwas, an der man erkennen kann, wie es ist ≈ Muster ⟨eine Probe von etwas nehmen, untersuchen⟩: *Die Astronauten brachten Proben vom Mond mit* || K- Probepackung || -K Blutprobe **3** das Proben, Üben (vor der Aufführung vor dem Publikum): *Die Theatergruppe hat dreimal in der Woche Probe* || -K Chorprobe, Theaterprobe **4** *umg;* eine (schriftliche) Prüfung in der Schule **5** **auf/zur Probe** für kurze Zeit (um zu sehen, ob man mit jemandem/etwas zufrieden ist): *eine Zeitung für zwei Wochen zur Probe abonnieren* || ID **die Probe aufs Exempel machen** eine Theorie in der Praxis prüfen

Pro·be·lauf *der; -(e)s, -läu·fe;* der Test, ob eine Maschine, eine Methode funktioniert ⟨einen

Probelauf machen, starten⟩

pro·ben; *probte, hat geprobt*; **(etwas) proben** etwas so oft tun, bis man es gut kann ≈ üben ⟨ein Theaterstück proben⟩: *Die Feuerwehr probt (das Löschen von Bränden) für den Ernstfall; Das Orchester probt täglich*

pro·bie·ren [B2] *probierte, hat probiert* **1** **(etwas) probieren** versuchen, ob oder wie etwas (in der Praxis) geht ⟨ein neues Verfahren probieren⟩: *probieren, wie schnell ein Auto fahren kann; Ich probierte, die Tür zu öffnen, aber sie war abgesperrt* **2** **(etwas) probieren** eine kleine Menge essen oder trinken, um den Geschmack zu prüfen: *probieren, ob genug Salz in der Suppe ist* **3** **(etwas) probieren** etwas anziehen, um zu sehen, ob es passt, gut aussieht: *ein Kleid probieren* || [ID] **Probieren geht über Studieren** man sollte etwas probieren (1), bevor man lange darüber nachdenkt || ▸ **Probe**

Prob·lem [A1] *das; -s, -e* **1** eine schwierige Aufgabe, über die man nachdenken muss, um sie zu lösen ≈ Schwierigkeit ⟨ein großes, schwieriges, technisches Problem; ein Problem lösen; vor einem Problem stehen⟩ || [K-] Problemlösung || [-K] Hauptproblem, Zukunftsproblem **2** *meist Plural*; **Probleme (mit etwas)** Ärger, Schwierigkeiten ⟨jemandem Probleme machen⟩: *Er hatte Probleme mit dem Alkohol* || [-K] Alkoholproblem || [ID] **kein Problem!** *umg*; das ist nicht schwierig; *meist* **Das ist dein Problem** das musst du allein, ohne Hilfe, lösen

prob·le·ma·tisch *Adjektiv*; ⟨eine Beziehung, eine Lösung⟩ so, dass sie Probleme mit sich bringen

Pro·dukt [B1] *das; -(e)s, -e* **1** etwas, das Menschen erzeugen oder herstellen ≈ Erzeugnis ⟨ein industrielles, landwirtschaftliches Produkt; ein Produkt entwickeln, herstellen⟩ || [-K] Industrieprodukt **2** etwas, das unter bestimmten Bedingungen entsteht: *Unser Erfolg ist das Produkt unserer Bemühungen* **3** *Mathematik*; die Zahl, die man beim Multiplizieren erhält: *27 ist das Produkt von 3 mal 9*

Pro·duk·ti·on [B2] [-ˈtsio:n] *die; -, -en* **1** das Herstellen von Waren (*meist* in großer Menge) ⟨die industrielle Produktion⟩ || [K-] Produktionskosten || [-K] Autoproduktion **2** die Menge der hergestellten Waren ⟨die Produktion steigern, reduzieren⟩ || [K-] Produktionssteigerung || [-K] Jahresproduktion **3** *nur Singular*; der Vorgang, bei dem etwas entsteht: *die Produktion von Speichel im Mund* **4** ein Film, eine Reportage *o.Ä.*: *eine Produktion des Westdeutschen Rundfunks* || [-K] Fernsehproduktion

pro·duk·tiv [-f] *Adjektiv* **1** ⟨ein Unternehmen, ein Industriezweig⟩ so, dass sie viel produzieren und auch mit Gewinn arbeiten **2** ⟨eine Arbeit, eine Sitzung⟩ so, dass sie viele gute Ergebnisse hat || *hierzu* **Pro·duk·ti·vi·tät** [v-] *die; -; nur Singular*

pro·du·zie·ren [B2] *produzierte, hat produziert* **1** **etwas produzieren** Waren (in großer Menge) herstellen ≈ erzeugen ⟨Kunststoffe, Lebensmittel produzieren⟩ **2** **etwas produziert etwas** etwas bewirkt, dass etwas entsteht: *Die Drüsen im Mund produzieren Speichel* **3** **etwas produzieren** für einen Film *o.Ä.* das Geld geben und den Ablauf organisieren ⟨einen Film produzieren⟩ || *zu* 1 und 3 **Pro·du·zent** *der; -en, -en*; **Pro·du·zen·tin** *die; -, -nen*

pro·fan *Adjektiv; förmlich* ≈ alltäglich ↔ ungewöhnlich ⟨eine Angelegenheit, eine Sorge⟩

pro·fes·si·o·nell *Adjektiv* **1** *nur vor dem Substantiv oder als Adverb*; ⟨ein Fußballer, ein Sportler⟩ so, dass sie diese Tätigkeit als Beruf haben **2** ≈ fachmännisch: *eine professionell ausgeführte Reparatur*

Pro·fes·sor *der; -s, Pro·fes·so·ren* **1** jemand, der an einer Hochschule ein Fach lehrt: *Er ist Professor für Geschichte* **2** Ⓐ ein Lehrer an einem Gymnasium || [-K] Gymnasialprofessor || *hierzu* **Pro·fes·so·rin** *die; -, -nen*

Pro·fi [B1] *der; -s, -s*; jemand, der *bes* eine Sportart beruflich ausübt ↔ Amateur || [K-] Profisportler || [-K] Fußballprofi

Pro·fil *das; -s, -e* **1** ein Gesicht oder ein Kopf von der Seite gesehen || [K-] Profilzeichnung **2** das Muster aus hohen und tiefen Linien auf einem Reifen oder einer (Schuh)Sohle || [K-] Profilreifen || [-K] Reifenprofil **3** *förmlich*; die (positiven) Eigenschaften, die typisch für eine Person oder Sache sind || [-K] Berufsprofil, Verlagsprofil

Pro·fit *der; -(e)s, -e*; das Geld, das jemand oder eine Firma bei einem Geschäft verdient ≈ Gewinn ⟨Profit machen; hohe Profite erzielen; etwas mit Profit verkaufen⟩ || *hierzu* **pro·fi·ta·bel** *Adjektiv*

pro·fi·tie·ren; *profitierte, hat profitiert* **1** **von etwas profitieren** einen Vorteil von etwas haben: *von guter Allgemeinbildung profitieren* **2** **bei etwas profitieren** bei einem Geschäft *o.Ä.* Gewinn machen

Prog·no·se *die; -, -n*; **eine Prognose (zu etwas)** *förmlich*; eine (fachlich oder wissenschaftlich begründete) Aussage darüber, wie sich etwas entwickeln wird ⟨eine Prognose stellen⟩: *die Prognosen zum Ausgang einer Wahl* || [-K] Konjunkturprognose, Wahlprognose

Pro·gramm [A2] *das; -s, -e* **1** das Angebot *bes* von Kinos, von Theatern oder vom Fernsehen: *das Programm für die nächste Woche* || [K-] Programmänderung, Programmgestaltung || [-K] Fernsehprogramm, Kinoprogramm **2** die einzelnen Punkte bei einer Veranstaltung ⟨das Programm eines Konzerts, einer Tagung⟩ **3** ein Heft oder Blatt, das Informationen über das Programm (1,2) gibt **4** ein Kanal eines Radio- oder Fernsehsenders: *Im Ersten Programm kommt heute ein Krimi* **5** ein Plan dafür, wann man etwas machen muss oder will || [-K] Arbeitsprogramm, Forschungsprogramm, Wahlprogramm **6** eine Reihe von Befehlen, die einem Computer gegeben werden ≈ Software ⟨ein Programm schreiben, installieren⟩ || [K-] Programmdatei || [-K] Computerprogramm **7** die Waren, die ein Betrieb zu einer bestimmten Zeit herstellt und verkauft || [-K] Möbelprogramm, Verlagsprogramm || [ID] **nach Programm** so, wie es geplant ist; **etwas steht auf dem Programm** etwas ist geplant

pro·gram·mie·ren; *programmierte, hat programmiert;* **(etwas) programmieren** ein Programm (6) schreiben und in den Computer geben ⟨einen Rechner, einen Computer programmieren⟩ || [K-] Programmiersprache || *hierzu* **Pro·gram·mie·rung** *die; -, -en*

pro·gres·siv, pro·gres·siv [-f] *Adjektiv* **1** ≈ fortschrittlich ↔ konservativ ⟨eine Haltung, eine Gesinnung, eine Einstellung, jemandes Denkweise⟩ **2** *förmlich;* so, dass ein Zustand mit der Zeit intensiver (und meist schlechter) wird ⟨eine Entwicklung, eine Krankheit⟩

Pro·jekt [B1] *das; -(e)s, -e;* eine Arbeit, die genau geplant werden muss und ziemlich lange dauert ⟨ein Projekt verwirklichen, in Angriff nehmen⟩ || [-K] Forschungsprojekt

Pro·jek·tor [-to:ɐ̯] *der; -s, Pro·jek·to·ren;* ein Gerät, mit dem man Bilder auf einer großen Tafel *o.Ä.* zeigen kann || [-K] Diaprojektor, Filmprojektor || *hierzu* **pro·ji·zie·ren** *(hat)*

Pro·mil·le *das; -(s), -;* ein Tausendstel; *bes* verwendet, um anzugeben, wie viel Alkohol jemand im Blut hat; Zeichen ‰: *mehr als 0,5 Promille (Alkohol im Blut)* || [K-] Promillegrenze, Promillewert

pro·mi·nent, *prominenter, prominentest-; Adjektiv; nicht als Adverb;* ⟨ein Politiker, ein Schauspieler⟩ bei sehr vielen Leuten bekannt || *hierzu* **Pro·mi·nen·te** *der/die; -n, -n;* **Pro·mi·nenz** *die; -; nur Singular*

pro·mo·vie·ren; *promovierte, hat promoviert;* den akademischen Titel eines Doktors erwerben || *hierzu* **Pro·mo·ti·on** *die; -, -en*

prompt, *prompter, promptest-; Adjektiv* **1** ⟨eine Antwort, eine Bedienung, eine Lieferung⟩ so, dass sie ohne Zögern und sofort erfolgen **2** *nur als Adverb; umg, oft ironisch;* wie nicht anders zu erwarten war: *Er fuhr zu schnell und prompt hatte er einen Unfall*

Pro·no·men *das; -s, -/Pro·no·mi·na; Sprachwissenschaft;* ein Wort, das man statt eines Substantivs benutzt und das sich auf dieselbe Person oder Sache bezieht wie das Substantiv, *z.B. er* oder *sie* ≈ Fürwort || [-K] Demonstrativpronomen, Interrogativpronomen, Personalpronomen || *hierzu* **pro·no·mi·nal** *Adjektiv*

Pro·pa·gan·da *die; -; nur Singular; oft abwertend;* Informationen, die *bes* eine Partei oder Regierung verbreitet, um die Meinung der Menschen zu beeinflussen ⟨Propaganda (be)treiben; Propaganda für etwas machen⟩ || [K-] Propagandafilm, Propagandamaterial || [-K] Kriegspropaganda

Pro·pel·ler *der; -s, -;* ein Teil eines Flugzeugs, das aus *meist* zwei langen, flachen Metallteilen besteht, die sich so schnell drehen, dass dadurch das Flugzeug fliegen kann ⟨den Propeller anwerfen⟩ || [K-] Propellerantrieb, Propellerflugzeug, Propellermaschine

Pro·phet [-f-] *der; -en, -en;* jemand, der die Lehre Gottes den Menschen erklärt und von dem man glaubt, Gott habe ihn geschickt: *der Prophet Elias; Mohammed, der Prophet Allahs* || [ID] **Ich bin doch kein Prophet** *umg;* ich weiß auch nicht, was sein wird || *hierzu* **Pro·phe·tin** *die; -, -nen;* **pro·phe·tisch** *Adjektiv*

pro·phe·zei·en [-f-]; *prophezeite, hat prophezeit;* **(jemandem) etwas prophezeien** sagen, was in der Zukunft geschehen wird ⟨eine Katastrophe, das Kommen des Messias, den Weltuntergang prophezeien; jemandem eine gute, schlechte Zukunft prophezeien⟩ || *hierzu* **Pro·phe·zei·ung** *die; -, -en*

pro·phy·lak·tisch [-f-] *Adjektiv; förmlich;* ⟨eine Behandlung, Maßnahmen⟩ so, dass sie *bes* eine Krankheit verhindern ≈ vorbeugend || *hierzu* **Pro·phy·la·xe** *die; -, -n*

Pro·por·ti·on [-'tsio:n] *die; -, -en; meist Plural* **1** das Verhältnis der Größe eines Teils zur Größe des Ganzen: *Auf der Zeichnung stimmen die Proportionen nicht ganz: Im Vergleich zum Körper ist der Kopf zu groß* **2** *förmlich* ≈ Umfang, Größe: *Die Verschuldung hat besorg-*

niserregende Proportionen angenommen || *hierzu* **pro·por·ti·o·nal** *Adjektiv*

Pro·sa B2 *die; -; nur Singular;* ein Text, der keine Reime und keine Verse hat || K- Prosatext, Prosaübersetzung

Pros·pekt A2 *der; -(e)s, -e;* ein Heft mit Text und Bildern, das über Waren und Angebote informiert || -K Reiseprospekt

prost! *Interjektion;* verwendet, bevor man in Gesellschaft den ersten Schluck eines alkoholischen Getränks trinkt

Prost!

Bei einem feierlichen Essen oder Treffen erhebt man gern sein Glas und spricht gute Wünsche aus:
Auf das Geburtstagskind!
Auf ein baldiges Wiedersehen!
Auf ein gutes Gelingen unseres Projekts!
Auf dein / Ihr / euer Wohl!

Oder man sagt einfach:
Prost!
Zum Wohl!

Anschließend stößt man gern leicht die Gläser aneinander, man nennt das „Anstoßen".

SPRECHEN UND SCHREIBEN

Pros·ta·ta *die; -; nur Singular;* eine Drüse beim Mann, die eine Flüssigkeit für den Samen produziert ≈ Vorsteherdrüse ⟨eine krankhaft vergrößerte Prostata⟩ || K- Prostatakrebs, Prostataleiden, Prostataoperation

Pros·ti·tu·ier·te *die; -, -n;* eine Frau, die mit ihren sexuellen Kontakten Geld verdient ≈ Dirne

Pros·ti·tu·ti·on [-'tsio:n] *die; -; nur Singular;* die Handlungen, durch die jemand mit sexuellen Kontakten Geld verdient

Pro·te·in *das; -s, -e; Chemie;* eine Substanz, die sie im Körper von Menschen und Tieren und in Pflanzen gebildet wird und die einen der Hauptteile der Ernährung ausmacht

Pro·test B1 *der; -(e)s, -e;* **Protest (gegen jemanden/etwas)** Worte, Handlungen, die deutlich zum Ausdruck bringen, dass man nicht einverstanden ist ⟨heftiger, scharfer Protest; Protest erheben⟩ || K- Protestaktion

Pro·tes·tan·tis·mus *der; -; nur Singular;* die Lehre der christlichen Kirchen, die sich im 16. Jahrhundert (nach der Reformation) von der katholischen Kirche getrennt haben || *hierzu* **Pro·tes·tant** *der; -en, -en;* **Pro·tes·tan·tin** *die; -, -nen;* **pro·tes·tan·tisch** *Adjektiv*

pro·tes·tie·ren B1 *protestierte, hat protestiert;* **(gegen jemanden/etwas) protestieren** deutlich zum Ausdruck bringen, dass man nicht einverstanden ist: *gegen eine schlechte Behandlung protestieren; Er protestierte dagegen, dass man ihm die Miete erhöht hatte*

Pro·the·se *die; -, -n;* ein künstlicher Körperteil ⟨eine Prothese tragen⟩ || -K Armprothese, Zahnprothese

Pro·to·koll *das; -s, -e* **1** ein Text, in dem genau steht, was in einer Sitzung (*z.B.* im Gericht oder bei geschäftlichen Verhandlungen) gesagt wurde || -K Gerichtsprotokoll, Sitzungsprotokoll **2** ein Text, in dem ein (wissenschaftlicher) Versuch *o.Ä.* genau beschrieben wird **3** die Regeln, nach denen sich *bes* Diplomaten und Politiker bei offiziellen Anlässen verhalten sollen ⟨das Protokoll einhalten⟩

Pro·to·typ *der; -s, -en* **1** das erste Exemplar einer Maschine *o.Ä.*, das hergestellt wird **2** **der Prototyp** + *Genitiv* ein typisches Beispiel für etwas ≈ Inbegriff

prot·zen; *protzte, hat geprotzt;* **(mit etwas) protzen** *umg abwertend;* deutlich zeigen, dass man etwas hat, auf das man sehr stolz ist ⟨mit Geld, Wissen protzen⟩: *Er protzt immer (damit), dass er sich die teuersten Hotels leisten kann*

Pro·vi·ant [-v-] *der; -s, -e; meist Singular;* das Essen, das man auf einem Ausflug oder einer Reise dabeihat (oder als Soldat im Krieg)

Pro·vinz [-v-] *die; -, -en* **1** (in manchen Staaten) ein relativ großes Gebiet mit eigener Verwaltung || K- Provinzhauptstadt **2** *nur Singular; oft abwertend;* ein Gebiet, in dem es (im Gegensatz zu großen Städten) wenig kulturelle oder gesellschaftliche Ereignisse gibt || K- Provinzstadt, Provinztheater

Pro·vi·si·on [provi'zio:n] *die; -, -en;* das Geld, das jemand dafür bekommt, dass er für einen anderen etwas verkauft oder gekauft hat || -K Verkaufsprovision

pro·vi·so·risch [-v-] *Adjektiv;* nur so lange verwendet, bis man etwas Besseres hat

pro·vo·zie·ren [-v-]; *provozierte, hat provoziert* **1** **jemanden (zu etwas) provozieren** etwas tun, um jemanden zu ärgern und ihn dadurch zu einer Reaktion zu bringen ⟨sich nicht provozieren lassen⟩ **2** **etwas provozieren** bewirken, dass etwas (Negatives) passiert, ausbricht *o.Ä.* ⟨einen Krieg, eine Schlägerei provozieren⟩ || *hierzu* **pro·vo·kant** *Adjektiv; förmlich;*

P

Pro·vo·ka·ti·on *die;-, -en*

Pro·ze·dur *die; -, -en;* eine Reihe von *meist* langen und unangenehmen Handlungen ≈ Verfahren ⟨eine langwierige, umständliche, lästige Prozedur⟩

Pro·zent B1 *das; -(e)s, -/-e* **1** *Mathematik;* einer von hundert Teilen einer Menge; *Zeichen* %: *vier Prozent (4%) Zinsen; Zehn Prozent von fünfzig Euro sind fünf Euro* || Hinweis: nach einer Zahl lautet der Plural *Prozent: zehn Prozent* **2** *nur Plural; umg;* ein Teil eines Gewinns ⟨Prozente bekommen⟩

Pro·zent·satz *der; -es, -sät·ze;* ein Anteil einer Menge (in Prozenten ausgedrückt): *Ein hoher Prozentsatz der Wähler ist für das neue Gesetz, nämlich fast 70%*

pro·zen·tu·al *Adjektiv; meist vor dem Substantiv;* in Prozenten ausgedrückt ⟨ein Anteil, eine Beteiligung⟩

Pro·zess[1] B2 *der; -es, -e* **1** das Verfahren, bei dem ein Gericht ein Verbrechen oder einen Streit untersucht und beurteilt ⟨einen Prozess gegen jemanden führen, gewinnen, verlieren⟩ || K- Prozessgegner || -K Mordprozess, Strafprozess **2** **jemandem den Prozess machen** *umg;* jemanden vor Gericht bringen || ID **kurzen Prozess mit jemandem machen** *umg;* jemanden kurz und heftig tadeln; **kurzen Prozess mit etwas machen** *umg;* etwas sehr schnell entscheiden

Pro·zess[2] B2 *der; -es, -e;* ein Vorgang, der aus mehreren Phasen besteht und in dem eine Veränderung stattfindet ⟨ein chemischer, natürlicher Prozess⟩ || -K Entwicklungsprozess

pro·zes·sie·ren; *prozessierte, hat prozessiert;* **(mit jemandem/gegen jemanden) prozessieren** einen (Zivil)Prozess (gegen jemanden) führen ≈ jemanden verklagen

Pro·zes·si·on [-'sio:n] *die; -, -en;* eine religiöse Feier, bei der die Leute hinter dem Priester zu einem bestimmten Ort gehen

Pro·zes·sor [pro'tsɛsɔ:ɐ] *der; -s, Pro·zes·so·ren; Informatik;* ein wichtiges Bauteil in einem Computer *o.Ä.*, das Rechen- und Steuerprozesse ausführt

prü·de *Adjektiv;* ⟨eine Person⟩ so, dass sie es als unangenehm empfindet, über sexuelle Dinge zu sprechen || *hierzu* **Prü·de·rie** *die; -; nur Singular*

prü·fen B1 *prüfte, hat geprüft* **1** **jemanden/etwas prüfen** feststellen, ob jemand/etwas eine bestimmte Eigenschaft hat ⟨jemanden/etwas gründlich prüfen⟩: *prüfen, ob eine Rechnung stimmt; mit dem Finger die Temperatur des Wassers prüfen* || K- Prüfgerät **2** **etwas prüfen** darüber nachdenken, ob man etwas annimmt oder ablehnt ⟨ein Angebot prüfen⟩ **3** **(jemanden) prüfen** jemandem Fragen stellen, um zu erfahren, ob er etwas gelernt hat ⟨einen Schüler prüfen⟩ || *zu 3* **Prü·fer** *der; -s, -;* **Prü·fe·rin** *die; -, -nen*

Prüf·ling *der; -s, -e;* jemand, der geprüft (3) wird

Prüf·stand *der; -(e)s, -stän·de;* die Stelle, an der man *bes* eine Maschine mit Messgeräten prüft ⟨etwas kommt auf den Prüfstand⟩

Prü·fung B1 *die; -, -en* **1** mündliche oder schriftliche Aufgaben, mit denen Kenntnisse oder Fähigkeiten beurteilt werden ≈ Test, Examen ⟨eine mündliche, schriftliche Prüfung; eine Prüfung machen, bestehen⟩ || K- Prüfungsergebnis, Prüfungsfach, Prüfungskandidat, Prüfungsnote, Prüfungsteilnehmer, Prüfungstermin || -K Abiturprüfung, Diplomprüfung, Sprachprüfung **2** eine Untersuchung, mit der man feststellt, ob etwas richtig ist, funktioniert oder welche Eigenschaften es hat: *Die genaue Prüfung der Rechnung hat einen Fehler ergeben* || -K Bremsprüfung, Gehörprüfung

Prü·gel *die;-; Plural;* mehrere Schläge, die jemand in einem Kampf oder als Strafe bekommt ≈ Hiebe ⟨eine Tracht Prügel; Prügel austeilen, bekommen/beziehen⟩ || K- Prügelstrafe || *hierzu* **prü·geln** *(hat)*

Prunk *der; -(e)s; nur Singular;* eine viel zu kostbare Ausstattung oder Verzierung *(meist* eines Gebäudes *o.Ä.)* ≈ Pracht ↔ Nüchternheit || *hierzu* **prunk·voll** *Adjektiv*

prus·ten; *prustete, hat geprustet;* Luft durch fast geschlossene Lippen pressen, sodass ein lautes Geräusch entsteht und Wasser oder Speichel aus dem Mund kommt ⟨vor Lachen prusten; prustend aus dem Wasser auftauchen⟩

PS[1] [pe:'|ɛs] *das; -, -; (Abkürzung für* Pferdestärken*)* eine Einheit, mit der man die Leistung von Automotoren angibt: *ein Auto/Motor mit 70 PS* || Hinweis: Statt *PS* wird heute offiziell Kilowatt (KW) verwendet (1 PS = 0,736 KW). Man spricht aber häufiger von *PS* als von *Kilowatt*

PS[2] [pe'|ɛs] *(Abkürzung für* Postskript*)* verwendet zur Einleitung eines kurzen Texts, den man nach der Unterschrift zusätzlich zu einem Brief schreibt

pseu·do-, Pseu·do- *im Adjektiv und Substantiv; oft abwertend;* verwendet, um auszudrücken, dass jemand/etwas in Wirklichkeit nicht das ist, was er zu sein vorgibt oder es zu sein scheint; der **Pseudochrist, pseudodemokratisch, pseudoreligiös**, die **Pseudowissenschaft**

Pseu·do·nym *das; -s, -e;* ein Name, den jemand statt des eigenen Namens hat, um nicht erkannt zu werden ≈ Deckname ⟨unter einem Pseudonym schreiben, veröffentlichen, reisen⟩

pst! *Interjektion;* verwendet, um jemanden aufzufordern, still oder leise zu sein

Psy·che *die; -, -n; förmlich;* das Denken und die Gefühle des Menschen, wie sie Einfluss auf das Verhalten haben ≈ Geist, Seele, Gemüt ⟨eine kindliche, kranke, labile Psyche⟩

Psy·chi·at·rie [psyçi̯a-] *die; -, -n* **1** *nur Singular;* das Gebiet der Medizin, das sich mit seelischen Krankheiten beschäftigt **2** eine Klinik oder eine Abteilung, in der psychisch kranke Menschen behandelt werden || *hierzu* **Psy·chi·a·ter** *der; -s, -;* **Psy·chi·a·te·rin** *die; -, -nen;* **psy·chi·at·risch** *Adjektiv*

psy·chisch *Adjektiv; ohne Steigerung;* in Bezug auf die Psyche ≈ seelisch, geistig ↔ körperlich, physisch ⟨eine Belastung, eine Krankheit; psychisch gesund sein⟩

Psy·cho·lo·gie *die; -; nur Singular* **1** die Wissenschaft, die sich mit der Psyche von Menschen (und Tieren) beschäftigt ⟨Psychologie studieren⟩ || -K Kinderpsychologie, Schulpsychologie **2** die Fähigkeit, andere Menschen zu verstehen und dieses Wissen anwenden: *Manchmal braucht man ein wenig Psychologie* || *hierzu* **Psy·cho·lo·ge** *der; -n, -n;* **Psy·cho·lo·gin** *die; -, -nen*

psy·cho·lo·gisch *Adjektiv* **1** *nur vor dem Substantiv oder als Adverb;* in Bezug auf die Psychologie (1) ⟨ein Experiment, ein Gutachten⟩ **2** *nur vor dem Substantiv oder als Adverb;* in Bezug auf die Psychologie (2) ⟨Einfühlungsvermögen, Verständnis; psychologisch geschickt handeln⟩ **3** *umg* ≈ psychisch ⟨die Ursachen, ein Vorgang⟩

psy·cho·so·ma·tisch *Adjektiv; ohne Steigerung;* durch Angst oder psychische Probleme verursacht ⟨eine Krankheit, eine Störung⟩: *Ihr Kopfweh ist psychosomatisch bedingt*

Pu·ber·tät *die; -; nur Singular;* die Zeit, in der sich der Körper des Kindes zu dem eines Erwachsenen verändert ⟨in die Pubertät kommen⟩ || *hierzu* **pu·ber·tär** *Adjektiv*

pub·lik *Adjektiv; nur nach dem Substantiv, ohne Steigerung, nicht als Adverb; förmlich;* in der Öffentlichkeit bekannt ⟨*meist* etwas ist/wird publik; etwas publik machen⟩

pub·lik·ma·chen *(hat)* ↑ **publik**

Pub·li·kum [B1] *das; -s; nur Singular* **1** die Menschen, die bei einer Veranstaltung zuhören und zuschauen ⟨jemand ist beim Publikum beliebt⟩ || K- Publikumserfolg || -K Fernsehpublikum, Theaterpublikum **2** die Menschen, die sich für Bücher, Filme, Theater *usw* interessieren ⟨ein festes, treues Publikum haben⟩ **3** die Gäste, die ein Lokal, Hotel oder einen Ort besuchen ⟨ein gutes, elegantes, feines Publikum⟩

Pub·li·kums·ver·kehr *der; -s; nur Singular;* die Zeit, zu der *bes* ein Amt, eine Behörde geöffnet ist, damit die Leute dort etwas besprechen können

pub·li·zie·ren; *publizierte, hat publiziert* **1** **(etwas) publizieren** ein Buch oder einen Text drucken lassen **2** **etwas publizieren** *förmlich;* etwas bekannt machen ≈ publik machen || *hierzu* **Pub·li·ka·ti·on** *die; -, -en*

Pud·ding *der; -s, -e/-s;* eine weiche, süße Speise, die entsteht, wenn man (Pudding)-Pulver mit Milch und Zucker kocht || K- Puddingpulver || -K Vanillepudding

Pu·del *der; -s, -;* ein Hund, der ein Fell mit dichten, kleinen Locken hat || ↑ Abbildung unter **Hunde** || [ID] **des Pudels Kern** der wichtigste Punkt einer Sache, den man aber *meist* erst spät erkennt; **wie ein begossener Pudel** *umg;* traurig und enttäuscht

Pu·der [B2] *der; -s, -;* ein Pulver, das man auf die Haut gibt ⟨Puder auftragen⟩ || K- Puderdose || -K Gesichtspuder, Wundpuder || *hierzu* **pu·dern** *(hat)*

Puf·fer *der; -s, -;* **1** einer der beiden runden Teile, mit denen ein Waggon einen anderen Waggon oder eine Lokomotive berührt **2** **jemand/etwas dient als Puffer** jemand/etwas wird dazu benutzt, dass ein Streit *o.Ä.* nicht größer wird

Pul·li *der; -s, -s; umg* ≈ Pullover

Pul·lo·ver [A1] *der; -s, -;* ein Kleidungsstück (ohne Knöpfe) aus Wolle, das man über dem Hemd oder der Bluse trägt || ↑ Illustration **Die Kleidung**

Puls *der; -es; nur Singular* **1** die rhythmische Bewegung, mit der das Herz das Blut durch den Körper transportiert ⟨ein (un)regelmäßiger, schwacher Puls; jemandes Puls schlägt schnell; jemandem den Puls fühlen, messen⟩ || K- Pulsschlag **2** die Frequenz der Schläge des Pulses (1) pro Minute ⟨ein hoher, niedriger Puls⟩: *ein Puls von 75* || K- Pulsfrequenz

pul·sie·ren; *pulsierte, hat pulsiert;* **etwas pulsiert** etwas fließt rhythmisch ⟨das Blut pulsiert durch die Adern⟩

Pụlt *das; -(e)s, -e* **1** eine Art kleiner, hoher Tisch (mit einer schrägen Platte), hinter den man sich stellt, *bes* wenn man eine Rede hält oder ein Orchester dirigiert ⟨am Pult stehen⟩ || -K Dirigentenpult, Rednerpult **2** ein Tisch, an dem ein Kind *bzw* ein Lehrer in der Schule sitzt

Pụl·ver [-fe, -ve] *das; -s, -;* **1** eine Substanz aus vielen sehr kleinen Körnern: *ein feines Pulver; ein Pulver gegen Insekten ausstreuen; ein Pulver für/gegen Kopfschmerzen in Wasser auflösen* || K- Pulverkaffee || -K Backpulver, Puddingpulver, Waschpulver **2** ein schwarzes Pulver, das leicht explodiert und in Schusswaffen verwendet wird **3** *umg* ≈ Geld || ID **sein (ganzes) Pulver verschossen haben** *umg;* keine Energie oder keine Ideen mehr haben; *meist* **Er/Sie hat das Pulver nicht erfunden** *umg;* er/sie ist dumm || *zu* **1 pụl·ve·rig, pụlv·rig** *Adjektiv;* **pul·ve·ri·sie·ren** *(hat)*

pụm·me·lig, pụmm·lig *Adjektiv; umg* (ein wenig) dick, aber doch nett ⟨ein Baby⟩

Pụmp *der; nur in* **auf Pump** *umg;* mit Geld, das man sich geliehen hat ⟨auf Pump leben, etwas auf Pump kaufen⟩

Pụm·pe *die; -, -n* **1** ein Gerät, mit dem man Flüssigkeiten, Luft *o.Ä.* (*bes* durch Saugen oder durch Druck) durch Rohre leitet ⟨eine elektrische Pumpe⟩ || -K Benzinpumpe, Luftpumpe || *zu* **Luftpumpe** ↑ Illustration **Das Fahrrad** **2** *umg humorvoll* ≈ Herz

P

pụm·pen[1]; *pumpte, hat gepumpt;* **(etwas irgendwohin) pumpen** Flüssigkeiten oder Luft mit einer Pumpe irgendwohin leiten: *Luft in einen Reifen pumpen; Wasser aus einem Brunnen pumpen; Das Herz pumpt das Blut durch die Adern*

pụm·pen[2]; *pumpte, hat gepumpt; umg* ↑ **leihen**

Pumps [pœmps] *der; -, -;* ein eleganter (Frauen)Schuh mit Absatz || ↑ Abbildung unter **Schuhe**

Pụnkt B1 *der; -(e)s, -e* **1** eine kleine runde Stelle: *ein rotes Kleid mit gelben Punkten* **2** eine bestimmte Stelle: *An welchen Punkten willst du die Löcher in die Wand bohren?* || -K Aussichtspunkt, Haltepunkt, Treffpunkt **3** ein Zeichen (.), das am Ende eines Satzes oder einer Abkürzung steht ⟨einen Punkt setzen⟩ || -K Doppelpunkt, Strichpunkt **4** *Geometrie;* eine genau festgelegte Stelle in einer Ebene oder auf einer Geraden || -K Schnittpunkt **5** eine bestimmte Stufe in einer Entwicklung oder Skala ⟨einen Punkt erreichen⟩ || -K Gefrierpunkt, Nullpunkt **6** eine der Einheiten, mit denen man eine Leistung oder einen Erfolg in einem Spiel oder Wettkampf misst ⟨einen Punkt erzielen, machen, gewinnen, verlieren⟩: *vier Punkte Vorsprung haben* || K- Punktsieg, Punktzahl || -K Minuspunkt, Pluspunkt, Strafpunkt **7** eines von mehreren Themen ⟨die Punkte einer Tagesordnung; ein strittiger, wichtiger Punkt⟩ || -K Beratungspunkt **8** **Punkt** + *Zeitangabe; umg;* genau dieser Zeitpunkt: *Es ist jetzt Punkt zwölf (Uhr)* **9** **Punkt für Punkt** ein Thema *o.Ä.* nach dem anderen (in der richtigen Reihenfolge) ⟨eine Liste Punkt für Punkt prüfen⟩ **10** **der Grüne/grüne Punkt** Ⓓ ein rundes (*meist* grünes) Zeichen, das bedeutet, dass die Verpackung für das Recycling geeignet ist **11** **der springende Punkt** der Kern einer Sache **12** **der tote Punkt** ein Zeitpunkt, zu dem man völlig erschöpft ist **13** **jemandes wunder Punkt** *meist* ein Thema, bei dem jemand schnell beleidigt ist || ID **ohne Punkt und Komma reden** *umg;* sehr viel und ohne Pausen sprechen; **etwas auf den Punkt bringen** etwas treffend zusammenfassen; **Nun mach (aber) mal einen Punkt!** *umg;* jetzt ist genug, das geht zu weit!

pụnk·ten; *punktete, hat gepunktet;* einen Punkt oder mehrere Punkte (6) bei einem Spiel oder Wettkampf erzielen

pụ̈nkt·lich B2 *Adjektiv;* genau zu der Zeit, die festgelegt oder verabredet war ⟨pünktlich sein, ankommen, eintreffen, zahlen⟩ || *hierzu* **Pụ̈nkt·lich·keit** *die; -; nur Singular*

punk·tu·ẹll *Adjektiv; förmlich;* nur in Bezug auf einen Punkt, Fall *o.Ä.* oder auf wenige Teile ≈ in einzelnen Punkten ⟨etwas tritt punktuell auf⟩: *eine punktuelle Einigung erreichen*

Pụnsch *der; -es, -e;* ein heißes Getränk aus Wein, Rum und Gewürzen

Pu·pịl·le *die; -, -n;* der kleine schwarze Kreis in der Mitte des Auges, durch den das Licht ins Auge kommt ⟨die Pupillen verengen sich, weiten sich⟩ || ↑ Abbildung unter **Auge**

Pụp·pe B1 *die; -, -n* **1** eine kleine Figur, die wie ein Mensch aussieht und mit der *meist* Kinder spielen ⟨mit Puppen spielen⟩ || K- Puppenbett, Puppenwagen || -K Stoffpuppe **2** eine Puppe, mit der man Theaterstücke aufführt ≈ Marionette || K- Puppentheater **3** *umg* ≈ Frau, Mädchen || ID **die Puppen tanzen lassen** *umg;* fröhlich feiern

pur, *purer, purst-; Adjektiv* **1** *nur vor dem Substantiv, nicht als Adverb;* nicht mit etwas anderem gemischt ⟨Gold, Silber⟩ **2** *direkt nach dem Substantiv;* ohne Wasser oder Eis ⟨ein Whisky pur⟩

Pü·ree *das; -s, -s;* eine weiche Masse, die entsteht, wenn man *bes* Kartoffeln oder ein Gemüse weich kocht und dann zerdrückt ≈ Brei || -K Erbsenpüree, Kartoffelpüree || *hierzu* **pü·rie·ren** *(hat)*

Pur·zel·baum *der; -(e)s, -bäu·me;* eine Turnübung *bes* von Kindern, bei der sie ihre Hände auf den Boden stützen und sich dann über den Kopf nach vorn rollen ≈ Rolle ⟨einen Purzelbaum machen, schlagen⟩

pur·zeln; *purzelte, ist gepurzelt* **1** **irgendwohin purzeln** das Gleichgewicht verlieren und (mit dem Kopf voraus) fallen, ohne sich zu verletzen ⟨auf den Boden, in den Schnee, vom Stuhl purzeln⟩ **2** **die Preise purzeln** die Preise fallen schnell und stark

Pus·te *die; -; nur Singular; umg; meist in* **1** **aus der Puste kommen/sein** nach einer körperlichen Anstrengung nur mit Mühe normal atmen können **2** **jemandem geht die Puste aus** **a** jemand kann nicht mehr normal atmen (*meist* bei einer körperlichen Anstrengung) **b** jemand hat nicht mehr genug Kraft oder Geld für etwas

pus·ten; *pustete, hat gepustet* **1** **etwas irgendwohin pusten** etwas bewegen, indem man kurz und kräftig bläst: *Staub vom Tisch pusten; sich die Haare aus dem Gesicht pusten* **2** **(irgendwohin) pusten** (kurz und) kräftig blasen: *pusten, damit die Suppe kühler wird* **3** nach einer Anstrengung mit Mühe atmen ≈ keuchen ⟨ins Pusten kommen⟩: *beim Treppensteigen pusten müssen*

Pu·te *die; -, -n;* ein (weiblicher) Truthahn || K- Putenbraten, Putenfleisch, Putenschinken, Putenwurst

Pu·ter *der; -s, -* ≈ Truthahn

Putsch *der; -es, -e;* der Versuch, eine Regierung durch militärische Gewalt zu beseitigen || K- Putschversuch || -K Militärputsch || *hierzu* **put·schen** *(hat);* **Put·schist** *der; -en, -en*

put·zen A2 *putzte, hat geputzt* **1** **etwas putzen** die Oberfläche von etwas durch Reiben und Wischen sauber machen ⟨eine Brille, ein Fenster, Schuhe, Silber, (sich) die Zähne putzen⟩ **2** **etwas putzen** von Gemüse den Schmutz und Teile, die man nicht isst, entfernen ⟨Pilze, Salat, Spinat putzen⟩ **3** **(etwas) putzen** Räume, Fußböden (*bes* mit Wasser und Putzmittel) sauber machen ⟨das Badezimmer putzen⟩ **4** **sich** (*Dativ*) **die Nase putzen** mit einem Taschentuch die Nase sauber machen **5** Ⓐ ≈ reinigen **6** **ein Tier putzt sich** ein Tier pflegt sein Fell, seine Federn *o.Ä.*

Putz·frau *die; -, -en;* eine Frau, die Wohnungen *o.Ä.* putzt und dafür Geld bekommt

put·zig *Adjektiv; umg;* klein und lieb ⟨ein Hündchen⟩

Putz·mit·tel B2 *das; -s, -;* eine Flüssigkeit, die man verwendet, um etwas sauber zu machen ≈ Reinigungsmittel

Puzzle ['pazl, 'pasl] *das; -s, -s;* ein Spiel, bei dem man aus vielen kleinen Teilen ein Bild macht || *hierzu* **puz·zeln** *(hat)*

PVC [pe:fau'tse:] *das; -(s); nur Singular;* ein Kunststoff, aus dem *z.B.* Folien bestehen; *Chemie* Polyvinylchlorid

Py·ja·ma B2 [py'dʒa:ma] *der; -s, -s* ≈ Schlafanzug

Py·ra·mi·de *die; -, -n* **1** eine geometrische Figur mit einer *meist* viereckigen Grundfläche und dreieckigen Seiten, die sich an der Spitze in einem Punkt treffen **2** eine große Pyramide aus Stein wie *z.B.* in Ägypten: *die Pyramiden von Gizeh*

Pyramide

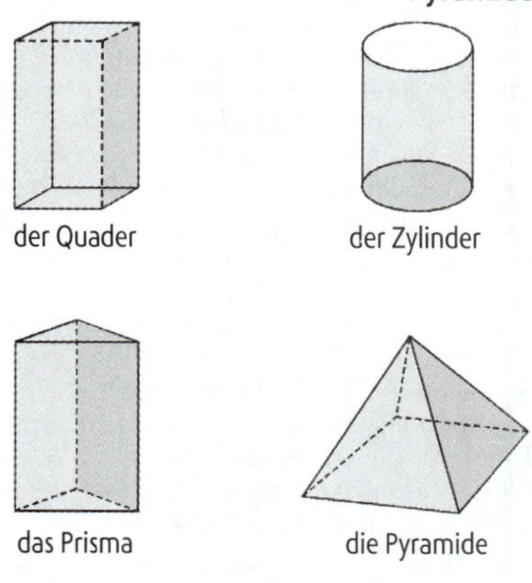

Py·thon *der/die; -, -s* eine sehr große (und nicht giftige) Schlange, die Tiere tötet, indem sie sie erdrückt || K- Pythonschlange

Q

Q, q [ku:] *das; -, -/umg auch -s;* der siebzehnte Buchstabe des Alphabets

Qua·der ['kva:dɐ] *der; -s, -;* **1** *Mathematik;* ein geometrischer Körper, der von sechs Rechtecken begrenzt ist || ↑ Abbildung unter **Pyra-**

mide **2** ein Steinblock in Form eines Quaders || K- Quaderstein

Quad·rat *das; -(e)s, -e* **1** ein Rechteck mit vier gleich langen Seiten || ↑ Illustration **Farben und Formen** **2** *Mathematik;* die zweite Potenz einer Zahl: *Den Ausdruck „a Quadrat" schreibt man* a^2 || K- Quadratmeter || *hierzu* **quad·ra·tisch** *Adjektiv*

Quad·rat·wur·zel *die; -, -n; Mathematik;* die Wurzel (4) einer Zahl: *(Die) Quadratwurzel aus fünfundzwanzig ist fünf* ($\sqrt{25} = 5$)

qua·ken; *quakte, hat gequakt;* ⟨eine Ente, ein Frosch⟩ **quakt** eine Ente, ein Frosch macht die Laute, die für die Art typisch sind

Qual *die; -, -en* **1** *meist Plural;* starke körperliche oder seelische Schmerzen ⟨Qualen erleiden, unter Qualen⟩ **2** *meist Singular;* etwas, das schwer zu ertragen ist: *Es war eine Qual, das ansehen zu müssen* || ID **die Qual der Wahl haben** sich zwischen mehreren Möglichkeiten entscheiden müssen

quä·len; *quälte, hat gequält* **1** **jemanden/ein Tier quälen** bewirken, dass jemand/ein Tier Schmerzen hat **2** **jemand/etwas quält jemanden** jemand/etwas bereitet einer Person viele Probleme **3** **jemanden (mit etwas) quälen** jemanden nervös machen, weil man ihn dauernd um etwas bittet, nach etwas fragt

Qua·li·fi·ka·ti·on [kvalifika'tsio:n] *die; -, -en* **1** die Befähigung, eine bestimmte Tätigkeit auszuüben: *Seine Qualifikation als Trainer ist unbestritten, aber er passt nicht zur Mannschaft* **2** *Sport;* eine Leistung, die man erbringen muss, um an bestimmten Wettkämpfen teilnehmen zu können: *die Qualifikation für die Deutsche Meisterschaft schaffen* || K- Qualifikationsrunde, Qualifikationsspiel || *hierzu* **qua·li·fi·zie·ren** *(hat)*

Q

Qua·li·tät B1 *die; -, -en* **1** *meist Singular;* die Art eines Materials, einer Ware: *ein Stoff von hervorragender/schlechter Qualität* || K- Qualitätskontrolle **2** *meist Singular;* ein sehr hoher Grad an guten Eigenschaften: *Auf Qualität kommt es an* || K- Qualitätsarbeit **3** *meist Plural;* gute Fähigkeiten oder Eigenschaften ⟨Qualitäten haben⟩

Qual·le *die; -, -n;* ein kleines, durchsichtiges Tier, das im Meer lebt und etwa die Form eines kleinen Schirms hat

Qualm *der; -(e)s; nur Singular;* dichter, unangenehmer Rauch

qual·men; *qualmte, hat gequalmt* **1** **etwas qualmt** etwas gibt dichten Rauch ab ⟨ein Schornstein⟩ **2** **(etwas) qualmen** *umg;* Zigaretten *o.Ä.* rauchen

Quan·ti·tät *die; -, -en;* die Menge oder Anzahl, in der etwas vorhanden ist: *die Quantität des Warenangebots; Auf die Qualität, nicht auf die Quantität kommt es an* || *hierzu* **quan·ti·ta·tiv** *Adjektiv*

Quan·tum *das; -s, Quan·ten;* die Menge von etwas, die angemessen ist, jemandem zusteht *o.Ä.* ⟨das tägliche Quantum⟩: *„Noch eine Tasse Kaffee?" - „Nein danke, ich habe mein Quantum schon getrunken"* || -K Arbeitsquantum

Qua·ran·tä·ne [ka-] *die; -, -n;* die Isolierung von Personen oder Tieren, die gefährliche Infektionskrankheiten haben

Quark B2 *der; -s; nur Singular* **1** ein weiches, weißes Nahrungsmittel, das aus Milch gemacht wird || K- Quarkspeise **2** *umg abwertend* ≈ Unsinn

Quar·tal *das; -s, -e;* eines der vier Viertel eines Kalenderjahres

Quar·tier [kvar'ti:ɐ̯] *das; -s, -e* **1** eine (zeitweilige) Unterkunft ⟨ein Quartier suchen⟩ || -K Nachtquartier, Urlaubsquartier **2** Ⓐ Ⓒⓗ ≈ Stadtviertel: *Er wohnt in einem noblen Quartier* **3** *Militär;* eine Unterkunft für Soldaten ⟨irgendwo Quartier beziehen, machen⟩

Quarz *der; -es, -e;* ein hartes Mineral, das man *z.B.* bei der Herstellung von Uhren verwendet; *Chemie* SiO_2 || K- Quarzglas, Quarzlampe, Quarzuhr

qua·si *Adverb;* mehr oder weniger ≈ gewissermaßen, sozusagen: *Er hat mich quasi gezwungen zu unterschreiben; Wir sind quasi zusammen aufgewachsen* || K- quasioffiziell

quas·seln; *quasselte, hat gequasselt; bes nordd;* **(etwas) quasseln** *umg, meist abwertend;* lange über unwichtige Sachen reden ≈ quatschen, schwatzen: *Er quasselt wieder mal dummes Zeug*

Quatsch *der; -(e)s; nur Singular; umg abwertend* ≈ Unsinn

quat·schen B1 *quatschte, hat gequatscht;* **(etwas) quatschen** *umg abwertend;* (viel) dummes Zeug reden: *Quatsch nicht so viel!*

Queck·sil·ber *das; -s; nur Singular;* ein Metall, das bei normaler Temperatur wie eine silbrige Flüssigkeit aussieht; *Chemie* Hg

Quel·le *die; -, -n* **1** eine Stelle, an der Wasser aus der Erde kommt ⟨eine heiße Quelle⟩: *von der Quelle des Flusses bis zur Mündung* || K- Quellwasser **2** *förmlich;* ≈ Ursprung ⟨eine Quelle der Freude, Angst⟩: *Aus welcher Quelle*

stammt diese Information? || ID **an der Quelle sitzen** gute Verbindungen zu jemandem oder etwas haben; *meist* **etwas aus sicherer Quelle wissen** eine Nachricht haben, die von einer zuverlässigen Person oder Stelle kommt

quel·len; *quillt, quoll, ist gequollen* **1** **etwas quillt** etwas wird größer, weil es Wasser aufnimmt ⟨Bohnen, Reis⟩ **2** **etwas quillt irgendwohin** etwas gelangt in relativ großer Menge durch eine enge Öffnung ⟨Blut, Rauch⟩

quen·geln; *quengelte, hat gequengelt; umg;* immer wieder klagen oder etwas wünschen ⟨ein Kind⟩

quer ['kveːɐ̯] *Adverb* **1** **quer durch/über etwas** *(Akkusativ)* von einer Stelle einer Fläche zu einer anderen, die (schräg) gegenüberliegt: *quer durch den Garten, quer über die Straße* || K- Querlinie, Querstraße **2** **quer zu etwas** rechtwinklig zu einer Linie: *Das Auto stand quer zur Fahrbahn* **3** **kreuz und quer** durcheinander, planlos: *Hier liegt alles kreuz und quer herum* || Hinweis: ↑ **querlegen**

Quer·den·ker *der; -s, -;* jemand, der andere als die üblichen Meinungen vertritt || *hierzu* **Quer·den·ke·rin** *die; -, -nen*

Que·re *die; -; meist in* **jemandem in die Quere kommen** eine Person bei dem stören, was sie gerade tun will

Que·re·le *die; -, -n; meist Plural;* ein relativ kleiner, aber *meist* unangenehmer Streit: *Ihre Gespräche endeten immer mit Querelen*

Quer·flö·te *die; -, -n;* eine Flöte, die beim Blasen quer gehalten wird || ↑ Abbildung unter **Flöten**

Quer·kopf *der; -(e)s, -köp·fe; umg abwertend;* jemand, der grundsätzlich nicht das tut, was die anderen wollen

quer·le·gen, sich; *legte sich quer, hat sich quergelegt;* **sich querlegen** *umg;* sich weigern, einem Plan zuzustimmen *o.Ä.*

Quer·schnitt *der; -(e)s, -e* **1** ein Schnitt (5) senkrecht zur Längsachse eines Körpers ↔ Längsschnitt: *der Querschnitt eines Kegels, einer Kugel oder eines Zylinders ist ein Kreis* **2** eine Auswahl von verschiedenen Dingen nach bestimmten Gesichtspunkten ≈ Überblick: *ein Querschnitt durch die gesamte Literaturgeschichte*

Que·ru·lant *der; -en, -en; abwertend;* jemand, der sich ständig beschwert und sich *z.B.* immer wieder auf Rechte beruft, die er zu besitzen glaubt || *hierzu* **Que·ru·lan·tin** *die; -, -nen*

quet·schen; *quetschte, hat gequetscht;* **sich** *(Dativ)* **etwas quetschen** einen Körperteil durch starken Druck verletzen: *Ich habe mir den Finger in der Tür gequetscht* **2** **jemanden/etwas (gegen/an etwas** *(Akkusativ)*) **quetschen** jemanden/etwas mit Druck (gegen etwas) pressen **3** **sich irgendwohin quetschen** sich mit Mühe irgendwohin bewegen (wo wenig Platz ist): *sich durch die Tür quetschen* || *zu* 1 **Quet·schung** *die; -, -en*

quie·ken; *quiekte, hat gequiekt;* ⟨Ferkel, Meerschweinchen⟩ die Laute von sich geben, die für ihre Art typisch sind

quiet·schen; *quietschte, hat gequietscht* **1** **etwas quietscht** etwas gibt durch Reibung einen hellen, hohen Ton ⟨eine Tür⟩ **2** *umg;* helle, hohe Laute machen ⟨vor Vergnügen quietschen⟩

quillt *Präsens, 3. Person Singular;* ↑ **quellen**

Quirl *der; -(e)s, -e;* ein Gerät, mit dem man Teig oder Flüssigkeiten rührt und mischt: *Eier mit dem Quirl schaumig rühren* || *hierzu* **quir·len** *(hat)*

quitt *Adjektiv; nur nach dem Substantiv, nicht als Adverb; meist in* **wir sind quitt** *umg;* keiner von uns hat Schulden bei dem anderen

Quit·tung *die; -, -en* **1** eine Bescheinigung, dass man Geld oder Waren erhalten hat ⟨jemandem eine Quittung (über 150 Euro) ausstellen; eine Quittung unterschreiben⟩ **2** **das ist die Quittung** *umg;* das sind die unangenehmen Folgen eines (schlechten) Verhaltens || *zu* 1 **quit·tie·ren** *(hat)*

Quiz [kvɪs] *das; -; nur Singular;* ein unterhaltsames Spiel *(meist* im Fernsehen), bei dem Kandidaten Fragen beantworten || K- Quizsendung

quoll *Imperfekt, 3. Person Singular;* ↑ **quellen**

Quo·te *die; -, -n;* eine bestimmte Anzahl im Verhältnis zu einem Ganzen ≈ Anteil ⟨eine hohe, niedrige Quote⟩

R

R, r [ɛr] *das; -, -/umg auch -s;* der achtzehnte Buchstabe des Alphabets

Ra·batt B2 *der; -(e)s, -e;* **Rabatt (auf etwas** *(Akkusativ)*) ein Preis, der niedriger ist als normal, *bes* für Dinge, die man in großen Mengen kauft) ⟨Rabatt geben⟩ ‖ -K Mengenrabatt

Rab·bi *der; -(s), -s;* verwendet als Titel für einen jüdischen Religionslehrer und Prediger

Rab·bi·ner *der; -s, -;* ein jüdischer Religionslehrer und Prediger ‖ *hierzu* **Rab·bi·ne·rin** *die; -, -nen*

Ra·be *der; -n, -n;* ein großer schwarzer Vogel mit schwarzem Schnabel und einer lauten, rauen Stimme ⟨der Rabe krächzt⟩ ‖ ID **stehlen/klauen wie ein Rabe/die Raben** *umg;* oft stehlen

ra·bi·at, *rabiater, rabiatest-; Adjektiv;* brutal und ohne Rücksicht ≈ grob ⟨ein Bursche; rabiat werden⟩

Ra·che *die; -; nur Singular;* **Rache (an jemandem) (für etwas)** eine Handlung, mit der man eine Person (außerhalb des Gesetzes) bestraft, die einem selbst etwas Böses getan hat ⟨grausame Rache; Rache an jemandem nehmen⟩ ‖ K- Racheakt, Rachegedanken

Ra·chen *der; -s, -;* der innere Teil des Halses, der am Ende des Mundes beginnt ‖ K- Rachenentzündung, Rachenmandel

rä·chen; *rächte, hat gerächt* **1** **jemanden rächen** für jemanden Rache nehmen, indem man die Person bestraft, die der anderen Person etwas Böses getan hat: *den getöteten Bruder rächen* **2** **sich (an jemandem) (für etwas) rächen** für sich selbst Rache nehmen: *Für diese Beleidigung werde ich mich noch (an ihm) rächen* **3** **etwas rächt sich** etwas hat unangenehme Folgen ⟨jemandes Faulheit, jemandes Leichtsinn, jemandes Nachlässigkeit⟩ ‖ *zu* 1 und 2 **Rä·cher** *der;* **Rä·che·rin** *die; -, -nen*

Rad A2 *das; -(e)s, Rä·der* **1** der runde Teil eines Fahrzeugs, der sich dreht und so das Fahrzeug rollen lässt ⟨das Rad dreht sich, rollt; ein Rad montieren, (aus)wechseln⟩ ‖ K- Radwechsel ‖ -K Hinterrad, Vorderrad **2** ein rundes Teil einer Maschine *(meist* mit Zacken) ⟨die Räder eines Getriebes⟩ ‖ -K Antriebsrad, Lenkrad, Mühlrad **3** *Kurzwort* ↑ **Fahrrad** ⟨Rad fahren⟩ ‖ K- Radfahrer, Radrennen, Radtour, Radweg ‖ ID **das fünfte Rad am Wagen sein** (in einer Gruppe) stören, weil man überflüssig ist; **unter die Räder kommen** *umg;* arm werden und keine sozialen Kontakte haben

Ra·dar *der, das; -s; nur Singular;* ein technisches Gerät, mit dem man feststellt, wo ein Gegenstand ist, wohin und wie schnell er sich bewegt ‖ K- Radargerät, Radarkontrolle

Ra·dar·fal·le *die; -, -n; umg abwertend;* eine Kontrolle, bei der die Geschwindigkeit von Fahrzeugen durch versteckte Radargeräte gemessen wird ⟨in eine Radarfalle geraten⟩

Ra·dau *der; -s; nur Singular; umg* ≈ Lärm ⟨Radau machen⟩

ra·deln; *radelte, ist geradelt; bes südd* Ⓐ *umg;* mit dem Fahrrad fahren ‖ *hierzu* **Rad·ler** *der; -s, -;* **Rad·le·rin** *die; -, -nen*

Rä·dels·füh·rer *der; -s, -; abwertend;* jemand, der andere dazu verführt, aggressiv zu handeln oder gegen Gesetze zu verstoßen ⟨der Rädelsführer einer Bande⟩ ‖ *hierzu* **Rä·dels·füh·re·rin** *die; -, -nen*

ra·die·ren; *radierte, hat radiert;* **(etwas) radieren** etwas, das man *bes* mit Bleistift geschrieben oder gezeichnet hat, durch Reiben mit einem Stück Gummi entfernen ‖ K- Radiergummi

Ra·dies·chen [ra'diːsçən] *das; -s, -;* eine kleine Pflanze mit einer runden dicken Wurzel, die außen rot und innen weiß ist, scharf schmeckt und roh gegessen wird

ra·di·kal *Adjektiv* **1** ⟨Änderungen, Reformen, eine Methode⟩ so, dass sie starke Veränderungen mit sich bringen: *ein radikaler Bruch mit der Tradition* **2** *bes Politik abwertend;* ⟨die Linke, die Rechte⟩ so, dass sie extreme politische Positionen vertreten (und *oft* bereit sind, Gewalt anzuwenden) ‖ -K linksradikal, rechtsradikal **3** *nicht als Adverb;* sehr stark und wirksam *(oft* mit negativen Folgen): *radikale Mittel einsetzen* **4** *nur als Adverb* ≈ sehr (stark): *die Zahl der Waffen radikal reduzieren* ‖ *hierzu* **Ra·di·ka·li·tät** *die; -; nur Singular; zu* 2 **Ra·di·ka·lis·mus** *der; -(ses); nur Singular*

Ra·dio A1 *das; -s, -s* **1** ein Gerät, das elektromagnetische Wellen empfängt und diese als Musik oder Sprache wiedergibt ⟨das Radio läuft, spielt; das Radio einschalten, ausschalten⟩ ‖ K- Radioapparat, Radiogerät ‖ -K Autoradio **2** *nur Singular; umg;* eine Institution, die ein Programm sendet, das man mit einem Radio empfangen kann ⟨beim Radio arbeiten⟩ ‖ K- Radiosender **3** *nur Singular;* das Programm, das man mit dem Radio empfangen kann ⟨(etwas im) Radio hören⟩

ra·dio·ak·tiv [-f] *Adjektiv;* in einem Zustand, in dem Atome zerfallen und dabei schädliche Energie abgeben, die Menschen, Tieren und Pflanzen schadet ⟨die Strahlung, der Zerfall; Abfälle⟩: *Uran ist radioaktiv* || *hierzu* **Ra·dio·ak·ti·vi·tät** *die; -; nur Singular*

Ra·di·us *der; -, Ra·di·en* [-di̯ən]; die Entfernung vom Mittelpunkt eines Kreises oder einer Kugel zum Rand

raf·fen; *raffte, hat gerafft* **1** **etwas** (**an sich** *(Akkusativ)*) **raffen** *abwertend;* so viel von etwas nehmen, wie man bekommen kann ⟨Besitz, Geld, Schmuck raffen⟩ **2** **etwas raffen** Stoff so halten oder befestigen, dass er Falten bildet ⟨einen Vorhang raffen⟩ **3** **etwas raffen** einen Text, die Handlung eines Buches, Films *o.Ä.* kürzer machen, sodass nur das Wichtige übrig bleibt ≈ kürzen, straffen **4** **etwas raffen** *umg* ≈ kapieren

Raff·gier *die; -; nur Singular; abwertend;* der starke Wunsch, so viel wie möglich von etwas zu bekommen ≈ Habgier || *hierzu* **raff·gie·rig** *Adjektiv*

Raf·fi·ne·rie *die; -, -n* [-'ri:ən]; eine Fabrik, die Erdöl oder Zucker reinigt und bearbeitet || -K Ölraffinerie, Zuckerraffinerie

Raf·fi·nes·se [-'nɛsə] *die; -, -n* **1** *nur Singular* ≈ Schlauheit, Geschicklichkeit ⟨die Raffinesse eines Betrügers, eines Plans⟩ **2** *meist Plural;* ein besonderes technisches Detail an einem Gerät: *ein Sportwagen mit allen Raffinessen*

raf·fi·niert, *raffinierter, raffiniertest-; Adjektiv* **1** ⟨ein Plan, ein System⟩ klug überlegt oder geschickt angewendet **2** schlau und geschickt ⟨ein Trick⟩

Ra·ge ['ra:ʒə] *die; -; nur Singular; umg* ≈ Wut ⟨in Rage kommen; jemanden in Rage bringen⟩

ra·gen; *ragte, hat/ist geragt;* **etwas ragt irgendwohin** etwas reicht weiter nach oben, außen *usw* als die Umgebung: *Ein Nagel ragt aus der Wand*

Ra·gout [ra'gu:] *das; -s, -s;* kleine Stücke Fleisch oder Fisch in einer Soße || -K Fischragout, Kalbsragout, Lammragout, Rehragout

Rahm *der; -(e)s; nur Singular; südd* Ⓐ Ⓒⓗ ≈ Sahne

rah·men; *rahmte, hat gerahmt;* **etwas rahmen** einen Rahmen (1) um etwas machen ⟨ein Bild, ein Dia, ein Fenster, einen Spiegel rahmen⟩ || *hierzu* **Rah·mung** *die; -, -en*

Rah·men *der; -s, -;* **1** ein fester Rand (*meist* aus Holz oder Metall) an Bildern oder Spiegeln || -K Bilderrahmen, Holzrahmen **2** der Teil einer Tür oder eines Fensters, der fest mit der Wand verbunden ist || -K Fensterrahmen **3** **ein Rahmen** (**für etwas**) *nur Singular;* die Umgebung und der Zusammenhang, in denen etwas stattfindet ⟨ein feierlicher, würdiger Rahmen⟩ || ID **etwas bleibt im Rahmen** etwas unterscheidet sich nicht vom Üblichen; **etwas fällt aus dem Rahmen** etwas unterscheidet sich stark vom Üblichen

Rah·men- *im Substantiv;* verwendet, um auszudrücken, dass etwas die allgemeinen Bedingungen, Regeln *usw* für etwas enthält und keine Details; das **Rahmenabkommen**, die **Rahmenbedingung**, der **Rahmenbeschluss**, die **Rahmenbestimmung**, der **Rahmenplan**

rä·keln ↑ **rekeln**

Ra·ke·te *die; -, -n* **1** ein Körper in Form eines Zylinders, der oben eine Spitze hat und der von der Erde weg in den Weltraum fliegen kann ⟨eine mehrstufige, (un)bemannte Rakete; eine Rakete starten⟩ || K- Raketenantrieb || -K Weltraumrakete **2** eine Art Rakete (1) als Waffe: *atomare Raketen* || K- Raketenabwehr || -K Kurzstreckenrakete **3** eine Art kleine Rakete (1), die in der Luft explodiert und als Feuerwerk oder Signal verwendet wird

ram·men; *rammte, hat gerammt* **1** **etwas irgendwohin rammen** etwas mit kräftigen Schlägen in den Boden schlagen **2** **jemanden/etwas rammen** beim Fahren an jemandes Auto/etwas stoßen und es beschädigen

Ram·pe *die; -, -n* **1** eine schräge Fläche, über die Fahrzeuge zu einer höheren oder tieferen Ebene fahren können **2** eine erhöhte Fläche vor einem Gebäude, auf der man Waren besser aus einem Lastwagen laden kann **3** der vordere Rand der Bühne im Theater

ram·po·niert, *ramponierter, ramponiertest-; Adjektiv; umg;* in schlechtem Zustand

Ramsch *der; -es; nur Singular; abwertend;* Dinge von sehr schlechter Qualität

ran *Adverb; umg* ≈ heran

ran- *im Verb; umg;* ersetzt in der gesprochenen Sprache *oft* die Vorsilbe *heran-*

Rand *der; -(e)s, Rän·der* **1** der äußere Teil von etwas, der Teil einer Fläche, der am weitesten von der Mitte entfernt ist: *ein bis zum Rand gefülltes Glas; Briefmarken haben Zacken am Rand* || K- Randgebiet || -K Ortsrand, Stadtrand **2** der seitliche, obere oder untere Teil eines Blattes Papier, auf den man normalerweise nichts schreibt: *zwei Zentimeter Rand lassen* **3** **am Rand**(**e**) + *Genitiv* in großer Gefahr, etwas Negatives zu erleben ⟨am Rande des Ruins, Wahnsinns, Zusammen-

R

bruchs stehen; jemanden an den Rand des Grabes, der Verzweiflung bringen〉 || ID **außer Rand und Band sein/geraten** *umg;* voller Energie und so wild sein/werden, dass man nicht beruhigt werden kann; *meist* **Halt den Rand!** *salopp;* sei still! || Hinweis: ↑ **zurande**

Ran·da·le *die; -; nur Singular; meist in* **Randale machen** *umg* ≈ randalieren

ran·da·lie·ren; *randalierte, hat randaliert;* Lärm machen, andere Leute stören und Sachen mit Absicht beschädigen: *randalierende Fans* || *hierzu* **Ran·da·lie·rer** *der; -s, -*

rand·voll *Adjektiv;* 〈ein Auto, ein Glas, ein Programm〉 so, dass nichts anderes mehr darin Platz hat

rang *Imperfekt, 1. und 3. Person Singular;* ↑ **ringen**

Rang *der; -(e)s, Rän·ge* **1** eine bestimmte Stufe in einer Ordnung (Hierarchie), die durch soziale oder dienstliche Wichtigkeit gekennzeichnet ist 〈einen hohen, niedrigen Rang haben, einnehmen〉: *der Rang eines Leutnants, eines Ministers* || K- Rangfolge, Rangordnung, Rangunterschied || -K Dienstrang; Generalsrang **2** der Platz, den man in einem Wettkampf erreicht: *den ersten/letzten Rang belegen* **3** der hintere und höher liegende Teil des Raumes, in dem man im Kino oder Theater sitzt || ↑ Abbildung unter **Theater** **4** **von Rang** sehr gut: *ein Schriftsteller von Rang*

ran·ge·hen; *ging ran, ist rangegangen; umg* **1** **an etwas** (*Akkusativ*) **rangehen** ≈ an etwas herangehen **2** sich ohne Zweifel oder Zögern bemühen, ein Ziel zu erreichen: *Er hat sie gerade erst kennengelernt und gleich zum Essen eingeladen. Der geht ganz schön ran!*

ran·geln; *rangelte, hat gerangelt;* **(mit jemandem) (um etwas) rangeln** *umg;* mit jemandem kämpfen, ohne ihm wehtun zu wollen ≈ (sich) um etwas raufen, balgen: *Die Kinder rangelten um die besten Plätze*

ran·gie·ren [raŋˈʒiːrən]; *rangierte, hat rangiert* **1** **(etwas) rangieren** Eisenbahnwagen auf ein anderes Gleis bringen, *bes* um neue Züge zusammenzustellen **2** **ganz oben rangieren** eine wichtige Bedeutung haben

ran·hal·ten, sich; *hält sich ran, hielt sich ran, hat sich rangehalten; umg* **1** **sich (mit etwas) ranhalten** sich mit etwas beeilen: *Wenn wir rechtzeitig fertig sein wollen, müssen wir uns jetzt ranhalten* **2** **sich ranhalten** viel essen: *Haltet euch ran, es ist genug da!*

ran·ken; *rankte, hat gerankt* **1** **etwas rankt sich irgendwohin** (*hat*) etwas wächst an etwas entlang oder in die Höhe: *An der Mauer rankt sich Efeu in die Höhe* **2** **etwas rankt sich um jemanden/etwas** (*hat*) *förmlich;* etwas existiert in Zusammenhang mit jemandem/etwas 〈Erzählungen, Geschichten, Legenden〉: *Viele Geschichten ranken sich um König Ludwigs Tod*

ran·las·sen; *lässt ran, ließ ran, hat rangelassen* **1** **jemanden/ein Tier (an jemanden/sich/etwas) ranlassen** *umg;* zulassen, dass jemand/ein Tier in die Nähe einer Person/Sache kommt **2** **jemanden ranlassen** *umg;* jemandem Gelegenheit geben zu zeigen, was er kann

ran·müs·sen; *musste ran, hat rangemusst; umg;* (viel) arbeiten müssen

rann *Imperfekt, 3. Person Singular;* ↑ **rinnen**

rann·te *Imperfekt, 1. und 3. Person Singular;* ↑ **rennen**

Ran·zen *der; -s, -;* eine Art Tasche, die ein Schüler auf dem Rücken trägt

ran·zig *Adjektiv;* so, dass das Fett darin alt ist und schlecht riecht und schmeckt 〈Butter, Nüsse, Öl〉

ra·pid, ra·pi·de *Adjektiv* ≈ sehr schnell, rasant ↔ allmählich 〈ein Anstieg, eine Entwicklung, eine Veränderung, ein Wachstum〉

Rap·pe *der; -n, -n;* ein schwarzes Pferd ↔ Schimmel

Rap·pel *der; -s; nur Singular; umg;* ein (nervöser) Zustand, in dem jemand für kurze Zeit unvernünftige Dinge tut 〈einen Rappel kriegen, haben〉

Rap·pen B1 *der; -s, -;* die kleinste Einheit des Geldes in der Schweiz; *Abkürzung* Rp: *Ein Franken hat 100 Rappen*

rar, *rarer, rarst-; Adjektiv* **1** so, dass etwas nur (noch) in geringer Menge, in kleiner Zahl da ist 〈eine Gelegenheit, ein Tier〉 **2** *meist nach dem Substantiv, nicht als Adverb* ≈ knapp 〈Rohstoffe〉 || *hierzu* **Ra·ri·tät** *die; -, -en*

ra·sant, *rasanter, rasantest-; Adjektiv;* mit hoher Geschwindigkeit 〈ein Tempo, eine Entwicklung〉

rasch, *rascher, raschest-; Adjektiv;* so, dass ein Vorgang oder eine Handlung nur kurze Zeit dauert ≈ schnell: *rasche Fortschritte machen; Ich gehe nur rasch Wasser holen*

ra·scheln; *raschelte, hat geraschelt;* **etwas raschelt** etwas macht das Geräusch, das man *z.B.* hört, wenn der Wind trockene Blätter bewegt

ra·sen[1] B1 *raste, hat gerast;* **(vor etwas** (*Dativ*)**) rasen** wütend und laut sprechen und sich dabei wild benehmen 〈vor Wut, Eifersucht rasen⟩

ra·sen² B1 *raste, ist gerast* **1** **(irgendwohin) rasen** sehr schnell fahren oder laufen: *Das Auto raste um die Kurve* **2** **die Zeit rast** die Zeit vergeht sehr schnell **3** **der Puls/das Herz rast** der Puls/das Herz schlägt sehr schnell || *zu* 1 **Ra·ser** *der; -s, -;* **Ra·se·rei** *die; -, -en;* **Ra·se·rin** *die; -, -nen*

Ra·sen B1 *der; -s, -; meist Singular;* eine Fläche (in Gärten und Parks) mit dichtem, kurzem Gras ⟨ein gepflegter Rasen⟩

Ra·sen·mä·her *der; -s, -;* ein Gerät, mit dem man den Rasen mäht || -K Benzinrasenmäher, Elektrorasenmäher

ra·sie·ren A2 *rasierte, hat rasiert;* **jemanden/sich rasieren**; **(jemandem/sich) etwas rasieren** mit einer Klinge oder mit einem elektrischen Gerät die Barthaare entfernen ⟨sich nass, trocken rasieren; sich den Bart rasieren⟩ || K- Rasierapparat, Rasiercreme, Rasierklinge, Rasiermesser, Rasierpinsel, Rasierseife

Ras·pel *die; -, -n* **1** ein Gerät aus Metall mit einer rauen Oberfläche, mit dem man etwas reibt, um sehr kleine Stücke daraus zu machen ≈ Reibe ⟨Äpfel, Käse, Möhren, Schokolade mit einer Raspel zerkleinern⟩ **2** eine grobe Feile, mit der man Holz, Metall *usw* bearbeitet || *hierzu* **ras·peln** *(hat)*

Ras·se *die; -, -n* **1** eine Gruppe von Tieren, die sich durch bestimmte Merkmale von anderen Tieren (derselben Art) unterscheiden || -K Hunderasse, Pferderasse **2** eine der großen Gruppen, in die die Menschen (wegen der Hautfarbe) eingeteilt werden || K- Rassendiskriminierung, Rassenkonflikt, Rassenunruhen

ras·seln; *rasselte, hat gerasselt* **1** **etwas rasselt** etwas macht die harten, schnellen Geräusche, die *z.B.* entstehen, wenn eine große Kette aus Eisen bewegt wird **2** **der Wecker rasselt** der Wecker läutet

ras·sig *Adjektiv; umg* **1** ⟨eine Frau, ein Pferd⟩ schön und voller Temperament **2** ⟨ein Auto⟩ schön und schnell

Ras·sis·mus *der; -; nur Singular; abwertend;* die Ideologie, dass Menschen der einen Rasse (2) besser sind als die einer anderen || *hierzu* **Ras·sist** *der; -en, -en;* **Ras·sis·tin** *die; -, -nen;* **ras·sis·tisch** *Adjektiv*

Rast *die; -, -en; meist Singular;* eine Pause, die man *bes* bei Wanderungen macht

ras·ten; *rastete, hat gerastet;* beim Wandern eine Pause machen || ID **Wer rastet, der rostet** verwendet, um jemanden aufzufordern weiterzumachen oder aktiv zu werden

Rast·haus *das; -es, -häu·ser* ≈ Raststätte

rast·los *Adjektiv* **1** ⟨ein Mensch⟩ so, dass er nie eine Pause macht ≈ ununterbrochen, unermüdlich: *rastlos arbeiten* **2** sehr aktiv und unruhig ⟨das Treiben der Stadt; Augen⟩ || *hierzu* **Rast·lo·sig·keit** *die; -; nur Singular*

Rast·platz *der; -es, -plät·ze* **1** ein Platz, an dem man während einer Wanderung eine Pause macht **2** ein Parkplatz an einer Autobahn, an dem man tanken, essen kann

Rast·stät·te B1 *die; -, -n;* eine Art Gasthaus an einer Autobahn

Ra·sur *die; -, -en* **1** das Rasieren || -K Elektrorasur, Nassrasur, Trockenrasur **2** die Art, wie jemand rasiert ist ⟨eine glatte, schlechte Rasur⟩

Rat¹ *der; -(e)s; nur Singular;* das, was man (aufgrund von Erfahrung oder Kenntnissen) jemandem sagt, damit er weiß, was er tun soll ⟨ein fachmännischer, ehrlicher Rat; jemandem einen Rat geben, erteilen; jemanden um Rat fragen⟩: *Mein Rat wäre, mit dem Zug statt mit dem Auto zu fahren* || Hinweis: als Plural wird *Ratschläge* verwendet || ID **jemandem mit Rat und Tat zur Seite stehen** jemandem helfen, so gut man kann; **Da ist guter Rat teuer** da ist es schwierig, eine Lösung zu finden; *meist* **sich** *(Dativ)* **keinen Rat (mehr) wissen** nicht mehr wissen, was man tun soll

Rat² *der; -(e)s, Rä·te* **1** eine Gruppe von Menschen, die in einer Organisation Probleme diskutieren und dann entscheiden ⟨jemanden in den Rat wählen⟩ || K- Ratsbeschluss || -K Aufsichtsrat, Betriebsrat, Stadtrat **2** jemand, der Mitglied eines Rates² (1) ist **3** *nur Singular;* der Titel eines ziemlich hohen Beamten || -K Regierungsrat, Studienrat || *zu* 2 und 3 **Rä·tin** *die; -, -nen*

rät *Präsens, 3. Person Singular;* ↑ **raten**

Ra·te *die; -, -n;* eine von mehreren Zahlungen in Teilen, die man so oft leistet, bis die volle Summe bezahlt ist ⟨etwas auf Raten kaufen⟩: *die letzte Rate einer Schuld* || K- Ratenkauf || -K Abzahlungsrate || *hierzu* **ra·ten·wei·se** *Adjektiv*

ra·ten¹; *rät, riet, hat geraten;* **jemandem (zu) etwas raten** jemandem einen Rat¹ geben: *Der Arzt hat ihr zu einer Kur geraten; Ich habe ihm geraten, neue Reifen zu kaufen* || ID *meist* **Lass dir das geraten sein!** *umg;* verwendet, um eine Aufforderung mit einer Drohung zu verbinden; *meist* **Das möchte ich dir auch**

R

geraten haben! *umg;* verwendet, um eine Drohung auszudrücken für den Fall, dass jemand doch nicht tut, was er gerade versprochen hat

ra·ten[2]; *rät, riet, hat geraten;* **(etwas) raten** versuchen, ohne genaues Wissen richtig zu antworten oder zu urteilen ⟨richtig, falsch raten⟩: *Lass mich mal raten; Er hat die Antwort nur geraten* || K- Ratespiel || ID **Dreimal darfst du raten** *umg;* verwendet, um zu sagen, dass die Antwort leicht ist

Rat·ge·ber *der; -s, -;* **1** jemand, der anderen Leuten gute Ratschläge gibt **2** **ein Ratgeber (für etwas)** ein kleines Buch, in dem man Tipps und Informationen über etwas findet: *ein Ratgeber für den Garten* || *zu* 1 **Rat·ge·be·rin** *die; -, -nen*

Rat·haus B2 *das; -es, -häu·ser;* das Gebäude für den Bürgermeister und die Verwaltung eines Ortes || K- Rathausplatz

Ra·ti·on [ra'tsio:n] *die; -, -en;* die Menge *bes* an Lebensmitteln, die jemand für eine bestimmte Zeit bekommt (wenn die Vorräte knapp sind) ⟨eine Ration Brot, Fleisch; die Rationen kürzen, erhöhen; Rationen zuteilen⟩ || -K Brotration, Tagesration || *hierzu* **ra·ti·o·nie·ren** *(hat)*

ra·ti·o·nal *Adjektiv;* so, dass man sich vom Verstand leiten lässt, nicht von Gefühlen ↔ emotional

ra·ti·o·nell *Adjektiv;* so, dass mit möglichst wenig Kraft und Arbeit eine möglichst gute Leistung erreicht wird ≈ effektiv ⟨eine Methode⟩

rat·los *Adjektiv;* so, dass eine Person nicht weiß, was sie tun soll || *hierzu* **Rat·lo·sig·keit** *die; -; nur Singular*

R

rat·sam *Adjektiv; nur nach dem Substantiv oder als Adverb;* gut und richtig ≈ sinnvoll ⟨etwas für ratsam halten⟩: *Bei Regen ist es ratsam, einen Schirm dabeizuhaben*

Rat·schlag *der; -(e)s, -schlä·ge* ≈ Rat[1]: *jemandem gute Ratschläge geben*

Rät·sel *das; -s, -;* **1** eine komplizierte Frage oder Aufgabe, bei der man raten[2] oder nachdenken muss, um die Antwort zu finden ⟨jemandem ein Rätsel aufgeben; ein Rätsel lösen⟩ || K- Rätselfrage **2** ein Spiel mit solchen Fragen, das man in verschiedenen Formen *bes* in Zeitschriften findet || -K Kreuzworträtsel **3** etwas, das man nicht erklären kann: *Es ist mir ein Rätsel, wo sie so lange bleibt* || ID *meist* **Das ist des Rätsels Lösung!** verwendet, um Staunen auszudrücken, wenn man plötzlich die Lösung oder Erklärung für etwas findet; **in Rätseln sprechen/reden** sich so unklar ausdrücken, dass niemand weiß, wovon man spricht

rät·sel·haft *Adjektiv* **1** ≈ geheimnisvoll: *unter rätselhaften Umständen verschwinden* **2** **etwas ist jemandem rätselhaft** jemand weiß oder versteht etwas nicht: *Es ist mir absolut rätselhaft, wie das passieren konnte*

rät·seln; *rätselte, hat gerätselt; meist* **(darüber) rätseln, wie/wo/was** *usw* (durch Nachdenken) versuchen, eine Erklärung für etwas zu finden: *Wir haben lange gerätselt, was wohl diese Zeichen bedeuten*

Rat·te *die; -, -n;* ein Tier mit einem dünnen Schwanz, das wie eine große Maus aussieht || K- Rattenplage

rat·tern; *ratterte, hat gerattert;* **etwas rattert** etwas macht die Geräusche, die *z.B.* entstehen, wenn große Metallstücke schnell und oft gegeneinanderstoßen ⟨das Maschinengewehr, der Zug⟩

rau, *rauer-, rauest-; Adjektiv* **1** relativ hart und nicht glatt, sodass man einen Widerstand spürt, wenn man mit dem Finger darüberstreicht ⟨eine Oberfläche, ein Stoff, die Haut⟩ **2** *nicht als Adverb;* kalt und mit viel Wind ⟨ein Klima, ein Wetter⟩ **3** grob, ohne Taktgefühl ⟨ein Verhalten⟩ **4** **ein rauer Hals** ein entzündeter Hals **5** *nicht als Adverb;* mit hohen Wellen ⟨die See⟩ || *hierzu* **Rau·heit** *die; -, -en; meist Singular*

Raub *der; -es; nur Singular* **1** das Rauben (1) ⟨einen Raub begehen⟩ || K- Raubmord, Raubüberfall || -K Bankraub **2** die Dinge, die jemand durch einen Raub (1) bekommen hat || *hierzu* **Räu·ber** *der; -s, -;* **Räu·be·rin** *die; -, -nen*

Raub-[1] *im Substantiv;* auf illegale Weise produziert oder getan ≈ Schwarz-; der **Raubdruck** ⟨eines Buchs⟩, die **Raubkopie** ⟨eines Computerprogramms⟩

Raub-[2] *im Substantiv;* verwendet, um Tiere zu bezeichnen, die andere Tiere fangen und fressen; der **Raubfisch**, die **Raubkatze**, das **Raubtier**, der **Raubvogel**

Raub·bau *der; -(e)s; nur Singular;* **Raubbau (an etwas** *(Dativ)*) die zu intensive Nutzung eines Teils der Natur (*z.B.* eines Ackers), durch die Schaden entsteht ⟨Raubbau treiben⟩

rau·ben; *raubte, hat geraubt* **1** **((jemandem) etwas) rauben** jemandem etwas mit Gewalt oder Drohungen wegnehmen: *Die Täter schlugen ihn nieder und raubten ihm das ganze Geld* **2** **ein Tier raubt ein Tier** ein Tier

Raubkatzen

fängt (und frisst) ein anderes Tier ⟨der Wolf raubt Schafe, der Fuchs raubt Hühner⟩ **3** **etwas raubt jemandem etwas** etwas bewirkt, dass jemand etwas nicht hat oder nicht bekommt ⟨etwas raubt jemandem den Schlaf, die Ruhe⟩

Raub·kat·ze *die; -, -n;* ein Raubtier wie ein Löwe, ein Tiger *usw*

Rauch *der; -(e)s; nur Singular* **1** eine Art Wolke, die entsteht, wenn etwas verbrennt ⟨dichter, schwarzer Rauch⟩ **2** der Rauch einer Zigarette *o.Ä.* || [-K] Zigarrenrauch || [ID] **kein Rauch ohne Feuer** an einem Gerücht *o.Ä.* ist wahrscheinlich etwas Wahres; **etwas geht in Rauch (und Flammen) auf** etwas wird bei einem Brand zerstört

rau·chen [B2] *rauchte, hat geraucht* **1** **(etwas) rauchen** an einer brennenden Zigarette, Pfeife *o.Ä.* saugen und den Rauch einatmen ⟨eine Zigarette, Pfeife rauchen⟩: *Darf man hier rauchen?* || [K-] Rauchverbot **2** **(etwas) rauchen** die Gewohnheit haben zu rauchen (1) ⟨sich *(Dativ)* das Rauchen abgewöhnen⟩ **3** **etwas raucht** etwas produziert Rauch und lässt ihn nach außen kommen ⟨der Kamin, der Ofen⟩ **4** **es raucht (irgendwo)** es entsteht Rauch

Rau·cher *der; -s, -;* jemand, der die Gewohnheit hat zu rauchen || [-K] Pfeifenraucher, Zigarettenraucher || *hierzu* **Rau·che·rin** *die; -, -nen*

Räu·cher- *im Substantiv* ≈ geräuchert; der **Räucheraal**, der **Räucherfisch**, der **Räucherlachs**, der **Räucherspeck**

räu·chern; *räucherte, hat geräuchert;* **etwas räuchern** Lebensmittel haltbar machen, indem man sie längere Zeit in Rauch hängt: *geräucherte Fische*

rauf [B1] *Adverb; umg;* ↑ **herauf**, **hinauf**

rauf- [B1] *im Verb; umg;* ↑ **herauf-**, **hinauf-**

rau·fen; *raufte, hat gerauft;* **jemand rauft (um etwas) (mit jemandem)**; ⟨Personen⟩ **raufen (sich)** zwei oder mehrere Personen kämpfen ohne Waffen und *oft* zum Spaß: *Die Kinder rauften sich um den Ball*

Rau·fe·rei *die; -, -en* ≈ Schlägerei, Prügelei

Raum *der; -(e)s, Räu·me* **1** ein Teil eines Gebäudes, der einen Fußboden, Wände und eine Decke hat ≈ Zimmer || [K-] Raumtemperatur || [-K] Aufenthaltsraum, Kellerraum, Kühlraum, Lagerraum, Schlafraum **2** ein Bereich mit drei Dimensionen (= mit Länge, Breite und Höhe): *Raum und Zeit* **3** *nur Singular;* der Raum

R

(2) oder die Fläche, die man zu einem bestimmten Zweck benutzen kann ≈ Platz: *Im Auto ist/Das Auto hat nicht genug Raum für so viele Koffer* || K- Raumnot **4** *nur Singular;* der Raum (2) außerhalb der Atmosphäre der Erde ≈ Weltraum, Kosmos || K- Raumfahrer, Raumflug, Raumstation || -K Weltraum || ID **etwas steht im Raum** etwas ist als Problem vorhanden und muss gelöst werden

räu·men; *räumte, hat geräumt* **1** **etwas irgendwohin räumen** etwas (von irgendwo wegnehmen und) an einen bestimmten Platz bringen: *das Geschirr vom Tisch räumen; die Wäsche aus dem/in den Schrank räumen* **2** **etwas räumen** von einem Raum oder Ort weggehen: *Die Polizei forderte die Demonstranten auf, die Straße zu räumen* **3** **etwas räumen** seine Sachen aus einer Wohnung *o.Ä.* wegnehmen und diese verlassen ⟨eine Wohnung, ein Haus räumen⟩ **4** **etwas räumen** eine Straße *o.Ä.* wieder frei machen (*z.B.* nach einem Unfall): *Die Polizei räumte die Unglücksstelle* **5** **Schnee räumen** den Schnee, der auf Straßen und Wegen liegt, zur Seite schieben || *zu* 2-5 **Räu·mung** *die; -, -en*

Raum·fahrt *die; -; nur Singular;* die Erforschung des Weltraums mit Raketen und Sonden ⟨die bemannte, unbemannte Raumfahrt⟩ || K- Raumfahrtbehörde, Raumfahrtprogramm

Räum·lich·keit *die; -, -en; meist Plural;* die Räume in einem Gebäude: *Wir haben endlich passende Räumlichkeiten für unsere Tagung gefunden*

Raum·schiff *das; -(e)s, -e;* ein Fahrzeug, mit dem man durch den Weltraum fliegen kann

Räu·mungs·ver·kauf *der; -(e)s, -käu·fe;* das Verkaufen aller Waren, wenn jemand sein Geschäft aufgibt

R

Rau·nen *das; -s; nur Singular; förmlich;* das leise Sprechen (mehrerer Leute): *Als sie erschien, ging ein Raunen durch den Saal* || *hierzu* **rau·nen** *(hat)*

Rau·pe *die; -, -n;* die Larve (oft mit verschiedenen Farben) eines Schmetterlings, die einen länglichen Körper und viele Füße hat ⟨eine Raupe verpuppt sich⟩

raus B1 *Adverb; umg;* ↑ **heraus**, **hinaus**

raus- B1 *im Verb; umg;* ↑ **heraus-**, **hinaus-**

Rausch B2 *der; -es, Räu·sche* **1** der Zustand, in den man kommt, wenn man zu viel Alkohol trinkt oder Drogen nimmt ⟨einen Rausch haben⟩ **2** *nur Singular;* **ein Rausch** *(+ Genitiv)* ein Zustand, in dem ein Gefühl sehr stark ist ⟨in einen Rausch geraten⟩ || -K Siegesrausch

rau·schen; *rauschte, hat/ist gerauscht* **1** **etwas rauscht** *(hat)* etwas macht ein gleichmäßiges Geräusch, wie man es *z.B.* bei einem Wasserfall hört ⟨das Meer, der Sturm⟩ **2** **etwas rauscht irgendwohin** *(ist)* etwas bewegt sich schnell und rauscht (1) dabei: *Das Wasser rauschte in die Badewanne* **3** **irgendwohin rauschen** *(ist) umg;* nach einem Streit *o.Ä.* schnell weggehen oder -fahren: *Empört rauschte sie aus dem Zimmer*

Rausch·gift *das; -(e)s, -e;* eine Substanz (*z.B.* Heroin), die man nimmt, um angenehme Gefühle zu haben, und die süchtig macht ≈ Droge ⟨Rauschgift nehmen; von Rauschgift abhängig sein⟩ || K- Rauschgifthandel; rauschgiftabhängig, rauschgiftsüchtig

räus·pern, sich; *räusperte sich, hat sich geräuspert;* **sich räuspern** durch eine Art kurzes Husten die Kehle reinigen, um eine klare Stimme zu haben

Rau·te *die; -, -n;* ein Viereck mit jeweils zwei gleich langen parallelen Seiten, das keinen rechten Winkel hat || ↑ Illustration **Farben und Formen** || K- Rautenform, Rautenmuster

Raz·zia ['ratsi̯a] *die; -, Raz·zien* [-i̯ən]; eine überraschende Aktion der Polizei, bei der eine Gruppe von Menschen kontrolliert wird ⟨eine Razzia durchführen⟩

re·a·gie·ren B1 *reagierte, hat reagiert;* **(auf jemanden/etwas irgendwie) reagieren** in bestimmter Weise handeln (als Folge einer Handlung, Bemerkung): *auf eine Frage unfreundlich/schnell reagieren*

Re·ak·ti·on [-'tsi̯o:n] *die; -, -en* **1** **eine Reaktion (auf jemanden/etwas)** die Handlung, mit der man auf etwas reagiert ⟨eine spontane Reaktion; eine Reaktion auslösen; keine Reaktion zeigen⟩ **2** eine Veränderung im Körper aufgrund äußerer Einflüsse ⟨eine allergische Reaktion⟩ **3** die Folge des Zusammenkommens von chemischen Substanzen

re·ak·ti·o·när [-tsi̯o'nɛ:ɐ̯] *Adjektiv; abwertend;* gegen soziale und politische Veränderungen ⟨eine Einstellung, ein Politiker; reaktionär denken⟩

Re·ak·ti·ons·ver·mö·gen [-'tsi̯o:ns-] *das; -s, -;* die Fähigkeit, (*bes* auf Gefahren) schnell zu reagieren ⟨ein gutes Reaktionsvermögen haben⟩

Re·ak·tor *der; -s, Re·ak·to·ren;* eine große technische Anlage, in der durch Atomspaltung Energie hergestellt wird

re·al [re'a:l] *Adjektiv* **1** *förmlich;* ⟨eine Chance, die Gegebenheiten; die Welt⟩ so, wie sie in Wirklichkeit sind ≈ wirklich, tatsächlich ↔ imaginär **2** *Wirtschaft;* in Bezug auf den tatsächlichen Wert des Geldes ↔ nominell ⟨das Einkommen, der Zinsertrag⟩ || K- Realeinkommen, Reallohn, Realwert

re·a·li·sier·bar *Adjektiv; nicht als Adverb;* so, dass etwas realisiert (1) werden kann

re·a·li·sie·ren; *realisierte, hat realisiert;* **etwas realisieren** *förmlich;* etwas tun, das man schon lange geplant hat ⟨einen Plan, ein Vorhaben realisieren⟩ **2** **etwas realisieren** etwas bewusst erkennen ⟨eine Gefahr, ein Problem⟩: *Er hat noch nicht realisiert, dass er in Gefahr ist* || *hierzu* **Re·a·li·sa·ti·on** *die; -, -en;* **Re·a·li·sie·rung** *die; -, -en*

Re·a·lis·mus *der; -; nur Singular;* eine Einstellung, bei der man das Leben und die Probleme nüchtern beurteilt, ohne sich dabei von Gefühlen und falschen Vorstellungen beeinflussen zu lassen ↔ Optimismus, Pessimismus || *hierzu* **Re·a·list** *der; -en, -en;* **Re·a·lis·tin** *die; -, -nen*

re·a·lis·tisch *Adjektiv* **1** ⟨eine Beurteilung, eine Einschätzung⟩ so, dass sie an der Wirklichkeit orientiert ist ≈ sachlich **2** ⟨eine Darstellung, ein Film⟩ so, dass sie die Welt zeigen, wie sie wirklich ist

Re·a·li·tät *die; -, -en* **1** *nur Singular;* das, was es wirklich auf der Welt gibt ≈ Wirklichkeit **2** *nur Singular;* **die Realität** + *Genitiv* die tatsächliche Existenz von etwas ⟨die Realität einer Sache anzweifeln, bestreiten, beweisen⟩ **3** *förmlich* ≈ Tatsache: *die Realitäten des Lebens akzeptieren*

Re·al·schu·le *die; -, -n;* eine Schule, die die Schüler *bes* auf wirtschaftliche und technische Berufe vorbereitet. Wer die Realschule (nach der 10. Klasse) mit Erfolg beendet hat, macht eine Lehre oder kann auf die Fachoberschule gehen ≈ Mittelschule ↔ Hauptschule, Gymnasium ⟨auf die Realschule gehen⟩ || K- Realschulabschluss, Realschullehrer || *hierzu* **Re·al·schü·ler** *der; -s, -;* **Re·al·schü·le·rin** *die; -, -nen*

Re·be *die; -, -n;* der Zweig, an dem die (Wein)Trauben wachsen || -K Weinrebe

re·bel·lie·ren; *rebellierte, hat rebelliert;* **(gegen jemanden/etwas) rebellieren** versuchen, bestehende Zustände mit Gewalt zu ändern ⟨gegen die Regierung, gegen einen Befehl rebellieren⟩ || *hierzu* **Re·bell** *der; -en, -en;* **Re·bel·lin** *die; -, -nen;* **Re·bel·li·on** *die; -, -en*

Re·chen *der; -s, -; südd,* Ⓐ Ⓒⓗ ein Gerät für den Garten, ähnlich einem großen Kamm, mit dem man die Erde fein verteilt und Laub oder Gras sammelt ≈ Harke || *hierzu* **re·chen** *(hat)*

Re·chen·schaft *die; -; nur Singular* **1** **Rechenschaft (über etwas** *(Akkusativ)***)** ein Bericht *o.Ä.* darüber, warum man etwas getan hat oder wie man seine Pflicht erfüllt hat ⟨jemandem Rechenschaft geben; von jemandem Rechenschaft fordern, verlangen; jemandem (keine) Rechenschaft schuldig sein⟩: *Einmal im Jahr legt der Vorstand des Vereins Rechenschaft darüber ab, wofür er das Geld ausgegeben hat* || K- Rechenschaftsbericht, Rechenschaftspflicht **2** **jemanden (für etwas) zur Rechenschaft ziehen** jemanden dazu zwingen, Rechenschaft (1) zu geben und die Folgen dafür zu tragen, wenn er seine Pflicht nicht erfüllt hat

Re·cher·che [reˈʃɛrʃə] *die; -, -n; meist Plural;* die intensive Suche nach Informationen *bes* für einen (Zeitungs)Bericht ⟨eine Recherche machen⟩ || *hierzu* **re·cher·chie·ren** *(hat)*

rech·nen A2 *rechnete, hat gerechnet* **1** Zahlen und Mengen (durch Addieren, Subtrahieren *usw*) so miteinander in Verbindung bringen, dass neue Zahlen oder Mengen entstehen ⟨im Kopf, schriftlich rechnen⟩ || K- Rechenaufgabe **2** **mit jemandem/etwas rechnen** es für möglich oder wahrscheinlich halten, dass etwas geschehen wird, dass jemand kommt: *Ich rechne damit, dass unser Plan Erfolg hat; Was, du bist schon da! Mit dir hatte ich noch gar nicht gerechnet!* **3** **auf jemanden/etwas rechnen; mit jemandem/etwas rechnen** hoffen und erwarten, dass jemand mitmacht oder dass etwas gemacht wird: *Lass mich nicht im Stich, ich rechne fest mit dir/auf dich!* **4** **(mit etwas) rechnen** mit dem Geld sparsam umgehen ⟨mit jedem Euro rechnen⟩ **5** **jemanden zu etwas rechnen** jemanden als etwas betrachten: *Ich rechne ihn zu meinen Freunden* (= er gehört zu meinen Freunden)

Rech·ner *der; -s, -;* **1** **ein** + *Adjektiv* + **Rechner** jemand, der in der genannten Weise rechnet (1) ⟨ein guter, schneller, schlechter Rechner⟩ **2** ≈ Computer || -K Elektronenrechner, Grafikrechner, Großrechner || *zu* 1 **Rech·ne·rin** *die; -, -nen*

rech·ne·risch *Adjektiv; nur vor dem Substantiv oder als Adverb* **1** durch Rechnen (1) (entstanden) ⟨eine Größe, ein Mittelwert; etwas rechnerisch lösen, ermitteln⟩ **2** in Bezug auf das Rechnen (1) ⟨eine Begabung; die Richtigkeit⟩

Rech·nung[1] A2 *die; -, -en* **1** das Rechnen (1) oder eine Aufgabe zum Rechnen (1) ⟨eine Rechnung mit Brüchen, mit mehreren Unbekannten⟩ || -K Bruchrechnung, Prozent-

rechnung 2 *nur Singular;* das ungefähre Schätzen[1]: *Nach meiner Rechnung werden wir in etwa zehn Minuten ankommen* ‖ ID **jemandes Rechnung geht nicht auf** jemand hat etwas geplant, kann es aber nicht realisieren

Rẹch·nung² A2 *die; -, -en* 1 **eine Rechnung (für etwas)** (**über etwas** *(Akkusativ)*) eine Liste, auf der steht, wie viel Geld man für Waren oder Leistungen bezahlen muss ⟨jemandem eine Rechnung (aus)stellen, schreiben⟩: *eine Rechnung für einen Kühlschrank über 1000 Euro; Herr Ober, die Rechnung bitte!* ‖ -K Arztrechnung, Hotelrechnung 2 der Betrag auf einer Rechnung² (1) ⟨eine Rechnung bezahlen, überweisen⟩ ‖ K- Rechnungsbetrag ‖ ID *meist* **Das geht auf meine Rechnung** das bezahle ich; **die Rechnung für etwas bezahlen müssen** die negativen Folgen eines Verhaltens ertragen müssen

rẹcht B2 *Adjektiv* 1 **recht (für jemanden/etwas)** für einen bestimmten Zweck gut geeignet ≈ passend ↔ falsch: *Hier ist nicht der rechte Ort für solch ein Gespräch* 2 **etwas ist (jemandem) recht** jemand ist mit etwas einverstanden: *Ist es dir recht, wenn ich mitkomme?* 3 den Regeln der Moral entsprechend ≈ richtig: *Es war nicht recht, dass du sie angelogen hast* 4 *nur vor dem Substantiv oder als Adverb;* so, dass etwas wirklich der Fall ist ⟨keine rechte Freude an etwas haben⟩: *Ich habe eigentlich nicht (so) recht verstanden, was er sagen wollte* ‖ Hinweis: *meist* verneint 5 **recht und billig** ≈ gerecht, fair 6 **recht/Recht haben** 7 bei einem Streit *o.Ä.* derjenige sein, der das Recht (1,2) oder die Wahrheit auf seiner Seite hat 8 etwas sagen, das den Tatsachen entspricht ↔ sich irren: *Ich weiß nicht, ob du damit recht hast* 7 **recht/Recht behalten, bekommen** die Bestätigung bekommen, dass man recht (6) gehabt hat 8 **jemandem recht/Recht geben** jemandem sagen, dass seine Meinung richtig ist oder war: *In diesem Punkt muss ich Ihnen recht geben* ‖ ID **Was dem einen recht ist, ist dem anderen billig** was der eine darf, muss man auch dem anderen erlauben; **recht und schlecht** nicht gut, aber auch nicht sehr schlecht; *meist* **Das geschieht dir recht!** *umg;* das ist die gerechte Strafe; *meist* **Du kommst mir gerade recht** *umg;* a dich kann ich jetzt gerade sehr gut gebrauchen; b *ironisch;* dich kann ich jetzt überhaupt nicht gebrauchen (weil ich beschäftigt bin *o.Ä.*); **es jemandem nicht recht machen können** nichts tun können, was jemandem passt oder gefällt; *meist* **Man kann es nicht allen recht machen** man tut nie etwas, das allen gefällt

Rẹcht B2 *das; -(e)s, -e* 1 *nur Singular;* die Regeln für das Zusammenleben der Menschen in einem Staat, die in Gesetzen festgelegt sind ⟨das bürgerliche, öffentliche Recht; das Recht anwenden, verletzen⟩: *nach geltendem Recht* ‖ K- Rechtsbruch, Rechtslage, Rechtsordnung, Rechtswissenschaft ‖ -K Eigentumsrecht, Kriegsrecht, Verkehrsrecht, Vertragsrecht, Völkerrecht 2 **das Recht (auf etwas** *(Akkusativ)*) der (moralisch oder gesetzlich begründete) Anspruch auf etwas ⟨die demokratischen Rechte; ein Recht geltend machen; sein Recht fordern; jemandes Rechte verletzen, wahren⟩: *das Recht auf freie Meinungsäußerung* ‖ -K Aufenthaltsrecht, Wahlrecht 3 *nur Singular;* das, was die Moral oder das Gesetz erlauben: *zwischen Recht und Unrecht unterscheiden können* 4 **zu Recht** mit gutem Grund, richtigerweise 5 **im Recht sein** bei einem Streit *o.Ä.* derjenige sein, der das Recht (1, 2) oder die Wahrheit auf seiner Seite hat 6 **Recht sprechen** als Richter Urteile aussprechen 7 **von Rechts wegen** wenn es nach dem Recht (1,2) geht/ginge ≈ eigentlich ‖ Hinweis: ↑ **recht** (6-8)

rẹch·t- *Adjektiv; nur vor dem Substantiv, nicht als Adverb* 1 auf der Seite, auf der das Herz nicht ist ↔ link- (1): *sich das rechte Bein brechen; auf der rechten Straßenseite* 2 mit den Prinzipien von konservativen oder nationalistischen Parteien ↔ link- (2) ⟨eine Partei⟩ ‖ ▸ **rechts**

Rẹch·te¹ A2 *die; -n, -n* 1 *nur Singular;* die rechte Hand ↔ Linke 2 *nur Singular;* alle Parteien und politischen Gruppen mit konservativen bis hin zu nationalistischen Prinzipien ↔ Linke 3 **zu jemandes Rechten** auf der rechten Seite ↔ zu jemandes Linken

Rẹch·te² A2 *der/die; -n, -n; umg;* eine Person, die einer konservativen oder nationalistischen Partei angehört oder deren Prinzipien gut findet ↔ Linke(r) ‖ Hinweis: *ein Rechter; der Rechte; den, dem, des Rechten*

Rẹcht·eck *das; -(e)s, -e;* eine geometrische Figur mit vier Seiten (von denen jeweils zwei gleich lang und parallel sind) und vier Winkeln von je 90° ‖ ↑ Illustration **Farben und Formen** ‖ *hierzu* **rẹcht·eckig** *Adjektiv*

rẹch·tens *nur in* **etwas ist rechtens** etwas entspricht dem Recht (1): *Die Kündigung war rechtens*

rẹcht·fer·ti·gen; *rechtfertigte, hat gerechtfertigt* 1 **etwas (mit etwas) rechtfertigen** die Gründe für eine Handlung, Äußerung nennen: *Die Firma rechtfertigte die Entlassungen mit der schlechten Konjunktur* 2 **etwas rechtfertigt**

R

etwas etwas ist ein ausreichender Grund für etwas ⟨etwas ist (durch etwas) gerechtfertigt⟩ **3** **sich (mit etwas) rechtfertigen** die Gründe für Aktionen, Äußerungen nennen || *hierzu* **Recht·fer·ti·gung** *die; -, -en*

recht·ha·be·risch *Adjektiv; abwertend;* ⟨eine Person⟩ so, dass sie glaubt, immer recht zu haben

recht·lich *Adjektiv;* so, wie es im Gesetz steht ⟨die Grundlage⟩: *Ist das denn rechtlich zulässig?*

recht·mä·ßig *Adjektiv;* so, wie es dem Gesetz entspricht ⟨der Besitzer, eine Kündigung⟩ || *hierzu* **Recht·mä·ßig·keit** *die; -; nur Singular*

rechts[1] A1 *Adverb* **1** **rechts (von jemandem/etwas)** auf der Seite, auf der das Herz nicht ist ↔ links[1] (1) ⟨nach rechts abbiegen; von links nach rechts⟩ **2** (von Parteien, Gruppen oder Personen) so, dass sie konservative oder nationalistische Prinzipien haben ↔ links[1] (2) ⟨rechts wählen⟩

rechts[2] A1 *Präposition; mit Genitiv;* rechts[1] von etwas ↔ links[2]: *rechts der Straße* || Hinweis: auch mit *von*: *rechts von der Halle*

Rechts·an·spruch *der; -(e)s, -sprü·che;* **ein Rechtsanspruch (auf etwas** *(Akkusativ)*) ein Anspruch, den jemand nach dem geltenden Gesetz hat

Rechts·an·walt *der; -(e)s, -an·wäl·te;* jemand, dessen Beruf es ist, andere über die Gesetze zu informieren und Leute in einem Gerichtsprozess zu vertreten || *hierzu* **Rechts·an·wäl·tin** *die; -, -nen*

recht·schaf·fen *Adjektiv* **1** so, dass jemand auf ehrliche Weise versucht, seine Ziele zu erreichen ≈ redlich **2** *nur vor dem Substantiv oder als Adverb;* so, dass jemand guten Grund dafür hat ⟨ein Hunger, eine Müdigkeit; rechtschaffen müde sein⟩ || *zu* 1 **Recht·schaf·fen·heit** *die; -; nur Singular*

Recht·schrei·bung *die; -, -en; nur Singular;* die richtige Art, wie man die Wörter einer Sprache schreibt ≈ Orthografie || K- Rechtschreibreform, Rechtschreibregel

Rechts·fall *der; -(e)s, -fäl·le;* eine Angelegenheit, die vor einem Gericht verhandelt wird

Rechts·hän·der *der; -s, -;* jemand, der mit der rechten Hand schreibt *usw* ↔ Linkshänder || *hierzu* **Rechts·hän·de·rin** *die; -, -nen;* **rechts·hän·dig** *Adjektiv*

rechts·he·rum *Adverb;* nach rechts ↔ linksherum ⟨etwas rechtsherum drehen⟩

rechts·kräf·tig *Adjektiv;* durch ein Gericht endgültig entschieden ⟨ein Urteil; jemanden rechtskräftig verurteilen⟩

Recht·spre·chung *die; -, -en; nur Singular;* alle Entscheidungen, welche die Richter fällen ≈ Jurisdiktion

Rechts·staat *der; -(e)s, -en; Politik;* ein Staat, der die Rechte seiner Bürger schützt und dessen Richter vom Staat unabhängig handeln können

rechts·wid·rig *Adjektiv;* so, dass man gegen das geltende Recht verstößt ≈ gesetzeswidrig ↔ rechtmäßig || *hierzu* **Rechts·wid·rig·keit** *die; -, -en*

recht·win·ke·lig, recht·wink·lig *Adjektiv; nicht als Adverb;* mit einem Winkel von 90 Grad ⟨ein Dreieck⟩

recht·zei·tig B2 *Adjektiv;* nicht zu früh und nicht zu spät ⟨rechtzeitig anfangen, fertig werden, losfahren⟩

Reck *das; -(e)s, -e;* ein Turngerät, das aus einer waagerechten Stange (in ca. 2,50 m Höhe) und Stützen für diese Stange besteht ⟨am Reck turnen; vom Reck abgehen; eine Übung am Reck⟩ || K- Reckstange, Reckturner, Reckübung

re·cken; *reckte, hat gereckt;* **etwas/sich recken** ≈ strecken (2)

Re·cor·der [-k-] *der; -s, -;* ↑ **Rekorder**

Re·cy·cling [ri'saiklɪŋ] *das; -s; nur Singular;* eine Technik, mit der man aus bereits gebrauchten Gegenständen (Papier, Glas oder Metall) neue Gegenstände herstellt: *das Recycling von Flaschen* || K- Recyclingpapier || -K Papierrecycling || *hierzu* **re·cy·celn** [ri'saik(ə)ln] *(hat)*

Re·dak·teur [-'tøːɐ̯] *der; -s, -e;* jemand, der in einer Redaktion arbeitet || -K Chefredakteur, Zeitungsredakteur || *hierzu* **Re·dak·teu·rin** [-'tøːrɪn] *die; -, -nen*

Re·dak·ti·on B2 [-'tsi̯oːn] *die; -, -en;* die Personen, die in der Presse, im Rundfunk *usw* Texte auswählen und für die Veröffentlichung schreiben || *hierzu* **re·dak·ti·o·nell** *Adjektiv*

Re·de *die; -, -n;* **eine Rede (an jemanden) (über jemanden/etwas)** das Sprechen vor Zuhörern ⟨eine feierliche Rede; eine Rede an die Versammlung halten⟩ || K- Redewendung, Redezeit || -K Begrüßungsrede, Grabrede || ID **jemandem Rede und Antwort stehen** jemandem erklären, warum man sich so verhalten hat; **Langer Rede kurzer Sinn** *umg;* zusammenfassend oder kurz gesagt; **etwas ist nicht der Rede wert** etwas ist nicht wichtig, nicht schlimm; **jemand bringt die Rede auf jemanden/etwas; die Rede kommt**

auf jemanden/etwas; man spricht über jemanden/etwas; *meist* **Davon kann nicht die/ keine Rede sein** *umg*; das trifft überhaupt nicht zu, wird nicht geschehen; *meist* **von jemandem/etwas ist die Rede** *usw* jemand/etwas ist Thema einer Rede oder eines Gesprächs: *Beim gestrigen Vortrag war viel von Psychologie die Rede*; **jemanden (wegen etwas) zur Rede stellen** jemanden zwingen, sein Verhalten zu erklären

Re·de·frei·heit *die; -; nur Singular*; das Recht (des Bürgers), in der Öffentlichkeit kritisch über alle Themen sprechen zu dürfen

re·den A2 *redete, hat geredet* **1** **(etwas) (über jemanden/etwas) reden**; **(etwas) (von jemandem/etwas) reden** das, was man denkt, sagen ≈ sprechen ⟨kein Wort reden; deutlich reden⟩: *Er redet nur von Autos und Motorrädern* **2** **(mit jemandem) (über jemanden/ etwas) reden**; **(von jemandem/etwas) reden** mit jemandem ein Gespräch haben ⟨mit jemandem gut, über alles reden können⟩: *mit der Freundin über Probleme reden* ‖ ID **Reden ist Silber, Schweigen ist Gold** oft ist es besser, nichts zu sagen; **von sich reden machen** etwas tun, über das dann viele Leute reden und schreiben; **mit sich reden lassen** bereit sein, über etwas zu diskutieren und nachzugeben

Re·dens·art *die; -, -en*; Sätze mit *meist* besonderer Bedeutung ≈ Redewendung: *„Was sich neckt, das liebt sich" ist eine Redensart*

Re·de·wen·dung *die; -, -en* **1** ≈ Redensart **2** mehrere Wörter, die oft zusammen gebraucht werden und *meist* eine besondere Bedeutung haben: *„Wie Hund und Katze sein" ist eine Redewendung*

red·lich *Adjektiv; förmlich* **1** *meist als Adverb* ≈ ehrlich ⟨sich redlich bemühen, etwas redlich verdient haben⟩ **2** **sich redliche Mühe geben** sich sehr bemühen

Red·ner *der; -s, -;* **1** jemand, der eine Rede (1) hält ‖ -K Hauptredner, Wahlredner **2** jemand, der gute Reden halten kann ‖ *hierzu* **Red·ne·rin** *die; -, -nen*

re·du·zie·ren B2 *reduzierte, hat reduziert* **1** **etwas (um etwas) (auf etwas** (*Akkusativ*)) **reduzieren** eine Zahl oder Menge kleiner machen ≈ verringern ↔ erhöhen ⟨etwas auf ein Minimum reduzieren⟩: *Der ursprüngliche Preis von € 300 wurde um ein Drittel auf € 200 reduziert* **2** **etwas reduziert sich (um etwas) (auf etwas** (*Akkusativ*)) etwas wird in der Zahl oder Menge kleiner ↔ etwas erhöht sich: *Die Unfälle haben sich seit Einführung der Geschwindigkeitsbeschränkung auf die Hälfte reduziert*

Ree·de·rei *die; -, -en*; eine Firma, die Personen oder Waren mit Schiffen transportiert ‖ *hierzu* **Ree·der** *der; -s, -;* **Ree·de·rin** *die; -, -nen*

re·ell *Adjektiv* **1** *nicht als Adverb*; wirklich vorhanden ↔ imaginär ⟨eine Chance, Aussichten⟩: *reelle Chancen haben, eine Stelle zu bekommen* **2** ohne dass jemand versucht, mehr Gewinn zu machen als erlaubt ist ≈ fair, ehrlich ⟨ein Geschäft; ein Geschäftsmann, eine Firma; Preise⟩

Re·fe·rat B2 *das; -(e)s, -e*; **ein Referat (über jemanden/etwas)** ein Text, den jemand über ein Thema geschrieben hat und dann vorliest ⟨ein wissenschaftliches Referat halten⟩ ‖ *hierzu* **Re·fe·rent** *der; -en, -en*; **Re·fe·ren·tin** *die; -, -nen*; **re·fe·rie·ren** (*hat*)

Re·fe·ren·dar *der; -s, -e*; Ⓓ jemand, der nach dem Studium noch eine praktische Ausbildung an der Schule oder am Gericht *o.Ä.* macht, um Beamter zu werden ‖ K- Referendardienst ‖ *hierzu* **Re·fe·ren·da·rin** *die; -, -nen*

Re·fe·renz *die; -, -en*; *meist Plural*; *förmlich*; eine schriftliche Information über jemandes Fähigkeiten, *bes* wenn diese Person Arbeit sucht

re·flek·tie·ren; *reflektierte, hat reflektiert*; **etwas reflektiert (etwas)** etwas wirft Strahlen oder Wellen, die darauffallen, wieder zurück ⟨etwas reflektiert Töne, Strahlen, die Hitze⟩: *ein reflektierendes Nummernschild* ‖ *hierzu* **Re·flek·tor** *der; -s, -en*

Re·flex *der; -es, -e*; eine schnelle Reaktion des Körpers auf einen äußeren Einfluss, die man nicht kontrollieren kann ‖ K- Reflexbewegung, Reflexhandlung

Re·fle·xiv·pro·no·men [-f-] *das; -, - oder -mina*; *Sprachwissenschaft*; ein Pronomen wie *z.B.* „mich" in „Ich schäme mich" oder „sich" in „Er benimmt sich schlecht"

Re·form B1 *die; -, -en*; eine Veränderung, durch die man die Zustände besser machen will ⟨eine politische, soziale Reform; Reformen durchführen⟩ ‖ K- Reformversuch ‖ -K Bildungsreform, Schulreform, Steuerreform, Wirtschaftsreform ‖ *hierzu* **re·for·mie·ren** (*hat*)

Re·for·ma·ti·on [-'tsio:n] *die; -; nur Singular*; eine religiöse und soziale Bewegung im 16. Jahrhundert, die von Martin Luther ausging und dazu geführt hat, dass es heute eine protestantische Kirche gibt ‖ *hierzu* **Re·for·ma·tor** *der; -s, -en*

Re·frain [rə'frɛ̃:] *der; -s, -s*; ein Teil eines Liedes,

R

der am Ende jeder Strophe wiederholt wird

Re·gal A2 *das; -s, -e;* eine Konstruktion aus Brettern, die man an einer Wand oder auf Stützen befestigt, damit man dort Dinge aufbewahren kann ⟨etwas in/auf das Regal stellen, legen⟩ || -K Bücherregal

Regal

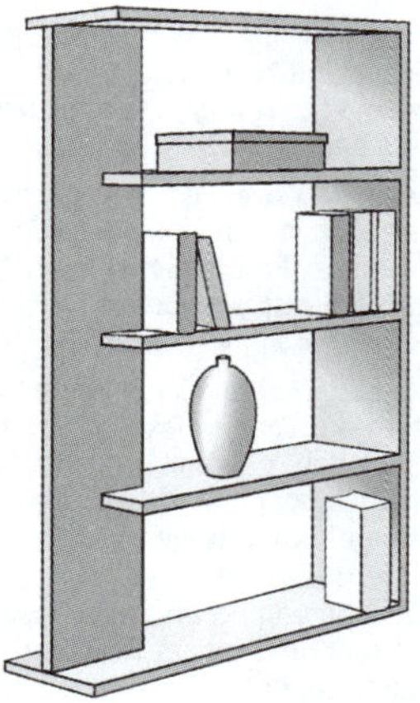

Re·gat·ta *die; -, Re·gat·ten; Sport;* ein Rennen für Segel- oder Ruderboote || -K Ruderregatta, Segelregatta

re·ge, *reger, regst -; Adjektiv* **1** mit viel Bewegung, Aktivität und Energie ≈ lebhaft, munter ⟨Verkehr, der Handel, der Absatz, eine Nachfrage, eine Diskussion, ein Briefwechsel; körperlich rege sein; regen Anteil an etwas nehmen⟩ **2** so, dass der Betreffende Zusammenhänge schnell versteht ≈ lebhaft ↔ träge ⟨eine rege Intelligenz, Fantasie, Vorstellungskraft haben; geistig rege sein⟩

Re·gel B2 *die; -, -n* **1** ein Prinzip oder eine Ordnung, die sagen, wie man bestimmte Dinge tun muss ≈ Norm ⟨strenge, mathematische Regeln; die Regeln anwenden; eine Regel aufstellen; sich an eine Regel halten; die Regeln eines Spiels⟩ || K- Regelverstoß || -K Anstandsregel, Spielregel, Verkehrsregel **2** *nur Singular;* das, was normal oder üblich ist ⟨etwas ist die Regel⟩: *Dass sie zu spät kommt, ist bei ihr die Regel* **3** *nur Singular* ≈ Menstruation **4** **in der Regel/in aller Regel** ≈ meistens || ID **nach allen Regeln der Kunst** *umg;* gründlich, in jeder Hinsicht

Re·gel·fall *der; -(e)s, -fäl·le* **1** der gewöhnliche und normale Fall ↔ Ausnahme **2** **im Regelfall** ≈ meistens

re·gel·mä·ßig B2 *Adjektiv* **1** so, dass es im gleichen Abstand immer wieder vorkommt: *die Mahlzeiten regelmäßig einnehmen* **2** ⟨Wörter⟩ so, dass sie bei der Flexion einem Muster entsprechen, das oft vorkommt **3** *meist als Adverb; umg;* sehr oft, immer wieder: *Er versäumt regelmäßig den Zug* || *hierzu* **Re·gel·mä·ßig·keit** *die; -, -en*

▶ Regelmäßige und unregelmäßige Verben

Die deutschen Verben werden in **schwache Verben** (regelmäßig) und **starke Verben** (unregelmäßig) unterteilt.

Bei den schwachen Verben wird im **Imperfekt** die Silbe **-te** an den Wortstamm angehängt.
Das **Partizip Perfekt** bekommt die Vorsilbe **ge-** und die Endung **-t**.
(Endet der Wortstamm auf -d oder -t, so wird ein **e** eingeschoben.)

Beispiele:
leben, lebte, gelebt
reden, redete, geredet

Bei den starken Verben ändert sich im **Imperfekt** und **Perfekt** der Stammvokal.
Das **Partizip Perfekt** bekommt die Vorsilbe **ge-** und die Endung **-en**.

Beispiele:
finden, fand, gefunden
gehen, ging, gegangen

SPRACHE LERNEN

re·geln; *regelte, hat geregelt* **1** **etwas regeln** etwas (mit Regeln) in eine bestimmte Ordnung bringen ⟨etwas ist genau geregelt⟩: *Der Polizist regelt den Verkehr* **2** **etwas regeln** etwas (an einem Gerät) so einstellen, dass es angenehm oder praktisch ist ⟨die Lautstärke, die Temperatur regeln⟩ **3** **etwas regelt sich (von selbst)** etwas kommt (ohne Einflüsse von außen) in eine Ordnung, in der alles funktioniert || *hierzu* **Re·ge·lung** *die; -, -en*

re·gel·recht *Adjektiv; nur vor dem Substantiv oder als Adverb; umg* ≈ wirklich, tatsächlich: *Das ist doch regelrechter Unsinn!; Er ist regelrecht zusammengebrochen*

re·gel·wid·rig *Adjektiv;* nicht den Regeln entsprechend ≈ unfair, unkorrekt: *regelwidriges Verhalten im Straßenverkehr* || *hierzu* **Re·gel·wid·rig·keit** *die; -, -en*

re·gen A1 *regte, hat geregt* **1** **sich regen** sich (ein wenig) bewegen: *Er schlief ganz ruhig und regte sich nicht* **2** **etwas regt sich (bei**

jemandem) ein Wunsch, ein Gefühl *o.Ä.* entsteht in jemandem ⟨Eifersucht, Angst⟩ **3** **etwas regen** *förmlich;* einen Teil des Körpers (ein wenig) bewegen ⟨die Finger regen⟩

Re·gen A1 *der; -s; nur Singular;* das Wasser, das in Tropfen aus den Wolken zur Erde fällt ⟨ein leichter, starker Regen⟩ || K- Regenmantel, Regenpfütze, Regenschauer, Regenschirm, Regentropfen, Regenwetter || *zu* **Regenschirm** ↑ Illustration **Die Kleidung** || -K Dauerregen || Hinweis: als Plural wird *Regenfälle* verwendet || ID **vom Regen in die Traufe kommen** von einer schlechten Situation in eine noch schlechtere kommen; **jemanden im Regen stehen lassen** jemandem nicht helfen, der in einer schlechten Situation ist

Re·gen·bo·gen *der; -s, -bö·gen;* ein Bogen aus verschiedenen Farben am Himmel, wenn die Sonne nach dem Regen wieder scheint

re·ge·ne·rie·ren; *regenerierte, hat regeneriert* **1** **etwas regeneriert sich** ein Organ, ein Gewebe *o.Ä.* wächst wieder neu: *Die Haut hat sich nach dem Unfall schnell wieder regeneriert* **2** **sich regenerieren** *förmlich* ≈ sich erholen: *sich im Urlaub körperlich regenerieren* || *hierzu* **Re·ge·ne·ra·ti·on** *die; -; nur Singular*

Re·gen·wald B2 *der; -(e)s, -wäl·der;* ein dichter, feuchter Wald in sehr warmen Ländern ⟨der tropische Regenwald⟩

Re·gen·wurm *der; -(e)s, -wür·mer;* ein Wurm, der in der Erde lebt und bei Regen an die Oberfläche kommt

Re·gie [re'ʒiː] *die; -; nur Singular;* die Anweisungen des Regisseurs an die Schauspieler || ID **in eigener Regie** selbstständig, auf eigene Verantwortung; **unter jemandes Regie** unter der Leitung der genannten Person

re·gie·ren B1 *regierte, hat regiert;* **(jemanden/etwas) regieren**; **über jemanden/etwas regieren** die Macht über ein Land oder ein Volk haben ⟨die regierende Partei; über ein Land, ein Reich regieren⟩

Re·gie·rung *die; -, -en* **1** die Personen, die (*meist* als gewählte Vertreter des Volks) in einem Staat, Land *o.Ä.* die Macht haben: *Die Regierung hat das Vertrauen der Wähler verloren* || K- Regierungskoalition, Regierungspartei || -K Bundesregierung, Landesregierung, Militärregierung **2** **an der Regierung sein** in einem Staat, Land die Macht haben

Re·gime [re'ʒiːm] *das; -s, - [-mə] /-s; oft abwertend;* verwendet, um *bes* Regierungen zu bezeichnen, die nicht demokratisch sind || K- Regimegegner, Regimekritiker || -K Militärregime, Naziregime, Terrorregime, Willkürregime

Re·gi·ment *das; -(e)s, -er* **1** *Militär;* eine ziemlich große militärische Einheit || K- Regimentsarzt, Regimentskommandeur **2** **ein eisernes/strenges/hartes Regiment führen** gegenüber anderen sehr streng sein (*z.B.* als Firmenchef *o.Ä.*)

Re·gi·on B1 [re'gioːn] *die; -, -en;* ein ziemlich großes Gebiet mit typischen Merkmalen: *die medizinische Versorgung in ländlichen Regionen des Landes* || *hierzu* **re·gi·o·nal** *Adjektiv*

Re·gis·seur [reʒɪ'søːɐ̯] *der; -s, -e;* jemand, der bei einem Stück im Theater oder Fernsehen oder bei einem Film den Schauspielern sagt, wie sie ihre Rolle spielen sollen || *hierzu* **Re·gis·seu·rin** [-'søːrɪn] *die; -, -nen*

Re·gis·ter *das; -s, -;* **1** eine alphabetische Liste von Wörtern am Ende eines Buches, die angibt, auf welcher Seite ein Begriff behandelt wird **2** ein Buch oder eine Liste (in einem Amt) mit wichtigen Informationen || -K Geburtenregister, Sterberegister, Strafregister **3** *Musik;* eine Gruppe von Pfeifen oder Tasten (*z.B.* bei einer Orgel oder einem Keyboard), mit denen man besondere Klänge erzeugen kann || ID **alle Register ziehen** mit allen Mitteln versuchen, ein Ziel zu erreichen

re·gist·rie·ren; *registrierte, hat registriert* **1** **jemanden/etwas registrieren** Namen oder Zahlen in eine (*meist* amtliche) Liste schreiben **2** **etwas registrieren** bewusst wahrnehmen ≈ bemerken **3** **jemand/etwas registriert etwas** jemand/etwas misst etwas und zeichnet es auf ⟨ein Erdbeben registrieren⟩

Reg·le·ment [reglə'mãː] *das; -s, -s; förmlich;* die Regeln und Vorschriften *bes* beim Sport ⟨gegen das Reglement verstoßen, sich an das Reglement halten⟩ || *hierzu* **reg·le·men·tie·ren** (*hat*)

Reg·ler *der; -s, -;* der Teil bei einem Gerät, mit dem man die Lautstärke, Temperatur, Frequenz *o.Ä.* steuern kann || -K Helligkeitsregler, Kontrastregler, Lautstärkeregler

reg·nen A1 *regnete, hat geregnet* **1** **es regnet** Regen fällt zur Erde ⟨es regnet leicht, heftig⟩ **2** **es regnet etwas** (*Plural*) *umg;* jemand bekommt etwas in großen Mengen: *Es regnete Anfragen*

reg·ne·risch *Adjektiv;* ⟨ein Tag, ein Wetter⟩ mit viel Regen

re·gu·lär *Adjektiv;* bestimmten Normen, Regeln, Vorschriften entsprechend ⟨Öffnungszeiten, Arbeitszeiten⟩

re·gu·lie·ren; *regulierte, hat reguliert* **1** **etwas regulieren** etwas so ändern, wie man es für bestimmte Zwecke haben will ⟨die Temperatur, eine Maschine, einen Flusslauf regulieren⟩ **2** **etwas reguliert sich (selbst)** etwas regelt sich von selbst || *hierzu* **Re·gu·lie·rung** *die; -, -en*

Re·gung *die; -, -en; förmlich* **1** eine leichte Bewegung **2** ein Gefühl, das man plötzlich empfindet || -[K] Gefühlsregung || *hierzu* **re·gungs·los** *Adjektiv*

Reh [B2] [reː] *das; -(e)s, -e* [ˈreːə]; ein Tier mit braunem Fell und Hufen, das im Wald lebt

rei·ben; *rieb, hat gerieben* **1** **etwas (an etwas** *(Dativ)*) **reiben** etwas fest auf etwas anderes drücken und es dabei hin und her bewegen: *Die Katze rieb ihren Kopf an meinem Bein* **2** **sich** *(Dativ)* **etwas reiben** mit der Hand an einem Körperteil reiben (1) ⟨sich *(Dativ)* die Augen reiben⟩ **3** **etwas irgendwie reiben** Schmutz *o.Ä.* von etwas entfernen, indem man es reibt (1) ⟨das Fenster sauber reiben⟩ **4** **etwas aus/von etwas reiben** etwas von irgendwo durch Reiben (1) entfernen: *Sie rieb einen Fleck aus/von ihrem Rock* **5** **etwas reiben** etwas mit einem besonderen Gerät zu sehr kleinen Stücken machen ⟨Kartoffeln, Äpfel, Käse reiben⟩

Rei·bung *die; -, -en; Physik;* die Kraft, die entsteht, wenn ein Körper auf einen anderen drückt und dabei bewegt wird: *Reibung erzeugt Wärme* || [K-] Reibungselektrizität, Reibungsfläche, Reibungskraft, Reibungswärme, Reibungswiderstand

rei·bungs·los *Adjektiv;* ohne Probleme ⟨der Ablauf einer Veranstaltung; etwas verläuft reibungslos⟩

reich [A1] *Adjektiv* **1** mit viel Geld oder Besitz ↔ arm: *Er ist so reich, dass er sich ein Schloss kaufen konnte* **2** mit großem Aufwand ≈ prächtig ⟨etwas ist reich verziert⟩ || [K-] reichverziert **3** in großer Menge vorhanden ⟨Beute, Auswahl⟩ **4** **reich an etwas** *(Dativ)* **sein** sehr viel von etwas haben: *Alaska ist reich an Bodenschätzen* || *zu* 1 **Rei·che** *der/die; -n, -n*

Reich [A1] *das; -(e)s, -e* **1** das *(meist* große) Gebiet, in dem ein König, Kaiser, Diktator *o.Ä.* herrscht: *das Reich Karls des Großen; das Römische Reich* || -[K] Kaiserreich, Königreich; Weltreich **2** **das Reich** + *Genitiv* ein bestimmter Teil der gedanklichen oder realen Welt ⟨das Reich der Träume, der Musik⟩ **3** **das Deutsche Reich** *historisch* **a** verwendet als inoffizielle Bezeichnung für den deutschen Staat vor 1806 **b** verwendet als offizielle Bezeichnung für den deutschen Staat von 1871 bis 1945 || [K-] Reichsgrenze, Reichsregierung **4** **das Dritte Reich** *historisch;* die Zeit des Nationalsozialismus in Deutschland von 1933 bis 1945 **5** **das tausendjährige Reich** verwendet als ironische Bezeichnung für das Dritte Reich

-reich *im Adjektiv;* mit einer großen Menge von der genannten Sache ↔ -arm; **fettreich, kalorienreich, vitaminreich** ⟨eine Kost⟩; **niederschlagsreich** ⟨eine Gegend⟩, **schneereich** ⟨ein Winter⟩

rei·chen [B2] *reichte, hat gereicht* **1** **jemandem etwas reichen** *förmlich;* jemandem etwas geben: *Könnten Sie mir bitte das Buch reichen?* **2** **jemand/etwas reicht bis** + *Präposition* + *Substantiv* jemand/etwas kommt (von der Länge, Breite, Größe) bis zu einem bestimmten Punkt: *Der Mantel reichte ihr bis über die Knie* **3** **etwas reicht (jemandem)**; **etwas reicht (für jemanden/etwas)** etwas ist genug für jemanden/etwas: *Unser Geld reicht nicht für eine teure Wohnung* || [ID] **Mir reichts**; **Jetzt reichts mir!** *umg;* ich habe jetzt keine Lust mehr

reich·hal·tig *Adjektiv;* mit vielen Dingen, unter denen man wählen kann ⟨eine Auswahl, eine Speisekarte, ein Angebot⟩

reich·lich *Adjektiv* **1** mehr als genug oder üblich: *Er gab dem Kellner ein reichliches Trinkgeld; Wir haben noch reichlich Zeit* **2** ein bisschen mehr als: *Das dauert reichlich zwei Tage* **3** *nur als Adverb; umg* ≈ ziemlich, sehr ⟨reichlich spät⟩

Reichs·tag *der; -(e)s; nur Singular* **1** das Parlament im Deutschen Reich (3) und manchen anderen europäischen Staaten ⟨der dänische, finnische, schwedische Reichstag⟩ **2** das Gebäude, in dem sich der Reichstag (1) versammelt **3** das Gebäude in Berlin, in dem der Bundestag tagt

Reich·tum *der; -s, Reich·tü·mer* **1** eine große Menge Geld oder Besitz ↔ Armut **2** *nur Singular;* **Reichtum (an etwas** *(Dativ)*) eine große Menge von etwas: *ihr Reichtum an Erfahrungen* || -[K] Ideenreichtum

reif [A2] *reifer, reif(e)st-; Adjektiv; nicht als Adverb* **1** ⟨Pflanzen und Früchte⟩ so, dass man sie ernten und essen kann **2** so lange gelagert, dass der Geschmack gut ist ⟨Käse, Wein, Cognac⟩ **3** so vernünftig, wie man es von einem Erwachsenen erwartet ↔ unreif **4** klug und vernünftig gedacht oder gemacht ⟨ein Urteil; ein Kunstwerk, eine Idee; eine Leistung, eine Arbeit⟩ **5** **für etwas reif sein** *umg;* etwas dringend benötigen: *Wir sind reif für einen*

Urlaub

Reif [A2] *der; -(e)s; nur Singular;* eine dünne weiße Schicht Eis, die *bes* auf Gras und Zweigen entsteht, wenn es nachts sehr kalt ist (auch wenn kein Schnee liegt) || [K-] Reifbildung || [-K] Raureif

Rei·fe *die; -; nur Singular* **1** der Zustand, in dem jemand reif (3) und körperlich erwachsen ist ↔ Unreife ⟨jemandes geschlechtliche, körperliche, geistige, politische, sittliche Reife⟩: *Für diese Aufgabe fehlt ihm die nötige Reife* || [-K] Geschlechtsreife **2** der Zustand, in dem etwas reif (1) ist: *Diese Traubensorte erreicht ihre Reife im Oktober* || [K-] Reifedauer, Reifezeit **3** **(die) mittlere Reife** Ⓓ der Abschluss, den man an der Realschule macht (oder nach Bestehen der 10. Klasse im Gymnasium hat) ↔ Abitur ⟨(die) mittlere Reife machen, haben⟩

rei·fen [A2] *reifte, ist gereift* **1** **etwas reift** etwas wird reif (1,2) ⟨Obst, Getreide, Käse, Wein⟩ **2** **jemand reift** jemand wird reif (3): *Hans ist in den letzten Jahren sehr gereift* **3** **etwas reift in jemandem** etwas entwickelt sich in jemandes Gedanken ⟨ein Plan, ein Entschluss⟩

Rei·fen [A2] *der; -s, -;* **1** eine Art dickes Band aus Gummi, das beim Auto, Fahrrad *usw* um das Rad liegt und mit Luft gefüllt ist ⟨den Reifen aufpumpen⟩ || ↑ Illustrationen **Das Auto** *und* **Das Fahrrad** || [K-] Reifenschaden, Reifenwechsel || [-K] Autoreifen, Winterreifen **2** ein festes Band aus Gummi, Metall *o.Ä.* in Form eines Kreises

Rei·fe·prü·fung *die; -, -en; Verwaltung* ≈ Abitur

Rei·fe·zeug·nis *das; -ses, -se; Verwaltung* ≈ Abiturzeugnis

Rei·he [B1] ['raiə] *die; -, -n* **1** **eine Reihe** (**von** + *Substantiv (Plural)*) mehrere Dinge oder Menschen, die in einer Linie nebeneinander- oder hintereinanderstehen ⟨eine Reihe von Bäumen, von Häusern⟩ || [-K] Baumreihe, Häuserreihe, Menschenreihe **2** **eine Reihe** + *Genitiv*/**von** + *Substantiv (Plural)* eine ziemlich große Zahl oder Menge von Personen/Sachen: *eine Reihe von Argumenten* **3** **jemand ist an der Reihe/kommt an die Reihe** *umg;* jemand ist der Nächste, der bedient, behandelt wird oder der etwas tun darf oder muss: *Jetzt bin aber ich an der Reihe!* || [ID] **etwas auf die Reihe kriegen** *umg* **a** etwas verstehen **b** mit einem Problem fertig werden; **aus der Reihe tanzen** anders sein als allgemein üblich oder erwartet

Rei·hen·fol·ge [B1] *die; -, -n;* die Ordnung, nach der Dinge oder Handlungen aufeinanderfolgen ⟨eine geänderte Reihenfolge; in alphabetischer Reihenfolge⟩

Rei·hen·haus *das; -es, -häu·ser;* ein Haus (*meist* für eine Familie) in einer Reihe von gleichen aneinandergebauten Häusern

Rei·her *der; -s, -;* ein *meist* grauer Vogel mit langen Beinen und einem langen Schnabel, der am Wasser lebt und Frösche und Fische fängt || [-K] Fischreiher; Graureiher

reih·um *Adverb;* von einem zum anderen ⟨etwas reihum gehen lassen, geben⟩: *Der Lehrer ließ das Bild in der Klasse reihum gehen*

Reim *der; -(e)s, -e* **1** der gleiche (oder ähnliche) Klang von Wörtern oder Silben am Ende von zwei oder mehr Zeilen eines Gedichts || [K-] Reimwort **2** ein kurzes Gedicht mit Wörtern, die sich reimen || [ID] **sich** *(Dativ)* **keinen Reim auf etwas** *(Akkusativ)* **machen können** *umg;* etwas nicht verstehen

rei·men, sich; *reimte sich, hat sich gereimt;* **etwas reimt sich** (**auf etwas** *(Akkusativ)*/**mit etwas**) ein Wort bildet einen Reim auf ein anderes: *„Sonne" reimt sich auf „Wonne"*

rein[1] [B1] *Adjektiv* **1** nicht mit anderen Stoffen oder Substanzen gemischt ⟨Gold, Silber, Alkohol, Baumwolle; chemisch rein⟩: *Das Kleid ist aus reiner Seide* **2** nicht mit anderen Tönen oder Farben gemischt ⟨ein Blau, ein Ton⟩ **3** sehr klar ⟨ein Klang, eine Stimme⟩ **4** ohne Akzent ⟨die Aussprache⟩ **5** ganz sauber ⟨ein Hemd, Wäsche; Luft, Wasser⟩ **6** *nur vor dem Substantiv oder als Adverb; umg;* nichts anderes als: *ein rein privates Gespräch; Es war der reine Zufall, dass wir uns heute getroffen haben* || [ID] **etwas ins Reine bringen** etwas in Ordnung bringen; **mit jemandem/etwas ins Reine kommen** Probleme, die man mit jemandem/etwas hat, lösen; **mit sich (selbst) ins Reine kommen** sich darüber klar werden, was man will; **etwas ins Reine schreiben** etwas (*z.B.* einen Aufsatz) noch einmal schreiben, damit es schön und sauber ist || *zu* 1-5 **Rein·heit** *die; -; nur Singular*

rein[2] *Adverb; umg;* ↑ **herein, hinein**

rein- *im Verb; umg;* ↑ **herein-, hinein-**

Rein·fall *der; -(e)s, -fäl·le; umg* ≈ Misserfolg

rein·hän·gen; *hängte rein, hat reingehängt;* **sich (in etwas** *(Akkusativ)*) **reinhängen** *umg;* sich stark engagieren

rein·hau·en; *haute rein, hat reingehauen; umg* **1** **jemandem ein paar/eine reinhauen** jemandem ins Gesicht schlagen **2** **(ordentlich) reinhauen** viel essen **3** **etwas haut rein** etwas zeigt große Wirkung

R

rei·ni·gen; *reinigte, hat gereinigt;* **etwas reinigen** Schmutz von etwas entfernen ⟨eine Wunde reinigen; die Kleider (chemisch) reinigen lassen⟩

Rei·ni·ger *der; -s, -;* ein chemisches Mittel, mit dem man Dinge sauber machen kann ≈ Reinigungsmittel || -K Badreiniger, Fleckenreiniger; WC-Reiniger

Rei·ni·gung B2 *die; -, -en* **1** *nur Singular;* das Reinigen || K- Reinigungsmittel **2** ein Betrieb, in dem Kleider *usw* chemisch gereinigt werden

rein·lich *Adjektiv; nicht als Adverb;* ⟨Menschen, Tiere⟩ so, dass sie sich selbst (und ihr Heim) sauber halten: *Katzen sind reinliche Tiere* || *hierzu* **Rein·lich·keit** *die; -; nur Singular*

Reis A1 *der; -/-es; nur Singular* **1** eine (Getreide)Pflanze, die man in warmen Ländern auf nassen Feldern anbaut || K- Reisfeld, Reiskorn **2** die weißen, länglichen Körner des Reises, die man kocht und isst || K- Reisgericht || -K Milchreis

Rei·se A1 *die; -, -n* **1** **eine Reise (irgendwohin)** eine *meist* lange Fahrt (mit einem Fahrzeug) von einem Ort zum anderen ⟨eine Reise buchen, antreten, machen⟩: *(Ich wünsche dir eine) gute Reise!; eine Reise ans Meer, um die Welt* || Hinweis: *eine Reise nach* verwendet man, wenn der Orts- oder Ländername ohne Artikel gebraucht wird: *eine Reise nach Frankreich, Athen usw;* wenn der bestimmte Artikel beim Ländernamen verwendet wird, sagt man *eine Reise in*: *eine Reise in die USA* || K- Reisebus, Reisegepäck, Reisepläne, Reiseroute, Reisetasche, Reiseziel || *zu* **Reisetasche** ↑ Illustration **Am Bahnhof** || -K Autoreise, Bahnreise, Flugreise, Schiffsreise; Ferienreise, Geschäftsreise, Urlaubsreise **2** **auf Reisen sein** *förmlich;* eine Reise (1) machen

Rei·se·bü·ro B1 *das; -s, -s;* ein Geschäft, in dem man Reisen buchen (= kaufen) kann

Rei·se·füh·rer *der; -s, -* **1** ein Buch, das darüber informiert, was in einem Land oder in einer Stadt (für den Touristen) wichtig ist **2** ≈ Reiseleiter || *zu 2* **Rei·se·füh·re·rin** *die; -, -nen*

Rei·se·ge·sell·schaft B2 *die* ≈ Reisegruppe

Rei·se·grup·pe *die; -, -n;* eine Gruppe von Menschen, die miteinander eine Reise machen, die *meist* von einem Reisebüro organisiert worden ist

Rei·se·lei·ter *der; -s, -;* eine Person, die Reisende betreut oder herumführt || *hierzu* **Rei·se·lei·te·rin** *die; -, -nen*

rei·sen A1 *reiste, ist gereist;* **(irgendwohin) reisen** eine Reise machen ⟨mit dem Auto reisen; ins Gebirge reisen⟩ || *hierzu* **Rei·sen·de** *der/die; -n, -n*

Rei·sig *das; -s; nur Singular;* dünne, trockene Zweige, die unter Bäumen am Boden liegen ⟨Reisig sammeln⟩

rei·ßen; *riss, hat/ist gerissen* **1** **etwas (in etwas** *(Akkusativ)*) **reißen** *(hat)* zwei oder mehrere Teile aus etwas machen, indem man kräftig in zwei verschiedene Richtungen daran zieht ⟨etwas in Fetzen, in Stücke reißen⟩ **2** **jemanden/etwas irgendwohin reißen** *(hat)* jemanden/etwas mit Kraft schnell irgendwohin ziehen oder so von irgendwo entfernen: *das Lenkrad nach links reißen; jemanden mit sich ins Wasser reißen; die Tapeten von der Wand reißen; jemandem die Tasche aus der Hand reißen* **3** **an etwas** *(Dativ)* **reißen** *(hat)* (immer wieder) schnell und kräftig an etwas ziehen (ohne es kaputt zu machen) **4** **etwas reißt** *(ist)* etwas trennt sich plötzlich in zwei Teile oder bekommt ein Loch ⟨ein Seil, eine Kette, eine Hose, ein Netz⟩ **5** **ein Tier reißt ein Tier** *(hat)* ein Tier fängt und tötet ein anderes Tier ⟨der Wolf reißt ein Schaf⟩ **6** **etwas an sich** *(Akkusativ)* **reißen** *(hat)* mit Gewalt oder mit einem Trick in den Besitz von etwas kommen ⟨die Macht an sich reißen⟩ **7** **sich um jemanden/etwas reißen** *(hat) umg;* alles versuchen, um jemanden/etwas zu bekommen: *Mehrere Vereine reißen sich um den Fußballstar*

rei·ße·risch *Adjektiv; abwertend;* auf billige Art so interessant gemacht, dass viele Leute darauf aufmerksam werden ⟨eine Überschrift, Schlagzeilen, eine Aufmachung; etwas reißerisch aufmachen⟩

Reiß·na·gel *der; -s, -nä·gel;* eine kurzer Nagel mit breitem Kopf, den man leicht mit einem Finger in Holz *o.Ä.* drücken kann: *ein Plakat mit Reißnägeln an die Wand heften*

Reiß·ver·schluss B2 *der; -es, -schlüs·se;* eine Art Band *bes* bei Kleidungsstücken, mit dem man eine Öffnung auf- oder zumachen kann. Ein Reißverschluss hat kleine Zähne aus Metall oder Plastik ⟨den Reißverschluss öffnen, schließen⟩ || ↑ Abbildung unter **Knopf**

Reiß·zwe·cke; *-, -n die* ≈ Reißnagel

rei·ten; *ritt, hat/ist geritten* **1** **(auf einem Tier) reiten** *(ist)* auf einem Tier sitzen und sich von ihm tragen lassen ⟨auf einem Pferd, Kamel reiten⟩ || K- Reitpferd, Reitsport, Reitstiefel **2** **ein Tier reiten** *(hat)* auf einem Tier reiten (1) ⟨ein Pferd reiten⟩ || *hierzu* **Rei·ter** *der; -s, -;* **Rei·te·rin** *die; -, -nen*

Reiz *der; -es, -e* **1** etwas, das bewirkt, dass ein (Sinnes)Organ darauf reagiert ⟨ein akustischer, optischer Reiz⟩ || ◻-K Hustenreiz, Lichtreiz **2** Eigenschaften, die man schön und angenehm findet ⟨der Reiz des Neuen; auf jemanden einen starken Reiz ausüben⟩

reizen; *reizte, hat gereizt* **1** **etwas reizt jemanden** etwas ist für jemanden so interessant, dass er es tun oder haben möchte: *Es würde mich sehr reizen, das Surfen zu lernen* **2** **jemanden/ein Tier reizen** jemanden/ein Tier so ärgern, dass eine heftige Reaktion folgt || K- Reizthema, Reizwort **3** **(jemanden) zu etwas reizen** bewirken, dass jemand etwas tun will ⟨jemanden zum Lachen reizen⟩ **4** **etwas reizt (etwas)** etwas verursacht Schmerzen und macht etwas wund ⟨etwas reizt die Augen⟩ || *zu* 4 **Rei·zung** *die; -, -en*

rei·zend *Adjektiv* **1** im Verhalten sehr freundlich und angenehm ⟨ein Mädchen, eine Frau; etwas reizend finden⟩: *Es ist reizend von dir, dass du mir Blumen bringst* **2** so, dass etwas angenehm wirkt und gefällt || Hinweis: *reizend* wird *oft* ironisch verwendet

reiz·voll *Adjektiv* **1** interessant und schön ⟨eine Gegend, ein Gesicht, ein Kontrast⟩ **2** ⟨eine Aufgabe, ein Thema⟩ so, dass sie jemandes Interesse wecken ≈ verlockend: *Für Kinder ist es reizvoll, etwas Verbotenes zu tun*

re·keln, sich; *rekelte sich; hat sich gerekelt*; Arme und Beine so strecken und dehnen, dass es angenehm ist: *sich vor dem Aufstehen im Bett rekeln*

Re·kla·me B2 *die; -; nur Singular* **1** **Reklame (für etwas)** Maßnahmen, mit denen Leute dazu gebracht werden, bestimmte Waren zu kaufen ≈ Werbung: *Sie macht Reklame für teure Uhren* || -K Kinoreklame, Zeitungsreklame **2** *umg*; ein Prospekt, ein kurzer Film oder ein Bild, mit denen Reklame (1) gemacht wird

R

re·kla·mie·ren B2 *reklamierte, hat reklamiert*; **(etwas) (bei jemandem/etwas) reklamieren** sich (bei einer Firma, in einem Geschäft *o.Ä.*) beschweren, weil eine Ware Fehler hat (und in Ordnung gebracht werden muss) ≈ beanstanden: *Der Kunde hat reklamiert, dass sein Fernseher nicht richtig funktioniert* || *hierzu* **Re·kla·ma·ti·on** *die; -, -en*

re·kon·stru·ie·ren; *rekonstruierte, hat rekonstruiert* **1** **etwas rekonstruieren** etwas, von dem es nur Reste oder Beschreibungen gibt, neu bauen: *einen antiken Tempel, eine zerstörte Stadt rekonstruieren* **2** **etwas rekonstruieren** (aufgrund von Berichten oder Beschreibungen) versuchen, im Nachhinein festzustellen, wie etwas war oder verlaufen ist ⟨den Tathergang, den Unfall, ein Gespräch rekonstruieren⟩ || *hierzu* **Re·kon·struk·ti·on** *die; -, -en*

Re·kord B2 *der; -(e)s, -e* **1** (*bes* im Sport) die beste Leistung, die jemand bis zu einem bestimmten Zeitpunkt erreicht hat ⟨einen Rekord aufstellen, halten⟩: *Er verbesserte seinen Rekord im Hochsprung* || K- Rekordhöhe, Rekordweite, Rekordzeit || -K Europarekord, Weltrekord **2** das Maximum oder Minimum ⟨etwas stellt einen Rekord dar; einen neuen Rekord erreichen⟩: *Der Rekord der diesjährigen Kältewelle liegt bei minus 30° Celsius* || K- Rekordergebnis, Rekordgewinn **3** **einen Rekord brechen** eine neuen Rekord aufstellen || ID **jemand/etwas bricht/schlägt alle Rekorde** *umg*; jemand übertrifft alle anderen/etwas übertrifft alles andere

Re·kor·der *der; -s,-*; ein Gerät, mit dem man Filme, Musik *o.Ä.* aufnehmen und abspielen kann || -K Kassettenrekorder, Videorekorder; DVD-Rekorder

Rek·rut *der; -en, -en*; ein Soldat, der neu beim Militär ist und noch ausgebildet werden muss ⟨Rekruten ausbilden⟩ || K- Rekrutenausbildung, Rekrutenzeit || *hierzu* **Rek·ru·tin** *die; -, -nen*

rek·ru·tie·ren; *rekrutierte, hat rekrutiert*; **jemanden rekrutieren** *förmlich*; jemanden für eine bestimmte Aufgabe, Tätigkeit *usw* holen ⟨neue Mitarbeiter rekrutieren⟩ || *hierzu* **Re·kru·tie·rung** *die; -, -en*

Rek·tor *der; -s, Rek·to·ren* **1** jemand, der eine Grund- oder Hauptschule leitet **2** der Leiter einer Universität || -K Universitätsrektor || *hierzu* **Rek·to·rin** *die; -, -nen*

Rek·to·rat *das; -s, -e*; die Räume für den Rektor und seine Mitarbeiter

Re·la·ti·on [-'tsjo:n] *die; -, -en*; **die Relation (zwischen etwas** (*Dativ*) **und etwas** (*Dativ*)) *förmlich* ≈ Verhältnis (1): *die Relation zwischen Leistung und Lohn*

re·la·tiv [-f] *Adjektiv* ≈ verhältnismäßig, ziemlich: *ein relativ heißer Sommer* || *hierzu* **Re·la·ti·vi·tät** *die; -; nur Singular*

Re·la·tiv·pro·no·men [-f-] *das; -s, - oder -mina; Sprachwissenschaft*; ein Pronomen wie *z.B. welcher* oder *der, die, das*, das einen Nebensatz einleitet und ein Substantiv aus dem Hauptsatz ersetzt

Re·la·tiv·satz A2 [-f-] *der; -es, -sät·ze*; ein Nebensatz, der durch ein Relativpronomen eingeleitet wird: *In dem Satz „Gestern traf ich die Frau, die neben mir wohnt, in der Stadt"*

ist „die neben mir wohnt" ein Relativsatz

re·le·vant [-v-], *relevanter, relevantest-; Adjektiv;* **relevant (für jemanden/etwas)** wichtig (im Zusammenhang mit etwas) ⟨etwas ist politisch, wissenschaftlich relevant⟩ || *hierzu* **Re·le·vanz** *die; -; nur Singular*

Re·li·ef [re'li̯ɛf] *das; -s, -s;* eine Art Bild aus Stein, Ton *o.Ä.*, dessen Oberfläche nicht eben ist, weil die Figuren, Muster *o.Ä.* höher (oder tiefer) als ihre Umgebung sind, wie *z.B.* bei einer Münze

Re·li·gi·on A2 [-'gi̯o:n] *die; -, -en* **1** der Glaube an Gott oder Götter, mit dem man sich den Sinn des Lebens erklärt ⟨die jüdische, christliche, islamische Religion⟩ || -K Weltreligion **2** *nur Singular; ohne Artikel;* ein Fach in der Schule, in dem eine Religion unterrichtet wird || K- Religionslehrer

Die Religionen in den deutschsprachigen Ländern

In Deutschland bekennen sich mehr als 55 Millionen Menschen (das sind etwa 67% der Bevölkerung) zum christlichen Glauben. Von ihnen sind etwa 28 Millionen **Protestanten** oder **evangelische Christen** und circa 27 Millionen **Katholiken**.
Ein geringer Teil der Deutschen gehört anderen Religionen an, wie etwa dem jüdischen Glauben oder dem Islam. Die muslimische Bevölkerung ist hauptsächlich türkischen Ursprungs.

Die österreichische Bevölkerung ist zu 90% katholischen Glaubens, die restlichen 10% verteilen sich auf Protestanten, andere Religionen und Nichtgläubige.In der Schweiz sind die Protestanten mit 50% und die Katholiken mit 44% vertreten.

LANDESKUNDE

re·li·gi·ös, *religiöser, religiösest-; Adjektiv* **1** in Bezug auf die Religion ⟨eine Zeremonie⟩ **2** ⟨ein Mensch⟩ so, dass er entsprechend der Lehre einer Religion lebt ≈ fromm || *zu* 2 **Re·li·gi·o·si·tät** *die; -; nur Singular*

Re·likt *das; -(e)s, -e;* etwas, das von einer früheren Zeit oder von einem früheren Zustand übrig geblieben ist ≈ Überrest, Überbleibsel: *die Relikte der Vergangenheit*

rem·peln; *rempelte, hat gerempelt;* **jemanden rempeln** jemanden (*meist* mit Absicht) mit dem Arm oder mit dem Körper stoßen

Re·nais·sance [rənɛ'sã:s] *die; -, -n* **1** *nur Singular;* ein Stil und eine Epoche der (europäischen) Kunst vom 15. bis 17. Jahrhundert, bei dem man die antike griechische und römische Kunst, Literatur, Wissenschaft *usw* studierte und zu imitieren versuchte || K- Renaissancebau, Renaissancedichter, Renaissancemaler, Renaissancemusik **2** *förmlich;* eine Phase, in der jemand/etwas wieder interessant wird oder in Mode kommt: *Der Minirock erlebt eine Renaissance*

Ren·dez·vous [rãde'vu:] *das; -, -* [-'vu:s]; **ein Rendezvous (mit jemandem)** ein Treffen von zwei Personen, die (sexuelles) Interesse aneinander haben ⟨mit jemandem ein Rendezvous haben⟩

Ren·di·te *die; -, -n;* der Gewinn, den ein Wertpapier (jedes Jahr) bringt

ren·nen B2 *rannte, ist gerannt* **1** **(irgendwohin) rennen** so schnell laufen, wie man kann ⟨mit jemandem um die Wette rennen; um sein Leben rennen⟩ || ↑ Illustration **Verben der Bewegung** **2** **in etwas** (*Akkusativ*) **rennen** in eine gefährliche Situation kommen (ohne dass man es merkt) ⟨ins Unglück rennen⟩

Ren·nen B2 *das; -s, -;* ein Wettkampf, bei dem man versucht, schneller als andere zu laufen, zu fahren *usw* ⟨ein spannendes Rennen; ein Rennen gewinnen⟩ || K- Rennauto, Rennfahrer, Rennpferd, Rennrad, Rennstrecke || -K Autorennen, Skirennen || *zu* **Rennrad** ↑ Illustration **Das Fahrrad** || ID **ein totes Rennen** ein Rennen, bei dem zwei Teilnehmer genau zur gleichen Zeit ins Ziel kommen; **Das Rennen ist gelaufen** *umg;* etwas ist bereits entschieden oder vorbei; **das Rennen machen** *umg* **a** ein Rennen gewinnen **b** bei etwas Erfolg haben

re·nom·miert, *renommierter, renommiertest-; Adjektiv; nicht als Adverb; förmlich;* sehr bekannt und angesehen: *ein renommierter Künstler*

re·no·vie·ren B2 [-v-]; *renovierte, hat renoviert;* **(etwas) renovieren** in einem Gebäude alte Dinge erneuern und kaputte Dinge instand setzen ⟨eine Kirche, eine Wohnung renovieren⟩ || *hierzu* **Re·no·vie·rung** *die; -, -en*

ren·ta·bel, *rentabler, rentabelst-; Adjektiv;* so, dass man davon einen finanziellen Gewinn hat ⟨ein Betrieb; rentabel wirtschaften⟩ || Hinweis: *rentabel → ein rentables Geschäft*

Ren·te B2 *die; -, -n* **1** eine Summe Geld, die jemand monatlich bekommt, wenn er ein bestimmtes Alter erreicht hat und nicht mehr arbeitet ⟨eine Rente beziehen, bekommen⟩ || K- Rentenalter, Rentenempfänger, Rentenerhöhung, Rentenversicherung || -K Altersrente || Hinweis: ein Beamter bekommt

R

eine *Pension* **2** *nur Singular;* die Zeit, in der man aus Gründen des Alters nicht mehr arbeitet ⟨in Rente sein, gehen⟩ **3** eine Summe Geld, die man regelmäßig bekommt ‖ -K Invalidenrente, Witwenrente

ren·tie·ren, sich; *rentierte sich, hat sich rentiert;* **etwas rentiert sich (für jemanden)** etwas bringt jemandem etwas Positives, *z.B.* einen Gewinn oder Vorteil ≈ etwas lohnt sich: *Das Hotel rentiert sich nicht mehr; Es rentiert sich doch gar nicht, für drei Tage so weit zu fahren* ‖ ▸ **rentabel**

Rent·ner *der; -s, -;* jemand, der eine Rente (1) bekommt und nicht mehr arbeiten muss ‖ -K Frührentner ‖ *hierzu* **Rent·ne·rin** *die; -, -nen*

re·pa·ra·bel *Adjektiv; ohne Steigerung, nicht als Adverb;* ⟨ein Schaden, ein Defekt⟩ so, dass sie repariert werden können ↔ irreparabel ‖ Hinweis: *reparabel → ein reparabler Schaden*

Re·pa·ra·tur B1 *die; -, -en;* der Vorgang, bei dem etwas Kaputtes wieder in Ordnung gebracht wird ⟨eine Reparatur vornehmen, machen (lassen)⟩ ‖ K- Reparaturarbeiten, Reparaturkosten; reparaturbedürftig ‖ -K Autoreparatur, Fernsehreparatur

re·pa·rie·ren A2 *reparierte, hat repariert;* **etwas reparieren** einen kaputten Gegenstand wieder in Ordnung bringen: *den Fernseher reparieren (lassen)*

Re·per·toire [repɛr'to̯aːɐ̯] *das; -s, -s;* alle Musikstücke, Theaterstücke *usw*, die ein Künstler oder ein Theater spielen oder zeigen kann ≈ Programm ⟨etwas ins Repertoire aufnehmen, im Repertoire haben⟩: *Die Gruppe hat auch moderne Lieder in ihrem Repertoire*

Re·por·ta·ge [-'taːʒə] *die; -, -n;* **eine Reportage (über jemanden/etwas)** ein Bericht (im Radio, im Fernsehen oder in der Zeitung) über ein aktuelles Thema ⟨eine Reportage (über etwas) machen⟩

R

Re·por·ter *der; -s, -;* jemand, der beruflich über aktuelle Ereignisse berichtet ‖ -K Fernsehreporter, Gerichtsreporter, Zeitungsreporter ‖ *hierzu* **Re·por·te·rin** *die; -, -nen*

re·prä·sen·ta·tiv [-f] *Adjektiv; förmlich* **1** **repräsentativ (für jemanden/etwas)** typisch für eine Gruppe von Personen/Dingen ⟨ein Beispiel⟩ **2** **repräsentativ (für jemanden/etwas)** so, dass ein zutreffendes Gesamtbild einer Gruppe *o.Ä.* entsteht ⟨eine Auswahl, eine Erhebung, ein Querschnitt, eine Umfrage⟩ **3** *Politik;* mit Prinzipien, nach denen die Interessen aller Gruppen vertreten werden ⟨eine Demokratie⟩ **4** geeignet, um damit eine hohe gesellschaftliche Stellung zu zeigen: *ein repräsentatives Haus* ‖ *hierzu* **re·prä·sen·tie·ren** *(hat); zu* 1-3 **Re·prä·sen·tant** *der; -en, -en;* **Re·prä·sen·tan·tin** *die; -, -nen*

Re·pres·sa·lie [reprɛ'saːli̯ə] *die; -, -n; meist Plural; förmlich, oft abwertend;* (als Reaktion auf etwas) eine Maßnahme, mit der auf jemanden Druck ausgeübt werden soll ⟨Repressalien befürchten müssen; jemandem mit Repressalien drohen⟩

re·pro·du·zie·ren; *reproduzierte, hat reproduziert;* **etwas reproduzieren** eine Kopie von etwas machen: *ein Gemälde reproduzieren* ‖ *hierzu* **Re·pro·duk·ti·on** *die; -, -en*

Rep·til *das; -s, -ien* [-i̯ən]; ein Tier, dessen Körper von Schuppen bedeckt ist und das Eier legt. Der Körper von Reptilien ändert seine Temperatur je nach der Umgebung ≈ Kriechtier: *Schlangen, Krokodile und Eidechsen sind Reptilien*

Re·pub·lik, Re·pub·lik *die; -, -en;* ein Staat, dessen Oberhaupt ein Präsident oder eine Präsidentin (nicht ein König oder eine Königin) ist und dessen Regierung *meist* vom Volk gewählt wird ↔ Monarchie ⟨eine demokratische Republik⟩: *die Republik Österreich* ‖ -K Bundesrepublik

Re·qui·sit [-kv-] *das; -s, -en* **1** *meist Plural;* die Gegenstände, die man bei einem Theaterstück für die Bühne oder bei einem Film braucht ‖ K- Requisitenkammer **2** **ein Requisit (für jemanden/etwas)** etwas, das (als Mittel oder Instrument) für jemanden/etwas notwendig ist ≈ Zubehör: *Das wichtigste Requisit für mich ist die Kamera*

Re·ser·vat [-v-] *das; -(e)s, -e* **1** ein Stück Land in den USA, auf dem die Indianer leben ⟨in einem Reservat leben⟩ ‖ -K Indianerreservat **2** ein Stück Land (*bes* in Afrika), auf dem man keine Tiere jagen darf ‖ -K Wildreservat

Re·ser·ve [-v-] *die; -, -n* **1** *meist Plural;* **Reserven (an etwas** *(Dativ)***)** Dinge, die man aufbewahrt, um sie später (*bes* in schlechten Zeiten) zu gebrauchen ≈ Vorrat ⟨finanzielle Reserven; etwas als Reserve zurücklegen⟩: *Reserven an Brennstoff* ‖ K- Reservekanister, Reserverad ‖ -K Benzinreserve, Energiereserve **2** *nur Singular;* Personen, die bei einem Spiel oder Kampf erst dann eingesetzt werden, wenn bessere verletzt sind oder aufhören müssen ‖ ID *meist* **Reserven haben** in einer schwierigen Situation noch Kräfte haben; **jemanden/etwas in Reserve haben/halten** jemanden/etwas zur Verfügung haben/halten, falls man ihn/es braucht; *meist* **jemanden aus der Reserve locken** jemanden dazu bringen, Gefühle zu zeigen

re·ser·vie·ren A2 [-v-]; *reservierte, hat reserviert*; **(jemandem/für jemanden) etwas reservieren** *bes* einen Platz oder ein Zimmer für jemanden frei halten: *ein Hotelzimmer reservieren lassen; einen Tisch reservieren* || *hierzu* **Re·ser·vie·rung** *die; -, -en*

re·ser·viert [-v-], *reservierter, reserviertest-; Adjektiv;* **(jemandem gegenüber) reserviert** *meist* bewusst so, dass man wenig Kontakt mit anderen hat ≈ distanziert ⟨sich reserviert verhalten⟩: *Nach dem Streit war sie mir gegenüber ziemlich reserviert*

Re·ser·voir [rezɛrˈvo̯aːɐ̯] *das; -s, -e* **1** ein großes Becken, in dem man Wasser sammelt, *bes* um die Umgebung damit zu versorgen ≈ Sammelbecken ⟨ein Reservoir anlegen⟩ || -K Wasserreservoir **2** **ein Reservoir (an etwas** *(Dativ)*) ein großer Vorrat oder eine große Zahl von etwas: *ein unerschöpfliches Reservoir an Ideen*

Re·si·denz *die; -, -en* **1** ein Haus, in dem eine wichtige Persönlichkeit wohnt: *die Residenz der englischen Königin, des Erzbischofs, des Botschafters* || -K Sommerresidenz, Winterresidenz **2** eine Stadt, in der ein König, ein Präsident, ein Fürst *o.Ä.* wohnt und regiert || K- Residenzstadt, Residenztheater

re·sig·nie·ren; *resignierte, hat resigniert;* keine Hoffnung auf Erfolg mehr haben und aufgeben: *Du darfst doch nicht gleich resignieren!* || *hierzu* **Re·sig·na·ti·on** *die; -; nur Singular*

re·sis·tent *Adjektiv; ohne Steigerung, nicht als Adverb, Biologie, Medizin;* **resistent (gegen etwas)** ⟨Pflanzen, Bakterien⟩ so, dass ihnen eine Krankheit, ein Gift *o.Ä.* nicht schaden kann ≈ widerstandsfähig: *Die Bakterien sind gegen den Impfstoff resistent* || *hierzu* **Re·sis·tenz** *die; -, -en*

re·so·lut, *resoluter, resolutest-; Adjektiv;* ⟨ein Mensch⟩ so, dass er genau weiß, was er will und sich auch durchsetzt ≈ tatkräftig ↔ zaghaft

Re·so·lu·ti·on [ˈtsi̯oːn] *die; -, -en;* eine Entscheidung, die von einer Versammlung getroffen wird und in der bestimmte Dinge gefordert werden ≈ Beschluss ⟨eine Resolution verfassen, verabschieden⟩ || -K Friedensresolution, Protestresolution

Res·pekt *der; -(e)s; nur Singular* **1** **Respekt (vor jemandem/etwas)** eine Haltung, die zeigt, dass man die Eigenschaften oder Leistungen einer Person für gut hält und achtet ⟨großen, keinen Respekt vor jemandem haben; sich bei jemandem Respekt verschaffen⟩ || K- respektlos, respektvoll **2** **Respekt (vor jemandem/etwas)** ≈ Angst: *Ich habe großen Respekt vor Hunden* **3** **Respekt!** *umg;* verwendet, um auszudrücken, dass man eine Arbeit oder Leistung gut findet

res·pek·ta·bel, *respektabler, respektabelst-; Adjektiv* **1** so, dass man Respekt (1) vor jemandem/etwas hat: *Ihre Motive waren durchaus respektabel* **2** ziemlich gut ⟨ein Ergebnis, eine Leistung, jemandes Gehalt; respektabel verdienen⟩ || Hinweis: *respektabel → respektables Verhalten*

res·pek·tie·ren; *respektierte, hat respektiert* **1** **jemanden/etwas respektieren** vor jemandem/etwas Respekt (1) haben ≈ achten, schätzen: *Eltern und Lehrer respektieren* **2** **etwas respektieren** etwas als sinnvoll oder vernünftig akzeptieren (auch wenn man damit nicht einverstanden ist) ⟨eine andere Meinung, eine Entscheidung respektieren⟩ **3** **etwas respektieren** Rücksicht auf etwas nehmen ⟨jemandes Gefühle respektieren⟩

Res·sort [rɛˈsoːɐ̯] *das; -s, -s* **1** ein genau begrenzter Bereich von Aufgaben und Kompetenzen, für die jemand verantwortlich ist ⟨etwas ist jemandes Ressort, fällt in jemandes Ressort, gehört zu jemandes Ressort⟩ **2** eine Abteilung in einer Institution, die bestimmte Aufgaben und Kompetenzen hat: *das Ressort „Umweltschutz"* ⟨ein Ressort leiten⟩ || K- Ressortchef, Ressortleiter

Res·sour·cen [rɛˈsʊrsn] *die; -; Plural; förmlich* **1** alles, was ein Land hat, um seine Menschen zu ernähren, um Waren zu produzieren *usw* (*bes* Rohstoffe und Geld) ⟨die natürlichen Ressourcen; Ressourcen erschließen, nutzen⟩ **2** die (Geld)Mittel, über die jemand/ein Betrieb verfügen kann ⟨über beachtliche Ressourcen verfügen⟩

Rest *der; -(e)s, -e* **1** ein kleiner Teil von etwas, das vorher größer oder mehr war ⟨ein kläglicher, kleiner Rest⟩: *ein Rest (vom) Kuchen* || -K (*meist mit Plural*) Stoffrest, Wollrest **2** *nur Singular;* das, was noch fehlt, damit etwas vollständig oder abgeschlossen ist ⟨der Rest des Tages, des Weges⟩ || K- Restzahlung **3** *Mathematik;* die Zahl, die bei einer Division übrig bleibt: *23 geteilt durch 7 ist 3, Rest 2* || ID **etwas gibt jemandem den Rest** *umg;* etwas bewirkt, dass jemand mit seiner Kraft am Ende ist

Res·tau·rant A1 [rɛstoˈrãː] *das; -s, -s;* ein Lokal, in dem man essen und trinken kann

res·tau·rie·ren; *restaurierte, hat restauriert;* **etwas restaurieren** Kunstwerke, Gebäude, Mö-

R

bel *o.Ä.* wieder in ihren ursprünglichen Zustand bringen || *hierzu* **Res·tau·rie·rung** *die; -, -en*

rẹst·los *Adverb* **1** *umg* ≈ völlig ⟨restlos erschöpft⟩ **2** so, dass nichts mehr übrig ist: *Die Karten waren restlos ausverkauft*

Re·sul·tat B1 *das; -(e)s, -e; förmlich* ≈ Ergebnis

Re·sü·mee *das; -s, -s; förmlich;* eine inhaltliche Zusammenfassung am Schluss eines Textes oder einer Rede ⟨ ein kurzes, knappes Resümee; ein Resümee ziehen⟩

re·tour B2 [re'tu:ɐ̯] *Adverb* ≈ zurück || K- Retourfahrkarte

Re·tour·kut·sche *die; -, -n; umg;* eine Beleidigung, ein Vorwurf *o.Ä.* als Reaktion auf eine Beleidigung, einen Vorwurf *o.Ä.* ⟨mit einer Retourkutsche auf etwas reagieren⟩

rẹt·ten B1 *rettete, hat gerettet* **1** **jemanden retten** jemandem helfen, aus einer gefährlichen Situation heraus in Sicherheit zu kommen: *jemanden aus einer Gefahr, vor dem Ertrinken retten* **2** **jemandem das Leben retten** verhindern, dass jemand in einer gefährlichen Situation stirbt **3** **etwas retten** verhindern, dass etwas zerstört wird oder verloren geht: *Er konnte seinen Besitz nicht mehr retten* || ID **sich nicht (mehr) retten können** ⟨vor Anfragen, Beschwerden, Verehrern⟩ *umg;* zu viele haben oder bekommen; **Rette sich, wer kann!** *umg humorvoll;* verwendet, um andere vor jemandem/etwas zu warnen; **nicht mehr zu retten sein** *umg;* ganz verrückt sein; *meist* **Bist du noch zu retten?** *umg;* du spinnst wohl!

Rẹt·tich *der; -s, -e;* eine Pflanze mit *meist* weißer oder roter Wurzel, die man roh isst und die scharf schmeckt

R

Rẹt·tung *die; -, -en* **1** die Handlungen, mit denen man jemanden/etwas rettet: *Das war Rettung in letzter Minute!; Für den Verschütteten kam jede Rettung zu spät* || K- Rettungsaktion, Rettungsarzt, Rettungsboot, Rettungswagen, Rettungsweste **2** Ⓐ ≈ Krankenwagen

rẹt·tungs·los *Adverb* **1** so, dass es keine Rettung geben kann ⟨rettungslos verloren sein⟩ **2** *umg;* in sehr starkem Maße ≈ völlig: *Er war rettungslos in sie verliebt*

Reue *die; -; nur Singular;* das Gefühl der Schuld und Trauer, wenn man etwas getan hat, das falsch oder schlecht war ⟨Reue zeigen⟩ || ▸ **bereuen** || *hierzu* **reu·ig** *Adjektiv*

reu·mü·tig *Adjektiv;* voll Reue

Re·van·che [re'vã:ʃ(ə)] *die; -, -n;* die Chance, nach einem verlorenen Spiel noch einmal zu spielen ⟨vom Gegner Revanche fordern; jemandem eine Revanche geben⟩

re·van·chie·ren [revã'ʃi:rən], **sich**; *revanchierte sich, hat sich revanchiert* **1** **sich (an jemandem) (für etwas) (mit etwas) revanchieren** denjenigen verfolgen und bestrafen, der einem etwas Böses getan hat ≈ sich rächen: *Er revanchierte sich mit einem bösen Foul an seinem Gegner* **2** **sich (bei jemandem) (für etwas) (mit etwas) revanchieren** *umg;* jemandem als Dank für etwas Schönes (*z.B.* ein Geschenk) später auch eine Freude machen: *Ich werde mich bei dir für deine Hilfe revanchieren*

Re·vier [re'vi:ɐ̯] *das; -s, -e* **1** ein Gebiet mit festen Grenzen (in dem *meist* jemand für Ordnung sorgt) || -K Jagdrevier, Polizeirevier **2** das Gebiet, das ein Tier gegen andere Tiere seiner Art verteidigt **3** das Gebäude der Polizei, die ein bestimmtes Gebiet kontrolliert

Re·vi·si·on [revi'zi̯o:n] *die; -, -en* **1** *Rechtswesen;* ein Antrag an ein höheres Gericht, das Urteil eines untergeordneten Gerichts zu prüfen und zu ändern ⟨gegen ein Urteil Revision einlegen; in (die) Revision gehen⟩ || K- Revisionsantrag, Revisionsverfahren, Revisionsverhandlung **2** die nochmalige Überprüfung von etwas || -K Bücherrevision, Kassenrevision, Steuerrevision

Re·vọl·te [-v-] *die; -, -n* ≈ Aufstand, Aufruhr ⟨eine Revolte bricht aus; eine Revolte ersticken, niederschlagen, unterdrücken⟩: *Im Gefängnis ist eine Revolte ausgebrochen* || -K Häftlingsrevolte || *hierzu* **re·vol·tie·ren** (*hat*)

Re·vo·lu·ti·on B2 [revolu'tsi̯o:n] *die; -, -en* **1** die Aktionen, durch die eine Gruppe von Personen *meist* mit Gewalt versucht, an die Macht in einem Land zu kommen ⟨eine Revolution bricht aus⟩: *die Französische Revolution von 1789* || K- Revolutionsführer **2** eine sehr starke Änderung: *eine technische Revolution; die industrielle Revolution im 19. Jahrhundert* || *hierzu* **re·vo·lu·ti·o·när** *Adjektiv;* **Re·vo·lu·ti·o·när** *der; -s, -e;* **Re·vo·lu·ti·o·nä·rin** *die; -, -nen*

Re·zẹpt B2 *das; -(e)s, -e* **1** eine schriftliche Anweisung vom Arzt, welche Medizin oder Behandlung ein Patient bekommen soll ⟨jemandem ein Rezept ausstellen⟩: *ein Rezept für ein Schmerzmittel in der Apotheke vorlegen; Dieses Medikament gibt es nur auf Rezept* **2** eine genaue Beschreibung, nach der man ein bestimmtes Essen kochen kann || -K Backrezept, Kochrezept || *zu* 1 **re·zẹpt·frei** *Adjektiv*

Re·zep·ti·on B1 [-'tsi̯o:n] *die; -, -en;* die Stelle in einem Hotel, zu der die Gäste gehen, wenn sie ankommen || K Hotelrezeption

re·zept·pflich·tig *Adjektiv; nicht als Adverb;* ⟨Medikamente⟩ so, dass man sie nur mit einem Rezept (1) bekommt ≈ verschreibungspflichtig ↔ rezeptfrei

Re·zes·si·on [-'si̯o:n] *die; -, -en; Wirtschaft;* eine Situation, in der es *meist* einem Land wirtschaftlich schlecht geht ≈ Konjunkturrückgang ↔ Aufschwung

Rha·bar·ber *der; -s; nur Singular;* eine Pflanze mit großen Blättern, die im Garten wächst und deren rötliche, saure Stiele man essen kann || K Rhabarberkompott, Rhabarberkuchen

▶ Rheinland-Pfalz

Das Bundesland Rheinland-Pfalz mit seiner Hauptstadt **Mainz** liegt im Südwesten Deutschlands. Die ältesten Städte Deutschlands, wie **Trier** und **Worms**, und die zahlreichen Burgen und Schlösser machen es für Touristen attraktiv. Die Gebiete am **Rhein** und an der **Mosel** sind außerdem berühmt für ihre Weine.

LANDESKUNDE

Rhe·to·rik *die; -; nur Singular* **1** die Kunst, so zu sprechen oder zu schreiben, dass es viele Leute überzeugt **2** die Wissenschaft, die sich mit der Rhetorik beschäftigt: *ein Lehrbuch der Rhetorik* || *hierzu* **rhe·to·risch** *Adjektiv*

Rheu·ma *das; -s; nur Singular;* eine Krankheit, bei der man Schmerzen in den Gelenken, Muskeln und Sehnen hat || *hierzu* **rheu·ma·tisch** *Adjektiv*

Rhi·no·ze·ros *das; -/-ses, -se* **1** ≈ Nashorn **2** *umg* ≈ Idiot, Dummkopf

Rhyth·mus ['rʏtmʊs] *der; -, Rhyth·men;* die Gliederung einer Melodie nach dem Takt und der Betonung || K Tanzrhythmus, Walzerrhythmus || *hierzu* **rh'yth·misch** *Adjektiv*

Ri·bi·sel *die; -, -n;* Ⓐ ≈ Johannisbeere

rich·ten[1]; *richtete, hat gerichtet* **1** **etwas irgendwohin richten** etwas in eine bestimmte Stellung oder Richtung bringen: *den Finger nach oben richten; eine Waffe auf jemanden richten* **2** **etwas richtet sich irgendwohin** jemand richtet (1) etwas irgendwohin: *Alle Blicke richteten sich auf Gaby* **3** **sich/etwas an jemanden richten** mit jemandem sprechen, jemandem schreiben und dabei um etwas bitten, etwas fordern ⟨eine Bitte, einen Brief an jemanden richten⟩ **4** **etwas richtet sich gegen jemanden/etwas** etwas Negatives hat jemanden/etwas als Ziel: *die Kritik war nicht gegen dich gerichtet* || Hinweis: oft im Zustandspassiv **5** **etwas richtet sich nach etwas** etwas hängt von etwas ab: *Die Preise richten sich nach der Nachfrage* **6** **jemand richtet sich nach jemandem/etwas** jemand verhält sich so, wie es ein anderer will oder wie es die Situation bestimmt: *Ich richte mich ganz nach dir* **7** **(jemandem/sich) etwas richten** *bes südd* Ⓐ Ⓒⓗ etwas (wieder) in Ordnung bringen, reparieren: *die Betten richten; das Fahrrad richten*

rich·ten[2]; *richtete, hat gerichtet;* **(über jemanden/etwas) richten** *förmlich;* ein (*oft* negatives) Urteil über jemanden/etwas fällen

Rich·ter *der; -s, -;* ein Jurist, der im Gericht das Urteil spricht ⟨der Richter verkündet ein Urteil⟩ || K Strafrichter, Verkehrsrichter || *hierzu* **Rich·te·rin** *die; -, -nen* || ▶ **Gericht**[1]

Rich·ter·ska·la *die; -; nur Singular;* eine Skala, auf der man die Stärke von Erdbeben messen kann: *Das Erdbeben erreichte die Stärke 5 auf der nach oben offenen Richterskala*

Richt·fest *das; -(e)s, -e;* das Fest, das der Besitzer eines neuen Hauses (mit den Handwerkern und Freunden) feiert, wenn das Haus den Dachstuhl bekommen hat

rich·tig A2 *Adjektiv* **1** ohne logische Fehler oder Irrtümer ≈ korrekt ↔ falsch ⟨eine Lösung, eine Rechnung; richtig rechnen; etwas richtig schreiben, messen⟩ **2** so, wie es den Regeln der Moral entspricht: *Es war vollkommen richtig, dass er sich entschuldigt hat* **3** in der Situation angemessen, sinnvoll ⟨richtig reagieren⟩ **4** *nicht als Adverb;* für einen bestimmten Zweck am besten (geeignet): *zum richtigen Zeitpunkt das Richtige tun; Ist das der richtige Weg in die Stadt?* **5** *nur vor dem Substantiv oder als Adverb* ≈ echt, wirklich: *richtiges Gold* **6** *nur vor dem Substantiv oder als Adverb;* so, wie man es sich vorstellt oder wünscht: *Ein Meter Schnee, das ist endlich mal ein richtiger Winter!* **7** *nur vor dem Substantiv oder als Adverb;* verwendet, um eine Aussage zu verstärken: *Ich war darüber richtig erschrocken* **8** *nur als Adverb;* (*bes* in einer Antwort) verwendet, um auszudrücken, dass man sich plötzlich an etwas erinnert: *„Das haben wir doch neulich erst besprochen." - „Richtig, jetzt fällts mir wieder ein!"* || ID *meist* **nicht ganz richtig im Kopf sein** *umg;* verrückt sein || Hinweis: ↑ **richtigstellen**

rich·tig·ge·hend *Partikel; oft ironisch;* verwendet, um eine (überraschende) Aussage zu betonen ≈ regelrecht, richtig (7): *Nur zehn Minuten zu spät - das ist ja richtiggehend* *pünktlich für dich!*

Rich·tig·keit *die; -; nur Singular;* die korrekte oder ordnungsgemäße Beschaffenheit von etwas ⟨etwas auf seine Richtigkeit prüfen⟩ || ID **es muss alles seine Richtigkeit haben** *umg;* alles muss genau und ordentlich gemacht werden

rich·tig·stel·len; *stellte richtig, hat richtiggestellt;* **etwas richtigstellen** etwas, das jemand gesagt hat, korrigieren ⟨einen Irrtum, eine Behauptung richtigstellen⟩ || *hierzu* **Rich·tig·stel·lung** *die; -, -en*

Richt·li·nie *die; -, -n; meist Plural;* ein Text, in dem genau steht, wie man etwas machen soll ⟨Richtlinien erlassen; sich an die Richtlinien halten; die Richtlinien beachten, außer Acht lassen⟩

Rich·tung A2 *die; -, -en* **1** eine gedachte Linie von einem Punkt oder Ort A zu einem Ort oder Punkt B ⟨in die falsche, richtige Richtung gehen; aus südlicher Richtung kommen; in Richtung Süden fliegen; die Richtung ändern; jemandem die Richtung zeigen⟩: *In welche Richtung müssen wir gehen?* || K- Richtungsänderung || -K Blickrichtung, Fahrtrichtung, Windrichtung **2** die Wendung zu einem bestimmten Ziel hin ⟨eine neue Richtung nehmen; einer Sache eine neue Richtung geben⟩ **3** die Ansichten und Meinungen, die von einer Gruppe vertreten werden ⟨eine politische Richtung⟩: *Der Kubismus ist eine Richtung (in) der Malerei* || -K Kunstrichtung, Moderichtung **4** **aus allen Richtungen** von überall her || ID **etwas ist ein Schritt in die richtige Richtung** eine Maßnahme ist gut, aber noch nicht ausreichend; **die Richtung stimmt** *umg;* das, was jemand gesagt hat, ist noch nicht ganz richtig, aber wenigstens nicht völlig falsch

R

Richt·wert *der; -(e)s, -e;* die Zahl oder Menge, die etwas ungefähr erreichen sollte ≈ Richtzahl: *Der Richtwert in der Produktion ist 100 Stück pro Stunde*

rieb *Imperfekt, 1. und 3. Person Singular;* ↑ **reiben**

rie·chen B1 *roch, hat gerochen* **1** **(jemanden/etwas) riechen** den Geruch von jemandem/etwas mit der Nase wahrnehmen: *Man riecht, dass du geraucht hast* **2** **(an etwas** *(Dativ)***) riechen** versuchen, etwas zu riechen (1): *an einer Rose riechen; Riech mal - was für ein Duft!* **3** **(nach etwas) riechen** einen bestimmten Geruch haben ⟨gut, schlecht, stark riechen⟩: *Die Wohnung riecht nach frischer Farbe/In der Wohnung riecht es nach frischer Farbe* **4** **etwas riechen** *umg* ≈ ahnen ⟨die Gefahr riechen⟩: *Das kann ich doch nicht riechen!* **5** **jemanden/etwas nicht riechen können** *umg;* jemanden/etwas nicht mögen || ► **Geruch**

rief *Imperfekt, 1. und 3. Person Singular;* ↑ **rufen**

Rie·gel *der; -s, -;* **1** ein Stab aus Metall oder Holz, den man vor etwas schiebt, um es so zu schließen || -K Türriegel **2** ein schmales, langes Stück Schokolade *o.Ä.* ⟨ein Riegel Schokolade⟩ || ID **etwas** *(Dativ)* **einen Riegel vorschieben** etwas verhindern

Rie·men *der; -s, -;* ein langes, schmales Band *meist* aus Leder (mit dem man etwas festmacht oder trägt) || -K Lederriemen || ID **sich** *(Akkusativ)* **am Riemen reißen** *umg;* sich anstrengen (um etwas zu erreichen)

Rie·se *der; -n, -n;* (in Märchen) eine Art menschliches Wesen, das sehr groß und stark ist ↔ Zwerg || *hierzu* **Rie·sin** *die; -, -nen*

rie·seln; *rieselte, ist gerieselt* **1** **etwas rieselt irgendwohin** kleine Körnchen (*meist* Sand, Salz, Zucker) oder Flocken (Schnee) fallen langsam irgendwohin **2** **etwas rieselt irgendwohin** etwas fließt in Tropfen oder in einem dünnen Strom

Rie·sen- *im Substantiv; umg;* extrem groß ≈ Mords-; die **Riesenenttäuschung**, der **Riesenerfolg**, der **Riesenfortschritt**, die **Riesenfreude**, der **Riesenhunger**, die **Riesenportion** der **Riesenskandal**

rie·sig *Adjektiv* **1** sehr groß ⟨ein Haus, eine Summe, Angst⟩ **2** *umg* ≈ wunderbar

riet *Imperfekt, 1. und 3. Person Singular;* ↑ **raten**

Riff *das; -s, -e;* eine Reihe von Felsen im Meer (vor der Küste) || -K Felsenriff, Korallenriff

ri·go·ros, *rigoroser, rigorosest-; Adjektiv; förmlich;* sehr streng und hart ⟨Maßnahmen; gegen jemanden/etwas rigoros vorgehen; etwas rigoros ablehnen, verurteilen⟩

Ril·le *die; -, -n;* eine lange, schmale Spur in der Oberfläche eines harten Materials: *die Rillen einer Schallplatte*

Rind B1 *das; -(e)s, -er* **1** ein großes, schweres Tier mit Hörnern, das Gras frisst. Die weiblichen Tiere (Kühe) geben Milch zum Trinken || K- Rinderherde **2** *nur Singular; umg;* das Fleisch von einem Rind, das man isst || K- Rindfleisch; Rinderbraten, Rinderleber

Rin·de *die; -, -n* **1** die harte und raue Oberfläche, die den Stamm eines Baumes umgibt || -K Birkenrinde **2** die ziemlich harte Schicht, die Käse und Brot außen haben ⟨eine knusprige, harte Rinde⟩ || -K Brotrinde, Käserinde

Rịn·der·wahn *der; -s; nur Singular;* eine ansteckende (Gehirn)Krankheit bei Rindern, die zum Tod führt; *Abkürzung* BSE

Rịnd·vieh *das; -s; nur Singular; umg;* verwendet als Schimpfwort für jemanden, den man für dumm hält

Rịng B1 *der; -(e)s, -e* **1** ein kleiner Gegenstand *meist* aus Gold oder Silber, der die Form eines Kreises hat und den man als Schmuck an einem Finger trägt ⟨einen Ring (am Finger) tragen⟩ || -K Goldring **2** etwas, das ungefähr die Form eines Rings hat || -K Dichtungsring, Eisenring, Gummiring, Schlüsselring **3** eine Gruppe von Menschen, die illegale Geschäfte machen || -K Rauschgiftring **4** *Sport;* der viereckige Platz, auf dem Boxer *o.Ä.* kämpfen ⟨in den Ring klettern, steigen⟩ || -K Boxring || ID **Ringe unter den Augen haben** dunkle Schatten unter den Augen haben (*meist* weil man zu wenig geschlafen hat); **Ring frei!** *Sport;* beim Boxen *o.Ä.* verwendet, um die nächste Runde anzukündigen; **Ring frei für ...!** verwendet, um jemandes Auftritt anzukündigen: *Ring frei für unsere nächste Kandidatin!;* ⟨das Brautpaar⟩ **tauscht die Ringe** *förmlich;* das Brautpaar heiratet

rịn·geln, sich; *ringelte sich, hat sich geringelt;* **ein Tier ringelt sich** eine Schlange, ein Wurm *o.Ä.* bewegt sich in der typischen Art (in Kurven und Bögen)

Rịn·gel·nat·ter *die; -, -n;* eine Schlange, die am und im Wasser lebt und nicht giftig ist

rịn·gen; *rang, hat gerungen* **1** **(mit jemandem) ringen** mit jemandem kämpfen und dabei versuchen, ihn zu Boden zu drücken oder zu werfen (auch als Sport): *Die beiden Jungen rangen (miteinander)* **2** **um etwas** (*Akkusativ*) **ringen** mit großer Mühe und Geduld versuchen, etwas zu erreichen ⟨um Selbstbeherrschung, Anerkennung ringen⟩ || *hierzu* **Rịn·gen** *das; -s; nur Singular; zu* 1 **Rịn·ger** *der; -s, -;* **Rịn·ge·rin** *die; -, -nen*

Rịng·fin·ger *der; -s, -;* der Finger zwischen dem kleinen Finger und dem Mittelfinger || ↑ Abbildung unter **Hand**

Rịng·kampf *der; -(e)s, -kämp·fe;* ein Kampf, bei dem zwei Leute miteinander ringen ⟨einen Ringkampf austragen⟩

rịngs *Adverb;* **rings um jemanden/etwas** auf allen Seiten von jemandem/etwas: *Die Gäste saßen rings um den Tisch*

rịngs·he·rum *Adverb;* (in einem Kreis oder Bogen) auf allen Seiten ≈ rundherum: *Wir wohnen so richtig auf dem Land, ringsherum gibt es nur Wiesen und Felder*

Rịn·ne *die; -, -n* **1** ein schmaler und *meist* langer Graben, in dem *meist* Wasser fließt: *Die Wassermassen haben tiefe Rinnen in die Erde gezogen* || -K Wasserrinne **2** ein langer und schmaler Gegenstand *meist* aus Holz oder Metall, der aussieht wie eine Rinne || -K Abflussrinne, Dachrinne || *hierzu* **rịn·nen·för·mig** *Adjektiv*

Rịpp·chen *das; -s, -;* ein Stück Schweinefleisch mit dem (Rippen)Knochen, das leicht geräuchert ist: *Rippchen mit Sauerkraut*

Rịp·pe *die; -, -n* **1** einer der 24 Knochen, die in Paaren (von der Wirbelsäule her) den Brustkorb bilden || ↑ Abbildung unter **Skelett** || K- Rippenbruch **2** ein Teil eines größeren Gegenstandes, der aussieht wie eine Rippe, *z.B.* bei einem Heizkörper

Ri̱·si·ko B2 *das; -s, Ri·si·ken/umg auch -s* **1** **ein Risiko (für jemanden)** die Gefahr, dass bei einer Aktion etwas Schlimmes oder Unangenehmes passiert ⟨ein finanzielles Risiko; ein Risiko in Kauf nehmen; das Risiko fürchten⟩ || K- risikoarm, risikofrei, risikolos **2** **ein Risiko eingehen** etwas tun, das mit einem Risiko verbunden ist **3** **ein Risiko übernehmen/tragen** die (*meist* finanzielle) Verantwortung für etwas übernehmen

Ri̱·si·ko·fak·tor *der; -s, -en* **1** einer von mehreren Faktoren, die zu einer (*meist* gefährlichen) Krankheit führen können: *Rauchen und fette Ernährung sind Risikofaktoren* **2** etwas, das einen Plan *o.Ä.* verhindern oder stören könnte: *Das Wetter ist immer ein Risikofaktor*

ris·kạnt B2 *riskanter, riskantest-; Adjektiv;* mit einem (großen) Risiko (verbunden) ≈ gewagt, gefährlich ⟨ein Plan, ein Geschäft⟩: *Es ist ziemlich riskant, mit diesem alten Auto so weit zu fahren*

ris·ki̱e·ren; *riskierte, hat riskiert;* **etwas riskieren** etwas tun oder sagen, das möglicherweise negative Folgen hat ⟨viel, wenig riskieren; die Stellung riskieren⟩: *Ohne Landkarte riskieren wir, dass wir uns verirren*

rịss *Imperfekt, 1. und 3. Person Singular;* ↑ **reißen**

Rịss *der; -es, -e;* eine lange, dünne Öffnung an der Oberfläche, die entsteht, wenn etwas reißt oder bricht: *einen Riss in der Hose haben*

rịs·sig *Adjektiv;* mit vielen Rissen, aufgesprungen: *von der Arbeit auf dem Feld rissige Hände bekommen*

rịtt *Imperfekt, 1. und 3. Person Singular;* ↑ **reiten**

Ritt *der; -(e)s, -e;* das Reiten auf einem Pferd || -K Spazierritt

Rit·ter *der; -s, -;* **1** *historisch;* (im Mittelalter) ein Mann (aus einer hohen sozialen Schicht), der dazu ausgebildet wurde, *bes* vom Pferd aus zu kämpfen ⟨ein Ritter und sein Knappe⟩ || K- Ritterburg, Ritterrüstung, Rittersaal, Ritterzeit **2** **jemanden zum Ritter schlagen** jemanden zum Ritter machen, ernennen || K- Ritterschlag || *zu* 1 **Rit·ter·tum** *das; -s; nur Singular*

Ri·tu·al *das; -s, -e* **1** eine (*bes* religiöse) Handlung, die nach festen Regeln in einer bestimmten Reihenfolge abläuft ≈ Ritus, Zeremonie ⟨ein christliches, heidnisches Ritual⟩ || -K Begräbnisritual **2** die Regeln, nach denen Rituale ablaufen ⟨etwas geschieht nach einem festen, strengen Ritual⟩ **3** *humorvoll;* ein Vorgang, der immer wieder auf die gleiche Weise ausgeführt wird (und der so ein Gefühl des Wohlseins oder der Ordnung erzeugt): *Zu unserem abendlichen Ritual gehört eine Gutenachtgeschichte* || *zu* 1 und 3 **ri·tu·a·li·sie·ren** *(hat);* **ri·tu·ell** *Adjektiv*

Ritz *der; -es, -e* **1** eine schmale, lange und flache Vertiefung in einer Oberfläche, die mit einem harten Gegenstand (*z.B.* einem Messer) gemacht wurde ⟨ein Ritz auf der Haut, auf der Tischplatte⟩ **2** ≈ Ritze

Rit·ze *die; -, -n;* eine sehr schmale und lange Öffnung (Lücke) in einem Material oder zwischen zwei Dingen ≈ Spalte: *Das Licht dringt durch die Ritzen der Tür*

rit·zen; *ritzte, hat geritzt;* **etwas (in etwas** *(Akkusativ)*) **ritzen** eine lange, sehr schmale und flache Vertiefung in etwas machen ≈ kratzen ⟨Glas mit einem Diamanten ritzen; sich *(Dativ)* die Haut ritzen; Buchstaben in eine Bank, in einen Baum ritzen⟩

R

Ri·va·le [-v-] *der; -n, -n;* eine von zwei oder mehreren Personen, die in einem Wettbewerb oder Streit um etwas kämpfen || *hierzu* **Ri·va·lin** *die; -, -nen*

Roast·beef ['ro:s(t)bi:f] *das; -s, -s;* Fleisch vom Rind, das man *meist* so brät, dass es innen rot bleibt ⟨zartes, kaltes Roastbeef⟩

Rob·be *die; -, -n;* ein Säugetier, das in kalten Meeren lebt und Flossen und sehr kurze Haare hat || K- Robbenbaby, Robbenfang, Robbenfänger, Robbenfell, Robbenjagd, Robbenjäger

rob·ben; *robbte, ist gerobbt;* sich auf dem Bauch liegend mit Armen und Beinen fortbewegen: *Die Soldaten robbten durch den Schlamm* || Hinweis: ↑ **kriechen**

Ro·be *die; -, -n* **1** eine Art weiter schwarzer Mantel ohne Ärmel, den ein Richter oder Priester zu bestimmten Anlässen trägt ≈ Amtstracht, Talar || -K Amtsrobe, Richterrobe **2** *förmlich;* ein festliches, langes Kleid ≈ Abendkleid || -K Abendrobe, Galarobe

Ro·bo·ter *der; -s, -;* **1** eine Maschine, die *meist* in der Industrie gebraucht wird, um anstelle von Menschen Arbeiten auszuführen: *Teile der Karosserie werden von Robotern zusammengeschweißt* **2** *umg, oft abwertend;* jemand, der wie ein Roboter arbeitet und handelt, ohne nachzudenken, Gefühle zu zeigen *o.Ä.* || *zu* 2 **ro·bo·ter·haft** *Adjektiv*

ro·bust, *robuster, robustest-; Adjektiv;* ⟨jemandes Gesundheit; ein Material, ein Motor⟩ so, dass sie viel aushalten und dabei nicht krank werden, kaputtgehen *o.Ä.* ≈ kräftig (1), stabil ↔ empfindlich || *hierzu* **Ro·bust·heit** *die; -; nur Singular*

roch *Imperfekt, 1. und 3. Person Singular;* ↑ **riechen**

rö·cheln; *röchelte, hat geröchelt;* ein lautes Geräusch machen, weil man Schwierigkeiten beim Atmen hat ⟨ein röchelnder Atem⟩

Rock[1] A2 *der; -(e)s, Rö·cke;* ein Kleidungsstück für Frauen, das von der Hüfte nach unten geht ⟨ein weiter, langer Rock⟩ || ↑ Illustration **Die Kleidung** || K- Rocklänge || -K Kostümrock, Trägerrock

Rock[2] A2 *der; -(s); nur Singular;* rhythmische Musik zur Unterhaltung, die *meist* mit elektrischen Instrumenten gespielt wird || K- Rockgruppe, Rockkonzert, Rockmusik, Rocksänger || *hierzu* **ro·ckig** *Adjektiv*

ro·deln; *rodelte, ist gerodelt; südd* Ⓐ ≈ Schlitten fahren

Rog·gen *der; -s; nur Singular;* eine (Getreide)-Pflanze, aus deren Körnern man Mehl für dunkles Brot macht || K- Roggenbrot, Roggenmehl

roh[1] B1 *Adjektiv* **1** nicht gekocht, nicht gebraten ⟨ein Ei, Fleisch, Gemüse⟩ || K- Rohkost **2** nicht oder nur wenig bearbeitet ⟨ein Diamant, Holz, Marmor⟩ || K- Rohdiamant, Rohprodukt

roh[2], *roher, rohst-; Adjektiv;* ⟨eine Person⟩ unfreundlich oder rücksichtslos, auch bereit zur Gewalt ↔ sanft ⟨jemanden roh behandeln; roh zu jemandem sein⟩: *Er packte sie roh am Arm* || *hierzu* **Roh·heit** *die; -; nur Singular*

Roh·bau *der; -(e)s, -ten; meist* **das Haus ist im Rohbau** Mauern und Dach sind fertig, aber Fenster, Leitungen *usw* fehlen noch

Roh·kost *die; -;* Obst und Gemüse, das nicht

gekocht ist || K- Rohkostdiät, Rohkostsalat

Rohr *das; -(e)s, -e;* ein langes, rundes Stück Metall, Plastik *o.Ä.*, das innen hohl und an beiden Enden offen ist || -K Abflussrohr, Auspuffrohr, Wasserrohr

Röh·re *die; -, -n* **1** ein relativ dünnes Rohr (1), durch das etwas strömt oder das am Ende geschlossen sein kann: *Röhren aus Ton* || K- Röhrenknochen || -K Glasröhre; Leucht(stoff)röhre, Neonröhre **2** ≈ Backrohr ⟨einen Braten, einen Kuchen in die Röhre schieben⟩ || -K Backröhre, Bratröhre **3** *umg, oft abwertend* ≈ Fernseher ⟨vor der Röhre sitzen⟩ || ID **in die Röhre gucken** *umg;* nichts von dem bekommen, was man gern haben möchte ≈ leer ausgehen || *zu* 1 **röh·ren·för·mig** *Adjektiv*

Roh·stoff *der; -(e)s, -e;* eine Substanz (wie *z.B.* Erdöl, Eisen, Kohle), die in der Natur vorkommt und die in der Industrie bearbeitet oder verwendet wird ⟨reich an Rohstoffen⟩ || K- Rohstoffmangel, Rohstoffreserve; rohstoffarm

Ro·ko·ko *das; -(s); nur Singular;* ein Stil der (europäischen) Kunst, der sich im 18. Jahrhundert aus dem Barock entwickelt hat und für den starke Verzierungen typisch sind || K- Rokokokirche

Roll·bahn *die; -, -en;* die Fläche, auf der Flugzeuge starten oder landen

Rol·le¹ B2 *die; -, -n* **1** langes, dünnes Material, das kreisförmig gewickelt ist ⟨eine Rolle Draht, Klebeband⟩ || -K Kabelrolle, Papierrolle **2** eine Packung, in der kleine runde Gegenstände aufeinanderliegen ⟨eine Rolle Münzen⟩ **3** ein breites, kleines Rad: *ein Schränkchen auf Rollen* **4** eine Turnübung, bei der man sich mit dem Körper über den Kopf hinweg nach vorn oder hinten bewegt ⟨eine Rolle (vorwärts/rückwärts) machen, turnen⟩

Rol·le² B2 *die; -, -n* **1** die Gestalt (mit Dialogen und Gesten), die ein Schauspieler spielt: *die Rolle des Hamlet* || -K Hauptrolle, Titelrolle **2** die Aufgaben, die jemand bei einer Tätigkeit oder im Leben hat: *in ihrer Rolle als Lehrerin* || K- Rollenkonflikt, Rollenverteilung || -K Führungsrolle, Mutterrolle || ID **aus der Rolle fallen** sich nicht so benehmen, wie es erwartet wird; **etwas spielt (k)eine Rolle** etwas ist in einer Situation, für einen Zweck, für jemanden (nicht) wichtig; *meist* **jemand spielt bei etwas eine** ⟨große, wichtige, entscheidende⟩ **Rolle** jemand ist bei etwas sehr wichtig

rol·len; *rollte, hat/ist gerollt* **1** **sich/etwas (irgendwohin) rollen** *(hat)* sich/etwas so bewegen, dass man/es sich um seine (horizontale) Achse dreht: *einen Stein zur Seite rollen; ein Fass vom Wagen rollen; Der Hund rollte sich im Gras* **2** **etwas irgendwohin rollen** *(hat)* etwas, das Räder hat, irgendwohin bewegen: *ein Bett in den Operationssaal rollen* **3** **etwas (zu etwas) rollen** *(hat)* etwas in eine runde Form bringen, indem man es dreht: *Teig zu einer Kugel rollen* **4** **(mit) etwas rollen** *(hat)* etwas im Kreis bewegen ⟨den Kopf, die/mit den Augen rollen⟩ **5** **etwas rollt** *(ist)* etwas bewegt sich fort und dreht sich um die eigene Achse: *Der Ball rollt auf die Straße* **6** **etwas rollt** *(ist)* etwas bewegt sich auf Rollen oder Rädern ⟨ein Wagen, ein Zug⟩

Rol·ler *der; -s, -;* ein Fahrzeug für Kinder, das zwei Räder, eine Lenkstange und ein Brett hat, auf dem das Kind steht ⟨Roller fahren⟩

Roll·kra·gen *der; -s, -;* ein *meist* enger, hoher Kragen (an einem Pullover), der nach unten umgelegt wird und den Hals warm hält || K- Rollkragenpulli, Rollkragenpullover

Roll·la·den B2 *der; -s, -/-lä·den;* eine Vorrichtung aus schmalen, waagrechten Latten (aus Holz oder Plastik), die man außen vor dem Fenster auf- und abrollen kann ⟨den Rollladen herunterlassen, hinaufziehen⟩ || ↑ Illustration **Im Wohnzimmer**

Rol·lo, Rol·lo *das; -s, -s;* eine Art Rollladen aus Stoff *o.Ä.*, der sich automatisch nach oben aufrollt, wenn man kurz an einer Schnur zieht ⟨ein Rollo herunterziehen, hochziehen⟩

Roll·stuhl *der; -(e)s, -stüh·le;* eine Art Stuhl auf Rädern, für Menschen, die nicht gehen können ⟨im Rollstuhl fahren⟩ || ↑ Abbildung unter **Stühle** || K- Rollstuhlfahrer

Roll·trep·pe *die; -, -n;* eine Treppe, deren Stufen sich automatisch nach oben oder unten bewegen ⟨die Rolltreppe nehmen, (mit der) Rolltreppe fahren⟩

Ro·man B2 *der; -s, -e;* eine lange Geschichte in Prosa, die *bes* von fiktiven Personen oder Ereignissen erzählt || K- Romanautor || -K Abenteuerroman, Kriminalroman, Liebesroman

Ro·ma·nik *die; -; nur Singular;* ein Stil der europäischen Kunst in der Zeit von ungefähr 1000 bis 1250

ro·ma·nisch *Adjektiv* **1** im Stil der Romanik **2** aus der lateinischen Sprache entstanden, wie das Italienische oder Spanische

Ro·man·tik *die; -; nur Singular* **1** ein Stil der (europäischen) Kunst in der ersten Hälfte des

19. Jahrhunderts, in dem man Gefühle stark betonte und die Natur und die Vergangenheit bewunderte **2** eine angenehme Stimmung, *meist* eine Kombination von schönem Wetter und schöner Landschaft || *hierzu* **ro·man·tisch** *Adjektiv*

Rö·mer *der; -s, -;* **1** ein Einwohner der Stadt Rom **2** *historisch;* ein Bürger des Römischen Reiches || *hierzu* **Rö·me·rin** *die; -, -nen;* **rö·misch** *Adjektiv*

rö·misch-ka·tho·lisch *Adjektiv; Religion;* in Bezug auf die katholische Kirche, die der Papst in Rom leitet; *Abkürzung* r.-k. ⟨ein Geistlicher, der Glaube, die Kirche⟩

rönt·gen B2 *röntgte* ['rœŋ(k)t?, 'rœnçtə], *hat geröntgt;* **jemanden/etwas röntgen** jemanden/etwas mit (Röntgen)Strahlen untersuchen (um ein Bild von den Knochen zu machen): *Beim Röntgen des Beines stellte sich heraus, dass es gebrochen war* || K- Röntgenapparat, Röntgenbild

ro·sa *Adjektiv; indeklinabel;* von der hellen roten Farbe vieler Rosen || ↑ Illustration **Farben und Formen** || *hierzu* **Ro·sa** *das; -s, -(s)*

Ro·se *die; -, -n;* eine Blume mit Dornen und großen, roten (auch weißen oder gelben) Blüten, die gut riechen || K- Rosenduft, Rosenstrauch || ID **Keine Rose ohne Dornen** jede schöne Sache hat auch Nachteile

Ro·sé [ro'zeː] *der; -s, -s;* ein Wein, dessen Farbe leicht rötlich ist || K- Roséwein

Ro·sen·kohl *der; -(e)s; nur Singular;* ein Kohl, der mehrere kleine Köpfe aus Blättern hat, die am Stamm wachsen

Ro·sen·kranz *der; -es, -krän·ze; katholische Religion* **1** eine Kette mit einem Kreuz und vielen Perlen, mit denen man die Gebete zählt, die man spricht **2** die Gebete, die man mit einem Rosenkranz in der Hand betet ⟨einen Rosenkranz beten⟩

R

Ro·sen·mon·tag *der; -(e)s, -e;* der Montag vor Aschermittwoch || K- Rosenmontagsball, Rosenmontagszug

Ro·set·te *die; -, -n;* ein rundes Ornament oder Fenster aus vielen kleinen Teilen, das wie eine Blüte einer Rose aussieht || K- Rosettenfenster

ro·sig *Adjektiv* **1** mit rosa Farbe ⟨ein Baby, ein Ferkel, ein Gesicht, die Haut, die Wangen⟩ **2** *meist* sehr positiv ⟨etwas in rosigem Licht, in den rosigsten Farben schildern⟩ **3** *meist* **nicht gerade rosig** *umg ironisch;* nicht sehr erfreulich: *Die Zukunft sieht nicht gerade rosig aus*

Ro·si·ne *die; -, -n;* die getrocknete kleine Frucht des Weins (2) || ID **Rosinen im Kopf haben** *umg;* unrealistische Pläne haben

Ros·ma·rin *der; -s; nur Singular;* eine Gewürzpflanze mit schmalen, harten Blättern

Ross *das; -es, -e/Rös·ser* **1** *(Plural Rosse) förmlich;* ein (wertvolles) *meist* starkes Pferd **2** *(Plural Rösser) südd* Ⓐ Ⓒⓗ *umg* ≈ Pferd **3** **hoch zu Ross** *humorvoll;* auf einem Pferd (reitend) || ID **auf dem/einem hohen Ross sitzen** arrogant, überheblich sein; **von seinem/vom hohen Ross herunterkommen** aufhören, sich arrogant, überheblich zu benehmen

Rost[1] *der; -(e)s; nur Singular;* eine *meist* rotbraune Substanz, die sich an der Oberfläche von Eisen *o.Ä.* bildet

Rost[2] *der; -(e)s, -e;* ein Gitter aus Holz oder Metall, auf das man etwas legt oder mit dem man etwas abdeckt

ros·ten; *rostete, hat/ist gerostet;* **etwas rostet** Rost[1] entsteht auf etwas: *Eisen rostet, wenn es lange Zeit feucht ist*

rös·ten; *röstete, hat geröstet;* **etwas rösten** etwas in einer Pfanne oder über einem Feuer stark erhitzen, dass es braun und knusprig wird

rost·frei *Adjektiv; nicht als Adverb;* ⟨ein Messer, eine Spüle, Stahl⟩ so, dass sie nicht rosten, wenn sie feucht werden

ros·tig *Adjektiv;* ⟨Eisen, ein Nagel⟩ mit Rost[1]

rot A1 *röter/roter, rötest-/rotest-; Adjektiv* **1** von der Farbe des Blutes oder reifer Tomaten: *die Fehler mit roter Tinte anstreichen* || ↑ Illustration **Farben und Formen** || -K blutrot, kirschrot, kupferrot **2** von der ziemlich dunklen Farbe, die ein Körperteil hat, wenn viel Blut darin fließt ↔ blass ⟨rote Backen⟩ **3** ⟨Haare⟩ von dunkelgelber und leicht roter Farbe **4** *umg;* mit kommunistischen oder sozialistischen Prinzipien und Ideen **5** **rot sein/werden** ein rotes (2) Gesicht bekommen, weil man sich schämt oder verlegen ist

Rot A1 *das; -s, -/umg -s* **1** eine rote Farbe **2** das rote Licht einer Ampel

Rö·teln *die; -; Plural;* eine Krankheit, bei der man kleine rote Flecken am Körper bekommt ⟨sich gegen Röteln impfen lassen⟩: *Wenn eine Frau in der Schwangerschaft Röteln bekommt, ist das sehr gefährlich für den Embryo* || Hinweis: ↑ **Masern**, **Windpocken**

ro·tie·ren; *rotierte, hat rotiert* **1** **etwas rotiert** etwas dreht sich im Kreis um etwas: *ein Rasenmäher mit rotierenden Messern* **2** *umg;* sehr aufgeregt und nervös sein || *zu* 1 **Ro·ta·ti·on** *die; -, -en*

Rot·kohl *der; -(e)s; nur Singular;* ein Kohl mit violetten Blättern, die beim Kochen dunkelrot werden ≈ Blaukraut

rot·se·hen; *sieht rot, sah rot, hat rotgesehen; umg;* wütend werden und die Beherrschung verlieren

Rot·stift *der; -(e)s, -e;* ein Stift, der rot schreibt || ID **etwas fällt dem Rotstift zum Opfer** etwas wird nicht mehr finanziert, *meist* weil der Staat, eine Behörde *o.Ä.* Geld sparen will; **den Rotstift ansetzen** etwas nicht mehr oder nur teilweise finanzieren, um Geld zu sparen

Rot·wein A2 *der; -(e)s, -e;* Wein, der aus blauen oder roten Trauben gemacht wird ↔ Weißwein

Rou·la·de [ru-] *die; -, -n;* eine dünne Scheibe Fleisch, die *bes* mit Speck, Zwiebeln, Gurken und Gewürzen gefüllt, zusammengerollt und gebraten wird || -K Kalbsroulade, Rinderroulade

Rou·te ['ru:tə] *die; -, -n;* eine relativ lange Strecke, die man von einem Ort zum andern geht oder fährt

Rou·ti·ne [ru-] *die; -; nur Singular* **1** **Routine (in etwas** *(Dativ)*) die Fähigkeit, etwas geschickt oder gut zu machen, *bes* weil man schon lange Erfahrung hat ≈ Übung ⟨langjährige Routine; Routine haben⟩: *Er hat noch keine Routine im Autofahren* **2** *meist abwertend;* etwas, das man schon sehr oft getan hat und an dem man deshalb kein Interesse mehr hat ⟨etwas wird zur Routine⟩ || K- Routinearbeit || *zu* 1 **rou·ti·niert** *Adjektiv*

Row·dy ['raudi] *der; -s, -s; abwertend;* ein Jugendlicher, der sich aggressiv und unhöflich benimmt

rub·beln; *rubbelte, hat gerubbelt;* **(etwas) rubbeln** *umg;* kräftig an etwas reiben: *das Hemd rubbeln, damit ein Fleck herausgeht; am Fleck rubbeln*

Rü·be *die; -, -n* **1** eine Pflanze mit einer dicken Wurzel, die man *bes* als Futter für Tiere verwendet || K- Rübenzucker **2** **eine Rote Rübe** eine Rübe mit runder, roter Wurzel ≈ Rote Bete **3** **eine Gelbe Rübe** *bes südd* Ⓐ ≈ Karotte

rü·ber B2 *Adverb; umg;* ↑ **herüber**, **hinüber**

rü·ber- B2 *im Verb; umg;* ↑ **herüber-**, **hinüber-**

rü·ber·brin·gen; *brachte rüber, hat rübergebracht; umg* **1** **jemanden/etwas rüberbringen** ≈ herüberbringen, hinüberbringen: *Die Nachbarin brachte uns einen Kuchen rüber* **2** **etwas rüberbringen** etwas so darstellen, dass es andere verstehen, erkennen: *Der Film hat die Geschichte richtig gut rübergebracht*

Rub·rik *die; -, -en* **1** ein Teil einer Zeitung, Liste *o.Ä.*, der eine besondere Überschrift hat ≈ Spalte ⟨etwas in eine Rubrik eintragen⟩: *Die Nachricht stand in/unter der Rubrik „Vermischtes"* **2** ≈ Kategorie

Ruck *der; -(e)s, -e; meist Singular* **1** eine plötzliche und kräftige kurze Bewegung: *sich mit einem Ruck losreißen; Der Zug fuhr mit einem Ruck los* **2** **ein Ruck nach links/rechts** eine plötzliche politische Entwicklung nach links/rechts, *z.B.* ein starker Zuwachs an Wählern für linke/rechte Parteien || -K Linksruck, Rechtsruck

Rück- B1 *im Substantiv* **1** verwendet, um Substantive aus Verben mit *zurück-* zu bilden; die **Rückeroberung** ⟨eines besetzten Gebiets⟩, die **Rückgabe** ⟨eines ausgeliehenen Buches⟩, die **Rückzahlung** ⟨von Darlehen⟩ **2** verwendet, um auszudrücken, dass etwas von einem Ziel oder Empfänger wieder zurück zum Ausgangsort oder zum Absender geht ↔ Hin-; die **Rückantwort**, die **Rückfahrt**, der **Rückflug**, die **Rückreise**, der **Rückweg** **3** verwendet, um auszudrücken, dass etwas im oder am hinteren Teil von etwas ist oder den hinteren Teil von etwas betrifft ↔ Vorder-; die **Rückbank** ⟨eines Autos⟩, die **Rücklehne** ⟨des Stuhls⟩, das **Rücklicht**, die **Rückseite** ⟨eines Gebäudes, eines Bildes⟩, der **Rücksitz** || *zu* **Rücklicht** ↑ Abbildung unter **Auto**, **Fahrrad**

Rück·blick *der; -(e)s, -e* **1** **ein Rückblick (auf etwas** *(Akkusativ)*) ein Bericht über etwas in der Vergangenheit: *ein Rückblick auf das vergangene Geschäftsjahr* **2** **im Rückblick** wenn man Vergangenes heute beurteilt ≈ rückblickend: *Im Rückblick scheint mir seine Entscheidung nicht richtig gewesen zu sein*

rü·cken A2 *rückte, hat/ist gerückt* **1** **etwas (irgendwohin) rücken** *(hat)* etwas *(meist* Schweres) mit kurzen, kräftigen Bewegungen ein bisschen verschieben oder ziehen: *einen Stuhl näher an den Tisch rücken* **2** **(irgendwohin) rücken** *(ist)* (im Sitzen) sich zur Seite/irgendwohin bewegen: *Er rückte auf dem Sofa näher zu ihr; Rück mal ein bisschen, damit ich mich zu dir setzen kann* **3** **etwas rückt irgendwohin** *(ist)* etwas gelangt in eine Position, kommt irgendwohin: *Der Abschied rückt immer näher; Das Ziel ist in weite Ferne, greifbare Nähe gerückt*

Rü·cken A2 *der; -s, -;* **1** die Seite des Körpers (zwischen Hals und Gesäß), die beim Menschen hinten ist ⟨ein breiter, krummer Rücken; auf dem Rücken liegen; jemandem/etwas den Rücken zudrehen, zuwenden⟩: *Er setzte sich mit dem Rücken zur Tür* || ↑ Abbildung unter **Körper** || K- Rückenmuskel, Rückenschmerzen **2** die obere Seite von etwas ⟨der Rücken eines Berges, eines Messers⟩ **3** die schmale Seite eines Buches, die man sieht, wenn es im Regal steht || ID **mit dem Rücken zur Wand stehen/kämpfen** sich in einer sehr schwierigen Situation verzweifelt verteidigen; **einen breiten Rücken haben** viel Unangenehmes ruhig ertragen können; **jemandem in den Rücken fallen** etwas tun oder sagen, das jemandem schadet, nachdem man ihn vorher unterstützt hat; **den Rücken freihaben/frei haben** handeln können, ohne behindert zu werden; **jemandem den Rücken freihalten/decken** jemanden unterstützen; **sich** (Dativ) **den Rücken freihalten** sich gegen Kritik absichern; **jemandem/etwas den Rücken kehren/zudrehen** mit jemandem/etwas nichts mehr zu tun haben wollen ≈ sich von jemandem/etwas abwenden; **jemandem den Rücken stärken** jemandem helfen und ihm Mut machen; **hinter jemandes Rücken** so, dass ein anderer nichts davon weiß oder bemerkt; **mit jemandem im Rücken** mit jemandem als Unterstützung: *mit der Gewerkschaft im Rücken gegen den Arbeitgeber prozessieren*

Rü·cken·wind *der; -(e)s; nur Singular* **1** ein Wind, der von hinten kommt ↔ Gegenwind ⟨Rückenwind haben⟩ **2** **Rückenwind haben/bekommen** Unterstützung von anderen haben/bekommen und daher optimistisch sein

Rück·er·stat·tung *die; -, -en;* **die Rückerstattung** (+ *Genitiv*/**von etwas**) (**an jemanden**) das Zurückzahlen von Geld, das jemand für etwas gezahlt hatte: *die Rückerstattung von Fahrkosten* || *hierzu* **rück·er·stat·ten** (*hat*)

Rück·fahr·kar·te *die; -, -n;* eine Fahrkarte zu einem Ziel und wieder zurück

R

Rück·fall *der; -(e)s, -fäl·le* **1** das nochmalige Krankwerden, nachdem man sich von derselben Krankheit fast erholt hatte ⟨einen Rückfall bekommen, erleiden⟩ **2** **ein Rückfall** (**in etwas** (*Akkusativ*)) das Wiederholen von schlechten Handlungen oder Gewohnheiten (die man schon einmal aufgegeben hatte) ⟨ein Rückfall in alte Fehler/Gewohnheiten⟩ || K- Rückfallquote, Rückfalltäter

rück·fäl·lig *Adjektiv;* ⟨ein Dieb, ein Süchtiger, ein Täter; rückfällig werden⟩ so, dass sie etwas Schlechtes oder Illegales wieder tun

Rück·gang *der; -(e)s, -gän·ge; meist Singular;* der Vorgang, bei dem etwas (wieder) weniger wird ↔ Anstieg: *einen leichten Rückgang der Arbeitslosigkeit verzeichnen*

rück·gän·gig *Adjektiv* **1** so, dass eine Zahl oder Menge geringer wird: *eine rückgängige Geburtenzahl* **2** **etwas rückgängig machen** **a** sagen, dass etwas nicht mehr gilt ⟨eine Entscheidung, eine Kündigung, einen Vertrag rückgängig machen⟩ **b** dafür sorgen, dass etwas wieder so ist wie früher

Rück·grat *das; -(e)s, -e* **1** *meist Singular* ≈ Wirbelsäule **2** *nur Singular;* der Mut, die eigenen Überzeugungen gegenüber anderen zu vertreten ⟨Rückgrat haben⟩

Rück·griff *der; -(e)s, -e;* **ein Rückgriff** (**auf jemanden/etwas**) der erneute Einsatz einer Person, der erneute Gebrauch einer Sache, die man früher benutzte: *ein Rückgriff auf alte Methoden*

Rück·halt *der; -(e)s; nur Singular* ≈ Halt[1]: *Der Politiker hat einen starken Rückhalt in seiner Partei*

Rück·kehr *die; -; nur Singular;* das Zurückkommen (nach einer langen Abwesenheit): *Nach deiner Rückkehr vom Urlaub feiern wir ein Fest*

rück·läu·fig *Adjektiv* ≈ rückgängig (1)

Rück·mel·dung *die; -, -en* **1** **die Rückmeldung** (**zu etwas**) die Mitteilung, dass man wieder da ist: *seine verspätete Rückmeldung zur Arbeit/aus dem Urlaub* **2** eine Reaktion auf das, was man tut ≈ Feedback: *keine Rückmeldung aus dem Publikum bekommen*

Rück·nah·me *die; -, -n* **1** die Feststellung, dass etwas nicht mehr gültig ist ⟨die Rücknahme einer Anschuldigung, eines Einspruchs, einer Klage, eines Vorwurfs⟩ **2** das Zurücknehmen einer gekauften Ware durch den Verkäufer

Rück·por·to *das; -s, -s oder -porti;* das Porto, das jemand, der um eine Antwort bittet, in seinen Brief legt ⟨das Rückporto beilegen⟩

Rück·ruf *der; -(e)s, e* **1** ein Telefonanruf als Antwort auf ein Telefongespräch ⟨um Rückruf bitten⟩ **2** eine Aktion, bei der eine Fima die Käufer dazu aufruft, eine Ware zurückzugeben, weil sie Mängel haben könnte *o.Ä.* || K- Rückrufaktion

Ruck·sack B1 *der; -(e)s, -sä·cke;* eine Tasche, die man an Riemen auf dem Rücken trägt || ↑ Illustration **Am Bahnhof**

Rück·schlag *der; -(e)s, -schlä·ge* **1** eine plötzliche Wendung zum Negativen hin, *bes* eine Niederlage oder eine Enttäuschung ⟨einen Rückschlag erleben, erleiden, hinnehmen müssen⟩ **2** CH ≈ Defizit

Rück·schluss *der; -es, -schlüs·se; meist Plural;*

Rückschlüsse (**auf jemanden/etwas**) eine logische Folgerung, die man aus etwas ableiten kann und die über etwas anderes Auskunft gibt ⟨Rückschlüsse aus etwas ziehen; etwas lässt auf jemanden/etwas Rückschlüsse zu⟩

Rụ̈ck·schritt *der; -(e)s, -e;* eine Entwicklung zu einem (früheren) schlechteren Zustand hin ↔ Fortschritt ⟨etwas bedeutet einen Rückschritt; Rückschritte machen⟩

Rụ̈ck·sicht *die; -, -en* **1** *meist Singular;* **Rücksicht** (**auf jemanden/etwas**) ein Verhalten, bei dem man an die Wünsche und Gefühle anderer denkt und keinen Schaden bringen will: *Du solltest etwas mehr Rücksicht auf deine kleine Schwester nehmen!* || K- rücksichtslos, rücksichtsvoll **2** *nur Plural* ≈ Gründe ⟨etwas aus familiären, wirtschaftlichen Rücksichten tun⟩ || ID **ohne Rücksicht auf Verluste** *umg;* so, dass es jemandem egal ist, wenn sein Verhalten ihm selbst oder anderen Nachteile bringt

Rụ̈ck·sicht·nah·me *die; -; nur Singular;* ein Verhalten, das sich an den Gefühlen *o.Ä.* anderer orientiert

Rụ̈ck·spie·gel *der; -s, -;* ein kleiner Spiegel im Auto, in dem man die Straße und die Autos hinter sich sehen kann

Rụ̈ck·spiel *das; -(e)s, -e; Sport;* das zweite (von zwei vereinbarten) Spielen zwischen zwei Mannschaften (in einem Wettbewerb) ↔ Hinspiel

Rụ̈ck·spra·che *die; -, -n;* **die Rücksprache** (**mit jemandem**) ein Gespräch, bei dem man versucht, mit einem anderen (Betroffenen) Fragen und Probleme zu klären ⟨mit jemandem Rücksprache nehmen, halten⟩: *Diese Frage kann ich erst nach Rücksprache mit dem Chef entscheiden*

rụ̈ck·stän·dig *Adjektiv;* nicht modern ≈ altmodisch ↔ fortschrittlich ⟨jemandes Denken, Vorstellungen⟩: *Deine Ansichten sind völlig rückständig!* || *hierzu* **Rụ̈ck·stän·dig·keit** *die; -; nur Singular*

Rụ̈ck·strah·ler *der; -s, -;* ein kleines rotes Glas hinten am Fahrrad oder am Auto, das Licht reflektiert

Rụ̈ck·tritt *der; -(e)s, -e;* das Aufgeben eines Amtes ⟨seinen Rücktritt erklären⟩: *Nach dem Skandal bot der Innenminister seinen Rücktritt an*

rụ̈ck·wärts *Adverb;* in die Richtung nach hinten || K- Rückwärtsbewegung

rụ̈ck·wärts- *im Verb; betont und trennbar;* Die Verben mit *rückwärts-* werden nach folgendem Muster gebildet: *rückwärtsfahren - fuhr rückwärts - rückwärtsgefahren;* drückt aus, dass eine Bewegung nach hinten, entgegen der ursprünglichen Richtung verläuft; **rückwärtsfahren, rückwärtsgehen, rückwärtslaufen**

Rụ̈ck·wärts·gang *der; -(e)s, -gän·ge;* der Gang im Auto *o.Ä.*, mit dem man rückwärtsfahren kann ⟨den Rückwärtsgang einlegen⟩

rụ̈ck·wir·kend *Adjektiv;* von einem Zeitpunkt an gültig, der in der Vergangenheit liegt: *Ihre Gehaltserhöhung gilt rückwirkend seit dem 1. April*

Rụ̈ck·zug *der; -(e)s, -zü·ge* **1** das Verlassen eines Gebiets, in dem gekämpft wird *(bes während der Gegner angreift)* ⟨ein geordneter, überstürzter Rückzug; den Rückzug antreten, befehlen⟩ || K- Rückzugsgefecht **2** **der Rückzug** (**aus etwas**) das Verlassen eines *meist* wichtigen Bereiches, in dem man gearbeitet hat ⟨der Rückzug aus dem politischen, öffentlichen Leben⟩ **3** CH das Abheben von Geld von einem Konto

rü̱·de *Adjektiv;* im Benehmen oder Verhalten unfreundlich und ohne Rücksicht auf andere ≈ grob (4) ↔ sanft, höflich ⟨jemandes Benehmen; ein Bursche, ein Kerl; einen rüden Ton anschlagen⟩

Rü̱·de *der; -n, -n;* ein männlicher Hund, Fuchs oder Wolf

Ru̱·del *das; -s, -;* **1** eine Gruppe von wilden Tieren, die zusammenleben ⟨ein Rudel Wölfe, Hirsche, Löwen; Wölfe *o.Ä.* leben im Rudel⟩ || -K Wolfsrudel **2** *umg, meist abwertend;* eine große und ungeordnete Gruppe von Personen ≈ Schar || *hierzu* **ru̱·del·wei·se** *Adjektiv*

Ru̱·der *das; -s, -;* **1** eine Stange mit einem breiten, flachen Teil am Ende, mit der man ein Boot bewegt. Die Ruder sind am Boot befestigt ⟨die Ruder eintauchen⟩ || K- Ruderboot **2** eine Vorrichtung aus Holz oder Metall am Ende eines Schiffes, mit der man die Richtung der Fahrt bestimmt || ↑ Abbildung unter **Segelboot** || -K Steuerruder || ID **sich kräftig ins Ruder legen** *umg;* sehr engagiert arbeiten; **ans Ruder kommen** *umg;* an die Macht kommen; **jemand/etwas läuft aus dem Ruder** eine Person oder Sache entwickelt sich in eine negative Richtung, kann nicht mehr kontrolliert werden: *Seit sie krank ist, läuft zu Hause alles/laufen die Kinder aus dem Ruder*

ru̱·dern B2 *ruderte, ist gerudert;* (**irgendwohin**) **rudern** sich in einem Boot mit Rudern (1) durch das Wasser bewegen: *über den See* *rudern* || K Rudersport || *hierzu* **Ru·de·rer** *der; -s, -;* || *hierzu* **Ru·de·rin** *die; -, -nen*

Ruf *der; -(e)s, -e* **1** laute Töne, mit denen ein Mensch oder Tier ein Signal geben will: *Niemand hörte die Rufe des Ertrinkenden; der Ruf einer Eule* || -K Angstruf, Hilferuf, Warnruf **2** *nur Singular;* **der Ruf (nach etwas)** *förmlich;* der Wunsch, etwas zu bekommen ⟨der Ruf nach Frieden⟩ **3** *nur Singular;* das Urteil der Allgemeinheit, die (gute) Meinung, die die Leute von jemandem/etwas haben ⟨einen guten Ruf haben; jemandes Ruf als Künstler; seinen Ruf ruinieren⟩ || ID **jemand/etwas ist besser als sein Ruf** *umg humorvoll;* jemand/etwas ist besser als allgemein erwartet

ru·fen A1 *rief, hat gerufen* **1** **jemanden/etwas rufen** mit einem Ruf (1) oder am Telefon jemanden auffordern, bitten zu kommen ⟨den Arzt, die Polizei rufen; jemanden rufen lassen⟩: *die Kinder zum Abendessen rufen* **2** **(etwas) rufen** laute Töne oder Wörter von sich geben ≈ schreien ⟨laut rufen; um Hilfe rufen⟩: *„Bravo!" rufen* **3** **nach jemandem/etwas rufen** rufen, damit jemand kommt, man etwas bekommt: *nach dem Kellner rufen* || ID *meist* **Du kommst mir wie gerufen** *umg;* du kommst genau zur richtigen Zeit

Ruf·num·mer *die; -, -n* ≈ Telefonnummer

Rü·ge *die; -, -n;* eine Äußerung, mit der man jemanden scharf kritisiert ≈ Tadel ⟨eine scharfe, strenge Rüge; jemandem eine Rüge erteilen; eine Rüge bekommen⟩ || *hierzu* **rü·gen** *(hat)*

Ru·he B1 ['ruːə] *die; -; nur Singular* **1** der Zustand, in dem sich jemand/etwas nicht bewegt ↔ Bewegung ⟨in Ruhe sein⟩ || K- Ruhestellung, Ruhezustand **2** ein Zustand, in dem *bes* keine Geräusche stören ≈ Stille ⟨die Ruhe genießen⟩: *Ich bitte um Ruhe für den nächsten Redner* || K- Ruhebedürfnis, Ruhestörung || -K Nachtruhe **3** der Zustand, in dem jemand sich erholt (und nicht arbeitet, keine Sorgen hat *o.Ä.* ⟨keine Ruhe finden; Ruhe brauchen⟩ || K- Ruhepause **4** der Zustand, in dem es keinen Streit, Ärger gibt ⟨irgendwo herrscht Ruhe (und Ordnung), kehrt wieder Ruhe ein⟩ **5** **in (aller) Ruhe** ohne sich zu ärgern, sich aufzuregen oder sich zu beeilen ⟨jemandem etwas in Ruhe sagen; etwas in Ruhe tun⟩ **6** **die ewige Ruhe** *Religion;* der Zustand nach dem Tod || ID **die Ruhe vor dem Sturm** eine sehr nervöse, aber noch ruhige Atmosphäre, bevor etwas Entscheidendes geschieht; **Ruhe bewahren** (auch in einer schwierigen Situation) ruhig bleiben; **sich nicht aus der Ruhe bringen lassen** *meist* trotz Ärger oder Provokationen ruhig und gelassen bleiben; **jemanden (mit etwas) in Ruhe lassen** *umg;* jemanden (mit etwas) nicht stören: *Lass mich doch in Ruhe mit deinen Fragen!*; **etwas lässt jemandem keine Ruhe** *umg;* jemand muss immer wieder an etwas denken; **Immer mit der Ruhe!** *umg;* verwendet als Rat, dass jemand nicht zu schnell handeln soll

ru·he·los *Adjektiv;* ohne Ruhe (3) zu finden ≈ rastlos ⟨jemandes Leben, ein Mensch⟩

ru·hen; *ruhte, hat geruht* **1** *förmlich* ≈ sich ausruhen: *im Schatten eines Baumes ruhen* **2** **etwas ruht** etwas ist nicht aktiv, in Bewegung oder in Funktion ⟨eine Maschine, ein Betrieb, ein Prozess; die Arbeit, der Verkehr, die Verhandlungen; die Waffen⟩ **3** **etwas ruht irgendwo** etwas liegt auf jemandem/etwas und wird so gestützt oder gehalten: *Ihr Kopf ruhte an seiner Schulter; Die Brücke ruht auf mehreren kräftigen Pfeilern* **4** *meist* **jemandes Blick ruht auf jemandem/etwas** jemand sieht (*meist* längere Zeit) auf jemanden/etwas **5** *förmlich* ≈ schlafen || ID **Er/Sie ruhe in Frieden!** verwendet als Wunsch, wenn jemand begraben wird

Ru·he·stand B2 *der; -(e)s; nur Singular;* die Zeit im Leben eines Menschen, in der er nicht mehr (beruflich) arbeiten muss ≈ Pension, Rente ⟨in den Ruhestand gehen, treten; in den Ruhestand versetzt werden; im Ruhestand sein⟩

Ru·he·tag *der; -(e)s, -e;* ein Tag, an dem ein Restaurant *o.Ä.* geschlossen ist: *Am Montag haben wir Ruhetag*

ru·hig[1] A2 ['ruːɪç] *Adjektiv* **1** ⟨ein Mensch, ein Ding⟩ so, dass sie sich wenig oder gar nicht bewegen: *ruhig auf dem Stuhl sitzen und warten; Das Meer ist heute ganz ruhig* **2** mit wenig Lärm und Geräusch ⟨ein Zimmer, eine Wohnung, eine Lage; ruhig wohnen⟩ **3** ⟨ein Kind, ein Mieter, Nachbarn⟩ so, dass sie wenig stören, *bes* weil sie wenig Lärm machen: *Sei mal kurz ruhig, ich möchte hören, was das Radio meldet!* **4** so, dass wenig (Aufregendes) geschieht und man wenig Arbeit oder Sorgen hat ⟨Tage, ein Abend; etwas verläuft ruhig; eine ruhige Zeit⟩ **5** frei von Aufregung, Nervosität oder starken Gefühlen ⟨ein Mensch; etwas ruhig sagen; ruhig reagieren⟩ || ID *meist* **um jemanden/etwas ist es ruhig geworden** die Medien berichten nicht mehr (viel) von jemandem/etwas

ru·hig[2] A2 ['ruːɪç] *Partikel; umg* **1** in Aussagesätzen verwendet, um auszudrücken, dass man nichts dagegen hat, wenn jemand etwas tut: *Er soll sich ruhig beschweren, das ist mir* *egal* **2** verwendet, um jemandem zu sagen, dass er bei etwas keine Angst haben muss: *Du darfst ihm ruhig vertrauen* **3** verwendet, um Ungeduld auszudrücken: *Du könntest mir ruhig auch mal helfen!*

Ruhm *der; -(e)s; nur Singular;* der Zustand, in dem jemand wegen seiner Leistungen von vielen Leuten geachtet wird ⟨zu Ruhm gelangen; den Gipfel des Ruhms erreichen⟩ || K- ruhmreich || ID **sich nicht (gerade) mit Ruhm bekleckern** *umg, oft humorvoll;* eine schlechte Leistung bringen

rüh·men; *rühmte, hat gerühmt* **1** **jemanden/etwas rühmen** mit großer Bewunderung über jemanden/etwas sprechen ≈ preisen, loben: *jemanden als großzügigen Menschen rühmen* || K- rühmenswert **2** **sich (etwas** *(Genitiv)*) **rühmen** deutlich sagen, dass man stolz auf etwas ist: *sich seines Erfolges rühmen; Er kann sich rühmen, ein sehr guter Koch zu sein*

Rühr·ei *das; -(e)s, -er; meist Plural;* eine Speise aus Eiern, die man während des Bratens in der Pfanne rührt

rühren[1] B2 *rührte, hat gerührt;* mit einem Löffel *o.Ä.* eine Flüssigkeit oder einen Teig im Kreis bewegen und so mischen ⟨den Teig rühren⟩ || K- Rührmaschine, Rührteig

rüh·ren[2] B2 *rührte, hat gerührt* **1** **sich/etwas rühren** ≈ sich/etwas bewegen: *Rühr dich nicht vom Fleck!* (= bleib hier); *Ich konnte vor Kälte kaum meine Finger rühren* **2** **sich (bei jemandem) rühren** *umg;* mit jemandem Kontakt aufnehmen ≈ sich melden **3** **jemand/etwas rührt (jemanden)** jemand/etwas ruft bei jemandem Mitleid oder Sympathie hervor ⟨zu Tränen gerührt sein; ein rührender Anblick⟩ || Hinweis: *meist* in einer Partizipform verwendet || ID *meist* **Da rührt sich nichts** *umg;* es gibt keine Reaktion || *zu* 3 **Rüh·rung** *die; -; nur Singular*

Ru·in *der; -s; nur Singular* **1** der Zustand, in dem jemand sein Geld, seine Position, sein Ansehen *usw* verloren hat ⟨jemandes finanzieller, wirtschaftlicher Ruin; kurz vor dem Ruin stehen; etwas führt zu jemandes Ruin⟩ **2** **jemandes Ruin sein** die Ursache für jemandes Ruin sein

Ru·i·ne *die; -, -n;* die Reste eines Gebäudes, nachdem es zerstört worden ist || -K Burgruine

ru·i·nie·ren; *ruinierte, hat ruiniert;* **jemanden/etwas ruinieren** bewirken, dass jemand/etwas großen Schaden hat: *Rauchen ruiniert die Gesundheit*

rülp·sen; *rülpste, hat gerülpst; umg;* mit einem lauten Geräusch Luft aus dem Magen durch den Mund pressen

Das Ruhrgebiet

Das Ruhrgebiet liegt im Bundesland **Nordrhein-Westfalen**. Auf relativ kleinem Raum befinden sich hier mehrere Großstädte wie **Bochum**, **Dortmund**, **Duisburg** und **Essen**. Die Bevölkerungsdichte ist mit 527 Einwohnern pro Quadratkilometer die größte in ganz Deutschland. Das Ruhrgebiet war einmal das größte Industriegebiet Europas, hier konzentrierten sich vor allem der Steinkohlebergbau und die Stahlindustrie. Die industrielle Umstrukturierung, die in den Sechzigerjahren des 20. Jahrhunderts begann, brachte viele soziale Probleme mit sich. Der **Ruhrpott** oder das **Revier**, wie das Ruhrgebiet auch genannt wird, hat sich heute von seinem schlechten Ruf befreit. Inzwischen sind viele Arbeitsplätze im Dienstleistungs-, Medien- und Technikbereich geschaffen worden, in alten Fabriken sind Freizeit- und Kultureinrichtungen entstanden und es gibt viele bekannte Theater und Museen.

LANDESKUNDE

rum *Adverb; umg;* ↑ **herum**

Rum *der; -s; nur Singular;* ein sehr starkes alkoholisches Getränk, das man aus Zucker(-rohr) macht ⟨Tee, Cola mit Rum⟩ || K- Rumfass, Rumflasche

rum- *im Verb; umg;* ↑ **herum-**

Rum·mel *der; -s; nur Singular* **1** viel Bewegung und Lärm *(bes* weil viele Menschen an einem Ort sind) **2** **Rummel um jemanden/etwas** großes Aufsehen, das um jemanden/etwas entsteht: *Die Presse macht viel Rummel um diesen Skandal*

Rumpf *der; -(e)s, Rümp·fe* **1** der Körper des Menschen ohne Kopf, ohne Arme und ohne Beine **2** der (Haupt)Teil eines Flugzeugs, in dem die Passagiere sitzen || ↑ Abbildung unter **Flugzeug** || -K Flugzeugrumpf **3** der (Haupt)Teil eines Schiffs, der im Wasser schwimmt || -K Schiffsrumpf

rümp·fen; *rümpfte, hat gerümpft;* (**über etwas** *(Akkusativ)*) **die Nase rümpfen** die Nase ein wenig hochziehen und damit zeigen, dass man etwas nicht gut findet

rund B2 *runder, rundest-; Adjektiv* **1** von der *(auch* ungefähren) Form eines Kreises oder einer Kugel ↔ eckig ⟨ein Tisch, ein Turm⟩ || -K kreisrund, kugelrund **2** von teilweiser runder Form ↔ schlank ⟨jemandes Backen, jemandes Bauch, Wangen⟩ **3** *nur vor dem Sub-*

stantiv, nicht als Adverb; ⟨eine Summe, eine Zahl⟩ so, dass man sie durch 10, 100 *usw* teilen kann **4** *nur vor dem Substantiv, nicht als Adverb; umg* ≈ ungefähr, etwa ↔ genau ⟨eine runde Million⟩ **5** *nur als Adverb* ≈ etwa, ungefähr: *rund 10.000 Zuschauer*

Run·de *die; -, -n* **1** ein Weg, ein Flug, eine Fahrt, bei denen man wieder dorthin kommt, wo man angefangen hat, und die *meist* ungefähr die Form eines Kreises haben: *Das Flugzeug flog eine Runde über den Platz* || K- Rundfahrt, Rundflug, Rundgang **2** eine Strecke in Form eines Kreises oder Ovals, auf der Wettbewerbe im Fahren oder Laufen stattfinden: *nach der zweiten Runde in Führung liegen* **3** eine kleine Gruppe von Personen, die sich gut kennen und sich oft treffen: *Sie ist neu in unserer Runde* **4** einer von mehreren Abschnitten eines Wettkampfes: *Amateure boxen (über) drei Runden* || ID **irgendwie über die Runden kommen** *umg; (meist* finanzielle) Schwierigkeiten irgendwie lösen können; **etwas macht die Runde** *umg;* etwas wird vielen gesagt

Rund·funk B2 *der; -s; nur Singular* ≈ Radio (2,3) || K- Rundfunkgebühren, Rundfunkprogramm, Rundfunksender

rund·ge·hen; *ging rund, ist rundgegangen* **1** **etwas geht rund** etwas wird schnell bekannt ⟨eine Nachricht⟩ **2** **es geht rund** *umg;* es gibt viel Aufregung, Lärm und Bewegung: *Bei uns in der Firma gehts zurzeit richtig rund*

rund·he·rum *Adverb* **1** an allen Seiten: *Jetzt hat man rundherum einen Zaun gezogen* **2** ≈ überall: *Die Luft ist nach der Gasexplosion rundherum verpestet* **3** ≈ völlig, ganz ⟨rundherum glücklich, zufrieden sein; rundherum nass werden⟩

R

rund·lich *Adjektiv; umg;* ein wenig dick ≈ mollig, füllig ↔ schlank

Rund·schrei·ben *das; -s, -;* ein Brief, der in der gleichen Form und mit gleichem Inhalt an mehrere Leute geschickt wird

rund·um *Adverb;* ganz, völlig ⟨rundum glücklich, zufrieden sein⟩

Run·dung *die; -, -en* **1** der runde[1] (2) Teil eines Gegenstandes oder einer Form ≈ Wölbung **2** **die weiblichen Rundungen** *umg;* die besonders weibliche Figur (1) einer Frau

run·ter B1 *Adverb; umg;* ↑ **herunter**, **hinunter**

run·ter- B1 *im Verb; umg;* ↑ **herunter-**, **hinunter-**

rup·fen; *rupfte, hat gerupft* **1** **etwas (von/aus etwas) rupfen** mit einer kurzen Bewegung etwas von etwas wegreißen oder es aus etwas herausreißen: *Blätter vom Baum rupfen* **2** **ein Tier rupfen** die Federn eines toten Vogels herausreißen, bevor man ihn kocht ⟨ein Huhn, eine Ente rupfen⟩ **3** **jemanden rupfen** *umg;* jemandem viel Geld wegnehmen: *Das Finanzamt hat mich kräftig gerupft*

rup·pig *Adjektiv; abwertend* grob und unfreundlich: *Er gab mir eine ruppige Antwort*

Rü·sche *die; -, -n;* ein Band aus einem feinen Stoff, das in Falten auf einen anderen Stoff aufgenäht ist: *ein Kleid mit Rüschen am Kragen und an den Ärmeln* || K- Rüschenbluse, Rüschenhemd, Rüschenkleid

Ruß *der; -es, -e; meist Singular;* das schwarze, fette Pulver, das entsteht, wenn man *z.B.* Kohle verbrennt

Rüs·sel *der; -s, -;* **1** die sehr lange Nase *bes* des Elefanten || K- Rüsseltier || -K Elefantenrüssel **2** die Nase eines Schweines **3** der rohrähnliche Teil, mit dem bestimmte Insekten Nahrung aufnehmen: *der Rüssel einer Fliege* || -K Saugrüssel **4** *umg abwertend;* eine (große) Nase || *zu* **1** **rüs·sel·för·mig** *Adjektiv*

ru·ßen; *rußte, hat gerußt;* **etwas rußt** etwas produziert Ruß ⟨ein Ofen, eine Lampe⟩

rüs·ten; *rüstete, hat gerüstet* **1** **etwas/sich (für etwas) rüsten** etwas/sich selbst auf etwas vorbereiten: *Ich bin gut für diese Aufgabe gerüstet* || Hinweis: oft im Zustandspassiv! **2** *meist* ⟨ein Land⟩ **rüstet (zum Krieg)** ein Land bereitet sich auf einen Krieg vor, indem es Waffen produziert und Soldaten ausbildet

rüs·tig ['rʏstɪç] *Adjektiv;* trotz hohen Alters noch sehr aktiv und körperlich fit ⟨ein Mann, eine Frau⟩

rus·ti·kal *Adjektiv;* von einer kräftigen und einfachen Art, wie sie auf dem Land üblich ist ≈ ländlich ⟨Möbel, Stoffe, Kleidung⟩: *ein rustikal eingerichtetes Zimmer*

Rüs·tung *die; -, -en* **1** *nur Singular;* alle Waffen und Einrichtungen der Armee, die ein Land hat: *viel Geld für die Rüstung ausgeben* || K- Rüstungsausgaben, Rüstungskonzern **2** *historisch;* Kleidung aus Metall für einen Ritter ⟨die Rüstung anlegen⟩

Ru·te *die; -, -n* **1** ein langer und dünner Zweig (*meist* ohne Blätter) || -K Birkenrute, Weidenrute **2** ein langer, dünner Stab mit einer Schnur und einem Haken, mit dem man Fische fängt || -K Angelrute

Rutsch·bahn *die; -, -en;* ein Gerät, auf dem Kinder auf einer glatten, schrägen Fläche nach unten rutschen können || ID **etwas ist die**

reinste/eine Rutschbahn *umg*; eine Straße *o.Ä.* ist sehr rutschig

Rụt·sche *die*; -, -n **1** ein Rohr *o.Ä.*, in dem man etwas nach unten rutschen lässt || -K Kohlenrutsche **2** ≈ Rutschbahn

rụt·schen; *rutschte, ist gerutscht* **1** aus dem Gleichgewicht kommen, weil man *z.B.* auf eine glatte Stelle getreten ist ⟨ins Rutschen kommen⟩ **2** zum Vergnügen eine Rutschbahn benutzen oder über eine glatte Fläche gleiten **3** *umg*; ≈ rücken (2): *Rutsch doch mal ein Stück!* **4** **etwas rutscht** *bes* ein Rock, eine Hose passt nicht richtig, sondern bewegt sich nach unten

rụtsch·fest *Adjektiv; nicht als Adverb*; ⟨ein Stoff, ein Teppich, der Boden, ein Material⟩ so (beschaffen), dass man/es nicht rutscht (1)

rụt·schig *Adjektiv*; ⟨eine Straße, der Boden⟩ so glatt, dass man sehr leicht fallen kann

rụ̈t·teln; *rüttelte, hat gerüttelt* **1** **jemanden/etwas rütteln**; **(jemanden) an etwas** *(Dativ)* **rütteln** jemanden/etwas mit kurzen, kräftigen Bewegungen hin und her bewegen: *jemanden (an der Schulter) rütteln, um ihn zu wecken* **2** **etwas rüttelt** etwas bewegt sich heftig hin und her ⟨der Zug⟩ || ID *meist* **Daran ist nicht(s) zu rütteln** das ist eine Tatsache, die man nicht ändern kann

S

S, s [ɛs] *das*; -, -; **1** der neunzehnte Buchstabe des Alphabets **2** **ein scharfes S** das Zeichen *ß* in der geschriebenen deutschen Sprache

Saal *der*; -(e)s, *Sä·le*; ein großer Raum *z.B.* für Feste oder Versammlungen || -K Ballsaal, Festsaal, Gerichtssaal

Saarland

Das kleine Bundesland Saarland mit seiner Hauptstadt **Saarbrücken** liegt im Südwesten Deutschlands. Die Landschaft ist geprägt von Mittelgebirgen und großen Wäldern.
Im Saarland lernen die meisten Schüler als erste Fremdsprache Französisch und nicht Englisch wie im übrigen Deutschland.

LANDESKUNDE

Saat *die*; -, -en; die (Pflanzen)Samen, die man auf einer *meist* großen Fläche verteilt ⟨die Saat geht auf⟩ || K- Saatkorn || ▸ säen

sạb·bern; *sabberte, hat gesabbert*; *umg*; Speichel aus dem Mund fließen lassen ⟨ein Baby, ein Hund⟩

Sä·bel *der*; -s, -; eine Art leicht gebogenes Schwert (1) || ID **mit dem Säbel rasseln** zeigen, dass man Macht hat und so anderen drohen

Sa·bo·ta·ge [-ˈtaːʒə] *die*; -; *nur Singular*; die Handlung(en), durch die jemand aus *meist* politischen Gründen etwas Wichtiges behindert, zerstört oder beschädigt ⟨Sabotage verüben; jemanden wegen Sabotage verurteilen⟩ || K- Sabotageakt || *hierzu* **sa·bo·tie·ren** *(hat)*

Sạch·be·ar·bei·ter *der*; -s, -; jemand, der (*z.B.* in einem Betrieb, in einer Behörde) ein Sachgebiet bearbeitet: *Er ist Sachbearbeiter beim Finanzamt* || *hierzu* **Sạch·be·ar·bei·te·rin** *die*; -, -nen

Sạch·buch *das*; -(e)s, *-bü·cher*; ein Buch, das über ein Thema informiert oder Ratschläge gibt || K- Sachbuchautor

Sạ·che A2 *die*; -, -n **1** *meist Singular*; eine bekannte Situation, Handlung ≈ Angelegenheit ⟨eine wichtige Sache; eine Sache erledigen⟩: *Überlege dir die Sache gründlich!*; *Weiß er in dieser Sache Bescheid?* **2** *nur Plural*; nicht näher genannte Gegenstände, *bes* Dinge, die jemandem gehören: *Hast du deine Sachen aufgeräumt?* || K- Sachbeschädigung, Sachschaden || -K Fundsache, Wertsache **3** etwas, das kein Lebewesen ist ≈ Ding **4** *meist* **eine gute Sache** etwas, das für viele Menschen wertvoll und wichtig ist **5** das Thema einer Diskussion, einer Verhandlung ⟨bei der Sache bleiben, zur Sache kommen⟩ || K- Sachdiskussion, Sachfrage **6** *umg*; *nur Plural* ≈ Kleidung || -K Badesachen, Kindersachen, Sommersachen, Sportsachen **7** *meist* ⟨süße, saure, scharfe⟩ **Sachen** Lebensmittel, die süß, sauer oder scharf schmecken **8** *Rechtswesen*; eine Angelegenheit, über die vor Gericht entschieden wird ⟨zur Sache aussagen⟩ || -K Rechtssache, Strafsache **9** **es ist Sache** + *Genitiv* + **zu** + *Infinitiv* es ist Aufgabe einer Person oder Institution, etwas zu tun: *Es ist Sache des Staates, sich um eine saubere Umwelt zu bemühen* || -K Frauensache, Männersache **10** **etwas ist jemandes Sache** jemand ist selbst für etwas verantwortlich: *Es ist seine Sache, wen er einlädt* || -K Privatsache **11** **etwas ist nicht jemandes Sache** etwas gefällt jemandem nicht: *Krimis sind nicht meine Sache* || ID **in eigener Sache** im eigenen, persönlichen Interesse; **seine Sache gut machen** etwas so machen, wie es jemand anderer erwartet;

eine halbe Sache etwas, das nicht ordentlich und gründlich gemacht ist; **sich** *(Dativ)* **seiner Sache sicher sein** überzeugt sein, dass man recht hat **(nicht/ganz) bei der Sache sein** sich (nicht/ganz) auf etwas konzentrieren; **etwas tut nichts zur Sache** etwas ist für das Thema, von dem man gerade spricht, nicht wichtig

Sạch·ge·biet *das; -(e)s, -e;* ein Bereich, in dem jemand arbeitet und für den er ein bestimmtes Wissen braucht ⟨ein Sachgebiet bearbeiten, für ein Sachgebiet zuständig sein⟩

sạch·ge·mäß *Adjektiv;* so, dass etwas sachlich oder mit guter Kenntnis gemacht wird ⟨eine Entscheidung, eine Reparatur⟩

sạch·ge·recht *Adjektiv* ≈ sachgemäß

sạch·kun·dig *Adjektiv;* ⟨ein Urteil, eine Stellungnahme⟩ so, dass gute Kenntnisse vorhanden sind: *eine sachkundige Führung durch das Museum*

Sạch·la·ge *die; -, -n; meist Singular; förmlich;* die Verhältnisse in einer bestimmten Situation ⟨die Sachlage prüfen; ohne Kenntnis der Sachlage⟩

sạch·lich *Adjektiv* **1** auf die Sache bezogen, und nicht von Gefühlen bestimmt ≈ objektiv ⟨Kritik; ein Kommentar; sachlich argumentieren⟩ **2** in Bezug auf die Tatsachen, um die es geht ⟨etwas ist sachlich falsch/richtig⟩ **3** einfach und ohne überflüssige Dinge ⟨ein Stil⟩ || *hierzu* **Sạch·lich·keit** *die; -; nur Singular*

sạ̈ch·lich *Adjektiv; Sprachwissenschaft;* mit dem Artikel *das* verbunden (und der entsprechenden Flexion) ⟨eine Endung, ein Substantiv⟩

▶ Sachsen

Das Bundesland Sachsen liegt im mittleren Osten Deutschlands. Seine Hauptstadt **Dresden** ist für ihre historischen Bauwerke und Kunstschätze bekannt. **Leipzig** ist eine der ältesten Messestädte der Welt. Im **Erzgebirge** wird viel Weihnachtsschmuck hergestellt. Aus Sachsen kommt auch das berühmte **Meißener Porzellan**.

LANDESKUNDE

▶ Sachsen-Anhalt

Sachsen-Anhalt ist eines der „neuen Bundesländer" im Osten Deutschlands. Seine Hauptstadt ist **Magdeburg**. Die Stadt **Wittenberg** wurde durch **Martin Luther** berühmt.
Im Mittelgebirge **Harz** liegt der **Brocken** oder **Blocksberg**, auf dem der Sage nach in der **Walpurgisnacht** am 30. April die Hexen tanzen.

LANDESKUNDE

sạcht, sạch·te, *sachter, sachtest-; Adjektiv* **1** langsam und vorsichtig ≈ behutsam ⟨etwas sacht hinstellen, berühren⟩: *sacht deckte sie das schlafende Kind zu* **2** leicht und kaum spürbar ≈ sanft ↔ kräftig ⟨ein Streicheln, ein Windhauch⟩ || ID **sachte, sachte!/immer sachte!** *umg;* verwendet, um jemanden aufzufordern, nicht zu schnell (und unüberlegt) zu handeln

Sạch·ver·halt *der; -(e)s, -e; meist Singular;* die Tatsachen und ihre Zusammenhänge ⟨den genauen Sachverhalt klären⟩

Sạch·ver·stand *der; -(e)s; nur Singular;* gründliche Kenntnisse auf einem Gebiet

Sạch·zwän·ge *die; -; Plural;* (soziale, wirtschaftliche *o.Ä.*) Umstände, die eine ganz bestimmte Entscheidung erfordern (und so andere Lösungen unmöglich machen)

Sạck *der; -(e)s, Sä·cke* **1** ein großer, weicher Behälter *bes* aus Stoff oder Plastik: *ein Sack (voll) Kartoffeln* || -K Plastiksack; Kartoffelsack **2** der Inhalt eines Sackes (1): *Drei Sack/Säcke Mehl* || ID **mit Sack und Pack** mit allem, was einem gehört ⟨mit Sack und Pack fortgehen⟩; **etwas im Sack haben** *umg;* einen Auftrag, einen Job schon mit Sicherheit haben; **jemanden in den Sack stecken** *umg;* in etwas besser sein sein als ein anderer

Sạck|bahn·hof *der; -(e)s, -hö·fe;* ein Bahnhof, in dem die Gleise enden ≈ Kopfbahnhof: *„Victoria Station" und der Münchener Hauptbahnhof sind Sackbahnhöfe*

Sạck·gas·se *die; -, -n;* eine *meist* kurze Straße, die vor einem Grundstück, Haus endet, sodass man nicht weiterfahren kann || ID **etwas ist in eine Sackgasse geraten** etwas bringt so viele Probleme, dass man nicht mehr weitermachen kann

Sa·dịst *der; -en, -en;* jemand, der Freude daran hat, Menschen oder Tiere zu quälen, oder sich dadurch sexuell befriedigt || *hierzu* **Sa·dịs·mus** *der;* **Sa·dịs·tin** *die; -, -nen;* **sa·dịs·tisch** *Adjektiv*

sä̲·en B2 *säte, hat gesät* **1** **(etwas) säen** Samen auf dem Boden verteilen ⟨Blumen, Getreide säen⟩ **2** ⟨Hass, Neid⟩ **säen** *förmlich;* Hass, Neid verbreiten || ID ⟨Personen/Dinge⟩ **sind dünn gesät** von bestimmten Personen/Dingen findet man nur wenige || ▸ **Saat**

Safe [ze:f, seɪf] *der; -s, -s;* ein Fach oder eine Art Schrank aus Stahl zum sicheren Aufbewahren von Geld und Wertsachen || K- Safeschlüssel || -K Banksafe, Wandsafe || Hinweis: ↑ **Tresor**

Sạft *der; -(e)s, Säf·te* **1** die Flüssigkeit, die in

S

Obst oder Gemüse ist ⟨Saft auspressen⟩ || -K Apfelsaft, Obstsaft, Orangensaft **2** die Flüssigkeit, die beim Braten von Fleisch entsteht || ID **ohne Saft und Kraft** *umg;* völlig ohne Kraft

saf·tig *Adjektiv* **1** voll Saft ↔ trocken ⟨Obst, Gemüse; Fleisch, Schinken⟩ **2** leuchtend grün (und frisch gewachsen) ↔ dürr ⟨Gras, Laub, Wiesen⟩: *das saftige Grün der Buchen im Mai* **3** *umg;* sehr hoch ⟨Preise, eine Rechnung, eine Strafe⟩

Saft·la·den *der; -s, -lä·den; umg abwertend;* ein Geschäft oder Betrieb, in dem wegen schlechter Organisation nichts gut funktioniert

Sa·ge *die; -, -n;* eine alte Erzählung von Helden, Kämpfen oder ungewöhnlichen Ereignissen ⟨deutsche, griechische Sagen⟩: *Der Sage nach sind Romulus und Remus die Gründer Roms* || -K Heldensage

Sä·ge *die; -, -n;* ein Werkzeug (mit scharfen Zacken), mit dem man *bes* Holz oder Metall schneidet || -K Handsäge, Motorsäge

Sä·ge·mehl *das; -(e)s; nur Singular;* eine Art Pulver, das entsteht, wenn man Holz sägt

sa·gen A2 *sagte, hat gesagt* **1** **(jemandem) etwas sagen; etwas (zu jemandem) sagen** jemandem etwas mitteilen, indem man Wörter und Sätze ausspricht ⟨etwas freundlich sagen; Danke/danke, Ja/ja, etwas Dummes/Falsches sagen; etwas auf Englisch sagen⟩: *„Das Kleid ist mir zu teuer", sagte sie (zur Verkäuferin); Martin sagte, er habe keine Lust mitzukommen* **2** **etwas zu etwas sagen** seine Meinung zu einem Thema nennen ≈ meinen: *Was sagen Sie zu dem Wahlergebnis?* **3** **etwas zu jemandem/etwas sagen** jemanden/etwas irgendwie nennen: *Er sagt immer „Mausi" zu seiner Tochter* **4** **etwas sagen** ≈ behaupten: *Er sagt, dass er den Fußgänger in der Dunkelheit nicht gesehen hat; Das wollte ich damit nicht sagen!* **5** **jemandem etwas sagen** *umg;* jemandem befehlen, etwas zu tun: *Tu, was ich dir sage!; Ich habe dir doch gesagt, dass du früher heimkommen sollst!* **6** **etwas/nichts zu sagen haben** einen/keinen Einfluss haben: *In unserer Firma hat nur der Chef etwas zu sagen* **7** **sich** (*Dativ*) **nichts sagen lassen** *umg;* Ratschläge oder Befehle nicht befolgen **8** **etwas von etwas sagen** etwas als Möglichkeit erwähnen: *Er soll etwas von Neuwahlen gesagt haben* **9** **man sagt etwas** es ist üblich, ein bestimmtes Wort zu verwenden: *In Norddeutschland sagt man „Sonnabend" statt „Samstag"* **10** **man sagt, dass ...** die Leute erzählen, glauben ...: *Man sagt, dass Knoblauch sehr gesund sei* **11** **sich** (*Dativ*) **etwas sagen** etwas denken und dabei zu einem Entschluss kommen: *Ich sagte mir: so geht das nicht* **12** **etwas hat wenig/nichts zu sagen** etwas bedeutet nichts Besonderes: *Ein kleiner Fehler hat nichts zu sagen* **13** **etwas sagt etwas (nicht)** etwas bedeutet etwas (nicht): *Wenn es der Wirtschaft besser geht, sagt das noch nicht, dass es weniger Arbeitslose geben wird* || Hinweis: *meist* verneint **14** **etwas sagt** *meist* **etwas/nichts über jemanden/etwas** etwas lässt ein/kein Urteil zu: *Er hat zwar einen zu hohen Blutdruck, aber das sagt nichts über seine Kondition* **15** **etwas sagt jemandem (et)was/nichts** etwas ist jemandem bekannt/nicht bekannt: *Sagt dir der Name Marie Curie was?* || ID **Das 'sagst du so einfach!; Das 'sagt sich so einfach/ist leicht gesagt!** *umg;* das ist viel schwieriger, als man denkt; **wie man (so schön) sagt** *umg;* verwendet, wenn man einen Ausdruck verwendet, der üblich oder modern ist: *Sie arbeitet als DJ, wie man heute sagt;* **sage und schreibe** *umg;* verwendet, um auszudrücken, dass eine Menge oder Zahl ziemlich groß ist: *Er hat sage und schreibe fünf Kilo abgenommen!;* **sag bloß!** *umg;* verwendet, um eine Befürchtung oder Erstaunen auszudrücken: *Sag bloß, du hast deine Fahrkarte verloren!;* **etwas ist (noch) nicht gesagt** *umg;* etwas ist nicht sicher: *Es ist noch gar nicht gesagt, dass du den Job kriegst;* **um nicht zu sagen ...** verwendet, um ein noch stärkeres Urteil einzuleiten: *Diese Zeichnung ist ungenau, um nicht zu sagen schlampig;* **Wem 'sagst du das!; Wem 'sagen Sie das!** *umg;* das ist mir nichts Neues, das weiß ich

Sa·gen A2 *das; nur in* **irgendwo das Sagen haben** *umg;* die Person sein, die in einer Gruppe *o.Ä.* die Entscheidungen trifft

sä·gen; *sägte, hat gesägt* **1** **(etwas) sägen** mit einer Säge Holz schneiden: *ein Brett in Stücke sägen* **2** **etwas sägen** etwas durch Sägen herstellen: *Bretter sägen*

sa·gen·haft *Adjektiv* **1** *nicht als Adverb;* nur aus Erzählungen bekannt (aber nicht wirklich existierend): *Das sagenhafte Ungeheuer von Loch Ness* **2** *umg* ≈ großartig ⟨sagenhaft reich, schön; Wetter⟩: *sagenhaftes Glück haben; „Er hat eine Million im Lotto gewonnen" - „Das ist ja sagenhaft!"* **3** *umg;* verwendet, um etwas Negatives zu verstärken ⟨ein Reinfall; sagenhaftes Pech haben⟩: *Das Team hat sagenhaft schlecht gespielt*

sah *Imperfekt, 1. und 3. Person Singular;* ↑ **sehen**

sä·he *Konjunktiv II, 1. und 3. Person Singular;* ↑ **sehen**

Sah·ne B1 *die; -; nur Singular* **1** die gelbliche fette Schicht, die sich auf der Milch bildet ⟨saure, süße Sahne⟩ **2** (gesüßte) steif geschlagene Sahne ⟨eine Portion Sahne⟩: *Erdbeerkuchen, Eis mit Sahne* || K- Sahnetorte || -K Schlagsahne

sah·nig *Adjektiv* **1** mit viel Sahne ⟨Milch, eine Creme⟩ **2** mit dem Geschmack oder dem Aussehen von Sahne ⟨etwas schmeckt sahnig⟩

Sai·son A2 [zɛ'zõ:, zɛ'zɔŋ] *die; -, -s/südd* Ⓐ *auch -en* [zɛ'zo:nən]; *meist Singular* **1** die Zeit, in der die meisten Touristen kommen || K- Saisonbeginn || -K Hauptsaison, Nachsaison, Vorsaison **2** die Zeit im Jahr, in der man eine bestimmte Mode trägt: *In der kommenden Saison trägt man wieder Hüte* || -K Herbstsaison **3** **(die) Saison (für jemanden/etwas)** die Zeit in jedem Jahr, in der etwas Bestimmtes im Vordergrund steht || K- Saisonartikel || -K Badesaison, Skisaison, Weihnachtssaison

sai·so·nal [zɛzo'na:l] *Adjektiv; ohne Steigerung;* von der Saison abhängig oder von ihr bedingt: *saisonale Schwankungen in der Zahl der Arbeitslosen*

Sai·te *die; -, -n;* eine Art Faden oder Draht (*meist* aus Metall oder Kunststoff), mit dem man bei einem Musikinstrument die Töne erzeugt ⟨eine Saite ist gerissen⟩ || K- Saiteninstrument || -K Geigensaite, Nylonsaite || ID **andere/strengere Saiten aufziehen** *umg;* strenger werden (*z.B.* bei der Erziehung)

Sak·ko, Ⓐ *auch* **Sak·ko** *der, das; -s, -s;* eine Jacke für einen Mann ≈ Jackett

Sak·ra·ment *das; -(e)s, -e; Religion;* eine wichtige religiöse Zeremonie in der christlichen Kirche ⟨das Sakrament der Taufe, des Abendmahls⟩

Sa·la·mi *die; -, -s;* eine haltbare geräucherte Wurst || K- Salamibrot, Salamipizza

S

Sa·lat A1 *der; -(e)s, -e* **1** (Blätter kleiner) Pflanzen, die man roh mit Soße isst ⟨Salat pflanzen, ernten, waschen⟩ || K- Salatblatt, Salatpflanze || -K Blattsalat, Kopfsalat, Pflücksalat **2** eine kalte Speise mit einer Soße, entweder aus Salat (1) und/oder rohem Gemüse oder aus verschiedenen gekochten Zutaten ⟨den Salat anmachen, mischen⟩ || K- Salatöl, Salatsoße || -K Gurkensalat, Tomatensalat; Geflügelsalat, Kartoffelsalat, Nudelsalat || ID **Da/Jetzt haben wir den Salat!** *umg;* jetzt ist das Unangenehme passiert (vor dem ich gewarnt habe)

Sal·be B1 *die; -, -n;* eine weiche und fette Substanz, die man auf entzündete oder verletzte Stellen der Haut streicht ⟨eine Salbe auftragen⟩ || -K Brandsalbe, Wundsalbe || *hierzu* **sal·ben** (*hat*)

Sal·bei *der; -s; nur Singular;* eine kleine Pflanze mit rauen Blättern, die man als Gewürz oder als Tee verwendet || K- Salbeiblätter, Salbeitee

Sal·do *der; -s, -s/Sal·di/Sal·den; Bankwesen;* die Differenz zwischen Einnahmen und Ausgaben oder Guthaben und Forderungen (auf einem Konto)

Sä·le *Plural* ↑ **Saal**

Sa·lon [za'lõ:, za'loŋ, za'lo:n] *der; -s, -s;* ein modernes, schönes Geschäft *bes* für Körperpflege || -K Damensalon, Herrensalon, Hundesalon, Kosmetiksalon, Modesalon, Schönheitssalon

sa·lopp *Adjektiv* **1** bewusst locker (5,6) und ungezwungen ≈ lässig, leger, ⟨eine Ausdrucksweise; sich salopp benehmen⟩ **2** bequem und sportlich ⟨Kleidung⟩

Sal·to *der; -s, -s/förmlich Sal·ti;* ein Sprung, bei dem die Beine über den Kopf nach vorn oder hinten kommen, bevor man wieder auf dem Boden landet ≈ Überschlag ⟨einen Salto (vorwärts, rückwärts) machen, springen; ein doppelter, dreifacher Salto⟩

Sa·lü! *bes* Ⓒⓗ *umg;* verwendet, um jemanden zu begrüßen

sa·lu·tie·ren; *salutierte, hat salutiert;* **(vor jemandem) salutieren** einen Vorgesetzten oder Ehrengast militärisch grüßen

Sal·ve [-v-] *die; -, -n;* eine Anzahl von Schüssen, die auf Kommando gleichzeitig aus mehreren Gewehren oder Kanonen kommen ⟨eine Salve abgeben, abfeuern⟩ || -K Gewehrsalve

Salz A1 *das; -(e)s, -e* **1** *nur Singular;* kleine weiße Körner, die wie Meerwasser schmecken und sich leicht in Wasser auflösen ⟨Salz auf etwas streuen; eine Prise Salz⟩ || K- Salzkorn; salzarm, salzlos || -K Speisesalz **2** *Chemie;* eine Substanz, die aus der Verbindung einer Säure mit einer Lauge oder mit einem Metall entsteht || K- salzhaltig || -K Mineralsalz || ID **jemandem Salz auf/in die Wunde streuen** jemandem, der in einer schlechten Situation ist, etwas sagen, das die Probleme noch größer macht || *zu* 1 **sal·zig** *Adjektiv*

sal·zen; *salzte, hat gesalzt/gesalzen;* **etwas salzen** Salz in Speisen oder Lebensmittel geben: *Die Suppe ist zu stark gesalzen* || Hinweis: *du salzt* || ▸ **gesalzen**, **versalzen**

Salz·kar·tof·feln *die; -; Plural;* Kartoffeln, die

geschält und dann in gesalzenem Wasser gekocht werden || Hinweis: ↑ **Pellkartoffeln**

Salz·stan·ge *die; -, -n;* ein längliches, dünnes, trockenes Gebäck, das mit Salz bestreut ist und das man *bes* auf Partys, beim Fernsehen isst

Salz·streu·er *der; -s, -;* ein kleiner Behälter mit Löchern im Deckel, mit dem man Salz ins Essen streut || ↑ Illustration **Am Frühstückstisch**

Salz·was·ser *das; -s; nur Singular* **1** Wasser, in das man Salz getan hat ⟨Nudeln in Salzwasser kochen; mit Salzwasser gurgeln⟩ **2** ≈ Meerwasser ↔ Süßwasser

Sa·men *der; -s, -;* **1** eines von vielen kleinen Körnern, produziert von Pflanzen, aus dem im Boden eine Pflanze derselben Art wird ⟨die Samen keimen⟩ || K- Samenkorn || -K Grassamen **2** *nur Singular;* die Flüssigkeit mit Samenzellen ≈ Sperma

Sa·men·zel·le *die; -, -n;* eine Zelle, die von den männlichen Geschlechtsorganen produziert wird und die fähig ist, sich mit einem Ei zu verbinden, damit neues Leben entsteht

Sam·mel- *im Substantiv;* verwendet für Dinge, die mehrere Personen gemeinsam benutzen oder die sie gemeinsam machen ↔ Einzel-; der **Sammelauftrag**, das **Sammellager**, die **Sammelunterkunft**, der **Sammeltransport**

sam·meln B1 *sammelte, hat gesammelt* **1 etwas sammeln** *meist* als Hobby über lange Zeit Dinge derselben Art kaufen und aufbewahren ⟨Briefmarken sammeln⟩ || K- Sammelalbum **2 etwas sammeln** irgendwo etwas suchen, um es sich zu nehmen ⟨Beeren, Pilze sammeln⟩ **3 etwas sammeln** einzelne Dinge zusammentragen, um sie wiederzuverwerten ⟨Altpapier sammeln⟩ **4 etwas sammeln** etwas zu einem bestimmten Zweck zusammentragen ⟨Beweise sammeln⟩ **5 (etwas) sammeln** die Leute (systematisch) bitten, Geld, Kleider *o.Ä.* für einen guten Zweck zu geben: *Geld für das Rote Kreuz sammeln* **6 sich** *(Plural)* **(irgendwo) sammeln** ≈ sich versammeln || ID **Erfahrungen sammeln** Dinge erleben und daraus lernen || *zu* 1, 2 *und* 5 **Samm·ler** *der; -s, -;* **Samm·le·rin** *die; -, -nen*

Samm·lung *die; -, -en* **1** der Vorgang des Sammelns (3,5) ⟨eine Sammlung durchführen, organisieren, veranstalten⟩: *Die Sammlung für die Flüchtlinge brachte 200.000 Euro an Spenden* || -K Altglassammlung, Altpapiersammlung, Unterschriftensammlung; Straßensammlung **2** eine (*meist* relativ große) Menge von Dingen derselben Art, die jemand gesammelt hat ⟨eine Sammlung anlegen⟩: *eine Sammlung beliebter Kinderlieder herausgeben; Sie besitzt eine außergewöhnliche Sammlung alter Uhren* || -K Briefmarkensammlung, Gedichtsammlung, Gemäldesammlung, Kunstsammlung, Liedersammlung, Märchensammlung, Münzsammlung, Schallplattensammlung **3** das Gebäude oder die Räume, in denen eine Sammlung (2) aufbewahrt (und der Öffentlichkeit gezeigt) wird: *Die Sammlungen des Völkerkundemuseums sind montags geschlossen*

Sams·tag A1 *der; -(e)s, -e;* der sechste Tag der Woche ≈ Sonnabend; *Abkürzung* Sa ⟨am Samstag; letzten, diesen, nächsten Samstag⟩ || K- Samstagabend, Samstagmittag *usw*

sams·tags A2 *Adverb;* am Samstag oder an jedem Samstag ≈ sonnabends: *Die Banken sind samstags geschlossen*

samt[1] *Präposition; mit Dativ;* (zusammen) mit: *ein Auto samt Zubehör verkaufen*

samt[2]; *in* **samt und sonders** ohne Ausnahme: *Die Parkhäuser sind samt und sonders überfüllt*

Samt *der; -(e)s, -e; meist Singular;* ein weicher Stoff, der auf einer Seite kleine kurze Fäden hat || K- Samtrock

sam·tig *Adjektiv* **1** weich und glatt ⟨eine Haut⟩ **2** mit einem dunklen, weichen Klang ⟨eine Stimme⟩

sämt·lich B2 *Indefinitpronomen* **1** + *Substantiv im Singular* ≈ ganz-, gesamt-: *Er hat sein sämtliches Vermögen verloren* **2** + *Substantiv im Plural* ≈ alle: *Schillers sämtliche Werke; mit sämtlichen zur Verfügung stehenden Mitteln* **3** *Substantiv im Plural* + **sämtlich** ≈ alle: *Er schrieb seine Bücher sämtlich im Exil*

Sa·na·to·ri·um *das; -s, Sa·na·to·ri·en* [-'toːri̯ən]; eine Art Krankenhaus, in dem man sich *bes* von einer schweren Krankheit erholen kann || K- Sanatoriumsaufenthalt

Sand *der; -(e)s; nur Singular;* eine lockere Masse aus kleinen Körnern, die es *bes* am Ufer von Meeren und in der Wüste gibt ⟨feiner, grober Sand⟩ || K- Sandkorn, Sandstrand || -K Wüstensand || ID **jemandem Sand in die Augen streuen** bewirken, dass jemand etwas Negatives nicht bemerkt; **wie Sand am Meer** *umg;* in großen Mengen, großen Zahlen; **auf Sand gebaut haben** *förmlich;* sich auf etwas verlassen haben, das sehr unsicher ist; **etwas in den Sand setzen** *umg;* mit etwas keinen Erfolg haben; **etwas verläuft im Sande** etwas bleibt ohne Erfolg und wird langsam vergessen

San·da·le B2 *die; -, -n;* ein offener Schuh, der mit Bändern am Fuß gehalten wird || ↑ Abbildung unter **Schuhe**

san·dig *Adjektiv* **1** voll Sand ⟨Hände, Schuhe, die Kleidung⟩ **2** *nicht als Adverb;* mit einem hohen Anteil an Sand ⟨ein Boden⟩

Sand·kas·ten *der; -s, -käs·ten;* eine Fläche (mit einem Rahmen aus Holz) mit Sand, mit dem Kinder spielen können ≈ Sandkiste

Sand·männ·chen *das; -s; nur Singular;* eine erfundene Figur, die den Kindern abends Sand in die Augen streut, damit sie müde werden und einschlafen

sand·te *Imperfekt, 1. und 3. Person Singular;* ↑ **senden**

Sand·uhr *die; -, -en;* eine Vorrichtung mit zwei übereinanderstehenden Gläsern, mit der man die Zeit messen kann. Aus dem oberen Teil rinnt Sand in den unteren Teil: *Ich benutze zum Eierkochen eine kleine Sanduhr*

Sand·wich B1 ['zɛntvɪtʃ] *das; -(e)s, -(e)s;* zwei Scheiben (Weiß)Brot mit Wurst oder Käse und Tomaten oder Salat dazwischen || -K Käsesandwich, Schinkensandwich

sanft, *sanfter, sanftest-; Adjektiv* **1** ruhig, freundlich und voller Liebe ⟨ein Mensch, eine Stimme, Augen, ein Charakter⟩ **2** angenehm und nicht zu stark oder intensiv ⟨Wind, Licht, Musik, Farben⟩ **3** angenehm zart ⟨eine Berührung; jemanden sanft streicheln⟩ **4** vorsichtig und indirekt ⟨eine Ermahnung, Druck⟩ **5** friedlich und ruhig ⟨ein Schlaf, ein Tod⟩ **6** nicht steil, sondern allmählich steigend ⟨ein Hügel, eine Steigung⟩ **7** in Harmonie mit der Natur ⟨Energie, Tourismus⟩ || *zu* 1-4 **Sanft·heit** *die; -; nur Singular*

sang *Imperfekt, 1. und 3. Person Singular;* ↑ **singen**

sän·ge *Konjunktiv II, 1. und 3. Person Singular;* ↑ **singen**

S

Sän·ger *der; -s, -;* jemand, der (auch beruflich) an einer Oper, in einem Chor, in einer Band *o.Ä.* singt || -K Opernsänger, Popsänger || *hierzu* **Sän·ge·rin** *die; -, -nen*

sa·nie·ren; *sanierte, hat saniert* **1** **etwas sanieren** Gebäude in einen modernen Zustand bringen ⟨alte Wohnungen sanieren⟩ **2** **etwas sanieren** etwas wieder rentabel machen ⟨einen Betrieb sanieren⟩ || *hierzu* **Sa·nie·rung** *die; -, -en*

sa·ni·tä·r- *Adjektiv; nur vor dem Substantiv, nicht als Adverb;* in Bezug auf die Hygiene und die Körperpflege ⟨Artikel, die Verhältnisse⟩: *sanitäre Anlagen wie Bad und WC*

Sa·ni·tä·ter *der; -s, -;* jemand, der (beruflich) verletzten oder kranken Personen hilft, sie ins Krankenhaus bringt ⟨ein Sanitäter des Roten Kreuzes⟩ || *hierzu* **Sa·ni·tä·te·rin** *die; -, -nen*

sank *Imperfekt, 1. und 3. Person Singular;* ↑ **sinken**

Sank·ti·on [-'tsi̯o:n] *die; -, -en* **1** *nur Plural;* **Sanktionen (gegen jemanden/etwas)** Maßnahmen, mit denen man versucht, eine Person, einen Staat, einen Betrieb *o.Ä.* zu einem geforderten Verhalten zu zwingen ⟨Sanktionen beschließen, verhängen; mit Sanktionen drohen⟩: *Die wirtschaftlichen Sanktionen gegen das Land waren bisher wenig wirksam* **2** *meist Singular; förmlich;* die offizielle Zustimmung einer Behörde oder Institution ≈ Billigung, Erlaubnis || *hierzu* **sank·ti·o·nie·ren** *(hat)*

Sar·di·ne *die; -, -n;* ein kleiner (Meeres)Fisch, der *meist* in Öl eingelegt und in Dosen verkauft wird || K- Sardinenbüchse || -K Ölsardine

Sarg *der; -(e)s, Sär·ge;* der Kasten (aus Holz), in dem ein Toter ins Grab gelegt wird || K- Sargschmuck

Sar·kas·mus *der; -, Sar·kas·men; förmlich* **1** *nur Singular;* eine Art starker Spott, mit dem man (oft in beleidigender Form) das Gegenteil von dem sagt, was man wirklich meint ≈ Hohn **2** eine Äußerung, die voll Sarkasmus ist || *hierzu* **sar·kas·tisch** *Adjektiv*

saß *Imperfekt, 1. und 3. Person Singular;* ↑ **sitzen**

sä·ße *Konjunktiv II, 1. und 3. Person Singular;* ↑ **sitzen**

Sa·tan *der; -s; nur Singular* **1** verwendet als Bezeichnung für den Teufel ≈ Luzifer ⟨das Reich Satans; vom Satan besessen sein⟩ **2** *abwertend;* ein sehr böser Mensch ≈ Teufel || K- Satansweib || *hierzu* **sa·ta·nisch** *Adjektiv*

Sa·tel·lit *der; -en, -en;* ein technisches Gerät, das sich im Kreis um die Erde bewegt. Satelliten beobachten das Wetter, geben Nachrichten weiter ⟨ein (un)bemannter Satellit⟩: *eine Fernsehübertragung über/per Satellit* || K- Satellitenbahn, Satellitenübertragung || -K Fernsehsatellit, Wettersatellit

Sa·tin [za'tɛ̃:] *der; -s; nur Singular;* ein glatter, feiner Stoff, der wie Seide glänzt ⟨eine Bluse aus Satin⟩

Sa·ti·re *die; -, -n;* **eine Satire (auf jemanden/etwas)** eine Art scharfe Kritik, mit der man die Fehler einer bestimmten Person, der Gesellschaft *o.Ä.* in übertriebener (und spottender) Form zeigt ⟨eine politische Satire⟩ || *hierzu* **sa·ti·risch** *Adjektiv*

sạtt [A2] *satter, sattest-; Adjektiv* **1** nicht mehr hungrig, weil man genug gegessen hat ⟨satt sein, werden⟩: *„Möchtest du noch etwas essen?" – „Nein danke, ich bin schon satt"* **2** *nur vor dem Substantiv, nicht als Adverb;* kräftig und leuchtend ⟨eine Farbe⟩ **3** *abwertend;* so, dass man mit sich selbst zufrieden ist und sich nicht um andere kümmert || Hinweis: ↑ **satthaben**, **sattsehen**

Sạt·tel *der; -s, Sät·tel* **1** ein Sitz auf dem Rücken eines Pferdes ⟨den Sattel auflegen⟩ || ↑ Abbildung unter **Pferd** || [K-] Satteltasche || [-K] Reitsattel **2** der Teil eines Fahrrads oder Motorrads, auf dem man sitzt || ↑ Illustration **Das Fahrrad** || [-K] Fahrradsattel || [ID] **fest im Sattel sitzen** *umg;* eine sichere Stellung haben, aus der einen niemand verdrängen kann; **sich im Sattel halten** in einer hohen Stellung die Macht behalten

sạt·tel·fest *Adjektiv; meist nach dem Substantiv;* mit sehr guten Kenntnissen: *In der Grammatik ist er absolut sattelfest*

sạt·teln; *sattelte, hat gesattelt;* **(ein Tier) satteln** einem Tier einen Sattel zum Reiten auflegen

sạtt·ha·ben; *hat satt, hatte satt, hat sattgehabt;* **jemanden/etwas satthaben** *umg;* jemanden/etwas nicht mehr ertragen können: *Ich habe seine Angeberei satt!*

Sạ̈t·ti·gung *die; -; nur Singular* **1** die Handlungen, durch die jemand oder man selbst satt (1) wird **2** der Zustand, in dem jemand satt (1) ist || [K-] Sättigungsgefühl **3** *Chemie;* der Zustand, in dem eine chemische Lösung oder ein Gas keine andere Substanz mehr aufnehmen (lösen) kann ⟨die Sättigung der Luft mit Wasserdampf⟩ || [K-] Sättigungsgrad, Sättigungspunkt **4** *Wirtschaft;* der Zustand, in dem so viele Produkte auf dem Markt sind, dass man sie nicht mehr verkaufen kann ⟨die Sättigung des Marktes⟩ || *zu* 1 **sạ̈t·ti·gen** *(hat)*

sạtt·se·hen, sich **1** **sich an etwas** *(Dativ)* **sattgesehen haben** etwas oft oder schon zu oft gesehen haben **2** **sich an etwas** *(Dativ)* **nicht sattsehen können** etwas immer wieder ansehen wollen, weil es einem so gut gefällt

Sạtz[1] [A2] *der; -es, Sät·ze* **1** mehrere Wörter (zu denen *meist* ein Verb gehört), die zusammen eine Feststellung, eine Frage, einen Befehl *o.Ä.* bilden (und mit einem Punkt, Fragezeichen oder Ausrufezeichen enden): *in ganzen, mit wenigen/kurzen Sätzen antworten* || [K-] Satzanfang, Satzbildung, Satzende, Satzteil || [-K] Aussagesatz, Befehlssatz, Fragesatz; Hauptsatz, Nebensatz **2** *meist Singular;* eine kurze mathematische oder naturwissenschaftliche Aussage, die etwas lehrt: *Pythagoras formulierte den Satz vom rechtwinkligen Dreieck* **3** *Musik;* ein Teil eines Musikstücks (mit Bezeichnungen wie „Allegro", „Largo") **4** *Sport;* ein Teil eines Wettkampfes (*z.B.* beim Tennis, Volleyball): *Er gewann das Match mit 3:1 Sätzen* **5** eine Anzahl von Gegenständen der gleichen Art, die zusammengehören ⟨ein Satz Briefmarken⟩ || [-K] Werkzeugsatz **6** die Summe Geld, die für (regelmäßige) Zahlungen festgesetzt ist ≈ Tarif ⟨einen Satz festlegen, vereinbaren⟩: *Ist darauf der normale oder der ermäßigte Satz der Mehrwertsteuer fällig?* || [-K] Beitragssatz, Pflegesatz, Steuersatz, Zinssatz

Sạtz[2] [A2] *der; -es, Sät·ze; meist Singular;* kleine feste Teilchen, die in einer Flüssigkeit nach unten sinken || [-K] Bodensatz

Sạtz[3] [A2] *der; -es, Sät·ze;* ein großer Sprung ⟨einen Satz machen⟩

Sạt·zung *die; -, -en;* die Regeln, die *bes* für einen Verein *o.Ä.* formuliert werden und an die sich alle halten müssen || [-K] Vereinssatzung

Sạtz·zei·chen *das; -s, -;* ein Zeichen wie *z.B.* ein Komma, ein Punkt *o.Ä.*, das zur Gliederung eines Satzes verwendet wird oder die Art des Satzes zeigt

▶ Die Satzzeichen

?	das Fragezeichen
!	das Ausrufezeichen
.	der Punkt
,	das Komma
;	der Strichpunkt
:	der Doppelpunkt
-	der Bindestrich
„ "	die Anführungszeichen

WORTSCHATZ

Sau *die; -, -en/Säue* **1** ein weibliches Schwein **2** *vulgär, abwertend;* verwendet als Schimpfwort für jemanden, der schmutzig, gemein oder ordinär ist || [ID] **jemanden zur Sau machen** *salopp;* jemanden sehr scharf kritisieren; **die Sau rauslassen** *umg;* sich wild benehmen und dabei viel trinken und laut sein; **keine Sau** *salopp* ≈ niemand; **unter aller Sau** *salopp;* sehr schlecht

Sau- *im Substantiv; salopp* **1** *abwertend;* drückt aus, dass das im zweiten Wortteil Genannte sehr unangenehm oder schlecht ist; die **Sauarbeit**, der **Saufraß**, das **Sauwetter** **2** drückt aus, dass das im zweiten Wortteil Genannte sehr groß oder intensiv ist; das **Sauglück**, die **Sauhitze**, die **Saukälte**, die

S

sau·ber A1 *Adjektiv* **1** ohne Schmutz: *Jetzt ist der Fußboden wieder sauber* **2** frisch gewaschen ⟨ein Handtuch, die Wäsche⟩ **3** frei von Schmutz und schädlichen Stoffen ≈ rein ⟨Luft, Trinkwasser⟩ **4** sehr sorgfältig und genau ⟨eine Arbeit, eine Analyse⟩: *Er arbeitet sauber und gewissenhaft* **5** ohne Fehler ⟨eine Technik⟩: *Die hohen Töne hat er nicht sauber gesungen* **6** *nicht als Adverb;* der Moral und den guten Sitten entsprechend **7** *nur vor dem Substantiv oder als Adverb; umg ironisch;* verwendet, um auszudrücken, dass man jemanden/etwas sehr negativ beurteilt: *Das ist ja eine saubere Überraschung!* **8** **etwas (von etwas) sauber halten** dafür sorgen, dass etwas sauber (1,3) oder frei von etwas ist ⟨den Rasen von Unkraut, das Haus von Ungeziefer sauber halten⟩: *Haltet den Wald sauber!* **9** **(etwas) sauber machen** den Schmutz (*bes* mithilfe von Wasser) von etwas entfernen ≈ putzen ⟨die Badewanne, den Herd, ein Zimmer sauber machen⟩: *Mach bitte noch sauber, bevor du gehst* || *zu* 1-5 **Sau·ber·keit** *die; -; nur Singular*

säu·ber·lich *Adjektiv; nur vor dem Substantiv oder als Adverb;* sehr sorgfältig und genau ≈ sauber (4) ↔ unordentlich ⟨etwas säuberlich aufstellen, ausschneiden, eintragen, ordnen, trennen, unterscheiden⟩

sau·ber·ma·chen A2 *(hat)* ↑ **sauber** (9)

säu·bern; *säuberte, hat gesäubert* **1** **etwas säubern** den Schmutz von etwas entfernen ≈ reinigen, sauber machen ⟨den Teppich mit einem Staubsauger säubern⟩ **2** **etwas (von jemandem/etwas) säubern** etwas von Personen oder Dingen frei machen, die nicht erwünscht oder schädlich sind ⟨ein altes Gebäude von Ungeziefer, die Gegend von Unrat säubern; eine Partei säubern⟩ || *hierzu* **Säu·be·rung** *die; -, -en*

Sau·ce B1 ['zo:s(ə)] *die* ↑ **Soße**

S

sau·er A2 *saurer, sauerst-; Adjektiv* **1** mit dem Geschmack von Essig oder von Zitronen ↔ süß ⟨etwas schmeckt sauer⟩ **2** mit Essig zubereitet oder haltbar gemacht ⟨Gurken⟩ || K- Sauerbraten **3** (durch Gärung) mit saurem (1) Geschmack und verdorben oder dick geworden ⟨Milch, Sahne⟩ || K- Sauermilch **4** **sauer (auf jemanden)** *umg;* über jemanden verärgert: *Bist du jetzt sauer auf mich?* **5** mit viel Mühe oder Ärger ⟨sauer verdientes Geld⟩ **6** *Chemie;* mit der Wirkung einer Säure **7** mit Säuren verschmutzt, die aus Abgasen kommen ⟨der Boden, der Regen⟩ || ID **jemandem Saures geben** *umg;* jemanden scharf kritisieren oder schlagen || Hinweis: *sauer → saure* *Milch*

Sau·e·rei *die; -, -en; salopp abwertend* ≈ Schweinerei

Sau·er·kraut *das; -(e)s; nur Singular;* (Weiß)Kohl, der in Streifen geschnitten und mit Salz haltbar gemacht wird. Sauerkraut schmeckt sauer und wird *meist* warm gegessen

säu·er·lich *Adjektiv* **1** ein wenig sauer (1) ⟨ein Apfel, Wein; etwas schmeckt säuerlich⟩: *Die Sahne riecht, schmeckt säuerlich* **2** ⟨ein Gesicht, eine Miene⟩ so, dass sie deutlich zeigen, dass der Betroffene unzufrieden ist oder dass er sich ärgert ≈ missmutig: *säuerlich lächeln*

Sau·er·stoff *der; -(e)s; nur Singular;* ein Gas ohne Geruch und Geschmack, das in der Luft enthalten ist. Pflanzen produzieren Sauerstoff; *Chemie* O || K- Sauerstoffapparat

sau·fen; *säuft, soff, hat gesoffen* **1** **(etwas) saufen** *salopp abwertend;* große Mengen von alkoholischen Getränken trinken **2** **ein Tier säuft (etwas)** ein Tier trinkt || *zu* 1 **Säu·fer** *der; -s, -;* **Säu·fe·rin** *die; -, -nen*

sau·gen; *saugte/sog, hat gesaugt/gesogen* **1** **etwas (aus etwas) saugen; an etwas** *(Dativ)* **saugen** durch sehr enge Öffnungen oder mit den Lippen eine Flüssigkeit in den Mund ziehen: *Saft durch einen Strohhalm saugen; Das Baby saugt an der Brust der Mutter* **2** *(saugte, hat gesaugt);* **(etwas) saugen** *umg;* mit einem Staubsauger Staub oder Schmutz entfernen: *Er saugt (den Teppich) jede Woche*

säu·gen; *säugte, hat gesäugt;* **ein Tier säugt (ein Tier)** eine Tiermutter lässt ihr Junges Milch trinken: *Das Schaf säugt sein Lamm*

Säu·ge·tier *das; -(e)s, -e;* ein Tier, dessen Junge Milch von der Mutter trinken: *Elefanten sind die größten Säugetiere*

saug·fä·hig *Adjektiv; nicht als Adverb;* ⟨ein Material, ein Papier, Windeln⟩ so, dass sie viel Flüssigkeit in sich aufnehmen können || *hierzu* **Saug·fä·hig·keit** *die; -; nur Singular*

Säug·ling B2 *der; -s, -e;* ein kleines Kind, das Milch an der Brust der Mutter oder aus der Flasche trinkt ≈ Baby || K- Säuglingsnahrung

Säu·le *die; -, -n;* ein starker Pfosten (*meist* aus Stein), der das Dach eines großen Gebäudes (*bes* eines Tempels) stützt ⟨griechische Säulen⟩

Saum *der; -(e)s, Säu·me;* der Rand an einem Stück Stoff, der gefaltet und festgenäht ist, damit er schön aussieht und nicht kaputtgeht ⟨ein breiter, schmaler Saum; einen Saum auftrennen, heften, nähen⟩ || K- Saumnaht || -K Mantelsaum, Rocksaum

sau·mä·ßig *Adjektiv; salopp abwertend* **1** sehr schlecht: *Das Essen/Der Unterricht/Das Wetter war saumäßig* **2** unangenehm intensiv ⟨Hunger, Kälte; saumäßig frieren, sich saumäßig ärgern⟩

säu·mig *Adjektiv; förmlich;* ⟨ein Schuldner, ein Zahler⟩ so, dass sie nicht pünktlich zahlen

Sau·na *die; -, -s/Sau·nen;* ein Raum, der mit Holz verkleidet ist und den man sehr stark heizt. Man geht für kurze Zeit hinein, um kräftig zu schwitzen

Säu·re *die; -, -n* **1** *nur Singular;* ein Geschmack, der sauer ist ⟨die Säure des Weines⟩ **2** *Chemie;* eine chemische Verbindung, die Metalle angreift und einen sauren Geschmack hat || K- Säuregehalt; säurebeständig, säurefest || -K Schwefelsäure, Zitronensäure

Sau·ri·er [-ri̯e] *der; -s, -;* eines der sehr großes Reptilien, die vor vielen Millionen Jahren lebten || -K Flugsaurier, Riesensaurier

Saus *(der); nur in* **in Saus und Braus leben** viel Geld für Vergnügungen und Luxus ausgeben

sau·sen; *sauste, hat/ist gesaust* **1** **jemand/etwas saust (irgendwohin)** *(ist) umg;* jemand/etwas bewegt sich sehr schnell (irgendwohin): *Plötzlich sauste ein Stein durchs Fenster; Jetzt muss ich sausen, sonst komme ich zu spät!* **2** **etwas saust** *(hat)* etwas macht ein starkes Geräusch ⟨der Wind, der Sturm⟩

Sau·stall *der; -(e)s, -stäl·le; salopp* **1** eine schmutzige oder sehr unordentliche Wohnung **2** ein Zustand, über den man sich sehr ärgert

Sa·xo·fon, Sa·xo·phon *das; -s, -e;* ein Blasinstrument aus Metall mit einem kräftigen Klang, das vor allem in der Jazzmusik verwendet wird || ↑ Abbildung unter **Blasinstrumente** || -K Altsaxofon, Tenorsaxofon

S-Bahn ['ɛs-] *die; -, -en;* (*Abkürzung für* Schnellbahn) ein schneller elektrischer Zug in einer Großstadt und der Umgebung

SBB [ɛs|be'|beː] *die; -; nur Singular; Abkürzung für* Schweizerische Bundesbahnen

Scan·ner ['skɛnɐ] *der; -s, -;* ein Gerät, das die Informationen auf einer Vorlage (*z.B.* einem Strichcode oder einem geschriebenen Text) abtastet (und an die Kasse oder einen Computer weitergibt) || *hierzu* **scan·nen** *(hat)*

sch! [ʃ] *Interjektion;* verwendet, um jemanden aufzufordern, leise zu sein

Scha·be *die; -, -n;* ein flaches, schwarzes Insekt mit Flügeln, das in Ritzen und Spalten (*bes* in alten oder schmutzigen Häusern) lebt || -K Küchenschabe

scha·ben; *schabte, hat geschabt* **1** **(etwas) schaben** die äußerste Schicht von etwas entfernen, indem man einen scharfen Gegenstand mehrere Male kräftig über die Oberfläche zieht oder schiebt ⟨Karotten, Leder schaben⟩ **2** **(etwas aus/von etwas) schaben** ein Material von etwas entfernen, indem man einen harten Gegenstand kräftig über dessen Oberfläche zieht oder schiebt ≈ kratzen (3): *den Teig aus der Schüssel schaben; den alten Lack von der Tür schaben*

Scha·ber *der; -s, -;* ein kleines Gerät zum Schaben || -K Eisschaber, Teigschaber

schä·big *Adjektiv* **1** alt, schon lange verwendet (und deshalb nicht mehr schön): *eine schäbige alte Tasche* **2** nicht den Regeln der Moral entsprechend ≈ gemein ⟨ein Verhalten; sich schäbig benehmen⟩: *Es war ziemlich schäbig von ihr, ihm nicht die Wahrheit zu sagen* **3** *nicht als Adverb; umg;* relativ klein, gering ⟨eine Geldsumme⟩ || *hierzu* **Schä·big·keit** *die; -; nur Singular*

Schach B1 *(das); -s; nur Singular;* ein Spiel mit 32 Figuren auf einem Brett von 64 schwarzen und

Schachfiguren

der König · die Dame · der Läufer · das Pferd/der Springer · der Turm · der Bauer

weißen Feldern ⟨Schach spielen; Schach dem König!⟩ || K- Schachfigur, Schachspiel || ID **jemanden in Schach halten** *umg;* jemanden daran hindern, etwas zu tun, was für andere gefährlich sein könnte

Schach·brett *das; -(e)s, -er;* das Brett, auf dem man Schach spielt || K- Schachbrettmuster || *hierzu* **schach·brett|ar·tig** *Adjektiv*

schach·matt *Adjektiv* **1** in einer Lage, in der man beim Schach seinen König nicht mehr retten kann und damit das Spiel verliert ⟨schachmatt sein; jemanden schachmatt setzen⟩ **2** *umg;* so müde, dass man nichts mehr tun kann || *zu* 1 **Schach·matt** *das; -s; nur Singular*

Schacht *der; -(e)s, Schäch·te* **1** eine *meist* relativ schmale Öffnung, die von oben (senkrecht) in die Erde führt ⟨einen Schacht bohren, graben, ausheben; in den Schacht (ein)steigen⟩: *durch einen Schacht in den Kanal steigen* || -K Brunnenschacht, Lüftungsschacht **2** ein sehr hoher, sehr enger, dunkler Raum: *Der Lift ist im Schacht stecken geblieben* || -K Aufzugsschacht, Luftschacht, U-Bahnschacht

Schach·tel B1 *die; -, -n* **1** ein Behälter (*meist* aus Pappe) mit einem Deckel: *eine Schachtel mit Pralinen* || -K Schuhschachtel, Streichholzschachtel **2** **eine Schachtel** + *Substantiv* eine Schachtel mit der Ware darin ⟨eine Schachtel Zigaretten⟩

Schach·zug *der; -(e)s, -zü·ge;* eine (geschickte) Handlung, mit der man ein bestimmtes Ziel erreicht ⟨ein geschickter, raffinierter, genialer, diplomatischer Schachzug⟩

scha·de *Adjektiv; nur nach dem Substantiv, nicht als Adverb* **1** verwendet, um Bedauern auszudrücken, weil einem etwas anderes lieber wäre ⟨etwas ist schade; etwas schade finden⟩: *Oh, wie schade!; Es ist wirklich schade, dass du jetzt schon gehen musst* **2** **um jemanden/etwas ist es schade** man findet es schlecht, dass jemand nicht mehr da ist, dass etwas kaputt ist: *(Es ist) schade um das neue Auto* **3** **jemand/etwas ist für jemanden/etwas zu schade** jemand/etwas ist zu gut für jemanden/etwas: *Deine neuen Schuhe sind zu schade für dieses schlechte Wetter*

S

Schä·del *der; -s, -;* **1** die Knochen des Kopfes (ohne Muskeln, Haut) || ↑ Abbildung unter **Skelett** || K- Schädelform || -K Totenschädel; Affenschädel **2** *umg* ≈ Kopf

scha·den B2 *schadete, hat geschadet;* **etwas schadet jemandem/etwas** etwas bringt einen Nachteil, Schaden oder Verlust ⟨etwas schadet jemandem geschäftlich, gesundheitlich, finanziell⟩ || ID *meist* **etwas würde jemandem nicht(s) schaden** *umg;* etwas wäre sehr gut für jemanden: *Ein bisschen mehr Sport würde dir nicht schaden; meist* **Das schadet ihm/ihr** *usw* **(gar) nichts** *umg;* das ist die gerechte Strafe für ihn/sie *usw*

Scha·den B2 *der; -s, Schä·den* **1** die Folgen eines Vorgangs, bei dem etwas beschädigt oder zerstört wird ⟨ein beträchtlicher, geringfügiger Schaden; einen Schaden verursachen; ein Schaden in Höhe von ...⟩ || K- Schadenshöhe || -K Motorschaden, Personenschaden; Feuerschaden **2** die Folge *bes* eines Unfalls oder einer Krankheit ⟨bleibende, gesundheitliche Schäden erleiden, davontragen⟩ || -K Bandscheibenschaden, Gehörschaden, Haltungsschaden **3** ≈ Nachteil ⟨etwas ist (für jemanden) kein Schaden⟩: *Es ist sein eigener Schaden, wenn er unserem Rat nicht folgt* **4** **etwas leidet/nimmt** (*Adjektiv* +) **Schaden** *förmlich;* etwas wird zerstört oder beschädigt: *Unsere Umwelt nimmt großen Schaden durch die starke Verschmutzung der Luft* **5** **jemand nimmt an seiner Seele/an Leib und Seele Schaden** *förmlich;* jemand leidet unter etwas so sehr, dass er (*bes* psychisch) nie wieder ganz gesund wird **6** **zu Schaden kommen** verletzt werden: *Die Autos wurden stark beschädigt, aber Personen kamen nicht zu Schaden* || ID **Durch Schaden wird man klug** man kann aus Fehlern lernen; *meist* **Es soll dein Schaden nicht sein** du wirst dafür belohnt werden

Scha·den·er·satz *der; -es; nur Singular; meist* Geld, das eine Person erhält, wenn ihr durch jemand anderen ein Schaden entstanden ist ⟨Schadenersatz fordern, zahlen; Anspruch auf Schadenersatz⟩

scha·den·froh *Adjektiv;* voll Schadenfreude ⟨schadenfroh sein, grinsen, lachen⟩ || *hierzu* **Scha·den·freu·de** *die; -; nur Singular*

schad·haft *Adjektiv; ohne Steigerung;* mit Fehlern oder Mängeln ≈ defekt: *die schadhaften Stellen des Daches ausbessern*

schä·di·gen; *schädigte, hat geschädigt* **1** **jemand/etwas schädigt etwas** jemand/etwas beeinflusst etwas negativ ↔ etwas (*Dativ*) nützen ⟨jemandes Ruf, Ansehen schädigen⟩ **2** *meist* **jemand wird (um etwas) geschädigt** jemand erleidet einen finanziellen Schaden: *Der Staat wird jedes Jahr durch Steuerbetrug um viele Millionen geschädigt* || *hierzu* **Schä·di·gung** *die; -, -en*

schäd·lich B2 *Adjektiv;* **schädlich (für jemanden/etwas)** mit negativen Folgen ⟨Stoffe, Wirkungen; etwas wirkt sich schädlich aus⟩:

Alkohol ist schädlich für die Gesundheit || -K gesundheitsschädlich || *hierzu* **Schäd·lich·keit** *die; -; nur Singular*

Schäd·ling *der; -s, -e;* ein Tier oder eine Pflanze, die anderen Lebewesen schaden oder sie vernichten ⟨Schädlinge bekämpfen, vernichten⟩ || K- Schädlingsbefall, Schädlingsbekämpfung || -K Gartenschädling, Getreideschädling, Holzschädling, Obstschädling, Pflanzenschädling

schad·los *Adjektiv; nur in* **sich** *(Akkusativ)* **an etwas** *(Dativ)* **schadlos halten** *meist humorvoll;* sehr viel von etwas (als Ersatz) nehmen: *Wenn es kein Bier mehr gibt, werde ich mich eben am Wein schadlos halten*

Schad·stoff *der; -(e)s, -e;* eine Substanz, die der Umwelt schadet: *die Schadstoffe in den Abgasen* || K- Schadstoffausstoß; schadstoffarm, schadstofffrei

Schaf B1 *das; -(e)s, -e* **1** ein Tier, aus dessen dichten Haaren man Wolle macht ⟨ein Schaf scheren; eine Herde Schafe⟩ || K- Schafwolle; Schafskäse **2** *umg abwertend;* jemand, der sehr viel Geduld hat und nie böse wird **3** **das schwarze Schaf** jemand, der sich von den anderen Mitgliedern einer Gruppe *(bes* einer Familie) negativ unterscheidet ⟨das schwarze Schaf (in) der Familie sein⟩

Schä·fer *der; -s, -;* jemand, der beruflich Schafe hütet und züchtet || *hierzu* **Schä·fe·rin** *die; -, -nen*

Schä·fer·hund *der; -(e)s, -e;* ein großer Hund, der wie ein Wolf aussieht und oft als Wachhund oder bei der Polizei eingesetzt wird || ↑ Abbildung unter **Hunde**

schaf·fen¹ B1 *schaffte, hat geschafft* **1** **etwas schaffen** eine schwierige Aufgabe mit Erfolg erledigen ⟨eine Prüfung schaffen; die Arbeit allein schaffen⟩: *Meinst du, er schafft es, einen neuen Job zu finden?* **2** **etwas schaffen** *umg;* ein Verkehrsmittel erreichen ≈ erwischen ⟨den Bus schaffen⟩ **3** **jemanden/etwas irgendwohin schaffen** *umg;* jemanden/etwas irgendwohin bringen: *das Gepäck aufs Zimmer schaffen* **4** **etwas schaffen** verwendet zusammen mit einem Substantiv, um ein Verb zu umschreiben; **etwas schafft (jemandem) Erleichterung** ≈ etwas erleichtert (jemandem) etwas; **Klarheit schaffen** ≈ etwas klären **5** *bes südd* CH ≈ arbeiten (1) || ID **mit jemandem/etwas nichts zu schaffen haben (wollen)** *umg;* keinen Kontakt mit jemandem/etwas haben (wollen); **jemand/etwas macht jemandem zu schaffen** jemand/etwas macht einer Person viel Arbeit oder Schwierigkeiten; **sich** *(Dativ)* **irgendwo zu schaffen machen** etwas tun, das verdächtig ist: *Schau mal, da macht sich einer an unserem Auto zu schaffen*

schaf·fen² B1 *schuf, hat geschaffen* **1** **etwas schaffen** etwas durch (kreative) Arbeit entstehen lassen ⟨ein literarisches Werk schaffen; Arbeitsplätze, die Grundlagen für etwas schaffen⟩ **2** *meist* **Gott schuf die Welt** *förmlich;* Gott machte die Welt **3** **sich** *(Dativ)* **Freunde/Feinde schaffen** Menschen zu seinen Freunden/Feinden machen **4** **für jemanden/etwas wie geschaffen sein** *bes* gut für jemanden/etwas geeignet sein: *Franz ist für diese Arbeit wie geschaffen*

Schaff·ner *der; -s, -;* jemand, der beruflich in Zügen, Bussen die Fahrkarten (verkauft und) kontrolliert || -K Zugschaffner || *hierzu* **Schaff·ne·rin** *die; -, -nen* || Hinweis: die heute offizielle Berufsbezeichnung ist *Zugbegleiter(in)*

-schaft *die; -, -en; im Substantiv* **1** *nach Adjektiv oder Substantiv, meist Singular;* verwendet, um einen Zustand oder eine Funktion auszudrücken; **Bereitschaft, Feindschaft, Gefangenschaft, Mitgliedschaft, Mutterschaft, Schwangerschaft** **2** *nach Substantiv;* verwendet, um die Gesamtheit einer Gruppe von Personen zu bezeichnen; **Arbeiterschaft, Kundschaft, Nachkommenschaft, Verwandtschaft, Wählerschaft** **3** verwendet, um das Ergebnis einer bestimmten Handlung zu bezeichnen; **Erbschaft, Errungenschaft, Hinterlassenschaft**

schä·kern; *schäkerte, hat geschäkert;* **(mit jemandem) schäkern** *umg humorvoll* ≈ flirten

schal B2 *schaler, schalst-; Adjektiv;* ⟨Getränke⟩ ohne oder mit wenig Geschmack *(bes* weil sie zu lange offen waren)

Schal B2 *der; -s, -s/-e;* ein langes (schmales) Stück aus Stoff oder Wolle, das man um den Hals legt ⟨(einen) Schal tragen, umlegen⟩ || -K Seidenschal, Wollschal

Scha·le¹ *die; -, -n* **1** die äußere, feste Schicht von Obst, Kartoffeln, Zwiebeln *usw* ⟨die Schale abmachen⟩ || -K Apfelschale **2** die harte Schicht, in der eine Nuss ist ⟨die Schale knacken⟩ || -K Nussschale **3** eine harte Schicht, mit der sich manche kleine, weiche Tiere schützen || K- Schalentier || -K Krebsschale, Muschelschale || ID *meist* **In einer rauen Schale steckt oft ein weicher Kern** manche Menschen sind nicht so hart oder unfreundlich, wie sie wirken; **sich** *(Akkusativ)* **in Schale werfen/schmeißen** *umg;* sich schön und elegant anziehen

Scha·le² *die; -, -n* **1** eine relativ flache

S

Schalentiere

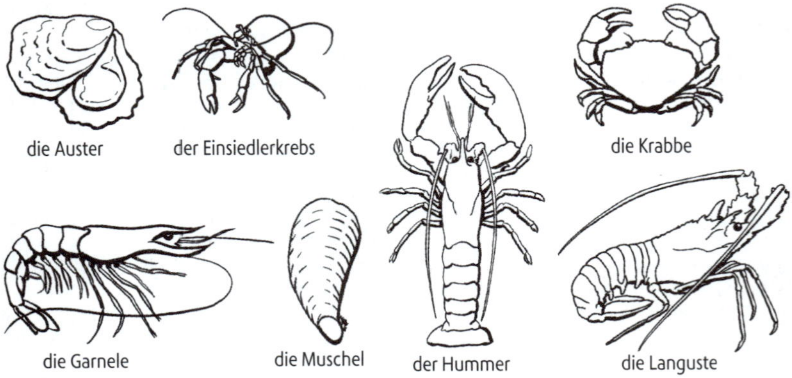

Schüssel: *eine Schale mit Obst* || K Glasschale, Obstschale [2] *bes* Ⓐ ≈ Tasse

schä·len; *schälte, hat geschält* [1] **etwas schälen** die Schale (1) von etwas entfernen ⟨Kartoffeln schälen⟩ [2] *meist* ⟨die Haut⟩ **schält sich** die Haut löst sich in kleinen Teilen ab

Schall *der; -(e)s; nur Singular;* Schwingungen und Wellen, die man hören kann: *Schall breitet sich langsamer aus als Licht* || K Schallgeschwindigkeit, Schallwelle || ID **etwas ist Schall und Rauch** etwas ist nicht wichtig

Schall·dämp·fer *der; -s, -;* ein Gerät, das verhindert, dass eine Maschine *o.Ä.* großen Lärm macht: *ein Motorrad, ein Gewehr mit Schalldämpfer* || *hierzu* **schall·dämp·fend** *Adjektiv;* **Schall·dämp·fung** *die; -; nur Singular*

schal·lend *Adjektiv;* so, dass es laut klingt ⟨Gelächter; jemandem eine schallende Ohrfeige geben⟩ || *hierzu* **schal·len** *(hat)*

Schall·mau·er *die; -; nur Singular; meist in* ⟨ein Flugzeug⟩ **durchbricht die Schallmauer** ein Flugzeug erreicht die Geschwindigkeit des Schalls. Dabei entsteht ein lauter Knall

Schall·plat·te *die; -, -n;* eine runde *meist* schwarze Scheibe mit Tonaufnahmen *(meist* Musik), die man mit einem Plattenspieler hörbar machen kann ≈ Platte ⟨eine Schallplatte auflegen, abspielen, hören, aufnehmen, produzieren; etwas auf Schallplatte haben⟩ || K Schallplattenalbum, Schallplattenaufnahme

schalt *Imperfekt, 1. und 3. Person Singular;* ↑ **schelten**

schal·ten; *schaltete, hat geschaltet* [1] **(etwas) irgendwie schalten** ein Gerät (mit einem Schalter) anders einstellen: *den Herd höher schalten; aufs zweite Programm schalten* [2] *(z.B.* beim Autofahren) einen anderen Gang wählen: *in den zweiten Gang schalten* [3] ⟨die Ampel⟩ **schaltet auf Gelb, Grün, Rot** die Ampel wechselt zum gelben, grünen, roten Licht [4] **(irgendwie) schalten** *umg;* verstehen und reagieren ⟨rechtzeitig, zu spät schalten⟩

Schal·ter[1] B1 *der; -s, -;* eine Art Knopf oder kleiner Hebel, mit dem man Strom fließen lassen oder unterbrechen kann ⟨ein elektrischer Schalter⟩ || K Lichtschalter

Schal·ter[2] B1 *der; -s, -;* die Stelle *(oft* vom Rest des Raums abgetrennt), an der *bes* in Banken, Postämtern und Bahnhöfen die Kunden bedient werden ⟨der Schalter ist geschlossen, offen, (nicht) besetzt⟩: *Fahrkarten am Schalter lösen* || K Bankschalter, Fahrkartenschalter

Schalt·he·bel *der; -s, -* [1] die kurze Stange, mit der man *z.B.* bei Motorrädern die Gänge einlegt [2] ein Schalter[1] in der Form eines Hebels || ID **an den Schalthebeln der Macht sitzen** in einer Position sein, in der man großen Einfluss hat

Schalt·jahr *das; -(e)s, -e;* ein Jahr, das 366 Tage hat: *Alle vier Jahre ist ein Schaltjahr*

Schalt·tag *der; -(e)s, -e;* der Tag im Februar, der im Schaltjahr zu den üblichen 365 Tagen dazukommt: *Der 29. Februar ist ein Schalttag*

Schal·tung *die; -, -en* [1] eine Vorrichtung bei einem Fahrrad *o.Ä.*, mit der man die verschiedenen Gänge wählen kann || K Gangschaltung, Lenkradschaltung [2] die Teile, die in einem elektrischen Gerät (als Einheit) den Strom fließen lassen und ihn wieder stoppen

Scham *die; -; nur Singular* **1** das unangenehme Gefühl, das man hat, wenn man gegen die Moral oder die Sitten verstoßen hat ⟨tiefe Scham empfinden; aus/vor Scham erröten⟩ || [K-] Schamgefühl; schamrot **2** *förmlich;* der Teil des Körpers, an dem die Geschlechtsorgane sind ⟨die Scham bedecken, verhüllen⟩ || [K-] Schamgegend, Schamhaare || [ID] **nur keine falsche Scham!** *umg;* du brauchst dich nicht (aus Bescheidenheit) zurückzuhalten

schä·men, sich; *schämte sich, hat sich geschämt* **1** **sich (wegen etwas) schämen**; **sich (für etwas) schämen** ein unangenehmes Gefühl haben, weil man etwas getan hat, das gegen die Moral oder gegen die Sitten ist: *Er schämte sich, weil er seine Eltern angelogen hatte; Er schämt sich wegen seiner Lügen/für seine Lügen* **2** **sich schämen** ein unangenehmes Gefühl haben, wenn man nackt ist oder wenn man über sexuelle Dinge spricht **3** **sich jemandes/etwas schämen** *förmlich;* eine Person/Sache, die zu einem gehört, als nicht akzeptabel empfinden ⟨sich seiner Vergangenheit schämen⟩

scham·haft *Adjektiv* **1** voller Scham ↔ schamlos ⟨ein Mädchen, ein Lächeln; schamhaft erröten⟩ **2** **etwas schamhaft verschweigen** *ironisch;* etwas nicht sagen, um sich dadurch einen Vorteil zu verschaffen

scham·los *Adjektiv* **1** unanständig und ohne Scham ↔ schamhaft ⟨eine Person, Blicke, Reden; sich schamlos zur Schau stellen⟩ **2** ≈ unverschämt ⟨eine Frechheit, eine Übertreibung; jemanden/etwas schamlos ausnutzen; sich schamlos bereichern⟩

Schan·de *die; -; nur Singular;* etwas, das einen großen Verlust des Ansehens oder der Ehre (*meist* wegen unmoralischen Verhaltens) bringt ⟨jemand/etwas bringt jemandem Schande⟩ || [K-] Schandtat || [-K] Familienschande || [ID] **Es ist eine Schande, dass ...** *umg;* es ist sehr schlimm, dass ...: *Es ist eine Schande, dass so viele Menschen hungern müssen*

schän·den; *schändete, hat geschändet* **1** **etwas schänden** etwas, das (*meist* wegen seines religiösen Charakters) sehr respektiert wird, schmutzig machen oder beschädigen ≈ entweihen ⟨einen Friedhof, ein Grab, eine Kirche schänden⟩ **2** **etwas schänden** *förmlich;* (durch seine Aussagen *o.Ä.*) jemandes Ruf oder Ehre schaden ⟨jemandes Ansehen, jemandes Namen, jemandes Ruf schänden⟩ || *hierzu* **Schän·dung** *die; -, -en*

Schand·fleck *der; -(e)s, -e(n);* etwas, das das Aussehen von etwas stark beeinträchtigt: *Das hässliche Hochhaus ist ein Schandfleck in der Altstadt*

schänd·lich *Adjektiv* **1** ⟨eine Lüge, eine Tat; jemanden schändlich behandeln⟩ schlecht und böse ↔ ehrenhaft **2** *umg;* so, dass man sich darüber ärgert ≈ unerhört: *das schändliche Ausmaß der Umweltverschmutzung* || *hierzu* **Schänd·lich·keit** *die; -; nur Singular*

Schand·tat *die; -, -en;* eine böse Tat ⟨eine Schandtat begehen; jemandem eine Schandtat zutrauen⟩ || [ID] **zu jeder Schandtat/allen Schandtaten bereit sein** *umg humorvoll;* Lust haben, aktiv zu sein und bei allem (*bes* bei Späßen) mitzumachen

Schänke *die;* ↑ **Schenke**

Schar *die; -, -en* **1** **eine Schar** (*+ Genitiv Plural*/ **von** *+ Dativ Plural*) eine Gruppe von Menschen oder Tieren: *eine Schar Neugieriger* || [-K] Kinderschar, Vogelschar **2** **Scharen von** ⟨Personen/Tieren⟩ sehr viele Personen oder Tiere: *Scharen von Touristen* **3** **in (hellen) Scharen** in großer Zahl ⟨Menschen, Tiere⟩

scha·ren; *scharte, hat geschart* **1** ⟨Personen⟩ **um sich scharen** mehrere oder viele Menschen um sich versammeln: *Sie scharte die Kinder um sich* **2** **jemand** (*meist Plural*) **schart sich um jemanden/etwas** eine Gruppe von Menschen versammelt sich um jemanden/ etwas: *Die Kinder scharten sich um das Feuer*

scharf [B1] *schärfer, schärfst-; Adjektiv* **1** ⟨eine Axt, ein Messer, ein Zahn⟩ mit solchen Spitzen oder Kanten, dass sie gut schneiden oder stechen: *Er hat sich an dem scharfen Messer geschnitten* **2** stark gewürzt oder mit intensivem Geschmack ↔ mild: *Das Gulasch ist sehr scharf* **3** ⟨eine Lauge, eine Säure⟩ so, dass sie die Oberfläche mancher Dinge angreifen **4** ≈ stechend, beißend ⟨ein Geruch⟩ **6** durchdringend und unangenehm ⟨ein Pfiff⟩ **7** unangenehm intensiv ⟨ein Frost, Licht, ein Wind⟩ **7** ⟨Augen; eine Nase⟩ so, dass sie sehr genau wahrnehmen **8** so, dass man die Konturen sehr gut erkennen kann ⟨ein Foto⟩ **9** ≈ genau ⟨ein Verstand; scharf aufpassen, hinsehen, nachdenken⟩: *Er hat einen scharfen Blick für Fehler* (= erkennt Fehler ganz genau) **11** ≈ hart, streng ⟨eine Kritik; jemanden scharf kritisieren⟩ **11** ≈ heftig ⟨ein Protest; jemandem scharf widersprechen; scharf bremsen⟩ **12** mit großer Wucht und hoher Geschwindigkeit geschossen oder geworfen ⟨ein Ball, ein Schuss⟩ **13** sehr schnell ⟨ein Ritt, ein Tempo⟩ **15** mit starker Richtungsänderung ⟨eine Kurve⟩ **15** ⟨Hunde⟩ so dressiert, dass sie schnell angreifen **16** **auf etwas** (*Akkusativ*) **scharf sein** *umg;* etwas unbedingt haben oder tun wollen: *Er ist ganz scharf auf Erdnüsse* **17**

auf jemanden scharf sein *umg;* ein sehr starkes (*meist* sexuelles) Verlangen nach jemandem haben: *Ich glaube, er ist scharf auf dich* **13** **aufs/auf das Schärfste/schärfste** sehr scharf (11): *etwas aufs Schärfste verurteilen* || Hinweis: ↑ **scharfmachen** || *zu* 1-11 **Schär·fe** *die; -; nur Singular*

Scharf·blick *der; -(e)s; nur Singular;* die Fähigkeit, Zusammenhänge, jemandes Absichten *o.Ä.* zu erkennen oder zu durchschauen ⟨(seinen) Scharfblick beweisen⟩

schär·fen; *schärfte, hat geschärft* **1** **etwas schärfen** etwas scharf (1) machen ≈ schleifen ⟨eine Axt, ein Messer schärfen⟩: *Die Katze schärfte ihre Krallen am Baum* **2** **etwas schärft etwas** etwas macht etwas genauer, leistungsfähiger ⟨etwas schärft jemandes Bewusstsein, Verstand⟩ **3** **etwas schärft sich** etwas wird genauer, leistungsfähiger ↔ etwas lässt nach ⟨jemandes Bewusstsein, jemandes Verstand⟩

scharf·ma·chen; *machte scharf, hat scharfgemacht; umg* **1** **einen Hund scharfmachen** einen Hund so dressieren, dass er auf Befehl angreift und beißt **2** **jemand/etwas macht jemanden scharf** jemand/etwas erregt jemanden sexuell **3** **jemanden scharfmachen** bewirken, dass eine Person gegenüber anderen aggressiv wird ≈ jemanden aufhetzen || Hinweis: aber: *das Messer scharf machen/scharfmachen* (= meist getrennt geschrieben)

Scharf·schüt·ze *der; -n, -n;* jemand, der (beim Schießen) ein Ziel auch aus großer Entfernung trifft ⟨Scharfschützen postieren⟩

Scharf·sinn *der; -(e)s; nur Singular;* die Fähigkeit, alles Wichtige sofort zu erkennen ⟨Scharfsinn zeigen⟩ || *hierzu* **scharf·sin·nig** *Adjektiv*

Schar·lach *der, das; -s; nur Singular* **1** eine leuchtende, helle rote Farbe || K- scharlachrot **2** eine Kinderkrankheit; die Patienten haben hohes Fieber, Kopf- und Halsschmerzen und eine rote Haut

Schar·la·tan *der; -s, -e; abwertend;* jemand, der behauptet, bestimmte Fähigkeiten zu haben, die er in Wirklichkeit nicht hat ≈ Schwindler: *Dieser angebliche Wahrsager ist doch ein Scharlatan!*

Schar·nier [-'niːɐ̯] *das; -s, -e;* das bewegliche Verbindungsteil zwischen Fenster/Tür und Rahmen oder zwischen Gefäß und Deckel ⟨die Scharniere quietschen; ein Scharnier ölen⟩

schar·ren; *scharrte, hat gescharrt* **1** **ein Tier scharrt (irgendwo/etwas)** ein Tier bewegt die Hufe oder Krallen kratzend hin und her (sodass Löcher entstehen *o.Ä.*): *Der Hund winselte und scharrte an der Tür; Die Katze scharrte Löcher ins Beet*

Schat·ten B1 *der; -s, -;* **1** *nur Singular;* ein Bereich, den das Licht der Sonne nicht erreicht und der deswegen dunkel und relativ kühl ist ⟨im Schatten liegen⟩: *20 Grad im Schatten* **2** die dunklere Fläche, die hinter einer Person/Sache entsteht, wenn diese vom Licht beschienen werden: *im Schatten des Baumes* **3** eine dunkle Gestalt, von der man nur die Umrisse erkennen kann: *Sie sah nur einen Schatten vorbeihuschen* || ID **über seinen Schatten springen** endlich den Mut haben, etwas zu tun; **etwas in den Schatten stellen** etwas weit übertreffen; **etwas wirft seine Schatten voraus** ein wichtiges zukünftiges Ereignis ist schon jetzt in (negativen) Anzeichen zu erkennen

Schat·ten·da·sein *das; -s; nur Singular; meist in* **ein Schattendasein fristen/führen** ein wenig beachtetes Leben führen, immer im Abseits stehen

schat·ten·haft *Adjektiv* **1** mit undeutlichen Konturen ≈ schemenhaft ⟨eine Gestalt, ein Umriss⟩ **2** ≈ ungenau ⟨eine Erinnerung, eine Vorstellung⟩

Schat·ten·sei·te *die; -, -n* **1** die Seite (der Straße *o.Ä.*), die im Schatten liegt **2** *meist Plural* ≈ Nachteile: *Dieser Plan hat natürlich auch seine Schattenseiten* **3** **die Schattenseite des Lebens** die negative Seite des Lebens

Schat·tie·rung *die; -, -en;* ≈ Nuance, Abstufung: *Rot in allen Schattierungen*

schat·tig *Adjektiv;* ⟨ein Ort, ein Plätzchen⟩ so, dass sie im Schatten liegen oder viel Schatten bieten ↔ sonnig: *schattig und kühl*

Scha·tul·le *die; -, -n;* ein fester kleiner Behälter, in dem man Schmuck oder Geld aufbewahrt || -K Geldschatulle, Schmuckschatulle

Schatz *der; -es, Schät·ze* **1** eine große Menge an wertvollen Münzen, Schmuck ⟨einen Schatz finden⟩ || K- Schatzkammer, Schatzsuche || -K Goldschatz **2** **ein Schatz (an etwas** (*Dativ*)) eine Sammlung wertvoller Dinge: *ein Schatz an alten Gemälden* || -K Kunstschatz **3** etwas, das sehr wichtig oder wertvoll ist: *Gesundheit ist ein kostbarer Schatz* **4** verwendet als Anrede für eine Person, die man liebt ≈ Liebling

schät·zen[1]; *schätzte, hat geschätzt* **1** **jemanden/etwas (auf etwas** (*Akkusativ*)) **schätzen** etwas nicht genau messen oder berechnen, sondern nur ungefähr bestimmen ⟨jemandes Alter, das Gewicht von etwas schätzen〉: *Er schätzte sie auf Mitte zwanzig* **2** *meist* **schätzen, (dass) ...** *umg* ≈ vermuten, annehmen: *Ich schätze, dass er morgen kommt; Ich schätze, er kommt* || *hierzu* **Schät·zung** *die; -, -en*

schät·zen²; *schätzte, hat geschätzt* **1** **jemanden/etwas schätzen** jemanden/etwas sehr mögen: *Er schätzt gutes Essen; Sie schätzt sein freundliches Wesen* **2** **etwas zu schätzen wissen** den Wert einer guten Sache erkennen

Schatz·meis·ter *der; -s, -;* jemand, der das Geld eines Vereins, einer Partei *o.Ä.* verwaltet || *hierzu* **Schatz·meis·te·rin** *die; -, -nen*

schät·zungs·wei·se *Adverb;* verwendet, um die Einschätzung des Sprechers (in Bezug auf etwas Messbares) anzugeben ≈ etwa, ungefähr: *Wir werden in schätzungsweise drei Stunden da sein*

Schau *die; -, -en* **1** eine Veranstaltung, auf der *meist* Waren gezeigt werden ≈ Ausstellung, Messe 〈etwas auf einer Schau ausstellen〉 || [-K] Autoschau, Modenschau **2** *nur Singular;* eine Veranstaltung, *bes* im Fernsehen oder Theater, bei der Künstler auftreten ≈ Show || [-K] Fernsehschau **3** *umg abwertend;* Handlungen, mit denen man die Aufmerksamkeit der Leute haben will ≈ Show 〈eine große Schau (um etwas) machen; etwas ist nur Schau〉 || [ID] **eine (große) Schau abziehen** *umg, meist abwertend;* versuchen, Aufmerksamkeit zu erreichen; **etwas zur Schau stellen/tragen** *abwertend;* eine Meinung *o.Ä.* deutlich zum Ausdruck bringen

Schau·der *der; -s, -* **1** ein starkes Gefühl der Angst oder des Ekels 〈jemand wird von einem Schauder ergriffen〉 **2** ein kurzes Zittern des Körpers vor Kälte ≈ Schauer 〈jemanden überläuft ein Schauder; Schauder laufen jemandem den Rücken hinunter〉

schau·der·haft *Adjektiv; abwertend;* sehr unangenehm ≈ widerlich, grässlich 〈ein Anblick, ein Geschmack, ein Wetter〉

schau·en [A2] *schaute, hat geschaut* **1** **irgendwie schauen** einen bestimmten Gesichtsausdruck haben 〈freundlich, müde schauen〉: *Schau doch nicht so (böse)!* **2** **irgendwohin schauen** *bes südd* Ⓐ irgendwohin sehen **3** **irgendwo (-hin) schauen** nachsehen, ob etwas irgendwo ist: *„Ich kann meine Brille nicht finden" – „Schau doch mal auf den/dem Nachttisch"* **4** **auf etwas** (*Akkusativ*) **schauen** *umg;* auf etwas besonders achten: *Er schaut sehr auf Sauberkeit* **5** **(nach etwas) schauen; schauen** + *Nebensatz* prüfen, ob etwas in einem bestimmten Zustand ist *o.Ä.*: *Schau mal, ob der Kuchen schon fertig ist!*

Schau·er [B2] *der; -s, -;* **1** ein kurzer (und *meist* starker) Regen 〈örtliche Schauer〉: *vereinzelt Schauer, ansonsten sonnig und trocken* || [-K] Gewitterschauer **2** ≈ Schauder (2)

schau·er·lich *Adjektiv* ≈ schauderhaft

Schau·fel *die; -, -n;* ein Gerät mit einem langen Stiel, mit dem man Erde *o.Ä.* bewegt

Schaufel

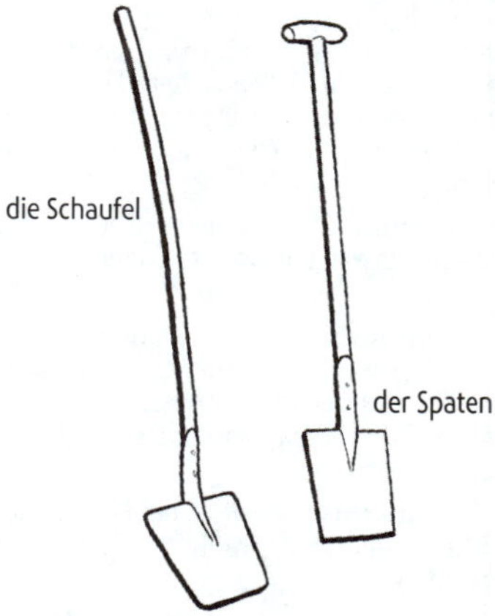

schau·feln; *schaufelte, hat geschaufelt* **1** **etwas (irgendwohin) schaufeln** etwas mit einer Schaufel irgendwohin bewegen: *Er schaufelte die Erde in einen Eimer* **2** **etwas schaufeln** etwas durch Schaufeln (1) entstehen lassen 〈ein Grab schaufeln〉

Schau·fens·ter [B1] *das; -s, -;* ein großes Fenster, in dem ein Geschäft seine Waren zeigt

Schau·kel *die; -, -n;* eine Art Sitz (*bes* für Kinder), der an Seilen oder Ketten hängt und mit dem man hin- und herschwingen kann

schau·keln; *schaukelte, hat geschaukelt* **1** sich mit einer Schaukel *o.Ä.* hin- und herbewegen, auf etwas nach oben und nach unten schwingen 〈mit der Schaukel, auf dem Schaukelpferd, auf dem Schaukelstuhl, mit der Wippe schaukeln〉 **2** **etwas schaukelt** etwas schwankt, bewegt sich auf und ab 〈ein Boot, ein Schiff〉: *Lampions schaukeln im Wind* **3** **jemanden/etwas schaukeln** jemanden/etwas hin- und herschwingen 〈ein Kind auf den Armen, in der Wiege schaukeln〉 **4** **etwas schaukeln** *umg;* etwas, das problematisch ist, lösen oder in Ordnung bringen

Schau·kel·pferd *das; -(e)s, -e;* ein kleines Pferd aus Holz, auf dem Kinder schaukeln können

Schau·kel·stuhl *der; -(e)s, -stüh·le;* ein Stuhl, der unten gebogene Teile hat und mit dem man schaukeln kann || ↑ Abbildung unter **Stühle**

Schau·lus·ti·ge *der/die; -n, -n; meist abwertend;* jemand, der bei einem Unfall, Brand *o.Ä.* zusehen will: *Die Schaulustigen behindern die Arbeit der Polizei am Unfallort*

Schaum *der; -(e)s, Schäu·me; meist Singular;* eine weiche und leichte Masse mit vielen kleinen Luftblasen, die sich manchmal an der Oberfläche einer Flüssigkeit bildet ⟨Eiweiß zu Schaum schlagen⟩: *der Schaum auf dem Bier, der Schaum der Wellen* || *hierzu* **schau·mig** *Adjektiv*

schäu·men; *schäumte, hat geschäumt;* **etwas schäumt** etwas entwickelt Schaum ⟨das Bier, die Seife⟩

Schaum·gum·mi *der; -s, -s;* Gummi, der besonders weich ist (weil er viele Luftblasen enthält) und der für Polster *o.Ä.* verwendet wird || K- Schaumgummikissen, Schaumgummimatratze

Schaum·stoff *der; -(e)s, -e;* ein Kunststoff, der leicht und porös ist, weil er viele Luftblasen enthält

Schau·platz *der; -es, -plät·ze;* der Ort, an dem etwas geschieht oder geschah: *der Schauplatz eines Verbrechens*

schau·rig *Adjektiv; förmlich* ≈ schauderhaft, grässlich ⟨ein Wetter, ein Anblick⟩

Schau·spiel *das; -(e)s, -e* ≈ Theaterstück

Schau·spie·ler *der; -s, -;* jemand, der (beruflich) in einem Film, Theaterstück *o.Ä.* Personen darstellt || -K Filmschauspieler || *hierzu* **Schau·spie·le·rin** *die; -, -nen;* **schau·spie·le·risch** *Adjektiv*

Schau·ta·fel *die; -, -n;* eine Tafel, auf der etwas (als Information *o.Ä.*) dargestellt ist: *eine Schautafel mit den chemischen Elementen*

S

Scheck B1 *der; -s, -s;* ein Formular, mit dem der Inhaber eines Bankkontos etwas ohne Bargeld bezahlen kann ⟨einen Scheck ausstellen; mit Scheck zahlen⟩: *ein Scheck über hundert Euro*

Scheck·kar·te *die; -, -n;* eine Karte, die der Inhaber eines Bankkontos bekommt und die garantiert, dass die Bank seine Schecks bis zu einer bestimmten Summe zahlt

schef·feln; *scheffelte, hat gescheffelt;* **etwas scheffeln** *umg, oft abwertend;* viel Geld verdienen ⟨Geld, Millionen, ein Vermögen scheffeln⟩

Schei·be B2 *die; -, -n* **1** ein flacher, runder Gegenstand, *z.B.* eine Schallplatte **2** ein Stück Glas als Teil eines Fensters || -K Fensterscheibe, Heckscheibe **3** ein *meist* dünnes, flaches Stück, das von einem Lebensmittel abgeschnitten ist || -K Brotscheibe, Wurstscheibe, Zitronenscheibe || ID **sich** *(Dativ)* **von jemandem eine Scheibe abschneiden können** *umg;* jemanden als Vorbild nehmen können

Schei·ben·wi·scher *der; -s, -;* ein Stab aus Metall und Gummi, der sich bei Regen über die Windschutzscheibe eines Autos hin- und herbewegt und das (Regen)Wasser zur Seite schiebt || ↑ Illustration **Das Auto**

Schei·de *die; -, -n* **1** das weibliche Geschlechtsorgan ≈ Vagina || K- Scheidenabstrich **2** eine schmale Hülle für ein Messer oder Schwert ⟨etwas aus der Scheide ziehen, in die Scheide stecken⟩

schei·den; *schied, ist geschieden* **1** **eine Ehe wird geschieden**; **jemand wird (von jemandem) geschieden** eine Ehe wird durch ein Gerichtsurteil aufgelöst: *Ihre Ehe wurde nach drei Jahren geschieden; Wann wurden sie geschieden?* **2** **jemand lässt sich (von jemandem) scheiden** jemandes Ehe wird durch ein Gerichtsurteil aufgelöst: *Er ließ sich von ihr scheiden; Sie ließen sich (voneinander) scheiden* **3** **aus etwas scheiden** *förmlich;* eine Funktion, eine Tätigkeit aufgeben ⟨aus dem Amt scheiden⟩ **4** **jemand scheidet von jemandem**; ⟨Personen⟩ **scheiden (voneinander)** *förmlich;* zwei oder mehrere Personen gehen auseinander: *Sie schieden als Freunde* || ID **aus dem Leben scheiden** *förmlich* ≈ sterben

Schei·dung B2 *die; -, -en* **1** die Auflösung einer Ehe durch ein Gericht ⟨die Scheidung beantragen⟩ || K- Scheidungsanwalt, Scheidungsgrund, Scheidungsklage, Scheidungsprozess, Scheidungsurteil || -K Ehescheidung **2** **die Scheidung einreichen** eine Scheidung (1) bei Gericht beantragen

Schein[1] *der; -(e)s; nur Singular;* das Licht, das von der Sonne oder einer Lampe verbreitet wird || -K Kerzenschein, Sonnenschein

Schein[2] *der; -(e)s; nur Singular* **1** etwas, das nicht echt ist, sondern nur so wirkt oder vorgetäuscht ist: *Ihre Freundlichkeit war nur Schein* || K- Scheinangriff, Scheingeschäft, Scheinlösung, Scheinproblem **2** **zum Schein** um jemanden zu täuschen, nicht wirklich: *zum Schein zustimmen*

Schein[3] *der; -(e)s, -e* **1** ein Formular, das etwas bestätigt oder zu etwas berechtigt || -K Fahrschein, Führerschein, Gepäckschein **2**

ein (kleiner/großer) Schein ein Geldschein (mit niedrigem/hohem Wert)

schein·bar *Adjektiv;* nur dem äußeren Eindruck nach, nicht wirklich ⟨ein Gegensatz, ein Widerspruch⟩: *Er nahm die schlimme Nachricht scheinbar ruhig hin* || Hinweis: ↑ **anscheinend**

schei·nen¹ [A2] *schien, hat geschienen* **1 etwas scheint** etwas gibt Licht und ist am Himmel zu sehen ⟨der Mond, die Sonne⟩ **2 etwas scheint irgendwohin** etwas sendet Lichtstrahlen in eine Richtung: *Die Sonne schien mir ins Gesicht*

schei·nen² [A2] *schien, hat geschienen* **1 jemand/etwas scheint (jemandem)** + *Adjektiv* (+ **zu** + *Infinitiv*); **jemand/etwas scheint (jemandem)** (+ *Substantiv*) + **zu** + *Infinitiv* jemand/etwas macht (auf jemanden) einen bestimmten Eindruck: *Die Lage scheint sich zu beruhigen; Deine Meinung schien (mir) recht vernünftig (zu sein); Sie scheint sehr glücklich (zu sein); Sie scheinen ein Fachmann zu sein* **2 wie es scheint** ≈ anscheinend **3** *meist* **es scheint mir** (*usw*), **dass .../als ob ...** ich (*usw*) habe den Eindruck, dass ...: *Es scheint mir, als ob ich schon mal hier gewesen wäre*

schein·hei·lig *Adjektiv; umg abwertend;* so, dass der Betreffende den falschen Eindruck erwecken will, er sei ehrlich, unschuldig *o.Ä.* ≈ heuchlerisch ⟨ein Blick, ein Gesichtsausdruck; scheinheilig tun (= scheinheilig sein); jemanden scheinheilig ansehen⟩ || *hierzu* **Schein·hei·lig·keit** *die; -; nur Singular*

Schein·wer·fer *der; -s, -;* eine sehr helle Lampe, die einen Teil der Umgebung beleuchtet || ↑ Illustration **Das Auto** || [-K] Autoscheinwerfer, Theaterscheinwerfer

Scheiß *der; -(es); ohne Genitiv; nur Singular; salopp abwertend;* etwas, worüber man sich ärgert oder das man für völlig unwichtig hält ≈ Blödsinn || [K-] Scheißbuch, Scheißfilm, Scheißjob, Scheißkerl, Scheißwetter

scheiß- *im Adjektiv; salopp abwertend* **1** verwendet, um ein Adjektiv zu verstärken; **scheißegal, scheißfrech, scheißkalt** **2** verwendet, um auszudrücken, dass man etwas als übertrieben empfindet; **scheißfreundlich** (= zu freundlich), **scheißnormal**

Schei·ße *die; -; nur Singular; vulgär* **1** ≈ Kot **2** etwas, worüber man sich ärgert **3 Scheiße!** verwendet, um Ärger auszudrücken

schei·ßen; *schiss, hat geschissen; vulgär* **1** den Darm entleeren ⟨vor Angst in die Hosen scheißen⟩ **2 auf jemanden/etwas scheißen** jemanden/etwas nicht für wichtig halten

Scheit *das; -(e)s, -e/südd* Ⓐ Ⓒⓗ *-er;* ein Stück Holz, das man im Ofen verbrennt ⟨ein paar Scheite nachlegen⟩ || [-K] Holzscheit

Schei·tel *der; -s, -;* **1** eine Art Linie auf dem Kopf, wenn man einen Teil der Haare nach links und den anderen Teil nach rechts gekämmt hat ⟨einen Scheitel ziehen⟩ || [-K] Mittelscheitel **2** der höchste Punkt eines Bogens, einer Kurve || [ID] **vom Scheitel bis zur Sohle** am ganzen Körper || *zu* **1 schei·teln** (*hat*)

schei·tern; *scheiterte, ist gescheitert* **1 (mit etwas) (an jemandem/etwas) scheitern** aus einem bestimmten Grund ein Ziel nicht erreichen: *Sie sind mit ihren Plänen am Widerstand der Bevölkerung gescheitert* **2 etwas scheitert (an jemandem/etwas)** etwas wird kein Erfolg: *Ihre Ehe ist schon bald gescheitert*

schel·ten; *schilt, schalt, hat gescholten; förmlich;* **(jemanden) schelten** jemandem deutlich sagen, dass man sich über ihn ärgert ≈ tadeln || *hierzu* **Schel·te** *die; -; nur Singular*

Sche·ma *das; -s, -ta/-s* **1** eine Zeichnung, die die wichtigsten Merkmale einer Sache zeigt: *das Schema einer Konstruktion* **2** *oft abwertend* ≈ Routine (2) ⟨ein festes, starres Schema⟩ || [-K] Denkschema, Handlungsschema || [ID] **jemand/etwas passt in kein Schema** jemand/etwas ist anders als erwartet || *hierzu* **sche·ma·tisch** *Adjektiv*

Sche·mel *der; -s, -;* ein niedriger Stuhl ohne Lehne

Schen·ke *die; -, -n;* ein *meist* kleines, einfaches Lokal, in dem man Getränke bekommt || [-K] Bauernschenke, Dorfschenke, Waldschenke

Schen·kel *der; -s, -;* **1** der Teil des Beines zwischen Hüfte und Knie ≈ Oberschenkel **2** das gebratene oder gekochte Bein eines Tieres || [-K] Hühnerschenkel **3** *Mathematik;* eine der zwei Linien eines Winkels || ↑ Abbildung unter **Winkel**

schen·ken [B1] *schenkte, hat geschenkt* **1 (jemandem) etwas schenken** jemandem etwas geben, das er behalten kann, als Zeichen der Anerkennung, Freundschaft oder Liebe: *Er schenkte ihr zum Abschied eine Kette* **2 sich** (*Dativ*) **etwas schenken** *umg;* etwas, was einem Mühe macht, nicht tun: *Diese Arbeit kannst du dir schenken, ich mache sie schon* **3 einem Kind das Leben schenken** ein Kind zur Welt bringen **4 jemandem/etwas etwas schenken** zusammen mit einem Substantiv verwendet, um ein Verb zu umschreiben; **jemandem/etwas Beachtung schenken** ≈ jemanden/etwas

S

beachten; **jemandem/etwas Glauben schenken** ≈ jemandem/etwas glauben; **jemandem (sein) Vertrauen schenken** ≈ jemandem vertrauen || [ID] **etwas ist (halb/fast) geschenkt** *umg*; etwas ist sehr billig; **nichts geschenkt bekommen** hart arbeiten müssen || ▸ **Geschenk**

Schen·kung *die; -, -en; Rechtswesen*; Geld oder etwas Wertvolles, das jemand einem anderen (als Eigentum) gibt ⟨eine Schenkung machen⟩ || [K-] Schenkungssteuer, Schenkungsurkunde

schep·pern; *schepperte, hat gescheppert; umg* **1** **etwas scheppert** etwas macht das Geräusch, das entsteht, wenn Dinge aus Metall zu Boden fallen ≈ etwas klappert, klirrt ⟨Büchsen, Eimer, Milchkannen⟩ **2** **es scheppert** *umg*; es gibt einen Unfall, Autos stoßen zusammen

Scher·be *die; -, -n*; ein Stück eines gebrochenen Gegenstandes aus Glas oder Porzellan: *sich an einer Scherbe schneiden* || [-K] Glasscherbe || [ID] **Scherben bringen Glück** verwendet als Redewendung, wenn man etwas aus Glas *o.Ä.* zerbricht

Scherbe

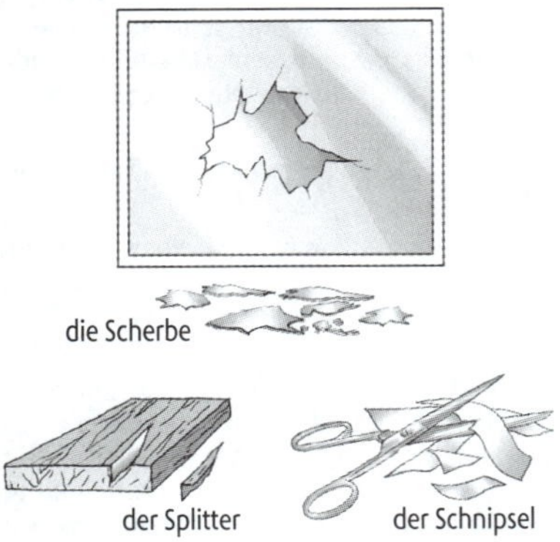

S

Sche·re [B1] *die; -, -n* **1** ein Gerät, mit dem man *bes* Papier oder Stoff schneidet. Es besteht aus zwei scharfen, flachen Metallstücken, die beweglich in der Form eines *X* miteinander verbunden sind ⟨eine scharfe, stumpfe Schere⟩ || ↑ Abbildung unter **nähen** || [-K] Blumenschere, Nagelschere, Papierschere **2** der Teil des Körpers, mit dem Krebse greifen

sche·ren; *schor, hat geschoren* **1** **jemanden/ein Tier/etwas scheren** die Haare sehr kurz schneiden ⟨jemandes Kopf, jemandes Haare, einen Pudel, ein Schaf scheren⟩ **2** **etwas scheren** etwas durch Schneiden kürzer machen und in eine Form bringen ⟨eine Hecke, Sträucher scheren⟩

Scherz *der; -es, -e* **1** Worte oder Handlungen, die jemanden zum Lachen bringen ⟨einen Scherz machen; etwas aus/im/zum Scherz sagen, tun⟩ **2** **ein schlechter Scherz** etwas Unangenehmes, das jemand einem anderen zufügt || *zu* 1 **scherz·haft** *Adjektiv*

scher·zen; *scherzte, hat gescherzt; förmlich* **1** **(über jemanden/etwas) scherzen** einen Scherz, Scherze machen ≈ spaßen, witzeln **2** **mit jemandem scherzen** ≈ mit jemandem schäkern, flirten || [ID] **mit etwas ist nicht zu scherzen** man muss etwas (*z.B.* eine Krankheit) ernst nehmen, damit vorsichtig sein

scheu *Adjektiv* **1** bereit zu fliehen, wenn Menschen kommen ⟨ein Tier⟩ **2** ≈ schüchtern ⟨scheu sein, wirken⟩ **3** ⟨ein Blick, ein Lächeln⟩ so, dass es ängstlich wirkt

Scheu *die; -; nur Singular* **1** **die Scheu (vor jemandem/etwas)** die Eigenschaft, scheu (1) zu sein: *Der Vogel ließ sich ohne Scheu streicheln* **2** **die Scheu (vor jemandem/etwas)** die Angst vor dem Kontakt mit jemandem/etwas ⟨seine Scheu überwinden⟩ || [-K] Menschenscheu **3** **die Scheu (vor jemandem/etwas)** die Abneigung gegen etwas || [-K] wasserscheu

scheu·en; *scheute, hat gescheut* **1** **etwas scheuen** versuchen, etwas zu vermeiden ⟨Streit scheuen; keine Mühen, keine Kosten scheuen⟩: *Sie hat den weiten Weg nicht gescheut, um ihn zu besuchen* **2** **sich (vor etwas** (*Dativ*)) **scheuen** etwas nicht tun, weil man Bedenken hat: *Sie scheute sich (davor), ihn zu verraten*

scheu·ern; *scheuerte, hat gescheuert* **1** **(etwas) scheuern** etwas durch kräftiges Reiben (mit Putzmittel) sauber machen ⟨eine Pfanne scheuern⟩ || [K-] Scheuermittel **2** **etwas scheuert (jemandem etwas wund)** etwas reibt so, dass jemand Schmerzen hat/jemandes Haut verletzt wird: *Die Schuhe haben mir die Fersen wund gescheuert*

Scheu·ne *die; -, -n*; ein Gebäude, in dem ein Bauer *bes* Heu und Stroh aufbewahrt || [K-] Scheunentor

Scheu·sal *das; -s, -e; abwertend* **1** ein gemeiner oder brutaler Mensch **2** ein hässliches und gefährliches Tier ≈ Ungeheuer

scheuß·lich *Adjektiv* **1** sehr hässlich ⟨ein Anblick; scheußlich aussehen⟩ **2** unangenehm intensiv ⟨ein Geschmack, ein Lärm; etwas riecht scheußlich⟩ **3** mit großer Brutalität ⟨ein Verbrechen⟩ || *hierzu* **Scheuß-**

lich·keit *die; -, -en*

Schi *der;* ↑ **Ski**

Schicht *die; -, -en* **1** eine Masse (*meist* eine Substanz) in einer relativ flachen und breiten Form, die über oder unter etwas anderem liegt: *Samen mit einer Schicht Erde bedecken; die Schichten der Atmosphäre* || -K Isolierschicht; Eisschicht, Farbschicht, Tortenschicht **2** der Teil der Bevölkerung, der ungefähr gleich viel verdient und in ähnlichen Verhältnissen lebt ⟨eine soziale Schicht; die untere, obere Schicht⟩ || -K Arbeiterschicht, Mittelschicht, Oberschicht **3** ein Abschnitt des Arbeitstages (in einem Betrieb), in dem Tag und Nacht gearbeitet wird: *Ich arbeite heute in der zweiten Schicht von zwei bis zehn Uhr* || K- Schichtarbeiter || -K Sonntagsschicht; Frühschicht, Spätschicht

schich·ten; *schichtete, hat geschichtet;* **etwas** (*meist Plural*) **schichten** etwas in Schichten (1) aufeinanderlegen ≈ stapeln: *Holzscheite schichten*

schick B1 *Adjektiv* **1** elegant und modern ⟨ein Kleid, ein Auto⟩ **2** so, dass es in Mode ist: *Es gilt als schick, Golf zu spielen* || *hierzu* **Schick** *der; -(e)s; nur Singular*

schi·cken¹ A1 *schickte, hat geschickt* **1** **(jemandem) etwas schicken; etwas an jemanden/irgendwohin schicken** jemandem (per Post *o.Ä.*) etwas bringen lassen, etwas irgendwohin bringen lassen ⟨jemandem Blumen, ein Paket schicken⟩ **2** **jemanden (irgendwohin) schicken** jemanden auffordern, bitten, irgendwohin zu gehen: *Die Firma schickt ihn oft ins Ausland* **3** **(jemanden) nach jemandem/etwas schicken** jemanden bitten oder beauftragen, eine Person oder etwas zu holen: *(den Nachbarn) nach dem Arzt schicken*

schi·cken², sich A1; *schickte sich, hat sich geschickt* **1** *meist* **etwas schickt sich nicht** *förmlich;* etwas gilt nicht als gutes Benehmen: *Es schickt sich nicht, mit vollem Mund zu sprechen* **2** **sich in etwas** (*Akkusativ*) **schicken** *förmlich;* ≈ sich mit etwas abfinden **3** **sich schicken** *südd umg* ≈ sich beeilen

Schi·cke·ria *die; -; nur Singular; umg abwertend;* eine Gruppe von wohlhabenden, modisch gekleideten Leuten, die sich bei vielen gesellschaftlichen Anlässen treffen und sich für sehr wichtig halten

schick·lich *Adjektiv; förmlich;* den gesellschaftlichen Regeln entsprechend ≈ passend ⟨jemandes Verhalten, jemandes Benehmen, jemandes Kleidung; etwas nicht schicklich finden⟩ || *hierzu* **Schick·lich·keit** *die*

Schick·sal *das; -s, -e* **1** *nur Singular;* eine Macht, die (wie manche glauben) das Leben der Menschen bestimmt: *Ich wollte Arzt werden, aber das Schicksal hat anders entschieden* **2** die Ereignisse, die das Leben einer Person bestimmen, ohne dass sie daran etwas ändern kann ⟨ein schweres, trauriges Schicksal haben⟩ || -K Flüchtlingsschicksal

Schick·sals·schlag *der; -(e)s, -schlä·ge;* ein sehr schlimmes Ereignis, das das Leben eines Menschen sehr negativ verändert

Schie·be·dach *das; -(e)s, -dä·cher;* der Teil des Daches (bei manchen Autos), den man öffnen kann

schie·ben B1 *schob, hat geschoben* **1** **(etwas (irgendwohin)) schieben** etwas *meist* relativ langsam durch Drücken irgendwohin bewegen, mit Kontakt zum Boden: *einen Kinderwagen schieben* || ↑ Illustration **Verben der Bewegung** **2** **(jemanden (irgendwohin)) schieben** jemanden mit der Hand oder der Schulter irgendwohin stoßen oder drängen: *Sie schob die Kinder ins Auto* **3** **etwas auf jemanden/etwas schieben** jemanden/etwas für etwas Negatives verantwortlich machen ⟨die Schuld auf jemanden schieben⟩ **4** **etwas schiebt sich irgendwohin** etwas bewegt sich langsam irgendwohin: *Eine Wolke schob sich vor die Sonne*

Schie·bung *die; -, -en; meist Singular; umg;* eine Handlung, durch die jemand begünstigt wird ≈ Manipulation, Schwindel

schied *Imperfekt, 1. und 3. Person Singular;* ↑ **scheiden**

Schieds·rich·ter *der; -s, -* **1** *Sport;* die Person, die darauf achtet, dass die Spieler sich an die (Spiel)Regeln halten ⟨der Schiedsrichter pfeift das Spiel an/ab, verwarnt einen Spieler, stellt einen Spieler vom Platz⟩ || K- Schiedsrichterentscheidung || -K Eishockeyschiedsrichter, Fußballschiedsrichter **2** eine Person, eine Institution *o.Ä.*, die bei einem Streit die Entscheidung fällen soll, weil sie neutral ist || *hierzu* **Schieds·rich·te·rin** *die; -, -nen*

schief *Adjektiv* **1** schräg und nicht gerade, wie es sein sollte: *eine schiefe Mauer; Das Bild hängt schief* || ↑ Abbildung unter **spitz** **2** ⟨ein Vergleich, eine Darstellung⟩ so, dass sie die Realität zum Teil falsch darstellen || Hinweis: ↑ **schiefgehen**, **schiefliegen**

Schie·fer *der; -s, -;* **1** ein dunkelblaues Gestein mit dünnen, flachen Stücken, mit denen man *bes* Dächer deckt || K- Schieferdach, Schieferplatte, Schiefertafel **2** *südd* Ⓐ ein sehr

S

kleines und spitzes Stück Holz ≈ Splitter

schief·ge·hen; *ging schief, ist schiefgegangen*; **etwas geht schief** *umg*; etwas hat nicht das Ergebnis, das man erwartet hat ↔ etwas gelingt: *Die Prüfung ist total schiefgegangen* || ID *meist* **Das wird schon schiefgehen!** *umg ironisch*; es wird sicher keine Probleme geben

schief·lie·gen; *lag schief, hat schiefgelegen*; **(mit etwas) schiefliegen** *umg*; mit seiner Meinung nicht recht haben ≈ sich irren: *Da liegst du aber ganz schön schief*

schie·len; *schielte, hat geschielt*; ein Sehproblem haben, bei dem die Augen nicht normal und parallel schauen

schien ↑ **scheinen**

Schien·bein *das*; *-(e)s, -e*; der vordere Knochen des Beines unter dem Knie ⟨jemandem gegen das Schienbein treten⟩ || ↑ Abbildung unter **Skelett**

Schie·ne B2 *die*; *-, -n* **1** die beiden schmalen Stücke aus Stahl, auf denen Züge oder Straßenbahnen fahren || K- Schienenfahrzeug, Schienennetz || -K Straßenbahnschiene **2** eine Vorrichtung, auf der etwas *meist* auf Rollen bewegt wird: *eine Gardinenstange mit zwei Schienen* **3** eine Art Stange, die als Stütze dient (*z.B.* für einen gebrochenen Arm) || -K Armschiene

schier [ʃiːɐ̯] *Adverb* ≈ beinahe, fast ⟨etwas ist schier unmöglich⟩

schie·r- [ʃiːɐ̯] *Adjektiv; nur vor dem Substantiv, ohne Steigerung, nicht als Adverb* **1** nicht mit einem anderen Material vermischt ≈ rein- ⟨Fett, Fleisch, Gold⟩ **2** ohne andere Elemente (wirksam): *Aus ihr sprach die schiere Verzweiflung; Schon die schiere Größe des Konzerns ist beeindruckend*

schie·ßen[1] B1 *schoss, hat geschossen* **1** **(mit etwas) (auf jemanden/etwas) schießen** mit einer Waffe *bes* eine Kugel oder einen Pfeil in die Richtung einer Person oder Sache fliegen lassen, um diese zu treffen ⟨mit einem Gewehr, mit Pfeil und Bogen schießen⟩: *„Hände hoch, oder ich schieße!"; Die Terroristen schossen auf den Präsidenten* **2** **jemandem (etwas) irgendwohin schießen** jemanden an einer Körperstelle durch Schießen verletzen oder töten: *jemandem eine Kugel ins Bein schießen* **3** **ein Tier schießen** ein Tier durch Schießen töten **4** **(etwas) (irgendwohin) schießen** in einem (Fußball)Spiel mit dem Fuß gegen den Ball treten, damit er irgendwohin fliegt, rollt: *den Ball ins Tor schießen; Schieß doch!* **5** **ein Tor schießen** den Ball ins Tor schießen (4) **6** **ein Foto schießen** *umg*; ein Foto machen

schie·ßen[2] B1 *schoss, ist geschossen* **1** **irgendwohin schießen** *umg*; sich mit viel Kraft sehr schnell in eine bestimmte Richtung bewegen: *Er schoss mit seinem Auto plötzlich um die Kurve* **2** **etwas schießt irgendwohin** etwas fließt mit starkem Druck in eine bestimmte Richtung: *Das Wasser schoss aus dem Rohr* **3** **(in die Höhe) schießen** *umg*;sehr schnell wachsen

Schie·ße·rei *die*; *-, -en*; eine Situation, in der zwei oder mehrere Personen aufeinander schießen

Schiff[1] A1 *das*; *-(e)s, -e*; ein großes Fahrzeug für das Wasser, auf dem Menschen oder Waren transportiert werden ⟨das Schiff läuft aus/ein, legt ab/an; an Bord eines Schiffes⟩ || K- Schiffsreise, Schiffsverkehr || -K Fährschiff, Passagierschiff, Segelschiff

Schiff[2] A1 *das*; *-(e)s, -e*; der lange innere Raum einer Kirche, der *meist* von Westen nach Osten geht

Schiff·bruch *der*; *-(e)s, -brü·che*; ein Unfall eines Schiffes, bei dem alle Menschen von Bord gehen müssen ⟨Schiffbruch erleiden⟩ || ID **(mit etwas/bei etwas) Schiffbruch erleiden** einen Misserfolg haben || *hierzu* **schiff·brü·chig** *Adjektiv*; **Schiff·brü·chi·ge** *der/die*

Schiff·fahrt *die*; *-, -en*; *nur Singular*; der gesamte Verkehr der Schiffe auf dem Wasser || K- Schifffahrtslinie, Schifffahrtsweg || -K Binnenschifffahrt, Handelsschifffahrt, Küstenschifffahrt

Schi·ka·ne *die*; *-, -n*; eine Handlung oder Regelung, durch die jemand schikaniert wird || ID **mit allen Schikanen** *umg*; mit sehr viel Komfort und Luxus

schi·ka·nie·ren; *schikanierte, hat schikaniert*; **jemanden schikanieren** (*bes* als Vorgesetzter) jemandem unnötige Arbeit geben oder ihm Schwierigkeiten machen

Schild[1] B1 *das*; *-(e)s, -er* eine Tafel oder eine Platte (oder ein kleines Stück Papier oder Stoff an einer Ware), auf denen etwas geschrieben oder gezeichnet steht ⟨ein Schild anbringen, aufstellen⟩ || -K Stoppschild, Warnschild; Ortsschild, Preisschild, Straßenschild, Verkehrsschild

Schild[2] B1 *der*; *-(e)s, -e*; *historisch*; eine große Platte aus Metall, Holz oder Leder als Schutz im Kampf || ID **etwas (gegen jemanden/etwas) im Schilde führen** etwas heimlich planen (das gegen jemanden gerichtet ist)

Schild·drü·se *die*; *-, -n*; ein Organ im Hals,

S

das wichtige Hormone produziert || K- Schilddrüsenüberfunktion, Schilddrüsenunterfunktion

schil·dern; *schilderte, hat geschildert;* **(jemandem) etwas schildern** etwas genau darstellen oder erzählen ⟨etwas lebhaft schildern⟩

Schild·krö·te *die; -, -n;* ein Tier, dessen Körper mit einer dicken harten Schale (einem Panzer) bedeckt ist. Schildkröten können ihre Beine und ihren Kopf bei Gefahr ganz unter diesen Panzer ziehen || -K Landschildkröte, Meeresschildkröte, Riesenschildkröte

Schilf *das; -(e)s, -e* **1** *meist Singular;* eine Pflanze mit dünnen, langen und starken Stängeln, die ähnlich wie Gras ist und an nassen Stellen wächst: *das Schilf am Seeufer* **2** *nur Singular;* eine Fläche, auf der Schilf wächst ⟨im Schilf⟩

schil·lern; *schillerte, hat geschillert;* **etwas schillert** etwas glänzt in verschiedenen Farben ⟨ ein Käfer, ein Schmetterling; etwas schillert bunt, in allen Farben⟩

Schil·ling *der; -s, -e;* die Währung Österreichs vor der Einführung des Euro: *ein Schilling hat 100 Groschen*

schilt *Präsens, 3. Person Singular;* ↑ **schelten**

Schim·mel[1] *der; -s; nur Singular;* eine weiche, *meist* weiße oder grüne Schicht (ein Pilz), die sich *z.B.* auf Brot und Obst bildet, wenn diese alt sind || K- Schimmelbildung, Schimmelpilz || *hierzu* **schim·me·lig**, **schimm·lig** *Adjektiv;* **schim·meln** *(hat)*

Schim·mel[2] *der; -s, -;* ein weißes Pferd

Schim·mer *der; -s; nur Singular* **1** der schwache Schein eines Lichts ⟨ein matter, heller Schimmer⟩: *der Schimmer des Goldes, des Schmucks; der Schimmer des Meeres am Abend* || -K Kerzenschimmer, Lichtschimmer, Silberschimmer, Sternenschimmer **2** **ein Schimmer** + *Substantiv;* **ein Schimmer von etwas** eine geringe Menge von etwas ⟨ein Schimmer von Anstand, Hoffnung⟩ || -K Hoffnungsschimmer || ID **keinen (blassen)/nicht den geringsten Schimmer (von etwas) haben** *umg;* von etwas sehr wenig oder nichts verstehen || *zu* 1 **schim·mern** *(hat)*

Schim·pan·se *der; -n, -n;* ein afrikanischer (Menschen)Affe mit braunem Fell || *hierzu* **Schim·pan·sin** *die; -, -nen*

schimp·fen; *schimpfte, hat geschimpft* **1** **(jemanden/mit jemandem) schimpfen** jemanden mit lauten Worten kritisieren: *Sie schimpft oft mit ihrer Tochter; Bitte schimpf jetzt/mich nicht* **2** **(auf jemanden/etwas) schimpfen; (über jemanden/etwas) schimpfen** mit lauten Worten ausdrücken, dass man sich (über jemanden/etwas) ärgert

Schimpf·wort *das; -(e)s, Schimpf·wör·ter;* ein Wort, mit dem man seinen Ärger ausdrückt, jemanden beleidigt *o.Ä.* ⟨ein derbes, grobes Schimpfwort; Schimpfwörter gebrauchen⟩

schin·den; *schindete, hat geschunden* **1** **jemanden/ein Tier schinden** jemanden/ein Tier quälen, *bes* indem man sie sehr hart arbeiten lässt **2** **Zeit schinden** *umg;* auf unfaire Weise versuchen, Zeit zu gewinnen **3** **(bei jemandem) Eindruck schinden** *umg;* sich mit allen Mitteln bemühen, jemanden zu beeindrucken **4** **(bei jemandem) Mitleid schinden** *umg;* mit allen Mitteln versuchen, in jemandem ein Gefühl des Mitleids zu erwecken **5** **sich schinden** sehr hart arbeiten || *zu* 1 und 5 **Schin·de·rei** *die; -, -en*

Schin·ken B1 *der; -s, -;* **1** geräuchertes, gekochtes oder getrocknetes Fleisch vom Bein *meist* des Schweines ⟨gekochter, geräucherter Schinken⟩ || K- Schinkenbrötchen **2** *umg ironisch oder abwertend;* ein sehr großes und dickes Buch **3** *umg ironisch oder abwertend;* ein großes Bild (oder ein langer Film) von schlechter Qualität

Schip·pe *die; -, -n; bes nordd* ≈ Schaufel || ID **jemanden auf die Schippe nehmen** *umg;* mit jemandem einen Spaß machen ≈ jemanden auf den Arm nehmen

Schirm A2 *der; -(e)s, -e* **1** ein großes Stück Stoff, das über einen *meist* runden Rahmen gespannt ist, mit einer Stange und einem Griff (als Schutz vor Regen oder Sonne) || -K Regenschirm, Sonnenschirm **2** der Teil der Lampe (*meist* aus Stoff oder Kunststoff), der über und seitlich der Glühbirne ist || -K Lampenschirm **3** ≈ Bildschirm || -K Fernsehschirm, Röntgenschirm

Schirm·stän·der B2 *der; -s, -; meist* eine Art Gestell, in das man Regenschirme stellen kann

schiss *Imperfekt, 1. und 3. Person Singular;* ↑ **scheißen**

Schiss *der; -es; nur Singular; salopp; meist in* **Schiss haben** ≈ Angst haben

schlab·bern; *schlabberte, hat geschlabbert; umg* **1** **ein Tier schlabbert (etwas)** ein Tier nimmt Wasser *o.Ä.* mit schnellen Bewegungen der Zunge auf und macht dabei laute Geräusche **2** **etwas schlabbert** ein Kleidungsstück ist viel zu groß und weit ↔ etwas passt, sitzt ⟨Röcke, Hosen, Pullover⟩

Schlacht B2 *die; -, -en* **1** ein schwerer Kampf zwischen Truppen im Krieg ⟨eine blutige, entscheidende Schlacht; eine Schlacht tobt⟩: *die Schlacht von Verdun im Ersten Weltkrieg* || K- Schlachtschiff || -K Luftschlacht **2** **eine Schlacht (um etwas)** *umg;* das Bemühen verschiedener Leute, etwas Bestimmtes zu bekommen: *eine Schlacht um die wenigen Eintrittskarten* || -K Wahlschlacht

schlạch·ten; *schlachtete, hat geschlachtet;* **(ein Tier) schlachten** ein Tier töten, damit das Fleisch gegessen werden kann ⟨ein Huhn, ein Schwein schlachten⟩ || K- Schlachtvieh || *hierzu* **Schlạch·tung** *die; -, -en*

Schlạch·ter *der; -s, -; nordd* ≈ Fleischer, Metzger || *hierzu* **Schlach·te·rei** *die; -, -en*

Schlạcht·feld *das; -(e)s, -er;* ein Gelände, auf dem es eine Schlacht gegeben hat || ID *meist* **Hier sieht es aus wie auf einem Schlachtfeld!** *umg;* hier sieht es sehr unordentlich aus

Schlạcht·hof *der; -(e)s, -hö·fe;* ein Betrieb (in einer Stadt), in dem große Mengen *bes* von Schweinen und Kühen geschlachtet werden

Schlạcht·plan *der; -(e)s, -plä·ne; meist in* **einen Schlachtplan aushecken** *umg;* sich eine Strategie überlegen, wie man ein Ziel am besten erreicht

Schla̲f B2 *der; -(e)s; nur Singular* **1** der Zustand, in dem ein Mensch oder Tier schläft ⟨ein leichter, (un)ruhiger, fester, tiefer Schlaf; in (tiefen) Schlaf sinken; aus dem Schlaf erwachen; jemanden aus dem Schlaf reißen; etwas bringt jemanden um den Schlaf (= lässt jemanden nicht schlafen)⟩ || K- Schlafbedürfnis, Schlafgewohnheiten, Schlafmangel, Schlaftablette **2** **halb im Schlaf** so, dass man fast schläft || -K Halbschlaf **3** **einen** + *Adjektiv* + **Schlaf haben** regelmäßig auf bestimmte Weise schlafen ⟨einen guten, gesunden, tiefen Schlaf haben⟩: *Ich habe einen leichten Schlaf* (= ich wache bei fast jedem Geräusch auf) **4** **keinen Schlaf finden (können)** *förmlich;* (aus Angst, vor Sorgen *o.Ä.*) nicht (ein)schlafen können **5** **sich** *(Dativ)* **den Schlaf aus den Augen reiben** nach dem Schlafen die Augen reiben || ID **den Schlaf des Gerechten schlafen** gut und fest schlafen; **etwas im Schlaf können/beherrschen** etwas so gut können, dass man sich dabei kaum anstrengen oder konzentrieren muss || *zu* **1** **schla̲f·los** *Adjektiv;* **Schla̲f·lo·sig·keit** *die; -; nur Singular*

Schla̲f·an·zug *der; -(e)s, -zü·ge;* die leichte Hose und Jacke, die man im Bett trägt

Schlä̲·fe *die; -, -n* **1** eine der beiden Stellen am Kopf zwischen Ohr und Stirn ⟨jemandem/sich die Schläfen massieren⟩ **2** **graue Schläfen** graue Haare an den Schläfen

S

schla̲·fen A1 *schläft, schlief, hat geschlafen* **1** in dem Zustand der Ruhe sein, in dem die Augen lange Zeit geschlossen sind und man die Umgebung nicht bewusst wahrnimmt ⟨gut, schlecht schlafen⟩ **2** **schlafen gehen**; **sich schlafen legen** ins Bett gehen, um zu schlafen (1) **3** *umg;* nicht konzentriert sein ⟨im Unterricht schlafen⟩ **4** **mit jemandem schlafen** mit jemandem Sex haben || *zu* **1** **Schlä̲·fer** *der; -s, -;* **Schlä̲·fe·rin** *die; -, -nen*

Schla̲·fens·zeit *die; -, -en; nur Singular; meist in* **Es/Jetzt ist Schlafenszeit** (jetzt) ist es Zeit, schlafen zu gehen

schlạff, *schlaffer, schlaffst-* **1** locker nach unten hängend, nicht gespannt ⟨ein Seil⟩ **2** nicht mehr straff, mit Falten ⟨Haut⟩ **3** ohne Kraft ⟨ein Händedruck⟩

Schla̲f·ge·le·gen·heit *die; -, -en;* ein Platz (*meist* ein Bett oder ein Sofa) zum Schlafen

Schla̲f·mit·tel *das; -s, -* **1** ein Medikament, das man nimmt, um gut zu schlafen **2** *umg;* etwas sehr Langweiliges (*z.B.* eine lange Rede)

Schla̲f·müt·ze *die; -, -n; umg* **1** *humorvoll;* jemand, der gern schläft **2** *abwertend;* jemand, der kein Temperament hat, langweilig ist und reagiert

schlä̲f·rig *Adjektiv;* so müde, dass man einschlafen könnte || *hierzu* **Schlä̲f·rig·keit** *die; -; nur Singular*

Schla̲f·sack *der; -(e)s, -sä·cke;* eine Art Hülle aus einem dicken, warmen Stoff, in der man beim Camping schläft

schlä̲ft *Präsens, 3. Person Singular;* ↑ **schlafen**

schla̲f·trun·ken *Adjektiv; förmlich;* noch nicht richtig wach ≈ verschlafen

Schla̲f·wa·gen B1 *der; -s, -;* ein Eisenbahnwagen mit Betten

Schla̲f·zim·mer A1 *das; -s, -;* das Zimmer (in einem Haus oder einer Wohnung), in dem man schläft

Schla̲g *der; -(e)s, Schlä·ge* **1** eine *meist* schnelle, heftige Berührung mit der Hand oder mit einem Gegenstand ⟨ jemandem (mit einem Stock, mit der Faust) einen Schlag (ins Gesicht, in den Magen) geben, versetzen⟩ || -K Faustschlag **2** *nur Plural;* Schläge (1), die jemand in einem Kampf oder zur Strafe bekommt ≈Prügel ⟨Schläge bekommen⟩ **3** ein hartes, dumpfes Geräusch, das durch einen Schlag (1) oder einen Zusammenstoß hervorgerufen wird ⟨ein dumpfer Schlag⟩ **4** eine kurze Bewegung in einer Reihe einzelner *meist* rhythmischer Stöße: *die gleichmäßigen Schläge des Herzens* || -K Herzschlag **5** der Stoß, den der

Körper bekommt, wenn elektrischer Strom durch ihn fließt ⟨einen Schlag bekommen⟩ || -K Stromschlag **6** ein großes persönliches Unglück: *Der Tod seiner Frau war ein harter Schlag für ihn* || -K Schicksalsschlag **7** ein akustisches Signal, mit dem *bes* eine Uhr die Zeit angibt: *der Schlag der alten Standuhr* || -K Glockenschlag **8** *umg; Kurzwort* ↑ **Schlaganfall** eine plötzliche und gefährliche Störung des Gehirns || ID **ein Schlag unter die Gürtellinie** *umg;* eine sehr unfaire Handlung, eine Gemeinheit; **etwas ist ein Schlag ins Wasser** etwas hat ein enttäuschendes Ergebnis, ist ein Misserfolg; **auf 'einen Schlag** *umg* **a** ≈ plötzlich **b** alles auf einmal: *die ganze Pizza auf einen Schlag essen;* **Schlag auf Schlag** schnell nacheinander, ohne Pause; **mit einem Schlag** *umg* ≈ plötzlich, auf einmal

Schlag·ader *die; -, -n;* eine Ader, in der das Blut vom Herzen zu einem Organ fließt ≈ Arterie || -K Halsschlagader, Hauptschlagader || Hinweis: ↑ **Vene**

Schlag·an·fall *der; -(e)s, -fäl·le;* eine Störung der Tätigkeit des Gehirns (weil es zu wenig Blut bekommt), die Lähmungen zur Folge haben kann ≈ Gehirnschlag ⟨einen Schlaganfall bekommen, erleiden, haben⟩

schlag·ar·tig *Adjektiv; nur vor dem Substantiv oder als Adverb;* sehr schnell, ganz plötzlich: *eine schlagartige Wetterbesserung; Als er eintrat, verstummte schlagartig das Gespräch*

schla·gen B2 *schlägt, schlug, hat geschlagen* **1** **jemanden (irgendwohin) schlagen; jemandem irgendwohin schlagen** jemanden mit der Hand oder mit einem Gegenstand kräftig treffen, um ihm wehzutun ⟨jemanden/jemandem ins Gesicht, auf die Finger schlagen⟩ **2** **etwas irgendwohin schlagen** etwas mit einem Werkzeug irgendwohin treiben ⟨einen Nagel in die Wand, einen Pfahl in die Erde schlagen⟩ **3** **etwas schlagen** eine flüssige Masse kräftig rühren, damit sie fest wird ⟨Eiweiß, Sahne schlagen⟩ **4** **etwas schlagen** ≈ fällen (1) ⟨einen Baum schlagen⟩ **5** **jemanden schlagen** in einem (Wett)Kampf gegen jemanden/eine Mannschaft gewinnen ≈ besiegen: *Inter Mailand schlug Bayern München 3:1* **6** **irgendwohin schlagen** mit der Hand kräftig auf einen Gegenstand schlagen (1): *auf den Tisch schlagen* **7** **etwas schlägt** *(+ Zeitangabe) meist* eine Uhr zeigt durch Töne die Zeit an: *Die Turmuhr schlägt (acht)* **8** **etwas schlägt** etwas macht rhythmische Bewegungen ⟨das Herz, der Puls⟩ **10** **jemand schlägt sich mit jemandem; ⟨Personen⟩ schlagen sich** *meist* zwei Personen prügeln sich: *Er schlug sich mit seinem Freund* **11** **sich irgendwie schlagen** *(meist* in einem Wettkampf oder einer Diskussion) eine bestimmte Leistung bringen ⟨sich tapfer schlagen⟩ **12** **sich geschlagen geben** in einem Kampf, Streit nachgeben, aufgeben

schla·gend *Adjektiv;* ⟨ein Argument, ein Beweis⟩ so klar und logisch, dass sie eindeutig richtig sind

Schla·ger *der; -s, -;* **1** ein Lied mit einer einfachen Melodie und einfachem Text, das *(oft* nur für kurze Zeit) sehr bekannt und beliebt ist ≈ Hit || K- Schlagermusik, Schlagersänger **2** ein Produkt, von dem (eine Zeit lang) sehr viel verkauft wird || -K Preisschlager, Verkaufsschlager

Schlä·ger *der; -s, -;* ein (Sport)Gerät, mit dem man den Ball schlägt || -K Golfschläger, Hockeyschläger, Tennisschläger, Tischtennisschläger

Schlä·ge·rei *die; -, -en;* ein Streit, bei dem sich die Leute prügeln

schlag·fer·tig *Adjektiv* **1** fähig, schnell und mit passenden *(meist* witzigen) Worten zu antworten ⟨ein Mensch⟩ **2** treffend und witzig ⟨eine Antwort⟩ || *hierzu* **Schlag·fer·tig·keit** *die; -; nur Singular*

Schlag·in·stru·ment *das; -(e)s, -e;* ein (Musik)Instrument, mit dem man durch Schlagen

S

Schlaginstrumente

oder Klopfen Töne erzeugt(z.B. eine Trommel)

Schlag·kraft *die; -; nur Singular* **1** die Fähigkeit, eine überzeugende Wirkung zu haben ≈ Wirksamkeit ⟨*meist* die Schlagkraft eines Arguments⟩ **2** ≈ Kampfkraft, Kampfstärke ⟨die militärische Schlagkraft⟩ || *hierzu* **schlag·kräf·tig** *Adjektiv*

Schlag·loch *das; -(e)s, -lö·cher;* ein ziemlich großes Loch in der Straße

Schlag·sei·te *die; -; nur Singular;* die schräge Lage eines Schiffes zu einer Seite hin ⟨ein Schiff hat schwere, starke Schlagseite⟩ || ID **Schlagseite haben** *umg humorvoll;* nicht mehr geradeaus gehen können, weil man zu viel getrunken hat

Schlag·wort *das; -(e)s, Schlag·wör·ter/Schlag·wor·te* **1** *meist abwertend;* ein *meist* politischer Begriff, der so oft gebraucht wird, dass seine ursprüngliche oder genaue Bedeutung unklar ist **2** ein Wort (in Katalogen von Bibliotheken), das den Inhalt eines Buches oder mehrerer Bücher charakterisiert || K- Schlagwortkatalog, Schlagwortverzeichnis

Schlag·zei·le B2 *die; -, -n;* die Überschrift (in großen Buchstaben) in einer Zeitung über dem Text

Schlag·zeug *das; -s, -e;* die Schlaginstrumente (wie *z.B.* Trommeln und Becken) in einer Band oder in einem Orchester ⟨Schlagzeug spielen⟩ || *hierzu* **Schlag·zeu·ger** *der; -s, -*

Schla·mas·sel *der/südd* Ⓐ *das; -s; nur Singular; umg;* eine ärgerliche, schwierige Lage ⟨im Schlamassel sitzen/stecken⟩: *Da haben wir den Schlamassel!*

Schlamm *der; -(e)s, -e/Schläm·me;* eine feuchte Masse *meist* aus Wasser und Erde || *hierzu* **schlam·mig** *Adjektiv*

Schlam·pe *die; -, -n; umg abwertend* **1** verwendet als Schimpfwort für eine unordentliche Frau **2** verwendet als Schimpfwort für eine Frau, die sexuelle Beziehungen zu mehreren Männern hat

schlam·pig *Adjektiv; umg abwertend* **1** unordentlich oder schmutzig ↔ gepflegt ⟨schlampig angezogen, gekleidet sein, herumlaufen; schlampig aussehen; eine Wohnung⟩ **2** ohne Sorgfalt (gemacht) ≈ nachlässig ⟨eine Arbeit, eine Reparatur; schlampig arbeiten⟩ || *hierzu* **Schlam·pig·keit** *die; -; nur Singular*

schlang *Imperfekt, 1. und 3. Person Singular;* ↑ **schlingen**

Schlan·ge[1] *die; -, -n;* ein Reptil mit langem, schmalem Körper, ohne Beine und mit einer Zunge, die vorne gespalten ist ⟨die Schlange züngelt, zischt⟩ || K- Schlangenbiss, Schlangengift || -K Giftschlange

Schlan·ge[2] *die; -, -n;* viele Menschen, die hintereinanderstehen und auf etwas warten ⟨Schlange stehen⟩: *eine Schlange an der Kasse* || -K Warteschlange

schlank B1 *schlanker, schlankst-; Adjektiv;* mit einer schmalen Figur und schönen Proportionen ↔ dick: *Sie will jetzt weniger essen, damit sie schlanker wird* || *hierzu* **Schlank·heit** *die; -; nur Singular*

schlapp, *schlapper, schlappst-; Adjektiv* **1** ohne Kraft und Energie, erschöpft ≈ matt, schlaff ⟨sich schlapp fühlen⟩ **2** *umg abwertend;* ohne Temperament, langweilig ⟨ein Kerl⟩ **3** locker (hängend), nicht gespannt ≈ schlaff ⟨ein Seil⟩

Schlap·pe *die; -, -n; umg* ≈ Niederlage, Misserfolg ⟨eine schwere Schlappe erleiden⟩

schlapp·ma·chen; *machte schlapp, hat schlappgemacht; umg;* bei einer bestimmten Tätigkeit nicht mehr weitermachen, weil man keine Kraft mehr hat ↔ durchhalten: *Schon nach zwei Kilometern machte er schlapp*

schlau, *schlauer, schlaust-; Adjektiv* **1** so, dass mit Erfahrung, Tricks und Geschick gearbeitet wird ≈ raffiniert ⟨ein Plan⟩ **2** **aus jemandem/etwas nicht schlau werden** *umg;* jemanden/etwas nicht verstehen, nicht durchschauen können || *zu* 1 **Schlau·heit** *die; -; nur Singular*

Schlauch *der; -(e)s, Schläu·che* **1** eine Röhre aus Gummi oder Kunststoff, für Flüssigkeiten oder Gas: *der Schlauch an der Waschmaschine* || -K Gartenschlauch, Wasserschlauch **2** ein runder Schlauch aus Gummi (in einem Fahrradreifen), der mit Luft gefüllt ist ⟨einen Schlauch aufpumpen⟩ || ID **etwas ist ein Schlauch** *umg;* etwas dauert sehr lange und ist anstrengend; **auf dem Schlauch stehen** *umg humorvoll oder abwertend;* etwas nicht sofort verstehen

Schlauch·boot *das; -(e)s, -e;* ein Boot aus Gummi oder Kunststoff, das mit Luft gefüllt ist

schlau·chen; *schlauchte, hat geschlaucht;* **etwas schlaucht (jemanden)** *umg;* etwas ist (körperlich) sehr anstrengend: *Die lange Wanderung in den Bergen hat mich ziemlich geschlaucht*

Schlau·fe *die; -, -n* **1** ein (schmales) Band (*meist* aus Stoff oder Leder) in Form eines Rings, an dem man sich festhalten oder mit dem man etwas tragen kann: *die Schlaufe an einem Skistock; sich in der Straßenbahn an einer Schlaufe festhalten* || -K Lederschlaufe ||

Hinweis: ↑ **Schlinge** **2** ein (schmales) Band, das an einer Hose *o.Ä.* angenäht ist, um den Gürtel zu halten || -K Gürtelschlaufe

schlecht A1 *schlechter, schlechtest-; Adjektiv* **1** (in der Qualität) nicht so, wie es sein sollte ↔ gut: *eine schlechte Leistung; Das Buch war so schlecht, dass ich es nicht fertig las* **2** *nicht als Adverb;* ⟨Augen, Ohren, Nerven, ein Gedächtnis, ein Gehör⟩ so, dass sie nicht (mehr) richtig funktionieren **3** *nicht als Adverb;* ⟨ein Schüler, ein Anwalt, ein Arzt, ein Lehrer; Eltern⟩ so, dass sie ihre Arbeit nicht gut machen **4** ≈ böse ⟨ein Mensch, eine Tat⟩ **5** nicht so, wie es üblich ist oder erwartet wird ⟨ein Benehmen, ein Verhalten⟩: *jemanden schlecht behandeln* **6** ⟨ein Freund; ein Demokrat⟩ so, dass sie nur dem Anschein nach das sind, als was sie sich ausgeben: *Er ist ein schlechter* (= kein richtiger) *Freund, wenn er dich so behandelt!* **7** **schlecht (für jemanden/etwas)** so, dass es jemandem/etwas schadet, nicht geeignet oder nicht passend ist: *Das feuchte Klima ist schlecht für die Gesundheit* **8** unangenehm oder nicht erfreulich ⟨eine Nachricht⟩ **9** mit Problemen verbunden ⟨ein Flug, eine Reise⟩ **10** mit Regen, Schnee *o.Ä.* ⟨Wetter⟩ **11** verdorben, nicht mehr essbar ⟨etwas riecht, schmeckt, ist schlecht⟩ **12** mit weniger Ertrag als erwartet ⟨eine Ernte, ein Jahr⟩ **13** *nur als Adverb;* nicht ohne Probleme: *Ich kann hier schlecht weg* (= Ich bekomme Schwierigkeiten, wenn ich hier weggehe) **14** **es steht schlecht um jemanden/etwas** jemand/etwas hat (*meist* finanzielle) Probleme: *Es steht schlecht um seine Firma* **15** **jemandem ist/wird schlecht** jemand hat das Gefühl, sich erbrechen zu müssen **16** **jemandem geht es schlecht** jemand ist krank oder fühlt sich seelisch nicht wohl: *Nach der Trennung von seiner Freundin ist es ihm lange Zeit ziemlich schlecht gegangen* **17** **jemandem geht es schlecht** jemand hat kein Geld und nichts zu essen **18** **jemand hat es schlecht/ist schlecht dran** *umg;* jemand hat Probleme || ID **nicht schlecht** *umg* ≈ sehr: *Ich habe nicht schlecht gestaunt, als ich das sah* || Hinweis: ↑ **schlechtmachen** || *zu 4* **Schlech·tig·keit** *die; -; nur Singular*

schlecht·ge·hen A2 *(ist)* ↑ **schlecht** (16,17)

schlecht·ma·chen; *machte schlecht, hat schlechtgemacht;* **jemanden/etwas (bei jemandem) schlechtmachen** *umg;* etwas Negatives über jemanden/etwas sagen, um ihm zu schaden: *Sie hat ihre Kollegin beim Chef schlechtgemacht*

schlecht·ste·hen *(hat/südd* Ⓐ Ⓒⓗ *ist)* ↑ **stehen**[1] (12)

schle·cken; *schleckte, hat geschleckt;* **(etwas) schlecken** ≈ lecken: *Die Kinder schlecken Eis*

Schle·gel *der; -s, -;* **1** eine Art großer Hammer aus Holz **2** eine Art (Holz)Stock, mit dem man eine Trommel *o.Ä.* schlägt || -K Trommelschlegel **3** *südd* Ⓐ Ⓒⓗ ≈ Keule (2) || -K Kalbsschlegel, Putenschlegel, Rehschlegel

schlei·chen B2 *schlich, hat/ist geschlichen* **1** **(irgendwohin) schleichen** *(ist)* leise, langsam und vorsichtig gehen (damit man nicht bemerkt wird): *Sie schlich lautlos ins Zimmer* **2** **sich irgendwohin schleichen** *(hat)* ≈ schleichen (1)

schlei·chend *Adjektiv; meist vor dem Substantiv;* ⟨eine Krankheit⟩ so, dass sie langsam immer schlimmer wird

Schlei·er *der; -s, -;* **1** ein dünnes Stück Stoff oder Netz, das eine Frau vor dem Gesicht oder auf dem Kopf trägt: *Viele Frauen in arabischen Ländern tragen einen Schleier* || -K Brautschleier, Witwenschleier **2** eine Schicht aus kleinen Tropfen oder Staubkörnern in der Luft, die die Sicht behindert || -K Dunstschleier, Nebelschleier, Rauchschleier, Regenschleier, Wolkenschleier || ID **den Schleier lüften** ein Geheimnis verraten

schlei·er·haft *Adjektiv; umg; meist in* **etwas ist/bleibt jemandem schleierhaft** etwas ist so, dass es jemand nicht versteht ≈ etwas ist jemandem unerklärlich: *Es ist mir schleierhaft, wie er diese Strapazen erträgt*

Schlei·fe *die; -, -n* **1** ein Knoten mit zwei Schlingen ⟨eine Schleife im Haar, am Kleid tragen⟩: *die Schnürsenkel zu Schleifen binden* || -K Haarschleife, Kranzschleife, Samtschleife, Seidenschleife **2** eine Linie mit der Form einer Schlinge: *Der Fluss macht hier eine Schleife; Er flog mit dem Flugzeug eine Schleife am Himmel* || -K Landeschleife

schlei·fen[1]; *schliff, hat geschliffen;* **(etwas) schleifen** eine Oberfläche durch Reiben glatt oder scharf machen ⟨ein Beil, ein Messer, Diamanten schleifen⟩ || K- Schleifstein

schlei·fen[2]; *schleifte, hat geschleift* **1** **jemanden/etwas (irgendwohin) schleifen** jemanden/etwas *meist* mit viel Mühe auf einer Fläche (*meist* auf dem Boden) irgendwohin ziehen: *einen schweren Sack schleifen* **2** **jemanden/etwas irgendwohin schleifen** *umg* ≈ schleppen (4, 5)

Schleim *der; -(e)s, -e;* eine flüssige, aber zähe Substanz, die sich im Körper von Menschen und Tieren bildet || -K Mundschleim, Nasenschleim

Schleim·haut *die; -, -häu·te;* die Haut bestimmter Organe des Körpers, die Schleim produziert || -K Magenschleimhaut, Mundschleimhaut, Nasenschleimhaut

schlei·mig *Adjektiv* **1** mit Schleim bedeckt ⟨ein Fisch, eine Schnecke⟩ **2** wie Schleim ⟨ein Ausfluss, eine Substanz⟩ **3** *umg abwertend;* ⟨ein Typ⟩ so, dass er jemandem schmeichelt, um Vorteile zu bekommen ≈ heuchlerisch

schlem·men; *schlemmte, hat geschlemmt;* **(etwas) schlemmen** etwas sehr Gutes und *meist* Teures essen und es genießen: *Gestern Abend schlemmten wir in einem Dreisternerestaurant* || *hierzu* **Schlem·mer** *der; -s, -*

schlen·dern; *schlenderte, ist geschlendert;* **irgendwohin schlendern** gemütlich und langsam spazieren gehen

Schlep·pe *die; -, -n;* der lange, hintere Teil eines festlichen Kleides, den eine Frau beim Gehen auf dem Boden nach sich zieht: *die Schleppe eines Brautkleides* || K- Schleppenträger || -K Brautschleppe, Samtschleppe, Seidenschleppe

schlep·pen; *schleppte, hat geschleppt* **1** **jemanden/etwas (irgendwohin) schleppen** eine Person/etwas Schweres mit viel Mühe irgendwohin tragen **2** **etwas (irgendwohin) schleppen** ein Fahrzeug mit der Hilfe eines anderen ziehen: *ein Schiff in den Hafen schleppen* **3** **sich irgendwohin schleppen** sich mit viel Mühe irgendwohin bewegen: *Er konnte sich schwer verletzt noch ans Telefon schleppen* **4** **jemanden irgendwohin schleppen** *umg humorvoll;* jemanden dazu überreden, irgendwohin mitzugehen: *jemanden zum Zahnarzt schleppen* **5** **jemanden/etwas irgendwohin schleppen** *umg;* jemanden/etwas irgendwohin mitnehmen, obwohl er/es lästig ist: *Warum schleppst du denn deine Schwester mit auf die Party?*

S

schlep·pend *Adjektiv* **1** ⟨eine Bewegung, Schritte⟩ langsam und mit viel Mühe (*z.B.* weil der Betroffene krank oder erschöpft ist) **2** langsam und mit Schwierigkeiten ↔ zügig: *Die Arbeit geht nur schleppend voran*

Schlep·per *der; -s, -;* **1** ein schweres Fahrzeug (*z.B.* ein Traktor oder ein Schiff), das andere Fahrzeuge oder Anhänger zieht **2** *umg abwertend;* jemand, der auf der Straße Leute zu überreden versucht, in ein Bordell, ein Nachtlokal *o.Ä.* zu gehen **3** jemand, der Flüchtlinge, illegale Einwanderer *o.Ä.* gegen hohe Bezahlung heimlich in ein Land/aus einem Land bringt || K- Schlepperbande

Schleswig-Holstein

Schleswig-Holstein ist das nördlichste Bundesland Deutschlands. Es liegt zwischen **Nordsee** und **Ostsee**. Bekannt sind die Nordseeinsel **Sylt**, die Landeshauptstadt **Kiel** und die **Hansestadt Lübeck**. **Flensburg** ist bekannt für das **Verkehrszentralregister** (*umg.*: die **Verkehrssünderkartei**), in dem man registriert wird, wenn man gegen die deutsche Straßenverkehrsordnung verstößt.

LANDESKUNDE

schleu·dern B2 *schleuderte, hat/ist geschleudert* **1** **jemanden/etwas (irgendwohin) schleudern** (*hat*) jemanden/etwas mit sehr viel Kraft in eine bestimmte Richtung bewegen: *Bei dem Unfall wurde sie aus dem Auto geschleudert* **2** **jemand/etwas schleudert (etwas)** (*hat*) eine Maschine bewegt nasse Wäsche so schnell, dass das Wasser herausgepresst wird ⟨Wäsche schleudern⟩ **3** **etwas schleudert (irgendwohin)** (*ist*) ein Fahrzeug kommt aus der Spur und rutscht weg: *Auf der glatten Fahrbahn kamen mehrere Autos ins Schleudern* || K- Schleudergefahr || ID **ins Schleudern geraten/kommen** *umg;* in einer Situation unsicher werden, *bes* weil man Angst hat oder etwas nicht weiß

schleu·nigst *Adverb;* sehr schnell ⟨etwas schleunigst tun⟩

Schleu·se *die; -, -n* **1** eine Vorrichtung an einem Kanal *o.Ä.*, die *meist* aus zwei Toren besteht, zwischen denen man das Wasser höher und niedriger machen kann, um Schiffen zu helfen, auf eine höhere oder niedrigere Ebene zu kommen || K- Schleusentor, Schleusenwärter || -K Flussschleuse, Kanalschleuse **2** ein kleiner Raum, der luftdicht geschlossen werden kann, damit *z.B.* jemand desinfiziert werden kann, bevor er in einen anderen Raum gelangt || -K Luftschleuse

schleu·sen; *schleuste, hat geschleust* **1** **etwas irgendwohin schleusen** etwas durch eine Schleuse bringen: *ein Schiff durch den Kanal schleusen* **2** **jemanden/etwas irgendwohin schleusen** jemanden/etwas durch ein fremdes Gebiet, durch Hindernisse *o.Ä.* führen: *jemanden durch den Großstadtverkehr schleusen* **3** **jemanden/etwas irgendwohin schleusen** jemanden/etwas irgendwohin bringen, obwohl es illegal oder gefährlich ist: *Sie wollten mehrere Kilo Rauschgift durch den Zoll schleusen*

schlich *Imperfekt, 1. und 3. Person Singular;* ↑

schleichen

Schli·che *die; -; Plural; meist in* **jemandem auf die Schliche kommen/hinter jemandes Schliche kommen** herausfinden, welche heimliche Absicht jemand hat

schlicht, *schlichter, schlichtest-; Adjektiv* **1** einfach und ohne Schmuck oder viele Details ⟨eine Feier, Kleidung⟩ **2** *nur als Adverb;* **schlicht (und einfach)** ohne Zweifel: *Das ist schlicht und einfach gelogen* || *zu 1* **Schlicht·heit** *die; -; nur Singular*

schlich·ten; *schlichtete, hat geschlichtet;* **(etwas) schlichten** versuchen, einen Streit zu beenden, indem man als Neutraler mit den Parteien verhandelt || *hierzu* **Schlich·ter** *der; -s, -;* **Schlich·te·rin** *die; -, -nen*

schlief *Imperfekt, 1. und 3. Person Singular;* ↑ **schlafen**

schlie·ßen[1] A2 *schloss, hat geschlossen* **1** **etwas schließen** etwas so bewegen, dass ein Raum nicht mehr offen ist ↔ öffnen: *das Fenster, die Tür schließen* **2** **etwas schließen** durch einen Deckel *o.Ä.* bewirken, dass etwas nach außen hin nicht mehr offen ist: *die Augen, ein Buch, eine Flasche, eine Kiste schließen* **3** **etwas irgendwohin schließen** etwas in einen Raum bringen und diesen mit einem Schlüssel *o.Ä.* sicher schließen (1): *den Schmuck in einen Tresor schließen* **4** **etwas schließen** aufhören, einen Betrieb, eine Firma zu betreiben **5** **jemand schließt einen Vertrag mit jemandem**; ⟨Personen⟩ **schließen einen Vertrag** zwei oder mehrere Personen machen einen Vertrag **6** **(etwas) (irgendwann) schließen** ein Geschäft, ein Gasthaus (vorübergehend) nicht mehr geöffnet haben: *Wir schließen in 10 Minuten* **7** **(etwas) schließen** eine Tätigkeit *o.Ä.* beenden ⟨die Verhandlung, die Sitzung schließen⟩ **8** **etwas schließt** etwas ist nicht mehr für Kunden oder Gäste geöffnet: *Die Bank schließt um fünf Uhr* **9** **etwas schließt sich** etwas bewegt sich so oder wird so bewegt, dass ein Raum nicht mehr offen ist ⟨das Fenster, die Tür⟩: *Die Tür schließt sich automatisch* **10** **etwas schließt sich** etwas kommt an einem Punkt zusammen, sodass es nicht mehr offen ist ⟨eine Blüte, eine Wunde⟩

schlie·ßen[2] A2 *schloss, hat geschlossen* **1** **etwas (aus etwas) schließen** zu einem bestimmten Ergebnis kommen, nachdem man etwas analysiert hat ≈ folgern: *Aus seinen Andeutungen konnten wir schließen, dass die Firma finanzielle Probleme hat* **2** **von jemandem/etwas auf jemanden/etwas schließen** annehmen, dass etwas, das auf jemanden/etwas zutrifft, auch auf eine andere Person oder Sache zutrifft: *Sei vorsichtig, du darfst nicht von dir auf andere schließen!*

Schließ·fach B2 *das; -(e)s, -fä·cher;* ein Fach (*z.B.* am Bahnhof), in das man für eine bestimmte Zeit Dinge legt (und das Fach mit einem Schlüssel schließt)

schließ·lich[1] B2 *Adverb;* nach langem Warten, nach einer umständlichen Prozedur ≈ endlich: *Sie diskutierten lange, aber schließlich fanden sie doch eine Lösung*

schließ·lich[2] B2 *Partikel;* verwendet, um eine Begründung oder Erklärung zu geben: *Du musst tun, was er sagt, schließlich ist er dein Chef*

schliff *Imperfekt, 1. und 3. Person Singular;* ↑ **schleifen**

schlimm A2 *Adjektiv* **1** mit sehr unangenehmen Folgen für jemanden ⟨ein Fehler, eine Nachricht⟩: *Die Trockenheit hatte schlimme Folgen für die Ernte* **2** ⟨ein Verbrechen⟩ so, dass es gegen alle moralischen Prinzipien verstößt **3** *nur vor dem Substantiv, nicht als Adverb; umg;* entzündet und schmerzhaft: *ein schlimmer Zahn*

schlimms·ten·falls *Adverb;* wenn man die Sache von der ungünstigsten Seite betrachtet ↔ bestenfalls

Schlin·ge *die; -, -n;* die Form, die ein Faden, Draht *o.Ä.* hat, wenn man ihn so biegt, dass ungefähr ein Kreis entsteht ⟨eine Schlinge knüpfen, machen; die Schlinge zuziehen⟩: *den gebrochenen Arm in einer Schlinge tragen* || -K Armschlinge, Drahtschlinge, Lassoschlinge

Schlin·gel *der; -s, -; umg;* ein Junge, der zwar nicht immer brav, aber auch nicht zu frech ist, *oft* auch als freundliche Anrede verwendet

schlin·gen[1]; *schlang, hat geschlungen;* **etwas um etwas schlingen** eine Schnur, ein Band locker um etwas legen: *ein Seil um einen Ast schlingen*

schlin·gen[2]; *schlang, hat geschlungen;* **(etwas) schlingen** etwas sehr schnell essen (ohne zu kauen)

schlin·gern; *schlingerte, hat/ist geschlingert* **1** **ein Schiff schlingert** ein Schiff bewegt sich beim Fahren stark nach oben und unten, nach rechts und nach links ≈ ein Schiff schwankt **2** **etwas schlingert** ein Anhänger *o.Ä.* bewegt sich beim Fahren nach links und rechts

Schlips *der; -es, -e* ≈ Krawatte || ID **jemandem auf den Schlips treten** *umg;* jemanden beleidigen, in seinen Gefühlen verletzen

Schlit·ten *der; -s, -;* **1** ein Fahrzeug mit zwei *meist* metallenen Schienen, für Schnee und Eis ⟨(mit dem) Schlitten fahren⟩ || K- Schlittenfahrt, Schlittenhund || -K Hundeschlitten, Kinderschlitten, Pferdeschlitten **2** *umg;* ein großes, teures Auto || ID **mit jemandem Schlitten fahren** *umg;* jemanden autoritär und grob behandeln

Schlitt·schuh *der; -(e)s, -e;* ein Schuh mit einer schmalen Schiene aus Metall, mit dem man über Eis gleiten kann ⟨Schlittschuh laufen⟩ || K- Schlittschuhläufer

Schlitz *der; -es, -e* **1** eine sehr schmale Öffnung || -K Briefkastenschlitz **2** ein offener Einschnitt an einem Kleidungsstück || -K Rockschlitz

Schlitz·ohr *das; -(e)s, -en; umg;* jemand, der schlau und listig ist

schloss B2 *Imperfekt, 1. und 3. Person Singular;* ↑ **schließen**

Schloss[1] B2 *das; -es, Schlös·ser;* eine Vorrichtung *z.B.* an Türen, Schränken zum Schließen[1] (mit Schlüssel) ⟨das Schloss aufschließen⟩ || ↑ Illustration **Das Fahrrad** || -K Kofferschloss, Zahlenschloss

Schloss[2] B2 *das; -es, Schlös·ser;* ein großes und sehr wertvolles Haus, in dem Könige und Fürsten leben oder lebten: *die Schlösser König Ludwigs II.* || K- Schlossbesichtigung, Schlossgarten

Schlos·ser *der; -s, -;* jemand, der beruflich *bes* aus Metall oder Eisen Produkte herstellt || *hierzu* **Schlos·se·rei** *die; -, -en;* **Schlos·se·rin** *die; -, -nen*

Schlot *der; -(e)s, -e/Schlö·te;* ein hoher Schornstein (*meist* bei einer Fabrik)

schlot·tern; *schlotterte, hat geschlottert* **1** (**vor etwas** (*Dativ*)) **schlottern** sehr stark zittern, *z.B.* weil man sehr friert oder große Angst hat ⟨vor Angst, Kälte schlottern⟩ **2** **etwas schlottert** ein Kleidungsstück hängt sehr weit und lose am Körper: *schlotternde Hosen*

S

Schlucht *die; -, -en;* ein sehr enges und tiefes Tal *meist* in den Bergen ⟨eine tiefe, steile, felsige, dunkle Schlucht⟩ || -K Bergschlucht, Felsenschlucht, Gebirgsschlucht, Talschlucht, Waldschlucht

schluch·zen; *schluchzte, hat geschluchzt;* weinen und dabei in kurzen Abständen laut einatmen ⟨bitterlich, heftig, schluchzen; mit schluchzender Stimme⟩

Schluck B1 *der; -(e)s, -e* **1** die Menge einer Flüssigkeit, die man auf einmal schluckt ⟨ein Schluck Wasser, Kaffee⟩ **2** das Schlucken einer kleinen Menge Flüssigkeit: *in hastigen Schlucken trinken*

Schluck·auf *der; -s; nur Singular;* ein unkontrolliertes Zucken des Zwerchfells, das *meist* über einen bestimmen Zeitraum wiederholt vorkommt, das die Atmung kurz unterbricht und bei dem *meist* ein kurzes Geräusch aus dem Mund kommt ⟨(einen) Schluckauf bekommen, haben⟩

schlu·cken; *schluckte, hat geschluckt* **1** (**etwas**) **schlucken** die Muskeln in Mund und Hals bewegen und so etwas vom Mund in den Magen bringen ⟨einen Bissen, ein Medikament schlucken⟩: *Er hatte starke Halsschmerzen und konnte kaum noch schlucken* **2** **etwas schluckt etwas** *umg;* etwas nimmt etwas in sich auf: *Die Tür ist schalldicht - sie schluckt jeden Lärm* **3** **etwas schluckt etwas** *umg;* etwas verbraucht eine bestimmte (*meist* große) Menge von etwas: *Die Reise hat viel Geld geschluckt* **4** *meist* **etwas schlucken** (**müssen**) *umg;* sich nicht gegen etwas wehren (können) ⟨einen Vorwurf schlucken müssen⟩

schlu·dern; *schluderte, hat geschludert; umg abwertend;* eine Arbeit nicht ordentlich und genau machen ≈ schlampen || *hierzu* **schlu·de·rig**, **schlud·rig** *Adjektiv*

schlug *Imperfekt, 1. und 3. Person Singular;* ↑ **schlagen**

schlü·ge *Konjunktiv II, 1. und 3. Person Singular;* ↑ **schlagen**

schlum·mern; *schlummerte, hat geschlummert* **1** ruhig schlafen **2** **etwas schlummert in jemandem** ein Talent ist bei jemandem vorhanden, jedoch noch nicht entdeckt oder gefördert worden: *In diesem Jungen schlummert eine große musikalische Begabung* || *zu* 1 **Schlum·mer** *der; -s; nur Singular*

schlüp·fen; *schlüpfte, ist geschlüpft* **1** **irgendwohin schlüpfen** sich leise, schnell und gewandt irgendwohin bewegen: *in ein Versteck schlüpfen* **2** ⟨ein Vogel, ein Insekt⟩ **schlüpft** ein Vogel oder ein Insekt kriecht aus dem Ei, der Puppe: *Das Küken ist geschlüpft* **3** **in etwas** (*Akkusativ*) **schlüpfen/aus etwas schlüpfen** ein Kleidungsstück schnell anziehen/ausziehen: *in den Pulli schlüpfen; aus dem Hemd schlüpfen*

Schlüp·fer *der; -s, -;* eine Unterhose (*bes* für Frauen)

Schlupf·loch *das; -(e)s, -lö·cher* **1** ein Ort, an dem man sich verstecken kann **2** ein Loch, durch das man/ein Tier irgendwohin schlüpfen (1) kann

schlụ̈pf·rig *Adjektiv* **1** ⟨eine Oberfläche⟩ glatt und feucht **2** *abwertend* ≈ unanständig, obszön ⟨ein Witz, eine Geschichte⟩ || *hierzu* **Schlụ̈pf·rig·keit** *die; -, -en*

Schlụpf·win·kel *der* ≈ Schlupfloch (1)

schlụ̈r·fen; *schlürfte, hat geschlürft;* **(etwas) schlürfen** eine Flüssigkeit mit lautem Geräusch in den Mund saugen: *heiße Suppe schlürfen*

Schlụss[1] B1 *der; -es, Schlüs·se* **1** *nur Singular;* der Zeitpunkt, an dem etwas aufhört oder die letzte Phase von etwas ≈ Ende: *am Schluss der Vorstellung; kurz vor Schluss der Sitzung; Zum Schluss verbeugte sich der Pianist* || K- Schlussakkord, Schlusspfiff, Schlusspunkt || -K Dienstschluss, Schulschluss **2** *meist Singular;* der letzte Teil von etwas: *ein Roman mit einem überraschenden Schluss* || K- Schlussphase, Schlussteil **3** **(mit etwas) Schluss machen** aufhören, etwas zu tun: *Machen wir Schluss für heute, ich bin müde; Er hat mit dem Rauchen Schluss gemacht* **4** **jemand macht Schluss mit jemandem**; ⟨zwei Personen⟩ **machen Schluss** zwei Personen beenden eine Liebesbeziehung, trennen sich

Schlụss[2] B1 *der; -es, Schlüs·se* **1** das Ergebnis eines Denkprozesses ≈ Folgerung ⟨ein falscher, zwingender Schluss; zu einem Schluss kommen⟩ || K- Schlussfolgerung || -K Fehlschluss **2** **einen Schluss ziehen** zu einem Schluss kommen

-schlụss *der; -es; nur Singular; im Substantiv;* der Zeitpunkt, an dem etwas geschlossen wird; **Büroschluss, Geschäftsschluss, Ladenschluss, Schalterschluss**

Schlụ̈s·sel[1] A1 *der; -s, -;* ein Gegenstand aus Metall, mit dem man eine Tür auf- und zuschließen kann, ein Auto startet *usw* ⟨den Schlüssel ins Schloss stecken⟩ || -K Autoschlüssel, Hausschlüssel

Schlụ̈s·sel[2] A1 *der; -s, -;* **1** **der Schlüssel (zu etwas)** das Mittel, durch das etwas erreicht oder etwas verstanden werden kann ⟨der Schlüssel zum Erfolg⟩ || K- Schlüsselfigur, position, Schlüsselrolle **2** ein Plan, nach dem etwas aufgeteilt oder verteilt wird: *der Schlüssel für die Verteilung der Mittel*

Schlụ̈s·sel·bein *das; -(e)s, -e;* einer der beiden Knochen, die vorne am Körper vom Hals zur Schulter gehen || ↑ Abbildung unter **Skelett**

schlụss·fol·gern; *schlussfolgerte, hat geschlussfolgert;* **etwas schlussfolgern** ≈ folgern: *Sie schlussfolgerte, dass er gelogen hatte* || *hierzu* **Schlụss·fol·ge·rung** *die; -, -en*

Schlussformeln in Briefen und E-Mails

Unter Freunden:
Viele /Liebe /Herzliche Grüße, ...
Herzlichst, Dein(e) / Euer / Eure ...
Mach's gut! Dein(e) ...
Alles Gute / Liebe von ...
Viele Grüße an alle von ...

Formell:
Mit freundlichen Grüßen, ...
Ich verbleibe mit den besten Grüßen ...
In Erwartung Ihrer Antwort verbleibe ich mit herzlichen Grüßen ....

SPRECHEN UND SCHREIBEN

schlụ̈s·sig *Adjektiv* **1** logisch und überzeugend ⟨eine Argumentation, ein Beweis⟩ **2** **sich** (*Dativ*) **(über etwas** (*Akkusativ*)**) schlüssig sein** sich für etwas entschieden haben: *Bist du dir schon schlüssig (darüber), was wir jetzt machen sollen?* || *zu* 1 **Schlụ̈s·sig·keit** *die; -; nur Singular*

Schlụss·leuch·te *die* ≈ Schlusslicht (1)

Schlụss·licht **1** das rote Licht am hinteren Ende eines Fahrzeugs ≈ Rücklicht **2** *Sport, umg;* der Letzte in einer Tabelle

Schlụss·strich *der; -(e)s, -e; meist in* **einen Schlussstrich unter etwas** (*Akkusativ*) **ziehen** einen unangenehmen Zustand beenden

schmạch·ten; *schmachtete, hat geschmachtet; förmlich* **1** **irgendwo schmachten** irgendwo *bes* unter Hunger, Durst oder Hitze leiden ⟨im Gefängnis, im Kerker, in der Wüste schmachten⟩ **2** **nach jemandem/etwas schmachten** sich sehr nach jemandem/etwas sehnen und daran leiden: *nach Freiheit schmachten* || ID **jemanden schmachten lassen** jemanden lange auf eine Entscheidung *o.Ä.* warten lassen

schmạ̈ch·tig *Adjektiv;* dünn und schwach ⟨ein Mensch⟩: *Er ist klein und schmächtig*

schmạck·haft *Adjektiv* **1** mit gutem Geschmack ⟨das Essen⟩ **2** **jemandem etwas schmackhaft machen** *umg;* etwas so darstellen, dass es jemand für sehr positiv hält

schmä·hen; *schmähte, hat geschmäht;* **jemanden/etwas schmähen** *förmlich;* mit Verachtung über jemanden/etwas sprechen oder schimpfen || K- Schmähschrift || *hierzu* **Schmä·hung** *die; -, -en*

schmal B1 *schmäler/schmaler, schmälst-/schmalst-; Adjektiv;* von relativ kleiner Ausdehnung in seitlicher Richtung oder zwischen zwei Seiten

↔ breit ⟨ein Bett, ein Fluss, eine Straße; Hüften⟩ || ↑ Abbildung unter **breit**

schmä·lern; *schmälerte, hat geschmälert* **1** **etwas schmälern** den Wert von etwas kleiner machen ⟨jemandes Erfolg, jemandes Verdienste schmälern⟩ **2** **etwas schmälern** etwas kleiner machen ≈ verringern, einschränken ⟨jemandes Einkommen, jemandes Rechte, jemandes Vergnügen⟩

Schmalz¹ *das; -es; nur Singular;* eine weiche, weiße Masse, die man aus dem heiß gemachten Fett von Tieren erhält ⟨mit Schmalz kochen; Schmalz auslassen (= herstellen)⟩ || K- Schmalzbrot, Schmalzgebäck, Schmalztopf || -K Gänseschmalz, Schweineschmalz || ID **etwas kostet viel Schmalz** *umg;* etwas ist körperlich anstrengend

Schmalz² *der; -es; nur Singular, umg abwertend* **1** die Eigenschaft, sentimental zu sein: *ein Film mit viel Schmalz* **2** etwas, das sentimental ist || *hierzu* **schmal·zig** *Adjektiv*

schma·rot·zen; *schmarotzte, hat schmarotzt* **1** *abwertend;* von der Arbeit oder vom Geld anderer leben **2** ⟨ein Tier, eine Pflanze⟩ **schmarotzt** *Biologie;* ein Tier oder eine Pflanze lebt (als Parasit) auf oder in anderen Tieren oder Pflanzen || *hierzu* **Schma·rot·zer** *der; -s, -;* *zu* 1 **Schma·rot·ze·rin** *die; -, -nen*

schmat·zen; *schmatzte, hat geschmatzt;* so essen, dass dabei Geräusche entstehen

schme·cken A2 *schmeckte, hat geschmeckt* **1** **etwas schmecken** mit der Zunge den Geschmack von etwas spüren: *Schmeckst du den Wein in der Soße?* **2** **etwas schmeckt irgendwie; etwas schmeckt nach etwas** etwas hat einen bestimmten Geschmack ⟨etwas schmeckt gut, salzig, süß⟩: *Das Eis schmeckt nach Zitrone* **3** **etwas schmeckt (jemandem) (gut)** etwas hat (für jemanden) einen angenehmen Geschmack: *Schmeckt (dir) der Kuchen?; Der Kaffee schmeckt gut* **4** **etwas schmeckt (jemandem) nicht/schlecht** etwas hat (für jemanden) einen unangenehmen Geschmack: *Igitt, das schmeckt nicht!* **5** **etwas schmeckt jemandem nicht** *umg;* etwas gefällt jemandem nicht: *Die Sache schmeckt mir nicht* || ▸ **Geschmack**

S

schmei·cheln; *schmeichelte, hat geschmeichelt* **1** **(jemandem) schmeicheln** eine Person sehr loben, damit diese Person (gegenüber der lobenden Person) freundlich ist **2** **etwas schmeichelt jemandem/etwas** etwas ist für jemanden angenehm und hebt sein Selbstbewusstsein ⟨sich geschmeichelt fühlen⟩: *Es schmeichelte ihr sehr, dass man ihr die Leitung des Projekts anbot* **3** **etwas schmeichelt jemandem** etwas stellt jemanden sehr positiv dar: *Das Foto schmeichelt ihm - in Wirklichkeit sieht er viel älter aus* || *zu* 1 **Schmei·che·lei** *die; -, -en;* **Schmeich·ler** *der; -s, -;* **Schmeich·le·rin** *die; -, -nen;* **schmeich·le·risch** *Adjektiv*

schmei·ßen; *schmiss, hat geschmissen; umg* **1** **etwas irgendwohin schmeißen** ≈ werfen: *die Schultasche in die Ecke schmeißen* **2** **etwas schmeißen** aufhören, etwas zu tun, weil man keine Lust mehr hat (oder keinen Erfolg) ⟨einen Job, die Schule schmeißen⟩ **3** **etwas schmeißen** eine Aufgabe gut machen ⟨den Haushalt schmeißen⟩

schmel·zen; *schmilzt, schmolz, hat/ist geschmolzen* **1** **etwas schmelzen** *(hat)* durch Wärme etwas Festes flüssig machen ⟨Eis, Gold schmelzen⟩ **2** **etwas schmilzt** *(ist)* etwas wird durch Wärme flüssig ⟨der Schnee, das Eis⟩ || K- Schmelzpunkt

Schmerz B1 *der; -es, -en* **1** *meist Plural;* das unangenehme Gefühl im Körper, wenn man verletzt oder krank ist ⟨ein großer, stechender Schmerz; Schmerzen lindern⟩: *heftige Schmerzen im Bauch haben* || K- Schmerztablette; schmerzempfindlich; Schmerzensschrei || -K *(meist Plural)* Halsschmerz, Kopfschmerz, Rückenschmerz, Zahnschmerz **2** **der Schmerz (über etwas** *(Akkusativ)*) *meist Singular;* das Gefühl, wenn man sehr traurig ist: *tiefen Schmerz bei einer Trennung empfinden* || -K Abschiedsschmerz || *hierzu* **schmerz·haft** *Adjektiv*

schmer·zen; *schmerzte, hat geschmerzt* **1** **etwas schmerzt** etwas macht jemandem Schmerzen (1): *Mein gebrochenes Bein schmerzt* **2** **etwas schmerzt jemanden** *förmlich;* etwas macht jemanden traurig: *Es schmerzt mich, sie so leiden zu sehen*

schmerz·lich *Adjektiv;* so, dass jemand dabei Schmerz (2) fühlt ⟨eine Erfahrung, eine Erinnerung, ein Verlust; jemanden/etwas schmerzlich vermissen⟩

schmerz·stil·lend *Adjektiv; nicht als Adverb;* so, dass es die Schmerzen (1) beseitigt ⟨ein Mittel; etwas wirkt schmerzstillend⟩

Schmet·ter·ling *der; -s, -e;* ein Insekt mit *meist* großen, bunten Flügeln ⟨ein Schmetterling flattert⟩

schmet·tern; *schmetterte, hat geschmettert* **1** **jemanden/etwas irgendwohin schmettern** jemanden/etwas mit großer Kraft irgendwohin stoßen oder werfen: *Der Sturm schmetterte das Schiff gegen die Felsen* **2** **(etwas**

(irgendwohin)) **schmettern** einen Ball mit großer Kraft (von oben nach unten) über das Netz schlagen **3** **etwas schmettert** etwas ist sehr laut zu hören ⟨Trompeten⟩

Schmied *der; -(e)s, -e;* jemand, der beruflich Metall, *bes* Eisen, bearbeitet und formt, nachdem er es stark erhitzt hat: *Der Schmied steht am Amboss* || -K Dorfschmied, Goldschmied, Hufschmied, Kunstschmied, Waffenschmied || *hierzu* **schmie·den** *(hat);* **Schmie·din** *die; -, -nen*

Schmie·de *die; -, -n;* die Werkstatt, in der ein Schmied arbeitet

schmie·gen; *schmiegte, hat geschmiegt;* **etwas/sich irgendwohin schmiegen** einen Körperteil/sich gegen jemanden oder etwas Weiches, Warmes drücken, weil man zärtlich sein will oder damit man sich sicher und wohlfühlt ⟨sich in jemandes Arme, eng an jemanden, in eine Decke schmiegen⟩: *Das Mädchen schmiegte seine Wange an das weiche Fell der Katze* || ▸ **anschmiegsam**

Schmie·re *die; -, -n; meist Singular;* Fett oder Öl, mit dem man etwas schmiert (1) || ID **Schmiere stehen** *umg;* bei einem Einbruch *o.Ä.* draußen bleiben, um die anderen warnen zu können, wenn jemand kommt

schmie·ren; *schmierte, hat geschmiert* **1** **etwas schmieren** Fett oder Öl auf Teile eines Geräts geben, damit diese sich leichter und schneller bewegen ≈ ölen || K- Schmieröl **2** **etwas schmieren** *umg* ≈ streichen (2,3) ⟨Brote, Butter aufs Brot schmieren⟩ **3** **jemanden schmieren** *umg abwertend;* ≈ bestechen: *Die beiden Polizisten waren geschmiert* || K- Schmiergeld **4** *umg abwertend;* so schnell oder unsauber schreiben, dass es schwer zu lesen ist

schmie·rig *Adjektiv* **1** schmutzig und feucht oder klebrig ⟨eine Schmutzschicht⟩: *Von dem verspritzten Fett ist der Herd ganz schmierig* || K- Schmierfilm **2** *abwertend;* auf unehrliche und unangenehme Art freundlich ⟨ein Kerl, ein Typ; schmierig grinsen⟩

schmilzt *Präsens, 3. Person Singular;* ↑ **schmelzen**

Schmin·ke B2 *die; -, -n;* ein Puder oder eine Creme, die *bes* eine Frau oder ein Schauspieler auf das Gesicht aufträgt, um besser oder anders auszusehen ≈ Make-up ⟨Schminke auftragen, benutzen⟩ || K- Schminkkoffer, Schminktisch, Schminktopf || -K Clownsschminke, Faschingsschminke, Karnevalsschminke

schmin·ken B2 *schminkte, hat geschminkt;* **jemanden/sich schminken**; **(jemandem/sich) etwas schminken** Schminke benutzen: *Sie schminkt sich sehr stark; Sie schminkte sich die Lippen*

schmiss *Imperfekt, 1. und 3. Person Singular;* ↑ **schmeißen**

Schmö·ker *der; -s, -; umg;* ein dickes, literarisch *meist* nicht wertvolles Buch || *hierzu* **schmö·kern** *(hat)*

schmol·len; *schmollte, hat geschmollt;* schweigen und ein beleidigtes Gesicht machen, weil man sich über jemanden ärgert || K- Schmollmund

schmolz *Imperfekt, 1. und 3. Person Singular;* ↑ **schmelzen**

schmo·ren; *schmorte, hat geschmort* **1** **etwas schmoren** etwas kurze Zeit braten und dann zudecken und mit wenig Flüssigkeit gar werden lassen ⟨einen Braten, Fleisch im eigenen Saft schmoren⟩ || K- Schmorbraten || Hinweis: ↑ **dünsten** **2** **etwas schmort** etwas wird in einem geschlossenen Gefäß mit wenig Flüssigkeit gar ⟨ein Braten, Rouladen⟩ **3** **irgendwo schmoren** *umg;* irgendwo sein, wo es sehr heiß ist und dabei kräftig schwitzen ⟨in der Sauna, in der Sonne schmoren⟩ || ID **jemanden schmoren lassen** *umg;* jemanden in einer unangenehmen Situation längere Zeit auf eine Antwort, eine Entscheidung warten lassen

schmo·ren·las·sen *(hat)* ↑ **schmoren** ID

Schmuck B1 *der; -(e)s; nur Singular* **1** Dinge wie Ketten, Ringe, die man am Körper trägt ⟨kostbarer, goldener Schmuck; Schmuck tragen⟩ || K- Schmuckstück || -K Goldschmuck **2** alles, was eine Person oder eine Sache schöner macht: *Ihr einziger Schmuck waren ihre langen schwarzen Haare* || -K Blumenschmuck; Altarschmuck, Christbaumschmuck

schmü·cken; *schmückte, hat geschmückt* **1** **etwas/sich schmücken** etwas/sich schöner machen, indem man schöne Gegenstände hinzufügt bzw. trägt: *einen Tisch mit Blumen, einen Weihnachtsbaum mit Kerzen und Kugeln, sich mit Ketten und Ringen schmücken* **2** **etwas schmückt etwas** etwas dient als Schmuck für etwas: *Blumen schmückten ihr Haar*

schmud·de·lig, **schmudd·lig** *Adjektiv;* schmutzig und nicht gepflegt ⟨Kleider, ein Restaurant; schmuddelig aussehen⟩

Schmug·gel *der; -s; nur Singular;* das Schmuggeln (1) ⟨(mit etwas) Schmuggel treiben⟩ || -K Drogenschmuggel, Waffen-

schmug·geln; *schmuggelte, hat geschmuggelt* 1 **(jemanden/etwas) (irgendwohin) schmuggeln** Personen oder Waren illegal in ein Land oder aus einem Land bringen ⟨Drogen, Waffen, Geld, Tabak, Zigaretten schmuggeln; etwas über die Grenze schmuggeln; jemanden beim Schmuggeln erwischen⟩ || K- Schmuggelware 2 **jemanden/(jemandem) etwas irgendwohin schmuggeln** jemanden/etwas heimlich an einen bestimmten Ort bringen: *dem Gefangenen eine Waffe in die Zelle schmuggeln* || zu 1 **Schmugg·ler** *der; -s, -;* **Schmug·gle·rin** *die; -, -nen*

schmun·zeln; *schmunzelte, hat geschmunzelt;* **(über jemanden/etwas) schmunzeln** lächeln, weil man jemanden/etwas lustig oder amüsant findet

schmu·sen; *schmuste, hat geschmust;* **(mit jemandem) schmusen** *umg;* jemanden zärtlich streicheln, küssen: *mit der Freundin, mit den Kindern schmusen*

Schmutz *der; -es; nur Singular* 1 nasse Erde oder Staub, Ruß *usw*, die bewirken, dass jemand/etwas nicht sauber ist: *den Schmutz von den Schuhen putzen* || K- Schmutzfleck, Schmutzwasser 2 Texte, die (besonders im sexuellen Bereich) nicht der allgemeinen Moral entsprechen || ID **jemanden/etwas in den Schmutz ziehen** schlechte Dinge über jemanden/etwas sagen

schmut·zig A1 *Adjektiv* 1 voller Schmutz ↔ sauber ⟨sich schmutzig machen; Hände, Kleidung⟩ 2 so, dass dabei viel Schmutz entsteht ⟨eine Arbeit⟩ 3 nicht sehr hell und rein ⟨Farben⟩ 4 ⟨Witze, Bemerkungen⟩ so, dass sie auf unangenehme Art mit Sex zu tun haben 5 *nicht als Adverb* ≈ illegal, unehrlich ⟨Geschäfte⟩

Schna·bel *der; -s, Schnä·bel;* der Teil des Kopfes, mit dem der Vogel seine Nahrung aufnimmt || -K Entenschnabel || ID **reden, wie einem der Schnabel gewachsen ist** *umg;* ganz natürlich reden, so wie es einem gerade einfällt

S

Schna·ke *die; -, -n;* eine Art (Stech)Mücke || K- Schnakenstich

Schnal·le *die; -, -n;* ein Verschluss aus Metall oder Plastik, mit dem man einen Gürtel *o.Ä.* schließt || ↑ Abbildung unter **Knopf**

schnal·len; *schnallte, hat geschnallt* 1 **etwas irgendwohin schnallen** etwas mit Riemen oder Schnüren befestigen: *den Koffer aufs Fahrrad schnallen* 2 **etwas von etwas schnallen** etwas, das mit Bändern befestigt ist, lösen: *die Skier vom Autodach schnallen* 3 **etwas weiter/enger schnallen** einen Gürtel oder Riemen weiter oder enger machen 4 **etwas schnallen** *umg* ≈ verstehen (1)

schnal·zen; *schnalzte, hat geschnalzt;* **(mit etwas) schnalzen** ein kurzes lautes Geräusch (wie einen kleinen Knall) erzeugen ⟨mit der Zunge, mit den Fingern, mit der Peitsche schnalzen⟩ || K- Schnalzlaut

Schnäpp·chen *das; -s, -;* etwas, das man zu einem sehr günstigen Preis kaufen kann

schnap·pen; *schnappte, hat/ist geschnappt* 1 **(sich** *(Dativ)*) **jemanden/etwas schnappen** *(hat)* jemanden/etwas mit einer schnellen Bewegung nehmen und behalten ≈ packen: *Der Taschendieb schnappte meine Geldbörse und rannte davon* 2 **ein Tier schnappt ((nach) etwas)** *(hat)* ein Tier öffnet und schließt mit einer schnellen Bewegung das Maul, um etwas zu packen: *Der Frosch schnappte die/nach der Fliege* 3 **jemanden schnappen** *(hat) umg* ≈ festnehmen, fangen ⟨einen Dieb schnappen⟩ 4 **etwas schnappt irgendwohin** *(ist)* etwas kommt in eine *(meist* festgelegte) Lage oder Position: *Die Tür ist ins Schloss geschnappt*

Schnapp·schuss *der; -es, -schüs·se;* ein Foto, das die Personen auf dem Bild ganz natürlich zeigt ⟨einen Schnappschuss von jemandem machen⟩

Schnaps A2 *der; -es, Schnäp·se;* ein starkes alkoholisches Getränk, das *meist* aus Obst, Kartoffeln oder Getreide gemacht wird ⟨Schnaps brennen⟩ || -K Birnenschnaps, Kräuterschnaps

Schnaps·idee *die; -, -n; umg;* eine unrealistische, verrückte Idee

schnar·chen; *schnarchte, hat geschnarcht;* mit einem (lauten) Geräusch *bes* durch den Mund atmen, während man schläft || *hierzu* **Schnar·cher** *der; -s, -*

schnat·tern; *schnatterte, hat geschnattert* 1 ⟨Gänse, Enten⟩ **schnattern** Gänse oder Enten geben (aufgeregt) die Laute von sich, die typisch für ihre Art sind 2 ⟨*meist* Mädchen⟩ **schnattern** *umg;* mehrere Mädchen unterhalten sich *(meist* über unwichtige Dinge) ≈ schwatzen, plappern

schnau·ben; *schnaubte, hat geschnaubt* 1 **ein Pferd schnaubt** ein Pferd macht ein lautes Geräusch, indem es kräftig durch die Nase atmet 2 **(vor etwas** *(Dativ)*) **schnauben** sich vor Wut *o.Ä.* kaum mehr beherrschen können ⟨vor Wut, Ärger, Entrüstung schnauben⟩

schnau·fen; *schnaufte, hat geschnauft* schwer

und laut atmen: *Auf dem Weg zum Gipfel kamen wir alle ganz schön ins Schnaufen*

Schnau·ze *die; -, -n* **1** das lange Maul mancher Tiere, wenn es zusammen mit der Nase ein Ganzes bildet || -K Hundeschnauze **2** *salopp abwertend* ≈ Mund || ID **frei (nach) Schnauze** *umg;* ohne Plan oder genaues Konzept; **(von jemandem/etwas) die Schnauze voll haben** *salopp;* nichts mehr mit jemandem/etwas zu tun haben mögen (da man sich schon lange ärgern musste); **(mit etwas) auf die Schnauze fallen** *salopp;* mit etwas keinen Erfolg haben

schnau·zen; *schnauzte, hat geschnauzt;* **(etwas) schnauzen** *umg abwertend;* etwas mit lauter Stimme und voll Ärger sagen ≈ schimpfen: *„Das schmeckt ja abscheulich!", schnauzte sie* || Hinweis: Das Objekt ist immer ein Ausruf

schnäu·zen, sich; *schnäuzte sich, hat sich geschnäuzt;* **sich schnäuzen** Luft kräftig durch die Nase pressen, damit Schleim aus der Nase kommt

Schne·cke *die; -, -n* **1** ein kleines Tier mit einem weichen Körper (ohne Beine), das nur sehr langsam kriecht. Manche Schnecken haben eine Schale auf dem Rücken || K- Schneckenhaus **2** ein süßes Gebäck in der Form einer Spirale || -K Nussschnecke || ID **jemanden zur Schnecke machen** *umg;* jemanden sehr scharf kritisieren

Schne·cken·tem·po *das; -s; meist in* **im Schneckentempo** sehr langsam

Schnee A2 *der; -s; nur Singular* **1** die weißen, weichen Flocken, die im Winter statt Regen auf die Erde fallen ⟨es fällt Schnee; der Schnee fällt, schmilzt; weiß wie Schnee⟩ || K- Schneeball, Schneefall, Schneeflocke **2** steif geschlagenes Eiweiß || ID **Schnee von gestern** *umg;* Dinge, die nicht mehr aktuell oder interessant sind

Schnee·glöck·chen *das; -s, -;* eine kleine Blume mit weißen Blüten in der Form kleiner Glocken, die schon im Winter blüht

Schnee·ka·no·ne *die; -, -n;* ein Gerät, mit dem man künstlich Schnee erzeugt (damit man Ski fahren kann)

Schnee·ket·ten *die; -; Plural;* ein Netz aus Metallketten, das man über die Räder eines Autos spannt, damit sie bei Schnee nicht rutschen || K- Schneekettenpflicht

Schnee·mann *der; -(e)s, -män·ner;* eine Figur, die (*meist* von Kindern) aus Schnee gemacht wird ⟨einen Schneemann bauen⟩

Schnee·pflug *der; -(e)s, -pflü·ge;* ein Gerät, mit dem man Schnee, der auf der Straße liegt, zur Seite schiebt

Schnei·de *die; -, -n;* der dünne, scharfe Teil eines Messers, einer Schere *o.Ä.*, der schneidet ⟨eine scharfe, stumpfe Schneide; die Schneide schleifen, schärfen⟩

schnei·den A2 *schnitt, hat geschnitten* **1** **etwas (in etwas** *(Akkusativ)*) **schneiden** etwas mit einem Messer, einer Schere in Teile teilen: *Wurst (in Scheiben) schneiden* **2** **etwas schneiden** etwas mit einem Messer, einer Schere von etwas trennen ⟨Blumen, Getreide schneiden⟩ **3** **etwas schneiden** etwas mit einem Messer, einer Schere oder Säge herstellen ⟨Balken, Bretter schneiden⟩: *ein Loch ins Tischtuch schneiden* **4** **etwas schneiden** etwas mit einem Messer, einer Schere kürzer machen ⟨die Haare, die (Finger)Nägel, die Hecke schneiden⟩ **5** **(etwas) schneiden** das Material von Filmaufnahmen so zusammenfügen, dass der endgültige Film entsteht **6** **sich (in etwas** *(Akkusativ)*) **schneiden** sich mit einem Messer oder mit einer Schere verletzen: *Ich habe mich in den Daumen geschnitten* **7** **jemanden schneiden** *umg;* jemanden absichtlich nicht ansehen und nicht mit ihm sprechen: *Seit unserem Streit schneidet sie mich* **8** **etwas schneidet etwas**; ⟨Linien⟩ **schneiden sich** Linien kreuzen sich: *Parallelen sind Geraden, die sich nicht schneiden* **9** *meist* **etwas schneidet gut/schlecht** ein Messer, eine Schere ist scharf/ist nicht scharf || ID **eine Luft zum Schneiden** sehr schlechte Luft mit viel Tabakrauch

Schnei·der *der; -s, -;* jemand, der beruflich Kleider, Mäntel, Jacken *usw* aus Stoff macht || K- Schneiderhandwerk || -K Damenschneider || *hierzu* **Schnei·de·rin** *die; -, -nen*

Schnei·de·rei B2 *die; -, -en* **1** die Werkstatt, in der ein Schneider arbeitet || -K Änderungsschneiderei, Damenschneiderei, Herrenschneiderei, Maßschneiderei **2** *nur Singular;* die Tätigkeit eines Schneiders

schnei·dern; *schneiderte, hat geschneidert;* **(etwas) schneidern** Kleider, Mäntel *usw* machen ≈ nähen ⟨einen Anzug, ein Kostüm schneidern⟩

Schnei·de·zahn *der; -(e)s, -zäh·ne; meist Plural;* einer der dünnen, breiten und scharfen Zähne vorne im Mund ↔ Eckzahn, Backenzahn

schnei·en B1 *schneite, hat geschneit;* **es schneit** Schnee fällt ⟨es schneit stark, leicht⟩

Schnei·se *die; -, -n;* ein *meist* langer und schmaler Streifen (*bes* in einem Wald), in dem die Bäume und Büsche entfernt wurden ⟨eine

Schneise (in den Wald) schlagen, hauen⟩ || -K Wald-

schnell A1 *Adjektiv* **1** mit hoher Geschwindigkeit: *eine schnelle Bewegung machen; schnell fahren, sprechen* **2** so, dass es nur wenig Zeit beansprucht: *einen schnellen Entschluss fassen; schnell reagieren* **3** so gebaut, dass hohe Geschwindigkeiten möglich sind ⟨ein Auto, eine Straße⟩ || K- Schnellstraße || *hierzu* **Schnel·lig·keit** *die; -; nur Singular*

Schnel·le *die; nur in* **auf die Schnelle** *umg* **1** schnell (1) und nicht genau und sorgfältig: *Ich habe den Brief auf die Schnelle getippt und viele Fehler gemacht* **2** in kurzer Zeit: *Wie kriege ich auf die Schnelle 5000 Euro?*

schnel·le·big *Adjektiv; nicht als Adverb;* ⟨eine Zeit, eine Epoche⟩ so, dass sich alles schnell verändert und nichts von Dauer ist || *hierzu* **Schnel·le·big·keit** *die; -; nur Singular*

schnells·tens *Adverb;* so schnell, bald wie möglich ≈ schleunigst: *Der Auftrag muss schnellstens erledigt werden*

Schnell·zug B1 *der; -(e)s, -zü·ge; umg;* ein Zug, der nur an relativ wichtigen Bahnhöfen hält und lange Strecken fährt

Schnick·schnack *der; -s; nur Singular; umg, meist abwertend* **1** überflüssige, wertlose Gegenstände ≈ Krempel, Kram **2** sinnloses Gerede

Schnipp·chen *das; -s, -; nur in* **jemandem ein Schnippchen schlagen** *umg;* verhindern, dass jemand etwas tun kann ≈ jemandem einen Strich durch die Rechnung machen

schnip·peln; *schnippelte, hat geschnippelt;* **(etwas) schnippeln** *bes nordd* ≈ schneiden (1)

schnip·pisch *Adjektiv; abwertend;* ohne Respekt und ein bisschen frech ⟨eine Bemerkung, eine Antwort; schnippisch sein, reagieren, antworten⟩ || Hinweis: *meist* auf Mädchen bezogen

Schnip·sel *der, das; -s, -;* ein kleines Stück Stoff oder Papier, das jemand abgeschnitten hat oder das abgerissen wurde || ↑ Abbildung unter **Scherbe** || -K Papierschnipsel, Stoffschnipsel

schnitt *Imperfekt, 1. und 3. Person Singular;* ↑ **schneiden**

Schnitt *der; -(e)s, -e* **1** die Handlung, bei der man etwas schneidet: *mit einem Schnitt einen Apfel teilen* **2** eine Öffnung oder eine Wunde, die durch Schneiden entstanden ist: *Sie hat einen tiefen Schnitt im Finger* || K- Schnittwunde **3** die Form eines Kleidungsstücks oder einer Frisur ⟨ein flotter, eleganter, modischer Schnitt⟩ || -K Haarschnitt **4** **ein Schnitt (für etwas)** ≈ Schnittmuster ⟨etwas nach einem Schnitt, ohne Schnitt machen⟩ || -K Blusenschnitt, Hosenschnitt, Kleiderschnitt **5** eine Zeichnung, die den inneren Aufbau einer Figur so zeigt, als hätte man sie in zwei Teile geschnitten || -K Längsschnitt, Querschnitt **6** das Schneiden (5) von Filmmaterial zur Endversion: *Nach den Filmaufnahmen macht die Cutterin den Schnitt für die einzelnen Szenen* **7** *umg* ≈ Durchschnitt ⟨im Schnitt⟩: *Er hatte (im Zeugnis) einen Schnitt von 1,3* || ID **einen guten/seinen Schnitt (bei etwas) machen** *umg;* bei einem Geschäft einen guten Gewinn machen

Schnit·te B2 *die; -, -n; nordd;* eine Scheibe Brot || -K Butterschnitte, Wurstschnitte

schnit·tig *Adjektiv;* ⟨ein Auto, ein Boot⟩ gut aussehend und schnell

Schnitt·lauch *der; -(e)s, -e; nur Singular;* eine Pflanze in der Form von dünnen grünen Röhren, die man klein schneidet, um damit Salate und Suppen zu würzen

Schnitt·punkt *der; -(e)s, -e;* der Punkt, an dem sich zwei oder mehrere Linien schneiden

Schnit·zel *das; -s, -;* **1** eine dünne Scheibe Fleisch ohne Knochen, die man in heißem Fett brät || -K Schweineschnitzel **2** **Wiener Schnitzel** eine dünne, panierte Scheibe Kalbfleisch, in Fett gebraten

schnit·zen; *schnitzte, hat geschnitzt;* **(etwas) schnitzen** durch Schneiden und Schaben mit speziellen Messern *bes* aus einem Stück Holz einen bestimmten Gegenstand machen: *einen Engel schnitzen; ein aus Elfenbein geschnitztes Amulett* || K- Schnitzarbeit, Schnitzmesser

Schnit·ze·rei *die; -, -en;* eine Figur, die aus Holz geschnitzt ist ≈ Schnitzarbeit: *afrikanische Schnitzereien* || -K Elfenbeinschnitzerei, Holzschnitzerei

Schnor·chel *der; -s, -;* ein Rohr, durch das ein Taucher unter Wasser Luft bekommt || *hierzu* **schnor·cheln** *(hat)*

schnor·ren; *schnorrte, hat geschnorrt;* **(etwas) (von jemandem) schnorren** *umg;* jemanden (immer wieder) um kleine Geldsummen oder um Dinge bitten, die man ihm nicht zurückzahlt *bzw* ersetzt || *hierzu* **Schnor·rer** *der; -s, -*

schnüf·feln; *schnüffelte, hat geschnüffelt* **1** ⟨ein Tier⟩ **schnüffelt** ein Tier atmet die Luft mit einem Geräusch mehrere Male ein, um etwas zu riechen **2** **(in etwas** *(Dativ)*) **schnüffeln** *umg abwertend;* im privaten Bereich einer Person

S

etwas suchen, ohne dass man die Erlaubnis dazu hat ⟨in jemandes Zimmer, Papieren schnüffeln⟩ || zu 2 **Schnüff·ler** *der; -s, -*; **Schnüff·le·rin** *die; -, -nen*

Schnul·ler *der; -s, -*; ein kleiner Gegenstand aus Gummi, den man Babys in den Mund steckt, damit sie daran saugen können und ruhig sind

Schnul·ze *die; -, -n; umg abwertend*; ein *meist* sentimentales Lied oder ein kitschiger Film von *meist* schlechter Qualität || K- Schnulzensänger || -K Filmschnulze, Schlagerschnulze || *hierzu* **schnul·zig** *Adjektiv*

Schnup·fen A2 *der; -s; nur Singular*; eine leichte Erkrankung, bei der sich Flüssigkeit, Schleim in der Nase bildet ⟨einen leichten, starken Schnupfen haben; einen Schnupfen bekommen⟩

schnup·pe *Adjektiv; nur in* **jemand/etwas ist (jemandem) schnuppe** *umg*; jemand/etwas interessiert jemanden überhaupt nicht: *Das Ergebnis der Wahl war ihm völlig schnuppe*

schnup·pern; *schnupperte, hat geschnuppert*; ⟨ein Tier⟩ **schnuppert (an jemandem/etwas)** ≈ ein Tier schnüffelt (1)

Schnur B1 [ʃnuːɐ̯] *die; -, Schnü·re* **1** ein ziemlich dicker, fester Faden, mit dem man Dinge festmacht oder Pakete bindet **2** *umg*; ein elektrisches Kabel an einem Gerät

schnur·los *Adjektiv; meist in* **ein schnurloses Telefon** ein Telefon, dessen Hörer keine Schnur hat und das man deshalb in ein anderes Zimmer *o.Ä.* mitnehmen kann, um dort zu telefonieren. Man muss jedoch in der Nähe des Anschlusses bleiben || Hinweis: ↑ **Handy**

Schnurr·bart *der; -(e)s, -bär·te*; ein kleiner Bart zwischen Nase und Mund || *hierzu* **schnurr·bär·tig** *Adjektiv*

schnur·ren; *schnurrte, hat geschnurrt*; **eine Katze schnurrt** eine Katze macht das Geräusch, das für sie typisch ist, wenn sie sich wohlfühlt

Schnür·sen·kel *der; -s, -*; eine Art Schnur, mit der man Schuhe zumacht

schnurz *Adjektiv; nur in* **jemand/etwas ist jemandem schnurz** *umg*; jemand/etwas ist jemandem egal ≈ jemand/etwas ist jemandem schnuppe || K- schnurz(piep)egal

schob *Imperfekt, 1. und 3. Person Singular*; ↑ **schieben**

Schock *der; -(e)s, -s* **1** **ein Schock (für jemanden)** ein starkes negatives Gefühl, das durch ein unerwartetes und sehr unangenehmes Ereignis entsteht ⟨ein schwerer Schock; einen Schock erleiden⟩: *Die Kündigung war ein Schock für ihn* **2** der Zustand (*bes* nach einem Unfall), in dem jemand ganz anders als normal reagiert ⟨unter Schock stehen⟩ || -K Nervenschock

scho·cken; *schockte, hat geschockt*; **(jemanden) schocken** *umg* ≈ schockieren

scho·ckie·ren; *schockierte, hat schockiert*; **jemand/etwas schockiert (jemanden)** jemand/etwas ruft plötzlich sehr unangenehme Gefühle hervor (weil die Regeln der Moral verletzt werden oder weil etwas Schlimmes passiert)

scho·ckiert, *schockierter, schockiertest-; Adjektiv*; **schockiert (über jemanden/etwas)** ≈ empört, entsetzt

Schöf·fe *der; -n, -n*; jemand, der zusammen mit anderen und einem Richter Fälle bei Gericht entscheidet, ohne Jurist zu sein || K- Schöffengericht || *hierzu* **Schöf·fin** *die; -, -nen*

Scho·ko- *im Substantiv; umg*; aus Schokolade, mit (dem Geschmack von) Schokolade; das **Schokoeis**, der **Schokoguss**, der **Schokokeks**, der **Schokoriegel**, der **Schokopudding**

Scho·ko·la·de A2 *die; -, -n* **1** eine feste, süße, *meist* braune Substanz aus Fett, Kakao und Zucker ⟨eine Tafel, ein Riegel Schokolade⟩ || K- Schokoladenei, Schokoladeneis || -K Milchschokolade, Nussschokolade **2** ein Getränk aus heißer Milch und Pulver aus Schokolade

schon[1] A2 *Adverb* **1** drückt aus, dass etwas relativ früh oder früher als erwartet geschieht ↔ erst: *„Achtung, er kommt!" – „Was, jetzt schon?"; Es ist erst 6 Uhr, und sie ist schon in der Arbeit* **2** drückt aus, dass eine Handlung zu einem Zeitpunkt abgeschlossen ist ↔ noch nicht: *Als wir das Auto ansehen wollten, war es schon verkauft* **3** in dem Zeitraum von der Vergangenheit bis jetzt: *Warst du schon (einmal) in Japan?; Hast du schon gehört, dass Peter krank ist?* **4** drückt aus, dass es später ist als erwartet ↔erst: *Oh, schon acht Uhr, gleich fängt mein Film an!* **5** verwendet, um auszudrücken, dass etwas mehr als normal oder als erwartet ist: *„Wo bleibst du denn? Ich warte schon seit zwei Stunden auf dich!"* **6** verwendet, um auszudrücken, dass etwas ein ausreichender Grund ist: *Schon der Gedanke daran ärgert mich; Schon ein kurzer Brief von ihr hätte ihn sehr gefreut*

schon[2] A2 *Partikel* **1** *unbetont*; verwendet, um eine Aussage zu verstärken ≈ wirklich: *Du* *brauchst nicht nachzurechnen, das stimmt schon* **2** (auch allein stehend) verwendet, um Zustimmung auszudrücken und diese Zustimmung gleichzeitig einzuschränken oder zu relativieren ≈ zwar: *Ich würde das Buch schon gern lesen, aber ich habe keine Zeit; „Gefällt es dir hier nicht?" – „Schon (, aber nicht so sehr)"* **3** *betont;* verwendet um bei negativen Fragen einen Widerspruch auszudrücken: *„Weiß niemand die Antwort?" – „Doch, ich schon!"* **4** *unbetont;* verwendet, um jemandem Mut und Vertrauen zu geben: *Keine Angst, das schaffst du schon!* **5** *unbetont;* verwendet, um jemanden aufzufordern, sich zu beeilen: *Los, komm schon, in zehn Minuten geht unser Zug* **6** *unbetont;* verwendet, um einen dringenden Wunsch auszudrücken: *Wenn (es) nur schon morgen wäre!* || Hinweis: Das Verb steht immer im Konjunktiv II **7** *unbetont;* verwendet in rhetorischen Fragen, die eine negative Antwort erwarten: *Was weißt du schon von Elektrotechnik?*

schön A1 *Adjektiv* **1** so, dass es einem sehr gefällt, wenn man es sieht, hört oder erlebt: *Hattet ihr schönes Wetter im Urlaub?; Sie hat ein schönes Gesicht; Er hat eine schöne Stimme* **2** **schön (von jemandem)** ≈ nett, anständig: *Es ist schön von ihm, dass er seiner Frau oft Blumen bringt* **3** *umg;* ziemlich groß, weit, hoch, schwer *usw*: *ein schönes Stück Arbeit; ein schönes Alter erreichen; eine schöne Strecke laufen müssen* **4** *umg ironisch;* ärgerlich oder unangenehm ⟨eine Bescherung, eine Geschichte⟩: *Eine Woche ohne Fernseher - das sind ja schöne Aussichten!* **5** *nur als Adverb; umg;* verwendet, um ein Verb oder Adjektiv zu verstärken: *Der Junge ist ganz schön clever* (= sehr schlau) **6** **(na) schön!** verwendet, um Zustimmung (*meist* gegen den eigenen Willen) auszudrücken: *Schön, dann treffen wir uns um halb acht vor dem Café; Na schön, wenn es sein muss* **7** verwendet in Wendungen, die einen Dank oder eine Bitte ausdrücken ⟨danke schön; bitte schön; schönen Dank⟩ **8** **sich schön machen** *umg;* hübsche Kleider anziehen, Schmuck und Schminke benutzen *usw*, um gut auszusehen || ID *meist* **Zu schön, um wahr zu sein!** *umg;* ich kann kaum glauben, dass das wahr ist (weil es nur Vorteile hat)

scho·nen; *schonte, hat geschont* **1** **etwas schonen** etwas so behandeln, dass es möglichst lange in einem guten Zustand bleibt ⟨das Auto, die Kleider schonen⟩ **2** **jemanden/sich schonen** von jemandem/sich keine Anstrengungen verlangen, jemanden rücksichtsvoll behandeln: *sich nach einer schweren Operation schonen* || *hierzu* **Scho·nung** *die; -; nur Singular*

Schön·heit *die; -, -en* **1** *nur Singular;* die schöne (1) Beschaffenheit, das Schönsein: *Ihre Schönheit ist unwiderstehlich* || K- Schönheitsmittel, Schönheitsoperation, Schönheitspflege, Schönheitssinn **2** eine *meist* weibliche Person, die sehr schön (1) ist: *Seine Freundin ist eine richtige Schönheit* || -K Dorfschönheit, Filmschönheit **3** etwas, das schön (1) ist: *jemandem die Schönheiten des Landes zeigen* || -K Formschönheit, Klangschönheit, Naturschönheit

Schon·kost *die; -; nur Singular;* Nahrung, die man leicht verdauen kann und die *bes* Kranke essen ≈ Diät

schön·ma·chen, sich *(hat)* ↑ **schön** (8)

scho·nungs·los *Adjektiv;* ⟨eine Kritik, Offenheit⟩ so, dass sie niemanden schonen (2) ≈ unbarmherzig: *einen Skandal schonungslos aufdecken*

Schon·zeit *die; -, -en;* ein Zeitraum im Jahr, in dem man bestimmte Tiere nicht jagen darf: *Wann haben Rehe/ist für Rehe Schonzeit?*

Schopf *der; -(e)s, Schöp·fe* **1** die Haare auf jemandes Kopf: *einen dichten Schopf haben* || -K Haarschopf **2** *bes* CH ≈ Schuppen || -K Holzschopf || ID **etwas beim Schopf packen** eine günstige Gelegenheit nutzen ⟨das Glück, die Gelegenheit beim Schopf packen⟩

Schöp·fer *der; -s, -;* **1** **der Schöpfer** (+ *Genitiv*) jemand, der ein sehr wichtiges Werk gemacht oder etwas Neues erfunden hat ⟨der Schöpfer eines Kunstwerks⟩ **2** *nur Singular; Religion;* **der Schöpfer** ≈ Gott || *zu* 1 **Schö·pfe·rin** *die; -, -nen*

schöp·fe·risch *Adjektiv* **1** mit neuen, kreativen Ideen ⟨ein Mensch, eine Arbeit, eine Begabung; schöpferisch arbeiten, tätig sein⟩ **2** **eine schöpferische Pause einlegen** eine bestimmte Zeit lang etwas nicht tun, um neue Kraft, neue Ideen *o.Ä.* zu bekommen

Schop·pen *der; -s, -;* **ein Schoppen (Wein)** *südd* A ein (Glas mit einem) Viertelliter Wein

schor *Imperfekt, 1. und 3. Person Singular;* ↑ **scheren**[1]

Schorf *der; -(e)s; nur Singular;* eine Schicht aus getrocknetem Blut oder aus trockener Haut auf einer Wunde || *hierzu* **schor·fig** *Adjektiv*

Schor·le *die; -, -n;* eine Mischung aus Wein oder Saft und Mineralwasser (= eine saure Schorle) oder Zitronenlimonade (= eine süße Schorle) || -K Saftschorle, Weinschorle

Schorn·stein *der; -(e)s, -e;* der Teil am Dach

S

eines Hauses, aus dem der Rauch der Heizung kommt ≈ Kamin ⟨den Schornstein fegen⟩ || ID **etwas in den Schornstein schreiben** *umg;* etwas als endgültig verloren betrachten

schoss *Imperfekt, 1. und 3. Person Singular;* ↑ **schießen**

Schoß *der; -es, Schö·ße* **1** die Fläche, die von den Oberschenkeln gebildet wird, wenn man auf einem Stuhl sitzt, und auf die sich *z.B.* ein Kind setzen kann: *Komm, setz dich auf meinen Schoß!* **2** *nur Singular; förmlich;* der Bauch einer Frau ⟨ein Kind im Schoß tragen⟩ || ID **etwas fällt jemandem in den Schoß** jemand bekommt etwas ohne Mühe und Anstrengung

Scho·te *die; -, -n;* die *meist* schmale und lange Hülle, in der bei bestimmten Pflanzen die Samen sind || -K Erbsenschote, Paprikaschote, Pfefferschote, Vanilleschote

Schot·ter *der; -s; nur Singular;* eine Menge spitzer Steinstücke, die als Unterlage beim Bau von Straßen verwendet werden || K- Schotterstraße

schräg *Adjektiv* **1** weder senkrecht noch parallel zu einer (gedachten) Linie oder Fläche: *Die meisten Häuser haben schräge Dächer; Sie wohnt im Haus schräg gegenüber; Er lief schräg über die Wiese* || ↑ Abbildung unter **spitz** || K- Schräglage, Schrägstrich **2** *umg;* seltsam ⟨Musik; schräg ausschauen⟩

Schram·me *die; -, -n;* eine Stelle, an der eine glatte (Ober)Fläche durch einen spitzen oder harten Gegenstand beschädigt (*bes* geritzt) oder verletzt ist ≈ Kratzer: *eine Schramme an der Stirn, am Auto haben*

Schrank A1 *der; -(e)s, Schrän·ke;* ein großes Möbelstück mit Türen, in dem man Dinge aufbewahrt || -K Bücherschrank, Geschirrschrank, Kleiderschrank; Küchenschrank || ID **ein Schrank (von einem Mann)** *umg;* ein sehr kräftiger, großer Mann

Schran·ke *die; -, -n* **1** eine (waagrechte) Stange, mit der man eine Straße *o.Ä.* sperrt ⟨die Schranke schließen, öffnen⟩ || -K Bahnschranke, Zollschranke **2** *meist Plural;* eine gesellschaftliche oder moralische Grenze, die jemanden daran hindert, etwas zu tun ⟨moralische Schranken⟩ || ID **etwas in Schranken halten** verhindern, dass etwas zu wichtig, zu groß oder zu stark wird; **jemanden in die/seine Schranken weisen** jemandem deutlich zeigen, dass er nicht so wichtig oder gut ist, wie er meint

Schrau·be B1 *die; -, -n* **1** ein kleiner Stift aus Metall mit kleinen Rillen, den man (mit einem Schraubenzieher) in etwas dreht, um etwas zu befestigen ⟨eine Schraube eindrehen, anziehen, herausdrehen⟩: *ein Regal mit Schrauben an der Wand befestigen* || ↑ Abbildung unter **Werkzeug** **2** eine Art Propeller, der ein Schiff antreibt || -K Schiffsschraube || ID *meist* **Bei ihm/ihr ist eine Schraube locker** *umg;* er/sie benimmt sich nicht normal

schrau·ben; *schraubte, hat geschraubt* **1** **etwas irgendwohin/von, aus etwas schrauben** etwas (das ein Gewinde mit Rillen hat) irgendwo befestigen/entfernen, indem man daran dreht: *eine Glühbirne in die Lampe schrauben; einen Deckel vom Glas schrauben; einen Haken aus der/in die Wand schrauben* || K- Schraubdeckel, Schraubglas, Schraubverschluss **2** **etwas irgendwohin/von, aus etwas schrauben** etwas mithilfe von Schrauben irgendwo befestigen/entfernen: *ein Schild an die Tür schrauben* **3** **etwas** (*meist Plural*) ⟨in die Höhe, nach unten⟩ **schrauben** etwas auf das genannte Niveau bringen: *Ansprüche, Erwartungen, Preise in die Höhe schrauben*

Schrau·ben·schlüs·sel *der; -s, -;* ein einfaches Werkzeug, mit dem man *bes* (Schrauben)Muttern festziehen oder lösen kann || ↑ Abbildung unter **Werkzeug**

Schrau·ben·zie·her *der; -s, -;* ein Werkzeug aus einem Griff und einem Metallstab, mit dem man Schrauben befestigt oder löst || ↑ Abbildung unter **Werkzeug**

Schre·ber·gar·ten *der; -s, -gär·ten;* ein kleiner Garten, der nicht direkt beim Haus ist, sondern neben vielen anderen kleinen Gärten *z.B.* am Stadtrand liegt

Schreck *der; -(e)s; nur Singular;* ein kurzes, plötzliches starkes Gefühl der Angst (*bes* bei Gefahr) ⟨jemandem einen Schreck einjagen⟩: *Er war vor Schreck wie gelähmt, als das Auto auf ihn zuraste*

schre·cken[1]; *schreckte, hat geschreckt;* **jemanden schrecken** *förmlich;* jemandem Angst machen

schre·cken[2]; *schrickt, schreckte/schrak, ist geschreckt;* **aus dem Schlaf schrecken** sehr plötzlich aufwachen (*bes* nach einem schlechten Traum)

Schre·cken *der; -s, -;* **1** *nur Singular;* ein starkes Gefühl der Angst, das relativ lang dauern kann ⟨einen Schrecken bekommen; (Angst und) Schrecken verbreiten⟩ **2** *meist* **die Schrecken** + *Genitiv* die sehr negativen Auswirkungen von etwas ⟨die Schrecken des Krieges⟩ || K- Schreckensherrschaft

schreck·haft *Adjektiv;* leicht zu erschrecken || *hierzu* **Schreck·haf·tig·keit** *die; -; nur Singular*

S

schrẹck·lich B2 *Adjektiv* **1** ⟨eine Katastrophe, ein Traum, ein Unfall, ein Verbrechen, ein Verdacht⟩ so, dass sie Angst oder Entsetzen machen ≈ furchtbar: *Es ist etwas Schreckliches passiert* **2** *umg;* sehr unangenehm: *Die Hitze ist heute schrecklich; ein schrecklicher Lärm* **3** *nur als Adverb; umg;* verwendet, um Adjektive und Verben zu verstärken ≈ fürchterlich: *Er war schrecklich müde; Das tut schrecklich weh*

Schrẹck·se·kun·de *die; -, -n;* eine kurze Zeit, in der jemand aus Schreck nicht reagieren kann

Schrei *der; -(e)s, -e* **1** ein lautes Geräusch, das ein Mensch oder ein Tier mit der Stimme macht *(oft* aus Angst oder wegen Schmerzen) ⟨einen Schrei ausstoßen⟩: *Mit einem Schrei des Entsetzens ergriff er die Flucht* || -K Hahnenschrei, Möwenschrei; Freudenschrei, Hilfeschrei, Schmerzensschrei, Wutschrei **2** **der letzte Schrei** *umg;* etwas, das sehr modern ist

schrei·ben A1 *schrieb, hat geschrieben* **1** **(etwas) schreiben** mit einem Stift oder einer Maschine Wörter, Zahlen auf Papier bringen: *ein Wort an die Tafel schreiben; „Rhythmus" schreibt man mit zwei „h"* || K- Schreibfehler, Schreibheft, Schreibpapier, Schreibstift **2** **(etwas) schreiben** einen schriftlichen Text verfassen ⟨einen Aufsatz, einen Brief schreiben⟩: *Er schreibt regelmäßig (Kommentare) für eine Zeitung; Der Krimi ist wirklich spannend geschrieben* **3** **(jemandem) (etwas) schreiben** jemandem etwas in einem Brief, einer Karte mitteilen: *jemandem eine Karte zum Geburtstag schreiben; Sie schreibt, dass es ihr gut geht* **4** **etwas schreiben** Texte in einem bestimmten Stil verfassen ⟨einen guten Stil schreiben⟩ **5** **etwas (über etwas** *(Akkusativ)***) schreiben** in einem schriftlichen Text etwas zu einem bestimmten Thema sagen: *Hat er in dem Artikel auch etwas über die Wahlen geschrieben?* **6** **etwas schreiben** ≈ komponieren ⟨ein Musical, eine Oper schreiben⟩ **7** **auf** + *Sprache* **schreiben** Texte in der genannten Sprache verfassen ⟨auf Deutsch schreiben⟩ **8** **an etwas** *(Dativ)* **schreiben** dabei sein, einen relativ langen Text zu produzieren: *Er schreibt an seiner Doktorarbeit* **9** **etwas schreibt gut/schlecht** ein Stift funktioniert gut/schlecht **10** **etwas schreibt sich irgendwie** ein bestimmtes Wort wird mit bestimmten Buchstaben richtig geschrieben: *„Schreibt sich ‚Foto' mit ‚f' oder mit ‚ph'?"* || *zu* 2-5 **Schrei·ber** *der; -s, -;* **Schrei·be·rin** *die; -, -nen* || ► **Schrift**, **schriftlich**

S

Schrei·ben A1 *das; -s, -; Verwaltung;* eine schriftliche Mitteilung, ein Brief ⟨ein amtliches Schreiben⟩

schreib·ge·schützt *Adjektiv; nicht als Adverb; Informatik;* so, dass man die Daten nicht (aus Versehen) verändern, überschreiben kann

Schreib·kraft *die; -, -kräf·te;* jemand, der die Aufgabe hat, Texte mit der Schreibmaschine oder dem Computer abzutippen

Schreib·ma·schi·ne B2 *die; -, -n;* eine Maschine, mit der man Buchstaben und andere Zeichen auf Papier bringt, indem man auf Tasten drückt ⟨Schreibmaschine schreiben⟩

Schreib·tisch A2 *der; -(e)s, -e;* eine Art Tisch *(oft* mit Schubladen), an dem man sitzt, wenn man schreibt, rechnet *usw* || ↑ Illustration **Im Büro**

Schrei·bung *die; -, -en* ≈ Schreibweise

Schreib·wei·se *die; -, -n;* die Art und Weise, in der man ein Wort schreibt ⟨eine veraltete, moderne Schreibweise⟩: *Für „Delfin" gibt es auch die Schreibweise „Delphin"*

schrei·en A2 *schrie, hat geschrien* **1** **(etwas) schreien** etwas mit sehr lauter Stimme rufen oder sagen ⟨um Hilfe schreien⟩: *Schrei doch nicht so laut!* **2** **(vor etwas) schreien** mit der Stimme laute Geräusche machen ≈ Schreie ausstoßen: *Das Baby schrie vor Hunger; Hörst du die Möwen schreien?* **3** **nach jemandem/etwas schreien** schreiend fordern, dass jemand zu einem kommt oder dass man etwas bekommt: *Die jungen Vögel schreien nach Futter* || ID **jemand/etwas ist zum Schreien** *umg;* jemand/etwas ist sehr lustig

Schrei·ner *der; -s, -;* jemand, der beruflich größere Gegenstände *(z.B.* Fenster, Möbel) aus Holz herstellt || K- Schreinerhandwerk || -K Möbelschreiner || *hierzu* **Schrei·ne·rei** *die; -, -en;* **Schrei·ne·rin** *die; -, -nen*

schrei·ten; *schritt, ist geschritten* **1** aufrecht und mit langsamen Schritten gehen, *bes* bei feierlichen Anlässen: *Das Brautpaar schritt zum Altar* **2** ⟨ein Flamingo, ein Storch⟩ **schreitet** ein Flamingo oder ein Storch geht so, wie es für ihre Art typisch ist **3** **zu etwas schreiten** mit einer Handlung beginnen ⟨zur Abstimmung, zum Angriff, zur Tat schreiten⟩

schrie *Imperfekt, 1. und 3. Person Singular;* ↑ **schreien**

schrieb *Imperfekt, 1. und 3. Person Singular;* ↑ **schreiben**

Schrieb *der; -s, -e; umg abwertend* ≈ Brief

Schrịft B1 *die; -, -en* **1** das System der Zeichen, mit denen man die Laute und Wörter einer

Sprache schreibt ‹die griechische, lateinische Schrift› || [K-] Schriftzeichen || [-K] Blindenschrift, Geheimschrift **2** ein Wort oder mehrere Wörter, die irgendwo geschrieben stehen: *Die Schrift auf dem Schild* **3** die Art, wie jemand schreibt ‹eine unleserliche Schrift›: *Ich kann ihre Schrift nicht lesen* || [K-] Schriftbild || [-K] Handschrift, Schönschrift **4** eine von vielen möglichen Formen, in denen eine Schrift (1) gedruckt werden kann || [K-] Schriftart, Schrifttype || [-K] Blockschrift, Kursivschrift **5** ein geschriebener, *meist* gedruckter Text *bes* mit wissenschaftlichem, religiösem oder politischem Inhalt ‹eine Schrift verfassen; die Schriften eines Autors› || [K-] Schriftenreihe || [-K] Anklageschrift, Bittschrift, Kampfschrift **6** **die (Heilige) Schrift** ≈ die Bibel

schrift·lich [B1] *Adjektiv;* in geschriebener Form ↔ mündlich ‹ein Antrag, eine Prüfung› || [ID] *meist* **Das kannst du schriftlich haben!** das kannst du mir glauben!

Schrift·satz *der; -es, -sät·ze; Rechtswesen;* ein geschriebener Antrag oder eine geschriebene Erklärung eines Rechtsanwalts in einem Gerichtsverfahren

Schrift·stel·ler *der; -s, -;* jemand, der beruflich längere Texte (*bes* Romane) schreibt || [-K] Romanschriftsteller || *hierzu* **Schrift·stel·le·rin** *die; -, -nen*

Schrift·stück *das; -(e)s, -e;* ein offizieller, geschriebener Text ‹ein amtliches, wichtiges Schriftstück; ein Schriftstück aufsetzen, unterzeichnen, verlesen›

schrill *Adjektiv;* ‹ein Klingeln, ein Schrei, eine Stimme, ein Ton› so hoch und laut, dass sie unangenehm sind

schritt *Imperfekt, 1. und 3. Person Singular;* ↑ **schreiten**

Schritt *der; -(e)s, -e* **1** die Bewegung, mit der man beim Gehen oder Laufen einen Fuß hebt und vor den anderen setzt ‹ein kleiner, schneller Schritt; einen Schritt nach vorn, zurück, zur Seite machen› || [K-] Schrittlänge **2** *nur Singular;* die Art, wie jemand geht ≈ Gang || [-K] Laufschritt **3** eine Entfernung, die der Länge eines normalen Schrittes (1) entspricht **4** eine von mehreren Handlungen, die zu etwas nötig sind: *Unser nächster Schritt muss gut überlegt werden* **5** *nur Singular;* die langsamste Gangart des Pferdes ↔ Trab, Galopp ‹ein Pferd (im) Schritt gehen lassen› **6** **der erste Schritt** ≈ der Anfang: *bei einer Versöhnung den ersten Schritt tun* **7** **im Schritt** so schnell, wie ein Mensch geht ‹(im) Schritt fahren› || [K-] Schrittgeschwindigkeit **8** **Schritt für Schritt** ≈ allmählich **9** **Schritt um/für Schritt** langsam und vorsichtig || [ID] **mit jemandem/etwas Schritt halten** genauso viel leisten wie ein anderer

Schritt·ma·cher *der; -s, -* **1** jemand, der in einem Wettkampf vor den anderen läuft *o.Ä.* und dadurch das Tempo bestimmt **2** jemand, der neue Dinge tut und denkt und dadurch anderen ein Vorbild ist **3** ein Gerät, dass in den Körper eingepflanzt wird und das ein schwaches Herz unterstützt || [-K] Herzschrittmacher

schroff, *schroffer, schroffst-; Adjektiv* **1** sehr unfreundlich ‹eine Antwort› **2** sehr plötzlich und ohne Vorwarnung ‹ein Ende› **3** sehr steil ‹ein Abhang› || *hierzu* **Schroff·heit** *die; -; nur Singular*

schröp·fen; *schröpfte, hat geschröpft;* **jemanden schröpfen** *umg abwertend;* viel Geld von jemandem verlangen ‹Kunden, Klienten schröpfen›

Schrot *das, der; -(e)s; nur Singular* **1** grob gemahlene (Getreide)Körner ‹Getreide zu Schrot mahlen› || [K-] Schrotbrot, Schrotkorn, Schrotmühle || [-K] Roggenschrot, Weizenschrot **2** kleine (Blei)Kugeln in einer Patrone ‹mit Schrot schießen; eine Ladung Schrot abbekommen› || [K-] Schrotflinte, Schrotkugel || *zu* 1 **schro·ten** *(hat)*

Schrott *der; -(e)s; nur Singular* **1** alte Dinge aus Metall, die man nicht mehr gebrauchen kann || [K-] Schrottplatz **2** *umg abwertend;* etwas, das schlecht oder nutzlos ist

schrub·ben; *schrubbte, hat geschrubbt;* **(etwas) schrubben** *umg;* den Boden eines Zimmers reinigen, indem man ihn kräftig mit einer Bürste, einem Schrubber reibt ‹einen Fußboden, die Küche schrubben›

Schrub·ber *der; -s, -;* eine Art Besen mit langem Stil und kurzen, harten Borsten, mit dem man einen Fußboden schrubbt

schrum·pe·lig *Adjektiv;* ↑ **schrumplig**

schrump·fen; *schrumpfte, ist geschrumpft* **1** **etwas schrumpft** etwas verliert Feuchtigkeit und wird dadurch kleiner ‹ein Apfel, Leder› **2** **etwas schrumpft** etwas wird kleiner, weniger ‹Einkünfte, das Kapital, Vorräte›

schrump·lig *Adjektiv;* ohne Feuchtigkeit und daher mit vielen Falten ≈ runzlig ‹ein Apfel, eine Haut›

Schub *der; -(e)s, Schü·be* **1** die Kraft, die etwas antreibt, in Bewegung setzt: *der Schub, den eine Rakete beim Start braucht* || [K-] Schubkraft, Schubleistung, Schubwirkung **2** *Medizin* ≈ Anfall ⟨ein depressiver, manischer Schub⟩: *eine Krankheit, die in Schüben auftritt* **3** **ein Schub** + *Substantiv (Plural)* eine Gruppe von Personen, Dingen, mit denen etwas gleichzeitig geschieht: *den nächsten Schub Besucher ins Museum lassen* || *zu* 2 *und* 3 **schub·wei·se** *Adjektiv; meist als Adverb*

Schub·kar·re *die; -, -n,* **Schub·kar·ren** *der; -s, -;* eine Art kleiner Wagen mit einem Rad und zwei langen Griffen am hinteren Ende, den man vor sich her schiebt

Schub·la·de [B2] *die; -, -n;* ein Kasten, der oben offen ist und den man aus einem Schrank, einer Kommode herausziehen kann || [-K] Schreibtischschublade

Schubs *der; -es, -e; umg;* ein leichter Stoß ⟨jemandem einen Schubs geben⟩

schub·sen; *schubste, hat geschubst;* **jemanden (irgendwohin) schubsen** *umg;* jemanden leicht stoßen (und dadurch irgendwohin bewegen): *jemanden von der Bank schubsen*

schüch·tern *Adjektiv;* mit wenig Vertrauen in sich selbst und daher so, dass man vor Kontakt mit anderen Menschen etwas Angst hat ⟨ein Mensch, ein Blick⟩: *jemanden schüchtern anlächeln* || *hierzu* **Schüch·tern·heit** *die; -; nur Singular*

schuf *Imperfekt, 1. und 3. Person Singular;* ↑ **schaffen**[2]

schü·fe *Konjunktiv II, 1. und 3. Person Singular;* ↑ **schaffen**[2]

Schuft *der; -(e)s, -e; humorvoll oder abwertend;* jemand, der böse ist ≈ Schurke || *hierzu* **schuf·tig** *Adjektiv*

schuf·ten; *schuftete, hat geschuftet; umg;* schwer arbeiten

Schuh [A1] *der; -(e)s, -e;* ein festes Kleidungsstück für den Fuß, das *oft* aus Leder ist ⟨bequeme Schuhe; ein Schuh mit hohem Absatz⟩ || [K-] Schuhgeschäft, Schuhgröße, Schuhnummer || [-K] Damenschuh, Lederschuh, Sportschuh || [ID] **wissen, wo jemanden der Schuh drückt** *umg;* wissen, welche Probleme es gibt; **jemandem etwas in die Schuhe schieben** *umg;* einer Person die Schuld für etwas geben, das sie nicht getan hat

Schuh·löf·fel *der; -s, -;* ein langes, flaches Stück (aus gebogenem Plastik oder Metall), das man an der Ferse in den Schuh steckt, damit man ihn leichter anziehen kann

Schul·ar·beit *die; -, -en* **1** eine Aufgabe, die man in der Schule bekommt und zu Hause machen muss ≈ Hausaufgabe ⟨(die/seine) Schularbeiten machen; Schularbeiten aufha-

Schuhe

ben⟩ **2** eine schriftliche Prüfung in der Schule ≈ Klassenarbeit

Schul·auf·ga·be *die; -, -n* ≈ Schularbeit (1,2)

Schul·bank *die; -, -bän·ke; meist nur noch in* **die Schulbank drücken** *umg;* zur Schule gehen

Schul·bil·dung B2 *die; -; nur Singular;* die Bildung, die Kinder in der Schule bekommen ⟨eine abgeschlossene, gute Schulbildung haben⟩

schuld *Adjektiv; nur in* **jemand/etwas ist** (**an etwas** (*Dativ*)) **schuld** jemand/etwas ist verantwortlich für etwas mit negativen Folgen: *Du bist schuld daran, dass wir den Zug verpasst haben*

Schuld *die; -; nur Singular* **1** **die Schuld** (**an etwas** (*Dativ*)/**für etwas**) die Verantwortung für etwas Unmoralisches, Verbotenes oder einen Fehler ⟨die Schuld haben, bekennen, von sich weisen⟩: *die Schuld des Angeklagten beweisen; Er nahm die Schuld für den Unfall auf sich* || K- Schuldgeständnis **2** **jemandem/etwas** (**an etwas** (*Dativ*)) **Schuld geben** jemanden/etwas als Ursache für etwas Negatives ansehen **3** das Bewusstsein, dass man für etwas Böses verantwortlich ist || K- Schuldbewusstsein, Schuldgefühl, Schuldkomplex || ID (**tief**) **in jemandes Schuld sein/stehen** *förmlich;* jemandem für etwas (sehr) dankbar sein; **jemanden trifft die/keine Schuld an etwas** (*Dativ* jemand hat Schuld/keine Schuld an etwas || Hinweis: ↑ **zuschulden**

schul·den B1 *schuldete, hat geschuldet* **1** (**jemandem**) **etwas schulden** jemandem noch Geld (zurück)zahlen müssen: *Du schuldest mir noch hundert Euro* **2** (**jemandem**) **etwas schulden** moralisch zu etwas verpflichtet sein ⟨jemandem eine Antwort, Dank, eine Erklärung schulden⟩

Schul·den B1 *die; -; Plural;* das Geld, das man jemandem noch zahlen muss ⟨Schulden (bei jemandem, bei der Bank) haben, machen; Schulden erlassen; die Schulden zurückzahlen⟩ || K- Schuldenlast; Schuldzins || -K Bankschulden, Spielschulden, Steuerschulden

Schuld·fra·ge *die; -, -n;* die Frage, wer oder was Schuld (1) an etwas hat ⟨die Schuldfrage klären⟩

schul·dig B2 *Adjektiv* **1** (**etwas** (*Genitiv*)) **schuldig** für etwas Böses, Unmoralisches verantwortlich ⟨sich (eines Verbrechens) schuldig machen; sich schuldig bekennen⟩: *Wir befinden den Angeklagten des Mordes schuldig* **2** (**jemandem**) **etwas schuldig sein/bleiben** jemandem etwas schulden: *Ich bin ihm noch zwanzig Euro/eine Antwort schuldig* **3** *meist* ⟨der Richter⟩ **spricht jemanden schuldig** der Richter erklärt im Urteil, dass jemand schuldig (1) ist || ID **jemandem nichts schuldig bleiben** jemanden genauso hart kritisieren, wie dieser einen selbst kritisiert hat || *zu 1* **Schul·di·ge** *der/die; -n, -n*

schul·dig·spre·chen (*hat*) ↑ **schuldig** (3)

Schuld·ner *der; -s, -;* jemand, der einem anderen Geld schuldet ↔ Gläubiger || *hierzu* **Schuld·ne·rin** *die; -, -nen*

Schuld·spruch *der; -(e)s, -sprü·che;* ein (Gerichts)Urteil, in dem der Angeklagte für schuldig befunden wird

Schu·le A1 *die; -, -n* **1** eine Institution, die dazu dient, *bes* Kindern Wissen zu geben und sie zu erziehen ⟨in die Schule kommen; in die/zur Schule gehen; die Schule besuchen, verlassen⟩ || K- Schulabschluss, Schulklasse, Schulnote, Schulreform || -K Privatschule, Staatsschule || Hinweis: ↑ **Grundschule**, **Hauptschule**, **Hochschule**, **Realschule**, **Volksschule**; **Gymnasium** **2** das Gebäude, in dem eine Schule (1) ist || K- Schulgebäude, Schulhof, Schulzimmer **3** der Unterricht an einer Schule (1): *Die Schule fängt um acht Uhr an* || K- Schulangst, Schulferien, Schulstunde, Schultag **4** die Lehrer und Schüler einer Schule: *ein Ausflug der ganzen Schule* **5** eine bestimmte Richtung in der Wissenschaft oder Kunst, die *bes* von einer Persönlichkeit bestimmt wird: *die Schule Rembrandts* || ID *meist* **Sein/Ihr Beispiel macht Schule** sein/ihr Verhalten wird von vielen nachgeahmt; **aus der Schule plaudern** von der eigenen Arbeit Dinge berichten, die interessant und wenig bekannt sind

schu·len; *schulte, hat geschult* **1** **jemanden schulen** jemanden bestimmte Fähigkeiten lehren, die er *bes* beruflich nutzen kann ≈ fortbilden ⟨jemanden politisch, psychologisch schulen⟩: *Er wurde in Abendkursen geschult, wie man sich in Verhandlungen durchsetzt* **2** **etwas schulen** durch Übung bewirken, dass etwas besser wird ⟨das Auge, das Gedächtnis, das Gehör schulen⟩ **3** **ein Tier schulen** ≈ dressieren || *hierzu* **Schu·lung** *die; -, -en*

Schü·ler *der; -s, -;* ein Kind oder ein Jugendlicher, die zur Schule gehen ⟨ein guter, schlechter Schüler⟩ || -K Grundschüler, Hauptschüler, Realschüler || *hierzu* **Schü·le·rin** *die; -, -nen*

Schul·jahr *das; -(e)s, -e;* die Zeit (etwa ein Jahr), in der man in einer bestimmten Schulklasse ist und Unterricht hat: *Das neue*

Schuljahr beginnt nach den Sommerferien || K- Schuljahresbeginn, Schuljahresende

schul·pflich·tig *Adjektiv; nicht als Adverb;* ⟨ein Kind⟩ in dem Alter, in dem es zur Schule gehen muss || *hierzu* **Schul·pflicht** *die; -; nur Singular*

Schul·sa·chen *die; Plural;* Bücher, Hefte, Stifte *usw*, die ein Kind in der Schule braucht ⟨seine Schulsachen einpacken⟩

Schul·ter *die; -, -n* **1** jeder der beiden Teile des Körpers neben dem Hals, mit denen die Arme verbunden sind ⟨breite, schmale Schultern⟩ || ↑ Abbildung unter **Körper** || K- Schultergelenk; schulterhoch **2** der Teil eines Kleidungsstückes, der die Schulter (1) bedeckt **3** **mit den Schultern zucken** die Schultern kurz hochziehen, um auszudrücken, dass man etwas nicht weiß oder dass einem etwas egal ist || ID **etwas auf die leichte Schulter nehmen** *umg;* etwas nicht ernst genug nehmen

schul·ter·frei *Adjektiv;* ⟨ein Kleid, ein Abendkleid⟩ so, dass sie die Schultern nicht bedecken

schul·tern; *schulterte, hat geschultert;* **etwas schultern** etwas auf die Schulter legen und so tragen ⟨ein Gewehr, einen Rucksack schultern⟩

Schul·tü·te *die; -, -n;* eine große spitze Tüte mit Süßigkeiten und kleinen Geschenken, die ein Kind zum ersten Schultag bekommt

schum·meln; *schummelte, hat geschummelt; umg; bes* bei Spielen mit Tricks versuchen, einen Vorteil zu bekommen ≈ mogeln

Schund *der; -(e)s; nur Singular; abwertend;* etwas (*meist* Geschriebenes), dessen Qualität sehr schlecht ist: *Was liest du denn da für einen Schund?* || K- Schundheft, Schundliteratur

schun·keln; *schunkelte, hat geschunkelt;* sich zusammen mit mehreren Personen (*bes* im Bierzelt *o.Ä.*) im Rhythmus der Musik mit dem Oberkörper hin und her bewegen und sich dabei mit den Armen bei den Nachbarn einhängen || K- Schunkellied

S

Schup·pe *die; -, -n* **1** *meist Plural;* eine der vielen kleinen flachen Platten, die den Körper von Fischen, Reptilien bedecken: *ein Fisch mit bunten Schuppen* || ↑ Abbildung unter **Hecht** || K- Schuppenpanzer | -K Fischschuppe **2** *nur Plural;* kleine Stücke der Haut, die sich von der Kopfhaut lösen ⟨Schuppen haben⟩: *ein Shampoo gegen Schuppen* || ID **jemandem fällt es wie Schuppen von den Augen** jemand erkennt plötzlich, wie jemand/etwas wirklich ist

Schup·pen *der; -s, -;* eine Art kleines Haus *meist* aus Holz, in das man Geräte oder Fahrzeuge stellt || -K Bootsschuppen, Geräteschuppen

schup·pig *Adjektiv;* mit Schuppen (1,2) ⟨eine Haut, Haar⟩

schü·ren; *schürte, hat geschürt* **1** **etwas schüren** mit einem Stock in einem Feuer rühren, damit die Flammen größer werden ⟨ein Feuer, den Ofen schüren⟩ **2** **etwas schüren** ein *meist* negatives Gefühl verstärken ≈ anstacheln ⟨jemandes Hass, Neid, Wut schüren⟩

schür·fen; *schürfte, hat geschürft* **1** **etwas schürfen** ≈ abbauen (1) ⟨Erz, Kohle schürfen⟩ **2** **(nach etwas) schürfen** in der Erde graben, um etwas zu finden ⟨nach Gold, Silber schürfen⟩ **3** **sich** (*Dativ*) **etwas schürfen; sich schürfen** die Haut durch Reiben an einem rauen Gegenstand verletzen ⟨sich die Haut, das Knie schürfen⟩ || K- Schürfwunde

Schur·ke *der; -n, -n; abwertend;* jemand, der böse Dinge tut ≈ Schuft ⟨ein ausgemachter, gemeiner Schurke⟩ || *hierzu* **Schur·kin** *die; -, -nen;* **schur·kisch** *Adjektiv*

Schür·ze *die; -, -n;* ein Kleidungsstück, das man sich vor (die Brust und) den Bauch bindet, um nicht schmutzig zu werden || -K Küchenschürze; Lederschürze

Schuss *der; -es, Schüs·se* **1** **ein Schuss (auf jemanden/etwas)** das Schießen[1] (1) mit einer Waffe ⟨ein gezielter Schuss; ein Schuss fällt; einen Schuss auf jemanden/etwas abgeben⟩ || K- Schussverletzung, Schusswaffe || -K Gewehrschuss, Kanonenschuss **2** die Kugel, die geschossen wird ⟨ein Schuss trifft sein Ziel, geht daneben⟩ **3** eine Verletzung, die jemand oder ein Tier durch einen Schuss bekommt || -K Bauchschuss, Kopfschuss **4** das Schießen[1] (3) eines Balles: *ein Schuss aufs Tor* || K- Schussgelegenheit || -K Weitschuss **5** der Ball, den man schießt[1] (3): *Der Schuss ging ins Aus* || -K Torschuss **6** *nur Singular;* **ein Schuss** + *Substantiv* eine kleine Menge (*bes* einer Flüssigkeit): *einen Schuss Essig in den Salat tun* **7** **in/im Schuss** in gutem Zustand ⟨in Schuss sein; jemanden/etwas in Schuss bringen, halten⟩ || ID **ein Schuss vor den Bug** *umg;* eine Warnung; **ein Schuss ins Schwarze** *umg;* ein großer Erfolg; *meist* **Der Schuss ging nach hinten los** *umg;* eine Maßnahme hatte negative Folgen für denjenigen, der sie veranlasst hat

Schus·sel *der; -s, -; umg, meist abwertend;* jemand, der sich nicht konzentrieren kann und deswegen Dinge vergisst und Fehler macht || *hierzu* **schus·se·lig**, **schuss·lig** *Adjektiv*

Schüs·sel *die; -, -n;* ein *meist* tiefes, rundes Gefäß, das oben offen ist und in dem man *bes* Speisen auf den Tisch stellt || -K Salatschüssel, Suppenschüssel

schuss·fest *Adjektiv;* ⟨Glas, eine Weste⟩ so stabil, dass sie durch ein Geschoss nicht kaputtgehen ≈ kugelsicher

Schuss·li·nie *die; -, -n;* die gedachte Linie von der Waffe zum Ziel ⟨in die Schusslinie geraten, aus der Schusslinie gehen⟩ || ID **in die/jemandes Schusslinie geraten**; **sich in die Schusslinie begeben** etwas tun, wofür man (öffentlich) kritisiert wird

Schuss·waf·fe *die; -, -n;* eine Waffe, mit der man schießen kann

Schusswaffen

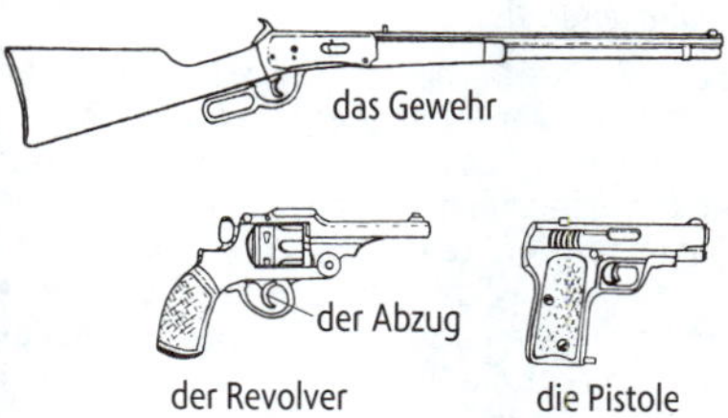

Schus·ter B2 *der; -s, -;* jemand, der beruflich Schuhe macht und repariert || K- Schusterhandwerk || ID **Schuster, bleib bei deinem Leisten!** tu nur das, was du kannst und gelernt hast! || *hierzu* **Schus·te·rin** *die; -, -nen*

Schutt *der; -(e)s; nur Singular;* Steine, Reste von Mauern *usw*, die man nicht mehr braucht ⟨ein Haufen Schutt; Schutt abladen verboten!⟩: *Nach dem Erdbeben waren die Straßen von Schutt bedeckt* || K- Schutt(ablade)platz, Schutthalde, Schutthaufen || -K Bauschutt || ID **in Schutt und Asche** völlig zerstört ⟨Häuser, eine Stadt in Schutt und Asche legen (= zertrümmern); etwas liegt in Schutt und Asche⟩

Schüt·tel·frost *der; -(e)s; nur Singular;* der Zustand, in dem man stark zittert und friert, wenn man Fieber hat

schüt·teln B1 *schüttelte, hat geschüttelt* **1** **jemanden/sich/etwas schütteln** eine Person oder Sache, sich selbst kräftig und schnell hin und her bewegen, sodass sie schwankt oder zittert: *eine Flasche vor dem Öffnen schütteln; Er schüttelte den Baum, um die Äpfel zu ernten* **2** **den Kopf schütteln** den Kopf schnell hin und her bewegen, *bes* um „nein" oder um Verwunderung auszudrücken

schüt·ten B2 *schüttete, hat geschüttet;* **etwas irgendwohin schütten** etwas aus einem Gefäß entfernen (und irgendwohin tun), indem man das Gefäß neigt oder (heftig) bewegt: *einen Eimer Wasser in/auf das Feuer schütten; Zucker in eine Schüssel schütten*

Schutz *der; -es; nur Singular* **1** **ein Schutz (gegen jemanden/etwas; vor jemandem/etwas)** Dinge oder Handlungen, die Gefahr oder Schaden verhindern ⟨jemandem Schutz bieten; irgendwo Schutz suchen⟩: *Seine dünne Kleidung bot kaum Schutz vor dem Regen; Fett ist ein natürlicher Schutz gegen Kälte* || K- Schutzbrille, Schutzhelm, Schutzimpfung, Schutzmaßnahme || -K Brandschutz, Frostschutz, Lärmschutz; Naturschutz, Umweltschutz **2** **zum Schutz (vor jemandem/etwas** *(Dativ)*; **gegen jemanden/etwas)** als Maßnahme, die etwas Unangenehmes verhindern soll: *Sie ließ sich zum Schutz gegen Typhus impfen* || ID **jemanden (vor jemandem/etwas) in Schutz nehmen**; **jemanden (gegen jemanden/etwas) in Schutz nehmen** jemandem helfen, dem Vorwürfe gemacht werden

Schutz·blech *das; -(e)s, -e;* ein gebogenes Blech über dem Rad eines Fahrrads, das verhindern soll, dass man schmutzig wird

Schüt·ze *der; -n, -n* **1** jemand, der mit einer Waffe schießt || -K Bogenschütze, Pistolenschütze || K- Schützenfest, Schützenverein **2** *nur Singular;* das Sternzeichen für die Zeit vom 23. November bis 21. Dezember **3** *Sport;* jemand, der den Ball ins Tor schießt: *der*

Schütze

S

Schütze zum 4:3 || -K Torschütze || *zu* 1 und 3 **Schüt·zin** *die; -, -nen*

schüt·zen B1 *schützte, hat geschützt* **1** **jemanden/sich/etwas (vor jemandem/etwas; gegen jemanden/etwas) schützen** verhindern, dass eine Person verletzt wird oder in Gefahr kommt *bzw* dass eine Sache beschädigt wird: *Er schützte seine Augen (mit einer dunklen Brille) vor der/gegen die Sonne* **2** **etwas schützen** durch Gesetze bestimmen, dass etwas nicht zerstört werden darf ⟨eine Landschaft schützen⟩

Schutz·en·gel *der; -s, -; meist in* **Da hat er/sie einen (guten) Schutzengel gehabt!** er/sie hat Glück gehabt, dass ihm/ihr nichts (Schlimmeres) passiert ist

Schüt·zen·hil·fe *die; -, -n; umg;* Unterstützung bei einem Vorhaben, in einer Diskussion *o.Ä.* ⟨jemandem Schützenhilfe geben, leisten; Schützenhilfe von jemandem bekommen⟩

Schütz·ling *der; -s, -e;* jemand, für den ein anderer verantwortlich ist und für den er sorgt

Schutz·pat·ron *der; katholische Religion; -s, -en;* ein Heiliger, von dem man glaubt, dass er bestimmte Personen, Gebäude *o.Ä.* besonders schütze || *hierzu* **Schutz·pat·ro·nin** *die; -, -nen*

schwach A2 *schwächer, schwächst-; Adjektiv* **1** mit wenig körperlicher Kraft: *Ich bin zu schwach, um diese schweren Kisten zu tragen* **2** nicht fähig, viel zu leisten oder große Belastungen zu ertragen ⟨das Herz, die Nerven; ein Motor⟩: *Sie hat sehr schwache Nerven und regt sich immer auf* || -K konditionsschwach, nervenschwach **3** von schlechter Qualität ≈ schlecht ⟨eine Leistung, eine Arbeit⟩ **4** nicht sehr intensiv im Geschmack ⟨Kaffee, Tee⟩ **5** mit nur geringer Konzentration ⟨Lauge, Säure⟩ **6** nur in geringem Maß vorhanden ⟨Beifall, Hoffnung⟩ **7** *meist als Adverb;* in geringer Zahl ⟨schwach besucht, bevölkert⟩ || K- schwachbesucht, schwachbevölkert **8** *Sprachwissenschaft; (von Verben)* dadurch gekennzeichnet, dass die Formen des Präteritums und des Partizips Perfekt mit dem Konsonanten *t* gebildet werden, wie *z.B. glaubte - geglaubt* **9** *Sprachwissenschaft; (von männlichen Substantiven)* dadurch gekennzeichnet, dass sie außer im Nominativ Singular immer auf *-(e)n* enden, wie *z.B. Patient* **10** *Sprachwissenschaft; (von Adjektiven)* dadurch gekennzeichnet, dass sie nach dem bestimmten Artikel im Dativ und Genitiv Singular und im Plural immer auf *-en* enden, wie *z.B. schön*

Schwä·che *die; -, -n* **1** *nur Singular;* der Mangel an körperlicher Kraft ↔ Stärke: *Der Kranke konnte vor Schwäche fast nichts essen* || K- Schwächeanfall, Schwächegefühl, Schwächezustand || -K Augenschwäche, Gedächtnisschwäche, Herzschwäche, Kreislaufschwäche, Muskelschwäche **2** **eine Schwäche (in etwas** *(Dativ)*) eine mangelnde Begabung, eine schlechte Leistung in etwas: *Seine Schwächen in Chemie und Physik konnte er durch intensives Lernen ausgleichen* || -K Ausdrucksschwäche **3** ein Fehler oder Mangel (*meist* innerhalb einer bestimmten Struktur): *ein Buch mit Schwächen* || -K Inhaltsschwäche **4** ein (*meist* kleiner) charakterlicher Fehler ↔ Stärke ⟨eine charakterliche, entschuldbare, kleine, persönliche, verzeihliche Schwäche; seine Schwächen kennen⟩ || -K Charakterschwäche, Willensschwäche **5** **eine Schwäche (für jemanden/etwas)** *nur Singular* ≈ Vorliebe, Neigung ⟨einer Schwäche nachgeben⟩: *eine Schwäche für Süßigkeiten haben*

schwä·chen; *schwächte, hat geschwächt* **1** **etwas schwächt (jemanden/etwas)** etwas macht jemanden körperlich schwach ↔ etwas kräftigt jemanden ⟨jemandes Gesundheit, jemandes Herz schwächen⟩: *Das Fieber hat ihn so geschwächt, dass er eine ganze Woche im Bett liegen muss* **2** **etwas schwächt etwas** etwas macht die Wirkung von etwas geringer ↔ etwas stärkt etwas ⟨etwas schwächt jemandes Einfluss, jemandes Macht, jemandes Position⟩: *Der Skandal hat sein Ansehen sehr geschwächt* || *hierzu* **Schwä·chung** *die; -, -en*

schwäch·lich *Adjektiv;* körperlich schwach ⟨ein Kind⟩

Schwäch·ling *der; -s, -e; abwertend;* jemand, der sehr wenig Kraft hat

Schwach·punkt *der; -(e)s, -e* **1** ein Teil eines Systems, an dem es leicht eine Störung oder ein Problem geben könnte **2** ≈ Schwäche (4) ⟨etwas ist jemandes (große) Schwachpunkt⟩

Schwach·sinn *der; -(e)s; nur Singular* **1** *umg abwertend* ≈ Blödsinn, Unsinn **2** *Medizin;* ein starker Mangel an Intelligenz ≈ Debilität || *hierzu* **schwach·sin·nig** *Adjektiv*

schwa·feln; *schwafelte, hat geschwafelt;* (**über etwas** *(Akkusativ)*) **schwafeln**; **von etwas schwafeln** *umg abwertend;* viele Dinge erzählen, die unwichtig und wenig intelligent sind

Schwa·ger *der; -s, -/Schwä·ger;* der Ehemann der Schwester oder der Bruder des Ehepartners

Schwä·ge·rin *die; -, -nen;* die Ehefrau des Bruders oder die Schwester des Ehepartners

Schwal·be *die; -, -n;* ein Vogel mit schwarzen

S

und weißen Federn, der sehr schnell fliegen kann und der schmale, spitze Flügel und einen Schwanz mit zwei Spitzen hat || ID **Eine Schwalbe macht noch keinen Sommer** ein gutes Anzeichen führt nicht unbedingt zu einem guten Ergebnis

Schwall *der; -(e)s, -e; meist Singular;* **ein Schwall** *+ Genitiv*/**von etwas** eine ziemlich große Menge *bes* einer Flüssigkeit oder eines Gases, die sich plötzlich irgendwohin bewegt: *ein Schwall heißen Dampfes*

schwamm B1 *Imperfekt, 1. und 3. Person Singular;* ↑ **schwimmen**

Schwamm B1 *der; -(e)s, Schwäm·me;* ein Gegenstand aus einem weichen Material, mit dem man Wasser aufsaugen und etwas sauber machen kann: *sich mit einem Schwamm waschen* || -K Badeschwamm || ID **Schwamm drüber!** *umg;* wir wollen nicht mehr über diese unangenehme Sache sprechen!

Schwam·merl *der; -s, -(n); südd,* Ⓐ ≈ Pilz (1)

schwam·mig *Adjektiv* **1** dick und weich ≈ aufgedunsen: *Er ist im Gesicht ziemlich schwammig geworden* **2** *abwertend;* ⟨ein Begriff, eine Formulierung; etwas schwammig formulieren⟩ so, dass der Inhalt nicht völlig klar ist ≈ vage || *hierzu* **Schwam·mig·keit** *die; -; nur Singular*

Schwan *der; -(e)s, Schwä·ne;* ein großer weißer Vogel mit einem langen Hals, der auf Seen und Flüssen lebt || ID **Du/Mein lieber Schwan!** *umg;* verwendet, um Erstaunen auszudrücken

schwand *Imperfekt, 3. Person Singular;* ↑ **schwinden**

schwang *Imperfekt, 1. und 3. Person Singular;* ↑ **schwingen**

schwan·ger B1 ['ʃvaŋɐ] *Adjektiv;* ⟨eine Frau⟩ mit einem noch nicht geborenen Kind im Bauch: *Sie ist im fünften Monat schwanger* || *hierzu* **Schwan·ge·re** *die; -n, -n*

Schwan·ger·schaft *die; -, -en;* der Zustand, schwanger zu sein ⟨eine geplante, ungewollte Schwangerschaft⟩ || K- Schwangerschaftsabbruch, Schwangerschaftsbeschwerden, Schwangerschaftsgymnastik, Schwangerschaftstest, Schwangerschaftsvorsorge

schwan·ken; *schwankte, hat/ist geschwankt* **1** **etwas schwankt** *(hat)* etwas bewegt sich auf der Stelle *meist* langsam hin und her oder auf und ab: *ein schwankendes Schiff; Die Bäume schwankten im Wind* **2** **jemand/etwas schwankt irgendwohin** *(ist)* jemand/etwas bewegt sich langsam und schwankt (1) dabei: *Der Betrunkene schwankte ins Haus* **3** **etwas schwankt (zwischen etwas** *(Dativ)* **und etwas** *(Dativ)***)** *(hat)* etwas ändert sich immer wieder in der Qualität oder Quantität ⟨der Druck, die Preise, die Temperatur⟩: *Der Dollarkurs schwankt in der letzten Zeit stark* **4** **(zwischen etwas** *(Dativ)* **und etwas** *(Dativ)***) schwanken** *(hat)* sich nicht zwischen zwei Möglichkeiten entscheiden können: *Bei diesem Problem geriet er ins Schwanken*

Schwanz *der; -es, Schwän·ze* **1** der bewegliche, *oft* lange schmale Teil am Ende des Rückens eines Tieres: *Als der Hund mich sah, wedelte er mit dem Schwanz* || -K Heringsschwanz, Kuhschwanz **2** *umg;* etwas, das so aussieht wie ein Schwanz (1) ⟨der Schwanz eines Papierdrachens, eines Kometen⟩ **3** *nur Singular;* **ein Schwanz von etwas** *(Plural); umg;* eine Reihe von *(meist* negativen) Dingen der gleichen Art ⟨ein Schwanz von Problemen⟩

schwän·zen; *schwänzte, hat geschwänzt;* **(etwas) schwänzen** *umg; bes* nicht zur Schule gehen, weil man keine Lust hat ⟨die Schule schwänzen⟩

Schwarm[1] *der; -(e)s, Schwär·me* **1** **ein Schwarm** *+ Substantiv*/**von** ⟨Tieren, Insekten⟩ eine große Zahl von Fischen, Vögeln oder Insekten, die zusammenleben || -K Bienenschwarm, Fischschwarm, Mückenschwarm, Vogelschwarm **2** **ein Schwarm** *+ Substantiv*/**von** ⟨Menschen⟩ *humorvoll;* viele Menschen: *Schwärme von Touristen*

Schwarm[2] *der; -(e)s, Schwär·me;* jemand, den *bes* Jugendliche sehr gut, schön oder interessant finden: *Der Popstar war der Schwarm aller jungen Mädchen*

schwär·men[1]; *schwärmte, hat/ist geschwärmt* **1** ⟨Insekten, Vögel, Fische⟩ **schwärmen irgendwo** *(haben)*/**irgendwohin** *(sind)* viele Insekten, Vögel, Fische sind irgendwo oder bewegen sich irgendwohin **2** ⟨Menschen⟩ **schwärmen irgendwohin** *(sind)* viele Menschen gehen zu einem Ort hin

schwär·men[2]; *schwärmte, hat geschwärmt* **1** **für jemanden/etwas schwärmen** jemanden sehr attraktiv, etwas sehr gut finden: *Sie schwärmt für ihren Lehrer* **2** **(von jemandem/etwas) schwärmen** begeistert über jemanden/etwas sprechen: *Er schwärmt von Irland*

Schwar·te *die; -, -n* **1** die dicke, feste Haut mit viel Fett, *bes* beim Schwein ⟨eine geräucherte, knusprige Schwarte⟩ || -K Speckschwarte **2** *umg abwertend;* ein (dickes) Buch

schwarz A1 *schwärzer, schwärzest-; Adjektiv* **1** von der Farbe der Nacht, wenn es überhaupt kein Licht gibt: *schwarze Haare; sich aus Trauer*

S

schwarz kleiden || ↑ Illustration **Farben und Formen** **2** von sehr dunkler Farbe ⟨Augen, eine Nacht, Pfeffer, Wolken⟩ || K- schwarzbraun **3** *nicht als Adverb*; mit der dunklen Haut der Völker in vielen Teilen Afrikas ⟨die Hautfarbe⟩ **4** *umg*; mit sehr konservativen Prinzipien und Ideen **5** *umg*; nicht offiziell gemeldet (um Steuern, Gebühren zu vermeiden): *schwarz verdientes Geld* || K- Schwarzarbeit, Schwarzgeld, Schwarzhandel, Schwarzmarkt || *hierzu* **Schwarz** *das; -(es), -* || Hinweis: ↑ **schwarzmalen**, **schwarzsehen**

Schwarz·brot B2 *das; -(e)s, -e*; ein dunkles Brot, das *bes* aus Roggenmehl gemacht wird

Schwar·ze *der/die; -n, -n* **1** ein Mensch mit schwarzer (3) Hautfarbe **2** *umg*; jemand mit sehr konservativen politischen Ideen

schwär·zen; *schwärzte, hat geschwärzt*; **etwas schwärzen** etwas schwarz (1) machen: *Das Gesicht des Schornsteinfegers war von Ruß geschwärzt* || Hinweis: *meist* im Zustandspassiv! || *hierzu* **Schwär·zung** *die; -, -en*

schwarz·fah·ren; *fuhr schwarz, ist schwarzgefahren*; mit Bus oder Bahn fahren, aber dafür nicht den verlangten Fahrpreis zahlen || *hierzu* **Schwarz·fah·rer** *der; -s, -*; **Schwarz·fah·re·rin** *die; -, -nen*

schwarz·ma·len; *malte schwarz, hat schwarzgemalt; oft abwertend*; die Zukunft pessimistisch darstellen || *hierzu* **Schwarz·ma·ler** *der; -s, -*; **Schwarz·ma·le·rin** *die; -, -nen*

schwarz·se·hen; *sah schwarz, hat schwarzgesehen*; **(für jemanden/etwas) schwarzsehen** die Zukunft für jemanden/etwas pessimistisch beurteilen: *Für unseren Ausflug sehe ich schwarz - ich glaube, es gibt Regen*

Schwatz *der; -es; nur Singular*; ein freundliches Gespräch über unwichtige Themen ≈ Plauderei ⟨einen Schwatz (mit jemandem) halten⟩ || Hinweis: oft in der Verkleinerungsform *Schwätzchen*

schwat·zen; *schwatzte, hat geschwatzt* **1** **(etwas) schwatzen** *abwertend*; Dinge sagen, die wenig Sinn haben ⟨dummes Zeug schwatzen⟩ **2** **(mit jemandem) schwatzen** freundlich über unwichtige Themen reden ≈ plaudern || *zu* 1 **Schwät·zer** *der; -s, -*; **Schwät·ze·rin** *die; -, -nen*

schwät·zen; *schwätzte, hat geschwätzt; bes südd* Ⓐ ≈ schwatzen

Schwe·be *die; -; nur in* **1** **in der Schwebe** in der Luft (schwebend): *Der Kolibri kann sich durch sehr schnelle Flügelbewegungen in der Schwebe halten* **2** **in der Schwebe** noch nicht entschieden: *Das Verfahren ist noch in der Schwebe* || K- Schwebezustand

schwe·ben; *schwebte, hat/ist geschwebt* **1** **etwas schwebt (irgendwo)** *(hat/ist)* etwas steht oder bewegt sich ruhig in der Luft oder im Wasser: *Eine Wolke schwebte am Himmel* **2** **etwas schwebt irgendwohin** *(ist)* etwas bewegt sich langsam durch die Luft ⟨ein Ballon, eine Feder⟩ **3** **in Lebensgefahr schweben** *(hat/ist)* sehr krank oder stark verletzt sein

Schwe·fel *der; -s; nur Singular*; ein chemisches Element, das gelb ist und unangenehm riecht, wenn man es verbrennt; *Chemie* S || K- Schwefelquelle; schwefelgelb

Schweif *der; -(e)s, -e; förmlich* **1** der lange, buschige Schwanz eines Pferdes || ↑ Abbildung unter **Pferd** || -K Rossschweif **2** eine Schicht aus Gas, die hinter einem Kometen zu sehen ist || -K Kometenschweif

schwei·gen B1 *schwieg, hat geschwiegen* **1** kein Wort sagen ⟨betroffen, ratlos schweigen; schweigend zuhören⟩ **2** **(über etwas** *(Akkusativ)***) schweigen**; **(zu etwas) schweigen** zu einem bestimmten Thema nichts sagen, ein Geheimnis nicht verraten ⟨zu einer Anschuldigung schweigen⟩: *Ich habe lange über den Vorfall geschwiegen, aber jetzt will ich die Wahrheit sagen* **3** **etwas schweigt** *förmlich*; etwas macht keine Geräusche mehr ⟨die Gewehre; die Musik⟩

Schwei·gen B1 *das; -s; nur Singular* **1** eine Situation, in der niemand etwas sagt ⟨beklommenes, eisiges, tiefes, betretenes Schweigen; das Schweigen brechen (= etwas sagen oder verraten)⟩: *Als er eine kurze Pause machte, herrschte gespanntes Schweigen im Saal* **2** das bewusste Schweigen (1) zu einem bestimmten Thema ⟨(über etwas) Schweigen bewahren; zum Schweigen verurteilt sein (= nichts über etwas sagen dürfen)⟩: *Er bewahrte Schweigen über die Motive des Attentats* **3** **sich in Schweigen hüllen** zu einem Thema nichts sagen, auf Fragen nicht antworten || ID **jemanden zum Schweigen bringen** *beschönigend* **a** jemanden töten, *meist* weil er Zeuge eines Verbrechens ist **b** jemanden *(z.B.* durch Drohungen) dazu zwingen, über etwas nichts zu sagen

Schwei·ge·pflicht *die; -; nur Singular*; die Pflicht, über bestimmte Dinge, die man in seinem Beruf erfährt, nicht zu sprechen ⟨die ärztliche Schweigepflicht; jemand/etwas unterliegt der Schweigepflicht; die Schweigepflicht verletzen⟩

schweig·sam *Adjektiv*; ⟨ein Mensch⟩ so, dass

er nur wenig spricht ≈ wortkarg ↔ gesprächig: *„Warum bist du heute so schweigsam?"* || *hierzu* **Schweig·sam·keit** *die; -; nur Singular*

Schwein B1 *das; -(e)s, -e* **1** ein relativ großes Tier mit kurzen Beinen und dicker Haut, das man wegen seines Fleisches züchtet **2** *nur Singular;* das Fleisch eines Schweins (1), das man isst || K- Schweinebraten **3** *umg abwertend;* verwendet als Bezeichnung für einen rücksichtslosen, schmutzigen oder unanständigen Menschen **4** *nur Singular; umg;* Glück, das man nicht verdient hat: *Da hast du noch mal Schwein gehabt, das hätte leicht schiefgehen können*

Schwei·ne·rei *die; -, -en; umg abwertend* **1** Schmutz und Unordnung **2** etwas, über das man sich sehr ärgert **3** *meist Plural;* etwas, das moralisch anstößig ist (*bes* im sexuellen Bereich)

schwei·nisch *Adjektiv; umg* ≈ unanständig ⟨ein Film, ein Witz⟩

Schweiß *der; -es; nur Singular* **1** die salzige Flüssigkeit, die aus der Haut kommt, wenn einem heiß ist ⟨jemandem steht der Schweiß auf der Stirn; jemandem läuft der Schweiß in Strömen herunter⟩: *Er wischte sich mit einem Taschentuch den Schweiß von der Stirn* || K- Schweißausbruch; schweißbedeckt, schweißüberströmt || -K Angstschweiß; Fußschweiß **2** **in Schweiß gebadet sein** nass von Schweiß (1) sein || K- schweißgebadet || ID **im Schweiße seines Angesichts** mit harter, anstrengender Arbeit; **etwas kostet (viel) Schweiß** etwas ist (sehr) anstrengend: *Es hat viel Schweiß gekostet, den Betrieb aufzubauen* || ▸ **schwitzen**

schwei·ßen; *schweißte, hat geschweißt;* **(etwas) schweißen** Teile aus Metall oder Kunststoff miteinander verbinden, indem man sie an einer Stelle sehr heiß macht und zusammenpresst ⟨ein Rohr, einen Riss schweißen⟩ || K- Schweißgerät, Schweißnaht

Schweiz *(die); -; nur Singular;* der Staat in Mitteleuropa mit der Hauptstadt Bern

Schwei·zer·deutsch *das; -; nur Singular;* die deutsche Sprache, so wie sie in einem Teil der Schweiz gesprochen wird || *hierzu* **schwei·zer·deutsch** *Adjektiv* || ↑ Info Seite 736

schwe·len; *schwelte, hat geschwelt* **1** **etwas schwelt** etwas brennt (ohne sichtbare Flamme) schwach und entwickelt dabei viel Rauch ⟨ein Feuer⟩ || K- Schwelbrand **2** **etwas schwelt (in jemandem)** etwas ist wirksam, ohne sichtbar zu werden ⟨in jemandem schwelt der Hass⟩

▶ Die Schweiz

Die Schweiz ist eine Republik (offizieller Name: **Confoederatio Helvetica**) und liegt in den Alpen. Sie besteht aus 26 **Kantonen**. Die etwa 7.300.000 Schweizer **Eidgenossen** leben auf einer Fläche von 41.290 km^2.
In der Schweiz gibt es vier Amtssprachen: **Deutsch**, **Französisch**, **Italienisch** und **Rätoromanisch**. Deutsch ist die am meisten gesprochene Sprache (60% der Bevölkerung), gefolgt von Französisch, das in der Westschweiz verbreitet ist. Italienisch wird in dem südlich gelegenen Kanton **Tessin** und in einigen Gegenden des Kantons **Graubünden** gesprochen. Etwa 60.000 Einwohner sprechen Rätoromanisch.
Die Schweiz ist traditionell politisch neutral und pflegt ein strenges Bankgeheimnis, das große Mengen ausländischen Kapitals anlockt.
Die Hauptstadt ist **Bern**. Andere wichtige Städte sind **Genf**, der bekannte Sitz zahlreicher internationaler Organisationen, **Zürich**, **Basel** und **Lausanne**.

LANDESKUNDE

▶ Schweizerdeutsch (1)

Wörter, die in der Schweiz (auch) eine andere Bedeutung haben:

Schweizerdeutsch	Hochdeutsch
die **Abdankung**	die Trauerfeier
aufgestellt *Adj*	fröhlich
das **Depot**	das Pfand
fehlbar *Adj*	schuldig
die **Garage**	die Autowerkstatt
die **Pfanne**	der Kochtopf
die **Peperoni**	der Paprika
die **Promotion**	die Versetzung
das **Quartier**	das Stadtviertel
der **Sack**	die Tüte, die Hosentasche
die **Store**	die Jalousie, die Markise
tönen *(hat)*	klingen
versorgen *(hat)*	unterbringen, verwahren
der **Vortritt**	die Vorfahrt
wischen *(hat)*	kehren, fegen
zügeln *(ist/hat)*	umziehen, den Wohnort wechseln

WORTSCHATZ

S

▶ Schweizerdeutsch (2)

Wörter, denen man (fast) nur in der Schweiz begegnet:

Schweizerdeutsch	Hochdeutsch
der **Abwart**	der Hausmeister
das **Augenwasser**	die Tränen *Pl*
der **Autocar**, der **Car**	der Reisebus
die **Baumnuss**	die Walnuss
der **Beschrieb**	die Beschreibung
das **Billett**	die Fahrkarte, die Eintrittskarte
der **Camion**	der Lastwagen
Exgüsi!	Entschuldigung!
der **Fahrausweis**	der Führerschein
die **Glace**	das Speiseeis
grillieren *(hat)*	grillen
innert *Präp*	binnen, innerhalb
der **Jupe**	der Rock
der **Kondukteur**	der Schaffner
das **Lavabo**	das Waschbecken
die **Matura**	das Abitur
Merci!	Danke!
das **Morgenessen**	das Frühstück
das **Nachtessen**	das Abendessen
die **Papeterie**	die Schreibwarenhandlung
parkieren *(hat)*	parken
der **Perron**	der Bahnsteig
der **Pneu**	der Reifen
das **Poulet**	das Hühnchen
die **Serviertochter**	die Bedienung, die Kellnerin
der **Thon**	der Thunfisch
tischen *(hat)*	den Tisch decken
der **Unterbruch**	die Unterbrechung
das **Velo**	das Fahrrad
die **Vernehmlassung**	die Stellungnahme
verzeigen *(hat)*	bei der Polizei anzeigen

WORTSCHATZ ◀

schwel·gen; *schwelgte, hat geschwelgt* **1** **in etwas** (*Dativ*) **schwelgen** *förmlich*; etwas Angenehmes bewusst und intensiv genießen ⟨in Erinnerungen, in Gefühlen, in Wonne schwelgen⟩ **2** mit Genuss viel essen und trinken: *Wir haben auf der Party mal so richtig geschwelgt*

Schwel·le *die*; -, -n **1** der etwas höhere Teil des Fußbodens an der Tür || [-K] Türschwelle **2** ein Stück Holz oder Beton, das quer unter den (Eisenbahn)Schienen liegt **3** **an der Schwelle zu etwas** kurz vor etwas (*oft* vor einem neuen Lebensabschnitt): *an der Schwelle zum Erwachsensein stehen* || [-K] Schmerzschwelle

schwel·len; *schwillt, schwoll, ist geschwollen*; **etwas schwillt** etwas wird größer und dicker als normal: *Sein Arm ist nach dem Bienenstich geschwollen* || *hierzu* **Schwel·lung** *die*; -, -en

schwen·ken; *schwenkte, hat/ist geschwenkt* **1** **etwas schwenken** (*hat*) etwas (in der Hand halten und) durch die Luft bewegen ⟨eine Fahne schwenken⟩ **2** **etwas (irgendwohin) schwenken** (*hat*) etwas in eine bestimmte Richtung oder Stellung bewegen: *Er schwenkte den Wasserhahn nach rechts* **3** **etwas in etwas** (*Dativ*) **schwenken** (*hat*) etwas in eine Flüssigkeit tun und dort kurze Zeit hin und her bewegen: *in Butter geschwenkte Bohnen* **4** **irgendwohin schwenken** (*ist*) sich in eine Richtung nach der Seite bewegen: *Das Auto schwenkte nach links* || *zu* **2** und **4**
Schwenk *der*; -(e)s, -s

schwer[1] [A1] *Adjektiv* **1** mit relativ hohem Gewicht ↔ leicht ⟨schwer beladen, bepackt (sein)⟩: *einen schweren Koffer schleppen; Mit 75 Kilo ist sie viel zu schwer für ihre Größe* || ↑ Abbildung unter **lang** || [K-] schwerbeladen, schwerbepackt || [-K] zentnerschwer **2** in großem Maße, mit großer Intensität ≈ stark ⟨ein Gewitter, eine Krankheit; schwer bewaffnet, enttäuscht, krank, verletzt, verwundet⟩: *Er liegt mit einer schweren Grippe im Bett; Die Hitze macht ihm schwer zu schaffen* || [K-] schwerbewaffnet, schwerkrank, schwerverletzt, schwerverwundet **3** sehr intensiv und süß ⟨ein Parfüm⟩ **4** sehr belastend für den Organismus ⟨ein Essen, ein Wein⟩: *Vor dem Schlafengehen solltest du nicht so schwer essen* **5** *Gewicht* + **schwer** mit dem genannten Gewicht: *ein zwanzig Tonnen schwerer Lastwagen; Der junge Vogel war nur zehn Gramm schwer* **6** mit sehr unangenehmen oder schlimmen Folgen ⟨eine Schuld, ein Verbrechen⟩ || [K-] Schwerverbrecher || Hinweis: ↑ **schwerbehindert**, **schwerbeschädigt** || *zu* **1-4** und **6** **Schwe·re** *die*; -; *nur Singular*

schwer[2] [A1] *Adjektiv* **1** mit viel Arbeit oder Mühe verbunden ≈ schwierig ↔ leicht, einfach ⟨eine Aufgabe, ein Beruf, ein Leben⟩: *Der Kranke atmete schwer* **2** ⟨eine Arbeit⟩ so, dass man viel Kraft dazu braucht ↔ leicht || [K-] Schwerarbeit **3** *nicht als Adverb* ≈ anspruchsvoll ↔ leicht ⟨Musik, Literatur⟩ **4** **jemand/etwas**

ist schwer zu + *Infinitiv* es ist schwierig, mit jemandem/etwas zu tun: *Es ist schwer zu beurteilen, ob er recht hat; Sie war nur schwer zu überzeugen* **5** **jemand/etwas macht (jemandem) etwas schwer**; **jemand macht sich** (*Dativ*) **etwas schwer** jemand/etwas bereitet jemandem auf einem bestimmten Gebiet Probleme, jemand macht die Situation für sich selbst sehr schwierig ⟨sich und anderen das Leben schwer machen⟩: *Sie machte es ihm schwer, sich von ihr zu trennen* || Hinweis: ↑ **schwerfallen**, **schwernehmen** *usw*

schwer[3] A1 *Adverb; umg;* verwendet, um Adjektive und Verben zu verstärken ≈ sehr ⟨schwer beleidigt, betrunken, reich sein⟩ || ID **Das will ich schwer hoffen!** *umg;* das erwarte ich unbedingt || Hinweis: ↑ **schwerwiegend**

Schwer·ath·le·tik *die; -; nur Singular;* die Sportarten Gewichtheben, Ringen, Boxen *usw* ↔ Leichtathletik ⟨Schwerathletik betreiben⟩

schwer·be·hin·dert, **schwer be·hin·dert** *Adjektiv; nicht als Adverb;* mit einer ernsthaften körperlichen Behinderung || *hierzu* **Schwer·be·hin·der·te** *der/die; -n, -n*

schwe·re·los *Adjektiv* **1** ohne Gewicht: *Die Astronauten im Weltraum befinden sich im schwerelosen Zustand* **2** so, als ob der Betreffende kein Gewicht hätte: *Sie glitt schwerelos über den Boden* || *hierzu* **Schwe·re·lo·sig·keit** *die; -; nur Singular*

schwer·fal·len; *fällt schwer, fiel schwer, ist schwergefallen;* **etwas fällt jemandem schwer** etwas macht jemandem viel Mühe oder Schwierigkeiten ↔ etwas fällt jemandem leicht: *Es fiel ihm schwer, sich bei ihr zu entschuldigen*

schwer·hö·rig *Adjektiv;* ⟨ein Mensch⟩ so, dass er schlecht hört: *Sprich lauter, er ist schwerhörig!* || ID *meist* **Bist du schwerhörig?** *umg;* verwendet, um Ungeduld auszudrücken, weil jemand nicht sofort das tut, was man ihm sagte || *hierzu* **Schwer·hö·ri·ge** *der/die;* **Schwer·hö·rig·keit** *die; -; nur Singular* || Hinweis: ↑ **taub**

Schwer·kraft *die; -; nur Singular;* die (Anziehungs)Kraft eines Planeten *o.Ä.*, die bewirkt, dass alles ein Gewicht hat ≈ Gravitation ⟨jemand/etwas unterliegt der Schwerkraft, ist der Schwerkraft unterworfen⟩

schwer·lich *Adverb; förmlich;* wahrscheinlich nicht ≈ kaum: *Es wird dir schwerlich helfen, wenn du ihn beleidigst*

schwer·ma·chen (*hat*) ↑ **schwer**[2] (5)

Schwer·mut *die; -; nur Singular;* ein Zustand, in dem man so traurig ist, dass man nichts mehr tun will ≈ Melancholie ⟨in Schwermut verfallen⟩ || *hierzu* **schwer·mü·tig** *Adjektiv*

schwer·neh·men; *nimmt schwer, nahm schwer, hat schwergenommen;* **etwas schwernehmen** etwas sehr ernst nehmen und sich viele Sorgen darüber machen ↔ leichtnehmen

Schwer·punkt *der; -(e)s, -e* **1** der Punkt, der wichtig für das Gleichgewicht eines Körpers ist. Wenn man einen Gegenstand auf einer Spitze balancieren will, muss die Spitze genau unter dem Schwerpunkt sein **2** **der Schwerpunkt** (+ *Genitiv*) etwas, das besonders wichtig ist und viel Zeit, Raum oder Aufmerksamkeit braucht: *Der Schwerpunkt der Ausstellung waren Gemälde von Rembrandt; Der Schwerpunkt ihrer Arbeit liegt in der Beratung* || *zu* 2 **schwer·punkt·mä·ßig** *Adjektiv*

Schwert *das; -(e)s, -er* **1** eine Waffe, ähnlich einem sehr langen Messer (wie sie *z.B.* Römer und Ritter benutzt haben) **2** eine senkrechte Platte, die unten an Segelbooten *o.Ä.* befestigt ist || ↑ Abbildung unter **Segelboot**

schwer·tun, **sich**; *tat sich schwer, hat sich schwergetan;* **sich (bei/mit etwas) schwertun** mit etwas Probleme haben ↔ sich leichttun: *Mit solchen Fremdwörtern tue ich mich immer schwer*

schwer·wie·gend, **schwer wie·gend**, *schwerer wiegend/schwerwiegender, am schwersten wiegend/schwerwiegendst-; Adjektiv;* mit großen Folgen ⟨ein Entschluss, ein Fehler, eine Erkrankung⟩

Schwes·ter A2 *die; -, -n* **1** eine weibliche Verwandte, die dieselben Eltern hat: *„Wie viele Geschwister hast du?" – „Zwei Brüder und eine Schwester"* **2** ein weibliches Mitglied eines Ordens ≈ Nonne || -K Ordensschwester **3** eine Frau, die (beruflich) Kranke oder Alte pflegt und oft eine Art Uniform trägt: *Sie arbeitet als Schwester im Krankenhaus* || -K Altenschwester, Kinderschwester, Krankenschwester **4** als Anrede für eine Schwester (2,3) verwendet: *Schwester Josefine*

schwieg *Imperfekt, 1. und 3. Person Singular;* ↑ **schweigen**

Schwie·ger·el·tern *die; -; Plural;* die Eltern des Ehepartners

Schwie·ger·mut·ter *die; -, -müt·ter;* die Mutter des Ehepartners

Schwie·ger·sohn *der; -(e)s, -söh·ne;* der Ehemann der Tochter

Schwie·ger·toch·ter *die; -, -töch·ter;* die Ehefrau des Sohnes

Schwie·ger·va·ter *der; -s, -vä·ter;* der Vater des Ehepartners

Schwie·le *die; -, -n;* eine dicke, harte Stelle an der Haut (*bes* der Hand), die durch Druck entstanden ist ≈ Hornhaut: *vom Arbeiten Schwielen bekommen* || *hierzu* **schwie·lig** *Adjektiv*

schwie·rig A2 *Adjektiv* **1** so, dass man darüber viel nachdenken muss und viel Energie und Können braucht ⟨eine Aufgabe, eine Entscheidung, eine Frage⟩ **2** ≈ unangenehm ⟨eine Lage, eine Situation⟩ **3** so, dass man vorsichtig sein muss, weil man nicht weiß, wie jemand reagiert ⟨ein Mensch, ein Charakter⟩

Schwie·rig·keit B2 *die; -, -en* **1** *nur Singular;* die Eigenschaft, problematisch zu sein und Können zu fordern: *die Schwierigkeit einer Aufgabe, einer Situation* **2** *meist Plural;* etwas, das jemandem große Probleme macht ⟨auf Schwierigkeiten stoßen⟩: *Beim Bau des Tunnels ergaben sich immer neue Schwierigkeiten* || -K (*nur mit Plural*) Geldschwierigkeit, Zahlungsschwierigkeit || ID **(jemandem) Schwierigkeiten machen** jemanden in eine unangenehme Situation bringen; **etwas macht jemandem Schwierigkeiten** etwas bereitet jemandem Mühe: *Das Atmen machte ihr Schwierigkeiten*

schwillt *Präsens, 3. Person Singular;* ↑ **schwellen**

Schwimm·bad *das; -(e)s, -bä·der;* ein großes Gebäude (oder ein großes Gelände) mit Schwimmbecken

Schwimm·be·cken *das; -s, -;* ein großes Becken, in dem man schwimmen kann

schwim·men A2 *schwamm, hat/ist geschwommen* **1** **schwimmen** (*hat/südd* Ⓐ Ⓒⓗ *ist*); **irgendwohin schwimmen** (*ist*) sich durch Bewegungen des Körpers im Wasser (oder an der Oberfläche) halten und sich dabei fortbewegen ⟨auf dem Rücken schwimmen⟩: *Enten schwimmen auf dem See* || K- Schwimmhalle, Schwimmsport || -K Brustschwimmen, Kraulschwimmen **2** **etwas schwimmt** (*ist*) etwas liegt auf der Oberfläche einer Flüssigkeit und geht nicht unter: *Kork ist leichter als Wasser und schwimmt* **3** **etwas schwimmt** (*ist*) *umg;* etwas ist sehr nass ⟨das Badezimmer, der Fußboden⟩ **4** **in etwas schwimmen** (*ist*) *umg;* sehr viel von etwas haben ⟨in Geld schwimmen⟩ **5** **ins Schwimmen kommen** *umg;* etwas nicht gut können und deswegen unsicher werden

Schwim·mer *der; -s, -;* **1** ein Mensch, der schwimmen kann ↔ Nichtschwimmer **2** jemand, der das Schwimmen als Sport betreibt **3** ein leichter Gegenstand, der im Wasser schwimmt und dadurch etwas an der Oberfläche hält, ein Ventil regelt oder die Menge der Flüssigkeit in einem Behälter anzeigt: *die Schwimmer eines Wasserflugzeugs; der Schwimmer im Spülkasten der Toilette* || K- Schwimmerventil || *zu* 1 und 2 **Schwim·me·rin** *die; -, -nen*

Schwimm·flü·gel *der; -s, -; meist Plural;* einer von zwei Plastikringen (voll Luft), die ein Kind im Wasser an den Armen trägt, wenn es nicht schwimmen kann

Schwimm·wes·te *die; -, -n;* eine Weste zum Aufblasen oder aus Kork, mit deren Hilfe eine Person schwimmen kann ⟨die Schwimmweste anlegen⟩

Schwin·del[1] *der; -s; nur Singular;* ein unangenehmes Gefühl, bei dem man meint, alles drehe sich im Kreis || K- Schwindelgefühl || *hierzu* **schwind·lig** *Adjektiv*

Schwin·del[2] *der; -s; nur Singular; umg abwertend* ≈ Betrug ⟨etwas ist Schwindel⟩

schwin·deln[1]; *schwindelte, hat geschwindelt;* **jemandem/jemanden schwindelt (es)** jemand fühlt Schwindel[1]

schwin·deln[2]; *schwindelte, hat geschwindelt; umg;* eine *meist* harmlose Lüge erzählen || *hierzu* **Schwind·ler** *der; -s, -;* **Schwind·le·rin** *die; -, -nen*

schwin·den; *schwand, ist geschwunden* **1** **etwas schwindet** etwas wird immer weniger: *Als sie zwei Wochen lang nicht anrief, schwand seine Hoffnung auf eine Versöhnung* **2** **jemandem schwinden die Sinne** *förmlich;* jemand wird ohnmächtig, verliert das Bewusstsein

schwind·lig *Adjektiv; nur nach dem Substantiv oder als Adverb;* so, dass der Betreffende Schwindel[1] fühlt ↔ schwindelfrei ⟨jemandem ist, wird schwindlig⟩: *Beim Karussellfahren wird mir immer schwindlig*

schwin·gen; *schwang, hat geschwungen* **1** **etwas schwingen** etwas (in einem großen Bogen oder in mehreren Kreisen) schnell durch die Luft bewegen ⟨einen Hammer, eine Fahne, die Arme schwingen⟩ **2** **etwas schwingt** etwas bewegt sich im gleichen Abstand um einen Punkt hin und her ⟨eine Glocke, ein Pendel, eine Schaukel⟩ **3** **etwas schwingt** etwas bewegt sich auf der Stelle schnell hin und her oder auf und ab ≈ etwas vibriert ⟨eine Saite, eine Welle⟩ **4** **sich irgendwohin schwingen** sich festhalten und dann auf oder über etwas springen ⟨sich in den Sattel schwingen⟩

Schwin·gung *die; -, -en;* eine Bewegung von

S

einer Seite zur anderen, die sich regelmäßig wiederholt ⟨die Dauer, Frequenz einer Schwingung⟩: *eine Gitarrensaite in Schwingungen versetzen* || K- Schwingungsdauer, Schwingungsfrequenz

Schwips *der; -es, -e; umg;* der Zustand, in dem man ein wenig betrunken ist

schwit·zen B1 *schwitzte, hat geschwitzt;* Feuchtigkeit auf der Haut haben, weil man intensiv arbeitet, weil es sehr heiß ist oder weil man Angst hat ⟨am ganzen Körper schwitzen; ins Schwitzen kommen⟩: *Er schwitzte vor Aufregung*

schwoll *Imperfekt, 3. Person Singular;* ↑ **schwellen**

schwor *Imperfekt, 1. und 3. Person Singular;* ↑ **schwören**

schwö·ren; *schwor, hat geschworen* **1** **(etwas) schwören** vor Gericht feierlich erklären, dass man die Wahrheit sagt ⟨einen Eid schwören⟩ **2** **(jemandem) etwas schwören** jemandem versichern, dass man die Wahrheit sagt oder dass man etwas bestimmt tun wird: *Ich schwöre (dir), dass ich dich nie betrügen werde* **3** **sich** (*Dativ*) **etwas schwören** beschließen, etwas zu tun: *Ich habe mir geschworen, nie wieder so schnell zu fahren* || ID **Ich könnte schwören, dass ...** *umg;* ich weiß ganz sicher, dass ...: *Ich könnte schwören, dass ich das Auto abgesperrt habe*

schwul B2 *Adjektiv* ≈ homosexuell ⟨ein Mann⟩ || *hierzu* **Schwu·le** *der; -n, -n* || Hinweis: ↑ **lesbisch**

schwül *Adjektiv* **1** unangenehm heiß und feucht ⟨das Klima, die Luft⟩ **2** ⟨eine Atmosphäre, eine Stimmung⟩ so, dass sie Angst machen **3** ⟨ein Duft, Fantasien, ein Traum⟩ so, dass sie eine erotische Wirkung haben || *hierzu* **Schwü·le** *die; -; nur Singular*

Schwund *der; -(e)s; nur Singular* **1** der Vorgang, bei dem etwas immer weniger oder schwächer wird || -K Gedächtnisschwund, Muskelschwund, Vertrauensschwund; Zuschauerschwund **2** *Wirtschaft;* ein Verlust an Waren, der einem Händler durch Beschädigung, Diebstahl *usw* entsteht: *Einen gewissen Schwund muss ein Geschäft immer einkalkulieren* || ▸ **schwinden**

Schwung¹ *der; -(e)s; nur Singular* **1** eine Bewegung mit großer Geschwindigkeit und Kraft: *Er warf das Fenster mit solchem Schwung zu, dass das Glas zerbrach; Auf dem steilen Berg kam der Schlitten ordentlich in Schwung* (= wurde der Schlitten immer schneller) **2** Freude an der Arbeit und Bereitschaft zur Arbeit ≈ Elan ⟨mit Schwung an die Arbeit gehen⟩ **3** die Fähigkeit, die eigene Kraft und Begeisterung auf jemanden zu übertragen: *Peter bringt Schwung in jede Party* **4** ein Zustand, in dem man/etwas leistungsfähig und aktiv ist ⟨in Schwung kommen;etwas bringt, hält jemanden/etwas in Schwung⟩: *Du wirst sehen, diese Kur bringt dich wieder in Schwung; Morgens brauche ich zwei Tassen Kaffee, damit ich in Schwung komme; Die Konjunktur kommt nach der Flaute wieder in Schwung* **5** **Schwung holen** eine große Bewegung machen, um mehr Schwung (1) zu bekommen: *Er holte Schwung und trieb den Nagel mit einem Schlag ins Brett* || *zu* 1-4 **schwung·voll** *Adjektiv*

Schwung² *der; -(e)s, Schwün·ge;* eine schnelle Bewegung des Körpers in einem Bogen oder im Kreis

Schwung³ *der; -(e)s; nur Singular; umg;* **ein Schwung** + *Substantiv* eine relativ große Zahl von etwas ≈ eine Menge + *Substantiv*: *Er hat einen ganzen Schwung Zeitschriften gekauft*

Schwur *der; -(e)s, Schwü·re* **1** das feierliche Versprechen, dass eine Aussage wahr ist ⟨einen Schwur ablegen⟩ **2** *förmlich;* das, was man jemandem feierlich versprochen hat ⟨einen Schwur halten, brechen⟩

Schwur·ge·richt *das; -(e)s, -e; Rechtswesen;* ein Gericht, bei dem neben dem Richter noch Geschworene über die Schuld des Angeklagten (mit)entscheiden

sechs [zɛks] *Zahladjektiv;* (als Ziffer) 6

Sechs [zɛks] *die; -, -en* **1** die Zahl 6 **2** Ⓓ die schlechteste Schulnote (auf der Skala von 1-6), mit der man eine Prüfung nicht bestanden hat **3** Ⓒⓗ die beste Note in der Schule ≈ sehr gut **4** jemand/etwas mit der Nummer 6

Sech·ser ['zɛksɐ] *der; -s, -; umg* **1** ≈ Sechs **2** sechs richtige Zahlen im Lotto (mit denen man die höchste Summe gewinnt)

sechs·hun·dert *Zahladjektiv;* (als Zahl) 600

sechst *nur in* **zu sechst** (mit) insgesamt 6 Personen: *Wir sind zu sechst; zu sechst am Tisch sitzen*

sechs·t- ['zɛkst-] *Zahladjektiv, nur vor dem Substantiv, nicht als Adverb* **1** in einer Reihenfolge an der Stelle sechs ≈ 6. || Hinweis: Gebrauch ↑ Beispiele unter **viert-** **2** **der sechste Teil (von etwas)** ≈ ⅙

sechs·tau·send *Zahladjektiv;* (als Zahl) 6000

sechs·tel *Adjektiv; nur vor dem Substantiv, indeklinabel, nicht als Adverb;* den 6. Teil eines Ganzen bildend ≈ ⅙

S

Sechs·tel *das; -s, -;* der 6. Teil von etwas, *meist* einer Menge oder Masse

sechs·tens *Adverb;* verwendet bei einer Aufzählung, um anzuzeigen, dass etwas an 6. Stelle kommt

sech·zehn ['zɛçtse(:)n] *Zahladjektiv;* (als Zahl) 16

sech·zig ['zɛçtsɪç] *Zahladjektiv* **1** (als Zahl) 60 **2** **Anfang, Mitte, Ende sechzig sein** ungefähr 60 bis 63, 64 bis 66, 67 bis 69 Jahre alt sein

sech·zi·ger *Adjektiv; nur vor dem Substantiv, indeklinabel, nicht als Adverb;* die zehn Jahre (eines Jahrhunderts, eines Menschenlebens) von 60 bis 69 betreffend: *in den sechziger Jahren/den Sechzigern; Er ist in den/seinen Sechzigern* ‖ K- Sechzigerjahre

See[1] A1 *der; -s, -n* ['ze:(ə)n]; eine relativ große Fläche Wasser: *Der Bodensee ist der größte See in Deutschland* ‖ K- Seeufer ‖ -K Bergsee, Stausee

See[2] A1 *die; -; nur Singular* **1** ≈ Meer: *Heute haben wir eine ruhige See; Er hat ein Haus an der See* ‖ K- Seebad, Seebeben, Seehafen ‖ -K Tiefsee **2** **auf See** an Bord eines Schiffes auf dem Meer **3** **auf hoher See** auf dem Meer, weit vom Festland entfernt

See·fahrt *die; -, -en* **1** *nur Singular;* die Schifffahrt auf dem Meer: *Die Erfindung des Dampfschiffes machte die Seefahrt schneller und sicherer* **2** eine Fahrt übers Meer ⟨eine Seefahrt machen⟩ ‖ *zu* **1** **See·fah·rer** *der; -s, -*

See·gang *der; -(e)s; nur Singular;* die Wellen, die der Wind auf dem Meer erzeugt ⟨leichten, hohen, starken, schweren Seegang haben⟩

See·hund *der; -(e)s, -e;* eine Robbe, die im nördlichen Teil des Atlantiks lebt ‖ K- Seehundbaby, Seehundfell

see·krank *Adjektiv;* mit einem schlechten Gefühl im Magen, wenn man auf einem Schiff fährt ⟨seekrank sein, werden⟩ ‖ *hierzu* **See·krank·heit** *die; -; nur Singular*

See·le *die; -, -n* **1** der Teil eines Menschen, von dem die Mitglieder vieler Religionen glauben, dass er nicht sterbe **2** *nur Singular;* die Gefühle und das moralische Empfinden eines Menschen ≈ Psyche **3** **eine Seele von einem Mensch(en)** ein Mensch, der immer geduldig und gut zu anderen ist **4** **aus tiefster Seele** ≈ sehr, intensiv ⟨jemanden aus tiefster Seele hassen, lieben, verachten⟩ ‖ ID **etwas liegt jemandem auf der Seele** etwas macht jemandem Sorgen; **sich** *(Dativ)* **etwas von der Seele reden** etwas, das einem Sorgen macht, sagen, damit man sich danach besser fühlt

see·lisch *Adjektiv;* in Bezug auf die Seele (2), Psyche ≈ psychisch ⟨eine Belastung, das Gleichgewicht⟩

Seel·sor·ge *die; -; nur Singular;* die Beratung und Hilfe, die man von einem Pfarrer oder von der Kirche bekommt ⟨in der Seelsorge tätig sein⟩ ‖ *hierzu* **Seel·sor·ger** *der; -s, -;* **Seel·sor·ge·rin** *die; -, -nen;* **seel·sor·ge·risch** *Adjektiv*

See·mann *der; -(e)s, See·leu·te;* jemand, der auf einem Schiff (auf dem Meer) arbeitet ‖ Hinweis: ↑ **Matrose**

See·mei·le *die; -, -n;* die Einheit, mit der Entfernungen auf dem Meer gemessen werden: *Eine Seemeile entspricht 1852 Metern*

See·not *die; -; nur Singular;* eine Situation, in der ein Schiff in höchster Gefahr ist ⟨ein Schiff gerät in Seenot; jemanden aus Seenot retten⟩

See·ro·se *die; -, -n;* eine Blume mit großen Blüten und großen runden Blättern, die im Wasser wächst: *ein Teich mit Seerosen*

see·tüch·tig *Adjektiv;* in einem so guten Zustand, dass man damit eine Reise auf dem Meer machen kann ⟨ein Schiff⟩

Se·gel *das; -s, -;* ein großes Stück Stoff, das man so an einem Schiff, Boot oder Surfbrett befestigt, dass der Wind das Schiff *usw* über das Wasser bewegt ⟨ein Segel aufziehen, einziehen⟩ ‖ K- Segelboot, Segeljacht, Segelschiff ‖ ID **die Segel streichen** den Kampf/

Segelboot

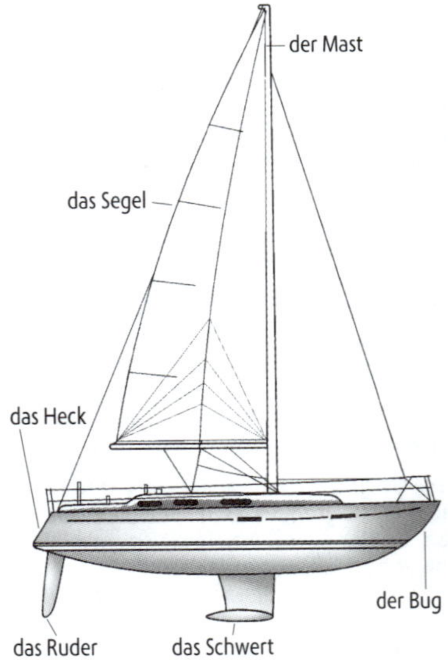

S

Widerstand aufgeben

Se·gel·flie·ger *der; -s, -;* jemand, der ein Segelflugzeug lenkt || *hierzu* **Se·gel·flie·gen** *das; -s; nur Singular;* **Se·gel·flie·ge·rin** *die; -, -nen*

Se·gel|flug·zeug *das; -(e)s, -e;* ein leichtes Flugzeug, das ohne Motor fliegen kann: *Segelflugzeuge gleiten durch die Luft*

se·geln B2 *segelte, hat/ist gesegelt* **1** **segeln** *(hat/ist);* **irgendwohin segeln** *(ist)* mit einem Boot oder Schiff fahren, das Segel hat: *Er will einmal um die ganze Welt segeln* || K- Segelregatta, Segelsport **2** *(ist)* in einem Segelflugzeug oder Drachenflieger durch die Luft fliegen || *hierzu* **Seg·ler** *der; -s, -;* **Seg·le·rin** *die; -, -nen*

Se·gen *der; -s, -;* **1** die Bitte um göttliche Hilfe *(meist* in Form eines Gebets) ⟨den Segen erhalten⟩: *Der Gottesdienst endet mit dem Segen* || K- Segenswunsch **2** der Schutz, den man von Gott bekommt ⟨Gottes Segen⟩ **3** **ein Segen (für jemanden/etwas)** etwas, das gut für jemanden/etwas ist: *Nach der langen Trockenzeit ist der Regen ein wahrer Segen* || ID **(jemandem) (zu etwas) seinen Segen geben** *umg;* jemandem etwas erlauben; **Heile, heile Segen!** verwendet, um kleine Kinder zu trösten, denen etwas wehtut

seg·nen; *segnete, hat gesegnet* **1** **jemanden/etwas segnen** den Segen (1) geben: *Der Papst segnete die Gläubigen* **2** *meist* **Gott segnet jemanden mit etwas** Gott gibt jemandem etwas Gutes

seh·be·hin·dert *Adjektiv; nicht als Adverb;* mit einer Störung der Augen, die bewirkt, dass man schlecht sieht || *hierzu* **Seh·be·hin·de·rung** *die; -, -en*

se·hen A1 ['ze:ən]; *sieht, sah, hat gesehen* **1** **(irgendwie) sehen** die Fähigkeit haben, Personen, Gegenstände *usw* mit den Augen wahrzunehmen: *Sie sieht so schlecht, dass sie ohne Brille hilflos ist; Nach der Operation kann er wieder sehen* || K- Sehkraft, Sehschärfe, Sehtest **2** **irgendwohin sehen** die Augen auf jemanden/etwas richten: *Als er zum Himmel sah, erblickte er einen Ballon* **3** **jemanden/etwas sehen** mit den Augen erkennen, wo eine Person oder Sache ist, wie sie aussieht: *Der Nebel war so dicht, dass er den Radfahrer nicht sah; Bei klarem Wetter kann man von hier aus die Berge sehen; Hast du gesehen, wie wütend er war?* **4** **etwas sehen** irgendwo hingehen und Interessantes sehen, besuchen ⟨einen Film, ein Theaterstück sehen⟩: *Wenn Sie in Nürnberg sind, müssen Sie die Burg sehen; Rolf hat schon fast die ganze Welt gesehen* **5** **jemanden sehen** jemanden (mit oder ohne Absicht) treffen: *Ich sehe ihn jeden Morgen im Bus* **6** **etwas sehen** etwas *(meist* nach langer Zeit und durch eigene Erfahrungen) richtig beurteilen: *Siehst du jetzt, dass deine Reaktion übertrieben war?* **7** **etwas irgendwie sehen** etwas in der genannten Art und Weise beurteilen ≈ einschätzen: *Er war der Einzige, der die wirtschaftliche Lage richtig sah* || K- Sehweise **8** **sehen, ob/wie** *usw* **...** versuchen, eine Lösung zu finden: *Dann will ich mal sehen, ob ich dir helfen kann* **9** **etwas in jemandem sehen** der Meinung sein, dass jemand die genannte Person sei oder die genannte Funktion habe: *Du täuschst dich, wenn du einen Konkurrenten in ihm siehst* **10** **etwas kommen sehen** *umg;* ahnen, vorhersehen, dass etwas passiert: *Ich sehe schon kommen, dass ihr bei diesem Geschäft viel Geld verliert* **11** **nach jemandem sehen** ≈ sich um jemanden kümmern ⟨nach einem Kranken sehen⟩ **12** **sich zu etwas gezwungen sehen** *förmlich;* meinen, man sei gezwungen, etwas *(meist* nicht Erfreuliches) zu tun: *Die Regierung sah sich gezwungen, unpopuläre Entscheidungen zu treffen* **13** **sich nicht imstande/in der Lage sehen + zu +** *Infinitiv; förmlich;* der Meinung sein, dass man etwas nicht tun kann: *Er sah sich nicht in der Lage zu helfen* || ID **es nicht gern sehen, wenn ...** *umg;* nicht einverstanden sein (dass jemand etwas tut): *Seine Eltern sehen es nicht gern, wenn er abends in die Disco geht;* **jemanden/etwas nicht mehr sehen können** *umg;* mit einer Person/Sache zu lange Kontakt gehabt haben, sodass man sie als unangenehm empfindet; **sich (bei jemandem) sehen lassen** *umg;* jemanden (kurz) besuchen: *Lass dich doch mal wieder bei uns sehen!;* **jemand/etwas kann sich sehen lassen** *umg;* eine Person sieht so gut aus/eine Sache ist so gut gemacht, dass sie einen guten Eindruck machen; **Siehst du!/Sehen Sie!** *umg;* verwendet, um zu sagen, dass man mit etwas recht hatte

se·hen·las·sen *(hat)* ↑ **sehen** ID

se·hens·wert B1 *Adjektiv; nicht als Adverb;* ⟨ein Film, eine Ausstellung⟩ so, dass es sich lohnt, sie anzusehen ≈ sehenswürdig

Se·hens·wür·dig·keit B1 *die; -, -en;* ein Gebäude, ein Platz *o.Ä.*, die besonders schön, wertvoll oder interessant sind ⟨Sehenswürdigkeiten besichtigen⟩

Seh·ne *die; -, -n* **1** eine Art starkes Band im Körper, das einen Muskel mit einem Knochen verbindet ⟨sich *(Dativ)* eine Sehne zerren⟩ || K-

S

Sehnenriss, Sehnenzerrung || -K Achillessehne **2** die starke Schnur, mit der man einen Bogen[1] (4) spannt ⟨die Sehne straffen, spannen⟩

seh·nen, sich; *sehnte sich, hat sich gesehnt*; **sich nach jemandem/etwas sehnen** den starken Wunsch haben, dass jemand da ist oder dass man etwas bekommt ≈ nach jemandem/etwas Sehnsucht haben: *sich nach einer Pause sehnen; sich nach seiner Frau sehnen; Nach drei Jahren Exil sehnte er sich danach, in sein Land zurückkehren zu können*

sehn·lich *Adjektiv; nur vor dem Substantiv oder als Adverb*; mit großer Sehnsucht ≈ sehnsüchtig ⟨jemandes sehnlichster Wunsch; jemanden sehnlichst erwarten⟩ || Hinweis: *meist* im Superlativ

Sehn·sucht *die; -, -süch·te*; der sehr starke Wunsch, dass jemand da wäre oder dass man etwas bekäme ⟨Sehnsucht nach jemandem haben⟩: *die Sehnsucht nach Liebe* || *hierzu* **sehn·süch·tig** *Adjektiv*

sehr A1 [zeːɐ̯] *Adverb* **1** verwendet, um ein Adjektiv oder ein Adverb zu verstärken: *ein sehr schönes Bild; Ich bin jetzt sehr müde* **2** verwendet, um ein Verb zu verstärken: *Er freute sich sehr über mein Geschenk* **3** verwendet, um bestimmte Höflichkeitsformeln zu verstärken: *Bitte sehr!; Danke sehr!*

Seh·ver·mö·gen *das; -s; nur Singular*; die Fähigkeit zu sehen ≈ Sehkraft

seicht, *seichter, seichtest-; Adjektiv* **1** so, dass das Wasser nicht tief ist ≈ flach **2** *abwertend*; von niedrigem Niveau ≈ banal ⟨ein Gespräch⟩ || *hierzu* **Seicht·heit** *die; -; nur Singular*

seid *Präsens, 2. Person Plural*; ↑ **sein**[1,2]

Sei·de B2 *die; -, -n*; ein weicher, glänzender, teurer Stoff, den man aus dem Faden macht, den ein Insekt (die Seidenraupe) produziert: *ein Kleid aus reiner Seide* || K- Seidenbluse, Seidenhemd, Seidenmalerei, Seidenschal, Seidenstrumpf, Seidentuch; seidenweich

S

sei·de·n- *Adjektiv; nur vor dem Substantiv, nicht als Adverb*; aus Seide ⟨ein Kleid, ein Schal, eine Krawatte, ein Stoff, Strümpfe⟩

Sei·den·pa·pier *das; -s, -e*; ein sehr dünnes Papier (in dem *z.B.* Schuhe verpackt sind)

sei·dig *Adjektiv*; weich und glänzend wie Seide ⟨Haare, ein Fell; etwas fühlt sich seidig an⟩

Sei·fe A2 *die; -, -n*; eine *meist* feste Substanz (die sehr glatt wird, wenn sie nass ist), die man zusammen mit Wasser benutzt, um sich zu waschen ⟨ein Stück Seife⟩: *sich die Hände mit Seife waschen* || K- Seifenschaum || -K Badeseife

Sei·fen·bla·se *die; -, -n*; eine kleine Kugel aus Luft, die von einer dünnen Schicht aus Seife umgeben ist (und die schnell platzt) || ID **etwas zerplatzt wie eine Seifenblase** etwas ist schnell, plötzlich vorbei ⟨Hoffnungen, Träume⟩

sei·fig *Adjektiv* **1** voller Seife: *die seifigen Hände im Wasser abspülen* **2** mit einem unangenehmen Geschmack wie Seife ⟨etwas schmeckt seifig⟩

Seil *das; -(e)s, -e*; eine sehr starke Schnur, die aus mehreren Drähten oder Fasern gedreht ist und mit der man schwere Dinge (*z.B.* Autos und Schiffe) zieht ⟨ein Seil spannen⟩ || -K Abschleppseil

Seil·bahn *die; -, -en*; eine technische Anlage mit Kabinen, die von Seilen durch die Luft auf einen Berg gezogen werden

Seil·schaft *die; -, -en* **1** eine Gruppe von Bergsteigern, die bei einer Bergtour durch ein Seil verbunden sind **2** *abwertend*; Leute, die sich gegenseitig (auch mit illegalen Mitteln) helfen

seil·sprin·gen *nur im Infinitiv*; (*bes* als Kind) über ein Seil springen, das jemand/man selbst immer wieder unter den Füßen weg nach oben schwingt || *hierzu* **Seil·sprin·gen** *das; -s; nur Singular*

sein[1] A1 *ich bin, du bist, er ist, wir sind, ihr seid, sie sind; er war, er ist gewesen; Konjunktiv I er sei, Konjunktiv II er wäre* **1** **jemand/etwas ist** + *Adjektiv*; jemand/etwas hat die genannte Eigenschaft, befindet sich in dem genannten Zustand: *Das Essen ist gut; Ich bin heute nicht richtig in Form; Die Anlage ist außer Betrieb* **2** **jemand/etwas ist etwas** (*Nominativ*) jemand hat den genannten Beruf, die genannte Rolle, jemand/etwas gehört zu der genannten Gruppe oder Menge: *Sein Vater ist Richter; Wale sind Säugetiere* **3** **jemand/etwas ist irgendwo** jemand/etwas befindet sich irgendwo: *Wo warst du denn gestern Abend?; Weißt du, wo meine Brille ist?* **4** **etwas ist irgendwann/irgendwo** etwas findet zur genannten Zeit oder am genannten Ort statt: *Weißt du noch, wann die erste Mondlandung war?* **5** **jemand/etwas ist irgendwoher** jemand/etwas kommt oder stammt aus einem bestimmten Ort, Land: *Diese Tomaten sind aus Holland; Sie ist aus der Schweiz* **6** **etwas ist + zu +** *Infinitiv* etwas muss oder soll getan werden, man muss oder soll etwas tun: *Die Fenster sind alle fünf Jahre zu streichen; Die Rechnung ist innerhalb von 10 Tagen zu überweisen* || Hinweis: Diese

Konstruktion wird verwendet, wenn zwischen den (Gesprächs)Partnern ein distanziertes Verhältnis besteht **7** **etwas ist + zu** + *Infinitiv* etwas kann getan werden (wenn die Voraussetzungen da sind): *Ist unsere Welt noch zu retten?; Diese Schachpartie ist noch zu gewinnen* **8** **jemand ist (gerade) bei etwas/am** + *Infinitiv als Substantiv* jemand tut oder macht etwas gerade: *Ich bin gerade dabei, den Fernseher zu reparieren; Wir waren (gerade) am Gehen, als sie ankamen* **9** **etwas ist von jemandem** etwas kommt von jemandem: *Ich weiß nicht, von wem dieser Brief ist* **10** **für/gegen jemanden/etwas sein** eine positive/negative Einstellung zu jemandem/etwas haben, jemanden/etwas (nicht) wollen: *Sie ist gegen Atomkraftwerke; Ich bin dafür, dass wir heute ins Kino gehen und nicht ins Theater* **11** **jemandem ist** ⟨schlecht, übel, schwindlig *usw*⟩ jemand fühlt sich schlecht, übel *usw*: *Ich muss mich ein bisschen hinlegen, mir ist furchtbar schlecht* **12** **jemandem ist (nicht) nach etwas** *umg;* jemand will etwas (nicht) tun oder haben: *Nach so viel Aufregung war mir nicht mehr nach Feiern* **13** *meist* **mir ist, als (ob)** + *Konjunktiv II;* ich habe das Gefühl, den Eindruck, dass ...: *Mir ist, als ob wir uns schon irgendwo gesehen hätten; Mir ist, als hätte ich davon schon gehört* **14** **jemand ist es** jemand ist der Schuldige oder derjenige, den jemand sucht: *Also, wer von euch beiden war es?; Keiner will es gewesen sein* (= keiner gibt zu, dass er es getan hat) **15** **etwas 'ist es** *umg;* etwas ist das, was jemand sucht: *Das ist es! Ich habe die Lösung!* **16** **es ist** + *Zeitangabe;* verwendet, um die Uhrzeit anzugeben: *Es ist jetzt genau fünf Minuten nach vier Uhr* **17** **etwas sein lassen** *umg;* etwas nicht tun ≈ unterlassen: *Komm, lass das jetzt sein, das machen wir später* || ID **'Muss das sein?; Das 'muss doch nicht sein!** *umg;* verwendet, um Ärger auszudrücken: *Jetzt ist deine Hose schon wieder dreckig! Muss das denn sein?;* **Was 'sein muss, muss 'sein** *umg;* verwendet, um eine Entscheidung oder ein Verhalten zu begründen oder zu rechtfertigen; **Was nicht 'ist, kann (ja) noch 'werden** *umg;* man darf die Hoffnung auf etwas nicht aufgeben; **es ist nichts mit etwas** *umg;* etwas findet nicht statt, etwas wird nicht so wie geplant: *Mit dem Straßenfest war nichts, wir bekamen keine Genehmigung dafür; meist* **'Sei doch nicht so!** *umg;* verwendet, um jemandem zu sagen, dass er etwas nicht ohne ausreichenden Grund ablehnen sollte: *Nun sei doch nicht so, lass mich doch ausgehen!; meist* **Dem 'ist nicht so** diese Sache ist nicht so, wie gesagt wird; **es sei denn, (dass) ...** ≈ außer wenn: *Er hat kaum eine Chance, den Titel zu gewinnen, es sei denn, er hat sehr viel Glück;* **Wie dem auch 'sei** gleichgültig, egal wie: *Wie dem auch sei, wir müssen den Termin trotzdem einhalten;* **'Ist was?** *umg;* verwendet, um jemanden provozierend zu fragen, ob er mit einer Entscheidung nicht einverstanden ist; **Das wars/wärs** ⟨für heute, für diesmal⟩ *umg;* verwendet, um auszudrücken, dass man mit einer Tätigkeit zu Ende ist; **jemand 'ist wer** *umg;* jemand hat Erfolg und wird respektiert

sein[2] A1 *Hilfsverb* **1** verwendet, um das Perfekt und das Plusquamperfekt von vielen intransitiven Verben und von Verben zu bilden, die eine Bewegung in eine bestimmte Richtung hin angeben: *Die Preise sind gestiegen* **2** *Partizip Perfekt* + **sein** verwendet, um die Form des Passivs zu bilden, die einen Zustand oder das Ergebnis einer Handlung bezeichnet: *Die*

Das Verb **sein**

Sein kann als Vollverb benutzt werden (**Das Haus ist alt. Mark wird Maler.**) und zusammen mit einem anderen Verb als Hilfsverb zur Bildung zusammengesetzter Zeitformen (**Ich bin / war / wäre nach Hause gelaufen; Wirst du dann schon zurückgekommen sein**?).

Sein ist sehr unregelmäßig. Das Partizip Perfekt lautet **gewesen**, der Imperativ im Singular **sei**, im Plural **seid**. Die anderen Formen sind:

	Präsens	Imperfekt	Konjunktiv I	Konjunktiv II
ich	bin	war	sei	wäre
du	bist	warst	seiest	wärest
er / sie / es	ist	war	sei	wäre
wir	sind	waren	seien	wären
ihr	seid	wart	seiet	wäret
sie	sind	waren	seien	wären

SPRACHE LERNEN

S

Tür ist verschlossen; Die Renovierungsarbeiten sind inzwischen beendet || Hinweis: Das Passiv, das einen Vorgang bezeichnet, wird mit *werden* gebildet. Vergleiche: *Heute wird der neue Präsident gewählt* (= Heute wählt die Bevölkerung den neuen Präsidenten: ein Vorgang) und *Der neue Präsident ist gewählt* (= Die Wahl ist zu Ende, die Bevölkerung hat einen neuen Präsidenten: ein Ergebnis, ein Zustand)

sein³ A1 *Possessivpronomen der 3. Person Singular (er, es)*: *Kennst du seine Frau?; Das Kalb sucht seine Mutter*; ↑ **mein** und Anhang Seite 1067: **Possessivpronomen**

sei·n- *Possessivpronomen der 3. Person Singular (er, es)*: *Ist das dein Auto oder seines?; jedem Tier das seine geben*; ↑ **mein-**

sei·ner A2 *Personalpronomen der 3. Person Singular (er, es), Genitiv*: *Auf der Feier wurde seiner gedacht*; ↑ Anhang Seite 1066: **Personalpronomen**

sei·ner·seits *Adverb*; was ihn oder es betrifft ≈ von ihm aus: *seinerseits gab es keinen Widerspruch*

sei·ner·zeit *Adverb*; zu der (vergangenen) Zeit, über die man gerade spricht ≈ damals

sei·nes·glei·chen *Pronomen; indeklinabel*; Leute wie er: *Ich verkehre nicht mit seinesgleichen*

sei·net·we·gen *Adverb* **1** aus einem Grund, der ihn, es betrifft ≈ wegen ihm: *seinetwegen kommen wir immer zu spät* **2** mit seiner Erlaubnis oder Zustimmung ≈ von ihm aus: *seinetwegen können wir tun, was wir wollen*

sein·las·sen *(hat)* ↑ **sein**¹ (17)

seit¹ A2 *Präposition; mit Dativ*; von dem genannten Zeitpunkt der Vergangenheit bis zur Gegenwart: *seit 1995; seit dem letzten/seit letztem Monat; „Seit wann bist du da?" – „Erst seit zehn Minuten"*

S

seit² A2 *Konjunktion*; ab dem genannten Zeitpunkt der Vergangenheit: *Seit er nicht mehr raucht, fühlt er sich viel wohler; Sie verreist sehr viel, seit sie geschieden ist*

seit·dem¹ B1 *Adverb*; von dem (gerade eben) genannten Zeitpunkt in der Vergangenheit an ≈ von da an: *Wir hatten letzte Woche einen Streit. Seitdem hat er mich nicht mehr angerufen/Er hat mich seitdem nicht mehr angerufen*

seit·dem² B1 *Konjunktion* ≈ seit²: *Seitdem sie diesen Job hat, ist sie ein anderer Mensch*

Sei·te¹ A2 *die; -, -n*; eine der beiden Flächen eines Blattes (in einem Buch, einem Heft, einer Zeitung), auf denen etwas gedruckt, geschrieben oder gezeichnet ist ⟨eine Seite aufschlagen⟩: *ein Roman mit über 300 Seiten; auf Seite 124* || K- Seitenzahl || -K Buchseite, Druckseite, Titelseite

Sei·te² A2 *die; -, -n* **1** eine der Oberflächen, die einen Körper oder Raum nach rechts, links, nach vorn oder hinten begrenzen: *die vier Seiten eines Schranks* || -K Außenseite, Innenseite **2** der rechte oder linke Teil einer Sache, einer Fläche oder eines Raumes: *auf der rechten Seite der Straße* **3** der gesamte rechte oder linke Teil des menschlichen Körpers oder des Körpers eines Tieres ⟨auf der Seite liegen⟩ **4** eine der beiden Flächen eines dünnen, flachen Gegenstandes: *die beiden Seiten einer Münze* **5** *Mathematik*; eine der Flächen eines geometrischen Körpers: *die Seiten eines Würfels* **6** *Mathematik*; eine der Linien, die eine geometrische Figur begrenzen: *die Seiten eines Dreiecks* **7** eine von zwei Parteien, Personen oder Gruppen, die zu einem Thema unterschiedliche Meinungen haben: *Man sollte immer beide Seiten hören* **8** **Seite an Seite** ≈ nebeneinander: *Sie gingen Seite an Seite durch die Straßen* **9** **auf der einen Seite ..., auf der anderen Seite** ≈ einerseits ..., andererseits || ID **sich von seiner besten Seite zeigen** besonders nett, freundlich sein; **etwas auf die Seite legen** Geld sparen; **etwas auf die Seite schaffen** *umg*; etwas heimlich wegnehmen und für sich selbst benutzen; **jemandem zur Seite stehen** jemandem in einer schwierigen Situation helfen || Hinweis: ↑ **aufseiten**

Sei·ten·hieb *der; -(e)s, -e*; **ein Seitenhieb (auf jemanden)** eine böse oder kritische Bemerkung ⟨jemandem einen Seitenhieb versetzen⟩

sei·tens *Präposition; mit Genitiv; förmlich*; von einer bestimmten Partei, Gruppe, Position aus

Sei·ten·sprung *der; -(e)s, -sprün·ge*; eine *meist* kurze sexuelle Beziehung, die jemand, der einen festen Partner hat, mit einem anderen Partner hat

seit·her B2 [-'heːɐ̯] *Adverb* ≈ seitdem¹

seit·lich *Adjektiv; nur vor dem Substantiv oder als Adverb*; von der rechten oder linken Seite bzw. nach rechts oder nach links: *einem Hindernis seitlich ausweichen; Er stieß seitlich mit meinem Auto zusammen*

seit·wärts *Adverb* **1** in die Richtung zu einer Seite hin: *ein paar Schritte seitwärts machen* **2** auf der rechten oder linken Seite: *seitwärts sehen Sie die berühmte Kirche*

Sek·re·tär *der; -s, -e* **1** *nur in Komposita verwendet als* Teil des Titels von hohen Beamten || -K Staatssekretär, Parlamentssekretär **2** ein Mann, der Büroarbeiten macht

Sek·re·ta·ri·at *das; -s, -e;* der Raum, in dem eine Sekretärin arbeitet: *die Briefe zum Tippen ins Sekretariat bringen*

Sek·re·tä·rin *die; -, -nen* **1** eine Frau, die Büroarbeiten macht || -K Chefsekretärin **2** *nur in Komposita verwendet als* Teil des Titels von hohen Beamtinnen || -K Generalsekretärin, Staatssekretärin

Sẹkt *der; -(e)s, -e;* eine Art Wein mit vielen Bläschen, den man *meist* bei besonderen Gelegenheiten trinkt || K- Sektglas, Sektkelch

Sẹk·tor *der; -s, Sek·to·ren;* ein Teil eines (Sach)Gebiets: *Die Industrie ist einer der wichtigsten Sektoren der Wirtschaft* || -K Handelssektor, Wirtschaftssektor

Se·kụn·de A1 *die; -, -n* **1** einer der 60 Teile einer Minute (1); *Abkürzung* Sek.: *Es ist jetzt genau 10 Uhr, 31 Minuten und 20 Sekunden* || -K Zehntelsekunde **2** *umg;* ein sehr kurzer Zeitraum: *Ich bin in einer Sekunde wieder zurück* **3** **auf die Sekunde (genau)** *umg* ≈ ganz pünktlich

sẹl·b- *Demonstrativpronomen;* verwendet statt *derselbe* und *dasselbe*, wenn der Artikel mit einer Präposition zu einem Wort verbunden ist: *vom selben Mann* (= von demselben Mann)

sẹl·ber *Demonstrativpronomen; indeklinabel; umg* ≈ selbst[1]: *Diesen Pullover habe ich selber gestrickt*

sẹlbst[1] *Demonstrativpronomen; indeklinabel, betont;* verwendet, um zu betonen, dass eine Aussage sich auf die genannte Person oder Sache und auf niemand anderen/nichts anderes bezieht: *Diesen kleinen Defekt kann ich selbst reparieren!; Ich möchte nicht irgendeinen Mitarbeiter, sondern den Chef selbst sprechen* || ID **jemand ist etwas 'selbst** *umg;* jemand hat etwas in einem hohen Maß: *Peter ist immer die Ruhe selbst*

sẹlbst[2] *Partikel;* verwendet, um auszudrücken, dass eine Aussage auch auf jemanden/etwas zutrifft, von dem man es (vielleicht) nicht erwarten würde ≈ sogar: *Über diesen Witz musste selbst unser strenger Lehrer lachen*

sẹlbst[3] *mit Partizip Perfekt;* drückt aus, dass etwas von der betreffenden Person (im Gegensatz zu einem anderen, einer Fabrik) getan oder hergestellt wurde; **selbst gebacken** ⟨ein Kuchen⟩; **selbst gebastelt** ⟨ein Vogelhäuschen⟩; **selbst genäht** ⟨ein Kleid⟩, **selbst verschuldet** ⟨ein Unfall⟩ || Hinweis: die hier genannten Adjektive können auch zusammengeschrieben werden

sẹlbst-, Sẹlbst- *im Adjektiv und Substantiv* **1** auf die eigene Person bezogen; die **Selbstachtung**, der **Selbstbetrug**, die **Selbsteinschätzung**, der **Selbstzweifel**; **selbstkritisch** ⟨eine Äußerung⟩, **selbstzerstörerisch** ⟨ein Verhalten⟩ **2** drückt aus, dass etwas aus eigener Kraft und ohne Hilfe von außen geschieht; die **Selbsthilfe**, die **Selbstverwaltung**; die **Selbstklebefolie**; **selbstklebend** ⟨eine Folie⟩

sẹlb·stän·dig, Sẹlb·stän·di·ge *usw* ↑ **selbstständig**, **Selbstständige**

Sẹlbst·be·die·nung B1 *die; -, -en; nur Singular;* eine Form des Verkaufens, bei der die Kunden selbst die Waren aus dem Regal *usw* nehmen || K- Selbstbedienungsrestaurant, Selbstbedienungstankstelle

Sẹlbst·be·frie·di·gung *die; -; nur Singular;* sexuelle Handlungen am eigenen Körper ≈ Masturbation

Sẹlbst·be·herr·schung *die; -; nur Singular;* die Kontrolle über die eigenen Gefühle, Wünsche und Triebe ⟨keine Selbstbeherrschung haben; die Selbstbeherrschung verlieren⟩

Sẹlbst·be·stim·mung *die; -; nur Singular;* die Möglichkeit eines Menschen oder eines Volks, selbst entscheiden zu können, wie man (*bes* in Bezug auf die politische Ordnung) leben will ↔ Fremdbestimmung || K- Selbstbestimmungsrecht

Sẹlbst·be·wusst·sein *das; -s; nur Singular;* das Wissen um die eigenen Fähigkeiten, das dann ein Gefühl der Sicherheit gibt ⟨zu wenig Selbstbewusstsein haben⟩ || *hierzu* **sẹlbst·be·wusst** *Adjektiv*

sẹlbst·ge·fäl·lig *Adjektiv; abwertend;* davon überzeugt, dass man schön, intelligent, gut *usw* ist ≈ eitel ↔ bescheiden ⟨ein Mensch; selbstgefällig nicken, lächeln⟩ || *hierzu* **Sẹlbst·ge·fäl·lig·keit** *die; -; nur Singular*

sẹlbst·ge·recht *Adjektiv; abwertend;* davon überzeugt, dass die eigenen Urteile, Meinungen *usw* immer richtig sind ↔ selbstkritisch || *hierzu* **Sẹlbst·ge·rech·tig·keit** *die; -; nur Singular*

Sẹlbst·ge·spräch *das; -(e)s, -e;* (lautes) Sprechen mit sich selbst ⟨Selbstgespräche führen⟩

Sẹlbst·hil·fe|grup·pe *die; -, -n;* eine Gruppe von Personen, die das gleiche Problem haben und die sich regelmäßig treffen, um sich gegenseitig zu helfen (*z.B.* Süchtige) ⟨sich einer

S

Selbsthilfegruppe anschließen⟩

Sẹlbst·jus·tiz *die; -; nur Singular; Rechtswesen;* illegale Handlungen, mit denen Leute jemanden selbst bestrafen, ohne dies dem Gericht zu überlassen ⟨Selbstjustiz üben⟩

Sẹlbst·laut *der; -(e)s, -e* ≈ Vokal ↔ Mitlaut

Sẹlbst·mord *der; -(e)s, -e;* die Handlung, bei der eine Person sich selbst tötet ≈ Suizid ⟨Selbstmord begehen⟩ ‖ [K-] Selbstmordversuch ‖ [ID] *meist* **Das ist doch glatter/reiner Selbstmord!** *umg;* das ist sehr gefährlich ‖ *hierzu* **Sẹlbst·mör·der** *der; -s, -;* **Sẹlbst·mör·de·rin** *die; -, -nen*

Sẹlbst·si·cher·heit *die; -; nur Singular* ≈ Selbstbewusstsein ‖ *hierzu* **sẹlbst·si·cher** *Adjektiv*

sẹlbst·stän·dig [B1] *Adjektiv* **1** mit den eigenen Fähigkeiten und ohne die Hilfe anderer ⟨ein Mensch; selbstständig arbeiten, urteilen⟩ **2** von keiner Person, Institution in den Entscheidungen abhängig ≈ autonom: *Viele Staaten, die heute selbstständig sind, waren früher Kolonien* **3** **sich selbstständig machen** einen eigenen Betrieb gründen ‖ *hierzu* **Sẹlbst·stän·dig·keit** *die; -; nur Singular*

Sẹlbst·stän·di·ge *der/die; -n, -n;* jemand, der einen eigenen Betrieb hat

sẹlbst·ver·stạ̈nd·lich [B2] *Adjektiv* **1** so logisch und natürlich, dass man es nicht erklären und begründen muss: *Das ist doch selbstverständlich!* **2** *nur als Adverb;* verwendet in einer Antwort, um Zustimmung zu betonen: *„Könntest du mir helfen?" – „Aber selbstverständlich!"*

Sẹlbst·ver·tei·di·gung *die; -; nur Singular;* alle Maßnahmen, mit denen man sich gegen einen Angriff verteidigt

Sẹlbst·ver·trau·en *das; -s; nur Singular;* das Vertrauen in die eigenen Fähigkeiten

se̲·lig *Adjektiv* **1** in einem Zustand, in dem man keine Probleme und keine Wünsche mehr hat, sehr glücklich ist: *Die Kinder waren selig, als die Ferien begannen* **2** (im christlichen Glauben) nach dem Tod bei Gott im Paradies ‖ *hierzu* **Se̲·lig·keit** *die; -, -en*

Sẹl·le·rie *der; -s; nur Singular;* eine Pflanze mit intensivem Geschmack. Man verwendet die Blätter, ihre dicken Stiele oder die dicke runde Wurzel als Gewürz für Suppen oder als Salat ‖ [K-] Sellerieknolle, Selleriesalat ‖ [-K] Stangensellerie, Wurzelsellerie

sẹl·ten [B1] *Adjektiv* **1** nur in kleiner Zahl, nur wenige Male vorkommend ↔ häufig: *ein sehr seltenes Mineral; So freundliche Leute wie sie trifft man selten; Wir fahren nur sehr selten in die Stadt* **2** *nur als Adverb* ≈ besonders: *eine selten dumme Frage*

Sẹl·ten·heit *die; -, -en* **1** *nur Singular;* die geringe Häufigkeit, das seltene Vorkommen von etwas: *Diese Tierart ist wegen ihrer Seltenheit geschützt* **2** etwas, das selten vorkommt: *Solche Störungen sind eine Seltenheit*

Sẹl·ters·was·ser *das; -s, -; nur Singular; nordd* ≈ Mineralwasser

sẹlt·sam [B2] *Adjektiv;* ungewöhnlich und nicht leicht zu erklären ≈ sonderbar, merkwürdig ⟨ein Mensch, ein Ereignis, eine Geschichte; jemand benimmt sich seltsam⟩ ‖ *hierzu* **sẹlt·sa·mer·wei·se** *Adverb;* **Sẹlt·sam·keit** *die; -, -en*

Se·mẹs·ter [B1] *das; -s, -;* einer der zwei Abschnitte, in die das Jahr (für Unterrichtszwecke) an den Universitäten eingeteilt ist: *Ich bin jetzt im dritten Semester* ‖ [K-] Semesterbeginn, Semesterende ‖ [-K] Sommersemester, Wintersemester

Se̲·mi·fi·na·le *das; -s, -; meist Singular; Sport* ≈ Halbfinale

Se·mi·na̲r [B2] *das; -s, -e* **1** eine Form des Unterrichts *bes* an Universitäten, bei der ein Thema von Dozenten und Studenten besprochen wird **2** ein Institut an einer Universität: *das Germanistische Seminar*

Sẹm·mel *die; -, -n; südd* Ⓐ ≈ Brötchen ‖ [K-] Semmelknödel ‖ [ID] **etwas geht weg wie warme Semmeln** *umg;* von etwas wird in kurzer Zeit viel verkauft

Se·na̲t *der; -s, -e* **1** Ⓓ die Regierung der Bundesländer Bremen, Hamburg und Berlin **2** einer der beiden Teile des Parlaments in den USA ↔ Kongress **3** *historisch;* ein Gremium im antiken Rom, dessen Mitglieder (die Patrizier) die Aufsicht über die Gesetzgebung, die Finanz- und die Außenpolitik hatten **4** ein Gremium von mehreren Richtern an den höheren Gerichten in Deutschland ‖ [K-] Senatspräsident ‖ *zu* 1-3 **Se·na̲·tor** *der; -s, -en; zu* 1 und 2 **Se·na·to̲·rin** *die; -, -nen*

sẹn·den[1] [B2] *sendete, hat gesendet* **1** **(etwas) senden** eine Sendung im Fernsehen oder Radio bringen: *Wegen einer Programmänderung senden wir den Spielfilm erst um 21 Uhr* ‖ [K-] Sendestation, Sendetermin, Sendezeit **2** **(etwas) senden** elektromagnetische Wellen erzeugen und so ein Signal verbreiten ⟨einen Funkspruch, ein Funksignal senden⟩ ‖ [K-] Sendemast ‖ *hierzu* **Sẹn·der** *der; -s, -*

sẹn·den[2] [B2] *sandte, hat gesandt* **1** **(jemandem)**

etwas senden ≈ schicken: *jemandem ein Paket senden* **2** **jemanden/etwas irgendwohin senden** *förmlich* ≈ schicken: *Hilfe in das Erdbebengebiet senden*

Sen·dung [B2] *die; -, -en* **1** **eine Sendung (über etwas** *(Akkusativ)***)** ein Teil des Programms im Fernsehen und Radio ⟨eine Sendung hören, sehen⟩: *eine Sendung über das aktuelle Tagesgeschehen* || [-K] Fernsehsendung, Radiosendung, Sportsendung **2** das Senden[2] (1): *Die Sendung der bestellten Ware wird sich verzögern* **3** **eine Sendung** (+ *Substantiv*) etwas, das jemandem (*bes* mit der Post) geschickt wird ⟨eine Sendung erhalten⟩: *eine Sendung Ersatzteile* || [-K] Briefsendung, Warensendung; Auslandssendung

Senf [A2] *der; -(e)s, -e; meist Singular* **1** eine gelbbraune, *meist* scharfe Paste, die man in kleinen Mengen *bes* zu Würstchen und Fleisch isst ⟨scharfer, süßer Senf⟩ || [K-] Senfsoße **2** die Pflanze, aus deren Samen man Senf macht || [ID] *meist* **seinen Senf dazugeben** *umg abwertend;* zu einem Thema etwas sagen, obwohl das niemand wünscht

se·nil *Adjektiv; abwertend;* (aufgrund hohen Alters) mit geistigen Schwächen ⟨ein Greis⟩ || *hierzu* **Se·ni·li·tät** *die; -; nur Singular*

Se·ni·or ['ze:ni̯o:ɐ̯] *der; -s, Se·ni·o·ren* **1** *meist Plural;* ein alter Mensch, *bes* ein Rentner: *eine Tanzveranstaltung für die Senioren der Stadt* || [K-] Seniorenheim, Seniorentreffen **2** *nur Singular;* der Besitzer einer Firma *o.Ä.* (*bes* wenn dessen Sohn auch in der Firma ist und den gleichen Vornamen hat) ↔ Junior: *Herr/Hans Schulze Senior* || [K-] Seniorchef **3** der älteste Mitarbeiter einer Abteilung *o.Ä.*: *Herr Brand ist unser Senior* || *zu* 1 **Se·ni·o·rin** *die; -, -nen*

Sen·ke *die; -, -n;* eine Fläche, die tiefer liegt als die Flächen der Umgebung ↔ Erhebung || [-K] Bodensenke, Talsenke

sen·ken [B2] *senkte, hat gesenkt* **1** **etwas (irgendwohin) senken** machen, dass etwas nach unten kommt ⟨den Kopf, die Schultern senken⟩: *den Sarg ins Grab senken* **2** **etwas senken** machen, dass etwas kleiner oder weniger wird ⟨die Preise senken⟩ **3** **etwas senken** bewirken, dass etwas niedriger wird ⟨das Fieber senken⟩ **4** **etwas senkt sich** etwas sinkt: *Der Boden hat sich gesenkt* (= ist jetzt tiefer) || *hierzu* **Sen·kung** *die; -, -en*

senk·recht *Adjektiv* **1** (ziemlich) gerade nach oben oder unten: *Wenn kein Wind weht, steigt der Rauch senkrecht in die Höhe* || ↑ Abbildung unter **lang** || [K-] Senkrechtstart **2** **senkrecht (zu etwas)** in einem Winkel von 90° ≈ vertikal ⟨eine Gerade, eine Linie⟩

Senk·rech·te *die; -n, -n;* eine senkrechte Linie oder Richtung ↔ Waagrechte

Sen·sa·ti·on [-'tsi̯o:n] *die; -, -en;* ein ungewöhnliches Ereignis, das große Aufmerksamkeit erhält ⟨eine literarische, technische Sensation⟩: *Der erste Flug zum Mond war eine Sensation* || [K-] Sensationsmeldung; sensationshungrig

sen·sa·ti·o·nell [-tsi̯o-] *Adjektiv;* mit der Wirkung einer Sensation ≈ aufsehenerregend, spektakulär ⟨eine Meldung, ein Ereignis, eine Entdeckung⟩: *eine sensationell aufgemachte Story*

Sen·se *die; -, -n;* ein Gerät mit einer scharfen, spitzen und leicht gebogenen Schneide an einem langen Stiel, mit dem man *bes* Gras mäht ⟨die Sense wetzen⟩ || [ID] *meist* **Jetzt ist (bei mir) Sense!** *umg;* jetzt ist Schluss, das reicht

sen·si·bel, *sensibler, sensibelst-; Adjektiv; oft abwertend;* ⟨ein Mensch⟩ so, dass er auf Einflüsse stark reagiert und schnell gekränkt ist || Hinweis: *sensibel → ein sensibles Kind* || *hierzu* **Sen·si·bi·li·tät** *die; -, -en*

Sen·sor *der; -s, Sen·so·ren; Technik;* ein Gerät, das auf leichte Berührungen oder geringe Änderungen von Wärme, Licht, Geräuschen *o.Ä.* reagiert: *Die Garagentür wird durch Sensoren geöffnet*

sen·ti·men·tal *Adjektiv; meist abwertend;* ⟨eine Geschichte, ein Lied, ein Gedicht⟩ so, dass sie in übertriebener Weise die Gefühle ansprechen ≈ rührselig ↔ unsentimental, nüchtern || *hierzu* **Sen·ti·men·ta·li·tät** *die; -, -en*

se·pa·rat *Adjektiv;* vom Rest oder von den anderen getrennt ≈ gesondert ⟨ein Eingang; separat wohnen⟩: *etwas auf einem separaten Blatt ausrechnen*

Sep·tem·ber [A1] *der; -s, -;* der neunte Monat des Jahres; *Abkürzung* Sept. ⟨im September; Anfang, Mitte, Ende September; der 1., 2., 3. September⟩

Se·rie [B1] [-i̯ə] *die; -, -n* **1** **eine Serie** (+ *Genitiv*/**von etwas** *(Plural)*) eine Folge von Ereignissen ähnlicher Art: *eine Serie von Unfällen* || [-K] Erfolgsserie, Unglücksserie **2** **eine Serie** (+ *Genitiv*/**von etwas** *(Plural)*) eine Anzahl von gleichen Dingen aus derselben Produktion ⟨eine Serie Briefmarken⟩ **3** eine Sendung (1), die in Teilen gesendet wird: *eine fünfteilige Serie* || [-K] Krimiserie **4** **etwas in Serie herstellen, fertigen** *usw* etwas in großer Zahl industriell produzieren || [K-] Serienprodukti-

S

on

se·ri·en·mä·ßig *Adjektiv* **1** in Serie (4) (produziert) ⟨etwas serienmäßig herstellen⟩ **2** zu einer Serie (2) gehörig: *Bei diesem Automodell ist die Klimaanlage serienmäßig*

se·ri·ös B2 *seriöser, seriösest-; Adjektiv;* ⟨ein Herr, eine Firma⟩ so, dass man ihnen glauben und vertrauen kann: *Er macht einen sehr seriösen Eindruck*

Ser·pen·ti·ne *die; -, -n* **1** eine steile Straße oder ein steiler Weg mit vielen engen Kurven **2** eine enge Kurve in einer Serpentine (1) ≈ Haarnadelkurve ‖ K- Serpentinenstraße

Ser·ver ['zøːɐ̯vɐ] *der; -s, -; Informatik;* der zentrale Computer, mit dem mehrere Computer verbunden sind und in dem alle (Anwendungs)Programme gespeichert sind ‖ -K Datenbankserver, Netzwerkserver; E-Mail-Server

Ser·vice¹ [zɛr'viːs] *das; -/-s, -* [zɛr'viːsə]; ein Satz von Tellern, Tassen, Schüsseln *usw* derselben Art: *ein 24-teiliges Service* ‖ -K Porzellanservice

Ser·vice² ['zøːɐ̯vɪs] *der; -, -s* **1** alle Leistungen, die ein Betrieb seinen Kunden bietet: *Die Firma hat einen guten Service* ‖ -K Reparaturservice **2** die Art und Weise, wie Gäste in einem Restaurant, Hotel bedient werden: *ein guter Service* **3** (CH) ≈ Trinkgeld

ser·vie·ren [-v-]; *servierte, hat serviert;* **(jemandem) (etwas) servieren** Speisen und Getränke zum Tisch tragen und anbieten: *die Suppe servieren, den Gästen Kaffee servieren*

Ser·vi·et·te [-vi̯-] *die; -, -n;* ein Stück Tuch oder Papier, mit dem man sich beim Essen den Mund und die Hände sauber macht

Ser·vus! [-v-] *Interjektion; südd* (A) *umg;* verwendet zur Begrüßung oder zur Verabschiedung *bes* unter Freunden oder Kollegen

Ses·sel *der; -s, -;* ein Möbelstück zum Sitzen für eine Person, das weich gepolstert ist und *meist* Lehnen für die Arme und eine breite Lehne für den Rücken hat ⟨sich in einen Sessel setzen⟩ ‖ ↑ Illustration **Im Wohnzimmer** ‖ K- Sessellehne ‖ -K Bürosessel, Gartensessel

sess·haft *Adjektiv;* so, dass eine Person dazu neigt, an seinem Heimatort zu bleiben⟨ein Volk; ein sesshaftes Leben führen; sesshaft werden; jemanden/sich sesshaft machen⟩ ‖ *hierzu* **Sess·haf·tig·keit** *die; -; nur Singular*

Set B2 *das; -s, -s* **1** **ein Set** + *Substantiv*/**von** ⟨Dingen⟩ eine Gruppe von Dingen, die zusammengehören, *bes* gleiche Dinge unterschiedlicher Größe, Farbe *o.Ä.*: *ein Set Kugelschreiber* **2** ein Stück Stoff, Plastik *o.Ä.*, das man auf den Tisch unter den Teller legt

set·zen B2 *setzte, hat/ist gesetzt* **1** **sich (irgendwohin) setzen** (*hat*) die Haltung des Körpers so ändern, dass man nicht mehr steht, sondern sitzt ↔ aufstehen ⟨sich auf einen Stuhl, an den Tisch, ins Gras setzen⟩: *Setzen Sie sich doch, ich komme gleich; Er setzte sich zu mir* **2** **etwas setzt sich** (*hat*) ein fester Stoff sinkt in einer Flüssigkeit zu Boden **3** **jemanden/ein Tier irgendwohin setzen** (*hat*) jemanden/ein Tier irgendwohin bringen, damit er dort sitzt/es dort ist: *Sie setzte das Kind auf ihren Schoß; den Vogel wieder in den Käfig setzen* **4** **etwas irgendwohin setzen** (*hat*) etwas so an eine Stelle bewegen, dass es sie berührt ⟨ein Glas an den Mund setzen; sich (*Dativ*) einen Hut auf den Kopf, einen Brille auf die Nase setzen⟩ **5** **etwas (irgendwohin) setzen** (*hat*) etwas irgendwohin schreiben ⟨ein Komma, ein Ausrufezeichen setzen⟩: *seine Unterschrift unter einen Brief setzen* **6** (*hat*) verwendet in festen Redewendungen; **jemand/etwas setzt sich in Bewegung** ≈ jemand/etwas fängt an, sich zu bewegen; **etwas in Betrieb setzen** ≈ etwas einschalten; **etwas in Gang setzen** ≈ bewirken, dass etwas anfängt **7** **etwas setzen** (*hat*) bei einer Tätigkeit etwas als wichtig oder sinnvoll festlegen ⟨Akzente, Prioritäten setzen⟩ **8** **(jemandem) etwas setzen** (*hat*) bestimmen, dass jemand einen Zeitplan einhalten muss ⟨jemandem eine Frist setzen⟩ **9** **sich** (*Dativ*) **etwas zum Ziel setzen** (*hat*) etwas zu erreichen versuchen **10** **(jemanden) über etwas** (*Akkusativ*) **setzen** (*hat*) (jemanden) in einem Boot oder Schiff über einen Fluss, See fahren **11** **etwas an etwas** (*Akkusativ*) **setzen** (*hat*) Zeit und Arbeit dafür verwenden, um etwas zu erreichen ⟨viel Arbeit/Geld/Zeit an etwas setzen⟩: *Er setzte viel Energie daran, die Wohnung zu renovieren* **12** **etwas setzen** (*hat*) Texte (im Computer) so vorbereiten, dass sie gedruckt werden können **13** **(etwas) (auf jemanden/etwas) setzen** (*hat*) bei einem (Gewinn)Spiel um Geld wetten: *Ich setze auf die Nummer 36* **14** **(etwas) auf jemanden/etwas setzen** (*hat*) ≈ auf jemanden/etwas vertrauen ⟨Hoffnung, Vertrauen auf jemanden/etwas setzen⟩ **15** **über etwas** (*Akkusativ*) **setzen** (*ist*) über etwas springen ⟨über einen Graben setzen⟩ ‖ ID **sich an die Spitze setzen** in einem Wettlauf *o.Ä.* die Führung übernehmen

Seu·che *die; -, -n;* eine Krankheit, die sehr viele Menschen in kurzer Zeit bekommen ≈ Epidemie ⟨eine Seuche bricht aus⟩ ‖ K- Seuchenbekämpfung

seuf·zen; *seufzte, hat geseufzt;* so ausatmen, dass ein Geräusch entsteht (*meist* weil man leidet oder weil man alles getan hat, was man tun musste)

Seuf·zer *der; -s, -;* der Vorgang oder das Geräusch des Seufzens ⟨ein tiefer, schwerer Seufzer; ein Seufzer der Erleichterung; einen Seufzer tun, ausstoßen⟩

Sex A2 *der; -(es); nur Singular;* der Geschlechtsverkehr und die Handlungen, die damit verbunden sind ⟨(mit jemandem) Sex haben⟩ || K- Sexfilm, Sexidol, Sexshop

se·xis·tisch *Adjektiv;* mit der Einstellung, dass Männer größere Fähigkeiten haben als Frauen

Se·xu·a·li·tät *die; -; nur Singular;* alle Gefühle, Handlungen, Bedürfnisse, Fähigkeiten *usw*, die mit der Liebe (besonders Sex) verbunden sind

Se·xu·al·kun·de *die; -; nur Singular;* ein (Unterrichts)Fach in der Schule, in dem die Kinder lernen, wie sich Menschen fortpflanzen || K- Sexualkundeunterricht

Se·xu·al·ver·bre·chen *das; -s, -;* ein Verbrechen, bei dem jemand einen anderen Menschen zu sexuellen Handlungen zwingt || *hierzu* **Se·xu·al·ver·bre·cher** *der; -s, -*

se·xu·ell *Adjektiv; nur vor dem Substantiv oder als Adverb;* in Bezug auf die Sexualität ⟨das Verhalten, Aktivitäten, Kontakte, Tabus⟩

se·xy *Adjektiv; meist nach dem Substantiv, indeklinabel; umg;* attraktiv und sexuell aufregend

sFr *Abkürzung für* Schweizer Franken

Sham·poo ['ʃampu oder 'ʃampo:] *das,* **Sham·poon** [ʃam'pu:n oder ʃam'po:n]; *-s, -s;* ein *meist* flüssiges Mittel, mit dem man sich die Haare wäscht: *ein Shampoo gegen fettige Haare, gegen Schuppen* || -K Schuppenshampoo; Trockenshampoo

Shorts [ʃo:ɐ̯ts] *die; Plural;* eine kurze Hose ⟨Shorts anziehen, tragen⟩

Show·mas·ter ['ʃo:ma:stɐ] *der; -s, -;* jemand, der (beruflich) Shows arrangiert und präsentiert

sich[1] A2 *Reflexivpronomen der 3. Person Singular und Plural (er, sie*[1]*, es; sie*[2]*), Akkusativ und Dativ* **1** *Akkusativ;* verwendet als Pronomen zu reflexiven Verben: *Er/Sie freut sich schon auf die Ferien; Das Hotel befindet sich außerhalb der Stadt; Die beiden verspäten sich etwas* || ↑ Anhang Seite 1070: **Reflexivpronomen** **2** *Dativ;* verwendet als Pronomen mit Verben, die ein direktes Objekt haben. Das Pronomen *sich* bezieht sich auf das Subjekt des Satzes: *Sie kaufte sich eine Zeitung* || ↑ Anhang Seite 1068: **Reflexivpronomen** **3** verwendet in einer unpersönlichen Konstruktion mit *es* statt einer Konstruktion mit *man: In diesem Viertel wohnt es sich gut* (= In diesem Viertel wohnt man gut) **4** **etwas an 'sich** verwendet, um auszudrücken, dass man etwas ohne seine Folgen betrachtet: *Die Idee an sich ist nicht schlecht, nur lässt sie sich kaum realisieren* **5** **von 'sich aus** ≈ freiwillig: *Er hat von sich aus das Geschirr gespült*

sich[2] A2 *reziprokes Pronomen der 3. Person Plural (sie*[2]*), Akkusativ und Dativ;* verwendet wie *z.B.* in *Gabi und Klaus erzählten sich Witze* (= Gabi erzählte Klaus Witze, und Klaus erzählte Gabi Witze) || ↑ Anhang Seite 1070: **Reflexivpronomen**

Si·chel *die; -, -n* **1** ein Gerät mit einem kleinen Griff aus Holz und einem flachen, scharfen und gebogenen Stück aus Metall. Mit einer Sichel schneidet man (kleine Flächen von) Gras **2** etwas, das die Form einer Sichel (1) hat || -K Mondsichel || *zu* 2 **si·chel·för·mig** *Adjektiv*

si·cher *Adjektiv* **1** vor Gefahren oder Risiken geschützt ⟨ein Versteck; ein Arbeitsplatz; irgendwo sicher sein⟩ **2** so, dass Fehler fast nie vorkommen: *ein sicheres Urteil; sehr sicher Auto fahren* **3** mit der versprochenen Wirkung ⟨ein Medikament, eine Methode⟩ **4** so, dass man nicht fällt oder stürzt ⟨sicher stehen, gehen⟩ **5** voller Vertrauen in die eigenen Fähigkeiten ⟨sicher wirken⟩ **6** sehr wahrscheinlich: *Es ist ziemlich sicher, dass sie eine Stelle an der Universität bekommt* **7** **sich** *(Dativ)* **etwas** *(Genitiv)* **sicher sein**; **(sich** *(Dativ)***) sicher sein, dass ...** von etwas überzeugt sein: *sich des Erfolgs sicher sein; Ich bin mir sicher, dass sie meine Diskette noch hat* || ID **Sicher ist sicher** es ist besser, sehr vorsichtig zu sein, als ein Risiko einzugehen

-si·cher *im Adjektiv* **1** drückt aus, dass jemand/etwas vor dem im ersten Wortteil Genannten geschützt ist; **diebessicher, diebstahlsicher, fälschungssicher** ⟨ein Ausweis⟩ **2** drückt aus, dass etwas das im ersten Wortteil Genannte aushält, ohne beschädigt oder zerstört zu werden; **feuersicher** ⟨Glas⟩, **frostsicher** ⟨Pflanzen⟩ **3** drückt aus, dass man fest mit dem im ersten Worteil Genannten rechnen kann; **ertragssicher, schneesicher** ⟨ein Wintersportort⟩ **4** drückt aus, dass der Betreffende etwas gut kann oder dass etwas (in einer bestimmten Situation) gut funktioniert; **kurvensicher** ⟨ein Fahrzeug⟩, **stilsicher** ⟨ein Geschmack⟩

si·cher·ge·hen; *geht sicher, ging sicher, ist sichergegangen;* so handeln, dass man kein Risiko hat: *Sie wollte sichergehen und fragte deshalb noch einen Arzt* || Hinweis: *meist* im Infinitiv!

Si·cher·heit [B1] *die; -, -en* **1** *nur Singular;* der Zustand, in dem es keine Gefahr gibt ⟨die wirtschaftliche, persönliche Sicherheit; in Sicherheit sein⟩ || [K-] Sicherheitsdenken, Sicherheitsrisiko, Sicherheitsvorschriften **2** *nur Singular;* das gute Funktionieren, die verlässliche Wirkung von etwas: *die Sicherheit einer Methode, eines Medikaments* **3** **mit Sicherheit** ohne Zweifel, ganz bestimmt **4** *nur Singular;* die Fähigkeit, etwas sehr gut zu können: *die Sicherheit in einer Fremdsprache* || [-K] Fahrsicherheit **5** *nur Singular;* das Vertrauen in die eigenen Fähigkeiten ⟨große Sicherheit zeigen⟩: *Der Erfolg hat ihr Sicherheit gegeben*

Si·cher·heits·gurt *der; -(e)s, -e;* ein Gurt, den man sich im Auto, Flugzeug *usw* umlegt, damit man bei einem plötzlichen Bremsen *o.Ä.* geschützt ist ⟨den Sicherheitsgurt anlegen⟩ || ↑ Illustration **Das Auto**

si·cher·heits·hal·ber *Adverb;* um ganz sicher zu sein, dass keine Gefahr entsteht, kein Fehler gemacht wird

Si·cher·heits·na·del *die; -, -n;* eine Art Nadel, mit der man *bes* Teile aus Stoff aneinander befestigen kann || ↑ Abbildung unter **Nadel**

si·cher·lich *Adverb;* mit großer Wahrscheinlichkeit

si·chern; *sicherte, hat gesichert* **1** **etwas (gegen etwas) sichern** etwas vor Zerstörung oder Gefahr schützen: *die Tür gegen Einbruch sichern* **2** **etwas sichern** alles tun, damit etwas funktionieren oder existieren kann ⟨die Menschenrechte, die Versorgung sichern⟩ **3** **etwas sichern** *Informatik;* Dateien oder Programme im Computer so aufnehmen, dass sie nicht verloren gehen **4** **jemandem/sich etwas sichern** alles tun, was nötig ist, damit jemand/man selbst etwas bekommt ⟨sich den Sieg sichern⟩

S

si·cher·stel·len; *stellte sicher, hat sichergestellt* **1** **etwas sicherstellen** dafür sorgen, dass etwas funktioniert oder vorhanden ist ≈ gewährleisten, garantieren ↔ bedrohen: *den reibungslosen Ablauf einer Veranstaltung sicherstellen; Wir müssen sicherstellen, dass nicht noch mehr Vogelarten aussterben* **2** **etwas sicherstellen** im Auftrag einer Behörde etwas zu sich nehmen, *bes* um illegale Geschäfte zu verhindern ≈ beschlagnahmen: *die Beute, das gestohlene Auto sicherstellen* || *hierzu* **Si·cher·stel·lung** *die; -, -en*

Si·che·rung *die; -, -en* **1** ein kleines Teil in einem elektrischen System. Es unterbricht den Strom, wenn es zu Störungen kommt ⟨die Sicherung auswechseln; die Sicherung ist durchgebrannt⟩ **2** *nur Singular;* die Maßnahmen, durch die man etwas vor Gefahr schützt oder die die Existenz von etwas garantiert: *die Sicherung der Arbeitsplätze* || [-K] Friedenssicherung **3** *Informatik;* das Sichern (3) || [K-] Sicherungskopie || [-K] Datensicherung

Sicht [B2] *die; -; nur Singular* **1** die Möglichkeit, Menschen und Dinge zu sehen (die vom Wetter, der Luft, dem eigenen Standort abhängt) ⟨eine freie, gute, klare Sicht haben⟩: *Bei Nebel beträgt die Sicht oft weniger als 50 Meter* || [K-] Sichtverhältnisse, Sichtweite || [-K] Fernsicht **2** die Art, wie man jemanden/etwas beurteilt: *Aus der Sicht der Opposition war das Ergebnis der Wahl ein voller Erfolg* **3** **in Sicht sein/kommen** nah genug sein/kommen, um gesehen werden können **4** **außer Sicht** zu weit weg, um gesehen werden zu können **5** **auf lange Sicht** für eine lange Zeit oder einen späteren Zeitpunkt in der Zukunft ⟨etwas auf lange Sicht planen⟩

sicht·bar *Adjektiv* **1** so, dass es mit den Augen gesehen werden kann: *Unter dem Mikroskop werden Bakterien sichtbar* **2** *nur vor dem Substantiv oder als Adverb;* so, dass es jeder leicht erkennt ≈ sichtlich: *Ihr Gesundheitszustand hat sich sichtbar gebessert* || *zu* 1 **Sicht·bar·keit** *die; -; nur Singular*

sicht·lich *Adjektiv; nur vor dem Substantiv oder als Adverb;* so, dass es jeder sehen oder bemerken kann ⟨mit sichtlicher Begeisterung; sichtlich nervös⟩

si·ckern; *sickerte, ist gesickert* **1** **etwas sickert irgendwohin** etwas fließt langsam, Tropfen für Tropfen, irgendwohin: *Das Wasser sickert in den Boden; Durch den Verband sickert immer noch Blut* **2** **etwas sickert an die Öffentlichkeit** etwas wird langsam bekannt

sie[1] [A1] *Personalpronomen der 3. Person Singular;* verwendet anstatt eines Substantivs, um eine vorher genannte Person oder Sache zu bezeichnen, deren grammatisches Geschlecht feminin ist: *„Hast du Martina gesehen?" – „Ja, sie ist im Garten"; Du kannst die Uhr morgen holen, ich habe sie zum Uhrmacher gebracht* || ↑ Anhang Seite 1066: **Personalpronomen**

sie[2] [A1] *Personalpronomen der 3. Person Plural* **1** verwendet anstatt eines Substantivs, um mehrere Personen oder Sachen zu bezeichnen, die schon genannt wurden: *Meine Eltern sind da. Sie sind vor einer Stunde gekommen; „Weißt du, wo meine Schuhe sind?" – „Nein, ich habe sie nirgends gesehen"* **2** *umg;* verwendet, um Leute zu bezeichnen, die man nicht nennen kann oder will: *Jetzt wollen sie schon wieder die Benzinpreise erhöhen* **3** *umg;* irgendein Unbekannter ≈ (irgend)jemand: *Mir haben sie gestern das Fahrrad gestohlen* || ↑ Anhang Seite 1066: **Personalpronomen**

Sie A1 *Personalpronomen der 2. Person Singular und Plural, Höflichkeitsform* **1** verwendet als höfliche Anrede ↔ du: *Möchten Sie etwas zu trinken?* **2** **zu jemandem Sie sagen; mit jemandem per Sie sein** jemanden mit „Sie" anreden || ↑ Anhang Seite 1066: **Personalpronomen**

Sieb *das; -(e)s, -e;* eine Art kleiner Korb mit vielen kleinen Löchern, mit dem man Flüssigkeiten und feste Stoffe oder kleine und große Körner voneinander trennt ⟨ein feines Sieb⟩: *die Nudeln ins Sieb schütten* || -K Teesieb

sie·ben[1]; *siebte, hat gesiebt;* **(etwas) sieben** etwas durch ein Sieb schütten ⟨Sand, Mehl sieben⟩

sie·ben[2] *Zahladjektiv;* (als Ziffer) 7

Sie·ben *die; -, -en* **1** die Zahl 7 **2** jemand/etwas mit der Nummer 7

Sie·be·ner *der; -s, -; umg* ≈ Sieben

sie·ben·hun·dert *Zahladjektiv;* (als Zahl) 700

sie·ben·tau·send *Zahladjektiv;* (als Zahl) 7000

Sie·ben·tel, sie·ben·tel ↑ **Siebtel, siebtel**

siebt *nur in* **zu siebt** (mit) insgesamt sieben Personen: *Wir sind zu siebt; Sie sind zu siebt in dem kleinen Wagen gefahren*

sieb·t- *Zahladjektiv; nur vor dem Substantiv, nicht als Adverb* **1** in einer Reihenfolge an der Stelle sieben ≈ 7. || Hinweis: Gebrauch ↑ Beispiele unter **viert-** **2** **der siebte Teil (von etwas)** ≈ 1/7

sieb·tel *Adjektiv; nur vor dem Substantiv, indeklinabel, nicht als Adverb;* den siebten Teil von etwas bildend ≈ 1/7

Sieb·tel *das; -s, -;* der 7. Teil (1/7) von etwas

sieb·tens *Adverb;* verwendet bei einer Aufzählung, um anzuzeigen, dass etwas an 7. Stelle kommt

sieb·zehn *Zahladjektiv;* (als Zahl) 17

sieb·zig *Zahladjektiv* **1** (als Zahl) 70 **2** **Anfang, Mitte, Ende siebzig sein** ungefähr 70 bis 73, 74 bis 76, 77 bis 79 Jahre alt sein

sieb·zi·ger *Adjektiv; nur vor dem Substantiv, indeklinabel, nicht als Adverb;* die zehn Jahre (eines Jahrhunderts, eines Menschenlebens) von 70 bis 79 betreffend: *in den siebziger Jahren/den Siebzigern; Er ist in den/seinen Siebzigern* || K- Siebzigerjahre

sie·deln; *siedelte, hat gesiedelt;* **(irgendwo) siedeln** an einem Ort Häuser bauen, Felder anlegen *usw.*, um dort zu leben || *hierzu* **Sied·ler** *der; -s, -;* **Sied·le·rin** *die; -, -nen*

sie·den; *siedeten, hat gesiedet* **1** **etwas siedet** etwas hat die Temperatur, bei der Flüssigkeit zu Dampf wird ≈ etwas kocht: *siedend heißes Öl; Du kannst den Tee jetzt aufgießen, das Wasser siedet* || K- Siedepunkt, Siedetemperatur **2** **etwas sieden** eine Flüssigkeit zum Kochen bringen ⟨Wasser, Milch sieden⟩

Sied·lung *die; -, -en* **1** ein Ort, an dem Menschen Häuser bauen, um dort wohnen zu können: *eine alte römische Siedlung* **2** eine Gruppe von (ähnlichen) Häusern mit Garten, *bes* am Rand einer Stadt

Sieg B2 *der; -es, -e;* **ein Sieg (über jemanden/etwas)** das Siegen ⟨ein klarer, knapper Sieg; ein militärischer, olympischer Sieg; einen Sieg erringen⟩

Sie·gel *das; -s, -;* **1** das Muster, das ein Stempel *o.Ä.* in Wachs, Siegellack oder Papier macht, wenn man ihn daraufdrückt. Siegel verwendet man *bes* auf Urkunden ⟨ein Siegel auf etwas *(Dativ)* anbringen, etwas mit einem Siegel versehen; ein Siegel aufbrechen, öffnen⟩: *das kaiserliche Siegel* || -K Amtssiegel, Dienstsiegel, Staatssiegel; Wachssiegel **2** der offizielle Stempel einer Behörde: *das Siegel der Universität* **3** ein Streifen, den *z.B.* die Polizei über eine (Wohnungs)Tür klebt, um anzuzeigen, dass die Wohnung offiziell verschlossen wurde ⟨ein Siegel anbringen, aufbrechen⟩ **4** ein Stempel *o.Ä.*, mit dem man ein Siegel (1) macht: *ein Siegel ins Wachs drücken* || K- Siegelring, Siegelwachs || ID **unter dem Siegel der Verschwiegenheit** *förmlich;* unter der Bedingung, dass etwas geheim bleibt ⟨jemandem etwas unter dem Siegel der Verschwiegenheit sagen⟩

sie·gen B1 *siegte, hat gesiegt;* **(gegen jemanden/über jemanden/etwas) siegen** in einem Kampf, Streit oder in einem Wettbewerb stärker oder besser als der Gegner sein: *Die junge Mannschaft siegte überraschend über den Favoriten* || *hierzu* **Sie·ger** *der; -s, -;* **Sie·ge·rin** *die; -, -nen*

Sie·ger·eh·rung *die; -, -en;* die offizielle Feier, bei der die Besten eines sportlichen Wettbewerbs ihre Medaillen, Urkunden *o.Ä.* bekommen

sie·ges·ge·wiss *Adjektiv; förmlich* ≈ siegessicher

sie·ges·si·cher *Adjektiv;* überzeugt, dass man in einem Kampf oder Wettbewerb gewinnen

S

wird

sieg·reich *Adjektiv;* (in einem Wettbewerb oder Krieg) erfolgreich: *die siegreiche Schwimmerin; eine siegreiche Schlacht*

siehst *Präsens, 2. Person Singular;* ↑ **sehen**

sieht *Präsens, 3. Person Singular;* ↑ **sehen**

sie·zen B1 *siezte, hat gesiezt;* **jemanden siezen** jemanden mit „Sie" anreden ↔ duzen

Sig·nal *das; -s, -e* **1 ein Signal (für etwas)** etwas, das dazu dient, jemandem eine Warnung, Information oder einen Befehl zu geben ⟨ein akustisches, optisches Signal; ein Signal beachten; auf ein Signal reagieren⟩ || -K Alarmsignal, Notsignal; Blinksignal **2 ein Signal (zu etwas)** *bes* ein Ton oder eine Bewegung, auf die hin jemand etwas tut ⟨das Signal zum Angriff⟩ || -K Startsignal **3** ein Gerät neben dem Gleis, das zeigt, ob ein Zug (weiter)fahren kann **4** (CH) ≈ Verkehrszeichen

sig·na·li·sie·ren; *signalisierte, hat signalisiert* **1 (jemandem) etwas signalisieren** jemandem etwas durch ein Signal oder andere Handlungen mitteilen: *Ihr Blick signalisierte ihm, dass sie zur Versöhnung bereit war* **2 etwas signalisiert etwas** etwas ist ein klares Zeichen für etwas oder ein Hinweis auf etwas ≈ etwas markiert etwas: *Diese Reform signalisiert eine Wende in der Wirtschaftspolitik*

Sig·nal·wir·kung *die; -, -en; meist in* **etwas hat Signalwirkung** etwas löst ein bestimmtes Verhalten *meist* unter vielen Menschen aus: *Die Demonstration hatte Signalwirkung*

sig·nie·ren; *signiert, hat signiert* **1 (etwas) signieren** als Künstler seinen Namen auf ein Bild oder in ein Buch schreiben ⟨Bilder, Bücher signieren⟩ **2 etwas signieren** *förmlich* ≈ unterschreiben, unterzeichnen ⟨einen Vertrag signieren⟩

Sil·be B2 *die; -, -n;* eine der Einheiten (in Bezug auf die Aussprache), aus denen längere Wörter bestehen: *Das Wort „staubig" hat zwei Silben* (stau-big) || -K Endsilbe, Nachsilbe, Vorsilbe

S

Sil·ber B1 *das; -s; nur Singular* **1** ein relativ weiches, wertvolles Metall, das sehr hell glänzt, wenn man es poliert, und aus dem man *bes* Schmuck, Geld und Besteck macht; *Chemie* Ag ⟨echtes Silber⟩: *ein Ring aus Silber* || K- Silberschmuck **2** Besteck und/oder Geschirr aus Silber **3** *ohne Artikel; umg;* eine Medaille aus Silber, die der Zweite eines sehr wichtigen Wettkampfes bekommt ⟨Silber gewinnen⟩ || K- Silbermedaille

sil·bern *Adjektiv* **1** *nur vor dem Substantiv, nicht als Adverb;* aus Silber: *ein silbernes Armband* **2** so hell und glänzend wie Silber ⟨etwas glänzt, schimmert silbern⟩: *das silberne Licht des Mondes*

silb·rig *Adjektiv* ≈ silbern (2)

Si·li·kon *das; -s, -e;* eine Substanz, die man *z.B.* verwendet, um Imprägniermittel, Gummi und (Computer)Chips herzustellen

Sil·ves·ter [zɪl'vɛstɐ] *(das, der); -s, -;* der letzte Tag des Jahres, der 31. Dezember ⟨Silvester feiern; zu Silvester/an Silvester⟩ || K- Silvesterabend

Silvester

Den Abend des 31. Dezember verbringt man meist gemeinsam mit Freunden oder der Familie.

Ein klassisches Abendessen an Silvester ist der Karpfen. Auch andere Fischgerichte sind beliebt oder es gibt ein Essen wie Fondue oder Raclette, bei dem am Tisch gekocht wird.

Ein traditioneller Zeitvertreib beim Warten auf den Jahreswechsel ist das **Bleigießen**. Hierbei wird eine kleine Menge Blei auf einem Löffel über einer Kerze geschmolzen und schnell in kaltes Wasser geworfen. Die entstandene Figur wird interpretiert, um die Zukunft des nächsten Jahres vorherzusagen.

Pünktlich um Mitternacht stößt man dann mit Sekt an und wünscht sich gegenseitig **„Prosit Neujahr"** oder **„Ein gutes neues Jahr"**. Danach geht man auf die Straße, um Silvesterraketen abzuschießen oder einfach nur das Feuerwerk zu bewundern.

LANDESKUNDE

sim·pel; *simpler, simpelst-; Adjektiv; umg, oft abwertend* **1** so, dass es jeder verstehen und machen kann ⟨eine Aufgabe, eine Methode; etwas simpel ausdrücken⟩: *Ich zeig dir, wie das geht, es ist ganz simpel* **2** ohne besondere Merkmale, Qualitäten (und ohne Luxus): *ein ganz simples Fahrrad ohne Gangschaltung* **3** einfach und allen bekannt: *Er kennt die simpelsten Regeln des Anstands nicht* **4** ziemlich dumm: *jemand macht einen simplen Eindruck* || Hinweis: *simpel → eine simple Arbeit*

Sims *der, das; -es, -e;* der lange, schmale und waagrechte Teil einer Mauer *bes* unter dem Fenster || -K Fenstersims, Kaminsims

sim·sen; *simst, simste, hat gesimst; umg;* eine (Nachricht als) SMS versenden

si·mu·lie·ren; *simulierte, hat simuliert* **1 (etwas) simulieren** *abwertend;* so tun, als ob man eine Krankheit hätte ≈ vortäuschen **2 etwas si-**

mulieren einen komplizierten Vorgang nachahmen, *bes* um etwas zu üben oder um bestimmte Wirkungen zu testen: *einen Raumflug simulieren* || *hierzu* **Si·mu·la·ti·on** *die; -, -en*

sind *Präsens, 1. und 3. Person Plural;* ↑ **sein**[1,2]

Sin·fo·nie *die; -, -n* [-'ni:ən] **1** ein Musikstück aus *meist* vier Teilen (Sätzen), das für ein Orchester geschrieben ist ⟨eine Sinfonie schreiben, komponieren, dirigieren⟩: *die neunte Sinfonie von Beethoven* || K- Sinfoniekonzert, Sinfonieorchester **2** **eine Sinfonie** + *Genitiv*/**von etwas** *(Plural) förmlich;* viele ähnliche Dinge, die gut zusammenpassen: *eine Sinfonie von Farben, Düften* || Hinweis: Statt *Sinfonie* schreibt man auch *Symphonie, bes* in älteren Texten und in Musiktiteln || *zu* 1 **sin·fo·nisch** *Adjektiv*

sin·gen A1 *sang, hat gesungen* **1** **(etwas) singen** eine Melodie oder ein Lied mit der Stimme produzieren ⟨ein Lied singen; falsch, richtig, gut singen⟩ **2** beruflich oder als Hobby regelmäßig singen (1): *im Kirchenchor, am Theater singen* **3** **ein Vogel singt** ein Vogel macht schön klingende Töne || ▸ **Gesang**

Sin·gle[1] B2 ['sɪŋgl] *die; -, -(s);* eine kleine Schallplatte, die auf jeder Seite nur ein Musikstück hat

Sin·gle[2] B2 ['sɪŋgl] *der; -(s), -s;* jemand, der nicht verheiratet ist und allein lebt ⟨(ein) Single sein; als Single leben⟩ || K- Singlebar, Singlehaushalt, Singletreff

Sin·gu·lar ['zɪŋgula:ɐ̯] *der; -s; nur Singular; Sprachwissenschaft;* eine grammatische Kategorie (im Deutschen bei Verben, Substantiven, Adjektiven, Artikeln), die anzeigt, dass von nur einer einzigen Person, Sache die Rede ist ↔ Plural || K- Singularendung, Singularform

Sing·vo·gel *der; -s, -vö·gel;* ein Vogel, der melodisch singt oder ruft, *z.B.* die Lerche

sin·ken B1 *sank, ist gesunken* **1** **(irgendwohin) sinken** sich *meist* langsam nach unten bewegen ⟨erschöpft zu Boden sinken; in die Knie sinken⟩ **2** **etwas sinkt** etwas verschwindet unter einer Oberfläche ≈ etwas geht unter ⟨das Schiff, das Boot⟩ **3** **etwas sinkt** etwas verliert (*meist* langsam) an Höhe, Wert und wird weniger ⟨die Preise, die Temperaturen⟩ **4** **in Ohnmacht sinken** ≈ bewusstlos werden **5** **tief sinken** nicht mehr nach den Regeln der Moral handeln und daher in der Gesellschaft auf einer niedrigen Ebene sein

Sinn *der; -(e)s, -e* **1** *meist Plural;* die Fähigkeit zu sehen, zu hören, zu riechen, zu schmecken und zu fühlen und so die Umwelt wahrzunehmen ⟨die fünf Sinne⟩ || K- Sinneseindruck, Sinnesstörung, Sinneswahrnehmung || -K Gehörsinn, Geruchssinn, Geschmackssinn **2** *nur Singular;* **ein Sinn für etwas** eine innere Beziehung zu etwas, eine Art Verständnis: *ein starker Sinn für Gerechtigkeit* || -K Geschäftssinn, Kunstsinn **3** *nur Singular;* der Gedanke, der einer Sache zugrunde liegt ≈ Bedeutung ⟨den Sinn einer Sache erfassen; etwas ergibt keinen Sinn⟩ **4** *nur Singular;* der Zweck, der Wert oder das Ziel von etwas ⟨der Sinn des Lebens⟩: *Es hat keinen Sinn, ihn zu kritisieren* **5** **der sechste/ein sechster Sinn** eine Art Ahnung, was geschehen könnte **6** **etwas hat/macht Sinn** *umg;* etwas hat einen Nutzen oder einen Zweck || ID **Das ist nicht im Sinne des Erfinders** *umg humorvoll;* das ist nicht so, wie es beabsichtigt oder geplant war; **ohne Sinn und Verstand** ohne darüber nachzudenken, ob es sinnvoll, nicht übertrieben, nicht schädlich ist; **im wahrsten Sinn(e) des Wortes** genau so, wie es jemand sagt: *Sein Gewicht ist im wahrsten Sinne des Wortes ein dickes Problem* (= das große Problem ist, dass er dick ist); **jemand/etwas geht jemandem nicht mehr aus dem Sinn** jemand muss immer wieder an jemanden/etwas denken; **etwas im Sinn haben** die Absicht haben, etwas zu tun; **mit jemandem/etwas nichts im Sinn haben** mit jemandem/etwas nichts zu tun haben wollen; **in jemandes Sinn(e) handeln** so handeln, wie es jemand anderer auch getan hätte; **etwas kommt jemandem in den Sinn** jemand denkt an etwas (Ungewöhnliches): *Es wäre mir nie in den Sinn gekommen, den Chef zu fragen, ob er mit uns in die Kneipe geht;* **sich** *(Dativ)* **jemanden/etwas aus dem Sinn schlagen** *umg;* die Hoffnung auf jemanden/etwas aufgeben; **jemandem schwinden die Sinne** jemand wird ohnmächtig; **(wie) von Sinnen sein** nicht mehr wissen, was man tut und sagt; **(nicht) bei Sinnen sein** (nicht) klar denken können und entsprechend handeln; **etwas ist (nicht) nach jemandes Sinn** etwas ist (nicht) so, wie es jemand will; **In diesem Sinn(e)** *umg;* verwendet, um auf höfliche Weise ein Gespräch unter Freunden, guten Bekannten zu beenden

Sin·nes·or·gan *das; -s, -e; meist Plural;* ein Teil des Körpers (wie Nase, Auge, Ohr, Haut *usw*), mit dem man die Umwelt wahrnehmen kann

Sin·nes·wan·del *der; -s; nur Singular;* eine *meist* plötzliche Änderung der Meinung ≈ Meinungsänderung ⟨einen (totalen) Sinneswandel vollziehen⟩

sinn·ge·mäß *Adjektiv; nur vor dem Substantiv*

S

oder als Adverb; so, dass die Bedeutung der Äußerung (und nicht die Äußerung selbst) wiedergegeben wird ↔ wörtlich ⟨etwas sinngemäß gesagt haben, wiedergeben⟩

sin·nie·ren; *sinnierte, hat sinniert;* **(über etwas** (*Akkusativ*)**) sinnieren** *umg;* über etwas nachdenken, grübeln ⟨vor sich hin sinnieren⟩: *über sein Schicksal sinnieren*

sinn·lich *Adjektiv* **1** in Bezug auf die Sinne (1) oder mit den Sinnen (1) ⟨die Wahrnehmung, die Erfahrung, Reize; etwas sinnlich wahrnehmen⟩ **2** in Bezug auf den Körper (und nicht auf den Geist) ≈ körperlich ↔ geistig ⟨Genüsse, Freuden, Begierden⟩ **3** an sexuellem Vergnügen interessiert ⟨eine Frau, ein Mann⟩ **4** so, dass es die Sexualität stark anspricht: *Der Tango ist ein sehr sinnlicher Tanz; Sie hat einen sinnlichen Mund* || *hierzu* **Sinn·lich·keit** *die; -; nur Singular*

sinn·los *Adjektiv* **1** ohne guten Grund, Zweck oder ohne eine Aussicht auf Erfolg ⟨ein Krieg, eine Handlung; sich sinnlos aufregen⟩: *Es ist vollkommen sinnlos, sich darüber zu ärgern, das ändert ja nichts!* **2** ohne Überlegung oder Verstand ⟨Gerede, Zeug⟩ || *hierzu* **Sinn·lo·sig·keit** *die; -, -en*

sinn·voll *Adjektiv* **1** so, dass es einen Nutzen, einen Zweck hat ⟨eine Erfindung⟩ **2** so, dass es den Betreffenden zufrieden macht ⟨eine Arbeit, ein Leben⟩ **3** ⟨ein Satz⟩ so, dass er eine Bedeutung, einen Sinn (3,4) ergibt

Sint·flut *die; -; nur Singular* **1** (in der Bibel) ein starker Regen, mit dem Gott die Menschen bestrafte **2** *umg;* ein sehr starker Regen || K- sintflutartig || ID **Nach mir die Sintflut!** *umg;* es ist mir egal, welche Folgen mein Verhalten haben wird

Sip·pe *die; -, -n* **1** eine Gruppe von mehreren Familien, die zusammen leben: *Während der Steinzeit lebten unsere Vorfahren in Sippen* || K- Sippenforschung, Sippenverband **2** *umg humorvoll;* die (eigenen) Verwandten

S

Si·re·ne *die; -, -n;* ein Gerät, das lange, laute Töne erzeugt, *bes* um vor einer Gefahr zu warnen ⟨die Sirenen heulen⟩ || K- Sirenengeheul || -K Autosirene, Schiffssirene; Fabriksirene; Feuerwehrsirene, Polizeisirene

Si·rup *der; -s; nur Singular* **1** eine braune, dicke Flüssigkeit, die entsteht, wenn man Zucker herstellt **2** eine süße dicke Flüssigkeit, die man mit Wasser mischt und als Saft trinkt: *den Sirup mit Wasser verdünnen* || -K Himbeersirup, Kirschsirup

Sit·te *die; -, -n* **1** *meist Plural;* die Verhaltensweisen, die eine bestimmte Gesellschaft traditionell hat ⟨die Sitten und Gebräuche eines Volkes⟩: *Andere Länder, andere Sitten* (Sprichwort) || -K Landessitte **2** *meist Singular;* die Normen, die in einer Gesellschaft bestimmen, was gut und richtig ist ≈ Moral ⟨die gute Sitte; gegen die Sitten verstoßen⟩ **3** **etwas ist Sitte** etwas ist üblich || ID **Das sind ja ganz neue Sitten!** *umg;* verwendet, um Überraschung über etwas Neues auszudrücken (das man nicht gut findet)

sitt·lich *Adjektiv* **1** *nur vor dem Substantiv oder als Adverb;* in Bezug auf die Sitte (2), die Moral ≈ moralisch ⟨die Erziehung, Reife, der Verfall; Bedenken; der sittliche Wert eines Romans, eines Films⟩ **2** den Regeln der Sitte (2), der Moral entsprechend, vorbildlich in moralischer Hinsicht ≈ sittsam ↔ unsittlich ⟨ein Mensch, Verhalten, Handeln; sich sittlich verhalten⟩ || *hierzu* **Sitt·lich·keit** *die; -; nur Singular*

Si·tu·a·ti·on A2 [-'tsi̯o:n] *die; -, -en;* die Umstände, Bedingungen, Tatsachen, wie sie derzeit vorhanden sind ⟨eine schwierige Situation; jemandes familiäre, finanzielle, berufliche Situation⟩ || -K Konfliktsituation, Krisensituation, Verkehrssituation

Sitz B1 *der; -es, -e* **1** etwas, das so gemacht ist, dass man darauf sitzen kann ⟨bequeme, weiche Sitze⟩ || K- Sitzbank, Sitzplatz || -K Autositz; Vordersitz; Notsitz **2** ein Platz, eine Rolle in einer Institution oder einer Versammlung (mit dem Recht, bei Abstimmungen mitzumachen) ⟨ein Sitz im Parlament, im Aufsichtsrat⟩: *Die Partei hat 20 Sitze im Parlament* || K- Sitzverteilung || -K Abgeordnetensitz, Parlamentssitz **3** das Gebäude, in dem eine Institution, ein Betrieb arbeitet: *Die Firma hat ihren Sitz in Frankfurt* || -K Amtssitz, Regierungssitz || ID **auf 'einen Sitz** *umg;* auf einmal, ohne zu unterbrechen ⟨etwas auf einen Sitz (auf)essen, austrinken⟩

Sitz·ecke B2 *die; -, -n;* eine Gruppe von Möbeln zum Sitzen (und ein Tisch), die in einer Ecke eines Zimmers stehen

sit·zen A1 *saß, hat/ist gesessen* **1** **(irgendwo) sitzen** (*hat/bes südd* Ⓐ Ⓒⓗ *ist*) in einer ruhenden Stellung sein, in der der Oberkörper senkrecht bleibt und in der das Gewicht auf dem Gesäß ist ↔ stehen, liegen ⟨bequem, ruhig sitzen⟩: *auf einer Parkbank sitzen; Im Kino saß ein älterer Herr neben mir* || ↑ Illustration **Verben der Bewegung** || K- Sitzbank, Sitzmöbel **2** (*hat/südd* Ⓐ Ⓒⓗ *ist*) lange Zeit irgendwo sitzen (1), sich irgendwo aufhalten (und sich dabei mit etwas beschäftigen): *stundenlang vor dem Fernseher sitzen* (= fernsehen), *am Schreib-*

tisch sitzen (= arbeiten) **3** (*Zeitangabe* +) **sitzen** (*hat*) *umg;* im Gefängnis sein: *Für seinen Banküberfall muss er (5 Jahre) sitzen* **4** **irgendwo sitzen** (*hat/südd* Ⓐ Ⓒⓗ *ist*) Mitglied einer politischen Gruppe sein, die Entscheidungen trifft ⟨im Parlament, im Stadtrat *usw* sitzen⟩ **5** **etwas sitzt (gut)** (*hat*) etwas hat die richtige Größe und Form und passt jemandem deshalb: *Die Jacke sitzt gut* **6** **etwas sitzt schlecht** (*hat*) etwas hat nicht die richtige Größe und Form und passt deshalb nicht **7** **etwas sitzt irgendwie** (*hat*) etwas hängt, liegt, steckt irgendwo auf eine bestimmte Art: *Deine Brosche sitzt verkehrt* **8** **etwas sitzt** (*hat*) *umg;* jemand kann etwas, weil er es gut geübt und gelernt hat: *Vokabeln lernen, bis sie sitzen* **9** **etwas sitzt (tief)** (*hat*) etwas wirkt sehr stark in jemandem ⟨eine Beleidigung, eine Kränkung⟩ **10** **eine sitzende Tätigkeit** eine Tätigkeit, bei der man viel sitzt (1) **11** **sitzen bleiben** *umg;* eine Klasse in der Schule noch einmal machen müssen, weil die Leistungen zu schlecht waren: *in der fünften Klasse sitzen bleiben* **12** **auf etwas** (*Dativ*) **sitzen bleiben** *umg;* niemanden finden, der eine Ware kauft: *Er ist auf seinen Waren sitzen geblieben, weil er sie zu teuer angeboten hat* **13** **einen 'sitzen haben** *umg;* (ein wenig) betrunken sein **14** **jemanden sitzen lassen** *umg;* jemanden verlassen: *Nach zehn Jahren Ehe hat ihr Mann sie und die Kinder sitzen lassen* **15** **jemanden sitzen lassen** *umg;* nicht zu einer Verabredung kommen ≈ jemanden versetzen: *Wir hatten eine Verabredung, aber sie hat mich sitzen lassen* **16** *meist* **etwas nicht auf sich** (*Dativ*) **sitzen lassen** *umg;* sich gegen einen Vorwurf oder eine Kritik verteidigen: *Eine solche Anschuldigung kann ich unmöglich auf mir sitzen lassen* || *zu* 11 **Sit·zen·blei·ber** *der; -s, -;* **Sit·zen·blei·be·rin** *die; -, -nen*

sit·zen·blei·ben (*ist*) ↑ **sitzen** (11,12)

sit·zen·las·sen (*hat*) ↑ **sitzen** (14-16)

Sitz·ge·le·gen·heit *die; -, -en;* etwas (wie *z.B.* ein Stuhl oder ein Hocker), auf dem man sitzen kann

Sitz·platz *der; -es, -plät·ze;* ein Platz zum Sitzen (in einem Bus, Zug, Stadion)

Sit·zung B1 *die; -, -en* **1** ein Treffen von mehreren Leuten, um etwas zu besprechen ≈ Konferenz ⟨eine Sitzung einberufen, eröffnen⟩ || K- Sitzungsprotokoll || -K Kommissionssitzung **2** ein Termin für eine Behandlung, *meist* beim Zahnarzt oder bei einem Therapeuten || -K Therapiesitzung

Ska·la [sk-] *die; -, -s/Ska·len* **1** eine Darstellung der Ergebnisse einer Messung durch ein Instrument (*meist* in Form von Strichen und Zahlen) ⟨etwas von/auf einer Skala ablesen⟩: *die Skala des Thermometers* **2** eine grafische Darstellung verschiedener Werte, Farben: *eine Skala von Blautönen* || -K Notenskala

Skal·pell [sk-] *das; -s, -e;* ein kleines, sehr scharfes Messer, mit dem Chirurgen, Zoologen und Botaniker arbeiten

Skan·dal [sk-] *der; -s, -e;* **ein Skandal (um jemanden/etwas)** ein Ereignis, das viele Leute schockiert und ärgert ⟨einen Skandal verursachen, aufdecken⟩: *der Skandal um die Finanzierung des Krankenhauses* || -K Bestechungsskandal, Finanzskandal || *hierzu* **skan·da·lös** *Adjektiv*

Skat [sk-] (*der*); *-(e)s, -e* **1** *nur Singular;* ein Kartenspiel für drei Personen ⟨(eine Runde) Skat spielen⟩ || K- Skatabend, Skatkarten, Skatspieler, Skatturnier **2** die zwei Karten, die beim Skat (1) nach dem Austeilen verdeckt liegen ⟨den Skat aufnehmen, liegen lassen⟩

Skate·board ['skeɪtbɔːd] *das; -s, -s;* ein kurzes Brett mit kleinen Rädern, auf dem man steht und fährt ⟨Skateboard fahren⟩

Ske·lett [sk-] *das; -s, -e;* alle Knochen des Körpers eines Menschen oder Tiers: *das Skelett eines Mammuts* || ↑ Abbildung Seite 756

skep·tisch [sk-] *Adjektiv;* in der Meinung, dass alles in Frage zu stellen ist, was nicht ganz sicher ist ⟨ein Mensch, eine Haltung; skeptisch sein, klingen, schauen; jemanden skeptisch stimmen, machen; jemandem/etwas skeptisch gegenüberstehen⟩: *Ich bin ziemlich skeptisch, ob das wohl gut gehen wird* || *hierzu* **Skep·sis** *Adjektiv;* **Skep·ti·ker** *der; -s, -;* **Skep·ti·ke·rin** *die; -, -nen*

Sketch [skɛtʃ] *der; -es, -e/-es;* eine kurze witzige Szene auf der Bühne, im Fernsehen *o.Ä.*

Ski [ʃiː] *der; -s, -/-er* ['ʃiːɐ]; eines von zwei langen, schmalen Brettern (*meist* aus Kunststoff), mit denen man über Schnee gleiten kann ⟨Ski fahren⟩ || K- Skifahrer, Skiläufer, Skilift, Skischuh, Skisport, Skistiefel || -K Abfahrtsski, Langlaufski

Ski·lauf *der; -s; nur Singular;* die Sportarten, bei denen die Sportler auf Skiern über den Schnee gleiten ⟨alpiner, nordischer Skilauf⟩

Ski·sprin·gen *das; -s; nur Singular;* eine Sportart, bei der man auf Skiern eine Sprungschanze hinunterfährt und dann durch die Luft fliegt || *hierzu* **Ski·sprin·ger** *der; -s, -;* **Ski·sprin·ge·rin** *die; -, nen*

Skiz·ze [sk-] *die; -, -n* **1** eine einfache, schnell gemachte Zeichnung, die mit wenigen Stri-

S

Skelett

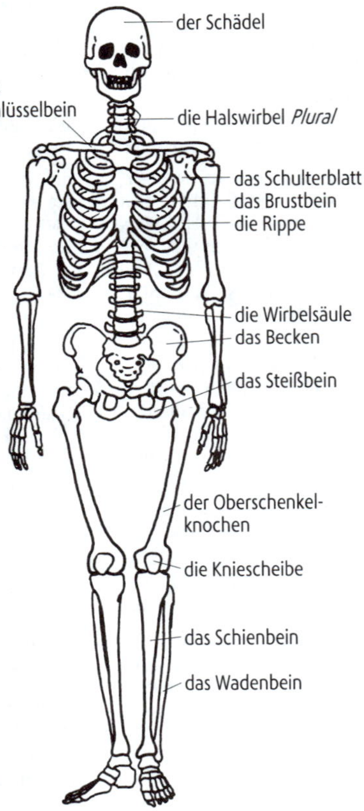

chen das Wichtigste zeigt ⟨eine flüchtige Skizze; eine Skizze machen⟩: *die Skizze eines Hauses* || K- Skizzenblock **2** ein kurzer Text, der das Wichtigste beschreibt || -K Reiseskizze || *hierzu* **skiz·zie·ren** *(hat)*

S

Skla·ve ['skla:və, 'skla:fə] *der; -n, -n* **1** *historisch;* jemand, der nicht frei ist, sondern der Person gehört, für die er arbeitet || K- Sklavenhandel **2** **ein Sklave** + *Genitiv abwertend;* jemand, der von jemandem/etwas (innerlich) abhängig ist: *ein Sklave der eigenen Gewohnheiten sein* || *hierzu* **Skla·vin** *die; -, -nen*

Skla·ve·rei [skla:və'rai̯, -f-] *die; -; nur Singular* **1** *historisch;* die Praxis, Sklaven zu haben ⟨die Sklaverei abschaffen⟩ **2** *historisch;* der Zustand, ein Sklave (1) zu sein ⟨aus der Sklaverei freikommen, entlassen werden, befreit werden⟩ **3** *umg abwertend;* schwere körperliche Arbeit

Skon·to [sk-] *der, das; -s, -s;* der Betrag, um den der Preis einer Ware (manchmal) reduziert wird, wenn man sie bar bezahlt ⟨jemandem 3% Skonto gewähren; 3% Skonto bekommen⟩ || Hinweis: ↑ **Rabatt**

Skor·pi·on [skɔr'pi̯o:n] *der; -s, -e* **1** ein Tier, das mit den Spinnen verwandt ist, *meist* in den Tropen lebt und einen giftigen Stachel hat **2** *nur Singular;* das Sternzeichen vom 24. Oktober bis 22. November

Skorpion

Skru·pel [sk-] *der; -s, -; meist Plural;* die Gedanken und Gefühle, die einen daran hindern, etwas Böses zu tun ⟨(keine) Skrupel haben, etwas zu tun; keine Skrupel kennen⟩ || K- skrupellos

Skulp·tur B2 *die; -, -en;* eine Figur (aus Bronze, Gips *usw*), die ein Künstler gemacht hat ≈ Plastik || K- Skulpturensammlung || -K Bronzeskulptur, Gipsskulptur, Holzskulptur, Marmorskulptur

Sla·lom *der; -s, -s* **1** ein Wettkampf (beim Skifahren, Kanufahren), bei dem man zwischen senkrechten Stäben (Toren) hindurch viele Kurven fahren muss ⟨einen Slalom fahren⟩ || K- Slalomlauf, Slalomläufer, Slalomwettbewerb **2** **Slalom fahren** *umg;* ein Fahrzeug so steuern, dass man viele Kurven fährt

Slip *der; -s, -s;* eine kleine, enge Unterhose || ↑ Illustration **Die Kleidung** || -K Damenslip, Herrenslip

Slo·gan ['slo:gn] *der; -s, -s;* ein Satz, der in der Werbung verwendet wird und den man sich gut merken kann || -K Werbeslogan

Sma·ragd [sm-] *der; -(e)s, -e;* ein wertvoller, durchsichtiger, grüner (Edel)Stein || K- smaragdgrün

Smog B2 [sm-] *der; -(s); nur Singular;* eine dichte Schicht aus Rauch, giftigen Gasen und oft auch Nebel (über einer Stadt oder Fabrik) || K- Smogalarm

SMS [ɛsɛm'ɛs] *die; -, -;* (*Abkürzung für* Short Message Service) eine kurze Nachricht, die man von einem Handy zu einem anderen sendet: *eine SMS erhalten*

Snack B2 [snɛk] *der; -s, -s* ≈ Imbiss

Snob [sn-] *der; -s, -s; abwertend* **1** jemand, der sehr stolz darauf ist, dass er zu einer relativ hohen sozialen Schicht gehört (und andere daher verachtet) **2** jemand, der viel Wert auf exklusive Dinge (*bes* Kunstgegenstände) legt

so¹ A2 *Adverb* **1** verwendet, um die Art und Weise zu bezeichnen, auf die eine (*meist* schon bekannte) Handlung abläuft: *Wir machen das so und nicht anders; Das machst du gut so!* **2** in diesem Zustand oder in dieser Form: *So kannst du nicht zu einer Hochzeit gehen!; Ich glaube nicht, dass man dieses Wort so schreibt* **3** **so** + *Adjektiv/Adverb* (+ **wie**) in diesem (hohen) Maß, Grad (wie jemand/etwas): *Er ist so groß wie sein Bruder; so schnell wie möglich* **4** **so** + *Zeitangabe/Mengenangabe; umg* ≈ ungefähr: *So in einer halben Stunde bin ich fertig* **5** *unbetont;* verwendet, um eine logische Folge auszudrücken ≈ also, deshalb: *Es regnete und so blieb ich zu Hause; Du wolltest, dass ich das koche, so iss es jetzt auch!* **6** *unbetont;* **oder so** *umg;* verwendet (nach einer Aussage), wenn man etwas nicht genau weiß oder wenn man etwas nicht präziser formulieren will: *Sie heißt Koslowski oder so* **7** **'so und/oder 'so** auf diese und/oder andere Weise: *Das kann man so und so/so oder so sehen* **8** ≈ solch: *Bei so schlechtem Wetter bleibt man besser zu Hause; So ein Lügner!* **9** *betont;* **'so jemand/'so (et)was** eine Person oder Sache dieses Typs oder dieser Art: *Mit so jemandem wollen wir nichts zu tun haben; So etwas ist mir doch noch nie passiert!* **10** **so viel wie** + *Adjektiv/Pronomen/Substantiv;* **so viel** + *Satz;* verwendet, um auszudrücken, dass etwas im selben hohen Maß oder Umfang zutrifft wie etwas anderes ↔ so wenig: *Er muss so viel wie möglich liegen, damit er gesund wird; Sie verdient doppelt so viel wie ich; Das bedeutet mir so viel wie ein Versprechen* **11** **so weit** ≈ im Großen und Ganzen, im Allgemeinen: *Bei uns ist so weit alles in Ordnung, es geht uns so weit ganz gut* **12** **so weit sein** fertig sein und bereit, jetzt etwas zu tun: *Wir können jetzt gehen, ich bin so weit* **13** **etwas ist so weit** der Zeitpunkt für etwas ist gekommen: *Jetzt ist es gleich so weit, das Fest kann beginnen* **14** **so wenig wie/als** + *Adjektiv/Pronomen/Substantiv;* **so wenig** + *Satz;* verwendet, um auszudrücken, dass etwas im selben niedrigen Maß oder Umfang zutrifft wie etwas anderes ↔ so viel ⟨so wenig wie möglich⟩: *Ruhen Sie sich aus und arbeiten Sie so wenig wie/als möglich; Ich habe so wenig Erfahrung wie er* **15** **(Na,) 'so was** *umg;* verwendet, um Erstaunen oder Empörung auszudrücken: *Na, so was, jetzt finde ich meine Schlüssel nicht!* || ID **so viel für heute** *umg;* das ist im Moment genug || Hinweis: ↑ **sogenannt-**

so² A2 *Konjunktion* **1** verwendet, um einen Vergleich einzuleiten: *Sie beendete ihr Studium so schnell sie nur konnte* **2** verwendet, um einen Nebensatz einzuleiten, in dem eine einräumende Bemerkung gemacht wird: *So leid es mir tut, ich kann ihnen nicht helfen*

so³ A2 *nur in* **1** **so** (+ *Adjektiv/Adverb*), **dass ...** verwendet, um Ursachen und Folgen auszudrücken: *Der Film war so langweilig, dass ich eingeschlafen bin* **2** **so** + *Adjektiv* + *Infinitiv* verwendet, um die Voraussetzung für eine Handlung anzugeben: *Sie war so freundlich, mir zu helfen*

so⁴ A2 *Partikel* **1** *betont;* **(ja) so** ≈ sehr: *Das war so lustig!* **2** *unbetont* ≈ wirklich: *Das kann ich nicht so recht glauben* (= ich bezweifle es) **3** *unbetont;* verwendet am Anfang einer Aufforderung (*oft* zusammen mit *doch*), um Ungeduld oder Ärger auszudrücken: *So komm jetzt endlich!; So unterbrich mich doch nicht immer!* **4** *betont;* allein stehend oder am Anfang eines Satzes als Kommentar verwendet, wenn man etwas gerade getan hat (und damit zufrieden ist): *So, das hätten wir geschafft!* **5** *betont;* als Frage verwendet, um Erstaunen oder Skepsis auszudrücken: *„Sie ist schon mit 34 Jahren Großmutter geworden" – „So?"* **6** *betont* ≈ soso (1)

so·bald B2 *Konjunktion;* verwendet, um auszudrücken, dass etwas sofort geschehen wird, wenn eine Voraussetzung erfüllt ist: *Ich komme, sobald ich mit der Arbeit fertig bin*

So·cke A2 *die; -, -n; meist Plural;* ein kurzer Strumpf, der bis über die Knöchel reicht ⟨ein Paar Socken⟩ || ↑ Illustration **Die Kleidung** || ID **sich auf die Socken machen** *umg;* fortgehen oder -fahren; **von den Socken sein** *umg;* überrascht sein

So·ckel *der; -s, -;* der flache untere Teil, auf dem ein Denkmal, ein Zaun, ein Möbelstück *o.Ä.* steht || -K Marmorsockel, Steinsockel, Zementsockel

So·cken *der; -s, -; südd* Ⓐ Ⓒⓗ ≈ Socke

So·da *das; -s; nur Singular* **1** ein weißes Pulver, das die wichtigste Substanz im Backpulver ist;

S

Chemie Natriumkarbonat **2** Wasser mit Kohlensäure ⟨ein Whisky (mit) Soda⟩ || K- Sodawasser

so·dass, so dass *Konjunktion;* verwendet, um die Folge einzuleiten, die sich aus dem Hauptsatz ergibt: *Er war völlig verwirrt, sodass er nicht mehr wusste, was er sagte*

Sod·bren·nen *das; -s; nur Singular;* ein unangenehmes, brennendes Gefühl in der Brust und im Hals, das vom Magen kommt ⟨Sodbrennen haben⟩

so·eben *Adverb* **1** jetzt, in diesem Augenblick: *Soeben wird gemeldet ...* **2** vor sehr kurzer Zeit: *Sie ist soeben angekommen*

So·fa B1 *das; -s, -s;* ein weiches, bequemes Möbelstück (mit einer Rückenlehne und Armlehnen), auf dem mehrere Personen sitzen können || ↑ Illustration **Im Wohnzimmer**

so·fern B2 *Konjunktion; förmlich;* verwendet, um eine Voraussetzung zu nennen ≈ wenn, falls: *Die Fahrt dauert zwei Stunden, sofern es keinen Stau gibt*

soff *Imperfekt, 1. und 3. Person Singular;* ↑ **saufen**

so·fort A1 *Adverb* **1** unmittelbar nach der anderen genannten Handlung: *Der Hund fing sofort an zu bellen, als es klingelte* **2** ohne dass Zeit vergeht: *Du sollst sofort nach Hause kommen!* **3** in sehr kurzer Zeit ≈ gleich: *Wartet auf mich, ich komme sofort!*

so·for·ti·g- *Adjektiv; nur vor dem Substantiv, nicht als Adverb;* ohne dass Zeit zwischen zwei Handlungen oder Zuständen vergeht ⟨mit sofortiger Wirkung⟩: *Lebensmittel, die für den sofortigen Verzehr bestimmt sind*

Soft·ware B2 ['sɔftvɛːɐ̯] *die; -; nur Singular;* die Informationen und Befehle (in Form von Programmen), mit denen ein Computer arbeiten kann ↔ Hardware || -K Lernsoftware

sog *Imperfekt, 1. und 3. Person Singular;* ↑ **saugen**

S

Sog *der; -(e)s; nur Singular;* die Kraft, die einen Körper in die Richtung zieht, in die sich die Luft oder eine Flüssigkeit bewegt ⟨etwas erzeugt einen Sog⟩: *in den Sog eines Strudels geraten*

so·gar B1 [zo'gaːɐ̯] *Partikel; unbetont* **1** verwendet, um auszudrücken, dass man weniger erwartet hat: *Er war bei dem Rennen nicht nur erfolgreich, er hat sogar gewonnen!* **2** verwendet, um auszudrücken, dass etwas ungewöhnlich ist: *Am Nordpol scheint die Sonne im Juni sogar nachts*

so·ge·nann·t-, so ge·nann·t- *Adjektiv; nur vor dem Substantiv, nicht als Adverb* **1** verwendet, um auszudrücken, dass die folgende Bezeichnung in diesem Fall nicht richtig ist: *Das Geld hat mein sogenannter Freund Klaus mir nie zurückgegeben* **2** verwendet, um auszudrücken, dass die folgende Bezeichnung neu ist oder von bestimmten Leuten verwendet wird: *die sogenannte Globalisierung*

Soh·le *die; -, -n* **1** die untere Fläche des Fußes || ↑ Abbildung unter **Fuß** || -K Fußsohle **2** die untere Fläche des Schuhs oder des Strumpfes || -K Schuhsohle; Gummisohle **3** ein flaches Stück aus warmem Material, das man in die Schuhe legt || ID **auf leisen Sohlen** leise und so, dass es niemand hört

Sohn A2 *der; -(e)s, Söh·ne* **1** jemandes männliches Kind || -K Arbeitersohn, Königssohn **2** **der Sohn Gottes** *Religion;* Jesus Christus **3** **ein verlorener Sohn** jemand, der seine Eltern enttäuscht, weil er ganz anders ist als sie erwarten

So·ja *die; -, So·jen* ≈ Sojabohne || K- Sojabrot, Sojamehl, Sojaöl, Sojasoße, Sojasprossen

So·ja·boh·ne *die; -, -n;* eine Bohne, die *bes* in Asien wächst und deren Samen *meist* als Gemüse, für Öl und als Ersatz für Fleisch verwendet werden

so·lang, so·lan·ge *Konjunktion;* **solange (wie)** in/während der Zeit, in der ...: *Solang (wie) mein Auto kaputt ist, muss ich mit dem Fahrrad fahren*

so·lar [zo'laːɐ̯] *Adjektiv; förmlich;* von der Sonne ⟨Energie, Strahlung⟩ || K- Solarenergie, Solarheizung

So·la·ri·um *das; -s, So·la·ri·en* [-i̯ən] **1** ein Gerät, das Licht erzeugt, von dem die Haut wie in der Sonne rot oder braun wird **2** ein Raum (ein Studio) mit Solarien (1)

So·lar·zel·le *die; -, -n;* ein technisches Gerät (eine Fotozelle), das Sonnenlicht in elektrischen Strom verwandelt || K- Solarzellenbatterie, Solarzellenrechner

solch *Demonstrativpronomen; indeklinabel;* verwendet, um ein Adjektiv zu verstärken ≈ derart: *Bei solch nassem/solch einem nassen/einem solch nassen Wetter bleibt man besser zu Hause* || Hinweis: *meist* vor dem unbestimmten Artikel

sol·ch- *Demonstrativpronomen; nur vor dem Substantiv, nicht als Adverb* **1** von der schon genannten, bekannten oder ähnlichen Art: *Solche Autos rosten schnell; Es gab Kuchen, Plätzchen und solche Sachen* **2** verwendet, um zu betonen, dass etwas sehr intensiv, groß, stark *o.Ä.* ist: *Sie hatte solchen Hunger, dass sie nicht einschlafen konnte; Es ist eine solche Freude, dich zu sehen* || Hinweis zu 1 und 2: nach dem unbestimmten Artikel **3** *Substantiv* + **als solche(r, -s** *usw*) die genannte Sache, so, wie sie ist: *Der Winter als solcher stört mich nicht, aber er dauert mir einfach zu lange*

Sol·dat *der; -en, -en;* ein Mitglied einer Armee, *bes* jemand, der kein Offizier ist || K- Soldatenfriedhof || -K Berufssoldat, Luftwaffensoldat || *hierzu* **Sol·da·tin** *die; -, -nen*

So·le *die; -, -n;* Wasser, das viel Salz enthält || K- Solebad, Solequelle

So·li *Plural;* ↑ **Solo**

so·lid *Adjektiv;* ↑ **solide**

so·li·da·risch *Adjektiv;* **solidarisch (mit jemandem)** so, dass die Beteiligten gemeinsame Interessen haben und sich gegenseitig helfen ⟨eine Gemeinschaft; solidarisch handeln; sich mit jemandem solidarisch fühlen, erklären (= erklären, dass man zu ihm hält)⟩ || K- Solidarbeitrag, Solidargemeinschaft || *hierzu* **So·li·da·ri·tät** *die; -; nur Singular*

So·li·da·ri·täts·zu·schlag *der; -(e)s, -zu·schlä·ge; nur Singular;* Ⓓ eine (zusätzliche) Steuer, mit der die wirtschaftliche Entwicklung Ostdeutschlands nach der Wiedervereinigung gefördert werden soll

so·li·de *Adjektiv* **1** sorgfältig und aus gutem, festem Material hergestellt ≈ stabil: *solide Möbel* **2** so, dass nichts Wichtiges fehlt ≈ gründlich ⟨eine Ausbildung, ein Wissen⟩ **3** ohne moralische Fehler ⟨ein Lebenswandel; ein Mann⟩ **4** ⟨eine Firma⟩ in guten finanziellen Verhältnissen ≈ seriös || *hierzu* **So·li·di·tät** *die; -; nur Singular*

So·list *der; -en, -en;* ein Musiker, der ein Solo singt oder spielt || *hierzu* **So·lis·tin** *die; -, -nen*

Soll *das; -s; nur Singular* **1** die Arbeit oder Leistung, die jemand (nach einem Plan) erfüllen muss ≈ Norm ⟨ein Soll festlegen; das Soll erfüllen⟩: *Ich habe mein Soll erfüllt, jetzt kann ich nach Hause gehen* || K- Sollstärke, Sollwert, Sollzustand **2** *Wirtschaft;* der Schuldbetrag, den man auf einem bestimmten Bankkonto hat ↔ Haben || K- Sollzinsen

sol·len[1] A2 *sollte, hat sollen; Modalverb* **1** *Infinitiv* + **sollen** verwendet, um auszudrücken, dass es gut oder sinnvoll wäre, wenn man das Genannte tun würde: *Ich soll mich ein bisschen ausruhen, hat der Arzt gesagt* **2** *Infinitiv* + **sollen** verwendet, um auszudrücken, dass etwas zu tun ist, weil eine Pflicht, Aufgabe oder Vereinbarung gegeben ist: *Ich soll noch meine Hausaufgaben machen; Ich soll ihn um fünf Uhr abholen* **3** **soll ich/sollen wir** + *Infinitiv* verwendet, um einen Vorschlag zu machen: *Soll ich das Fenster aufmachen?* **4** *meist* **du sollst nicht** + *Infinitiv* verwendet, um jemandem etwas zu verbieten: *Du sollst nicht alles anfassen!; Das fünfte Gebot lautet: „Du sollst nicht töten"* **5** **jemand/etwas soll** + *Infinitiv* andere sagen, dass es so sei (aber eine sichere Tatsache ist es nicht): *Er soll ja sehr reich sein; Der Anführer der Rebellen soll festgenommen worden sein* **6** **jemand/etwas soll** + *Infinitiv* verwendet, um auszudrücken, dass andere etwas planen: *Nächstes Jahr sollen die Steuern erhöht werden* **7** *meist* **soll ich** + *Infinitiv umg;* verwendet in rhetorischen Fragen, um Ärger auszudrücken: *Soll ichs denn alleine machen?; Wie oft soll ich dir das noch sagen?* **8** *Infinitiv* + **sollen** verwendet, um die feste Absicht oder die Entschlossenheit des Sprechers auszudrücken: *Du sollst alles bekommen, was du brauchst - dafür sorge ich* **9** **jemand soll** + *Infinitiv; umg;* verwendet vom Sprecher um auszudrücken, dass er einverstanden ist oder dass es ihm egal ist: *Sie soll ruhig kommen, wenn sie unbedingt will* **10** *Infinitiv* + **sollen** verwendet, um eine Frage zu stellen, auf die man keine Antwort weiß: *Was soll ich nur tun?; Wie sollte das denn funktionieren?* **11** *Infinitiv* + **sollte(n)** verwendet, um einen Wunsch auszusprechen (von dem man nicht erwartet, dass er immer erfüllt wird): *So sollte das Wetter immer sein!* **12** **jemand hätte** + *Infinitiv* + **sollen** verwendet, um auszudrücken, dass es gut, schön oder besser gewesen wäre, wenn etwas geschehen wäre: *Du hättest sein Gesicht sehen sollen!; Das hättest du nicht sagen sollen* (= es wäre besser gewesen, wenn du das nicht gesagt hättest) **13** *Infinitiv* + **sollte(n)** *usw* verwendet, um eine höfliche oder bestimmte Aufforderung auszudrücken: *Du solltest ihn nicht immer ärgern* (= bitte hör auf, ihn zu ärgern) **14** **jemand/etwas sollte** + *Infinitiv* verwendet um auszudrücken, dass sich die Dinge anders entwickelt haben, als man vielleicht erwartet hat: *Es sollte aber anders kommen, als er es sich vorgestellt hatte* **15** **wenn/falls jemand/etwas** + *Infinitiv* + **sollte** verwendet, um einen theoretischen Fall zu konstruieren: *Wenn meine Frau anrufen sollte, sagen Sie ihr, dass ich später heimkomme* **16** *Infinitiv* + **sollte(n)** *usw* verwendet, um eine Möglichkeit auszudrücken: *Sollte sie damit recht haben?* (= es kann sein, dass sie recht hat) **17** *meist* **Woher soll ich das wissen?** *umg;* verwendet, um (auf ziemlich unhöfliche Weise) auszudrücken, dass man etwas nicht weiß || ID **Es hat nicht sollen sein/**

sein sollen das Schicksal hat es verhindert

sol·len² [A2] *sollte, hat gesollt; umg* **1** **irgendwohin sollen** den Auftrag oder die Verpflichtung haben, irgendwohin zu gehen oder zu fahren: *Der Chef rief an und sagte, du sollst sofort in sein Büro* **2** **etwas soll irgendwohin** es ist vereinbart oder vorgesehen, dass etwas irgendwohin gebracht wird: *Der Schrank soll neben das Fenster* ‖ [ID] **Was solls?** daran kann man nichts ändern; **Was soll das?** verwendet um Ärger über das auszudrücken, was ein anderer gerade tut

so·lo *Adjektiv* **1** *nur nach dem Substantiv oder als Adverb; umg;* ohne Partner, ohne Begleiter ≈ allein ⟨solo sein, gehen, kommen⟩ **2** *nur als Adverb;* in der Form eines Solos (1) ⟨solo singen, spielen⟩

So·lo *das; -s, -s/förmlich So·li;* ein Teil eines Musikstückes oder Balletts, bei dem ein einzelner Künstler singt, spielt oder tanzt ⟨ein Solo singen, spielen⟩ ‖ [K-] Soloinstrument, Solotanz

so·mit [B2] *Adverb* **1** verwendet, um eine logische Folge auszudrücken ≈ folglich: *Das Erdöl wird teurer, und somit steigen auch andere Preise* **2** ≈ hiermit, damit: *Und somit kommen wir zum Ende unserer Veranstaltung*

Som·mer [A1] *der; -s, -;* **1** die Jahreszeit nach dem Frühling, in der die Tage warm und lang sind ⟨ein heißer, verregneter Sommer; es wird Sommer⟩ ‖ [K-] Sommeranfang, Sommermonat ‖ [-K] Hochsommer **2** **Sommer und/wie Winter** während des ganzen Jahres

som·mer·lich *Adjektiv;* so, wie es im Sommer typisch ist ⟨Kleidung, Wetter; sommerlich warm⟩

Som·mer·spros·se *die; -, -n; meist Plural;* einer der kleinen braunen Flecken auf der Haut, die *bes* rothaarige Menschen haben ‖ *hierzu* **som·mer·spros·sig** *Adjektiv*

Som·mer·zeit *die; -; nur Singular* **1** **zur Sommerzeit** im Sommer **2** der Zeitraum im Sommer, in dem die Uhren um eine Stunde vorgestellt sind

Son·de *die; -, -n* **1** ein sehr dünnes, bewegliches Rohr, das man jemandem *z.B.* durch den Mund in den Magen führt, um diesen zu untersuchen ⟨eine Sonde einführen⟩ ‖ [-K] Blasensonde, Magensonde **2** ein Raumschiff (ohne Besatzung) für Forschungen im Weltraum ‖ [-K] Marssonde, Mondsonde, Raumsonde

Son·der- [B2] *im Substantiv* **1** zusätzlich zum Normalen und Gewohnten ≈ Extra-; die **Sonderfahrt**, der **Sonderflug**, der **Sonderzug** **2** nur für eine bestimmte Person oder Gruppe gültig; die **Sondergenehmigung** **3** mit einer speziellen Aufgabe oder Funktion; der **Sonderauftrag**, der **Sonderbeauftragte**

Son·der·an·ge·bot [B2] *das; -(e)s, -e* **1** das Angebot einer Ware für eine bestimmte Zeit unter dem normalen Preis ⟨etwas ist im Sonderangebot⟩ **2** eine Ware im Sonderangebot ⟨Sonderangebote kaufen⟩

Son·der·aus·ga·be *die; -, -n* **1** die Ausgabe eines Buches *o.Ä.*, die *meist* nur einmal, aus einem bestimmten Anlass, gemacht wird ⟨eine Sonderausgabe herausbringen⟩ **2** *meist Plural;* Geldbeträge, die man für spezielle Zwecke (nicht regelmäßig) ausgibt ⟨Sonderausgaben haben⟩

son·der·bar *Adjektiv;* nicht so, wie man es gewöhnt ist, und deshalb überraschend ≈ seltsam, merkwürdig ⟨ein Mensch; ein Vorfall; sich sonderbar benehmen⟩

Son·der·be·hand·lung *die; -, -en;* eine besondere (*meist* bessere) Behandlung ⟨jemandem eine Sonderbehandlung angedeihen lassen, zuteilwerden lassen⟩

Son·der·fall *der; -(e)s, -fäl·le;* etwas, das in kein Schema, keine Regel *usw* passt und als einzelner Fall behandelt werden muss ≈ Ausnahmefall: *Führungen durch die Ausstellung nur in Sonderfällen!*

Son·der·heft *das; -(e)s, -e;* ein Heft einer Zeitschrift, das außerhalb der Reihe erscheint und ein bestimmtes Thema hat: *ein Sonderheft zum Thema Erziehung*

son·der·lich *Adjektiv; nur vor dem Substantiv oder als Adverb;* besonders groß, stark *o.Ä.*: *etwas ohne sonderliche Anstrengung schaffen; kein sonderliches Interesse an jemandem/etwas zeigen; nicht sonderlich schön sein* ‖ Hinweis: nur in Verbindung mit einer Verneinung *o.Ä.*

Son·der·ling *der; -s, -e; abwertend;* jemand, der sich anders als die Mehrheit verhält und etwas merkwürdig wirkt

Son·der·müll *der; -s; nur Singular;* (gefährlicher) Müll, der auf besondere Art gelagert und vernichtet werden muss ‖ [K-] Sondermüllbeseitigung, Sondermülldeponie

son·dern *Konjunktion;* verwendet, um nach einer verneinten Aussage das Zutreffende einzuleiten: *Ich bin nicht mit dem Auto gefahren, sondern zu Fuß gegangen*

Son·der·preis *der; -es, -e;* ein sehr billiger Preis

Son·der·schu·le *die; -, -n;* eine Schule, in der

bes Kinder unterrichtet werden, die Schwierigkeiten beim Lernen haben || K- Sonderschullehrer, Sonderschulpädagogik || *hierzu* **Son·der·schü·ler** *der; -s, -;* **Son·der·schü·le·rin** *die; -, -nen*

Sonn·abend *der; -s, -e; nordd* ≈ Samstag

Son·ne A1 *die; -, -n* **1** *nur Singular;* der große Stern am Himmel, den man am Tag sieht und von dem die Erde Wärme und Licht bekommt || K- Sonnenaufgang, Sonnenlicht, Sonnenstrahl, Sonnenuntergang || -K Abendsonne, Frühlingssonne, Januarsonne **2** *nur Singular;* das Licht und die Wärme der Sonne ⟨keine Sonne vertragen⟩ || K- Sonnenbrille, Sonnencreme, Sonnenschirm; sonnengebräunt **3** *nur Singular;* ein Platz mit dem Licht der Sonne ↔ Schatten ⟨in der Sonne liegen⟩ **4** ein Stern, um den Planeten kreisen

son·nen, sich; *sonnte sich, hat sich gesonnt* **1** **sich sonnen** (für längere Zeit) in der Sonne liegen: *sich am Strand sonnen* **2** **sich in etwas** *(Dativ)* **sonnen** etwas genießen und sehr stolz darauf sein ⟨sich im Erfolg sonnen⟩

Son·nen·bad *das; -(e)s, -bä·der;* das Liegen in der Sonne ⟨ein Sonnenbad nehmen⟩ || *hierzu* **son·nen·ba·den** *meist im Infinitiv*

Son·nen·blu·me *die; -, -n;* eine Blume mit großen, gelben Blüten auf sehr hohen Stängeln, die Samen produziert, aus denen man Öl macht

Son·nen·brand *der; -(e)s, -brän·de;* rote, schmerzhafte Haut, die davon kommt, dass man zu lange in der Sonne gewesen ist ⟨einen Sonnenbrand haben, bekommen⟩

Son·nen·fins·ter·nis *die; -, -se;* der Vorgang, bei dem sich der Mond (von der Erde aus gesehen) vor die Sonne schiebt ↔ Mondfinsternis ⟨eine totale, partielle Sonnenfinsternis; eine Sonnenfinsternis beobachten⟩

son·nen·klar *Adjektiv; umg;* eindeutig, völlig klar ⟨etwas ist jemandem sonnenklar⟩

Son·nen·schein *der; -(e)s; nur Singular;* das Licht der Sonne, wenn sie auf die Erde scheint: *bei strahlendem Sonnenschein spazieren gehen*

Son·nen·sei·te *die; -, -n; meist Singular* **1** die Seite eines Hauses, einer Straße *o.Ä.*, auf die die Sonne scheint ↔ Schattenseite **2** **die Sonnenseite** + *Genitiv* die angenehmen Aspekte von etwas ↔ Schattenseite ⟨die Sonnenseite des Lebens⟩ || *zu* 1 **son·nen·sei·tig** *Adjektiv*

Son·nen·stich *der; -(e)s; nur Singular;* Kopfschmerzen, Übelkeit *usw*, die man bekommt, wenn man zu lange in der Sonne war ⟨einen Sonnenstich bekommen, haben⟩

Son·nen·uhr *die; -, -en;* eine Art einfache Uhr, bei der der Schatten eines Stabes die Uhrzeit zeigt

Son·nen·wen·de *die; -, -n;* der Zeitpunkt (in einem Jahr), an dem die Sonne am längsten oder am kürzesten scheint || -K Sommersonnenwende, Wintersonnenwende

son·nig B1 *Adjektiv* **1** im Licht der Sonne: *eine sonnige Bank* **2** mit viel Sonnenschein ⟨Wetter⟩: *Urlaub in einem sonnigen Land* **3** immer fröhlich und optimistisch ⟨ein Gemüt, ein Wesen⟩

Sonn·tag A1 *der; -(e)s, -e;* der siebte Tag der Woche, an dem die meisten Leute nicht arbeiten; *Abkürzung* So ⟨am Sonntag; letzten, diesen, nächsten Sonntag⟩: *Der Zug fährt täglich außer an Sonn- und Feiertagen* || K- Sonntagabend, Sonntagmittag *usw*; Sonntagsruhe || -K Ostersonntag

sonn·täg·lich *Adjektiv; nur vor dem Substantiv oder als Adverb* **1** wie es dem üblichen Verhalten am Sonntag entspricht ⟨sonntäglich angezogen sein⟩: *die sonntägliche Ruhe* **2** ⟨der Kirchgang, der Spaziergang⟩ so, dass sie regelmäßig am Sonntag stattfinden

sonst[1] A2 *Adverb* **1** in den meisten anderen Fällen: *Die sonst so laute Straße war plötzlich ganz ruhig* **2** zusätzlich zu dem, was schon gesagt worden ist (verwendet in Fragen oder vor verneinten Satzteilen): *Hast du sonst noch Fragen?; Nur wir sind eingeladen, sonst niemand* **3** verwendet, um nach Kritik etwas Positives zu sagen: *Die Nudeln waren zu weich, aber sonst war das Essen ausgezeichnet*

sonst[2] A2 *Konjunktion;* verwendet, um zu sagen, dass negative Folgen entstehen können: *Es ist besser, du gehst gleich, sonst kommst du zu spät*

sonst[3] A2 *mit Indefinitpronomen;* drückt aus, dass irgendeine andere Person oder Sache, irgendein anderer Ort gemeint werden kann; **sonst jemand/wer** (= irgendjemand anderes); **sonst was** (= irgendetwas anderes); **sonst wo**: *Der Schlüssel kann sonst wo sein, hier ist er jedenfalls nicht*

sons·ti·g- *Adjektiv; nur vor dem Substantiv, nicht als Adverb;* zusätzlich zu dem, was schon genannt wurde: *Rauchen, Trinken und sonstige schlechte Gewohnheiten*

so·oft [zoˈ|ɔft] *Konjunktion;* jedes Mal, wenn die genannten Umstände gegeben sind: *Sooft ich sie sehe, freue ich mich*

S

Sop·ran *der; -s, -e; Musik* **1** *nur Singular;* die höchste Singstimme bei Frauen und Jungen ⟨Sopran singen⟩ ‖ K- Sopranstimme **2** eine Frau oder ein Junge mit einer Sopranstimme ‖ *zu* 1 **Sop·ra·nis·tin** *die; -, -nen*

Sor·ge *die; -, -n* **1** *meist Plural;* die unangenehmen Gedanken und Gefühle, die man hat, wenn man Probleme oder Angst hat ⟨berufliche, finanzielle Sorgen; etwas erfüllt jemanden mit Sorge; Kummer und Sorgen⟩: *Er macht sich Sorgen wegen seiner hohen Schulden* ‖ K- sorgenfrei, sorgenlos, sorgenvoll ‖ -K Existenzsorge **2** **Sorgen (um jemanden/etwas)** die Angst, dass etwas Unangenehmes geschehen könnte: *Ich mache mir immer Sorgen um dich, wenn du allein mit dem Auto fährst* **3** **die Sorge (für jemanden)** *nur Singular;* alle Handlungen, mit denen man erreichen will, dass es jemandem gut geht: *die elterliche Sorge für die Kinder* ‖ ID *meist* **'Du hast Sorgen!/'Deine Sorgen möchte ich haben!** *umg;* verwendet, um auszudrücken, dass man jemandes Problem nicht ernst nehmen kann; *meist* **Lass das (nur) 'meine Sorge sein!** *umg ironisch;* ich werde mich um dieses Problem kümmern; **Keine Sorge!** *umg;* verwendet, um jemandem Mut zu machen: *Keine Sorge, das wird schon klappen*

sor·gen; *sorgte, hat gesorgt* **1** **für jemanden sorgen** alles tun, was eine Person braucht, damit es ihr gut geht ⟨für die Kinder sorgen⟩ **2** **für etwas sorgen** alles tun, was nötig ist, damit etwas geschieht, entsteht oder da ist ⟨für das Essen, die Getränke sorgen⟩ **3** **sich (um jemanden/etwas) sorgen** sich um jemanden/etwas Sorgen (2) machen: *Ich sorge mich um seine Gesundheit*

Sor·gen·kind *das; -(e)s, -er;* ein Kind, mit dem die Eltern viele Probleme und Sorgen haben

Sor·ge·recht *das; -(e)s; nur Singular;* das Recht (*meist* der Eltern oder eines Elternteils), ein Kind bei sich zu haben und zu erziehen ⟨jemandem wird das Sorgerecht entzogen⟩: *Nach der Scheidung wurde ihr das Sorgerecht für ihre beiden Töchter zugesprochen*

S

Sorg·falt *die; -; nur Singular;* die sehr genaue Ausführung einer Aufgabe ⟨große Sorgfalt auf etwas (*Akkusativ*) verwenden; mit größter Sorgfalt⟩ ‖ *hierzu* **sorg·fäl·tig** *Adjektiv*

sorg·los *Adjektiv* **1** frei von Problemen und Sorgen ≈ unbekümmert ↔ sorgenvoll ⟨ein Dasein, ein Leben; sorglos in den Tag hineinleben⟩ **2** ohne die nötige Sorgfalt und Aufmerksamkeit ≈ leichtfertig, unachtsam ⟨mit etwas sorglos umgehen⟩: *Es ist erschreckend, wie sorglos mit der Umwelt umgegangen wird* ‖ *hierzu* **Sorg·lo·sig·keit** *die; -; nur Singular*

sorg·sam *Adjektiv* **1** liebevoll und mit großer Aufmerksamkeit und Vorsicht: *die Verletzte sorgsam in eine Decke wickeln* **2** ordentlich und genau ≈ sorgfältig

Sor·te *die; -, -n;* **eine Sorte** (+ *Substantiv*) eine Gruppe von *meist* Pflanzen oder Lebensmitteln, die sich durch ihre Eigenschaften von anderen unterscheiden: *eine billige Sorte Tee; eine Sorte Trauben ohne Kerne* ‖ -K Apfelsorte, Käsesorte, Obstsorte, Teesorte

sor·tie·ren; *sortierte, hat sortiert;* **etwas** (*meist Plural*) **(irgendwie/nach etwas) sortieren** Dinge mit ähnlichen Eigenschaften zu Gruppen mit gleichen Eigenschaften ordnen ⟨etwas nach der Größe, Farbe *usw* sortieren; etwas alphabetisch sortieren⟩: *Die Äpfel werden nach der Größe sortiert* ‖ K- Sortiermaschine ‖ *hierzu* **Sor·tie·rung** *die; -, -en*

Sor·ti·ment *das; -(e)s, -e;* **ein Sortiment (an/von etwas)** (*Dativ*) (*meist Plural*)) alle Waren, die ein Geschäft anbietet ≈ Warenangebot ⟨ein gutes, breites, reichhaltiges, reiches Sortiment anbieten; das Sortiment erweitern, vervollständigen, vergrößern; etwas (nicht) im Sortiment haben⟩: *ein breites Sortiment an T-Shirts* ‖ -K Warensortiment

SOS [ɛs|oː'|ɛs] *das; -; nur Singular;* ein internationales Zeichen, mit dem der Kapitän um Hilfe ruft, wenn sein Schiff in Not ist ⟨SOS funken⟩ ‖ K- SOS-Ruf, SOS-Signal

so·sehr *Konjunktion;* egal wie sehr: *sosehr wir uns auch anstrengten, wir hatten nie Erfolg; Ich kann die Situation nicht ändern, sosehr es mir (auch) leidtut* (= obwohl es mir sehr leidtut) ‖ Hinweis: ↑ **auch**³ (2)

so·so *Partikel; betont, umg* **1** als nichtssagende Antwort verwendet. Drückt aus, dass man die Äußerung nicht sehr wichtig findet: *„Ich war gestern beim Friseur" - „Soso"* **2** verwendet, um auszudrücken, dass man etwas nicht gut findet oder es nicht ganz glaubt: *Im Kino bist du gewesen, soso - Dürfen da kleine Kinder überhaupt hinein?*

So·ße *die; -, -n* **1** eine *meist* relativ dicke (gekochte) Flüssigkeit, die man zu Fleisch, Gemüse *o.Ä.* isst ‖ -K Bratensoße, Salatsoße, Tomatensoße ‖ Hinweis: *bes* auf Speisekarten auch *Sauce* geschrieben **2** eine dicke, süße Flüssigkeit, die man zur Nachspeise isst ‖ -K Vanillesoße

so·und·so¹ *Adverb; umg;* verwendet, um eine Angabe zu einer Menge, einem Maß, einer Art *o.Ä.* zu machen, die man nicht näher beschreiben kann oder will: *Er meinte, das würde soundso viel kosten*

so·und·so² *Adjektiv; indeklinabel;* nach dem Substantiv verwendet, um eine bestimmte Person oder Sache zu bezeichnen, die man nicht näher beschreibt: *Nach Paragraf soundso kann man Schadensersatz fordern*

Sou·ve·nir B1 [zuvəˈniːɐ̯] *das; -s, -s;* ein *meist* kleiner Gegenstand, den man auf einer Reise kauft (um sich an die Reise zu erinnern)

sou·ve·rän [zuvəˈrɛːn] *Adjektiv* **1** so, dass man die Situation *bzw* den Gegner deutlich unter Kontrolle hat ≈ überlegen ⟨souverän sein, wirken; etwas souverän beherrschen⟩ **2** von keinem anderen Staat regiert oder verwaltet ≈ unabhängig ⟨ein Staat⟩ **3** *historisch;* mit unbegrenzter Macht ⟨ein Herrscher⟩ || *hierzu* **Sou·ve·rä·ni·tät** *die; -; nur Singular*

so·viel B2 *Konjunktion;* verwendet, um *meist* den eigenen Informationsstand einzuleiten: *Soviel ich weiß* (= nach meinem Wissen), *sind die Geschäfte morgen geschlossen* || Hinweis: ↑ **so**¹ (10)

so·weit B2 *Konjunktion* **1** ≈ soviel **2** in dem Maße, wie: *Soweit ich dazu in der Lage bin, werde ich es auch machen* || Hinweis: ↑ **so**¹ (11-13)

so·we·nig *Konjunktion;* **sowenig ... auch** obwohl ... wenig: *Sowenig Erfahrung er auch hat* (= obwohl er nur sehr wenig Erfahrung hat), *er will immer alles besser wissen* || Hinweis: ↑ **so**¹ (14)

so·wie *Konjunktion* **1** (bei Aufzählungen verwendet) und auch: *Wir sahen Boston, New York und Washington sowie einige Städte im Süden* **2** *umg* ≈ sobald: *Sowie die Ferien anfangen, fahren wir weg; Ich komme, sowie ich mit der Arbeit fertig bin*

so·wie·so *Partikel; umg;* etwas ist der Fall und ist so wichtig, dass andere Dinge keine Bedeutung haben: *Es ist nicht schlimm, dass du das Buch vergessen hast, ich habe jetzt sowieso keine Zeit zum Lesen*

so·wohl *nur in* **sowohl ... als/wie (auch)** das eine wie das andere ≈ nicht nur ..., sondern auch: *Sie ist sowohl Sängerin als auch Schauspielerin; Ich mag sowohl die Berge als auch das Meer*

So·zi *der; -s, -s; umg abwertend* **1** ≈ Sozialdemokrat **2** Ⓐ ≈ Sozialist

so·zi·al B1 *Adjektiv* **1** *nur vor dem Substantiv, nicht als Adverb;* in Bezug auf die Art und Weise, in der die Menschen in der Gesellschaft zusammenleben ⟨die Ordnung, der Fortschritt, Spannungen⟩ **2** *nur vor dem Substantiv oder als Adverb;* in Bezug auf die Tatsache, dass Menschen zu verschiedenen Gruppen, Klassen oder Schichten gehören ⟨Unterschiede, Schichten⟩: *Dieses Steuersystem fördert die sozialen Gegensätze* || K- Sozialprestige **3** ⟨die Errungenschaften, die Einrichtungen, die Leistungen⟩ so, dass sie dem Wohl *bes* der armen und schwachen Menschen dienen ⟨einen sozialen Beruf haben; sozial denken, handeln⟩ || K- Sozialpolitik

So·zi·al·ab·ga·ben *die; -; Plural;* das Geld, das man als Arbeitnehmer dem Staat zahlen muss, damit man bei Krankheit, Arbeitslosigkeit und im Alter finanziell gesichert ist

So·zi·al·amt *das; -(e)s, -äm·ter;* die Behörde, bei der man die Sozialhilfe bekommt

So·zi·al·ar·beit *die; -; nur Singular;* die Arbeit, mit der staatliche oder private Institutionen versuchen, schlechte soziale Bedingungen besser zu machen und Menschen zu helfen, die in Not sind ⟨Sozialarbeit machen⟩ || *hierzu* **So·zi·al·ar·bei·ter** *der; -s, -;* **So·zi·al·ar·bei·te·rin** *die; -, -nen*

So·zi·al·de·mo·kra·tie *die; -; nur Singular* **1** eine politische Richtung, die versucht, die Prinzipien des Sozialismus in einer freien Demokratie zu verwirklichen **2** die sozialdemokratischen Gruppen, Parteien (wie *z.B.* die SPD in Deutschland) und deren Ziele || *hierzu* **So·zi·al·de·mo·krat** *der; -en, -en;* **So·zi·al·de·mo·kra·tin** *die; -, -nen;* **so·zi·al·de·mo·kra·tisch** *Adjektiv*

So·zi·al·fall *der; -(e)s, -fäl·le;* jemand, der staatliche Unterstützung braucht, um leben zu können ⟨ein Sozialfall sein⟩

So·zi·al·hil·fe *die; -; nur Singular;* Geld, das der Staat Menschen gibt, die in Not sind, damit sie das bezahlen können, was sie unbedingt zum Leben brauchen (wie Wohnung, Kleidung und Nahrung) || K- Sozialhilfeempfänger || Hinweis: ↑ **Arbeitslosengeld** (2)

So·zi·a·lis·mus *der; -; nur Singular* **1** (in den Theorien von Marx und Engels) die Form der Gesellschaft, die der Entwicklung des Kommunismus vorausgeht **2** die tatsächliche Form des Sozialismus (1), die *bes* in den kommunistischen Ländern herrschte || *hierzu* **So·zi·a·list** *der; -en, -en;* **So·zi·a·lis·tin** *die; -, -nen;* **so·zi·a·lis·tisch** *Adjektiv*

So·zi·al·kun·de *die; -; nur Singular;* Ⓓ ein Fach in der Schule, in dem die Kinder politische und gesellschaftliche Zusammenhänge lernen || K- Sozialkundelehrer

So·zi·al·leis·tun·gen *die; -; Plural;* alle Leistungen des Staates und des Arbeitgebers, die der Gesundheit, der Bildung und dem Wohlstand der Bevölkerung dienen

So·zi·al·plan *der; -(e)s, -plä·ne;* ein Plan (bei Massenentlassungen in einem Betrieb), der soziale Härten vermeiden helfen soll (und in dem *z.B.* festgelegt ist, dass allein verdienende Familienväter nicht entlassen werden)

So·zi·al·ver·si·che·rung *die; -, -en;* ein System von (staatlichen) Versicherungen, die Arbeitgeber und Arbeitnehmer finanzieren und die Not und Armut im Fall von Krankheit, Arbeitslosigkeit oder im Rentenalter verhindern sollen || K- Sozialversicherungsbeitrag

So·zi·al·woh·nung B2 *die; -, -en;* eine relativ billige Wohnung, die der Staat solchen Leuten zur Verfügung stellt, die wenig Geld verdienen

so·zu·sa·gen *Adverb;* wie man auch sagen könnte: *Paul ist sozusagen der Organisator*

Spach·tel *der; -s, -; bes südd Ⓐ auch die; -, -n;* ein einfaches Werkzeug aus einem Griff und einem flachen Stück Metall, mit dem man Mörtel, Putz *usw* auf Flächen verteilt und glatt macht || K- Spachtelmasse || *hierzu* **spach·teln** *(hat)*

Spa·get·ti *die* ↑ **Spaghetti**

Spa·ghet·ti [ʃpaˈgɛti] *die; -; Plural;* lange dünne Nudeln

spä·hen [ˈʃpɛːən]; *spähte, hat gespäht* **1** **(irgendwohin) spähen** heimlich und genau nach jemandem/etwas sehen ⟨aus dem Fenster, durchs Schlüsselloch, durch einen Spalt spähen⟩ **2** **nach jemandem/etwas spähen** jemanden/etwas mit den Augen suchen ≈ nach jemandem/etwas Ausschau halten **3** heimlich einen Feind beobachten || K- Spähpatrouille, Spähtrupp || *zu* 3 **Spä·her** *der; -s, -*

Spa·lier [-ˈliːɐ̯] *das; -s, -e* **1** ein Gitter, *meist* aus Holz, *bes* an einer Hauswand, an dem Pflanzen (wie *z.B.* Wein, Efeu) nach oben wachsen || K- Spalierbaum, Spalierobst || -K Obstspalier, Rosenspalier, Weinspalier **2** eine Art Gasse zwischen zwei Reihen von Personen (*meist* zur Ehrung einer wichtigen Person): *Die Mitglieder des Schützenvereins standen für den Ehrengast Spalier* || -K Ehrenspalier

Spalt *der; -(e)s, -e;* eine schmale, lange Öffnung: *Bitte lassen Sie die Tür einen Spalt offen; ein Spalt im Holz* || K- spaltbreit || -K Gletscherspalt, Türspalt

Spalt·breit, Spalt breit *der; -; nur Singular;* ein kleines Stück weit: *Das Fenster stand einen Spaltbreit offen*

Spal·te *die; -, -n* **1** eine lange Öffnung ⟨eine breite, schmale, tiefe Spalte⟩: *eine Spalte in einer Mauer, in einem Felsen* || -K Eisspalte, Fels(en)spalte, Gletscherspalte, Türspalte **2** einer der schmalen Streifen mit gedrucktem Text auf derselben Seite (eines Buches oder einer Zeitung): *Dieses Wörterbuch hat zwei Spalten pro Seite* || -K Druckspalte, Textspalte

spal·ten; *spaltete, hat gespalten/gespaltet* **1** **etwas spalten** etwas der Länge nach (*meist* mit einem Werkzeug) in zwei oder mehrere Teile trennen: *ein Stück Holz mit einem Beil spalten* **2** **Atomkerne spalten** Atome in kleinere Partikel teilen, um so Energie zu gewinnen **3** **jemand/etwas spaltet etwas** jemand bewirkt, dass eine Einheit sich in (gegensätzliche) Gruppen teilt: *Mit seiner Politik hat er die gesamte Partei gespalten* **4** **etwas spaltet sich** etwas Einheitliches teilt sich in verschiedene Gruppen ⟨eine Partei⟩ || *hierzu* **Spal·tung** *die; -, -en*

Span *der; -(e)s, Spä·ne; meist Plural;* kleine, dünne Streifen, die entstehen, wenn man Holz oder Metall verarbeitet ⟨feine, grobe Späne⟩ || -K Eisenspan, Holzspan || ID **Wo gehobelt wird, da fallen Späne** jede gute Sache hat auch einen Nachteil

Span·fer·kel *das; -s, -;* **1** ein sehr junges Schwein **2** das Fleisch eines sehr jungen Schweins

Span·ge *die; -, -n* **1** ein kleines gebogenes Stück Metall oder Kunststoff, *meist* als Schmuck für das Haar oder eine Bluse: *eine Spange im Haar tragen* || -K Haarspange **2** eine Konstruktion aus Metall, um schiefe Zähne gerade zu machen || -K Zahnspange

spa·nisch *Adjektiv;* in Bezug auf das Land Spanien || ID **etwas kommt jemandem spanisch vor** *umg;* jemand findet etwas sehr seltsam und verdächtig

spann *Imperfekt, 1. und 3. Person Singular;* ↑ **spinnen**[1], **spinnen**[2]

span·nen; *spannte, hat gespannt* **1** **etwas spannen** an den Enden oder Rändern von etwas ziehen, sodass es fest und straff wird ⟨den Bogen, ein Netz, ein Seil spannen⟩: *die Saiten einer Gitarre spannen* **2** **etwas in etwas** (*Akkusativ*) **spannen** etwas so zwischen zwei Teilen eines Geräts befestigen, dass es dort festgehalten wird: *ein Blatt Papier in die Schreibmaschine spannen* **3** **ein Tier an/vor etwas** (*Akkusativ*) **spannen** ein Tier vorne an ein Fahrzeug binden, das es ziehen soll **4** **etwas spannt** ein Kleidungsstück ist unangenehm eng: *Dieses Hemd spannt über dem Bauch* **5**

etwas spannt sich etwas wird straff

spạn·nend B1 *Adjektiv;* ⟨ein Film, ein Roman⟩ so, dass sie neugierig machen, wie sich die Situation entwickelt ≈ aufregend

Spạn·nung[1] *die; -, -en* **1** der nervöse Zustand, in dem man ist, wenn es etwas Wichtiges oder Gefährliches gibt ⟨die Spannung wächst; jemanden/etwas mit Spannung erwarten⟩: *Mit Spannung warteten wir auf ihren Anruf* **2** *meist Plural;* der Zustand, in dem ein Streit oder eine problematische, gefährliche Situation droht ≈ Krise ⟨soziale Spannungen; innere, psychische Spannungen⟩: *Spannungen in der Ehe*

Spạn·nung[2] *die; -, -en;* diejenige Eigenschaft des elektrischen Stroms, die in Volt gemessen wird || -K Hochspannung

Spar·buch B2 *das; -(e)s, -bü·cher;* eine Art Heft, in dem notiert wird, wie viel Geld man auf eine bestimmte Art von Konto (ein Sparkonto) legt, wie viel Zinsen man dafür bekommt *usw* ⟨ein Sparbuch anlegen; etwas auf ein Sparbuch einzahlen, vom Sparbuch abheben⟩

spa·ren B1 *sparte, hat gespart* **1** **(etwas) sparen** Geld nicht ausgeben, sondern sammeln und für einen späteren Zweck aufheben (*z.B.* bei einer Bank): *Ich habe 2000 Euro gespart; Wir müssen sparen, wenn wir in Urlaub fahren wollen* || K- Sparguthaben, Sparkonto, Sparvertrag **2** **(etwas) sparen; an etwas** (*Dativ*)**/mit etwas sparen** weniger von etwas verbrauchen oder ausgeben als bisher: *Wir müssen Energie sparen; Wir könnten an Benzin sparen* || K- Sparmaßnahme **3** **etwas spart etwas** etwas macht weniger Kosten: *Die neue Methode wird Kosten sparen* **4** **etwas an etwas** (*Dativ*) **sparen** weniger Geld als erwartet ausgeben: *Ich habe 150 Euro an der Reparatur gespart, weil ich sie selbst gemacht habe* **5** **jemandem etwas sparen** etwas Unangenehmes vermeiden ⟨jemandem Ärger, Mühe sparen⟩ **6** **etwas spart jemandem etwas** etwas macht etwas Unangenehmes nicht nötig: *Das spart uns viel Zeit* **7** **auf etwas** (*Akkusativ*)**/für etwas sparen** Geld sparen (1), um sich etwas zu kaufen || ID *meist* **Das kannst du dir sparen!** *umg;* das interessiert mich nicht, ändert meine (negative) Meinung nicht || *zu* 1 **Spạ·rer** *der; -s, -;* **Spạ·re·rin** *die; -, -nen*

Spar·gel *der; -s, -;* eine Pflanze mit *meist* weißen Stängeln, die unter der Erde wachsen und die man als Gemüse isst ⟨ein Bund Spargel⟩ || K- Spargelsuppe

Spar·kas·se B1 *die; -, -n;* eine Bank, die von einer Stadt oder von einer Gemeinde betrieben wird || -K Kreissparkasse, Stadtsparkasse

spär·lich *Adjektiv;* nur in geringem, enttäuschendem Maß vorhanden ≈ gering: *spärlicher Beifall; spärliche Reste; ein spärliches Einkommen haben*

spạr·sam *Adjektiv* **1** so, dass man wenig von etwas (*meist* Geld) verbraucht ⟨sparsam leben⟩: *Sind die Schotten wirklich so sparsam?* **2** ⟨ein Auto, ein Motor, eine Maschine⟩ so, dass sie wenig Benzin, Energie brauchen **3** *meist als Adverb;* so, dass nur das Nötigste da ist: *eine sparsam eingerichtete Wohnung* || *hierzu* **Spar·sam·keit** *die; -; nur Singular*

spar·ta·nisch *Adjektiv;* ohne Luxus, sehr einfach ⟨eine Einrichtung; spartanisch leben⟩

Spạr·te *die; -, -n* **1** der Teil einer Zeitung, der für ein bestimmtes Thema reserviert ist **2** ein bestimmter Teil oder Bereich innerhalb eines größeren Ganzen ≈ Abteilung: *In unserem Sportverein ist die Sparte Leichtathletik am erfolgreichsten*

Spaß,Ⓐ *auch* **Spạss** *der; -es, Spä·ße* **1** etwas, das man sagt oder tut, damit andere darüber lachen können ⟨einen Spaß machen⟩ **2** *nur Singular;* **Spaß (an etwas** (*Dativ*)) ≈ Vergnügen ⟨großen, viel Spaß an etwas haben⟩ **3** **zum Spaß** weil es einem Freude macht: *Ich lerne Italienisch nur so zum Spaß* **4** **keinen Spaß verstehen** sehr ernst und ohne Humor sein **5** **etwas nur aus/im/zum Spaß sagen** etwas nicht ernst meinen || ID **ein teurer Spaß** etwas, das sehr viel Geld kostet; **Da hört der Spaß auf!** *umg;* das geht (aber) zu weit

spa·ßen; *spaßte, hat gespaßt;* **(mit jemandem/etwas) spaßen** Späße machen ≈ scherzen || ID **mit jemandem/etwas ist nicht zu spaßen** jemanden/etwas muss man sehr ernst nehmen (weil es Probleme geben könnte)

spa·ßes·hal·ber *Adverb;* um Spaß und Freude zu haben: *Er machte den Wettkampf nur spaßeshalber mit*

spaß·haft *Adjektiv;* so, dass man darüber lachen kann ≈ lustig ⟨eine Bemerkung⟩

spạs·tisch *Adjektiv;* so, dass Muskeln verkrampft sind ⟨eine Bronchitis, eine Lähmung⟩

spät A1 *später, spätest-; Adjektiv* **1** am Ende eines Zeitabschnitts ↔ früh ⟨am späten Abend; spät am Abend⟩: *Es ist schon spät, ich muss schlafen; in den späten Sechzigerjahren* || K- Spätherbst, Spätnachmittag, Spätstadium **2** nach der erwarteten oder üblichen Zeit ⟨spät aufstehen, ins Bett gehen; zu spät kommen⟩: *einen späteren Zug nehmen* || K- Spätfolgen, Spätschäden || ID **spät dran sein**

S

umg; in Eile sein: *Beeil dich, wir sind spät dran!*; **Wie spät ist es?** wie viel Uhr ist es?

Spa·ten *der; -s, -;* eine Art Schaufel mit einem langen Stiel und einem flachen, rechteckigen Teil aus Metall für Arbeiten im Garten || ↑ Abbildung unter **Schaufel**

spä·ter A2 **1** *Komparativ;* ↑ **spät** **2** *Adjektiv; nur vor dem Substantiv, nicht als Adverb;* in der Zukunft ≈ kommend, zukünftig: *Eine spätere Einigung ist nicht ausgeschlossen* **3** *Adjektiv; nur vor dem Substantiv, nicht als Adverb;* von einem bestimmten Zeitpunkt der Vergangenheit aus gesehen in der Zukunft: *Auf einer Party lernte er seine spätere Frau kennen* **4** *Adverb;* nach Ablauf einer gewissen Zeit: *Erst später verstand ich, was er mir sagen wollte* **5** **bis später!** *umg;* verwendet, wenn man sich von jemandem verabschiedet, den man schon bald wiedersehen wird

spä·tes·tens *Adverb;* **spätestens** + *Zeitangabe* nicht später als + Zeitangabe: *Spätestens in fünf Tagen ist er zurück*

Spatz *der; -en/-es, -en* **1** ein kleiner und häufiger Vogel mit braunen und grauen Federn **2** verwendet als liebevolle Anrede für ein Kind oder für den Partner || ID *meist* **Das pfeifen die Spatzen von den/allen Dächern** *umg;* das weiß schon jeder; **Besser den Spatz in der Hand als die Taube auf dem Dach** *umg;* man soll mit dem zufrieden sein, was man hat

Spätz·le *die; -; Plural, bes südd;* kleine rundliche Nudeln

spa·zie·ren A2 *spazierte, ist spaziert* **1** **(irgendwohin) spazieren** langsam (durch einen Park, einen Wald, bestimmte Straßen) gehen, *meist* ohne ein Ziel zu haben ⟨spazieren gehen⟩ || K- **Spazierstock, Spazierweg** **2** **(mit jemandem) spazieren fahren** *(ist)* (mit jemandem) im Auto *o.Ä.* zum Vergnügen (ohne bestimmtes Ziel) fahren **3** **jemanden/etwas spazieren fahren** *(hat)* mit jemandem/etwas ohne bestimmtes Ziel fahren || *zu* 2 und 3 **Spa·zier·fahrt** *die; -, -en*

S

Spa·zier·gang B1 *der; -(e)s, -gän·ge; meist in* **einen Spaziergang machen** ≈ spazieren gehen || *hierzu* **Spa·zier·gän·ger** *der; -s, -;* **Spa·zier·gän·ge·rin** *die; -, -nen*

SPD [ɛspeː'deː] *die; -; nur Singular;* (*Abkürzung für* Sozialdemokratische Partei Deutschlands) eine politische Partei in Deutschland || K- **SPD-nah, SPD-Mitglied**

Specht *der; -(e)s, -e;* ein Vogel mit einem langen Schnabel, mit dem er Löcher in Bäume macht, um so Insekten zu fangen ⟨der Specht klopft, pocht⟩ || -K **Buntspecht, Grünspecht, Schwarzspecht**

Speck B1 *der; -(e)s; nur Singular* **1** ein (gesalzenes und geräuchertes) Stück Schweinefleisch mit viel Fett **2** das Fett (bei Tieren und *humorvoll* auch bei Menschen) direkt unter der Haut || ID **Mit Speck fängt man Mäuse** wenn man ein sehr gutes Angebot macht, findet man auch Leute, die es wollen

spe·ckig *Adjektiv;* glänzend vor Fett oder Schmutz ⟨ein Kragen, ein Hut, ein Sessel⟩

Spe·di·ti·on [ʃpedi'tsi̯oːn] *die; -, -en;* eine Firma, die (in Lastwagen) Waren für andere transportiert || K- **Speditionsfirma, Speditionsgeschäft, Speditionskaufmann** || *hierzu* **Spe·di·teur** [-'tøːɐ̯] *der; -s, -e;* **Spe·di·teu·rin** [-'tøːrɪn] *die; -, -nen*

Speer [ʃpeːɐ̯] *der; -(e)s, -e* **1** ein langer Stab mit einer Spitze, der früher als Waffe verwendet wurde || K- **Speerspitze** **2** *Sport;* eine Art Speer, der möglichst weit geworfen werden soll || K- **Speerwerfen, Speerwerfer, Speerwurf**

Spei·che *die; -, -n* **1** eine von mehreren dünnen Stangen, die den Rand eines Rades mit dem Mittelpunkt verbinden: *eine verbogene Speiche am Fahrrad* || ↑ Illustration **Das Fahrrad** **2** (im Unterarm) der Knochen, der auf der Seite des Daumens ist

Spei·chel *der; -s; nur Singular;* die Flüssigkeit, die sich im Mund bildet || K- **Speicheldrüse**

Spei·cher *der; -s, -;* **1** ein Gebäude, in dem man Vorräte aufbewahrt ≈ Lager (1) || -K **Getreidespeicher** **2** ein großer Behälter, in dem etwas gesammelt wird || K- **Speicherkapazität** || -K **Wärmespeicher, Wasserspeicher** **3** der Raum direkt unter dem Dach eines Hauses ≈ Dachboden **4** *Informatik;* der Teil eines Computers, der die Informationen trägt || K- **Speicherkapazität** || -K **Arbeitsspeicher**

spei·chern A2 *speicherte, hat gespeichert* **1** **etwas speichern** einen Vorrat für lange Zeit aufbewahren ≈ lagern ⟨Getreide speichern⟩ **2** **etwas speichern** *Informatik;* Informationen, Daten in einen Computer geben, damit sie dort aufbewahrt werden **3** **etwas speichert etwas** *Informatik;* ein Computer *o.Ä.* sichert Daten und bewahrt sie auf: *Ein Computer speichert Daten* || *hierzu* **Spei·che·rung** *die; -, -en*

spei·en; *spie, hat gespien* **1** **(etwas) speien** Flüssigkeit und Essen aus dem Magen durch den Mund herausbringen, wenn man sich sehr schlecht fühlt ≈ sich erbrechen **2** **etwas speit (etwas)** etwas wirft flüssiges und heißes Material nach oben ⟨Vulkane speien Feuer und Lava⟩

Spei·se *die; -, -n;* etwas zum Essen, das jemand zubereitet hat ≈ Gericht ⟨kalte/warme Speisen⟩ || K- Speiseeis, Speiselokal; Speisenfolge || -K Eierspeise, Fleischspeise; Süßspeise

Spei·se·kam·mer *die; -, -n;* ein kleiner Raum im Haus, in dem Vorräte aufbewahrt werden

Spei·se·kar·te *die; -, -n;* eine Liste mit den Speisen, die man in einem Restaurant essen kann

spei·sen B1 *speiste, hat gespeist* **1** **(etwas) speisen** *förmlich* ≈ essen ⟨gut, teuer, exklusiv speisen⟩: *Sie speisten Hummer* **2** **jemanden speisen** *förmlich;* jemandem, der arm ist, etwas zu essen geben ⟨die Armen speisen⟩ **3** *meist* **etwas wird mit/aus etwas gespeist** etwas wird mit etwas versorgt: *Das Radiogerät wird mit Strom aus 6 Batterien gespeist* || *zu* 2 und 3 **Spei·sung** *die; -, -en*

Spei·se·röh·re *die; -, -n;* ein Organ (in der Form eines Schlauches), durch das das Essen vom Mund zum Magen kommt; *Medizin* Ösophagus

Spei·se·wa·gen B1 *der; -s, -;* ein Wagen im Zug, mit Restaurant || Hinweis: der offizielle Name ist *Bordrestaurant*

Spek·ta·kel[1] *das; -s, -;* ein Ereignis, das sehr interessant oder spannend ist ≈ Schauspiel || *hierzu* **spek·ta·ku·lär** *Adjektiv*

Spek·ta·kel[2] *der; -s, -; meist Singular* ≈ Lärm, Krach

Spekt·rum *das; -s, Spekt·ren/Spekt·ra* **1** **das Spektrum** + *Genitiv*/**ein Spektrum von etwas** *(Plural) förmlich;* eine große Vielfalt von einzelnen Phänomenen, Dingen und Möglichkeiten ≈ Palette: *das breite Spektrum der klassischen Dichtung* **2** *Physik;* die verschiedenen Farben, aus denen das weiße Licht gebildet ist || -K Farbspektrum || *zu* 2 **spekt·ral** *Adjektiv*

Spe·ku·la·ti·on [-'tsjo:n] *die; -, -en* **1** *meist* **Spekulationen (über etwas** *(Akkusativ)*) die Gedanken über etwas, was man nicht (genau) kennt und weiß ≈ Mutmaßungen ⟨Spekulationen anstellen; sich in Spekulationen ergehen, verlieren⟩ || -K Fehlspekulation **2** **eine Spekulation (mit etwas)** das Spekulieren (2): *die Spekulation mit Aktien* || K- Spekulationsgeschäft, Spekulationsgewinn, Spekulationsobjekt || -K Bodenspekulation, Börsenspekulation, Grundstücksspekulation, Währungsspekulation

spe·ku·la·tiv [-f] *Adjektiv* **1** ⟨Gewinne, Verluste; Geschäfte⟩ so, dass sie durch Spekulation (2) zustande gekommen sind **2** ⟨Ideen⟩ so, dass sie auf Vermutungen beruhen

spe·ku·lie·ren; *spekulierte, hat spekuliert* **1** **(über etwas** *(Akkusativ)*) **spekulieren** über die weitere Entwicklung bzw. den Ausgang von etwas nachdenken oder sprechen, von dem man wenig weiß ≈ mutmaßen **2** **(mit etwas) spekulieren** Häuser, Grundstücke, Waren oder Wertpapiere kaufen und hoffen, dass ihr Wert steigt, damit man sie dann teuer verkaufen kann ⟨an der Börse spekulieren; mit Aktien, Grundstücken spekulieren⟩ **3** **auf etwas** *(Akkusativ)* **spekulieren** *umg;* hoffen, dass man etwas bekommt: *auf eine freie Wohnung spekulieren* || *zu* 2 **Spe·ku·lant** *der; -en, -en;* **Spe·ku·lan·tin** *die; -, -nen*

spen·da·bel, *spendabler, spendabelst-; Adjektiv; umg;* gern bereit, Geschenke zu machen oder jemanden (zum Essen) einzuladen ≈ großzügig, freigebig ↔ geizig ⟨spendabel aufgelegt sein, sich spendabel zeigen⟩ || Hinweis: *spendabel → ein spendabler Mensch*

Spen·de *die; -, -n;* etwas (*meist* Geld), das man *bes* einer Organisation gibt, um damit anderen Menschen zu helfen ⟨Spenden gehen ein⟩: *Spenden für die Flüchtlinge sammeln* || K- Spendenaktion, Spendenquittung || -K Geldspende, Medikamentenspende

spen·den; *spendete, hat gespendet* **1** **(jemandem** *oder* **für jemanden/etwas) (etwas) spenden** *bes* einer Organisation etwas geben, um so anderen zu helfen ⟨dem Roten Kreuz Geld, Lebensmittel, Medikamente spenden⟩: *für die Erdbebenopfer spenden* **2** **etwas spendet etwas** *förmlich;* etwas (produziert und) gibt etwas ⟨etwas spendet Licht, Wärme, Schatten⟩: *Der große Baum spendet im Sommer viel Schatten* **3** **etwas spenden** etwas abgeben oder sich nehmen lassen, damit so anderen Menschen geholfen wird ⟨Blut, Organe, eine Niere, Samen spenden⟩ **4** *förmlich;* verwendet zusammen mit einem Substantiv, um ein Verb zu umschreiben; **(jemandem) Beifall spenden** ≈ applaudieren; **(jemandem) ein Lob spenden** ≈ jemanden loben; **(jemandem) den Segen spenden** ≈ jemanden segnen; **(jemandem) Trost spenden** ≈ jemanden trösten

Spen·der *der; -s, -;* **1** jemand, der (einer Organisation) eine Spende gibt oder gegeben hat **2** jemand, der ein Organ oder Blut spendet (3) oder gespendet (3) hat || K- Spenderherz, Spenderniere || -K Blutspender, Organspender, Samenspender || *hierzu* **Spen·de·rin** *die; -, -nen*

spen·die·ren B2 *spendierte, hat spendiert;* **(je-**

S

mandem) etwas spendieren *umg; meist* ein Getränk oder ein Essen für andere bezahlen

Spẹr·ling *der; -s, -e* ≈ Spatz (1)

Spẹr·ma *das; -s, Sper·men/Sper·ma·ta; meist Singular; förmlich;* die Flüssigkeit mit Samenzellen, die von männlichen Geschlechtsorganen produziert wird ≈ Samen

Spẹr·re *die; -, -n* **1** eine Schranke oder eine Art Zaun, die auf einem Weg oder auf der Straße andere daran hindern, weiterzukommen ⟨eine Sperre errichten⟩ || K Straßensperre **2** *Sport;* das Verbot, (eine bestimmte Zeit lang) an Wettkämpfen teilzunehmen: *über jemanden eine Sperre (von vier Wochen) verhängen*

spẹr·ren; *sperrte, hat gesperrt* **1 etwas sperren** verhindern, dass man weitergehen oder -fahren kann: *Wegen eines Unfalls ist die Autobahn gesperrt* **2 (jemandem) etwas sperren** verhindern, dass jemand etwas benutzen kann ⟨ein Konto, das Telefon sperren⟩ **3 jemanden sperren** *Sport;* eine Sperre (2) anordnen: *einen Spieler für acht Wochen sperren* **4 jemanden/ein Tier irgendwohin sperren** Personen oder Tiere in einen Raum bringen, aus dem sie nicht herauskönnen: *einen Löwen in einen Käfig sperren* **5 sich gegen etwas sperren** sich weigern, etwas zu tun ⟨sich gegen eine Vorschrift sperren⟩

Spẹrr·frist *die; -, -en; Rechtswesen;* die Zeit, in der jemand bestimmte Dinge nicht machen darf ⟨eine Sperrfrist verlängern, aufheben⟩

spẹr·rig *Adjektiv;* von/mit einer Form, die viel Platz erfordert ↔ handlich: *Die Kiste ist so sperrig, dass wir sie in unserem Auto nicht transportieren können*

Spẹrr·müll *der; -s; nur Singular;* Dinge, die so groß oder schwer sind, dass man sie nicht zum normalen Müll tun kann || K Sperrmüllabholung, Sperrmüllaktion, Sperrmüllsammlung

S

Spẹrr·stun·de *die; -, -n* ≈ Polizeistunde

Spe̲·sen *die; -; Plural;* das Geld, das jemand auf einer Geschäftsreise für Hotels, Essen, Fahrkarten braucht und das er vom Arbeitgeber wieder bekommt ⟨(hohe) Spesen haben, machen; jemandem die Spesen erstatten⟩ || K Spesenrechnung || K Reisespesen || ID **Außer Spesen nichts gewesen** *umg humorvoll;* man hat Geld ausgegeben, aber nichts erreicht

Spe̲·zi[1] *der; -s, -(s); südd* Ⓐ *umg* ≈ Freund (1)

Spe̲·zi®[2] *das; -s, -;* ein Getränk aus (Orangen)Limonade und Cola

Spe·zi·a̲l- B2 *im Substantiv* **1** in Bezug auf ein bestimmtes (Teil)Gebiet eines Fachs ≈ Fach-; die **Spezialausbildung**, das **Spezialgebiet**, die **Spezialkenntnisse** **2** mit einer besonderen Aufgabe oder Funktion und deshalb von ganz bestimmter Art ≈ Sonder-; die **Spezialanfertigung**, die **Spezialausführung**, die **Spezialkamera**

spe·zi·a·li·si̲e̲·ren, sich; *spezialisierte sich, hat sich spezialisiert;* **sich (auf etwas** *(Akkusativ)***) spezialisieren** sich intensiv mit einem bestimmten Fachgebiet beschäftigen: *sich auf Chirurgie spezialisieren* || *hierzu* **Spe·zi·a·li·si̲e̲·rung** *die; -, -en*

Spe·zi·a·lịst *der; -en, -en* **1 ein Spezialist (für etwas)** jemand, der über einen relativ kleinen Teil eines Fachgebiets sehr viel weiß ≈ Experte: *ein Spezialist für Software* **2 ein Spezialist (für etwas)** ein Arzt, der sich auf bestimmte Krankheiten spezialisiert hat ⟨einen Spezialisten aufsuchen⟩: *ein Spezialist auf dem Gebiet der Neurochirurgie* || *hierzu* **Spe·zi·a·lịs·tin** *die; -, -nen*

Spe·zi·a·li·tä̲t B1 *die; -, -en* **1** eine besonders gute Speise, die für ein Gebiet typisch ist || K Spezialitätenrestaurant **2** *nur Singular;* etwas, das jemand besonders gut kann oder weiß oder besonders gern mag: *Moderne Malerei ist seine Spezialität*

spe·zi·ẹll *Adjektiv* **1** von einer ganz bestimmten Art und deshalb von den anderen verschieden ⟨ein Fall, eine Bedeutung, ein Wunsch⟩ **2** *nur als Adverb* ≈ besonders: *Er liebt Italien, speziell die Toskana* **3** *nur nach dem Substantiv oder als Adverb;* **speziell für jemanden/etwas** ≈ vor allem: *Das habe ich speziell für dich gekauft*

Spe·zi·es ['ʃpeːtsiɛs, 'sp-] *die; -, -* [-eːs]; *förmlich* ≈ Art, Sorte

spe·zi̲·fisch *Adjektiv; auch Physik;* von einer ganz bestimmten Art/Größe, die die betreffende Person oder Sache von anderen unterscheidet ≈ besonder- ⟨ein Problem, ein Merkmal; das Gewicht, der Widerstand (einer Substanz)⟩

Sphä·re ['sfɛːrə] *die; -, -n;* ein Bereich, der jemanden interessiert oder in dem jemand aktiv ist ⟨jemandes private, berufliche Sphäre⟩ || K Einflusssphäre, Interessensphäre, Intimsphäre, Privatsphäre

spị·cken; *spickte, hat gespickt* **1 etwas spicken** kleine Stücke Speck in ein Stück Fleisch stecken, bevor man es brät ⟨Fleisch, den Braten spicken⟩: *gespickter Hasenbraten* **2 etwas mit etwas spicken** *umg;* etwas so gestalten, dass eine bestimmte Erscheinung in großer

Menge vorkommt: *Der Aufsatz war mit Fehlern gespickt* || Hinweis: *meist* im Zustandspassiv! **3** **(etwas) (bei jemandem) spicken** *umg;* in der Schule bei einer Prüfung (vom Nachbarn) abschreiben || K- Spickzettel

spie *Imperfekt, 1. und 3. Person Singular;* ↑ **speien**

Spie·gel A1 *der; -s, -;* **1** ein flacher Gegenstand aus Glas, in dem man das sieht, was vor diesem Glas ist ⟨in den Spiegel schauen⟩ || -K Garderobe(n)spiegel, Rasierspiegel **2** **ein blinder Spiegel** ein Spiegel, der so viele Flecken hat, dass man in ihm nur wenig sieht || ID **jemandem einen Spiegel vorhalten** jemandem zeigen, welche schlechten Eigenschaften oder Fehler er hat

-spie·gel *der; -s, -; im Substantiv* **1** die Menge der genannten Substanz im Blut; der **Adrenalinspiegel, Alkoholspiegel, Cholesterinspiegel, Zuckerspiegel** **2** die Höhe der Oberfläche von etwas; der **Grundwasserspiegel, Meeresspiegel**

Spie·gel·ei *das; -(e)s, -er;* ein gebratenes Ei, bei dem das Eigelb in der Mitte liegt und außen herum das Eiweiß ist

spie·gel·glatt *Adjektiv; ohne Steigerung;* sehr glatt: *spiegelglatte Fahrbahnen im Winter*

spie·geln; *spiegelte, hat gespiegelt;* **sich in etwas** *(Dativ)* **spiegeln** (als Bild auf einer Oberfläche wie in einem Spiegel) deutlich zu sehen sein: *Die Wolken spiegeln sich im Wasser; In ihrem Gesicht spiegelte sich der Hass* || *hierzu* **Spie·ge·lung** *die; -, -en*

spie·gel·ver·kehrt *Adjektiv;* so, dass das, was normalerweise rechts ist, links ist (und umgekehrt) ≈ seitenverkehrt

Spiel A2 *das; -(e)s, -e* **1** *nur Singular;* Handlungen, die man freiwillig und zum Vergnügen macht (wie es *bes* Kinder tun): *das Spiel mit Puppen* || K- Spieltrieb **2** etwas, womit man sich (*meist* mit anderen) nach bestimmten Regeln, aber zum Spaß beschäftigt ⟨ein Spiel machen/spielen, gewinnen, verlieren⟩ || K- Spielbrett, Spielfigur, Spielkarte || -K Brettspiel, Glücksspiel, Kartenspiel, Schachspiel || *zu* **Brettspiel** ↑ Abbildung unter **Brettspiele** **3** ein sportlicher Wettkampf zwischen zwei Menschen oder Mannschaften (*z.B.* Tennis oder Fußball) ≈ Match: *Das Spiel steht 1:0* || K- Spielanfang, Spielergebnis, Spielschluss, Spielstand || -K Ballspiel, (Tisch)Tennisspiel; Entscheidungsspiel, Freundschaftsspiel, Meisterschaftsspiel **4** der Versuch, durch Glück Geld zu gewinnen || K- Spielkasino, Spielleidenschaft || -K Glücksspiel, Lotteriespiel **5** alle Gegenstände, die man für ein Spiel (2) braucht: *Bau schon mal das Spiel auf* || K- Spielesammlung **6** *nur Singular;* die Art und Weise, in der *bes* ein Musiker, Schauspieler, Sportler oder eine Mannschaft spielt: *das virtuose Spiel des Geigers; das souveräne Spiel der Mannschaft* **7** *nur Singular;* eine Handlungsweise, bei der man nicht an die Folgen denkt ⟨ein gefährliches Spiel⟩ **8** **die Olympischen Spiele** ≈ Olympiade || ID **ein Spiel mit dem Feuer** ein gefährliches Verhalten; **(mit jemandem) leichtes Spiel haben** keine Mühe haben, besser, klüger *o.Ä.* zu sein als ein anderer; **jemanden/etwas ins Spiel bringen** über jemanden/etwas in einem Streit, in einer Diskussion zu sprechen beginnen; **jemanden/etwas aus dem Spiel lassen** über jemanden/etwas *bes* in einem Streit nicht sprechen; **etwas aufs Spiel setzen** riskieren,

Spielkarten

das Ass | der König | die Dame | der Bube | das Herz | das Pik | das Karo | das Kreuz/das Treff

das Ass | der König | der Ober | der Unter | das Herz | das Blatt | die Eichel | die Schellen *Plural*

S

dass man etwas verliert ⟨die Gesundheit aufs Spiel setzen⟩; **etwas steht auf dem Spiel** etwas könnte verloren, zerstört werden

Spiel·bank *die; -, -en;* ein Unternehmen, in dem man Glücksspiele spielen kann, um Geld zu gewinnen ≈ Spielkasino

spie·len [A1] *spielte, hat gespielt* **1** **(etwas) spielen** ein Spiel (1-4) machen ⟨Verstecken, Karten, Schach, Fußball, Lotto, Roulette spielen; mit Puppen, im Sand, um Geld spielen⟩ **2** **(etwas) spielen** etwas (regelmäßig) als Sport oder Hobby tun: *Seine Söhne spielen Fußball, aber er ist nicht sehr sportlich* **3** **(etwas) spielen** Musik machen ⟨ein Instrument spielen; Klavier spielen; eine Sinfonie spielen⟩ **4** **(jemanden/etwas) spielen** (als Schauspieler) eine Person/Rolle in einem Film oder Theaterstück darstellen ⟨die Hauptrolle spielen⟩: *den Hamlet spielen* **5** **(etwas) spielen** dem Publikum eine Vorführung zeigen ⟨ein Stück, eine Oper spielen⟩ ‖ [K-] Spielplan **6** **etwas spielen** *oft abwertend;* so tun, als ob man etwas wäre, was man in Wirklichkeit nicht ist ⟨den Clown, den Boss spielen⟩ **7** **etwas spielen** eine CD *o.Ä.* laufen lassen, um die Musik zu hören ⟨eine CD, Kassette, Schallplatte spielen⟩ **8** **(gegen jemanden/eine Mannschaft)** (+ *Resultat*) **spielen** ein Match oder ein Spiel (3) machen: *Stuttgart hat gegen Bremen (unentschieden) gespielt* **9** **etwas spielt irgendwann/irgendwo** die Handlung eines Romans, Films findet zu einer bestimmten Zeit an einem bestimmten Ort statt **10** **mit jemandem/etwas spielen** jemanden/etwas ohne (den nötigen) Respekt behandeln oder benutzen ⟨mit jemandes Gefühlen spielen⟩ ‖ *zu* 1-4 **Spie·ler** *der; -s, -;* **Spie·le·rin** *die; -, -nen*

spie·lend *Adjektiv; nur als Adverb;* ohne Mühe ≈ mühelos ↔ schwer ⟨etwas spielend (er)lernen, bewältigen, schaffen⟩

Spie·le·rei *die; -, -en* **1** etwas, das man leicht, ohne große Mühe tun kann: *Einen Reifen wechseln - das ist doch eine Spielerei!* **2** *meist abwertend;* eine Tätigkeit oder Sache, die man für sinnlos oder überflüssig hält: *Eine Uhr, die auch den Stand des Mondes anzeigt, ist doch reine Spielerei!*

S

spie·le·risch *Adjektiv; nur vor dem Substantiv oder als Adverb* **1** wie im Spiel (1) ≈ verspielt: *Der Hund schnappte spielerisch nach meiner Hand* **2** in Bezug auf jemandes Art, zu spielen (3, 4) ⟨jemandes Leistung⟩

Spiel·far·be *die; -, -n;* eine der vier Serien von Karten beim Kartenspiel. Die Spielfarben sind *Herz, Pik, Karo* und *Kreuz*

Spiel·feld *das; -(e)s, -er;* die (genau begrenzte) Fläche, auf der ein sportliches Spiel (3) stattfindet ≈ Spielfläche ‖ Hinweis: ↑ **Sportplatz**

Spiel·film *der; -(e)s, -e;* ein Film, dessen Handlung erfunden ist und der zur Unterhaltung dient

Spiel·geld *das; -es; nur Singular;* imitiertes Geld, das in manchen Spielen (2,4) verwendet wird

Spiel·ka·si·no *das; -s, -s* ≈ Spielbank

Spiel·platz *der; -es, -plät·ze;* ein Platz (*bes* in der Stadt) mit verschiedenen Geräten, auf denen Kinder spielen können ‖ [-K] Abenteuerspielplatz; Kinderspielplatz

Spiel·raum *der; -(e)s, -räu·me;* die Möglichkeit, sich frei zu bewegen, kreativ zu sein oder frei zu entscheiden ⟨genug, wenig, keinen Spielraum haben⟩: *Mein Terminkalender ist so voll, dass ich überhaupt keinen Spielraum mehr habe*

Spiel·re·geln *die; -; Plural* **1** die Regeln, an die man sich bei einem Spiel (2-4) halten muss ⟨die Spielregeln beachten, verletzen; sich an die Spielregeln halten; gegen die Spielregeln verstoßen⟩ **2** die Regeln für ein Verhalten, das zu einer bestimmten Situation passt: *die Spielregeln der internationalen Diplomatie*

Spiel·sa·chen *die; -; Plural* ≈ Spielzeug

Spiel·wa·ren *die; -; Plural;* das Spielzeug, das man im Geschäft kaufen kann ‖ [K-] Spielwarengeschäft, Spielwarenhändler, Spielwarenhandlung

Spiel·zeit *die; -, -en; nur Singular* **1** die Zeit, während der ein Theaterstück, eine Oper, ein Film *usw* im Programm ist **2** *Sport;* die Zeit, die ein Spiel (3) (normalerweise) dauert

Spiel·zeug [B1] *das; -(e)s, -e;* Spiele (5), (Stoff)Tiere und andere Dinge, mit denen Kinder spielen ‖ [K-] Spielzeugauto, Spielzeugeisenbahn ‖ [-K] Kinderspielzeug

Spieß *der; -es, -e* **1** eine Stange mit einem spitzen Ende, auf der man Fleisch (*bes* über einem Feuer) brät: *einen Ochsen am Spieß braten* ‖ [-K] Bratspieß **2** *historisch;* eine lange Stange mit einem spitzen Ende, die man als Waffe verwendete ‖ [ID] **den Spieß umdrehen/umkehren** *umg;* dieselben (unangenehmen) Mittel gegen jemanden verwenden, die er vorher gegen einen selbst verwendet hat; **wie am Spieß** ⟨brüllen, schreien⟩ *umg;* sehr laut brüllen, schreien *o.Ä.*

Spie·ßer *der; -s, -; umg abwertend* jemand, der ein ruhiges und sicheres Leben führen möchte, *bes* keine politischen oder sozialen Veränderungen will ≈ Spießbürger ‖ [K-] Spießerleben, Spießermoral || *hierzu* **spie·ßig** *Adjektiv*

Spi·nat *der; -(e)s; nur Singular;* ein Gemüse mit breiten grünen Blättern

Spin·ne *die; -, -n;* ein kleines Tier mit acht Beinen, das *oft* Netze macht, um Insekten zu fangen || K- Spinnennetz

spin·nen[1]; *spann, hat gesponnen* **1** **(etwas) spinnen** Wolle drehen und so Fäden machen (mit einem Gerät oder einer Maschine) **2** **ein Tier spinnt (etwas)** *bes* eine Spinne produziert Fäden und macht daraus ein Netz

spin·nen[2]; *-, hat gesponnen;* **jemand spinnt** *umg;* jemand tut oder sagt verrückte Dinge: *Du willst auf diesen Berg steigen? Du spinnst wohl!* || Hinweis: kein Präteritum || *hierzu* **Spin·ner** *der; -s, -;* **Spin·ne·rin** *die; -, -nen*

Spin·ne·rei *die; -, -en; umg abwertend;* eine Idee oder Sache, die man für sinnlos und unvernünftig hält

Spinn·we·be *die; -, -n;* ein Spinnennetz oder ein einzelner Faden davon

Spi·on *der; -s, -e;* jemand, der versucht, geheime Informationen zu bekommen ≈ Agent ⟨einen Spion enttarnen⟩ || *hierzu* **Spi·o·nin** *die; -, -nen*

Spi·o·na·ge [-ˈnaːʒə] *die; -; nur Singular;* die Handlungen eines Spions ⟨Spionage (be)treiben⟩ || K- Spionageabwehr, Spionageaffäre || -K Betriebsspionage, Militärspionage, Werkspionage

spi·o·nie·ren; *spionierte, hat spioniert* **1** als Spion arbeiten **2** **irgendwo spionieren** *abwertend;* heimlich versuchen, etwas *meist* Neues zu erfahren ≈ schnüffeln: *neugierig in jemandes Koffern, in fremden Schubladen spionieren*

Spi·ra·le *die; -, -n* **1** eine Linie, die um einen Punkt herum in immer größer werdenden Kreisen verläuft **2** etwas mit der Form einer Spirale (1) **3** *umg;* ein Gegenstand, den eine Frau benutzt, um nicht schwanger zu werden (und der vom Arzt in die Gebärmutter eingesetzt wird)

spi·ri·tu·ell *Adjektiv; förmlich* **1** ≈ geistig ⟨eine Entwicklung, das Leben⟩ **2** ≈ religiös, geistlich ⟨ein Lied⟩

Spi·ri·tu·o·se B2 *die; -, -n; meist Plural;* Getränke, die viel Alkohol enthalten, wie *z.B.* Schnaps

Spi·ri·tus, **Spi·ri·tus** *der; -; nur Singular;* eine Flüssigkeit mit 70 - 90 % Alkohol, die man *z.B.* zum Reinigen von Glas verwendet || K- Spirituskocher || -K Brennspiritus

Spi·tal *das; -s, Spi·tä·ler;* (A) (CH) ≈ Krankenhaus

spitz, *spitzer, spitzest-; Adjektiv* **1** ⟨eine Ecke, ein Ende, ein Hut, ein Kragen⟩ so geformt, dass die Seiten an einem Ende immer schmaler werden und sich in einem Punkt treffen **2** so, dass man sich leicht daran verletzen kann ↔ stumpf ⟨eine Nadel, ein Nagel⟩ **3** ⟨eine Bemerkung⟩ so, dass sie jemanden ärgern, treffen soll **4** *umg;* mager und schmal ⟨ein Gesicht⟩

spitz

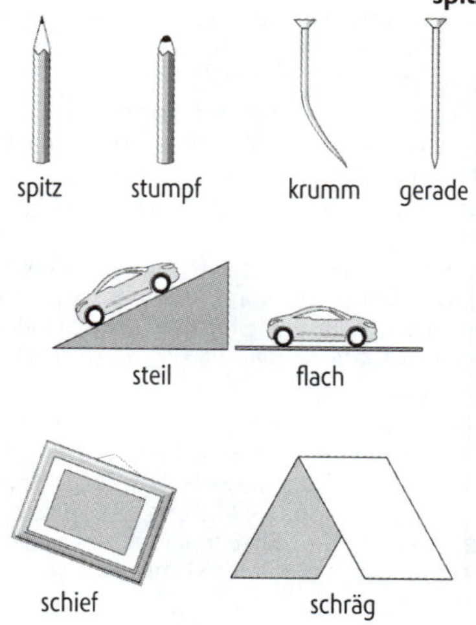

spit·ze *Adjektiv; indeklinabel; umg;* sehr gut ≈ klasse, toll: *Sie ist eine spitze Frau; Das hast du spitze gemacht!* || Hinweis: ↑ **Spitze** (8)

Spit·ze *die; -, -n* **1** ein spitzes (2) Ende: *ein Messer mit einer scharfen Spitze; ein Bleistift mit einer abgebrochenen Spitze* || -K Bleistiftspitze, Nadelspitze, Pfeilspitze **2** der höchste Punkt von etwas, das hoch (und *oft* spitz (1)) ist: *die Spitze des Kirchturms* || -K Baumspitze, Bergspitze **3** der äußerste, schmale Teil, an dem etwas aufhört: *die Spitzen der Blätter* || -K Fingerspitze, Nasenspitze, Zehenspitze; Schuhspitze **4** der vorderste Teil in einer Reihe: *an der Spitze des Zuges* **5** der erste Platz in einer Reihenfolge (in Bezug auf Erfolg, Macht oder Qualität) ⟨an die Spitze kommen; an der Spitze der Läufer liegen; an der Spitze eines Unternehmens stehen⟩ || K- Spitzenposition || -K Konzernspitze, Parteispitze, Tabellenspitze **6** der höchste Punkt auf einer Skala || K- Spitzengeschwindigkeit, Spitzenleistung || -K

S

Temperaturspitze **7** ein feines Netz mit kompliziertem Muster, das *bes* die Ränder von Tischecken schmückt || K- Spitzenbluse, Spitzendeckchen, Spitzentaschentuch **8** **jemand/etwas ist große/einsame Spitze** *umg;* jemand/etwas ist sehr gut || Hinweis: ↑ **spitze** **9** **eine Spitze (gegen jemanden/etwas)** eine Bemerkung, mit der man jemanden ärgern will || ID *meist* **Das ist nur die Spitze des Eisbergs** das ist nur ein kleiner Teil einer großen, unangenehmen Sache; **etwas** (*Dativ*) **die Spitze nehmen** bewirken, dass etwas (*bes* eine Maßnahme) in seiner Wirkung schwächer oder weniger gefährlich wird; **etwas auf die Spitze treiben** etwas so lange tun, bis es bei anderen zu einer negativen Reaktion kommt

Spit·zel *der; -s, -; abwertend* jemand, der heimlich (als Spion) Informationen sammelt und weitergibt

spit·zen; *spitzte, hat gespitzt* **1** **etwas spitzen** etwas (mit einem Messer *o.Ä.*) spitz (2) machen ≈ anspitzen ⟨einen Bleistift spitzen⟩ **2** **etwas spitzen** die Lippen vorschieben und rund machen, *bes* um zu pfeifen oder um jemanden zu küssen ⟨die Lippen, den Mund spitzen⟩

Spit·zen- *im Substantiv; umg;* verwendet, um eine gute Qualität oder Leistung zu bezeichnen ≈ Super-; das **Spitzenangebot**, das **Spitzenauto**, das **Spitzenessen**, ⟨etwas ist⟩ **Spitzenklasse**, die **Spitzenleistung**, die **Spitzenmannschaft**, die **Spitzenqualität**, das **Spitzenprodukt**, das **Spitzenwetter**, eine **Spitzenzeit** ⟨fahren, laufen⟩

Spit·zen·rei·ter *der; -s, -;* der Beste in einer Tabelle ↔ Schlusslicht: *der Spitzenreiter der Fußball-Bundesliga* || *hierzu* **Spit·zen·rei·te·rin** *die; -, -nen*

Spit·zer *der; -s, -;* ein kleines Gerät, mit dem man Bleistifte spitz (2) macht || -K Bleistiftspitzer

spitz·fin·dig *Adjektiv; abwertend;* so (genau), dass unwichtige Details zu stark betont werden ⟨eine Unterscheidung, eine Erklärung⟩ || *hierzu* **Spitz·fin·dig·keit** *die; -, -en*

spitz·krie·gen; *kriegte spitz, hat spitzgekriegt;* **etwas spitzkriegen** *umg* ≈ herausfinden, erfahren

Spitz·na·me *der; -ns, -n;* ein Name, den man zum Spaß oder aus Spott bekommt

Splitt *der; -s; nur Singular;* spitze kleine Steine, die man beim Bauen von Straßen verwendet || -K Rollsplitt

Split·ter *der; -s, -;* ein sehr kleines, spitzes Stück, das von Holz, Metall, Glas *o.Ä.* abgebrochen ist || ↑ Abbildung unter **Scherbe** || -K Bombensplitter, Glassplitter, Granatsplitter, Holzsplitter, Knochensplitter, Steinsplitter || Hinweis: ↑ **Span**

Split·ter·grup·pe *die; -, -n;* eine kleine Gruppe, die sich von einer großen (*meist* politischen) Gruppe getrennt hat ⟨eine radikale Splittergruppe⟩

split·tern; *splitterte, ist gesplittert;* **etwas splittert** etwas bricht auseinander und bildet dabei Splitter

SPÖ [ɛspeː'|øː] *die; -; nur Singular;* (*Abkürzung für* Sozialistische Partei Österreichs) eine politische Partei in Österreich

Spon·sor ['ʃpɔnzɐ, 'sp-] *der; -s, Spon·so·ren;* eine Firma *o.Ä.*, die einen Sportler, eine Veranstaltung *usw* mit Geld unterstützt || *hierzu* **spon·sern** (*hat*); **Spon·so·rin** *die; -, -nen*

spon·tan *Adjektiv;* schnell und einem plötzlichen Gefühl folgend ≈ impulsiv ⟨ein Entschluss, eine Reaktion⟩ || *hierzu* **Spon·ta·n(e·)i·tät** [-n(e)i'tɛt] *die; -; nur Singular*

spo·ra·disch *Adjektiv; meist als Adverb;* nur manchmal oder an manchen Stellen ≈ selten ⟨etwas tritt (nur) sporadisch auf, kommt (nur) sporadisch vor⟩

Spo·re *die; -, -n; Biologie;* der Samen von Pilzen, Algen und Farnen

Sport A1 *der; -(e)s; nur Singular* **1** Tätigkeiten, die *meist* Kraft und Geschicklichkeit voraussetzen (wie *z.B.* Turnen, Fußball, Skifahren) und bei denen man *oft* Wettkämpfe mit anderen macht ⟨Sport treiben⟩ || K- Sportart, Sportkleidung, Sportklub, Sportnachrichten, Sportverein || -K Freizeitsport, Wettkampfsport **2** ein Spiel oder eine Disziplin, die man als Sport betreibt: *Fußball ist ein sehr beliebter Sport* || -K Ballsport, Schwimmsport; Wintersport || Hinweis: Als Plural verwendet man *Sportarten* **3** ein Fach in der Schule, in dem die Kinder Sportarten lernen und betreiben || K- Sportlehrer

Sport·fest *das; -(e)s, -e;* eine Veranstaltung mit Wettkämpfen in verschiedenen Sportarten (*bes* der Leichtathletik)

Sport·ler *der; -s, -;* jemand, der regelmäßig Sport treibt ⟨ein Sportler trainiert⟩ || *hierzu* **Sport·le·rin** *die; -, -nen*

sport·lich B1 *Adjektiv* **1** *nur vor dem Substantiv oder als Adverb;* in Bezug auf den Sport ⟨Leistungen, ein Wettkampf⟩ **2** schlank und gesund ⟨eine Figur; sportlich aussehen⟩ **3** ≈ fair ↔ unsportlich ⟨ein Benehmen, ein Verhalten⟩ **4** einfach und praktisch, aber trotzdem

S

elegant ⟨Kleidung, eine Frisur⟩ || *zu* 2-4
Sport·lich·keit *die; -; nur Singular*

Sport·platz B1 *der; -es, -plät·ze;* ein Platz (der *meist* einem Sportverein oder zu einer Schule gehört), auf dem man im Freien Ball spielen und Leichtathletik treiben kann || Hinweis: ↑ **Stadion**

Sport·wa·gen *der; -s, -;* **1** ein schnelles Auto (in dem *meist* nur zwei Personen Platz haben) **2** ein Kinderwagen, in dem das Kind sitzt (und nicht liegt) || ↑ Abbildung unter **Kinderwagen**

Spott *der; -(e)s; nur Singular;* **Spott (über jemanden/etwas)** Worte oder Handlungen, die die Gefühle anderer verletzen, sich über sie lustig machen ⟨Spott mit jemandem treiben; für etwas (Hohn und) Spott ernten⟩

spott·bil·lig *Adjektiv; ohne Steigerung; umg;* sehr billig ⟨Waren⟩

spot·ten; *spottete, hat gespottet;* **(über jemanden/etwas) spotten** etwas sagen, das Spott ist: *Er spottete über ihre neue Frisur* || *hierzu* **Spöt·ter** *der; -s, -*

spöt·tisch *Adjektiv;* so, dass damit Spott ausgedrückt wird ⟨eine Bemerkung, ein Lächeln; jemanden spöttisch ansehen⟩

sprach *Imperfekt, 1. und 3. Person Singular;* ↑ **sprechen**

Spra·che A1 *die; -, -n* **1** ein System von Lauten, von Wörtern und von Regeln für die Bildung von Sätzen, das man zur Kommunikation braucht ⟨eine afrikanische, romanische Sprache; die deutsche, französische Sprache; geschriebene, gesprochene Sprache; eine Sprache lernen, beherrschen⟩ || K- Sprachgebrauch, Sprachgeschichte, Sprachsystem, Sprachwissenschaft || -K Fremdsprache, Muttersprache, Weltsprache, Zweitsprache **2** *nur Singular;* die Fähigkeit zu sprechen ⟨die menschliche Sprache⟩ || K- Sprachfähigkeit, Sprachstörung **3** die Art einer Sprache (1), die eine Gruppe von Menschen spricht: *die Sprache der Jugendlichen, der Juristen* || -K Rechtssprache; Sondersprache **4** die spezielle Art, sich auszudrücken ≈ Stil ⟨eine klare, natürliche Sprache⟩ || K- Sprachstil || -K Bibelsprache, Dichtersprache **5** **eine lebende/tote Sprache** eine Sprache (1), die heute noch/nicht mehr gesprochen wird || ID **etwas spricht eine deutliche Sprache** etwas lässt etwas Negatives deutlich erkennen: *Die neuen Zahlen sprechen eine deutliche Sprache;* **die Sprache auf etwas** (*Akkusativ*) **bringen**; **etwas zur Sprache bringen** ein Thema ansprechen; **etwas kommt zur Sprache** etwas wird besprochen; *meist* **Raus mit der Sprache!** *umg;* verwendet, um jemanden ungeduldig aufzufordern, eine unangenehme Frage zu beantworten

sprä·che *Konjunktiv II, 1. und 3. Person Singular;* ↑ **sprechen**

Sprach·feh·ler *der; -s, -; meist in* **einen Sprachfehler haben** bestimmte Laute nicht oder nur falsch produzieren können

sprach·lich *Adjektiv;* in Bezug auf die Sprache (1,4)

sprach·los *Adjektiv;* so schockiert oder beeindruckt, dass man nichts sagen kann ⟨vor Freude, Schreck sprachlos sein⟩ || *hierzu* **Sprach·lo·sig·keit** *die; -; nur Singular*

Sprach·rohr *das; -(e)s, -e; meist in* **jemandes Sprachrohr sein** die Meinungen und Wünsche einer Person oder Gruppe ausdrücken

sprang *Imperfekt, 1. und 3. Person Singular;* ↑ **springen**

Spray [ʃpreː, spreː, spreɪ] *das, der; -s, -s;* eine Flüssigkeit in einer Dose, die in sehr feinen Tropfen in der Luft verteilt wird, wenn man auf einen Knopf drückt ⟨ein Spray versprühen, irgendwohin sprühen⟩ || K- Spraydose || -K Deospray, Farbspray, Haarspray, Insektenspray, Lackspray || *hierzu* **spray·en** *(hat)*/

Sprech·an·la·ge *die; -, -n;* ein elektrisches Gerät, durch das man von innerhalb eines Gebäudes mit jemandem sprechen kann, der vor dem Eingang des Hauses steht (und hereingelassen werden möchte)

spre·chen A1 *spricht, sprach, hat gesprochen* **1** die Fähigkeit haben, (mit Lauten) Wörter oder Sätze zu bilden: *Mein Enkel kann schon sprechen* || K- Sprechalter **2** sich mit Sprache ausdrücken: *Ich konnte vor Aufregung kaum sprechen* **3** **irgendwie sprechen** sich auf die genannte Art ausdrücken ⟨deutlich, leise sprechen⟩: *Sie sprach mit hoher Stimme* || K- Sprechstimme, Sprechweise **4** ⟨deutsch, englisch *usw*⟩ **sprechen** Worte und Sätze der genannten Sprache gebrauchen: *Hörst du, die Leute am Nebentisch sprechen portugiesisch* **5** **etwas (irgendwie) sprechen** eine Sprache verstehen und in dieser Sprache Gedanken ausdrücken können ⟨Deutsch, Hochdeutsch, Dialekt sprechen; (fließend) Englisch sprechen⟩: *Sie spricht akzentfrei Russisch* || Hinweis: Man beachte den Unterschied zwischen 4 und 5: *Sie sprechen zwar alle gut Deutsch, aber zu Hause sprechen sie lieber türkisch* **6** **jemanden sprechen** sich mit jemandem unterhalten (*meist* über ein Problem): *Ich muss Sie unbedingt sprechen!* **7** **von jemandem/etwas**

sprechen bei einer Unterhaltung jemanden/etwas erwähnen: *Wir haben neulich erst von dir gesprochen* **8 über jemanden/etwas sprechen** über jemanden/etwas diskutieren: *Sie sprechen nur noch über ihre Arbeit* **9 mit jemandem (über jemanden/etwas) sprechen** sich mit jemandem (über ein Thema) unterhalten: *Ich habe mit ihm über Ihr Problem gesprochen* **10 zu jemandem (über etwas) sprechen** *meist* vor einem Publikum eine Meinung zu einem Thema vortragen: *Der Direktor sprach zu den Schülern über den Sinn des Lernens* **11 (zu jemandem) (etwas) sprechen** jemandem etwas sagen: *Der Pfarrer sprach Worte des Trostes* **12 gut/schlecht über jemanden/etwas sprechen** etwas Positives/Negatives über jemanden/etwas sagen **13 etwas spricht für/gegen jemanden/etwas** etwas zeigt jemanden/etwas in einem positiven/negativen Licht: *Es spricht für ihn, dass er sich entschuldigt hat* **14 etwas spricht für/gegen etwas** etwas ist der Grund dafür, dass etwas wahrscheinlich/unwahrscheinlich ist: *Alles spricht dafür, dass Thomas recht hat* **15 auf jemanden/etwas schlecht zu sprechen sein** (zurzeit) keine gute Meinung von jemandem/etwas haben **16 ein Urteil sprechen** als Richter das Urteil öffentlich verkünden **17 den Segen sprechen** als Priester oder Pfarrer jemanden segnen ‖ ID *meist* **ich bin für niemanden zu sprechen** ich möchte nicht gestört werden

Spre·cher *der; -s, -;* **1** jemand, der von einer Gruppe gewählt wurde, um deren Interessen zu vertreten ‖ -K Klassensprecher, Schülersprecher **2** jemand, der beruflich im Radio oder Fernsehen die Nachrichten liest, Sendungen ansagt *usw* ‖ -K Fernsehsprecher, Nachrichtensprecher, Radiosprecher, Rundfunksprecher **3** jemand, der offizielle Mitteilungen einer Partei oder Regierung an die Öffentlichkeit weitergibt ‖ -K Fraktionssprecher, Regierungssprecher **4** jemand, der eine bestimmte Sprache beherrscht ⟨ein fremdsprachlicher, muttersprachlicher Sprecher⟩ ‖ *hierzu* **Spre·che·rin** *die; -, -nen*

Sprech·stun·de B1 *die; -, -n;* eine bestimmte Zeit, die *z.B.* ein Arzt, Lehrer anbietet, damit man sich Rat holen oder Fragen stellen kann ⟨Sprechstunde haben⟩

Sprech·zim·mer *das; -s, -;* ein Zimmer, in dem *bes* ein Arzt seine Sprechstunde hat

sprei·zen; *spreizte, hat gespreizt;* ⟨die Arme, die Beine *o.Ä.*⟩ **spreizen** die Arme, Beine *o.Ä.* (so weit wie möglich) auseinanderstrecken: *Die Gans spreizte die Flügel und zischte mich an*

spren·gen[1]; *sprengte, hat gesprengt* **1 (etwas) sprengen** etwas durch eine Explosion zerstören ⟨eine Brücke, ein Haus sprengen⟩ ‖ K- Sprengladung **2 etwas sprengt etwas** etwas zerstört etwas durch starken Druck von innen, lässt es platzen: *Das Bier ist in der Flasche gefroren und hat sie gesprengt* **3 eine Veranstaltung sprengen** eine Veranstaltung so stören, dass sie abgebrochen werden muss **4 etwas sprengt den Rahmen** etwas ist für einen Anlass zu groß oder geht zu weit ‖ *zu* 1 **Spren·gung** *die; -, -en*

spren·gen[2]; *sprengte, hat gesprengt;* **etwas (irgendwohin) sprengen** Wasser in kleinen Tropfen verteilen: *Wasser auf die Wäsche sprengen; den Rasen sprengen*

Spreng·stoff *der; -(e)s, -e;* eine Substanz (*z.B.* Dynamit), mit der man eine Explosion machen kann ‖ K- Sprengstoffanschlag

Spreu *die; -; nur Singular;* die Halme, Hüllen, Abfälle vom Getreide ‖ ID **die Spreu vom Weizen trennen** Schlechtes vom Guten trennen

spricht *Präsens, 3. Person Singular;* ↑ **sprechen**

Sprich·wort B2 *das; -(e)s, Sprich·wör·ter;* ein bekannter Satz, den man gern als Rat oder allgemeine Erfahrung zitiert, wie *z.B. „Man soll den Tag nicht vor dem Abend loben"* ‖ Hinweis: ↑ **Redewendung**

sprich·wört·lich *Adjektiv* **1** *nur vor dem Substantiv, nicht als Adverb;* wie ein Sprichwort verwendet ⟨eine Redensart, eine Wendung⟩ **2** *nur vor dem Substantiv, nicht als Adverb;* wie es im Sprichwort vorkommt: *Das war der sprichwörtliche Wink mit dem Zaunpfahl* **3** *nicht als Adverb;* allgemein bekannt: *Ihr Glück, Pech, Geiz ist (fast) schon sprichwörtlich*

sprie·ßen; *spross, ist gesprossen;* **etwas sprießt** etwas fängt an zu wachsen ⟨ein Bart; die Saat, das Gras, Blumen⟩

Spring·brun·nen *der; -s, -;* eine Art Brunnen, bei dem das Wasser (als Strahl) in die Höhe gespritzt wird

sprin·gen[1]; *sprang, ist gesprungen* **1** sich mit einem oder mit beiden Beinen kräftig vom Boden abstoßen, sodass man sich durch die Luft bewegt ⟨hoch, weit springen;aus dem Bett, auf die Beine springen⟩: *Wir mussten über den Graben springen* ‖ ↑ Illustration **Verben der Bewegung 2 irgendwohin springen** sich springend (1) und laufend fortbewegen: *Die Kinder sprangen mit dem Hund durch den Garten* **3 etwas springt irgendwohin** etwas wird mit Schwung durch die Luft geworfen: *Der Ball springt gegen die*

S

Wand **4** **(von etwas) zu etwas springen** schnell und plötzlich das Thema wechseln: *von einem Thema zum nächsten springen* **5** **etwas springt (von etwas) auf etwas** (*Akkusativ*) etwas wechselt schnell und plötzlich die Position, den Zustand: *Die Ampel springt (von Grün) auf Gelb*

sprin·gen²; *sprang, ist gesprungen*; **etwas springt** etwas zerfällt (*z.B.* durch starken Druck, Hitze) in zwei oder mehrere Teile oder bekommt Risse ⟨Glas, das Eis; eine Saite⟩: *Die Vase ist gesprungen*

Sprin·ger *der; -s, -*; eine Figur im Schachspiel || ↑ Abbildung unter **Schachfiguren**

Spring·rei·ten *das; -s; nur Singular; Sport*; ein Wettkampf, bei dem man mit dem Pferd über Hindernisse springt || *hierzu* **Spring·rei·ter** *der; -s, -*; **Spring·rei·te·rin** *die; -, -nen*

Spring·seil *das; -(e)s, -e*; ein Seil mit Griffen an beiden Enden zum Seilspringen

Sprint *der; -s, -s*; *Sport* **1** ein schnelles Rennen über eine ziemlich kurze Strecke **2** das Beschleunigen und Laufen mit sehr hoher Geschwindigkeit, *meist* kurz vor dem Ziel ⟨einen Sprint einlegen⟩ || *hierzu* **sprin·ten** (*ist*); **Sprin·ter** *der; -s, -*; **Sprin·te·rin** *die; -, -nen*

Sprit *der; -s; nur Singular; umg* ≈ Benzin, Treibstoff

Spritze B1 *die; -, -n* **1** ein kleines Instrument, dessen Röhre man *meist* mit einem flüssigen Medikament füllt, das durch eine dünne Nadel in den Körper gedrückt wird ⟨jemandem eine Spritze (in den Arm) geben⟩ || -K Insulinspritze, Penizillinspritze **2** ein Gerät, mit dem man Flüssigkeiten irgendwohin spritzen (2) kann || -K Blumenspritze, Wasserspritze **3** ein Gerät mit einem langen Schlauch, mit dem die Feuerwehr Wasser ins Feuer spritzt

sprit·zen; *spritzte, hat/ist gespritzt* **1** **(etwas) irgendwohin spritzen** (*hat*) Flüssigkeit in Tropfen durch die Luft bewegen: *sich Wasser ins Gesicht spritzen* **2** **(etwas) (irgendwohin) spritzen** (*hat*) eine Flüssigkeit so durch eine enge Öffnung pressen, dass sie ihr Ziel schnell und in Form eines Strahls erreicht: *Wasser ins Feuer spritzen* **3** **etwas spritzt** (*hat*); **etwas spritzt irgendwohin** (*ist*) etwas fliegt in vielen kleinen Tropfen durch die Luft ⟨Wasser, heißes Fett⟩ **4** **jemandem/sich etwas (irgendwohin) spritzen** (*hat*) jemandem/sich ein Medikament mit einer Spritze (1) in den Körper bringen: *Sie muss sich Insulin spritzen; Er bekam ein Beruhigungsmittel (in den Arm) gespritzt* **5** **(etwas) (gegen etwas) spritzen** (*hat*) eine Flüssigkeit (*z.B.* gegen Krankheiten) auf Pflanzen sprühen ⟨Felder, Obstbäume, Rosen spritzen⟩

Sprit·zer *der; -s, -*; etwas Flüssigkeit, die irgendwohin spritzt oder gespritzt wird: *ein paar Spritzer Parfüm, Spülmittel, Wasser; Nach der Fahrt durch den Matsch war das Auto voller Spritzer* || -K Blutspritzer, Parfümspritzer, Wasserspritzer

sprit·zig *Adjektiv* **1** schwungvoll und unterhaltsam ≈ flott ⟨eine Komödie, eine Rede⟩ **2** leicht und erfrischend ⟨ein Wein⟩ || *hierzu* **Sprit·zig·keit** *die; -; nur Singular*

Spritz·tour *die; -, -en; umg*; ein kurzer Ausflug *meist* mit dem Auto, den man zum Vergnügen macht

sprö·de *Adjektiv* **1** ⟨ein Kunststoff, ein Material⟩ so (unbiegsam), dass sie leicht zerbrechen **2** trocken und voller Risse ⟨die Haut⟩ **3** ≈ rau ⟨eine Stimme⟩ **4** nicht bereit, mit anderen Menschen in Kontakt zu kommen

spross *Imperfekt, 3. Person Singular*; ↑ **sprießen**

Spros·se *die; -, -n*; eine der waagrechten Stangen einer Leiter || -K Leitersprosse

Spröss·ling *der; -s, -e; umg humorvoll*; jemandes Sohn

Spruch *der; -(e)s, Sprü·che* **1** ein Satz (*oft* mit einem Reim), den man sich gut merken kann und der eine allgemeine Erfahrung ausdrückt: *„Aus Schaden wird man klug" ist ein weiser Spruch* || K- Spruchweisheit || -K Bibelspruch, Werbespruch, Zauberspruch **2** das Urteil, das ein Richter spricht || -K Freispruch, Schuldspruch; Urteilsspruch || ID **Sprüche machen/klopfen** *umg abwertend* ≈ prahlen; *meist* **Das sind doch nur Sprüche!** *umg abwertend*; was da gesagt wurde, hat nichts zu bedeuten

spruch·reif *Adjektiv; meist nach dem Substantiv, nicht als Adverb*; so (geplant), dass bald darüber entschieden werden kann ⟨eine Angelegenheit, eine Sache⟩

Spru·del *der; -s, -*; Mineralwasser oder Limonade mit Kohlensäure

spru·deln; *sprudelte, hat/ist gesprudelt*; **etwas sprudelt** (*hat*); **etwas sprudelt irgendwohin** (*ist*) eine Flüssigkeit bewegt sich so, dass es Bläschen oder Schaum gibt ⟨eine Quelle; Sekt, kochendes Wasser⟩

sprü·hen ['ʃpryːən]; *sprühte, hat/ist gesprüht* **1** **etwas irgendwohin sprühen** (*hat*) eine Flüssigkeit durch eine enge Öffnung pressen, sodass sie sich in sehr kleine Tropfen verteilt: *Lack auf ein Auto sprühen* || K- Sprühdose **2** **etwas sprüht Funken** (*hat*) etwas wirft Funken durch die Luft ⟨ein Feuer⟩ **3** **etwas sprüht**

S

(irgendwohin) *(ist)* etwas fliegt in sehr kleinen Tropfen oder als Funken durch die Luft ⟨Wasser, Funken⟩

Sprụng[1] *der; -(e)s, Sprün·ge* **1** eine Bewegung, bei der jemand springt (1) ⟨ein hoher, weiter Sprung⟩: *ein Sprung über den Graben* || K- Sprunghöhe, Sprungweite || -K Freundensprung, Luftsprung, Startsprung **2** ein plötzlicher oder größerer Wechsel: *Er wäre gerne Musiker geworden, aber er hat den Sprung nie gewagt* || ID **ein Sprung ins kalte Wasser** ein neuer Anfang, zu dem man Mut braucht; **keine großen Sprünge machen können** *umg;* wenig Geld haben; **jemandem auf die Sprünge helfen** *umg;* jemandem einen Hinweis, einen Tipp geben; **auf einen Sprung** *umg;* für kurze Zeit ⟨auf einen Sprung irgendwohin gehen⟩

Sprụng[2] *der; -(e)s, Sprün·ge;* ein dünner Riss in einem harten Material, wie Holz, Glas oder Porzellan ⟨etwas bekommt einen Sprung⟩

Sprụng·brett *das;* **1** ein biegsames Brett, von dem man mit viel Schwung ins Wasser oder über ein Turngerät springen kann **2** **ein Sprungbrett für etwas** eine günstige Position, um in Zukunft etwas zu erreichen: *eine Tätigkeit als Sprungbrett für die Karriere ansehen*

sprụng·haft *Adjektiv* **1** unfähig, sich lange mit etwas zu beschäftigen, einen Gedanken logisch zu Ende zu denken *o.Ä.* ⟨ein Mensch, ein Charakter, ein Wesen⟩ **2** plötzlich und schnell ⟨ein Anstieg, eine Entwicklung⟩

Sprụng·turm *der; -(e)s, -tür·me;* eine Konstruktion aus mehreren Sprungbrettern übereinander in einem Schwimmbad

Spụ·cke *die; -; nur Singular; umg* ≈ Speichel || ID **jemandem bleibt die Spucke weg** *umg;* jemand kann vor Überraschung nichts sagen

spụ·cken; *spuckte, hat gespuckt* **1** **(etwas) (irgendwohin) spucken** etwas *(bes* Speichel) mit Druck durch fast geschlossene Lippen irgendwohin fliegen lassen: *Kirschkerne auf den Boden spucken* **2** **(etwas) spucken** *umg* ≈ erbrechen

S

Spu̲k *der; -(e)s; nur Singular;* das Erscheinen eines Geistes oder Gespenstes || K- Spukgeschichte

spu̲·ken; *spukte, hat gespukt* **1** **irgendwo spukt es** an einem Ort erscheinen Geister, Gespenster **2** **jemand spukt irgendwo** der Geist eines Verstorbenen geht (angeblich) nachts irgendwo umher **3** ⟨eine Idee, ein Gedanke *o.Ä.*⟩ **spukt in jemandes Kopf** *(Dativ) umg;* jemand muss immer wieder an etwas denken: *Diese absurde Hoffnung spukt immer noch in seinem Kopf*

Spu̲·le *die; -, -n* **1** eine Art Rad oder Rolle, um die man einen Faden, einen Draht, ein Tonband oder einen Film wickelt ⟨etwas auf eine Spule wickeln⟩: *eine neue Spule in den Projektor einlegen* || -K Drahtspule, Filmspule **2** ein langer, dünner (Kupfer)Draht, der um eine Spule (1) gewickelt ist und durch den elektrischer Strom fließt || -K Magnetspule

Spü̲·le *die; -, -n;* ein Möbelstück für die Küche mit einem oder zwei Becken, in denen man Geschirr spült

spü̲·len A2 *spülte, hat gespült* **1** **(etwas) spülen** Teller, Töpfe, Besteck *usw* sauber machen ⟨Geschirr spülen⟩ || K- Spülmaschine **2** **(etwas) spülen** etwas nach dem Waschen in Wasser bewegen, um das Waschmittel zu entfernen **3** **(etwas) spülen** etwas mit Wasser von Schmutz, Blut *usw* befreien: *beim Zahnarzt den Mund spülen* **4** die Toilette mit Wasser sauber machen: *Vergiss nicht zu spülen* **5** **irgendwohin gespült werden** vom Wasser irgendwohin getragen werden: *Er wurde auf einer einsamen Insel an Land gespült*

Spü̲·lung *die; -, en* **1** das Spülen (3) **2** eine Art Reinigung (mit einer Flüssigkeit) *meist* von Organen des Körpers || -K Darmspülung, Magenspülung, Nasenspülung **3** ein Gerät mit einem Behälter voll Wasser, mit dem man eine Toilette nach dem Benutzen reinigt || -K Klospülung, Toilettenspülung, Wasserspülung

Spu̲r[1] *die; -, -en* **1** das, was man *bes* auf weichem Boden sieht, wenn jemand darauf geht oder fährt ⟨Spuren im Schnee; einer Spur folgen⟩ || K- Spurensuche || -K Fußspur, Reifenspur; Rehspur **2** die Zeichen *(z.B.* Schmutz oder Bluttropfen), an denen man erkennen kann, dass jemand irgendwo war oder dass etwas geschehen ist: *Der Einbrecher zog Handschuhe an, um keine Spuren zu hinterlassen* || -K Blutspur, Bremsspur **3** die Informationen, die helfen, *bes* einen Verbrecher zu finden oder etwas aufzuklären ⟨jemandem auf der Spur sein, bleiben; jemandes Spur verlieren⟩: *einem Betrug auf die Spur kommen* **4** *nur Plural;* die Folgen, die ein Ereignis für später hat: *Ihre schwere Krankheit hat Spuren hinterlassen* **5** eine Spur[1] (1) im Schnee, für das Laufen mit Skiern **6** ein Streifen einer Straße, auf dem Fahrzeuge in dieselbe Richtung fahren ⟨die linke, rechte, mittlere Spur; die Spur wechseln⟩ || K- Spurbreite || -K Fahrspur, Überholspur; Breitspur, Schmalspur **7** einer von mehreren

Streifen auf einem Tonband. Auf jeder Spur kann man Musik *usw* aufnehmen **3** **eine heiße Spur** wichtige Zeichen, die bei der Aufklärung eines Verbrechens helfen

Spur[2] *die; -, -en;* **eine Spur** (+ *Nominativ/Genitiv/* **von etwas**) eine sehr kleine Menge von etwas ⟨eine Spur (von) Salz; Spuren eines Giftes⟩: *Der Salat war eine Spur zu sauer* (= ein kleines bisschen zu sauer) || ID **nicht die Spur** *umg;* überhaupt nicht

spür·bar *Adjektiv;* so, dass man es fühlen oder bemerken kann ≈ fühlbar, merklich ⟨eine Abkühlung, eine Erwärmung; eine Erleichterung, eine Verschlechterung; (es wird) spürbar kälter, wärmer⟩

spü·ren B1 *spürte, hat gespürt* **1** **etwas spüren** mithilfe der Nerven merken, dass etwas da ist: *die Wärme der Sonne auf der Haut spüren* **2** **etwas spüren** *umg;* in einem Teil des Körpers Schmerzen haben: *Ich spüre meinen Rücken* **3** **etwas spüren** eine körperliche oder seelische Reaktion haben ⟨Durst, Angst, Mitleid spüren⟩

Spu·ren·ele·ment *das; -(e)s, -e; Biologie;* eine Substanz, die der Körper in sehr kleinen Mengen braucht, um nicht krank zu werden

spur·los *Adjektiv; nur vor dem Substantiv oder als Adverb;* ohne Spuren zu hinterlassen ⟨spurlos verschwinden; etwas geht spurlos (= ohne dass er es merkt) an jemandem vorüber⟩

Spür·sinn *der; -(e)s; nur Singular* **1** die Fähigkeit eines Hundes *o.Ä.*, gut riechen zu können **2** die Fähigkeit, etwas zu ahnen ≈ Instinkt, Intuition

spur·ten; *spurtete, ist gespurtet; Sport; bes* auf dem letzten Teil einer Strecke so schnell wie möglich laufen: *die letzten fünfzig Meter, die letzte Runde spurten* || *hierzu* **Spurt** *der; -(e)s, -s*

ß [ɛsˈtsɛt] *das; -, -;* ein Buchstabe, den man im Deutschen unter bestimmten Bedingungen statt *ss* verwendet ≈ scharfes S: *„aß" schreibt man mit „ß", „essen" mit zwei „s"*

Staat B1 *der; -(e)s, -en* **1** ein Land als politisches System (mit seinen Institutionen, Bürgern) ⟨ein demokratischer Staat⟩ || K- Staatsbürger, Staatsfeind, Staatsform, Staatsgrenze, Staatsmacht, Staatsoberhaupt **2** die Regierung und Verwaltung eines Landes ⟨beim Staat arbeiten⟩ || K- Staatsangestellte(r), Staatsdienst, Staatshaushalt, Staatsoper **3** eines der Länder eines Bundesstaats ↔ Bund || K- Staatsminister **4** **die Vereinigten Staaten** ≈ die USA || ID **mit etwas Staat machen** mit etwas großen Eindruck machen

staa·ten·los *Adjektiv;* ohne eine Staatsangehörigkeit || *hierzu* **Staa·ten·lo·se** *der/die; -n, -n*

staat·lich B1 *Adjektiv* **1** *meist vor dem Substantiv;* in Bezug auf den Staat (1) ⟨die Unabhängigkeit⟩ **2** *nur vor dem Substantiv oder als Adverb;* in Bezug auf den Staat (2) ≈ öffentlich ⟨Gelder, eine Institution⟩ **3** *nicht als Adverb;* im Besitz des Staates (1) und von ihm verwaltet ↔ privat ⟨ein Betrieb, ein Unternehmen⟩

Staats·akt *der; -(e)s, -e;* eine feierliche Veranstaltung der Regierung eines Staates (1)

Staats·an·ge·hö·rig·keit B2 *die; -, -en;* die Eigenschaft, Bürger eines bestimmten Staates zu sein ≈ Nationalität ⟨die deutsche Staatsangehörigkeit annehmen, haben⟩

Staats·an·walt *der; -(e)s, -wäl·te;* jemand, der im Auftrag des Staates Verbrechen untersucht und vor Gericht die Anklage macht || *hierzu* **Staats·an·wäl·tin** *die; -, -nen*

Staats·be·such *der; -(e)s, -e;* ein offizieller Besuch eines Mitglieds der Regierung eines Staates bei der Regierung eines anderen Staates

Staats·bür·ger·schaft *die; -, -en* ≈ Staatsangehörigkeit

Staats·exa·men *das; -s, - oder -mina;* ein Examen, das man an einer Universität macht und mit dem man *bes* als Jurist oder Lehrer in

▶ Wann verwendet man ss und wann ß?

ss schreibt man:

– nach einem kurzen Vokal:
lassen, müssen, wissen,
Busse (*Plural von* **Bus**), **Fluss**

ß wird verwendet:

– nach einem langen Vokal:
fließen, gießt, sie ließen, Muße, Straße

– nach einem Diphthong:
beißen, reißt, außen, draußen

Bei unterschiedlicher (regionaler) Aussprache gibt es entsprechende unterschiedliche Schreibungen:
Geschoss, Ⓐ **Geschoß; die Mass/Maß**

Komposita behandelt man so, als ob die einzelnen Wortteile selbstständige Wörter wären:
Kreissparkasse, Missstimmung

Hinweis: In der Schweiz wird immer **ss**, nie **ß** geschrieben!

SPRACHE LERNEN

den Staatsdienst gehen kann

Staats·mann *der; -(e)s, -män·ner; förmlich;* ein Politiker mit internationalem Ansehen ⟨ein großer Staatsmann sein⟩

Staats·sek·re·tär *der; -s, -e;* Ⓓ **1** der höchste Beamte in einem Ministerium der Bundesrepublik Deutschland || Hinweis: der Minister selbst ist kein Beamter **2** **ein parlamentarischer Staatssekretär** ein Mitglied des Bundestags, dessen Aufgabe es ist, dem Bundeskanzler oder einem Minister zu helfen || *hierzu* **Staats·sek·re·tä·rin** *die; -, -nen*

Stab[1] *der; -(e)s, Stä·be;* ein langer, dünner, runder Gegenstand aus einem harten Material: *die Stäbe eines Käfigs* || -K Gitterstab || ID **den Stab über jemanden brechen** *förmlich;* jemanden sozial nicht mehr akzeptieren

Stab[2] *der; -(e)s, Stä·be;* eine Gruppe von Personen (*meist* Experten), die zusammen wichtige Entscheidungen treffen || -K Kommandostab, Krisenstab

Stäb·chen *das; -s, -;* **1** ein kleiner Stab[1] (1) **2** *nur Plural;* zwei dünne Stäbchen (1), mit denen man *bes* in China und Japan isst ⟨mit Stäbchen essen⟩

sta·bil *Adjektiv* **1** so, dass etwas große Belastungen aushält und nicht leicht kaputtgeht: *ein stabiler Stahlbau* **2** ⟨die Wirtschaft, die Wetterlage, die Regierung, die Preise⟩ so, dass sich ihr Zustand wahrscheinlich nicht stark ändert **3** *nicht als Adverb;* fähig, große (psychische und physische) Belastungen zu ertragen ⟨die Psyche, der Kreislauf⟩ || *hierzu* **Sta·bi·li·tät** *die; -; nur Singular*

sta·bi·li·sie·ren; *stabilisierte, hat stabilisiert* **1** **jemand/etwas stabilisiert etwas** jemand/etwas macht etwas stabil: *ein Gerüst, die Wirtschaft, den Kreislauf stabilisieren* **2** **etwas stabilisiert sich** etwas wird (wieder) stabil: *Nach der Krise hat sich die Lage wieder stabilisiert* || Hinweis: *meist* im Perfekt

S

stach *Imperfekt, 1. und 3. Person Singular;* ↑ **stechen**

Sta·chel *der; -s, -n;* der spitze längliche Teil einer Pflanze oder eines Tiers ⟨der Stachel einer Biene, eines Skorpions, eines Kaktus⟩ || -K Giftstachel

Sta·chel·bee·re *die; -, -n;* eine kleine runde, grüne Frucht (*meist* mit Haaren auf der Haut), die an einem stachligen Strauch wächst und sauer schmeckt || K- Stachelbeerkompott, Stachelbeerstrauch

sta·che·lig, **stach·lig** *Adjektiv* **1** mit vielen Stacheln (1) ⟨ein Kaktus⟩ **2** mit relativ harten Haaren ⟨ein Bart⟩

Sta·di·on B1 [ˈʃtaːdi̯ɔn] *das; -s, Sta·di·en* [ˈʃtaːdi̯ən]; eine große Anlage für sportliche Veranstaltungen, mit vielen Plätzen für die Zuschauer || -K Eisstadion, Fußballstadion, Olympiastadion

Sta·di·um [ˈʃtaːdi̯ʊm] *das; -s, Sta·di·en* [ˈʃtaːdi̯ən]; ein bestimmter Zustand in einer Entwicklung ≈ Phase || -K Anfangsstadium, Endstadium

Stadt A1 [ʃtat] *die; -, Städ·te* [ˈʃtɛ(ː)tə] **1** eine große Menge von Häusern und anderen Gebäuden, in denen Leute wohnen und arbeiten, mit einer eigenen Verwaltung ↔ Dorf ⟨in der Stadt wohnen; im Zentrum einer Stadt⟩: *die Stadt Berlin* || K- Stadtgebiet, Stadtmitte, Stadtrand, Stadtwohnung, Stadtzentrum || -K Hafenstadt, Industriestadt; Großstadt, Kleinstadt **2** das Zentrum einer Stadt (1) mit den Geschäften, Banken ≈ City: *zum Einkaufen in die Stadt fahren* || -K Innenstadt **3** *nur Singular;* die Verwaltung einer Stadt ⟨bei der Stadt angestellt sein, arbeiten⟩ **4** *nur Singular;* die Einwohner einer Stadt: *Die ganze Stadt hat über den Skandal geredet*

stadt·be·kannt *Adjektiv; nicht als Adverb;* wegen (negativer) Eigenschaften in der ganzen Stadt bekannt

Städ·ter *der; -s, -;* jemand, der in der Stadt wohnt || -K Großstädter, Kleinstädter || *hierzu* **Städ·te·rin** *die; -, -nen*

Stadt·ge·spräch *das; -(e)s, -e;* ein Thema, über das viele Bewohner einer Stadt sprechen ⟨jemand/etwas ist Stadtgespräch; jemand/etwas wird (zum) Stadtgespräch⟩

städ·tisch B2 *Adjektiv* **1** im Eigentum einer Stadt oder von einer Stadt verwaltet ⟨eine Schule, ein Altersheim⟩ **2** so, wie es in der Stadt (im Unterschied zum Dorf) normal und üblich ist

Stadt·plan B1 *der; -(e)s, -plä·ne;* ein Plan mit allen wichtigen Straßen und Plätzen einer Stadt

Stadt·prä·si·dent *der; -en, -en;* Ⓒ ≈ Bürgermeister || *hierzu* **Stadt·prä·si·den·tin** *die; -, -nen*

Stadt·rat *der; -(e)s, -rä·te* **1** eine Art Parlament in einer Stadt, das über Verwaltung, Planung *usw* entscheidet || K- Stadtratsfraktion **2** ein Mitglied des Stadtrats (1) || *zu 2* **Stadt·rä·tin** *die; -, -nen*

Stadt|rund·fahrt *die; -, -en;* eine Fahrt durch eine Stadt, bei der man *bes* Touristen die interessanten Gebäude und Plätze zeigt ⟨eine

Stadtrundfahrt machen⟩

Stadt·staat *der; -(e)s, -en;* eine Stadt mit den gleichen Rechten und Pflichten wie ein Bundesland oder ein Staat: *Die Stadtstaaten Bremen und Hamburg; Florenz und Venedig waren früher Stadtstaaten*

Stadt·teil B1 *der; -(e)s, -e;* ein bestimmtes Gebiet in einer Stadt mit oft typischen Straßen, Gebäuden *o.Ä.* ≈ Bezirk, Viertel

Stadt·vier·tel *das; -s, -* ≈ Stadtteil

Stadt·wer·ke *die; -; Plural;* eine Firma, die einer Stadt gehört und diese mit Strom und Gas versorgt

Staf·fel *die; -, -n* **1** *Sport;* eine Gruppe von *meist* vier Sportlern, die in einem Wettkampf (als Mannschaft) nacheinander eine bestimmte Strecke schwimmen, laufen oder fahren || K- Staffellauf, Staffelläufer, Staffelschwimmen, Staffelstab || -K Laufstaffel, Schwimmstaffel **2** *Militär;* eine militärische Einheit bei der Luftwaffe || -K Fliegerstaffel

Staf·fe·lei *die; -, -en;* ein Rahmen aus Holz, der das Bild hält, das man gerade malt

staf·feln; *staffelte, hat gestaffelt;* **etwas** (*meist Plural*) **(nach etwas) staffeln** etwas nach bestimmten Kategorien einteilen ⟨die Gebühren, die Beiträge staffeln⟩: *Die Zuschüsse werden nach dem Einkommen, die Gehälter nach Leistung gestaffelt* || K- Staffelmiete, Staffeltarif || *hierzu* **Staf·fe·lung** *die; -, -en*

stag·nie·ren; *stagnierte, hat stagniert; förmlich;* **etwas stagniert** etwas bleibt in seiner Entwicklung stehen ≈ etwas steht still, etwas stockt ⟨die Wirtschaft, eine Entwicklung⟩ || *hierzu* **Stag·na·ti·on** *die; -, -en*

stahl *Imperfekt, 1. und 3. Person Singular;* ↑ **stehlen**

Stahl *der; -(e)s; nur Singular;* Eisen, das man hart gemacht hat und aus dem man *bes* Werkzeuge und wichtige Teile für Bauwerke herstellt ⟨rostfreier Stahl⟩ || K- Stahlindustrie, Stahlträger

stäh·lern *Adjektiv* **1** *nur vor dem Substantiv, nicht als Adverb;* aus Stahl: *ein stählernes Gerüst* **2** *nicht als Adverb;* voller Kraft ⟨Muskeln, ein Wille⟩

stak *Imperfekt, 1. und 3. Person Singular;* ↑ **stecken**

Stall B1 *der; -(e)s, Stäl·le;* ein Raum oder Gebäude, in dem man Tiere (*meist* der gleichen Art) hält || -K Kuhstall, Pferdestall

Stamm *der; -(e)s, Stäm·me* **1** der dicke Teil eines Baumes, aus dem die Äste kommen || -K Baumstamm **2** eine Gruppe von Menschen, die aufgrund ihrer Herkunft und ihrer Kultur eine Art Einheit sind (*meist* in Bezug auf frühere Zeiten oder auf nicht-westliche Kulturen verwendet): *die germanischen Stämme; der Stamm der Hopi-Indianer* || K- Stammeshäuptling || -K Indianerstamm **3** eine Gruppe von Personen, die ständig dabei sind, nicht wechseln: *ein Stamm von Mitarbeitern* || K- Stammgast, Stammkunde, Stammpublikum, Stammspieler, Stammwähler || -K Besucherstamm **4** *Sprachwissenschaft;* der zentrale Teil eines Wortes: *„fahr" ist der Stamm von „gefahren"*

Stamm·baum *der; -(e)s, -bäu·me* **1** eine Darstellung der verwandtschaftlichen Beziehungen zwischen den Mitgliedern einer Familie (*bes* über einen langen Zeitraum) ⟨einen Stammbaum aufstellen⟩: *den Stammbaum bis ins 17. Jahrhundert zurückverfolgen können* || -K Familienstammbaum **2** eine Information des Züchters über die Vorfahren eines Tieres: *der Stammbaum eines Hundes, eines Pferdes*

stam·meln; *stammelte, hat gestammelt;* **(etwas) stammeln** mit Pausen (stockend) und sehr undeutlich sprechen, *meist* weil man Angst hat oder aufgeregt ist ⟨eine Entschuldigung stammeln⟩ || Hinweis: ↑ **stottern**

stam·men; *stammte, hat gestammt* **1** **etwas stammt von jemandem/etwas** etwas ist von jemandem/etwas gemacht: *Das Bild stammt von Salvador Dali* **2** **etwas stammt aus etwas** etwas ist aus einem Text oder aus einem Buch genommen: *Dieser Satz stammt aus einem Roman von Thomas Mann* **3** **jemand stammt aus etwas** jemand kommt aus einem bestimmten Ort oder Land *bzw* aus einer bestimmten Familie: *Er stammt aus Ungarn; Sie stammt aus einer Arbeiterfamilie* **4** **etwas stammt aus etwas** ein Wort wurde aus einer anderen Sprache übernommen: *Das Wort „Chance" stammt aus dem Französischen* **5** **etwas stammt aus etwas** etwas ist in einer bestimmten Zeit entstanden: *Das Bauwerk stammt aus der Antike*

Stamm·hal·ter *der; -s, -; humorvoll;* jemandes erster Sohn

stäm·mig *Adjektiv;* mit viel Kraft (und fast etwas zu muskulös) ⟨ein Junge; Beine⟩

Stamm·lo·kal *das; -(e)s, -e;* ein Lokal, in das jemand sehr oft und gern geht

stamp·fen; *stampfte, hat/ist gestampft* **1** **etwas stampfen** (*hat*) etwas (*meist* mit einem Gerät) fest nach unten drücken und es auf diese Weise klein und flach machen: *Kartoffeln stampfen* **2** **(irgendwohin) stampfen** (*hat*) einen Fuß laut und kräftig aufsetzen: *aus Wut auf den Boden stampfen* **3** **irgendwohin**

stampfen *(ist)* mit lauten und kräftigen Schritten gehen

stand ↑ *Imperfekt, 1. und 3. Person Singular;* ↑ *stehen*

Stand[1] *der; -(e)s, Stän·de* **1** **der Stand** *(+ Genitiv/* **von etwas***) nur Singular;* eine bestimmte Stufe innerhalb einer Entwicklung: *der jetzige Stand der Verhandlungen* || K Endstand, Spielstand **2** *nur Singular;* das ruhige Stehen *(meist* nach einer Bewegung*)* **3** ein kleines Geschäft *(oft* nur ein großer Tisch*)* || K Imbissstand, Zeitungsstand **4** ein Ort für einen bestimmten Zweck || K Taxistand, Übungsstand **5** eine bestimmte Angabe, Größe oder Position, die man messen kann: *der Stand des Wassers, des Barometers* || K Zählerstand **6** **aus dem Stand** im Stehen, ohne erst zu laufen ⟨aus dem Stand weitspringen, werfen⟩ **7** **aus dem Stand** ohne sich darauf vorzubereiten || ID **bei jemandem einen schlechten Stand haben** *umg;* jemandem nicht sympathisch sein; **einen schweren Stand haben** *umg;* hart arbeiten oder kämpfen müssen || Hinweis: ↑ **außerstande**, **imstande**, **instand**, **zustande**

Stand[2] *der; -(e)s, Stän·de* **1** *historisch;* die gesellschaftliche Gruppe, zu der jemand gehörte ≈ Schicht (2) || K Adelsstand, Bauernstand, Bürgerstand **2** (CH) ≈ Kanton || ID **in den Stand der Ehe treten** *förmlich* ≈ heiraten

Stan·dard *der; -s, -s* **1** eine Qualität auf einem bestimmten Niveau ⟨ein hoher, niedriger Standard⟩ || K Lebensstandard **2** das, was die meisten Leute als normal betrachten ≈ Norm || K- Standardausführung, Standardmodell

stan·dar·di·sie·ren; *standardisierte, hat standardisiert;* **etwas standardisieren** ≈ etwas normen, vereinheitlichen || *hierzu* **Stan·dar·di·sie·rung** *die; -, -en*

Stan·dard·werk *das; -(e)s, -e;* ein Buch, das für ein bestimmtes (Fach)Gebiet sehr wichtig ist

Stand-by, **Standby** ['stɛnt'bai] *das; -(s), -s; Elektrotechnik;* der Zustand, wenn *z.B.* Fernseher, Handys nicht in Betrieb sind, aber auf die Signale der Fernbedienung *bzw* einen Anruf reagieren || K- Stand-by-Betrieb

stän·de *Konjunktiv II, 1. und 3. Person Singular;* ↑ **stehen**

Stän·de·rat *der; -(e)s; nur Singular;* (CH); eine Art Parlament in der Schweiz, das nicht direkt gewählt wird, sondern sich aus Vertretern der Kantone zusammensetzt

Stan·des·amt *das; -(e)s, -äm·ter;* die Behörde, bei der man die Ehe schließt und Geburten und Todesfälle meldet || *hierzu* **Stan·des·be·am·te** *der; -n, -n;* **Stan·des·be·am·tin** *die; -, -nen*

stand·fest *Adjektiv* **1** so, dass etwas sicher und fest steht: *eine standfeste Leiter* **2** ⟨ein Mensch⟩ so, dass er sich nicht leicht beeinflussen lässt ↔ schwach, labil || *hierzu* **Stand·fes·tig·keit** *die; -; nur Singular*

stand·hal·ten; *hält stand, hielt stand, hat standgehalten* **1** **jemandem/etwas standhalten** sich von jemandem/etwas nicht beeinflussen lassen, nicht nachgeben ⟨einem Angriff, der Kritik standhalten⟩ **2** **etwas hält etwas** *(Dativ)* **stand** etwas hält eine Belastung aus (und geht nicht kaputt)

stän·dig B2 *Adjektiv; nur vor dem Substantiv oder als Adverb* **1** ⟨ein Begleiter; Lärm; Kritik⟩ so, dass sie immer oder meistens da sind **2** sehr oft, häufig ≈ (an)dauernd: *Ständig hat er an anderen etwas auszusetzen*

Stand·ort *der; -(e)s, -e* **1** der Ort, an dem sich jemand gerade befindet **2** ein Ort, an dem sich eine Firma befindet oder an dem ein *meist* großes Gebäude steht bzw. stehen könnte: *An Flüssen gibt es meistens günstige Standorte für Fabriken* || K- Standortverlegung, Standortwahl, Standortwechsel **3** *Militär;* der Ort, an dem eine Truppe stationiert ist || K-

S

Farben und Formen

1 beige
2 blau
3 braun
4 dunkelblau
5 dunkelgrün
6 dunkelrot
7 gelb
8 goldfarben
9 grau
10 hellblau
11 hellgrün
12 lila
13 ocker
14 orange
15 pink
16 rosa
17 rot
18 schwarz
19 türkis
20 violett
21 weiß
22 das Dreieck
23 der Kegel
24 der Kreis
25 die Kugel
26 das Oval
27 das Quadrat
28 die Raute
29 das Rechteck
30 der Würfel

Farben und Formen

1 **An der** Halfpipe ist viel Action.
2 Tina steht oben **auf der** Halfpipe.
3 Thomas sitzt im Baum **über der** Halfpipe.
4 Tobias klettert **den Baum hinauf**.
5 Das Fahrrad steht **hinter dem** Baum.
6 Adrian springt **vom Rand** der Halfpipe **ab**.
7 Michael lehnt **an einem** Pfosten.
8 Lukas nimmt seine Skates **aus dem** Rucksack und steckt seine Schuhe hinein.
9 **Vor der** Halfpipe liegt ein BMX-Rad.

Präpositionen

10 Die Bank steht **in der Nähe der** Halfpipe.
11 Drei Jugendliche sitzen **auf der** Bank.
12 Patrizia sitzt **neben** Daniel.
13 Daniel sitzt **zwischen** Patrizia und Nicole.
14 Peter skatet den Berg **zu** seinen Freunden hinunter.
15 Die Brücke führt **über den** Bach.
16 Der Bach fließt **unter der** Brücke hindurch.
17 Der Hund spielt **im** Bach.
18 Eine Frau geht **den Weg entlang**.

Die Zeit

Die Uhrzeit

1

2

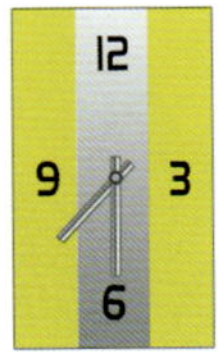

3

4

5

6

7

8

1 neun Uhr
2 zwölf Uhr, Mittag, Mitternacht
3 halb acht
4 Viertel vor zwei
5 Viertel nach vier
6 zehn (Minuten) vor sechs
7 zehn (Minuten) nach sechs
8 25 (Minuten) vor elf, fünf nach halb elf, zehn Uhr 35

Die Tageszeiten

der Morgen

der Mittag

der Abend

die Nacht

Jahreszeiten: das Wetter

der Frühling:
wechselhaft

der Sommer:
sonnig

der Herbst:
windig

der Winter:
Schnee(fall)

Standortkommandant 4 *nur Singular, Politik;* die Position, das Konzept und die Prinzipien einer politischen Partei || K- Standortbestimmung

Stand·punkt *der; -(e)s, -e;* die Art, wie man ein Problem, eine Situation beurteilt ≈ Auffassung ⟨einen Standpunkt vertreten⟩: *vom Standpunkt der Wissenschaft aus*

Stand·spur *die; -, -en;* der schmale Streifen am Rand der Autobahn, auf dem man halten darf, wenn man eine Panne hat

Stan·ge *die; -, -n* 1 ein langer, dünner, runder Gegenstand aus Holz oder Metall, länger als ein Stab: *Bohnen wachsen an Stangen; mit einer Stange das Boot vom Ufer abstoßen* || -K Bambusstange, Eisenstange 2 **eine Stange** + *Substantiv* ein ganzes, längliches Stück von etwas ⟨eine Stange Vanille⟩ || K- Stangenbrot 3 **eine Stange Zigaretten** zehn Schachteln Zigaretten, die zusammen verpackt sind 4 **eine Stange Geld** *umg;* viel Geld 5 **von der Stange** in der Fabrik in Serien mit üblichen Größen (nicht nach Maß) gemacht: *ein Anzug von der Stange* || ID **bei der Stange bleiben** an einer gemeinsamen Arbeit weitermachen; **jemandem die Stange halten** jemandem (in einem Streit) helfen

Stän·gel *der; -s, -;* der lange, dünne Teil einer Pflanze, auf dem die Blüte ist ≈ Stiel

stank *Imperfekt, 1. und 3. Person Singular;* ↑ **stinken**

Sta·pel *der; -s, -;* **ein Stapel** + *Substantiv* mehrere gleiche Dinge, die (ordentlich) aufeinandergelegt wurden ≈ Stoß ⟨ein Stapel Bücher, Wäsche⟩ || -K Holzstapel

Stapel

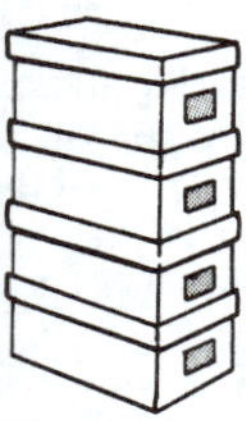

der Stapel

der Stapel/der Stoß

der Haufen

sta·peln; *stapelte, hat gestapelt* 1 **(etwas) stapeln** mehrere gleiche Dinge so aufeinanderlegen, dass ein Stapel entsteht ≈ aufschichten ⟨Holz, Wäsche, Geschirr, Zeitungen stapeln⟩ 2 **etwas** *(meist Plural)* **stapelt sich** eine große Menge von etwas ist irgendwo (und liegt aufeinander) ⟨Zeitungen, Briefe, das Geschirr⟩: *In seinem Zimmer stapeln sich die Schallplatten*

stap·fen; *stapfte, ist gestapft;* **(irgendwohin/ durch etwas) stapfen** mit großen Schritten auf einem weichen Boden gehen, in den man immer wieder einsinkt ⟨durch den Schnee stapfen⟩

Star[1] B2 *der; -s, -e;* ein mittelgroßer, dunkler Singvogel mit hellen Punkten

Star[2] B2 *der; -(e)s; nur Singular;* **(grauer/grüner) Star** eine Krankheit der Augen (mit trüben Linsen/schwachem Sehnerv)

Star[3] B2 [ʃt-, st-] *der; -s, -s;* eine Person, die *(bes* in der Kunst, im Sport) sehr berühmt ist || K- Stardirigent || -K Filmstar, Fußballstar

starb *Imperfekt, 3. Person Singular;* ↑ **sterben**

stark A2 *stärker, stärkst-; Adjektiv* 1 mit großer körperlicher Kraft ≈ kräftig ⟨ein Mann, Arme⟩: *Er ist so stark, dass er die schwere Kiste allein tragen kann* 2 so, dass eine Person weiß, was sie will ⟨ein Charakter, ein Wille⟩ 3 ≈ belastbar ⟨Nerven; ein Herz⟩ 4 ⟨ein Motor; ein Apparat⟩ so, dass sie eine große Leistung bringen können 5 ≈ massiv, stabil ⟨eine Mauer⟩ 6 mit dicken Gläsern ⟨eine Brille⟩ 7 mit einer großen Wirkung ⟨Zigaretten; ein Kaffee; ein Medikament⟩ 8 in hohem Maß (vorhanden) ≈ intensiv ⟨Regenfälle, Verkehr, Frost, Wind, Schmerzen, Zweifel; stark erkältet, beschäftigt sein⟩ 9 *meist als Adverb;* in großer Zahl ⟨stark besucht, bevölkert⟩ || K- starkbesucht, starkbevölkert 10 *Maßangabe* + **stark** verwendet, um anzugeben, wie dick etwas ist: *ein 5 mm starker Karton; Das Seil ist 4 cm stark* 11 *meist im Komparativ; umg beschönigend* ≈ ziemlich dick ⟨eine Figur⟩: *Mode für stärkere Damen* 12 *umg;* verwendet, um großes Lob auszudrücken ≈ toll: *Deine Frisur ist echt stark!* 13 *Sprachwissenschaft; (von Verben)* dadurch gekennzeichnet, dass die Formen des Präteritums und des Partizips Perfekt mit einem anderen (Stamm)Vokal gebildet werden: *Das Verb „finden" wird stark konjugiert* 14 *Sprachwissenschaft; (von männlichen und sächlichen Substantiven)* dadurch gekennzeichnet, dass der Genitiv mit *-(e)s* gebildet wird: *Das Substantiv „der Ball" wird stark dekliniert* 15 *Sprachwissenschaft;* in der Form, die Adjektive haben, wenn *z.B.* der unbestimmte Artikel davor steht:

Das Adjektiv „groß" in „ein großer Hund" ist stark dekliniert || ID *meist* **Das ist stark!** *umg;* verwendet, um Empörung auszudrücken || Hinweis: ↑ **starkmachen**

Stär·ke[1] *die; -, -n* **1** *nur Singular;* große körperliche Kraft **2** *nur Singular;* die Fähigkeit, auch in schwierigen Situationen die Kontrolle über sich selbst zu behalten ↔ Schwäche || -K Charakterstärke, Nervenstärke **3** *meist Singular* ≈ Intensität: *ein Erdbeben der Stärke 6,5* || -K Stromstärke, Windstärke **4** **jemandes Stärke** das, was jemand besonders gut kann, *bzw* ein Gebiet, auf dem sich jemand sehr gut auskennt: *Chemie war noch nie seine Stärke; Seine Stärken liegen in der Technik und in der Ausdauer* **5** ≈ Dicke: *die Stärke eines Bretts* || -K Wandstärke

Stär·ke[2] *die; -; nur Singular* **1** eine Substanz (eine Art Zucker), die ein wichtiger Teil von Lebensmitteln wie Getreide, Reis und Kartoffeln ist || K- Stärkemehl || -K Maisstärke **2** eine Art Mehl aus Stärke (1), mit dem man *z.B.* Soßen fester macht || -K Speisestärke

stär·ken; *stärkte, hat gestärkt* **1** **etwas stärkt jemanden/etwas** etwas macht jemandes (körperliche) Kräfte größer: *Schlaf stärkt die Nerven* **2** **jemanden/etwas stärken** jemandem/etwas neue Kraft geben, unterstützen ⟨jemandes Mut, Position stärken⟩ **3** **sich (mit etwas) stärken** etwas essen oder trinken

stark·ma·chen; *machte stark, hat starkgemacht;* **sich für jemanden/etwas starkmachen** jemanden/etwas mit viel Energie unterstützen

Stär·kung *die; -, -en* **1** der Vorgang, bei dem jemand/etwas stärker und kräftiger (gemacht) wird || K- Stärkungsmittel **2** Essen und Trinken (*bes* wenn man etwas Anstrengendes tut): *nach dem Rennen eine kleine Stärkung zu sich nehmen*

starr, *starrer, starrst-; Adjektiv* **1** so, dass man einzelne Teile nicht bewegen kann ⟨Finger, Glieder⟩: *In der Kälte waren meine Hände ganz starr geworden* **2** ohne Bewegung ⟨ein Blick; starr vor Schreck⟩ **3** so, dass keine Veränderung oder Anpassung möglich ist ⟨Prinzipien; starr an etwas (*Dativ*) festhalten⟩ || *hierzu* **Starr·heit** *die; -; nur Singular; zu* 1 und 2 **Star·re** *die; -; nur Singular*

S

star·ren; *starrte, hat gestarrt;* **(irgendwohin/auf jemanden/etwas) starren** den Blick lange auf jemanden/etwas richten, ohne die Augen abzuwenden

Starr·sinn *der; -(e)s; nur Singular; abwertend* ≈ Sturheit, Eigensinn || *hierzu* **starr·sin·nig** *Adjektiv*

Start *der; -s, -s* **1** der Vorgang, bei dem *bes* ein Flugzeug oder eine Rakete in die Luft steigt ↔ Landung || K- Starterlaubnis; startbereit **2** der Beginn eines Rennens ⟨das Zeichen zum Start geben⟩ || K- Startsignal; startbereit **3** die Stelle, an der ein Lauf oder ein Rennen beginnt ↔ Ziel **4** der Beginn einer *meist* geschäftlichen Tätigkeit: *der Start ins Berufsleben* || K- Startkapital || -K Berufsstart

Start·bahn *die; -, -en;* eine Art breite Straße (auf einem Flugplatz), auf der die Flugzeuge starten

start·be·reit *Adjektiv* ≈ startklar

star·ten A2 *startete, hat/ist gestartet* **1** **jemand/etwas startet** (*ist*) ein Flugzeug, eine Rakete steigt in die Luft **2** **etwas startet (irgendwie)** (*ist*) der Motor eines Fahrzeugs springt an **3** (*ist*) eine Reise oder ein Rennen beginnen ↔ beenden **4** **(etwas) starten** (*hat*) etwas beginnen oder stattfinden lassen ⟨ein Rennen, eine Aktion starten⟩ **5** **(etwas) starten** (*hat*) den Motor einschalten ⟨das Auto, den Motor starten⟩

start·klar *Adjektiv;* fertig für einen Start ≈ startbereit

Start·num·mer *die; -, -n;* die Nummer, die ein Teilnehmer in einem Rennen hat

Sta·ti·on B2 [-'tsio:n] *die; -, -en* **1** ein Platz, an dem öffentliche Verkehrsmittel regelmäßig halten, damit man ein- und aussteigen kann || -K Bahnstation; Endstation **2** eine Abteilung in einem Krankenhaus ⟨die gynäkologische Station⟩ || K- Stationsarzt, Stationsschwester || -K Frauenstation **3** ein Gebäude und technische Anlagen *bes* für technische Tätigkeiten ⟨eine meteorologische Station⟩ || -K Beobachtungsstation, Weltraumstation **4** ein Punkt in einer Entwicklung: *die verschiedenen Stationen seiner Karriere* **5** **(irgendwo) Station machen** eine Fahrt oder Reise unterbrechen

sta·ti·o·när [ʃtatsio'nɛ:ɐ̯] *Adjektiv;* im Krankenhaus ↔ ambulant ⟨eine Behandlung; jemanden stationär behandeln⟩

sta·ti·o·nie·ren [-tsio-]; *stationierte, hat stationiert; meist* **jemand/etwas wird/ist irgendwo stationiert** Soldaten/Waffen *o.Ä.* werden an einen Ort gebracht/sind an einem Ort, um dort (über längere Zeit) einen bestimmten Zweck zu erfüllen: *die auf Zypern stationierten UN-Soldaten* || *hierzu* **Sta·ti·o·nie·rung** *die; -, -en*

sta·tisch *Adjektiv* **1** *nur vor dem Substantiv oder als Adverb;* in Bezug auf die Standfestigkeit eines Bauwerks ⟨Berechnungen⟩ **2** *förmlich;* ohne

Bewegung und Veränderung ↔ dynamisch, flexibel ⟨ein Zustand⟩

Sta·tis·tik *die; -, -en* **1** eine Aufstellung von Zahlen, die zeigen, wie häufig bestimmte Dinge vorkommen ⟨eine amtliche Statistik; eine Statistik erstellen⟩: *Laut Statistik fahren Frauen vorsichtiger Auto als Männer* || -K Bevölkerungsstatistik, Unfallstatistik **2** *nur Singular;* die Wissenschaft, die sich mit Statistiken beschäftigt || *hierzu* **sta·tis·tisch** *Adjektiv*

statt[1] *Konjunktion* ≈ anstatt[1]: *Sie drehte die Heizung auf, statt sich wärmer anzuziehen*

statt[2] *Präposition; mit Genitiv/umg auch Dativ* ≈ anstatt[2]: *Nimm doch das frische Brot statt des alten*

statt·des·sen *Adverb;* als Ersatz für das Genannte: *Sie joggt nicht mehr, stattdessen geht sie jetzt schwimmen; Das ist ungünstig, stattdessen solltest du lieber ...*

Stät·te *die; -, -n; förmlich;* **die Stätte** *(+ Genitiv)* ein Ort, eine Stelle, wo etwas *meist* Wichtiges passiert (ist) ⟨eine historische Stätte⟩: *die Stätte seines Wirkens, seines Todes* || -K Arbeitsstätte, Brandstätte, Fundstätte, Gedenkstätte, Grabstätte, Unglücksstätte, Zufluchtsstätte

statt·fin·den B1 *findet statt, fand statt, hat stattgefunden;* **etwas findet statt** etwas geschieht (als geplantes Ereignis): *Die Trauung findet im Dom statt*

statt·haft *Adjektiv; nicht als Adverb; Verwaltung* ≈ erlaubt, zulässig

statt·lich *Adjektiv* **1** groß, kräftig und elegant: *Er ist eine stattliche Erscheinung* **2** ziemlich hoch ⟨eine Summe, ein Gewinn, ein Vermögen⟩ **3** groß und eindrucksvoll ⟨ein Haus⟩

Sta·tue [-tu̯ə] *die; -, -n;* eine Figur (aus hartem Material), in der Form eines Menschen, eines Tieres || -K Bronzestatue, Reiterstatue

Sta·tur *die; -, -en; meist Singular;* die Art, wie jemandes Körper gebaut, gewachsen ist ≈ Körperbau ⟨von kräftiger Statur sein⟩

Sta·tus *der; -; nur Singular;* die soziale oder rechtliche Stellung einer Person, einer Firma, eines Landes *usw* ⟨der gesellschaftliche Status⟩ || -K Neutralitätsstatus, Rechtsstatus

Sta·tus·sym·bol *das; -s, -e;* etwas, mit dem man anderen Leuten zeigen will, welche (hohe) Stellung man in der Gesellschaft hat oder wie viel Geld man hat: *ein Swimmingpool als Statussymbol*

Sta·tut *das; -(e)s, -en; meist Plural;* eine der Regeln, die bestimmen, welche Aufgaben, Rechte und Pflichten *bes* ein Verein hat ≈ Satzung ⟨Statuten aufstellen⟩ || K- Statutenänderung || -K Parteistatut, Vereinsstatut

Stau B1 *der; -(e)s, -s;* viele Autos, die stehen müssen und nicht weiterfahren können ⟨ein Stau bildet sich, löst sich auf⟩ || K- Staumeldung || -K Verkehrsstau

Staub *der; -(e)s; nur Singular* **1** die vielen sehr kleinen Teilchen, die immer in der Luft sind und sich auf Flächen in Häusern und Wohnungen sammeln: *Auf dem Schrank war eine dicke Schicht Staub* || K- Staubschicht || -K Kohlenstaub **2** **Staub wischen** mit einem Tuch den Staub (1) von Möbeln *o.Ä.* entfernen || ID **jemand/etwas wirbelt viel Staub auf** *umg;* jemand/etwas verursacht große Aufregung in der Öffentlichkeit; **sich** *(Akkusativ)* **aus dem Staub machen** *umg;* weggehen || Hinweis: ↑ **staubsaugen**

stau·ben; *staubte, hat gestaubt* **1** **etwas staubt** etwas produziert Staub und/oder gibt Staub von sich: *Die Decken staubten sehr, als wir sie ausschüttelten* **2** **es staubt** irgendwo entsteht viel Staub

staub·sau·gen, Staub sau·gen; *staubsaugte/saugte Staub, hat gestaubsaugt/hat Staub gesaugt;* **(etwas) staubsaugen** den Boden mit einem speziellen elektrischen Gerät (einem Staubsauger) sauber machen

Staub·sau·ger B2 *der; -s, -;* ein elektrisches Gerät, das den Staub einsaugt und so den (Fuß)Boden reinigt

Staub·tuch *das; -(e)s, -tü·cher;* ein Tuch, mit dem man Staub von Möbeln entfernt

Stau·de *die; -, -n* **1** eine Pflanze, deren Wurzeln im Winter in der Erde überleben, während der obere Teil abstirbt || K- Staudengewächs || -K Rhabarberstaude **2** *südd* Ⓐ Ⓒⓗ ≈ Strauch

stau·en; *staute, hat gestaut* **1** **etwas stauen** *meist* Wasser sammeln, indem man verhindert, dass es weiterfließt ⟨einen Bach stauen⟩ || K- Staubecken, Staudamm, Stausee **2** **etwas staut sich** eine relativ große Menge *(bes* einer Flüssigkeit) bildet sich und kann nicht weiterfließen: *Das Blut staut sich, wenn die Arterien verkalkt sind* || *zu* 1 und 2 **Stau·ung** *die; -, -en*

stau·nen; *staunte, hat gestaunt;* **(über jemanden/etwas) staunen** Überraschung, Verwunderung und Respekt empfinden: *Da staunst du, wie gut ich das kann, was?*

Steak [ʃte:k, st-] *das; -s, -s;* ein Stück (Rind)-Fleisch, das man relativ kurz brät || -K Rin-

S

dersteak

stẹ·chen [B1] *sticht, stach, hat gestochen* **1** **jemanden/sich stechen; jemandem (etwas) irgendwohin stechen** jemanden/sich verletzen oder ihm/sich wehtun, indem man etwas Spitzes in die Haut drückt: *sich an einer Rose, mit einer Nadel stechen; jemandem ein Messer in den Arm stechen* **2** **ein Tier sticht (jemanden)** ein Tier verletzt jemanden mit dem Stachel || [K-] Stechmücke **3** **etwas sticht** etwas ist spitz und verursacht deshalb Schmerzen, wenn man es berührt ⟨Dornen⟩ **4** **(etwas) irgendwohin stechen** einen spitzen Gegenstand in eine Oberfläche drücken: *eine Nadel in den Stoff stechen* **5** **etwas sticht** etwas schmerzt (in kurzen Abständen): *stechende Schmerzen* **6** **etwas sticht (etwas)** eine Karte hat bei einem Kartenspiel einen höheren Wert als eine andere: *Das Ass sticht (den König)* **7** **(etwas) stechen** beim Kartenspiel einen Trumpf oder eine Karte mit höherem Wert auf eine andere Karte legen **8** **die Sonne sticht** die Sonne ist unangenehm heiß

Stẹck·brief *der; -(e)s, -e;* eine kurze Beschreibung, die die Polizei von einem Verbrecher gibt, um ihn zu finden || *hierzu* **stẹck·brief·lich** *Adjektiv*

Stẹck·do·se [B1] *die; -, -n;* ein kleiner Gegenstand mit zwei Öffnungen, der an eine elektrische Leitung angeschlossen ist. Mit einem Stecker kann man von einer Steckdose Strom abnehmen: *den Stecker in die Steckdose stecken*

stẹ·cken; *steckte, hat/ist gesteckt* **1** **etwas irgendwohin stecken** *(hat)* etwas (durch eine Öffnung) in etwas hineintun: *den Brief in das Kuvert stecken; das Hemd in die Hose stecken; den Schlüssel ins Schloß stecken* **2** **(jemandem/sich) etwas irgendwohin stecken** *(hat)* etwas irgendwo befestigen: *jemandem/sich einen Ring an den Finger stecken; sich Blumen ins Haar stecken* **3** **jemanden irgendwohin stecken** *(hat) umg;* jemanden an einen bestimmten Platz bringen, an dem er bleiben muss ⟨ein Kind ins Bett stecken; jemanden ins Gefängnis stecken⟩ **4** **etwas in etwas** *(Akkusativ)* **stecken** *(hat) umg;* Geld oder Arbeit in etwas investieren: *Geld in ein Geschäft stecken* **5** **etwas in Brand stecken** *(hat)* ≈ etwas anzünden: *ein Haus in Brand stecken* **6** **jemand/etwas steckt (irgendwo)** *(hat/südd Ⓐ Ⓒⓗ auch ist)* jemand/etwas ist an einem bestimmten Ort und kommt nicht weg: *Die Wurzeln stecken fest in der Erde; Der Schlüssel steckt (im Schloss/in der Tür)* **7** **jemand/etwas steckt irgendwo** *(hat/ist) umg;* jemand/etwas ist irgendwo: *Weißt du, wo die Kinder stecken?* **8** **etwas steckt in jemandem** *(hat) umg;* jemand hat bestimmte Fähigkeiten: *In ihr stecken musikalische Talente!* **9** **etwas steckt in etwas** *(Dativ) (hat) umg;* etwas wurde für etwas gebraucht, investiert: *In dem Geschäft steckt eine Menge Geld* **10** **jemand/etwas steckt hinter etwas** *(Dativ) (ist) umg;* jemand ist für etwas verantwortlich, etwas ist die eigentliche Ursache von etwas: *Dahinter steckt bestimmt die Mafia* **11** **in Schwierigkeiten stecken** *(hat) umg;* (*bes* finanzielle) Schwierigkeiten haben **12** **jemand/etwas bleibt irgendwo stecken** jemand/etwas kann sich nicht mehr bewegen: *im Schnee stecken bleiben* **13** **etwas bleibt irgendwo stecken** etwas kann sich nicht entwickeln oder kann nicht fortgesetzt werden: *Das Projekt blieb im Anfangsstadium stecken* **14** **jemand bleibt irgendwo stecken** *umg;* eine Person kann nicht mehr weitersprechen (weil sievergessen hat, was sie sagen wollte): *Der Schauspieler blieb mitten im Satz stecken*

stẹ·cken·blei·ben *(ist)* ↑ **stecken** (13,14)

Stẹ·cken·pferd *das; -(e)s, -e;* ein Hobby oder ein Thema, über das jemand oft und gern spricht

Stẹ·cker [B1] *der; -s, -;* ein kleiner Gegenstand (aus Plastik) mit Stiften, mit dem man ein elektrisches Gerät (über eine Steckdose) an das Stromnetz anschließt

Stecker

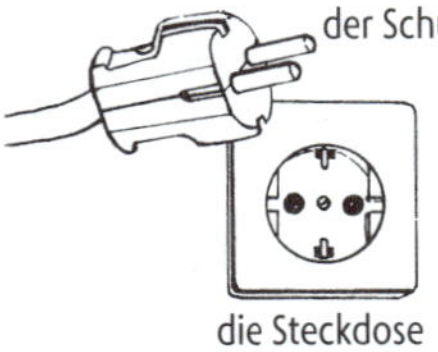

Stẹck·na·del *die; -, -n;* eine Nadel, die man verwendet, um Stoffstücke aneinander zu befestigen, wenn man näht || ↑ Abbildung unter **Nadel** || [ID] **jemanden/etwas wie eine Stecknadel im Heuhaufen suchen** *umg;* jemanden/etwas mit großer Mühe (und wenig Aussicht auf Erfolg) suchen

Steg *der; -(e)s, -e* **1** eine schmale, einfache Brücke (*meist* aus Holz) **2** eine Art einfache Brücke, die vom Land bis zu einem Punkt im Wasser geht || [-K] Bootssteg, Landesteg **3** der Teil der Brille (zwischen den Gläsern), der auf der Nase sitzt

ste·hen[1] [A2] ['ʃteːən]; *stand, hat/südd Ⓐ Ⓒⓗ ist gestanden* **1** **(irgendwo) stehen** in aufrechter

Haltung (mit gestreckten Beinen) auf einer Stelle bleiben ↔ liegen, sitzen: *Der Zug war so voll, dass wir stehen mussten; Willst du dich hinsetzen oder stehen bleiben?* || ↑ Illustration **Verben der Bewegung** **2** **etwas steht irgendwo** etwas ist an der Stelle, an der es gebaut wurde, an der es gewachsen ist oder an die es gestellt wurde: *Auf dem Rathausplatz steht ein Denkmal; Bei der Sanierung sind nur die Fassaden stehen geblieben; Bitte lass doch das Geschirr stehen, ich spüle selbst ab* **3** **etwas steht** etwas ist nicht (mehr) in Bewegung oder in Funktion ⟨eine Maschine, eine Uhr⟩ **4** **etwas steht irgendwo** etwas ist an einer bestimmten Stelle des Himmels ⟨Sterne; die Sonne, der Mond⟩: *Die Sonne steht im Zenit* **5** **jemand/etwas steht irgendwo** etwas ist irgendwo geschrieben ⟨etwas stehen lassen (= nicht entfernen, korrigieren)⟩: *Steht etwas Interessantes in der Zeitung?* **6** **etwas steht auf etwas** (*Dativ*) etwas zeigt eine Zeit oder einen Wert an: *Der Zeiger steht auf vier Uhr; Das Barometer steht auf „Regen"* **7** **vor etwas** (*Dativ*) **stehen** mit etwas Schwierigem zu tun haben ⟨vor Problemen, Schwierigkeiten stehen⟩ **8** **über etwas** (*Dativ*) **stehen** so viel Erfahrung und Intelligenz haben, dass man sich nicht über kleine Probleme ärgert: *Man muss über den Dingen stehen* **9** **etwas steht irgendwie** etwas ist zu einem Zeitpunkt in einem bestimmten Zustand der Entwicklung: *Die Chancen für einen Erfolg stehen gut; Wie steht die Sache?* **10** verwendet zusammen mit einem Substantiv, um ein Verb zu umschreiben; **unter Anklage stehen** ≈ angeklagt sein; **unter Aufsicht stehen** ≈ beaufsichtigt werden; **etwas steht zur Debatte, Diskussion** ≈ etwas muss debattiert, diskutiert werden **11** **es steht irgendwie** verwendet, um den momentanen Stand eines Spiels anzugeben: *Nach der Halbzeit steht es 2:1* **12** **um jemandes Gesundheit/jemanden steht es schlecht** jemand ist sehr krank, in einem schlechten Zustand **13** **stehen bleiben** nicht weitergehen oder -fahren ≈ anhalten: *Wir blieben stehen, um auf dem Stadtplan nachzusehen* **14** **etwas bleibt stehen** etwas funktioniert nicht mehr: *Meine Uhr ist stehen geblieben* **15** **etwas stehen lassen** etwas nicht (ganz) essen: *Wenn Ihnen der Kuchen nicht schmeckt, können Sie ihn ruhig stehen lassen* **16** **etwas irgendwo stehen lassen** etwas irgendwo vergessen und nicht mitnehmen: *Ich habe meinen Schirm im Geschäft stehen lassen* **17** **jemanden stehen lassen** (*meist* aus Ärger) jemanden nicht (länger) beachten (und von ihm weggehen) || ID **Wo sind wir stehen geblieben?** an welchem Punkt unseres Gesprächs waren wir zuletzt?

ste·hen² A2 ['ʃteːən]; *stand, hat/südd* Ⓐ ⒸⒽ *ist gestanden* **1** **etwas steht jemandem** etwas passt gut zu jemandes Figur und Aussehen ⟨ein Kleidungsstück, eine Farbe, eine Frisur; eine Brille⟩: *Steht mir diese Bluse?; Ich glaube, Blau steht mir nicht* **2** **zu etwas stehen** eine Sache oder eine Entscheidung unterstützen ⟨zu einem Versprechen stehen⟩ **3** **zu jemandem stehen** jemandem, der Schwierigkeiten hat, helfen: *Trotz der Niederlage steht der Trainer zu seinen Spielern* **4** **(voll) hinter jemandem stehen** jemandem helfen, *meist* politische Ziele zu erreichen: *Die Partei steht voll hinter ihrem Vorsitzenden* **5** **irgendwie zu jemandem/etwas stehen** eine bestimmte Meinung oder Einstellung zu jemandem/etwas haben: *Wie stehen Sie zu den neuen Sparmaßnahmen der Regierung?* || Hinweis: *meist* in einer Frage **6** **etwas steht auf etwas** (*Akkusativ*) für ein Verbrechen gibt es die genannte Strafe: *Auf Steuerhinterziehung stehen hohe Geldstrafen* **7** **etwas steht bei jemandem** etwas wird von jemandem entschieden: *Es steht bei dir, ob wir wieder nach England fahren* **8** **jemand/etwas steht für etwas** jemand/etwas ist ein typisches Beispiel für viele andere Menschen oder Dinge: *Seine Worte stehen für die Meinung vieler* **9** **auf jemanden/etwas stehen** *umg;* jemanden/etwas sehr gut finden: *Sie steht auf große, schlanke Männer/auf französische Chansons*

ste·hen·blei·ben (*ist*) ↑ **stehen¹** (14, ID)

ste·hen·las·sen (*hat*) ↑ **stehen¹** (15-17)

Steh·lam·pe B2 *die; -, -n;* eine Lampe, die auf dem Boden oder einem Tisch steht (und nicht an der Decke oder an der Wand hängt)

Steh·lei·ter *die; -, -n;* eine Leiter aus zwei Teilen, die frei steht und nicht an die Wand gelehnt wird

steh·len B1 *stiehlt, stahl, hat gestohlen* **1** **((jemandem) etwas) stehlen** (ohne bemerkt zu werden) etwas nehmen, das einem anderen gehört, und es behalten: *jemandem das Fahrrad stehlen; Ich glaube, er stiehlt* **2** **jemand/etwas stiehlt jemandem etwas** jemand/etwas verhindert, dass jemand etwas hat ⟨jemand/etwas stiehlt jemandem den Schlaf, die Zeit stehlen⟩

Steh·platz *der; -es, -plät·ze;* ein Platz (*z.B.* im Bus oder in einem Stadion) ohne Sitz

steif *Adjektiv* **1** ziemlich hart, sodass man die Form nur schwer verändern kann ↔ weich, biegsam ⟨ein Kragen, Pappe; etwas ist steif gefroren; etwas ist steif wie ein Brett⟩ **2** so, dass man es nicht oder nur schwer oder unter Schmerzen bewegen kann: *Seit dem Unfall hat er ein steifes Bein* **3** sehr streng den gesellschaftlichen Regeln entsprechend: *Bei dem Empfang ging es sehr steif zu* **4** *meist* **etwas steif schlagen** *bes* Eiweiß oder Sahne mit einem Mixer *o.Ä.* so schlagen, dass sie zu Schaum oder fest werden **5** *nicht als Adverb; Schifffahrt;* ziemlich stark ⟨eine Brise, ein Wind⟩ || ID **etwas steif und fest behaupten/glauben** *umg;* etwas behaupten/glauben, ohne daran zu zweifeln || *hierzu* **Steif·heit** *die; -; nur Singular*

steif·schla·gen *(hat)* ↑ **steif** (4)

Steig·bü·gel *der; -s, -;* einer der zwei Bögen aus Metall, in die man die Füße steckt, wenn man auf einem Pferd sitzt || ↑ Abbildung unter **Pferd**

stei·gen B1 *stieg, ist gestiegen* **1** **irgendwohin steigen** an einen Ort gehen (oder klettern), der höher oder tiefer liegt ⟨auf einen Berg, aufs Dach steigen⟩ **2** **irgendwohin steigen** sich mit einer Bewegung an einen bestimmten Platz bringen ⟨aufs/vom Fahrrad, Pferd steigen; ins/aus dem Auto steigen; in den/aus dem Zug steigen⟩ **3** **jemand/etwas steigt** jemand/etwas bewegt sich durch die Luft nach oben ⟨ein Flugzeug, der Rauch⟩: *Bratenduft stieg mir in die Nase* **4** **etwas steigt** etwas wird (im Niveau, Umfang oder Wert) höher oder größer ⟨das Wasser; die Leistung; die Aktien, die Preise⟩ **5** **etwas steigt** *umg* ≈ etwas findet statt ⟨eine Party⟩ **6** **(jemandem) auf etwas** *(Akkusativ)* **steigen** *umg;* auf etwas treten ⟨auf die Bremse, aufs Gas steigen; jemandem auf den Fuß steigen⟩ **7** **in etwas** *(Akkusativ)* **steigen** *umg;* etwas anziehen, indem man bei den Füßen beginnt ⟨in die Hose, in die Kleider steigen⟩

stei·gern; *steigerte, hat gesteigert* **1** **etwas steigern** bewirken, dass etwas besser, größer, intensiver wird ⟨die Leistung, die Produktion steigern⟩ **2** **etwas steigern** *Sprachwissenschaft;* die Formen eines Adjektivs oder Adverbs bilden, mit denen man den Vergleich *(alt – älter/ältest-)* ausdrückt **3** **etwas steigert sich** etwas wird besser oder intensiver: *Die Spannung steigerte sich* **4** **jemand steigert sich** jemand verbessert seine Leistungen || *hierzu* **Stei·ge·rung** *die; -, -en*

Stei·gung *die; -, -en* **1** der Grad, in dem Wege, Straßen höher oder steiler werden ↔ Gefälle: *Die Straße zum Pass hat eine Steigung von 14%* || K- Steigungswinkel **2** eine Strecke, bei der der Weg nach oben geht: *an der Steigung in einen niedrigeren Gang schalten*

steil B1 *Adjektiv;* ⟨ein Berg, ein Weg, eine Straße⟩ so, dass sie ziemlich schräg sind || K- Steilhang, Steilküste || ↑ Abbildung unter **spitz**

Stein A2 *der; -(e)s, -e* **1** *nur Singular;* die harte Substanz, aus der Berge bestehen ⟨hart wie Stein⟩ || K- Steinblock, Steinboden, Steinbrocken; steinhart || -K Kalkstein, Sandstein **2** ein relativ kleines Stück Stein (1): *Auf dem Acker liegen viele Steine* || -K Kieselstein, Pflasterstein **3** ein Stein in Form eines Rechtecks, der für Häuser, Mauern verwendet wird || K- Steinhaus || -K Ziegelstein **4** ein relativ großer harter Kern in einer Frucht, wie in Pfirsichen, Aprikosen || K- Steinobst **5** *Kurzwort* ↑ **Edelstein** **6** eine Art kleiner Stein (2), der sich in manchen Organen bildet || -K Gallenstein, Nierenstein **7** ein kleiner Gegenstand, mit dem man bei Brettspielen spielt || ↑ Abbildung unter **Brettspiele** || -K Dominostein || ID **der Stein des Anstoßes** *förmlich;* die Ursache für eine unangenehme Situation oder ein Problem; **jemandem fällt ein Stein vom Herzen** jemand ist sehr erleichtert; **der Stein der Weisen** *förmlich;* die ideale Lösung für ein wichtiges Problem

Stein·bock *der; -(e)s, -bö·cke* **1** ein Tier mit langen Hörnern, das auf hohen Bergen lebt **2** das Sternzeichen für die Zeit vom 23. Dezember bis 20. Januar

Steinbock

Stein·bruch *der; -(e)s, -brü·che;* eine Stelle, an der man Steine von den Felsen bricht (um Baumaterial zu gewinnen)

stei·nern *Adjektiv* **1** *nur vor dem Substantiv, nicht als Adverb;* aus Stein ⟨ein Boden⟩ **2** *nicht als*

Adverb; ohne Gefühl ⟨jemandes Herz, jemandes Miene⟩

stein·hart *Adjektiv; ohne Steigerung; umg, oft abwertend;* sehr hart ⟨Brot⟩

stei·nig *Adjektiv* **1** mit vielen Steinen ⟨ein Weg, ein Gelände, ein Acker⟩ **2** mit vielen Schwierigkeiten: *Bis zum Abitur hast du noch einen steinigen Weg vor dir*

Stein·pilz *der; -es, -e;* ein Pilz mit hellbrauner Kappe und dickem Stiel, der gern gegessen wird

stein·reich *Adjektiv; ohne Steigerung; umg;* sehr reich

Stein·zeit *die; -; nur Singular;* die (lange vergangene) Zeit, während der die Menschen Waffen und Werkzeuge aus Steinen machten || K- Steinzeitmensch || *hierzu* **stein·zeit·lich** *Adjektiv*

Stel·le B1 *die; -, -n* **1** ein Ort, Punkt oder Platz, an dem jemand/etwas ist oder an dem etwas geschieht: *sich an der vereinbarten Stelle treffen; Das muss die Stelle sein, an der der Unfall geschah* || -K Gefahrenstelle; Bruchstelle, Nahtstelle **2** die Position in einer Firma oder einer Institution, in der man arbeitet ⟨eine freie Stelle; sich um eine Stelle bewerben⟩: *eine Stelle als Verkäufer* || K- Stellenabbau, Stellenangebot **3** jemandes Position in einer Rangordnung: *an erster/letzter Stelle stehen;* (*im Wettkampf*) *an erster Stelle sein* **4** **eine Stelle (für etwas)** eine Institution, die bestimmte Aufgaben hat, *bzw* ihr Büro ⟨eine staatliche, kirchliche Stelle⟩ || -K Beratungsstelle, Dienststelle **5** eine kleine Fläche am Körper oder an einem Gegenstand: *eine entzündete Stelle auf der Haut* || -K Druckstelle, Roststelle **6** ein relativ kurzer Teil in einem Text oder einem musikalischen Werk: *eine Stelle aus einem Buch zitieren* || -K Bibelstelle, Textstelle **7** *Mathematik; meist in* **die erste/zweite/dritte** *usw* **Stelle (nach dem Komma)** der Platz (nach dem Komma), an dem eine Ziffer steht || -K Dezimalstelle **8** **an jemandes Stelle/an der Stelle von jemandem/etwas** (stellvertretend) für eine Person oder Sache, um deren Funktion zu übernehmen **9** **an jemandes Stelle** in jemandes Lage, Situation: *An deiner Stelle wäre ich vorsichtig!* **10** **auf der Stelle** ≈ sofort || ID **nicht von der Stelle kommen/auf der Stelle treten** *umg;* keine Fortschritte machen; **jemanden an einer empfindlichen/wunden Stelle treffen** etwas tun oder sagen, das jemandes Gefühle dort verletzt, wo Probleme sind || Hinweis: ↑ **anstelle**

stel·len A2 *stellte, hat gestellt* **1** **etwas irgendwohin stellen** etwas so an eine Stelle bringen, dass es dort steht oder ist: *eine Leiter an die Mauer stellen; die Blumen in eine Vase stellen* **2** **sich irgendwohin stellen** an eine Stelle gehen und dort stehen (bleiben): *sich ans Fenster stellen* **3** **etwas stellen** ein (technisches) Gerät in die Position bringen, in der es seine Funktion erfüllt ⟨die Weichen, das Signal stellen⟩ **4** **etwas** + *Adjektiv* + **stellen** die Funktion oder Leistung eines Gerätes verändern: *das Radio leiser stellen* **5** **eine Uhr stellen** die Zeit auf einer Uhr ändern und die Uhr so korrigieren **6** **den Wecker (auf** + *Uhrzeit*) **stellen** den Wecker so einstellen, dass er zu einer bestimmten Zeit läutet: *den Wecker auf sieben Uhr stellen* **7** **jemanden stellen** jemanden, der flieht, dazu zwingen, stehen zu bleiben: *Nach kurzer Flucht wurde der Bankräuber gestellt und festgenommen* **8** **(jemandem) jemanden/etwas stellen** jemandem Leute, Geräte, Kleider für eine bestimmte Zeit (*meist* kostenlos) geben: *Das Rote Kreuz stellte die Zelte* **9** **etwas stellen** zusammen mit einem Substantiv verwendet, um ein Verb zu umschreiben; **einen Antrag auf etwas stellen** ≈ etwas beantragen; **jemandem eine Aufgabe stellen** ≈ jemandem etwas aufgeben; **eine Diagnose stellen** ≈ etwas diagnostizieren **10** **sich jemandem/etwas stellen** bereit sein, sich mit jemandem auseinanderzusetzen oder eine Herausforderung anzunehmen: *Der Minister stellte sich der Diskussion* **11** **sich (der Polizei) stellen** zur Polizei gehen und sagen, dass man ein Verbrechen begangen hat **12** **sich hinter jemanden stellen** jemandem helfen, der von anderen beschuldigt wird: *Der Kanzler stellte sich voll hinter seinen Minister* **13** **sich** + *Adjektiv* + **stellen** so tun, als hätte man die genannte Eigenschaft ⟨sich blind, taub, stumm, tot, dumm stellen⟩

-stel·lig *im Adjektiv; nicht als Adverb;* ⟨eine Zahl, eine Summe⟩ mit der genannten Zahl von Ziffern (Stellen); **einstellig, zweistellig, dreistellig** *usw*

Stell·platz *der; -es, -plät·ze;* ein Platz, den man mieten kann, um dort ein Fahrzeug hinzustellen || -K Tiefgaragenstellplatz

Stel·lung B2 *die; -, -en* **1** die Art und Weise, wie man den Körper (oder Teile davon) hält ⟨eine Stellung einnehmen⟩ || -K Schlafstellung, Sprungstellung **2** die Lage einer Sache in Bezug auf ihre Umgebung ≈ Stand, Position: *Wenn der Schalter in dieser Stellung ist, fließt Strom* || -K Schalterstellung, Signalstellung, Wortstellung **3** eine Stelle (2): *eine Stellung*

S

als Chauffeur || -K Dauerstellung **4** **(für/gegen jemanden/etwas) Stellung nehmen, beziehen** in Bezug auf jemanden/etwas eine (positive/negative) Meinung haben

Stel·lung·nah·me *die; -, -n;* die Meinung, die jemand zu einem Thema hat und *(meist* öffentlich) ausspricht ⟨eine Stellungnahme abgeben⟩

Stell·ver·tre·ter *der; -s, -;* jemand, der für eine Zeit die Aufgabe eines anderen *(meist* seines Chefs) übernimmt || *hierzu* **Stell·ver·tre·te·rin** *die; -, -nen*

stem·men; *stemmte, hat gestemmt* **1** **etwas stemmen** etwas mit viel Kraft über den Kopf nach oben drücken ⟨Gewichte stemmen⟩ **2** **sich gegen etwas stemmen** mit viel Energie versuchen, etwas zu verhindern: *sich gegen eine Entwicklung stemmen*

Stem·pel B1 *der; -s, -;* **1** ein kleiner Gegenstand, mit dem man *meist* einen Namen auf Papier druckt || K- Stempelkissen || -K Gummistempel; Datumsstempel, Firmenstempel **2** das, was mit einem Stempel auf Papier gedruckt wird: *ein Stempel im Pass* || K- Stempelaufdruck || -K Poststempel

stem·peln; *stempelte, hat gestempelt* **1** **etwas stempeln** mit einem Stempel (1) Zeichen auf etwas drucken: *eine Urkunde, ein Formular, einen Brief, eine Postkarte stempeln* **2** **jemanden zu etwas stempeln** jemanden als etwas *meist* Negatives bezeichnen: *jemanden zum Dieb, Lügner, Versager stempeln* **3** **stempeln (gehen)** *umg;* arbeitslos sein || K- Stempelgeld **4** beim Beginn und beim Ende der Arbeit eine Karte in die Stechuhr stecken **5** **(etwas) stempeln** *umg;* die Fahrkarte entwerten

Step·pe *die; -, -n;* ein großes, flaches Gebiet (in trockenem Klima), auf dem fast nur Gras wächst *(z.B.* die Prärie in Nordamerika)

Stepp·tanz *der; -es; nur Singular;* ein Tanz, bei dem man die Füße sehr schnell bewegt. Man trägt dabei besondere (Stepp)Schuhe, damit andere hören können, wie die Schuhe rhythmisch den Boden berühren || *hierzu* **step·pen** *(hat)*

Ster·be·hil·fe *die; -; nur Singular* **1** **aktive Sterbehilfe** das Einleiten von Maßnahmen, durch die jemand, der todkrank ist und sterben will, schnell stirbt **2** **passive Sterbehilfe** das Unterlassen von Maßnahmen, die bei einem Menschen, der sehr krank ist und sterben will, das Leben künstlich verlängern

ster·ben; *stirbt, starb, ist gestorben* **1** aufhören zu leben ⟨durch einen Unfall sterben⟩: *Goethe starb 1832 im Alter von 83 Jahren* **2** **an etwas** *(Dativ)* **sterben** aus einem bestimmten Grund sterben ⟨an einem Herzinfarkt sterben⟩ **3** **vor etwas** *(Dativ)* **sterben** *umg;* etwas in hohem Maße empfinden ⟨vor Durst, Sehnsucht sterben; vor Neugier (fast) sterben⟩ || ID **im Sterben liegen** kurz vor dem Tod sein; *meist* **Daran wirst du schon nicht (gleich) sterben!** *umg;* das ist nicht so unangenehm/schlimm für dich, wie du glaubst; *meist* **Er/Sie/Es ist für mich gestorben** *umg;* mit ihm/ihr/damit will ich nichts mehr zu tun haben; **etwas ist gestorben** *umg;* etwas wird nicht mehr realisiert ⟨ein Plan⟩; **zum Sterben** *umg* ≈ sehr: *Ich bin zum Sterben müde; Der Film war zum Sterben langweilig*

sterb·lich *Adjektiv; nur in* **1** **sterblich sein** einmal sterben müssen, nicht ewig leben können **2** **jemandes sterbliche Überreste** *förmlich beschönigend;* der Körper eines Toten

Sterb·lich·keit *die; -; nur Singular* **1** die Tatsache, dass Lebewesen sterblich sind **2** die (durchschnittliche) Zahl der Toten || K- Sterblichkeitsrate || -K Kindersterblichkeit

Ste·reo ['ʃte:reo, 'st-] *das; -s; nur Singular;* eine Technik, Musik oder Geräusche so wiederzugeben, dass der Klang aus zwei verschiedenen Richtungen kommt und so räumlich wirkt ⟨etwas in Stereo aufnehmen⟩ || K- Stereolautsprecher

Ste·reo·an·la·ge *die; -, -n;* eine Anlage aus mehreren Geräten (CD-Spieler, Radio, Lautsprechern *usw*), mit denen man Musik in Stereo hören kann

ste·reo·typ *Adjektiv; förmlich;* immer wieder in derselben Form (und daher nicht originell) ⟨Antworten, Phrasen; stereotyp dieselben Worte wiederholen⟩

ste·ri·li·sie·ren; *sterilisierte, hat sterilisiert* **1** **jemanden/ein Tier sterilisieren** eine Person oder ein Tier durch eine Operation unfruchtbar machen **2** **etwas sterilisieren** etwas so sauber machen, dass es ohne Bakterien ist ⟨Instrumente sterilisieren⟩ || *hierzu* **Ste·ri·li·sa·ti·on** *die; -, -en;* **Ste·ri·li·sie·rung** *die; -, -en*

Stern A2 *der; -(e)s, -e* **1** einer der kleinen hellen Punkte, die man nachts am Himmel sehen kann ⟨ein funkelnder Stern⟩ || K- Sternenhimmel || -K Polarstern **2** ein Stern (1), der selbst leuchtet, wie *z.B.* die Sonne oder die Fixsterne **3** eine Figur mit *meist* fünf Spitzen, die einen Stern (1) darstellt || ID **etwas steht unter einem guten Stern** etwas *(bes* eine Unternehmung, ein Projekt) funktioniert gut und ohne Probleme; **nach den Sternen**

greifen etwas (fast) Unmögliches erreichen oder haben wollen; *meist* **Das steht (noch) in den Sternen (geschrieben)** das ist noch nicht sicher

Stern·bild *das; -(e)s, -er;* eine Gruppe von Sternen am Himmel, in denen man eine Figur erkennen kann: *Das Sternbild des Großen Wagens*

ster·nen·klar *Adjektiv; ohne Steigerung; nicht als Adverb;* (ohne Wolken und deshalb) so, dass man die Sterne gut sehen kann ↔ sternlos ⟨eine Nacht; ein Himmel⟩

Stern·schnup·pe *die; -, -n;* ein kurzes, helles Licht am (nächtlichen) Himmel, das entsteht, wenn Material aus dem Weltall (ein Meteor) in der Luft der Erde verbrennt || Hinweis: ↑ **Komet**

Stern·stun·de *die; -, -n; förmlich;* ein Zeitpunkt, zu dem etwas geschieht, das für die weitere Entwicklung sehr positiv ist: *Die Erfindung des Buchdrucks war eine der Sternstunden der Menschheit*

Stern·zei·chen *das; -s, -;* eines der zwölf Symbole, die ihre Namen von Gruppen von Sternen haben (und von denen manche Leute glauben, dass sie Einfluss auf das Schicksal der Menschen hätten)

ste·tig *Adjektiv; nur vor dem Substantiv oder als Adverb;* gleichmäßig und ohne Unterbrechung ⟨etwas steigt, wächst, sinkt stetig; etwas nimmt stetig ab⟩

stets B2 *Adverb; förmlich* ≈ immer, jedes Mal: *Die Opposition hat stets mehr Geld für den staatlichen Wohnungsbau gefordert*

Steu·er[1] B2 *das; -s, -;* **1** der Teil eines Fahrzeugs, mit dem der Fahrer, Pilot *usw* die Richtung bestimmt ⟨am Steuer sitzen; das Steuer übernehmen⟩ || K- Steuerknüppel, Steuerrad **2** **am/hinter dem Steuer sitzen** *umg;* Auto fahren || ID **das Steuer (fest) in der Hand haben** die Kontrolle über eine Entwicklung haben

Steu·er[2] B2 *die; -, -n;* der Teil des Einkommens, Vermögens, des Werts von (gekauften) Waren *usw*, den man an den Staat zahlen muss ⟨hohe, niedrige Steuern; Steuern zahlen; die Steuern senken, erhöhen⟩ || K- Steuerberater, Steuerbescheid, Steuerpolitik, Steuerrecht, Steuersenkung || -K Einkommen(s)steuer, Kraftfahrzeugsteuer, Lohnsteuer, Mehrwertsteuer || *hierzu* **steu·er·lich** *Adjektiv*

Steu·er·er·klä·rung *die; -, -en;* (Formulare mit) Angaben für das Finanzamt über das Einkommen und die Ausgaben, die eine Person oder Firma im vergangenen Jahr gehabt hat ⟨die Steuererklärung machen, abgeben⟩: *Die Steuererklärung ist bald wieder fällig!* || -K Einkommen(s)steuererklärung, Umsatzsteuererklärung

steu·er·frei B2 *Adjektiv;* so, dass man keine Steuern dafür zahlen muss ↔ steuerpflichtig ⟨Beträge⟩: *Niedrige Einkommen bis zu einer bestimmten Höhe sind steuerfrei*

Steu·er·gel·der *die; -; Plural;* das gesamte Geld, das ein Staat an Steuern einnimmt

Steu·er·klas·se *die; -, -n;* eine von mehreren Stufen, nach denen bestimmt wird, wie viel Steuer jemand zahlen muss. Die Steuerklasse richtet sich *z.B.* danach, ob jemand verheiratet ist und Kinder hat

Steu·er·mann *der; -(e)s, -leu·te oder -män·ner;* jemand, der ein Boot oder ein Schiff steuert

steu·ern; *steuerte, hat gesteuert;* **(etwas) steuern** bewirken, dass ein Fahrzeug sich in eine bestimmte Richtung bewegt ≈ lenken ⟨ein Auto, ein Flugzeug, ein Schiff steuern⟩

steu·er·pflich·tig *Adjektiv; nicht als Adverb;* so, dass man (dafür) Steuern zahlen muss ↔ steuerfrei ⟨ein Einkommen, ein Gewinn⟩

Steu·er·zah·ler *der; -s, -;* **1** jemand, der Steuern zahlen muss **2** **der Steuerzahler** der normale Bürger || *hierzu* **Steu·er·zah·le·rin** *die; -, -nen*

Ste·ward ['stju:ɐt, 'ʃt-] *der; -s, -s;* ein Mann, der sich beruflich *bes* auf Schiffen (und in Flugzeugen) um die Passagiere kümmert

Ste·war·dess ['stju:ɐdɛs, 'ʃt-, -'dɛs] *die; -, Ste·war·d'es·sen;* eine Frau, die sich beruflich *bes* in Flugzeugen um die Passagiere kümmert || Hinweis: die offizielle Berufsbezeichnung ist *Flugbegleiterin*

sti·bit·zen; *stibitzte, hat stibitzt;* **(jemandem) etwas stibitzen** *umg humorvoll* ≈ klauen

Stich B2 *der; -(e)s, -e* **1** die Verletzung, die man bekommt, wenn man mit einem spitzen Gegenstand oder von einem Insekt gestochen wird || K- Stichwaffe, Stichwunde || -K Insektenstich, Messerstich **2** ein kurzer, starker Schmerz **3** die Karten, die derjenige Spieler beim Kartenspielen bekommt, der die Karte mit dem höchsten Wert auf den Tisch legt **4** **ein Stich ins** + *Farbe;* eine Farbe, in die eine andere Farbe übergeht: *blau mit einem Stich ins Violette* || ID **etwas hat einen Stich** etwas ist leicht verdorben und schmeckt deshalb nicht mehr gut ⟨Milch⟩; **jemanden im Stich lassen** jemandem, den man gut kennt, in einer schwierigen Situation nicht

S

helfen; **etwas im Stich lassen** ≈ zurücklassen, aufgeben; **keinen Stich (gegen jemanden) machen** *umg;* in einem Wettbewerb ohne Chancen gegen jemanden sein

sti·cheln; *stichelte, hat gestichelt;* **(gegen jemanden) sticheln** *abwertend;* kleine, böse Bemerkungen über jemanden machen, um ihn zu ärgern

stich·fest *Adjektiv; nur in* **hieb- und stichfest** überzeugend und nicht zu widerlegen ⟨ein Alibi, ein Argument⟩

Stich·flam·me *die; -, -n;* eine helle Flamme, die kurz in die Höhe schießt (*z.B.* wenn etwas explodiert)

stich·hal·tig *Adjektiv;* ⟨ein Argument, eine Begründung⟩ so gut, dass sie nicht durch andere Argumente *usw* widerlegt werden können

Stich·pro·be *die; -, -n;* ein Test, den man an einer kleinen repräsentativen (Teil)Menge macht, um so Informationen über das Ganze zu gewinnen ⟨Stichproben machen, vornehmen⟩ || *hierzu* **stich·pro·ben·wei·se** *Adverb*

Stich·punkt *der; -(e)s, -e* ≈ Stichwort² (2)

sticht *Präsens, 3. Person Singular;* ↑ **stechen**

Stich·tag *der; -(e)s, -e;* ein bestimmter Tag, den man als Grundlage für eine Berechnung *o.Ä.* nimmt: *Stichtag der Volkszählung war der 10. Oktober 1992*

Stich·wahl *die; -, -en;* eine Wahl, bei der zwischen den zwei Kandidaten entschieden wird, die vorher die meisten Stimmen (aber nicht die absolute Mehrheit) hatten

Stich·wort¹ *das; -(e)s, Stich·wör·ter;* ein Wort, das in einem Wörterbuch *o.Ä.* erklärt wird

Stich·wort² *das; -(e)s, -e* **1** eine Äußerung, die für jemanden das Signal ist, die Bühne zu betreten oder etwas zu sagen ⟨etwas ist jemandes Stichwort⟩ **2** *meist Plural;* einzelne Wörter und Teile von Sätzen, die jemand als die wichtisten Punkte eines Vortrags notiert ⟨sich (*Dativ*) zu etwas Stichworte machen, notieren⟩

sti·cken; *stickte, hat gestickt;* **(etwas) sticken** mit einer Nadel und mit einem Faden Muster auf ein Stück Stoff machen: *Blumen auf ein Tischtuch sticken* || K- Stickarbeit, Stickgarn, Stickmuster, Sticknadel || *hierzu* **Sti·cke·rei** *die; -, -en*

sti·ckig *Adjektiv; nicht als Adverb* **1** verbraucht und mit schlechtem Geruch ⟨Luft⟩ **2** voll warmer und verbrauchter Luft ⟨ein Raum, ein Zimmer⟩

S

Stick·stoff *der; -(e)s; nur Singular;* ein Gas ohne Farbe und Geruch, das in großen Mengen in der Luft vorkommt; *Chemie* N

Stief-; *im Substantiv;* nicht durch Geburt verwandt, sondern dadurch, dass Mutter oder Vater ein zweites Mal geheiratet haben: der **Stiefbruder**, die **Stiefmutter**, die **Stiefschwester**, der **Stiefsohn**, der **Stiefvater**

Stie·fel B2 *der; -s, -;* ein Schuh, der den ganzen Fuß und einen Teil des Beines bedeckt ⟨ein Paar Stiefel⟩ || -K Gummistiefel, Winterstiefel || ID **Das sind zwei Paar Stiefel!** *umg;* Das sind doch zwei ganz verschiedene Dinge!; **einen ziemlichen Stiefel** ⟨zusammenreden, zusammenschreiben⟩ *umg;* viel Unsinn reden, schreiben; **einen ziemlichen Stiefel** ⟨vertragen, trinken können⟩ *umg;* viel Alkohol vertragen, trinken können

Stief·kind *das; -(e)s, -er* **1** ein Kind des Ehepartners, das dieser aus einer früheren Ehe hat **2** **etwas ist das Stiefkind** *+ Genitiv* etwas bekommt wenig Aufmerksamkeit, wird wenig gepflegt: *Die Kultur ist häufig das Stiefkind der Finanzpolitik*

Stief·müt·ter·chen *das; -s, -;* eine kleine Blume, die *bes* in Gärten wächst und Blüten in allen Farben hat. Die Blüten haben Muster, die an Gesichter erinnern

stieg *Imperfekt, 1. und 3. Person Singular;* ↑ **steigen**

Stie·ge *die; -, -n;* eine enge, steile Treppe aus Holz

stiehlt *Präsens, 3. Person Singular;* ↑ **stehlen**

Stiel *der; -(e)s, -e* **1** der lange, feste, *meist* gerade Teil *bes* von Werkzeugen und Pfannen, an dem man diese hält: *der Stiel des Hammers* || -K Besenstiel, Pfannenstiel **2** der lange, dünne Teil von Blumen, an dem die Blätter und Blüten wachsen: *Rosen mit langen Stielen* || -K Blumenstiel **3** das kleine Stück Holz, an dem eine Frucht am Baum oder am Strauch hängt || -K Apfelstiel

Stier *der; -(e)s, -e* **1** das erwachsene männliche Rind, das fähig ist, Junge zu zeugen ≈ Bulle || K- Stierkalb, Stierkampf **2** *nur Singular;* das Sternzeichen für die Zeit vom 21. April bis 20. Mai || ID **den Stier bei den Hörnern packen/fassen** eine schwierige Aufgabe sofort mit Mut und Energie angehen

stieß *Imperfekt, 1. und 3. Person Singular;* ↑ **stoßen**

Stift A2 *der; -(e)s, -e* **1** ein kleiner, länglicher Gegenstand aus einem harten Material, mit dem man *bes* Bretter verbindet || -K Holzstift, Metallstift **2** ein langer, dünner Stab (*bes* aus Holz) mit einer Spitze, mit dem man schreibt oder zeichnet || -K Malstift, Rotstift

stif·ten; *stiftete, hat gestiftet* **1** **etwas stiften** etwas gründen und das nötige Geld dafür geben ⟨ein Krankenhaus stiften⟩ **2** **etwas (für etwas) stiften** Geld oder Dinge für einen *meist* wohltätigen Zweck geben ≈ spenden **3** **jemand/etwas stiftet etwas** jemand/etwas verursacht einen bestimmten Zustand ⟨Unruhe, Verwirrung stiften⟩ || *zu* 1 und 2 **Stif·ter** *der; -s, -;* **Stif·te·rin** *die; -, -nen*

Stif·tung *die; -, -en* **1** eine Organisation, die mit dem Geld, das ihr jemand gegeben hat, soziale Aufgaben erfüllt ⟨eine private, öffentliche, wohltätige Stiftung⟩ **2** eine hohe Summe Geld, die jemand für einen guten Zweck gegeben hat und aus der andere Menschen regelmäßig unterstützt werden: *ein Stipendium aus einer Stiftung erhalten* **3** *nur Singular;* die Gründung (eines Vereins *o.Ä.*) || K- Stiftungsfest, Stiftungsurkunde

Stil [ʃtiːl, stiːl] *der; -(e)s, -e* **1** die Art und Weise, in der man spricht oder schreibt ⟨ein flüssiger, schlechter Stil⟩ || K- Stilart, Stilebene || -K Telegrammstil, Vortragsstil **2** die Art, in der ein Kunstwerk gemacht ist, *bes* wenn es typisch für den Künstler oder für eine Epoche ist: *der gotische, klassizistische Stil; Mode im Stil der 20er Jahre* || K- Stilmittel, Stilrichtung || -K Barockstil **3** die (typische) Art und Weise, wie sich jemand (im Sport) bewegt ⟨den Stil verbessern⟩ || -K Laufstil **4** *nur Singular;* die Art und Weise, wie sich jemand verhält oder wie er handelt ⟨jemandes politischer Stil⟩ || -K Arbeitsstil, Lebensstil **5** **jemand hat Stil** jemand benimmt sich gut und hat Geschmack **6** **etwas hat Stil** etwas sieht gut und elegant aus: *Das Haus hat Stil* || ID **im großen Stil/großen Stils** in hohem Maße: *ein Betrug großen Stils;* **Das ist nicht mein 'Stil** das ist nicht meine Art (Probleme zu lösen) || *zu* 1-3 **sti·lis·tisch** *Adjektiv*

Stier

stil·echt *Adjektiv;* genau einem bestimmten Stil (2) entsprechend: *stilechte Möbel*

still B1 *Adjektiv* **1** ohne Geräusche ≈ ruhig: *Je weiter wir uns von der Stadt entfernten, desto stiller wurde es* **2** so, dass man keine Geräusche verursacht ≈ leise ⟨still bleiben⟩: *Sei bitte still, ich möchte schlafen* **3** mit wenig oder keiner Bewegung ⟨still (da)sitzen, (da)stehen, (da)liegen; etwas still halten; die Luft, ein See, ein Wasser⟩ || -K windstill **4** mit wenig Aktivität und Lust zum Sprechen ⟨ein Kind; ein stilles Leben führen⟩ **5** zwar nicht deutlich ausgesprochen, aber doch bemerkbar ⟨ein Vorwurf; still leiden⟩ **6** **im Stillen** ohne dass es andere merken ⟨etwas im Stillen vorbereiten⟩

Stil·le *die; -; nur Singular;* der Zustand, in dem es still (1,2) ist ≈ Ruhe ↔ Lärm ⟨(eine) feierliche, unheimliche Stille; es herrscht völlige Stille⟩

stil·len; *stillte, hat gestillt* **1** **(ein Baby) stillen** als Mutter ein Baby an der Brust Milch trinken lassen ⟨ein Kind, den Säugling, das Baby stillen⟩: *Sie kann nicht stillen* || K- Stillzeit **2** **etwas stillen** bewirken, dass man/jemand das bekommt, was man/er haben möchte oder braucht ≈ befriedigen ⟨den Hunger, den Durst, die Wünsche, den Ehrgeiz, jemandes Neugier, die Bedürfnisse stillen⟩: *Er hat einen Preis bekommen. Ich glaube, sein Bedürfnis nach Anerkennung ist jetzt gestillt* **3** **etwas stillen** bewirken, dass etwas aufhört (zu fließen) ⟨das Blut, die Tränen stillen⟩ **4** **etwas stillt etwas** etwas schwächt etwas ab ⟨etwas stillt den Schmerz, jemandes Zorn⟩ || *zu* 1 **Stil·len** *das; -s; nur Singular; zu* 2-4 **Stil·lung** *die; -; nur Singular*

still·hal·ten; *hält still, hielt still, hat stillgehalten;* sich ruhig verhalten, sich nicht bewegen oder wehren: *Halt doch endlich mal still und zappel nicht so!* || Hinweis: aber: *den Kopf still halten* (= getrennt geschrieben)

Still·le·ben *das; -s, -;* ein Bild, das Gegenstände, *bes* Früchte und Blumen zeigt

still·le·gen; *legte still, hat stillgelegt;* **etwas stilllegen** eine Firma,einen Betrieb schließen und mit der Produktion (für immer) aufhören || *hierzu* **Still·le·gung** *die; -, -en*

stil·los *Adjektiv* **1** ohne einen bestimmten Stil (2) ⟨ein Gebäude, ein Bild⟩ **2** so, dass es nicht der Vorstellung von gutem Benehmen entspricht ≈ geschmacklos: *Sekt in Biergläsern zu servieren, halte ich für stillos* || *hierzu* **Stil·lo·sig·keit** *die; -, -en*

Still·schwei·gen *das; -s; nur Singular;* **Stillschweigen (über etwas** (*Akkusativ*)**)** das Ver-

S

halten, über bestimmte (*bes* geheime oder unangenehme) Dinge nicht zu sprechen ≈ Diskretion ⟨Stillschweigen bewahren⟩

still·schwei·gend *Adjektiv; nur vor dem Substantiv oder als Adverb;* so, dass über etwas Bestimmtes nicht gesprochen wird ⟨ein Übereinkommen, eine Voraussetzung; etwas stillschweigend hinnehmen, übersehen, verschwinden lassen⟩

Still·stand *der; -(e)s, -stän·de; meist Singular;* ein Zustand ohne Bewegung, Aktivität und (Weiter)Entwicklung: *eine Blutung zum Stillstand bringen; Die Inflation ist zum Stillstand gekommen*

still·ste·hen; *stand still, hat/südd Ⓐ Ⓒⓗ ist stillgestanden;* **etwas steht still** etwas ist ohne Bewegung, Aktivität oder Entwicklung ⟨die Maschinen, der Betrieb; der Verkehr; jemandes Herz⟩

stil·voll *Adjektiv* ≈ geschmackvoll ⟨eine Einrichtung; eine stilvoll eingerichtete Wohnung⟩

Stimm·band *das; -(e)s, -bän·der; meist Plural;* eines der beiden dünnen, elastischen Bänder im Hals, mit deren Hilfe man Laute produziert

stimm·be·rech·tigt *Adjektiv;* mit dem Recht, bei einer Wahl oder Abstimmung zu wählen ⟨ein Bürger, ein Mitglied⟩ || *hierzu* **Stimm·be·rech·tig·te** *der/die; -n, -n*

Stimm·bruch *der; -(e)s; nur Singular;* die Zeit in der Entwicklung eines jungen Mannes, in der die Stimme[1] tief wird

Stim·me[1] B1 *die; -, -n* **1** die Laute, die jemand produziert, wenn er spricht oder singt ⟨eine hohe, tiefe, laute Stimme⟩ || -K Frauenstimme, Männerstimme; Vogelstimme **2** die Fähigkeit, zu sprechen oder zu singen ⟨eine gute, schlechte Stimme haben⟩: *Sie hat heute keine Stimme, weil sie erkältet ist* **3** einer der Teile eines Musikstücks, die gleichzeitig gespielt oder gesungen werden ⟨die erste, zweite Stimme⟩ || -K Geigenstimme, Sopranstimme **4** **die Stimme des Herzens/des Gewissens/der Vernunft** *förmlich;* das, was man aufgrund seiner Gefühle/seines Gewissens/der Vernunft denkt **5** **eine innere Stimme** ein unbestimmtes Gefühl **6** **die Stimme heben/senken** lauter/leiser sprechen **7** **die Stimme erheben** *förmlich;* anfangen zu sprechen **8** **mit erhobener Stimme** lauter als gewöhnlich

Stim·me[2] B1 *die; -, -n* **1** das Recht, mit anderen zusammen etwas zu entscheiden oder eine Person zu wählen, indem man *z.B.* die Hand hebt oder einen (Wahl)Zettel ausfüllt: *eine Stimme in einem Gremium haben* **2** **eine Stimme (für jemanden/etwas)** eine Entscheidung für jemanden/etwas (bei einer Wahl oder Abstimmung) ⟨eine gültige Stimme; jemandem seine Stimme geben⟩: *Der Antrag wurde mit 107 zu 100 Stimmen angenommen* || K- Stimmenverhältnis, Stimmenverlust || -K Gegenstimme, Jastimme, Neinstimme; Wählerstimme **3** *meist Plural;* jemandes Meinung, wie sie *bes* in der Öffentlichkeit zu hören ist ⟨kritische, warnende Stimmen⟩ **4** **seine Stimme abgeben** (*bes* in einer geheimen Wahl) wählen || K- Stimmabgabe **5** **sich der Stimme enthalten** *förmlich;* (bei einer Wahl) sich für keine Person oder Sache entscheiden || K- Stimmenthaltung

stim·men[1] B1 *stimmte, hat gestimmt;* **etwas stimmt** etwas ist richtig oder wahr ⟨das Ergebnis, eine Rechnung, eine Äußerung⟩: *Stimmt es, dass Monika krank ist?* || ID **mit jemandem stimmt etwas nicht** jemand macht den Eindruck, krank zu sein; **mit etwas stimmt etwas nicht/da stimmt (doch) etwas nicht** etwas macht den Eindruck, dass es nicht in Ordnung ist; **Stimmt!** das ist richtig!; **Stimmt so!** *umg;* (zu Kellnerinnen und Kellnern) den Rest können Sie (als Trinkgeld) behalten!

stim·men[2] B1 *stimmte, hat gestimmt* **1** *meist* **etwas stimmt jemanden irgendwie** etwas erzeugt in jemandem ein bestimmtes Gefühl ⟨etwas stimmt jemanden heiter, traurig⟩ **2** **(etwas) stimmen** ein Musikinstrument so einstellen, dass die Töne die richtige Höhe haben: *die Gitarre tiefer stimmen*

stim·men[3] B1 *stimmte, hat gestimmt;* **(für/gegen jemanden/etwas) stimmen** sich bei einer Wahl oder Abstimmung für oder gegen jemanden/etwas entscheiden ⟨mit Ja, Nein stimmen⟩

stim·mig *Adjektiv;* so, dass alles harmonisch und gut zueinanderpasst: *Dieses System ist (in sich) völlig stimmig*

Stim·mung B1 *die; -, -en* **1** der seelische Zustand eines Menschen zu einem Zeitpunkt ⟨(in) fröhlicher, gereizter Stimmung sein⟩ || K- Stimmungstief, Stimmungswechsel || -K Abschiedsstimmung, Weihnachtsstimmung **2** *nur Singular;* eine fröhliche Stimmung (1) ⟨in Stimmung sein, kommen⟩ **3** *nur Singular;* die übliche Stimmung (1), Atmosphäre in einer Gruppe: *Bei uns im Büro ist die Stimmung recht gut* **4** *nur Singular;* die Meinung von bestimmten Gruppen zu einem Thema: *die Stimmung unter den Wählern*

stim·mungs·voll *Adjektiv;* so schön und angenehm, dass es die Menschen froh (aber auch ein bisschen nachdenklich) macht ⟨eine Atmosphäre, ein Gedicht; etwas stimmungsvoll vortragen⟩

Stimm·zet·tel *der; -s, -;* ein Formular, mit dem man bei einer Wahl oder bei einer Abstimmung einen Kandidaten oder eine Partei wählt

sti·mu·lie·ren; *stimulierte, hat stimuliert;* **etwas stimuliert etwas** *förmlich;* etwas regt etwas an, fördert es: *Das Medikament stimuliert den Kreislauf*

stin·ken B1 *stank, hat gestunken* **1** **etwas stinkt** etwas hat einen sehr unangenehmen Geruch: *Faule Eier stinken* **2** **etwas stinkt nach etwas** etwas hat denselben oder sehr unangenehmen Geruch wie etwas: *Das Gas stinkt nach faulen Eiern* **3** **etwas stinkt jemandem** *umg;* etwas ist so, dass sich jemand darüber ärgert: *Es stinkt mir, dass er mir nicht hilft*

stink·sau·er *Adjektiv; ohne Steigerung;* **stinksauer (auf jemanden/etwas)** *umg;* sehr wütend, sehr ärgerlich (auf jemanden/etwas)

Sti·pen·di·at [ʃtipɛnˈdi̯aːt] *der; -en, -en;* jemand, der ein Stipendium bekommt || *hierzu* **Sti·pen·di·a·tin** *die; -, -nen*

Sti·pen·di·um [ʃtiˈpɛndi̯ʊm] *das; -s, Sti·pen·di·en* [-di̯ən]; eine finanzielle Hilfe, vor allem für Studenten, Wissenschaftler oder Künstler

stirbt *Präsens, 3. Person Singular;* ↑ **sterben**

Stirn *die; -, -en; meist Singular;* der Teil des Kopfes zwischen den Augen und den Haaren: *sich den Schweiß von der Stirn wischen* || ↑ Abbildung unter **Kopf** || K- Stirnband, Stirnfalte || ID **die Stirn haben** + **zu** + *Infinitiv* so unverschämt und frech sein, etwas (Schlimmes) zu tun: *Er hatte tatsächlich die Stirn, mich zu belügen!*; **über jemanden/etwas die Stirn runzeln** jemandes Verhalten/etwas nicht gut finden

Stirn·höh·le *die; -, -n;* ein Hohlraum im Innern der Stirn über der Nase || K- Stirnhöhlenentzündung, Stirnhöhlenvereiterung

sto·chern; *stocherte, hat gestochert;* **in etwas** *(Dativ)* **stochern** mit einem langen, spitzen Gegenstand mehrere Male in etwas stechen: *mit dem Feuerhaken in der Glut stochern*

Stock[1] B1 *der; -(e)s, Stö·cke* **1** ein langer, relativ dünner und harter Gegenstand aus Holz, den man *z.B.* als Stütze (beim Gehen) verwendet ⟨am Stock gehen⟩ || -K Spazierstock **2** einer von zwei Stöcken beim Skifahren || -K Skistock

Stock[2] B1 *der; -(e)s, Stö·cke;* eine Art kleiner Strauch, den man in ein Beet oder in einen Topf pflanzt || -K Rosenstock

Stock[3] B1 *der; -(e)s, -;* der Teil eines Gebäudes, mit allen Räumen, die auf gleicher Höhe sind ≈ Etage: *Sie wohnt im dritten Stock* || Hinweis: **a** Der Plural wird nur in Verbindung mit Zahlen verwendet: *ein zehn Stock hohes Haus* **b** der erste Stock ist der Stock über dem Erdgeschoss; ↑ **Stockwerk**

stock- *im Adjektiv; umg, oft abwertend;* verwendet, um bestimmte (oft negative) Adjektive zu verstärken ≈ sehr; **stockbetrunken, stockdumm, stockdunkel, stockfinster, stockkonservativ, stocktaub**

Stö·ckel·schuh *der; -(e)s, -e;* ein (Damen)-Schuh mit einem sehr hohen und sehr schmalen Absatz

sto·cken; *stockte, hat gestockt* **1** **etwas stockt** etwas ist in der Bewegung oder im normalen Ablauf für kurze Zeit unterbrochen ⟨die Arbeit, das Gespräch, der Verkehr; etwas kommt ins Stocken⟩ **2** **(bei/in etwas** *(Dativ)*) **stocken** während einer Bewegung oder einer Tätigkeit stocken: *Sie stockte in ihrer Rede* **3** *meist* **jemandem stockt der Atem** jemand hat das Gefühl, dass er (*meist* aus Angst) kaum atmen kann

stock·sau·er *Adjektiv; umg* ≈ stinksauer

Stock·werk *das* ≈ Stock[3], Etage || Hinweis: Bei der Zählung der Stockwerke wird das Erdgeschoss mitgezählt: *Das Haus hat vier Stockwerke* (= Erdgeschoss + drei obere Stockwerke)

Stoff[1] B1 *der; -(e)s, -e;* ein Gas, eine Flüssigkeit oder eine feste Masse mit bestimmten Eigenschaften ≈ Substanz ⟨ein pflanzlicher, chemischer, synthetischer Stoff⟩ || -K Brennstoff, Farbstoff, Impfstoff, Klebstoff, Nährstoff, Wirkstoff || *hierzu* **stoff·lich** *Adjektiv*

Stoff[2] B1 *der; -(e)s, -e;* das gewebte Material, aus dem *z.B.* Kleidung, Tischdecken, Handtücher bestehen ⟨ein dünner, wollener Stoff⟩ || K- Stoffmuster || -K Kleiderstoff; Baumwollstoff

Stoff[3] B1 *der; -(e)s; nur Singular;* eine Geschichte oder eine Idee, die das Thema und den Inhalt für einen Roman, einen Film, eine wissenschaftliche Arbeit bieten ⟨einen Stoff verfilmen⟩: *Der Putsch bot den Stoff für einen Dokumentarfilm* || -K Gesprächsstoff, Romanstoff

Stof·fel *der; -s, -; umg abwertend;* ein ungeschickter, unhöflicher Mensch || *hierzu* **stof·fe·lig**, **stoff·lig** *Adjektiv*

Stoff·wech·sel *der; -s; nur Singular;* alle chemischen Umwandlungen von (Nähr)Stoffen im

S

Körper (der Lebewesen) || K- Stoffwechselprodukt, Stoffwechselstörung

stöh·nen; *stöhnte, hat gestöhnt* **1** (vor Schmerz oder Erregung) beim Ausatmen einen tiefen, langen Laut von sich geben: *Der Verletzte stöhnte vor Schmerz* **2** **über etwas** (*Akkusativ*) **stöhnen** sich über etwas beklagen: *über die schwere Arbeit stöhnen*

Stol·len[1] *der; -s, -*; ein waagrechter Gang unter der Erde, *z.B.* in einem Bergwerk ⟨einen Stollen in den Fels treiben⟩ || Hinweis: Ein senkrechter Gang in einem Bergwerk ist ein *Schacht*

Stol·len[2] *der; -s, -*; ein Kuchen aus weißem Mehl und Rosinen, in der Form eines Brotes, der *meist* in der Weihnachtszeit gegessen wird

stol·pern; *stolperte, ist gestolpert* **1** (**über etwas** (*Akkusativ*)) **stolpern** beim Gehen mit dem Fuß gegen ein Hindernis stoßen und das Gleichgewicht verlieren: *Sie stolperte (über eine Wurzel) und fiel hin* **2** **über jemanden/etwas stolpern** *meist* wegen eines Skandals die berufliche Stellung oder ein Amt verlieren: *Der Minister stolperte über die Bestechungsaffäre*

stolz B1 *stolzer, stolzest-; Adjektiv* **1** ⟨ein Mensch⟩ von sich, *bes* den eigenen Leistungen überzeugt **2** **stolz** (**auf jemanden/etwas**) voll Stolz (2) ⟨ein stolzer Vater; stolz auf die Kinder, den Erfolg sein⟩ **3** *abwertend* voll Stolz (3) ≈ hochmütig, arrogant: *Er ist wohl zu stolz, (um) uns zu grüßen!* **4** *nur vor dem Substantiv, nicht als Adverb*; ⟨ein Schiff; ein Bauwerk⟩ groß und schön

Stolz B1 *der; -es; nur Singular* **1** das Gefühl eines Menschen, wichtig und viel wert zu sein, das sich auch in seiner Haltung zeigt ⟨jemandes Stolz verletzen; keinen Stolz haben⟩ **2** **der Stolz** (**auf jemanden/etwas**) die große Freude und Zufriedenheit über etwas, das man selbst oder jemand anderer geleistet hat, oder über etwas, das man besitzt ⟨etwas erfüllt jemanden mit Stolz⟩: *Man sah ihm den Stolz auf seine Tochter an* || -K Vaterstolz **3** *abwertend*; das Gefühl eines Menschen, besser zu sein als andere und sie deshalb verachten zu können ≈ Hochmut, Überheblichkeit ↔ Bescheidenheit

S

stop! [ʃt-, st-] auf Verkehrsschildern verwendet, um anzuzeigen, dass man halten muss ≈ halt!

stop·fen; *stopfte, hat gestopft* **1** (**etwas**) **stopfen** ein Loch in einem Kleidungsstück mit Nadel und Faden schließen **2** **etwas in etwas** (*Akkusativ*) **stopfen** etwas (ohne Sorgfalt) kräftig irgendwohin drücken: *die Wäsche in den Koffer stopfen* **3** **etwas stopft** etwas verhindert, dass die Nahrung im Darm schnell verdaut werden kann: *Schokolade stopft*

stopp! A1 *Interjektion* **1** ≈ halt! **2** moment (mal)!

Stop·pel *die; -, -n; meist Plural* **1** der Rest eines Getreidehalms, der nach dem Mähen stehen geblieben ist || K- Stoppelfeld **2** *meist Plural; umg*; ein sehr kurzes Haar, das steif absteht || K- Stoppelbart, Stoppelfrisur || -K Bartstoppel || *hierzu* **stop·pe·lig** *Adjektiv*

stop·pen A2 *stoppte, hat gestoppt* **1** **jemanden/etwas stoppen** bewirken, dass eine Person oder Sache, die in Bewegung ist, anhält: *Der Polizist stoppte den Motorradfahrer* **2** **jemanden/etwas stoppen** bewirken, dass jemand aufhört, etwas zu tun, oder dass etwas aufhört: *die Produktion stoppen; eine Entwicklung nicht mehr stoppen können* || K- Stopptaste **3** aus einer Bewegung zum Stehen kommen: *Der Autofahrer stoppte kurz vor der Ampel*

Stopp·schild *das; -(e)s, -er*; ein Verkehrsschild, auf dem „STOP" steht und an dem jedes Fahrzeug halten muss

Stopp·uhr *die; -, -en*; eine Uhr, die man beim Sport (*z.B.* beim Wettlauf) verwendet, um Zeiten genau zu messen

Stöp·sel *der; -s, -*; ein *meist* kleiner, runder Gegenstand, mit dem man eine Öffnung verschließt: *den Stöpsel aus der Badewanne ziehen*

Stör [ʃtøːɐ̯] *der; -s, -e*; ein Fisch, dessen Eier man als Kaviar isst

Storch *der; -(e)s, Stör·che*; ein großer Vogel mit schwarzen und weißen Federn, langen Beinen und einem langen, roten Schnabel. Der Storch baut sein Nest auf Dächern ⟨der Storch klappert (mit dem Schnabel)⟩ || K- Storchennest, Storchenschnabel

Store [ʃtoːɐ̯, st-] *der; -s, -s*; eine Gardine aus fast durchsichtigem Stoff

stö·ren A2 *störte, hat gestört* **1** (**jemanden**) (**bei etwas**) **stören** jemanden bei einer Tätigkeit unterbrechen (und ihn dadurch ärgern) ⟨jemanden bei der Arbeit, beim Lesen stören⟩: *Entschuldigen Sie bitte, wenn ich Sie störe!; Störe ich (dich) gerade?* **2** (**etwas**) **stören** sich (mit Absicht) so verhalten, dass etwas nicht normal verlaufen kann: *Die Schüler störten den Unterricht* **3** **etwas stört** (**etwas**) etwas hat eine negative Wirkung auf etwas und verhindert den normalen Ablauf: *Elektromagnetische Wellen störten den Radioempfang* **4** **etwas stört** (**jemanden**) etwas gefällt jemandem überhaupt nicht: *Mich stören seine* *schmutzigen Fingernägel* || zu 1-3 **Stö·rung** *die; -, -en*

Stör·fall *der; -(e)s, -fäl·le;* ein Defekt in einer technischen Anlage (*bes* einem Atomkraftwerk)

stor·nie·ren; *stornierte, hat storniert;* **etwas stornieren** einen Auftrag oder eine Buchung wieder rückgängig machen ⟨eine Gutschrift, einen Betrag stornieren; einen Flug, eine Buchung stornieren⟩ || *hierzu* **Stor·nie·rung** *die; -, -en*

Stor·no *der, das; -s, Stor·ni;* das Stornieren || K- Stornogebühren, Stornokosten

stör·risch *Adjektiv;* nicht bereit, das zu tun, was andere wünschen ≈ starrsinnig

Stoß[1] *der; -es, Stö·ße* **1** eine schnelle, stoßende Bewegung ⟨jemandem einen Stoß geben⟩ || -K Rippenstoß **2** ein schneller Schlag oder Stich mit einer Waffe || -K Messerstoß **3** *meist Plural;* die kräftigen Bewegungen beim Schwimmen oder Rudern **4** *meist Plural;* die kurzen, kräftigen Bewegungen bei einem Erdbeben

Stoß[2] *der; -es, Stö·ße;* eine Menge von gleichen Dingen, die übereinandergelegt wurden ⟨ein Stoß Zeitungen⟩ || ↑ Abbildung unter **Stapel**

Stoß·dämp·fer *der; -s, -;* eine Konstruktion an Fahrzeugen, die verhindert, dass sie zu stark auf und ab schwingen

sto·ßen B1 *stößt, stieß, hat/ist gestoßen* **1 jemanden (irgendwohin) stoßen** (*hat*) jemanden mit einer schnellen, kräftigen Bewegung am Körper treffen: *Er hat mich in die Rippen gestoßen* || ↑ Illustration **Verben der Bewegung** **2 an/gegen jemanden/etwas stoßen** jemanden/etwas mit einer schnellen Bewegung kurz und kräftig berühren: *mit dem Kopf an/gegen die Tür stoßen* **3 sich irgendwo stoßen** gegen etwas stoßen (2) und sich dabei wehtun **4 jemanden/etwas irgendwohin stoßen** (*hat*) jemanden/etwas stoßen (1) und ihn so bewegen: *jemanden ins Wasser stoßen* **5 (jemandem) etwas in etwas** (*Akkusativ*) **stoßen** (*hat*) mit einer kurzen, kräftigen Bewegung bewirken, dass etwas in etwas eindringt: *Der Verbrecher stieß ihm ein Messer in den Arm* **6 auf jemanden stoßen** (*ist*) jemandem zufällig begegnen **7 auf etwas** (*Akkusativ*) **stoßen** (*ist*) etwas zufällig finden, entdecken ⟨auf Erdöl stoßen⟩ **8 (irgendwo) auf etwas** (*Akkusativ*) **stoßen** (*ist*) überraschend auf etwas Unangenehmes treffen ⟨auf Schwierigkeiten stoßen; bei jemandem auf Widerstand, Ablehnung stoßen⟩ **9 etwas stößt an etwas** (*Akkusativ*) (*ist*) zwei Dinge haben eine Linie gemeinsam (und berühren sich): *Das Grundstück stößt an einen Wald* **10 sich an etwas** (*Dativ*) **stoßen** (*hat*) etwas nicht gut finden und sich darüber ärgern: *sich an schlechten Manieren stoßen*

Stoß·seuf·zer *der; -s, -;* ein kurzer, starker, spontaner Seufzer, mit dem man *meist* ausdrückt, dass einem etwas unangenehm ist ⟨einen Stoßseufzer von sich geben⟩

Stoß·stan·ge *die; -, -n;* eine Art Stange aus einem harten Material am vorderen und hinteren Ende eines Autos, die das Auto bei einem leichten Zusammenstoß schützen soll || ↑ Illustration **Das Auto**

stößt *Präsens, 3. Person Singular;* ↑ **stoßen**

Stoß·zahn *der; -(e)s, -zäh·ne;* einer der beiden langen Zähne *bes* des Elefanten

Stoß·zeit *die; -, -en* **1** die Zeit, in der der Verkehr (in der Stadt) am stärksten ist ≈ Hauptverkehrszeit **2** die Zeit, in der es in Betrieben die meiste Arbeit gibt: *die Stoßzeit vor Weihnachten*

stot·tern; *stotterte, hat gestottert* **1** (als Folge einer Sprachstörung) so sprechen, dass man oft einzelne Silben wiederholt **2** ⟨der Motor⟩ **stottert** *umg;* der Motor *meist* eines Autos funktioniert nicht richtig || *zu* 1 **Stot·te·rer** *der; -s, -;* **Stot·te·rin** *die; -, -nen*

Str. *Abkürzung für* Straße

Straf·an·stalt *die; -, -en; Verwaltung* ≈ Gefängnis

straf·bar *Adjektiv* **1** so, dass es gegen ein Gesetz ist und durch ein Gericht bestraft werden kann ⟨eine strafbare Handlung begehen⟩ **2 sich strafbar machen** *Verwaltung;* etwas tun, das gegen ein Gesetz ist und durch ein Gericht bestraft werden kann: *Wer einem Verletzten nicht Erste Hilfe leistet, macht sich strafbar* || *zu* 1 **Straf·bar·keit** *die; -; nur Singular*

Stra·fe B1 *die; -, -n* **1** eine Maßnahme, durch die eine Peron gestraft wird, weil sie etwas getan hat, das gegen das Gesetz war ⟨eine harte, schwere, strenge, abschreckende, leichte, milde Strafe⟩: *Auf Raub stehen hohe Strafen* || K- Strafanzeige, Strafgefangene, Strafgericht, Strafgesetz, Strafprozess || -K Gefängnisstrafe, Geldstrafe, Haftstrafe **2** die unangenehme Folge, die ein falsches Verhalten für einen selbst hat: *Das ist die Strafe für deinen Leichtsinn!*

stra·fen; *strafte, hat gestraft;* **jemanden (für/wegen etwas) strafen** jemanden, der etwas Verbotenes oder Kriminelles getan hat, dafür leiden lassen (*z.B.* durch Schläge, Gefängnis) ⟨jemanden hart strafen; jemanden strafend ansehen⟩ ‖ [ID] **mit jemandem/etwas gestraft sein** *oft humorvoll;* ständig Sorgen oder Ärger mit jemandem/etwas haben: *Mit diesen frechen Kindern bin ich wirklich gestraft!*

straff, *straffer, straffst-; Adjektiv* **1** ⟨ein Seil, eine Leine, eine Saite⟩ fest gespannt und glatt, weil sie stark gezogen werden ↔ locker, schlaff: *die Zügel straff anziehen* **2** ohne Falten ↔ schlaff ⟨die Haut⟩ **3** streng und effektiv und mit dem Ziel, dass alle Arbeiten schnell, aber auch gut gemacht werden ⟨eine Leitung, eine Organisation⟩: *Die Firma ist straff organisiert*

straf·fäl·lig *Adjektiv; meist in* **straffällig werden** *Verwaltung;* etwas Kriminelles tun (und dafür von einem Gericht bestraft werden)

straf·fen; *straffte, hat gestrafft* **1** **etwas straffen** etwas straff (1) machen ≈ spannen ⟨das Seil, die Zügel straffen⟩ **2** **etwas straffen** etwas sehr gut organisieren und alles Unwichtige weglassen ⟨einen Betrieb, eine Organisation straffen; einen Lehrplan, das Drehbuch eines Films straffen⟩ **3** **etwas strafft** ⟨die Haut⟩ eine Creme *o.Ä.* macht die Haut straff (2) **4** **etwas strafft sich** etwas wird straff (1) ≈ etwas spannt sich: *Die Leinen des Segelboots strafften sich* **5** ⟨*meist* jemandes Körper, jemandes Gestalt⟩ **strafft sich** jemand nimmt eine gerade, aufrechte Haltung an

straf·frei *Adjektiv;* ohne Strafe ⟨jemand/etwas bleibt straffrei, jemand geht straffrei aus (= wird nicht bestraft)⟩

sträf·lich *Adjektiv;* so, dass es schlimme Folgen haben könnte ≈ unverzeihlich ⟨Leichtsinn, eine Nachlässigkeit; jemanden/etwas sträflich vernachlässigen⟩

Sträf·ling *der; -s, -e* jemand, der im Gefängnis ist ≈ Strafgefangene(r) ‖ [K-] Sträflingsanzug, Sträflingskleidung

Straf·man·dat [B2] *das; -(e)s, -e* **1** eine Strafe, die man bezahlen muss, wenn man *z.B.* falsch geparkt hat oder zu schnell gefahren ist **2** ein Zettel, auf dem steht, dass man ein Strafmandat (1) bekommen hat

Straf·maß *das; -es, -e; meist Singular;* die Art und die Höhe einer Strafe für eine Straftat ⟨das Strafmaß festsetzen⟩

Straf·pre·digt *die; -, -en; umg;* eine lange, ermahnende Rede, mit der *bes* Eltern ihre Kinder stark kritisieren, weil sie etwas falsch gemacht haben

Straf·raum *der; -(e)s, -räu·me; Sport;* (beim Fußball) die rechteckige Fläche, in der das Tor steht und in der ein Foul eines Verteidigers *meist* mit einem Elfmeter bestraft wird

Straf·recht *das; -(e)s, -e; meist Singular;* die Gesetze, die die Strafen für Verbrechen bestimmen ↔ Zivilrecht ‖ *hierzu* **straf·recht·lich** *Adjektiv*

Straf·stoß *der; -es, -stö·ße; Sport;* (beim Fußball) ein Schuss aus 11 Metern Entfernung auf das Tor, bei dem nur der Torwart des Gegners verteidigen darf

Straf·tat *die; -, -en; Rechtswesen;* eine Tat, die nach dem Gesetz bestraft wird ⟨eine Straftat begehen⟩ ‖ *hierzu* **Straf·tä·ter** *der; -s, -;* **Straf·tä·te·rin** *die; -, -nen*

Straf·voll·zug *der; -(e)s; nur Singular; Verwaltung;* der Teil des rechtlichen Apparats, der mit der Ausführung von (Gerichts)Urteilen, mit dem Aufenthalt von Sträflingen in Gefängnissen *usw* zu tun hat

Straf·voll·zugs|an·stalt *die; -, -en; Verwaltung* ≈ Gefängnis

Straf·zeit *die; -, -en; Sport;* der Zeitraum, für den ein Spieler (*z.B.* beim Eishockey) das Spielfeld verlassen muss, weil er gegen die Regeln verstoßen hat

Straf·zet·tel [B2] *der; -s, -; umg;* eine schriftliche Aufforderung, eine Strafe zu zahlen ⟨einen Strafzettel bekommen⟩

Strahl *der; -(e)s, -en* **1** ein schmaler Streifen Licht, *bes* von einem Punkt ausgehend: *der Strahl einer Taschenlampe* ‖ [-K] Blitzstrahl, Laserstrahl, Lichtstrahl, Sonnenstrahl **2** *nur Singular;* ein schneller, schmaler Strom einer Flüssigkeit oder eines Gases, der durch eine enge Öffnung gedrückt wird: *Ein Strahl Wasser schoss aus dem Loch im Rohr* ‖ [-K] Dampfstrahl, Wasserstrahl **3** *meist Plural; Physik;* Energie (wie Licht, Elektrizität, Radioaktivität), die sich in der Form von Wellen bewegt ⟨radioaktive, ultraviolette Strahlen⟩ ‖ [-K] Radarstrahl, Röntgenstrahl

strah·len; *strahlte, hat gestrahlt* **1** **etwas strahlt** etwas sendet (helles) Licht aus ⟨die Sonne, ein Scheinwerfer⟩ **2** **jemand strahlt** jemand sieht sehr froh und glücklich aus ⟨vor Freude, Stolz strahlen⟩ **3** **etwas strahlt** etwas sendet radioaktive Strahlen (3) aus: *Uran strahlt*

Strah·ler *der; -s, -;* **1** eine Lampe ‖ [-K] Deckenstrahler, Halogenstrahler **2** ein Gerät, das Wärme ausstrahlt ‖ [-K] Heizstrahler **3** eine Fläche *meist* aus Plexiglas an Autos, Fahrrädern *o.Ä.*, die Licht reflektiert ≈ Reflektor ‖ [-K] Rückstrahler

Strah·lung *die; -, -en;* die Ausbreitung von Strahlen (3) ⟨kosmische, radioaktive, ultraviolette Strahlung; die Strahlung messen⟩ ‖ [K-]

Strahlungsbelastung, Strahlungsenergie, Strahlungswärme; strahlungsarm || -K Atomstrahlung, Höhenstrahlung, Röntgenstrahlung

Sträh·ne *die; -, -n;* eine größere Menge langer und glatter Haare, die zusammen sind ⟨graue Strähnen im Haar haben; jemandem Strähnen ins Haar färben; jemandem fällt eine Strähne in die Stirn, ins Gesicht⟩ || *hierzu* **sträh·nig** *Adjektiv*

stramm, *strammer, strammst-; Adjektiv* **1** fest gespannt (und eng anliegend) ⟨ein Gummiband; eine Hose sitzt stramm⟩ **2** kräftig ↔ schwächlich ⟨Beine, Waden; ein Junge⟩ **3** *(bes* als Soldat) sehr gerade, mit angespannten Muskeln ⟨in strammer Haltung⟩

Stram·pel·an·zug *der; -s, -an·zü·ge* ≈ Strampler

stram·peln; *strampelte, hat/ist gestrampelt* **1** *(hat)* die Beine kräftig und schnell hin und her oder auf und ab bewegen: *das Baby strampelte vor Vergnügen* **2** **irgendwohin strampeln** *(ist) umg;* mit dem Fahrrad irgendwohin fahren

Stramp·ler *der; -s, -;* ein Kleidungsstück für Babys, das den ganzen Körper bedeckt, auch die Füße

Strand A2 *der; -(e)s, Strän·de;* das Ufer *bes* am Meer ⟨ein breiter, steiniger, sandiger Strand; am Strand liegen⟩: *Das Hotel liegt direkt am Strand, hat einen eigenen Strand* || K- Strandhotel || -K Badestrand, Kiesstrand, Meeresstrand

stran·den; *strandete, ist gestrandet* **1** *meist* **ein Schiff strandet** ein Schiff wird ans Ufer getrieben und kommt von dort nicht mehr weg **2** **jemand strandet** jemand scheitert im Beruf oder im Leben

Strand·gut *das; -es; nur Singular;* die Dinge *(bes* Teile von Schiffen und deren Ausrüstung), die das Meer an den Strand trägt

Strang *der; -(e)s, Strän·ge* **1** **ein Strang** + *Substantiv* ein Bündel von Fäden *o.Ä.* ⟨ein Strang Wolle⟩ **2** eine zusammengehörige Einheit aus Muskeln, Nerven *o.Ä.* || -K Muskelstrang, Nervenstrang, Sehnenstrang || ID **jemanden zum Tod durch den Strang verurteilen** *förmlich;* jemanden dazu verurteilen, dass er erhängt wird; *meist* **Wir ziehen (alle) an 'einem/am 'gleichen/am 'selben Strang** wir kämpfen für das gleiche Ziel; **über die Stränge schlagen** *umg;* (aus Übermut) etwas leichtfertig tun

Stra·pa·ze *die; -, -n;* eine Tätigkeit, die den Körper sehr stark belastet ≈ Anstrengung ⟨Strapazen aushalten; sich von den Strapazen erholen⟩

stra·pa·zie·ren; *strapazierte, hat strapaziert* **1** **etwas strapazieren** etwas so oft benutzen, dass man Spuren der Benutzung sieht: *ein strapazierter Teppich* **2** **jemanden/etwas strapazieren** eine Person oder Sache so belasten, dass sie krank, schwach oder müde wird ⟨jemandes Nerven strapazieren⟩ || K- strapazierfähig

stra·pa·zi·ös; *strapaziöser, strapaziösest-; Adjektiv* ≈ anstrengend, beschwerlich ⟨eine Arbeit, eine Reise, eine Wanderung⟩

Stra·ße A1 *die; -, -n* **1** eine Art breiter Weg für Fahrzeuge mit Rädern, der *meist* eine glatte, harte Oberfläche hat; *Abkürzung* Str. ⟨eine enge, breite, kurvenreiche, vierspurige Straße; eine Straße überqueren⟩ || K- Straßenkreuzung, Straßennetz, Straßenrand, Straßenverkehr || -K Asphaltstraße, Bergstraße, Dorfstraße **2** ein relativ schmaler Teil eines Meeres, als Weg für Schiffe: *die Straße von Dover, Gibraltar* || ID **jemanden auf die Straße setzen/werfen** *umg;* jemandem kündigen, ihm seine Arbeit/Wohnung nehmen; **auf der Straße sitzen/stehen** *umg;* keine Arbeit/Wohnung haben

Stra·ßen·bahn A2 *die; -, -en;* eine elektrische Bahn, die auf Schienen durch die Straßen einer (großen) Stadt fährt ⟨mit der Straßenbahn fahren⟩ || K- Straßenbahnhaltestelle

Stra·ßen·ca·fé *das; -s, -s;* ein Café mit Stühlen und Tischen im Freien, direkt neben einer Straße

Stra·ßen·glät·te *die; -; nur Singular;* die Glätte auf den Straßen *(meist* im Winter), die durch Eis oder Schnee verursacht wird: *erhöhte Gefahr von Straßenglätte*

Stra·ßen·gra·ben *der; -s, -grä·ben;* ein Graben für Wasser neben einer (Land)Straße ⟨in den Straßengraben fahren, rutschen⟩

Stra·ßen·ver·kehrs|ord·nung *die; -, -en;* die Gesetze, die den Verkehr auf der Straße regeln; *Abkürzung* StVO

Stra·te·gie *die; -, -n* [-'giːən]; ein genauer Plan für die Handlungen, mit denen man am Ende *bes* ein politisches, militärisches oder wirtschaftliches Ziel erreichen will ⟨eine Strategie ausarbeiten, anwenden; sich auf eine Strategie festlegen; sich *(Plural)* auf eine Strategie einigen; nach einer Strategie vorgehen⟩ || *hierzu* **stra·te·gisch** *Adjektiv*

sträu·ben; *sträubte, hat gesträubt;* **sich (gegen**

etwas) **sträuben** etwas nicht wollen, sich dagegen wehren: *Er sträubte sich (dagegen), sein Zimmer aufzuräumen*

Strauch B2 *der; -(e)s, Sträu·cher;* eine Pflanze (ohne Stamm) mit vielen Ästen aus Holz ⟨Sträucher pflanzen, beschneiden, abernten⟩ || -K Beerenstrauch, Hasel(nuss)strauch, Rosenstrauch; Zierstrauch

strau·cheln; *strauchelte, ist gestrauchelt* **1** *förmlich* ≈ stolpern **2** straffällig werden

Strauß[1] *der; -es, Sträu·ße;* mehrere Blumen, die man zusammen in der Hand hält oder die man in eine Vase stellt ⟨einen Strauß pflücken⟩ || -K Blumenstrauß, Geburtstagsstrauß

Strauß[2] *der; -es, -e;* ein sehr großer Vogel *bes* in Afrika, der schnell laufen, aber nicht fliegen kann

stre·ben; *strebte, hat/ist gestrebt* **1** **nach etwas streben** *(hat)* mit großer Energie versuchen, etwas zu erreichen ⟨nach Erfolg, Macht, Ruhm streben⟩ **2** **irgendwohin streben** *(ist) förmlich;* sich mit fester Absicht in Richtung auf ein Ziel bewegen: *mit schnellen Schritten ins Büro streben* **3** *(hat) umg, oft abwertend;* fleißig lernen

streb·sam *Adjektiv* ≈ fleißig ⟨ein Schüler⟩

Stre·cke B2 *die; -, -n* **1** der Weg (mit der genannten Länge) zwischen zwei Punkten oder Orten ⟨eine kurze, lange, weite Strecke fahren, gehen⟩: *die Strecke Frankfurt - New York fliegen; Mitten auf der Strecke hatten wir eine Panne; eine Strecke von hundert Kilometern* || K- Streckenrekord || -K Autobahnstrecke, Bremsstrecke, Fahrstrecke, Flugstrecke **2** eine Strecke (1) mit Eisenbahnschienen || K- Streckennetz || -K Anschlussstrecke; Bahnstrecke **3** die Strecke (1), die man bei einem Rennen läuft, fährt || -K Kurzstrecke, Marathonstrecke, Rennstrecke **4** *Geometrie;* die kürzeste Verbindung zwischen zwei Punkten **5** **auf offener/freier Strecke** außerhalb des Bahnhofs **6** **über weite Strecken (hin)** zu einem großen Teil: *Der Film war über weite Strecken langweilig* || ID **auf der Strecke bleiben** *umg;* aufgeben müssen, keinen Erfolg haben

stre·cken; *streckte, hat gestreckt* **1** **etwas/sich strecken** einen Körperteil/sich dehnen, sodass der Körperteil oder man selbst gerade wird und die volle Länge erreicht ⟨seine Glieder, Arme und Beine strecken⟩ **2** **etwas irgendwohin strecken** einen Körperteil in eine bestimmte Richtung strecken (1) ⟨die Arme in die Höhe strecken⟩ **3** **etwas strecken** etwas mit einer Substanz mischen, damit es mehr wird ≈ verdünnen ⟨die Soße (mit Wasser) strecken⟩

stre·cken·wei·se *Adverb;* an mehreren Stellen ≈ teilweise, stellenweise: *Der Damm ist streckenweise reparaturbedürftig; Sein Vortrag war streckenweise sehr interessant*

Streich *der; -(e)s, -e;* eine Handlung, mit der *bes* ein Kind jemanden zum Spaß ärgert oder täuscht ⟨ein frecher, lustiger Streich; jemandem einen Streich spielen⟩ || -K Jungenstreich || ID **auf 'einen Streich** gleichzeitig, auf einmal: *mehrere Probleme auf einen Streich lösen*

Strei·chel·ein·hei·ten *die; -; Plural; umg humorvoll;* nette Worte, Zärtlichkeit, Lob *usw*, die jemand braucht, um sich wohlzufühlen ⟨Streicheleinheiten bekommen⟩

strei·cheln B1 *streichelte, hat gestreichelt;* **jemanden streicheln** sanft und liebevoll die Hand auf einem Körperteil einer Person hin und her bewegen ⟨jemandes Haar, jemandes Hände streicheln⟩

strei·chen; *strich, hat gestrichen* **1** **(etwas) streichen** (mit einem Pinsel) Farbe auf etwas verteilen: *einen Zaun (braun) streichen; Vorsicht, frisch gestrichen!* **2** **etwas irgendwohin streichen** eine weiche Masse irgendwo dünn verteilen ⟨Butter aufs Brot streichen; Salbe auf eine Wunde streichen⟩ || K- Streichkäse **3** **etwas streichen** etwas mit einer dünnen Schicht einer weichen Masse bedecken ≈ schmieren ⟨Brote streichen⟩ **4** **etwas streichen** einen Teil eines geschriebenen Textes durch einen Strich ungültig machen ⟨ein Wort, einen Absatz streichen⟩: *Nicht Zutreffendes streichen!; jemandes Namen aus/von einer Liste streichen* **5** **etwas streichen** bewirken, dass etwas nicht mehr gültig ist *bzw* dass etwas, das geplant war, nicht (mehr) gemacht wird ⟨einen Auftrag, einen Programmpunkt, ein Rennen streichen⟩ **6** **(jemandem/sich) etwas irgendwohin streichen** etwas mit einer leichten Bewegung der Hand irgendwohin bewegen ⟨sich die Haare aus dem Gesicht, hinters Ohr streichen: *die Krümel vom Tisch in die Hand streichen* **7** **durch/über etwas** *(Akkusativ)* **streichen** die Hand leicht über etwas hinweg bewegen ⟨jemandem durch die Haare, einem Tier durchs Fell streichen⟩: *mit der Hand über die Tischdecke streichen* || ID **jemanden/etwas aus seinem Gedächtnis streichen** nicht mehr an jemanden/etwas denken

streich·fä·hig *Adjektiv; nicht als Adverb;* ⟨Butter, Käse⟩ so, dass man sie gut aufs Brot streichen kann

Streich·holz B1 *das; -es, -höl·zer;* eine Art kleiner Stab aus Holz (mit einem brennbaren

S

Streichinstrumente

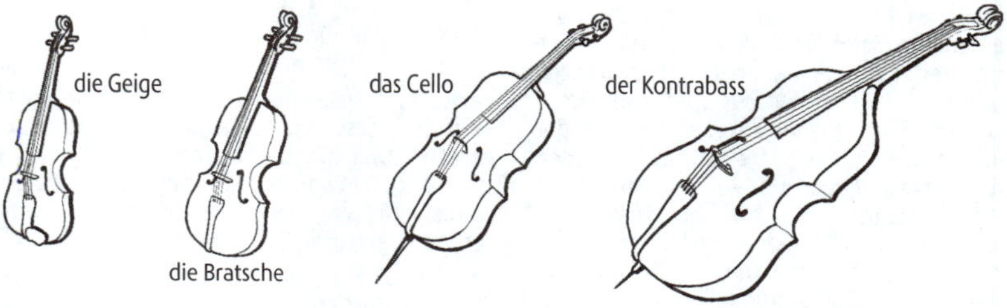

Kopf), den man an einer rauen Fläche reibt, um eine Flamme zu bekommen ⟨ein Streichholz anzünden⟩

Streich·in·stru·ment *das; -(e)s, -e;* ein (Musik)Instrument mit Saiten, über die man mit einem Bogen streicht, um Klänge zu erzeugen, *z.B.* eine Geige

Strei·chung *die; -, -en* **1** die Handlung, mit der man ein Stück aus einem Text oder einen Namen oder eine Zahl aus einer Liste entfernt ⟨Streichungen in einem Text vornehmen⟩ **2** das Kürzen einer Summe Geld *o.Ä.*, die jemandem zur Verfügung steht: *Streichungen am Etat vornehmen*

Strei·fe *die; -, -n* **1** *meist* zwei Polizisten, die durch ein Gebiet fahren, um zu prüfen, ob alles in Ordnung ist || K- Streifendienst, Streifengang, Streifenwagen || -K Funkstreife; Polizeistreife **2** eine Fahrt, die die Streife (1) macht ⟨auf Streife gehen, müssen, sein⟩

strei·fen; *streifte, hat/ist gestreift* **1** **jemand/etwas streift jemanden/etwas** *(hat)* jemand/etwas geht *bzw* fährt so nahe an einer Person vorbei, dass eine Berührung entsteht: *Beim Einparken habe ich ein anderes Auto gestreift* || K- Streifschuss **2** **etwas von etwas streifen** *(hat)* etwas mit leichtem Druck über etwas ziehen, von etwas entfernen: *den Schnee vom Fensterbrett streifen; den Ring vom Finger streifen* **3** **etwas auf/über etwas** *(Akkusativ)* **streifen** *(hat)* ein Kleidungsstück *o.Ä.* anziehen, indem man daran zieht oder schiebt ⟨einen Ring auf den Finger streifen; ein Hemd, ein Kleid über den Kopf streifen⟩ **4** **etwas streifen** *(hat)* sich nur kurz mit etwas beschäftigen ⟨ein Problem in einem Vortrag streifen⟩ **5** **durch etwas streifen** *(ist)* ohne festes Ziel herumgehen ⟨durch die Wälder streifen⟩

Strei·fen *der; -s, -;* **1** ein langer, schmaler Teil einer Fläche, durch Farbe, Struktur vom Rest unterschieden: *ein Stoff mit bunten Streifen* || -K Längsstreifen, Querstreifen; Farbstreifen, Schmutzstreifen **2** ein langes, schmales Stück || -K Papierstreifen, Stoffstreifen; Grasstreifen

Streif·zug *der; -(e)s, -zü·ge* **1** ein Ausflug, eine Fahrt ohne bestimmtes Ziel: *Streifzüge in die nähere Umgebung unternehmen* **2** *Militär;* ein Gang, eine Fahrt einer kleinen Gruppe von Soldaten, die Informationen über das Gelände oder über den Feind sammeln

Streik B1 *der; -(e)s, -s;* **ein Streik (für etwas)** eine organisierte Handlung von Arbeitern oder Angestellten, die für eine bestimmte Zeit nicht arbeiten, damit ihre Forderungen (*z.B.* höhere Löhne) erfüllt werden ⟨einen Streik ausrufen; in (den) Streik treten⟩: *Die Gewerkschaft drohte mit (einem) Streik* || K- Streikdrohung || -K Generalstreik, Warnstreik

Streik·bre·cher *der; -s, -;* jemand, der während eines Streiks arbeitet und so (aus der Sicht der anderen Streikenden) den Erfolg des Streiks in Gefahr bringt || *hierzu* **Streik·bre·che·rin** *die; -, -nen*

strei·ken B1 *streikte, hat gestreikt* **1** **(für etwas) streiken** einen Streik durchführen: *für höhere Löhne streiken* **2** *umg;* etwas nicht mehr tun wollen: *Ich habe keine Lust mehr zu kochen. - Ich streike!* **3** **etwas streikt** *umg;* etwas funktioniert plötzlich nicht mehr: *Bei dieser Kälte streikt mein Auto oft*

Streik·pos·ten *der; -s, -;* jemand, der während eines Streiks vor einem Betrieb steht, um zu verhindern, dass jemand hineingeht und arbeitet

Streit B1 *der; -(e)s; nur Singular;* **ein Streit (mit jemandem) (um/über etwas** *(Akkusativ)*) ein Vorgang, bei dem man voller Ärger mit jemandem spricht, weil die Meinungen verschieden sind ⟨ein heftiger Streit; einen Streit schlichten⟩: *Wir haben (mit den Nachbarn) Streit* || Hinweis: als Plural wird *Streitigkeiten* verwendet || -K Glaubensstreit, Meinungsstreit ID **einen Streit vom Zaun brechen** ei-

S

nen Streit provozieren

strei·ten B1 *stritt, hat gestritten* **1** **(sich) (mit jemandem) (um/über etwas** *(Akkusativ)*) **streiten** Streit mit jemandem haben: *Er stritt (sich) mit seinem Bruder um das Spielzeug; Sie streiten immer wieder darüber, wer aufräumen muss* **2** **jemand streitet mit jemandem über etwas** *(Akkusativ)*; ⟨Personen⟩ **streiten über etwas** *(Akkusativ)* Personen diskutieren über etwas (heftig), haben verschiedene Meinungen: *Sie stritten über die Gefahren der Atomkraft* || K- Streitfrage, Streitgespräch, Streitpunkt **3** **für/gegen etwas streiten** *förmlich*; sich für/gegen etwas einsetzen: *für Gerechtigkeit streiten* || K- Streitschrift || *zu 3* **Strei·ter** *der; -s, -;* **Strei·te·rin** *die; -, -nen*

Strei·tig·kei·ten *die; -; Plural;* die Handlungen, bei denen Personen miteinander Streit haben

Streit·kräf·te *die; -; Plural;* alle militärischen Organisationen eines Landes

streit·lus·tig *Adjektiv;* bereit, sich mit jemandem zu streiten (1): *jemanden streitlustig anschauen* || *hierzu* **Streit·lust** *die; -; nur Singular*

Streit·wert *der; -s, -e; Rechtswesen;* die Summe Geld, die für eine Sache festgesetzt wird, wegen der man vor Gericht geht: *Die Gebühren von Anwalt und Gericht richten sich nach dem Streitwert*

streng *Adjektiv* **1** ohne Mitleid, freundliche Gefühle oder Rücksicht ⟨ein Blick, eine Strafe, ein Urteil, Worte⟩ **2** ⟨Eltern, ein Lehrer; eine Erziehung⟩ so, dass sie Ordnung, Disziplin und Gehorsam verlangen: *streng mit/zu den Schülern sein* **3** *nur vor dem Substantiv oder als Adverb;* so, dass es genau bestimmten Forderungen oder Regeln entspricht ⟨eine Diät, eine Ordnung, eine Prüfung, eine Untersuchung; jemanden streng bewachen; etwas streng befolgen⟩: *Das ist streng verboten* **4** *nur vor dem Substantiv oder als Adverb;* ≈ deutlich, klar ⟨eine Trennung, eine Unterscheidung⟩ **5** intensiv und *meist* unangenehm ⟨ein Geruch, ein Geschmack⟩ **6** *nicht als Adverb;* mit sehr niedrigen Temperaturen ⟨Frost, Kälte, ein Winter⟩ **7** *nur vor dem Substantiv oder als Adverb;* einfach, ohne Schmuck ⟨ein Stil⟩ **8** **etwas streng nehmen** etwas genau befolgen ≈ etwas genau nehmen ⟨Vorschriften, Regeln streng nehmen⟩ **9** **streng genommen** eigentlich, genau genommen: *streng genommen ist das verboten, aber ausnahmsweise lasse ich es mal zu* || *zu 1-7* **Stren·ge** *die; -; nur Singular*

Stress B1 *der; -es; nur Singular;* eine unangenehme, starke Belastung durch Probleme, zu viel Arbeit, Lärm *usw* ⟨unter Stress stehen; Stress haben; im Stress sein⟩ || K- Stresssituation; stressfrei

stres·sen; *stresste, hat gestresst* **1** **jemanden (mit etwas) stressen** bewirken, dass jemand Stress hat: *Er hat sie mit seinen Problemen gestresst* **2** **etwas stresst (jemanden)** etwas verursacht Stress bei jemandem: *Diese Art von Arbeit stresst (mich) ziemlich*

stres·sig B2 *Adjektiv; umg;* ⟨eine Arbeit, ein Tag⟩ so, dass sie jemandem Stress verursachen

Streu *die; -; nur Singular;* Stroh *o.Ä.*, mit dem man den Boden in einem Stall bedeckt

streu·en; *streute, hat gestreut* **1** **etwas (irgendwohin) streuen** mehrere kleine Dinge so werfen oder fallen lassen, dass sie sich über einer Fläche verteilen: *Salz in die Suppe streuen; Blumen bei der Hochzeit streuen* **2** ⟨eine Straße⟩ **streuen** Sand oder Salz auf glatte Straßen im Winter verteilen || K- Streusalz, Streusand

streu·nen; *streunte, hat/ist gestreunt;* **(irgendwo) streunen** *(hat);* **(irgendwohin) streunen** *(ist) oft abwertend;* viel Zeit auf der Straße verbringen und dort ohne Ziel herumlaufen ≈ sich herumtreiben: *streunende Hunde; durch die Straßen streunen* || *hierzu* **Streu·ner** *der; -s, -;* **Streu·ne·rin** *die; -, -nen*

Streu·sel *der; -s, -; meist Plural;* kleine Stücke aus Butter, Zucker und Mehl, die man auf Kuchen streut || K- Streuselkuchen

Streu·ung *die; -, -en;* der Vorgang, bei dem etwas verteilt oder verbreitet wird ⟨die Streuung von Licht⟩ || -K Lichtstreuung

strich *Imperfekt, 1. und 3. Person Singular;* ↑ **streichen**

Strich *der; -(e)s, -e* **1** eine *meist* gerade Linie, die man malt oder zeichnet ⟨ein dicker, feiner Strich; einen Strich (durch, unter etwas) ziehen⟩ || -K Bleistiftstrich, Pinselstrich **2** eine kurze Linie als (gedrucktes oder geschriebenes) Zeichen: *ein Strich auf dieser Waage bedeutet zehn Gramm* || -K Bindestrich, Bruchstrich, Trennungsstrich **3** *umg* ≈ Prostitution || ID **jemandem einen Strich durch die Rechnung machen** *umg;* **nach Strich und Faden** *umg;* intensiv ⟨jemanden nach Strich und Faden verprügeln, verwöhnen⟩; verhindern, dass etwas so abläuft wie geplant; **auf den Strich gehen** *umg;* als Prostituierte(r) arbeiten; **etwas geht jemandem gegen den Strich** *umg;* etwas ärgert jemanden; **keinen Strich tun** *umg;* nicht arbeiten; **unter dem**

Strich wenn man alles berücksichtigt: *Unter dem Strich hat der Streik wenig eingebracht*

Strich·code *der; -s, -s;* eine Art Code aus einer Reihe von senkrechten Strichen nebeneinander an einer Ware. Der Strichcode enthält Angaben über die Ware (*z.B.* Preis, Beschreibung), die an der Kasse (von einem Scanner) entschlüsselt werden

Strich·punkt *der; -(e)s, -e;* das Zeichen

Strick *der; -(e)s, -e;* eine dicke Schnur oder ein Seil, mit der/dem man jemanden/etwas irgendwo festbindet ⟨der Strick hält, reißt; einen Strick um etwas binden⟩: *jemandem mit einem Strick die Hände fesseln* || ID **jemandem aus etwas einen Strick drehen** jemandem wegen eines kleinen Fehlers, den er gemacht hat, schaden; **wenn alle Stricke reißen** *umg;* wenn es keine andere Möglichkeit mehr gibt ≈ im Notfall, zur Not

stri·cken; *strickte, hat gestrickt;* **(etwas) stricken** mit zwei langen Nadeln und einem (Woll)Faden Schlingen machen und daraus *meist* ein Kleidungsstück herstellen ⟨einen Pullover stricken⟩ || K- Strickjacke, Strickkleid, wolle, Strickzeug || *zu* **Strickjacke** ↑ Illustration **Die Kleidung**

strie·geln; *striegelte, hat gestriegelt;* **ein Tier/ etwas striegeln** das Fell eines Pferdes *o.Ä.* mit einer Bürste reinigen ⟨ein Pferd, das Fell striegeln⟩

strikt, *strikter, striktest-; Adjektiv; nur vor dem Substantiv oder als Adverb;* so, dass keine Ausnahme oder Abweichung, kein Widerspruch geduldet wird ⟨eine Anordnung, ein Befehl, Gehorsam; etwas strikt befolgen⟩

stritt *Imperfekt, 1. und 3. Person Singular;* ↑ **streiten**

strit·tig *Adjektiv;* ⟨eine Frage, ein Problem, ein Punkt⟩ so, dass es darüber verschiedene Meinungen gibt

Stroh *das; -(e)s; nur Singular;* die trockenen, gelben Halme des Getreides (ohne die Körner) || K- Strohdach, Strohhut; strohblond || ID **etwas brennt wie Stroh** etwas brennt mit starker Flamme

stroh·dumm *Adjektiv; ohne Steigerung; umg;* sehr dumm

Stroh·mann *der; -(e)s, -män·ner; abwertend;* jemand, der im Auftrag einer anderen Person, die anonym bleiben will, etwas kauft oder tut

Stroh·wit·we *die; -, -n;* eine Frau, deren Mann verreist *o.Ä.* ist

Stroh·wit·wer *der; -s, -;* ein Mann, dessen Frau verreist *o.Ä.* ist

Strolch *der; -(e)s, -e* **1** *abwertend;* ein Mann, der sich viel auf der Straße aufhält, ungepflegt wirkt oder Gewalt anwendet ⟨von einem Strolch angefallen, belästigt, überfallen werden⟩ **2** *humorvoll* ≈ Schlingel

Strom[1] *der; -(e)s, Strö·me* **1** ein großer Fluss, der in ein Meer mündet ⟨ein mächtiger Strom⟩ **2** Wasser, das sich im Meer (wie ein Fluss) in eine bestimmte Richtung bewegt || -K Golfstrom **3** eine relativ große Menge einer Flüssigkeit oder eines Gases, die sich in eine Richtung bewegt ⟨es regnet in Strömen; Tränen fließen in Strömen⟩ || -K Lavastrom, Luftstrom **4** eine große Menge von Menschen oder Fahrzeugen, die sich in eine Richtung bewegen ⟨ein Strom von Autos, Touristen⟩ || -K Besucherstrom || ID **mit dem Strom schwimmen** sich der Meinung der Mehrheit anschließen; **gegen/wider den Strom schwimmen** eine andere Meinung als die Mehrheit vertreten

Strom[2] *der; -(e)s; nur Singular;* eine fließende elektrische Ladung ≈ Elektrizität ⟨elektrischer, schwacher, starker Strom; den Strom einschalten, ausschalten; Strom sparen, verschwenden⟩ || K- Stromnetz, Strompreis, Stromschlag, Stromverbrauch

strö·men; *strömte, ist geströmt* **1** **etwas strömt irgendwohin** ein Gas oder eine Flüssigkeit bewegt sich (*meist* in großen Mengen) in eine bestimmte Richtung: *Gas strömt aus der Leitung; Blut strömt aus der Wunde; Tränen strömten über ihr Gesicht* **2** *meist* ⟨Menschen⟩ **strömen irgendwohin** Menschen bewegen sich in großer Zahl in eine bestimmte Richtung: *Die Kinder strömten aus der Schule*

strö·men·d- *Adjektiv; nur vor dem Substantiv, nicht als Adverb* ≈ stark, heftig ⟨Regen⟩

Strom·kreis *der; -es, -e;* ein System von Drähten oder Leitungen, die so miteinander verbunden sind, dass elektrischer Strom fließen kann ⟨einen Stromkreis unterbrechen, schließen⟩

Strom·stär·ke *die; -, -n;* die Menge des elektrischen Stroms, die sich in einer bestimmten Zeit durch eine Leitung bewegt: *Die Stromstärke wird in Ampère gemessen*

Strö·mung *die; -, -en* **1** die Bewegung, mit der das Wasser eines Flusses oder des Meeres *o.Ä.* fließt ⟨eine gefährliche, starke, reißende Strömung; in eine Strömung geraten; von der Strömung erfasst, mitgerissen werden⟩: *Er kämpfte verzweifelt gegen die Strömung an, wurde aber immer weiter vom Ufer abge-*

S

trieben **2** Luft oder Gas, das sich in eine bestimmte Richtung bewegt ⟨eine kalte, warme Strömung⟩ || -K Luftströmung **3** *meist Plural;* eine der verschiedenen Meinungen innerhalb einer großen Gruppe ≈ Bewegung ⟨geistige, politische, kulturelle Strömungen⟩

strụb·be·lig, strụbb·lig *Adjektiv; umg;* ⟨ein Fell, Haare⟩ so, dass sie nicht gepflegt sind und aussehen, als würden sie in verschiedene Richtungen wachsen

Stru̲·del¹ *der; -s, -;* eine Stelle in einem Fluss *o.Ä.*, an der das Wasser eine kreisförmige Bewegung macht und nach unten gezogen wird

Stru̲·del² *der; -s, -; südd* Ⓐ eine dünne Schicht Teig, die mit Obst belegt und dann zusammengerollt und gebacken wird || -K Apfelstrudel

Struk·tu̲r [ʃtr-, str-] *die; -, -en* **1** die Art, wie verschiedene Teile zusammen zu einem System geordnet sind ≈ Aufbau, Gliederung ⟨etwas hat eine einfache, komplizierte Struktur; etwas in seiner Struktur verändern⟩: *die soziale, wirtschaftliche Struktur eines Landes* || K- Strukturanalyse || -K Bevölkerungsstruktur **2** die Oberfläche eines Stoffes mit einem Muster aus hohen und tiefen Stellen || *zu* 1 **struk·tu·ri̲e̲·ren** *(hat)*

Strụmpf *der; -(e)s, Strümp·fe;* ein Kleidungsstück, das den Fuß und einen Teil des Beines bedeckt || -K Nylonstrumpf; Damenstrumpf, Herrenstrumpf

Strụmpf·ho·se B1 *die; -, -n;* ein enges Kleidungsstück für Frauen und Kinder, das den Unterkörper, die Beine und die Füße bedeckt || ↑ Illustration **Die Kleidung**

strụp·pig *Adjektiv;* so, dass die Haare relativ hart sind und in alle Richtungen durcheinander vom Kopf oder vom Körper abstehen ≈ zerzaust ⟨Haare; ein Hund, ein Fell⟩

S

Stu̲·be *die; -, - n* **1** *südd,* Ⓐ ≈ Wohzimmer **2** ein Zimmer in der Kaserne, in dem Soldaten schlafen

Stu̲·ben·ho·cker *der; -s, -; umg abwertend;* jemand, der am liebsten im Haus bleibt und nicht gern nach draußen geht || *hierzu* **Stu̲·ben·ho·cke·rin** *die; -, -nen*

Stụck *der; -(e)s; nur Singular;* Ornamente aus Gips *o.Ä.* an den Decken und Wänden eines Zimmers *(bes in alten, vornehmen Häusern)* ⟨etwas ist mit Stuck bedeckt, verziert⟩ || K- Stuckarbeiten, Stuckdecke

Stụ̈ck¹ B1 *das; -(e)s, -/-e* **1** *(Plural Stücke)* ein Teil eines größeren Ganzen: *einen Balken in Stücke sägen; ein großes Stück (vom) Kuchen; ein Stück Papier abreißen; Die Fensterscheibe zersprang in tausend Stücke; Sie kauften sich ein Stück Land* || -K Brotstück, Fleischstück, Kuchenstück **2** *(Plural Stück/Stücke)* **ein Stück** + *Substantiv* ein einzelner Gegenstand oder ein Teil einer bestimmten Substanz *o.Ä.* ⟨ein Stück Butter, Seife⟩ || -K Gepäckstück, Kleidungsstück, Möbelstück, Schmuckstück **3** *(Zahlwort + Stück)* die genannte Zahl von etwas/Tieren: *fünf Stück Vieh; drei Stück Kuchen essen* **4** **Stück für Stück** eins/ein Teil nach dem anderen: *Pralinen Stück für Stück aufessen* **5** **am/im Stück** ganz und nicht in dünne Scheiben geschnitten ⟨Käse, Wurst am/im Stück kaufen⟩ **6** **ein (kleines/kurzes) Stück** eine relativ kurze Entfernung: *Ich werde dich noch ein Stück begleiten* **7** **ein ganzes/gutes Stück** ziemlich viel ⟨ein ganzes/gutes Stück älter, größer als jemand sein⟩: *Sie ist ein gutes Stück gewachsen* **8** **ein gutes/schönes Stück** ⟨Arbeit, Geld, Glück⟩ *umg;* ziemlich viel Arbeit, Geld, Glück || ID **etwas aus freien Stücken tun** etwas freiwillig tun; **große 'Stücke auf jemanden halten** eine sehr gute Meinung von jemandem haben; *meist* **(Das ist) ein starkes 'Stück** *umg;* das ist eine Unverschämtheit

Stück¹

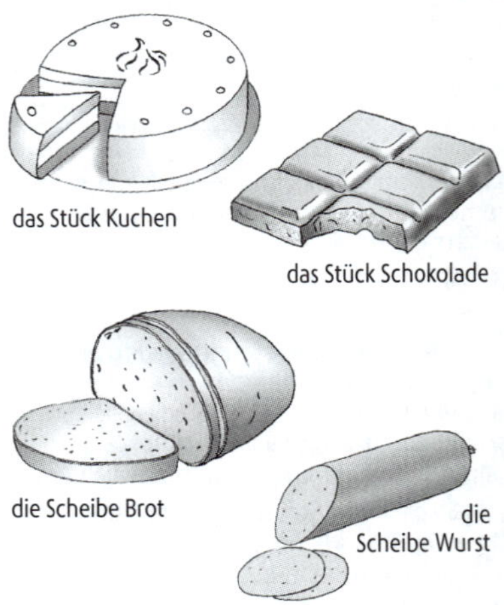

Stụ̈ck² B1 *das; -(e)s, -e* **1** ein literarisches Werk, das *meist* im Theater gezeigt wird ≈ Theaterstück, Drama || -K Bühnenstück, Fernsehstück **2** ein musikalisches Werk ≈ Musikstück: *ein Stück von Chopin spielen* || -K Klavierstück, Orchesterstück

Stu·dẹnt *der; -en, -en;* jemand, der an einer Universität oder Hochschule studiert: *ein*

Student der Mathematik; Student im siebten Semester sein || ⊟K Universitätsstudent; Chemiestudent || *hierzu* **Stu·dẹn·tin** *die; -, -nen;* **stu·dẹn·tisch** *Adjektiv*

Stu·die [-di̯ə] *die; -, -n* **1** **eine Studie (zu etwas, über etwas** (*Akkusativ*)) eine schriftliche wissenschaftliche Arbeit ≈ Untersuchung: *eine Studie über die Ursachen des Waldsterbens* **2** eine einfache Zeichnung, mit der ein Maler ausprobiert, wie etwas aus einer bestimmten Perspektive *o.Ä.* aussieht ⟨Studien anfertigen⟩

Stu·di·en [-i̯ən] *Plural;* ↑ **Studium**, **Studie**

Stu·di·en- [-i̯ən-] *im Substantiv;* in Bezug auf das Studium an einer Universität *o.Ä.;* die **Studienberatung**, der **Studienbewerber**, das **Studienfach**, der **Studienfreund**, die **Studiengebühren**, der **Studienkollege**, der **Studienplatz**, die **Studienreform**, die **Studienzeit**

Stu·di·en·rat *der; -(e)s, -rä·te;* Ⓓ ein Titel für einen Lehrer am Gymnasium *o.Ä.* || ⊟K Oberstudienrat || *hierzu* **Stu·di·en·rä·tin** *die; -, -nen*

stu·die·ren A2 *studierte, hat studiert* **1** **(etwas) studieren** eine Universität oder Hochschule besuchen und dort etwas lernen ⟨Mathematik studieren; an einer Universität, Fachhochschule studieren⟩ **2** **etwas studieren** etwas genau beobachten und untersuchen, um viele Informationen zu bekommen: *das Verhalten der Bienen studieren* **3** **etwas studieren** *umg;* etwas genau lesen ⟨den Fahrplan studieren⟩ || *zu* 1 **Stu·die·ren·de** *der/die; -n, -n*

Stu·dio *das; -s, -s* **1** ein Raum, in dem Sendungen oder Filme aufgenommen werden || ⊟K Fernsehstudio, Filmstudio **2** ein Raum, in dem ein Künstler, *bes* ein Maler, arbeitet ≈ Atelier

Stu·di·um A2 *das; -s, Stu·di·en* [-di̯ən] **1** *nur Singular;* eine Ausbildung an einer Universität *o.Ä.* ⟨ein Studium aufnehmen⟩: *das Studium der Biologie* || K⊟ Studienbedingungen || ⊟K Fachhochschulstudium, Universitätsstudium; Diplomstudium; Chemiestudium **2** **das Studium** (+ *Genitiv*) die intensive und wissenschaftliche Beschäftigung mit etwas: *das Studium alter Kulturen* **3** **das Studium** + *Genitiv* das genaue Lesen eines Textes ⟨das Studium der Akten, des Fahrplans⟩

Stu·fe B1 *die; -, -n* **1** eine von mehreren waagrechten, schmalen Flächen einer Treppe: *die Stufen zum Aussichtsturm hinaufgehen* || ↑ Abbildung unter **Treppenhaus** || ⊟K Treppenstufe **2** der Zustand zu einem bestimmten Zeitpunkt einer Entwicklung ≈ Stadium || ⊟K Altersstufe, Bildungsstufe, Entwicklungsstufe **3** ein Teil einer Rakete || ⊟K Antriebsstufe, Raketenstufe

Stuhl[1] A1 *der; -(e)s, Stüh·le* **1** ein Möbelstück, auf dem eine Person sitzen kann und das aus *meist* vier Beinen, einer Sitzfläche und einer Rückenlehne besteht ⟨sich auf einen Stuhl setzen; jemandem einen Stuhl anbieten⟩ || ⊟K Campingstuhl, Gartenstuhl, Kinderstuhl, Metallstuhl **2** **der elektrische Stuhl** eine Art Stuhl, auf dem jemand (als Strafe für ein Verbrechen) mit elektrischem Strom getötet wird || ID **sich zwischen zwei/alle Stühle setzen** sich durch eine Handlung oder Entscheidung in eine Lage bringen, in der man nur Nachteile oder Feinde hat || ↑ Abbildung Seite 808

Stuhl[2] A1 *der; -(e)s; nur Singular; Medizin;* der Kot des Menschen

▶ Wie bekomme ich einen Studienplatz?

Die Voraussetzung für einen Studienplatz an einer deutschen Universität ist die „allgemeine **Hochschulreife**„, das sogenannte **Abitur**. Zum **Studium** an einer der **Fachhochschulen** benötigt man die „fachgebundene Hochschulreife" (**Fachabitur**).

Angehende Studenten aus dem Ausland, die keine deutsche Schule besucht haben, sollten sich rechtzeitig (etwa ein Jahr vor dem geplanten Studienbeginn) darüber informieren, ob sie mit ihrem Schulabschluss ein Studium in Deutschland aufnehmen können. Auskünfte darüber geben die **Akademischen Auslandsämter** der jeweiligen Hochschulen bzw. die **ZVS**, die Zentralstelle für die Vergabe von Studienplätzen, in Dortmund.
Genaueres erfährt man beim Deutschen Akademischen Austauschdienst, dem **DAAD**, unter der Internetadresse **www.daad.de** oder bei der ZVS unter **www.zvs.de.**

Wer eines der „harten **Numerus-Clausus**-Fächer" wie Medizin, Pharmazie oder Psychologie studieren möchte, muss einen Antrag auf Zuteilung eines Studienplatzes an die ZVS richten. Man kann seine Wünsche hinsichtlich des Studienortes äußern, hat jedoch keine Garantie, einen Studienplatz an der gewünschten Universität zu erhalten.

LANDESKUNDE

Stühle

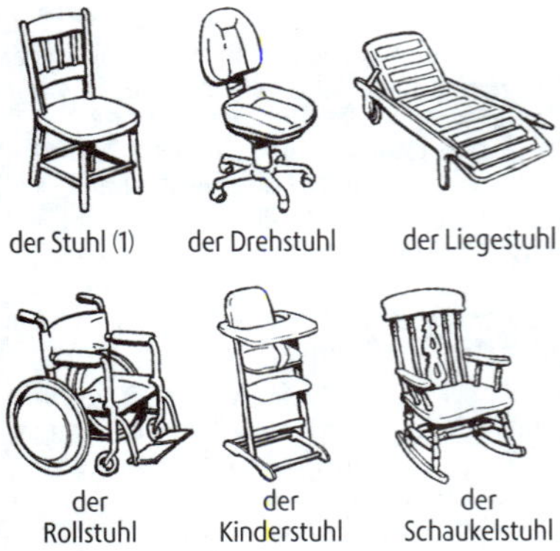

Stuhl·gang *der; -(e)s; nur Singular; meist in* **Stuhlgang haben** den Darm entleeren

Stul·le *die; -, -n; nordd;* eine Scheibe Brot (mit Butter und Käse, Wurst *o.Ä.*) || ⊟K Butterstulle, Käsestulle, Wurststulle

stül·pen; *stülpte, hat gestülpt* **1** **etwas auf/über etwas** *(Akkusativ)* **stülpen** einen Behälter *o.Ä.* mit der Öffnung nach unten drehen und über etwas anderes ziehen oder stellen: *dem Schneemann einen Eimer auf den Kopf stülpen; ein Glas über eine Fliege stülpen, um sie zu fangen* **2** **etwas nach außen stülpen** die innere Seite einer Tasche *o.Ä.* nach außen wenden

stumm B1 *stummer, stummst-; Adjektiv* **1** nicht fähig zu sprechen, weil man die Laute nicht produzieren kann: *von Geburt stumm sein* || ⊟K taubstumm **2** so voller negativer Gefühle, dass man nichts sagen kann ⟨stumm vor Angst, Schreck, Wut sein⟩ **3** ⟨ein Zuhörer, Zuschauer⟩ so, dass sie kein Wort sagen **4** so, dass dabei kein Wort gesagt wird ⟨ein Abschied, eine Begrüßung⟩ **5** **etwas bleibt stumm** etwas macht kein Geräusch, weil es nicht funktioniert oder nicht benutzt wird ⟨der Fernseher, das Radio, das Telefon⟩ || *zu* 1 **Stum·me** *der/die; -n, -n*

S

Stum·mel *der; -s, -;* ein kurzes Stück, das von etwas übrig geblieben ist || ⊟K Bleistiftstummel, Zigarettenstummel

Stumm·film *der; -(e)s, -e; historisch;* ein (Kino)Film ohne Ton ↔ Tonfilm

stumpf, *stumpfer, stumpfst-; Adjektiv* **1** ⟨ein Bleistift, eine Nadel, eine Spitze⟩ am Ende rund oder nicht so spitz, wie sie sein sollten || ↑ Abbildung unter **spitz** **2** ⟨ein Messer, eine Schere⟩ so, dass man damit nicht gut schneiden kann **3** ohne Glanz ⟨Augen, ein Fell, Haare⟩ **4** ohne Interesse und Gefühle ⟨ein Blick⟩

Stumpf *der; -(e)s, Stümp·fe;* das kurze Stück des Stammes (mit der Wurzel), das in der Erde bleibt, wenn ein Baum gefällt wird || ⊟K Baumstumpf

Stumpf·sinn *der; -(e)s; nur Singular* **1** ein Zustand, in dem man sich für nichts interessiert ≈ Teilnahmslosigkeit ⟨in Stumpfsinn verfallen, versinken⟩ **2** die Eigenschaft einer Sache oder Tätigkeit, langweilig oder monoton zu sein ≈ Stupidität: *Diese Arbeit ist doch* (*der reine*) *Stumpfsinn!* || *hierzu* **stumpf·sin·nig** *Adjektiv*

Stünd·chen *das; -s, -; umg;* ungefähr eine Stunde (1): *sich ein Stündchen ausruhen*

Stun·de A1 *die; -, -n* **1** einer der 24 Teile, in die der Tag eingeteilt wird; *Abkürzung* Std. ⟨eine viertel, halbe, ganze, knappe, volle Stunde⟩: *eine geschlagene* (= ganze) *Stunde warten müssen; Er wollte in einer Stunde hier sein; Sie verdient fünfzehn Euro die Stunde/pro Stunde/in der Stunde* || Hinweis: *in drei viertel Stunden*, aber *eine Dreiviertelstunde* (zusammengeschrieben) || K⊟ Stundengeschwindigkeit, Stundenlohn, Stundenzeiger || ⊟K Dreiviertelstunde, Viertelstunde **2** die Zeit, zu der etwas Bestimmtes geschieht: *in der Stunde der Not zu jemandem halten; jemandem in der Stunde seines Todes beistehen; schöne Stunden mit jemandem verbringen; zur gewohnten Stunde kommen* || ⊟K Abschiedsstunde, Feierstunde, Geburtsstunde, Mußestunde, Ruhestunde, Sterbestunde, Todesstunde **3** *nur Plural, in Zusammensetzungen;* die Zeit, während der in Betrieben und Institutionen gearbeitet wird || ⊟K Arbeitsstunde, Bankstunde, Bürostunde, Dienststunde, Geschäftsstunde **4** der Unterricht in einem Fach *o.Ä.*, der ungefähr eine Stunde (1) dauert ⟨jemandem Stunden geben, erteilen; Stunden in etwas *(Dativ)* nehmen; eine Stunde schwänzen⟩: *privat Stunden im Gitarrespielen nehmen; In der ersten Stunde haben wir Mathe* || K⊟ Stundensoll, Stundenzahl || ⊟K Deutschstunde, Geschichtsstunde, Mathestunde *usw*; Geigenstunde, Klavierstunde, Reitstunde, Tanzstunde; Doppelstunde; Nachhilfestunde, Privatstunde, Schulstunde, Unterrichtsstunde, Vertretungsstunde **5** **zur Stunde** *förmlich;* jetzt, in diesem Augenblick **6** **jemandes große Stunde** der Zeitpunkt, an dem jemand Gelegenheit hat zu zeigen, was er kann **7** **die Stunde null** der Zeitpunkt, an dem etwas sehr Wichtiges geschieht und eine neue Epoche anfängt **3** **die Stunde X** ['ɪks] der Zeitpunkt in der Zukunft, an dem etwas Wichtiges geschehen soll || ID **jemandes letzte Stunde hat geschlagen/ist gekommen** jemandes Tod ist nahe; **wissen, was die Stunde geschlagen hat** die Situation richtig einschätzen und wissen, was man tun muss; ⟨ein Mann, eine Frau, ein Kämpfer, ein Revolutionär *usw*⟩ **der ersten Stunde** jemand, der von Anfang an bei einer Sache dabei war || *zu* 1 und 3 **stun·den·wei·se** *Adjektiv;*

stün·de *Konjunktiv II, 1. und 3. Person Singular;* ↑ **stehen**

stun·den; *stundete, hat gestundet;* **(jemandem) etwas stunden** die Zeit, innerhalb der etwas eigentlich gemacht werden sollte, verlängern ⟨jemandem einen Kredit, eine Rate, seine Schulden stunden⟩ || *hierzu* **Stun·dung** *die; -, -en*

Stun·den·ki·lo·me·ter *der; -s, -; meist Plural;* Kilometer pro Stunde (als Maß für die Geschwindigkeit eines Fahrzeugs)

stun·den·lang *Adjektiv; nur vor dem Substantiv oder als Adverb, ohne Steigerung* **1** mehrere Stunden (1) lang **2** sehr lange: *stundenlang mit jemandem telefonieren*

Stun·den·plan *der; -(e)s, -plä·ne;* eine Liste mit den Zeiten, zu denen jemand etwas Bestimmtes tun muss, *bes* für den Unterricht in der Schule

-stün·dig *im Adjektiv;* die genannte Zahl von Stunden (1) dauernd; **einstündig, zweistündig, dreistündig** *usw*

stünd·lich *Adjektiv* **1** *nur vor dem Substantiv oder als Adverb;* jede Stunde (1) einmal ⟨im stündlichen Wechsel; etwas fährt, verkehrt stündlich⟩ **2** *nur als Adverb;* sehr bald ≈ jeden Augenblick ⟨etwas kann stündlich eintreten, geschehen; etwas wird stündlich erwartet⟩

Stunk *der; -s; nur Singular; umg, meist abwertend* ≈ Streit, Ärger ⟨mit jemandem Stunk haben; (jemandem) Stunk machen; es gibt Stunk⟩

stu·pid, stu·pi·de *Adjektiv; förmlich abwertend* **1** ≈ dumm, beschränkt ⟨Menschen⟩ **2** ≈ langweilig, stumpfsinnig ⟨eine Arbeit⟩

stur, *sturer, sturst-; Adjektiv; abwertend;* nicht bereit, die Meinung zu ändern oder neue Verhältnisse zu berücksichtigen ⟨stur auf etwas bestehen⟩: *Markus ist nicht zu überzeugen, er bleibt stur bei seiner Meinung* || *hierzu* **Stur·heit** *die; -; nur Singular*

stür·be *Konjunktiv II, 1. und 3. Person Singular;* ↑ **sterben**

Sturm B2 *der; -(e)s, Stür·me* **1** ein sehr starker Wind ⟨ein Sturm kommt auf, legt sich⟩ || K- **Sturmbö, Sturmschaden** || -K **Schneesturm** **2** **ein Sturm** + *Genitiv* eine starke und *oft* unkontrollierte Reaktion ⟨ein Sturm der Begeisterung, der Entrüstung⟩ || -K **Beifallssturm, Proteststurm** **3** **der Sturm (auf etwas** (*Akkusativ*)) *Militär;* ein schneller Angriff **4** *nur Singular; Sport;* die Spieler einer Mannschaft, die angreifen sollen ⟨im Sturm spielen⟩ || ID **ein Sturm im Wasserglas** große Aufregung wegen einer unwichtigen Sache; **gegen etwas Sturm laufen** heftig gegen etwas protestieren

stür·men B2 *stürmte, hat/ist gestürmt* **1** **es stürmt** (*hat*) es herrscht starker Wind, Sturm **2** **irgendwohin stürmen** (*ist*) schnell irgendwohin laufen, gehen (und sich dabei nicht aufhalten lassen): *Voller Wut stürmte er aus dem Zimmer* **3** ⟨Truppen⟩ **stürmen etwas** (*hat*) Truppen erobern etwas durch einen schnellen Angriff ⟨eine Festung stürmen⟩ **4** ⟨Personen⟩ **stürmen etwas** (*hat*) viele Menschen drängen plötzlich irgendwohin: *Die Käufer stürmten die Geschäfte* **5** ⟨eine Mannschaft⟩ **stürmt** (*hat*) *Sport;* eine Mannschaft greift an

Stür·mer *der; -s, -; Sport;* ein Spieler *bes* beim Fußball, dessen Aufgabe es ist, Tore zu schießen ↔ Verteidiger || -K **Mittelstürmer** || *hierzu* **Stür·me·rin** *die; -, -nen*

sturm·frei *Adjektiv; nicht als Adverb; nur in* **eine sturmfreie Bude haben** allein in einem Raum (*bes* im Haus der Eltern) sein und machen können, was man will

stür·misch *Adjektiv* **1** mit (viel) Sturm ↔ windstill ⟨ein Monat, ein Tag, eine Überfahrt; Wetter⟩ **2** voller Leidenschaft ≈ ungestüm ⟨eine Begrüßung, eine Umarmung; ein Liebhaber⟩ **3** ≈ heftig, sehr stark ⟨Applaus, Beifall⟩ **4** sehr schnell ⟨eine Entwicklung⟩

Sturz *der; -es, Stür·ze* **1** der Vorgang, bei dem jemand zu Boden fällt: *sich bei einem Sturz das Bein brechen; ein Sturz vom Fahrrad* || -K **Fenstersturz** **2** der Rücktritt vom Amt (der *meist* durch einen Skandal, eine gewaltsame Übernahme der Macht erzwungen wird) ⟨etwas führt zu jemandes Sturz⟩ **3** **der Sturz** (+ *Genitiv*) das plötzliche starke Sinken || -K **Preissturz, Temperatursturz**

stür·zen; *stürzte, hat/ist gestürzt* **1** **jemand/etwas stürzt irgendwohin** (*ist*) jemand/etwas fällt (aufgrund seines Gewichts) nach unten: *aus dem Fenster, vom Dach stürzen* **2** **jemand stürzt** (*ist*) (*bes* wenn man steht oder geht) jemand verliert das Gleichgewicht und fällt zu Boden: *bewusstlos zu Boden stürzen* **3** **etwas stürzt** (*ist*) etwas sinkt plötzlich stark ⟨die Temperaturen; die Preise, Wertpapiere⟩ **4**

irgendwohin stürzen (*ist*) plötzlich schnell irgendwohin gehen, laufen: *wütend aus dem Haus stürzen* **5** **sich auf jemanden stürzen** (*hat*) plötzlich schnell zu jemandem hinlaufen und ihn angreifen, festhalten, verhaften **6** **sich auf jemanden/etwas stürzen** (*hat*) *umg*; sich voller Begeisterung mit jemandem/etwas befassen: *sich auf eine Neuigkeit stürzen; Die Fans stürzten sich auf den Star* **7** **sich in etwas** (*Akkusativ*) **stürzen** (*hat*) anfangen, etwas intensiv und mit viel Freude zu tun ⟨sich in die Arbeit stürzen⟩ **8** **sich irgendwohin stürzen** (*hat*) von einer hohen Stelle aus in die Tiefe springen, um Selbstmord zu begehen: *sich von einer Brücke stürzen* **9** **jemanden irgendwohin stürzen** (*hat*) jemanden so stoßen, dass er in die Tiefe fällt: *jemanden von der Brücke stürzen* **10** **jemanden stürzen** (*hat*) jemandem ein wichtiges Amt nehmen ⟨einen König, eine Regierung stürzen⟩ **11** **jemanden in etwas** (*Akkusativ*) **stürzen** (*hat*) jemanden in eine sehr unangenehme Situation bringen ⟨jemanden ins Unglück stürzen⟩

Stụrz·flug *der*; *-(e)s, -flü·ge*; ein Flug (mit dem Flugzeug) fast senkrecht nach unten ⟨zum Sturzflug ansetzen; im Sturzflug nach unten gehen⟩

Stụrz·helm *der*; *-(e)s, -e*; ein Helm, mit dem man *bes* beim Motorradfahren den Kopf schützt

Sturzhelm

Stụss *der*; *-es*; *nur Singular*; *umg abwertend* ≈ Unsinn ⟨Stuss reden⟩

Stu̲·te *die*; *-, -n*; das weibliche Tier beim Pferd, Esel, Kamel *o.Ä.* ↔ Hengst ‖ K- Stutenmilch; Stutfohlen ‖ -K Eselstute, Kamelstute, Zebrastute; Zuchtstute

Stụ̈t·ze *die*; *-, -n* **1** ein Gegenstand, der verhindert, dass etwas schief steht, umfällt oder nach unten sinkt: *Pfähle als Stützen für einen jungen Baum verwenden; einem Verletzten eine Jacke als Stütze unter den Kopf legen* ‖ -K Armstütze, Buchstütze, Bücherstütze, Fußstütze, Kopfstütze, Rückenstütze **2** jemand, der einem anderen hilft und für ihn sorgt ⟨für jemanden eine Stütze sein; an jemandem eine Stütze haben⟩ **3** *umg* ≈ Arbeitslosengeld, Arbeitslosenhilfe

stụt·zen; *stutzte, hat gestutzt* **1** **etwas stutzen** etwas (mit einer Schere) kürzer machen ⟨den Bart, die Hecke stutzen⟩ **2** eine kurze Pause zum Nachdenken machen, weil man überrascht ist: *Als er ihren Namen hörte, stutzte er*

stụ̈t·zen; *stützte, hat gestützt* **1** **jemanden/etwas stützen** einer Person/Sache Halt geben, bewirken, dass sie ihre Lage oder Form halten kann: *die Äste eines Baumes mit Stangen stützen; einen Kranken stützen, damit er nicht zusammenbricht* ‖ K- Stützmauer, Stützpfeiler **2** **sich/etwas auf/in etwas** (*Akkusativ*) **stützen** *bes* einen Körperteil auf etwas legen oder gegen etwas drücken und sich/ihn somit stützen (1) ⟨das Kinn auf die Hände stützen; die Hände auf den Tisch stützen; sich auf einen Stock stützen⟩ **3** **etwas stützt etwas** etwas ist ein Beleg, ein Zeichen dafür, dass etwas richtig oder wahr ist: *Die Versuchsergebnisse stützen ihre These* **4** **etwas auf etwas** (*Akkusativ*)/**durch etwas stützen** mithilfe von Fakten zeigen, dass etwas richtig oder wahr ist ⟨einen Verdacht durch Beweise stützen⟩ **5** **etwas stützt sich auf etwas** (*Akkusativ*) etwas hat etwas als Grundlage: *ein Verdacht stützt sich auf Fakten* **6** **sich auf etwas** (*Akkusativ*) **stützen** etwas als wichtige Hilfe nehmen: *sich auf die eigene Erfahrung stützen*

stụt·zig *Adjektiv*; *meist in* **1** **stutzig werden** misstrauisch werden **2** **etwas macht jemanden stutzig** etwas bewirkt, dass jemand misstrauisch oder nachdenklich wird: *Es macht mich stutzig, dass die Lieferung immer noch nicht angekommen ist*

Stụ̈tz·punkt *der*; *-(e)s, -e*; ein Ort, von dem aus man *bes* militärische Aktionen startet ≈ Basis (3) ⟨Truppen *o.Ä.* beziehen, errichten einen Stützpunkt⟩ ‖ -K Flottenstützpunkt, Militärstützpunkt, Truppenstützpunkt

Sty·ro·por® [ʃtyro'poːɐ̯] *das*; *-s*; *nur Singular*; ein leichtes, weißes Material, das aus vielen kleinen, weichen Kugeln besteht. Styropor® wird als Material zum Verpacken und zum Isolieren verwendet

sụb- *im Adjektiv*; verwendet, um eine geografische Lage auszudrücken, die nicht alle Merkmale der genannten Klimazone hat; **subarktisch, subpolar, subtropisch** ⟨Verhältnisse, ein Klima⟩

Sub- *im Substantiv* **1** verwendet, um auszudrücken, dass etwas ein Teil von etwas ist, der deutlich abgegrenzt ist und eigene Eigenschaften hat; die **Subkategorie**, der ⟨indische, nordamerikanische, südamerikanische⟩ **Subkontinent**, die **Subkultur** **2** verwendet, um auszudrücken, dass jemand eine untergeordnete oder abhängige Position hat; der **Subdirigent**, der **Subunternehmer**

Sub·jekt B2 *das; -(e)s, -e* **1** *Sprachwissenschaft;* (im Deutschen) der Teil eines Satzes, der bestimmt, ob das Verb eine Singularform oder eine Pluralform hat. Der Kasus für das Subjekt ist der Nominativ **2** *abwertend;* ein Mensch, der moralisch schlecht handelt ⟨ein kriminelles Subjekt⟩

sub·jek·tiv [-f] *Adjektiv;* von der eigenen, persönlichen Meinung oder Erfahrung bestimmt ↔ objektiv ⟨eine Ansicht, ein Standpunkt⟩ || *hierzu* **Sub·jek·ti·vi·tät** [-v-] *die; -; nur Singular*

sub·stan·ti·ell ↑ **substanziell**

Sub·stan·tiv [-ti:f] *das; -s, -e* [-ti:və]; *Sprachwissenschaft;* ein Wort, das ein Ding, einen Menschen, ein Tier, einen Begriff *o.Ä.* bezeichnet. Substantive werden im Deutschen mit einem großen Buchstaben am Wortanfang geschrieben. Die meisten Substantive haben eine Singular- und eine Pluralform und können mit einem Artikel (*der, die, das*) verbunden werden, der auch das Genus anzeigt || *hierzu* **sub·stan·ti·visch** [-v-] *Adjektiv*

Sub·stanz [zʊp'stants] *die; -, -en* **1** eine Flüssigkeit, ein Gas oder etwas Festes ≈ Stoff[1]: *mit gefährlichen Substanzen hantieren* **2** der wichtige Teil, der Inhalt *bes* an Gedanken, Ideen ⟨die finanzielle, inhaltliche Substanz⟩ || ID **etwas geht (jemandem) an die Substanz**; **etwas zehrt an der Substanz** etwas kostet jemanden so viel Geld oder Kraft, dass es gefährlich für ihn ist

sub·stan·zi·ell [-'tsiɛl] *Adjektiv; förmlich* **1** in Bezug auf die Substanz (2) ≈ wesentlich ⟨ein Unterschied, eine Veränderung, eine Verbesserung⟩ **2** *nicht als Adverb* ≈ nahrhaft ⟨eine Mahlzeit⟩

sub·til *Adjektiv* **1** so, dass (viele) kleine Nuancen beachtet werden (müssen) ⟨eine Unterscheidung, ein Unterschied⟩ **2** gut durchdacht und immer wieder verbessert ≈ verfeinert ⟨Methoden⟩ **3** sehr zurückhaltend und mit viel Feingefühl ⟨Andeutungen, ein Hinweis, eine Vorgehensweise⟩

sub·tra·hie·ren [zʊptra'hi:rən]; *subtrahierte, hat subtrahiert;* **(etwas (von etwas)) subtrahieren** eine Zahl um eine andere kleiner machen ≈ abziehen ↔ addieren || *hierzu* **Sub·trak·ti·on** *die; -, -en*

Sub·ven·ti·on [zʊpvɛn'tsio:n] *die; -, -en; Wirtschaft;* Geld, das ein Betrieb *o.Ä.* vom Staat bekommt, damit er etwas billiger herstellen oder verkaufen kann: *ohne staatliche Subventionen nicht mehr konkurrenzfähig sein* || *hierzu* **sub·ven·ti·o·nie·ren** *(hat)*

sub·ver·siv [zʊpvɛr'zi:f] *Adjektiv; förmlich;* mit dem Ziel, durch geheime Tätigkeiten eine politische Ordnung allmählich zu ändern ⟨Elemente, Ideen, Kräfte, eine Tätigkeit⟩ || *hierzu* **Sub·ver·si·on** *die; -, -en*

Su·che *die; -; nur Singular* **1** **die Suche (nach jemandem/etwas)** das Suchen (1) ⟨auf die Suche gehen; auf der Suche sein; die Suche aufgeben⟩ **2** **sich auf die Suche machen** anfangen, jemanden/etwas zu suchen

su·chen A1 *suchte, hat gesucht* **1** **(jemanden/etwas) suchen**; **nach jemandem/etwas suchen** an verschiedenen Orten nachsehen, ob dort jemand/etwas ist: *einen Verbrecher, einen Vermissten, den richtigen Weg suchen; den/nach dem verlorenen Schlüssel suchen* **2** **etwas suchen** versuchen, etwas durch Nachdenken zu erfahren oder herauszufinden: *die Antwort auf eine Frage suchen; den Fehler in einer Rechnung suchen* **3** **jemanden/etwas suchen** sich bemühen, jemanden für sich zu gewinnen oder etwas zu bekommen ⟨eine Wohnung suchen; Kontakt suchen; einen Freund, eine Frau suchen; bei jemandem Rat suchen⟩ || ID **jemand hat irgendwo nichts zu 'suchen** *umg;* jemand gehört irgendwo nicht hin, ist nicht erwünscht; **Wer such(e)t, der findet** wenn man sich viel Mühe gibt, findet man das, was man sucht

Su·cher *der; -s, -;* der Teil einer Kamera, in dem man das, was man fotografieren oder filmen will, als kleines Bild sieht

Such·funk·ti·on *die; -, -en; meist Singular; Informatik;* eine Funktion eines Computerprogramms, mit der man bestimmte Wörter oder Zeichen in einer Datei finden kann

Sucht B2 *die; -, Süch·te* **1** **die Sucht (nach etwas)** der Zustand, in dem man bestimmte schädliche Gewohnheiten nicht mehr ändern kann (vor allem das Rauchen, das Trinken von Alkohol, die Einnahme von Drogen) ⟨an einer Sucht leiden⟩ || K- Suchtkranke(r), Suchtmittel || -K Drogensucht, Rauschgiftsucht **2** **die Sucht (nach etwas)** das sehr große Verlangen, etwas zu tun: *die Sucht nach Vergnügen* || -K Abenteuersucht, Herrschsucht,

S

Rachsucht, Streitsucht

süch·tig [B2] *Adjektiv* **1** **süchtig (nach etwas)** so, dass man eine Sucht (1) hat: *Nimm keine Schlaftabletten, davon kann man süchtig werden* || -K alkoholsüchtig, drogensüchtig, nikotinsüchtig, tablettensüchtig **2** **süchtig (nach etwas)** mit einem sehr großen Wunsch nach etwas ⟨süchtig nach Erfolg, Vergnügen⟩ || -K herrschsüchtig, profitsüchtig || *zu* 1 **Süch·ti·ge** *der/die; -n, -n*

Sud *der; -(e)s, -e* **1** die Flüssigkeit, die entsteht, wenn man Fleisch oder Fisch brät oder kocht, und aus der man *meist* Soßen macht || -K Bratensud **2** eine Flüssigkeit, die durch Kochen entsteht || -K Biersud, Kräutersud

Süd [B2] *ohne Artikel; indeklinabel; Schifffahrt, Meteorologie* ≈ Süden (1) ⟨Wind aus/von Süd; ein Kurs Richtung Süd⟩

süd·deutsch *Adjektiv;* in Bezug auf den südlichen Teil der Bundesrepublik Deutschland und seine Sprache ⟨ein Ausdruck, ein Dialekt⟩ || *hierzu* **Süd·deut·sche** *der/die; -n, -n;* **Süd·deutsch·land** *(das); -s; nur Singular*

Sü·den *der; -s; nur Singular* **1** die Richtung, die auf der Landkarte nach unten zeigt ↔ Norden ⟨der Wind weht aus/von Süden; aus, in Richtung Süden⟩ || K- Südseite, Südteil **2** der Teil eines Gebietes, der im Süden (1) liegt ↔ Norden: *Er wohnt im Süden des Landes* || K- Südafrika, Südeuropa

süd·lich¹ *Adjektiv; meist vor dem Substantiv* **1** in die Richtung nach Süden ⟨ein Kurs; in südliche Richtung fahren⟩ **2** von Süden nach Norden ⟨ein Wind; aus südlicher Richtung⟩ **3** im Süden (1, 2) ⟨ein Land, die Seite, der Teil⟩

süd·lich² *Präposition;* **etwas ist südlich etwas** *(Genitiv)*/**von etwas** etwas liegt weiter im Süden als etwas: *südlich des Mittelmeers; südlich von Europa*

Süd·ost *ohne Artikel, indeklinabel; Schifffahrt, Meteorologie* ≈ Südosten (1); *Abkürzung* SO

Süd·os·ten *der; -s; nur Singular* **1** die Richtung zwischen Süden und Osten; *Abkürzung* SO ⟨der Wind weht aus/von Südosten; aus, in Richtung Südosten; etwas zeigt nach Südosten⟩ **2** der Teil eines Gebietes, der im Südosten (1) ist ≈ Südostteil: *Er wohnt im Südosten des Landes* || K- Südostasien, Südosteuropa

süd·öst·lich *Adjektiv; meist vor dem Substantiv* **1** nach Südosten (gerichtet) oder von Südosten (kommend) ⟨in südöstliche Richtung, aus südöstlicher Richtung⟩ **2** im Südosten (befindlich) ⟨die Seite, der Teil⟩

Süd·pol *der; -s; nur Singular;* der südlichste Punkt auf der Erde ↔ Nordpol

süd·wärts *Adverb;* in Richtung nach Süden

Süd·west *ohne Artikel, indeklinabel, Schifffahrt, Meteorologie* ≈ Südwesten (1); *Abkürzung* SW

Süd·wes·ten *der; -s; nur Singular* **1** die Richtung zwischen Süden und Westen; *Abkürzung* SW ⟨der Wind weht aus/von Südwesten⟩ **2** der Teil eines Gebietes, der in dieser Richtung oder Gegend liegt ≈ Südwestteil: *der Südwesten eines Landes*

süd·west·lich *Adjektiv; meist vor dem Substantiv* **1** nach Südwesten (gerichtet) oder von Südwesten (kommend) ⟨in südwestlicher Richtung, aus südwestlicher Richtung⟩ **2** im Südwesten (befindlich) ⟨die Seite, der Teil⟩

Süd·wind *der; -(e)s, -e;* ein Wind, der von Süden kommt

Suff *der; -(e)s; nur Singular; umg* **1** die Sucht nach Alkohol ⟨dem Suff verfallen⟩ **2** **im Suff** in betrunkenem Zustand

sug·ge·rie·ren; *suggerierte, hat suggeriert; förmlich* **1** **etwas suggeriert (jemandem) etwas** etwas beeinflusst jemanden geschickt so, dass er eine bestimmte Meinung, einen Wunsch *o.Ä.* bekommt: *Diese Werbung suggeriert, dass ‚richtige Männer' rauchen* **2** **etwas suggeriert etwas** etwas bewirkt, dass bei jemandem ein bestimmter Eindruck entsteht: *Die leuchtenden Farben suggerieren Wärme* **3** **jemand suggeriert etwas mit etwas** jemand bringt etwas indirekt zum Ausdruck: *Mit seiner Bemerkung suggerierte er, dass er mit dem Plan nicht einverstanden war* || *hierzu* **Sug·ges·ti·on** *die; -, -en*

Süh·ne *die; -; nur Singular; förmlich* ≈ Buße ⟨für etwas Sühne leisten; jemandem etwas zur Sühne auferlegen, abverlangen⟩

süh·nen; *sühnte, hat gesühnt; förmlich* **1** **(für) etwas sühnen** ≈ büßen ⟨(für) eine Schuld, ein Verbrechen (mit dem Leben, dem Tod) sühnen⟩ **2** **etwas sühnen** ein Unrecht wiedergutmachen, indem man den Schuldigen bestraft

Sui·te ['svi:t(ə)] *die; -, -n* **1** mehrere Zimmer in einem Hotel, die man zusammen mieten kann ⟨eine Suite bewohnen, mieten⟩ **2** *Musik;* ein Musikstück, das aus mehreren Tänzen *o.Ä.* besteht

Su·i·zid *der; -(e)s, -e; förmlich* ≈ Selbstmord || K- suizidgefährdet

Sul·tan *der; -s, -e;* ein Fürst oder Herrscher in einem islamischen Land (*meist* in früherer Zeit)

Sül·ze *die; -, -n;* eine Speise aus kleinen Stücken von gekochtem Fleisch, Möhren, Essiggurken *o.Ä.*, die in Gelee gelegt sind

Sụm·me B2 *die; -, -n* **1** das Ergebnis, das man erhält, wenn man Zahlen zusammenzählt, addiert ↔ Differenz: *Die Summe von drei und/plus vier ist sieben* (3 + 4 = 7) **2** eine bestimmte Menge Geld ⟨eine kleine, große Summe⟩: *Die Reparatur beläuft sich auf eine Summe von 250 Euro* || -K Geldsumme, Millionensumme

sụm·men; *summte, hat gesummt* **1** **(etwas) summen** die Lippen schließen und dabei eine Melodie machen **2** **ein Tier summt** ein Tier macht einen langen, leisen Laut ⟨eine Biene⟩

sum·mie·ren, sich; *summierte sich, hat sich summiert*; **das/es summiert sich**; ⟨Dinge⟩ **summieren sich** (**auf etwas** (*Akkusativ*)) verschiedene Dinge kommen zusammen und bilden insgesamt eine relativ große Menge ⟨Kosten, Probleme⟩: *Der Kaufpreis des Hauses ist gar nicht so hoch, aber die Kosten für Makler, Notar und Reparaturen summieren sich auf/zu über 150.000 Euro*

Sụnd *der; -(e)s, -e*; eine Stelle, an der ein Meer relativ schmal ist

Sụ̈n·de *die; -, -n* **1** eine Handlung, die gegen die Gesetze der Religion verstößt ⟨eine große Sünde; eine Sünde begehen; seine Sünden beichten⟩ **2** eine Handlung, die schlecht, unmoralisch oder nicht vernünftig ist: *die Sünden der Städteplaner* || *hierzu* **Sụ̈n·der** *der; -s, -*; **Sụ̈n·de·rin** *die; -, -nen*; **sụ̈n·dig** *Adjektiv*

sụ̈nd·haft *Adjektiv* **1** ⟨ein Gedanke, ein Leben⟩ so, dass sie unmoralisch sind **2** *nur als Adverb; umg;* verwendet, um Adjektive zu verstärken ≈ sehr ⟨sündhaft teuer, schön⟩

sụ̈n·di·gen; *sündigte, hat gesündigt* **1** Sünden (1) begehen ⟨in Gedanken, mit Worten, mit Taten sündigen⟩ **2** *humorvoll;* viele gute Dinge essen oder Alkohol trinken: *Über Weihnachten habe ich schwer gesündigt*

sụ̈nd·teu·er *Adjektiv; ohne Steigerung; umg;* sehr teuer

su·per B1 *Adjektiv; indeklinabel; umg;* (*bes* von Jugendlichen verwendet) ≈ toll, prima: *Er singt super; Der Film war einfach super!; eine super Disco*

su·per- *im Adjektiv; umg, oft humorvoll oder ironisch;* verwendet, um auszudrücken, dass etwas das normale Maß weit übertrifft: **superbillig, superfleißig, superleicht, supermodern, superreich, superschlau**

Su·per B1 *das; -s; nur Singular* ≈ Superbenzin ⟨Super tanken⟩ || Hinweis: *meist* ohne Artikel!

Su·per- *im Substantiv; umg;* verwendet, um auszudrücken, dass man jemanden/etwas für sehr gut hält ≈ Klasse-, Spitzen-; ein **Superauto**, ein **Superbuch**, ein **Superding**, ein **Superfilm**, eine **Superfrau**, ein **Superpreis**, ein **Superrennen**, ein **Superspiel**

Su·per·ben·zin *das; -s; nur Singular;* Benzin, das eine gute Qualität hat (und teurer als Normalbenzin ist) ⟨Superbenzin tanken⟩

Su·per-GAU *der; -(s), -s* **1** *Technik;* ein Unfall in einem Kernkraftwerk mit sehr schlimmen Folgen für die Menschen und die Umwelt (1) (GAU = größter anzunehmender Unfall) **2** *humorvoll umg;* eine große Panne: *Wir haben einen Super-GAU in unserem Computernetz!*

Su·per·la·tiv B1 [-f] *der; -s, -e* **1** *Sprachwissenschaft;* die Form eines Adjektivs oder Adverbs, die das höchste Maß ausdrückt, *z.B.* „schönste" zu „schön" **2** *meist Plural; förmlich;* ein Ding, ein Ereignis *o.Ä.*, die zu den besten, größten gehören: *ein Fest, ein Land der Superlative*

Su·per·markt A1 *der; -(e)s, -märk·te;* ein großes Geschäft *bes* für Lebensmittel, in dem man die Waren selbst aus den Regalen holt || ↑ Info Seite 814

Sụ̈pp·chen *das; -s, -; meist in* **sein eigenes Süppchen kochen** *umg abwertend;* für seinen eigenen Vorteil sorgen und nicht mit anderen zusammenarbeiten

Sụp·pe A1 *die; -, -n* **1** ein flüssiges, gekochtes Essen, *oft* mit kleinen Stücken Fleisch oder Gemüse || K- Suppenhuhn, Suppennudeln || -K Gemüsesuppe, Gulaschsuppe, Hühnersuppe **2** *umg humorvoll;* dichter Nebel || ID **die Suppe auslöffeln (müssen)** *umg;* die Folgen des eigenen Verhaltens ertragen (müssen)

Sụp·pen·grün *das; -s; nur Singular;* Petersilie, Lauch, Sellerie und Karotten, die man zum Würzen in eine Suppe gibt

Surf·brett *das* ['sø:ɐ̯f-]; *-(e)s, -er;* ein langes, flaches Brett aus Holz oder Kunststoff (mit einem Segel), mit dem man über das Wasser gleitet

S

sur·fen B2 ['sø:ɐ̯fn]; *surfte, hat gesurft* **1** auf einem Surfbrett über einen See oder das Meer segeln **2** sich auf einem Surfbrett ohne Segel über Wellen bewegen **3** **(im Internet) surfen** *Informatik;* ohne bestimmtes Ziel Informationen im Internet suchen

Sur·re·a·lịs·mus *der; -; nur Singular;* eine Richtung in der modernen Kunst und Literatur, die ihre künstlerischen Aussagen auf eine Art und Weise macht, die an Träume erinnert || *hierzu* **sur·re·a·lịs·tisch** *Adjektiv*

sus·pẹkt, *suspekter, suspektest-; Adjektiv;* ⟨eine

▶ Im Supermarkt

In deutschen Supermärkten braucht man in der Regel eine Euromünze für den Einkaufswagen (als eine Art Pfand). In vielen Geschäften steht unten an jedem Wagen eine Nummer, die an der Kasse überprüft und eingetippt wird.

Am Eingang:

Können Sie mir bitte Geld wechseln? Ich brauche einen Euro für den Einkaufswagen.

Wenn man das Personal anspricht:

Wo kann ich bitte das Leergut abgeben?
Entschuldigen Sie, wo finde ich denn bitte ...?
Führen Sie auch ...? Ich kann nichts finden.
Es ist keine Milch / keine Butter *usw.* **mehr im Regal. Haben Sie vielleicht noch welche im Kühlraum / im Lager?**
Haben Sie eine Kundentoilette?

Wenn man andere Kunden anspricht:

Entschuldigen Sie bitte. Wissen Sie vielleicht, wo ich ... finde?

Wenn es zwischen den Regalen eng wird:

Entschuldigung, würden Sie mich bitte vorbeilassen / könnte ich bitte mal vorbei?

Wenn man an der Kasse andere Kunden vorlassen möchte:

Gehen Sie ruhig vor, ich habe Zeit.

Wenn Sie ess an der Kasse sehr eilig haben:

Entschuldigen Sie bitte, ich habe es sehr eilig, würden Sie mich vielleicht vorlassen?

An der Kasse:

Kann ich mit Karte zahlen?
Was macht das (= wie viel kostet alles zusammen)? Ich habe Sie nicht verstanden.

Wenn dem Kassierer ein Fehler unterlaufen ist:

Entschuldigen Sie, da ist ein Fehler: Ich habe nur zwei, nicht drei Tüten Mehl gekauft.
Am Regal stand, dass das nur ... kostet, nicht ...
Ich habe gar keine ... gekauft.

Wenn man Waren zurückgeben möchte:

Ich möchte das hier zurückgeben. Ich habe es gestern gekauft und zu Hause festgestellt, dass es schon schlecht ist / dass es nicht passt / ...

SPRECHEN UND SCHREIBEN ◀

Angelegenheit, jemandes Benehmen, eine Sache ist (jemandem) suspekt, kommt jemandem suspekt vor⟩ so, dass sie Verdacht erregen ≈ verdächtig: *Sein merkwürdiges Verhalten kommt mir suspekt vor*

sus·pen·die·ren; *suspendierte, hat suspendiert* **1** **jemanden (von etwas) suspendieren** erlauben, dass jemand an etwas nicht teilzunehmen braucht ⟨jemanden vom Unterricht, vom Training suspendieren⟩ **2** **jemanden (von etwas) suspendieren** bestimmen, dass jemand seine Arbeit so lange nicht mehr machen darf, bis eventuelle Vorwürfe gegen ihn geklärt sind: *Beamte wegen Verdachts auf Bestechlichkeit vom Dienst suspendieren* || *hierzu* **Sus·pen·die·rung** *die; -, -en*

süß [A1] *süßer, süßest-; Adjektiv* **1** mit dem Geschmack von Zucker oder Honig: *Der Kaffee ist zu süß; der süße Geschmack reifer Trauben* || -K honigsüß, zuckersüß **2** mit dem Geruch von etwas, das süß (1) ist ⟨ein Duft, ein Parfüm; etwas duftet süß⟩ **3** *umg;* ⟨eine Stimme, ein Klang; ein Kind; eine Wohnung, ein Kleid⟩ so, dass man sie als sehr angenehm empfindet: *Sie hat eine süße kleine Wohnung in der Altstadt* **4** *abwertend;* übertrieben freundlich ⟨ein Lächeln, eine Miene, Reden⟩

Sü·ße *die; -; nur Singular; förmlich;* der süße Geschmack oder Geruch von etwas: *die Süße des Weins, einer Frucht*

sü·ßen; *süßte, hat gesüßt;* **(etwas) süßen** etwas mit Zucker *o.Ä.* süß machen ⟨etwas schwach, stark süßen⟩: *Süßt du mit Zucker oder Honig?*

Süß·holz *das; nur in* **Süßholz raspeln** *umg abwertend;* jemandem (auf übertriebene Art) schmeicheln

Sü·ßig·keit *die; -, -en; meist Plural;* eine kleine süße Sache zum Essen (*z.B.* Bonbons oder Pralinen)

süß·lich *Adjektiv* **1** mit einem (*meist* unangenehmen) leicht süßen Geschmack oder Geruch ⟨ein Geschmack, ein Geruch; etwas schmeckt, riecht süßlich⟩ **2** *abwertend;* übertrieben freundlich ⟨eine Stimme; süßlich lächeln⟩

süß·sau·er *Adjektiv* **1** süß und gleichzeitig sauer im Geschmack ⟨Bonbons, eine Speise, ein Gericht; süßsauer eingelegte Gurken; etwas schmeckt süßsauer⟩ **2** *oft abwertend;* halb freundlich, halb mürrisch ⟨ein Lächeln, eine Miene, ein Gesicht⟩

Süß·spei·se [B2] *die; -, -n;* eine süße Speise, die man *bes* als Dessert isst

Süß·stoff *der; -(e)s, -e;* eine *meist* künstliche Substanz, die man statt Zucker verwendet, um Tee *usw* süß zu machen

Süß·was·ser *das; -s; nur Singular;* das Wasser in

Flüssen und Seen ↔ Meerwasser, Salzwasser || K- Süßwasserfisch, Süßwasserkrebs, Süßwassermuschel, Süßwasserperle

Sweat·shirt ['swɛtʃøːɐ̯] *das; -s, -s;* eine Art Pullover aus Baumwolle || ↑ Illustration **Die Kleidung**

Swim·ming·pool B2 [-puːl] *der; -s, -s;* ein Schwimmbecken, *bes* in einem privaten Garten oder in einem Hotel

Sym·bi·o·se *die; -, -n;* eine Form des Zusammenlebens, bei der *meist* zwei Lebewesen voneinander abhängig sind und sich gegenseitig Vorteile bringen: *Manche Pflanzen leben in Symbiose* || *hierzu* **sym·bi·o·tisch** *Adjektiv*

Sym·bol *das; -s, -e* **1** **ein Symbol (für etwas)** ein Ding oder Zeichen, das für etwas anderes (*z.B.* eine Idee) steht oder auf etwas hinweist ⟨christliche, magische Symbole; ein Symbol des Friedens⟩: *Die fünf Ringe sind das Symbol für die Olympischen Spiele* || -K Friedenssymbol; Statussymbol **2** ein Buchstabe, ein Zeichen, eine Figur, die eine Zahl, ein chemisches Element, einen (Rechen)Vorgang ausdrücken: *Das Symbol der Addition ist ein +*

sym·bo·lisch *Adjektiv* **1** ⟨ein Ausdruck, eine Farbe, eine Geste⟩ so, dass sie ein Symbol darstellen oder wie ein Symbol wirken ≈ sinnbildlich, symbolhaft: *Die Schlange hier hat symbolischen Charakter: Sie steht für das Böse* **2** mithilfe von Symbolen ⟨etwas symbolisch darstellen⟩

sym·bo·li·sie·ren; *symbolisierte, hat symbolisiert;* **jemand/etwas symbolisiert etwas** jemand/etwas ist das Symbol (1) für etwas: *Die Farbe Schwarz symbolisiert Trauer*

Sym·met·rie *die; -, -n* [-'triːən]; die Eigenschaft von etwas, symmetrisch zu sein ↔ Asymmetrie || K- Symmetrieachse, Symmetrieebene

sym·met·risch *Adjektiv;* so, dass etwas auf beiden Seiten einer (gedachten) Linie genau gleich aussieht ↔ asymmetrisch: *der symmetrische Aufbau des Quadrats; Das menschliche Gesicht ist mehr oder weniger symmetrisch*

Sym·pa·thie *die; -, -n* [-'tiːən] **1** **die Sympathie (für jemanden)** das Gefühl, dass man jemanden gernhat oder dass einem jemand angenehm ist ≈ Wohlwollen ↔ Antipathie ⟨Sympathie für jemanden empfinden; wenig, volle Sympathie für jemanden haben; jemandem seine Sympathie bekunden; sich (*Dativ*) alle Sympathien bei jemandem verscherzen⟩ || K- Sympathiebekundung, Sympathiebezeigung, Sympathieerklärung, Sympathiekundgebung, Sympathiestreik **2** **etwas hat/findet jemandes (volle) Sympathie** *umg;* jemand findet etwas gut, gibt einer Sache seine Zustimmung ⟨ein Plan, ein Projekt, ein Vorschlag⟩

sym·pa·thisch A2 *Adjektiv;* **(jemandem) sympathisch** mit einer angenehmen Wirkung auf andere Menschen ⟨ein Mensch; sympathisch wirken⟩: *Unser neuer Nachbar ist mir nicht sympathisch*

sym·pa·thi·sie·ren; *sympathisierte, hat sympathisiert;* **mit jemandem/etwas sympathisieren** *bes* einen Politiker, eine politische Gruppe oder Ideologie gut finden, aber nicht aktiv unterstützen || *hierzu* **Sym·pa·thi·sant** *der; -en, -en;* **Sym·pa·thi·san·tin** *die; -, -nen*

Sym·pho·nie, sym·pho·nisch [-f-] ↑ **Sinfonie, sinfonisch**

Sym·po·si·um *das; -s, Sym·po·si·en* [-ziən]; **ein Symposium (über etwas** (*Akkusativ*)**)** *förmlich;* eine Versammlung von Fachleuten, die über ein spezielles Thema diskutieren ≈ Tagung, Kongress ⟨ein Symposium abhalten, veranstalten⟩

Symp·tom *das; -s, -e* **1** **ein Symptom (für/von etwas)** eine Veränderung im Zustand oder in der Funktion eines Organs oder im Aussehen, die für eine bestimmte Krankheit typisch ist ≈ Anzeichen: *ein Symptom für Krebs; Symptome von Unterernährung zeigen* || K- Symptombehandlung || -K Krankheitssymptom; Malariasymptom, Vergiftungssymptom **2** **ein Symptom (für etwas)** *förmlich;* etwas, das für eine *meist* negative Entwicklung typisch ist ≈ Anzeichen: *Ist die hohe Scheidungsrate ein Symptom für den Verfall unserer Gesellschaft?*

symp·to·ma·tisch *Adjektiv; förmlich;* **symptomatisch (für etwas)** ≈ typisch, charakteristisch: *Diese Aussage ist symptomatisch für seine Denkweise*

Sy·na·go·ge *die; -, -n;* der Raum oder das Gebäude, in dem Juden beten und den Gottesdienst feiern

syn·chron [zʏn'kroːn] *Adjektiv; Technik;* so, dass zwei oder mehrere Vorgänge zur gleichen Zeit und/oder mit gleicher Geschwindigkeit ablaufen ≈ gleichzeitig ⟨Bewegungen, Vorgänge; zwei (oder mehr) Prozesse verlaufen synchron, laufen synchron ab; etwas synchron schalten⟩

Sy·no·nym *das; -s, -e;* **ein Synonym (für, von, zu etwas)** *Sprachwissenschaft;* ein Wort, das (fast) die gleiche Bedeutung hat wie ein anderes Wort: *„Streichholz" und „Zündholz" sind Sy-*

S

nonyme || *hierzu* **sy·no·nym** *Adjektiv*

S'yn·tax *die; -; nur Singular; Sprachwissenschaft;* die Regeln, mit denen man in einer Sprache aus Wörtern Sätze bilden kann: *die Syntax des Deutschen* || K- Syntaxregel || *hierzu* **syn·tak·tisch** *Adjektiv*

Syn·the·se *die; -, -n* **1** *förmlich;* **eine Synthese (aus etwas und etwas/von etwas** *(Plural)*) die Verbindung verschiedener Elemente zu einer neuen Einheit: *Sein Glaube ist eine Synthese aus westlichen und östlichen Ideen* **2** *Chemie;* der Aufbau einer (komplizierten) chemischen Verbindung aus mehreren einfachen Substanzen ↔ Analyse: *die Synthese des Chlorophylls* || -K Fotosynthese

Syn·the·tik *(das); -s, -s;* ein synthetischer Stoff oder Kleidung *o.Ä.* daraus: *Das Kleid ist Synthetik*

syn·the·tisch B2 *Adjektiv;* chemisch hergestellt, aber natürlichen Stoffen sehr ähnlich ≈ künstlich ↔ natürlich ⟨ein Aroma, ein Edelstein, Fasern, Kautschuk, ein Material, ein Stoff, ein Treibstoff, eine Verbindung; etwas synthetisch herstellen, gewinnen⟩

Sys·tem B1 *das; -s, -e* **1** etwas, das man als eine Einheit sehen kann und das aus verschiedenen Teilen besteht, die miteinander zusammenhängen ⟨ein biologisches, kompliziertes System⟩ || -K Nervensystem, Ökosystem, Planetensystem **2** die Gliederung und der Aufbau einer Regierung oder Gesellschaft ⟨ein parlamentarisches, demokratisches, totalitäres System⟩ || K- Systemveränderung || -K Gesellschaftssystem **3** ein Bereich mit einer eigenen Ordnung und Organisation *(meist* als Teil eines größeren Systems (2)) || -K Gesundheitssystem, Schulsystem, Sozialversicherungssystem **4** die Prinzipien, nach denen etwas geordnet ist: *Nach welchem System sind die Bücher in dieser Bibliothek geordnet?* || -K Ordnungssystem || ID **mit System** nach einem genauen Plan

sys·te·ma·tisch *Adjektiv;* sorgfältig nach einem genauen Plan organisiert ≈ planvoll ↔ unsystematisch ⟨die Schulung, der Unterricht, das Training; systematisch arbeiten⟩ || *hierzu* **Sys·te·ma·tik** *die; -, -en; meist Singular; förmlich*

Sze·ne B2 ['stse:nə] *die; -, -n* **1** einer der Abschnitte in einem Film oder Theaterstück ⟨eine Szene spielen⟩ || K- Szenenfolge || -K Liebesszene, Opernszene; Schlussszene **2** der Ort, an dem die Handlung einer Szene (1) stattfindet **3** ≈ Ereignis, Vorfall ⟨eine ergreifende, lustige Szene⟩ **4** *meist Singular;* heftige Vorwürfe oder Streit ⟨eine hässliche Szene⟩ || -K Familienszene **5** **die** *(+ Adjektiv)* **Szene** *nur Singular;* ein Bereich mit bestimmten *(oft* künstlerischen) Aktivitäten und *meist* mit einem bestimmten Lebensstil ⟨die literarische, politische Szene (einer Stadt); sich in der Szene auskennen⟩ || -K Kunstszene, Popszene; Drogenszene || ID **jemandem eine Szene machen** jemandem (in der Öffentlichkeit) laut Vorwürfe machen; **sich in Szene setzen** sich so verhalten, dass man von allen anderen beachtet wird

T

T, t [te:] *das; -, -/umg auch -s;* der zwanzigste Buchstabe des Alphabets

Ta·bak, Ta·bak, *bes* Ⓐ **Ta·bak** B1 *der; -s, -e; meist Singular* **1** eine Pflanze, die Nikotin enthält || K- Tabakpflanze **2** die getrockneten und geschnittenen Blätter des Tabaks (1), die man in Zigaretten oder Pfeifen raucht || K- Tabakmischung || -K Zigarettentabak

ta·bel·la·risch *Adjektiv;* in Form von Tabellen (1)

Ta·bel·le B1 *die; -, -n* **1** eine Art Liste von Zahlen oder Fakten *(meist* mit mehreren Spalten) || -K Steuertabelle **2** *Sport;* eine Liste *meist* der Mannschaften in einer Gruppe mit den Siegen und den verlorenen Spielen || K- Tabellenende, Tabellenerste(r), Tabellenführer

Tab·lett *das; -s, -s;* eine kleine Platte, auf der man Geschirr oder Speisen trägt || ID **jemandem etwas auf einem silbernen Tablett servieren** *abwertend, oft ironisch* **a** jemandem etwas übertrieben feierlich geben **b** jemandem etwas anbieten oder geben, ohne dass er sich dafür anstrengen muss

Tab·let·te B1 *die; -, -n;* ein Medikament von kleiner, runder, relativ flacher Form ⟨eine Tablette einnehmen⟩ || K- Tablettensucht; tablettenabhängig || -K Schlaftablette, Schmerztablette

ta·bu *Adjektiv; nur nach dem Substantiv oder als Adverb, ohne Steigerung* **1** **etwas ist tabu (für jemanden)** etwas ist so, dass man nicht darüber spricht oder es nicht tut, weil es die Gesellschaft ablehnt ⟨ein Bereich, ein Thema⟩ **2** **etwas ist für jemanden tabu** *umg;* jemand spricht nicht gern über etwas

Ta·bu *das; -s, -s; förmlich;* die Sitte oder die Regel, über etwas Bestimmtes nicht zu sprechen oder etwas nicht zu tun ⟨ein Tabu brechen, verletzen⟩ || K- Tabuwort

ta·bu·i·sie·ren [-bui-]; *tabuisierte, hat tabuisiert;* **etwas tabuisieren** *förmlich;* etwas zu einem Tabu machen ⟨ein Thema tabuisieren⟩

Ta·bu·la·tor *der; -s, Ta·bu·la·to·ren;* eine Funktion eines Computers *o.Ä.*, die den Cursor *o.Ä.* durch Drücken einer Taste auf eine bestimmte, vorher eingestellte Stelle bringt ⟨den Tabulator einstellen⟩ || K- Tabulatortaste

Ta·cho *der; -s, -s; umg; Kurzwort* ↑ **Tachometer**

Ta·cho·me·ter *der, auch das; -s, -;* ein technisches Gerät, in/an einem Fahrzeug, das die Geschwindigkeit misst und anzeigt: *Der Tachometer zeigt 120 km/h an* || K- Tachometernadel, Tachometerstand

Ta·del *der; -s, -;* eine (harte) Kritik an jemandes Verhalten, die deutlich zum Ausdruck bringt, dass Fehler gemacht wurden ↔ Lob ⟨ein scharfer Tadel; einen Tadel aussprechen⟩

ta·del·los *Adjektiv;* ohne Fehler, sehr gut ⟨eine Arbeit, ein Benehmen⟩: *Der neue Anzug passt tadellos*

ta·deln; *tadelte, hat getadelt;* **jemanden (wegen etwas) tadeln**; **etwas tadeln** jemandes Handlungen oder Verhalten negativ beurteilen, scharf kritisieren ↔ loben

Ta·fel B1 *die; -, -n* **1** eine Art große Platte *(meist in der Schule)*, auf die man schreiben und malen kann: *ein Wort an die Tafel schreiben* || K- Tafelkreide, Tafelschwamm **2** ein großer, langer Tisch, der für ein festliches Essen gedeckt ist ⟨die Tafel decken, schmücken, abräumen; sich an die Tafel setzen⟩ || K- Tafeldecke, Tafelgeschirr **3** **eine Tafel Schokolade** Schokolade in Form eines Rechtecks **4** **die Tafel aufheben** das Festessen für beendet erklären **5** eine Darstellung aus Bildern oder Tabellen in einem Text

Ta·fel·spitz *der; -; nur Singular; bes südd* Ⓐ; gekochtes Rindfleisch (als spezielle Speise) ⟨Tafelspitz mit Meerrettich⟩

Ta·fel·was·ser *das; -s, -wäs·ser;* Mineralwasser (in Flaschen)

Tag A1 *der; -(e)s, -e* **1** der Zeitraum von 24 Stunden, zwischen 0^{00} und 24^{00} Uhr: *„Welchen Tag haben wir heute?"* || K- Tagesablauf, Tageshälfte, Tagesstunde || -K Arbeitstag, Ferientag; Regentag; Herbsttag **2** die Zeit zwischen Sonnenaufgang und Sonnenuntergang, in der es hell ist ↔ Nacht ⟨es wird Tag; der Tag bricht an⟩: *Im Winter sind die Tage kurz* || K- Tagesanbruch, Tagestemperatur **3** *nur Plural;* ein unbestimmter Zeitraum oder Zeitpunkt ≈ Zeiten ⟨in früheren/späteren Tagen⟩: *Dieser Brauch war bis in unsere Tage üblich* **4** **der Jüngste Tag** der Tag, an dem (nach christlichem Glauben) die Welt aufhört zu sein **5** **der Tag der (Deutschen) Einheit** der Nationalfeiertag der Bundesrepublik Deutschland am 3. Oktober **6** **Guten Tag!** verwendet als Gruß, wenn man während des Tages (2) jemanden trifft (und seltener auch beim Abschied) **7** **Tag für Tag** jeden Tag **8** **des Tags**; **unter Tags** bei Tag, am Tag (2) ↔ nachts || ID **Man soll den Tag nicht vor dem Abend loben** man muss erst auf das Ende warten, bevor man weiß, ob etwas gut war; **Noch ist nicht aller Tage Abend** *förmlich;* es gibt noch Hoffnung; **ein Unterschied wie Tag und Nacht** *umg;* ein sehr großer Unterschied; **auf meine, deine** *(usw)* **alten Tage** *umg, meist humorvoll;* in meinem *(usw)* (hohen) Alter; **jemandes (großer) Tag** ein wichtiger Tag für jemanden; **am helllichten Tag** verwendet, um Erstaunen oder Entsetzen darüber auszudrücken, dass etwas bei Tag (2) geschieht: *Er wurde am helllichten Tag auf der Straße überfallen*; **den lieben langen Tag** den ganzen Tag; *meist* **eines (schönen) Tages** an irgendeinem Tag (besonders in der Zukunft): *Das wirst du eines Tages bereuen!*; **etwas an den Tag bringen** etwas aufdecken oder bekannt machen; **etwas kommt an den Tag** etwas wird bekannt; **in den Tag hinein leben** sich keine Sorgen um die Zukunft machen; **etwas an den Tag legen** eine Eigenschaft unerwartet zeigen; **Morgen ist auch noch ein Tag!** das kann bis morgen warten; **jemandes Tage sind gezählt** **a** jemand wird bald sterben; **b** jemand wird bald seine Stellung verlieren *o.Ä.*; **von einem Tag auf den anderen** plötzlich, unerwartet || Hinweis: ↑ **zutage**

tag·aus *Adverb; nur in* **tagaus, tagein** jeden Tag ≈ immer, ständig: *tagaus, tagein dasselbe tun müssen*

Ta·ge·buch *das; -(e)s, -bü·cher;* ein Heft oder Buch, in das man (täglich) die Erlebnisse und Gedanken schreibt ⟨ein Tagebuch führen⟩

Ta·ge·geld *das; -(e)s, -er* **1** eine (Geld)Summe, die eine Firma oder Behörde einem Angestellten bei (Dienst)Reisen pro Tag für Essen und Getränke zahlt **2** eine (Geld)Summe, die eine Versicherung jemandem für jeden Tag seines Aufenthalts im Krankenhaus zahlt

tag·ein *Adverb;* ↑ **tagaus**

ta·ge·lang *Adjektiv; nur vor dem Substantiv oder*

als Adverb; mehrere Tage dauernd ⟨das Warten⟩: *Ich habe tagelang auf deinen Anruf gewartet*

ta·gen; *tagte, hat getagt*; ⟨Personen⟩ **tagen/etwas tagt** die Mitglieder einer Organisation *o.Ä.* halten eine wichtige und *meist* lange Sitzung, Versammlung oder einen Kongress ab ⟨das Gericht, das Parlament⟩

Ta·ges- *im Substantiv* **1** in Bezug auf einen einzelnen oder bestimmten Tag (1); der **Tagesbedarf**, der **Tagesbericht**, die **Tageseinnahmen** ⟨eines Lokals⟩, die **Tagesform** ⟨eines Sportlers⟩, das **Tagesgeschehen**, der **Tageskurs** ⟨an der Börse⟩, die **Tagesleistung**, der **Tagespreis** ⟨von Fleisch, Obst, Gemüse⟩, die **Tagesproduktion** ⟨eines Betriebs⟩, die **Tagessuppe** ⟨in einem Restaurant⟩, der **Tagesumsatz**, der **Tagesverbrauch**, der **Tagesverdienst** **2** nur einen Tag (1) dauernd, gültig; der **Tagesausflug**, die **Tagesfahrt**, die **Tagesreise**, die **Tagesrückfahrkarte**, die **Tagestour** **3** für den Tag (2) im Gegensatz zur Nacht oder zum Abend; der **Tagesanzug**, die **Tagescreme**, die **Tagesdecke** (für das Bett), der **Tagesraum**

Ta·ges·kar·te *die*; -, -n **1** der Teil der Speisekarte, der in Restaurants nur an einem bestimmten Tag gilt: *Darf ich Ihnen die Tageskarte vorlesen?* **2** eine Fahrkarte oder Eintrittskarte, die einen Tag lang gültig ist ⟨eine Tageskarte kaufen, lösen⟩

Ta·ges·licht *das*; -(e)s; *nur Singular*; das natürliche Licht am Tag (2): *Diese Farbe will ich bei Tageslicht ansehen* || [ID] **etwas ans Tageslicht bringen** etwas, das geheim war, öffentlich bekannt machen

Ta·ges·mut·ter *die*; -, *-müt·ter*; eine Frau, die während des Tages auf Kinder von berufstätigen Frauen aufpasst

Ta·ges·ord·nung *die*; -, *-en*; *meist Singular*; eine Art Liste mit den Themen in der Reihenfolge, wie sie bei einer Sitzung oder Versammlung besprochen werden sollen ⟨die Tagesordnung aufstellen, etwas auf die Tagesordnung setzen; das steht auf der Tagesordnung⟩ || [K-] Tagesordnungspunkt || [ID] **etwas ist an der Tagesordnung** *meist abwertend*; etwas kommt immer wieder vor: *Nächtliche Überfälle sind hier an der Tagesordnung*; **zur Tagesordnung übergehen** ein Thema nicht weiter behandeln und sich anderen Dingen zuwenden

Ta·ges·satz *der*; *-es, -sät·ze* **1** *Rechtswesen*; eine Geldsumme, die sich am Einkommen des Betroffenen orientiert und als Faktor bei der Festsetzung von Geldstrafen dient: *Er wurde zu zwanzig Tagessätzen verurteilt* **2** das Geld, das für die Behandlung und Unterbringung eines Patienten in einem Krankenhaus, Altersheim *o.Ä.* pro Tag berechnet wird

Ta·ges·zeit *die*; -, *-en*; ein bestimmter Abschnitt des Tages, *z.B.* der Morgen || ↑ Illustration **Die Zeit**

Ta·ges·zei·tung *die*; -, *-en*; eine Zeitung, die an jedem Werktag der Woche erscheint ↔ Sonntagszeitung, Wochenzeitung: *Wir haben eine Tageszeitung abonniert*

tag·hell *Adjektiv*; *ohne Steigerung*; sehr hell (wie am Tag (2)): *Der Saal war taghell erleuchtet*

-tä·gig *im Adjektiv*; die genannte Zahl von Tagen (1) dauernd; **eintägig, zweitägig, dreitägig** *usw*

täg·lich [A2] *Adjektiv*; *nur vor dem Substantiv oder als Adverb*; so, dass es jeden Tag (1) geschieht: *Er arbeitet täglich acht Stunden/acht Stunden täglich*; *Der Zug verkehrt täglich außer sonntags*

tags *Adverb* **1** am Tag (2) ≈ tagsüber ↔ nachts: *Sie arbeitet tags im Büro und nachts in einer Bar* **2** **tags zuvor/davor** am vorhergehenden Tag **3** **tags darauf** am darauf folgenden Tag

tags·über *Adverb*; bei Tag (2), während des Tags (2) ↔ nachts: *Sie ist tagsüber nicht zu Hause*

tag·täg·lich *Adjektiv*; jeden Tag (ohne Ausnahme) ≈ täglich, Tag für Tag: *Die Arbeit in der Küche ist tagtäglich dieselbe*

Ta·gung [B2] *die*; -, *-en*; ein Treffen von Fachleuten oder Mitgliedern einer Institution *o.Ä.*, bei dem diese diskutieren und sich informieren ⟨auf einer Tagung sprechen; an einer Tagung teilnehmen⟩ || [K-] Tagungsort

Tai·fun *der*; *-s, -e*; ein (Wirbel)Sturm in den südlichen Teilen Asiens

Tail·le ['taljə] *die*; -, *-n*; die schmale Stelle in der Mitte des menschlichen Körpers: *Ein enges Kleid betont die Taille*

Takt[1] *der*; -(e)s, *-e* **1** *nur Singular*; das Maß, das den Rhythmus eines Musikstückes bestimmt ⟨nach dem Takt spielen; aus dem Takt kommen⟩ || [-K] Dreivierteltakt, Walzertakt **2** ein kurzer Abschnitt eines Musikstücks, der durch einen Takt bestimmt wird || [ID] **jemanden aus dem Takt bringen** *umg*; jemanden verwirren

Takt[2] *der*; -(e)s; *nur Singular*; das Gefühl für höfliches, rücksichtsvolles und anständiges Benehmen ⟨viel, wenig, keinen Takt haben; etwas mit großem Takt behandeln; Takt zeigen⟩ || *hierzu* **tạkt·los** *Adjektiv;* **Tạkt·lo·sigkeit** *die; -, -en;* **tạkt·voll** *Adjektiv*

Tạk·tik *die; -, -en;* ein überlegtes Handeln, mit dem man in einer Situation ein Ziel zu erreichen versucht ⟨eine Taktik verfolgen⟩ || *hierzu* **tạk·tisch** *Adjektiv*

Tạkt·stock *der; -(e)s, -stö·cke;* ein dünner, kurzer Stock, mit dem der Dirigent einem Orchester den Takt[1] (1) anzeigt

Tal A2 *das; -(e)s, Tä·ler;* die tief liegenden Flächen, die zwischen Hügeln oder Bergen liegen, *meist* mit einem Fluss ⟨ein breites, enges, tiefes Tal⟩ || -K Flusstal, Gebirgstal

Ta·lar *der; -s, -e;* ein langes Gewand, das *bes* Geistliche und Richter tragen ⟨den Talar anlegen, tragen⟩

Ta·lẹnt B2 *das; -s, -e* **1** **Talent (für/zu etwas)** die Fähigkeit zu sehr guten Leistungen, *bes* im künstlerischen Bereich ≈ Begabung ⟨viel, wenig Talent haben⟩: *großes Talent zum Malen besitzen; Er hat Talent für Musik* **2** eine Person, die viel Talent hat || -K Sprachtalent || *hierzu* **ta·len·tiert** *Adjektiv*

Tal·fahrt *die; -, -en* **1** eine Fahrt von einem Berg in das Tal hinunter: *eine Talfahrt mit der Seilbahn* **2** eine negative wirtschaftliche Entwicklung (oft auch der Sturz von Kursen an der Börse): *die Talfahrt des Dollars*

Tạlg *der; -(e)s; nur Singular* **1** ein tierisches Fett, das *z.B.* zur Produktion von Kerzen und Seifen verwendet wird || -K Rindertalg **2** das Fett auf der (Kopf)Haut || *hierzu* **tạl·gig** *Adjektiv*

Ta·lis·man *der; -s, -e;* ein kleiner Gegenstand, von dem man glaubt, dass er Glück bringt oder vor Unglück schützt

Talk·show ['tɔ:kʃo:] *die; -, -s;* eine (Fernseh)-Sendung, in der jemand das Publikum durch Gespräche *meist* mit bekannten Persönlichkeiten unterhält

Tạl·mud *der; -s; nur Singular;* das wichtigste religiöse Buch der Juden

Tal·soh·le *die; -, -n* **1** *Geografie;* der Boden eines Tals, also die tiefste Stelle in einem Tal **2** der tiefste Punkt in einer negativen wirtschaftlichen Entwicklung

Tal·sper·re *die; -, -n;* eine hohe Mauer (ein Damm) in einem engen Flusstal, die das Wasser zu einem See staut

Tam·pon B2 ['tampɔn, tam'po:n] *der; -s, -s;* eine Art kleiner Stab aus dichter Watte, der Flüssigkeiten (*bes* Blut oder Speichel) aufsaugen soll

Tạng *der; -s; nur Singular; meist* rote oder braune Pflanzen (Algen), die im Meer schwimmen und dicht wachsen

Tan·go ['taŋgo] *der; -s, -s;* ein Tanz, der in Argentinien entstanden ist ⟨einen Tango spielen, tanzen⟩

Tạnk *der; -s, -s;* ein großer Behälter zum Lagern oder zum Transportieren von Flüssigkeiten || K- Tankdeckel, Tankfüllung, Tanklastzug, Tankwagen || -K Benzintank, Öltank, Trinkwassertank

tạn·ken B1 *tankte, hat getankt;* **(etwas) tanken** Benzin oder andere Flüssigkeiten in einen Tank füllen ⟨Benzin, Diesel, Super tanken⟩: *Ich muss noch (30 Liter) tanken*

Tạn·ker *der; -s, -;* ein großes Schiff, das Erdöl transportiert || K- Tankerflotte

Tạnk·stel·le B1 *die; -, -n;* ein Geschäft, in dem Benzin und Öl für Fahrzeuge verkauft werden

Wortschatz rund um die Tankstelle

Super / Normal(benzin) / Diesel tanken
30 Liter tanken
volltanken
die Scheiben putzen
den Ölstand kontrollieren / prüfen
Öl nachfüllen
das Öl wechseln
Wasser für die Scheibenwischer nachfüllen
Kühlwasser nachfüllen
den Reifendruck messen
den (Reifen)Druck erhöhen / erniedrigen

WORTSCHATZ

Tạnk·wart *der; -s, -e;* jemand, der beruflich an einer Tankstelle Benzin *usw* verkauft || *hierzu* **Tạnk·war·tin** *die; -, -nen*

Tạn·ne *die; -, -n;* ein Nadelbaum mit Nadeln von blaugrüner Farbe, dessen Zapfen aufrecht stehen || K- Tannenzweig

Tạn·te B1 *die; -, -n;* die Schwester der Mutter oder des Vaters, oder die Ehefrau des Onkels: *Tante Anna*

Tạnz B1 *der; -es, Tän·ze* **1** eine Folge von rhythmischen Bewegungen des Körpers (*oft* mit einem Partner und mit einer bestimmten Musik) ⟨jemanden zum Tanz auffordern, bitten⟩: *lateinamerikanische Tänze* **2** *nur Singular;* eine Veranstaltung, auf der getanzt wird || ID *meist* **einen Tanz ums Goldene Kalb aufführen** Geld für das Wichtigste im Leben halten

tän·zeln; *tänzelte, hat/ist getänzelt* **1** *meist* **ein Pferd tänzelt** (*hat*) ein Pferd bewegt sich in kleinen, leichten Schritten: *Am Start wurde*

T

das Pferd nervös und tänzelte unruhig **2** **irgendwohin tänzeln** (*ist*) sich mit tänzerischen Schritten irgendwohin bewegen

tạn·zen A2 *tanzte, hat getanzt;* **(etwas) (mit jemandem) tanzen** (mit jemandem) einen Tanz machen: (*einen*) *Tango,* (*einen*) *Walzer tanzen* || K- Tanzkurs, Tanzmusik, Tanzpartner, Tanzschule, Tanzschüler, Tanzstunde

Tạ̈n·zer *der; -s, -;* jemand, der tanzt (auch beruflich) ⟨ein geschmeidiger, berühmter Tänzer⟩ || -K Balletttänzer || *hierzu* **Tạ̈n·ze·rin** *die; -, -nen*

Ta·pe̱·te *die; -, -n; meist Plural;* ein festes Papier *oft* mit Mustern, das auf Wände geklebt wird ⟨eine Rolle Tapeten⟩

ta·pe·zi̱e̱·ren; *tapezierte, hat tapeziert;* **(etwas) tapezieren** Tapeten an eine Wand kleben ⟨die Wand, das Zimmer (neu) tapezieren⟩ || K- Tapezierarbeit, Tapeziertisch

tạp·fer *Adjektiv* **1** ohne Angst, Furcht und bereit, gegen Gefahren zu kämpfen ↔ ängstlich ⟨sich tapfer verteidigen⟩ **2** *nur als Adverb;* mit großer Disziplin, ohne zu klagen ⟨Schmerzen tapfer ertragen⟩ || *hierzu* **Tạp·fer·keit** *die; -; nur Singular*

tạp·pen; *tappte, ist getappt;* **irgendwohin tappen** sich langsam, vorsichtig und unsicher fortbewegen: *Sie tappte durch die dunkle Wohnung* || ID ↑ **dunkel**

tạp·sig *Adjektiv;* (von jungen Tieren) ungeschickt in den Bewegungen, aber so, dass es dabei nett wirkt

Ta·ri̱f B1 *der; -s, -e* **1** der festgesetzte Preis für eine Leistung, die eine staatliche oder offizielle Institution anbietet (*z.B.* eine Fahrt mit der Eisenbahn): *Die Post hat ihre Tarife erhöht* || K- Tariferhöhung || -K Bahntarif, Stromtarif **2** die Höhe der Löhne und Gehälter || K- Tarifverhandlungen || *hierzu* **ta·ri̱f·lich** *Adjektiv*

Ta·ri̱f·ver·trag *der; -(e)s, -ver·trä·ge;* der Vertrag zwischen Arbeitgebern und Gewerkschaften, in dem die Tarife (2) festgelegt sind || *hierzu* **ta·ri̱f·ver·trag·lich** *Adjektiv*

tạr·nen; *tarnte, hat getarnt* **1** **jemanden/sich/etwas tarnen** jemanden/sich/etwas mit bestimmter Kleidung, bestimmten Farben *o.Ä.* so der Umgebung angleichen, dass er/man/es kaum (aus der Entfernung, von oben *o.Ä.*) sichtbar ist: *Die Polizei hatte die Radarfalle geschickt getarnt; Die Kanone war im Gebüsch gut getarnt* || K- Tarnanstrich, Tarnanzug, Tarnfarbe **2** **etwas als etwas tarnen** etwas so gestalten, dass der wirkliche Zweck nicht zu erkennen ist: *Das Rauschgiftlabor war als Fotowerkstatt getarnt* || K- Tarnorganisation **3** **sich als etwas tarnen** eine neue Identität, eine andere Stellung *o.Ä.* annehmen: *Der Spion tarnte sich als Fotograf* || K- Tarnname || *hierzu* **Tạr·nung** *die; -, -en*

Ta̱·sche A2 *die; -, -n* **1** ein Behälter *meist* aus Leder oder Stoff, mit einem Griff oder einem Band, in dem man Dinge trägt || -K Einkaufstasche; Ledertasche **2** eine Art kleiner Sack aus einem Stück Stoff in der Kleidung, in dem man kleine Dinge aufbewahren kann: *die Hände in die Taschen stecken* || -K Hosentasche, Jackentasche || ID **(für etwas) tief in die Tasche greifen müssen** *umg;* viel Geld für etwas zahlen müssen; **etwas schon in der Tasche haben** *umg;* etwas sicher bald bekommen oder erreichen; **jemandem auf der Tasche liegen** *umg, oft abwertend;* von jemandes Geld leben und ihn dadurch belasten; **sich** (*Dativ*) **in die eigene Tasche lügen** *umg;* nicht ehrlich gegenüber sich selbst sein; **Er/Sie steckt ihn/sie in die Tasche** *umg;* er/sie kann viel mehr als jemand anderer

Ta̱·schen·buch B2 *das; -(e)s, -bü·cher;* ein relativ billiges, kleines Buch, zwischen zwei Seiten aus dünner Pappe

Ta̱·schen·dieb *der; -(e)s, -e;* jemand, der anderen Geld *usw* aus der Tasche (1,2) stiehlt: *Vor Taschendieben wird gewarnt!* || *hierzu* **Ta̱·schen·die·bin** *die; -, -nen*

Ta̱·schen·geld *das; -(e)s; nur Singular;* ein *meist* kleiner Geldbetrag, den jemand (der selbst kein Geld verdient) für persönliche Ausgaben regelmäßig bekommt: *Ich gebe meinem Sohn dreißig Euro Taschengeld im Monat*

Ta̱·schen·lam·pe *die; -, -n;* eine kleine Lampe mit Batterie, die man bei sich tragen kann

Ta̱·schen·mes·ser *das; -s, -;* ein kleines Messer (*meist* mit Klingen und anderen Werkzeugen), das man zusammenklappen kann

Ta̱·schen·rech·ner *der; -s, -;* ein kleines elektronisches Gerät, das man zum Rechnen benutzt || ↑ Illustration **Im Büro**

Ta̱·schen·tuch B2 *das; -(e)s, -tü·cher;* ein kleines Stück Stoff oder Papier, mit dem man sich die Nase putzt

Tạs·se A2 *die; -, -n* **1** ein kleines Gefäß mit Henkel, *meist* aus Porzellan oder Keramik, aus dem man *meist* warme Getränke trinkt ⟨aus einer Tasse trinken⟩ || -K Kaffeetasse, Teetasse **2** der Inhalt einer Tasse (1) ⟨eine Tasse Tee, Kaffee trinken⟩ || ID *meist* **Er/Sie hat nicht**

alle Tassen im Schrank *umg ironisch*; er/sie ist verrückt

Tas·ta·tur B1 *die*; -, -en; die Tasten eines Klaviers, eines Computers *o.Ä.* || ↑ Illustration **Im Büro**

Tas·te A2 *die*; -, -n; eines der kleinen Teile eines Musikinstruments oder einer Maschine, auf die man mit den Fingern drückt, um Töne, Signale zu produzieren: *eine Taste auf der Schreibmaschine, auf dem Klavier anschlagen, drücken* || K- Tasteninstrument, Tastentelefon || -K Klaviertaste

tas·ten; *tastete, hat getastet* **1** **(nach etwas) tasten** vorsichtig oder suchend nach etwas mit den Händen greifen: *Ich tastete im Dunkeln nach dem Lichtschalter* **2** **sich irgendwohin tasten** sich vorsichtig oder suchend in eine bestimmte Richtung bewegen: *Ich tastete mich langsam zur Tür*

Tast·sinn *der*; -(e)s; *nur Singular*; die Fähigkeit, etwas durch Berühren wahrzunehmen: *Blinde haben einen stark entwickelten Tastsinn*

tat B2 *Imperfekt, 1. und 3. Person Singular*; ↑ **tun**

Tat B2 *die*; -, -en **1** eine einzelne Handlung: *Den Worten müssen jetzt Taten folgen!* **2** eine kriminelle, verbrecherische Tat ≈ Straftat ⟨eine Tat gestehen⟩ || K- Tatmotiv, Tatort, Tatverdacht, Tatwaffe, Tatzeit || -K Mordtat **3** **etwas in die Tat umsetzen** eine Idee realisieren **4** **in der Tat** ≈ wirklich **5** **jemanden auf frischer Tat ertappen** beobachten, dass jemand gerade ein Verbrechen begeht oder etwas Verbotenes tut

tä·te *Konjunktiv II, 1. und 3. Person Singular*; ↑ **tun**

ta·ten·los *Adjektiv; nur nach dem Substantiv oder als Adverb*; so, dass man in einer *meist* kritischen Situation nicht handelt und unbeteiligt bleibt ≈ passiv ⟨tatenlos (bei etwas) zusehen⟩ || *hierzu* **Ta·ten·lo·sig·keit** *die*; -; *nur Singular*

Tä·ter *der*; -s, -; jemand, der eine Tat (2) begangen hat ⟨den Täter fassen, finden⟩ || -K Wiederholungstäter || *hierzu* **Tä·te·rin** *die*; -, -nen

tä·tig *Adjektiv; nicht als Adverb* **1** *meist nach dem Substantiv*; **jemand ist als etwas/irgendwo tätig** jemand arbeitet in einem bestimmten Beruf, ist irgendwo aktiv: *Sie ist als Juristin im Staatsdienst tätig* **2** *nur vor dem Substantiv*; aktiv oder intensiv ⟨Anteilnahme, Hilfe, Reue⟩ **3** ⟨ein Vulkan⟩ so, dass er noch ausbricht, nicht erloschen ist

Tä·tig·keit *die*; -, -en **1** die Arbeit in einem Beruf ⟨eine gut/schlecht bezahlte Tätigkeit; eine Tätigkeit ausüben⟩: *Er nimmt seine Tätigkeit als Lehrer wieder auf* || -K Berufstätigkeit; Bürotätigkeit, Lehrtätigkeit **2** *meist Singular*; etwas, das man tut ≈ Beschäftigung, Aktivität: *Sie empfand das Bügeln als eine unangenehme Tätigkeit* || -K Hilfstätigkeit, Kampftätigkeit

Tä·tig·keits·be·richt *der*; -(e)s, -e; der Bericht *meist* einer Behörde über die Arbeit, die sie gemacht hat: *der Tätigkeitsbericht des Datenschutzbeauftragten*

Tä·tig·keits·wort *das*; -es, -wör·ter ≈ Verb

Tat·kraft *die*; -; *nur Singular*; die Energie, die einen zum Handeln antreibt ⟨Tatkraft entfalten, entwickeln, beweisen⟩ || *hierzu* **tat·kräf·tig** *Adjektiv*

Tät·lich·keit *die*; -, -en; *meist Plural, Verwaltung*; die Anwendung von körperlicher Gewalt gegen andere Menschen: *Wenn er provoziert wird, lässt er sich leicht zu Tätlichkeiten hinreißen* || *hierzu* **tät·lich** *Adjektiv*

tä·to·wie·ren; *tätowierte, hat tätowiert*; **jemanden/etwas tätowieren**; **jemandem etwas irgendwohin tätowieren** jemandem mit einer Nadel und Farben (dauerhafte) Zeichnungen auf die Haut machen: *jemanden am ganzen Körper tätowieren; jemandes Arm tätowieren; jemandem einen Adler auf die Brust tätowieren* || *hierzu* **Tä·to·wie·rung** *die*; -, -en

Tat·sa·che *die*; -, -n; etwas, das sich wirklich ereignet hat, das objektiv festgestellt wurde ≈ Faktum ⟨etwas entspricht den Tatsachen; es ist eine Tatsache, dass …⟩ || ID **die Tatsachen verdrehen** die wahren Ereignisse falsch darstellen; **jemanden vor vollendete Tatsachen stellen** jemanden in eine Situation bringen, an der er nichts mehr ändern kann

tat·säch·lich[1] *Adjektiv* **1** *nur vor dem Substantiv, nicht als Adverb*; der Wahrheit, Wirklichkeit entsprechend ≈ wahr, wirklich ⟨die Ursache⟩ **2** *nur als Adverb*; in Wirklichkeit (und nicht nur in der Fantasie) ≈ wirklich: *Gibt es tatsächlich Hexen?*

tat·säch·lich[2] *Partikel*; verwendet, um Erstaunen über etwas auszudrücken: *Du bist ja tatsächlich pünktlich gekommen!*

tät·scheln; *tätschelte, hat getätschelt*; **jemanden/(jemandem) etwas tätscheln** mehrmals mit der Hand leicht und zärtlich auf jemandes Haut/auf das Fell eines Tieres *o.Ä.* schlagen: *Er tätschelte den Hals des Pferdes*

Tat·ze *die*; -, -n; der Fuß (die Pfote) großer Raubtiere, *bes* von Bären || Hinweis: Löwen, Tiger *usw* haben *Pranken*

Tau[1] *der*; -(e)s; *nur Singular*; kleine Wassertropfen, die am frühen Morgen auf der Erde, auf den Pflanzen liegen (ohne dass es geregnet hat)

Tau[2] *das; -(e)s, -e;* ein dickes, starkes Seil *(bes* auf Schiffen) ⟨ein Tau kappen⟩

taub B1 *Adjektiv* **1** nicht fähig zu hören **2** *nicht als Adverb;* ohne Gefühl (1): *Meine Füße waren taub vor Kälte* **3** **sich taub stellen** so tun, als ob man nichts hört ‖ *zu* 1 **Tau·be** *der/die; -n, -n; zu* 1 und 2 **Taub·heit** *die; -; nur Singular*

Tau·be *die; -, -n;* ein mittelgroßer, *meist* grauer Vogel mit kleinem Kopf und kurzen Beinen (der auch als Haustier gehalten wird): *die weiße Taube als Symbol des Friedens*

taub·stumm *Adjektiv;* unfähig zu hören und zu sprechen ‖ *hierzu* **Taub·stum·me** *der/die; -n, -n;* **Taub·stumm·heit** *die; -; nur Singular*

tau·chen B2 *tauchte, hat/ist getaucht* **1** **tauchen** *(hat);* **irgendwohin tauchen** *(ist)* unter der Oberfläche des Wassers schwimmen: *zum Grund des Schwimmbeckens tauchen; Das U--Boot taucht* ‖ K- Tauchsport **2** **nach etwas tauchen** *(hat/ist)* tauchen (1) und nach etwas suchen ⟨nach Perlen, Schwämmen tauchen⟩ **3** **etwas in etwas** *(Akkusativ)* **tauchen** *(hat)* etwas in eine Flüssigkeit halten: *den Pinsel in die Farbe tauchen* **4** **jemanden tauchen** *(hat)* jemandes Kopf mit Gewalt unter Wasser drücken

Tau·cher *der; -s, -;* jemand, der (als Sport oder beruflich) *meist* mit einer Ausrüstung taucht: *Der Taucher fand Perlen* ‖ K- Taucheranzug, Taucherausrüstung, Taucherbrille ‖ -K Perlentaucher, Sporttaucher, Tiefseetaucher ‖ *hierzu* **Tau·che·rin** *die; -, -nen*

tau·en; *taute, hat/ist getaut* **1** **etwas taut** *(ist)* etwas wird zu Wasser ≈ etwas schmilzt ↔ etwas gefriert **2** **es taut** *(hat)* die Temperatur im Freien liegt wieder über 0°C, wobei Eis und Schnee schmelzen ↔ es friert

Tauf·be·cken *das; -s, -;* ein Becken aus Stein oder Metall für das Wasser, das bei der Taufe verwendet wird

Tau·fe *die; -, -n;* eine christliche Tradition, mit der jemand in die Kirche aufgenommen wird. Dabei wird die Stirn mit Wasser feucht gemacht ⟨die Taufe erhalten⟩ ‖ K- Taufpate ‖ ID **etwas aus der Taufe heben** etwas gründen

tau·fen; *taufte, hat getauft* **1** **jemanden (auf den Namen ...) taufen** jemandem die Taufe (und dabei einen Namen) geben: *Der Pfarrer taufte das Baby auf den Namen Michael; Er ließ sich taufen* **2** **etwas (auf den Namen ...) taufen** einer Sache (im Rahmen einer Feier) einen Namen geben: *Sie taufte das Schiff (auf den Namen Phoenix)*

tau·gen; *taugte, hat getaugt* **1** **taugen (für/zu etwas)** geeignet, nützlich sein: *Er taugt nicht zu dieser/für diese Arbeit; Dieses Buch taugt nicht für Kinder* ‖ Hinweis: *meist* verneint gebraucht **2** **jemand/etwas taugt nicht viel/nichts** *umg abwertend;* jemand/etwas ist für etwas nicht brauchbar, jemand hat einen schlechten Charakter

taug·lich *Adjektiv* **1** **zu/für etwas tauglich** zu/für etwas geeignet oder brauchbar ↔ ungeeignet, unbrauchbar **2** für den Militärdienst geeignet ↔ untauglich ⟨ein junger Mann⟩: *Er wurde bei der Musterung für tauglich erklärt* ‖ *hierzu* **Taug·lich·keit** *die; -; nur Singular*

Tau·mel *der; -s; nur Singular* **1** das Schwanken (als Folge eines Schwindelgefühls) **2** **ein Taumel** + *Genitiv* eine große Begeisterung (die wie ein Rausch ist) ⟨in einen Taumel der Freude, des Glücks geraten⟩: *Ein Taumel der Begeisterung ergriff die Menschen* ‖ -K Freudentaumel

tau·meln; *taumelte, ist/hat getaumelt* **1** *(hat/ist)* sich im Stehen von einer Seite zur anderen bewegen (und dabei fast umfallen) ≈ schwanken, torkeln **2** **irgendwohin taumeln** *(ist)* schwankend irgendwohin gehen ≈ wanken

Tausch *der; -(e)s; nur Singular* **1** das Tauschen (1) ⟨einen guten, schlechten Tausch machen; etwas zum Tausch anbieten⟩ ‖ K- Tauschangebot, Tauschgeschäft, Tauschhandel, Tauschobjekt, Tauschwert ‖ -K Warentausch **2** **im Tausch für/gegen etwas** als Gegenleistung für etwas: *Im Tausch für/gegen das Buch gebe ich dir eine Schallplatte*

tau·schen; *tauschte, hat getauscht* **1** **(mit jemandem) (etwas) tauschen** jemandem etwas geben, um dafür etwas anderes zu bekommen, das ungefähr den gleichen Wert hat ⟨Briefmarken, die Plätze tauschen⟩: *Wollen wir tauschen?* ‖ K- Tauschbörse, Tauschwaren **2** **etwas gegen etwas tauschen** ≈ tauschen (1): *Ich würde meinen Hund nie gegen einen anderen tauschen wollen* **3** **(mit jemandem) Blicke tauschen** sich gegenseitig ansehen **4** **(mit jemandem) die Rollen tauschen** (für eine Zeit) jemandes Aufgaben *o.Ä.* übernehmen und ihm die eigenen überlassen **5** **nicht mit jemandem tauschen mögen** nicht an jemandes Stelle sein wollen (weil das unangenehm wäre)

täu·schen; *täuschte, hat getäuscht* **1** **jemanden (durch/mit etwas) täuschen** (mit etwas) absichtlich einen falschen Eindruck bei jemandem erwecken: *Er täuscht sie durch seinen Charme* **2** **etwas täuscht** etwas vermittelt einen falschen Eindruck: *Der erste Eindruck täuscht oft; Sie sieht dir täuschend ähnlich* **3** **sich täuschen** ≈ sich irren: *Du täuschst dich, er war es nicht* **4** **sich in jemandem täuschen** von jemandem einen falschen Eindruck haben || *hierzu* **Täu·schung** *die; -, -en*

tau·send *Zahladjektiv;* (als Zahl) 1000

Tau·send[1] *die; -, -en;* die Zahl 1000

Tau·send[2] *das; -s, -;* eine Menge von tausend Personen oder Dingen ⟨das erste, zweite Tausend⟩

Tau·send[3]**,tau·send** *Zahlwort; indeklinabel; umg;* sehr viel(e), oft ≈ Tausende ⟨einige, ein paar, viele Tausend⟩: *mehrere Tausend Zuschauer*

Tau·sen·de, tau·sen·de *Zahlwort* **1** **Tausende** (+ *Genitiv* (*Plural*)); **Tausende (von jemandem/etwas** (*Plural*)) eine sehr große Menge von Personen oder Dingen: *Das versteht nur einer von/unter Tausenden; Zu Tausenden säumten die Zuschauer die Straßen; Tausende lästiger Mücken/von Mücken* || Hinweis: wie ein Adjektiv oder Substantiv verwendet **2** **etwas geht in die Tausende** etwas beträgt deutlich mehr als 1000 (Personen, Dinge, Euro *usw*): *Die Kosten gingen in die Tausende; Die Zahl der Todesopfer ging in die Tausende*

Tau·sen·der *der; -s, -; umg* **1** tausend Euro, Franken, Dollar *usw* **2** ein Geldschein im Wert von tausend Euro, Franken *usw*

Tau·send·füß·ler *der; -s, -;* ein kleines Tier, das aussieht wie ein Wurm mit sehr vielen Beinen

tau·send·mal *Adverb* **1** 1000 Mal **2** *umg* ≈ sehr oft: *Das hab ich dir schon tausendmal erklärt!* || *hierzu* **tau·send·ma·li·g-** *Adjektiv*

tau·sends·t- *Adjektiv; nur vor dem Substantiv, nicht als Adverb* ≈ 1000.: *der tausendste Teilnehmer an einem Wettbewerb* || ID ↑ **hundertst-**

Tau·sends·tel *das; -s, -;* der 1000. Teil von etwas || K- Tausendstelsekunde

Tau·wet·ter *das; -s; nur Singular* **1** relativ mildes Wetter, das auf Kälte folgt und Schnee und Eis schmelzen lässt **2** eine Phase, in der die politischen Beziehungen besser werden ⟨Tauwetter setzt ein⟩

Tau·zie·hen *das; -s; nur Singular* **1** ein Wettkampf, bei dem zwei Mannschaften an den Enden eines Taus[2] ziehen und versuchen, den Gegner auf die eigene Seite zu ziehen **2** **ein Tauziehen (um etwas)** ein lange dauernder Kampf oder Streit um etwas ≈ Hin und Her: *das Tauziehen zwischen Regierung und Opposition um Reformen*

Ta·xi A1 *das; -s, -s;* ein Auto, dessen Fahrer gegen Bezahlung Personen fährt ⟨ein Taxi bestellen⟩ || K- Taxifahrer

Ein Taxi bestellen

Beispiele dafür, wie man ein Taxi bestellt:

Hallo. Ich hätte gern in einer halben Stunde ein Taxi. Ich bin in der Maximilianstraße 25, Meier, zweiter Stock.
Hallo. Können Sie mich bitte im Kreiskrankenhaus abholen? Ich warte am Haupteingang.

SPRECHEN UND SCHREIBEN

ta·xie·ren; *taxierte, hat taxiert* **1** **jemanden/etwas taxieren** jemanden/etwas kritisch betrachten, um ihn/es beurteilen zu können: *Sie taxierte mich mit einem langen Blick* **2** **etwas (auf etwas** (*Akkusativ*)) **taxieren** als Experte den Wert, den Preis von etwas bestimmen ≈ schätzen: *Der Diamant wurde auf 5000 Euro taxiert*

Ta·xi·stand B2 *der; -(e)s, -stän·de;* eine Stelle, an der Taxis auf Kunden warten

Tbc [te:be:'tse:] *die; -; nur Singular; Kurzwort* ↑ **Tuberkulose**

Team B1 [ti:m] *das; -s, -s;* eine Gruppe von Personen, die zusammen an etwas arbeiten ⟨ein Team von Fachleuten; in einem Team arbeiten⟩ || K- Teamarbeit || -K Ärzteteam, Expertenteam

Team·work ['ti:mvøɐ̯k] *das; -s; nur Singular;* die Zusammenarbeit in der Gruppe ⟨in Teamwork arbeiten⟩

Tech·nik[1] B1 *die; -; nur Singular* **1** alle Mittel und Methoden, mit denen der Mensch die Natur und die Wissenschaft praktisch nutzt ⟨der neueste Stand der Technik⟩ **2** Maschinen und Geräte: *eine Firma mit modernster Technik* **3** die Art, wie ein Gerät funktioniert ⟨die Technik einer Maschine⟩

Tech·nik[2] B1 *die; -, -en;* die Art, wie etwas gemacht wird, *bes* im Handwerk oder in der Kunst || -K Maltechnik

Tech·ni·ker *der; -s, -;* **1** jemand mit Ausbildung in einem Gebiet der Technik[1] **2** jemand, der eine Technik[2] beherrscht: *Dieser Pianist ist ein hervorragender Techniker* || *hierzu* **Tech·ni·ke·rin** *die; -, -nen*

T

tech·nisch B2 *Adjektiv* **1** die Technik[1] betreffend ⟨ein Beruf, eine Neuerung, Probleme⟩ **2** die Technik[2] betreffend ⟨technisch einwandfrei, versiert⟩

Tech·no ['tɛkno] *das, der; -s; nur Singular;* moderne elektronische Tanzmusik mit schnellem, intensivem Rhythmus || K- Technofan, Technomusik

Tech·no·lo·gie *die; -, -n* [-'giːən] **1** die Lehre, wie naturwissenschaftliche Erkenntnisse in der Produktion genutzt werden **2** alle technischen Kenntnisse || *hierzu* **tech·no·lo·gisch** *Adjektiv*

Ted·dy [-i] *der; -s, -s;* ein kleiner Bär aus Plüsch oder Stoff als Spielzeug für Kinder || K- Teddybär

Tee *der; -s, -s* **1** eine (asiatische) Pflanze, aus deren Blättern man ein heißes Getränk macht || K- Teeblatt, Teeplantage **2** die getrockneten Blätter des Tees (1) ⟨schwarzer Tee⟩ || K- Teemischung **3** getrocknete Blätter, Blüten oder Früchte von (Heil)Pflanzen || -K Kamillentee, Pfefferminztee **4** ein anregendes, heißes Getränk aus Tee (2, 3) ⟨schwacher, starker Tee; Tee aufbrühen; Tee mit Milch⟩ || K- Teeglas, Teetasse **5** ein Treffen am Nachmittag, bei dem man Tee trinkt || K- Teegebäck

Tee·beu·tel *der; -s, -;* ein kleiner Beutel aus Papier, in dem eine bestimmte Menge Tee (2, 3) ist (und den man in heißes Wasser hängt, um Tee (4) zu machen)

Tee·löf·fel *der; -s, -;* **1** ein kleiner Löffel, mit dem man Getränke umrührt **2** die Menge von etwas, die auf einen Teelöffel (1) passt ⟨ein gestrichener, gehäufter Teelöffel Backpulver, Salz, Zucker *usw*⟩ || *zu* 2 **tee·löf·fel·wei·se** *Adverb*

Teen·ager ['tiːneːdʒɐ] *der; -s, -;* ein Junge oder ein Mädchen im Alter von ungefähr 13 bis 19 Jahren

Teer [teːɐ̯] *der; -(e)s; nur Singular;* eine schwarze, zähe oder flüssige Masse, die beim Bau von Straßen verwendet wird || K- Teerstraße || *hierzu* **tee·ren** *(hat);* **teer·hal·tig** *Adjektiv*

T

Teich *der; -(e)s, -e;* eine relativ kleine Fläche mit Wasser, das nicht sehr tief ist || -K Fischteich, Gartenteich

Teig B2 *der; -(e)s, -e;* eine weiche Masse *meist* aus Mehl, Fett, Eiern und Wasser oder Milch, mit der *z.B.* Brot oder Kuchen gemacht wird ⟨den Teig kneten, rühren, backen⟩ || -K Brotteig

tei·gig *Adjektiv* **1** nicht fertig gebacken: *Die Brötchen sind innen noch teigig* **2** blass und krank aussehend ⟨ein Gesicht, ein Teint⟩

Teig·wa·ren *die; -; Plural;* alle Arten von Nudeln

Teil[1] B2 *der; -(e)s, -e* **1** eine kleinere Menge oder ein Stück aus einem Ganzen: *ein Brot in zwei Teile schneiden; der erste Teil des Buches; der nördliche Teil Italiens* || K- Teilsatz **2** **zum Teil** nicht ganz, aber ein bisschen; nicht immer, aber in einigen Fällen; *Abkürzung* z. T.: *Zum Teil war es meine Schuld* **3** **zu einem/zum großen, zum größten Teil** fast ganz/fast alle/fast alles: *Ich habe das Buch schon zum größten Teil gelesen*

Teil[2] B2 *das; -(e)s, -e;* eines der Dinge, aus denen Maschinen, Apparate oder Möbel gebaut sind ⟨ein defektes Teil ersetzen⟩ || -K Ersatzteil

Teil[3] B2 *der, das; -(e)s, -e;* etwas, das jemand von einem Ganzen hat: *Sie erbten das Vermögen ihrer Eltern zu gleichen Teilen* || -K Erbteil

Teil·chen *das; -s, -;* ein sehr kleiner Teil, Körper (einer Materie) ≈ Partikel

tei·len B2 *teilte, hat geteilt* **1** **etwas (in etwas** *(Akkusativ)*) **teilen** ein Ganzes in (gleiche) Teile zerlegen: *einen Kuchen in zwölf Stücke teilen* **2** **sich** *(Dativ)* **etwas mit jemandem teilen** sich selbst und jemand anderem einen, den gleichen Teil von etwas geben: *Wir haben uns den Gewinn geteilt* **3** **(sich** *(Dativ)*) **etwas mit jemandem teilen** etwas gemeinsam benutzen ⟨eine Wohnung mit jemandem teilen⟩ **4** **etwas teilen** dieselbe Meinung oder dasselbe Gefühl haben wie jemand ⟨jemandes Ansicht, Meinung, Freude, Trauer teilen⟩ **5** **(eine Zahl durch eine Zahl) teilen** eine Zahl durch eine andere dividieren: *9 geteilt durch 3 ist 3* (9 : 3 = 3) **6** **etwas teilt sich** etwas geht in verschiedene Richtungen auseinander ⟨eine Straße⟩ **7** **etwas teilt sich** etwas wird zu zwei oder mehr Teilen ⟨eine Zelle⟩

Tei·ler *der; -s, -; Mathematik;* eine Zahl, durch die eine andere geteilt wird ≈ Divisor: *Der größte gemeinsame Teiler von 12 und 18 ist 6*

Teil·ha·ber *der; -s, -;* jemand, der an einer Firma finanziell beteiligt ist || *hierzu* **Teil·ha·be·rin** *die; -, -nen*

teil·nahms·los *Adjektiv;* ohne Interesse oder Reaktion ≈ apathisch ↔ interessiert: *teilnahmslos alles mit sich geschehen lassen* || *hierzu* **Teil·nahms·lo·sig·keit** *die; -; nur Singular*

teil·neh·men; *nimmt teil, nahm teil, hat teilgenommen;* (**an etwas** *(Dativ)*) **teilnehmen** bei etwas mitmachen, sich an etwas beteiligen: *An der Sitzung nahmen 20 Personen teil*

Teil·neh·mer *der; -s, -;* **ein Teilnehmer (an etwas** (Dativ)**)** jemand, der bei etwas mitmacht, an etwas teilnimmt: *ein Teilnehmer an einer Reise* || K- Teilnehmerzahl || -K Kursteilnehmer || *hierzu* **Teil·neh·me·rin** *die; -, -nen*

teils *Konjunktion;* **teils ..., teils ...** verwendet, um auszudrücken, dass zwei verschiedene Aussagen richtig sind: *Wir hatten teils schönes, teils schlechtes Wetter im Urlaub; Teils hatte ich Glück, teils Pech* || ID **teils, teils** *umg;* weder gut noch schlecht: *„Wie hat dir das Konzert gefallen?" – „Naja, teils, teils"*

Tei·lung *die; -, -en* **1** das Teilen: *Die Eltern forderten die Teilung zu großer Schulklassen* **2** das Geteiltsein: *die Teilung der Welt in Arm und Reich*

teil·wei·se *Adjektiv; nur vor dem Substantiv oder als Adverb;* so, dass es für einzelne Teile gilt und nicht für das Ganze: *eine teilweise Erneuerung des Motors; Die Stadt wurde im Krieg teilweise zerstört; Das stimmt nur teilweise*

Teil·zah·lung *die; -, -en;* eine Zahlungsform, bei der eine *meist* relativ große Geldsumme in mehreren Teilen nacheinander gezahlt wird ≈ Ratenzahlung ⟨eine Teilzahlung leisten⟩ || K- Teilzahlungskredit

Teil·zeit *die; -; nur Singular;* eine Arbeitszeit, die wesentlich geringer ist als die normale ⟨Teilzeit arbeiten⟩ || K- Teilzeitarbeit, Teilzeitbeschäftigte, Teilzeitbeschäftigung, Teilzeitjob, Teilzeitstelle || -K Altersteilzeit

Teint [tɛ̃:] *der; -s, -s;* die Farbe und der Zustand der Haut im Gesicht ⟨ein blasser, gesunder, zarter Teint⟩

Te·le·fon A1 ['te:lefo:n, tele'fo:n] *das; -s, -e;* ein Apparat (mit Mikrofon und Hörer), mit dem man mit anderen Personen sprechen kann, auch wenn diese sehr weit weg sind; *Abkürzung* Tel. ⟨ans Telefon gehen; das Telefon läutet⟩ || ↑ Illustration **Im Büro** || K- Telefongespräch, Telefonhörer || -K Mobiltelefon

Te·le·fo·nat *das; -(e)s, -e;* ein Gespräch am Telefon ⟨ein Telefonat führen⟩

te·le·fo·nie·ren A1 *telefonierte, hat telefoniert* **1** **(mit jemandem) telefonieren** (mit jemandem) am Telefon sprechen: *Lass uns morgen wieder (miteinander) telefonieren* **2** **(irgendwohin) telefonieren** *umg* ≈ anrufen: *Darf ich mal schnell (nach Hause) telefonieren?* || ↑ Info Seite 826

te·le·fo·nisch *Adjektiv; nur vor dem Substantiv oder als Adverb;* mithilfe des Telefons: *Sind Sie telefonisch erreichbar?*

Te·le·fon·num·mer *die; -, -n;* die Nummer, die man wählen muss, um jemanden am Telefon zu erreichen

Te·le·fon·zel·le B1 *die; -, -n;* eine Art kleiner Raum mit einem öffentlichen Telefon ⟨von einer Telefonzelle aus anrufen⟩

Te·le·graf *der; -en, -en;* ein Gerät, mit dem man Nachrichten in Form von elektrischen Impulsen schnell über große Entfernungen schicken kann || K- Telegrafenamt, Telegrafenmast, Telegrafenstange || *hierzu* **Te·le·gra·fie** *die;* **te·le·gra·fie·ren** *(hat);* **te·le·gra·fisch** *Adjektiv*

Te·le·gramm *das; -s, -e;* eine Nachricht, die mithilfe eines Telegrafen übermittelt wird und die der Empfänger in Form eines Briefs bekommt ⟨ein Telegramm aufgeben, telefonisch durchgeben⟩ || K- Telegrammformular, Telegrammgebühr

Te·le·kom·mu·ni·ka·ti·on *die; -; nur Singular;* die Kommunikation über große Entfernungen durch Computer, Fax, Fernsehen,

▶ Am Telefon

Wenn man einen Anruf erhält, ist es üblich, sich gleich mit seinem Namen zu melden. Der Anrufer seinerseits gibt sich ebenfalls durch seinen Vornamen oder Familiennamen zu erkennen, je nachdem, wie vertraut er mit dem Gesprächspartner ist.

Das Telefon klingelt:
A.: **„Kunze!"**
B.: **„Peter Rampf. Entschuldigen Sie die Störung. Könnte ich bitte Frau Kunze sprechen?"**
A.: **„Einen Moment bitte, ich sehe mal nach. / Bleiben Sie bitte am Apparat, ich verbinde." —**
„Es tut mir leid, sie ist leider nicht da / sie spricht gerade auf der anderen Leitung. Kann ich ihr etwas ausrichten oder kann sie Sie zurückrufen?"
B.: **„Nein danke, ich rufe später noch einmal an. / Ja bitte, ich bin bis 17 Uhr unter der Nummer ... erreichbar. / Vielen Dank, sagen Sie ihr bitte, dass Peter angerufen hat und ..."**
A.: **„In Ordnung. Auf Wiederhören!"**
B.: **„Vielen Dank. Auf Wiederhören!"**

Wenn man eine Nachricht hinterlassen möchte:
Könnte ich für ... eine Nachricht hinterlassen?

Wenn man die falsche Nummer gewählt hat:
Entschuldigung, ich habe mich verwählt.

SPRECHEN UND SCHREIBEN

▶ telefonieren

Noch haben die meisten Haushalte einen **Festnetzanschluss**, das heißt ein Telefon, das im Haus angeschlossen ist. Immer mehr (vor allem junge) Leute haben jedoch nur noch ein **Handy** (**Mobiltelefon**). Es gibt Handys mit Vertrag und Abrechnung der telefonierten **Gebühreneinheiten** oder **Flatrate** (ein pauschaler monatlicher Betrag) oder Handys mit vorher bezahlter Karte (**Prepaidkarte**).
Festnetzanschlüsse haben eine oft sechsstellige **Telefonnummer**. Wenn man von einem anderen Ort oder vom Handy aus anrufen will, muss man zusätzlich die **Vorwahl** des Wohnortes wählen, z.B. 030 für Berlin.

Bei Gesprächen ins Festnetz eines anderen Landes muss man von allen Telefonen aus zusätzlich die Vorwahl des Landes wählen (die Null der Ortsvorwahl entfällt danach), z.B. 0049 nach Deutschland, 0043 nach Österreich und 0041 in die Schweiz. Von Handy zu Handy ist das nicht nötig.

In Notfällen kann man mit 110 in ganz Europa den **Notruf** wählen. Anrufe bei Nummern, die mit 0800 anfangen, sind kostenlos. Andere **Sonderrufnummern** fangen mit 0137 oder 0180 an. Anrufe bei diesen Nummern müssen auch dann extra bezahlt werden, wenn man eine Flatrate hat. Besonders teuer sind Anrufe bei 0900er Nummern.

WORTSCHATZ

Radio, Telefon *usw*

Te·le·skop *das; -s, -e;* ein optisches Gerät, mit dem man die Sterne betrachten kann ≈ Fernrohr

Tel·ler A1 *der; -s, -;* **1** eine flache, *meist* runde Platte (*bes* aus Porzellan), auf die man das legt, was man essen will || -K Frühstücksteller, Kuchenteller, Suppenteller **2** **ein tiefer Teller** ein Teller, aus dem man Suppe isst **3** die Menge Essen auf einem Teller ≈ Portion: *zwei Teller Nudeln/Suppe essen*

Tem·pel *der; -s, -;* ein Gebäude, in dem manche Religionen ihren Gott/ihre Götter verehren: *der Tempel von Jerusalem; ein buddhistischer Tempel* || K- Tempelschändung, Tempeltanz

Tem·pe·ra·ment B2 *das; -(e)s, -e* **1** die typische Art, wie sich jemand verhält, als Folge seines persönlichen Charakters ⟨ein lebhaftes, cholerisches, melancholisches, phlegmatisches Temperament⟩ **2** *nur Singular;* ein Temperament, das sehr lebhaft und aktiv ist: *Sie hat kein/wenig Temperament* || *zu* 2 **tem·pe·ra·ment·voll** *Adjektiv*

Tem·pe·ra·tur B1 *die; -, -en;* die Wärme (*z.B.* der Luft, des Wassers, eines Körpers), die man in Graden messen kann ⟨die Temperatur fällt, sinkt, steigt, bleibt gleich; die Temperatur messen⟩: *Die Temperatur beträgt 25°C; Bei Temperaturen um 20° kann man schon im See baden* || K- Temperaturanstieg, Temperaturmessung || -K Körpertemperatur, Lufttemperatur, Wassertemperatur

tem·pe·riert *Adjektiv;* auf eine angenehme Temperatur erwärmt ⟨ein Zimmer, Wein⟩

Tem·po B2 *das; -s, -s; meist Singular;* die Geschwindigkeit einer Bewegung oder Handlung ⟨ein zügiges Tempo; das Tempo erhöhen; mit hohem/niedrigem Tempo fahren⟩ || K- Tempolimit || -K Arbeitstempo

tem·po·rär *Adjektiv;* für eine gewisse Zeit ≈ vorübergehend

Tem·po·sün·der *der; -s, -;* jemand, der zu schnell (Auto, Motorrad) fährt (und deshalb bestraft wird) || *hierzu* **Tem·po·sün·de·rin** *die; -, -nen*

Tem·pus *das; -, Tem·po·ra; Sprachwissenschaft;* eine Form des Verbs, die anzeigt, in welcher Zeit (Gegenwart, Vergangenheit oder Zukunft) die Handlung abläuft, wie *z.B.* das Präsens im Deutschen

Ten·denz *die; -, -en* **1** **eine Tendenz (zu etwas)** eine Entwicklung in eine bestimmte Richtung ⟨eine steigende, fallende Tendenz⟩: *Die Tendenz geht dahin, mehr Teilzeitkräfte einzustellen* || K- Tendenzwende **2** **eine Tendenz (zu etwas)** die Eigenschaft, etwas oft oder gerne zu tun: *Sie hat eine Tendenz zum Fanatismus; Er hat die Tendenz, alles zu kritisieren* || *hierzu* **ten·die·ren** (*hat*)

ten·den·zi·ell [-'tsi̯ɛl] *Adjektiv;* einer Tendenz (1) folgend

ten·den·zi·ös [-'tsi̯øːs] *Adjektiv;* einseitig politisch oder ideologisch orientiert: *ein tendenziöser Bericht*

Ten·nis B1 *das; -; nur Singular;* ein Ballspiel, bei dem zwei (oder vier) Spieler auf einem relativ großen Platz einen kleinen Ball mit Schlägern über ein Netz schlagen ⟨Tennis spielen⟩ || K- Tennisball, Tennisplatz, Tennisschläger, Tennisspiel || -K Rasentennis

Te·nor[1] *der; -s, Te·nö·re* **1** *nur Singular;* die höchste Singstimme bei Männern: *Er singt Tenor; Er hat einen kräftigen Tenor* **2** ein Sänger, der Tenor (1) singt: *Er ist (ein) Tenor*

Te·nor[2] *der; -s; nur Singular; förmlich;* die allgemeine Einstellung, die in etwas zum Ausdruck kommt ⟨der Tenor einer Rede, einer Diskussion, eines Kommentars⟩

Tẹp·pich [A1] *der; -s, -e;* ein (*meist* viereckiges) Stück aus gewebtem oder geknüpftem (weichem) Material, das man auf Fußböden legt ⟨einen Teppich knüpfen; den Teppich saugen⟩ || [-K] Perserteppich || [ID] **auf dem Teppich bleiben** *umg;* realistisch bleiben; **etwas unter den Teppich kehren** *umg;* etwas Unangenehmes nicht öffentlich bekannt werden lassen

Tẹp·pich·bo·den *der; -s, -bö·den;* eine Art Teppich, der den ganzen Boden eines Zimmers bedeckt und der *meist* festgeklebt wird ⟨einen Teppichboden verlegen; ein Zimmer mit Teppichboden auslegen⟩

Ter·mi̲n [B1] *der; -s, -e* **1** der Zeitpunkt, bis zu dem etwas fertig sein soll ⟨einen Termin festsetzen, einhalten, überschreiten⟩ || [-K] Abgabetermin, Einsendetermin **2** der Zeitpunkt, an dem etwas stattfinden soll ⟨etwas auf einen späteren Termin verschieben⟩ || [K-] Termingründe || [-K] Liefertermin, Prüfungstermin **3** eine Vereinbarung für ein Gespräch, eine Behandlung ⟨sich (*Dativ*) einen Termin geben lassen⟩ || [-K] Arzttermin

Ter·mi·nal [B2] ['tø:ɐ̯minl] *das; -s, -s* **1** das Gebäude in einem Flughafen, in dem man auf das Flugzeug wartet *usw* **2** ein Gerät mit einem Bildschirm, das mit einem Computer verbunden ist: *ein Computer mit vier Terminals*

Tẹr·mi·ni *Plural* ↑ **Terminus**

Ter·mi̲n·ka·len·der *der; -s, -;* ein Heft oder kleines Buch, in das man sich Termine notiert ⟨etwas im Terminkalender notieren, eintragen⟩

Ter·mi·no·lo·gi̲e *die; -, -n* [-'gi:ən]; *förmlich;* alle Fachausdrücke eines bestimmten wissenschaftlichen oder technischen Gebiets ≈ Fachwortschatz

Tẹr·mi·nus *der; -, Ter·mi·ni; förmlich;* eine vereinbarte Bezeichnung für etwas (*meist* in der Wissenschaft oder Technik) ≈ Fachausdruck

Ter·pen·ti̲n *das; -s, -e;* eine Art dünnes Öl, mit dem man Farben mischt oder Farbflecke von Gegenständen entfernt

Ter·rain [tɛ'rɛ̃:] *das; -s, -s* **1** ein Gebiet mit seinen Eigenschaften ≈ Gelände ⟨ein sumpfiges, unwegsames, waldiges Terrain; das Terrain erkunden, sondieren⟩ **2** ≈ Grundstück || [ID] **sich auf/in unbekanntem Terrain bewegen** sich mit einer neuen Sache beschäftigen (und deswegen noch unsicher sein); **das Terrain sondieren** *förmlich;* vorsichtig prüfen, wie es um eine Sache steht

Ter·ra̲·ri·um *das; -s, Terrarien* [-ri:ən]; ein Behälter oder ein Gebäude (im Zoo), in dem Reptilien und Amphibien gehalten werden

Ter·rạs·se [A2] *die; -, -n;* eine *meist* leicht erhöhte Fläche mit Platten neben einem Haus: *Wir frühstücken heute auf der Terrasse*

Tẹr·ri·er [-ri̯ɐ] *der; -s, -;* ein *meist* relativ kleiner Hund mit kurzem, rauem Fell

Ter·ri̲·ne *die; -, -n;* eine Schüssel aus Porzellan *o.Ä.* in der *bes* Suppe serviert wird || [-K] Suppenterrine

Ter·ri·to̲·ri·um *das; -s, Ter·ri·to·ri·en* [-ri̯ən] **1** das Gebiet eines Staates: *Wir befinden uns auf deutschem Territorium* **2** ein Gebiet, das ein Tier als sein eigenes betrachtet und das es gegen andere Tiere der gleichen Art verteidigt || *hierzu* **ter·ri·to·ri·a̲l** *Adjektiv*

Tẹr·ror *der; -s; nur Singular* **1** die Verbreitung von Angst und Schrecken durch brutale Handlungen, *meist* um politische Ziele zu erreichen ⟨Terror ausüben⟩ || [K-] Terrorakt, Terroranschlag, Terrorherrschaft, Terrorregime **2** große Angst und Schrecken ⟨Terror verbreiten⟩ || [ID] **Terror machen** *umg;* jemanden ärgern oder schikanieren || *hierzu* **ter·ro·ri·si̲e·ren** (*hat*)

Ter·ro·rịs·mus [B2] *der; -; nur Singular;* die Anwendung von Gewalt und Terror, *bes* um politische Ziele durchzusetzen || *hierzu* **Ter·ro·rịst** *der; -en, -en;* **Ter·ro·rịs·tin** *die; -, -nen;* **ter·ro·rịs·tisch** *Adjektiv*

Tẹst *der; -s, -s/-e* **1** die Prüfung und Bewertung bestimmter Leistungen einer Person oder Maschine ⟨ein psychologischer Test; einen Test bestehen⟩ || [K-] Testergebnis, Testfahrt, Testflug, Testpilot **2** eine wissenschaftliche Untersuchung auf bestimmte Eigenschaften hin, *z.B.* darauf, ob Krankheitserreger vorhanden sind || [-K] Bluttest, Urintest; HIV-Test

Tes·ta·mẹnt *das; -(e)s, -e* **1** eine schriftliche Erklärung, in der eine Person bestimmt, wer ihr Vermögen nach ihrem Tode bekommen soll ⟨ein Testament machen, anfechten⟩ **2** **das Alte und das Neue Testament** die Bibel

tes·ta·men·ta̲·risch *Adjektiv;* durch ein Testament (1) belegt ⟨etwas testamentarisch festlegen, verfügen⟩

tẹs·ten; *testete, hat getestet;* **jemanden/etwas (auf etwas** (*Akkusativ*)**) testen** jemanden/etwas in einem Test prüfen: *ein Boot auf seine Wasserfestigkeit testen; jemanden auf seine Intelligenz testen* || *hierzu* **Tẹs·ter** *der; -s, -;*

T

Tẹs·te·rin *die; -, -nen*

Tẹst·per·son *die; -, -en;* jemand, an dem oder mit dem etwas wissenschaftlich geprüft, getestet wird

Te̲·ta·nus, Tẹ·ta·nus *der; -; nur Singular;* eine sehr gefährliche Krankheit, bei der die Muskeln des Gesichtes und des Rumpfes (1) hart und starr werden; Sie entsteht durch Bakterien in einer Wunde ≈ Wundstarrkrampf || K- Tetanusimpfung, Tetanusspritze

teu̲·er A1 *teurer, teuerst-; Adjektiv* **1** so, dass es viel Geld kostet ↔ billig: *ein teures Auto, ein teurer Abend* **2** so, dass es schlimme (finanzielle) Folgen hat: *ein teurer Unfall* **3** *nur als Adverb;* so, dass einem dadurch Nachteile entstehen ⟨ein teuer erkaufter Sieg; seinen Leichtsinn teuer bezahlen (müssen); sich seine Freiheit, seine Unabhängigkeit teuer erkaufen (müssen)⟩ **4** *nicht als Adverb;* (in Anreden) wichtig und wertvoll für jemanden und deshalb von ihm geschätzt, geehrt ⟨jemandem (lieb und) teuer sein⟩: *Mein teurer Freund!* || Hinweis zu 4: Wird in der modernen Sprache meist nur noch ironisch verwendet || ID **etwas kommt jemanden teuer zu stehen** jemand muss viel für etwas bezahlen oder für etwas büßen || Hinweis: *teuer → ein teures Auto*

Teu̲·e·rung *die; -, -en;* ein (allgemeines) Steigen der Preise || K- Teuerungsrate

Teu̲·fel *der; -s, -;* **1** *nur Singular;* eine Gestalt, die das Böse ist ≈ Satan **2** ein böser Geist ≈ Dämon **3** **ein armer Teufel** ein armer, bedauernswerter Mensch || ID **Der Teufel steckt im Detail** es sind oft die Kleinigkeiten, die die größten Probleme bereiten; **in Teufels Küche geraten/kommen** *umg;* in eine sehr unangenehme Situation geraten; **Mal den Teufel nicht an die Wand!** *umg;* du sollst nicht von solchen Gefahren sprechen; **zum Teufel gehen** *umg;* verloren gehen, kaputtgehen; **irgendwo ist der Teufel los** *umg;* irgendwo gibt es viel Lärm oder große Aufregung; **auf Teufel komm raus** *umg;* mit allen Kräften: *Wir arbeiteten auf Teufel komm raus;* **beim/zum Teufel sein** *umg;* verloren/kaputt sein; **Pfui Teufel!** *umg;* verwendet, um Ekel oder Abscheu auszudrücken; **wer/wo/was** *usw* **zum Teufel** *umg;* in Fragen verwendet, um Ärger auszudrücken: *Wen zum Teufel interessiert das schon?; Was zum Teufel ist das?;* **wie der Teufel** *umg;* sehr wild: *Sie reitet wie der Teufel*

Teu̲·fels·kreis *der; -es, -e; nur Singular;* eine schlimme Situation, die durch eine Folge von negativen Faktoren oder Ereignissen entsteht, wobei immer eines die Ursache des anderen ist: *Wir müssen diesen Teufelskreis durchbrechen*

teu̲f·lisch *Adjektiv* **1** sehr böse, grausam ⟨ein Plan, ein Verbrechen⟩ **2** *meist als Adverb;* verwendet, um *bes* Adjektive und Verben mit negativem Inhalt zu verstärken ≈ höllisch: *Die Wunde tut teuflisch weh*

Tẹxt A1 *der; -(e)s, -e* **1** eine Folge von Sätzen, die miteinander in Zusammenhang stehen: *einen kurzen Text vorlesen, übersetzen* **2** die Worte, die zu einem Musikstück gehören ⟨der Text eines Liedes⟩ **3** die Worte, die ein Schauspieler in einer Rolle spricht ⟨seinen Text lernen, beherrschen, vergessen haben⟩: *eine Nebenrolle mit wenig Text*

Tẹxt·auf·ga·be *die; -, -n* **1** eine Rechenaufgabe in Form eines Textes **2** eine Prüfung (in der Schule), die aus verschiedenen Fragen und Aufgaben zu einem Text besteht

tẹx·ten; *textete, hat getextet;* **(etwas) texten** einen Text *bes* für ein Lied oder für Reklame schreiben || *hierzu* **Tẹx·ter** *der; -s, -;* **Tẹx·te·rin** *die; -, -nen*

Tex·ti·li·en [-'tiːli̯ən] *die; Plural;* alle Dinge, die (maschinell) gewebt oder gestrickt werden, also Kleidungsstücke, Wäsche, Stoffe *usw*

Tẹxt·ver·ar·bei·tung *die; -; nur Singular;* das Bearbeiten eines Textes (*bes* am Computer) || K- Textverarbeitungsgerät, Textverarbeitungsprogramm, Textverarbeitungssystem

The·a·ter¹ A2 [te'aːtɐ] *das; -s, -;* **1** ein Gebäude, in dem Theaterstücke, Opern *o.Ä.* aufgeführt werden || K- Theaterbühne, Theaterkasse **2** *nur Singular;* eine Institution, die Theaterstücke, Opern *usw* organisiert **3** *nur Singular;* eine

Theater

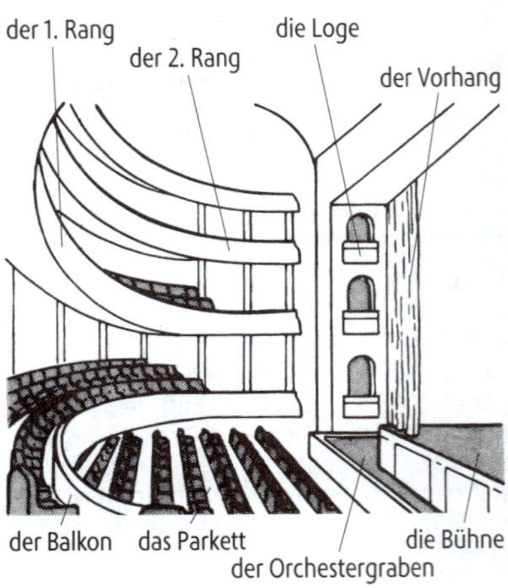

Aufführung im Theater (1), bei der Schauspieler auf der Bühne stehen: *Das Theater beginnt heute um 20 Uhr* || K- Theaterabend, Theaterbesuch, Theaterprobe

The·a·ter² A2 [te'a:tɐ] *das; -s, -; nur Singular; umg, abwertend* ≈ Aufregung, Ärger || ID *meist* **(ein) Theater (um/wegen etwas) machen** bei einer (*oft* unwichtigen) Sache übertrieben heftig reagieren

The·a·ter·stück *das; -(e)s, -e;* ein Werk, das für die Aufführung in einem Theater geschrieben wurde ≈ Schauspiel ⟨ein Theaterstück schreiben, verfassen, inszenieren, aufführen, vorführen⟩

The·ke B2 *die; -, -n* **1** ein hoher, schmaler Tisch in einem Restaurant, einer Bar, an dem die Getränke ausgeschenkt werden: *ein Glas Wein an der Theke trinken* **2** eine Art Tisch, an dem Kunden in einem Geschäft bedient werden

The·ma A2 *das; -s, The·men* **1** der zentrale Gedanke, über den man spricht oder schreibt ⟨ein aktuelles Thema; ein Thema anschneiden, abhandeln, behandeln; das Thema wechseln; vom Thema abkommen⟩ || K- Themenstellung, Themenwahl **2** eine Folge von Tönen in einem Musikstück, die sich wiederholt ⟨ein Thema variieren⟩ || *hierzu* **the·ma·tisch** *Adjektiv*

Theo·lo·gie *die; -, -n* [-'gi:ən] ; *meist Singular;* die Wissenschaft, die sich *bes* mit den Schriften einer Religion und deren Interpretation beschäftigt: *die evangelische, jüdische, katholische Theologie* || *hierzu* **Theo·lo·ge** *der; -n, -n;* **Theo·lo·gin** *die; -, -nen;* **theo·lo·gisch** *Adjektiv*

the·o·re·tisch *Adjektiv* **1** die Theorie (1) betreffend ⟨Kenntnisse, Grundlagen, Voraussetzungen⟩ **2** mithilfe einer Theorie ⟨etwas theoretisch erklären, begründen⟩ **3** nur in Gedanken (vorhanden), aber nicht in der Praxis, Wirklichkeit ⟨eine Möglichkeit⟩: *Theoretisch ginge es, aber praktisch ist es zu schwierig*

The·o·rie *die; -, -n* [-'ri:ən] **1** **eine Theorie (über etwas** (*Akkusativ*)**/zu etwas)** eine wissenschaftliche Erklärung von Zusammenhängen und Tatsachen, bei der von bestimmten Annahmen ausgegangen wird, die man für sinnvoll hält ⟨eine anerkannte, klassische Theorie; eine Theorie aufstellen, beweisen⟩: *eine Theorie über die Entstehung der Erde* **2** *nur Singular;* eine Art, Dinge so zu sehen, dass man nicht über die Probleme der Praxis[1] (1) spricht ⟨etwas ist reine Theorie⟩: *Das stimmt nur in der Theorie* || ID *meist* **Grau ist alle Theorie!** *förmlich;* in der Theorie (2) ist alles einfach, im wirklichen Leben aber schwer

The·ra·peut *der; -en, -en;* jemand, dessen Beruf es ist, andere durch eine Therapie zu heilen || *hierzu* **The·ra·peu·tin** *die; -, -nen*

The·ra·pie B2 *die; -, -n* [-'pi:ən] ; die Maßnahmen, die angewendet werden, um eine Krankheit zu heilen ⟨eine Therapie verordnen, anwenden, absetzen⟩ || *hierzu* **the·ra·peu·tisch** *Adjektiv*

Ther·mal·bad *das; -(e)s, -bä·der* **1** Quellen mit warmem, heilendem Wasser **2** ein Schwimmbad mit warmem, heilendem Wasser

Ther·mo·me·ter *das; südd* Ⓐ Ⓒⓗ *auch der; -s, -;* ein Gerät, mit dem man Temperaturen misst: *Das Thermometer ist auf 17°C gestiegen, gefallen* || -K Außenthermometer, Innenthermometer, Zimmerthermometer; Badethermometer, Fieberthermometer

Ther·mos·fla·sche®, Ther·mos·kan·ne® *die; -, -n;* ein (isolierter) Behälter, in dem man Getränke längere Zeit warm oder kalt halten kann

Ther·mos·tat *der; -s/-en, -e(n);* ein Instrument, das die Temperatur bei Geräten regelt, die Wärme produzieren || K- Thermostatventil || -K Heizungsthermostat

The·se *die; -, -n* ≈ Annahme, Behauptung ⟨eine kühne, fragwürdige These; eine These aufstellen, verteidigen⟩

Thril·ler ['θrɪlɐ] *der; -s, -;* ein spannender und aufregender (Kriminal)Roman oder Film

Thron *der; -(e)s, -e;* ein besonderer Sessel für eine mächtige Persönlichkeit, *z.B.* für einen König oder Bischof || -K Kaiserthron, Papstthron || ID **jemandes Thron wackelt** *umg;* jemandes mächtige Stellung ist in Gefahr

thro·nen *; thronte, hat gethront* **1** **etwas thront irgendwo** etwas steht auf einem erhöhten Platz: *Die Burg thront auf einem hohen Felsen* **2** **jemand thront irgendwo** jemand hat einen bevorzugten Platz

Thun·fisch *der; -(e)s, -e;* ein großer essbarer Meeresfisch. Das Fleisch des Thunfischs wird *oft* in Stücken in Dosen mit Öl verkauft

Thy·mi·an *der; -s; nur Singular;* eine kleine Pflanze, deren Blätter man als Gewürz verwendet

Tick *der; -s, -s* **1** *umg, meist abwertend;* eine seltsame, *oft* unangenehme Angewohnheit, die jemand hat **2** ein kleines bisschen: *Sie ist einen Tick besser als ihre Schwester*

ti·cken *; tickte, hat getickt;* **etwas tickt** etwas

Thüringen

Das Bundesland Thüringen liegt mitten in Deutschland. Seine Hauptstadt ist **Erfurt**. Die Stadt **Weimar** wurde durch die Dichter **Johann Wolfgang von Goethe** und **Friedrich Schiller** berühmt. Auf der **Wartburg** bei **Eisenach** übersetzte **Martin Luther** die Bibel ins Deutsche.

LANDESKUNDE

produziert in regelmäßigen Abständen kurze, helle Töne ⟨eine Uhr, eine Bombe⟩ || ID **Bei ihm/ihr** *usw* **tickt es nicht richtig**; **Er/Sie** *usw* **tickt nicht mehr richtig** *umg*; er/sie *usw* ist verrückt

Ti·cket A2 *das; -s, -s;* eine Fahrkarte für eine Reise mit dem Flugzeug oder Schiff || -K Flugticket

Ti·de *die; -, -n; nordd* **1** das Steigen und Fallen der Gezeiten **2** *nur Plural* ≈ Gezeiten

tief B1 *Adjektiv* **1** so, dass etwas von seiner (oder einer gedachten) Oberfläche relativ weit nach unten reicht ⟨ein Brunnen, ein Graben, eine Schüssel, ein See; Schnee, Wasser; tief tauchen⟩ || K- Tiefschnee **2** *Maßangabe* + **tief** verwendet, um die Ausdehnung nach unten zu bezeichnen ↔ hoch: *ein zehn Meter tiefer See; Das Wasser ist nur fünfzig Zentimeter tief* **3** in relativ geringer Entfernung über dem Meeresspiegel, dem Boden *o.Ä.* ≈ niedrig ⟨ein Ort liegt tief; tief fliegen⟩ **4** (relativ zu einem Bezugspunkt) weiter unten gelegen ⟨ein Tal⟩ **5** *meist im Komparativ;* weiter unten: *Er wohnt ein Stockwerk tiefer* **6** weit nach unten (in Richtung zum Erdboden) ⟨eine Verbeugung, ein Fall⟩ **7** im Vergleich zum Durchschnitt sehr gering, niedrig ↔ hoch ⟨Temperaturen; das Barometer steht tief⟩: *Die Zahl der Arbeitslosen hat ihren tiefsten Stand erreicht* || K- Tiefstkurs, Tiefstpreis **8** weit nach hinten reichend ↔ hoch, breit ⟨ein Schrank, ein Regal⟩ **9** *Maßangabe* + **tief** verwendet, um (bei Möbeln) die Ausdehnung nach hinten oder nach innen zu bezeichnen **10** weit nach innen (reichend), weit hinein ⟨ein Wald; bis tief in die Nacht⟩: *Die Höhle reicht tief in den Berg hinein* **11** intensiv (*bes* in Bezug auf Gefühle) ⟨Glaube, Liebe; etwas tief bedauern; tief bewegt, erschüttert⟩ || K- tiefbewegt, tiefernst, tieferschüttert **12** ≈ kräftig ⟨tief atmen⟩ **13** **tief schlafen** fest und gesund schlafen **14** von dunkler, intensiver Farbe: *ein tiefes Grün* **15** im unteren Bereich dessen, was man hören kann ↔ hoch ⟨ein Ton; eine Stimme⟩ **16** **tief gehend/greifend** ⟨ein Wandel, ein Wechsel, ein Unterschied⟩ so, dass sie das Wichtige, Wesentliche betreffen ↔ oberflächlich || ID *meist* **Das lässt tief blicken** das zeigt etwas sehr deutlich (*meist* wie jemand wirklich ist); *meist* **Er/Sie ist tief gesunken** er/sie ist auf ein niedriges moralisches Niveau gekommen

Tief B1 *das; -s, -s* **1** eine Zone mit niedrigem Luftdruck und schlechtem Wetter ↔ Hoch ⟨ein umfangreiches Tief⟩ **2** **ein (seelisches) Tief haben** in sehr schlechter und gedrückter Stimmung sein || -K Stimmungstief

Tief·ga·ra·ge *die; -, -n;* eine Garage unter der Erde (*meist* für viele Autos)

tief·ge·frie·ren; *-, hat tiefgefroren;* **(etwas) tiefgefrieren** Lebensmittel konservieren, indem man sie (bei ungefähr -15°C) gefrieren lässt: *tiefgefrorenes Gemüse* || Hinweis: nur im Infinitiv und Partizip Perfekt, *meist* im Partizip Perfekt

tief·ge·hend ↑ **tief** (16)

tief·grei·fend ↑ **tief** (16)

tief·küh·len; *-, hat tiefgekühlt;* **(etwas) tiefkühlen** Lebensmittel durch Kälte (-18°) konservieren || K- Tiefkühlschrank, Tiefkühltruhe

Tief·punkt *der; -(e)s, -e;* der schlechteste, negativste Punkt einer Entwicklung: *Unsere Beziehung ist auf einem Tiefpunkt angelangt*

Tief·schlag *der; -(e)s, -schlä·ge* **1** *Sport;* (beim Boxen) ein verbotener Schlag unterhalb der Taille **2** ein Ereignis, ein Vorfall *o.Ä.*, die jemandem einen (*meist* seelischen) Schaden zufügen ⟨einen Tiefschlag bekommen; jemandem einen Tiefschlag versetzen⟩

Tief·see *die; -; nur Singular;* der Bereich eines Ozeans, der tiefer als 4000 m unter dem Meeresspiegel liegt || K- Tiefseeforscher

tief·sin·nig *Adjektiv;* voller tiefer, grüblerischer Gedanken ⟨ein Gespräch, ein Kommentar⟩

Tief·stand *der; -(e)s, -stän·de;* der Tiefpunkt einer Entwicklung: *Der Tiefstand des Dollarkurses*

Tie·gel *der; -s, -;* ein flacher Topf mit Stiel

Tier A1 *das; -(e)s, -e;* ein Lebewesen, das Sinnesorgane hat, sich (normalerweise) fortbewegen kann, wenn es will, und das nach seinen Instinkten handelt ⟨ein zahmes, wildes Tier⟩: *vom Aussterben bedrohte Tiere; Wir dürfen in unserer Wohnung keine Tiere halten* || K- Tierart, Tierarzt, Tierfreund || ID **ein großes/hohes Tier** *umg humorvoll;* jemand, der eine hohe öffentliche Position hat

Tier·gar·ten B2 *der; -s, -gär·ten* ≈ Zoo

Tierlaute

bellen	Hunde: lautes Bellen
blöken	Schafe
brüllen	Rinder, Löwen, Tiger *usw*: lautes Brüllen
brummen	Bären, Käfer, Fliegen, Hummeln
fauchen	Katzen, wenn sie wütend oder ängstlich sind
gackern	Hühner
grunzen	Schweine
heulen	Wölfe
krächzen	Krähen, Papageien
krähen	Hähne
kreischen	Affen, Möwen, Papageien
jaulen	Hunde: vor Schmerz, Kummer
meckern	Ziegen
miauen	Katzen
muhen	Kühe
piepsen	Mäuse, Spatzen, junge Vögel
quaken	Enten, Frösche
schnattern	Gänse
schnauben	Pferde (indem sie laut Luft ausstoßen)
schreien	Affen, Möwen, Raubvögel *usw*
schnurren	Katzen, wenn sie zufrieden sind
summen	Bienen, Fliegen, Mücken
wiehern	Pferde
winseln	Hunde: hoch, leise, klagend
zirpen	Grillen *usw*
zischen	Gänse, wenn sie wütend sind; Schlangen
zwitschern	Vögel

WORTSCHATZ

Tier·heim *das; -(e)s, -e;* ein Gebäude, in dem (Haus)Tiere ohne Besitzer aufgenommen und gepflegt werden

tie·risch *Adjektiv* **1** *meist vor dem Substantiv;* charakteristisch für Tiere ⟨ein Verhalten⟩ **2** *meist vor dem Substantiv;* von Tieren stammend: *tierische und pflanzliche Fette* **3** *abwertend;* mit Eigenschaften, die ein Mensch nicht haben sollte (*meist* brutal, roh oder triebhaft) ⟨Gewalt, Rohheit⟩ **4** *umg;* sehr (groß, schwer oder intensiv) ⟨eine Arbeit, Schmerzen, ein Vergnügen; tierisch kalt, schwer, wehtun⟩

Tier·kreis|zei·chen *das; -s, -* ≈ Sternzeichen

tier·lieb *Adjektiv; nicht als Adverb;* voll Verständnis und Liebe für Tiere || *hierzu* **Tier·lie·be** *die; -; nur Singular*

Tier·park *der; -s, -s* **1** ein Gelände, in dem Tiere in einer natürlichen Umgebung (ohne Käfig und oft ohne Zäune) gehalten werden **2** *umg* ≈ Zoo

Tier·quä·le·rei *die; -, -en; meist Singular;* das *meist* absichtliche Quälen von Tieren || *hierzu* **Tier·quä·ler** *der; -s, -;* **Tier·quä·le·rin** *die; -, -nen*

Tier·reich *das; -(e)s; nur Singular;* alle Tiere (Tierarten), die es auf der Erde gibt ≈ Fauna ↔ Pflanzenreich, Flora

Tier·schutz B2 *der; -es; nur Singular;* alle Maßnahmen, mit denen man versucht, Tiere davor zu schützen, gequält, getötet oder ausgerottet zu werden || K- Tierschutzbestimmung, Tierschutzgebiet, Tierschutzgesetz, Tierschutzorganisation, Tierschutzverein || *hierzu* **Tier·schüt·zer** *der; -s, -;* **Tier·schüt·ze·rin** *die; -, -nen*

Tier·ver·such *der; -(e)s, -e;* ein (*meist* medizinisches) Experiment an lebenden Tieren || K- Tierversuchsgegner

Ti·ger *der; -s, -;* ein großes Tier (eine Raubkatze) mit gestreiftem Fell, das in Asien lebt || ↑ Abbildung unter **Raubkatzen**

til·gen; *tilgte, hat getilgt* **1** **etwas tilgen** Geld, das man sich geliehen hat, zurückzahlen ⟨einen Kredit, seine Schulden tilgen⟩ **2** **etwas (aus etwas) tilgen** etwas *meist* aus einer Liste oder einem Dokument entfernen: *Sein Name wurde aus der Kartei getilgt* || *hierzu* **Til·gung** *die; -, -en*

Tin·te B2 *die; -, -n;* eine *meist* blaue Flüssigkeit zum Schreiben oder Zeichnen || K- Tintenpatrone; tintenblau || ID **in der Tinte sitzen** *umg;* in einer unangenehmen Lage sein

Tin·ten·fisch *der; -(e)s, -e;* ein Tier, das im Meer lebt, acht Arme hat und bei Gefahr eine dunkle Flüssigkeit ausspritzt

Tipp *der; -s, -s* **1** ein guter Rat, Hinweis ⟨jemandem einen Tipp geben⟩: *Tipps für den Anfänger* **2** der Versuch, bei Wetten und Gewinnspielen den Gewinner *bzw* die Gewinnzahlen zu erraten: *der richtige Tipp im Lotto, beim Pferderennen*

tip·pen[1]; *tippte, hat getippt*; **(etwas) tippen** *umg*; etwas mithilfe einer Tastatur schreiben ⟨einen Brief tippen⟩ ‖ K- Tippfehler **2** **(jemanden/etwas) irgendwohin tippen** jemanden/etwas (*bes* mit der Finger- oder Fußspitze) kurz und leicht berühren: *jemandem auf die Schulter tippen; kurz auf die Bremse tippen*

tip·pen[2]; *tippte, hat getippt* **1** **auf jemanden/etwas tippen** *umg*; eine Vermutung *o.Ä.* zum Ausdruck bringen: *Ich tippe auf ihn als Sieger* **2** am Lotto teilnehmen: *Sie tippt jede Woche (im Lotto)* ‖ K- Tippschein

Ti·ra·de *die; -, -n; abwertend* **1** eine lange Rede, die nichts Wichtiges enthält **2** eine Rede oder ein Artikel mit aggressivem Inhalt ‖ -K Hetztirade, Schimpftirade

Tisch A1 *der; -(e)s, -e* **1** ein Möbelstück aus einer waagrechten Platte und *meist* vier Stützen (Beinen), auf das man Dinge legt, an dem man isst *usw* ⟨sich an den Tisch setzen; am Tisch sitzen; vom Tisch aufstehen⟩ ‖ K- Tischbein, Tischkante, Tischplatte ‖ -K Arbeitstisch, Esstisch, Küchentisch, Schreibtisch **2** **vor/bei/nach Tisch** *förmlich*; vor/bei/nach dem Essen ‖ ID **am grünen Tisch** auf einer theoretischen Ebene, ohne die konkrete Situation zu beachten; **(mit etwas) reinen Tisch machen** ein Problem sehr deutlich beschreiben; **am runden Tisch** bei einer Sitzung, bei der alle die gleichen Rechte haben; **unter den Tisch fallen** *umg*; nicht (mehr) berücksichtigt werden; **etwas unter den Tisch fallen lassen** *umg*; etwas nicht (mehr) berücksichtigen; **etwas ist vom Tisch** *umg*; etwas ist abgeschlossen, erledigt; **jemanden über den Tisch ziehen** *umg* ≈ übervorteilen

Tisch·de·cke B2 *die; -, -n* ≈ Tischtuch

Tisch·ler *der; -s, -; bes nordd* Ⓐ jemand, der beruflich *z.B.* Möbel und Fenster aus Holz herstellt ≈ Schreiner ‖ K- Tischlerwerkstatt ‖ *hierzu* **Tisch·le·rin** *die; -, -nen*

Tisch·ten·nis *das; -; nur Singular*; ein Sport, bei dem zwei oder vier Spieler einen kleinen weißen Plastikball mit Schlägern auf einem Tisch mit Netz hin- und herschlagen ‖ K- Tischtennisball, Tischtennisplatte, Tischtennisschläger, Tischtennisspiel, Tischtennisspieler

Tisch·tuch *das; -(e)s, -tü·cher*; ein großes Tuch, das (*bes* beim Essen) den ganzen Tisch bedeckt ≈ Tischdecke

Ti·tel[1] A2 *der; -s, -* **1** eine Bezeichnung, die jemand als Ehrung bekommt oder die seine berufliche Stellung anzeigt: *der Titel eines Amtsarztes; der akademische Titel eines Dr. med.* ‖ -K Doktortitel **2** ≈ Meisterschaft ‖ K- Titelgewinn, Titelverteidiger(in) ‖ -K Weltmeistertitel

Die akademischen Titel

In den deutschsprachigen Ländern beschränkt sich die Verwendung der akademischen Titel nicht nur auf den reinen Arbeitsbereich. Die Titel **Doktor** (**Dr.**) oder **Professor** (**Prof.**) werden oft auch bei förmlichen Gelegenheiten außerhalb des beruflichen oder akademischen Umfelds verwendet, d.h. sie gehören zum Namen einer Person:

Der Bürgermeister hat Herrn Dr. Salzberger in der Oper getroffen.

Auch auf Visitenkarten und manchmal auf Namensschildern an der privaten Haus- oder Wohnungstür kann man diese akademischen Titel finden.

In Österreich ist die Verwendung der Titel noch weiter verbreitet, hier wird bei förmlichen Anlässen auch die Bezeichnung für den einfachen Studienabschluss als Titel zum Namen hinzugefügt. Beispiel: **Herr/Frau Magister** (**Mag.**)

LANDESKUNDE

Ti·tel[2] A2 *der; -s, -* **1** der Name *z.B.* eines Buches, eines Films oder eines Liedes, oder das Buch *usw* selbst ‖ -K Buchtitel **2** die erste Seite einer Zeitung oder Zeitschrift ‖ K- Titelbild, Titelblatt

Toast B2 [to:st] *der; -(e)s, -s*; eine Scheibe geröstetes Weißbrot ‖ K- Toastbrot

toas·ten ['to:stn]; *toastete, hat getoastet*; **etwas toasten** *bes* Scheiben von Weißbrot (in einem Toaster) rösten

Toas·ter ['to:-] *der; -s, -*; ein elektrisches Gerät, in dem Scheiben von Weißbrot geröstet werden

to·ben; *tobte, hat getobt* **1** (vor Wut *o.Ä.*) schreien und heftige Bewegungen machen: *Der Betrunkene tobte die halbe Nacht* **2** (vor Begeisterung *o.Ä.*) schreien, sich ausgelassen benehmen: *Bei dem Rockkonzert tobten die Fans* **3** beim Spielen herumlaufen und laut sein: *Die Kinder toben im Garten* **4** **etwas tobt** etwas ist in starker Bewegung (und macht großen Schaden) ⟨ein Gewitter, ein Brand⟩

Toch·ter A2 *die; -, Töch·ter*; jemandes weibliches Kind ↔ Sohn

Toch·ter·fir·ma *die; -, -firmen* ≈ Tochtergesellschaft

Toch·ter·ge·sell·schaft *die; -, -en; Wirtschaft* eine Firma, die zu einer größeren Firma gehört und von ihr abhängig ist

Tod *der; -es, -e; meist Singular* **1** das Sterben, das Ende des Lebens ⟨Tod durch Herzversagen *usw*; jemanden zum Tode verurteilen; jemand stürzt sich zu Tode (= stürzt und stirbt dadurch); etwas führt zum Tode⟩: *Der Arzt stellte fest, dass der Tod gegen vier Uhr eingetreten war* || K- Todesart, Todesgefahr, Todesopfer, Todesstrafe, Todestag, Todesursache, Todesurteil || Hinweis: als Plural wird *Todesfälle* verwendet **2** das Ende *meist* eines Plans oder einer Institution: *Die hohen Zinsen bedeuten den Tod für die Firma* **3** **jemand findet/erleidet den Tod** *förmlich*; jemand stirbt **4** **etwas ist jemandes Tod** etwas führt zu jemandes Tod || ID **dem Tod von der Schippe springen** *umg humorvoll*; in höchster (Todes)Gefahr sein und noch einmal gerettet werden; **jemanden/etwas auf den Tod nicht ausstehen/leiden können** *umg*; jemanden/etwas überhaupt nicht mögen; **jemand ist dem Tod(e) geweiht**; **jemand ist des Todes** *förmlich*; jemand muss bald sterben; *meist* **Du wirst dir (noch) den Tod holen** *umg*; du wirst dich schwer erkälten; **mit dem Tod(e) ringen** lebensgefährlich krank oder verletzt sein; **bis dass der Tod euch scheide** verwendet (vom Priester bei der Hochzeit), um auszudrücken, dass eine Ehe bis zum Tod eines der Partner dauern soll; **jemand/etwas treibt jemanden in den Tod** jemand/etwas bewirkt, dass jemand Selbstmord begeht; **über den Tod hinaus** auch nachdem jemand schon tot ist: *jemandem über den Tod hinaus die Treue halten*; **Umsonst ist nur der Tod!** *umg*; man muss für alles im Leben bezahlen; **zu Tode** *umg* ≈ sehr ⟨sich zu Tode erschrecken, langweilen, schämen; zu Tode erschöpft, erschrocken sein⟩ || ▸ **tot, Tote, töten**

tod- *im Adjektiv; betont; umg* ≈ äußerst, sehr; **todernst** ⟨ein Gesicht⟩, **todkrank, todlangweilig** ⟨ein Film⟩, **todmüde** ⟨ins Bett fallen⟩, **todschick** ⟨Kleidung⟩, **todsicher** ⟨etwas todwissen⟩, **todtraurig, todunglücklich**

tod·brin·gend *Adjektiv; nicht als Adverb*; so, dass man (daran) sterben wird ≈ tödlich ⟨eine Krankheit, eine Verletzung⟩

To·des·angst *die; -, -ängs·te* **1** die Angst vor dem Sterben **2** eine sehr große Angst ⟨Todesängste ausstehen; eine Todesangst vor jemandem/etwas haben⟩

To·des·an·zei·ge *die; -, -n*; eine Anzeige in der Zeitung, die mitteilt, dass jemand gestorben ist

To·des·fall *der; -(e)s, -fäl·le*; der Tod eines Menschen: *ein Todesfall in der Familie*

To·des·fol·ge *die; nur in* **mit Todesfolge** *Rechtswesen*; so, dass infolge *meist* eines Verbrechens jemand stirbt ⟨Körperverletzung, ein Unfall mit Todesfolge⟩

Tod·feind *der; -es, -e*; ein Feind oder Gegner, der voller Hass ist || *hierzu* **Tod·fein·din** *die; -, -nen*

tod·krank *Adjektiv* **1** ⟨ein Mensch⟩ so krank, dass er sterben wird **2** *umg* ≈ sehr krank

töd·lich *Adjektiv* **1** so, dass man (daran oder dabei) stirbt ⟨eine Krankheit, eine Verletzung, ein Gift; mit tödlichen Folgen; tödlich verunglücken; jemanden tödlich verletzen, treffen; etwas wirkt tödlich; etwas verläuft tödlich, geht tödlich aus⟩: *Bei dem Unfall wurde er tödlich verletzt* **2** *nur vor dem Substantiv, nicht als Adverb; umg*; sehr groß oder intensiv ⟨eine Beleidigung, Ernst, Hass; mit tödlicher Sicherheit⟩ **3** *nur als Adverb; umg*; verwendet, um Adjektive oder Verben mit negativer Bedeutung zu verstärken ⟨tödlich beleidigt, erschrocken sein; jemanden/sich tödlich langweilen⟩

Tod·sün·de *die; -, -n* **1** *katholische Religion*; eine sehr schwere Sünde: *die sieben Todsünden* **2** *umg*; eine große Dummheit

To·fu *der; -(s); nur Singular*; eine Art Quark, den man aus Sojabohnen macht

To·hu·wa·bo·hu *das; -(s), -s; umg* ≈ Durcheinander, Chaos

toi *Interjektion; nur in* **toi, toi, toi!** verwendet, um jemandem/sich (weiterhin) Glück und Erfolg zu wünschen

To·i·let·te[1] A1 [to̤a'lɛtə] *die; -, -n* **1** eine Art Becken, auf das man sich setzt, um Blase und Darm leer zu machen **2** ein Raum mit einer

▶ Nach der Toilette fragen

Möchte man die Toilette benutzen, kann man dies folgenermaßen ausdrücken:

In einem privaten Haus, bei Bekannten *usw*:
Darf ich bitte Ihre Toilette benutzen?

In einem Lokal, Restaurant *usw*:
Entschuldigung, wo kann man sich hier die Hände waschen?
Können Sie mir bitte sagen, wo die Toiletten sind?
Entschuldigen Sie, ich suche die Toilette.

SPRECHEN UND SCHREIBEN

T

oder mehreren Toiletten ≈ WC || K Damentoilette, Herrentoilette

To·i·let·te[2] A1 [toa'lɛtə] *die; -; nur Singular; förmlich;* das Waschen, Frisieren und Ankleiden: *die morgendliche Toilette* || K Toilettenartikel, Toilettenbeutel

To·i·let·ten·pa·pier *das; -s, -e;* Papier, mit dem man sich sauber macht, nachdem man Blase und Darm entleert hat

to·le·rant B2 *toleranter, tolerantest-; Adjektiv;* **tolerant (gegenüber jemandem/etwas); tolerant (gegen jemanden/etwas)** *förmlich;* so, dass man andere Meinungen, Haltungen oder Sitten respektiert oder duldet: *tolerant gegenüber der Jugend* || *hierzu* **to·le·rie·ren** *(hat)*

To·le·ranz *die; -; nur Singular;* **Toleranz (gegenüber jemandem/etwas) (gegen jemanden/etwas)** *förmlich;* eine Einstellung, bei der man andere Meinungen *o.Ä.* respektiert oder duldet ⟨Toleranz üben, zeigen⟩ || K Toleranzgrenze

toll B2 *toller, tollst-; Adjektiv; umg* **1** *bes* in Ausrufen verwendet, um Bewunderung auszudrücken ≈ prima, super: *Das ist eine tolle Idee!; Sie singt wirklich toll!* **2** *nur als Adverb;* verwendet, um Adjektive und Verben zu verstärken: *Es regnet ganz toll*

Toll·wut *die; -; nur Singular;* eine *meist* tödliche (Virus)Krankheit bei Tieren, die durch den Biss eines erkrankten Tieres auf Menschen übertragen werden kann || *hierzu* **toll·wü·tig** *Adjektiv*

Töl·pel *der; -s, -; abwertend;* ein dummer, ungeschickter Mensch || *hierzu* **töl·pel·haft** *Adjektiv*

To·ma·te B1 *die; -, -n* **1** ein rotes rundes, fleischiges Gemüse, das man *z.B.* als Salat isst || ↑ Illustration **Obst und Gemüse** || K Tomatenketchup, Tomatensuppe **2** die Pflanze, an der Tomaten wachsen

Tom·bo·la *die; -, -s/Tom·bo·len;* eine Art Verlosung, bei der man Gegenstände gewinnen kann, die gestiftet worden sind: *eine Tombola zugunsten des Roten Kreuzes*

Ton[1] *der; -(e)s, Tö·ne* **1** etwas, das man hören kann ⟨ein hoher, tiefer, leiser Ton⟩ || K Tonhöhe **2** ein genau festgelegter Ton (1), der in einem musikalischen System (Tonleiter) eine bestimmte Stelle hat und durch einen Buchstaben bezeichnet wird ⟨ein ganzer, halber Ton⟩ || K Tonfolge **3** die Qualität des Klangs einer Stimme oder eines Musikinstruments ⟨ein heller, weicher Ton⟩ **4** Sprache, Musik und Geräusche in einem Film, Fernsehen oder Radio: *Plötzlich sind Ton und Bild ausgefallen* || K Tonausfall, Tonstörung || ID **große/dicke Töne schwingen/spucken** *umg abwertend;* sehr angeben, prahlen; **jemanden/etwas in den höchsten Tönen loben** jemanden/etwas sehr loben; **(bei etwas) den Ton angeben** bestimmen, was getan wird; **Hast du Töne?** *umg;* verwendet, um Überraschung auszudrücken; **keinen Ton herausbringen/von sich geben** *umg;* nichts sagen (können)

Ton[2] *der; -(e)s; nur Singular;* die Art und Weise, wie jemand mit anderen Menschen spricht ⟨jemandem etwas in einem freundlichen, ruhigen Ton sagen⟩ || ID **etwas gehört zum guten Ton** ein bestimmtes Verhalten ist nötig, wenn man höflich sein will

Ton[3] *der; -(e)s, -e;* eine schwere Erde, aus der man Keramik (Töpferwaren) formen kann ⟨Ton formen⟩ || K Tongefäß, Tonvase

Ton·art *die; -, -en; Musik;* eine bestimmte Tonleiter als System von Tönen[1] (2), auf die ein Musikstück aufbaut: *die Tonart D-Dur* || K Durtonart, Molltonart

Ton·band *das; -(e)s, -bän·der* **1** ein Band (aus Kunststoff), auf dem man Musik, Sprache und Geräusche speichern kann ⟨ein Tonband abhören, abspielen; etwas auf Tonband aufnehmen⟩ || K Tonbandaufnahme, Tonbandgerät **2** ein Gerät, mit dem man Tonbänder bespielt oder abspielt

tö·nen[1]; *tönte, hat getönt* **1** **etwas tönt irgendwie/irgendwoher** etwas ist in einer bestimmten Qualität, von irgendwoher zu hören: *Aus dem Lautsprecher tönte ein Lied* **2** **(von etwas) tönen** *umg;* mit etwas angeben, prahlen **3** **irgendwie tönen** Ⓐ Ⓒⓗ ≈ klingen (2,3)

tö·nen[2]; *tönte, hat getönt;* **etwas (irgendwie) tönen** etwas leicht färben: *Ich will mir die Haare (blond) tönen; ein Auto mit getönten Scheiben*

Ton·fall *der; -(e)s; nur Singular* ≈ Ton[2]

Ton·film *der; -s, -e;* ein (Kino)Film, der mit dem Bild auch Sprache, Musik *o.Ä.* wiedergibt ↔ Stummfilm

Ton·lei·ter *die; -, -n;* eine Folge von acht Tönen[1] (2), die mit einem bestimmten Ton beginnt

ton·los *Adjektiv;* ohne Ausdruck und Betonung in der Stimme

Ton·ne[1] B2 *die; -, -n;* ein relativ großer Behälter in Form eines Zylinders ≈ Fass || K

Mülltonne

Tọn·ne² *die; -, -n;* eine Maßeinheit, die 1000 kg bezeichnet

Tö·nung *die; -, -en* **1** *nur Singular;* das Tönen² **2** eine farbliche Nuance ≈ Schattierung

tọp- *im Adjektiv; umg;* verwendet, um ein Adjektiv zu intensivieren ≈ hoch-; **topaktuell, topfit, topmodern, topmodisch**

Tọp- *im Substantiv;* verwendet, um auszudrücken, dass die genannte Person/Sache sehr gut ist, zu den Besten gehört ≈ Spitzen-; der **Topagent**, das **Topangebot**, der **Topathlet**, die **Topform** ⟨eines Sportlers⟩, der **Topmanager**, das **Topmodell**, der **Topstar**

Tọpf A2 *der; -(e)s, Töp·fe* **1** ein rundes, relativ tiefes Gefäß mit Griffen und Deckel, in dem man etwas kochen kann: *ein Topf aus Edelstahl* || K- Topfdeckel **2** ein Gefäß (*bes* aus Keramik), zum Aufbewahren von Nahrungsmitteln: *ein Topf mit Honig* || -K Tontopf **3** die Menge von etwas, die in einen Topf (1, 2) passt: *ein Topf Suppe, ein Topf Honig* **4** *Kurzwort* ↑ **Blumentopf** || K- Topfpflanze || ID **alles in einen Topf werfen** *abwertend;* ganz verschiedene Dinge gleich beurteilen

Töpf·chen *das; -s, -; umg;* (von und gegenüber Kindern verwendet) ein Gefäß, das Kinder benutzen, wenn sie noch zu klein für die Toilette, aber schon zu groß für Windeln sind

Tọp·fen *der; -s; nur Singular; südd* Ⓐ ≈ Quark

Töp·fer *der; -s, -;* jemand, der beruflich Gegenstände (*meist* Geschirr) aus Ton³ herstellt || *hierzu* **Tö·pfe·rin** *die; -, -nen;* **töp·fern** *(hat)*

Topf·lap·pen *der; -s, -;* ein dicker Lappen, mit dem man heiße Töpfe (an den Griffen) anfassen kann

Tor¹ B1 *das; -(e)s, -e* **1** eine Art breite Öffnung in einem Gebäude, einem Zaun oder einer Mauer: *die Tore der alten Stadtmauer* || K- Torbogen **2** eine Art breite Tür (die *oft* aus zwei Flügeln besteht), mit der das Tor geschlossen wird ⟨das Tor schließen; ans Tor klopfen⟩ || -K Burgtor, Stadttor **3** *Sport;* zwei Stangen, zwischen denen man *z.B.* beim Skifahren hindurchfahren muss || K- Torlauf

Tor² B1 *das; -(e)s, -e* **1** eine Konstruktion aus Balken und einem Netz, in die man *z.B.* beim Fußball mit dem Ball treffen soll || K- Torlinie, Tormann **2** der gelungene Versuch, den Ball ins Tor zu schießen ⟨ein Tor schießen⟩

Tọrf *der; -(e)s; nur Singular;* eine sehr leichte dunkle Erde (im Moor), die aus Pflanzenteilen entstanden ist ⟨Torf stechen (= abbauen); den Torf trocknen, pressen⟩ || K- Torfballen, Torfgewinnung, Torfmoor

Tor·hü·ter *der; -s, -* ≈ Torwart || *hierzu* **Tor·hü·te·rin** *die; -, -nen*

tö·richt *Adjektiv; förmlich* ≈ dumm, unvernünftig

tọr·keln; *torkelte, hat/ist getorkelt;* sich schwankend hin und her bewegen (*bes* weil man betrunken ist)

Tor·na·do *der; -s, -s;* ein starker (Wirbel)Sturm (in Nordamerika)

Tor·pe·do *der; -s, -s;* ein sehr starkes, schnelles Geschoss, das unter Wasser auf feindliche Schiffe gelenkt wird || K- Torpedoboot || *hierzu* **tor·pe·die·ren** *(hat)*

Tor·schüt·ze *der; -n, -n;* ein Spieler, der ein Tor² (2) geschossen hat || *hierzu* **Tor·schüt·zin** *die; -, -nen*

Tọr·so *der; -s, -s/Tor·si;* eine Statue, deren Arme, Beine oder Kopf fehlen

Tọr·te B1 *die; -, -n;* eine Art Kuchen, der *meist* aus mehreren Schichten mit Sahne oder Creme besteht || K- Tortenstück || -K Cremetorte, Obsttorte

Tọr·ten·guss *der; -; nur Singular;* eine Art Gelee, das man bei Obstkuchen über die Früchte gießt und das dann fest wird

Tor·tur *die; -, -en;* ein sehr unangenehmes, anstrengendes Erlebnis ≈ Strapaze: *Die Reise in der Postkutsche war früher oft eine Tortur*

Tor·wart *der; -s, -e;* der Spieler (*z.B.* beim Fußball oder Hockey), der im Tor² (1) steht und verhindern soll, dass ein Gegner den Ball hineinschießt

to·sen; *toste, hat getost;* **etwas tost** etwas ist sehr stark und laut ⟨tosender Beifall, ein tosender Wasserfall⟩ || Hinweis: *meist* im Partizip Präsens

tọt A2 *Adjektiv* **1** gestorben, nicht mehr am Leben ⟨tot umfallen, zusammenbrechen⟩: *Sie wurde von einem Auto überfahren und war sofort tot* **2** ohne Menschen oder Tiere ≈ leer ⟨eine Stadt, eine Landschaft⟩ **3** ohne Glanz und Lebendigkeit ≈ stumpf ⟨Augen, eine Farbe⟩ **4** so, dass man keinen Ton hört, weil die Leitung unterbrochen ist ⟨die Leitung, das

Tonleiter

Telefon ist tot⟩ **3** ≈ anorganisch ⟨Materie⟩ || ID **halb tot** *umg;* sehr müde oder schwach: *Sie war vor Angst/Kälte/Schmerzen halb tot;* **mehr tot als lebendig** völlig erschöpft; **etwas ist (schon längst) tot und begraben** *umg;* etwas ist schon lange vorbei und vergessen

tot- *im Verb; betont und trennbar;* Die Verben mit *tot-* werden nach folgendem Muster gebildet: *totschlagen - schlug tot - totgeschlagen* **1** drückt aus, dass jemand/ein Tier auf diese Weise getötet wird; **jemanden/ein Tier totfahren, totschlagen, totschießen, tottrampeln** **2** *umg;* drückt aus, dass man etwas sehr intensiv oder ausgiebig tut (bis man völlig erschöpft oder verzweifelt ist); **sich totarbeiten, totärgern, totlachen**

to·tal *Adjektiv* ≈ gänzlich, völlig, ausnahmslos ⟨ein Chaos, ein Misserfolg, eine Niederlage; total ausgehungert, erschöpft sein⟩

to·ta·li·tär *Adjektiv;* auf diktatorische Weise (wobei das gesamte gesellschaftliche Leben staatlich reglementiert und jede Opposition gegen die Regierung unterdrückt wird) ⟨ein Regime; einen Staat totalitär regieren⟩ || *hierzu* **To·ta·li·ta·ris·mus** *der; -; nur Singular*

To·tal·ope·ra·ti·on *die; -, -en;* die vollständige chirurgische Entfernung der Gebärmutter und Eierstöcke

To·tal·scha·den *der; -s, -schä·den;* ein so schwerer Schaden (an einem Auto *o.Ä.*), dass sich eine Reparatur nicht mehr lohnt: *An seinem Wagen entstand Totalschaden*

To·te B1 *der/die; -, -n;* jemand, der nicht mehr lebt ⟨einen Toten/eine Tote identifizieren, begraben, verbrennen⟩: *Bei dem Unfall gab es drei Tote* || K- Totenbahre, Totenfeier || -K Unfalltote, Verkehrstote || ID **wie ein Toter schlafen** *umg;* sehr fest schlafen || Hinweis: meint man die Person, spricht man von einem *Toten*, meint man den Körper, spricht man von einer *Leiche*

tö·ten B1 *tötete, hat getötet;* **jemand/etwas tötet (jemanden/ein Tier)** jemand/etwas bewirkt, dass ein Mensch oder ein Tier stirbt: *Er wurde bei einem Unfall/Streit getötet*

T

To·ten·kopf *der; -(e)s, -köp·fe* **1** der Schädel eines Toten ohne Haut und Fleisch **2** ein Totenkopf (1) als Zeichen, um vor einer Gefahr zu warnen (*z.B.* auf einer Flasche mit Gift)

To·ten·sonn·tag *der; -(e)s, -e;* der Sonntag vor dem ersten Advent, an dem man sich *bes* an die Verstorbenen erinnert

tot·krie·gen *nur in* **nicht totzukriegen sein** *umg humorvoll;* so kräftig und so voller Energie sein, dass man nicht müde wird oder aufgibt

tot·ma·chen *(hat)* **ein Tier totmachen** *umg;* ein kleineres Tier (*bes* ein Insekt) töten

To·to *das; -s; nur Singular;* ein Wettspiel, bei dem man versucht, die Ergebnisse von Fußballspielen (Sieg, Niederlage, Unentschieden) oder Pferderennen vorauszusagen ⟨(im) Toto spielen; im Toto gewinnen⟩ || K- Totogewinn, Totoschein, Totozettel || -K Fußballtoto, Pferdetoto

tot·sa·gen *(hat)* **jemanden/etwas totsagen** zu Unrecht behaupten, jemand sei tot oder etwas sei vorbei

Tot·schlag *der; -(e)s; nur Singular; Rechtswesen;* das Töten eines Menschen (*meist* aus Wut oder Angst und ohne die Absicht des Raubes *usw*) || Hinweis: ↑ **Mord**

tot·schwei·gen *(hat)* **jemanden/etwas totschweigen** nicht über eine Person oder Sache sprechen, bis/damit sie vergessen wird

Tö·tung *die; -, -en; meist Singular; bes Rechtswesen;* das Töten ⟨fahrlässige, versuchte, vorsätzliche Tötung; die Tötung auf Verlangen (= auf Wunsch des Menschen, den man tötet)⟩ || K- Tötungsabsicht, Tötungsversuch, Tötungsvorsatz

Tour[1] [tuːɐ̯] *die; -, -en* **1** ≈ Ausflug ⟨eine Tour machen⟩ || K- Tourenrad || -K Autotour, Tagestour **2** eine relativ lange Fahrt oder Reise: *eine Tour durch Europa* **3** ≈ Route || K- Tourenkarte

Tour[2] [tuːɐ̯] *die; -, -en; umg;* eine Art zu handeln, die als unangenehm empfunden wird ⟨eine krumme (= unehrliche) Tour⟩: *Komm mir bloß nicht mit dieser Tour!*

Tour[3] [tuːɐ̯] *die; -, -en; meist Plural; Technik;* die Umdrehungen eines Motors: *4000 Touren pro Minute* || ID ⟨die Arbeiten⟩ **laufen auf vollen/höchsten Touren** *umg;* die Arbeiten werden intensiv gemacht; **auf Touren kommen** *umg;* aktiv werden; **in 'einer Tour** *umg* ≈ immer, andauernd

Tou·rist B2 [tu-] *der; -en, -en;* jemand, der reist, um andere Länder kennenzulernen oder um dort Urlaub zu machen || *hierzu* **Tou·ris·mus** *der; -; nur Singular;* **Tou·ris·tin** *die; -, -nen;* **tou·ris·tisch** *Adjektiv*

Tour·nee [tʊr'neː] *die; -, -n* [-'neːən]; eine Folge von Konzerten, Theateraufführungen *o.Ä.* in verschiedenen Orten: *Die Berliner Philharmoniker gehen/sind auf Tournee*

to·xisch *Adjektiv; förmlich* ≈ giftig

Trab *der; -s; nur Singular;* eine der drei Arten, in

denen ein Pferd *o.Ä.* geht. Der Trab liegt im Tempo zwischen *Schritt* und *Galopp* ⟨ein leichter, scharfer Trab; ein Pferd fällt in Trab⟩ || [K-] Trabrennen || [ID] **jemanden auf Trab bringen** *umg;* jemanden veranlassen, etwas schneller zu tun; **jemanden auf/in Trab halten** *umg;* jemanden nicht zur Ruhe kommen lassen: *Meine Kinder halten mich auf Trab!*; **immer auf Trab sein** *umg;* immer in Eile sein, nie ausruhen

tra·ben; *trabte, hat/ist getrabt* **1** **ein Pferd/jemand trabt** (*hat/ist*) ein Pferd/Reiter bewegt sich im Trab fort **2** **irgendwohin traben** (*ist*) *umg;* mit schnellen/gleichmäßigen Schritten irgendwohin laufen

Tracht[1] *die; -, -en;* eine Kleidung, die für eine bestimmte regionale (Volks)Gruppe oder eine Berufsgruppe typisch ist: *in bayrischer, Schwarzwälder Tracht* || [K-] Trachtenanzug, Trachtendirndl, Trachtenhut, Trachtenrock, Trachtenverein

Tracht[2] *(die); umg nur in* **1** **eine Tracht Prügel bekommen/kriegen** (*meist* als Strafe) geschlagen werden **2** **jemandem eine Tracht Prügel erteilen/verabreichen** jemanden (zur Strafe) mehrmals schlagen

trach·ten; *trachtete, hat getrachtet;* **nach etwas trachten** sich bemühen, etwas zu erreichen ⟨nach Ruhm, Gewinn trachten⟩: *Er trachtete* danach, *den Plan* zu *verhindern* || [ID] ↑ **Leben**

träch·tig *Adjektiv;* (von weiblichen Säugetieren) mit einem noch nicht geborenen jungen Tier im Körper ⟨eine Hündin, eine Katze, eine Stute *usw*⟩

Tra·di·ti·on [B1] [-ˈtsi̯oːn] *die; -, -en;* Verhaltensweisen und Handlungen, die es seit langer Zeit gibt und die bewahrt werden ⟨eine alte, lebendige Tradition; eine Tradition pflegen⟩

tra·di·ti·o·nell *Adjektiv;* zur Tradition gehörend, seit Langem üblich

traf *Imperfekt, 1. und 3. Person Singular;* ↑ **treffen**

trä·fe *Konjunktiv II, 1. und 3. Person Singular;* ↑ **treffen**

Tra·fik *die; -, -en;* Ⓐ ≈ Kiosk

Trag·bah·re *die; -, -n;* ein Gestell, auf dem man Kranke, Verletzte oder Tote (liegend) transportiert

trag·bar[1] *Adjektiv;* so, dass man es (leicht) tragen (1) kann: *ein tragbarer Fernseher*

trag·bar[2] *Adjektiv; nicht als Adverb* **1** so, dass die betroffene Person/Sache noch toleriert werden kann: *Nach der Bestechungsaffäre ist der Vorsitzende für seine Partei nicht mehr tragbar* **2** *meist* **finanziell, wirtschaftlich tragbar** so, dass man es bezahlen, es sich (finanziell) leisten kann: *Das Projekt ist finanziell nicht mehr tragbar* || Hinweis: *meist* verneint

Tra·ge *die; -, -n* ≈ Tragbahre

trä·ge *Adjektiv;* langsam in der Bewegung und ohne Lust, aktiv zu werden ⟨geistig träge⟩: *träge in der Sonne liegen; Er ist zu träge, sich darüber zu informieren* || *hierzu* **Träg·heit** *die; -; nur Singular*

tra·gen [B1] *trägt, trug, hat getragen* **1** **(jemanden/etwas) (irgendwohin) tragen** jemanden/etwas *z.B.* auf dem Arm, am Rücken, in der Hand transportieren und irgendwohin bringen ⟨etwas in der Hand, unter dem Arm, auf dem Rücken tragen; nicht schwer tragen dürfen; jemandem tragen helfen⟩: *Trägst du die Briefe zur Post?* || [K-] Tragetasche **2** **etwas tragen** etwas (*bes* Kleidung) am Körper haben: *einen Rock, Schmuck, Waffen, eine Maske tragen* **3** **etwas (irgendwie) tragen** eine bestimmte Frisur haben ⟨Zöpfe tragen; das Haar/die Haare kurz tragen⟩ **4** **etwas bei sich tragen** etwas dabei haben, wenn man irgendwohin geht: *Er trägt seinen Ausweis stets bei sich* **5** **etwas irgendwie tragen** einen Körperteil in einer bestimmten Haltung haben ⟨den Arm in einer Schlinge, Schiene tragen; den Kopf hoch, schief, senkrecht tragen⟩ **6** **etwas tragen** etwas haben ⟨jemand/etwas trägt einen Titel, etwas trägt eine Aufschrift, eine Inschrift⟩ **7** **etwas (irgendwie) tragen** etwas Unangenehmes akzeptieren ⟨etwas mit Fassung, Geduld, Würde tragen⟩ **8** **etwas tragen** die Verantwortung für etwas haben oder übernehmen ⟨die Folgen, die Kosten, das Risiko tragen⟩: *Sie trägt keine Schuld an dem Unfall* **9** **etwas trägt (etwas)** etwas stützt etwas von unten ⟨tragende Balken, Wände⟩ **10** **etwas trägt (jemanden/etwas)** etwas hält ein bestimmtes Gewicht aus: *Die Brücke trägt (Lasten bis zu) 12 Tonnen; Das Eis trägt schon* **11** **ein Tier trägt (ein Junges/Junge)** ein weibliches Tier hat ein ungeborenes Tier/ungeborene Tiere im Körper **12** **eine Pflanze trägt (etwas)** eine Pflanze bringt etwas hervor: *Der Kirschbaum trägt dieses Jahr keine Früchte/trägt nicht* **13** **sich mit etwas tragen** *förmlich;* etwas als Plan, Vorstellung haben ⟨sich mit einer Absicht tragen⟩ **14** **etwas trägt sich irgendwie** etwas zeigt eine bestimmte Eigenschaft, wenn es getragen (2) wird: *Mein neuer Mantel trägt sich angenehm* **15** **etwas trägt sich (selbst)** etwas braucht keine finanzielle Hilfe ⟨ein Verein, ein Projekt⟩ **16** **etwas kommt zum Tragen** etwas wird wirksam: *Bei dieser Aufgabe kommt ihre Erfahrung voll zum Tragen*

tra·gen·d- *Adjektiv; nur vor dem Substantiv, nicht als Adverb; förmlich* ≈ grundlegend, wichtig ⟨ein Gedanke, ein Motiv, eine Rolle⟩

Trä·ger *der; -s, -;* **1** jemand, der (beruflich) jemanden oder etwas (Schweres) trägt (1) || -K Gepäckträger, Kohlenträger, Lastenträger, Möbelträger, Sargträger **2** ein längliches (Bau)Teil, das eine technische Konstruktion trägt (10) || -K Betonträger, Stahlträger; Bauträger, Brückenträger **3** eine Konstruktion, die man auf dem Dach eines Autos befestigt, um darauf Dinge zu transportieren || -K Bootsträger, Gepäckträger, Skiträger; Dachträger **4** ein Band aus Stoff, das an einem Kleidungsstück befestigt ist und über den Schultern liegt || K- Trägerkleid, Trägerrock, Trägerschürze || -K Hosenträger, Schürzenträger **5** *Verwaltung;* eine (öffentliche) Institution, die für etwas (*bes* die Kosten von etwas) verantwortlich ist || -K Kostenträger, Krankenhausträger, Schulträger **6** *bes südd;* ein Behälter zum Transportieren von Flaschen ≈ Kasten ⟨ein Träger Bier, Limo, Wasser⟩ || *zu* 1 und 5 **Trä·ge·rin** *die; -, -nen; zu* 4 **trä·ger·los** *Adjektiv*

-trä·ger *der; -s, -; im Substantiv* **1** eine Person, die die genannte Sache am Körper hat, trägt (2); **Bartträger, Brillenträger, Krawattenträger** **2** jemand, der die genannte Sache im oder am Körper hat und sie auf andere übertragen[1] (5) kann; **Bakterienträger, Keimträger** **3** eine Person, die die genannte Sache (bekommen, gewonnen *o.Ä.*) hat; **Preisträger, Titelträger** || *hierzu* **-trä·ge·rin** *die; -, -nen*

trag·fä·hig *Adjektiv; nicht als Adverb* **1** stark genug, um ein größeres Gewicht tragen zu können ⟨eine Brücke, ein Fundament⟩ **2** ≈ akzeptabel ⟨ein Kompromiss⟩ || *hierzu* **Trag·fä·hig·keit** *die; -; nur Singular*

tra·gisch *Adjektiv;* voller Leid und Kummer ⟨ein Schicksal, ein Unglück⟩: *Die Erzählung endet tragisch* || ID *meist* **Nimm es nicht so tragisch/Das ist nicht so tragisch!** *umg;* das ist nicht so schlimm || *hierzu* **Tra·gik** *die; -; nur Singular*

Tra·gö·die [-di̯ə] *die; -, -n* **1** ein Theaterstück mit unglücklichem, tragischem Ende ≈ Trauerspiel ↔ Komödie **2** ein schreckliches Ereignis: *Er wurde Zeuge einer Tragödie*

trägt *Präsens, 3. Person Singular;* ↑ **tragen**

Trag·wei·te *die; -; nur Singular; förmlich;* der Grad, in dem sich eine Entscheidung *o.Ä.* auswirkt: *Er war sich der Tragweite seines Handelns nicht bewusst*

Trai·ner ['trɛːnɐ] *der; -s, -;* jemand, der Sportler auf Wettkämpfe vorbereitet || *hierzu* **Trai·ne·rin** *die; -, -nen*

trai·nie·ren B1 [trɛ'niːrən]; *trainierte, hat trainiert* **1** **(etwas) trainieren** den Körper üben und fit machen, um im Sport bessere Leistungen zu erreichen: *Er trainiert täglich (Hochsprung)* **2** **jemanden (in etwas** (*Dativ*)**) trainieren** Sportler auf Wettkämpfe vorbereiten und mit ihnen üben: *Sie trainiert ihn im Eiskunstlauf* **3** **etwas trainieren** mit Teilen oder Funktionen des Körpers Übungen machen, um so höhere Leistung zu bringen: *Man kann auch das Gedächtnis trainieren* **4** **für/auf etwas** (*Akkusativ*) **trainieren** sich auf (sportliche) Wettkämpfe vorbereiten: *Er trainierte für die Meisterschaft*

Trai·ning B1 ['trɛːnɪŋ] *das; -s; nur Singular;* das Trainieren ⟨ein hartes, regelmäßiges Training⟩ || K- Trainingsmethode || -K Fußballtraining, Gedächtnistraining

Trai·nings·an·zug B2 ['trɛːnɪŋs-] *der; -s, -an·zü·ge;* Hose und Jacke aus leichtem Stoff, die man *bes* zum Sport anzieht

Trakt *der; -(e)s, -e;* ein relativ großer Teil eines (*meist* öffentlichen) großen Gebäudes: *Im südlichen Trakt der Universität befindet sich die Bibliothek* || -K Gebäudetrakt || Hinweis: ↑ **Flügel**[1] (3)

trak·tie·ren; *traktierte, hat traktiert* **1** **jemanden mit etwas traktieren** jemanden immer wieder mit etwas Unangenehmem stören: *jemanden mit Vorwürfen traktieren* **2** **jemanden mit etwas traktieren** jemanden mit etwas misshandeln ⟨jemanden mit Schlägen, mit dem Stock traktieren⟩

Trak·tor *der; -s, Trak·to·ren;* ein schweres Fahrzeug in der Landwirtschaft, mit dem man *z.B.* den Pflug zieht

träl·lern; *trällerte, hat geträllert* **1** **(etwas) trällern** eine Melodie (*meist* ohne Text) fröhlich singen **2** ⟨die Lerche, die Nachtigall⟩ **trällert (etwas)** die Lerche, die Nachtigall gibt die Laute von sich, die für die Art typisch sind

Tram *die; -, -s;* **Tram·bahn** *die; -, -en; südd* Ⓐ Ⓒⓗ *umg* ≈ Straßenbahn

Tram·pel *der; -s, -; umg abwertend;* ein ungeschickter Mensch

tram·peln; *trampelte, hat/ist getrampelt* **1** (*hat*) (*meist* aus Wut oder Begeisterung) mit beiden Füßen abwechselnd kurz und fest stampfen **2** **irgendwohin trampeln** (*ist*) laut, rücksichtslos oder ungeschickt irgendwohin gehen

tram·pen ['trɛmpn]; *trampte, ist getrampt;* **(irgendwohin) trampen** reisen, indem man (durch Handzeichen) die Autofahrer bittet, dass man mitgenommen wird ≈ per Anhalter reisen || *hierzu* **Tram·per** *der; -s, -;* **Tram·pe·rin** *die; -, -nen*

Tram·po·lin [-li:n] *das; -s, -e;* eine Art festes Tuch, das mit Federn in einen Rahmen gehängt ist und auf dem man hohe Sprünge machen kann

Tran *der; -(e)s; nur Singular;* eine Art Öl, das aus dem Fett von Walen oder Robben gewonnen wird

Tran·ce [trã:s(ə)] *die; -, -n;* ein Zustand (ähnlich wie der Schlaf), in dem man keinen eigenen Willen hat ⟨in Trance fallen, geraten; jemanden in Trance versetzen⟩ || K- Trancezustand

Trä·ne *die; -, -n; meist Plural* **1** ein Tropfen der klaren salzigen Flüssigkeit, die aus den Augen kommt, wenn man sehr traurig ist oder Schmerzen hat ⟨bittere Tränen, Tränen der Freude weinen; in Tränen ausbrechen⟩: *Der Rauch trieb uns die Tränen in die Augen* || K- tränenblind, tränenvoll **2** **Tränen lachen** so sehr lachen, dass einem Tränen in die Augen kommen || ID **Mir kommen die Tränen** *umg ironisch;* verwendet, um jemandem zu sagen, dass er nicht so viel jammern soll, weil es ihm nicht so schlecht geht, wie er meint; **jemandem/etwas keine Träne nachweinen** nicht traurig sein, dass einen jemand verlassen hat oder dass man etwas verloren hat

trä·nen; *tränte, hat getränt;* **ein Auge tränt; jemandem tränen die Augen** jemand hat Tränen in einem oder beiden Augen (nicht weil er traurig ist, sondern weil Wind, Rauch *o.Ä.* die Augen reizt)

Trä·nen·gas *das; -es; nur Singular;* ein Gas, das die Augen stark tränen lässt: *Die Polizei setzte gegen die Demonstranten Tränengas ein*

tra·nig *Adjektiv* **1** wie Tran **2** *umg abwertend;* (von Menschen) langweilig, träge

trank *Imperfekt, 1. und 3. Person Singular;* ↑ **trinken**

Trank *der; -(e)s, Trän·ke; meist Singular; förmlich* ≈ Getränk || -K Zaubertrank

trän·ken; *tränkte, hat getränkt* **1** **ein Tier tränken** einem Tier (*bes* einer Kuh, einem Pferd) zu trinken geben **2** **etwas mit etwas tränken** etwas mit Flüssigkeit vollsaugen lassen: *die Watte mit Öl, die Torte mit Rum tränken*

Trans·ak·ti·on [-'tsio:n] *die; -, -en; Wirtschaft;* eine *meist* große finanzielle (oft riskante) Unternehmung

Trans·fer *der; -s, -s* **1** *förmlich;* die Weitergabe, der Austausch von etwas: *der technologische Transfer zwischen den führenden Industriestaaten* || -K Informationstransfer, Technologietransfer, Wissenstransfer **2** *Wirtschaft;* die Zahlung *meist* größerer (Geld)Summen ins Ausland || -K **Geld-** **3** der Weitertransport von Reisenden (*z.B.* vom Flughafen zum Hotel) **4** *Sport;* der Wechsel eines Spielers von einem Verein zum anderen, für den der erste Verein Geld bekommt || K- Transfersumme || *zu* 2 und 4 **trans·fe·rie·ren** *(hat)*

Trans·fu·si·on [-'zio:n] *die; -, -en;* die Übertragung von Blut eines Menschen (des Spenders) auf einen anderen Menschen, der (*z.B.* bei einem Unfall) viel Blut verloren hat || -K Bluttransfusion

tran·si·tiv [-f] *Adjektiv; Sprachwissenschaft;* ⟨ein Verb⟩ dadurch gekennzeichnet, dass es ein Objekt im Akkusativ hat (und ins Passiv gesetzt werden kann)

trans·pa·rent; *transparenter, transparentest-; Adjektiv* **1** so, dass es das Licht durchlässt ≈ durchsichtig ⟨Papier, Farbe⟩ **2** gut zu verstehen und sinnvoll ↔ undurchsichtig: *eine transparente Politik machen* || *hierzu* **Trans·pa·renz** *die; -; nur Singular*

Trans·pa·rent *das; -s, -e* **1** ein breites Stück Papier oder Stoff, auf dem (politische) Parolen stehen und das man *z.B.* bei Demonstrationen trägt **2** ein Bild auf einem durchsichtigen Papier, Stoff oder auf Glas

Trans·port *der; -s, -e* **1** das Transportieren: *der Transport von Waren ins Ausland; der Transport des Verletzten ins Krankenhaus* || K- Transportkosten || -K Gütertransport, Krankentransport **2** die Personen oder Dinge, die transportiert werden ⟨einen Transport zusammenstellen⟩

Trans·por·ter *der; -s, -;* ein Lastwagen, Schiff oder Flugzeug, mit denen man große Mengen von Waren *usw* transportieren kann

trans·por·tie·ren A2 *transportierte, hat transportiert;* **jemanden/etwas (irgendwohin) transportieren** jemanden/etwas (mit einem Fahrzeug) an einen anderen Ort bringen ⟨Gepäck, Güter, Waren transportieren⟩

Tra·pez *das; -es, -e* **1** eine waagrechte Stange an zwei Seilen, die *meist* für akrobatische Übungen verwendet wird || K- Trapezkünstler **2** *Geometrie;* ein Viereck mit zwei parallelen, aber verschieden langen Seiten || ↑ Abbildung Seite 840

T

Trapez

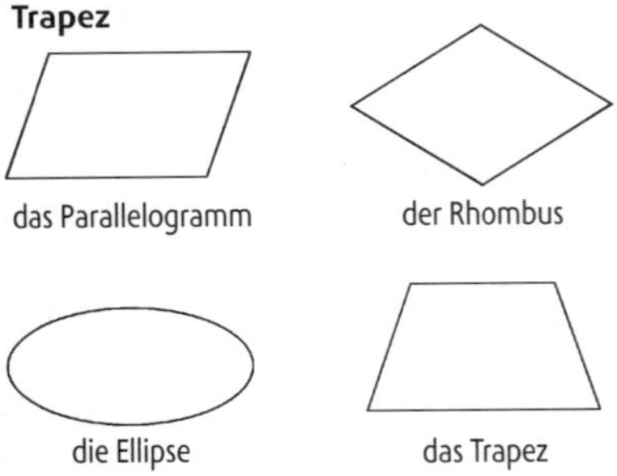

Tras·se *die; -, -n;* der (geplante) Verlauf einer Straße, Bahnlinie *usw* ⟨eine Trasse abstecken⟩

trat *Imperfekt, 1. und 3. Person Singular;* ↑ **treten**

trä·te *Konjunktiv II, 1. und 3. Person Singular;* ↑ **treten**

Tratsch *der; -(e)s; nur Singular; umg, meist abwertend;* das Reden über andere Menschen *o.Ä.* ≈ Klatsch

Trau·al·tar *der; -(e)s; nur Singular; förmlich; meist in* **1** **eine Frau zum Traualtar führen** (als Mann) eine Frau heiraten **2** **(mit jemandem) vor den Traualtar treten** sich (mit jemandem) kirchlich trauen[3] lassen

Trau·be *die; -, -n* **1** eine einzelne kleine runde Frucht des Weinstocks ≈ Weintraube ⟨weiße/rote Trauben⟩ || ↑ Illustration **Obst und Gemüse** || K- Traubensaft **2** mehrere Trauben (1) an einem Stiel, die zusammen ungefähr die Form einer Pyramide bilden || ID **jemandem sind die Trauben zu sauer/hängen die Trauben zu hoch** jemand tut so, als wolle er etwas gar nicht haben, damit er nicht zugeben muss, dass er es nicht bekommen kann

Trau·ben·zu·cker *der; -s; nur Singular;* natürlicher Zucker, der *z.B.* in Obst und Honig vorkommt; *Chemie* Glukose

trau·en[1]; *traute, hat getraut;* **jemandem/etwas trauen** sicher sein, dass jemand nichts Falsches oder Böses tut oder dass etwas keinen Nachteil enthält: *Ich traue seinen Versprechungen nicht* || ID **seinen Augen/Ohren nicht trauen** *umg;* kaum glauben können, was man sieht oder hört

trau·en[2], **sich**; *traute sich, hat sich getraut* **1** **sich trauen** (+ **zu** + *Infinitiv*) den Mut zu etwas haben: *Ich traue mich nicht, nachts allein spazieren zu gehen* || Hinweis: *meist* verneint oder in Fragen **2** **sich irgendwohin trauen** den Mut haben, irgendwohin zu gehen: *Sich nicht ins kalte Wasser trauen*

trau·en[3]; *traute, hat getraut;* ⟨ein Brautpaar⟩ **trauen** als Priester oder Standesbeamter eine Ehe schließen ⟨sich kirchlich/standesamtlich trauen lassen⟩

Trau·er *die; -; nur Singular* **1** **Trauer** (**um jemanden/über etwas** (*Akkusativ*)) ein seelischer Schmerz, den man empfindet, wenn ein geliebter Mensch stirbt ⟨tiefe Trauer; Trauer empfinden⟩ || K- Traueranzeige, Trauerfeier **2** **Trauer tragen** schwarze Kleidung tragen, um die Trauer zu zeigen || *zu* 1 **trau·ern** (*hat*)

Trau·er·fall *der; -(e)s, -fäl·le;* ein Todesfall (in der Familie) ⟨einen Trauerfall (in der Familie) haben⟩

Trau·er·spiel *das; -(e)s, -e;* ≈ Tragödie (1) || ID **Das ist das reinste Trauerspiel!** *umg abwertend;* das ist sehr schlecht oder schlimm

träu·feln; *träufelte, hat geträufelt;* **etwas irgendwohin träufeln** eine Flüssigkeit in kleinen Tropfen in oder auf etwas geben: *jemandem Tropfen ins Ohr träufeln*

Traum B2 *der; -(e)s, Träu·me* **1** Bilder, Gedanken, Gefühle, die man während des Schlafes hat: *Ich hatte heute Nacht einen seltsamen Traum von unseren Kindern* || K- Traumdeutung **2** ein großer Wunsch ⟨ein Traum geht in Erfüllung, wird wahr⟩: *der Traum vom eigenen Haus* || K- Traumberuf, Traumfrau, Traumhaus, Traummann || ID **Träume sind Schäume!** Träume bedeuten nichts; **etwas fällt jemandem im 'Traum nicht ein**; **jemand denkt nicht im 'Traum daran + zu** + *Infinitiv umg;* verwendet, um auszudrücken, dass jemand etwas überhaupt nicht tun will: *Ich denk ja nicht im Traum daran, deine Arbeit zu machen*; **'Aus der Traum!** *umg;* als Ausruf verwendet, um auszudrücken, dass ein Wunsch nicht mehr in Erfüllung geht; **ein Traum von** ⟨einem Haus, einem Kleid, einer Frau⟩ *umg;* verwendet, um auszudrücken, dass jemand/etwas sehr schön, attraktiv ist

Trau·ma *das; -s, -ta; förmlich;* ein schwerer seelischer Schock, der lange nachwirkt || *hierzu* **trau·ma·tisch** *Adjektiv*

träu·men B1 *träumte, hat geträumt* **1** **(von jemandem/etwas) träumen** einen Traum (1) haben (in dem jemand/etwas vorkommt) **2** **von etwas träumen** den großen Wunsch haben, etwas zu besitzen oder zu erleben: *Er träumt von einer Weltreise* || ID **Das hätte ich mir nicht/nie träumen lassen!** das hätte ich nie geglaubt

traum·haft *Adjektiv; umg* **1** sehr groß, stark, schön *usw* ⟨ein Wetter, eine Reise, ein Glück, ein Kleid⟩ **2** *nur als Adverb;* verwendet, um positive Adjektive und Verben zu verstärken

⟨traumhaft schön; jemand spielt, singt traumhaft⟩

trau·rig A1 *Adjektiv* **1** **traurig (über etwas** (*Akkusativ*)) voll Kummer und Schmerz oder Trauer: *ein trauriges Gesicht machen; Bist du traurig darüber, dass wir ihn nicht wiedersehen werden?* **2** *nicht als Adverb;* ⟨ein Ereignis, eine Nachricht⟩ so, dass sie Kummer oder Schmerz machen **3** so, dass man es sehr schade findet: *Es ist traurig, dass du das nicht einsiehst* || *zu* 1 *und* 2 **Trau·rig·keit** *die; -; nur Singular*

Trau·ring *der; -(e)s, -e* ≈ Ehering

Trau·schein *der; -(e)s, -e;* ein (amtliches) Dokument, auf dem steht, dass man geheiratet hat ≈ Heiratsurkunde

Trau·ung *die; -, -en;* eine Zeremonie, mit der Mann und Frau zu einem Ehepaar werden ≈ Eheschließung ⟨die standesamtliche, kirchliche Trauung⟩

Trau·zeu·ge *der; -n, -n;* jemand, der bei der Trauung als Zeuge anwesend sein muss || *hierzu* **Trau·zeu·gin** *die; -, -nen*

Trẹ·cker *der; -s, -; bes nordd* ≈ Traktor

trẹf·fen A2 *trifft, traf, hat getroffen* **1** **(jemanden/etwas) treffen** jemanden/etwas mit einem Schuss, Schlag, Wurf erreichen und dabei *meist* verletzen, beschädigen: *Er traf sie mit dem Schneeball mitten ins Gesicht* **2** **(etwas) treffen** genau das herausfinden, was passt ⟨die richtigen Worte treffen⟩: *Mit diesem Geschenk hast du genau das Richtige getroffen* **3** **jemanden treffen** irgendwo sein und eine andere Person dort sehen: *Ich habe ihn zufällig beim Einkaufen getroffen; Ich treffe sie immer sonntags zum Tennisspielen* **4** **jemand trifft sich mit jemandem;** ⟨Personen⟩ **treffen sich** zwei oder mehrere Personen kommen (wie vereinbart) zusammen: *Er trifft sich um fünf mit seiner Freundin; Wollen wir uns nach der Arbeit im Café treffen?* **5** **auf jemanden treffen** jemanden als Gegner in einem Wettkampf bekommen: *Im Finale traf die englische Mannschaft auf die italienische* **6** **auf etwas** (*Akkusativ*) **treffen** *förmlich;* etwas *meist* Unangenehmes erleben ⟨auf Ablehnung, Widerstand treffen⟩ **7** **es trifft jemanden/etwas** jemand/etwas ist an der Reihe (etwas Unangenehmes zu tun *o.Ä.*): *Wen trifft es heute mit dem Aufräumen?* **8** **jemand/etwas trifft jemanden/etwas (irgendwie/irgendwo)** jemand/etwas macht jemanden traurig, verletzt seine Gefühle: *Ihr Tod hat ihn schwer getroffen* **9** **etwas treffen** etwas beschließen und durchführen ⟨Maßnahmen treffen⟩ **10** **etwas treffen** *förmlich;* verwendet zusammen mit einem Substantiv, um ein Verb zu umschreiben; **eine Abmachung (mit jemandem) treffen** ≈ etwas (mit jemandem) abmachen (= vereinbaren, sich einigen); **eine Absprache (mit jemandem) treffen** ≈ etwas (mit jemandem) absprechen (= vereinbaren); **eine Anordnung treffen** ≈ etwas anordnen (= befehlen); **eine Wahl treffen** ≈ jemanden/etwas (aus)wählen || ID **jemand ist gut/schlecht getroffen** jemand sieht auf einem Bild, Foto so/nicht so aus wie in Wirklichkeit; **es trifft sich gut/bestens** *usw,* **dass ...** es ist ein schöner Zufall, dass ...; **es (mit jemandem/etwas) gut/schlecht getroffen haben** Glück/Pech im Leben oder bei der Wahl von jemandem/etwas gehabt haben; **wie es sich so trifft!** das war ein Zufall

Trẹf·fen A2 *das; -s, -;* eine (verabredete) Begegnung von zwei oder mehreren Personen: *Die Minister vereinbarten regelmäßige Treffen*

trẹf·fend *Adjektiv;* so, dass es genau passt ⟨ein Vergleich⟩: *Sie hat ihn treffend beschrieben*

Trẹf·fer *der; -s, -;* **1** ein Schuss, Schlag, Wurf oder Stoß (im Sport oder Kampf), der sein Ziel erreicht ⟨einen Treffer erzielen⟩ **2** ein Los, das gewinnt ↔ Niete **3** **einen Treffer landen** jemanden/etwas treffen (1)

Trẹff·punkt *der; -(e)s, -e;* ein Ort, an dem zwei oder mehrere Personen zusammenkommen ⟨einen Treffpunkt vereinbaren⟩

trẹff·si·cher *Adjektiv* **1** ⟨ein Schütze⟩ so, dass er das Ziel genau trifft **2** genau passend für etwas, eine Sache genau charakterisierend ⟨eine Bemerkung, eine Formulierung⟩

trei·ben; *trieb, hat/ist getrieben* **1** **jemanden/ein Tier (irgendwohin) treiben** (*hat*) jemanden/ein Tier (durch Rufe, Schläge) dazu bringen, sich in eine bestimmte Richtung zu bewegen: *das Vieh auf die Weide treiben* **2** **jemanden zu etwas treiben** (*hat*) jemanden ungeduldig zu etwas auffordern ⟨jemanden zur Eile treiben⟩ **3** **jemand/etwas treibt jemanden zu etwas/in etwas** (*Akkusativ*) (*hat*) jemand/etwas bringt jemanden (*z.B.* durch Drohungen) in einen unangenehmen Zustand ⟨jemanden zur Verzweiflung treiben⟩: *Der Hunger trieb ihn zum Diebstahl* **4** **jemand/etwas treibt etwas irgendwohin** (*hat*) jemand/etwas bewirkt, dass etwas irgendwohin gelangt: *die Preise nach oben/in die Höhe treiben; Die Hitze trieb ihm den Schweiß auf die Stirn* **5** **etwas treibt jemanden/etwas irgendwohin** (*hat*) Wasser/Wind bewegt jemanden/etwas irgendwohin: *Die Strömung trieb ihn ans Ufer* **6** **(irgendwo)**

treiben (*hat/ist*); **irgendwohin treiben** (*ist*) auf dem Wasser (oder in der Luft) bewegt werden ⟨aufs offene Meer treiben⟩: *Das Boot trieb an den Strand* **7** **etwas durch/in etwas** (*Akkusativ*) **treiben** (*hat*) etwas durch Bohren machen: *einen Tunnel durch den Berg treiben* **8** **etwas treibt etwas** (*hat*) Energie bewirkt, dass sich eine Maschine bewegt: *Diese Turbinen werden durch Wasserkraft getrieben* **9** **etwas treibt (etwas)** (*hat*) etwas entwickelt Blätter, Blüten: *Der Kirschbaum treibt weiße Blüten* **10** **etwas treiben** (*hat*)seine Zeit damit verbringen, etwas zu tun ⟨Sport treiben⟩: *Was treibst du denn so beruflich/in deiner Freizeit?* **11** **etwas treiben** (*hat*) verwendet zusammen mit einem Substantiv, um ein Verb zu umschreiben: **Handel (mit etwas) treiben** ≈ mit etwas handeln; **Missbrauch (mit jemandem/etwas) treiben** ≈ jemanden/etwas missbrauchen ‖ ID **sich treiben lassen** sich passiv verhalten, kein Ziel im Leben verfolgen

trei·ben·las·sen (*hat*) ↑ **treiben** ID

Treib·haus *das; -es, -häu·ser;* eine Art Haus aus Glas, in dem Pflanzen feucht und warm gehalten werden, damit sie schneller wachsen ≈ Gewächshaus

Treib·haus|ef·fekt *der; -(e)s; nur Singular;* bezeichnet das Phänomen, bei dem die Atmosphäre der Erde wärmer wird (durch Schäden in der Umwelt)

Treib·stoff *der; -(e)s, -e; meist* Flüssigkeiten oder Gase, durch deren Verbrennung Energie für Motoren ensteht

Trend *der; -s, -s;* **der Trend (zu etwas)** eine Entwicklung in eine bestimmte Richtung: *Der (modische) Trend geht zu kurzen Röcken* ‖ K- Trendwende

tren·nen B2 *trennte, hat getrennt* **1** **jemanden/etwas (von jemandem/etwas) trennen** Personen oder Dinge aus einer Verbindung lösen, räumlich auseinanderbringen: *Sie trennte den Ärmel vom Mantel; zwei raufende Jungen (voneinander) trennen* **2** **etwas von etwas trennen** verschiedene Dinge einzeln tun oder beurteilen, nicht miteinander verbinden: *Er trennt stets das Private vom Beruflichen; Ursache und Wirkung kann man nicht getrennt sehen* **3** **etwas trennt jemanden/etwas von jemandem/etwas** etwas bildet eine Grenze, ein Hindernis zwischen zwei Personen, Dingen: *Die Straße von Messina trennt Sizilien von Italien* **4** **etwas trennen** ein Wort in seine Silben zerlegen **5** **sich von etwas trennen** etwas weggeben, weglegen, auf etwas verzichten: *sich von einem spannenden Buch nicht trennen können* **6** **jemand trennt sich von jemandem**; ⟨Personen⟩ **trennen sich** zwei oder mehrere Personen gehen in unterschiedliche Richtungen auseinander: *Am Bahnhof trennte er sich von seinen Freunden* **7** **jemand trennt sich von jemandem**; ⟨Personen⟩ **trennen sich** ein Partner verlässt den anderen, beide Partner beenden ihre Beziehung: *Nach drei Jahren trennte er sich von seiner Freundin* ‖ *zu* 4 **trenn·bar** *Adjektiv*

Trennbare Verben

Im Deutschen gibt es Verben, bei denen in den konjugierten Formen die Vorsilbe abgetrennt wird, wenn das Verb an erster oder zweiter Stelle im Satz steht.

Beispiel: **ankommen**
Ich komme morgen um 10 Uhr an.

In Infinitivsätzen wird die Partikel **zu** zwischen die Vorsilbe und den Verbstamm eingeschoben:
Ich werde versuchen, pünktlich anzukommen.

Beim Partizip Perfekt steht die Silbe **ge-** zwischen der Vorsilbe und dem Verbstamm:
Der Zug ist pünktlich angekommen.

SPRACHE LERNEN

Tren·nung B2 *die; -, -en* **1** die Auflösung, das Beenden einer Beziehung zwischen Partnern: *die Trennung von der Freundin* **2** der Zustand nach dem Beenden einer Beziehung mit jemandem, den man gernhatte: *Die Trennung schmerzt heute noch* ‖ K- Trennungsangst, Trennungsschmerz **3** das Trennen (2): *Die Trennung von Staat und Kirche* **4** das Trennen (4) eines Wortes ‖ K- Trennungsstrich ‖ -K Silbentrennung **5** ⟨zwei Personen⟩ **leben in Trennung** zwei Personen leben nicht mehr (als Ehepaar) zusammen ‖ ID **eine Trennung von Tisch und Bett** das Aufgeben des gemeinsamen Haushaltes und der sexuellen Beziehung von Eheleuten

Trep·pe A2 *die; -, -n;* mehrere Stufen, die aufeinanderfolgen ‖ K- Treppengeländer ‖ -K Holztreppe

Trep·pen·haus B1 *das; -es, -häu·ser;* der Teil eines Hauses, in dem die Treppe ist

Tre·sen *der; -s, -; nordd* Theke

Tre·sor *der; -s, -e* ≈ Safe ⟨einen Tresor aufbrechen, knacken⟩ ‖ K- Tresorraum, Tresorschlüssel ‖ -K Banktresor

Tret·boot *das; -(e)s, -e;* ein Boot, das mit Pedalen fortbewegt wird

tre·ten B1 *tritt, trat, hat/ist getreten* **1** **jemanden (irgendwohin) treten** (*hat*) jemandem einen

Stoß mit dem Fuß geben: *Er trat ihn in den Rücken* **2** **nach jemandem/etwas treten** (*hat*)versuchen, jemandem/etwas einen Stoß mit dem Fuß zu geben: *nach dem Ball treten* **3** **etwas treten** (*hat*) etwas in Bewegung oder Funktion setzen, indem man mit dem Fuß daraufdrückt ⟨die Bremse, die Kupplung treten⟩ **4** **irgendwohin treten** (*ist*) beim Gehen den Fuß irgendwohin setzen ⟨in eine Pfütze, auf jemandes Zehen treten⟩: *Pass auf, dass du der Katze nicht auf den Schwanz trittst* **5** **irgendwohin treten** (*ist*) einige Schritte in eine bestimmte Richtung machen ⟨ins Zimmer, vor das Publikum treten⟩: *Bitte treten Sie zur Seite!* **6** ⟨ein Fluss *o.Ä.*⟩ **tritt über die Ufer** (*ist*) ein Fluss *o.Ä.* hat mehr Wasser als normal und breitet sich über die Ufer aus **7** **jemand tritt in etwas** (*Akkusativ*) (*ist*) jemand beginnt mit einer Handlung, jemand übernimmt eine bestimmte Rolle *o.Ä.* ⟨in Aktion, in Erscheinung, in (den) Streik, in den Ruhestand treten; mit jemandem in Kontakt, in Verbindung, in Verhandlungen treten⟩ **8** **etwas tritt in etwas** (*Akkusativ*) (*ist*) etwas erreicht ein bestimmtes Stadium ⟨ein Gesetz, eine Regelung tritt in/außer Kraft (= wird wirksam/unwirksam)⟩: *Die Verhandlungen treten in die entscheidende Phase* **9** **Schweiß tritt jemandem auf die Stirn** (*ist*) jemand beginnt (an der Stirn schtbar) zu schwitzen **10** **etwas tritt in jemandes Bewusstsein** (*ist*) jemand wird sich einer Sache bewusst

Tret·müh·le *die; -; nur Singular; umg abwertend;* eine Tätigkeit (*bes* im Beruf), die sich immer wiederholt

treu B2 *treuer, treu(e)st-; Adjektiv* **1** so, dass eine freundschaftliche Beziehung besteht, die vertrauensvoll ist und lange dauert ⟨ein Freund⟩ **2** ohne sexuelle Beziehungen außerhalb der Ehe *bzw* der festen Partnerschaft **3** ⟨ein Anhänger, ein Fan, ein Kunde⟩ so, dass sie ihr Verhältnis zu jemandem/etwas lange beibehalten, nicht zu jemand/etwas anderem wechseln || ID **treu und brav** genau so, wie es andere wollen, ohne Proteste oder eigene Wünsche

Treppenhaus

-treu *im Adjektiv;* drückt aus, dass jemand an dem im ersten Wortteil Genannten genau, treu festhält; **gesetzestreu, königstreu, linientreu** ⟨ein Parteipolitiker⟩, **prinzipientreu, regierungstreu, verfassungstreu**

Treu·hän·der *der; -s, -; Rechtswesen;* jemand, der das Vermögen für einen anderen verwaltet || *hierzu* **Treu·hän·de·rin** *die; -, -nen;* **treu·hän·de·risch** *Adjektiv*

treu·los *Adjektiv;* nicht treu (1,3) || *hierzu* **Treu·lo·sig·keit** *die; -; nur Singular*

Tri·ath·lon *das, der; -s, -s; Sport* ein Wettkampf, bei dem die Teilnehmer ohne Pause nacheinander lange Strecken schwimmen, Rad fahren und laufen

Tri·bu·nal *das; -s, -e; meist in* **jemanden vor ein Tribunal stellen/bringen** jemandem in der Öffentlichkeit Fragen stellen, als sei er vor Gericht angeklagt

Tri·bü·ne *die; -, -n;* die Sitzreihen für Zuschauer, die in Stufen angeordnet sind, *z.B.* in einem Stadion || K- Tribünenplatz, Tribünenreihe || -K Zuschauertribüne

Tri·but *der; -(e)s, -e; historisch;* eine Art Steuer, die der Besiegte nach einem Krieg dem Sieger zahlen musste ⟨Tribut an jemanden entrichten, zahlen⟩ || *hierzu* **tri·but·pflich·tig** *Adjektiv*

Trich·ter *der; -s, -;* eine Art Rohr, das oben weit und unten eng ist und mit dem man Flüssigkeiten in Flaschen oder enge Gläser füllt

Trick *der; -s, -s* **1** *abwertend;* eine geschickte Handlung, mit der man jemanden betrügt oder täuscht ⟨ein raffinierter Trick⟩: *auf die üblen Tricks von Betrügern hereinfallen* || K- Trickbetrug, Trickdieb **2** ein Kunststück, mit dem ein Zauberer sein Publikum unterhält ⟨einen Trick vorführen⟩ || -K Kartentrick **3** eine geschickte, einfache Lösung für ein Problem ≈ Kniff: *Ich weiß einen guten Trick, mit dem es leichter geht*

Trick·film *der; -(e)s, -e;* ein Film, der aus einer langen Serie fotografierter Zeichnungen besteht || -K Zeichentrickfilm

trick·sen; *trickste, hat getrickst* **1** einen Trick anwenden **2** *meist in* **Die Sache/Das werden**

wir schon tricksen *umg;* das Problem werden wir (mithilfe eines Tricks (3) *o.Ä.*) lösen

trieb *Imperfekt, 1. und 3. Person Singular;* ↑ **treiben**

Trieb[1] *der; -(e)s, -e;* ein starker Wunsch bei Menschen und Tieren, *meist* lebenswichtige Bedürfnisse (*z.B.* Essen oder Trinken) zu befriedigen || K- Triebtäter, Triebverbrecher || -K Selbsterhaltungstrieb, Sexualtrieb

Trieb[2] *der; -(e)s, -e;* ein neu gewachsener Teil einer Pflanze ≈ Spross ⟨frische, junge Triebe⟩

Trieb·fe·der *die; -, -n;* der Grund, warum man etwas tut: *Eifersucht war die Triebfeder des Mordes*

trieb·haft *Adjektiv;* von Trieben[1] bestimmt oder beherrscht ⟨ein Mensch, ein Verhalten⟩

Trieb·wa·gen *der; -s, -;* ein Eisenbahn-, Straßenbahn- oder U-Bahnwagen mit einem eigenen Motor

Trieb·werk *das; -(e)s, -e;* eine Maschine, die *z.B.* ein Flugzeug oder eine Rakete antreibt || ↑ Abbildung unter **Flugzeug**

trie·fen; *triefte/troff, hat/ist getrieft* **1** **etwas trieft** (*ist*) etwas fällt in großen Tropfen herunter oder fließt in einem Rinnsal von etwas weg: *Das Blut troff aus der Wunde* **2** **jemand trieft** (**von/vor etwas** (*Dativ*)) (*hat*) jemand ist so nass, dass die Flüssigkeit heruntertropft oder -fließt: *Du triefst ja vor Nässe!* **3** **jemand/etwas trieft** (**von/vor etwas** (*Dativ*)) *meist abwertend;* jemand/etwas zeigt etwas in übertriebenem Maße: *Er trieft vor Mitleid; Ihre Worte trieften vor Spott*

trifft *Präsens, 3. Person Singular;* ↑ **treffen**

trif·tig *Adjektiv;* gut begründet und überzeugend ≈ stichhaltig, zwingend ⟨eine Erklärung, ein Beweis⟩: *triftige Gründe als Entschuldigung anführen*

Tri·kot [tri'ko:] *das; -s, -s* **1** ein Sporthemd **2** ein Kleidungsstück, das sehr eng am Körper anliegt

Tril·ler *der; -s, -;* ein Klang, der durch die schnelle Wiederholung von zwei (hohen) Tönen entsteht (*bes* beim Gesang eines Vogels) || K- Trillerpfeife

T

trim·men; *trimmte, hat getrimmt* **1** **jemanden auf etwas** (*Akkusativ*)/**zu etwas trimmen** *umg abwertend;* jemanden *meist* zu einem Verhalten zwingen (*bes* durch Worte) ≈ drillen (1,2): *Sie wurden auf/zur Höflichkeit getrimmt* || Hinweis: *meist* im Passiv! **2** **etwas auf etwas** (*Akkusativ*) **trimmen** *umg, oft abwertend;* etwas so (stark) verändern, dass es so aussieht oder so ist, wie man es wünscht: *Er hat sein Restaurant ganz auf rustikal getrimmt* **3** *meist* **einen Hund trimmen** die Haare eines Hundes in einer bestimmten Form schneiden ⟨einen Pudel trimmen⟩ **4** **sich trimmen** regelmäßig Sport treiben (*bes* um gesund und fit zu bleiben) || K- Trimmaktion, Trimmsport

trin·ken A1 *trank, hat getrunken* **1** **(etwas) trinken** eine Flüssigkeit, ein Getränk durch den Mund zu sich nehmen: *Er trank sein Glas (in einem Zug) leer* || K- Trinkgefäß **2** **(etwas) trinken** alkoholische Getränke (regelmäßig und in großen Mengen) zu sich nehmen **3** **auf jemanden/etwas trinken** beim Trinken von *meist* Sekt oder Wein die Gläser heben, um jemanden zu ehren, etwas zu feiern *usw:* *Wir trinken auf die Gastgeber/auf ein gutes neues Jahr!*

Trin·ker *der; -s, -;* jemand, der regelmäßig und aus Gewohnheit (viel) Alkohol trinkt ≈ Alkoholiker || *hierzu* **Trin·ke·rin** *die; -, -nen*

trink·freu·dig *Adjektiv;* ⟨ein Mensch⟩ so, dass er gern und oft Alkohol trinkt

Trink·geld B1 *das; -(e)s, -er;* eine relativ kleine (Geld)Summe, die man *z.B.* einem Kellner oder einem Taxifahrer zusätzlich gibt ⟨(ein) Trinkgeld geben⟩

Das Trinkgeld

In Lokalen ist es üblich, fünf bis zehn Prozent Trinkgeld zu geben. Meist rundet man auf einen vollen Eurobetrag auf. Die Höhe richtet sich auch nach der Zufriedenheit mit dem Service und dem Preisniveau des Lokals.
Man kann entweder den gesamten Betrag zahlen und sagen **„Stimmt so!"** oder **„Der Rest ist für Sie."**
Wenn man noch Wechselgeld bekommt, kann man auch sagen: **„Geben Sie mir bitte auf ... Euro heraus"** / **„Machen Sie ... Euro."**

LANDESKUNDE

Trink·was·ser A2 *das; -s; nur Singular;* trinkbares Wasser || K- Trinkwasseraufbereitung, Trinkwasserversorgung

Trio *das; -s, -s* **1** eine Gruppe von drei Musikern **2** drei Menschen, die oft zusammen sind und gemeinsam etwas tun

Trip *der; -s, -s* **1** *umg;* eine kurze Reise ≈ Ausflug **2** ein Rauschzustand (nachdem man Drogen genommen hat), in dem man Halluzinationen hat ⟨auf einem Trip sein⟩ || ID **auf dem** + *Adjektiv* + **Trip sein**; *meist abwertend oder ironisch;* sich seit einiger Zeit sehr intensiv für etwas interessieren: *auf dem ökologischen, religiö-*

sen Trip sein

trip·peln; *trippelte, ist getrippelt;* mit kurzen, schnellen Schritten laufen: *Das Kind trippelte durch das Zimmer*

trist, *trister, tristest-; Adjektiv; förmlich* **1** voll Kummer ≈ traurig ⟨eine Miene⟩ **2** ohne Freude, Erfolge, Hoffnung ≈ traurig ⟨ein Leben; in tristen Verhältnissen leben⟩ **3** ≈ öde ⟨eine Gegend, eine Landschaft⟩

tritt *Präsens, 3. Person Singular;* ↑ **treten**

Tritt *der; -(e)s, -e* **1** ein Stoß mit dem Fuß ≈ Fußtritt ⟨jemandem einen Tritt versetzen⟩ **2** *nur Singular;* die Art, wie jemand geht ≈ Gangart ⟨einen leichten, schweren Tritt haben⟩ **3** das Aufsetzen des (einzelnen) Fußes auf den Boden beim Gehen ≈ Schritt: *Man hörte Tritte auf der Treppe* || ID **(irgendwo) Tritt fassen** sich (wieder) in die Gesellschaft integrieren oder wieder seine früheren Leistungen bringen || ▸ **treten**

Tritt·brett *das; -(e)s, -er;* eine Stufe zum Ein- und Aussteigen bei Bussen, Zügen *o.Ä.*

Tritt·brett|fah·rer *der; -s, -; abwertend;* jemand, der Ideen anderer ausnutzt, um (ohne viel Arbeit) davon zu profitieren

Tri·umph [tri'ʊmf] *der; -(e)s, -e* **1** ein großer Erfolg oder Sieg: *Die Theatergruppe feierte auf ihrer Tournee viele Triumphe* **2** *nur Singular;* die Freude über einen Erfolg oder Sieg: *Er genoss seinen Triumph* || K- Triumphgefühl, Triumphgeschrei

tri·um·phie·ren [triʊm'fi:rən]; *triumphierte, hat triumphiert* **1** **(über jemanden/etwas) triumphieren** jemanden besiegen, in einer Sache Erfolg haben ≈ siegen ⟨über seinen Feind, Rivalen triumphieren⟩: *Sein Mut triumphierte über die Angst; Am Ende triumphierte die Gerechtigkeit* **2** Stolz, Freude oder Hochmut über einen Sieg oder einen Erfolg deutlich zeigen ⟨ein triumphierendes Lächeln; triumphierend grinsen, lächeln⟩ || Hinweis: *meist* im Partizip Präsens || *zu* 2 **tri·um·phal** *Adjektiv*

tri·vi·al [tri'vi̯a:l] *Adjektiv; förmlich, meist abwertend* **1** nicht wichtig ⟨eine Bemerkung, eine Angelegenheit⟩ **2** von niedrigem Niveau || K- Trivialroman

tro·cken A2 *trock(e)ner, trockenst-; Adjektiv* **1** ohne Feuchtigkeit, nicht nass: *Die Straße war trocken; sich nach dem Baden trocken reiben* || K- Trockenfutter **2** so, dass es wenig regnet ⟨ein Klima, die Jahreszeit⟩ || K- Trockenperiode **3** **im Trockenen** dort, wo es trocken (1) ist **4** ohne Leben, Wachstum ⟨ein Ast, Blätter, Laub⟩ **5** mit nur wenig Fett ⟨Haut, Haare⟩ **6** ohne Butter, Wurst, Käse *usw* ⟨ein trockenes Brot essen⟩ **7** *nicht als Adverb;* nicht süß ≈ herb ⟨ein Wein, ein Sherry⟩ **8** sachlich und daher oft langweilig: *Sein Unterricht ist mir zu trocken* **9** witzig und ironisch ⟨ein Humor, eine Bemerkung⟩ || ID **auf dem Trock(e)nen sitzen** *umg;* kein Geld haben; **jemand ist trocken** *umg;* jemand trinkt keine alkoholischen Getränke mehr || *hierzu* **Tro·cken·heit** *die; -; nur Singular*

tro·cken·le·gen; *legte trocken, hat trockengelegt* **1** **jemanden trockenlegen** einem Baby die nassen Windeln entfernen und es in frische wickeln **2** **etwas trockenlegen** aus einem sehr feuchten (Erd)Boden das Wasser durch Kanäle ableiten ⟨ein Moor, einen Sumpf trockenlegen⟩

tro·cken·rei·ben (hat) ↑ **trocken** (1)

Tro·cken·zeit *die; -, -en;* die Jahreszeit (in den Tropen und Subtropen), in der es nicht regnet ↔ Regenzeit

trock·nen B1 *trocknete, hat/ist getrocknet* **1** **etwas trocknen** *(hat)* etwas Nasses oder Feuchtes trocken machen, durch Reiben, Wärmen *o.Ä.* **2** **etwas trocknen** *(hat)* etwas trocken werden lassen: *die Wäsche auf dem Balkon trocknen* **3** **etwas trocknet** *(ist)* etwas wird allmählich trocken: *Die Wäsche trocknet im Wind*

Trock·ner *der; -s, -;* eine Maschine, mit der man etwas trocknet || -K Haartrockner, Händetrockner, Wäschetrockner; Heißlufttrockner

trö·deln; *trödelte, hat getrödelt; meist abwertend;* eine Arbeit, Tätigkeit sehr langsam machen ↔ sich beeilen: *Sie trödelt bei den Hausaufgaben*

Tröd·ler *der; -s, -;* **1** jemand, der mit Gegenständen handelt, die *meist* alt, aber nicht sehr wertvoll, sind **2** *abwertend;* jemand, der trödelt || *hierzu* **Tröd·le·rin** *die; -, -nen*

troff *Imperfekt, 1. und 3. Person Singular;* ↑ **triefen**

trog *Imperfekt, 3. Person Singular;* ↑ **trügen**

Trog *der; -(e)s, Trö·ge;* ein großes, längliches Gefäß (*meist* aus Holz oder Stein), in das man das Futter oder Wasser für größere Tiere gibt || -K Futtertrog, Wassertrog; Holztrog

trol·len, sich; *trollte sich, hat sich getrollt;* **sich irgendwohin trollen** *umg;* langsam von jemandem weggehen (*meist* weil man beleidigt ist oder sich schämt)

Trom·mel *die; -, -n* **1** ein rundes, hohles (Musik)Instrument, über das eine Tierhaut oder Plastik) gespannt ist und auf das man mit

T

der Hand oder einem Stock schlägt ⟨die Trommel schlagen⟩ || ↑ Abbildung unter **Schlaginstrumente** **2** ein runder Behälter, der sich dreht || -K Lostrommel, Wäschetrommel

Trom·mel·fell *das; -(e)s, -e;* eine dünne Haut im Ohr, die die Schallwellen überträgt

trom·meln; *trommelte, hat getrommelt* **1** **(etwas) trommeln** den Rhythmus (zu einer Melodie) auf der Trommel spielen: *einen Marsch trommeln* **2** **(mit etwas) irgendwohin trommeln** mit den Fäusten oder einem Gegenstand fest und immer wieder auf oder gegen etwas schlagen: *Er trommelte mit geballten Fäusten an/gegen die Tür* || *zu* 1 **Tromm·ler** *der; -s, -;* **Tromm·le·rin** *die; -, -nen*

Trom·pe·te *die; -, -n;* ein relativ kurzes (Musik)Instrument aus Blech (mit drei Ventilen), auf dem man bläst || ↑ Abbildung unter **Blasinstrumente** || K- Trompetensolo || -K Jazztrompete || *hierzu* **Trom·pe·ter** *der; -s, -;* **Trom·pe·te·rin** *die; -, -nen*

Tro·pen *die; Plural;* die sehr warmen Gebiete um den Äquator (zwischen dem nördlichen und dem südlichen Wendekreis) || K- Tropenklima, Tropenkrankheit, Tropenmedizin, Tropenwald || *hierzu* **tro·pisch** *Adjektiv*

tröp·feln; *tröpfelte, hat/ist getröpfelt* **1** **etwas tröpfelt irgendwoher/irgendwohin** *(ist)* etwas fällt in kleinen Tropfen herunter: *Aus dem Tank tröpfelte Benzin* **2** **es tröpfelt** *(hat)* es regnet schwach **3** **etwas tröpfelt** *(hat)*ein Wasserhahn tropft (2) **4** **etwas irgendwohin tröpfeln** *(hat)* eine Flüssigkeit in kleinen Tropfen irgendwohin fallen lassen: *Medizin in ein Glas Wasser tröpfeln*

trop·fen B1 *tropfte, hat/ist getropft* **1** **etwas tropft irgendwoher/irgendwohin** *(ist)* etwas fällt in Tropfen herunter: *Tau tropft von den Blättern* **2** **etwas tropft** *(hat)* aus/von etwas fällt Flüssigkeit in Tropfen herunter ⟨jemandes Nase, der Wasserhahn; tropfend nass sein⟩: *den tropfenden Regenschirm in die Badewanne stellen* **3** **etwas irgendwohin tropfen** *(hat)* ≈ tröpfeln (4): *Der Arzt tropfte ihr eine Tinktur in die Augen*

Trop·fen B1 *der; -s, -;* **1** eine sehr kleine Menge einer Flüssigkeit (in runder oder ovaler Form) || -K Blutstropfen, Wassertropfen **2** *nur Plural;* ein Medikament, das in einzelnen Tropfen (1) genommen wird || -K Augentropfen || ID **etwas ist (nur) ein Tropfen auf den heißen Stein** etwas ist viel zu wenig, um eine (große) Wirkung zu haben

Tro·phäe [tro'fɛːə] *die; -, -n* **1** ein Pokal *o.Ä.* für den Sieger eines sportlichen Wettbewerbs **2** ein Teil eines getöteten Tieres (*z.B.* das Geweih, das Fell)

Trost *der; -(e)s; nur Singular;* Worte oder Taten, mit denen man ein Leid, einen Kummer geringer macht ⟨jemandem Trost spenden⟩ || ID **ein schwacher Trost** etwas, das eigentlich positiv wäre, aber in der jetzigen Situation wenig nutzt || *hierzu* **tröst·lich** *Adjektiv*

trös·ten; *tröstete, hat getröstet* **1** **jemanden trösten** jemandes Leid, Kummer oder Trauer leichter machen (indem man mit ihm spricht, ihm hilft *o.Ä.*): *Sie tröstete das weinende Kind* **2** **sich mit jemandem/etwas trösten** bei jemandem/in etwas (*z.B.* nach einem Verlust oder einer Enttäuschung) Trost finden: *Er tröstete sich mit Alkohol*

trost·los *Adjektiv* **1** ohne Trost und Hoffnung ≈ verzweifelt: *Ihnen war trostlos zumute* **2** deprimierend (schlecht) ⟨Wetter⟩ **3** hässlich und langweilig ≈ trist ⟨eine Gegend⟩ || *hierzu* **Trost·lo·sig·keit** *die; -; nur Singular*

Trott *der; -(e)s; nur Singular* **1** eine langsame Art zu gehen (*bes* bei Pferden) **2** *umg abwertend;* Arbeit, die immer wieder gemacht werden muss: *der tägliche, ewig gleiche Trott* || ID **in den alten Trott verfallen, zurückfallen** alte Gewohnheiten wieder aufnehmen || *zu* 1 **trot·ten** *(ist)*

Trot·tel *der; -s, -; umg abwertend;* ein dummer, ungeschickter Mensch ≈ Dummkopf || *hierzu* **trot·te·lig** *Adjektiv*

Trot·toir [trɔ'to̯aːɐ̯] *das; -s, -e/-s; bes südd* CH ≈ Bürgersteig

trotz B2 *Präposition; mit Genitiv/umg auch Dativ;* verwendet, um auszudrücken, dass es einen Umstand gibt, der normalerweise zu der beschriebenen Handlung oder dem beschriebenen Zustand im Gegensatz steht: *Trotz des Regens gingen wir spazieren*

Trotz B2 *der; -es; nur Singular;* dauernder und fester Widerstand gegen etwas, weil man selbst etwas anderes will ⟨etwas aus Trotz (nicht) tun⟩ || K- Trotzphase, Trotzreaktion || *hierzu* **trot·zig** *Adjektiv*

trotz·dem B1 *Adverb;* trotz der genannten Umstände ≈ dennoch: *Die Sonne schien, aber trotzdem war es kalt*

trot·zen; *trotzte, hat getrotzt* **1** seinen Trotz zeigen ≈ schmollen **2** **jemandem/etwas trotzen** jemandem/etwas Widerstand leisten ⟨dem Feind, der Gefahr trotzen⟩

trüb, trü·be *Adjektiv* **1** nicht durchsichtig, nicht klar ⟨Flüssigkeiten⟩: *Dieser Wein ist trüb*

T

3 nicht hell: *das trübe Licht eines nebligen Morgens* **4** mit Wolken und so, als ob es bald regnen würde ⟨ein Himmel, Wetter⟩: *Heute ist es trüb* **5** ≈ traurig (1) ⟨in trüber Stimmung sein⟩ || ID **im Trüben fischen** *umg;* etwas tun, das nicht ganz legal ist und so einen Vorteil haben

Tru·bel *der; -s; nur Singular;* ein lebhaftes, *meist* lautes Durcheinander vieler Menschen: *der Trubel auf einer Tanzfläche* || -K Faschingstrubel, Weihnachtstrubel

trü·ben; *trübte, hat getrübt* **1** **etwas trübt etwas** etwas macht etwas trübe (1-3): *Der aufgewühlte Sand trübt das Wasser; Keine Wolke trübt den Himmel* **2** **etwas trübt etwas** etwas bewirkt, dass ein Gefühl, eine Beziehung zwischen Menschen nicht mehr so gut ist ≈ etwas beeinträchtigt etwas: *Nichts kann meine gute Laune trüben* **3** **etwas trübt jemandes Urteil(skraft)** *förmlich;* etwas bewirkt, dass jemand etwas nicht mehr (so gut, gerecht) beurteilen kann **4** **etwas trübt sich** *förmlich;* etwas wird schlechter ⟨jemandes Laune, eine Beziehung⟩ || *hierzu* **Trü·bung** *die; -, -en*

Trüb·sal *die; -; nur Singular; förmlich;* eine tiefe Traurigkeit, eine melancholische Stimmung || ID **Trübsal blasen** *umg; meist* missmutig, deprimiert sein und nichts aktiv dagegen tun

trüb·se·lig *Adjektiv;* ⟨eine Gegend, eine Stimmung, ein Wetter⟩ so, dass sie traurig oder pessimistisch machen

tru·deln; *trudelte, ist getrudelt* **etwas trudelt (irgendwohin)** etwas fällt unkontrolliert und dreht sich dabei um die eigene Achse ⟨Blätter, ein Flugzeug⟩

Trüf·fel *die; -, -n;* ein essbarer Pilz, der unter der Erde wächst

trug *Imperfekt, 1. und 3. Person Singular;* ↑ **tragen**

Trug·bild *das; -(e)s, -er;* ein Bild, das nur in der Fantasie von jemandem, aber nicht in der Wirklichkeit existiert (*z.B.* eine Fata Morgana)

trü·ge *Konjunktiv II, 1. und 3. Person Singular;* ↑ **tragen**

trü·gen; *trog, hat getrogen;* **etwas trügt (jemanden)** etwas lässt einen falschen Eindruck entstehen ≈ etwas täuscht (jemanden) ⟨der Schein trügt (oft)⟩: *Wenn mich mein Gedächtnis nicht trügt, habe ich den Film schon einmal gesehen*

trü·ge·risch *Adjektiv;* so, dass man zu Unrecht auf etwas vertraut und dadurch eine Gefahr nicht bemerkt ⟨ein Gefühl, Ruhe, ein Schein; sich trügerischen Hoffnungen hingeben⟩

Tru·he ['tru:ə] *die; -, -n;* eine Art großer Kasten mit einem Deckel (den man aufklappen kann), in dem man früher *bes* Kleidung oder Geld aufbewahrt hat || -K Schatztruhe, Wäschetruhe

Trüm·mer *die; Plural;* die Reste, die einzelnen Teile eines zerstörten Ganzen: *die Trümmer des abgestürzten Flugzeugs; die Trümmer eines Hauses*

Trumpf *der; -(e)s, Trümp·fe* **1** (beim Kartenspiel) die Farbe, die in einem Spiel gerade den höchsten Wert (von den vier Farben) hat ⟨Trumpf (aus)spielen⟩: *Herz ist Trumpf* || K- Trumpfass, Trumpfkönig *usw;* Trumpfkarte, Trumpfstich **2** eine Karte der Farbe, die Trumpf (1) ist ⟨einen Trumpf ausspielen; mit einem Trumpf stechen⟩ || ID **alle Trümpfe in der Hand haben** selbst alle Vorteile haben; **seine Trümpfe ausspielen** etwas (*z.B.* eine Information, eine Kenntnis), das man bisher für sich behielt, nun (gezielt) zum eigenen Vorteil einsetzen; **etwas ist Trumpf** etwas ist das Wichtigste

Trunk *der; -(e)s; nur Singular; förmlich* **1** ≈ Getränk || -K Schlaftrunk, Willkommenstrunk **2** ≈ Trunksucht: *Er hat sich dem Trunk ergeben*

Trun·ken·heit *die; -; nur Singular; meist in* **Trunkenheit am Steuer** *Verwaltung;* das Autofahren, nachdem man viel Alkohol getrunken hat: *Er verlor den Führerschein wegen Trunkenheit am Steuer*

Trunk·sucht *die; -; nur Singular;* der krankhafte Zwang, Alkohol zu trinken ≈ Alkoholismus || *hierzu* **trunk·süch·tig** *Adjektiv*

Trupp *der; -s, -s;* eine relativ kleine Gruppe *bes* von Soldaten oder Arbeitern, die zusammengehören, gemeinsam arbeiten *o.Ä.* || -K Bauarbeitertrupp, Suchtrupp

Trup·pe *die; -, -n* **1** eine Gruppe *bes von* Schauspielern oder Artisten, die gemeinsam auftreten || -K Theatertruppe **2** ein Teil eines Heeres, einer Armee ⟨Truppen stationieren⟩ || K- Truppenabzug || -K Kampftruppe

Trut·hahn *der; -s, -häh·ne* **1** eine Art sehr großes Huhn mit nacktem roten Hals || K- Truthahnbraten, Truthahnbrust, Truthahnfilet, Truthahnschinken, Truthahnschnitzel **2** das männliche Tier dieser Art ≈ Puter

tschüs!, **tschüss!** *umg;* verwendet, um sich in informellen Situationen von jemandem zu verabschieden || ↑ Info Seite 848

T-Shirt A1 ['ti:ʃøɐ̯t] *das; -s, -s;* ein Hemd aus einem leichten Stoff, mit *meist* kurzen Ärmeln

▶ Tschüs(s)!

Tschüs(s) ist ein Gruß, der sich allmählich von Norden nach Süden in das ganze Sprachgebiet verbreitet. In der Schweiz sagt man tschüs(s) jedoch nur zu Leuten, die man duzt.

LANDESKUNDE

und ohne Kragen || ↑ Illustration **Die Kleidung**

Tu·ba *die; -, Tu·ben;* ein großes (Blas)Instrument aus Blech, das sehr tiefe Töne erzeugt || ↑ Abbildung unter **Blasinstrumente**

Tu·be *die; -, -n;* ein kleiner länglicher Behälter (*meist* aus weichem Metall oder Plastik) *z.B.* für Zahnpasta, Senf, Klebstoff oder Salbe || ID **auf die Tube drücken** *umg;* mit dem Auto schnell(er) fahren

Tu·ber·ku·lo·se *die; -; nur Singular;* eine schwere chronische (Infektions)Krankheit, die *bes* die Lunge angreift und das Gewebe schwinden lässt ≈ Schwindsucht; *Abkürzung* Tb, Tbc

Tuch *das; -(e)s, -e/Tü·cher* **1** (*Plural Tücher*) ein Stück Stoff, mit dem man etwas bedeckt oder sauber macht || -K Betttuch, Kopftuch, Staubtuch **2** (*Plural Tuche*) ein Stoff, aus dem *bes* Anzüge und Kostüme hergestellt werden || ID **jemand/etwas ist ein rotes Tuch für jemanden** jemand/etwas macht jemanden wütend

tüch·tig *Adjektiv* **1** *nicht als Adverb;* fähig, die Aufgaben sehr gut zu erfüllen, fleißig und geschickt ⟨tüchtig im Beruf sein⟩ **2** *nur vor dem Substantiv oder als Adverb; umg;* verwendet, um eine große Menge, ein großes Ausmaß zu bezeichnen ⟨eine Mahlzeit; sich tüchtig ärgern⟩ || *zu* 1 **Tüch·tig·keit** *die; -; nur Singular*

Tü·cke *die; -, -n* **1** ein böser (hinterlistiger) Trick **2** versteckte Bosheit: *Sie ist voller Tücke* **3** **etwas hat seine Tücken** etwas hat Fehler und Mängel und funktioniert nicht immer gut ⟨eine Maschine, ein Gerät⟩ **4** **die Tücke des Objekts** eine (versteckte) Schwierigkeit, die sich erst beim Gebrauch eines Gegenstandes zeigt || *hierzu* **tü·ckisch** *Adjektiv*

tüf·teln; *tüftelte, hat getüftelt;* (**an etwas** *(Dativ)*) **tüfteln** *umg;* mit viel Geduld daran arbeiten oder darüber nachdenken, wie man ein schwieriges Problem lösen kann: *Er tüftelt ewig am Motor seines Autos* || K- Tüftelarbeit || *hierzu* **Tüft·ler** *der; -s, -;* **Tüft·le·rin** *die; -, -nen*

Tu·gend *die; -, -en* **1** *nur Singular;* ein vorbildliches moralisches Verhalten **2** eine gute moralische Eigenschaft ↔ Laster, Untugend: *Ehrlichkeit ist eine Tugend* || *hierzu* **tu·gend·haft** *Adjektiv*

Tul·pe *die; -, -n;* eine (Garten)Blume mit einer Blüte in der Form eines Kelches: *Tulpen aus Holland* || K- Tulpenbeet, Tulpenfeld, Tulpenzwiebel

tum·meln, sich; *tummelte sich, hat sich getummelt* **1** ⟨Personen, Tiere⟩ **tummeln sich irgendwo** *meist* mehrere Personen/Tiere bewegen sich lebhaft (und fröhlich) hin und her: *Die Kinder tummelten sich am Strand* **2** **sich tummeln** *nordd umg* ≈ sich beeilen

Tu·mor, Tu·mor *der; -s, -en* [-'mo:rən]; eine krankhafte Vergrößerung eines Organs oder im Organ ≈ Geschwulst ⟨ein gutartiger, bösartiger Tumor⟩ || -K Gehirntumor

Tüm·pel *der; -s, -;* ein kleiner Teich, der *meist* sumpfig und von Wasserpflanzen bedeckt ist ⟨ein schlammiger, trüber Tümpel⟩ || -K Froschtümpel

tun[1] A2 *tut, tat, hat getan* **1** **etwas tun** eine Handlung ausführen, etwas machen ⟨einen Blick irgendwohin, einen Schritt, eine gute Tat, ein Wunder, jemandem einen Gefallen tun⟩: *„Was tust du da?" - „Ich schreibe einen Brief"; „Vielen Dank!" - „Das habe ich doch gern getan"* || Hinweis: *tun* wird *oft* statt eines Verbs verwendet, das vorher schon genannt wurde: *Er wollte sie besuchen, tat es dann aber doch nicht* **2** **etwas tun** eine bestimmte Arbeit machen: *Im Garten gibt es viel zu tun; Im Büro konnte ich heute gar nichts tun, weil ich dauernd gestört wurde* **3** **etwas irgendwohin tun** *umg;* etwas irgendwohin legen, stellen: *Kleider in einen Koffer tun; Tu deine Spielsachen dahin, wo sie hingehören!* **4** **etwas (für/gegen jemanden/etwas) tun** aktiv werden, um etwas zu bewirken oder jemandem zu helfen, oder um jemanden an etwas zu hindern, um etwas zu beseitigen ⟨alles Erdenkliche, sein Möglichstes tun; tun, was man kann⟩: *Der Minister versprach, etwas gegen die Arbeitslosigkeit zu tun; Hier wird viel zu wenig für Behinderte getan; Der Verkäufer sagte: „Was kann ich für Sie tun?"* **5** **(jemandem/sich) etwas tun** jemanden/sich verletzen, zu jemandem böse sein ⟨jemandem Böses, ein Leid, etwas, nichts tun⟩: *Bitte, tu mir nichts!; Hast du dir bei dem Sturz was getan?; Keine Angst, der Hund tut nichts!* **6** **etwas tun** verwendet zusammen mit einem Substantiv, um ein Verb zu umschreiben; **eine Äußerung tun** ≈ etwas äußern; **eine Frage tun** ≈ etwas fragen; **etwas tut einen Knall** ≈ etwas knallt; **einen Schrei tun** ≈ schreien; **einen Sprung tun** ≈ springen; **etwas tut (seine)**

Wirkung ≈ etwas wirkt **7** **irgendwie tun** so handeln, als ob man eine besondere Eigenschaft habe (oder als ob ein besonderer Zustand gegeben sei) ⟨freundlich, interessiert, geheimnisvoll, vornehm tun⟩: *Er tut sehr selbstsicher, aber eigentlich ist er eher schüchtern; Tun Sie, als ob Sie zu Hause wären; Sie tat so, als wäre nichts geschehen* **8** **es tut sich (et)was/viel/wenig/nichts** *umg;* es geschieht etwas/viel/wenig/nichts: *Hier tut sich abends einfach nichts!* (= hier ist nichts los); *Hat sich in diesem Fall schon etwas getan?* || ID **es mit jemandem zu tun bekommen/kriegen** *umg;* Ärger mit jemandem bekommen, von jemandem bestraft werden; **(etwas) mit jemandem/etwas zu tun haben** **a** im Zusammenhang, in Beziehung mit jemandem/etwas stehen: *Haben die Stürme etwas mit dem Treibhauseffekt zu tun?; Ich habe mit dem Überfall nichts zu tun!;* **b** mit jemandem/etwas Kontakt haben, sich (beruflich) mit etwas beschäftigen: *Sie hat in der Arbeit viel mit Computern zu tun; Ich will mit dir nichts mehr zu tun haben!;* **es mit jemandem/etwas zu tun haben** jemanden/etwas vor sich haben: *Wir haben es hier mit einem interessanten Problem zu tun; Du weißt wohl nicht, mit wem du es zu tun hast, sonst wärst du nicht so frech!;* **es mit etwas zu tun haben** *umg;* Schmerzen, Beschwerden an einem Körperteil haben ⟨es mit dem Herz, dem Magen zu tun haben⟩; **jemand kann tun und lassen, was er will** jemand kann alles machen, was er will; *meist* **Damit ist es nicht getan** das reicht nicht, ist nicht genug; *meist* **'Tu (doch) nicht so!** *umg;* verwendet, um auszudrücken, dass man jemandes Reaktion für vorgetäuscht hält; *meist* **Das 'tut man nicht!** *umg;* hör auf damit, das ist schlechtes Benehmen; *meist* **Das tut nichts** *umg;* das ist nicht schlimm, schadet nicht, ist nicht wichtig; **etwas tuts** *umg;* **a** etwas funktioniert: *Tuts das alte Radio noch?;* **b** etwas ist gut genug für jemanden/etwas: *Für die Gartenarbeit tuts diese alte Jacke* || Hinweis: ↑ **guttun**, **wohltun**

tun² A2 *Hilfsverb; umg* **1** *meist* im Präsens oder im Imperfekt verwendet, um ein Verb zu betonen: *Lügen tu ich nie* **2** *bes südd;* verwendet, um den Konjunktiv II von Verben zu bilden: *Ich tät dir schon helfen, aber ich hab leider keine Zeit* **3** *meist* von Kindern verwendet, um das Präsens von Verben zu bilden: *Tust du mir jetzt helfen?*

Tun A2 *das; -s; nur Singular; förmlich;* das, was jemand tut, seine Handlungen: *Sie versuchte, ihn von seinem schändlichen Tun abzubringen*

Tun·fisch *der* ↑ **Thunfisch**

tun·ken; *tunkte, hat getunkt;* **etwas in etwas** *(Akkusativ)* **tunken** *nordd* ≈ (ein)tauchen: *den Pinsel in die Farbe tunken*

tun·lichst *Adverb; förmlich;* auf jeden Fall, unbedingt ⟨etwas tunlichst vermeiden⟩: *Er sollte tunlichst keinen Alkohol mehr trinken*

Tun·nel B2 *der; -s, -;* ein Verkehrsweg (eine Straße oder ein Gleis), der *meist* durch einen Berg führt || -K **Bahntunnel, Straßentunnel**

Tun·te *die; -, -n; salopp abwertend* **1** verwendet als negative Bezeichnung für eine *(meist* langweilige, unattraktive) Frau **2** verwendet als negative Bezeichnung für einen Homosexuellen, der sich wie eine Frau benimmt || *hierzu* **tun·ten·haft** *Adjektiv*

tup·fen; *tupfte, hat getupft* **1** **etwas auf etwas** *(Akkusativ)* **tupfen** *meist* eine Flüssigkeit auf eine Stelle bringen, indem man diese mehrmals leicht berührt: *Jod auf die Wunde tupfen* **2** **(jemandem/sich) etwas von etwas tupfen** etwas von einer Stelle entfernen, indem man diese Stelle *(z.B.* mit einem Tuch) mehrmals berührt: *Er tupfte sich den Schweiß von der Stirn* **3** **(jemandem) auf/an etwas** *(Akkusativ)* **tupfen** (jemandem) irgendwohin tippen²

Tup·fen *der; -s, -;* ein kleiner runder Punkt (als Teil eines Musters *o.Ä.*)

Tup·fer *der; -s, -;* **1** *meist* ein Stück Watte oder ein kleines Stück Stoff, mit dem man eine Flüssigkeit entfernen kann || -K **Wattetupfer** **2** *umg* ≈ Tupfen

Tür A1 *die; -, -en;* eine Art Platte, mit der man einen Eingang öffnen oder schließen kann ⟨die Tür öffnen, schließen⟩ || K- **Türklingel, Türschloss** || -K **Autotür, Haustür, Wohnungstür** || ID **mit der Tür ins Haus fallen** sich mit einem Problem, *meist* einer Bitte, sehr direkt an jemanden wenden; *meist* **Du rennst offene Türen ein** du brauchst nichts mehr zu sagen, ich bin auch deiner Meinung; **jemanden vor die Tür setzen** **a** *umg;* jemandem (die Arbeit, Wohnung) kündigen **b** jemanden mit Gewalt aus einem Haus schaffen; **etwas steht vor der Tür** etwas wird bald da sein: *Weihnachten steht vor der Tür*

Tur·ban *der; -s, -e;* eine Art langer Schal, den sich Männer *(z.B.* in Indien) um den Kopf winden

Tur·bi·ne *die; -, -n;* eine Maschine, mit der man aus strömendem Wasser, Dampf oder Gas Energie gewinnt || K- **Turbinenantrieb**

tur·bu·lent; *turbulenter, turbulentest-; Adjektiv;* ⟨Szenen⟩ dadurch gekennzeichnet, dass viele

T

(aufgeregte, schreiende *o.Ä.*) Menschen daran beteiligt sind

tür·ken; *türkte, hat getürkt;* **etwas türken** *umg* ≈ fälschen, vortäuschen

Tür·kis *der; -es, -e* **1** ein (Halb)Edelstein mit einer hellen, blaugrünen Farbe **2** *nur Singular;* die Farbe, die ein Türkis (1) hat || ↑ Illustration **Farben und Formen** || *zu* 2 **tür·kis** *Adjektiv;* **tür·kis·far·ben** *Adjektiv*

Tür·klin·ke B2 *die; -, -n;* ein beweglicher Griff, mit dem eine Tür geöffnet und geschlossen werden kann

Turm B1 *der; -(e)s, Tür·me* **1** ein hohes, aber schmales Bauwerk, das *bes* zu einer Kirche, einer Burg oder einem Schloss gehört || K- Turmuhr || -K Kirchturm **2** jede der beiden Figuren beim Schachspiel, die beim Anfang des Spiels hinten rechts und links stehen || ↑ Abbildung unter **Schachfiguren**

tür·men¹, sich; *türmte sich, hat sich getürmt;* **etwas** *(meist Plural)* **türmt sich (irgendwo)** Akten, Briefe, Bücher *o.Ä.* bilden irgendwo einen hohen Stapel

tür·men²; *türmte, ist getürmt; umg* ≈ fliehen, ausreißen: *Er ist aus dem Gefängnis getürmt*

Turn·an·zug *der; -(e)s, -an·zü·ge;* ein einteiliges Kleidungsstück, das Frauen beim Turnen tragen

Tur·nen *das; -s; nur Singular* **1** ein Sport, bei dem an bestimmten Geräten und am Boden gymnastische Übungen gemacht werden || K- Turngerät, Turnhalle, Turnhemd, Turnverein || -K Bodenturnen, Geräteturnen **2** Sport als Unterrichtsfach in der Schule || K- Turnlehrer || *hierzu* **tur·nen** *(hat);* **Tur·ner** *der; -s, -;* **Tur·ne·rin** *die; -, -nen*

Tur·nier *das; -s, -e* **1** ein sportlicher Wettbewerb mit mehreren Wettkämpfen (*meist* in mehreren Runden (4)) || K- Turnierpferd, Turnierreiter, Turnierspiel, Turniersieg, Turniersieger || -K Reitturnier, Schachturnier, Skatturnier **2** *historisch;* ein Wettkampf zwischen Rittern

T

Turn·schuh B2 *der; -(e)s, -e;* ein leichter Schuh, den man *z.B.* beim Sport oder beim Turnen trägt || ↑ Abbildung unter **Schuhe**

Tür·öff·ner *der; -s, -;* ein Knopf, auf den man drückt, damit sich eine Tür öffnet oder öffnen lässt. Man hört an der Tür ein Summen, wenn jemand den Türöffner betätigt

Tusch *der; -(e)s, -e;* ein kurzer, lauter Akkord, mit dem eine Musikkapelle die Zuhörer auf etwas aufmerksam macht ⟨einen kräftigen Tusch spielen⟩

Tu·sche *die; -, -n;* eine besondere, *meist* schwarze Tinte, die zum Schreiben und Zeichnen verwendet wird || K- Tuschzeichnung

Tus·si *die; -, -s; umg, meist abwertend;* (*bes* von Jugendlichen) verwendet als Bezeichnung für eine Frau (, die man nicht mag)

Tü·te *die; -, -n* **1** eine Art kleiner Sack (*meist* aus Papier und *oft* in Form eines Dreiecks), in den man einzelne Dinge (beim Einkauf) hineinsteckt || -K Obsttüte; Papiertüte **2** ein Beutel aus dünnem Plastik || -K Plastiktüte || ID **Das kommt nicht in die Tüte!** *umg;* das erlaube ich auf gar keinen Fall

tu·ten; *tutete, hat getutet; umg* ≈ hupen || ID *meist* **von Tuten und Blasen keine Ahnung haben** *umg, meist abwertend;* von etwas überhaupt nichts verstehen

TÜV [tyf] *der; -; nur Singular;* (*Abkürzung für* Technischer Überwachungsverein) eine Institution in Deutschland, die die Sicherheit von technischen Geräten, *bes* von Fahrzeugen überprüft ⟨durch den TÜV kommen (= mit dem Auto die Sicherheitsprüfung bestehen); zum TÜV müssen⟩: *das Auto beim TÜV vorführen; Bei mir ist der TÜV wieder fällig*

TV¹ [teː'fau] *der; -; nur Singular;* (*Abkürzung für* Turnverein) verwendet als Teil des Namens von Sportvereinen

TV² [teː'fau, tiː'viː] *das; -; nur Singular;* (*Abkürzung für* Television) das Fernsehen || K- TV-Gerät

Typ B1 *der; -s, -en* **1** eine Art von Menschen oder Dingen, die bestimmte charakteristische Merkmale oder Eigenschaften gemeinsam haben: *Er ist der Typ von Mann, in den sich die Frauen gleich verlieben* **2** eine Art von (*meist* technischen) Gegenständen, die durch charakteristische Merkmale von anderen Arten unterschieden sind ≈ Modell: *Unsere Techniker entwickeln einen ganz neuen Typ* || K- Typenbezeichnung **3** *umg;* (*bes* von Jugendlichen) verwendet als Bezeichnung für einen Mann ⟨ein toller, irrer Typ⟩ || ID **ein kaputter Typ** *meist* ein Mann, der an der Gesellschaft gescheitert ist; *meist* **Ich bin nicht der Typ dazu/dafür** das liegt mir nicht, das mache ich nicht gern; **jemand ist jemandes Typ** *umg;* jemand gefällt jemandem: *Peter ist nicht mein Typ;* **Dein Typ wird verlangt** *umg;* jemand möchte dich sprechen

Ty·pe *die; -, -n* **1** eine Form mit einem Buchstaben, Symbol *o.Ä.* darauf, die beim Druck eines Buches, einer Zeitung *o.Ä.* verwendet wird **2** *umg;* verwendet als Bezeichnung für jemanden, der sich seltsam verhält

⟨eine komische Type⟩ **3** *bes* Ⓐ ≈ Typ (2)

Ty·phus ['ty:fʊs] *der; -; nur Singular;* eine schwere (Infektions)Krankheit, bei der man Flecken auf der Haut, Fieber und Durchfall bekommt

ty·pisch [A2] *Adjektiv;* **typisch (für jemanden/etwas)** so, wie man es von jemandem/etwas erwartet ≈ charakteristisch ⟨ein Beispiel, ein Verhalten⟩: *Er ist ein typischer Lehrer; Typisch Monika, sie kommt mal wieder zu spät!; Nadelbäume sind typisch für diese Gegend*

Ty·pus *der; -, Ty·pen; förmlich* ≈ Typ (1)

Ty·rạnn *der; -en, -en* **1** *abwertend;* ein autoritärer Mensch **2** *historisch;* ein (*meist* grausamer) Herrscher, der nach seinem Willen regiert || [K-] Tyrannenherrschaft || *hierzu* **Ty·rạn·nin** *die; -, -nen;* **ty·rạn·nisch** *Adjektiv*

Ty·ran·nei *die; -; nur Singular* **1** autoritäres, tyrannisches Verhalten: *jemandes Tyrannei nicht mehr ertragen können* **2** die Herrschaft durch einen Tyrannen (2) ⟨ein Land, ein Volk aus der Tyrannei befreien, führen⟩

ty·ran·ni·sie·ren; *tyrannisierte, hat tyrannisiert;* **jemanden tyrannisieren** *abwertend;* jemanden quälen, indem man ihn immer wieder dazu zwingt, das zu tun, was man will

U

U, u [u:] *das; -, -/umg auch -s;* der einundzwanzigste Buchstabe des Alphabets

U-Bahn [A2] *die; -, -en; umg;* ein Fahrzeug für den öffentlichen Verkehr in Großstädten, das unter der Erde auf Schienen fährt ≈ Untergrundbahn || [K-] U-Bahnstation

übel, *übler, übelst-; Adjektiv* **1** unangenehm (für die Sinnesorgane) ≈ widerlich ↔ angenehm ⟨ein Geruch, ein Geschmack, ein Beigeschmack; etwas riecht, schmeckt übel⟩: *übel riechende Abfälle* || [K-] übelriechend **2** ohne Moral, gefährlich für andere ≈ schlecht ⟨ein Bursche; in üble Gesellschaft geraten⟩ **3** so, dass es Nachteile für jemanden bringt ≈ unerfreulich, unangenehm ⟨eine Lage, eine Situation; etwas geht übel aus⟩ **4** böse und gemein ≈ schlimm ⟨Schimpfwörter; jemandem übel mitspielen, jemanden auf übelste Weise beschimpfen⟩ **5** **jemandem ist übel** jemand hat das Gefühl, er müsse sich übergeben ≈ jemandem ist schlecht **6** **(jemandem) etwas übel nehmen** nicht verzeihen können, dass jemand einem etwas Böses getan hat ≈ (jemandem) etwas nachtragen: *Sie nahm (es) ihm übel, dass er sie belogen hatte* || [ID] **nicht übel Lust haben + zu** + *Infinitiv umg;* etwas sehr gern tun wollen (was man eigentlich nicht darf oder kann): *Ich hätte nicht übel Lust, dem frechen Kerl eine Ohrfeige zu geben;* **übel dran sein** *umg;* in einer schlimmen Situation sein ↔ gut dran sein; **nicht übel!** *umg;* verwendet, um auszudrücken, dass etwas gut ist || Hinweis: *übel → eine üble Lage*

Übel *das; -s, -;* **1** etwas, das unangenehm oder schlimm ist: *das Übel der Arbeitslosigkeit* **2** *förmlich* ≈ Krankheit, Leiden **3** **das kleinere Übel** die bessere von zwei schlechten Möglichkeiten **4** **etwas ist ein notwendiges Übel** man muss etwas ertragen, obwohl man eigentlich nicht will

Übel·keit *die; -; nur Singular; meist* ein schlechtes Gefühl im Magen oder eine Schwäche im Kreislauf

übel·neh·men *(hat)* ↑ **übel** (6)

Übel·tä·ter *der; -s, -; oft humorvoll;* jemand, der etwas Schlechtes getan hat ≈ Missetäter || *hierzu* **Übel·tä·te·rin** *die; -, -nen*

üben [A2] *übte, hat geübt* **1** **(etwas) üben** etwas immer wieder tun, um es dann gut zu können: *Sie übt jeden Tag (Klavier)* **2** **etwas üben** *förmlich;* verwendet mit einem Substantiv, um ein Verb zu umschreiben; **Kritik üben** ≈ kritisieren; **Rache üben** ≈ sich rächen

über[1] [A2] *Präposition* **1** *mit Dativ;* in einer Position, die räumlich höher ist als jemand/etwas (mit oder ohne Abstand) ↔ unter: *Das Bild hängt an der Wand über dem Sofa; Er wohnt in der Etage über uns* **2** *mit Akkusativ;* in eine Richtung nach oben ↔ unter: *Er hängte ein Bild über die Couch* **3** *mit Akkusativ;* von der einen Seite einer Fläche zu einer anderen: *über die Straße gehen; über den Fluss schwimmen; Sie strich ihm über den Rücken* **4** *mit Dativ;* unmittelbar auf jemandem/etwas und so, dass es ihn/es ganz oder teilweise bedeckt ↔ unter: *Er trägt einen Pullover über dem Hemd; Schnee lag über den Feldern* **5** *mit Akkusativ;* unmittelbar auf jemanden/etwas und so, dass es ihn/es ganz oder teilweise bedeckt ↔ unter: *Sie breitete eine Decke über das Bett* **6** *mit Akkusativ;* eine noch größere Höhe, Weite, Länge erreichend: *Sie sprang über den Zaun; Er lief einige Meter über das Ziel hinaus* **7** *mit Akkusativ;* **über** + *Ortsname* verwendet, um einen Punkt auf einer Fahrstrecke zu bezeichnen ≈ via: *Der Zug fährt über Augsburg nach München* **8** *mit Akkusativ;* für die Dauer des geannten Zeitraums: *über Ostern verreisen; Kann ich heute über Nacht bei euch bleiben?* **9** *mit Dativ;* in einer Reihenfolge oder Hierarchie höher ↔ unter: *Der Major steht über dem Leutnant* **10** *mit Dativ;* größer oder höher ↔ unter ⟨eine Zahl, ein Wert; etwas liegt über dem Durchschnitt⟩: *Temperaturen über dem Gefrierpunkt* **11** *mit Akkusativ;* verwendet, um das Thema, den Inhalt von etwas anzugeben ⟨über jemanden/etwas diskutieren, reden, sprechen, schreiben⟩ **12** *mit Akkusativ;* in Höhe von, im Wert von: *eine Rechnung über hundert Euro ausstellen* **13** *mit Akkusativ;* drückt aus, dass eine Grenze überschritten wird ⟨etwas geht über jemandes Kraft, Verstand⟩ **14** *Substantiv +* **über** *+ Substantiv(Akkusativ);* in großer Menge: *Sie machte Fehler über Fehler* **15** *mit Akkusativ;* verwendet mit bestimmten Verben, Substantiven und Adjektiven, um eine Ergänzung anzuschließen: *über jemanden/etwas herrschen; über etwas glücklich sein; die Kontrolle über etwas*

über[2] A2 *Adverb* **1** ≈ mehr als: *Das Grundstück ist über 1000 Quadratmeter groß; Sie ist schon über achtzig Jahre alt; seit über einer Stunde* **2** *Zeitangabe +* **über** während der ganzen genannten Zeit: *Es regnete den ganzen Tag über; Er musste das ganze Wochenende über arbeiten* **3** **über und über** ≈ sehr, völlig ⟨über und über nass, voll Schnee sein⟩

über-[1] *im Verb; unbetont und nicht trennbar;* Die Verben mit *über-* werden nach folgendem Muster gebildet: *übergehen - überging - übergangen* **1** drückt aus, dass eine Bewegung von einem Punkt zum anderen führt, über etwas hinweg; **etwas überfliegen, überklettern, überspringen** **2** drückt aus, dass etwas eine Fläche ganz bedeckt oder etwas anderes verdeckt; **etwas überdecken, überkleben, überschreiben**; **etwas überflutet, überwuchert etwas** **3** drückt aus, dass eine Person oder Sache *z.B.* größer, länger, stärker, lauter als eine andere ist; **jemanden/etwas überbieten, überragen, übertönen** **4** zu sehr, zu intensiv; **sich überanstrengen, überarbeiten**; **jemanden/sich überfordern**; **etwas überladen, überlasten**

U

über-[2] *im Verb; betont und trennbar;* Die Verben mit *über-* werden nach folgendem Muster gebildet: *übergehen - ging über- übergegangen* **1** drückt aus, dass etwas über eine Grenze oder oder einen Rand (hinaus)geht; **etwas hängt über, kocht über, quillt über, schäumt über** **2** drückt aus, dass eine Bewegung oder Handlung von der einen Seite zur anderen geht; **zum Feind überlaufen**; **irgendwohin übertreten, überwechseln**

über-[3] *im Adjektiv; betont;* drückt aus, dass etwas über das übliche Maß oder eine Norm hinausgeht;**übereifrig** ⟨ein Schüler⟩; **überirdisch** ⟨schön⟩; **übermenschlich** ⟨Anstrengungen⟩; **übernatürlich** ⟨Erscheinungen, Kräfte⟩; **überpünktlich** ⟨sein⟩

Über- *im Substantiv; betont;* verwendet, um auszudrücken, dass die Zahl oder Menge von etwas zu groß ist; das **Überangebot** ⟨an Waren⟩, die **Überbevölkerung**, die **Überdosis**, der **Überdruck**, der **Übereifer**, das **Übergepäck**

über·all, über·all A2 *Adverb;* an jedem Ort, in jeder Situation: *Der laute Knall war überall zu hören*

über·all·hin B1 *Adverb;* zu allen Orten, in alle Richtungen

über·an·stren·gen; *überanstrengte, hat überanstrengt;* **jemand überanstrengt sich/etwas**; jemand braucht viel Kraft für etwas und schadet sich dabei ⟨die Augen überanstrengen⟩: *Er hat sich beim Joggen überanstrengt*

über·ar·bei·ten; *überarbeitete, hat überarbeitet* **1** **etwas überarbeiten** noch einmal an etwas arbeiten, um es besser zu machen ⟨einen Aufsatz, einen Text überarbeiten⟩ **2** **sich überarbeiten** so viel arbeiten, bis man erschöpft ist, die Gesundheit in Gefahr ist *o.Ä.* ≈ sich überanstrengen || *hierzu* **Über·ar·bei·tung** *die; -, -en*

über·aus, über·aus *Adverb; förmlich* ≈ sehr: *überaus glücklich sein*

über·ba·cken *überbäckt/überbackt, überbackte, hat überbacken;* **etwas (mit etwas) überbacken** eine Speise mit einer Schicht Käse belegen und das Ganze dann kurze Zeit im Ofen backen: *den Auflauf mit Käse überbacken*

über·be·wer·ten; *überbewertete, hat überbewertet;* **jemanden/etwas überbewerten** jemanden/etwas für besser oder wichtiger nehmen, als er/es ist

über·be·zahlt *Adjektiv;* so, dass etwas den (hohen) Preis, die Kosten nicht wert ist

über·bie·ten; *überbot, hat überboten* **1** **jemanden überbieten** (*bes* auf einer Auktion) mehr Geld für etwas bieten als ein anderer **2** **jemanden/etwas (an etwas** *(Dativ)*) **überbieten** besser sein, mehr von etwas bieten als ein anderer ≈ jemanden/etwas in/an etwas übertreffen ⟨einen Rekord überbieten⟩: *An Frechheit ist er kaum zu überbieten!*

Über·bleib·sel *das; -s, -;* ≈ Rest

Über·blick *der; -(e)s, -e* **1** **ein Überblick (über etwas** *(Akkusativ)*) die gute Aussicht von einer

Stelle aus, die höher ist: *ein guter Überblick über die ganze Stadt* **2 ein Überblick (über etwas** (Akkusativ)) eine kurze Zusammenfassung von etwas: *ein Überblick über die deutsche Geschichte* **3** *nur Singular;* die Fähigkeit, Zusammenhänge zu erkennen ⟨jemandem fehlt der Überblick⟩

über·bli·cken *überblickte, hat überblickt* **1 etwas überblicken** gut über eine *meist* große Fläche sehen können ≈ übersehen: *vom Turm aus die ganze Stadt überblicken können* **2 etwas überblicken** fähig sein, die Zusammenhänge von etwas zu erkennen: *ein Fachgebiet überblicken*

über·brin·gen; *überbrachte, hat überbracht;* **jemandem etwas überbringen** *förmlich;* (als Bote) jemandem etwas sagen oder geben ⟨jemandem eine Nachricht, jemandes Glückwünsche, einen Brief, ein Geschenk überbringen⟩ || *hierzu* **Über·brin·ger** *der; -s, -;* **Über·brin·ge·rin** *die; -, -nen*

über·de·cken; *überdeckte, hat überdeckt* **1 etwas überdeckt etwas** etwas liegt wie eine Decke auf etwas ≈ etwas bedeckt etwas: *Schnee überdeckte das ganze Gebirge* **2 etwas überdecken** ≈ verbergen, verdecken: *die gelbe Farbe durch die braune überdecken*

über·den·ken; *überdachte, hat überdacht;* **etwas überdenken** sehr genau über etwas nachdenken ⟨etwas noch einmal überdenken⟩

über·dreht; *überdrehter, überdrehtest-; Adjektiv; umg;* auf unnatürliche Art munter und lebhaft

über·drüs·sig *Adjektiv; nur in* **1 jemandes/etwas überdrüssig sein** *förmlich;* jemanden/etwas nicht mehr mögen, nach langer Zeit als lästig empfinden **2 jemandes/etwas überdrüssig werden** jemanden/etwas allmählich als lästig empfinden: *Er wurde ihrer überdrüssig; Sie wurde des Alleinseins überdrüssig* || *hierzu* **Über·druss** *der; -es; nur Singular*

über·durch·schnitt·lich *Adjektiv;* besser als normal: *überdurchschnittliche Leistungen in der Schule*

über·ei·nan·der *Adverb;* eine Person/Sache über die andere oder über der anderen: *zwei Paar Socken übereinander anziehen*

über·ei·nan·der- *im Verb; betont und trennbar;* Die Verben mit *übereinander-* werden nach folgendem Muster gebildet: *übereinanderlegen - legte übereinander - übereinandergelegt;* so, dass eine Person/Sache über der anderen ist oder in eine Lage über der anderen kommt; ⟨Dinge⟩ **übereinanderlegen, übereinanderstapeln, übereinanderstellen;** ⟨Dinge⟩ **liegen/stehen übereinander**

über·ei·nan·der·schla·gen *(hat)* **die Beine übereinanderschlagen** beim Sitzen ein Bein über das andere legen

über·ein·kom·men; *kam überein, ist übereingekommen;* **mit jemandem übereinkommen + zu +** *Infinitiv; förmlich;* sich mit jemandem einigen, etwas Bestimmtes zu tun: *Sie kamen überein, einen neuen Vertrag zu schließen*

Über·ein·kunft *die; -, -künf·te; förmlich* ≈ Einigung, Vereinbarung ⟨eine Übereinkunft treffen⟩

über·ein·stim·men; *stimmte überein, hat übereingestimmt* **1 mit jemandem (in etwas** (Dativ)) **übereinstimmen** dieselbe Meinung haben wie ein anderer: *Wir stimmen in allen Punkten überein* **2** ⟨Aussagen *o.Ä.*⟩ **stimmen überein; etwas stimmt mit etwas überein** zwei Aussagen haben denselben Inhalt: *Die Aussagen der Zeugen stimmten überein* || *hierzu* **Über·ein·stim·mung** *die; -, -en*

über·emp·find·lich *Adjektiv;* zu empfindlich, zu sensibel: *Sie reagiert überempfindlich auf Kritik* || *hierzu* **Über·emp·find·lich·keit** *die; -, -en*

über·fah·ren; *überfährt, überfuhr, hat überfahren* **1 jemanden überfahren** (*bes* mit einem Auto) über einen Menschen fahren und ihn dabei verletzen oder töten **2 etwas überfahren** beim (Auto)Fahren ein Verkehrszeichen nicht beachten, nicht stehen bleiben *o.Ä.* ⟨eine rote Ampel *usw* überfahren⟩ **3 jemanden überfahren** *umg;* jemanden (*meist* durch einen überraschenden Vorschlag *o.Ä.*) dazu bringen, eine für ihn ungünstige schnelle Entscheidung zu treffen ⟨jemanden bei Verhandlungen überfahren⟩

Über·fahrt *die; -, -en;* eine Fahrt auf einem Schiff von einer Seite eines Gewässers zur anderen: *die Überfahrt von Calais nach Dover*

über·fal·len; *überfällt, überfiel, hat überfallen* **1 jemanden/etwas überfallen** jemanden/etwas plötzlich angreifen und mit Waffen bedrohen (*meist* um etwas zu rauben) ⟨eine Bank, ein Land überfallen⟩: *Sie ist nachts überfallen worden* **2 jemanden überfallen** *umg humorvoll;* jemanden besuchen, ohne sich vorher anzumelden **3 jemanden mit etwas überfallen** *umg;* jemanden mit einer Bitte, einem Wunsch überraschen **4 etwas überfällt jemanden** ein Gefühl *o.Ä.* entsteht plötzlich in jemandem ⟨Angst, Müdigkeit überfällt jemanden⟩ || *hierzu* **Über·fall** *der; -(e)s, -fäl·le*

über·fäl·lig *Adjektiv; nicht als Adverb* **1 etwas ist überfällig** etwas ist nicht zum erwarteten

U

Zeitpunkt angekommen ⟨ein Flugzeug, ein Schiff ist überfällig⟩ **2** zur richtigen Zeit noch nicht bezahlt ⟨eine Rechnung⟩

über·flie·gen; *überflog, hat überflogen* **1** **etwas überfliegen** über ein bestimmtes Gebiet fliegen: *den Atlantik überfliegen* **2** **etwas überfliegen** etwas schnell und nicht genau lesen: *Sie hat den Bericht nur überflogen*

über·flü·geln; *überflügelte, hat überflügelt;* **jemanden überflügeln** in einem bestimmten Bereich wesentlich besser werden als ein anderer ≈ übertreffen

Über·fluss *der; -es; nur Singular* **1** der Zustand, in dem man mehr von etwas hat, als man braucht ↔ Mangel ⟨etwas ist im Überfluss vorhanden; etwas im Überfluss haben; im Überfluss leben⟩ ‖ K- Überflussgesellschaft **2** **zu allem Überfluss** ≈ obendrein

über·flüs·sig *Adjektiv;* nicht nötig ≈ entbehrlich ⟨eine Bemerkung⟩

über·flu·ten; *überflutete, hat überflutet;* **etwas überflutet etwas** etwas fließt über das Ufer und bedeckt ein Gebiet mit Wasser ≈ etwas überschwemmt etwas: *Der Fluss überflutete die Wiesen* ‖ *hierzu* **Über·flu·tung** *die; -, -en*

über·for·dern; *überforderte, hat überfordert;* **jemanden überfordern** mehr von jemandem erwarten oder verlangen, als er leisten kann ⟨überfordert sein; sich überfordert fühlen⟩ ‖ *hierzu* **Über·for·de·rung** *die; -, -en*

über·fragt *Adjektiv; nur nach dem Substantiv, nicht als Adverb; meist in* **überfragt sein** eine Frage nicht beantworten können, weil man nicht genug weiß: *Da bin ich überfragt*

über·füh·ren; *überführte, hat überführt* **1** **jemanden (etwas** *(Genitiv)*) **überführen** beweisen, dass jemand etwas (*bes* ein Verbrechen) getan hat: *jemanden des Mordes überführen* **2** **jemanden/etwas (irgendwohin) überführen** ≈ jemanden/etwas (irgendwohin) transportieren ⟨einen Kranken, einen Sarg, ein Auto überführen⟩

Über·füh·rung *die; -, -en* **1** das Überführen (1): *die Überführung des Täters* **2** das Überführen (2): *die Überführung eines Toten ins Heimatland* **3** eine Brücke, die über eine Straße *o.Ä.* führt ‖ -K Bahnüberführung

über·füllt *Adjektiv;* (gefüllt) mit zu vielen Personen oder Dingen ⟨ein Bus, ein Zug, ein Regal⟩ ‖ *hierzu* **Über·fül·lung** *die; -, -en; meist Singular*

Über·ga·be *die; -, -n;* **die Übergabe (von etwas an jemanden)** das Übergeben[1]: *die Übergabe der Wohnungsschlüssel an die Nachmieter*

Über·gang *der; -(e)s, -gän·ge* **1** **der Übergang (über etwas** *(Akkusativ)*) das Überqueren von etwas **2** **ein Übergang (über etwas** *(Akkusativ)*) ein Weg, auf dem man etwas überquert ‖ -K Bahnübergang, Grenzübergang **3** **der Übergang (von etwas zu etwas/in etwas** *(Akkusativ)*) die Entwicklung zu einem neuen Zustand: *der Übergang vom Studium in den Beruf*

über·ge·ben[1] B2 *übergibt, übergab, hat übergeben* **1** **jemandem etwas übergeben** jemandem etwas geben, das von diesem Zeitpunkt an ihm gehört: *jemandem einen Brief übergeben* **2** **jemandem etwas übergeben** jemandem den Auftrag geben, ein Amt, eine Aufgabe zu erfüllen: *Er übergab die Angelegenheit seinem Anwalt* **3** **etwas (jemandem/etwas) übergeben** etwas offiziell eröffnen, damit es genutzt werden kann: *einen neuen Tunnel dem Verkehr übergeben*

über·ge·ben[2]**, sich** B2; *übergibt sich, übergab sich, hat sich übergeben;* **sich übergeben** ≈ (sich) erbrechen

über·ge·hen[1]; *ging über, ist übergegangen* **1** **zu etwas übergehen** zu einem anderen Punkt, Thema kommen: *zu einem anderen Thema übergehen* **2** **etwas geht in etwas** *(Akkusativ)* **über** etwas ändert allmählich seinen Zustand: *Beim Erhitzen geht Wasser in Dampf über* **3** **etwas geht in etwas** *(Akkusativ)* **über** etwas vermischt sich allmählich mit etwas, sodass es keine Grenze mehr gibt: *Das Gelb geht in Orange über*

über·ge·hen[2]; *überging, hat übergangen* **1** **jemanden/etwas übergehen** jemanden/etwas mit Absicht nicht beachten ≈ ignorieren: *Er hat mich übergangen, weil er immer noch beleidigt war* **2** **jemanden übergehen** jemanden bei etwas nicht berücksichtigen ⟨jemanden bei einer Gehaltserhöhung, im Testament übergehen⟩

über·ge·ord·net *Adjektiv; nicht als Adverb* **1** wichtiger als etwas anderes ↔ untergeordnet ⟨eine Aufgabe, ein Problem⟩: *eine Sache von übergeordneter Bedeutung* **2** **(jemandem/etwas) übergeordnet** mit dem Recht, (jemandem) Befehle zu geben ⟨eine Behörde, eine Instanz⟩

über·ge·schnappt *Adjektiv; umg;* sich ganz anders verhaltend als vorher, und zwar so, dass andere es sehr seltsam finden: *Er hat verloren, und jetzt ist er ganz übergeschnappt*

Über·ge·wicht *das; -(e)s; nur Singular* **1** *meist in (Gewichtsangabe +)* **Übergewicht haben** (um das genannte Gewicht) zu dick sein: *Er hat 10 Kilogramm Übergewicht* **2** *meist in* **etwas hat Übergewicht** etwas ist zu schwer (für eine bestimmte Kategorie) ⟨der Brief, das Päckchen hat Übergewicht⟩ **3** *meist in* **etwas hat/bekommt das** ⟨militärische, wirtschaftliche⟩ **Übergewicht** etwas ist/wird militärisch, wirtschaftlich stärker als etwas anderes

Über·griff *der; -(e)s, -e;* **Übergriff (auf etwas** *(Akkusativ)*) eine Handlung, mit der sich jemand ohne Erlaubnis in den Bereich oder die Angelegenheiten eines anderen einmischt

Über·grö·ße *die; -, -n;* ein Maß, ein Format (*bes* bei der Kleidung), das größer als die Norm ist: *Hemden in Übergrößen*

über·ha·ben; *hat über, hatte über, hat übergehabt; umg* **1** **etwas überhaben** etwas übrig haben: *Hast du von dem Geld noch was über?* **2** **jemanden/etwas überhaben** jemanden/etwas nicht mehr mögen ≈ jemandes/etwas überdrüssig sein: *Dein ewiges Genörgel hab ich schon längst über!* **3** **etwas überhaben** ein Kleidungsstück über der anderen Kleidung tragen: *Er hatte nur einen dicken Pullover über*

über·hand·neh·men; *nimmt überhand, nahm überhand, hat überhandgenommen;* **etwas nimmt überhand** etwas wird so häufig, dass man es nicht mehr ertragen kann

über·häu·fen; *überhäufte, hat überhäuft;* **jemanden mit etwas überhäufen** jemandem von etwas sehr viel oder zu viel geben ⟨jemanden mit Geschenken, mit Ehrungen, mit Arbeit überhäufen⟩

über·haupt *Partikel* **1** etwas trifft nicht nur jetzt oder für diesen Fall zu, sondern allgemein, immer: *Sie ist überhaupt sehr sympathisch* **2** verwendet in Fragen, um Zweifel zu formulieren, und wenn man eher die Antwort „nein" erwartet: *„Ich tippe dir schnell den Brief" – „Kannst du überhaupt tippen?"* **3** verwendet in Fragen, bei denen etwas Grundsätzliches oder ein neues Thema angesprochen wird ≈ eigentlich: *Wo warst du überhaupt so lange?; Was will er denn überhaupt von dir?* **4** verwendet, um eine Verneinung zu verstärken: *Das interessiert mich überhaupt nicht; Ich habe überhaupt keine Zeit* **5** **(und) überhaupt** *umg;* auch ohne dies ≈ außerdem: *(Und) überhaupt, hab ich dir schon erzählt, was mir passiert ist?*

über·heb·lich *Adjektiv;* so, dass man stolz auf eigene Fähigkeiten ist und dies den anderen auch deutlich zeigt oder sagt ≈ arrogant || *hierzu* **Über·heb·lich·keit** *die; -; nur Singular*

über·höht *Adjektiv;* höher als normal oder erlaubt ⟨Preise; mit überhöhter Geschwindigkeit⟩

über·ho·len B1 *überholte, hat überholt* **1** **(jemanden/etwas) überholen** eine andere Person oder ein anderes Fahrzeug einholen und an ihr/ihm vorbeigehen, vorbeifahren: *Er hat versucht, mich in der Kurve zu überholen* **2** **etwas überholen** *bes* eine Maschine prüfen und reparieren, damit sie wieder gut funktioniert ⟨ein Auto, einen Motor überholen⟩ || *zu 2* **Über·ho·lung** *die; -, -en*

über·holt *Adjektiv;* nicht mehr modern ≈ veraltet ↔ zeitgemäß ⟨Anschauungen, Ansichten, eine Methode, eine Theorie⟩

über·hö·ren; *überhörte, hat überhört* **1** **etwas überhören** etwas nicht hören können: *Das Radio lief so laut, dass sie das Klingeln des Telefons überhörte* **2** **etwas überhören** so tun, als ob man etwas nicht hörte (und deshalb nicht reagieren): *Er überhörte einfach die Kritik seiner Freunde*

über·kom·men[1]; *überkam, hat überkommen;* **etwas überkommt jemanden** ein intensives Gefühl entsteht plötzlich in jemandem: *Heftige Schuldgefühle überkamen sie, als sie ihn so sah*

über·kom·men[2] *Adjektiv nicht als Adverb; förmlich;* durch die Tradition lange weitergegeben ≈ traditionell, überliefert ⟨Bräuche, Sitten⟩: *nach überkommenen Vorstellungen leben*

über·la·den *Adjektiv* **1** mit zu hohem Gewicht belastet: *ein völlig überladener Lastwagen* **2** *abwertend;* mit zu viel Schmuck (sodass das ästhetische Empfinden des Betrachters gestört wird) ↔ schlicht ⟨ein Stil, eine Fassade⟩

über·la·gern, sich; *überlagerten sich, haben sich überlagert* **1** ⟨Gesteinsschichten⟩ **überlagern sich** Gesteinsschichten liegen übereinander **2** ⟨Sender⟩ **überlagern sich** Sender sind auf der gleichen Welle **3** ⟨Interessen⟩ **überlagern sich** Interessen sind teilweise gleich || *hierzu* **Über·la·ge·rung** *die; -, -en*

Über·län·ge *die; -, -n* **1** eine Länge, die über das normale Maß hinausgeht: *Hosen in Überlänge* **2** *meist in* **etwas hat Überlänge** etwas dauert länger als normal: *Dieser Film hat Überlänge*

über·las·sen; *überlässt, überließ, hat überlassen* **1** **jemandem etwas überlassen** jemandem etwas geben, damit er es behalten oder benutzen kann: *Er überließ ihr für das Wochenende seine Wohnung* **2** **jemandem etwas überlassen** jemanden eine Arbeit, Aufgabe erledigen lassen: *Sie ging weg und überließ es mir, alles aufzuräumen* **3** **jemandem etwas überlassen** jemanden etwas entscheiden lassen (ohne ihn zu beeinflussen) ⟨jemandem eine Entscheidung überlassen: *Ich überlasse es dir, ob du mitkommst oder nicht* **4** **jemanden sich** (Dativ) **selbst überlassen** jemanden allein lassen (und ihm nicht helfen) **5** **etwas dem Zufall überlassen** nicht handeln, sondern abwarten, was geschieht

über·las·tet *Adjektiv; nicht als Adverb* **1** mit zu viel Last beladen: *Der Lkw war völlig überlastet* **2** so, dass etwas zu sehr beansprucht ist und deshalb nicht mehr gut funktioniert ⟨jemandes Herz, jemandes Kreislauf, das Verkehrsnetz ist überlastet⟩ **3** **jemand ist überlastet** jemand hat zu viel Arbeit oder Sorgen ⟨beruflich überlastet⟩ || *hierzu* **Über·las·tung** *die; -, -en*

über·lau·fen[1]; *läuft über, lief über, ist übergelaufen* **1** **etwas läuft über** eine Flüssigkeit fließt über den Rand eines Gefäßes: *Das Wasser ist übergelaufen* **2** **etwas läuft über** ein Gefäß ist mit zu viel Flüssigkeit gefüllt, sodass diese über den Rand fließt: *Die Badewanne lief über* **3** **jemand läuft über** jemand wechselt (*z.B.* im Krieg) auf die Seite des Gegners ⟨zum Feind überlaufen⟩ || *zu 3* **Über·läu·fer** *der; -s, -*

über·lau·fen[2] *Adjektiv; nicht als Adverb;* so, dass dort zu viele Menschen sind ↔ menschenleer: *Die Strände waren völlig überlaufen*

über·le·ben B2 *überlebte, hat überlebt* **1** **(etwas) überleben** in einer sehr gefährlichen Situation am Leben bleiben ⟨einen Flugzeugabsturz überleben⟩: *Er hat als Einziger überlebt* || K- Überlebenschance **2** **jemanden überleben** länger als ein anderer leben: *Sie hat ihren Mann (um zwei Jahre) überlebt* || *zu 1* **Über·le·ben·de** *der/die; -n, -n*

über·le·gen[1]; *überlegte, hat überlegt;* **(etwas) überlegen**; **(sich** (Dativ) **etwas) überlegen** denken, um zu einer Entscheidung oder einem Ergebnis zu kommen ⟨lange überlegen⟩: *sich eine kluge Antwort überlegen; Sie überlegte (sich), wie sie ihm helfen könnte* || *hierzu* **Über·le·gung** *die; -, -en*

über·le·gen[2] *Adjektiv; meist nach dem Substantiv;* **(jemandem) (an/in etwas** (Dativ)**) überlegen sein** (in bestimmter Hinsicht/auf einem bestimmten Gebiet) besser als ein anderer sein: *Sie ist ihm an Intelligenz/im Rechnen weit überlegen* || *hierzu* **Über·le·gen·heit** *die; -; nur Singular*

über·lis·ten; *überlistete, hat überlistet;* **jemanden überlisten** jemanden mit einem Trick täuschen

überm *Präposition mit Artikel; umg* ≈ über dem

Über·macht *die; -; nur Singular;* die große Überlegenheit in Bezug auf Zahl oder Stärke ⟨in der Übermacht sein, gegen eine Übermacht ankämpfen⟩ || *hierzu* **über·mäch·tig** *Adjektiv*

Über·maß *das; -es; nur Singular;* **ein Übermaß (an etwas** (Dativ)**)** eine Menge von etwas, die größer oder stärker ist als normal (oder angemessen): *Die Europäische Union produziert ein Übermaß an Fleisch*

über·mit·teln; *übermittelte, hat übermittelt;* **jemandem etwas übermitteln** *förmlich;* dafür sorgen, dass jemand (durch einen Boten oder durch technische Mittel) eine Nachricht *o.Ä.* bekommt ⟨jemandem eine Botschaft, eine Nachricht, (seine) Glückwünsche, (seine) Grüße (telefonisch, per Post) übermitteln⟩ || *hierzu* **Über·mitt·lung** *die; -, -en*

über·mor·gen A2 *Adverb;* an dem Tag, der auf morgen folgt

Über·mü·dung *die; -; nur Singular;* der Zustand, so müde zu sein, dass man kaum wach bleiben kann: *Vor Übermüdung schlief er beim Autofahren ein* || *hierzu* **über·mü·det** *Adjektiv*

Über·mut *der; -(e)s; nur Singular;* ein Verhalten, bei dem man so ausgelassen oder fröhlich ist, dass man Dinge tut, die gefährlich sind oder die anderen schaden: *Aus/Vor lauter Übermut sprangen die Jungen von der Brücke ins Wasser* || *hierzu* **über·mü·tig** *Adjektiv*

über·nächs·t- *Adjektiv; nur vor dem Substantiv, nicht als Adverb;* in der Reihenfolge nach dem/der Nächsten: *Das Fest findet nicht nächste, sondern erst übernächste Woche statt*

über·nach·ten B2 *übernachtete, hat übernachtet;* **(irgendwo) übernachten** nachts nicht bei sich zu Hause, sondern anderswo schlafen: *im Freien übernachten, bei einem Freund übernachten* || *hierzu* **Über·nach·tung** *die; -, -en*

Über·nah·me *die; -; nur Singular;* das Übernehmen (1-5): *die Übernahme des Betriebs durch einen Konzern; Er erklärte sich zur Übernahme der Kosten bereit* || -K Geschäftsübernahme, Kostenübernahme

über·neh·men; *übernimmt, übernahm, hat übernommen* **1** **etwas übernehmen** etwas als Nachfolger von jemandem annehmen oder kaufen und weiterführen: *Mein Sohn wird die Firma übernehmen; Der Konzern übernahm drei kleinere Firmen* **2** **etwas übernehmen** etwas verwenden, das ein anderer geschaffen oder sich ausgedacht hat ⟨Ideen überneh-

U

men⟩: *Wir übernehmen heute eine Sendung des Österreichischen Rundfunks* **3** **etwas übernehmen** eine Aufgabe annehmen und erfüllen ⟨ein Amt, eine Funktion, eine Aufgabe, die Verantwortung übernehmen⟩ **4** **etwas übernehmen** etwas bezahlen ⟨die Kosten, Schulden übernehmen⟩ **5** **die Garantie/Haftung für etwas übernehmen** ≈ für etwas garantieren/haften **6** **sich übernehmen** versuchen, mehr zu schaffen oder zu erreichen, als man tatsächlich kann ⟨sich finanziell übernehmen⟩: *Übernimm dich nicht (beim Joggen)!*

über·prü·fen; *überprüfte, hat überprüft* **1** **etwas überprüfen** (nochmals) genau prüfen, ob etwas richtig ist oder funktioniert ⟨eine Rechnung überprüfen⟩: *Er überprüfte, ob alles richtig war* **2** **jemanden/etwas überprüfen** (als Polizist) feststellen, wer jemand ist ⟨die Personalien überprüfen⟩ || *hierzu* **Über·prü·fung** *die; -, -en*

über·que·ren [B2] *überquerte, hat überquert*; **etwas überqueren** von einer Seite von etwas zur anderen Seite gehen, fahren ⟨eine Straße, die Schienen, den Fluss, den Atlantik überqueren⟩ || *hierzu* **Über·que·rung** *die; -, -en*

über·ra·gen; *überragte, hat überragt* **1** **jemand/etwas überragt jemanden/etwas** jemand ist viel größer als jemand anderer, etwas ist viel höher als etwas anderes ⟨jemanden um Haupteslänge überragen (= einen Kopf größer sein als jemand anderer)⟩: *Der Kirchturm überragt selbst die höchsten Häuser des Ortes* **2** **jemanden an etwas** (*Dativ*) **überragen** (in Bezug auf eine bestimmte Fähigkeit) viel besser sein als jemand anderer ≈ jemanden an etwas übertreffen: *Karl überragt seinen älteren Bruder an Ausdauer*

über·ra·gend *Adjektiv*; viel besser als jemand anderer/etwas anderes ≈ hervorragend ⟨eine Leistung⟩: *Der Torwart war der überragende Mann auf dem Platz*

über·ra·schen; *überraschte, hat überrascht* **1** **etwas überrascht (jemanden)** etwas ist oder passiert unerwartet: *Das Angebot hat mich sehr überrascht; eine überraschende Nachricht* **2** **jemand überrascht jemanden** jemand macht oder sagt etwas Unerwartetes: *Er überraschte uns mit seinen extremen politischen Ansichten* **3** **jemanden (bei etwas) überraschen** in dem Moment kommen, in dem jemand etwas tut, was verboten ist: *Der Einbrecher wurde von einem Nachbarn überrascht und flüchtete zu Fuß* **4** **etwas überrascht jemanden** etwas *meist* Unangenehmes geschieht, ohne dass jemand darauf vorbereitet ist: *Während der Bergtour wurden wir von einem Gewitter überrascht* || Hinweis: *meist* im Passiv || [ID] *meist* **Lassen wir uns überraschen** *umg*; wir werden abwarten, was noch geschehen wird

über·rascht *Adjektiv*; **(über jemanden/etwas) überrascht**; **(von jemandem/etwas) überrascht** nicht auf jemanden/etwas vorbereitet ≈ verwundert: *Ich bin überrascht (darüber), dass du das noch nicht weißt; Ich war von ihrem neuen Freund angenehm überrascht*

Über·ra·schung *die; -, -en* **1** ein Ereignis, das unerwartet ist ⟨etwas ist eine (un)angenehme, freudige, böse Überraschung⟩: *Der Sieg des Außenseiters war eine große Überraschung* || [K-] Überraschungseffekt, Überraschungserfolg, Überraschungssieg **2** ein Geschenk (das man nicht erwartet hat): *Ich habe eine kleine Überraschung für dich* **3** *nur Singular*; **Überraschung (über jemanden/etwas)** das Überraschtsein ≈ Verwunderung ⟨jemand/etwas sorgt für (eine) Überraschung⟩: *Vor lauter Überraschung wusste sie nicht, was sie sagen sollte; Zu meiner Überraschung regnete es*

über·re·den; *überredete, hat überredet*; **jemanden (zu etwas) überreden** durch Reden jemanden dazu bringen, etwas zu tun, was er eigentlich nicht tun wollte: *jemanden zum Kauf eines Autos überreden; Sie überredete ihren Freund (dazu), in Norwegen Urlaub zu machen*

über·rei·chen; *überreichte, hat überreicht*; **(jemandem) etwas überreichen** auf feierliche Weise jemandem etwas geben ⟨jemandem ein Geschenk, eine Urkunde überreichen⟩ || *hierzu*

▶ Übernachtungen

Für junge Leute gibt es die preisgünstigen **Jugendherbergen** mit einfachen Zimmern und Schlafsälen.
Etwas teurer sind privat vermietete Zimmer, die besonders auf dem Land angeboten werden und die man an den Schildern **„Zimmer frei„** erkennt. Daneben gibt es **Pensionen** und **Gasthöfe**, die auch schon recht komfortabel sein können.
Bei **Hotels** werden Kategorien mit 2 bis 5 **Sternen** unterschieden.
Außerdem gibt es besonders in landschaftlich schönen Lagen zahlreiche **Campingplätze**, auf denen man in **Zelt** oder **Wohnwagen** und **Wohnmobil** übernachten kann. Man kann auch eine **Ferienwohnung** oder ein **Ferienhaus** mieten.

WORTSCHATZ ◀

Über·rei·chung *die; -; nur Singular*

über·reizt *Adjektiv;* wegen zu starker Belastung erregt oder nervös: *Meine Nerven sind überreizt*

Über·rest *der; -(e)s, -e; meist Plural* **1** das, was von einem Ganzen noch übrig ist: *die Überreste einer alten Burg* **2** **jemandes sterbliche Überreste** *förmlich beschönigend;* jemandes Leiche

über·rum·peln; *überrumpelte, hat überrumpelt;* **jemanden überrumpeln** jemanden mit etwas überraschen, sodass er nicht reagieren kann, wie er will ⟨jemanden mit einer Frage, einem Angebot überrumpeln⟩

über·run·den; *überrundete, hat überrundet* **1** **jemanden/etwas überrunden** in einem Wettkampf um eine ganze Runde weiter sein als ein anderer und diesen überholen: *Er lief so langsam, dass er von mehreren Läufern überrundet wurde* **2** **jemanden überrunden** (plötzlich) bessere Leistungen bringen als ein anderer ≈ überflügeln, übertreffen

übers *Präposition mit Artikel; bes umg* ≈ über das || Hinweis: *übers* kann nicht durch *über das* ersetzt werden in Wendungen wie: *jemanden übers Ohr hauen*

über·sät *Adjektiv; nicht als Adverb;* **mit/von etwas übersät** auf der ganzen Fläche mit etwas bedeckt: *Der Strand war mit Dosen übersät*

über·schat·ten; *überschattete, hat überschattet; meist* **etwas wird von etwas überschattet** ein positives Ereignis wird durch ein Unglück *o.Ä.* gestört: *Die Veranstaltung wurde von einem Attentat überschattet*

über·schät·zen; *überschätzte, hat überschätzt;* **jemanden/etwas überschätzen** jemanden/etwas für besser halten als er/es in Wirklichkeit ist

über·schau·bar *Adjektiv* **1** ≈ übersichtlich: *Mit den vielen Korrekturen war der Text nicht mehr überschaubar* **2** so klar oder begrenzt, dass man den Umfang oder die Konsequenzen sehen kann ≈ abschätzbar, kalkulierbar ⟨ein Risiko⟩: *Die Folgen dieses Beschlusses waren kaum überschaubar* || *hierzu* **Über·schau·bar·keit** *die; -; nur Singular*

über·schla·fen; *überschläft, überschlief, hat überschlafen;* **etwas überschlafen** etwas nicht sofort, sondern erst am nächsten Tag oder später entscheiden: *Ich muss deinen Vorschlag erst mal überschlafen*

über·schla·gen[1]; *überschlägt, überschlug, hat überschlagen* **1** **jemand/etwas überschlägt sich** jemand/etwas dreht sich *meist* ohne Absicht um die eigene horizontale (Körper)Achse: *Das Auto kam von der Fahrbahn ab und überschlug sich mehrere Male* **2** **jemand überschlägt sich (vor etwas** *(Dativ)*) *umg;* jemand macht etwas auf übertriebene Weise: *Der Vertreter überschlug sich vor Höflichkeit* (= war viel zu höflich) **3** **etwas überschlagen** etwas schnell und ungefähr ausrechnen ⟨etwas kurz im Kopf überschlagen⟩

über·schla·gen[2]; *schlägt über, schlug über, ist übergeschlagen;* **etwas schlägt in etwas** *(Akkusativ)* **über** etwas kommt in eine andere (extreme) Form: *Die Begeisterung der Fans schlug in Wut über, als das Konzert abgebrochen wurde*

über·schnei·den, sich; *überschnitt sich, hat sich überschnitten* **1** ⟨Linien, Kurven, Kreise *usw*⟩ **überschneiden sich** Linien, Kurven, Kreise *usw* haben einen Punkt *bzw* eine Fläche gemeinsam: *Die beiden Linien überschneiden sich in einem Punkt* **2** ⟨Themen, Interessen *o.Ä.*⟩ **überschneiden sich** Themen, Interessen *o.Ä.* sind teilweise gleich **3** **etwas überschneidet sich mit etwas** etwas findet (zu einem Teil) zur gleichen Zeit wie etwas anderes statt || *hierzu* **Über·schnei·dung** *die; -, -en*

über·schrei·ben; *überschrieb, hat überschrieben;* **(jemandem) etwas überschreiben** durch ein Dokument festlegen, dass man jemandem etwas schenkt, als Eigentum gibt: *Meine Eltern haben mir ein Grundstück überschrieben* || *hierzu* **Über·schrei·bung** *die; -, -en*

über·schrei·ten; *überschreitet, überschritt, hat überschritten* **1** **etwas überschreiten** über eine Linie oder Grenze gehen oder fahren: *Die feindlichen Truppen hatten bereits die Grenze überschritten* **2** ⟨seine Befugnisse, Kompetenzen, Rechte⟩ **überschreiten** sich Rechte nehmen, die man gar nicht hat **3** **die Geschwindigkeit überschreiten** schneller fahren, als erlaubt ist **4** **etwas überschreitet etwas** etwas geht über ein bestimmtes Maß, eine bestimmte Grenze hinaus: *Seine Faulheit überschreitet das erträgliche Maß* || *hierzu* **Über·schrei·tung** *die; -, -en*

Über·schrift *die; -, -en;* die Wörter, die über einem Text stehen und *meist* das Thema des Textes angeben ≈ Titel

über·schul·det *Adjektiv; nicht als Adverb;* mit sehr hohen Schulden (belastet) ⟨ein Betrieb, ein Hof, ein Unternehmen, ein Staat⟩ || *hierzu* **Über·schul·dung** *die; -; nur Singular*

Über·schuss *der; -es, -schüs·se* **1** das Geld, das übrig bleibt, wenn man die Ausgaben von den Einnahmen abgezogen hat ≈ Gewinn ⟨Überschüsse erzielen⟩ **2** *meist Singular;* **ein Überschuss** (**an etwas** (*Dativ*)) mehr von etwas, als man braucht ↔ Mangel: *einen Überschuss an Getreide und Gemüse erzielen* || *zu 2* **über·schüs·sig** *Adjektiv*

über·schüt·ten; *überschüttete, hat überschüttet;* **jemanden mit etwas überschütten** jemandem sehr viel von etwas geben ≈ jemanden mit etwas überhäufen ⟨jemanden mit Geschenken, mit Lob, mit Kritik, mit Vorwürfen überschütten⟩

Über·schwang *der; -(e)s; nur Singular;* übertriebene Begeisterung ⟨jugendlicher Überschwang; im Überschwang der Gefühle⟩ || *hierzu* **über·schwäng·lich** *Adjektiv*

über·schwem·men; *überschwemmte, hat überschwemmt* **1** ⟨*meist* ein Fluss⟩ **überschwemmt etwas** Wasser aus einem Fluss bedeckt das umliegende Land ≈ etwas überflutet etwas: *Der reißende Fluss überschwemmte die Felder* **2** *meist* **der Markt wird mit etwas überschwemmt** ein Produkt ist in zu großer Zahl auf dem Markt: *Der Markt wurde mit elektronischen Geräten geradezu überschwemmt*

Über·schwem·mung *die; -, -en;* der Vorgang, bei dem große Mengen Wasser (wegen starken Regens) über eine Fläche fließen und Schaden anrichten

über·se·hen; *übersieht, übersah, hat übersehen* **1** **jemanden/etwas übersehen** jemanden/etwas ohne Absicht nicht sehen: *beim Korrigieren Fehler übersehen* **2** **jemanden/etwas übersehen** so tun, als würde man jemanden/etwas nicht sehen ≈ ignorieren **3** **etwas übersehen** gut über ein *meist* großes Gebiet sehen können: *Von dem Leuchtturm aus konnten wir die ganze Küste übersehen* **4** **etwas übersehen** die Konsequenzen eines Ereignisses abschätzen: *Die Folgen der Katastrophe lassen sich noch nicht übersehen*

über·set·zen[1] B1 *übersetzte, hat übersetzt;* **(etwas) übersetzen** einen Text mündlich oder schriftlich in einer anderen Sprache wiedergeben: *einen Roman vom Deutschen ins Englische übersetzen* || *hierzu* **Über·set·zer** *der; -s, -;* **Über·set·ze·rin** *die; -, -nen*

über·set·zen[2] B1 *setzte über, hat/ist übergesetzt* **1** **jemanden übersetzen** (*hat*) jemanden mit einem Boot oder einer Fähre von einem Ufer ans andere bringen: *Ein Fischer setzte uns ans andere Ufer über* **2** (*hat/ist*) mit einem Boot oder einer Fähre ans andere Ufer fahren

Über·set·zung B1 *die; -, -en* **1** ein übersetzter Text: *eine Kurzgeschichte von Edgar Allan Poe in einer deutschen Übersetzung lesen; einen Roman in einer neuen Übersetzung herausgeben* **2** *nur Singular;* das Übersetzen[1]: *Die Übersetzung von Redensarten ist oft sehr schwierig* || K- Übersetzungsarbeit, Übersetzungsbüro, Übersetzungsfehler, Übersetzungsproblem

Über·sicht *die; -, -en* **1** *nur Singular;* die Fähigkeit, bestimmte Zusammenhänge zu erkennen ≈ Überblick ⟨die Übersicht verlieren, sich eine Übersicht über etwas (*Akkusativ*) verschaffen⟩ **2** **eine Übersicht** (**über etwas** (*Akkusativ*)) eine Art kurze Zusammenfassung von etwas (oft in Form einer Tabelle): *Die Ansagerin gab eine Übersicht über das Abendprogramm* || K- Übersichtskarte, Übersichtstafel

über·sicht·lich *Adjektiv* **1** so, dass man es gut überblicken (1) kann ⟨ein Gelände⟩ **2** so geordnet oder gegliedert, dass man es gut und schnell lesen oder verstehen kann ⟨eine Darstellung⟩ || *hierzu* **Über·sicht·lich·keit** *die; -; nur Singular*

über·sie·deln; *übersiedelte, ist übersiedelt;* Ⓐ ≈ umziehen[1]

über·sinn·lich *Adjektiv;* so, dass man es mit den normalen Sinnen nicht verstehen kann ⟨Kräfte⟩

über·spannt, *überspannter, überspanntest-; Adjektiv* **1** *abwertend;* nicht vernünftig, nicht realistisch ≈ übertrieben ⟨Ansichten, Vorstellungen, Ideen, Pläne⟩ **2** (auf harmlose Weise) ein bisschen verrückt ⟨überspannt sein⟩ || *hierzu* **Über·spannt·heit** *die; -; nur Singular*

über·spie·len; *überspielte, hat überspielt* **1** **etwas überspielen** durch sein geschicktes Verhalten verhindern, dass andere etwas Unangenehmes oder Peinliches bemerken ⟨seine Unsicherheit überspielen⟩ **2** **etwas** (**auf etwas** (*Akkusativ*)) **überspielen** etwas (*z.B.* einen Spielfilm, Musik) von einem Band *o.Ä.* auf ein anderes bringen: *eine Schallplatte auf (eine) Kassette überspielen*

über·spitzt *Adjektiv* ≈ übertrieben ⟨eine Formulierung, eine Forderung⟩

über·sprin·gen[1]; *sprang über, ist übergesprungen;* **etwas springt über** etwas bewegt sich schnell von seinem Ort zu einem anderen ⟨*meist* Funken⟩: *Vom Feuer sprang ein Funke über und setzte die Gardine in Brand*

über·sprin·gen[2]; *übersprang, hat übersprungen* **1** **etwas überspringen** über etwas springen ⟨ein Hindernis überspringen⟩: *Er übersprang den Graben mit einem Satz* **2** **etwas überspringen** ≈ auslassen: *Er hat beim Lesen einige*

Seiten übersprungen

über·ste·hen[1]; *überstand, hat überstanden;* **etwas (irgendwie) überstehen** eine unangenehme oder gefährliche Situation hinter sich bringen: *Sie hat die Operation gut überstanden*

über·ste·hen[2]; *stand über, hat übergestanden;* **etwas steht über** etwas ragt über einen Rand hinaus ≈ etwas springt vor ⟨ein Dach, ein Vorsprung steht über⟩: *Der Felsen stand einen Meter über*

über·stei·gen; *überstieg, hat überstiegen* **1** **etwas übersteigen** über etwas (hinüber)steigen ⟨eine Absperrung, einen Zaun übersteigen⟩ **2** **etwas übersteigt etwas** etwas geht über etwas hinaus ⟨etwas übersteigt jemandes Fähigkeiten, jemandes finanzielle Möglichkeiten⟩: *Eine Bergtour würde meine Kräfte übersteigen; Der Erfolg überstieg unsere Erwartungen bei Weitem* **3** **etwas übersteigt etwas** etwas ist größer als etwas: *Die Kosten werden tausend Euro nicht übersteigen*

über·stim·men; *überstimmte, hat überstimmt;* ⟨Personen⟩ **überstimmen jemanden/etwas** eine Mehrheit von Personen stimmt in einer Abstimmung gegen jemanden/etwas: *Die Gegner des Projekts wurden überstimmt*

über·stra·pa·ziert *Adjektiv;* zu stark beansprucht ⟨jemandes Geduld, jemandes Nerven⟩

Über·stun·de B1 *die; -, -n; meist Plural;* (eine Stunde) Arbeit, die man zusätzlich zur normalen Arbeitszeit macht ⟨Überstunden machen⟩

über·stür·zen; *überstürzte, hat überstürzt* **1** **etwas überstürzen** etwas zu früh oder zu schnell tun, ohne genügend darüber nachzudenken: *eine Entscheidung überstürzen; Ihre überstürzte Abreise schockierte uns alle* **2** **die Ereignisse überstürzen sich** es passieren in kurzer Zeit viele unerwartete oder aufregende Dinge

über·ta·rif·lich *Adjektiv;* besser, höher als im Tarifvertrag festgelegt ⟨ein Gehalt, eine Leistung, ein Lohn; übertariflich bezahlt werden⟩

über·teu·ert *Adjektiv;* teurer, als es normal ist ⟨Waren; etwas überteuert verkaufen⟩

Über·topf *der; -(e)s, -töp·fe;* ein Topf *bes* aus Porzellan oder Plastik (als Schmuck), in den man einen einfachen Blumentopf stellt

über·tra·gen[1]; *überträgt, übertrug, hat übertragen* **1** **etwas auf/in etwas** *(Akkusativ)* **übertragen** etwas an anderer Stelle noch einmal zeichnen, schreiben: *die Ergebnisse in eine Tabelle übertragen* **2** **etwas in etwas** *(Akkusativ)* **übertragen** etwas Geschriebenes in eine andere Form oder Sprache bringen: *einen Roman aus dem Französischen ins Spanische übertragen* **3** **etwas übertragen** etwas aufnehmen und *(bes* gleichzeitig) im Radio oder Fernsehen senden ⟨etwas direkt übertragen⟩: *ein Tennisspiel aus Wimbledon übertragen* **4** **etwas auf etwas** *(Akkusativ)* **übertragen** etwas in einer anderen Situation anwenden, wo es ebenso gültig oder passend ist: *Ergebnisse von Tierversuchen lassen sich nicht immer auf Menschen übertragen* **5** **etwas (auf jemanden) übertragen** eine Krankheit, Infektion an jemanden weitergeben: *Malaria wird durch Insekten übertragen* **6** **jemandem etwas übertragen** jemandem eine Aufgabe geben: *jemandem die Leitung eines Projekts übertragen* **7** **etwas überträgt sich (auf jemanden)** etwas beeinflusst auch andere Personen: *Ihre Begeisterung übertrug sich auf ihre Kollegen* **8** **etwas überträgt sich (auf jemanden)** eine Krankheit wird übertragen (5): *Die Tollwut kann sich auch auf Menschen übertragen* **9** **Blut übertragen** Blut einer Person in den Körper einer anderen bringen || *hierzu* **Über·tra·gung** *die; -, -en*

über·tra·gen[2] *Adjektiv; meist in* **in übertragener Bedeutung/im übertragenen Sinn** nicht im wörtlichen Sinn, sondern in einem neuen Sinn

über·tref·fen; *übertrifft, übertraf, hat übertroffen;* **jemand/etwas übertrifft jemanden/etwas (an etwas** *(Dativ)*) jemand/etwas ist in einer Hinsicht *(bes* der Leistung oder Qualität) besser als jemand anderer/etwas anderes: *jemanden an Ausdauer übertreffen; Das neue Verfahren übertrifft das alte bei Weitem; Das übertrifft meine Erwartungen*

über·trei·ben; *übertrieb, hat übertrieben* **1** **(etwas) übertreiben** etwas als größer, wichtiger, besser, schlechter *usw* darstellen, als es ist ⟨maßlos übertreiben⟩: *Er übertreibt immer - du kannst ihm nichts glauben!* **2** **(mit) etwas übertreiben** etwas, das eigentlich positiv ist, zu oft, zu intensiv, zu lange tun: *Sie übertreibt das Joggen/(es) mit dem Joggen* || *hierzu* **Über·trei·bung** *die; -, -en*

über·tre·ten[1]; *übertritt, übertrat, hat übertreten;* **etwas übertreten** gegen etwas verstoßen, sich nicht an etwas halten ↔ befolgen, beachten ⟨ein Gebot, ein Gesetz, ein Verbot übertreten⟩ || *hierzu* **Über·tre·tung** *die; -, -en*

über·tre·ten[2]; *tritt über, trat über, hat/ist übergetreten* **1** **ein Fluss tritt über** *(ist)* ein Fluss breitet sich über die Ufer aus *(bes* wegen starker Regenfälle *o.Ä.*) ≈ ein Fluss tritt über die Ufer **2** **zu etwas übertreten** *(ist)* von einer Organisation oder Religionsgemeinschaft zu einer anderen wechseln: *zum Islam übertreten; von der FDP zur CDU übertreten* **3** **in etwas** *(Akkusativ)* **übertreten** *(ist)* in eine andere Schule wechseln: *von der Realschule ins Gymnasium übertreten* **4** *(hat/ist) Sport;* beim Weitsprung über die Markierung treten, sodass der Sprung ungültig ist || *zu 2, 3* **Über·tritt** *der; -(e)s, -e*

über·trie·ben **1** *Partizip Perfekt;* ↑ **übertreiben** **2** *Adjektiv; nicht als Adverb;* zu groß, zu stark: *übertriebene Sparsamkeit* **3** *Adjektiv; nur als Adverb;* zu (sehr): *übertrieben ängstlich*

über·vor·tei·len; *übervorteilte, hat übervorteilt;* **jemanden übervorteilen** jemanden bei einem Geschäft, einem Vertrag *o.Ä.* (aufgrund seiner Unwissenheit *o.Ä.*) benachteiligen ⟨sich übervorteilt fühlen⟩

über·wa·chen; *überwachte, hat überwacht* **1** **jemanden überwachen** eine Person längere Zeit beobachten, um festzustellen, ob sie etwas Verbotenes tut: *Er wurde von der Polizei überwacht* **2** **etwas überwachen** beobachten, ob etwas richtig abläuft ≈ kontrollieren ⟨den Verkehr überwachen⟩ || *hierzu* **Über·wa·chung** *die; -, -en*

über·wäl·ti·gen; *überwältigte, hat überwältigt* **1** **jemanden überwältigen** bewirken, dass jemand sich nicht mehr wehren oder flüchten kann: *Die Hausbewohner konnten den Einbrecher überwältigen* **2** **etwas überwältigt jemanden** ein Gefühl ist so stark, dass sich jemand nicht dagegen wehren kann ⟨von Angst überwältigt⟩

über·wäl·ti·gend *Adjektiv* **1** ungewöhnlich groß oder stark ⟨eine Zahl, eine Menge⟩: *einen Antrag mit überwältigender Mehrheit annehmen* **2** ungewöhnlich intensiv, mit sehr starker Wirkung ⟨ein Anblick, ein Eindruck, ein Erlebnis⟩

über·wei·sen B1 *überwies, hat überwiesen* **1** **(jemandem) etwas überweisen** Geld von einem Bankkonto auf ein anderes zahlen **2** **jemanden (an jemanden) überweisen** (als Arzt) einen Patienten zu einem anderen Arzt oder in eine Klinik schicken: *Mein Hausarzt hat mich an einen Orthopäden überwiesen*

Über·wei·sung *die; -, -en* **1** das Überweisen (1) || K- Überweisungsformular **2** **eine Überweisung** (**über** + *Zahlenangabe*) eine Geldsumme, die man überwiesen (1) hat: *eine Überweisung über 250 Euro* **3** das Überweisen (2) eines Patienten || K- Überweisungsschein

über·wie·gen; *überwog, hat überwogen* **1** **etwas überwiegt (etwas)** etwas ist wichtiger, stärker *o.Ä.* als etwas anderes: *Zurzeit überwiegt bei mir ein Gefühl der Unzufriedenheit; Die Neugier überwog seine Schüchternheit* **2** ⟨Personen/Dinge⟩ **überwiegen** bestimmte Personen/Dinge sind in größerer Zahl oder Menge vorhanden als andere: *Bei den Arbeitslosen überwiegen die Frauen*

über·wie·gend *Adjektiv* **1** *nur vor dem Substantiv oder als Adverb;* den größeren Teil von etwas bildend: *die überwiegende* (= große) *Mehrheit der Bevölkerung* **2** *nur als Adverb* ≈ hauptsächlich, vor allem: *Es sind überwiegend Jugendliche, die das Lokal besuchen*

über·win·den; *überwand, hat überwunden* **1** **etwas überwinden** mit etwas Schwierigem (körperlich) fertig werden ≈ bewältigen, meistern ⟨ein Hindernis, eine Steigung überwinden⟩ **2** **etwas überwinden** es schaffen, ein unangenehmes Gefühl oder eine schlechte Eigenschaft verschwinden zu lassen ≈ bewältigen, meistern ⟨seine Abneigung, seine Angst, seinen Ärger, seinen Ekel, seine Faulheit, seine Schüchternheit *usw* überwinden⟩ **3** **jemanden/etwas überwinden** *förmlich* ≈ besiegen ⟨einen Feind, einen Gegner überwinden⟩: *den Hunger in der Welt, den Krebs überwinden wollen* **4** **sich (zu etwas) überwinden** sich dazu bringen, etwas zu tun oder zu sagen, das man eigentlich nicht tun oder sagen wollte: *Er überwand sich, ins kalte Wasser zu gehen* || *hierzu* **Über·win·dung** *die; -; nur Singular*

über·win·tern; *überwinterte, hat überwintert;* ⟨Tiere/Vögel⟩ **überwintern irgendwo** Tiere/Vögel halten sich irgendwo während des Winters auf: *Igel überwintern unter Haufen von Blättern und Zweigen*

über·wu·chern; *überwucherte, hat überwuchert;* **etwas überwuchert etwas** Pflanzen wachsen sehr schnell und bedecken etwas: *Unkraut überwucherte die Beete*

Über·zahl *die; -; nur Singular; meist in* ⟨Personen⟩ **sind in der Überzahl** bestimmte Personen bilden die Mehrheit: *Bei der Versammlung waren die Männer in der Überzahl*

über·zäh·lig *Adjektiv; nicht als Adverb;* in größerer Anzahl vorhanden als notwendig ≈ überschüssig

über·zeu·gen; *überzeugte, hat überzeugt* **1** **jemanden (von etwas) überzeugen** durch Argumente bewirken, dass jemand etwas glaubt oder als richtig anerkennt ⟨jemanden von einer Sache überzeugen⟩: *Er lässt sich nicht* (*davon*) *überzeugen, dass seine Meinung falsch ist; Sie hatte ihn überzeugt mitzukommen* **2** **jemand/etwas überzeugt (jemanden)** jemand/etwas macht einen sehr guten Eindruck: *Seine Leistungen überzeugen*

über·zeu·gend *Adjektiv;* so, dass es jemanden überzeugt: *eine überzeugende Geschichte; überzeugend argumentieren*

über·zeugt *Adjektiv* **1** **von etwas überzeugt sein** keine Zweifel über etwas haben: *Wir sind von seiner Ehrlichkeit überzeugt; Sie ist überzeugt* (*davon*), *das Richtige zu tun/dass sie das Richtige tut* **2** *nur vor dem Substantiv, nicht als Adverb;* ganz sicher, dass etwas richtig oder gültig ist ⟨ein Christ, ein Demokrat, ein Pazifist, ein Marxist *usw*⟩ **3** **von sich (selbst) überzeugt** *oft abwertend;* sehr selbstbewusst (und *meist* ein bisschen arrogant)

Über·zeu·gung *die; -, -en;* eine feste Meinung, die man sich gebildet hat ⟨der Überzeugung sein, dass ...; zu der Überzeugung kommen, dass ...⟩

über·zie·hen; *überzog, hat überzogen* **1** **(etwas) überziehen** (bei einem Auftritt, einer Rede *o.Ä.*) mehr Zeit brauchen, als einem zusteht ⟨die Sendezeit überziehen⟩: *Der Redner hat schon 5 Minuten überzogen* **2** **(sein Konto) überziehen** mehr Geld von seinem Konto abheben oder überweisen, als dort vorhanden ist **3** **etwas (mit etwas) überziehen** etwas mit einer neuen Hülle, einem neuen Stoff bedecken ≈ beziehen: *die Betten frisch/mit frischer Bettwäsche überziehen* **4** **etwas überziehen** etwas gleichmäßig mit etwas bedecken: *eine Torte mit Zuckerguss überziehen* **5** *meist* **der Himmel überzieht sich (mit Wolken)** der Himmel wird allmählich mit Wolken bedeckt || ▸ **Überzug**

über·zo·gen **1** *Partizip Perfekt;* ↑ **überziehen** **2** *Adjektiv* ≈ übertrieben ⟨Erwartungen, Forderungen, Kritik⟩

Über·zug *der; -(e)s, -zü·ge* **1** eine (dünne) Schicht, die einen Gegenstand gleichmäßig bedeckt ⟨ein Überzug aus Schokolade, Zuckerguss, Kunststoff, Lack *usw*⟩ **2** eine Hülle aus Stoff ≈ Bezug || -K Bettüberzug, Kissenüberzug

U

üb·lich B2 *Adjektiv; nicht als Adverb;* so, wie es meistens, normalerweise ist: *Es ist üblich, dass die ganze Familie zur Hochzeit eingeladen wird; Wir treffen uns wie üblich; Der Bus hatte die übliche Verspätung*

U-Boot *das; -(e)s, -e;* (*Abkürzung für* Unterseeboot) ein Schiff, das tauchen und längere Zeit unter Wasser fahren kann

üb·rig B1 *Adjektiv; nicht als Adverb* **1** noch (als Rest) vorhanden: *Sind noch Brötchen übrig?; Lass mir bitte etwas vom Kuchen übrig!; Alles Übrige besprechen wir morgen; Nach seinem Besuch beim Oktoberfest sind ihm nur noch zehn Euro übrig geblieben* **2** **im Übrigen** ≈ außerdem, darüber hinaus: *Damit wäre der Fall erledigt. Im Übrigen würde ich Sie bitten, mich in Zukunft früher zu informieren* **3** **jemandem bleibt nichts (anderes/weiter) übrig, als + zu** + *Infinitiv* jemand hat keine andere Wahl, als etwas zu tun: *Wenn du die Prüfung bestehen willst, wird dir nichts anderes übrig bleiben, als fleißig zu lernen* || ID **jemand/etwas lässt (viel/sehr) zu wünschen übrig** jemand/etwas ist (überhaupt) nicht so, wie man es sich wünscht: *Das Wetter lässt viel zu wünschen übrig;* **etwas lässt nicht zu wünschen übrig** etwas ist ideal || Hinweis: ↑ **übrighaben**

üb·rig·blei·ben (*ist*) ↑ **übrig** (3)

üb·ri·gens *Partikel* **1** verwendet, um etwas einzuleiten, das einem gerade einfällt und das *meist* nicht besonders wichtig ist: *Übrigens, da fällt mir ein, ich muss noch Milch kaufen* **2** drückt aus, dass etwas wert ist, bei dieser Gelegenheit gesagt zu werden: *Das Buch, das du mir geliehen hast, war übrigens sehr gut*

üb·rig·ha·ben; *hat übrig, hatte übrig, hat übriggehabt;* **viel/wenig/nichts für jemanden/etwas übrighaben** jemanden/etwas sehr/nicht mögen || Hinweis: aber: *noch etwas Kuchen übrig haben* (= getrennt geschrieben)

üb·rig·las·sen (*hat*) ↑ **übrig** ID

Übung B1 *die; -, -en* **1** *nur Singular;* das Wiederholen gleicher oder ähnlicher Handlungen, damit man sie besser kann ⟨etwas zur Übung tun; etwas erfordert viel Übung⟩ || K- Übungsaufgabe **2** **Übung (in etwas** (*Dativ*)) das Können in einer bestimmten Sache, das man aufgrund der Übung (1) hat ⟨jemandem fehlt die Übung; in Übung sein, bleiben, aus der Übung sein⟩: *Um eine Fremdsprache fließend zu sprechen, muss man ständig in* (*der*) *Übung bleiben; wenig Übung im Skifahren haben* **3** eine Aufgabe, um etwas zu lernen: *Heute machen wir die Übung 7 auf Seite 40* **4** *Sport;* eine Reihenfolge von Bewegungen, *bes* beim Turnen ⟨eine Übung turnen⟩ || -K Gymnastikübung, Turnübung **5** das Training von Aufgaben, *bes* in der Armee, Feuerwehr *usw* || K- Übungsplatz || -K Truppenübung **6** eine Lehrveranstaltung an der Universität, in der praktische Dinge gemacht werden (wie *z.B.* Versuche oder Übersetzungen) || ID **Übung macht den Meister** wenn man etwas oft tut, lernt man, es gut zu tun

Ufer B1 *das; -s, -;* das Stück Land am Rand eines Flusses, Sees, Meeres *o.Ä.* ⟨ans Ufer geschwemmt werden⟩ || K- Uferpromenade || -K Flussufer

Uhr A1 [uːɐ̯] *die; -, -en* **1** ein Gerät, mit dem man die Zeit misst ⟨die Uhr tickt, geht vor/nach/genau/richtig⟩: *Nach meiner Uhr ist es jetzt fünf nach vier* || K- Uhrzeiger || -K Armbanduhr, Taschenuhr; Bahnhofsuhr, Kirchenuhr **2** *Zahl der Stunden* + **Uhr** (+ *Zahl der Minuten*) verwendet, um die Zeit anzugeben: *Beim Gongschlag war es vierzehn Uhr; um 18²⁴ (= achtzehn Uhr vierundzwanzig); Wir treffen uns gegen elf Uhr* **3** **Wie viel Uhr ist es?** verwendet, um nach der Uhrzeit zu fragen **4** **rund um die Uhr** *umg;* während des ganzen Tages und der ganzen Nacht

Uhr·ma·cher *der; -s, -;* jemand, der beruflich Uhren verkauft und repariert || *hierzu* **Uhr·ma·che·rin** *die; -, -nen*

Uhr·zei·ger|sinn *der; -(e)s; nur Singular;* die Richtung, in die sich die Zeiger einer Uhr drehen ⟨im Uhrzeigersinn, gegen den Uhrzeigersinn⟩

Uhr·zeit *die; -, -en;* die Zeit des Tages, die eine Uhr zeigt || ↑ Illustration **Die Zeit**

▶ Nach der Uhrzeit fragen

Sie haben gerade keine Uhr bei sich? So können Sie andere nach der Uhrzeit fragen:

Wie spät ist es, bitte?Entschuldigung, können Sie mir bitte sagen, wie spät es ist / wie viel Uhr wir haben?
Entschuldigen Sie, haben Sie vielleicht die genaue Uhrzeit?

SPRECHEN UND SCHREIBEN

Uhu [ˈuːhu] *der; -s, -s;* eine große europäische Eule

UKW [uːkaːˈveː] *ohne Artikel, indeklinabel; (Abkürzung für* Ultrakurzwelle) der Bereich der sehr kurzen Wellen, über die ein (Rundfunk)Sender sendet: *einen Sender auf UKW empfangen* || K- UKW-Sender

ul·kig *Adjektiv; umg* ≈ komisch, lustig: *eine ulkige Grimasse schneiden*

Ul·me *die; -, -n;* ein großer (Laub)Baum mit ovalen Blättern

Ul·ti·ma·tum *das; -s, Ul·ti·ma·ten* **1** eine letzte Forderung unter Androhung schlimmer Konsequenzen, falls diese Forderung nicht zu einer bestimmten Zeit erfüllt wird ⟨jemandem ein Ultimatum stellen⟩ **2** der Zeitpunkt, bis zu dem ein Ultimatum erfüllt sein muss ⟨ein Ultimatum läuft ab⟩: *Als das Ultimatum abgelaufen war, sprengten die Terroristen das entführte Flugzeug*

ul·tra- *im Adjektiv; betont;* in extrem hohem Maß; **ultradünn, ultraflach, ultramodern, ultraorthodox**

Ult·ra·schall *der; -(e)s; nur Singular, Physik;* Töne von so hoher Frequenz, dass der Mensch sie nicht hören kann: *eine Schwangere mit Ultraschall untersuchen, um die Entwicklung des Kindes zu beobachten* || K- Ultraschallbehandlung, Ultraschalluntersuchung

ult·ra·vi·o·lett *Adjektiv; Physik;* zum Bereich der Lichtstrahlen gehörig, die (im Farbspektrum) neben dem Violett liegen und nicht als Farbe sichtbar sind: *Die ultravioletten Strahlen bewirken, dass sich unsere Haut in der Sonne verfärbt* || *hierzu* **Ult·ra·vi·o·lett** *das; -s; nur Singular*

um[1] B1 *Präposition; mit Akkusativ* **1** **um etwas** (+ **herum**) verwendet zur Bezeichnung einer Bewegung oder einer Lage in der Form eines Kreises oder eines Bogens: *einen Schal um den Hals binden; einmal um das Haus (herum)laufen; Ein Auto bog um die Ecke* **2** **'um sich** + *Verb;* verwendet zur Bezeichnung einer Bewegung, Wirkung *o.Ä.* von einem Punkt aus in alle Richtungen: *nervös um sich schauen; Das Feuer griff rasch um sich* **3** **um** + *Zahl* (+ *Uhr*) verwendet zur Angabe der (Uhr)Zeit, zu der etwas geschieht: *um zehn (Uhr) ins Bett gehen* **4** **um** + *Zeitangabe* (+ **herum**) verwendet zur Angabe einer ungefähren Zeit: *Die Sitzung wird so um elf Uhr herum vorbei sein; Um Neujahr (herum) schneite es das erste Mal* **5** verwendet zur Angabe eines bestimmten Betrags oder Werts (*oft* im Vergleich mit einem anderen): *sich um drei Euro verrechnen; Sie ist um zwei Jahre jünger als ich; Er kam um zehn Minuten zu spät* **6** verwendet, um den Preis von etwas anzugeben ≈ für: *Sie können es um 100 Euro haben* **7** *Substantiv+* **um** + *Substantiv* verwendet zur Bezeichnung einer ununterbrochenen Reihenfolge oder einer großen Zahl von etwas: *Stunde um Stunde verging* **8** verwendet mit bestimmten Verben, Substantiven und Adjektiven, um eine Ergänzung anzuschließen: *sich Sorgen um jemanden machen; jemanden um Rat bitten*

um[2] B1 *Adverb;* **um (die)** + *Zahl* + *Substantiv;* verwendet, um eine ungefähre Zahl anzugeben: *Die Reparatur wird um die 200 Euro kosten; Es waren um die 500 Leute da*

um[3] B1 *Konjunktion* **1** **um zu** + *Infinitiv* verwendet, wenn man eine Absicht oder einen Zweck bezeichnet: *Sie kam, um sich zu entschuldigen; Er öffnete die Tür, um sie hereinzulassen* **2** *Adjektiv* + **genug, um zu** + *Infinitiv* verwendet, wenn man den Grund angeben will, warum etwas möglich ist oder sein müsste: *Er ist dumm genug, um so einen Fehler zu machen* **3** **zu** + *Adjektiv*, **um zu** + *Infinitiv* verwendet, wenn man den Grund angeben will, warum etwas nicht möglich ist: *Er ist zu krank, um zu arbeiten*

um-[1] *im Verb; betont und trennbar;* Die Verben mit *um-* werden nach folgendem Muster gebildet: *umgehen - ging um - umgegangen* **1** drückt aus, dass die Stellung oder Lage einer Person oder Sache von vorn nach hinten, von innen nach außen oder vom Stehen zum Liegen verändert wird; **etwas umbiegen, umklappen, umknicken, umstülpen**; **etwas bläst jemanden/etwas um**; **jemand/etwas fällt um**; **jemanden/etwas umschmeißen, umstoßen** **2** drückt aus, dass eine Bewegung von einem Ort an einen anderen, von einem Behälter in einen anderen führt; **jemanden umbetten**; **etwas umfüllen, umgießen, umladen, umschütten**; **umziehen** **3** drückt aus, dass eine Handlung in neuer Weise wiederholt wird, um einen Zustand zu ändern; **etwas umändern, umbenennen, umbestellen, umformen, umtauschen, umwechseln**; **jemanden umerziehen**

um-[2] *im Verb; unbetont und nicht trennbar;* Die Verben mit *um-* werden nach folgendem Muster gebildet: *umfließen - umfloss - umflossen*; *um-* drückt eine Bewegung oder Lage in der Form eines Kreises oder eines Bogens aus (um jemanden/etwas herum); ⟨ein Hindernis⟩ **umfahren, umgehen**; ⟨ein Gefahrengebiet⟩ **umfliegen**; **etwas umfließt etwas**; ⟨das Feuer⟩ **umlagern**; ⟨das Bein mit einem Verband⟩ **umwickeln**

um·ar·men; *umarmte, hat umarmt;* **jemanden umarmen** die Arme (aus Freude oder in Liebe) um jemanden legen || *hierzu* **Um·ar·mung** *die; -, -en*

Um·bau *der; -(e)s, -ten; meist Singular* **1** das Umbauen: *Der Umbau des Museums wird vier bis fünf Monate dauern* **2** ein Gebäude, das umgebaut wurde

um·bau·en *(hat)* **(etwas) umbauen** etwas durch Bauen verändern: *eine Mühle in ein/zu einem Wohnhaus umbauen*

um·bin·den *(hat)* **(jemandem/sich) etwas umbinden** etwas um einen Körperteil (herum)binden ⟨sich einen Schal, ein Kopftuch, eine Schürze umbinden⟩

um·blät·tern *(hat)* ein Blatt in einem Buch *o.Ä.* nach links legen, damit man zur nächsten Seite kommt

um·brin·gen *(hat) umg* **1** **jemanden umbringen** ≈ töten, ermorden **2** **nicht umzubringen sein** große Belastungen ertragen können

Um·bruch *der; -(e)s, -brü·che* **1** eine große Änderung, *meist* im Bereich der Politik: *Die Gesellschaft befindet sich im Umbruch* **2** das Einteilen eines geschriebenen Textes in Seiten und Spalten, bevor er gedruckt wird ⟨den Umbruch machen⟩

um·bu·chen *(hat)* **(jemanden/etwas) umbuchen** jemandes Buchung ändern: *eine Reise umbuchen; jemanden auf einen anderen Flug umbuchen* || *hierzu* **Um·bu·chung** *die; -, -en*

um·den·ken *(hat)* (aufgrund einer veränderten Situation) über etwas nachdenken und seine Meinung ändern: *Wir müssen umdenken und mehr auf den Schutz der Umwelt achten*

um·dis·po·nie·ren; *disponierte um, hat umdisponiert;* anders entscheiden oder planen: *kurzfristig umdisponieren müssen*

um·dre·hen *(hat/ist)* **1** **etwas umdrehen** *(hat)* etwas im Bogen oder im Kreis von einer Seite auf die andere Seite bewegen: *den Schlüssel zweimal (im Schloss) umdrehen* **2** *(hat/ist) umg;* sich wieder in die Richtung bewegen, aus der man gekommen ist: *Als der Weg plötzlich aufhörte, mussten wir umdrehen* **3** **sich (nach jemandem/etwas) umdrehen** *(hat)* den Kopf und den Körper nach hinten drehen (um jemandem/etwas mit den Augen zu folgen): *sich nach einer hübschen Frau umdrehen*

Um·dre·hung *die; -, -en;* eine Bewegung um die eigene Achse, durch die ein vollständiger Kreis entsteht ⟨eine halbe, volle Umdrehung; etwas macht eine Umdrehung⟩: *Langspielplatten spielt man mit 33 Umdrehungen pro Minute ab* || K- Umdrehungsgeschwindigkeit, Umdrehungszahl

um·ei·nan·der *Adverb;* eine Person/Sache um die andere (drückt eine Gegenseitigkeit aus): *Ute und Martin kümmern sich umeinander* (= Ute kümmert sich um Martin, und Martin kümmert sich um Ute)

um·fah·ren[1]; *fährt um, fuhr um, hat umgefahren;* **jemanden/etwas umfahren** beim Fahren so gegen jemanden/etwas stoßen, dass er/es umfällt: *ein Straßenschild umfahren*

um·fah·ren[2]; *umfährt, umfuhr, hat umfahren;* **etwas umfahren** in einem Bogen um ein Hindernis *o.Ä.* fahren: *eine große Stadt um-*

fahren, um nicht im Berufsverkehr stecken zu bleiben

Um·fah·rung *die; -, -en* **1** *nur Singular;* das Umfahren² **2** *südd* Ⓐ Ⓒⓗ ≈ Umgehungsstraße

um·fal·len *(ist)* **1** aus einer stehenden, senkrechten Position plötzlich in eine liegende, waagrechte Position fallen: *Er fiel tot um; an ein Glas stoßen, sodass es umfällt* **2** *umg abwertend;* (unter psychischem Druck) nachgeben und das tun, was andere wollen ⟨ein Zeuge fällt um⟩

Um·fang *der; -(e)s, Um·fän·ge* **1** die Länge einer Linie, die außen um einen Gegenstand läuft: *den Umfang eines Kreises berechnen, messen* || -K Brustumfang, Erdumfang, Kreisumfang **2** ≈ Größe, Ausmaß: *Änderungen in größerem Umfang* **3** die Konsequenzen, Folgen von etwas (*meist* Negativem): *ein Problem in seinem vollen Umfang erkennen* || *zu 2* **um·fang·reich** *Adjektiv*

um·fas·sen; *umfasste, hat umfasst;* **1** **etwas umfasst etwas** etwas enthält etwas in der genannten Menge oder Zahl: *Das Buch umfasst dreihundert Seiten* **2** **jemanden/etwas umfassen** seine Finger, Hände oder Arme um jemanden/etwas legen und ihn/es festhalten

um·fas·send *Adjektiv* **1** vollständig ⟨ein Geständnis⟩ **2** ≈ umfangreich, weitreichend ⟨Kenntnisse, Maßnahmen⟩

Um·feld *das; -(e)s, -er; meist Singular;* alle gesellschaftlichen, politischen und wirtschaftlichen Einflüsse, die auf jemanden einwirken: *das soziale Umfeld eines Menschen*

um·for·mu·lie·ren; *formulierte um, hat umformuliert;* **etwas umformulieren** etwas anders formulieren: *einen Satz umformulieren*

Um·fra·ge *die; -, -n;* Fragen, die man einer Gruppe von Menschen stellt, um das Verhalten, die Ansichten kennenzulernen: *eine Umfrage unter Schülern*

um·fül·len *(hat)* **etwas (in etwas** *(Akkusativ)*) **umfüllen** etwas von einem Gefäß in ein anderes füllen: *Zucker aus der Tüte in ein Glas umfüllen*

um·funk·ti·o·nie·ren; *funktionierte um, hat umfunktioniert;* **etwas (in etwas** *(Akkusativ)*/**zu etwas) umfunktionieren** etwas für einen neuen, anderen Zweck verwenden: *eine alte Fabrik zu einer/in eine Diskothek umfunktionieren*

Um·gang *der; -(e)s; nur Singular* **1** **der Umgang (mit jemandem)** die regelmäßigen (freundschaftlichen) Kontakte zu jemandem ⟨mit jemandem Umgang haben, pflegen⟩ **2** die Menschen, zu denen man regelmäßig Kontakt hat ⟨guten, schlechten Umgang haben⟩ **3** **der Umgang mit jemandem/etwas** das Behandeln von jemandem oder die Benutzung eines Gegenstandes: *im Umgang mit Werkzeugen geschickt sein*

um·gäng·lich *Adjektiv; nicht als Adverb;* ⟨ein Mensch, ein Charakter⟩ freundlich, sodass man keine Schwierigkeiten mit ihnen hat ↔ schwierig

Um·gangs·for·men *die; -; Plural* ≈ Benehmen, Manieren ⟨gute Umgangsformen haben⟩

Um·gangs·spra·che *die; -, -n;* die Sprache, die man *z.B.* zu Hause und im Umgang mit Freunden verwendet ↔ Schriftsprache || *hierzu* **um·gangs·sprach·lich** *Adjektiv*

um·ge·ben; *umgibt, umgab, hat umgeben* **1** **etwas umgibt jemanden/etwas** etwas ist auf allen Seiten um jemanden/etwas herum: *Hohe Mauern umgeben das Gefängnis* **2** **etwas mit etwas umgeben** um etwas eine Mauer, einen Zaun machen: *einen Garten mit einem Zaun umgeben*

Um·ge·bung B1 *die; -, -en* **1** das Gebiet, das um einen Ort oder um eine Stelle herum liegt ⟨die nächste, unmittelbare, weitere Umgebung⟩: *Die Stadt liegt in einer reizvollen Umgebung* **2** der Ort, an dem man lebt, und die Menschen, mit denen man Kontakt hat ⟨die gewohnte Umgebung; eine fremde Umgebung⟩

um·ge·hen[1]; *ging um, ist umgegangen* **1** **mit jemandem/etwas irgendwie umgehen** eine Person irgendwie behandeln oder eine Sache irgendwie benutzen: *Er weiß, wie man mit Kindern (richtig) umgeht*

um·ge·hen[2]; *umging, hat umgangen* **1** **jemanden/etwas umgehen** im Kreis oder Bogen um jemanden/etwas herumgehen oder -fahren: *ein Hindernis umgehen* **2** **etwas umgehen** etwas Unangenehmes vermeiden ⟨Schwierigkeiten umgehen⟩: *Es lässt sich nicht umgehen, dass du dich bei ihm entschuldigst* **3** **jemanden/etwas umgehen** etwas tun, ohne jemanden zu fragen oder ohne sich an eine Regel zu halten ⟨ein Gesetz, ein Verbot umgehen⟩ || *hierzu* **Um·ge·hung** *die; -, -en*

um·ge·hend *Adjektiv; nur vor dem Substantiv oder als Adverb;* so schnell wie möglich ≈ sofortig: *Wir bitten um eine umgehende Antwort*

Um·ge·hungs·stra·ße *die; -, -n;* eine Straße (für den Fernverkehr), die um einen Ort herumführt

um·ge·kehrt *Adjektiv;* so, dass das Gegenteil der Fall ist (dass *z.B.* der Anfang das Ende oder oben unten ist): *Es war alles genau umgekehrt!; Sie hielt die Tasche umgekehrt über den Tisch, so dass alles herausfiel*

um·ge·stal·ten *(hat)* **etwas umgestalten** einer Sache eine neue Form oder ein anderes Aussehen geben ⟨einen Platz, einen Park umgestalten⟩ || *hierzu* **Um·ge·stal·tung** *die; -, -en*

um·gra·ben *(hat)* **(etwas) umgraben** (mit einem Spaten) die oberste Schicht der Erde nach unten bringen und dabei die Erde locker machen ⟨ein Beet, den Boden, den Garten umgraben⟩

um·ha·ben *(hat)* **etwas umhaben** *umg;* etwas um einen Teil des Körpers herum tragen: *einen Schal umhaben*

Um·hang *der; -(e)s, Um·hän·ge;* eine Art weiter Mantel ohne Ärmel ≈ Cape

um·hän·gen; *hängte um, hat umgehängt* **1** **etwas umhängen** etwas an eine andere Stelle hängen: *ein Bild umhängen* **2** **(jemandem/sich) etwas umhängen** jemandem/sich etwas über die Schultern legen, sodass es um den Körper herum hängt ⟨jemandem eine Decke, sich einen Mantel umhängen⟩

um·hau·en *(hat) umg* **1** **jemanden umhauen** jemandem einen kräftigen Schlag geben, sodass er zu Boden fällt ≈ niederschlagen **2** **etwas haut jemanden um** etwas hat eine starke Wirkung auf jemanden ≈ etwas wirft jemanden um: *Ein Glas Bier wird dich doch nicht gleich umhauen!; Es hat mich fast umgehauen, als ich von seinem Lottogewinn hörte*

um·her *Adverb;* in allen Richtungen ≈ ringsum: *Weit umher war alles leer*

um·her- *im Verb; betont und trennbar;* Die Verben mit *umher-* werden nach folgendem Muster gebildet: *umherlaufen - lief umher - umhergelaufen;* drückt aus, dass eine Bewegung ohne festes Ziel in alle Richtungen verläuft ≈ herum- (3); **(irgendwo) umherfahren, umherfliegen, umhergehen, umherirren, umherlaufen, umherreisen, umherschleichen, umherschlendern, umherschweifen, umherschwirren, umherspringen, umherstreifen, umherziehen**; **etwas umhertragen**

um·hin·kön·nen; *konnte umhin, hat umhingekonnt;* **nicht umhinkönnen** + **zu** + *Infinitiv förmlich;* keine andere Wahl haben, als etwas zu tun: *Obwohl er Mitleid mit der jungen Frau hatte, konnte der Polizist nicht umhin, ihr den Führerschein abzunehmen*

um·hö·ren, sich *(hat)* **sich (nach etwas) umhören** verschiedenen Leuten Fragen stellen, um etwas über ein bestimmtes Thema zu erfahren ≈ sich nach etwas erkundigen: *sich nach einem neuen Job umhören; sich umhören, ob irgendwo eine Wohnung frei ist*

um·keh·ren *(hat/ist)* **1** *(ist)* sich wieder in die Richtung bewegen, aus der man gekommen ist: *kurz vor dem Ziel umkehren* **2** **etwas umkehren** *(hat)* etwas in das Gegenteil verändern ⟨eine Entwicklung umkehren⟩ || *zu* 2 **um·kehr·bar** *Adjektiv*

um·kip·pen *(hat/ist)* **1** *(ist)* ≈ umfallen (1): *mit dem Stuhl nach hinten umkippen* **2** *(ist) umg;* ohnmächtig werden: *Als sie das Blut sah, kippte sie um* **3** **die Stimmung kippt um** *(ist)* die Stimmung verändert sich plötzlich stark ≈ die Stimmung schlägt um **4** ⟨ein See, ein Teich⟩ **kippt um** *(ist)* ein See, ein Teich wird so schmutzig oder verseucht, dass Pflanzen und Tiere darin nicht mehr leben können **5** **etwas umkippen** *(hat)* bewirken, dass etwas umfällt (1): *den Eimer umkippen und ausleeren*

um·klei·den *(hat)* **jemanden/sich umkleiden** jemanden/sich andere Kleider anziehen ≈ jemanden/sich umziehen² || K- Umkleidekabine, Umkleideraum

um·kni·cken *(hat/ist)* **1** **etwas umknicken** *(hat)* etwas so stark biegen, dass es an einer Stelle bricht: *Der Sturm hat die Telefonmasten umgeknickt* **2** **etwas knickt um** *(ist)* etwas wird umgeknickt (1): *Die Blumen knickten im Wind um* **3** **(mit dem Fuß) umknicken** *(ist)* mit dem Fuß aus Versehen so auf den Boden treten, dass sich das Fußgelenk stark zur Seite biegt und es wehtut

um·kom·men *(ist)* **1** bei einem Unfall, einer Katastrophe oder im Krieg sterben: *Bei der Überschwemmung sind mehr als hundert Menschen umgekommen* **2** **vor etwas** *(Dativ)* **umkommen** *umg;* etwas nicht mehr ertragen können: *vor Langeweile fast umkommen*

Um·kreis *der; -es, -e;* **im Umkreis von** + *Entfernung* auf einer Fläche in der ungefähren Form eines Kreises, in der genannten Größe: *im Umkreis von zwanzig Kilometern*

um·la·den *(hat)* **etwas umladen** etwas in einen anderen Behälter oder in ein anderes Fahrzeug laden: *die Fracht vom Lastwagen in den Zug umladen*

Um·la·ge *die; -, -n;* der Teil einer großen Summe Geld, den eine einzelne Person oder ein einzelner Haushalt zahlen muss: *Die Umlage für Müllabfuhr und Hausmeister beträgt dreißig Euro pro Monat*

Um·land *das; -(e)s; nur Singular;* das Gebiet um eine Stadt herum, das wirtschaftlich und kulturell von ihr abhängig ist

Um·lauf *der; -(e)s, Um·läu·fe* **1** *nur Singular;* die Weitergabe von Geld, Neuigkeiten *o.Ä.* von einer Person oder einem Ort zur/zum anderen ⟨etwas in Umlauf bringen; etwas kommt in Umlauf, ist in/im Umlauf⟩: *alte Geldscheine aus dem Umlauf ziehen* **2** ≈ Umkreisung: *der erste Umlauf eines Satelliten um die Erde* || K- Umlaufbahn, Umlaufzeit **3** *nur Singular;* ein Text, der von einem Kollegen zum anderen gereicht wird, bis alle ihn gelesen haben

Um·laut B2 *der; -(e)s, -e;* ein Vokal, den man mit zwei Punkten schreibt, wie *ä, ö, ü* und *äu*

um·le·gen *(hat)* **1 etwas umlegen** die Lage von etwas verändern, indem man es auf die andere Seite dreht, kippt oder klappt ⟨einen Hebel, einen Kragen, einen Schalter umlegen⟩: *die Lehnen der Rücksitze im Auto nach vorne umlegen* **2 jemanden umlegen** jemanden in eine andere Lage oder an einen anderen Ort legen: *einen Kranken in ein anderes Zimmer umlegen* **3 etwas umlegen** etwas auf einen anderen Zeitpunkt legen ≈ verlegen ⟨einen Termin umlegen⟩ **4 (jemandem/sich) etwas umlegen** jemandem/sich etwas um die Schultern oder den Hals herum legen: *sich einen Schal umlegen* **5 etwas auf jemanden** *(meist Plural)* **umlegen** die Kosten für etwas so teilen, dass mehrere Personen einen gleichen Anteil bezahlen: *die Wasserkosten auf die einzelnen Mieter umlegen* **6 jemanden umlegen** *umg* ≈ erschießen

um·lei·ten *(hat)* **jemanden/etwas umleiten** jemanden/etwas in eine andere Richtung leiten ⟨einen Bach, einen Fluss, den Verkehr umleiten⟩: *Die Bundesstraße 2 ist nach einem Unfall gesperrt. Die Polizei leitet den Verkehr um; Wir wurden auf eine Nebenstrecke umgeleitet*

Um·lei·tung B1 *die; -, -en;* eine Strecke, über die der Verkehr geleitet wird, weil eine andere Straße gesperrt ist

um·ler·nen *(hat)* **1** einen neuen Beruf lernen **2** neue und andere Gedanken entwickeln

um·mel·den *(hat)* **jemanden/sich/etwas ummelden** jemanden/sich/etwas irgendwo abmelden und an einer anderen Stelle wieder anmelden: *Wenn du umziehst, musst du dich ummelden*

um·pflan·zen *(hat)* **etwas umpflanzen** eine Pflanze an einen anderen Ort pflanzen

um·pflü·gen *(hat)* **etwas umpflügen** etwas mit dem Pflug bearbeiten ⟨ein Feld umpflügen⟩

um·rah·men; *umrahmte, hat umrahmt* **1 etwas umrahmt etwas** etwas bildet eine Art Rahmen um etwas herum: *ein von Locken umrahmtes Gesicht* **2 etwas irgendwie umrahmen** etwas mit einem (unterhaltsamen) Rahmenprogramm *(z.B.* mit Musik) versehen: *eine Preisverleihung musikalisch umrahmen* || *hierzu* **Um·rah·mung** *die; -, -en; meist Singular*

um·ran·den; *umrandete, hat umrandet;* **etwas umranden** einen Rand oder Kreis um etwas herum malen oder gestalten: *einen Tag im Kalender rot umranden; ein mit Steinen umrandetes Beet* || *hierzu* **Um·ran·dung** *die; -, -en*

um·räu·men *(hat)* **1 (etwas) umräumen** Dinge aus einem Raum, Schrank *o.Ä.* an einen anderen bringen: *das Geschirr in einen neuen Schrank umräumen* **2 (etwas) umräumen** den Inhalt von etwas anders ordnen: *den Keller umräumen*

um·rech·nen *(hat)* **etwas (in etwas** *(Akkusativ)*) **umrechnen** ausrechnen, wie viel etwas in einem anderen (Maß- oder Währungs)System ist: *Euro in Yen umrechnen*

Um·rech·nung *die; -; nur Singular;* das Umrechnen || K- Umrechnungskurs, Umrechnungstabelle

um·rei·ßen[1]; *riss um, hat umgerissen;* **jemanden/etwas umreißen** jemanden/etwas durch eine plötzliche, kräftige Bewegung zu Boden reißen: *Der Sturm hat die Telefonmasten umgerissen*

um·rei·ßen[2]; *umriss, hat umrissen;* **etwas umreißen** die wichtigsten Aspekte von etwas kurz beschreiben: *einen Plan umreißen*

um·ren·nen *(hat)* **jemanden/etwas umrennen** beim Rennen so gegen eine Person oder Sache stoßen, dass sie zu Boden fällt

um·rin·gen; *umringte, hat umringt;* ⟨Personen⟩ **umringen jemanden/etwas** Personen stehen in einem kleinen, engen Kreis um jemanden/etwas herum ≈ umlagern: *Die Schar der Fans umringte den Star*

Um·riss *der; -es, -e* **1** der Rand oder die Linie, welche die Form einer Person oder Sache gegen den Hintergrund zeigen ≈ Konturen: *den Umriss/die Umrisse eines Tieres zeichnen* **2 in (groben) Umrissen** ohne Details

um·rüh·ren B2 *(hat)* **(etwas) umrühren** in etwas rühren, um es gut zu mischen: *die Suppe von Zeit zu Zeit umrühren, damit sie nicht anbrennt*

ums *Präposition mit Artikel* ≈ um das || Hinweis:

U

ums kann nicht durch *um das* ersetzt werden in Wendungen wie: *ums Leben kommen*

um·sat·teln; *sattelte um, hat umgesattelt;* (**auf etwas** *(Akkusativ)*) **umsatteln** *umg;* ein neues Studium, einen neuen Beruf anfangen: *das Chemiestudium aufgeben und auf Physik umsatteln*

Um·satz *der; -es, Um·sät·ze;* der Gesamtwert der Waren, die in einem Zeitraum verkauft werden ⟨der Umsatz steigt, sinkt, stagniert⟩: *ein Umsatz von durchschnittlich tausend Euro pro Abend* ‖ K- Umsatzrückgang, Umsatzsteuer

um·schal·ten *(hat)* **1** **etwas ((von etwas) auf etwas** *(Akkusativ)*) **umschalten** mit einem Schalter oder Hebel die Einstellung *o.Ä.* eines Gerätes ändern: *den Herd (auf eine höhere Stufe) umschalten* **2** **((von etwas) auf/in etwas** *(Akkusativ)*) **umschalten** ein anderes Programm wählen: *vom ersten aufs dritte Programm umschalten* **3** **etwas schaltet ((von etwas) auf etwas** *(Akkusativ)*) **um** etwas ändert (automatisch) seine Einstellung: *Die Ampel schaltet von Grün auf Gelb um*

Um·schlag B2 *der; -(e)s, Um·schlä·ge* **1** eine Hülle, in die man einen Brief steckt, um ihn mit der Post zu schicken ‖ -K Briefumschlag **2** eine Art Hülle, die um ein Buch gelegt ist ‖ -K Buchumschlag **3** *meist Plural;* ein feuchtes Tuch, das man einem Kranken um einen Körperteil legt ⟨heiße Umschläge machen⟩

um·schrei·ben[1]; *umschrieb, hat umschrieben* **1** **etwas umschreiben** etwas mit anderen Worten sagen: *einen schwierigen Begriff umschreiben* **2** **etwas umschreiben** die wichtigsten Merkmale von etwas (kurz) beschreiben: *Das Vorhaben kann am besten als unrealistisch umschrieben werden* ‖ *hierzu* **Um·schrei·bung** *die; -, -en*

um·schrei·ben[2]; *schrieb um, hat umgeschrieben;* **etwas umschreiben** einen Text ändern und noch einmal schreiben: *Auf Wunsch des Verlags schrieb er das erste Kapitel des Romans um*

um·schu·len *(hat)* **1** **jemanden (zu etwas) umschulen** jemanden, der bereits einen Beruf hat (aber keine Arbeitsstelle findet), in einem neuen Beruf ausbilden ⟨sich umschulen lassen⟩: *jemanden zum Krankenpfleger umschulen* **2** *meist* **jemand wird umgeschult** ein Schüler wird in eine andere Schule geschickt **3** eine Ausbildung in einem anderen Beruf machen: *Aus gesundheitlichen Gründen kann er nicht mehr als Koch arbeiten - jetzt will er umschulen* ‖ *hierzu* **Um·schü·ler** *der; -s, -;* **Um·schü·le·rin** *die; -, -nen;* **Um·schu·lung** *die; -, -en*

um·schwär·men; *umschwärmten, haben umschwärmt* **1** ⟨Insekten, Vögel *o.Ä.*⟩ **umschwärmen jemanden/etwas** Insekten, Vögel *o.Ä.* fliegen in großer Zahl um jemanden/etwas (herum): *Fledermäuse umschwärmten den alten Turm* **2** *meist* **jemand wird von jemandem** *(meist Plural)* **umschwärmt** jemand wird von einer Gruppe von Menschen, die ihn bewundern und verehren, umgeben: *Der Schlagersänger wird von vielen weiblichen Fans umschwärmt*

Um·schwung *der; -(e)s, Um·schwün·ge;* eine plötzliche, starke Änderung ⟨ein politischer, wirtschaftlicher Umschwung⟩ ‖ -K Stimmungsumschwung, Wetterumschwung

um·se·hen, sich *(hat)* **1** **sich (irgendwo) umsehen** nach allen Seiten blicken und die Umgebung genau betrachten: *Sie sah sich neugierig in seinem Zimmer um* **2** **sich (nach jemandem/etwas) umsehen** hinter sich blicken (um jemanden/etwas zu sehen): *Sie ging weg und sah sich kein einziges Mal um* **3** **sich (nach etwas) umsehen** etwas suchen: *sich nach einem neuen Arbeitsplatz umsehen* **4** **sich nach jemandem umsehen** *umg;* versuchen, einen neuen Partner, Mitarbeiter *o.Ä.* zu finden

um·set·zen *(hat)* **1** **jemanden/sich/etwas umsetzen** jemanden/sich/Gegenstände oder Pflanzen an eine andere Stelle setzen: *einen Baum/den Zaun/einen Schüler umsetzen; Als in der ersten Reihe ein Platz frei wurde, setzte ich mich um* **2** **etwas umsetzen** *Wirtschaft;* Waren verkaufen: *Die Firma hat in diesem Jahr Maschinen im Wert von 10 Millionen Euro umgesetzt* **3** **etwas in etwas** *(Akkusativ)* **umsetzen** etwas zu etwas verändern: *Sonnenenergie in Strom umsetzen* **4** **etwas (in die Praxis) umsetzen** etwas anwenden oder verwirklichen ⟨einen Plan, einen Vorschlag umsetzen⟩ ‖ *zu* 4 **um·setz·bar** *Adjektiv; zu* 1-3 **Um·set·zung** *die; -, -en*

Um·sicht *die; -; nur Singular;* eine Art, ruhig und vorsichtig zu handeln und dabei an alle möglichen Folgen zu denken ≈ Besonnenheit ↔ Leichtsinn ⟨bei etwas große Umsicht zeigen; mit Umsicht zu Werke gehen⟩ ‖ *hierzu* **um·sich·tig** *Adjektiv*

um·sie·deln *(hat/ist)* **1** **jemanden umsiedeln** *(hat)* jemanden dazu zwingen, an einem anderen Ort zu wohnen: *Die Bevölkerung musste umgesiedelt werden, weil das Gebiet nach dem Unfall radioaktiv verseucht war* ‖ Hinweis: *meist* im Passiv! **2** **(irgendwohin) um-**

siedeln *(ist)* in ein anderes Land, Gebiet, eine andere Stadt *usw* (um)ziehen: *von Münster nach Berlin umsiedeln* **3** *(ist)* Ⓓ als Angehöriger der deutschen Minderheit *bes* in Polen, Rumänien oder in der ehemaligen Sowjetunion nach Deutschland (um)ziehen ≈ aussiedeln || *hierzu* **Ụm·sied·ler** *der; -s, -;* **Ụm·sied·le·rin** *die; -, -nen;* **Ụm·sied·lung** *die; -, -en*

ụm·so B1 *Konjunktion;* **umso** + *Komparativ;* verwendet, wenn man ausdrücken will, dass eine bereits vorhandene Eigenschaft oder ein Zustand noch verstärkt wird ≈ desto: *Das Haus gefällt mir. Wenn der Preis noch reduziert wird - umso besser!; Je länger sie das Bild ansah, umso schöner fand sie es*

um·sọnst B2 *Adverb; umg* **1** ohne dass es Geld kostet ≈ gratis, kostenlos ⟨etwas ist umsonst⟩ **2** ohne Geld oder ein Geschenk dafür zu bekommen: *In seiner Freizeit arbeitet er umsonst in einem Altersheim* **3** ohne Erfolg ≈ vergeblich, erfolglos ⟨jemandes Anstrengungen sind umsonst⟩ **4** **nicht umsonst** mit gutem Grund: *Ich habe euch nicht umsonst gewarnt*

Ụm·stand *der; -(e)s, Um·stän·de* **1** eine Tatsache oder ein Detail, die in einer Situation gegeben sind ⟨ein entscheidender, günstiger, glücklicher Umstand⟩: *aufgrund besonderer Umstände* **2** **unter Umständen** ≈ vielleicht, möglicherweise **3** **unter diesen Umständen** in der gegebenen Situation **4** **unter (gar) keinen Umständen** ≈ auf (gar) keinen Fall **5** **unter allen Umständen** ≈ unbedingt, auf jeden Fall **6** *nur Plural;* zusätzliche Arbeit, unnötiger Aufwand ⟨(nicht) viele Umstände mit jemandem/etwas machen⟩: *Mach dir meinetwegen keine großen Umstände* (= Mach dir nicht viel Arbeit wegen mir) **7** **eine Frau ist in anderen Umständen** *beschönigend;* eine Frau ist schwanger

ụm·ständ·lich *Adjektiv* **1** ziemlich langsam und ungeschickt: *Komm, sei doch nicht so umständlich!* **2** ⟨eine Methode, ein Verfahren⟩ so, dass sie viel Mühe und Zeit kosten || *hierzu* **Ụm·ständ·lich·keit** *die; -; nur Singular*

Ụm·stands- *im Substantiv;* weit und groß und darum für die Schwangerschaft geeignet; das **Umstandskleid**, die **Umstandsmode**

Ụm·stands·wort *das; -(e)s, -wör·ter* ≈ Adverb

ụm·stei·gen A2 *(ist)* **1** von einem (öffentlichen) Fahrzeug in ein anderes steigen, um damit weiterzufahren: *Geht dieser Zug bis Dortmund durch, oder muss ich umsteigen?* || K- Umsteigemöglichkeit **2** ((**von etwas**) **auf etwas** *(Akkusativ)*) **umsteigen** *umg;* von etwas zu etwas anderem oder etwas Neuem wechseln: *vom Auto aufs aufs Fahrrad umsteigen; auf vegetarische Ernährung umsteigen* || *zu 2* **Ụm·stieg** *der; -(e)s, -e*

ụm·stel·len[1]; *stellte um, hat umgestellt* **1** **(etwas) umstellen** etwas von einem Platz an einen anderen stellen: *Möbel umstellen* **2** **etwas ((von etwas) auf etwas** *(Akkusativ)*) **umstellen** einen Hebel, Schalter *o.Ä.* anders stellen, die Einstellung eines Gerätes ändern: *die Weichen umstellen; die Uhr auf Winterzeit umstellen* **3** **(jemanden/etwas) ((von etwas) auf etwas** *(Akkusativ)*) **umstellen** etwas grundlegend ändern: *die Ernährung völlig umstellen; (den Betrieb) auf Computer umstellen* **4** **sich ((von etwas) auf etwas** *(Akkusativ)*) **umstellen** sich veränderten Umständen anpassen: *sich auf ein anderes Klima umstellen* || *hierzu* **Ụm·stel·lung** *die; -, -en*

um·stẹl·len[2]; *umstellte, hat umstellt;* ⟨Personen⟩ **umstellen jemanden/etwas** Personen bilden einen Kreis um jemanden/etwas (herum), damit er/es nicht entkommen kann: *Die Polizei umstellte das Haus, in dem sich der Dieb aufhielt*

ụm·stim·men *(hat)* **jemanden umstimmen** durch Argumente oder Bitten bewirken, dass jemand seine Meinung ändert: *Robert will unbedingt Rennfahrer werden - er lässt sich von niemandem umstimmen*

ụm·sto·ßen *(hat)* **1** **jemanden/etwas umstoßen** so kräftig gegen eine Person oder Sache stoßen, dass sie umfällt ≈ umwerfen (1): *eine Leiter umstoßen; jemanden versehentlich umstoßen* **2** **etwas umstoßen** etwas radikal ändern ⟨einen Plan, ein Vorhaben umstoßen⟩ || ▸ **unumstößlich**

um·strịt·ten *Adjektiv; nicht als Adverb;* so, dass es Meinungen dafür, aber auch dagegen gibt ⟨eine Methode, eine Theorie; etwas ist umstritten⟩

Ụm·sturz *der; -(e)s, Um·stür·ze;* das Stürzen einer Regierung *(meist* durch Gewalt) und die Einführung eines neuen politischen Systems || K- Umsturzpläne || -K Regierungsumsturz

ụm·stür·zen *(ist)* **etwas stürzt um** etwas fällt aus einer aufrechten Position (mit Wucht) zu Boden: *Bei dem Sturm sind mehrere Bäume umgestürzt*

ụm·tau·fen *(hat)* **etwas umtaufen** *umg;* einer Sache einen anderen Namen geben ≈ umbenennen

ụm·tau·schen B1 *(hat)* **1** **etwas (gegen/in etwas** *(Akkusativ)*) **umtauschen** etwas, das man gekauft oder geschenkt bekommen hat, wieder in das Geschäft zurückbringen und etwas anderes dafür nehmen: *ein Geschenk umtauschen* **2** **etwas (in etwas** (*Akkusativ*)) **umtauschen** Geld gegen Geld einer anderen Währung tauschen: *vor der Reise Geld umtauschen* || *hierzu* **Um·tausch** *der; -(e)s, Um·täu·sche; meist Singular*

Um·trunk *der; -(e)s, Um·trün·ke;* ein Treffen von mehreren Personen, bei dem man *bes* Bier oder Wein trinkt und sich dabei unterhält ⟨einen Umtrunk halten⟩

Um·wäl·zung *die; -, -en;* eine völlige Änderung *bes* der politischen oder gesellschaftlichen Verhältnisse

Um·weg *der; -(e)s, -e;* ein Weg zu einem Ziel, der länger ist als der direkte Weg dorthin ⟨einen Umweg machen, fahren⟩ || ID **etwas auf Umwegen erfahren** eine Nachricht nicht direkt, sondern durch eine dritte Person bekommen

Um·welt B1 *die; -; nur Singular* **1** die Erde, die Luft, das Wasser, die Pflanzen und Tiere als Lebensraum für die Menschen: *gegen die Verschmutzung der Umwelt kämpfen* || K- Umweltbelastung, Umweltkatastrophe, Umweltschäden, Umweltverschmutzung; umweltfeindlich, umweltfreundlich, umweltverträglich **2** die gesellschaftlichen Verhältnisse, in denen ein Mensch lebt und die seine Entwicklung beeinflussen **3** die Menschen, zu denen man Kontakt hat: *von der Umwelt nicht verstanden werden*

um·welt|be·wusst *Adjektiv;* bemüht, der Umwelt (1) nicht zu schaden || *hierzu* **Um·welt|be·wusst·sein** *das; -s; nur Singular*

Um·welt|schutz *der; -es; nur Singular;* alle Maßnahmen, durch die man versucht zu verhindern, dass die Umwelt (1) verschmutzt oder zerstört wird: *Er setzt sich in seiner Freizeit für den Umweltschutz ein* || K- Umweltschutzgesetz, Umweltschutzorganisation || *hierzu* **Um·welt|schüt·zer** *der; -s, -;* **Um·welt|schüt·ze·rin** *die; -, -nen*

um·wer·ben; *umwirbt, umwarb, hat umworben;* **jemanden umwerben** *bes* mit Geschenken, Versprechen und höflichem Verhalten versuchen, jemandes Liebe oder Gunst zu gewinnen ⟨eine Frau, einen Mann, die Käufer, die Wähler umwerben⟩

um·wer·fen (*hat*) **1** **jemanden/etwas umwerfen** kurz und kräftig (mit oder ohne Absicht) gegen eine Person oder Sache stoßen, sodass diese umfällt: *ein Glas Wein umwerfen* **2** **etwas wirft jemanden um** *umg;* etwas überrascht jemanden sehr **3** **etwas umwerfen** *umg;* etwas ganz anders machen, als es vorher geplant war ⟨Pläne umwerfen⟩

um·wer·fend *Adjektiv; umg;* sehr beeindruckend: *Du siehst umwerfend aus!*

um·zie·hen B1 (*hat/ist*) **1** **(irgendwohin) umziehen** (*ist*) die Wohnung (oder den Wohnort) wechseln: *in eine größere Wohnung umziehen* **2** **jemanden/sich umziehen** (*hat*) jemandem/sich andere Kleidung anziehen

Um·zug B2 *der; -(e)s, Um·zü·ge* **1** das Umziehen (1): *der Umzug in die neue Wohnung; der Umzug nach Berlin* || K- Umzugskosten **2** eine Veranstaltung, bei der viele Menschen (*bes* im Karneval) hintereinander durch die Straßen gehen, fahren

un- *im Adjektiv; meist betont;* drückt das Gegenteil des Adjektivs aus, vor dem es steht; **ähnlich** ↔ **unähnlich** ⟨Geschwister⟩; **angebracht** ↔ **unangebracht** ⟨ein Verhalten⟩; **bedeutend** ↔ **unbedeutend** ⟨ein Schriftsteller⟩; **betont** ↔ **unbetont** ⟨eine Silbe⟩;

Der Umweltschutz

Umweltschutz nimmt man in Deutschland sehr ernst.
Mülltrennung bedeutet, dass man die Abfälle sortiert. Papier und Kartons, leere Behälter aus Glas und Altmetalle (gebrauchte Metalle) werden zum **Recycling** in spezielle Container geworfen oder im **Wertstoffhof** (ein Ort, an dem diese Materialien gesammelt werden) abgegeben. Verpackungen mit dem **grünen Punkt** werden in **gelben Säcken** / **Tonnen** gesammelt, noch brauchbare Kleider und Schuhe für **Altkleidersammlungen** aufgehoben. Batterien, Motoröl und andere giftige oder gefährliche Stoffe können in den Geschäften abgegeben oder als **Sondermüll** getrennt entsorgt werden. Pflanzenabfälle kommen auf den **Kompost**, wo sie wieder zu Erde werden.

Auf die meisten Getränkeflaschen wird **Pfand** erhoben, das man zurückbekommt, wenn man die leeren Flaschen wieder ins Geschäft bringt. Besonders Bier wird in **Mehrwegflaschen** verkauft, die gewaschen und neu gefüllt werden. Mit **Energiesparlampen** (Lampen, die weniger Energie verbrauchen) wird Strom gespart, mit **Umweltpapier** (Papier, das umweltfreundlich hergestellt wird) der Holzverbrauch gesenkt. Auf vielen Dächern sieht man Sonnenkollektoren, mit denen die **Sonnenenergie** (Solarenergie) genutzt wird.

WORTSCHATZ

durchsichtig ↔ **undurchsichtig** ⟨eine Folie⟩; **empfindlich** ↔ **unempfindlich** ⟨ein Mensch, ein Material⟩; **verbindlich** ↔ **unverbindlich** ⟨ein Angebot, eine Zusage⟩ || Hinweis: Von den meisten Adjektiven, die so entstanden sind, können Substantive gebildet werden, *z.B.*: *Unähnlichkeit, Undurchsichtigkeit, Unempfindlichkeit*

un·ab·dịng·bar, ụn·ab·ding·bar *Adjektiv; nicht als Adverb; förmlich;* unbedingt notwendig ⟨eine Voraussetzung, eine Forderung⟩

ụn·ab·hän·gig *Adjektiv* **1** **(von jemandem/etwas) unabhängig** so, dass man keine Hilfe oder Unterstützung braucht: *von den Eltern finanziell unabhängig sein* **2** **von jemandem/etwas unabhängig** nicht von jemandem beeinflusst: *Die beiden Wissenschaftler haben unabhängig voneinander das Virus entdeckt* **3** ≈ souverän, autonom ⟨ein Staat⟩ **4** **unabhängig davon, ob ...** gleichgültig, ob ..., egal, ob ... || *zu* 1-3 **Ụn·ab·hän·gig·keit** *die; -; nur Singular*

ụn·ab·läs·sig, un·ab·lạ̈s·sig *Adjektiv; nur vor dem Substantiv oder als Adverb;* ohne Unterbrechung ≈ ständig, ununterbrochen: *Sie redet unablässig*

un·ab·se̲h·bar *Adjektiv;* ⟨Auswirkungen, Folgen⟩ so, dass man sie vorher nicht einschätzen oder beurteilen kann

ụn·ab·sicht·lich, un·ab·sịcht·lich *Adjektiv;* ohne Absicht

ụn·acht·sam *Adjektiv* **1** ohne die nötige Konzentration: *unachtsam sein und einen Unfall verursachen* **2** ohne Sorgfalt ↔ behutsam, sorgsam ⟨etwas unachtsam behandeln⟩ || *hierzu* **Ụn·acht·sam·keit** *die; -, -en*

ụn·an·ge·mes·sen *Adjektiv; förmlich;* nicht zu den Verhältnissen oder Umständen passend ⟨eine Forderung; etwas für unangemessen halten⟩

ụn·an·ge·nehm B1 *Adjektiv* **1** für jemanden schwierig oder ungünstig ⟨in einer unangenehmen Lage sein⟩ **2** so, dass man sich nicht wohlfühlt ⟨ein Geruch⟩ **3** ≈ unsympathisch **4** **etwas ist jemandem unangenehm** ≈ etwas ist jemandem peinlich

ụn·an·stän·dig *Adjektiv;* ⟨ein Mensch; ein Witz⟩ so, dass sie gegen die guten Sitten oder gegen die Moral verstoßen

ụn·ap·pe·tit·lich *Adjektiv* **1** nicht appetitlich ≈ ekelerregend ⟨eine Speise sieht unappetitlich aus, riecht unappetitlich⟩ **2** schmutzig und ohne Pflege ≈ unästhetisch: *Seine schmutzigen Fingernägel sehen unappetitlich aus*

Ụn·art *die; -, -en;* ein Verhalten, das andere Menschen stört ⟨eine Unart annehmen, haben⟩ ≈ Unsitte: *Diese Unart musst du dir abgewöhnen!*

ụn·ar·tig *Adjektiv;* ohne das Verhalten, das Erwachsene von Kindern erwarten ≈ ungehorsam ↔ brav

ụn·auf·fäl·lig *Adjektiv* **1** nicht auffällig ≈ dezent ⟨eine Farbe, eine Kleidung⟩ **2** ohne von jemandem bemerkt zu werden ⟨jemanden unauffällig beobachten⟩ || *hierzu* **Ụn·auf·fäl·lig·keit** *die; -; nur Singular*

un·auf·hạlt·sam, ụn·auf·halt·sam *Adjektiv;* so, dass man es nicht stoppen kann ⟨der Verfall eines Bauwerkes⟩: *Die Zeit geht unaufhaltsam weiter*

un·auf·hö̲r·lich, ụn·auf·hör·lich *Adjektiv; nur vor dem Substantiv oder als Adverb;* ohne Unterbrechung ≈ andauernd, ununterbrochen: *Das Telefon klingelt unaufhörlich*

ụn·auf·merk·sam *Adjektiv;* so, dass man sich nicht gut konzentriert, nicht zuhört: *im Unterricht unaufmerksam sein* || *hierzu* **Ụn·auf·merk·sam·keit** *die; -; nur Singular*

ụn·auf·rich·tig *Adjektiv;* nicht ehrlich ≈ verlogen

un·aus·ste̲h·lich, ụn·aus·steh·lich *Adjektiv;* sehr unfreundlich, sehr schlecht gelaunt ≈ unerträglich: *Du bist heute mal wieder unausstehlich!*

ụn·barm·her·zig *Adjektiv;* ohne Mitleid ≈ gnadenlos ⟨jemanden unbarmherzig bestrafen⟩

ụn·be·ab·sich·tigt; *Adjektiv;* ohne Absicht ≈ unabsichtlich, versehentlich

ụn·be·denk·lich *Adjektiv;* so, dass man sich keine Sorgen darüber machen muss ≈ ungefährlich: *Die Therapie soll völlig unbedenklich sein*

ụn·be·dingt B1 *Adverb;* auf jeden Fall, unter allen Umständen: *etwas unbedingt wissen wollen; Ich muss dir unbedingt mein neues Kleid zeigen!*

ụn·be·ding·t-, un·be·dịng·t- *Adjektiv; nur vor dem Substantiv, nicht als Adverb; umg;* so, dass etwas in allen Fällen gilt, da ist ⟨Treue, Vertrauen⟩

ụn·be·fan·gen *Adjektiv* **1** ohne Hemmungen ⟨unbefangen lachen, mit jemandem sprechen⟩ **2** objektiv und ohne Vorurteile ≈ unvoreingenommen ⟨ein Richter, ein Zeuge; jemandem/etwas unbefangen gegenüberstehen⟩ || *hierzu* **Ụn·be·fan·gen·heit** *die; -; nur Singular*

ụn·be·frie·di·gend *Adjektiv;* so, dass man damit nicht zufrieden ist ⟨ein Ergebnis⟩

ụn·be·frie·digt *Adjektiv* 1 (**über etwas** *(Akkusativ)*) **unbefriedigt** mit etwas nicht zufrieden 2 (sexuell) nicht zufrieden

ụn·be·fris·tet *Adjektiv;* ohne zeitliche Begrenzung ⟨ein Arbeitsvertrag⟩

ụn·be·fugt *Adjektiv; förmlich;* (**zu etwas**) **unbefugt** ohne das Recht zu etwas ≈ unberechtigt || *hierzu* **Ụn·be·fug·te** *der/die; -n, -n*

ụn·be·gabt *Adjektiv; nicht als Adverb;* **unbegabt** (**für etwas**) ohne die nötigen Fähigkeiten für etwas

ụn·be·greif·lich, un·be·greif·lich *Adjektiv;* (**jemandem/für jemanden**) **unbegreiflich** nicht erklärbar, nicht verständlich: *Es ist mir unbegreiflich, wie das passieren konnte!*

ụn·be·grenzt, un·be·grẹnzt *Adjektiv;* ohne zeitliche Begrenzung ⟨auf unbegrenzte Dauer, etwas gilt zeitlich unbegrenzt, etwas ist unbegrenzt gültig⟩: *Konserven sind nicht unbegrenzt haltbar*

Ụn·be·ha·gen *das; -s; nur Singular;* ein unbestimmtes unangenehmes Gefühl (körperlicher oder seelischer Art) ≈ Unwohlsein ⟨ein körperliches Unbehagen; jemanden befällt ein leises, gewisses Unbehagen; etwas bereitet jemandem Unbehagen; jemand (ver)spürt ein Unbehagen⟩ || *hierzu* **ụn·be·hag·lich** *Adjektiv*

ụn·be·herrscht *Adjektiv;* ohne Kontrolle über negative Gefühle ⟨unbeherrscht sein, reagieren⟩

ụn·be·hol·fen *Adjektiv;* (*bes* in den Bewegungen) nicht mit der normalen Geschwindigkeit und ungeschickt

ụn·be·kannt *Adjektiv; nicht als Adverb* 1 nicht bekannt oder nicht erkannt: *Ein unbekannter Mann hat die Bank ausgeraubt* 2 nicht berühmt ↔ bekannt: *ein relativ unbekannter Künstler* 3 **etwas ist jemandem unbekannt** jemand weiß, kennt etwas nicht: *Dieser Umstand war mir bis heute unbekannt* 4 **jemand ist jemandem unbekannt** jemand kennt jemanden nicht: *Eine Frau Wilkens ist mir völlig unbekannt* || *zu* 1 **Ụn·be·kann·te** *der/die; -n, -n*

ụn·be·liebt *Adjektiv;* (**bei jemandem**) **unbeliebt** (bei jemandem) nicht beliebt || ID **sich** (**bei jemandem**) **unbeliebt machen** durch sein Verhalten bewirken, dass jemand einen nicht mag

ụn·be·mannt *Adjektiv; nicht als Adverb;* so, dass keine Menschen da sind, um *meist* ein Fahrzeug zu bedienen ⟨ein Raumschiff⟩

ụn·be·merkt *Adjektiv; nur vor dem Substantiv oder als Adverb;* so, dass niemand etwas merkt, wahrnimmt: *Er verließ unbemerkt den Raum*

ụn·be·nutzt *Adjektiv;* (noch) nicht benutzt ≈ sauber, frisch ↔ gebraucht: *ein unbenutztes Handtuch*

ụn·be·quem *Adjektiv* 1 nicht bequem ≈ ungemütlich: *Auf diesem Sessel sitzt man sehr unbequem* 2 ⟨ein Mensch⟩ so, dass er sich nicht anpasst, sondern immer kritisch bleibt 3 ⟨Fragen⟩ so, dass sie bei der Antwort Schwierigkeiten bereiten

ụn·be·re·chen·bar, un·be·rẹ·chen·bar *Adjektiv* 1 *abwertend;* ⟨ein Mensch⟩ so, dass man nie genau weiß, wie er sich verhalten oder reagieren wird: *Wenn er Alkohol trinkt, ist er unberechenbar* 2 ≈ unvorhersehbar ⟨ein Zufall⟩ || *hierzu* **Ụn·be·re·chen·bar·keit, Un·be·rẹ·chen·bar·keit** *die; -; nur Singular*

ụn·be·rech·tigt *Adjektiv;* so, dass es keinen guten Grund dafür gibt ≈ ungerechtfertigt: *Die Kritik war völlig unberechtigt* || *hierzu* **ụn·be·rech·tig·ter·wei·se** *Adverb*

ụn·be·rührt *Adjektiv* 1 noch nicht benutzt: *Das Bett war noch unberührt, als ich zurückkam* 2 (**von etwas**) **unberührt** nicht von etwas beeinflusst ⟨von jemandes Leid/ Schmerz unberührt sein, bleiben⟩ 3 *meist* **die unberührte Natur** die Natur in dem Zustand, bevor der Mensch sie verändert hat

ụn·be·schreib·lich, un·be·schreib·lich *Adjektiv;* so groß, so intensiv, dass man es nicht oder kaum beschreiben kann: *Er hat unbeschreibliches Glück gehabt*

ụn·be·schwert *Adjektiv;* ohne Sorgen und Probleme und deshalb fröhlich, glücklich

ụn·be·stän·dig *Adjektiv* 1 ⟨ein Mensch⟩ so, dass er oft seine Meinungen, Haltungen, Pläne *o.Ä.* ändert ≈ wankelmütig 2 ⟨das Wetter⟩ so, dass es weder lange regnerisch noch lange sonnig *o.Ä.* bleibt ≈ wechselhaft

ụn·be·stä·tigt, un·be·stä·tigt *Adjektiv; nicht als Adverb; meist in* **unbestätigten Meldungen zufolge...** *förmlich;* nach Meldungen, die von offizieller Seite (noch) nicht bestätigt worden sind

un·be·stẹch·lich, ụn·be·stech·lich *Adjektiv; nicht als Adverb* 1 ⟨ein Beamter, ein Polizist *usw*⟩ so, dass man sie mit Geld nicht beeinflussen kann ↔ korrupt 2 ⟨ein Beobachter, ein Kritiker⟩ (in ihrem Urteil) durch nichts zu beeinflussen

ụn·be·stimmt *Adjektiv; nicht als Adverb* **1** ⟨Ängste, ein Verdacht⟩ so, dass man sie nicht genau bestimmen oder erklären kann **2** so, dass etwas nicht gut und genau beschrieben ist: *Der Zeuge machte unbestimmte Angaben zum Ablauf des Verbrechens* **3** noch nicht sicher: *Es ist noch unbestimmt, wann wir in Urlaub fahren*

ụn·be·tei·ligt, un·be·tei·ligt *Adjektiv* **1** so, dass man kein Interesse an etwas zeigt ≈ teilnahmslos: *Er stand unbeteiligt dabei, während alle anderen zu helfen versuchten* **2** *nicht als Adverb;* (**an etwas** *(Dativ)*) **unbeteiligt** so, dass man an etwas nicht teilnimmt: *unbeteiligte Passanten, Zuschauer; Er war an dem Raubüberfall unbeteiligt*

ụn·be·weg·lich, un·be·weg·lich *Adjektiv* **1** *meist als Adverb;* ohne sich zu bewegen ≈ regungslos ⟨unbeweglich dastehen, in einer Stellung bleiben⟩ **2** so, dass es sich nicht (mehr) bewegen lässt ≈ steif (2), starr (1): *Seit dem Unfall ist sein Handgelenk unbeweglich* **3** so, dass es sich nicht verändert (und keine Gefühle oder Gedanken erkennen lässt) ≈ ausdruckslos, starr: *Seine Miene blieb unbeweglich* **4** **geistig unbeweglich** nicht fähig, schnell auf veränderte Situationen zu reagieren

ụn·be·wusst *Adjektiv* **1** nicht bewusst (1) ≈ instinktiv ⟨Ängste⟩ **2** ohne sich zu konzentrieren ≈ nebenbei ⟨etwas unbewusst wahrnehmen⟩ **3** ohne Absicht: *jemanden unbewusst kränken*

ụn·blu·tig *Adjektiv;* ohne, dass Menschen dabei verletzt oder getötet werden ≈ ohne Blutvergießen ⟨ein Aufstand; etwas verläuft, endet unblutig⟩: *das unblutige Ende des Geiseldramas*

ụn·brauch·bar *Adjektiv; nicht als Adverb* **1** nicht mehr zu gebrauchen ≈ wertlos: *Das alte Fahrrad ist unbrauchbar* **2** **(für etwas) unbrauchbar** für eine Tätigkeit nicht geeignet: *Er ist fürs Holzhacken unbrauchbar, weil er so ungeschickt ist*

ụnd [A1] *Konjunktion* **1** verwendet, um (bei einer Aufzählung) einzelne Wörter, Satzteile oder Sätze zu verbinden: *Susanne und Monika; ein Kleid mit roten und schwarzen Streifen; Ich habe Klavier gespielt, und er hat gelesen* **2** verwendet mit zwei gleichen Verben, um so Intensität oder Dauer auszudrücken: *Es schneite und schneite; Der Regen wollte und wollte nicht aufhören* **3** verwendet mit zwei gleichen Komparativen, um so Intensität auszudrücken: *Der Lärm wurde stärker und stärker* (= immer stärker) **4** verwendet, um eine gedankliche Folge auszudrücken, die sich aus dem Zusammenhang, der Situation ergibt (Bedingung, Grund, Zweck): *Ich werde die Prüfung bestehen, und wenn sie noch so schwer ist!; Sei doch bitte so nett und reiche mir den Zucker herüber; Er ist imstande und macht das auch* **5** verwendet, um eine Addition zu formulieren ≈ plus: *zwei und zwei ist vier* **6** **und so weiter** *meist* als Abkürzung verwendet, um auszudrücken, dass man eine Aufzählung um ähnliche Dinge erweitern könnte; *Abkürzung* usw. **7** **und Ähnliche(s)** ≈ und so weiter; *Abkürzung* u.Ä. **8** **und dergleichen** und ähnliche Dinge, die man nicht nennen kann oder will; *Abkürzung* u. dgl.: *Er besitzt viele Aktien und dergleichen*

ụn·dank·bar *Adjektiv* **1** nicht dankbar ⟨ein Mensch; undankbar sein⟩ **2** *nicht als Adverb;* so schwierig oder kompliziert, dass die Mühe sich nicht lohnt ≈ unbefriedigend ↔ lohnend ⟨eine Aufgabe⟩ || *hierzu* **Ụn·dank·bar·keit** *die; -; nur Singular*

un·de·fi·nier·bar, ụn·de·fi·nier·bar *Adjektiv;* ⟨Laute, Geräusche, Gerüche, ein Farbton⟩ so, dass man sie nicht genau bestimmen oder identifizieren kann ≈ unbestimmt

ụn·denk·bar, un·dẹnk·bar *Adjektiv; meist nach dem Substantiv;* so schlimm, dass man es nicht für möglich hält ≈ unvorstellbar (1) ↔ wahrscheinlich ⟨etwas für undenkbar halten; etwas ist, erscheint undenkbar⟩

ụn·deut·lich *Adjektiv;* schlecht zu erkennen, zu lesen, zu verstehen ⟨ein Foto; eine Aussprache; etwas nur undeutlich erkennen können⟩

ụn·dicht *Adjektiv;* so, dass *bes* Wasser, Kälte oder Luft hindurchkommen können ⟨eine Leitung, ein Dach, ein Fenster⟩

Ụn·ding *(das); nur in* **es ist ein Unding, ...** *umg;* es ist dumm, unpassend oder falsch, ...

ụn·durch·dring·lich, un·durch·drịng·lich *Adjektiv;* so dicht, dass man nicht hindurchkommt ⟨Dickicht, Gestrüpp, eine Hecke⟩

ụn·durch·läs·sig *Adjektiv;* **(für/gegen etwas) undurchlässig** so (beschaffen), dass Wasser, Luft *o.Ä.* nicht hindurchkommt || -K luftundurchlässig, wasserundurchlässig

ụn·eben *Adjektiv* **1** mit einer solchen Oberfläche, dass man beim Gehen auf Löcher und Steine achten muss ≈ holperig ⟨ein Weg⟩ **2** mit Strecken, die den Berg hinauf- oder hinabgehen ⟨Gelände, eine Straße, ein Weg⟩ || *zu* 1 **Ụn·eben·heit** *die; -, -en*

un·echt *Adjektiv* **1** nicht echt ≈ imitiert, künstlich ⟨Schmuck, Haare⟩ **2** nicht ehrlich: *Ihre Freundlichkeit war unecht*

un·ehe·lich *Adjektiv;* nicht in einer Ehe geboren ⟨ein Kind; unehelich (geboren) sein⟩

un·ehr·lich *Adjektiv;* nicht ehrlich und so, dass Betrug oder Lüge dabei ist ‖ *hierzu* **Un·ehr·lich·keit** *die; -; nur Singular*

un·ei·nig *Adjektiv; meist nach dem Substantiv;* **(in etwas** *(Dativ)*) **uneinig** verschiedener Meinung: *In diesem Punkt sind wir beide uns noch uneinig/bin ich mit ihr uneinig* ‖ *hierzu* **Un·ei·nig·keit** *die; -, -en*

un·eins *Adjektiv; nur nach dem Substantiv oder als Adverb, indeklinabel; förmlich* **1** ⟨Personen⟩ **sind (in etwas** *(Dativ)*) **uneins; jemand ist mit jemandem (in etwas** *(Dativ)*) **uneins** zwei oder mehrere Personen haben (in einer Sache) unterschiedliche Meinungen **2** **mit sich (selbst) uneins sein** mit sich selbst nicht zufrieden sein, nicht wissen, was man will

un·ein·sich·tig *Adjektiv;* nicht bereit, auf den guten Rat eines anderen zu hören oder eigene Fehler zu erkennen

un·end·lich *Adjektiv* **1** (scheinbar) ohne räumliche Grenzen: *die unendliche Weite des Ozeans* **2** (scheinbar) ohne zeitliches Ende ≈ endlos: *Die Zeit des Wartens schien ihm unendlich* **3** *nicht als Adverb;* sehr groß, stark, intensiv: *unendliche Geduld mit jemandem haben* **4** *nur als Adverb;* verwendet, um Adjektive und Verben zu verstärken ≈ sehr: *unendlich traurig, glücklich über etwas sein* **5** *Mathematik;* größer als jede beliebige Zahl/Größe; *Zeichen ∞* ‖ *hierzu* **Un·end·lich·keit** *die; -; nur Singular*

un·ent·behr·lich, un·ent·behr·lich *Adjektiv;* unbedingt notwendig ⟨ein Werkzeug, ein Mitarbeiter; jemand/etwas ist (jemandem/für jemanden) unentbehrlich; sich für unentbehrlich halten; sich (durch seine Leistungen) unentbehrlich machen⟩

un·ent·gelt·lich, un·ent·gelt·lich *Adjektiv;* ohne, dass man Geld dafür bezahlen muss bzw. Geld dafür bekommt ≈ kostenlos, gratis ⟨etwas unentgeltlich tun⟩: *eine unentgeltliche Reparatur*

un·ent·schie·den B2 *Adjektiv* **1** noch nicht entschieden ⟨eine Frage, etwas ist noch unentschieden⟩ **2** so, dass beide Spieler oder Mannschaften (noch) die gleiche Zahl von Punkten, Toren *o.Ä.* haben ⟨ein Spiel steht, endet unentschieden⟩: *Die beiden Mannschaften trennten sich (2:2) unentschieden* ‖ *zu* 2 **Un·ent·schie·den** *das; -s, -*

un·ent·schlos·sen *Adjektiv;* noch nicht zu einem Entschluss, einer Entscheidung gekommen ≈ unschlüssig ⟨ein Mensch; unentschlossen sein, scheinen, wirken⟩: *Er war noch unentschlossen, ob er das Auto kaufen sollte oder nicht* ‖ *hierzu* **Un·ent·schlos·sen·heit** *die; -; nur Singular*

un·ent·schul·digt *Adjektiv;* ohne Entschuldigung (3) ⟨unentschuldigt fehlen, dem Unterricht fernbleiben⟩

un·er·bitt·lich, un·er·bitt·lich *Adjektiv* **1** durch Bitten, Vorschläge *o.Ä.* anderer nicht zu beeinflussen ⟨ein Richter; unerbittlich sein, bleiben⟩ **2** hart, heftig und durch nichts mehr zu verhindern: *Der Kampf tobte unerbittlich*

un·er·fah·ren *Adjektiv* **1** **(in etwas** *(Dativ)*) **unerfahren** ohne Erfahrung: *Mich hat ein junger, noch unerfahrener Arzt behandelt* **2** **jung und unerfahren** ohne Lebenserfahrung ‖ *hierzu* **Un·er·fah·ren·heit** *die; -; nur Singular*

un·er·freu·lich *Adjektiv;* ⟨eine Nachricht; ein Zwischenfall⟩ so, dass sie einen traurig machen oder ärgern: *jemandem eine unerfreuliche Mitteilung machen müssen*

un·er·heb·lich *Adjektiv* **1** *meist nach dem Substantiv; umg;* nicht wichtig: *Es ist unerheblich, ob Sie es tippen oder ich - Hauptsache, es wird getippt* **2** ≈ klein, geringfügig ⟨ein (Sach)-Schaden, eine Änderung, ein Unterschied⟩

un·er·hört, un·er·hört *Adjektiv* **1** *abwertend* ≈ empörend, skandalös: *Das sind ja unerhörte Sachen!; Es ist wirklich unerhört, dass ...* **2** *nicht als Adverb* ≈ sehr groß, stark, intensiv: *Bei dem Unfall hatte er unerhörtes Glück* **3** *nur als Adverb* ≈ sehr: *eine unerhört wichtige Angelegenheit*

un·er·klär·lich, un·er·klär·lich *Adjektiv;* **(jemandem) unerklärlich** so, dass man keine Gründe dafür finden kann ⟨aus unerklärlichen Gründen⟩: *Eine unerklärliche Angst befiel sie; Es ist mir unerklärlich, wie das Unglück passieren konnte*

un·er·läss·lich, un·er·läss·lich *Adjektiv; förmlich;* **(für etwas) unerlässlich** unbedingt notwendig ≈ unverzichtbar ⟨eine Voraussetzung, eine Bedingung; etwas für unerlässlich halten⟩

un·er·mess·lich, un·er·mess·lich *Adjektiv; förmlich;* so (groß), dass man es sich nicht oder kaum vorstellen kann ⟨Schätze, Reichtümer; Schmerzen; Trauer, Liebe; jemand/etwas richtet unermesslichen Schaden an⟩ ‖ ID **(bis) ins Unermessliche** *förmlich* ≈ endlos, unaufhörlich

un·er·müd·lich, un·er·müd·lich *Adjektiv;* mit großer Geduld und mit viel Ehrgeiz ≈ ausdauernd ⟨ein Helfer; mit unermüdlichem Fleiß; unermüdlich üben⟩

un·er·sätt·lich, un·er·sätt·lich *Adjektiv; nicht als Adverb;* so, dass man jemanden/etwas nicht oder kaum befriedigen kann

un·er·schöpf·lich, un·er·schöpf·lich *Adjektiv* **1** ⟨Vorräte, Reserven, jemandes (finanzielle) Mittel⟩ in so großer Menge vorhanden, dass sie (scheinbar) niemals ganz verbraucht werden **2** so, dass man immer wieder darüber sprechen kann ⟨*meist* ein Thema⟩

un·er·schwing·lich, un·er·schwing·lich *Adjektiv; nicht als Adverb;* **(für jemanden) unerschwinglich** so teuer, dass man es nicht kaufen kann: *ein unerschwinglicher Sportwagen*

un·er·träg·lich, un·er·träg·lich *Adjektiv* **1** so unangenehm oder schlimm, dass man es kaum ertragen kann ⟨eine Hitze, Schmerzen, ein Lärm; unerträglich heiß, kalt; etwas ist jemandem unerträglich⟩: *Unsere Lage ist unerträglich* **2** sehr unsympathisch ≈ widerlich, unausstehlich: *Er ist heute mal wieder unerträglich!*

un·er·war·tet *Adjektiv;* so, dass niemand daran gedacht hat oder darauf vorbereitet war ≈ überraschend ⟨ein Besuch, eine Nachricht⟩

un·er·wünscht *Adjektiv;* nicht erwünscht ≈ unwillkommen ⟨ein Besuch, Gäste; irgendwo unerwünscht sein⟩

un·fä·hig *Adjektiv; nicht als Adverb* **1** **(zu etwas) unfähig** nicht in der Lage, etwas Bestimmtes zu tun: *Er ist unfähig, eine Entscheidung zu treffen; Sie ist zu einem Mord unfähig* **2** für seine Aufgaben nicht geeignet, nicht gut genug ⟨ein Mitarbeiter⟩ || *hierzu* **Un·fä·hig·keit** *die; -; nur Singular*

un·fair *Adjektiv* **1** nicht gerecht, fair (1) ≈ ungerecht ⟨ein Verhalten; zu unfairen Mitteln greifen; jemanden unfair beurteilen⟩ **2** nicht so, wie in den Regeln des Sports bestimmt ⟨ein Spieler⟩

Un·fall [A2] *der; -(e)s, Un·fäl·le;* ein Ereignis, bei dem (*meist* aus Folgen einer Handlung) Menschen verletzt oder getötet werden und/oder Dinge beschädigt oder zerstört werden ⟨ein leichter, schwerer, tödlicher Unfall; einen Unfall haben, verursachen; bei einem Unfall verletzt werden; ein Unfall ereignet sich⟩ || [K-] Unfallfolgen, Unfallopfer, Unfallort, Unfallschaden, Unfalltod, Unfallursache || [-K] Arbeitsunfall, Autounfall || [ID] **einen Unfall bauen** *umg;* (mit dem Auto *o.Ä.*) einen Unfall haben

Un·fall·flucht *die; -; nur Singular* ≈ Fahrerflucht ⟨Unfallflucht begehen⟩

un·fass·bar, un·fass·bar *Adjektiv;* **(jemandem/für jemanden) unfassbar** so, dass man es weder rational noch emotional verarbeiten kann: *Der Tod seiner Frau war für ihn unfassbar*

un·fehl·bar *Adjektiv; nicht als Adverb;* in seinen Entscheidungen so sicher, dass man keinen Fehler macht ⟨sich für unfehlbar halten⟩: *Kein Mensch ist unfehlbar; einen unfehlbaren Geschmack, Instinkt besitzen* || *hierzu* **Un·fehl·bar·keit** *die; -; nur Singular*

un·folg·sam *Adjektiv;* ⟨*meist* ein Kind⟩ so, dass es den Eltern nicht gehorcht ≈ ungehorsam ↔ brav

un·för·mig *Adjektiv;* dick, breit und ohne schöne Proportionen ≈ plump, ungestalt ↔ wohlgeformt, zierlich ⟨eine Gestalt; eine Nase⟩

un·frei·wil·lig *Adjektiv* **1** gegen den eigenen Willen, nicht freiwillig ≈ gezwungen ⟨ein Aufenthalt⟩: *Sie musste unfreiwillig mitgehen* **2** ≈ unbeabsichtigt, versehentlich ⟨Komik, ein Witz⟩

un·freund·lich [A2] *Adjektiv* **1** nicht freundlich, unhöflich ⟨jemanden unfreundlich behandeln; jemandem unfreundlich antworten⟩ **2** regnerisch und kalt: *unfreundliches Wetter* || *zu* 1 **Un·freund·lich·keit** *die; -, -en*

un·frucht·bar *Adjektiv; nicht als Adverb* **1** nicht fähig, Kinder zu zeugen oder zu bekommen ≈ zeugungsunfähig: *Ihr Mann/Seine Frau ist unfruchtbar* **2** so, dass dort wenig wächst ↔ ertragreich ⟨ein Boden, ein Land, ein Acker⟩ || *hierzu* **Un·frucht·bar·keit** *die; -; nur Singular*

Un·fug *der; -(e)s; nur Singular* **1** ≈ Unsinn: *Das ist doch Unfug, was du da sagst!* **2** unpassendes Benehmen, durch das andere gestört werden ⟨Unfug machen, treiben⟩ **3** **grober Unfug** *Rechtswesen;* ein Benehmen, bei dem man aus Leichtsinn andere in Gefahr bringt oder Sachen beschädigt

un·ge·ach·tet, un·ge·ach·tet *Präposition; mit Genitiv; förmlich* ≈ trotz ⟨ungeachtet der Tatsache, dass...⟩: *ungeachtet meiner Aufforderung/Meiner Aufforderung ungeachtet nahm sie zu diesem Problem nicht Stellung* || Hinweis: *ungeachtet* kann vor oder nach dem Substantiv stehen

un·ge·bo·ren *Adjektiv; meist* **ein ungebore-**

nes Kind ein Kind im Mutterleib

un·ge·bräuch·lich *Adjektiv; nicht als Adverb;* selten verwendet ≈ unüblich ⟨ein Wort, ein Ausdruck; eine Methode⟩

un·ge·braucht *Adjektiv;* noch nicht gebraucht, benutzt ≈ frisch: *ein ungebrauchtes Taschentuch*

un·ge·bro·chen *Adjektiv;* trotz großer Leiden, Probleme, Schicksalsschläge *o.Ä.* nicht geschwächt ⟨jemandes Mut, Lebenswille ist ungebrochen; mit ungebrochener Energie, Kraft⟩

un·ge·bühr·lich, un·ge·bühr·lich *Adjektiv; förmlich* **1** so, dass es gegen die Regeln der Höflichkeit verstößt ≈ ungehörig ⟨ein Benehmen, ein Ton; sich ungebührlich benehmen⟩ **2** weit über das Akzeptable hinausgehend ⟨eine Forderung; ein ungebührlich hoher Preis⟩

Un·ge·duld *die; -; nur Singular* **1** die Unfähigkeit, ruhig zu bleiben, wenn man auf jemanden/etwas wartet ⟨voll(er) Ungeduld sein⟩ **2** **Ungeduld (über jemanden/etwas)** die Unfähigkeit, *z.B.* Fehler und Schwächen anderer Menschen oder Schwierigkeiten zu akzeptieren: *Er konnte seine Ungeduld über meine Unaufmerksamkeit nicht verbergen* || *hierzu* **un·ge·dul·dig** *Adjektiv*

un·ge·eig·net *Adjektiv; nicht als Adverb;* **(für/zu etwas) ungeeignet** für etwas nicht geeignet: *Er ist für den Beruf des Schauspielers denkbar ungeeignet; Diese Methode ist dazu völlig ungeeignet*

un·ge·fähr [B1] *Adverb;* **ungefähr** + *Angabe der Länge, der Menge, der Zeit* nicht genau, vielleicht etwas mehr oder weniger (oder früher/später): *Die Strecke ist ungefähr 10 Kilometer lang; Im Zimmer waren ungefähr 20 Personen; Er kommt so ungefähr um Mitternacht zurück*

un·ge·hemmt *Adjektiv* **1** ohne Hemmungen oder Komplexe ⟨ungehemmt über etwas *(Akkusativ)* reden können⟩ **2** ≈ hemmungslos, zügellos ⟨Wut⟩: *Sie fing ungehemmt zu weinen an*

U

un·ge·heu·er *Adjektiv* **1** *nicht als Adverb;* sehr groß, sehr stark oder sehr intensiv: *eine ungeheure Menge Geld; die ungeheure Entfernung zwischen der Erde und der Sonne* **2** *nur als Adverb* ≈ sehr: *eine ungeheuer wichtige Nachricht bekommen; Ich habe mich ungeheuer über deinen Besuch gefreut* || Hinweis: *ungeheuer → ungeheures Glück*

Un·ge·heu·er *das; -s, -;* **1** ein großes und *meist* böses Tier, wie es in Märchen und Mythen vorkommt: *das Ungeheuer von Loch Ness* **2** ein böser, grausamer Mensch

un·ge·hor·sam *Adjektiv;* nicht bereit, das zu tun, was *bes* die Eltern wollen ≈ unfolgsam, widerspenstig ⟨ein Kind⟩ || *hierzu* **Un·ge·hor·sam** *der; -s; nur Singular*

un·ge·le·gen *Adjektiv; meist in* **jemand/etwas kommt einem ungelegen** jemand/etwas kommt oder erscheint zu einem Zeitpunkt, zu dem man schon andere Pläne, Termine oder Probleme hat: *Sie/Ihr Besuch kommt mir sehr ungelegen; Die Rechnung kommt mir jetzt ziemlich ungelegen*

un·ge·mein, un·ge·mein *Adjektiv* **1** *nicht als Adverb;* sehr groß, stark, intensiv *o.Ä.* ⟨Freude, Wut⟩: *Er besitzt ungemeines Ansehen bei der Bevölkerung* **2** *nur als Adverb;* verwendet, um Adjektive, Adverbien oder Verben zu verstärken ≈ sehr: *sich ungemein über etwas freuen; Das war ungemein wichtig*

un·ge·müt·lich *Adjektiv* **1** so, dass man sich dort nicht wohlfühlt ↔ behaglich ⟨ein Zimmer⟩ **2** ohne Wärme ≈ steif, gezwungen ⟨eine Atmosphäre⟩ || [ID] **jemand wird ungemütlich** *umg;* jemand wird ärgerlich, jemand reagiert grob: *Mach schon, oder muss ich erst ungemütlich werden?*

un·ge·nau *Adjektiv* **1** nicht genau ↔ exakt, präzise ⟨eine Angabe, eine Messung⟩ **2** nicht sorgfältig ⟨ungenau arbeiten⟩

un·ge·niert ['ʊnʒeniːɐ̯t, ʊnʒe'niːɐ̯t] *Adjektiv;* ohne Hemmungen ≈ unbefangen, ungehemmt: *jemanden ungeniert nach seinem Privatleben fragen; Sie gähnte ungeniert*

un·ge·nieß·bar, un·ge·nieß·bar *Adjektiv* **1** so, dass es sehr schlecht schmeckt (und daher nicht gegessen wird): *Diese Beeren/Pilze sind ungenießbar* (= sollten nicht gegessen werden) **2** *umg;* mit schlechtem Geschmack und schlecht zubereitet: *Das Essen in der Kantine ist heute mal wieder ungenießbar!* **3** *umg abwertend oder humorvoll* ≈ unausstehlich, unerträglich: *Der Chef ist zurzeit ungenießbar*

un·ge·nü·gend *Adjektiv* **1** nicht gut genug ≈ unzureichend: *Die Räume sind ungenügend belüftet* **2** Ⓓ verwendet als Bezeichnung für die schlechteste (Schul)Note 6 (auf der Skala von 1-6 bzw. *sehr gut* bis *ungenügend*) ⟨„ungenügend" in etwas *(Dativ)* haben, bekommen⟩: *Sie hat leider nur ein Ungenügend auf den Aufsatz/in Mathe bekommen*

un·ge·pflegt [B2] *Adjektiv* **1** nicht gepflegt ≈ schmuddelig ⟨eine Erscheinung, jemandes Haar; ungepflegt sein, wirken⟩ **2** ⟨ein Garten, ein Park⟩ so, dass der Rasen nicht gemäht, das

Unkraut nicht gejätet ist *usw*

ụn·ge·ra·de *Adjektiv; nicht als Adverb;* **eine ungerade Zahl** *Mathematik;* eine Zahl wie 1, 3, 5, 7 *usw* (die man nicht ohne Rest durch 2 teilen kann)

ụn·ge·recht *Adjektiv;* nicht gerecht ⟨ein Richter; ein Urteil, eine Strafe, eine Benotung, eine Bewertung, eine Zensur; jemanden ungerecht beurteilen, behandeln; ungerecht gegen jemanden sein⟩

ụn·ge·recht·fer·tigt *Adjektiv;* ohne, dass es einen Grund dafür gibt ↔ berechtigt ⟨ein Verdacht; jemanden ungerechtfertigt beschuldigen, verdächtigen⟩: *Mein Misstrauen war ungerechtfertigt*

Ụn·ge·rech·tig·keit *die; -, -en* **1** *nur Singular;* ungerechtes Verhalten: *jemandes Ungerechtigkeit kritisieren* **2** *nur Singular;* die ungerechte Beschaffenheit: *Was mich am meisten ärgert, ist die Ungerechtigkeit der ganzen Sache* **3** *meist Plural;* ungerechte Zustände ≈ Unrecht: *soziale Ungerechtigkeiten abschaffen* **4** eine ungerechte Tat oder Behauptung: *sich jemandes Ungerechtigkeiten nicht gefallen lassen*

ụn·ge·reimt *Adjektiv;* ohne Sinn und ohne logischen Zusammenhang ≈ verworren ⟨ungereimtes Zeug erzählen; etwas klingt ungereimt⟩ || *hierzu* **Ụn·ge·reimt·heit** *die; -, -en; meist Plural*

ụn·gern *Adverb;* nicht gern ≈ widerwillig ⟨etwas (nur) ungern tun⟩

ụn·ge·rührt *Adjektiv; nur nach dem Substantiv oder als Adverb;* so, dass man kein Gefühl (der Rührung, des Mitempfindens) zeigt ⟨ungerührt bleiben⟩

ụn·ge·schickt *Adjektiv* **1** nicht fähig, praktische Probleme schnell und einfach zu lösen ⟨ein Mensch⟩ **2** nicht klug, nicht diplomatisch: *Es war ungeschickt von dir, sie nicht einzuladen* **3** nicht auf die übliche und natürliche Weise ⟨eine Bewegung; sich (bei etwas) ungeschickt anstellen⟩ **4** nicht elegant ⟨eine Formulierung; sich ungeschickt ausdrücken⟩

ụn·ge·schminkt *Adjektiv* **1** ohne Lippenstift, ohne Schminke **2** *meist* **die ungeschminkte Wahrheit** die volle (aber unangenehme) Wahrheit

ụn·ge·scho·ren *Adjektiv; meist in* **ungeschoren bleiben; (noch einmal) ungeschoren davonkommen** bei etwas Glück haben und ohne Schaden oder Strafe bleiben

ụn·ge·setz·lich *Adjektiv;* vom Gesetz nicht erlaubt ⟨eine Handlung; ungesetzlich handeln; etwas Ungesetzliches tun⟩

ụn·ge·stört *Adjektiv;* durch niemanden, durch nichts gestört ⟨ungestört arbeiten; ungestört sein wollen⟩: *Komm mit in mein Zimmer, dort können wir uns ungestört unterhalten*

ụn·ge·straft *Adjektiv;* ohne Strafe ⟨(noch einmal) ungestraft davonkommen⟩

ụn·ge·stüm *Adjektiv; förmlich;* sehr lebhaft und temperamentvoll ≈ stürmisch ⟨ein Wesen; jemanden ungestüm umarmen⟩

ụn·ge·sund *Adjektiv* **1** schlecht für die Gesundheit ≈ schädlich ⟨ein Klima⟩: *Rauchen ist ungesund* **2** ⟨eine Gesichtsfarbe, eine Blässe; ungesund aussehen⟩ so, dass sie darauf hindeuten, dass der Betroffene krank ist: *Du siehst ungesund aus* **3** negativ und nicht normal ⟨ein Ehrgeiz, eine Entwicklung⟩

ụn·ge·teilt *Adjektiv; nicht als Adverb* ≈ vollständig, ganz ⟨etwas findet ungeteilte Beachtung, Zustimmung; jemandes ungeteilte Aufmerksamkeit haben⟩

Ụn·ge·tüm *das; -s, -e* **1** ein großes und hässliches (Fabel)Tier ≈ Monster, Ungeheuer **2** *umg;* etwas, das (relativ) groß und hässlich ist ≈ Monstrum: *Was hat er da für ein Ungetüm (von einem Hut) auf dem Kopf?*

ụn·ge·wiss *Adjektiv* **1** so, dass man nicht weiß, wie es sich entwickeln wird ≈ unsicher (1), fraglich ⟨ein Schicksal, eine Zukunft; etwas im Ungewissen (= offen)lassen⟩: *Es bleibt weiterhin ungewiss, ob das Angebot angenommen wird; Es ist noch ungewiss, wie das Spiel ausgeht* **2** **jemanden über etwas** *(Akkusativ)* **im Ungewissen lassen** jemandem nichts Genaues über etwas sagen **3** **sich** *(Dativ)* **über etwas** *(Akkusativ)* **im Ungewissen sein** etwas (noch) nicht entschieden haben || *zu* 1 **Ụn·ge·wiss·heit** *die; -, -en*

ụn·ge·wöhn·lich *Adjektiv* **1** anders als sonst, anders als erwartet: *„Er ist noch nicht im Büro." – „Das ist aber ungewöhnlich!"* **2** *nur als Adverb* ≈ besonders: *Dieser Winter ist ungewöhnlich mild*

ụn·ge·wohnt *Adjektiv; nicht als Adverb;* für jemanden fremd ⟨ein Anblick, eine Umgebung⟩

ụn·ge·wollt *Adjektiv;* ohne Absicht ≈ unbeabsichtigt

ụn·ge·zo·gen *Adjektiv* **1** in seinem Verhalten nicht so, wie es die Erwachsenen oder die Eltern wünschen ≈ unartig ⟨ein Kind⟩ **2** ≈ frech ⟨eine Antwort⟩

ụn·ge·zwun·gen *Adjektiv;* (im Verhalten)

natürlich und ohne Hemmungen ⟨ein Benehmen; sich ungezwungen benehmen, bewegen, (mit jemandem) unterhalten; frei und ungezwungen reden⟩

un·glaub·lich, un·glaub·lich *Adjektiv* **1** *abwertend* ≈ empörend, skandalös, unerhört: *Das ist ja unglaublich, welche Frechheiten er sich erlaubt!* **2** *nicht als Adverb; umg;* sehr groß, stark, intensiv *o.Ä.* ⟨eine Menge, ein Tempo⟩: *Bei dem Unfall hat er unglaubliches Glück gehabt!* **3** *nur als Adverb; umg* ≈ sehr: *unglaublich schnell; sich unglaublich verändern*

un·glaub·wür·dig *Adjektiv;* ⟨eine Aussage; ein Zeuge⟩ so, dass man ihnen nicht glauben kann ↔ überzeugend: *Seine Darstellung ist/klingt unglaubwürdig*

un·gleich[1] *Adjektiv* **1** so, dass ein Unterschied besteht ≈ verschieden(artig): *ungleiche Chancen haben; Die Bretter sind ungleich lang* **2** **ein ungleicher Kampf** ein Kampf, bei dem einer der Gegner wesentlich stärker ist || *hierzu* **Un·gleichheit** *die;* -, -en

un·gleich[2] *Adverb;* **ungleich** + *Komparativ* ≈ bei Weitem, weitaus: *Sie hat das Problem ungleich besser gelöst als er*

Un·glück B1 *das;* -(e)s, -e **1** *meist Singular;* ein plötzliches Ereignis, bei dem Menschen verletzt oder getötet und/oder Sachen schwer beschädigt oder zerstört werden (wie *z.B.* ein Erdbeben) ⟨ein Unglück geschieht, passiert, ereignet sich⟩: *Das Unglück hat mehrere Tote und Verletzte gefordert* || K- Unglücksfall, Unglücksort, Unglücksstelle || -K Erdbebenunglück, Zugunglück **2** *nur Singular;* ein Zustand, in dem Menschen großen Kummer, Armut oder Krankheit ertragen müssen: *Der Krieg hat Unglück über das Land gebracht* **3** *nur Singular* ≈ Pech ⟨etwas bringt Unglück⟩ || ID **Ein Unglück kommt selten allein** oft passieren mehrere unangenehme Dinge in kurzer Zeit; **ins Unglück rennen** *umg;* sich (ungewollt) in eine schlimme, ungünstige Lage bringen

un·glück·lich *Adjektiv* **1** traurig und deprimiert ⟨einen unglücklichen Eindruck machen⟩ **2** nicht günstig ⟨ein Zufall; etwas endet unglücklich⟩ **3** mit negativen Konsequenzen ⟨unglücklich fallen⟩ **4** so, dass es falsch interpretiert werden kann ⟨eine Formulierung⟩

un·gül·tig *Adjektiv* **1** nicht (mehr) gültig ⟨eine Fahrkarte, ein (Reise)Pass⟩ **2** **etwas für ungültig erklären** bestimmen, dass etwas nicht mehr gültig ist || *hierzu* **Un·gül·tig·keit** *die;* -; *nur Singular*

Un·guns·ten *nur in* **zu jemandes Ungunsten** zu jemandes Nachteil ↔ zu jemandes Gunsten: *sich zu seinen Ungunsten verrechnen* || Hinweis: ↑ **zuungunsten**

un·güns·tig *Adjektiv;* **ungünstig (für jemanden/etwas)** (in der gegebenen Situation oder für einen Zweck) schlecht, mit Nachteilen verbunden: *zu einem ungünstigen Zeitpunkt; unter ungünstigen Bedingungen*

un·gut *Adjektiv; meist vor dem Substantiv* **1** *meist* **ein ungutes Gefühl (bei etwas) haben** instinktiv fühlen, dass etwas kein gutes Ende haben wird **2** *beschönigend* ≈ schlecht: *Vater und Sohn haben ein ungutes Verhältnis* || ID **Nichts für ungut!** ich habe es nicht böse gemeint

un·halt·bar, un·halt·bar *Adjektiv; nicht als Adverb* **1** ⟨*meist* Zustände⟩ so (schlecht, ungünstig), dass sie unbedingt geändert werden müssen ≈ unerträglich **2** ⟨*meist* eine These, eine Theorie⟩ so falsch oder schlecht, dass man sie nicht akzeptieren kann **3** ⟨ein Schuss⟩ so gut gezielt, dass der Torwart ihn nicht fangen kann

un·hand·lich *Adjektiv;* groß und schwer und deshalb schwierig zu verwenden ≈ unpraktisch: *Die Bohrmaschine ist sehr unhandlich*

Un·heil *das;* -s; *nur Singular; förmlich;* ein Ereignis, das großen Kummer und großen Schaden bringt ≈ Unglück ⟨jemand/etwas richtet Unheil an, stiftet Unheil; ein Unheil bricht (über jemanden) herein; das Unheil kommen sehen; Unheil bringend, verkündend⟩: *Der Krieg hat großes Unheil über das Land gebracht* || K- unheilbringend, unheilverkündend

un·heil·bar, un·heil·bar *Adjektiv;* so, dass eine Heilung nicht möglich ist ⟨eine Krankheit; unheilbar krank sein⟩

un·heil·voll *Adjektiv;* ⟨eine Entwicklung, eine Wirkung⟩ so (bedrohlich), dass sie ein Unglück erwarten lassen

un·heim·lich *Adjektiv* **1** ⟨eine Erscheinung, eine Gestalt⟩ so, dass sie Angst machen: *Mir ist unheimlich* (= ich habe Angst); *Er ist mir unheimlich* (= ich habe irgendwie Angst vor ihm); *eine unheimliche, dunkle Straße* **2** *nur vor dem Substantiv, nicht als Adverb; umg;* sehr groß, stark, intensiv: *einen unheimlichen Hunger, Durst haben* **3** *nur als Adverb; umg* ≈ sehr: *unheimlich groß; Ich habe mich unheimlich gefreut*

un·höf·lich *Adjektiv;* nicht höflich ⟨eine Antwort; unhöflich zu jemandem sein⟩

uni ['yni, y'ni:] *Adjektiv; nur nach dem Substantiv oder als Adverb, indeklinabel* ≈ einfarbig ↔ bunt

U

⟨Stoffe⟩

Uni *die; -, -s; umg, Kurzwort* ↑ **Universität**

Uni·form *die; -, -en;* Kleidung, die in Stoff, Farbe und Form einheitlich gestaltet ist und die *z.B.* Polizisten oder Soldaten tragen || K- Uniformjacke || -K Polizeiuniform

un·in·ter·es·sant *Adjektiv;* langweilig, irrelevant ⟨etwas ist für jemanden (völlig) uninteressant⟩: *Die Idee ist nicht uninteressant* (= ist wert, dass man darüber nachdenkt)

Uni·on [u'ni̯o:n] *die; -, -en* **1** ein Zusammenschluss von mehreren Institutionen oder Staaten zu einer Organisation, die ihre gemeinsamen Interessen verfolgt ≈ Vereinigung ⟨die Europäische Union; die Staaten schlossen sich zu einer Union zusammen⟩ **2** **die Union** *nur Singular;* Ⓓ die beiden Parteien CDU und CSU || K- Unionsparteien **3** **die Junge Union** *nur Singular;* Ⓓ die Nachwuchsorganisation der beiden Parteien CDU und CSU

uni·ver·sal [-v-] *Adjektiv; förmlich;* alle Bereiche umfassend ≈ universell (1): *Heute besitzt niemand mehr ein universales Wissen* || K- Universalbildung, Universalmittel

Uni·ver·si·tät A2 [-v-] *die; -, -en;* eine Institution, an der Wissenschaften gelehrt werden und an der Forschungen gemacht werden ⟨an der Universität studieren, lehren; auf die/zur Universität gehen⟩ || K- Universitätsbibliothek, Universitätsklinik, Universitätsprofessor || *hierzu* **uni·ver·si·tär** *Adjektiv*

Uni·ver·sum [-v-] *das; -s; nur Singular;* der unendliche Raum, in dem sich Sterne und Planeten befinden ≈ (Welt)All, Kosmos

un·ken; *unkte, hat geunkt;* **unken** *(+ Satz) umg;* etwas Negatives voraussagen (weil man Pessimist ist): *„Da werden wir aber große Probleme bekommen", unkte er*

un·kennt·lich *Adjektiv;* so (verändert), dass es nicht mehr zu erkennen ist

Un·kennt·nis *die; -; nur Singular; förmlich;* **Unkenntnis (über etwas** *(Akkusativ)*) die mangelnde Kenntnis von etwas, das Nichtwissen: *Er ließ sie über seine Kündigung in Unkenntnis*

un·klar *Adjektiv* **1** nicht deutlich und so, dass man es nicht verstehen kann ⟨sich unklar ausdrücken⟩ **2** nicht geklärt, nicht gewiss: *Es ist noch unklar, wie es dazu kommen konnte* **3** ohne deutliche Konturen ≈ unscharf ⟨ein Bild⟩ **4** **sich** *(Dativ)* **über etwas** *(Akkusativ)* **im Unklaren sein** etwas noch nicht wissen, über etwas (noch) Zweifel haben **5** **jemanden über etwas** *(Akkusativ)* **im Unklaren lassen** jemanden über etwas nicht genau oder richtig informieren || *zu* 1-3 **Un·klar·heit** *die; -, -en*

un·klug *Adjektiv;* (taktisch, psychologisch) nicht gut durchdacht ≈ undiplomatisch ⟨ein Vorgehen, ein Verhalten, sich unklug verhalten⟩: *Es wäre unklug von dir, ihm in diesem Fall zu widersprechen*

Un·kos·ten *die; -; Plural;* Kosten, die man *meist* zusätzlich zu den normalen Kosten hat ⟨etwas ist mit Unkosten verbunden⟩ || ID **sich in Unkosten stürzen** *umg;* viel Geld ausgeben

Un·kraut *das; -(e)s, Un·kräu·ter; meist Singular;* kleine Pflanzen, die (wild) zwischen solchen Pflanzen wachsen, die der Mensch angebaut hat ⟨Unkraut jäten⟩ || K- Unkrautbekämpfung || ID **Unkraut vergeht nicht** *humorvoll;* verwendet, um zu sagen, dass eine Person (oder man selbst) viel an Negativem ertragen kann

un·längst *Adverb;* vor kurzer Zeit ≈ (erst) kürzlich: *Er hat mich unlängst besucht*

un·lau·ter *Adjektiv; meist vor dem Substantiv; förmlich* **1** nicht ehrlich ≈ betrügerisch ⟨Absichten, eine Gesinnung⟩ **2** nicht legitim ⟨Wettbewerb⟩

un·le·ser·lich *Adjektiv;* so geschrieben, dass man es sehr schlecht oder kaum lesen kann ⟨eine Handschrift, eine Unterschrift; unleserlich schreiben⟩

Un·men·ge *die; -, -n* **1** *umg;* **eine Unmenge (von/an etwas** *(Dativ)*); **eine Unmenge** *+ Substantiv* sehr viel von etwas: *Im Urlaub haben wir eine Unmenge (an/von) Geld verbraucht* **2** **in Unmengen** *umg;* in sehr großer Zahl oder Menge

un·mensch·lich *Adjektiv* **1** brutal, grausam, ohne Mitgefühl gegenüber Menschen oder Tieren ⟨eine Grausamkeit, eine Tat⟩ **2** so, dass die Umstände sehr schlecht sind ⟨unmenschliche Bedingungen⟩ **3** *umg* ≈ sehr groß, stark, intensiv ⟨eine Hitze, eine Kälte; eine Quälerei⟩ || *zu* 1 und 2 **Un·mensch·lich·keit** *die; -, -en*

un·mit·tel·bar *Adjektiv* **1** so, dass in einer Reihenfolge oder Hierarchie keine andere Person/Sache dazwischenkommt ≈ direkt ⟨jemandes Nachkomme, jemandes Nachfolger; eine Folge (von etwas), etwas folgt unmittelbar auf etwas *(Akkusativ)*;unmittelbar danach, darauf; etwas steht unmittelbar bevor (= wird sehr bald eintreten)⟩: *Die Behörde untersteht unmittelbar dem Ministerium* **2** *meist als Adverb;* auf dem kürzesten Weg ≈ direkt: *Die Straße führt unmittelbar zum Zoo* **3** *nur vor dem Substantiv oder als Adverb;* ganz nahe (bei jemandem/etwas) ≈ direkt: *In unmittelbarer Nähe der Kirche hat es gebrannt; Er stand unmittelbar neben ihr*

un·möb·liert B2 *Adjektiv; meist vor dem Substantiv;* ohne Möbel ⟨ein Zimmer, eine Wohnung⟩

un·mög·lich, un·mög·lich A2 *Adjektiv* 1 *nur nach dem Substantiv oder als Adverb;* so, dass man es nicht machen, verwirklichen kann: *Was du von mir verlangst, ist völlig unmöglich!; Nach dem Bau des Hauses können wir unmöglich in Urlaub fahren!* 2 *umg abwertend;* vom Normalen, *bes* von den gesellschaftlichen Regeln, abweichend ⟨ein Mensch; unmöglich gekleidet sein; sich unmöglich benehmen⟩ || ID **sich (vor jemandem) unmöglich machen** sich vor anderen lächerlich benehmen || *zu* 1 **Un·mög·lich·keit** *die; -, -en; meist Singular*

un·mün·dig *Adjektiv* 1 ⟨ein Kind⟩ so, dass es vor dem Gesetz noch nicht als erwachsen gilt 2 nicht fähig, selbstständig Entscheidungen zu treffen 3 **jemanden für unmündig erklären** durch die Entscheidung eines Richters bestimmen, dass eine Person unmündig (2) ist

un·mu·si·ka·lisch *Adjektiv;* ohne Gefühl für Musik: *Ich bin völlig unmusikalisch*

un·nach·ahm·lich, un·nach·ahm·lich *Adjektiv; meist* auf positive Weise so, dass niemand es nachahmen kann ≈ einzigartig, unübertrefflich ⟨jemandes Mimik; jemandes unnachahmliche Art, etwas zu tun⟩

un·nah·bar, un·nah·bar *Adjektiv;* nicht bereit, andere Leute mit einem in persönlichen Kontakt treten zu lassen ≈ abweisend ⟨unnahbar sein, wirken, erscheinen⟩

un·nö·tig *Adjektiv* 1 nicht (unbedingt) notwendig ≈ überflüssig ⟨eine Maßnahme für unnötig halten; sich unnötige Sorgen machen⟩ 2 so, dass es nicht geschehen muss ⟨ein Fehler, ein Missverständnis⟩

un·nütz *Adjektiv* 1 ohne Nutzen ≈ nutzlos ⟨Anstrengungen⟩ 2 ≈ unnötig (1), überflüssig: *unnützes Zeug*

un·or·dent·lich *Adjektiv* 1 ⟨ein Mensch⟩ so, dass er nicht auf Ordnung achtet ≈ nachlässig, schlampig ↔ sorgfältig: *unordentlich sein, arbeiten* 2 ohne Ordnung (und Sauberkeit) ≈ unaufgeräumt ⟨ein Zimmer, eine Wohnung⟩: *Auf meinem Schreibtisch sieht es immer so unordentlich aus!*

Un·ord·nung *die; -, -en; meist Singular;* der Zustand, in dem keine Ordnung herrscht ≈ Durcheinander

un·par·tei·isch *Adjektiv;* nicht für oder gegen einen der Gegner in einem Streit *o.Ä.*, sondern neutral ⟨ein Dritter, eine Haltung; unparteiisch sein, urteilen⟩

un·pas·send *Adjektiv* 1 unhöflich, ohne Taktgefühl ≈ unangebracht ⟨*meist* eine Bemerkung⟩ 2 *nicht als Adverb* ≈ ungünstig, ungelegen ⟨im unpassend(st)en Augenblick kommen⟩ 3 **für etwas unpassend** nicht zur gegebenen Situation passend ≈ ungeeignet: *Dein elegantes Kleid ist völlig unpassend für eine Gartenparty*

un·per·sön·lich *Adjektiv* 1 im Verhalten kühl und höflich, aber nicht freundlich ≈ förmlich ⟨ein Gespräch, eine Unterhaltung; sich (jemandem gegenüber) unpersönlich verhalten⟩: *Das Schreiben war sehr unpersönlich* 2 *nur vor dem Substantiv, nicht als Adverb, Sprachwissenschaft;* (von Verben) dadurch gekennzeichnet, dass sie nur das Pronomen *es* als Subjekt haben können: *„regnen", „schneien" oder „hageln" sind unpersönliche Verben*

un·po·pu·lär *Adjektiv;* bei den meisten Leuten nicht beliebt: *Die Regierung ergriff unpopuläre Maßnahmen*

un·pünkt·lich *Adjektiv;* später als vereinbart, nicht pünktlich || *hierzu* **Un·pünkt·lich·keit** *die; -; nur Singular*

Un·rat *der; -(e)s; nur Singular; förmlich* ≈ Abfall, Müll

un·re·a·lis·tisch *Adjektiv* 1 nicht der Wirklichkeit entsprechend ⟨eine Darstellung, eine Einschätzung (der Gegebenheiten)⟩ 2 ⟨For-

U

Das Fahrrad

1 der Dynamo
2 der Fahrradhelm
3 die Fahrradtasche
4 die Gangschaltung
5 der Gepäckträger
6 die Kette
7 die Klingel
8 der Lenker
9 die Luftpumpe
10 das Mountainbike
11 das Pedal
12 die Radhose
13 der Radweg
14 der Reifen
15 das Rennrad
16 das Rücklicht
17 der Sattel
18 das Schloss
19 die Speiche(n)
20 der Strahler
21 das Trekkingrad
22 die Trinkflasche
23 das Ventil
24 das Vorderlicht

Das Fahrrad
2
22
15
13
8
4
17
5
3
18
12
1
16
7
24
9
11
20
21
6
19
23
10
14

Das Auto

derungen, Ansprüche, Wünsche⟩ so, dass man sie nicht verwirklichen kann ↔ realisierbar

un·recht *Adjektiv* **1** *förmlich;* moralisch und sittlich schlecht ⟨eine Tat; unrecht handeln; etwas Unrechtes tun⟩ **2** *meist vor dem Substantiv;* nicht günstig ⟨im unrechten Augenblick⟩ **3** **jemandem unrecht/Unrecht tun** jemanden ungerecht beurteilen oder behandeln **4** **unrecht/Unrecht haben** sich irren, etwas Falsches glauben: *mit einer Vermutung unrecht haben*

Un·recht *das; -(e)s; nur Singular* **1** eine (*oft* böse) Handlung, mit der man anderen schadet ⟨jemandem ein Unrecht zufügen; ein Unrecht begehen⟩ **2** **zu Unrecht** so, dass es nicht richtig, nicht wahr ist ⟨jemanden zu Unrecht beschuldigen⟩ **3** **im Unrecht sein** bei einem Streit nicht das Recht auf seiner Seite haben **4** **sich (durch/mit etwas) ins Unrecht setzen** *förmlich;* (oft als Reaktion auf eine böse Tat) etwas Unmoralisches oder Böses tun || Hinweis: ↑ **unrecht** (3,4)

un·re·gel·mä·ßig *Adjektiv* **1** in unterschiedlichen Abständen ⟨der Puls, die Atmung; unregelmäßig atmen⟩ **2** *Sprachwissenschaft;* ⟨Formen, Verben⟩ dadurch gekennzeichnet, dass sie nicht nach der üblichen Art gebildet werden, *z.B. schreiben - schrieb* || *hierzu* **Un·re·gel·mä·ßig·keit** *die; -, -en*

un·reif *Adjektiv; nicht als Adverb* **1** (noch) nicht reif ⟨Obst⟩ **2** *meist abwertend;* ohne viel Erfahrung, nicht so vernünftig wie andere (mit mehr Erfahrung) ⟨ein Mensch, ein Verhalten⟩: *Der neue Kollege wirkt noch etwas unreif* || *hierzu* **Un·rei·fe** *die; -; nur Singular*

un·rein *Adjektiv* **1** nicht sauber ≈ schmutzig, verschmutzt ⟨Luft, Wasser⟩ **2** nicht klar ≈ unsauber ⟨Töne⟩ **3** **unreine Haut** Haut mit Pickeln || ID ⟨einen Aufsatz, einen Brief⟩ **ins Unreine schreiben** einen Entwurf schreiben, den man später noch einmal ordentlich abschreiben will || *hierzu* **Un·rein·heit** *die; -, -en*

un·ren·ta·bel *Adjektiv;* ⟨ein Betrieb, ein Geschäft⟩ so, dass sie keinen Gewinn bringen || Hinweis: *unrentabel → ein unrentabler Betrieb*

Un·ru·he *die; -, -n* **1** *nur Singular;* ein Zustand, in dem man nervös ist, Sorgen hat: *Voll Unruhe blickte sie immer wieder auf die Uhr* **2** *nur Singular;* störende Geräusche, wenn sich viele Menschen bewegen oder miteinander reden ↔ Stille **3** *nur Singular;* allgemeine Unzufriedenheit, Ärger: *Das neue Gesetz sorgte für Unruhe im Land* **4** *nur Plural;* Kämpfe auf der Straße aus Protest ⟨blutige, schwere Unruhen⟩: *die seit Wochen anhaltenden Unruhen*

un·ru·hig *Adjektiv* **1** nervös (und besorgt): *Sie wurde unruhig, als das Kind nicht aus der Schule heimkam* **2** mit vielen Störungen: *einen unruhigen Schlaf haben; eine unruhige Nacht verbringen* **3** ständig in Bewegung, laut ⟨ein Kind⟩ **4** mit viel Verkehr, viel Lärm ⟨eine Gegend, eine Straße⟩ **5** nicht gleichmäßig ⟨ein Rhythmus, ein Verlauf⟩ **6** mit großen (politischen) Veränderungen ⟨eine Zeit⟩ **7** mit relativ hohen Wellen ⟨das Meer⟩

uns[1] A2 *Reflexivpronomen der 1. Person Plural* (wir), *Akkusativ und Dativ*: *Wir haben uns sehr geschämt*; ↑ Anhang Seite 1070: **Reflexivpronomen**

uns[2] A2 *reziprokes Pronomen der 1. Person Plural* (wir), *Akkusativ und Dativ*: *Wir hatten uns lange nicht gesehen*; ↑ Anhang Seite 1070: **Reflexivpronomen**

uns[3] A2 *Personalpronomen der 1. Person Plural* (wir), *Akkusativ und Dativ*: *Wer kann uns jetzt noch helfen?; Besuch uns doch mal*; ↑ Anhang Seite 1066: **Personalpronomen**

un·sach·lich *Adjektiv;* von persönlichen Gefühlen oder Vorurteilen beeinflusst ↔ nüchtern, objektiv ⟨eine Kritik; unsachlich werden⟩

un·säg·lich, un·säg·lich *Adjektiv;* so, dass ein Zustand oder eine Eigenschaft als sehr

Das Auto

1 die Antenne
2 das Armaturenbrett
3 der Außenspiegel
4 der Blinker
5 die Bremse, das Bremspedal
6 das Dach
7 das Gas(pedal)
8 die Handbremse
9 der Kofferraum
10 die Kopfstütze
11 der Kotflügel
12 die Kupplung, das Kupplungspedal
13 das Lenkrad
14 die Motorhaube
15 die Radkappe
16 der Reifen
17 das Rücklicht
18 der Rückspiegel
19 der Schalthebel
20 der Scheibenwischer
21 der Scheinwerfer
22 der Sicherheitsgurt
23 die Stoßstange
24 die Tür
25 die Windschutzscheibe

intensiv (und oft negativ) empfunden werden ‹Schmerzen, Not; unsäglich faul›

un·schäd·lich *Adjektiv; nicht als Adverb* **1** nicht gefährlich oder giftig ≈ harmlos: *Dieses Mittel ist für Menschen absolut unschädlich* **2 jemanden/etwas unschädlich machen** *umg;* dafür sorgen, dass jemand/etwas keinen Schaden mehr anrichten kann, *z.B.* einen Verbrecher verhaften || *zu* 1 **Un·schäd·lich·keit** *die; -; nur Singular*

un·scharf *Adjektiv* **1** so, dass man die Dinge nicht klar erkennen kann ≈ verschwommen ‹ein Foto›: *das Fernglas ist unscharf eingestellt* **2** nicht präzise ↔ klar ‹eine Formulierung›

un·schein·bar *Adjektiv;* (nicht besonders schön und daher) unauffällig ‹ein Aussehen›: *Die Nachtigall sieht unscheinbar aus, singt aber sehr schön*

un·schlag·bar *Adjektiv;* so, dass andere (*bes* in einem Wettkampf) nicht besser sein können ‹eine Leistung, eine Mannschaft›: *Im Geschichtenerzählen ist sie unschlagbar*

un·schlüs·sig *Adjektiv;* so, dass man noch zu keiner Entscheidung gekommen ist ‹sich (*Dativ*) über etwas (*Akkusativ*) unschlüssig sein; unschlüssig dastehen›: *Ich bin mir noch unschlüssig, ob ich das Bild kaufen soll oder nicht; Er war sich unschlüssig, was zu tun sei*

un·schul·dig *Adjektiv* **1** ohne Schuld ‹unschuldig verurteilt werden›: *Der Angeklagte war unschuldig* **2 unschuldig** (**an etwas** (*Dativ*)) an etwas nicht beteiligt: *Bei dem Kampf wurden auch viele Unschuldige verletzt* **3** noch nicht fähig, Böses zu erkennen ‹ein Kind› **4** ohne böse Absicht oder Folgen ≈ harmlos ‹eine Bemerkung, eine Frage, ein Vergnügen› || *hierzu* **Un·schuld** *die; -; nur Singular*

un·schwer *Adverb; förmlich;* ohne Mühe ≈ leicht ‹etwas unschwer erkennen, feststellen können›

un·se·lig *Adjektiv; meist vor dem Substantiv;* mit schlimmen Folgen ≈ verhängnisvoll ‹eine Leidenschaft, ein Vorfall›

U

un·ser A1 *Possessivpronomen der 1. Person Plural* (*wir*): *Wir haben unser Haus verkauft;* ↑ Anhang Seite 1067: **Possessivpronomen**

un·se·r- *Possessivpronomen der 1. Person Plural* (*wir*): *Das ist nicht euer Geld, sondern unseres;* ↑ **mein-**

un·ser·ei·ner *Pronomen; indeklinabel; umg;* jemand wie ich/Leute wie wir: *Das ist ein ganz vornehmes Lokal. Da wird unsereiner gar nicht reingelassen*

un·se·rer·seits *Adverb;* was uns betrifft ≈ von uns aus: *unsererseits gibt es keine Bedenken*

un·se·ret·we·gen *Adverb* **1** aus einem Grund, der uns betrifft ≈ wegen uns: *Das Treffen musste unseretwegen verschoben werden* **2** mit unserer Erlaubnis oder Zustimmung ≈ von uns aus: *unseretwegen dürfen Sie ruhig rauchen*

un·si·cher *Adjektiv* **1** *nicht als Adverb;* so, dass man noch nicht weiß, wie es enden oder sein wird ≈ ungewiss ‹eine Zukunft›: *Es ist noch unsicher, ob sie kommen wird* **2** *nicht als Adverb;* so, dass man sich darauf nicht verlassen kann ‹ein Ergebnis, eine Methode› **3** so, dass man etwas nicht oder nicht mehr genau weiß: *Jetzt bin ich (mir) doch unsicher, ob ich die Tür wirklich abgeschlossen habe* **4** so, dass man ein wenig Angst hat ‹ein Blick; unsicher lächeln› **5** so, dass man bei einer Tätigkeit nur wenig Übung (und daher Probleme) hat ‹ein Autofahrer; mit unsicheren Schritten› **6** ≈ gefährlich ‹eine Gegend, eine Straße› || *hierzu* **Un·si·cher·heit** *die; -, -en*

un·sicht·bar *Adjektiv;* mit den Augen nicht zu erkennen: *eine geheime Botschaft mit unsichtbarer Tinte schreiben; Luft ist unsichtbar* || *hierzu* **Un·sicht·bar·keit** *die; -; nur Singular*

Un·sinn *der; -s; nur Singular* **1** eine Aussage, eine Handlung, die sehr dumm, sinnlos ist ‹kompletter Unsinn; Unsinn reden›: *Es war Unsinn, bei diesem schlechten Wetter zum Baden zu gehen* **2** etwas (Unvernünftiges), das man aus Spaß tut: *mit Freunden viel Unsinn machen* **3 Unsinn!** *umg;* verwendet, um eine Vermutung oder Behauptung entschieden zurückzuweisen: *„Ich bin so hässlich!" – „Unsinn!"*

un·sin·nig *Adjektiv* **1** ohne Sinn ‹ein Gerede, ein Verhalten› **2** viel zu hoch ‹*meist* Forderungen› **3** *nicht als Adverb; umg;* sehr groß, sehr intensiv ‹Angst› **4** *nur als Adverb; umg* ≈ sehr: *unsinnig hohe Mieten; sich unsinnig freuen*

Un·sit·te *die; -, -n;* eine schlechte Gewohnheit: *Es ist eine gefährliche Unsitte, Alkohol zu trinken, wenn man mit dem Auto unterwegs ist*

un·sitt·lich *Adjektiv;* so, dass es gegen die (*meist* sexuelle) Moral verstößt ≈ unanständig ‹ein Antrag; sich jemandem unsittlich nähern›

un·so·zi·al *Adjektiv;* ohne Rücksicht auf andere, *bes* Schwächere ‹ein Verhalten›

un·sport·lich *Adjektiv* **1** ohne Interesse oder Begabung für Sport: *Er ist total unsportlich* -

kein Wunder, dass er so schwach ist! **2** ≈ unfair (2) ⟨ein Verhalten⟩

un·stẹrb·lich *Adjektiv* **1** *nicht als Adverb;* ⟨die Götter, die Seele⟩ so, dass sie ewig leben **2** *nicht als Adverb;* ⟨ein Künstler, ein Meisterwerk⟩ so, dass sie immer bekannt und berühmt sein werden ≈ unvergänglich **3** *nur als Adverb; umg* ≈ sehr ⟨*meist* sich unsterblich blamieren, sich unsterblich in jemanden verlieben⟩ || *zu* 1 und 2 **Un·stẹrb·lich·keit** *die; -; nur Singular*

ụn·still·bar, un·stịll·bar *Adjektiv; nicht als Adverb;* ⟨eine Sehnsucht, ein Verlangen⟩ so, dass sie nicht erfüllt, gestillt werden können

Ụn·sum·me *die; -, -n; meist Plural;* eine sehr große Summe Geld ⟨etwas kostet, verschlingt Unsummen⟩

ụn·sym·pa·thisch B1 *Adjektiv* **1** **(jemandem) unsympathisch** nicht nett und angenehm ⟨ein Mensch⟩ **2** **etwas ist jemandem unsympathisch** etwas gefällt jemandem nicht: *Das heiße Wetter in Florida ist mir unsympathisch*

Ụn·tat *die; -, -en;* eine böse und grausame Tat: *für Untaten büßen müssen*

ụn·tä·tig *Adjektiv;* ohne etwas zu tun ≈ müßig ↔ aktiv ⟨untätig herumstehen, zusehen müssen⟩ || *hierzu* **Ụn·tä·tig·keit** *die; -; nur Singular*

ụn·taug·lich *Adjektiv; nicht als Adverb;* **untauglich (für etwas)** nicht für etwas geeignet, nicht zu etwas fähig ⟨ein Mittel⟩: *Sie ist untauglich für schwere körperliche Arbeit* || -K arbeitsuntauglich

ụn·ten A2 *Adverb* **1** an einer Stelle, die (*meist* vom Sprecher oder vom Handelnden aus gesehen) tiefer als eine andere Stelle liegt: *Auf den Bergen liegt noch Schnee, aber unten im Tal blühen schon die Bäume; Er ging nach unten in den Keller* **2** an dem Teil, der näher zum Boden hin liegt, an der Unterseite: *Die Tasche hat unten ein Loch; Die Papiere liegen ganz unten in meinem Schreibtisch* **3** auf einem Blatt Papier oder in einem Text an einer Stelle, zu der man beim Lesen später kommt: *Die Unterschrift steht links unten* **4** weiter im Süden: *Er wohnt jetzt unten in Italien* **5** von niedrigem sozialen Status ⟨sich von unten hocharbeiten⟩ || ID **bei jemandem unten durch sein** *umg;* jemandes Sympathie verloren haben ≈ es sich mit jemandem verscherzt haben

ụn·ten·he·rụm, ụn·ten·rụm *Adverb; umg;* am, im unteren Teil von etwas, *bes* des Körpers

ụn·ter¹ A1 *Präposition* **1** *mit Dativ;* in einer Position, die räumlich tiefer ist als jemand/etwas (mit oder ohne Abstand) ↔ auf, über: *unter der Bettdecke liegen; Kartoffeln wachsen unter der Erde; Der Hund liegt unter dem Tisch* **2** *mit Akkusativ;* in einer Richtung nach einer tiefer gelegenen Stelle: *einen Teppich unter den Tisch legen; einen Eimer unter den Wasserhahn halten* **3** *mit Dativ;* von etwas bedeckt oder umgeben: *ein Hemd unter dem Pullover tragen* **4** *mit Dativ;* als Teil von Personen/Dingen in einer Gruppe, Menge: *Ist einer unter euch, der die Antwort kennt?; Unter den Eiern waren zwei faule* **5** *mit Dativ* innerhalb einer Gruppe ≈ zwischen: *Es gab Streit unter den Schülern* **6** *mit Dativ;* so, dass etwas zu einer Bezeichnung, Nummer gehört: *ein Bericht unter der Überschrift „Künstler der Gegenwart"; jemanden unter einer Anschrift, Telefonnummer erreichen* **7** *mit Akkusativ;* verwendet, um auszudrücken, dass jemand/etwas jemandem/etwas zugeordnet wird: *Sind Viren unter die Tiere zu rechnen?* **8** *mit Dativ;* so, dass ein Wert, eine Zahl, ein Niveau nicht erreicht wird: *etwas unter Preis verkaufen müssen; Eintritt frei für Kinder unter sechs Jahren; Seine Leistungen liegen weit unter dem Durchschnitt* **9** *mit Akkusativ;* im Wert, in der Zahl, im Niveau niedriger als etwas werdend: *Die Temperaturen fielen nachts unter den Gefrierpunkt* **10** *mit Dativ;* mit den genannten näheren Umständen: *unter Tränen gestehen; unter Schmerzen; Der Star betrat unter dem Beifall der Zuschauer die Bühne; jemanden unter Gefahr für das eigene Leben aus einem brennenden Haus retten* **11** *mit Dativ/Akkusativ;* drückt eine Abhängigkeit von einer Person/Sache aus: *Das Projekt steht unter ihrer Aufsicht, wurde unter ihre Aufsicht gestellt; eine Wanderung unter der Leitung eines Bergführers; Ich habe mehrere Mitarbeiter unter mir* **12** *mit Dativ;* verwendet, um eine Voraussetzung für eine Handlung zu bezeichnen ⟨unter der Bedingung/Voraussetzung, dass ...⟩ || ID **Das bleibt unter 'uns** das darf niemand anderer erfahren; *meist in* **unter 'uns gesagt** verwendet, wenn man jemandem etwas Vertrauliches oder Persönliches sagen will; *meist* **Wir wollen unter 'uns** *(Dativ)* **sein** wir wollen keine anderen Leute dabei haben

ụn·ter² A1 *Adverb;* weniger als: *Ich bin noch unter 40* (= bin noch nicht 40 Jahre alt)

ụn·te·r-¹ *Adjektiv; nur vor dem Substantiv, nicht als Adverb, kein Komparativ* **1** tiefer als etwas anderes gelegen ↔ ober-: *die unteren Hautschichten; ein Buch in die unterste Reihe des Regals stellen; den untersten Knopf der Bluse öffnen*

2 an einer niedrigen Stelle in einer Skala, einer Hierarchie: *Temperaturen im unteren Bereich; die unteren Schichten der Gesellschaft*

un·ter-² *im Verb; betont und trennbar;* Die Verben mit *unter-* werden nach folgendem Muster gebildet: *untergehen - ging unter - untergegangen* **1** drückt aus, dass eine Bewegung in Richtung nach unten verläuft, tiefer als andere(s); **etwas unterhalten, unterlegen, unterschieben**; **sich/etwas irgendwo unterstellen**; **(jemanden) untertauchen** **2** drückt aus, dass etwas mit etwas gemischt wird; **etwas (irgendwo) untergraben, untermischen, unterpflügen, unterrühren** **3** drückt aus, dass etwas zu niedrig, schlecht ist; **jemanden unterbezahlen**; **jemanden/etwas unterbewerten, unterversorgen**; **etwas unterbelegen, unterbelichten**

Un·ter·arm *der; -(e)s, -e;* der Teil des Armes zwischen Hand und Ellenbogen ↔ Oberarm

un·ter·be·setzt *Adjektiv; nicht als Adverb;* mit weniger Personal, als normal ist und nötig wäre: *Das Büro/Die Firma ist unterbesetzt*

un·ter·be·wusst *Adjektiv; Psychologie;* im Unterbewusstsein (vorhanden)

Un·ter·be·wusst·sein *das; -s; nur Singular; Psychologie;* die Gedanken und Gefühle, die man hat, ohne es zu bemerken

un·ter·bie·ten; *unterbot, hat unterboten* **1** **jemanden/etwas unterbieten** für etwas einen geringeren Preis als jemand anderer verlangen ↔ jemanden/etwas überbieten ⟨ein Angebot, jemandes Preis unterbieten⟩ **2** **etwas unterbieten** *Sport;* in einem Wettkampf für einen Lauf *o.Ä.* weniger Zeit brauchen als andere ⟨einen Rekord, die Bestzeit unterbieten⟩ || ID **etwas ist kaum noch zu unterbieten** *umg abwertend;* etwas ist so schlecht, dass es kaum etwas Schlechteres geben kann

un·ter·bin·den; *unterband, hat unterbunden;* **etwas unterbinden** Maßnahmen ergreifen, damit jemand eine Absicht nicht ausführen kann oder aufhören muss, etwas zu tun: *den Missbrauch eines Gesetzes unterbinden* || *hierzu* **Un·ter·bin·dung** *die; -; nur Singular*

un·ter·blei·ben; *unterblieb, ist unterblieben;* **etwas unterbleibt** etwas geschieht nicht, wird nicht gemacht: *Eine rechtzeitige Versorgung des Kranken ist leider unterblieben*

un·ter·bre·chen; *unterbrach, hat unterbrochen* **1** **etwas unterbrechen** mit einer Handlung für kurze Zeit aufhören: *die Arbeit unterbrechen, um kurz zu telefonieren* **2** **(jemanden/etwas) unterbrechen** bewirken, dass jemand aufhören muss zu sprechen (*bes* indem man selbst zu sprechen anfängt) ⟨ein Gespräch unterbrechen; jemanden mitten im Satz unterbrechen⟩: *Darf ich mal kurz unterbrechen?* **3** **jemand/etwas unterbricht etwas** jemand/etwas macht, dass etwas für kurze Zeit aufhört, nicht gleichmäßig weitergeht: *Wir unterbrechen die Sendung für eine Verkehrsdurchsage* || *hierzu* **Un·ter·bre·chung** *die; -, -en*

un·ter·brin·gen *(hat)* **1** **jemanden/etwas (irgendwo) unterbringen** einen Platz für jemanden/etwas finden: *Bringst du die Bücher noch im Koffer unter, oder ist er schon zu voll?; Sie konnte ihre Tochter nicht im Kindergarten unterbringen* **2** **jemanden irgendwo unterbringen** jemanden eine Zeit lang irgendwo wohnen lassen oder ihm einen Arbeitsplatz verschaffen: *Flüchtlinge in Lagern unterbringen* || *zu* 2 **Un·ter·brin·gung** *die; -, -en*

un·ter·des·sen B2 *Adverb* ≈ inzwischen

un·ter·drü·cken; *unterdrückte, hat unterdrückt* **1** **jemanden unterdrücken** Menschen ungerecht behandeln (unter Anwendung von Gewalt), sodass sie sich nicht frei entwickeln können: *eine Minderheit im Land unterdrücken; unterdrückte Völker* **2** **etwas unterdrücken** etwas mit Gewalt verhindern ⟨einen Aufstand unterdrücken⟩ **3** **etwas unterdrücken** sich beherrschen und etwas nicht sagen oder zeigen ⟨einen Schrei, ein Gähnen, Wut unterdrücken⟩ **4** **etwas unterdrücken** verhindern, dass etwas bekannt wird: *Die Regierung unterdrückte Informationen über den Reaktorunfall* || *hierzu* **Un·ter·drü·ckung** *die; -, -en; meist Singular; zu* 1 **Un·ter·drü·cker** *der; -s, -*

un·ter·durch·schnitt·lich *Adjektiv;* weniger oder schlechter als der Durchschnitt ↔ überdurchschnittlich ⟨eine Begabung, eine Leistung, eine Bezahlung⟩

un·ter·ei·nan·der *Adverb* **1** eine Sache unter die andere oder unter der anderen: *mehrere Nägel untereinander* (= von oben nach unten) *in das Brett schlagen* **2** ≈ miteinander (drückt eine Gegenseitigkeit aus): *die Plätze untereinander tauschen*

un·ter·ei·nan·der- *im Verb; betont und trennbar;* Die Verben mit *untereinander-* werden nach folgendem Muster gebildet: *untereinanderlegen - legte untereinander - untereinandergelegt*; so, dass eine Person/Sache unter der anderen ist oder in eine Lage unter der anderen kommt; ⟨Dinge⟩ **untereinanderlegen, untereinanderschieben**; ⟨Wörter, Zahlen⟩ **untereinanderschreiben**; ⟨Wörter, Zahlen⟩**stehen untereinander**

un·ter·ent·wi·ckelt *Adjektiv; nicht als Adverb* **1** ⟨geistig/körperlich⟩ **unterentwickelt** geistig/körperlich nicht so weit entwickelt, wie es normal ist ≈ zurückgeblieben **2** mit wenig Industrie *usw* ⟨ein Gebiet, ein Land⟩

Un·ter·fan·gen *das; -s, -; meist Singular;* eine (geplante) Handlung, die gefährlich werden kann ⟨ein gewagtes, schwieriges, sinnloses Unterfangen⟩

un·ter·for·dern; *unterforderte, hat unterfordert;* **jemanden unterfordern** jemandem weniger oder leichtere Aufgaben stellen, als er bewältigen könnte: *sich in der Schule unterfordert fühlen*

Un·ter·füh·rung *die; -, -en;* ein Weg oder eine Straße, die unter einer anderen Straße *o.Ä.* hindurchführen || -K Eisenbahnunterführung

Un·ter·gang *der; -(e)s, -gän·ge* **1** das Verschwinden hinter dem Horizont ↔ Aufgang || -K Monduntergang, Sonnenuntergang **2** *meist Singular;* das Verschwinden unter der Oberfläche des Wassers: *der Untergang der Titanic* **3** *nur Singular;* das Ende von etwas, das zerstört oder vernichtet wird: *der Untergang des Römischen Reiches* **4** *nur Singular;* ≈ Ruin, Verderben: *Das Glücksspiel war sein Untergang*

un·ter·ge·hen (*ist*) **1** **etwas geht unter** etwas verschwindet hinter dem Horizont ⟨die Sonne, der Mond⟩ **2** **jemand/etwas geht unter** jemand/etwas verschwindet unter der Oberfläche des Wassers ⟨ein Schiff⟩ **3** **etwas geht unter** etwas hört auf zu existieren, wird vernichtet ⟨eine Kultur, ein Reich, die Welt⟩

un·ter·ge·ord·net *Adjektiv; nicht als Adverb* **1** weniger wichtig als etwas anderes ≈ zweitrangig ↔ übergeordnet ⟨von untergeordneter Bedeutung sein, eine untergeordnete Funktion, Stellung haben⟩ **2** *Sprachwissenschaft;* von einem anderen Satz abhängig ↔ nebengeordnet ⟨ein (Neben)Satz⟩

Un·ter·ge·schoss, Ⓐ *auch* **Un·ter·ge·schoß** *das; -es, -e;* (in großen Gebäuden) eine Ebene, die unter der Erde (dem Erdgeschoss) liegt ≈ Souterrain ⟨das erste, zweite, dritte Untergeschoss; etwas liegt im Untergeschoss⟩

Un·ter·ge·wicht *das; -(e)s; nur Singular;* zu geringes Gewicht ↔ Übergewicht: *Martin hat zehn Kilo Untergewicht* || *hierzu* **un·ter·ge·wich·tig** *Adjektiv*

Un·ter·gren·ze *die; -, -n;* der tiefste Wert *o.Ä.* (der nicht unterschritten werden darf oder kann) ↔ Obergrenze: *Sein Einkommen liegt an der Untergrenze dessen, wovon man leben kann*

Un·ter·grund *der; -es, -grün·de* **1** die obere Schicht der Erde, auf/in der etwas wächst oder auf der man etwas baut: *Spargel braucht sandigen Untergrund; ein Haus auf festen Untergrund bauen* **2** die Fläche, auf der jemand/etwas steht, auf der sich jemand/etwas bewegt ≈ Fundament: *Die Maschine muss auf vollkommen ebenem Untergrund aufgestellt werden* **3** eine (Ober)Fläche, auf die man eine Farbe streicht, etwas klebt *o.Ä.*: *Lack auf trockenem, staubfreiem Untergrund auftragen* **4** ≈ Hintergrund (1): *ein blaues Muster auf gelbem Untergrund* **5** *nur Singular;* der Bereich, in dem Menschen heimlich illegale Dinge tun, *bes* um der Regierung oder dem Staat zu schaden ⟨*meist* im Untergrund arbeiten, leben; in den Untergrund gehen⟩ || K- Untergrundbewegung, Untergrundkämpfer, Untergrundorganisation

un·ter·halb *Präposition; mit Genitiv;* tiefer als das Genannte ≈ unter[1] (1): *Schläge unterhalb der Gürtellinie sind beim Boxen verboten* || Hinweis: auch wie ein Adverb verwendet mit *von*: *unterhalb vom Gipfel*

Un·ter·halt *der; -(e)s; nur Singular* **1** das Geld, das man braucht, um Nahrung, Kleidung und Wohnung zu bezahlen: *Viele Studenten verdienen ihren Unterhalt als Taxifahrer* || -K Lebensunterhalt **2** das Geld, das jemand an einen anderen als dessen Unterhalt zahlen muss (*meist* an den geschiedenen Ehepartner oder die Kinder) ⟨jemandem Unterhalt zahlen⟩

un·ter·hal·ten; *unterhält, unterhielt, hat unterhalten* **1** **jemand unterhält sich mit jemandem (über jemanden/etwas)**/⟨Personen⟩ **unterhalten sich (über jemanden/etwas)** zwei oder mehr Personen sprechen miteinander über jemanden/etwas ⟨sich angeregt mit jemandem unterhalten⟩: *sich mit einem Freund am Telefon unterhalten; Können wir uns kurz darüber unterhalten, wie es weitergehen soll?* **2** **jemanden/sich irgendwie unterhalten** jemanden/sich so beschäftigen, dass die Zeit angenehm schnell vergeht: *Ich habe mich auf dem Fest sehr gut unterhalten* **3** **etwas unterhalten** dafür sorgen, dass etwas in gutem Zustand bleibt ⟨eine Anlage, ein Gebäude unterhalten⟩ **4** **jemanden unterhalten** Geld für jemandes Kleidung, Nahrung und Wohnung zahlen: *eine große Familie unterhalten müssen* **5** **etwas unterhalten**

dafür sorgen, dass etwas auch weiterhin existiert oder sich positiv entwickelt ⟨Beziehungen, Kontakte zu jemandem unterhalten⟩

un·ter·halt·sam *Adjektiv;* so, dass die Zeit dabei angenehm (schnell) vergeht ≈ kurzweilig ⟨ein Abend, ein Buch, ein Film⟩

Un·ter·hal·tung B1 *die; -, -en* **1** das Unterhalten (1) ≈ Gespräch: *eine Unterhaltung mit jemandem haben* **2** *nur Singular;* das Unterhalten (2) ⟨gute, angenehme Unterhaltung⟩ ‖ K- Unterhaltungsindustrie, Unterhaltungsmusik, Unterhaltungssendung **3** *nur Singular;* das Unterhalten (5): *die Unterhaltung diplomatischer Beziehungen*

Un·ter·händ·ler *der; -s, -;* jemand, der *z.B.* als Vertreter eines Staates oder einer Gruppe mit deren Gegnern darüber spricht, wie man einen Krieg beenden oder einen Konflikt lösen kann ⟨einen Unterhändler entsenden⟩ ‖ *hierzu* **Un·ter·händ·le·rin** *die; -, -nen*

Un·ter·hemd *das; -(e)s, -en;* eine Art Hemd (*meist* ohne Ärmel), das man (*bes* unter einem anderen Hemd) direkt auf der Haut trägt ‖ ↑ Illustration **Die Kleidung**

Un·ter·ho·se *die; -, -n;* eine *meist* kurze Hose, die man unter einer anderen Hose, einem Rock direkt auf der Haut trägt

un·ter·ir·disch *Adjektiv;* unter der Erde ⟨ein Gang, ein Kanal⟩

Un·ter·kie·fer *der; -s, -;* der untere, bewegliche Teil des Kiefers ↔ Oberkiefer ‖ ↑ Abbildung unter **Kopf**

un·ter·kom·men *(ist)* **1** **irgendwo unterkommen** einen Platz finden, wo man schlafen oder wohnen kann, von jemandem aufgenommen werden: *Alle Hotels waren belegt, aber wir sind bei Bekannten untergekommen* **2** **irgendwo unterkommen** *umg;* irgendwo eine Arbeit finden, angestellt werden: *Wenn es mit dem Schuldienst nicht klappt, versuche ich, bei einer Zeitung unterzukommen* ‖ ID *meist* **So (et)was ist mir noch nicht untergekommen!** *umg;* verwendet, um Erstaunen, Entrüstung *o.Ä.* auszudrücken

Un·ter·kör·per *der; -s, -;* der untere Teil des Körpers (ab der Taille) ≈ Unterleib ↔ Oberkörper

un·ter·krie·gen *nur in* **sich nicht unterkriegen lassen** mutig und tapfer bleiben, nicht aufgeben

Un·ter·kunft B2 *die; -, -künf·te;* ein Zimmer, eine Wohnung, in denen man für kurze Zeit *bes* als Gast wohnt ‖ -K Notunterkunft

Un·ter·la·ge B2 *die; -, -n* **1** etwas, das *bes* zum Schutz unter jemanden/etwas gelegt wird: *einen Verletzten auf eine weiche Unterlage legen* ‖ -K Gummiunterlage; Schreibunterlage **2** *meist Plural;* geschriebene Texte (Akten, Dokumente *usw*): *Unterlagen für eine Sitzung* ‖ -K Bewerbungsunterlage

un·ter·las·sen; *unterlässt, unterließ, hat unterlassen* **1** **etwas unterlassen** etwas nicht mehr tun: *Unterlassen Sie bitte Ihre Bemerkungen!* **2** **etwas unterlassen** *förmlich;* etwas, das nötig wäre, nicht tun: *Ich habe leider unterlassen, Sie zu benachrichtigen* ‖ *hierzu* **Un·ter·las·sung** *die; -, -en*

un·ter·lau·fen; *unterläuft, unterlief, hat/ist unterlaufen* **1** **etwas unterläuft jemandem** *(ist)* etwas passiert jemandem versehentlich ⟨jemandem unterläuft ein Fehler, ein Irrtum⟩ **2** **etwas unterlaufen** *(hat)* (*bes* durch einen Trick) bewirken, dass etwas keinen Erfolg hat, nicht wirksam wird ⟨ein Verbot unterlaufen⟩

un·ter·le·gen[1] *(hat)* **etwas unterlegen** etwas unter jemanden/etwas legen: *beim Anstreichen Zeitungspapier unterlegen*

un·ter·le·gen[2] **1** *Partizip Perfekt;* ↑ **unterliegen** **2** *Adjektiv; meist nach dem Substantiv;* **(jemandem/etwas) unterlegen** schwächer als eine andere Person oder Sache ⟨jemandem geistig, körperlich unterlegen sein⟩ ‖ *zu* 2 **Un·ter·le·gen·heit** *die; -; nur Singular*

Un·ter·leib *der; -(e)s, -er;* ≈ Unterkörper

un·ter·lie·gen; *unterlag, ist unterlegen* **1** **(jemandem) unterliegen** in einem (Wett)Kampf (von jemandem) besiegt werden: *dem Feind unterliegen* **2** **jemand/etwas unterliegt etwas** *(Dativ)* jemand/etwas wird von etwas bestimmt: *Das Wetter im April unterliegt starken Schwankungen*

Un·ter·lip·pe *die; -, -n;* die untere Lippe des Mundes ↔ Oberlippe ⟨sich *(Dativ)* auf die Unterlippe beißen⟩

un·term *Präposition mit Artikel; umg* ≈ unter dem

un·ter·mau·ern; *untermauerte, hat untermauert;* **etwas irgendwie untermauern** etwas (mit Argumenten) stützen, sodass es überzeugender wirkt: *eine These mit einer Statistik untermauern*

Un·ter·mie·te *die; -, -n; nur Singular; meist* **(irgendwo) in/zur Untermiete wohnen** *meist* ein Zimmer in einer Wohnung von jemandem gemietet haben, der die Wohnung selbst gemietet hat ‖ *hierzu* **Un·ter·mie·ter** *der; -s, -;* **Un·ter·mie·te·rin** *die; -, -nen*

un·tern *Präposition mit Artikel; umg* ≈ unter den

un·ter·neh·men; *unternimmt, unternahm, hat*

unternommen **1** **etwas unternehmen** irgendwohin gehen oder fahren, um dort Spaß zu haben ⟨etwas, nichts, einen Ausflug, eine Reise unternehmen⟩: *Ich habe Lust, heute Abend etwas mit dir zu unternehmen* **2** **(et)was/nichts (gegen jemanden/etwas) unternehmen** etwas/nichts tun, um etwas zu verhindern oder jemanden daran zu hindern, etwas (Negatives) zu tun: *Er hat in dieser Angelegenheit nichts unternommen; etwas gegen die Luftverschmutzung unternehmen* **3** **einen Versuch unternehmen** (+ **zu** + *Infinitiv*) etwas versuchen **4** **Schritte (gegen jemanden/etwas) unternehmen** Maßnahmen (gegen jemanden/etwas) ergreifen || *zu* 1 **Un·ter·neh·mung** *die; -, -en*

Un·ter·neh·men[1] *das; -s, -;* eine Aktion, mit der man ein größeres Ziel erreichen will ⟨ein schwieriges Unternehmen; ein Unternehmen gelingt, scheitert⟩

Un·ter·neh·men[2] *das; -s, -;* eine Firma, ein Betrieb (*bes* in der Industrie und im Handel) ⟨ein privates, staatliches Unternehmen; ein Unternehmen gründen⟩ || K- Unternehmensführung || *hierzu* **Un·ter·neh·mer** *der; -s, -;* **Un·ter·neh·me·rin** *die; -, -nen;* **un·ter·neh·me·risch** *Adjektiv*

un·ter·ord·nen (*hat*) **1** **sich (jemandem) unterordnen** jemanden als Anführer oder Leiter akzeptieren und das tun, was er will ⟨sich nicht unterordnen können⟩ **2** **jemanden/etwas jemandem/etwas unterordnen** jemanden/etwas unter die Leitung von jemandem/etwas stellen: *Die Behörde wurde dem Außenministerium untergeordnet* || Hinweis: oft im Passiv! **3** **etwas etwas** (*Dativ*) **unterordnen** etwas zugunsten einer (wichtigeren) Sache (vorläufig) als weniger wichtig betrachten oder behandeln: *als Politiker seine persönlichen Interessen der Partei unterordnen*

Un·ter·re·dung *die; -, -en;* ein *meist* förmliches Gespräch zwischen wenigen Personen (um ein Problem zu klären) ⟨jemanden um eine Unterredung bitten; mit jemandem eine (lange) Unterredung führen/haben⟩

Un·ter·richt B1 *der; -(e)s; nur Singular;* **Unterricht (in etwas** (*Dativ*)**)** das regelmäßige Weitergeben von Wissen und Informationen durch einen Lehrer an Schüler, und das Üben von Fertigkeiten ⟨jemandem Unterricht geben/erteilen; Unterricht nehmen, erhalten; am Unterricht teilnehmen⟩: *jemandem Unterricht in Englisch geben; Unterricht im Geigespielen nehmen* || K- Unterrichtsfach, Unterrichtsziel || -K Deutschunterricht, Klavierunterricht

un·ter·rich·ten B2 *unterrichtete, hat unterrichtet* **1** **(etwas) unterrichten** ein bestimmtes Fach lehren: *Er unterrichtet (Musik) an der Volksschule* **2** **jemanden (in etwas** (*Dativ*)**) unterrichten** jemandem das nötige Wissen eines Faches vermitteln: *Sie unterrichtet die 11. Klasse (in Englisch)* **3** **jemanden (über etwas** (*Akkusativ*)**/von etwas) unterrichten** *förmlich;* jemanden von etwas informieren: *Sind Sie bereits unterrichtet?* || *zu* 3 **Un·ter·rich·tung** *die; -, -en*

Un·ter·rock *der; -(e)s, -rö·cke;* eine Art Kleid (ohne Ärmel) oder Rock aus sehr dünnem Stoff, das Frauen unter einem Kleid oder Rock tragen

un·ters *Präposition mit Artikel; umg* ≈ unter das

un·ter·sa·gen; *untersagte, hat untersagt;* **(jemandem) etwas untersagen** jemandem etwas (offiziell) verbieten ↔ jemandem etwas erlauben, genehmigen: *Mein Arzt hat mir strengstens untersagt zu rauchen* || Hinweis: oft im Zustandspassiv!

un·ter·schät·zen; *unterschätzte, hat unterschätzt* **1** **jemanden/sich unterschätzen** jemanden/sich falsch beurteilen, weil man glaubt, dass er/man weniger kann oder weiß, als es der Fall ist ↔ überschätzen **2** **etwas unterschätzen** etwas falsch beurteilen, weil man glaubt, dass es leichter, weniger wichtig, geringer *o.Ä.* ist, als es der Fall ist ↔ überschätzen ⟨eine Entfernung, eine Geschwindigkeit, eine Gefahr unterschätzen⟩

un·ter·schei·den; *unterschied, hat unterschieden* **1** ⟨Personen/Dinge⟩ **unterscheiden**; **jemanden/etwas von jemandem/etwas unterscheiden**; **etwas und etwas unterscheiden** erkennen, dass zwei oder mehrere Personen oder Dinge in bestimmten Merkmalen nicht gleich sind: *Die Zwillinge sind sich so ähnlich, dass man sie nicht unterscheiden kann; Er ist farbenblind - er kann Rot von/und Grün nicht unterscheiden* **2** ⟨Dinge⟩ **unterscheiden** Dinge, die in bestimmten Merkmalen nicht (oder nur zum Teil) gleich sind, in mehrere Gruppen einteilen: *Wir können hier drei Sorten von Getreide unterscheiden: Weizen, Gerste, Hafer* **3** **etwas unterscheidet jemanden/etwas von jemandem/etwas** etwas ist das Merkmal, in dem eine Person oder Sache anders ist als eine andere: *Seine Direktheit unterscheidet ihn von den meisten anderen Kollegen* **4** **zwischen** ⟨Personen/Dingen⟩ **unterscheiden (können)** die eine Person/Sache von der anderen genau trennen (und dabei bewerten): *Er kann nicht zwischen*

Wichtigem und Unwichtigem unterscheiden **5** **jemand/etwas unterscheidet sich** (**durch etwas/in etwas** (*Dativ*)) **von jemandem/etwas**; ⟨Personen/Dinge⟩ **unterscheiden sich** eine Person/Sache ist in bestimmter Weise anders als eine andere: *Er unterscheidet sich von seinem Bruder durch den Fleiß* || *zu* 1, 2 *und* 4 **Un·ter·schei·dung** *die*; -, -en

Un·ter·schen·kel *der*; -s, -; der Teil des Beines zwischen Knie und Fuß

Un·ter·schicht *die*; -, -en; die Gruppe von Menschen in der Gesellschaft, die arm sind, weniger gelernt haben als andere *o.Ä.* ↔ Mittelschicht, Oberschicht

Un·ter·schied B1 *der*; -(e)s, -e **1** **der Unterschied** (**zwischen Personen/Sachen** (*Dativ*)) das Merkmal, in dem zwei oder mehrere Personen oder Sachen nicht gleich sind ⟨ein kleiner, feiner, großer Unterschied⟩: *Worin liegt/besteht der Unterschied zwischen den beiden?* **2** **einen Unterschied machen** (**zwischen jemandem/etwas** (*Plural*)) verschiedene Personen/Sachen unterschiedlich bewerten **3** **im Unterschied zu jemandem/etwas**; **zum Unterschied von jemandem/etwas** anders als jemand/etwas: *Im Unterschied zu mir geht sie gern ins Theater* **4** **ohne Unterschied** ohne Ausnahme || ID **ein Unterschied wie Tag und Nacht** ein sehr großer Unterschied

un·ter·schied·lich *Adjektiv*; in Bezug auf bestimmte Merkmale anders (als eine andere Person oder Sache) ≈ verschieden: *unterschiedliche Ansichten über etwas haben*; *Er behandelt seine Kinder unterschiedlich* || *hierzu* **Un·ter·schied·lich·keit** *die*; -, -en

un·ter·schla·gen; *unterschlägt, unterschlug, hat unterschlagen* **1** **etwas unterschlagen** *meist* Geld oder wertvolle Dinge, die anderen gehören (*bes* solche, die man aufbewahren oder verwalten soll) stehlen ⟨Geld, Dokumente unterschlagen⟩ **2** (**jemandem**) **etwas unterschlagen** jemandem etwas Wichtiges mit Absicht nicht sagen, obwohl man es müsste || *hierzu* **Un·ter·schla·gung** *die*; -, -en

un·ter·schrei·ben A2 *unterschrieb, hat unterschrieben*; (**etwas**) **unterschreiben** seinen Namen unter einen Brief, ein Dokument *o.Ä.* schreiben (*z.B.* um damit etwas zu bestätigen) ⟨einen Brief, einen Scheck unterschreiben⟩

Un·ter·schrift B1 *die*; -, -en; der eigene Name, den man unter einen Brief, ein Dokument schreibt ⟨etwas trägt jemandes Unterschrift⟩: *Unterschriften gegen den Bau einer neuen Straße sammeln* || K- Unterschriftenaktion, Unterschriftensammlung

Un·ter·set·zer *der*; -s, -; ein kleiner flacher Gegenstand, auf den man *bes* Gläser, heiße Töpfe oder Blumentöpfe stellt ≈ Untersatz

Un·ter·stand *der*; -(e)s, -stän·de; eine Stelle, wo man sich (zum Schutz vor Regen, Schnee oder Gefahr) unterstellen kann

un·ter·ste·hen; *unterstand, hat unterstanden*; **jemandem/etwas unterstehen** jemanden zum Chef haben/von einer bestimmten Institution die Anweisungen oder Befehle bekommen ≈ jemandem/etwas untergeordnet, unterstellt sein: *Dieses Amt untersteht unmittelbar dem Ministerium* || ID *meist* **Untersteh dich ja nicht + zu** + *Infinitiv*! als Drohung verwendet, dass jemand etwas nicht tun soll: *Untersteh dich ja nicht, das noch einmal zu tun!*

un·ter·stel·len[1] (*hat*) **1** **etwas** (**irgendwo**) **unterstellen** etwas in einen Raum stellen, um es dort aufzubewahren: *die Fahrräder im Keller unterstellen* **2** **sich** (**irgendwo**) **unterstellen** sich zum Schutz gegen Regen, Schnee für kurze Zeit unter ein Dach stellen

un·ter·stel·len[2]; *unterstellte, hat unterstellt* **1** **jemanden/etwas jemandem/etwas unterstellen** jemandem die Leitung von etwas geben: *Ihm ist eine ganze Abteilung unterstellt* **2** **jemandem etwas unterstellen** von jemandem etwas Negatives glauben oder behaupten, obwohl man es nicht beweisen kann ⟨jemandem Egoismus, böse Absichten unterstellen⟩ **3** **etwas unterstellen** annehmen, dass etwas so ist: *Unterstellen wir einmal, er hätte recht*

Un·ter·stu·fe *die*; -, -n; die (drei) untersten Klassen *bes* einer Realschule oder eines Gymnasiums

un·ter·stüt·zen B1 *unterstützte, hat unterstützt* **1** **jemanden unterstützen** jemandem helfen, indem man ihm etwas gibt, das er braucht ⟨jemanden finanziell unterstützen⟩ **2** **jemanden** (**bei etwas**) **unterstützen** jemandem bei etwas helfen: *jemanden beim Bau seines Hauses unterstützen* **3** **jemanden/etwas unterstützen** sich für eine Person oder Sache engagieren, damit sie Erfolg haben: *Er will unseren Plan unterstützen* **4** **etwas unterstützt etwas** etwas fördert/bewirkt etwas: *Dieses Mittel unterstützt die Heilung* || *hierzu* **Un·ter·stüt·zung** *die*; -, -en

un·ter·su·chen B2 *untersuchte, hat untersucht* **1** **etwas untersuchen** etwas genau prüfen, um herauszufinden, wie es funktioniert, wirkt ⟨etwas gründlich, eingehend untersuchen⟩ **2** **etwas untersuchen** versuchen, etwas aufzuklären: *Die Polizei untersucht den Mordfall* **3** **etwas** (**auf etwas** (*Akkusativ*) (**hin**)) **untersuchen** etwas genau prüfen, um etwas Bestimmtes zu finden: *die Luft auf Schadstoffe* (*hin*) *untersuchen* **4** **jemanden/etwas untersuchen** als Arzt einen Patienten/einen Körperteil genau prüfen, um festzustellen, was ihm fehlt: *eine Wunde untersuchen*

Un·ter·su·chung B1 *die; -, -en* **1** das Untersuchen (1-4) ⟨eine ärztliche, polizeiliche Untersuchung; eine Untersuchung durchführen⟩: *eine genaue Untersuchung der Unglücksursache* || K- Untersuchungsbericht, Untersuchungsergebnis || -K Bluntuntersuchung; Augenuntersuchung **2** eine wissenschaftliche Arbeit über ein Thema

Un·ter·su·chungs·ge·fäng·nis *das; -ses, -se;* ein Gefängnis für Personen in Untersuchungshaft

Un·ter·su·chungs·haft *die; -; nur Singular;* die (vorläufige) Haft eines Beschuldigten bis zu Beginn des Prozesses

un·ter·tags *Adverb; südd* Ⓐ Ⓒⓗ während des Tages ≈ tagsüber

un·ter·tan *Adjektiv; nur in* **1** **sich** (*Dativ*) **etwas untertan machen** *förmlich;* erreichen, dass man etwas beherrscht ≈ sich etwas dienstbar machen: *sich die Natur untertan machen* **2** **jemandem untertan sein** *historisch;* von einem Herrscher (*bes* im absolutistisch regierten Staat) ganz abhängig sein

Un·ter·tan *der; -s/-en, -en; historisch;* ein Bürger eines absolutistisch regierten Staates: *die Untertanen des Königs* || *hierzu* **Un·ter·ta·nin** *die; -, -nen*

Un·ter·tas·se B2 *die; -, -n;* ein kleiner, flacher Teller, auf den die Tasse gestellt wird

Un·ter·teil *das; -(e)s, -e;* das untere Stück oder Teil von etwas ↔ Oberteil: *das Unterteil eines Schrankes, eines Bikinis*

un·ter·tei·len; *unterteilte, hat unterteilt;* **etwas** (**in etwas** (*Akkusativ*)) **unterteilen** ein Ganzes in mehrere Teile (ein)teilen ≈ etwas (in etwas) gliedern: *Die Strecke ist in drei Etappen unterteilt* || Hinweis: oft im Zustandspassiv! || *hierzu* **Un·ter·tei·lung** *die; -, -en*

Un·ter·ton *der; -(e)s, -tö·ne;* **ein Unterton** (**von etwas**) etwas, das in der Stimme des Sprechenden liegt, erkennbar wird ≈ Anflug, Beiklang: *Sie sagte das mit einem spöttischen Unterton; In seiner Stimme lag ein drohender Unterton*

un·ter·ver·sorgt *Adjektiv;* (**mit etwas**) **unterversorgt** mit etwas Wichtigem in nicht ausreichendem Maße versorgt: *Das Herz des Kranken ist mit Sauerstoff unterversorgt* || *hierzu* **Un·ter·ver·sor·gung** *die; -, -en; meist Singular*

un·ter·wan·dern; *unterwanderten, haben unterwandert;* ⟨Personen⟩ **unterwandern eine Institution** *o.Ä.* Mitglieder einer extremen politischen Organisation *o.Ä.* nehmen über längere Zeit Stellen in einer Institution *o.Ä.* an, um die Arbeit dort für ihre Ziele zu missbrauchen: *Staatsfeinde haben die Behörde unterwandert*

Un·ter·wä·sche *die; -; nur Singular;* Kleidungsstücke, die man unmittelbar auf der Haut trägt, wie *z.B.* Unterhose, Unterhemd, Unterrock

un·ter·wegs B1 *Adverb* **1** auf dem Weg zu einem bestimmten Ziel: *Unterwegs traf sie ihren Bruder* **2** **unterwegs sein** ≈ auf Reisen sein: *Er ist geschäftlich viel unterwegs*

un·ter·wei·sen; *unterwies, hat unterwiesen;* **jemanden** (**in etwas** (*Dativ*)) **unterweisen** *förmlich* ≈ jemanden etwas lehren || *hierzu* **Un·ter·wei·sung** *die; -, -en*

Un·ter·welt *die; -; nur Singular* **1** die Verbrecher einer Stadt **2** (in der griechischen Mythologie) das Reich der Toten || Hinweis: nur mit dem bestimmten Artikel verwendet

un·ter·wer·fen; *unterwirft, unterwarf, hat unterworfen* **1** **jemanden** (*meist Plural*)/**etwas unterwerfen** ein Volk/ein Land *o.Ä.* im Krieg besiegen und dann über es herrschen ⟨ein Volk, die Aufständischen, ein Land, ein Gebiet unterwerfen⟩ **2** **sich** (**jemandem**) **unterwerfen** im Krieg aufhören zu kämpfen und den Feind als Herrscher akzeptieren ⟨sich den Eindringlingen, den Eroberern, den Siegern unterwerfen⟩ **3** **sich etwas** (*Dativ*) **unterwerfen** das akzeptieren oder tun, was ein anderer verlangt ≈ sich etwas fügen ⟨sich jemandes Anordnung, Befehl, Willen unterwerfen⟩

un·ter·wür·fig, un·ter·wür·fig *Adjektiv; abwertend;* von einer Art, die in übertriebener Weise zeigt, dass man bemüht ist, jemandem zu dienen ≈ servil, sklavisch ⟨eine Haltung; sich unterwürfig verhalten⟩

un·ter·zeich·nen B2 *unterzeichnete, hat unterzeichnet;* (**etwas**) **unterzeichnen** *förmlich* ≈ (etwas) unterschreiben || *hierzu* **Un·ter·zeich·nung** *die; -, -en; meist Singular*

un·ter·zie·hen; *unterzog, hat unterzogen; förmlich* **1** **sich etwas** (*Dativ*) **unterziehen** etwas tun, das unangenehm oder mit Mühen verbunden ist ≈ etwas auf sich nehmen: *sich einer Operation unterziehen* **2** **jemanden einem**

Verhör unterziehen jemanden verhören **3** **jemanden/etwas einer Prüfung unterziehen** jemanden/etwas prüfen

Un·tie·fe *die; -, -n;* eine flache (seichte) Stelle im Wasser (*bes* in einem Fluss oder im Meer)

un·trag·bar, un·trag·bar *Adjektiv; nicht als Adverb* **1** nicht mehr akzeptabel, nicht mehr zu ertragen ⟨Zustände⟩: *Wegen des Bestechungsskandals ist er für seine Partei untragbar geworden* **2** so, dass es nicht mehr finanziert werden kann ⟨etwas ist finanziell untragbar⟩: *Die Kosten des Projekts sind untragbar*

un·trenn·bar, un·trenn·bar *Adjektiv* **1** so, dass die einzelnen Personen oder Dinge nicht voneinander getrennt werden können ⟨etwas bildet eine untrennbare Einheit, ein untrennbares Ganzes; mit jemandem untrennbar verbunden sein⟩ **2** (in Bezug auf Verben) dadurch gekennzeichnet, dass das Präfix nicht vom Wortstamm getrennt werden kann

un·treu *Adjektiv* **1** nicht treu (2) ≈ treulos ⟨ein Ehemann, eine Ehefrau; jemandem untreu sein, werden⟩ **2** **etwas** (*Dativ*) **untreu werden** nicht mehr länger für etwas eintreten, das man bisher für gut oder richtig gehalten hat ≈ etwas verleugnen ⟨seinen Grundsätzen, Idealen, Überzeugungen untreu werden⟩ || *zu* 1 **Un·treue** *die; -; nur Singular*

un·über·legt *Adjektiv;* nicht (vorher) überlegt ≈ leichtsinnig ⟨eine Handlungsweise; unüberlegt handeln; etwas Unüberlegtes tun⟩

un·über·schau·bar *Adjektiv* ≈ unübersehbar (1,3)

un·über·seh·bar, un·über·seh·bar *Adjektiv* **1** so groß, komplex *o.Ä.*, dass man es nicht mit einem Blick umfassen kann ≈ unüberschaubar: *Auf dem Platz hatte sich eine unübersehbare Menschenmenge versammelt* **2** ⟨*meist* Fehler, Mängel⟩ so (schlimm), dass man sie einfach sehen muss **3** in den Folgen noch nicht abzuschätzen ≈ unüberschaubar ↔ abschätzbar: *Die Auswirkungen des Unglücks sind derzeit noch unübersehbar*

un·über·treff·lich, un·über·treff·lich *Adjektiv;* so gut, dass niemand etwas Besseres leisten kann

un·über·wind·bar, un·über·wind·bar *Adjektiv; nicht als Adverb* **1** ⟨Barrieren, Hindernisse, Probleme, Schwierigkeiten⟩ so groß *o.Ä.*, dass man sie nicht beseitigen, nicht damit fertigwerden kann: *Sie hatte eine unüberwindbare Abneigung gegen ihn entwickelt* **2** ⟨*meist* Gegensätze⟩ so, dass man sie nicht ausgleichen kann ≈ unversöhnlich

un·über·wind·lich, un·über·wind·lich *Adjektiv* ≈ unüberwindbar

un·üb·lich *Adjektiv; meist nach dem Substantiv;* nicht üblich ≈ ungewöhnlich ⟨ein Verfahren, ein Vorgehen⟩

un·um·stöß·lich, un·um·stöß·lich *Adjektiv;* so, dass man es nicht mehr ändern kann ≈ endgültig, definitiv ⟨eine Tatsache⟩: *jemandes Entschluss steht unumstößlich fest*

un·um·strit·ten, un·um·strit·ten *Adjektiv; nicht als Adverb;* von allen anerkannt ⟨eine Tatsache⟩

un·un·ter·bro·chen, un·un·ter·bro·chen *Adjektiv; nur vor dem Substantiv oder als Adverb;* ohne eine Pause oder Störung ≈ dauernd: *Es regnete ununterbrochen; ununterbrochen im Einsatz sein*

un·ver·än·der·lich, un·ver·än·der·lich *Adjektiv;* so, dass man es nicht ändern kann ≈ gleichbleibend

un·ver·än·dert *Adjektiv;* ohne Änderung ≈ gleich, gleichbleibend: *Ihr gesundheitlicher Zustand ist seit Tagen unverändert*

un·ver·ant·wort·lich, un·ver·ant·wort·lich *Adjektiv;* so, dass man es nicht begründen oder verantworten kann ⟨Leichtsinn⟩

un·ver·bes·ser·lich, un·ver·bes·ser·lich *Adjektiv; nicht als Adverb;* ⟨ein Optimist, ein Pessimist, ein Dickkopf, ein Nörgler⟩ so stark durch eine bestimmte Eigenschaft geprägt, dass man sie nicht ändern kann

un·ver·blümt, un·ver·blümt *Adjektiv;* nicht vorsichtig oder schonend, sondern ganz deutlich, ganz ehrlich ≈ direkt ⟨Worte; jemandem unverblümt seine Meinung sagen⟩

un·ver·dau·lich, un·ver·dau·lich *Adjektiv; nicht als Adverb* **1** ⟨Reste, Bestandteile (der Nahrung)⟩ so, dass sie nicht verdaut werden **2** *umg;* schwer zu verstehen oder zu lesen ≈ unverständlich ⟨eine Abhandlung, eine Theorie⟩

un·ver·dor·ben *Adjektiv; nicht als Adverb* **1** ⟨Speisen⟩ noch frisch, sodass man sie essen kann **2** naiv und ohne böse Absichten ≈ unschuldig ⟨Kinder⟩

un·ver·ein·bar, un·ver·ein·bar *Adjektiv;* **(mit etwas) unvereinbar** nicht miteinander zu vereinbaren ⟨Gegensätze⟩: *Seine Anschauungen sind mit meinen unvereinbar* || *hierzu* **Un·ver·ein·bar·keit, Un·ver·ein·bar·keit** *die; -, -en*

un·ver·fro·ren, un·ver·fro·ren *Adjektiv;* frech, unverschämt

un·ver·gess·lich, un·ver·gess·lich *Adjektiv*; **(jemandem) unvergesslich** ⟨ein Abend, ein Augenblick, ein Erlebnis⟩ so (schön, gut *o.Ä.*), dass man sie nicht vergisst

un·ver·hält·nis·mä·ßig, un·ver·hält·nis·mä·ßig *Adverb*; über das normale Maß stark hinausgehend: *Das Kind ist für sein Alter unverhältnismäßig groß*

un·ver·hei·ra·tet *Adjektiv*; nicht verheiratet ≈ ledig

un·ver·hofft, un·ver·hofft *Adjektiv*; nicht erwartet ≈ überraschend ⟨ein Besuch, ein Wiedersehen⟩ || ID **unverhofft kommt oft** man erlebt immer wieder Überraschungen

un·ver·käuf·lich, un·ver·käuf·lich *Adjektiv; nicht als Adverb*; nicht für den Verkauf bestimmt: *Dieses Bild ist unverkäuflich*

un·ver·kenn·bar, un·ver·kenn·bar *Adjektiv*; so deutlich (zu erkennen), dass es keine Zweifel gibt ≈ eindeutig: *Das ist unverkennbar ein Picasso*

un·ver·letzt *Adjektiv*; ohne eine Wunde, ohne Verletzung: *Der Verunglückte konnte unverletzt geborgen werden*

un·ver·min·dert *Adjektiv*; mit gleichbleibender Intensität, Stärke: *Der Sturm tobt noch mit unverminderter Stärke*

un·ver·mit·telt *Adjektiv; meist als Adverb*; ganz plötzlich ≈ abrupt, überraschend: *Unvermittelt fing er an zu schreien*

Un·ver·mö·gen *das; -s; nur Singular; förmlich*; der Mangel an Können ≈ Unfähigkeit

un·ver·schämt *Adjektiv* **1** so frech, dass andere provoziert oder beleidigt werden ⟨eine Person⟩ **2** *nicht als Adverb; umg*; sehr groß, sehr intensiv: *unverschämtes Glück haben* **3** *nur als Adverb; umg* ≈ sehr: *Das Kleid war unverschämt teuer* || *zu* 1 **Un·ver·schämt·heit** *die; -, -en*

un·ver·schul·det, un·ver·schul·det *Adjektiv*; so, dass die betroffene Person nicht selbst daran schuld oder dafür verantwortlich ist ⟨Armut; unverschuldet in Not geraten⟩

un·ver·se·hens, un·ver·se·hens *Adverb*; ganz plötzlich, ohne dass jemand vorher etwas bemerkt hatte ≈ unvermutet

un·ver·sehrt *Adjektiv* **1** ohne eine Wunde, ohne Verletzung ≈ unverletzt, unverwundet ⟨unversehrt geborgen werden⟩ **2** ohne Schaden ≈ unbeschädigt: *Das Dach blieb bei dem Sturm unversehrt* **3** nicht geöffnet ⟨ein Siegel, eine Packung⟩ || *hierzu* **Un·ver·sehrt·heit** *die; -; nur Singular*

un·ver·ständ·lich *Adjektiv* **1** nicht deutlich zu hören und zu verstehen: *unverständliche Worte* **2** ≈ unbegreiflich: *Es ist mir unverständlich, wie er einen so wichtigen Termin vergessen konnte*

un·ver·sucht, un·ver·sucht *Adjektiv; nur in* **nichts unversucht lassen** (, **um...**) alles tun, was möglich ist, um ein bestimmtes Ziel zu erreichen: *Sie ließ nichts unversucht, um ihn zu erreichen*

un·ver·träg·lich, un·ver·träg·lich *Adjektiv; nicht als Adverb* **1** (in Bezug auf Speisen) so, dass man sie nicht essen kann, ohne dass sie einem schaden ≈ unbekömmlich, unverdaulich **2** nicht fähig, mit anderen Menschen in Harmonie zu leben ≈ streitsüchtig ↔ friedliebend ⟨ein Mensch⟩ || *zu* 1 **Un·ver·träg·lich·keit, Un·ver·träg·lich·keit** *die; -; nur Singular*

un·ver·wund·bar, un·ver·wund·bar *Adjektiv; nicht als Adverb*; (in Bezug auf Menschen) so, dass sie nicht verletzt werden können ⟨sich unverwundbar fühlen⟩ || *hierzu* **Un·ver·wund·bar·keit, Un·ver·wund·bar·keit** *die; -; nur Singular*

un·ver·wüst·lich, un·ver·wüst·lich *Adjektiv; nicht als Adverb* **1** ⟨ein Material, ein Stoff⟩ so, dass sie nicht oder nur sehr schwer beschädigt oder zerstört werden können **2** ⟨*meist* eine Gesundheit, ein Humor⟩ so, dass sie durch nichts gestört oder ruiniert werden

un·ver·züg·lich, un·ver·züg·lich *Adjektiv; meist als Adverb; förmlich* ohne Verzögerung

un·voll·kom·men, un·voll·kom·men *Adjektiv* **1** nicht so gut, wie es sein sollte oder könnte ⟨etwas nur unvollkommen beherrschen⟩ **2** *nur vor dem Substantiv oder als Adverb; umg*; nicht komplett ≈ unvollständig ⟨eine Darstellung⟩ || *hierzu* **Un·voll·kom·men·heit, Un·voll·kom·men·heit** *die; -, -en*

un·voll·stän·dig, un·voll·stän·dig *Adjektiv*; nicht mit allen Teilen, die dazugehören ↔ komplett: *ein unvollständiges Teeservice; Die Liste ist noch unvollständig*

un·vor·be·rei·tet *Adjektiv*; nicht vorbereitet ⟨eine Rede, ein Vortrag; etwas trifft jemanden unvorbereitet; unvorbereitet in eine Prüfung gehen⟩

un·vor·sich·tig *Adjektiv*; ohne die nötige Vorsicht, ohne Bedenken der Folgen ⟨eine Bemerkung⟩ || *hierzu* **Un·vor·sich·tig·keit** *die; -, -en*

un·wahr *Adjektiv; nicht als Adverb*; nicht wahr ≈ falsch, gelogen ⟨eine Behauptung, eine Geschichte⟩: *Was du sagst, ist unwahr* || *hierzu* **Ụn·wahr·heit** *die; -, -en*

ụn·wahr·schein·lich *Adjektiv* **1** so, dass es mit ziemlicher Sicherheit nicht passieren wird ⟨etwas für unwahrscheinlich halten⟩: *Es ist unwahrscheinlich, dass er heute noch anruft; Ihre Entschuldigung klingt sehr unwahrscheinlich* **2** *nicht als Adverb; umg;* sehr groß, sehr intensiv: *Bei dem Unfall hat er unwahrscheinliches Glück gehabt* **3** *nur als Adverb; umg* ≈ sehr: *Ich habe mich unwahrscheinlich gefreut*

un·wei·ger·lich, ụn·wei·ger·lich *Adjektiv; nur vor dem Substantiv oder als Adverb;* so, dass es sich als logische Konsequenz von etwas notwendigerweise ergibt ≈ unvermeidlich

ụn·weit *Präposition; mit Genitiv;* nicht weit weg von: *Das Dorf liegt unweit einer großen Stadt* || Hinweis: auch adverbiell verwendet mit *von: unweit von unserem Hotel*

ụn·we·sent·lich *Adjektiv* **1** ≈ unwichtig ⟨eine Änderung, ein Unterschied; etwas ist von unwesentlicher Bedeutung⟩ **2** **(nur) unwesentlich** + *Komparativ* (nur) wenig, (nur) ein bisschen: *Er ist nur unwesentlich größer als sie*

ụn·wich·tig *Adjektiv;* nicht wichtig ⟨ein Detail⟩

un·wi·der·ruf·lich, ụn·wi·der·ruf·lich *Adjektiv* ≈ endgültig, definitiv ↔ vorläufig ⟨eine Entscheidung, ein Entschluss; etwas steht unwiderruflich fest⟩

un·wi·der·steh·lich *Adjektiv* **1** so stark, dass sich jemand nicht dagegen wehren kann ⟨ein Verlangen, eine Begierde (nach etwas), Lust (auf etwas)⟩ **2** so (charmant oder attraktiv), dass niemand widerstehen kann ⟨ein Lächeln; sich für unwiderstehlich halten⟩: *Sein Charme ist unwiderstehlich*

ụn·wil·lig *Adjektiv* **1** *nur vor dem Substantiv oder als Adverb;* **unwillig (über etwas** *(Akkusativ)*) von Ärger, Unwillen bestimmt ≈ verärgert: *jemanden unwillig ansehen* **2** *meist als Adverb;* nicht gern (bereit zu etwas) ≈ widerwillig, widerstrebend ↔ bereitwillig: *einen Befehl nur unwillig ausführen*

U

ụn·will·kür·lich, un·will·kür·lich *Adjektiv;* nicht gewollt, nicht bewusst ⟨eine Reaktion; unwillkürlich zusammenzucken; unwillkürlich lächeln, lachen müssen⟩

ụn·wirk·sam *Adjektiv;* ohne Wirkung ≈ wirkungslos ⟨eine Methode, ein Mittel; etwas erweist sich als unwirksam⟩ || *hierzu* **Ụn·wirk·sam·keit** *die; -; nur Singular*

ụn·wirt·schaft·lich *Adjektiv;* ohne oder mit nur wenig Gewinn ↔ rentabel ⟨eine Betriebsführung⟩

ụn·wis·send *Adjektiv* **1** ohne das nötige Wissen, die nötige Erfahrung (auf einem bestimmten Gebiet) ⟨ein Kind; dumm und unwissend sein⟩ **2** über eine Tatsache, ein Ereignis *o.Ä.* nicht informiert ⟨sich unwissend geben, stellen⟩ || *hierzu* **Ụn·wis·sen·heit** *die; -; nur Singular*

ụn·wohl *Adjektiv* **1** nicht ganz gesund ⟨sich unwohl fühlen⟩ **2** **jemandem ist unwohl** jemand hat das Gefühl, sich erbrechen zu müssen **3** **sich irgendwo/bei jemandem/etwas unwohl fühlen** in jemandes Gegenwart nicht entspannt sein, eine Situation als unangenehm empfinden: *Er fühlte sich in ihrer Gesellschaft unwohl*

ụn·wür·dig *Adjektiv* **1** ohne die angemessene Würde, nicht menschenwürdig ≈ verächtlich ⟨jemanden unwürdig behandeln⟩ **2** *förmlich;* **(jemandes/etwas) unwürdig** so, dass die betroffene Person etwas (aufgrund ihrer schlechten Eigenschaften, Leistungen *o.Ä.*) nicht verdient ⟨sich jemandes Liebe, Vertrauen, Wohlwollen unwürdig erweisen; einer Auszeichnung, eines Preises unwürdig sein⟩ **3** **etwas ist jemandes unwürdig** *förmlich;* etwas ist eine Schande für jemanden ⟨ein Verhalten⟩

Ụn·zahl *die; -; nur Singular;* **eine Unzahl** + *Genitiv*/**von etwas** *(Plural)* eine sehr große Zahl oder Menge von Menschen oder Dingen ≈ Unmenge: *Er besitzt eine Unzahl von Büchern/alter Bücher*

un·zäh·lig, ụn·zäh·lig *Adjektiv; nur vor dem Substantiv oder als Adverb;* so viele, dass man sie nicht oder kaum zählen kann ≈ zahllos: *etwas unzählige Male versuchen*

ụn·zeit·ge·mäß *Adjektiv;* ⟨Ansichten, eine Haltung⟩ so, dass sie nicht zur heutigen (modernen) Zeit passen ≈ überholt, veraltet ↔ modern

un·zer·trenn·lich, ụn·zer·trenn·lich *Adjektiv;* ⟨Freunde, ein Paar⟩ so, dass sie alles gemeinsam machen: *Die beiden sind unzertrennlich*

ụn·zu·frie·den *Adjektiv;* **unzufrieden (mit jemandem/sich/etwas)** (von jemandem/sich selbst/etwas) enttäuscht, nicht glücklich über einen bestimmten Zustand *o.Ä.* ⟨unzufrieden sein, aussehen; ein unzufriedenes Gesicht machen⟩ || *hierzu* **Ụn·zu·frie·den·heit** *die; -; nur Singular*

ụn·zu·gäng·lich *Adjektiv* **1** so, dass man nur

schwer dorthin kommen kann ≈ unwegsam ⟨ein Gelände, ein Gebirge⟩ **2** anderen Menschen gegenüber sehr reserviert, nicht kontaktfreudig ≈ verschlossen, zurückhaltend ⟨ein Mensch, ein Typ⟩ **3** **etwas** *(Dativ)* **gegenüber unzugänglich** *förmlich;* nicht gern bereit, etwas zu tun oder zu akzeptieren ⟨jemandes Bitten, Forderungen, Mahnungen, Warnungen gegenüber unzugänglich sein⟩

ụn·zu·läng·lich *Adjektiv; förmlich;* nicht so gut, wie es sein sollte ≈ mangelhaft, unzureichend: *nur unzulängliche Kenntnisse in Geografie besitzen* || *hierzu* **Ụn·zu·läng·lich·keit** *die; -, -en*

ụn·zu·läs·sig *Adjektiv; förmlich;* nicht erlaubt ≈ verboten

ụn·zu·rech·nungs·fä·hig *Adjektiv; nicht als Adverb; Rechtswesen;* nicht verantwortlich für das, was man getan hat (weil man *z.B.* geistig verwirrt war)

ụn·zu·rei·chend *Adjektiv; förmlich;* nicht so gut, wie es sein sollte ≈ mangelhaft, unzulänglich: *Die Bevölkerung wurde nur unzureichend mit Lebensmitteln versorgt*

ụn·zu·tref·fend *Adjektiv; förmlich* **1** (in einem Formular) für jemanden/etwas nicht gültig, anwendbar: *Unzutreffendes bitte streichen!* **2** nicht richtig ≈ falsch: *unzutreffende Behauptungen aufstellen*

ụn·zu·ver·läs·sig *Adjektiv;* ⟨ein Mensch⟩ so, dass man sich nicht auf ihn verlassen kann: *Von Karl darfst du nichts erwarten, er ist ziemlich unzuverlässig* || *hierzu* **Ụn·zu·ver·läs·sig·keit** *die; -; nur Singular*

ụn·zwei·fel·haft, un·zwei·fel·haft *Adjektiv;* so, dass keine Zweifel daran bestehen ⟨eine Berechtigung⟩: *Sie ist unzweifelhaft sehr begabt*

Up·date ['apdeɪt] *das; -s, -s; Informatik;* eine neue, verbesserte Version eines Computerprogramms

ụ̈p·pig *Adjektiv* **1** in großer Menge oder Fülle vorhanden ⟨eine Vegetation⟩ **2** aus vielen Speisen (bestehend) ⟨*meist* ein Mahl⟩ **3** *beschönigend;* (in Bezug auf den Körper oder Körperteile *bes* von Frauen) dick ⟨ein Busen; Formen⟩

Ur- ['uːɐ̯-] *im Substantiv;* weist auf den Anfang, den ersten, ursprünglichen Zustand von jemandem/etwas hin; jemandes **Urahnen**, der **Urbeginn** ⟨der Entwicklung des Menschen⟩, die **Urbevölkerung** ⟨Australiens⟩, der **Urmensch**

ur·alt *Adjektiv; ohne Steigerung; nicht als Adverb;* sehr alt

Uran *das; -s; nur Singular;* ein radioaktives Metall, das in Atomkraftwerken, für Atombomben *o.Ä.* verwendet wird; *Chemie* U

ur·auf·ge·führt *nur in* **etwas wird uraufgeführt** ein Theaterstück, ein Film *o.Ä.* wird zum ersten Mal öffentlich gezeigt || *hierzu* **Ur·auf·füh·rung** *die; -, en*

Ur·ein·woh·ner *der; -s, -;* ein Mitglied eines Volkes, das vor sehr langer Zeit irgendwo gelebt hat oder schon sehr lange dort lebt, nicht eingewandert ist || *hierzu* **Ur·ein·woh·ne·rin** *die; -, -nen*

Ur·en·kel *der; -s, -;* der Sohn von jemandes Enkel oder Enkelin || *hierzu* **Ur·en·ke·lin** *die; -, -nen*

Ur|groß·el·tern *die; -; Plural;* die Eltern des Großvaters oder der Großmutter

Ur|groß·mut·ter *die; -, -müt·ter;* die Mutter des Großvaters oder der Großmutter

Ur|groß·va·ter *der; -s, -vä·ter;* der Vater des Großvaters oder der Großmutter

Ur·he·ber *der; -s, -;* **1** **der Urheber** *(+ Genitiv/* **von etwas***)* jemand, der bewirkt, dass etwas geschieht ≈ Initiator: *Er war der Urheber der Revolte* **2** *bes* ein Künstler (*z.B.* ein Dichter oder Komponist), der ein Werk geschaffen hat || K- Urheberrecht, Urheberschutz || *hierzu* **Ur·he·be·rin** *die; -, -nen*

urig *Adjektiv; meist vor dem Substantiv;* im Wesen oder Verhalten (auf sympathische Weise) ein bisschen seltsam ⟨ein Kauz, ein Typ⟩

Urin *der; -s; nur Singular* ≈ Harn || K- Urinprobe, Urinuntersuchung || *hierzu* **uri·nie·ren** *(hat)*

Ur·kun·de *die; -, -n;* ein (amtliches) Dokument, durch das etwas offiziell bestätigt wird ⟨eine notariell beglaubigte Urkunde; eine Urkunde (über etwas *(Akkusativ)*) ausstellen, ausfertigen; eine Urkunde fälschen⟩ || -K Geburtsurkunde

Ur·laub B1 *der; -(e)s, -e* **1** die Tage oder Wochen, in denen man im Beruf nicht arbeiten muss (damit man sich erholen kann) ⟨Urlaub beantragen, bekommen; (sich *(Dativ)*) Urlaub nehmen; in Urlaub gehen; Urlaub haben, machen; in/im Urlaub sein⟩ || K- Urlaubsanspruch, Urlaubstag **2** ein (Erholungs)Aufenthalt, weg von der Arbeit und weg von zu Hause ≈ Ferien ⟨in Urlaub fahren; irgendwo Urlaub machen⟩: *ein kurzer Urlaub am Meer* || K- Urlaubsland, Urlaubsort, Urlaubsziel || -K Erholungsurlaub

Ur·lau·ber *der; -s, -;* jemand, der gerade

U

Der Urlaub

Die meisten Arbeitnehmer haben in Deutschland etwa vier Wochen Urlaub im Jahr. Viele Deutsche fahren im Urlaub gern ans Meer (z.B. an die Nordsee, Ostsee oder ans Mittelmeer) oder zum Wandern ins Gebirge (in den Harz, den Schwarzwald, die Alpen usw.). Auch Radwanderungen und Städtereisen sind sehr beliebt, im Winter fährt man gern in die Berge zum Ski- und Snowboardfahren.
„Ich mache Urlaub in Balkonien" sagt man zum Scherz, wenn man zu Hause bleibt und seine Zeit auf dem Balkon, im Garten, im Park oder am Baggersee verbringt.

LANDESKUNDE

seinen Urlaub irgendwo verbringt ≈ Tourist: *Viele Urlauber gehen nach Spanien* || *hierzu* **Ur·lau·be·rin** *die; -, nen*

Ur·laubs·geld *das; -(e)s, -er; meist Singular;* eine bestimmte (Geld)Summe, die der Arbeitgeber dem Arbeitnehmer für den Urlaub zusätzlich zum Lohn/Gehalt zahlt

Ur·ne *die; -, -n* **1** eine Art Vase oder Krug (mit Deckel), in der die Asche eines Toten aufbewahrt (und beigesetzt) wird || K- Urnenbeisetzung, Urnenfriedhof, Urnengrab **2** *Kurzwort* ↑ **Wahlurne**: *der Gang zu den Urnen* || K- Urnengang

Uro·lo·gie *die; -; nur Singular;* das Gebiet der Medizin, das sich mit den Erkrankungen der Niere, der Harnblase *usw* beschäftigt || *hierzu* **Uro·lo·ge** *der; -n, -n;* **Uro·lo·gin** *die; -, -nen;* **uro·lo·gisch** *Adjektiv*

Ur·sa·che *die; -, -n;* **die Ursache** (+ *Genitiv*/**für etwas**) der Vorgang, der Sachverhalt, der bewirkt, dass etwas geschieht ≈ Grund ⟨die unmittelbare Ursache (für etwas); Ursache und Wirkung⟩: *die Ursachen für das Unglück/des Unglücks ermitteln* || -K Todesursache, Unfallursache || ID **Keine Ursache!** verwendet als floskelhafte Antwort, nachdem sich jemand bedankt hat

Ur·sprung *der; -(e)s, Ur·sprün·ge; meist* der Zeitpunkt oder der Ort, an dem etwas (*bes* eine Entwicklung) angefangen hat: *Die Ursprünge des Tangos liegen in Argentinien; Das Wort „Psyche" ist griechischen Ursprungs* || K- Ursprungsgebiet, Ursprungsland

ur·sprüng·lich *Adjektiv* **1** *nur vor dem Substantiv oder als Adverb;* so, wie es zuerst, ganz am Anfang war ≈ anfänglich: *den ursprünglichen Plan ändern; Ihr ursprüngliches Misstrauen schwand; Er hatte es ursprünglich* (= am Anfang) *abgelehnt* **2** nicht (vom Menschen) verändert ≈ natürlich ⟨eine Landschaft⟩ || *zu* 2 **Ur·sprüng·lich·keit** *die; -; nur Singular*

Ur·teil B2 *das; -s, -e* **1** **ein Urteil (über jemanden/etwas)** die Entscheidung eines Richters (am Ende eines Prozesses) ⟨ein hartes, mildes, gerechtes Urteil; ein Urteil fällen, sprechen, vollstrecken, anfechten⟩: *Das Urteil lautete auf zehn Jahre Haft* || K- Urteilsspruch, Urteilsverkündung || -K Gerichtsurteil **2** **ein Urteil (über jemanden/etwas)** eine Aussage, mit der man eine Person oder Sache bewertet, nachdem man sie genau geprüft hat ⟨sich (*Dativ*) ein Urteil bilden, anmaßen; ein Urteil (über jemanden/etwas) abgeben⟩

ur·tei·len; *urteilte, hat geurteilt;* **(irgendwie) (über jemanden/etwas) urteilen** nach einer genauen Prüfung seine Meinung über jemanden/etwas sagen ≈ jemanden/etwas beurteilen, etwas bewerten ⟨(un)gerecht, (un)parteiisch, sachlich, abfällig, hart, vorschnell urteilen⟩

Ur·wald *der; -(e)s, Ur·wäl·der;* ein dichter Wald (*bes* in den Tropen), den die Menschen nicht (landwirtschaftlich) nutzen ≈ Dschungel || K- Urwaldgebiet

Ur·zeit *die; -, -en* **1** *nur Singular;* die älteste Zeit in der Entwicklung der Erde oder Menschheit **2** **seit Urzeiten** seit sehr langer Zeit ≈ schon immer || *zu* 1 **ur·zeit·lich** *Adjektiv*

Ur·zu·stand *der; -(e)s, -stän·de;* der ursprüngliche, nicht veränderte Zustand ⟨etwas in seinem Urzustand belassen⟩

USA [uːǀɛsˈǀaː] *die; Plural;* die Vereinigten Staaten von Amerika || Hinweis: in Komposita *meist* US-

usw. *Abkürzung für* und so weiter || Hinweis: ↑ **und** (6)

Uten·sil *das; -s, -ien* [-i̯ən]; *meist Plural;* Dinge, die man für einen bestimmten Zweck braucht || -K Badeutensil, Malutensil, Reiseutensil, Schminkutensil, Schreibutensil

Uto·pie *die; -, -n* [-ˈpiːən] **1** eine Idee oder ein Plan, die so fantastisch sind, dass man sie nicht verwirklichen kann (weil die notwendigen Voraussetzungen oder Grundlagen dafür fehlen): *die Utopie eines Weltfriedens* **2** ein Roman, in dem von einer Utopie erzählt wird || *hierzu* **uto·pisch** *Adjektiv*

V

V, v [fau] *das; -, -/umg auch -s;* der zweiundzwanzigste Buchstabe des Alphabets

va·ge [v-] *Adjektiv* ≈ ungenau, undeutlich ⟨eine Andeutung, eine Beschreibung, eine Erinnerung, eine Vorstellung⟩

Va·gi·na, Va·gi·na [v-] *die; -, Va·gi·nen; Medizin* ≈ Scheide (1) || *hierzu* **va·gi·nal** *Adjektiv*

Va·ku·um ['va:kuʊm] *das; -s, Va·ku·en/Va·kua* **1** *Physik;* ein Raum(inhalt), in dem (fast) keine Luft ist und ein sehr niedriger Druck herrscht ⟨ein Vakuum erzeugen⟩: *Der Weltraum ist ein Vakuum* || K- Vakuumverpackung; vakuumverpackt **2** *förmlich;* eine Leere, *bes* in Bezug auf Geistiges, Gefühle *o.Ä.*

Va·len·tins·tag [v-] *der; -es, -e; meist Singular;* der 14. Februar. An diesem Tag ist es für viele Leute Sitte, der Freundin, der Mutter oder der Ehefrau Blumen zu schenken

Va·nil·le B2 [va'nɪlə, va'nɪljə] *die; -; nur Singular;* ein Gewürz für süße Speisen, aus den Früchten einer tropischen Pflanze ⟨echte Vanille⟩ || K- Vanilleeis, Vanillepudding, Vanillesoße

va·ri·a·bel [v-], *variabler, variabelst-; Adjektiv; förmlich* ≈ veränderlich ↔ konstant ⟨eine Größe, eine Kombination, ein Wert⟩ || Hinweis: *variabel → variable Größen*

Va·ri·ab·le [v-] *die; -n, -n; Mathematik, Physik;* eine veränderliche Größe ↔ Konstante: *die Variablen „x" und „y" einer Gleichung*

Va·ri·an·te [v-] *die; -, -n;* eine von mehreren Möglichkeiten oder eine leicht abweichende Form von etwas: *regionale Varianten in der Aussprache*

va·ri·ie·ren [vari'i:rən]; *variierte, hat variiert* **1** **etwas variieren** etwas (*meist* nur wenig) verändern: *ein musikalisches Thema variieren* **2** **etwas variiert** etwas verändert sich, *meist* nur wenig: *Der Umsatz variiert, je nach Jahreszeit* || *hierzu* **Va·ri·a·ti·on** *die; -, -en; meist Plural*

Va·se B2 [v-] *die; -, -n;* ein Gefäß (*meist* aus Glas oder Porzellan), in das man Wasser füllt und Blumen stellt: *eine Vase mit Tulpen* || -K Blumenvase

Va·ter A1 [f-] *der; -s, Vä·ter* **1** ein Mann, der ein Kind gezeugt hat ⟨ein guter, strenger Vater⟩: *Er ist Vater von drei Kindern* **2** ein Mann, der Kinder so versorgt, als ob er der Vater wäre || -K Pflegevater **3** **der (geistige) Vater** + *Genitiv* ≈ Urheber, Schöpfer ⟨der Vater der Relativitätstheorie⟩ **4** *nur Plural* ≈ Vorfahren **5** *nur Singular;* (in der katholischen Religion) verwendet als Anrede für einen Priester **6** *nur Singular; Religion* ≈ Gott **7** **der Heilige Vater** der Papst

Va·ter·land *das; -(e)s, -län·der;* das Land, in dem man geboren und *meist* auch aufgewachsen ist (und zu dem man *meist* eine positive Beziehung hat) || K- Vaterlandsliebe

vä·ter·lich *Adjektiv* **1** *nur vor dem Substantiv, nicht als Adverb;* vonseiten des Vaters (1) ⟨die Erziehung, die Liebe, die Pflichten⟩ **2** ähnlich wie ein guter Vater (1) ⟨ein Freund; jemanden väterlich ermahnen, lieben⟩

Va·ter·schaft *die; -, -en; meist Singular;* die Tatsache, dass jemand Vater (1) ist || K- Vaterschaftstest

Va·ter·stadt *die; -, -städ·te;* die Stadt, in der man geboren oder aufgewachsen ist ≈ Heimatstadt

Va·ter·un·ser *das; -s, -;* ein christliches Gebet, das mit den Worten „Vater unser" oder „Unser Vater" beginnt ⟨das Vaterunser beten⟩

Va·ti [f-] *der; -s, -s; umg* ≈ Papa

Ve·ge·ta·ri·er [vege'ta:ri̯ɐ] *der; -s, -;* jemand, der kein Fleisch isst || *hierzu* **Ve·ge·ta·ri·e·rin** *die; -, -nen;* **ve·ge·ta·risch** *Adjektiv*

Ve·ge·ta·ti·on [vegeta'tsi̯o:n] *die; -, -en; meist Singular* **1** die Pflanzen, die in einem bestimmten Gebiet wachsen ≈ Pflanzenwelt: *die Vegetation des Hochgebirges* || K- Vegetationszone **2** das Wachstum der Pflanzen ≈ Pflanzenwuchs ⟨üppige, spärliche Vegetation⟩ || K- Vegetationsperiode, Vegetationszeit

Ve·hi·kel [ve'hi:kl] *das; -s, -;* **1** *oft abwertend;* ein altes oder schlecht funktionierendes Fahrzeug ⟨ein altmodisches, klappriges Vehikel⟩ **2** *förmlich;* etwas, das als Mittel für einen bestimmten Zweck dient ⟨ein untaugliches Vehikel⟩: *die Schrift als Vehikel der Überlieferung von Wissen*

Veil·chen [f-] *das; -s, -;* eine kleine, violette Blume, die im Frühling blüht und intensiv duftet || K- Veilchenduft; veilchenblau

Ve·lo [v-] *das; -s, -s;* (CH) ≈ Fahrrad

Ve·ne [v-] *die; -, -n;* eine Ader, in der das Blut zum Herzen hin fließt ↔ Arterie || K- Venenentzündung || *hierzu* **ve·nös** *Adjektiv*

Ven·til [v-] *das; -s, -e;* ein kleines Teil bei manchen Rohren oder Schläuchen, das man öffnen und schließen kann, um so das Fließen einer Flüssigkeit oder von Luft, Gas zu regeln: *das Ventil eines Fahrradreifens* || ↑ Illustration **Das Fahrrad** || -K Reifenventil, Trompetenventil

Ven·ti·la·tor [venti'la:to:ɐ̯] *der; -s, Ven·ti·la·to·ren;* ein Gerät mit einem kleinen Propeller, der die Luft bewegt und so kühl macht

Ve·nus [v-] *die; -; nur Singular;* der zweite Planet des Sonnensystems (zwischen Merkur und Erde)

ver- [f-] *im Verb; unbetont und nicht trennbar;* Die Verben mit *ver-* werden nach folgendem Muster gebildet: *vergehen - verging - vergangen* **1** verwendet, um aus einem Adjektiv ein Verb zu machen; *ver-* drückt aus, dass etwas in den Zustand gebracht wird oder kommt, der vom Adjektiv bezeichnet wird **etwas verbilligen, verdeutlichen, vergrößern, verkleinern, verschönern**; **verdummen, vereinsamen**; **etwas verflüssigt sich** **2** verwendet, um aus einem Substantiv ein Verb zu machen; *ver-* drückt aus, dass jemand/etwas zu dem (gemacht) wird, was das Substantiv bezeichnet; **etwas verdampft, verdunstet, versteppt**; ⟨einen Roman⟩ **verfilmen**; **jemanden versklaven** **3** drückt aus, dass man bei etwas einen Fehler macht; **sich verfahren, sich verhören, sich verlesen, sich verrechnen, sich verkalkulieren, sich vertippen** **4** drückt aus, dass jemand/etwas von einem Ort entfernt wird oder einen Ort verlässt ≈ fort-, weg-; **jemanden/etwas verjagen, verscheuchen, vertreiben**; **verreisen**; **etwas verschieben**; **etwas verschiebt sich**; **sich verkriechen** **5** drückt aus, dass eine Handlung oder ein Vorgang zu Ende geht ≈ aus-; **etwas verblüht, verbrennt, verglüht, verhallt, verklingt** **6** drückt aus, dass etwas mit etwas ausgerüstet wird oder etwas bekommt; ⟨eine Spüle, ein Fahrrad⟩ **verchromen**; ⟨Schmuck⟩ **vergolden, versilbern**; ⟨ein Gelände⟩ **verminen**; ⟨eine Tür⟩ **verriegeln**; ⟨einen Brief⟩ **versiegeln**

ver·ab·re·den B1 *verabredete, hat verabredet* **1** **(mit jemandem) etwas verabreden** mit jemandem etwas beschließen ≈ vereinbaren ⟨ein Treffen, einen Termin verabreden⟩: *Ich habe mit ihm verabredet, dass wir uns im Café treffen; Sie verabredeten, ihn gemeinsam zu besuchen* **2** **sich (mit jemandem) verabreden** mit jemandem beschließen, dass man sich trifft und etwas gemeinsam tut: *sich mit der Freundin zum Radfahren verabreden* || *hierzu* **Ver·ab·re·dung** *die; -, -en*

V

ver·ab·scheu·en; *verabscheute, hat verabscheut;* **jemanden/etwas verabscheuen** Abscheu gegen jemanden/etwas empfinden

ver·ab·schie·den; *verabschiedete, hat verabschiedet* **1** **sich (von jemandem) verabschieden** sich mit einem Gruß von jemandem trennen ⟨sich mit einem Händedruck verabschieden⟩ **2** **jemanden verabschieden** sich mit einem Gruß von jemandem trennen, der weggeht ⟨einen Gast verabschieden⟩ **3** **etwas verabschieden** (nach einer Debatte) etwas offiziell beschließen ⟨ein Gesetz verabschieden⟩ || *zu 3* **Ver·ab·schie·dung** *die; -, -en*

ver·ach·ten; *verachtete, hat verachtet;* **jemanden/etwas verachten** jemanden/etwas für wertlos oder schlecht halten und deshalb ablehnen: *jemanden wegen seiner Feigheit verachten*

ver·ächt·lich *Adjektiv;* voller Verachtung ≈ abfällig ⟨ein Blick, ein Lächeln, Worte; jemanden verächtlich ansehen⟩

ver·all·ge·mei·nern; *verallgemeinerte, hat verallgemeinert;* **(etwas) verallgemeinern** von einer kleinen Zahl von Fällen oder Tatsachen ausgehend ein allgemeines Prinzip formulieren ≈ generalisieren ⟨eine Aussage, eine Beobachtung, ein Ergebnis, eine Feststellung verallgemeinern⟩ || *hierzu* **Ver·all·ge·mei·ne·rung** *die; -, -en*

ver·al·ten; *veraltete, ist veraltet; meist* **etwas ist veraltet** etwas ist nicht mehr auf dem neuesten Stand der Technik: *Nach einem Jahr war mein Computer schon veraltet*

Ve·ran·da [v-] *die; -, Ve·ran·den;* ein Platz mit Dach (und Glaswänden) an einem Haus, an dem man *bes* vor Wind geschützt im Freien sitzen kann ⟨sich auf die Veranda setzen⟩

ver·än·der·lich *Adjektiv* **1** so, dass es sich oft ändert ≈ unbeständig ⟨das Wetter ist/bleibt veränderlich⟩ **2** ≈ variabel

ver·än·dern; *veränderte, hat verändert* **1** **jemanden/etwas verändern** bewirken, dass jemand/etwas anders wird ⟨die Welt verändern wollen⟩ **2** **sich verändern** ≈ sich ändern ⟨sich zum Vorteil/Nachteil verändern⟩ **3** **sich (beruflich) verändern** den Arbeitsplatz wechseln

Ver·än·de·rung *die; -, -en* **1** eine Handlung, durch die etwas anders wird ⟨eine Veränderung vornehmen⟩ **2** der Vorgang, der Prozess, durch den etwas anders wird ⟨eine Veränderung tritt ein, geht in jemandem/etwas vor⟩ **3** das Ergebnis einer Veränderung (1,2): *Es sind keine Veränderungen sichtbar*

ver·ängs·tigt *Adjektiv;* voller Angst ⟨ein Kind, ein Tier⟩

ver·ạn·lagt *Adjektiv; nicht als Adverb;* **irgendwie veranlagt** mit einer bestimmten Eigenschaft oder Neigung geboren ⟨praktisch, künstlerisch veranlagt sein⟩

ver·ạn·las·sen; *veranlasste, hat veranlasst* **1** **jemand/etwas veranlasst jemanden zu etwas** jemand/etwas bewirkt, dass jemand etwas tut: *Was hat dich veranlasst, zu kündigen?* **2** **etwas veranlassen** jemandem den Auftrag geben, etwas zu tun ⟨eine Untersuchung veranlassen⟩ || *hierzu* **Ver·ạn·las·sung** *die; -, -en*

ver·ạn·schau·li·chen; *veranschaulichte, hat veranschaulicht;* **(jemandem) etwas veranschaulichen** jemandem eine schwierige Sache erklären, indem man einfache oder konkrete Beispiele gibt || *hierzu* **Ver·ạn·schau·li·chung** *die; -, -en*

Ver·ạn·stal·tung [B1] *die; -, -en* **1** ein Ereignis, das für viele Menschen bestimmt ist und organisiert wird, *z.B.* ein Konzert **2** *nur Singular;* das Organisieren und Durchführen von etwas ⟨die Veranstaltung einer Tagung⟩ || *hierzu* **ver·ạn·stal·ten** *(hat)*

ver·ạnt·wor·ten; *verantwortete, hat verantwortet* **1** **etwas verantworten** eine Entscheidung *o.Ä.* vertreten und notfalls auch bereit sein, mögliche negative Folgen zu tragen ⟨etwas zu verantworten haben⟩: *Kann die Firma eine solche Maßnahme verantworten?* **2** **sich (für etwas) (vor jemandem) verantworten** sein Verhalten erklären, *bes* wenn es negative Folgen hat: *sich für eine Tat vor dem Gericht, vor den Eltern verantworten müssen*

ver·ạnt·wort·lich [B1] *Adjektiv* **1** **für jemanden/etwas verantwortlich** mit der Pflicht, dafür zu sorgen, dass jemandem/etwas nichts Unangenehmes geschieht oder dass etwas (richtig) gemacht wird: *sich für den kleinen Bruder verantwortlich fühlen; dafür verantwortlich sein, dass eine Maschine funktioniert* **2** **(jemandem (gegenüber)) (für jemanden/etwas) verantwortlich** so, dass man die Folgen tragen muss, wenn etwas Unangenehmes geschieht, weil man für jemanden/etwas verantwortlich (1) ist **3** *meist* **jemand/etwas ist für etwas verantwortlich** jemand/etwas ist schuld an etwas, etwas ist die Ursache von etwas Negativem: *Das kalte Wetter ist für die schlechte Ernte verantwortlich*

Ver·ạnt·wor·tung [B1] *die; -; nur Singular* **1** **die Verantwortung (für jemanden/etwas)** der Zustand, verantwortlich (1) zu sein ⟨eine große, schwere Verantwortung haben⟩ || [K-] Verantwortungsbewusstsein; verantwortungslos **2** **in eigener Verantwortung** so, dass man selbst die Verantwortung (1) übernimmt

ver·ạr·bei·ten; *verarbeitete, hat verarbeitet* **1** **etwas (zu etwas) verarbeiten** etwas als Material verwenden und daraus etwas herstellen: *Holz zu einem Schrank verarbeiten* **2** **etwas verarbeiten** etwas psychisch oder mit dem Verstand bewältigen ⟨eine Enttäuschung, eine Information verarbeiten⟩ || *hierzu* **Ver·ạr·bei·tung** *die; -, -en*

ver·ạ̈r·gern; *verärgerte, hat verärgert;* **jemand/etwas verärgert jemanden** jemand/etwas bewirkt, dass sich jemand ärgert: *Seine Bemerkungen haben mich sehr verärgert*

ver·ạr·men; *verarmte, ist verarmt;* arm (1) werden || *hierzu* **Ver·ạr·mung** *die; -; nur Singular*

ver·ạrz·ten; *verarztete, hat verarztet;* **jemanden/etwas verarzten** *umg;* einen Verletzten, Kranken oder einen verletzten Körperteil behandeln ⟨eine Wunde verarzten⟩

ver·ạ̈t·zen; *verätzte, hat verätzt;* **jemanden/etwas verätzen** jemanden durch Säure *o.Ä.* verletzen oder etwas durch Säure *o.Ä.* beschädigen: *Die Säure verätzte ihm die Hände*

ver·äu·ßern; *veräußerte, hat veräußert;* **etwas veräußern** *bes Rechtswesen* ≈ verkaufen || *hierzu* **Ver·äu·ße·rung** *die; -, -en*

Vẹrb [v-] *das; -s, -en;* eine Wortart, die eine Tätigkeit, einen Vorgang oder einen Zustand in Bezug auf einen Zeitpunkt oder eine Zeitspanne ausdrückt. Die Form des Verbs richtet sich nach Person, Numerus, Tempus *usw* ≈ Zeitwort ⟨ein intransitives, transitives, reflexives, unpersönliches, starkes, schwaches, unregelmäßiges Verb; ein Verb im Aktiv, Passiv gebrauchen; ein Verb konjugieren⟩: *„Gemacht" ist das Partizip Perfekt des Verbs „machen"* || [K-] Verbform || [-K] Funktionsverb, Hilfsverb, Modalverb, Vollverb

Ver·bạnd[1] [B2] *der; -(e)s, Ver·bän·de;* ein Stück Stoff, das man um einen verletzten Teil des Körpers legt ⟨einen Verband anlegen, erneuern, wechseln⟩ || [K-] Verbandsmaterial || [-K] Gipsverband; Kopfverband

Ver·bạnd[2] [B2] *der; -(e)s, Ver·bän·de* **1** eine relativ große Organisation, die *meist* aus vielen kleineren Gruppen besteht ⟨einem Verband beitreten, angehören⟩ || [-K] Journalistenverband; Sportverband **2** *Militär;* mehrere Teile einer Armee, die gemeinsam kämpfen || [-K] Truppenverband

ver·bạn·nen; *verbannte, hat verbannt;* **jemanden (irgendwohin) verbannen** zur Strafe jemanden zwingen, ein Land zu verlassen und an einem fremden Ort zu leben: *Napoleon wurde auf die Insel St. Helena verbannt* || *hierzu* **Ver·ban·nung** *die; -, -en*

ver·ber·gen; *verbirgt, verbarg, hat verborgen* **1** **jemanden/sich/etwas (vor jemandem/etwas) verbergen** ≈ verstecken: *Sie verbarg ihr Gesicht hinter einem Schleier* **2** **(jemandem) etwas verbergen; etwas vor jemandem verbergen** jemandem etwas nicht sagen oder zeigen: *die wahren Gefühle verbergen; Fragen Sie nur - ich habe nichts zu verbergen*

ver·bes·sern B1 *verbesserte, hat verbessert* **1** **etwas verbessern** etwas so ändern, dass es besser wird: *durch Lernen die Leistungen verbessern* **2** **etwas verbessern** Fehler suchen und ändern ≈ korrigieren ‹ Fehler, einen Aufsatz verbessern› **3** **jemanden verbessern** jemandem sagen, welche Fehler er beim Sprechen oder Schreiben macht: *Hör auf, mich ständig zu verbessern!* **4** **sich verbessern** sofort das richtige Wort oder die richtige Form sagen, wenn man beim Sprechen einen Fehler gemacht hat **5** **sich verbessern** in eine bessere soziale oder finanzielle Situation kommen ‹sich beruflich verbessern› **6** **jemand/etwas verbessert sich** jemand/etwas wird besser: *Er hat sich in Mathematik sehr verbessert; Die Lage hat sich verbessert*

Ver·bes·se·rung B2 *die; -, -en* **1** das Verbessern: *die Verbesserung eines Fehlers; die Verbesserung der Arbeitsbedingungen* || K- Verbesserungsvorschlag; verbesserungsbedürftig, verbesserungsfähig **2** etwas, womit man sich/etwas verbessert: *eine entscheidende Verbesserung gegenüber der alten Methode*

ver·beu·gen, sich; *verbeugte sich, hat sich verbeugt*; **sich (vor jemandem) verbeugen** den Kopf und Oberkörper nach vorne beugen, *bes* um höflich zu grüßen oder zu danken ‹sich vor dem Publikum verbeugen› || *hierzu* **Ver·beu·gung** *die; -, -en*

ver·beult *Adjektiv; nicht als Adverb;* mit Beulen, beschädigt: *eine verbeulte Stoßstange am Auto*

ver·bie·gen; *verbog, hat verbogen* **1** **etwas verbiegen** die Form von etwas verändern, indem man es biegt ‹ein Blech, einen Draht, einen Nagel verbiegen› **2** **etwas verbiegt sich** etwas verliert die (gerade) Form: *Die Bretter des Regals haben sich verbogen*

ver·bie·ten; *verbot, hat verboten* **1** **(jemandem) etwas verbieten** bestimmen, dass jemand etwas nicht tun darf oder dass etwas nicht sein darf ↔ erlauben ‹Betreten verboten!›: *Mein Vater verbietet mir, mit dem Moped nach Italien zu fahren; für Jugendliche unter sechzehn Jahren verboten* **2** **etwas verbietet sich** es ist ganz klar, dass etwas nicht getan werden darf: *In unserer Situation verbietet es sich, den Forderungen nachzugeben* || ▸ **Verbot**

ver·bin·den[1] B1 *verband, hat verbunden*; **(jemandem) etwas verbinden** Wunden oder verletzte Körperteile mit Pflaster, Stoff *o.Ä.* bedecken ‹den Arm, eine Wunde verbinden› || ▸ **Verband**[1]

ver·bin·den[2] B1 *verband, hat verbunden* **1** **etwas** *(Plural)* **(zu etwas) verbinden; etwas mit/durch etwas (zu etwas) verbinden** zwei oder mehrere Gegenstände *o.Ä.* so zusammenbringen oder befestigen, dass sie eine Einheit bilden: *zwei Schnüre durch einen Knoten verbinden* **2** **etwas** *(Plural)* **(zu etwas) verbinden; etwas mit/durch etwas (zu etwas) verbinden** zwei oder mehrere Orte, Dinge in Kontakt miteinander bringen: *zwei Punkte mit/durch einen Strich verbinden; Mittelmeer und Rotes Meer sind durch den Suezkanal (miteinander) verbunden* **3** **etwas mit etwas verbinden** die Gelegenheit nutzen und zusammen mit einer Sache auch eine andere tun: *eine Fahrt nach Köln mit einer Besichtigung des Doms verbinden* **4** **(jemanden (mit jemandem)) verbinden** Telefonleitungen so schalten, dass jemand mit einem anderen telefonieren kann: *„Ich hätte gern die Verkaufsabteilung gesprochen" - „Ich verbinde"* **5** ‹Substanzen *o.Ä.*› **verbinden sich (zu etwas); etwas verbindet sich mit etwas (zu etwas)** zwei oder mehrere Substanzen *o.Ä.* kommen so zusammen, dass etwas Neues entsteht: *Wasserstoff verbindet sich mit Sauerstoff zu Wasser*

ver·bind·lich *Adjektiv* **1** höflich und freundlich ‹ein Lächeln, Worte› **2** so, dass man sich daran halten muss ‹eine Anordnung, eine Norm, eine Zusage› || *hierzu* **Ver·bind·lich·keit** *die; -, -en*

Ver·bin·dung B1 *die; -, -en* **1** **eine Verbindung (mit jemandem/etwas; mit etwas (zu etwas); zwischen Personen/Sachen** *(Dativ)*) *nur Singular;* der Vorgang, *meist* zwei Dinge zusammenzubringen, zu verbinden[2] (1): *die Verbindung der Insel mit dem Festland* **2** etwas, das zwei Orte/Personen miteinander in Kontakt bringt: *Das Telefon ist ihre einzige Verbindung zur Außenwelt; Die Autobahn ist unsere kürzeste Verbindung zur Grenze* || -K Bahnverbindung, Busverbindung, Funk-

V

verbindung **3** **eine Verbindung** (**mit jemandem/nach** + *Ort*) der Kontakt über das Telefon, den Funk ⟨eine telefonische Verbindung⟩ **4** **eine Verbindung** (**aus etwas und etwas/von etwas mit etwas**) eine Substanz, die entsteht, wenn verschiedene Substanzen miteinander reagieren ⟨eine chemische Verbindung⟩: *Kochsalz ist eine Verbindung von Chlor und Natrium* ‖ -K Sauerstoffverbindung **5** **eine Verbindung** (**mit/zu jemandem/etwas; zwischen Personen/Sachen** (*Dativ*)) ≈ Zusammenhang, Beziehung: *Besteht eine Verbindung zwischen den beiden Verbrechen?* **6** **eine Verbindung** (**mit/zu jemandem; zwischen Personen**) eine Beziehung zwischen Menschen, die sich treffen, Briefe schreiben ≈ Kontakt ⟨Verbindung mit jemandem haben, halten⟩ **7** **in Verbindung mit** im Zusammenhang mit: *Der Studentenausweis ist nur in Verbindung mit dem Personalausweis gültig*

ver·bit·tert *Adjektiv*; wegen vieler Enttäuschungen unzufrieden und unfreundlich ⟨ein Mann, eine Frau⟩ ‖ *hierzu* **Ver·bit·te·rung** *die*; -; *nur Singular*

Ver·bleib *der*; -(e)s; *nur Singular*; *förmlich* **1** der Ort, an dem eine Person oder Sache ist, die man sucht: *Über den Verbleib des gestohlenen Schmucks ist noch nichts bekannt* **2** das Bleiben an einem Ort: *Akten zum Verbleib ins Archiv bringen*

ver·blei·ben; *verblieb, ist verblieben* **1** **etwas verbleibt** (**jemandem**) etwas bleibt als Rest (für jemanden) übrig: *Nach Abzug der Steuern verbleiben Ihnen € 10.000* **2** (**mit jemandem**) **irgendwie verbleiben** eine Diskussion, ein Gespräch mit einer Vereinbarung beenden ≈ etwas vereinbaren: *„Wie seid ihr gestern verblieben?" - „Wir sind so verblieben, dass wir uns heute Abend noch einmal treffen wollen"* ‖ ID ⟨In Erwartung ihrer Antwort, Mit freundlichen Grüßen⟩ **verbleibe ich Ihr/Ihre** + *Name*; verwendet als sehr höfliche Schlussformel am Ende eines Briefes

ver·blüf·fen; *verblüffte, hat verblüfft*; (**jemanden**) (**mit etwas**) **verblüffen** jemanden mit etwas überraschen, womit er überhaupt nicht gerechnet hat: *zu einem verblüffenden Ergebnis kommen* ‖ *hierzu* **Ver·blüf·fung** *die*; -; *nur Singular*

ver·blu·ten; *verblutete, ist verblutet*; **ein Mensch/ein Tier verblutet** ein Mensch/ein Tier verliert so viel Blut, dass er/es stirbt

ver·bor·gen **1** *Partizip Perfekt*; ↑ **verbergen** **2** *Adjektiv*; weit abgelegen, nicht leicht auffindbar ⟨eine Landschaft, ein Dorf⟩ **3** *Adjektiv*; nicht leicht, nicht sofort zu sehen ⟨eine Gefahr, ein Hinweis; ein Schatz; Talente⟩ **3** **im Verborgenen** ≈ geheim **4** **etwas bleibt jemandem verborgen** jemand wird von einer Sache nicht erfahren

Ver·bot B2 *das*; -(e)s, -e; eine Vorschrift, ein Befehl, dass etwas nicht sein darf oder getan werden darf ⟨ein Verbot aussprechen, beachten, einhalten, übertreten⟩ ‖ K- Verbotsschild ‖ -K Ausfuhrverbot, Parkverbot, Rauchverbot

ver·bo·ten B2 **1** *Partizip Perfekt*; ↑ **verbieten** **2** *Adjektiv*; *umg* ≈ hässlich, lächerlich: *Er sieht verboten aus*

ver·brau·chen B2 *verbrauchte, hat verbraucht*; **jemand/etwas verbraucht etwas** jemand/etwas verwendet eine bestimmte Menge von etwas für einen Zweck (bis nichts oder nur noch wenig da ist): *im Urlaub zweitausend Euro verbrauchen; bei einer Arbeit viel Kraft verbrauchen* ‖ *hierzu* **Ver·brauch** *der*; -(e)s; *nur Singular*

Ver·brau·cher *der*; -s, -; jemand, der Waren kauft und verbraucht ≈ Konsument ‖ K- Verbraucherschutz ‖ *hierzu* **Ver·brau·che·rin** *die*; -, -nen

ver·braucht *Adjektiv* **1** mit wenig Sauerstoff ≈ stickig ↔ frisch ⟨Luft⟩ **2** durch ein langes, anstrengendes Leben schwach und müde ⟨ein Mensch; alt und verbraucht⟩

ver·bre·chen; *verbricht, verbrach, hat verbrochen*; **etwas verbrechen** *umg*; etwas Böses, Schlechtes oder Dummes tun: *Warum bist du so wütend? Was habe ich denn verbrochen?*

Ver·bre·chen *das*; -s, -; **1** eine (böse) Tat, die gegen das Gesetz verstößt und die vom Staat bestraft wird ⟨ein schweres Verbrechen; ein Verbrechen begehen, verüben⟩: *Mord und andere schwere Verbrechen* ‖ K- Verbrechensbekämpfung ‖ -K Gewaltverbrechen, Kriegsverbrechen **2** *abwertend*; eine Handlung, die man als sehr negativ für die Menschheit oder für die Natur hält: *Es ist ein Verbrechen, in diesem Tal eine Autobahn zu bauen*

Ver·bre·cher *der*; -s, -; jemand, der ein Verbrechen begeht ‖ -K Kriegsverbrecher, Schwerverbrecher ‖ *hierzu* **Ver·bre·che·rin** *die*; -, -nen; **ver·bre·che·risch** *Adjektiv*

ver·brei·ten; *verbreitete, hat verbreitet* **1** **etwas verbreiten** bewirken, dass es etwas in einem größeren Gebiet gibt als vorher: *Die Pollen der Blumen werden meist durch Bienen verbreitet* **2** **etwas verbreiten** etwas in seiner Umgebung wirksam werden lassen ⟨einen Geruch, Kälte, Licht, Wärme verbreiten⟩: *Dein Parfüm* *verbreitet einen wunderbaren Duft* **3 etwas verbreiten** etwas viele Menschen wissen lassen: *eine Suchmeldung über den Rundfunk verbreiten; Sie verbreitet überall, dass die Firma geschlossen wird* **4 etwas (um sich) verbreiten** ein Gefühl *o.Ä.*, das man selbst hat, in anderen wirken lassen ≈ ausstrahlen ⟨Gelassenheit, Heiterkeit, Ruhe, Zuversicht *usw* (um sich) verbreiten⟩ **5 etwas (irgendwo) verbreiten** ein bestimmtes Gefühl *o.Ä.* in anderen Menschen entstehen lassen ⟨Entsetzen, Angst und Schrecken verbreiten; (gute) Stimmung verbreiten⟩ **6 etwas verbreitet sich irgendwo/über etwas** *(Akkusativ)* etwas gelangt an alle Stellen einer Fläche, eines Gebietes, eines Raumes *o.Ä.* und wird überall wirksam ⟨ein Geruch, eine Krankheit, Qualm⟩: *Die Seuche verbreitete sich schnell im ganzen/über das ganze Land* **7 etwas verbreitet sich (irgendwo)** etwas wird vielen Menschen bekannt ⟨eine Nachricht, eine Neuigkeit, ein Gerücht verbreitet sich wie ein Lauffeuer (= sehr schnell)⟩ || *hierzu* **Ver·brei·tung** *die; -; nur Singular*

▶ Die Verbreitung der deutschen Sprache

Deutsch gehört zur Gruppe der germanischen Sprachen.
Es wird von mehr als 100 Millionen Menschen als Muttersprache gesprochen, auch außerhalb Deutschlands: in ganz **Österreich**, in einem großen Teil der **Schweiz**, in **Südtirol**, **Liechtenstein** und in Gebieten Frankreichs, Belgiens, der Niederlande und Luxemburgs, die an Deutschland angrenzen.

LANDESKUNDE

ver·brei·tet *Adjektiv;* so, dass es in einem großen Gebiet oder bei vielen Menschen vorkommt: *Diese Ansicht ist sehr verbreitet*

ver·bren·nen B2 *verbrennen, hat/ist verbrannt* **1 jemand/etwas verbrennt** *(ist)* jemand wird durch Feuer getötet, etwas wird durch Feuer zerstört: *Das Auto fing Feuer und verbrannte* **2 jemand/etwas verbrennt** *(ist)* jemand/etwas nimmt Schaden durch Hitze, Feuer, Sonne: *Ich habe den Braten vergessen, jetzt ist er verbrannt* **3 jemanden/etwas verbrennen** *(hat)* durch Feuer bewirken, dass ein Körper oder etwas zerstört wird: *Abfälle verbrennen; Die Römer verbrannten ihre Toten* **4 sich** *(Dativ)* **(an etwas** *(Dativ)***) verbrennen** sich wehtun, indem man etwas Heißes berührt

Ver·bren·nung *die; -, -en* **1** der Vorgang, durch den jemand/etwas verbrannt (3) wird || -K Bücherverbrennung, Hexenverbrennung, Müllverbrennung, Totenverbrennung **2** eine Wunde, die man durch Feuer oder große Hitze bekommen hat ≈ Brandwunde: *schwere Verbrennungen davontragen*

ver·brin·gen B1 *verbrachte, hat verbracht;* ⟨eine Zeit⟩ **irgendwo verbringen** eine bestimmte Zeit lang an einem Ort sein: *einen freien Tag am Meer verbringen*

ver·bün·den, sich; *verbündete sich, hat sich verbündet;* ⟨Personen, Staaten⟩ **verbünden sich (gegen jemanden/etwas); jemand/etwas verbündet sich mit jemandem/etwas (gegen jemanden)** zwei oder mehrere Personen *usw* schließen ein Bündnis: *1914 war Deutschland mit Österreich gegen Frankreich und Großbritannien verbündet* || *hierzu* **Ver·bün·de·te** *der/die; -n, -n*

ver·bür·gen; *verbürgte, hat verbürgt;* **sich für jemanden/etwas verbürgen** ≈ für jemanden/etwas garantieren: *Ich verbürge mich dafür, dass er die Wahrheit sagt*

ver·bürgt *Adjektiv; nicht als Adverb* **1** ≈ garantiert ⟨Rechte⟩ **2** als richtig bestätigt ⟨eine Tatsache⟩

ver·bü·ßen; *verbüßte, hat verbüßt;* **etwas verbüßen** eine Zeit lang zur Strafe im Gefängnis sein ⟨eine Haftstrafe verbüßen⟩ || *hierzu* **Ver·bü·ßung** *die; -; nur Singular*

Ver·dacht *der; -(e)s; nur Singular* **1 ein Verdacht (gegen jemanden)** die Annahme, dass jemand etwas Verbotenes oder Illegales getan hat ⟨ein (un)begründeter, dringender (= sehr starker) Verdacht; Verdacht schöpfen; etwas erregt Verdacht⟩: *Ich habe ihn in Verdacht, dass er lügt* **2 ein Verdacht (auf etwas** *(Akkusativ)***)** die Annahme, dass etwas (wahrscheinlich) der Fall ist: *Es besteht Verdacht auf Krebs* **3 auf Verdacht** *umg;* im Glauben oder in der Annahme, dass es so richtig ist

ver·däch·ti·gen; *verdächtigte, hat verdächtigt;* **jemanden (etwas** *(Genitiv)***) verdächtigen** glauben, dass jemand an etwas schuld sein könnte: *jemanden des Diebstahls verdächtigen; Sie verdächtigte ihn, gelogen zu haben* || *hierzu* **Ver·däch·ti·gung** *die; -, -en*

ver·dam·men; *verdammte, hat verdammt;* ↑ **verurteilen** (2-4)

ver·dammt *Adjektiv* **1** *nur vor dem Substantiv, nicht als Adverb; umg abwertend;* verwendet, um ein sehr negatives Urteil auszudrücken ≈ verflucht: *Du verdammter Lügner!; So ein verdammter Mist!* **2** *nur vor dem Substantiv oder als Adverb; umg;* verwendet, um eine Aussage zu verstärken ≈ wahnsinnig: *verdammtes Glück* *haben; Es ist verdammt kalt hier* || ID **Verdammt (noch mal)!** *umg;* verwendet, um Ärger auszudrücken

ver·dam·pfen; *verdampfte, ist verdampft;* **etwas verdampft** eine Flüssigkeit wird zu Dampf: *Beim Kochen verdampft ein Teil des Wassers*

ver·dan·ken; *verdankte, hat verdankt;* **jemand verdankt etwas jemandem/etwas; etwas ist jemandem/etwas zu verdanken; jemand hat jemandem/etwas etwas zu verdanken** *oft ironisch;* etwas ist so, weil es durch jemand anderen/etwas anderes verursacht wurde: *Ihm haben wir zu verdanken, dass wir jetzt so viel Arbeit haben!; Das relativ milde Klima in Irland ist dem Golfstrom zu verdanken*

ver·darb *Imperfekt, 1. und 3. Person Singular;* ↑ **verderben**

ver·dau·en; *verdaute, hat verdaut* **1** **(etwas) verdauen** die Nahrung im Magen und im Darm auflösen, sodass der Körper sie aufnehmen kann **2** **etwas verdauen** *umg;* etwas psychisch oder geistig bewältigen ⟨einen Schock verdauen⟩

Ver·dau·ung *die; -; nur Singular;* das Verdauen der Nahrung || K- Verdauungsapparat, Verdauungsorgan, Verdauungsstörung

ver·deckt *Adjektiv;* verwendet, um auszudrücken, dass sich Polizisten bei der Untersuchung eines Verbrechens nicht als Polizisten zu erkennen geben ⟨ein Ermittler, Ermittlungen⟩

ver·der·ben; *verdirbt, verdarb, hat/ist verdorben* **1** **etwas verdirbt** *(ist)* etwas wird so schlecht, dass man es nicht mehr essen oder trinken kann: *Milch verdirbt schnell, wenn sie nicht gekühlt wird* **2** **(jemandem) etwas verderben** *(hat)* etwas Positives oder etwas, das als etwas Positives geplant war, zerstören ⟨jemandem die Freude an etwas *(Dativ)* verderben⟩: *einen schönen Tag durch einen Streit verderben; Der Regen hat uns den Ausflug verdorben* **3** **jemand/etwas verdirbt jemanden/etwas** *(hat)* jemand/etwas beeinflusst jemandes Charakter/etwas negativ ⟨die Preise verderben⟩ **4** **sich** *(Dativ)* **die Augen verderben** *(hat)* durch sein Verhalten bewirken, dass die Sehkraft nachlässt: *sich bei schlechtem Licht die Augen verderben* **5** **sich** *(Dativ)* **(mit etwas) den Magen verderben** *(hat)* etwas essen, wovon einem übel wird **6** **es (sich** *(Dativ)*) **mit jemandem verderben** *(hat)* jemandes Freundschaft oder Sympathie durch eigene Schuld verlieren: *Du gibst immer allen recht, weil du es (dir) mit niemandem verderben willst* || *zu* 1 **ver·derb·lich** *Adjektiv*

Ver·der·ben *das; -s; nur Singular; förmlich* jemandes Tod oder Ruin ≈ Untergang ⟨jemanden ins Verderben stürzen; in sein/ins Verderben rennen⟩: *Krieg bringt Tod und Verderben* || *hierzu* **Ver·der·ben brin·gend, ver·der·ben·brin·gend** *Adjektiv*

ver·die·nen A2 *verdiente, hat verdient* **1** ((**sich** *(Dativ)*) **etwas**) **verdienen** als Lohn für Arbeit Geld bekommen: *zwölf Euro in der Stunde verdienen; sich das Geld für einen Urlaub verdienen* **2** **(etwas) (bei/an/mit etwas** *(Dativ)*) **verdienen** durch ein Geschäft *o.Ä.* Geld bekommen: *Das Reisebüro verdient an jeder Reise 10%* **3** **jemand/etwas verdient etwas** jemand/etwas bekommt etwas (aufgrund seines Handelns) zu Recht oder sollte es bekommen: *Er hat ein Lob, eine Strafe verdient; Nach dieser Anstrengung habe ich eine Pause verdient* || ID **Womit habe ich das verdient?** *umg;* Warum habe ich diese Probleme, Sorgen?

Ver·dienst[1] *der; -(e)s, -e; meist Singular;* das Geld, das man für eine Leistung bekommt oder als Gewinn beim Verkauf von Waren hat || K- Verdienstausfall

Ver·dienst[2] *das; -(e)s, -e;* eine Tat oder eine Leistung, welche die Anerkennung anderer findet ⟨es ist jemandes Verdienst, dass ...⟩ || K- Verdienstorden; verdienstvoll

ver·dirbt *Präsens, 3. Person Singular;* ↑ **verderben**

ver·dop·peln; *verdoppelte, hat verdoppelt* **1** **etwas verdoppeln** die Menge, Zahl, Größe *o.Ä.* von etwas zweimal so groß machen ↔ halbieren: *die Milchproduktion verdoppeln; seine Anstrengungen verdoppeln* **2** **etwas verdoppelt sich** etwas wird doppelt so viel, so groß *o.Ä.* || *hierzu* **Ver·dop·pe·lung, Ver·dopp·lung** *die; -, -en*

ver·dor·ben *Partizip Perfekt;* ↑ **verderben**

ver·drän·gen; *verdrängte, hat verdrängt* **1** **jemand verdrängt jemanden/etwas (von/aus etwas)** jemand nimmt den Platz oder die Stelle von jemandem ein ⟨jemanden aus seiner Position, von seinem Platz verdrängen⟩ **2** **etwas verdrängt etwas (von/aus etwas)** etwas nimmt allmählich die Stelle oder die Funktion von etwas ein: *Die großen Segelschiffe wurden von Dampfschiffen verdrängt* **3** **etwas verdrängen** etwas psychisch Unangenehmes aus seinem Bewusstsein verschwinden lassen: *Sie hat (die Erinnerung an) das schreckliche Erlebnis verdrängt* || *hierzu* **Ver·drän·gung** *die; -, -en*

ver·dre·hen; *verdrehte, hat verdreht* **1** **etwas**

verdrehen etwas sehr stark oder zu stark drehen ⟨jemandem den Arm verdrehen⟩ [2] **etwas verdrehen** etwas absichtlich falsch darstellen ⟨die Tatsachen verdrehen⟩ [3] **jemand verdreht jemandem den Kopf** *umg;* eine Person bewirkt, dass sich eine andere in sie verliebt

ver·dụn·keln; *verdunkelte, hat verdunkelt* [1] **etwas verdunkeln** etwas dunkel machen ⟨einen Raum verdunkeln⟩: *Die Wolken verdunkelten den Himmel* [2] **etwas verdunkelt sich** etwas wird dunkel: *Der Himmel verdunkelt sich. Bald gibts ein Gewitter* || *hierzu* **Ver·dụn·ke·lung** *die; -, -en*

ver·dụ̈n·nen; *verdünnte, hat verdünnt;* **etwas (mit etwas) verdünnen** eine Flüssigkeit *o.Ä. bes* mit Wasser mischen, damit sie nicht mehr so konzentriert ist: *Farbe mit Wasser, Lack mit einem Lösungsmittel verdünnen* || *hierzu* **Ver·dụ̈n·nung** *die; -, -en*

ver·dụns·ten; *verdunstete, ist verdunstet;* **etwas verdunstet** eine Flüssigkeit wird allmählich zu Gas (aber ohne zu kochen) || *hierzu* **Ver·dụns·tung** *die; -; nur Singular*

ver·dụrs·ten; *verdurstete, ist verdurstet;* sterben, weil man nichts zu trinken hat

ver·dụtzt *Adjektiv;* überrascht und verwirrt

ver·eh·ren; *verehren, hat verehrt* [1] **jemanden verehren** jemanden sehr schätzen und bewundern: *jemanden als großen Künstler verehren* [2] **jemanden verehren** jemanden als ein höheres Wesen ansehen und zu ihm beten ⟨Heilige verehren; jemanden als (einen) Gott verehren⟩ [3] **jemandem etwas verehren** *humorvoll;* jemandem etwas schenken || *zu* 1 **Ver·eh·rer** *der; -s, -;* **Ver·eh·re·rin** *die; -, -nen;* *zu* 1 und 2 **Ver·eh·rung** *die; -; nur Singular*

ver·ei·di·gen; *vereidigte, hat vereidigt;* **jemanden vereidigen** jemanden einen Eid sprechen lassen ⟨Rekruten, Soldaten, Zeugen vereidigen⟩: *ein vereidigter Sachverständiger* || *hierzu* **Ver·ei·di·gung** *die; -, -en*

Ver·ein B1 *der; -(e)s, -e;* eine Organisation von Leuten mit ähnlichen Interessen oder Zielen || K- **Vereinsmitglied** || -K **Fußballverein**

ver·ein·ba·ren; *vereinbarte, hat vereinbart;* **jemand vereinbart etwas mit jemandem**; ⟨Personen⟩ **vereinbaren etwas** zwei oder mehrere Personen beschließen, etwas Bestimmtes zu tun: *einen Treffpunkt vereinbaren; mit jemandem vereinbaren, ihn anzurufen* || *hierzu* **Ver·ein·ba·rung** *die; -, -en*

ver·ein·fa·chen; *vereinfachte, hat vereinfacht* [1] **jemand/etwas vereinfacht etwas** jemand/etwas macht etwas einfacher: *ein Verfahren vereinfachen* [2] **etwas vereinfacht sich** etwas wird einfacher || *hierzu* **Ver·ein·fa·chung** *die; -, -en*

ver·ein·heit·li·chen; *vereinheitlichte, hat vereinheitlicht;* **etwas** *(meist Plural)* **vereinheitlichen** Dinge so ändern, dass sie die gleichen Merkmale haben: *Maße vereinheitlichen* || *hierzu* **Ver·ein·heit·li·chung** *die; -, -en*

Ver·ei·ni·gung *die; -, -en* [1] eine Organisation mit einem bestimmten Ziel [2] das Zusammenkommen oder Zusammenbringen von verschiedenen Dingen

ver·ein·zelt *Adjektiv; nur vor dem Substantiv oder als Adverb;* nur gelegentlich vorkommend ↔ oft, häufig ⟨das Auftreten, eine Erscheinung; in vereinzelten Fällen; vereinzelt vorkommen⟩: *Das Wetter morgen: vereinzelt Niederschläge*

ver·ei·sen; *vereiste, hat/ist vereist* [1] **etwas vereist** *(ist)* etwas wird mit Eis bedeckt: *eine vereiste Straße* [2] **etwas vereisen** *(hat)* sehr kalte Flüssigkeit auf einen verletzten Körperteil sprühen || *hierzu* **Ver·ei·sung** *die; -, -en*

ver·ei·teln; *vereitelte, hat vereitelt;* **etwas vereiteln** verhindern, dass etwas Erfolg hat ⟨ein Attentat, einen Fluchtversuch, einen Plan vereiteln⟩

ver·ẹn·den; *verendete, ist verendet;* **ein Tier verendet** ein Tier stirbt

ver·ẹr·ben; *vererbte, hat vererbt* [1] **jemandem etwas vererben**; **etwas an jemanden vererben** bestimmen, dass jemand etwas bekommt, wenn man stirbt: *ein Haus an die Kinder vererben* [2] **jemandem etwas vererben**; **etwas an/auf jemanden vererben** durch Gene eine Eigenschaft an die Nachkommen weitergeben ⟨eine Krankheit vererben⟩ || *zu* 2 **Ver·ẹr·bung** *die; -, -en*

Ver·fah·ren B2 *das; -s, -;* [1] die Art und Weise, wie *bes* in der Industrie etwas gemacht wird ≈ Methode ⟨ein chemisches, technisches Verfahren entwickeln⟩: *ein Verfahren zur Reinigung von Abwässern* || -K **Herstellungsverfahren** [2] **ein Verfahren (gegen jemanden/etwas)** die Untersuchungen, mit denen ein Rechtsfall vor Gericht geklärt wird ≈ Prozess

ver·fah·ren[1] B2 *verfährt, verfuhr, ist verfahren* [1] **irgendwie verfahren** auf bestimmte Art und Weise handeln ≈ vorgehen [2] **mit jemandem/etwas irgenwie verfahren** jemanden/etwas auf bestimmte Art und Weise behandeln

ver·fah·ren[2]**, sich** B2; *verfährt sich, verfuhr sich, hat sich verfahren;* **sich (irgendwo) verfahren**

aus Versehen in die falsche Richtung fahren

ver·fah·ren[3] B2 *Adjektiv; nicht als Adverb; meist* **eine verfahrene Situation** eine Situation mit vielen Problemen, die schwer zu lösen sind

ver·fal·len; *verfällt, verfiel, ist verfallen* **1** **etwas verfällt** etwas wird zu einem Zeitpunkt ungültig oder wertlos ⟨ein Anspruch; eine Briefmarke, eine Fahrkarte⟩ || Hinweis: *ein Reisepass läuft ab* **2** **etwas verfällt** ein altes Gebäude, das nicht mehr gepflegt oder benutzt wird, fällt allmählich zusammen: *eine stillgelegte Fabrik verfallen lassen* **3** **etwas verfällt** etwas kommt in einen schlechten Zustand ⟨die Kultur, die Moral⟩ **4** **etwas verfällt** etwas verschwindet allmählich ⟨jemandes Kraft, jemandes Macht⟩ **5** **etwas verfällt** etwas verliert Macht ⟨ein Imperium, ein Reich⟩ **6** *meist* **jemand verfällt** jemandes Gesundheit wird von Tag zu Tag schlechter **7** **in etwas** (*Akkusativ*) **verfallen** ohne es zu wollen (und ohne es zu bemerken) in einen bestimmten Zustand kommen oder etwas anderes tun, als geplant war: *Vor Aufregung verfiel er mitten in der Rede in seinen Dialekt* **8** **jemandem/etwas verfallen** nicht ohne jemanden/etwas leben können, auch wenn man sich selbst dadurch schadet ⟨dem Alkohol verfallen⟩ || *zu* 1-6 **Ver·fall** *der; -(e)s; nur Singular*

Ver·falls·da·tum *das; -s, -daten;* das Datum, bis zu dem der Hersteller garantiert, dass Lebensmittel genießbar sind ⟨das Verfallsdatum ist überschritten; auf das Verfallsdatum achten⟩

ver·fäl·schen; *verfälschte, hat verfälscht;* **etwas verfälschen** etwas falsch darstellen ⟨eine Geschichte, die Wahrheit verfälschen⟩ || *hierzu* **Ver·fäl·schung** *die; -, -en*

ver·fär·ben; *verfärbte, hat verfärbt* **1** **etwas verfärbt sich (irgendwie)** etwas bekommt eine andere Farbe: *Der Himmel verfärbte sich (rot)* **2** **etwas verfärbt etwas** etwas bewirkt, dass etwas eine andere Farbe bekommt: *Die neuen Jeans haben die ganze Wäsche verfärbt* || *hierzu* **Ver·fär·bung** *die; -, -en*

ver·fas·sen; *verfasste, hat verfasst;* **etwas verfassen** sich einen Text ausdenken und dann schreiben ⟨einen Aufsatz, Brief, ein Buch verfassen⟩ || *hierzu* **Ver·fas·ser** *der; -s, -;* **Ver·fas·se·rin** *die; -, -nen*

Ver·fas·sung[1] *die; -, -en;* die (*meist* schriftlich festgelegten) Regeln in einem Staat, die die Form der Regierung und die Rechte und Pflichten der Bürger bestimmen || K- verfassungswidrig

Ver·fas·sung[2] *die; -; nur Singular;* der allgemeine (Gesundheits)Zustand: *in guter/schlechter körperlicher Verfassung*

ver·fau·len; *verfaulte, ist verfault;* **etwas verfault** etwas wird faul und schließlich verdorben: *Wenn es zu viel regnet, verfaulen die Kartoffeln in der Erde*

ver·feh·len; *verfehlte, hat verfehlt* **1** **jemanden/etwas verfehlen** ein Ziel nicht treffen: *Die Kugel hat ihn knapp verfehlt; mit einem Schuss das Tor verfehlen; Der Schuss verfehlte das Tor* **2** **jemanden verfehlen** jemanden nicht treffen, weil man zu einem anderen Zeitpunkt als er an einem bestimmten Ort ist: *Wir wollten uns beim Rathaus treffen, haben uns aber verfehlt* **3** **etwas verfehlt etwas** etwas hat nicht den gewünschten Erfolg: *Die Sitzung hat ihren Zweck verfehlt. Wir sind zu keinem Ergebnis gekommen* **4** **das Thema verfehlen** das Thema *bes* eines Aufsatzes nicht richtig auffassen, das vorgegebene Thema nicht behandeln **5** **etwas ist verfehlt** etwas ist falsch, kann nicht zum Ziel führen: *Die Maßnahmen der Regierung sind vollkommen verfehlt; Ich halte es für verfehlt, jetzt überstürzt zu handeln*

ver·fein·det *Adjektiv; nicht als Adverb;* ⟨Gruppen, Lager, Parteien⟩ aggressiv und feindlich: *Sie sind (miteinander) verfeindet*

ver·fei·nern; *verfeinerte, hat verfeinert* **1** **etwas verfeinern** etwas feiner, besser machen ⟨den Geschmack; eine Methode verfeinern⟩: *eine Soße mit Sahne verfeinern* **2** **sich verfeinern** feiner, besser werden || *hierzu* **Ver·fei·ne·rung** *die; -, -en*

ver·fil·men; *verfilmte, hat verfilmt;* **etwas verfilmen** ein Buch, ein Drama *o.Ä.* zu einem Film machen ⟨einen Roman verfilmen⟩ || *hierzu* **Ver·fil·mung** *die; -, -en*

ver·flu·chen; *verfluchte, hat verflucht;* **jemanden/etwas verfluchen** sich sehr über eine Person oder Sache ärgern und ihr Böses wünschen ≈ verwünschen || ▸ **Fluch**

ver·fol·gen; *verfolgte, hat verfolgt* **1** **jemanden/ein Tier/etwas verfolgen** einer Person oder einem Tier (oder deren Spuren) folgen oder sie suchen, um sie zu fangen ⟨einen Verbrecher, eine Spur verfolgen⟩ **2** **jemanden/etwas verfolgen** hinter einer Person hergehen, herfahren, weil man sie beobachten oder etwas von ihr haben will **3** **jemanden verfolgen** jemanden schlecht behandeln und ihn leiden lassen, *bes* aus rassistischen, religiösen oder politischen Gründen ⟨jemanden mit Hass verfolgen; sich verfolgt fühlen⟩: *von einem*

V

totalitären Regime verfolgt werden **4** **etwas verfolgen** bei etwas interessiert zusehen, zuhören: *gespannt die Nachrichten verfolgen* **5** **etwas (mit etwas) verfolgen** versuchen, etwas zu verwirklichen: *eine bestimmte Absicht, ein Ziel, einen Zweck, eine Taktik verfolgen* **6** **etwas (irgendwie) verfolgen** etwas durch ein Gericht oder die Polizei untersuchen ⟨ein Verbrechen gerichtlich verfolgen⟩ || *hierzu* **Ver·fol·gung** *die; -, -en*

ver·for·men; *verformte, hat verformt* **1** **etwas verformt sich** etwas bekommt eine andere Form: *Plastik verformt sich, wenn es großer Hitze ausgesetzt wird* **2** **etwas verformen** bewirken, dass etwas eine andere Form bekommt || *hierzu* **Ver·for·mung** *die; -, -en; zu 2* **ver·form·bar** *Adjektiv*

ver·früht *Adjektiv;* (als Reaktion) zu früh (geschehend): *verfrühte Freude*

ver·füg·bar *Adjektiv; nicht als Adverb;* vorhanden oder frei (und einsetzbar): *mit allen verfügbaren Mitteln für etwas kämpfen; Bitte halten Sie sich für uns verfügbar* || *hierzu* **Ver·füg·bar·keit** *die; -, -en*

Ver·fü·gung *die; -, -en* **1** eine Anordnung einer Behörde ⟨eine gerichtliche Verfügung; eine Verfügung erlassen⟩ **2** das Recht oder die Möglichkeit, über jemanden/etwas zu bestimmen, etwas für seine Zwecke zu benutzen ⟨etwas zur Verfügung haben⟩: *die freie Verfügung über ein Vermögen haben; Halten Sie sich bitte für weitere Auskünfte zur Verfügung* **3** **ein Amt zur Verfügung stellen** von einem Amt zurücktreten

ver·füh·ren; *verführte, hat verführt* **1** **jemanden verführen** jemanden dazu bringen, sexuellen Kontakt zu haben **2** **jemanden zu etwas verführen** jemanden dazu bringen, etwas zu tun, das nicht vernünftig ist: *jemanden zum Glücksspiel verführen* || *hierzu* **Ver·füh·rer** *der; -s, -;* **Ver·füh·re·rin** *die; -, -nen;* **Ver·füh·rung** *die; -, -en*

ver·füh·re·risch *Adjektiv;* sehr attraktiv oder reizvoll ⟨ein Aussehen, ein Duft, ein Lächeln⟩

ver·gam·melt *Adjektiv* **1** *umg* ≈ ungepflegt, verwahrlost ⟨vergammelt sein, aussehen⟩ **2** unappetitlich und kaum oder nicht mehr essbar ⟨Fleisch, Milch, Lebensmittel⟩

V

Ver·gan·gen·heit [B1] *die; -; nur Singular* **1** die Zeit, die schon vorbei ist ↔ Gegenwart, Zukunft ⟨aus (den Fehlern) der Vergangenheit lernen⟩ || [K-] Vergangenheitsbewältigung **2** jemandes Leben oder die Existenz von etwas in der Vergangenheit (1): *eine bewegte Vergangenheit haben; Sie spricht nicht gern über ihre Vergangenheit* **3** (verwendet in manchen Grammatiken) eine Form des Verbs, die anzeigt, dass die Handlung, der Zustand als vergangen bezeichnet wird (Imperfekt/Präteritum, Perfekt *usw*) || [K-] Vergangenheitsform

▶ Die Vergangenheit

Im Deutschen gibt es zwei verschiedene Verbformen, die eine Handlung in der einfachen Vergangenheit ausdrücken können: das **Imperfekt** oder **Präteritum** und das **Perfekt**. Zwischen den beiden Formen gibt es im Allgemeinen keinen Bedeutungsunterschied. Das Imperfekt wird eher im schriftlichen Bereich, das Perfekt eher im Alltagsgespräch verwendet. Es gibt auch regionale Unterschiede; so wird im Norden Deutschlands das Imperfekt bevorzugt, im Süden dagegen die Perfektform.

SPRACHE LERNEN

Ver·ga·ser *der; -s, -;* der Teil des Motors eines Autos, der das Benzin mit Luft mischt

ver·gaß *Imperfekt, 1. und 3. Person Singular;* ↑ **vergessen**

ver·gä·ße *Konjunktiv II, 1. und 3. Person Singular;* ↑ **vergessen**

ver·ge·ben; *vergibt, vergab, hat vergeben* **1** *förmlich;* **(jemandem) (etwas** *(Akkusativ)*) **vergeben** jemandem wegen einer Handlung (durch die er einem geschadet hat) nicht mehr böse sein ≈ jemandem etwas verzeihen: *Ich hoffe, du kannst mir vergeben* **2** **etwas (an jemanden) vergeben** jemandem etwas geben, worum er sich beworben hat ⟨einen Auftrag (an eine Firma), ein Stipendium, eine Stelle, eine Wohnung⟩: *Die Wohnung, die ich haben wollte, ist bereits vergeben* **3** **etwas vergeben** eine günstige Gelegenheit nicht nutzen ⟨eine Chance vergeben⟩ || *zu 1* **Ver·ge·bung** *die; -, -en; zu 2* **Ver·ga·be** *die; -; nur Singular*

ver·ge·bens *Adverb* ≈ vergeblich

ver·geb·lich [B1] *Adjektiv;* ohne Erfolg ⟨Mühe, ein Versuch⟩

ver·ge·hen; *verging, ist vergangen* **1** **etwas vergeht** etwas geht vorbei, etwas wird zur Vergangenheit: *Wie die Zeit vergeht! - Ich muss jetzt wirklich gehen!* **2** **etwas vergeht** etwas hört (allmählich) auf ⟨Schmerzen, eine Wirkung⟩ **3** **jemandem vergeht etwas** jemand verliert ein gutes, positives Gefühl ⟨jemandem vergeht der Appetit; jemandem vergeht die Freude an etwas, die Lust auf etwas⟩ **4** **vor etwas (fast) vergehen** etwas sehr intensiv fühlen ⟨vor Angst, Hunger,

Sehnsucht, Ungeduld *usw* (fast) vergehen⟩ **5** **etwas vergeht wie im Fluge** etwas geht sehr schnell vorbei ⟨die Zeit, die Tage, der Urlaub⟩

Ver·ge·hen *das; -s, -;* eine Handlung, die gegen ein Gesetz *o.Ä.* verstößt (aber kein Verbrechen ist) ⟨ein leichtes, schweres Vergehen⟩

ver·gel·ten; *vergilt, vergalt, hat vergolten;* **(jemandem) etwas (mit etwas) vergelten** auf eine (*meist* schlechte) Tat mit einer ähnlichen Tat reagieren

ver·ges·sen A2 *vergisst, vergaß, hat vergessen* **1** **(jemanden/etwas) vergessen** jemanden/etwas aus dem Gedächtnis verlieren, sich nicht mehr erinnern können: *Ich habe das Datum vergessen; Ich habe vergessen, wer es haben wollte; Mein Vater vergisst leicht* **2** **(jemanden/etwas) vergessen** nicht mehr an jemanden/etwas denken: *Leider habe ich vergessen, dass Bernd gestern Geburtstag hatte; Und vergiss nicht, die Blumen zu gießen!* **3** **etwas (irgendwo) vergessen** nicht daran denken, etwas mit sich zu nehmen ≈ liegen lassen: *den Schirm im Zug vergessen* **4** **sich vergessen** die Kontrolle über sich selbst verlieren: *Als er zum vierten Mal gefoult wurde, vergaß er sich und schlug seinen Gegenspieler* **5** **auf jemanden/etwas** (*Akkusativ*) **vergessen** Ⓐ ≈ jemanden/etwas vergessen || ID **Das kannst du vergessen!** *umg;* das hat keinen Sinn; *meist* **Den/Die/Das kannst du vergessen!** *umg;* er/sie/es ist nichts wert, taugt nichts; **Vergiss es!** *umg* **a** das hat keinen Sinn **b** das ist nicht so wichtig

ver·gess·lich *Adjektiv; nicht als Adverb;* ⟨ein Mensch⟩ so, dass er leicht und oft etwas vergisst || *hierzu* **Ver·gess·lich·keit** *die; -; nur Singular*

ver·ge·wal·ti·gen; *vergewaltigte, hat vergewaltigt;* **jemanden vergewaltigen** eine Person (*meist* eine Frau) zum Sex zwingen || *hierzu* **Ver·ge·wal·ti·ger** *der; -s, -;* **Ver·ge·wal·ti·gung** *die; -, -en*

ver·gie·ßen; *vergoss, hat vergossen* **1** **etwas vergießen** (ohne Absicht) eine Flüssigkeit irgendwohin oder an die falsche Stelle gießen **2** **Tränen vergießen** ≈ weinen **3** **Blut vergießen** Menschen töten

ver·gif·ten; *vergiftete, hat vergiftet* **1** **etwas vergiften** absichtlich Gift in oder an etwas tun: *Jemand hatte den Sherry vergiftet* **2** **jemanden/ein Tier/sich vergiften** jemanden/ein Tier/sich selbst mit Gift töten oder krank machen **3** **jemand/etwas vergiftet etwas** jemand/etwas macht etwas giftig: *Mit unseren Autos vergiften wir die Luft* **4** **jemand/etwas vergiftet etwas** jemand/etwas hat einen negativen, zerstörerischen Einfluss auf etwas: *Mit seinen Intrigen vergiftet er die Atmosphäre in unserer Gruppe*

Ver·giss·mein·nicht *das; -(e)s, -(e);* eine kleine Blume mit kleinen, hellblauen Blüten, die im Frühling blüht

Ver·gleich B1 *der; -(e)s, -e* **1** **ein Vergleich (mit jemandem/etwas; zwischen** ⟨Personen/Sachen⟩ (*Dativ*)**)** das Vergleichen (1) ⟨ein passender Vergleich; einen Vergleich ziehen⟩: *Im Vergleich zum Vorjahr ist es dieses Jahr trocken und warm* **2** ein (feststehender) sprachlicher Ausdruck (wie *z.B. schwarz wie die Nacht*) **3** *Rechtswesen;* die Einigung der Parteien, einen Prozess vor Gericht nicht weiter zu führen || *zu* 1 **ver·gleich·bar** *Adjektiv*

ver·glei·chen B1 *verglich, hat verglichen* **1** ⟨Personen, Dinge⟩ **vergleichen**; **jemanden/etwas mit jemandem/etwas vergleichen** die Eigenschaften von Personen oder Dingen betrachten, um Ähnlichkeiten und Unterschiede herauszufinden: *die Preise* (*miteinander*) *vergleichen, bevor man etwas kauft* **2** **jemanden/etwas mit jemandem/etwas vergleichen** sagen oder denken, dass jemand/etwas ähnlich wie jemand/etwas ist: *Er vergleicht sich gern mit großen Philosophen* **3** ⟨Personen⟩ **vergleichen sich**; **jemand vergleicht sich mit jemandem** *Rechtswesen;* Personen machen einen Vergleich (3)

Ver·gnü·gen *das; -s, -;* **1** *nur Singular;* das Gefühl der Freude und Zufriedenheit, das man empfindet, wenn man etwas Angenehmes tut oder erlebt ⟨etwas bereitet jemandem Vergnügen; etwas aus/zum Vergnügen tun; etwas mit Vergnügen tun⟩: *Es machte ihm Vergnügen, mit dem Kind zu spielen; Viel Vergnügen im Urlaub!* **2** **ein teures Vergnügen** *ironisch;* etwas, das sehr teuer ist || ID **sich** (*Dativ*) **ein Vergnügen daraus machen, etwas zu tun** Spaß daran haben, etwas Besonderes zu machen oder anderen Personen Ärger zu verursachen || *zu* 1 **ver·gnü·gen, sich** (*hat*); **ver·gnügt** *Adjektiv*

ver·gra·ben; *vergräbt, vergrub, hat vergraben* **1** **etwas vergraben** ein Loch in die Erde graben, etwas dort hineintun und dann wieder zuschütten: *Die Räuber haben den Schmuck unter einem Baum vergraben* **2** **sein Gesicht in den Händen vergraben** *förmlich;* (vor Scham, Verzweiflung oder Angst) sein Gesicht mit den Händen bedecken **3** **ein Tier vergräbt sich** ein Tier gräbt einen Gang in die Erde und versteckt sich dort **4** **sich in etwas**

V

(*Dativ/Akkusativ*) **vergraben** sich sehr intensiv mit einer bestimmten Arbeit beschäftigen, sodass man für etwas anderes kaum noch Zeit hat

ver·grau·len; *vergraulte, hat vergrault; umg;* **jemanden (mit/durch etwas) vergraulen** unfreundlich sein und dadurch bewirken, dass andere nichts mehr mit einem zu tun haben wollen: *Mit seinem Zynismus hat er alle Freunde vergrault*

ver·grei·fen, sich; *vergriff sich, hat sich vergriffen* **1** **sich an etwas** (*Dativ*) **vergreifen** *beschönigend;* etwas stehlen ⟨sich an fremdem Eigentum vergreifen⟩ **2** **sich an jemandem vergreifen** *beschönigend;* jemanden verprügeln *oder* sexuell missbrauchen **3** **sich im Ton vergreifen** etwas Unpassendes sagen

ver·grif·fen **1** *Partizip Perfekt;* ↑ **vergreifen** **2** *Adjektiv; nicht als Adverb;* ⟨ein Buch, eine Ware⟩ so, dass alles verkauft ist, auch der Hersteller nichts mehr davon hat ≈ ausverkauft ↔ lieferbar

ver·grö·ßern B2 *vergrößerte, hat vergrößert* **1** **etwas vergrößern** etwas größer machen: *bei einem alten Haus die Fenster vergrößern* **2** **etwas vergrößern** etwas beim Drucken, Kopieren *o.Ä.* größer machen ⟨ein Foto vergrößern⟩ **3** **etwas vergrößert sich** etwas wird größer: *Die Geschwulst hat sich nicht vergrößert* || *hierzu* **Ver·grö·ße·rung** *die; -, -en*

Ver·güns·ti·gung *die; -, -en;* ein *meist* finanzieller Vorteil (aufgrund einer offiziellen Regelung *o.Ä.*) ⟨jemandem (soziale, steuerliche) Vergünstigungen gewähren⟩

ver·gü·ten; *vergütete, hat vergütet* **1** **jemandem etwas vergüten** jemandem Geld zahlen, *bes* weil dieser einen Schaden oder einen finanziellen Nachteil gehabt hat ≈ jemanden für etwas entschädigen ⟨jemandem seine Unkosten vergüten⟩ **2** **(jemandem) etwas vergüten** *bes Verwaltung;* jemanden für eine bestimmte Arbeit bezahlen ⟨jemandes Arbeit, Leistung vergüten⟩: *Die Stelle wird mit € 3400 vergütet* || *hierzu* **Ver·gü·tung** *die; -, -en*

ver·haf·ten; *verhaftete, hat verhaftet;* **jemanden verhaften** jemanden ins Gefängnis bringen (weil es Beweise gibt, dass er ein Verbrechen begangen hat): *Die Polizei verhaftete ihn noch am Tatort* || *hierzu* **Ver·haf·tung** *die; -, -en*

V

ver·hal·ten[1], **sich**; *verhält sich, verhielt sich, hat sich verhalten* **1** **sich irgendwie verhalten** ein bestimmtes Verhalten zeigen ⟨sich ruhig, abwartend, korrekt verhalten⟩ **2** **etwas verhält sich irgendwie** etwas ist irgendwie: *Die Sache verhält sich ganz anders, als du denkst* **3** **etwas verhält sich zu etwas wie ...** etwas steht in einem bestimmten Verhältnis zu etwas: *3 verhält sich zu 1 wie 6 zu 2*

ver·hal·ten[2] *Adjektiv* **1** ≈ vorsichtig, zurückhaltend ⟨eine Reaktion, eine Kritik⟩ **2** nur schwach ⟨Freude, Reiselust, Zuversicht⟩

Ver·hal·ten *das; -s; nur Singular;* die Art und Weise, wie ein Mensch oder Tier in verschiedenen Situationen handelt oder reagiert ⟨ein kluges, mutiges, seltsames Verhalten haben, zeigen; sein Verhalten (gegenüber jemandem) ändern⟩ || K- Verhaltensforschung, Verhaltensregel, Verhaltensweise || -K Fahrverhalten, Freizeitverhalten

Ver·hält·nis B2 *das; -ses, -se* **1** **das Verhältnis (von etwas zu etwas; zwischen etwas** (*Dativ*) **und etwas** (*Dativ*)) die Beziehung zwischen zwei oder mehreren Dingen, die man messen oder vergleichen kann ≈ Relation: *Saft und Wasser im Verhältnis zwei zu eins (2:1) mischen; das Verhältnis zwischen Aufwand und Ergebnis* || -K Größenverhältnis **2** **ein Verhältnis (zu jemandem/etwas)** die Art der Beziehung zu Personen oder Dingen ⟨ein gutes, schlechtes, gestörtes, freundschaftliches Verhältnis zu jemandem haben⟩: *kein Verhältnis zur modernen Kunst haben* (= nichts damit anfangen können) **3** **ein Verhältnis (mit jemandem)** *umg;* sexuelle Kontakte mit einer Person, außerhalb einer bestehenden Ehe **4** *nur Plural;* die allgemeine Lage, die äußeren Umstände, die das Leben bestimmen ⟨die klimatischen, politischen Verhältnisse⟩ **5** *nur Plural;* die sozialen Bedingungen, unter denen jemand lebt ⟨in bescheidenen, gesicherten, geordneten Verhältnissen leben⟩ || ID **über seine Verhältnisse leben** mehr Geld ausgeben, als man hat

ver·hält·nis·mä·ßig *Adverb;* im Vergleich zu etwas anderem ≈ relativ: *Der Sommer war verhältnismäßig warm und trocken*

ver·han·deln B2 *verhandelte, hat verhandelt* **1** **(mit jemandem) (über etwas** (*Akkusativ*)) **verhandeln** mit jemandem (*meist* relativ lange) über etwas sprechen, um ein Problem zu lösen oder um sich mit ihm zu einigen: *Die beiden Staaten verhandeln über neue Möglichkeiten der Zusammenarbeit* **2** *meist* **das Gericht verhandelt gegen jemanden** *Rechtswesen;* ein Gerichtsprozess wird gegen jemanden geführt: *Das Gericht verhandelt gegen sie wegen Diebstahls; Der Fall wird nächsten Monat verhandelt*

Ver·hand·lung *die; -, -en* **1** *meist Plural;* das Verhandeln (1): *Die Verhandlungen verliefen ergebnislos* || K- Verhandlungsgegenstand,

Verhandlungspartner; verhandlungsbereit || -K Friedensverhandlung **2** das Verhandeln (2): *Die Verhandlung musste kurz unterbrochen werden* || -K Gerichtsverhandlung

ver·hạn·gen; *verhängte, hat verhängt;* **etwas (über jemanden/etwas) verhängen** *förmlich;* eine Strafe oder eine ähnliche Maßnahme aussprechen ‹eine schwere Strafe (über jemanden) verhängen; nächtliches Ausgehverbot, den Ausnahmezustand (über ein Land) verhängen; einen Strafstoß verhängen› || *hierzu* **Ver·hạ̈n·gung** *die; -; nur Singular*

Ver·hạ̈ng·nis *das; -ses, -se; förmlich;* ein großes (persönliches) Unglück: *Seine Spielleidenschaft wurde ihm zum Verhängnis*

ver·hạrm·lo·sen; *verharmloste, hat verharmlost;* **etwas verharmlosen** etwas Schlimmes so darstellen, dass es nicht so gefährlich erscheint ≈ bagatellisieren: *die Auswirkungen der Luftverschmutzung verharmlosen* || ▸ **harmlos**

ver·hạsst *Adjektiv; nicht als Adverb;* von vielen sehr gehasst ‹ein Diktator, ein Regime›

Ver·hau *der, das; -(e)s, -e* **1** eine Barriere aus Ästen und Draht *usw* ‹ein(en) Verhau errichten› || -K Drahtverhau **2** *nur Singular; umg* ≈ Unordnung

ver·hee·rend *Adjektiv* **1** mit schlimmen Folgen ≈ katastrophal ‹ein Brand, ein Feuer, ein Erdbeben› **2** *umg* ≈ sehr schlecht: *Mit seiner neuen Frisur sieht er verheerend aus!*

ver·hei·ra·tet A1 *Adjektiv; nicht als Adverb;* **(mit jemandem) verheiratet** in einer Ehe lebend ↔ ledig; *Abkürzung* verh. ‹eine Frau, ein Mann; glücklich verheiratet sein›

ver·hei·ßen; *verhieß, hat verheißen* **1** **jemandem etwas verheißen** *förmlich;* jemandem etwas prophezeien, voraussagen **2** **etwas verheißt etwas** *förmlich;* etwas ist ein Zeichen dafür, dass etwas Bestimmtes geschehen wird: *Diese Entwicklung verheißt nichts Gutes*

ver·hei·zen; *verheizte, hat verheizt* **1** **etwas verheizen** etwas zum Heizen verwenden ‹Holz, Briketts verheizen› **2** **jemanden verheizen** *umg abwertend;* jemanden rücksichtslos ausnutzen und dadurch seine Kräfte erschöpfen

ver·hẹl·fen; *verhilft, verhalf, hat verholfen;* **jemandem zu etwas verhelfen** helfen, dass jemand etwas bekommt: *jemandem zu seinem Recht, zu einer neuen Arbeitsstelle verhelfen*

ver·hịn·dern; *verhinderte, hat verhindert;* **etwas verhindern** bewirken, dass etwas nicht geschieht oder dass jemand etwas nicht tun kann: *ein Unglück, einen Krieg, einen Unfall verhindern; Ich konnte nicht verhindern, dass sie wegfuhr* || *hierzu* **Ver·hịn·de·rung** *die; -, -en*

ver·hịn·dert *Adjektiv* **1** *nicht als Adverb;* **(irgendwie) verhindert** (aus den angegebenen Gründen) nicht in der Lage, etwas zu tun oder an etwas teilzunehmen ‹beruflich, dienstlich, wegen Krankheit verhindert sein› **2** *nur vor dem Substantiv, nicht als Adverb; umg, oft humorvoll;* so, dass man Begabung oder Begeisterung für einen Beruf *o.Ä.* zeigt, ihn aber nicht ausübt: *ein verhinderter Künstler*

ver·höh·nen; *verhöhnte, hat verhöhnt;* **jemanden verhöhnen** jemanden beleidigen und sich über seine Fehler und Schwächen freuen ≈ verspotten

ver·hö·ren[1]; *verhörte, hat verhört;* **jemanden verhören** einem Verdächtigen Fragen stellen, *bes* um ein Verbrechen zu klären || *hierzu* **Ver·hör** *das; -(e)s, -e*

ver·hö·ren[2], **sich**; *verhörte sich, hat sich verhört;* **sich verhören** etwas falsch hören: *Da haben Sie sich wohl verhört!*

ver·hụ̈l·len; *verhüllte, hat verhüllt* **1** **jemanden/etwas (mit etwas) verhüllen** Stoff, Tücher *o.Ä.* um jemanden/etwas legen: *das Gesicht mit einem Schleier verhüllen* **2** **etwas verhüllt etwas** etwas bedeckt etwas ganz: *Wolken verhüllten den Gipfel des Berges*

ver·hụn·gern; *verhungerte, ist verhungert;* sterben, weil man nicht genug zu essen hat

Ver·hü·tung *die; -; nur Singular* **1** die Maßnahmen, die verhindern, dass etwas geschieht, was man nicht wünscht || -K Brandverhütung, Unfallverhütung **2** die Handlungen und Maßnahmen, durch die man verhindert, dass eine Frau schwanger wird || -K Empfängnisverhütung

ver·ịr·ren, sich B1; *verirrte sich, hat sich verirrt* **1** **sich (irgendwo) verirren** nicht den richtigen Weg finden und somit nicht ans Ziel kommen ≈ sich verlaufen: *sich im Wald verirren* **2** **sich irgendwohin verirren** irgendwohin kommen, wohin man eigentlich gar nicht wollte: *sich in einen einsamen Stadtteil verirren*

ver·jäh·ren; *verjährte, ist verjährt;* **etwas verjährt** etwas kann nach einer bestimmten Zeit nicht mehr bestraft werden oder etwas geht (als Recht) verloren ‹ein Verbrechen; Schulden; jemandes Ansprüche› || *hierzu* **Ver·jäh·rung** *die; -, -en; meist Singular*

ver·ka·belt *Adjektiv; meist in* **verkabelt sein** *umg;* Kabelfernsehen empfangen können

Ver·kauf *der; -(e)s, Ver·käu·fe* **1** das Verkaufen (1) von Waren ⟨(jemandem) etwas zum Verkauf anbieten⟩ ‖ K- Verkaufsartikel, Verkaufspreis, Verkaufsstand **2** *nur Singular;* die Abteilung eines Unternehmens, die Produkte verkauft ↔ Einkauf: *im Verkauf tätig sein* ‖ K- Verkaufsabteilung, Verkaufsdirektor

ver·kau·fen A1 *verkaufte, hat verkauft* **1** **((jemandem) etwas) verkaufen; (etwas (an jemanden)) verkaufen** einer Person eine Ware, die sie haben will, geben und dafür von ihr Geld bekommen: *jemandem ein Auto billig verkaufen* **2** **etwas verkauft sich gut/schlecht** etwas wird von vielen/wenigen Personen gekauft: *Sein neuer Roman verkauft sich gut*

Ver·käu·fer *der; -s, -;* **1** jemand, der (beruflich) Waren verkauft ‖ -K Autoverkäufer, Möbelverkäufer **2** jemand, der eine Sache verkauft ↔ Käufer ‖ *hierzu* **Ver·käu·fe·rin** *die; -, -nen*

Ver·kehr B1 *der; -(e)s; nur Singular* **1** die Bewegung *bes* der Fahrzeuge auf den Straßen ⟨flüssiger, stockender Verkehr; es herrscht starker, reger, wenig Verkehr⟩: *Ein Polizist regelt den Verkehr* ‖ K- Verkehrsdelikt, Verkehrslärm, Verkehrsmeldung, Verkehrsopfer, Verkehrsregel, Verkehrsschild, Verkehrsteilnehmer, Verkehrsunfall ‖ -K Flugverkehr, Schienenverkehr, Straßenverkehr **2** *förmlich;* der Kontakt und die Beziehungen, die man zu jemandem hat **3** die sexuelle Vereinigung von Frau und Mann **4** **etwas aus dem Verkehr ziehen** nicht mehr erlauben, dass etwas weiter verwendet wird: *alte Geldscheine aus dem Verkehr ziehen*

ver·keh·ren; *verkehrte, hat/ist verkehrt* **1** **etwas verkehrt (irgendwann)** *(hat/ist)* etwas fährt (regelmäßig) auf einer Strecke ⟨Busse, Straßenbahnen, Züge⟩: *Die Straßenbahn zwischen dem Hauptbahnhof und dem Zoo verkehrt alle zehn Minuten; Der Zug verkehrt nur an Wochentagen* **2** **mit jemandem (irgendwie) verkehren** *(hat)* mit jemandem Kontakt haben ⟨mit jemandem freundschaftlich, brieflich, nur geschäftlich verkehren⟩ **3** **irgendwo verkehren** *(hat)* irgendwo oder bei jemandem oft zu Gast sein: *In diesem Lokal verkehren hauptsächlich Studenten*

Ver·kehrs·la·ge *die; -, -n* **1** die Lage einer Wohnung, eines Büros *o.Ä.* in Bezug auf die Verkehrsverbindungen **2** die Situation auf den Straßen zu bestimmten Zeiten: *Gegen Mittag war die Verkehrslage wieder normal*

Ver·kehrs·mit·tel B1 *das; -s, -; bes Verwaltung;* ein Fahrzeug ⟨ein öffentliches Verkehrsmittel⟩

ver·kehrs·si·cher *Adjektiv;* in einem technisch so guten Zustand, dass es den Verkehr nicht gefährdet ⟨ein Fahrzeug⟩ ‖ *hierzu* **Ver·kehrs·si·cher·heit** *die; -; nur Singular*

Ver·kehrs·zei·chen *das; -s, -;* ein Schild mit einem Symbol, das den Verkehr regelt

ver·kehrt *Adjektiv* **1** falsch, nicht richtig: *Was du da sagst, ist ja völlig verkehrt!; Ich halte es für verkehrt, ihm zu vertrauen* **2** der richtigen Lage/Richtung entgegengesetzt: *Das Auto kam uns auf der verkehrten Straßenseite entgegen; Sie stellte das Glas verkehrt herum auf den Tisch*

ver·ken·nen; *verkannte, hat verkannt;* **jemanden/etwas verkennen** jemanden/etwas falsch beurteilen ⟨den Ernst der Lage verkennen⟩: *Ich habe die Bedeutung seiner Worte völlig verkannt* ‖ ID **ein verkanntes Genie** *humorvoll;* jemand, der von seinen Fähigkeiten sehr viel mehr hält als andere

Ver·ket·tung *die; -, -en; meist* **eine Verkettung unglücklicher Umstände** *förmlich;* eine Reihe ungünstiger Ereignisse, die gleichzeitig oder kurz nacheinander passieren (und ein Unglück verursachen)

ver·kla·gen; *verklagte, hat verklagt;* **jemanden (auf etwas** *(Akkusativ)*) **verklagen** gegen jemanden vor Gericht (in einem Zivilprozess) klagen: *eine Firma auf Schadenersatz verklagen*

ver·klebt *Adjektiv* ≈ klebrig: *Sie hatte verklebte Haare*

ver·klei·den *(hat)* **1** **jemanden/sich (als etwas) verkleiden** jemandem/sich etwas anziehen, um anders auszusehen oder um nicht erkannt zu werden: *sich im Karneval als Indianer verkleiden* **2** **etwas (mit etwas) verkleiden** etwas mit einem bestimmten Material bedecken (*meist* als Schmuck oder Schutz): *Wände mit Holz verkleiden*

ver·klei·nern B2 *verkleinerte, hat verkleinert* **1** **etwas verkleinern** etwas kleiner machen ↔ vergrößern: *ein Zimmer verkleinern, indem man eine Wand einzieht; die Belegschaft in einem Betrieb verkleinern* **2** **etwas verkleinern** etwas beim Drucken, Kopieren *o.Ä.* kleiner machen ↔ vergrößern ⟨ein Foto verkleinern⟩ **3** **etwas verkleinert sich** etwas wird kleiner: *Die Geschwulst hat sich verkleinert* ‖ *hierzu* **Ver·klei·ne·rung** *die; -, -en*

ver·klemmt *Adjektiv;* im Verhalten nicht natürlich und selbstbewusst, sondern schüchtern und ängstlich ⟨(sexuell) verklemmt sein⟩

ver·knei·fen; *verkniff, hat verkniffen;* **sich** (*Dativ*) **etwas verkneifen** eine Bemerkung, eine Reaktion *o.Ä.* nicht machen, unterdrücken: *Ich konnte mir ein Lachen kaum verkneifen*

ver·kno·ten; *verknotete, hat verknotet* **1** **etwas** (*Plural*) **verknoten**; **etwas mit etwas verknoten** *bes* Fäden, Stricke, Bänder *o.Ä.* durch einen Knoten miteinander verbinden ≈ verknüpfen **2** **etwas verknotet sich** etwas bildet von selbst Knoten: *Ihre Haare haben sich verknotet*

ver·kom·men (*ist*) **1** **(zu etwas) verkommen** beruflich und moralisch in einen so schlechten Zustand kommen, dass man verachtet wird: *zum Säufer verkommen* **2** ⟨Lebensmittel⟩ **verkommen** Lebensmittel werden schlecht und sind daher nicht mehr essbar **3** **etwas verkommt** etwas wird nicht gepflegt und kommt deshalb in einen schlechten Zustand: *Das alte Haus ist völlig verkommen* || zu 1 **ver·kom·men** *Adjektiv*

ver·korkst *Adjektiv; nicht als Adverb; umg* **1** ≈ verpfuscht: *ein völlig verkorkster Tag, Kuchen* **2** *meist* **jemand ist verkorkst** *meist* ein Kind ist falsch erzogen

ver·kör·pern; *verkörperte, hat verkörpert* **1** **jemand/etwas verkörpert etwas** jemand/etwas dient oder gilt als Symbol für etwas: *Die Eule verkörpert die Weisheit* **2** **jemanden/etwas verkörpern** in einem Theaterstück oder Film eine Rolle spielen ≈ darstellen: *den Bösewicht verkörpern* || *hierzu* **Ver·kör·pe·rung** *die; -, -en*

ver·kra·chen, sich; *verkrachte sich, hat sich verkracht;* ⟨Personen⟩ **verkrachen sich**; **jemand verkracht sich mit jemandem** *umg;* zwei oder mehrere Personen haben miteinander Streit ≈ sich (mit jemandem) zerstreiten

ver·kracht *Adjektiv; umg;* ohne Erfolg im Beruf ⟨eine Existenz; ein Politiker⟩

ver·kraf·ten; *verkraftete, hat verkraftet;* **etwas verkraften** die Stärke besitzen, ein sehr negatives Erlebnis zu überwinden: *Er hat diese Enttäuschung gut verkraftet*

ver·kramp·fen, sich; *verkrampfte sich, hat sich verkrampft* **1** **etwas verkrampft sich** die Muskeln eines Körperteils ziehen sich sehr stark zusammen und schmerzen **2** **jemand verkrampft sich** jemand verhält sich aus Angst oder Unsicherheit nicht mehr natürlich || *hierzu* **Ver·kramp·fung** *die; -, -en*

ver·krüp·pelt *Adjektiv; nicht als Adverb* **1** ⟨ein Arm, ein Bein; ein Mensch⟩ so, dass sie nicht normal gewachsen oder durch einen Unfall schwer beschädigt sind **2** ⟨Bäume⟩ schlecht und krumm gewachsen

ver·küh·len, sich; *verkühlte sich, hat sich verkühlt; südd* Ⓐ Ⓒⓗ ≈ sich erkälten

ver·küm·mern; *verkümmerte, ist verkümmert* **1** **etwas verkümmert** eine Pflanze wird unter schlechten Bedingungen schwach und krank ↔ etwas gedeiht: *Ohne frische Erde und Dünger verkümmern deine Zimmerpflanzen* **2** **jemand verkümmert (irgendwo)** jemand hat keinen Erfolg und ist unglücklich **3** **etwas verkümmert** etwas wird schwächer, weil es nicht benutzt wird ⟨ein Muskel; ein Talent⟩

ver·kün·den; *verkündete, hat verkündet* **1** **etwas verkünden** etwas öffentlich sagen ≈ bekannt machen ⟨ein Urteil, das Wahlergebnis verkünden⟩: *Auf der anschließenden Feier verkündete er, dass er heiraten wolle* **2** **etwas verkünden** einen (religiösen) Glauben lehren und verbreiten ⟨das Wort Gottes, das Evangelium verkünden⟩ || *hierzu* **Ver·kün·dung** *die; -, -en*

ver·kün·di·gen; *verkündigte, hat verkündigt;* **etwas verkündigen** ≈ verkünden (2) || *hierzu* **Ver·kün·di·gung** *die; -, -en*

ver·kür·zen; *verkürzte, hat verkürzt* **1** **etwas verkürzen** etwas kürzer machen: *ein Brett verkürzen; „Bus" ist die verkürzte Form von „Omnibus"* **2** **etwas verkürzt sich** etwas wird kürzer || *hierzu* **Ver·kür·zung** *die; -, -en*

Ver·lag *der; -(e)s, -e;* ein Betrieb, der Bücher, Zeitungen *o.Ä.* macht und über Buchhändler verkaufen lässt ⟨etwas erscheint bei/in einem Verlag⟩ || K- Verlagsprogramm || -K Kunstverlag, Lexikonverlag

ver·la·gern; *verlagerte, hat verlagert* **1** **etwas (irgendwohin) verlagern** seine Körperhaltung so ändern, dass das Gewicht auf einem anderen Punkt liegt ⟨sein (Körper)Gewicht, den Schwerpunkt (nach vorn, auf das andere Bein) verlagern⟩ **2** **etwas verlagert sich (irgendwohin)** etwas verändert seine Lage ⟨ein Hoch(druckgebiet), ein Tief(druckgebiet)⟩ || *hierzu* **Ver·la·ge·rung** *die; -, -en*

ver·lan·gen B1 *verlangte, hat verlangt* **1** **etwas (von jemandem) verlangen** jemandem deutlich sagen, dass man etwas von ihm (haben) will oder man bestimmte Leistungen erwartet ≈ fordern: *Wir müssen von den Mitarbeitern mehr Leistung verlangen; Sie verlangte, zu ihm gelassen zu werden; Ich verlange, dass du sofort mein Haus verlässt!* || Hinweis: *Man verlangt* oder *fordert*, was man für sein Recht hält **2** **etwas (für etwas) verlangen** etwas als Preis für eine Ware oder Leistung haben wollen ≈ nehmen: *Er verlangt 2000 Euro für das Boot* **3** **jemanden verlan-**

gen sagen, dass man mit einer bestimmten Person sprechen will ⟨jemanden am Telefon verlangen⟩ **4** **etwas verlangt etwas** etwas macht etwas nötig: *Diese Aufgabe verlangt äußerste Konzentration* **5** **etwas verlangen** *umg*; einem Verkäufer, Kellner *o.Ä.* sagen, was man haben will: *ein Kilo Fleisch verlangen* **6** **nach jemandem verlangen** sagen, dass jemand zu einem kommen soll, dass man mit jemandem sprechen will ⟨nach einem Arzt, nach dem Geschäftsführer verlangen⟩ **7** **nach etwas verlangen** um etwas bitten: *Der Kranke verlangte nach einem Glas Wasser* || ID *meist* **Das ist doch nicht zu viel verlangt!** *umg*; das ist keine große Sache, diesen Wunsch kann man doch leicht erfüllen; **Das ist zu viel verlangt!** *umg*; das geht zu weit

Ver·lạn·gen B1 *das*; *-s*; *nur Singular* **1** **ein Verlangen (nach etwas)** ein starker Wunsch ≈ Sehnsucht ⟨jemandes Verlangen erregen, wecken; das Verlangen haben, etwas zu tun⟩ **2** **ein Verlangen (nach jemandem)** starke sexuelle Wünsche ≈ Begierde: *jemanden voller Verlangen ansehen* **3** *förmlich* ≈ Forderung ⟨jemandes Verlangen nachgeben; auf jemandes Verlangen eingehen⟩ **4** **auf Verlangen** wenn jemand es verlangt (1) oder fordert: *auf Verlangen die Fahrkarte vorzeigen* **5** **auf jemandes Verlangen (hin)** auf Wunsch der genannten Person: *Er hat diesen Beruf nur auf das Verlangen seines Vaters (hin) erlernt*

ver·lạ̈n·gern B2 *verlängerte, hat verlängert* **1** **etwas (um etwas) verlängern** etwas länger dauern lassen, als es vorgesehen war ⟨eine Frist, den Urlaub, den Aufenthalt um einen Tag verlängern⟩ **2** **etwas (um etwas) verlängern** ein Dokument länger gültig sein lassen als vorgesehen ⟨einen Pass verlängern⟩ **3** **etwas (um etwas) verlängern** etwas länger machen: *eine Hose um zwei Zentimeter verlängern*

Ver·lạ̈n·ge·rung *die*; *-, -en* **1** das Verlängern: *die Verlängerung eines Passes beantragen* **2** der Zeitraum, um den etwas verlängert (1,2) wird: *in der Verlängerung ein Tor schießen* || K- Verlängerungsfrist, Verlängerungswoche, Verlängerungszeit

Ver·lạ̈n·ge·rungs·schnur *die*; *-, -schnü·re*; ein zusätzliches elektrisches Kabel, mit dem man ein anderes Kabel länger macht

Ver·lạss *der*; *nur in* **auf jemanden/etwas ist (kein) Verlass** jemandem/etwas kann man (nicht) vertrauen

ver·lạs·sen[1] B2 *verlässt, verließ, hat verlassen* **1** **etwas verlassen** von einem Ort weggehen: *das Haus durch den Hinterausgang verlassen; An der nächsten Ampel verlassen wir die Hauptstraße und biegen nach rechts ab* **2** **etwas verlassen** aufhören, an einem bestimten Ort zu leben: *Im Jahr 1896 verließ er seine Heimat und wanderte aus* **3** **jemanden verlassen** die Familie, den Partner allein lassen und nicht mehr für sie sorgen: *Er hat sie wegen einer anderen Frau verlassen* **4** **etwas verlässt jemanden** etwas wird schwächer, verschwindet ⟨die Hoffnung, die Kraft verlässt jemanden⟩ || ID *meist* **Er/Sie hat uns für immer verlassen** *beschönigend*; er/sie ist gestorben

ver·lạs·sen[2], **sich** B2; *verlässt sich, verließ sich, hat sich verlassen*; **sich auf jemanden/etwas verlassen** jemandem/etwas vertrauen, seine Hoffnungen in jemanden/etwas setzen: *Du kannst dich auf mich verlassen, ich bin immer für dich da; Ich verlasse mich darauf, dass Sie alles vorbereiten* || ID **Verlass dich drauf!** *umg*; das ist ganz bestimmt so, das wird ganz bestimmt so sein

ver·lạs·sen[3] B2 *Adjektiv* **1** ohne Menschen ⟨leer und verlassen⟩ **2** ≈ abgelegen, einsam ⟨eine Gegend⟩ **3** allein, einsam und hilflos ⟨verlassen sein; sich verlassen fühlen⟩ || *hierzu* **Ver·lạs·sen·heit** *die*; *-*; *nur Singular*

ver·lạ̈ss·lich *Adjektiv*; ⟨ein Freund, eine Information, ein Zeuge⟩ so, dass man sich auf sie verlassen[2] kann ≈ zuverlässig || *hierzu* **Ver·lạ̈ss·lich·keit** *die*; *-*; *nur Singular*

Ver·lauf *der*; *-(e)s*; *nur Singular* **1** die Richtung, in der etwas geht: *den Verlauf einer Grenze festlegen* **2** die Entwicklung einer Situation, einer Krankheit ⟨etwas nimmt einen ungünstigen, unerwarteten Verlauf⟩: *Zum Verlauf dieser Krankheit gehört hohes Fieber* **3** **im Verlauf** + *Genitiv* während des genannten Zeitraums, der genannten Handlung: *im Verlauf der Sitzung*

ver·lau·fen; *verläuft, verlief, hat/ist verlaufen* **1** **etwas verläuft (irgendwie/irgendwohin)** (*ist*) etwas (*z.B.* ein Weg) nimmt eine bestimmte Richtung ein, erstreckt sich in eine bestimmte Richtung: *Die Grenze verläuft mitten durch den Ort* **2** **etwas verläuft irgendwie** (*ist*) etwas geschieht auf eine bestimmte Art und Weise ⟨etwas verläuft ergebnislos; eine tödlich verlaufende Krankheit⟩: *Die Demonstration verlief ohne Zwischenfälle* **3** **jemand verläuft sich** (*hat*) jemand nimmt den falschen Weg oder geht in die falsche Richtung und weiß nicht mehr, wo er ist

ver·le·ben; *verlebte, hat verlebt*; **etwas verleben** eine bestimmte Zeit irgendwo oder irgendwie sein: *schöne Stunden mit jemandem verleben*

ver·le·gen[1]; *verlegte, hat verlegt* **1** **etwas (irgendwohin) verlegen** den Ort von etwas wechseln: *Die Haltestelle wurde verlegt* **2** **etwas (auf etwas** *(Akkusativ)*) **verlegen** den vorgesehenen Zeitpunkt oder Termin für etwas ändern: *Das Rennen wurde auf nächste Woche/morgen verlegt* **3** **etwas verlegen** etwas an einer bestimmten Stelle befestigen ⟨Fliesen, Kabel, Schienen verlegen⟩ **4** **etwas verlegen** etwas an einen bestimmten Ort legen und dann nicht mehr finden: *Oma hat ihre Brille verlegt* **5** **jemand verlegt etwas** ein Verlag produziert ein Buch *usw* ⟨Bücher, Zeitschriften verlegen⟩ || *zu 5* **Ver·le·ger** *der; -s, -;* **Ver·le·ge·rin** *die; -, -nen;* *zu 1-3* **Ver·le·gung** *die; -, -en*

ver·le·gen[2] *Adjektiv;* ängstlich und unsicher ⟨ein Blick, ein Lächeln⟩: *Ihre Blicke machten ihn verlegen*

Ver·le·gen·heit *die; -, -en* **1** *nur Singular;* der Zustand, verlegen² zu sein ⟨jemanden (mit etwas) in Verlegenheit bringen⟩: *Er brachte vor lauter Verlegenheit kein Wort heraus* || [K-] Verlegenheitsgeste, Verlegenheitspause **2** eine unangenehme Situation ⟨ in der Verlegenheit sein/in die Verlegenheit kommen, etwas tun zu müssen; jemandem aus einer Verlegenheit helfen⟩

ver·lei·den; *verleidete, hat verleidet;* **jemandem etwas verleiden** jemandem den Spaß, die Freude an etwas nehmen

Ver·leih *der; -s, -e* **1** *nur Singular;* das Verleihen (1): *Der Verleih von Videos erfolgt nur an Erwachsene* **2** ein Betrieb, der etwas verleiht (1) || [-K] Autoverleih, Bootsverleih, Fahrradverleih, Filmverleih, Kostümverleih

ver·lei·hen; *verlieh, hat verliehen* **1** **etwas (an jemanden) verleihen** ≈ jemandem etwas leihen: *Ich verleihe meine Bücher nur noch an Leute, die sorgfältig damit umgehen* **2** **jemandem etwas verleihen** jemandem einen Preis geben, um ihn zu ehren ⟨jemandem einen Preis, einen Orden verleihen⟩ || *zu 2* **Ver·lei·hung** *die; -, -en*

ver·lei·ten; *verleitete, hat verleitet;* **jemanden zu etwas verleiten** jemanden dazu bringen, dass er etwas Dummes oder Verbotenes tut ≈ jemanden zu etwas verführen: *Seine Freunde und die gute Stimmung verleiteten ihn dazu, zu viel zu trinken*

ver·ler·nen; *verlernte, hat verlernt;* **etwas verlernen** etwas, das man eigentlich kann, allmählich vergessen, weil man es so selten tut

ver·let·zen [B1] *verletzte, hat verletzt* **1** **jemanden verletzen** dem Körper eines anderen Schaden zufügen ⟨jemanden leicht, lebensgefährlich verletzen⟩: *jemanden durch einen Schuss ins Bein verletzen* **2** **sich** *(Dativ)* **etwas verletzen**; **sich (an etwas** *(Dativ)*) **verletzen** *(meist* unabsichtlich) dem eigenen Körper schaden: *sich den/am Fuß verletzen* **3** **jemanden/etwas verletzen** bewirken, dass jemand traurig, beleidigt, gekränkt wird ⟨jemanden tief verletzen; jemandes Gefühle verletzen⟩: *verletzende Worte sagen* **4** **jemand/etwas verletzt etwas** jemand/etwas hält sich nicht an bestimmte Regeln, Pflichten oder Konventionen ⟨ein Gesetz, eine Vorschrift verletzen⟩

Ver·letz·te [B1] *der/die; -n, -n;* jemand, der verletzt (1) ist ⟨ein tödlich Verletzter⟩: *Der Unfall forderte drei Verletzte und einen Toten* || [-K] Leichtverletzte, Schwerverletzte || Hinweis: Soldaten, die im Krieg verletzt werden, nennt man *Verwundete*

Ver·let·zung [B1] *die; -, -en* **1** eine Wunde *bzw* die Stelle im oder am Körper, an der man verletzt wurde oder sich verletzt hat: *lebensgefährliche Verletzungen* || [-K] Armverletzung, Kopfverletzung; Schussverletzung **2** eine Handlung, durch die man gegen eine Regel oder Norm verstößt ⟨eine Verletzung der Spielregeln⟩ || [-K] Pflichtverletzung

ver·leug·nen; *verleugnete, hat verleugnet* **1** **jemanden/etwas verleugnen** behaupten, dass man jemanden/etwas nicht habe oder kenne ↔ sich zu jemandem/etwas bekennen ⟨einen Freund, Gott, seine Ideale verleugnen⟩ **2** **etwas nicht verleugnen können** nicht ändern können, dass etwas bekannt wird ⟨die Herkunft nicht verleugnen können⟩ **3** **etwas lässt sich nicht verleugnen** etwas kann nicht verborgen werden ⟨jemandes Erziehung, jemandes Herkunft⟩ **4** **sich (selbst) verleugnen** nicht nach den eigenen Gefühlen oder nach der eigenen Überzeugung handeln

ver·leum·den; *verleumdete, hat verleumdet;* **jemanden verleumden** absichtlich falsche oder schlechte Dinge über eine Person sagen, damit diese einen schlechten Ruf bekommt || *hierzu* **Ver·leum·der** *der; -s, -;* **Ver·leum·de·rin** *die; -, -nen;* **Ver·leum·dung** *die; -, -en*

ver·lie·ben, sich [B2]; *verliebte sich, hat sich verliebt* **1** **sich (in jemanden) verlieben** beginnen, für jemanden Liebe (2) zu fühlen: *Er hat sich (in Susanne) verliebt* **2** ⟨zwei Personen⟩ **verlieben sich** jede der beiden Personen beginnt, Liebe (2) für den anderen zu fühlen: *Peter und Inge haben sich verliebt* || *hierzu* **Ver·lieb·te** *der/die; -n, -n;* **Ver·liebt·heit** *die; -; nur Singular*

ver·lie·ren[1] [A2] *verlor, hat verloren* **1** **etwas**

verlieren etwas irgendwo liegen oder fallen lassen und es nicht mehr finden: *Hier hast du den Schlüssel - verlier ihn nicht!*; *Ich habe meine Handschuhe verloren* **2** **jemanden verlieren** von jemandem getrennt werden, ihn nicht mehr sehen: *Ich habe im Gedränge meine Familie verloren* **3** **jemanden verlieren** jemanden nicht mehr haben, weil er stirbt: *die Eltern durch einen Unfall verlieren* **4** **jemanden verlieren** den Kontakt zu jemandem nicht mehr haben (*meist* aufgrund eines Ereignisses): *durch einen Skandal viele Freunde verlieren* **5** **etwas verlieren** durch das eigene Verhalten oder durch negative Umstände etwas Positives nicht mehr haben ⟨jemandes Vertrauen, den Arbeitsplatz verlieren⟩ **6** **jemand verliert etwas** ein Körperteil wird vom Körper abgetrennt oder wird funktionslos ⟨einen Arm, ein Auge, ein Bein verlieren⟩ **7** **jemand verliert etwas** ein Gefühl wird schwächer, verschwindet ⟨die Freude, die Geduld, die Hoffnung, das Interesse, das Vertrauen verlieren⟩ **8** **etwas verliert etwas** etwas lässt (*meist* durch ein Loch) eine Flüssigkeit oder ein Gas nach außen kommen: *Das Auto verliert Öl* **9** **etwas verliert etwas** eine Pflanze oder ein Baum wirft Blätter ab **10** **Blut verlieren** stark bluten **11** *meist* **keine Zeit verlieren** etwas so schnell wie möglich machen: *Wenn wir pünktlich sein wollen, dürfen wir keine Zeit mehr verlieren* **12** **die Sprache verlieren** vor Schreck, Überraschung nichts mehr sagen können **13** **den Kopf verlieren** in Panik geraten **14** **jemand/etwas verliert etwas/an etwas** (*Dativ*) jemand hat allmählich weniger von etwas, etwas wird kleiner, schlechter: *jemand verliert an Macht, Einfluss*; *Der Kaffee hat (an) Aroma verloren* **15** **etwas verliert sich** etwas wird schwächer, etwas verschwindet allmählich: *Der unangenehme Geruch des neuen Teppichs verliert sich nach ein paar Wochen* **16** **sich in etwas** (*Dativ*) **verlieren** sich intensiv mit etwas beschäftigen und anderes nicht beachten, nicht mehr wahrnehmen ⟨sich in Erinnerungen, Träumen, Einzelheiten verlieren⟩ **17** **jemand/etwas geht verloren** jemand verliert (1,2,7) jemanden/etwas || ID *meist* **Du hast hier nichts verloren!** *umg*; du bist hier nicht erwünscht || Hinweis: ↑ **Auge** || ▸ **Verlust**

ver·lie·ren² A2 *verlor, hat verloren* **1** **(etwas) verlieren** in einem Spiel, Kampf, Wettbewerb eine schlechtere Leistung bringen ↔ gewinnen ⟨ein Spiel verlieren⟩ **2** **(eine Wette) verlieren** bei einer Wette unrecht haben **3** **(einen Prozess) verlieren** bei einer Gerichtsverhandlung keinen Erfolg haben **4** **(einen Krieg) verlieren** in einem Krieg vom Feind besiegt werden **5** **(etwas) (bei etwas) verlieren** Geld zahlen müssen, weil man mit einem Geschäft oder bei einem Spiel wie Poker oder Roulette keinen Erfolg hatte ↔ gewinnen: *beim Pokern hundert Euro verlieren* || ID **nichts (mehr) zu verlieren haben** in einer Situation sein, die nicht mehr schlechter werden kann || *hierzu* **Ver·lie·rer** *der*; *-s, -*; **Ver·lie·re·rin** *die*; *-, -nen*

ver·lobt B2 *Adjektiv*; *nicht als Adverb*; **(mit jemandem) verlobt** so, dass zwei Partner versprochen haben, einander zu heiraten: *Nachdem sie ein Jahr verlobt waren, heirateten sie* || *hierzu* **ver·lo·ben, sich** (*hat*); **Ver·lob·te** *der/die*; *-n, -n*

Ver·lo·bung B2 *die*; *-, -en*; **eine Verlobung (mit jemandem)** das offizielle Versprechen, dass man jemanden heiraten wird ⟨eine Verlobung bekannt geben⟩ || K- Verlobungsfeier, Verlobungsring

ver·lo·ckend *Adjektiv*; so, dass man es gern haben oder tun möchte ⟨ein Angebot, eine Idee; etwas sieht verlockend aus, klingt verlockend⟩

ver·lo·gen *Adjektiv*; *abwertend* **1** so, dass der Betreffende oft lügt ↔ ehrlich **2** nicht echt, voller Lügen ↔ aufrichtig ⟨Moral⟩ || *hierzu* **Ver·lo·gen·heit** *die*; *-*; *nur Singular*

ver·lor *Imperfekt, 1. und 3. Person Singular*; ↑ **verlieren**

ver·lo·ren *Partizip Perfekt*; ↑ **verlieren**

ver·lo·ren·ge·hen (*ist*) ↑ **verlieren¹** (17)

ver·lö·schen; *verlischt, verlosch/verlöschte, ist verloschen/verlöscht*; **etwas verlischt** etwas hört auf, zu brennen ≈ etwas geht aus ⟨ein Feuer, eine Kerze, ein Licht⟩

Ver·lust *der*; *-(e)s, -e* **1** *nur Singular*; der Vorgang, bei dem man etwas verliert¹ (1): *der Verlust der Geldbörse* || K- Verlustanzeige **2** *nur Singular*; das Verlieren¹ (3) ⟨ein schmerzlicher Verlust⟩: *der Verlust eines geliebten Menschen* **3** *nur Singular*; das Verlieren¹ (5) ⟨etwas ist kein großer Verlust⟩: *der Verlust von jemandes Vertrauen* || -K Ehrverlust **4** *nur Singular*; das Verlieren¹ (6) eines Körperteils, Organs: *der Verlust eines Beines* **5** *nur Singular*; das Verlieren¹ (8-12) || -K Blutverlust, Wasserverlust, Zeitverlust **6** *nur Singular*; **ein Verlust (an etwas** (*Dativ*)**/von etwas)** der Wegfall von etwas Positivem oder Nützlichem || -K Energieverlust, Prestigeverlust **7** ein finanzieller Schaden ↔ Gewinn ⟨ein finanzieller Verlust; Verlust(e) machen⟩ || K- Verlustgeschäft **8** *meist Plural*; die Soldaten einer

Armee, die in einem Krieg, Kampf sterben oder verwundet werden ⟨hohe Verluste erleiden⟩ **5** **mit Verlust** so, dass man dabei Geld verliert ⟨mit Verlust arbeiten; etwas mit Verlust verkaufen⟩

ver·ma·chen; *vermachte, hat vermacht*; **jemandem etwas vermachen** ≈ vererben (1)

Ver·mächt·nis *das; -ses, -se* **1** ein Dokument, in dem steht, was man an andere Personen vererben will ≈ Testament **2** das, was man anderen vererbt ≈ Erbe **3** **das Vermächtnis** + *Genitiv* die Wirkung und der Einfluss einer großen Persönlichkeit nach deren Tod: *das Vermächtnis Goethes, Picassos*

ver·mäh·len, sich; *vermählte sich, hat sich vermählt*; **sich vermählen** *förmlich* ≈ heiraten || *hierzu* **Ver·mäh·lung** *die; -, -en*

ver·mark·ten; *vermarktete, hat vermarktet*; **jemanden/etwas vermarkten** Waren bekannt und beliebt machen, damit man viel davon verkaufen kann, oder eine bekannte und beliebte Person/Sache benutzen, um mit ihrer Hilfe Waren zu verkaufen || *hierzu* **Ver·mark·tung** *die; -, -en*

ver·mas·seln; *vermasselte, hat vermasselt*; **(jemandem/sich) etwas vermasseln** *umg*; sich so ungeschickt verhalten, dass etwas nicht gelingt ⟨(jemandem/sich) ein Geschäft, einen Plan, eine Prüfung, eine Chance vermasseln⟩

ver·meh·ren; *vermehrte, hat vermehrt* **1** **etwas vermehren** die Zahl oder den Umfang von etwas größer machen: *das Vermögen vermehren* **2** ⟨Tiere⟩ **vermehren sich** Tiere bekommen Junge **3** **etwas vermehrt sich** etwas wird mehr: *Die Zahl der Hungernden vermehrt sich ständig* || *hierzu* **Ver·meh·rung** *die; -, -en*

ver·mei·den; *vermied, hat vermieden*; **etwas vermeiden** so handeln, dass etwas *meist* Negatives nicht geschieht: *Er hätte die Operation vermeiden können, wenn er früher zum Arzt gegangen wäre* || *hierzu* **ver·meid·bar** *Adjektiv*; **Ver·mei·dung** *die; -; nur Singular*

ver·meint·li·ch- *Adjektiv; nur vor dem Substantiv, nicht als Adverb*; so, dass man glaubt, dass etwas der Fall ist, aber damit nicht recht hat: *Der vermeintliche Unfall war in Wirklichkeit Selbstmord gewesen*

Ver·merk *der; -(e)s, -e*; eine kurze, schriftliche Bemerkung auf einem Dokument

ver·mie·ten B1 *vermietete, hat vermietet*; **(jemandem) (etwas) vermieten**; **(etwas) (an jemanden) vermieten** jemandem *bes* ein Haus, eine Wohnung oder ein Fahrzeug zum Benutzen überlassen und dafür Geld nehmen ⟨ein Haus vermieten⟩ || *hierzu* **Ver·mie·ter** *der; -s, -*; **Ver·mie·te·rin** *die; -, -nen*; **Ver·mie·tung** *die; -, -en*

ver·min·dern; *verminderte, hat vermindert* **1** **etwas vermindern** etwas in der Zahl, Menge, Intensität geringer werden lassen ≈ verringern ↔ verstärken: *mit einem Schalldämpfer die Lautstärke vermindern* **2** **sich vermindern** in der Zahl, Menge oder Intensität geringer werden ≈ sich verringern || *hierzu* **Ver·min·de·rung** *die; -, -en*

ver·mi·schen; *vermischte, hat vermischt*; **etwas** *(Plural)* **(zu etwas) vermischen**; **etwas mit etwas (zu etwas) vermischen** ≈ mischen: *Wenn man Gelb und Blau (miteinander) vermischt, erhält man Grün*

ver·mis·sen; *vermisste, hat vermisst* **1** **jemanden/etwas vermissen** bedauern, dass jemand/etwas nicht da ist: *Ich habe dich sehr vermisst!* **2** **jemanden/etwas vermissen** feststellen, dass jemand/etwas nicht da ist und dass man nicht weiß, wo er/es ist: *Ich vermisse meinen Regenschirm*

ver·misst *Adjektiv; nicht als Adverb*; (seit längerer Zeit) nicht mehr auffindbar *(meist* weil der Betroffene sich verirrt hat oder tot ist) ≈ verschollen ⟨als vermisst gelten; jemanden als vermisst melden⟩ || *hierzu* **Ver·miss·te** *der/die; -n, -n*

ver·mit·teln; *vermittelte, hat vermittelt* **1** **(jemandem) jemanden/etwas vermitteln**; **jemanden an jemanden vermitteln** jemandem helfen, eine Person oder Sache zu bekommen, die er zu einem bestimmten Zweck sucht ⟨jemandem eine neue Wohnung, eine Arbeitsstelle, einen Babysitter vermitteln; Arbeitssuchende (an eine Firma) vermitteln⟩ **2** **etwas vermitteln** bewirken, dass etwas, an dem verschiedene Leute teilnehmen, zustande kommt ⟨ein Gespräch, ein Geschäft, ein Treffen vermitteln; eine Ehe vermitteln⟩ **3** **(jemandem) etwas vermitteln** etwas so darstellen, dass es jemand versteht, lernt *o.Ä.* ≈ etwas an jemanden weitergeben ⟨Kenntnisse, Wissen vermitteln⟩: *Dieses Buch vermittelt* (= gibt) *uns einen guten Eindruck vom Leben des Künstlers* **4** **ein Gespräch vermitteln** die Leitungen so verbinden, dass ein Telefonat zustande kommt **5** **(zwischen** ⟨Personen/Parteien *o.Ä.* *(Dativ)*⟩**) vermitteln** mit den Gegnern in einem Streit *o.Ä.* sprechen, damit sie zu einer Lösung des Streits kommen ≈ etwas schlichten ⟨zwischen den Gegnern, den Kontrahenten, den streitenden Parteien vermitteln; bei/in einem Streit vermitteln⟩ || *hierzu*

Ver·mịtt·ler *der; -s, -;* **Ver·mịtt·le·rin** *die; -, -nen*

Ver·mịtt·lung *die; -, -en* **1** *nur Singular;* das Vermitteln (1): *die Vermittlung von Arbeitskräften* || -K Stellenvermittlung **2** der Versuch, durch Gespräche und Verhandlungen einen Streit zu beenden || K- Vermittlungsversuch **3** *nur Singular;* die Weitergabe von Informationen ⟨die Vermittlung von Kenntnissen⟩ || -K Wissensvermittlung **4** eine Telefonzentrale

ver·mö·gen; *vermag, vermochte, hat vermocht;* **etwas vermögen** *förmlich;* in der Lage sein, etwas zu tun: *Niemand vermochte ihn zu retten; Ich werde tun, was ich vermag* || Hinweis: *meist* verneint

Ver·mö·gen *das; -s, -;* **1 ein Vermögen (an etwas** *(Dativ)*) der gesamte Besitz (als materieller Wert) ⟨ein Vermögen an Grundstücken, Aktien haben; Vermögen haben⟩ || K- Vermögensbildung **2 ein Vermögen** *umg;* viel Geld: *Der Unfall kostete mich ein Vermögen*

ver·mụm·men, sich; *vermummte sich, hat sich vermummt* **1 sich vermummen** dicke, warme Kleidung anziehen **2 sich vermummen** Kopf und Gesicht bedecken, damit man nicht erkannt wird || Hinweis: *meist* im Partizip Perfekt: *Die Demonstranten waren vermummt* || *hierzu* **Ver·mụm·mung** *die; -, -en*

ver·mu·ten; *vermutete, hat vermutet* **1 (etwas) vermuten** denken, dass etwas möglich oder wahrscheinlich ist: *Ich habe ihn schon lange nicht mehr gesehen - ich vermute, dass er viel zu tun hat; Ich vermute, er ist sehr beschäftigt; Die Polizei vermutet ein Verbrechen* **2 jemanden/etwas irgendwo vermuten** glauben, dass jemand/etwas irgendwo ist

Ver·mu·tung *die; -, -en;* das, was jemand für möglich oder wahrscheinlich hält ≈ Annahme ⟨eine Vermutung haben, aussprechen, äußern; auf Vermutungen angewiesen sein; eine Vermutung liegt nahe⟩: *Die Vermutung, dass er der Täter ist, hat sich bestätigt*

ver·nach·läs·si·gen; *vernachlässigte, hat vernachlässigt;* **jemanden/etwas vernachlässigen** sich nicht genügend um jemanden/etwas kümmern: *wegen des Berufs die Familie vernachlässigen* || *hierzu* **Ver·nach·läs·si·gung** *die; -, -en*

V

ver·nạrbt *Adjektiv; nicht als Adverb;* so verheilt, dass nur noch eine Narbe bleibt ⟨eine Verletzung, eine Wunde⟩

ver·neh·men; *vernimmt, vernahm, hat vernommen* **1 jemanden vernehmen** (als Polizist oder vor Gericht) einem Zeugen Fragen stellen ⟨einen Zeugen vernehmen⟩ **2 etwas vernehmen** *förmlich* ≈ hören: *ein schwaches Geräusch vernehmen* || *hierzu* **Ver·neh·mung** *die; -, -en*

ver·nei·gen, sich; *verneigte sich, hat sich verneigt;* **sich (vor jemandem) verneigen** ≈ sich verbeugen

ver·nei·nen; *verneinte, hat verneint;* **etwas verneinen** etwas mit „nein" beantworten ↔ bejahen ⟨eine Frage verneinen⟩

ver·nịch·ten; *vernichtete, hat vernichtet;* **jemand/etwas vernichtet jemanden/etwas** jemand/etwas bewirkt, dass es jemanden/etwas nicht mehr gibt: *Das Feuer hat alle Vorräte vernichtet* || *hierzu* **Ver·nịch·tung** *die; -; nur Singular*

ver·nịch·tend *Adjektiv* **1** besonders deutlich (und *meist* mit hohen Verlusten verbunden) ⟨eine Niederlage; den Feind vernichtend schlagen⟩ **2** voller Vorwurf und Wut ⟨ein Blick⟩ **3** sehr negativ ⟨eine Kritik⟩

Ver·nis·sa·ge [vɛrnɪˈsaːʒ(ə)] *die; -, -n; förmlich;* die (feierliche) Eröffnung einer Ausstellung *meist* von Bildern oder Skulpturen

Ver·nụnft *die; -; nur Singular* **1** die Fähigkeit des Menschen, etwas mit dem Verstand zu beurteilen und dann so zu handeln, wie es angemessen, gut ist ⟨etwas gegen/wider alle Vernunft tun⟩ **2 Vernunft annehmen; (wieder) zur Vernunft kommen** wieder so handeln, wie es der Vernunft entspricht **3 jemanden zur Vernunft bringen** bewirken, dass jemand wieder so handelt, wie es der Vernunft entspricht

ver·nünf·tig *Adjektiv* **1** klug und gut überlegt: *eine vernünftige Entscheidung treffen* **2** *umg;* so, wie es jemandes Erwartungen, Wünschen entspricht: *zu einem vernünftigen Preis; Ich will endlich mal wieder etwas Vernünftiges essen!*

ver·ọ̈f·fent·li·chen; *veröffentlichte, hat veröffentlicht;* **etwas veröffentlichen** etwas (*bes* in einem Buch, in einer Zeitschrift *o.Ä.*) der Öffentlichkeit bekannt machen ≈ publizieren: *einen Artikel veröffentlichen* || *hierzu* **Ver·ọ̈f·fent·li·chung** *die; -, -en*

ver·ọrd·nen; *verordnete, hat verordnet;* **(jemandem) etwas verordnen** als Arzt bestimmen, dass ein Patient etwas Bestimmtes tun, tragen, einnehmen *o.Ä.* soll ≈ jemandem etwas verschreiben ⟨jemandem Bettruhe, eine Brille, eine Diät, eine Kur, ein Medikament verordnen⟩

ver·pạch·ten; *verpachtete, hat verpachtet;* **(je-**

mandem) (etwas) verpachten; **(etwas) (an jemanden) verpachten** jemandem erlauben, ein Stück Land, ein Haus *o.Ä.* zu nutzen, und dafür Geld von ihm nehmen ⟨ein Grundstück, ein Lokal verpachten⟩ || *hierzu* **Ver·pạch·tung** *die; -, -en*

ver·pạ·cken; *verpackte, hat verpackt*; **etwas (in etwas** *(Akkusativ)*) **verpacken** etwas in eine (feste) Hülle tun, *bes* um es so zu verkaufen oder zu transportieren: *Elektrogeräte in Kartons verpacken*

Ver·pạ·ckung *die; -, -en* **1** *nur Singular*; der Prozess, bei dem etwas verpackt wird **2** die Hülle, in die man etwas verpackt ⟨die Verpackung aufreißen⟩: *eine Verpackung aus Plastik* || [K-] Verpackungsmaterial || [-K] Originalverpackung

ver·pạs·sen[1] [B1] *verpasste, hat verpasst* **1** **jemanden/etwas verpassen** nicht zur richtigen Zeit an einem Ort sein und deswegen jemanden nicht treffen oder etwas nicht erreichen: *Du hast ihn verpasst - er war vor fünf Minuten noch hier* **2** **etwas verpassen** den richtigen Zeitpunkt für etwas nicht nutzen ⟨eine Chance, eine Gelegenheit verpassen⟩

ver·pạs·sen[2] [B1] *verpasste, hat verpasst; umg* **1** **jemandem etwas verpassen** jemandem etwas Unangenehmes geben (*bes* um ihn zu bestrafen) ⟨jemandem eine Abreibung, eine Ohrfeige, eine Tracht Prügel verpassen; jemandem einen Denkzettel verpassen (= eine Strafe als Warnung geben)⟩: *Der Richter hat ihm fünf Jahre Gefängnis verpasst* **2** **jemandem eins/eine verpassen** jemandem einen Schlag geben

ver·pạtzt *Adjektiv; nicht als Adverb; umg;* (durch Fehler, die man gemacht hat) ohne Erfolg ⟨eine Prüfung, ein Tag⟩

ver·pẹn·nen; *verpennte, hat verpennt*; **(etwas) verpennen** *umg* ≈ (etwas) verschlafen

ver·pflạn·zen; *verpflanzte, hat verpflanzt* **1** **etwas verpflanzen** eine Pflanze an einen anderen Ort pflanzen **2** **etwas verpflanzen** als Arzt Gewebe oder ein Organ auf einen anderen Körperteil bzw. auf einen anderen Menschen übertragen ≈ transplantieren ⟨ein Herz, eine Niere, Haut verpflanzen⟩

ver·pfle̲·gen [B2] *verpflegte, hat verpflegt*; **jemanden/sich verpflegen** jemanden/sich mit Essen versorgen || *hierzu* **Ver·pfle̲·gung** *die; -; nur Singular*

ver·pflịch·ten; *verpflichtete, hat verpflichtet* **1** **etwas verpflichtet (jemanden) zu etwas** durch eine Handlung entsteht eine Pflicht, etwas zu tun: *Das Öffnen der Verpackung verpflichtet zum Kauf/verpflichtet Sie zum Kauf der Ware* **2** **jemanden verpflichten** einen Vertrag mit einer Person (*meist* einem Künstler, Sportler) schließen: *Der neue Stürmer wurde für zwei Jahre verpflichtet* **3** **sich (zu etwas) verpflichten** fest versprechen, etwas zu tun **4** **sich verpflichten** in einem Vertrag versprechen, eine Aufgabe *bes* als Künstler, Sportler oder Soldat zu übernehmen: *sich auf zwei Jahre bei der Bundeswehr verpflichten*

Ver·pflịch·tung *die; -, -en* **1** etwas, das man *bes* aus moralischen Gründen tun muss ⟨berufliche, gesellschaftliche, vertragliche Verpflichtungen; eine Verpflichtung eingehen, übernehmen, haben, erfüllen⟩: *seinen Verpflichtungen nicht mehr nachkommen können* **2** *nur Plural; förmlich* ≈ Schulden **3** *nur Singular*; das Verpflichten (2), das Engagieren (*meist* eines Künstlers, Spielers *o.Ä.*)

ver·pfụ·schen; *verpfuschte, hat verpfuscht*; **etwas verpfuschen** *umg;* etwas durch schlechte Leistungen oder durch Fehler verderben oder ruinieren ⟨eine Arbeit, die Karriere verpfuschen⟩

ver·prạs·sen; *verprasste, hat verprasst*; **etwas verprassen** *umg* ≈ verschwenden (1) ⟨seinen Lohn, das ganze Geld verprassen⟩

ver·prü̲·geln; *verprügelte, hat verprügelt*; **jemanden verprügeln** jemanden mehrmals heftig schlagen

ver·pụt·zen; *verputzte, hat verputzt* **1** **etwas verputzen** die Wände eines Hauses oder einer Mauer mit einer dünnen Schicht aus Sand und Zement bedecken ⟨eine Decke, eine Fassade, ein Haus, eine Wand verputzen⟩ **2** **etwas verputzen** *umg;* eine große Menge von etwas schnell essen

ver·quer [fɛɐ̯ˈkveːɐ̯] *Adjektiv; umg abwertend* ≈ seltsam, merkwürdig ⟨eine Ansicht, eine Idee, eine Vorstellung⟩

Ver·ra̲t *der; -(e)s; nur Singular;* **der Verrat (an jemandem/etwas)** die Weitergabe von Geheimnissen über jemanden/etwas ⟨Verrat begehen; auf Verrat aus sein, sinnen⟩: *Verrat am Vaterland* || [-K] Landesverrat

ver·ra̲·ten; *verrät, verriet, hat verraten* **1** **(jemandem) etwas verraten** *umg;* jemandem etwas sagen oder zeigen, das geheim bleiben sollte ⟨ein Geheimnis, einen Plan verraten⟩ **2** **jemanden/etwas (an jemanden) verraten** durch das Weitergeben von Informationen (*meist* absichtlich) jemandem/etwas schaden ⟨einen Freund, einen Plan verraten⟩ **3** **sich durch etwas verraten** ohne Absicht seinen wahren Charakter, seine wahren Pläne erkennen lassen: *Der Täter verriet sich durch seine Nervosität* || ID **verraten und verkauft** in einer sehr schwierigen Situation und hilflos || *zu* 1 und 2 **Ver·rä·ter** *der; -s, -;* **Ver·rä·te·rin** *die; -, -nen*

ver·rä·te·risch *Adjektiv* **1** so, dass man etwas (Negatives) erkennen kann ⟨Blicke, Gesten, eine Miene⟩ **2** mit Verrat verbunden ⟨ein Plan, eine Tat⟩

ver·rech·nen, sich; *verrechnete sich, hat sich verrechnet* **1** **sich verrechnen** beim Rechnen einen Fehler machen: *Die Rechnung stimmt nicht - da muss ich mich verrechnet haben* **2** **sich (mit etwas) verrechnen** etwas falsch einschätzen und so keinen Erfolg haben

ver·re·cken; *verreckte, ist verreckt* **1** *vulgär* ≈ sterben ⟨Menschen, Tiere⟩ **2** *umg;* plötzlich nicht mehr funktionieren ⟨ein Auto, ein Motor⟩

ver·rei·sen B1 *verreiste, ist verreist;* **(irgendwohin) verreisen** eine Reise machen ⟨geschäftlich verreisen⟩

ver·ren·ken; *verrenkte, hat verrenkt* **1** **jemandem/sich etwas verrenken** etwas so bewegen oder drehen, dass es gedehnt und verletzt wird ≈ verzerren ⟨jemandem/sich den Arm, den Hals, den Kiefer, den Fuß verrenken⟩ **2** **sich verrenken** den Körper ganz unnatürlich drehen, strecken *o.Ä.*: *sich beim Tanzen verrenken* || *hierzu* **Ver·ren·kung** *die; -, -en*

ver·rin·gern; *verringerte, hat verringert* **1** **etwas verringern** etwas kleiner machen ≈ reduzieren, vermindern ↔ vergrößern: *durch ein Tempolimit die Zahl der Unfälle verringern wollen* **2** **etwas verringert sich** etwas wird geringer ↔ etwas vergrößert sich || *hierzu* **Ver·rin·ge·rung** *die; -; nur Singular*

Ver·riss *der; -es, -e;* eine sehr negative Kritik an einer künstlerischen Leistung oder an einer wissenschaftlichen Arbeit || ▸ **verreißen**

ver·rucht, *verruchter, verruchtest-; Adjektiv;* (moralisch) böse, schlecht ⟨Menschen, Taten⟩

ver·rückt, *verrückter, verrücktest-; Adjektiv; umg* **1** grundsätzlich nicht fähig, klar zu denken oder vernünftig zu handeln ≈ geistesgestört **2** *umg;* so, dass jemand ungewöhnliche Ideen hat, sich oft unvernünftig oder seltsam verhält: *Er ist ein ganz schön verrückter Kerl* **3** durch etwas so belastet, dass man nervös wird oder nicht mehr klar denken kann ⟨verrückt vor Angst, Schmerzen, Sorgen; etwas macht jemanden verrückt⟩: *Du machst mich noch ganz verrückt mit deinen vielen Fragen* **4** *umg;* ungewöhnlich und *meist* nicht vernünftig ⟨ein Einfall, ein Gedanke, eine Idee⟩: *sich einen verrückten Hut kaufen* **5** **wie verrückt** *umg;* sehr heftig oder intensiv: *Es regnete wie verrückt* **6** **auf etwas** (*Akkusativ*)/**nach etwas verrückt sein** *umg;* etwas sehr gern haben oder genießen wollen: *ganz verrückt nach Eis sein* **7** **auf jemanden/nach jemandem verrückt sein** *umg;* sehr verliebt in jemanden sein || *zu* 1,2 und 4 **Ver·rückt·heit** *die; -, -en*

ver·rückt·spie·len; *spielte verrückt, hat verrücktgespielt* **1** sich nicht vernünftig und normal benehmen **2** **etwas spielt verrückt** etwas funktioniert nicht mehr normal ⟨ein Auto, eine Uhr, das Wetter⟩

Ver·ruf *der; nur in* **1** **in Verruf geraten/kommen** einen schlechten Ruf bekommen **2** **jemanden/etwas in Verruf bringen** bewirken, dass jemand/etwas einen schlechten Ruf bekommt

ver·rut·schen; *verrutschte, ist verrutscht;* **etwas verrutscht** etwas bewegt sich von der richtigen an die falsche Stelle ⟨der Träger an einem Kleid⟩

ver·sa·gen[1]; *versagte, hat versagt* **1** die erwartete Leistung nicht bringen: *in der Schule versagen* **2** **etwas versagt** etwas bringt die normale Leistung nicht mehr ⟨das Herz; die Bremsen⟩ || *zu* 1 **Ver·sa·ger** *der; -s, -;* **Ver·sa·ge·rin** *die; -, -nen*

ver·sa·gen[2]; *versagte, hat versagt;* **jemandem/sich etwas versagen** *förmlich;* eine Bitte, einen Wunsch nicht erfüllen

Ver·sa·gen *das; -s; nur Singular;* ein Fehler in der Benutzung von etwas oder in einem technischen Ablauf ⟨menschliches, technisches Versagen⟩: *Der Unfall kam durch menschliches Versagen zustande* || -K Herzversagen, Kreislaufversagen

ver·sal·zen; *versalzte, hat versalzen/versalzt;* **etwas versalzen** zu viel Salz in etwas geben ⟨die Suppe versalzen⟩

ver·sam·meln B2 *versammelte, hat versammelt;* **sich** (*auch Plural*) **versammeln** sich in einer Gruppe treffen, *bes* um über etwas zu sprechen: *sich in einem Saal zu einer Sitzung versammeln*

Ver·samm·lung B1 *die; -, -en* **1** ein Treffen *oft* einer großen Gruppe von Menschen, die über etwas sprechen wollen ⟨eine Versammlung abhalten, leiten⟩ || -K Mitgliederversammlung **2** die Personen, die an einer Versammlung (1) teilnehmen

Ver·sand *der; -(e)s; nur Singular* **1** das Schicken von Waren an die Leute, die die Waren bestellt haben: *Waren zum Versand verpacken* || K- Versandabteilung, Versandhandel, Versandkosten; versandbereit, versandfertig || -K Bahnversand, Postversand; Warenversand **2** eine Abteilung in einem Betrieb, die die Waren versendet ⟨im Versand arbeiten, tätig sein⟩ || ▸ **versenden**

ver·säu·men; *versäumte, hat versäumt* **1** **etwas versäumen** ≈ verpassen[1] ⟨eine Chance, eine Gelegenheit versäumen; den Bus, den Zug versäumen⟩ **2** **etwas versäumen** an etwas nicht teilnehmen können: *wegen Krankheit den Unterricht versäumen* **3** **etwas versäumen** etwas, das man tun sollte, nicht tun: *seine Pflicht versäumen; Sie versäumte es, die Bremsen reparieren zu lassen*

ver·schaf·fen; *verschaffte, hat verschafft*; **jemandem/sich etwas verschaffen** dafür sorgen, dass jemand/man selbst etwas bekommt: *jemandem einen Job verschaffen; sich Geld verschaffen*

ver·schan·deln; *verschandelte, hat verschandelt*; **etwas verschandeln** *umg*; bewirken, dass etwas hässlich aussieht

ver·schär·fen; *verschärfte, hat verschärft* **1** **etwas verschärfen** etwas strenger machen ⟨die Bestimmungen, die Kontrollen, eine Strafe, die Zensur verschärfen⟩ **2** **etwas verschärft etwas/sich** etwas macht etwas/wird unangenehmer oder schlimmer, als es schon war ⟨etwas verschärft die Lage, eine Krise⟩: *Die politische Lage im Nahen Osten hat sich verschärft* || *hierzu* **Ver·schär·fung** *die*; -, -en

ver·schät·zen, sich; *verschätzte sich, hat sich verschätzt*; **sich verschätzen** bei der (Ein)-Schätzung von etwas einen Fehler machen: *sich in der Breite des Schrankes um fünfzehn Zentimeter verschätzen*

ver·schen·ken; *verschenkte, hat verschenkt*; **1** **etwas (an jemanden) verschenken** jemandem etwas als Geschenk geben: *Geld an die Armen verschenken* **2** **etwas verschenken** durch einen (unnötigen) Fehler etwas verlieren oder nicht gewinnen: *beim Start zögern und dadurch Zeit verschenken*

ver·scher·zen; *verscherzte, hat verscherzt* **1** **sich** *(Dativ)* **etwas verscherzen** etwas durch eigene Schuld verlieren ⟨sich eine Gelegenheit, jemandes Gunst, jemandes Wohlwollen verscherzen⟩ **2** **es sich** *(Dativ)* **mit jemandem verscherzen** *umg*; jemandes Freundschaft verlieren

ver·schi·cken; *verschickte, hat verschickt*; **etwas** *(meist Plural)* **verschicken** etwas *(meist* in großer Zahl) irgendwohin schicken ⟨Briefe, Einladungen, Waren verschicken⟩

ver·schie·ben; *verschob, hat verschoben* **1** **jemand/etwas verschiebt etwas** jemand/etwas schiebt etwas an einen anderen Ort: *einen Tisch verschieben* **2** **etwas verschieben** etwas zu einer späteren Zeit stattfinden lassen ⟨etwas auf später verschieben⟩: *einen Test um zwei Tage verschieben* **3** **etwas verschiebt sich** etwas findet an einem späteren Zeitpunkt statt als geplant: *Seine Abreise verschiebt sich (um eine Woche)* **4** **etwas verschiebt sich** eine Situation verändert sich ⟨das Gleichgewicht, das Kräfteverhältnis⟩ || *hierzu* **Ver·schie·bung** *die*; -, -en

ver·schie·den B1 *Adjektiv* **1** **verschieden (von jemandem/etwas)** so, dass die eine Person oder Sache nicht so ist wie eine andere Person oder Sache ≈ anders: *Wir waren verschiedener Meinung; Obwohl sie Geschwister sind, sind sie im Charakter sehr voneinander verschieden* **2** **verschiedene** + *Substantiv im Plural* ≈ mehrere, einige: *verschiedene Einwände gegen einen Vorschlag haben* **3** **verschiedenste** + *Substantiv im Plural* viele verschiedene (1): *Diese Küche bekommen Sie in den verschiedensten Ausführungen und Farben* **4** **Verschiedenes** ≈ manches: *Mir ist noch Verschiedenes unklar* || *zu* 1 **Ver·schie·den·heit** *die*; -, -en

ver·schim·meln; *verschimmelte, ist verschimmelt*; **etwas verschimmelt** etwas schimmelt und wird dadurch schlecht

ver·schla·fen[1]; *verschläft, verschlief, hat verschlafen* **1** nicht rechtzeitig aufwachen: *zu spät zur Arbeit kommen, weil man verschlafen hat* **2** **etwas verschlafen** eine Zeit verbringen, indem man schläft oder nichts tut: *den ganzen Nachmittag verschlafen* **3** **etwas verschlafen** *umg*; an etwas nicht rechtzeitig denken ⟨einen Termin verschlafen⟩

ver·schla·fen[2] *Adjektiv* **1** nach dem Schlafen noch müde **2** mit nur wenig Menschen oder Verkehr auf der Straße: *ein verschlafenes kleines Dorf*

ver·schlam·pen; *verschlampte, hat verschlampt*; *umg abwertend*; **etwas verschlampen** etwas irgendwohin legen und später nicht mehr finden

ver·schlech·tern; *verschlechterte, hat verschlechtert* **1** **jemand/etwas verschlechtert etwas** jemand/etwas bewirkt, dass etwas schlechter wird ↔ verbessern ⟨eine Lage, einen Zustand verschlechtern⟩ **2** **etwas verschlechtert sich** etwas wird schlechter: *Das Wetter hat sich verschlechtert* **3** **jemand**

verschlechtert sich jemand bringt eine schlechtere Leistung als früher || *hierzu* **Ver·schlech·te·rung** *die; -, -en*

Ver·schleiß *der; -es; nur Singular* 1 Schäden, die durch zu starke Belastung oder durch langen und häufigen Gebrauch entstehen: *der Verschleiß der Gelenke bei alten Menschen* || [K-] Verschleißerscheinung || [-K] Kräfteverschleiß, Materialverschleiß 2 **einen großen Verschleiß an** ⟨Personen/Dingen⟩ **haben** *umg;* schon nach kurzer Zeit immer wieder jemand Neuen, etwas Neues brauchen: *einen großen Verschleiß an Freundinnen, Autos haben* || *hierzu* **ver·schlei·ßen** *(hat/ist)*

ver·schlep·pen; *verschleppte, hat verschleppt* 1 **jemanden (irgendwohin) verschleppen** jemanden mit Gewalt irgendwohin bringen: *im Krieg verschleppt werden* 2 **etwas verschleppen** eine Krankheit nicht richtig behandeln und deswegen nicht richtig gesund werden: *eine verschleppte Lungenentzündung* || *hierzu* **Ver·schlep·pung** *die; -, -en*

ver·schleu·dern; *verschleuderte, hat verschleudert* 1 **etwas** *(meist Plural)* **verschleudern** etwas sehr billig (in großer Zahl) verkaufen: *Möbel zu Billigpreisen verschleudern* 2 **etwas** *(meist Plural)* **verschleudern** viel Geld für nutzlose Dinge ausgeben ⟨seine Ersparnisse, Steuergelder, ein Vermögen verschleudern⟩

ver·schlie·ßen; *verschloss, hat verschlossen* 1 **etwas verschließen** etwas mit einem Schlüssel, Riegel, Deckel schließen ⟨das Haus, die Haustür, das Auto verschließen; eine Flasche, ein Glas verschließen⟩ 2 **die Augen/Ohren vor etwas** *(Dativ)* **verschließen** so tun, als sehe/höre man etwas nicht: *die Augen vor jemandes Elend verschließen, um nicht helfen zu müssen* || *zu* 1 **ver·schließ·bar** *Adjektiv*

ver·schlin·gen; *verschlang, hat verschlungen* 1 **etwas verschlingen** etwas schnell (und in großen Stücken) essen 2 **etwas verschlingt etwas** etwas kostet viel Geld: *Der Bau der Autobahn verschlang Millionen*

ver·schlos·sen 1 *Partizip Perfekt;* ↑ **verschließen** 2 *Adjektiv;* ⟨Menschen⟩ so, dass sie ihre Gedanken nicht mitteilen und ihre Gefühle nicht zeigen 3 *Adjektiv;* **etwas bleibt jemandem verschlossen** etwas wird von jemandem nicht genutzt oder erkannt ↔ etwas steht jemandem offen ⟨eine Einsicht, eine Erkenntnis, eine Möglichkeit⟩ || *zu* 2 **Ver·schlos·sen·heit** *die; -; nur Singular*

ver·schlu·cken; *verschluckte, hat verschluckt* 1 **etwas verschlucken** etwas *(meist* aus Versehen) schlucken, ohne es zu zerbeißen: *Das Baby hatte einen Knopf verschluckt* 2 **etwas verschlucken** etwas nicht (deutlich) aussprechen ⟨einen Buchstaben, eine Silbe, ein Wort verschlucken⟩ 3 **etwas verschluckt jemanden/etwas** etwas lässt jemanden/etwas verschwinden ⟨die Dunkelheit, die Nacht, der Nebel verschluckt jemanden/etwas⟩ 4 **sich (an etwas** *(Dativ)*) **verschlucken** beim Schlucken etwas in die Luftröhre kommen lassen (und husten müssen): *Er verschluckte sich beim Essen und bekam keine Luft mehr*

Ver·schluss *der; -es, Ver·schlüs·se* 1 ein Gegenstand (wie *z.B.* ein Deckel, eine Schnalle oder ein Haken), mit dem man etwas verschließen kann: *der Verschluss einer Halskette* || ↑ Abbildung unter **Deckel** || [-K] Flaschenverschluss, Reißverschluss, Schraubverschluss 2 **unter Verschluss** in einem fest verschlossenen Raum oder Behälter

ver·schlüs·seln; *verschlüsselte, hat verschlüsselt;* **etwas verschlüsseln** eine Nachricht (durch die Verwendung eines Codes) so ändern, dass sie nicht jeder verstehen kann ≈ codieren: *eine geheime Botschaft verschlüsseln* || *hierzu* **Ver·schlüs·se·lung** *die; -, -en*

ver·schmä·hen; *verschmähte, hat verschmäht;* **etwas verschmähen** etwas Gutes, das einem angeboten wird *o.Ä.*, nicht annehmen ⟨jemandes Liebe, ein Angebot verschmähen⟩

ver·schmer·zen *meist in* **etwas verschmerzen können** *oft ironisch;* nicht traurig oder ärgerlich sein, wenn man etwas nicht bekommt

ver·schmie·ren [B2] *verschmierte, hat verschmiert* 1 **etwas verschmieren** (aus Versehen) über eine feuchte Farbe *o.Ä.* wischen, sodass es Flecken gibt 2 **etwas verschmieren** etwas schmutzig machen, indem man Schmutz *o.Ä.* daraufbringt 3 **etwas verschmieren** *abwertend;* etwas verderben, indem man darauf (unordentlich) malt oder schreibt ⟨die Wände verschmieren⟩

ver·schmut·zen; *verschmutzte, hat/ist verschmutzt* 1 **etwas verschmutzen** *(hat)* etwas schmutzig machen: *beim Spielen die Kleidung verschmutzen* 2 **etwas verschmutzt** *(ist)* etwas wird schmutzig: *Bei Regen verschmutzt das Auto schnell*

ver·schnau·fen; *verschnaufte, hat verschnauft; umg;* eine Pause machen, um sich ein bisschen auszuruhen || [K-] Verschnaufpause

ver·schnupft *Adjektiv; umg* 1 erkältet, mit einem Schnupfen 2 ≈ verärgert, beleidigt

ver·scho·nen; *verschonte, hat verschont* 1 **jemand/etwas verschont jemanden/etwas** jemand/etwas fügt einer Person oder einer

Sache keinen Schaden zu: *Das schwere Erdbeben hat nur wenige Häuser verschont* **2** **jemand/etwas bleibt (von etwas) verschont** jemand/etwas erleidet keinen Schaden: *Unser Haus ist von dem Sturm verschont geblieben* **3** **jemanden mit etwas verschonen** jemanden mit etwas Unangenehmem nicht stören: *Verschone mich bitte mit deinen Geschichten!*

ver·schrei·ben; *verschrieb, hat verschrieben* **1** **(jemandem) etwas verschreiben** (als Arzt) bestimmen, welche Behandlung oder welche Medikamente der Patient bekommt: *Mein Arzt hat mir Penicillin verschrieben* **2** **sich verschreiben** beim Schreiben (aus Versehen) einen Fehler machen || *zu* 1 **Ver·schrei·bung** *die; -, -en*

ver·schrei·bungs·pflich·tig *Adjektiv; nicht als Adverb;* ⟨ein Medikament⟩ nur mit einem Rezept vom Arzt zu bekommen ≈ rezeptpflichtig

ver·schul·den, sich; *verschuldete sich, hat sich verschuldet;* **sich verschulden** Schulden machen: *sich verschulden, um ein Haus zu kaufen* || *hierzu* **Ver·schul·dung** *die; -, -en*

ver·schul·det *Adjektiv;* mit Schulden ⟨hoch verschuldet⟩

ver·schwen·den; *verschwendete, hat verschwendet* **1** **etwas verschwenden** viel Geld für unnötige Dinge ausgeben **2** **etwas verschwenden** viel von etwas verbrauchen, ohne dass es viel Nutzen oder Erfolg hat ⟨Zeit, Energie verschwenden⟩ || *hierzu* **Ver·schwen·dung** *die; -, -en; zu* 1 **Ver·schwen·der** *der; -s, -;* **Ver·schwen·de·rin** *die; -, -nen*

ver·schwin·den; *verschwand, ist verschwunden* **1** einen Ort verlassen oder von etwas verdeckt werden, nicht mehr zu sehen sein: *Das Reh verschwand (im Wald/in den Wald); Die Sonne verschwand hinter den Wolken* **2** nicht mehr da sein, nicht mehr zu finden sein ⟨auf geheimnisvolle Weise, spurlos verschwinden⟩: *Mein Ausweis ist verschwunden* **3** **etwas verschwinden lassen** *umg;* etwas stehlen oder heimlich wegwerfen

ver·schwom·men *Adjektiv* ≈ unklar ↔ deutlich, klar ⟨ein Bild, eine Vorstellung⟩

ver·schwö·ren, sich; *verschwor sich, hat sich verschworen;* **jemand verschwört sich mit jemandem gegen jemanden/etwas**; ⟨Personen⟩ **verschwören sich gegen jemanden/etwas** zwei oder mehrere Personen planen gemeinsam, jemandem/etwas zu schaden || *hierzu* **Ver·schwö·rer** *der; -s, -*

ver·se·hen[1]; *versieht, versah, hat versehen* **1** **sich mit etwas versehen** sich das nehmen, was man braucht ≈ versorgen: *sich für die Reise mit Medikamenten versehen* **2** **jemanden mit etwas versehen** jemandem etwas geben, das er braucht ≈ versorgen **3** **etwas mit etwas versehen** dafür sorgen, dass etwas irgendwo vorhanden ist ≈ etwas irgendwo anbringen: *einen Schrank mit Schnitzereien versehen*

Ver·se·hen *das; -s, -;* **1** ein *meist* kleiner Fehler (*bes* weil man nicht gut aufgepasst hat) **2** **aus Versehen** ohne Absicht: *jemanden aus Versehen stoßen*

ver·sen·den; *versandte/versendete, hat versandt/versendet;* **etwas (an jemanden) versenden** etwas (*meist* in großer Zahl, Menge) durch Post oder Bahn an jemanden schicken: *Prospekte versenden* || ▸ **Versand**

ver·sen·ken; *versenkte, hat versenkt;* **etwas versenken** bewirken, dass *meist* ein Schiff nach unten sinkt: *Ein Schiff der gegnerischen Flotte wurde bei dem Gefecht versenkt* || Hinweis: Das intransitive Verb ist (*ver*)*sinken*: *das Schiff (ver)sinkt*

ver·ses·sen *Adjektiv; nicht als Adverb;* **auf jemanden/etwas versessen** so, dass man jemanden/etwas unbedingt haben will: *auf Schokolade versessen sein; darauf versessen sein, mit jemandem tanzen zu gehen*

ver·set·zen; *versetzte, hat versetzt* **1** **etwas versetzen** etwas von einer Stelle an eine andere bringen: *eine Mauer (um drei Meter) versetzen* **2** **jemanden (irgendwohin) versetzen** jemanden an einen anderen Ort schicken, damit er dort seinen Beruf ausübt: *jemanden ins Ausland versetzen* **3** *meist* **jemand wird versetzt** ein Schüler darf im kommenden Schuljahr die nächste Klasse besuchen **4** **etwas versetzen** etwas als Pfand geben, damit man Geld dafür bekommt: *Schmuck versetzen* **5** **jemandem einen Schlag/Tritt versetzen** ≈ jemanden schlagen/treten **6** verwendet mit einer Präposition und einem Substantiv, um auszudrücken, dass jemand/etwas in den Zustand kommt, den das Substantiv bezeichnet; **etwas in Bewegung, Schwingung versetzen** bewirken, dass sich etwas bewegt, schwingt; **etwas versetzt jemanden in Aufregung, Begeisterung, Erstaunen, Unruhe** etwas bewirkt, dass sich jemand aufregt oder begeistert *usw* ist **7** **jemanden in die Lage versetzen, etwas zu tun** *förmlich;* es jemandem möglich machen, etwas zu tun **8** **etwas mit etwas versetzen** eine Flüssigkeit mit etwas vermischen: *Wein mit Wasser versetzen* **9** **sich in jemanden/etwas versetzen** sich vorstellen, an jemandes Stelle, in einer bestimmten Situation zu sein ⟨sich in jemandes Lage/Situation versetzen⟩: *Versuch doch mal, dich in meine Lage zu versetzen!* ‖ *zu* 1-4 **Ver·set·zung** *die; -, -en*

ver·seu·chen; *verseuchte, hat verseucht; meist* **etwas verseucht etwas (mit etwas)** giftige Stoffe oder Bakterien bewirken, dass etwas für die Gesundheit gefährlich ist: *Die Chemiefabrik hat das Grundwasser verseucht*

ver·si·chern[1] B2 *versicherte, hat versichert;* **(jemandem) etwas versichern** jemandem erklären, dass etwas ganz sicher so ist, wie man es gesagt hat: *Er versicherte mir, dass er ein Spezialist auf diesem Gebiet sei*

ver·si·chern[2] B2 *versicherte, hat versichert;* **jemanden/sich/etwas (gegen etwas) versichern** mit einer Versicherung[1] (2) einen Vertrag machen. Man zahlt regelmäßig Geld (Beiträge) an die Firma, die dann die Kosten trägt, die bei einem Schaden oder Unfall entstehen: *sich gegen Unfall, das Haus gegen Feuer versichern*

Ver·si·cher·ten·kar·te *die; -, -n;* eine kleine Karte aus Plastik, auf der die persönlichen Daten gespeichert sind und die beweist, dass man Mitglied bei einer Krankenkasse ist

Ver·si·che·rung[1] B1 *die; -, -en* **1** **eine Versicherung (gegen etwas)** ein Vertrag mit einer Firma, damit man finanziellen Schutz hat, wenn ein Schaden entsteht ⟨eine Versicherung abschließen⟩: *eine Versicherung gegen Feuer und Glasschäden* ‖ K- Versicherungsschutz ‖ -K Kraftfahrzeugversicherung, Krankenversicherung **2** eine Firma, bei der man so einen Vertrag abschließen kann

Ver·si·che·rung[2] *die; -, -en;* eine Äußerung, mit der man jemandem etwas versichert[1]: *Wir glaubten ihren Versicherungen nicht*

ver·si·ckern; *versickerte, ist versickert;* **etwas versickert** etwas fließt langsam in die Erde ⟨das Wasser, der Regen⟩

ver·siert [v-], *versierter, versiertest-; Adjektiv;* mit viel Erfahrung und Geschick ≈ routiniert: *ein versierter Verkäufer*

Ver·si·on [vɛr'zi̯oːn] *die; -, -en;* **eine Version (von etwas**/+ *Genitiv*) **1** eine von mehreren Möglichkeiten, ein Ereignis darzustellen und zu deuten: *Die Zeugen lieferten unterschiedliche Versionen vom Überfall* **2** eine leicht veränderte Variante eines Produkts: *die neue Version eines Automodells*

ver·söh·nen; *versöhnte, hat versöhnt* **1** **jemand versöhnt sich mit jemandem;** ⟨Personen⟩ **versöhnen sich** zwei oder mehrere Personen leben nach einem Streit wieder in Frieden miteinander: *sich mit seinem Gegner versöhnen* **2** **jemanden mit jemandem versöhnen** bewirken, dass zwei Personen oder Gruppen, die Streit hatten, wieder in Frieden miteinander leben ‖ *hierzu* **ver·söhn·lich** *Adjektiv;* **Ver·söh·nung** *die; -, -en*

ver·sor·gen; *versorgte, hat versorgt* **1** **jemanden/etwas (mit etwas) versorgen** bewirken, dass jemand/etwas das bekommt, das nötig ist: *jemanden mit Nahrung und Kleidung versorgen; ein Stadtviertel mit Trinkwasser versorgen* **2** **jemanden/etwas versorgen** dafür sorgen, dass jemand/etwas die nötige Pflege bekommt ⟨einen Kranken versorgen; ein Haus versorgen⟩ ‖ *hierzu* **Ver·sor·gung** *die; -; nur Singular*

ver·spä·ten, sich; *verspätete sich, hat sich verspätet;* **jemand/etwas verspätet sich** jemand/etwas kommt später als geplant: *Er hat sich um zehn Minuten verspätet*

Ver·spä·tung B2 *die; -, -en* **1** *nur Singular;* die Zeit, um die man zu spät kommt: *Entschuldigen Sie bitte meine Verspätung!* **2** ⟨ein Zug, ein Bus, ein Flugzeug⟩ **hat Verspätung** ein Zug *usw* fährt später ab *bzw* kommt später an, als es geplant ist

ver·sper·ren; *versperrte, hat versperrt* **1** **jemand/etwas versperrt etwas** jemand/etwas bewirkt, dass man an einer Stelle nicht weitergehen oder -fahren kann, weil dort ein Hindernis ist: *Nach dem Sturm versperrten umgestürzte Bäume die Straße* **2** *meist* **jemand/etwas versperrt jemandem den Blick/die Sicht (auf jemanden/etwas)** jemand/etwas bewirkt (durch seine Größe), dass jemand jemanden/etwas nicht sehen kann

ver·spie·len; *verspielte, hat verspielt* **1** **etwas verspielen** beim Roulette, Poker *o.Ä.* Geld verlieren ⟨sein Vermögen, viel Geld verspielen⟩ **2** **etwas verspielen** durch sein (leichtsinniges) Verhalten etwas verlieren ⟨sein Glück, die Chancen verspielen⟩ ‖ ID **bei jemandem verspielt haben** *umg;* jemandes Sympathie, Freundschaft oder Vertrauen nicht mehr haben

ver·spielt *Adjektiv;* ⟨ein Kätzchen, ein junger Hund; ein Kind⟩ so, dass sie immer nur spielen wollen

ver·spot·ten; *verspottete, hat verspottet;* **jemanden/etwas verspotten** über jemanden/etwas spotten

ver·spre·chen[1]; *verspricht, versprach, hat versprochen* **1** **(jemandem) etwas versprechen** jemandem sagen, dass man etwas ganz sicher tun wird ⟨jemandem etwas fest versprechen; jemandem Hilfe versprechen⟩: *jemandem versprechen, ihm zu helfen; „Kommst du wirklich?" - „Ja, ich verspreche es"* **2** **etwas verspricht etwas** etwas lässt erwarten, dass eine bestimmte Entwicklung eintritt: *Das verspricht, ein schöner Abend zu werden*

ver·spre·chen[2], sich; *verspricht sich, versprach sich, hat sich versprochen*; ohne Absicht etwas falsch, anders sagen oder aussprechen, als man wollte: *Er war so nervös, dass er sich ständig versprach*

Ver·spre·chen *das; -s, -*; die Worte, mit denen man jemandem etwas verspricht ⟨jemandem ein Versprechen geben; sein Versprechen halten, brechen⟩

Ver·spre·cher *der; -s, -*; ein Fehler beim Sprechen oder bei der Aussprache eines Wortes ⟨jemandem unterläuft ein Versprecher⟩

Ver·spre·chung *die; -, -en; meist Plural; meist in* **jemandem große/leere Versprechungen machen** jemandem viel versprechen[1], aber dann das Versprechen nicht halten

ver·sprü·hen; *versprühte, hat versprüht* **1** **etwas versprühen** eine Flüssigkeit in sehr kleinen Tropfen verteilen ⟨ein Pflanzenschutzmittel versprühen⟩ **2** **etwas versprühen** sehr viel von etwas haben, zeigen (und andere damit beeinflussen) ⟨Charme, Optimismus, Zuversicht versprühen⟩

ver·staat·li·chen; *verstaatlichte, hat verstaatlicht; meist* ⟨die Regierung⟩ **verstaatlicht etwas** die Regierung macht eine private Firma zum Eigentum des Staates ↔ die Regierung privatisiert etwas: *Die Eisenbahn wird verstaatlicht* || *hierzu* **Ver·staat·li·chung** *die; -, -en*

Ver·stand *der; -(e)s; nur Singular*; die Fähigkeit des Menschen, zu denken und zu urteilen ≈ Intellekt ⟨einen klaren, scharfen Verstand haben⟩: *Du solltest genug Verstand haben, nicht solche gefährlichen Sachen zu machen* || ID **etwas bringt jemanden um den Verstand** etwas bewirkt, dass jemand nicht mehr klar denken kann; **jemand/etwas bringt jemanden um den Verstand** *umg*; jemand wird so belastet, dass er nervös, wütend wird: *Dieser Lärm bringt mich noch um den Verstand!*; **den Verstand verlieren** *meist* wegen eines schlimmen Ereignisses dauerhaft nicht mehr klar denken können ≈ verrückt werden

ver·stän·dig *Adjektiv*; fähig, Situationen vernünftig zu beurteilen ≈ einsichtig: *Max ist mit seinen 10 Jahren schon sehr verständig*

ver·stän·di·gen; *verständigte, hat verständigt* **1** **jemanden (über etwas** *(Akkusativ)***/von etwas) verständigen** jemandem mitteilen, dass etwas geschehen ist ≈ jemanden benachrichtigen ⟨die Polizei verständigen⟩: *Die Ärzte verständigten die Angehörigen vom Tod des Patienten* **2** **sich (mit jemandem) (irgendwie) verständigen** sich auf irgendeine Weise verständlich (5) machen ⟨sich in einer Fremdsprache, sich durch Zeichen verständigen⟩ **3** **jemand verständigt sich mit jemandem (über etwas** *(Akkusativ)***)**; ⟨Personen⟩ **verständigen sich (über etwas** *(Akkusativ)***)** *förmlich*; zwei oder mehrere Personen einigen sich über etwas: *sich mit seinem Verhandlungspartner über einen strittigen Punkt verständigen*

Ver·stän·di·gung *die; -; nur Singular* **1** *förmlich*; die Mitteilung, dass etwas geschehen ist: *die Verständigung der Angehörigen* **2** das Sprechen mit jemandem, bei dem jeder versteht, was der andere sagen will: *Die Verständigung mit dem Gast aus Japan war schwierig* || K- Verständigungsmittel, Verständigungsmöglichkeit, Verständigungsschwierigkeit, Verständigungsversuch **3** *förmlich* ≈ Einigung ⟨es kommt zu einer Verständigung über etwas⟩ || *zu 3* **ver·stän·di·gungs·be·reit** *Adjektiv*

ver·ständ·lich *Adjektiv* **1** deutlich und gut zu hören ⟨klar und verständlich sprechen⟩ **2** so, dass man den Sinn von etwas gut verstehen kann ⟨leicht, schwer verständlich; etwas verständlich formulieren⟩ **3** *nicht als Adverb*; so, dass man den Grund dafür erkennt und akzeptiert ⟨eine Forderung, ein Wunsch⟩ **4** **jemandem etwas verständlich machen** jemandem etwas so erklären, dass er es gut verstehen kann **5** **sich (irgendwie) verständlich machen** so sprechen oder sich so verhalten, dass ein anderer versteht, was man meint ⟨sich mit Gesten verständlich machen⟩ || *zu 1-3* **Ver·ständ·lich·keit** *die; -; nur Singular*

Ver·ständ·nis *das; -ses; nur Singular* **1** **Verständnis (für jemanden/etwas)** die Fähigkeit, jemanden/etwas zu verstehen (3), zu akzeptieren, was ein anderer denkt, fühlt oder tut ⟨viel, wenig Verständnis für jemanden haben⟩: *Ich habe Verständnis für deine Situation* **2** *förmlich*; das Verstehen (1) ⟨das Verständnis eines Textes⟩

ver·stär·ken; *verstärkte, hat verstärkt* **1** **jemand/etwas verstärkt etwas** jemand/etwas macht etwas kräftiger und stabiler ⟨eine Mauer verstärken⟩ **2** **etwas (um jemanden/etwas) verstärken** etwas in der Anzahl größer machen: *die Truppen (um tausend Mann) verstärken* **3** **jemand/etwas verstärkt etwas**

jemand/etwas macht etwas stärker, intensiver ⟨den Druck, die Spannung verstärken; verstärkte Anstrengungen⟩ **4** **etwas verstärkt sich** etwas wird stärker, intensiver ⟨der Lärm, der Sturm, der Druck⟩ || *hierzu* **Ver·stär·kung** *die; -, -en*

Ver·stär·ker *der; -s, -;* ein Gerät, das elektrische Impulse stärker macht: *der Verstärker der Stereoanlage*

ver·staubt *Adjektiv; nicht als Adverb* **1** voll Staub: *verstaubte Bilderrahmen* **2** *abwertend* ≈ altmodisch, veraltet ⟨ein Image, Ansichten⟩

ver·stau·chen; *verstauchte, hat verstaucht;* **sich** *(Dativ)* **etwas verstauchen** durch eine plötzliche, starke Belastung ein Gelenk *o.Ä.* beschädigen ⟨sich den Fuß verstauchen⟩ || *hierzu* **Ver·stau·chung** *die; -, -en*

ver·stau·en; *verstaute, hat verstaut;* **etwas** *(meist Plural)* **(irgendwo) verstauen** Dinge in einen Behälter *o.Ä.* legen *(meist* sorgfältig, weil wenig Platz ist*)*: *das Gepäck im Kofferraum verstauen*

Ver·steck *das; -(e)s, -e;* ein Ort, an dem jemand/etwas versteckt ist oder an dem jemand/etwas versteckt werden kann ⟨ein gutes, sicheres Versteck kennen⟩ || ID **mit jemandem Versteck spielen** jemanden irreführen, täuschen

ver·ste·cken; *versteckte, hat versteckt* **1** **jemanden/etwas (vor jemandem) verstecken** jemanden/etwas an einen Ort bringen, an dem andere ihn/es nicht finden können **2** **sich (vor jemandem) verstecken** irgendwohin gehen, wo andere einen nicht finden können || ID *meist* **sich (mit etwas) nicht verstecken müssen** *umg;* (in etwas) ebenso gut sein wie ein anderer

Ver·steck·spiel *das; -(e)s, -e; meist Singular;* ein Verhalten, bei dem jemand versucht, jemanden zu täuschen oder jemandem etwas zu verheimlichen ≈ Heimlichtuerei

ver·ste·hen A1 *verstand, hat verstanden* **1** **jemanden/etwas verstehen** erkennen, was jemand mit seinen Worten sagen will oder welchen Sinn ein Text hat ⟨Ausführungen, einen Sachverhalt verstehen⟩: *Ich glaube, Sie haben mich falsch verstanden* **2** **jemanden/etwas verstehen** jemanden/etwas gut hören können: *Bei dem Lärm konnte ich nicht verstehen, was er sagte* **3** **jemanden/etwas verstehen** die Gründe für ein Verhalten erkennen und das Verhalten akzeptieren ⟨jemandes Probleme, Freude, Reaktion verstehen⟩ **4** **etwas verstehen** etwas gut können, beherrschen ⟨seinen Beruf, sein Handwerk verstehen⟩ **5** **etwas/viel** *usw* **von etwas verstehen** auf einem Gebiet viel Wissen und Erfahrung haben: *Sie versteht viel von moderner Kunst* **6** **jemand versteht sich (irgendwie) mit jemandem**; ⟨Personen⟩ **verstehen sich (irgendwie)** zwei oder mehrere Personen haben eine *meist* gute Beziehung zueinander **7** **sich auf etwas** *(Akkusativ)* **verstehen** etwas gut können: *Er versteht sich aufs Argumentieren* || ID **jemandem etwas zu verstehen geben** jemanden etwas indirekt, durch einen Hinweis wissen lassen; *meist* **Das versteht sich von selbst** das ist selbstverständlich

ver·stei·gern; *versteigerte, hat versteigert;* **etwas versteigern** etwas öffentlich anbieten und an denjenigen verkaufen, der am meisten Geld dafür zahlt || *hierzu* **Ver·stei·ge·rung** *die; -, -en*

ver·stel·len[1]; *verstellte, hat verstellt* **1** **etwas verstellen** die Stellung, Position von etwas ändern ⟨den Rückspiegel verstellen⟩: *Diesen Stuhl kann man in der Höhe verstellen* **2** **etwas verstellen** ein technisches Gerät anders oder falsch einstellen: *Unser Sohn hat wieder mal den Wecker verstellt* || *zu* 1 **ver·stell·bar** *Adjektiv*

ver·stel·len[2]; *verstellte, hat verstellt* **1** **etwas verstellen** etwas mit Absicht so ändern, dass ein anderer es nicht erkennt ⟨seine Handschrift verstellen⟩ **2** **sich verstellen** sich anders verhalten, als man eigentlich ist, *bes* um jemanden zu täuschen || *hierzu* **Ver·stel·lung** *die; -, -en*

ver·steu·ern; *versteuerte, hat versteuert;* **etwas versteuern** für etwas Steuern zahlen ⟨sein Einkommen, eine Erbschaft versteuern⟩ || *hierzu* **Ver·steu·e·rung** *die; -; nur Singular*

ver·stimmt *Adjektiv* **1** ⟨eine Gitarre, ein Klavier⟩ so, dass sie falsch klingen **2** ≈ verärgert, schlecht gelaunt || *hierzu* **Ver·stim·mung** *die; -, -en*

ver·stoh·len *Adjektiv; nur vor dem Substantiv oder als Adverb* ≈ heimlich, unauffällig ⟨jemanden verstohlen ansehen⟩

ver·stop·fen; *verstopfte, hat verstopft* **1** **etwas verstopfen** etwas in ein Loch stopfen und es dadurch verschließen: *ein Schlüsselloch mit Papier verstopfen* **2** **etwas verstopft etwas** etwas bewirkt, dass in einem Rohr *o.Ä.* eine Art Sperre entsteht (und eine Flüssigkeit nicht mehr fließen kann): *Der Kalk hat die Düse verstopft*

Ver·stop·fung *die; -, -en; meist in* **Verstopfung haben/an Verstopfung leiden** *umg;* den Darm nicht entleeren können

Ver·stor·be·ne *der/die; -n, -n; förmlich;* jemand, der (vor kurzer Zeit) gestorben ist

ver·sto·ßen; *verstößt, verstieß, hat verstoßen* **1** **gegen etwas verstoßen** nicht so handeln, wie es eine Regel, ein Gesetz verlangt ⟨gegen eine Vorschrift, den Anstand, die Regeln verstoßen⟩ **2** **jemanden verstoßen** jemanden aus einer Gruppe ausschließen || *zu* 1 **Ver·stoß** *der; -es, Ver·stö·ße*

ver·strahlt *Adjektiv;* radioaktiv verseucht

ver·strei·chen[1]; *verstrich, hat verstrichen;* **etwas verstreichen** etwas (mit dem Pinsel oder Messer) gleichmäßig auf einer Oberfläche verteilen: *die Farbe auf dem Brett verstreichen*

ver·strei·chen[2]; *verstrich, ist verstrichen;* **etwas verstreicht** *förmlich* ≈ etwas vergeht (1), geht vorbei ⟨die Zeit; eine Frist verstreichen lassen⟩

ver·stüm·meln; *verstümmelte, hat verstümmelt* **1** **jemanden/sich verstümmeln** jemanden/sich selbst verletzen, sodass Teile des Körpers (*z.B.* ein Finger) abgetrennt werden **2** **etwas verstümmeln** wichtige Teile eines Textes weglassen: *Die Nachricht kam vollkommen verstümmelt an* || *hierzu* **Ver·stüm·me·lung** *die; -, -en*

ver·stum·men; *verstummte, ist verstummt; förmlich* **1** aufhören zu sprechen oder zu singen ⟨abrupt, jäh, plötzlich verstummen⟩ **2** **etwas verstummt** Geräusche hören auf ⟨das Gespräch, der Gesang, die Musik, das Geräusch, der Lärm⟩ || ▸ **stumm**

Ver·such *der; -(e)s, -e* **1** eine Handlung, mit der man etwas versucht (1) ⟨ein geglückter, vergeblicher Versuch; einen Versuch machen⟩: *der Versuch der Polizei, die Demonstration aufzulösen* || -K Fluchtversuch **2** **ein Versuch (an/mit jemandem/etwas)** Handlungen, mit denen man etwas (wissenschaftlich) prüfen, feststellen oder beweisen will ≈ Experiment ⟨ein physikalischer Versuch; einen Versuch durchführen⟩ || K- Versuchsreihe || -K Tierversuch **3** *Sport;* eine sportliche Aktion, um eine bestimmte Leistung zu erreichen: *Im dritten Versuch sprang er 2,36 m*

ver·su·chen A2 *versuchte, hat versucht* **1** **etwas versuchen** sich Mühe geben, etwas (Schwieriges) mit Erfolg zu tun: *Sie versuchte, ihm zu helfen* **2** **etwas versuchen** etwas tun, um festzustellen, ob etwas möglich ist ≈ probieren: *versuchen, ob der Schlüssel in das Schloss passt* **3** **es mit etwas versuchen** etwas verwenden, um festzustellen, ob es für einen bestimmten Zweck geeignet ist: *Versuchs doch mal mit der Zange statt mit der Schere!* **4** **(etwas) versuchen** den Geschmack von etwas prüfen: *Hier, versuch mal! - Schmeckts?* **5** **sich in/an etwas** (*Dativ*) **versuchen** etwas tun, um festzustellen, ob man dafür geeignet ist: *sich in der Malerei, an einem Gedicht versuchen*

Ver·su·chung *die; -, -en;* der starke Wunsch, etwas zu tun, das man *meist* aus moralischen Gründen nicht tun will oder nicht tun sollte ⟨in Versuchung geraten/kommen + zu + *Infinitiv;* einer Versuchung erliegen, widerstehen; jemanden in Versuchung bringen/führen + zu + *Infinitiv*⟩

ver·sun·ken *Adjektiv; meist in* **in Gedanken versunken** mit den Gedanken so bei einem Thema, dass man nichts anderes mehr bemerkt

ver·sü·ßen; *versüßte, hat versüßt;* **jemandem/sich etwas versüßen** etwas tun, das jemandem/einem Freude macht, und so etwas schöner, angenehmer machen ⟨sich das Leben versüßen⟩

ver·ta·gen; *vertagte, hat vertagt;* **etwas/sich (auf etwas** (*Akkusativ*)**) vertagen** *förmlich;* bestimmen, dass eine Sitzung *o.Ä.* zu einem späteren Zeitpunkt stattfindet oder weitergeht ≈ verschieben ⟨eine Sitzung, eine Verhandlung vertagen⟩: *Das Gericht vertagte sich auf nächste Woche* || *hierzu* **Ver·ta·gung** *die; -, -en*

ver·tei·di·gen B2 *verteidigte, hat verteidigt* **1** **jemanden/sich/etwas (gegen jemanden/etwas) verteidigen** jemanden/sich/etwas gegen einen Angriff, gegen Kritik schützen, indem man zu kämpfen beginnt *bzw* Argumente dagegen nennt ⟨das Land gegen einen Angreifer verteidigen; jemanden/sich gegen eine Anschuldigung verteidigen⟩ **2** **jemanden verteidigen** als Rechtsanwalt einen Angeklagten vor Gericht vertreten **3** **etwas verteidigen** *Sport;* den sportlichen Gegner daran hindern, Erfolg zu haben (*z.B.* ein Tor zu schießen) || *hierzu* **Ver·tei·di·ger** *der; -s, -;* **Ver·tei·di·ge·rin** *die; -, -nen*

ver·tei·len; *verteilte, hat verteilt* **1** **etwas (an jemanden** (*Plural*)**) verteilen** mehreren Personen bestimmte Dinge (derselben Art) geben: *Flugblätter (an Passanten) verteilen* **2** **etwas verteilen** eine Menge in einzelne Teile teilen und *meist* gleichmäßig an verschiedene Stellen bringen: *die Kisten gleichmäßig auf dem Lastwagen verteilen* **3** **sich** (*meist Plural*) **(irgendwo(hin)) verteilen** einzeln oder in kleinen Gruppen an verschiedene Stellen, Plätze *o.Ä.* gehen: *Die Gäste verteilten sich im ganzen Haus* **4** **etwas verteilt sich (irgendwo(hin))** etwas kommt an verschiedene Stellen einer Fläche oder eines Raumes: *Das Wasser verteilte sich auf dem ganzen*

Boden || zu 1 und 2 **Ver·tei·lung** *die; -, -en*

Ver·tei·ler *der; -s, -;* **1** ein kleines Gerät, das den elektrischen Strom an einer Stelle in verschiedene Richtungen verteilt || K- Verteilerdose, Verteilerkasten || -K Zündverteiler **2** *Verwaltung;* eine Liste von Personen, an die ein Brief oder ein Dokument geschickt wird **3** jemand, der etwas an jemanden verteilt (1) || -K Prospektverteiler || zu 3 **Ver·tei·le·rin** *die; -, -nen*

ver·teu·ern; *verteuerte, hat verteuert* **1** **etwas verteuert etwas** etwas macht etwas teurer: *Der hohe Ölpreis verteuert die Herstellung von Plastikprodukten* **2** **etwas verteuert sich** etwas wird teurer: *Das Benzin hat sich verteuert* || *hierzu* **Ver·teu·e·rung** *die; -, -en*

Ver·tie·fung *die; -, -en;* eine Stelle einer Fläche, die tiefer liegt als ihre Umgebung ↔ Erhebung

ver·ti·kal [v-] *Adjektiv; förmlich* ≈ senkrecht ↔ horizontal, waagerecht

ver·til·gen; *vertilgte, hat vertilgt* **1** **etwas vertilgen** schädliche Insekten oder nutzlose Pflanzen *meist* mit Gift töten ⟨Ungeziefer, Unkraut vertilgen⟩ **2** **etwas vertilgen** *umg humorvoll;* etwas (auf)essen: *fünf Stück Kuchen vertilgen*

ver·tip·pen, sich; *vertippte sich, hat sich vertippt;* **sich vertippen** *umg;* beim Schreiben mit der Schreibmaschine, dem Computer *o.Ä.* einen Fehler an den Tasten machen

ver·to·nen; *vertonte, hat vertont;* **etwas vertonen** Musik zu einem Text oder zu einem Film machen ⟨ein Gedicht vertonen⟩ || *hierzu* **Ver·to·nung** *die; -, -en*

Ver·trag A2 *der; -(e)s, Ver·trä·ge;* ein Dokument, mit dem sich zwei oder mehr Partner darauf einigen, wie etwas zu tun ist ⟨einen Vertrag mit jemandem (ab)schließen; einen Vertrag machen, unterschreiben, kündigen⟩ || K- Vertragsabschluss, Vertragstext || -K Arbeitsvertrag, Friedensvertrag, Mietvertrag || *hierzu* **ver·trag·lich** *Adjektiv*

ver·tra·gen[1]; *verträgt, vertrug, hat vertragen* **1** **etwas vertragen (können)** durch äußere Einflüsse keinen Schaden nehmen ⟨keine Hitze, keine Aufregung vertragen (können)⟩: *Er konnte das tropische Klima nicht vertragen* **2** **etwas vertragen** etwas essen oder trinken können, ohne dass es der Gesundheit schadet ⟨keinen Kaffee vertragen (können)⟩: *Er hat die Tabletten nicht vertragen* **3** **etwas vertragen** *umg;* etwas akzeptieren können, ohne wütend oder beleidigt zu sein ⟨(keine) Kritik vertragen (können)⟩

V

ver·tra·gen[2]**, sich**; *verträgt sich, vertrug sich, hat sich vertragen* **1** **jemand verträgt sich mit jemandem**; ⟨Personen⟩ **vertragen sich** zwei oder mehrere Personen leben in Frieden und Harmonie **2** **jemand verträgt sich wieder mit jemandem**; ⟨Personen⟩ **vertragen sich wieder** *umg;* zwei oder mehrere Personen beenden einen Streit, versöhnen sich

ver·trau·en B1 *vertraute, hat vertraut* **1** **jemandem vertrauen**; **auf jemanden/etwas vertrauen** sicher sein, dass jemand zuverlässig ist, dass etwas stimmt ⟨jemandem fest, voll, blind vertrauen⟩: *darauf vertrauen, dass etwas wahr ist* **2** **etwas** (*Dativ*) **vertrauen**; **auf etwas** (*Akkusativ*) **vertrauen** glauben, dass etwas erfolgreich sein und sich gut entwickeln wird ⟨den eigenen Fähigkeiten, auf die Zukunft vertrauen⟩

Ver·trau·en B1 *das; -s; nur Singular* **1** **das Vertrauen (zu jemandem/in jemanden/etwas)** die feste Meinung, dass eine Person oder Sache die Hoffnungen erfüllt, die man in sie setzt ↔ Misstrauen ⟨Vertrauen haben; jemandes Vertrauen gewinnen, genießen, enttäuschen⟩ **2** **jemandem etwas im Vertrauen sagen** jemandem etwas sagen, das er anderen nicht sagen darf **3** ⟨das Parlament *o.Ä.*⟩ **spricht jemandem das Vertrauen aus** *Politik;* das Parlament *o.Ä.* stimmt dafür, dass jemand im Amt bleiben soll || ID **Vertrauen ist gut, Kontrolle ist besser** *humorvoll;* es ist oft besser, ein bisschen misstrauisch zu sein

Ver·trau·ens·sa·che *die; nur in* **etwas ist Vertrauenssache** etwas funktioniert nur, wenn man jemandem vertraut

ver·trau·lich *Adjektiv* **1** nicht dafür bestimmt, dass es andere erfahren ≈ geheim ⟨Informationen, eine Unterredung; etwas vertraulich behandeln; etwas ist streng vertraulich⟩ **2** wie unter Freunden ≈ freundschaftlich, vertraut ⟨in vertraulichem Ton miteinander reden⟩

ver·träumt *Adjektiv* **1** in Gedanken so bei jemand/etwas anderem, dass man die Umgebung nicht mehr bemerkt ⟨verträumt lächeln⟩ **2** einsam oder ruhig und deswegen schön ⟨ein Dorf, ein Städtchen; ein See⟩

ver·traut *Adjektiv* **1** sehr gut bekannt und befreundet: *Ich bin mit ihr sehr vertraut/Wir sind sehr vertraut (miteinander)* **2** **(jemandem) vertraut** jemandem so gut bekannt, dass er es nicht als fremd empfindet ⟨ein Gesicht, eine Gestalt; eine Umgebung⟩ **3** **mit etwas vertraut sein** etwas gut kennen oder können: *Sie war mit der Arbeit am Computer vertraut* **4** **jemanden mit etwas vertraut**

machen jemandem genau sagen und zeigen, wie etwas ist oder funktioniert **5** **sich mit etwas vertraut machen** etwas (*meist* Technisches) erlernen: *sich mit den technischen Details vertraut machen* || *hierzu* **Ver·traut·heit** *die*; -; *nur Singular*

ver·trei·ben; *vertrieb, hat vertrieben* **1** **jemand/etwas vertreibt jemanden/ein Tier** jemand/etwas zwingt jemanden/ein Tier, einen Platz, Ort zu verlassen: *Menschen aus ihrer Heimat vertreiben* **2** **jemand/etwas vertreibt etwas** jemand/etwas bewirkt, dass etwas verschwindet: *Er erzählte Geschichten, um unsere schlechte Laune zu vertreiben* **3** **etwas vertreiben** (als Händler) eine bestimmte Ware verkaufen: *Er vertreibt Bücher* **4** **sich** (*Dativ*) **die Zeit (mit etwas) vertreiben** etwas tun, damit die Zeit schneller vergeht: *Ich vertreibe mir die Zeit mit Lesen* || *zu* 1 **Ver·trei·bung** *die*; -, -en; *zu* **Ver·trie·be·ne** *der/die*; -n, -n

ver·tre·ten[1]; *vertritt, vertrat, hat vertreten* **1** **jemanden vertreten** für eine gewisse Zeit die Arbeit eines anderen machen: *eine erkrankte Kollegin vertreten* **2** **jemanden/etwas vertreten** sich darum kümmern, dass die Interessen einer Person oder Gruppe berücksichtigt werden: *Er wird vor Gericht von seinem Anwalt vertreten* **3** **etwas vertreten** als Vertreter (1) für eine Firma arbeiten **4** **etwas (vor jemandem) vertreten** eine Meinung, Entscheidung, Tat für richtig halten und sie verteidigen ⟨den Standpunkt vertreten, dass ...⟩

ver·tre·ten[2] *Adjektiv; nicht als Adverb*; **(irgendwo) vertreten** irgendwo anwesend: *Bei dem Kongress war auch eine britische Delegation vertreten*

Ver·tre·ter *der*; -s, -; **1** **ein Vertreter (für etwas)** jemand, der zu den Kunden kommt, um dort für eine Firma Waren oder Leistungen zu verkaufen || -K Versicherungsvertreter **2** jemand, der einen anderen vertritt: *einen Vertreter für den Urlaub suchen* **3** jemand, der typisch ist für einen Stil, eine Bewegung: *Monet als Vertreter des Impressionismus* || *hierzu* **Ver·tre·te·rin** *die*; -, -nen

Ver·trieb *der*; -(e)s; *nur Singular* **1** das regelmäßige Verkaufen von Waren ≈ Verkauf: *der Vertrieb von Zeitschriften und Büchern* || K- Vertriebsabteilung, Vertriebskosten, Vertriebsnetz || -K Buchvertrieb, Zeitschriftenvertrieb **2** die Abteilung in einer Firma, die für den Verkauf der Produkte verantwortlich ist ⟨im Vertrieb arbeiten⟩ || K- Vertriebsleiter

ver·trock·nen; *vertrocknete, ist vertrocknet*; **etwas vertrocknet** etwas wird ganz trocken und stirbt ab ⟨das Gras, der Baum, der Strauch; Beeren, Blätter⟩

ver·tun; *vertat, hat vertan* **1** **etwas vertun** etwas nicht nutzen ≈ verschwenden ⟨eine Chance, die Zeit vertun⟩ **2** **sich vertun** *umg* ≈ sich irren: *Entschuldigung, ich habe mich in der Tür vertan* (= an die falsche Tür geklopft)

ver·tu·schen; *vertuschte, hat vertuscht* **etwas vertuschen** *abwertend*; etwas tun, damit etwas Negatives nicht öffentlich bekannt wird ⟨eine Affäre, einen Skandal, einen Fehler vertuschen⟩ || *hierzu* **Ver·tu·schung** *die*; -, -en

ver·übeln; *verübelte, hat verübelt*; **jemandem etwas verübeln** jemandem wegen etwas böse sein: *Wenn du keine Lust hat, kann ich dir das nicht verübeln*

ver·un·glü·cken; *verunglückte, ist verunglückt* **1** einen Unfall haben ⟨mit dem Auto verunglücken; schwer verunglücken⟩ **2** **etwas verunglückt (jemandem)** *umg humorvoll*; jemand macht etwas nicht so, dass es gut ist ⟨eine verunglückte Rede, Feier⟩: *Das Essen ist mir heute verunglückt* || *zu* 1 **Ver·un·glück·te** *der/die*; -n, -n

ver·un·rei·ni·gen; *verunreinigte, hat verunreinigt*; **jemand/etwas verunreinigt etwas** jemand/etwas macht die Qualität von etwas (*bes* durch Schmutz, giftige Stoffe) schlechter ≈ jemand/etwas verschmutzt etwas ⟨Gewässer verunreinigen⟩: *Abgase verunreinigen die Luft* || *hierzu* **Ver·un·rei·ni·gung** *die*; -, -en

ver·un·si·chern; *verunsicherte, hat verunsichert*; **jemand/etwas verunsichert jemanden (in etwas** (*Dativ*)**)** jemand/etwas bewirkt, dass jemand unsicher wird || *hierzu* **Ver·un·si·che·rung** *die*; -, -en

ver·un·treu·en; *veruntreute, hat veruntreut*; **etwas veruntreuen** *förmlich*; etwas für sich selbst nehmen, das man für jemanden verwalten sollte ≈ unterschlagen ⟨*meist* Gelder veruntreuen⟩ || *hierzu* **Ver·un·treu·ung** *die*; -, -en

ver·ur·sa·chen; *verursachte, hat verursacht*; **jemand/etwas verursacht etwas** jemand/etwas ist die Ursache von etwas (*meist* Negativem): *Er hat einen schweren Autounfall verursacht* || *hierzu* **Ver·ur·sa·cher** *der*; -s, -; **Ver·ur·sa·che·rin** *die*; -, -nen; **Ver·ur·sa·chung** *die*; -; *nur Singular*

ver·ur·tei·len B2 *verurteilte, hat verurteilt* **1** **jemanden (zu etwas) verurteilen** als Richter bestimmen, dass jemand für seine Tat eine bestimmte Strafe bekommt: *jemanden zu einer Geldstrafe verurteilen* **2** **jemanden/etwas verurteilen** jemanden/etwas sehr scharf kritisieren **3** **jemanden zu etwas verurteilen** jemanden zwingen, etwas Unangenehmes zu tun oder zu ertragen: *Wenn wir ihnen nicht helfen, verurteilen wir sie zu einem Leben in Armut* **4** **jemand/etwas ist zu etwas verurteilt** etwas Unangenehmes wird mit jemandem/etwas geschehen ⟨jemand ist zum Nichtstun verurteilt; etwas ist zum Scheitern, zum Untergang verurteilt⟩ || *zu* 1 und 2 **Ver·ur·tei·lung** *die; -, -en*

ver·viel·fa·chen; *vervielfachte, hat vervielfacht*; **1** **etwas vervielfachen** etwas um ein Vielfaches größer machen: *das Angebot an Waren vervielfachen* **2** **etwas vervielfacht sich** etwas wird um ein Vielfaches größer: *Die Zahl der Beschwerden hat sich vervielfacht*

ver·viel·fäl·ti·gen; *vervielfältigte, hat vervielfältigt*; **etwas vervielfältigen** Kopien von einem Text machen ⟨einen Text, eine Zeichnung vervielfältigen⟩ || *hierzu* **Ver·viel·fäl·ti·gung** *die; -, -en*

ver·voll·komm·nen; *vervollkommnete, hat vervollkommnet*; **etwas vervollkommnen** etwas noch besser machen, als es schon ist ≈ perfektionieren ⟨die (Sprach)Kenntnisse, sein Wissen, seine Fähigkeiten vervollkommnen; eine Technik vervollkommnen⟩ || *hierzu* **Ver·voll·komm·nung** *die; -; nur Singular*

ver·wäh·len, sich; *verwählte sich, hat sich verwählt*; **sich verwählen** beim Telefonieren aus Versehen eine falsche Nummer wählen

ver·wah·ren[1]; *verwahrte, hat verwahrt*; **etwas verwahren** etwas an einen Ort legen oder stellen, wo es geschützt und sicher ist: *Geld im Safe (sicher) verwahren; die Dokumente in der Schublade verwahren*

ver·wah·ren[2], **sich**; *verwahrte sich, hat sich verwahrt*; **sich gegen etwas verwahren** *förmlich*; scharf *bes* gegen einen Vorwurf protestieren

Ver·wah·rung *die; -; nur Singular; förmlich; meist in* **jemandem etwas in Verwahrung geben** jemandem etwas geben, damit er es verwahrt[1]

ver·waist *Adjektiv; nicht als Adverb* **1** ⟨ein Kind⟩ so, dass seine Eltern tot sind **2** ⟨ein Haus, ein Platz, ein Posten⟩ so, dass niemand mehr dort ist

ver·wal·ten; *verwaltete, hat verwaltet* **1** **etwas (für jemanden) verwalten** (im Auftrag von jemandem) dafür sorgen und verantwortlich sein, dass in einem bestimmten Bereich alles in Ordnung ist ⟨einen Besitz, ein Vermögen, einen Nachlass, eine Kasse, Gelder, ein Gut verwalten⟩ **2** **etwas verwalten** in einer Institution oder in einem Betrieb dafür sorgen, dass das Geld und das Personal gut eingesetzt werden

Ver·wal·tung *die; -, -en* **1** alle Ämter und Behörden in einer Gemeinde, einem Staat ⟨die öffentliche, staatliche, kommunale Verwaltung⟩ || [K-] **Verwaltungsbeamte(r), Verwaltungsvorschrift** || [-K] **Gemeindeverwaltung, Schulverwaltung** **2** die Abteilung in einer Firma, die für das Geld und für das Personal verantwortlich ist || [-K] **Personalverwaltung** **3** das Gebäude oder die Räume der Verwaltung (2)

ver·wan·deln; *verwandelte, hat verwandelt* **1** **jemand/etwas verwandelt jemanden/etwas (in etwas** *(Akkusativ)*) jemand/etwas bewirkt, dass jemand/etwas sich stark ändert (und zu etwas wird): *Das Unglück hat sie völlig verwandelt; Durch Erhitzen wird Wasser in Dampf verwandelt* **2** **jemand/etwas verwandelt sich in etwas** *(Akkusativ)* jemand/etwas ändert sich völlig: *Nach den starken Regenfällen verwandelte sich der Bach in einen reißenden Strom* || *hierzu* **Ver·wand·lung** *die; -, -en*

ver·wandt[1] *Partizip Perfekt*; ↑ **verwenden**

ver·wandt[2] *Adjektiv; nicht als Adverb* **1** zur gleichen Familie gehörig, mit gleicher Herkunft: *Ich bin mit ihr verwandt* **2** zur gleichen Gattung, Familie gehörig ⟨Tiere, Pflanzen⟩ **3** von ähnlicher Art, mit ähnlichen Merkmalen ⟨Anschauungen⟩

Ver·wand·te [B1] *der/die; -n, -n*; jemand, der mit einer anderen Person verwandt[2] ist ⟨ein naher Verwandter (von jemandem)⟩

Ver·wandt·schaft *die; -, -en* **1** *nur Singular*; alle Verwandten, die jemand hat ⟨eine große Verwandtschaft haben; zur Verwandtschaft gehören⟩ || [K-] **Verwandtschaftsgrad** **2** **die Verwandtschaft (mit etwas)**; **die Verwandtschaft (zwischen jemandem und jemandem/etwas und etwas**; **zwischen** ⟨Personen/Dingen⟩) *meist Singular*; die Ähnlichkeit zwischen zwei oder mehreren Personen/Dingen || *zu* 1 **ver·wandt·schaft·lich** *Adjektiv*

ver·war·nen; *verwarnte, hat verwarnt*; **jemanden verwarnen** (als Richter, Polizist *usw*) jemanden offiziell wegen eines falschen Verhaltens tadeln und ihm mit einer Strafe drohen ⟨jemanden eindringlich, streng, polizeilich verwarnen⟩ || *hierzu* **Ver·war·nung** *die; -, -en*

ver·wech·seln [B1] *verwechselte, hat verwechselt* **1** **jemanden/etwas mit jemandem/etwas verwechseln**; ⟨Personen/Dinge⟩ **(miteinander) verwechseln** *meist* zwei Personen oder Dinge, die einander ähnlich sind, nicht unterscheiden können und deshalb den einen für den anderen, das eine für das andere halten: *Ich habe sie mit ihrer Schwester verwechselt* **2** **etwas mit etwas verwechseln**; ⟨Dinge⟩ **verwechseln** (aus Verwirrung oder Vergesslichkeit) etwas anstelle von etwas anderem nehmen oder benutzen ⟨Namen, Begriffe verwechseln⟩: *In der Eile verwechselten sie ihre Mäntel; Er hat das Salz mit dem Zucker verwechselt* || *hierzu* **Ver·wecḥs·lung** *die; -, -en*

ver·we̲·gen *Adjektiv;* so mutig, dass man zu hohem Risiko bereit ist ≈ draufgängerisch ⟨ein Bursche; ein Plan⟩ || *hierzu* **Ver·we̲·gen·heit** *die; -; nur Singular*

ver·we̲h·ren; *verwehrte, hat verwehrt;* **jemandem etwas verwehren** *förmlich* ≈ jemandem etwas verbieten, verweigern ↔ jemandem etwas gewähren: *jemandem den Zutritt zum Haus verwehren*

ver·wei̲·gern; *verweigerte, hat verweigert* **1** **(jemandem) etwas verweigern** nicht tun oder nicht geben, was jemand will oder fordert ⟨die Erlaubnis verweigern⟩ **2** **jemandem etwas verweigern** nicht zulassen, dass jemand etwas tut: *An der Grenze wurde ihm die Einreise verweigert* **3** **etwas verweigert (jemandem) den Dienst** *förmlich;* etwas funktioniert nicht so, wie es jemand braucht oder will || *hierzu* **Ver·wei̲·ge·rung** *die; -, -en*

ver·wei̲nt *Adjektiv;* rot vom Weinen ⟨Augen, ein Gesicht⟩

Ver·wei̲s[1] *der; -es, -e;* eine strenge und offizielle Form der Kritik ≈ Rüge, Tadel ⟨jemandem einen Verweis erteilen; einen Verweis aussprechen; einen Verweis erhalten⟩

Ver·wei̲s[2] *der; -es, -e;* **ein Verweis (auf etwas** *(Akkusativ)*) ein kurzer Kommentar in einem Buch (wie *z.B.* „siehe…", „vergleiche…"), der dem Leser sagt, wo er weitere Informationen findet

ver·wei̲·sen; *verwies, hat verwiesen* **1** **(jemanden) auf etwas** *(Akkusativ)* **verweisen** jemanden auf etwas aufmerksam machen ≈ hinweisen: *den Leser auf eine Abbildung verweisen* **2** **jemanden an jemanden/etwas verweisen** jemandem eine andere Person oder Stelle nennen, an die er sich wenden soll: *jemanden an die zuständige Abteilung verweisen* **3** **jemanden irgendwohin verweisen** jemandem verbieten, irgendwo zu bleiben ⟨jemanden des Landes, von der Schule verweisen⟩: *Der Spieler wurde nach dem schweren Foul des Feldes verwiesen* **4** **jemanden in die/seine Grenzen/Schranken verweisen** jemanden energisch darauf aufmerksam machen, dass er sich nicht alles erlauben kann

ver·wẹn·den B1 *verwendete/verwandte, hat verwendet/verwandt* **1** **etwas (für/zu etwas) verwenden**; **etwas bei/in etwas** *(Dativ)* **verwenden** etwas zu einem bestimmten Zweck nehmen ≈ benutzen: *für den/beim Bau eines Hauses nur gute Materialien verwenden; ein Motiv in einem Roman verwenden* **2** **etwas für/zu etwas verwenden**; **etwas auf etwas** *(Akkusativ)* **verwenden** etwas für einen bestimmten Zweck verbrauchen: *Den Lottogewinn habe ich für eine schöne Reise verwendet; Er hat viel Zeit darauf verwendet, Arabisch zu lernen* **3** **jemanden/etwas als etwas verwenden** jemandem/etwas eine Aufgabe geben ≈ benutzen: *eine Zeitung als Unterlage verwenden*

Ver·wẹn·dung *die; -; nur Singular* **1** **die Verwendung (für/zu etwas)**; **die Verwendung bei/in etwas** *(Dativ)* das Benutzen einer Sache, damit diese eine bestimmte Aufgabe oder Funktion erfüllt: *Diese Grammatik ist zur Verwendung im Unterricht gedacht* || K- Verwendungsmöglichkeit, Verwendungsweise, Verwendungszweck **2** **(eine) Verwendung für jemanden/etwas finden** eine Aufgabe, Funktion finden, die man jemandem/etwas geben kann **3** **(keine) Verwendung für jemanden/etwas haben** jemanden/etwas zu einem Zweck (nicht) brauchen können **4** **etwas findet irgendwo Verwendung** etwas wird irgendwo verwendet (1,3)

ver·wẹr·fen; *verwirft, verwarf, hat verworfen;* **etwas verwerfen** etwas nicht benutzen, weil man es schlecht findet ⟨einen Entwurf, einen Gedanken, einen Plan⟩

ver·wẹrf·lich *Adjektiv; förmlich;* moralisch schlecht ⟨Taten, Ansichten⟩

ver·wẹr·ten; *verwertete, hat verwertet;* **etwas verwerten** etwas zu einem bestimmten Zweck als Material nehmen: *eine Idee in einem Buch verwerten* || *hierzu* **ver·wẹrt·bar** *Adjektiv;* **Ver·wẹr·tung** *die; -, -en*

ver·we̲·sen; *verweste, ist verwest;* **etwas verwest** etwas wird faul und zerfällt ⟨Fleisch, Leichen, Kadaver⟩ || Hinweis: Pflanzen, Früchte *usw verfaulen!*

ver·wị·ckeln; *verwickelte, hat verwickelt* **1** **etwas verwickelt sich (in etwas** *(Dativ)*) etwas kommt (mit etwas) durcheinander und ist nur schwer (davon) zu trennen ⟨eine Schnur, ein Faden⟩: *die Drachenschnur hat sich in den Zweigen des Baums verwickelt* **2** **jemanden in ein**

Gespräch verwickeln (gegen jemandes Willen) ein Gespräch mit jemandem anfangen **3** *meist* **in etwas** *(Akkusativ)* **verwickelt werden** in eine unangenehme Situation geraten ⟨in einen Skandal, in einen Unfall verwickelt werden⟩ || Hinweis: ↑ **Widerspruch**

ver·wi·ckelt *Adjektiv;* ⟨ein Fall, eine Geschichte⟩ ≈ kompliziert, verzwickt

ver·wirk·li·chen; *verwirklichte, hat verwirklicht* **1** **etwas verwirklichen** etwas Wirklichkeit werden lassen ≈ realisieren, ausführen ⟨eine Idee verwirklichen⟩ **2** **etwas verwirklicht sich** etwas wird Wirklichkeit, geschieht tatsächlich ⟨eine Befürchtung, eine Hoffnung⟩ **3** **sich verwirklichen** alle Fähigkeiten entwickeln können: *sich im Beruf verwirklichen* || *hierzu* **Ver·wirk·li·chung** *die; -, -en*

ver·wir·ren; *verwirrte, hat verwirrt* **1** **jemanden verwirren** bewirken, dass jemand nicht mehr klar denken kann: *jemanden mit zu vielen Informationen verwirren; jemandem verwirrende Fragen stellen; völlig verwirrt sein* **2** **etwas verwirren** Fäden, Schnüre, Kabel in Unordnung bringen

ver·wit·wet *Adjektiv; nicht als Adverb;* in dem Zustand, Witwe oder Witwer zu sein

ver·wöh·nen; *verwöhnte, hat verwöhnt* **1** **jemanden verwöhnen** jemandes Wünsche öfter erfüllen, als es gut für den Charakter ist ≈ verziehen ⟨ein Kind verwöhnen⟩: *Du bist egoistisch wie ein verwöhntes Kind!* **2** **jemanden verwöhnen** sehr nett zu einer Person sein und ihr alle Wünsche erfüllen, damit sie sich wohlfühlt

ver·wöhnt, *verwöhnter, verwöhntest-; Adjektiv; nicht als Adverb* ≈ anspruchsvoll ⟨ein Gast; ein Gaumen, ein Geschmack⟩

ver·wor·fen **1** *Partizip Perfekt;* ↑ **verwerfen** **2** *Adjektiv; nicht als Adverb;* moralisch schlecht ≈ lasterhaft ⟨ein Mensch⟩

ver·wor·ren *Adjektiv;* in einem Zustand, der keine Ordnung, keine Übersichtlichkeit hat ≈ unübersichtlich ⟨eine Lage; Gedanken, Verhältnisse, Worte⟩

ver·wun·den; *verwundete, hat verwundet;* **jemanden verwunden** jemanden *(bes* mit einer Waffe) verletzen: *jemanden am Kopf verwunden; im Krieg verwundet werden* || *hierzu* **Ver·wun·de·te** *der/die; -n, -n;* **Ver·wun·dung** *die; -, -en* || Hinweis: ↑ **verletzen**

ver·wun·dern; *verwunderte, hat verwundert;* **etwas verwundert jemanden** etwas bewirkt, dass sich jemand wundert ≈ etwas erstaunt jemanden: *Die Nachricht verwunderte ihn; Es verwundert mich nicht, dass er krank ist* || *hierzu* **Ver·wun·de·rung** *die; -; nur Singular*

ver·wüs·ten; *verwüstete, hat verwüstet;* **jemand/etwas verwüstet etwas** jemand/etwas zerstört irgendwo viel: *Das Erdbeben/Der Krieg hat das Land verwüstet* || *hierzu* **Ver·wüs·tung** *die; -, -en*

ver·za·gen; *verzagte, hat verzagt;* den Mut verlieren

ver·zau·bern; *verzauberte, hat verzaubert* **1** ⟨eine Hexe *o.Ä.*⟩ **verzaubert jemanden/etwas (in jemanden/etwas)** eine Hexe *o.Ä.* zaubert und macht dadurch jemanden/etwas zu jemand/etwas anderem: *einen Prinzen in einen Frosch verzaubern* **2** **jemand/etwas verzaubert jemanden** jemand/etwas ist so schön *o.Ä.*, dass jemand voller Bewunderung ist ≈ jemand/etwas bezaubert jemanden || *hierzu* **Ver·zau·be·rung** *die; -, -en*

Ver·zehr *der; -s; nur Singular; förmlich;* die Handlung des Essens: *zum sofortigen Verzehr bestimmt*

ver·zeh·ren; *verzehrte, hat verzehrt* **1** **etwas verzehren** etwas essen (und dazu etwas trinken) **2** **sich vor etwas** *(Dativ)* **verzehren** ein so starkes Gefühl haben, dass man darunter leidet ⟨sich vor Liebe, Sehnsucht verzehren⟩

ver·zeich·nen; *verzeichnete, hat verzeichnet* **1** **jemanden/etwas irgendwo verzeichnen** jemanden/etwas in eine Liste *o.Ä.* schreiben: *In diesem Buch sind alle bisherigen Nobelpreisträger verzeichnet* || Hinweis: *meist* im Zustandspassiv! **2** **etwas verzeichnen** ≈ feststellen: *Es waren keine Fortschritte zu verzeichnen*

Ver·zeich·nis *das; -ses, -se;* eine Liste mit den Namen von Personen oder Dingen ⟨ein alphabetisches Verzeichnis; ein Verzeichnis aufstellen, anfertigen, anlegen⟩ || -K Adressenverzeichnis, Hotelverzeichnis, Literaturverzeichnis, Ortsverzeichnis, Straßenverzeichnis, Teilnehmerverzeichnis, Vorlesungsverzeichnis

ver·zei·hen; *verzieh, hat verziehen;* **(jemandem) (etwas) verzeihen** einer Person wegen einer Handlung (durch die sie einem geschadet hat) nicht mehr böse sein: *jemandem eine Beleidigung verzeihen; Ich werde ihm nie verzeihen, dass er mich betrogen hat* || ID **Verzeihen Sie bitte** **a** verwendet, um jemanden höflich anzusprechen und eine Frage einzuleiten: *Verzeihen Sie bitte: Können Sie mir sagen, wie ich zum Bahnhof komme?* **b** verwendet, um jemanden zu bitten, zur Seite zu gehen *usw*

Ver·zei·hung *die; -; nur Singular* **1** die Hand-

V

lung, mit der man jemandem etwas verzeiht ⟨jemanden um Verzeihung (für etwas) bitten⟩ **2** **Verzeihung!** verwendet, um auszudrücken, dass es einem leidtut, dass man jemanden aus Versehen gestört, gestoßen hat ≈ Entschuldigung! **3** **Verzeihung?** verwendet, wenn man etwas nicht verstanden hat, um den Gesprächspartner zu bitten, etwas noch einmal zu sagen ≈ wie bitte?

ver·zer·ren ; *verzerrte, hat verzerrt* **1** **etwas verzerrt (etwas)** etwas gibt die Form oder den Klang von etwas falsch wieder: *Der Lautsprecher verzerrte ihre Stimme* **2** **(etwas) verzerren** etwas subjektiv darstellen, und so, dass es nicht erscheint, wie es wirklich ist: *ein verzerrter Bericht* **3** *meist* ⟨jemandes Gesicht⟩ **ist verzerrt** die Muskeln in jemandes Gesicht sind so angespannt, dass er anders aussieht als normal: *ein vom Schmerz verzerrtes Gesicht* || *hierzu* **Ver·zer·rung** *die; -, -en*

ver·zich·ten ; *verzichtete, hat verzichtet;* **(auf jemanden/etwas) verzichten** ohne jemandes Hilfe, Anwesenheit zurechtkommen (müssen)/ etwas (freiwillig) nicht in Anspruch nehmen, nicht (mehr) tun oder nutzen: *der Gesundheit zuliebe auf Alkohol verzichten; Wir hatten kein Geld und mussten auf den Urlaub verzichten; Ich kann auf seine Hilfe nicht/gut verzichten* || *hierzu* **Ver·zicht** *der; -(e)s; nur Singular*

ver·zieh *Imperfekt, 1. und 3. Person Singular;* ↑ **verzeihen**

ver·zie·hen¹ ; *verzog, hat verzogen;* ⟨ein Kind⟩ **verziehen** *abwertend;* ein Kind verwöhnen (1)

ver·zie·hen² *Partizip Pefekt;* ↑ **verzeihen**

Ver·zie·rung *die; -, -en;* ≈ Ornament, Schmuck (2): *Verzierungen anbringen*

ver·zin·sen ; *verzinste, hat verzinst* **1** *meist* ⟨die Bank⟩ **verzinst etwas** die Bank zahlt Zinsen für etwas: *Die Bank verzinst Sparguthaben mit 3%* **2** **etwas verzinst sich** etwas bringt jemandem Zinsen || *hierzu* **Ver·zin·sung** *die; -, -en*

ver·zo·gen **1** *Partizip Perfekt;* ↑ **verziehen** **2** *Adjektiv; nicht als Adverb;* **(irgendwohin) verzogen** an einen anderen Ort umgezogen: *in eine andere Stadt verzogen sein; Empfänger unbekannt verzogen - zurück an Absender*

ver·zö·gern ; *verzögerte, hat verzögert* **1** **jemand/etwas verzögert etwas** jemand/etwas bewirkt, dass etwas später geschieht als es geplant ist: *Technische Schwierigkeiten verzögerten den Start* **2** **jemand/etwas verzögert etwas** jemand/etwas bewirkt, dass etwas langsamer abläuft, als es geplant ist: *Neue Probleme verzögerten die Verhandlungen* **3** **etwas verzögert sich** etwas geschieht später oder dauert länger als geplant: *Die Ankunft des Zuges wird sich voraussichtlich um 10 Minuten verzögern* || *hierzu* **Ver·zö·ge·rung** *die; -, -en*

ver·zol·len B1 *verzollte, hat verzollt;* **etwas verzollen** Zoll für etwas bezahlen: *Haben Sie etwas zu verzollen?*

ver·zwei·feln ; *verzweifelte, ist verzweifelt;* **(an jemandem/etwas) verzweifeln** die Hoffnung völlig verlieren, dass jemand/etwas besser wird ⟨an den Menschen, am Leben verzweifeln⟩: *Sie war ganz verzweifelt, weil sie ihre Schulden nicht bezahlen konnte; Ich bin am Verzweifeln!* || *hierzu* **Ver·zweif·lung** *die; -; nur Singular*

ver·zwei·felt *Adjektiv* **1** ⟨ein Kampf, eine Tat⟩ so, dass sich jemand um eine Gefahr nicht kümmert, weil keine Hoffnung mehr da ist **2** *nicht als Adverb* ≈ aussichtslos, hoffnungslos ⟨eine Lage, eine Situation⟩

Ve·te·ran [v-] *der; -en, -en;* jemand, der lange Zeit Soldat war oder der in einem Krieg gekämpft hat: *ein Veteran des Vietnamkrieges* || -K Kriegsveteran

Vet·ter ['fɛtɐ] *der; -s, -n* ≈ Cousin

vgl. *Abkürzung für* vergleiche

VHS [faʊha'|ɛs] *die; -, -; Abkürzung;* ↑ **Volkshochschule**

via [v-] *Präposition; mit Akkusativ; förmlich* ≈ über¹ (7): *ein Flug von Paris nach New York via London*

vib·rie·ren [v-] ; *vibrierte, hat vibriert;* **etwas vibriert** etwas schwingt mit kleinen (hörbaren) Bewegungen: *eine vibrierende Saite; Der Fußboden vibrierte, als der Zug vorbeifuhr* || *hierzu* **Vib·ra·ti·on** *die; -, -en*

Vi·deo A2 [v-] *das; -s, -s* **1** *meist ohne Artikel;* ein System, mit dem man einen Film auf ein (Magnet)Band aufnimmt. Das Band wird auf einem Gerät abgespielt, das am Fernsehgerät angeschlossen ist ⟨etwas auf/mit Video aufnehmen⟩ || K- Videoaufnahme, Videofilm, Videogerät, Videorekorder **2** *umg;* ein Film, der mit diesem Verfahren aufgenommen wurde

Vi·deo·thek [v-] *die; -, -en;* ein Geschäft, in dem man Videos und DVDs ausleihen kann

Vieh [fiː] *das; -(e)s; nur Singular* **1** alle (Nutz)Tiere, die in der Landwirtschaft gehalten werden: *zehn Stück Vieh* || K- Viehhandel, Viehzucht || -K Schlachtvieh, Zuchtvieh **2** **das Vieh** die Rinder: *das Vieh auf die Weide treiben* || K- Viehherde **3** *umg, oft abwertend* ≈

Tier, Insekt

viel[1] A1 [f-] **1** **viel** + *nicht zählbares Substantiv im Singular*; eine relativ große Menge ↔ wenig: *viel Geld/das viele Geld; Er trinkt viel Bier; Das nimmt zu viel Zeit in Anspruch* || Hinweis: nach dem bestimmten Artikel wie ein Adjektiv gebraucht **2** **viele** + *Substantiv im Plural*; eine relativ große Zahl ↔ wenig: *Er hat viele Freunde, Schulden; Sie freute sich über die vielen Geschenke* || Hinweis: nach dem bestimmten Artikel wie ein Adjektiv gebraucht; *viel* wird auch als Pronomen verwendet: *Ich kenne viele* (= viele Leute), *die Schulden haben* **3** verwendet bei formelhaften höflichen Redewendungen: *Viel Glück!; Viel Spaß!; Vielen Dank!*

viel[2] A1 [f-] *Adverb* **1** ≈ oft, häufig: *viel ins Theater gehen; viel in Urlaub fahren; viel krank sein* **2** von einer großen Zahl von Menschen: *Die Ausstellung wurde viel besucht; Die Straße wird viel befahren; ein viel gelesener Autor; eine viel gepriesene Neuerung* || K- vielgelesen, vielgepriesen **3** **viel** + *Komparativ* (+ **als**) verwendet, um einen großen Unterschied auszudrücken: *Er ist viel fleißiger als du; Es geht ihr jetzt wieder viel besser* **4** in hohem Maße: *Sie sorgt sich viel um ihre Zukunft; Hier ist es viel zu kalt* || Hinweis: ↑ **vielsagend**, **vielversprechend**

viel[3] A1 [f-] *Partikel; unbetont; umg;* verwendet, um eine rhetorische Frage zu verstärken: *Was gibt es da noch viel zu fragen?*

vie·ler·lei *Indefinitpronomen; indeklinabel* **1** *nur vor dem Substantiv;* von vielen verschiedenen Arten: *Es gibt vielerlei Arten von Vögeln; Ich kenne vielerlei Menschen* **2** viele verschiedene (einzelne) Dinge: *vielerlei wissen*

viel·fach *Adjektiv; nur vor dem Substantiv oder als Adverb, ohne Steigerung;* drückt aus, dass etwas sich viele Male wiederholt oder dass etwas in gleicher Form sehr oft vorhanden ist: *ein vielfach ausgezeichneter Film; eine Sendung auf vielfachen Wunsch wiederholen; ein vielfacher Millionär* (= mit vielen Millionen)

Viel·fa·che *das; -n, -n* **1** eine Zahl, die eine kleinere Zahl mehrere Male enthält: *4 x 6 = 24 - also ist 24 ein Vielfaches von 6* **2** **um ein Vielfaches** + *Komparativ* ≈ viel + Komparativ: *um ein Vielfaches größer, älter, schwerer usw sein als ...*

V

Viel·falt *die; -; nur Singular;* eine relativ große Zahl von vielen verschiedenen Dingen, Arten, Sorten *usw: die Vielfalt der Blumen; ein Bild mit einer Vielfalt an/von Farben* || *hierzu* **viel·fäl·tig** *Adjektiv*

viel·leicht[1] [fi'laiçt] *Adverb* **1** verwendet, um auszudrücken, dass etwas möglich ist ≈ möglicherweise, eventuell: *Vielleicht regnet es morgen; Er hat vielleicht recht* **2** ≈ ungefähr, etwa: *Der Baum ist vielleicht zwölf Meter hoch*

viel·leicht[2] [fi'laiçt] *Partikel; unbetont* **1** *umg;* verwendet in rhetorischen Fragen, um auszudrücken, dass man eine negative Antwort erwartet: *Gefällt dir ihre schreckliche Frisur vielleicht?* **2** verwendet in der Form einer Frage, um eine höfliche Bitte auszudrücken ≈ bitte: *Wären Sie vielleicht so nett, mir zu helfen?* **3** verwendet in Fragen oder Feststellungen, um auszudrücken, dass man keine Geduld mehr hat: *Würdest du vielleicht endlich mal still sein?* **4** *umg;* verwendet in Ausrufesätzen, um die Aussage zu intensivieren: *Das ist vielleicht kalt hier!*

viel·mals *Adverb;* verwendet, um höfliche Grüße, Entschuldigungen *o.Ä.* zu verstärken: *Ich danke Ihnen vielmals; Entschuldigen Sie bitte vielmals!*

viel·mehr, **viel·mehr** *Adverb;* verwendet nach einer verneinten Aussage, um diese zu korrigieren und zu ergänzen oder um einen Gegensatz auszudrücken ≈ außerdem: *Sie ist nicht nur fleißig, sie hat vielmehr auch eigene Ideen*

viel·sa·gend, **viel sa·gend** *Adjektiv;* so, dass ohne Worte etwas deutlich ausgedrückt wird ⟨ein Blick, eine Geste; vielsagend lächeln⟩

viel·sei·tig *Adjektiv* **1** in großer Zahl oder in hohem Maße vorhanden ⟨Anregungen, Erfahrungen, Interessen; ein Angebot, eine Auswahl⟩ **2** fähig oder geeignet, viele verschiedene Dinge zu tun ⟨eine Begabung, ein Mensch; vielseitig interessiert, verwendbar⟩ || *hierzu* **Viel·sei·tig·keit** *die; -; nur Singular*

viel·ver·spre·chend, **viel ver·spre·chend** *Adjektiv;* so, dass man etwas Gutes, Positives erwarten kann ⟨ein Anfang, ein Zeichen; etwas sieht vielversprechend aus⟩

Viel·zahl *die; -; nur Singular;* eine große Zahl verschiedener Dinge/Personen: *eine Vielzahl ungelöster Probleme/von Büchern haben*

vier [fiːɐ̯] *Zahladjektiv* **1** (als Ziffer) 4: *zwei plus/und zwei ist/macht/gibt vier* (2+2=4) **2** **um vier** *umg;* um 4 oder um 16 Uhr: *Wir treffen uns heute um vier* **3** **vier (Jahre alt) sein** 4 Lebensjahre haben: *Mein kleiner Bruder ist erst vier* **4** *Sport;* verwendet, um die Zahl der Punkte oder Tore anzugeben: *Unsere Mannschaft hat vier zu zwei* (4:2) *gewonnen* || ID **alle viere von sich strecken** *umg;* sich ausruhen; **auf allen vieren** ⟨gehen/krabbeln/kriechen⟩

sich (wie ein kleines Kind) auf Händen und Füßen bewegen

Vier [fiːɐ̯] *die; -, -en* **1** die Zahl 4 **2** eine Schulnote (auf der Skala von 1-6), mit der man eine Prüfung gerade noch bestanden hat ≈ ausreichend **3** jemand/etwas mit der Zahl/Nummer 4: *Die Vier hat das Rennen gewonnen; Zum Bahnhof fährst du am besten mit der Vier*

Vier·bei·ner *der; -s, -; umg humorvoll;* ein (Haus)Tier mit vier Beinen, *meist* ein Hund

Vier·eck *das; -s, -e;* eine Fläche, die von vier geraden Linien begrenzt ist: *Quadrate, Rechtecke und Trapeze sind Vierecke* || *hierzu* **vier·eckig** *Adjektiv*

Vie·rer *der; -s, -; umg* ≈ Vier

vier·hun·dert *Zahladjektiv;* (als Zahl) 400

viert *nur in* **zu viert** (mit) insgesamt 4 Personen: *Heute Abend sind wir zu viert*

vier·t- *Zahladjektiv; nur vor dem Substantiv, nicht als Adverb* **1** in einer Reihenfolge an der Stelle vier ≈ 4.: *der vierte Januar; Heinrich der Vierte* (Heinrich IV); *Er beendete das Rennen als Vierter* **2** **der vierte Teil (von etwas)** ≈ ¼

vier·tau·send *Zahladjektiv;* (als Zahl) 4000

vier·tel ['fɪrtl] *Adjektiv; nur vor dem Substantiv, indeklinabel, nicht als Adverb* **1** den vierten Teil eines Ganzen bildend ≈ ¼: *ein viertel Liter, Zentner* || Hinweis: Bei gebräuchlichen Maßangaben ist auch die Schreibung *Viertelliter, Viertelzentner o.Ä.* üblich **2** **viertel** + *Uhrzeit; umg;* verwendet, um auszudrücken, dass es 45 Minuten vor der genannten Uhrzeit ist: *viertel sieben* (= 6^{15} oder 18^{15} Uhr) **3** **drei viertel** *nur vor dem Substantiv oder als Adverb;* verwendet, um drei Viertel eines Ganzen zu bezeichnen ≈ ¾: *Die Flasche ist noch drei viertel voll* || [K-] Dreivierteljahr, Dreiviertelliter, Dreiviertelstunde **4** **drei viertel** + *Zahladjektiv; umg;* (bei Zeitangaben verwendet) ≈ Viertel (4) vor: *drei viertel fünf* (= 4^{45} oder 16^{45} Uhr)

Vier·tel ['fɪrtl] *das; -s, -;* **1** der vierte Teil (¼) von etwas, *meist* einer Menge oder Masse: *ein Viertel der Strecke hinter sich haben* || [K-] Vierteljahr, Viertelliter, Viertelpfund, Viertelzentner **2** ein Gebiet in einer Stadt ≈ Stadtviertel || [-K] Bahnhofsviertel, Geschäftsviertel, Hafenviertel, Neubauviertel, Villenviertel **3** **Viertel nach** + *Uhrzeit; umg;* verwendet, um auszudrücken, dass es 15 Minuten nach der genannten Stunde ist: *Viertel nach sieben* (= 7^{15} oder 19^{15} Uhr) **4** **Viertel vor** + *Uhrzeit; umg;* verwendet, um auszudrücken, dass es 15 Minuten vor der genannten Stunde ist: *Viertel vor sieben* (= 6^{45} oder 18^{45} Uhr) **5** ¼ Liter Wein ⟨ein Viertel (Wein) bestellen, trinken⟩ **6** *Musik* ≈ Viertelnote

Vier·tel·fi·na·le ['fɪrtl-] *das; -s, -; Sport;* der Teil eines Wettbewerbs, in dem die letzten acht Spieler oder Mannschaften um den Einzug in die nächste Runde (das Halbfinale) kämpfen

vier·teln ['fɪrtln]; *viertelte, hat geviertelt;* **etwas vierteln** etwas in vier gleiche Stücke teilen: *einen Apfel vierteln*

Vier·tel·no·te *die; -, -n; Musik* die Note ♩, die den vierten Teil des Wertes einer ganzen Note hat

Vier·tel·stun·de [A2] *die; -, -n;* ein Zeitraum von 15 Minuten

vier·tens *Adverb;* verwendet bei einer Aufzählung, um anzuzeigen, dass etwas an 4. Stelle kommt

vier·zehn ['fɪr-] *Zahladjektiv;* (als Zahl) 14

vier·zig ['fɪr-] *Zahladjektiv* **1** (als Zahl) 40 **2** **Anfang, Mitte, Ende vierzig sein** ungefähr 40 bis 43, 44 bis 46, 47 bis 49 Jahre alt sein

vier·zi·ger ['fɪr-] *Adjektiv; nur vor dem Substantiv, indeklinabel, nicht als Adverb;* die zehn Jahre (eines Jahrhunderts, eines Menschenlebens) von 40 bis 49 betreffend: *in den vierziger Jahren/den Vierzigern; Er ist in den/seinen Vierzigern* || [K-] Vierzigerjahre

Vig·net·te [vɪn'jɛtə] *die; -, -n; bes* (CH) ein Aufkleber als Nachweis dafür, dass man die Gebühr für die Benutzung der Autobahn, eines Tunnels *usw* gezahlt hat

Vi·kar [vi'kaːɐ̯] *der; -s, -e* **1** ein evangelischer Theologe nach dem ersten Examen, der einem Pfarrer hilft, bevor er selbst Pfarrer wird **2** der Stellvertreter eines katholischen Pfarrers || *zu* 1 **Vi·ka·rin** *die; -, -nen*

Vil·la [v-] *die; -, Vil·len;* ein großes, sehr teures Haus mit einem großen Garten || [K-] Villengegend, Villenviertel || [-K] Luxusvilla

vi·o·lett [v-] *Adjektiv;* von der Farbe, die aus einer Mischung von Blau und Rot entsteht || ↑ Illustration **Farben und Formen** || *hierzu* **Vi·o·lett** *das; -s; nur Singular*

Vi·o·li·ne [v-] *die; -, -n* ≈ Geige

Vi·ren [v-] *die; Plural;* ↑ **Virus**

vir·tu·ell *Adjektiv; Informatik;* vom Computer so dargestellt, dass es fast echt erscheint

vir·tu·os [v-] *Adjektiv;* so, dass der Betreffende etwas (*bes* eine musikalische Technik) sehr gut beherrscht ⟨ein Geiger, ein Pianist; virtuos spielen⟩

Vi·rus B2 [v-] *das, der; -, Vi·ren* **1** ein sehr kleiner Organismus, der in die Zellen von Menschen, Tieren und Pflanzen eindringt und dort (Infektions)Krankheiten verursachen kann || K- Viruserkrankung, Virusgrippe, Virusinfektion || -K Aidsvirus, Grippevirus **2** *Informatik*; ein verstecktes Programm, das zur teilweisen oder völligen Zerstörung der vorhandenen Daten führt || K- virenverseucht

Vi·sa [v-] *Plural*; ↑ **Visum**

vis-à-vis [visa'vi:] *Adverb*; Ⓐ Ⓒⓗ ≈ gegenüber

Vi·si·on [vi'zi̯o:n] *die; -, -en; förmlich* **1** *meist Plural*; ein Bild, das nur in der Fantasie existiert ≈ Halluzination, Traumbild ⟨(religiöse) Visionen haben⟩ **2** eine Idee oder Vorstellung von etwas in der Zukunft: *die Vision einer friedlichen Welt* || *hierzu* **vi·si·o·när** *Adjektiv*

Vi·si·te [v-] *die; -, -n*; der (regelmäßige) Besuch des Arztes bei den Patienten in einer Klinik ⟨zur Visite kommen, Visite machen⟩

Vi·si·ten·kar·te B2 [v-] *die; -, -n*; eine kleine Karte, auf die jemandes Name, Titel und Adresse gedruckt sind

vi·su·ell [vi'zu̯ɛl] *Adjektiv; nur vor dem Substantiv oder als Adverb; förmlich*; mit den Augen ⟨Eindrücke; Wahrnehmungen⟩

Vi·sum A2 [v-] *das; -s, Vi·sa/Vi·sen*; ein Eintrag (*meist* ein Stempel) im Reisepass, mit dem jemandem erlaubt wird, in einen Staat zu reisen ⟨ein Visum beantragen; ein Visum läuft ab⟩ || K- Visum(s)pflicht

vi·tal [v-] *Adjektiv* **1** gesund und voller Kraft und Energie ⟨ein Mensch⟩ **2** *nur vor dem Substantiv, nicht als Adverb; förmlich*; sehr wichtig für das Leben ≈ lebenswichtig ⟨jemandes Bedürfnisse, Interessen⟩ || *zu* 1 **Vi·ta·li·tät** *die; -; nur Singular*

Vi·ta·min [v-] *das; -s, -e; oft Plural*; eine der Substanzen, die *bes* in Obst und Gemüse vorkommen und die für die Gesundheit von Menschen und Tieren sehr wichtig sind: *die Vitamine B und C* || K- Vitamingehalt, Vitaminmangel; vitaminarm, vitaminreich

Vit·ri·ne [v-] *die; -, -n*; eine Art Schrank aus Glas, in dem *meist* wertvolle Dinge sind: *Im Museum stehen Vitrinen mit römischen Münzen*

V

Vi·ze ['fi:tsə] *der; -s, -s; umg* ≈ Stellvertreter

Vi·ze- ['fi:tsə-] *im Substantiv* **1** verwendet, um auszudrücken, dass jemand der Stellvertreter einer wichtigen Person ist; der **Vizekanzler**, der **Vizekonsul**, der **Vizepräsident** **2** verwendet, um auszudrücken, dass jemand im Sport an zweiter Stelle kommt; der **Vizemeister**, der **Vizeweltmeister**

V-Mann ['fau̯-] *der; -(e)s, V-Män·ner/V-Leu·te*; jemand, der in einer kriminellen oder verbotenen Organisation ist, aber zu dem geheimen Zweck, die Polizei *usw* über diese zu informieren

Vo·gel A1 [f-] *der; -s, Vö·gel* **1** ein Tier mit Federn, Flügeln und einem Schnabel, das Eier legt und *meist* fliegen kann || K- Vogelart, Vogelei, Vogelgesang, Vogelkäfig, Vogelnest, Vogelschwarm || -K Raubvogel, Singvogel **2** *meist* **ein lustiger/komischer/seltsamer Vogel** *umg, meist humorvoll*; jemand, der lustig/komisch/seltsam ist || ID *meist* **Er/Sie hat einen Vogel** *umg abwertend*; er/sie hat seltsame, verrückte Ideen; **(jemandem) den/einen Vogel zeigen** mit dem Zeigefinger an die Stirn tippen, um einem anderen zu zeigen, dass man ihn für dumm hält

Vo·gel·grip·pe *die; -*; eine (Infektions)-Krankheit der Vögel, die auch auf den Menschen übertragen werden kann

vö·geln [f-] ; *vögelte, hat gevögelt; vulgär*; **(jemanden) vögeln**; **(mit jemandem) vögeln** mit jemandem Sex haben

Vo·ka·bel [v-] *die; -, -n*; ein einzelnes Wort (*meist* einer Fremdsprache) ⟨Vokabeln lernen⟩ || K- Vokabelheft

Vo·kal [v-] *der; -s, -e*; ein Laut, der so gebildet wird, dass der Atem ohne Hindernisse aus Kehle und Mund kommen kann, *z.B.* a, e, i, o, u ≈ Selbstlaut ↔ Konsonant

Vo·li·e·re [vo'li̯e:rə] *die; -, -n*; ein sehr großer Vogelkäfig (*meist* im Freien), in dem die Vögel fliegen können

Volk B1 [f-] *das; -(e)s, Völ·ker* **1** Menschen, die *meist* dieselbe Sprache, Kultur und Geschichte haben (und *meist* in einem Staat zusammenleben) ⟨ein freies Volk⟩: *das italienische, polnische Volk; die Völker Afrikas* || K- Völkerfreundschaft **2** *nur Singular*; alle Einwohner, Bürger eines Landes oder Staates ≈ Bevölkerung ⟨das Volk aufwiegeln; das Volk erhebt sich⟩ || K- Volksgesundheit, Volksschicht, Volkszählung **3** *nur Singular*; die unteren sozialen Schichten der Bevölkerung ⟨das einfache Volk; ein Mann aus dem Volke⟩ **4** *nur Singular; umg*; viele Menschen an einem Ort ≈ die Leute: *Das Volk hat sich auf dem Platz versammelt* **5** *nur Singular; abwertend*; Menschen, von denen man eine schlechte Meinung hat ⟨ein faules Volk⟩ **6** **junges Volk** junge Leute

Völ·ker·ball *der; -(e)s; nur Singular*; ein Ballspiel (*meist* von Kindern gespielt), bei dem zwei

Mannschaften, die in zwei Feldern stehen, versuchen, möglichst viele gegnerische Spieler mit dem Ball zu treffen

Vọ̈l·ker·recht *das; -(e)s; nur Singular;* das internationale Recht, das die Beziehungen zwischen einzelnen Staaten regelt || *hierzu* **vọ̈l·ker·recht·lich** *Adjektiv*

Vọlks·ab·stim·mung *die; -, -en;* die direkte Abstimmung der Bürger über eine wichtige politische Frage ≈ Plebiszit

Vọlks·be·geh·ren *das; -s, -; Politik;* der Antrag eines Teils der Bevölkerung, dass über eine wichtige politische Frage in einer Volksabstimmung entschieden werden sollte

Vọlks·fest *das; -(e)s, -e;* eine öffentliche Veranstaltung (im Freien), bei der es Karussells, Bierzelte, Losbuden *usw* gibt ≈ Jahrmarkt: *Das Oktoberfest in München ist ein Volksfest*

Vọlks|hoch·schu·le *die; -, -n;* eine Institution, in der Erwachsene Vorträge über verschiedene Themen hören und Kurse (*z.B.* in Fremdsprachen) besuchen können, um sich weiterzubilden; *Abkürzung* VHS

▶ Die Volkshochschule

An den Volkshochschulen wird eine große Auswahl an Veranstaltungen angeboten, die der Weiterbildung von Erwachsenen dienen. Sie finden meist abends statt und sind relativ preiswert, um so möglichst vielen Leuten den Zugang zu ermöglichen. Die Volkshochschulen werden meist von den Gemeinden geführt und finanziell von den Bundesländern unterstützt. Das Angebot reicht von Vorträgen über Kunst, Geschichte und Politik über Computer- und Sprachkurse bis zu Kursen für kreative Tätigkeiten, Gesundheitspflege und Studienreisen. Es ist auch möglich, sich an einer Volkshochschule beruflich weiterzubilden.

LANDESKUNDE

Vọlks·krank·heit *die; -, -en;* eine Krankheit, die in der Bevölkerung sehr verbreitet ist: *Rheuma ist eine Volkskrankheit*

Vọlks·kun·de *die; -; nur Singular;* die Wissenschaft, die sich mit der Kultur und dem Leben eines Volkes (*bes* auch bestimmter sozialer Schichten) beschäftigt || *hierzu* **vọlks·kund·lich** *Adjektiv*

Vọlks·lied *das; -(e)s, -er;* ein altes, *meist* relativ einfaches Lied, das im Volk überliefert wurde

Vọlks·mu·sik *die; -; nur Singular;* eine Musik (*meist* mit einfachen Liedern), die *bes* für eine Gegend typisch ist

Vọlks·schu·le *die; -, -n;* früher übliche Bezeichnung für die Grundschule und die Hauptschule

Vọlks·tanz *der; -es, -tän·ze;* ein (traditioneller) Tanz, der *bes* für eine Gegend typisch ist: *böhmische Volkstänze*

Vọlks|trau·er·tag *der; -(e)s, -e; meist Singular;* Ⓓ der Sonntag vor dem 1. Advent, an dem man *bes* an die Toten beider Weltkriege und die Opfer des Nationalsozialismus denkt

vọlks·tüm·lich *Adjektiv* **1** beim Volk (2) beliebt ⟨ein Lied, ein Schauspieler⟩ **2** leicht zu verstehen ⟨ein Vortrag⟩

Vọlks·ver·dum·mung *die; -; nur Singular; umg abwertend;* die Handlung, (als Politiker) Probleme zu einfach und falsch darzustellen

Vọlks·ver·het·zung *die; -; nur Singular; abwertend;* der Versuch, durch Reden *o.Ä.* bei den Bürgern Hass gegen bestimmte Menschen zu erzeugen

Vọlks·wirt·schaft *die; -, -en* **1** die gesamte Wirtschaft eines Staates || K Volkswirtschaftslehre **2** *nur Singular;* die Wissenschaft, die untersucht, wie die Wirtschaft eines Staates funktioniert || *hierzu* **vọlks·wirt·schaft·lich** *Adjektiv;* zu 2 **Vọlks·wirt** *der; -(e)s, -e;* **Vọlks·wir·tin** *die; -, -nen*

vọll [f-], *voller, vollst-; Adjektiv* **1** in einem solchen Zustand, dass nichts oder niemand mehr zusätzlich Platz hat ↔ leer ⟨ein Glas, ein Koffer; ein Bus, ein Stadion; den Mund, die Hände voll haben⟩ || ↑ Abbildung unter **lang** **2** **voll** + *Substantiv;* **voller** + *Substantiv;* verwendet, um auszudrücken, dass sich viele Personen/Dinge irgendwo befinden: *ein Korb voll/voller Äpfel; Das Stadion war voll/voller Menschen* || Hinweis: in bestimmten Wendungen steht nur *voll*: *ein Glas voll Wein; eine Tasse voll Kaffee* **3** ≈ vollständig, komplett: *die volle Wahrheit sagen/Verantwortung übernehmen; Ich habe eine volle Stunde gewartet; mit Koffern voll bepackt sein; ein voll besetzter Bus* || K vollautomatisch, vollbepackt, vollbesetzt **4** **voll sein** *umg* ≈ satt sein **5** **voll sein** *umg;* völlig betrunken sein **6** *beschönigend* ≈ dick ⟨ein Gesicht; voller werden⟩ **7** *nicht als Adverb* ≈ dicht (gewachsen) ⟨*meist* volles Haar haben⟩ **8** kräftig und laut ⟨ein Klang, Töne; etwas tönt voll⟩ **9** *nur als Adverb; umg* ≈ vollkommen, sehr: *Das Lied bringts voll!* (= ist sehr gut) **10** **voll und ganz** ≈ völlig, ohne Einschränkung: *Ich kann dich voll und ganz verstehen* || ID **jemanden/etwas nicht für 'voll nehmen (können)** *umg* ≈ jemanden/etwas nicht ernst nehmen (können); **aus dem 'Vollen schöpfen (können)** etwas, das in großer Menge da ist, verwenden können

voll- [f-] *im Verb; betont und trennbar;* Die Verben mit *voll-* werden nach folgendem Muster gebildet: *vollstopfen - stopfte voll - vollgestopft;* drückt aus, dass dabei etwas voll (1) wird; ⟨ein Glas⟩ **vollgießen**; ⟨den Wagen⟩ **vollladen, volltanken**; ⟨ein Blatt Papier⟩ **vollmalen, vollschreiben**; **sich vollfressen, (mit etwas) vollstopfen**; ⟨ein Schwamm⟩ **saugt sich voll**

-voll *im Adjektiv; nach Substantiv;* so, dass das Genannte (in großer Zahl oder in hohem Maße) vorhanden ist; **liebevoll, mitleidsvoll** ⟨eine Person⟩; **qualvoll** ⟨ein Tod⟩; **respektvoll, rücksichtsvoll** ⟨ein Verhalten⟩; **sehnsuchtsvoll** ⟨ein Blick⟩; **taktvoll** ⟨schweigen⟩

Voll·bart *der; -(e)s, -bär·te;* ein Bart, der das Kinn, die Oberlippe und die Backen bedeckt || *hierzu* **voll·bär·tig** *Adjektiv*

Voll·be·schäf·ti·gung *die; -; nur Singular;* der Zustand der Wirtschaft, in dem (fast) alle Arbeit haben oder finden ⟨es herrscht Vollbeschäftigung⟩

Voll·be·sitz *der; nur in* **im Vollbesitz seiner (geistigen) Kräfte** *förmlich;* in einem Zustand, in dem man logisch und klar denken kann

voll·brin·gen; *vollbrachte, hat vollbracht;* **etwas vollbringen** *förmlich;* etwas (Wichtiges, Außergewöhnliches) tun ⟨eine Meisterleistung, ein gutes Werk vollbringen⟩

Voll·dampf *(der); nur in* **mit Volldampf** *umg;* mit höchster Geschwindigkeit, mit aller Energie ⟨mit Volldampf voraus⟩

Völ·le·ge·fühl *das; -(e)s; nur Singular;* das Gefühl, dass der Magen (unangenehm) voll ist ⟨(ein) Völlegefühl haben⟩

voll·en·den; *vollendete, hat vollendet;* **etwas vollenden** *förmlich;* etwas, das man angefangen hat, erfolgreich abschließen ⟨einen Bau, ein Werk vollenden⟩ || *hierzu* **Voll·en·dung** *die; -, -en; meist Singular*

voll·ends *Adverb;* völlig, ganz und gar: *Jetzt hast du mich vollends aufgeweckt!; Jetzt ist sie vollends beleidigt*

vol·ler **1** *Komparativ;* ↑ **voll** **2** *Adjektiv; nur vor dem Substantiv, indeklinabel* ≈ voll (2)

Völ·le·rei *die; -, -en; meist Singular; förmlich abwertend;* übermäßiges Essen und Trinken

Vol·ley·ball B2 ['vɔli-] *der; -(e)s, -bäl·le* **1** *ohne Artikel, nur Singular;* ein Ballspiel, bei dem zwei Mannschaften versuchen, einen Ball mit den Händen über ein Netz zu spielen ⟨Volleyball spielen⟩ || K- Volleyballfeld, Volleyballmannschaft **2** der Ball, der beim Volleyball verwendet wird

voll·füh·ren; *vollführte, hat vollführt;* **etwas vollführen** etwas (*bes* eine schwierige körperliche Bewegung) ausführen ⟨einen Sprung, Freudentänze, ein Kunststück vollführen⟩

Voll·gas *(das); -es; nur Singular; meist in* **1** **Vollgas geben** so auf das Gaspedal treten, dass ein Fahrzeug sehr schnell fährt **2** **(mit) Vollgas fahren** so schnell fahren wie möglich

völ·lig *Adjektiv; nur vor dem Substantiv oder als Adverb;* im höchsten möglichen Maß, Grad ≈ ganz, vollständig: *Es herrschte völlige Stille; Das habe ich völlig vergessen!; Es ist mir völlig egal, ob du das glaubst oder nicht; Er war völlig betrunken*

voll·jäh·rig *Adjektiv; nicht als Adverb;* in dem Alter, ab dem man *z.B.* wählen darf, ohne Erlaubnis der Eltern handeln kann || *hierzu* **Voll·jäh·rig·keit** *die; -; nur Singular*

voll·kom·men *Adjektiv* **1** ohne Fehler oder Schwächen ≈ perfekt: *Kein Mensch ist vollkommen* **2** ≈ völlig, vollständig ⟨vollkommener Unsinn⟩: *Ich bin vollkommen deiner Meinung* || *zu* 1 **Voll·kom·men·heit** *die; -; nur Singular*

Voll·korn *das; nur Singular;* gemahlenes Getreide, das alle Teile der Körner enthält || K- Vollkornbrot

voll·ma·chen *(hat) umg* **1** **etwas vollmachen** etwas ganz füllen: *die Gießkanne vollmachen* **2** **jemanden/sich/etwas vollmachen** jemanden/sich/etwas mit etwas schmutzig machen: *Du hast dich mit Marmelade vollgemacht!* **3** *meist* ⟨ein Baby, ein Kind⟩ **macht die Hosen voll** ein Baby oder ein kleines Kind lässt Kot, Urin in die Hose oder die Windeln kommen

Voll·milch *die; -; nur Singular;* Milch, die ca. 3,5% Fett hat || K- Vollmilchschokolade

Voll·mond *der; -(e)s; nur Singular;* der Mond, wenn man ihn als runde Scheibe sieht ⟨es ist, wir haben Vollmond⟩

Voll·nar·ko·se *die; -, -n;* eine Narkose, bei der jemand bewusstlos ist ↔ örtliche Betäubung

Voll·pen·si·on B1 *die; -; nur Singular;* Unterkunft, Frühstück, Mittag- und Abendessen in einem Hotel ⟨ein Zimmer mit Vollpension⟩

Voll·rausch *der; -es, -räu·sche;* der Zustand, in dem jemand völlig betrunken ist

voll·schlank *Adjektiv; beschönigend* ≈ dick ⟨eine Frau, eine Figur⟩ || Hinweis: *meist* für

Frauen verwendet

vọll·stän·dig *Adjektiv* **1** so, dass kein Teil fehlt ≈ komplett ⟨ein Verzeichnis; Angaben⟩: *eine vollständige Ausgabe der Werke Goethes* **2** ≈ völlig, total: *Die Stadt wurde durch das Erdbeben fast vollständig zerstört* || *zu* 1 **Vọll·stän·dig·keit** *die; -; nur Singular*

voll·strẹ·cken; *vollstreckte, hat vollstreckt; meist* **ein Urteil, eine Strafe wird (an jemandem) vollstreckt** das Urteil eines Gerichts wird in die Tat umgesetzt || *hierzu* **Voll·strẹ·ckung** *die; -, -en*

Vọll·tref·fer *der; -s, -;* **1** ein Schlag oder Schuss mitten ins Ziel: *Der Boxer landete einen Volltreffer* **2** *umg;* etwas, das sehr viel Erfolg hat ≈ Hit, Schlager: *Seine neue Schallplatte ist ein Volltreffer*

Vọll·ver·samm·lung *die; -, -en;* eine Versammlung, an der alle Mitglieder einer Organisation *o.Ä.* teilnehmen können ⟨eine Vollversammlung einberufen⟩

vọll·wer·tig *Adjektiv; meist vor dem Substantiv;* mit dem gleichen Wert oder mit der gleichen Bedeutung wie eine andere Person oder Sache ≈ gleichwertig ⟨ein Ersatz⟩

vọll·zäh·lig *Adjektiv; meist nach dem Substantiv* ≈ komplett: *Die Mannschaft war vollzählig*

voll·zie·hen; *vollzog, hat vollzogen* **1** **etwas vollziehen** (*meist* als Beamter *o.Ä.*) eine *meist* formelle, offizielle Handlung ausführen ⟨eine (Amts)Handlung, die Trauung vollziehen⟩ **2** **etwas vollzieht sich** etwas geschieht in einem bestimmten Zeitraum ⟨ein Wandel, eine Entwicklung, ein Prozess⟩ || *zu* 1 **Voll·zug** *der; -(e)s, -zü·ge*

Vo·lon·tär [v-] *der; -s, -e; meist* jemand, der (für wenig Geld) als eine Art Praktikant arbeitet, um praktische Erfahrung in einem Beruf zu bekommen || *hierzu* **Vo·lon·tä·rin** *die; -, -nen*

Vo·lon·ta·ri·at [v-] *das; -(e)s, -e* **1** die Zeit, in der jemand als Volontär arbeitet **2** die Stelle eines Volontärs

Vọlt [v-] *das; -(e)s, -;* die (Maß)Einheit der elektrischen Spannung; *Abkürzung* V: *Die Spannung beträgt 220 Volt* || Hinweis: ↑ **Watt**

Vo·lu·men [v-] *das; -s, -/Vo·lu·mi·na* **1** der Inhalt eines Körpers (der in Kubikzentimetern, Kubikmetern *usw* gemessen wird): *das Volumen eines Würfels berechnen* **2** die gesamte Menge von etwas innerhalb eines bestimmten Zeitraums || -K Exportvolumen

vọm [f-] *Präposition mit Artikel;* von dem || Hinweis: *vom* kann nicht durch *von dem* ersetzt werden in Wendungen wie: *vom Lande stammen, vom Fach sein; Der Wind weht vom Meer*

vọn A2 [f-] *Präposition; mit Dativ* **1** aus der genannten Position zum Sprecher hin ⟨von links, von rechts, von hinten, von vorn, von der Seite, von oben, von unten⟩: *Das andere Auto kam von links* **2** verwendet mit Präpositionen wie *nach, bis* oder *zu*, um den Anfangs- und den Endpunkt zu bezeichnen: **von … nach**: *von München nach Stuttgart fahren;* **von … bis**: *ein Buch von Anfang bis Ende lesen; Das Festival dauerte von Freitag bis Sonntag;* **von … zu**: *von einer Seite zur anderen springen* **3** verwendet zusammen mit bestimmten Präpositionen oder Adverbien, um einen räumlichen (Bezugs)Punkt anzugeben, *z.B.*: **von … an**: *von hier an sind es nur noch 100 Meter bis zum Bahnhof;* **von … aus**: *von Genua aus mit dem Schiff weiterreisen;* **von … ab**: *Lies den Text von hier ab bitte noch einmal!;* **von … her**: *Von der Straße her hörte man lautes Lachen;* **links von …**: *Er stand links von mir* **4** verwendet mit bestimmten Präpositionen oder Adverbien, um einen zeitlichen (Bezugs)Punkt anzugeben: **von … an**: *Er musste von Jugend an schwer arbeiten;* **von … ab**: *Von morgen ab rauche ich nicht mehr;* **von … her**: *Er kennt sie von der Schulzeit her* **5** verwendet, um den Vorgang des Trennens, Wegnehmens zu bezeichnen: *ein Stück von der Wurst abschneiden; einen Topf vom Herd nehmen* **6** verwendet, um anzugeben, wer etwas getan, gemacht, geschickt hat: *ein Brief von meiner Schwester* **7** verwendet, um Maße, Größen *o.Ä.* anzugeben: *ein Schrank von drei Meter Länge; eine Reise von zwei Tagen* **8** verwendet, um eine Eigenschaft anzugeben: *eine Frau von besonderer Klugheit; eine Nachricht von großer Wichtigkeit* **9** verwendet, um einen Teil eines Ganzen zu bezeichnen: *Jeder von uns hat seine Fehler; 10 Prozent (%) von 200 sind 20* **10** ≈ aufgrund, wegen: *müde von der Arbeit sein* **11** verwendet in Passivkonstruktionen, um anzugeben, wer die Handlung ausführt: *Der Schüler wurde vom Lehrer getadelt; Das Baby wird von der Mutter gefüttert* **12** verwendet, um ein Verhältnis des Besitzes oder ein persönliches Verhältnis auszudrücken: *Er ist ein Freund von mir; Sie ist Mutter von drei Söhnen* || Hinweis: Die Verbindung mit *von* anstatt des Genitivs ist (*bes* bei Eigennamen und bei Pluralformen) häufig in der gesprochenen Sprache zu finden: *das Auto von meinem Bruder* (= das Auto meines Bruders) **13** verwendet, um ein Verb, ein Substantiv oder ein Adjektiv zu ergänzen: *finanziell von den Eltern abhängig sein; von* *etwas berichten; das Märchen von Hänsel und Gretel*

von·ei·nạn·der *Adverb;* eine Person/Sache von der anderen (drückt eine Gegenseitigkeit aus): *Wir hatten lange nichts mehr voneinander gehört; Wir mussten uns bald wieder voneinander verabschieden*

von·nö̲·ten *nur in* **etwas ist vonnöten** *förmlich;* etwas wird dringend gebraucht, ist nötig: *Eile ist hier vonnöten*

von·stạt·ten·ge·hen; *ging vonstatten, ist vonstattengegangen;* **etwas geht irgendwie vonstatten** *förmlich;* etwas läuft irgendwie ab: *Die Bauarbeiten gehen zügig vonstatten*

vor[1] A2 [fo:ɐ̯] *Präposition* **1** *mit Dativ;* bezeichnet die Position der vorderen Seite von jemandem/etwas gegenüber ↔ hinter: *vor dem Spiegel stehen; vor dem Haus ist ein Zaun* **2** *mit Dativ;* bezeichnet die Position zwischen der genannten Person/Sache und einem gedachten Punkt weiter vorne: *Im Kino saß ein großer Mann in der Reihe vor mir* **3** *mit Akkusativ;* drückt aus, dass eine Bewegung zur Vorderseite von etwas führt *bzw* an eine Position zwischen einem bestimmten Punkt und jemandem/etwas: *Er setzte sich vor den Fernseher; Sie stellte die Blumen vors (= vor das) Fenster* **4** *mit Dativ;* zeitlich früher als etwas anderes ↔ nach: *sich vor dem Essen die Hände waschen; vor langer Zeit; Es ist zehn (Minuten) vor elf (Uhr)* (= 10^{50} Uhr) **5** *mit Dativ;* in einer Reihenfolge früher als andere ↔ nach: *Er erreichte das Ziel vor seinem Konkurrenten; Halt, ich komme vor dir dran!* **6** *mit Dativ;* in Gegenwart, in Anwesenheit von (jemandem): *Der Lehrer lobte Robert vor allen Mitschülern* **7** *mit Dativ; ohne Artikel;* verwendet, um den Grund für eine Handlung anzugeben: *vor Angst, Kälte zittern; vor Schmerzen stöhnen* **8** *mit Dativ;* verwendet, um an ein Verb oder an ein Substantiv eine Ergänzung anzuschließen: *sich vor einem bissigen Hund fürchten; die Angst vor dem bissigen Hund*

vor[2] A2 [fo:ɐ̯] *Adverb;* nach vorn, vorwärts: *Freiwillige vor!; einen Schritt vor machen*

vo̲r- B2 *im Verb; betont und trennbar;* Die Verben mit *vor-* werden nach folgendem Muster gebildet: *vorgehen - ging vor - vorgegangen* **1** drückt eine Bewegung nach vorn aus; **vorfahren, vorgehen, vorlaufen, vortreten** **2** drückt aus, dass eine Handlung früher stattfindet als geplant oder als die eigentliche Haupthandlung; **vorarbeiten**; ⟨den Backofen⟩ **vorheizen**; ⟨für den nächsten Tag⟩ **vorkochen**; ⟨einen Termin⟩ **etwas vorverlegen**; ⟨einen Patienten⟩ **vorziehen** **3** etwas so tun, wie es andere nachmachen sollen; **(jemandem) etwas vorlesen, vorsingen, vorschreiben, vorsprechen, vorturnen**

Vo̲r·abend *der; -s, -e* **1** **der Vorabend** *(+ Genitiv)* der Abend vor einem Tag, an dem ein besonderes (festliches) Ereignis stattfindet: *am Vorabend ihrer Hochzeit* **2** **der Vorabend** *+ Genitiv;* die Zeit kurz vor einem wichtigen historischen Ereignis: *am Vorabend der Französischen Revolution*

Vo̲r·ah·nung *die; -, -en;* das Gefühl, dass etwas *(meist* Unangenehmes) passieren wird ⟨Vorahnungen haben; jemanden befällt eine (böse) Vorahnung⟩

vo·rạn *Adverb;* an der Spitze (einer Gruppe) ≈ vor jemandem/etwas her

vo·rạn|kom·men; *kam voran, ist vorangekommen* **1** einem Ziel näher kommen: *Im tiefen Schnee kamen wir nur langsam voran* **2** **jemand/etwas kommt voran** jemand/etwas macht Fortschritte: *Wie kommst du mit der Arbeit voran?*

vo·rạn|stel·len; *stellte voran, hat vorangestellt;* **etwas etwas** *(Dativ)* **voranstellen** etwas an den Anfang von etwas stellen: *einem Vortrag einige Bemerkungen voranstellen*

Vo̲r·ar·beit *die; -, -en;* eine Arbeit, durch die eine größere Arbeit vorbereitet wird ⟨gute Vorarbeit leisten⟩

vo̲r·ar·bei·ten *(hat)* **1** eine Zeit lang an etwas länger arbeiten, damit man später mehr Zeit für etwas anderes hat ⟨einen Tag vorarbeiten⟩ **2** **sich vorarbeiten** sich sehr anstrengen, um einen Ort oder eine bessere Position zu erreichen: *Der Rennfahrer hat sich vom sechsten auf den vierten Platz vorgearbeitet*

Vo̲r·ar·bei·ter *der; -s, -;* der Leiter einer Gruppe von Arbeitern || *hierzu* **Vo̲r·ar·bei·te·rin** *die; -, -nen*

vo·raus [fo'raus] *Adverb* **1** **(jemandem/etwas) voraus** an der Spitze (einer Gruppe) **2** **jemand/etwas ist jemandem/etwas voraus** jemand/etwas ist viel klüger, schneller, fortschrittlicher als jemand/etwas: *Einstein war in seinem Denken seiner Zeit weit voraus*

Vo·raus ['fo:raus] *nur in* **im Voraus** früher, als es sein müsste ⟨etwas im Voraus bezahlen⟩

vo·raus- *im Verb; betont und trennbar;* Die Verben mit *voraus-* werden nach folgendem Muster gebildet: *vorausgehen - ging voraus - vorausgegangen* **1** drückt aus, dass sich jemand/etwas in die gleiche Richtung wie jemand anderer/etwas anderes bewegt, vor ihm her; **vorausfahren, vorausgehen, vorauslaufen; jemanden/etwas vorausschicken** 2 drückt aus, dass etwas früher getan wird, als es sein müsste; **etwas vorausbezahlen, vorausplanen, vorauszahlen**

vo·raus·ah·nen *(hat)* **etwas vorausahnen** fühlen, dass etwas (*meist* Unangenehmes) passieren wird ⟨ein Unglück vorausahnen⟩

vo·raus·be·rech·nen *(hat)* **etwas vorausberechnen** berechnen, wie etwas sein oder verlaufen wird: *die Bahn eines Satelliten vorausberechnen*

vo·raus·ge·setzt B2 *Konjunktion; nur in* **vorausgesetzt (, dass ...)** verwendet, um einen Nebensatz einzuleiten, der eine Bedingung enthält ≈ unter der Bedingung, dass ...: *Morgen fahren wir zum Baden, vorausgesetzt, dass es nicht regnet/vorausgesetzt, es regnet nicht*

vo·raus·ha·ben *(hat)* **jemandem/etwas etwas voraushaben** in Bezug auf etwas Bestimmtes besser sein als andere: *Er hat seinem Konkurrenten die Erfahrung voraus*

Vo·raus·sa·ge *die; -, -n;* **eine Voraussage (über etwas** (*Akkusativ*)**)** eine Aussage über ein Ereignis in der Zukunft ⟨Voraussagen machen⟩ || *hierzu* **vo·raus·sa·gen** *(hat);* **vo·raus·sag·bar** *Adjektiv*

vo·raus·se·hen *(hat)* **etwas voraussehen** ahnen oder sehen können, wie etwas werden oder sich entwickeln wird ≈ abschätzen ⟨eine Entwicklung voraussehen⟩: *Es war vorauszusehen, dass dieses Projekt scheitern würde* || *hierzu* **vo·raus·seh·bar** *Adjektiv*

vo·raus|set·zen *(hat)* 1 **etwas voraussetzen** glauben, dass etwas sicher oder vorhanden ist: *Ich setze voraus, dass es funktioniert* 2 **jemand/etwas setzt etwas voraus** jemand/etwas verlangt etwas als notwendige Bedingung für etwas: *Diese Tätigkeit setzt gute EDV-Kenntnisse voraus*

Vo·raus·set·zung *die; -, -en* 1 etwas, das man als Grundlage für das weitere Tun, für seine Überlegungen *usw* nimmt ≈ Annahme ⟨von falschen Voraussetzungen ausgehen⟩ 2 **die Voraussetzung (für etwas)** etwas, das unbedingt vorhanden sein muss, um etwas anderes möglich zu machen ⟨die Voraussetzungen sind gegeben; unter der Voraussetzung, dass ...⟩

Vo·raus·sicht *die; -; nur Singular; meist in* 1 **aller Voraussicht nach** ≈ wahrscheinlich 2 **in weiser Voraussicht** *umg humorvoll;* weil man das Gefühl hat, dass sich etwas in bestimmter Weise entwickeln werde: *In weiser Voraussicht habe ich meinen Regenschirm mitgenommen*

vo·raus·sicht·lich *Adjektiv; nur vor dem Substantiv oder als Adverb;* sehr wahrscheinlich: *Der Zug hat voraussichtlich fünf Minuten Verspätung*

Vor|aus·wahl *die; -, -en; meist Singular;* die erste Auswahl aus einer Gruppe, bevor die eigentliche (endgültige) Auswahl stattfindet ⟨eine Vorauswahl treffen⟩

vor·bau·en *(hat)* **(etwas** (*Dativ*)**) vorbauen** so handeln, dass man vor möglichen Gefahren oder Schäden sicher ist

Vor·be·din·gung *die; -, -en* ≈ Voraussetzung (2)

Vor·be·halt *der; -(e)s, -e;* **ein Vorbehalt (gegen jemanden/etwas)** eine Tatsache, die bekannt ist und die eine sonst positive Einstellung zu jemandem/etwas schwächer macht ≈ Bedenken ⟨Vorbehalte haben; etwas mit, ohne Vorbehalt tun⟩ || *hierzu* **vor·be·halt·los** *Adjektiv*

vor·be·hal·ten *; behält vor, behielt vor, hat vorbehalten;* **sich** (*Dativ*) **etwas vorbehalten** sich das Recht nehmen, etwas Bestimmtes noch zu tun, weil man mit etwas nicht völlig einverstanden ist ⟨sich gerichtliche Schritte (gegen jemanden) vorbehalten⟩ || *hierzu* **vor·be·halt·lich** *Adjektiv; förmlich*

vor·bei A2 *Adverb* 1 **(an jemandem/etwas) vorbei** so, dass sich jemand/etwas in gerader Richtung näher zu einer Person/Sache bewegt und sich dann wieder von ihr entfernt: *Bevor wir winken konnten, war der Bus schon wieder an uns vorbei* 2 zu Ende: *Der Sommer, der Sturm, die Gefahr ist vorbei*

vor·bei- B2 *im Verb; betont und trennbar;* Die Verben mit *vorbei-* werden nach folgendem Muster gebildet: *vorbeigehen - ging vorbei - vorbeigegangen;* drückt aus, dass sich jemand/etwas in gerader Richtung näher zu einer Person/Sache bewegt und sich dann wieder von ihr entfernt; ⟨ein Weg⟩ **führt irgendwo vorbei; an jemandem/etwas vorbeilaufen, vorbeimarschieren, vorbeirennen, vorbeiziehen jemanden/etwas (an sich** (*Dativ*)**) vorbeilassen, an jemandem/etwas vorbeischaffen**

vor·bei|ge·hen *(ist)* 1 **(an jemandem/etwas) vorbeigehen** an eine bestimmte Stelle kommen und weitergehen: *Als ich sie auf der Straße traf, ging sie wortlos an mir vorbei* 2 **etwas geht (an jemandem/etwas) vorbei** etwas kommt an eine bestimmte Stelle und führt weiter: *Unser Weg ging an der Kirche vorbei zum Rathaus* 3 **etwas geht vorbei**

etwas geht zu Ende, vorüber ⟨die Schmerzen, das Leid, der Kummer⟩

vor·bei|kom·men *(ist)* **1** **(an jemandem/etwas) vorbeikommen** an eine bestimmte Stelle kommen und weitergehen oder weiterfahren: *Auf der Fahrt bin ich an einem Unfall vorbeigekommen* **2** **(an jemandem/etwas) vorbeikommen** an einer engen Stelle, an einem Hindernis weitergehen oder weiterfahren können: *Stell das Auto nicht in die Einfahrt, sonst kommt keiner mehr vorbei!* **3** **(bei jemandem) vorbeikommen** *umg;* einen kurzen Besuch machen

vor·bei·schau·en *(hat)* **(bei jemandem) vorbeischauen** *umg;* jemanden kurz besuchen: *Ich schaue morgen früh mal kurz bei dir vorbei, bevor ich zur Arbeit gehe*

vor·be·las·tet *Adjektiv; nicht als Adverb;* von Anfang an durch etwas Negatives belastet ⟨eine Beziehung; erblich vorbelastet sein⟩

Vor·be·mer·kung *die; -, -en; meist* einige (einleitende) Sätze am Anfang eines Buches oder eines Vortrags

vor·be·rei·ten; *bereitete vor, hat vorbereitet* **1** **etwas vorbereiten** die notwendigen Arbeiten schon machen, damit später etwas schneller und besser abläuft ⟨das Essen, ein Fest, eine Reise vorbereiten; eine Rede gut vorbereiten⟩ **2** **sich/jemanden (auf etwas** *(Akkusativ)*) **vorbereiten** (vor einer Prüfung, einem Wettkampf) die notwendigen Arbeiten machen, damit man/jemand sein Bestes leisten kann: *einen Sportler intensiv auf einen Wettkampf vorbereiten; Er war (auf alle Fragen) gut vorbereitet* || *zu* 1 **Vor·be·rei·tung** *die; -, -en*

Vor·be·spre·chung *die; -, -en;* eine Besprechung zur Vorbereitung auf etwas oder auf die eigentliche Besprechung: *eine kurze Vorbesprechung mit seinem Chef haben*

vor·be·stel·len; *bestellte vor, hat vorbestellt;* **etwas vorbestellen** ≈ bestellen || *hierzu* **Vor·be·stel·lung** *die; -, -en*

vor·be·straft *Adjektiv; nicht als Adverb;* bereits früher wegen einer Straftat verurteilt || *hierzu* **Vor·be·straf·te** *der/die; -n, -n*

vor·beu·gen *(hat)* **1** **etwas** *(Dativ)* **vorbeugen** durch bestimmte Maßnahmen oder durch ein bestimmtes Verhalten verhindern, dass etwas Negatives geschieht ⟨einer Krankheit, einer Gefahr, einem Streit vorbeugen⟩: *vorbeugende Maßnahmen ergreifen* || K- Vorbeugemaßnahme **2** **sich vorbeugen** den Oberkörper nach vorne bewegen || *zu* 1 **Vor·beu·gung** *die; -; nur Singular*

Vor·bild *das; -(e)s, -er;* **ein Vorbild (für jemanden)** eine Person, die man (wegen ihrer guten Eigenschaften oder Fähigkeiten) so bewundert, dass man so werden will wie sie ⟨sich jemanden zum Vorbild nehmen⟩ || *hierzu* **vor·bild·lich** *Adjektiv*

Vor·bil·dung *die; -; nur Singular;* Wissen und Fähigkeiten, die man schon hat, bevor man *meist* einen Beruf oder eine Ausbildung beginnt ≈ Vorkenntnisse, Vorwissen

vor·brin·gen *(hat)* **etwas vorbringen** etwas (mit Nachdruck, gezielt) sagen, äußern ⟨eine Frage, eine Anschuldigung (gegen jemanden), ein Anliegen vorbringen⟩

vor·de·r- B2 [f-] *Adjektiv; nur vor dem Substantiv, nicht als Adverb, ohne Komparativ;* so, dass jemand/etwas vorne ist ↔ hinter-: *die vorderen Räder des Autos; einen Platz in der vordersten Reihe haben* || K- Vorderachse, Vorderbein, Vorderrad, Vorderseite, Vordersitz, Vordertür || *hierzu* **Vor·de·re** *der/die; -n, -n*

Vor·der·grund *der; -(e)s, -grün·de;* der Teil eines Raumes oder Bildes, der näher beim Betrachter liegt ↔ Hintergrund || ID **jemand/etwas steht im Vordergrund** jemand/etwas ist sehr wichtig und wird von allen beachtet; **jemand/etwas tritt in den Vordergrund** jemand/etwas wird sehr wichtig

vor·der·grün·dig *Adjektiv* **1** ohne einen tieferen Sinn ≈ oberflächlich ↔ anspruchsvoll, tiefsinnig ⟨eine Geschichte, ein Film⟩ **2** so, dass man die eigentliche Absicht sofort erkennt ≈ leicht durchschaubar ⟨ein Argument, eine Frage, ein Verhalten⟩

vor·drin·gen *(ist)* **1** **in etwas** *(Akkusativ)* **vordringen** Hindernisse und Widerstände überwinden und irgendwohin kommen ≈ in etwas vorstoßen: *in den Weltraum, in unerforschte Gebiete vordringen; Die Forscher drangen nur langsam in den Urwald vor* **2** **etwas dringt vor** etwas erfasst neue Gebiete ≈ etwas breitet sich aus

vor·dring·lich *Adjektiv; förmlich;* sehr wichtig und deshalb als Erstes zu behandeln ⟨eine Angelegenheit, ein Problem, eine Aufgabe; etwas vordringlich behandeln⟩

Vor·druck *der; -(e)s, -e* ≈ Formular

vor·ei·lig *Adjektiv;* zu schnell und ohne gründliche Überlegung ⟨ein Entschluss, ein Schritt; etwas voreilig entscheiden; voreilig handeln⟩

vor·ei·nan·der *Adverb;* jeder dem anderen gegenüber ⟨Personen haben Angst, Hochachtung, Respekt voreinander⟩: *Sie verbargen* *ihre wahren Gefühle voreinander*

vor·ein·ge·nom·men *Adjektiv; förmlich;* **(gegen jemanden/etwas) voreingenommen; (jemandem/etwas gegenüber) voreingenommen** so, dass man schon eine *meist* negative Meinung hat und deshalb nicht objektiv, fair ist || *hierzu* **Vor·ein·ge·nom·men·heit** *die; -; nur Singular*

vor·erst *Adverb;* erst einmal ≈ vorläufig, zunächst (einmal): *vorerst ändert sich nichts*

Vor·fahr *der; -en, -en,* **Vor·fah·re** *der; -n, -n;* jemand, der vor langer Zeit gelebt hat und mit dem man über die Eltern, Großeltern *usw* verwandt ist: *Viele seiner Vorfahren waren Musiker*

Vor·fahrt B2 *die; -; nur Singular;* das Recht (in einer Verkehrssituation), als Erster fahren zu dürfen ⟨die Vorfahrt beachten, verletzen; jemandem die Vorfahrt nehmen⟩: *Wer von rechts kommt, hat Vorfahrt* || K- Vorfahrtsschild

vor·fal·len *(ist)* **1** nach vorne fallen **2** **etwas fällt vor** etwas *meist* Unangenehmes, Peinliches oder Trauriges geschieht plötzlich ≈ etwas passiert: *Ihr seht alle so erschrocken aus, was ist denn vorgefallen?* || *zu* 2 **Vor·fall** *der; -(e)s, -fäl·le*

Vor·feld *das; -(e)s; nur Singular; meist in* **im Vorfeld (von etwas)** während etwas Wichtiges vorbereitet wird: *Im Vorfeld der Wahlen kam es zu Unruhen*

vor·fin·den *(hat)* **jemanden/etwas vorfinden** *meist* wenn man irgendwohin kommt, feststellen, dass jemand/etwas da ist (und in einem bestimmten Zustand ist): *viel Arbeit vorfinden; etwas so vorfinden, wie man es erwartet hatte*

Vor·freu·de *die; -; nur Singular;* **die Vorfreude (auf etwas** *(Akkusativ)***)** die Freude, die man hat, wenn man etwas Angenehmes erwartet ⟨die Vorfreude auf Weihnachten, auf die Ferien⟩

vor·füh·ren *(hat)* **1** **(jemandem) etwas vorführen** einem Publikum etwas zeigen ⟨einen Film, neue Modelle vorführen⟩ **2** **(jemandem) etwas vorführen** jemandem zeigen, wie man etwas macht, wie etwas funktioniert: *dem Kunden vorführen, wie man den Computer bedient* || *hierzu* **Vor·füh·rung** *die; -, -en*

Vor·gang *der; -(e)s, -gän·ge* **1** etwas, das geschieht oder geschehen ist ⟨ein einfacher, komplizierter Vorgang⟩ **2** ≈ Entwicklung, Prozess ⟨ein biologischer, historischer, natürlicher Vorgang⟩ **3** *förmlich;* alle Akten, die einen bestimmten Fall betreffen ⟨einen Vorgang bearbeiten⟩

Vor·gän·ger *der; -s, -;* **jemandes Vorgänger** jemand, der eine Stellung, ein Amt *o.Ä.* vor einem anderen hatte || *hierzu* **Vor·gän·ge·rin** *die; -, -nen*

vor·ge·ben *(hat)* **1** **etwas vorgeben** etwas behaupten, das nicht wahr ist (um sich zu entschuldigen oder um sein Verhalten zu erklären): *Er gibt vor, den Zeugen noch nie gesehen zu haben* **2** **(jemandem) etwas vorgeben** etwas als Richtlinie, Vorgabe bestimmen ⟨sich an die vorgegebenen Normen halten⟩

vor·ge·hen B2 *(ist)* **1** **eine Uhr geht vor** eine Uhr geht zu schnell und zeigt eine Zeit an, die später ist als die richtige Zeit: *Mein Wecker geht etwa 5 Minuten vor* **2** **etwas geht vor** etwas geschieht in einem bestimmten Augenblick: *Was geht hier eigentlich vor?; Keiner weiß, was in dem Kind vorgeht* (= was das Kind denkt) **3** **irgendwie vorgehen** in einer bestimmten Art und Weise etwas tun oder bestimmte Mittel anwenden ⟨brutal, energisch, geschickt, schlau, zögernd, raffiniert vorgehen⟩: *Um das Problem zu lösen, muss man schrittweise vorgehen* || K- Vorgehensweise **4** **gegen jemanden/etwas vorgehen** gegen jemanden/etwas einschreiten, kämpfen ⟨gerichtlich gegen jemanden vorgehen⟩: *Die Polizisten gingen mit Tränengas gegen die Demonstranten vor* **5** **jemand/etwas geht vor** jemand/etwas ist wichtiger als jemand/etwas anderes ≈ jemand/etwas hat Vorrang: *Sicherheit geht vor!* **6** **(irgendwohin) vorgehen** *umg;* nach vorne gehen ⟨bis zur vordersten Reihe vorgehen⟩ **7** *umg* ≈ vorausgehen: *Er hielt ihr die Türe auf und sagte: „Bitte, gehen Sie vor!"*

Vor·ge·setz·te *der; -n, -n;* jemand, der in einer Firma, beim Militär, in einem Amt *o.Ä.* einen höheren Rang hat und so bestimmt, was andere Personen machen müssen ⟨jemandes unmittelbarer Vorgesetzter⟩

vor·ges·tern A2 *Adverb;* an dem Tag, der vor gestern war ≈ vor zwei Tagen: *die Zeitung von vorgestern*

vor·grei·fen *(hat)* **1** **(jemandem) vorgreifen** *förmlich;* schneller oder früher als jemand anderer etwas sagen oder tun ≈ jemandem zuvorkommen: *Ich möchte Ihnen nicht vorgreifen, aber wir sollten zunächst vielleicht über die Finanzierung des Projekts sprechen* **2** **etwas** *(Dativ)* **vorgreifen** *förmlich;* zu schnell handeln, ohne etwas Bestimmtes abzuwarten (auf das man hätte warten sollen) ⟨einem

Beschluss, einer Entscheidung, einer Stellungnahme vorgreifen⟩ **3** bei einem Bericht oder einer Erzählung von etwas sprechen, das erst später kommen sollte ≈ etwas vorwegnehmen ‖ *zu* 2 und 3 **Vor·griff** *der; -(e)s, -e*

vor·ha·ben [B1] *hat vor, hatte vor, hat vorgehabt;* **etwas vorhaben** die Absicht haben, etwas zu tun: *Was hast du am Sonntag vor?; Er hat vor, sein Haus zu verkaufen*

Vor·ha·ben [B1] *das; -s, -; förmlich;* etwas, das man tun will ≈ Plan, Absicht ⟨ein schwieriges, umfangreiches Vorhaben; ein Vorhaben ausführen, verwirklichen; jemandem von einem Vorhaben abraten⟩ ‖ -K Bauvorhaben, Forschungsvorhaben

vor·hal·ten *(hat)* **1** **(jemandem/sich) etwas vorhalten** etwas vor jemanden/sich halten ⟨sich *(Dativ)* beim Gähnen die Hand vorhalten; jemandem einen Spiegel vorhalten⟩ **2** **jemandem etwas vorhalten** jemandem sehr direkt sagen, was er falsch gemacht hat ≈ jemandem etwas vorwerfen **3** **etwas hält** + *Zeitangabe* **vor** etwas reicht für eine bestimmte Zeit: *Das Essen hielt nicht lange vor* (= wir bekamen bald wieder Hunger)

Vor·hal·tung *die; -, -en; meist* **jemandem (wegen etwas) Vorhaltungen machen** ≈ jemandem Vorwürfe machen

vor·han·den *Adjektiv; nicht als Adverb;* so, dass es da ist, existiert: *Die vorhandenen Freikarten waren schnell vergeben; Vom Vermögen seines Vaters ist nichts mehr vorhanden* ‖ *hierzu* **Vor·han·den·sein** *das; -s; nur Singular*

Vor·hang [B1] *der; -(e)s, Vor·hän·ge* **1** ein langes Stück Stoff, das *meist* neben einem Fenster hängt und das man vor das Fenster ziehen kann ≈ Gardine **2** ein Vorhang vor der Bühne eines Theaters ⟨der Vorhang fällt, hebt sich⟩ ‖ ↑ Abbildung unter **Theater**

vor·her [B1] *Adverb;* vor dem jetzigen oder genannten Zeitpunkt ↔ nach ⟨kurz vorher; am Tag vorher; zwei Wochen vorher; etwas vorher sagen, wissen⟩: *Das hättest du vorher sagen müssen!; Konntest du dir das nicht vorher überlegen?*

vor·her·be·stimmt *Adjektiv; meist in* **es ist (jemandem) vorherbestimmt, dass ...** etwas ist jemandes Schicksal

Vor·herr·schaft *die; -; nur Singular; förmlich;* die Macht *bes* in der Politik, in der Wirtschaft oder in der Kultur (von der andere abhängig sind) ≈ Vormachtstellung ⟨die Vorherrschaft anstreben, ausüben, erlangen; um die Vorherrschaft kämpfen, streiten⟩

vor·herr·schen *(hat)* **etwas herrscht vor** etwas ist stärker oder weiter verbreitet als etwas Ähnliches ≈ etwas dominiert, überwiegt ⟨eine Ansicht, ein Geschmack, eine Meinung, eine Mode, ein Klima⟩

Vor·her·sa·ge *die; -, -n;* **eine Vorhersage (über etwas** *(Akkusativ)*) eine Aussage über zukünftige Entwicklungen: *Die Vorhersage über den Ausgang der Wahlen hat sich bestätigt* ‖ -K Wettervorhersage

vor·hin *Adverb;* vor wenigen Minuten, gerade (eben): *Vorhin schien noch die Sonne, und jetzt regnet es schon wieder*

Vor·hi·nein *Adverb; nur in* **im Vorhinein** schon vorher ≈ von vornherein ⟨etwas im Vorhinein ablehnen, verurteilen⟩

Vor·hut *die; -; nur Singular; Militär;* eine Gruppe von Soldaten, die der Truppe vorausmarschiert oder vorausfährt (um den Weg zu erkunden und zu sichern) ↔ Nachhut

vo·ri·g- *Adjektiv; nur vor dem Substantiv, nicht als Adverb;* direkt vor dem jetzigen Zeitpunkt *o.Ä.* ↔ nächst-: *vorige Woche, vorigen Januar; voriges Mal; der vorige Präsident; im Dezember vorigen Jahres*

Vor·jahr *das; -(e)s, -e;* das vorige, vergangene Jahr ‖ K- Vorjahresernte, Vorjahressieger ‖ *hierzu* **vor·jäh·ri·g-** *Adjektiv*

Vor·keh·rung *die; -, -en; meist Plural;* eine der Maßnahmen, die vor etwas schützen sollen ≈ Vorsorgemaßnahme ⟨Vorkehrungen treffen⟩

vor·kom·men [B2] *(ist)* **1** **etwas kommt irgendwo vor** etwas existiert irgendwo oder ist vorhanden: *Koalabären kommen nur in Australien vor* **2** **etwas kommt (jemandem) vor** etwas passiert, geschieht (jemandem): *So etwas ist mir noch nie vorgekommen!* **3** **jemand/etwas kommt jemandem irgendwie vor** jemand/etwas macht einen bestimmten Eindruck auf jemanden ⟨jemand/etwas kommt jemandem bekannt, seltsam vor⟩: *Es kam mir verdächtig vor, dass er seinen Namen nicht nennen wollte* **4** **jemand kommt sich** *(Dativ)* **irgendwie vor** jemand hat das Gefühl, irgendwie zu sein: *Ich kam mir vor wie ein König* **5** *umg;* nach vorne kommen

Vor·komm·nis *das; -ses, -se; förmlich;* etwas *meist* Unangenehmes oder Ärgerliches, das geschieht ≈ Vorfall: *Die Kundgebung verlief ruhig und ohne besondere Vorkommnisse*

vor·la·den *(hat) meist* **jemand wird vorgeladen** jemand wird offiziell aufgefordert, *bes* vor einem Gericht oder der Polizei zu erscheinen ⟨jemand wird als Zeuge, zur Verhandlung vorgeladen⟩ || *hierzu* **Vor·la·dung** *die; -, -en*

Vor·la·ge *die; -, -n* **1** *nur Singular;* das Vorlegen (1) eines Dokuments: *etwas zur Vorlage beim Standesamt benötigen; etwas nur gegen Vorlage der Quittung erhalten* **2** eine Art Plan oder ein Muster, nach dem man etwas (*meist* in Handarbeit) herstellt: *Halte dich genau an die Vorlage!* || -K Bastelvorlage, Malvorlage, Stickvorlage, Zeichenvorlage **3** *Verwaltung;* der Entwurf für ein neues Gesetz || -K Gesetzesvorlage

vor·las·sen (*hat*) **jemanden vorlassen** *umg;* (*bes* in einem Geschäft oder an einem Schalter) erlauben, dass jemand früher als man selbst bedient *o.Ä.* wird: *jemanden an der Kasse im Supermarkt vorlassen*

Vor·läu·fer *der; -s, -;* **1** **ein Vorläufer** (+ *Genitiv*) jemand, der als Erster eine Idee, einen Stil, eine Weltanschauung *o.Ä.* hat, die erst später allgemein bekannt wird: *ein Vorläufer der abstrakten Malerei* **2** **ein Vorläufer** (+ *Genitiv*) eine frühe, noch wenig entwickelte, einfache Form eines Geräts *o.Ä.*: *der Phonograph von Edison als Vorläufer des Plattenspielers* || *zu* 1 **Vor·läu·fe·rin** *die; -, -nen*

vor·läu·fig *Adjektiv;* für die nächste Zeit, nur vorübergehend (gültig) ↔ endgültig ⟨eine Genehmigung, ein Ergebnis, eine Regelung⟩: *Er wohnt vorläufig bei seinem Freund, bis er eine eigene Wohnung findet*

vor·laut *Adjektiv;* so, dass man überall seine Meinung sagt, auch wenn man nicht danach gefragt wurde ↔ schüchtern ⟨ein Kind, ein Schüler; vorlaut fragen⟩

vor·le·gen (*hat*) **1** **etwas vorlegen** ein Dokument zu einer Behörde *o.Ä.* bringen, um etwas zu beweisen ⟨ein Attest, eine Bescheinigung, Beweismaterial, seine Geburtsurkunde vorlegen⟩ **2** **jemandem etwas (zu etwas) vorlegen** *förmlich;* jemandem etws geben, damit er etwas damit tut: *dem Chef einen Brief zur Unterschrift vorlegen*

vor·le·sen (*hat*) **(jemandem) (etwas) vorlesen** etwas laut lesen, damit andere es hören: *den Kindern Märchen vorlesen*

Vor·le·sung *die; -, -en;* **eine Vorlesung (über etwas** (*Akkusativ*)**)** ein Vortrag oder eine Reihe von Vorträgen über ein bestimmtes Thema, die ein Professor für die Studenten einer Universität hält

vor·letz·t- *Adjektiv; nur vor dem Substantiv, nicht als Adverb* **1** direkt vor dem Letzten einer bestimmten Reihe oder Gruppe: *auf der vorletzten Seite der Zeitung* **2** zeitlich direkt vor dem letzten: *vorletzte Woche*

Vor·lie·be *die; -, -n;* **eine Vorliebe (für jemanden/etwas** (*meist Plural*)**)** ein besonderes Interesse für etwas: *Sie trägt mit Vorliebe* (= am liebsten) *kurze Röcke*

vor·lie·gen (*hat*) **1** **etwas liegt (jemandem) vor** etwas ist zu jemandem gebracht worden, um geprüft oder bearbeitet zu werden ⟨ein Antrag, eine Anfrage, ein Gutachten, Pläne⟩: *Uns liegen so viele Bestellungen vor, dass sich die Lieferung etwas verzögern wird* **2** **etwas liegt vor** etwas ist fertig gedruckt, veröffentlicht ⟨ein Buch⟩: *Die neueste Ausgabe des Wörterbuchs liegt jetzt vor* **3** **etwas liegt (gegen jemanden) vor** etwas, das für die Beurteilung von etwas wichtig ist, ist vorhanden oder bekannt ⟨Anhaltspunkte, Gründe, der Verdacht⟩: *Er wurde freigelassen, da gegen ihn nichts vorlag* **4** **etwas liegt vor** es handelt sich um etwas ⟨Brandstiftung, ein Irrtum, ein Missverständnis⟩: *Ein Verschulden des Taxifahrers liegt nicht vor*

vorm *Präposition mit Artikel; umg;* vor dem

vor·ma·chen (*hat*) **1** **(jemandem) etwas vormachen** jemandem zeigen, wie etwas gemacht wird, damit er es dann auch selbst kann: *jemandem vormachen, wie man ein Rad wechselt* **2** **jemandem etwas vormachen** *umg;* jemanden mit Lügen oder Tricks täuschen: *Lass dir nichts vormachen!* **3** **sich** (*Dativ*) **etwas vormachen** von etwas (*meist* Positivem) überzeugt sein, das nicht der Wirklichkeit entspricht: *Mach dir doch nichts vor, du hast doch keine Chance*

Vor·macht *die; -; nur Singular* ≈ Vorherrschaft || K- Vormachtstellung

vor·mals *Adverb; förmlich* ≈ früher, ehemals

Vor·marsch *der; -es, -mär·sche* **1** die Bewegung der Truppe in die Richtung des Feindes ↔ Rückzug ⟨Truppen *o.Ä.* sind auf dem Vormarsch⟩ **2** **etwas ist auf dem Vormarsch, etwas befindet sich auf dem Vormarsch** etwas breitet sich aus, etwas wird überall bekannt ⟨eine Idee, eine Mode, eine Seuche⟩

vor·mer·ken B2 (*hat*) **(sich** (*Dativ*)**) etwas vormerken** etwas aufschreiben, damit man später daran denkt ⟨einen Termin vormerken⟩ || *hierzu* **Vor·mer·kung** *die; -, -en*

Vor·mit·tag A1 *der; -s, -e* **1** die Zeit zwischen dem Morgen und 12 Uhr ⟨am Vormittag⟩ || -K Sonntagvormittag *usw* **2** am Vormittag (1) ⟨gestern, heute, morgen Vormittag⟩

vor·mit·tags A2 *Adverb;* am Vormittag ↔ nachmittags

Vor·mund *der; -(e)s, -e/Vor·mün·der;* jemand, der für ein Kind die Eltern vertritt oder für einen hilflosen Menschen Entscheidungen trifft (und für ihn *z.B.* Verträge unterschreibt) ⟨jemanden zu jemandes Vormund bestellen (= bestimmen)⟩

vorn *Adverb* **1** **nach/von vorn** in die/aus der Richtung, in die jemand blickt ↔ nach/von hinten ⟨nach vorn sehen, gehen⟩: *Der Wind kam von vorn* **2** auf der vorderen Seite ↔ hinten: *Der Rock ist vorn länger als hinten* **3** im vorderen Teil oder am vorderen Rand ↔ hinten: *Der kleine Junge steht am liebsten vorn neben dem Busfahrer; weiter vorn im Buch* **4** **jemand ist/liegt vorn** jemand ist auf dem ersten Platz (bei einem Wettbewerb) **5** **von vorn** von Neuem ⟨wieder von vorn anfangen⟩ **6** **von vorn bis hinten** *umg* ≈ ganz, vollständig: *Was er sagt, ist von vorn bis hinten erlogen!*

Vor·na·me A1 *der; -ns, -n;* der Name, den man zusätzlich zum Familiennamen bekommt und mit dem man in der Familie und von Freunden angeredet wird: *Sein Vorname ist Hans; Mit Vornamen heißt er Hans*

vor·ne *Adverb;* ↑ **vorn**

vor·nehm *Adjektiv* **1** sehr gepflegt und sehr teuer ≈ elegant ⟨ein Geschäft, ein Stadtviertel; vornehm gekleidet⟩ **2** mit gutem und großzügigem Charakter ⟨ein Mensch, eine Gesinnung⟩ **3** ⟨eine Familie, die Gesellschaft⟩ so, dass sie zur obersten sozialen Schicht gehören

vor·neh·men *(hat)* **1** **sich** *(Dativ)* **etwas vornehmen** etwas planen oder beschließen: *Für das neue Jahr hat er sich vorgenommen, mit dem Rauchen aufzuhören* **2** **etwas vornehmen** *förmlich;* etwas Wichtiges oder Offizielles tun ⟨eine Untersuchung, die Trauung vornehmen⟩

vorn·he·rein *Adverb; meist in* **von vornherein** von Anfang an ⟨etwas von vornherein ablehnen, sagen, wissen⟩

Vor·ort *der; -(e)s, -e;* ein *(meist* kleiner) Ort am Rande einer großen Stadt ↔ Zentrum

vor·pro·gram·miert *Adjektiv; nicht als Adverb;* so, dass es mit Sicherheit geschieht, eintritt *o.Ä.* ⟨ein Erfolg, ein Konflikt, eine Niederlage⟩

V

Vor·rang *der; -(e)s; nur Singular* **1** **Vorrang (vor jemandem/etwas) haben** eine größere Bedeutung als eine andere Person oder Sache haben || K- Vorrangstellung **2** *bes* Ⓐ ≈ Vorfahrt

Vor·rat *der; -(e)s, Vor·rä·te;* eine Menge von etwas, die man aufbewahrt, damit man immer genug davon hat ≈ Reserve ⟨ein Vorrat an/von Getreide, Lebensmitteln, Kohlen; einen Vorrat anlegen⟩ || -K Lebensmittelvorrat

Vor·recht *das; -(e)s, -e;* ein besonderes Recht, das nur wenige haben ≈ Privileg ⟨ein Vorrecht genießen; jemandem ein Vorrecht einräumen⟩

Vor·rich·tung *die; -, -en;* eine Konstruktion (an einem größeren Gegenstand), die eine bestimmte Funktion hat: *Der Lastwagen hat eine Vorrichtung zum Kippen* || -K Bremsvorrichtung

Vor·ru·he·stand *der; -(e)s; nur Singular;* ein freiwilliger (nicht durch Krankheit bedingter) Ruhestand vor dem normalen Rentenalter ⟨in den Vorruhestand gehen⟩

Vor·run·de *die; -, -n; Sport* **1** die Spiele der ersten Hälfte der Meisterschaft ↔ Rückrunde **2** die Spiele der ersten Runde eines Turniers || K- Vorrundenspiel

vors *Präposition mit Artikel; umg;* vor das

Vor·satz *der; -es, -sät·ze;* ein Prinzip oder eine Idee, an die man sich in Zukunft halten will ⟨einen Vorsatz fassen; gute Vorsätze haben⟩

vor·sätz·lich *Adjektiv; nur vor dem Substantiv oder als Adverb, förmlich;* mit voller Absicht ≈ absichtlich ↔ versehentlich ⟨jemanden vorsätzlich beleidigen, etwas vorsätzlich beschädigen⟩

Vor·schau *die; -, -en;* **eine Vorschau (auf etwas** *(Akkusativ)*) eine Ankündigung von (Fernseh)Sendungen oder Veranstaltungen: *eine Vorschau auf das heutige Abendprogramm* || -K Programmvorschau

Vor·schein *der; -(e)s; nur Singular; förmlich, meist in* **1** **etwas kommt zum Vorschein** etwas wird sichtbar: *Die Sonne kam kurz hinter den Wolken zum Vorschein* **2** **etwas zum Vorschein bringen** etwas irgendwo herausholen, sodass man es sehen kann

vor·schie·ßen *(hat)* **jemandem etwas vorschießen** *umg;* jemandem jetzt schon einen Teil einer Geldsumme geben (und den Rest erst später): *Kannst du mir zehn Euro (von meinem Taschengeld) vorschießen?*

Vor·schlag B1 *der; -(e)s, -schlä·ge;* das, was jemand vorschlägt ⟨einen Vorschlag ablehnen, annehmen; jemandem einen Vorschlag machen⟩ || -K Kompromissvorschlag, Verbesserungsvorschlag

vor·schla·gen *(hat)* **1** **(jemandem) etwas vorschlagen** jemandem einen Rat oder eine Empfehlung geben: *Sie schlug mir einen Kompromiss vor; Er schlägt vor, das Spiel* *abzubrechen; Ich schlage vor, dass wir umkehren* **2** **jemanden (für/als etwas) vorschlagen** jemanden für eine Aufgabe, als Kandidaten empfehlen: *Er wurde als neuer Trainer vorgeschlagen*

vor·schnell *Adjektiv;* zu schnell und ohne genug Überlegung ≈ voreilig, übereilt ⟨eine Antwort, ein Entschluss; vorschnell handeln, urteilen, entscheiden⟩

vor·schrei·ben *(hat)* **1** **(jemandem) etwas vorschreiben** jemandem sagen oder befehlen, was er tun muss: *jemandem vorschreiben, wie er sich verhalten soll* **2** **jemandem etwas vorschreiben** jemandem zeigen, wie man etwas schreiben muss: *den Schülern ein schwieriges Wort vorschreiben*

Vor·schrift *die; -, -en;* eine Bestimmung, die festlegt, was man in einem bestimmten Fall tun muss ⟨eine Vorschrift beachten, befolgen, erlassen; gegen die Vorschrift verstoßen; etwas genau nach Vorschrift tun⟩ || *hierzu* **vor·schrifts·mä·ßig** *Adjektiv*

Vor·schu·le B2 *die; -, -n; nur Singular;* eine Art Schule für Kinder von 5-6 Jahren (nach dem Kindergarten und bevor sie in die (Grund)-Schule kommen) || K- Vorschulerziehung, Vorschulkind

Vor·schuss *der; -es, -schüs·se;* ein Teil einer Summe Geld, die man als Teil *z.B.* eines Honorars schon jetzt bekommt (und den Rest dann später) ⟨sich *(Dativ)* einen Vorschuss geben lassen; um einen Vorschuss von hundert Euro *o.Ä.* bitten⟩ || K- Vorschusszahlung

Einen Vorschlag machen

Sie möchten anderen einen Vorschlag machen? Folgende Formulierungen können Ihnen dabei helfen:

Darf ich etwas vorschlagen?

Ich würde gern einen Vorschlag machen.

Wenn ich mir eine Bemerkung / einen Vorschlag erlauben darf: ...

Ich hätte da eine Idee.

Könnten wir nicht vielleicht ins Kino gehen?

Ich habe mir gedacht, wir könnten doch mal ins Kino gehen.

Was hältst du / haltet ihr davon, wenn wir ins Kino gehen?

Ich hätte Lust, ins Kino zu gehen.

Vielleicht sollten wir lieber noch etwas warten.

Eigentlich hätte ich etwas anderes tun wollen / würde ich lieber etwas anderes tun.

SPRECHEN UND SCHREIBEN

Vor·se·hung *die; -; nur Singular; förmlich;* eine höhere Macht, von der man glaubt, dass sie das Schicksal der Menschen und der ganzen Welt lenke ⟨die göttliche Vorsehung⟩

Vor·sicht *die; -; nur Singular* **1** ein Verhalten, bei dem man sehr darauf achtet, dass kein Unfall und kein Schaden entsteht ⟨etwas mit der nötigen Vorsicht tun⟩ || K- Vorsichtsmaßnahme **2** **Vorsicht!** verwendet, um jemanden vor einer Gefahr zu warnen: *Vorsicht, bissiger Hund!; Vorsicht, Stufe!* || ID **Vorsicht ist besser als Nachsicht** man soll von Anfang an vorsichtig sein || *zu 1* **vor·sich·tig** *Adjektiv*

vor·sichts·hal·ber *Adverb;* aus Vorsicht, um ganz sicher zu sein ≈ sicherheitshalber: *Du solltest vorsichtshalber einen Sitzplatz in dem Zug reservieren lassen*

Vor·sil·be *die; -, -n;* ein Element *(oft* eine Silbe), das zur Bildung von Wörtern verwendet wird und am Anfang des Wortes steht, wie „um-" in „umfassen", „ab-" in „abfahren"

vor·sin·gen *(hat)* **1** **(jemandem) etwas vorsingen** etwas für jemanden singen ⟨jemandem ein Lied, eine Melodie vorsingen⟩ **2** **(jemandem) etwas vorsingen** etwas singen, damit andere es lernen ↔ nachsingen **3** **irgendwo vorsingen** irgendwo singen, um sein Können überprüfen zu lassen: *Er muss heute in der Oper vorsingen*

Vor·sitz *der; -es, -e; meist Singular;* das Leiten einer Konferenz, einer Versammlung *o.Ä.* ⟨den Vorsitz haben, führen, abgeben, niederlegen⟩: *Der Ausschuss tagte unter (dem) Vorsitz von Frau Dr. Weber* || *hierzu* **Vor·sit·zen·de** *der/die; -n, -n*

Vor·sor·ge *die; -; nur Singular* **1** alle Maßnahmen, durch die man verhindern will, dass eine Gefahr oder eine schlimme Situation entsteht ⟨Vorsorge für etwas treffen⟩ || K- Vorsorgemaßnahme **2** alle Maßnahmen, die eine schwere Krankheit verhindern sollen || K- Vorsorgeuntersuchung || -K Krebsvorsorge

vor·sor·gen *(hat)* **(für etwas) vorsorgen** Maßnahmen für (spätere) schwierige Situationen oder für Gefahren treffen: *Er hat für das Alter vorgesorgt* || *hierzu* **vor·sorg·lich** *Adjektiv*

Vor·spei·se B1 *die; -, -n;* ein kleines, auch kaltes Gericht, mit dem man ein größeres Essen beginnt

vor·spie·len *(hat)* **1** **(jemandem) (etwas) vorspielen** vor Zuhörern auf einem Musikinstrument etwas spielen: *Kannst du (uns) ein Stück auf dem Akkordeon vorspielen?* **2** **(jemandem) etwas vorspielen** vor Zuschauern Theater spielen ≈ aufführen: *Die Schüler wollen einen Sketch vorspielen* **3** **jemandem etwas vorspielen** sich absichtlich so verhalten, dass andere etwas glauben, das nicht wahr ist: *Er ist gar nicht so mutig, er spielt uns das nur vor* **4** **(etwas) irgendwo/vor jemandem vorspielen** irgendwo ein Instrument oder eine Rolle spielen, um sein Können überprüfen zu lassen: *bei den Philharmonikern vorspielen*

Vor·sprung *der; -(e)s, Vor·sprün·ge* **1** der Abstand, den jemand bei einem Wettbewerb vor anderen hat ⟨ein knapper Vorsprung; den Vorsprung vergrößern⟩: *Im Ziel hatte er einen Vorsprung von 20 Sekunden* **2** ein höherer Stand der Entwicklung (als andere) ⟨ein wissenschaftlicher, technischer Vorsprung⟩ || -K Informationsvorsprung, Wissensvorsprung **3** ein Teil von etwas, der aus einer senkrechten Fläche heraussteht || -K Dachvorsprung

Vor·stadt *die; -, Vor·städ·te* ≈ Vorort || K- Vorstadtkino, Vorstadttheater

Vor·stand *der; -(e)s, -stän·de;* eine Gruppe von Personen, die gemeinsam ein Unternehmen, einen Verein *o.Ä.* leiten ⟨in den Vorstand gewählt werden; dem Vorstand angehören; im Vorstand sitzen⟩: *Die Mitglieder des Vereins wählten einen neuen Vorstand* || K- Vorstandsetage, Vorstandsmitglied, Vorstandssitzung, Vorstandsvorsitzende(r), Vorstandswahl || -K Betriebsvorstand, Gemeindevorstand, Parteivorstand, Vereinsvorstand

vor·stel·len A2 *(hat)* **1** **jemanden/sich (jemandem) vorstellen** jemandem sagen, wer ein anderer/man selbst ist und wie er heißt: *Darf ich Ihnen Herrn Scholz vorstellen?; Er stellte sich (den Wählern) als Kandidat für die Bürgermeisterwahl vor* **2** **(jemandem) etwas vorstellen** etwas einem Kunden, einem Publikum zeigen, damit es bekannt wird ⟨ein Kunstwerk, ein Produkt⟩ **3** **sich** *(Dativ)* **jemanden/etwas (irgendwie) vorstellen** ein bestimmtes Bild von einer Person oder Sache im Kopf haben, die man noch nicht kennt: *Wie stellst du dir unseren gemeinsamen Urlaub vor?* **4** **sich** *(Dativ)* **etwas unter etwas** *(Dativ)* **vorstellen** bestimmte Ideen mit einem Wort oder Begriff verbinden: *Kannst du dir unter „Quasar" etwas vorstellen?* **5** **etwas vorstellen** die Zeiger einer Uhr weiterdrehen, sodass sie eine spätere Zeit anzeigen **6** **sich (bei jemandem/irgendwo) vorstellen** zu jemandem gehen, um sich persönlich bekannt zu machen || ID *meist* **Stell dir vor, ...** verwendet, um auszudrücken, dass man gleich etwas Überraschendes erzählen wird

Sich vorstellen

Wenn man z.B. geschäftlich neue Leute trifft, schüttelt man sich die Hand und nennt seinen Namen:
A.: **„Robert Wagner, Verkaufsabteilung. Guten Tag."**
B.: **„Angenehm. Brigitte Bunz."**

Wenn man im Lokal o.Ä. jemanden kennenlernen will:
A.: **„Darf ich mich vorstellen? (Mein Name ist) Jürgen Strobel."**

An eine solche Einleitung schließt man gleich eine Frage an, z.B.:
Sind Sie auch als Tourist hier?
Sind Sie zum ersten Mal hier?
Darf ich Sie auf ein Bier / zu einem Kaffee einladen?

SPRECHEN UND SCHREIBEN

Vor·stel·lung B2 *die; -, -en* **1** der Vorgang, sich bei jemandem vorzustellen (6) || K- Vorstellungsgespräch **2** *oft Plural;* das, was man sich vorstellt (3, 4) ⟨eine deutliche, falsche Vorstellung⟩: *Das Stadion entspricht genau den Vorstellungen des Architekten* **3** die Aufführung eines Theaterstücks *o.Ä.* || K- Vorstellungsbeginn, Vorstellungsende || -K Abendvorstellung || ID **eine starke/schwache Vorstellung geben** *umg;* eine gute/schlechte Leistung bringen

Vor·stoß *der; -es, Vor·stö·ße* **1** die Handlung, als Gruppe von Soldaten oder als Forscher in ein Gebiet vorzudringen ⟨einen Vorstoß abwehren, unternehmen, wagen, zurückschlagen; ein Vorstoß in feindliches Gebiet⟩ **2** **(bei jemandem) einen Vorstoß unternehmen** *umg;* versuchen zu erreichen, dass jemand einer Bitte *o.Ä.* zustimmt: *Er will bei seinem Vater einen Vorstoß wegen eines eigenen Autos machen*

Vor·stra·fe *die; -, -n;* eine (gerichtliche) Strafe, die jemand vor einem bestimmten Zeitpunkt bekommen hat || K- Vorstrafenregister || ▸ **vorbestraft**

Vor·tag *der; -(e)s, -e;* der Tag vor einem bestimmten, *oft* besonderen Tag ⟨am Vortag von Weihnachten; am Vortag der Hochzeit⟩

vor·täu·schen *(hat)* **(jemandem) etwas**

vortäuschen bewirken, dass jemand etwas glaubt, das nicht wahr ist: *Er hat den Unfall nur vorgetäuscht; Er täuschte vor, einen Unfall gehabt zu haben* || *hierzu* **Vor·täu·schung** *die; -, -en*

Vor·teil B1 *der; -(e)s, -e* **1** etwas (*z.B.* ein Umstand, eine Eigenschaft), das für jemanden günstig ist, ihm etwas erleichtert ≈ Nutzen ↔ Nachteil ⟨ein finanzieller, materieller Vorteil; gegenüber jemandem im Vorteil sein⟩: *Es ist für seinen Beruf von Vorteil, dass er zwei Fremdsprachen spricht* **2** die Eigenschaft(en) einer Sache, durch die sie besser ist als andere ↔ Nachteil ⟨etwas bietet viele Vorteile⟩: *Das neue Auto hat den großen Vorteil, weniger Benzin zu verbrauchen*

vor·teil·haft *Adjektiv,* **1** so, dass es einen Nutzen bringt oder für jemanden gut ist ↔ nachteilig ⟨ein Geschäft, ein Angebot; etwas wirkt sich vorteilhaft aus⟩: *Es kann nur vorteilhaft (für dich) sein, frühzeitig mit dem Training anzufangen* **2** **sich vorteilhaft kleiden** Kleidungsstücke anziehen, die für seine Figur günstig sind

Vor·trag B2 *der; -(e)s, Vor·trä·ge* **1** **ein Vortrag (über jemanden/etwas)** eine ziemlich lange Rede vor einem Publikum über ein bestimmtes Thema ⟨einen Vortrag halten, hören⟩ || K- Vortragsabend || -K Diavortrag **2** *nur Singular;* die Art und Weise, wie man spricht, ein Lied singt oder ein Musikstück spielt: *ein meisterhafter Vortrag* || *hierzu* **vor·tra·gen** *(hat)*

vor·treff·lich *Adjektiv; förmlich;* sehr gut ≈ hervorragend: *ein vortrefflicher Tänzer*

Vor·tritt *der; -(e)s; nur Singular* **1** *meist in* **jemandem den Vortritt lassen** aus Höflichkeit jemanden als Ersten irgendwo eintreten lassen **2** (CH) ≈ Vorfahrt

vo·rü·ber *Adverb; förmlich* ≈ vorbei

vo·rü·ber|ge·hen; *ging vorüber, ist vorübergegangen* **1** **an jemandem/etwas vorübergehen** ≈ vorbeigehen (1) **2** **etwas geht vorüber** ≈ etwas geht vorbei (3), hört auf ⟨eine Gefahr, der Kummer, die Schmerzen⟩

vo·rü·ber|ge·hend *Adjektiv;* nur für kurze Zeit ⟨vorübergehend geschlossen; eine Abwesenheit, eine Wetterbesserung⟩: *Die Flüchtlinge sind vorübergehend in einem Lager untergebracht*

Vor·ur·teil *das; -(e)s, -e;* **ein Vorurteil (gegen jemanden/etwas)** eine feste, *meist* negative Meinung über Menschen oder Dinge, von denen man nicht viel weiß oder versteht ⟨Vorurteile gegen Fremde, gegen Ausländer⟩ || K- vorurteilsfrei, vorurteilslos

Vor·ver·kauf B2 *der; -(e)s, -ver·käu·fe; meist Singular;* der Verkauf von Eintrittskarten in den Tagen oder Wochen vor der Veranstaltung: *Im Vorverkauf waren die Karten 10% teurer* || K- Vorverkaufskasse, Vorverkaufspreis || -K Kartenvorverkauf

vor·ver·le·gen; *verlegte vor, hat vorverlegt* **1** **etwas vorverlegen** etwas weiter nach vorn legen: *Bei dem Umbau der Straße wird die Haltestelle um 10 Meter vorverlegt* **2** **etwas vorverlegen** etwas auf einen früheren Zeitpunkt legen ≈ vorziehen: *Dieses Jahr wird der Anfang der Ferien um eine Woche vorverlegt*

Vor·wahl *die; -, -en* **1** eine Wahl, in der bestimmt wird, welche Kandidaten an den eigentlichen Wahlen teilnehmen **2** die Telefonnummer, die man wählt, um jemanden in einer anderen Stadt *o.Ä.* oder in einem anderen Land zu erreichen: *Die Vorwahl von München ist 089* || K- Vorwahlnummer

Vor·wand *der; -(e)s, Vor·wän·de;* eine Begründung für ein Verhalten, die nicht der Wahrheit entspricht: *Unter dem Vorwand, krank zu sein, blieb er zu Hause*

vor·war·nen *(hat)* **jemanden vorwarnen** jemanden über etwas im Voraus warnen || *hierzu* **Vor·war·nung** *die; -, -en*

vor·wärts *Adverb* **1** in die Richtung nach vorn ↔ rückwärts ⟨ einen Schritt vorwärts machen⟩ **2** weiter in Richtung auf ein Ziel ≈ voran: *Dieses Abkommen war ein wichtiger Schritt vorwärts*

vor·wärts·kom·men; *kam vorwärts, ist vorwärtsgekommen* ≈ vorankommen

vor·weg *Adverb* **1** bevor man etwas anderes tut ⟨etwas vorweg feststellen, klären⟩ **2** vorn, voraus, als Erster: *Der Festzug zog durch die Stadt, die Blaskapelle vorweg*

vor·weg|neh·men; *nimmt vorweg, nahm vorweg, hat vorweggenommen;* **etwas vorwegnehmen** etwas, das eigentlich erst später gesagt oder getan werden soll, schon tun oder sagen ⟨den Ausgang, den Schluss einer Geschichte vorwegnehmen; das Ergebnis vorwegnehmen⟩ || *hierzu* **Vor·weg·nah·me** *die; -; nur Singular*

Vor|weih·nachts·zeit *die; -; nur Singular;* die Zeit vor Weihnachten ≈ Advent

vor·wer·fen *(hat)* **jemandem etwas vorwerfen** jemandem deutlich sagen, welche Fehler er gemacht hat ≈ jemandem etwas vorhalten ⟨jemandem (seine) Faulheit, Feigheit vorwerfen⟩: *Sie warf ihm vor, gelogen zu* *haben*

vor·wie·gend *Adverb; förmlich* ≈ hauptsächlich, überwiegend: *Er hat vorwiegend Jugendbücher geschrieben*

Vor·wo·che *die; -, -n;* die Woche vor der jetzigen/genannten Woche

Vor·wort *das; -(e)s, -e;* ein *meist* kurzer Text am Anfang eines Buches, in dem das Buch kurz vorgestellt wird

Vor·wurf *der; -(e)s, -wür·fe;* **ein Vorwurf (gegen jemanden)** eine Äußerung, mit der man jemandem etwas vorwirft ⟨ein ernster, schwerer Vorwurf; jemandem/sich Vorwürfe/etwas zum Vorwurf machen⟩: *Er musste sich gegen den Vorwurf verteidigen, seine Firma betrogen zu haben* || K- vorwurfsvoll

Vor·zei·chen *das; -s, -;* **1** etwas, das anzeigt oder andeutet, dass etwas Bestimmtes geschehen wird ≈ Omen ⟨ein böses, gutes, günstiges, untrügliches Vorzeichen⟩: *Das Erscheinen eines Kometen galt früher als ein schlimmes Vorzeichen* **2** *nur Plural; förmlich;* die äußeren Bedingungen ⟨etwas findet unter negativen, veränderten Vorzeichen statt⟩ **3** *Mathematik;* die Zeichen + und -, mit denen man positive und negative Zahlen unterscheidet ⟨ein negatives, positives Vorzeichen⟩ **4** *Musik;* die Zeichen ♯ oder ♭ auf einer Notenlinie, die die nachfolgenden Noten (auf dieser Linie) um einen halben Ton höher bzw. tiefer machen

vor·zeig·bar *Adjektiv; umg;* ⟨ein Ergebnis; *(humorvoll auch)* Kinder⟩ so, dass man sie anderen mit Stolz zeigen kann

Vor·zeit *die; -; nur Singular;* die früheste Zeit in der Entwicklung des Menschen ≈ Urzeit ⟨in grauer, ferner Vorzeit⟩ || K- Vorzeitmensch

vor·zei·tig *Adjektiv; nur vor dem Substantiv oder als Adverb;* vor der geplanten oder erwarteten Zeit ⟨die Abreise, die Entlassung; vorzeitig altern, aus dem Dienst ausscheiden, in Rente gehen, pensioniert werden⟩

vor·zie·hen B2 *(hat)* **1 jemanden/etwas (jemandem/etwas) vorziehen** eine bestimmte Person oder Sache lieber mögen oder für besser halten als eine andere: *das Tennisturnier dem Spielfilm vorziehen; Er hat es vorgezogen, wegen seiner Erkältung zu Hause zu bleiben* **2 etwas vorziehen** etwas früher stattfinden lassen als geplant: *Wir ziehen die Wettervorhersage vor und bringen den Bericht aus China danach* **3 jemanden/etwas vorziehen** jemanden/etwas nach vorn ziehen: *Kannst du deinen Sitz ein wenig vorziehen?*

W

Vor·zim·mer *das; -s, -;* der Raum vor dem Büro des Chefs, in dem *meist* die Sekretärin arbeitet ⟨im Vorzimmer warten⟩

Vor·zug *der; -(e)s, Vor·zü·ge* **1** ≈ Vorteil: *Diese Route hat den Vorzug, dass sie viel kürzer ist als die andere* **2** *nur Singular;* die größere Bedeutung, die man jemandem/etwas gibt ≈ Vorrang: *einem von mehreren Bewerbern den Vorzug geben*

vor·züg·lich *Adjektiv; förmlich* ≈ hervorragend, ausgezeichnet ⟨ein Tänzer, ein Wein; vorzüglich kochen; etwas schmeckt vorzüglich⟩

vor·zugs·wei·se *Adverb; förmlich* ≈ hauptsächlich, vor allem: *Er sammelt vorzugsweise ausländische Briefmarken*

vul·gär [vʊlˈgɛːɐ̯] *Adjektiv; förmlich;* ⟨ein Ausdruck, ein Fluch, ein Mensch, eine Person, ein Wort⟩ so, dass sie gegen die guten Sitten und gegen den guten Geschmack verstoßen ≈ ordinär || *hierzu* **Vul·ga·ri·tät** *die; -; nur Singular*

Vul·kan [v-] *der; -(e)s, -e;* ein Berg, aus dem eine heiße Flüssigkeit und heiße Gase kommen können ⟨ein aktiver, erloschener Vulkan; ein Vulkan bricht aus⟩ || K- Vulkanausbruch, Vulkankrater

W

W, w [veː] *das; -, - / umg auch -s;* der dreiundzwanzigste Buchstabe des Alphabets

Waa·ge *die; -, -n* **1** ein Gerät, mit dem man das Gewicht von Gegenständen oder Personen feststellt || ↑ Illustration **Im Bad** **2** *nur Singular;* das Sternzeichen für die Zeit vom 23. September bis 22. Oktober

Waage

waa·ge·recht, **waag·recht** *Adjektiv*; parallel zu einem ebenen Boden ≈ horizontal ↔ senkrecht || ↑ Abbildung unter **lang** || *hierzu* **Waa·ge·rech·te**, **Waag·rech·te** *die; -n, -n*

Wa·be *die; -, -n;* eine sechseckige Zelle aus Wachs, in der die Bienen den Honig speichern || *hierzu* **wa·ben·för·mig** *Adjektiv*

wach B1 *wacher, wachst-; Adjektiv* **1** nicht (mehr) schlafend ⟨wach sein, bleiben⟩: *Sie lag die ganze Nacht wach* **2** intelligent und interessiert ⟨ein Kind⟩ **3** **jemanden wach rütteln** jemanden leicht stoßen, damit er aufwacht

Wa·che *die; -, -n* **1** *nur Singular;* das Beobachten von Gebäuden oder Personen, um Gefahr zu erkennen und zu verhindern ⟨Wache haben, halten, stehen; auf Wache sein⟩ || K- Wachposten **2** jemand, der Wache hat **3** eine Dienststelle der Polizei

wa·chen; *wachte, hat gewacht* **1** *förmlich;* wach (1) sein oder bleiben **2** **bei jemandem/an jemandes Bett wachen** auf einen Kranken aufpassen **3** **über jemanden/etwas wachen** auf jemanden/etwas gut aufpassen und so auch schützen **4** **über etwas** *(Akkusativ)* **wachen** kontrollieren, ob Regeln *usw* befolgt werden ⟨über die Einhaltung von Regeln, Gesetzen, Vorschriften wachen⟩

wach·lie·gen *(ist)* ↑ **wach** (1)

Wa·chol·der *der; -s, -;* ein (Nadel)Baum oder Strauch, dessen Beeren als Gewürz oder zur Herstellung von Schnaps (Gin) verwendet werden || K- Wacholderbeeren, Wacholderschnaps, Wacholderstrauch

wach·rüt·teln *(hat)* ↑ **wach** (3)

Wachs [vaks] *das; -es, -e* **1** *nur Singular;* eine Masse, aus der man Kerzen macht || -K Kerzenwachs **2** eine weiche Masse, mit der man den Fußboden, die Möbel *usw* pflegt

wach·sam ['vax-] *Adjektiv;* aufmerksam, *bes* mit dem Ziel, Gefahren zu erkennen ⟨etwas wachsam beobachten, verfolgen⟩ || *hierzu* **Wach·sam·keit** *die; -; nur Singular*

wach·sen[1] B1 ['vaksn]; *wächst, wuchs, ist gewachsen* **1** **jemand/ein Tier/etwas wächst** ein Kind, ein junges Tier oder eine Pflanze wird größer und stärker: *Sie ist fünf Zentimeter gewachsen* **2** **etwas wächst** etwas wird länger ⟨der Bart, die Fingernägel⟩ **3** **etwas wächst irgendwo** etwas kommt an einer Stelle, in einem Gebiet vor ⟨eine Pflanze⟩ **4** **etwas wächst** etwas vermehrt sich, wird größer oder nimmt an Intensität zu ⟨das Vermögen, eine Familie, eine Stadt; Lärm, Schmerz⟩ || ID ↑ **gewachsen**

wach·sen[2] B1 ['vaksn]; *wachste, hat gewachst;* **etwas wachsen** etwas zur Pflege mit Wachs einreiben

Wachs·tum ['vakstu:m] *das; -s; nur Singular;* der Prozess des Wachsens[1]

Wäch·ter *der; -s, -;* eine Person, die jemanden/etwas bewacht || -K Parkwächter || *hierzu* **Wäch·te·rin** *die; -, -nen*

Wacht·meis·ter *der; -s, -;* **1** *umg* ≈ Polizist **2** *Verwaltung;* ein Polizist des untersten Dienstgrades

Wa·ckel·kon·takt *der; -(e)s, -e;* eine nicht funktionierende Verbindung in einem Stromkreis, die verursacht, dass der Strom (-fluss) immer wieder unterbrochen wird

wa·ckeln; *wackelte, hat gewackelt* **1** **etwas wackelt** etwas ist nicht stabil ⟨ein Stuhl, eine Leiter⟩ **2** **etwas wackelt** etwas bewegt sich leicht wegen einer Erschütterung ⟨das Haus, die Wände⟩ **3** **etwas wackelt** *umg;* etwas ist in der Gefahr, erfolglos zu werden oder verloren zu gehen ⟨eine Firma, ein Arbeitsplatz⟩ || *hierzu* **wa·cke·lig**, **wack·lig** *Adjektiv*

wa·cker *Adjektiv;* tüchtig, tapfer ⟨ein Mann; sich wacker verteidigen, halten⟩

Wa·de *die; -, -n;* die hintere, weiche Seite des Unterschenkels

Waf·fe B2 *die; -, -n;* ein Instrument oder Gerät zum Kämpfen, *z.B.* ein Messer, ein Gewehr ⟨konventionelle, atomare Waffen; eine Waffe tragen⟩ || K- Waffenbesitz, Waffengewalt || -K Atomwaffe, Schusswaffe || ↑ Abbildung unter **Schusswaffen** || ID **jemanden mit dessen eigenen Waffen schlagen** jemanden besiegen, indem man die gleichen Mittel zur Auseinandersetzung verwendet wie dieser; **die Waffen niederlegen** aufhören zu kämpfen; **die Waffen ruhen** die Kämpfe sind unterbrochen; **die Waffen strecken** zugeben, dass man verloren hat

Waf·fel *die; -, -n;* ein flaches, süßes Gebäck (mit wabenförmigem Muster) aus einem leichten Teig

Waf·fen·ru·he *die; -, -n;* eine zeitlich begrenzte Unterbrechung der Kämpfe ⟨die Waffenruhe einhalten, stören, brechen⟩

Waf·fen·still·stand *der; -(e)s, -stän·de;* das beschlossene Ende der Kämpfe, *meist* mit dem Ziel, einen Krieg ganz zu beenden ⟨einen Waffenstillstand (ab)schließen, unterzeichnen; den Waffenstillstand einhalten, brechen⟩ || K- Waffenstillstandsabkommen, Waffenstillstandsverhandlungen

wa·ge·mu·tig *Adjektiv;* mit dem Mut zum

Risiko || *hierzu* **Wa·ge·mut** *der; -(e)s; nur Singular*

wa·gen A2 *wagte, hat gewagt* **1** **etwas wagen** den Mut und den Willen haben, etwas *meist* Gefährliches zu tun ⟨einen Versuch, einen Sprung wagen⟩: *Sie wagte nicht, ihm zu widersprechen* **2** **sich irgendwohin wagen** den Mut haben, irgendwohin zu gehen: *sich nachts nicht mehr auf die Straße wagen* **3** **sich an etwas** *(Akkusativ)* **wagen** den Mut haben, eine schwierige Aufgabe zu übernehmen || ID **Frisch gewagt ist halb gewonnen!** verwendet als Ermutigung, eine Arbeit zu beginnen; **Wer nichts wagt, der nichts gewinnt!** verwendet als Ermunterung zu einem riskanten Unternehmen

Wa·gen A2 *der; -s, -/südd* Ⓐ *Wä·gen* **1** ein Fahrzeug auf Rädern zum Transport von Personen oder Lasten || -K Eisenbahnwagen, Straßenbahnwagen; Einkaufswagen, Kinderwagen, Krankenwagen, Lastwagen **2** ≈ Auto: *Wo hast du den Wagen geparkt?* **3** **der Große Wagen** eine Gruppe von sieben Sternen am nördlichen Himmel

Wa·gen·he·ber *der; -s, -;* ein Gerät, mit dem man *bes* ein Auto heben kann *(z.B.* um ein Rad zu wechseln)

Wag·gon B2 [va'gɔŋ, va'gõ:, va'go:n] *der; -s, -s;* ein Wagen eines Zugs

Wag·nis *das; -ses, -se;* eine Handlung, die riskant und gefährlich ist

Wa·gon *der* ↑ **Waggon**

Wahl¹ B1 *die; -; nur Singular;* die Entscheidung zwischen verschiedenen Möglichkeiten ⟨eine Wahl treffen; die Wahl zwischen verschiedenen Dingen haben⟩: *Er stand vor der Wahl, zu bleiben oder zu gehen* || K- Wahlmöglichkeit || ID **Wer die Wahl hat, hat die Qual** verwendet, um auszudrücken, dass man eine Entscheidung selbst treffen muss; **die Qual der Wahl haben** *oft humorvoll;* unter verschiedenen Möglichkeiten eine wählen müssen; **keine andere Wahl haben als ...** etwas machen müssen; **jemanden/etwas in die engere Wahl ziehen** unter vielen Alternativen jemanden/etwas als eine der besseren Alternativen sehen, zwischen denen man sich entscheiden wird

Wahl² B1 *die; -, -en* **1** *meist Plural;* das Verfahren, bei dem die Vertreter *z.B.* für ein politisches Amt (durch das Abgeben von Stimmen²) bestimmt werden ⟨die Wahlen zum Parlament⟩ || K- Wahlgeheimnis, Wahlsieg || -K Bundestagswahl **2** *meist Singular;* das Abgeben der Stimme² für eine Person, Partei: *Ich muss noch zur Wahl*

wahl·be·rech·tigt *Adjektiv; nicht als Adverb;* mit dem Recht zu wählen²

wäh·len¹ B1 *wählte, hat gewählt* **1** **(etwas) wählen** sich für eine von mehreren Möglichkeiten entscheiden: *Er hat den falschen Beruf gewählt* **2** **(etwas) wählen** auf der Speisekarte ein Essen aussuchen: *Haben Sie schon gewählt?* **3** **(eine Nummer) wählen** am Telefon die Ziffern drücken

wäh·len² B1 *wählte, hat gewählt;* **(jemanden/etwas (zu etwas)) wählen** bei einer Wahl² die Stimme für jemanden/eine Partei abgeben: *Die Partei hat ihn zum Vorsitzenden gewählt* || *hierzu* **Wäh·ler** *der; -s, -;* **Wäh·le·rin** *die; -, -nen*

wäh·le·risch *Adjektiv; meist nach dem Substantiv;* so, dass jemand oft besondere Wünsche hat

Wahl·fach *das; -(e)s, -fä·cher;* ein Unterrichtsfach, an dem Schüler oder Studenten freiwillig teilnehmen können ↔ Pflichtfach

Wahl·kampf *der; -(e)s, -kämp·fe;* der Versuch von Parteien oder Kandidaten bei einer Wahl² die Stimmen der Wähler zu bekommen ⟨einen Wahlkampf führen⟩

wahl·los *Adjektiv; meist als Adverb;* ohne zu überlegen und auszuwählen: *Er schaut wahllos alles im Fernsehen an*

Wahl·spruch *der; -(e)s, -sprü·che;* eine kurze und gut formulierte Aussage, nach der sich jemand richtet ≈ Motto

Wahl·ur·ne *die; -, -n;* ein geschlossener Behälter mit einem schmalen Schlitz oben, in den die Stimmzettel bei Wahlen eingeworfen werden

wahl·wei·se *Adjektiv; meist als Adverb;* je nach Wunsch: *Das Auto wird wahlweise mit drei oder fünf Türen geliefert*

Wahn *der; -(e)s; nur Singular;* eine unrealistische, oft krankhafte Vorstellung oder Hoffnung ⟨ein religiöser Wahn⟩: *Er lebt in dem Wahn, ständig beobachtet zu werden* || K- Wahnvorstellung

wahn·sin·nig *Adjektiv* **1** *nicht als Adverb;* ≈ geisteskrank **2** unvernünftig oder gefährlich ⟨ein Plan, ein Unternehmen⟩ **3** *nur vor dem Substantiv, nicht als Adverb; umg;* sehr groß, sehr stark ⟨Schmerzen, Angst⟩: *Ich habe einen wahnsinnigen Hunger* **4** *nur als Adverb; umg* ≈ sehr: *sich wahnsinnig freuen* || *zu* 1 *und* 2 **Wahn·sinn** *der; -s; nur Singular*

Wahn·sinns- *im Substantiv; umg;* verwendet, um auszudrücken, dass jemand/etwas besonders gut oder dass etwas besonders intensiv ist; eine **Wahnsinnsfrau**, eine **Wahnsinnshitze**, eine **Wahnsinnsmusik**, ein

Wahnsinnspreis, eine **Wahnsinnsstimmung**

wahr A2 *Adjektiv; nicht als Adverb* **1** so, wie es in Wirklichkeit ist oder war ↔ falsch: *der wahre Grund* **2** *nur vor dem Substantiv;* sehr gut und echt ⟨ein Freund, die Liebe⟩ **3** *nur vor dem Substantiv* ≈ richtig ⟨etwas ist ein wahres Glück⟩ **4** **..., nicht wahr?** verwendet am Ende eines Satzes, wenn man Zustimmung erwartet: *Du kommst doch morgen, nicht wahr?* || ID **Das ist das einzig Wahre!** *umg;* das ist das Richtige; **Das ist nicht wahr!**; **Das darf doch nicht wahr sein!** *umg;* verwendet, um auszudrücken, dass man etwas nicht glauben möchte

wah·ren; *wahrte, hat gewahrt* **1** **etwas wahren** so handeln, dass etwas erhalten bleibt ⟨seine Autorität, den Anstand, seinen Ruf, ein Geheimnis wahren⟩ **2** **etwas wahren** ≈ verteidigen, schützen ⟨seine Interessen, seine Rechte, seinen Vorteil wahren⟩ || *hierzu* **Wah·rung** *die; -; nur Singular*

wäh·ren; *währte, hat gewährt; förmlich;* **etwas währt** + *Zeitangabe* etwas dauert eine bestimmte Zeit

wäh·rend[1] B1 *Präposition; mit Genitiv/umg auch Dativ;* im Laufe der genannten Zeit, im Verlauf der genannten Tätigkeit: *während des Sommers, während der Arbeit*

wäh·rend[2] B1 *Konjunktion* **1** drückt eine Gleichzeitigkeit von Handlungen, Zuständen aus: *Während wir beim Essen saßen, läutete das Telefon* **2** drückt einen Gegensatz aus: *Während sie sehr sparsam ist, kauft er sich teure Bücher*

wäh·rend·des·sen *Adverb;* in dieser Zeit: *Ich muss noch den Salat machen. Währenddessen kannst du ja den Tisch decken*

wahr·ha·ben *nur in* **etwas nicht wahrhaben wollen** etwas nicht zugeben wollen, oder nicht verstehen wollen, dass etwas so ist: *Er will seine Schuld nicht wahrhaben*

wahr·haft **1** *Adjektiv; nur vor dem Substantiv oder als Adverb* ≈ wahr (2) **2** *Adverb;* **wahrhaft** + *Adjektiv* verwendet, um zu betonen, dass eine bestimmte Eigenschaft wirklich vorhanden ist: *ein wahrhaft gelungenes Fest; Er ist wahrhaft fleißig*

Wahr·heit *die; -, -en* **1** *nur Singular;* eine Aussage, die etwas so darstellt, wie es wirklich ist ⟨die Wahrheit sagen⟩ || K- Wahrheitsgehalt **2** eine Aussage, die man allgemein für richtig hält: *Es ist eine anerkannte Wahrheit, dass Intelligenz gefördert werden kann* || ID **jemandem die Wahrheit ins Gesicht sagen/schleudern** *umg;* jemandem etwas Unangenehmes (über ihn selbst) sagen; **bei der Wahrheit bleiben** nicht lügen; **jemand nimmt es mit der Wahrheit nicht so genau** jemand schwindelt oder lügt oft; **in Wahrheit** in Wirklichkeit

wahr·heits·ge·treu *Adjektiv;* so, wie es der Wahrheit (1) entspricht

Wahr·heits·lie·be *die; -; nur Singular;* die Eigenschaft, dass man immer versucht, die Wahrheit zu sagen || *hierzu* **wahr·heits·lie·bend** *Adjektiv*

wahr·neh·men B2 *nimmt wahr, nahm wahr, hat wahrgenommen* **1** **etwas wahrnehmen** etwas mit den Sinnen (also durch Hören, Sehen *usw*) zur Kenntnis nehmen ⟨einen Geruch, ein Geräusch wahrnehmen⟩ **2** **etwas wahrnehmen** ≈ nutzen ⟨eine Chance, seinen Vorteil, ein Recht wahrnehmen⟩ **3** **jemanden wahrnehmen** ≈ beachten || *zu* **1** **wahr·nehm·bar** *Adjektiv*

wahr·sa·gen; *wahrsagte/sagte wahr, hat wahrgesagt/gewahrsagt;* **(jemandem) (etwas) wahrsagen** Aussagen über die Zukunft machen (*z.B.* aufgrund von Spielkarten *usw*) || *hierzu* **Wahr·sa·ger** *der; -s, -;* **Wahr·sa·ge·rin** *die; -, -nen*

wahr·schein·lich *Adjektiv;* so, dass etwas (gut) möglich ist, so sein kann/konnte ⟨eine Ursache⟩: *Es ist sehr wahrscheinlich, dasser recht hat; Wahrscheinlich ist sie krank, sonst wäre sie doch gekommen* || *hierzu* **Wahr·schein·lich·keit** *die; -, -en*

Wäh·rung B2 *die; -, -en;* die Münzen und Banknoten eines Staates: *in amerikanischer Währung bezahlen* || K- Währungseinheit, Währungsreform, Währungssystem

Wahr·zei·chen *das; -s, -;* ein Gegenstand, der für eine Stadt, eine Landschaft, eine Firma *usw* als eine Art Symbol gilt: *Der Eiffelturm ist das Wahrzeichen von Paris*

Wai·se *die; -, -n;* ein Kind, dessen Eltern gestorben sind

Wal *der; -(e)s, -e;* ein sehr großes Säugetier, das einem Fisch ähnlich ist und das im Ozean lebt || K- Walfang

Wald A1 *der; -(e)s, Wäl·der;* ein relativ großes Gebiet mit vielen Bäumen || K- Waldbrand, Waldrand, Waldweg || -K Laubwald, Tannenwald || ID **den Wald vor (lauter) Bäumen nicht sehen** *umg;* wegen (unwichtiger) Einzelheiten das Wichtigste nicht sehen; **ein Wald von etwas** eine große Zahl von etwas ⟨ein Wald von Antennen, Fahnen, Masten⟩

Wald·ster·ben *das; -s; nur Singular;* das Sterben von Wäldern wegen starker Luftverschmutzung

Wall *der; -(e)s, Wäl·le;* eine Art Mauer, die man aus Steinen oder Erde errichtet, *meist* zum Schutz vor Gefahren oder einem Angriff ⟨einen Wall errichten⟩

Wall·fahrt *die; -, -en;* eine Reise zu einem heiligen Ort, um dort zu beten: *eine Wallfahrt nach Lourdes* || *hierzu* **Wall·fah·rer** *der; -s, -;* **Wall·fah·re·rin** *die; -, -nen*

Wal·nuss *die; -, -nüs·se;* eine essbare Nuss, die an einem Baum wächst || K- Walnusskern

wal·ten; *waltete, hat gewaltet* 1 ⟨Gerechtigkeit, Gnade, Milde⟩ **walten lassen** gerecht sein oder keine (harte) Strafe erteilen 2 **seines Amtes walten** die Aufgaben eines Amtes ausführen

Wal·ze *die; -, -n* 1 ein Teil eines Gerätes oder einer Maschine, das die Form eines Zylinders hat und mit dem man etwas pressen, glatt machen, transportieren *o.Ä.* kann ⟨die Walze einer Druckmaschine, einer Schreibmaschine⟩ 2 ein Fahrzeug mit einer schweren Walze, das beim Bau von Straßen, Plätzen verwendet wird || -K Dampfwalze, Straßenwalze || *hierzu* **wal·zen** *(hat)*

wäl·zen; *wälzte, hat gewälzt* 1 **etwas (irgendwohin) wälzen** etwas Schweres bewegen, indem man es mit Mühe rollt: *einen Felsen zur Seite wälzen* 2 **etwas auf jemanden wälzen** negative oder unangenehme Dinge von einem anderen machen oder ertragen lassen ⟨die Verantwortung auf jemanden wälzen⟩ 3 **etwas wälzen** *umg;* sich intensiv mit etwas beschäftigen ⟨ein Problem, Akten, Bücher wälzen⟩ 4 **sich wälzen** sich im Liegen hin und her drehen || Hinweis: *du wälzt*

Wal·zer *der; -s, -;* ein Tanz (im Dreivierteltakt), bei dem man sich mit dem Partner *meist* drehend bewegt: *einen Wiener Walzer tanzen*

Wäl·zer *der; -s, -; umg;* ein sehr dickes Buch ⟨einen dicken Wälzer lesen⟩

Wam·pe *die; -, -n; umg abwertend;* ein dicker Bauch

wand A2 ↑ **winden**

Wand A2 *die; -, Wän·de* 1 eine senkrecht stehende Fläche, die ein Haus oder einen Raum begrenzt || -K Außenwand, Hauswand, Trennwand 2 ein sehr steiler felsiger Abhang || -K Felswand || ID **die eigenen vier Wände** ein eigenes Haus, eine eigene Wohnung: *Das lasse ich mir in meinen eigenen vier Wänden nicht bieten!;* **gegen eine Wand reden** reden, ohne die Zustimmung oder das Interesse des Hörers zu finden

Wan·del *der; -s; nur Singular;* der Übergang von einem Zustand in einen anderen ≈ Veränderung: *einen allmählichen Wandel durchmachen*

wan·dern B1 *wanderte, ist gewandert;* eine relativ lange Strecke zu Fuß gehen *(meist* außerhalb der Stadt und zur Erholung) || K- Wanderurlaub || *hierzu* **Wan·de·rer** *der; -s, -;* **Wan·d(·r)e·rin** *die; -, -nen*

Wan·der·po·kal *der; -s, -e; Sport;* ein Pokal, der *meist* jedes Jahr an den jeweils neuen Sieger des Turniers weitergegeben wird

Wan·de·rung B2 *die; -, -en* 1 das Wandern (1) ⟨eine Wanderung machen⟩ 2 die Strecke, die manche Tiere zu bestimmten Zwecken laufen, schwimmen *usw*: *die Wanderung der Lachse*

Wand·lung *die; -, -en* 1 *förmlich* ≈ Veränderung, Wandel ⟨eine Wandlung zum Guten, zum Bösen⟩ 2 *Religion;* (nach katholischem Glauben) die Verwandlung von Brot und Wein während des Abendmahls in Leib und Blut von Jesus Christus

Wand·ma·le·rei *die; -, -en;* ein Gemälde, das direkt auf eine Wand gemalt wird

Wand·schrank *der; -(e)s, -schrän·ke;* ein Schrank, der in die Wand eingebaut ist

wand·te *Imperfekt, 1. und 3. Person Singular;* ↑ **wenden**

Wan·ge *die; -, -n; förmlich* ≈ Backe: *ein Kuss auf die Wange* || ID **jemandes Wangen brennen/glühen** jemandes Gesicht ist ziemlich rot geworden

wan·kel·mü·tig *Adjektiv;* ⟨ein Mensch⟩ so, dass er seine Meinung oft ändert und sich nicht entscheiden kann

wan·ken; *wankte, hat/ist gewankt* 1 *(hat)* (Menschen) sich hin und her bewegen, als ob man umfallen könnte, (Sachen) sich neigen und umzustürzen drohen ⟨ins Wanken kommen, geraten⟩: *Der Mast des Schiffes wankte im Sturm* 2 *(ist)* unsicher, taumelnd gehen 3 *(hat)* unsicher werden: *Trotz der heftigen Kritik wankte er nicht* 4 **etwas wankt** *(hat)* etwas ist in Gefahr ⟨jemandes Position, jemandes Stellung⟩

wann A1 *Adverb;* (*in direkten und indirekten Fragesätzen*) 1 zu welcher Zeit?, zu welchem Zeitpunkt?: *Wann fährt der Zug ab?; Ich weiß nicht, wann er kommt* 2 **seit wann?** seit welcher Zeit?, seit welchem Zeitpunkt?: *Seit wann kennst du ihn?* 3 unter welchen Bedingungen?: *Wann setzt man ein Komma?*

Wan·ne *die; -, -n;* ein offenes Gefäß *(bes* zum Baden), das relativ lang und groß ist || -K

Badewanne; Plastikwanne

Wạn·ze *die; -, -n* **1** ein kleines Insekt, das Blut oder den Saft von Pflanzen saugt **2** ein kleines, verstecktes Mikrofon

Wạp·pen *das; -s, -;* ein Zeichen, *meist* in der Form eines Schildes[2], das als eine Art Symbol für eine Familie, eine Stadt *usw* dient || -K Familienwappen, Stadtwappen

war *Imperfekt, 1. und 3. Person Singular;* ↑ **sein**

wạrb *Imperfekt, 1. und 3. Person Singular;* ↑ **werben**

Wa·re B2 *die; -, -n* **1** ein Gegenstand, der für den Verkauf produziert wird ⟨Waren verkaufen, liefern⟩ || K- Warenangebot, Warensorte, Warenzeichen || -K (*mit Plural*) Backware, Eisenware **2** *nur Singular;* eine bestimmte Sorte oder Menge von Waren (1) ⟨eine Ware anbieten⟩

wä·re *Konjunktiv II, 1. und 3. Person Singular;* ↑ **sein**

Wa·ren·haus B2 *das; -es, -häu·ser* ≈ Kaufhaus

Wa·ren·zei·chen *das; -s, -* **1** ein Wort oder Zeichen, mit dem ein bestimmtes Produkt (und auch der Hersteller) bezeichnet wird ≈ Markenzeichen **2** **ein eingetragenes Warenzeichen** ein Warenzeichen, das nur ein einziger Hersteller verwenden darf

wạrf *Imperfekt, 1. und 3. Person Singular;* ↑ **werfen**

wạrm A1 *wärmer, wärmst-; Adjektiv* **1** mit relativ hoher Temperatur, aber nicht heiß: *ein warmes Bad nehmen* **2** gegen Kälte schützend ⟨Kleidung, eine Decke; sich warm anziehen⟩ **3** *nur vor dem Substantiv oder als Adverb;* so, dass das Essen gekocht und noch warm (1) ist ⟨ein Buffet, eine Mahlzeit, Speisen; warm essen⟩ **4** ≈ herzlich, freundlich ⟨eine Begrüßung⟩ **5** ⟨Farben⟩ relativ kräftig (ohne Weiß oder Grau): *ein warmes Gelb* **6** (*meist* im Superlativ) voll Eifer und Interesse ⟨wärmstes Interesse⟩ **7** *meist* **mir ist warm** verwendet, um auszudrücken, dass man es warm (1) oder zu warm (1) findet **8** **sich warm laufen/machen** *bes* vor einem Wettbewerb Gymnastik machen und langsam laufen, bis die Muskeln locker sind || ID *meist* **Mit ihm/ihr kann ich nicht warm werden** *umg;* ich finde ihn/sie einfach nicht sympathisch || *hierzu* **wạ̈r·men** (*hat*)

Wär·me *die; -; nur Singular* **1** ein Zustand, in dem es warm (1) ist || -K Körperwärme **2** *Physik;* die Energie, die durch die Bewegung von Atomen und Molekülen entsteht || K- Wärmeenergie, Wärmetechnik **3** ≈ Herzlichkeit, Freundlichkeit

Wạ̈rm·fla·sche *die; -, -n;* ein Behälter (*meist* aus Gummi), der mit heißem Wasser gefüllt wird, um *z.B.* das Bett zu wärmen

wạrm·her·zig *Adjektiv;* sehr freundlich und mitfühlend || *hierzu* **Wạrm·her·zig·keit** *die; -; nur Singular*

Wạrn·an·la·ge *die; -, -n;* eine Vorrichtung, die bei Gefahren, Einbrüchen *o.Ä.* akustische und optische Signale gibt

Warn·drei·eck *das; -(e)s, -e;* ein dreieckiges Schild (weiß mit rotem Rand), mit dem man als Autofahrer andere auf einen Unfall, eine Panne aufmerksam macht

Warndreieck

wạr·nen; *warnte, hat gewarnt* **1** **(jemanden) (vor jemandem/etwas) warnen** jemanden auf eine Gefahr hinweisen: *Jugendliche vor Drogen warnen* || K- Warnschild, Warnsignal, Warnzeichen **2** **jemanden warnen** ≈ jemandem drohen: *Ich warne dich: lass das!*

Wạrn·streik *der; -(e)s, -s;* eine relativ kurze Unterbrechung der Arbeit als Drohung, dass man auch zu einem längeren Streik bereit wäre

Wạr·nung *die; -, -en* **1** **eine Warnung (vor jemandem/etwas)** ein Hinweis auf eine Gefahr ⟨die Warnung vor einem Sturm⟩ || -K Hochwasserwarnung **2** eine dringende Aufforderung, etwas nicht zu tun ⟨eine nachdrückliche Warnung⟩: *Das ist meine letzte Warnung!*

Wạr·te·lis·te *die; -, -n;* eine Liste von Personen, die auf etwas warten, *z.B.* auf eine Genehmigung, einen Arbeitsplatz

wạr·ten[1]; *wartete, hat gewartet* **1** **(auf jemanden/etwas) warten** nichts oder nur wenig tun, bis jemand kommt oder bis etwas geschieht ⟨auf den Zug warten⟩: *Ich warte schon seit zwei Stunden auf dich!* || K- Wartezeit **2** **mit etwas (auf jemanden) warten** etwas noch nicht tun oder erst dann tun, wenn ein anderer kommt: *Wir warten mit dem Essen auf*

W

dich **3** **etwas wartet (auf jemanden)** etwas ist schon bereit: *Beeil dich, das Essen wartet!* **4** **etwas wartet (auf jemanden)** etwas muss (noch) getan werden ⟨eine Arbeit, eine Pflicht⟩ || [ID] **Darauf habe ich gerade noch gewartet!** *umg;* das passt mir gar nicht!; **Worauf wartest du noch?** *umg;* tu doch endlich etwas!; *meist* **Darauf habe ich schon gewartet** das habe ich kommen sehen; **Na warte/Warte nur!** *umg;* verwendet als eine Art Drohung (aber nicht sehr ernst gemeint); **Warte mal!** *umg;* einen Augenblick!

war·ten[2]; *wartete, hat gewartet;* **etwas warten** etwas pflegen, damit es funktioniert ⟨eine Maschine, ein Auto warten⟩

Wär·ter *der; -s, -;* jemand, der etwas pflegt oder jemanden/etwas bewacht || -[K] Gefängniswärter, Leuchtturmwärter, Museumswärter, Zoowärter || *hierzu* **Wär·te·rin** *die; -, -nen*

War·te·saal [B2] *der; -(e)s, -sä·le;* ein Raum in einem Bahnhof *o.Ä.*, in dem Reisende warten können

War·te·zim·mer *das; -s, -;* ein Raum (in der Praxis eines Arztes), in dem die Patienten auf die Behandlung warten

War·tung *die; -, -en;* das Warten[2] || [K]- Wartungsarbeiten, Wartungspersonal; wartungsfrei, wartungsfreundlich

wa·rum [A1] [va'rʊm] **1** *(in direkten und indirekten Fragen)* ≈ aus welchem Grund?: *Warum muss ich immer alles machen?; Ich weiß nicht, warum sie nicht gekommen ist* **2** **der Grund, warum** ≈ der Grund, aus dem || [ID] **Warum (auch/denn) nicht?** *umg;* es spricht doch nichts dagegen!

War·ze *die; -, -n;* eine kleine dicke Stelle auf der Haut *(oft* hart und rau)

was[1] [A2] *Interrogativpronomen* **1** *(in direkten und indirekten Fragen)* verwendet, um nach einer Sache oder einem Sachverhalt zu fragen: *Was möchtest du trinken?; Weißt du, was sie zu mir gesagt hat?* **2** **was kostet ...?** *umg;* wie viel kostet ...? **3** **was ist etwas?** wie wird etwas definiert?: *Was ist Literatur?* **4** **was ist jemand?** welchen Beruf hat jemand?: *Was ist dein Vater?* **5** **was für (ein/eine** *usw)* + *Substantiv***?** *umg;* verwendet, um nach der Art einer Person/Sache zu fragen: *Was für Preise gibt es zu gewinnen?; Was für einen Wein möchtest du?* **6** **was?** *umg* ≈ wie bitte? || Hinweis: gilt als unhöflich **7** *umg;* verwendet, um einen Tadel auszudrücken ≈ warum: *Was musst du dich denn nachts auch rumtreiben?* **8** **..., was?** *umg;* verwendet am Ende eines Satzes, wenn der Sprecher Zustimmung erwartet ≈ oder, nicht wahr?: *Das macht Spaß, was?* **9** *Präposition* + **was** *umg* ≈ wo-/wor- + Präposition: *Um was* (= worum) *handelt es sich denn?; Auf was* (= worauf) *wartest du?; An was* (= woran) *denkst du gerade?* || [ID] **Ach was!** *umg;* das ist Unsinn, das ist nicht wahr; **Was ist los?** was ist passiert?; **Was dann?** was sollen wir dann tun?; **Was nun?** was sollen wir jetzt tun?; **Was, ...?** *umg;* verwendet, um Erstaunen auszudrücken: *Was, das weißt du noch nicht?*

was[2] *Relativpronomen* **1** verwendet, um die Aussage eines vorausgegangenen Hauptsatzes zu bezeichnen: *Ich will Schauspieler werden, was meine Eltern aber nicht gut finden* **2** verwendet, um einen Relativsatz nach *nichts* und Pronomen wie *alles, manches, einiges, vieles, etwas* einzuleiten: *Das ist alles, was ich weiß* **3** verwendet, um einen Relativsatz nach einem Superlativ einzuleiten: *das Beste, was ich je gesehen habe*

was[3] [A2] *umg* ≈ etwas: *Das ist was anderes; Weißt du was Neues?*

Wasch·an·la·ge *die; -, -n;* eine Anlage, in der Autos gewaschen werden

Wasch·be·cken [A2] *das; -s, -;* ein Becken mit Wasserhahn, das *meist* an der Wand befestigt ist und in dem man sich *meist* die Hände (und das Gesicht) wäscht || ↑ Illustration **Im Bad**

Wä·sche [B1] *die; -, -n* **1** *nur Singular;* die Tücher, die im Haushalt verwendet werden (zum Putzen und Trocknen, für die Betten und Tische *usw*) || -[K] Bettwäsche, Tischwäsche **2** *nur Singular;* alle Textilien, die gewaschen werden oder wurden ⟨saubere, schmutzige Wäsche; etwas in die Wäsche (= zur schmutzigen Wäsche) tun⟩ || [K]- Wäscheleine, Wäscheklammer, Wäschekorb, Wäschetrockner || -[K] Buntwäsche, Feinwäsche, Kochwäsche **3** *nur Singular; Kurzwort* ↑ **Unterwäsche** **4** der Vorgang des Waschens (1,2) ⟨jemand/etwas braucht dringend eine Wäsche⟩: *Nach ein paar Wäschen war das T-Shirt ruiniert* || [ID] *meist* **schmutzige Wäsche waschen** *abwertend;* unangenehme persönliche Angelegenheiten vor anderen erzählen

wasch·echt *Adjektiv; nicht als Adverb* **1** ⟨ein Kleidungsstück, Farbe⟩ so, dass sie sich beim Waschen nicht verändern **2** *nur vor dem Substantiv; umg;* richtig, echt: *ein waschechter Berliner*

wa·schen [A1] *wäscht, wusch, hat gewaschen* **1** **(etwas) waschen** etwas mit Wasser und *meist* mit Waschmittel sauber machen ⟨die Wäsche, das Auto waschen⟩ || [K]- Waschmittel,

Waschpulver **2** **jemanden/sich waschen**; **(jemandem/sich) etwas waschen** jemanden/sich mit Wasser und Seife waschen ⟨sich *(Dativ)* die Haare, die Füße waschen⟩ **3** **etwas waschen** ⟨Kohle, Erz, Gold⟩ mit Wasser oder Flüssigkeit von anderen Bestandteilen befreien **4** **Geld waschen** illegal erworbenes Geld zu scheinbar legal verdientem Geld machen || ID **etwas hat sich gewaschen** *umg*; etwas ist besonders streng oder schlimm ⟨eine Strafe⟩

Wä·sche·rei *die*; -, -*en*; ein Betrieb, in dem Wäsche gegen Bezahlung gewaschen wird

Wasch·lap·pen *der*; -*s*, -; **1** ein kleines Tuch aus weichem Stoff, mit dem man sich wäscht **2** *umg abwertend*; ein feiger oder schwacher Mann ≈ Weichling

Wasch·ma·schi·ne A2 *die*; -, -*n*; eine Maschine (im Haushalt), mit der man die Wäsche wäscht

Wasch·mit·tel *das*; -*s*, -; ein Pulver oder eine Flüssigkeit, mit denen man Wäsche wäscht || -K Feinwaschmittel, Vollwaschmittel

wäscht *Präsens, 3. Person Singular*; ↑ **waschen**

Was·ser[1] A1 *das*; -*s*; *nur Singular* **1** die durchsichtige Flüssigkeit, die *z.B.* als Regen vom Himmel fällt: *sich mit kaltem Wasser waschen*; *Setzt du bitte Wasser für den Tee auf?* || K- Wasserdampf, Wasserflasche, Wasserleitung, Wassermangel, Wassertropfen, Wasserverbrauch, Wasserversorgung || -K Regenwasser, Trinkwasser **2** eine Flüssigkeit, die der menschliche Körper produziert, wie *z.B.* Tränen, Schweiß, Urin: *Ihm schoss vor Schmerzen das Wasser in die Augen*; *Das Wasser tropfte ihr von der Stirn* **3** **Wasser lassen** *beschönigend*; die Blase entleeren **4** **hartes/weiches Wasser** Wasser (1), das viel/wenig Kalk enthält **5** **mit fließendem Wasser** mit Wasser (1), das aus dem Wasserhahn kommt **6** **unter Wasser** so, dass eine Person, ein Tier oder eine Sache ganz von Wasser bedeckt ist: *Wie lange kannst du unter Wasser bleiben* (= tauchen)?: *Nach den starken Regenfällen stand unser Keller* (= der Fußboden des Kellers) *unter Wasser* || ID **jemandem steht/geht das Wasser bis zum Hals** *umg*; jemand hat enorme *(meist* finanzielle) Probleme; **etwas ist Wasser auf jemandes Mühle** *umg*; etwas ist gut dafür, einem anderen bei dessen Problem zu helfen; **jemandem läuft das Wasser im Mund zusammen** *umg*; jemand bekommt großen Appetit auf etwas; **jemandem das Wasser abgraben** jemandem die Grundlage seiner Existenz nehmen; **etwas fällt ins Wasser** *umg*; etwas Geplantes kann nicht ausgeführt werden; **sich** ⟨mühsam, gerade, kaum noch⟩ **über Wasser halten können** gerade noch genug Geld haben, um leben zu können; **jemand kocht auch nur mit Wasser** jemand macht etwas auch nicht besser als andere; **jemandem nicht das Wasser reichen können** *umg*; bei Weitem nicht so gut sein wie ein anderer; **mit allen Wassern gewaschen sein** *umg*; viele Tricks kennen

Was·ser[2] A1 *das*; -*s*, -; **1** Wasser[1] als Inhalt von Flüssen, Seen und Meeren ≈ Gewässer: *Wir fahren im Urlaub lieber ans Wasser als in die Berge* || K- Wasserfahrzeug, Wasserpflanze, Wassersport **2** **(ein) stehendes Wasser** ein Teich oder See **3** **(ein) fließendes Wasser** ein Fluss oder Bach || ID **ein stilles Wasser** eine ruhige Person (aber mit guten Fähigkeiten)

Was·ser[3] A1 *das*; -*s*, *Wäs·ser* **1** eine parfümierte Flüssigkeit: *Kölnisch Wasser* || -K Haarwasser, Rasierwasser **2** ≈ Mineralwasser **3** **stilles Wasser** Mineralwasser ohne Kohlensäure

Was·ser·ball *der*; -*(e)s*, -*bäl·le* **1** ein großer, leichter Ball für das Spielen im Wasser **2** *nur Singular*; ein Ballspiel zwischen zwei Mannschaften im Wasser

was·ser·dicht *Adjektiv*; ⟨eine Uhr⟩ so beschaffen, dass in sie kein Wasser eindringen kann

Was·ser·fall *der*; -*(e)s*, -*fäl·le*; eine große Menge Wasser, die an Felsen hinunterfällt, *z.B.* der Niagarafall || ID **wie ein Wasserfall reden** *umg*; ununterbrochen erzählen

Was·ser·far·be B2 *die*; -, -*n*; eine Farbe zum Malen auf Papier, die mit ein wenig Wasser gemischt wird

Was·ser·hahn *der*; -*(e)s*, -*häh·ne*; eine Vorrichtung an einer Wasserleitung, mit der man das Fließen des Wassers regelt || ↑ Illustration **Im Bad**

wäs·se·rig ↑ **wässrig**

Was·ser·mann *der*; -*(e)s*, -*män·ner*; das Sternzeichen für die Zeit vom 21. Januar bis 19. Februar || ↑ Abbildung Seite 956

wäs·sern; *wässerte, hat gewässert* **1** **etwas wässern** etwas in Wasser legen, damit es weich oder sauber wird **2** **etwas wässern** etwas sehr stark gießen ⟨Pflanzen⟩

Was·ser·rat·te *die*; -, -*n*; *umg*; jemand, der sehr gern und viel schwimmt

was·ser·scheu *Adjektiv*; *nicht als Adverb*; *meist* **wasserscheu sein** nicht gern schwimmen oder sich nicht gern waschen || *hierzu* **Was·ser·scheu** *die*; -; *nur Singular*

Wassermann

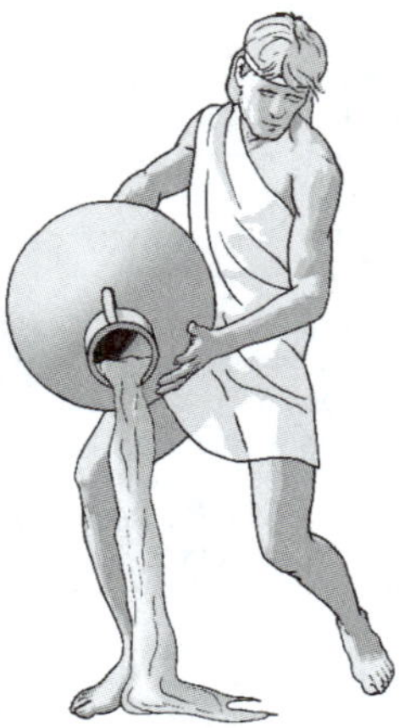

Wạs·ser·stoff *der; -(e)s; nur Singular;* ein Gas, das sich zusammen mit Sauerstoff zu Wasser verbindet; *Chemie* H

Wạs·ser·waa·ge *die; -, -n;* ein Gerät, mit dem man feststellen kann, ob eine Fläche genau waagrecht bzw. senkrecht ist. Eine kleine Luftblase zeigt die Lage an

Wạs·ser·wer·fer *der; -s, -;* ein Fahrzeug der Polizei, das mit starken Wasserstrahlen die Leute bei Krawallen vertreibt

Wạs·ser·werk *das; -(e)s, -e;* eine Einrichtung, die die Häuser eines Ortes mit (Trink)Wasser versorgt

wäss·rig *Adjektiv;* mit einer (zu) großen Menge Wasser zubereitet und daher schwach im Geschmack ⟨Suppe, Kaffee, Wein⟩

wạt·scheln; *watschelte, ist gewatschelt;* **jemand/ein Tier watschelt** jemand/ein Tier bewegt sich schwerfällig fort, sodass der ganze Körper hin und her wackelt ⟨eine Ente, eine Gans, ein Pinguin watschelt⟩ || Hinweis: bei Menschen sehr negativ

Wạtt[1] *das; -(e)s, -en;* ein Teil der Küste, der mit Schlamm bedeckt und bei Ebbe nicht überflutet ist

Wạtt[2] *das; -s, -;* eine physikalische Einheit, mit der man die Leistung misst; *Abkürzung* W: *eine Glühbirne mit 60 W* || -K Kilowatt

Wạt·te *die; -; nur Singular;* eine weiche und lockere Masse aus vielen Fasern (*meist* von Baumwolle): *Puder mit Watte auftragen*

wau! *Interjektion;* verwendet, um das Bellen eines Hundes nachzuahmen

WC A2 [veː'tseː] *das; -(s), -(s); (Abkürzung für* Wasserklosett) ≈ Toilette

Wẹb *das; -(s); nur Singular; (Kurzwort für* World Wide Web) eine Anwendungsmöglichkeit des Internet. Über das Web kann man sich Informationen holen, sich mit anderen Teilnehmern unterhalten *usw* ⟨im Web surfen⟩ || K- Webadresse, Webseite

we̱·ben; *webte/wob, hat gewebt/gewoben* **1** **(etwas) weben** einen Stoff, einen Teppich machen, indem man Fäden miteinander kreuzt ⟨einen Teppich weben⟩ **2** **eine Spinne webt ein Netz** eine Spinne macht ein Netz || *zu* 1 **We̱·ber** *der; -s, -;* **We̱·be·rin** *die; -, -nen*

We̱b·stuhl *der; -(e)s, -stüh·le;* eine Vorrichtung oder eine Maschine, mit der man weben kann ⟨ein mechanischer, elektrischer Webstuhl⟩

Wẹch·sel[1] [-ks-] *der; -s, -;* **1** eine (*meist* schnelle) Veränderung eines Zustands ⟨ein plötzlicher Wechsel⟩: *der plötzliche Wechsel (in) seiner Laune* || -K Temperaturwechsel, Wetterwechsel **2** die regelmäßige Folge verschiedener Phasen: *der Wechsel der Jahreszeiten* **3** eine Veränderung im Beruf oder im (Wohn)Ort: *sein Wechsel (vom Finanzministerium) ins Außenministerium* || -K Berufswechsel, Wohnungswechsel **4** das Ersetzen eines Gegenstands/einer Person ⟨der Wechsel eines Reifens⟩

Wẹch·sel[2] [-ks-] *der; -s, -;* ein Dokument, mit dem jemand verspricht, einer anderen Person innerhalb einer angegebenen Zeit eine bestimmte Summe Geld zu zahlen ⟨einen Wechsel ausstellen⟩: *Der Wechsel wird am 1. Juni fällig* (= muss bezahlt werden)

Wẹch·sel·geld B2 *das; -(e)s; nur Singular;* Geld, das man zurückbekommt, wenn man mit einem Geldschein oder Geldstück bezahlt, dessen Wert über dem Preis liegt

wech·sel·haft *Adjektiv;* ⟨Launen, das Wetter⟩ so, dass sie sich häufig verändern

Wẹch·sel·jah·re *die; -; Plural;* der Zeitraum um das 50. Lebensjahr der Frau, ab dem sie kein Kind mehr bekommen kann; *Medizin* Klimakterium, Menopause ⟨in die Wechseljahre kommen, in den Wechseljahren sein⟩

wẹch·seln[1] A2 [-ks-]; *wechselte, hat gewechselt* **1** **etwas wechseln** etwas durch etwas anderes (mit derselben Funktion) ersetzen ⟨einen Reifen, die Kassette, das Hemd wechseln⟩ **2** **etwas wechseln** sich für eine neue Tätigkeit, einen neuen Zustand entscheiden ⟨den Beruf, die Wohnung, das Thema, den Arzt wechseln⟩ **3** **etwas wechselt** etwas ändert sich ⟨das Wetter, die Temperatur, die Mode⟩: *mit* *wechselndem Erfolg* **4** ⟨den Partner, den Arzt, den Freund *usw*⟩ **wechseln** einen neuen Partner, Arzt, Freund *usw* finden

wẹch·seln[2] [A2] [-ks-]; *wechselte, hat gewechselt* **1** **etwas** (**in etwas** (*Akkusativ*)) **wechseln** Geld einer Währung gegen Geld einer anderen Währung tauschen: *Dollars in Yen wechseln* || [K-] Wechselkurs **2** **(jemandem) etwas wechseln** jemandem für eine Münze oder einen Geldschein Münzen in kleineren Einheiten, aber im gleichen Wert geben: *Kannst du mir zehn Euro wechseln?*

wẹch·sel·sei·tig *Adjektiv*; so, dass bei einer Beziehung die Dinge oder Partner gegenseitig aufeinander wirken

Wẹch·sel·strom *der; -s; nur Singular*; elektrischer Strom, dessen Stärke und Richtung sich periodisch ändert und der gewöhnlich im Haushalt verwendet wird ↔ Gleichstrom

wẹch·sel·voll *Adjektiv*; ⟨die Geschichte einer Stadt⟩ so, dass sie häufig zwischen gut und schlecht abwechselt

wẹch·sel·wei·se *Adverb*; abwechselnd oder aufeinanderfolgend: *Er arbeitet wechselweise für Film und Theater*

Wẹch·sel·wir·kung *die; -, -en*; die gegenseitige Beeinflussung: *die Wechselwirkung zwischen Mensch und Umwelt*

wẹ·cken [A2] *weckte, hat geweckt*; **jemanden wecken** jemanden, der schläft, wach machen: *Wecke mich bitte um sieben Uhr*

Wẹ·cker *der; -s, -*; eine Uhr, die zu einer eingestellten Zeit läutet und den Schlafenden weckt: *den Wecker auf acht Uhr stellen* || [ID] **Er/Sie geht/fällt mir auf den Wecker** *umg*; er/sie ist mir sehr lästig

we̱·deln; *wedelte, hat gewedelt*; **ein Tier wedelt mit dem Schwanz** *meist* ein Hund bewegt den Schwanz schnell hin und her

we̱·der *Konjunktion; nur in* **weder ... noch (... noch)** verwendet, um auszudrücken, dass das eine nicht der Fall ist und das andere (und das dritte) auch nicht: *Er wollte weder essen noch (wollte er) trinken; Ich habe dafür weder Zeit noch Geld (noch Lust)*

wẹg [A1] *Adverb* **1** nicht mehr da: *Der Zug ist schon weg!; Meine Schmerzen sind weg* **2** **weg von jemandem/etwas** ≈ fort: *Wir ziehen weg von Berlin* **3** verwendet als Aufforderung, wegzugehen oder etwas zu entfernen: *Hände weg!; Weg mit der Pistole!* **4** **weit weg** in relativ großer Entfernung: *Ist das Theater weit weg?* || [ID] **(ganz) weg sein von etwas** *umg*; (sehr) begeistert von etwas sein

We̱g [A1] *der; -(e)s, -e* **1** ein relativ schmaler Streifen (*meist* nicht mit glatter Oberfläche), auf dem man fahren oder gehen kann || [-K] Feldweg, Waldweg, Wanderweg; Fußgängerweg, Radweg **2** die Entfernung, die man geht oder fährt, um zu einem Ort zu kommen ⟨ein langer, weiter Weg⟩ || [K-] Wegstrecke **3** die Richtung und der Verlauf einer Strecke, die zu einem Ort führen: *jemandem den Weg zum Bahnhof zeigen* **4** **auf dem Weg** (+ *Richtung*) während man irgendwohin geht, fährt: *auf dem Weg zur Schule* || [-K] Heimweg, Schulweg **5** die Art, wie etwas gemacht wird ⟨auf friedlichem Weg⟩: *Wir werden einen Weg finden, dieses Problem zu lösen* || [ID] **sich auf dem Weg der Besserung befinden**; **auf dem Weg der Besserung sein** wieder gesund werden; **den Weg des geringsten Widerstandes gehen** das tun, was die wenigsten Schwierigkeiten bereitet, aber *meist* nicht das Beste ist; **Wo ein Wille (ist), da (ist auch) ein Weg** wenn man etwas wirklich tun will, findet man dazu auch eine Möglichkeit; **seine eigenen Wege gehen** sich von jemandem lösen oder trennen (*z.B.* dem Partner, den Eltern), unabhängig von jemand anderem handeln; **etwas** (*Dativ*) **aus dem Weg gehen** etwas Unangenehmes vermeiden; **jemandem aus dem Weg gehen** vermeiden, jemandem zu begegnen; **jemand steht jemandem im Weg**

▶ Nach dem Weg fragen

Wenn man in einer Stadt die Orientierung verloren hat oder ein bestimmtes Ziel nicht findet, ist es sinnvoll, nach dem Weg zu fragen:

Wo geht es hier bitte zum Bahnhof?

Entschuldigung, können Sie mir bitte sagen, wie man hier zum Bahnhof kommt?

Wie komme ich bitte von hier zum Rathaus?

Können Sie mir bitte helfen? Ich möchte zum Zoo.

Entschuldigung, können Sie mir bitte sagen, wo die nächste Bank ist?

Entschuldigen Sie, ich bin fremd hier: Können Sie mir ein Gasthaus / ein Café empfehlen?

Verzeihung. Können Sie mir sagen, wo hier in der Nähe eine Apotheke ist?

Verzeihung. Können Sie mir sagen, in welcher Richtung sich der Marktplatz *usw.* **befindet?**

Entschuldigung, wie weit ist es von hier zum nächsten Taxistand / zur nächsten Bushaltestelle?

SPRECHEN UND SCHREIBEN ◀

umg; jemand ist für eine andere Person ein Hindernis; **jemandem über den Weg laufen** jemandem zufällig begegnen; **etwas in die Wege leiten** etwas vorbereiten und beginnen, daran zu arbeiten; **sich auf den Weg machen** einen Gang oder eine Reise beginnen; **jemandem nicht über den Weg trauen** *umg;* zu jemandem kein Vertrauen haben; **Da führt kein Weg dran vorbei** *umg;* das muss man machen, es gibt keine Alternative || Hinweis: ↑ **zuwege**

weg- B1 *im Verb; betont und trennbar;* Die Verben mit *weg-* werden nach folgendem Muster gebildet: *wegschaffen - schaffte weg - weggeschafft* **1** drückt aus, dass sich jemand/etwas von einem Ort entfernt oder von dort entfernt wird ≈ fort-; **jemanden/etwas wegbringen, wegfahren, wegschaffen, wegschieben, wegtragen, wegziehen; etwas weggeben, weglegen, wegräumen, wegschneiden, wegstellen, wegwischen; wegfahren, wegfliegen, weggehen, wegziehen** **2** drückt aus, dass jemand anderer dadurch etwas nicht mehr hat; **(jemandem) etwas wegessen, wegfressen, wegnehmen, wegtrinken**

Weg·be·rei·ter *der; -s, -;* jemand, der es durch bestimmte Handlungen oder Ideen möglich macht, dass sich etwas Neues durchsetzt: *ein Wegbereiter der Demokratie;* **Weg·be·rei·te·rin** *die; -, -nen*

weg·blei·ben *(ist)* nicht (mehr) kommen oder nicht (mehr) an etwas teilnehmen || ID *meist* **Mir blieb die Sprache weg!** *umg;* ich war sehr überrascht oder erschrocken

we·gen B1 *Präposition; mit Genitiv/umg auch Dativ* **1** verwendet, um den Grund für etwas anzugeben: *Wegen des schlechten Wetters wurde der Start verschoben; Wegen Umbau(s) geschlossen; Wegen Peter mussten wir warten* **2** **wegen mir/dir/ihm** *usw umg* ≈ meinet-/ /deinet-/seinetwegen *usw* **3** **von wegen!** *umg;* verwendet, um Widerspruch oder Ablehnung auszudrücken

Weg·fahr·sper·re *die; -, -n; Auto;* ein kleines Gerät im Auto, das bewirken soll, dass ein Dieb nicht mit dem Auto wegfahren kann

weg·fal·len *(ist) meist* **etwas kann wegfallen** etwas kann aus einem Text *o.Ä.* entfernt werden || *hierzu* **Weg·fall** *der; -(e)s; nur Singular*

weg·ge·ben *(hat)* **etwas weggeben** etwas *(meist* etwas, das man selbst nicht mehr braucht) jemand anderem geben

weg·ge·hen *(ist)* **1** sich von irgendwo entfernen **2** **(von jemandem) weggehen** ≈ jemanden verlassen **3** **etwas geht weg** *umg;* etwas wird weniger und ist dann nicht mehr da: *Das Fieber ging bald wieder weg* **4** **etwas geht weg** *umg;* etwas verkauft sich gut

weg·ge·tre·ten *Adjektiv; meist* **(geistig/völlig) weggetreten sein** für kurze Zeit jemand anderem nicht mehr zuhören und an gar nichts denken

weg·kön·nen *(hat) umg* **1** ein Gebäude *o.Ä.* verlassen können: *Ich kann jetzt nicht weg, weil noch viel zu tun ist!* **2** **etwas kann weg** etwas kann beseitigt *o.Ä.* werden

weg·las·sen *(hat)* **1** **jemanden weglassen** *umg;* jemanden irgendwohin gehen lassen **2** **etwas weglassen** von etwas nicht reden, etwas nicht verwenden

weg·lau·fen *(ist)* **1** **(vor jemandem/etwas) weglaufen** sich schnell zu Fuß von einem Ort entfernen *(bes* weil man Angst vor jemandem/ etwas hat): *vor einem Hund weglaufen* **2** **(vor jemandem/etwas) weglaufen** jemanden/etwas aus Angst meiden ⟨vor einem Konflikt, vor seinen Problemen weglaufen⟩ **3** **(von zu Hause) weglaufen** *(bes* als Kind) heimlich die gewohnte Umgebung verlassen, weil man sich dort nicht mehr wohlfühlt **4** **jemandem weglaufen** *umg;* jemanden verlassen[1] (3): *Ihm ist die Frau weggelaufen* || ID *meist* **Das läuft dir nicht weg!** *umg;* das kannst du auch später tun

weg·ma·chen *(hat)* **etwas wegmachen** *umg* ≈ entfernen

weg·müs·sen *(hat) umg* **1** weggehen, wegfahren *o.Ä.* müssen **2** **etwas muss weg** etwas muss irgendwohin gebracht werden: *Die Ware muss heute noch weg* **3** **etwas muss weg** etwas muss entfernt werden: *Der Fleck muss weg*

weg·neh·men *(hat)* **1** **etwas wegnehmen** etwas (nehmen und) von einem Ort entfernen: *Nimm bitte deine Hand da weg!* **2** **jemandem etwas wegnehmen** jemanden etwas nicht länger haben lassen und es für sich nehmen: *einem anderen Kind ein Spielzeug wegnehmen* **3** **etwas nimmt viel Platz weg** etwas braucht viel Platz

weg·schi·cken *(hat)* **1** **jemanden wegschicken** jemandem sagen, dass er fortgehen soll **2** **etwas wegschicken** etwas durch die Post *o.Ä.* irgendwohin bringen lassen

weg·ste·cken *(hat) umg* **1** **etwas wegstecken** etwas in seine Tasche stecken, an sich nehmen: *Steck dein Geld wieder weg, heute zahle ich!* **2** **jemand kann/muss eine Menge/(et)was/viel wegstecken** jemand kann/muss viel Unangenehmes ertragen: *Der*

W

kann aber eine Menge wegstecken!

weg·wei·send *Adjektiv; ohne Steigerung;* **wegweisend (für jemanden/etwas)** wichtig, weil dadurch zukünftige Entscheidungen oder Entwicklungen bestimmt werden ⟨eine Rede, ein Urteil⟩

Weg·wei·ser *der; -s, -;* ein Schild, das die Richtung und Entfernung zu einer Stadt oder zu einem Ziel anzeigt

weg·wer·fen B1 *(hat)* **1** **etwas wegwerfen** etwas von sich weg irgendwohin werfen: *Waffe wegwerfen und Hände hoch!* **2** **etwas wegwerfen** etwas, das man nicht mehr haben will, in den Abfall tun: *Scherben wegwerfen*

weg·zie·hen *(hat/ist)* **1** **jemanden/etwas wegziehen** *(hat)* jemanden/etwas ziehend von einem Ort wegbewegen: *ein Kind vom Feuer wegziehen; Er zog die Hand weg, als ich sie ergreifen wollte* **2** *(ist)* die Wohnung aufgeben und an einen anderen Ort ziehen ≈ fortziehen

weh *Adjektiv; nur vor dem Substantiv, nicht als Adverb;* ⟨ein Finger, ein Zahn⟩ so, dass sie schmerzen || Hinweis: ↑ **wehtun**

-weh B2 *das; -s; nur Singular; im Substantiv; umg;* Schmerzen am genannten Körperteil; **Bauchweh, Halsweh, Kopfweh, Ohrenweh, Zahnweh**

we·he! ['veːə] *Interjektion; auch mit Substantiv oder Pronomen im Dativ;* verwendet als Drohung: *Wehe (dir), wenn du gelogen hast!*

We·he[1] ['veːə] *die; -, -n; meist Plural;* die Schmerzen der Muskeln in der Gebärmutter, kurz vor und während der Geburt des Kindes ⟨die Wehen setzen ein⟩

We·he[2] ['veːə] *die; -, -n;* Schnee oder Sand, den der Wind zu einem großen Haufen geweht hat || -K Schneewehe

we·hen B2 ['veːən]; *wehte, hat geweht;* ⟨der Wind, der Sturm⟩ **weht (irgendwoher/etwas irgendwohin)** Wind oder Sturm bläst (aus einer Richtung/und bewegt dabei etwas irgendwohin): *Heute weht ein starker Wind (aus Osten); Der Wind hat die Zeitung vom Tisch geweht*

weh·kla·gen; *wehklagte, hat gewehklagt; förmlich;* **(über etwas** *(Akkusativ)***) wehklagen** *bes* wegen eines seelischen Schmerzes laut jammern || *hierzu* **Weh·kla·ge** *die; -, -n*

weh·lei·dig *Adjektiv; abwertend* **1** ⟨ein Mensch, ein Kind⟩ zu empfindlich und so, dass sie auch über kleine Schmerzen klagen **2** jammernd, um Mitleid zu erregen ⟨eine Stimme⟩

weh·mü·tig *Adjektiv;* durch die Erinnerung an Vergangenes ein bisschen traurig: *wehmütig lächeln* || *hierzu* **Weh·mut** *die; -; nur Singular*

Wehr·dienst *der; -es; nur Singular;* die militärische Ausbildung, die jemand aufgrund der Wehrpflicht macht ⟨den Wehrdienst leisten⟩

weh·ren; *wehrte, hat gewehrt;* **sich (gegen jemanden/etwas) wehren** etwas dagegen tun, wenn man körperlich (oder auch anders) angegriffen wird ⟨sich gegen einen Angriff, einen Vorwurf wehren⟩

wehr·los *Adjektiv;* unfähig, sich zu verteidigen oder etwas gegen eine Gefahr zu tun ⟨gegen jemanden/etwas wehrlos sein⟩ || *hierzu* **Wehr·lo·sig·keit** *die; -; nur Singular*

Wehr·macht *die; -; nur Singular; historisch;* die deutschen Streitkräfte in der Zeit von 1935-1945

Wehr·pflicht *die; -; nur Singular;* die gesetzliche Verpflichtung zum Wehrdienst || *hierzu* **wehr·pflich·tig** *Adjektiv;* **Wehr·pflich·ti·ge** *der; -n, -n*

Die Wehrpflicht

In Deutschland und Österreich unterliegen junge Männer der Wehrpflicht. Sie werden zum Grundwehrdienst **einberufen** und müssen 9 Monate in der **Bundeswehr** bzw. 6 Monate im **Bundesheer** dienen. Eine medizinische Untersuchung, die **Musterung**, stellt fest, ob jemand für den Militardienst **tauglich** ist. Unter bestimmten Umständen (z.B. als Mitglied der Feuerwehr oder der Polizei, als alleinerziehender Vater usw.) ist man vom **Wehrdienst** befreit. Man kann auch den Wehrdienst **verweigern** und stattdessen **Zivildienst** (z.B. im Krankenhaus, Altersheim) ableisten. Für Frauen ist der Militärdienst freiwillig.In der Schweiz gibt es eine Dienstpflicht mit einer mehrmonatigen Grundausbildung und jährlichen Wiederholungskursen (Wehrübungen). In der übrigen Zeit nehmen die Soldaten der **Schweizer Armee** ihre Ausrüstung und Waffen mit nach Hause.

WORTSCHATZ

weh·tun, weh tun A2; *tut weh, tat weh, hat wehgetan/weh getan* **1** **jemandem wehtun** jemandem einen körperlichen oder seelischen Schmerz zufügen: *Lass das, du tust mir weh!* **2** **etwas tut (jemandem) weh** ≈ etwas schmerzt: *Mein rechter Fuß tut weh; Mir tut der Kopf weh*

Weib *das; -(e)s, -er* **1** *umg abwertend* ≈ Frau **2** früher übliche Bezeichnung für eine Frau oder Ehefrau

W

Weib·chen *das; -s, -;* ein weibliches Tier ↔ Männchen: *Ist dein Hase ein Männchen oder ein Weibchen?*

Wei·ber·held *der; -en, -en; abwertend;* ein Mann, der mit vielen Frauen (auch sexuellen) Kontakt hat und stolz darauf ist

wei·bisch *Adjektiv; abwertend;* ⟨ein Mann⟩ so, dass er nicht diejenigen Eigenschaften hat, die als typisch männlich gelten

weib·lich B2 *Adjektiv* **1** *nicht als Adverb;* (bei Menschen) von dem Geschlecht, das ein Kind gebären kann **2** *nicht als Adverb;* (bei Tieren) von dem Geschlecht, das Junge gebären kann oder Eier legt **3** *nicht als Adverb;* (bei Pflanzen) die Frucht bildend **4** zu einer Frau gehörend ⟨eine Stimme, ein Vorname⟩ **5** typisch oder üblich für Frauen ⟨eine Eigenschaft⟩ **6** von dem grammatischen Geschlecht, das für Substantive im Nominativ Singular den Artikel „die" verlangt ≈ feminin ⟨ein Substantiv, ein Artikel⟩ || *zu* 4 **Weib·lich·keit** *die; -; nur Singular*

weich A2 *Adjektiv* **1** ⟨ein Teig, eine Masse⟩ so, dass sie leicht zu formen sind und einem Druck nachgeben ↔ hart **2** angenehm anzufassen und glatt ↔ rau ⟨Wolle, Fell, Samt⟩ **3** ⟨ein Bett, eine Matratze⟩ elastisch und so, dass man darauf gut sitzt oder liegt ↔ hart **4** sehr reif ⟨eine Birne, eine Tomate⟩ **5** fertig gekocht und weich (1) ≈ gar: *Das Gemüse ist noch nicht weich* **6** empfindsam, mit viel Gefühl ⟨ein weiches Herz haben⟩ **7** unentschlossen und leicht zu überreden: *Für diese Verhandlungen ist er zu weich* || ID **weich werden** *umg* ≈ nachgeben || *hierzu* **Weich·heit** *die; -; nur Singular*

Wei·che *die; -, -n;* eine Vorrichtung an Schienen, mit der Züge auf ein anderes Gleis geleitet werden ⟨eine Weiche stellen⟩ || ID **die Weichen für etwas stellen** etwas tun oder entscheiden, um einem Plan eine Richtung zu geben

weich·lich *Adjektiv; abwertend;* charakterlich (oder körperlich) nicht stark ⟨ein Mann⟩

Weich·tei·le *die; -; Plural;* die weichen, knochenlosen Körperteile, *bes* im Unterleib

weich·wer·den *(ist)* ↑ **weich** ID

Wei·de[1] *die; -, -n;* ein Stück Land, auf dem Haustiere Gras fressen

Wei·de[2] *die; -, -n;* ein Baum mit langen, biegsamen Zweigen, der oft am Wasser wächst

wei·den; *weidete, hat geweidet* **1** **ein Tier weidet** ein Tier ist auf der Weide und frisst Gras ⟨Kühe, Schafe, Pferde⟩ **2** **sich an etwas** *(Dativ)* **weiden** *förmlich, oft abwertend;* sich an etwas freuen, *meist* weil es anderen schlecht geht: *Er weidete sich an ihrer Angst*

wei·gern, sich; *weigerte sich, hat sich geweigert;* **sich weigern** (+ **zu** + *Infinitiv*) erklären, dass man nicht bereit ist, etwas zu tun: *Er weigert sich zu gehorchen* || *hierzu* **Wei·ge·rung** *die; -, -en*

Wei·he ['vaiə] *die; -, -n;* eine feierliche Zeremonie, um den Segen Gottes für jemanden/etwas zu erbitten || -K Altarweihe, Priesterweihe

wei·hen; *weihte, hat geweiht* **1** **etwas weihen** einem Gegenstand die Weihe geben **2** **jemanden (zu etwas) weihen** jemandem die Weihe geben ⟨jemanden zum Priester, zum Bischof weihen⟩ **3** **jemandem jemanden/etwas weihen** eine Person, ein Gebäude *o.Ä.* in den Dienst Gottes oder einer Gottheit stellen: *Dieser Tempel war dem Jupiter geweiht* **4** **jemandem/etwas etwas weihen** ≈ jemandem/etwas etwas widmen (2): *Er hatte sein Leben der Forschung geweiht* **5** **jemand ist dem Tod geweiht**; ⟨ein Volk, ein Reich *o.Ä.*⟩ **ist dem Untergang geweiht** jemand muss sterben/ein Volk, ein Reich *o.Ä.* muss untergehen (3)

Wei·her ['vaiɐ] *der; -s, -; bes südd;* ein *meist* natürlicher, kleiner See ≈ Teich || -K Dorfweiher, Fischweiher

Weih·nacht *die; -; nur Singular* ≈ Weihnachten: *jemandem (eine) gesegnete Weihnacht wünschen* || K- Weihnachtsfeier, Weihnachtsfeiertag, Weihnachtsgeschenk, Weihnachtslied, Weihnachtszeit || *hierzu* **weih·nacht·lich** *Adjektiv*

Weih·nach·ten A2 *(das); -, -; meist Singular* **1** der 25. Dezember, an dem die Christen die Geburt von Jesus Christus feiern **2** das Fest und die Zeit vom Heiligen Abend (24. Dezember) bis zum zweiten Weihnachtsfeiertag (26. Dezember) ⟨zu/an, nach, vor, über Weihnachten⟩: *Frohe Weihnachten!*

Weih·nachts·baum *der; -(e)s, -bäu·me;* eine Fichte oder Tanne, die zur Weihnachtszeit aufgestellt und mit Lichtern, Kugeln und Figuren geschmückt wird

Weih·nachts·geld *das; -(e)s, -er; meist Singular;* zusätzliches Geld, das Arbeitnehmer zu Weihnachten erhalten

Weih·nachts·markt *der; -(e)s, -märk·te;* ein Markt in der Zeit vor Weihnachten, auf dem *bes* Süßigkeiten, Spielzeug *usw* verkauft werden

Weihnachtsmärkte

Im Advent gibt es in fast allen Städten Weihnachtsmärkte. Auf ihnen werden vor allem Weihnachtsdekoration, Spielzeug und Süßigkeiten verkauft. Da es im Dezember oft sehr kalt sein kann, trinkt man bei einem Besuch auf dem Weihnachtsmarkt auch gerne einen Becher **Glühwein**, einen heißen Rotwein mit Gewürzen und Zucker.

LANDESKUNDE

Weih·rauch *der; -(e)s; nur Singular;* ein Harz, das einen aromatischen Duft entwickelt, wenn es brennt. Weihrauch wird vor allem bei religiösen Handlungen verwendet

Weih·was·ser *das; -s; nur Singular;* Wasser, das von einem Priester gesegnet wurde ⟨etwas mit Weihwasser besprengen⟩ || [K-] Weihwasserbecken, Weihwasserkessel

weil [A2] *Konjunktion;* verwendet, um eine Begründung einzuleiten: *Er kann nicht kommen, weil er krank ist*

Weil·chen *das; -s; nur Singular;* eine relativ kurze Zeit: *Warte noch ein Weilchen*

Wei·le *die; -; nur Singular;* eine Zeit von unbestimmter Dauer ⟨eine kleine, ganze Weile⟩: *Er kam nach einer Weile zurück*

Weihnachten

Am 24. Dezember oder **Heiligabend** ist es Brauch, den **Weihnachtsbaum** mit Kerzen, bunten Glaskugeln, Figuren und Lametta zu schmücken. In einigen Familien wird eine **Weihnachtskrippe** (die Darstellung der Heiligen Familie mit Krippenfiguren) aufgestellt. Am Abend (dem **Heiligen Abend** oder **Weihnachtsabend**) findet dann die **Bescherung** statt: Die Kinder erhalten die Geschenke, die ihnen in Süddeutschland das **Christkind**, im Norden Deutschlands der **Weihnachtsmann** bringt. Es werden **Weihnachtslieder** gesungen, einige der bekanntesten sind zum Beispiel **O Tannenbaum** und **Stille Nacht, Heilige Nacht**. Viele Menschen gehen abends zur **Christmette** oder zu einem anderen Gottesdienst in die Kirche.
Die beiden **Weihnachtsfeiertage**, den 25. und 26. Dezember, verbringt man meist besinnlich im Kreis der Familie. Mittags gibt es ein besonderes Festessen. Nachmittags wird das in der Adventszeit vorbereitete typische Weihnachtsgebäck wie **Lebkuchen** und **Plätzchen** angeboten.

LANDESKUNDE

Wei·ler *der; -s, -;* ein kleines Dorf mit nur wenigen Häusern: *ein einsamer Weiler*

Wein [B1] *der; -(e)s, -e* **1** ein alkoholisches Getränk, hergestellt aus Weintrauben ⟨ein leichter, trockener Wein⟩ || [K-] Weinflasche, Weinrebe, Weinsorte, Weintraube || [-K] Rotwein, Weißwein || Hinweis: der Plural „Weine" wird im Sinne von „Weinsorten" gebraucht **2** *nur Singular;* der Strauch, aus dessen Beeren man Wein macht || [ID] **alter Wein in neuen Schläuchen** etwas, das neu zu sein scheint, aber nicht viel Veränderung bringt; **jemandem reinen Wein einschenken** jemandem eine für ihn unangenehme Wahrheit sagen

Wein·bau *der; -(e)s; nur Singular;* das Anpflanzen und Pflegen von Weinreben ⟨Weinbau betreiben⟩ || [K-] Weinbaugebiet

Wein·brand *der; -(e)s, -brän·de;* ein stark alkoholisches Getränk (wie Kognak), hergestellt aus Wein

wei·nen [A2] *weinte, hat geweint* **1** Tränen in den Augen haben (und schluchzen), weil man Kummer oder Schmerzen hat **2** **um jemanden/über etwas** *(Akkusativ)* **weinen** weinen, weil jemand gestorben ist, weil etwas Schlimmes passiert ist || [ID] *meist* **Das ist zum Weinen!** *umg;* das ist sehr schlecht, sehr enttäuschend

wei·ner·lich *Adjektiv;* dem Weinen nahe ⟨eine Stimme, ein Tonfall, ein Gesicht⟩

Wein·krampf *der; -(e)s, -krämp·fe;* sehr heftiges Weinen: *von einem Weinkrampf geschüttelt werden*

Wein·le·se *die; -, -n;* die Ernte der Weintrauben

Wein·pro·be *die; -, -n;* das Probieren verschiedener Weine (1) ⟨eine Weinprobe machen⟩

Wein·stock *der; -(e)s, -stö·cke;* ≈ Wein (2), Weinrebe

wei·se *Adjektiv* **1** klug und erfahren ⟨weise handeln, urteilen⟩ **2** ⟨ein Rat, ein Spruch⟩ so, dass sie Weisheit und Erfahrung enthalten

Wei·se¹ *die; -; nur Singular* **1** verwendet, um auszudrücken, wie etwas geschieht oder gemacht wird ≈ Art ⟨auf diese Weise⟩ **2** **in keinster Weise** *humorvoll;* überhaupt nicht: *Ich kann euch in keinster Weise zustimmen*

Wei·se² *der/die; -n, -n;* ein gelehrter und erfahrener Mensch

-wei·se *im Adjektiv; meist als Adverb, nicht nach dem Substantiv* **1** drückt aus, auf welche Art etwas geschieht oder getan wird; **aushilfsweise** *irgendwo arbeiten*; **ausnahmsweise** *etwas tun dürfen*; *jemandem etwas* **leihweise** *überlassen*; **probeweise** *eine Zeitung abonnieren* **2** drückt eine Mengenangabe aus; *Waren* **dutzendweise, stückweise, zentnerweise** *verkaufen*; **eimerweise, literweise, kistenweise** *Bier trinken*; *etwas kommt* **haufenweise, massenweise** *vor* **3** *nur als Adverb;* drückt eine Bewertung, Beurteilung aus; **bedauerlicherweise** *nicht kommen können*; **dummerweise** *etwas vergessen haben*; **glücklicherweise** *nicht verletzt worden sein*; **seltsamerweise** *verschwunden sein*; **vernünftigerweise** *nachgeben*

wei·sen; *wies, hat gewiesen* **1** **(jemandem) etwas weisen** *förmlich;* jemandem etwas zeigen ⟨die Richtung weisen⟩ **2** **jemanden von/aus etwas weisen** befehlen, dass jemand einen Ort oder eine Institution verlässt: *Er wurde von/aus der Schule gewiesen* **3** **etwas (weit) von sich weisen** ⟨einen Verdacht, eine Vermutung, einen Vorwurf⟩ entschieden ablehnen, zurückweisen **4** **irgendwohin weisen** *förmlich;* irgendwohin zeigen: *Die Magnetnadel weist nach Norden*

Weis·heit *die; -, -en* **1** *nur Singular;* großes Wissen und Klugheit, *bes* aufgrund von langer Erfahrung **2** eine Aussage, die Weisheit enthält || ID **mit seiner Weisheit am Ende sein** *umg;* nicht mehr wissen, was man tun soll

Weis·heits·zahn *der; -(e)s, -zäh·ne;* einer der vier hinteren Backenzähne des Menschen, die man *meist* erst als Erwachsener bekommt

weiß¹ A1 *Präsens, 1. und 3. Person Singular;* ↑ **wissen**

weiß² A1 *Adjektiv* **1** von der Farbe von Schnee oder Milch || ↑ Illustration **Farben und Formen** **2** ⟨Haut⟩ von einer relativ hellen Farbe, wie bei den meisten Europäern **3** mit weißer (2) Haut ⟨ein Amerikaner, ein Südafrikaner⟩ **4** die Farbe der hellen Figuren und Felder bei Brettspielen wie Schach || ID **weiß wie die Wand** sehr blass || *zu 3* **Wei·ße** *der/die; -n, -n*

Weiß A1 *das; -(es), -; meist Singular* **1** die Farbe, wie sie *z.B.* frisch gefallener Schnee hat **2** *ohne Artikel;* der Spieler bei einem Brettspiel, der mit hellen Figuren *bzw* auf hellen Feldern spielt

Weiß·bier *das; -(e)s, -e;* helles Bier, das aus Weizen gebraut ist ≈ Weizenbier

W

Weiß·brot B2 *das; -(e)s, -e;* ein helles Brot, das aus Weizenmehl gemacht wird

Weiß·kohl *der; -(e)s; nur Singular; nordd;* ein weißlicher oder hellgrüner Kohl

Weiß·kraut *das; -(e)s; nur Singular; südd* Ⓐ ≈ Weißkohl

weiß·lich *Adjektiv;* fast weiß (1)

Weiß·wurst *die; -, -würs·te;* eine fast weiße, aus Kalbfleisch hergestellte Wurst, die in Wasser heiß gemacht wird

Wei·sung *die; -, -en; Verwaltung* ≈ Befehl, Anweisung || K **Weisungsbefugnis; weisungsbefugt, weisungsberechtigt**

weit¹ A1 *weiter, weitest-; Adjektiv* **1** ⟨ein Weg, eine Reise, eine Distanz⟩ so, dass die Entfernung groß ist ≈ lang: *etwas reicht weit, ist weit entfernt/weg; etwas weit werfen* **2** verwendet mit einer Maßangabe, um eine Entfernung anzugeben: *Er springt sechs Meter weit; Wie weit ist es zum Bahnhof?* **3** nicht eng am Körper ⟨Kleidung⟩ || ↑ Abbildung unter **breit** **4** *meist als Adverb;* zeitlich lange danach: *weit nach Mitternacht* **5** ziemlich am Ende eines Vorgangs: *die Verhandlungen sind schon weit fortgeschritten* || ID **weit und breit** in der ganzen Umgebung: *So was Gutes findest du weit und breit nicht noch mal; meist* **so weit, so gut** bis hierher ist alles in Ordnung; **jemand hat es weit gebracht** jemand hat im Leben oder im Beruf viel geleistet; *meist* **Das führt zu weit** das ist zu umständlich, das gehört nicht zum Thema; *meist* **Das geht zu weit!** das ist nicht mehr akzeptabel; **das Weite suchen** ≈ flüchten, fliehen; **bei Weitem/weitem** mit großem Abstand: *Er ist bei Weitem der Beste gewesen;* **von Weitem/weitem** aus großer Entfernung

weit² A1 *Adverb;* **weit** + *Komparativ* verwendet, um auszudrücken, dass ein Unterschied groß ist: *Er ist weit älter als ich* || Hinweis: ↑ **weitgehend, weitreichend**

weit·ab *Adverb;* **weitab von** in relativ großer Entfernung von ⟨weitab von der Stadt, vom Lärm⟩

weit·aus *Adverb;* verwendet, um einen Vergleich zu verstärken ≈ mit Abstand ⟨weitaus besser, schneller; weitaus das Sicherste⟩

Weit·blick *der; -(e)s; nur Singular;* die Fähigkeit, kommende Entwicklungen richtig zu beurteilen: *ein Politiker mit großem Weitblick*

Wei·te *die; -, -n* **1** eine große Ausdehnung in der Fläche ⟨die Weite des Meeres⟩ **2** ≈ Ferne (1): *in die Weite schauen* **3** eine gemessene Entfernung: *Beim Diskuswerfen wurden Weiten bis zu 70 m erzielt* **4** die Größe eines Kleidungsstücks *bes* in Bezug auf den Umfang: *ein Rock mit verstellbarer Weite*

wei·ter A2 *Adverb* **1** verwendet, um die

Fortsetzung einer Handlung zu bezeichnen: *Bitte weiter!; Halt, nicht weiter!* **2** ≈ außerdem, sonst: *Was (geschah) weiter? Es war weiter niemand hier* **3** *meist* **nichts weiter (als)** ≈ nur, nicht mehr als: *Das ist nichts weiter als ein Versehen* **4** ≈ weiterhin (1,2): *Wenn es weiter so stark schneit ...; Die Probleme werden weiter bestehen* **5** **und so weiter** und Ähnliches; *Abkürzung* usw. || ID **Wenn es weiter nichts ist** *oft ironisch;* das ist gar kein Problem

wei·ter- B1 *im Verb; betont und trennbar;* Die Verben mit *weiter-* werden nach folgendem Muster gebildet: *weitergehen - ging weiter - weitergegangen* **1** drückt aus, dass eine Bewegung oder Handlung fortgesetzt wird, nicht aufhört; **weiterfahren, weiterfliegen, weitergehen, weiterlaufen, weiterleben, weiterreisen, weiterschlafen, weitersprechen;** **sich/etwas weiterentwickeln, weiterschleppen** **2** drückt aus, dass man seinerseits auch etwas tut (was auf ähnliche Weise schon getan wurde); **(jemandem) etwas weitererzählen, weitergeben, weiterreichen, weitersagen, weiterschenken, weiterschicken, weiterverkaufen, weitervermieten; jemanden/etwas weitervermitteln**

wei·ter·be·ste·hen *(hat)* ↑ **weiter** (4)

wei·ter·bil·den, sich B2 *(hat)* **jemanden/sich weiterbilden** eine zusätzliche Ausbildung machen, *bes* um berufliches Wissen zu erweitern und zu aktualisieren || *hierzu* **Wei·ter·bil·dung** *die; -, -en*

wei·ter·brin·gen *(hat) meist in* **Das bringt mich/uns nicht weiter** das hilft mir/uns auch nicht sehr (bei der Lösung eines Problems *o.Ä.*)

wei·ter·ge·ben *(hat)* **1** **etwas (an jemanden) weitergeben** etwas bekommen und dann einer anderen Person geben **2** **etwas (an jemanden) weitergeben** jemandem etwas mitteilen

wei·ter·ge·hen *(ist)* **1** nicht aufhören zu gehen oder nach einer Pause wieder gehen: *Sie war völlig erschöpft und konnte nicht mehr weitergehen; Wollen wir jetzt wieder weitergehen?* **2** **etwas geht weiter** etwas wird fortgesetzt, hört nicht auf || Hinweis: aber: *Ich kann weiter gehen als du* (= getrennt geschrieben)

wei·ter·hin *Adverb* **1** auch in der Zukunft **2** auch jetzt noch **3** ≈ außerdem, zusätzlich

wei·ter·kom·men *(ist)* **1** sich weiter in eine Richtung bewegen können: *Der Zaun ist zu hoch, hier kommen wir nicht weiter* **2** sich *meist* beruflich verbessern **3** **mit etwas weiterkommen** bei etwas Fortschritte machen ≈ vorankommen || ID **Mach, dass du weiterkommst!** ≈ verschwinde!

wei·ter·kön·nen *(hat) umg* **1** ≈ weiterkommen (1) **2** **nicht mehr weiterkönnen** ratlos und verzweifelt sein

wei·ter·ma·chen *(hat) umg;* **(mit etwas) weitermachen** eine Tätigkeit fortsetzen || ID **Mach nur so weiter!** *ironisch;* wenn du dich nicht änderst, wirst du Probleme haben

wei·ter·wis·sen *(hat)* **1** wissen, was in einer schwierigen Situation zu tun ist **2** **nicht mehr weiterwissen** ratlos oder verzweifelt sein

weit·ge·hend, weit ge·hend, *weiter gehend/weitgehender, weitestgehend-/weitgehendst-; Adjektiv; nur vor dem Substantiv oder als Adverb* **1** ⟨Pläne, Ideen⟩ so, dass sie viele Veränderungen bewirken **2** ⟨eine Unterstützung, eine Vollmacht⟩ so, dass sie in großem Maße gegeben werden

weit·hin *Adverb* **1** bis in große Entfernung ⟨etwas ist weithin zu hören, weithin sichtbar⟩ **2** in hohem Maße: *Das ist weithin sein Verdienst*

weit·rei·chend, weit rei·chend, *weiter reichend/weitreichender, weitestreichend-/weitreichendst-; Adjektiv; nicht als Adverb;* ⟨Konsequenzen, Maßnahmen⟩ so, dass sie für einen großen Bereich von Bedeutung sind

weit·sich·tig, *weitsichtiger, weitsichtigst-; Adjektiv* **1** so, dass die Folgen berücksichtigt werden ⟨eine Entscheidung⟩ **2** *meist* **weitsichtig sein** nahe Dinge nicht gut sehen (also *z.B.* beim Lesen Schwierigkeiten haben), ferne Dinge aber gut sehen || *zu* 1 **Weit·sicht** *die; -; nur Singular; zu* 2 **Weit·sich·tig·keit** *die; -; nur Singular*

Weit·sprung *der; -(e)s; nur Singular, Sport;* eine Disziplin in der Leichtathletik, bei der man versucht, mit einem Sprung möglichst weit zu springen

Wei·zen *der; -s; nur Singular;* eine Getreideart, aus deren Körnern weißes Brot gemacht wird || K- Weizenmehl

wel·ch-[1] *Interrogativpronomen; (in direkten und indirekten Fragen)* verwendet, um nach einer einzelnen Person/Sache aus einer Gruppe zu fragen: *Welches Buch gehört dir?; Ich weiß nicht, welchen Mann du meinst* || Hinweis: *welch-* verwendet man wie ein Adjektiv (*welche Farbe*) oder wie ein Substantiv (*„Siehst du die Frau da drüben?" – „Welche?"*)

wel·ch-[2] *Relativpronomen;* verwendet in Relativsätzen, um eine bereits erwähnte Person/Sache zu bezeichnen ≈ der, die, das[2]: *Erfin-*

dungen, welche (= die) *unser Leben verändern*

wẹl·ch-[3] *Indefinitpronomen* **1** wie ein Substantiv verwendet, um eine unbestimmte Zahl oder Menge von Personen/Sachen zu bezeichnen: *Ich habe kein Geld mehr. Hast du welches?* **2** wie ein Adjektiv verwendet in Nebensätzen, um eine Person/Sache zu bezeichnen, die nicht näher genannt wird ≈ was für ein(e *usw*): *Es ist egal, welches Material man nimmt*

wẹlk *Adjektiv*; nicht mehr frisch ⟨Blumen, Blätter, Gemüse, Laub⟩

wẹl·ken; *welkte, ist gewelkt*; **etwas welkt** etwas wird welk ⟨Blumen, Blätter, Laub⟩

Wẹl·le *die*; -, -*n* **1** *meist Plural*; der Teil des Wassers, der sich bei Wind oder Sturm auf und ab bewegt ⟨stürmische, hohe Wellen⟩ **2** eine leicht gebogene Form der Haare, der Frisur **3** *meist Plural*; *Physik*; die Schwingungen, *z.B.* bei Licht, Schall || -K Kurzwelle, Mittelwelle; Schallwelle **4** **eine Welle** + *Genitiv*/**von** *Substantiv* ein Gefühl oder Verhalten, das viele Menschen plötzlich haben ⟨eine Welle der Begeisterung⟩ || ID **etwas schlägt hohe Wellen** etwas erregt großes Aufsehen

Wẹl·len·gang *der*; -(*e*)*s*; *nur Singular*; die Bewegung der Wellen (1) ⟨hoher, starker Wellengang⟩

Wẹl·len·län·ge *die*; -, -*n* **1** *Physik*; die Länge von Schwingungen **2** die Frequenz von Radiowellen: *Auf welcher Wellenlänge sendet Radio Luxemburg?* || ID *meist* **Wir haben die gleiche Wellenlänge/Wir liegen auf der gleichen Wellenlänge** *umg*; wir haben die gleichen Meinungen

Wẹl·len·sit·tich *der*; -*s*, -*e*; eine Art kleiner Papagei, der *oft* im Käfig gehalten wird

wẹl·lig *Adjektiv*; mit einer Form, die aus *meist* vielen kleinen Kurven besteht, die auf und ab gehen ↔ glatt

Wẹll·pap·pe *die*; -, -*n*; welliges Papier, das *meist* an beiden Seiten mit glattem Papier beklebt ist und als Packmaterial verwendet wird

Wẹl·pe *der*; -*n*, -*n*; das Junge von Hund, Fuchs, Wolf

Wẹls *der*; -*es*, -*e*; ein großer Fisch, der im Süßwasser lebt und einen breiten, flachen Kopf mit Fäden am Maul hat

Wẹlt A2 *die*; -, -*en* **1** *nur Singular*; die Erde oder ein großer Teil der Erde ⟨die Welt kennenlernen; um die Welt reisen; in der ganzen Welt bekannt, verbreitet *usw*⟩ || K- Welterfolg, Welthandel, Weltmarkt, Weltpolitik, Weltreise, Weltrekord **2** *nur Singular*; das Leben, die Verhältnisse ⟨die Welt verändern⟩ **3** *nur Singular*; ein besonderer Lebensbereich, ein Interessengebiet ⟨die Welt des Kindes, der Mode⟩ **4** *nur Singular*; die Menschen: *Diese Nachricht hat die Welt erschüttert* **5** *nur Singular* ≈ Weltall **6** **die Dritte Welt** die armen Länder der Erde || ID **Die Welt ist doch ein Dorf!** auch in den entferntesten Ländern trifft man Bekannte; **jemand lebt in einer anderen Welt** jemand ist nicht realistisch genug; **eine verkehrte Welt** eine Zeit, in der alles anders ist, als es sein sollte; *meist* **Vornehm geht die Welt zugrunde** *umg ironisch*; verwendet, um jemandem vorzuwerfen, dass er zu viel Geld ausgibt; ⟨eine Frau⟩ **bringt ein Kind auf die/zur Welt** eine Frau gebärt ein Kind; **auf die/zur Welt kommen** geboren werden; *meist* **Das kostet nicht die Welt** *umg*; das kostet nicht viel; **Welten liegen zwischen ihnen/trennen sie** sie sind völlig verschieden; **etwas aus der Welt schaffen** etwas beseitigen; **etwas ist eine Welt für sich** etwas bildet einen eigenständign Bereich; ⟨ein Gerücht⟩ **in die Welt setzen** ein Gerücht verbreiten; **für jemanden bricht eine Welt zusammen** jemand ist tief enttäuscht; **aus aller Welt** von überall her; ⟨Wie/Wo/Was/Warum⟩ **in aller Welt?** verwendet, um Fragen und Ausrufen besonderen Nachdruck zu geben

Wẹlt·all *das*; -*s*; *nur Singular*; der Weltraum mit allen Himmelskörpern ≈ Kosmos, Universum

Wẹlt·an·schau·ung *die*; -, -*en*; eine bestimmte Ansicht über den Sinn des Lebens und die Stellung des Menschen in der Welt

wẹlt·be·kannt *Adjektiv*; den meisten Menschen bekannt

Wẹlt·bild *das*; -(*e*)*s*, -*er*; *meist Singular*; die Vorstellungen, die sich jemand von der Welt und den Menschen macht: *das Weltbild des Kopernikus*; *das mittelalterliche Weltbild*

wẹlt·fremd *Adjektiv*; mit Ansichten, die wenig Erfahrung und Kenntnis der Welt zeigen

wẹlt·ge·wandt *Adjektiv*; erfahren, höflich und geschickt im Verhandeln

Wẹlt·klas·se (*die*); *meist in* **Weltklasse sein/zur Weltklasse gehören** zu den Besten in der Welt gehören

Wẹlt·krieg *der*; -(*e*)*s*, -*e*; ein Krieg, an dem viele Staaten beteiligt sind: *der Erste Weltkrieg* (*1914-18*); *der Zweite Weltkrieg* (*1939-45*)

wẹlt·lich *Adjektiv* **1** zum normalen Leben gehörig ⟨Genüsse⟩ **2** nicht zur Kirche gehörig ⟨ein Bauwerk⟩

Wẹlt·li·te·ra·tur *die; -; nur Singular;* wichtige und weltweit bekannte Literatur ⟨etwas gehört zur Weltliteratur⟩

Wẹlt·macht *die; -, -mäch·te;* ein Staat mit großem politischen und wirtschaftlichen Einfluss auf viele Länder: *die Weltmacht USA*

Wẹlt·meer *das; -(e)s, -e* ≈ Ozean

Wẹlt·meis·ter *der; -s, -;* der beste Sportler oder die beste Mannschaft auf der Welt in einer Disziplin: *Weltmeister im Kugelstoßen* || K- Weltmeistertitel || -K Fußballweltmeister, Schachweltmeister || *hierzu* **Wẹlt·meis·te·rin** *die; -, -nen*

Wẹlt·rang *(der); nur in* **von Weltrang** in der ganzen Welt anerkannt ⟨ein Wissenschaftler, ein Orchester von Weltrang⟩

Wẹlt·raum *der; -(e)s; nur Singular;* der unendliche Raum außerhalb der Erdatmosphäre

Wẹlt·reich *das; -(e)s, -e;* ein großes (politisches) Reich, das viele Länder umfasst: *das römische Weltreich*

Wẹlt·spra·che *die; -, -n;* eine Sprache, die in vielen Ländern gesprochen wird und international wichtig ist ⟨die Weltsprache Englisch⟩

Wẹlt·stadt *die; -, -städ·te;* eine Großstadt von internationaler Bedeutung: *die Weltstadt New York*

Wẹlt·un·ter·gang *der; -(e)s; nur Singular;* das Ende dieser Welt

Wẹlt·ver·bes·se·rer *der; -s, -; meist abwertend;* jemand, der die allgemeinen Verhältnisse nach seinen eigenen (Moral)Vorstellungen verändern möchte

wẹlt·weit *Adjektiv; nur vor dem Substantiv oder als Adverb;* auf der ganzen Welt (vorhanden *o.Ä.*) ⟨etwas ist weltweit verbreitet, anerkannt, bekannt⟩

Wẹlt·wun·der *das; -s, -;* **1** etwas ganz Besonderes oder Wunderbares **2** eines der sieben besonders berühmten Bauwerke oder Kunstwerke der Antike

wem A2 Dativ ↑ **wer**

wen Akkusativ ↑ **wer**

Wẹn·de *die; -, -n* **1** *nur Singular;* eine entscheidende Änderung ⟨eine Wende in der Entwicklung; eine Wende tritt ein⟩ **2** **die Wende** die großen Änderungen in den kommunistischen Ländern (ab ca. 1990), *bes* in der früheren DDR **3** *meist als Kompositum;* der Übergang zwischen zwei Zeitabschnitten || -K Jahreswende, Jahrhundertwende, Zeitenwende

Wẹn·de·kreis *der; -es, -e* **1** der engste Kreis, den ein Fahrzeug fahren kann **2** **nördlicher/südlicher Wendekreis** *Geografie;* der Breitengrad, auf dem die Sonne bei der jeweiligen Sonnenwende im Zenit steht

Wẹn·del·trep·pe *die; -, -n;* eine Treppe, deren *meist* schmale Stufen in der Form einer Spirale angeordnet sind

wẹn·den; *wendete/wandte, hat gewendet/gewandt* **1** *(wendete)* **etwas wenden** die Rückseite oder hintere Seite von etwas nach vorne oder oben drehen ⟨ein Blatt Papier, einen Braten wenden⟩ **2** *(wendete)* **jemand/etwas wendet** ein Fahrzeug kehrt um und bewegt sich in die entgegengesetzte Richtung *bzw* jemand lenkt ein Fahrzeug so, dass es das tut **3** *(wendete/wandte)* **sich irgendwohin wenden** sich in eine bestimmte Richtung drehen oder irgendwohin gehen: *sich nach rechts wenden* **4** *(wendete/wandte)* **sich an jemanden wenden** jemanden um Rat und Hilfe bitten: *Sie können sich immer an mich wenden* **5** *(wendete/wandte)* **etwas wendet sich** etwas wird ganz anders als vorher ⟨das Glück, das Schicksal⟩ **6** **bitte wenden** bitte auf der hinteren Seite des Blattes weiterlesen; *Abkürzung* b.w.

Wẹn·de·punkt *der; -es, -e* **1** der Punkt, an dem der Verlauf einer Bewegung die entgegengesetzte Richtung nimmt: *der nördliche/südliche Wendepunkt der Sonne* **2** ein Zeitpunkt, an dem eine wichtige Veränderung eintritt: *an einem Wendepunkt angelangt/angekommen sein*

wẹn·dig *Adjektiv* **1** leicht zu lenken ⟨ein Auto, ein Boot⟩ **2** körperlich oder geistig sehr beweglich: *ein wendiger Mittelstürmer* || *hierzu* **Wẹn·dig·keit** *die; -; nur Singular*

Wẹn·dung *die; -, -en* **1** eine Änderung der Richtung, eine Drehung ⟨eine Wendung nach links, rechts, um 180°⟩ **2** ≈ Redewendung

we·nig[1] A1 *Indefinitpronomen* **1** *(vor einem Substantiv)* nur in geringem Maß oder in geringer Menge vorhanden ≈ nicht viel: *wenig Interesse, Verständnis haben; Er 'hat nur noch wenig Chancen* (= kaum Chancen) *auf den Titel; Er hat nur noch wenige Chancen* (= ein paar Chancen) **2** *(wie ein Substantiv oder wie ein Adjektiv verwendet)* in geringer Zahl oder Menge: *Sie verdient wenig; Er hat viele Freunde, aber nur wenige waren bei seiner Party* **3** **ein wenig** ≈ ein bisschen **4** **das wenigste** das Minimum (das man erwartet) ≈ das mindeste: *Das wenigste, was du tun kannst, ist, dich zu entschuldigen* (=eigentlich würde ich mehr erwarten) **5** **die wenigsten** nur sehr wenige

we·nig² A1 *Adverb* ≈ nicht sehr, nicht besonders: *Das hat ihn wenig interessiert*

we·ni·ger B2 **1** *Komparativ* ↑ **wenig** **2** *umg* ≈ minus: *fünf weniger drei ist zwei*

we·nigs·tens B1 *Adverb*; so, dass man etwas als das Minimum sieht: *Wir wollen wenigstens drei Wochen verreisen*

wenn A2 *Konjunktion* **1** unter der Voraussetzung/Bedingung, dass ...: *Wenn ich Zeit habe, rufe ich dich an*; *Wenn ich Zeit hätte, würde ich dich anrufen* **2** für den Fall, dass ... ≈ falls: *Wenn sie anrufen sollte, sagst du, dass ich nicht da bin* **3** zu einem Zeitpunkt in der Zukunft: *Ich schreibe Ihnen, wenn ich in Hamburg angekommen bin* **4** immer zu dem genannten Zeitpunkt: *Wenn ich nach Köln fahre, nehme ich normalerweise den Zug* **5** **wenn ... auch** ≈ obwohl: *Wenn der Urlaub auch kurz war, so habe ich mich doch gut erholt* **6** **wenn ... bloß/doch/nur** verwendet, um einen Wunsch einzuleiten: *Wenn sie doch endlich käme!*

wenn·gleich *Konjunktion* ≈ obwohl

wer¹ A1 *Akkusativ* **wen**, *Dativ* **wem**, *Genitiv* **wessen**; *Interrogativpronomen; (in direkten oder indirekten Fragesätzen)* verwendet, um nach einer Person oder mehreren Personen zu fragen: *Wer mag noch ein Stück Kuchen?*; *Wen möchten Sie sprechen?*; *Wem soll ich das Buch geben?*; *Wessen Brille ist das?*; *Ich weiß nicht, wer das getan hat*

wer² A1 *Akkusativ* **wen**, *Dativ* **wem**, *Genitiv* **wessen** *Relativpronomen* ≈ derjenige, der/diejenige, die: *Wer so erkältet ist, sollte zu Hause bleiben* || Hinweis: nur am Anfang des Satzes

wer³ A1 *Akkusativ* **wen**, *Dativ* **wem**, *Genitiv* **wessen**; *Indefinitpronomen; umg* ≈ jemand: *Da ist wer für dich* || ID **jemand 'ist wer** *umg*; jemand hat Erfolg und ist bekannt

wer·ben; *wirbt, warb, hat geworben* **1** **jemanden (für jemanden/etwas) werben** versuchen, jemanden zu finden, der ein Produkt kauft, eine Idee unterstützt ⟨neue Abonnenten, Kunden, Mitglieder werben⟩ || K- Werbeaktion, Werbekampagne **2** **(für etwas) werben** ein Produkt, ein Vorhaben, eine Idee *o.Ä.* so darstellen, dass sich andere dafür interessieren: *für eine Zigarettenmarke werben* || K- Werbefernsehen, Werbespot **3** **um etwas werben** sich bemühen, etwas zu gewinnen ⟨um Freundschaft werben⟩

W

wer·be·wirk·sam *Adjektiv*; erfolgreich werbend (2) ⟨ein Plakat, eine Anzeige⟩ || *hierzu* **Wer·be·wirk·sam·keit** *die; -; nur Singular*

Wer·bung B1 *die; -, -en* **1** eine Maßnahme (Plakate, kurze Sendungen im Fernsehen), mit der man Leute für ein Produkt interessiert ⟨Werbung für jemanden/etwas machen⟩ **2** das Werben (1): *die Werbung neuer Mitglieder*

wer·den¹ A2 *wird, wurde, ist geworden* **1** *Adjektiv* + **werden** die genannte Eigenschaft bekommen: *alt, reich werden* **2** **etwas** *(Nominativ)* **werden** den genannten Beruf erlernen oder aufnehmen: *Sie wird Lehrerin* **3** **jemand werden** in das genannte verwandtschaftliche Verhältnis kommen ⟨jemandes Frau/Mann werden; Mutter werden⟩ **4** *Zahl* + **werden** das genannte Alter erreichen: *Ich werde bald/schon 40* **5** **etwas wird etwas** *(Nominativ)*/**zu etwas** etwas entwickelt sich zu etwas: *ein Plan wird Wirklichkeit*; *Das Gehen wurde mir zur Qual* **6** **jemand wird zu etwas** jemand erreicht die genannte Position: *Er wurde zu einem der reichsten Männer der Welt* **7** **etwas wird (et)was/nichts** *umg*; etwas gelingt/gelingt nicht: *Sind die Fotos was geworden?* **8** **Es wird** + *Substantiv/Adjektiv* verwendet, um das Eintreten eines bestimmten Zustands zu bezeichnen: *Es wird Tag/Winter/dunkel/kalt* **9** **jemandem wird (es)** + *Adjektiv* jemand beginnt ein bestimmtes Gefühl zu empfinden ⟨jemandem wird es schlecht/übel, heiß, kalt, mulmig⟩ || ID *meist* **Was nicht ist, kann noch werden** man soll die Hoffnung nicht aufgeben; *meist* **Daraus wird nichts** *umg*; das wird nicht gemacht; *meist* **Das wird schon wieder** *umg*; verwendet, um jemanden zu trösten oder zu beruhigen

wer·den² A2 *wird, wurde, ist worden; Hilfsverb* **1** **werden** + *Infinitiv* verwendet zur Bildung des Futurs: *Er wird dir helfen*; *Morgen werde ich die Arbeit beendet haben* **2** **werden** (+ *Partizip Perfekt*) + **haben/sein** verwendet, um eine Vermutung auszudrücken: *Sie wird es wohl vergessen haben* **3** **werden** (+ *Partizip Perfekt*) + **haben/sein** verwendet, um einen Wunsch auszudrücken: *Ihm wird doch hoffentlich nichts passiert sein!* **4** **würde(n** *usw*) + *Infinitiv* verwendet zur Bildung des Konjunktivs II: *Ich würde gern kommen* **5** **werden** + *Partizip Perfekt* verwendet zur Bildung des Passivs: *Wir werden beobachtet*; *Wir sind beobachtet worden* **6** **werden** + *Partizip Perfekt* verwendet, um eine Aufforderung auszudrücken: *Jetzt wird nicht mehr geredet!*; *Und jetzt wird getanzt!*

wer·fen B1 *wirft, warf, hat geworfen*; **(etwas) (irgendwohin) werfen** etwas mit einer starken Bewegung des Arms aus der Hand fliegen lassen: *Er warf den Diskus 60 Meter (weit)* || ↑ Illustration **Verben der Bewegung**

Werft *die; -, -en;* eine Anlage, in der Schiffe gebaut und repariert werden

Werk¹ [B2] *das; -(e)s, -e* **1** eine große Leistung, *meist* in der Kunst, Wissenschaft: *ein Werk der Weltliteratur; die Werke Michelangelos* || [-K] Kunstwerk, Meisterwerk **2** *nur Singular;* alle Werke, die von einem Künstler geschaffen wurden: *das Werk Picassos* **3** *nur Singular;* etwas, das jemand getan oder verursacht hat: *Der Aufbau dieser Organisation war sein Werk* || [ID] **ein gutes Werk tun** einem anderen helfen; **sich ans Werk machen** mit der Arbeit beginnen

Werk² [B2] *das; -(e)s, -e;* eine *meist* relativ große Fabrik mit technischen Anlagen || [-K] Chemiewerk, Kraftwerk, Stahlwerk

Wer·ken *das; -s; nur Singular;* ein Unterrichtsfach, in dem Schüler mit Holz, Ton *usw* praktisch arbeiten || [K-] Werklehrer, Werkunterricht

Werk·statt [B1] *die; -, -stät·ten; meist Singular;* der Arbeitsraum *meist* eines Handwerkers ≈ Werkstätte || [-K] Autowerkstatt, Schneiderwerkstatt

Werk·stoff *der; -(e)s, -e;* ein festes Material wie Holz, Stein oder Kunststoff, aus dem Waren hergestellt werden

Werk·tag [B2] *der; -(e)s, -e;* ein Tag, an dem die meisten Leute arbeiten (von Montag bis Samstag)

werk·tags [B1] *Adverb;* an Werktagen: *Dieser Bus verkehrt nur werktags*

Werk·zeug [B1] *das; -s, -e* **1** ein Gegenstand (*z.B.* ein Hammer, eine Zange), den man benutzt, um eine Arbeit leichter oder überhaupt machen zu können **2** *nur Singular;* alle Werkzeuge für eine bestimmte Tätigkeit || [K-] Werkzeugkasten

wert *Adjektiv; meist nach dem Substantiv* **1** **etwas ist etwas wert** etwas hat einen bestimmten finanziellen Wert ⟨etwas ist viel, nichts wert⟩: *Mein altes Auto ist noch 800 Euro wert* **2** **etwas ist etwas** (*Genitiv*)/**(jemandem) etwas** (*Akkusativ*) **wert** etwas ist so gut, dass es den Preis oder die Mühe lohnt: *Berlin ist immer eine Reise wert* **3** **etwas ist (jemandem) viel/wenig wert** etwas ist für jemanden wichtig/nicht wichtig

Wert [B1] *der; -(e)s, -e* **1** *nur Singular;* der Preis, den etwas kostet oder kosten würde ⟨etwas fällt,

Werkzeug

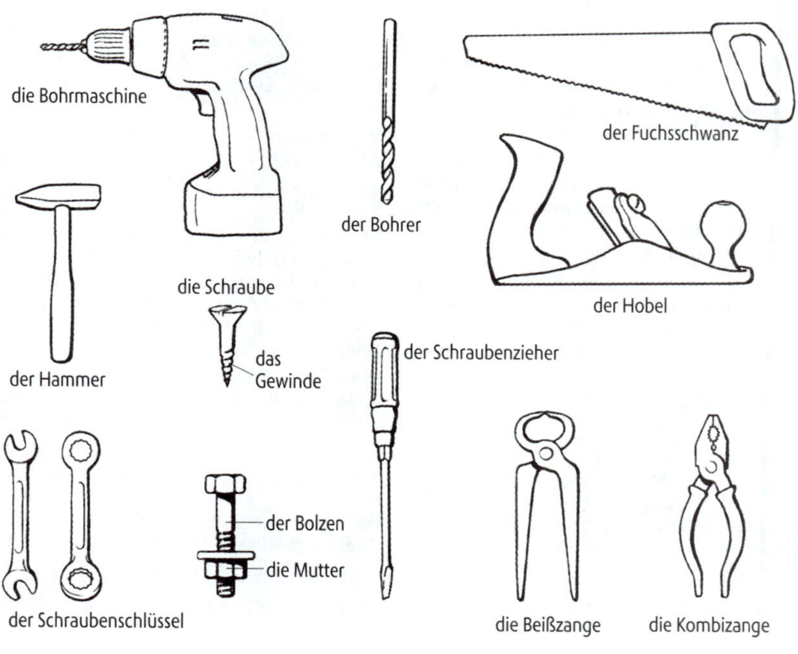

steigt im Wert⟩: *Juwelen im Wert von 3000 Euro* **2** die Nützlichkeit und Qualität von etwas ⟨der geistige, praktische Wert von etwas⟩ ‖ K- Wertmaßstab, Werturlaub **3** das Ergebnis einer Messung oder Rechnung, in Zahlen ausgedrückt: *Die Temperatur erreicht morgen Werte um 30°C* **4** *nur Plural*; Gegenstände, die einen hohen Wert (1) haben: *Im Krieg gingen unermessliche Werte verloren* ‖ K- Wertgegenstand, Wertpaket, Wertsache ‖ ID **(großen/viel) Wert auf etwas** *(Akkusativ)* **legen** etwas für (sehr) wichtig halten; *meist* **Das hat (doch) keinen Wert** das nützt nichts ‖ *zu* 1 und 2 **wẹrt·los** *Adjektiv*; **wẹrt·voll** *Adjektiv*

-wẹrt, *-werter, -wertest-; im Adjektiv*; drückt aus, dass die betreffende Person/Sache es verdient, dass das im ersten Wortteil Genannte geschieht oder getan wird *bzw* dass es sich für andere lohnt, dies zu tun; **bewundernswert** ⟨Geduld, eine Leistung⟩, **empfehlenswert** ⟨ein Film, ein Hotel⟩, **erwähnenswert** ⟨ein Vorfall⟩, **lesenswert** ⟨ein Buch⟩, **nachahmenswert** ⟨ein Verhalten⟩, **wissenswert** ⟨eine Tatsache⟩,

wẹr·ten; *wertete, hat gewertet* **1** **etwas als etwas werten** ein Urteil über etwas abgeben: *Die Verhandlungen wurden als Erfolg gewertet* **2** **(etwas) werten** *Sport*; (als Punktrichter) eine sportliche Übung benoten ‖ *hierzu* **Wẹr·tung** *die; -, -en*

Wẹrt·pa·pier *das; -s, -e; Wirtschaft*; eine Urkunde, die einen bestimmten Wert hat, *z.B.* eine Aktie ‖ K- Wertpapierbörse, Wertpapierkauf, Wertpapierverkauf

We̱·sen *das; -s, -;* **1** die Art, der Charakter eines Menschen: *ein fröhliches Wesen haben* **2** etwas, das lebt ‖ -K Lebewesen ‖ ID **etwas liegt im Wesen** + *Genitiv*/**von etwas** etwas ist charakteristisch für etwas

-we̱·sen *das; -s; im Substantiv, nur Singular*; alle Dinge und Vorgänge, die im öffentlichen Leben zur genannten Sache gehören; **Bauwesen, Bildungswesen, Justizwesen, Verkehrswesen, Versicherungswesen**

We̱·sens·zug *der; -(e)s, -zü·ge*; eine charakteristische Eigenschaft

we̱·sent·lich B2 *Adjektiv* **1** sehr wichtig ⟨ein Merkmal, ein Unterschied⟩ **2** *nur als Adverb*; sehr viel ⟨wesentlich zu etwas beitragen⟩ ‖ ID **im Wesentlichen** in der Hauptsache, im Grunde ‖ *hierzu* **We̱·sent·li·che** *das; -n; nur Singular*

wes·hạlb[1] B2 *Adverb* ≈ warum

wes·hạlb[2] B2 *Konjunktion*; verwendet, um einen Nebensatz einzuleiten, der die Folge aus der Aussage des Hauptsatzes angibt: *Es hatte viel geschneit, weshalb Lawinengefahr bestand*

Wẹs·pe *die; -, -n*; ein Insekt mit langem, schwarzgelb gestreiftem Hinterleib und einem giftigen Stachel: *von einer Wespe gestochen werden* ‖ ↑ Abbildung unter **Biene** ‖ K- Wespenstich

wẹs·sen B2 Genitiv ↑ **wer**

Wẹst B2 *ohne Artikel; indeklinabel; Schifffahrt, Meteorologie* ≈ Westen (1): *Der Wind kommt aus West; von West nach Ost*

Wẹst·deutsch·land *(das); -s; nur Singular* **1** das (geografisch) westliche Deutschland **2** verwendet als nicht offizielle Bezeichnung für das Gebiet der Bundesrepublik Deutschland vor 1990 ‖ *hierzu* **wẹst·deutsch** *Adjektiv*

Wẹs·te B2 *die; -, -n* **1** ein ärmelloses Kleidungsstück, das bis zur Hüfte reicht und über Hemd oder Bluse getragen wird ‖ ↑ Illustration **Die Kleidung** ‖ -K Anzugweste **2** eine leichte, gestrickte Jacke ‖ -K Strickweste ‖ ID **eine weiße Weste haben** unschuldig sein

Wẹs·ten *der; -s; nur Singular* **1** die Himmelsrichtung des Sonnenuntergangs ↔ Osten ⟨im, aus, von, nach Westen⟩ ‖ K- Westküste, Westseite, Westteil **2** der westliche Teil eines Gebietes: *im Westen der Stadt* ‖ K- Westafrika, Westeuropa **3** *Politik*; die USA und viele Länder Europas (als politische Verbündete) **4** das Europa, in dem die christliche Religion Einfluss hat(te)

Wẹs·tern *der; -s, -*; ein Film oder Roman, dessen Handlung in den westlichen Teilen der USA zur Zeit der Besiedlung durch die Europäer spielt

wẹst·lich[1] *Adjektiv; meist vor dem Substantiv* **1** in die Richtung nach Westen ⟨ein Kurs; in westliche Richtung fahren⟩ **2** von Westen nach Osten ⟨ein Wind; aus westlicher Richtung⟩ **3** im Westen (1, 2) **4** zum Westen (3,4) gehörig

wẹst·lich[2] *Präposition*; **etwas ist westlich etwas** *(Genitiv)*/**von etwas** etwas liegt weiter im Westen als etwas: *westlich des Rheins; westlich von Europa*

Wẹst·mäch·te *die; -; Plural*; verwendet als Bezeichnung für die verbündeten Staaten Frankreich, Großbritannien und USA im Zweiten Weltkrieg und danach

wẹst·wärts *Adverb*; in Richtung nach Westen

Wẹst·wind *der; -(e)s, -e*; ein Wind aus Westen

wes·we̱·gen[1] B2 *Adverb* ≈ warum (1)

wes·we̱·gen[2] B2 *Konjunktion* ≈ weshalb[2]

Wẹtt·be·werb B2 *der; -s, -e* **1** eine Veranstaltung, bei der Teilnehmer ihre Leistungen auf einem Gebiet untereinander vergleichen ⟨einen/in einem Wettbewerb gewinnen⟩ || K- Wettbewerbsbedingungen || -K Architekturwettbewerb, Fotowettbewerb **2** *nur Singular* ≈ Konkurrenz (1) ⟨etwas belebt den Wettbewerb⟩

Wẹt·te *die; -, -n* **1** **eine Wette (um etwas)** eine Vereinbarung zwischen zwei oder mehr Personen, dass derjenige, dessen Behauptung nicht richtig ist, etwas zahlen oder leisten muss ⟨(mit jemandem) eine Wette abschließen, eingehen; eine Wette gewinnen⟩: *eine Wette um 20 Euro* **2** ein Tipp, mit dem man den Sieger eines Wettbewerbs voraussagt (*meist* um Geld zu gewinnen) ⟨eine Wette abschließen⟩ **3** *meist* **um die Wette** ⟨fahren, laufen *usw*⟩ in einem Wettbewerb feststellen, wer besser ist

wẹtt·ei·fern; *wetteiferte, hat gewetteifert*; **(mit jemandem) um etwas wetteifern** versuchen, andere zu übertreffen und dadurch etwas zu gewinnen: *Die beiden Sänger wetteifern um die Gunst des Publikums*

wẹt·ten; *wettete, hat gewettet* **1** **(mit jemandem) ((um) etwas) wetten** eine Wette (1) machen und dabei den Einsatz nennen: *Was wettest du?; Ich wette mit dir (um) 10 Euro, dass Inter Mailand gewinnt* **2** **wetten, (dass) ...** sagen, dass man sich einer Sache ganz sicher ist: *Ich wette, sie kommt nicht; (Wollen wir) wetten, dass sie nicht kommt?* **3** **auf etwas** (*Akkusativ*) **wetten** bei einem Wettrennen einen Tipp abgeben ⟨auf ein Pferd wetten⟩ || ID **Wetten, dass?** *umg;* verwendet, um auszudrücken, dass man sich einer Sache ganz sicher ist: *„Er macht das nie!" - „Wetten, dass?"*

Wẹt·ter A2 *das; -s; nur Singular;* der Zustand der Atmosphäre in Bezug auf Sonnenschein, Regen, Wind, Temperatur ⟨regnerisches, schönes Wetter⟩ || K- Wetteraussichten, Wetterbedingungen, Wetterkarte, Wetterlage, Wettersatellit, Wettervorhersage || -K Frühlingswetter, Regenwetter

Wẹt·ter·be·richt B1 *der; -(e)s, -e;* ein Bericht über das Wetter (im Fernsehen, Radio), mit einer Vorhersage

Wẹt·ter·sturz *der; -es, -stür·ze;* ein plötzliches und starkes Sinken der Lufttemperatur

Wẹtt·kampf B2 *der; -(e)s, -kämp·fe;* ein (*meist* sportlicher) Kampf um die beste Leistung || K- Wettkampfsport || *hierzu* **Wẹtt·kämp·fer** *der; -s, -;* **Wẹtt·kämp·fe·rin** *die; -, -nen*

Wẹtt·lauf *der; -(e)s, -läu·fe;* ein Wettbewerb, bei dem festgestellt wird, wer der schnellste Läufer ist || *hierzu* **Wẹtt·läu·fer** *der; -s, -;* **Wẹtt·läu·fe·rin** *die; -, -nen*

wẹtt·ma·chen; *machte wett, hat wettgemacht;* **etwas wettmachen** ≈ ausgleichen ⟨einen Mangel, einen Verlust wettmachen⟩

Wẹtt·ren·nen *das; -s, -;* ein Wettkampf in Form eines Rennens

Wẹtt·streit *der; -(e)s, -e;* das Bemühen, andere zu übertreffen ⟨mit jemandem im Wettstreit um etwas liegen⟩

wẹt·zen; *wetzte, hat gewetzt;* **etwas wetzen** Messer, Scheren *o.Ä.* an einem harten Gegenstand reiben, damit sie scharf werden

Whis·ky ['vɪski] *der; -s, -s;* ein starkes alkoholisches Getränk, das aus Hafer (oder anderem Getreide) hergestellt wird

wị̣ch *Imperfekt, 1. und 3. Person Singular;* ↑ **weichen**

wị̣ch·sen [-ks-]; *wichste, hat gewichst* **1** **etwas wichsen** etwas mit Schuhcreme einreiben ⟨Schuhe wichsen⟩ **2** *vulgär* ≈ masturbieren (als Mann)

Wị̣ch·ser [-ks-] *der; -s, -; vulgär;* verwendet als Schimpfwort für einen Mann

Wị̣cht [-çt] *der; -(e)s, -e* **1** *umg;* ein klein gewachsener Mensch, ein kleines Kind **2** *abwertend;* verwendet als Schimpfwort

Wị̣ch·tel [-çt-] *der; -s, -;* in Märchen als Bezeichnung für einen Zwerg verwendet

wị̣ch·tig A1 *Adjektiv* **1** mit großem Einfluss und Macht ⟨eine Persönlichkeit⟩ **2** **etwas ist wichtig (für jemanden/etwas)** etwas ist in einer Situation notwendig und hat Folgen ⟨ein Beschluss, eine Handlung⟩: *Diese Entscheidung war wichtig für die Zukunft; Es ist wichtig, dass wir uns einigen* || ID **(das ist) nur halb so wichtig** *umg;* das ist von geringer Bedeutung; **etwas wichtig nehmen** etwas für entscheidend halten || *hierzu* **Wị̣ch·tig·keit** *die; -; nur Singular*

Wị̣·ckel *der; -s, -;* ein feuchtes Tuch, das man *z.B.* um die Brust legt, um das Fieber zu senken ⟨jemandem einen Wickel machen, anlegen⟩ || -K Brustwickel, Wadenwickel

wị̣·ckeln; *wickelte, hat gewickelt* **1** **etwas (um etwas) wickeln** eine Schnur, einen Faden durch Drehen um etwas herumrollen ⟨eine Schnur auf eine Rolle wickeln⟩ **2** **ein Kind wickeln** einem Baby eine saubere Windel

W

anlegen || [K] Wickeltisch **3** **etwas in etwas** *(Akkusativ)* **wickeln** Papier (zum Schutz) um einen Gegenstand legen **4** **jemanden/sich in etwas** *(Akkusativ)* **wickeln** jemanden/sich mit einer Decke wärmen, schützen

Wid·der *der; -s, -;* **1** ein männliches Schaf ≈ Schafbock **2** *nur Singular;* das Sternzeichen für die Zeit vom 21. März bis 20. April

Widder

wi·der *Präposition; mit Akkusativ; meist förmlich;* gegen, im Gegensatz zu ⟨wider Erwarten; wider die Regeln⟩

wi·der·fah·ren *; widerfährt, widerfuhr, ist widerfahren;* **etwas widerfährt jemandem** *förmlich;* etwas ereignet sich und betrifft jemanden ⟨ihm ist Unheil, Unrecht, etwas Seltsames widerfahren⟩

wi·der·le·gen *; widerlegte, hat widerlegt;* **jemanden/etwas widerlegen** beweisen, dass etwas nicht richtig oder wahr ist, dass jemand nicht recht hat ⟨eine Behauptung, eine Ansicht, eine Theorie widerlegen⟩ || *hierzu* **wi·der·leg·bar** *Adjektiv*

wi·der·lich *Adjektiv* **1** sehr unsympathisch ⟨ein Mensch, ein Benehmen⟩ **2** ≈ ekelhaft, ekelerregend ⟨ein Anblick, ein Gestank⟩

wi·der·recht·lich *Adjektiv;* so, dass etwas gegen Gesetze oder Verordnungen verstößt: *Parken verboten! Widerrechtlich abgestellte Fahrzeuge werden entfernt*

Wi·der·re·de *die* ≈ Widerspruch (1)⟨ ohne Widerrede, keine Widerrede dulden⟩

wi·der·ru·fen *; widerrief, hat widerrufen;* **(etwas) widerrufen** etwas für nicht mehr gültig erklären ⟨eine Aussage, Behauptung, ein Geständnis widerrufen⟩ || *hierzu* **Wi·der·ruf** *der; -es, -e*

Wi·der·sa·cher *der; -s, -; förmlich* ≈ Gegner, Feind ⟨ein persönlicher, politischer Widersacher⟩ || *hierzu* **Wi·der·sa·che·rin** *die; -, -nen*

wi·der·set·zen, sich *; widersetzte sich, hat sich widersetzt;* **sich jemandem/etwas widersetzen** jemandes Anordnungen oder einer Vorschrift nicht folgen (und etwas anderes tun)

wi·der·sin·nig *Adjektiv; nicht als Adverb;* dem Sinn einer Sache entgegengesetzt ≈ absurd ⟨eine Behauptung, ein Plan⟩

wi·der·spens·tig *Adjektiv* **1** ⟨ein Jugendlicher, ein Kind; ein Pferd⟩ so, dass sie Anordnungen nur unwillig folgen, sich hartnäckig widersetzen **2** nur schwer glatt zu machen ⟨Haare⟩ || *hierzu* **Wi·der·spens·tig·keit** *die; -; nur Singular*

wi·der·spie·geln *; spiegelte wider, hat widergespiegelt* **1** **sich irgendwo widerspiegeln** wie in einem Spiegel irgendwo zu sehen sein ⟨sich im Wasser widerspiegeln⟩ **2** **sich irgendwo widerspiegeln** irgendwo zum Ausdruck kommen: *Ihre Gefühle spiegelten sich deutlich in ihrem Gesicht wieder* **3** **etwas spiegelt jemanden/etwas wider** etwas zeigt jemanden/etwas wie ein Spiegel, bringt etwas zum Ausdruck ≈ etwas reflektiert jemanden/etwas: *Die damalige Stimmung wird indem Roman gut widergespiegelt*

wi·der·spre·chen *; widerspricht, widersprach, hat widersprochen* **1** **(jemandem/etwas) widersprechen** jemandes Meinung für nicht richtig halten und eine andere vertreten ⟨einer Behauptung widersprechen⟩: *Ich muss Ihnen leider widersprechen* **2** **etwas widerspricht etwas** *(Dativ)* etwas ist anders als die Tatsachen: *Seine Aussage widerspricht den Tatsachen* **3** **sich** *(Dativ)* **(selbst) widersprechen** etwas sagen, das anders ist als eine frühere Aussage: *Sie hat sich ständig widersprochen*

Wi·der·spruch *der; -(e)s, -sprü·che* **1** *nur Singular;* das Aussprechen einer ganz anderen Meinung ⟨keinen Widerspruch dulden⟩ **2** ≈ Gegensatz ⟨etwas befindet sich im Widerspruch zu etwas⟩ || [K] widerspruchsvoll **3** das Recht, das Urteil mancher Gerichte nicht zu akzeptieren und ein neues Verfahren zu verlangen ⟨Widerspruch einlegen⟩ || [ID] **sich in Widersprüche verwickeln** unabsichtlich Dinge sagen, die früheren Aussagen oder sich gegenseitig widersprechen: *Vor Gericht verwickelte der Zeuge sich in Widersprüche*

wi·der·sprüch·lich *Adjektiv* **1** ⟨Angaben, Aussagen⟩ so, dass sich der Sprecher dabei selbst widerspricht (3) **2** ⟨Meinungen *o.Ä.*⟩ so, dass sie gegensätzliche Positionen enthalten ||

zu 1 **Wi·der·sprüch·lich·keit** *die; -, -en*

Wi·der·stand *der; -(e)s, -stän·de* **1** **Widerstand gegen jemanden/etwas** Handlungen, mit denen man sich gegen jemanden/etwas wehrt ⟨verzweifelter Widerstand⟩ **2** *Physik;* eine Kraft, die einer Bewegung entgegenwirkt: *an der Kurbel drehen, bis man einen Widerstand spürt* || [K] Reibungswiderstand **3** *Physik;* die Eigenschaft eines Materials, das Fließen des elektrischen Stroms zu hemmen **4** **(keinen) Widerstand leisten** sich (nicht) wehren

wi·der·stands·fä·hig *Adjektiv; nicht als Adverb;* fähig, Belastungen zu ertragen, ohne Schaden zu nehmen ↔ anfällig ⟨gesundheitlich widerstandsfähig; widerstandsfähig gegen Krankheiten⟩ || *hierzu* **Wi·der·stands·fä·hig·keit** *die; -; nur Singular*

Wi·der·stands·kraft *die; -, -kräf·te;* die Fähigkeit, sich gegen Krankheiten *o.Ä.* zu wehren

wi·der·ste·hen; *widerstand, hat widerstanden* **1** **(jemandem/etwas) widerstehen** sich gegen jemanden/etwas erfolgreich wehren: *Die Abwehr konnte nur in der ersten Halbzeit den Angriffen widerstehen* **2** **etwas widersteht etwas** *(Dativ)* etwas hält etwas aus: *Dieser Kunststoff widersteht stärksten Belastungen* **3** **(jemandem/etwas) widerstehen** seinen Prinzipien treu bleiben und nicht nachgeben ⟨einem Verlangen, einer Verlockung widerstehen⟩ **4** **bei etwas** *(Dativ)* **nicht widerstehen können** zu etwas (Angenehmem) nicht nein sagen können: *Ich sollte weniger essen, aber bei Schokolade kann ich nicht widerstehen*

wi·der·stre·ben; *widerstrebte, hat widerstrebt;* **etwas widerstrebt jemandem** etwas ist gegen jemandes Prinzipien oder Anschauungen: *Dieser Luxus widerstrebt ihr; Es widerstrebt ihm, Schulden zu machen*

wi·der·wär·tig *Adjektiv;* sehr unangenehm, ekelerregend

Wi·der·wil·le *der; -ns; nur Singular;* eine starke Abneigung ⟨einen (ausgesprochenen) Widerwillen gegen etwas haben, empfinden⟩ || *hierzu* **wi·der·wil·lig** *Adjektiv*

wid·men; *widmete, hat gewidmet* **1** **jemandem etwas widmen** jemanden mit einem Kunstwerk, einer wissenschaftlichen Arbeit ehren: *Beethoven wollte seine 3. Symphonie dem Kaiser Napoleon widmen* **2** **jemandem/etwas etwas widmen** sehr viel für jemanden/etwas arbeiten ⟨sein Leben der Politik widmen⟩ **3** **sich jemandem/etwas widmen** sehr viel Zeit und Kraft für jemanden/etwas verwenden ⟨sich ganz den Kindern widmen⟩

Wid·mung *die; -, -en* **1** **die Widmung** + *Genitiv* **an/für jemanden** das Widmen (1) **2** **eine Widmung (an/für jemanden)** persönliche Worte, die man *meist* in ein Buch schreibt, das man jemandem schenkt

Wid·rig·keit *die; -, -en;* eine Schwierigkeit, die jemanden behindert: *mit Widrigkeiten fertig werden* || *hierzu* **wid·rig** *Adjektiv*

wie[1] [A1] *Adverb* **1** *(in direkten und indirekten Fragen)* verwendet, um nach der Art und Weise, nach den Mitteln, nach Eigenschaften oder Umständen zu fragen: *Wie hat sie reagiert?; Ich weiß nicht, wie das passieren konnte; Wie war das Wetter?; Willst du wissen, wie es im Urlaub war?* **2** **wie** + *Adjektiv/Adverb (in direkten und indirekten Fragen)* verwendet, um zu fragen, in welchem Maß etwas zutrifft, eine Eigenschaft vorhanden ist: *Wie alt bist du?; Wie schnell sind Sie gefahren?* **3** **wie viel(e)** *(in direkten und indirekten Fragen)* verwendet, um nach einer Menge oder Zahl zu fragen: *Wie viele Leute kommen zu deiner Party?; Wie viel ist 39 geteilt durch 13?; „Wie viel wiegst du?"* **4** **wie viel** + *Adjektiv im Komparativ (in direkten und indirekten Fragen)* verwendet, um nach dem Grad eines Unterschieds zu fragen: *Wie viel älter als dein Bruder bist du?* **5** **..., wie?** *umg;* verwendet am Ende einer Satzes, um die Aussage *(meist* verärgert*)* zu verstärken: *Du glaubst wohl, du kannst alles, wie?* **6** **Wie bitte?** *umg;* verwendet, um jemanden zu bitten, etwas noch einmal zu sagen **7** **Wie bitte!** *umg;* verwendet, um Erstaunen oder Verärgerung auszudrücken: *„Ich habe eine neue Freundin." - „Wie bitte!"* **8** **Wie spät ist es?** *umg;* verwendet, um nach der Uhrzeit zu fragen **9** **wie** + *Adjektiv/Adverb umg;* verwendet, um ein Adjektiv oder Adverb zu intensivieren ⟨wie dumm!, wie schrecklich!⟩ **10** **Und 'wie!** *umg;* verwendet, um eine bejahende Antwort zu verstärken: *„Möchtet ihr ins Kino gehen?" - „Und wie!"* (= Ja, sehr gern)

wie[2] [A1] *Konjunktion* **1** verwendet, um einen Vergleich einzuleiten: *Er ist stark wie ein Bär; Sie ist so alt wie ich; Sie arbeitet nicht so gut wie du* **2** verwendet, um einen Nebensatz einzuleiten, der einen Vergleich ausdrückt: *Sie kann fast so schnell tippen, wie ich reden kann* **3** *umg;* verwendet in der Konstruktion des Komparativs ≈ als: *Peter ist größer wie Hans* **4** *meist* **so ..., wie ...** verwendet, um einen Nebensatz anzuschließen: *Alles verläuft so, wie es geplant war; Alles verläuft wie geplant* **5** verwendet, um Beispiele, Aufzählungen einzuleiten: *Manche Tiere, wie (z.B.) Bären oder Hamster, halten einen Winterschlaf* **6** ≈ und auch: *Sie war als Politikerin wie als Künstlerin sehr erfolgreich* **7** **wie wenn** ≈

als ob || ID **Wie du mir, so ich dir** ich behandle dich so, wie du mich behandelst

wie·der A2 *Adverb* **1** nicht zum ersten Mal, sondern von Neuem ⟨immer wieder, schon wieder, nie wieder; wieder (ein)mal; etwas wieder aufbauen, aufführen, einführen, eröffnen⟩: *Wann gehen wir wieder schwimmen?; Die neue CD ist wieder ein Erfolg* || Hinweis: die hier genannten Verben können auch zusammengeschrieben werden, wenn *wieder* unbetont ist **2** so, dass ein früherer Zustand hergestellt wird: *die Gefangenen wieder freilassen; Es geht dir sicher bald wieder besser* **3** *umg*; verwendet, um eine Aussage zu verstärken: *Das ist wieder typisch!; Was soll das denn jetzt wieder?*

wie·der-¹ B2 *im Verb; betont und trennbar;* Die Verben mit *wieder-* werden nach folgendem Muster gebildet: *wiedergewinnen - gewann wieder - wiedergewonnen* **1** drückt aus, dass jemand etwas (von jemandem) bekommt, das er schon einmal gehabt hat ≈ zurück-; **etwas (von jemandem) wiederbekommen, wiedererobern, wiederkriegen**; **(jemandem) etwas wiederbringen, wiedererstatten** **2** drückt aus, dass etwas in den Zustand oder zurück an den Ort kommt, in/an dem es früher war; **etwas wiederfinden**; ⟨ein Gebäude⟩ **wiederherrichten**; ⟨die Ordnung, jemandes Gesundheit⟩ **wiederherstellen** **3** drückt aus, dass etwas noch einmal geschieht; **etwas wiederverwerten; jemanden wiedertreffen, wiederwählen** || Hinweis: aber: wenn sowohl *wieder* als auch das Verb betont sind, wird getrennt geschrieben; *wieder* hat dann die Bedeutung „noch einmal": *Wir haben wieder gew'onnen!; Ich würde ihn nicht wieder wählen*

wie·der-² B2 *im Verb; unbetont und trennbar;* DieVerben mit *wieder-* werden nach folgendem Muster gebildet: *wiederaufbauen - baute wieder auf - wiederaufgebaut;* ↑ **wieder** (1)

Wie·der·auf·be·rei·tungs|an·la·ge *die; -, -n;* eine Fabrik, in der *meist* Material (Brennstäbe) von Atomkraftwerken erneuert wird

wie·der·auf·tau·chen *(ist)* **jemand/etwas taucht wieder auf** jemand/etwas ist plötzlich und überraschend wieder da: *Ist der Schlüssel eigentlich wiederaufgetaucht?* || Hinweis: aber: *das U-Boot wird bald wieder auftauchen* (= getrennt geschrieben)

W

wie·der·be·le·ben *(hat)* **jemanden wiederbeleben** jemanden, der bewusstlos und fast tot ist, (durch Herzmassage, künstliche Beatmung) wieder zum Leben erwecken

wie·der·er·ken·nen *(hat)* **jemanden/etwas wiedererkennen** eine Person oder Sache erkennen, die man lange nicht gesehen hat oder die jetzt ein anderes Aussehen hat: *Ich hätte sie mit der neuen Frisur fast nicht wiedererkannt*

wie·der·fin·den *(hat)* **1** **jemanden/etwas wiederfinden** eine Person oder Sache, die man verloren und gesucht hat, finden **2** **sich irgendwo wiederfinden** überrascht feststellen, dass man irgendwo ist: *Als sie wieder zu sich kam, fand sie sich im Krankenhaus wieder*

wie·der·ge·ben *(hat)* **1** **etwas wiedergeben** über etwas berichten, was man erlebt, gelesen, gehört hat: *Er gab den Inhalt des Vortrags sinngemäß wieder* **2** **etwas (mit etwas) wiedergeben** etwas (mit etwas) ausdrücken oder übersetzen: *Wie gibt man diese englische Redewendung im Deutschen wieder?* **3** **jemandem etwas wiedergeben** *umg* ≈ zurückgeben: *Gib mir sofort mein Geld wieder!* || *zu* 1 und 2 **Wie·der·ga·be** *die; -, -n*

Wie·der·gut·ma·chung *die; -, -en;* eine (*meist* finanzielle) Leistung, mit der man einen Schaden *o.Ä.* ausgleicht || *hierzu* **wie·der·gut·ma·chen** *(hat)*

wie·der·ho·len A1 *wiederholte, hat wiederholt* **1** **etwas wiederholen** etwas noch einmal machen, sagen *o.Ä.* ⟨ein Experiment, eine Prüfung wiederholen⟩ **2** **etwas wiederholen** etwas, das man lernen muss, immer wieder lesen und durchdenken ⟨Vokabeln wiederholen⟩ **3** **etwas wiederholt sich** etwas ereignet sich noch einmal: *Diese Zustände dürfen sich nicht wiederholen* || *hierzu* **Wie·der·ho·lung** *die; -, -en; zu* 1 **wie·der·hol·bar** *Adjektiv*

wie·der·holt *Adjektiv* **1** *nur vor dem Substantiv, nicht als Adverb* ≈ mehrfach, mehrmalig- ⟨eine Aufforderung, eine Warnung⟩ **2** *nur als Adverb* ≈ mehrmals: *Er hat wiederholt versucht, die Regierung zu stürzen*

Wie·der·ho·lungs·fall *der; -(e)s, -fäl·le; meist* **im/für den Wiederholungsfall** ⟨eine Strafe androhen⟩ für den Fall, dass etwas Verbotenes noch einmal getan wird (eine Strafe androhen)

Wie·der·hö·ren *das; -s; nur Singular; meist in* **Auf Wiederhören!** verwendet, um sich am Telefon von jemandem (den man *meist* nicht gut kennt) zu verabschieden

wie·der·käu·en; *käute wieder, hat wiedergekäut* **1** **ein Schaf/ein Rind käut wieder** ein Schaf, ein Rind *o.Ä.* bringt bereits gekautes Futter aus dem Magen wieder ins Maul und kaut es nochmals **2** **etwas wiederkäuen** *abwertend;* etwas, das andere bereits gesagt haben, ständig wiederholen || *zu* 1 **Wie·der·käu·er** *der; -s, -*

Wie·der·kehr *die; -; nur Singular* **1** *förmlich;* das Zurückkommen: *Seit seiner Wiederkehr ist er irgendwie anders* **2** das erneute Erscheinen eines bestimmten Tages im Jahr: *Die zehnte Wiederkehr seines Todestages* || *hierzu* **wie·der·keh·ren** *(ist)*

wie·der·kom·men *(ist)* **1** zurückkommen ⟨von einem Ausflug wiederkommen⟩ **2** noch einmal kommen: *Kommen Sie bitte morgen wieder!*

Wie·der·schau·en *(das); meist in* **Auf Wiederschauen!** *südd* Ⓐ ≈ auf Wiedersehen!

wie·der·se·hen *(hat)* **jemanden wiedersehen** jemanden wieder treffen: *Ich hoffe, dass wir uns bald wiedersehen* || ID *meist* ⟨das Buch, das Geld⟩ **habe ich nie wiedergesehen** das Buch, das Geld, das ich jemandem geliehen habe, habe ich nie zurückbekommen

Wie·der·se·hen *das; -s; nur Singular* **1** das Zusammentreffen mit jemandem, den man längere Zeit nicht gesehen hat || K- Wiedersehensfreude **2** **Auf Wiedersehen!** verwendet als Gruß beim Abschied

Wie·der·ver·ei·ni·gung *die; -, -en; meist Singular;* die erneute Vereinigung eines Staates, einer Organisation (nach einer Trennung): *die Wiedervereinigung Deutschlands*

Die Wiedervereinigung

Nach der Öffnung der Grenzen im November 1989 kam es in der DDR zu einer Reihe von Reformen, gleichzeitig begann man, die Wiedervereinigung der beiden deutschen Staaten anzustreben. Im März 1990 kam es zu freien Wahlen in der DDR und ab Juli 1990 trat die Wirtschafts-, Währungs- und Sozialunion mit der Bundesrepublik Deutschland in Kraft.
Nach den **Zwei-Plus-Vier-Gesprächen** der beiden deutschen Staaten mit den vier ehemaligen Siegermächten des zweiten Weltkrieges wurde am 31. August 1990 der **Einigungsvertrag** unterschrieben, der am 3. Oktober in Kraft trat. Die fünf ehemaligen Gebiete der DDR (**Brandenburg**, **Mecklenburg-Vorpommern**, **Sachsen**, **Sachsen-Anhalt** und **Thüringen**) wurden zu Ländern der Bundesrepublik Deutschland. Der 3. Oktober wurde zum Nationalfeiertag erklärt (**Tag der Deutschen Einheit**).

LANDESKUNDE

Wie·ge *die; -, -n* **1** ein kleines Bett für einen Säugling, das auf runden Brettern steht, so dass man es seitwärts hin- und herbewegen kann **2** *förmlich;* der Ort, an dem etwas seinen Anfang nimmt: *Griechenland ist die Wiege der abendländischen Kultur* || ID **jemandem ist etwas in die Wiege gelegt worden** jemand hat eine Fähigkeit schon seit seiner Geburt

wie·gen¹ B2 *wog, hat gewogen* **1** **jemanden/etwas wiegen** (mit einer Waage) das Gewicht von jemandem/einem Gegenstand feststellen: *ein Paket wiegen* **2** **jemand/etwas wiegt** + *Gewichtsangabe* jemand/etwas hat das genannte Gewicht: *Er wiegt 80 kg*

wie·gen² B2 *wiegte, hat gewiegt;* **jemanden wiegen** jemanden sanft hin und her bewegen ⟨ein Kind in den Armen wiegen⟩

wie·hern ['viːɐ̯n]; *wieherte, hat gewiehert* **1** **ein Pferd wiehert** ein Pferd gibt die Laute von sich, die für seine Art typisch sind **2** ⟨vor Lachen, vor Vergnügen⟩ **wiehern** *umg;* laut und intensiv lachen

Wien

Wien ist die Hauptstadt Österreichs und gleichzeitig eines der österreichischen Bundesländer. Die Stadt liegt an der Donau. Sie zählt mehr als 1,5 Millionen Einwohner.
Im Mittelalter war Wien Residenzstadt des **Heiligen Römischen Reiches Deutscher Nation**. Als Hauptstadt des **Österreich-Ungarischen Reiches** war Wien von deutschen, ungarischen, slawischen und südländischen Einflüssen geprägt, die bis heute zu spüren sind.
Es gibt viele historische Gebäude und Kunstschätze zu bewundern. Eine besondere Attraktion sind Festspiele, wie zum Beispiel die **Wiener Festwochen**. Sie erinnern daran, dass Wien im 18. Jahrhundert als Zentrum der **Wiener Klassik** mit Komponisten wie **Mozart**, **Schubert**, **Beethoven** und **Haydn** die musikalische Hauptstadt Europas war.

LANDESKUNDE

Wie·ner *die; -, -; meist Plural* ≈ Frankfurter

wies *Imperfekt, 1. und 3. Person Singular;* ↑ **weisen**

Wie·se B1 *die; -, -n;* eine relativ große Fläche mit Gras und anderen niedrigen Pflanzen

Wie·sel *das; -s, -;* ein kleines und sehr schnelles Raubtier mit braunrotem (im Winter weißem) Fell: *Sie ist flink wie ein Wiesel*

wie·so B1 *Adverb* ≈ warum: *Wieso muss ich das machen?*

wie·vielt *nur in* **zu wievielt?** zu wie vielen

Personen?: *Zu wievielt wart ihr?*

wie·viel·t- *Adjektiv; nur vor dem Substantiv, nicht als Adverb; (in direkten Fragen)* **1** verwendet, um nach einer Zahl zu fragen: *Die wievielte Zigarette ist das heute schon?* **2** **Den Wievielten haben wir heute?** welches Datum ist heute?

wie·weit *Konjunktion* ≈ inwieweit

wie·wohl *Konjunktion* ≈ obwohl

wild B1 *wilder, wildest-; Adjektiv* **1** nicht von Menschen gepflanzt ⟨Pflanzen⟩ **2** **ein wildes Tier** ein *meist* großes, gefährliches Tier, das in der freien Natur lebt *(z.B.* ein Löwe) **3** sehr laut, intensiv und heftig ⟨ein Sturm; Schreie⟩ **4** ≈ schnell ⟨eine Flucht, eine Verfolgung⟩ **5** ≈ wütend ⟨wild werden⟩ **6** noch im ursprünglichen Zustand ⟨ein Wald, ein Gebirge⟩ **7** ⟨ein Kind, ein Tier⟩ so temperamentvoll oder nervös, dass man sie kaum bändigen kann **8** *meist vor dem Substantiv* ≈ ungepflegt ⟨ein Bart, Haare⟩ **9** *nur vor dem Substantiv, nicht als Adverb;* nicht erlaubt ⟨eine Müllkippe; Campen, Parken⟩ **10** **ein wilder Streik** ein Streik, der nicht von der Gewerkschaft organisiert wurde || ID **wild auf etwas** *(Akkusativ)* **sein** etwas unbedingt haben wollen; **etwas ist nicht so wild** *umg;* etwas ist nicht so schlimm; **wie wild** sehr heftig: *Sie schrien wie wild* || *zu* 2-7 **Wild·heit** *die; -; nur Singular*

Wild B1 *das; -(e)s; nur Singular* **1** frei lebende Tiere, die vom Menschen wegen ihres Fleisches gejagt werden, *z.B.* Rehe **2** Fleisch von Wild (1)

wil·dern; *wilderte, hat gewildert* **1** ohne Erlaubnis jagen **2** *meist* **ein Hund wildert** ein Hund läuft frei herum, greift andere Tiere an und tötet sie: *wildernde Hunde* || *zu* 1 **Wil·de·rei** *die; -; nur Singular;* **Wil·de·rer** *der; -s, -*

wild·fremd *Adjektiv; ohne Steigerung, nicht als Adverb; umg;* jemandem völlig unbekannt ⟨ein Mensch, eine Stadt⟩

Wild·le·der *das; -s, -;* ein Leder mit samtartiger Oberfläche || K- Wildlederschuhe

Wild·nis *die; -, -se; meist Singular;* ein Gebiet, das nicht bewohnt ist und von Menschen nicht verändert worden ist

Wild·was·ser *das; -s, -;* ein Fluss oder Bach im Gebirge, der *meist* eine starke Strömung hat

Wild·wuchs *der; -es; nur Singular;* eine Entwicklung, die in der Menge nicht gewünscht und kaum beherrscht wird: *der Wildwuchs der Verordnungen*

will *Präsens, 1. und 3. Person Singular;* ↑ **wollen**

Wil·le *der; -ns; nur Singular* **1** die Fähigkeit des Menschen, sich für oder gegen etwas zu entscheiden ⟨einen schwachen, starken, Willen haben⟩ || K- Willensstärke **2** eine feste Absicht ⟨den Willen haben, etwas zu tun⟩ **3** **der gute Wille** die Bereitschaft, jemandem zu helfen oder sich zu engagieren ⟨es (nicht) an gutem Willen fehlen lassen⟩ **4** **der Letzte Wille** das Testament || ID *meist* **Es war kein böser Wille** es geschah nicht mit Absicht; **jemandem seinen Willen lassen** *umg;* jemanden tun lassen, was er will; **jemandem zu Willen sein** tun, was ein anderer will

wil·len *Präposition; mit Genitiv; nur in* **(um) jemandes/etwas** *(Genitiv)* **willen** *förmlich;* bezeichnet den Grund für etwas ≈ jemandem/einer Sache zuliebe: *Tu es um unserer Freundschaft willen*

wil·len·los *Adjektiv;* ⟨ein Mensch⟩ so, dass er alles über sich ergehen lässt, ohne eigenen Willen (1)

wil·lens *Adjektiv;* **willens sein + zu** + *Infinitiv* ≈ die Absicht haben oder bereit sein, etwas zu tun: *Unter bestimmten Bedingungen bin ich willens zu helfen*

wil·lent·lich *Adjektiv; förmlich* ≈ absichtlich

wil·lig *Adjektiv; auch abwertend;* (immer) bereit, das zu tun, was andere erwarten

-wil·lig *im Adjektiv; förmlich* **1** mit dem Wunsch oder der Bereitschaft, etwas zu tun; **arbeitswillig, heiratswillig, opferwillig, zahlungswillig** **2** mit der Einstellung, die vom Adjektiv im ersten Wortteil genannt wird; **bereitwillig, böswillig, gutwillig**

will·kom·men *Adjektiv; nicht als Adverb* **1** **(jemandem) willkommen** so, dass man sich darüber freut, wenn etwas geschieht oder jemand kommt ⟨eine Abwechslung, ein Gast, eine Gelegenheit, eine Pause⟩: *Ihr seid mir hier jederzeit willkommen* **2** **jemanden willkommen heißen** einen Gast begrüßen oder jemanden, der nach längerer Zeit zurückkommt || ID **Herzlich willkommen!** verwendet, um jemanden willkommen zu heißen

Will·kom·men *das; -s; nur Singular; förmlich;* eine freundliche Begrüßung || K- Willkommensgruß

Will·kür *die; -; nur Singular;* ein Handeln, bei dem man keine Rücksicht auf andere Menschen nimmt und Regeln oder Gesetze nicht beachtet ⟨jemandes Willkür ausgesetzt sein; ein Akt der Willkür⟩ || K- Willkürakt, Willkürherrschaft, Willkürmaßnahme

will·kür·lich *Adjektiv* **1** voll Willkür ⟨eine

W

Bewertung, eine Benotung⟩ **2** dem Zufall folgend, zufällig ⟨eine Verteilung, eine Auswahl⟩ **3** *Biologie;* vom Willen gesteuert ↔ unwillkürlich

wil̩lst *Präsens, 2. Person Singular;* ↑ **wollen**

wim̩·meln; *wimmelte, hat gewimmelt* **1** ⟨Menschen, Insekten *o.Ä.*⟩ **wimmeln** Menschen, Insekten *o.Ä.* bewegen sich rasch und ungeordnet in großer Zahl: *Hunderte von Mücken wimmelten in der Luft* **2** **es/etwas wimmelt von** ⟨Personen/Tieren/Dingen⟩ irgendwo ist eine große Anzahl von Personen/Tieren/Dingen: *Der See wimmelte von Fischen; In dem Text wimmelt es von Fremdwörtern*

wim̩·mern; *wimmerte, hat gewimmert;* leise, klagende Töne von sich geben, leise jammern

Wim̩·pel *der; -s, -;* eine kleine, *meist* dreieckige Fahne

Wim̩·per *die; -, -n;* eines der kurzen, leicht gebogenen Haare am vorderen Rand des Augenlids || ↑ Abbildung unter **Auge** || ID **ohne mit der Wimper zu zucken** ohne Gefühle zu zeigen, kaltblütig

Wim̩·pern·tu·sche B2 *die; -, -n;* eine farbige Substanz, die mit einer kleinen Bürste auf die Wimpern aufgetragen wird

Win̩d A2 *der; -(e)s, -e;* die Bewegung oder Strömung der Luft im Freien ⟨ein schwacher, stürmischer Wind; der Wind legt sich; Wind von Osten⟩ || K- Windrichtung, Windstärke, Windstoß; windgeschützt || ID **jemandem den Wind aus den Segeln nehmen** jemandem durch eine unerwartete Aussage *o.Ä.* die Grundlage für seine Argumente nehmen; **bei Wind und Wetter** bei jedem, auch bei schlechtem Wetter; **frischen Wind in etwas** *(Akkusativ)* **bringen** etwas erneuern oder beleben; *meist* **Hier weht jetzt ein neuer/anderer Wind** hier herrscht nun ein neuer *(meist* strengerer) Stil; **jemand bekommt Wind von etwas** jemand erfährt etwas, das er nicht wissen sollte; *meist* **(viel) Wind machen um etwas** etwas übertreiben; **viel Wind um nichts (machen)** viel Aufhebens wegen einer Kleinigkeit (machen); ⟨*meist* einen guten Rat, eine Warnung⟩ **in den Wind schlagen** einen Rat, eine Warnung nicht beachten; *meist* **Ich weiß schon, woher der Wind weht** ich weiß über etwas Bescheid; ⟨Personen⟩ **sind in alle Winde zerstreut** Personen, die früher zusammengehörten, leben jetzt weit voneinander entfernt

Win̩d·beu·tel *der; -s, -;* ein feines, leichtes Gebäck, das mit Schlagsahne gefüllt ist

Wi̩n·de *die; -, -n* **1** ein Gerät, mit dem man durch Drehen einer Kurbel Lasten hebt oder zieht || -K Seilwinde **2** eine Kletterpflanze

Wi̩n·del *die; -, -n; meist Plural;* ein weiches Tuch oder eine Hose aus dickem, weichem Papier, die den Kot und Urin eines Babys aufnehmen ⟨die Windel(n) wechseln⟩

wi̩n·den; *wand, hat gewunden* **1** **sich winden** sich kriechend bewegen ⟨eine Schlange, ein Wurm⟩ **2** **etwas windet sich (irgendwohin)** etwas hat viele kleine Kurven ⟨ein Weg, ein Pfad⟩ **3** **sich (vor Schmerzen)) winden** den Körper in einer unnatürlichen, verkrampften Haltung haben ⟨sich vor Schmerzen winden⟩ **4** **sich** (**vor etwas** *(Dativ)*) **winden** ausweichende Antworten geben ⟨sich vor Scham, vor Verlegenheit winden⟩ **5** **eine Pflanze windet sich um etwas** eine Pflanze wächst um eine Stange *o.Ä.* herum

wi̩n·dig *Adjektiv; nicht als Adverb* **1** mit relativ starkem Wind ↔ windstill **2** *meist vor dem Substantiv; umg abwertend;* sehr zweifelhaft ⟨ein Plan, ein Alibi⟩ **3** *meist vor dem Substantiv; umg abwertend;* ⟨eine Bude, ein Haus⟩ so, dass sie keinen soliden Eindruck machen

Wi̩nd·ja·cke *die; -, -n;* eine leichte Jacke (aus imprägniertem Material) zum Schutz gegen Wind und Regen

Wi̩nd·jam·mer *der; -s, -;* ein großes Segelschiff

Wi̩nd·po·cken *die; -; Plural;* eine *meist* ungefährliche Infektionskrankheit, die *bes* bei Kindern vorkommt und die auf der Haut rote Flecken und Bläschen erzeugt

Wi̩nd·rad *das; -(e)s, -rä·der* **1** eine Art Propeller auf einem hohen Mast. Die Kraft des Windes dreht den Propeller und erzeugt so elektrischen Strom **2** ein Spielzeug für Kinder ähnlich einem Windrad

Wi̩nd·ro·se *die; -, -n;* eine Art runde Scheibe mit Angabe der Himmelsrichtungen

Wi̩nd·schat·ten *der; -s; nur Singular; meist in* **im Windschatten von jemandem/etwas** während des Fahrens hinter jemandem/etwas (sodass man selbst weniger Luftwiderstand hat)

wi̩nd·still *Adjektiv; nicht als Adverb;* ohne jede Bewegung der Luft || *hierzu* **Wi̩nd·stil·le** *die; -; nur Singular*

Wi̩n·dung *die; -, -en* **1** *meist Plural;* eine Bewegung durch Drehen und Gleiten auf dem Boden **2** *meist Plural;* der Verlauf von etwas, das viele enge Kurven oder Biegungen hat ⟨die Windungen eines Flusses, einer Straße; die Windungen des Darms, im Gehirn⟩ || -K

W

Darmwindung, Gehirnwindung

Wink [vɪŋk] *der; -(e)s, -e* **1** ein Signal, das jemandem durch eine kurze Bewegung des Kopfes, der Augen oder der Hand gegeben wird **2** ≈ Hinweis, Tipp ⟨einen Wink erhalten, bekommen, verstehen⟩ || ID **ein Wink des Himmels/Schicksals** ein Ereignis im Leben, das man als wegweisend versteht; **ein Wink mit dem Zaunpfahl** ein sehr deutlicher Hinweis

Win·kel ['vɪŋkl] *der; -s, -;* **1** das Verhältnis, das zwei Linien oder Flächen bilden, wenn sie einander treffen oder einander schneiden ⟨ein Winkel von 45°⟩: *Die Winkel im Dreieck ergeben zusammen 180°* || K- Winkelmesser **2** **ein spitzer/stumpfer Winkel** ein Winkel (1) von weniger/mehr als 90° **3** **ein rechter Winkel** ein Winkel (1) von 90° **4** ein Platz oder Ort, der *meist* versteckt oder ruhig und einsam ist: *Sie hat in allen Winkeln des Hauses nach dem Schlüssel gesucht*

Winkel

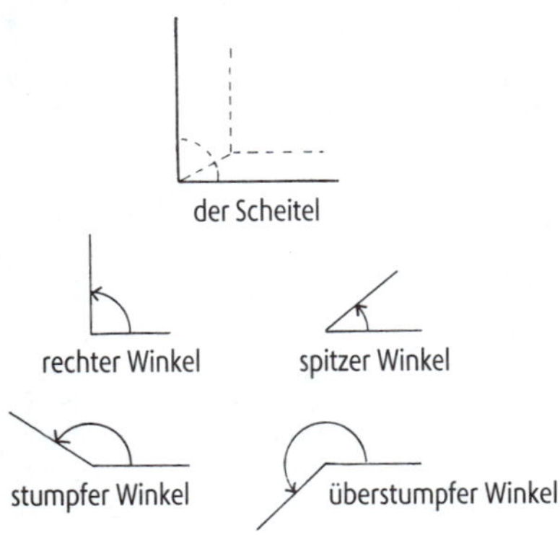

Winkelmesser

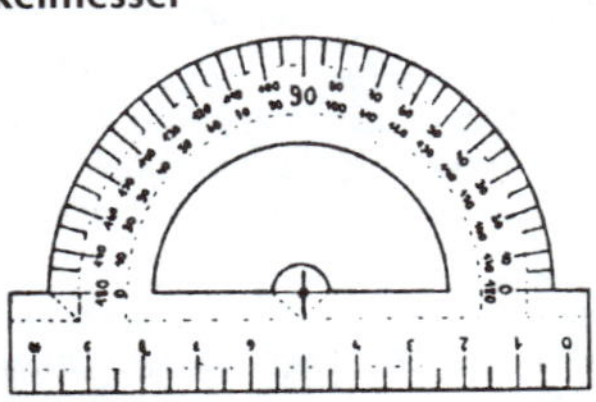

Win·kel·zug *der; -(e)s, -zü·ge; meist abwertend;* ein schlaues Vorgehen, mit dem man *meist* indirekt sein Ziel erreicht

W

win·ken B1 ['vɪŋkn]; *winkte, hat gewinkt/umg auch gewunken* **1** **(jemandem) (mit etwas) winken** mit der erhobenen Hand oder mit einem Tuch eine Bewegung machen, die *meist* einen Gruß ausdrückt ⟨jemandem zum Abschied winken⟩ **2** **jemandem winken** jemanden durch eine Bewegung der Hand auffordern zu kommen ⟨dem Kellner, einem Taxi winken⟩ **3** **etwas winkt jemandem** etwas steht als mögliche Belohnung für jemanden in Aussicht: *Dem Sieger winkt ein hoher Gewinn*

wink·lig *Adjektiv;* mit vielen Winkeln (4) und Ecken ⟨eine Stadt, eine Gasse, eine Wohnung⟩

win·seln; *winselte, hat gewinselt* **1** **ein Hund winselt** ein Hund erzeugt hohe, jammernde Töne **2** **(um etwas) winseln** *abwertend;* jammernd um etwas bitten ⟨um Gnade winseln⟩

Win·ter A1 *der; -s, -;* die Jahreszeit, in der es am kältesten und am längsten dunkel ist (von Ende Dezember bis Ende März im nördlichen Teil der Erde): *Wir fahren jeden Winter zum Skilaufen* || K- Winterabend, Wintermantel, Winterreifen, Wintersport, Winterstiefel, Winterzeit

Win·ter·gar·ten *der; -s, -gär·ten;* ein heizbarer Raum, der direkt an das Haus gebaut ist und der viele Fenster hat, so dass man dort Zimmerpflanzen halten kann

win·ter·hart *Adjektiv; nicht als Adverb* ≈ fähig, die Kälte im Winter zu ertragen ⟨Pflanzen⟩

win·ter·lich *Adjektiv* **1** typisch für den Winter ⟨Temperaturen⟩ **2** für den Winter gemacht ⟨Kleidung⟩

Win·ter·olym·pi·a·de *die; -, -n;* die Olympischen Spiele, die für den Wintersport stattfinden

Win·ter·schlaf *der; -(e)s; nur Singular;* ein schlafähnlicher Zustand mancher Tiere während des Winters

Win·ter·spie·le *die; -; Plural;* ↑ **Winterolympiade**

Win·zer *der; -s, -;* jemand, der Weinreben anbaut und dann Wein herstellt || *hierzu* **Win·ze·rin** *die; -, -nen*

win·zig *Adjektiv* **1** sehr klein ⟨ein Tier⟩ **2** sehr gering, ohne Bedeutung ⟨ein Unterschied⟩

Wip·fel *der; -s, -;* das obere Ende eines Baumes ≈ Spitze || -K Baumwipfel

Wip·pe *die; -, -n;* eine Art Schaukel, bei der ein Brett in der Mitte so befestigt ist, dass das eine Ende nach oben geht, wenn das andere nach unten geht

wir A1 *Personalpronomen der 1. Person Plural* **1** verwendet, wenn man von zwei oder mehr Personen spricht, zu denen man selbst gehört: *Wir gehen heute Abend ins Kino* || Hinweis:

Kann erweitert werden: *wir beide/alle/vier; wir in Berlin; wir Glücklichen; wir, die wir wissen ...* **2** verwendet von einem Redner oder Autor, um nicht in der 1. Person Singular zu sprechen: *Auf dieses Problem gehen wir noch näher ein* **3** manchmal verwendet, wenn ein Arzt einen Patienten anspricht: *Wie geht es uns?* **4** ≈ man: *Wir wissen nicht, ob es auf anderen Planeten Leben gibt* || ↑ Anhang Seite 1066 **Personalpronomen**

Wịr·bel *der; -s, -;* **1** eine schnelle, kreisende Bewegung *bes* der Luft oder des Wassers || K- Wirbelsturm, Wirbelwind **2** Aufregung, Hektik: *Es gab viel Wirbel um seine Rede vor den Vereinten Nationen* **3** die Stelle auf der Kopfhaut, von der aus die Haare in verschiedene Richtungen wachsen **4** ein einzelner Knochen der Wirbelsäule || -K Brustwirbel, Halswirbel, Lendenwirbel || ID **viel Wirbel um nichts** viel Aufregung über etwas Unwichtiges

wịr·beln; *wirbelte, ist/hat gewirbelt* **1** **jemanden/etwas irgendwohin wirbeln** *(hat)* jemanden/etwas schnell und in Kurven oder Kreisen bewegen: *Der Wind wirbelte die Blätter durch die Luft* **2** **(irgendwohin) wirbeln** *(ist)* sich schnell und *meist* drehend bewegen: *Schneeflocken wirbelten durch die Luft*

Wịr·bel·säu·le *die; -, -n; meist Singular;* eine Reihe von Knochen, die beweglich miteinander verbunden sind und eine Linie in der Mitte des Rückens bilden ≈ Rückgrat || ↑ Abbildung unter **Skelett**

Wịr·bel·tier *das; -(e)s, -e;* ein Tier, das eine Wirbelsäule hat

wịrbt *Präsens, 3. Person Singular;* ↑ **werben**

wịrd *Präsens, 3. Person Singular;* ↑ **werden**

wịrft *Präsens, 3. Person Singular;* ↑ **werfen**

wịr·ken B2 *wirkte, hat gewirkt* **1** **etwas wirkt irgendwie (auf jemanden/etwas)** etwas hat einen bestimmten Einfluss auf jemanden/etwas ⟨abschreckend, beruhigend, heilend wirken⟩: *Kaffee wirkt auf die meisten Menschen anregend* **2** **etwas wirkt (gegen etwas)** etwas hat eine bestimmte Eigenschaft und heilt daher ⟨ein Medikament⟩: *Diese Tabletten wirken gut gegen Kopfschmerzen* **3** **jemand/etwas wirkt irgendwie (auf jemanden)** jemand/etwas macht einen bestimmten Eindruck (auf jemanden) ⟨fröhlich, müde, traurig wirken⟩ **4** **jemand wirkt (als etwas)** *förmlich;* jemand ist in einem bestimmten, *meist* schwierigen Beruf tätig: *Albert Schweitzer wirkte als Arzt und Missionar* **5** *meist* **jemand/etwas wirkt (wahre) Wunder** jemand leistet etwas Ungewöhnliches/etwas hat eine sehr positive Wirkung

wịrk·lich B1 *Adjektiv* **1** der Realität entsprechend, tatsächlich vorhanden: *Es ist wirklich so geschehen* **2** *meist vor dem Substantiv;* mit den guten Eigenschaften, die man sich vorstellt ⟨ein Freund, ein Künstler, eine Hilfe⟩ **3** *nur als Adverb;* verwendet, um eine Aussage zu verstärken: *Das weiß ich wirklich nicht; Das tut mir wirklich leid*

Wịrk·lich·keit B1 *die; -, -en; meist Singular* **1** das, was tatsächlich existiert ≈ Realität **2** **in Wirklichkeit** so, wie die Dinge wirklich (1) sind

wịrk·lich·keits·fremd *Adjektiv* **1** ⟨Pläne, Ideale, Vorstellungen⟩ so, dass sie nicht in Erfüllung gehen können, weil die Bedingungen dafür nicht gegeben sind **2** ⟨ein Mensch⟩ so, dass er die Wirklichkeit nicht (an)erkennt

wịrk·lich·keits·ge·treu *Adjektiv;* der Realität genau entsprechend ⟨eine Zeichnung, eine Nachbildung⟩

wịrk·sam *Adjektiv* **1** ⟨ein Medikament; eine Maßnahme⟩ so, dass sie das gewünschte Ergebnis erzielen **2** *meist* **etwas wird wirksam** etwas tritt in Kraft, wird gültig || *hierzu* **Wịrk·sam·keit** *die; -; nur Singular*

Wịrk·stoff *der; -(e)s, -e;* eine Substanz, die für das Funktionieren des Organismus wesentlich ist (*z.B.* ein Hormon) oder die als Medikament wirkt

Wịr·kung B2 *die; -, -en* **1** die Einflüsse, die Folgen, die etwas hat ⟨etwas hat eine Wirkung (auf jemanden); die Wirkung eines Medikaments⟩ **2** der Eindruck, den jemand auf eine Person macht: *Er hat eine ziemliche Wirkung auf sie gehabt*

wịr·kungs·los *Adjektiv;* ⟨ein Medikament; eine Maßnahme⟩ so, dass sie ohne Wirkung bleiben, kein Ergebnis aufweisen ↔ wirksam || *hierzu* **Wịr·kungs·lo·sig·keit** *die; -; nur Singular*

wịr·kungs·voll *Adjektiv;* ⟨eine Maßnahme⟩ so, dass sie eine starke Wirkung erzielt ≈ effizient

wịrr *Adjektiv;* ⟨Gedanken, Vorstellungen; Haare; Dinge liegen wirr durcheinander; jemanden wirr machen; wirres Zeug reden⟩ so, dass man in ihnen keine Vernunft oder keine Ordnung, kein System sehen kann

Wịr·ren *die; -; Plural;* ungeordnete politische und soziale Verhältnisse: *die Wirren der Nachkriegszeit*

Wịrr·warr *der; -s; nur Singular* ≈ Durcheinander, Unordnung: *ein Wirrwarr von Stimmen*

Wịr·sing *der; -s; nur Singular;* eine Kohlart mit dunkelgrünen, relativ weichen und nicht glatten Blättern

wịrst *Präsens, 2. Person Singular;* ↑ **werden**

Wịrt *der; -(e)s, -e;* ≈ Gastwirt || K-Wirtshaus || *hierzu* **Wịr·tin** *die; -, -nen*

Wịrt·schaft B1 *die; -, -en* **1** *meist Singular;* alle Firmen, Geschäfte, Institutionen und Maßnahmen, die mit der Herstellung und Verteilung von Waren zu tun haben ⟨in der Wirtschaft tätig sein; die kapitalistische Wirtschaft⟩ || K-Wirtschaftskrise, Wirtschaftswachstum, Wirtschaftswissenschaft, Wirtschaftswunder, Wirtschaftszweig || -K Weltwirtschaft **2** ein einfaches Restaurant, in dem man essen und trinken kann

wịrt·schaft·lich B2 *Adjektiv* **1** die Wirtschaft (1) betreffend ≈ ökonomisch ⟨die Lage, die Situation⟩ **2** ≈ finanziell ⟨es geht jemandem wirtschaftlich gut/schlecht⟩ **3** sparsam, nicht verschwenderisch ⟨wirtschaftlich arbeiten⟩ || *zu 3* **Wịrt·schaft·lich·keit** *die; -; nur Singular*

wị·schen *; wischte, hat gewischt* **1** **etwas wischen** etwas sauber machen, indem man es mit einem (*oft* nassen) Tuch reibt ⟨den Tisch wischen; sich die Stirn wischen⟩ **2** **etwas (von etwas) wischen** etwas durch Wischen entfernen ⟨Staub wischen⟩: *Das Wasser vom Boden wischen* **3** (CH) ≈ putzen

Wị·scher *der; -s, -; Kurzwort* ↑ **Scheibenwischer**

Wi·schi·wạ·schi *das; -s; nur Singular; abwertend;* unklare, unpräzise Äußerungen: *Alles, was er sagte, war nur Wischiwaschi*

wịs·pern *; wisperte, hat gewispert;* **(etwas) wispern** etwas sehr leise sagen ≈ flüstern ⟨jemandem etwas ins Ohr wispern⟩

wịs·sen A1 *weiß, wusste, hat gewusst* **1** **etwas wissen** Informationen über jemanden/etwas haben (und daher etwas sagen können) ⟨die Antwort, die Lösung eines Rätsels, einen Rat wissen⟩: *Weißt du, wo er ist und wann er kommt?; Ich weiß nicht, ob ich das schaffe; Ich weiß ganz sicher, dass das richtig ist* || Hinweis: *kennen* betont die Kenntnisse, die man aus persönlicher Erfahrung hat, bei *wissen* geht es um Informationen, die man auch *z.B.* aus Büchern hat: *Ich weiß den Weg* (ich habe auf der Karte nachgesehen); *Ich kenne den Weg* (hier war ich schon einmal) **2** **(etwas/nichts) von jemandem/etwas wissen (et)was/nichts über jemanden/etwas wissen** etwas/nichts wissen, weil einem jemand/keiner davon erzählt hat: *Niemand weiß etwas über ihn; Davon darf keiner was wissen; Ich wusste nichts/nicht von dem Plan* **3** **(etwas +) zu** + *Infinitiv* **wissen** verstehen, wie man etwas tut: *Als Arzt muss man mit Menschen umzugehen wissen* **4** **um etwas wissen** sich der Folgen von etwas bewusst sein: *Ich weiß um die Wichtigkeit Ihres Problems* **5** **weißt du/wissen Sie** *umg;* verwendet, um einen neuen Gedanken einzuleiten: *Weißt du, im Grunde hat er Rechtswesen* || ID **Was ich nicht weiß, macht mich nicht heiß** wenn man von etwas nicht weiß, dann regt man sich auch nicht auf; **von jemandem/etwas nichts mehr wissen wollen** mit jemandem/etwas nichts mehr zu tun haben wollen; **etwas wissen wollen** eine Entscheidung herbeiführen wollen; **Was weiß 'ich!** *salopp;* ich weiß es nicht und es interessiert mich auch nicht

Wịs·sen A1 *das; -s; nur Singular* **1** **das Wissen in etwas** (*Dativ*) alles, was man (auf einem bestimmten Gebiet oder überhaupt) weiß ⟨enormes, großes Wissen; sein Wissen in Biologie⟩ **2** **das Wissen über etwas** (*Akkusativ*)/ *umg auch* **von etwas** die Kenntnis einer bestimmten Tatsache, eines bestimmten Sachverhalts: *Wie hat sie von dem Vorfall Wissen erlangt?* || ID **etwas nach bestem Wissen und Gewissen tun** etwas bewusst und in voller Verantwortung tun; **etwas wider (sein) besseres Wissen tun** etwas tun, obwohl man sich bewusst ist, dass es falsch oder unrecht ist;

Am Bahnhof

1 die Bahn, die Deutsche Bahn
2 die Bahnhofsuhr
3 der Bahnsteig
4 die Fahrkarte
5 der Fahrkartenschalter
6 das Gepäck
7 der Gepäckwagen, der Kofferkuli
8 Hinweisschild: Gleis 9
9 Hinweisschild: Abfahrt (= abfahrende Züge)
10 Hinweisschilder: Zu den Zügen, Reisezentrum, Information, Schließfächer, Toiletten, S-Bahn, U-Bahn, Ausgang
11 Information, Auskunft
12 der Koffer
13 der/die Reisende
14 die Reisetasche
15 die Rolltreppe
16 der Rucksack
17 der Trolley, der Rollenkoffer
18 die Umhängetasche
19 der Waggon
20 der Wartebereich
21 der Zug

Am Bahnhof

Zu den Zügen
Reisezentrum
Information
Schließfächer
WC
S
U
Ausgang
10
1
Abfahrt
Zug
Ziel
Gleis
Hinweise
annulliert
verspätet
9
Fahrscheine
Information
5
11
2
8
9
21
19
20
3
16
13
13
18
14
17
6
12
4
15
7

Am Flughafen

meines (unseres) Wissens soviel ich weiß (soviel wir wissen)

Wis·sen·schaft [B2] *die; -, -en* **1** alle Tätigkeiten, mit denen man die Bereiche der Welt erforscht, um so die Welt erklären zu können || [-K] Literaturwissenschaft, Naturwissenschaft **2** ein bestimmter Bereich, in dem mit den Methoden der Wissenschaft (1) geforscht wird, wie *z.B.* Physik, Biologie || *hierzu* **Wis·sen·schaft·ler** *der; -s, -;* **Wis·sen·schaft·le·rin** *die; -, -nen*

wis·sen·schaft·lich [B2] *Adjektiv* **1** *nur vor dem Substantiv, nicht als Adverb;* die Wissenschaft betreffend ⟨eine Tagung, eine Zeitschrift⟩ **2** nach den Prinzipien einer Wissenschaft ⟨eine Untersuchung, eine Methode⟩

wis·sens·wert *Adjektiv; nicht als Adverb;* ⟨eine Tatsache⟩ so wichtig, dass man sie wissen sollte

wit·tern; *witterte, hat gewittert* **1** **ein Tier wittert jemanden/etwas** ein Tier nimmt jemanden/etwas am Geruch wahr: *Der Hund witterte das Reh* **2** **etwas wittern** das Gefühl haben, dass etwas geschehen wird oder dass etwas möglich ist ≈ vorausahnen ⟨eine Gefahr, eine Chance, eine Sensation, ein Geschäft, einen Vorteil wittern⟩

Wit·we *die; -, -n;* eine Frau, deren Ehemann gestorben ist || [K-] Witwenrente

Wit·wer *der; -s, -;* ein Mann, dessen Ehefrau gestorben ist

Witz *der; -es, -e;* eine kurze Geschichte (*meist* im Präsens) mit einem Ende, das man nicht erwartet und das einen zum Lachen bringt ⟨einen Witz erzählen⟩ || [ID] **der Witz einer Sache** das Wesentliche einer Sache; *meist* **Du machst wohl Witze!** *umg;* das ist nicht dein Ernst; **Das ist (ja wohl) ein Witz!** das kann doch nicht möglich sein; **ohne Witz!** im Ernst

wit·zig *Adjektiv* **1** fähig, Witze gut zu erzählen **2** ≈ lustig, geistreich || [ID] **'sehr witzig!** *umg ironisch;* das finde ich gar nicht lustig

witz·los *Adjektiv; nur nach dem Substantiv, nicht als Adverb; umg;* sinnlos, keinen Erfolg versprechend: *Es ist völlig witzlos, ihn überzeugen zu wollen*

wo[1] [B1] *Adverb* **1** (*in direkten und indirekten Fragen*) verwendet, um nach einem Ort, einem Platz oder einer Stelle zu fragen: *Wo seid ihr gewesen?; Wo wohnst du?; Sie wollte wissen, wo ich herkomme* **2** verwendet als Relativpronomen, um sich auf einen Ort zu beziehen, der bereits genannt wurde oder im Kontext bekannt ist: *Das war in Wien, wo sie seit vier Jahren lebte* **3** **jetzt/nun, wo ...** ≈ nachdem, da: *Jetzt, wo ihr euch geeinigt habt, könnt ihr das Problem sicher lösen*

wo[2] [B1] *Konjunktion; umg* **1** ≈ weil: *Du sollst im Bett bleiben, wo du doch krank bist* **2** ≈ obwohl, obgleich: *Jetzt bist du mir böse, wo ich doch so nett zu dir war* || Hinweis: Der Nebensatz kommt *meist* nach dem Hauptsatz

wo·an·ders [B1] *Adverb;* an einem anderen Ort, an einer anderen Stelle

wo·an·ders·hin [B1] *Adverb;* in eine andere Richtung, an einen anderen Ort

wob *Imperfekt, 1. und 3. Person Singular;* ↑ **weben**

wo·bei *Adverb* **1** (*in direkten und indirekten Fragen* verwendet) ≈ bei was?: *Wobei ist er erwischt worden?* **2** verwendet als Einleitung eines Relativsatzes, um sich auf den Hauptsatz (oder ein Wort) zu beziehen: *Ich bin gestürzt, wobei ich mir sehr wehgetan habe*

Wo·che [A1] *die; -, -n* **1** ein Zeitraum von sieben Tagen und Nächten ⟨ seit, vor, in, nach einer Woche⟩ **2** der Zeitraum von Montag bis einschließlich Sonntag ⟨Anfang, Mitte, Ende der Woche; letzte, diese, nächste Woche⟩ || [K-] Wochenanfang, Wochenmitte || [ID] **die Woche über**; **unter/während der Woche** an den Werktagen der Woche (2) (und nicht am Wochenende)

Wo·chen·bett *das; -(e)s; nur Singular;* ein Zeitraum von 6 bis 8 Wochen nach der Geburt eines Kindes, in dem sich der Körper einer Frau wieder stark verändert ⟨im Wochenbett sein⟩

Wo·chen·en·de [A2] *das; -s, -n;* Samstag und

Am Flughafen

1 das Flugzeug
2 Hinweisschild: Gepäckausgabe
3 das Handgepäck
4 Hinweisschilder: Mietwagen, Parkplatz, Zu den Zügen, Ausgang, Taxis, Zoll, Transit, Anschlussflüge, Flugsteige A - D, Zu den Bussen
5 der Koffer
6 der Kofferkuli
7 das öffentliche Telefon
8 die Reisetasche
9 das Rollband, das Gepäckband
10 die Rolltreppe

Sonntag (die Tage, an denen viele nicht im Beruf arbeiten) ⟨übers Wochenende verreisen⟩

wo̩·chen·lang *Adjektiv; nur vor dem Substantiv oder als Adverb;* mehrere Wochen dauernd

Wo̩·chen·markt *der; -(e)s, -märk·te;* ein Markt, der jede Woche einmal stattfindet ⟨auf dem Wochenmarkt einkaufen⟩

Wo̩·chen·tag [B2] *der; -(e)s, -e* **1** einer der sieben Tage, aus denen eine Woche besteht **2** ≈ Werktag

wö̩·chent·lich [B1] *Adjektiv; nur vor dem Substantiv oder als Adverb;* in jeder Woche

Wo̩·chen·zei·tung *die; -, -en;* eine Zeitung oder Zeitschrift, die einmal pro Woche erscheint

-wö̩·chig *im Adjektiv;* die genannte Zahl von Wochen dauernd; **einwöchig, zweiwöchig, dreiwöchig** *usw*

wo·du̩rch *Adverb* **1** *(in direkten und indirekten Fragen)* ≈ durch was?: *Wodurch unterscheiden sich die beiden Vorschläge?* **2** verwendet als Einführung eines Relativsatzes, um sich auf den Hauptsatz (oder ein Wort) zu beziehen: *Sie hat unreifes Obst gegessen, wodurch sie sich den Magen verdorben hat* (= und dadurch hat sie ...)

wo·fü̩r [B1] *Adverb* **1** *(in direkten und indirekten Fragen)* ≈ für was?, zu welchem Zweck?: *Wofür brauchst du das?* **2** verwendet als Einführung eines Relativsatzes, um sich auf den Hauptsatz (oder ein Wort) zu beziehen: *Wir haben alles erreicht, wofür wir gekämpft haben*

wog *Imperfekt, 1. und 3. Person Singular;* ↑ **wiegen**

Wo·ge *die; -, -n; förmlich* **1** eine große, starke Welle (1) **2** **eine Woge** + *Genitiv* ein *(meist weitverbreitetes)* starkes Gefühl ⟨Wogen der Begeisterung, der Empörung, eine Woge des Hasses⟩ ‖ [-K] Beifallswoge ‖ [ID] **die Wogen glätten** *förmlich;* einen Streit schlichten

wo·ge·gen *Adverb* **1** *(in direkten und indirekten Fragen)* gegen was?: *Wogegen hat er protestiert?* **2** im Gegensatz (dazu): *Er wollte uns nicht helfen, wogegen sie sehr freundlich war*

wo·her [A1] [vo'heːɐ̯] *Adverb; (in direkten und indirekten Fragen)* aus welchem Ort?, aus welcher Richtung?: *Woher kommst du?; Er fragte, woher wir unseren Wein beziehen; Woher* (= von wem) *weißt du das?; Sie wollte wissen, woher ich das Buch habe*

wo·hi̩n [A1] *Adverb; (in direkten und indirekten Fragen)* in welche Richtung?: *Wohin gehst du?; Ich möchte wissen, wohin diese Straße führt* ‖ [ID] *meist* **Ich muss mal wohin** *umg;* ich muss auf die Toilette gehen

wohl¹, *wohler, am wohlsten; Adjektiv; nur nach dem Substantiv, nicht als Adverb* **1** körperlich und geistig fit und gesund oder zufrieden und glücklich: *Du bist so blass - ist dir nicht wohl?; Am wohlsten fühle ich mich zu Hause bei meiner Familie* **2** **jemandem ist nicht (ganz) wohl bei etwas** jemand hat Bedenken oder Skrupel bei etwas: *Ich werde es tun, auch wenn mir nicht ganz wohl bei der Sache ist* ‖ Hinweis: ↑ **wohlfühlen**, **wohltun**

wohl², *besser, am besten; Adverb; förmlich;* genau und sorgfältig ≈ gut: *Hast du dir das auch wohl überlegt?* ‖ Hinweis: ↑**wohl-** ‖ [ID] **wohl oder übel** ob man will oder nicht: *Die Rechnung werden wir wohl oder übel bezahlen müssen*

wohl³ *Partikel* **1** *unbetont* ≈ vermutlich, wahrscheinlich: *Sie wird wohl den Zug verpasst haben* **2** *unbetont; (bes* in Ausrufen) verwendet, um die Aussage zu verstärken: *Du bist wohl wahnsinnig!* **3** *unbetont;* verwendet, um eine Aufforderung zu verstärken oder zu drohen: *Willst du wohl deine Hausaufgaben machen!* **4** *betont;* nach Meinung des Sprechers ist etwas genau so, aber die Konsequenzen folgen nicht: *Er weiß wohl, dass er nicht recht hat, aber er gibt es nicht zu*

Wohl *das; -(e)s; nur Singular;* der Zustand, in dem man gesund und zufrieden ist ⟨das Wohl der Familie; sich um jemandes Wohl sorgen/kümmern⟩ ‖ [ID] **Zum Wohl!** ≈ Prost!

wohl- *im Adjektiv; betont;* drückt in Verbindung mit einem Partizip aus, dass etwas auf angenehme/positive Weise geschehen ist oder geschieht oder wirkt; **wohldurchdacht** ⟨ein Plan⟩, **wohlerzogen** ⟨ein Kind⟩, **wohlgemeint** ⟨ein Rat⟩, **wohlklingend** ⟨eine Stimme⟩, **wohlschmeckend** ⟨ein Gericht⟩, **wohlüberlegt** ⟨eine Antwort⟩, **wohlvorbereitet** ⟨eine Reise⟩ ‖ Hinweis: die hier genannten Adjektive können auch getrennt geschrieben werden

wohl·auf *Adverb; förmlich; nur in* **wohlauf sein** gesund sein

Wohl·be·fin·den *das; -s; nur Singular;* der Zustand, in dem man sich körperlich und seelisch gut fühlt

wohl·be·hal·ten *Adjektiv; nur nach dem Substantiv, nicht als Adverb; förmlich* ≈ gesund ⟨*meist* wohlbehalten ankommen, eintreffen, zurückkehren⟩

Wohl·er·ge·hen *das; -s; nur Singular* ≈ Wohlbefinden

wohl·füh·len, **wohl füh·len**, **sich**; *fühlte sich wohl, hat sich wohlgefühlt/wohl gefühlt* **1** **sich wohlfühlen** sich körperlich und geistig fit und gesund oder zufrieden und glücklich fühlen: *Ich möchte, dass ihr euch bei mir wohlfühlt* **2** **sich (bei etwas) nicht wohlfühlen** Bedenken oder Skrupel, ein unangenehmes Gefühl haben: *Ich fühle mich nicht wohl bei dem Gedanken, dich allein zu lassen*

wohl·ha·bend *Adjektiv; nicht als Adverb;* ⟨eine Person⟩ so, dass sie in guten finanziellen Verhältnissen lebt ≈ vermögend, begütert

woh·lig *Adjektiv;* so, dass man etwas als angenehm, wohltuend empfindet ⟨ein Gefühl, Wärme⟩

Wohl·stand *der; -(e)s; nur Singular;* ein Zustand, bei dem alles, was man zum Leben braucht, in hohem Maß vorhanden ist ⟨im Wohlstand leben⟩

Wohl·tat *die; -, -en* **1** *förmlich;* eine Tat, mit der man *bes* jemandem, der in finanzieller Not ist, hilft ⟨jemandem eine Wohltat erweisen⟩ **2** *nur Singular;* etwas, das man nach einer Anstrengung *o.Ä.* als sehr angenehm empfindet: *Eine Tasse Kaffee wäre jetzt eine Wohltat* || *zu* 1 **Wohl·tä·ter** *der; -s, -;* **Wohl·tä·te·rin** *die; -, -nen;* **wohl·tä·tig** *Adjektiv;* **Wohl·tä·tig·keit** *die; -; nur Singular*

wohl·tu·end *Adjektiv;* ⟨Ruhe, Wärme; etwas als wohltuend empfinden⟩ so, dass man sie (*bes* nach einer Anstrengung *o.Ä.*) als angenehm und erholsam empfindet

wohl·tun; *tut wohl, tat wohl, hat wohlgetan;* **etwas tut (jemandem) wohl** etwas ist angenehm oder gesund (für jemanden): *Die Pause hat (mir) wohlgetan*

wohl·ver·dient *Adjektiv; nicht als Adverb;* ⟨eine Belohnung, Strafe⟩ so, dass es allgemein als richtig oder gerecht angesehen wird, wenn jemand sie erhält: *Er geht bald in den wohlverdienten Ruhestand*

wohl·weis·lich *Adverb;* aus gutem Grund ⟨wohlweislich schweigen, nichts sagen⟩

Wohl·wol·len *das; -s; nur Singular;* eine Einstellung zu jemandem/etwas, die positiv, freundlich ist und guten Willen zeigt ⟨jemandem/etwas Wohlwollen entgegenbringen⟩ || *hierzu* **wohl·wol·lend** *Adjektiv*

Wohn·block *der; -(e)s, -s/-blö·cke;* ein großes Gebäude mit mehreren Stockwerken, in dem viele Wohnungen sind

woh·nen [A1] *wohnte, hat gewohnt* **1** **irgendwo wohnen** an einem Ort oder in einem bestimmten Gebäude längere Zeit leben ⟨in der Stadt wohnen⟩: *Ich wohne in der Goethestraße 5* || [K-] Wohngebäude, Wohngegend, Wohnhaus, Wohnort, Wohnviertel, Wohnwagen **2** **irgendwo wohnen** ≈ übernachten: *Wenn ich in Hamburg bin, wohne ich immer im selben Hotel* **3** **zur Miete wohnen** in einem Haus, einer Wohnung wohnen und dafür Miete bezahlen

Wohn·ge·mein·schaft [B2] *die; -, -en;* Personen, die in einer Wohnung zusammenleben und einen Haushalt führen (aber keine Familie sind); *Abkürzung* WG

Wohn·kü·che *die; -, -n;* ein Zimmer, das Wohnzimmer und Küche zugleich ist

Wohn·la·ge *die; -, -n;* die Gegend, in der man wohnt ⟨eine gute, teure Wohnlage; ein Haus in bester Wohnlage⟩

wohn·lich *Adjektiv;* ⟨ein Zimmer *o.Ä.*⟩ so eingerichtet, dass man gern darin wohnt

Wohn·mo·bil *das; -s, -e;* eine Art großes Auto mit Betten *usw*, sodass man damit reisen und darin auch übernachten kann

Wohn·sitz *der; -es, -e; Verwaltung* **1** jemandes Wohnort (und volle Adresse) **2** **ohne festen Wohnsitz** ohne Wohnung (und deshalb ohne feste Adresse)

Woh·nung [A1] *die; -, -en; meist* mehrere Zimmer in einem Haus, die eine Einheit bilden und in denen jemand lebt ⟨eine Wohnung mieten, beziehen; aus einer Wohnung ausziehen⟩ || [K-] Wohnungsbau, Wohnungstür || [-K] Zweizimmerwohnung; Eigentumswohnung, Mietwohnung

Wohn·wa·gen *der; -s, -;* eine Art großer Anhänger, in dem man (auf Reisen) wohnt und der von einem Auto gezogen wird

Wohn·zim·mer [A2] *das; -s, -;* der Raum in einer Wohnung, in dem man vor allem zur Unterhaltung und Entspannung ist || ↑ Illustration **Im Wohnzimmer**

Wöl·bung *die; -, -en;* ein Teil *meist* eines Gebäudes, der die Form eines Bogens hat ⟨die Wölbung einer Kuppel, einer Decke, eines Torbogens⟩

Wolf *der; -(e)s, Wöl·fe;* ein Raubtier mit *meist* grauem Fell und spitzer Schnauze, das mit dem Hund verwandt ist ⟨ein Rudel Wölfe⟩ || [ID] **ein Wolf im Schafspelz** jemand, der einen harmlosen Eindruck macht, aber trotzdem böse oder gefährlich ist; **hungrig wie ein Wolf** sehr hungrig; **mit den Wölfen heulen** *umg;* (aus Feigheit) das tun, was die anderen auch tun || *hierzu* **Wöl·fin** *die; -, -nen;* **wöl·fisch** *Adjektiv*

Wol·ke A2 *die; -, -n* **1** eine große (*meist* weiße oder graue) Menge von sehr kleinen Wassertropfen, die hoch in der Luft schweben ⟨Wolken am Himmel⟩ || K- Wolkenbildung, Wolkenwand; wolkenfrei, wolkenlos || -K Gewitterwolke **2** eine Menge kleiner Teilchen von etwas, die in der Luft schwebt oder sich in einer Flüssigkeit ausbreitet || -K Duftwolke, Rauchwolke || ID **aus allen Wolken fallen** *umg;* wegen einer unerwarteten Nachricht sehr überrascht sein; **über den Wolken schweben** die Dinge nicht realistisch sehen

Wol·ken·bruch *der; -(e)s, -brü·che;* ein kurzer, sehr kräftiger Regenguss

wol·kig *Adjektiv; nicht als Adverb;* mit Wolken ⟨der Himmel⟩

Wol·le B1 *die; -, -n* **1** *nur Singular;* die geschnittenen dicken Haare *meist* des Schafes || -K Schafwolle **2** die langen Fäden aus Wolle, die man beim Stricken, Weben *o.Ä.* verwendet ⟨ein Knäuel Wolle⟩: *einen Pullover aus Wolle stricken* || K- Wollfaden || -K Strickwolle **3** ein Gewebe, das aus Wolle (2) hergestellt wurde ⟨reine Wolle⟩ || K- Wolldecke || ID **sich mit jemandem in die Wolle kriegen** *umg;* mit jemandem streiten || *zu 3* **wol·le·n-** *Adjektiv*

wol·len¹ A1 *will, wollte, hat wollen; Modalverb* **1** *Infinitiv +* **wollen** die Absicht oder den Wunsch haben, etwas zu tun: *Wir wollten in den Ferien ans Meer fahren* **2** **jemand will etwas haben/werden** jemand möchte etwas haben/werden: *Meine Tochter will einen Hund haben; Sie will Ärztin werden* **3** **wir wollen** *+ Infinitiv* verwendet, als Aufforderung an eine Gruppe, etwas zu tun: *Wir wollen nun auf sein Wohl trinken* **4** **ich wollte (nur)** *+ Infinitiv* verwendet in einer höflichen Bitte oder Frage: *Ich wollte Sie (nur) bitten, mir ein Zeugnis zu geben* **5** **wollen Sie (bitte)** *+ Infinitiv* verwendet als höfliche Aufforderung: *Wollen Sie bitte Platz nehmen!* **6** **jemand will (etwas)** *+ Partizip Perfekt +* **haben** die genannte Behauptung ist wahrscheinlich nicht richtig: *Trotz der Dunkelheit will er die Autonummer erkannt haben* **7** **etwas will nicht** *+ Infinitiv* etwas funktioniert oder geschieht nicht so, wie man es sich wünscht: *Das Fenster will einfach nicht zugehen* **8** **etwas will** *+ Partizip Perfekt +* **sein** etwas geht nicht ohne Schwierigkeiten: *Das Geld dafür will erst einmal verdient sein*

wol·len² A1 *will, wollte, hat gewollt* **1** **etwas wollen** den Wunsch haben oder äußern, etwas zu bekommen: *Willst du auch etwas davon?; Was hat er gewollt?* **2** **wollen, dass ...** verlangen oder den Wunsch äußern, dass etwas gemacht werde: *Ich will, dass man mich nicht mehr stört* **3** **etwas will etwas** etwas braucht etwas: *Kakteen wollen wenig Wasser* **4** **irgendwohin wollen** irgendwohin gehen, fahren wollen: *Ich will jetzt nach Hause* **5** **etwas will nicht mehr so (recht)** etwas funktioniert nicht mehr ganz richtig ⟨die Augen, das Herz; ein Apparat⟩ || ID **Da ist nichts mehr zu wollen** daran kann man nichts mehr ändern

wol·lig *Adjektiv* **1** aus Wolle bestehend ⟨ein Pullover⟩ **2** ⟨ein Fell, Haar⟩ so, dass sie sich wie weiche Wolle anfühlen

wo·mit *Adverb* **1** (*in direkten und indirekten Fragen verwendet*) ≈ mit was?: *Womit hast du deinen Husten geheilt?* **2** verwendet als Einleitung eines Relativsatzes, um sich auf den Hauptsatz (oder ein Wort) zu beziehen: *Er ist nicht gekommen, womit zu rechnen war*

wo·mög·lich *Adverb;* vielleicht, möglicherweise: *Das war womöglich ein Irrtum*

wo·nach *Adverb* **1** (*in direkten und indirekten Fragen verwendet*) ≈ nach was?: *Wonach suchst du?* **2** verwendet als Einleitung eines Relativsatzes, um sich auf den Hauptsatz (oder ein Wort) zu beziehen: *eine neue Vorschrift, wonach wir länger arbeiten müssen*

Won·ne *die; -, -n;* ein Zustand, in dem man sehr glücklich und zufrieden ist || K- Wonnegefühl

wo·ran *Adverb* **1** (*in direkten und indirekten Fragen*) ≈ an was?: *Woran denkst du? Woran erkennst du das?* **2** verwendet als Einleitung eines Relativsatzes, um sich auf den Hauptsatz (oder ein Wort) zu beziehen: *Das war etwas, woran noch keiner gedacht hatte*

wo·rauf *Adverb* **1** (*in direkten und indirekten Fragen*) ≈ auf was?: *Worauf warten wir denn noch?* **2** verwendet als Einleitung eines Relativsatzes, um sich auf den Hauptsatz (oder ein Wort) zu beziehen: *Das ist genau das, worauf ich gehofft habe*

wo·raus *Adverb* **1** (*in direkten und indirekten Fragen*) ≈ aus was?: *Woraus besteht Plastik?* **2** verwendet als Einleitung eines Relativsatzes, um sich auf den Hauptsatz (oder ein Wort) zu beziehen: *Sie sagte nichts, woraus wir geschlossen haben; dass sie einverstanden sei*

wo·rin *Adverb* **1** (*in direkten und indirekten Fragen*) ≈ in was?: *Worin besteht da der Unterschied?* **2** verwendet als Einleitung eines Relativsatzes, um sich auf den Hauptsatz (oder ein Wort) zu beziehen: *Das ist der Punkt, worin sich die beiden Pläne unterscheiden*

Wort A1 *das; -(e)s, Wor·te/Wör·ter* **1** (*Plural Wörter*)

W

ein Bestandteil der Sprache, der eine Bedeutung und eine lautliche *bzw* grafische Form hat (und beim Schreiben durch Zwischenräume von anderen Wörtern getrennt ist): *ein langer Satz mit über dreißig Wörtern* || K- Wortart, Wortbedeutung, Wortbetonung, Wortform, Wortstellung, Wortteil **2** (*Plural Worte*) eine schriftliche oder mündliche Äußerung ≈ Bemerkung ⟨ein freundliches Wort; Worte der Dankbarkeit; nach Worten suchen⟩ **3** (*Plural Worte*) ≈ Zitat ⟨ein Wort Goethes⟩ **4** *nur Singular* ≈ Versprechen ⟨sein Wort geben, halten, brechen⟩ || -K Ehrenwort **5** **ein geflügeltes Wort** ein bekanntes Zitat **6** **das Wort Gottes** ≈ die Bibel || ID **jedes Wort auf die Goldwaage legen** **a** jemandes Worte sehr genau nehmen; **b** sehr sorgfältig überlegen, bevor man etwas sagt; **Dein Wort in Gottes Ohr!** verwendet, wenn man hofft, dass das, was ein anderer gerade gesagt hat, auch Wirklichkeit wird; **für jemanden ein gutes Wort einlegen** jemandem helfen, indem man anderen etwas Gutes über ihn sagt; *meist* **jemand will/muss (immer) das letzte Wort haben** jemand will (immer) unbedingt zeigen, dass er recht hat; **Das letzte Wort ist noch nicht gesprochen** etwas ist noch nicht endgültig entschieden; **jemandem das Wort abschneiden** jemanden unterbrechen; **jemandem das Wort erteilen** (in einer Diskussion) jemanden zu einem Thema sprechen lassen; **jemandem ins Wort fallen** jemanden unterbrechen; *meist* **ein Wort gab das andere** es kam zu einem Streit; *meist* **aufs Wort gehorchen** ohne Zögern gehorchen; **jemand hat das Wort** jemand ist in einer Diskussion an der Reihe zu sprechen; **zu Wort kommen** reden dürfen: *Du lässt mich überhaupt nicht zu Wort kommen!*; **sich zu Wort melden** in einer Diskussion deutlich machen, dass man etwas sagen möchte; **jemanden beim Wort nehmen** sich darauf verlassen, was jemand sagt oder verspricht und entsprechend handeln; *meist* **kein Wort über etwas** (*Akkusativ*) **verlieren** etwas überhaupt nicht erwähnen; **in Worten** nicht in Ziffern geschrieben: *25, in Worten fünfundzwanzig*; **mit 'einem Wort** kurz gesagt, zusammenfassend

▶ Worte / Wörter

Es gibt zwei Pluralformen von **Wort**.

Wörter verwendet man, wenn man die einzelnen Teile eines Satzes meint, zwischen denen man beim Schreiben Zwischenräume lässt und die für sich allein eine Bedeutung haben:

Der Aufsatz soll aus ungefähr 300 Wörtern bestehen.
Unsere Tochter spricht noch keine Sätze, nur einzelne Wörter.
Es gibt mehrere schwedische Wörter für „Großmutter".

Worte verwendet man, wenn damit eine Äußerung gemeint ist, die jemand gemacht hat:

Sie fasste ihre Empörung in deutliche Worte.
Der Pfarrer sprach am Grab tröstende Worte.
Er macht nicht viele Worte (= spricht wenig), aber er hilft gern.

WORTSCHATZ

Wort·art *die; -, -en;* die grammatische Kategorie eines Wortes: *Substantiv, Verb und Adjektiv sind die wichtigsten Wortarten*

▶ Wortarten

das Adjektiv (das Eigenschaftswort):
ein **großes** Auto
die Aussicht ist **schön**

das Adverb (das Umstandswort):
Gestern hat es **stark** geregnet.

der Artikel (der Begleiter):
der Stuhl, **eine** Tasse

die Konjunktion (das Bindewort):
Alexander **und** Marion
Er hat angerufen, **weil** er nicht kommen kann.

die Präposition (das Verhältniswort):
aus Glas, **für** die Kinder

das Pronomen (das Fürwort):
Sie geht noch zur Schule.
meine Schlüssel
Was hat er dir gegeben?

das Substantiv (das Hauptwort):
das **Haus**, der **Teller**

das Verb (das Zeitwort):
gehen, sprechen

SPRACHE LERNEN

Wört·chen *das; -s, -; meist in* **ein Wörtchen mitzureden haben** *umg;* an einer Entscheidung mitwirken; *meist* **Mit 'dir habe ich noch ein Wörtchen zu reden** *umg;* ich muss dir zu etwas deutlich meine Meinung sagen

Wör·ter·buch A2 *das; -(e)s, -bü·cher;* ein Buch, in dem die Wörter alphabetisch aufgeführt und erklärt oder übersetzt sind ⟨ein einsprachiges, zweisprachiges, deutsch-italienisches, medizinisches Wörterbuch; etwas in einem Wörterbuch nachschlagen⟩ || Hinweis: Ein Wörterbuch beschreibt die *Sprache*, ein Lexikon die *Dinge* und *Sachverhalte*

wort·ge·wandt *Adjektiv;* ⟨ein Redner, ein Schriftsteller⟩ so, dass sie gut und überzeugend sprechen oder schreiben

wort·karg *Adjektiv;* ⟨ein Mensch⟩ so, dass er wenig spricht

Wort·laut *der; -(e)s, -e;* der wörtliche Text ⟨der genaue Wortlaut eines Briefes, einer Rede⟩

wört·lich *Adjektiv;* genauso wie der ursprüngliche Text ⟨etwas wörtlich zitieren⟩ || ID **etwas (allzu) wörtlich nehmen** etwas zu genau nehmen

wort·los *Adjektiv;* ohne Worte, schweigend

Wort·mel·dung *die; -, -en;* die Bitte (*meist* durch Heben der Hand) bei einer Versammlung, etwas sagen zu dürfen ⟨eine Wortmeldung liegt vor; eine Wortmeldung zurückziehen⟩

Wort·schatz *der; -(e)s, -schät·ze; meist Singular* **1** alle Wörter einer Sprache oder Fachsprache || -K Fachwortschatz **2** **aktiver Wortschatz** alle Wörter, die jemand zum Sprechen benutzt **3** **passiver Wortschatz** alle Wörter, die jemand in ihrer Bedeutung kennt (aber nicht selbst benutzt)

Wort·spiel *das; -(e)s, -e;* die witzige, spielerische Verwendung eines Wortes oder von Wörtern, bei der der Witz *meist* dadurch entsteht, dass mehrere Bedeutungen möglich sind

Wort·stel·lung *die; -; nur Singular;* die Reihenfolge der Wörter im Satz

wort·wört·lich *Adjektiv; ohne Steigerung;* verwendet, um *wörtlich* zu verstärken

wo·rü·ber *Adverb* **1** (*in direkten und indirekten Fragen*) ≈ über was?: *Worüber habt ihr gesprochen?* **2** verwendet als Einleitung eines Relativsatzes, um sich auf den Hauptsatz (oder ein Wort) zu beziehen: *Er braucht nicht zu wissen, worüber wir geredet haben*

wo·rum *Adverb* **1** (*in direkten und indirekten Fragen*) ≈ um was?: *Worum geht es denn?* **2** verwendet als Einleitung eines Relativsatzes, um sich auf den Hauptsatz (oder ein Wort) zu beziehen: *Ich erkläre dir jetzt, worum es sich handelt*

wo·von *Adverb* **1** (*in direkten und indirekten Fragen*) ≈ von was?: *Wovon handelt die Geschichte?* **2** verwendet als Einleitung eines Relativsatzes, um sich auf den Hauptsatz (oder ein Wort) zu beziehen: *Ich weiß nicht, wovon du sprichst*

W

wo·zu B1 *Adverb* **1** (*in direkten und indirekten Fragen*) ≈ zu was?, zu welchem Zweck?: *Wozu soll das gut sein?* **2** verwendet als Einleitung eines Relativsatzes, um sich auf den Hauptsatz (oder ein Wort) zu beziehen: *Ich werde dir sagen, wozu das nötig ist*

Wrack [vrak] *das; -s, -s* **1** ein stark beschädigtes Schiff, Flugzeug oder Auto, das nicht mehr zu verwenden ist || -K Schiffswrack **2** **ein (menschliches) Wrack** jemand, der wegen einer Krankheit oder einer Sucht keine Kraft mehr hat

Wu·cher *der; -s; nur Singular;* die Forderung eines sehr hohen (ungesetzlichen) Preises, Mietpreises oder Zinses (den der andere zahlen muss, weil er keine Wahl hat) ⟨Wucher treiben⟩: *Wenn es nicht genug Wohnungen gibt, wird mit der Miete oft Wucher getrieben* || K- Wucherpreis, Wucherzins || -K Mietwucher, Preiswucher, Zinswucher || *hierzu* **Wu·che·rer** *der; -s, -;* **Wu·che·rin** *die; -, -nen;* **wu·che·risch** *Adjektiv*

wu·chern; *wucherte, hat/ist gewuchert* **1** **etwas wuchert** (*hat/ist*) etwas wächst sehr stark und unkontrolliert (und verdrängt oder gefährdet so anderes) ⟨Unkraut, ein Geschwür, ein Tumor⟩ **2** **(mit etwas) wuchern** (*hat*) Wucher treiben || *zu* 1 **Wu·che·rung** *die; -, -en*

wuchs [vu:ks] *Imperfekt, 1. und 3. Person Singular;* ↑ **wachsen**

Wuchs [vu:ks] *der; -es; nur Singular* **1** das Wachsen[1] (1,2) **2** ≈ Gestalt, Erscheinung ⟨von schlankem, zartem, kräftigem Wuchs sein⟩

Wucht [vʊxt] *die; -; nur Singular;* die Kraft bei einem starken Schlag, Wurf, Stoß *usw* ⟨mit voller Wucht⟩ || ID **etwas ist eine Wucht** *umg;* etwas ist großartig, toll || *hierzu* **wuch·tig** *Adjektiv*

wüh·len; *wühlte, hat gewühlt* **1** **jemand/ein Tier wühlt in etwas** (*Dativ*) jemand/ein Tier gräbt mit den Händen/Pfoten in der Erde **2** **irgendwo (nach etwas) wühlen** in einer Menge von Gegenständen etwas suchen und dabei Unordnung machen **3** **sich durch etwas wühlen** etwas mit großer Anstrengung leisten ⟨sich durch Bücher wühlen⟩

wund, *wunder, wundest-; Adjektiv; nicht als Adverb;* ⟨Füße, Knie *o.Ä.*⟩ so, dass sie durch Reibung an der Haut verletzt oder entzündet sind

Wun·de B1 *die; -, -n;* eine Verletzung der Haut (oder auch tiefer) ⟨eine offene, tiefe Wunde; die Wunde blutet, heilt; eine Wunde behandeln; eine Wunde am Kopf⟩ || K- Wundbehandlung || -K Brandwunde, Schnittwunde; Kopfwunde

Wụn·der *das; -s, -;* **1** ein Ereignis, bei dem man glaubt, dass göttliche oder übernatürliche Kräfte beteiligt sind ⟨an Wunder glauben⟩ || K- Wunderheilung **2** ein Ereignis, das zu einem glücklichen Ende führt (das nicht zu erwarten war): *Es war ein Wunder, dass sie diese Krankheit überlebt hat* **3** ein außergewöhnliches Werk, Produkt ⟨ein Wunder der Technik, der Natur⟩ || K- Wundermittel, Wunderwaffe || ID **etwas wirkt (wahre) Wunder** etwas hat eine sehr gute Wirkung; **Er meint, 'Wunder was/wer er ist** *umg abwertend;* er glaubt, dass er besser sei als die anderen, obwohl das nicht stimmt; **es ist kein Wunder, dass ...** es überrascht nicht, dass ...; **Kein Wunder!** *umg;* das ist keine Überraschung

wụn·der·bar B2 *Adjektiv* **1** wie bei einem Wunder: *Auf wunderbare Weise wurde er wieder gesund* **2** herrlich, großartig: *ein wunderbarer Tag* **3** *nur als Adverb; umg;* verwendet, um Adjektive zu verstärken: *ein wunderbar erfrischendes Getränk*

Wụn·der·ker·ze *die; -, -n;* ein Draht, der mit einer besonderen Masse umgeben ist, die brennt und kalte Funken gibt

Wụn·der·kind *das; -(e)s, -er;* ein Kind, das sehr früh außergewöhnliche Fähigkeiten zeigt: *Mozart war ein Wunderkind*

wụn·der·lich *Adjektiv;* sonderbar, seltsam ⟨eine Idee; ein Mensch⟩

wụn·dern; *wunderte, hat gewundert* **1** **etwas wundert jemanden** etwas erstaunt, überrascht jemanden sehr: *Sein gutes Zeugnis wunderte seine Eltern sehr; Es wundert mich, dass noch kein Brief gekommen ist* **2** **sich (über jemanden/etwas) wundern** über jemanden/etwas sehr erstaunt, überrascht sein: *Ich wundere mich über seine Kochkünste; Er wunderte sich, dass alles so gut klappte* || ID *meist* **Er/Sie wird sich noch wundern** er/sie wird noch etwas Unangenehmes erleben

wụn·der·voll *Adjektiv* ≈ wunderbar (2,3)

Wụnd·fie·ber *das; -s; nur Singular; Medizin;* ein Fieber, das nach der Infektion einer Wunde auftritt

wụnd·scheu·ern *(hat)* ↑ **scheuern** (2)

Wụnsch A2 *der; -(e)s, Wün·sche* **1** **der Wunsch (nach etwas)** etwas, was jemand gerne haben möchte ⟨ein dringender, jemandes größter Wunsch; einen Wunsch haben; jemandem einen Wunsch erfüllen⟩: *der Wunsch nach Frieden; Mein einziger Wunsch ist ein schöner Urlaub* || K- Wunschkind, Wunschkonzert, Wunschtraum **2** *meist Plural* ≈ Glückwunsch: *Die besten Wünsche zum Geburtstag; Alle guten Wünsche für die Zukunft!* **3** **etwas verläuft nach Wunsch** etwas verläuft so, wie man es sich vorgestellt hat **4** **auf Wunsch** wenn man es so will: *Auf Wunsch liefern wir ins Haus*

Wụnsch·den·ken *das; -s; nur Singular;* eine Denkweise, die von (unerfüllbaren) Träumen und Idealvorstellungen geprägt ist: *Das ist reines Wunschdenken!*

wụ̈n·schen; *wünschte, hat gewünscht* **1** **sich** *(Dativ)* **etwas (von jemandem) (zu etwas) wünschen** den Wunsch haben (und aussprechen), dass man etwas haben möchte: *sich von den Eltern ein Buch zum Geburtstag wünschen* **2** **jemandem etwas wünschen (zu etwas)** sagen, dass man sich freuen würde, wenn jemand etwas erleben würde: *Ich wünsche ihr, dass sie es schafft; jemandem alles Gute zum Geburtstag wünschen* **3** **etwas wünschen** *förmlich* ≈ verlangen: *Sie wünscht, nicht gestört zu werden; Ich wünsche, dass dies sofort geändert wird!* || ID **etwas lässt zu wünschen übrig** etwas ist nicht gut (gemacht); **Was wünschen Sie?/Sie wünschen?** verwendet als Frage des Verkäufers an einen Kunden; **Ich wünschte, ...** es wäre sehr schön, wenn das möglich wäre: *Ich wünschte, du müsstest nicht so viel arbeiten*

wụ̈n·schens·wert *Adjektiv;* so, dass man sich darüber freuen würde, wenn es einträte, realisiert würde *o.Ä.*

wụnsch·los *Adjektiv; meist in* **wunschlos glücklich sein** zufrieden sein mit dem, was man hat

Wụnsch·zet·tel *der; -s, -;* ein Blatt Papier, auf das ein Kind schreibt, was es sich zu Weihnachten wünscht || ID **etwas steht auf jemandes Wunschzettel** jemand möchte etwas haben

wụr·de *Imperfekt, 1. und 3. Person Singular;* ↑ **werden**

wụ̈r·de *Konjunktiv, 1. und 3. Person Singular;* ↑ **werden**

Wụ̈r·de *die; -, -n* **1** *nur Singular;* die Rechte, die jeder Mensch nach demokratischer Auffassung hat ⟨jemandes Würde achten, verletzen⟩: *Die Würde des Menschen gilt als unantastbar* || -K Menschenwürde **2** der große Eindruck, den eine starke Persönlichkeit macht || K- würdelos, würdevoll **3** ein Amt oder Titel[1] mit hohem Ansehen ⟨die Würde eines Bischofs⟩ || ID **etwas ist unter jemandes Würde** jemand tut etwas nicht, weil er sonst die Achtung vor sich selbst verlieren würde

Wụ̈r·den·trä·ger *der; -s, -;* eine Person, die

ein hohes, ehrenvolles Amt hat: *geistliche und weltliche Würdenträger* || *hierzu* **Wụ̈r·den·trä·ge·rin** *die; -, -nen*

wụ̈r·dig *Adjektiv* **1** mit Ernst und der Feierlichkeit, die bei einem bestimmten Anlass nötig ist **2** mit Würde (2) **3** ⟨ein Gegner, Nachfolger⟩ so, dass sie die gleiche Kraft oder Qualität wie die Vergleichsperson haben **4** **jemandes/etwas würdig sein** etwas zu Recht bekommen ≈ etwas verdienen ⟨jemandes Vertrauen, Freundschaft würdig sein; einer Ehre, eines Amtes würdig sein⟩

-wür·dig *im Adjektiv* **1** drückt aus, dass die betroffene Person/Sache es verdienen würde, wenn etwas gemacht würde; **erhaltungswürdig** ⟨ein Gebäude⟩, **förderungswürdig** ⟨ein Projekt, ein Student⟩, **verehrungswürdig** ⟨eine Persönlichkeit⟩ **2** drückt aus, dass das im ersten Wortteil Genannte berechtigt ist; **kritikwürdig** ⟨jemandes Auftreten, jemandes Verhalten⟩, **verabscheuungswürdig** ⟨ein Verbrechen⟩

wụ̈r·di·gen; *würdigte, hat gewürdigt*; **jemanden/etwas würdigen** jemanden/etwas anerkennen und loben ⟨jemandes Leistungen, Verdienste würdigen; einen Künstler, einen Wissenschaftler würdigen⟩ || *hierzu* **Wụ̈r·di·gung** *die; -, -en*

Wụrf[1] *der; -(e)s, Wür·fe* **1** die Tätigkeit (der Vorgang oder das Ergebnis) des Werfens ⟨ein kurzer, weiter Wurf⟩: *ein Wurf von über 80 m* **2** die Tätigkeit (und das Ergebnis) des Würfelns

Wụrf[2] *der; -(e)s, Wür·fe; meist Singular;* (bei bestimmten Säugetieren) die jungen Tiere, die das Muttertier auf einmal zur Welt gebracht hat ⟨ein Wurf Katzen, Hunde, Ferkel⟩

Wụ̈r·fel *der; -s, -;* **1** *Geometrie;* ein Körper mit sechs quadratischen Seiten || ↑ Illustration **Farben und Formen** **2** ein kleiner Würfel (1), der zum Spielen verwendet wird, mit ein bis sechs Punkten auf den Flächen ⟨der Würfel zeigt eine Sechs⟩ **3** etwas von der (ungefähren) Form eines Würfels (1) ⟨Zwiebeln in Würfel schneiden⟩ || [K-] Würfelzucker || [ID] **Die Würfel sind gefallen** etwas ist endgültig entschieden

wụ̈r·feln; *würfelte, hat gewürfelt* **1** **(um etwas) würfeln** ein Spiel mit Würfeln (2) machen || [K-] Würfelspiel **2** **etwas würfeln** beim Würfeln ein bestimmtes Ergebnis erzielen ⟨eine Sechs würfeln⟩ **3** **etwas würfeln** etwas in Würfel (3) schneiden ⟨Zwiebeln würfeln⟩

wụ̈r·gen; *würgte, hat gewürgt* **1** **jemanden würgen** versuchen, jemanden zu töten, indem man ihm die Kehle zusammendrückt **2** **(an etwas** *(Dativ)*) **würgen** etwas nur schwer hinunterschlucken können, weil es zäh ist oder zum Erbrechen führen könnte

Wụrm *der; -(e)s, Wür·mer;* ein relativ kleines Tier, das kein Skelett und keine Glieder hat und sich kriechend fortbewegt || [ID] *meist* **Da ist/sitzt der Wurm drin** *umg;* da ist etwas nicht in Ordnung, da stimmt etwas nicht

wụr·men; *wurmte, hat gewurmt; umg* **etwas wurmt jemanden** etwas ärgert jemanden: *Die schlechte Note hat ihn sehr gewurmt* || Hinweis: kein Passiv!

wụr·mig *Adjektiv;* von Würmern befallen ⟨Äpfel, Himbeeren⟩

Wụrst [B1] *die; -, Würs·te;* eine Masse aus Fleisch und Gewürzen, die in eine Haut gefüllt sind und gekocht oder geräuchert werden ⟨ein Brot mit Wurst belegen⟩ || [K-] Wurstbrot || [-K] Schnittwurst, Streichwurst || [ID] *meist* **Jetzt gehts um die Wurst** jetzt wird sich eine Sache entscheiden; **jemand/etwas ist jemandem Wurst/Wurscht** *umg;* jemand/etwas ist jemandem gleichgültig

Wụ̈rst·chen [B1] *das; -s, -;* eine kleine Wurst (1), die *meist* paarweise verkauft und warm gegessen wird: *Frankfurter/Wiener Würstchen* || [K-] Würstchenbude, Würstchenstand || [-K] Bratwürstchen

Wụr·zel [B2] *die; -, -n* **1** der Teil einer Pflanze, der in der Erde ist und die Pflanze hält und ernährt || [-K] Baumwurzel **2** der Teil eines Haares, Zahnes, der sich in der Haut, im Fleisch befindet || [-K] Haarwurzel, Zahnwurzel **3** *meist* **die Wurzel allen Übels** die Ursache *meist* einer Reihe von Problemen **4** die mathematische Größe, die mit dem Zeichen √ dargestellt wird ⟨die Wurzel ziehen⟩: *Die Wurzel aus 9 ist 3* ($\sqrt{9} = 3$) || [K-] Wurzelrechnung, Wurzelzeichen || [-K] Quadratwurzel || [ID] *meist* **das Übel an der Wurzel packen** versuchen, den Ursprung eines Problems zu beseitigen

wụr·zeln; *wurzelte, hat gewurzelt* **1** **eine Pflanze wurzelt irgendwie/irgendwo** eine Pflanze ist durch die Wurzeln (1) mit dem Boden, der Erde fest verbunden ⟨eine Pflanze wurzelt tief, flach; eine Pflanze wurzelt im Boden⟩ **2** *meist* **etwas wurzelt tief in jemandem** ein Gefühl, eine Einstellung *o.Ä.* ist in jemandem sehr stark vorhanden ⟨das Misstrauen, Vorurteile⟩ **3** **etwas wurzelt in etwas** *(Dativ)* etwas hat in etwas den Ursprung

wụ̈r·zen; *würzte, hat gewürzt;* **(etwas) (mit etwas) würzen** den Geschmack einer Speise oder eines Getränks durch Gewürze verbessern oder verstärken ⟨etwas scharf würzen⟩: *eine Soße mit Kräutern würzen*

wür·zig *Adjektiv;* mit kräftigem Geschmack oder Geruch: *Die Suppe schmeckt sehr würzig*

wusch *Imperfekt, 1. und 3. Person Singular;* ↑ **waschen**

wuss·te *Imperfekt, 1. und 3. Person Singular;* ↑ **wissen**

wüss·te *Konjunktiv II, 1. und 3. Person Singular;* ↑ **wissen**

Wust *der; -(e)s; nur Singular; abwertend;* eine wirre, ungeordnete Menge von etwas ⟨ein Wust an Papier, von Notizen, Gedanken, Zahlen; in einem Wust von etwas ersticken⟩

wüst, *wüster, wüstest-; Adjektiv* **1** *nicht als Adverb;* ⟨eine Gegend, ein Land⟩ so, dass Menschen dort nicht wohnen oder siedeln können **2** sehr unordentlich **3** wild und schlimm ⟨eine Drohung, ein Lärm⟩

Wüs·te B2 *die; -, -n;* eine sehr große Fläche, in der es große Trockenheit und *meist* viel Sand gibt und daher nur wenig Pflanzen: *die Wüste Sahara* || K- Wüstenklima

Wut *die; -; nur Singular;* **Wut (auf/über jemanden/etwas)** ein sehr heftiges Gefühl von Ärger und Zorn, bei dem man *meist* sehr laut wird ⟨voll(er) Wut; in Wut geraten⟩ || K- Wutanfall, Wutausbruch, Wutgeheul

wü·ten; *wütete, hat gewütet* **1 jemand wütet** jemand wendet (vor Wut) Gewalt an, verursacht Zerstörung **2 etwas wütet** etwas verursacht Zerstörung ⟨ein Sturm, ein Unwetter, eine Krankheit⟩

wü·tend *Adjektiv* **1 wütend (auf jemanden/etwas)** voller Wut gegenüber jemandem/etwas: *Ist sie immer noch wütend auf mich?* **2 wütend über etwas** *(Akkusativ)* voller Wut wegen eines Vorfalls **3** *nur vor dem Substantiv, nicht als Adverb;* sehr stark, heftig ⟨Schmerzen; ein Sturm⟩

wut·ent·brannt *Adjektiv;* sehr zornig, äußerst wütend ⟨sich wutentbrannt auf jemanden stürzen, wutentbrannt auf jemanden losgehen⟩

-wü·tig *im Adjektiv;* von allzu großer Lust oder Leidenschaft erfüllt, das Genannte zu tun; **arbeitswütig, kaufwütig, schießwütig, schreibwütig, tanzwütig**

X

X, x [ɪks] *das; -, -;* **1** der vierundzwanzigste Buchstabe des Alphabets **2** *großgeschrieben;* verwendet an der Stelle eines (nicht bekannten) Namens: *das Land X, Frau X* **3** *kleingeschrieben; umg* ≈ viele: *Ich warte schon seit x Stunden!*

x-Ach·se ['ɪks-] *die; -, -n; Mathematik;* die waagerechte Achse in einem Koordinatensystem

X-Bei·ne ['ɪks-] *die; Plural;* Beine, deren Unterschenkel nach außen zeigen, wenn sich die Knie berühren ↔ O-Beine || *hierzu* **x-bei·nig** *Adjektiv*

x-be·lie·big ['ɪks-] *Adjektiv; meist vor dem Substantiv; umg;* egal, wer oder welche(r, -s) ≈ irgendein: *eine x-beliebige Zahl nennen*

x-fach ['ɪks-] *Adjektiv; meist als Adverb; umg;* viele Male ≈ tausendfach: *x-fach erprobt, überprüft*

x-fa·che ['ɪks-] *das; -n; nur Singular; umg;* eine um viele Male größere Anzahl, Menge: *Heute zahlt man dafür das x-fache von damals*

x-mal ['ɪks-] *Adverb; umg;* viele Male: *Den Film habe ich schon x-mal gesehen; Ich habe dir schon x-mal gesagt, dass du damit aufhören sollst!*

x-t- ['ɪkst-] *Zahladjektiv; nur vor dem Substantiv, nicht als Adverb; umg* **1** verwendet, um eine große, unbestimmte (Ordnungs)Zahl zu bezeichnen: *Sie liest jetzt schon das x-te Buch von Simenon* **2 beim/zum x-ten Mal** schon sehr oft und jetzt wieder: *Sie ist zum x-ten Mal zu spät gekommen*

Xy·lo·fon, Xy·lo·phon [-f-] *das; -s, -e;* ein Musikinstrument aus einer mehreren Reihen verschieden großer, flacher Holzstäbe, die mit zwei Stäben angeschlagen werden

Y

Y, y ['ʏpsilɔn] *das; -, -/umg auch -s;* der fünfundzwanzigste Buchstabe des Alphabets

y-Ach·se ['ʏpsilɔn-] *die; -, -n; Mathematik;* die senkrechte Achse in einem Koordinatensystem

Yacht [j-] *die* ↑ **Jacht**

Yo·ga [j-] *das, der; -(s); nur Singular* **1** eine indische Philosophie, die lehrt, wie man durch Meditation, körperliche Übungen, einfaches Leben *usw* die Bedürfnisse des Körpers und Zwänge der Psyche überwinden kann ⟨ein Anhänger des Joga⟩ **2** die Übungen des Yoga (1), mit denen man lernt, sich zu konzentrieren und zu entspannen ⟨Yoga betreiben, machen⟩ || K- Yogaübung

'Yp·si·lon *das; -(s), -s;* ↑ **Y, y**

Yup·pie ['jʊpi, 'japi] *der; -s, -s; meist abwertend;* ein junger Mensch, der Wert auf seine berufliche Karriere und ein gutes Einkommen legt und der *meist* modernen Trends folgt

Z

Z, z [tsɛt] *das; -, -/umg auch -s;* der letzte Buchstabe des Alphabets

Zack *umg; nur in* **auf Zack sein** etwas gut machen oder gut können: *in Mathe auf Zack sein*

Za·cke *die; -, -n;* eine von mehreren Spitzen am Rand eines *meist* flachen Gegenstandes oder einer flachen Form ⟨die Zacken einer Säge, einer Gabel, eines Kammes⟩: *ein Stern mit fünf Zacken*

zag·haft *Adjektiv;* aus Angst (und Unsicherheit) langsam und sehr vorsichtig ≈ zögernd ↔ forsch ⟨ein Versuch; Schritte; zaghaft klopfen, eintreten⟩

zäh B1 *zäher, zäh(e)st-; Adjektiv* **1** ⟨Fleisch⟩ so, dass es auch nach langem Kochen nicht weich ist **2** ⟨Flüssigkeiten⟩ so, dass sie schwer und langsam fließen **3** so gesund und voller Kraft, dass Anstrengungen lange ertragen werden können **4** ⟨Fleiß, Widerstand⟩ so, dass der Betroffene nicht an Kraft verliert: *an etwas zäh festhalten* **5** langsam und nur mit großer Anstrengung: *nur zäh vorankommen* || *hierzu* **Zä·hig·keit** *die; -; nur Singular*

Zahl A2 *die; -, -en* **1** ein Element des Systems, mit dem man rechnen, zählen und messen kann ⟨eine einstellige, zweistellige Zahl; eine hohe, große, niedrige, kleine Zahl⟩: *die Zahlen von 1 bis 100* || K- Zahlenangabe, Zahlenfolge, Zahlensystem, Zahlenwert || -K Quadratzahl; Kardinalzahl, Ordinalzahl; Jahreszahl, Seitenzahl || Hinweis: ↑ **Ziffer, Nummer** **2** ≈ Ziffer: *eine Zahl schreiben* **3** *nur Singular;* eine bestimmte Menge von Personen oder von zählbaren Dingen ≈ Anzahl: *Die Besucher kamen in großer Zahl; die Zahl der Mitglieder* || -K Einwohnerzahl **4** **die arabischen Zahlen** die Ziffern 1, 2, 3 *usw* **5** **die römischen Zahlen** die Ziffern I, II, III, IV *usw* **6** **eine positive/negative Zahl** *Mathematik;* eine Zahl (1), die größer/kleiner ist als null **7** **eine gerade Zahl** *Mathematik;* eine Zahl (1) wie 2, 4, 6 *usw* (die man durch 2 dividieren kann) **8** **eine ungerade Zahl** eine Zahl (1) wie 1, 3, 5 *usw* (die man nicht durch 2 dividieren kann) || ID **in den roten Zahlen sein**; **rote Zahlen schreiben** finanzielle Verluste haben; **in den schwarzen Zahlen sein**; **schwarze Zahlen schreiben** finanzielle Gewinne machen

Die Zahlen

Große Zahlen werden mit Punkten in Dreiergruppen gegliedert: 4.380.000 (gesprochen: vier Millionen achthunderttausend)Bruchzahlen werden mit Komma dargestellt: 1,5 (gesprochen: eins Komma fünf)Zahlen wie 1765 werden als Zahl „eintausend siebenhundert fünfundsechzig“ und als Jahreszahl „siebzehnhundert fünfundsechzig gelesen“.

WORTSCHATZ

zahl·bar *Adjektiv; meist nach dem Substantiv; Wirtschaft;* (von einer Rechnung *o.Ä.*) so, dass sie zum genannten Termin gezahlt werden muss ≈ fällig: *zahlbar binnen drei Wochen*

zah·len A1 *zahlte, hat gezahlt* **1** **((jemandem) (etwas) (für etwas)) zahlen** (jemandem) eine Summe Geld für eine Arbeit, eine Ware geben ⟨viel, wenig (für etwas) zahlen; in Euro zahlen; bar, mit Karte zahlen; eine Rechnung, die Miete, Steuern zahlen⟩: *Wir müssen noch zahlen; Sie hat mir zehn Euro für das Buch gezahlt* **2** **(jemanden) zahlen** jemandem für eine einzelne Leistung Geld geben ⟨gut, schlecht zahlen⟩: *Ich muss noch den Gärtner zahlen* **3** **(jemanden) zahlen** (als Arbeitgeber) jemandem den Lohn, das Gehalt zahlen: *Sie zahlt (ihre Angestellten) recht gut* || ID **Zahlen bitte!** Verwendet, um in einem Restaurant um die Rechnung zu bitten

zäh·len A2 *zählte, hat gezählt* **1** die Zahlen (*meist* ab Eins) in der richtigen Reihenfolge kennen und sagen **2** **jemand/etwas zählt (jemanden/etwas)** jemand/etwas stellt fest, wie viele Personen oder Dinge vorhanden sind ⟨Geld zählen; falsch, richtig zählen⟩: *ein Gerät, das die vorbeifahrenden Autos zählt* **3** **etwas zählt (etwas)** etwas hat einen bestimmten

Wert: *Das Ass zählt mehr als die Dame* **4** **etwas zählt (irgendwie)** etwas hat eine bestimmte Bedeutung, etwas wird irgendwie beachtet: *In seinem Job zählt nur Leistung* (= wird nur Leistung anerkannt) **5** **etwas zählt (nicht)** etwas ist (nicht) gültig: *Der Wurf zählt nicht - der Würfel ist auf den Boden gefallen* **6** **etwas zählt** + *Mengenangabe; förmlich;* etwas hat die genannte Anzahl oder Menge von Personen/Dingen: *Der Verein zählt 2000 Mitglieder* **7** **jemand/etwas zählt zu etwas** jemand/etwas ist Teil einer Gruppe, Menge: *Er zählt zu den reichsten Männern der Welt* **8** **auf jemanden/etwas zählen (können)** sich auf jemanden/etwas verlassen (können): *Sie können auf unsere Unterstützung zählen* || *zu* 2 **zähl·bar** *Adjektiv;* **Zäh·lung** *die; -, -en*

Zäh·ler *der; -s, -;* **1** ein Gerät, das zeigt, wie groß die Menge oder Zahl von etwas ist, *bes* wie viel von etwas verbraucht wurde ⟨den Zähler ablesen⟩ || K- Zählerstand || -K Gaszähler, Kilometerzähler **2** *Mathematik;* die Zahl über dem Strich in einem Bruch, *z.B.* 3 in ¾ **3** *Sport; umg;* ein Punkt oder Treffer

zahl·los *Adjektiv; ohne Steigerung;* so viele, dass man sie kaum oder nicht mehr zählen kann ≈ unzählig-: *Nach der Sendung gab es zahllose Beschwerden*

zahl·reich *Adjektiv;* in einer großen Anzahl: *Es kam zu zahlreichen Unfällen*

Zah·lung *die; -, -en* **1** das Geben von Geld an jemanden (für ein Produkt, eine Leistung) ⟨die Zahlung der Löhne, der Miete, der Zinsen; eine Zahlung in Raten, bar, mit Karte⟩: *Er wurde zur Zahlung einer Geldstrafe verurteilt* || K- Zahlungsfrist; zahlungs(un)fähig || -K Barzahlung, Ratenzahlung; Gehaltszahlung **2** **(jemandem) etwas in Zahlung geben** (als Kunde) einen Gegenstand als Teil der Zahlung (1) für einen gekauften Gegenstand geben: *ein gebrauchtes Auto in Zahlung geben*

Zahl·wort *das; -es, -wör·ter* ein Wort, das eine Zahl bezeichnet, *z.B. drei, dritt-*

zahm, *zahmer, zahmst-; Adjektiv* **1** ⟨ein Tier⟩ so, dass es wenig Angst vor Menschen hat (weil es gewöhnt ist, mit ihnen zusammen zu sein): *ein zahmes Reh* || Hinweis: nicht für Haustiere verwendet **2** ⟨eine Kritik⟩ so, dass sie nicht scharf ist

zäh·men; *zähmte, hat gezähmt;* **ein Tier zähmen** ein Tier, das sonst wild lebt, daran gewöhnen, mit Menschen zusammen zu sein, zu gehorchen: *einen Wolf zähmen* || *hierzu* **zähm·bar** *Adjektiv;* **Zäh·mung** *die; -, -en*

Zahn A2 *der; -(e)s, Zäh·ne* **1** einer der kleinen, harten, weißen Teile im Mund, mit denen man feste Nahrung kaut und so klein macht ⟨gesunde, falsche, regelmäßige, schiefe Zähne; sich die Zähne putzen⟩ || K- Zahnarzt, Zahnbürste, Zahnfleisch, Zahnweh || -K Backenzahn, Eckzahn, Vorderzahn; Schneidezahn || *zu* **Zahnbürste** ↑ Abbildung unter **Bürsten** **2** einer der spitzen Teile an Gegenständen wie Kämmen und Sägen **3** **die dritten Zähne** ein künstliches Gebiss || ID **bis an die Zähne bewaffnet** schwer bewaffnet); **sich** *(Dativ)* **an jemandem/etwas die Zähne ausbeißen** sich sehr anstrengen, aber keinen Erfolg haben; **jemandem auf den Zahn fühlen** *umg;* kritisch prüfen, was jemand denkt, kann oder tut; **jemandem die Zähne zeigen** *umg;* jemandem zeigen, dass man sich wehren kann; **die Zähne zusammenbeißen** *umg;* etwas (Unangenehmes) tapfer tun oder ertragen

zäh·ne·knir·schend *Adjektiv; nur vor dem Substantiv oder als Adverb;* so, dass man deutlich zeigt, dass man etwas nicht tun will (es aber doch tut)

zah·nen; *zahnte, hat gezahnt;* ⟨ein Baby⟩ **zahnt** ein Baby bekommt die ersten Zähne

Zahn·lü·cke *die; -, -n;* eine Lücke (im Gebiss), die dort entsteht, wo ein Zahn fehlt

Zahn·pas·ta B1 *die; -, -s/-pas·ten; meist Singular;* eine weiche Masse (in einer Tube), mit der man sich die Zähne putzt

Zahn·rad *das; -(e)s, -rä·der;* eine Art Rad mit Zacken, das beim Drehen ein anderes solches Rad bewegen kann (als Teil einer Maschine) || K- Zahnradbahn, Zahnradgetriebe

Zahn·span·ge *die; -, -n;* eine Art Gestell aus Draht und Plastik, mit dem man schiefe Zähne gerade machen kann

Zahn·sto·cher *der; -s, -;* ein kleiner, spitzer Stab aus Holz, mit dem man kleine Reste von Speisen entfernt, die zwischen den Zähnen sind

Zan·ge *die; -, -n* **1** ein Werkzeug zum Greifen oder Ziehen. Es besteht aus zwei länglichen Teilen, die quer übereinanderliegen. Die Teile berühren sich am oberen Ende, wenn man sie an den unteren Enden zusammendrückt: *die Nägel mit einer Zange aus der Wand ziehen* || -K Greifzange **2** *meist Plural;* die Körperteile mancher Tiere (*bes* von Krebsen), die wie eine Zange aussehen || ID **jemanden in die Zange nehmen** *umg;* massiven Druck auf jemanden ausüben; **jemanden in der Zange haben** *umg;* jemanden so fest unter Kontrolle haben, dass er das tun muss, was man von ihm will

Zạnk *der; -(e)s; nur Singular;* **der Zank (um/über jemanden/etwas)** ein Streit mit Worten

zạn·ken; *zankte, hat gezankt* **1** **(mit jemandem) (um/über etwas** *(Akkusativ)*) **zanken** *umg;* (mit Worten) streiten und so jemanden tadeln ⟨mit den Kindern zanken⟩ **2** **sich (mit jemandem) (um/über etwas** *(Akkusativ)*) **zanken** (mit jemandem) einen Streit haben: *Die beiden Jungen zankten sich (miteinander) um den Fußball*

zạ̈n·kisch *Adjektiv;* ⟨*meist* eine Frau⟩ so, dass sie oft mit anderen streitet

Zạ̈pf·chen *das; -s, -;* **1** ein Medikament in der Form einer länglichen Kapsel, das in den After eingeführt wird ⟨ein schmerzstillendes Zäpfchen⟩ || [-K] Fieberzäpfchen **2** ein kleines, fleischiges Stück, das am Ende des Gaumens im Mund hängt; *Medizin* Uvula

zạp·fen; *zapfte, hat gezapft;* **etwas zapfen** Flüssigkeit aus einem großen Gefäß, *z.B.* einem Fass (durch einen Hahn) fließen lassen ⟨Bier, Wein, Benzin zapfen⟩

Zạp·fen *der; -s, -;* **1** die Frucht von Nadelbäumen, die eine längliche oder runde Form hat und Schuppen, unter denen die Samen liegen || [-K] Tannenzapfen **2** eine Art kurzer, dicker Stab, mit dem man das Loch im unteren Teil eines Fasses schließt

Zạpf·säu·le *die; -, -n;* eine Vorrichtung (an der Tankstelle), aus der das Benzin fließt

zạp·peln; *zappelte, hat gezappelt* **1** aufgeregt oder unruhig sein und kurze, schnelle Bewegungen machen: *Das Baby zappelte mit den Beinen; Viele Fische zappelten im Netz* **2** **jemanden zappeln lassen** *umg;* jemanden lange auf eine Entscheidung oder Nachricht warten lassen || *zu* 1 **zạp·pe·lig** *Adjektiv*

zạp·pen [*auch* 'zɛpn]; *zappte, hat gezappt; umg;* mit der Fernbedienung in kurzen Abständen (wahllos) von einem Fernsehsender zum nächsten schalten

zart, *zarter, zartest-; Adjektiv* **1** fein und schmal ⟨ein Kind, ein Gesicht; Arme, Finger⟩ **2** fein und weich ⟨die Haut⟩ **3** sehr dünn ⟨ein Stoff, ein Gewebe⟩ **4** *nicht als Adverb;* noch sehr jung ⟨eine Knospe, eine Pflanze⟩ **5** *nicht als Adverb;* weich und daher leicht zu kauen ⟨Fleisch, Gemüse⟩ **6** leicht oder sanft und voller Liebe oder Rücksicht ⟨ein Kuss⟩ **7** nur schwach und von geringer Intensität ⟨eine Farbe, ein Ton⟩ || *hierzu* **Zart·heit** *die; -; nur Singular*

zart·bit·ter *Adjektiv;* ein bisschen bitter ⟨Schokolade⟩

zärt·lich [B1] *Adjektiv* **1** so, dass dabei Liebe oder Zuneigung ruhig und sanft ausgedrückt wird ⟨ein Blick, ein Kuss, Worte; jemanden zärtlich streicheln, anlächeln⟩ **2** ≈ liebevoll ⟨zärtliche Sorge⟩ || *hierzu* **Zärt·lich·keit** *die; -, -en*

Zạs·ter *der; -s; nur Singular; umg* ≈ Geld

Zau·ber *der; -s, -; meist Singular* **1** eine Handlung, bei der der Eindruck entsteht, als habe jemand besondere (übernatürliche) Kräfte ≈ Magie ⟨einen Zauber anwenden, einen Zauber über jemanden aussprechen⟩ || [K-] Zauberformel, Zauberkraft, Zauberkünstler, Zauberspruch, Zaubertrank, Zaubertrick **2** eine Eigenschaft, die Bewunderung erregt ≈ Faszination: *der Zauber ihrer Stimme* **3** *umg abwertend;* Handlungen und Dinge, die man als überflüssig und lästig ansieht: *Was soll der Zauber?* **4** **(ein) fauler Zauber** *umg abwertend;* etwas, durch das jemand getäuscht werden soll

Zau·be·rer *der; -s, -;* **1** eine Person in einem Märchen *o.Ä.*, die magische, übernatürliche Kräfte hat ≈ Magier ⟨ein böser, guter Zauberer⟩ || Hinweis: ↑ **Hexe** **2** jemand, der Zaubertricks vorführt ≈ Zauberkünstler || *hierzu* **Zau·be·rin**, **Zaub·re·rin** *die; -, -nen*

zau·ber·haft *Adjektiv;* sehr schön (und angenehm) ≈ bezaubernd: *In diesem Kleid siehst du zauberhaft aus*

zau·bern; *zauberte, hat gezaubert* **1** **(etwas) zaubern** einen Zauber (1) machen (und so etwas entstehen lassen): *Regen zaubern* **2** **(etwas) zaubern** etwas so geschickt tun, dass andere glauben, man könne zaubern (1): *ein Kaninchen aus dem Hut zaubern* **3** **etwas (aus etwas) zaubern** (*oft* unter schwierigen Bedingungen) in kurzer Zeit etwas machen ⟨ein Essen zaubern⟩

zau·dern; *zauderte, hat gezaudert;* zu vorsichtig sein und zu lange warten, bis man etwas tut oder sich entscheidet || *hierzu* **Zau·de·rer** *der; -s, -*

Zaum *der; -(e)s, Zäu·me* ≈ Zaumzeug || [ID] **jemanden/sich/etwas im Zaum(e) halten** die Kontrolle über jemanden/sich/etwas behalten: *Die Kinder konnten vor Weihnachten ihre Neugier kaum im Zaum halten*

Zaum·zeug *das; -(e)s, -e;* die Bänder aus Leder, die man einem Pferd um den Kopf legt, um es (durch die Zügel) führen zu können

Zaun *der; -(e)s, Zäu·ne;* eine Art Gitter aus Draht oder aus vielen Metall- oder Holzstäben, das man um ein Stück Land herum aufstellt ⟨ein hoher, elektrischer Zaun; ein Zaun aus Latten⟩ || [K-] Zaunpfahl || [-K] Bretterzaun, Garten-

zaun ‖ ID *meist* **einen Streit vom Zaun brechen** plötzlich zu streiten beginnen

Zaun·kö·nig *der; -s, -e;* ein kleiner (Sing)Vogel mit braunen Federn

z. B. *Abkürzung für* zum Beispiel

ZDF [tsɛtde:ˈ|ɛf] *das; -(s); nur Singular;* Ⓓ **1** (*Abkürzung für* Zweites Deutsches Fernsehen) ein Fernsehsender in Deutschland ≈ das Zweite (Programm) **2** das Programm dieses Senders

Ze·bra *das; -s, -s;* ein Tier in Afrika (ähnlich einem kleinen Pferd), dessen Fell weiße und braune oder schwarze Streifen hat

Ze·bra·strei·fen *der; -s, -;* weiße Streifen auf der Straße, die anzeigen, wo die Fußgänger über die Straße gehen dürfen (und die Autos deshalb halten müssen)

Ze·cke *die; -, -n;* ein kleines Insekt im Gras, das sich in die Haut von Menschen und Tieren beißt und sich mit Blut vollsaugt ⟨von einer Zecke gebissen werden⟩ ‖ K- Zeckenbiss, Zeckenimpfung

Zeh *der; -s, -en* ≈ Zehe (1)

Ze·he *die; -, -n* **1** jeder der fünf beweglichen Teile am vorderen Ende des Fußes (*bes* bei Menschen und Affen) ⟨die große, kleine Zehe⟩ ‖ ↑ Abbildung unter **Fuß** ‖ K- Zehennagel **2** einer der vielen kleinen Teile beim Knoblauch: *eine Zehe Knoblauch* ‖ -K Knoblauchzehe

Ze·hen·spit·zen *die; -; Plural; meist in* **1** **sich auf die Zehenspitzen stellen** sich auf die Zehen stellen und so strecken, dass man etwas größer ist **2** **auf Zehenspitzen** ⟨gehen, hereinschleichen⟩ leise und vorsichtig

zehn *Zahladjektiv;* (als Zahl) 10

Zehn *die; -, -en* **1** die Zahl 10 **2** jemand/etwas mit der Zahl, Nummer 10

Zeh·ner *der; -s, -;* **1** *umg;* die Zahl 10 **2** *umg;* ein (Geld)Schein im Wert von 10 Euro, Franken *usw* **3** *historisch* ≈ Zehnpfennigstück **4** (in einer Zahl mit mehr als zwei Stellen) die zweite Stelle (von rechts *bzw*) vor dem Komma ‖ K- Zehnerstelle ‖ Hinweis zu 4: ↑ **Einer**, **Hunderter**

Zehn·kampf *der; -(e)s, -kämp·fe; Sport;* ein Wettkampf mit zehn verschiedenen Disziplinen (der Leichtathletik) ‖ *hierzu* **Zehn·kämp·fer** *der; -s, -*

zehnt *nur in* **zu zehnt** (mit) insgesamt 10 Personen: *Wir sind zu zehnt; zu zehnt am Tisch sitzen*

zehn·t- *Zahladjektiv; nur vor dem Substantiv, nicht als Adverb* **1** in einer Reihenfolge an der Stelle zehn ≈ 10. **2** **der zehnte Teil (von etwas)** ≈ 1/10

zehn·tau·send *Zahladjektiv;* (als Zahl) 10.000 ‖ ID **die oberen zehntausend** die reichsten und elegantesten Leute in einer Gesellschaft

zehn·tel *Adjektiv; nur vor dem Substantiv, indeklinabel, nicht als Adverb;* der 10. Teil von etwas ≈ 1/10

Zehn·tel *das; -s, -;* der 10. Teil von etwas: *ein Zehntel der Strecke hinter sich haben* ‖ K- Zehntelsekunde

zeh·ren; *zehrte, hat gezehrt* **1** **von etwas zehren** *förmlich;* sich von etwas ernähren, von etwas leben ⟨von Vorräten, Ersparnissen zehren⟩: *Im Winterschlaf zehren die Tiere von ihrem Fett* **2** **von etwas zehren** gern an etwas Vergangenes denken und sich daran freuen: *Von diesem Urlaub werde ich noch lange zehren* **3** **etwas zehrt (an jemandem/etwas)** etwas nimmt jemandem die körperliche oder seelische Kraft: *Die Sorgen um das Geschäft haben sehr an seiner Gesundheit gezehrt*

Zei·chen B1 *das; -s, -;* **1** etwas, das man irgendwohin schreibt oder in einem Bild darstellt, um so auf etwas aufmerksam zu machen oder einen Hinweis zu geben: *drei Punkte als Zeichen für eine Auslassung* ‖ K- Zeichenerklärung ‖ -K Erkennungszeichen **2** ein Zeichen, dessen Bedeutung oder Zweck allgemein bekannt ist und mit dem man so Informationen geben kann: *Das Zeichen „+" steht für die Addition; H_2O ist das chemische Zeichen für Wasser* ‖ -K Additionszeichen, Gleichheitszeichen, Pluszeichen; Korrekturzeichen, Notenzeichen; Verbotszeichen, Verkehrszeichen **3** eine Bewegung (*z.B.* ein Wink, ein Blick), mit der man jemandem etwas mitteilt ⟨auf ein Zeichen hin etwas tun; jemandem ein Zeichen geben⟩ **4** ein Geräusch oder etwas, das man sieht und das eine Information gibt ‖ -K Feuerzeichen, Klingelzeichen **5** etwas, an dem man erkennt, in welchem Zustand sich jemand/etwas befindet ≈ Ausdruck ⟨ein deutliches, sicheres Zeichen; ein Zeichen der Schwäche⟩ **6** *Kurzwort* ↑ **Satzzeichen** ‖ -K Ausrufezeichen, Fragezeichen **7** *Kurzwort* ↑ **Sternzeichen** **8** **zum Zeichen** + *Genitiv;* **zum Zeichen, dass...** als (symbolische) Geste: *Zum Zeichen der Versöhnung gab sie ihm die Hand* ‖ ID **die Zeichen der Zeit erkennen** die Situation zu einem Zeitpunkt richtig einschätzen; **ein Zeichen setzen** etwas tun, das für die Zukunft sehr wichtig ist

Zei·chen·trick·film *der; -(e)s, -e;* ein Film, der aus sehr vielen Zeichnungen besteht, die sich zu bewegen scheinen

zeich·nen B1 *zeichnete, hat gezeichnet* **1** (je-

manden/etwas) zeichnen ein Bild in Linien oder Strichen machen, *meist* mit einem dünnen Stift ⟨ein Porträt, eine Karikatur, einen Plan zeichnen⟩ **2** *meist* **jemand ist von etwas gezeichnet** bei jemandem sind deutliche Spuren einer Krankheit, Not zu sehen: *von Erschöpfung gezeichnet sein*

Zeich·ner *der; -s, -;* **1** jemand, der *bes* beruflich (künstlerische) Zeichnungen macht: *Wir brauchen einen guten Zeichner für das Buch* **2** **ein technischer Zeichner** jemand, der (beruflich) Pläne für Gebäude, Maschinen *usw* zeichnet || *hierzu* **Zeich·ne·rin** *die; -, -nen*

Zeich·nung [B1] *die; -, -en* **1** ein Bild, das jemand zeichnet ⟨eine künstlerische, technische Zeichnung⟩ || [-K] Bleistiftzeichnung, Kreidezeichnung **2** die Farben und Muster eines Tieres: *die Zeichnung des Tigers* **3** die Darstellung oder Beschreibung von jemandem/etwas

Zei·ge·fin·ger *der; -s, -;* der Finger neben dem Daumen || ↑ Abbildung unter **Hand**

zei·gen [A2] *zeigte, hat gezeigt* **1** **(jemandem) (etwas) zeigen** etwas zu einer Person bringen, ihre Aufmerksamkeit auf etwas lenken oder etwas so halten, dass sie es sieht: *dem Polizisten den Führerschein zeigen; Zeig mal (, was du da hast)!* **2** **jemandem etwas zeigen** jemandem mit Worten und Bewegungen erklären, wo etwas ist und wie man dorthin kommt: *jemandem den Weg zeigen; jemandem zeigen, wie er zum Bahnhof kommt* **3** **jemandem etwas zeigen** etwas vor den Augen eines anderen tun, damit er sieht, wie es geht: *jemandem zeigen, wie man einen Reifen wechselt* **4** **jemandem etwas zeigen** jemandem helfen, etwas zu erkennen: *jemandem die Vorteile eines Computers zeigen* **5** **jemandem etwas zeigen** jemanden irgendwohin führen, damit er etwas kennenlernt ⟨jemandem die Stadt, die Sehenswürdigkeiten zeigen⟩ **6** **jemand/etwas zeigt etwas** ein Kino, das Fernsehen, ein Theater bringt etwas im Programm: *Wir zeigen das Fußballspiel um 22 Uhr* **7** **jemand zeigt etwas (durch etwas)** jemand lässt eine Reaktion oder ein Gefühl deutlich erkennen: *Er zeigte seinen Ärger durch lautes Schimpfen* **8** **etwas zeigt etwas** etwas deutet auf etwas hin: *Ihr Gesicht zeigte großes Interesse* **9** **etwas zeigt jemanden/etwas** auf einem Bild, Foto kann man jemanden/etwas sehen: *Das Foto zeigt meine Eltern* **10** **etwas zeigt etwas** etwas gibt etwas an (durch eine Position auf einer Skala *o.Ä.*): *Die Uhr zeigt fünf vor zwölf; Die Waage zeigte 65 Kilo* **11** **auf jemanden/etwas zeigen; irgendwohin zeigen** mit dem Finger, der Hand in eine Richtung deuten und auf etwas aufmerksam machen: *Sie zeigte auf ihn und sagte: „Er war es."* || [K-] Zeigestab, Zeigestock **12** **etwas zeigt irgendwohin** etwas deutet in eine bestimmte Richtung: *Die Kompassnadel zeigt nach Norden* **13** **sich (irgendwo) zeigen** irgendwohin gehen oder irgendwo sein, *meist* damit man von anderen gesehen wird: *Sie zeigt sich gern in der Öffentlichkeit* **14** **etwas zeigt sich (irgendwo)** etwas ist irgendwo zu sehen: *Am Himmel zeigten sich die ersten Wolken* **15** **etwas zeigt sich** etwas wird erkennbar, deutlich: *Es muss sich erst zeigen, ob die Idee wirklich gut war; Es hat sich gezeigt, dass ich recht hatte* || [ID] **es jemandem zeigen** *umg;* einer anderen Person beweisen, dass sie unrecht hat, schwächer ist *o.Ä.*

Zei·ger *der; -s, -;* der lange, spitze, bewegliche Teil, der bei bestimmten Geräten (auf einer Skala) die Werte anzeigt (bei der Uhr die Stunden, Minuten *usw*) || [-K] Uhrzeiger

Zei·le [B1] *die; -, -n* **1** eine von mehreren (tatsächlichen oder gedachten) parallelen Linien auf einem Blatt Papier, auf denen man schreibt **2** eine Reihe von Wörtern, die in einem Text nebeneinanderstehen || [K-] Zeilenabstand || [-K] Briefzeile, Druckzeile, Liedzeile; Schlusszeile, Zwischenzeile || [ID] **(etwas) zwischen den Zeilen lesen (können)** etwas in einem Text, einer Aussage oder jemandes Verhalten erkennen (können), was nicht direkt ausgesprochen wird

zeit [A2] *Präposition; mit Genitiv; nur in* **zeit meines/seines/ihres** *usw* **Lebens** das ganze Leben lang: *Sie träumte zeit ihres Lebens von einem Haus*

Zeit [A2] *die; -, -en* **1** *nur Singular;* das Vorübergehen von Stunden, Tagen, Jahren *usw* ⟨die Zeit vergeht (langsam, schnell, wie im Fluge), scheint stillzustehen⟩: *Wie viel Zeit ist seitdem verstrichen?; Ich habe ihn schon lange Ziet nicht mehr gesehen* || [K-] Zeitabschnitt, Zeitmessung **2** **Zeit (für jemanden/etwas); Zeit + zu** + *Infinitiv; nur Singular;* die Zeit (1), die für etwas zur Verfügung steht oder die man für etwas braucht ⟨viel, wenig Zeit haben; für jemanden Zeit haben; etwas braucht Zeit⟩: *Hast du jetzt Zeit für mich?; Wir haben noch genug Zeit zu frühstücken* || [K-] Zeitdruck, Zeitgewinn, Zeitmangel, Zeitnot, Zeitplan; zeitaufwendig **3** *meist Singular;* ein Zeitraum, eine Phase, die mit einem Ereignis oder Zustand verbunden ist ⟨die schönste Zeit des Lebens; in Zeiten der Not; vor längerer, kurzer Zeit⟩: *die Zeit der Kindheit* || [-K] Schulzeit,

Urlaubszeit, Weihnachtszeit **4** das Ergebnis einer Messung der Zeit (2), die jemand für eine Leistung braucht *(bes* im Sport) ⟨die Zeit stoppen, nehmen, messen; eine gute, schlechte Zeit laufen⟩ || [K-] Zeitmessung || [-K] Fahrzeit, Laufzeit, Rekordzeit **5** ein Abschnitt der Geschichte[1] (1) ≈ Epoche: *die Zeit vor der Französischen Revolution; zur Zeit der Reformation; zu Goethes Zeit/Zeiten* || [K-] zeitbedingt || [-K] Barockzeit, Reformationszeit **6** *nur Singular* ≈ Gegenwart ⟨der Stil der Zeit; in der heutigen Zeit⟩ || [K-] Zeitgeschichte, Zeitkritik; zeitgemäß **7** die Zeit (1) in einer Zone der Erde (nach einem künstlichen System eingeteilt): *die mitteleuropäische Zeit* || [-K] Sommerzeit, Winterzeit **8** *nur Singular* ≈ Uhrzeit || ↑ Illustration **Die Zeit** || [K-] Zeitangabe || [-K] Abfahrt(s)zeit, Ankunftszeit **9** der Zeitpunkt oder Zeitraum, zu dem *bzw* innerhalb dessen etwas passiert oder gemacht wird || [-K] Essenszeit, Schlafenszeit **10** *nur Singular;* die Situation oder Gelegenheit, die richtig oder passend für ein bestimmtes Ereignis ist ⟨für etwas ist die Zeit gekommen⟩: *Es ist jetzt nicht die Zeit, darüber zu sprechen* **11** *Sprachwissenschaft* ≈ Tempus **12** **eine Zeit lang** für reltaiv kurze Zeit (2) || [ID] **Zeit ist Geld** Zeit ist wertvoll und muss gut genutzt werden; **im Laufe der Zeit** ≈ langsam, nach und nach, allmählich: *Im Laufe der Zeit wird sie es schon lernen;* **Spare in der Zeit, dann hast du in der Not!** spare Geld, wenn es dir finanziell gut geht; **Kommt Zeit, kommt Rat** es ergibt sich vielleicht eine Lösung für ein Problem, wenn man nur wartet; **Die Zeit heilt alle Wunden** auch Schmerz und Trauer kann man irgendwann überwinden; **eine ganze Zeit** *umg;* relativ lange; **zu gegebener Zeit** *förmlich;* zum richtigen oder passenden Zeitpunkt: *Sie werden zu gegebener Zeit informiert;* **Es ist (höchste)/wird Zeit; Es ist an der Zeit** jetzt ist es nötig, etwas zu tun; **in jüngster Zeit** während der letzten Wochen oder Tage; **(Ach) du liebe Zeit!** *umg;* verwendet, um auszudrücken, dass man erschrocken ist; **jemandem läuft die Zeit davon** die Zeit vergeht so schnell, dass jemand (wahrscheinlich) nicht erledigen kann, was er wollte; **Die Zeit drängt** etwas muss bald getan werden; **mit der Zeit gehen** sich so verhalten, wie es modern ist; **Das hat Zeit** das kann man auch später tun; **jemandem Zeit lassen (+ zu** + *Infinitiv*) jemandem die Möglichkeit geben, etwas in Ruhe zu tun; **sich** *(Dativ)* **(bei/mit etwas) Zeit lassen** etwas in Ruhe tun; **sich** *(Dativ)* **(für jemanden/ etwas) Zeit nehmen; sich** *(Dativ)* **die Zeit nehmen + zu** + *Infinitiv;* so planen, dass man genug Zeit (2) hat, etwas zu tun; **Alles zu seiner Zeit!** man soll nichts zu früh tun; **auf Zeit** (nur) für eine bestimmte Dauer ⟨ein Vertrag auf Zeit; jemanden auf Zeit anstellen⟩; **mit der Zeit** ≈ langsam, nach und nach, allmählich || Hinweis: ↑ **zeitraubend, zeitsparend, zurzeit**

Zeit·al·ter *das; -s, -;* ein relativ langer Abschnitt in der Geschichte: *im Zeitalter der Computertechnik* || [-K] Atomzeitalter

Zeit·ar·beit *die; -; nur Singular; Wirtschaft;* ein System, bei dem jemand bei einer Firma angestellt ist, die ihn ihrerseits bei verschiedenen anderen Firmen einsetzt, *z.B.* weil dort jemand krank ist

Zeit·geist *der; -(e)s; nur Singular;* die Gesamtheit der Meinungen, die für eine Epoche typisch sind

Zeit·ge·nos·se *der; -n, -n* **1** jemand, der in derselben Zeit wie ein anderer lebt oder gelebt hat **2** *meist* **ein unangenehmer Zeitgenosse** *abwertend;* jemand, den die meisten nicht mögen || *hierzu* **Zeit·ge·nos·sin** *die; -, -nen*

zeit·gleich *Adjektiv; Sport;* mit der gleichen Zeit (4) ⟨zeitgleich (mit jemandem) ins Ziel kommen⟩

zei·tig *Adjektiv; nur vor dem Substantiv oder als Adverb* ≈ früh (1) ⟨zeitig aufstehen, losgehen, schlafen gehen⟩

Zeit·lang *die* ↑ **Zeit** (12)

zeit·lich *Adjektiv; nur vor dem Substantiv oder als Adverb;* in Bezug darauf, wie lange etwas dauert und in welcher (Reihen)Folge es geschieht ⟨der Ablauf, die Reihenfolge; etwas zeitlich begrenzen⟩

zeit·los *Adjektiv;* nicht von einer Mode oder Zeit (5) abhängig ⟨ein Modell, ein Stil; eine Idee, eine Philosophie, Kunst⟩

Zeit·lu·pe *die; -; nur Singular;* ein Verfahren, bei dem man im Film Bewegungen viel langsamer zeigt, als sie in Wirklichkeit sind: *das entscheidende Tor in Zeitlupe wiederholen*

Zeit·punkt *der; -(e)s, -e;* **der Zeitpunkt (für etwas); der Zeitpunkt** + *Genitiv* der Moment, in dem etwas geschieht (oder geschehen soll) ⟨der Zeitpunkt des Abschieds; den richtigen, passenden, geeigneten Zeitpunkt abwarten, versäumen⟩: *der Zeitpunkt, zu dem der Vertrag ausläuft*

zeit·rau·bend, Zeit rau·bend *Adjektiv;* so, dass man sehr viel Zeit dafür braucht

Zeit·raum *der; -(e)s, -räu·me;* ein *(oft* relativ

großer) Abschnitt der Zeit ⟨ein Zeitraum von vielen Wochen⟩

Zeit·rech·nung *die; -, -en;* die Zählung der Jahre von dem Ereignis an, das man beim Datum angibt: *Unsere Zeitrechnung beginnt mit der Geburt von Jesus Christus*

Zeit·schrift B2 *die; -, -en;* eine Art Heft, das in größeren Abständen erscheint und das zur Unterhaltung und/oder Information (oft mit aktuellem Inhalt) dient ⟨eine wissenschaftliche Zeitschrift⟩: *eine Zeitschrift für Kunst und Literatur* ‖ -K Fachzeitschrift, Fernsehzeitschrift, Frauenzeitschrift, Modezeitschrift

zeit·spa·rend, Zeit spa·rend *Adjektiv;* so, dass man dadurch weniger Zeit für etwas braucht

Zei·tung A2 *die; -, -en* **1** mehrere große (gefaltete) Blätter mit Berichten über aktuelle Ereignisse, mit Werbung *usw.* Eine Zeitung erscheint regelmäßig, *meist* täglich ⟨eine überregionale, auflagenstarke Zeitung; eine Zeitung abonnieren; eine Annonce in die Zeitung setzen⟩ ‖ K- Zeitungsabonnement, Zeitungsannonce, Zeitungskorrespondent ‖ -K Tageszeitung, Wochenzeitung; Sportzeitung **2** ein Betrieb, der eine Zeitung (1) produziert

Zeit·ver·trag *der; -(e)s, -trä·ge;* ein Vertrag, mit dem jemand für eine bestimmte, relativ kurze Zeit irgendwo angestellt wird ≈ ein befristeter Arbeitsvertrag

Zeit·ver·treib *der; -(e)s, -e; meist Singular* **1** ≈ Hobby **2** **zum Zeitvertreib** damit man sich nicht langweilt

zeit·wei·lig *Adjektiv* **1** *nur vor dem Substantiv oder als Adverb;* nur für eine bestimmte, begrenzte Zeit (gültig) ⟨eine Verfügung, eine Anordnung⟩ **2** *nur als Adverb;* immer wieder für kurze Zeit, gelegentlich

zeit·wei·se *Adverb* **1** für kurze Zeit, vorübergehend: *Die Pässe sind bei Schneefall zeitweise gesperrt* **2** ≈ manchmal

Zeit·wort *das; -(e)s, -wör·ter* ≈ Verb

Zel·le *die; -, -n* **1** ein sehr kleiner Raum in einem Gefängnis oder Kloster, in dem jemand lebt ‖ -K Einzelzelle, Gefängniszelle, Klosterzelle **2** eine kleine Konstruktion *meist* aus Glas und Stahl, in die man zum Telefonieren geht ‖ -K Telefonzelle **3** der kleinste lebende Teil eines Organismus ⟨die Zellen teilen sich⟩ ‖ K- Zellkern, Zellteilung, Zellwachstum ‖ -K Blutzelle, Eizelle, Nervenzelle; Krebszelle **4** *Technik;* ein (abgeteilter) Raum *z.B.* in einer Batterie, in dem Strom erzeugt wird

Zelt B1 *das; -(e)s, -e;* eine Konstruktion aus Stangen und Stoff darüber, unter der man im Freien schlafen kann: *ein Campingplatz für tausend Zelte* ⟨ein Zelt aufbauen, abbauen⟩ ‖ K- Zeltplatz ‖ -K Indianerzelt; Zirkuszelt ‖ ID **die/seine Zelte abbrechen** einen Ort verlassen, an dem man längere Zeit gewohnt hat

zel·ten B2 *zeltete, hat gezeltet;* in einem Zelt übernachten oder (relativ kurze Zeit) leben: *auf einem Campingplatz zelten; im Urlaub (am Meer) zelten*

Ze·ment *der; -(e)s; nur Singular;* ein feines graues Pulver, aus dem man Beton oder Mörtel machen kann ‖ K- Zementboden, Zementsack, Zementwerk; zementgrau

ze·men·tie·ren; *zementierte, hat zementiert* **1** **etwas zementieren** eine Fläche mit einer Zementmischung fest und glatt machen: *ein zementierter Weg* **2** **etwas zementieren** *förmlich;* so handeln, dass ein *meist* schlechter Zustand weiter besteht: *soziale Unterschiede zementieren*

Ze·nit, Ze·nit *der; -(e)s; nur Singular* **1** der höchste Punkt am Himmel (senkrecht vom Blickpunkt des Betrachters aus) ⟨die Sonne, ein Stern steht im Zenit, hat den Zenit überschritten⟩ **2** ≈ Höhepunkt ⟨*meist* im Zenit des Erfolges, Ruhmes⟩

zen·sie·ren; *zensierte, hat zensiert* **1** **(jemanden/etwas) zensieren** als Lehrer die Arbeit eines Schülers bewerten und eine Note geben ⟨einen Aufsatz zensieren; streng, milde zensieren⟩ **2** **(etwas) zensieren** einen Text, einen Film *o.Ä.* prüfen, ob sie bestimmten, *meist* politischen, moralischen oder religiösen Prinzipien entsprechen (und dann bestimmen, ob das Publikum sie sehen darf)

Zen·sur *die; -, -en* **1** *nur Singular;* das Zensieren (2) ⟨etwas unterliegt der Zensur⟩ ‖ -K Pressezensur **2** *nur Singular;* das Amt (die Behörde), das die Zensur (1) durchführt **3** die Note, mit der die Leistung eines Schülers bewertet wird ⟨eine gute, schlechte Zensur⟩

Zen·ti·me·ter B1 *der, das; -s, -;* ein hundertstel Meter; *Abkürzung* cm: *30 cm Stoff; eine Schnur von 90 cm Länge* ‖ -K Kubikzentimeter, Quadratzentimeter

Zent·ner B2 *der; -s, -;* **1** 50 Kilogramm; *Abkürzung* Z., Ztr.: *zwei Zentner Kartoffeln* ‖ K- zentnerschwer **2** Ⓐ Ⓒⓗ 100 Kilogramm; *Abkürzung* q

zent·ral A2 *Adjektiv* **1** ungefähr in der Mitte eines Ortes, also dort, wo die meisten Geschäfte *usw* sind ⟨eine Lage; zentral gelegen; zentral wohnen⟩ **2** *nicht als Adverb;* von großem

Einfluss auf andere Personen oder Dinge und sehr wichtig ⟨ein Problem; etwas ist von zentraler Bedeutung⟩ || K-Zentralproblem **3** von einer höheren (*bes* staatlichen) Stelle gemacht oder geleitet ⟨eine Planung; etwas zentral organisieren⟩ || K-Zentralverwaltung

Zent·ral- *im Substantiv;* bezeichnet (ungefähr) den mittleren Teil des genannten Gebietes; **Zentralafrika, Zentralamerika, Zentralasien**

Zent·ra·le *die; -, -n* **1** der Teil einer (größeren) Organisation, der die Planung macht und die Arbeit organisiert: *Die Zentrale der Partei/des Konzerns* || -K Bankzentrale, Parteizentrale **2** die Stelle in Firmen, Behörden, die *meist* die Kommunikation organisiert || -K Fernsprechzentrale, Nachrichtenzentrale

Zent·ral·hei·zung B2 *die; -, -en;* ein System, bei dem die Wärme von einem großen Heizkessel *o.Ä.* (oft im Keller) in mehrere Zimmer oder Wohnungen geleitet wird

Zen·trum A2 *das; -s, Zent·ren* **1** der Punkt, Teil oder das Gebiet, die von allen Seiten gleich weit entfernt sind (oder wo die Wirkung am größten ist) ≈ Mitte ⟨das Zentrum eines Erdbebens, Gewitters, Schmerzes⟩ || -K Erdbebenzentrum **2** die Gegend in der Mitte einer Stadt, in der die wichtigsten Geschäfte sind ≈ City **3** ein Bereich, der für eine bestimmte Tätigkeit sehr wichtig ist ⟨ein kulturelles, industrielles Zentrum; ein Zentrum der Wirtschaft⟩ || -K Einkaufszentrum, Industriezentrum, Kulturzentrum

Zep·pe·lin [-liːn] *der; -s, -e;* ein Luftfahrzeug in der Form einer großen dicken Zigarre, das mit Gas gefüllt ist und von einem Motor angetrieben wird

zer- *im Verb; unbetont und nicht trennbar;* Die Verben mit *zer-* werden nach folgendem Muster gebildet: *zerdrücken - zerdrückte - zerdrückt;* bedeutet oft, dass etwas auseinanderfällt oder verletzt *bzw* zerstört wird; **etwas zerdrücken, zermahlen, zerquetschen, zerreißen, zerschneiden, zerteilen;** **etwas zerfällt, zerläuft, zerplatzt, zerspringt**

zer·bre·chen *; zerbrach, hat/ist zerbrochen* **1** **etwas zerbricht** (*ist*) etwas Hartes bricht in einzelne Teile, Stücke: *Die Vase fiel zu Boden und zerbrach* **2** **etwas zerbrechen** (*hat*) bewirken, dass etwas Hartes zerbricht (1): *ein Glas zerbrechen* **3** **etwas zerbricht** (*ist*) *förmlich;* eine Beziehung zwischen Menschen geht kaputt ⟨die Ehe, die Freundschaft⟩ **4** **an etwas** (*Dativ*) **zerbrechen** (*ist*) so großen seelischen Kummer haben, dass man sich davon nicht mehr erholt: *an/am Kummer zerbrechen*

zer·brech·lich *Adjektiv* **1** ⟨Glas⟩ so, dass es (leicht) bricht **2** mit einem zarten, schwachen Körper ⟨ein Kind, eine Figur⟩ || *hierzu* **Zer·brech·lich·keit** *die; -; nur Singular*

Ze·re·mo·nie [tseremo'niː, -'moːni̯ə] *die; -, -n* [-'niːən, -'moːni̯ən]; eine *meist* lange und feierliche Handlung, die festen und traditionellen Regeln folgt ⟨eine religiöse, kirchliche Zeremonie⟩: *die Zeremonie der Trauung* || K-Zeremonienmeister || -K Begrüßungszeremonie, Bestattungszeremonie, Trauungszeremonie || *hierzu* **ze·re·mo·ni·ell** *Adjektiv*

Zer·fall *der; -(e)s; nur Singular* **1** der (*meist* langwierige) Prozess, bei dem sich etwas in einzelne Teile auflöst **2** das Ende eines Reichs *o.Ä.* || K-Zerfallserscheinung **3** eine chemische Reaktion, bei der sich ein Stoff in verschiedene Substanzen auflöst || K-Zerfallsprodukt, Zerfallsprozess || -K Atom(kern)-zerfall

zer·flie·ßen *; zerfloss, ist zerflossen* **1** **etwas zerfließt** etwas wird flüssig ⟨Butter⟩ **2** **etwas zerfließt** eine Farbe bildet (*bes* auf weichem Papier) unscharfe Linien: *Die Tinte zerfließt* **3** **jemand zerfließt in/vor etwas** (*Dativ*) *umg abwertend;* jemand zeigt ein bestimmtes Gefühl zu stark ⟨*meist* jemand zerfließt in/vor Mitleid⟩

zer·fres·sen *; zerfrisst, zerfraß, hat zerfressen* **1** **Motten zerfressen etwas** Motten fressen Löcher in einen Stoff: *ein von Motten zerfressener Mantel* **2** **etwas zerfrisst etwas** Säure oder Rost zerstören etwas

zer·ge·hen *; zerging, ist zergangen;* **etwas zergeht** eine feste Substanz wird flüssig ≈ etwas löst sich auf: *eine Tablette in Wasser, Butter in der Pfanne zergehen lassen* || Hinweis: ↑ **Zunge**

zer·klei·nern *; zerkleinerte, hat zerkleinert;* **etwas zerkleinern** aus etwas kleine(re) Stücke machen: *Nüsse zerkleinern* || *hierzu* **Zer·klei·ne·rung** *die; -; nur Singular*

zer·knirscht *, zerknirschter, zerknirschtest-; Adjektiv;* so, dass man weiß und es auch zeigt, dass man etwas falsch gemacht hat ⟨ein zerknirschtes Gesicht machen;⟩ || *hierzu* **Zer·knir·schung** *die; -; nur Singular*

zer·knül·len *; zerknüllte, hat zerknüllt;* **etwas zerknüllen** etwas so in der Hand zusammendrücken, dass eine Art Kugel entsteht ⟨ein (Stück) Papier, einen Brief zerknüllen⟩

zer·las·sen *; zerlässt, zerließ, hat zerlassen;* **etwas zerlassen** etwas warm machen, damit es flüssig wird ⟨*meist* Fett, Butter, Margarine⟩: *zerlassene Butter*

Z

zer·lau·fen; *zerläuft, zerlief, ist zerlaufen;* **etwas zerläuft** *umg;* etwas zerfließt (1,2)

zer·le·gen; *zerlegte, hat zerlegt* **1** **etwas zerlegen** einen Gegenstand auseinandernehmen ⟨etwas in seine Teile zerlegen⟩: *einen Motor zerlegen* **2** **etwas zerlegen** Geflügel, einen Fisch *o.Ä.* in Portionen aufteilen || *hierzu* **zer·leg·bar** *Adjektiv;* **Zer·le·gung** *die; -, -en*

zer·mal·men; *zermalmte, hat zermalmt;* **etwas zermalmt jemanden/etwas** etwas sehr Schweres fällt auf jemanden/etwas und tötet ihn/zerstört es

zer·mür·ben; *zermürbte, hat zermürbt;* **etwas zermürbt (jemanden)** etwas strengt jemanden über lange Zeit sehr an, nimmt ihm die Hoffnung *o.Ä.* und macht ihn dadurch schwach || Hinweis: oft im Partizip Präsens: *Das lange Warten ist zermürbend*

zer·quet·schen; *zerquetschte, hat zerquetscht* **1** **jemanden/etwas zerquetschen** jemanden durch starkes Drücken *o.Ä.* schwer verletzen, etwas stark beschädigen oder zerstören: *Er wurde von einem Lastwagen an die Wand gedrückt und zerquetscht* || Hinweis: *meist* im Passiv! **2** **etwas zerquetscht jemandem etwas** etwas verletzt einen Körperteil von jemandem durch starken Druck

zer·re·den; *zerredete, hat zerredet;* ⟨*meist* mehrere Personen⟩ **zerreden etwas** mehrere Personen reden so lange über etwas, bis sich niemand mehr dafür interessiert ⟨ein Gedicht, ein Buch, ein Thema zerreden⟩

zer·rei·ßen; *zerriss, hat/ist zerrissen* **1** **etwas zerreißen** *(hat)* etwas in zwei oder mehrere Stücke reißen **2** **ein Tier zerreißt jemanden** *(hat)* ein Tier reißt jemanden in Stücke **3** **etwas zerreißt jemanden** *(hat)* ein Geschoss, eine Explosion *o.Ä.* reißt jemanden in Stücke **4** **etwas zerreißt jemandem etwas** *(hat)* ein Geschoss, eine Explosion, *o.Ä.* verletzt einen Körperteil von jemandem **5** **sich** *(Dativ)* **etwas zerreißen** *(hat)* ein Stück von seiner Kleidung beschädigen: *sich beim Klettern die Hose zerreißen* **6** **etwas zerreißt** *(ist)* etwas teilt sich plötzlich in zwei oder mehrere Teile auf oder bekommt Risse: *Papier/Dieser Stoff zerreißt leicht* **7** **sich (für jemanden/etwas) zerreißen** *(hat) umg;* sich (bei etwas) sehr große Mühe geben, sich für jemanden sehr stark einsetzen || ID *meist* **jemanden zerreißt es (fast) (vor Lachen)** *umg;* jemand muss sehr laut lachen; **Ich kann mich doch nicht zerreißen!** *umg;* ich kann nicht verschiedene Dinge zur gleichen Zeit tun

Zer·reiß·pro·be *die; -, -n;* eine Situation, in der eine wichtige Entscheidung fällt, für die man viel psychische Kraft braucht

zer·ren; *zerrte, hat gezerrt* **1** **jemanden/etwas in etwas** *(Akkusativ)***/aus etwas zerren** jemanden gegen seinen Willen oder etwas mit großer Kraft in/aus etwas ziehen: *jemanden aus dem Auto, ins Haus zerren* **2** **sich** *(Dativ)* **etwas zerren** einen Muskel oder eine Sehne so anstrengen und spannen, dass man sich verletzt ⟨sich einen Muskel zerren⟩ **3** **an jemandem/etwas zerren** (immer wieder) stark an jemandem/etwas ziehen: *Der Hund zerrte an der Leine*

zer·ris·sen **1** *Partizip Perfekt;* ↑ **zerreißen** **2** *Adjektiv; nicht als Adverb;* so, dass man sich für nichts entscheiden kann und unter diesem Zustand leidet ⟨(innerlich) zerrissen sein⟩

Zer·rung *die; -, -en;* eine Verletzung eines Muskels oder einer Sehne, die entsteht, wenn diese zu stark gedehnt worden sind || -K Muskelzerrung, Sehnenzerrung

zer·rüt·tet *Adjektiv;* so strapaziert, dass es sich auflöst ⟨eine Ehe, (Familien)Verhältnisse⟩

zer·schnei·den; *zerschnitt, hat zerschnitten* **1** **etwas zerschneiden** etwas in zwei oder mehrere Teile schneiden **2** **etwas zerschneiden** etwas durch Schneiden beschädigen: *Die Scherben haben den Reifen zerschnitten* **3** **sich** *(Dativ)* **etwas zerschneiden** sich an einem Körperteil verletzen, weil man in Kontakt mit einem sehr spitzen, scharfkantigen Gegenstand kommt

zer·set·zen; *zersetzte, hat zersetzt* **1** **etwas zersetzt etwas** etwas löst etwas durch chemische Reaktionen (in seine Bestandteile) auf: *Manche Metalle werden von Säuren völlig zersetzt* **2** **etwas zersetzen** *abwertend;* durch bestimmte Ideen und politische Handlungen die bestehende Ordnung *o.Ä.* in Gefahr bringen **3** **etwas zersetzt sich** etwas wird zersetzt (1) || *hierzu* **Zer·set·zung** *die; -, -en*

zer·sprin·gen; *zersprang, ist zersprungen;* **etwas zerspringt** etwas Hartes bricht in Stücke oder Scherben ≈ etwas zerbricht ⟨das Porzellan, die Vase, die Tasse, der Teller, die Steinplatte⟩

zer·stö·ren B2 *(hat)* **1** **jemand/etwas zerstört etwas** jemand/etwas beschädigt etwas so, dass man es nicht mehr reparieren kann ⟨etwas völlig, mutwillig zerstören⟩: *Im Krieg wurden viele Häuser durch Bomben völlig zerstört* **2** **jemand/etwas zerstört etwas** jemand/etwas macht etwas Positives kaputt ⟨jemandes Glück, jemandes Hoffnungen zerstören⟩ || *hierzu* **Zer·stö·rung** *die; -, -en*

zer·stö·re·risch *Adjektiv;* ⟨eine Kraft, eine

Aktion, eine Wut⟩ so, dass sie zu Zerstörung führen

zer·streu·en; *zerstreute, hat zerstreut* **1** **etwas zerstreut etwas** der Wind *o.Ä.* verteilt kleine oder leichte Sachen über eine relativ große Fläche **2** *meist* **die Polizei zerstreut jemanden** (*meist Plural*) die Polizei veranlasst, dass eine Gruppe von Menschen auseinandergeht: *Die Polizei zerstreute die Demonstranten* **3** **etwas zerstreuen** bewirken, dass bei einem anderen ein negatives Gefühl verschwindet ⟨jemandes Zweifel, Sorgen, Ängste zerstreuen⟩ **4** **jemanden/sich zerstreuen** bewirken, dass jemand/man selbst auf andere, schönere Gedanken kommt **5** ⟨Menschen⟩ **zerstreuen sich** eine große Menschenmenge geht auseinander

zer·streut *Adjektiv*; so, dass man an etwas ganz anderes denkt, während man etwas tut ≈ unkonzentriert ⟨zerstreut lächeln, antworten⟩ || *hierzu* **Zer·streut·heit** *die; -; nur Singular*

Zer·streu·ung *die; -, -en*; etwas, das zur Unterhaltung dient, *bes* damit man nicht an Probleme *usw* denkt ⟨Zerstreuung suchen, finden; für Zerstreuung sorgen; jemandem Zerstreuung bieten⟩

zer·tei·len; *zerteilte, hat zerteilt* **1** **etwas zerteilen** etwas *meist* durch Schneiden, Brechen *o.Ä.* in mehrere Stücke teilen ⟨Fleisch, Geflügel zerteilen; ein Fluss zerteilt das Land⟩ **2** **etwas zerteilt sich** etwas löst sich allmählich auf ⟨der Nebel, die Wolken⟩

Zer·ti·fi·kat B2 *das; -(e)s, -e* **1** eine Urkunde für eine bestandene Prüfung **2** *Bankwesen*; ein Wertpapier

zer·tre·ten; *zertritt, zertrat, hat zertreten*; **etwas zertreten** auf etwas mit dem Fuß treten und es dadurch stark beschädigen, zerstören oder töten ⟨ein Saatbeet, Blumen *o.Ä.* zertreten; einen Käfer, eine Spinne *o.Ä.* zertreten⟩

zer·trüm·mern; *zertrümmerte, hat zertrümmert*; **etwas zertrümmern** etwas mit großer Kraft oder Gewalt zerbrechen oder in Stücke schlagen

ze·tern; *zeterte, hat gezetert*; laut schimpfen oder jammern

Zet·tel B1 *der; -s, -*; ein *meist* kleines, einzelnes Blatt Papier (auf dem etwas steht oder auf das man etwas schreibt): *ein Zettel mit der Aufschrift „Komme gleich"* || -K Notizzettel

Zeug B1 *das; -(e)s; nur Singular* **1** *umg, meist abwertend*; etwas, das man nicht mit seiner eigentlichen Bezeichnung nennt (*meist* weil es wertlos oder uninteressant ist): *Hier liegt so viel Zeug herum, räum bitte auf!* **2** *umg abwertend* ≈ Unsinn ⟨dummes Zeug reden⟩ || ID **jemandem ((et)was) am Zeug flicken** *umg*; etwas Negatives über jemanden sagen **jemand hat das Zeug zu/für etwas** *umg*; jemand hat die nötigen Fähigkeiten für etwas: *Er hat das Zeug zum Musiker*; **sich (für jemanden/etwas) ins Zeug legen** sich viel Mühe geben (und alles tun, um jemandem zu helfen oder etwas zu erreichen)

Zeu·ge *der; -n, -n* **1** jemand, der dabei ist, wenn etwas, *bes* ein Verbrechen oder ein Unfall, geschieht ⟨Zeuge eines Unfalls werden⟩ || -K Augenzeuge; Tatzeuge **2** ein Zeuge (1), der vor Gericht sagt, was er gesehen oder gehört hat ⟨ein Zeuge der Anklage, der Verteidigung; als Zeuge aussagen⟩: *Die Aussage des Zeugen belastete den Angeklagten schwer* || K- Zeugenaussage **3** jemand, der bei einer wichtigen Handlung dabei ist und dies bestätigt || -K Taufzeuge, Trauzeuge || *hierzu* **Zeu·gin** *die; -, -nen*

zeu·gen; *zeugte, hat gezeugt* **1** **ein Kind zeugen** (als Mann) durch Sex ein Kind entstehen lassen **2** **etwas zeugt von etwas** etwas ist ein Zeichen von etwas: *Ihr Aufsatz zeugt von Fantasie*

Zeug·nis B2 *das; -ses, -se* **1** eine Art Urkunde, auf der *meist* in Form von Noten steht, wie gut die Leistungen eines Schülers, Lehrlings *o.Ä.* waren || K- Zeugnisnote || -K Abiturzeugnis, Schulzeugnis **2** ein Schreiben, in dem beschrieben wird, wie gut jemand gearbeitet hat ⟨jemandem ein Zeugnis ausstellen⟩ || -K Arbeitszeugnis **3** ≈ Gutachten ⟨ein ärztliches, amtliches Zeugnis⟩ || -K Gesundheitszeugnis **4** *förmlich* ≈ Dokument (2): *Zeugnisse der Vergangenheit* || ID **etwas ist (ein) beredtes Zeugnis von etwas** etwas zeugt von etwas, etwas ist ein Zeichen von etwas

Zeugs *das; -; nur Singular; umg abwertend* ≈ Zeug (1)

Zeu·gung *die; -, -en*; der Vorgang des Zeugens (1) *bes* aus der Sicht des Mannes || K- Zeugungsakt, Zeugungsfähigkeit; zeugungsfähig, zeugungsunfähig || Hinweis: ↑ **Empfängnis**

Zi·cke *die; -, -n* **1** eine weibliche Ziege **2** **(dumme) Zicke** *umg abwertend* ≈ Ziege (2) || ID **Zicken machen** *umg*; dumme Dinge tun und damit jemandem Schwierigkeiten machen

Zick·lein *das; -s, -*; eine junge Ziege

Zick·zack *nur in* **im Zickzack fahren** so fahren, dass man sehr oft die Richtung ändert || K- Zickzackkurs || *hierzu* **zick·zack** *Adverb*

Zie·ge *die; -, -n* **1** ein mittelgroßes Tier mit Hörnern, das gut auf steilen Wiesen klettern kann und das wegen seiner Milch gehalten wird ⟨die Ziege meckert⟩ || K- Ziegenbock, Ziegenkäse, Ziegenmilch **2** *umg abwertend;* verwendet als Schimpfwort für ein Mädchen oder eine Frau

Zie·gel *der; -s, -;* **1** eine Art rechteckiger Stein, *meist* aus gebranntem rotem Ton, mit dem man die Mauern von Häusern baut || K- Ziegelmauer, Ziegelstein || -K Tonziegel **2** eine der kleinen Platten, mit denen man das Dach eines Hauses macht ⟨ein Dach mit Ziegeln decken⟩ || K- Ziegeldach || -K Dachziegel

zie·hen B1 *zog, hat/ist gezogen* **1** **jemand/etwas zieht (jemanden/etwas)** *(hat)* jemand/etwas bewegt eine Person oder Sache, die hinter ihm/dahinter ist, in die gleiche Richtung ⟨einen Schlitten, Karren ziehen⟩: *Die Lokomotive zieht die Waggons; Du schiebst, und ich ziehe!* **2** **(jemanden/etwas irgendwohin/irgendwoher) ziehen** *(hat)* jemanden/etwas *bes* mit den Händen festhalten und auf sich zu bewegen: *Die Retter zogen den Verletzten aus dem brennenden Auto; Sie zog mit aller Kraft* **3** **(jemanden) an etwas** *(Dativ)* **ziehen** *(hat)* versuchen, jemanden/etwas auf sich zu zu bewegen: *jemanden am Ärmel, an den Haaren ziehen; Der Hund zog an der Leine* **4** **etwas (aus/von etwas) ziehen** *(hat)* etwas durch Ziehen (2) aus etwas nehmen ⟨(jemandem) einen Zahn ziehen; den Nagel aus der Wand ziehen⟩ **5** **(etwas) ziehen** *(hat)* beim Kartenspielen eine Karte auf den Tisch legen *bzw* bei anderen Spielen eine Spielfigur bewegen: *das Ass, den Bauern ziehen* **6** **(etwas) ziehen** *(hat)* schnell zur Waffe greifen ⟨die Pistole ziehen⟩ **7** **etwas ziehen** *(hat)* einen Mechanismus durch Ziehen (2) betätigen ⟨die Handbremse ziehen⟩ **8** **etwas ziehen** *(hat)* etwas befestigen und spannen ⟨eine Schnur ziehen⟩ **9** **etwas ziehen** *(hat)* eine Linie zeichnen ⟨eine Linie ziehen⟩ **10** **jemanden/etwas ziehen** *(hat)* aus einer Menge von Zahlen, Karten *o.Ä.* eine (oder mehrere) herausnehmen und so einen Gewinner feststellen ⟨die Lottozahlen ziehen⟩ **11** **etwas zieht etwas nach sich** *(hat)* etwas hat etwas als Folge: *Die Verletzung zog eine lange Behandlung nach sich* **12** **irgendwohin ziehen** *(ist)* den Ort und die Wohnung wechseln ⟨in die Stadt, nach Stuttgart ziehen⟩ **13** **irgendwohin ziehen** *(ist)* *(bes* als Gruppe) irgendwohin gehen, fahren: *Die Demonstranten zogen vors Rathaus; als Handwerker durchs Land ziehen* **14** **etwas zieht irgendwohin** *(ist)* etwas bewegt sich irgendwohin: *Der Rauch zog ins Wohnzimmer* **15** **an etwas** *(Dativ)* **ziehen** *(hat)* Rauch oder Flüssigkeit aufnehmen ⟨an einer Zigarette, an einem Strohhalm ziehen⟩ **16** *meist* **etwas zieht gut/schlecht** *(hat)* etwas hat genug Luft zum Brennen ⟨der Kamin⟩ **17** **etwas zieht gut** *(hat)* etwas hat viel Kraft und funktioniert gut ⟨der Motor⟩ **18** **etwas zieht** *(hat)* etwas hat den gewünschten Erfolg ⟨ein Trick⟩: *Komplimente ziehen bei mir nicht* || Hinweis: *meist* verneint **19** **etwas zieht sich** *(hat)* etwas dauert sehr lange oder dehnt sich über eine lange Strecke: *Die Rede zieht sich vielleicht* (= ist sehr lang)! **20** **es zieht** *(hat)* kalte Luft strömt so durch oder in einen Raum, dass es unangenehm ist

Zieh·har·mo·ni·ka *die; -, -s oder -har·mo·ni·ken;* eine Art Akkordeon ⟨(auf der) Ziehharmonika spielen⟩

Zie·hung *die; -, -en;* das Ziehen (10) von Losen, Nummern *usw*: *die Ziehung der Lottozahlen*

Ziel B1 *das; -(e)s, -e* **1** die Stelle, an der ein Rennen endet ↔ Start ⟨ins Ziel kommen⟩ || K- Zielgerade, Ziellinie **2** der Ort, den jemand am Ende einer Reise, Fahrt, Wanderung erreicht ⟨am Ziel ankommen⟩ || K- Zielflughafen || -K Ausflugsziel, Reiseziel **3** das, was ein Pfeil, Schuss *o.Ä.* treffen soll ⟨das Ziel treffen, verfehlen⟩ **4** **das Ziel** *(+ Genitiv)* das, was jemand mit seinen Handlungen erreichen möchte ⟨politische, wirtschaftliche Ziele; ein Ziel verfolgen, erreichen; sich *(Dativ)* ein Ziel setzen⟩: *Sein Ziel ist, Politiker zu werden* || -K Arbeitsziel, Berufsziel, Erziehungsziel || ID **über das Ziel hinausschießen** *umg;* bei etwas (stark) übertreiben

ziel·be·wusst *Adjektiv;* so, handelnd, dass man ein Ziel (4) unbedingt erreichen will ≈ entschlossen ⟨ein Mensch, ein Vorgehen; zielbewusst handeln; auf etwas zielbewusst zusteuern⟩

zie·len; *zielte, hat gezielt* **1** **(auf jemanden/etwas) zielen** *bes* eine Waffe *o.Ä.* so auf jemanden/etwas richten, dass man ihn/es mit dem Schuss trifft ⟨gut, genau zielen; ein gut gezielter Schuss, Wurf⟩: *auf ein Reh zielen* **2** **auf jemanden/etwas zielen** jemanden/etwas mit einer Äußerung meinen *bzw* sich mit einer Äußerung auf jemanden/etwas beziehen: *Seine kritischen Bemerkungen zielten auf mich* **3** **etwas zielt auf etwas** *(Akkusativ)* eine Handlung hat einen bestimmten Zweck: *Die Maßnahmen zielen darauf, die sozialen Bedingungen zu verbessern*

Ziel·grup·pe *die; -, -n;* eine Gruppe von Menschen mit ähnlichen Eigenschaften, die als Konsumenten eines Produkts angesprochen werden sollen

zi̲el·los *Adjektiv;* ohne Ziel und ohne genau zu wissen, was man tut

Zi̲el·schei·be *die; -, -n* **1** eine Scheibe, Platte *o.Ä.* mit Kreisen, an der man das Zielen (1) übt **2** *meist* **zur Zielscheibe des Spottes/der Kritik werden** derjenige sein, gegen den sich der Spott/die Kritik richtet

Zi̲el·set·zung *die; -, -en* ≈ Ziel (4), Plan ⟨eine klare, realistische, politische Zielsetzung⟩

zi̲el·si·cher *Adjektiv* **1** geübt im Zielen (1), daher sicher im Schießen, Werfen *usw* ⟨ein Schütze⟩ **2** *meist als Adverb;* mit dem genauen Wissen, was man tun muss, um sein Ziel (4) zu erreichen ⟨zielsicher vorgehen⟩ || *hierzu* **Zi̲el·si·cher·heit** *die; -; nur Singular*

zi̲em·lich B1 *Adjektiv* **1** *nur vor dem Substantiv, nicht als Adverb; umg;* relativ groß: *etwas mit ziemlicher Sicherheit wissen; eine ziemliche Menge Geld; mit ziemlicher Geschwindigkeit* **2** *nur als Adverb* ≈ relativ, verhältnismäßig: *ein ziemlich heißer Tag; ziemlich viel trinken; Diese Aufgabe ist ziemlich schwierig* **3** *nur als Adverb; umg;* **(so) ziemlich** ≈ fast, ungefähr: *Sie hat so ziemlich alles, was man sich wünschen kann*

Zi̲er *die; -; nur Singular* ≈ Zierde || K- Zierfisch, Ziergarten, Ziergras, Zierpflanze, Zierstrauch || Hinweis: *Zier* wird nur noch in den Wortzusammensetzungen *Zierfisch usw* verwendet

Zi̲er·de *die; -, -n; meist Singular;* ein Gegenstand, der durch seine Anwesenheit bewirkt, dass etwas schöner aussieht ≈ Schmuck: *Der alte Brunnen ist eine Zierde für das Dorf*

zi̲e·ren; *zierte, hat geziert* **1** **etwas ziert etwas** *förmlich;* etwas dient als Schmuck: *Goldene Ringe zierten ihre Hände* **2** **sich zieren** *abwertend;* etwas nicht tun wollen (weil man Angst hat, sich schämt, zu stolz dafür ist)

zi̲er·lich *Adjektiv* **1** mit feinen, schlanken Gliedern ⟨eine Figur, Hände⟩: *eine zierliche alte Dame* **2** elegant in der Bewegung || *hierzu* **Zi̲er·lich·keit** *die; -; nur Singular*

Zịf·fer *die; -, -n* **1** das geschriebene Zeichen, das für eine Zahl steht: *eine Zahl mit vier Ziffern* **2** *umg* ≈ Zahl **3** **die arabischen Ziffern** die Zeichen 1, 2, 3, 4 *usw* **4** **die römischen Ziffern** die Zeichen I, II, III, IV *usw* **5** eine Ziffer (1), die einen Abschnitt in einem (Gesetzes-)Text kennzeichnet: *Paragraf 5, Ziffer 9 der Verordnung*

Zịf·fer·blatt *das; -(e)s, -blät·ter;* der flache Teil einer Uhr, auf dem die Stunden (in Ziffern) angegeben sind

zịg *Zahladjektiv; indeklinabel; umg* ≈ sehr viele: *Er hat zig Freundinnen*

Zi·ga·rẹt·te B1 *die; -, -n;* eine Hülle aus Papier, mit Tabak darin, zum Rauchen ⟨eine Zigarette rauchen⟩ || K- Zigarettenrauch || -K Filterzigarette

Zi·gạr·re B2 *die; -, -n;* eine Art Rolle aus Tabakblättern, die man raucht || K- Zigarrentabak

Zi·geu̲·ner *der; -s, -;* **1** verwendet als Bezeichnung für *Sinti und Roma* || K- Zigeunerleben, Zigeunermusik || Hinweis: Die Bezeichnung *Zigeuner* wird von den *Sinti* und *Roma* als diskriminierend empfunden und sollte daher vermieden werden **2** *umg abwertend;* jemand, der ein unstetes Leben führt || *hierzu* **Zi·geu̲·ne·rin** *die; -, -nen*

zịg·fach *Zahladjektiv; umg* ≈ vielfach ⟨etwas zigfach vergrößern⟩: *Das kostet heute ein Zigfaches*

zịg·mal *Adverb; umg;* sehr oft

Zịg·tau·send, zịg·tau·send *Zahlwort; indeklinabel; umg;* viele Tausend

Zịm·mer A1 *das; -s, -;* **1** ein Raum in einer Wohnung oder in einem Haus, in dem man sich aufhält, arbeitet, schläft: *eine Wohnung mit zwei Zimmern, Küche, Bad und WC* || -K Arbeitszimmer, Badezimmer, Esszimmer, Schlafzimmer **2** einer der Räume in einem Hotel *o.Ä.*, in dem die Gäste wohnen ⟨ein Zimmer reservieren⟩: *ein Zimmer mit Dusche und WC; Haben Sie noch Zimmer frei?* || -K Fremdenzimmer, Hotelzimmer; Doppelzimmer

Zịm·mer·mäd·chen B1 *das; -s, -;* eine Frau, die in einem Hotel *o.Ä.* die Zimmer aufräumt, die Betten macht *usw*

zịm·mern; *zimmerte, hat gezimmert;* **(etwas) zimmern** etwas (*bes* mit der Hand) aus Holz machen ⟨einen Tisch, einen Stuhl, eine Bank zimmern⟩: *ein grob gezimmerter Schrank* || *hierzu* **Zịm·me·rer** *der; -s, -,* **Zịm·mer·mann** *der; -s, -män·ner/-leu·te;* **Zịm·me·rin** *die; -, -nen*

zịm·per·lich *Adjektiv; abwertend;* sehr empfindlich (schon bei geringen Schmerzen): *Sei nicht so zimperlich, eine Spritze tut doch gar nicht weh!*

Zịmt *der; -(e)s; nur Singular;* ein gelblich braunes Gewürz, das als Pulver oder in kleinen Stangen *bes* für süße Speisen verwendet wird: *Milchreis mit Zimt und Zucker*

Zịnk *das; -(e)s; nur Singular;* ein Metall von

bläulich weißer Farbe. Man verwendet es bei der Herstellung von Messing und als Schutz vor Rost; *Chemie* Zn || K- Zinkblech

Zinn *das; -(e)s; nur Singular* **1** ein weiches Metall, das wie Silber glänzt und das man leicht formen kann; *Chemie* Sn || K- Zinnbecher || -K Lötzinn **2** Gegenstände, *bes* Geschirr aus Zinn

Zins[1] B2 *der; -es, -en; meist Plural;* Geld, das man *z.B.* einer Bank zahlen muss, wenn man von ihr Geld leiht, *bzw* das man von ihr bekommt, wenn man bei ihr Geld angelegt hat ⟨hohe, niedrige Zinsen; etwas bringt, trägt Zinsen⟩: *Für den Kredit zahlen wir 7% Zinsen* || K- Zinserhöhung, Zinssenkung; zinsgünstig || -K Kreditzins; Habenzins, Sollzins

Zins[2] B2 *der; -es, -e* **1** *südd* Ⓐ Ⓒⓗ ≈ Miete || -K Mietzins, Pachtzins **2** *historisch* ≈ Abgabe, Steuer

Zin·ses·zins *der; -es, -en;* das Geld, das man von der Bank für die Zinsen bekommt, die bei ihr (liegen) bleiben || K- Zinseszinsrechnung

Zins·fuß *der; -es, -fü·ße* ≈ Zinssatz

Zins·satz *der; -es, -sät·ze;* die Höhe der Zinsen (in Prozent) ≈ Zinsfuß: *ein Zinssatz von 5¾ %*

Zi·o·nis·mus *der; -; nur Singular; historisch;* eine politische Bewegung mit dem Ziel, für die Juden einen unabhängigen Staat (Israel) zu schaffen || *hierzu* **zi·o·nis·tisch** *Adjektiv*

Zip·fel *der; -s, -;* **1** das spitze, schmale Ende von etwas (*bes* eines Tuchs oder an der Kleidung): *die Zipfel eines Taschentuchs* || -K Bettzipfel, Hemdzipfel, Rockzipfel, Schürzenzipfel, Wurstzipfel **2** (*bes* von und gegenüber Kindern verwendet) ≈ Penis

zir·ka B2 ↑ **circa**

Zir·kel *der; -s, -;* **1** ein Gerät, ungefähr von der Form eines umgekehrten Y, mit dem man Kreise zeichnen kann **2** eine Gruppe von Personen, die ein gemeinsames Hobby oder gemeinsame Interessen haben (und sich daher oft treffen)

zir·ku·lie·ren; *zirkulierte, hat zirkuliert* **1** **etwas zirkuliert** etwas bewegt sich (in einem System oder Raum) im Kreis: *einen Ventilator einschalten, damit die Luft besser zirkuliert* **2** **etwas zirkuliert** etwas wird von einem zum anderen weitergegeben ≈ etwas kursiert ⟨Gerüchte, eine Krankheit⟩ || *hierzu* **Zir·ku·la·ti·on** *die; -, -en; meist Singular*

Zir·kus *der; -, -se* **1** ein Unternehmen, das die Leute mit Kunststücken, Clowns, dressierten Tieren unterhält || K- Zirkusclown, Zirkuspferd, Zirkusvorstellung, Zirkuszelt **2** eine einzelne Vorstellung eines Zirkus **3** *umg abwertend;* unnötige Aufregung ⟨einen großen Zirkus veranstalten⟩

zir·pen; *zirpte, hat gezirpt;* **ein Tier zirpt** eine Grille, eine Heuschrecke gibt die typischen hohen Töne von sich

zi·schen; *zischte, hat/ist gezischt* **1** **ein Tier zischt** (*hat*) eine Gans, eine Schlange *o.Ä.* gibt schnell hintereinander Laute von sich, die wie *s, sch* oder *z* klingen || K- Zischlaut **2** **etwas zischt** (*hat*) etwas produziert Laute, die wie *s, sch* oder *z* klingen: *Heißes Fett zischt, wenn Wasser dazukommt* **3** **etwas zischen** (*hat*) etwas in ärgerlichem, scharfem Ton sagen: *„Hau ab", zischte sie wütend* **4** **irgendwohin zischen** (*ist*) *umg;* sich sehr schnell bewegen **5** **ein Bier zischen** (*hat*) *umg;* ein Bier trinken

Zi·tat *das; -(e)s, -e;* eine Äußerung, die man wörtlich aus einem (*meist* bekannten) Text nimmt: *ein Zitat aus Shakespeares „Hamlet"* || -K Goethezitat

zi·tie·ren; *zitierte, hat zitiert* **1** **(jemanden/etwas) zitieren** jemandes Worte genau wiedergeben **2** **jemanden irgendwohin zitieren** *umg;* jemandem den Befehl geben, an einen bestimmten Ort zu kommen: *Der Schüler wurde zur Direktorin zitiert*

Zit·ro·ne A1 *die; -, -n;* eine kleine, sehr saure Frucht mit einer dicken gelben Schale || K- Zitronenlimonade, Zitronensaft

Zit·rus·frucht *die; -, -früch·te;* eine von mehreren ähnlichen Früchten mit viel Vitamin C, die *meist* eine dicke, gelbe oder orange Schale und viel Saft haben, *z.B.* Orangen, Zitronen, Grapefruits

zit·te·rig *Adjektiv;* ⟨Hände, Finger⟩ so, dass sie (oft) zittern

zit·tern; *zitterte, hat gezittert* **1** (*meist* aus Angst, Nervosität oder Schwäche) schnelle, kleine, unkontrollierte Bewegungen machen ⟨vor Angst, Kälte zittern; am ganzen Körper zittern⟩: *Seine Hände zitterten* **2** *meist* **jemandes Stimme zittert** jemandes Stimme klingt aufgeregt und nicht gleichmäßig: *Ihre Stimme zitterte vor Zorn* **3** **vor jemandem/etwas zittern** *umg;* vor jemandem/etwas große Angst haben

zitt·rig *Adjektiv;* ↑ **zitterig**

Zi·vi [-v-] *der; -s, -s; umg;* ein junger Mann, der Zivildienst leistet

zi·vil [-v-] *Adjektiv; meist vor dem Substantiv* **1** nicht für das Militär bestimmt, nicht zum Militär gehörig ⟨die Luftfahrt; etwas dient zivilen Zwecken⟩: *Er ist im zivilen Leben Elektrotechniker, bei der Armee war er Funker* || K-

Zivilbehörde, Zivilberuf, Zivilbevölkerung, Zivilgefangene(r), Zivilleben, Zivilluftfahrt, Zivilperson, Zivilschutz **2** *umg;* nicht zu teuer ⟨Preise⟩

Zi·vil [-v-] *das; -s; nur Singular* **1** die Kleidung, die jemand trägt, wenn er keine Uniform oder besondere Amtskleidung trägt ⟨Zivil tragen; in Zivil⟩ || K- **Zivilanzug, Zivilkleidung, Zivilbeamte(r)** **2** CH ≈ Familienstand

Zi·vil·cou·ra·ge *die; -; nur Singular;* der Mut, das zu sagen und zu tun, was man für richtig und wichtig hält (auch wenn es einem schaden kann) ⟨Zivilcourage beweisen, zeigen, haben, besitzen; die Zivilcourage haben + zu + *Infinitiv*⟩

Zi·vil·dienst *der; -es; nur Singular;* der Dienst und die Arbeiten, die ein junger Mann statt des Wehrdienstes macht ⟨(den) Zivildienst (ab)leisten⟩ || *hierzu* **Zi·vil·dienst|leis·ten·de** *der; -n, -n*

Zi·vi·li·sa·ti·on [-'tsio:n] *die; -, -en* **1** *nur Singular;* die Stufe in der Entwicklung der Gesellschaft, auf der es technischen Fortschritt, soziale und politische Ordnung und kulturelles Leben gibt **2** eine Gesellschaft in einer bestimmten Phase der Zivilisation

zi·vi·li·siert *Adjektiv* **1** *umg;* höflich, mit guten Manieren: *Kannst du dich nicht ein bisschen zivilisierter benehmen?* **2** mit einem relativ hohen Maß an Zivilisation (1)

Zi·vi·list [-v-] *der; -en, -en;* jemand, der nicht zum Militär gehört || *hierzu* **Zi·vi·lis·tin** *die; -, -nen*

Zi·vil·pro·zess *der; -es, -e; Rechtswesen;* ein Prozess, in dem das Gericht solche Klagen behandelt, die nicht zum Strafrecht oder öffentlichen Recht gehören

Zi·vil·recht *das; -(e)s; nur Singular, Rechtswesen;* die Gesetze, die Handlungen und Beziehungen privater Personen betreffen und nicht zum Strafrecht gehören || *hierzu* **zi·vil·recht·lich** *Adjektiv*

zo·cken; *zockte, hat gezockt; umg;* um Geld Karten, Würfelspiele *o.Ä.* spielen || *hierzu* **Zo·cker** *der; -s, -;* **Zo·cke·rin** *die; -, -nen*

Zoff *der; -s; nur Singular; umg;* Streit, Zank, Ärger ⟨mit jemandem Zoff bekommen, haben; es gibt Zoff⟩

zog *Imperfekt, 1. und 3. Person Singular;* ↑ **ziehen**

zö·ge *Konjunktiv II, 1. und 3. Person Singular;* ↑ **ziehen**

zö·ger·lich *Adjektiv;* nur langsam, zögernd

zö·gern; *zögerte, hat gezögert;* **zögern + zu +** *Infinitiv;* **(mit etwas) zögern** etwas (noch) nicht tun, weil man Angst hat oder weil man nicht weiß, ob es richtig ist: *Er zögerte lange mit der Antwort; Er zögerte nicht, die Frage zu beantworten*

Zoll[1] B1 *der; -(e)s, Zöl·le* **1** eine Art Steuer, die man einem Staat zahlen muss, wenn man bestimmte Waren in das Land einführt ⟨auf einer Ware liegt Zoll; die Zölle senken, anheben⟩ || K- **Zollbehörde, Zollkontrolle, Zolltarif; zollfrei, zollpflichtig** || -K **Ausfuhrzoll, Schutzzoll** **2** *nur Singular;* die Behörde, die die Vorschriften ausführt, die für Zölle gelten **3** *historisch;* der Preis, den man zahlen musste, wenn man über eine bestimmte Brücke, Straße gehen, fahren wollte || -K **Brückenzoll**

Zoll[2] B1 *der; -(e)s, -;* ein Längenmaß von ungefähr 2,7 bis 3 cm

Zöll·ner *der; -s, -; umg;* ein Beamter (der Zollbehörde) *bes* an einer (Staats)Grenze || *hierzu* **Zöll·ne·rin** *die; -, -nen*

Zoll·stock *der; -(e)s, -stö·cke;* ein Stab zum Messen (mit einer Einteilung in Zentimeter und Millimeter), den man zusammenklappen kann ≈ Metermaß

Zo·ne *die; -, -n* **1** ein Gebiet mit den jeweils genannten Eigenschaften: *eine entmilitarisierte Zone; die tropische Zone* || -K **Erdbebenzone, Hochdruckzone; Besatzungszone, Klimazone** **2** ein Gebiet, in dem bestimmte Preise (*bes* für das Telefonieren und den öffentlichen Verkehr) gelten || K- **Zonentarif** || -K **Gebührenzone**

Zoo B1 *der; -s, -s;* eine Art Park, in dem Tiere in Gehegen oder Käfigen gezeigt werden

Zoo·lo·gie [tsoo-] *die; -; nur Singular;* die Wissenschaft, die sich mit den Tieren und ihrer Art zu leben beschäftigt ≈ Tierkunde || *hierzu* **Zoo·lo·ge** *der; -n, -n;* **Zoo·lo·gin** *die; -, -nen;* **zoo·lo·gisch** *Adjektiv*

Zopf *der; -(e)s, Zöp·fe* **1** lange Haare, die zusammengebunden sind. Dabei werden drei gleich starke Teile immer wieder abwechselnd einer um die anderen gelegt ⟨Zöpfe flechten, tragen⟩ **2** ein *meist* süßes Brot in der Form eines breiten Zopfes || ↑ Abbildung unter **Brot** **3** **ein alter Zopf** *umg;* etwas, das jeder weiß und das niemanden mehr interessiert

Zorn *der; -(e)s; nur Singular;* **Zorn (auf jemanden/über etwas** (*Akkusativ*)) ein starkes Gefühl des Ärgers ≈ Wut ⟨in Zorn geraten⟩: *im Zorn einen Stuhl zertrümmern* || K- **Zornausbruch**

zor·nig *Adjektiv;* voller Zorn ≈ wütend

Zo·te *die; -, -n; abwertend;* ein Witz (über ein sexuelles Thema), der als unanständig empfunden wird || *hierzu* **zo·tig** *Adjektiv*

zu¹ A1 [tsu:], *unbetont* [tsʊ] *Präposition; mit Dativ* **1** verwendet, um das Ziel einer Bewegung anzugeben: *zum Bahnhof fahren; zur Bank, Post, Schule, Arbeit gehen* **2** verwendet, um eine Veranstaltung, bei der viele Leute sind, als Ziel zu nennen: *zur Party gehen/kommen; zu einer Tagung fahren; zu einem Kongress eingeladen sein* **3** verwendet, um die Position, Lage *o.Ä.* einer Person/Sache anzugeben ⟨zu Hause, zu Lande und zu Wasser, zur Rechten, zur Linken⟩ **4** verwendet, um einen Zeitpunkt oder Zeitraum anzugeben ⟨zu Beginn, zum Schluss; zu Weihnachten/Ostern/Pfingsten; zu jeder/keiner Zeit⟩: *Die Wohnung kann zum 15. April bezogen werden* **5** verwendet, um die Art und Weise einer Fortbewegung, ohne Fahrzeug, zu bezeichnen ⟨zu Fuß, zu Pferd⟩ **6** verwendet, um die Zahl der beteiligten Personen anzugeben ⟨zu zweit, zu dritt, zu viert *usw*⟩ **7** verwendet, um die Menge anzugeben: *Benzin in Kanistern zu 50 Litern; Das ist nur zum Teil/zur Hälfte richtig* **8** verwendet, um den Preis einer Ware zu nennen: *Socken zu 4 Euro das Paar; zum halben Preis* **9** verwendet, um den Anlass oder Zweck einer Handlung anzugeben: *jemandem etwas zum Geburtstag schenken* **10** verwendet, um ein Ergebnis eines Spiels auszudrücken: *Das Fußballspiel endete drei zu zwei* (3:2) **11** verwendet, um das Ergebnis oder die Folge eines Vorgangs oder einer Handlung zu bezeichnen: *jemanden zum Lachen bringen; zu einem Ergebnis kommen* **12** verwendet, um das Ziel oder den Zweck einer Handlung anzugeben: *Er geht jeden Abend zum Kegeln* **13** verwendet mit einem vom Verb abgeleiteten Substantiv, um die Voraussetzungen für etwas anzugeben: *Zum Fotografieren braucht man eine gute Kamera* **14** verwendet, um auszudrücken, dass etwas zu etwas gehört: *Zu Fisch trinkt man Weißwein, zu Wild Rotwein; Die Schuhe passen nicht zu diesem Kleid* **15** **zum Ersten, Zweiten** *usw* ≈ erstens, zweitens *usw*

zu² A1 [tsu:], *unbetont* [tsʊ] *Adverb* **1** in Richtung auf jemanden oder etwas hin: *Wir haben zwei Zimmer vermietet - eins geht dem Garten zu und eins der Straße zu* **2** **zu** + *Adjektiv;* drückt aus, dass etwas in höherem Maße zutrifft als angemessen oder gut ist ⟨zu teuer, zu viel, zu wenig⟩: *Dafür bin ich zu alt; Besser zu viel als zu wenig!; Du bist zu spät gekommen - der Film hat schon angefangen* **3** verwendet, um jemanden aufzufordern, etwas zu schließen ⟨Tür, Augen, Mund zu!⟩ **4** verwendet, um jemanden aufzufordern, mit etwas weiterzumachen ⟨Nur zu!; Immer zu!⟩ **5** **etwas ist zu** *umg;* etwas ist geschlossen oder verschlossen ↔ etwas ist offen: *Das Fenster ist zu; Die Bank war schon* || *zu* ↑ Abbildung unter **breit** **6** **jemand ist zu** *umg;* jemand ist im Alkohol- oder Drogenrausch

zu³ A1 [tsʊ] *Konjunktion* **1** **zu** + *Infinitiv;* verwendet, um eine Möglichkeit oder Notwendigkeit auszudrücken: *Zimmer zu vermieten; Was ist noch zu tun?* **2** **zu** + *Infinitiv* verwendet, um an bestimmte Verben ein weiteres Verb anzuschließen: *Es fängt an zu regnen* **3** **zu** + *Partizip Präsens + Substantiv;* verwendet, um eine Möglichkeit, Erwartung, Notwendigkeit auszudrücken: *die zu erwartende Flut von Protesten; die zu klärenden Fragen*

zu- A2 *im Verb; betont und trennbar;* Die Verben mit *zu-* werden nach folgendem Muster gebildet: *zumachen - machte zu - hat zugemacht* **1** drückt aus, dass etwas, das offen war, geschlossen, bedeckt oder gefüllt wird ↔ auf-; **jemanden/sich/etwas zudecken; etwas zuklappen, zukleben, zumachen, zunageln, zuschaufeln, zuschrauben;** ⟨ein See⟩ **friert zu;** ⟨eine Wunde⟩ **heilt zu** **2** **auf jemanden/etwas zu-** drückt die Richtung direkt auf jemanden/etwas (hin) aus ↔ weg- (von jemandem/etwas); **sich auf jemanden/etwas zubewegen; auf jemanden/etwas zufahren, zufliegen, zugehen, zukommen, zulaufen** **3** drückt aus, dass sich jemand durch eine Geste *o.Ä.* an eine bestimmte Person wendet (*bes* ihr etwas signalisiert); **jemandem zublinzeln, zujubeln, zulächeln, zuwinken, zuzwinkern** **4** drückt aus, dass jemand/ein Tier eine Handlung mit viel Energie und Willenskraft ausführt; ⟨fest, kräftig⟩ **zubeißen, zugreifen, zupacken, zuschnappen;** ⟨die Tür laut, wütend⟩ **zuschlagen, zuwerfen** **5** drückt aus, dass jemand etwas bekommt; **jemandem etwas zusichern, zuspielen, zuteilen, zuweisen** **6** drückt aus, dass noch jemand/etwas zu einer vorhandenen Gruppe oder Menge kommt ≈ hinzu- ↔ ab-, weg-; (**etwas** (*Dativ*)) **etwas zugeben, zugießen; etwas zukaufen;** ⟨einer Kategorie⟩ **jemanden/etwas zuordnen, zurechnen** **7** drückt aus, dass man einer Sache eine bestimmte Form gibt, etwas in einen bestimmten Zustand bringt; **etwas zurichten, zusägen, zuschneiden, zuspitzen**

zu·al·ler·erst *Adverb; umg* ≈ als Erstes überhaupt

zu·al·ler·letzt *Adverb; umg* ≈ als Letztes überhaupt

zu·bau·en (*hat*) **etwas zubauen** *meist* ein

freies Gelände dadurch füllen, dass man dort Häuser baut

Zu·be·hör *das; -(e)s; nur Singular;* einzelne Gegenstände, die zu einem Gerät, einer Maschine *o.Ä.* gehören (und mit denen man das Gerät besser oder anders nützen kann): *eine Nähmaschine mit allem Zubehör* || -K Autozubehör

zu·be·rei·ten [B2] *bereitete zu, hat zubereitet;* **etwas zubereiten** Speisen (*meist* durch Hitze) zum Essen fertig machen: *das Mittagessen zubereiten* || *hierzu* **Zu·be·rei·tung** *die; -, -en*

zu·bil·li·gen (*hat*) **jemandem etwas zubilligen** jemandem ein Recht *o.Ä.* gewähren ≈ jemandem etwas zugestehen, einräumen ⟨jemandem ein Recht, eine Erleichterung, mildernde Umstände zubilligen⟩

zu·bin·den (*hat*) **etwas zubinden** Bänder, Schnüre *usw* so binden, dass etwas geschlossen oder fest ist: *einen Sack, die Schuhe zubinden*

zu·brin·gen (*hat*) **1** ⟨den Abend, den Tag, die Woche *usw*⟩ **(mit etwas) zubringen** während der genannten Zeit etwas Bestimmtes tun oder in einem bestimmten Zustand sein ≈ verbringen: *Die letzte Woche habe ich mit Grippe im Bett zugebracht; den Abend damit zubringen, Vokabeln zu lernen* **2** *meist* **etwas nicht zubringen** *umg;* etwas nicht schließen können

Zu·brin·ger *der; -s, -;* **1** eine Straße, die andere Straßen (oder einen Ort) mit der Autobahn verbindet || K- Zubringerstraße || -K Autobahnzubringer **2** ein Bus *o.Ä.*, der Personen an den Ort bringt, von dem (aus) sie (mit einem anderen Verkehrsmittel, *bes* einem Flugzeug) weiterfahren können || K- Zubringerbus, Zubringerdienst, Zubringerverkehr

Zuc·chi·ni [tsʊˈkiːni] *die; -, -; meist Plural* **1** eine lange, grüne Frucht, ähnlich wie eine Gurke, die man als Gemüse isst || ↑ Illustration **Obst und Gemüse**

züch·ten [B2] *züchtete, hat gezüchtet;* **Tiere/Pflanzen züchten** Tiere oder Pflanzen halten, um weitere junge Tiere *bzw* neue Pflanzen *meist* mit besonderen Eigenschaften zu bekommen: *Kakteen züchten; Rinder mit hoher Fleischqualität züchten* || *hierzu* **Züch·ter** *der; -s, -;* **Züch·te·rin** *die; -, -nen;* **Züch·tung** *die; -, -en*

züch·ti·gen; *züchtigte, hat gezüchtigt;* **jemanden züchtigen** *förmlich;* jemanden strafen, indem man ihn schlägt || *hierzu* **Züch·ti·gung** *die; -, -en*

zu·cken; *zuckte, hat gezuckt* **1** eine kurze, schnelle Bewegung machen (die man nicht kontrollieren kann): *Er zuckte, als ihm der Arzt die Spritze gab* **2** **etwas zuckt** etwas leuchtet kurz (mehrmals hintereinander) ⟨Blitze, Flammen⟩ **3** **mit den Schultern/Achseln zucken**; **die Schultern/Achseln zucken** die Schultern kurz heben und somit ausdrücken, dass man etwas nicht weiß oder dass es einem gleichgültig ist

zü·cken; *zückte, hat gezückt* **1** **etwas zücken** eine Waffe schnell in die Hand nehmen, um zu kämpfen ⟨das Schwert, den Dolch, die Pistole zücken⟩ **2** **etwas zücken** *umg humorvoll;* etwas aus einer Tasche nehmen, um es zu verwenden ⟨die Brieftasche, den Füller zücken⟩

Zu·cker [A1] *der; -s, -;* **1** *nur Singular;* eine weiße oder braune Substanz (in Form von Pulver, kleinen Kristallen oder Würfeln), mit der man Speisen und Getränke süß macht ⟨ein Stück, ein Löffel Zucker; etwas mit Zucker süßen⟩: *Nehmen Sie Zucker in den/zum Tee?; Ich trinke den Kaffee ohne Zucker* || K- Zuckerdose, Zuckermasse || -K Puderzucker, Würfelzucker **2** *Chemie;* eine von mehreren süß schmeckenden Substanzen, die für die Ernährung wichtig sind || -K Fruchtzucker, Milchzucker, Traubenzucker **3** *nur Singular; umg* ≈ Diabetes, Zuckerkrankheit

Zu·cker·krank·heit *die; -; nur Singular* eine Krankheit, bei der das Blut zu viel Zucker enthält ≈ Diabetes || *hierzu* **zu·cker·krank** *Adjektiv*

zu·ckern; *zuckerte, hat gezuckert;* **etwas zuckern** etwas mit Zucker süß machen ≈ süßen: *den Kaffee zuckern*

Zu·cker·rü·be *die; -, -n;* eine Rübe, aus der man Zucker macht

zu·cker·süß *Adjektiv* **1** sehr süß: *Die Trauben sind zuckersüß* **2** *umg, meist abwertend;* übertrieben freundlich oder liebenswürdig

zu·de·cken (*hat*) **1** **jemanden/sich/etwas zudecken** über jemanden/sich/etwas eine Decke legen: *Deck dich gut zu, es ist kalt* **2** **etwas zudecken** einen Deckel, etwas Schützendes über etwas legen: *den Topf zudecken*

zu·dem *Adverb; förmlich* ≈ außerdem

zu·dring·lich *Adjektiv* **1** ≈ aufdringlich **2** **zudringlich werden** jemanden sexuell belästigen || *hierzu* **Zu·dring·lich·keit** *die; -; nur Singular*

zu·ei·nan·der *Adverb;* eine Person/Sache zu der anderen (drückt eine Gegenseitigkeit aus): *Seid nett zueinander!*

zu·ei·nạn·der·fin·den; *fanden zueinander, haben zueinandergefunden;* ⟨*meist* zwei Personen⟩ **finden zueinander** zwei Personen bauen eine enge Beziehung zueinander auf

zu·ei·nạn·der·hal·ten; *hielten zueinander, haben zueinandergehalten;* ⟨Personen⟩ **halten zueinander** zwei oder mehrere Personen helfen und unterstützen sich gegenseitig

zu·ei·nạn·der·pas·sen; *passten zueinander, haben zueinandergepasst;* ⟨Personen, Dinge⟩ **passen zueinander** zwei oder mehrere Personen/Dinge haben ähnliche Eigenschaften, so dass sie gut miteinander auskommen/kombiniert werden können

zu̲·er·ken·nen; *erkannte zu, hat zuerkannt;* **jemandem etwas zuerkennen** bestimmen (*bes* durch den Beschluss eines Gerichtes), dass jemand etwas bekommt ≈ jemandem etwas zusprechen ⟨jemandem einen Preis, ein Recht, eine Entschädigung zuerkennen⟩

zu·e̲rst [A2] *Adverb* **1** (als Erstes) vor allen anderen Tätigkeiten ↔ zuletzt: *Ich möchte mir zuerst die Hände waschen; Zuerst muss man Butter und Zucker schaumig rühren, dann das Mehl dazugeben* **2** als Erste(r) oder Erstes: *Sie war zuerst da; Spring du zuerst!* **3** während der ersten Zeit, am Anfang: *Zuerst hat die Wunde sehr wehgetan*

zu̲·fah·ren (*ist*); **auf jemanden/etwas zufahren** in die Richtung zu jemandem/etwas fahren: *zu schnell auf die Kreuzung zufahren* || [ID] *meist* **Fahr zu!** *umg;* fahr los/weiter/schneller

Zu̲·fahrt *die; -, -en;* eine Straße oder ein Weg zu einem Ort oder Haus (aber nicht weiter als bis dorthin) || [K-] Zufahrtsstraße, Zufahrtsweg

Zu̲·fall [B2] *der; -(e)s, Zu·fäl·le;* ein Ereignis, das nicht geplant wurde und das nicht notwendigerweise so geschehen musste ⟨ein seltsamer, merkwürdiger, (un)glücklicher Zufall; etwas ist (reiner/purer) Zufall; durch Zufall⟩: *Wenn man dreimal hintereinander eine „6" würfelt, ist das ein Zufall*

zu̲·fal·len (*ist*) **1** **etwas fällt zu** etwas schließt sich mit einer schnellen Bewegung: *Die Tür fiel hinter ihr zu* **2** **etwas fällt jemandem zu** etwas wird jemandes Eigentum oder Aufgabe: *Das Haus fiel seiner nach seinem Tod einem Neffen zu; Ihr fiel es zu, die Fehler zu korrigieren* **3** **etwas fällt jemandem zu** ≈ etwas fliegt jemandem zu (3)

zu̲·fäl·lig [B1] *Adjektiv* **1** durch einen Zufall: *Wir haben uns zufällig auf der Straße getroffen* **2** *umg* ≈ vielleicht: *Weißt du zufällig, wann der letzte Bus fährt?*

zu̲·flie·gen (*ist*) **1** **auf jemanden/etwas zufliegen** in die Richtung zu jemandem/etwas hin fliegen **2** **ein Vogel fliegt jemandem zu** ein Vogel, der seinem Besitzer entkommen ist, fliegt zu jemand anderem und bleibt bei ihm **3** **etwas fliegt jemandem zu** jemand bekommt oder erreicht etwas, ohne sich dafür anstrengen zu müssen ≈ etwas fällt jemandem zu: *Meiner Schwester fliegt alles zu, sie muss kaum lernen*

Zu̲·flucht *die; -, -en; meist Singular;* ein Ort oder eine Person, die jemandem Schutz und Hilfe geben, wenn er in Gefahr, Not ist ⟨jemandem Zuflucht geben, bieten, gewähren; bei jemandem/irgendwo Zuflucht suchen, finden⟩ || [K-] Zufluchtsort, Zufluchtsstätte **2** **zu etwas Zuflucht nehmen** *förmlich;* etwas verwenden, von dem man glaubt, dass es einem hilft ⟨zu einer Lüge, zum Alkohol, zu Drogen Zuflucht nehmen⟩

Zu̲·fluss *der; -es, Zu·flüs·se;* ein Bach, Fluss *o.Ä.*, der in einen anderen Bach, Fluss, in einen See *usw* fließt: *Der See hat mehrere Zuflüsse*

zu·fọl·ge *Präposition; mit Dativ, nachgestellt;* verwendet, um sich auf jemandes Angaben oder auf dessen Worte zu beziehen: *Dem Zeugen zufolge/Seiner Aussage zufolge hatte der Radfahrer keine Schuld an dem Unfall*

zu·fri̲e̲·den [B1] *Adjektiv;* **zufrieden (mit jemandem/etwas); zufrieden über etwas** (*Akkusativ*) froh, dass alles so ist, wie man es will (sodass man keine neuen Wünsche hat und nichts kritisieren muss) ⟨ein zufriedenes Gesicht machen; zufrieden sein, aussehen, wirken⟩: *mit jemandes Leistungen zufrieden sein; (darüber) zufrieden sein, dass etwas funktioniert hat* || *hierzu* **Zu·fri̲e̲·den·heit** *die; -; nur Singular*

zu·fri̲e̲·den·ge·ben, sich; *gibt sich zufrieden, gab sich zufrieden, hat sich zufriedengegeben;* **sich mit etwas zufriedengeben** etwas als gut genug oder ausreichend akzeptieren

zu·fri̲e̲·den·las·sen; *lässt zufrieden, ließ zufrieden, hat zufriedengelassen;* **jemanden zufriedenlassen** *umg;* jemanden in Ruhe lassen (und nicht stören)

zu·fri̲e̲·den·stel·lend *Adjektiv;* so, dass man damit zufrieden ist ⟨Leistungen⟩

zu̲·fü·gen (*hat*) **1** **jemandem etwas zufügen** bewirken, dass jemand etwas Unangenehmes empfindet, Schaden hat ⟨jemandem Leid, Schmerzen, ein Unrecht, eine Niederlage zufügen⟩ **2** (**etwas** (*Dativ*)) **etwas zufügen** ≈ zugeben (2)

Zu̲·fuhr *die; -; nur Singular;* der Vorgang, bei

dem Luft, Flüssigkeiten *o.Ä.* irgendwohin fließen oder gebracht werden (wo sie gebraucht werden) || -K Benzinzufuhr, Blutzufuhr, Luftzufuhr, Nahrungszufuhr, Sauerstoffzufuhr, Stromzufuhr

zu·füh·ren (*hat*) **1** **(etwas** (*Dativ*)) **etwas zuführen** etwas zu etwas fließen lassen oder bringen (und es damit versorgen): *einem Gerät Strom zuführen; Der Gewinn aus diesem Konzert wird wohltätigen Zwecken zugeführt* **2** **jemandem/etwas jemanden/etwas zuführen** dafür sorgen, dass jemand/etwas zu jemandem/etwas kommt: *einer Firma neue Kunden zuführen* **3** verwendet, zusammen mit einem Substantiv, um ein Verb zu umschreiben; **jemanden seiner (verdienten) Strafe zuführen** ≈ jemanden bestrafen; **etwas (s)einer Lösung zuführen** ≈ etwas lösen; **etwas einem Zweck, einer Verwendung zuführen** ≈ etwas (für einen bestimmen Zweck) verwenden **4** **etwas führt auf etwas** (*Akkusativ*) **zu** etwas führt in die Richtung, in der etwas ist: *Der Weg führt direkt auf das Schloss zu* || *zu* 1 und 2 **Zu·füh·rung** *die; -, -en*

Zug[1] A1 *der; -(e)s, Zü·ge;* mehrere (Eisenbahn)Wagen, die von einer Lokomotive gezogen werden: *der Zug nach Salzburg; der Zug aus Hannover* || K- Zugabteil, Zugverkehr || -K Güterzug, Nahverkehrszug, Personenzug || ID **der Zug ist abgefahren** *umg;* dafür ist es zu spät

Zug[2] A1 *der; -(e)s, Zü·ge* **1** eine lange Reihe *bes* von Menschen, die miteinander in dieselbe Richtung gehen: *ein Zug von Flüchtlingen* || -K Demonstrationszug, Flüchtlingszug, Trauerzug **2** die Wirkung einer Kraft, die etwas in eine Richtung zieht ↔ Druck: *der Zug der Schwerkraft* **3** die Bewegung einer Figur an einen anderen Platz bei einem Brettspiel, wie *z.B.* Schach **4** *nur Singular;* die Bewegung (*bes* von Vögeln oder Wolken) über eine weite Entfernung hinweg: *der Zug der Vögel in den Süden* || -K Vogelzug **5** ein großer Schluck: *Er leerte das Glas in wenigen Zügen* **6** das Einatmen von Tabakrauch || -K Lungenzug **7** *nur Singular;* eine Strömung von *meist* kühler Luft, die man als unangenehm empfindet **8** *meist Plural;* eine typische Art, sich zu benehmen || -K Charakterzug, Wesenszug **9** die Bewegung mit den Armen beim Schwimmen: *ein paar Züge schwimmen* || ID **in großen/groben Zügen** ⟨berichten⟩ nur das Wichtigste, ohne Einzelheiten; **in den letzten Zügen liegen** *umg;* nicht mehr viel Kraft, Macht, Geld *usw* haben; **etwas in vollen Zügen genießen** etwas sehr genießen; **zum Zug kommen** die Möglichkeit haben, jetzt zu handeln; **am Zug sein** handeln müssen, sollen; **im Zuge** + *Genitiv förmlich;* im Zusammenhang mit etwas oder als Folge von etwas: *Im Zuge der Ermittlungen wurden Bestechung und Betrug festgestellt;* **in 'einem Zug** ohne Pause oder Unterbrechung: *ein Buch in einem Zug lesen;* **Zug um Zug** eines nach dem anderen (ohne Unterbrechung)

Zu·ga·be *die; -, -n* **1** **Zugabe!** (*meist* von einem Publikum gerufen) verwendet, um einen Künstler aufzufordern, am Ende seines Programms noch etwas darzubieten **2** ein Musikstück, das am Ende eines Konzerts (zusätzlich zum Programm) gespielt wird ⟨eine Zugabe fordern, geben⟩ **3** das Hinzufügen, Zugeben (2)

Zu·gang B2 *der; -(e)s, Zu·gän·ge* **1** **ein Zugang (zu etwas)** der Weg, der zu einem Gebäude oder Gebiet führt: *Alle Zugänge zur Fabrik waren von Streikenden besetzt* || K- Zugangsstraße **2** *nur Singular;* die Möglichkeit, jemanden/etwas zu sehen, sprechen *o.Ä.* oder in etwas hineinzukommen ≈ Zutritt ⟨jemandem/sich Zugang zu jemandem/etwas verschaffen; jemandem den Zugang zu jemandem/etwas verwehren⟩ **3** *nur Singular;* die Möglichkeit oder Fähigkeit, jemanden/etwas zu verstehen ⟨(keinen) Zugang zu jemandem/etwas haben, finden⟩

zu·gäng·lich *Adjektiv; nicht als Adverb;* **zugänglich (für jemanden/etwas)** **1** so, dass man dahin gehen (und etwas betreten, benützen, anschauen *o.Ä.*) kann: *etwas der breiten Öffentlichkeit zugänglich machen* **2** bereit, sich für Menschen oder Dinge zu interessieren oder Eindrücke zu empfangen ≈ aufgeschlossen: *Sie ist für alles, was mit Kunst zu tun hat, sehr zugänglich* || *hierzu* **Zu·gäng·lich·keit** *die; -; nur Singular*

Zug·be·glei·ter *der; -s, -;* ↑ **Schaffner**

zu·ge·ben (*hat*) **1** **etwas zugeben** sagen, dass man etwas getan hat, was böse oder nicht richtig war: *Sie gab den Diebstahl zu; Sie gab zu, die Uhr gestohlen zu haben* **2** **(etwas** (*Dativ*)) **etwas zugeben** beim Kochen etwas zu einer Speise tun: *der Suppe Salz zugeben*

zu·ge·ge·ben *Partikel; betont;* verwendet, um eine Aussage einzuleiten, die man zwar (aus Gerechtigkeit oder Fairness) erwähnt, die aber nichts an der Hauptaussage ändert: *Zugegeben, ihr habt euch viel Mühe gemacht, aber es hat nichts genützt*

zu·ge·hen (*ist*) **1** **auf jemanden/etwas zugehen** in die Richtung zu jemandem/etwas hin gehen: *Er ging lächelnd auf sie zu und* *streckte ihr die Hand entgegen* 2 **auf jemanden zugehen** mit jemandem (wieder) Kontakt suchen (*bes* nach einem Streit): *Wenn keiner auf den anderen zugeht, wird es nie zu einer Versöhnung kommen* 3 **etwas geht jemandem zu** *Verwaltung;* jemand bekommt etwas (mit der Post) geschickt: *Das Antwortschreiben geht Ihnen in den nächsten Tagen zu* 4 **etwas geht zu** *umg;* etwas schließt sich oder kann geschlossen werden: *Der Koffer ist zu voll, er geht nicht zu* 5 **etwas geht etwas** (*Dativ*) **zu**; **etwas geht auf etwas** (*Akkusativ*) **zu** etwas wird bald einen bestimmten Zeitpunkt erreichen ⟨etwas geht dem Ende, dem Höhepunkt zu⟩: *Es geht schon auf Mitternacht zu* 6 **es geht irgendwie zu** etwas geschieht oder verläuft in einer bestimmten Art und Weise: *Auf unseren Partys geht es immer sehr lustig zu* 7 **irgendwo geht es zu (wie im Taubenschlag)** *umg;* an dem genannten Ort *o.Ä.* ist (sehr) viel los: *Bei meinen Eltern geht es ganz schön zu!*

Zu·geh·frau *die; -, -en; bes südd* Ⓐ eine Frau, die zu bestimmten Zeiten und für Geld im Haushalt hilft

zu·ge·hö·rig *Adjektiv; nicht als Adverb* 1 *meist vor dem Substantiv;* so, dass es zu etwas dazugehört: *Die Firma lieferte die Bretter ohne die zugehörigen Schrauben* 2 *meist* **sich etwas** (*Dativ*) **zugehörig fühlen** das Gefühl haben, dass man ein Teil von etwas ist: *Sie fühlen sich einer Minderheit zugehörig* || *hierzu* **Zu·ge·hö·rig·keit** *die; -; nur Singular*

Zü·gel *der; -s, -; meist Plural;* die Riemen, mit denen man Pferde am Kopf führt und lenkt || ↑ Abbildung unter **Pferd**

zü·gel·los *Adjektiv;* so, dass sich jemand seine Wünsche erfüllt, ohne sich auf vernünftige Weise zu beherrschen ⟨ein Leben, ein Mensch; Ehrgeiz, Gier, Leidenschaft⟩ || *hierzu* **Zü·gel·lo·sig·keit** *die; -; nur Singular*

zü·geln; *zügelte, hat gezügelt;* **etwas/sich zügeln** *bes* negative Gefühle unter Kontrolle haben und sich beherrschen ⟨seine Begierde, seinen Zorn, seinen Hunger zügeln⟩

Zu·ge·ständ·nis *das; -ses, -se* 1 **ein Zugeständnis (an jemanden/etwas)** etwas, das man (*meist* nach einem Streit oder nach einer Verhandlung) tut, gibt oder erlaubt ⟨jemandem Zugeständnisse machen, abringen⟩ 2 **ein Zugeständnis an etwas** (*Akkusativ*) etwas, das man macht, um sich anzupassen: *ein Zugeständnis an die Mode/an die Sitten*

zu·ge·tan *Adjektiv; nur in* **jemandem/etwas zugetan sein** jemanden/etwas gern mögen ⟨jemandem herzlich, liebevoll, in Liebe zugetan sein⟩

zu·gig *Adjektiv;* so, dass immer ein leichter, unangenehmer Wind zu spüren ist: *ein zugiger Durchgang*

zü·gig *Adjektiv;* relativ schnell und ohne Unterbrechung: *mit der Arbeit zügig vorankommen*

zu·gleich *Adverb* 1 genau in demselben Zeitraum oder Moment ≈ gleichzeitig: *Ich kann nicht zugleich essen und sprechen* 2 ≈ auch, überdies: *Sie ist Komponistin und Sängerin zugleich* || Hinweis: *meist* nach dem Substantiv verwendet

Zug·pferd *das; -(e)s, -e* 1 ein Pferd, das einen Wagen, Pflug *o.Ä.* zieht 2 eine Person oder Sache, durch die viele Leute angelockt werden (*z.B.* zu einer Veranstaltung)

zu·grei·fen (*hat*) 1 schnell nach jemandem/etwas greifen und ihn/es festhalten: *Als das Regal kippte, griff er schnell zu und fing es auf* 2 sich etwas zu essen *o.Ä.* nehmen: *Diese Kekse habe ich selbst gebacken, greifen Sie bitte zu!* 3 schnell reagieren und sofort annehmen: *Wenn die Wohnung so billig ist, werde ich sofort zugreifen*

Zu·griff *der; -(e)s, -e; meist Singular;* **der Zugriff (auf etwas** (*Akkusativ*)**)** die Berechtigung oder die Möglichkeit, etwas einzusehen, zu benutzen *o.Ä.*: *Zugriff auf ein fremdes Konto haben* || K- Zugriffsberechtigung, Zugriffscode, Zugriffsgeschwindigkeit, Zugriffsmöglichkeit, Zugriffszeit

zu·grun·de, zu Grun·de *Adverb; nur in* 1 **zugrunde gehen** sterben oder zerstört werden ⟨an etwas zugrunde gehen⟩: *Er wird am Alkohol zugrunde gehen* 2 **jemanden/etwas zugrunde richten** bewirken, dass jemand/etwas nicht mehr existieren kann ≈ ruinieren: *Die Firma wurde von einem schlechten Management zugrunde gerichtet* 3 **etwas liegt etwas** (*Dativ*) **zugrunde** etwas ist die Grundlage oder Basis von etwas 4 **etwas (etwas** (*Dativ*)**) zugrunde legen** etwas als Grundlage für einen Beweis, eine Behauptung nehmen

zu·guns·ten, zu Guns·ten *Präposition; mit Genitiv/Dativ;* zum Vorteil von: *eine Sammlung zugunsten der Welthungerhilfe; den Kindern zugunsten/zugunsten der Kinder*

zu·gu·te·hal·ten; *hält zugute, hielt zugute, hat zugutegehalten; förmlich* 1 **jemandem etwas zugutehalten** etwas als Entschuldigung (für etwas Negatives) berücksichtigen: *Es stimmt, dass sie wenig arbeitet, aber du musst ihr zugutehalten, dass sie lange krank war* 2 **sich**

(*Dativ*) **etwas/viel auf etwas** (*Akkusativ*) **zugute halten** *förmlich*; auf etwas stolz/sehr stolz sein: *Er hält sich viel auf seine Sportlichkeit zugute*

zu·gu·te·kom·men; *kam zugute, ist zugutegekommen* **1** **etwas kommt jemandem/etwas zugute** etwas unterstützt jemanden/etwas oder nützt jemandem/etwas: *Die Einnahmen aus dem Konzert sollen den Flüchtlingen zugutekommen* **2** **jemandem/sich etwas zugutekommen lassen** etwas tun, das für jemanden/einen selbst gut und angenehm ist: *Arbeite nicht so viel - lass dir auch einmal etwas zugutekommen!*

Zug·vo·gel *der; -s, -vö·gel*; ein Vogel, der im Herbst aus dem Norden in ein warmes Land fliegt und im Frühling wieder zurückkehrt: *Schwalben sind Zugvögel*

Zug·zwang *der; -(e)s; nur Singular*; die Notwendigkeit, in einer bestimmten Situation zu handeln oder sich zu entscheiden ⟨unter Zugzwang stehen; in Zugzwang geraten, sein⟩

Zu·häl·ter *der; -s, -*; ein Mann, der von dem Geld lebt, das eine oder mehrere Frauen durch Prostitution verdienen

zu·hau·en; *haute zu, hat zugehauen* **1** *umg* ≈ zuschlagen (3) **2** **etwas zuhauen** etwas mit Werkzeugen in die gewünschte Form bringen ⟨Holz, Stein zuhauen⟩

zu·hau·se *Adverb* ≈ zu Hause || Hinweis: ↑ **Haus** (4)

Zu·hau·se *das; -s; nur Singular*; das Haus, die Wohnung oder der Ort, wo man lebt oder wo man aufgewachsen ist || Hinweis: aber: *Ich bin hier zu Hause*

zu·hö·ren A2 (*hat*) **(jemandem/etwas) zuhören** bewusst (hin)hören ⟨aufmerksam, genau zuhören; nicht richtig zuhören⟩: *Sie hörte der Diskussion schweigend* || *zu* ID *meist* **Jetzt hör mir mal 'gut zu!** *umg*; verwendet, um *bes* eine Ermahnung einzuleiten || *hierzu* **Zu·hö·rer** *der; -s, -*; **Zu·hö·re·rin** *die; -, -nen*

zu·kle·ben (*hat*) **etwas zukleben** etwas mithilfe von Klebstoff schließen oder verdecken: *einen Brief, ein Loch zukleben*

zu·knöp·fen (*hat*) **etwas zuknöpfen** etwas mit Knöpfen schließen ⟨den Mantel, die Jacke zuknöpfen⟩

Zu·kunft *die; -; nur Singular* **1** die Zeit, die noch nicht da ist, die kommende Zeit ↔ Gegenwart, Vergangenheit ⟨die nahe, ferne Zukunft; etwas liegt in der Zukunft⟩: *Pläne für die Zukunft machen; Ich bin neugierig, was die Zukunft bringen wird; die Zukunft voraussagen können* || K- Zukunftsaussichten **2** die (*meist* guten) Aussichten für die persönliche Entwicklung in der Zukunft (1) ⟨keine, eine Zukunft haben; mit, ohne Zukunft⟩: *ein Beruf mit Zukunft; Sie hat eine große Zukunft als Pianistin* **3** **in Zukunft** von jetzt an ≈ künftig || ID **jemandem/etwas gehört die Zukunft** jemand/etwas hat gute Aussichten auf Erfolg

zu·künf·tig *Adjektiv; nur vor dem Substantiv oder als Adverb*; in der Zukunft oder zur Zukunft gehörig ↔ vergangen- ⟨die Entwicklung, die Gesellschaft, Generation⟩: *Die zukünftigen Ereignisse werden zeigen, wer recht hat*

Zu·kunfts·mu·sik *die; -; nur Singular; meist abwertend*; etwas, das es (in der Wirklichkeit) noch lange nicht geben wird: *Seine Pläne sind reine Zukunftsmusik*

zu·kunft(s)·wei·send *Adjektiv*; ⟨Entscheidungen, Ideen⟩ so, dass sie zeigen und bestimmen, wie Dinge in der Zukunft aussehen werden

Zu·la·ge *die; -, -n*; Geld, das man zusätzlich zum normalen Lohn oder Gehalt bekommt: *eine Zulage für Nachtarbeit* || -K Gehaltszulage; Erschwerniszulage, Gefahrenzulage; Kinderzulage

zu·las·sen (*hat*) **1** **etwas zulassen** etwas erlauben, gestatten: *Ich werde nie zulassen, dass du allein verreist; Unser Einkommen lässt keinen Luxus zu* **2** *meist* ⟨eine Behörde⟩ **lässt jemanden/etwas (zu/für etwas) zu** eine Behörde erlaubt jemandem/etwas, an etwas teilzunehmen ⟨jemanden zur Prüfung, zum Studium zulassen; ein Auto (für den Verkehr) zulassen⟩ **3** **etwas zulassen** *umg*; etwas nicht öffnen

zu·läs·sig *Adjektiv*; (*bes* von einer Behörde) erlaubt ↔ unzulässig: *die zulässige Geschwindigkeit überschreiten; Es ist nicht zulässig, aus diesem Stoff Medikamente herzustellen* || *hierzu* **Zu·läs·sig·keit** *die; -; nur Singular*

Zu·las·sung *die; -, -en* **1** die Erlaubnis, an etwas teilzunehmen *o.Ä.* ⟨jemandem eine Zulassung erteilen, verweigern; eine Zulassung beantragen⟩ || K- Zulassungsstelle, Zulassungsverfahren || -K Erstzulassung, Neuzulassung; Prüfungszulassung **2** *umg* ≈ Fahrzeugschein

Zu·lauf *der; -(e)s; nur Singular; meist* **etwas hat viel/großen Zulauf** etwas wird von vielen Menschen besucht *o.Ä.*

zu·le·gen (*hat*) *umg* **1** **sich** (*Dativ*) **etwas zulegen** sich etwas anschaffen, kaufen **2** *meist* **jemand hat sich etwas zugelegt** *humorvoll*; jemand hat etwas bekommen: *Er hat sich* *einen Bart/einen Schnupfen zugelegt* **3** das Tempo steigern und schneller fahren, laufen, arbeiten o.Ä. ⟨einen Zahn (= ein bisschen) zulegen⟩

zu·lei·de, zu Lei·de *Adverb; nur in* **jemandem/einem Tier etwas/nichts zuleide tun** etwas/nichts tun, was jemandem oder einem Tier schadet oder wehtut

zu·letzt B2 *Adverb* **1** (als Letztes) nach allen anderen Tätigkeiten ↔ zuerst: *die Teile ausschneiden, glatt machen und zuletzt bemalen* **2** als Letzte(r) oder Letztes: *Für den, der zuletzt kommt, gibt es keinen Sitzplatz mehr* **3** *umg;* das letzte Mal (vor dem jetzigen Mal): *Wann warst du zuletzt beim Arzt?* **4** während der letzten Zeit, in der Endphase: *Zuletzt hat er sich überhaupt nicht mehr angestrengt* **5** **bis zuletzt** *umg;* bis zum letzten Moment: *Wir hofften bis zuletzt, dass sie den Unfall überleben würde* **6** **nicht zuletzt** (zu einem großen Teil) auch: *Dass wir nicht früher fertig wurden, lag nicht zuletzt daran, dass wir nicht genug Leute waren*

zu·lie·be B2 *Präposition; mit Dativ, nachgestellt* **1** **jemandem zuliebe** um jemandem eine Freude zu machen oder ihm zu helfen: *Das habe ich doch dir zuliebe getan!* **2** **etwas** *(Dativ)* **zuliebe** wegen etwas: *Sie hat ihrer Karriere zuliebe auf Kinder verzichtet*

zum *Präposition mit Artikel* ≈ zu dem: *zum Rathaus fahren* || Hinweis: *zum* kann nicht durch *zu dem* ersetzt werden in Wendungen wie: *zum Beispiel; etwas zum Vergnügen tun; zum Schwimmen gehen*

zu·ma·chen A1 *(hat)* **1** **(etwas) zumachen** etwas schließen ↔ aufmachen: *Mach bitte (die Tür) zu, es zieht* **2** **(etwas) zumachen** ein Geschäft o.Ä.für immer schließen oder aufgeben: *Er musste (sein Geschäft) wegen finanzieller Schwierigkeiten zumachen* **3** **etwas macht zu** etwas ist nicht mehr für die Kunden offen: *Die Bank macht heute um vier Uhr zu* **4** *bes nordd, umg;* (etwas) schnell machen: *Mach zu, wir warten alle auf dich!*

zu·mal[1] *Partikel; förmlich* ≈ besonders, vor allem: *Sie geht gern in die Berge, zumal im Sommer*

zu·mal[2] *Konjunktion; förmlich;* vor allem weil/da: *Niemand warf ihm den Fehler vor, zumal er sonst so zuverlässig war*

zu·meist *Adverb; förmlich* ≈ meistens, meist

zu·min·dest *Partikel* **1** verwendet, um auszudrücken, dass etwas das Minimum ist, was man erwarten kann ≈ wenigstens: *Du hättest dich zumindest bedanken können* **2** verwendet als tröstende oder aufmunternde Einschränkung einer negativen Aussage: *Bei dem Sturm wurden viele Häuser beschädigt, aber zumindest wurde niemand verletzt* **3** verwendet, um eine Aussage einzuschränken: *Der Film ist sehr gut, zumindest sagt das Christa*

zu·mu·te, zu Mu·te *Adverb; nur in* **jemandem ist irgendwie zumute** jemand ist in einer bestimmten Stimmung: *Im Moment ist mir nicht nach Späßen zumute; Ihr war zum Weinen zumute*

zu·mu·ten; *mutete zu, hat zugemutet;* **jemandem/sich etwas zumuten** von jemandem/sich selbst etwas fordern, was eigentlich zu schwer, zu viel o.Ä. ist: *Du kannst doch einem so kleinen Kind nicht zumuten, dass es allein zu Hause bleibt/allein zu Hause zu bleiben* || *hierzu* **zu·mut·bar** *Adjektiv*

Zu·mu·tung *die; -, -en; abwertend;* etwas, das einen sehr stört oder das man kaum ertragen kann ⟨etwas als Zumutung empfinden⟩: *Dieses Zimmer ist eine Zumutung!*

zu·nächst *Adverb* **1** als Erstes ≈ zuerst (1): *Zunächst (einmal) will ich mich ausruhen* **2** am Anfang, zu Beginn ≈ anfangs: *Wir hatten zunächst gezögert, dem Vorschlag zuzustimmen* **3** was die nächste Zeit betrifft: *Ich mach mir da zunächst keine Sorgen*

Zu·nah·me *die; -, -n;* das Zunehmen ↔ Abnahme: *Für die nächsten Jahre ist mit einer weiteren Zunahme des Verkehrs zu rechnen* || -K Bevölkerungszunahme, Gewichtszunahme

Zu·na·me *der; -n, -n* ≈ Familienname, Nachname

zün·deln; *zündelte, hat gezündelt; südd* Ⓐ *(meist in Bezug auf Kinder verwendet)* mit Streichhölzern o.Ä. spielen (und dabei Feuer machen)

zün·den; *zündete, hat gezündet* **1** **etwas zündet** etwas kommt durch brennendes Gas (und kleine, schnelle Explosionen) in Bewegung oder beginnt zu arbeiten ⟨eine Rakete, ein Motor⟩ **2** **etwas zündet** etwas bewirkt, dass Menschen begeistert sind und aktiv werden ⟨eine zündende Rede⟩ **3** **etwas zünden** bewirken, dass ein Sprengstoff explodiert oder dass ein Gas zu brennen anfängt ⟨eine Rakete, eine Sprengladung zünden⟩ || ID **bei jemandem hat es gezündet** *umg humorvoll;* jemand hat etwas endlich verstanden

Zün·der[1] *der; -s, -;* der Teil einer Bombe o.Ä., der die Explosion auslöst

Zün·der[2] *die; Plural;* Ⓐ ≈ Zündhölzer

Z

Zünd·holz *das; -es, -höl·zer; bes südd* Ⓐ ≈ Streichholz

Zünd·ker·ze *die; -, -n;* ein kleines Teil *z.B.* im Motor eines Autos, das den Funken produziert, durch den die Mischung aus Luft und Benzin explodiert: *die Zündkerzen auswechseln (lassen)*

Zünd·schlüs·sel *der; -s, -;* ein Schlüssel, mit dem man (im Zündschloss) ein Auto startet

Zün·dung *die; -, -en* **1** der Vorgang, durch den etwas gezündet (3) wird: *die Zündung einer Rakete* || -K Fehlzündung **2** eine Anlage, die einen Motor (durch den Strom der Batterie) startet

zu·neh·men B2 *(hat)* **1** **etwas nimmt zu** etwas wird größer (stärker, intensiver *usw*): *Die Zahl der Studenten nimmt ständig zu; Die Schmerzen nahmen zu* **2** (dicker und) schwerer werden: *Ich habe 2 kg zugenommen* **3** **an etwas** *(Dativ)* **zunehmen** mehr von der genannten Sache gewinnen ⟨an Erfahrung, an Einfluss zunehmen⟩ **4** **der Mond nimmt zu** der Mond ist in der Phase, in der man täglich mehr davon sieht: *bei zunehmendem Mond* **5** **mit zunehmendem Alter** wenn man älter wird **6** **in zunehmendem Maße** immer mehr

zu·neh·mend *Adverb;* immer mehr: *Ihr gesundheitlicher Zustand bessert sich zunehmend*

Zu·nei·gung *die; -, -en; meist Singular;* **Zuneigung (zu jemandem/für jemanden)** die Sympathie, die jemand für eine andere Person hat ⟨Zuneigung empfinden⟩

Zunft *die; -, Zünf·te; historisch;* eine Organisation von Handwerkern, die die Qualität und die Preise der Produkte kontrollierte und die Ausbildung junger Menschen regelte || K- Zunftmeister, Zunftordnung || -K Bäckerzunft, Schneiderzunft; Handwerkszunft

zünf·tig *Adjektiv; umg;* so, wie es sein soll, gut und richtig: *ein zünftiges Fest*

Zun·ge *die; -, -n* **1** das bewegliche Organ im Mund, mit dem man schmeckt, die Nahrung hin und her schiebt || K- Zungenspitze **2** die Zunge (1) bestimmter Tiere, die man isst || -K Kalbszunge **3** **mit der Zunge anstoßen** *umg* ≈ lispeln **4** **jemandem die Zunge herausstrecken/zeigen** die Zunge aus dem Mund strecken, um jemandem zu zeigen, dass man ihn verachtet || ID **böse Zungen** ⟨behaupten, dass ...⟩ boshafte Menschen; **eine spitze, boshafte Zunge haben** oft böse Dinge sagen; **eine schwere Zunge haben** langsam und mit Mühe sprechen (nach viel Alkohol); **sich** *(Dativ)* **auf die Zunge beißen** sich nur mit Mühe beherrschen und etwas nicht sagen; *meist* **Es liegt mir auf der Zunge!** ich bin sicher, dass ich es weiß, aber es fällt mir im Moment nicht ein

Züng·lein *das; -s, -; meist in* **jemand/etwas ist das Zünglein an der Waage** bei einer schwierigen Entscheidung wird eine bestimmte Person oder Sache sehr wichtig und bestimmt daher die Entscheidung

zu·nich·te·ma·chen; *machte zunichte, hat zunichtegemacht;* **etwas zunichtemachen** *förmlich* ≈ zerstören, vernichten ⟨jemandes Hoffnungen, Pläne, Absichten, Vorstellungen zunichtemachen⟩

zu·nich·te·wer·den; *wird zunichte, wurde zunichte, ist zunichtegeworden;* **etwas wird zunichte** *förmlich;* etwas wird zerstört ⟨jemandes Hoffnungen, jemandes Pläne⟩

zu·nut·ze, zu Nut·ze *Adverb; nur in* **sich** *(Dativ)* **etwas zunutze machen** einen Vorteil aus etwas ziehen: *sich die Errungenschaften der Technik zunutze machen*

zu·oberst *Adverb;* (in einem Haufen oder Stapel) ganz oben ↔ zuunterst

zu·ord·nen *(hat)* **jemanden/etwas etwas** *(Dativ)* **zuordnen** jemanden/etwas als Teil einer Kategorie, Gruppe *o.Ä.* ansehen und in sie einordnen: *Katzen werden den Raubtieren zugeordnet* || *hierzu* **Zu·ord·nung** *die; -, -en*

zu·pass·kom·men; *kam zupass, ist zupassgekommen;* **etwas kommt jemandem zupass** *förmlich;* etwas geschieht im richtigen Augenblick

zup·fen; *zupfte, hat gezupft* **1** **(sich** *(Dativ)***) etwas (aus etwas) zupfen** mehrmals leicht an etwas ziehen, um es von irgendwo zu entfernen ⟨Unkraut zupfen⟩: *einen Faden aus der Jacke zupfen; sich mit der Pinzette die Augenbrauen zupfen* **2** **(etwas) zupfen** ein (Musik)Instrument spielen, indem man mit den Fingern kurz an den Saiten zieht ⟨die Gitarre, die Geige, die Harfe zupfen⟩ || K- Zupfinstrument **3** **(jemanden/sich) an etwas** *(Dativ)* **zupfen** *bes* mit den Fingern (mehrmals) leicht an etwas ziehen ⟨sich (nachdenklich/nervös) am Bart zupfen⟩

zur [tsuːɐ̯, tsʊr] *Präposition mit Artikel* ≈ zu der: *zur Tür hinausgehen* || Hinweis: *zur* kann nicht durch *zu der* ersetzt werden in Wendungen wie: *sich zur Ruhe begeben; etwas zur Genüge kennen*

zu·ran·de, zu Ran·de *Adverb; nur in* **1** **mit jemandem/etwas zurande kommen** wissen, wie man einen schwierigen Menschen behandelt oder wie man eine schwierige Aufgabe bewältigt **2** **etwas zurande bringen** etwas trotz großer Schwierigkeiten machen können

zu·ra·te, zu Ra·te *Adverb; nur in* **1** **etwas zurate ziehen** etwas verwenden, um eine Information zu bekommen ⟨einen Stadtplan, ein Wörterbuch, das Internet zurate ziehen⟩ **2** **jemanden zurate ziehen** mit jemandem sprechen, um seine Meinung zu hören ⟨einen Arzt, einen Anwalt zurate ziehen⟩

zu·recht- *im Verb; betont und trennbar;* Die Verben mit *zurecht-* werden nach folgendem Muster gebildet: *zurechtschneiden - schnitt zurecht - zurechtgeschnitten* **1** drückt aus, dass man einer Sache die Form gibt, die es haben soll ≈ zu-; **etwas zurechtbiegen, zurechtfeilen, zurechthobeln, zurechtschneiden, zurechtstutzen** **2** drückt aus, dass etwas an den Platz kommt, der dafür gedacht oder vorgesehen ist oder an dem man es brauchen wird; **(sich) etwas zurechtlegen**; **etwas zurechtschieben, zurechtstellen**; **sich/etwas zurechtsetzen**

zu·recht|fin·den, sich *(hat)* **sich (irgendwo) zurechtfinden** in einer fremden Umgebung oder bei einer neuen Tätigkeit die Bedingungen richtig einschätzen, bewältigen: *sich in einer fremden Stadt zurechtfinden; Es dauerte lange, bis ich mich in der neuen Situation zurechtfand*

zu·re·den *(hat)* **jemandem zureden** mit jemandem lange oder oft (und ernst) reden, damit er etwas tut ⟨jemandem gut zureden⟩: *Ich habe ihr lange zureden müssen, bis sie endlich zum Arzt ging*

zu·rei·chend *Adjektiv; förmlich* ≈ genügend, hinreichend ↔ unzureichend

▶ Zürich

Zürich ist die Hauptstadt des gleichnamigen Kantons und mit etwa einer halben Million Einwohner die größte Stadt der Schweiz. Zählt man die Bevölkerung der umliegenden Städte hinzu, kommt man auf etwa 900.000 Einwohner für den Großraum Zürich.
Die Stadt liegt im Norden der Schweiz inmitten von Bergen am Ufer des Zürichsees und ist der größte Industriestandort der Schweiz sowie ein wichtiges Handels- und Finanzzentrum. Die Schweizer Börse und große Banken und Versicherungen haben hier ihren Sitz.

LANDESKUNDE

zu·rich·ten *(hat)* **1** **jemanden/etwas irgendwie zurichten** jemanden verletzen oder etwas beschädigen ⟨jemanden/etwas arg, schlimm, übel zurichten⟩ **2** **etwas zurichten** etwas in eine bestimmte Form bringen oder für den Gebrauch, die Benützung vorbereiten ⟨Leder, Bleche zurichten; das Essen zurichten⟩

zür·nen; *zürnte, hat gezürnt;* **(jemandem) zürnen** *förmlich;* zornig und voll Ärger (über jemanden) sein

zu·rück A2 *Adverb* **1** (wieder) dorthin (zu dem Ausgangspunkt oder in diese Richtung), aus der man gekommen ist ↔ hin: *Zum Bahnhof sind wir mit der Straßenbahn gefahren, den Weg zurück haben wir zu Fuß gemacht; Zwei Fahrkarten nach Frankfurt und zurück!* **2** **(von etwas) zurück sein** ≈ zurückgekehrt sein || ID **es gibt kein Zurück** etwas hat sich so entwickelt, dass ein Aufhören oder Umkehren nicht (mehr) möglich ist

zu·rück- B1 *im Verb; betont und trennbar;* Die Verben mit *zurück-* werden nach folgendem Muster gebildet: *zurückkommen - kam zurück - zurückgekommen* **1** drückt aus, dass etwas/eine Person oder Sache wieder an den Ort kommt, wo sie vorher war; **jemanden/etwas zurückbringen, zurückfahren, zurückfliegen, zurückholen, zurückschaffen**; **(irgendwohin) zurückfahren, zurückfinden, zurückfliegen, zurückgehen, zurückkommen, zurücklaufen** **2** bezeichnet eine Bewegung von vorne nach hinten; **jemanden/etwas zurückdrängen, zurückschieben**; **etwas zurückbiegen, zurückklappen, zurückrollen**; **zurückfallen, zurücktreten**; **sich zurücklegen, zurücklehnen** **3** drückt aus, dass etwas wieder zu der Person kommt oder kommen soll, der es gehört (hat); **(jemandem) etwas zurückgeben, zurückzahlen**; **etwas (von jemandem) zurückbekommen, zurückfordern, zurückhaben wollen, zurückkaufen, zurückverlangen** **4** drückt aus, dass man auf eine Handlung mit einer ähnlichen reagiert; **(jemanden) zurückgrüßen**; **zurücklächeln, zurückrufen, zurückschlagen, zurückwinken**

zu·rück·be·kom·men; *bekam zurück, hat zurückbekommen* **1** **etwas zurückbekommen** etwas wieder bekommen, das man früher schon einmal hatte: *Wann bekomme ich meine Bücher wieder zurück?* **2** **etwas zurückbekommen** etwas beim Geldwechsel von jemandem erhalten

zu·rück·blei·ben *(ist)* **1** an einem Ort bleiben, während ein anderer irgendwohin fährt oder geht ↔ mitkommen: *Er durfte ausreisen, aber seine Frau und die Kinder mussten zu Hause zurückbleiben* **2** **(hinter jemandem)**

zurückbleiben Abstand zu jemandem bekommen, weil man langsamer als er ist, geht oder fährt: *Wir waren so langsam, dass wir hinter dem Rest der Gruppe weit zurückblieben* **3** **etwas bleibt (von etwas) zurück** etwas bleibt für immer (*bes* als Schaden oder Narbe): *Von dem Unfall sind einige Narben zurückgeblieben* **4** **(in etwas** (*Dativ*)**) (hinter jemandem/etwas) zurückbleiben** in der Entwicklung weniger weit als normal oder erwartet sein ⟨hinter den Erwartungen zurückbleiben; geistig zurückgeblieben⟩

zu·rụ̈ck·bli·cken (*hat*) **1** **(irgendwohin) zurückblicken** sich entfernen und dabei nach hinten sehen: *Sie blickte noch ein letztes Mal zu uns/auf die Stadt zurück* **2** **(auf etwas** (*Akkusativ*)**) zurückblicken** daran denken, wie es früher war oder was man geleistet hat: *auf eine erfolgreiche Karriere zurückblicken können*

zu·rụ̈ck·den·ken (*hat*) **an jemanden/etwas zurückdenken** daran denken, wie jemand/etwas früher war ≈ sich an jemanden/etwas erinnern: *Ich denke gern an meine Schulzeit zurück*

zu·rụ̈ck·er·stat·ten; *erstattete zurück, hat zurückerstattet;* **(jemandem) etwas zurückerstatten** Geld zurückzahlen || *hierzu* **Zu·rụ̈ck·er·stat·tung** *die; -; nur Singular*

zu·rụ̈ck·fah·ren (*hat/ist*) **1** (*ist*) wieder dorthin fahren, wo man vorher war: *Sie ist (den ganzen Weg) allein zurückgefahren* **2** (*ist*) nach hinten (rückwärts)fahren: *Da ist noch Platz, du kannst noch ein bisschen zurückfahren* **3** (*ist*) *bes* den Kopf und Oberkörper schnell und plötzlich nach hinten bewegen, *meist* vor Schreck **4** **jemanden/etwas zurückfahren** (*hat*) jemanden/etwas mit einem Fahrzeug wieder dorthin bringen, wo er/es vorher war: *Fährst du mich bitte nach Hause zurück?* **5** **etwas zurückfahren** (*hat*) die Leistung einer technischen Anlage niedriger schalten: *das Kraftwerk bei einem Defekt zurückfahren*

zu·rụ̈ck·ge·ben A2 (*hat*) **1** **(jemandem) etwas zurückgeben** jemandem etwas wieder geben, das man von ihm genommen, geliehen, gekauft hat **2** **etwas zurückgeben** *förmlich* ≈ antworten: *„Nein!", gab sie zurück*

zu·rụ̈ck·ge·hen (*ist*) **1** **(irgendwohin) zurückgehen** nach hinten gehen oder dorthin gehen, wo man vorher war: *Sie wird nach dem Studium in ihre Heimatstadt zurückgehen* **2** **etwas zurückgehen lassen** etwas nicht annehmen, weil es nicht so ist, wie man es bestellt hatte: *das Essen in einem Restaurant zurückgehen lassen* **3** **etwas geht zurück** etwas wird im Grad, Ausmaß (in der Höhe, Stärke) kleiner: *Die Temperaturen sind in der Nacht auf 5 Grad zurückgegangen; Die Preise gingen stark zurück* **4** **etwas geht auf jemanden/etwas zurück** etwas ist aus etwas entstanden oder von jemandem gegründet worden: *Die Stadt geht auf eine römische Siedlung zurück*

zu·rụ̈ck·grei·fen (*hat*) **auf jemanden/etwas zurückgreifen** jemandes Hilfe suchen oder etwas verwenden, weil die Situation es erfordert: *auf die Ersparnisse zurückgreifen müssen*

zu·rụ̈ck·hal·ten (*hat*) **1** **jemanden zurückhalten** jemanden nicht weggehen, wegfahren lassen: *jemanden an der Grenze zurückhalten, um seine Papiere zu kontrollieren* **2** **etwas zurückhalten** etwas (absichtlich) nicht anderen geben oder verkaufen ⟨Informationen zurückhalten⟩: *Sie wollen die Waren so lange zurückhalten, bis der Preis gestiegen ist* **3** **etwas zurückhalten** *bes* Gefühle nicht zeigen ⟨seinen Zorn, seine Wut zurückhalten⟩ **4** **jemanden (von etwas) zurückhalten** jemanden an einer bestimmten Handlung hindern, jemanden von etwas abhalten: *jemanden von einer Dummheit zurückhalten* **5** **sich (mit etwas) zurückhalten** ≈ sich beherrschen: *sich mit dem Essen zurückhalten* **6** **sich zurückhalten** sich passiv verhalten || *hierzu* **Zu·rụ̈ck·hal·tung** *die; -; nur Singular*

zu·rụ̈ck·keh·ren (*ist*) *förmlich* **1** **(von/aus etwas) (zu jemandem/nach etwas) zurückkehren** (wieder) dorthin kommen, wo man vorher war: *von einer Reise, aus der Fremde zurückkehren; zu den Eltern zurückkehren* **2** **etwas kehrt zurück** etwas erreicht wieder den Zustand, den es vorher hatte: *Erst lange nach dem Unfall kehrte seine Erinnerung ganz zurück*

zu·rụ̈ck·kom·men (*ist*) **1** wieder dorthin kommen, wo man vorher war: *von einer Reise, einem Spaziergang zurückkommen* **2** **auf etwas** (*Akkusativ*) **zurückkommen** von etwas sprechen, das man bereits einmal erwähnt hat: *Auf diesen Punkt komme ich später noch zurück* **3** **auf jemanden/etwas zurückkommen** jemandes Hilfe, ein Angebot erst (einige Zeit) später annehmen: *Wir werden zu gegebener Zeit auf Ihr Angebot zurückkommen*

zu·rụ̈ck·las·sen (*hat*) **1** **jemanden/etwas zurücklassen** von einem Ort weggehen oder wegfahren und jemanden/etwas dortlassen: *Als sie flüchteten, mussten sie ihren gesamten Besitz in der Heimat zurücklassen* **2** **jemand**

lässt jemanden zurück jemand stirbt, und die genannte(n) Person(en) in seiner Familie muss/müssen jetzt ohne ihn leben: *Der Verunglückte lässt eine Frau und drei Kinder zurück* **3** **etwas lässt etwas zurück** etwas hat etwas als Folge oder Wirkung ≈ etwas hinterlässt etwas: *Die Wunde ließ eine Narbe zurück; Das Gespräch hat bei mir ein unangenehmes Gefühl zurückgelassen* **4** **jemanden zurücklassen** *umg;* erlauben, dass jemand zurückgeht oder -fährt

zu·rụ̈ck·le·gen *(hat)* **1** **etwas zurücklegen** etwas wieder dorthin legen, wo es vorher war: *Der Kassierer legte das Geld nach dem Zählen wieder in den Tresor zurück* **2** **etwas zurücklegen** eine Strecke gehen, fahren, fliegen *o.Ä.*: *Wir legten pro Tag 80 km mit dem Fahrrad zurück* **3** **etwas zurücklegen** Geld für später sparen **4** **(jemandem) etwas zurücklegen; etwas (für jemanden) zurücklegen** etwas in einem Geschäft nicht verkaufen, sondern für jemanden aufbewahren: *Ich habe heute zu wenig Geld bei mir, können Sie mir das Kleid bis morgen zurücklegen?* **5** **sich/etwas zurücklegen** sich/einen Körperteil nach hinten legen: *den Kopf zurücklegen und in die Höhe schauen*

zu·rụ̈ck·lie·gen *(hat/südd Ⓐ Ⓒⓗ ist)* **1** **etwas liegt zurück** etwas ist in der Vergangenheit geschehen: *Mein Unfall liegt nun schon drei Jahre zurück* **2** **(hinter jemandem) zurückliegen** in einem (sportlichen) Wettkampf hinter jemandem (*meist* dem Führenden) liegen: *Die deutsche Mannschaft liegt um zehn Punkte zurück*

zu·rụ̈ck·schau·en *(hat) südd Ⓐ Ⓒⓗ* ≈ zurückblicken

zu·rụ̈ck·schla·gen *(hat)* **1** nachdem man von jemandem einen Schlag bekommen hat, ihn auch schlagen **2** sich als Reaktion auf einen Angriff wehren, indem man selbst angreift **3** **einen Ball zurückschlagen** einen Ball mit der Hand, mit einem Schläger dorthin schlagen, woher er gekommen ist **4** **jemanden/etwas zurückschlagen** eine Attacke, einen Angriff abwehren und den Feind zum Rückzug zwingen ⟨den Gegner, einen feindlichen Angriff zurückschlagen⟩ **5** **etwas zurückschlagen** den oberen Teil einer Decke, eines Kragens *o.Ä.* so umklappen, dass man die Unter- bzw. Innenseite sieht

zu·rụ̈ck·seh·nen, sich *(hat)* **sich irgendwohin zurücksehnen** den starken Wunsch haben, noch einmal an einem bestimmten Ort zu sein, in einer bestimmten Zeit zu leben, etwas zu haben: *sich nach seiner Jugend, nach seiner/in seine verlorene Heimat zurücksehnen*

zu·rụ̈ck·ste·cken *(hat)* **1** **etwas irgendwohin zurückstecken** etwas wieder dorthin stecken, wo es vorher einmal war: *das Geld in die Tasche zurückstecken* **2** *umg;* mit weniger zufrieden sein, als man gewollt und erwartet hat ⟨zurückstecken müssen⟩

zu·rụ̈ck·stel·len *(hat)* **1** **etwas zurückstellen** etwas wieder dorthin stellen, wo es vorher war: *ein Buch ins Regal zurückstellen* **2** **etwas zurückstellen** eine Uhr so einstellen, dass sie eine frühere Zeit anzeigt: *Die Winterzeit beginnt, wir müssen die Uhren (um) eine Stunde zurückstellen* **3** **etwas zurückstellen** etwas noch nicht tun, weil anderes wichtiger, dringender ist ↔ vorziehen **4** **jemanden zurückstellen** jemanden vorläufig von etwas befreien, ihn etwas erst später machen lassen ⟨ein Kind von der Schule, jemanden vom Wehrdienst zurückstellen⟩

zu·rụ̈ck·stu·fen; *stufte zurück, hat zurückgestuft;* **jemanden zurückstufen** jemanden zu einer Gruppe stellen, die weniger Geld verdient ↔ höherstufen ⟨jemanden in eine niedrigere Lohngruppe, Gehaltsstufe zurückstufen⟩ || *hierzu* **Zu·rụ̈ck·stu·fung** *die; -, -en*

zu·rụ̈ck·tre·ten *(ist)* **1** einen oder wenige Schritte nach hinten machen: *Der Zug fährt gleich ein. Bitte treten Sie (von der Bahnsteigkante) zurück* **2** **(von etwas) zurücktreten** seine Position oder Funktion aufgeben, ein Amt niederlegen: *Er ist so verärgert, dass er von seinem Amt als Vorsitzender zurücktreten will* **3** **(von etwas) zurücktreten** erklären, dass etwas nicht mehr gilt ⟨von einem Vertrag, einer Abmachung, vom Kauf zurücktreten⟩ **4** **etwas tritt (hinter etwas** *(Akkusativ)***/gegenüber etwas) zurück** etwas ist weniger wichtig als etwas anderes: *Sie haben nur ein Ziel: reich zu werden. Alles andere muss zurücktreten*

zu·rụ̈ck·wei·chen; *wich zurück, ist zurückgewichen;* **1** **(vor jemandem/etwas) zurückweichen** aus Angst, Entsetzen *o.Ä.* ein paar Schritte (von jemandem/etwas weg) nach hinten treten ⟨entsetzt, erschrocken zurückweichen⟩: *vor dem fahrenden Auto zurückweichen* **2** **vor etwas** *(Dativ)* **zurückweichen** darauf bedacht sein, etwas Unangenehmem aus dem Weg zu gehen: *vor einer Auseinandersetzung, vor Streit, vor Schwierigkeiten zurückweichen*

zu·rụ̈ck·wei·sen *(hat)* **1** **jemanden zurückweisen** jemanden (*bes* an einer Grenze) wieder dorthin schicken, von wo er gekommen ist 2 **jemanden/etwas zurückweisen** (jemandem) deutlich zeigen, dass man etwas nicht erfüllen, annehmen, beantworten *usw* will ≈ ablehnen ⟨eine Bitte, eine Forderung, ein Ansinnen, einen Antrag, einen Vorschlag, eine Entschuldigung zurückweisen⟩: *Sie weist niemanden zurück, der mit einer Bitte zu ihr kommt* 3 **etwas zurückweisen** energisch zum Ausdruck bringen, dass etwas nicht wahr (oder gerechtfertigt) ist ⟨einen Verdacht, einen Vorwurf, eine Anschuldigung, eine Äußerung, eine Behauptung zurückweisen; etwas entschieden zurückweisen⟩ || *zu* 1 und 2 **Zu·rụ̈ck·wei·sung** *die; -, -en*

zu·rụ̈ck·zie·hen *(hat)* 1 **etwas zurückziehen** erklären, dass man etwas nicht mehr will, etwas nicht mehr behauptet ⟨eine Kandidatur, einen Antrag, eine Klage, eine Aussage zurückziehen⟩ 2 **sich zurückziehen** an einen Ort gehen, wo man allein ist, oder sich so verhalten, dass man nur wenig Kontakt zu Menschen hat ⟨zurückgezogen leben⟩ 3 **sich (von/aus etwas) zurückziehen** bei etwas nicht mehr aktiv sein ≈ etwas aufgeben ⟨sich aus der Politik, vom Sport zurückziehen⟩ 4 **jemanden/etwas zurückziehen** jemanden/etwas nach hinten ziehen oder dorthin ziehen, wo er/es vorher war: *das Kind vom offenen Feuer zurückziehen* 5 **etwas zurückziehen** etwas auf die Seite ziehen ⟨die Vorhänge zurückziehen⟩ 6 **jemanden zurückziehen** *meist* Truppen den Befehl geben, sich aus einem Gebiet zu entfernen (und ins Land dahinter zu gehen): *die an der Grenze stationierten Truppen zurückziehen* 7 ⟨Truppen⟩ **ziehen sich zurück** Truppen *o.Ä.* gehen vom Ort der Kämpfe weg

zu̲·ru·fen *(hat)* **jemandem etwas zurufen** (aus relativ großer Entfernung) jemandem etwas mit lauter Stimme sagen || *hierzu* **Zu̲·ruf** *der; -(e)s, -e*

zur·ze̲it B2 *Adverb* ≈ jetzt, im Moment: *Sie ist zurzeit krank* || Hinweis: aber: *zur Zeit Goethes*

Zu̲·sa·ge *die; -, -n* 1 die positive Antwort auf eine Einladung oder ein Angebot ⟨eine Zusage bekommen, erhalten, geben⟩ 2 das Versprechen, das zu tun, was sich jemand wünscht: *Wir haben die Zusage, dass unser Budget nicht gekürzt wird*

zu̲·sa·gen *(hat)* 1 **(jemandem) (etwas) zusagen** jemandem sagen oder versprechen, dass man etwas tun wird oder dass man hilft: *Er sagte zu, den Vortrag zu halten; Sie bekommt den Job, sie haben ihr schon zugesagt; Fast alle, die ich eingeladen habe, haben zugesagt* 2 **jemand/etwas sagt jemandem zu** jemand/etwas ist so, wie es sich jemand wünscht ≈ etwas gefällt jemandem

zu·sạm·men B1 *Adverb* 1 nicht allein, sondern miteinander ≈ gemeinsam ↔ allein: *Wir fuhren zusammen in Urlaub* 2 als Ganzes betrachtet ≈ insgesamt: *Alles zusammen hat einen Wert von 2500 Euro* 3 **jemand ist mit jemandem zusammen**; ⟨Personen⟩ **sind zusammen** a zwei oder mehrere Personen verbringen ihre Zeit miteinander: *Wir waren gestern den ganzen Abend zusammen und spielten Karten* b zwei Personen sind befreundet (und haben eine sexuelle Beziehung)

zu·sạm·men- *im Verb; betont und trennbar;* Die Verben mit *zusammen-* werden nach folgendem Muster gebildet: *zusammenbinden - band zusammen - zusammengebunden* 1 drückt aus, dass Personen nicht allein sind, sondern etwas gemeinsam tun; **(mit jemandem) zusammenbleiben, zusammenkommen, zusammensitzen, zusammenstehen, zusammenwohnen**; ⟨Personen⟩ **laufen, strömen zusammen** 2 drückt aus, dass aus einzelnen Dingen, Teilen ein Ganzes entsteht; **etwas zusammenbauen, zusammenbinden, zusammenkleben, zusammennageln, zusammennähen, zusammenschreiben** 3 drückt aus, dass durch diesen Vorgang Personen/Tiere/Dinge weniger Platz brauchen; **etwas zusammendrücken, zusammenfalten, zusammenklappen, zusammenpressen**; ⟨Personen, Tiere, sich *(Plural)*⟩ **zusammendrängen, zusammenquetschen** 4 drückt aus, dass jemand/etwas (krank, verletzt oder beschädigt) nach unten fällt; **zusammenbrechen, (in sich) zusammenfallen, zusammenkrachen, zusammensinken, zusammenstürzen**

zu·sạm·men·ar·bei·ten *(hat)* **jemand arbeitet mit jemandem (an etwas** *(Dativ)*) **zusammen**; ⟨Personen⟩ **arbeiten (an etwas** *(Dativ)*) **zusammen** zwei oder mehr Personen arbeiten am gleichen Ziel oder Projekt || *hierzu* **Zu·sạm·men·ar·beit** *die; -; nur Singular*

zu·sạm·men·bre·chen *(ist)* 1 **jemand bricht zusammen** jemand verliert plötzlich seine psychische oder körperliche Kraft (wird ohnmächtig oder beginnt zu weinen) ⟨vor Schmerzen, unter einer Last zusammenbrechen⟩ 2 **etwas bricht zusammen** etwas funktioniert als System nicht mehr ⟨die Stromversorgung, das Telefonnetz, der Verkehr, der Kreislauf⟩ 3 **etwas bricht zusammen** etwas zerfällt in einzelne Teile || *zu* 1 und 2 **Zu·sạm·men·bruch** *der; -(e)s, -brü·che*

zu·sạm·men·brin·gen *(hat)* 1 **etwas zusammenbringen** *umg;* etwas tun können:

Z

keinen ganzen Satz zusammenbringen **2 etwas zusammenbringen** die nötige Menge von etwas finden oder beschaffen: *Ich weiß nicht, wie ich das Geld für die nächste Miete zusammenbringen soll* **3 jemanden mit jemandem zusammenbringen** zwei oder mehrere Menschen miteinander bekannt machen

zu·sạm·men·fah·ren (*hat/ist*) **1** (*ist*) (*meist* vor Schreck) eine plötzliche, unkontrollierte Bewegung mit dem Körper machen ⟨vor Schreck, Entsetzen zusammenfahren⟩ **2 jemand/etwas fährt mit jemandem/etwas zusammen**; ⟨Autofahrer/Fahrzeuge *o.Ä.*⟩ **fahren zusammen** (*ist*) zwei oder mehrere Fahrzeuge (oder deren Fahrer) prallen beim Fahren aufeinander: *Die zwei Züge fuhren auf offener Strecke zusammen* **3 jemanden/etwas zusammenfahren** (*hat*) *umg;* (bei einem Unfall) mit dem Auto gegen jemanden oder etwas fahren, ihn verletzen oder es beschädigen: *Er übersah beim Abbiegen den Radfahrer und fuhr ihn zusammen* || Hinweis: aber: *Wir sind zusammen* (= gemeinsam) *gefahren* (getrennt geschrieben)

zu·sạm·men·fal·len (*ist*) **1 etwas fällt (in sich** (*Akkusativ*)) **zusammen** etwas löst sich in einzelne Teile auf und fällt zu Boden ≈ etwas stürzt ein ⟨etwas fällt wie ein Kartenhaus in sich zusammen⟩: *Die Mauer bröckelt überall ab - sie fällt bald zusammen* **2 etwas fällt (in sich** (*Akkusativ*)) **zusammen** etwas sinkt in sich und wird so kleiner ⟨der Kuchen, das Feuer⟩ **3 etwas fällt zusammen** etwas wird schwächer und verliert (an) Gewicht ≈ etwas magert ab ⟨ein zusammengefallenes Gesicht⟩ **4 etwas fällt mit etwas zusammen** etwas geschieht zur gleichen Zeit wie etwas: *Dieses Jahr fällt mein Geburtstag mit Ostern zusammen*

zu·sạm·men·fas·sen B1 (*hat*) **1 etwas zusammenfassen** das Wichtigste aus einem längeren Text (*meist* am Schluss) in wenigen Sätzen wiederholen ⟨eine Rede, einen Vortrag zusammenfassen⟩: *Sie fasste ihre Ansichten zum Schluss in drei Thesen zusammen* **2 etwas (in etwas** (*Akkusativ*)**/zu etwas) zusammenfassen** aus einzelnen Gruppen oder Teilen ein Ganzes bilden: *Die einzelnen kleinen Gruppen wurden zu einer Partei zusammengefasst* || *hierzu* **Zu·sạm·men·fas·sung** *die; -, -en*

zu·sạm·men·fü·gen (*hat*) ⟨Dinge⟩ **zusammenfügen** *förmlich;* aus einzelnen Teilen ein Ganzes *meist* bauen oder basteln ≈ zusammensetzen

zu·sạm·men·ge·hö·ren (*hat*) **jemand/etwas** (*meist Plural*) **gehört zusammen** zwei (oder mehr) Personen oder Dinge bilden ein Paar, eine Einheit oder ein Ganzes: *Der Tisch und die Stühle gehören zusammen* || *hierzu* **zu·sạm·men·ge·hö·rig** *Adjektiv;* **Zu·sạm·men·ge·hö·rig·keit** *die; -; nur Singular*

zu·sạm·men·ha·ben (*hat*) **jemanden/etwas** (*meist Plural*) **zusammenhaben** *umg;* alle nötigen Personen oder Sachen für einen bestimmten Zweck gefunden oder gesammelt haben: *Wir haben jetzt genügend Spieler für ein Match zusammen*

zu·sạm·men·hal·ten (*hat*) **1 etwas zusammenhalten** bewirken, dass etwas ein Ganzes oder mit anderem verbunden bleibt: *Die Bretter werden durch Schrauben zusammengehalten* **2 jemanden** (*meist Plural*)**/Tiere zusammenhalten** dafür sorgen, dass eine Gruppe von Menschen oder Tieren nicht auseinandergeht: *Es ist schwer, die Herde zusammenzuhalten* **3 sein Geld zusammenhalten** sein Geld nicht ausgeben, sondern sparen **4** Personen verstehen sich gut und unterstützen sich gegenseitig: *Die Bande hielt zusammen, und keiner verriet den andern* || *zu* 4 **Zu·sạm·men·halt** *der; -(e)s; nur Singular*

Zu·sạm·men·hang *der; -(e)s, -hän·ge* **1 der Zusammenhang (mit etwas); der Zusammenhang (zwischen** ⟨Dingen⟩**/zwischen etwas** (*Dativ*) **und etwas** (*Dativ*)) eine Beziehung oder Verbindung zwischen Dingen oder Tatsachen ⟨einen Zusammenhang herstellen; jemanden/etwas in Zusammenhang mit etwas bringen; jemanden/etwas in/im Zusammenhang mit etwas nennen⟩: *Zwischen Lungenkrebs und Rauchen besteht ein enger Zusammenhang; Ihr Rücktritt steht in/im Zusammenhang mit dem Bestechungsskandal* || -K Gedankenzusammenhang, Satzzusammenhang, Sinnzusammenhang, Wortzusammenhang **2 etwas aus dem Zusammenhang reißen** Worte, die andere gebraucht haben, in einem anderen Zusammenhang als ursprünglich verwenden ⟨Worte, ein Zitat⟩ **3 in diesem Zusammenhang ...** verwendet, um einen Kommentar zu dem einzuleiten, was vorher gesagt wurde: *In diesem Zusammenhang ist zu erwähnen, dass ...* || *zu* 1 **zu·sạm·men·hang(s)·los** *Adjektiv*

zu·sạm·men·hän·gen; *hing zusammen, hat/ südd* Ⓐ Ⓒⓗ *auch ist zusammengehangen* **1 etwas hängt mit etwas zusammen** etwas ist die Folge, das Ergebnis von etwas, wird von etwas verursacht: *Die hohe Anzahl der Verkehrsunfälle hängt unter anderem damit zusam-*

men, dass die Leute zu schnell fahren; der Verpackungsmüll und die damit zusammenhängenden Probleme **2** **etwas hängt mit etwas zusammen** etwas ist mit etwas fest verbunden: *Die Blätter des Buches hängen nur noch lose zusammen*

zu·sạm·men·hän·gend *Adjektiv;* ⟨eine Darstellung, ein Bericht; etwas zusammenhängend erzählen, darstellen, schreiben⟩ so formuliert, dass sich eine Einheit bildet

zu·sạm·men·le·ben [B1] *(hat)* **jemand lebt mit jemandem zusammen; zwei Personen leben zusammen** zwei Personen wohnen gemeinsam und bilden *(meist* als Paar) eine Gemeinschaft

zu·sạm·men·le·gen *(hat)* **1** **etwas zusammenlegen** die einzelnen Teile von etwas so legen oder falten, dass es möglichst klein, flach wird ⟨die Zeitung, die Kleider, die Wäsche zusammenlegen⟩ **2** ⟨Dinge⟩ **zusammenlegen** verschiedene Dinge so verbinden (oder organisieren), dass sie ein Ganzes bilden: *Die beiden Kurse hatten so wenige Teilnehmer, dass sie zusammengelegt wurden* **3** **(für etwas) zusammenlegen** gemeinsam das Geld sammeln, das man für einen Zweck braucht: *Peter hatte sein Geld vergessen, und wir mussten für seine Fahrkarte zusammenlegen* || *zu* 2 **Zu·sạm·men·le·gung** *die; -, -en*

zu·sạm·men·neh·men *(hat)* **1** ⟨Dinge⟩ **zusammennehmen** verschiedene Dinge im Ganzen, als Einheit betrachten: *Wenn man alle Kosten zusammennimmt, muss ich im Monat 1000 Euro für die Wohnung zahlen* **2** **etwas zusammennehmen** etwas auf einen Zweck, ein Ziel konzentrieren ⟨seinen Mut, seinen Verstand, seine ganze Kraft zusammennehmen⟩ **3** **sich zusammennehmen** seine Gefühle, Impulse *usw* unter Kontrolle haben: *Nimm dich doch zusammen und schrei nicht so!*

zu·sạm·men·pas·sen *(hat)* ⟨Personen/Dinge⟩ **passen (irgendwie) zusammen** zwei oder mehr Personen/Dinge bilden eine harmonische Einheit: *Manche Farben passen gut zusammen*

zu·sạm·men·rei·ßen, sich *(hat)* **sich zusammenreißen** *umg* ≈ sich zusammennehmen (3)

zu·sạm·men·rü·cken *(hat/ist)* **1** *(hat)* ⟨Dinge⟩ **zusammenrücken** zwei oder mehrere Dinge so stellen oder rücken, dass sie eng beieinander sind: *die Tische zusammenrücken, damit die ganze Gruppe zusammensitzen kann* **2** *(ist)* ⟨Personen⟩ **rücken zusammen** Personen setzen sich oder stellen sich so, dass sie eng beisammen sind: *Wenn wir ein bisschen zusammenrücken, dann haben alle auf der Bank Platz*

zu·sạm·men·ru·fen *(hat)* **jemanden** *(meist Plural)* **zusammenrufen** verschiedenen Leuten sagen, dass sie zu einem bestimmten Zeitpunkt an einen bestimmten Ort kommen sollen, um sich dort zu treffen

Zu·sạm·men·sein *das; -s; nur Singular;* ein Treffen, bei dem Menschen privat miteinander reden, etwas trinken, spielen *o.Ä.* ⟨ein gemütliches, geselliges Zusammensein⟩: *zu einem zwanglosen Zusammensein bei Kaffee und Kuchen einladen*

zu·sạm·men·set·zen *(hat)* **1** **etwas zusammensetzen** etwas aus verschiedenen Teilen machen: *Er nahm das Radio auseinander, aber dann konnte er es nicht mehr zusammensetzen* **2** **etwas setzt sich aus jemandem/etwas zusammen** etwas besteht aus verschiedenen Personen/Teilen: *Die Sinfonie setzt sich aus vier Sätzen zusammen* **3** **jemand setzt sich mit jemandem zusammen;** ⟨Personen⟩ **setzen sich zusammen** zwei oder mehrere Personen treffen sich, *meist* um über etwas Bestimmtes zu sprechen ⟨sich zu Verhandlungen zusammensetzen⟩ || *zu* 2 **Zu·sạm·men·set·zung** *die; -, -en*

Zu·sạm·men·spiel *das; -s; nur Singular* **1** die Art, wie *bes* Spieler (einer Mannschaft, eines Orchesters *o.Ä.*) harmonieren und das Spiel miteinander gestalten: *Das Zusammenspiel der Mannschaft muss noch verbessert werden* **2** die Art, wie Vorgänge oder Kräfte aufeinander reagieren und voneinander abhängen: *das Zusammenspiel von Angebot und Nachfrage auf dem freien Markt*

zu·sạm·men·sto·ßen *(ist)* **1** **jemand/etwas stößt mit jemandem/etwas zusammen;** ⟨Personen/Fahrzeuge⟩ **stoßen zusammen** zwei oder mehrere Personen/Fahrzeuge stoßen im Gehen oder Laufen *bzw* Fahren gegeneinander: *Die Fahrzeuge sind frontal zusammengestoßen* **2** **etwas stößt mit etwas zusammen;** ⟨Dinge⟩ **stoßen zusammen** zwei oder mehrere Dinge treffen sich an einer Linie oder einem Punkt: *Hier stoßen die Grundstücke zusammen* || *zu* 1 **Zu·sạm·men·stoß** *der; -es, -stö·ße*

zu·sạm·men·tra·gen *(hat)* **etwas** *(meist Plural)* **zusammentragen** Dinge, die man an verschiedenen Stellen findet, sammeln oder an einen (bestimmten) Ort bringen: *Material für eine Dissertation zusammentragen; Brennholz für den Winter zusammentragen* ||

Hinweis: aber: *Wir können die Kiste zusammen* (= zu zweit) *tragen* (getrennt geschrieben)

zu·sạm·men·tref·fen (*ist*) **1** **jemand trifft mit jemandem zusammen**; ⟨Personen⟩ **treffen zusammen** zwei oder mehrere Personen begegnen sich: *Wir trafen zufällig mit alten Freunden zusammen* **2** **etwas trifft mit etwas zusammen** etwas geschieht gleichzeitig mit etwas anderem ≈ etwas fällt mit etwas zusammen || *hierzu* **Zu·sạm·men·tref·fen** *das*; *-s*; *nur Singular*

zu·sạm·men·tun, sich (*hat*) **jemand/etwas tut sich mit jemandem/etwas zusammen**; ⟨Personen/Organisationen *o.Ä.*⟩ **tun sich zusammen** *umg*; zwei oder mehrere Personen/ Organisationen *o.Ä.* werden Partner, um für ein gemeinsames Ziel zu arbeiten: *Zu den Wahlen haben sich die kleinen Parteien zu einer gemeinsamen Liste zusammengetan*

zu·sạm·men·wach·sen (*ist*) **etwas wächst mit etwas zusammen**; ⟨Dinge⟩ **wachsen zusammen** zwei oder mehrere Dinge bilden (allmählich) (wieder) ein Ganzes: *Die gebrochenen Knochen sind wieder gut zusammengewachsen*; *Die beiden Dörfer wachsen immer mehr zusammen*

zu·sạm·men·zäh·len (*hat*) **(etwas** (*Plural*)**) zusammenzählen** ≈ addieren: *Nun zähl mal zusammen!*

zu·sạm·men·zie·hen (*hat/ist*) **1** **jemand zieht mit jemandem zusammen**; ⟨Personen⟩ **ziehen zusammen** (*ist*) zwei oder mehrere Personen nehmen gemeinsam eine Wohnung, um dort zu leben **2** **etwas zieht sich zusammen** (*hat*) etwas wird kleiner oder enger ↔ etwas dehnt sich aus: *Rauchen bewirkt, dass sich die Blutgefäße zusammenziehen* **3** **etwas zieht sich zusammen** (*hat*) ≈ etwas entsteht ⟨ein Gewitter, ein Unwetter, (Gewitter)Wolken⟩ **4** **(etwas** (*Plural*)**) zusammenziehen** (*hat*) ≈ addieren **5** **etwas zusammenziehen** (*hat*) etwas (durch Ziehen) kleiner oder enger machen: *die Schlinge um den Hals des Tieres zusammenziehen* **6** **jemanden** (*meist Plural*) **zusammenziehen** (*hat*) *meist* Soldaten aus verschiedenen Richtungen an einen Ort bringen: *an der Grenze Truppen zusammenziehen*

zu·sạm·men·zu·cken (*ist*) aus Schreck oder Schmerz eine schnelle (unkontrollierte) Bewegung mit dem Körper machen ≈ zusammenfahren

Zu̲·satz *der*; *-es*, *Zu·sät·ze* **1** eine Substanz, die einer anderen hinzugefügt wird, um diese zu verändern oder irgendwie zu beeinflussen: *Viele Lebensmittel enthalten Zusätze wie Konservierungsmittel und Farbstoffe* || K- **Zusatzstoff** **2** etwas Neues, mit dem man *bes* einen Text ergänzt oder etwas erklärt ≈ Ergänzung, Nachtrag: *einen Zusatz zu einem Gesetz verabschieden* || K- **Zusatzabkommen, Zusatzantrag** **3** *nur Singular*; das Hinzufügen einer Substanz zu einer anderen ≈ Zugabe: *das Wasser durch Zusatz von Chlor desinfizieren*

Zu̲·satz- *im Substantiv*; drückt aus, dass etwas zu etwas bereits Vorhandenem hinzukommt oder etwas ergänzt; das **Zusatzgerät**, der **Zusatzscheinwerfer**, die **Zusatzsteuer**, das **Zusatzteil**, die **Zusatzversicherung**

zu̲·sätz·lich B2 *Adjektiv*; **zusätzlich (zu jemandem/etwas)** so, dass jemand/etwas (als Ergänzung) zu den bereits vorhandenen Personen/Dingen hinzukommt ⟨eine Belastung; Kosten⟩: *Zusätzlich zu den eingeladenen Gästen sind noch einige Nachbarn gekommen*; *ein paar Stunden zusätzlich arbeiten*

zu·schạn·den, zu Schạn·den *Adverb* **1** drückt aus, dass etwas dabei zerstört wird ⟨etwas geht/wird zuschanden; etwas zuschanden machen⟩: *jemandes Hoffnungen zuschanden machen* **2** drückt in Verbindung mit einem Verb aus, dass dabei jemand/etwas großen Schaden erleidet (und *meist* nicht mehr zu gebrauchen ist) ⟨ein Auto zuschanden fahren; ein Pferd zuschanden reiten; jemanden/etwas zuschanden richten⟩

zu̲·schau·en (*hat*) **(jemandem/etwas) zuschauen**; **(jemandem) bei etwas zuschauen** *bes südd* Ⓐ Ⓒⓗ ≈ zusehen

Zu̲·schau·er *der*; *-s*, *-*; jemand, der bei etwas (*bes* bei einer Veranstaltung) zusieht: *Die Zuschauer klatschten Beifall* || K- **Zuschauerzahl**

zu̲·schi·cken (*hat*) **(jemandem) etwas zuschicken** jemandem etwas schicken, senden: *jemandem eine Rechnung zuschicken*

Zu̲·schlag B1 *der*; *-(e)s*, *Zu·schlä·ge* **1** ein Betrag, der zu einer Gebühr, einem Gehalt, einem Preis *o.Ä.* hinzukommen kann: *einen Zuschlag für Nachtarbeit bekommen*; *den Zuschlag für den Intercityzug bezahlen* **2** **der Zuschlag (für etwas)** die Erklärung, dass jemand/eine Firma *o.Ä.* eine Ware (bei einer Auktion) bzw. einen Auftrag (bei einem Projekt oder Handel) bekommt (weil sie das beste Angebot gemacht haben) ⟨jemandem den Zuschlag geben; den Zuschlag bekommen⟩ || *zu* 1 **zu̲·schlag·frei** *Adjektiv*; **zu̲·schlag·pflich·tig** *Adjektiv*

zu̲·schla·gen (*hat/ist*) **1** **etwas zuschlagen**

(*hat*) etwas mit Schwung schließen, sodass dabei ein lautes Geräusch entsteht: *ein Buch zuschlagen; Der Wind hat die Tür zugeschlagen* **2** **etwas schlägt zu** (*ist*) etwas wird mit Schwung und lautem Geräusch geschlossen: *Als der Sturm aufkam, schlug das Fenster zu* **3** (*hat*) jemanden schlagen, auf/gegen etwas schlagen: *Schlag zu, wenn du dich traust!* **4** (*hat*) plötzlich angreifen, gegen jemanden aktiv *o.Ä.* werden: *Die Polizei hatte die Schmuggler lange beobachtet, bevor sie in einem günstigen Augenblick zuschlug und alle verhaftete* **5** (*hat*) *umg;* etwas schnell kaufen oder nehmen, bevor es ein anderer tun kann: *Bei so einem günstigen Angebot muss man einfach zuschlagen!*

zu·schlie·ßen (*hat*) **etwas zuschließen** etwas mit einem Schlüssel schließen: *die Haustür zuschließen*

zu·schnei·den (*hat*) **1** **etwas zuschneiden** etwas so schneiden, dass es die richtige Größe hat ⟨Bretter, Stoff zuschneiden⟩ **2** **etwas zuschneiden** den Stoff für etwas zuschneiden: *einen Rock zuschneiden* || ID **etwas ist auf jemanden/etwas zugeschnitten** etwas ist so gestaltet, dass es für jemanden/etwas gut passt: *Das Programm war ganz auf den Geschmack junger Leute zugeschnitten* || *hierzu* **Zu·schnitt** *der; -(e)s, -e*

zu·schrei·ben (*hat*) **1** **jemandem etwas zuschreiben** die Meinung vertreten, dass etwas das Werk einer bestimmten Person ist: *Dieses Musikstück wird Mozart zugeschrieben* **2** **jemandem/etwas etwas zuschreiben** glauben, dass jemand/etwas bestimmte Eigenschaften oder Qualitäten hat: *Die Indianer schreiben dieser Pflanze eine besondere Wirkung zu*

Zu·schrift *die; -, -en;* ein Brief als Reaktion auf eine Anzeige, eine Fernsehsendung *o.Ä.*: *zahlreiche Zuschriften auf ein Inserat erhalten* || -K Leserzuschrift

zu·schul·den, zu Schul·den *Adverb; meist in* **sich** (*Dativ*) **etwas/nichts zuschulden kommen lassen** etwas/nichts tun, das verboten oder moralisch schlecht ist

Zu·schuss *der; -es, Zu·schüs·se;* **ein Zuschuss (für/zu etwas)** Geld, das jemand oder eine Organisation bekommt, damit er/sie etwas finanzieren kann: *einen Zuschuss zu den Baukosten bekommen; staatliche Zuschüsse für das Theater*

zu·se·hen (*hat*) **1** **(jemandem/etwas) zusehen; (jemandem) bei etwas zusehen** aufmerksam mit Blicken verfolgen, wie jemand etwas tut oder wie etwas geschieht: *jemandem bei der Arbeit zusehen; Sieh zu, wie ich das mache, damit du es lernst!* **2** **(bei etwas) zusehen** etwas geschehen lassen, ohne etwas dagegen zu tun, ohne aktiv sein zu können: *Wir mussten hilflos zusehen, wie unser Haus abbrannte* **3** **zusehen, dass/wie/ob** sich bemühen, etwas zu erreichen: *Ich muss zusehen, dass ich den Zug erreiche*

zu·se·hends *Adverb;* so, dass die Veränderungen, die dabei stattfinden, auch auffallen: *Das Wetter wird zusehends besser*

zu·sen·den; *sandte/sendete zu, hat zugesandt/zugesendet;* **jemandem etwas zusenden** ≈ (zu)schicken: *jemandem einen Brief zusenden* || *hierzu* **Zu·sen·dung** *die; -, -en*

zu·set·zen (*hat*) **1** **jemandem (mit etwas) zusetzen** jemanden dringend bitten oder auffordern, etwas zu tun ≈ jemanden bedrängen ⟨jemandem mit Bitten, Forderungen, Fragen zusetzen⟩ **2** **etwas setzt jemandem (stark/sehr) zu** etwas ist für jemanden sehr lästig oder anstrengend: *Die Hitze setzte ihm stark zu; Der Stress setzte ihr so zu, dass sie krank wurde* **3** **(etwas** (*Dativ*)**) etwas zusetzen** eine Substanz einer anderen hinzugeben und damit mischen: *einem Saft Zucker zusetzen* **4** **(etwas) zusetzen** bei einem Geschäft *o.Ä.* Geld verlieren

zu·si·chern (*hat*) **jemandem etwas zusichern** jemandem (offiziell) versprechen, dass er etwas bekommen wird ⟨jemandem etwas vertraglich zusichern⟩ || *hierzu* **Zu·si·che·rung** *die; -, -en*

zu·spie·len (*hat*) **1** **(jemandem (etwas)) zuspielen** den Ball *o.Ä.* zu einem anderen Spieler der eigenen Mannschaft schießen oder werfen **2** **jemandem etwas zuspielen** geschickt dafür sorgen, dass jemand etwas (Geheimes) erfährt ⟨jemandem Informationen, eine Nachricht zuspielen⟩ || *zu* 1 **Zu·spiel** *das; -(e)s, -e*

zu·spre·chen (*hat*) **1** **jemand/etwas spricht jemandem etwas zu** eine Behörde *o.Ä.* entscheidet offiziell, dass jemand etwas bekommen soll ⟨jemandem ein Erbe, einen Preis, ein Recht zusprechen⟩: *Nach der Scheidung sprach das Gericht* (*das Sorgerecht für*) *die Kinder der Mutter zu* **2** **etwas** (*Dativ*) **(irgendwie) zusprechen** von etwas (eine bestimmte Menge) essen oder trinken: *Die Gäste sprachen dem Essen tüchtig zu* **3** **jemandem (etwas/irgendwie) zusprechen** freundlich mit jemandem reden, damit bestimmte (positive) Gefühle in ihm entstehen ⟨jemandem Mut, Trost zusprechen; jemandem begütigend, beruhigend, besänftigend, gut zusprechen⟩

Zu·spruch *der; -(e)s; nur Singular; förmlich* **1** Trost, Aufmunterung **2** *meist* **etwas findet großen, regen, viel Zuspruch**; **etwas erfreut sich großen Zuspruchs** etwas ist sehr beliebt, wird von vielen Leuten besucht, benutzt *o.Ä.*

Zu·stand B1 *der; -(e)s, Zu·stän·de* **1** die Form oder die Art, wie etwas ist: *Bei null Grad Celsius geht Wasser vom flüssigen in den festen Zustand über und wird zu Eis* **2** die körperliche oder psychische Verfassung einer Person, die äußeren Eigenschaften eines Gegenstands: *Hat sich sein gesundheitlicher Zustand gebessert?*; *Das Haus befindet sich in einem sehr schlechten Zustand - es müsste dringend renoviert werden* || K- Zustandsänderung, Zustandspassiv || -K Gesundheitszustand, Straßenzustand; Idealzustand **3** *meist Plural* ≈ Verhältnisse, Situation ⟨die politischen, sozialen, wirtschaftlichen Zustände in einem Land⟩: *Katastrophale Zustände führten zu einem Bürgerkrieg* || -K Ausnahmezustand || ID **Zustände bekommen/kriegen** *umg;* über etwas entsetzt sein und wütend werden; **Das ist doch kein Zustand!** *umg;* das muss anders werden

zu·stan·de, zu Stan·de *Adverb; nur in* **1** **etwas kommt zustande** etwas entsteht oder gelingt *(bes* trotz Schwierigkeiten): *Nach langen Verhandlungen kam der Vertrag doch noch zustande* **2** **etwas zustande bringen** bewirken, dass etwas gelingt: *Du hast doch noch nie etwas Vernünftiges zustande gebracht!* || *zu* 1 **Zu·stan·de·kom·men** *das; -s; nur Singular*

zu·stän·dig *Adjektiv; nicht als Adverb;* **(für jemanden/etwas) zuständig** verpflichtet und berechtigt, bestimmte Entscheidungen zu treffen oder etwas zu tun ⟨der Beamte, die Behörde, das Gericht⟩: *für die Bearbeitung eines Falles zuständig sein* || *hierzu* **Zu·stän·dig·keit** *die; -, -en*

zu·ste·hen *(hat/südd* Ⓐ Ⓒⓗ *ist)* **etwas steht jemandem zu** jemand hat das Recht, etwas zu bekommen: *Der Ehefrau steht die Hälfte des Erbes zu*

zu·stel·len B2 *(hat)* **1** **jemand/etwas stellt (jemandem) etwas zu** ein Postbote *o.Ä./*eine Behörde übergibt jemandem etwas: *jemandem einen Bescheid zustellen*; *Eilbriefe werden sofort zugestellt, wenn sie beim zuständigen Postamt eintreffen* || K- Zustellbezirk, Zustellgebühr, Zustellvermerk **2** **etwas zustellen** eine Öffnung schließen oder verdecken, indem man etwas davor stellt: *eine Tür mit einem Schrank zustellen* || *zu* 1 **Zu·stel·lung** *die; -, -en*

zu·stim·men *(hat)* **1** **(jemandem) zustimmen** sagen (oder deutlich machen), dass man der gleichen Meinung wie ein anderer ist ⟨zustimmend nicken⟩: *Ich kann Ihnen da nur zustimmen, Sie haben vollkommen recht* **2** **(etwas** *(Dativ)*) **zustimmen** sagen, dass man etwas als richtig oder vernünftig ansieht ↔ ablehnen ⟨einem Antrag, einem Vorschlag zustimmen⟩ || *hierzu* **Zu·stim·mung** *die; -, -en*

zu·sto·ßen *(hat/ist)* **1** **jemand/ein Tier stößt zu** *(hat)* jemand greift jemanden *(meist* mit einem spitzen Gegenstand) an, ein Tier greift jemanden/ein Tier an: *mit einem Messer zustoßen*; *Die Schlange stieß zu* **2** **etwas zustoßen** *(hat)* etwas schließen, indem man dagegen stößt ⟨eine Tür mit dem Fuß zustoßen⟩ **3** **jemandem stößt etwas zu** *(ist)* jemand hat einen Unfall: *Hoffentlich ist ihr nichts zugestoßen!* || ID *meist* **wenn mir etwas zustößt** *beschönigend;* wenn ich sterben sollte

zu·ta·ge, zu Ta·ge *Adverb; nur in* **1** **etwas kommt/tritt zutage** etwas wird sichtbar (oder erkennbar) **2** **etwas zutage bringen/fördern** etwas *(z.B.* ein Geheimnis, einen Skandal) der Öffentlichkeit bekannt machen: *Das Gerichtsverfahren brachte die Wahrheit zutage*

Zu·tat *die; -, -en; meist Plural;* die Dinge, die man braucht, *bes* um etwas zu kochen, zu backen *o.Ä.*: *die Zutaten für einen Kuchen abwiegen* || -K Backzutat

zu·tei·len *(hat)* **1** **jemandem etwas zuteilen** jemandem einen Teil von etwas geben: *jemandem seine Ration zuteilen* **2** **jemandem etwas zuteilen** (als Vorgesetzte(r) *o.Ä.*) jemandem eine Aufgabe geben || *hierzu* **Zu·tei·lung** *die; -, -en*

zu·teil·wer·den; *wird zuteil, wurde zuteil, ist zuteilgeworden;* **etwas wird jemandem zuteil** *förmlich;* jemand bekommt etwas Angenehmes: *Ihr wurde eine besondere Behandlung, ein großes Glück, große Ehre zuteil*

zu·tiefst *Adverb;* sehr (intensiv) ≈ äußerst, aufs Tiefste ⟨zutiefst beleidigt, bewegt, gekränkt, gerührt, erschüttert sein; etwas zutiefst bedauern, verabscheuen⟩

zu·tra·gen *(hat)* **1** **etwas trägt jemandem etwas zu** etwas bringt etwas zu jemandem (hin): *Der Wind trägt jemandem einen Duft, einen Geruch, ein Geräusch, Stimmen zu* **2** **jemandem etwas zutragen** jemandem etwas berichten **3** *meist* **es trug sich zu, dass ...** *förmlich;* verwendet in Märchen *o.Ä.*, um ein besonderes Ereignis einzuleiten: *Nun trug (es) sich zu, dass der König starb und eine große*

Not über das Land hereinbrach

zu·trau·en (*hat*) **jemandem/sich etwas zutrauen** glauben, dass jemand/man selbst fähig ist, etwas (*meist* Schwieriges oder Böses) zu tun: *Traust du ihm so eine Lüge zu?; Er traute ihr nicht zu, das Problem zu lösen; Du kannst es schon, du musst es dir nur zutrauen!*

zu·trau·lich *Adjektiv;* ohne Angst oder Scheu ↔ scheu ⟨Tiere⟩: *Die Katze kam zutraulich zu uns her und ließ sich streicheln* || *hierzu* **Zu·trau·lich·keit** *die; -; nur Singular*

zu·tref·fen (*hat*) **1** **etwas trifft zu** etwas ist richtig ⟨eine Annahme, eine Aussage, ein Vorwurf⟩: *Sein Verdacht erwies sich als zutreffend* **2** **etwas trifft auf jemanden/etwas zu** etwas gilt für jemanden/etwas **3** **Zutreffendes bitte ankreuzen!** *Verwaltung;* verwendet auf Formularen als Aufforderung, diejenige der Möglichkeiten anzukreuzen, die für einen selbst gilt

Zu·tritt *der; -(e)s; nur Singular* **1** **Zutritt (zu etwas)** das Betreten eines Raumes oder Gebiets ⟨jemandem den Zutritt gewähren, verbieten⟩: *Zutritt für Unbefugte verboten!* **2** **Zutritt (zu etwas) (haben)** die Erlaubnis (haben), etwas zu betreten

Zu·tun *das; -s; nur Singular; meist in* **ohne jemandes Zutun** ohne dass die genannte Person aktiv eingreift ≈ von selbst: *Der Vertrag kam ohne mein Zutun zustande*

zu·un·guns·ten, zu Un·guns·ten *Präposition; mit Genitiv/Dativ;* zum Nachteil von: *eine Entscheidung zuungunsten des Angeklagten*

zu·ver·läs·sig *Adjektiv;* ⟨ein Mensch, ein Freund; ein Auto, ein Gerät⟩ so, dass man sich auf ihn/darauf verlassen kann: *Der Motor funktioniert zuverlässig* || *hierzu* **Zu·ver·läs·sig·keit** *die; -; nur Singular*

Zu·ver·sicht *die; -; nur Singular;* der feste Glaube daran, dass etwas Positives geschehen wird ≈ Optimismus ⟨voll(er) Zuversicht sein⟩ || *hierzu* **zu·ver·sicht·lich** *Adjektiv*

zu·vor *Adverb;* zeitlich vor etwas anderem ≈ vorher: *Nie zuvor gab es hier so wenig Regen*

zu·vor·kom·men; *kam zuvor, ist zuvorgekommen* **1** **jemandem zuvorkommen** eher und schneller als ein anderer handeln (und sich dadurch einen Vorteil verschaffen): *Er wollte dieses schöne Grundstück auch kaufen, aber ich bin ihm zuvorgekommen* **2** **etwas** (*Dativ*) **zuvorkommen** (schnell) handeln, bevor etwas eintritt: *Er ist seiner Entlassung zuvorgekommen, indem er selbst kündigte*

Zu·wachs *der; -es, Zu·wäch·se* ≈ Zunahme ↔ Rückgang: *Der Umsatz hatte letztes Jahr einen Zuwachs von 3 Prozent* || K- Zuwachsrate || -K Bevölkerungszuwachs, Kapitalzuwachs, Umsatzzuwachs, Vermögenszuwachs || ID **Zuwachs bekommen/erwarten** *humorvoll;* ein Kind bekommen/erwarten

zu·wan·dern (*ist*) **jemand** (*meist Plural*) **wandert zu** eine Gruppe von Personen zieht in ein Gebiet, um dort zu leben: *Das Dorf wächst, weil viele Leute aus der Stadt zuwandern* || *hierzu* **Zu·wan·de·rung** *die; -, -en*

zu·we·ge, zu We·ge *Adverb; nur in* **etwas zuwege bringen** etwas *meist* Schwieriges erreichen ≈ etwas zustande bringen: *eine Einigung zuwege bringen*

zu·wei·len *Adverb; förmlich* ≈ manchmal

zu·wen·den; *wandte/wendete zu, hat zugewandt/zugewendet* **1** **sich/etwas jemandem/etwas zuwenden** sich/etwas in die Richtung zu jemandem/etwas hindrehen ≈ sich/etwas jemandem/etwas zukehren ↔ sich/etwas von jemandem/etwas abwenden ⟨jemandem/etwas das Gesicht, den Rücken zuwenden⟩: *Sie wandte sich ihrem Nachbarn zu und flüsterte ihm etwas ins Ohr* **2** **sich/etwas jemandem/etwas zuwenden** seine Konzentration auf jemanden/etwas richten: *Sie wendet sich ganz ihrer neuen Aufgabe zu* **3** **jemandem/etwas etwas zuwenden** jemandem/einem Verein o.Ä. Geld (für einen bestimmten Zweck) geben

Zu·wen·dung *die; -, -en* **1** *nur Singular;* Aufmerksamkeit und eine freundliche und liebevolle Behandlung ⟨viel Zuwendung brauchen⟩ **2** Geld, das man jemandem oder einer Institution schenkt ⟨jemandem eine Zuwendung (in Höhe von ...) machen⟩

zu·wi·der *Adverb;* **jemand/etwas ist jemandem zuwider** jemand/etwas ruft in jemandem starke Abneigung hervor: *Diese Person ist mir ganz zuwider*

zu·wi·der·han·deln; *handelte zuwider, hat zuwidergehandelt;* **etwas** (*Dativ*) **zuwiderhandeln** *bes Verwaltung;* gegen einen Befehl, ein Verbot o.Ä. verstoßen: *einem Gesetz zuwiderhandeln* || *hierzu* **Zu·wi·der·han·deln·de** *der/die; -n, -n;* **Zu·wi·der·hand·lung** *die; -, -en*

zu·zah·len (*hat*) **(etwas) zuzahlen** noch etwas (zusätzlich) zahlen: *Für den Intercity müssen Sie vier Euro zuzahlen; Muss man hier (noch was) zuzahlen?*

zu·zie·hen (*hat/ist*) **1** **etwas zuziehen** (*hat*) etwas schließen, indem man daran zieht ⟨einen Knoten, einen Vorhang zuziehen⟩: *eine Tür hinter sich zuziehen* **2** **jemanden zuziehen** (*hat*) ≈ hinzuziehen: *einen Spezialisten zur*

Beratung zuziehen **5** **sich** (*Dativ*) **etwas zuziehen** (*hat*) (oft durch eigene Schuld) etwas Unangenehmes bekommen: *sich eine Grippe zuziehen; sich jemandes Zorn zuziehen* **4** **(von irgendwoher) zuziehen** (*ist*) neu an einen Ort kommen, um dort zu wohnen: *aus der Stadt zuziehen* **5** **der Himmel/es zieht sich zu** (*hat*) der Himmel wird von Wolken bedeckt ‖ *zu* 2 **Zu·zie·hung** *die; -; nur Singular; zu* 4 **Zu·zug** *der; -(e)s, Zu·zü·ge*

zu·züg·lich *Präposition; mit Genitiv/Dativ; förmlich;* drückt aus, dass etwas (zu etwas anderem) hinzukommt ≈ mit, plus: *Die Miete zuzüglich der Nebenkosten beträgt 900 Euro; zuzüglich Porto*

zu·zwin·kern (*hat*) **jemandem zuzwinkern** in jemandes Richtung zwinkern, *meist* um ihm etwas mitzuteilen: *jemandem freundlich zuzwinkern*

zwang *Imperfekt, 1. und 3. Person Singular;* ↑ **zwingen**

Zwang *der; -(e)s, Zwän·ge* **1** der Druck, der durch Drohen oder die Anwendung von Gewalt entsteht und der bewirkt, dass der Betroffene etwas tut, was er nicht tun möchte ⟨Zwang auf jemanden ausüben; etwas unter Zwang (= unfreiwillig) tun⟩ ‖ K- Zwangsmittel **2** ein sehr starker Drang, etwas zu tun, den man mit Vernunft nicht kontrollieren kann: *unter einem inneren Zwang handeln* ‖ K- Zwangshandlung, Zwangsvorstellung **3** *meist Plural;* Umstände, die das Handeln bestimmen ⟨gesellschaftliche, wirtschaftliche Zwänge⟩ ‖ K- Zwangslage ‖ *hierzu* **zwangs·wei·se** *Adverb*

zwän·ge *Konjunktiv II, 1. und 3. Person Singular;* ↑ **zwingen**

zwän·gen; *zwängte, hat gezwängt* **1** **etwas irgendwohin zwängen** etwas mit Mühe in etwas hinein- oder durch etwas hindurchpressen: *noch einen Pullover in den vollen Koffer zwängen; die Füße in zu kleine Schuhe zwängen* **2** **sich irgendwohin zwängen** sich mit Mühe durch eine enge Öffnung *o.Ä.* drücken: *sich durch ein Loch im Zaun zwängen*

zwang·haft *Adjektiv;* ⟨Verhalten⟩ so, dass es durch die Vernunft oder den Willen nicht kontrolliert werden kann: *Sie leidet unter dem zwanghaften Bedürfnis, sich ständig zu waschen*

zwang·los *Adjektiv* **1** natürlich und locker ≈ ungezwungen ⟨ein Benehmen, ein Gespräch, ein Treffen⟩ **2** nicht streng geplant und daher nicht regelmäßig ⟨eine Anordnung, eine Reihenfolge⟩ ‖ *hierzu* **Zwang·lo·sig·keit** *die; -; nur Singular*

Zwangs·ar·beit *die; -; nur Singular;* eine Strafe, bei der man unter schlechten Bedingungen schwere körperliche Arbeit leisten muss: *zu zehn Jahren Zwangsarbeit verurteilt werden* ‖ *hierzu* **Zwangs·ar·bei·ter** *der; -s, -;* **Zwangs·ar·bei·te·rin** *die; -, -nen*

zwangs·läu·fig *Adjektiv; nur vor dem Substantiv oder als Adverb;* so, dass nichts anderes möglich ist ⟨eine Entwicklung, ein Ergebnis, Folgen⟩

zwan·zig *Zahladjektiv* **1** (als Zahl) 20 **2** **Anfang/Mitte/Ende zwanzig sein** ungefähr 20 bis 23/24 bis 26/27 bis 29 Jahre alt sein

zwan·zi·ger *Adjektiv; nur vor dem Substantiv, indeklinabel, nicht als Adverb;* die zehn Jahre (eines Jahrhunderts, eines Menschenlebens) von 20 bis 29 betreffend: *in den zwanziger Jahren/den Zwanzigern; Er ist in den/seinen Zwanzigern* ‖ K- Zwanzigerjahre

Zwan·zi·ger *der; -s, -; umg* **1** jemand, der zwischen 20 und 29 Jahre alt ist **2** ein (Geld)Schein, der zwanzig Euro, Franken *o.Ä.* wert ist ‖ *zu* 1 **Zwan·zi·ge·rin** *die; -, -nen*

zwan·zigs·t- *Zahladjektiv; nur vor dem Substantiv, nicht als Adverb* **1** in einer Reihenfolge an der Stelle 20 ≈ 20. **2** **der zwanzigste Teil (von etwas)** ≈ 1/20

zwar *Partikel* **1** *unbetont;* verwendet bei Feststellungen, bei denen man etwas einräumt oder zugibt und nach denen ein Nebensatz mit *aber* oder *doch* kommt: *Er war zwar krank, aber er ging trotzdem zur Arbeit; Ich habe zwar wenig Zeit, aber ich helfe dir (trotzdem); Zwar ist sie reich, doch nicht zufrieden* **2** *betont;* **und zwar** verwendet, um etwas näher zu bestimmen ≈ nämlich: *Wir kaufen einen Hund, und zwar einen Dackel*

Zweck B2 *der; -(e)s, -e* **1** das, was man mit einer Handlung erreichen will ≈ Ziel ⟨einen Zweck verfolgen, erreichen; etwas hat einen Zweck, etwas dient einem Zweck⟩: *Der Zweck dieser Übung ist, die Muskeln zu stärken; Rechtfertigt der Zweck alle Mittel?* ‖ K- zweckfrei, zweckgebunden, zweckgemäß **2** *oft Plural* ≈ Verwendung, Gebrauch: *ein Gerät für medizinische Zwecke* ‖ -K Forschungszweck **3** *nur Singular;* ein zu erwartender Nutzen oder Erfolg ≈ Sinn: *Es hat keinen Zweck mehr, das alte Radio noch zu reparieren* ‖ ID *meist* **Der Zweck heiligt die Mittel** *ironisch;* auch unfaire Mittel dürfen verwendet werden, um ein Ziel zu erreichen

zweck·dien·lich *Adjektiv;* für den genannten Zweck nützlich ≈ sachdienlich ⟨Angaben, Hinweise⟩

zwẹck·fremd *Adjektiv;* für einen anderen als den ursprünglichen Zweck ⟨eine Verwendung⟩

zwẹck·los *Adjektiv;* so, dass es keinen Erfolg haben kann ≈ sinnlos, vergeblich: *Es ist zwecklos, um Hilfe zu rufen. Hier kann uns keiner hören*

zwẹck·mä·ßig *Adjektiv;* für einen bestimmten Zweck gut geeignet ≈ praktisch ↔ ungeeignet ⟨Kleidung⟩ || *hierzu* **zwẹck·mä·ßi·ger·wei·se** *Adverb;* **Zwẹck·mä·ßig·keit** *die; -; nur Singular*

zwẹcks *Präposition; mit Genitiv/umg auch Dativ, ohne Artikel, Verwaltung;* zum Zweck (der, des ...): *eine Maßnahme zwecks größerer Sicherheit*

zwei *Zahladjektiv;* (als Ziffer) 2 || ID **für zwei** ⟨arbeiten, essen, trinken *usw*⟩ mehr als üblich, sehr viel

Zwei *die; -, -en* **1** die Zahl 2 **2** eine gute Schulnote (auf der Skala von 1-6) ≈ gut **3** jemand/etwas mit der Zahl, Nummer 2

zwei·deu·tig *Adjektiv* **1** auf mehrere Arten zu verstehen, erklärbar ↔ eindeutig ⟨eine Antwort⟩ **2** mit (verstecktem) sexuellem Inhalt ⟨eine Bemerkung, ein Witz⟩ || *hierzu* **Zwei·deu·tig·keit** *die; -, -en*

Zwei·er *der; -s, -; umg* ≈ Zwei

zwei·er·lei *Zahladjektiv; indeklinabel* **1** von unterschiedlicher Art: *zweierlei Strümpfe anhaben* **2** *meist* **es ist zweierlei, ob ... oder ...** es sind zwei verschiedene Dinge, ob ... oder ... || ↑ **Maß**[1]

Zwei·fel *der; -s, -;* **1** **Zweifel** (**an etwas** *(Dativ)*) das Gefühl, dass etwas nicht wahr oder richtig sein könnte ⟨berechtigte Zweifel haben⟩: *An seiner Ehrlichkeit besteht kein Zweifel* **2** (**sich** *(Dativ)*) (**über etwas** *(Akkusativ)*) **im Zweifel sein** etwas nicht sicher wissen oder noch nicht entschieden haben: *Ich bin mir noch (darüber) im Zweifel, ob ich zu dem Vortrag gehen werde* **3** **etwas steht außer Zweifel** etwas steht sicher fest, ist gewiss **4** **ohne Zweifel** ganz sicher ≈ zweifellos: *Das wird ohne Zweifel geschehen* **5** **etwas in Zweifel ziehen** vermuten oder sagen, dass etwas möglicherweise nicht wahr ist || ID **im Zweifel für den Angeklagten** *oft ironisch;* verwendet, um auszudrücken, dass eine Entscheidung gegen den Betroffenen falsch oder zu streng sein könnte und man sich deshalb lieber für ihn entscheidet || *hierzu* **zwei·fel·los** *Adverb;* **zwei·fels·frei** *Adjektiv*

zwei·fel·haft *Adjektiv* **1** *meist nach dem Substantiv;* nicht sicher, noch nicht entschieden: *Es ist zweifelhaft, ob wir den Plan durchführen können; Das Ergebnis ist noch zweifelhaft* **2** nicht gut und möglicherweise nicht richtig ⟨eine Entscheidung, eine Lösung⟩ **3** nicht echt, angenehm oder passend ⟨ein Kompliment, ein Vergnügen⟩ **4** *nur vor dem Substantiv, nicht als Adverb;* vermutlich nicht (ganz) legal ≈ fragwürdig, dubios ⟨eine Herkunft, ein Geschäft⟩

zwei·feln B2 *zweifelte, hat gezweifelt* **1** **an jemandem/etwas zweifeln** nicht sicher sein, ob man jemandem oder an etwas glauben, auf jemanden/etwas vertrauen kann: *Ich zweifle nicht daran, dass er es ehrlich meint; Sie zweifelte am Erfolg seiner Bemühungen* **2** **an sich** *(Dativ)* **zweifeln** an Selbstbewusstsein verlieren: *Wer etwas erreichen will, darf nicht an sich zweifeln* || *zu 2* **Zweif·ler** *der; -s, -;* **Zweif·le·rin** *die; -, -nen*

Zwei·fels·fall *der; -(e)s, -fäl·le; meist in* **im Zweifelsfall** wenn nicht sicher ist, wie man sich entscheiden soll: *Im Zweifelsfall kaufe lieber zu viel als zu wenig!; Im Zweifelsfall rufen Sie mich bitte an!* || ID **im Zweifelsfall für den Angeklagten** ↑ **Zweifel**

Zweig B2 *der; -(e)s, -e* **1** ein kleiner Ast || -K Birkenzweig, Blütenzweig *usw* **2** ein relativ selbstständiger Bereich: *ein neuer Zweig der Elektroindustrie; Zoologie und Botanik sind Zweige der Biologie* || K- Zweigwerk || -K Forschungszweig, Industriezweig || ID **auf keinen grünen Zweig kommen** *umg;* keinen Erfolg haben

zwei·ge·teilt *Adjektiv; nicht als Adverb;* in zwei (selbstständige) Teile getrennt

Zweig·stel·le *die; -, -n;* eine Filiale *meist* einer Bank, eines Betriebs *o.Ä.*

zwei·hun·dert *Zahladjektiv;* (als Zahl) 200

Zwei·kampf *der; -(e)s, -kämp·fe;* ein Kampf zwischen zwei Menschen ≈ Duell ⟨jemanden zum Zweikampf herausfordern⟩

Zwei·rad *das; -(e)s, -rä·der;* ein Fahrzeug mit zwei Rädern (*z.B.* ein Fahrrad, ein Motorrad)

zwei·schnei·dig *Adjektiv; meist vor dem Substantiv;* mit Vorteilen, aber auch mit Nachteilen ⟨eine Angelegenheit, eine Sache⟩ || ID **ein zweischneidiges Schwert** eine Sache, die vielleicht Vorteile hat, aber durchaus negative Folgen haben könnte

zwei·sei·tig *Adjektiv* **1** *nur vor dem Substantiv, nicht als Adverb;* zwei Seiten lang ⟨ein Artikel⟩ **2** *nur vor dem Substantiv oder als Adverb;* zwei Gruppen betreffend ≈ bilateral

zweit *nur in* **zu zweit** mit zwei Personen, als

Paar: *Wir sind zu zweit*

zwei·t- B2 *Zahladjektiv; nur vor dem Substantiv, nicht als Adverb;* in einer Reihenfolge an der Stelle zwei ≈ 2. || K- zweitbeste, zweitgrößte, zweitlängste, zweitschnellste

zwei·tau·send *Zahladjektiv;* (als Zahl) 2000

zwei·tens *Adverb* **1** verwendet bei einer Aufzählung, um anzuzeigen, dass etwas an 2. Stelle kommt **2** als zweiter Punkt

zweit·klas·sig *Adjektiv; abwertend;* nicht gut ≈ mittelmäßig ↔ erstklassig ⟨ein Hotel, ein Künstler⟩

zweit·ran·gig *Adjektiv;* weniger wichtig als andere(s) ⟨ein Problem; etwas ist von zweitrangiger Bedeutung⟩

Zweit·schlüs·sel *der; -s, -* ≈ Ersatzschlüssel, Reserveschlüssel

Zweit·stim·me *die; -, -n;* Ⓓ die Stimme bei einer Wahl, die man einer Partei (und nicht einem einzelnen Kandidaten) gibt ↔ Erststimme

Zweit·woh·nung B2 *die; -, -en;* eine zweite Wohnung, die man *z.B.* am Wochenende oder im Urlaub benutzt

Zwerch·fell *das; -(e)s, -e;* die Muskeln und Sehnen, die Brust und Bauch innen voneinander trennen; *Medizin* Diaphragma

Zwerg *der; -(e)s, -e* **1** eine Figur in Märchen oder Sagen, die wie ein sehr kleiner, *oft* alter Mann aussieht ↔ Riese: *das Märchen von Schneewittchen und den sieben Zwergen* **2** *abwertend;* ein sehr kleiner Mensch

Zwet·sche, Zwetsch·ge *die; -, -n* **1** eine Art kleine, längliche, dunkelblaue Pflaume || K- Zwetschenbaum, Zwetschenkern, Zwetschenkuchen, Zwetschenmus, Zwetschenschnaps **2** der Baum, der Zwetschen als Früchte trägt

zwi·cken; *zwickte, hat gezwickt* **1 (jemanden/sich (irgendwohin)) zwicken; jemandem irgendwohin zwicken** ein Stück der Haut zwischen zwei Finger nehmen, kurz daran ziehen und so drücken, dass es leicht wehtut ≈ kneifen: *Er zwickte sie/ihr in den Arm; Zwick mich, wenn ich einschlafe!* **2 etwas zwickt (jemanden) (irgendwo)** ein Kleidungsstück ist an einer Stelle zu eng ≈ etwas kneift: *Die Hose zwickt zwischen den Beinen* **3 etwas zwickt (jemanden)** *oft humorvoll;* etwas macht jemandem Schmerzen: *Mein Rheuma zwickt (mich) heute wieder*

Zwick·müh·le *die; -, -n; meist in* **in der Zwickmühle sein/sitzen** *umg;* in einer unangenehmen oder ausweglosen Situation sein, die in jedem Fall Nachteile mit sich bringt

Zwie·back *der; -(e)s, -e/Zwie·bä·cke; meist Singular;* eine Art trockenes, hartes Gebäck (in Scheiben), das sehr lange haltbar ist

Zwie·bel B1 *die; -, -n* **1** ein Gemüse mit intensivem Geruch und Geschmack, das viele Häute hat ⟨Zwiebeln hacken, (in Ringe/Würfel) schneiden⟩: *Tomatensalat mit Zwiebeln* || K- Zwiebelschale **2** eine Art Zwiebel, die man in die Erde steckt und aus der dann Blumen (wie Tulpen, Narzissen) wachsen || -K Blumenzwiebel

Zwie·bel·turm *der; -(e)s, -tür·me;* ein Kirchturm *o.Ä.* mit einem Dach, das die Form einer Zwiebel hat

Zwie·ge·spräch *das; -(e)s, -e; förmlich;* eine Unterhaltung zwischen zwei Personen

zwie·lich·tig *Adjektiv;* ⟨eine Gegend, ein Lokal; eine Gestalt⟩ so, dass sie mit illegalen Geschäften *o.Ä.* in Verbindung gebracht werden

Zwie·spalt *der; -(e)s, Zwie·späl·te; meist Singular;* das Gefühl, sich nicht für eine von zwei Möglichkeiten entscheiden zu können: *im Zwiespalt sein, was zu tun ist*

Zwie·tracht *die; -; nur Singular; förmlich;* **Zwietracht unter jemandem** (*meist Plural*)/ **zwischen** ⟨Personen (*Dativ*)⟩ ein Zustand, in dem die Menschen sich nicht einig sind (und sich streiten) ⟨Zwietracht säen, stiften⟩: *Unter ihnen herrschte/war Zwietracht*

Zwil·ling *der; -s, -e* **1** eines von zwei Kindern einer Mutter, die zur gleichen Zeit geboren worden sind ⟨eineiige, zweieiige Zwillinge⟩ || K- Zwillingsbruder, Zwillingsschwester **2**

Zwillinge

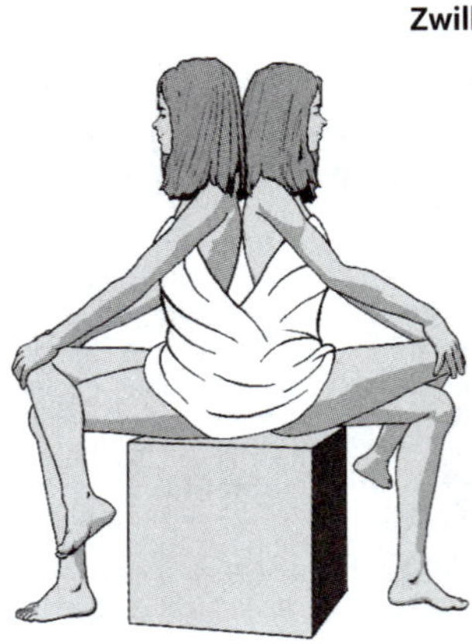

nur Plural; ohne Artikel; das Sternzeichen für die Zeit von 21. Mai bis 20. Juni

zwịn·gen; *zwang, hat gezwungen* **1** **jemanden zu etwas zwingen** jemanden durch Drohungen, Gewalt *o.Ä.* dazu bringen, etwas Bestimmtes zu tun: *Er zwang uns, ihm Geld zu geben* **2** **etwas zwingt jemanden zu etwas** etwas macht ein bestimmtes Verhalten notwendig: *Der Sturm zwang uns (dazu,) umzukehren* **3** **jemanden irgendwohin zwingen** jemanden gewaltsam an einen Ort, in eine bestimmte Position bringen: *jemanden zu Boden zwingen* **4** **sich zu etwas zwingen** streng gegen sich selbst sein und etwas tun, was man nicht mag: *sich zur Ruhe zwingen; sich zwingen, wach zu bleiben*

Zwịn·ger *der; -s, -;* eine Art großer Käfig für Hunde || -K Hundezwinger

zwin·kern; *zwinkerte, hat gezwinkert;* ein Auge oder beide Augen (mehrmals) kurz schließen, *bes* um so jemandem etwas (ohne Worte) zu sagen ⟨nervös, amüsiert, freundlich zwinkern⟩

Zwịrn *der; -(e)s; nur Singular;* festes Garn zum Nähen, das aus mehreren Fäden gedreht ist || ↑ Abbildung unter **nähen**

zwị·schen A2 *Präposition* **1** **zwischen jemandem/etwas und jemandem/etwas** innerhalb des Raums, der von zwei Personen, Dingen, Seiten markiert ist: *eine Nadel zwischen Daumen und Zeigefinger halten; Sie saß zwischen ihrem Mann (auf der rechten Seite) und ihrem Sohn (auf der linken Seite)* || K- Zwischenmauer, Zwischenraum, Zwischenstück, Zwischenteil **2** *mit Dativ;* von einem Punkt oder Ort zum anderen: *Der Abstand zwischen den Autos verringerte sich* **3** *mit Dativ;* (an einer Stelle) innerhalb einer Gruppe oder Menge: *Der Ausweis war zwischen den Papieren in der Schublade* **4** **zwischen etwas** *(Dativ)* **und etwas** *(Dativ)* innerhalb der genannten Zeitpunkte: *Er hat irgendwann zwischen dem 1. und 15. Mai Geburtstag* **5** **zwischen etwas** *(Dativ)* **und etwas** *(Dativ)* innerhalb der genannten Begrenzungen oder Werte: *Temperaturen zwischen zehn und fünfzehn Grad* **6** *mit Dativ;* verwendet, um eine Beziehung auszudrücken: *das Vertrauen zwischen alten Freunden* **7** *mit Dativ;* verwendet, um Gegensätze aufeinander zu beziehen: *zwischen Hoffnung und Verzweiflung schwanken; zwischen Gut und Böse unterscheiden können* **8** *mit Akkusativ;* auf eine Stelle hin, die an beiden Seiten (von Personen oder Gegenständen) begrenzt ist: *einen Faden zwischen die Finger nehmen* **9** *mit Akkusativ;* in eine Gruppe, Menge hinein: *Die Polizisten in Zivil mischten sich zwischen die Demonstranten* **10** *mit Akkusativ;* in einen Zeitraum hinein, der innerhalb der genannten Zeitpunkte liegt: *den Urlaub zwischen Ende Januar und Mitte Februar legen*

Zwị·schen- *im Substantiv; betont* **1** drückt aus, dass dieses Ergebnis nur vorläufig gilt; die **Zwischenabrechnung**, der **Zwischenbericht**, der **Zwischenbescheid**, die **Zwischenbilanz**, das **Zwischenergebnis**, die **Zwischenprüfung**, die **Zwischenrechnung**, das **Zwischenzeugnis** **2** drückt aus, dass etwas nur kurze Zeit genutzt wird; das **Zwischenlager** ⟨für Atommüll⟩, die **Zwischenlösung** **3** drückt aus, dass etwas eine Unterbrechung einer Handlung ist *(meist* zu einem bestimmten Zweck); der **Zwischenaufenthalt**, die **Zwischenbemerkung**, die **Zwischenfrage**, die **Zwischenpause**

Zwị·schen·ding *das; -(e)s; nur Singular; umg;* **ein Zwischending (zwischen etwas** *(Dativ)* **und etwas** *(Dativ)*) etwas, das weder ganz das eine noch ganz das andere ist

zwi·schen·drịn *Adverb; umg* **1** ≈ dazwischen: *Die Eltern lagen im Bett und das Kind zwischendrin* **2** ≈ zwischendurch (1)

zwị·schen·durch *Adverb* **1** zu einem oder mehreren Zeitpunkten während eines Zeitraums oder eines anderen Vorgangs ≈ zwischendrin: *Sie arbeiteten von acht bis fünfzehn Uhr und machten zwischendurch nur eine kurze Pause zum Essen; Während das Gulasch kocht, muss man zwischendurch mehrmals umrühren* **2** ≈ hier und da, stellenweise: *Auf dem Beet wachsen Rosen und Tulpen, zwischendurch auch ein paar Narzissen*

Zwị·schen·fall *der; -(e)s, -fäl·le* **1** ein plötzliches, *meist* unangenehmes Ereignis *(meist* während eines anderen Vorgangs) ⟨ein bedauerlicher, peinlicher Zwischenfall⟩ **2** *meist Plural* ≈ Unruhen ⟨etwas verläuft ohne Zwischenfälle⟩: *Kam es während der Demonstration zu Zwischenfällen?*

zwị·schen·mensch·li·ch- *Adjektiv; nur vor dem Substantiv, nicht als Adverb;* zwischen einzelnen Menschen, von Mensch zu Mensch ⟨Beziehungen, Probleme⟩

Zwị·schen·raum *der; -(e)s, -räu·me;* **ein Zwischenraum (zwischen etwas** *(Plural)*/**zwischen etwas** *(Dativ)* **und etwas** *(Dativ)*) der freie Raum (oder der Abstand) zwischen zwei Dingen: *einen großen Zwischenraum zwischen den Zeilen lassen*

Zwi̱·schen·ruf *der; -(e)s, -e;* eine relativ laute Bemerkung, mit der man jemanden bei einer Rede unterbricht || *hierzu* **Zwi̱·schen·ru·fer** *der; -s, -*

Zwi̱·schen·spiel *das; -(e)s, -e* **1** ein kleines Stück, das eine Aufführung *o.Ä.* unterbricht **2** ein relativ unbedeutender Vorfall ≈ Episode

Zwi̱·schen·zeit *die; -, -en* **1** **in der Zwischenzeit** in der Zeit zwischen zwei Zeitpunkten oder Ereignissen ≈ inzwischen, währenddessen **2** *Sport;* die Zeit, die ein Sportler für den ersten Teil einer (Renn)Strecke braucht ⟨eine gute, schlechte Zwischenzeit haben, fahren, laufen⟩

zwi̱·schen·zeit·lich *Adjektiv; nur vor dem Substantiv oder als Adverb; Verwaltung;* in der Zeit, die seit einem bestimmten Zeitpunkt vergangen ist

Zwi̱st *der; -(e)s, -e; förmlich;* ein kleiner Streit ⟨einen Zwist mit jemandem haben; einen Zwist begraben⟩

zwi̱t·schern; *zwitscherte, hat gezwitschert;* **ein Vogel zwitschert (etwas)** ein Vogel singt: *Die Lerche zwitscherte ihr Lied*

zwo *Zahladjektiv; umg* ≈ zwei || Hinweis: *zwo* wird *bes* am Telefon für „zwei" verwendet, damit der andere es nicht (aus Versehen) mit *„drei"* verwechselt

zwö̱lf *Zahladjektiv;* (als Zahl) 12 || ID **Es ist kurz/fünf vor zwölf** es ist schon fast zu spät, um etwas Schlimmes zu verhindern

Zwö̱lf *die; -, -en* **1** die Zahl 12 **2** jemand/etwas mit der Zahl, Nummer 12

zwö̱lf·hun·dert *Zahladjektiv;* (als Jahreszahl) 1200

zwö̱lft *nur in* **zu zwölft** mit insgesamt zwölf Personen: *Wir sind zu zwölft; zu zwölft am Tisch sitzen*

zwö̱lf·t- *Zahladjektiv; nur vor dem Substantiv, nicht als Adverb;* in einer Reihenfolge an der Stelle zwölf ≈ 12.

zwö̱lf·tau·send *Zahladjektiv;* (als Zahl) 12.000

zwö̱lf·tel *Adjektiv; nur vor dem Substantiv, indeklinabel, nicht als Adverb;* den zwölften Teil von etwas bildend ≈ 1/12

Zwö̱lf·tel *das; -s, -;* der 12. Teil von etwas, *meist* einer Menge oder Masse

zwö̱lf·tens *Adverb;* verwendet bei einer Aufzählung, um anzuzeigen, dass etwas an 12. Stelle kommt

zwo·t- *Zahladjektiv; umg* ≈ zweit-

Zy·an·ka·li [tsy-] *das; -s; nur Singular;* ein starkes Gift (aus Blausäure)

Zyk·lus ['tsy:-] *der; -, Zyk·len* **1** *förmlich;* etwas, das sich regelmäßig wiederholt ≈ Kreislauf (3) ⟨etwas unterliegt einem Zyklus, etwas läuft in einem Zyklus ab⟩: *der Zyklus der Jahreszeiten* **2** eine Reihe von Werken eines Künstlers oder von Veranstaltungen, die inhaltlich zusammenhängen || -K Bilderzyklus, Liederzyklus **3** *Medizin;* die Zeit vom ersten Tag der Menstruation (einer Frau) bis zur nächsten Menstruation ⟨einen (un)regelmäßigen, kurzen, langen Zyklus haben⟩ || -K Menstruationszyklus, Monatszyklus || *zu* 1 **zyk·lisch** *Adjektiv*

Zy·lin·der [tsi'lɪndɐ, tsy-] *der; -s, -;* **1** *Geometrie;* ein Körper in Form eines Rohrs *o.Ä.*, das an beiden Enden geschlossen ist || ↑ Abbildung unter **Pyramide** **2** eine Art Rohr, in dem sich (bei Benzinmotoren *o.Ä.*) ein Kolben auf und ab bewegt: *ein Motor mit vier Zylindern* **3** ein steifer, *meist* schwarzer Hut für Männer ⟨Frack und Zylinder⟩ || *zu* 1 **zy·li̱nd·risch** *Adjektiv*

Zy·ni·ker ['tsy:-] *der; -s, -;* jemand, der die Schwächen und Probleme der Menschen und Situationen (spöttisch) kritisiert (oder ausnützt), ohne die Gefühle anderer Leute zu schonen || *hierzu* **zy·nisch** *Adjektiv;* **Zy·ni̱s·mus** *der; -, Zy·nis·men*

Zys·te ['tsy-] *die; -, -n; Medizin;* eine kranke Stelle im Gewebe von Lebewesen, die mit Flüssigkeit gefüllt ist

Anhang

Inhalt

Übungsaufgaben zum Wörterbuch

1 Die Wörter suchen – und finden

Aufgabe 1

Das deutsche Alphabet folgt dem internationalen Prinzip der Anordnung. Wörter mit **ä**, **ö**, **ü** und **ß** sind im Wörterbuch so eingeordnet, als wären sie mit **a**, **o**, **u** und **ss** geschrieben, wobei z. B. **drucken** vor **drücken** kommt.
Bringen Sie die folgenden Wörter in die Reihenfolge, in der sie im Wörterbuch stehen:

Ladung	( )	täuschen	( )
lädt	( )	tauen	( )
Lager	( )	Taufe	( )
läge	( )	tauschen	( )
Lagune	( )	Taufbecken	( )
lagern	( )	taumeln	( )
Lage	( )	taugen	( )

Aufgabe 2

Manchmal sieht es so aus, als wäre ein Wort mehrmals im Wörterbuch eingetragen. Tatsächlich handelt es sich dabei aber um verschiedene Wörter, die nur gleich geschrieben werden. Sie sind durch hochgestellte Ziffern voneinander unterschieden (z. B. **Band[1], Band[2], Band[3]; Bogen[1], Bogen[2]**).

Worin bestehen die Unterschiede zwischen den Wörtern mit der Schreibweise **Ton** (z. B. in der Formenbildung und in der Bedeutung)?

Aufgabe 3

Es gibt Bedeutungen, die von einer anderen Bedeutung abgeleitet sind. Im Wörterbuch erkennt man das oft daran, dass von der einen Erklärung auf die andere verwiesen wird. Bei dem Wort **Gummi** sind zwei Bedeutungen aufgeführt. Was haben beide gemeinsam und wie kann man das an den aufgeführten Zusammensetzungen erkennen?

Aufgabe 4

Im Wörterbuch findet man Redewendungen in den meisten Fällen nach dem Zeichen [ID]. Wenn ihre Bedeutung leicht aus der Bedeutungsdefinition hergeleitet werden kann, werden sie manchmal auch schon früher genannt. Unter welchem Stichwort man eine Wendung findet, richtet sich nach der Reihenfolge der wichtigen Wörter in der Wendung.

Unter welchem Stichwort findet man die folgenden Wendungen und welche Regel lässt sich daraus ableiten?

1. zwei linke Hände haben
2. im Hafen der Ehe landen
3. etwas in Zweifel ziehen
4. lang und breit
5. etwas kommt jemandem spanisch vor
6. Daran ist nicht(s) zu rütteln

Aufgabe 5

Bei den folgenden Tieren sind die Buchstaben durcheinandergeraten. Wie heißen die Tiere richtig?

Zakte	Rebbi
Seha	Duhn
Schedeie	Dikkorol
Golve	Suma
Gräunuk	Aber

2 Was steckt alles in einem Eintrag des Power Wörterbuchs?

In den „Hinweisen für die Benutzer“ (Seiten 7 – 20) wird erklärt, was in einem Artikel zu finden ist und was die dort verwendeten Zeichen bedeuten. Beispiele sind auf den ersten zwei Seiten des Buches erläutert.

Aufgabe 6

Wie kann man die folgenden Zeichen, die im Wörterbuch immer wieder vorkommen, erklären? Suchen Sie im Wörterbuch nach den richtigen Bedeutungen:

Zeichen	bedeutet:
↔	
-K	
K-	
≈	
▸	
Ⓐ	
(CH)	

Aufgabe 7

In diesem Wörterbuch gibt ein senkrechter Trennstrich bei besonders langen Zusammensetzungen (Komposita) an, aus welchen zwei Hauptbestandteilen das Wort besteht, z. B. **Fremdsprachen|korrespondent**.
Man kann diese Trennstelle auch finden, indem man das Wort erklärt:
Ein Fremdsprachenkorrespondent ist jemand, der Korrespondenz in Fremdsprachen erledigt.

Wo muss der Trennstrich bei den folgenden Wörtern stehen?

Bildschirmarbeit
Einbettzimmer
Sackbahnhof
Dreiecksverhältnis
Lohnsteuerjahresausgleich
Blockbuchstabe
Selbsthilfegruppe

Aufgabe 8

Andere Stellen, an denen man Wörter am Zeilenende trennen kann, sind im Eintrag mit Punkten gekennzeichnet.
An welchen Stellen kann man die folgenden Wörter trennen?

Loipe, kreieren, schaffen, erschrecken, Becher, Himbeere, vortragen

Aufgabe 9

Worin unterscheidet sich die Betonung von:

1. **Weg** wie in **Heimweg** und **weg** wie in **weg sein**?
2. **zum Feind überlaufen** und **der Ferienort ist völlig überlaufen**?
3. **durch ein Tor durchlaufen** und **eine Entwicklung durchlaufen**?
4. **ein Hindernis umgehen** und **mit Kindern richtig umgehen**?

Aufgabe 10

Ordnen Sie die folgenden Wörter mit der Schreibung **c** bzw. **ch** nach ihrer Aussprache:

City, Chip, Cartoon, Chirurgie, Couch, chinesisch, circa, Chat, Coup, chic, Chili, Chemotherapie, Cola, Celsius, Chlor, Christ, clever, Chor, Charme, Champagner, Café, Center, Chiffre

1. Gesprochen als [k]:
2. Gesprochen als [ʃ]:
3. Gesprochen als [ç]:

4. Gesprochen als [tʃ]:
5. Gesprochen als [ts]:
6. Gesprochen als [s]:

Aufgabe 11
Ordnen Sie die folgenden Wörter mit der Schreibung **v** nach ihrer Aussprache:

Vater, Advent, Volk, clever, Verb, Kurve, dekorativ, Ventil, Vulkan, brav, Adjektiv, Vase, Nerv, Volt, Motiv, Virus, absolvieren, vorn, objektiv, vage, Verband, trivial, viel

1. Gesprochen als [v]:
2. Gesprochen als [f]:

3 Formenbildung

Aufgabe 12: Verben
In unserem Wörterbuch werden „starke" und „schwache" Verben nicht als solche gekennzeichnet, sondern es werden die Formen der dritten Person Singular für Imperfekt und das Partizip Perfekt angegeben. Wenn andere Formen von dem danach zu erwartenden Muster abweichen, werden auch diese aufgeführt. Auf den Seiten 1075 – 1080 findet sich außerdem ein Anhang mit den „wichtigsten unregelmäßigen Verben".

In dieser Liste kann man Gruppen erkennen, die beim Vergleich den gleichen Wechsel des Stammvokals von Infinitiv zu Imperfekt und Partizip Perfekt zeigen. Welche Muster dieses Vokalwechsels sind am häufigsten?

Aufgabe 13: Verben
Die schwachen Verben haben fast alle ganz regelmäßige Formen, z. B. **machen**: macht, machte, hat gemacht.

Verben auf **-ieren** wie **komponieren** haben auch regelmäßige Formen, unterscheiden sich aber in einem wichtigen Punkt von anderen regelmäßigen Verben. In welchem?

Aufgabe 14: Verben
Das Perfekt wird aus einer Form von **haben** oder **sein** und dem Partizip Perfekt gebildet. Manche Verben, besonders Bewegungsverben, können das Perfekt mit beiden Hilfsverben bilden, je nachdem, um welche Bedeutung es sich gerade handelt.
Setzen Sie **haben** oder **sein** in der passenden Form in die folgenden Sätze ein:

1. Wer .... das Auto in die Garage gefahren?
2. Elke .... übers Wochenende in die Berge gefahren.
3. Ich .... noch nie Schlittschuh gelaufen.
4. Den Verletzten .... man ins Krankenhaus geflogen.
5. „.......... du mit der Fähre nach England gefahren?" – „Nein, ich .... geflogen."
6. Peter und Martin .... über den See geschwommen.
7. Bei dem Rennen .... er ein schwarzes Pferd geritten.
8. .... du schon mal auf einem Esel geritten?

Aufgabe 15: Verben

Welches **Modalverb** fehlt hier?
darf, darfst, kann (3x), könntest, möchtest, musst (2x), soll, sollte, willst, wollte

1. Ich .... nicht verstehen, warum er das immer wieder falsch macht.
2. Entschuldigung, ich .... Sie nicht stören!
3. Sie wusste nicht, was sie darauf antworten ....
4. .... du mir eigentlich immer widersprechen?
5. Du .... ihm nicht alles glauben, er erzählt ziemlich viel Unsinn.
6. .... ich dir bei den Hausaufgaben helfen?
7. Ich frage mal meine Eltern, ob ich mitkommen ....
8. Ich .... dir gar nicht sagen, wie leid mir das tut!
9. .... du mir bitte dabei helfen, diese Akten zu sortieren?
10. .... du auch gern mal mitfahren?
11. Ich weiß, dass man sich auf ihn verlassen ....
12. .... du wohl endlich aufhören, deine Schwester zu ärgern?
13. Das macht Spaß! Das .... du unbedingt auch mal versuchen!

Aufgabe 16: Substantive

In diesem Wörterbuch folgt auf das Substantiv der Artikel, der das grammatische Geschlecht (Genus) anzeigt, darauf die Endung des Wortes im Genitiv und dann die Endung für den Plural.
Alle Formen der Substantive mit weiblichem Geschlecht lauten im Nominativ, Genitiv, Dativ und Akkusativ gleich, ebenso im Plural, wenn er mit **-n** gebildet wird.
Wie lauten demnach die Formen des Substantivs **Katze**?

Aufgabe 17: Substantive

Weibliche Substantive haben im Deutschen – im Unterschied zu den männlichen und sächlichen – immer eine Pluralform, die sich vom Singular unterscheidet. Wie ist der Plural bei folgenden Beispielen?

1. die Hose, die Menge, die Tasse, die Mauer, die Kuppel, die Suppe
2. die Bahn, die Frau, die Zeichnung, die Kaution, die Zeit
3. die Uni, die Kiwi, die Disco, die Kamera, die Show
4. die Macht, die Kunst, die Stadt, die Brust
5. die Sau, die Faust, die Maus

Aufgabe 18: Substantive

Welche Besonderheit zeigt die Pluralbildung bei weiblichen Substantiven wie **Nachbarin**, **Arbeiterin** usw., die von einem männlichen Substantiv abgeleitet sind?

Aufgabe 19: Substantive

Schlagen Sie nach, welches grammatische Geschlecht die folgenden Wörter haben:

Fräulein, Brauchtum, Gas, Chauffeur, Freundschaft, Märchen, Techniker, Tourist, Freundin, Kunst, Schmetterling, Bau, Überzeugung, Illusion, Bräutigam, Pfand, Reiz, Garage, Pflanze

Bei welchen könnte man das Genus von der Wortform her vorhersagen?

Aufgabe 20: Substantive

Einige Substantive werden bevorzugt oder ausschließlich im Singular oder im Plural verwendet. Manchmal ändert sich auch der Sinn des Wortes, je nachdem, in welchem Numerus es steht. Wählen Sie in den folgenden Sätzen die Formulierung, die üblich und korrekt ist:

1. Die Katze versteckte sich im Gras / in den Gräsern.
2. In diesem Bergwerk wird Kohle / werden Kohlen gefördert.
3. Von dir hört man ja eine schlimme Sache / schlimme Sachen!
4. Dieser Plan hat natürlich auch seine Schattenseite / Schattenseiten.
5. Ein Relief war in den Stein / die Steine gehauen.
6. Nach der langen Krankheit muss sie erst wieder zu Kraft / Kräften kommen.

Aufgabe 21: Adjektive

Wenn Adjektive die Form ändern, ändert sich manchmal auch die Form der Wortbasis (ein wenig).

Formen Sie die Sätze in Wortgruppen um:

1. Seine Leistung war ganz passabel. → eine .... Leistung
2. Es war ganz dunkel im Zimmer. → ein .... Zimmer
3. Der Apfel ist noch sauer. → ein .... Apfel

Aufgabe 22: Adjektive

Bilden Sie die Steigerungsformen (Komparativ, Superlativ):

1. Anstatt wieder gesund zu werden, wurde sie immer (*krank*) ....
2. Menschen hören nicht besonders gut. Hunde hören viel (*gut*) .... Am (*gut*) .... hören jedoch Fledermäuse.
3. Im Winter war es ziemlich kalt, aber jetzt wird es wieder (*warm*) ....
4. Der Himalaya ist viel (*hoch*) .... als die Alpen.
5. Meine Oma ist schon ziemlich alt, aber mein Opa ist noch (*alt*) ....

Aufgabe 23: Adjektive

Als Begleiter von Substantiven richtet sich die Form des Adjektivs nicht nur nach dem Kasus des Substantivs, sondern auch danach, ob es auf einen bestimmten, unbestimmten oder auch gar keinen Artikel oder anderen Begleiter folgt.
Setzen Sie die fehlenden Endungen ein:

1. Sie trank den heiß...... Tee in klein..... Schlucken.
2. So ein groß..... Junge sollte das aber schon können!
3. Soll ich dir ein neu....... Glas bringen?
4. Sie lässt sich ihre lang..... Haare schneiden.
5. Mancher dumm...... Fehler könnte sich vermeiden lassen.
6. Eines schön..... Tages kam Christian zu Besuch.
7. Er wusch sich im kalt.... Wasser des Baches.
8. Das ist wirklich eine gut..... Idee.

Aufgabe 24: Adjektive

Im Deutschen können Adjektive folgendermaßen verwendet werden:
- prädikativ (= nach dem Substantiv) (**der Wein ist gut**)
- adverbial (= als Adverb) (**gut lesen**)
- und attributiv (= vor dem Substantiv) (**der gute Wein**).

Nur in attributiver Stellung (= vor dem Substantiv) werden sie verändert, als Adverb und in prädikativer Stellung (= nach dem Substantiv) werden sie in ihrer endungslosen Grundform verwendet.

Schlagen Sie nach, welche der folgenden Adjektive nur prädikativ oder nur attributiv verwendet werden können. Was bedeuten Sie?

egal, schlagartig, okay, sehnlich, allein, oliv, mehrfach, link-, zwangsläufig

Aufgabe 25: Präpositionen

Die **Präpositionen** stehen fast immer vor einem Nomen (Substantiv oder Pronomen) und versetzen es in einen bestimmten Kasus. Auf den Seiten 782 und 783 des Wörterbuches sind einige Beispiele aufgeführt. Bestimmen Sie jeweils den Kasus:

1. **An der** Halfpipe ist viel los.
2. Adrian springt **vom Rand** der Halfpipe **ab**.
3. Das Fahrrad steht **hinter dem** Baum.
4. Tobias klettert **den Baum hinauf**.
5. Thomas sitzt im Baum **über der** Halfpipe.
6. Tina steht oben **auf der** Halfpipe.
7. Michael lehnt **an einem** Pfosten.
8. **Vor der** Halfpipe liegt ein Roller.
9. Lukas nimmt seine Skates **aus dem** Rucksack.
10. Die Bank steht **in der Nähe der** Halfpipe.
11. Drei Jugendliche sitzen **auf der** Bank.
12. Patrizia sitzt **neben** Daniel.
13. Daniel sitzt **zwischen** Patrizia und Nicole.
14. Peter skatet den Berg **zu** seinen Freunden hinunter.
15. Nicoles kleine Schwester spielt **im** Sandkasten.
16. Eine Frau geht **den Weg entlang** zum Sandkasten.
17. Die Brücke führt **über den** Bach.
18. Der Bach fließt **unter der** Brücke hindurch.

Aufgabe 26: Präpositionen

Welche Präpositionen fehlen hier?

1. Willst du .... mir ins Kino gehen?
2. Ich habe im Urlaub oft .... euch gedacht.
3. Sabine hat sich sehr .... ihn geärgert.
4. Der Fehler ist nur .... deiner Unaufmerksamkeit passiert.
5. Geht schon mal .... mich voraus, ich komme gleich nach.
6. Freust du dich .... Weihnachten? Ich habe schon ein Geschenk .... dich.
7. Nächstes Jahr wollen wir .... Spanien fahren. .... Mallorca soll es sehr schön sein.

Aufgabe 27: Konjunktionen

Konjunktionen und konjunktionale Adverbien verbinden Sätze mit Sätzen oder Teilsätzen. Ihre Wahl richtet sich danach, welchen Zusammenhang man zwischen ihnen herstellen will. Welche Konjunktionen oder Adverbien passen in den folgenden Fällen?

1. Ich würde ja gerne mitkommen, ... ich habe keine Zeit.

   aber **denn** **weil**

2. Du musst mehr lernen, ...du bessere Noten willst.

   damit **weil** **wenn**

3. Sie war ziemlich müde, ... sie lange geschlafen hatte.

   obwohl **trotzdem** **weil**

4. Ich habe mir eine Küchenmaschine gekauft, ... will ich jetzt Kuchen backen.

   damit **davon** **deshalb**

5. Michael liest sehr viel Zeitung. .... weiß er immer gut Bescheid.

   dadurch **jedoch** **und**

6. Hugo spielt oft Tennis, und .... ziemlich gut.

   außerdem **zwar** **trotzdem**

7. .... mehr ich übe, ... besser werde ich.

   sowohl als auch **weder noch** **je umso**

Lösungen zu den Übungsaufgaben

Aufgabe 1

lädt	tauen
Ladung	Taufbecken
Lage	Taufe
läge	taugen
Lager	taumeln
lagern	tauschen
Lagune	täuschen

Aufgabe 2

Ton[1]:

Plural: **die Töne**

Bedeutung: „etwas, das man hören kann ..."

Ton[2]:

Plural: *keine Pluralform, nur im Singular verwendet*

Bedeutung: „die Art und Weise, wie jemand mit anderen Menschen spricht ..."

Ton[3]:

Plural: **die Tone**

Bedeutung: „eine schwere Erde, aus der man Keramik (Töpferwaren) formen kann ..."

Aufgabe 3

Gummi 1:
Bedeutung: „ein glattes, elastisches Material, durch das kein Wasser dringen kann"
Zusammensetzungen: Gummireifen, Gummischlauch, Gummistiefel

Gummi 2:
Bedeutung: „ein schmales Band aus Gummi, das ..."
Zusammensetzung: Haargummi

Aufgabe 4

1. zwei linke Hände haben → **Hand**
2. im **Hafen** der Ehe landen
3. etwas in **Zweifel** ziehen
4. **lang** und breit
5. etwas kommt jemandem **spanisch** vor
6. Daran ist nicht(s) zu **rütteln**

Regel: Nicht die alphabetische Reihenfolge ist entscheidend, sondern die Reihenfolge innerhalb der Wendung: Sie steht im Wörterbuch unter dem ersten Substantiv. Ist in der Wendung keines vorhanden, steht sie unter dem ersten Adjektiv, ohne Adjektiv steht sie unter dem ersten Verb.

Aufgabe 5

Katze	Biber
Hase	Huhn
Eidechse	Krokodil
Vogel	Maus
Känguru	Rabe

Aufgabe 6

Zeichen	bedeutet:
↔	Antonym
[-K]	Stichwort ist zweiter Bestandteil der Zusammensetzung*
[K-]	Stichwort ist erster Bestandteil der Zusammensetzung*
≈	Synonym
▸	Wortfamilie
Ⓐ	österreichischer Sprachgebrauch
(CH)	Schweizer Sprachgebrauch

* K steht für Kompositum = Zusammensetzung

Aufgabe 7

Bildschirm|arbeit
Einbett|zimmer
Sack|bahnhof
Dreiecks|verhältnis
Lohnsteuer|jahresausgleich
Block|buchstabe
Selbsthilfe|gruppe

Aufgabe 8

Loi-pe, kre-ie-ren, schaf-fen, er-schre-cken, Be-cher, Him-bee-re, vor-tra-gen

Aufgabe 9

1. **Weg** wird mit langem **e** gesprochen und **weg** mit kurzem **e**.
2. **zum Feind** 'überlaufen und **der Ferienort ist völlig** über'laufen?
3. **durch ein Tor** 'durchlaufen und **eine Entwicklung** durch'laufen?
4. **ein Hindernis** um'gehen und **mit Kindern richtig** 'umgehen?

Aufgabe 10

1. [k]: Café, Cartoon, Chlor, Chor, Christ, clever, Cola, Couch, Coup
2. [ʃ]: Champagner, Charme, chic, Chiffre
3. [ç]: Chemotherapie, chinesisch, Chirugie
4. [tʃ]: Chat, Chili, Chip
5. [ts]: Celsius, circa
6. [s]: Center, City

Aufgabe 11

1. [v]: absolvieren, Advent, clever, Kurve, trivial, vage, Vase, Ventil, Verb, Virus, Volt, Vulkan
2. [f]: Adjektiv, brav, dekorativ, Motiv, Nerv, objektiv, Vater, Verband, viel, Volk, vorn

Aufgabe 12: Verben

Die häufigsten Vokalwechsel sind:
i – a – u: 18-mal
ei – i – i (mit kurzem **i**): 17-mal
ei – ie – ie (mit langem **i**): 15-mal
e – a – o: 13-mal

Aufgabe 13: Verben

Sie bilden das Partizip Perfekt ohne **ge-**.

Aufgabe 14: Verben

1. Wer **hat** das Auto in die Garage gefahren?
2. Elke **ist** übers Wochenende in die Berge gefahren.
3. Ich **bin** (*oder* **habe**) noch nie Schlittschuh gelaufen.
4. Den Verletzten **hat** man ins Krankenhaus geflogen.
5. „**Bist** du mit der Fähre nach England gefahren?" – „Nein, ich **bin** geflogen."
6. Peter und Martin **sind** über den See geschwommen.
7. Bei dem Rennen **hat** er ein schwarzes Pferd geritten.
8. **Bist** du schon mal auf einem Esel geritten?

Aufgabe 15: Verben

1. Ich **kann** nicht verstehen, warum er das immer wieder falsch macht.
2. Entschuldigung, ich **wollte** Sie nicht stören!
3. Sie wusste nicht, was sie darauf antworten **sollte**.
4. **Musst** du mir eigentlich immer widersprechen?
5. Du **darfst** ihm nicht alles glauben, er erzählt ziemlich viel Unsinn.
6. **Soll** ich dir bei den Hausaufgaben helfen?
7. Ich frage mal meine Eltern, ob ich mitkommen **darf**.
8. Ich **kann** dir gar nicht sagen, wie leid mir das tut!
9. **Könntest** du mir bitte dabei helfen, diese Akten zu sortieren?
10. **Möchtest** du auch gern mal mitfahren?
11. Ich weiß, dass man sich auf ihn verlassen **kann**.
12. **Willst** du wohl endlich aufhören, deine Schwester zu ärgern?
13. Das macht Spaß! Das **musst** du unbedingt auch mal versuchen!

Aufgabe 16: Substantive

	Singular	*Plural*
Nominativ	die Katze	die Katzen
Genitiv	der Katze	der Katzen
Dativ	der Katze	den Katzen
Akkusativ	die Katze	die Katzen

Aufgabe 17: Substantive

1. **-n**: die Hose**n**, die Menge**n**, die Tasse**n**, die Mauer**n**, die Kuppel**n**, die Suppe**n**
2. **-en**: die Bahn**en**, die Frau**en**, die Zeichnung**en**, die Kaution**en**, die Zeit**en**
3. **-s**: die Uni**s**, die Kiwi**s**, die Disco**s**, die Camera**s**, die Show**s**
4. die Mächte, die Künste, die Städte, die Brüste
5. die Säue, die Fäuste, die Mäuse

Aufgabe 18: Substantive

Vor die Pluralendung **-en** wird ein zweites **n** eingefügt:
Nachbarin – Nachbarinnen

Aufgabe 19: Substantive

Die Endsilben, die das grammatische Geschlecht bestimmen, sind unterstrichen:

männlich:	Bau, Bräutigam, Chauff**eur**, Reiz, Schmetter**ling**, Techni**ker**, Tour**ist**
weiblich:	Freund**in**, Freund**schaft**, Gar**age**, Illus**ion**, Kunst, Pflanze, Überzeu**gung**
sächlich:	Brauch**tum**, Fräu**lein**, Gas, Mär**chen**, Pfand

Aufgabe 20: Substantive

1. Die Katze versteckte sich **im Gras**.
2. In diesem Bergwerk **wird Kohle** gefördert.
3. Von dir hört man ja **schlimme Sachen**!
4. Dieser Plan hat natürlich auch seine **Schattenseiten**.
5. Ein Relief war in **den Stein** gehauen.
6. Nach der langen Krankheit muss sie erst wieder zu **Kräften** kommen.

Aufgabe 21: Adjektive

1. eine **passable** Leistung
2. ein **dunkles** Zimmer
3. ein **saurer** Apfel

Aufgabe 22: Adjektive

1. Anstatt wieder gesund zu werden, wurde sie immer **kränker**.
2. Menschen hören nicht besonders **gut**. Hunde hören viel **besser**. Am **besten** hören jedoch Fledermäuse.
3. Im Winter war es ziemlich kalt, aber jetzt wird es wieder **wärmer**.
4. Der Himalaya ist viel **höher** als die Alpen.
5. Meine Oma ist schon ziemlich alt, aber mein Opa ist noch **älter**.

Aufgabe 23: Adjektive

1. Sie trank den heiß**en** Tee in klein**en** Schlucken.
2. So ein groß**er** Junge sollte das aber schon können!
3. Soll ich dir ein neu**es** Glas bringen?
4. Sie lässt sich ihre lang**en** Haare schneiden.
5. Mancher dumm**e** Fehler könnte sich vermeiden lassen.

6. Eines schön**en** Tages kam Christian zu Besuch.
7. Er wusch sich im kalt**en** Wasser des Baches.
8. Das ist wirklich eine gut**e** Idee.

Aufgabe 24: Adjektive

nur attributiv (= vor dem Substantiv) werden verwendet:
link- (auf der Seite, wo das Herz ist)
mehrfach (mehr als einmal oder zweimal)
schlagartig (ganz plötzlich)
sehnlich (mit großer Sehnsucht)
zwangsläufig (so, dass nichts anderes möglich ist)

nur prädikativ (= nach dem Substantiv) werden verwendet:
allein (ohne andere Personen)
egal (ohne Bedeutung (für jemanden))
okay (in Ordnung)
oliv (graugrün)

Aufgabe 25: Präpositionen

1. Dativ, 2. Dativ, 3. Dativ, 4. Akkusativ, 5. Dativ, 6. Dativ, 7. Dativ, 8. Dativ, 9. Dativ, 10. Dativ, 11. Dativ, 12. Dativ, 13. Dativ, 14. Dativ, 15. Dativ, 16. Akkusativ, 17. Akkusativ, 18. Dativ

Aufgabe 26: Präpositionen

1. Willst du **mit** mir ins Kino gehen?
2. Ich habe im Urlaub oft **an** euch gedacht.
3. Sabine hat sich sehr **über** ihn geärgert.
4. Der Fehler ist nur **wegen** deiner Unaufmerksamkeit passiert.
5. Geht schon mal **ohne** mich voraus, ich komme gleich nach.
6. Freust du dich auch schon **auf** Weihnachten? Ich habe schon ein Geschenk **für** dich.
7. Nächstes Jahr wollen wir **nach** Spanien fahren. **Auf** Mallorca soll es sehr schön sein.

Aufgabe 27: Konjunktionen

1. Ich würde ja gerne mitkommen, **aber** ich habe keine Zeit.
2. Du musst mehr lernen, **wenn** du bessere Noten willst.
3. Sie war ziemlich müde, **obwohl** sie lange geschlafen hatte.
4. Ich habe mir eine Küchenmaschine gekauft, **damit** will ich jetzt Kuchen backen.
5. Michael liest sehr viel Zeitung. **Dadurch** weiß er immer gut Bescheid.
6. Hugo spielt oft Tennis, und **zwar** ziemlich gut.
7. **Je** mehr ich übe, **umso** besser werde ich.

Die Grammatik der deutschen Sprache

A Wort und Wortart

Wie die Bezeichnung „Wörterbuch" schon sagt, beschreibt ein Wörterbuch einzelne Wörter der deutschen Sprache. Wörter werden traditionell in Wortarten eingeteilt.

Folgende Wortarten werden im **Power Wörterbuch Deutsch** unterschieden: Adjektive, Adverbien, Artikel, Interjektionen, Konjunktionen, Präpositionen, Partikeln, Pronomen, Substantive und Verben.

1 Das Substantiv

Die meisten Wörter sind Substantive, auch Hauptwörter oder Namenwörter genannt. Sie bezeichnen zum Beispiel:

– Dinge und Sachen	(*Welt, Schrank*)
– Lebewesen	(*Kind, Katze, Baum*)
– Eigenschaften	(*Frische, Klugheit*)
– Sachverhalte	(*Lage, Zustand*)
– Vorgänge	(*Herstellung, Verfall*)
– abstrakte Begriffe	(*Freiheit, Recht*)

Substantive haben folgende Eigenschaften:

- Sie werden im Deutschen großgeschrieben.
- Sie haben ein grammatisches Geschlecht (das **Genus**).
- Sie haben einen bestimmten **Numerus** (Singular oder Plural).
- Sie stehen in einem bestimmten **Kasus** (Fall).

Auch Wörter anderer Wortarten können sich in Substantive verwandeln und diese Eigenschaften annehmen. So gibt es:

– substantivierte Verben	(*das Essen, das Schreiben*)
– substantivierte Adjektive	(*der Dicke, das Grüne*)
– substantivierte Partizipien	(*die, der Angestellte, die Studierenden*)

Das Genus

Es gibt drei Genera oder grammatische Geschlechter:

– **maskulin** (männlich)	*(der Lehrer, der Baum)*
– **feminin** (weiblich)	*(die Mutter, die Erde)*
– und **neutral** (sächlich)	*(das Baby, das Fenster)*

Das Genus des Substantivs erkennt man an seinen Begleitern und Stellvertretern, besonders am Artikel. Am besten lernt man die Substantive gleich mit dem dazugehörigen bestimmten Artikel: *der Löffel, die Gabel, das Messer.*

Die vor dem Substantiv stehenden Begleiter – Artikel, Adjektive, Pronomen – ändern ihre Gestalt nach bestimmten Regeln, die in den entsprechenden Abschnitten in Tabellen dargestellt werden. Sie richten sich nach Genus, Numerus und Kasus des Substantivs:

ein freier Tag	*jeden freien Tag genießen*
die große Stadt	*in einer großen Stadt leben*
mein kleines Zimmer	*ein Haus mit kleinen Zimmern*

Die Stellvertreter - Personalpronomen und Relativpronomen - werden vom Genus des Substantivs bestimmt:

Petra kommt heute nicht, sie ist krank.

Wir haben heute einen Drucker gekauft, der billig angeboten wurde. Er soll wirklich gut sein.

Es gibt zwei Bücher zur Auswahl. Ich weiß nicht, welches besser ist.

Es gibt ein paar Regeln, anhand derer man sich merken kann, welches Genus bestimmte Gruppen von Substantiven haben:

Maskulin (männlich) sind:
Substantive mit den Endungen:

-eur	*(Chauffeur, Regisseur)*
-iker/-ler	*(Chemiker, Wissenschaftler)*
-ismus	*(Anglizismus, Pazifismus)*
-ist	*(Realist, Sozialist)*
-ling	*(Naivling, Primitivling)*
-ator	*(Diktator, Imperator)*
-ant/-ent	*(Ignorant, Produzent)*
-viele auf **-er**	(*Jäger, Lehrer, Maurer;* aber: *die Dauer, die Mauer*)
und **-ig**	(*Essig, Honig, Käfig, König, Pfennig;* aber: *das Reisig, die Achtzig*)

Außerdem sind maskulin:

die Namen der Jahreszeiten und Monate	(*Mai, Sommer*)
die Himmelsrichtungen	(*Norden*)
die Bezeichnungen der meisten Wettererscheinungen	(*Blitz, Hagel, Regen, Wind*)
Gesteine	(*Diamant, Kalk, Marmor*)
Berge	(*der Vesuv, der Brocken*)
Autos bzw. Automarken	(*Audi, BMW*)
Währungen	(*Dollar, Euro*)

Feminin (weiblich) sind:
Substantive mit den Endungen:

-ei	(*Bücherei, Schwindelei, Spinnerei*)
-enz/-anz	(*Kompetenz, Toleranz*)
-ie	(*Familie, Folie; Biologie, Fotografie, Melodie; Piraterie, Prüderie*)
-heit/-keit	(*Freiheit, Munterkeit*)
-ion, -(a)tion	(*Pension, Religion, Manipulation, Ration;* aber: *der Spion*)
-schaft	(*Herrschaft, Mannschaft, Verwandtschaft*)
-(i)tät	(*Neutralität, Passivität*)
-(at)ur	(*Diktatur, Muskulatur*)
-age mit französischem Ursprung	(*Blamage, Garage, Reportage*)
-(er)in	(*Lehrerin, Schwimmerin, Regisseurin, Produzentin*)
-ung	(*Planung, Rettung, Stimmung;* aber: *der Schwung*)

Außerdem sind feminin:

viele Substantive auf **-e**	(*Mütze, Rakete, Seite, Tomate;* aber: *der Löwe, der Schütze*)
die meisten Zahlen	(*Eins, Million*)
die Namen der meisten Bäume und Blumen	(*Birke, Buche, Rose, Tulpe*)
die Namen vieler Schiffe und Flugzeuge	(*die Bremen, die Boeing*)
und Zigarettenmarken	(*Camel, Marlboro*)

Neutral (sächlich) sind:
Substantive mit den Endungen:

-chen	(*Brüderchen, Mäppchen, Märchen, Veilchen*)
-lein	(*Brüderlein, Fräulein, Vögelein*)
-um mit lateinischem Ursprung	(*Datum, Gymnasium, Zentrum;* aber nicht deutsche Bildungen wie: *der Reichtum, der Irrtum*)
und viele auf **-at**	(*Attentat, Diktat, Zitat;* aber: *die Tat, der Apparat, der Monat*)

Außerdem sind neutral:

substantivierte Infinitive	(*das Lachen, das Singen*)
Farben	(*das Rot, das Blau des Himmels*)
die meisten Sammelbegriffe mit **Ge-**	(*Gebell, Gedränge, Gelächter;* aber: *der Gestank, der Geruch, der Geschmack*)
chemische Elemente, die nicht auf **-stoff** enden	(*Blei, Chlor, Kalzium, Neon*)
Buchstaben	(*das A und O*)
Sprachen	(*gutes Deutsch, das Englische*)
Cafés, Hotels, Kinos	(*das Adlon, das Kempinski*)
und die Namen von Städten, Inseln, Ländern, die ohne Zusatz normalerweise ohne Artikel verwendet werden	(*Indien – das moderne Indien, Deutschland – das Deutschland der Nachkriegszeit*)

Personenbezeichnungen, z. B. in Aufschriften wie *Raucher, Nichtschwimmer,* stehen im Deutschen für beide Geschlechter.

Im öffentlichen Sprachgebrauch wird darauf geachtet, dass Frauen nicht durch (der Form nach) männliche Berufs- und Funktionsbezeichnungen benachteiligt werden, z. B.: *Bankkaufmann/Bankkauffrau; Bewerber und Bewerberinnen.*
In Anzeigen müssen beide Geschlechter genannt sein, z. B.:

durch Schrägstrich	(*Fahrer/-in*)
durch Abkürzung	(*Fahrer (w/m)*)
oder durch ein großes *I* am Anfang der Silbe	(*FahrerIn gesucht*)

Die letzte Möglichkeit ist nicht so empfehlenswert.

Der Numerus

Der Numerus kennzeichnet die Anzahl oder Menge. Im Deutschen wird unterschieden zwischen **Singular** (Einzahl) und **Plural** (Mehrzahl). Substantive, die eine einzelne Sache bezeichnen, stehen im Singular. In der Regel sind sie in dieser Form im Wörterbuch aufgeführt.

Der Plural wird gebraucht, wenn von mehreren Dingen oder Personen die Rede ist. Er wird meist durch Hinzufügen einer Endung oder/und Bildung eines Umlautes gebildet. Nur bei Substantiven auf *-er* (*der Fahrer – die Fahrer*) und wenigen anderen (*der Rahmen – die Rahmen, eine Mark – zwei Mark*) sind Singular und Plural formengleich.

Folgende Möglichkeiten der Pluralbildung gibt es:

Durch Hinzufügen folgender Endungen:

-e	(*das Fett – die Fette*)
-e + Umlaut	(*die Stadt – die Städte*)
-en	(*das Bett – die Betten*)
-er	(*das Brett – die Bretter*)
-er + Umlaut	(*das Haus – die Häuser*)
-n	(*die Kette – die Ketten*)
-s	(*der Test – die Tests, die CD – die CDs*)

Durch die Bildung eines Umlauts:

keine Endung, aber mit Umlaut	(*der Bruder – die Brüder*)

Und es gibt Pluralformen ohne Formänderung:

keine Formänderung	(*der Lehrer – die Lehrer,* *der Wagen – die Wagen*)

Der Kasus

In welchem Kasus (Fall) ein Substantiv steht, hängt von der Rolle ab, die es im Satz spielt.

Das Subjekt steht im **Nominativ** (1. Fall: **wer oder was?**), die meisten Objekte stehen im **Akkusativ** (4. Fall: **wen oder was?**), andere im **Dativ** (3. Fall: **wem?**):

> *Die Schülerin* (Subjekt: Nominativ) *gab dem Lehrer* (indirektes Objekt: Dativ) *keine Antwort* (direktes Objekt: Akkusativ).

Zusätze (Attribute) stehen oft im **Genitiv** (2. Fall: **wessen?**). Der Genitiv drückt auch oft ein Besitzverhältnis aus:

> *das Dach des Hauses*
> *der Besitzer des Autos*

Der Nominativ Singular ist die Grundform des Substantivs, in der es im Wörterbuch eingetragen ist. Ebenso angegeben werden die Endungen bzw. Formen von Genitiv Singular und Nominativ Plural:

> **Haus** *das; -es, Häu·ser*
> *(das Haus, das Dach des Hauses, zwei Häuser)*

Der Genitiv eines Substantivs wird meist durch die Endungen **-s** oder **-es** gebildet. In anderen Kasus bleiben Substantive im Singular in der Regel unverändert.

Nur substantivierte Adjektive und Partizipien und manche maskulinen Substantive bilden den Genitiv mit -(**e**)**n** und haben auch in anderen Fällen Flexionsendungen:
dem Menschen, ein Brief an Herrn Meier, im Freien sein, von einem Gebildeten

Formen – eine Übersicht:

	Plural mit **-e**	Plural mit **-er**	Plural mit **-s**
Singular			
Nominativ	der Tag, die Nacht	das Ei, das Huhn	der Test
Genitiv	des Tag(e)s, der Nacht	des Ei(e)s, des Huhn(e)s	des Tests
Dativ	dem Tag, der Nacht	dem Ei, dem Huhn	dem Test
Akkusativ	den Tag, die Nacht	das Ei, das Huhn	den Test
Plural			
Nominativ	die Tage, die Nächte	die Eier, die Hühner	die Tests
Genitiv	der Tage, der Nächte	der Eier, der Hühner	der Tests
Dativ	den Tagen, den Nächten	den Eiern, den Hühnern	den Tests
Akkusativ	die Tage, die Nächte	die Eier, die Hühner	die Tests

	Plural mit **-en**/**-n**, Genitiv mit **-s**	Plural mit **-en**/**-n**, Genitiv mit **-en**/**-n**	Plural ohne Endung
Singular			
Nominativ	das Bett, das Auge	der Bär, der Rabe	der Boden, der Keller
Genitiv	des Bett(e)s, des Auges	des Bären, des Raben	des Bodens, des Kellers
Dativ	dem Bett, dem Auge	dem Bären*, dem Raben*	dem Boden, dem Keller
Akkusativ	das Bett, das Auge	den Bären*, den Raben*	den Boden, den Keller

	Plural mit **-en/-n**, Genitiv mit **-s**	Plural mit **-en/-n**, Genitiv mit **-en/-n**	Plural ohne Endung
Plural			
Nominativ	die Betten, die Augen	die Bären, die Raben	die Böden, die Keller
Genitiv	der Betten, der Augen	der Bären, der Raben	der Böden, der Keller
Dativ	den Betten, den Augen	den Bären, den Raben	den Böden, den Kellern
Akkusativ	die Betten, die Augen	die Bären, die Raben	die Böden, die Keller

*Diese Endungen werden in der Umgangssprache oft weggelassen. Man sagt dann z. B.: **dem Bär, den Rabe**.

Substantivierte Adjektive und Partizipien haben die gleichen Endungen, als stünde ein Substantiv dahinter:

unser großer Sohn	*unser Großer*
der tote Mann	*der Tote*
Ich stellte mich dem neuen Direktor vor.	*Ich stellte mich dem Neuen vor.*
ein gebrauchtes Auto kaufen	*ein Gebrauchtes kaufen*
alle anwesenden Mitglieder	*alle Anwesenden*
die Anzahl erwachsener Personen	*die Anzahl Erwachsener*

2 Der Artikel

Artikel stehen vor dem Substantiv und kennzeichnen dessen Genus. Es wird zwischen **bestimmtem Artikel** (*der, die, das*) und **unbestimmtem Artikel** (*ein, eine, ein*) unterschieden. Im Plural lautet der bestimmte Artikel für alle Genera einheitlich *die*, der unbestimmte Artikel entfällt.

Der bestimmte Artikel steht, wenn das Substantiv etwas als bekannt voraussetzt. Mit der unbestimmten Form bringt man etwas Neues ins Gespräch:

In Ulm lebte einst ein armer Schneider. Der Mann hatte drei Töchter.

Die Artikel ändern ihre Form je nach dem Kasus des Substantivs.

Der bestimmte Artikel

	maskulin	feminin	neutral	Plural
Nominativ	der Mann	die Frau	das Kind	die Familien
Genitiv	des Mannes	der Frau	des Kindes	der Familien
Dativ	dem Mann	der Frau	dem Kind	den Familien
Akkusativ	den Mann	die Frau	das Kind	die Familien

Der unbestimmte Artikel

	maskulin	feminin	neutral	Plural
Nominativ	ein Mann	eine Frau	ein Kind	Familien
Genitiv	eines Mannes	einer Frau	eines Kindes	Familien
Dativ	einem Mann	einer Frau	einem Kind	Familien
Akkusativ	einen Mann	eine Frau	ein Kind	Familien

Der Artikel kann meistens nicht (wie in manchen anderen Sprachen) weggelassen werden.
Er kennzeichnet etwas als

- allgemein bekannt (*Der Mensch stammt vom Affen ab. Die Zeit heilt alle Wunden.*)
- als in der Situation bekannt („*Mach bitte die Tür zu.*")
- im Moment noch unbekannt („*Eine Frau hat für dich angerufen.*")
- oder als Teil einer Gruppe, Menge (*ein Schüler der Klasse 7a, eine unruhige Zeit*)

Personen-, Orts-, viele Länder- und Eigennamen werden nur dann mit Artikel verwendet, wenn ein Adjektiv vor dem Namen steht oder ein Attribut folgt:

Er heißt Klaus Fischer. Der ehrgeizige Klaus Fischer machte Karriere als Politiker.
Sie wurde 1993 in Deutschland geboren. Das Deutschland der Neunzigerjahre war von der Wiedervereinigung geprägt.

Kein Artikel steht:

- wenn eine unbestimmte Menge eines Stoffes bezeichnet wird: *gern Bier trinken, Saft mit Wasser verdünnen*

– wenn der Beruf, die Funktion, Nationalität oder Einstellung einer Person ohne Attribut genannt wird:	*sie als Bürgermeisterin,* *er will Bäcker werden,* *er ist Christ/Optimist* (aber mit Attribut: *sie als die neue Bürgermeisterin,* *er will der beste Bäcker der Stadt werden,* *er ist (ein) überzeugter Christ*)
– bei abstrakten Begriffen, die eine allgemeine Eigenschaft, einen Zustand oder einen Vorgang bezeichnen:	*Fantasie haben,* *dazu braucht man Mut,* *das macht Spaß,* *Ärger bekommen* (aber bei näherer Erläuterung: *Er brachte den Mut, sie anzusprechen, nicht auf.*)
– bei Zeitangaben ohne Präposition oder Zusatz:	*nächsten Sommer,* *letztes Jahr,* *wir treffen uns Montag wieder*
– in vielen formelhaften Verbindungen:	*Ebbe und Flut,* *von Fall zu Fall entscheiden,* *etwas Zeile für Zeile genau lesen,* *Haus und Hof verlieren*

An die Stelle des Artikels können auch Possessiv-, Demonstrativ- und Indefinitpronomen treten:

ein/der/mein/kein/dieser/jeder/mancher Mann.

Die Wahl des bestimmten oder unbestimmten Artikels oder des Pronomens regelt auch, wie Adjektive, die vor dem Substantiv stehen, dekliniert werden:

das/mein/dieses rote Tuch
ein/mein/kein rotes Tuch
welches rote Tuch?

3 Das Verb

Jeder Satz enthält mindestens ein Verb. Verben werden auch Zeitwörter genannt, weil man an ihnen normalerweise die Zeit erkennt. Verben können besonders viele verschiedene Formen annehmen, man sagt dazu: Sie werden konjugiert.

An den meisten Konjugationsformen des Verbs erkennt man die handelnde **Person**, ihre Zahl (**Numerus**), die Zeit, auf die sich die Handlung bezieht (**Tempus**) und ob die

Handlung real oder nicht ist (**Modus**). Man nennt diese Formen **finite Verbformen**. **Infinit** sind dagegen außer dem **Infinitiv** noch die beiden Partizipien: **Partizip Präsens** (Partizip I) (*gehend, habend, machend*) und **Partizip Perfekt** (Partizip II) (*gegangen, gehabt, gemacht*).

Der Infinitiv

Im Wörterbuch werden Verben in der Form des Infinitivs aufgeführt. Er endet normalerweise auf **-en**, bei manchen Verben auch nur auf **-n**: *gehen, haben, machen, sein, tun*.

Das Partizip Präsens

Das Partizip Präsens wird immer auf **-end** gebildet. In Verbindung mit einem anderen Verb zeigt es an, dass eine Handlung gleichzeitig mit einer anderen stattfindet:

Er sah schweigend zu.

Schleudernd kam das Auto zum Stehen.

Es kann auch wie ein Adjektiv verwendet werden:

spielende Kinder

drückende Sorgen

Das Partizip Perfekt

Das Partizip Perfekt wird bei regelmäßigen (schwachen) Verben mit dem Präfix **ge-** und der Endung **-t** (*stolpern – gestolpert*) oder **-et** (*baden – gebadet*) gebildet.
Bei Verben auf **-ieren** (z. B. *konzentrieren, produzieren*) und bei Verben mit untrennbarem Präfix (z. B. *behandeln, versagen*) entfällt das **ge-** (*konzentriert, behandelt*).
Bei unregelmäßigen (starken) Verben kann die Endung auch **-en** sein (*lesen – gelesen, gehen – gegangen*).

Das Partizip Perfekt wird zusammen mit einem Hilfsverb verwendet, um die Formen des Perfekts (*ich bin gegangen, er hat gesagt*), des Plusquamperfekts (*ich war gegangen, er hatte gesagt*) und des Futurs II (*ich werde gegangen sein, er wird gesagt haben*) zu bilden.

Außerdem wird damit das Passiv dargestellt:

Sie wurde von einem Hund gebissen.

Er ist geimpft.

Das Partizip Perfekt kann auch wie ein Adjektiv verwendet werden:

ein richtig geschriebenes Wort, ein gemaltes Bild

Person und Numerus

Meistens werden die Verben finit gebraucht. In der finiten Form hat das Verb viele Aufgaben:
Es gibt an, auf welches Subjekt sich das Verb (in der 1., 2. oder 3. Person im Singular oder Plural) in einem Satz bezieht:

ich komme
du kommst
er/sie/es kommt
wir kommen
ihr kommt
sie kommen

Das Tempus

Die Form eines Verbs signalisiert außerdem immer ein Zeitverhältnis (**Tempus**). Im Deutschen werden folgende Tempora unterschieden:

Das **Präsens** bezieht sich auf etwas Aktuelles oder auf eine allgemeine Feststellung. Auch für Zukünftiges wird es gebraucht:

Ich habe Hunger. Im Winter ist es kalt. Pinguine können nicht fliegen. Morgen kommt Onkel Herbert zu Besuch.

Das **Imperfekt** (**Präteritum**) ist die Form, in der vor allem schriftlich von Vergangenem berichtet wird:

Nach der Arbeit ging sie sofort nach Hause.

In der gesprochenen Sprache und vor allem in den Regionen südlich des Mains wird dazu meistens das **Perfekt** verwendet:

Sie ist nach der Arbeit sofort nach Hause gegangen.

Wenn man über Ereignisse spricht, die noch vor beschriebenen Ereignissen in der Vergangenheit liegen, wird das **Plusquamperfekt** verwendet:

Als sie alle Arbeiten erledigt hatte, ging sie nach Hause. Als ich heimkam, waren alle anderen bereits ins Bett gegangen.

Perfekt und Plusquamperfekt werden aus dem Partizip Perfekt mit Formen von **sein** oder **haben** gebildet.

Wer über die Zukunft spricht, kann statt des Präsens auch das **Futur** mit dem Hilfsverb **werden** verwenden:

Ob es morgen wohl regnen wird?

Futur II benutzt man für Handlungen, die in der Zukunft stattfinden, aber vor einer anderen zukünftigen Handlung abgeschlossen sind:

Wenn du nächste Woche aus Amerika zurückkommst, werde ich schon abgereist sein.

Der Modus

Die finite Form des Verbs zeigt außerdem den Modus an: **Indikativ** (Wirklichkeitsform), **Imperativ** (Befehlsform) und **Konjunktiv** (Möglichkeitsform).

Meistens stehen die Verben im **Indikativ**, das heißt, sie beschreiben, was wirklich ist oder geschieht:

Zitronen sind sauer. Er fuhr mit dem Bus. Sie haben sich ein Haus gekauft.

Der **Imperativ** wird benutzt, um Aufforderungen und Befehle auszusprechen. Imperativsätze können im Gegensatz zu anderen Sätzen auch aus nur einem Wort bestehen, da kein Subjekt benötigt wird:

Halt! Sei still! Gib endlich Frieden! Lass mich in Ruhe!

Der **Konjunktiv II** wird vom Imperfekt abgeleitet. Mit ihm drückt man aus, was nicht wirklich ist, sondern was man sich vorstellt, sich wünscht, für möglich oder wahrscheinlich hält usw.:

Käme sie jetzt, würde ich sie mitnehmen. Wärest du noch später gekommen, hättest du den Film verpasst. Wenn ich doch nur die Prüfung schon hinter mir hätte! Er müsste jetzt eigentlich schon zu Hause sein.

Der Konjunktiv II wird oft durch eine Konstruktion mit **würde** ersetzt:

Ich würde das an deiner Stelle lieber nicht tun.

Der **Konjunktiv I** wird vom Präsens abgeleitet und nur wenig verwendet. Mit ihm signalisiert man meist, dass es sich um die Aussage eines anderen handelt, die man (in indirekter Rede) wiedergibt, und nicht um die eigene Meinung:

Sie sagt, es gebe nichts Besseres als dies. Er schreibt, er habe kein Geld mehr und komme daher bald zurück.

Aktiv und Passiv

Viertens zeigt die finite Form des Verbs auch noch an, ob das Subjekt des Satzes selbst handelt oder ob es Ziel der Handlung oder Gegenstand des Vorgangs ist.

Aktiv: *Der Hund biss den Mann.*

Passiv: *Der Mann wurde vom Hund gebissen.*

Nicht alle Verben können ein Passiv bilden, sondern nur Verben, die mit einem Akkusativobjekt verbunden werden.

Das Passiv wird aus dem Partizip Perfekt und einer Form des Hilfsverbs **werden** gebildet. Es verwandelt die Handlung in einen Vorgang:

Die Händler verkaufen die Teppiche erst morgen.

Die Teppiche werden erst morgen verkauft.

Diese Form verwendet man in diesem Fall, um das Objekt (*die Teppiche*) zum Thema zu machen.

Man verwendet sie auch, wenn nicht klar ist, wer etwas tut oder getan hat:

Mein Auto wurde gestohlen/ist gestohlen worden. Ich hoffe, dass mir dort geholfen wird.

oder wenn man das Subjekt nicht nennen will:

Auf dem Fest wurde auch getanzt. Du musst dich um nichts kümmern, es wird für alles gesorgt.

Das Passiv, das mit dem Hilfsverb **werden** gebildet wird, nennt man **Vorgangspassiv**. Es beschreibt den gleichen Vorgang wie der Aktivsatz, aber der Handelnde spielt eine weniger wichtige Rolle als das Objekt der Handlung. Er kann sogar ganz weggelassen werden:

Das Fenster wird (vom Lehrer) geöffnet.

Es gibt auch eine Form des Passivs, die mit dem Hilfsverb **sein** gebildet wird, das **Zustandspassiv**. Es beschreibt nicht den Vorgang, sondern einen Zustand, das Ergebnis des Vorgangs. Der Handelnde wird dabei nicht genannt:

Das Fenster ist geöffnet.

Das Verb im Satz

Verben unterscheiden sich auch darin, wie sie mit anderen Wörtern zu Sätzen verbunden werden: Welchen Kasus Pronomen und Substantive haben, die mit ihnen verbunden werden und wie viele Objekte nötig bzw. möglich sind.

Außer im Imperativ werden Verben immer mit mindestens einem Subjekt verbunden:

Ich lebe. Es schneit.

Sie können auch ein direktes Objekt haben:

Ich wasche mich. Es schneit dicke Flocken.

oder zusätzlich noch ein indirektes Objekt:

Ich habe ihm einen Rat gegeben.

In diesem Wörterbuch werden diese Informationen in Form von fett gedruckten Gebrauchsmustern gegeben, zum Beispiel:

garantieren: **(jemandem) etwas garantieren; für etwas garantieren**

Wo der Kasus dadurch noch nicht deutlich wird, wird er in Klammern genannt. Beispiele:

machen: ... **sich an etwas** (*Akkusativ*) **machen** ...

sattsehen, sich: ... **sich an etwas** (*Dativ*) **sattgesehen haben** ...

Regelmäßige und unregelmäßige Verben

Die meisten Verben sind regelmäßig (schwach). Bei ihrer Konjugation ändert sich der Stamm des Verbs in den verschiedenen Formen nicht.
Beispiel **winken**:
Präsens: *ich winke, du winkst, er/sie/es winkt, wir winken, ihr winkt, sie winken*
Imperfekt: *ich winkte, du winktest, er/sie/es winkte, wir winkten, ihr winktet, sie winkten*
Partizip Präsens: *winkend; Partizip Perfekt: gewinkt*

Das Präfix **ge-** im Partizip Perfekt entfällt bei Verben, die bereits ein untrennbares Präfix (z. B. *be-, ver-*) haben, sowie bei Verben auf **-ieren** (*abonnieren, konzentrieren*).

Bei unregelmäßigen Verben kann es verschiedene Wortstämme (*sein: ist, war, sind*) geben oder einen wechselnden Stammvokal (starke Verben; z. B. *singen – sang – gesungen*). Diese Verben bilden außerdem das Partizip Perfekt meist mit der Endsilbe **-en** statt **-t**.

Auf den Seiten 1075 – 1080 finden Sie eine Liste der unregelmäßigen Verben mit ihren wichtigsten Formen.

Hilfsverben

Hilfsverben werden zusammen mit anderen Verben vor allem dazu benutzt, bestimmte Zeitformen zu bilden. Im Deutschen werden drei Hilfsverben verwendet: **haben**, **sein** und **werden**.

Die meisten Verben bilden Perfekt, Plusquamperfekt und Konjunktiv II mit Formen von **haben**:

Gestern hat es geregnet.
Vorgestern hat es auch schon geregnet gehabt.
Wenn es nicht geregnet hätte, hätte ich die Blumen gießen müssen.

Manche intransitive Verben bilden diese Zeiten mit **sein**:

Wann bist du gestern aufgestanden?
Warst du schon aufgestanden, als der Wecker klingelte?
Wenn du früher aufgestanden wärest, wärest du auch nicht zu spät gekommen.

Mit **werden** bildet man die Formen des Futurs: und Futur II.

Futur I: *Morgen werde ich lange arbeiten.*
Futur II: *Ich werde schon zwei Stunden gearbeitet haben, wenn deine Schicht anfängt.*

Mit **werden** wird außerdem das Vorgangspassiv gebildet (*gewählt werden*) und mit **sein** das Zustandspassiv (*gewählt sein*).

Umgangssprachlich wird auch **tun** als Hilfsverb verwendet, besonders zur Bildung des Konjunktivs II:

Ich tät ja gern ein bisschen abnehmen, aber das Essen schmeckt mir so gut.

Haben, **sein** und **werden** sind nicht immer Hilfsverben, sondern können auch allein als **Vollverben** verwendet werden.

Sein bezeichnet dann meist Eigenschaften und Zustände.

Ich bin müde.
Der Himmel ist blau.
Petra ist Lehrerin.

Haben drückt Besitzverhältnisse aus oder ordnet Objekte einem Subjekt zu.

Sie haben viel Geld.
Der Hund hat ein weiches Fell.
Ich habe viel Arbeit/Schmerzen/Urlaub/nette Nachbarn.

Werden drückt eine Entwicklung aus.

müde werden, immer langsamer werden; Was willst du werden, wenn du groß bist?

Hinweis: **Werden** hat als Vollverb ein anderes Partizip Perfekt als als Hilfsverb!

Vollverb: *Du bist aber groß geworden!*
Hilfsverb: *Wir sind betrogen worden.*

Modalverben

Im Deutschen gibt es sechs Modalverben, die mit anderen Verben (im Infinitiv ohne **zu**) zusammen verwendet werden, um auszudrücken, dass man etwas erlaubt oder verbietet oder dass man es für erwünscht, möglich, notwendig oder wahrscheinlich hält.

dürfen: *Du darfst jetzt spielen.* (= ich erlaube es)
Das darfst du nicht tun! (= ich verbiete es/rate davon ab)
Dafür dürfte es jetzt zu spät sein (= wahrscheinlich ist es so)
Das hätte nicht passieren dürfen! (= ich finde es schlimm, dass das passiert ist)

können: *Du kannst jetzt aufhören.* (= ich erlaube es)
Ich kann mich nicht mehr bewegen. (= ich bin nicht dazu in der Lage)
Das kann nicht stimmen! (= es ist nicht möglich)

mögen: (meist im Konjunktiv II): *Möchtest du ein Eis essen?* (= hast du den Wunsch dazu?)
Ich möchte nicht, dass du dich mit ihm triffst. (= ich verbiete es)
Das mag ja stimmen, aber es gefällt mir nicht. (= ich gebe zu, dass es möglich ist)

müssen: *Ich muss um 10 Uhr am Bahnhof sein.* (= es ist notwendig)
Der Zug muss sich wohl verspätet haben. (= es ist sehr wahrscheinlich)
Eigentlich müsste er schon hier sein. (= meine Erwartung wurde enttäuscht)

sollen: *Der Zug sollte um 10 Uhr hier sein.* (= so war es geplant)
Du sollst doch deine Schwester nicht ärgern! (= es ist verboten)
Soll ich dir helfen? (= wünscht du das?)
Dieser Fehler sollte später Folgen haben. (= hatte er in der Zukunft)

wollen: *Ich wollte eigentlich pünktlich zurück sein.* (= das war meine Absicht)
Es will einfach nicht regnen. (= wir hoffen schon lange darauf)
So eine Entscheidung will gut überlegt sein. (= es ist notwendig)

Auch **brauchen** und **lassen** können in ähnlicher Weise verwendet werden:

Du hättest dich nicht so zu beeilen brauchen. (= es war nicht nötig/du warst nicht dazu verpflichtet)

Hinweis: In der Umgangssprache kann **zu** auch weggelassen werden:

Du hättest dich nicht so beeilen brauchen.
Du brauchst dich gar nicht so auf(zu)regen! (= ich wünsche, dass du es nicht tust)
Die Tür hat sich nicht öffnen lassen. (= es gelang uns nicht, sie zu öffnen)
Das Fleisch ist zäh und lässt sich schlecht kauen. (= es ist schwer, es zu kauen)

Modalverben können keinen Imperativ bilden, und anstelle des Partizips Perfekt steht bei ihnen der Infinitiv:

Du hättest mir das sagen sollen.
Hatte er nicht auch kommen wollen?

Zusammengesetzte Verben

Die Formen von zusammengesetzten Verben (= Präfixverben) werden genauso gebildet wie die der einfachen Verben. Bei Verben mit festem, unbetontem Präfix (**er-**, **ver-**, **zer-**, **be-**, **ent-**) entfällt allerdings das **ge-** des Partizips Perfekt:

Was haben die Verhandlungen ergeben?
Die Vase ist heruntergefallen und zerbrochen.

Betonte Präfixe wie **ab-**, **auf-**, **aus-**, **ein-** usw. sind trennbar, das heißt, im Hauptsatz stehen Verb und Präfix voneinander getrennt:

Er gibt den Ball nicht ab/her/frei. Sie gibt das Spiel nicht auf.

Im Nebensatz aber bleiben sie zusammen:

Es ist ärgerlich, dass er den Ball nicht abgibt/hergibt/freigibt.

Die Bildungen mit den **unbetonten Präfixen** werden nie getrennt:

Zwei plus drei ergibt fünf. Sie vergab ihm seine Lüge.

4 Das Adjektiv

Adjektive (Eigenschaftswörter) sind Wörter, die beim Substantiv oder Verb stehen können. Sie werden hinzugefügt, um eine Eigenschaft, einen Zustand oder die Art und Weise einer Aktion näher zu beschreiben oder um Vergleiche herzustellen. Die meisten Adjektive können verschiedene Formen annehmen:

> *ein schöner Garten, eine schöne Blume, ein schönes Bild, der schöne Garten; Der Garten ist schön. Unser Garten ist schöner als der Garten der Nachbarn. Am schönsten ist unser Garten im Mai. Welcher ist der schönere/schönste Garten? Einen schöneren Garten, eine schönere Blume, ein schöneres Bild kann es nicht geben.*

Im Wörterbuch werden Adjektive in ihrer Grundform ohne Endung aufgeführt:
schön, **klein**, **bunt**, **schnell**
Wenn ein Adjektiv nie in der Grundform verwendet wird, sondern immer eine Endung hat, bekommt es im Eintrag einen Bindestrich:
ober-, **recht-**, **zweit-**: *die oberen Stockwerke, die rechte Hand, ein zweites Mal*

Adjektive können drei verschiedene Positionen einnehmen:

– **attributiv**	= vor einem Substantiv (*ein schnelles Auto*), *selten auch nachgestellt und dann unverändert* (*Forelle blau, Whiskey pur*)
– **prädikativ**	= auf das Substantiv bezogen nach dem Verb (und dem Substantiv) (meist **sein**, **werden** oder **bleiben**) (*Das Auto ist schnell.*)
– **adverbiell**	= (als Adverb) auf das Verb bezogen vor oder nach dem Verb (*Das Auto fährt schnell. ein schnell fahrendes Auto*)

Nicht jedes Adjektiv kommt in allen Positionen vor. So werden *super, klasse, quitt* und *okay* nur prädikativ gebraucht, *link-, siebt-, morgig-* und andere dagegen nur attributiv. Im Wörterbuch steht bei diesen Adjektiven die Angabe *nur nach dem Substantiv* beziehungsweise *nur vor dem Substantiv*.
Sie können auch nicht adverbiell (*nicht als Adverb*) oder in einzelnen Bedeutungen nur adverbiell (*nur als Adverb*) verwendet werden. Wenn ein Wort in allen Bedeutungen nur adverbiell verwendet wird, steht als Wortart *Adverb*.

In der Form verändert (dekliniert) wird ein Adjektiv nur vor dem Substantiv. Das Adjektiv passt sich dem Substantiv an, vor dem es steht. Welche Endung das attributive Adjektiv hat, hängt dabei davon ab, ob ein Artikel, Pronomen oder eine Zahl davor steht oder nicht.

Es gibt drei Arten von Deklinationen:

Die schwache Deklination

Wenn Genus, Numerus und Kasus schon durch Artikel oder Pronomen angegeben werden, wird das Adjektiv schwach gebeugt. Hier kommen nur die Endungen **-e** und **-en** vor:

	maskulin	feminin	neutral	Plural
Nom.	der nette Mann	die nette Frau	das nette Kind	die netten Familien
Gen.	des netten Mannes	der netten Frau	des netten Kindes	der netten Familien
Dat.	dem netten Mann	der netten Frau	dem netten Kind	den netten Familien
Akk.	den netten Mann	die nette Frau	das nette Kind	die netten Familien

ebenso nach: **derjenige**, **derselbe**, **dieser**, **jeder**, **jeglicher**, **jener**, **mancher**, **welcher**;
im Plural nach: **alle**

	maskulin	feminin	neutral	Plural
Nom.	ein netter Mann	eine nette Frau	ein nettes Kind	nette Familien
Gen.	eines netten Mannes	einer netten Frau	eines netten Kindes	netter Familien
Dat.	einem netten Mann	einer netten Frau	einem netten Kind	netten Familien
Akk.	einen netten Mann	eine nette Frau	ein nettes Kind	netten Familien

ebenso nach: **mein**, **dein**, **sein** usw., **kein**

Die starke Deklination

Wenn Genus, Numerus und Kasus nicht durch einen Artikel oder ein Pronomen angegeben werden, wird das Adjektiv stark gebeugt:

	maskulin	feminin	neutral	Plural
Nom.	heißer Kaffee	heiße Suppe	heißes Essen	heiße Getränke
Gen.	heißen Kaffees	heißer Suppe	heißen Essens	heißen Getränke
Dat.	heißem Kaffee	heißer Suppe	heißem Essen	heißen Getränken
Akk.	heißen Kaffee	heiße Suppe	heißes Essen	heiße Getränke

ebenso nach **endungslosen** Pronomen und Zahlen: **irgendein**, **manch**, **solch**, **viel**, **welch**, **wenig**; im Plural nach **zwei**, **drei**, **vier** usw.

Die gemischte Deklination

Nach einigen Pronomen (**andere**, **beide**, **einige**, **etliche**, **folgende**, **irgendwelche**, **manche**, **mehrere**, **sämtliche**, **viele**, **wenige** und Personalpronomen **ich**, **du**, **wir** usw.) wird aber von diesen Grundregeln abgewichen. Die Flexion des nachfolgenden Adjektivs schwankt zwischen starken und schwachen Formen.

Einzelne Adjektive werden nur endungslos gebraucht, z. B.

achtel, **achtziger**, **klasse**, **lila**, **null**, **prima**, **rosa**, **zweierlei**:
prima Eltern/einen klasse Lehrer haben, ein lila Kleid, zweierlei Methoden.

Man sagt dazu: Sie sind **indeklinabel**. Das wird im Wörterbuch beim Stichwort angegeben.

Die Steigerung

Für die Bedeutung der Eigenschaftswörter ist charakteristisch, dass man Vergleichsformen bilden kann:

Sie ist so klug wie er, klüger als er. (*Komparativ*)
Sie ist die klügste Schülerin der ganzen Klasse. Sie ist von allen am klügsten. (*Superlativ*)

Dazu dienen die Endungen **-er** und **-st**. Manchmal ist damit auch ein Vokalwechsel (Umlaut) verbunden, so bei bei *arm, groß, klug, lang, rot, schwach, stark* usw. Unregelmäßige Steigerungsformen werden im Wörterbuch beim Stichwort angegeben. Dort steht auch, wenn ein Adjektiv gar nicht gesteigert werden kann (z. B. *massenhaft, maßlos, saisonal*) oder nur einen Superlativ, aber keinen Komparativ bildet (*ober-, unter-*).

Adjektive auf -el oder -er

Adjektive, die auf **-el** enden, verlieren vor dem Substantiv und im Komparativ das **e**:

Nachts ist es dunkel. – eine dunkle Nacht – Heute ist es noch dunkler als gestern. – Bei Neumond ist es am dunkelsten.

Das gilt auch für manche Adjektive auf **-er**:

makaber – eine makabre Geschichte
sauer – ein saurer Apfel
teuer – ein teures Vergnügen
(un)geheuer – ungeheuren Spaß haben

Aber es gilt nicht für: *bieder, bitter, düster, finster, heiter, nieder-, sicher*. Wo das **e** wegfällt, wird im Wörterbuch ausdrücklich darauf hingewiesen.

5 Das Adverb

Adverbien (Umstandswörter) sind unveränderbare Wörter wie **dort, morgen, bald, gern, oft, manchmal, hier, sicherlich, vielleicht, komischerweise, nachts, unterwegs**.

Sie charakterisieren die Umstände, unter denen etwas geschieht, besonders

– den Ort	(*hier, oben, vorn, da*)
– die Richtung	(*abwärts, dorthin, herab, hinauf, rauf*)
– die Zeit	(*gestern, bald, nachts, neulich, nun*)
– die Dauer	(*bisher, immer, lange, noch, seitdem, zeitlebens*)
– die Häufigkeit	(*manchmal, mehrmals, nie, oft, regelmäßig, selten, täglich*)
– den Grad oder das Maß	(*äußerst, einigermaßen, größtenteils, halbwegs, kaum, sehr, überaus, ziemlich*)
– die Menge	(*haufenweise, literweise, massenhaft*)
– die Art und Weise	(*anders, derart, gern, insgeheim, irgendwie, kopfüber, so, umsonst, vergebens*)
– den Grund	(*demnach, deshalb, folglich, trotzdem*)

Sie können auch

– eine Aussage erweitern	(*auch, außerdem, ebenfalls, ferner, sonst, zudem; erstens, zweitens, drittens*)
– eine Aussage einschränken	(*allerdings, doch, hingegen, immerhin, nur, wenigstens, zumindest*)
– die Meinung des Sprechers ausdrücken	(*sicher, vermutlich, vielleicht, wahrscheinlich, verständlicherweise*)

In der Aussage des Satzes gehört das Adverb, wie der Name schon sagt, inhaltlich oft näher zum Verb:

Unser Vogel spricht manchmal/singt gern.

In der Reihenfolge der Wörter muss das Adverb aber nicht beim Verb stehen:

Ich habe dich heute noch nicht gesehen. Morgen kommen wir zu euch.

Manche Adverbien beziehen sich auf ein Adjektiv und werden zur Steigerung oder Abschwächung gebraucht:
sehr, **ganz**, **höchst**, **ziemlich**.

Zusammengesetzte Adverbien und Fragewörter

Einige Adverbien sind aus **da**, **hier**, **wo** und verschiedenen Präpositionen zusammengesetzt:

daran, **darauf**, **hiervon**, **womit** usw.

Sie werden verwendet, wenn man ein Wort oder einen Satzteil nicht wiederholen will:

Sie machte einen Witz und brachte uns dadurch/damit zum Lachen.
Ich möchte in die USA reisen. Brauche ich hierzu ein Visum?
Er kam wieder mal zu spät, womit er sich großen Ärger einhandelte.

Als Fragewörter dienen die Verbindungen mit **wo-** ebenso wie die Adverbien **wann**, **warum**, **wie**, **wo** usw. dazu, direkte und indirekte Fragen zu formulieren:

Worum geht es in dem Film?
Ich weiß nicht, wozu man dieses Gerät braucht.

6 Die Konjunktion

Wörter und Sätze kann man grammatisch durch besondere Wörter miteinander verknüpfen. Eine zentrale Aufgabe übernehmen dabei die Konjunktionen (Bindewörter) und Präpositionen. Im Unterschied zu den Adverbien, die ebenfalls verbinden können (*darum, damals, damit, dann, hiermit, somit, doch* usw.), sind Konjunktionen selbst keine eigenen Satzglieder. Man unterscheidet

- **unterordnende Konjunktionen** (*als, bevor, damit, dass, ehe, falls, indem, obwohl, sobald, während, wenn*)
- **nebenordnende Konjunktionen** (*aber, denn, jedoch, oder, sondern, sowie, und*)

Unterordnende Konjunktionen leiten Nebensätze ein. Das Verb steht am Ende des Nebensatzes:

Sie kam, als der Film schon angefangen hatte.
Ich glaube, dass er recht hat.
Nimm einen Schirm mit, falls es regnen sollte.

Nebenordnende Konjunktionen leiten einen Hauptsatz ein. Das Verb steht dabei nach der Konjunktion an der Stelle, die es in einem allein stehenden Satz auch einnähme:

Martin ist in der Schule und Kerstin schläft.
Ich wäre gern gekommen, aber ich hatte keine Zeit dafür.
Gehen wir jetzt nach Hause oder bleiben wir noch?

Sie können auch Nebensätze oder Satzglieder verbinden:

Rosen und Tulpen sind Blumen.
Ich fürchte, dass er krank ist oder einen Unfall hatte.

7 Die Präposition

Präpositionen sind kurze unveränderbare Wörter wie **vor**, **hinter**, **bei**, **nach**, **mit**, **seit**, **bis**. Sie leiten Wortgruppen ein und fordern dabei im Gegensatz zu Konjunktionen einen bestimmten Kasus:

vor dem Theater, nach dem Essen, mit seiner Tasche.

Die meisten der am häufigsten verwendeten Präpositionen verlangen den Dativ, ein paar den Akkusativ (*durch die Tür gehen*).

Lokale Präpositionen haben oft beide Kasus, je nachdem, ob die Richtung oder die Lage bezeichnet wird:

in die Stadt gehen (Richtung: Akkusativ)
in der Stadt wohnen (Lage: Dativ)

Es gibt auch Präpositionen, die den Genitiv fordern. Sie haben oft lokale Bedeutung:

außerhalb, diesseits des Stadtgebietes, abseits der Straße.

Sie kommen aber hauptsächlich in geschriebenen Texten und seltener in Gesprächen vor und werden oft durch die gleichlautenden Adverbien ersetzt, denen die Präposition **von** folgt:

außerhalb von Köln, abseits vom Trubel

In vielen Fällen sind Präpositionen fest mit einem Verb, Substantiv oder Adjektiv verbunden und haben ihre ursprüngliche Bedeutung weitgehend verloren:

warten auf etwas, sich fürchten vor etwas, jemanden von etwas befreien, die Angst vor jemandem/etwas, stolz/der Stolz auf jemanden/etwas.

Welche Präposition jeweils stehen muss, geht meistens nicht aus der Bedeutung hervor. Im Wörterbuch ist sie daher immer bei den betreffenden Adjektiven, Substantiven und Verben mit angegeben.

Präpositionen mit Dativ:

ab, aus, außer, bei, entgegen, entsprechend, fern, gegenüber, gemäß, gleich, mit, mitsamt, nach, nächst (= *unmittelbar bei/nach/neben*), nahe, nebst (= *samt, zusammen mit*), samt, seit, von, zu, zufolge, zuliebe

Hinweis: In der gesprochenen Sprache kann **ab** auch mit dem Akkusativ verwendet werden.

Präpositionen mit Akkusativ:

à, bis, durch, für, gegen, je, ohne, per, pro, um, wider

Hinweis:

Bis wird auch mit anderen Präpositionen verwendet, wobei diese Präpositionen dann den Kasus des nachfolgenden Substantivs bestimmen:

bis an das Haus (Akkusativ)

bis zum Ende (Dativ)

Präpositionen mit Dativ oder Akkusativ:

an, auf, entlang, hinter, in, neben, über, unter, vor, zwischen

Hinweis:

Der Dativ steht, wenn die Präpositionen bezeichnen, **wo** jemand/etwas ist, liegt, steht usw.

Der Akkusativ steht, wenn die Präpositionen bezeichnen, **wohin** sich eine Bewegung richtet.

Präpositionen mit Genitiv:

abseits, angesichts, anhand, anlässlich, anstelle, aufgrund, aufseiten, außerhalb, beiderseits, diesseits, halber (*nachgestellt*), infolge, inmitten, innerhalb, jenseits, kraft, links, mithilfe, nördlich, oberhalb, östlich, plus (*auch mit Nominativ*), rechts, seitens, südlich, um … willen, ungeachtet, unterhalb, unweit, vorbehaltlich, westlich, zeit

Hinweis:

Folgende der eben genannten Präpositionen können auch als Adverb mit **von** + Dativ verwendet werden:

abseits, angesichts, anhand, anstelle, aufgrund, außerhalb, diesseits, infolge, innerhalb, jenseits, links, nördlich, oberhalb, östlich, rechts, südlich, unterhalb, unweit, westlich

Präpositionen mit Genitiv oder Dativ:

abzüglich, anstatt, ausschließlich, bezüglich, binnen, dank, einschließlich, exklusive, hinsichtlich, inklusive, längs, laut, mangels, zugunsten, zuungunsten, zuzüglich, zwecks

Präpositionen, die vor allem umgangssprachlich mit Dativ stehen:
statt, trotz, während, wegen

Hinweise:

Wenn ein Substantiv im Singular ohne Artikel und Attribut auf diese Präpositionen folgt, hat es (besonders in der gesprochenen Sprache) keine Genitivendung:

mangels Interesse (anstatt: Interesses)

laut Beschluss vom 4. Mai 2009

inklusive Porto

Folgt ein allein stehendes Substantiv im Plural auf diese Präpositionen, wird meistens der Dativ gebraucht:

mangels Beweisen, anstatt Geschenken

Kommt ein Adjektiv hinzu, wird aber der Genitiv gebraucht:

mangels triftiger Gründe

8 Das Pronomen

Pronomen (Fürwörter) dienen als Ersatz für etwas bereits Erwähntes, das man nicht wiederholen will, oder um sich auf etwas Bekanntes zu beziehen.

Es gibt Pronomen, die wie Artikel ein Substantiv begleiten (1) und Pronomen, die anstelle von Substantiven verwendet werden (2).

1 *mein Freund, dieses Haus, einige Fehler*

2 *Wir sind hier. Wem gehört das Buch? Es war noch niemand da.*

Das Personalpronomen

Personalpronomen (persönliche Fürwörter) beziehen sich auf Gesprächspartner (**ich**, **du**, **wir**, **ihr**, **Sie**) oder auf die Personen oder Dinge, über die gesprochen wird (Singular: **er**, **sie**, **es**; Plural: **sie**).

Nominativ	Genitiv*	Dativ	Akkusativ
Ich bin krank.	Wer erbarmt sich **meiner**?	Wer hilft **mir**?	Wer pflegt **mich**?
Du bist krank.	Wer erbarmt sich **deiner**?	Wer hilft **dir**?	Wer pflegt **dich**?
Er ist krank.	Wer erbarmt sich **seiner**?	Wer hilft **ihm**?	Wer pflegt **ihn**?
Sie ist krank.	Wer erbarmt sich **ihrer**?	Wer hilft **ihr**?	Wer pflegt **sie**?
Es ist krank.	Wer erbarmt sich **seiner**?	Wer hilft **ihm**?	Wer pflegt **es**?
Wir sind krank.	Wer erbarmt sich **unser**?	Wer hilft **uns**?	Wer pflegt **uns**?
Ihr seid krank.	Wer erbarmt sich **eurer**?	Wer hilft **euch**?	Wer pflegt **euch**?
Sie sind krank.	Wer erbarmt sich **ihrer**?	Wer hilft **ihnen**?	Wer pflegt **sie**?

* Der Genitiv ist heute selten und kommt nur noch in gehobenen Texten vor. Die höfliche Anrede **Sie** wird mit den Formen der 3. Person Plural, nur großgeschrieben, gebildet.

Das Possessivpronomen

Possessivpronomen (besitzanzeigende Fürwörter) drücken meist eine Art Besitzverhältnis (1) oder eine Beziehung zwischen Prädikat und Subjekt (2) oder Objekt (3) aus.

1 *mein Haus, deine Freunde*

2 *Wir fahren – unsere Fahrt*

3 *Sie werden bedroht – ihre Bedrohung*

Sie können wie Adjektive gebraucht werden (*mein Kuchen*) oder wie Substantive (*Ist der Kuchen deiner/der deine?*).

Das Possessivpronomen, wie ein Adjektiv gebraucht:

	maskulin	feminin	neutral	Plural
Singular (Nominativ*)				
1. Person	mein Kaffee	meine Suppe	mein Essen	meine Getränke
2. Person	dein Kaffee	deine Suppe	dein Essen	deine Getränke
3. Person, männlich	sein Kaffee	seine Suppe	sein Essen	seine Getränke
3. Person, weiblich	ihr Kaffee	ihre Suppe	ihr Essen	ihre Getränke
3. Person, sächlich	sein Kaffee	seine Suppe	sein Essen	seine Getränke
Plural (Nominativ*)				
1. Person	unser Kaffee	unsere Suppe	unser Essen	unsere Getränke
2. Person	euer Kaffee	eure Suppe	euer Essen	eure Getränke
3. Person	ihr Kaffee	ihre Suppe	ihr Essen	ihre Getränke

* Die Endungen der anderen Fälle sind die gleichen wie beim unbestimmten Artikel.

Das Possessivpronomen, wie ein Substantiv gebraucht:

	maskulin	feminin	neutral	Plural
Singular (Nominativ)				
1. Person	meiner, der meine	(die) meine	mein(e)s, das meine	meine, die meinen
2. Person	deiner, der deine	(die) deine	dein(e)s, das deine	deine, die deinen
3. Person, männlich	seiner, der seine	(die) seine	sein(e)s, das seine	seine, die seinen
3. Person, weiblich	ihrer, der ihre	(die) ihre	ihr(e)s, das ihre	ihre, die ihren
3. Person, sächlich	seiner, der seine	(die) seine	sein(e)s, das seine	seine, die seinen
Plural (Nominativ)				
1. Person	unserer, der unsere	(die) unsere	unseres, das uns(e)re	unsere, die unseren
2. Person	eurer, der eure	(die) eure	eures, das eure	eure, die euren
3. Person	ihrer, der ihre	(die) ihre	ihr(e)s, das ihre	ihre, die ihren

Das Demonstrativpronomen und das Relativpronomen

Demonstrativpronomen (hinweisende Fürwörter) verweisen auf ein bestimmtes Objekt, auf das man meist mit dem Finger zeigen kann. Sie können wie Adjektive gebraucht werden (*dieser Kuchen*) oder wie Substantive (*Willst du diesen oder jenen essen?*).

Relativpronomen (bezügliche Fürwörter) leiten einen Nebensatz ein, der sich auf den Hauptsatz bezieht. Sie ersetzen das Substantiv, auf das man sich bezieht:

Die Frau, die ich gestern kennengelernt habe, war nett.

Die Beeren, welche ich am liebsten esse, heißen Erdbeeren.

	maskulin	feminin	neutral	Plural
Nominativ	dieser Mann	diese Frau	dieses Kind	diese Familien
Genitiv	dieses Mannes	dieser Frau	dieses Kindes	dieser Familien
Dativ	diesem Mann	dieser Frau	diesem Kind	diesen Familien
Akkusativ	diesen Mann	diese Frau	dieses Kind	diese Familien

ebenso: **jener**, **welcher**

	maskulin	feminin	neutral	Plural
Nom.	derjenige Mann	diejenige Frau	dasjenige Kind	diejenigen Familien
Gen.	desjenigen Mannes	derjenigen Frau	desjenigen Kindes	derjenigen Familien
Dat.	demjenigen Mann	derjenigen Frau	demjenigen Kind	denjenigen Familien
Akk.	denjenigen Mann	diejenige Frau	dasjenige Kind	diejenigen Familien

ebenso: **derselbe**

Die Demonstrativ- und Relativpronomen **der, die, das** unterscheiden sich nur im Genitiv (*der Himmel, dessen Farbe grau war*) *und im Dativ Plural* (*die Kinder, mit denen er spielte*) *von den Formen des bestimmten Artikels:*

	maskulin	feminin	neutral	Plural
Nominativ	der	die	das	die
Genitiv	dessen	deren, derer*	dessen	deren, derer*
Dativ	dem	der	dem	denen
Akkusativ	den	die	das	die

*Vor einem Substantiv wird **deren** verwendet, ansonsten **derer**:

Frau/Familie Meier und deren Kinder

die Zahl derer, die zu spät kamen

Das Indefinitpronomen

Indefinitpronomen (unbestimmte Fürwörter) können sich auf eine unbestimmte Anzahl oder Menge beziehen (**alle**, **manche**, **viele**, **einige**, **wenige**), auf eine unbestimmte Sache (**etwas**, **nichts**, **mancherlei**) oder auf unbestimmte Personen (**man**, **jemand**, **jeder**, **niemand**).
Sie können entweder nicht verändert werden oder sie verhalten sich wie Adjektive oder Substantive.

Ein besonderer Fall ist **man**. **Man** ist unveränderlich und wird im Dativ durch **einem** und im Akkusativ durch **einen** ersetzt (einen Genitiv gibt es nicht):

Man glaubt kaum, was einem alles passieren kann, wenn einen das Glück verlässt.

Das Reflexivpronomen

Mit dem Personalpronomen verwandt ist das Reflexivpronomen (rückbezügliches Fürwort). Es bezieht sich auf das Subjekt des Satzes oder Textes.
In der 3. Person heißt es immer **sich**, in der 1. und 2. Person lautet es im Dativ **mir**, **dir**, **uns**, **euch** und im Akkusativ **mich**, **dich**, **uns**, **euch**.

3. Person: *Er rasiert sich. Sie wäscht sich die Hände. Es ändert sich nichts. Sie langweilen sich.*

1. Person Akkusativ – Dativ: *Ich wasche mich – Ich wasche mir die Hände*

Reflexivpronomen

als Akkusativobjekt		als Dativobjekt	
1. Person Sg	**ich** verspäte **mich**	*1. Person Sg*	**ich** gebe **mir** viel Mühe
2. Person Sg	**du** verspätest **dich** **Sie** verspäten **sich**	*2. Person Sg*	**du** gibst **dir** viel Mühe **Sie** geben **sich** viel Mühe
3. Person Sg	**er/sie/es** verspätet **sich**	*3. Person Sg*	**er/sie/es** gibt **sich** viel Mühe
1. Person Pl	**wir** verspäten **uns**	*1. Person Pl*	**wir** geben **uns** viel Mühe
2. Person Pl	**ihr** verspätet **euch** **Sie** verspäten **sich**	*2. Person Pl*	**ihr** gebt **euch** viel Mühe **Sie** geben **sich** viel Mühe
3. Person Pl	**sie** verspäten **sich**	*3. Person Pl*	**sie** geben **sich** viel Mühe

Das Interrogativpronomen

Mit Interrogativpronomen (Fragewörtern) fragt man nach Personen (**wer**, **wessen**, **wem**, **wen**), nach Sachen (*Was ist das?*) oder Sachverhalten (*Was ist geschehen?*).
Auch **welcher** kann als adjektivisches Fragewort dienen:

Welche Station, welcher Bahnhof, welches Gleis ist das?

Interrogativpronomen

Bei Fragen nach einer Person: **wer**

Nominativ	**Wer** hat das getan?
Akkusativ	**Wen** hast du gesehen?
Dativ	**Wem** schenkst du die Blumen?
Genitiv	**Wessen** Bücher sind das?

Bei Fragen nach einer Sache oder einem Sachverhalt: **was**

Nominativ	**Was** ist das da auf dem Bild?
Akkusativ	**Was** schenkst du ihr zum Geburtstag?

9 Die Partikel

Partikeln (Füllwörter) sind meist kurze, unveränderliche Wörter, die keine syntaktische Funktion und kaum eigene Bedeutung haben. Sie werden vor allem beim Sprechen verwendet. Wenn man sie weglässt, ändert sich am Inhalt der Aussage wenig. Was sich ändert, ist ihre kommunikative Funktion. Sie signalisieren nämlich, welche Gefühle oder Einstellung der Sprecher hat oder wie die Hörer den Satz verstehen oder auf ihn reagieren sollen.
In dem Satz Die Blumen sind aber schön! drückt die Partikel **aber** z. B. aus, dass die Sprecherin erfreut oder überrascht ist.
Das **denn** in dem Satz *Was soll das denn?* zeigt, wie ungeduldig der Sprecher ist.

Partikeln können z. B. ausdrücken:

– Überraschung	(*Du bist ja ganz nass!*)
– Freude	(*Das ist aber nett von dir!*)
– Zweifel	(*Hast du das auch verstanden?*)
– Ärger, Ungeduld	(*Was soll das eigentlich heißen?*)
– eine Drohung	(*Tu das ja/bloß nie wieder!*)
– eine Ermahnung	(*Pass aber auf!*)
–, dass man Zustimmung erhofft	(*Ist das nicht schön?*)
–, dass man eine negative Antwort erwartet	(*Findest du das etwa/vielleicht richtig?*)

Man kann damit auch

– eine Aussage abschwächen oder einschränken	(*Ich fand den Film etwas/ein bisschen/ein wenig langweilig.*)
– eine Aussage verstärken	(*Das musst du unbedingt auch probieren!*)
– einen bestimmten Teil der Aussage besonders betonen	(*Nicht nur ich bin dieser Meinung – selbst/sogar/auch Beate musste das zugeben.*)

10 Die Interjektion

Interjektionen (Ausrufe) sind kurze, unveränderliche Wörter, die zusammen mit einem Ausrufezeichen anstelle eines vollständigen Satzes verwendet werden können. Sie sind meist umgangssprachlich und dienen schriftlich nur zur Wiedergabe von Gesprochenem.

Interjektionen drücken meist Gefühle aus, z. B.:

– Ekel	(*Bäh! Igitt! Pfui!*)
– Erschöpfung	(*Puh!*)
– Erschrecken	(*Huch!*)
– Freude	(*Hurra! Juhu! Ui!*)
– Schmerz	(*Aua!*)
– Spott	(*Ätsch!*)
– Überraschung	(*Oh! Nanu!*)

Man kann damit auch Geräusche imitieren:
Miau! Muh! Pieps! Rumms! Boing!

B Der Satz

1 Satzarten

Aus Wörtern formt man Sätze und Texte. Die meisten Sätze sind

– **Aussagesätze**	(*Peter macht mit.*)
– **Fragesätze**	(*Macht Peter mit?*)
– **Befehlssätze**	(*Mach mit, Peter!*)

Außerdem unterscheidet man **Hauptsätze**, die allein stehen, aber auch miteinander verbunden sein können (*Die Sonne scheint und die Vögel singen. = zwei Hauptsätze, verbunden durch und*), *Nebensätze und ergänzende Konstruktionen mit Infinitiv oder Partizip.*

Nebensätze sind von einem Hauptsatz abhängig und können nicht allein stehen. Sie können von Konjunktionen eingeleitet werden oder auch nicht.

Ich hoffe, dass er kommt.
Ich hoffe, er kommt.

Relativsätze beziehen sich auf einen Teil des Hauptsatzes:

Sie las das Buch, das ich ihr empfohlen hatte.
Er fährt nach Prag, wo seine Tante lebt.

Häufig sind auch **Konstruktionen mit Infinitiv** oder mit **Partizip**:

Er hofft, bald einen Job zu finden.
Sie saß, leise vor sich hin schimpfend, an ihrer Arbeit.

2 Satzglieder

Ein Satz besteht normalerweise mindestens aus **Subjekt** (Satzgegenstand: *Der Vogel singt.*) und *Prädikat (Satzaussage: Der Vogel singt.). Dazu kann z. B. noch ein Objekt (Satzergänzung: Der Vogel singt ein Lied.) kommen oder eine Adverbialbestimmung (Der Vogel singt schön/im Apfelbaum/trotz des Regens.).*

Solche Teile des Satzes nennt man **Satzglieder**, sie können in ihrer Reihenfolge vertauscht werden. Das tut man, wenn man eine Frage formulieren oder einen Teil besonders hervorheben will:

Singt der Vogel ein Lied?
Ein Lied singt der Vogel.
Schön singt der Vogel.
Weil die Sonne scheint, singt der Vogel.

Das **Subjekt** ist ein Substantiv oder Pronomen und steht im Nominativ. Nur Befehlssätze haben kein Subjekt:

Sei still! Hör auf! Stopp!

Das **Prädikat** enthält immer ein finites Verb. Es kann aber auch aus mehreren Wörtern bestehen:

Sie hat das Buch gelesen. Sie möchte das Buch lesen. Das Buch wird gern gelesen.
Er fährt Rad. Das Kind hat sich müde gespielt.

Das **Objekt** ist meistens:

– Akkusativobjekt	(*Sie kauft einen Fernseher.*)
– Dativobjekt	(*Ich glaube dir.*)
– Präpositionalobjekt	(*Er schreibt an seine Eltern. Wartest du auf mich?*)

Eine **Adverbialbestimmung** muss kein Adverb sein, lässt sich aber in der Regel durch ein Adverb ersetzen:

Der Vogel singt den ganzen Tag. – Der Vogel singt dauernd.
Der Vogel singt trotz des Regens. – Der Vogel singt trotzdem.
Ich warte im Wohnzimmer auf dich. – Ich warte dort auf dich.
Der Kranke atmet mit Mühe. – Der Kranke atmet mühsam.

3 Attribute

Attribute sind zusätzliche Teile eines Satzes, die ein Substantiv oder ein Satzglied näher bestimmen. Sie sind keine Satzglieder, sondern einem Satzglied zugeordnet und können nur zusammen mit ihm verschoben werden:

Er ist ein guter Musiker.
Sie hat viele üppig wuchernde Pflanzen.
Das Auto meines Bruders ist alt.
Marmelade aus Himbeeren mag ich am liebsten.
Hans, mein Bruder, ist Bäcker.

Die wichtigsten unregelmäßigen Verben

Infinitiv	Präsens (3. Person Sg)	Präteritum (3. Person Sg)	Perfekt (3. Person Sg)
backen	bäckt / backt	backte	hat gebacken
befehlen	befiehlt	befahl	hat befohlen
beginnen	beginnt	begann	hat begonnen
beißen	beißt	biss	hat gebissen
bergen	birgt	barg	hat geborgen
bersten	birst	barst	ist geborsten
betrügen	betrügt	betrog	hat betrogen
bewegen*	bewegt	bewog	hat bewogen
biegen	biegt	bog	hat / ist gebogen
bieten	bietet	bot	hat geboten
binden	bindet	band	hat gebunden
bitten	bittet	bat	hat gebeten
blasen	bläst	blies	hat geblasen
bleiben	bleibt	blieb	ist geblieben
braten	brät	briet	hat gebraten
brechen	bricht	brach	hat / ist gebrochen
brennen	brennt	brannte	hat gebrannt
bringen	bringt	brachte	hat gebracht
denken	denkt	dachte	hat gedacht
dreschen	drischt	drosch	hat gedroschen
dringen	dringt	drang	ist gedrungen
dürfen	darf	durfte	hat gedurft
empfangen	empfängt	empfing	hat empfangen
empfehlen	empfiehlt	empfahl	hat empfohlen
empfinden	empfindet	empfand	hat empfunden
erschrecken*	erschrickt	erschrak	ist erschrocken
essen	isst	aß	hat gegessen
fahren	fährt	fuhr	hat / ist gefahren
fallen	fällt	fiel	ist gefallen
fangen	fängt	fing	hat gefangen

Infinitiv	Präsens *(3. Person Sg)*	Präteritum *(3. Person Sg)*	Perfekt *(3. Person Sg)*
fechten	ficht	focht	hat gefochten
finden	findet	fand	hat gefunden
flechten	flicht	flocht	hat geflochten
fliegen	fliegt	flog	hat / ist geflogen
fliehen	flieht	floh	ist geflohen
fließen	fließt	floss	ist geflossen
fressen	frisst	fraß	hat gefressen
frieren	friert	fror	hat gefroren
gären	gärt	gärte / gor	hat / ist gegoren
gebären	gebärt	gebar	hat geboren
geben	gibt	gab	hat gegeben
gedeihen	gedeiht	gedieh	ist gediehen
gehen	geht	ging	ist gegangen
gelingen	gelingt	gelang	ist gelungen
gelten	gilt	galt	hat gegolten
genesen	genest	genas	ist genesen
genießen	genießt	genoss	hat genossen
geraten	gerät	geriet	ist geraten
geschehen	geschieht	geschah	ist geschehen
gewinnen	gewinnt	gewann	hat gewonnen
gießen	gießt	goss	hat gegossen
gleichen	gleicht	glich	hat geglichen
gleiten	gleitet	glitt	ist geglitten
glimmen	glimmt	glomm / glimmte	hat geglommen / geglimmt
graben	gräbt	grub	hat gegraben
greifen	greift	griff	hat gegriffen
haben	hat	hatte	hat gehabt
halten	hält	hielt	hat gehalten
hängen*	hängt	hing	hat gehangen
hauen	haut	haute / (hieb)	hat gehauen
heben	hebt	hob	hat gehoben
heißen	heißt	hieß	hat geheißen

Infinitiv	Präsens *(3. Person Sg)*	Präteritum *(3. Person Sg)*	Perfekt *(3. Person Sg)*
helfen	hilft	half	hat geholfen
kennen	kennt	kannte	hat gekannt
klingen	klingt	klang	hat geklungen
kneifen	kneift	kniff	hat gekniffen
kommen	kommt	kam	ist gekommen
können	kann	konnte	hat gekonnt
kriechen	kriecht	kroch	ist gekrochen
laden	lädt	lud	hat geladen
lassen	lässt	ließ	hat gelassen
laufen	läuft	lief	ist gelaufen
leiden	leidet	litt	hat gelitten
leihen	leiht	lieh	hat geliehen
lesen	liest	las	hat gelesen
liegen	liegt	lag	hat gelegen
lügen	lügt	log	hat gelogen
mahlen	mahlt	mahlte	hat gemahlen
meiden	meidet	mied	hat gemieden
melken	milkt / melkt	melkte / (molk)	hat gemelkt / gemolken
messen	misst	maß	hat gemessen
mögen	mag	mochte	hat gemocht
müssen	muss	musste	hat gemusst
nehmen	nimmt	nahm	hat genommen
nennen	nennt	nannte	hat genannt
pfeifen	pfeift	pfiff	hat gepfiffen
preisen	preist	pries	hat gepriesen
quellen	quillt	quoll	ist gequollen
raten	rät	riet	hat geraten
reiben	reibt	rieb	hat gerieben
reißen	reißt	riss	hat / ist gerissen
reiten	reitet	ritt	hat / ist geritten
rennen	rennt	rannte	ist gerannt
riechen	riecht	roch	hat gerochen

Infinitiv	**Präsens** *(3. Person Sg)*	**Präteritum** *(3. Person Sg)*	**Perfekt** *(3. Person Sg)*
ringen	ringt	rang	hat gerungen
rufen	ruft	rief	hat gerufen
salzen	salzt	salzte	hat gesalzen
saufen	säuft	soff	hat gesoffen
saugen	saugt	sog / saugte	hat gesogen / gesaugt
schaffen	schafft	schuf	hat geschaffen
scheiden	scheidet	schied	hat / ist geschieden
scheinen	scheint	schien	hat geschienen
schelten	schilt	schalt	hat gescholten
schieben	schiebt	schob	hat geschoben
schießen	schießt	schoss	hat / ist geschossen
schinden	schindet	schindete	hat geschunden
schlafen	schläft	schlief	hat geschlafen
schlagen	schlägt	schlug	hat geschlagen
schleichen	schleicht	schlich	ist geschlichen
schleifen*	schleift	schliff	hat geschliffen
schließen	schließt	schloss	hat geschlossen
schlingen	schlingt	schlang	hat geschlungen
schmeißen	schmeißt	schmiss	hat geschmissen
schmelzen	schmilzt	schmolz	ist geschmolzen
schneiden	schneidet	schnitt	hat geschnitten
schreiben	schreibt	schrieb	hat geschrieben
schreien	schreit	schrie	hat geschrien
schreiten	schreitet	schritt	ist geschritten
schweigen	schweigt	schwieg	hat geschwiegen
schwellen	schwillt	schwoll	ist geschwollen
schwimmen	schwimmt	schwamm	hat / ist geschwommen
schwinden	schwindet	schwand	ist geschwunden
schwingen	schwingt	schwang	hat geschwungen
schwören	schwört	schwor	hat geschworen
sehen	sieht	sah	hat gesehen
sein	ist	war	ist gewesen

Infinitiv	Präsens *(3. Person Sg)*	Präteritum *(3. Person Sg)*	Perfekt *(3. Person Sg)*
senden	sendet	sandte / sendete	hat gesandt / gesendet
singen	singt	sang	hat gesungen
sinken	sinkt	sank	ist gesunken
sitzen	sitzt	saß	hat gesessen
sollen	soll	sollte	hat gesollt
spalten	spaltet	spaltete	hat gespalten
speien	speit	spie	hat gespien
spinnen	spinnt	spann	hat gesponnen
sprechen	spricht	sprach	hat gesprochen
sprießen	sprießt	spross	ist gesprossen
springen	springt	sprang	ist gesprungen
stechen	sticht	stach	hat gestochen
stehen	steht	stand	hat gestanden
stehlen	stiehlt	stahl	hat gestohlen
steigen	steigt	stieg	ist gestiegen
sterben	stirbt	starb	ist gestorben
stinken	stinkt	stank	hat gestunken
stoßen	stößt	stieß	hat / ist gestoßen
streichen	streicht	strich	hat gestrichen
streiten	streitet	stritt	hat gestritten
tragen	trägt	trug	hat getragen
treffen	trifft	traf	hat getroffen
treiben	treibt	trieb	hat getrieben
treten	tritt	trat	hat / ist getreten
trinken	trinkt	trank	hat getrunken
trügen	trügt	trog	hat getrogen
tun	tut	tat	hat getan
verderben	verdirbt	verdarb	hat / ist verdorben
vergessen	vergisst	vergaß	hat vergessen
verlieren	verliert	verlor	hat verloren
verlöschen	verlischt	verlosch	ist verloschen
verzeihen	verzeiht	verzieh	hat verziehen

Infinitiv	Präsens *(3. Person Sg)*	Präteritum *(3. Person Sg)*	Perfekt *(3. Person Sg)*
wachsen	wächst	wuchs	ist gewachsen
waschen	wäscht	wusch	hat gewaschen
weben	webt	wob	hat gewoben
weisen	weist	wies	hat gewiesen
wenden	wendet	wandte / wende- te	hat gewandt / gewendet
werben	wirbt	warb	hat geworben
werden	wird	wurde	ist geworden
werfen	wirft	warf	hat geworfen
wiegen	wiegt	wog	hat gewogen
winden	windet	wand	hat gewunden
wissen	weiß	wusste	hat gewusst
wollen	will	wollte	hat gewollt
ziehen	zieht	zog	hat / ist gezogen
zwingen	zwingt	zwang	hat gezwungen

* Hier gibt es auch eine regelmäßige Form. Vergleiche dazu das jeweilige Stichwort im Hauptteil.

Die Regeln der neuen Rechtschreibung

Am 1.8.1998 trat die von den deutschsprachigen Ländern gemeinsam beschlossene Rechtschreibreform in Kraft, deren Regeln 2004 und 2006 noch einmal überarbeitet wurden. In folgenden 5 Bereichen wurden Änderungen vorgenommen, die hier nur auszugsweise dargestellt werden können (die alten Schreibungen stehen in Klammern):

1 Laut-Buchstaben-Zuordnung

ss- oder ß-Schreibung

- Wird der vorhergehende Vokal **kurz** gesprochen, schreibt man **ss** statt **ß**:
  bisschen (bißchen), dass (daß), Nuss (Nuß), sie wusste (wußte)
- Nach **langem** Vokal oder **Diphthong** wird wie bisher **ß** geschrieben:
  Fuß, sie saßen, draußen, reißen
- In der Schweiz wird nur **ss**, nie **ß**, verwendet!

Einige Wörter werden in der Schreibweise ihrem **Stamm** angenähert bzw.systematisiert, z. B.:

Stängel zu Stange (Stengel),
überschwänglich (überschwenglich) zu Überschwang,
essenziell zu Essenz (auch essentiell),
nummerieren zu Nummer (numerieren),
platzieren (plazieren)

Weitere Beispiele für die Änderung der Schreibung:

Ass (As), Stopp (Stop), Tipp (Tip), rau (rauh) wie *grau, Känguru (Känguruh)* wie *Gnu*

Bei **Zusammensetzungen** bleiben alle Buchstaben der Einzelwörter erhalten:

Geschirrreiniger (Geschirreiniger),
stilllegen (stillegen),
Kaffeeernte (Kaffeernte)

Einige **Fremdwörter** werden der deutschen Schreibung angeglichen. Daneben sind auch die alten Schreibungen gültig, z. B.:

Bravour/Bravur, Exposé/Exposee, Joghurt/Jogurt, Ketchup/Ketschup, Mayonnaise/Majonäse, Orthografie/Orthographie, Thunfisch/Tunfisch

2 Groß- und Kleinschreibung

Großgeschrieben wird in der Regel, wenn vor das betreffende Wort ein Artikel gesetzt werden kann. Jetzt großgeschrieben werden unter anderem:

- **Bezeichnungen für Tageszeiten** in Verbindung mit *heute, gestern, morgen* usw.:
  heute Abend (*heute abend*)

- als Substantive gebrauchte **Zahlwörter**:
  jeder Dritte (*dritte*), *als Erster, der Nächste*
  (aber wie bisher klein: die Zahladjektive *viel, wenig,*
  der *eine*, der *andere* in allen ihren Flexionsformen:
  die einen gingen spazieren, die anderen lasen)

- **Substantive und substantivisch gebrauchte Adjektive in festen Verbindungen**:
  sich in Acht nehmen (*sich in acht nehmen*), *in Bezug* (*bezug*) *auf, ein Spaß für Jung und Alt* (*jung und alt*),*und Ähnliches, im Allgemeinen, im Argen liegen, das Beste, bis ins Kleinste, des Öfteren*

- **Sprachbezeichnungen**:
  auf/zu Deutsch (*auf/zu deutsch*), *in Spanisch, Englisch lernen/können/sprechen*
  Aber wie bisher:
  Habt ihr miteinander englisch gesprochen?

Groß- und Kleinschreibung ist möglich bei:

- Verbindungen von **recht/Recht, unrecht/ Unrecht** und *behalten, bekommen, geben, haben, tun*

- festen Verbindungen aus **Präposition und dekliniertem Adjektiv**:
  seit Längerem/längerem, von Neuem/neuem, bis auf Weiteres/weiteres

- **Adjektiven in einigen festen Verbindungen**:
  Erste/erste Hilfe, die Gelbe/gelbe Karte, das Schwarze/schwarze Brett, der Weiße/weiße Tod

- der vertraulichen **Anrede in Briefen**:
  Du/du, Dein/dein, Dich/dich, Euch/euch, Euer/euer

3 Getrennt- und Zusammenschreibung

Getrennt geschrieben werden Verbindungen aus:

- **Präposition/Adverb + sein:**
  ab sein, an sein, da sein, dabei sein, zusammen sein

Getrennt- und Zusammenschreibung sind möglich bei:

- Verbindungen aus **Adjektiv + resultativem Verb**:
  glatt hobeln/glatthobeln,
  klein schneiden/ kleinschneiden,
  kaputt schlagen/kaputtschlagen
- Verbindungen aus **Verb + bleiben/lassen bei übertragener Bedeutung**:
  in der Schule sitzen bleiben/sitzenbleiben, jemanden links liegen lassen/liegenlassen
- Verbindungen mit **adjektivisch gebrauchten Partizipien**:
  alleinerziehend/allein erziehend,
  leicht verderblich/ leichtverderblich,
  Not leidend/notleidend, pflanzenfressend/Pflanzen fressend
- **festen Verbindungen aus Substantiven und Präpositionen**:
  imstande/im Stande sein, mithilfe/mit Hilfe von, zugrunde/zu Grunde gehen

4 Zeichensetzung

Das Komma darf entfallen
wenn Hauptsätze mit **und** bzw. **oder** verbunden sind:
Das Essen war ausgezeichnet (,) und der Kellner bediente uns sehr freundlich.

5 Worttrennung am Zeilenende

- vermehrte Trennung nach **Sprechsilben**:
  da-rum (auch *dar-um*), *In-te-res-se* (auch *In-ter-es-se*), *Pä-da-go-ge* (auch *Päd-ago-ge*)
- **st** wird in der Regel getrennt:
  ärms-te (nicht mehr *ärm-ste*), *Lis-te*
- **ck** wird bei Trennung nicht mehr zu **kk**:
  We-cker, Rö-cke

Wortschatz: die Zeit

Zeitmessung

die Sekunde, die Minute, die Viertelstunde, die halbe Stunde, die Dreiviertelstunde, der Tag, die Woche, der Monat, das Vierteljahr/das Quartal, das Halbjahr, das Jahr, das Jahrzehnt, das Jahrhundert, das Jahrtausend/das Millennium, das Zeitalter/die Epoche

Die Uhrzeit

Welche zwölf Stunden?
Mittag/zwölf Uhr mittags, Mitternacht/null Uhr/zwölf Uhr nachts, ein Uhr morgens/nachts, ein Uhr mittags, drei Uhr morgens/nachts, drei Uhr nachmittags, sechs Uhr morgens/früh, sechs Uhr abends, zehn Uhr morgens/vormittags, zehn Uhr abends, elf Uhr vormittags,
elf Uhr abends/nachts

Zeitverschiebung:
Sommerzeit: die Uhr (um) eine Stunde vorstellen
Winterzeit: die Uhr (um) eine Stunde zurückstellen

Die Tageszeiten

der Morgen	am Morgen = morgens
der Vormittag	am Vormittag = vormittags
der Mittag	am Mittag = mittags
der Nachmittag	am Nachmittag = nachmittags
der Abend	am Abend = abends
die Nacht	in der Nacht = nachts

am frühen Morgen/frühmorgens,
am frühen Vormittag, am späten Vormittag,
am frühen Nachmittag, am späten Nachmittag/spätnachmittags,
am frühen Abend, am späten Abend/spätabends

Die Wochentage

der Montag	am Montag = montags
der Dienstag	am Dienstag = dienstags
der Mittwoch	am Mittwoch = mittwochs
der Donnerstag	am Donnerstag = donnerstags

der Freitag	am Freitag = freitags
der Samstag	am Samstag = samstags
der Sonnabend	am Sonnabend = sonnabends
der Sonntag	am Sonntag = sonntags

werktags/wochentags, sonn- und feiertags, am Wochenende
vorgestern – gestern – heute – morgen – übermorgen
vorletzte Woche – letzte/vorige Woche – diese Woche – nächste Woche/in acht Tagen – übernächste Woche/in vierzehn Tagen
nächsten Monat/in einem Monat – übernächsten Monat/in zwei Monaten – in drei Monaten/in einem Vierteljahr

Die Monate

der Januar/Ⓐ der Jänner, der Februar/Ⓐ der Feber, der März, der April, der Mai, der Juni, der Juli, der August, der September, der Oktober, der November, der Dezember

Die Jahreszeiten

der Frühling/das Frühjahr, der Sommer, der Herbst, der Winter
Vorfrühling, Frühsommer, Hochsommer, Spätsommer, Frühherbst, Spätherbst

Lebenszeit

die Geburt, die Kindheit, die Schulzeit, die Jugend(zeit), die Lebensmitte, das (hohe) Alter, der Tod

der Embryo/das Kind im Mutterleib/das ungeborene Kind,
das Neugeborene, das Baby/der Säugling,
das Kleinkind, das Kindergartenkind, das Schulkind,
der/die Jugendliche oder der/die Halbwüchsige oder der Teenager,
der/die Volljährige/Erwachsene, der Mann/die Frau in den besten Jahren,
der/die Alte, der Greis/die Greisin

der Mann/die Frau in den Zwanzigern, in den Dreißigern, in den Vierzigern usw.

Wortschatz: die Kommunikation

Kommunikation erfordert einerseits aktives Handeln (jemand teilt einer anderen Person etwas mit), andererseits muss die gesendete Nachricht auch empfangen und verstanden werden.
Kommunikation kann mündlich, schriftlich oder über die Medien usw. erfolgen.

	Der aktive Aspekt der Kommunikation: selbst etwas mitteilen	**Der passive Aspekt der Kommunikation: eine Mitteilung empfangen**
	jemandem etwas mitteilen jemanden (über etwas (*Akkusativ*)) informieren sich mit jemandem verständigen mit jemandem kommunizieren sich äußern etwas äußern etwas ausdrücken, etwas ausführen etwas berichten, etwas erzählen, etwas erwähnen etwas andeuten jemandem etwas signalisieren etwas verschweigen	
mündlich	jemandem etwas sagen mit jemandem (über jemanden/etwas) reden / sprechen etwas mit jemandem besprechen, bereden / erörtern / diskutieren mit jemandem telefonieren sich mit jemandem unterhalten mit jemandem ein Gespräch führen jemanden anrufen jemandem eine Nachricht (auf dem Anrufbeantworter) hinterlassen	etwas hören jemandem zuhören den Anrufbeantworter abhören
schriftlich	(jemandem) einen Brief / eine E-Mail schreiben (jemandem) einen Brief / eine E-Mail / eine SMS / ein Fax schicken einen Briefe usw. verfassen / abfassen mit jemandem korrespondieren jemandem (etwas) faxen / mailen / simsen eine E-Mail usw. (ver)senden jemandem eine Notiz hinterlassen	etwas lesen etwas überfliegen etwas sorgfältig studieren / durcharbeiten mit Mühe: etwas entziffern einen Brief usw. bekommen / erhalten eine E-Mail /ein Fax / eine SMS empfangen Informationen abrufen

	Der aktive Aspekt der Kommunikation: selbst etwas mitteilen	Der passive Aspekt der Kommunikation: eine Mitteilung empfangen
ohne Worte	jemandem (zu)winken jemandem zuzwinkern / einen Blick zuwerfen jemandem ein Zeichen geben jemandem etwas signalisieren jemandem etwas zu verstehen geben sich etwas anmerken lassen	einen Blick auffangen etwas aus jemandes Blick herauslesen jemandem etwas anmerken / ansehen / anhören
in der Zeitung	etwas berichten	
im Radio, im Fernsehen	etwas senden / übertragen eine Sendung moderieren etwas ansagen etwas melden etwas kommentieren jemanden interviewen	eine Sendung (an)hören eine Sendung (an)sehen / (an)schauen Radio hören fernsehen
am Computer, im Internet	chatten mailen	
erfolgreich	jemandem etwas vermitteln jemandem etwas klarmachen	etwas verstehen
nicht erfolgreich		etwas missverstehen
Fehler machen	sich versprechen sich verschreiben sich vertippen	sich verhören sich verlesen

Geräusche: Was macht welches Geräusch?

Geräusch	Wie hört es sich an?	Wer oder was kann das Geräusch verursachen?
brausen	laut, anhaltend	der Wind, ein Sturm (starke) Wellen, ein Wasserfall
brummen	leise, anhaltend	(Elektrische) Geräte, Motoren große Insekten
brutzeln	leise	Eier, Fleisch usw. in der heißen Pfanne
donnern	laut (und bedrohlich)	ein Gewitter: es donnert schwere Fahrzeuge, die schnell fahren
dröhnen	laut, anhaltend (und meist unangenehm)	Flugzeuge, Rennwagen große Maschinen
gluckern	leise, mehrmals	ein Bach, Wasser im Abfluss Getränke in Flaschen
grollen	leise, anhaltend	weit entfernter Donner
heulen	laut, hoch, anhaltend	der Wind, ein Sturm, Sirenen
hupen	laut	die Hupen von Autos usw.
klappern	hart, mehrmals	die Hufe von Pferden usw. Schreibmaschinen beim Tippen mit etwas klappern: mit den Tellern klappern, vor Kälte mit den Zähnen klappern
klatschen	laut	in die Hände klatschen
klimpern	hoch, mehrmals	Münzen, Schlüssel *umg* auf dem Klavier klimpern (= spielen)
klingeln	hoch, mehrmals	das Telefon, der Wecker es klingelt an der Tür
klirren	hoch, unangenehm	(zerbrechendes) Glas Ketten, Schwerter (im Kampf)
knacken	leise, kurz	Eis (auf einem See usw.) (Holz)Balken eines Gebäudes das Telefon (bei schlechter Verbindung)
knallen	laut, kurz	eine Peitsche, ein Schuss, Sektkorken bei einem (Auto)Unfall usw.: es hat geknallt die Tür knallt gegen die Wand
knattern	kurz, schnell	ein Maschinengewehr ein Motorrad Segel (im Wind), Wäsche im Wind

Geräusch	Wie hört es sich an?	Wer oder was kann das Geräusch verursachen?
knirschen	leise	Schnee unter den Schuhen mit etwas knirschen: mit den Zähnen knirschen
knistern	leise, kurz, mehrmals	Feuer, Folie, Bonbonpapier
krachen	laut, kurz	ein Schuss bei einem Unfall: Autos stoßen krachend zusammen (schwere) Gegenstände: etwas fällt laut krachend zu Boden bei Unwetter: es krachte laut, als der Blitz einschlug
läuten	laut, hoch	eine Klingel, eine Glocke das Telefon, der Wecker
pfeifen	hoch	eine Dampflok, der Schiedsrichter ein Teekessel (wenn das Wasser kocht) ein Vogel, der Wind
platschen	laut, kurz	platschend ins Wasser fallen
plätschern	leise, mehrmals	ein Bach, ein Springbrunnen, Wasser
poltern	tief (und laut)	ein Wagen poltert über eine Brücke polternd die Treppe runterlaufen
prasseln	laut, kurz, schnell (und heftig)	Feuer, Hagel Regen prasselt gegen das Fenster
quietschen	hoch (und unangenehm)	Bremsen, Reifen, Schuhe Kreide an der Tafel
rascheln	leise, mehrmals	Blätter, Laub, Papier Mäuse rascheln im Stroh
rattern	kurz, mehrmals, meist laut	eine Nähmaschine ein Presslufthammer, ein Zug
rauschen	laut, anhaltend	das Meer, der Wind, ein Wasserfall es rauscht im Radio (bei schlechtem Empfang)
rumpeln	laut, tief	die Straßenbahn ein Wagen, der über Pflaster usw. fährt
scheppern	laut, mehrmals	besonders Gegenstände aus Blech etwas fällt scheppernd um, etwas fällt scheppernd zu Boden
summen	sehr leise, anhaltend	(elektrische) Geräte die Stromleitung, der Türöffner kleine Insekten
surren	sehr leise	ein Pfeil, ein Ventilator
ticken	leise, mehrmals, gleichmäßig	eine Uhr, eine Zeitbombe
zischen	leise (und anhaltend)	Gas, das aus einem Behälter usw. entweicht Wasser, das auf die heiße Platte tropft ein Steak usw. in der heißen Pfanne

Deutschland, Österreich und die Schweiz: Was man wissen sollte

Deutschland

Der Bund

Deutschland ist eine Bundesrepublik bzw. ein föderaler **Staat**. Das heißt, es besteht aus einzelnen Ländern, die in vielen Bereichen der Politik relativ selbstständig sind. Der **Bund** ist nun der gesamte Staat, im Gegensatz zu den einzelnen (Bundes)Ländern.

Der **Bundespräsident** (oder die **Bundespräsidentin**) hat das höchste Amt in Deutschland. Er vertritt das Land nach außen und hat zwar wenig politische Macht, aber Einfluss auf die politische Diskussion. Der Bundespräsident wird für fünf Jahre von der **Bundesversammlung** gewählt und kann nur einmal wiedergewählt werden. Die Bundesversammlung besteht aus den Mitgliedern des Bundestages und einer gleichen Anzahl von Vertretern aus den Bundesländern.

Einige berühmte Bundespräsidenten:
Theodor Heuss, FDP (1949-1959), Heinrich Lübke, CDU (1959-1969), Richard von Weizsäcker, CDU (1984-1994)

Die **Bundesregierung** setzt die Beschlüsse des Bundestages um. Sie wird von Mitgliedern derjenigen Parteien gebildet, die die Mehrheit im Bundestag haben. An der Spitze der Bundesregierung steht der **Bundeskanzler** oder die **Bundeskanzlerin**. Er bzw. sie wählt die **Bundesminister** und **Bundesministerinnen** aus.

Es gibt Ministerien für alle wichtigen Aufgaben der Regierung, z. B. das Innenministerium (zuständig für die Polizei usw.), das Außenministerium (zuständig für die Beziehungen zu anderen Staaten), das Finanzministerium (zuständig für den Haushalt, die Einnahmen und Ausgaben des Staates), das Wirtschaftsministerium, das Gesundheitsministerium, das Umweltministerium, das Ministerium für Arbeit und Soziales und einige mehr.

Einige berühmte Bundeskanzler:
Konrad Adenauer, CDU (1949-1963), Willy Brandt, SPD (1969-1972) und Helmut Kohl, CDU (1982-1998)

Das deutsche Parlament heißt **Bundestag**. Der Bundestag verabschiedet Gesetze, kontrolliert die Regierung und wählt den Bundeskanzler/die Bundeskanzlerin. Er besteht aus ungefähr 600 Abgeordneten. Sie werden vom Volk gewählt. Wählen dürfen alle deutschen Staatsbürger und Staatsbürgerinnen über 18 Jahre. Jeder Wähler hat zwei Stimmen: mit der **Erststimme** wählt man einen Kandidaten aus dem Wahlkreis, in dem man wohnt (**Direktmandate**), mit der **Zweitstimme** wählt man die Landesliste einer bestimmten Partei für das Bundesland, in dem man lebt.

Wenn keine einzelne Partei über eine ausreichende Mehrheit im Bundestag verfügt, um regieren zu können, bilden mehrere Parteien eine **Koalition**. Die anderen Parteien bilden zusammen die **Opposition**. Die Opposition hat die Aufgabe, die regierenden Parteien zu kontrollieren.

Um in den Bundestag einziehen zu können, benötigt eine Partei mindestens 5% der Wählerstimmen. Diese Grenze wird **Fünfprozenthürde** genannt. Ansonsten gilt das **Verhältnis**- oder **Mehrheitswahlsystem**: Jede Partei erhält so viele Sitze, wie ihrem Anteil an den Zweitstimmen entspricht. Diese Sitze werden zunächst mit den Kandidaten besetzt, die ein Direktmandat errungen haben. Bleiben dann für die jeweilige Partei noch Sitze zu vergeben, werden diese aus den Landeslisten aufgefüllt. Hat eine Partei mehr Direktmandate, als ihr Sitze zustehen würden, entstehen sogenannte **Überhangmandate**, die Zahl der Sitze im Bundestag erhöht sich dadurch.

Der **Bundesrat** hat 69 Mitglieder, die die 16 Bundesländer vertreten. Jedes Land hat mindestens drei Sitze, Länder mit vielen Einwohnern haben bis zu sechs Sitze, die mit Mitgliedern der Landesregierungen besetzt werden. Es kann also vorkommen, dass im Bundesrat eine andere Partei die Mehrheit hat als im Bundestag.

Der Bundesrat hat die Aufgabe, die Interessen der Bundesländer gegenüber dem Bund und der Europäischen Union zu vertreten. Viele Gesetze, die der Bundestag beschließt, müssen zusätzlich vom Bundesrat verabschiedet werden.

Der Bund hat viele **Behörden** und **Institutionen**. Wichtig sind z. B. die Bundesagentur für Arbeit (auch bekannt als Arbeitsamt oder Arbeitsagentur), das Umweltbundesamt, das Bundesamt für Migration und Flüchtlinge, das Statistische Bundesamt, das Bundeskriminalamt und die Bundespolizei.

Die Bundesländer

Deutschland besteht aus 16 Bundesländern. Diese Bundesländer sind:
Baden-Württemberg, Bayern, Berlin, Brandenburg, Bremen, Hamburg, Hessen, Mecklenburg-Vorpommern, Niedersachsen, Nordrhein-Westfalen, Rheinland-Pfalz, Saarland, Sachsen, Sachsen-Anhalt, Schleswig-Holstein und Thüringen.
Die 16 Bundesländer haben ihre eigenen Parlamente und Regierungen. Die politische Macht ist zwischen Bund und Ländern aufgeteilt.

Die wichtigsten Aufgaben der Landesregierungen sind
- die Bildungspolitik (Schulen, Universitäten, Erwachsenenbildung)
- die Kulturpolitik
- die Verkehrspolitik (Landstraßen, öffentlicher Nahverkehr)
- die Regionalentwicklung (Wirtschaftsförderung, ...)
- die Umweltpolitik
- Sicherheit (Polizei, Gerichte, ...)

In vielen Bereichen überschneiden sich die Aufgaben von Bund und Ländern.

In den meisten Bundesländern heißen die Parlamente **Landtag** und werden alle vier oder fünf Jahre gewählt, so dass die Landtagswahlen zu ganz unterschiedlichen Zeitpunkten und unabhängig von Bundestagswahlen stattfinden. Eine Besonderheit stellen die Stadtstaaten Bremen, Hamburg und Berlin dar, bei denen der Stadtrat zugleich der Landtag ist. In Bremen und Hamburg heißt er **Bürgerschaft** und in Berlin **Abgeordnetenhaus**.

Der Landtag wählt den **Ministerpräsidenten**, der die Landesregierung führt und seine Minister bestimmt. In Berlin heißt der Regierungschef jedoch Regierender Bürgermeister, in Hamburg Erster Bürgermeister und in Bremen Bürgermeister. Die Landesregierung (in Bayern: Staatsregierung) heißt **Ministerrat**, in Berlin, Bremen und Hamburg **Senat**. In diesen drei Ländern heißen die Minister auch **Senatoren**.

Österreich

Auch Österreich ist eine Bundesrepublik. Die neun Bundesländer Österreichs heißen Burgenland, Kärnten, Niederösterreich, Oberösterreich, Salzburg, Steiermark, Tirol, Vorarlberg und Wien.
Auch in Österreich heißt das Staatsoberhaupt **Bundespräsident** und der Regierungschef **Bundeskanzler**. Der bekannteste österreichische Bundeskanzler war Bruno Kreisky (1970-1983).

Das österreichische Parlament heißt **Nationalrat**. Auch hier gibt es einen **Bundesrat**, der die Interessen der Bundesländer vertritt.

Die Landesparlamente heißen **Landtag**, der Regierungschef eines Bundeslandes heißt **Landeshauptmann** (bzw. **Landeshauptfrau**).

Schweiz

Die Schweiz heißt eigentlich **Schweizerische Eidgenossenschaft** und ist ebenfalls ein Bundesstaat, der sich aus 26 **Kantonen** zusammensetzt: Aargau, Appenzell Ausserrhoden, Appenzell Innerrhoden, Basel-Landschaft, Basel-Stadt, Bern, Freiburg, Genf, Glarus, Graubünden, Jura, Luzern, Neuenburg, Nidwalden, Obwalden, Schaffhausen, Schwyz, Solothurn, St.Gallen, Tessin, Thurgau, Uri, Waadt, Wallis, Zug, Zürich.

Auch in der Schweiz gibt es jeweils Kantonsparlamente und Kantonsregierungen mit unterschiedlichen Bezeichnungen. Das Parlament der Schweiz ist der **Nationalrat**, die Interessen der Kantone vertritt der **Ständerat**.

Die Schweizer Regierung ist der **Bundesrat** (nicht zu verwechseln mit dem Bundesrat in Deutschland und Österreich). Die Schweizer Minister heißen **Bundesräte**. Sie sind gleichberechtigt, es gibt keinen eigentlichen Regierungschef. Die **Bundesversammlung** (Nationalrat und Ständerat) wählt jeweils für ein Jahr ein Mitglied des Bundesrates zum **Bundespräsidenten**, der die Sitzungen des Bundesrates leitet und Bundesrat und Staat nach außen vertritt, aber sonst keine besonderen Rechte hat.

Im Unterschied zu Deutschland und Österreich, in denen die Landessprache Deutsch ist, gibt es in der Schweiz vier offizielle Landessprachen: Deutsch, Französisch, Italienisch und Rätoromanisch.

Als Ausländer in Deutschland

Tipps für die Einreise

Zur Einreise nach Deutschland braucht man normalerweise einen gültigen Reisepass oder ein gleichwertiges Dokument. Die meisten europäischen Länder haben jedoch das **Schengener Abkommen** unterzeichnet und führen an den gemeinsamen Grenzen keine Kontrollen mehr durch. So kann man also ohne Pass auf den Straßen z. B. zwischen Frankreich und Deutschland oder Italien und Österreich hin- und herfahren. An Flughäfen werden dennoch meistens Pässe verlangt. Personen mit Wohnsitz in Europa, Australien, Japan, Kanada, Israel, Neuseeland, USA und ein paar anderen Staaten benötigen kein Visum für Deutschland.

Andere Einreisende sollten sich so früh wie möglich an die deutsche Botschaft oder das deutsche Konsulat ihres Heimatlandes wenden und ein **Visum** beantragen. Auch mitreisende Kinder brauchen ein eigenes Visum. Es gibt verschiedene Arten von Visa, je nach dem Zweck des Aufenthaltes, zum Beispiel: Besuch, Studium, Arbeit, Familienzusammenführung (das ist das Zusammenbringen einer Familie, die z. B. durch einen Krieg getrennt wurde). Nach der Einreise kann der Aufenthaltszweck nicht mehr geändert werden. Wer also z. B. mit einem Touristenvisum nach Deutschland einreist, kann dann dort kein Studium aufnehmen oder eine Arbeit suchen.

Wer nicht nur als Tourist nach Deutschland kommt, sondern weil er hier z. B. studieren oder arbeiten will, sollte außerdem mitbringen:

- den Nachweis einer Krankenversicherung
- einen (internationalen) Impfpass
- beglaubigte Kopien (= mit Stempel von einer Behörde bestätigt, dass die Kopien echt sind) von Geburtsurkunde, Heiratsurkunde, Zeugnissen usw.
- Passfotos für Anträge und Ausweise

Die Meldepflicht

Wer nicht als Tourist einreist, sondern um hier zu wohnen, muss sich innerhalb einer Woche bei verschiedenen Behörden anmelden. Viele Behörden haben (fast) nur vormittags geöffnet.

Sobald man eine Wohnung oder ein Zimmer gefunden hat, meldet man sich mit dieser Adresse beim **Einwohnermeldeamt** an – Personalausweis oder Reisepass nicht vergessen! Wer innerhalb von Deutschland umzieht, muss sich vorher im alten Wohnort abmelden und diese Abmeldebestätigung zur Anmeldung im neuen Wohnort mitbringen. Das Einwohnermeldeamt finden Sie meist im Rathaus oder der Gemeindeverwaltung. Manche Dörfer haben keine eigene Verwaltung, sondern gehören zu einer nahe liegenden Stadt.

Beim **Ausländeramt** bekommt man seine **Aufenthaltsgenehmigung**, dazu muss man auch die Meldebescheinigung des Einwohnermeldeamtes vorlegen. Die Aufenthaltsgenehmigung gilt zunächst nur für drei Monate, danach im Normalfall jeweils für ein Jahr. Unter Umständen wird von Ihnen auch ein Gesundheitszeugnis mit HIV-Test verlangt oder in Österreich eine Tuberkuloseuntersuchung. EU-Bürger benötigen in Deutschland und Österreich keine Aufenthaltsgenehmigung, weil sie ihren Wohnsitz innerhalb der EU frei wählen können. Auch für Studenten gibt es großzügigere Regelungen.

Aufenthaltsgenehmigungen werden nicht automatisch, sondern nur auf Antrag verlängert. Dieser Antrag muss unbedingt schon vor Ende der alten Genehmigung gestellt werden!

Das Asylrecht

Flüchtlinge, deren Leben oder Freiheit in ihrem Herkunftsland wegen ihrer Rasse, Religion, Nationalität, politischen Überzeugung oder Zugehörigkeit zu einer sozialen Gruppe bedroht ist, können in Deutschland, Österreich oder der Schweiz einen Antrag auf **politisches Asyl** stellen (wenn sie nicht aus einem Land einreisen, in dem sie vor Verfolgung sicher sind). Sie stehen unter anderem unter dem Schutz der Genfer Flüchtlingskonvention und dürfen nicht in ein Land abgeschoben werden, in dem sie von Verfolgung bedroht sind.

Flüchtlinge melden sich bei der Polizei oder beim Ausländeramt. Dort können sie einen Asylantrag stellen und werden dann in eine vorläufige Unterkunft für Asylbewerber (in Österreich: Asylwerber) gebracht. Im Asylverfahren wird dann festgestellt, ob einem Antragsteller Asyl gewährt wird oder nicht. Während dieser Zeit erhält man Unterkunft, eine finanzielle Grundversorgung und Krankenversicherung, darf aber in der Regel nicht arbeiten.

Der Integrationskurs

Für Ausländer, die hier leben wollen, werden Integrationskurse angeboten. In diesen Kursen kann man seine Deutschkenntnisse verbessern und einiges über das Leben im Land lernen. Diese Kurse sind für die einen freiwillig, für die anderen Pflicht. Weitere Informationen erhalten Sie bei der Ausländerbehörde.

Die Einbürgerung

Als Staatsbürger eines Landes hat man bestimmte Rechte und Pflichten (zum Beispiel Wahlrecht und Wehrpflicht), die im Land lebende Ausländer nicht haben.

Wenn Sie deutscher Staatsbürger werden wollen, können Sie einen Antrag auf Einbürgerung stellen. Dazu müssen Sie normalerweise auf die Staatsbürgerschaft Ihres Herkunftlandes verzichten. Wer seit mindestens acht Jahren in Deutschland lebt oder das Sorgerecht für ein deutsches Kind hat oder mit einem / einer Deutschen verheiratet ist und bestimmte zusätzliche Bedingungen erfüllt, wird auf Antrag in der Regel eingebürgert. Man darf aber keine schwerwiegenden Straftaten begangen haben und muss Deutsch sprechen und einen schriftlichen Einbürgerungstest machen, in dem unter anderem Fragen zur Geschichte und zum politischen System Deutschlands gestellt werden. Der Test kann beliebig oft wiederholt werden. Manche Bundesländer führen zusätzlich Gespräche mit den Antragsstellern durch.

Die Regelungen in Österreich sind sehr ähnlich. In der Schweiz haben die einzelnen Gemeinden und Kantone größere Entscheidungsfreiheit. Sie verlangen in der Regel keinen schriftlichen Test, sondern führen Gespräche durch. Auch kann man seine ursprüngliche Staatsbürgerschaft neben der schweizerischen behalten.

Informationen im Internet

zum Thema Asyl:
www.asylhilfe.de, www.asylhilfe.at, www.asylhilfe.ch
UN-Flüchtlingshochkommissariat www.unhcr.de

zum Thema Einwanderung:
Bundesamt für Migration und Flüchtlinge www.bamf.de
Bundesministerium des Innern www.zuwanderung.de

Arbeiten in Deutschland

Um als Ausländer in Deutschland arbeiten zu können, braucht man in der Regel eine Arbeitserlaubnis. EU-Bürger sind in Deutschland davon ausgenommen. Auch Studenten, die nur bis zu 90 Tage im Jahr neben dem Studium arbeiten, und viele Wissenschaftler, die an öffentlichen Forschungseinrichtungen beschäftigt sind, brauchen in Deutschland keine Arbeitserlaubnis.

Auf dem Ausländeramt bekommen Sie genauere Auskünfte und auch ein Formular, das von Ihnen und vom zukünftigen Arbeitgeber ausgefüllt werden muss. Außerdem müssen Sie eine Krankenversicherung abschließen, wenn Sie noch keine haben. Bevor eine Arbeitserlaubnis erteilt wird, muss der Arbeitgeber 4 Wochen warten, in denen das Arbeitsamt prüft, ob die Stelle mit Deutschen oder EU-Bürgern besetzt werden kann. Nur wenn das nicht möglich ist, wird Ihnen die Arbeitserlaubnis für diese Stelle erteilt. Diese

Arbeitserlaubnis muss jedes Jahr erneuert werden. Mit der Arbeitserlaubnis bekommen Sie beim Ausländeramt auch eine neue Aufenthaltsgenehmigung, die ebenfalls ein Jahr lang gilt.

Von diesen strengen Bestimmungen gibt es einige Ausnahmen, z. B. für Asylberechtigte, Familienangehörige von bereits hier lebenden Ausländern, ehemalige Deutsche, Au-Pair-Mädchen, Künstler und andere. Vor allem qualifizierte Fachkräfte (besonders aus dem Bereich der Informationstechnologie) mit hohem Einkommen und Wissenschaftler können unter Umständen sofort ein unbefristetes Niederlassungsrecht (= das Recht zu bleiben und zu arbeiten) bekommen, mit dem sie keine Aufenthalts- und Arbeitserlaubnis mehr benötigen.

Auch für die Ausübung einer selbstständigen Tätigkeit (als Inhaber eines Geschäftes, einer Firma oder einer Gaststätte, als Künstler, Journalist, Architekt, Bauer usw.) kann unter bestimmten Voraussetzungen eine Aufenthaltserlaubnis erteilt werden.

Die Bestimmungen für Österreich und die Schweiz sind sehr ähnlich. Allerdings brauchen in der Schweiz auch EU-Bürger Aufenthalts- und Arbeitsgenehmigungen.

Die Arbeitssuche

Bei der Suche nach einer Arbeitsstelle helfen in Deutschland die Agenturen für Arbeit. Auch im Internet gibt es viele Stellenangebote, die meisten Angebote findet man jedoch in Tageszeitungen, vor allem in den Ausgaben vom Samstag.

Informationen im Internet

für die Arbeitssuche:
Bundesagentur für Arbeit www.arbeitsagentur.de
European Employment Services http://ec.europa.eu/eures

für Studenten und Wissenschaftler:
Deutscher Akademischer Austauschdienst
www.daad.de und www.campus-germany.de
Akademische Auslandsämter der Universitäten
www.akademisches-auslandsamt.de

Arbeitslosigkeit

In Deutschland und Österreich liegt die Arbeitslosigkeit bei über sieben Prozent, in der Schweiz bei unter drei Prozent. Wer vor der Arbeitslosigkeit mindestens 12 Monate gearbeitet und in dieser Zeit Beiträge zur Arbeitslosenversicherung gezahlt hat, bekommt eine bestimmte Zeit lang Arbeitslosengeld (in der Schweiz: Arbeitslosenentschädigung), wenn er keine neue Stelle findet. Die Höhe des Arbeitslosengeldes richtet sich nach der Höhe des Einkommens, das man zuvor gehabt hat. Man muss sich dazu arbeitslos melden und nachweisen, dass man sich bemüht, eine Arbeit zu finden. Man muss auch dem Arbeitsamt für Stellenangebote zur Verfügung stehen.

Wer keinen Anspruch auf Arbeitslosengeld hat und bedürftig ist, kann in Deutschland einen Antrag auf Arbeitslosengeld II, in Österreich auf Notstandshilfe und in der Schweiz auf Sozialhilfe stellen.

Sozialversicherung und Steuern

Die Sozialversicherung ist ein System von (staatlichen) Versicherungen, die Arbeitgeber und Arbeitnehmer finanzieren und die Not und Armut im Fall von Krankheit, Arbeitslosigkeit oder im Rentenalter verhindern sollen.

Jeder Arbeitnehmer braucht in Deutschland eine **Lohnsteuerkarte** und einen **Sozialversicherungsausweis**. Die Lohnsteuerkarte gilt ein Jahr lang, und man bekommt sie von der Gemeinde, in der man wohnt; diese Lohnsteuerkarte muss man bei seinem Arbeitgeber abgeben. Den Sozialversicherungsausweis bekommt man vom Träger der Rentenversicherung, nachdem man vom ersten Arbeitgeber dort angemeldet wurde. Diesen Ausweis behält man sein ganzes Leben und muss ihn jedem neuen Arbeitgeber vorlegen.

Im Arbeitsvertrag wird in der Regel ein Bruttoeinkommen vereinbart. Von diesem Bruttoeinkommen werden Steuern und Sozialabgaben (= Geld für Krankenversicherung, Rentenversicherung usw.) abgezogen, das übrig bleibende Nettoeinkommen wird einem ausbezahlt.

Als Arbeitnehmer hat man Anspruch auf Versicherungsschutz im Falle von Krankheit oder Unfall, Arbeitslosigkeit, Alter, Pflegebedürftigkeit (das heißt, wenn man gepflegt werden muss) oder Arbeitsunfähigkeit (das heißt, wenn man wegen einer Krankheit nicht mehr arbeiten kann). Die Beiträge zu diesen Versicherungen zahlen Arbeitnehmer und Arbeitgeber jeweils zur Hälfte. Diese monatlichen Beiträge nennt man Sozialabgaben.

Die Höhe der Sozialabgaben ist vom Einkommen abhängig, genau wie die Höhe der Steuern.

Außerdem wird man je nach Familienstand (das heißt, je nachdem ob man z. B. ledig oder verheiratet ist) in eine von sechs Steuerklassen (I-VI) eingestuft. Die Steuerklasse richtet sich unter anderem danach, ob man ledig oder verheiratet ist, Kinder hat, allein verdienender Ehegatte oder Zweitverdiener ist.

Das Prinzip der Sozialversicherung

In Deutschland sind nahezu alle Arbeitnehmerinnen und Arbeitnehmer in der Sozialversicherung freiwillig versichert oder pflichtversichert. Die Versicherung bietet ihnen z. B. Schutz, wenn sie arbeitslos werden oder das Rentenalter erreicht haben.

Familienangehörige (Ehepartner und Kinder) von versicherten Arbeitnehmern sind in der Regel mitversichert, so dass fast 90 Prozent der Bevölkerung durch die Sozialversicherung geschützt sind.

Arbeitnehmer und Arbeitgeber finanzieren die Sozialversicherungen mit ihren Beiträgen. Grundsätzlich übernehmen beide Seiten jeweils die Hälfte der Beiträge. Die Höhe der Beiträge richtet sich nach der Höhe des Bruttogehalts des Arbeitnehmers.

Die Sozialversicherung setzt sich aus folgenden Versicherungen zusammen:

Die **Krankenversicherung** übernimmt die Behandlungskosten im Falle einer Krankheit (Arzt, Medikamente, Krankenhaus usw.) und sie bezahlt verschiedene Maßnahmen, die schwere Krankheiten verhindern sollen (Vorsorgeuntersuchungen, Kurse, Kuren usw.). Die Leistungen sind unabhängig von der Höhe der gezahlten Beiträge.

Die **Pflegeversicherung** bietet finanzielle Hilfe (das Pflegegeld), wenn jemand wegen einer Krankheit oder Behinderung nicht selbstständig leben kann und gepflegt werden muss.

Die **Arbeitslosenversicherung** leistet finanzielle Hilfe, wenn man arbeitslos wird (Arbeitslosengeld, Weiterbildung, Umschulung). Die Leistungen richten sich nach dem letzten Einkommen, das man hatte, bevor man arbeitslos wurde.

Die **Rentenversicherung** leistet finanzielle Hilfe
- wenn man das Rentenalter erreicht hat (Altersrente)
- wenn man wegen einer Krankheit nicht mehr arbeiten kann (Erwerbsunfähigkeitsrente)
- für Ehepartner und Kinder, wenn man stirbt (Witwenrente, Waisenrente)

Die gesetzliche **Unfallversicherung** leistet Hilfe nach einem Unfall in der Arbeit oder auf dem Weg zur Arbeit, bis man wieder arbeiten kann.

Da es heute immer weniger sozialversicherte Arbeitende und immer mehr Rentner gibt, funktioniert das System der Sozialversicherung nicht mehr richtig. Die eingezahlten Beiträge reichen für die Rentenversicherung nicht mehr aus. Deshalb wird es immer wichtiger, neben der gesetzlichen Sozialversicherung zusätzlich private Vorsorge für das Alter zu treffen, z. B. in Form einer Lebensversicherung oder einer sogenannten Riesterrente.

Gesundheit und Familie

Hilfen für Familien

Berufstätige Mütter oder Väter, die ihr Kind selbst betreuen wollen, haben nach der Geburt des Kindes Anspruch auf „Elternzeit". Diese Elternzeit kann von einem der Partner allein in Anspruch genommen oder miteinander geteilt werden. Man ist dann entweder ohne Bezahlung von der Arbeit freigestellt (ohne seine Stelle zu verlieren) oder arbeitet nur Teilzeit. Die Elternzeit wird beim Arbeitgeber beantragt.

In den ersten 12 bis 14 Monaten nach Geburt eines Kindes wird Elterngeld (früher: Erziehungsgeld) gezahlt, wenn ein Elternteil sich in dieser Zeit um das Kind kümmert und nicht oder nur Teilzeit arbeitet.

Eltern, die in Deutschland leben oder steuerpflichtig sind, bekommen für jedes Kind bis zum Alter von 18 Jahren Kindergeld. Wenn das Kind behindert ist, noch zur Schule geht, studiert oder eine Ausbildung macht, kann das Kindergeld bis zum Alter von 25 Jahren gezahlt werden.

Eltern mit geringem Einkommen können einen Kinderzuschlag bei der Familienkasse beantragen. Auch Jugendämter und Sozialämter helfen in den verschiedensten Situationen.

Kinderbetreuung

Wer Kinder hat und arbeiten geht, braucht oft eine Kinderbetreuung. Für ganz kleine Kinder gibt es die sogenannten Kinderkrippen. Es ist nicht immer leicht, dort einen Platz zu finden. Eine andere Möglichkeit sind Tagesmütter, die bei sich zu Hause ein bis drei Kinder betreuen, oder Kinderfrauen, die zu einem nach Hause kommen, aber teuer sind.

In Deutschland hat jedes Kind mit drei Jahren Anspruch auf einen Kindergartenplatz. Die meisten Kindergärten / Kindertagesstätten bieten hauptsächlich Halbtagsplätze an, meist am Vormittag. Den Kindergarten müssen die Eltern zahlen, berufstätige Eltern können aber einen Teil der Kinderbetreuungskosten von der Steuer absetzen. Es gibt öffentliche und private Kindergärten, auch viele kirchliche. Für Kinder, die nicht in den Kindergarten gehen, gibt es meist die Möglichkeit, ein- oder zweimal in der Woche für ein paar Stunden eine von Eltern organisierte Spielgruppe zu besuchen.

Für jüngere schulpflichtige Kinder (= für Kinder, die zur Schule gehen müssen) bieten die meisten Grundschulen eine Mittagsbetreuung bis etwa 14 Uhr an. Daneben gibt es besonders in Großstädten in vielen Schulen eine Nachmittagsbetreuung oder einen Hort, aber hier sind Plätze schwer zu bekommen.

In den Schulferien bieten die meisten Gemeinden günstige Ferienprogramme für Kinder an mit Kursen, Ausflügen oder größeren Ferienfahrten. Wer nur mal abends allein ausgehen will, engagiert dazu Jugendliche als Babysitter. Babysitter findet man meist über das Schwarze Brett im Kindergarten oder man fragt die Nachbarn, ob sie jemanden kennen.

Medizinische Versorgung

In Deutschland hat man als Versicherter freie Arztwahl (das heißt, man kann seinen Arzt selbst wählen). Nur wenige Ärzte behandeln nur Privatpatienten. Von der Krankenversicherung bekommt man eine Versichertenkarte, die man bei jedem Arztbesuch vorlegen muss. Für jedes neue Quartal, in dem man einen Arzt oder Zahnarzt aufsucht, muss man dort eine Praxisgebühr bezahlen. Man kann sich von dem ersten Arzt, den man aufsucht, Überweisungsscheine für weitere Ärzte ausstellen lassen, um keine weiteren Praxisgebühren bezahlen zu müssen.

Am besten ist es, sich einen sogenannten Hausarzt zu suchen, der alle medizinischen Daten sammelt. Wenn man alle anderen Ärzte (Ausnahme: Zahnarzt) nur mit Überweisungsschein aufsucht, schicken diese Berichte an den Hausarzt, der dadurch einen Gesamteindruck vom Gesundheitszustand bekommt. Viele Krankenversicherungen belohnen so ein Verhalten im Zuge des „Hausarztmodells", z. B. mit geringeren Praxisgebühren.

Ärztliche Untersuchungen und Behandlungen sind für die Versicherten normalerweise kostenlos. Eine Ausnahme sind vor allem bestimmte Vorsorgeuntersuchungen und Kosten für Zahnersatz, von denen man immer einen Teil selbst zahlen muss. Man kann diesen Teil verringern, indem man sich von der Krankenversicherung ein sogenanntes Bonusheft geben lässt und mindestens einmal im Jahr zur Vorsorge zum Zahnarzt geht, der das Heft abstempelt. Außerdem ist es empfehlenswert, eine freiwillige Zusatzversicherung für Zahnersatz abzuschließen.

Die meisten Medikamente, vor allem diejenigen, die von einem Arzt verschrieben werden müssen, bekommt man nur in Apotheken. Meist übernimmt die Krankenkasse nur einen Teil der Kosten. Einfache Medikamente wie Schmerztabletten, Wundpflaster und Wundsalben bekommt man auch in Drogerien und Supermärkten, wo sie oft billiger sind.

Schule und Unterricht

In ganz Deutschland besteht für alle Kinder **Schulpflicht**. Die Erziehungsberechtigten, das sind normalerweise die Eltern, müssen ihre Kinder zur Schule schicken. Wenn sie das nicht tun, werden sie bestraft. Falls nötig können schulpflichtige Kinder und Jugendliche auch zwangsweise zur Schule gebracht werden. Zur Schulpflicht gehört auch die Teilnahme am Sportunterricht und an Schulausflügen.

In den meisten Ländern Europas gibt es dagegen nur eine **Unterrichtspflicht** (das bedeutet, dass man unter bestimmten Bedingungen seine Kinder auch zu Hause selbst unterrichten kann) oder eine Bildungspflicht (das bedeutet, dass das Kind auch selbstständig lernen kann und nur bestimmte Prüfungen ablegen muss). In Österreich und einigen Kantonen der Schweiz gilt keine Schulpflicht, sondern Unterrichtspflicht.

In Deutschland beträgt die Vollzeit-Schulpflicht in manchen Bundesländern 9, in anderen 10 Jahre. Wer danach die Schule verlässt, muss bis zum 18. Geburtstag eine Berufsschule (= eine Schule zusätzlich zur Ausbildung bzw. Lehre) besuchen. Das geschieht normalerweise in Teilzeit neben der Berufsausbildung, z. B. einmal in der Woche oder in wochenweisen Unterrichtsblöcken. Viele Jugendliche, die eine Berufsschule besuchen müssen, besuchen aber auch eine einjährige Berufsfachschule oder machen, wenn sie keinen Ausbildungsplatz bekommen haben, ein Berufsgrundschuljahr oder Berufsvorbereitungsjahr.

Das Schulsystem in Deutschland

Der Schulbesuch ist in Deutschland kostenlos. Nur für Schulbücher, Unterrichtsmaterialien und Schulausflüge müssen die Familien selbst zahlen. Schulgeld wird nur in privaten Schulen erhoben, die in Deutschland nur einen kleinen Teil des Angebots ausmachen.

Die schulische Ausbildung wird in Deutschland von den Bundesländern festgelegt und ist deshalb von Bundesland zu Bundesland verschieden. Der Schulbesuch ist vom 6. Lebensjahr an zwölf Jahre lang Pflicht. Das heißt, es gibt 9 Jahre Vollzeit-Schulpflicht und 3 Jahre Teilzeit-Schulpflicht. Obwohl es auch kirchliche und private Schulen gibt, besucht die Mehrzahl der deutschen Kinder staatliche Schulen.

Fast alle Kinder besuchen in Deutschland, meist ab drei oder vier Jahren, freiwillig einen **Kindergarten**. Zusätzlich ist auch der Besuch einer **Vorschule** möglich und wird vor allem von Kindern genutzt, die besonders gefördert werden müssen. Mit sechs Jahren kommen die Kinder dann in die **Grundschule**, die im Allgemeinen eine Dauer von 4 Jahren (in Berlin und Brandenburg: von 6 Jahren) hat. In der Grundschule werden fast alle Kinder gemeinsam unterrichtet. Neben der normalen Grundschule gibt es auch Sonderschulen für Kinder, die besonders gefördert werden müssen, wie z. B. Blinde oder Hörbehinderte.

Nach dieser Zeit werden die Kinder je nach ihren schulischen Leistungen und Interessen auf die verschiedenen Schultypen aufgeteilt. Ein Teil der Schüler geht auf die **Hauptschule**, wo sie eine grundlegende Allgemeinbildung bekommen. Nachdem sie den **Qualifizierten Hauptschulabschluss** erhalten haben, beginnen die meisten eine Berufsausbildung, die mit dem Besuch einer **Berufsschule** kombiniert ist.

Ein anderer Teil der Schüler geht auf die **Realschule**, die besonders auf wirtschaftliche oder technische Berufe vorbereitet und die in der 10. Klasse mit der **mittleren Reife** abschließt. Anschließend ist eine Berufsausbildung oder ein Besuch der **Fachoberschule** möglich, wo man nach zwei Jahren das **Fachabitur** erwerben kann.

Eine dritte Gruppe besucht das **Gymnasium**, das auf das Studium an einer Hochschule vorbereitet und in der 12. Klasse (früher 13.) mit dem **Abitur** abgeschlossen wird.
Ein weiterer Schultyp ist die **Gesamtschule**, die die drei vorher genannten Schultypen in einer Institution vereinigt.

Der Besuch von Realschule und Gymnasium ist nur mit guten Noten oder nach einer Aufnahmeprüfung möglich, die Anforderungen sind aber von Bundesland zu Bundesland unterschiedlich geregelt.

Es gibt auch Möglichkeiten, um höhere Schulabschlüsse später nachzuholen. So kann man die mittlere Reife auch auf einer **Berufsaufbauschule** und Abitur oder Fachabitur an einer **Berufsoberschule** machen.

Das Schulsystem in Österreich

Die Verhältnisse in Österreich sind denen in Deutschland sehr ähnlich. Der Grundschule entspricht die vierjährige **Volksschule**. Danach stehen **Hauptschule**, sprachlich orientiertes **Gymnasium** und **Realgymnasium** zur Auswahl. Ein Realgymnasium kann naturwissenschaftlich oder wirtschaftlich orientiert sein. Die höheren Schulen schließen mit der **Matura** ab, die dem deutschen Abitur entspricht. In Österreich ist es allerdings wesentlich leichter, von der Hauptschule in eine höhere Schule zu wechseln.

Das Schulsystem in der Schweiz

Das Schulsystem unterscheidet sich in den einzelnen Schweizer Kantonen noch stärker als in den deutschen Bundesländern. Es gibt eine vier- bis sechsjährige **Primarschule**, die der deutschen Grundschule entspricht. Daran schließen sich für alle Schüler drei bis vier Jahre in den verschiedensten Schulen an. Begabte Schüler können danach an einem **Gymnasium**, einer **Kantonsschule** o. Ä. bis zur **Matura** weitermachen.

Wichtige Behörden in Deutschland

Mit den meisten Behörden hat man nur selten im Leben zu tun. Man stellt z. B. einen Bauantrag beim **Bauamt**, lässt einen Hauskauf beim **Grundbuchamt** registrieren, zahlt Hundesteuer an das **Steueramt** oder einen Strafzettel an das **Ordnungsamt**. Für Ausländer ist das **Ausländeramt** wichtig, für Behinderte das **Versorgungsamt**. Mit einigen Behörden haben jedoch alle oder sehr viele Bürger oft zu tun:

Die Agentur für Arbeit

Man meldet sich hier arbeitslos und beantragt Arbeitslosengeld oder eine Ausbildungsbeihilfe, lässt sich bei der Arbeitssuche helfen oder beantragt eine Umschulungs- oder Berufsfördermaßnahme. Ausländer bekommen hier eine Arbeitserlaubnis.

Das Einwohnermeldeamt

Beim Einwohnermeldeamt muss man sich anmelden, wenn man in einen Ort zieht, ummelden, wenn man innerhalb des Ortes umzieht und abmelden, wenn man von dort wegzieht. Hier bekommt man auch einen Pass, Personalausweis, Kinderausweis, eine Lohnsteuerkarte oder einen Totenschein, in dem der Arzt Todeszeitpunkt und Todesursache bescheinigt. Man kann Kopien von Zeugnissen und Dokumenten beglaubigen lassen oder ein polizeiliches Führungszeugnis beantragen, wenn man eines z. B. beim Arbeitgeber vorlegen muss.

Die Familienkasse

Die Familienkasse ist zuständig für Kindergeld, Elterngeld und Kinderzuschläge. Die Familienkassen sind der Agentur für Arbeit angegliedert.

Das Finanzamt

Beim Finanzamt gibt man seine Einkommensteuererklärung oder seinen Lohnsteuerausgleich ab. Hier zahlt man auch die Kraftfahrzeugsteuer und meldet ein Gewerbe oder eine freiberufliche Tätigkeit an.

Das Gesundheitsamt

Hier bekommt man Informationen zum Thema Gesundheit. Man kann hier auch ein Gesundheitszeugnis beantragen, das man in manchen Arbeitsstellen braucht, oder einen kostenlosen und anonymen Aidstest machen. Die Gesundheitsämter sind auch zuständig für die Überwachung der Hygiene in Gaststätten, Schwimmbädern, Krankenhäusern, Schulen, Heimen usw..

Das Jugendamt

Das Jugendamt kümmert sich um die Belange von Kindern und Jugendlichen. Es informiert, berät und unterstützt Familien, z. B. bei der Kindererziehung, bei Adoptionen oder wenn es Streit um das Sorgerecht und den Unterhalt von Kindern gibt. Es berät ebenfalls, wenn es Pfobleme bei der Feststellung der Vaterschaft gibt.

Die Kfz-Zulassungsstelle

Man geht zur Kfz-Zulassungsstelle, um Kraftfahrzeuge (Autos, Motorräder usw.) anzumelden, umzumelden und abzumelden. Man kann sich dort auch einen neuen Führerschein ausstellen lassen, wenn man zum Beispiel seinen Namen ändert oder umzieht.

Das Kreiswehrersatzamt

Das Kreiswehrersatzamt bestellt junge Männer zur Musterung und stellt dabei fest, ob sie tauglich sind und zum Wehrdienst eingezogen werden. Es ist auch für Zivildienstleistende zuständig.

Das Sozialamt

Das Sozialamt ist zuständig für Hilfen für Behinderte, Kranke, Alte, Pflegebedürftige, Asylbewerber usw. Hier kann man Wohngeld beantragen, wenn man ein geringes Einkommen hat, oder sich beraten lassen, wenn man mit seinen Schulden nicht mehr zurechtkommt. In vielen Städten können sich kinderreiche Familien hier einen Familienpass holen, mit dem es verschiedene Vergünstigungen gibt.

Das Standesamt

Beim Standesamt heiratet man. Beide Partner melden sich frühestens sechs Monate vor ihrem Wunschtermin gemeinsam zur Eheschließung an (früher hieß das „das Aufgebot bestellen"). Hier muss man Geburten und Todesfälle melden (diese Aufgabe wird oft auch von den Krankenhäusern übernommen). Hier bekommt man auch Geburts-, Heirats- und Sterbeurkunden oder erklärt seinen Austritt aus der evangelischen oder katholischen Kirche.

8 Tipps für den Umgang mit Behörden

1 Wollen Sie nicht so lange warten? Telefonieren Sie vorher mit dem zuständigen Sachbearbeiter oder der Sachbearbeiterin. Vereinbaren Sie einen festen Termin. Bei vielen Behörden muss man jedoch an einem Automaten eine Nummer ziehen, die aufgerufen wird, wenn man an der Reihe ist.

2 Haben Sie ein kleines Kind, das Sie nicht allein lassen können? Haben Sie eine Behinderung? Sagen Sie das vorher. Die Mitarbeiter der Behörde müssen darauf Rücksicht nehmen.

3 Haben Sie Probleme beim Ausfüllen der Formulare? Verstehen Sie eine Frage nicht? Wenden Sie sich an Ihren Sachbearbeiter bzw. Ihre Sachbearbeiterin. Diese sind dazu verpflichtet, Ihnen zu helfen.

4 Brauchen Sie eine Beratung? Wenn Sie sich nicht auskennen, bitten Sie die Beamten um Hilfe. Auch dazu sind sie gesetzlich verpflichtet.

5 Ein nützlicher Tipp: Machen Sie von allen schriftlichen Unterlagen eine Kopie. Falls Sie Hilfe bauchen, können Sie jemanden mitnehmen, wenn Sie zur Behörde gehen. Manchmal kann es auch sinnvoll sein, nach dem Gespräch Zeit, Inhalt und Namen des Gesprächspartners aufzuschreiben.

6 Was tun, wenn eine Frist angegeben ist? Sie müssen angegebene Fristen unbedingt einhalten. Wenn Sie das z. B. wegen einer Krankheit nicht können, bitten Sie rechtzeitig um eine Verlängerung der Frist. Auch die Behörden müssen z. B. Anträge innerhalb einer bestimmten Zeit (meist drei Monate) bearbeiten.

7 Was tun, wenn Sie Einwände gegen eine Zahlungsaufforderung haben? Legen Sie sofort Widerspruch ein, sonst müssen Sie zahlen! Auch gegen Bescheide von Behörden können Sie Widerspruch einlegen, die Fristen sind in den Bescheiden angegeben.

8 Was tun, wenn Sie schlecht behandelt werden? Wenn Sie mit einem Sachbearbeiter nicht weiterkommen oder sich unfreundlich oder nicht korrekt behandelt fühlen, können Sie sich beschweren. Fragen Sie nach dem Vorgesetzten oder der nächsthöheren Dienststelle.

Wohnen und Wohnungssuche

Auch für die Wohnungssuche sind die Tageszeitungen die beste Quelle, besonders die Ausgaben vom Mittwoch und Samstag. Für Studenten gibt es zusätzlich die Zimmervermittlung des Studentenwerks (eine Einrichtung an den Hochschulen) und Anschläge an den Schwarzen Brettern ihrer Universität.

Wer eine Wohnung über einen Makler sucht oder eine von einem Makler in der Zeitung angebotene Wohnung mietet, muss dem Makler meist zwei Monatsmieten Provision zahlen. Dass ein Angebot vom Makler stammt, erkennt man meist am Zusatz „Immobilien" oder „RDM" in der Anzeige.

Nicht vergessen: Innerhalb einer Woche muss man sich mit seinem neuen Wohnsitz beim Einwohnermeldeamt der Gemeinde/Stadt anmelden.

Wichtige Begriffe bei der Wohnungssuche

Ablöse: Der Preis für Möbel und Einrichtungsgegenstände, die der Vormieter (= der Mieter, der eine Wohnung vorher bewohnt hat) in der Wohnung zurücklässt, z. B. für Einbauschränke, Küche, Öfen oder eine Duschkabine.

Kaution: Meistens verlangt der Vermieter neben der Miete eine einmalige Kaution in Höhe von maximal drei Monatsmieten. Die Kaution bekommt man bei Ende des Mietverhältnisses (= wenn man die Wohnung gekündigt hat und wieder auszieht) zurück, allerdings nur, wenn in der Wohnung keine Schäden sind und man die Miete immer bezahlt hat. Für die Kaution bekommt man auch Zinsen.

Nebenkosten: Nebenkosten sind Kosten für Müllabfuhr, Wasser, Abwasser, Versicherungen usw., die zusätzlich zur Miete zu zahlen sind.

Kaltmiete: Kaltmiete ist die reine Miete ohne irgendwelche Nebenkosten. Oft steht im Anzeigentext dann „Miete ... kalt". Fragen Sie dann unbedingt nach, wie hoch die Nebenkosten voraussichtlich sind, denn diese kommen immer dazu.

Warmmiete: Warmmiete ist die Miete mit Nebenkosten und Heizkosten, aber normalerweise ohne Strom und Telefon.

Einfamilienhäuser stehen allein und haben meistens einen Garten. **Zweifamilienhäuser** sind Häuser mit zwei Wohnungen, meist eine Wohnung im Erdgeschoss und eine im ersten Stock.

Doppelhäuser sind zwei aneinandergebaute Häuser, man mietet eine **Doppelhaushälfte.** **Reihenhäuser** sind mehrere aneinandergebaute Häuser, oft mit weniger Wohnfläche und kleinerem Garten. **Mehrfamilienhäuser** sind größere Häuser mit mehreren Mietwohnungen.

Eine **Einliegerwohnung** ist eine kleinere Wohnung in einem Einfamilienhaus.

Wohngemeinschaften sind Gruppen von meist jungen Leuten, die sich eine Wohnung teilen. Meist hat jeder sein eigenes Zimmer, und Küche und Bad werden gemeinsam benutzt. In einer Wohngemeinschaft haben meist alle die gleichen Rechte und Pflichten.

Wenn man dagegen ein **Zimmer zur Untermiete** hat, lebt man in einem Zimmer der Wohnung eines anderen Mieters, der das Zimmer an einen weitervermietet hat. Solche Zimmer werden meistens **möbliert** (= mit Möbeln) vermietet.

Wohnheime mit vielen Einzelzimmern oder kleinen Appartments gibt es z. B. für Studenten, Asylbewerber, Krankenschwestern einer Klinik oder Auszubildende eines großen Betriebes.

Abkürzungen in Wohnungsanzeigen

AB = Altbau
BLK = Balkon
DG = Dachgeschoss
DHH = Doppelhaushälfte
EFH = Einfamilienhaus
EG = Erdgeschoss
ETW = Eigentumswohnung
FBH = Fußbodenheizung
HK = Heizkosten
KM = Kaltmiete
KoNi = Kochnische (eine Art kleine Küche im Zimmer)
KP = Kaufpreis
KT = Kaution
MFH = Mehrfamilienhaus
NB = Neubau
NK = Nebenkosten
NR = Nichtraucher
OH = Ofenheizung
RH = Reihenhaus
TG = Tiefgarage
Wfl. = Wohnfläche
WG = Wohngemeinschaft
WM = Warmmiete
ZFH = Zweifamilienhaus
ZH = Zentralheizung
ZKB = Zimmer, Küche, Bad, z.B:
2 ZKB = Zweizimmerwohnung mit Küche und Bad
ZKD = Zimmer, Küche, Dusche

Praktische Tipps rund ums Auto

Autofahren

Zum Autofahren braucht man einen **Führerschein** (in der Schweiz heißt er **Führerausweis**). Wer seinen Führerschein in einem Land Europas gemacht hat, kann diesen Führerschein unbegrenzt weiterbenutzen. Andere Ausländer müssen ihren Führerschein nach 6 (in der Schweiz 12) Monaten umschreiben lassen, in manchen Fällen muss dazu eine theoretische und praktische Prüfung abgelegt werden. Auskünfte bekommt man in Fahrschulen oder in Deutschland bei der Führerscheinstelle der Stadtverwaltung oder Kreisverwaltung, in Österreich bei der Führerscheinbehörde und in der Schweiz beim Strassenverkehrsamt des Kantons.

Wer noch keinen Führerschein hat, kann diesen in der Regel mit 18 Jahren machen, unter Umständen auch schon etwas früher. Dazu braucht man einen festen Wohnsitz im Land, einen Sehtest und einen Kurs in Erster Hilfe. Praktischen und theoretischen Unterricht bekommt man in der **Fahrschule**. In Österreich und der Schweiz kann man auch Übungsfahrten mit einem erfahrenen Autofahrer zusammen unternehmen. Nach erfolgreicher Prüfung bekommt man den Führerschein zunächst für zwei bzw. drei Jahre zur Probe. Wer den Führerschein schon mit 17 macht, darf bis 18 nur mit einer Begleitperson fahren, die den Führerschein schon länger hat.

Ein eigenes Auto anmelden

Wenn man ein Auto kauft, muss man es anmelden: in Deutschland bei der Kfz-Zulassungsstelle des Landkreises, in Österreich bei der Zulassungsstelle einer Versicherungsgesellschaft und in der Schweiz beim Strassenverkehrsamt des Kantons. Dort bekommt man die Nummernschilder, die man vorne und hinten am Auto befestigt. Dort erfährt man auch, welche Unterlagen man zur Zulassung vorlegen muss. Das sind auf jeden Fall eine Bescheinigung über eine abgeschlossene Kfz-Haftpflichtversicherung (das ist eine Versicherung, die den Schaden zahlt, den man bei einem Unfall anderen zufügt), die Fahrzeugpapiere (die man beim Kauf des Autos bekommt) und der Ausweis des Fahrzeugbesitzers.

Ein gebrauchtes Auto muss zusätzlich vor der Anmeldung auf seine Verkehrssicherheit überprüft werden. Das macht in Deutschland der TÜV (Technischer Überwachungsverein), in Österreich meist ein Automobilklub oder eine Kfz-Werkstatt und in der Schweiz das Strassenverkehrsamt. Diese Untersuchung muss bei jedem Auto alle zwei Jahre wiederholt werden. Als Nachweis wird eine Marke auf dem Nummernschild befestigt.

Seit März 2007 gibt es in Deutschland eine Feinstaubverordnung, nach der die Fahrzeuge in Schadstoffklassen eingeteilt werden. Je nach der Menge der Schadstoffe in den Abgasen wird entweder keine oder eine rote, gelbe oder grüne **Feinstaubplakette** vergeben, die an der Windschutzscheibe angebracht wird. Zahlreiche Städte haben Umweltzonen eingerichtet, die ohne Plakette nicht befahren werden dürfen.

Geschwindigkeitsbeschränkungen

Innerhalb von Ortschaften darf man 50 km/h fahren (auf manchen Straßen in Großstädten auch 60), in reinen Wohngebieten oft nur 30. Außerhalb von Ortschaften darf man in Deutschland und Österreich 100 km/h fahren, in der Schweiz 80. Auf Autobahnen gibt es in Deutschland im Allgemeinen keine Geschwindigkeitsbegrenzung, obwohl 130 km/h empfohlen werden (die sogenannte Richtgeschwindigkeit). In der Schweiz sind 120 km/h erlaubt und in Österreich 130, auf manchen Autobahnen nachts auch nur 110.

Maut auf Autobahnen

In Österreich und in der Schweiz muss man eine Maut zahlen, um Autobahnen benutzen zu dürfen. Dazu kauft man an der Grenze, an Tankstellen oder bei einem Automobilklub (Verein für Autofahrer, z. B. ADAC, ÖAMTC, TCS) eine sogenannte Vignette (eine besondere Marke für das Auto), die eine bestimmte Zeit lang gültig ist.

Wichtige Sicherheitsvorschriften

In allen drei Ländern muss man sich im Auto anschnallen, müssen Kinder bis 12 Jahre hinten sitzen und darf der Fahrer höchstens 0,5 Promille Alkohol im Blut haben. In Österreich muss man außerdem das Abblendlicht auch am Tag einschalten.

Weitere praktische Tipps

Radio und Fernsehen

Wer einen Fernseher oder ein Radio benutzt, muss es in Deutschland bei der GEZ (Gebühreneinzugszentrale) anmelden, auch wenn es nur ein Autoradio oder MP3-Player mit Radio ist. Die GEZ führt immer wieder Kontrollen in Haushalten durch, in denen sie unangemeldete Geräte vermutet, und wenn sie etwas findet, wird zu den Gebühren auch noch Strafe fällig. Die Anmeldeformulare gibt es bei jeder Bank. Ähnliches gilt auch in Österreich und der Schweiz, hier sind GIS (Gebühren Info Service) bzw. die Firma Billag dafür zuständig, die Gebühren einzuholen.

Geld und Banken

Ohne ein Girokonto kommt man heutzutage kaum aus. Um ein Girokonto zu eröffnen, brauchen Sie Ihren Reisepass oder Personalausweis. Von der Bank bekommt man dann eine Bankkarte oder Scheckkarte, mit der man rund um die Uhr am Geldautomaten Geld abheben und in vielen Geschäften bargeldlos zahlen kann. Miete, Strom, Versicherungen usw. zahlt man am besten per Dauerauftrag (die Bank überweist regelmäßig den Betrag, den Sie angegeben haben) oder Lastschriftverfahren / Bankeinzug (Sie erteilen z. B. einem Unternehmen die Erlaubnis, von Ihrem Konto ihre Rechnungsbeträge abzubuchen).

Die meisten Banken bieten auch Onlinebanking an, sodass Sie viele Bankgeschäfte auch zu Hause am Computer tätigen können.

Bevor Sie ein Konto eröffnen, sollten Sie die Gebühren verschiedener Banken vergleichen. Viele Banken verlangen keine pauschalen Kontoführungsgebühren, aber eine bestimmte Summe pro Buchungsposten (Geldeingang oder Geldabhebung). Für Schüler und Auszubildende gibt es meist völlig kostenlose Konten. Zinsen für Guthaben bekommt man bei einem Girokonto nur sehr wenig oder gar nicht, muss aber selbst ziemlich hohe Zinsen zahlen, wenn man das Konto überzieht (= mehr Geld ausgibt, als man auf dem Konto hat). Man kann mit der Bank aber auch einen Dispokredit vereinbaren, der sich nach der Höhe der regelmäßigen Eingänge auf dem Konto richtet. Innerhalb des Dispokreditrahmens sind die Überziehungszinsen dann nicht ganz so hoch.

Höhere Zinsen bekommt man für ein Guthaben auf einem Sparkonto oder für Sparverträge. Viele Deutsche haben z. B. einen Bausparvertrag. Es gibt auch Festgeldkonten und Tagesgeldkonten mit höherem Zinssatz und besonderen Bedingungen, die man bei der Bank erfragen kann.

Telefonieren

Die meisten Deutschen haben immer noch einen festen Telefonanschluss von der Deutschen Telekom oder eines anderen Telefonanbieters. Immer mehr vor allem junge Leute verzichten jedoch völlig auf ein Festnetztelefon und beschränken sich auf ein Mobiltelefon / Handy.

Man hat mit einem Anschluss der Telekom auch die Möglichkeit, teure Ferngespräche, besonders ins Ausland, über eine Extravorwahlnummer eines Call-by-Call-Anbieters zu führen. Die meisten Telefonkunden haben inzwischen Verträge mit Flatrate, einer bestimmten monatlichen Pauschale, die unabhängig davon ist, wie viel man telefoniert.

Einen Telekomanschluss kann man in den Geschäften der Telekom (sie heißen „T-Punkt"), schriftlich, telefonisch oder im Internet beantragen. In der Schweiz bekommt man den Telefonanschluss von Swisscom Fixnet, in Österreich von der Telekom Austria oder privaten Anbietern.

Es gibt in Deutschland immer noch zahlreiche öffentliche Telefone (ältere gelbe Telefonzellen und neuere offene Telefone), in denen man mit Münzen zahlen kann.

In den meisten europäischen Ländern gibt es eine einheitliche Telefonnummer für Notrufe bei Polizei, Feuerwehr und Rettungsdienst: **112**.

Diese Nummer kann man von jedem Telefon aus kostenlos anrufen, man braucht dazu keine Münzen, Telefonkarten oder PIN. An Autobahnen, an Bundesstraßen und in Bahnhöfen gibt es für diesen Zweck auch eigene (orange) Notrufsäulen.

Telefonbücher gibt es kostenlos bei der Telekom oder die neuen Ausgaben jeweils in den Postämtern. Ein elektronisches Telefonbuch steht im Internet zur Verfügung. Im Branchenbuch „Gelbe Seiten®„ finden Sie die Telefonnummern von Ärzten, Apotheken, Restaurants und Geschäften in Ihrer Gegend thematisch geordnet.

Die Post®

Die Post® ist in den deutschsprachigen Ländern absolut zuverlässig. Ein Brief erreicht den Empfänger im Inland meist am nächsten, spätestens am übernächsten Werktag. Viele deutsche Postämter sind mittlerweile durch Postfilialen ersetzt, die von einem Schreibwaren- oder Lebensmittelgeschäft betrieben werden. Die gelben Briefkästen werden meist ein- oder zweimal am Tag geleert, die Zeiten sind darauf angegeben.

Geografische Namen

Land/Gebiet	Einwohner	Adjektiv
Afghanistan	Afghane, Afghanin	afghanisch
Afrika	Afrikaner, -in	afrikanisch
Ägypten	Ägypter, -in	ägyptisch
Albanien	Albaner, -in	albanisch
Algerien	Algerier, -in	algerisch
Amerika	Amerikaner, -in	amerikanisch
Andorra	Andorraner, -in	andorranisch
Angola	Angolaner, -in	angolanisch
Argentinien	Argentinier, -in	argentinisch
Armenien	Armenier, -in	armenisch
Aserbaidschan	Aserbaidschaner, -in	aserbaidschanisch
Asien	Asiat, Asiatin	asiatisch
Äthiopien	Äthiopier, -in	äthiopisch
Australien	Australier, -in	australisch
das **Baltikum**	Balte, Baltin	baltisch
Bangladesch	Bangladescher, -in	bangladeschisch
Belgien	Belgier, -in	belgisch
Birma; (CH) Burma	Birmane, Birmanin; (CH) Burmese, Burmesin	birmanisch; (CH) burmesisch
Bolivien	Bolivianer, -in	bolivianisch
Bosnien	Bosnier, -in	bosnisch
Brasilien	Brasilianer, -in	brasilianisch
Bulgarien	Bulgare, Bulgarin	bulgarisch

Land/Gebiet	Einwohner	Adjektiv
Chile	Chilene, Chilenin	chilenisch
China	Chinese, Chinesin	chinesisch
Costa Rica	Costa-Ricaner, -in	costa-ricanisch
Côte d'Ivoire (Elfenbeinküste)	Ivorer, -in	ivorisch
Dänemark	Däne, Dänin	dänisch
(*die* **Bundesrepublik**) **Deutschland**	Deutsche(r), Deutsche	deutsch
die **Dominikanische Republik**	Dominikaner, -in	dominikanisch
Ecuador	Ecuadorianer, -in	ecuadorianisch
El Salvador	Salvadorianer, -in	salvadorianisch
England	Engländer, -in	englisch
Estland	Este, Estin/Estländer, -in	estnisch/estländisch
Europa	Europäer, -in	europäisch
Finnland	Finne, Finnin	finnisch
Frankreich	Franzose, Französin	französisch
Georgien	Georgier, -in	georgisch
Ghana	Ghanaer, -in	ghanaisch
Griechenland	Grieche, Griechin	griechisch
Großbritannien	Brite, Britin	britisch
Grönland	Grönländer, -in	grönländisch
Guatemala	Guatemalteke, Guatemaltekin	guatemaltekisch
Guinea	Guineer, -in	guineisch
Holland	Holländer, -in	holländisch
Indien	Inder, -in	indisch
Indonesien	Indonesier, -in	indonesisch
(*der*) **Irak**	Iraker, -in	irakisch
(*der*) **Iran**	Iraner, -in	iranisch
Irland	Ire, Irin	irisch
Island	Isländer, -in	isländisch
Israel	Israeli	israelisch
Italien	Italiener, -in	italienisch
Japan	Japaner, -in	japanisch
(*der*) **Jemen**	Jemenit, -in	jemenitisch
Jordanien	Jordanier, -in	jordanisch
Jugoslawien	Jugoslawe, Jugoslawin	jugoslawisch
Kambodscha	Kambodschaner, -in	kambodschanisch
Kamerun	Kameruner, -in	kamerunisch
Kanada	Kanadier, -in	kanadisch

Land/Gebiet	Einwohner	Adjektiv
die **Kanarischen Inseln, Kanaren**	Kanarier, -in	kanarisch
Kasachstan	Kasache, Kasachin	kasachisch
Kenia	Kenianer, -in	kenianisch
Kirgisistan/Kirgisien	Kirgise, Kirgisin	kirgisisch
Kolumbien	Kolumbianer, -in	kolumbianisch
(*der*) **Kongo**	Kongolese, Kongolesin	kongolesisch
Korea	Koreaner, -in	koreanisch
Kroatien	Kroate, Kroatin	kroatisch
Kuba	Kubaner, -in	kubanisch
Laos	Laote, Laotin	laotisch
Lettland	Lette, Lettin	lettisch
(*der*) **Libanon**	Libanese, Libanesin	libanesisch
Libyen	Libyer, -in	libysch
Liechtenstein	Liechtensteiner, -in	liechtensteinisch
Litauen	Litauer, -in	litauisch
Luxemburg	Luxemburger, -in	Luxemburger/luxemburgisch
Madagaskar	Madagasse, Madagassin	madagassisch
Malaysia	Malaysier, -in	malaysisch
Malta	Malteser, -in	maltesisch
Marokko	Marokkaner, -in	marokkanisch
Mauretanien	Mauretanier, -in	mauretanisch
Mazedonien	Mazedonier, -in	mazedonisch
Mexiko	Mexikaner, -in	mexikanisch
Monaco	Monegasse, Monegassin	monegassisch
die **Mongolei**	Mongole, Mongolin	mongolisch
Montenegro	Montenegriner, -in	montenegrisch
Mosambik	Mosambikaner, -in	mosambikanisch
Myanmar	Myanmare, Myanmarin	myanmarisch
Namibia	Namibier, -in	namibisch
Nepal	Nepalese, Nepalesin	nepalesisch
Neuseeland	Neuseeländer, -in	neuseeländisch
Nicaragua	Nicaraguaner, -in	nicaraguanisch
die **Niederlande**	Niederländer, -in	niederländisch
Niger	Nigrer, Nigrerin	nigrisch
Nigeria	Nigerianer, -in	nigerianisch
Norwegen	Norweger, -in	norwegisch
Österreich	Österreicher, -in	österreichisch
Pakistan	Pakistaner, -in/Pakistani	pakistanisch

Land/Gebiet	Einwohner	Adjektiv
Panama	Panamaer, -in	panamaisch
Paraguay	Paraguayer, -in	paraguayisch
Peru	Peruaner, -in	peruanisch
die **Philippinen**	Philippiner, -in	philippinisch
Polen	Pole, Polin	polnisch
Portugal	Portugiese, Portugiesin	portugiesisch
Rumänien	Rumäne, Rumänin	rumänisch
Russland	Russe, Russin	russisch
Saudi-Arabien	Saudi/Saudi-Araber, -in	saudi-arabisch
Schottland	Schotte, Schottin	schottisch
Schweden	Schwede, Schwedin	schwedisch
die **Schweiz**	Schweizer, -in	schweizerisch/Schweizer
(*der*) **Senegal**	Senegalese, Senegalesin	senegalesisch
Serbien	Serbe, Serbin	serbisch
Sibirien	Sibir(i)er, -in	sibirisch
Singapur	Singapurer, -in	singapurisch
Skandinavien	Skandinavier, -in	skandinavisch
die **Slowakische Republik (SR)**/*die* **Slowakei**	Slowake, Slowakin	slowakisch
Slowenien	Slowene, Slowenin	slowenisch
Somalia	Somali/Somalier, -in	somalisch
Spanien	Spanier, -in	spanisch
Sri Lanka	Sri-Lanker, -in	sri-lankisch
Südafrika	Südafrikaner, -in	südafrikanisch
(*der*) **Sudan**	Sudanese, Sudanesin	sudanesisch
Syrien	Syrer, -in	syrisch
Tadschikistan	Tadschike, Tadschikin	tadschikisch
Taiwan	Taiwaner, -in	taiwanisch
Tansania	Tansanier, -in	tansanisch
Thailand	Thai/Thailänder, -in	thailändisch
die **Tschechische Republik (ČR)/Tschechien**	Tscheche, Tschechin	tschechisch
Tunesien	Tunesier, -in	tunesisch
die **Türkei**	Türke, Türkin	türkisch
Turkmenistan/Turkmenien	Turkmene, Turkmenin	turkmenisch
Uganda	Ugander, -in	ugandisch
die **Ukraine**	Ukrainer, -in	ukrainisch

Land/Gebiet	Einwohner	Adjektiv
Ungarn	Ungar, -in	ungarisch
Uruguay	Uruguayer, -in	uruguayisch
Usbekistan	Usbeke, Usbekin	usbekisch
Venezuela	Venezolaner, -in	venezolanisch
die **Vereinigten Arabischen Emirate**	Araber, -in	arabisch
die **Vereinigten Staaten (von Amerika) (USA)**	Amerikaner, -in/US-Bürger, -in	(US-)amerikanisch
Vietnam	Vietnamese, Vietnamesin	vietnamesisch
Wales	Waliser, -in	walisisch
Weißrussland	Weißrusse, Weißrussin	weißrussisch
Zaire	Zairer, -in	zairisch
Zypern	Zypriot, -in/Zyprer, -in	zypriotisch/zyprisch

Hinweis: Die meisten Gebiets- und Ländernamen werden in der Regel ohne Artikel gebraucht, z. B. *Frankreich, Deutschland, Italien*.

Bei denjenigen Namen, die immer mit dem Artikel verwendet werden, wird dieser in der Liste auch immer angegeben, z. B. *die* Schweiz.

Bei Ländernamen ohne Artikel verwendet man die Präpositionen *in* (bei Inseln *auf*) auf die Frage *wo?* bzw. *nach* auf die Frage *wohin?*: *Ich lebe in England; Ich fahre oft nach Spanien.*

Bei Ländernamen mit Artikel wird auf die Frage *wo?* bzw. *wohin?* nur *in* gebraucht: *Sie lebt in der Schweiz; Er fährt oft in die Türkei.*

Zahlen

	Grundzahlen	Ordnungszahlen
1	eins, ein	(der, die, das) erste
2	zwei	(der, die, das) zweite
3	drei	(der, die, das) dritte
4	vier	(der, die, das) vierte
5	fünf	(der, die, das) fünfte
6	sechs	(der, die, das) sechste
7	sieben	(der, die, das) siebte
8	acht	(der, die, das) achte
9	neun	(der, die, das) neunte
10	zehn	(der, die, das) zehnte
11	elf	(der, die, das) elfte
12	zwölf	(der, die, das) zwölfte
13	dreizehn	(der, die, das) dreizehnte
14	vierzehn	(der, die, das) vierzehnte
15	fünfzehn	(der, die, das) fünfzehnte
16	sechzehn	(der, die, das) sechzehnte
17	siebzehn	(der, die, das) siebzehnte
18	achtzehn	(der, die, das) achtzehnte
19	neunzehn	(der, die, das) neunzehnte
20	zwanzig	(der, die, das) zwanzigste
21	einundzwanzig	(der, die, das) einundzwanzigste
22	zweiundzwanzig	(der, die, das) zweiundzwanzigste
23	dreiundzwanzig	(der, die, das) dreiundzwanzigste
24	vierundzwanzig	(der, die, das) vierundzwanzigste
25	fünfundzwanzig	(der, die, das) fünfundzwanzigste
26	sechsundzwanzig	(der, die, das) sechsundzwanzigste
27	siebenundzwanzig	(der, die, das) siebenundzwanzigste
28	achtundzwanzig	(der, die, das) achtundzwanzigste
29	neunundzwanzig	(der, die, das) neunundzwanzigste
30	dreißig	(der, die, das) dreißigste
40	vierzig	(der, die, das) vierzigste

	Grundzahlen	Ordnungszahlen
50	fünfzig	(der, die, das) fünfzigste
60	sechzig	(der, die, das) sechzigste
70	siebzig	(der, die, das) siebzigste
80	achtzig	(der, die, das) achtzigste
90	neunzig	(der, die, das) neunzigste
100	(ein)hundert	(der, die, das) (ein)hundertste
101	(ein)hunderteins	(der, die, das) hunderterste
102	(ein)hundertzwei	(der, die, das) hundertzweite
200	zweihundert	(der, die, das) zweihundertste
300	dreihundert	(der, die, das) dreihundertste
1000	(ein)tausend	(der, die, das) (ein)tausendste
2000	zweitausend	(der, die, das) zweitausendste
10000	zehntausend	(der, die, das) zehntausendste
20000	zwanzigtausend	(der, die, das) zwanzigtausendste
100000	(ein)hunderttausend	(der, die, das) hunderttausendste
1000000	eine Million	(der, die, das) millionste
1000000000	eine Milliarde	(der, die, das) milliardste

Verzeichnis der Info-Fenster

Landeskunde